王利明 ◎ 著

物权法研究

第五版

上卷

中国人民大学出版社

· 北京 ·

作者简介

王利明，1960 年 2 月生，湖北省仙桃市人。1981 年获湖北财经学院法学学士学位；1984 年获中国人民大学法学硕士学位并留校任教；1990 年获中国人民大学法学博士学位。1989 年 2 月至 1990 年 2 月、1998 年 8 月至 1999 年 6 月，先后在美国密歇根大学法学院和哈佛大学法学院进修。

中国人民大学一级教授，博士研究生导师，中国人民大学民商事法律科学研究中心研究员。"长江学者"特聘教授，"新世纪百千万人才工程"国家级人选，享受国务院政府特殊津贴。第九、十、十一届全国人大代表，第九届全国人民代表大会财经委员会委员，第十届和第十一届全国人民代表大会法律委员会委员。兼任国务院学位委员会法学学科评议组成员兼召集人，教育部社会科学委员会委员，中国法学会副会长，中国法学会民法学研究会会长，中国国际经济贸易仲裁委员会副主任，北京仲裁委员会副主任，最高人民法院国际商事专家委员会委员，最高人民检察院专家咨询委员，中国消费者协会副会长。

在《中国社会科学》《中国法学》《法学研究》等法学期刊上发表论文近四百篇，出版著作二十余部。论著先后获得中国高校人文社会科学研究优秀成果奖法学类一等奖六次、二等奖一次，先后获得国家级精品课程、国家级优秀教学成果二等奖；有关论著还获得教育部全国普通高等学校优秀教材一等奖、第六届国家图书奖提名奖、第十四届中国图书奖；"王利明民法学研究系列"（十三卷）荣获第八届中国软科学奖特别奖；领衔主编的《中国民法典释评》（十卷本）荣获第五届中国出版政府奖·图书奖、北京市第十七届哲学社会科学优秀成果奖特等奖。

《民法典》物权编的时代意义
（代序）

《民法典》是市场经济的基本法，是社会生活的百科全书，是保障公民基本权利的宣言书。在《民法典》中，物权编位于各分编之首，彰显了物权编在《民法典》中的重要地位。该编分为五个分编，共258条。它是《民法典》的重要组成部分，也是我国物权法的核心内容。物权法律制度是包括了《民法典》物权编在内的所有物权法律规则，但在物权法律体系中，《民法典》物权编居于核心地位。我国《民法典》物权编体系完整、内容丰富，充分彰显了中国特色、实践特色和时代特色，是保护人民基本财产权益的基本法，是财产权利保护的大宪章。以物权编为核心的物权法律制度（以下简称"物权法"）在维护国家基本经济制度、保障国计民生方面发挥了重要作用。

物权法是维护我国社会主义基本经济制度的重要法律。我国目前处于社会主义初级阶段，在所有制形态上实行以公有制为主体、多种所有制经济共同发展的基本经济制度。既然要实现多种经济所有制的共同发展，就需要对公有制经济和非公有制经济实行平等保护。国家实行社会主义市场经济，就必须"保障一切市场主体的平等法律地位和发展权利"，这也是由我国社会主义市场经济的性质所决定的。我国长期以来存在的"一大二公"的思想和计划经济的思维至今依然有一定的影响，歧视私营企业和漠视私人所有权的情形并不鲜见。要建立高质量的社会主义市场经济体制，就必须要平等保护各类主体的财产权。《民法典》第207条（物权编）在法律上明确规定了平等保护国家、集体、私人的物权和其他权利人的物权的原则，把公、私财产置于平等保护的制度框架之下。《民法典》第113条（总则编）将物权平等保护原则进一步扩张为财产权利受法律平等保护原则，因而使平等保护的范围更为扩大。《民法典》所确认的征收制度，要求政府对个人私有财产的干预不仅要有法律依据、遵守正当的程序，而且应当给予充分的补偿。总之，物权编的平等保护原则是对宪法关于我国基本经济制度规定的具体落实，对于巩固我国的基本经济制度具有重要意义。

物权法是维护市场经济秩序、促进市场经济高质量发展的基本法。从世界范围来看，衡量一个国家或地区的经济体制是不是市场经济，关键要看市场是否在资源的优化配置中发挥基础性作用，而其中一个重要的标志就是规范市场经济的民商法体系是否建立和健全。物权法构建了产权制度的基本框架，为市场的正常运行奠定了基础。物权法确认了平等保护原则，维护了市场主体的平等地位和基本财产权利。物权法的一系列规则，如公示公信原则、所有权转移规则、善意取得制度等都是直接服务于交易关系的。如何在公有制的基础上发展市场经济，是人类历史上从未遇到的重大难题。物权法规定了用益物权制度，在不改变土地所有权公有的前提下，使土地这一最为重要的生产资料进入市场，从而实现了公有制与市场经济的有机结合，也奠定了我国市场经济发展的重要基础。同时，物权法规定了完善的担保物权制度，明确了担保物权的实现规则和保护规则，在鼓励担保、维护交易安全、构建市场秩序等方面发挥了重要的作用。

物权法是保护最广大人民群众财产利益的基本法。在一切法治国家，私有财产权都被视为公民最重要的权利之一，它与生命权、自由权一起，并称为公民的三大基本权利。英国学者约翰·洛克有句名言：没有个人物权的地方，就没有公正。保护合法的财产权，就是保护公民的基本人权，保护公民通过诚实合法的劳动创造的财富，保护公民基本的生产和生活条件。什么是民生？在我们看来，民生问题首先是一个权利问题，维护公民的财产权利就是最大的民生。物权法确立了平等保护原则，强调对公民财产权的尊重。其内涵是非常丰富和深刻的。较之于以往的法律制度，在平等保护原则之下，我国物权法更加关注、重视、保障、改善民生，注重对公民财产权益的确认和保障。例如，《民法典》规定，"住宅建设用地使用权期间届满的，自动续期"（第359条），为人民群众对其住房享有长期、稳定的产权，并在此基础上形成恒产奠定了制度基础。为了保护广大购房人的利益，防止建设单位将房产"一房数卖"，物权法规定了商品房预告登记制度。此外，物权法还确认了对物权的保护制度和方法，为物权遭受侵害时提供各种救济。可以说，物权法通过对各类财产权的保护，奠定了中国法治社会的基础。

物权法是鼓励人民群众创造财富的基础性法律，制定物权法是构建社会主义和谐社会的重要保障。法律本身虽不能直接创造财产，但是可以通过确认和保护财产来鼓励财富的创造。法律的这一功能主要是通过物权法来实现的。古人说，"有恒产者有恒心"，只有通过物权法充分保护财产权，才能提供稳定的制度预期，增强人们的投资信心、置产愿望和创业动力，鼓励亿万人民群众积极创造社会财富。物权法通过规定完备的业主建筑物区分所有权制度以及住宅建设用地使用权自动续期制度，保障老百姓的房屋所有权，实现人们对财产权受法律保护的合理期待。物权法通过承认居住权制度，保障人民住有所居的美好幸福生活。物权法通过全面保护私人财产权，规定各种促进物尽其用的规则，鼓励亿万人民群众创造财富，增强我国综合国力，实现人民群众走向共同富裕的目标。

物权法是改善营商环境、鼓励担保、保障债权的法律。保护产权，实质上就是保护劳动、保护发明创造、保护和发展生产力。从宏观层面看，产权保护对于营商环境的改善和经济的稳定增长具有基础性的意义。《民法典》物权编适应现代市场经济发展的需要，促进了担保制度的现代化。《民法典》物权编统一了动产和权利担保的登记制度，构建了以登记为中心的优先受偿顺位规则，扩张了担保合同的范围，衔接了担保物权与其他功能性担保之间的关系，承认了非典型担保，缓和了物权法定原则，允许当事人在担保合同中对担保财产作概括描述，为动产和权利担保提供了广阔的制度空间。《民法典》物权编允许未来应收账款质押，为将来财产的担保提供了法律依据。总之，担保物权制度的完善为物尽其用、有效保障债权、促进资金融通发挥了重要的保障作用。

英国法学家布莱克斯通曾言："在人类历史上，还没有一种东西能够像财产权那样激发人们的注意力、想象力和创造力。"① 正确解释物权法，特别是《民法典》物权编，完善物权编的配套法律法规，严格执法，公正司法，使物权法真正从"纸上的法律"变为"行动中的法律"，对于促进市场经济的高质量发展，保障人民群众的美好幸福生活，实现中华民族伟大复兴，具有至关重要的作用。

---

① William Blackstone, *Commentaries on the Laws of England*（1765—1769），the University of Chicago Press，1979，p. 2.

法律、法规、司法解释缩略表

1. 《民法典》：《中华人民共和国民法典》，2020 年 5 月 28 日颁布，2021 年 1 月 1 日生效；

2. 《物权法》：《中华人民共和国物权法》，2007 年 3 月 16 日颁布，2021 年 1 月 1 日废止；

3. 《土地管理法》：《中华人民共和国土地管理法》，1986 年 6 月 25 日颁布，1998 年第一次修正，2004 年第二次修正，2019 年第三次修正；

4. 《城市房地产管理法》：《中华人民共和国城市房地产管理法》，1994 年 7 月 5 日颁布，2007 年第一次修正，2019 年第二次修正；

5. 《农村土地承包法》：《中华人民共和国农村土地承包法》，2002 年 8 月 29 日颁布，2009 年第一次修正，2018 年第二次修正；

6. 《总则编解释》：《最高人民法院关于适用〈中华人民共和国民法典〉总则编若干问题的解释》，2022 年 2 月 24 日颁布；

7. 《有关担保的司法解释》：《最高人民法院关于适用〈中华人民共和国民法典〉有关担保部分的解释》，2020 年 12 月 31 日颁布；

8. 《物权编司法解释（一）》：《最高人民法院关于适用〈中华人民共和国民

法典〉物权编的解释（一）》，2020 年 12 月 29 日颁布；

9.《建筑物区分所有权司法解释》：《最高人民法院关于审理建筑物区分所有权纠纷案件适用法律若干问题的解释》，2009 年 5 月 14 日颁布，2020 年 12 月 23 日年修正；

10.《物业服务纠纷司法解释》：《最高人民法院关于审理物业服务纠纷案件适用法律若干问题的解释》，2009 年 5 月 15 日颁布，2020 年 12 月 23 日修正；

11.《买卖合同司法解释》：《最高人民法院关于审理买卖合同纠纷案件适用法律问题的解释》，2012 年 5 月 10 日颁布，2020 年 12 月 23 日修正；

12.《征收与补偿条例》：《国务院国有土地上房屋征收与补偿条例》，2011 年 1 月 21 日颁布；

13.《不动产登记暂行条例》：《国务院不动产登记暂行条例》，2014 年 11 月 24 日颁布，2019 年 3 月 24 日修订。

总目录

上卷目录

第一编　物权法总论

第二编　物权的变动

第三编　所有权

第一编

物权法总论

第一章
物权概述

第一节　物权的概念和特征

一、物权的概念

"物权" (droits reels, Sachenrecht, real rights) 一词最早起源于罗马法。罗马法曾确认了所有权 (dominium)、役权 (servitutes)、永佃权 (emphyteusis)、地上权 (superficies)、抵押权 (hypotheca)、质权 (pignus) 等物权形式。虽然罗马法学家也曾经使用过"对物权" (iura in rem) 和"对人权" (iura in personam) [1]，并创设了与对人之诉 (actio in personam) 相对应的对物之诉 (actio in rem)，以对上述权利进行保护，但自物权 (iura in re) 与他物权 (iura in re aliena) 等概念在罗马法中并未出现。[2] 罗马法中对物之诉与对人之诉的区分

---

[1]　Vinding Kruse，*The Right of Property*，Oxford University Press，1953，p. 131.

[2]　See Gyorgy Diosdi，*Ownership in Ancient and Preclassical Roman Law*，Budapest，Akademiai Kiado，1970，p. 107.

主要是从程式诉讼的便利考虑的，目的并不在于区分物权和债权。①

中世纪注释法学家在解释罗马法时，曾经从对物之诉和对人之诉中，引申出"物权"和"债权"的概念，并将物权的两种形式即完全物权（Plena in re potestas）和他物权（iura in re aliena），并用"物权"（iura in re）这个词来概括。但注释法学家没有对所有权与他物权作出系统的理论区分。② 在此之后，大陆法学者借助罗马法中的"对物权"（iura in rem）和"对人权"（iura in personam）以及中世纪注释法学家所提出的"物权"和"债权"概念，逐渐形成了物权和债权的区分与对立，进而又形成物权法和债权法。③

根据传统大陆法学者的观点，物权是指某人对其物享有的支配权，此种权利无须义务人实施行为便可以直接实现。这一理论最初在 17、18 世纪为许多罗马法注释法学家所采纳，并逐渐形成了从物主义的理论。此种理论强调物权是主体对客体（物）、权利人对物的支配关系。至 19 世纪，这一理论受到了挑战，一些学者认为物权并不是人对物的关系，而是人与人之间的关系，从而产生了所谓从人主义理论。法国著名的民法学家普兰尼奥尔（Planiol）便对此种理论极为推崇。④ 该理论在 20 世纪初为大多数民法学者所接受，并对物权概念的形成和发展产生了较大影响。值得注意的是，尽管学者对物权的概念展开过争论，但除《奥地利民法典》⑤ 以外，各国立法迄今为止都没有对物权概念在法律上作出明确规定。在民法理论上，学者关于物权的概念主要有如下几种观点。

1. 对物关系说

此种观点最早为德国学者邓伯格（Dernburg）等人所倡导，他们认为债权是

---

① See Vinding Kruse, *The Right of Property*, Oxford University Press, 1953, p. 131.

② See Robert Feenstra, "Dominium and ius in re aliena: The Origins of a Civil Law Distinction", in *New Perspectives in the Roman Law of Property*, Peter Birks ed., Oxford Clarendon Press, 1989, p. 112.

③ 参见常鹏翱：《体系化视角中的物权法定》，载《法学研究》2006（5）；张鹏：《物债二分体系下的物权法定》，载《中国法学》，2013（6）。

④ Planiol, Traité élémentaire de droit civil, II, 11eéd, LGDJ, 1931, n°2158.

⑤ 《奥地利民法典》第307条规定："物权是属于个人的财产上的权利，可以对抗任何人。"第308条规定："物之物权，包括占有、所有、担保、地役与继承权利。"

人与人的关系，而物权乃是人对物的关系。也有学者认为物权是人对于物直接享受一定的利益的权利，至于一般人对于物所负有的不可侵害的义务，是对物的支配权所产生的结果，并不构成物权本身的内容。①

2. 对人关系说。此种观点最早为德国学者温德沙伊德（Windscheid）等人所创立，他们认为无论是债权关系还是物权关系，事实上都是人与人的关系，但债权和物权的区别表现在：债权作为对人权只能对抗特定的人，而物权作为对世权可以对抗一般人，物权人有权排斥任何人对其权利的侵害。② 即使是在英美法国家，通说也承认财产可形成是一种法律关系。例如，布莱克斯通定义的财产权是指人们进行主张或行使的，对世上的外在物进行单独、任意支配的权利，这种权利完全排除任何不特定人。③ 这种定义强调权利人可以单独地、随意地处置财产，由此形成了财产权是一种"对物权"的印象。但是霍菲尔德恰恰认为，财产权并非对物权，而是人与人之间的法律关系，而且是由一系列复杂权利（请求权）、特权、权力和豁免构成的集合。④ 这些观点后来又被发展成了"权利束"的思想。⑤ 在这个意义上，霍菲尔德改写了英美法系对于权利（尤其是财产权）的认识，并形成一种共识，即财产权并非人对财产的支配关系，而是人与人之间的法律关系。

3. 折中说。此种观点认为，物权不仅是对于物的支配权利，而且是一种人与人之间的关系，因此在确定物权的性质和特征时必须要包括对物和对人的两方面的关系⑥，否则就不能确保物权的效用，解释物权概念的内涵。"盖物权之成立，具有两种要素，一为权利人对于物上具有之支配力（学者谓之积极要素），

---

① 参见杨与龄：《民法物权》，5～7 页，台北，五南图书出版有限公司，1981。

② 参见郑玉波：《民法物权》，11 页，台北，三民书局，2003。

③ See W. Blackstone, Commentaries (1765)。转引自 Kenneth J. Vandevelde, "The New Property of the Nineteenth Century: The Development of the Modern Concept of Property", 29 *Buff. L. Rev.* 325-368 (1980), p. 331。

④ 参见 ［美］霍菲尔德：《基本法律概念》，张书友编译，144 页，北京，中国法制出版社，2009。

⑤ J. E. Penner, "The Bundle of Rights Picture of Property", 43 *Ucla L. Rev.* 711-820 (1995)。

⑥ Münchener Kommentar/Gaier, BGB Buch 3, Einleitung, Rn. 7ff。

一为权利人对于社会对抗一切之权能（学者谓之消极要素）"①。按照此种观点，物权是对物的支配与人与人之间关系的结合。

上述几种观点都具有一定的道理，均是从不同层面观察物权的概念。从权利的层面看，物权是一种人对物的关系，而权利本身又是法律关系的组成部分。从法律关系的层面看，物权关系又是人与人之间的关系。② 我国《民法典》第114条规定："民事主体依法享有物权。物权是权利人依法对特定的物享有直接支配和排他的权利，包括所有权、用益物权和担保物权。"这就在法律上明确了物权的概念。从该条规定来看，其实际上是从权利层面规定了物权的概念。依据这一规定，物权是指权利人对特定物所享有的直接支配和排他的权利，该规定对于界定物权的内容和效力、区别物权和债权具有重要意义。

虽然依据《民法典》第114条，物权是权利人对物的权利，突出了物权主要是对有体物的支配，但物权就其本质而言，仍然是一种人与人之间的财产关系，而不纯粹是人与物之间的关系。一方面，物权是指权利人对特定物所享有的直接支配和排他的权利，它是一项重要的财产权，在我国民事权利体系中居于重要地位。另一方面，从民法上看，物权关系作为一种法律关系，乃是一种人与人之间的社会关系，并且是以一定的权利义务为内容的社会关系。马克思在批判蒲鲁东的财产权社会观时曾指出："实物是为人的存在，是人的实物存在，同时也就是人为他人的定在，是他对他人的人的关系，是人对人的社会关系。"③ 因为"经济学所研究的不是物，而是人和人之间的关系，归根到底是阶级和阶级之间的关系"④。从法律关系的层面看，物权仍然是一种人与人之间的财产关系，而不纯粹是人与物之间的关系，并且是以一定的权利义务为内容的社会关系。例如，在所有权关系中，所有人有权依法对自己的财产进行占有、使用、收益和处分，所有人以外的任何人（非所有人），则负有不得妨害所有权人行使权利的

---

① 刘志敭：《民法物权编》，方恒、张谷校勘，1页，北京，中国政法大学出版社，2006。
② 参见渠涛、刘保玉、高圣平：《物权法学的新发展》，88～89页，北京，中国社会科学出版社，2021。
③ 《马克思恩格斯全集》，第2卷，52页，北京，人民出版社，1957。
④ 《马克思恩格斯全集》，第13卷，533页，北京，人民出版社，1962。

义务。

二、物权的特征

（一）主体是特定的权利人

与债权法律关系不同，在物权关系中，权利人是特定的，而义务人是不特定的第三人。[①] 我国《民法典》将物权的权利主体表述为"权利人"，这一概念的特点在于：

一是具有概括性。"权利人"的概念包括了各种类型的物权主体。具体到某一类权利时，可以在物权法的分则部分具体加以规定，如规定国家所有权时规定其权利人为国家，而规定公民所有权时规定该权利人就是公民。事实上，物权法中有关所有权、担保物权的规定都是针对特定的权利人。例如，所有权人、用益物权人、宅基地使用权人、土地承包权人、担保物权人、抵押权人、留置权人等，这就表明通过权利人的概念可以统一概括各种类型的物权人。

二是符合我国国家所有权、集体所有权、私人所有权等多种所有制经济并存的经济制度。我国物权法中的所有权形态既包括国家所有权、集体所有权，也包括私人所有权，因此单纯依据《民法典》总则关于民事主体的规定，并不足以确定各类所有权及他物权的主体。因此，也需要在相关条文中将物权主体的表述具体化。《民法典》第207条规定，国家、集体、私人的物权和其他权利人的物权受法律保护，任何单位和个人不得侵犯。该条将物权主体概括为国家、集体、私人以及其他权利人，这就反映出多种所有制经济结构的三种所有权形态，同时保持了物权主体类型的开放性。

三是具有开放性。"其他权利人"这一表述也使物权的主体具有开放性，能够为未来出现的新型物权及其主体的确定预留足够的空间，避免因此产生法律上的模糊与漏洞。虽然物权法的基本原则是物权法定，但在现实生活中仍然出现了

---

① Münchener Kommentar/Gaier，BGB Buch 3，Einleitung，Rn. 4ff.

一些新的物权形态，所以，物权法也出现一定的开放性。例如，随着信托财产、基金财产、宗教财产等各类财产的发展，物权法所确认的国家、集体和私人所有权难以将其概括其中；另外，一些集体经济组织，如村民小组也无法以法人的概念涵盖，但权利人的概念可以将各类民事主体概括进来。因此，《民法典》第207条规定："国家、集体、私人的物权和其他权利人的物权受法律平等保护，任何组织或者个人不得侵犯。"此处所说的"其他权利人"可以有效概括国家、集体以及私人所有权以外的其他类型的财产权利人。[①] 因此，用一个更抽象的权利人概念来概括各种可能的权利主体，可以为将来物权类型的发展留下空间。

（二）物权的客体主要是有体物

与知识产权等财产法律关系不同，物权原则上不是以无形财产、智力成果为客体，而主要是以有体物作为其客体的，我国物权法主要立足于有体物构建自身的内容和体系。具体而言：

一是物权的客体主要是有体物[②]，其包括动产和不动产。《民法典》第115条规定，物包括不动产和动产，这也表明了物权客体的有体性。动产和不动产都是有体物，因此，从这个意义上说，物权的客体主要是有体物。有体物主要是指具有一定的物质形体，能够为人们所感觉到的物，而无体物主要是指权利，因为这一原因，在民法学上常常将作为权利客体的物限于有体物。[③] 物权的客体之所以主要限于有体物，原因在于：一方面，物权是一种支配权，应当具有特定的支配对象，而只有有体物才能够满足这个要求，如果以无体财产作为物权的客体，就难以界定物权的内涵及其效力范围。[④] 例如，如果以所有权作为所有权的客体，将会出现所有权之上的所有权，甚至会出现债权的所有权、继承权的所有权。如此，则所有权的概念本身将陷于自相矛盾与模糊不清的状态。另一方面，它确定

---

① 参见黄薇主编：《中华人民共和国民法典物权编解读》，9页，北京，中国法制出版社，2020。

② 参见陈华彬：《民法物权论》，55页，北京，中国法制出版社，2010。

③ 例如王伯琦指出："物就是人力所能支配而独立成为一体之有体物。"王伯琦：《民法总则》，104页，台北，自版，1994。

④ 参见史尚宽：《民法总论》，248页，北京，中国政法大学出版社，2000；洪逊欣：《中国民法总则》，202页，台北，自版，1997。

了物权的特征，物权主要是以有体物为客体的，因而物权主要就是有体财产权。这也使物权与知识产权、债权、人身权等权利得以区分开。此外，《民法典》物权编围绕动产和不动产的归属、移转而展开，这就明确了《民法典》物权编调整对象的范围，有关无体财产就应当由其他法律来调整，而不属于《民法典》物权编的范畴。此外，在现代社会，尽管无形财产的价值越来越重要，但是无形财产主要是受到其他法律部门（公司法、证券法、知识产权法等）的调整。对于有体物而言，它们是社会财富的基础。西方古典经济学家曾经形象地说，土地是财富之母，劳动是财富之父；我国古代也曾经有"有土斯有财"的说法。① 这些都说明了有体物是社会财富的基础，也基本上是无形财产的终极来源。因此，对于有形财产的归属和利用的规定，构成了我国物权法的基本内容。

二是无体物只有在有法律规定的情形下才能成为物权客体。在例外情形下，可以为人力所支配的无形的自然能量，也可以准用物权的保护，如电力、光波、有线电视讯号等。我国《民法典》物权编也规定了无线电频谱资源属于国家所有。当然，根据《民法典》第114条的规定，物权的客体主要是有体物，法律规定权利作为物权客体的，依照其规定。这就是说，在法律有特别规定的情况下，无形财产也可以作为物权的客体。

（三）物权是一种支配权

依据《民法典》第114条第2款，"物权是权利人依法对特定的物享有直接支配和排他的权利"，物权主要是一种支配权（Herrschaftsrecht）。所谓直接支配，是指权利人可不需要借助他人的帮助，按照自己的意愿对物进行控制和处置。德国学者索姆认为，物权（或对物权）是"对某物进行直接支配（ein unmittelbares Herrschaftsrecht）的权利，它使权利人享有对物自行采取行为的权利"②。所谓"直接"，所体现的是物权人的意志与物的直接联系，这就意味着，物权人可以完全依靠自己的意思，而无须他人意思的介入或辅助就实现自己的权

---

① 曾子《大学》中言，"有德斯有人，有人斯有土，有土斯有财，有财斯有用。"
② 转引自金可可：《鲁道夫·索姆论债权与物权的区分》，载《华东政法学院学报》，2005（1）。

利。① 所谓支配（Herrschaft），是指能否依据自己的意志独立行使自己的物权。

物权是一种支配权，其体现了权利人对物的控制，是物权的核心特征，也是物权与债权等权利的主要区别。支配权是物权的本质特征，这种支配是一种物权的固有内容，其与缺乏本权的占有人对物的支配是不同的。物权法上的支配权与基于合同所产生的控制或支配不同，如保管合同中保管人对保管物的控制与管理、运输合同中承运人对货物的控制等，其核心区别在于相关主体是否享有物权。② 换言之，法律上对物权的支配权的确认乃是突出这种支配是法律上的支配的内涵，而该种对物的支配权具有法律上的效力。同时，物权的支配权特征也是派生出排他效力、优先效力等效力的主要原因，对于理解物权的概念、有效保障物权等均具有重要意义。

（四）物权是一种绝对权

依据《民法典》第 114 条第 2 款，物权具有排他性。此处所说的排他性是指物权所具有的排除权利人以外的任何人干涉的权利，这实际上揭示了物权的绝对性（Absolutheit）特征。所谓物权的绝对性，是指物权所具有的能够对抗不特定第三人的效力。按照施蒂尔纳的观点，物权最大的特征是其绝对性③，有学者将物权的绝对性表述为排除他人的侵害和妨害。笔者认为，这一表述主要是从物权保护的角度上而言的，但是严格地讲，这种表述并不全面。因为一方面，债权同样具有不可侵性，权利人也有权通过第三人侵害债权制度等排除他人的不法侵害和妨害。但是物权的排他性有其特殊性。物权人可以针对任何侵害人主张权利，即便行为人的侵害或者妨害行为不构成侵权，物权人也可行使物权请求权，排除他人的侵害并恢复物权应有的圆满支配状态。另一方面，绝对性的含义比这一表述更为宽泛，其还包括了权利本身的效力，即在交易中，物权能够对第三人发生效力。在物权关系中，权利人是特定的，而权利人之外的义务人都是不特定的，

① Gaier，in MünchKomm zu BGB，Einleitung，Rn. 4.

② 参见尹田：《物权法理论评析与思考》，27 页，北京，中国人民大学出版社，2004。

③ 参见［德］鲍尔、施蒂尔纳：《德国物权法》（上册），张双根译，12 页，北京，法律出版社，2004。

权利人享有的权利可以对抗权利人之外的一切人。

物权不仅是支配权，而且具有绝对性。关于物权的支配性和绝对性之间的关系，学界存在不同的看法。笔者认为，物权的特点不仅应当表现在支配性上，而且应当表现在绝对性上，即物权就是全面支配物并排除第三人干涉的权利。但是支配性并不等同于绝对性，二者的侧重点不同。物权的支配性强调权利人可以根据自己的意愿对物进行支配和控制，而物权的绝对性则强调权利人以外的其他主体都负有不得侵害物权的义务，权利人有权基于其物权排除第三人对物的不法侵害。换言之，物权的支配性强调主体对客体的利用关系，而物权的绝对性强调的是主体与第三人的关系。

物权之所以是一种绝对权，主要理由在于：

第一，从物权和债权的性质区分来看，应当确认物权的绝对性。如前所述，大陆法系历来区分物权和债权，两者的重要区别就表现在，物权是对世权，债权是对人权，这就决定了物权是绝对权，而债权是相对权。而在英美法中，虽不存在与其相对应的概念，但也一直存在对人权（right *in personam*）和对世权（right *in rem*）的区别①，由此，产生了合同法和财产法的区分。许多学者认为，物权是对某项财产确定谁所有、占有、使用以及处分的一种财产权。该种权利是对财产一部或全部进行处分并排除他人干涉的权利。② 可见，物权的绝对性是由物权的本质所决定的。③ 只有明确绝对性，才能准确区分物权和债权的关系。物权的绝对性，实际上是对抗权利人之外的一切人，强调其他任何人都负有不得侵害或妨害权利人行使权利的义务④，而债权一般只能在特定的相对人之间产生效力。如果不借助绝对性对物权与债权进行区分，可能导致权利类型体系的混乱。例如，土地租赁权等也具有排他性但不具有绝对性，仅仅以排他性将其解释为物权，就会混淆物权与债权的区别。

---

① ② Lawrence C. Becker，*Property Rights*：*Philosophic Foundations*，Routledge and K. Paul，1977，pp. 18-21.

③ 参见［德］鲍尔、施蒂尔纳：《德国物权法》（上册），张双根译，12 页，北京，法律出版社，2004。

④ Gaier，in MünchKomm zu BGB，Einleitung，Rn. 10.

第二，从物权公示原则来看，也应当确认物权的绝对性。物权（除了那些特殊的法定物权之外）之所以要公示，就是因为物权具有强烈的对抗第三人的效力，涉及第三人的利益和交易安全。因此，物权的设定和移转必须公开，使第三人知道，否则既不利于保护物权人的利益，也可能损害第三人利益，危害交易安全。物权的公示性与绝对性是相辅相成的，因为物权的设立移转必须公开，因而不特定第三人可以知悉此权利状况，自然负有不得侵犯该物权的义务，这也划定了不特定第三人行为自由的界限。

第三，从物权的保护方式来看，由于物权是绝对权，因此可以受到侵权法的保护。侵权责任法保护的对象主要是绝对权，相对权（如债权）由于不具有社会典型公开性，原则上不受侵权法的保护。由于物权具有绝对性，可以排除第三人的侵害，与之相对应，在遭受第三人侵害的情况下，权利人也可以基于侵权提起诉讼。同时，物权的绝对性也可以很好地保障物权的支配性。因为只有物权具有绝对性，才可以对抗任何第三人的不法行为，这就有力地维护了物权的支配效力。

从物权请求权的性质来看，虽然因其是请求权而具有相对性，但是也不排除其具有绝对权的特点。这是因为，物权请求权通常具有"隐而不彰"的特点。[①]一方面，在特定的妨害或者妨害之虞（危险）发生之前，物权请求权是潜在的，可以向任何可能造成妨害或危险的不特定人主张，因此具有"绝对性"或"对世性"。由于除物权人以外的其他任何人均对物权人的权利负有不可侵害或妨害的义务，因此，任何人侵害物权、妨害物权的行为甚至只是对物造成危险，无论行为人是否有过错，物权人都可以行使物权请求权，请求停止侵害、排除妨害、消除危险等，以恢复物权应有的圆满支配状态。而不具有绝对性的权利受到侵害，权利人无权主张物权请求权。[②]另一方面，在特定的妨害或者危险发生之后，权利人只能向造成妨害或者危险的特定主体行使物权请求权，此时物权请求权具有相对性。从这个意义上说，物权请求权发生之后，其就具有相

---

①　参见谢在全：《民法物权论》（上册），113 页，北京，中国政法大学出版社，2011。

②　参见尹飞：《明确物权的对世性意义重大》，载《检察日报》，2005-08-01，第 3 版。

对权特点。

第二节　物权的效力

物权的效力是指物权所特有的功能和作用。物权的类型不同，其效力也存在一定的区别，但各类物权都具有某些共同的效力，从而使物权表现出与其他权利（如债权）不同的特点。一般认为，物权具有如下效力。

一、物权具有直接支配性

（一）直接支配性的内涵

所谓直接支配，是指权利人不需要借助他人的帮助，可以按照自己的意愿对物进行控制和处置。① 我妻荣指出："支配的观念指的是人所表示的意思和意思之间的一种关系，所以即使在物权中，权利人使用标的物得到了法律之认可保障，则权利人以外的其他任何人不得妨害其行使权利。若从这层意义上而言，其他任何人的意思也就都受到了权利人意思的支配。"② 我国《民法典》第114条第2款规定："物权是权利人依法对特定的物享有直接支配和排他的权利"。由此可见，该条将直接支配作为物权的首要特征，这也是物权效力最重要的体现。物权的支配性决定了物权所具有的优先性、追及性等特点。物权人对物享有的支配权直接决定了物权的各项效力，物权的优先性等效力均来自法律将某物归属于某人支配，从而使其对物的利益享有独占的支配并排他的权利。"直接支配"主要包含如下含义。

首先，直接支配表明其不需要借助他人的意志，不以他人的意志为媒介。所谓"直接"，就是指无须任何的媒介物，主体就能将其意志作用于作为客体的物。

---

① 参见孙宪忠：《中国物权法总论》，41页，北京，法律出版社，2003。

② ［日］我妻荣：《日本物权法》，［日］有泉亨修订，8～9页，台北，五南图书出版有限公司，1999。

从主观上看，是指物权人对物可以以自己的意志独立进行占有、使用或采取其他支配方式，无须得到他人的同意。在无须他人的意思和行为介入的情况下，物权人就能够依据自己的意志依法直接占有、使用其物，或采取其他支配方式。萨维尼认为，主体应当通过意思表示创设法律关系以及伴随法律关系的主观权利。[①]意思首先是对本人发生作用，其次是对外发生作用[②]，涉及外部世界的意思支配完全属于法的领域，构成财产法，它又可以区分为物法和债法。所以，意思对物的作用就是一种支配。[③] 任何人非经权利人的同意，不得侵害或加以干涉。物权的义务主体的义务是不作为，只要不妨害权利人行使权利就是履行了义务。

其次，直接支配包括主体对于客体的事实支配和法律支配。这就是说，主体和客体之间联系的内容是以控制作为核心的，此种关系并非一般的联系，而是由于法律的规定而使人对物所享有的一种控制力。例如，在所有权权能与所有人完全分离，或者所有人的财产丢失，已经无法实际进行支配的情况下，所有人的所有权仍然存在，就是因为法律赋予所有人对物的支配力，所有人有权请求占有人返还财产。即使所有人已经不能现实地支配物，此种支配力仍然存在。

一方面，事实支配是指主体对客体进行现实、直接的支配。从客观上讲，权利人应当对物存在实际的管领和控制[④]，表现为自己或者他人按照权利人的意思对物进行占有、使用、收益，能够将自己的意思体现在对物的控制和权利的行使方面。支配是指权利人对于物的控制状态，某人意识到某物的存在，但没有对该物进行实际的管领，并不构成支配。[⑤] 实际的管领和控制的特征，是物权在西文中被称为"real right（jus res）"的原因之所在，也是它区别于对人权（债权）的重要特征，而对于债权而言，它通过一方对于另一方的请求才能间接作用到物本身。

① 参见杨振山、王洪亮：《继受法律的理性科学化——当代法学家的使命与继受法律的理论化》，载《比较法研究》，2004（1）。

②③ 参见［德］萨维尼：《萨维尼论对人之诉和对物之诉》，田士永译，载王洪亮等主编：《中德私法研究》，第1卷，北京，北京大学出版社，2006。

④ 参见费安玲、刘智慧、高富平：《物权法》，32页，北京，高等教育出版社，2011。

⑤ 参见温世扬、廖焕国：《物权法通论》，43～44页，北京，人民法院出版社，2005。

另一方面，法律支配是指主体可以按照自己的意愿处分物权。例如，担保物权中的抵押权，尽管抵押权人不实际占有抵押物，但是在抵押实现的条件得到满足之后，抵押权人可以按照自己的意愿启动抵押权的实现程序处分抵押物，从而实现自己的抵押权。在这个意义上，抵押权也具有支配性，即抵押权人对抵押物享有法律上的支配。

最后，物权中的支配既包括对特定的动产和不动产的使用价值的支配，也包括对物的交换价值的支配。[①] 例如，维护用益物权人对土地和房产的支配，也就保护了用益物权人对不动产的使用价值的支配；保护担保物权人对实物的支配，实际上也就保护了对交换价值的支配。当然，物权人对物的支配范围不仅受物本身的性质和效用等的限制，而且要受到物权本身的内容限制。

（二）物权支配性的具体体现

物权的支配权是物权的基本特征，该种对物的支配权具有法律上的效力。对于租赁权而言，承租人尽管在一定程度上也能占有和使用租赁物，但是其权利内容受到出租人意志的严格限制，甚至在相当程度上依附于后者的意志。例如，承租人不得改变物的用途，也不得利用转租进行牟利。这就使得租赁人无法以其独立的意志对物进行占有和支配，由此，租赁权本身无法被称为一项物权。各类物权的支配性主要表现在：

首先，就所有权而言，支配性主要表现在所有人对物的独占控制状态，即一物不容二主。同时，这种支配还表现在，即使所有物不是基于所有人的意志而暂时脱离所有人的控制，这种支配力仍然存在。例如，在所有物遗失的情况下，所有人仍然对有关物享有抽象的支配力。因此，所有人有权要求遗失物的占有人返还原物。

其次，就用益物权而言，在通常情况下，无论是所有权人还是用益物权人，都有支配物的权利。就用益物权人来说，通常情况下，其直接占有标的物并能够利用该物获取收益（除地役权外），如果第三人的行为造成对用益物权客体的侵

---

① 参见谢在全：《民法物权论》（上册），20 页，台北，三民书局，2003。

害，用益物权人有权排斥第三人的侵害，从这个意义上讲，用益物权人也有权对物进行支配。尤其是用益物权人能够依法利用物获取收益，因此可以直接支配物的使用价值。

最后，担保物权也具有支配性。担保物权可以分为占有型的担保物权与非占有型的担保物权，就占有型的担保物权而言，如动产质权、留置权，权利人可以直接支配担保物自不待言；就非占有型的担保物权（如抵押权）来说，虽然抵押权人可能并不占有抵押物，但是基于其对抵押物交换价值的支配力，在债务人不履行债务时，抵押权人无须抵押人的同意，可以直接通过法院将抵押物拍卖变卖，以其价款优先受偿。从这一点上说，担保物权人也有权支配物的交换价值。[1]

物权人直接支配一定的标的物，必然享有一定的利益。物权所体现的利益一般可分为三种：第一，所有权人所享有的利益，包括物的最终归属及占有、使用、收益和处分物的利益。可见，所有人所享有的是物的全部的利益。第二，用益物权人所享有的利益是物的使用价值，如土地使用人基于其对土地的使用权而使用土地从而可获取一定的收益。随着社会经济的发展，物权法的发展正从以抽象所有为中心向具体利用发展，物权的利用权能更为突出，因而获取物的使用价值对物权人更为重要。第三，担保物权人所享有的利益是依法获取物的交换价值，即债务人届期不清偿时，债权人可以依法变卖担保物，就其价金满足债权受偿的需要。在市场经济条件下，由于信用制度的发达，获取物的交换价值利益也日益重要。"为了债权的担保而奋斗是市场经济的必然现象。"[2] 20 世纪以来，特别是第二次世界大战以来，随着市场经济的迅猛发展，作为传统民法的担保物权出现了巨大变革，并呈现出崭新的面貌，从而成为民法中最为活跃的领域。[3]

---

① 参见冉昊：《论对物权与对人权的区分及其实质》，载《法学研究》，2005（3）。

② 王泽鉴：《动产担保制度与经济发展》，载梁慧星主编：《民商法论丛》，第 2 卷，97 页，北京，法律出版社，1994。

③ 参见梁慧星：《日本现代担保法制及其对我国制定担保法的启示》，载梁慧星主编：《民商法论丛》，第 3 卷，173 页，北京，法律出版社，1995。

二、物权具有排他性

物权的排他性具有多种含义，学者对其看法也不相同。一种观点认为，"所谓排他性者乃于同一标的物上，不允许性质不两立之二种以上物权同时并存之谓"①。"物权系对物直接支配，故同一物上不能有两个以上同一内容之物权同时存在。"② 另一种观点认为，物权的排他性与"排除他人干涉""得对抗一般人"作同一解释。③ 还有一种观点认为，物权的排他性是指物权人有权排除他人对其物权的侵害、干涉和妨害。④ 笔者认为，这几种观点都不无道理，但显然只是概括了物权排他性的某一方面的效力，而没有全面地概括出物权排他性的效力。所谓物权的排他性，是指在同一物上不得设立相同内容的物权，且他人负有不得干涉物权的义务。具体而言：

第一，物权的排他性意味着，在同一物上不得设立相同内容的物权。一方面，所有权具有排他性。同一物之上不得存在两个所有权，即一物不容二主。⑤如果某人对某物依法取得所有权，即使另一人事实上占有该物，也不能享有法律上的所有权。任何人都负有不得妨害权利人对物的独占的支配权的义务。另一方面，他物权也具有排他性。同一物之上不得成立两个在内容上相互矛盾的他物权。物权的排他性不仅强调在同一物上不能设定两个所有权，还要求在同一物上不得设定相冲突的他物权，这就确定了设定他物权的规则。⑥ 例如，将某物设定建设用地使用权之后，不能再为他人设定建设用地使用权。随着他物权内容以及类型的不断增加，同一物上多种性质相同或相异的权利的冲突情形也会经常发

① 郑玉波：《民法物权》，16页，台北，三民书局，2003。
② 谢在全：《民法物权论》（上册），25页，北京，中国政法大学出版社，2011。
③ 参见刘保玉：《物权法》，8～9页，上海，上海人民出版社，2003。
④ 参见钱明星：《物权法原理》，12页，北京，北京大学出版社，1994。
⑤ 参见王泽鉴：《民法物权》，48页，北京，北京大学出版社，2010。
⑥ 也有学者认为，对此也存在例外。例如，入渔同一渔场的捕捞权，相互间亦无排他性。参见崔建远：《物权法》，2版，18页，北京，中国人民大学出版社，2011。

生。因此，他物权的排他性还具有解决同一物上的权利冲突的作用。例如，在设定海域使用权之后，就不能再设定海域养殖权，也就是说，不能在同一物上设定两种相互冲突的权利。

第二，物权的排他性意味着，他人负有不得干涉物权的一般义务。这就是说，任何人都负有不得侵害物权的义务。物权的效力可以对抗权利人之外的一切不特定的人。① 任何人都负有不得妨害权利人行使权利的义务，无论何人非法取得所有人的财产，都有义务返还，否则便侵犯了权利人的权利。在物权关系中，权利人是特定的，而权利人之外的义务人都是不特定的，权利人享有的权利可以对抗权利人之外的一切人，任何义务人都负有不得侵害或妨害权利人行使权利的义务。例如，某人在其门口挂牌子，宣称"私人物业，请勿进入"，"办公用地，闲人免进"等，这就说明了物权具有排他性。物权的排他性决定了物权能够对抗第三人，具有对世性。

第三，物权的排他性意味着物权的不可侵害性。应当说，任何权利都具有不可侵害性，但是物权的排他性具有其特殊性。一方面，物权请求权体现了物权的排他性。法律为保障物权人对物所享有的充分的支配权，赋予物权人以请求他人返还原物、排除妨害、消除危险的权利。物权请求权虽然不是物权的权能，却是保障物权人的对物的支配权所必需的，是不能与物权相分离的权利，因此物权请求权成为物权所特有的效力。② 我国《民法典》第235、236条分别规定了返还原物的请求权、排除妨害请求权以及消除危险请求权。任何人侵害物权时，物权人都可以行使物权请求权，以排除他人的侵害并恢复物权应有的圆满支配状态。另一方面，正是由于物权具有排他性，因此，在此类权利受到侵害时，可以受到侵权责任法的保护。

当然，物权的排他性是有限度的，而不是绝对的、无限的。一方面，任何物权都不是绝对地不受限制，物权的排他性要受到法律的限制。例如，政府依法征用某个人的财产，物权人不得以排他效力对抗。另一方面，某一物权的排他性只

---

① 参见申卫星：《物权法原理》，45页，北京，中国人民大学出版社，2008。
② 参见王明锁：《物权请求权与物权的民法保护机制》，载《中国法学》，2003（1）。

是在该物权效力所及的范围内具有排他性。例如，在建筑物区分所有权制度中，业主就其专有空间之外的部分不得主张排他效力，禁止他人利用。

物权的排他性与其支配性密切联系在一起，排他性以支配性为基础，同时又可以有效地保障物权的支配性，具有了排他性，物权可以对抗任何第三人的不法行为，这就有力地维护了物权的支配效力。

三、物权具有优先性

物权具有优先性，是指物权和债权并存于同一物之上时，物权优先，或同一物上多项其他物权并存时，应当根据法律规定和物权设立的时间先后确立优先的效力。物权的优先性，包括两个方面。

一是对外的优先性，它是指在同一标的物之上同时存在物权和债权时，物权优先。例如，享有担保物权的人与普通债权人相比，享有在标的物变价后优先受偿的权利。由于担保物权具有优先受偿的效力，因而在破产程序进行中，其可以产生别除权的效力。

二是对内的优先性。所谓对内的优先性，又称为物权的对内效力，它是指物权相互之间的效力。同一物上多项其他物权并存时，应当根据法律规定和物权设立的时间先后确立优先的效力。《民法典》第 414 条第 1 款规定："同一财产向两个以上债权人抵押的，拍卖、变卖抵押财产所得的价款依照下列规定清偿：（一）抵押权已经登记的，按照登记的时间先后确定清偿顺序；（二）抵押权已经登记的先于未登记的受偿；（三）抵押权未登记的，按照债权比例清偿。"该条以登记为中心，构建了数个抵押权竞存时的优先受偿顺位，但其中也仍然体现了以登记的先后来确定受偿顺序的理念，这就是物权法中所谓的"先来后到"规则，也有人将其称为"时间在先，权利在先"规则。因此，如果同一不动产之上设定多个不动产抵押的，不动产抵押权的设定，就采取先来后到的规则，先设定的抵押权要优先于后设定的抵押权。抵押权的顺位是由抵押权的优先性决定的。在抵押权顺位的确定中主要体现的是物权对内的优先效力。需要指出的是，在某些情况下，法律基于社会公共利益等因素的考虑，可以规定某些发生在后的物权具有优先于发生在先的某些物权的效力。我国《民法典》第456条规定："同一动产上已经设立抵押权或者质权，该动产又被留置的，留置权人优先受偿。"此种规定可以说是"先来后到"规则的例外。不过，这种例外必须由立法作出明确的规定，防止给司法实践带来混乱。

当然，在确定物权的对内优先效力时，常常需要依据登记来确立优先顺位。因为登记具有公示性和权威性，可以用于表彰物权设立的先后顺序。一方面，如果没有登记，通常只是在当事人之间形成合同关系，第三人对是否设立物权、能否产生物权的效力并不知晓，因而容易产生各种纠纷。例如，在所有权保留买卖中，经过登记后，出卖人对已经交付的物享有优先于第三人取回的权利，但如果未经登记，则第三人可能基于善意取得而获得对标的物的所有权，从而影响所有权保留担保功能的实现。[①] 另一方面，因为动产之上既可能存在动产质押也可能存在动产抵押，还可能设有所有权保留、融资租赁等担保，这也需要通过登记确定不同的优先顺位，也就是说，要适用登记在先、权利在先的规则。而在《民法典》颁行后，我国已建立了统一的动产担保登记制度，可以完整展示特定动产之上的担保状况，并明确不同动产担保之间的效力顺位关系。

四、物权具有追及性

（一）物权具有追及性的原因

所谓追及效力，是指物权的标的物不管辗转流通到什么人手中，所有人可以依法向物的占有人索取，请求其返还原物。[②] 物权的追及效力是由物权的对世性和绝对性所决定的，其义务主体是除权利人以外的所有人。物权追及效力不仅适用于所有权，也可以适用于用益物权和担保物权。依据该效力，所有权与担保物权等的标的物，不论辗转到何人之手，都不影响这些权利的存在。[③] 物权的追及

---

① 参见柴振国、史新章：《所有权保留若干问题研究》，载《中国法学》，2003（4）。

②③ 参见王泽鉴：《民法物权》，50页，北京，北京大学出版社，2010。

效力，是物权绝对性的必然延伸，充分体现了物权的对世性特征。物权的追及效力也与物权的公示密切相关，没有物权的公示就没有物权的追及效力。因为如果承认未经公示的物权的追及效力，将会极大地威胁交易安全。

物权追及效力来源于罗马法中的"对物之诉"，其中最为典型的是所有物返还之诉（res vindicatio），即所有人有权提起诉讼，请求非法占有其物的人返还原物，此种诉讼是市民法保护所有权的诉讼。[①] 在罗马法上，所有权被定义为"对物的最重要的支配权"（signoria eminente sulla cosa）[②]。为维护所有人的支配权，罗马法上有"予发见予物时，予即回收"（Ubi meam rem invenio ibi vindico）原则，又有"物在呼叫主人"（res clamat ad dominium）原则，即所有人可随时收回其物，这些原则均属重在保护静的安全思想之表现。[③] 不过，该规则承认所有人对其物的追及效力，将会导致系列交易无效，使善意买受人的信赖利益受到重大损害，因此，其对交易安全也产生了不利影响。

罗马法的规定对后世诸国民法都产生了深远影响。从比较法上看，各国并没有完全排斥物权具有追及效力。德国学者通常不将追及效力作为物权法的基本原则，但为了解决一些具体的问题，《德国民法典》也作出了体现物权追及效力的规则，如该法第1005条特别规定了"追及权"（Verfolgungsrecht）："某物位于物的所有人以外的人所占有的土地之上的，物的所有人对土地占有人享有第867条所规定的请求权"（即返还占有请求权）。再如，该法典第985条规定："所有人可以向占有人请求返还其物。"学者称之为"所有物返还请求权"（Eigentumsherausgabeanspruch）。而且，在德国司法实务中，该条可以适用于所有包含了物的占有的物权，如质权人、用益权人等。[④] 《法国民法典》之中没有明确规定物权的追及效力，但是，法国民法理论都认可这一理念。尤其在担保权中，追及

---

①　参见周枏：《罗马法原理》，350页，北京，商务印书馆，1996。
②　史尚宽：《物权法论》，1页，台北，自版，1987。
③　参见郑玉波：《法的安全论》，载刁荣华主编：《现代民法基本问题》，3页，台北，汉林出版社，1981。
④　参见［德］鲍尔、施蒂尔纳：《德国物权法》（上册），张双根译，185页，北京，法律出版社，2004。

权使作为担保权基本内容的优先权得以保留。同时，它又许可所有人行使法律上的处分权利（既然追及权可以适用，则其出让不会对债权人造成损害）。[①] 事实上，法国法也承认了抵押权的追及效力。[②] 日本民法典虽然没有明确规定追及效力，但相关规定中也承认抵押权具有追及效力。有学者认为，物权具有追及效力是毋庸置疑的，但是，由于这种效力最终包含于优先效力或者物权请求权二者之中，因此没有必要再特别规定其他效力。

我国《民法典》虽然没有在总则编或者物权编中明文规定物权的追及效力，但是，通过对各个具体规则的解释可以发现，物权应当具备追及效力。从《民法典》第 114 条第 2 款规定来看，权利人可以直接支配物，从权利人对物的直接支配性可以引申出追及效力，并从追及效力中演化出具体的请求权。因此，追及效力是支配性的延伸。支配性是一个非常抽象的概念，支配性包含的范围更加广泛，不仅包含人对物的控制，而且这一控制并非静态。应当看到，在物之流转过程中，权利人也应对物进行支配。倘若欠缺追及效力，支配性就不是完整支配。同时，依据《物权法》第 191 条的规定，"抵押期间，抵押人未经抵押权人同意，不得转让抵押财产"，因此，抵押物的转让受到严格限制，这实际上是否定了物权的追及效力。而《民法典》第 406 条改变了严格限制抵押财产转让的立场，承认了抵押权的追及效力。[③] 笔者认为，物权之所以具有追及效力，主要是基于如下原因。

第一，物权具有追及效力是物权本质属性的体现。德国通说认为，物权本质上是归属权（Sachenrecht als Zuordnungsrecht）。所有权乃是物上最为全面的、绝对的归属权。物上的归属权意味着，将物直接分配给了权利人，并且其可以按照自己的意愿处置其物，不需要取得他人的同意。[④] 物权制度的基本功能在于定分止争，即通过确定某人享有物权，确定权利主体，从而明确财产的归属。而在明确物权的归属之后，要维护归属，就需要承认物权的追及效力，即不论物流转

---

①② 参见尹田：《法国物权法》，520 页以下，北京，法律出版社，2009。

③ 参见黄薇主编：《中华人民共和国民法典物权编解读》，679 页，北京，中国法制出版社，2020。

④ Marina Wellenhofer, Sachenrecht, 35. Aufl. §1 Rn. 2.

到哪里，也不论其对该物是否为现实占有，权利人都有权追及行使其物权，从而维护物权的归属。物权的追及效力是物权绝对性的必然延伸，充分体现了物权的对世性特征。从这一意义上说，追及效力既是物权归属效力的具体化，也是维护物权归属的重要保障。

第二，物权追及效力是物权支配效力的体现。依据物权的追及效力，无论标的物辗转于何人之手，物权人均得追及物之所在，而直接支配其物。[1] 物权支配效力旨在维护权利人对物的圆满支配状态，虽然《民法典》物权编将权利人对物的支配表述为"直接支配"，但此种支配既包括现实支配，也包括抽象支配。换言之，在物被他人侵夺的情形下，即便权利人没有现实支配该物，但也应当承认权利人仍对该物享有抽象支配利益，这也是黑格尔所说的所有权首先意味着自由意志在物中的体现。权利人对其物的抽象支配利益的实现就需要受物权追及效力的保障。

第三，物权追及效力也是物权排他效力的重要体现。物权的排他效力体现为排除他人对物的不当干涉，而在物被他人侵夺的情形下，权利人也应当有权追及行使其物权，因此，追及效力也应当是物权排他效力的应有之义。当然，物权人享有的追及权并不一定是在物权的标的物受到非法侵害时才发挥效力，在抵押权产生后，抵押人合法转让其抵押物的，抵押权人也可依法行使其追及权。

可见，我国《民法典》在规定物权的效力时，虽然没有明确使用追及效力这一表述，但基于上述理由，在解释上也应当认定，物权具有追及效力。承认追及效力的意义在于：一方面，进一步强化了物权的绝对性，也充分彰显了物权的支配性，通过物权的追及效力，可以为物权人提供充足的保护。另一方面，承认物权的追及效力也有利于促进物尽其用。例如，在抵押物的转让问题上，如果采取物权的追及效力的方案，允许抵押人处分财产，可以确保抵押权的设立不影响抵押物的高效利用，从而实现物尽其用。[2]

应当看到，物权的追及效力，在一定程度上也包括了返还原物请求权。因

---

[1]　参见王泽鉴：《民法物权》，50页，北京，北京大学出版社，2010。
[2]　参见高圣平、罗帅：《〈民法典〉不动产抵押权追及效力规则的解释论》，载《社会科学研究》，2020（5）。

此，将物权请求权作为物权效力的体现，也是合理的。一方面，物权请求权是从物权的支配效力中派生出来的，其存在的目的是使物权在受到侵害或妨害时能够恢复圆满的支配状态。法律为保障物权人对物所享有的、充分的支配权，赋予物权人以请求他人返还原物、排除妨害、消除危险的权利。另一方面，尽管物权效力中包括了物权请求权的内容，但是，它并不能完全涵盖所有物权请求权制度，例如，消除危险、排除妨害，并不是物权的排他效力所能完全解释的。物权请求权虽然不是物权的权能，却是保障物权人的对物的支配权所必需的，是不能与物权相分离的权利，因此物权请求权成为物权所特有的效力。

（二）物权追及效力的具体体现

追及效力为物权的一般效力，不仅所有权具有追及效力，用益物权、担保物权同样也具有追及效力。[①] 物权追及效力，不仅适用于所有权，也可以适用于用益物权和担保物权。

（1）所有权的追及效力。在所有权遭受他人侵害时，权利人有权追及行使其所有权，请求行为人返还原物。即使所有权人丧失了占有，但是，其归属性并不会灭失。相反，通过物权追及效力，可让物权人恢复占有。从这一意义上说，所有权的追及效力与原物返还请求权的功能具有相似性，但即便如此，也应当肯定所有权的追及效力。

（2）用益物权的追及效力。除了地役权外，用益物权一般以占有动产或者不动产为其前提条件。只有用益物权人占有动产或不动产，才能使用、收益。用益物权主要以使用、收益为目的，实现用益物权的设立目的。如果用益物权的标的物受到他人的侵夺，使用益物权人丧失对标的物的占有，用益物权人就可以追及物之所在，要求他人恢复物的占有。此即用益物权的追及效力的具体表现。

（3）担保物权的追及效力。关于担保物权的追及效力，此处以抵押权为例予以说明。从《物权法》到《民法典》，关于抵押物是否能在抵押期间转让，采取了两种不同的模式。《物权法》以抵押权人的同意，作为转让的生效要件，实质上否

---

① 参见刘家安：《物权法论》，2 版，45 页，北京，中国政法大学出版社，2015。

认了抵押物的自由转让，也就是无须借助物的追及效力来维护担保权人的利益。换言之，在此种模式下，抵押物基本不得继续流通转让，无追及效力的适用空间。《物权法》第191条在立法选择上，采取了通过限制抵押权的追及效力，旨在保护抵押权人的利益，但客观上造成了抵押人和抵押物受让人境遇恶化的情况，因此需要寻找到限制抵押物的转让和抵押权的追及效力之缓和相互连接的平衡点。而《民法典》第406条第1款规定："抵押期间，抵押人可以转让抵押财产。当事人另有约定的，按照其约定。抵押财产转让的，抵押权不受影响。"该条明确承认了抵押物可以自由流通转让，不需要担保权人的同意。允许抵押财产的转让，就有必要借助追及效力保护抵押权人的利益。因为抵押权可以以物权追及效力作为保障，所以，不会损害抵押权人的权益。[①] 因此，在抵押设定以后，抵押权不因转让而受到影响。

（三）物权追及效力的限制

应当指出的是，物权的追及效力并不是绝对的，而应受到法律上的限制：一是要受到善意取得制度的限制。现代民法注重的是交易安全的保护而不是对物权人的支配权的维护，而追及性主要是为了维护物权人的支配权。善意取得制度的设立就表明了立法者要侧重保护交易安全，从而在一定程度上牺牲了物权人的支配权。我国《民法典》第311条规定："无处分权人将不动产或者动产转让给受让人的，所有权人有权追回；除法律另有规定外，符合下列情形的，受让人取得该不动产或者动产的所有权……"这实际上是确认了物权的追及效力，也就是说，所有权人在其物被他人非法转让以后，除了符合善意取得的情况外，都有权追回其物。但是如果符合善意取得的构成要件，则所有人不能再向买受人追及，这可以说是对所有权追及的一种限制。当然，承认善意取得制度并不意味着否定物权的追及效力，因为从我国《民法典》的规定来看，善意取得的构成应当符合法律规定的条件，如果不符合善意取得的构成要件，则物权人仍可行使追及权。二是因添附而由他人依法取得所有权。在添附制度中，为了提高物的利用效率，

[①] 参见黄薇主编：《中华人民共和国民法典物权编解读》，681页，北京，中国法制出版社，2020。

最大程度地发挥物的功效，立法者也不得不放弃原所有权的追及效力。依据《民法典》第 322 条规定，在发生添附的情形下，要按照添附的规则来重新确定物权的归属。三是如果抵押人将其房屋抵押后，又将其已经抵押的房屋转让给作为受让人的消费者，消费者购买商品房系用于居住且买受人名下无其他用于居住的房屋，在此情形下，买受人对登记在被执行的房地产开发企业名下的商品房提出异议，买受人的权利应当受到保护。这就意味着，抵押权人能否行使追及权，将受到阻碍或限制。作为消费者的购房人购买的房屋用于自住，而且没有其他居住的房屋，在此情形下，抵押权不能追及的原因主要在于生存利益高于财产利益，维护被执行人及其扶养家属的生存权。[①] 四是采取登记对抗主义变动模式的物权，未登记的物权不能向善意第三人追及。

第三节 物权与债权

一、物债二分体系的形成

物债二分最早起源于罗马法上的对人之诉（actio in personam）和对物之诉（actio in rem）。盖尤斯《法学阶梯》第四编中就记载了对物之诉和对人之诉。[②] 对物之诉，是指针对某个物主张权利；而对人之诉则是因契约或者私犯行为而对某个特定人主张权利。[③] 中世纪注释法学家在解释罗马法时，从对物之诉和对人之诉中引申出了物权和债权的区分，并形成了物债二分理论。[④] 在此之后，潘德克顿学派的创始人萨维尼认为，对人之诉所要保护的权利，毫无疑问是债权；但是对物之诉所要保护的权利，则比较复杂，包括物法关系、继承法关系和家庭法

---

① 参见肖建国：《中国民事强制执行法专题研究》，28 页，北京，中国法制出版社，2020。

②③ 参见［古罗马］盖尤斯：《法学阶梯》，黄风译，288 页，北京，中国政法大学出版社，1996。

④ Robert Feenstra, Dominium and ius in re aliena: The Origins of a Civil Law Distinction, in *New Perspectives in the Roman Law of Property*, Peter Birks ed., Oxford Clarendon Press, 1989, p. 112.

关系。① 萨维尼将"对人权"和"对物权"转化为债权和物权，并将债权和物权进行对立、比较的考察。② 后来的普赫塔、温德莎依德等学者基本延续了萨维尼的概念，并发展了物债二分体系。

1804 年的《法国民法典》虽然没有采取严格区分物权与债权的体系，但法国民法学历来也是承认物权与债权的区分的。权利主体对作为权利客体的物享有某些权力。债权的客体是债务人和债权人的行为。③ 物权是将主体与其特权所针对之物联系在一起的权利，而债权则是在债权人和债务人之间建立起联系的权利。④ 原《法国民法典》的第二卷规定的是"财产及所有权的各种限制"，其中包括所有权，用益权、使用权和居住权，以及役权或地役权，均属于物权规范；第三卷规定的是"取得所有权的各种方式"，其中第三编对契约或合意之债作出具体规定，属于债法规范。但是，由于债法规范和"继承"等其他性质的规范并列出现在第三卷中，因此物债二分似乎并不严格。2016 年 10 月 1 日《关于合同法、债法一般规则与证明的改革法令》生效之后，原《法国民法典》债法部分被全面修订，在第三卷"取得所有权的各种方式"中，第三编（第 1100 条到第 1303—4 条）规定了债之渊源，第四编（第 1034 条到第 1352—9 条）规定了债之通则，第四编（二）（第 1353 条到第 1386—1 条）规定了债之证明。⑤ 由此可见，现在的《法国民法典》对债作出了一般性的规定，总体上也呈现了物债二分的格局。

在《德国民法典》编纂中，曾经就是否采纳物债二分模式产生争议，但民法典起草人最终采纳了这一模式。在 1887 年 12 月完成"第一草案"（der 1. Ent-

---

① Robert Feenstra, Dominium and ius in re aliena：The Origins of a Civil Law Distinction, in *New Perspectives in the Roman Law of Property*，Peter Birks ed.，Oxford Clarendon Press，1989，pp. 196、198.

② 参见金可可：《私法体系中的债权物权区分说——萨维尼的理论贡献》，载《中国社会科学》，2006（2），149 页。

③ François Terré, Philippe Simler, Yves Lequette et François Chénedé, Droit civil, Les obligations，12e éd.，Dalloz，2019，pp. 2-3.

④ 参见〔法〕雅克·盖斯旦、〔法〕吉勒·古博：《法国民法总论》，陈鹏等译，168 页，北京，法律出版社，2004。

⑤ 参见李世刚：《法国新债法：债之渊源（准合同）》，29 页以下，北京，人民日报出版社，2017。

wurf)的《立法理由说明》中，说明了将物权独立成编的理由，即是对对物权与对人权的区分（der Unterscheid zwischen dinglichem und persönlichem Recht）。《德国民法典》的《立法理由说明》中明确指出："物权（Sachenrecht）在草案体系中独立成编。它一方面与债之关系法和家事法不同，另一方面也与继承法不同。它的独立性来源于对物权与对人权的本质对立（Gegensatz zwischen dinglichem und persönlichem Rechte）。"①《德国民法典》沿袭（6世纪时）罗马法《学说汇纂》的体系，采取五编制，其在体系上最大的特点在于，采纳物债二分模式，分别制定债务关系法（Recht der Schuldverhältnisse）和物权法（Sachenrecht），将债务关系法规定为第二编，将物权法规定为第三编。这一体系也为许多大陆法系国家民法典所采纳。

总之，大陆法系国家民法形成了物权和债权的区分与对立，进而又分为物权法和债权法。② 这一体系为我国《民法典》所采纳。我国《民法典》在总则编第五章"民事权利"中分别规定了物权和债权的定义（《民法典》第114条和第118条），并且分别在第二编和第三编规定物权和合同，实质上就是在区分物权和债权的基础上，构建了物债二分的体系。物权和债权虽然都属于财产权的范畴，但是这两者之间的界分，有助于分别针对物权和债权建立不同的规则，从而形成以物权为核心的物权制度和以债权为核心的债权制度。可以说，我国《民法典》物权编的许多制度，都是建立在物权特有的对世性、直接支配性、排他性、优先性和追及效力的基础之上。不了解物权与债权的根本区别，就无法把握民法典的基本内容和体系。

二、物权与债权的区别

物权是和债权相对应的一种民事权利，它们共同组成民法中最基本的权利形

---

① Mugdan，Die Gesammten Materialien zum Bürgerlichen Gesetzbuch für das Deutsche Reich，3. Band，Sachenrecht，S. 1.

② 参见常鹏翱：《体系化视角中的物权法定》，载《法学研究》，2006（5）；张鹏：《物债二分体系下的物权法定》，载《中国法学》，2013（6）。

式。物权与债权的联系十分密切：一方面，它们都是基本的财产权，《民法典》第 113 条规定："民事主体的财产权利受法律平等保护"。该条明确规定了财产权的概念。按照通说，财产权是以财产利益为客体的民事权利，它可以分为物权与债权。[①] 物权和债权构成了市场经济社会最基本的财产权利。另一方面，物权是债权产生的基础和前提，也是债权实现的结果，债权的设定目的大都是获得物权。但物权作为一项独立的民事权利，和债权比较，具有自身的特点，二者区别如下。

1. 物权是支配权，而债权是请求权

物权是权利人支配特定物的权利，而债权是债权人请求债务人依照债的规定为一定行为或不为一定行为的权利。例如，买卖合同中规定，出卖人应于某年某月交货，在交货期到来之前，买受人只是享有请求出卖人在履行期到来后，交付货物的权利，而不能实际支配出卖人的货物。也就是说，买受人只享有债权而不享有物权。只有在交货期到来后出卖人实际向买受人交付了财产，买受人占有了财产，方能对该物享受实际的物权。按照萨维尼的看法，物权之所以区别于债权在于其以物为客体，在于其"以占有或者对物的事实支配为其材料"[②]。物权作为支配权，是与作为请求权的债权相区别的。支配权与请求权是两种不同性质的民事权利，它们在权利的内容、取得方法、行使方式以及救济途径等方面存在重大的区分，应当在法律上分开。

在物权法中，区分支配权和请求权的意义在于：

第一，明确界分不同的权益，维护交易当事人的权利。在交易中，出卖人在买受人交付货款之前是不会轻易地将标的物交付给对方的，因为在交易实践中，人们都懂得一个朴素的道理，交付标的物就意味着已经让渡了对物的支配的权利，自己利益的实现只能建立在买受人是否履行其义务的基础上，这实际上就是支配权与请求权的转换。支配权实际上是对物的控制、管理的权利。如果出卖人将货物交付，买受人没有支付货款，出卖人只能向买受人要求付款，或者要求买受人返还交出去的货物。这样出卖人无论对价款还是对货物只能享有请求权。这

---

① 参见谢怀栻：《论民事权利体系》，载《法学研究》，1996（2）。
② Friedrich Carl von Savigny, System des heutigen roemischen Rechts Verlag 1840, S. 140.

种权利不是直接针对物的权利，而是针对特定人的请求权。此外，对物的控制和对人的请求在本质上是不同的，尤其是表现在对物的效力上是不同的，前者是对物的直接的控制，而后者是对物的间接的控制。在买受人破产的情况下，这种区别就更为明显。假如出卖人将标的物出卖给买受人，而买受人没有支付价款，后来买受人因为资不抵债面临破产，则出卖人不能直接取回标的物，而只能针对未支付的价款或者请求返还的标的物享有债权，并和其他债权人平均受偿。而如果在破产之前没有交付标的物，按照合同规定，对方应当先付款，而在没有付款之时，对方陷于破产，此时，出卖人可以基于对方的违约而解除合同，也可以要求对方继续履行。所以，支配权、请求权涉及对物的权益的保护程度是不一样的。

第二，确定不同的权利取得方式。物权的取得主要是基于法律行为完成的，如果以法律行为作为创设物权的基础，依照我国《民法典》物权编的规定，除了法律另有规定之外，当事人之间不仅要订立物权变动的合同，而且必须有交付标的物或者办理登记手续的行为。但作为请求权的债权，原则上只需要当事人之间存在生效的合同行为，就可创设债权。另外，在比较法上，还有不少国家、地区的民事立法，认可了取得作为支配权的物权的特殊途径，如先占、取得时效以及添附制度等，而作为请求权的债权，就不存在这些特殊的取得方法。

第三，确定不同的权利行使方式。支配权是权利人以自己的意志对物行使权利，不需要以他人的意志为中介，也不需要他人从事积极的协助行为。所以，支配权人的义务人负担的是消极的不作为义务。请求权则必须以相对人的意志作为中介，请求权的实现需要他人的积极协助行为。如果相对人未按照请求权人的意志积极实施某行为，请求权人的利益就无法实现。

第四，明确不同的权利救济途径。传统民法上存在专门保护物权请求权的制度，物权请求权只能适用于支配权，因为物权请求权就是为了恢复和保障物权人对物进行支配的圆满状态，这项法律制度当然不能适用于作为债权的请求权。而债权的救济方式主要是债的不履行责任，例如违约损害赔偿。[①] 支配权与请求权

---

① 参见周林彬：《物权法新论》，172 页，北京，北京大学出版社，2002。

的区分不仅仅影响到对物本身的控制，它还涉及在物权遭受侵害的情况下的法律后果也是有一定的差别的。如果因为物权遭受侵害，支配权不能实现，或者行使受到妨害，虽然权利人和侵害人之间仍然是一种请求关系，但这种请求和一般的请求权也有一定的差异。例如，民法理论通说一般认为，所有物返还请求权可以不受时效的限制。如此规定的目的，就是要尽量恢复权利人对物的圆满支配状态。值得注意的是，物权是支配权意味着物权的核心内容是支配权，但物权也包含请求权的权能，例如物权请求权。

2. 物权是对世权和绝对权，而债权是对人权和相对权

物权是对世权，权利人可以对抗一切人，任何人都负有不得妨害或侵害的义务。只要物权受到侵害，不论行为人与物权人之间是否存在一定的法律关系，物权人都可以对行为人主张物权请求权，也可以请求行为人承担侵害物权的责任。由于物权是一种绝对权，因而其受到侵权法的保护，任何人侵害物权或者妨害物权人行使权利的，权利人都可以通过提起侵权行为之诉来获得法律上的救济。而债权是对人权和相对权，债权受到侵害以后，债权人只能针对债务人主张权利，而不能针对其他第三人主张权利。即便是由于第三人的原因导致债务无法履行，债权人通常也只能请求债务人承担债务不履行的责任。债权作为对人权，原则上不受侵权法的保护。如果债务人不履行债权，只能承担违约责任。当然，在现代侵权法中，债权在特殊的情况下也能受到侵权法的保护，如第三人恶意侵害债权的，也应当承担侵权责任。

3. 物权具有优先性，而债权具有平等性

所谓物权的优先性，主要表现在同一标的物之上同时存在物权和债权时，物权的效力优先于债权。当同一物上多项其他物权并存时，应当根据法律规定和物权设立的时间先后确立效力的优先性。例如，抵押权优先顺位的确定就采取登记先后的规则，先登记的抵押权要优先于后登记的抵押权。[1] 确定物权的优先效力，将为破产法的清偿还债程序和强制执行法中的执行程序奠定基础。只有明确

---

[1] 参见谢在全：《民法物权论》（上册），33 页，台北，三民书局，2003。

物权的优先效力，才能妥善地处理好各种有关物权的纠纷，保护当事人的合法利益。而债权都是平等的权利，所谓平等，是指债权人之间的债权除具有优先受偿权（如担保物权或法定优先权）者外，不考虑其发生时间之先后，金额之多寡，债权发生之原因，债权人都应当平等地接受清偿。① 在债务人破产而其财产又不足以清偿全部债务时，应就债务人的财产总额，在数个债权人之间按照各个债权数额的比例分配。②

4. 物权具有追及效力，而债权只能在特定当事人之间发生效力

物权都具有追及性，任何人都负有不得妨害权利人行使权利的义务，无论何人非法取得所有人的财产，都有义务返还，否则便侵犯了权利人的权利。不仅所有权，而且担保物权的标的物，不论辗转到何人之手，也不影响这些权利的存在。例如，甲将其自行车借给乙用，被丙盗走，甲作为所有人有权要求丙返还。而债权只能在合同当事人之间发生效力，也就是在特定当事人之间发生效力。因此，合同一方当事人原则上只能向与其有合同关系的另一方当事人提出请求，而不能向第三人提出请求。所以，如果甲将其自行车卖给乙，双方订立了一份买卖合同，在自行车没有交付之前，被丙盗走，只能由甲作为所有人要求丙返还自行车。乙作为买卖合同债权人不能要求丙返还财产，因为乙与丙之间没有合同关系，乙对丙不享有债权，其只能要求甲履行合同，当甲无法履行合同时，可要求其承担违约责任。

5. 物权是公开化的权利，而债权具有非公开性

物权作为一种绝对权，具有强烈的排他性，直接关系到第三人的利益，因而物权必须要对外公开，使第三人知道，由此决定了物权在设定、变动时必须公示。因此，当事人之间通过订立合同设立某项物权，如未公示，可能仅产生债权而不产生物权。公示常常伴随着物权的存在，一旦公示不存在，物权也将不再存在。正是因为物权具有社会公开性，所以受到侵权法的保护，任何人侵害物权或者妨害物权人行使权利时，权利人都可以通过提起侵权行为之诉来获得法律上的

---

① 参见郑玉波：《民商法问题研究》（三），31页，台北，三民书局，1982。
② 参见王家福主编：《民法债权》，9页，北京，法律出版社，1991。

救济。而债权只是在特定的当事人之间存在的，它并不具有公开性，设立和变更债权也不需要公示。因此当事人之间订立合同设立某项物权，如未公示，可能仅产生债权而不产生物权。

6. 物权的设立采法定主义，而债权的设立采意思自治原则

物权的设立采法定主义，即物权的种类和基本内容由法律规定，不允许当事人自由创设物权种类或随意确定物权的内容。依据物权法定原则所设定的物权公示制度，有利于防止欺诈、维护交易安全。[①] 在物权法上，不存在所谓的"无名物权"。然而债权，特别是合同债权，主要由当事人自由确定。当事人只要不违反法律的禁止性规定和公序良俗，则可以根据其意思设定债权，同时又可以依法自己决定债的内容和具体形式。所以，合同法尽管规定了各种有名合同，但是，根据合同自由原则，当事人完全可以在各种有名合同之外订立无名合同。

7. 物权的客体主要是有体物，而债权主要以行为为客体

物权作为支配权，必须以特定的物作为其支配的客体。依据《民法典》第114条的规定，物权以"特定的物"为客体。如果某物还尚未成为特定的物，是不能成为物权的支配对象的。例如，空气、云彩等无法为人力所支配的物，不能成为物权客体。正如法谚所称，"所有权不得未确定"。如果物不能独立和特定，则物权支配的对象亦不能确定，从而物权也难以存在。只要某物具有可被支配的范围，它就可以成为物权的客体。例如，海水本身难以被支配，所以它不能成为物权的客体，但是随着现代社会对海洋利用技术的提高，海域是可以被确定支配范围的，所以海域使用权可以成为一种物权。物权的客体主要是有体物。债权主要以行为为客体，如交付货物、支付货款、提供劳务等。但给付行为本身也可能涉及一定的标的物的给付。例如买卖期房，要以期房作为标的物，尽管期房还没有特定化，也可以成为债权的标的物。

此外，物权的客体是既存和确定的某一有体物，而债权可以成立于某一未定和将来的法律关系之上。譬如，当事人之间可以就未来的借款达成协议，也可以

---

① 参见常鹏翱：《体系化视角中的物权法定》，载《法学研究》，2006（5）。

在合同上设定生效条件，待条件成就而使合同关系实际发生效力。但是物权则不存在这样的可能性。^①

8. 物权通常具有永久性或长期性，而债权具有暂时性

区分物权和债权，可以明确物权的长期性的特点。物权相对于债权来说，都是一种长期稳定的财产权，例如，所有权是一种无期限限制的物权，他物权较之债权一般也都具有长期性和稳定性的特点。例如就土地承包经营权而言，我国《民法典》第 332 条规定："耕地的承包期为三十年。草地的承包期为三十年至五十年。林地的承包期为三十年至七十年。前款规定的承包期限届满，由土地承包经营权人依照农村土地承包的法律规定继续承包。"而债权是相对短暂的权利，物权与债权对应着两种不同的财产结合关系。一般而言，物权对应着较为稳定、牢固的财产结合关系，而债权则对应着较为松散的财产结合关系。

应当承认，在大陆法系的一些国家，虽然也承认物权和债权的区分，但此种区分仅具有相对的意义，如在法国法中，采取物权对抗模式，并不十分强调物权和债权的严格区分。^② 英美法中确实是不存在严格的物权和债权区分的理论，但并不是说，英美法学说上就绝对不存在这两类权利的区分。其实，英美法上也存在着相对应的概念。例如从布莱克斯通开始，英美法就形成了绝对权和相对权的划分。无论是在学理还是在判例中都是承认这两类权利的区分的。

三、物权和债权的关系的发展趋势

尽管物权与债权之间存在着上述区别，但现代社会的发展使物权与债权的界限越来越模糊，从而发生了两者相互渗透、相互转化的新趋势。具体体现在：

1. 第三人侵害债权制度的创设

第三人侵害债权制度的建立，使债权的不可侵犯性增强。物权与债权的区分，导致了合同法和侵权法调整对象的区分。物权具有对世性，因而受到侵权法

---

① Philippe Malaurie，Laurent Aynès，Droit civil，Les biens，Defrénois，2003，pp. 81-86.

② Voir M. Levis，Lopposabilité du droit réel，thèse de Paris Ⅱ，Economica，1989.

的保护；而债权具有相对性，原则上只受合同法的保护。但是，随着第三人侵害债权制度的发展，在第三人故意侵害债权致债权人损害的情况下，第三人也要承担侵权责任。通过"第三人侵害债权的理论"的提出，赋予债权一定程度的对世性。① 这种现象突破了侵权责任和违约责任的二分格局。

2. 债权的物权化现象日渐突出

随着交易的发展，法律为了保护某些债权人的利益，在特殊情况下，使债权物权化，从而导致某些相对性的债权具有一定程度的物权绝对性。② 债权的物权化现象表现在：第一，租赁权的物权化。许多国家法律都确认了"买卖不得击破租赁"的规则，赋予租赁权具有对抗第三人的效力。租赁权的物权化使租赁权在一定程度上具有了物权的效力。因此，在理论上，一些学者将其称为"相对支配权"（relatives Herrschaftsrecht）③。第二，债权中的优先购买权。优先购买权可以分为两种类型：一是基于物权而产生的优先购买权，如共有人的优先购买权，此种优先购买权属于物权的组成部分。二是基于债权而产生的优先购买权，如承租人的优先购买权，此种优先购买权可以看作是债权产生的特殊效力。在第三人侵害优先购买权的情况下，优先购买权人可以主张买卖无效，由此使优先购买权具有了物权的效力。第三，共有中的分管协议可以具有物权效力。所谓分管协议，是指共有人间约定某个或各自分别占有共有物的特定部分，并对该部分进行管理的合同，分管协议的内容是由某个或各共有人对共有物的特定部分进行分别管理。各国法律大多承认分管协议虽然属于债权合同，但是在登记之后具有物权效力，能够对新加入的共有人产生拘束力。第四，债权的保全制度的发展，使得债权具有对抗第三人的效力。因而有学者认为，从对抗力角度来看，作为绝对权的物权和作为相对权的债权之间的区分并不具有绝对的意义。④ 第五，预告登记

① 参见尹田：《物权法理论评析与思考》，63 页，北京，中国人民大学出版社，2004。

② 参见王泽鉴：《民法学说与判例研究》，第 7 册，71 页，北京，中国政法大学出版社，1998。

③ 张双根：《买卖不破租赁》，载王洪亮等主编：《中德私法研究》，第 1 卷，北京，清华大学出版社，1999。

④ Philippe Malaurie, Laurent Aynès, Droit civil, Les biens, Defrénois, 2003, pp. 91-92. 作者尤其提到了美国法上的制度，认为债权人要求法院可以对某些第三人发出命令，这体现了债权对于第三人的对抗性。

制度使买受人的债权通过登记公示而具有对抗第三人的效力。德国民法承认预告登记所具有的此种对抗第三人的效力。① 《荷兰民法典》第六编第252条规定，一些合同权利可以通过共同登记发生约束第三人的法律后果。该条第1款规定："合同可以约定当事人之一的与其登记财产有关的容忍或者不作为的义务转移给通过特别资格取得财产的第三人，并且该约定也可以约束从财产权利人处获得财产使用权的人。"

3. 物权证券化的发展

物权证券化主要体现在不动产的证券化上。所谓不动产证券化，是将不动产上的财产权变成证券形态。具体而言，其是将对土地及建筑物的财产权，由直接支配的物权关系，转变为具有债权特性的证券形态，使原来流通性不强的土地及建筑物财产权转化为流通性较强的证券。物权的证券化主要有如下几种形态：第一，将不动产的价值形态分成若干份额，以证券的形式对外出售。② 第二，美国的土地信托的典型操作模式。具体而言，开发业者购买一块生地（raw land），租给一家由开发业者组成的公司，并将该土地的所有权信托移转给一位受托人，依据信托契约，受托人发行土地信托受益凭证，而由委托人（开发业者）销售该受益凭证，受益凭证代表对土地所有权（信托财产）的受益权，由销售受益凭证所得的资金，用来改良土地。受托人收取租金，负有给付受益凭证持有人固定报酬的义务，并将剩余租金用来买回受益凭证，使开发业者的实质所有权（对信托财产的受益权）所受的负担解除。③ 第三，抵押权以证券化的形式转让。所谓抵押权的证券化，是指在抵押权设定以后，因为抵押权常常由银行所有，银行可以将抵押权转移给一投资公司，投资公司以抵押权所具有的权益发行证券。物权的证券化使物权和债权的关系更为密切，这就是说，物权不仅仅是权利人对物所享有的独占的支配权，而且物权可以作为一项可交易的财产，以具有债权特点的证

---

① 参见［德］鲍尔、施蒂尔纳：《德国物权法》（上册），张双根译，353页，北京，法律出版社，2004。

② 有日本学者认为，金钱不仅使物权与债权获得了前所未有的高度统一，同时也使二者区别之限愈益模糊。参见［日］於保不二雄：《物权法》，5~6页，东京，有斐阁，1956。

③ 详见谢哲胜：《不动产证券化之研究》，载《台大法学论丛》，第27卷第1期。

券形式在社会上进行流通。当然，证券化使得对物的利用更有效率。

4. 地役权的内容可以自由约定

我国《民法典》虽然采取物权法定原则，主要包括类型固定和内容固定，不允许当事人通过约定修改和变更。但现代民法中，物权法定原则开始出现缓和化的趋势。其中的表现就是地役权在用益物权体系中越来越重要，地役权的内容允许当事人通过合同自由约定，登记之后具有对抗第三人的效力，从而突破了物权法定的严格性，在物权法中增加了当事人意思自治的空间。

5. 所有权的期限分割

物权发展的另一个趋势就是所谓所有权的期限分割。[①] 所有权的期限分割，又称为有期产权，它是通过有期共享（［西文］tiempo compartido）的形式而产生的一种新的物权形式。从现实来看，此种制度通常是与旅游、度假、休闲联系在一起的，特别是在旅游圈中出现的轮换度假（［西文］intercambio vacationl）体制，使有期产权人可以轮换不同的地方，享用相应期限的不动产及设施的使用权。[②] 这种新的权利形式赋予购买人在事先确定的期限内排他性地使用特定不动产的权能；通常是由许多人长期或短期相继和轮换使用同一不动产，且这种权利可在生前或死后转让。[③] 例如，某人想每年夏天到北欧某个国家的海边度假，他可以在当地购买一栋别墅的7、8月的所有权。如果他想每年冬天到那里去滑雪，可以只购买该栋别墅12月份的所有权。这种做法不仅可以使所有人获取较高的收益，而且可以充分实现这栋别墅的价值。在该期限内，权利人享有对其购买的房屋的完全支配权，任何人占用其财产，其都可以以所有人的身份请求返还财产、排除侵害。当然，每个权利人只是在既定的时间内享有独占的支配权。一些国家，如葡萄牙，已经通过立法承认其为有期物权。也有的称其为"度假寓所所有权"（Ferieneigentum）。欧盟在1994年曾发布了一项关于时间分配式共有的指令。[④]

---

① 参见徐国栋主编：《罗马法与现代民法》，122页，北京，中国法制出版社，2000。

②③ 参见高富平：《物权法原论》，212页，北京，中国法制出版社，2001。

④ 参见［德］鲍尔、施蒂尔纳：《德国物权法》（上册），张双根译，679页，北京，法律出版社，2004。

此种所有权的产生，是所有权无期限原则的一种例外，也是现代社会因资源的相对稀缺而需要对资源进行更有效的利用的产物。然而，这种期限所有权究竟是一种物权还是债权？在大陆法系国家也存在着疑问。有一些学者认为，它在本质上是一种分期租赁，因此是一种债权。然而，在法律上它和租赁又存在区别，主要表现在：所有人在既定的期限内享有完全的所有权，对某栋房屋而言，所有权人如不使用，可以以出租人的身份出租出去，由他人承租使用。

6. 相邻关系中的内容约定

相邻关系在性质上具有法定性，因此不同于地役权。相邻关系所负有的义务是法律强制规定的，这种义务具有强行性，但是在现代社会的日常生活中，相邻各方可以通过约定改变这些法律关系。例如，在相邻不动产之间，所有人要行使其权利，必须要维护其与他人共有的不动产的分界设施；承受因不动产共有的有关负担；此项义务既可以说是一项法定义务，也可以说是一项法定债务。此种债务设定于物之上，与物不可分离；如果物已经不复存在或者物已经被转让，则原来的物权人所负担的义务宣告消灭，它具有明显的"随物性""物权属性"；所以这种债务与一般债务的区别在于，它附随于物本身而存在和移转，而一般的债权则是附随于人的，可以由债务人处分，当然，此种债务也可以通过抛弃物权等方式而免于承担。

总之，物权和债权的区分只是相对的。事实上，还存在着许多中间形态。美国学者麦瑞尔（Thomas W. Merrill）和史密斯（Herry E. Smith）基于经济分析方法，指出在物权与债权的二分之间还存在着许多中间类型，具体包括租赁权、托管（bailment）、信托、担保利益（security interest）等。[1] 现代民法发展出了许多难以区分为物权或债权的权利，如预告登记的权利、信托占有、让与担保等。[2] 有学者认为，近代以来，正是因为物权与债权相互交错、相互交换（物权既是目的，也是手段）、相互结合在一起，才推动了市场经济的全面发展。[3] 当

---

① 参见宁红丽：《物权法占有编》，156 页，北京，中国人民大学出版社，2007。

② 参见苏永钦主编：《民法物权实例分析》，93 页，北京，清华大学出版社，2004。

③ 参见［日］於保不二雄：《物权法》，5 页，东京，有斐阁，1956。

然，尽管存在着上述发展趋势，物权与债权的区分仍然是非常必要的。上述情形仅仅是这种基本划分的例外，不等于说从根本上否认了物权与债权划分的必要性和合理性。

第四节　物权与财产权的关系

财产权（vermoegensrecht，property，lesbieas）是两大法系共同使用的概念，亦为经济学广泛采用。物权是一种财产权，但又不能等同于全部的财产权。

一、大陆法中的财产权概念

罗马法中最早的财产概念是 familia 和 pecunia。据学者考证，前者主要指奴隶，而后者主要指羊群等财产。[1] 大约在罗马共和国末期，罗马法学家 Alfenus Varus 等人开始使用所有权概念（dominidm），与此同时，地役权、抵押权等概念也开始产生。不过在罗马法中，一直将所有权及其他物权与各种物等同对待，统称为物（res）或财产（proprietas），有时也称为财物（bona）。[2] 罗马法以所有为中心，将对物的使用视为抽象支配权的作用，并认为物权纯粹属于私法上物的支配权，而公法上的义务则存在于物权概念之外。由于所有权是对物的全面支配权，所以所有权权能可以发生分离，形成其他物权，当其他物权消灭，则所有权自动恢复到完全支配，此种情形称为所有权的弹力性和归一性。[3] 罗马法承认了一物一权原则，即每个物不过是抽象支配权的客体。此外，罗马法严格区分了物的支配和支配的外在形态，即占有。[4]

---

① See Gyorgy Diosdi, *Ownership in Ancient and Preclassical Roman Law*, Budapest, Akodomiai Kiado, 1970, p.21.

② 参见周枏：《罗马法原论》，276 页，北京，商务印书馆，1994。

③ 参见史尚宽：《物权法论》，1 页，北京，中国政法大学出版社，2000。

④ 参见我妻荣：《日本物权法》，有泉亨修订，2～3 页，台北，五南图书出版有限公司，1999。

罗马法中关于财产权的概念对大陆法产生了重大的影响。大陆法完全继受了罗马法所有权的概念和理论，尤其是罗马法的一物一权主义、所有与占有的区分等理论，而罗马法的地役权、抵押权等他物权形式也为大陆法所继受。在有关财产权的理论上，大陆法学者深受罗马法影响，形成了关于财产权的两种概念。

（一）广义的财产权概念

此种观点为绝大多数大陆法学者所采纳。毕克休斯（Beekhuis）等人认为，财产权"从最广泛的意义上来使用，当然是指任何有价值的东西，即能够产生部分个人财产的任何权利"①。从这个意义上讲，债权也是以一定实有利益为基础的财产，债权作为债权人所期待的利益可以作为一种重要的交易对象，而债权的转让也逐渐成为投资流动所不可缺少的要件，所以债权也是一种重要的财产权。同时，由于信用经济的发展，促使财产证券化，对有价证券的权利也成为日益重要的财产权，金融有价证券的发展使得物权和债权的区分更为困难。除有价证券外，知识产权、股权、基金份额等也日益成为重要的财产权。

大陆法学者对财产权与非财产权的区分通常是根据权利标的是否具有经济价值来作区分的。如果是以具有一定经济价值的物为客体的权利，则为财产权。② 当然，财产权不一定具有财产价格，只要体现了一定的经济价值就可以称为财产权。德国学者通常也将财产权称为具有经济价值的权利。③ 而非财产权通常是指人身权，即不具有一定财产内容而以身份和人格为内容的权利。财产权一般包括物权、债权、知识产权、有价证券等权利④，但关于继承权等权利是否属于财产权范畴，学者存在不同看法。

（二）狭义的财产权概念

按照狭义的财产权概念，财产应限于有体物，财产权主要指对有体物的支配的权利。债权虽具有一定的财产价值，但债权人对其享有的期待利益和信

---

① J. H. Beekhuis, F. H. Lawson, *International Encyclopedia of Comparative Law*, *Property and Trust*, *Structural Variations in Property Law*, H. C. B Mohr, 1972, p. 5

② 参见洪逊欣：《中国民法总则》，52 页，台北，自版，1992。

③ See Vinding Kruse, *The Right of Property*, Oxford University Press, 1953, p. 123.

④ 参见李宜琛：《民法总则》，47 页，台北，正中书局，1994。

赖利益并不能进行实际的支配和产生排他性的权利，所以债权本身并不属于财产权。① Frank Snare 指出，财产权是一种排他性的权利，"如果我有使用公共的道路的权利，其他人也有这种权利，那么我并没有享有排他的使用权，因此我并没有享有财产权"②。从狭义上理解的财产权概念，实际上是将财产权等同于物权，这种观点由于将物权以外的具有经济价值的权利排除在财产权之外，并将使财产权与物权的概念产生雷同，因此未被大多数学者所接受。

二、英美法中的财产权概念

英国法中的财产法不是在继受罗马法基础上产生的，而主要是从中世纪的封建的土地制度产生和发展而来的。英国法并不存在如同大陆法上所有权这样的明确概念，更没有采纳物权一词。但在财产权的概念上，英国学者的论述也或多或少受到罗马法的影响。如"普通法之父"布莱克斯通曾经宣称："没有任何东西像财产所有权那样如此普遍地唤发起人类的想象力，并煽动起人类的激情；或者说，财产权是一个人能够在完全排斥任何他人权利的情况下，对世间的外部事物所主张并行使的那种专有的和独断的支配权。"③ 布莱克斯通认为，财产权是"某人凭借着一种完全排他的、对外在的物的请求或行使的权利"④，财产是对物的绝对控制的权利。在他看来，绝对权利只有三种，即财产、生命和自由，这是每个英国人所固有的绝对权利⑤，他认为法律不能允许对这些权利哪怕是最小的侵害，即使这种侵害是由共同体造成的。⑥ 可见，布莱克斯通在一定程度上也受到了罗马法所有权理论的影响，只不过没有接受所有权概念而已。

在 19 世纪初期以前，受布莱克斯通的绝对财产权概念影响，普通法的财产

---

① See Vinding Kruse, *The Right of Property*, Oxford University Press, 1953, p. 123.

② Andrew Reeve, *Property*, Basingstoke: Macmilan Education Ltd, 1986, p. 7.

③ ［英］布莱克斯通：《英国法注释》，第2卷。转引自［德］海因·克茨等：《德国民商法导论》，楚建译，189页，北京，中国大百科全书出版社，1997。

④ See Blackstone, *Commentaris on The Laws of England*, London: Oxford Press, 1985, p. 2.

⑤⑥ See Blackstone, *Commentaris on The Laws of England*, London: Oxford Press, 1985, p. 135.

权概念具有两个特点，即绝对的支配（despotic dominion）和财产的有体性（physicalist）。一些受法律保护的无体物和利益，视为所有人的"拟制"的权利。① 然而，19 世纪以来，随着对财产利益，特别是无体财产保护的扩大，除了对各种有体物的权利以外，普通法的财产权还包括：（1）专利权、商标权等各种知识产权；（2）商业信誉和技术秘密；（3）有价证券的权利；（4）自 1906 年 Cohen v. Nagle（190 Mass. 4. 76N. E. 276，1906）一案以后，美国法确认企业名称也是一种财产权；（5）因添附取得的权利；（6）按照弗里德曼的观点，像养老金、就业机会、营业执照、补贴、政治特许权利等都属于财产权范畴。② 因此，财产权一词包含的范围十分广泛，它常被用来指"存在于任何客体之中或之上的完全的权利，包括占有权、使用权、出借权、转让权、用尽权、消费权和其他与财产有关的权利"，也就是说，凡涉及上述某一项权利内容，都可以冠之为"财产权"。

美国学者 Vandevelde 认为，现代普通法的财产概念与布莱克斯通的财产概念相比，已经具有以下几个特点：第一，财产权利所包括的类型发生了惊人的扩大，财产权不仅包含了有体物的权利，而且包括了对各种无体物和利益的权利。按照 Hohfeld 的观点，财产权是从各种法律关系中产生的各种特权、权利、利益的总称。③ 而边沁则认为财产权是法律所保护的能够从某物中获取某种利益的期待（expectation）。④ 第二，财产权并不是人对物之关系而是人与人之间的关系。因为各种财产权都是从各种法律关系中产生出来的请求权和利益，并不是必然与一定的实物联系在一起。第三，财产权并不是绝对的权利，它是受限制的权利和利益。正如 A. L. Corbin 所指出的，"我们的财产概念已经改变，它已不再被视

---

① See Vandevelde, "The New Property of The Nineteenth Century, The Development of The Modern Concept of Property", *Buffalo Law Rev*, Vol 29, 1980.

② See Lawrence M. Friedman, "The Law of The Living, The Law of The Dead: Property, Succession, and Society", 1966 *Wis. L. Rev.* 340.

③ See Hohfeld, "Some Fundamental legal Conceptions As Applied in Judicial Reasoning", 23 *Yale L. J.* 16 (1913) p. 16.

④ See Jeremy Bentham, Étienne Dumont, *The Theory of Legislation*, Oceana Publications, Inc., 1975, p. 68.

为物（res）或作为某种客体，而已经变成了单纯的法律关系的集束——权利、特权和义务免除"①。值得注意的是，尽管普通法上的财产权概念包括的内容十分广泛，但按照学者的一般观点，财产权并不包括合同的权利，有关合同权利的内容属于合同法的范畴。大陆法则认为合同权利属于财产权的重要内容。当然，大陆法的财产权概念也包括了知识产权、商业秘密、企业名称等权利。②

我国学者一般都接受了大陆法广义的财产权概念，认为财产权是指权利标的具有财产上的价值的权利，债权、物权、知识产权皆为财产权，以其为内容的民事法律关系为财产权关系。有学者甚至认为继承权亦为一种财产权。③ 财产权并不一定具有财产上的价值，例如江河、湖泊、山脉、草原，依法不能买卖、出租、抵押，它们本身并非商品，无从计较财产价值，但并不影响它们可以成为财产权的标的。④

采纳广义的财产权概念，则物权与财产权的区别是很明显的。这就是说，物权不过为财产权的一种，属于财产权的类型之一，但其本身并不能代替财产权的概念。从我国现行立法来看，有关法规、规章都使用了产权、财产权等概念⑤，这里所谓的产权实际上即指财产权，它包括了物权在内的各种财产权利。可见，我国法律采纳的是大陆法的财产权概念。

三、我国《民法典》采纳了物权概念

我国《民法典》总结《物权法》的经验，继续采纳了物权概念。应当看到，并非所有的大陆法系国家都采纳了物权的概念。大陆法系比较有代表性的《法国民法典》中未采纳物权的概念，但学理上一般承认物权的概念。《法国民法典》未采纳物权概念的原因是因为该法典采取了罗马法学家盖尤斯《法学阶梯》的模

① A. L. Corbin, "Comment. Taention of Seats On the Stock Exchange", 31 *Yale L. J.* 429 (1922).

② 参见李宜琛：《民法总则》，47页，台北，正中书局，1994。

③④ 参见梁慧星：《民法》，58页，成都，四川人民出版社，1988。

⑤ 参见《国有企业财产监督管理条例》《国有资产管理局关于印发〈国有资产产权界定和产权纠纷处理暂行办法〉的通知》。

式，这一模式的特点在于：一是在法典中并不严格区分债权和物权。担保物权和一般债权一样，都是作为取得财产的方法对待的。二是直接沿袭罗马法广义的物的概念，所有权、债权和物仍未明确区分开来。在法国民法上，"物权仅是一种权利，有关权利的执有人在使用这些权利时直接作用于物质的物。物权把人——权利执有人，和物——权利客体联系在一起"①。三是在《法国民法典》中，采纳了如下体系，即：人法；财产及所有权的各种限制；取得财产的各种方法。从中可看出罗马法体系的清晰脉络，无形财产包括股权和债权都是作为无形物受到对物法的调整，债权的独立地位并没有确立，只是作为一种物权的取得方式而存在。尽管法国法仍然采纳了罗马法对物权（droit reel）和对人权（droit personnel）的概念，但由于其没有严格区分物权、债权，也没有区分一般债权和担保物权、对有体物的支配和对无形物（包括债权）的权利，因此在财产和财产权的规定方面比较凌乱。

《德国民法典》采用的是《罗马法大全》中《学说汇纂》的模式，该模式采纳了物权而非财产权的概念，在民法中建立了一个独立的制度，即物权法，并在此基础上形成了民法典的体系。

如前述，我国《民法典》采纳了物权概念并在此基础上建立了物权制度，之所以采纳物权概念，主要理由是：

1. 准确界分所有权与其他物权，并在此基础上构建物权体系

物权包括两大类，即所有权和其他物权。所有权是对物的完全支配权，在所有权权能分离的基础上可以产生土地承包经营权、建设用地使用权等用益物权，以及以担保债权实现为目的而设立的抵押权、质权、留置权等担保物权。随着市场经济的发展，在同一项不动产之上会形成越来越多的其他物权，由于所有权与其他物权之间存在着许多共性，在保护方法上也是相同的，因此可以采用物权概念加以概括。如果使用财产权一词，因财产权的范围过于宽泛，既不能概括出所有权和其他物权的共同特征，也不能确立所有权和其他物权的独特保护方法，甚

① ［法］茹利欧·莫兰杰尔：《法国民法教程》，转引自《外国民法资料选编》，227 页，北京，法律出版社，1983。

至可以这样说，如果不使用"物权"一词，在法律上将找不到一个准确的概念能够对所有权与其他物权作出概括。

2. 界分有形财产权和无形财产权，构建对两类财产分别调整的法律规则

物权一词的采用准确地区分了对有体物的支配和对无形财产的权利，所谓无形财产权，是指对除有体物的权利以外的其他权利和利益所享有的权利，如对智力成果、股票、票据、债券等的权利，无形财产权的典型形式是知识产权。有形财产权和无形财产权都属于广义上的财产权的范畴，都具有经济价值，而且权利人都可据此实现对其的支配。但有形财产与无形财产的区别，主要表现在：第一，客体的差异。物权的客体主要是有形财产，而知识产权等无形财产权利的客体主要是无形财产。物权通常被称为有形财产权，而知识产权经常被称为无形财产权。[①] 第二，是否具有支配性不同。物权主要是权利人对其有形的财产进行控制和利用，并排斥他人干涉的权利。因此，物权具有明显的支配性。[②] 而知识产权中权利人对其所享有的权利的支配性较弱。由于此种权利的客体具有无形性，因此其权利人很难对其进行物理的、有形的、实际的控制，知识产权也无法与物权一样表现出独占的、排他性的特征。因为这一原因，物权可以适用一物一权规则，而在知识产权领域则无法适用该规则。第三，是否适用占有规则体系不同。物权人可以对其权利客体进行占有，因此，有关占有的规则，如交付移转所有权、占有的权利推定规则等都可以适用于物权。但是，知识产权的客体无法进行现实占有，因此也不能适用这些占有规则。第四，是否具有期限性不同。由于知识产权制度与公共利益密切相关，因此，经过一定期限后，知识产权就会进入公共使用的领域。因此知识产权都是有期限的权利，而物权特别是所有权并无法定期限的限制，其也因此被推定为永恒的权利。第五，登记的功能不同。物权的存在都要伴随一定的公示方法。这些公示方法主要是登记、交付等方法，所以，在

---

① 参见刘保玉：《物权法学》，13 页，北京，中国法制出版社，2007。

② "支配"一词来源于罗马法的 mancipium，据学者考证，该词源自 manu capere，即"用手抓住"，后来扩大到对土地的占有和耕种。参见汪洋：《罗马法"所有权"概念的演进及其对两大法系所有权制度的影响》，载《环球法律评论》，2012（4）。

物权法中，登记是一种重要的公示方法。而在知识产权法中，登记只是确认权利的方法而非公示方法，如著作权中的登记制度就非权利人取得著作权的必要条件，而只是对已经取得的著作权的确认。[①] 第六，保护方法不同。在物权可能遭受侵害或遭受侵害时，权利人可行使恢复原状、排除妨害等物权请求权以恢复其权利的圆满支配状态，而在知识产权遭受侵害时，通常仅能根据侵权请求权对其予以救济和保护。只有在采纳物权概念之后，才可以形成有形财产和无形财产的界分，并可在此基础上形成对有形财产和无形财产分别予以调整的规则和制度。

需要指出的是，在信息社会和知识经济时代，无形财产权的重要性日益凸显，保护知识产权是一个国家能够保持创新力和竞争力的关键。但这并不否认有形财产权的重要性。因为，权利人在占有和支配有体物过程中所形成的财产关系是社会基本的经济关系，是产生社会财富的基础。例如，土地所有权属于我国基本经济制度的范畴。有形财产关系也是社会生活中最基础的法律关系和产生其他财产关系的基础。例如，因货物的运输、买卖，才产生提单、仓单；因实物的出资，才能产生股权；因有现金的往来，才产生票据，所以，对有体物权利的设定、移转、占有的规范，形成了社会生活中最基本的规则。正是从这个角度，物权法是调整社会财产关系的最基本的法律。

3. 界分物权和债权，构建民法的财产权体系

采纳物权概念的最大优点在于，在法律上使物权和债权这两种基本的财产权形态得以严格区分，从而明确对其分别适用不同的规则（如债权的平等性和物权的优先性等）。这不仅完善了民法的内在体系，而且可以为法官正确处理民事纠纷提供极大的便利。物权是和债权相对应的一种民事权利，它们共同组成民法中最基本的财产形式。准确地区分物权和债权，将可以使社会上各种纷繁芜杂的财产关系得以明晰化、体系化，也为法官处理各种复杂的财产纠纷提供了基本的思路。随着社会经济的发展，无形财产权利的范围也逐渐扩大，但由于无形财产权不属于物权法调整，从而有必要形成一系列专门的法律对无形财产进行调整。事

---

① 参见刘保玉：《物权法学》，13 页，北京，中国法制出版社，2007。

实上，无形财产已经受到票据法、知识产权法、公司法、证券法等特别法的调整，因此也没有必要在物权法中对其专门作出规定。假如我们不采纳物权一词，则票据法、知识产权法等法律都难以与物权法相区分，民商法内部也不可能形成各个法律彼此之间的科学分工与合作的关系。

总之，财产权本身是指权利标的具有财产上的价值的权利，财产权是和人身权相对应的一个概念，其包括的范围十分广泛。物权不过是财产权的一种，财产权是上位概念，而物权是下位概念，两者绝不可完全等同、相互替代。

第五节　物权的分类

一、所有权与他物权

《民法典》第114条规定，物权可以分为所有权和他物权，后者包括用益物权和担保物权。所有权是指所有权人依法享有的对其财产进行占有、使用、收益和处分的权利，它是指所有权人在法律规定的范围内，独占性地支配其财产的权利。[①] 所有权制度是物权制度中的核心内容。从权利主体上说，所有权又可分为国家所有权、集体所有权、私人所有权。

他物权又称为定限物权、有期物权，是指根据法律规定和当事人的约定，由非所有人在所有人的财产上享有的占有、使用和收益权以及在特殊情况下依法享有的一定的处分权。[②] 我国《民法典》将他物权进一步区分为用益物权和担保物权，并分别在物权编第三分编、第四分编中作出规定。他物权与所有权一样，都具有直接支配并排除他人干涉的性质，同样能够产生优先和追及的效力。所有权是他物权产生的基础。这就是说，他物权是由所有权派生出来的权利，它以所有权的存在为前提。他物权的取得一般是基于所有人的授权，或是基于所有权人与

---

① 参见王泽鉴：《民法物权·通则·所有权》，50页，北京，中国政法大学出版社，2001。
② 参见崔建远：《中国民法典释评·物权编》（上卷），8页，北京，中国人民大学出版社，2020。

他物权人订立的合同。总之，他物权的产生要体现所有权人的意志和利益，他物权的内容不过是从所有权权能中分离出来的部分权能。

但是他物权与所有权不同，二者的区别主要有以下几点。

第一，权利主体不同。所有权的权利主体是所有权人，义务主体是非所有权人，即除所有权人以外的自然人、法人和其他主体，而他物权的权利主体只能是所有权人以外的其他权利人。我国《民法典》不承认所有权人为自己设立他物权。他物权因一定的法律事实产生而由所有权人享有时，原则上所有权与他物权的混同将导致他物权的消灭，此时，所有权即恢复其完整状态。不过，在他物权设定以后，尽管所有权人不能实际占有、使用其财产，但仍然享有对其财产的最终处分权，也可以享有对财产的收益权。所以，非所有人享有他物权以后，并不能取代所有权人的地位而成为所有权人。

不过，为保护所有权人和第三人的利益，当代许多国家的物权法允许在他物权由所有人享有时，所有人为自己的利益而继续享有他物权。例如，在德国法上，在需役地与供役地属于同一所有权人所有时，亦允许设定地役权（所谓的所有权人地役权）。[①] 但是根据我国《民法典》的规定，并不承认所有权人可以享有他物权。

第二，权利内容不同。所有权人对其物享有占有权、使用权、收益权和处分权，因而称为"完全物权"，而他物权的内容则是受限制的、不完全的。非所有人享有他物权以后，一般只能对标的物享有占有、使用和收益的权利；没有法律的依据和所有人的授权，不能行使处分权。非所有人行使财产的处分权，既受到法律的限制，也受到所有权人意志的限制。非所有人必须依照法律规定行使其权利。如果他物权是通过合同的方式确立的，并且合同对权利的行使设有明确的限制，则非所有人还必须依据合同的约定行使权利。由于他物权在内容上受到法律和所有人意志的限制，因而又被称为"限制物权"。

---

① 参见［德］鲍尔、施蒂尔纳：《德国物权法》（上册），张双根译，723 页，北京，法律出版社，2004。

第三，权利的存续期限不同。所有权原则上是无期限的权利，只要作为权利客体的物存在，所有权就可存续。而他物权一般有一定的存续期限，如果他物权是通过合同的方式取得的，则其只能在合同约定的期限内存在。在合同终止后，这种物权随之消灭。所以，许多他物权在期限上相对于所有权而言是短暂的，因而这些物权又被称为"有期物权"。

二、用益物权和担保物权

依据对物的利用内容的不同，他物权可以区分为用益物权和担保物权。所谓用益物权，是指非所有人对他人之物所享有的占有、使用、收益的排他性权利。我国《民法典》物权编在第三分编中规定了用益物权。所谓担保物权，是指为了担保债权的实现，由债务人或第三人提供特定的物或者权利作为标的物而设定的限定物权。担保物权是为了确保债务的履行而对他人提供担保的物或权利的价值所享有的权利。我国《民法典》物权编在第四分编中规定了担保物权。这两种物权在性质上均为定限物权，都是在所有权基础上产生的他物权。此种分类方式是对他物权所作出的进一步划分。

用益物权与担保物权主要具有如下区别。

第一，支配对象不同。用益物权支配的是物的使用价值，它是以对标的物使用、收益为目的的权利。用益物权人支配的是标的物的使用价值，权利人设立该权利的目的是获取使用价值，因而用益物权又可称为"使用价值权"[1]。而担保物权则侧重于支配物的交换价值，它往往不以对物的实体进行利用为目的，而是通过支配物的交换价值，保障其所担保的债权获得圆满实现。[2] 换言之，在债务人不履行债务或者出现其他法定情形时，债权人有权就标的物拍卖、变卖，并就其价款优先受偿。

第二，是否具有从属性不同。用益物权除地役权以外，都是主权利，其并不

---

① 黄薇主编：《中华人民共和国民法典物权编释义》，620页，北京，法律出版社，2020。
② 参见崔建远：《物权：规范与学说》（下册），492页，北京，清华大学出版社，2011。

具有相应的从属性，也不会因为主权利发生效力瑕疵而因此受到相应的影响。而担保物权因其主要是为担保主债权的实现而设定的，因此都是从权利，其本身具有从属性的特点，该权利会随着被担保的债权的变更、移转等而发生变动，其效力也具有从属性，一旦其所担保的主债权被宣告无效或者被撤销，则担保物权也将随之无效。

第三，客体不同。用益物权通常以不动产为客体。虽然《民法典》第323条规定动产之上也可以设定用益物权，但是《民法典》物权编所规定的典型的用益物权都是在不动产之上设立的，而担保物权的客体可以是动产、不动产以及权利。从担保物权的发展趋势来看，只要具有财产价值、能够流通的财产，都可以作为担保物权的客体。用益物权的客体发生价值形态的变化，如价值改变、减少等，将对用益物权人的使用收益权产生直接影响，而担保物权的客体发生价值形态的变化，并不影响担保物权的存在。① 所以担保物权具有物上代位性，即当担保物权的标的物转化为其他价值形态时，担保物权以标的物的代替物为客体。

第四，存续期间不同。用益物权往往有明确的存续期间，此种存续期间或是约定的，或是法定的。用益物权只有在物权关系被解除以后，才归于消灭。权利人取得用益物权之后，就可以对标的物进行使用、收益。同时，由于用益物权人通常需要对特定的不动产进行长期的利用，因此，用益物权的期限通常较长，而且用益物权设定后，权利人即可对物进行利用。而担保物权设立后，权利人并不能立即实现权利，只有在所担保的债权已届清偿期且债务人不履行债务时，担保物权人才能行使变价受偿权。② 同时，担保物权以债的存在为前提，担保的债权实现时，该权利就归于消灭。③ 根据我国《民法典》第419条的规定，当实现担保物权的情形发生后，如果权利人不行使担保物权，在主债权诉讼时效届满后，担保物权会受到影响。因此，与用益物权不同，担保物权的存续期限通常并不固定，而且其存续期限通常较短。

---

① 参见刘保玉：《物权体系论》，85页，北京，人民法院出版社，2004。
② 参见郭明瑞：《担保法原理与实务》，11页，北京，中国方正出版社，1995。
③ 参见谢在全：《民法物权论》（上册），42页，台北，新学林出版股份有限公司，2014。

第五，与基本经济制度的关联性不同。由于用益物权是对不动产的实际控制和利用，这决定了用益物权制度必然在相当程度上与一国基本经济制度具有密切联系，这使得其具有明显的"本土性（或称本地性）"。在我国，实行以公有制为主体、多种所有制经济共同发展的所有制制度，同时实行社会主义市场经济体制。如何实现公有制与市场经济的有机结合，是人类历史上前所未有的新问题，我国《民法典》在确认和保护土地公有的基础上，通过用益物权制度促进公有制与市场经济的融合发展，有效促进市场经济的发展。而担保物权强调对财产的交换价值的利用，其主要发生在交易关系中，随着国际经济交往的日益密切，担保物权制度的规则具有统一和趋同的发展趋势。

虽然用益物权和担保物权是两种不同的他物权形态，但是二者的区别不是绝对的，二者之间的界限也逐渐模糊，尤其是某些担保物权中同样体现了物的使用价值。① 例如，在日本法上存在着特殊的不动产质制度。② 我国传统民法上的典权制度，就兼具担保物权和用益物权的双重功能。

三、动产物权、不动产物权、以权利为客体的物权

依据物的客体的不同，物权可以区分为动产物权、不动产物权以及以权利为客体的物权。所谓动产物权，是指以动产为客体的物权，如车辆、船舶、机器的所有权等。所谓不动产物权，是指以不动产为客体的物权，如土地所有权、土地使用权等。所谓以权利为客体的物权，主要是指在权利之上设立的物权，如权利质权、在建设用地使用权上设立的抵押权等。

这种分类的主要意义在于：第一，通常，物的客体不同会导致所能设立的物权的类型存在不同。在动产之上只能设立所有权和担保物权，甚至在传统的物权法中，动产只能出质而不能设定抵押，动产之上一般不能设立用益物权；而

---

① Christian Larroumet，Droit civil，Tome Ⅱ；Les bien，Droit réels principaux，4e éd.，Economica，2004，p. 23.

② 参见《日本民法典》第356条。

不动产之上则可以设立用益物权。在权利上一般只能设立担保物权。担保物权中的权利质权即为适例。第二，物的客体的区别会导致物权变动的模式不同，且物权变动的公示方法不同，动产物权变动的公示方法通常为交付，而不动产变动则主要采取登记的公示方式。① 第三，不动产物权于社会公共利益影响较大，故法律上往往设有诸多限制，而动产物权则一般不作特别限制。另外，权利为物权的客体通常应有法律的特别规定，故权利物权的具体种类应以法律明确规定者为限。②

四、主物权和从物权

主物权是指不以其他物权的存在为前提，而可以独立存在的物权。③ 如所有权、建设用地使用权、土地承包经营权、宅基地使用权等。从物权是指从属于主权利的物权，如地役权、抵押权、质权等。这些权利都以一定的主权利存在为前提。例如，抵押权具有从属性，其存在是为了担保主债权的实现，主债权一旦消灭或被宣告无效或撤销，抵押权的效力也受到影响。

但主物权与从物权存在区别，这主要表现在：一是是否能够独立存在不同，主物权独立存在，其变更、转让不受其他物权的影响；而从物权存在就是为了其所从属于权利的实现④，具有从属性。从物权因主权利的成立而成立，从物权依附于主权利的存在而存在。二是是否具有处分上的从属性不同。对于从物权而言，如果从物权所依据的主权利发生权利移转的，则其上所附属的从物权也发生相应的移转。以抵押权为例，如果债权人将债权让与第三人时，除另有约定外，

---

　　① 参见崔建远：《中国民法典释评·物权编》（上卷），9～10 页，北京，中国人民大学出版社，2020。
　　② 参见刘保玉：《物权体系论》，84 页，北京，人民法院出版社，2004。
　　③ 参见史尚宽：《物权法论》，14 页，北京，中国政法大学出版社，2000。
　　④ 参见刘保玉：《物权体系论——中国物权法上的物权类型设计》，84～85 页，北京，人民法院出版社，2004。

抵押权应随同移转。① 三是是否具有消灭上的从属性不同。对于从物权而言，如果主权利消灭，则附属于其上的从物权也因此而消灭。例如，抵押权所担保的债权，因清偿、提存、抵销、免除等原因而全部消灭时，抵押权亦随同消灭。②

第六节　物权的客体

一、物权客体主要是有体物

（一）物权客体主要是有体物

物权作为一种支配权，必须以特定的物作为其支配的客体。因此，只有那些能够为权利人所能支配和控制的物，才能成为物权的客体。现代社会中，物权的客体的范围是十分广泛的，因为任何物在法律上都具有自己的归属，即使是无主物，最终也可能依据法律规定确定归属。因此无论是生产资料还是消费资料，无论是自然物还是劳动产物，无论是流通物还是限制流通物，都可以作为物权的客体。

（1）作为物权的客体，必须满足作为权利客体所应具有的一般特征。这些特征是指凡是存在于人身之外，能够为人力所支配和控制、能够满足人们的某种需要的物。③ 首先，作为物权客体的物，必须是存在于人身之外。因为人本身不能作为客体，而附属于人体的各个器官和组织等，在与人体发生分离之前，本身不能成为物权的客体。④ 其次，作为物权客体的物，必须能够为人力所支配。如果无法为人力所支配或者控制，就无法有效确定权利归属和范围，自然也无法成为物权的客体。⑤ 例如，空气、云彩、天体等，无法为人所控制和支配，谈论其归

---

① 参见王泽鉴：《民法物权》，471页，台北，三民书局，2012。
② 参见王泽鉴：《民法物权》，472页，台北，三民书局，2012。
③ 参见王泽鉴：《民法物权》，42页，北京，北京大学出版社，2010。
④ 参见王泽鉴：《民法总则》，198页，北京，北京大学出版社，2009。
⑤ 参见黄薇主编：《中华人民共和国民法典物权编释义》，227页，北京，法律出版社，2020。

属和利用关系是没有意义的，因而它们都不能成为物权的客体。最后，作为物权客体的物，应当具有价值（包括使用价值和交换价值），能满足人类一定的生产生活需要。如果物本身没有价值，对其占有和利用便无法形成一定的财产关系，那么赋予无价值的物以财产权利，就毫无意义。

（2）作为物权的客体，主要是有体物。传统的物权法主要规范的是因有体物上权利的设定、移转等而发生的法律关系，这是由物权主要是对有体物的支配权利所决定的。有体物是相对于无体物而言的。有体物是指具有一定的物质形体，能够为人们所感觉到的物，换句话说，是指有形的、可触觉并可支配的物。①

从罗马法开始直到近代，物权的客体主要是土地。由于土地在农业社会的重要性以及其具有显而易见性（visibility）、固定性（fixity）、安全性（security），它一直成为物权的重要客体。但罗马法也承认了无体物的概念。② 在罗马法中有体物（rescorporales）是指："实体存在于自然界之物质，而为人之五官所可觉及者也（quae tangi，possunt）。如土地、房屋等。"无体物（res incorporalsl）是指："法律上拟制之关系（quae consistunt in jure），而为人之五官所不可觉及者也。如用益权、地役权。"③ 大陆法系国家关于是否承认无体物为权利客体问题，存在两种不同观点。一是以法国法为代表的国家将物分为有体物和无体物，认为有体物与无体物均可以作为权利客体，如《法国民法典》第526条规定，不动产的用益权、地役权或土地使用权和旨在请求返还不动产的诉权按其所附着的客体均为不动产。二是以德国法为代表的法律仅承认权利客体为有体物而排斥了无体物的概念，有体物是物权的主要客体的观点来源于萨维尼，他认为，在无体的客体上不可能存在物权和绝对权。这一观点得到了普赫塔等潘德克吞学者的支持。④ 温德萨伊德认为，对物权应该是物上的权利（ein Recht

① 参见［德］鲍尔、施蒂尔纳：《德国物权法》（上册），张双根译，22页，北京，法律出版社，2004。

② See Andrew Reeve, *Property*, Basingstoke：Macmilan Education Ltd，1986，p. 82.

③ 陈朝璧：《罗马法原理》，84页，上海，商务印书馆，1936。

④ Jänich, Geistiges Eigentum-eine Komplementärerscheinung zum Sacheigentum? (2002)，S. 35f.

an der Sache），并且应该以物为客体。① 根据《德国民法典》第 90 条的规定："本法所称的物，仅指有体物。"这两种观点各有利弊，德国民法的观点对于物权客体的物的范围规定得过于狭小，从而使许多权利上的物权不能纳入物权的范畴。而法国民法将许多权利都作为物对待，并未严格区分权利与权利客体，因此也不完全妥当。②

依据我国《民法典》第 115 条，"物包括不动产和动产。法律规定权利作为物权客体的，依照其规定"。据此，物权的客体仅限于有体物，尤其是就所有权而言，其客体原则上应限于有体物。在一般情况下，物权以有体物为支配对象。所谓物权的支配性，就是指对有体物的支配权，整个物权法的规则都是建立在对有体物支配的基础上的。例如，物权请求权主要就是为了使物权人恢复对有体物的占有和支配，排除他人对有体物的妨害，恢复有体物的原状，这些方法是很难适用到无体物之中的。如果物权法主要调整无体物上权利的设立移转关系，则整个物权法的概念、体系和基本规则都要发生根本性的改变。例如，所有权概念完全是建立在有体物的概念之上的。在法律上不可能存在以无体物为客体的所有权，否则，将会出现债权的所有权、知识产权的所有权甚至所有权的所有权。所有权的概念将会变得混乱不堪。再如，一物一权、物权的公示和公信、善意取得等原则与制度都是建立在有体物基础上的。如果物权法主要调整无形财产的设立、移转关系，这些规则就都要改变。所以，我国《民法典》第 115 条规定："物包括不动产和动产。法律规定权利作为物权客体的，依照其规定。"因此，物权主要以有体物，即以动产不动产为客体。

（3）物权的客体主要是特定物。在法律上，物有特定物和种类物之分。特定物是指具有单独的特征，不能以其他物代替的物，如某幅图画、某个建筑物等。种类物是指具有共同特征，可以用品种、规格或数量等加以度量的物，如某种标

---

① 参见王洪亮等主编：《中德私法研究》，第 1 卷，171 页，北京，北京大学出版社，2006。
② 参见陈旭琴：《关于物与建立我国物权制度的法律思考》，载《杭州大学学报（哲社版）》，1996（1）。

号的水泥、某种牌子的大米等。种类物可以用同类物来代替，但是当种类物已经从同类物中分离出来作为权利客体时，也就有了特定化的性质。① 物权的客体必须是特定物，因为物权是权利人支配特定物的权利，标的物不特定化，权利人也就无从支配。而且物权的移转要采取登记或交付的方式，如果标的物不能特定，则无法登记或交付。对于债权来说，其权利客体主要是行为，即使是以物为给付标的物，大多也是种类物。不过，当这些种类物由债务人交付给债权人以后，则种类物已变成特定物，并成为所有权的客体。只有在作为物权客体的物具有独立性和特定性的情况下，才能明确物权的支配范围，使物权人能够在其客体之上形成物权并排斥其他人的干涉。正如法谚所称："所有权不得未确定。"如果物不能确定，则物权支配的对象亦不能确定，从而物权也难以存在。所以民法理论认为物权客体的特定主义（Spezialitaetsprinzip）亦应为物权法的一项规则。

现代社会中物权的客体的范围是十分广泛的，因为任何物在法律上都具有自己的归属，即使是无主物，最终也可能依据法律规定确定归属。因此不论是生产资料还是消费资料，无论是自然物还是劳动产物，不论是流通物还是限制流通物，都可以作为物权的客体。通常，作为物权客体的物，应当具有价值（包括使用价值和交换价值），能满足人类一定的生产生活需要。在民法上，物的意义就是承载权利的客体，无论在实体层面还是制度层面，都具有独立存在的价值。② 如果物本身没有价值，对其占有和利用便无法形成一定的财产关系，那么赋予无价值的物以财产权利，就毫无意义。因此，只有那些能够为权利人所能支配和控制的物，才能成为物权的客体。当集合物进入交换领域后，集合物作为一个整体具有某种交换价值，并可以与其他物相区别，这样它就可以作为物权客体。③ 比如将企业的财产整体上作为担保物设定抵押，或者将企业的财产作为一个整体进行出售。

---

① 参见费安玲、刘智慧、高富平：《物权法》，16 页，北京，高等教育出版社，2011。
② 参见常鹏翱：《物权法的展开与反思》，42 页，北京，法律出版社，2017。
③ 参见王泽鉴：《民法总则》，171 页，北京，北京大学出版社，2009。

（二）法律明确规定时，无形财产可以作为物权客体

在大陆法系国家，一般认为，物权的客体主要是有体物，但晚近也有德国学者认为，罗马法上的所有权概念不一定建立在有体物上。^① 对此，一些英美法学者曾经展开过讨论。20世纪20年代，霍菲尔德（Hohfeld）对于大陆法上通常所说的"物必有体"这一观点提出了尖锐的批评，他全面否定了财产权的客体是有体物的观点，并在此基础上提出了财产权是一种"权利的集束"的看法。他认为，"财产"并不是像土地或啤酒厂之类的具体物；财产只能是财产权，也就是财物之上的权利。"财产"特指权利人所享有的各种主张、特权、权力等，它给予了权利人对于客体和空间的控制和支配权。^② 如果将财产仅仅理解为有体物，将忽视无形财产的重要性，难以解释知识产权等权利的存在和发展，尤其是"将财产理解为有体物"的理论不能解释为什么不同的权利人在法律上可以对客体进行分别的控制，也不能解释对一些非有体性的权利的征收征用也应该给予补偿的问题。^③ 一些美国学者也支持霍菲尔德教授的观点，认为罗马法上的"对人权"（rights in personam）和"对物权"（rights in rem）的区分误导了法律人，使得法律人误以为财产权就是对物的权利，也不符合财产在现代社会的新的发展。^④

事实上，随着社会的发展和科技的进步，现代社会中的"财产"概念发生变化，无形财产大量产生，财产的类型日益多样化，无形财产的类型日益丰富，其重要性也有与有形财产并驾齐驱之势，甚至有超越之势。尤其是随着技术革命的进程和互联网的发展，越来越多的具有金钱价值的事物被视为财产的具体类型。例如，有价证券、信托、空间权益、数据产品等等。据此，有不少学者认为，财产法的调整重心也应当发生移转，不应当仅限于有体物，而应当扩张及于无形财产。

应当看到，大陆法上的物权制度不像英美法上财产权制度那么宽泛。英美法

---

① Jänich, Geistiges Eigentum-eine Komplementärerscheinung zum Sacheigentum? (2002), S. 35f.

② See Wesley Newcomb Hohfeld, "Fundamental Legal Conceptions as Applied in Judicial Reasoning", *Yale Law Journal*, 710, 713 (1917).

③④ See Leif Wenar, "The Concept of Property and the Taking Clause", in 97 *Colum. L. Rev.* (1923).

上的财产概念包括了知识产权等无体财产权，而大陆法上的物权概念已经将其与知识产权等无体财产区分开来。① 在大陆法国家，由于民法体系内部有明确的分工，物权法主要调整因有形财产的利用和归属所形成的关系，无形财产主要受知识产权法、证券法、公司法等法律的调整，因此，物权法不能越俎代庖，否则可能导致整个民法体系的混乱。为此，我国《民法典》第 115 条规定，"物包括不动产和动产。法律规定权利作为物权客体的，依照其规定。"这就是说，只有在法律有特别规定的情况下，权利本身才可以成为物权的客体。换言之，权利成为物权的客体必须要由法律规定。因为一方面，物权主要以有体物为客体，如果允许当事人随意以权利作为物权的客体，将会改变物权的性质和形态。例如，如果认为所有权的客体可以为无体物，特别是权利，则会出现债权的所有权、继承权的所有权，甚至所有权的所有权，如此，则所有权的概念本身将陷于自相矛盾与模糊不清的状态。这样的结果将会导致物权法定原则形同虚设。另一方面，由于物权法的基本规则都是建立在有体物的规则之上的，如果允许当事人随意以权利作为客体，也会导致物权法的基本规则发生改变。

在我国《民法典》中，权利成为客体的情况主要是指：

第一，在担保物权中，建设用地使用权等可以设定担保，如设定抵押或者质押。我国《民法典》规定的权利质押，实际上都是以权利作为物权客体的情形。知识产权属于无形财产，应该受知识产权法调整，但是在法律有规定的情况下，可以出质而成为担保物权的客体。②

第二，我国《民法典》确认了空间可以成为物权的客体。空间是一个物理学上的概念，是以一定的长、宽、高来界定的三维空间。作为法律概念的空间是以权利客体的形式存在的。然而，空间权的客体与一般物权的客体是有区别的，因为空间不是有形物，它难以被实际地控制或占有。但它仍然可以作为物权的客体而存在，这是因为它是客观存在的资源，可以为人类所支配和控制，并能够满足

---

① Stresemann, in MünchKomm zu BGB, § 90, Rn. 4, 6.

② 参见黄薇主编：《中华人民共和国民法典总则编解读》，340 页，北京，中国法制出版社，2020。

人类的需要。① 与电、气、磁场等类似，空间也是可以被感知的。在物权法上，空间是指土地上下一定范围的立体上的位置。对空间所享有的支配和利用的权利就是空间权。空间无论在土地之空中或地中，如果具备独立的经济价值及有排他的支配可能性两项要件，即可为物。② 根据我国《民法典》第 345 条规定，空间权可以成为一项权利，这实际上就是将空间资源纳入了物权客体的范围。

第三，我国《民法典》第 252 条规定："无线电频谱资源属于国家所有"，这就将"无线电频谱"纳入物权法的适用范围，实际上也扩大了物权客体的范围。我国司法实践也承认，电、热、声、光等在物理上表现为无形状态的物，作为有体财产的延伸，仍然属于有体物的范畴，从交易观念出发，它可以作为物而对待。

第四，我国《民法典》承认了集合财产在特殊情况下可以成为物权客体。为了促进物尽其用，充分发挥担保物的价值，集合财产作为担保物的现象越来越普遍，尤其是以企业整体财产作担保，越来越普遍。因为一方面，以企业财产作担保，可以使企业的品牌、信用等无形财产计算到担保财产之中。另一方面，以企业财产作担保，就可以将企业财产拍卖，而整体财产拍卖一定比单个财产出售更有价值。整体财产出售，还可以导致整体财产的接管，受让人在买受时，可以对企业进行整治，从而使企业起死回生。但是，如果将企业分拆拍卖，可能会导致企业的消灭。由此可见，集合财产担保是很有效率的。正是因为越来越多的集合财产作为担保物，也使物权客体范围扩张，例如，在以集合财产担保的情况下，物权客体实际上都突破了有体物的范围，而包括了无形财产。

当然，权利作为物权客体本身只是一种非常例外的情况；对于这种非常例外的情况由法律规定，但不能扩大解释为物权的客体必须法定；否则，人们有效利用各种财产和资源的活动将会受到严重的制约。

（三）数据、网络虚拟财产等能否作为物权客体？

数据是指以信息为内容的无形财产。网络虚拟财产是伴随着互联网的快速发

---

① 参见赵怡：《试论物权法中的空间权制度》，载《市场周刊》，2004（6）。

② 参见陈华彬：《现代建筑物区分所有权制度研究》，58 页，北京，法律出版社，1995。

展而产生的新的财产，如比特币、网游中的装备、账号、网店。它们与一般的财产在本质上有很大的共性，都具有一定的经济价值，甚至可以在一定范围内流通。例如，网店、游戏装备等，可以作为财产出售。我国《民法典》第 127 条规定了网络虚拟财产的保护，这就为这些财产纳入民法调整提供了法律依据。[①] 在司法实践中，已经出现了电子游戏装备、QQ 号码归属等纠纷。[②] 早在 2003 年，北京市朝阳区人民法院公开审理了国内首例虚拟财产案——"红月案"。在该案中，原告游戏账号中的所有虚拟物品不翼而飞，原告要求被告游戏运营商恢复原状，由此引发诉讼。[③]《民法典》第 127 条规定："法律对数据、网络虚拟财产的保护有规定的，依照其规定。"该规定有效地适应了数字时代数据和网络虚拟财产的发展，并宣告了这些权益亦可作为民事权益予以保护。但是，数据和网络虚拟财产是否也可以成为物权客体，在学界曾经引发争议。笔者认为：

第一，数据和网络虚拟财产不是有体物，因此不满足《民法典》第 114 条第 2 款关于物权客体是"特定的物"的要求，因此原则上不能成立物权。实践中，有的法院将 NFT 数字资产视为所有权客体，例如杭州互联网法院在"元宇宙第一案"的判决中指出："NFT 交易实质上是'数字商品'所有权移转，并呈现一定的投资和收藏价值属性……NFT 数字作品持有人对其所享有的权利包括排他性占有、使用、处分、收益等。"[④] 这一观点似乎表明，持有人对 NFT 数字作品享有完整的所有权。但是严格地说，即便 NFT 数字资产等网络虚拟财产应当受到法律保护，但是不能简单地将其认定为物权。

---

① 参见黄薇主编：《中华人民共和国民法典总则编解读》，340 页，北京，中国法制出版社，2020。

② 例如，在"李某晨诉北极冰公司案"中，游戏玩家李某晨因为游戏道具被盗，遂以游戏运营商侵害其私人财产为由诉至法院。法院认为，"关于丢失装备的价值，虽然虚拟装备是无形的，且存在于特殊的网络游戏环境中，但并不影响虚拟物品作为无形财产的一种，获得法律上的适当评价和救济。玩家参与游戏需支付费用，可获得游戏时间和装备的游戏卡均需以货币购买，这些事实均反映出作为游戏主要产品之一的虚拟装备具有价值含量"。参见北京市第二中级人民法院（2004）二中民终字第 2877 号民事判决书。

③ "首例虚拟财产案宣判"，https：//news. sina. com. cn/c/2003 - 12 - 19/11061380671s. shtml，2022 - 05 - 18。

④ 杭州互联网法院（2022）浙 0192 民初 1008 号民事判决书。

第二，数据和网络虚拟财产在例外情形下，可以设立担保物权，在此情形下可以适用民法典物权编的有关规则。在数据、网络虚拟财产上设定的担保权利因不会移转标的物的占有，在性质上应当属于抵押；而且对于权利质权，《民法典》采取了正面清单模式，其确认可质押的权利中并不包括数据、网络虚拟财产。在这一立法背景下，只能将数据和网络虚拟财产上的担保权利作为抵押权。依据《民法典》第 395 条第 1 款第 7 项的规定，只要法律、行政法规未禁止抵押的其他财产都可以抵押，而法律、行政法规并未禁止数据、网络虚拟财产的抵押。同时，《民法典》第 440 条关于权利质押标的物的规定仅限于"法律、行政法规规定可以出质的其他财产权利"并不包括数据、虚拟财产。由此可见，数据、网络虚拟财产的担保只能采取抵押的形式。

第三，在数据和网络虚拟财产遭受侵害的情况下，也可以参照适用物权请求权（《民法典》第 235 条、第 236 条）的有关规定。由于数据产品和网络虚拟财产原则上是财产权利，因此在受到侵害的情况下可以受到法律保护。《民法典》对网络虚拟财产的保护作出原则性规定，可以为网络虚拟财产的保护提供法律依据。[①] 从《民法典》第 127 条规定来看，既然承认网络虚拟财产具有财产性质，那么，对其就应当比照财产权的规则进行保护。网络虚拟财产应当作为财产权受到保护，而不能用人格权保护方法，侵害网络虚拟财产也不能适用精神损害赔偿。但网络虚拟财产究竟是物权还是债权，目前仍未达成共识。一般认为，由于网络虚拟财产以当事人之间存在网络服务协议为前提，因而应当属于债权，可适用债权的相关规定对此类财产予以保护。但仅仅通过债权有时难以对此类财产提供保护。例如，黑客攻击篡改邮箱和网络店铺数据，第三人盗走游戏装备，用债权予以保护都比较困难，因为已突破了合同的相对性。但平台和用户之间的关系具有债权特点。如果用单一的物权和债权来解决，可能不利于保护此类财产。[②]

---

① 参见北京市朝阳区人民法院（2003）朝民初字第 17848 号民事判决书。

② 参见熊丙万：《实用主义能走多远？——美国财产法学引领的私法新思维》，载《清华法学》，2018（1）；包晓丽、熊丙万：《通讯录数据中的社会关系资本——数据要素产生配置的研究范式》，载《中国法律评论》，2020（2）。

如果以数据、网络虚拟财产进行抵押，是否需要公示，以具备公示效力？需要指出，数据本身是不断产生、流动的、无边界的、不确定的，但数据开发者制造数据产品以后，数据产品具有一定的确定性。例如，制作成数据库、移动端应用程序中的数据、特定服务器中的全部数据，具有一定的特定性，因此，可以采用登记方式进行抵押。但此类财产的抵押是应当采取公示生效主义还是公示对抗主义，法律规定并不清楚。《民法典》第402条和第403条分别规定了不动产抵押的登记要件主义与动产抵押的登记对抗主义，毫无疑问，数据、网络虚拟等作为无形财产权利，无法归入不动产之中，也不能适用不动产的物权设立公示规则，而作为无形财产权利，在物权设立方面的规则具有相似性。因此，笔者认为，以数据、网络虚拟财产进行抵押，可以类推适用《民法典》第403条的规定，采取公示对抗主义。

二、物权客体的分类

（一）有体物和无体物

有体物是指具有一定的物质形体，能够为人们所感知的物。有体物包括的范围非常广泛，可以是除权利以外的一切物质实体，即物理上的物，它不仅包括占有一定空间的有形物（各种固体、液体和气体），还包括电、热、声、光等自然力或"能"（energies）[1]。无体物主要是指除有体物以外的其他权利和利益，如对股票、债券、智力成果等的权利，都可以被称为无形财产。[2] 其实质内容是法律所保护的权利主体的利益。电、天然气等无形物在交易上是可以作为交易对象的，从交易观念出发，它可以被作为物而对待，许多国家的民法典明确规定电力等自然力为可以支配的物。[3]

区分有体物和无体物的主要意义在于：第一，从物权法的调整范围来看，我

---

[1] 李双元主编：《比较民法学》，247页，武汉，武汉大学出版社，1998。

[2] 参见马俊驹、梅夏英：《无形财产的理论和立法问题》，载《中国法学》，2001（2）。

[3] 参见陈华彬：《物权法原理》，53页，北京，国家行政学院出版社，1998。

国《民法典》主要调整因有体物产生的财产归属和利用关系。而因无体物产生的归属和利用关系由知识产权法等法律调整。第二，从物权客体来看，我国《民法典》确认了物权的客体主要是有体物，在法律明确规定的情况下，客体可以是无体物。例如，《民法典》物权编规定了权利质押，这就是属于法律有特别规定的情况。这些物代表了有形财产。所以，通俗地讲，物权的客体大多是看得见、摸得着的财产。当然，在特殊情况下，有形财产和无形财产可以相互转化。例如，计算机软件因为储存于数据载体中而获得可把握的形式时，可以成为有体物。[①]

（二）动产和不动产

物权的客体是特定的物。所谓特定的物，主要是指动产、不动产。动产与不动产的区分，最早起源于罗马法。大陆法系国家都采纳了这种区分。所谓不动产，是指依照其物理性质不能移动或者移动将严重损害其经济价值的有体物。所谓动产，是指不动产之外的物，它在性质上能够移动，并且移动不损害其经济价值，如电视机、书本等。有体物可以分为动产和不动产。动产和不动产概念的区别主要表现在：第一，是否可以移动。动产通常可以移动，而不动产则不能移动。当然，在现代社会中，随着科技的发展，房屋也可以移动，但是这毕竟属于例外现象。第二，移动是否在经济上合理。房屋等土地附着物也可能是能够移动的，但一旦移动耗资巨大，而动产通常可以移动，即使是沉重的机器设备，也可以移动，且较之于不动产，其移动耗资不大。第三，是否附着于土地。不动产除土地之外，其他财产如房屋、林木等都是附着于土地的，通常在空间上不可移动，若发生移动将影响它的经济价值。而动产通常并不附着于土地。

从物权法的发展趋势来看，动产和不动产呈现出相互渗透甚至是相互转化的状况。因为一方面，不动产证券化趋势的发展，使不动产具有动产化的趋向。物权的证券化不仅有利于充分实现不动产的交换价值，也为物权人开辟了新的融资渠道。另一方面，某些动产，如船舶航空器等也要在法律上采取登记制度，从而与不动产的规则完全一致。还要看到，在担保物权中，不动产抵押和动产抵押基

---

① 参见［德］鲍尔、施蒂尔纳：《德国物权法》（上册），张双根译，22页，北京，法律出版社，2004。

本上采用相同的规则。正是由于这一原因，有一些学者认为应当使动产和不动产规则统一化。

笔者认为，尽管动产和不动产在某些方面应适用共同的规则（例如物权法的基本原则、物权的请求权制度等对动产和不动产都是适用的），但也要看到，动产和不动产适用的仍然是两种不同的规则，具体表现在：

（1）权利的取得方式不同。在我国，土地属于国家和集体组织所有，个人不能对于土地享有所有权。此外，从权利的取得方式来看，动产取得的一些方式如先占、添附、加工等，一般不适用于不动产。

（2）转让的形式要件不同。从权利的转让来看，动产的转让不仅可以采用书面形式和口头形式，还可以采用其他形式。法律对于动产的转让合同，常常没有严格的形式要件要求，但对于不动产则具有这方面的要求，这主要是因为不动产价值较大，所以不动产交易需要作成书面合同。

（3）物权公示的方法不同。从公示方法来看，动产所有权移转以交付为要件，而不动产所有权移转以登记为要件。动产的价值较小，法律不要求其采用登记的方法进行公示，而只是要求采用交付的方式；而不动产的价值较大，且依其性质能够通过登记确定其特征，法律要求其变动必须登记。由于登记较之于交付更为复杂，所以物权法应当对登记的程序等作出规定，这些规则一般不适用于动产。①

（4）利用方式不同。就我国《民法典》的规定来看，动产之上可以设立抵押权、质押权、留置权，而不动产之上可以设立用益物权和抵押权。一般来说，动产之上是不能设立用益物权的，但我国《民法典》物权编也承认动产之上可以设立用益物权。就担保物权而言，不动产之上只能设立抵押，但不能设立质押权和留置权；而动产之上，既可以成立质押权，也可以成立留置权。在他物权的设定方面，动产一般不能够设定用益物权，只是在法律明确规定的情况下可以设立担保物权，如动产抵押、动产质押和留置权。一般来说，在动产之上设立的他物权

---

① 参见陈华彬：《物权法》，67 页，北京，法律出版社，2004。

是有限的，而在不动产之上则可以设立多项物权，各项用益物权基本上都是在不动产的基础上产生的。①

（5）权利的性质不同。在权利的性质方面，法律对动产的移转和取得极少设定一些限定，且动产移转和取得的规则需要借鉴外国的法律经验。但是对不动产的设定、取得、移转常常有许多公法上的限制。不动产更多涉及的是其归属的确认和在有限地域内的利用的问题，通常很少发生大规模的国际性的交易。另一方面，不动产法律制度常常涉及一个国家的基本经济制度，甚至与该国的国家主权密不可分。既然物权法承担着维护基本经济制度的功能，因此，有关不动产的规则具有很强的固有性。

（6）二者的诉讼管辖不同。依据我国《民事诉讼法》的规定，不动产的纠纷适用专属管辖，由不动产所在地法院管辖。但对于动产，其并不适用专属管辖的规定。②

（三）土地和地上定着物

从广义上讲，土地是指包括土地、森林、水、矿藏以及阳光、空气的一切自然资源。③从狭义上讲，土地作为地球表面的陆地的土地资源，即在气候、水文条件作用下，由地貌、土壤、植被等因素组成的自然综合体。④绵延无垠的土地，在物理上是非独立的物，但依据交易的观念和法律的公示方法，可将其划分为各个部分，这些部分均可以成为独立物。

所谓地上定着物，是指固定且附着于土地之物。⑤我国台湾地区实务界认为"系指非土地之构成部分，继续附着于土地，而达一定经济上目的，不易移动其所在之物"。我国《担保法》曾使用这一概念，其第92条规定："本法所称不动产是指土地以及房屋、林木等地上定着物。"因此，地上定着物包括房屋、林木等。其特征在于它是附着于土地、固定且不易移动的物。所谓房屋是利用一定面

---

① 参见陈华彬：《物权法》，67页，北京，法律出版社，2004。
② 参见马俊驹、余延满：《民法原论》，70页，北京，法律出版社，2005。
③ 参见王家福、黄明川：《土地法的理论与实践》，1页，北京，人民日报出版社，1991。
④ 参见崔建远、孙佑海、王宛生：《中国房地产法研究》，15页，北京，中国法制出版社，1995。
⑤ 参见王泽鉴：《民法物权·通则·所有权》，53页，北京，中国政法大学出版社，2001。

积的空间，在地上、地下所建筑的物。① 所谓建筑物是指定着于土地上或地面以下，具有顶盖、梁柱、墙壁，可供人居住或使用的构造物，如房屋、仓库、地下室、空中走廊、立体停车场、桥梁、水塔、烟囱等。② 房屋一般包括土地上的居民住房、工商业用房、办公用房（写字楼）等建筑物及其构建物，如铁路、桥梁等。由于房屋不可能是空中楼阁，必须建造在土地之上，土地是和房屋及构造物相连的，并在空间上紧密结合为一体，因此在法律上通常将两者统称为不动产或房地产。

关于土地和房屋之间的关系，世界范围内有两种不同的立法模式：一是吸收主义。在此种模式下，房屋被认为是土地的重要组成部分，或者被认为是地上权的组成部分。罗马法采取"房随地走"的添附制度，认为土地应当吸收建筑物。在罗马法中，地上建筑物是依附于土地的，因为建筑是使建筑物添附于地皮。罗马法所有权的典型规范是这一原则：根据自然法，地面上的物品添附于地皮。③ 罗马法曾用添附的理论解释土地与建筑物的关系。德国法并未采取日耳曼法的观点，而是完全继受了罗马法的"附着于土地之物即属该土地"的思想，认为定着于土地之物以及与土地所有权结合形成的权利，都不是独立的不动产，而只是土地的重要组成部分。《德国民法典》第 94 条明确规定："土地的主要组成部分，为定着于土地的物，特别是建筑物，及与土地尚未分离的出产物。"这一观点对大陆法系其他各国的民法产生了重大影响。二是分离主义。在此种模式下，房屋和土地是分别的所有权客体，房屋不是土地的组成部分，也不是地上权的组成部分，而是独立的权利客体。日耳曼法最初认为建筑物为动产，以后随着建筑物的日益坚固，其与土地的结合日益长久，便逐渐认为建筑物是一种独立的不动产，而不是与土地结合在一起的不动产。④ 法国民法并没有采纳罗马法的观点。在法国法中，通常将不动产中的土地与建筑物区别开来，各自作为不同的不动产区别

① 参见史尚宽：《民法总论》，229 页，台北，三民书局，1960。
② 参见梁慧星、陈华彬：《物权法》，36 页，北京，法律出版社，1997。
③ 参见〔意〕彼德罗·彭梵得：《罗马法教科书》，203 页，北京，中国政法大学出版社，1992。
④ 参见姚瑞光：《民法物权论》，243 页，台北，自版，1988。

对待，在这一点上极其类似于日耳曼法。日本民法与法国民法基本相同，《日本民法典》第 86 条规定："土地以及固定在土地上的物叫做不动产。"但根据日本《不动产登记法》第 14 条，土地和建筑物是分别登记的，因此学者一般认为建筑物是可与土地相分离的独立的不动产。[①]

我国《民法典》采用了分离主义：土地和房屋分别成为不同的物权客体，并可以分别登记。但是，对于土地和房屋的权利采取了两个重要的规则：一方面，在交易时，实际上采纳了土地使用权与建筑物所有权相结合的观点，将土地和房屋视为交易的共同客体。房产和地产在交易中，必须共同作为交易标的，而不能分别对待。土地使用权及其地上建筑物所有权均不能单独转移、抵押和出租，必须同时转移、抵押和出租。在处分房屋和土地时，则采取了"地随房走、房随地走"的原则，使房屋和土地不得分别处分。例如，《民法典》第 356 条规定："建设用地使用权转让、互换、出资或者赠与的，附着于该土地上的建筑物、构筑物及其附属设施一并处分。"第 357 条规定："建筑物、构筑物及其附属设施转让、互换、出资或者赠与的，该建筑物、构筑物及其附属设施占用范围内的建设用地使用权一并处分。"由此可见，在交易中，房地的权利是结合在一起的。另一方面，土地和房屋的权利人必须保持一致，避免因为土地使用权人和房屋所有权人分别属于不同主体而产生纠纷。

房屋等建筑物都具有长久地附着于土地、非经毁损或变更形体不能移动其位置的特点，可见建筑物是重要的不动产。[②]一幢建筑物可以作为一项独立的不动产，但建筑物也可以依据纵向分割和横向分割及纵横分割的方法，而划分为各个部分。如果各个部分具有构造上的独立性、使用上的独立性及通过登记与公示表现出来的法律上的独立性，则能够成为独立的不动产。至于在建房屋虽未完工，但如果能够遮风避雨，且具有独立的经济使用目的、经济价值，在交易上具有特

---

① 参见 ［日］川岛武宜：《所有权法的理论》，166 页，东京，岩波书店，1981。

② 参见崔建远：《物权：规范与学说》（上册），48 页，北京，清华大学出版社，2011。

定性和独立性时，即可成为物权并且为不动产客体。① 根据一般的社会观念和交易观念，附属建筑物和主建筑物为一个建筑物一般不宜分开。房屋如遭到毁损已不能使用，应认为原房屋已经灭失，仅剩余建筑材料。

种植于土地上的树木、花草、庄稼等植物及其产生的果实是否应附着于土地，或是作为与土地相分离的财产？根据日耳曼法，树木和植物虽与土地结合在一起，但应被视为独立的所有权客体。产生这一规则的主要原因是，在日耳曼法中，并不注重对物的支配关系而注重对物的利用关系，土地虽属某人所有，但土地的耕作、利用常常归属于作为独立的生产者的其他人，土地的耕作、利用者享有对树木、植物的单独的所有权。在罗马社会，由于土地原则上大多归属于贵族所有，实际耕作土地者大多是奴隶，因此在罗马法中就产生了地上物归属于土地的原则。《德国民法典》在制定时，认为罗马法的这一原则有助于明确所有权的客体范围，并有利于维护交易安全，故在第 94 条明确规定，"种子自播种时起，植物自栽种时起，为土地的主要组成部分"，从而采纳了罗马法的上述原则。②《日本民法典》对此并没有作出明确规定，根据该法第 242 条规定，不动产所有人原则上取得附合动产之所有权。但是，当动产为因权源而使其附属之物时，该动产不归不动产所有人所有，而归使其附属之人所有。③ 该条立法既认为附着物应归属于土地所有人，同时也认为具有权属的人（如地上权人、永佃权人、租赁权人等）也享有对地上物的所有权。根据我国法律规定，林木和植物等的所有权不能当然归属于土地所有人，至于土地所有人对其栽种的林木和植物，则可以享有所有权，对于土地的使用权人、承包经营权人等栽种的林木和植物也应依法保护其所有权。如《森林法》第 15 条规定："林地和林地上的森林、林木的所有权、使用权，由不动产登记机构统一登记造册，核发证书。"可见，林木的所有

---

① 参见崔建远：《我国物权法应选取的结构原则》，载《法制与社会发展》，1995（3）。
② MünchKomm/Stresemann，BGB § 94，Rn. 1.
③ 参见［日］我妻荣：《日本物权法》，［日］有泉亨修订，284 页，台北，五南图书出版有限公司，1999。

权是可以与土地的所有权分离的。

土地和地上定着物区分的主要意义在于：一方面，土地只能属于国家和集体所有，公民个人不能对其享有所有权，而房屋等地上物的所有权可以为个人所有。土地所有权不能买卖，而房屋等地上物的所有权是可以买卖的。另一方面，在土地之上可以设定建设用地使用权、承包经营权等用益物权，这些权利都是有期限限制的，而地上定着物所有权是没有期限限制的。此外，在房屋之上一般不能设立用益物权。

（四）主物和从物

主物和从物通常表示的是相互之间在利用上具有依存关系的两个物。所谓从物，就是不作为主物的组成部分，而是为了发挥主物的经济效用，与主物同属一人的物。[1] 可见，从物具有如下特点：第一，从物并不是主物的组成部分，具有独立性。[2] 也就是说，从物并未丧失其独立存在的价值，如果某物已构成他物的组成部分，如房屋的墙壁和门窗等，则不是从物。第二，从物是为发挥主物的效用而存在的。也就是说，从物的存在是为了辅助主物的存在，与主物处于某一特定的空间关系中[3]，它是为了增加主物的价值，如钟表与表链，若无表链，钟表的价值就会减损。第三，从物必须与主物同属于一人。这是因为只有在从物与主物同属一人的情况下才能适用从物的所有权随主物的所有权移转的规则。[4] 如果二物不属于一人，则从物随主物的移转而移转，不利于充分发挥物的经济效用，将会严重损害第三人的利益。[5]

关于主物和从物的关系，尽管从物在物质的外观上是独立的，其与主物一样都是独立的物权客体，但由于两者是结合在一起的，这种结合并没有创造出一种

① 参见洪逊欣：《中国民法总则》，224 页，台北，自版，1992。
② 参见黄薇主编：《中华人民共和国民法典物权编解读》，377 页，北京，中国法制出版社，2020。
③ 参见［德］鲍尔、施蒂尔纳：《德国物权法》（上册），张双根译，28 页，北京，法律出版社，2004。
④ 参见《德国民法典》第 97 条，《日本民法典》第 87 条。
⑤ 参见王泽鉴：《民法物权》，210 页，北京，北京大学出版社，2010。

独立的物，其结合的方式是主物对从物的支配作用，从物只是起到辅助主物的作用。所以，从物应当随同主物的移转而移转。《民法典》第 320 条也特别规定："主物转让的，从物随主物转让，但是当事人另有约定的除外。"据此，在当事人没有特别约定的情况下，从物应当随同主物的移转而移转。例如，在"王佳彬诉江苏淳通汽车销售服务公司等返还汽车合格证纠纷案"中[1]，南京市中级人民法院经二审审理认为："王佳彬作为消费者从江苏淳通公司购买案涉汽车，双方形成买卖合同关系，现王佳彬在取得案涉汽车所有权后因缺少合格证无法办理上牌上证手续，无法依正常方法有效支配和使用汽车，其物权的圆满状态已受到妨害，故王佳彬基于物权请求权，可以向汽车生产商、经销商和持证银行等与汽车合格证有关联的相对人主张权利，其诉讼的最终目的是使受到妨害的物权回复到正常状态，能够自主地支配和完满地实现汽车的功效与价值。王佳彬对汽车的所有权及于从物合格证，具有对世性。王佳彬基于物权行使从物返还请求权，理由正当充分。"

当然，从物随主物的移转而移转的规则是一种任意性的规范，当事人之间也可以特别约定，在移转主物时从物所有权并不发生移转，或者约定抵押主物，而从物并不相应地作为抵押标的，或者移转主物时只是使某一从物发生移转而另外的从物并不发生移转。

（五）单一物和集合物

所谓单一物，是指在形态上能够单独地、个别存在的物。物权的客体主要是单一物。但在社会生活中，一物与他物结合是经常发生的。如果一物与他物结合时各自未丧失其经济上的独立性，即成为一个集合物。从法律上看，所谓集合物，是指各个物并不丧失其独立存在的价值，但它们结合成为具有独立价值的一体而成为集合物。[2] 集合物分为两种类型：一是事实上的集合物。如商店里的全

---

① 本案为江苏法院 2018 年度消费者权益保护十大典型案例之四。参见江苏省南京市溧水区人民法院（2015）溧洪商初字第 259 号民事判决书；江苏省南京市中级人民法院（2016）苏 01 民终 1624 号民事判决书。

② 参见洪逊欣：《中国民法总则》，213 页，台北，自版，1992。

部商品、工厂里的机械设备。二是法律上的集合物。法律上的集合物是指权利和物的结合，又称为财产，包括营业财产、企业财产、破产财产、共同继承财产、合伙财产、夫妻共同财产、失踪人的财产，等等。

关于集合物能否成为物权的客体问题，需要区分集合物的价值和集合物中各个具体的物的价值，在集合物中，各个物并没有丧失其事实上的独立性，它们形成集合物也并没有损害其各自的经济价值，这就是德国学者基尔克所说的各个物是并存的、并不矛盾的。既然各个物并没有丧失其个性，即使在各个物形成集合物的情况下，所有人依然可以对单个物进行支配。一般认为，事实上的集合物，除法律另有规定之外，不得单独为物权的客体；否则，必然破坏一物一权主义。从原则上说，由于集合物中的各个物具有很强的独立性，完全可以被所有人分别支配，因此按照一物一权规则，应当将集合物中的各个物作为分别的所有权客体对待。但是当集合物进入交换领域后，集合物从整体上可以形成某种交换价值，并可以与其他物相区别，这样集合物也就可以成为单独的所有权客体。

集合物之所以能够成为物权的客体，是因为集合物可形成共同的交换价值。随着市场经济的发展，进入交换领域中的物的种类越来越多，集合物也成为交换的客体。集合物之所以能作为物来交换，是因为各个物集合在一起可以形成共同的交换价值，而这种交换价值又是容易确定的。例如，将整座工厂及工厂内的设备以某种价格出售，将商店包括商店内的全部商品进行抵押，在所有人对这些集合物进行处分以后，法院对集合物也能够强制执行。由于集合物能够共同形成某种交换价值，因而集合物无论是事实上的集合物还是法律上的集合物，都可以在从事交易时从观念上将它们与其他物分开，从而在观念上形成一个特定的独立物，因此对集合物的总体价值的支配不仅是可能的也是可行的。集合物能够形成单一的交换价值，乃是其能够成为独立的物权客体的重要原因。如果在观念上能够将集合物与其他物分开而使其成为物权客体，这与一物一权主义并不矛盾。集合物作为物权的客体不是因为使用上的原因而是因为交换上的原因，当然集合物能够形成总体上的交换价值，是因为集合物具有整体上的经济效用，而只有在其作为交易的对象时，其作为物权客体的价值才能表现出来。在现代社会，财团抵押、浮动抵押等形式的发展，都促使集合物成为物权的客体。正如川岛武宜所指出的："当集合物的交换价值成为现实性的东西时，集合物的统一性存在在法的世界就变成了现实性的东西"①。"使近代法中的集合物成立的时机，是该组成物之间的交换价值的关联，集合物的近代性格正是存在于这一点上。"②

从法律上来看，集合物不能适用主物、从物关系的规则，其原因在于集合物中各个物的独立性更强，而一个物和另一物的结合并不是为辅助其他物的效用而存在的，所以对各个物完全可能单独地支配，在无特别约定的情况下，不能因为处分某一物而使其他物的所有权也发生移转。因此，那种认为从物随主物移转的规则应适用于集合物的观点是极不妥当的。

区分单一物和集合物的意义在于，物权的客体主要是单一物，只有在法律有特别规定的情况下，集合物才可以作为物权的客体。例如，我国《民法典》第395条第2款规定"抵押人可以将前款所列财产一并抵押"；再如，《民法典》第396条规定："企业、个体工商户、农业生产经营者可以将现有的以及将有的生产设备、原材料、半成品、产品抵押，债务人不履行到期债务或者发生当事人约定的实现抵押权的情形，债权人有权就抵押财产确定时的动产优先受偿"。这就承认了以集合物作为担保。

（六）原物和孳息

所谓原物，就是指产生孳息的物。孳息就是指原物所产生的收益，其上位概念为收益。也就是说，原物是产生孳息之物。孳息是指财产上产生的收益。孳息分为两种。

（1）天然孳息，它是指原物因自然规律而产生的，或者按物的用法而收获的物，如母鸡生蛋、树上结果。天然孳息可以是自然的，也可以是人工的（例如从羊身上剪下的羊毛等）。但是人工产生的物必须是没有对出产物进行改造加工。例如将牛乳制成乳酪，就不是天然孳息。一般认为，天然孳息，如果实、桑叶等

①② ［日］川岛武宜：《所有权法的理论》，170页，东京，岩波书店，1981。

在与原物分离之前，与原物密切结合在一起，应为非独立物，不能单独成为物权的客体。

关于天然孳息，罗马法采取"生根的植物属于土地"的原则，也就是说，天然孳息应当由所有人取得，但法律也允许其他人对原物所有人提出抗辩。大陆法系国家民法大多承认这一规则，即承认由原物所有人取得天然孳息，但也允许他人对此提出异议。[①] 关于天然孳息的归属，我国《民法典》第321条规定："天然孳息，由所有权人取得；既有所有权人又有用益物权人的，由用益物权人取得。当事人另有约定的，按照其约定"。据此，确立了如下规则。

一是关于天然孳息的取得，首先允许当事人自由约定，特别是在原物所有人通过约定将原物交由他人使用时，允许当事人通过约定直接确定孳息的归属，更为简便，也有利于减少纠纷的发生。

二是在当事人没有约定时，原则上由原物所有人取得天然孳息。在原物没有被他人利用的情形下，天然孳息由原物产生，与原物存在密切关联，由原物所有人取得该天然孳息，符合基本的法理。因此，天然孳息在没有与原物分离之前，属于原物的成分，只能由原物所有人所有。在孳息（天然的、法定的孳息）产生以后，如果法律或合同没有特别规定，则应由原物所有人所有。

三是在原物之上存在用益物权的情形下，由用益物权人取得该天然孳息，其理论基础在于，在用益物权人与原物所有人之间存在合同关系的情形下，由用益物权人取得该天然孳息，符合当事人的意愿；同时，由用益物权人取得天然孳息，也是当事人设定用益物权的主要目的。当然，此处的用益物权应当是以取得天然孳息等为目的的用益物权，否则不应当由用益物权人取得天然孳息，如当事人之间在土地之上设定通行地役权，地役权人即不应当取得相关天然孳息。值得注意的是，在例外情况下，买卖合同下孳息归属的移转是以交付为准的，此时不适用孳息归属原物所有人的规则。

（2）法定孳息，它是指根据法律的规定，由法律关系所产生的收益，如出租

---

① 参见黄薇主编：《中华人民共和国民法典物权编解读》，352页，北京，中国法制出版社，2020。

房屋的租金、借款的利息。① 例如，爱"长江万汇资本管理有限公司与涟水海林实业有限公司、江苏涟水农村商业银行股份有限公司公司盈余分配纠纷案"②中，法院认为，被执行人股份被执行拍卖后产生的持股期间未分配的红利属于法定孳息，根据《民法典》第 321 条的规定，在没有约定的情况下，未分配的红利应按照交易习惯取得。法定孳息是由他人使用原物而产生的。自己利用财产所得到的收益以及劳务报酬等，不是法定孳息。

对法定孳息的归属，依据《民法典》第 321 条规定：第一，当事人有约定的，按照约定取得。法定孳息通常都是基于法律关系而产生的，所以，在设定法律关系之时，就可以明确规定法定孳息的归属。因此，法定孳息首先应由当事人在合同中确定其归属。这也有利于尊重当事人的意愿。第二，如果当事人没有约定或者约定不明确，则法律规定依据交易习惯确定法定孳息的归属。所谓交易习惯，是指在当时、当地或者某一行业、某一类交易关系中为人们所普遍采纳的且不违反公序良俗的习惯做法。因为法定孳息是在特定的民事活动中产生的，特别是基于一定的交易关系产生的，因此，在当事人没有约定或者约定不明的情形下，依据交易习惯确定法定孳息的归属，既符合一般在交易活动中的惯常做法，也有利于减少争议。③

第七节　物权的取得和行使

一、对物权取得的限制

所谓物权的取得，是指基于法律行为和非依法律行为而依法取得所有权或其他物权。由于物权是基本的财产权，也是关系到国计民生的基本财富形式。所

---

① 参见黄薇主编：《中华人民共和国民法典物权编释义》，613 页，北京，法律出版社，2020。
② 江苏省淮安市涟水县人民法院〔2019〕苏 0826 民初 6311 号民事判决书；江苏省淮安市中级人民法院〔2020〕苏 08 民终 1379 号民事判决书。
③ 参见王利明主编：《中国民法典评注 物权编》（上），433 页，北京，人民法院出版社，2021。

以，物权法必须对物权的取得予以规范。正是从这个意义上讲，物权法常常被称为"物之取得制度"①。

物权的取得和行使，应当遵守法律，不得损害公共利益和他人合法权益。首先，物权的取得应当具有合法性。物权法的目的在于确认产权、保护物权，物权法所保护的财产只能是合法的财产，而不可能是非法的财产，这也是任何国家的法律都必须坚持的一项原则。需要指出的是，此处所说的法律，不限于《民法典》物权编，还包括其他法律，以及行政法规等规范性文件的规定。物权法对物权取得的限制，其核心的要求在于物权取得必须合法。任何国家的法律都保护合法财产，不可能保护非法财产。比如说，严重的偷税漏税、欺诈、非法侵占国有财产、私分国有财产，不受物权法保护。

其次，物权的取得也必须遵守社会公德，因为法律不可能对各种物权的取得方式规定得非常详细，物权的取得方式也必须依符合社会公德的标准来进行判断。

当然，物权法不保护非法财产，并不意味着对非法财产，任何人可以随意侵占、没收。根据物权法的占有保护请求权，对于非法财产也必须要经过合法的程序予以剥夺，而不允许进行抢夺和占有。在没有经合法程序剥夺以前，占有人的占有也要受到法律保护。例如，对违章建筑，虽然不能取得物权，但其他人不得任意拆除，只能由特定机关依法拆除。

二、物权的行使

所谓物权的行使，是指物权人依据自己的意志在法律规定的范围内行使物权。《民法典》第 8 条规定："民事主体从事民事活动，不得违反法律，不得违背公序良俗。"物权人所享有的物权并不是绝对的、不受限制的权利，相反，现代民法对于物权的内容及其行使已设置了越来越多的限制。尤其在物权行使方面，不仅《民法典》物权编，而且有关的特别法尤其是公法（如环境保护法、城乡规

---

① ［德］沃尔夫：《物权法》，吴越、李大雪译，11 页，北京，法律出版社，2002。

划法、土地管理法等），都对物权的行使作出了一系列的限制。物权的行使应当符合以下几项原则。

（一）符合法律和公序良俗

物权的行使首先必须遵守法律。此处所说的法律不仅包括《民法典》物权编，还包括其他民事法律以及各种行政法律、法规。权利意味着在法律规定范围内的主体的意志自由①，但任何人的自由并非毫无限制；相反，这种自由是有一定的限度的。例如，物权人将房屋出租给他人从事非法赌博活动，就是违法行使物权的行为。虽然从事这些行为不一定导致其所有权的丧失，但应当承担相应的法律责任。

物权的行使还必须符合社会公共利益的要求，并遵守社会公德。一方面，权利人在行使物权中，不得损害社会公共利益。例如，土地承包经营权人不得采用污染土地的方式耕种。另一方面，物权的行使还必须符合社会公德。只有严格遵循诚信原则，物权人才能正当地行使物权，从而建立和睦的经济生活秩序，保障财产流转的正常进行。例如，建设用地使用权人不得在土地上任意挖掘，危及邻居的房屋；不得在土地上放养危险动物，危及他人的安全；不得在夜间制造噪声，影响他人休息等。②

（二）有效利用资源、保护生态环境

《民法典》第9条规定："民事主体从事民事活动，应当有利于节约资源、保护生态环境。"该条确立了绿色原则，并将其贯彻在整个物权编中。依据这一原则，物权的行使必须有效利用资源、保护生态环境，具体来说，体现在三个方面。

第一，保护环境和生态。我国是世界上最大的发展中国家，为了发展经济，我们必须利用各种资源，但同时又面临资源严重紧缺、生态严重恶化的危机，大气污染、黑臭水体、垃圾围城等成为民生之患③，这就要求我们必须更重视资源的有效利用，并防止生态环境进一步恶化。在物权的行使方面，物权法必然要求物权人行使权利负有保护生态环境的义务，防止物权人滥用权利，破坏生态环

---

① 参见黄薇主编：《中华人民共和国民法典物权编释义》，26页，北京，法律出版社，2020。
② 参见［德］沃尔夫：《物权法》，吴越、李大雪译，34页，北京，法律出版社，2002。
③ 参见钟寰平：《调查研究，谋事之基成事之道》，载《中国环境报》，2019-07-31。

境。例如，林业权人即使对于其种植的树木享有物权，但也不得滥砍滥伐，应当遵循相应的管理规范，办理审批等手续后才能进行砍伐。

第二，节约资源。现代社会，资源的有限性与人类不断增长的需求和市场的发展形成尖锐的冲突和矛盾。绿色原则要求人们的生产、生活等活动要与资源、环境相协调，要实现人与自然的和谐相处，节约资源。例如，《民法典》第 346 条规定："设立建设用地使用权，应当符合节约资源、保护生态环境的要求，遵守法律、行政法规关于土地用途的规定，不得损害已经设立的用益物权。"该条要求建设用地使用权的设立也应当节约资源、保护生态环境。

第三，物尽其用。物尽其用就是指有效率地利用资源、节约资源。物尽其用并不是说竭泽而渔、滥用地力、无度开发，将物的价值全部用尽，恰恰相反，物尽其用的含义是将各种可用之物充分利用。具体而言：一是要有效率地利用物的使用价值，例如，通过在财产上设立各种用益物权，从而获得更多的使用价值。二是通过鼓励担保，充分利用物的交换价值。

（三）禁止滥用权利

物权人行使物权不得损害他人的利益，这实际上是指权利人不得滥用权利。[①] 与诚实信用原则一样，禁止权利滥用也对物权的行使作出了限制和规范。我国《民法典》物权编中虽然没有明确规定禁止滥用权利的规则，但《民法典》第 132 条规定："民事主体不得滥用民事权利损害国家利益、社会公共利益或者他人合法权益。"据此，任何物权人以加害他人为目的行使物权并造成他人的损害，将构成权利滥用，并应当承担相应的民事责任。[②] 所谓滥用权利，是指行使权利违背权利设定的目的，不合理地损害了他人利益。从体系位置上来看，《民法典》中禁止滥用权利规则是对各项民事权利行使的限制性规定，为规范权利行使行为提供了法律依据。我国《民法典》在总则编第五章中构建了民事权利体系之后，将滥用权利规则置于该章的最后一条，旨在表明权利需要正当行使。权利的不当行使会侵害他人的权利，因此，对民事权利的保障还要求妥当规范民事权

---

① 参见刘得宽：《民法总则》，171 页，北京，中国政法大学出版社，2006。
② 参见黄薇主编：《中华人民共和国民法典物权编释义》，258～259 页，北京，法律出版社，2020。

利的行使规则。民事主体在自由行使其民事权利的同时，也应当尊重他人的权利，如果滥用权利造成他人损害，则行为人应当依法承担责任。从这一意义上说，禁止滥用权利规则可以明确划定权利人权利行使的边界，从而规范民事权利的行使，这实际上也是民事权利有效实现的重要前提和基础。

由于权利的类型繁多，滥用权利的形态也不一而足，禁止滥用权利规则可以广泛适用于越界建筑、虚假诉讼、滥用财产权（如无正当理由禁止袋地权利人通行）、滥用禁令、滥用股东有限责任或者股东权利等各种情形。在实践中，已经产生了不少涉及滥用物权规则的典型案例。例如，在"徐某与某燃气有限责任公司、曲某物权保护纠纷一案"中，某村委会与王某签订《废弃地承包合同书》，将一块土地发包给王某。其后，王某又将该块土地转包给徐某，徐某欲将该块土地出租给他人用于生猪养殖，但是在签订合同后尚未交付时，徐某发现该地块已经被某燃气有限责任公司擅自铺设了燃气管道，不再具备生猪养殖条件。而且该燃气公司在铺设管道时，既未取得徐某同意，也未获得施工许可。无法交付土地的徐某遂提出请求，要求燃气公司移除管道，恢复原状。法院在审理中认为，虽然燃气公司未取得施工许可即施工侵害了徐某的用益物权，但是徐某要求恢复原状的诉讼请求将导致大量用气人遭受损失，且该损失远超其可能获得的利益，构成了《民法总则》第 132 条（现为《民法典》第 132 条）所规定的权利滥用，因此对于原告的诉讼请求未予支持。① 这一案例提出了两个有关滥用权利的重要观点：一是因为原告的行为已构成滥用权利，因而被告的行为虽然已构成侵权，但并不因此承担恢复原状的义务和责任；二是滥用权利应以比例原则为标准进行判断，即原告行使权利会造成的损害远远大于其个人所能获得的利益，或者说"获利与损害之间明显不相称"（Flagrant Disproportion between Damage and Profit）。应当看到，这一认定标准确实具有比较法上的先例②，例如，专有部分的所有人在

---

① 参见黑龙江省哈尔滨市松北区人民法院（2018）黑 0109 民初 268 号民事判决书。

② 例如，在 1971 年比利时的一个案例中，其最高法院认为，被告砌墙时，无意中将一小段墙角砌在邻居土地上，23 年后邻居提起诉讼，要求将墙拆除并赔偿损失。法院认为，鉴于这种损害和拆墙后造成对被告的弥补不相称，且越界行为持续 23 年，因而不必拆除，应按比例补偿造成的损失。在法国，也有不少学者赞成这一主张。Mazeaud and Tunc, Traité théorique et pratique de la reponsabilité civile délictuelle et contractuelle I, 6e éd., Paris, 1965, p. 459.

自己的房间内非法装修或安装具有较大噪声的设施严重影响邻人的休息，将构成物权的滥用。

《总则编解释》第 3 条第 3 款规定："构成滥用民事权利的，人民法院应当认定该滥用行为不发生相应的法律效力。滥用民事权利造成损害的，依照民法典第七编等有关规定处理。"依据该规定，滥用权利将产生如下两方面的法律后果：第一，权利行使中超过合理界限的部分不具有法律约束力。这就是说，滥用权利不应当产生行为人追求的后果，依据上述规定，如果构成权利滥用，则超过合理界限的部分不具有法律约束力，即在当事人合理行使权利的范围内，仍然可以产生相应的法律效果，只有超出的部分无法产生法律约束力。例如，在请求权的行使中，滥用请求权不能导致请求权的行使效果，其可以表现为请求不能中断时效，或者相对人不构成迟延履行等。当然，由于物权是基本财产权，应当充分保障权利人行使物权的自由，对物权行使的限制必须依法进行，且必须遵循法定的权限和程序。例如，对违章建筑的拆除和没收只能由法定机关依据法定程序来进行。第二，如果滥用权利造成他人损害的，已经构成侵权的，应承担侵权责任。滥用权利可能产生损害后果，也可能并未产生损害后果，或即便造成了损害，是否构成侵权，还需要依据《民法典》侵权责任编的规定予以判断。如果权利人行使权利的行为也满足了侵权责任的成立要件，就应当适用侵权责任法的规范，受害人可以请求权利人承担侵权责任，其中既包括侵权损害赔偿，也包括其他侵权责任的承担方式。从比较法的发展趋势来看，滥用权利已经成为一种新的侵权行为，并得到立法和判例的承认。由于滥用权利的行为常常以构成他人的损害为后果，因而，滥用权利往往同时也构成侵权，行为人主观上具有过错，因此，应当依据《民法典》侵权责任编的相关规定使其承担侵权责任。

第二章
物权法概述

第一节　物权法的概念和特征

一、物权法的概念

物权法（英文为 the Law of Real Rights，德文为 Sachenrecht，法文为 Droit des biens）是大陆法系国家民法典的重要组成部分，通常是作为民法典的一编即物权编加以规定的。[①] 罗马法曾存在"对物法"（iura in rem）和"对人法"（iura in personam）的概念，这两个概念是现代物权法与债权法分立的起源。[②] 实际上，罗马法中并不存在物权与物权法的概念。1804 年《法国民法典》也深受罗马法上述规定的影响，仍然没有严格区分物与物权等概念，从而也没有明确提出物权概念并在此基础上建立完整的物权法。然而，至 17 世纪，当罗马法在德国

---

① MünchKomm/Gaier，BGB Buch 3，Einleitung，Rn. 1.
② 参见［德］K. 茨威格特等：《比较法总论》，269 页，贵阳，贵州人民出版社，1992。

得到广泛传播时，德国法学家便开始提出物与财产的区别。一般认为，现代物权法的体系是由潘德克顿学派所构建的，并为《德国民法典》所采纳。^①《德国民法典》第三编的标题采用了"物权法"（Sachenrecht）的表述，对占有、所有权、役权、担保物权等进行了全面的规定，构建了现代物权法的体系。英美法系虽然没有物权法，但也有和大陆法系物权法类似的财产法。我国于 2007 年颁行了《物权法》，2020 年的《民法典》物权编是在《物权法》的基础上，经过修改、补充而形成的，它是我国物权法的重要组成部分。

所谓物权法，是指确认物的归属、促进物尽其用和保护物权的法律。物权法对物的归属和利用关系的调整及其功能的发挥，主要是通过确认和保护物权的方式实现的。^② 我国《民法典》物权编是调整平等主体之间的民事关系、确认和保护物权的法律，它是我国民法的重要组成部分。

物权法的概念包括如下几个层次。

第一，从调整对象来看，物权法是调整平等主体之间的民事关系的法律。这实际上包含了双重含义：一方面，所谓民事关系，实际上就是平等主体之间的财产关系和人身关系，平等性是民事关系的基本特征。当然，物权法调整的主要是财产关系。另一方面，我国《民法典》第 2 条明确规定民法调整平等主体之间的人身关系和财产关系。由于物权法调整的财产关系实际上是民法调整的社会关系的组成部分，因而物权法是我国民法的重要组成部分，《民法典》总则编的规定仍然适用于物权法。例如，物权法中规定物权的主体即权利人，其内涵和范围就应当依据总则的规定来确定。

第二，从法律地位来看，物权法是调整财产关系的基本法。一方面，物权法并不是调整所有的财产关系，而是调整物的归属和利用的关系。在市场经济社会，物的归属和利用是市场经济体制所需要的基本法律规则，是保障市场经济得以正常运行的基本条件。所以，物权法正是通过调整物的归属和利用，发挥了其

---

① 参见陈华彬：《物权法原理》，25 页，北京，国家行政学院出版社，1998。
② 参见王泽鉴：《民法物权》，1 页，北京，北京大学出版社，2010。

作为基本财产法的功能。① 另一方面，财产权作为公民的基本人权，也是公民基本生产和生活的物质条件，旨在实现个人自由、发展人格、维护个人尊严。② 物权法作为保护财产权的法律，对于保护公民基本人权具有重要意义。

第三，从功能来看，物权法是确认和保护物权的法律。物权法对物的归属和利用关系的调整以及其功能的发挥，主要是通过确认和保护物权的作用来实现的。物权法主要解决三个方面的问题，即物是谁的、如何利用、如何保护。换言之，物权法主要具有三个方面的功能：确认产权、促进物尽其用和保护物权。所谓确认物权，就是确认各种物权的类型、内容、公示方法和物权的效力，从而明确物的归属以及排他性利用的方式。所谓物尽其用，就是通过明确权利人对物享有的权利和对物的保护，充分发挥物的效用。所谓保护物权，就是指在物权发生争议以及受到侵害的情况下，权利人可以基于物权法的规则来要求确认物权和保护物权。物权法正是通过确认和保护物权，从而发挥了其维护国家基本经济制度、保护社会主义市场经济秩序、明晰产权、定分止争以及促进物尽其用等功能。

二、物权法与《民法典》物权编

物权法是大陆法系所特有的概念，它是调整平等主体之间的物权关系、确认和保护物权的法律，其在大陆法系民法体系中具有重要地位。在我国，物权法是民法的重要组成部分。物权法有广义和狭义两种理解：一是广义上的物权法，它不仅包括《民法典》物权编的规范，也包括《民法典》其他各编关于物权的规定，还包括单行法关于物权的规定（如《土地管理法》《农村土地承包法》中关于土地承包经营权的规定）。例如，《民法典》总则编、合同编、继承编等，均有关于物权的规定，这些规定也属于广义上物权法的范畴。除《民法典》的规定外，其他特别法关于物权的规定，也属于广义的物权法的范畴。二是狭义的物权

---

① 参见孙宪忠：《中国物权法总论》，8页，北京，法律出版社，2003。
② 参见王泽鉴：《民法物权》，9页，北京，北京大学出版社，2010。

法，它主要是指《民法典》物权编的规定。依据《民法典》第 205 条规定，物权编是调整有关因物的归属和利用而产生的民事关系的规范，该编共计 258 条，其内容分为五个分编，包括通则、所有权、用益物权、担保物权和占有。严格地说，物权关系不仅受《民法典》物权编调整，还要受《民法典》其他编以及许多单行法的调整，这就是说，《民法典》物权编只是调整部分物权关系。因此，有必要区分物权编与物权法的概念。

具体而言，物权法与《民法典》物权编之间的关系表现在三个方面。

第一，《民法典》物权编是物权法的重要组成部分。《民法典》物权编是调整财产关系的基本法。虽然物权编规定了基本的财产法律规范，但是它并不能调整所有的财产关系，只是调整一定范围内的物的归属和利用关系。在市场经济社会，物的归属和利用规则是市场经济体制所需要的基本法律规则，是保障市场经济得以正常运行的基本条件。物权法正是通过调整物的归属和利用，发挥了其作为基本财产法的功能。① 但除了《民法典》物权编之外，还有《民法典》其他编以及一些单行法也都可能涉及对物的归属与利用的调整。

第二，《民法典》物权编是物权法最基本的组成部分。由于《民法典》在中国特色社会主义法律体系中居于基础性法律的地位，因而其物权编是最为基础性的物权法规范。在发生物权纠纷后，法官首先且主要应当依据《民法典》物权编的规定处理。但依据《民法典》第 11 条的规定，"其他法律对民事关系有特别规定的，依照其规定"，从字面含义上看，似乎凡是特别法有规定的都要适用特别法。但此类理解并不妥当。依据《总则编解释》第 1 条，在民商事单行法之间存在矛盾的情况下，除非单行法的规定"属于对民法典相应规定的细化的"，否则应当适用《民法典》的规定。如果对物权纠纷涉及法律特别规定的，在确定调整民事关系的法律依据时，必须首先从《民法典》物权编中寻找裁判依据。正是由于物权编是保护物权的基本规则，所以它也被称为财产关系的基本法。

---

① 参见孙宪忠：《中国物权法总论》，8 页，北京，法律出版社，2003。

第三，《民法典》物权编是解释物权法的依据。这就是说，由于法典是基础性规范，因此，在解释《民法典》以外的有关物权的单行法律规定时，应当以《民法典》物权编的规范为依据，有关物权的单行法律规定不得与《民法典》物权编相冲突。同时，《民法典》物权编对于单行法具有兜底适用的功能。在涉及物权纠纷时，确有必要依据特别法优先于普通法的规则从单行法中找法，又难以从单行法中找到法律依据时，要回到《民法典》物权编。

第二节　物权法的调整对象和功能

一、物权法的调整对象

任何法律都不可能调整所有的社会关系，而只能调整一定范围内的社会关系。物权法调整的对象也是特定的。《民法典》第205条规定："本编调整因物的归属和利用产生的民事关系。"依据该条规定，物权法调整的是平等主体之间因物的归属和利用而产生的财产关系。

（一）物权法调整平等主体之间的财产关系

一方面，物权法调整的是平等主体之间的关系。所谓平等主体，是指当事人参与法律关系地位平等，适用相同的规则并受到平等的保护，任何一方都不得具有凌驾和优越于另一方的法律地位。另一方面，物权法调整的是平等主体之间的财产关系。所谓财产关系，是指人们在产品的生产、分配、交换和消费过程中形成的具有经济内容的关系。财产关系是以社会生产关系为基础的，涉及生产和再生产的各个环节，包括各类性质不同的关系。我国《民法典》第2条规定了民法典的调整对象是平等主体之间的人身关系和财产关系，人身关系主要由人格权编、婚姻家庭编等调整的，而财产关系则主要由物权编、合同编等调整。

（二）物权法主要调整有体物的归属和利用关系

物权法调整的是平等主体之间因物的归属和利用而产生的财产关系。依据

《民法典》第 115 条的规定，"物包括不动产和动产。法律规定权利作为物权客体的，依照其规定"。因此，物权法所调整的主要是因动产和不动产的归属和利用所发生的法律关系。而因无体物产生的归属和利用关系主要由知识产权法等法律调整，在法律明确规定的情况下，物权客体可以是无体物。例如，《民法典》物权编规定了权利质押，这就是属于法律有特别规定的以无形财产为客体的情况。当然，在特殊情况下，有形和无形财产可以相互转化，如计算机软件因为储存于数据载体中而获得可把握的形式时，可以成为有体物。

（三）物权法调整因物的归属和利用而产生的财产关系

（1）物权法调整物的归属关系。确认物权归属就是要界定产权、定分止争，这是保护各类物权人的权利的前提。因物的归属所产生的关系主要包括以下三种：一是因物权的设定而产生的关系，按照物权法定原则，物权的类型、种类等都要由法律规定，当事人应当依据法律规定的各种物权类型设定各类物权。二是因物权的转让产生的关系，物权的转让将导致所有权以及其他物权的移转，导致原物权的相对消灭和新物权的产生。因此物权的转让也会发生归属的变化，此种关系也会受到物权法的调整。三是因为确认和保护物权而发生的关系。物权可能在归属上发生争议，一旦发生争议，物权法就要通过一系列的规则来确认物的归属、定分止争，这也是物权法的基本功能。

（2）物权法调整物的利用关系。物的利用是指权利人对动产、不动产的使用价值与交换价值进行支配并享受其利益。物权法主要调整物的利用关系，如他物权的设定，因物权的行使而产生的关系，以及因物权变动而产生的各种关系等。例如，所有权人为了有效利用其房屋的价值而将房屋转让，导致原所有权消灭，此种关系也受到物权法调整。需要指出的是，由于物的利用既包括债权性利用，也包括物权性利用，债权性利用如租赁、承揽等，主要受合同编调整，物权编仅调整部分物的利用关系。

物权法调整因物的归属和利用而产生的关系，该定义彰显了物权法的两大基本功能，即定分止争与物尽其用。所谓定分止争，就是确立财产归属。物权法中确认财产的归属是市场经济的基础，也是充分发挥物的效用的基本前提。所谓物尽其用，就是在物权法的框架之内，通过各种物权制度促进物的效用的充分实现，如物权法关于他物权的规定，无论担保物权还是用益物权制度，都是为了促进物尽其用，充分发挥物的经济效用。物权法就是通过确认各种物权种类和内容，尤其是承认各种用益物权和担保物权，明确各种物权的行使规则等，促进各种资源的有效利用。

二、物权法能否调整数据权益关系

我们已经进入一个互联网、大数据时代，伴随着数字技术在政治、经济和文化领域的广泛运用和不断发展，数据在社会生活中的重要地位已经得到了广泛重视，数据日益成为重要的财富，是经济增长和价值创造的重要源泉，甚至有学者称其为"新石油（new oil）"①。数据、网络虚拟财产等数字财产以无体的信息内容和数字化载体为主要构成，不以物理存在特别是四至明晰的物理边界为前提。因此，无形性是数据财产的重要特点，这意味着在控制可能性和利用机会上都能够超越单一物理控制的束缚，从而改变了物理财产上的支配与利用之间的关系，打破了以物理财产为原型的传统排他性财产权规则。为了适应 21 世纪互联网、大数据时代的需要，顺应高科技发展的要求，《民法典》第 127 条规定："法律对数据、网络虚拟财产的保护有规定的，依照其规定。"该条对数据和网络虚拟财产的保护作出了规定。虽然该条采取了引致性条文的表述，但实际上已在法律上承认了数据、网络虚拟财产可以作为财产等权益予以保护。《民法典》第 127 条对数据权益的民法保护进行了宣示性的规定，宣告了数据权益本身就是一种民事权益类型。数据权益作为民事权益体系的重要组成部分，当然受到《民法典》关于权益保护规则的调整。《民法典》第 127 条虽然属于引致条款，为未来制定单行法保护数据提供了民事基本法层面的法律依据，但该条将数据置于"民事权利"一章中规定，也宣示了数据的民事权益属性。既然数据在性质上属于民事权

---

① Samuel Flender，*Data is Not the New Oil*，Towards New Data Sci (Feb. 10，2015)，https：//towardsdatascience.com/data-is-not-thenew-oil-bdb31f61bc2d，last visited on Mar. 17，2022.

益，那么其应当受到民法保护。且《民法典》第 126 条规定："民事主体享有法律规定的其他民事权利和利益。"该条在规定民事权益的范围时，采用了开放性的规定，其也可以涵盖对数据的保护。

传统民法上，财产权采取"物必有体"、"物债二分"和"物必排他"的基本规则，面对数据权益的保护，已经显得捉襟见肘。毕竟，传统民法调整的主要是现实世界的社会关系；而进入数字时代后，现实世界与虚拟世界的融合所产生的关系，以及虚拟世界的社会关系同样成为需要法律予以调整的社会关系。[①] 笔者认为，从我国《民法典》规定来看，很难将数据财产纳入物权法的调整范围，主要理由在于：

第一，从文义解释来看，《民法典》第 127 条在规定数据等权益的保护时，并没有提到物权，而且该条在表述这些权益时，也没有提及物权的基本特征。

第二，从体系解释来看，《民法典》总则编是将第 127 条与物权保护的规定采取并列方式规定的，这也表明其并非物权的内容。

第三，数据是一种无形财产，与物权法调整有体物的特征并不符合，因此不能通过物权法来调整。数据产品总体上而言是一种财产，但其又具有特殊性，不宜简单地将其归于某一财产类型之中。[②] 数据产品权益是将数据整体作为一种无形财产，如果其具有独创性，可以纳入著作权的保护范围；如果其具有商业价值并且企业对其采取了保密措施，可以纳入商业秘密的保护范围；如果其具有新颖性、创造性和实用性，可以纳入专利的保护范围。但如果不具备这些要件，也可以将其作为财产保护。数据产品从整体上看，具有财产的属性，但这是一种新型的财产权益，难以受到物权法调整。因为进入互联网、大数据、数字时代后，人类社会的组织形式已经不限于物理世界，而大量进入虚拟世界，物理世界开始与虚拟世界高度融合，在虚拟世界中产生的数据财产突破了物理世界的边界，应当属于一种无形的财产权益，所以，不能完全以观察物理世界的方式观察数据这种

---

① 参见王利明：《迈进数字时代的民法》，载《比较法研究》，2022（4），17~32 页。

② See Shyamkrishna Balganesh, "Quasi-Property-Like, But Not Quite Property", 160 *University of Pennsylvania Law Review*, 1889, (2012).

无形财产的保护问题。

三、物权法的功能

（一）概述

所谓物权法的功能，是指物权法在社会生活中所能够发挥的应有作用，或者说物权法所应当具有的作用和应当达到的目标。毫无疑问，物权法和其他法律一样应当体现法律的秩序、自由、正义和效益等价值目标。但是，作为专门调整物权的归属和利用的财产法律制度，物权法应具有其更独特的价值。

我国物权法的首要功能是维护我国基本经济制度。《民法典》第 206 条第 1 款规定："国家坚持和完善公有制为主体、多种所有制经济共同发展，按劳分配为主体、多种分配方式并存，社会主义市场经济体制等社会主义基本经济制度。"生产资料所有制是基本经济制度的核心和基础。我国目前处于社会主义初级阶段，在所有制形态上实行公有制为主体、多种所有制经济共同发展的基本经济制度。公有制为主体是生产关系的社会主义属性的保障。对关系到国民经济命脉的钢铁、交通、能源等大型产业实行公有制，有利于保证基本的经济制度和属性，保护国家的经济安全和实现政府的调控能力。同时，我国实行社会主义市场经济，这就构成了我国基本经济制度的内容。我国《民法典》物权编一方面确定保护土地公有、巩固社会主义公有制，同时通过强化平等保护，对各类主体的财产权实行平等保护，从而有效促进多种所有制经济的共同发展。另一方面，为促进市场经济和公有制的结合，在不改变公有制的前提下，通过用益物权等制度，使土地资源进入市场。

适应市场经济的发展需要，《民法典》物权编不仅强调对动的安全的保护，同时也强调对静的安全的保护。所谓静的安全，是指法律对主体已经享有的既定利益加以保护，使其免受他人任意侵夺；所谓动的安全，是指法律对主体取得利益的行为加以保护。[①] 郑玉波先生认为，静的安全主要由物权法来保障。罗马法

---

① 参见郑玉波：《法的安全论》，载刁荣华主编：《现代民法基本问题》，1 页，台北，汉林出版社，1981。

上有"予发见予物时，予即回收"（Ubi meam rem invenio ibi vindico）原则，又有"任何人不得以大于其自己所有之权利让与他人"（Nemo plus juris ad alium tansferre potest quam ipse habet）原则，均属于对静的安全的维护。① 而动的安全则体现在动态的交易过程之中，因此主要通过合同法实现。静的安全有利于确定权利归属以定分止争，动的安全有利于加速流通，促进利用效率提升，增加财富增长。二者相辅相成，不可偏废。不过在现代民法之中，为了顺应交易日益频繁、复杂的趋势，动的安全普遍受到更多的关注。物权法不仅关注静的安全，也关注动的安全。物权法不仅是确定权利归属规则的法，也同样通过公示权利的归属起到保障财产流通的作用。

（二）物权法的具体功能

物权法为了维护基本经济制度，具体发挥了确认产权等功能。这些功能涉及三方面，即物是谁的、怎么利用、在受到侵害以后怎么保护。换言之，是指确认产权、促进物尽其用、保护物权。因为物权的本质就在于将特定物归属于某权利主体，由其直接支配，享受其利益，并排除他人对此支配领域之侵害或干预。② 物权法通过确认和保护物权，从而维护国家的基本经济制度，规范社会主义市场经济秩序。概括来说，物权法主要具有以下三个方面的功能。

1. 确认产权

物权法主要调整因财产的归属与利用而产生的关系，所以，物权法的首要功能在于确认产权。商鞅在《商君书》中就曾举了一个非常精辟的例子对此加以说明："一兔走，百人逐之，非以兔为可分以为百，由名之未定也。夫卖兔者满市，而盗不敢取，由名分已定也。故名分未定，尧、舜、禹、汤且皆如骛而逐之；名分已定，贪盗不取。"早在《管子·七臣七主》中，就有"定分止争"的用法，即"法者所以兴功惧暴也，律者所以定分止争也，令者所以令人知事也"。只有通过确认产权，明确物的归属，才能定分止争。定分的含义，就是要定名分，也

---

① 参见郑玉波：《法的安全论》，载刁荣华主编：《现代民法基本问题》，3 页，台北，汉林出版社，1981。

② 参见崔建远：《物权法》，4 版，17 页，北京，中国人民大学出版社，2017。

就是确定归属。止争就是指只有在定名分之后，才能够防止纷争。由此可见，在我国古代法家学者看来，保护产权的首要目的就是要明确财产的归属，只有明确财产的权利主体，才能从根本上实现定分止争。要避免丛林法则，就需要通过法律制度保障人们的安全，这首先需要确认财产的归属，即实现定分止争。"田者不侵畔，渔者不侵隈。道不拾遗，市不豫贾，城郭不关，邑无盗贼，鄙旅之人相让以财，狗彘吐菽粟于路，而无仇争之心"（《淮南子》）。

我国宪法明确规定我国实行社会主义市场经济体制，社会主义市场经济体制的构建首先要求产权清晰、权责明确，这样交易才有可能顺利进行。这就需要界定产权，为有效率地利用财产创造前提、奠定基础。《民法典》物权编通过界定产权、定分止争，不仅维护了财产秩序，促进资源的优化配置，还能够通过解决纠纷达到物尽其用的效果，在安定有序的财产秩序下，每个人尽其才智发挥物的最大效用，整个社会的生产效率和总财富也就会得到增加。因此也有人说，债法是"关系规范"（Beziehungsnormen），物权是"定分规范"（Zuordnungsnormen）[1]。

物权法确认产权的功能主要表现在：一是物权法中物权法定原则、公示（登记、交付）原则就是确认产权的基本规则。物权法就是要构建一整套物权的体系，规定各种物权的类型、内容和公示方法，并且对各种物权之间的关系加以规范。这样，既可以明确相互之间的权利义务关系，又可以充分实现资源的优化配置。物权法确认各类物权，并通过优先顺位等规则对这些纷繁复杂的关系进行调整，这就是对各类物权的定分止争。二是物权法确认国家、集体以及个人所享有的财产权，确认各类主体所享有的他物权，在此基础上，平等保护各类主体所享有的物权。例如，关于小区车库、车位以及绿地等的归属等，在实践中常会引发诸多争议，物权法确认了这些财产的归属，有助于构建和谐小区，保障有关权利人的权利。三是物权法规定了各种界定产权归属的规则，如添附规则、确认物权归属的规则、保护占有的规则，等等，在产权发生争议之后，通过这些规则清晰

---

[1]　苏永钦：《物权法定主义松动下的民事财产权体系》，载《月旦民商法杂志》，2005（8）。

地界定产权，并保护各类物权。

2. 物尽其用

所谓物尽其用，是指通过明确权利人对物享有的权利和对物权的保护，来达到充分利用各种可用之物、最大限度地发挥物的效用的目标。在现代社会，资源具有稀缺性，尤其是土地以及自然资源具有不可再生性，远远不能适应人类不断增长的需要。解决这个矛盾的途径就是充分利用物的交换价值和使用价值，提高资源的利用效率。因此，物权法必然以促进物尽其用作为其基本任务。

现代物权法具有从"归属到利用"或"从所有到利用"的历史演变过程。因为定分止争只是提供了物尽其用的前提，却并未提供对物进行多层次有效利用的手段。支配本身并不能自然地使被支配对象发挥充分的效益。相反，任由权利人滥用利用和处分的权利甚至会破坏有序的人类共同生活。[①] 在定分止争的功能已经获得实现之后，物权法的重心应当转换到如何使被主体支配的财物充分发挥效益，促进社会财富的增长，有效增进人类的福祉。物尽其用是现代物权法的基本价值，体现了物权法作为财产法的独特作用。也就是说，物权法需要在充分发挥定分止争的重要功能的前提下，实现其促进物尽其用功能。[②]

《民法典》物权编在确认产权的同时，始终贯彻了物尽其用的原则，为权利人充分利用财产留下很大的自由空间。我国《民法典》物权编总结物权立法的经验，充分贯彻了物尽其用原则，这主要表现在：一是所有权的行使。《民法典》物权编修改区分所有权人的组织机构的决议程序，完善建筑物区分所有权制度。根据效率原则，在坚持民主表决的前提下，应当降低业主大会作出有效表决的门槛，避免难以及时作出决议，损害全体业主的利益。二是用益物权的设定。随着社会的发展，人们对财产的利用能力的增强，利用财产的方法增加，这些都导致新的用益物权的产生。只要这些用益物权相互之间不产生冲突和矛盾，都可以为法律所承认。规定土地经营权制度，进一步发挥农地的经营效益。规定居住权

---

① 参见［德］鲍尔、施蒂尔纳：《德国物权法》（上册），张双根译，5页，北京，法律出版社，2004。

② 参见王泽鉴：《民法物权》，2版，19～20页，北京，北京大学出版社，2010。

制度，促进"居者有其屋"的目标实现。通过该制度可以为住房制度改革提供法律保障，并进一步促进公租房、社会福利房等住房制度的改革，有利于缓解住房紧张的现实困境，实现"居者有其屋"的目标，并能充分发挥物尽其用的效果。三是物权编适应市场经济的需要，扩大了担保客体的范围，承认更多的担保客体和担保方式，充分发挥物的交换价值。

3. 保护物权

物权编的立法宗旨是保护物权，法律本身虽不能直接创造财产，但是可以通过确认和保护财产来鼓励财富的创造。法律的这一功能，主要就是通过物权法来发挥的。古人说，有恒产者有恒心。如果缺乏完备的物权法，不能形成一套对财产予以确认和保护的完整规则，人们对财产权利的实现和利益的享有都将是不确定的，就不会形成所谓的恒产，也很难使人们产生投资的信心、置产的愿望和创业的动力。[①] 英国学者约翰·洛克有句名言，没有个人物权的地方，就没有公正。保护物权，其实就是奠定法治的基础。物权法保护物权的基本原则是平等保护的原则，即物权法通过一体确认国家、集体以及私人所有权，对各类财产权实行平等保护。物权法不仅强调对公有财产的保护，而且将对个人财产所有权的保护置于相当重要的地位，对各类财产实行一体确认、平等保护。

《民法典》物权编通过确认和保护物权，从而有效地巩固基本经济制度，维护社会秩序。任何国家物权法都以维护其基本经济制度为其目的，所有权是反映所有制关系的，所有制在法律上的反映就是所有权和整个物权制度，法律之所以要建立所有权和物权制度，首要的目的是维护所有制关系。在西方国家，其基本经济制度是私有制，故而其物权法的基本目的在于维护私有财产。西方国家物权法中的财产权，主要就是私有财产权，因此，其物权法对所有权的保护，本质上是对私有制的保护。我国《宪法》确认了以公有制为主体、多种所有制经济共同发展的基本经济制度，同时规定，国家实行社会主义市场经济体制。我国物权法也应当以维护基本经济制度为首要目的。为了维护国家基本经济制度，《民法典》

---

① 参见孙宪忠：《争议与思考——物权立法笔记》，263 页，北京，中国人民大学出版社，2006。

物权编中设专章规定所有权制度，并对国家所有权、集体所有权和私人的财产所有权，设置了比较完备和明确的法律规范。物权编贯彻平等保护原则，对于各类财产所有权进行一体对待、平等保护。为了防止国有资产流失，物权编还专门规定了国有财产的保护制度。物权编完善了集体所有权制度，并进一步强化了对私人财产权的保护。在对物权的保护方法上，物权编进一步完善了物权请求权制度，区分了物权请求权与侵权损害赔偿请求权，并有效地衔接了两种请求权的关系，全面保护各类物权。①

总之，物权法的首要功能是维护我国基本经济制度，物权法的具体功能体现在三个方面：确认产权、促进物尽其用和保护物权，通过这些具体功能的发挥，也有效地维护了我国基本经济制度。

第三节 物权法的性质

物权法是调整物的归属关系及主体因对物的占有、利用而发生的财产关系的法律规范。在市场经济条件下，物权法与合同法是调整交易关系的最基本的法律规则。合同法只能调整交易关系，对于交易前提的界定和结果的保护，难以发挥其调整作用，这就需要通过物权法确认物的归属规则，确定市场交易关系进行的基础和前提，并维护社会所有制关系。要充分发挥物权法的功能，就必须对物权法的定位有正确的认识。一般认为，物权法具有如下性质。

（一）物权法是私法而非公法

尽管对于是否需要作出私法与公法的区分存在各种不同的观点，但在市场经济社会，区分公法和私法仍然是必要的。一般来说，私法规范的是民事法律关系，而公法规范的是行政法律关系。私法强调对自然人、法人等的合法民事权利的保护，充分尊重民事主体在法定的范围内所享有的行为自由，尊重民事主体依

---

① 参见黄薇主编：《中华人民共和国民法典物权编释义》，446～447页，北京，法律出版社，2020。

法对自己的民事权利和利益所作出的处分。① 而公法则更注重对民事关系的干预和对社会经济生活的管理。物权法作为民法的一部分，其性质应为私法。尽管现代物权法越来越重视在物权的行使、移转等方面从公法上加以干预，但物权法在本质上仍然属于私法范畴。既然物权法在本质上属于私法范畴，那么就决定了物权法在规范性质上应当具有一些不同于其他法律的特点。

第一，从调整对象来看，物权法所调整的对象主要是因物的归属和利用而产生的民事关系，这是平等主体之间的财产关系。② 我国《民法典》物权编作为基本财产法，它要平等地确认和保护各类物权。这些权利纳入物权法的调整范围之后，也就成为一种民事权利。例如，物权法所确认的国家所有权主要应当具有私法上的权利的特质。从实践来看，尽管国家所有权和国家行政管理权常常很难严格分离，国家所有权的行使也往往要借助于行政机关行使行政管理权的活动来实现，但在物权法中，对国有财产权应当按照民事权利来构建，而不应当按照公权力来规定。物权法作为民法的组成部分，要遵循民法的平等原则，对各类物权实行平等保护。

第二，从调整方法来看，尽管物权法贯彻了物权法定原则，大量的规范都具有强行性，但因为物权法仍然属于私法，所以，它必须要在一定程度上体现私法自治的原则，尤其是对于因法律行为而发生的物权变动，必须体现一定程度的私法自治。例如，允许当事人依据自己的意志设定、移转物权，在法律规定的范围内享有并行使物权。物权法在建筑物区分所有中也充分体现了对业主自治的尊重，因此，业主自治同样也是私法自治在物权法上的体现。

第三，对物权的保护具有自身的特点。物权法确认各类物权，实际上就是赋予了这些权利的排他性。在这些物权受到侵害的情况下，物权编赋予了权利人请求确认物权的权利，并确认了权利人的物权请求权。由于物权请求权的行使不需要证明过错的存在，也不适用诉讼时效规则，因此其与侵权请求权存在显著的区别。

---

① 参见［德］迪特尔·梅迪库斯：《德国民法总论》，邵建东译，8 页，北京，法律出版社，2013。
② 参见崔建远：《物权法》，2 版，1 页，北京，中国人民大学出版社，2011。

（二）物权法主要是强行法

强行法是指不能由当事人通过协议加以改变的法律规范。物权法的强行法特点表现在如下几个方面：第一，物权的类型和内容、物权的公示方法、物权的效力等都要由法律作出规定，不能由当事人通过其协议改变。我国《民法典》第116条规定，"物权的种类和内容，由法律规定"。正是因为物权法贯彻了物权法定原则，所以，物权法的大多数规则都是强行性的。[①] 第二，物权变动的规则原则上是强行性规范。这些规范不能由当事人通过协议任意变更。例如，依法应当办理登记的，当事人通过协议约定不办理登记即取得物权，不能对第三人产生效力。第三，为了保障不动产权利人正当行使权利，保障人民的生存和生活需要，物权法规定了相邻关系规范，对不动产权利的行使作出了干预。第四，物权法为了充分体现物尽其用原则，对一些不动产权利的行使进行了干预。例如，按照《民法典》第301条的规定，"处分共有的不动产或者动产以及对共有的不动产或者动产作重大修缮、变更性质或者用途的，应当经占份额三分之二以上的按份共有人或者全体共同共有人同意，但是共有人之间另有约定的除外"。此处之所以要求2/3以上的按份共有人同意，而并未要求全部同意，这主要是出于效率的考量，避免出现僵局导致难以实现物尽其用。物权法的强行性也表现在不动产物权的行使方面越来越多受到国家的干预。

当然，物权法作为私法，也要贯彻私法自治原则，如物权人可以在法律规定的范围内依自身的意志设立、变更以及转移物权；每个物权人可以依法自由行使其权利，他人不得干涉物权人权利的正当行使；物权人有权在法律规定的范围内抛弃、处分其权利；等等。以地役权为例，有关地役权的类型、内容、补偿方法等是完全允许当事人约定的。[②] 但总体上说，物权法主要是强行法。物权法的强行性是物权法与合同法的区别之一。合同法多为任意性规范，属于"任意法"，绝大多数规范可以由当事人通过协议加以改变。当然，强调物权的强行性绝不意

---

① 参见王泽鉴：《物权法上的自由与限制》，载孙宪忠主编：《制定科学的民法典——中德民法典立法研讨会文集》，249页，北京，法律出版社，2003。

② 参见苏永钦：《寻找新民法》，144～145页，北京，北京大学出版社，2012。

味着将物权法变为管理性的法规。

（三）物权法是普通法

所谓民事普通法，是指适用于全国领域、规定一般事项，并且无适用时间限制的民事法律。民事特别法是指适用于特定的区域、规定特定的事项，或在适用时间上有限制的民事法律。普通法和特别法只有在同一法律部门内部，并且法律规定的事项为同类的情况下才能作出区分。物权法是普通法而非特别法，也就是说物权法所规范的是具有相当普遍性或一定程度的稳定性的事项，这是因为物权法所规范的财产关系大多是社会中较为重要的财产关系。它从维护国家基本经济制度出发，确认各种基本的财产权。因此，物权法是有关财产关系的基本法。从这个意义上，也可以说它是普通法。而具体规定有关财产关系的单行法律（如《城市房地产管理法》《农村土地承包法》等）是特别法。《民法典》第11条规定："其他法律对民事关系有特别规定的，依照其规定。"这就确认了普通法与特别法的关系。

（四）物权法具有固有法的特点

所谓固有法，是指保留了较多的国家、民族和历史传统的法律。各国物权法都从维护其国家经济制度等需要出发，确立了一些符合其历史传统和现实需要的制度和规则，使物权法具有根植于本国、本民族的特征，因此具有固有法的特点。因为物权法反映了一个国家基本经济制度，并且深受其历史传统、民族习惯等因素的影响[1]，物权法具有强烈的固有法和本土法的色彩。[2] 从物权法的发展历史来看，两大法系的物权法或财产法都与本国的历史传统和社会经济发展密切相关。大陆法上的物权制度是在本国旧有的物权习惯和借鉴罗马法的基础上形成的，而英美法是在其封建的土地制度之上形成的财产制度。也就是说，从基本范畴上看，两大法系缺乏共同的、具有可比性的概念。例如，英美法的"财产"、"财产法"以及"所有权"等概念和大陆法系物权法上的概念相差甚远（英美法

---

① 参见梁慧星、陈华彬：《物权法》，3页，北京，法律出版社，1997；崔建远：《物权法》，2版，2页，北京，中国人民大学出版社，2011。

② 参见陈华彬：《物权法原理》，30页，北京，国家行政学院出版社，1998。

甚至完全没有物权的概念）。又如，英美有关财产法的许多范畴是在封建的多重土地使用权基础上产生的概念，对此，大陆法系的物权法中并没有对应的范畴。

即使在大陆法系国家之间，各国的物权制度也相差甚大，在用益物权方面表现较为明显且有历史性和固有性，并反映不同的经济体制和社会发展。[①] 例如，在德国有所谓土地债务制度[②]，这在其他国家并不存在；而法国法上的人役权制度也没有被日本民法所采纳。这些都表明各国物权法的差异很大。产生这些差异的主要原因在于，各国物权法深受其本国经济制度、历史文化传统、生活习惯等方面的影响；除此之外，还受到物权法调整的主要财产即不动产的影响。一方面，不动产更多涉及的是其归属的确认和在有限地域内的利用问题，通常很少发生国际性的交易。所以，有关不动产的规则的一体化是没有必要的。另一方面，不动产法律制度常常涉及一个国家的基本经济制度，甚至与该国的国家主权密不可分。由于物权法承担着维护基本经济制度的功能，因此，其不可能也不需要借鉴外国的法律规则，从而设计统一的国际性的规则。各国人民的生活习惯以及现实经济生活必然要求与之相适应的物权法规范，从而使相应的物权法规范具有固有法性。

强调物权法的固有性质绝不是指要排斥他国的先进经验，而主要是指物权法除了反映市场经济的共性以外，还要特别注重从本国社会经济生活条件出发，反映本国的历史和民族的习惯、所有制关系的现状以及国家对财产关系管理方面的政策等。由于物权法具有固有法的特点，因而物权法要充分反映我国多种所有制经济结构的社会现实，反映我国社会生活中的传统习惯，尊重人民群众普遍接受的约定俗成的概念。例如关于土地承包经营权的概念已经在我国使用多年，并已经为广大人民群众所接受，甚至已经形成了约定俗成的概念，不能轻易地放弃。

物权法的固有法特点，并不意味着其规则是固定不变的，相反，物权法也应该适应社会经济条件的变化而不断地发展变化。自20世纪以来，随着社会生活

---

① 参见王泽鉴：《民法物权》，2版，267页，北京，北京大学出版社，2010。

② 参见［德］沃尔夫：《物权法》，吴越、李大雪译，420页以下，北京，法律出版社，2002。

的变迁，物权法也呈现出以下发展趋势：即物权的社会化、物权种类的增加、相邻关系的公法与私法的双轨规范体系的形成、建筑物区分所有权制度的形成、用益物权的功能的加强和类型的增加、担保物权机能的强化、物权关系上的私法自治、物权法定主义的缓和等。① 我们应当关注这些发展趋势，借鉴其中一些有益的经验。

（五）物权法既是行为规范也是裁判规则

物权法作为实体法，它既是行为规范又是裁判规则。物权法首先是行为规范，这就是说，物权法的规则大多是规范当事人之间合法、正当地行使物权，从而避免权利的冲突，维护人与人之间的正常秩序。物权法为了规范交易的正常秩序，也确立了当事人合法、有效取得物权的规则。物权法规定了征收、征用制度，也规范了政府行使征收权移转单位、个人财产权的行为。物权法规定了建筑物区分所有权制度，规范了业主行使其专有部分所有权和共有权的规则。物权法规定了相邻关系的规则，规范了相邻不动产权利人之间行使权利的行为。这些都表明，物权法是财产权确认和行使的规则，也是取得财产权的规则。物权法的许多规则作为社会生活的规则，是人们长期以来生活习惯的总结，确立了人与人交往正常关系的规范，是社会公共道德和善良风俗的反映。按照物权法的规则行为，有助于建立人与人正常、和睦的生活关系，维护社会生活的和谐与稳定。

物权法的规则也是司法审判机关正确处理民事纠纷所要依循的基本准则。物权法的规则大多都对应着裁判规范，它为司法裁判提供了一套基本的体系、框架、规范和术语，为司法过程提供了一套明确的、完整的规范，力求通过法律的制定使整个司法过程都处于法律的规范之下，并对法官行使的自由裁量权作出了必要的限制。在《民法典》物权编中，裁判规范也可以分为两类：一类是具体的裁判规则。如《民法典》第308条规定："共有人对共有的不动产或者动产没有约定为按份共有或者共同共有，或者约定不明确的，除共有人具有家庭关系等外，视为按份共有。"这就为法官裁判民事案件提供了明确的规范。另一类就是

---

① 参见刘剑文、杨汉平主编：《私有财产法律保护》，159页，北京，法律出版社，2000。

授予了法官自由裁量权的规则和原则。例如，《民法典》第288条规定："不动产的相邻权利人应当按照有利生产、方便生活、团结互助、公平合理的原则，正确处理相邻关系。"这实际上就是赋予了法院按照在现代社会法官不得以法无明文规定而拒绝接受对民事案件的裁判，也不得以法律规定不明确而拒绝援引法律条文的法律依据。凡是不援引法律规定的裁判均为恣意裁判，而完全违背法律规定而作出的裁判则为枉法裁判，无论是枉法的裁判还是恣意的裁判均为不合法的裁判。

（六）物权法是实体法兼具程序规范

物权法是实体性规范（materielles Recht），主要调整实体权利、义务关系。[①]但是物权法中也具有程序性的规定，例如，物权登记的程序、更正登记、异议登记、预告登记等条款。这些规范虽然属于程序性规定，但属于物权的确认和保护必不可少的规定。物权的设立、变更、行使，应当依据法定的程序，缺乏程序规范，则实体权利的保护是不周全的，因此物权登记等程序规范也应当规定在物权法中。

第四节 物权法体系

物权法的体系是指物权法依据一定的逻辑结构所构成的规范体系。从世界各国物权法的制定来看，都要通过物权法定原则来对旧物权进行整理，建立一套科学完整的物权体系，我国也不例外。[②]"政治、道德与经济的历史发展深深地影响着财产法……政治、经济与社会的种种因素从各方面带来了财产法'在民法典之外'的发展，虽然这种情况并不必然引起对财产法基础与原则的质疑，但却迫使我们不得不重建财产法的基础并且可能重新构建其体系。"[③]大陆法系国家许

---

① 参见［德］鲍尔、施蒂尔纳：《德国物权法》（上册），张双根译，15页，北京，法律出版社，2004。

② 参见谢在全：《民法物权论》（上册），48页，北京，中国政法大学出版社，2011。

③ ［法］弗朗索瓦·泰雷、菲利普·泰勒尔：《法国财产法》（上），罗结珍译，1～2页，北京，中国法制出版社，2008。

多物权法规则起源于罗马法，罗马法区分了对人权和对物权，后经过注释法学派的解释，形成了物权制度，并且被大陆法系所继受。当代物权法适应社会经济变化，在体系上具有新的演变，多年以来，我国的物权立法滞后，物权的类型和体系一直没有在法律上建立，造成许多权利归属不明、内容不清的现象。实践中出现的许多的产权纠纷也与此有关。

我国《民法典》物权编的编纂的一个重要任务就是要对我国物权的类型进行认真的整理、仔细的研究，以确定哪些物权的类型需要保留，哪些需要增补，在此基础上建立比较完善的物权法体系，从而界定产权、维护交易安全和秩序。可以说，建立结构完整、内容协调的物权规则体系，对于确认和保护物权，维护社会经济秩序和交易安全具有重要意义。我国《民法典》在物债二分的基础上分别对物权和债权进行规定。从《民法典》各分编的排列顺序来看，物权被置于分则首编，以调整财产权归属为核心的物权编为以财物流转为核心的合同编提供前提依据，这也表明了物权编在民法典中的重要地位。

《民法典》物权编是物权法规范的基础性规定，也是物权规则体系构建的"顶梁柱"。虽然物权法并不等于《民法典》物权编，单行法中也有大量的物权法规范。但是，这并不影响物权法体系的构建是由《民法典》物权编完成这一事实。《民法典》物权编完成了我国物权法体系的建构工作，是物权法体系的集中体现。而有关物权的规范散见于各个单行法之中，构成对《民法典》物权编所确立的物权法体系的补充。

与《民法典》构建民法体系的思路一样，《民法典》物权编对物权法体系的构建也以总分结构展开。《民法典》物权编的第一分编"通则"实际上就是物权法的总则。之所以采用"通则"这一表述，主要是为了和民法典总则编相区分。"通则"分编下设"一般规定""物权的设立、变更、转让和消灭""物权的保护"三章，基本涵盖了调整物权关系的基本规则。物权编的分则被分为四个部分，即"所有权""用益物权""担保物权""占有"。由此形成的物权法体系建构，具有以下几个特点。

一是维护了我国以公有制为主体、多种所有制经济共同发展的基本经济制度。马克思认为："这种具有契约形式的（不管这种契约是不是用法律固定下来的）法的关系，是一种反映着经济关系的意志关系。这种法的关系或意志关系的内容是由这种经济关系本身决定的。"① 这也就意味着，所有权作为所有制的法律形态，乃是由经济关系所决定。因此，所有制是物权制度的决定性因素，物权法必须反映生产资料的所有制形态。我国物权法体系建构也正是围绕这一问题展开。在所有权分编中，《民法典》物权编采取了与西方国家完全不同的立法模式，规定了国家、集体和私人所有权，体现了对我国基本经济制度的要求。同时，《民法典》物权编通过平等保护原则为多种所有权提供平等保护，这一原则也是我国物权制度的重要特色。可以说，《民法典》物权编通过对多种所有权的确认和对多种所有权平等保护，构建了具有中国特色的所有权制度体系，并以该所有权制度体系维护了我国基本经济制度。

二是反映了社会主义市场经济的内在需要。我国是社会主义公有制国家，同时实行社会主义市场经济，公有制如何与市场经济结合，是人类历史上前所未有的新问题。《民法典》物权编完满地回应了这一问题。一方面，《民法典》物权编明确规定"城市的土地，属于国家所有。法律规定属于国家所有的农村和城市郊区的土地，属于国家所有"（第 249 条）。同时，在第三分编单设用益物权制度，规定"国家所有或者国家所有由集体使用以及法律规定属于集体所有的自然资源，组织、个人依法可以占有、使用和收益"（第 324 条）。通过规定建设用地使用权等制度，通过市场的手段，使土地等资源进入市场，进行流转。用益物权本身能够在土地和自然资源等的利用过程中，引入市场机制，通过当事人的自由协商和有偿使用机制，实现资源的最有效配置。建设用地使用权、土地承包经营权、宅基地使用权，都是在公有土地的基础上产生的。没有公有制作为基础就无法理解这些权利的存在，没有这些用益物权也就无法将公有土地与市场分配相互结合。另一方面，我国担保物权制度也积极回应市场经济的需求。为促进实现担保的现代化和不断优化营商环境，《民法典》物权编对担保物权体系进行了重大

---

① 马克思：《资本论》，第 1 卷，102 页，北京，人民出版社，1972。

的变革，担保物权样态的不断丰富以及动产和权利担保统一公示的尝试都为《民法典》物权编注入了新鲜的血液，以回应社会主义市场经济对于融资的需求。

三是以保障民生作为重要目标。财产权是关乎人民物质生活的基础性权利，保障民生首先要保护财产权。特别是对物权而言，其关系到老百姓的衣食住行，物权不能保障就谈不上民生保障的落实。例如，对于广大人民群众而言，房产是最基本财产之一，也是民生保障的重要载体。在西方国家，建筑物区分所有权大都在特别法中被加以规定，而我国《民法典》在物权编中对业主的建筑物区分所有权专门进行规定。与此同时，为了保障民生，《民法典》物权编还专门在用益物权中规定了居住权制度，以实现住有所居、安居乐业。从体系建构上看，这些规则都十分具有中国特色。

四是充分借鉴比较法的先进经验，适应物权法的发展趋势。"所有权是用以适配一种经济需要而成立的法律制度，和其他各种法律制度一样必须随着经济需要本身而演进。"①《民法典》物权编所构建的物权法体系不仅是对中国社会实践需求的回应，也具备宽广的国际化视野。例如，为了适应资源有限性与人类需求无限性之间的矛盾，物尽其用成为物权制度的功能价值之一。在比较法上，新的物权类型不断涌现，在所有权内部，权能的分离也越来越普遍化和多元化。诸如空间权、准物权的概念的出现，都体现了物尽其用的要求。我国也积极吸收借鉴这些比较法经验，以促进资源有效利用为目的，规定了空间权和准物权。《民法典》物权编中的担保物权类型的新发展，也同样体现了我国物权法体系对现代物权法发展新趋势的回应。传统的物权法基本上以不动产为核心，物权法规则的主体是不动产法，物权法的许多规则也基本上是从不动产发展出来的（譬如物权变动规则等）。

进入21世纪的现代社会，物权法的体系也在不断变化，就物权法的体系而言，囿于严格的物权法定主义，传统的大陆法系国家的物权体系相对比较保守，物权的种类也极其有限，但近几十年来，随着社会经济的发展和变动，尤其是随

---

① ［法］莱昂·狄骥：《〈拿破仑法典〉以来私法的普通变迁》，徐砥平译，139页，北京，中国政法大学出版社，2003。

着从所有到利用的发展，物权法定不断走向缓和，物权法的体系也发生了重大变化。主要表现在：第一，所有权的客体也发生了一些变化。例如，企业对其集合财产享有所有权，并可以在集合财产之上设立担保物权。而在登记对抗主义模式之下，所有权在当事人和第三人之间会产生不同的效力。[1] 此种所有权的产生是所有权无期限原则的一种例外，也是现代社会因资源的相对稀缺而需要对资源进行更有效的利用的产物。第二，用益物权制度的发展主要体现在如下两个方面：一是空间用益物权的产生和发展。在现代社会，人口激增、经济快速发展以及城市化的日益加快，导致不可再生的土地资源越来越稀缺，人类对土地的利用逐步从平面转向立体，空间的利用与开发也就越来越重要。因此，地上和地下空间也就成为重要的财产，出现了空间权等制度，空间用益物权包括空间地上权、空间地役权、空间利用权等，这些都是新的财产形式。从用益物权的发展趋势来看，传统的地上权都设置在地面。为适应经济的发展和有效利用资源的需要，地上权的设定已经"立体化"和"区分化"，存在于土地的上空或地下，以增进土地的利用价值。[2] 正如有学者所指出的，用益物权并非因此没有明天，由于其特有的性质和社会机能，不动产用益物权将随着不动产用益形态的精致化、立体化而获得再生的机会。[3] 二是不动产之上可设立的用益物权的类型增加。随着社会的发展，为了有效率地利用资源，新的用益物权不断产生。而且随着人们对财产的利用能力的增强，利用财产的方法增加，这些都促使新的用益物权的产生，只要这些用益物权相互之间不产生冲突和矛盾，都可以为法律所承认。[4] 例如，在当代社会，地役权适应物尽其用的需要产生了所谓空间地役权、公共地役权等形态。从比较法上来看，各国法律对地役权的种类并无限制，允许当事人通过约定地役

---

① See Jacob H. Beekhuis etc., *International Encyclopedia of Comparative Law：Volume* Ⅵ：*Property and Trust：Chapter* 2：*Structural Variations in Property Law*，J. C. B. Mohr（Paul Siebeck），Tübingen，1973，p. 11.

② 参见王泽鉴：《民法物权》，第2册，21页，台北，自版，2001。

③ 参见谢在全：《民法物权论》（中册），52页，台北，自版，2003。

④ 参见房绍坤：《用益物权基本问题研究》，105页，北京，北京大学出版社，2006。

权，充分发挥不动产的利用价值，从而使地役权的发展保持了开放性，使其能够适应社会的不断发展，满足各种利用他人土地的社会需求。[①] 第三，担保物权类型的发展。担保物权体系日益丰富和完善。现代社会，随着交易实践的发展，担保物权的类型也在不断丰富和发展，具体而言：一方面，动产担保方式也发生了重大变化。在动产之上，既有可能存在动产质权，也可能成立动产抵押，此外，在动产之上还可能设立所有权保留、融资租赁等融资方式。动产抵押和其他以动产作担保的形式越来越多，作用越来越突出。尤其是动产抵押方式的产生，既能够使动产所有权人继续利用动产，同时也能发挥动产的担保功能，保障动产使用价值和交换价值的实现。另一方面，担保类型越来越多，如浮动担保、电网收费权担保、高速公路收费权抵押、最高额抵押、财团抵押等。日本修改和制定了一系列新的特别法规，确立了抵押证券、让渡担保、所有权保留、债权让渡、抵销预约、代理受领、保险担保、担保信托等非传统担保形式。[②]《美国统一商法典》第九编"担保制度"确立并强化了权利质押。《魁北克民法典》也承认各种非移转占有的动产担保物权。《美洲国家组织动产担保交易示范法》确立了应收账款担保。此外，非典型担保形式不断发展。所谓非典型担保，是指在物权法等有关法律规定之外的担保形式。非典型担保主要是由法官通过判例创造出来的，非典型担保在类型上具有开放性，在相当程度上是对传统的物权法定原则的突破和缓和。在德国，非典型担保主要表现为让与担保，让与担保又主要分为所有权让与担保、债权让与担保与其他权利（主要是知识产权）让与担保三种。[③] 这些非典型担保形态有利于实现物的价值，便利交易、促进融资。

因此，我国《民法典》物权编适应现代社会物权法体系发展的趋势，在其内容体系构建上不仅借鉴了域外法的经验，而且从本土出发，形成了具有中国特色的物权法体系。

[①]　参见刘乃忠：《现代地役权发展趋势》，载《中南财经政法大学学报》，2002（3）。

[②]　参见梁慧星：《日本现代担保法制及其对我国制订担保法的启示》，载梁慧星主编：《民商法论丛》，第3卷，180页以下，北京，法律出版社，1995。

[③]　参见陈本寒：《担保物权法比较研究》，359页，武汉，武汉大学出版社，2003。

二、《民法典》物权编的体系

我国《民法典》物权编的体系主要由通则、所有权制度、用益物权制度、担保物权制度、占有制度所构成。具体而言，包括如下内容。

（一）通则

所谓通则，是指物权的一般规则和共同规则。物权编在第一分编规定了通则，之所以采纳通则的表述，而没有采纳总则的表述，主要是为了与《民法典》总则编相区别，在通则中一共设立了三章。第一章是一般规定，主要确立了物权编的调整对象、国家基本经济制度、经济政策和物权法的基本原则。第二章是关于物权的设立、变更、转让和消灭的一般规则，其中规定了不动产登记和动产交付的一般规则。第三章规定了物权的保护。

之所以需要在物权法上设立通则，是因为物权法作为民法相对独立的领域，必须形成自身的体系。只有规定了通则，才能强化物权法的体系性，并实现物权法条文的简约。物权法通则也确定了物权法的基本原则，例如，平等保护原则、物权法定原则等，这些原则都是贯穿于整个物权法的基本原则。

（二）所有权制度

物权编第二分编规定了所有权，所有权制度是物权制度的核心内容。所有权直接反映所有制，且对所有制起着维护和巩固的作用。所有权是所有人对其物所享有的独占支配权，它包含占有、使用、收益和处分四项权能，是权利内容完整的物权。① 同时，所有权也是其他物权产生的前提和基础，其他物权都是所有权权能分离的结果。正是因为这一原因，在物权编的体系安排上，先规定所有权，然后才规定他物权。在所有权这一分编中，共分为一般规定，国家所有权和集体所有权、私人所有权，业主的建筑物区分所有权，相邻关系，共有、所有权取得的特别规定等部分。

---

① 参见王泽鉴：《民法物权》，2 版，112～113 页，北京，北京大学出版社，2010。

我国《民法典》所有权制度最大的特色体现为，它基于维护基本经济制度的需要而确认和保护国家、集体和个人的所有权，从而形成了多元化的所有权体系。西方国家的所有权制度基本上建立在单一的私有制基础上，并围绕私人所有权构建体系，但我国《民法典》所有权制度是适应我国以公有制为主体、多种所有制经济共同发展的基本经济制度而产生的。因此，我国《民法典》物权编详细地确认了国家、集体、私人所有权以及其他权利人的物权，并对各类物权实行平等保护，从而巩固和维护了国家基本经济制度。在该分编中，还规定了业主的建筑物区分所有权，此种所有权实际上是城市居民最重要的财产，也是其居住权益的基本保障。《民法典》之所以规定建筑物区分所有权，而不是以单行法对其作出规定，就是为了充分保障公民的财产权。我国《民法典》物权编还明确了动产、不动产以及自然资源等的归属，并通过平等保护原则对各类物权进行平等保护，在物权遭受侵害时，通过物权请求权、侵权请求权等各种方式对权利人提供救济。

（三）用益物权制度

《民法典》物权编的第三分编规定了用益物权。所谓用益物权，是指当事人依照法律规定，对他人所有的不动产或者动产享有的占有、使用和收益的权利。用益物权人取得的是物的使用价值，对物的使用价值的支配性使得用益物权人对于标的物没有法律上的处分权，因而用益物权又可称为"使用价值权"。在用益物权这一分编中，规定了土地承包经营权、土地经营权、建设用地使用权、宅基地使用权、居住权、地役权；此外，还规定了海域使用权、探矿权、采矿权、取水权和养殖捕捞权等准用益物权。我国《民法典》物权编中的用益物权制度主要具有如下特点。

第一，以我国土地公有制为基础，反映土地制度的社会主义属性，确立了土地承包经营权、建设用地使用权、宅基地使用权和地役权，这些权利具有明显的本土化色彩。物权编还适应农村土地"三权分置"改革的成果，确认了土地经营权及其流转规则。

第二，在各项制度的设计方面，充分贯彻物尽其用原则。用益物权制度要求设立建设用地使用权，应当符合节约资源、保护生态环境的要求（《民法典》第

346 条），充分体现和反映了国家在农村的基本经济政策，强化对耕地的最严格保护制度，充分体现了对集体所有权的维护和对广大农民利益的维护。

第三，为了维护自然资源、保护生态环境，在用益物权中规定了海域使用权、探矿权、采矿权、取水权和养殖捕捞权。将这些概念在用益物权中作出规定，是对传统用益物权制度的重大发展。我国《民法典》物权编确认了矿藏、水流、海域、野生动植物资源、无线电频谱资源等的归属。这对于实现对资源合理而有效的利用和保护生态环境是非常必要的。这些自然资源不是纯粹的有体物，其中也有一些属于无形财产。

第四，依据《民法典》第 323 条的规定，用益物权人对他人所有的不动产或者动产，依法享有占有、使用和收益的权利。该条规定用益物权可以在动产上设立，这就在立法上为未来动产用益物权制度的发展预留了空间。

（四）担保物权制度

《民法典》物权编第四分编规定了担保物权。所谓担保物权，是指当债务人不履行债务时，债权人对债务人或者第三人提供的担保财产进行拍卖、变卖，就其价款依法优先受偿的权利。在该分编中，设有一般规定、抵押权、质权、留置权。担保物权设定的主要目的是担保债权的实现，尤其是合同之债的履行。

我国《民法典》物权编担保物权分编适应改善营商环境、促进担保制度现代化等的需要，在内容和体系上具有重大创新。一是致力于统一动产和权利担保的登记制度。《物权法》对于动产和权利担保的登记机构进行了分散的规定，《民法典》物权编对于动产担保的设立要件进行了统一，删除了《物权法》不同动产抵押不同登记机构的规定，促进了动产抵押登记的一体化。[①] 二是简化了对担保合同条款的要求。《民法典》第 400 条第 2 款关于设定抵押权合同条款的规定与《物权法》相比要求更加简单。三是关于流押流质的规定得到了进一步完善。《民法典》第 401 条和第 428 条并没有禁止设立流押流质条款（如事先达成的以房抵债协议），也没有规定其当然无效。在当事人订立流押流质条款以后，在债务人

---

① 参见沈春耀：《关于〈民法典各分编（草案）〉的说明》（2018 年 8 月 27 日在第十三届全国人民代表大会常务委员会第五次会议上）。

不能清偿到期债务时，必须进入清算程序。通过拍卖、变卖等方式，债权人对变价财产价值优先受偿。四是确立了担保物权受偿顺位规则。[①]《民法典》第414条对于可以登记担保物权的受偿顺位进行了统一的规定。该条不仅适用于多重抵押而且可以适用于可登记的其他担保权利之间的冲突。五是担保合同范围的变化。《民法典》第388条第1款第2句规定："担保合同包括抵押合同、质押合同和其他具有担保功能的合同。"这一规定将担保合同的范围进行了扩张，不仅局限于抵押合同、质押合同，而且涵盖了其他具有担保功能的合同（如所有权保留和融资租赁等）。只要这些具有担保功能的合同依法办理了登记就能产生物权的效力。六是扩大了担保财产的范围。如《民法典》第395条明确了海域使用权可以抵押，第440条将现有的以及将有的应收账款明确纳入可以质押的财产范围。

（五）占有制度

《民法典》物权编第五分编规定了占有制度。占有是指基于占有的意思而对物进行控制的事实状态。尽管关于占有究竟是一种事实，还是一种权利，学说上一直存在争议，但一般认为，占有在性质上并不属于物权，也不能将其等同于所有权的占有权能。《民法典》物权编以专章的形式（第五分编第二十章）对占有作出规定，对于保护财产既存关系、维护财产秩序具有重要意义。

第五节 物权法的渊源

物权法的渊源是指民事法律规范借以表现的形式，它主要表现在各国家机关根据其权限所制定的各种规范性文件之中。关于法律渊源的内涵可以从几个方面来理解：一是从立法意义上理解，即法律规范产生的原因。凡是能够成为法律规范或者能够成为法律规范产生的根据的，都可以成为法律的渊源。二是从司法上来看，凡是成为裁判依据的规则，不论其是否为法律规范，只要能够作为法官判

[①] 参见高圣平：《论流质契约的相对禁止》，载《政法论丛》，2018（1）。

案的依据都应当成为物权法的渊源。三是从行为规则来看，即不仅能够作为裁判规范而且能够成为行为规范的规则才能成为物权法的渊源。例如，交易习惯等可以作为法院审理合同案件、解决合同纠纷的依据，但不宜作为行为规则适用。因此，其不应当成为物权法的渊源。从物权法的角度来看，在我国能够作为法律渊源的规范包括：宪法、法律、行政法规、地方性法规、行政规章、习惯、国际条约等。

一、宪法

宪法是国家的根本法，由全国人民代表大会制定，并具有最高的法律效力。毫无疑问，宪法作为国家的根本大法，理应成为物权法的渊源，《民法典》开宗明义，在第 1 条就明确规定："根据宪法，制定本法"。由此表明，宪法是包括物权编在内的民法典规则制定的基础和依据，因而，宪法应成为物权法的重要渊源。具体而言，一是《宪法》第 11 条确认了基本经济制度成为物权法立法的依据，同时，巩固和维护基本经济制度也是物权法的首要目标。二是《宪法》第 12 条规定："社会主义的公共财产神圣不可侵犯。国家保护社会主义的公共财产。禁止任何组织或者个人用任何手段侵占或者破坏国家的和集体的财产。"第 13 条第 1 款规定："公民的合法的私有财产不受侵犯。"三是《宪法》规定的土地和自然资源的公有制度以及对土地之上的土地承包经营权制度的保护也是物权法用益物权制度的基本法依据。四是《宪法》第 13 条规定的征收补偿制度是《民法典》征收制度的主要来源。

尽管在我国，法官在裁判民事案件中，不得直接援引宪法裁判案件，但这并不意味着，裁判文书不能援引宪法。一方面，宪法可以成为裁判中说理论证的重要依据。也就是说，宪法虽然不能直接作为民事裁判依据，但其仍然是法院在司法裁判中的参考性依据。另一方面，法官在裁判过程中，如果因适用法律出现复数解释，在此情况下就应当以宪法的原则、价值和规则为依据，确定文本的含义，得出与宪法相一致的法律解释结论。通过合宪性解释来确定法律文本含义时，通常采取选择或排除的方式。这就是说，如果某个解释结论符合宪法，就应当选择其作为解释结论；如果所作的解释结论违反了宪法，就应当予以排除。通过这种方式，使文本的含义能够与宪法保持一致。从这个意义上说，宪法也可以成为物权法的渊源。更何况，从立法层面来看，宪法是民事立法的依据，宪法中关于社会主义建设方针和路线的规定、关于财产所有制和所有权的规定、关于公民基本权利和义务的规定等，都是调整民事关系的重要法律规范，也是《民法典》物权编和各种单行民事法规必须遵循的法律依据。

二、民事法律

民事法律是由全国人民代表大会及其常务委员会制定和颁布的民事立法文件，是我国物权法的主要表现形式。民事法律主要由两部分组成。

第一，《民法典》物权编。我国物权法实际上是以《民法典》物权编为中心构建起来的，也就是说，物权编确立了物权法的基本内容，构建了物权法总分结合的体系，并确立了物权法的基本原则、调整范围、物权变动的基本规则，尤其是依据物权法定原则确定了物权的基本类型和保护方式。所以，理解了物权法应当以《民法典》物权编为主要依循，在物权编与单行法发生冲突时，就应当以物权编为依据解释物权法规则，并以物权编的规定填补法律漏洞。当然，物权法不限于《民法典》物权编，除此之外，还包括其他民事法律。

第二，民事单行法。改革开放以来，有关房地产方面的立法虽然在不断增多，但这些立法仍然主要体现的是政府对房地产关系的纵向管理与监督关系。例如，1980 年国务院颁布的《关于中外合资企业建设用地的暂行规定》、1982 年国务院颁布的《村镇建房用地管理条例》、1986 年由全国人大常委会公布的《土地管理法》、1989 年全国人大常委会颁布的《城市规划法》、1990 年国务院发布的《城镇国有土地使用权出让和转让暂行条例》、1994 年全国人大常委会颁布的《城市房地产管理法》等等。尽管这些法律、法规都是我国房地产法的重要内容，但从其立法精神和调整机制来看，依然具有浓厚的行政管理色彩，更强调的是国家对房地产关系的规划、管理、监管和调控。

上述法律都是民事法律的重要组成部分，也是裁判中应当依循的基本规则，法官可以直接援引这些法律裁判案件。在各项民事法律中，《民法典》物权编是基础性法律，是私法的基本法，物权编和民事单行法之间的关系，就像树根、主干与枝叶之间的关系，物权编是树根和主干，而民事单行法是枝叶，其必须以物权编为基础和根据。正是在《民法典》的统率下，各项民事法律构成了一个完整的整体。《民法典》为民事单行法的制定提供了民事基本法的依据，并且为民事单行法的解释、适用提供了价值基础和规范依据。在发生财产权益争议之后，在没有正当且合法的理由时，法官裁判民事案件，应当主要以《民法典》物权编为裁判依据。

三、行政法规

国务院作为最高国家行政机关，它可以根据宪法、法律和全国人民代表大会常务委员会的授权，制定、批准和发布法规、决定和命令，其中有关民事的法规、决定和命令，是物权法的重要表现形式，其效力仅次于宪法和民事法律。依照宪法和组织法，国务院还有权发布决定和命令，其中具有规范性内容的，也是法律渊源。[①] 例如，2011 年 1 月 21 日国务院颁布的《国有土地上房屋征收与补偿条例》，2014 年 11 月 24 日颁布、2019 年 3 月 24 日修订的《不动产登记暂行条例》等都是重要的物权法的渊源。

四、行政规章

根据《立法法》的规定，行政规章是指国务院各部委以及各省、自治区、直辖市的人民政府和省、自治区的人民政府所在地的市以及设区的市的人民政府根

---

① 参见孙国华、朱景文主编：《法理学》，261 页，北京，中国人民大学出版社，1999。

据宪法、法律和行政法规等制定和发布的规范性文件。一些行政规章也包含调整民事关系的内容，其也可能成为物权纠纷的裁判依据。例如，国土资源部 2016 年颁布的《不动产登记暂行条例实施细则》即可作为裁判物权纠纷的依据。在民事裁判中，行政规章并不能直接作为裁判依据。当然，在特殊情况下，如果法律对行政规章的适用作出了明确规定，则其也可以成为民事裁判的依据。

五、司法解释

司法解释是最高人民法院和最高人民检察院依法作出的属于审判、检察工作中具体应用法律的解释。最高人民法院是我国的最高审判机关，依法享有监督地方各级人民法院和各专门人民法院的审判工作的职权。我国《宪法》没有授予最高人民法院以立法权，但是全国人民代表大会常务委员会《关于加强法律解释工作的决议》第 2 条规定："凡属于法院审判工作中具体应用法律、法令的问题，由最高人民法院进行解释。"在《民法典》颁布实施后，最高人民法院为配合民法典的实施，制定和修订了《有关担保的司法解释》《物权编司法解释（一）》《建筑物区分所有权司法解释》《物业服务纠纷司法解释》等，有效地保障了《民法典》的全面贯彻实施。

需要探讨的是，指导性案例是否属于法律渊源。所谓指导性案例，是指由最高人民法院确定并发布的，对全国法院审判、执行工作具有指导作用的案例。[①] 2010 年 11 月 26 日，最高人民法院发布了《关于案例指导工作的规定》，从而建立了案例指导制度。该制度对于保障裁判的统一、规范法官自由裁量、保障法律的准确适用等都具有十分重要的意义。指导性案例都是针对个案中的典型案例作出，因此其和司法解释相比，具有较强的针对性和具体性。尤其是指导性案例都是实践中出现的典型案例，而且该案例得以公布，乃是经过了审理法院和上级法

---

① 《关于案例指导工作的规定》第 2 条规定："本规定所称指导性案例，是指裁判已经发生法律效力，并符合以下条件的案例：（一）社会广泛关注的；（二）法律规定比较原则的；（三）具有典型性的；（四）疑难复杂或者新类型的；（五）其他具有指导作用的案例"。

院甚至最高人民法院的层层遴选，其判决书的论理水平较高，说理较为充分，审判质量较高。因此，这类案例的公布，有助于提升司法机关判决书的说理水平。但关于指导性案例究竟应当具有何种效力，一直是有争议的话题。笔者认为，指导性案例与司法解释不同，其不具有法律约束力，不能作为裁判依据援引，只能作为裁判的参考。从这个意义上说，指导性案例制度，并非等同于判例法制度，也不能照搬判例法国家普遍采纳的遵循先例的原则。根据《关于案例指导工作的规定》第 7 条，指导性案例的效力是"各级人民法院在审判类似案件时应当参照"，这是对指导性案例的一种准确定位。参照的含义首先意味着在没有充分且正当的理由时，法官对于同类案件应当参照指导性案例作出裁判。但指导性案例并不是法律渊源，不能直接作为裁判依据，只是可以在判决书说理部分来加以使用。从这个意义上讲，指导性案例可以成为说理的理由。因此，人民法院在裁判物权纠纷时，可以参照指导性案例的立场。

六、地方性法规和自治条例、单行条例

地方性法规，是指地方各级人民代表大会及其常务委员会在宪法、法律规定的权限内所制定、发布的决议、命令、法规等规范性法律文件。地方性法规虽然在效力范围上具有从属性，且在适用范围上具有地域局限性，但地方性法规是地方国家权力机关依据宪法的授权而制定的法规，同样具有法的效力，其中调整民事关系的内容属于物权法的渊源。

自治条例和单行条例也可以成为物权法的渊源。所谓自治条例，是指民族自治地方的人民代表大会依据宪法和法律，结合当地民族自治地区特点所制定的、管理自治地方事务的综合性法规。所谓单行条例，是指民族自治地方的人民代表大会在宪法和法律所规定的自治权范围内，结合民族地区的特点，就某方面具体问题所制定的法规。《引用法律规定》第 4 条规定："民事裁判文书应当引用法律、法律解释或者司法解释。对于应当适用的行政法规、地方性法规或者自治条例和单行条例，可以直接引用。"依据这一规定，自治条例和单行条例也可以成为民事裁判的依据，可以成为物权法的渊源。例如，各地都先后颁布了物业管理

条例，其内容也可以成为物权法的渊源。

七、习惯

所谓习惯，是指在某区域范围内，基于长期的生产生活实践而为社会公众所知悉并普遍遵守的生活和交易习惯。《总则编解释》第 2 条第 1 款规定："在一定地域、行业范围内长期为一般人从事民事活动时普遍遵守的民间习俗、惯常做法等，可以认定为民法典第十条规定的习惯。"习惯具有自发形成性，是人们长期在生活实践、交易中所形成的民间习俗、惯常做法等，因此也被称为"活的法"。所谓民间习俗，主要是指生活习惯，它是人们在长期的社会生活中形成的习惯。所谓惯常做法主要是指交易习惯，它是指交易当事人在当时、当地或者某一行业、某一类交易关系中，所普遍采纳的，且不违反公序良俗的惯常做法。我国司法实践历来承认习惯可以成为物权法渊源。《民法典》第 10 条承认了习惯作为物权法渊源的地位。

《民法典》第 10 条规定："处理民事纠纷，应当依照法律；法律没有规定的，可以适用习惯，但是不得违背公序良俗。"也就是说，在存在具体法律规则时，应当优先适用该具体的法律规则，而不能直接适用习惯法；此处所说的"法律"是指具体的法律规则，而不包括法律的基本原则。只有在无法找到具体法律规则时，才能适用习惯处理民事纠纷。当然，习惯要成为物权法渊源，并成为裁判的依据，其必须经过"合法性"判断，不违反法律的强制性规定，不违反公序良俗。例如，个别地方的习惯不允许寡妇改嫁、禁止嫁出去的女儿享有土地承包经营权，这些陈规陋习不仅不能成为法律渊源，而且应当被法律所禁止，因此，法官在适用这些习惯时，应当通过法律规定和"公序良俗"对其内容和效力进行审查。[①]

依据《总则编解释》第 2 条第 2 款："当事人主张适用习惯的，应当就习惯及其具体内容提供相应证据；必要时，人民法院可以依职权查明。"这就确定了

---

① 参见广东省高级人物权法院民一庭、中山大学法学院：《民间习惯在我国审判中运用的调查报告》，载《法律适用》，2008（5）。

适用习惯的证明规则。依据这一规定，主张适用习惯的当事人须证明是否存在习惯及其具体内容。因为是否存在习惯，以及习惯的内容如何等，本身既是法律适用问题，也是事实问题，因此，当事人应当对习惯的存在及其内容负担举证责任。双方当事人所证明的习惯存在矛盾，导致难以确定习惯的内容的，此时，法院可以依据职权查明是否存在习惯，或者查明习惯的具体内容。

第六节　物权法与其他法律的关系

一、物权法与合同法

合同法，是指调整交易关系的法律，它主要规范合同的订立、合同的有效、无效及合同的履行、变更、解除、保全，违反合同的责任等问题。合同法与物权法都是我国民法的组成部分，由于它们都是调整平等主体之间所发生的财产关系的法律，所以它们都属于民法中财产法的范围。

作为规范社会财产关系的基本法律，物权法和合同法具有十分密切的联系。物权法主要调整财产占有关系。这种关系是人们在社会中进行生产和交换的前提。人们要进行生产，需要实现劳动者和生产资料的结合。同时，人们要进行交换，也首先必须对交换的财产享有所有权。所以，调整财产关系的物权法是一项重要的法律制度。但是，在社会生活中，单靠物权法还不能保护和调整整个社会的财产关系。物权法主要规定的是静态的财产关系，而一个社会的财产关系总是处于不断运动的状态中，社会经济的发展要依赖于经济的流转，对动态的财产关系的保护和调整任务主要是由合同法完成的。物权法和合同法相互配合，才能共同对社会经济发挥完好的调整作用。物权法与债法上的诸制度相互衔接，协调配合，共同调整物权变动的关系。①

---

① 参见马特：《物权变动》，311页，北京，中国法制出版社，2007。

尽管物权法与合同法在调整社会财产关系方面具有密切的联系，但两者仍然是有区别的。从两大法系的比较分析来看，英美法在财产法与合同法的分类标准上与大陆法是不同的。例如，英美法由于受对价理论的影响，将一些不具有对价的允诺如赠与作为财产法规范的对象，而并未将其置于合同法中；而大陆法一般认为赠与仍然属于单务合同的范畴，应作为债法规范的对象。尤其应看到，英美法的"重实用，轻体系"的特点使其学者常常认为同一生活现象的各个方面都应在该制度中作同一处理。① 就买卖法而言，其不仅要解决买方是否和何时得以要求交付自己已经同意买入的货物，而且要解决如果标的已经交付，买方是否和何时取得这些货物的所有权②，所以，在立法上，财产法的内容与合同法常常是结合在一起的。而大陆法学者常常认为，交付标的物和支付价金的义务属于债务法范畴，实际交付标的物并移转所有权的行为虽与债务有密切联系，但应属于物权法的范畴，尤其是德国法中"物权契约"的产生，进一步为物权法调整交付行为提供了依据。此外，许多大陆法学者也主张，财产所有权因交付发生移转，不仅可基于买卖等双务合同发生，也可基于单务合同而发生，因此债务与所有权移转应作为两个不同的问题区别对待，分别由债法和物权法调整。③

从我国现行立法与现实生活条件来看，笔者认为，物权法与合同法存在明显的区别，主要表现在如下几点。

第一，调整对象不同。由于物权法主要调整财产的归属和利用、占有关系，因而它旨在反映并维护特定社会的所有制关系，保障财产的静态的安全。而合同法主要调整动态的财产流转关系，它主要反映商品交易关系，并旨在维护财产的动态的安全。郑玉波先生曾将法的安全（securite juridique）分为静的安全（securit statique）与动的安全（securit dynamique）。前者着眼于利益的享有，所以也称为"享有的安全"或"所有的安全"，此种安全主要是由物权法来保障的。后者着眼于利益的取得，所以也称为"交易的安全"，合同法主要是维护交易安

---

①②③　参见［德］K. 茨威格特等：《比较法总论》，269 页，贵阳，贵州人民出版社，1992。

全的法律。[①] 此种看法不无道理。当然，物权法也要受市场经济关系的作用和影响，但是不如合同法那样直接。由于商品交换关系总是处于不断变化和发展过程中，所以，合同法的内容相对于物权法而言，更富于变化。而物权法特别是所有权法的内容在一个社会的所有制关系没有发生根本变革以前，总是具有相对稳定性。一个社会的市场经济越发达，则合同法也就越丰富，在当代发达的市场经济社会，合同法相对于物权法而言，更为发达。

第二，保障的权利范围不同。物权法主要保护的是物权，包括所有权和其他物权，而合同法主要保护的是合同债权。这两种权利在市场经济社会是密切联系在一起的。因为一个正常的商品交换，首先要求主体对其交换的财产享有所有权，否则就不能将该项财产进行交换，从而也就不能产生债权。尤其是在市场经济社会中，不仅所有权，而且所有权权能本身也可以在各个主体之间进行交换。这样，不仅所有权而且所有权的权能都要以合同为媒介进行交换，而交换的结果往往使非所有人享有新的物权。可见，物权与合同债权的关系是非常密切的。不过，尽管如此，物权与合同债权作为两类基本财产权利，在权利的性质、内容、设立、义务主体是否特定、权利的客体、权利的效力、权利的转让和保护等方面均存在着明显的区别。

第三，适用的原则不同。在物权法中，采取了法定主义原则，有关物权的种类和内容要由法律规定，不允许当事人自由约定。正是因为物权法采用物权法定原则，物权法的规定大多是强制性的，当事人不得排斥其适用。在合同法中，采取了合同自由原则，法律充分尊重当事人的意志，并赋予当事人的意思以优先于任意性规范的效力。例如，在合同法中并不明确规定合同的内容，而是允许当事人协商决定合同的内容。只要当事人所协商的内容不违反法律，就能够依法具有法律的效力。同时，法律往往也并不限定合同的具体形式，而准许当事人在实践中创造出新的合同形式，并承认其效力。合同法的规定大多是任意性的，当事人可以通过其协调一致的意思改变法律的规定。

---

① 参见郑玉波：《民商法问题研究》（一），39 页，台北，三民书局，1982。

第四，在是否具有固有性上不同。物权法具有强烈的固有性，由于物权法主要反映特定社会的所有制关系，同时也深受历史习惯和传统的影响，因而一国物权法往往具有该国的特点，在不同的历史时期以及在所有制性质不同的国家，物权法的内容很难具有共同的特点。① 而合同法因其主要反映了交换关系的一般要求，所以，合同法并不具有强烈的固有性，而在很多方面都具有统一化的趋向。随着现代社会国际经济往来的发展，各国合同法在很多方面都在逐步地走向统一。例如，1964 年的《海牙统一国际货物买卖法》，已为许多国家所接受。

第五，权利的保护方法不同。物权法通过物权请求权这一特有的方式对物权进行保护。而在合同法中，则是通过违约责任如违约金、损害赔偿等方法来保护合同债权。这两类保护方法在构成要件等方面存在很大的差别，如物权请求权的行使不以义务人具有过错为要件，也不要求有损害，而违约损害赔偿请求权则一定要求存在损害，有时还要求义务人具有相应的过错。

值得注意的是，物权法也规范一些合同关系，如土地使用权出让合同、抵押合同、质押合同等。这些合同与一般的债权合同一样在本质上都是反映交易关系的，但由于这些合同旨在设立、变更、移转物权，而我国立法也不承认物权合同的概念，且合同法对此类合同未予调整，因而笔者认为，这些合同作为一类特殊的合同形式，主要应由物权法加以调整，但在合同的订立、解除、违约责任等方面，也要适用合同法的规定。

总之，从民法理论来看，物权、物权法与债权、债权法的概念和内容是相对应的，它们在社会经济生活中是相互配套、相辅相成的，共同调整着社会主义市场经济关系。

二、物权法与侵权责任法

在我国，物权法和侵权责任法都是我国《民法典》的重要组成部分，两者在

---

① 参见陈华彬：《民法物权论》，35 页，北京，中国法制出版社，2010。

制度的构建上相互配合，在功能上也具有一致性，因为物权法以确认和保护物权为目的，而侵权责任法也具有保护物权的功能。我国《民法典》第 235 条至第 237 条规定了物权请求权，而《民法典》第 1167 条也确认了在物权遭受侵害的情况下，受害人可以主张停止侵害、排除妨害、消除危险、返还财产。但同时，《民法典》第 238 条规定："侵害物权，造成权利人损害的，权利人可以依法请求损害赔偿，也可以依法请求承担其他民事责任。"此处所说的"依法请求损害赔偿"，就是依据《民法典》侵权责任编主张损害赔偿。无论是物权法还是侵权责任法，都规定了以损害赔偿来对受害人提供救济。所以，在受害人的物权遭受侵害的情况下，受害人既可以根据物权法主张物权请求权，也可以根据侵权责任法主张侵权请求权，在此情况下可以形成竞合关系。因此，《民法典》物权编与侵权责任编密切结合，共同发挥着保护物权的功能，其在功能上也具有一致性。

但应当看到，物权法和侵权责任法具有明显的区别，两者的区别主要表现在：

第一，调整对象不同。物权法调整的是平等主体之间的因物的归属和利用而产生的财产关系，主要包括物的归属关系、物的利用关系和占有关系。而侵权责任法调整的是因民事权益遭受侵害而形成的侵权责任法律关系。所以，在某种财产没有遭受侵害之前，原则上只受到物权法的调整，而不受侵权责任法的调整。

第二，功能不同。物权法是权利法，即主要功能是要确认物权，只有在确认物权归属和内容的基础上，才能保护物权。而侵权责任法是救济法，它是在受害人的权利遭受侵害的情况下，对遭受侵害的受害人提供救济。侵权责任法不仅保护物权，它也要保护除物权以外的其他绝对权和合法利益，且侵权责任法还要发挥损害预防的功能。

第三，保护方法不同。物权请求权不考虑行为人的过错，且不适用诉讼时效。而侵权请求权原则上要考虑过错，而且要适用诉讼时效。①

---

① 参见王轶：《略论侵权请求权与诉讼时效制度的适用》，载《中州学刊》，2009（4）。

第四，物权法具有固有性，它常常反映了一个国家的基本经济制度和基本财产关系，它对于维护社会的经济秩序和经济制度，都具有重要作用，因此，其往往具有更强的本土性，但是，侵权责任法是关于如何对受害人进行救济的规则，其虽然要反映一个国家的社会风俗、民族特点等，但是，其往往具有更强的国际化色彩，包含了一些具有普适性的规则。

三、物权法与婚姻家庭法

物权法和婚姻家庭法，前者位于民法典第二编，后者规定于民法典第五编，两者都属于民法典的组成部分，婚姻家庭法"以民法典婚姻家庭编的立法模式得以展现与强化，实现了婚姻家庭编的人身性与财产性的有机统一，助力了民法典的人文关怀与财产维护的制度融合"①。物权法和婚姻家庭法是民法的两个不同领域，分别调整不同的法律关系。这就决定了两者之间既具有共性，又存在区别。

物权编的规则原则上可以适用于婚姻家庭领域中的财产关系。《民法典》物权编主要调整有体物的归属和利用关系，而婚姻家庭编调整的是人身关系。但是由于婚姻家庭关系中不可避免地涉及财产的归属与利用问题，因此婚姻家庭编与物权编在适用上也存在一定的交叉，这尤其体现在夫妻共有财产的问题上。夫妻共有财产是夫妻共同生活的物质基础，无论是夫妻法定共有财产还是约定共有财产，本质上仍然属于财产关系，因而可以适用物权编关系财产关系的基本规则。

就财产的归属而言，可以依据法定或约定确定夫妻共有财产的范围。《民法典》物权编的相关规则也可以适用于夫妻共有财产，一方面，关于共有财产的基本规则，特别是关于共同共有的规则，也可以适用于夫妻共有财产。就财产的利用和处分而言，无论是夫妻法定共有财产还是约定共有财产，核心特征是对夫妻

---

① 王歌雅：《民法典婚姻家庭编的价值阐释与制度修为》，载《东方法学》，2020（4）。

共同财产共同所有，夫妻双方享有平等的处理权。^① 夫妻在婚姻关系存续期间，对于共有财产享有平等的占有、使用、收益和处分的权利。^② 夫妻双方出卖、赠与属于夫妻共有的财产，应取得一致的意见。在夫妻处分共有财产时，在对外关系上应当主要适用物权编的规定，例如，关于交付、登记、物权变动等规定在夫妻处分共有财产中均应当适用。就共有财产的分割而言，依据物权编的规定，共同共有人在共有的基础丧失或者有重大理由需要分割时可以请求分割。这一规则在婚姻家庭关系中就表现为离婚后夫妻共同财产分割和婚内析产。另一方面，夫妻共有的财产发生物权变动时，物权变动的规则包括善意取得规则等，也都可以适用。此外，在夫妻共有的财产遭受侵害时，有关物权的保护规则也应当可以适用。

就物权法和婚姻家庭法的区别而言，一方面，物权法主要是财产法，主要调整物权的归属、变动和利用；而婚姻家庭法则主要调整夫妻、家庭之间的人身财产关系，虽然也涉及财产关系的处理，但主要是调整人身关系。另一方面，物权法和婚姻家庭法调整的原则不同。物权法调整的主要是财产关系，因此确立的原则主要是围绕财产的归属和利用而确立；婚姻家庭法是基于婚姻家庭领域中的人身财产关系，具有自身的特殊性，即便涉及财产关系，也有其特殊性，物权法有关财产关系的原则，也不能完全适用到人身领域。例如，夫妻关系毕竟是一种特殊的伦理情感关系，夫妻共有财产的保护也具有一定的特殊性。在夫妻关系存续期间，夫妻双方对共同财产均平等享有处分权、家事代理权，夫妻一方因家庭日常生活需要而实施的民事法律行为，对夫妻双方发生效力，但是夫妻一方与相对人另有约定的除外。此外，在夫妻关系存续期间内，如果没有出现婚内析产的法定情形，则无法分割夫妻共有财产。当然，如果出现了《民法典》第1066条所出现的事由，就应当认为构成《民法典》第303条所规定的"重大事由"，应当允许共同共有人分割共有财产。此外，在夫妻关系已经解除的情形下，则应当依法分割夫妻共同财产。

---

① 参见黄薇主编：《中华人民共和国民法典物权编释义》，1991页，北京，法律出版社，2020。
② 参见梅夏英、高圣平：《物权法教程》，2版，147页，北京，中国人民大学出版社，2010。

四、物权法与继承法

物权法和继承法的立法宗旨都在于保护财产权：一方面，物权法主要保护公民生前所依法享有的各类物权，而继承则保护继承人在被继承人死亡后对其遗产所享有的权利，这两者实际上构成了对财产权进行保护的整体。对于民事主体尤其是自然人的物权保护，需要保护自然人生前和死后的财产。继承法是对遗产的继承进行调整的法律，也是物权保护的组成部分，是对自然人死后财产保护的延伸。从物权编至继承编通过全面确认和保护各项基本的民事权利，全面体现和贯彻了保障私权的价值。另一方面，继承也是物权变动的一种原因。继承权主要关涉被继承人的物权的变动问题，因此，《民法典》继承编与物权编之间存在重大的体系关联。继承编与总则编以及分则其他各编之间均具有逻辑关系，形成了完整统一的体系。① 法定继承虽以身份关系为前提，但其结果将引起遗产权利变动。遗嘱、遗赠扶养协议也都是财产行为而不是身份行为。据此，有学者认为，继承编总体属于财产法或者身份财产法。② 还要看到，物权编中关于所有权的基本规则也可以普遍适用于继承人就待分配遗产所享有的权利，如共有规则、共有物分割规则等。

但应当看到，物权法和继承法存在明显的区别，主要体现在：一是，物权法主要是财产法，而继承法主要是调整因继承产生的民事关系，它往往是基于特定人身关系而发生的财产继承关系，因此人身权的属性较为明显；二是，物权法的各项基本原则不能完全适用于继承法，在遗产继承领域，并不能贯彻物权法的一些基本原则，例如，法定继承主要涉及人身关系，继承人的范围具有特定性，即便是对于遗嘱继承，继承法对于遗嘱的要件、遗嘱的撤回、变更、无效等，都有自己的特殊规定。相比较而言，物权法则更注重交易秩序和意思自

---

① 参见夏吟兰：《婚姻家庭编的创新和发展》，载《中国法学》，2020（4），67～69页。

② 参见张平华：《〈民法典·继承编〉的创新与继承法之整理》，载《甘肃政法大学学报》，2020（6）。

治的维护，尊重权利人对其物权的处分，尊重合同双方对于物权移转的约定；而继承法则一般不涉及交易中的相关问题。还需要看到，物权编与继承编在内在体系上的差异；继承，尤其是法定继承，首要涉及人身关系，而物权编的规则原则上不涉及人身关系。因此，两者在调整财产权纠纷时的规范意旨、目的、方法等方面都有所不同。

第三章
物权法的历史发展

第一节　古代物权法

一、罗马法中的所有权与他物权

物权的概念是由中世纪注释法学家在解释罗马法时，从对物之诉和对人之诉中引申出来的，虽然在罗马法中并不直接存在"物权"的概念，但是罗马法的所有权概念仍然对后世民法产生一定的影响。

一般认为，大陆法的所有权概念来源于罗马法的"dominium"一词，它是指依据罗马市民法（ius civile 或 ius quiritium）所享有的、针对包括奴隶在内的财物的支配权，是一种只有罗马市民才能享有的权利。[①] 根据西方罗马法学者的看法，"dominium"一词是在罗马共和国晚期出现的。有人认为它是由罗马共和国末期的法学家瓦鲁斯（Alfenus Varus）创设的，亦有人认为它是由奥古斯都

---

① 参见黄风：《罗马私法导论》，182～183 页，北京，中国政法大学出版社，2003。

时期的法学家拿比奥（Labeo）首次使用的。无论如何，在"学说汇纂"（digest）中还没有出现这个词。

罗马法的所有权概念在很长时间内是与家父权交织在一起的。在古罗马时期，曾经出现了一些表达财产概念的词，如 familia、pecunia、mancipium、manus、partia、potestas 等。但这些概念都没有准确地表达所有人对物的绝对支配的含义，其在内涵上大都包括家长对子女的权利。"dominium"一词来源于"dominus"（主人），表明早期家父对家庭内部的人和物都享有统一的支配权。① 在公元前 2—3 世纪以前，"dominium"一词主要是指"奴隶的所有人、主人"的概念。至公元前 1 世纪，一些法学家如西塞罗和瓦洛（Varco）等人也多次将这一概念作为"所有人"的概念使用，后来，它才逐渐具有所有权的含义。② 在相当长的时间内，"所有"（dominium）主要是指"奴隶的所有人、主人"，并以此逐渐扩展到家庭内部家长对物和人的权利，后来才开始逐渐形成为对财产的权利。所有权的主体并不是广泛及于所有人的，而只是家父权在客观物的世界中的反映。有学者认为所有权是"家父权力在物上的延伸，构成家父完整人格不可分割的部分"③。当"dominium"一词被称为所有权的时候，它所表达的不再是家长的权利，而是对财产的权利。因此，德国学者莫里尔（Monier）指出，"dominium"一词的出现意味着从有限的家父权转化为对物的完全控制权。④

"所有"（dominium）的出现，表达的是一种"这是我的"的含义，体现的是人对物的支配关系，尤其是对第三人的排斥。⑤ 所有权排斥任何外在的负担，是"罗马法所有权所具有的排他特质即所有权的完整性使然"⑥。因此，罗马法上所有权概念的产生过程实际上是罗马土地公有制与在经济发展中不断成长的土

---

① 参见陈晓敏：《大陆法系所有权模式历史变迁研究》，12 页，北京，中国社会科学出版社，2016。
② See Gyorgy Diosdi, *Ownership in Ancient and Preclassical Roman Law*, Budapest, Akodomiai Kiado, 1970, pp. 133-135.
③ 陈晓敏：《大陆法系所有权模式历史变迁研究》，33 页，北京，中国社会科学出版社，2016。
④ See Gyorgy Diosdi, *Ownership in Ancient and Preclassical Roman Law*, Budapest, Akodomiai Kiado, 1970, pp. 132-133.
⑤ 参见陈晓敏：《大陆法系所有权模式历史变迁研究》，32 页，北京，中国社会科学出版社，2016。
⑥ 马新彦：《罗马法所有权理论的当代发展》，载《法学研究》，2006（1）。

地私有制的斗争过程。按照许多罗马法学家的看法，"dominium"的形成，是地役权（servitus）和用益物权（usus fructus）产生的结果。[①] 这标志着土地私有的制度化。地役权和用益物权的形成时间大约是公元前3世纪或2世纪左右，从学说汇纂中的一些片段来看，前古典法学家曾探讨过用益物权的概念，地役权与用益物权的产生需要明确土地所有人的法律地位，这就促使了"所有"（dominium）的诞生。最初，所有权就是与用益权相对应而使用的，按照罗马法学家塞尔维的看法，它是与通行地役权相对应的。[②] 因而，所有权概念的产生就形成了所有权与所有权之外的他物权类型的并列。

随着商品经济的发展，大约在帝国第一世纪末期，产生了罗马法上的所有权的另一个表述——"proprietas"[③]，许多学者也称这一词是后世的所有权概念（英文的 property、法文的 propretie）的起源。该词的内涵非常明确，即所有权人可以在法律许可的范围内对物进行占有、使用和滥用。按照中世纪注释法学家的观点，　"proprietas"所称的滥用（abuti），仅指对物的完全的支配权（plenanre、potestas），而不是指对物进行狂妄的和不道德的滥用。所谓滥用，表明了所有权人可以随意处分其物，正如罗马法谚所说，"一个人可以在不侵犯他人的情况下对自己的物为所欲为（in suo hactenus fecere licet quatenus nihil quis in alienum immittat）"[④]。实际上，滥用一词准确地概括了罗马法的绝对所有权的特点。"proprietas"包括了三种形式的所有权，即市民法所有权（dominium ex iure quiritium），个人对形式上属于国家所有的行省土地的占有和用益权以及受到裁判官法保护的善意拥有（in bonis habere）。[⑤]

罗马法所有权概念的出现进一步促进了所有权权能的分离。诚如多斯迪所指

----

①　See Gyorgy Diosdi, *Ownership in Ancient and Preclassical Roman Law*, Budapest, Akodomiai Kiado, 1970, pp. 133-135.

②　［古罗马］《学说汇纂（第8卷）地役权》，陈汉译，［意］季蔚民校，97页，北京，中国政法大学出版社，2009。

③　Gyorgy Diosdi, *Ownership in Ancient and Preclassical Roman Law*, Budapest, Akodomiai Kiado, 1970, p. 136.

④　［意］彼德罗·彭梵得：《罗马法教科书》，黄风译，245页，北京，中国政法大学出版社，1992。

⑤　参见黄风：《罗马私法导论》，183页，北京，中国政法大学出版社，2003。

出的："可以说，所有权的某些权利与所有权相分离，以及法定的和实际的权力的必要分离，是因为这种抽象的所有权形成的结果。"① 这种分离也促进了他物权制度的发展。根据中世纪的注释法学家雨果·多诺（Hugo Donellus，1527—1591 年）的考证，他物权（iura in re aliena）的概念在罗马法中已经形成，它是由他人享有的有限的财产利益，例如通行权，担保权等构成的。Donellus 总结道，这些利益都是所有权人的权利衍生出来的，并且构成了一类独特的财产权，即他物权（iura in realiena）。Donellus 是第一个提出这个概念的学者，这个概念后来成为大陆法系物权制度的根基。② 在对所有权与他物权的关系的认识上，罗马法认为所有权与他物权之间只是在量上不同，而并不存在质的区别。各种他物权的权能相加，即形成了所有权的权能，将所有权的权能分解，就出现各种各样的他物权。③ 罗马法所有权的弹力性规则（即所有权权能的分离只是对所有权的暂时限制，所有权最终仍恢复圆满状态），其实也表明在那个时代，所有权的权能的分离相对简单，对物的利用方式也相对有限。

二、日耳曼法上的物权概念的形成

公元 410 年，日耳曼人南侵，导致西罗马帝国灭亡。长期的战争导致商业摧毁、商业锐减、城市衰退，欧洲进入了所谓的"黑暗时期"④。在征服罗马帝国之后，蛮族人建立了大大小小的众多的日耳曼王国，从此欧洲进入了长达一千多年的中世纪。在这一历史过程中，日耳曼人逐渐发展了以农业社会为基础的固有法，在物权制度领域形成了与罗马法截然不同的、独具特色的制度。

与罗马法不同，日耳曼的物权制度并非是以抽象的所有权为中心构建起来

---

① Gyorgy Diosdi, *Ownership in Ancient and Preclassical Roman Law*，Budapest，Akodomiai Kiado，1970，pp. 133-135.

② See Peter Stein, *Roman Law in European History*，Cambridge University Press，2012，at 82.

③ 参见陈晓敏：《大陆法系所有权模式历史变迁研究》，34～35 页，北京，中国社会科学出版社，2016。

④ 李宜琛：《日耳曼法概述》，2 页，北京，中国政法大学出版社，2002。

的。日耳曼人在占有土地的过程中，基于其游牧传统和封建农业社会的需要，在土地上逐渐形成了以"占有"（Gewere）为基础的物权制度。Gewere 一词虽译为"占有"，但其与罗马法中的"占有"一词大相径庭，因为其不仅表达了对物的控制，而且表达了对财产的拥有状态。物权需以"Gewere"行使为基础和条件，不存在占有（Gewere），就不存在物权，并不能受到物权的保护。

日耳曼形成的以占有（Gewere）为基础的物权制度主要具有如下特点。

第一，日耳曼的物权制度更加侧重于事实性的占有。具体而言：一是"Gewere"一词是指事实上的占有，此种占有和物权的享有密不可分，能够占有物，权利人才能享有物权，对物的权利与占有的外形始终是相伴随的，土地权利的确定必须透过一定的外部事实来表彰，只有具有 Gewere 表彰的权利，才能受到物权法的保护，一旦丧失占有，物权也随之消灭。因此，Gewere 不仅仅是一种占有事实，其也具有公示权利的作用。① 二是占有的权利受到保护。在诉讼中，当事人的争议并不是所有，而是哪一种占有更为有效，当事人之间的所有权纠纷也就集中体现为对于占有的争议。正如川岛武宜所指出的，在"Gewere 式规范体系"之中，人们只是在某人具有这种事实上现实占有时，才会尊重这种所有或占有。从对"所有权"的事实状态到"所有权的观念化"，这是一种主观自发性的近代法观念上的进步。② 三是 Gewere 强调实际的占有和支配，而且只有现实占有才会得到法律的承认。物权只有通过实际占有才能受到物权的保护，只有对物进行事实上的支配才能享有物权，所以占有和本权享有密不可分的关系。只有以 Gewere 表现的权利才属于物权，并受到物权法的保护。而正是因为 Gewere 包含了本权，所以这一概念不同于罗马法上与本权相分离的"占有"③。

第二，以物的利用为中心构建物权制度。日耳曼人长期处于村落社会，生存环境比较封闭，土地为公社所有，再分配给家庭利用。因而，日耳曼的物权制度

---

① See Rudolf Huebner, *A History of Germanic Private Law*, trans. by Francis S. Philbrick, Little Brown and Company, Boston，1918，pp. 184-185.

② 参见［日］川岛武宜：《现代化与法》，申政武等译，79 页以下，北京，中国政法大学出版社，1994。

③ 易继明：《论日耳曼财产法的团体主义特征》，载《比较法研究》，2001（3）。

并不重视抽象的归属，而重视对不动产价值的利用。其物权体系，实际上是以使用为中心构建起来的①，以利用为中心而展开各项权利。Gewere 包含了现代的所有权、他物权、占有等各种支配利益。对于土地的权利的确定不注重抽象的支配和归属，而更注重土地的不同的利用者从不同的角度控制着土地，物在一方面受到某一个人的支配，同时在另一个方面也受到他人的支配。土地的管理、处分等应当受到团体或领主的支配，而在具体的使用、收益等方面则受到团体成员或臣下的支配。在日耳曼法中，此种支配在以不动产为对象时则表现为用益。

第三，物权具有团体性。日耳曼人从游牧民社会过渡到农业社会以后，其社会的共同体就是"马尔克"公社。马克思指出：在马尔克公社那里，"个人土地财产既不表现为同公社土地财产相对立的形式，也不表现为以公社财产为媒介，而是相反，公社只是在这些个人土地所有者本身的相互关系中存在着，公社财产本身只表现为各个个人的部落住地和所占有土地的公共附属物"。"这实际上是个人所有者的公共财产"②。日耳曼法通过封建的身份关系，来维系土地关系，其物权制度的特点即表现为团体性。在日耳曼法中，Gewere 本身具有浓厚的团体法色彩。③ 在日耳曼的土地制度下，一定的社会单位（如庄园、氏族和公社）里的个人如果要转让其"所有"的土地，则只能在同一公社内部转让，而不允许将土地的所有权转移到外公社去。同样，任何人迁入村庄也需要团体成员的同意。按照《撒利克法典》的规定，即使是一个人出来反对，他人也不得迁入。④

第四，在土地之上形成了双重所有制度。在日耳曼法中，土地的管理、处分等受到团体或领主的支配，而土地的使用、收益等规则受到团体成员或臣下的支配，这就导致土地所有权和土地利用权的分离。采邑主和封建农奴享有不同的所有权，也就是将同一土地的所有区分为"直接所有权"（dominium directun）和"利用所有权"（dominium utile），分别由采邑主和农奴享有。⑤ 正如梅因所述：

---

① 参见薛姣：《论所有权的限制》，22 页，北京，中国政法大学出版社，2017。

② 《马克思恩格斯全集》，第 46 卷（上），480～482 页，北京，人民出版社，1979。

③ 参见李宜琛：《日耳曼法概述》，12 页，北京，商务印书馆，1994。

④ 参见易继明：《论日耳曼财产法的团体主义特征》，载《比较法研究》，2001（3）。

⑤ 参见陈朝璧：《罗马法原理》，304 页，上海，商务印书馆，1936。

"诚然，查士丁尼把完全所有权重新合而为一，但蛮族在这样许多世纪中所接触到的是西罗马帝国经过部分改革的制度而不是查士丁尼的法律学。"[①] 梅因认为，在中世纪，"封建时代概念的主要特点，是它承认一个双重所有权，即封建地主所有的高级所有权以及同时存在的佃农的低级财产权或地权"[②]。这种双重所有的特征首先表现在土地的多重占有。在封建的多重所有关系中，土地权利与人身依附关系密不可分。"如果领主直接占有那块土地，说他的封君也占有那块土地，而封君的封君也占有那块土地。世袭佃户是占有者，终身佃户是占有者，甚至短期佃户也是占有者，而在诉讼中，所争的也不是谁所有那块土地，而是谁占有那块土地。"[③] 可以说，封建的人身依附关系是中世纪双重所有权的一个重要特征。

第五，所有权是受限制的相对所有权。日耳曼法的所有权体现了日耳曼农业社会的特点。同时，日耳曼社会的商品经济并不发达，人与人之间形成了强烈的人身依附关系，因此个人主义的所有权并没有形成，其所有权性质仍然属于团体性质。对所有权的限制正是日耳曼法中的物权制度的一个重要特征。[④] 在日耳曼法中，并不存在着罗马法上的适应商品经济发展要求的绝对所有权的观念，所有权受到了一定的限制。此种限制主要表现为：一方面，从私法上看，所有权是基于团体本位和双重所有的观念，个人的物权都是受限制的、相对的权利，由于日耳曼法中的土地并非私有，而是集体所有，因此，个人对土地并不享有处分权，而只是享有利用与收益的权利，这就决定了日耳曼法中并不存在完整的所有权概念。另一方面，日耳曼法的所有权又受到了公法上的限制，公法上的身份等级及隶属关系直接影响了个人对所有权所享有的各项权利。

三、罗马法和日耳曼法的物权观念的比较

罗马法与日耳曼法所形成的物权观念的区别背后具有深刻的社会经济基础。

---

① ② ［英］梅因：《古代法》，167 页，北京，商务印书馆，1984。
③ 马克尧：《西欧封建经济形态研究》，116～117 页，北京，人民出版社，1985。
④ 参见［日］我妻荣：《物权法》，2 页，东京，岩波书店，1995。

正如李宜琛所指出的，罗马法"就内容说，是主张意志自由，充满了个人主义的思想。日耳曼法的产生，虽在罗马法之后，但因为是农业社会的法律规定，所以反映着前资本主义的精神，没有成文的法典，只有习惯的聚集，法律的内容也大都是支配服从义务拘束的关系，不过可以说是富于团体本位的思想"①。这就决定了罗马法和日耳曼法的物权观念存在明显的区别。

第一，罗马法中的物权重视抽象的支配，日耳曼法上的物权重视具体的利用。在罗马法上，所有权为抽象的、支配的权利，对物的利用是一种抽象的支配，所有权被定义为"对物的最重要的支配权（signoria eminente sulla cosa）"②。可见，所有权是一种抽象的对物支配权，因此他物权只是所有权全面的支配权功能所致，它只是对物的部分的、特定的支配权。然而，日耳曼法上的所有权概念并不是一种抽象的支配权，而是根据各种对物的利用形态认可相应的权利，也就是说，日耳曼法上的物权体系是以对物的利用为中心而构建的。③ 对物的利用方式不同，对物的支配形式也存在差异。

第二，罗马法上的物权遵循一物一权的原则，但在日耳曼法上可能存在一物多权。根据罗马法，一物之上只能产生一个所有权，"所有人虽于其所有物上设定他物权，将物之使用收益完全委于他人，仍不失为所有人"④。"一切其他物权均从属于所有权，并且可以说它们体现所有权，一切其他物权，至少在其产生时，均以所有权的存在为前提条件，它们是对他人物品的权利（iusin realiena）"⑤。正是由于一物一权原则，决定了罗马法中所有权权能的分离都是暂时的，设定他物权也只是对所有权的暂时限制；在他物权消灭后，对所有权的限制也随之解除，所有权将恢复其圆满状态，即使所有权的各项权能与所有权发生分离，使所有权成为一项空虚的权利，但所有权人仍然享有对物的支配权。这就是

---

① 李宜琛：《日耳曼法概念》，1页，北京，商务印书馆，1944。
② 史尚宽：《物权法论》，1页，台北，自版，1987。
③ 参见［日］我妻荣：《物权法》，3页，东京，岩波书店，1995。
④ 史尚宽：《物权法论》，2页，台北，自版，1987。
⑤ ［意］彼德罗·彭梵得：《罗马法教科书》，黄风译，194页，北京，中国政法大学出版社，1992。

所有权的弹性力（Elastizitt）或归一力（consolidit）。① 相反，日耳曼法主要根据对物的利用形态确定物权，从而在不动产之上形成多重所有权关系，而未采纳一物一权规则，其典型形式是在同一土地之上并存着上级所有权和下级所有权。在日耳曼法上，由于注重事实上的利用关系，各种对不动产进行利用的权利可以形成独立的物权，不论各个权利人对物的利用范围大小、效力强弱，都属于对物进行支配的权利。

第三，罗马法的物权建立在个人主义之上，日耳曼法的物权制度体现了团体性色彩。在罗马法上，所有权制度是建立在个人主义之上的，主要是单个个人的权利。尽管罗马法没有明确规定所有权的特征，但中世纪注释法学家将罗马法上所有权的特征概括为绝对性、排他性和永续性，这些特征是与财产特别是土地的私有联系在一起的。罗马法上的所有权主体主要是单个的个人，法律赋予个人对其物享有无限制的支配权。而日耳曼社会中的不动产主要由家庭、公社等享有所有权，团体则给予成员某种使用收益的权利。

第四，罗马法上的所有权具有绝对性，但是日耳曼法上的绝对权则具有相对性。罗马法上的所有权被称为是绝对、不受限制的权利，它被理解为"对物最一般的实际主宰或潜在主宰"②。罗马法谚云："行使自己的权利，无论对于何人皆非不法（Qui iure suo utitur, nemini faci iniuriam）。"③ 但是在日耳曼法中，所有权与他物权都被称为"Gewere"，只有完全自由的所有权与不完全自由的所有权（即负有负担的所有权）之分。完全自由的所有权人享有管理、使用、收益和处分的全部权能，而不完全自由的所有权人则仅享有使用和收益的权能。④ 在日耳曼法中，物权是受到严格限制的，并不存在所谓的完整所有权，而只存在有限的占有和利用权利。在共同体之间的交换也是不会发生的，"像在大部分的日耳曼部落中那样，让与在实际上几乎是不能实行的，因为要移转就必须取得多数人的同意"⑤。

---

① 参见史尚宽：《物权法论》，62 页，北京，中国政法大学出版社，2000。
② ［意］彼德罗·彭梵得：《罗马法教科书》，黄风译，194 页，北京，中国政法大学出版社，1992。
③ ［美］埃尔曼：《比较法律文化》，76 页，上海，上海三联书店，1990。
④ 参见易继明：《论日耳曼财产法的团体主义特征》，载《比较法研究》，2001（3）。
⑤ ［英］梅因：《古代法》，154 页，北京，商务印书馆，1959。

第五，就所有权的分割而言，罗马法与日耳曼法存在量与质的区别。在罗马法上，对所有权的分割主要是一种量的分割，其典型形式为共有。罗马法上的共有人不是对全部共有物享有所有权，而只是享有部分的所有权。各共有人在行使其权利时，与单个的所有权人相似，只不过其权利的行使受到其他共有人权利的限制，各共有人可自由处分其应有部分并可以随时请求共有物的分割。① 可见，罗马法的共有具有所有权的效力，每个共有人对其应有份所享有的权利是完全所有权的一部分，其与所有权权利内容相同，因此共有属于对所有权的量的分割，分割以后的所有权与分割以前的所有权在性质上完全相同。

日耳曼法并不存在罗马法中的共有，而只是存在总有的概念。此种财产权形态是对所有权进行了质的分割而产生的，即将所有权中的管理、处分、使用收益等各项权能进行分割，由不同的主体分别享有不同的权能。例如，甲取得管理权能及处分权能，乙取得使用收益权能。② 分割的所有权和未分割的所有权在性质上是完全不同的，在所有权分割以后，各部分都形成独立的权利，而各部分的权利内容和价值并不是完全统一的。总有实际上是日耳曼法上财产利用的主要形态。

第六，罗马法和日耳曼法上的所有与占有的概念存在区别。在罗马法上，严格区分了所有和占有的概念。所有权是一种法律赋予所有权人享有的对物的支配权；而占有只是对物事实上的支配状态，占有本身并不是权利。由于所有与占有存在区别，因此罗马法产生了所有之诉与占有之诉，分别对所有权与占有进行保护。然而，如前所述，在日耳曼法上，本来不存在罗马法上的所有和占有概念，而只是存在着占有（Gewere），此种占有和物权是不可分割的，谁获得了占有，就推定谁享有权利。此种占有包括对物的使用收益，凡对不动产行使权利的，都可以称为占有，并且具有物权的效力。因此，在一个不动产上可以有数个占有同时并存，每个占有都具有物权性质。

---

① 参见［德］马克思·卡泽尔、罗尔夫·克努特尔：《罗马私法》，田士永译，241～245页，北京，法律出版社，2018。

② 参见史尚宽：《物权法论》，3页，台北，自版，1987.

第七，纯粹的或非纯粹的私法上的支配权不同。罗马法上的所有权纯粹是私法上的物的支配权。[①] 物权关系不是基于身份关系产生的，而是与身份关系相分离的。罗马法对所有权也有一定的限制，如因相邻利益的限制、宗教利益方面的限制等，但这些限制都只不过是对所有权行使的限制。甚至在罗马法中，法律为维护社会和公共利益对所有权也作出了某些限制，但这些限制并没有改变所有权的内容，而只是对其行使施加限制，这是一种外在的限制而非内在的限制。但在日耳曼法中，物权观念是社会身份关系的反映，土地上的权利义务与对人的支配权和公法上的义务是密不可分的，"物权把公法的支配和公法的义务包含在其概念之中，即物权具有社会性"[②]。因此，日耳曼法上的财产权并不是纯粹的私权。

第二节　近代物权法的发展

近代民法是指经过 17、18 世纪的发展，于 19 世纪经欧洲各国编纂民法典而获得定型化的一整套民法概念、制度、原则、理论和思想的体系，在范围上包括德、法、瑞、奥、日本等大陆法系民法，也包括英美法系民法。[③] 近代民法的主要特点表现在抽象的人格平等、无限制私有权原则、契约自由、过错责任原则以及注重维护形式正义等方面。

在近代物权法的形成与发展中，罗马法和日耳曼法对大陆法系与英美法系产生了重要的影响。受日耳曼法影响的以封建土地制度为基础的英国的财产法与继受罗马法的大陆法形成了不同但并行的制度体系。因此直到现在，出现了两种不同的财产法制度体系。[④]

---

① 参见［日］我妻荣：《物权法》，2 页，东京，岩波书店，1995。
② ［日］我妻荣：《物权法》，2 页，东京，岩波书店，1995。
③ 参见梁慧星：《从近代民法到现代民法——二十世纪民法回顾》，载《中外法学》，1997（2），19～30 页。
④ 参见［美］约翰·亨利·梅利曼：《所有权与地产权》，赵莘萃译，载《比较法研究》，2011（3）。

一、无限制私有权原则奠定了物权制度的基础

绝对私有权原则又称为无限制私有权原则，它是指私人对其财产享有绝对的、排他的、自由处分的权利。[1] 按照18世纪流行的自然法学说，人生来便具有不可改变的、不可让渡和不可分割的权利，这些权利就是自由和财产的安全，而"财产自由"和"契约自由"则是个人自由的必然结果，在物权领域，绝对私有权原则应运而生。1789年法国《人权宣言》第17条明确宣告，"私有财产是神圣不可侵犯的权利，任何人的这种权利都不得剥夺"。这实际上是将财产权确认为每个人所享有的基本人权。这一原则在1804年的《法国民法典》中也得到了贯彻，该法第544条规定，"所有权是对于物有绝对无限制地使用，收益及处分的权利"，就是对这一原则的准确表述。依据该法第552条规定，"土地所有权并包含该地上空和地下的所有权"。因此，所有权不仅可以上及天空、下及地心，而且法律不能对所有权的内容进行实质性的限制，从而形成了一种绝对私有权的观念。此外，为保护所有权，该法第545条规定："非因公益使用之原因并且事先给予公道补偿，任何人均不受强迫让与其所有权。"

《德国民法典》虽然没有明确确认无限制私有权原则，但其通篇贯彻了保护私有财产权的基本精神。《德国民法典》的起草人温德沙伊德（Windscheid）一再宣称，"所有权应该是无限制的，任何限制都有损于所有权"[2]。他的这种观点完全体现在1887年《德国民法典》草案第一稿中，以至于受到基尔克等学者的强烈批评。在基尔克看来，所有权并不是一种与外界对立的、毫不受限制的绝对性权利，恰恰相反，所有权人在行使权利时应当遵循法定的程序，并顾及各个财产的性质与目的。[3]

应当看到，无限制私有权原则确认个人对其私有财产享有绝对的、不受限制

---

① 参见〔德〕马克斯·韦伯：《论经济与社会中的法律》，张乃根译，100页，北京，中国大百科全书出版社，1998。

② Alan Rodger, *Owners and Neighbours in Roman Law*, Oxford：Clarendon Press，1972，p.2.

③ 参见陈华彬：《物权法原理》，206页，北京，国家行政学院出版社，1998。

的所有权,有力地瓦解了封建土地制度,促进了土地资源的自由流转和有效利用,有利于维护资本主义的基本经济制度。[1] 该原则有效地维护了个人的财产自由,有力地促进了市场经济的发展。允许所有权人对物进行任意的使用、收益和处分,财产权以意志理论为基础,财产被认为是个人自由意志的表现,是其自由的外在领域。[2] 作为一种重要的财产权,所有权完全由个人享有,受个人意志支配,为个人利益服务。它不仅不应受到任何的干预和限制,而且应受到绝对的保护。这种绝对所有权观念虽然充分保障了权利人的财产自由,但不利于发挥所有权的社会作用,甚至可能导致所有权的滥用,从而造成资源的浪费和低效率的利用。[3] 因此,"自由的保障并非是绝对的,相反,个人在行使其所有权时应当顾及社会共同利益"[4]。所有权的社会化思想即逐渐应运而生。

二、物权法定之下物权体系的形成

所谓物权的种类法定(numerus clausus,Typenzwang),是指哪些权利属于物权,哪些不是物权,要由物权法和其他法律规定。[5] 自 19 世纪以来,大陆法系国家民法坚持了所有权的整体性理论(the unitaty theory of property rights),认为所有权权能是不可分割的,只能为单个的所有人享有,而不能将所有权的内容分割为不同的人享有。只有在法律所允许的例外的情况下,才能够允许这种分离,这就是法律规定的特殊的物权,如地役权、抵押权等,没有法定的依据,不能创设他物权。这就产生了物权法定原则。[6] 大陆法系国家采纳物权法定原则,最初就是为了尽可能限制物权的种类,以减少对所有权的束缚。[7] 在法律上确认

---

[1]　参见 [美] 伯尔曼:《法律与革命》,381 页,北京,中国大百科全书出版社,1993。

[2]　参见 [德] 黑格尔:《法哲学原理》,范扬,张企泰译,57 页,北京,商务印书馆,2017。

[3]　参见邹瑜、顾明主编:《法学大辞典》,1273 页,北京,中国政法大学出版社,1991。

[4]　[德] 沃尔夫:《物权法》,吴越、李大雪译,11 页,北京,法律出版社,2002。

[5]　Gaier, in MünchKomm zu BGB, Einleitung, Rn. 11.

[6][7]　See Henry Hansmann and Reinier Kraakman, "The Numerus Clausus Problem and the Divisibility of Rights", 31 *J. Legal Stud*, p. 373.

物权的体系可为登记的类型提供指引。[①] 1783 年的《普鲁士抵押法》以及《普鲁士土地法》分别对这些不同的权利进行了规定。《德国民法典》规定了所有权、役权、先买权、物上负担、抵押权、土地债务、定期土地债务、动产质权、权利质权。《法国民法典》规定了所有权、用益权、使用权与居住权、役权与地役权、动产质权、不动产质权、优先权、抵押权，从而形成了物权体系。

三、公示公信原则的确立

为了维护市场经济交易秩序，各国逐渐建立和完善了公示制度。近代不动产物权登记最初主要适用于抵押权。例如，普鲁士 1722 年的《抵押及破产法》，法国 1795 年的《抵押法》，后来逐渐适用于各种不动产物权。[②] 自近代以来，逐渐形成了以法国等为代表的登记对抗主义和以德国为代表的登记要件主义。[③] 其中，不动产登记又分为权利登记制和托伦斯登记制。权利登记制起源于德国，它是指不动产物权变动未经登记不发生效力。[④] 托伦斯登记制也称为登记发证制度，起源于南澳大利亚，它是指按照土地的权利人以确定权利的"地籍"进行总登记或初始登记，登记官对登记申请享有实质审查权，登记是产权归属的最终依据。[⑤] 近几十年来，公示的方法在不断发展，特别是随着电子登记的发展，查询较为方便。在公示制度的基础上，通过善意取得等制度，协调了动的安全与静的安全，妥当平衡了物权保护与交易安全保护之间的关系，有效提高了交易效率，维护交易安全。

---

① 参见唐晓晴：《论物权法定原则》，澳门大学法学院未刊稿。
② 参见郑玉波：《民法物权》，28 页，台北，三民书局，1992。
③ 参见孙晓忠：《土地登记的法理和登记机关的选择》，载《中国土地科学》，1998（2）。
④ 参见最高人民法院民事审判第一庭：《物权法司法解释（一）理解与适用》，27～28 页，北京，人民法院出版社，2016。
⑤ 参见最高人民法院民事审判第一庭：《物权法司法解释（一）理解与适用》，29 页，北京，人民法院出版社，2016。

第三节 当代物权法的发展

物权制度总是服务于社会经济生活的，因此，伴随着社会经济生活条件的变化，当代物权法的发展在体系上具有新的演变。

一、物权客体的扩张

从罗马法开始直到近代，物权的客体主要是土地。由于土地在农业社会的重要性以及其具有显而易见性（visibility）、固定性（fixity）、安全性（security），它一直作为物权的重要客体。但罗马法也承认了无体物的概念。[①] 传统物权法以有体物为核心，但随着财产形态的变化和财产利用方式的扩大，当代物权客体的形态不断变化与发展。具体包括以下几个层面。

（一）有体物的扩张

第一，有体物的类型扩大。除了各种有形物体之外，不仅包括占有一定空间的有形物（各种固体、液体和气体），而且包括热、声、光等在物理上表现为无形状态的物，其作为有体财产的延伸，仍然属于有体物的范畴，从交易观念出发，它可以作为物而对待。[②] 甚至计算机软件因为储存于数据载体中而获得可把握的形式时，可以成为有体物。[③]

第二，集合财产的出现。集合财产分为事实上的集合财产和法律上的集合财产。[④] 从实践来看，许多称为集合财产的财产，如失踪人的财产、企业财产、营

---

① See Andrew Reeve, *Property*, Basingstoke：Macmilan Education Ltd，1986，p. 82.

② 最高人民法院《关于审理盗窃案件具体应用法律若干问题的解释》第 1 条第 3 款已经将盗窃电力、煤气、天然气等无形物的行为纳入盗窃罪的处罚范围。

③ 参见［德］鲍尔、施蒂尔纳：《德国物权法》（上册），张双根译，22 页，北京，法律出版社，2004。

④ 参见洪逊欣：《中国民法总则》，213 页，台北，三民书局，1992。

业财产等都可以作为一个整体的财产而为交易或抵押的对象，例如，浮动抵押的客体为集合财产。

第三，空间的利用范围逐渐扩大。传统物权法不调整空间关系，但在现代社会，人口激增、经济快速发展以及城市化的日益加快，导致不可再生的土地资源越来越稀缺，决定了人类对土地的利用逐步从平面转向立体，空间的利用与开发也就越来越重要，如实践中出现地下商城、空中走廊、地下停车场等。因此，地上和地下空间也成为重要的财产，物权法中出现了空间权、空间役权等新型物权。

（二）准用益物权的发展

所谓准用益物权，在学理上又称为准物权、特许物权、特别法上的物权、非典型物权、特别物权等，它是指由权利人通过行政特许的方式所获得的、对于海域、矿藏、水流等自然资源所依法享有的占有、使用及收益的权利。传统物权法一般没有对这些物权作出规定，这是因为传统民法在建构物权制度时，对自然资源的利用和对生态环境的保护的需求没有当今社会这么突出。而现代社会的发展已经对物权法提出了利用自然资源、保护环境的强烈要求，物权法必须对此作出回应，并进行一定程度的制度创新。为了实现对资源的严格维护和管理，就必须对这些准用益物权的设定、取得等进行适度的国家干预和管理。从比较法来看，许多国家的民法典都已经承认了采矿权等为用益权。① 因此，物权法确立海域使用权等为准用益物权，适应了物权法最新的发展趋势。

（三）无形财产的扩张

市场经济的发展和经济全球化的加速，导致资源在更大范围内的有效流动，从而能够对资源实现更为有效的利用，相应出现了一些新型的无形财富形式。第一，权利作为物权客体。有价证券所代表的权利具有十分重要的价值。正如英国学者詹克斯所说的："由于工业的逐渐发展和商业活动的更大发展，终于创造了另外一种和最初的形态完全不同的动产；这种动产的价值并不取决于它的自然性质，而是取决于它的法律性质。如果把一张一百生丁的票据看作是一个自然界中的对

---

① 参见《法国民法典》第 598 条,《意大利民法典》第 987 条。

象，那么它可能值不了什么；如果把它看作是某个有钱人的付款保证，那么它就可能值一百法郎。债券、股票、保险证券以及其他许多系争财产和作为债务要求权对象的财产，都和上述情况一样。"① 应收账款、票据权利、知识产权、商业秘密、商号、商誉、计算机软件等均可成为担保财产。第二，通过公法上的许可等方式产生的权利，一些公法意义上的财产也越来越多地成为无形财产，例如，政府补贴、福利资助、特许权、营业许可、许可证、频道、排污权、收费权、碳汇交易、道路经营权等。② 第三，数据产品、网络虚拟财产也可以成为担保财产。

二、物权法定主义的缓和

严格的物权法定限制了当事人的意思自治，坚持严格的物权法定主义，显然过于僵化，使物权法不能很好地适应市场经济不断发展变化的需要。③ 从两大法系物权法的发展来看，物权法定原则在现代民法中出现了缓和趋势。一方面，为适应社会经济发展的需要，对物权类型的封闭列举逐渐突破，法院在物权创设方面的作用越来越突出。例如，动产让与担保的出现，表明了习惯法在创设物权中的作用。物权类型的设立虽然不如合同类型那般具有很强的自由性，但是在他物权尤其是担保物权方面，一些新形态的物权类型也在不断出现。德国学者也承认，现代经济生活实际上已经要求对该原则予以多方面的突破，典型者为让与担保、期待权和担保土地债务。④ 另一方面，物权的内容法定出现缓和化的趋向。因为现代社会中各种财产关系越来越复杂，因此物权法不可能对各种物权内容作出详细规定，立法有必要在物权法定原则之下给意思自治留下必要的空间。例如，地役权被许多学者称为"形式法定、内容意定"的物权。还要看到，为适应社会经济发展的需要，法院在物权创设方面的作用越来越突出。例如，法国最高

---

① ［英］詹克斯：《英国法》，转引自［俄］弗莱西茨：《为垄断资本服务的资产阶级民法》，16～17 页，北京，中国人民大学出版社，1956。

② 参见宁红丽：《私法上"物"的概念的扩张》，载《北方法学》，2007 (3)。

③ See Hansmann/Kraakman 31 Journal of Legal Studies 373-420 (2002); Akkermans, *The Principle of Numerus Clausus in European Property Law*, Intersentia (2008).

④ MünchKomm/Gaier, Einleitung des Sachenrechts, Rn. 11.

法院晚近以来的判例认为，基于法定物权而创设的某些新型的权利可以具有物权的性质和效力，其中尤其是基于役权、所有权或者用益权而创设的新的权利（如狩猎权、相邻不动产的标界），可能会具有物权的性质和效力。[①] 在有关公示方法、公示的效力以及新的物权类型、物权的内容等方面都受到法院判例的影响。[②]

三、物权公示方法多元化

随着市场经济的发展，物权法的价值也发生了相应转化，从传统的注重对静态财产的保护而转向对动态交易安全的维护。物权法中的善意取得、公示公信原则等内容的确立，都体现了这一价值的嬗变，尤其是物权公示手段的多元化。奥地利 1920 年制定了关于动产担保的特别法，为了对当事人之间的关系予以明确并向第三者公示，实行"编制目录"（Verzeichnis）及"编制表格"（Liste）两种登记制度。[③] 日本创设了粘贴标签、打刻标记等公示方法，而美国、加拿大和受其影响的许多国家采用的则是更为适合现代社会发展需要的、通过互联网进行的电子登记制度。加拿大在 20 世纪 50 年代就建立了一个集中统一的中央电子化登记系统，并采用描述性登记的方式。[④] 联合国《动产担保交易立法指南》和《动产担保交易示范法》都要求采用电子登记方式。此种方式的优点是成本低、查阅方便、适用范围广等。据资料显示，在一些整体经济实力和电子信息化程度远比我们低的国家，电子登记方式都已经在实践中运用并且运行良好。[⑤] 在欧洲，也实行在机器设备上标注、将票据权利以背书交付等方式，尤其是对权利质

---

① Cass. civ. 3e，22 juin 1976，Bull. civ. Ⅲ，n280；Cass. civ. 3e，18 jinv，1984，Bull. civ. Ⅲ，n356；V. Philippe Malaurie，Laurent Aynès，Droit civil，Les biens，Defrénois，2003，pp. 85-86.

② 参见蔡明诚：《民法物权编的发展与展望》，载谢在全等：《民法七十年之回顾与展望纪念论文集》（三），57 页，台北，元照出版有限公司，2000。

③ Koch，Der Warenkredit der Banken und seine Sicherstellung，G. Fischer，1922，S. 121 ff. 转引自[日] 我妻荣：《债权在近代法中的优越地位》，王书江、张雷译，96 页，北京，中国大百科全书出版社，1999。

④ 参见中国人民银行研究局等：《中国动产担保物权与信贷市场发展》，26 页，北京，中信出版社，2005。

⑤ 参见申卫星：《内容与形式之间：我国物权登记立法的完善》，载《中外法学》，2006（2）。

押、浮动担保等方式可以采取多种公示手段。例如，将特定的集合物可以制作成抵押财产目录表予以登记；库存商品等处于流动状态的标的物，可以确定特定的空间并进行特定的标识公示或进行通知公告。

四、物权的限制趋势

物权的限制是指，基于社会公共利益的考量，对物权的内容和行使作出的限制。社会所有权观念认为，法律保障所有权旨在发挥物的效用，使物达到充分利用并增进社会的公共福利，所以，所有权的行使应当顾及社会公共利益，不得滥用权利，损害他人和公共利益。[1] 由于自由资本主义时期以绝对的、不受限制的私有权为原则，其虽然对自由资本主义经济的发展起过推动作用，但是它过分强调个人利益而忽视了社会整体利益，加剧了个人利益与社会利益之间的冲突，阻碍了生产的社会化和大规模的经济建设，甚至导致了个人随意滥用其所有权而损害他人利益和社会利益的现象。因此，19 世纪末期以来，物权的社会化的发展成为物权法发展的重要趋势，具体而言：

第一，民法典对所有权的限制。早在 19 世纪，德国著名法学家基尔克曾经对罗马法的财产绝对排他性提出批评。他认为，所有权并非独立于外在世界而存在，其行使应当受到法律秩序的限制，以符合财产性质和目的。因此，所有权中也都含有义务，权利在道德上的界限，应当成为法律所规定的义务。[2] 在这种观念的指导下，就产生了对所有权的立法限制。[3] 1804 年的《法国民法典》第 552条规定："土地所有权并包含该地上空和地下的所有权。"这一规定将土地所有人对土地的权利无限延伸，对国家和社会公共利益构成了妨害。《德国民法典》第905 条规定："土地所有人的权利扩及于地面上的空间和地面下的地层，但所有人不得禁止在其对排除干涉不具有利益的高度或深度范围内进行的干涉。"这一

① 参见［日］末弘严太郎：《物权法》（上），8 页，东京，有斐阁，1917。转引自［日］加藤亚信等编：《日本学说百年史》，牟宪魁等译，347 页，北京，商务印书馆，2017。

② See Gottfried Dietze, *In Defense of Property*, The Johns Hopkins Press, 1971, p. 102.

③ 参见施启扬：《民法总则》，修订 8 版，19 页，北京，中国法制出版社，2010。

规定相对于《法国民法典》的规定而言，在维护社会公共利益方面无疑具有很大的进步。同时，各国还通过颁行航空法、矿业法、水利资源法等单行法的方式对所有权进行限制。这些限制常常被西方学者称为"所有权的社会化""变主观的所有权为社会的功能"①。

第二，基于生态环境保护的限制。21 世纪是一个面临严重生态危机的时代，生态环境被严重破坏，人类生存与发展的环境不断受到严峻挑战。全球变暖、酸雨、水资源危机、海洋污染等已经对人类的生存构成了直接的威胁，并引起了全世界的广泛关注。如何有效率地利用资源并防止生态环境的破坏，已成为直接调整、规范物的归属和利用的民法典的重要使命。虽然所有权人可以自主支配其物，但基于生态环境保护的需要，有必要对所有权进行必要的限制。例如，有的国家法律规定，禁止权利人长期闲置城市土地，其目的也在于促进土地资源的有效利用，以有效应对人口膨胀所带来的资源、环境压力。②

第三，基于相邻关系的限制。各国法律大都规定土地所有人应当为相邻的不动产所有人和使用人提供必要的便利，并要求其容忍来自他人的轻微的妨害。这实际上是对所有权进行了某种限制。例如，《德国民法典》第 906 条规定："以干涉不损害或仅轻微损害土地的使用为限，土地所有人不得禁止煤气、蒸气、臭气、烟气、煤烟、热气、噪声、震动和其他来自他人土地的类似干涉的侵入。"当然，对于正常的生活妨害，相邻各方当事人都必须加以忍受。只有在超过了正常妨害限度的情况下，权利人才可以提出损害赔偿的请求。这种容忍义务是所有权社会限制的一种体现。③ 德国学者施蒂尔纳认为，对所有权毫无限制的使用与处分将会破坏有序的人类共同生活。为了保持各所有人和平相处（Nebeneinanderleben），便形成了相邻权制度。④

---

① ［俄］弗莱西茨：《为垄断资本主义服务的资产阶级民法》，9 页，北京，中国人民大学出版社，1956。

② 参见石佳友：《物权法中环境保护之考量》，载《法学》，2008（3）。

③ Vgl. Neuner, JuS 2005, 487 (490).

④ 参见［德］鲍尔、施蒂尔纳：《德国物权法》（上册），张双根译，5 页，北京，法律出版社，2004。

第四，公共利益对于私权利用的限制。这主要表现在基于公共利益对私人所有权进行征收。自 20 世纪末期以来，国家对私权利的干预不断加强，其中重要的一个方面就表现在，为了实现公共利益，促进社会经济的发展，通过征收制度对私人财产权予以适度的限制。同时，公共利益的内涵在不断扩大，甚至包含了商业利益。例如，在"凯洛诉新伦敦市案"中，美国联邦最高法院认为，建造一个制药厂可以增加当地的就业和税收，因而也体现了公共利益。①

第五，权利滥用的禁止。在近代法典化时期，尚不存在所有权滥用的概念，任何人行使其所有权都被认为是合法的、正当的行为。但是，后来各国又逐渐承认了"禁止权利滥用"的规则。《德国民法典》第 226 条规定了禁止滥用权利规则："权利的行使，不得专以加损害于他人为目的。"所有人行使所有权的方式必须合法，不得滥用所有权，致他人损害。例如，如果基于其土地而取得收益的所有权人并不在其土地上积极增加合理利益，并且知道其相邻人所享有的利益将会由此受到损害，则这种情况是不允许的。②

五、动产物权的重要性逐渐增强

传统物权法主要是以不动产为中心建立起来的，基本内容主要是以不动产的物权变动而设定的。但是，现代社会中，动产的重要性逐渐增加，其价值逐渐增大，物权法更加注重对动产物权的调整，具体表现在：

第一，随着现代科学技术的发展，动产的价值在现代社会越来越大，无论是在交换价值还是使用价值上，动产都具有越来越重要的地位。例如，汽车、航空器、船舶等的价值远远超过了许多不动产。尤其是现代社会已经进入了所谓的"消费社会"，动产的形态和价值的不断上升，成为社会经济中的一个显著的现

---

① See Kelo v. New London（104-108）268 Conn. 1，843 A. 2d 500.

② See Jacob H. Beekhuis etc.，*International Encyclopedia of Comparative Law*：*Volume* Ⅵ：*Property and Trust*：*Chapter* 2：*Structural Variations in Property Law*，J. C. B. Mohr（Paul Siebeck），Tübingen，1973，p. 13.

象。动产与不动产在价值上的差异逐渐消失，是财产发展的一种趋势。① 一方面，随着科学技术手段的飞跃发展，大量新型的动产财富被创造出来；另一方面，"消费社会"中对于休闲产品（譬如说赛马、赛车、游艇等）、艺术收藏品的需求，处于持久的增长态势。因此，完全以不动产为中心构建物权法的体系是不适应社会发展的需求的。

第二，现代社会中动产与不动产的区分在很大程度上越来越模糊。一些所谓的"第三类"财产的出现，使传统的二分格局显得越来越尴尬和不合时宜。譬如，对于某些形态的集合财产，它是动产、不动产甚至还包括无形财产的总括和集合，显然很难将它硬性地归入动产或者不动产之中。另外，随着所谓财富的"非物质化""去物质化"，纯粹以价值形态而存在的无形财产大量出现，它们也很难简单地归入传统的动产和不动产之中。②

第三，传统的担保物权是以不动产为中心，动产通常不具有标示性和识别性，因此在动产上设定抵押经常遇到登记的困难。但在现代社会中，随着公示方法的多元化，特别是随着互联网和物联网的发展，动产的识别与确定性提升，动产抵押也就成为可能。从鼓励担保的考虑，动产担保日益成为当代产业发展实现融资需求的一种重要手段。

第四，动产和不动产所适用的法律规则出现了交错，传统上适用于某一类财产的规则如今也越来越多地适用于另一类财产。例如，抵押在最初只能适用于不动产，而动产采用质押的方式，这就是所谓"动产质押—不动产抵押"的二分模式，但现代物权法中抵押制度也越来越多地适用于动产；传统上登记只是不动产权属变动规则，现在特殊的动产也适用登记规则。

第五，船舶航空器等特殊动产的物权变动规则在物权法中占据越来越重要的地位。随着工业技术的发展与成熟，船舶、航空器等特殊动产日益成为当代产业发展的重要动产，它们具有较高的价值，因此是当代社会中最为重要的财产类型之一。当代物权法不仅对特殊动产进行了规定，而且还采取了特殊的权利变动

---

① 参见尹田：《法国物权法》，80 页，北京，法律出版社，1998。
② 关于"新财产"，参见徐国栋：《现代的新财产分类及其启示》，载《广西大学学报》，2005（6）。

模式。

六、从以"归属"为中心到以"利用"为中心

近代物权法制度以定分止争为己任，以确定财产归属作为核心功能。然而，随着社会的发展，资源的有限性也与人类不断增长的需求和市场的发展形成尖锐的冲突和矛盾。由于人口增长，经济发展速度加快，现代社会的资源和环境对于发展的承受能力已临近极限。由于资源利用中冲突的加剧，物权法必须承担起引导资源合理和有效利用的功能，"以使互不相侵而保障物质之安全利用"①。因此，自20世纪以来，物权已不仅仅注重归属和支配，更注重行使物权而实现物的价值，以实现物尽其用的目的。

具体而言，在当代物权法中，物权法从以"归属"为中心到以"利用"为中心，主要体现在以下几个方面。一是所有与利用分离的多样化。正如施蒂尔纳所指出的："所有权人可以让别人分享对物的使用，也可以将对物的变价权转让给别人，甚至还可以赋予第三人取得属于自己所有之物的取得权。换言之，所有权人有可能为了他人的利益，自其完全权利中'分离'出去一部分权能，并且这种分离可以采取使该他人取得一项物权性权利的方式。"② 物权权能的分离可以促使物上权利的多元化。例如，各国法律普遍承认了对土地之上和土地之下的空间进行利用的权利，该项权利或者被认为是独立的权利（如空间权），或者被认为是土地所有权的内容而已。③ 当代物权法在土地和建筑物之上构建了一个多重的使用权体系，形成一个复杂的"权利束"结构。二是用益物权不仅类型丰富，其地位和作用也日益凸显。④ 物权人不仅可以自己利用其物，也可以交由他人利

---

① 史尚宽：《物权法论》，1页，北京，中国政法大学出版社，2000。

② ［德］鲍尔、施蒂尔纳：《德国物权法》（上册），张双根译，32页，北京，法律出版社，2004。

③ See Jacob H. Beekhuis etc., *International Encyclopedia of Comparative Law*：*Volume* Ⅵ：*Property and Trust*：*Chapter* 2：*Structural Variations in Property Law*，J. C. B. Mohr（Paul Siebeck），Tübingen，1973，p. 9.

④ 参见王胜明主编：《中华人民共和国物权法解读》，4页，北京，中国法制出版社，2007。

用。三是自然资源的确权与有效利用。随着科学技术手段的提高，人们的活动范围不断扩大，资源也越来越受到物权法的调整。因而物权法必须对这些自然资源的归属与合理利用加以调整。① 土地之下还有矿产资源等，它们可能被认为是土地所有权的客体，也可能形成独特的物权。② 海域权、探矿权、采矿权等被纳入物权法调整范畴，这也符合国际范围内物权法的发展趋势。③ 四是所有权的期限分割，又称为有期产权，它是通过有期共享（［西］tiempo compartido）的形式而产生的一种新的物权形式。从现实来看，此种制度通常是与旅游、度假、休闲联系在一起的，特别是在旅游圈中出现的轮换度假（［西］intercambio vacationl）体制，使有期产权人可以轮换不同的地方，享用相应期限内不动产及设施的使用权。④ 五是物权的证券化。物权的证券化主要体现在不动产的证券化上。所谓不动产证券化，是将不动产上的财产权变成证券形态。具体而言，是将对土地及建筑物的财产权，由直接支配的物权关系，转变为具有债权特性的证券形态，使原来流通性不强的土地及建筑物财产权转化为流通性较强的证券。

七、担保物权的现代化

基于担保物权在担保债权的实现、保障金融安全、促进商品流通和资金融通方面的功能，各国法律都十分重视担保物权制度的构建。近几年，随着市场经济的迅速发展，以及经济全球化的影响，担保物权日益现代化。

---

① 例如，有的国家规定基于公共利益，国家可以利用私人所有的土地的地下一定深度的空间；某些国家甚至规定，土地所有权地下若干米之下的空间归国家所有。另外，在西方国家，法律因越来越强调对于环境和生态的保护，从而对自然资源的利用行为设定一些新的限制，这尤其体现在与国计民生有重大关系的领域。例如，根据有些国家的立法，对于土地的利用必须要符合环境保护的要求；禁止对于某些土地的闲置或者抛荒；对于某些私人房屋或者建筑，如果其构成国家文化遗产，则其利用和处分将受到公法规范的限制。

② See Jacob H. Beekhuis etc., *International Encyclopedia of Comparative Law*：Volume Ⅵ：*Property and Trust*：Chapter 2：*Structural Variations in Property Law*，J. C. B. Mohr（Paul Siebeck），Tübingen，1973，p. 9.

③ 参见《法国民法典》第 598 条，《意大利民法典》第 987 条。

④ 参见高富平：《物权法原论》，212 页，北京，中国法制出版社，2001。

具体而言，一是担保物权的类型日益丰富。担保物权朝着逐步扩大担保物、担保标的的范围、降低担保设立费用、提高担保物的利用效率、减少担保物的执行成本等方向发展。担保类型越来越多，如浮动担保、最高额抵押、财团抵押等不断涌现。二是动产担保日益发达。凡是市场经济越发达的国家，其动产担保制度也越发达。① 产生这种现象的原因主要在于，动产可以不断地被制造出来，尤其是随着生产力的高度发达，其价值不断增加。在立法例上，面对汽车、船舶等特殊动产之外的动产融资需求，日本法则是通过在司法中承认让与担保等非典型担保制度而加以满足。② 根据《魁北克民法典》第2660条规定，除了家用、生活必需品等不得作为担保财产外，其他具有交换价值的财产均可进入担保领域。三是鼓励以无形财产、集合财产等作担保。无形财产是指知识产权、票据权利、品牌、经营权等各种非有体化的财产。在现代社会，无形财产在担保中的作用日趋重要，以无形财产和未来的财产作担保，也是现代商业社会的一项发展趋势。③集合担保主要是指财团抵押、浮动抵押。这些都是以整个企业内的所有财产或者整个商店内的全部商品等进行抵押或其他担保。《美洲国家组织动产担保交易示范法》承认了应收账款的担保。该示范法第15条规定："除本法另有规定外，应收账款之上设定的担保物权不能修改应收账款本身已存在的法律关系，也不能未经应收账款债务人的同意增加债务负担。"《魁北克民法典》第2670条、英国的浮动担保和美国的统一担保制度也都承认未来财产的担保。四是非典型担保形式不断发展，例如日本修改和制定了一系列新的特别法规，允许一连串如"抵押证券""让渡担保""所有权保留""债权让渡""抵销预约""代理受领""保险担保""担保信托"等创新和非传统担保方式的设立④，以丰富融资担保的方式。

---

　　① 参见高圣平：《大陆法系动产担保制度之法外演进与中国物权法》，载高圣平：《担保法前沿问题与判解研究》，334页，北京，人民法院出版社，2019。

　　② 参见［日］内田贵：《民法3（第3版）·债权总论·担保物权》，485页，东京，东京大学出版会，2015。

　　③ See A. L. Diamond, "A Review of Security Interests in Property", *Dti Hmso*, 1980, p. 9.

　　④ 参见梁慧星：《日本现代担保法制及其对我国制定担保法的启示》，载梁慧星主编：《民商法论丛》，第3卷，180页以下，北京，法律出版社，1995。

五是担保权实现更为便捷。担保物权的实现途径是影响物权担保交易成本的重要因素。①为有效降低担保物权实现的成本，从比较法上来看，各国普遍重视担保物权实现程序的高效和便捷。

与此同时，公示方法类型日益丰富和完善。两大法系都承认了担保只有在公示之后才具有对抗第三人的效力，且公示也直接影响到担保权的优先效力，因而担保制度普遍重视公示方法。

第四节　我国物权法的发展

一、中国古代和近代民法中的物权立法

中国古代所形成的中华法系自成一体，但中国古代的民法并不发达，虽然有一些民法规范，但并没有形成近代意义上的体系化的民法制度。整体而言，中国古代民法主要具有如下特点：一是诸法合一，民刑不分。由于中国古代诸法合一，且以刑为主，故大量民事关系由刑法调整。《睡虎云梦秦简》中就有大量的关于民事关系的规定。从其中一些规定可以看出，对于毁损财物的行为，我国古代法律通常给予行为人刑事处罚。至于侵害人身的行为，通常都作为犯罪处理，而极少作为民事侵权行为处理。② 光绪三十三年（1907 年）五月，民政部在奏章中称："中国律例，民刑不分……历代律文户婚诸条，实近民法。"③ 二是礼法不分，大量的民事关系，由礼调整。在中国古代，因受儒家思想影响，礼法不分，大量民事关系依靠礼的规范调整，这也是我国古代民事立法的特点。例如，汉代

---

① 参见高圣平：《担保物权实行途径之研究》，载《法学》，2008（1）。

② 例如，《秦简·法律答问》中就对斗殴造成的打破嘴唇行为予以定罪量刑，通过比附援引的方法适用打人造成青肿或破伤的规定（"或与人斗，决人唇，论何也？比疻痏"）。参见叶孝信主编：《中国民法史》，287 页，上海，上海人民出版社，1993。

③ 《光绪朝东华录·三十三年五月辛丑》，北京，中华书局，1958。

董仲舒就提出了"春秋决狱"的做法，以儒家经典论著作为案件裁判依据。① 三是注重制裁性和惩罚性，不注重补偿性。例如，《宋刑统·厩库》规定："诸故杀官、私马牛者，徒一年半。赃重及杀余畜产若伤者，计减价准盗论，各偿所减价，价不减者笞三十。其误杀伤者不坐，但偿其减价。"就损害赔偿而言，中国古代立法并不注重对损害的填补，而更侧重于强调对行为人的惩罚和制裁，有的立法中甚至有加倍赔偿等惩罚性措施，这都体现了古代法的制裁性和惩罚性。

鸦片战争后，列强打开中国大门，逐步破坏了我国自给自足自然经济的基础，刺激了长期以来缓慢地在封建社会发展的商品经济的生长。清末变法时，西学东渐，民法开始传入中国。1902 年 4 月 6 日，光绪皇帝下诏，"参酌各国法律，改订律例"，并指派沈家本、伍廷芳为修律大臣。次年，设立修订法律馆，专门从事法规编纂工作。1907 年，光绪皇帝指定沈家本等主持民、刑等法典的编纂。至修律开始，打破了延续二千多年的民刑不分、诸法合体的传统法典编纂体例。② 1911 年 8 月，即宣统三年，完成了条文稿共分总则、债权、物权、亲属、继承五编，共 1 569 条。第三编物权，下设通则、所有权、地上权、永佃权、地役权、担保物权、占有，共七章。物权编主要借鉴了《德国民法典》和《日本民法典》的经验，例如，对德国法的典型的固有制度"土地债务"都全盘借鉴予以规定，但缺乏对我国固有法律制度（如典权等）的规定。当然，该法典还没有来得及颁布实施，清王朝就已被推翻了。

辛亥革命以后，国民政府的修订法律馆在北京开始了民律草案的起草工作。民国元年（1912 年）三月，北洋政府司法部曾提请大总统咨由参议院同意援用《大清民律草案》，但遭否决。③ 后北洋政府决定起草民法典。1925 年，草案完成，史称第二次民律草案或《民国民律草案》。在该草案中，物权编共计 9 章，

---

① 在某个案例中，董仲舒援引《春秋》对"父为子隐"的描述进行了解释。他说："《诗》云：'螟蛉有子，蜾蠃负之。'《春秋》之义，'父为子隐'。甲宜匿之。"认为养父子之间的关系也可以比照亲父子之间的关系，而适用父为子隐的规则，参见陈重业辑注：《古代判词三百篇》，2 页，上海，上海古籍出版社，2009。

② 参见张晋藩：《中国民法通史》，2 页，福州，福建人民出版社，2003。

③ 参见张晋藩：《中国民法通史》，1148 页，福州，福建人民出版社，2003。

未设"担保物权"的章名，而将抵押权、质权分开，各占一章，另外再追加规定典权。通过对"土地债务"的检讨，认为不符合中国国情予以删除。草案总结中国固有法经验，单设了典权一章。较《大清民律草案》，该草案的物权编减少29条，但在固有法与移植法的整合方面取得一定的进步，也为中华民国民法物权编的出台提供了经验。后由于南北战事爆发，该法典草案没有正式作为法典颁布实施。

南京国民政府成立以后，于1928年设立了立法院，开始编纂民法典。《民法典》物权编于1929年11月30日颁布，次年5月5日起施行。物权编在《民法典》中位于第三编，共分为十章，210条，与《民国民律草案》相比，减少了100条，共分为通则，所有权（包括通则、不动产所有权、动产所有权），共有，地上权，永佃权，地役权，抵押权，质权（动产和权利），典权，留置权，占有。1930年国民政府制定《民法物权编施行法》以保障物权编实施。这部《民法典》物权编在编纂前就已经国民党中央执行委员会政治会议，确立了物权法定主义、所有权社会化、不动产登记要件主义等14条立法原则，迎合了当时物权法的发展趋势，借鉴了德国、瑞士、日本等国的立法经验，总结并吸纳民事习惯。例如，在物权编中，为防止财产所有人因滥用所有权而造成他人或社会利益的损害，第765条规定，所有权必须"于法令限制范围内"行使。对于土地所有权的行使，法典专门规定，"土地所有权，除法令有限制外，于其行使有利益之范围内及于土地之上下。如他人之干涉无碍其所有权之行使者，不得排除之"（第773条）。这就使所有权具有一定的社会化色彩。不过，该法典抄袭了德国、瑞士、日本等国民法的许多条文，尤其是大量照搬《德国民法典》。正如梅仲协先生所指出的："现行民法（指旧中国民法）采德国立法例者十之六七，瑞士立法例十之三四，而法日苏联之成规，亦尝撷一二。"[①]

二、新中国物权立法的发展

中华人民共和国成立以后，废除了"六法全书"。立法机关为适应社会需要，

---

① 梅仲协：《民法要义》，序言，2页，北京，中国政法大学出版社，1998。

先后于1954年、1962年、1979年和2001年四次启动民法典制定工作，但都因各种原因而中断。"文化大革命"期间，社会主义法治建设受到严重破坏，物权立法也基本中断。

"文化大革命"结束后，我国物权立法走上正轨。1978年12月，党的十一届三中全会作出了把全党全国的工作重点从以阶级斗争为纲转移到社会主义现代化建设上来的战略决策，确定了发扬社会主义民主，健全社会主义法制的任务目标。随着改革开放政策的实施，社会主义市场经济体制逐步建立，我国物权立法也出现了前所未有的发展契机。从改革开放四十多年的物权立法发展历程来看，基本上可以分为三个阶段。

第一个阶段：从改革开放开始至《民法通则》的颁布。在党的十一届三中全会精神指引下，党领导人民进行了一系列重大立法工作。按照"以经济建设为中心"和"建设有中国特色的社会主义"的指导思想和方针，立法机关先后制定了一系列重要的民事、经济法律，为改革开放和社会主义现代化建设提供了坚实的法律保障，例如，1984年颁布了《森林法》，1985年颁布了《草原法》，1986年颁布了《土地管理法》。在这个阶段最有标志性的法律是1986年4月12日正式通过的《民法通则》，这是我国第一部调整民事关系的基本法律，其颁布是我国民事立法发展史上的一个新的里程碑。该法第一次以基本法律的形式明确对所有权等权利进行平等保护。《民法通则》第五章第一节虽然采用了"财产所有权和财产所有权有关的财产权"的表述，但这一节实际上规定的就是物权。《民法通则》同时通过规定系统、完善的民事责任制度，对财产权进行全面保护。

第二个阶段：从《民法通则》颁布至《物权法》颁布。随着改革开放的深化和市场经济的发展，我国陆续制定了一系列规范市场活动的民事基本法。在这一阶段，我国立法机关制定了一系列有关物权的重要法律，例如，1986年颁布了《土地管理法》，1994年颁布了《城市房地产管理法》，1995年颁布了《担保法》，2003年颁布了《农村土地承包法》。在此期间，国务院也颁布了一些有关物权的重要行政法规，例如，1990年颁布《城镇国有土地使用权出让和转让暂行条例》，1998年颁布《土地管理法实施条例》。2007年颁行的《物权法》是我国物权立法史上具有里程碑意义的大事，该法的制定历时 13 年，经过八次审议，创下了法律草案审议之最。《物权法》是基本的财产法，是保护老百姓财产权利的宣言书，也是市场经济的基本规则。《物权法》中全面规定了所有权、用益物权、担保物权制度，并对国家所有权、集体所有权和私人财产所有权设置了比较完备和明确的法律规范，构建了产权制度的基本框架，从而有力地维护了社会主义基本经济制度。《物权法》确定了平等保护原则，对于各类财产所有权进行一体对待、平等保护，以维护市场主体的平等地位和基本财产权利，极大地鼓励了亿万群众爱护财产、创造财富，促进了社会财富的增长。

第三个阶段：民法典编纂的启动与《民法典》的颁布。自新中国成立以来，我国曾多次编纂民法典，但都因各种原因而中断。2014 年党的十八届四中全会决定提出，要"加强重点领域立法"，特别是"加强市场法律制度建设，编纂民法典"。自此之后，立法机关正式重启了民法典编纂工作。2020 年 5 月 28 日，最终通过了中华人民共和国成立以来的第一部《民法典》。《民法典》在总则编"民事权利"一章中规定了财产权平等保护原则，物权的概念、物权的类型、物权的客体等规则，单设第三编规定了独立的物权编，这就构成了物权法的基本内容体系。《民法典》进一步完善了《物权法》的规则，在物权法定原则之下，具体列举了各类物权，构建了完整的物权体系，同时，通过设置完整的物权确认请求权、物权请求权以及损害赔偿请求权等，对物权进行全面保护。特别是在担保物权部分，《民法典》推进了动产和权利的统一登记，并推进了担保物权的现代化。

总之，中国物权立法适应了我国改革开放的发展进程，促进了我国市场经济的发展，为维护基本经济制度、促进市场经济发展、平等保护各类财产权提供了有力的法治保障。

第四章
物权法的基本原则

第一节　物权法基本原则概述

一、物权法的基本原则的概念和特征

物权法的基本原则，是指贯穿于物权法各项制度、各项规范，统领物权法全部内容的基本精神。物权法的基本原则包括如下四项：平等保护原则、物权法定原则、公示公信原则和一物一权原则。应当看到，这四项原则是有区别的：平等保护是物权法最基本的原则，它是编纂我国《民法典》物权编的基本指导思想，也是直接反映我国基本经济制度和社会主义市场经济的原则。而物权法定、公示公信原则和一物一权原则主要是确认物权、物权变动和解决物权冲突的规则。它们虽然也反映我国基本经济制度的要求，但是不像平等保护原则那样直接反映基本经济制度的要求。

概括而言，我国物权法的基本原则具有如下特征。

第一，价值上的统领性。物权法基本原则是通过提取公因式的方法，将物权

法的基本价值予以抽象概括而形成的。民法的基本原则表达了民法的基本价值取向，是高度抽象的、最一般的民事行为规范和价值判断准则。[①] 民法的基本原则贯穿于民法的始终，可以在最大程度上实现私法的内在可理解性，从而使民法典在最大程度上形成价值融贯的体系。[②] 而物权法基本原则可以理解为是民法的基本原则在物权法领域的具体化，构成了物权法价值体系的主线，具有价值上统领性的特点。在具体的物权法规则的解释中，物权法基本原则也因其价值统领性而成为解释的依据，甚至在出现漏洞时，可以依据基本原则进行漏洞填补。

第二，基础性。物权法基本原则所确立的是物权法的最基本的精神和价值，具有适用广泛性和相对稳定性。一方面，物权法的首要原则是平等保护原则，平等保护原则是我国基本经济制度的反映，也是市场经济最本质的要求。《民法典》使用两个条款规定了平等保护原则，而且是针对物权加以规定的。这就表明，平等保护原则是《宪法》所规定的法律面前人人平等在私法领域中的具体表达，也是民法平等原则在物权领域中的具体体现。另一方面，物权法基本原则是普遍适用于物权法全部领域的原则。物权法基本原则不是仅仅适用于物权法个别制度和规则的，它具有普遍适用性。

第三，指导性。物权法基本原则体现了物权制度的一般原则和精神，构成了物权制度的基础，为具体的物权规则的设立与阐释提供了参照。物权法基本原则主要确立特定的价值基础，从而为具体物权制度提供了构建与发展的起点。物权法基本原则的指导性体现在两个方面：一是价值的指导性，例如，法官在对物权制度进行目的解释时，需要借助于物权法的基本原则，以明确该制度的立法目的，从而准确解释法律。二是规则的指导性。通常，在适用物权法基本原则之前，必须首先适用具体的物权规则。如果具体的物权规则出现不清晰、表述模糊，甚至规则相互之间出现矛盾现象，就需要通过援引物权法的基本原则以准确

---

①　参见王轶：《论民法诸项基本原则及其关系》，载《杭州师范大学学报（社会科学版）》，2013（3），92 页。

②　参见方新军：《内在体系外显与民法典体系 融贯性的实现——对〈民法总则〉基本原则规定的评论》，载《中外法学》，2017（3），577 页。

解释具体规则。而在存在法律漏洞的情形，法官则应当首先通过类推的方式适用《民法典》物权编的具体规定，只有在不能适用具体规定时，才能适用物权法的基本原则进行漏洞填补。[①]

第四，抽象概括性。物权法基本原则与具体规则不同，其只是确立了物权法所应当遵循的一贯价值，对物权制度与规则作出了高度概括。物权法基本原则弘扬了物权法的基本价值，彰显了物权法的立法理念和立法目的，揭示了隐藏于法律条文之中的立法意图，有利于增强人们对物权法的价值认同。[②] 在司法实践中，当事人一般不能直接援引物权法的基本原则作为请求权基础，法官也不能直接援引物权法基本原则进行裁判。因为在有具体的物权规范的情况下，该具体规范应当优先适用；只有具体规范缺失、出现法律漏洞时，法官才可以依据物权法基本原则进行漏洞填补。从这个意义上说，物权法基本原则可以称为物权法发展的"活水之源"。

第五，强行性。物权法的基本原则是民事主体在物权领域进行民事活动的基本准则。在物权领域，民事主体不仅要遵循具体的物权规范，还要遵循物权法的基本原则。[③] 这些原则同样对民事主体科以义务。例如，物权法定原则、公示公信原则等，都起到了对民事主体的行为加以限制的作用。可见，物权法基本原则也可以构成行为规范，而且，当事人不得通过其协议加以排除适用，具有强行性的特征。

物权法的基本原则具有其特殊性，传统上大陆法的物权法基本原则，主要是物权法定、公示公信、一物一权等原则。从这些原则可以看出，其主要是财产法的原则，是自罗马法以来逐渐形成发展起来的、围绕对财产权的归属和利用而形成的基本原则，目的主要是保护物的归属和利用。在这个基础上，物权法的基本原则也是财产法的基本原则，是基于对有体物的调整而形成的基本原则。物权法

---

① Bamberger/Roth/ Wendtland，BGB § 138，Rn. 4.

② 参见赵万一：《民法基本原则：民法总则中如何准确表达?》，载《中国政法大学学报》，2016（6），34 页。

③ 参见王轶：《论民法诸项基本原则及其关系》，载《杭州师范大学学报（社会科学版）》，2013（3），92 页。

的基本原则体现了物权的特殊性，从而不同于合同法、婚姻家庭法等其他领域的基本原则。

二、物权法基本原则的适用

物权法的基本原则，是民事主体在物权领域从事民事活动，以及司法机关裁判物权案件时应当遵循的基本准则。[①] 法律原则毕竟不同于具体规则，因为原则具有一般性，而规则具有具体性。[②] 所以，法官在裁判物权案件时，如果存在具体的物权规则，通常只能援引具体的物权规则来作出判决，而不能直接援引抽象的物权法基本原则，否则就属于"向一般条款逃逸"。

从法理上来看，法官在司法裁判中援引物权法基本原则应当注意如下几点。

第一，《民法典》物权编及其他法律对物权关系没有具体规定的，可以适用物权法的基本原则。如前述，法官在裁判物权案件时，有具体规则必须适用具体规则，而不能适用基本原则。《总则编解释》第 1 条第 3 款规定："民法典及其他法律对民事关系没有具体规定的，可以遵循民法典关于基本原则的规定。"该条使用"可以遵循"一词，采取了柔化表述的思路，主要考虑是，即使没有具体规则，也并非当然适用基本原则。[③] 虽然针对物权法基本原则的适用问题，我国法律和司法解释没有作出规定，但是，《总则编解释》的上述规定也具有借鉴意义。具体来说，在没有具体的物权规则时，是否要适用物权法基本原则，要依据具体情形来判断。在没有具体的物权规则时可以适用习惯，也不必然适用物权法的基本原则。

第二，物权法基本原则可以与具体的物权规则结合起来适用。物权法基本原

---

① 参见李建国：《关于〈中华人民共和国民法总则（草案）〉的说明》（2017 年 3 月 8 日在第十二届全国人民代表大会第五次会议上的讲话）。

② 参见［美］迈克尔·D. 贝勒斯：《法律的原则》，张文显等译，13 页，北京，中国大百科全书出版社，1995。

③ 参见贺荣主编：《最高人民法院民法典总则编司法解释理解与适用》，64 页，北京，人民法院出版社，2022。

则往往不能直接作为裁判依据，因为在司法三段论中，作为案件裁判大前提的法律规范应当包含构成要件和法律效果两个部分，但物权法基本原则本身既不包含具体的构成要件，也不包含具体的法律效果，通常难以作为物权案件裁判的大前提予以适用。但由于物权法基本原则体现了物权法的价值和精神，所以，这些基本原则可以和具体的物权规则结合起来，从而可以用于解释具体的物权规则。例如，在裁判善意取得案件时，善意取得制度（《民法典》第311条）和公示公信原则就可以结合适用。但应当指出的是，在同时适用物权法基本原则与具体物权规则的情况下，该基本原则不能直接作为裁判依据，其只能作为裁判说理的依据，法官裁判只应援引具体的物权规则。

第三，在物权规则不明确时，物权法基本原则可以用于提供解释指引。物权法基本原则展现了立法者的价值判断，与立法目的基本契合，能够为法官裁判案件提供具体的价值指引。因此，在具体的物权规则存在两种或者两种以上合理的解释时，物权法基本原则可以为法官进行解释的选择提供价值指引。

第四，在存在法律漏洞时，物权法基本原则可以用于填补法律漏洞。《总则编解释》第1条第3款规定："民法典及其他法律对民事关系没有具体规定的，可以遵循民法典关于基本原则的规定。"借鉴这一规定，如果在物权领域，法律没有规定的，也可以遵循物权法基本原则。这就是说，如果《民法典》物权编及其他法律对相关的物权关系没有具体规定的，则应当认定构成法律漏洞，应当运用物权法的基本原则填补法律漏洞。当然，在运用物权法基本原则填补法律漏洞时，只有当目的性扩张、目的性限缩或类推等方法难以适用时，才能运用物权法基本原则填补法律漏洞，如果上述方法可以适用，则应当适用上述方法填补法律漏洞。这是因为法律原则具有很强的包容性与概括性，应当作为适用顺序靠后的法律漏洞填补方法。正是因为物权法基本原则可以用于填补法律漏洞，因此，法官可以运用这些基本原则创设新的物权规则，从而推动物权法的发展。[1]

---

[1]　参见［德］魏德士：《法理学》，吴越等译，354页，北京，法律出版社，2005。

第二节 平等保护原则

一、平等保护原则的概念

平等保护原则可以从广义和狭义两个层次来理解。一是在广义上理解，平等保护强调的是包括整个市场主体法律地位、市场准入条件、市场监管规则、市场退出机制和合法财产权益的保护等诸多方面的平等要求，应当是贯穿于整个市场经济的各个环节的基本法治原则。① 二是在狭义上理解，平等保护的核心内容之一就是对各个市场主体的财产权的平等保护。我国《民法典》用两个条文专门强调和规定平等保护原则，主要侧重从财产权视角作出规定。

所谓物权法上的平等保护原则，是指物权的主体在法律地位上是平等的，依法享有相同的权利，遵守相同的规定，其物权受到侵害以后，应当受到物权法的平等保护。② 《民法典》第 207 条规定："国家、集体、私人的物权和其他权利人的物权受法律平等保护，任何组织和个人不得侵犯。"这就在法律上宣告了公私财产平等保护的原则，这也是我国物权法的重要亮点。这一规定在法律上明确规定了平等保护国家、集体、私人的物权和其他权利人的物权的原则，把公、私财产置于平等保护的制度框架之下。另外，《民法典》第 113 条将物权平等保护原则进一步扩张为财产权利受法律平等保护原则，因而使平等保护的范围更为扩大。这两条规定与《物权法》第 4 条相比，不仅增加了"平等"二字，而且扩大了平等保护财产的范围，这就更加清晰、明确地确认了物权的平等保护原则。

平等保护原则是物权法的首要原则，也是我国《民法典》物权编中国特色的鲜明体现。因为在西方国家，物权法以维护私有财产为其主要功能，所以没有必

---

①② 参见全国人大常委会法制工作委员会民法室编：《中华人民共和国物权法：条文说明、立法理由及相关规定》，6 页，北京，北京大学出版社，2007。

要对所有权按照主体的不同进行类型化，并在此基础上提出平等保护的问题。但是，我国实行的是以公有制为主体、多种所有制经济共同发展的基本经济制度，因此在法律中尤其是物权法中确立平等保护原则，对维护社会主义基本经济制度具有重要意义。习近平总书记指出："各类市场主体最期盼的是平等法律保护。"① 平等保护原则是建立和完善社会主义市场经济体制的必然要求，也是实现"有恒产者有恒心"，促进社会财富增长的需要。

党的二十大报告强调，要健全以公平为核心原则的产权保护制度，毫不动摇巩固和发展公有制经济，毫不动摇鼓励、支持、引导非公有制经济发展，公有制经济财产权不可侵犯，非公有制经济财产权同样不可侵犯。平等保护原则作为民法典的核心原则，就是"两个毫不动摇原则"的法律表现。《民法典》第4条确立了平等保护原则，该条规定"民事主体在民事活动中的法律地位一律平等"。平等保护原则也体现于财产权保护的法律规则之中。例如，《民法典》第113条规定："民事主体的财产权利受法律平等保护"。坚持平等保护的法律原则，才能让亿万人民群众专心创新、放心置产、大胆投资、安心经营；才能对各类市场主体一视同仁，营造公平竞争的市场环境、政策环境、法治环境，确保权利平等、机会平等、规则平等。

二、平等保护原则的内容

平等保护原则包括如下几个方面的内容。

（一）法律地位的平等

所有的民事主体（包括各类市场主体）在民法上的地位都是平等的，这是其民事权利能够获得平等保护的前提和基础，也是我国宪法所确认的法律面前人人平等原则的具体体现。所谓"法律面前的平等"或"法律上的平等"这一类的宪法规范，对于国家一方而言，即可表述为"平等原则"，而对于个人一方而言，

---

① 习近平：《为做好党和国家各项工作营造良好法治环境》，载习近平：《论坚持全面依法治国》，254页，北京，中央文献出版社，2020。

即可表述为平等权。① 法律面前人人平等，其中也包括了财产权的平等。一方面，既然法律面前人人平等包括权利的平等，财产权作为公民基本权利的一种，依据平等原则，应该与公共财产一起受到平等的保护。另一方面，财产权作为主体的基本权利，对于保障其主体资格的实现也具有重要意义。因此，尽管每个物权的主体在享有物权范围上可能是不同的（例如，土地只能属于公有，即国家所有和集体所有，私人不得享有），但是，他们在物权法中的地位是平等的，这种平等性是社会主义市场经济的内在要求所决定的。

《民法典》第 206 条第 3 款规定："国家实行社会主义市场经济，保障一切市场主体的平等法律地位和发展权利。"据此，一切进入市场的主体，在法律地位上都是平等的，即使是国家所有权的主体也不例外。国有财产虽然在性质上是全民财产，但当国有资产进入市场以后，必须要将国有财产权和其他财产权同等对待，承认其平等的地位。例如，在国有土地使用权的基础上，通过出让方式设定建设用地使用权，尽管合同当事人一方为代表国家的国有土地管理部门，另一方为法人或公民，但双方的地位必须是平等的。《民法典》第 206 条第 3 款就是对市场主体的同等地位所作的规定，同时，该法第 207 条规定："国家、集体、私人的物权和其他权利人的物权受法律平等保护，任何组织或者个人不得侵犯。"这就是说，即使是没有进入交易领域的财产，都要同等地受到法律的确认和保护；在遭受侵害以后，也要受到物权法的平等保护。

（二）规则适用的平等

除了法律有特别规定的情况外，任何物权主体在取得、设定和移转物权时，都应当遵循共同的规则。例如，所有权的取得都要合法，具有法律依据；物权的设定和移转必须采取法定的方式。我国现行民事立法尤其是作为民事基本法的《民法典》，都强调民事主体在民事活动中一律平等，这就意味着只要是从事民事活动，无论民事主体的具体形态是什么，都要平等地遵守相同的规则。除了法律

---

① 参见林来梵：《从宪法规范到规范宪法》，111 页，北京，法律出版社，2001。

另有规定之外（如《民法典》第 209 条第 2 款规定，国有自然资源的所有权可以不登记），都应当遵循物权编的规定，设定和变动物权。即使是在国家所有权的基础上设定担保物权和用益物权，也应当遵循物权法的规则。各类物权人在行使物权时，也应当平等遵循物权行使的规则，例如，要遵守合法原则。

（三）法律保护的平等

法律保护的平等体现在两个方面。

第一，在物权归属发生争议以后，针对各个主体都应当适用平等的规则解决其纠纷。即使是国家与其他主体在物权归属上发生纠纷，当事人也有权请求法院明晰产权，确认归属。这就是说，当事人都平等地享有确权请求权。在这方面，任何一方都不应享有优越于他方的权利。在国有资产与其他财产发生冲突时，国有资产监督管理部门也不宜作为争议解决机构。因为国有资产监督管理部门代表国家行使国有产权，其自身就是争议一方当事人。在国有财产之上发生产权纠纷时，其无法充当裁判者的角色，而必须由争议的当事人平等地向有关司法机关请求确认。

第二，在物权受到侵害之后，各个物权主体都应当受到平等保护。《民法典》第 207 条明确了国家、集体、私人的物权和其他权利人的物权受法律平等保护，任何组织或者个人不得侵犯。该条规定包含如下三个方面的内容。

一是各类物权在受到侵害以后，不管这些物权是由哪一类主体所享有的权利，也不管这些物权是否已经进入市场，都要在法律上受到平等的对待，对其实行平等保护。也就是说，公有财产要予以保护，私人的合法财产同样也要予以保护。尤其是公民个人的财产，不仅要受到保护，而且要置于与国家财产同样的地位受到保护。该条首先规定国家、集体和私人的物权要平等保护；同时提到了保护"其他权利人的物权"。所谓"其他权利人的物权"，主要是指社会团体所有权，它是国家、集体和私人所有权之外的另一种所有权。对此类所有权也应当和其他所有权一样平等保护。

二是各个物权人在其物权遭受侵害以后，都可以平等地享有物权请求权、侵权请求权以及其他请求权，通过行使这些权利使自己遭受侵害的财产得到恢复、遭受侵害的权利得到补救、遭受妨害的现状得以排除。

三是各个物权人无论在保护的范围还是保护的力度上，都应当是一致的。不能说侵害了公有财产就要多赔，而侵害了私人财产就要少赔甚至不赔。如果解决纠纷的办法、承担的责任不一样，就会背离物权法的精神。①

四是基于平等保护原则，对侵害不同所有制企业的产权和合法权益的行为实行同责同罪同罚，也就是说，要平等地追究违法犯罪行为人的法律责任。

三、平等保护原则的价值

平等保护原则作为物权法的首要原则，是物权法基本目的的集中体现。该原则的价值体现在如下四个方面。

（一）平等保护是社会主义基本经济制度的固有内容

平等保护原则是我国宪法所确立的社会主义基本经济制度的固有内涵。我国是社会主义国家，按照《宪法》第 6 条的规定，我国目前处于社会主义初级阶段，在所有制形态上实行以公有制为主体、多种所有制经济共同发展的基本经济制度。因此，"以公有制为主体，多种所有制经济并存"构成我国基本经济制度，物权法的平等保护原则正是对这种基本经济制度的充分反映。

首先，"以公有制为主体，多种所有制经济并存"的基本经济制度，这并不意味着不同所有制之间存在高低差别。所谓"以公有制为主体"，主要是强调公有制对国计民生、经济安全以及政府实现宏观调控等方面的基础性作用及其对国民经济的重要影响，也是为了保证生产关系的社会主义属性。笔者认为，"主体"的本意更多的是强调公有制对经济关系的影响力和对经济生活的基础性作用。比如，对关系到国民经济命脉的钢铁、交通、汽车、能源等大型产业实行公有制，有利于保证基本的经济制度和属性，维护国家的经济安全和实现政府的调控能力。只有保证公有制的主体性作用，才能保证社会主义方向。上述宪法规定虽然在措辞上对于公有制和非公有制存在着主体和非主体的差别，但只能理解为各种所有制在国民经济中的作用是有差异的，而不能理解为各种所有制的法律地位是

---

① 参见王兆国：《关于〈中华人民共和国物权法〉（草案）的说明》，新华社 2007 年 3 月 8 日电。

不平等的。以公有制为主体并不意味着公有制处于优越的法律地位，其他所有制处于次要的法律地位。正是在宪法上，多种所有制在法律地位上是平等的，所以，物权法需要规定对各类所有权的平等保护原则。

其次，宪法关于基本经济制度的规定强调多种所有制经济的共同发展，而共同发展的基础和前提就是平等保护。一方面，按照《宪法》第6条的规定，我国目前处于社会主义初级阶段，实行公有制为主体、多种所有制经济共同发展的基本经济制度。《宪法》虽然规定了国有经济是国民经济的主导力量，但同时维护多种所有制经济的共同发展。根据这样一种战略取向，就决定了我们不是实行私有化，而是实行多元化，鼓励和保护多种所有制经济的共同发展。这就是我国社会主义初级阶段所有制的基本特点。既然要实行多种经济成分的共同发展，就要对其他经济成分给予同等保护。所以，物权法强调对不同所有制的平等保护，这也是对宪法同等保护各种所有制的唯一符合逻辑的解释。没有平等保护，就难以有共同发展，失去了共同发展，平等保护也就失去了其应有的目的。另一方面，只有通过《民法典》物权编规定平等保护原则，才能巩固社会主义初级阶段的基本经济制度，排除各种"左"的和右的干扰，坚定社会主义改革开放的正确方向。宪法规定多种所有制经济共同发展，也是对社会主义初级阶段经济发展规律的总结。实践证明，只有努力促进多种所有制经济共同发展，才能巩固社会主义的基本经济制度。从长远来看，《民法典》物权编之所以要确认平等保护原则，就是要使多种所有制经济共同发展成为我国的一项基本国策长期存在。通过平等保护促进多种所有制经济共同发展，才能真正发挥物权法在维护社会主义基本经济制度方面的作用。

最后，我国宪法不仅确立了多种所有制经济形式，而且规定了对所有权的平等保护。宪法本身对财产的保护，就贯彻了平等原则的要求。例如，现行宪法既规定了"社会主义公有财产神圣不可侵犯"，又规定了"公民的合法的私有财产不受侵犯"，"国家依照法律规定保护公民的私有财产权和继承权"①。宪法强调对国有财产的保护，但是，宪法对各类财产规定的实际保护规则，并没有差别。

---

① 《宪法》第12条、第13条。

尤其应当看到，对各类财产权的平等保护是国家的义务。例如，《宪法》第21条规定："国家保护个体经济、私营经济等非公有制经济的合法的权利和利益。国家鼓励、支持和引导非公有制经济的发展，并对非公有制经济依法实行监督和管理。"该条实际上明确了国家负有保护非公有制经济的义务，国家机关在行使各自的职权过程中负有保护非公有制经济的合法的权利和利益不受侵害的义务。所以，按照我国宪法学者的一致看法，从宪法本身的内涵来看，其也体现了平等保护的精神。① 而《民法典》物权编的平等原则，只不过是宪法平等原则在《民法典》物权编中的具体表现。

（二）平等保护是建立和完善社会主义市场经济体制的必然要求

准确、全面地理解社会主义基本经济制度，必须要看到，我国的基本经济制度还体现在我国实行的是社会主义市场经济体制。我国《宪法》第15条第1款明确规定："国家实行社会主义市场经济。"这是对我国社会主义基本经济制度的完整表述。作为调整财产归属和利用关系的物权法，应当把保障一切市场主体的平等法律地位和发展权利作为其基本的任务和目标之一，为此，《民法典》就必须要确立平等保护原则，保障所有市场主体的平等地位，确立起点的平等，使每一主体能够进行平等的交易和公平的竞争，最终促进社会主义市场经济的繁荣与发展。具体来说，平等保护原则对于建立和完善社会主义市场经济体制的意义主要体现在如下三个方面。

第一，坚持平等保护，才能为市场经济提供基本的产权制度框架。平等保护原则是由我国社会主义市场经济的性质所决定的。所谓市场，是由无数的每天重复发生的纷繁复杂的交易所构成。交易的最基本的要素就是财产权和合同，因为交易要求以交易主体各自享有财产权为前提，并以财产权的转移为交易追求的目的。因而，产权的构建是市场的基本规则，但作为市场经济规则的产权制度，必须建立在平等保护的基础上。因为一方面，市场经济天然要求平等。交易本身就是以平等为前提、以平等为基础的。否认了平等保护，就等于否定了交易当事人

---

① 参见韩大元：《由〈物权法〉的争论想到的若干宪法问题》，载《法学》，2006（3）。

的平等地位，否认了市场经济的性质。另一方面，市场经济天然要求市场竞争主体是平等的，只有平等保护才能实现竞争的平等。任何企业无论公私和大小，都必须在同一起跑线上平等竞争，适用同等的法律规则，并承担同样的责任，这样才能真正促进市场经济的发展。

第二，平等保护是构建市场经济秩序的基础。在市场经济条件下，交易主体是平等的，利益目标是多元的，资源的配置也具有高度的流动性，市场主体都从自己的利益最大化出发，各自追求自身的利益，这样就会使市场经济的运行交织着各种矛盾、冲突。因此，必然要求通过法律手段从宏观以及微观上对各个主体的行为进行协调与规范，以维护市场经济的法律秩序。通过物权法确立平等保护原则，有助于维护公正的市场秩序，为市场经济的建立与发展提供基本的条件。市场经济之所以需要物权法，首先就在于物权法确认了平等保护原则，从而可以充分鼓励市场主体广泛深入地从事市场交易活动，展开公平竞争。即使国家作为民事主体，以国有资产为基础，参与各类民事活动，如发行国债、发行国库券、对外担保等，国家也应该和其他民事主体处于平等地位，并遵守民法调整民事活动的一般规则。国家从整体上作为民事主体的时候，和其他民事主体都是平等的；同样，国有企业、国家控股参股的公司参与民事活动时，与其他民事主体之间也应该是平等的，不能对其支配的国有财产设置一些特殊的保护规则，否则就限制了此类市场主体在市场竞争中的积极性和创造力，最终不利于国有资产的保值、增值。

第三，平等保护是市场主体平等发展的条件。在市场经济条件下，财产保护的平等不仅为市场主体从事市场交易和公平交易创造了前提，而且为各类所有制企业的共同发展提供了条件。新中国成立以后，在一段时期内采取高度集中的计划经济体制，实行"一大二公"的政策，公有制经济和非公有制经济并不存在平等的关系，这就严重压抑了非公有制经济的发展。财产保护的不平等就意味着不同的企业在法律地位上存在差异，甚至对一些企业实行明显的歧视性待遇，这就会严重地损害企业的生存和发展。改革开放以后，国家建立了市场经济体制，各类所有制经济才得以共同发展。我国改革开放的实践表明，正是因为我们坚持了各种所有制经济平等保护、共同发展的方针，最大限度地挖掘了社会主义公有制的潜力，调动了亿万人民创造财富的积极性，才使中国经济能够保持高速发展，综合国力得到迅速提升。可以说，正是在政策和法律上对不同所有制经济实行平等保护，才使我国的经济持续、健康、快速发展，社会财富迅速增长，综合国力大幅提升，广大人民群众的生活水平得到极大提高。只有通过平等保护，才能为市场主体的平等发展创造基本条件。

（三）平等保护强化了民生保障

平等保护也体现了一种对个人的关怀，体现了人本主义的精神和理念。在法律上把个人的财产置于和国家财产平等对待，这就是要更充分地关注民生，保护老百姓的切身利益。什么是"民生"？实际上最大的民生就是老百姓的财产权保护问题。老百姓的财产权问题解决不好，就不可能真正解决好民生问题。例如，老百姓的房屋所有权未能够得到充分的尊重，就无法保障老百姓的基本生存条件和生活条件。物权法平等保护原则的重要内容在于，不仅要保护老百姓的财产，而且要对老百姓的财产与公共财产一样予以同等保护。物权法对民生的保护体现在物权法的许多规定之中，例如，《民法典》第 359 条关于住宅用地到期后自动续期的规定，再如物权法在区分所有权中关于车库车位必须首先用来满足业主的需要的规定（《民法典》第 276 条）。这些规定都体现了浓厚的人本主义精神和对民生的最大关注。《民法典》通过完善征收征用制度，保护公民的财产权，防止行政权侵害公民的财产权。平等保护原则有助于端正人们对个人财产的认识，在财产归属依法确定的前提下，不同主体的物权，不论是国家的、集体的物权，还是私人的物权，也都应当给予平等保护。否则，不同权利人的物权受到同样的侵害，如果国家的、集体的应当多赔，私人的可以少赔，势必损害群众依法创造、积累财富的积极性，不利于实现民富国强、社会和谐。物权法不是特权法，财产不管是姓公还是姓私，都要获得平等保护。

（四）平等保护是促进社会财富增长的需要

财富是由芸芸众生创造的，充分释放个人创造财富的潜力，使财富如同泉水一般地涌流，是搞活经济、迅速提高我国综合国力的基础。但鼓励人们创造财富的最根本动力，来源于法律对于人们的财富的保护。而物权法的平等保护原则是市场经济繁荣和经济增长的动力与源泉。古人说，"有恒产者有恒心"，如果缺乏对私有财产权平等、充分的保护，则人们对财产权利的实现和利益的享有都将是不确定的，从而也就不会形成所谓的"恒产"，也很难使人们产生投资的信心、置产的愿望和创业的动力。通过《民法典》强化对这些财产的平等保护，才能鼓励亿万人民群众创造财富、爱护财富、合法致富。如果我们对各类财产采取区别对待的办法，对私有财产"低看一眼"，甚至采取杀富济贫的办法，公民不敢置产创业，企业不敢做大做强，就会出现许多财富大量浪费、资产大量外流现象，民穷国弱，整个中华民族的伟大复兴就无从谈起。

四、平等保护原则的适用

（一）平等保护原则在物权法中的落实

平等保护原则是我国民法基本原则在物权法中的具体体现。关于平等保护原则如何在物权法中落实，存在不同的观点。主要具有两种途径：一是"抽象所有，一体保护"，即不区分各类权利主体，无论国家、集体和个人，统一适用一般的所有权规则。[1] 二是"区别所有，平等保护"，即根据所有权的类型确认国家所有权、集体所有权和私人所有权，但各类所有权的法律地位一律平等，国有资产不享有特权地位。[2] 这两种模式都有其合理性，就最终的结果而言，都是实现了不同权利人在法律面前的平等。我国民法贯彻民事主体平等原则，确认公民在法律上具有平等的人格，并对各类民事主体实行平等对待。无论个人在客观上是否存在财富多寡、种族差异、性格差别等方面的区别，他们都在民法上属于平等的主体。因而，物权的主体也必须体现此种平等性。我国《民法典》物权编根据所有制的类型，分别确认国家所有权、集体所有权和私人所有权，但同时规定各类所有权的法律地位一律平等，国有资产不享有特权地位。

《民法典》物权编在第三章"物权的保护"中，对于一体受到保护的主体，

---

①　参见梁慧星编著：《中国物权法草案建议稿》，北京，社会科学文献出版社，2000。
②　参见王利明主编：《中国物权法草案建议稿及说明》，北京，中国法制出版社，2001。

采用"权利人"的表述，而权利人包括了各类物权主体。例如，《民法典》第238条规定："侵害物权，造成权利人损害的，权利人可以依法请求损害赔偿，也可以依法请求承担其他民事责任。"这显然适用于对各类所有权的保护。物权编还规定了因物权的归属、内容发生争议的，利害关系人可以请求确认权利（第234条），还规定了物权请求权（第235、236、237条）和侵权损害赔偿请求权（第238条），这些规则适用于对各类物权的保护。物权编确认不同类型的所有权，同时在法律上予以平等保护，这是符合我国国情的，有利于维护社会主义基本经济制度，保障各类权利主体的物权，也为社会主义市场经济的健康发展奠定了基础。

（二）平等保护原则在物权法适用中的解释

平等保护是制定物权法的重要指导思想，也是物权法的目的之一。就物权的有关规则发生争议时，应当可以适用平等保护原则进行解释。例如，《民法典》第229条规定，"因人民法院、仲裁机构的法律文书或者人民政府的征收决定等，导致物权设立、变更、转让或者消灭的，自法律文书或者征收决定等生效时发生效力"。但如何理解政府征收决定的生效，对此有不同的看法。一种观点认为，只要政府作出了征收的决定，征收决定就发生效力，就要导致物权的变动。另一种观点认为，《民法典》第229条所规定的"生效"，不仅指政府作出了征收的决定，还应当包括对被征收人依法作出了补偿，且征收决定没有成为行政诉讼和行政复议的对象。这两种观点都不无道理，但在具体解释中，就应当运用目的解释的方法。而考虑物权法的立法目的就是要贯彻平等保护原则，保护公民的财产权。从这一目的解释出发，第二种观点更有道理。因此，平等保护原则也可以成为解释物权法的重要依据。

（三）违反平等保护原则的后果

平等保护原则主要是立法和司法的指导原则，但它本身并没有为当事人确定具体的权利义务关系。所以，违反平等保护原则与违反物权法定和公示公信原则不同，它不会对当事人行使物权和享有物权产生具体的影响。但是，在司法实践中，法官的判决和裁定必须要遵循平等保护原则，对物权法的解释和适用也必须依循平等保护原则，裁判违反平等保护原则的，当事人可以依据法定程序寻求救济。

第三节 物权法定原则

一、物权法定原则的概念和内容

物权法定原则（拉丁文为"numerus clausus"，葡萄牙文为"tipicidade"），是指物权的种类、内容应由法律明确规定，而不能由法律之外的其他规范性文件确定，或由当事人通过合同任意设定。根据许多学者的看法，物权法定原则源于罗马法。[①] 但在罗马法中并未出现"物权"（Jus in re）和"他物权"（iura in re aliena）概念。[②] 罗马法中对物之诉与对人之诉的区分主要是从程式诉讼的便利考虑的，目的并不在于区分物权和债权[③]，所以罗马法上并没有真正实行物权法定原则。

从比较法来看，物权法定已经被大陆法系国家所普遍采纳。但是大陆法系国家物权法对于物权法定原则的规定存在不同立法模式，主要采取以下两种模式。

第一种模式是在物权法中具体列举物权的类型，但不明确确认物权法定原则，有关物权法定的原则主要是通过判例与学者的解释总结出来的。这一模式是大陆法系国家民法典（如《德国民法典》）的典型做法。在这一模式下，物权法定实际上是完整的制度构建，一般都具有强制性，当事人不得修改与调整相关规定。[④]《德国民法典》正式从立法上规定了物权的概念，且具体规定了各类物权，

---

① 参见屈茂辉：《物权法·总则》，85 页，北京，中国法制出版社，2005。

② See Gyorgy Diosdi, *Ownership in Ancient and Preclassical Roman Law*, Budapest, Akodomiai Kiado, 1970, p. 107.

③ See Vinding Kruse, *The Right of Property*, Oxford University Press 1953, p. 131.

④ 参见段匡：《德国、法国以及日本法中的物权法定主义》，载梁慧星主编：《民商法论丛》，第 7 卷，265 页，北京，法律出版社，1999。《法国民法典》除规定了所有权以外，还规定了役权和担保物权。法国民法按照罗马法的分类方法，将役权分为人役权和地役权，人役权包括用益权、使用权、居住权，地役权包括因地点情况发生的役权、法定役权、由人的行为设定的役权。担保物权包括质权、优先权和抵押权。

但法典并没有明确确认物权法定原则。虽然德国民法无明文规定，但解释上均认为有此原则的适用。[①] 德国民法学通说认为物权法定的内容主要有两项：一是所有可能的物权性权利都必须在法律中固定下来，此即所谓的"类型法定原则"；二是所有物权性权利的内容至少在轮廓上须由法律强制性地予以规定，这称为"内容法定原则"[②]。该原则被认为是民法典对财产权定义的限制。[③]《德国民法典》草案的理由书中明确提出，应采纳物权法定原则，其判例学说也公认德国物权法是立足于物权法定主义之上的。按照德国学者的看法，物权法定也称为物权类型强制与固定原则[④]，但也有学者认为，物权法定原则不仅包括物权类型和内容的限制，而且包括物权设立和公示方法的限制。[⑤]

第二种模式是在民法典中明确规定物权法定原则。此种模式的特点在于，法律不仅在物权法中列举物权的各种类型，而且在物权法中明确规定该原则；总则中规定的物权法定原则与分则中具体列举的物权制度构成了完整的物权法体系。此种模式始于《日本民法典》，该法典第175条规定："物权，除本法及其他法律所定者外，不得创设。"这就在物权法中确认了这一原则。由此也表明，物权法定并不仅仅是学理上的原则，也是一项由法律明确规定的原则。[⑥] 除日本以外，还有不少大陆法系国家和地区也采纳此种模式。《葡萄牙民法典》第1306条规定："除法律规定之情况外，不容许对所有权设定物权性质之限制或其他具有所有权部分内容之权利；凡透过法律行为而产生之不符合上述要求之限制，均属债权性质。"[⑦]《韩国民法典》第185条也以明文规定了这一原则。我国台湾地区学者对其制度中明文规定的对法定物权外的物权的"创设"的禁止规定中之"创设"的理

① Gaier，in MünchKomm zu BGB，Einleitung，Rn. 11.

② ［德］鲍尔、施蒂尔纳：《德国物权法》（上册），张双根译，7页，北京，法律出版社，2004。

③ Philipp Heck，Grundriss des Sachenrechts 1930.

④ Gaier，in MünchKomm zu BGB，Einleitung，Rn. 11.

⑤ 参见［日］我妻荣：《日本物权法》，［日］有泉亨修订，23页，台北，五南图书出版有限公司，1999；史尚宽：《物权法论》，13页，北京，中国政法大学出版社，2000。

⑥ 参见段匡：《德国、法国以及日本法中的物权法定主义》，载梁慧星主编：《民商法论丛》，第7卷，274页，北京，法律出版社，1997。

⑦《澳门民法典》第1230条也采用了相同的规定。

解，均认为是对物权种类和内容之任意创设的限制。①

上述两种模式各具特点。第一种模式由于未在立法中明确表述物权法定原则，从而使物权法定原则具有更强的弹性，也具有一定的开放性，这有利于法官对新产生的物权类型予以承认，从而为习惯法创设新的物权类型以及公示方法提供了一定的空间。但由于在法律中没有明确规定物权法定原则，使得物权法定原则只是由判例学说通过解释物权法而确认的一项原则，它是否能够成为当事人必须严格遵守的原则，具有一定的不确定性。这种立法模式在法官素质参差不齐的国家，容易导致司法裁断的不统一。

第二种模式规定了物权法定原则，强化了物权法定原则的强制性，限制了当事人创设物权的自由，为当事人坚守这一原则提供了法律上的直接依据，也使得法官能够在裁判中坚守物权法定原则。在我国物权法起草过程中，有许多学者对采用第二种模式的合理性提出了质疑，认为在法律中明文规定该原则，有可能妨害当事人灵活地利用物权的形式创设物权类型，也可能导致物权种类的封闭性，从而会滞固社会经济的发展。但我国最终通过的《物权法》仍然采纳了第二种模式。我国《民法典》编纂继续采纳这一模式，于第 116 条明确规定："物权的种类和内容，由法律规定。"

虽然"两大法系都将物权限定在数量有限的一些种类"②，但严格地说，是否采纳物权法定，构成了大陆法与英美法的财产法的重大区别。③ 英美法国家的财产法中没有采纳物权的概念，更没有明确采纳物权法定原则。按照许多学者的看法，普通法的财产概念是"一整套的权利"④，或称"权利的集束"，实际上是受法律保护的有价值的利益。在普通法中，财产法常用的表述是：拥有

①　参见尹田：《物权法理论评析与思考》，114 页，北京，中国人民大学出版社，2004。

②　Henry Hansmann and Reinier Kraakman，"The Numerus Clausus Problem and the Divisibility of Rights"，31 *J. Legal Stud*，p. 373.

③　See Jacob H. Beekhuis etc.，*International Encyclopedia of Comparative Law*：*Volume* Ⅵ：*Property and Trust*：*Chapter* 2：*Structural Variations in Property Law*，J. C. B. Mohr（Paul Siebeck），Tübingen，1973，p. 10.

④　［美］A. L. 科宾：《论股票的交换》，载《耶鲁法律评论》1992 年，29、31 页。

(owned)、持有（held）或依法占有（seised）地产权，所以，地产权是连接租户和土地的一个法律概念。财产是人与人之间的权利关系，并且是有限的而不是绝对的权利。[①] 对土地的权益"是不同束的法律权益（sets of legal interests），有永久地产权（the fee simple）的人拥有最大束的法律权益，当他转移一束或多数给其他人时，那部分就没了"[②]。可见，这和大陆法的抽象所有权观念，以及在此基础上所产生的他物权概念相去甚远。大陆法因为采纳了罗马法上抽象的所有权观念，强调所有权的绝对性、支配性和排他性，因而要求在所有权之上产生的各类物权也应当法定，此种模式有利于明晰产权，并促进物的自由流转，但是由于此种模式严格限制了所有权之外各种权利的创设，在实现财产配置的多样化和灵活性方面有所不足。[③] 而普通法上的财产权制度更为灵活，允许甚至鼓励当事人在物上创设各种类型的权益，因此有利于鼓励物尽其用，更有效率地充分利用资源。但因为普通法未采纳物权法定原则，因而相关规则具有一定的模糊性。两种制度孰优孰劣很难一分高下。当然，普通法为了防止对财产权利的不正当限制以及登记的方便，也对一些财产权利进行明文列举。例如，《美国统一商法典》规定了一些需要登记的权利类型，如果不进行登记，不得对抗第三人。但这并非意味着普通法采纳了物权法定原则，因此物权法定仍然是大陆法系所特有的概念。

物权法定原则是物权法最具特色的基本原则，该原则又称物权法定主义。《民法典》第116条规定："物权的种类和内容，由法律规定。"这就确立了物权法定原则。在物权法定之下，尽管对于是否要设定物权，或者要设定哪一种物权的问题，当事人具有一定程度的行为自由，但当事人设定的物权必须符合法律规定的物权类型。也就是说，法律上有关物权类型的规定都是强制性的，不能由当

---

① See Vanervelde, "The New Property of the Nineteenth Century, the Development of the Modern Concept of Property", *Buffalo Law Rev.* 29, 1980.

② ［美］约翰·亨利·梅利曼：《所有权与地产权》，赵萃萃译，载《比较法研究》，2011（3）。

③ 参见陈晓敏：《大陆法系所有权模式历史变迁研究》，66页，北京，中国社会科学出版社，2016。

事人通过约定加以改变。①《民法典》第 116 条所说的法律不仅仅限于《民法典》，还包括其他规范物权的法律（如《土地管理法》）。如果随着社会经济的发展，出现了新的物权，确实需要在法律上予以确认时，可以通过特别法的形式加以确认，也可以通过修改法律予以承认。

总之，物权法定是大陆法系各国物权法所普遍承认的基本原则。它对于准确地界定物权、定分止争、确立物权设立和变动规则、建立物权的秩序都具有十分重要的意义。

二、物权法定原则的内容

（一）种类法定

所谓物权的种类法定（Typenzwang），是指哪些权利属于物权，哪些不是物权，要由物权法和其他法律规定。② 国内学者大都将德国法中的"Typenzwang"一词译为"类型法定"③，也有学者将这一词汇译为"种类强制"或者"种类固定"④。毫无疑问，物权法定原则首先应当包括物权类型法定。拉丁文"numerus clausus"一词本义为"数目封闭"，物权法定主要是从物权种类的角度排斥当事人设定物权的自由，即当事人不能约定物权法之外的物权种类，也不能改变现有的物权种类。⑤ 具体来说，物权种类法定包含了下述两层含义：一方面，物权的具体类型必须由法律明确确认，当事人不得创设法律所不承认的新类型物权。应当看到，此处所说的法律，必须是国家立法机关通过立法程序制定的规范性文件，能产生普遍适用的效力，只有在这些法律中确认物权类型，才能产生正确引

---

① 参见［德］鲍尔、施蒂尔纳：《德国物权法》（上册），张双根译，7 页，北京，法律出版社，2004。

② Gaier，in MünchKomm zu BGB，Einleitung，Rn. 11.

③ ［德］鲍尔、施蒂尔纳：《德国物权法》（上册），张双根译，7 页，北京，法律出版社，2004。

④ ［德］沃尔夫：《物权法》，吴越、李大雪译，14 页，北京，法律出版社，2004。

⑤ 参见［德］鲍尔、施蒂尔纳：《德国物权法》（上册），张双根译，15 页，北京，法律出版社，2004。

导当事人行为和指导法官处理纠纷的作用。为了保证法律适用的一致性，也为了确保物权法定原则发挥其应有的功能，物权类型法定就不能仅仅发挥限制当事人意思自治的作用，还要限制立法机关之外的国家机关通过规范性文件或者司法机关通过个案设定物权类型。另一方面，种类法定既不允许当事人任意创设法定物权之外的新种类物权，也不允许当事人通过约定改变现有的法律规定的物权类型。理论上，此种情况被称为排除形成自由（Gestaltungsfreiheit）。① 当事人之间的协议不发生创设物权的效力，这就是物权法与合同法的区别所在。合同法实行合同自由，因此存在着所谓有名合同和无名合同的区分。除了法律规定的买卖、租赁、承揽等有名合同以外，还有大量的无名合同。这些无名合同只要不违反强行法的规定，都是有效的。但物权法因为实行物权法定原则，当事人不能享有创设无名物权的权利。当事人在其协议中不得明确规定其通过合同设定的权利为物权，也不得设定与法定的物权不相符合的物权。

（二）内容法定

物权内容法定（Typenfixierung）与物权种类法定是密切联系的。按照德国学者施蒂尔纳的观点，物权内容法定是类型法定的自然产物。依法律规定成立的物权，其内容通常需由法律强制性予以规定。② "物权的标志是其绝对性效力，任何人对物权都负有尊重义务。而实现这一要求的前提，就是物权的内容能为其他当事人所认识，也就是说，物权的内容必须类型化。"③

物权的内容法定包括两个方面：一方面，物权的内容必须由法律规定，当事人不得创设与法定物权内容不符的物权，也不得基于其合意自由决定物权的内容。④ 例如，依据《民法典》的规定，农村土地承包经营权的内容中的使用权能限于农业生产，当事人不能通过合同约定更多的权能，如不能约定在土地上进行建设。对所有权的限制必须由法律作出规定，也属于内容法定的范畴。另一方

---

① 参见〔德〕沃尔夫：《物权法》，吴越、李大雪译，14页，北京，法律出版社，2004。

② 参见〔德〕鲍尔、施蒂尔纳：《德国物权法》（上册），张双根译，6、7页，北京，法律出版社，2004。

③ 〔德〕鲍尔、施蒂尔纳：《德国物权法》（上册），张双根译，8页，北京，法律出版社，2004。

④ Gaier, in MünchKomm zu BGB, Einleitung, Rn. 11.

面，内容法定就是要强调当事人不得作出与物权法关于物权内容的强行性规定不符的约定。比如，《民法典》第 401 条规定："抵押权人在债务履行期限届满前，抵押人约定债务人不履行到期债务时抵押财产归债权人所有的，只能依法就抵押财产优先受偿。"这一规定属于强制性规定，当事人不得约定债务人不能清偿债务时，抵押物的所有权就转归抵押权人所有。再如，当事人在设定不动产抵押权时，不能约定不需要办理抵押登记手续，债权人就能够取得抵押权。

在物权种类法定之外，物权法定是否还应包括物权内容法定？有不少学者对此持否定见解，但笔者认为，物权内容法定是物权法定的一个必要组成部分，主要理由在于：

第一，物权内容法定体现了物权法作为强行法的要求。合同法主要是任意法，包含了大量的任意性规范。合同法规则大多是可以通过当事人的约定来改变的，合同的内容只要不违反强行法和公序良俗，都是有效的。而物权法实行物权法定原则，在整体上具有不容当事人更改的强制性。这是物权法作为强行法的要求。

第二，物权内容法定和种类法定是不可分割的。物权的强制性规则是一种系统性的制度建构，已经把物权的方方面面融合为一体。如果允许当事人可以随意变更物权内容，实际上就变相允许当事人随意创设物权，物权种类法定也就变得毫无意义了。这说明，物权种类法定和内容法定是不可分割的，它们是相辅相成的关系。因为变更物权的内容，实质上就等于创设了新的物权类型。[①] 如果不要求物权内容法定，则法律规定了某一物权，当事人借助该物权的名义随意将自己约定的内容塞入其中，如此必然导致物权法定原则最终被架空。

第三，物权内容法定有助于维护交易安全。如果当事人在不改变法定的物权类型的情形下，可以自由变更物权的内容，就容易让第三人产生错觉，误认为当事人设定的物权就是法定的物权，这就极易损害第三人对法律的信赖，损害交易安全。因此，通过确认物权内容法定，可以使交易当事人明确物权的内容，从而

---

① 参见［日］三潴信三：《物权法提要》，15 页，北京，中国政法大学出版社，2005。

维护交易的安全。通过对内容的法定，不允许当事人自由创设，也可以减少当事人检索物上负担的成本。内容法定禁止当事人随意约定与法律规定不符合的内容，实际上也有利于减少当事人谈判的成本，保障法律目的的实现。[①]

第四，物权内容法定有利于提高司法审判的效率和公平。如果当事人在实践中约定的物权内容纷繁不一，面对这样的现实，法官很难进行公平而又有效率的裁判，最终很可能是同一名称的物权，不同的法官可能认为具有不同的内容，这不仅违背类似案件应当类似处理的基本裁判标准，使当事人不能形成合理的制度预期，还会使物权法定原则被架空，丧失其存在的意义。

不过，从物权法的发展趋势来看，物权内容的法定也出现了不断缓和的现象。例如，为缓和物权法定与意思自治之间的僵硬关系，许多国家的民法在地役权的规定中，并未对地役权的内容进行比较具体的列举规定，而只是泛泛规定为了土地之便利，允许当事人可以较为自由地设定地役权的内容。[②] 这就是说，在物权法定之下，也要给当事人留下一定的意思自治的空间，这可以说是物权法定的一种发展。这些经验也是值得我们借鉴的。

（三）效力法定

原则上，物权的效力必须由法律规定，而不能由当事人通过协议加以设定。换言之，物权对权利人之外的第三人所产生的对抗效力、优先效力只能由法律作出规定，不能由当事人通过合同任意创设或改变。具体来说，物权效力法定包含如下两个方面的含义：一方面，效力法定意味着当事人必须按照法律规定的效力来确定物权的效力。[③] 例如，《民法典》在不动产物权变动中采取登记要件说，而在特殊动产物权变动中采用了登记对抗主义。因而，在登记对抗的情况下，物权的对抗效力是受限制的，当事人在没有办登记的情况下，所设立的物权必须符合法律关于物权效力的规定。另一方面，效力法定表明当事人不得改变法律关于物权效力的规定。例如，《民法典》规定了抵押权具有优先

---

① 参见苏永钦：《物权法定主义松动下的民事财产权体系》，载《月旦民商法杂志》，2005（8）。

② 参见尹飞：《物权法·用益物权》，56页，北京，中国法制出版社，2005。

③ Gaier, in MünchKomm zu BGB, Einleitung, Rn. 22.

受偿的效力，抵押当事人就不能通过合同剥夺抵押权人享有的针对第三人的优先受偿的效力。①

物权法定原则之所以要包括效力法定，理由如下：一方面，物权效力是由法律赋予的，物权的对世效力、优先效力，都要对第三人产生效力，物权的效力直接关涉交易安全，因此不能由合同当事人自由作出安排。另一方面，如果没有效力法定，则种类法定和内容法定在现实生活中将失去规制的作用。物权的效力包括对世性、支配性和优先性以及追及性，它是物权基本性质的体现，也是物权和其他权利的基本区别。假如允许合同当事人可以随意地改变物权的效力，那么物权和债权的区别将不复存在，种类和内容的法定也就丧失了意义。还要看到，就各类物权所具有的对世性、支配性、优先性以及追及效力等的具体内涵以及在不同的物权中的表现来说，存在较大区别，需要通过法律予以明确。对于物权的优先性而言，就存在很多例外，必须由立法作出明确的规定，防止给司法实践带来混乱。例如，就物权的追及效力而言，因为在现代社会，整个物权的追及效力不断衰落，其受到善意取得制度、交易安全保护等的限制，《民法典》第 406 条所规定的抵押权追及效力也不例外。而追及效力应当受到哪些限制，必须由法律作出规定。尽管我国《民法典》第 116 条规定物权的种类和内容由法律规定，其中没有明确提到效力法定的问题，但并不意味着物权法否定了效力法定的必要性，只不过是因为物权的定义以及物权有关的规定中涉及效力的问题，因此在物权法定的表述中没有提到效力问题。

（四）物权公示方法的法定

在我国物权法上，强调物权公示方法的法定是十分必要的。关于公示方法原则上应当采用不动产登记、动产交付的规则。因为在依法需要公示的情况下，物权的设立和变动与公示是不可分离的，正是因为这一原因，所以公示是物权的基础，只有建立完备的公示制度，才能使当事人明确哪一些物权已经设立。因此，公示方法必须法定。有关物权公示方法的法定将在下文讨论。

_____

① 参见余能斌主编：《现代物权法专论》，41 页，北京，法律出版社，2002。

二、物权法定原则的功能

1. 维护国家的基本经济制度、保护公民的基本权利

物权法中的所有权制度，是直接反映社会基本经济制度的。我国《民法典》物权编所列举的各种所有权类型，就直接反映了我国以公有制为主体、多种所有制经济共同发展的经济制度。对于反映所有制关系的基本财产权利，如果允许当事人随意创设，势必会对我国的基本经济制度造成妨害。说到底，之所以要采纳物权法定原则，就是因为物权制度关系到国家基本经济制度，无论是从制度层面还是从价值层面，法律对该原则的规定都显得非常重要。因此，物权的种类必须通过物权法加以确认，从而确认和巩固社会经济关系并维护正常的社会秩序。也就是说，所有制关系经过所有权制度的调整才能成为一种财产法律关系，从而明确产权归属，确定权利义务的内容。

物权是公民个人的基本财产权利，它关系到公民的基本人权，是公民安身立命之本。如果允许某个个人、团体的意志以及政府机关可以通过各种规范性文件随意地规定公民个人的财产权类型，限制公民财产权的内容，那么公民的财产权利就会处于不稳定的状态。不仅公民的正当财产权会受到不正当的干预，也会损害法治的基础。还要看到，物权法中关于用益物权、担保物权以及物权变动的规定，也与所有制具有密切的联系，这些制度就是有关各种财产归属、流转和利用关系在物权法上的具体体现。

2. 确认物权、定分止争

依据物权法定原则，立法者需要对实际上已经存在的，包括由有关法律、法规、规章、司法解释等规定的各种具有物权性质的财产权进行认真的分析研究和整理。如果确实有必要确认为物权的，就应当在物权法中规定，从而形成完整和谐的物权法体系。物权法确认了一整套物权的体系，明确列举了各种物权的类型、内容和公示方法，并且对各种物权之间的关系加以规范。因此，物权法定原则既可以明确物权相互间的权利义务关系，又可以防止纠纷。例如，在集体土地

所有权之上，可以设立承包经营权、地役权。为了解决好承包经营权和地役权之间的冲突，《民法典》第378条规定："土地所有权人享有地役权或者负担地役权的，设立土地承包经营权、宅基地使用权等用益物权时，该用益物权人继续享有或者负担已经设立的地役权。"同时，第379条进一步明确："土地上已经设立土地承包经营权、建设用地使用权、宅基地使用权等用益物权的，未经用益物权人同意，土地所有权人不得设立地役权。"可见，物权法定原则就是要对这些纷繁复杂的关系进行调整，使各类物权定分止争。

3. 保护交易安全

物权是一种对物直接加以支配的权利，它具有强烈的排他性，直接关系到第三人的利益和交易安全，因此不能允许当事人通过合同自由创设物权。如果允许当事人可以自由地创设物权，漫无限制地增加物权种类，且自由地变更物权的内容，必然会妨害交易的安全。[1] 例如，抵押权作为一种担保物权，其担保的债权具有优先于一般债权而受偿的效力，但按照《民法典》的规定，抵押权的设定必须完成法定的公示方法，即办理登记手续，而不能采用由当事人通过合同设定抵押权的公示方法。如果当事人可以随意通过合同设定抵押权，并能够因此在其债权实现之时享有优先受偿的权利，那么普通债权人的权利就不能得到保护，经济秩序就会出现混乱。[2]

由于物权具有绝对性、排他性与优先的效力，所以常常关系到第三人的利益，涉及交易的安全与秩序。这就决定了有关物权的设定与物权的内容问题不仅涉及当事人自身的利益，而且还涉及整个交易的安全和秩序，因而具有外部性以及"外部成本"（external costs）[3]。合同当事人之间的约定是当事人自己的内部事务，不涉及第三人的利益，所以按照私法自治原则，可以由当事人自己来安排，但假如将涉及外部性的问题完全交由当事人通过合同来安排，则会损害第三人的利益。"物权是绝对权，其效力及于所有人并且必须得到每个人的遵守。因

---

① 参见崔建远：《物权法》，2版，20页，北京，中国人民大学出版社，2011。
② 参见周林彬：《物权法新论》，236页，北京，北京大学出版社，2002。
③ Robert S. Pindyck, Daniel Rubinfeld, *Microecomics*, 6th ed. Pearson, 2005, pp. 641-642.

此，只有当物权的数量被明晰化并彼此独立出来，才能有效地保护这种绝对性权利。唯有如此，才能期待第三人了解并且维护这些权利。"① 只有将物权加以公示，使第三人知道或能够知道，方能减少或排除第三人的侵害或妨害。第三人利益实际上正是市场经济交易秩序的化身，社会经济秩序的整体都是由众多的第三人的利益构建起来的。②

4. 促进物尽其用

以法律明定其种类、内容，建立物权类型体系，有助于发挥物尽其用的经济效益。③具体而言：一是物权法定原则可以节约谈判成本。在物权法定的模式下，法律所规定的物权类型和内容，是法律设计的最优化的财产权标准（optimal standardization），按照这种标准化来创设物权就可以节省谈判成本。④ 物权法定原则其实就是要形成一种物权创设的标准化（standardization）。物权被法定之后，当事人在谈判中只需严格依据法律规定的内容以及类型进行协商，而不必就某一类物权具有什么样的内容、达到什么样的条件才能创设物权以及该物权具有哪些效力等问题浪费成本，这样就减少了当事人谈判的成本。二是物权法定也有利于减少当事人因为设定不符合法律要求的物权及其内容，最终不被法律承认而必须承担的挫折成本（frustration cost）。⑤ 三是物权法定原则可以减少当事人的搜索成本。⑥ 在物权法定之下，当事人在设定或变动物权时，应当知道具有某种公示方法的存在，从而根据法律上规定的公示方法而搜索某种物权是否存在或不存在。四是物权法定原则有利于减少解决纠纷的成本。一方面，因为既定的物权

---

① ［德］沃尔夫：《物权法》，吴越、李大雪译，14 页，北京，法律出版社，2004。

② 参见孙宪忠：《物权法论》，28 页，北京，法律出版社，2001。

③ 参见王泽鉴：《物权法上的自由与限制》，载孙宪忠主编：《制定科学的民法典——中德民法典立法研讨会文集》，215 页，北京，法律出版社，2003。

④ See Henry Hansmann and Reinier Kraakman，"Property，Contract and Verification：The Numerus Clausus Problem and the Divisibility of Rights"，in 31 *J. Legal Stud*. 2002，373.

⑤ See Thomas W. Merrill Henrz E. Smith，"Optimal Standardiyation in the Law of Property：The Numerus Clausus Principle"，110 *Yale L. J.* 1-70（2000）. 转引自苏永钦：《物权法定主义松动下的民事财产权体系——再探大陆民法典的可能性》，载《月旦民法杂志》，2005（8）。

⑥ 参见苏永钦：《物权法定主义松动下的民事财产权体系——再谈大陆民法典的可能性》，载《月旦民商法杂志》，2005（8），121 页。

已经规定了双方的权利与义务，通过类型限制，一般人通过查阅登记对任何私有财产的归属一目了然，实现财产秩序透明化，这与物权的绝对性和对世性相契合。[①] 当事人在交易中就可以了解权利的各种情形以及负担，而潜在的侵权行为人也就能够知道哪些权利是物权，从而是不能被侵害的。另一方面，由于物权具有对世性，物权类型的扩张可能会对第三人造成侵害，通过物权法定，设定最优化的财产权标准就可以有效地避免对第三人的损害。[②] 通过物权法定，第三人的交易成本显然大大降低了。总之，物权法定原则有助于实现物尽其用。该原则有利于维护物权的绝对性，节省交易成本，发挥物尽其用的经济效用。[③]

三、物权法定原则的缓和

应当承认，在立法中明确规定物权法定原则也可能会产生一定的弊端，它可能会限制法官通过判例创设新型物权，也会限制习惯法对新型物权创设的空间。如果过度地强调该原则的强行性，可能使得该原则变得过于封闭，从而不能适应经济社会发展的需要。任何封闭的列举都不符合经济社会发展的需要，而且封闭列举会妨害人们更有效率、灵活地利用财富。[④] 如果物权体系是完全封闭的，不能因应社会的发展，其必然不能适应社会生活的发展需要，而逐渐脱离社会现实。

应当看到，物权由法律确认确有其合理性，但立法者的理性是有限的，并不能预见将来可能出现的物权类型。尤其是我国正处于转型时期，经济和社会的发展变化十分迅速，各种新型的物的利用关系也将随之应运而生，因此物权的类型也不可能是完全封闭、一成不变的。相反，立法应当因应经济社会发展的需要，

---

① 参见李国强：《相对所有权的私法逻辑》，121 页，北京，社会科学文献出版社，2013。

② See John Henry Merryman, "Estate and Ownership: Variations on a Theme by Lawson", 48 *Tulane L. Rev.* 916 (1974).

③ 参见王泽鉴：《民法物权》，第 1 册，46 页，台北，自版，2001。

④ 在国外，葡萄牙学者 José de Oliveira Ascensão 便认为，这种分别的列举会妨碍对财富的有效利用。我国也有学者持这种观点。

承认一些新类型的物权。如果在物权方面采取僵硬的态度，不承认在现实生活出现的一些新的对物利用方式，就扼杀了制度创新的空间，也会妨害社会资源的最优配置。为此，在确定物权法定原则的同时，应当保持一定的缓和。从两大法系的经验来看，缓和物权法定原则就是允许法官在一定情况下创设物权，从而使得该原则不断适应社会经济变动的需要。两大法系也都逐渐认可，法官可以通过判例逐渐创设物权。① 这些经验也是值得我们借鉴的。

从两大法系物权法的发展来看，物权法定原则在现代民法中出现了缓和趋势。一方面，为适应经济社会发展的需要，物权类型的封闭列举逐渐被突破，法院在物权创设方面的作用越来越突出。例如，动产让与担保的出现，表明了习惯法在创设物权中的作用。物权类型的设立虽然不如合同类型那般具有很强的自由性，但是在他物权尤其是担保物权方面，一些新形态的物权类型也不断出现。另一方面，物权的内容出现缓和化的趋向。因为现代社会中，各种财产关系越来越复杂，因此物权法不可能对各种物权的内容都作出详细规定，立法有必要在物权法定原则之下给意思自治留下必要的空间。例如，地役权被许多学者称为"形式法定、内容意定"的物权。还要看到，物权的公示方法等方面也出现了一定程度的意定性，如动产抵押的当事人可以选择各种不同的公示方法。物权法总体上的发展趋势就是在有关公示方法、公示的效力以及新的物权类型、物权的内容等方面都受到法院判例的影响。② 正如美国学者梅利曼所指出的，"大陆法所有权具有确定性、简单性、通用性等优势，意大利和大多大陆法系国家都是其坚定不移的拥护者。所有权的不可分性避免了创设财产利益的随意性，但同时也不可避免要进行假定或缓和，以使实践中创生并被允许的制度与传统理论相符"③。

---

① See Henry Hansmann, Reinier Kraakman, "The Numerus Clausus Problem and the Divisibility of Rights", in 31 *J. Legal Stud*, p. 373.

② 例如，我国台湾地区学者蔡明诚曾详细列举了台湾法院的判例对物权法在登记效力等方面的影响，认为判例对物权制度的完善产生了积极的推动作用。详见蔡明诚：《民法物权编的发展与展望》，载谢在全等：《民法七十年之回顾与展望纪念论文集》（三），57 页，台北，元照出版有限公司，2000。

③ ［美］约翰·亨利·梅利曼：《所有权与地产权》，赵苹萃译，载《比较法研究》，2011（3）。

我国《民法典》虽确认了物权法定原则，但由于我国现在正处于一个社会的转型时期，财产关系处于急剧的变化之中，还不能期望物权法能够把各种物权都固定下来。尤其是在担保物权方面，应当从不断适应改善营商环境，促进资金融通等需要出发，允许更多的物和权利作为担保财产。对于新型的财产权利，即使其未获得法律的确认，只要能够依法办理登记或进行公示，就应当承认其所具有的物权效力。例如，《有关担保的司法解释》第63条规定："债权人与担保人订立担保合同，约定以法律、行政法规尚未规定可以担保的财产权利设立担保，当事人主张合同无效的，人民法院不予支持。当事人未在法定的登记机构依法进行登记，主张该担保具有物权效力的，人民法院不予支持。"据此进行反面解释，债权人与担保人订立担保合同，以法律、行政法规尚未规定可以担保的财产权利设立担保，只要在法定的登记机构依法进行登记，就可以主张该担保具有物权效力，这就在一定程度上缓和了物权法定原则。

四、违反物权法定原则的后果

物权法定原则具有强制性，这是保障该原则得以贯彻、遵循的基础，而这种强制性在很大程度上又体现在，如果违反了物权法定原则，将会引发法律上的不利后果。按照物权法定原则的要求，违反物权法定将导致设定与变动物权的行为无效，物权不能有效地设立与变动，但这并不影响合同的效力。[①]《民法典》第215条规定："当事人之间订立有关设立、变更、转让和消灭不动产物权的合同，除法律另有规定或者当事人另有约定外，自合同成立时生效；未办理物权登记的，不影响合同效力。"这就意味着，凡是违反了法定的公示方法的，都应当认定物权不能有效设定，但并不影响设定和变动物权的合同的效力。在法律上，违反物权法定原则与违反法律的禁止性规范导致合同无效的情形不能混淆，但这并不意味着物权法定在性质上不再是强制性规范而只是一种倡导性的规范。违反了

---

① 参见梁慧星主编：《中国物权法草案建议稿》，103页以下，北京，社会科学文献出版社，2000。

物权法定原则将导致物权不能有效地移转与变动，由此表明物权法定原则仍然是强制性的规范。在物权法中，就当事人关于物权设定的约定违反物权法定的后果，应当根据不同的情况来确定。

第一，违反种类法定。这就是说，当事人在合同中创设了法律没有规定的物权类型。例如，当事人通过合同设定了居住权，如果在物权法中没有规定此种权利，那么这种创设就不具有物权的效力。如前所述，笔者认为，种类法定在物权法定原则中相对于其他方面更为严格，除了在例外的情况下可以由司法解释创设物权的类型之外，当事人所创设的物权必须要有严格的法律依据，否则不能产生物权设定的效果。

第二，违反内容法定。违反物权内容法定的后果要依据具体情况来决定。首先，要确定该内容是否属于该物权的基本内容。如果属于基本内容，则不能由当事人随意创设。例如，抵押权所具有的优先受偿效力，属于法律规定的抵押权的基本内容，当事人之间的合同不能对此加以改变。但如果当事人在合同中对所有权或其他物权的行使作出了某些限制，尽管这些限制没有明确的法律依据，但因为这些限制没有改变物权的基本内容，故不能认为当事人作出的约定都是无效的。其次，要区分是否属于法律关于内容的禁止性规定。例如，当事人在设定抵押权时，约定抵押人应当将抵押财产交由债权人占有，此种约定就违反了抵押权的内容。

第三，违反公示方法。我国物权法原则上采用的是公示要件主义，只是在例外情况下规定当事人可以不采取一定的公示方法设立与移转物权。[①] 因而公示方法的设定必须要符合法律的强制性规定。如果不依照法定公示方法来设定物权，不能产生物权设定的效果。[②] 当然，如果法律允许不采用一定的公示方法，也可以设定和变动物权，或者法律没有限定必须采用某一种公示方法，在此情况下，当事人仍然具有公示方法的选择自由。例如，当事人设定动产抵押时，没有办理登记，而只是交付了动产，可以解释为设立了动产质权。也就是说，如果没有按照某一种公示方法进行公示，而采用了另外一种公示方法，并非一定导致物权不

---

① 例如，承包经营权、动产抵押等物权的设立可以不办理登记手续。

② 参见许中缘、杨代雄：《物权变动中未登记的受让人利益的保护》，载《法学杂志》，2006（1）。

能设定，可能只是导致某一种物权没有设立，但设立了另外一种物权。

如果当事人在合同中约定物权具有特殊的效力，而实际上法律并没有赋予其该种效力，在此种情况下，只能认为，当事人关于效力的约定只是在当事人之间产生拘束力，但不能产生物权的效力。①

第四节　公示公信原则

一、公示原则

（一）公示原则的概念

所谓公示原则，是指物权的设立、变动必须依据法定的方法予以公开，使第三人能够及时了解物权的变动情况。我国《民法典》第 208 条规定："不动产物权的设立、变更、转让和消灭，应当依照法律规定登记。动产物权的设立和转让，应当依照法律规定交付。"本条就明确了物权法上的公示原则。

所谓公示，就是公之于世。公示原则的内涵在于：一方面，公示是将物权设立和变动的事实对外公开，"物权的绝对对世效力不仅要求对物权种类进行界定，同时也要求物权的具体种类具有可识别性（erkenbar）"②。另一方面，公示不一定是向全社会公开，而应当是向一定范围的人公开，能够使第三人知道。由于任何当事人设立、移转物权时，都会涉及第三人的利益，因此，物权的设立、移转必须公开、透明，以利于保护第三人的利益，维护交易的安全和秩序，这就需要建立公示原则，将物权设立、移转的事实通过一定的公示方法向社会公开，从而使第三人知道物权变动的情况。③

物权的公示方法必须要由法律明确规定，而不能由当事人随意创设。关于公

---

① 参见刘家安：《物权法论》，2 版，33 页，北京，中国政法大学出版社，2015。
② ［德］沃尔夫：《物权法》，吴越、李大雪译，15 页，北京，法律出版社，2004。
③ 参见崔建远：《物权：规范与学说》（上册），172 页，北京，清华大学出版社，2011。

示方法，原则上应当采用不动产登记、动产交付的规则。在依法需要公示的情况下，物权的设立和变动与公示是不可分离的，正是因为这一原因，公示是物权的基础，只有建立完备的公示制度，才能使当事人明确哪些物权已经设立。依据公示原则，公示是物权设定和变动的基本要件。凡是法律规定，需要完成公示程序的，则公示的完成是物权设定和变动的必经步骤。例如，在当事人达成以设定、转移物权为目的的合同以后，一经登记便可以产生物权设定和移转的效力。如果当事人之间仅仅达成设立物权的合意，而没有完成相应的公示方法，则在当事人之间仅仅产生合同的效力，而不能发生物权效力。物权的登记绝不是一个行政管理的过程，而在于将物上权利设立和变动的信息向社会公开，使第三人了解这些信息，这样不仅能够使权利的享有形成一种公信力，使已经形成的权利成为一种干净的权利，更重要的是使第三人能够通过登记了解权利的状况以及权利上是否存在负担等，为不动产交易或动产交易的当事人提供一种风险的警示，从而决定是否与登记的权利人从事各种交易。

物权公示原则属于法律的强制性规则，当事人不得通过合同加以变更。公示原则的强行性主要体现在如下四个方面：一是法律规定物权的设立和变动必须采用公示方法的，应当依据法律的规定。例如，法律规定房屋买卖必须办理登记的，当事人就有办理登记的义务。再如，在物权法并未允许通过占有改定设定质权的情况下，当事人不能约定以占有改定设定动产质权。二是公示方法必须由法律规定。当事人不能通过合同来改变法定的公示方法。例如，法律规定动产质权的设定须移转动产占有，当事人在合同中设定不移转占有的动产质权，自然不应发生物权的效力。[①] 三是公示的效力必须法定。例如，登记究竟是物权的成立要件还是对抗要件，必须要由法律规定。依法需要办理登记的，当事人不能在合同中约定不办理登记即发生移转所有权的效力。四是违反公示原则的法律后果必须由法律规定。违反公示原则的后果，一般只是导致物权不能设立，而不影响合同的效力。《民法典》物权编规定，未经登记，不发生物权的效力，这实际上就明

---

① 参见王泽鉴：《民法物权》，第1册，46页，北京，中国政法大学出版社，2001。

确了违反公示方法所产生的法律效力，对于此种效果，当事人不能通过合同加以变更。

（二）法定的公示方法

物权的公示方法必须要由法律明确规定，而不能由当事人随意创设。依据《民法典》第 208 条，原则上应当采用两种公示方法。

1. 不动产物权的变动应当依法登记

不动产登记，是指登记申请人对不动产物权的设定、移转在专门的登记机构依据法定的程序进行登记。不动产登记是登记机构将不动产物权的设立、变更和消灭的事实记载于登记簿的行为，不动产登记的主要目的在于公示，也就是说，通过登记将不动产物权的设立、移转、变更的情况向公众予以公开，使公众了解某项不动产上所形成的物权状态。登记的实质在于将有关不动产物权设立、移转、变更等情况登录、记载于登记簿上，以备人们查阅。依据《民法典》第 208 条，不动产登记的事项主要包括不动产物权的设立、变更、转让和消灭。据此，不动产登记的事项包括如下四项：一是不动产物权的设立。除了极少数法定物权以外，物权的产生都以公示为条件，即使当事人之间达成了协议但没有公示，该协议也只能在当事人之间生效，不能产生物权设立的效果。公示是物权设立的重要条件，不动产物权一旦经过了登记，则人们有合理的理由相信这些物权已经设立。如果当事人通过合同约定设定某种物权（如抵押权），但尚未进行登记，因其没有完成公示的要求，人们便可以相信此种物权并没有产生。二是不动产物权的变更。不动产物权的变更主要是指物权内容和客体的变化，此种变更为狭义的物权变更，不包括物权主体的变化。不动产的状况和权利内容发生变更，也必须在登记簿上体现，否则不能发生物权变动的效力。例如，不动产用益物权期限的延长或缩短，必须登记于登记簿上才能发生物权效力。三是不动产物权的转让。所谓不动产物权的转让，是指在物权客体、内容不发生变化的情况下，物权的主体发生变更。例如，某人将房屋转让给他人，应当办理房屋所有权移转登记。四是不动产物权的消灭。不动产物权由于某种原因而消灭时，应当将不动产物权在不动产登记簿上注销，以防止此类物权再进入交易市场。例如，某栋房屋因为火灾被烧毁，就应当在房屋登记机构办理注销登记。拆除房屋以后，也应当办理注销登记。

2. 动产物权的变动应当依法交付

交付是指一方将动产的占有移转给另一方。完成交付必须具备两个要件：一是动产的占有人提出交付；二是必须是另一方接受占有，完成对标的物的实际控制的移转，即由交付的一方移转给另一方，由另一方实际控制。依据《民法典》第208条，交付是动产物权变动法定的公示方法。交付完成就是转让人已经将动产的占有移转给了受让人，或者权利设定人将动产交付给了权利人。

交付对物权变动的作用主要表现在如下几个方面：一是物权的设定。在物权的设定过程中，交付也是动产物权设定的公示方法。这主要表现在质权的设定方面，必须以移转占有（即交付）为要件，只要动产已完成实际交付便可设立质权。占有始终伴随着质权的存在，至于交付行为本身是否为第三人知道并不重要。换言之，关键在于是否通过交付使占有发生了移转，而不必要求必须"公之于世"。二是物权的变动。动产所有权的移转必须经过交付才能生效。[①] 除了船舶、航空器、机动车等特殊动产之外，原则上所有的普通动产物权变动都以交付这种公示方法的完成为条件。对特殊动产而言，虽然适用登记对抗规则，但是在没有办理登记的情况下，也可以基于交付的完成而发生物权的变动结果，但是法律有特别规定的情况下可以不必完成实际交付。这些特别规定主要是指《民法典》第226、227、228条规定的情形。

3. 动产、不动产之外的其他权利也需要依法公示

《民法典》对动产、不动产之外的其他权利也规定了相应的公示方法。例如，《民法典》第445条规定："以应收账款出质的，质权自办理出质登记时设立"。《民法典》第443条规定："以基金份额、股权出质的，质权自办理出质登记时设立。基金份额、股权出质后，不得转让，但是经出质人与质权人协商同意的除外。出质人转让基金份额、股权所得的价款，应当向质权人提前清偿债务或者提

---

① 参见谢在全：《民法物权论》（上册），149页，台北，三民书局，2003。

存。"随着社会经济生活的发展，公示的方式也会不断扩大，例如，互联网出现后，物权公示手段更为快捷、便利。美国、加拿大以及其他一些国家采用互联网的方式对担保进行登记和公示。这些经验也是值得我国借鉴的。

（三）公示原则的功能

公示原则具有如下几个方面的功能。

第一，确认物权归属。登记和交付实际上是通过将物权设定和移转的事实对外公开，从而明确物权的归属，以定分止争。物权的设立和移转应当便于第三人了解，这也是物权本质属性的客观要求。例如，甲有一栋房产，甲将该房产卖给乙，乙也交付了房款，甲并没有交付房产也没有办理登记。甲又将该房产卖给丙，已经交付但没有办理登记过户手续，丙也交付了房款；后来甲又将该栋房子卖给了丁，甲没有向丁交付该栋房屋但为丁办理了登记过户手续。在该案中，发生了"一物数卖"，几个买受人都已经交付了房款，究竟应该如何明确物的归属？依据公示原则，确认不动产权利归属应当以登记为准。在该案中，就要看谁办理了登记，登记在谁的名下，就应该确定谁有所有权。在当事人之间如果发生了产权的争议，只要是以登记为物权变动条件的，人民法院原则上应当以登记来作为确定归属的依据。如果当事人就物权的内容发生了争执，也要依据登记的内容来确定。

第二，维护交易安全。维护交易安全是公示原则最重要的功能。物权不同于债权的特点就在于，物权具有排他性、优先性等效力，对第三人具有较大的影响，而正是因为物权是对世权，关系到第三人的利益和交易安全，因此，必须符合法定的公示要件才能设立。"不动产物权的设立和移转以不动产登记为条件，这样一来，权利的变动才被外界所知道。"[①] 任何当事人都不得仅仅通过不公开的协议来创设某项物权，否则，必然会损害第三人的利益，危害交易的安全。比如，甲欲购买乙的一套房屋，就有必要查询该房屋上是否存在抵押等负担，如此才能放心大胆地购房。如果没有登记制度或者登记制度不完善，则甲在查询时可

---

① ［德］沃尔夫：《物权法》，吴越、李大雪译，15～16 页，北京，法律出版社，2004。

能没有发现房屋上设定有抵押，但是在交款后却发现存在抵押；后来，由于抵押权人要实现抵押权，买房人就可能遭受重大损害，这就会严重危及交易安全。

第三，提高物的利用效率。在现代物权法中，公示制度不仅发挥了维护交易安全的功能，而且对发挥物的利用效率也具有重要作用。物权的归属能够在法律上定分止争，首先必须通过相应的公示手段来界定，通过一定的公示方法才能够明确。同时，在一物之上形成多个物权，形成对物的有效利用，都需要通过登记制度明确权利顺位，避免出现权利冲突。通过公示方法，第三人不仅可以设定各种新的物权，而且可以避免各种物权之间的冲突。从今后的发展趋势来看，有效率地利用物权的方式越多，越需要有相应的公示方法配套。

二、公信原则

（一）公信原则的概念

所谓公信原则，就是指对于通过法定的公示方法所公示出来的权利状态，相对人有合理的理由相信其为真实的权利状态，并与登记权利人进行了交易，法律就应当保护此种信赖。我国《民法典》第 209 条规定："不动产物权的设立、变更、转让和消灭，经依法登记，发生效力；未经登记，不发生效力，但是法律另有规定的除外。"此处所说的"发生效力"，包括如下两层含义：一是指经依法登记，将发生不动产物权的设立、变更、转让和消灭的效力。例如，当事人订立房屋买卖合同以后，即使已经交付了房屋，但没有办理所有权移转登记，仍然不能发生所有权移转的效力。[1] 二是指经依法登记以后，如果第三人对该登记产生信赖，此种信赖应当依法受到保护。[2] 例如，甲购买一处房产之后，交给乙管理，乙通过非法手段将该房产变更到自己的名下，后来，乙将房产转卖给了善意的第三人丙。丙的合理信赖应当受到保护。对第三人来说，其只能相信登记而不能相信其他的证明。如果登记制度不能产生公信力，则不仅使登记制度形同虚设，而

---

[1][2]　参见黄薇主编：《中华人民共和国民法典物权编解读》，15 页，北京，中国法制出版社，2020。

且不利于交易安全的维护。由此可见，公信原则实际上是赋予了登记所公示的内容具有公信力。公示与公信是密切联系在一起的，物权法要规定公示制度，必然也要规定公信原则。公信原则主要适用于不动产的交易。

如前述，在罗马法中所有权具有追及效力，有"予发见予物时，予即回收"（Ubi meam rem invenio ibi vindico）原则，又有"物在呼叫主人"（res clamat ad dominium）原则，即所有人可随时收回其物，这些原则均属重在保护静的安全思想之表现。① 并对后世法律产生一定影响。② 在普通法中，也存在着"任何人不得转让他人之物"（nemo dat quod non habet）的原则③，但在日耳曼法上，则对于作为物权公示方法的占有承认具有物权移转的效力。因此产生了"所有人任意让与他人占有物，则只能对该他人请求返还"的法谚及"以手护手"（Hand muss Hand wahren）原则。该原则是指，只有自他人受取物之占有（Gewere）者（第一 Hand）应保证其对于交付 Gewere 者（第二 Hand）为返还。④ 在"以手护手"原则之下，所有人丧失对物的占有，可能导致其所有权的效力减弱，受让人也可基于其与实际占有人之间的交易关系而取得所有权。在适用此原则时无须区分受让人为善意还是恶意。现在民法学者多认为该原则为现代善意取得制度的来源，或者说善意取得制度的产生受到了日耳曼法 Gewere 制度的影响。⑤ 不少学者认为，对不动产公信在法律上的确认是从《德国民法典》第 892 条开始的⑥，我国《民法典》虽然没有明确规定公信原则，但在《民法典》的内容中体现了这一原则的精神。

---

① 参见郑玉波：《法的安全论》，载刁荣华主编：《现代民法基本问题》，3 页，台北，汉林出版社，1981。
② 参见［德］沃尔夫：《物权法》，吴越、李大雪译，256～257、295 页，北京，法律出版社，2004。
③ See John Norton Pomeroy, *A Treatise on Equity Jurisprudence*, The Lawbook Exchange, Ltd., 5th edition, 1995, §745.
④ 参见李宜琛：《日耳曼法概述》，92 页，北京，商务印书馆，1994。
⑤ 参见易继明：《论日耳曼财产法的团体主义特征》，载《比较法研究》，2001（3）。
⑥ 参见谢在全：《民法物权论》（上册），86 页，台北，三民书局，1989。依据《德国民法典》第 892 条规定，"为以法律行为取得土地上的某项权利或者此项权利上的某项权利的人的利益，土地登记簿的内容视为正确，但对正确性的异议被登记或者不正确性为取得人所知的除外。为特定人的利益，权利人在处分已登记于土地登记簿的权利方面受限制，只有在该项限制可由土地登记簿看出或者为取得人所知时，该项限制才对取得人有效力"。这就确立了物权法上的公信原则。

（二）公信原则的内容

1. 登记记载的权利人在法律上推定其为真正的权利人

《民法典》第 216 条规定："不动产登记簿是物权归属和内容的根据。"这一条实际上就是确立了登记的权利推定效力。不动产登记簿是物权归属的依据。在一般情况下，登记权利人与实际权利人都是一致的，但在某些情况下可能会发生登记簿记载的内容与产权证书不一致或者发生登记记载的内容与真实的权利状况不一致的情形。在此情况下，当事人之间可能发生产权争议。此时，首先应当以登记簿作为产权确认的依据，而不能直接凭产权证书或者当事人的主张来确定产权。这就是说，如果有人主张登记簿记载错误，应当由其承担相应的举证责任。这就是所谓权利的正确性推定性规则。① 也就是说，凡是记载于登记簿的权利人，就在法律上推定其为法律上的权利人。具体来说：

第一，登记记载的权利人在法律上推定其为真正的权利人。在发生争议时，应当以登记为依据确定产权。在登记没有被注销或者变更以前，就认定其为法律上的权利人。例如，在"郑磊诉吴重凡财产权属案"中，法院认为，"由于物权直接体现了物权公示原则的要求，因此赋予法律物权以权利正确性推定的效力，即法律物权人在行使权利时，无需举证证明其权利的正确性；而事实物权人欲取得法律的认可和保护，就必须举证来推翻法律物权的正确性推定，以证明事实物权的正确性。本案中，吴重凡取得诉争房屋的产权登记，可以推定其为权利人"②。

夫妻共同财产是特殊的共有，倘若夫妻一方单独处分夫妻共同财产时，夫妻另一方的利益与不特定第三人的利益就可能发生冲突，婚姻保护与交易安全就将产生矛盾。此时，夫妻财产制成为协调这些利益冲突的基础制度。如何解释夫妻财产制的法律效力？此时仍然应当适用公示公信原则。例如，在"金某惠、陈某荣与杨某成、汉中嘉德居房产中介有限公司、张某杨房屋买卖合同纠纷案"中，

---

① 参见孙宪忠：《德国当代物权法》，84 页，北京，法律出版社，1997。

② 北京市第一中级人民法院（2007）一中民初字第 6945 号民事判决书；北京市高级人民法院（2008）高民终字第 862 号民事判决书。

法院就曾指出："案涉房屋登记在夫妻一方名下，且房屋买卖合同约定合理价格的，基于不动产登记的公示公信力，要求买受人一方在交易中审查出卖人是否有配偶以及所涉房屋是否为夫妻共同财产过于苛责。"①

第二，如果当事人欲通过合同设定某种依法需要办理登记的物权，但尚未进行登记，也没有完成公示的要求，人们便可以相信此种物权并没有产生。例如，甲在向乙购买房屋时，查阅登记簿发现登记簿的内容中该项产权并没有设定抵押，则甲便可以放心大胆地与乙从事交易，并有理由相信在购买该房屋以后不会因为该房屋曾经设定抵押而受到第三人的追夺。

第三，依法需要办理登记的物权，即便已经发生了变动，但没有通过登记予以表彰，人们也没有理由相信此种物权已经发生变动。仅仅查阅权利证书尚不能确定权利归属，例如，在"罗宜江、韦振文等返还原物纠纷案"中，法院就曾指出："根据《民法典》第208条和第217条的规定，不动产权属证书是权利人享有该不动产的证明，在不动产权属证书未被撤销以及当事人无法举证证明记载有误的情况下，基于物权公示原则，应当根据不动产权属证书判断不动产的所有权人。"② 此种观点是值得商榷的。这就是说，依法需要办理登记的物权，由于没有通过登记进行公示，因此不能对抗第三人。仅仅只是查阅权利证书是不够的，还必须查阅登记。凡是信赖登记所记载的权利而与权利人进行交易的人，在没有相反的证据证明其明知或应当知道不动产登记簿上记载的权利人并非真正的权利人时，都应当推定其具有善意。

第四，登记一旦被注销或变更，即使当事人是真正的权利人，也在法律上认定其权利已经不存在。不动产登记簿也是物权内容的依据。实践中，也存在登记簿的记载与实际状况或者权属证书记载的内容不一致的情形，在此情况下，首先应当依据登记簿的记载来确定权利的大小、范围。例如，在征收的情况下，如果某人房屋的产权证书记载的面积大于登记簿记载的面积，则应当以登记簿的记载

---

① 陕西省汉中市中级人民法院（2022）陕07民终1422号民事判决书。
② 广西壮族自治区河池市中级人民法院（2022）桂12民终1400号民事判决书。

为准来确定权利的内容。

2. 凡是因信赖登记所记载的权利而与权利人进行的交易，在法律上都应当受到保护

登记记载的权利和内容，第三人会产生信赖，这种信赖应当受到保护，这就是公信力。严格地说，公信力实际上是在交易过程中因涉及第三人才可能发生的效力。这就是说，所谓公信力实际上保护的是第三人的信赖利益，《民法典》第311条规定了善意取得制度。

在双方当事人之间如果发生产权争议，实际上只是涉及登记的推定效力问题，而不涉及公信力。《物权编司法解释（一）》第2条规定："当事人有证据证明不动产登记簿的记载与真实权利状态不符、其为该不动产物权的真实权利人，请求确认其享有物权的，应予支持。"据此，如果当事人有充足的证据证明登记簿所记载的权利有误，并主张其是真实的权利人，则其有权请求法院重新确权。公信力仅在涉及第三人时才发挥权利外观的作用，并不能据此认定当事人确实享有权利。此时，登记虽然可以作为确权的依据，但只是发生权利正确性推定的问题，当事人完全可以通过举证来推翻这一推定。公信力维护的是交易过程中的交易安全。例如，在"郑磊诉吴重凡财产权属案"[①] 中，法院认为，本案属于典型的借名买房登记案件，房屋产权证办理在吴重凡名下，吴重凡取得了诉争房屋的产权登记，可以在法律上推定其为权利人。但依据郑磊提交的协议书、购房款发票、购房款的实际支付情况等相关证据，能够充分证明吴重凡取得诉争房屋法律上的所有权系基于郑磊的委托，郑磊与吴重凡之间的关系，是房屋的登记权利人与真正权利人之间确认房屋最终归属的内部关系问题。不动产登记簿的公示公信力解决的是房屋登记的权利人与善意第三人之间的外部关系问题。如果吴重凡将该房屋以合理价格出卖给善意第三人，并已经将该房屋过户到该善意第三人名下，则该行为符合善意取得的构成要件，该善意第三人依法取得所涉房屋的所有权。

---

① 北京市第一中级人民法院（2007）一中民初字第 6945 号民事判决书；北京市高级人民法院（2008）高民终字第 862 号民事判决书。

《民法典》第216条包含了对信赖登记产生的信赖利益的保护。而最直接保护信赖利益的规则，是《民法典》第311条关于不动产善意取得的规定。根据该条规定，不管是动产还是不动产，都统一适用善意取得。但是，在具体适用善意取得规则的时候，仍然应当将动产权利取得时的善意和不动产权利取得时的善意区别开来。例如，两者的善意判断标准是不同的。在不动产的善意取得中，只要受让人相信了登记就是善意的；而在动产的善意取得中，受让人的善意不能仅仅只是通过动产的占有来判断，还要综合考虑动产交易的具体情况，以判断受让人在受让财产时是否是善意的。如果登记所记载的权利人与实际的权利人不一致，有关当事人必须依据法定的程序向人民法院请求更正，也可以向登记机构请求更正。受理请求更正的法院一经作出变更登记的裁定，登记机构就必须依此裁定予以变更。在变更登记以前，当事人因为信赖原来登记的内容而从事交易，仍然应当受到保护。

公信制度的设立能够促使人们积极办理登记，从而有利于建立一种真正的信用经济，并使权利的让渡能够顺利、有序的进行。"无论不动产或动产公信原则，均以保护交易的动的安全为其使命，并以此实现交易便捷。"[1] 公信制度对于鼓励交易具有极为重要的作用。一方面，由于交易当事人不需要花费更多的时间和精力去调查、了解标的物的权利状态，从而可以较为迅速地达成交易；另一方面，交易当事人不必过多担心处分人不是真正的权利人，从而犹豫不决。公信原则使交易当事人形成了一种对交易的合法性、对受让的标的物的不可追夺性的信赖与期待，从而对当事人快捷的交易形成了一种激励机制，为交易的安全确立了一种保障机制。

当然，公信制度的适用也有一些例外，即公信制度不适用于恶意的第三人。恶意是相对于善意而言的，它是指相对人在从事交易时知道或应当知道交易的另一方当事人并不是真正的权利人。例如，甲购买一处房产之后，交给乙管理，乙通过非法手段将该房产变更到自己的名下，后来，乙将房产转卖给了第三人丙。

---

① 梁慧星主编：《中国物权法研究》（上），215页，北京，法律出版社，1998。

但丙因为与乙关系密切，事实上完全了解乙通过非法手段变更产权的情况。因而，丙不是善意的买受人，而是恶意的买受人，也就是说，丙明知登记有错误而仍然购买。在恶意的情况下，对恶意的当事人进行保护就违背了公信制度设立的初衷。

三、违反公示公信原则的后果

就不动产物权变动而言，违反法定公示方法的后果要区分登记要件主义和登记对抗主义而分别确定。

根据登记要件主义，依法需要办理登记的，必须办理登记；如果未办理登记，不能产生物权设立和变动的效果。《民法典》215 条规定："当事人之间订立有关设立、变更、转让和消灭不动产物权的合同，除法律另有规定或者当事人另有约定外，自合同成立时生效；未办理物权登记的，不影响合同效力。"因此，即便未办理登记，如果当事人之间的合同符合合同成立和生效的要件，合同在当事人之间仍然会发生效力，一方当事人不履行合同，应当承担违约责任。

根据登记对抗主义，即使未办登记，也可以发生物权的变动。只不过，受让人取得的物权不能对抗第三人。因此，在登记对抗的情形下，即便当事人没有办理变更登记，只要转让人已经将财产交付给受让人，也可以发生物权的变动。就动产物权变动而言，如果是依法应交付的，必须移转占有才能发生物权设立和变动的后果，但法律另有规定的除外。

第五节 一物一权原则

一物一权原则（Eine Sine Sache，ein Recht；one thing one right），是大陆法系国家物权法中的一项基本原则，也可以说是大陆法系物权法的特有原则。法谚称，"Duo non possunt in solido unam rem possidere"，指的是同一物上不得同时有两个所有权存在。德国学界也称之为特定化原则，即与负担行为不同，物权人只能就单个的特定物行使支配权。[1] 随着现代经济社会的发展，一物一权原则也发生了重大的变化，从而使该原则的合理性与必要性也面临诸多挑战。我国《民法典》没有明确规定一物一权原则。尽管如此，笔者认为，一物一权原则在物权法中仍然是一项重要的原则。

一、一物一权原则的内涵

一物一权原则是否是物权法上的一项原则，这首先涉及对该原则的内容如何确定的问题。要确定一物一权在物权法基本原则中的地位，首先应该界定一物一权中的"一物"和"一权"的内容。

（一）一物一权原则中的"一物"

按照大陆法学者的一般观点，一物一权主义强调所有权的客体特定主义，其包括如下几个内涵：一是物权只能存在于单个特定物之上，权利人只能就单个物进行支配。因此，不能就集合物，或者权利集合设定物权，比如无法将整个企业进行质押。正是因为这一原因，一些学者更强调一物一权中的所谓"一物"就是要排斥集合物作为所有权的客体。[2] 二是物权和对物的支配只能针对物的全部行使权利，不可能就物的实际部分设定物权或者进行支配。[3] 一物的部分之上不得成立所有权。三是一个物之上只存在一个所有权（或他物权），也即一个所有权客体应为一个物。[4]

一物一权中的"一物"，一方面是指一个物权的客体仅为一个特定物。[5] 因为物权作为一种支配权，必须对其客体进行支配，所以物权必须以特定的对象作

---

① MünchKomm/Gaier, Einleitung des Sachenrechts, Rn. 20.

② 参见［德］沃尔夫：《物权法》，吴越、李大雪译，16 页，北京，法律出版社，2004。

③ Hans Josef Wieling, Sachenrecht, Band Ⅰ, Springer, 2006, S. 22.

④ 参见［日］川岛武宜：《所有权法的理论》，161 页，东京，岩波书店，1987；［日］我妻荣：《新订物权法》，罗丽译，307 页，北京，中国法制出版社，2008。

⑤ 参见崔建远：《物权：规范与学说》（上册），40 页，北京，清华大学出版社，2011。

为支配的客体。这就要求作为物权的客体的物必须是独立的、特定的，这就是一物一权原则的固有内容。正如日本学者田山辉明教授所指出的："一个物权要求标的物为一个物，反过来说，数个物不能只成立一个物权，这就叫做一物一权主义。这是为了落实好标的物的特定性和独立性，便于公示。"① 日本学者我妻荣教授和有泉亨教授也认为："物的一部分和物的集合物，不能作为一个物权的客体，这是一物一权主义的原则。"② 另一方面，一物一权中的"一物"，可以说是一种观念上的一物。在学理上存在着所谓"客观一物论"和"观念一物论"。"客观一物论"认为物权的客体仅限于一物，"观念一物论"认为物权的客体为观念上的、交易上的、法律上的一物。③ 虽然各个物的集合原则上不能成为一个物权的客体，而只能成为多个物权或者多个所有权的客体，但是，在法律有特别规定的情况下，集合物也可以成为物权的客体。例如，我国《民法典》第 396 条规定，当事人可以将现有的以及将有的生产设备和动产抵押，实际上是承认了动产的集合物可以抵押。可见，物权的客体不限于客观上独立存在的一物。一物一权原则所要求的物权的客体的特定性适用于物权法的全部，而不仅仅限于适用所有权制度。

（二）一物一权原则中的"一权"

1. 一物之上只能存在一个所有权

所谓一物之上只能存在一个所有权，是指一物之上只能有一个主人，不能说一项财产既属于某人所有，又同时属于他人所有。④ 罗马法就有"所有权遍及全部，不得属于二人"的规则，共有也只是数人享有一个所有权，而不是数人对一物分别享有所有权。⑤ 这是出于产权界定、定分止争的需要。产权界定，需要明

---

① ［日］田山辉明：《物权法》，增订本，12 页，北京，法律出版社，2001。

② 转引自［日］田山辉明：《物权法》，增订本，12 页，北京，法律出版社，2001。

③ 参见刘保玉：《物权体系论》，50 页，北京，人民法院出版社，2004。

④ 法国学者泰雷等认为，所有权的排他性是其绝对性的延伸，无论自然人还是法人，均为其所有权唯一的主人，所有人可对抗侵犯其权利的任何第三人。但这种排他性应当受到法律的限制。参见尹田：《法国物权法》，135 页，北京，法律出版社，1998。

⑤ 参见李智、郑永宽：《新编物权法案例教程》，6 页，北京，中国民主法制出版社，2008。

确某个特定物的最终归属，确定某物归某人所有，就不能归他人所有，即使是所有权权能发生分离，其最终也要回复到所有权人手中。所有权是一种最终的支配权，决定了所有权的规则基础只能是一物一权，即一物之上只能存在一个所有权，而不能是多重所有。如果一物之上可以并存多项所有权，则难以确定物的真正归属，容易发生各种产权纠纷。

一物之上只能存在一个所有权的规则，产生了如下几项所有权的规则。

第一，所有权的弹力性。根据罗马法，所有权人对物享有完全的支配权，可以排斥他人干涉，当所有人在其物之上设定他物权时，只是对所有权的限制，他物权人亦只是对物享有一部分的利益。当他物权消灭以后，所有权的限制也予以解除，这样所有权就恢复其圆满状态。这就是所有权的弹力性规则。按照这一规则，所有权权能可以与所有权发生分离，而这种分离无论采取何种形态，分离的权能无论有多大，分离的时间无论有多长，都只是暂时的分离。这些权能最终要并入所有权之中，使所有权恢复其圆满状态。笔者认为，所有权的弹力性规则既可从所有权的支配性表现出来，也是一物一权原则的具体引申。也就是说，按照一物一权原则，所有权人对其财产保留最终支配权，而与所有权发生分离的权能在分离期限届满后，最终仍属于所有权人。这一规则在实践中也是可以广泛适用的。例如，公司在解散并清偿完毕债务后，剩余的资产应当根据股东的股权进行分配，也就是说，剩余资产应返还给股东，从而使这些财产的所有权权能完全复归于股东，这就是所有权弹力性的具体表现。

第二，所有与占有的区别。所有权是对物的独占的支配权，而占有只是对物进行控制的事实状态。在某物的所有权归属已经确定的情况下，即使该物已经为他人占有，占有人非依法律规定不能成为所有人。即使在合法占有的情形，占有人也只享有占有权，而不能享有所有权。在多数情况下，占有只是所有权或者他物权实现的表现手段，同时也可能是物权人持有他人财产的一种临时状况。[1] 由于占有与所有权存在着区别，因而对占有的保护和对所有权的保护也应当区分

---

① 参见高富平：《物权法原论》，549 页，北京，中国法制出版社，2001。

开来。

第三，在按份共有的情形下，各共有人虽然对其份额享有独立的所有权并依据其份额对财产享有独立的权利、承担相应的义务，但是份额本身并不是单独的所有权，因为按照一物一权原则，共有权上只是一个所有权，而不是多个所有权，各个按份共有人的份额也不是一项独立的所有权。如果认为各共有人对其份额享有单独的所有权，必然形成各共有人分别享有所有权的状态，从而使得一物之上存在多个所有权，这与一物一权原则是相违背的。

第四，在建筑物区分所有的情况下，如果建筑物内的各个专有部分已经为各个业主享有所有权，那么，整个建筑物就不能再作为单独的所有权的客体，只能认为建筑物属于全体区分所有人分别所有，建筑物的共有部分也只能由业主享有共有权。整个建筑物已经分解为各个建筑物区分所有人的所有权的客体。

2. 同一物之上不得成立两个所有权或成立两个在内容上相互矛盾和冲突的物权

首先，同一物之上可以并存数个互相并不矛盾的物权。有学者认为，"一权"应当是指一个所有权或者他物权，不是唯一所有权。① 笔者认为，一物之上只能存在一个所有权，但他物权可以不限于一权。在同一物上，所有权只能有一个，而他物权可以有数个。对一物之上并存多个他物权而不是所有权，法律不仅不应当禁止，而且应当给予鼓励。他物权的存在不仅是符合所有权人的意志的，而且有利于所有权的充分实现。一些学者曾经批评一物一权原则妨害了对资源的有效利用，因为一物一权原则要求确认产权的归属，不利于设立信托。但实际上，大陆法系物权理论完全可以解决信托财产权问题。因为委托人将其财产设立信托以后，将使受托人享有物权，而受益人也享有物权，一物之上并存多项物权并不违反一物一权原则。②

其次，同一物之上不得成立两个所有权或成立两个在内容上相互矛盾和冲突

---

① 参见侯水平等：《物权法争点详析》，93 页，北京，法律出版社，2007。

② 参见［阿］简马利亚·阿雅尼等：《转型时期的财产法法典编纂：来自比较法和经济学的一些建议》，载徐国栋主编：《罗马法与现代民法》，122 页，北京，中国法制出版社，2000。

的物权。尽管物权法不限制一物之上设立数个物权，但禁止当事人设立在内容上相互矛盾的物权。例如，在建筑物区分所有的情况下，某建设单位将建筑物的各个部分卖给了各个业主之后，又以整栋建筑物为标的设立抵押，这就形成了相互冲突的物权。再如，由于用益物权需要以占有为要件，因此，同一物之上原则上不得设立两个以占有为要件的用益物权。当然，某些用益物权并不以权利人占有相关财产为条件，如眺望地役权的权利人就不需要实际占有供役地人的不动产，而铺设管线的地役权，也不一定要构成对地表的占有，但这些都只是例外的情况。物权法之所以要贯彻一物一权原则，就是为了确认产权的归属，达到定分止争的效果。

3. 在物的某一部分之上不能成立单个的所有权

罗马法中就已经确认了"所有权遍及全部，不得属于二人"（Duorum in solidum dominium esse non potest）的规则。大陆法系各国均采纳了这一规则。这就是说，按照一物一权原则，一物只能在整体上成立一个所有权，而物的某一部分如尚未与该物完全分离，则不能成为单独所有权的客体。尤其是对于那些附属于主物的从物而言，只能是主物的一部分，如房屋的墙壁和门窗等只能是房屋的一部分，不能与主物分离。在交易上，主物的所有权发生移转，从物也随之移转。[①] 一物一权原则强调了物权标的的独立性和特定性，但是，构成集合物的各个部分如果能够作为一个整体存在，就具有独立的经济价值。在此情况下，集合物也能成为一个所有权的客体。例如，国有企业所占有的财产属于集合物，也可以成为企业经营权的客体。

二、我国物权法是否承认一物一权原则

一物一权是否属于我国物权法的基本原则，我国学界存在争议。概括起来，有如下三种不同的看法。

---

① 参见洪逊欣：《中国民法总则》，225 页，台北，自版，1992。

一是反对说。此种观点认为，一物一权不是一种物权法的原则，甚至不能表达出物权法的一些基本价值取向，该原则可以为其他原则所替代。[①] 随着社会的发展，该原则在现代社会已经发生了很大的变化，一物之上形成多种物权，甚至存在大量的集合财产，从而存在着多种例外情况，使得该原则不再具有普适性。如果仍然采用该原则，则会阻碍人们多种形式地利用财产。一物一权主要是对所有权的规定，但是物权法不仅仅调整所有权的归属关系，很大程度上还调整各类物权的利用、支配关系，而一物一权对各种他物权的归属与利用关系很难解释。因此，其不能成为物权法的基本原则。

二是赞成说。此种观点认为，一物一权表述了物权法的基本价值，但是由于这样的规则存在很多的例外，且内涵具有不确定性，因而在法律上无法进行有效的表述。因此，物权法不必将其作为一个立法原则加以表述，但是并不妨害其在学理上作为物权法基本原则的存在。该说认为，物权客体特定与独立，便于公示，法律关系明确，还有利于交易安全。[②]

三是折中说。此种观点认为，一物一权只是一项适用于所有权的原则，但在物权法中，该原则不具有普遍适用性，不能成为制定物权法的依据。法官也不能以一物一权作为解决所有物权纠纷的裁判规范。

上述观点都不无道理。但笔者赞成将一物一权作为物权法的一项基本原则。尽管我国《民法典》物权编并没有将一物一权作为一个原则规定下来，但这并非意味着物权立法已经排斥了一物一权原则。笔者认为，无论我国《民法典》物权编是否明确规定一物一权原则，它都应该作为一项物权法的基本原则而被确认。主要理由是：

1. 一物一权原则反映了物权的基本属性

第一，一物一权原则反映了物权的支配性的本质特征。一物一权就是要强调物权客体的特定性，它要求一个物权只能设定在一个独立且特定的物上，这既为物权支配性确立了基础，也为物权的行使确立了范围，同时也为物权的公示提供

---

① 参见孙宪忠：《中国物权法总论》，148 页，北京，法律出版社，2003。
② 参见崔建远：《我国物权法应选取的结构原则》，载《法制与社会发展》，1995 (3)。

了依据。因为物权作为一种支配权必须以支配特定的物为前提。而物权之所以是支配权就意味着权利人能够对特定的对象加以支配，否则物权的客体不特定，对象漫无边际，权利人根本无法进行支配。① 而一物一权的重要内容就在于要求物权的客体是特定的，这正是物权属性的必然要求。所以，放弃一物一权的基本理念，就无法确定物权客体的范围和界域，也难以受到国家公权力的保护。②

第二，一物一权原则是物权的排他性效力的前提。物权之所以具有排他效力，就在于其客体是特定的，物权的排他性表现在一物不容二主、一物之上不能设定多个内容冲突的物权。所以，一物一权原则其实就是物权排他效力的理论依据，排他性可以说是一物一权原则的具体展开。从这一点来看，它更直接调整了物权的归属关系，同时也为物权的利用奠定了基础。按照一物一权原则，多数人共同所有一物，并不是说共有是多个所有权，而只是数人对同一物享有一个完整的所有权。放弃一物一权原则，也无法理解共有的性质和特点。有学者主张，一物一权原则就是物权的排他性效力的体现，前者可以为后者取代，因此无须以一物一权原则作为物权法的基本原则。③ 笔者认为，物权的排他性，即物权的排他效力主要强调的是物权具有对抗第三人的效力。而一物一权原则的内涵十分丰富，它不仅仅包含对抗性、排他性等内容，还包括客体的特定性、所有权归属的单一性等丰富的内容，因而一物一权原则并不能为物权的排他性效力所取代。

第三，一物一权原则与物权的优先效力联系密切。物权的优先效力以多个他物权并存时不得相互冲突的规则为前提。例如，同一房屋上设定的两个抵押权，这些权利的优先顺序取决于权利设定的先后。一物一权规则存在的重要目的是解决多个物权之间的冲突和矛盾。

2. 一物一权原则也是物权请求权制度适用的前提

如果没有一物一权原则，那么物权请求权就难以行使。具体而言，在物权客体不特定的条件下，如果某一客体与其他客体混同，此时无法主张返还原物。在

---

① 参见谢在全：《民法物权论》（上册），19页，北京，中国政法大学出版社，2011。
② 参见陈华彬：《物权法》，75页，北京，法律出版社，2004。
③ 参见刘保玉：《一物一权原则质疑》，载《政法论丛》，2004（3）。

发生添附的情况下，原则上不适用物权请求权，只能按照添附的规则来重新确定物权的归属。而当物权的圆满状态受到侵害后，权利人要行使物权请求权，应当针对特定物的权利遭受侵害的情形而行使。如果一物之上存在数个互相冲突的物权，那么物的权利归属就处于不确定状态，物权请求权的行使也就失去了前提，需要先行进行确权纠纷的处理。

3. 一物一权是构建整个物权法体系的基础

尽管物权法体系是通过物权法定原则来确立的，但是，没有一物一权原则，这种体系也缺乏必要的支撑。因为一物一权原则确立了一物不容二主的规则，确定了在同一物上不能确定相互矛盾的物权，这就为构建物权的体系确立了一个统一的规则。而且，一物一权原则有助于物权的公示，防止物权的冲突。①

需要探讨的是，《民法典》第229条规定："因人民法院、仲裁委员会的法律文书或者征收决定等，导致物权设立、变更、转让或者消灭的，自法律文书或者人民政府的征收决定等生效时发生效力。"据此可见，在人民法院、仲裁机构的法律文书生效之后，在办理登记之前，由于物权已经发生变动，而登记记载的权利人在法律上还可以被推定为权利人。这是否与一物一权原则发生矛盾？笔者认为，其实二者并不存在矛盾，因为新的权利人取得物权之后，原权利人只是名义上的权利人，而其物权已经消灭，只不过由于可以被推定为物权人，可能导致善意取得的适用。

4. 一物一权原则是一项重要的裁判依据

一物一权作为一种价值理念，它不仅仅是一种立法上的原则，也应将其贯彻到司法审判的实践中，使之成为一项解决物权纠纷的司法审判原则。

第一，法院在处理有关的物权纠纷时，有必要根据一物一权原则确认权利的归属，以有效解决各类产权纠纷。从我国司法实践来看，一物一权原则对解决许多物权纠纷仍然具有十分重要的指导意义。例如，在"东阳市食品有限公司诉中国农业银行义乌市支行等房屋确权合同纠纷案"② 中，法院认为，本案讼争的房

---

① 参见陈华彬：《物权法》，76页，北京，法律出版社，2004。
② 浙江省金华市中级人民法院（2004）金中民一初字第67号民事判决书。

屋本为共有房屋，因发生产权纠纷，经法院调解后确认归原告食品公司所有，调解生效后，被告伟业公司即将房屋钥匙交给食品公司占有，在此之后，被告伟业公司又将该房屋抵债清偿给义乌农行，且将房屋产权证交付给义乌农行，不仅违反了诚信原则，且严重影响司法权威，其行为不应受法律保护。在本案中，涉案房屋的所有权归属于食品公司，按照一物一权原则，被告伟业公司并不对该房屋享有所有权，因此，其无权处分该房屋。①

　　第二，根据一物一权原则解决物权的冲突。由于在同一物之上，可以并存着两项或多项相互之间不发生冲突的物权，这就需要依据法律规定确定各项物权的优先顺位关系。所谓物权的冲突，是指在实践中，由于当事人可以在一物之上设立多个物权，这就难免会出现一物之上设立的数个物权存在着内容上相互矛盾和冲突的现象。这种相互矛盾冲突的现象，就是我们所说的物权冲突，在学说上也被称为"物权的竞存现象"②。按照苏永钦教授的看法，这种现象可以被称为"权利的堆叠"③。为了解决权利冲突，物权法就规定了权利优先规则。例如，《民法典》第346条规定：新设立的建设用地使用权，不得损害已设立的用益物权。当然，权利优先规则是一项原则，其也存在例外。在特殊情况下，后产生的物权也可以对抗先产生的物权。例如，《民法典》第456条规定："同一动产上已经设立抵押权或者质权，该动产又被留置的，留置权人优先受偿。"这就是解决其冲突的重要规则。

　　综上，笔者认为，一物一权原则对于我国物权法的解释与适用都具有重要的意义。尽管我国《民法典》没有明确将一物一权表述为一个原则，但是这并不妨碍我们在学理中对其加以总结，在司法实践中加以实现。

　　① 参见李智、郑永宽：《新编物权法案例教程》，7页，北京，中国民主法制出版社，2008。
　　② 刘保玉：《论担保物权的竞存》，载《中国法学》，1999（2）。
　　③ 苏永钦：《物权堆叠的规范问题》，载田士永、王洪亮、张双根主编：《中德私法研究》，第3卷，北京，北京大学出版社，2007。

第二编

物权的变动

第五章
物权变动的一般原理

第一节　物权变动的含义

所谓物权变动，是指物权的设立、变更、转让和消灭。在市场经济社会，最为常见的就是基于双方法律行为即合同而发生的物权变动。物权变动是对现实交易的反映，绝大多数交易都以物权的归属作为交易的前提，并以物权的变动作为交易的后果。可以说，物权变动是市场交易的基本表现形式，许多交易过程就是物权变动过程。物权法关于物权变动的规则，对于保障交易的安全、维护当事人的利益，具有十分重要的作用。由于各种交易都可能涉及和发生物权的变动，因而《民法典》中有关物权变动的规则是市场经济最基本的法律规则。

物权变动体现在多个方面，主要包括物权的设立、物权的变更、物权的转让和物权的消灭几种类型。

一、物权的设立

所谓物权的设立，是指当事人依据法律规定的条件，通过法律行为或其他方式创设某项法定物权。物权的设立是物权从无到有的发生过程，从权利人角度看，也可以称为物权的取得。但严格地说，物权的取得比物权的设立范围更为宽泛，因为物权的取得既包括原始取得，也包括继受取得，其中继受取得就包括了物权的移转和设立，而物权的设立只是物权取得的一种类型。① 例如，某人通过劳动创造了一件物品，其取得了该物的所有权，但并不能说其设立了所有权。

物权的设立包括所有权的取得和他物权的设立。它们都具有一些共同适用的规则，但由于所有权是所有人一般地、全面地支配其客体的物权，而他物权是所有权权能与所有权相分离的产物，他物权的客体是他人之物。② 因此原则上，所有权只存在取得的问题，而不存在设立的问题。所有人无须在自己的物上为自己设定他物权，有些国家（如德国）允许所有人在自己的物上设定抵押权即所有人抵押制度，但这终究是一种例外情形。③ 此外，德国法中也承认需役地与供役地同属于一人时，亦可设定地役权。④ 我国物权法并未承认此类物权，此外，他物权的设定必须依据法定的物权类型，原则上必须要有设定行为，并且需要完成一定的公示程序。在绝大多数情况下，他物权的设定必须基于当事人的合意即双方法律行为，如抵押合同、质押合同、建设用地使用权出让合同等。在实施一定的

---

① 当然，也有学者认为，物权的设立有些属于原始取得。参见崔建远：《物权：规范与学说》（上册），71页，北京，清华大学出版社，2011。

② 参见刘保玉：《物权体系论》，82页，北京，人民法院出版社，2004。

③ 依德国民法之规定，所有人抵押权可区分为原始（原有）所有人抵押权与后发（后有）所有人抵押权。原始所有人抵押权是抵押物的所有人为自己设定抵押权，或者为并不成立的债权设定抵押权。后发所有人抵押权是指，抵押权有效成立之后，因抵押权与所有权发生混同或者因抵押权实现之外的事由使得抵押权担保的债权消火后，抵押权并不消灭而归属于所有人的情形。参见刘保玉：《物权体系论》，82页，北京，人民法院出版社，2004。

④ 参见［德］鲍尔、施蒂尔纳：《德国物权法》（下册），申卫星、王洪亮译，723页，北京，法律出版社，2004。

法律行为之后必须完成一定的公示方法才能最终完成他物权的设定。

二、物权的变更

物权的变更有广义和狭义两种含义。广义的物权变更，包括物权主体、内容、客体的变化；狭义的物权变更不包括物权主体的变化，主要是指物权内容和客体的变化，如《民法典》第 409 条规定的抵押权人与抵押人对被担保的债权数额的变更。物权内容的变更，是指在物权设定以后，双方当事人依据法律规定和合同约定变更物权的内容。例如，双方设定取水地役权之后，将内容变更为通行地役权。所谓客体的变更，是指在物权设定之后，当事人基于法律和合同约定变更了物权的客体。例如，双方在设定质权之后，将质物的范围加以变更，排除了将孳息作为质物。此处所谓的变更，主要是指狭义的物权的变更，主体的变更属于物权转让的范畴。

三、物权的转让

物权的转让就是指当事人基于法律和合同规定移转物权，从而使物权的主体发生变化，物权的转让是最典型的交易形式。例如，房屋所有权人将其房屋移转给他人，建设用地使用权人将其建设用地使用权转让给他人。物权的转让不能完全等同于物权的处分，因为处分包括转让和设定抵押等行为，而转让仅仅指移转物权的行为，所以，转让是处分的一种形态。物权转让之后，如果依法需要办理登记的，则必须在办理登记之后才能发生移转效果；对于不需要办理登记的，则必须要完成物的交付。物权一般都可以独立移转，但是具有从属性的物权，如担保物权和地役权等，根据从随主的原则，必须与主权利一同移转。

在物权变动过程中，当事人往往也要订立有关的合同。例如，通过订立房屋买卖合同而发生房屋所有权的移转，然后通过登记来确认移转的效果，这就有必要区分合同的效力和登记的效力。设定物权类型和确定物权内容的合同，属于合同关系，应当由合同法来加以调整。这就是说，只要当事人就设定物权类型和确定物权内容的主要条款达成合意，符合合同法规定的合同生效的条件，该合同就可以产生效力，当事人就应当受到该合同的拘束。然而，就设定物权与变动物权而言，属于物权关系的范畴，应当由物权法来加以调整。按照物权法定原则的要求，违反物权法定将导致设定与变动物权的行为无效，物权不能有效地设立与变动，但这并不影响合同的效力。[1] 对此，《民法典》第215条已作出明确的规定。

四、物权的消灭

物权的消灭就是指当事人依据法律或合同的规定，通过实施一定的行为或某种事实暂时地或永久性地消灭物权。例如，债务清偿以后，抵押权消灭。再如，抵押权人放弃其抵押权。

第二节　物权变动模式

一、物权变动模式概述

从比较法来看，关于物权变动，具有如下几种模式。

1. 意思主义

所谓意思主义，是指仅凭当事人的债权意思（如当事人达成合意），就发生物权变动的效力，而不需以登记或交付为其成立或生效要件。[2] 换言之，是指除了当事人的债权意思之外，物权变动无须其他要件的物权变动模式。[3]《法国民法典》采取了此种模式，其第711条规定："财产所有权，因继承、生前赠与、

---

① 参见梁慧星主编：《中国物权法草案建议稿》，103页以下，北京，社会科学文献出版社，2000。
② 参见谢哲胜：《财产法专题研究》，83页，台北，三民书局，1995。
③ 参见崔建远主编：《我国物权立法难点问题研究》，91页，北京，清华大学出版社，2005。

遗赠以及债的效果而取得或移转。"第 938 条规定："经正式承诺的赠与依当事人间的合意而即完成；赠与物的所有权因此即移转于受赠人，无须再经过现实交付的手续。"需要指出的是，《法国民法典》实际上采取的是纯粹的意思主义，认为买卖合同成立之后，即便没有交付标的物，也可以发生物权变动。例如，该法典第 1583 条规定："当事人双方就标的物及其价金相互同意时，即使标的物尚未交付，价金尚未支付，买卖即告成立，而标的物的所有权也于此时在法律上由出卖人移转于买受人。"

日本民法受法国民法的影响，也采纳了意思主义。例如，《日本民法典》第176 条规定："物权的设定及移转，只因当事人的意思表示而发生效力。"但日本民法并没有完全继受法国模式，在采纳意思主义的同时，要求动产物权的变动还需交付，仅仅只是订立了合同不能发生对抗第三人的效果。例如，《日本民法典》第 178条规定："关于动产物权的转让，非有其动产的交付，不得以之对抗第三人。"

2. 形式主义

它是指除了债权意思以外，当事人还必须履行登记或交付的法定方式，才能产生物权变动效力。[1] 形式主义又分为物权形式主义和债权形式主义。[2]

所谓物权形式主义，是指要产生物权变动的法律效果，除了债权意思以外，还必须有物权变动的意思表示，并履行登记或交付的法定方式。[3] 德国法即采纳了此种模式。[4] 按照德国物权法通说，当事人订立了债权合同只能发生债权法上的权利义务关系，还不能产生物权变动的效力，而发生物权变动必须要订立物权合同，以物权合意为基础，并完成登记或交付等行为，最终才能发生物权变动。[5] 例如，《德国民法典》第 873 条规定："为转让一项地产的所有权，为在地产上设立一项物权以及转让该项物权或者在该物权上设立其他权利，如果法律没

---

① 参见谢哲胜：《财产法专题研究》，84 页，台北，三民书局，1995。

② 参见王轶：《物权变动论》，25 页，北京，中国人民大学出版社，2001。

③ 参见谢哲胜：《财产法专题研究》，83 页，台北，三民书局，1995。

④ MünchKomm / Oechsler, 5. Auflage 2009, BGB § 929, Rn. 1ff.

⑤ 参见［德］鲍尔、施蒂尔纳：《德国物权法》（上册），张双根译，71、86 页，北京，法律出版社，2004。

有另外规定时,必须有权利人和因该权利变更而涉及的其他人的合意,以及权利变更在不动产登记簿上的登记。"但也有学者认为,是否采纳物权合意与形式主义立法没有直接的关系。①

所谓债权形式主义,是指要产生物权变动的法律效果,除了债权意思以外,还必须履行登记或交付的法定方式,但是并不需要作出物权变动的意思表示。②这种模式又称为意思主义与登记或交付相结合的物权变动模式。根据此种模式,当事人之间除了债权合意外,还必须要履行登记或交付的法定方式。③奥地利民法采取此种方式。《奥地利民法典》第426条规定:"原则上动产仅能依实物交付而转让与他人。"第431条规定:"不动产所有权仅于取得行为登记于为此项目的而设定之公共簿册中时,始生转让之效力。此项登记又称为过户登记。"同时,《奥地利民法典》第380条还规定,欠缺名义、欠缺合法取得形式的所有权不能转移。因此,此种模式也被称为名义加形式取得所有权说。④

毫无疑问,各国物权变动的立法模式都是本国长期历史传统、社会生活实践与法学理论研究相互融合的产物,自有其合理之处。这两者各有利有弊。登记对抗主义不以登记为物权变动要件,不仅使交易便捷,有利于鼓励交易,且尊重当事人的意思,但因缺乏公示容易造成对善意第三人的损害。而登记要件主义具有严格的公示,有利于维护交易安全,且使物权变动公开透明,但易使交易更烦琐,也会导致一物数卖现象。⑤但比较而言,登记要件主义更为合理,因此近几十年来,登记要件主义被广泛接受,并成为一种发展趋势。而在登记要件主义中,物权行为理论则极少被相关国家所采纳。我国《民法典》第209条规定:"不动产物权的设立、变更、转让和消灭,经依法登记,发生效力;未经登记,不发生效力,但是法律另有规定的除外。"《民法典》第224条规定:"动产物权的设立和转让,自交付时发生效力,但是法律另有规定的除外。"可见,我国关

① 参见刘得宽:《民法诸问题与新展望》,527页,北京,中国政法大学出版社,2002。
② 参见谢哲胜:《财产法专题研究》,85页,台北,三民书局,1995。
③ 参见王轶:《物权变动论》,31页,北京,中国人民大学出版社,2001。
④ 参见江平主编:《中美物权法的现状与发展》,4页,北京,清华大学出版社,2003。
⑤ 参见郑云瑞:《民法物权论》,86~87页,北京,北京大学出版社,2006。

于物权变动模式是合意加公示的模式，实际上确立了一种以债权形式主义为原则，以公示对抗主义为例外的二元物权变动模式。

二、我国《民法典》没有采纳物权行为理论

（一）传统物权行为的概念和特征

物权行为的概念最早是由德国学者萨维尼在其 1840 年出版的《现代罗马法体系》一书中提出的。① 但实际上，物权行为制度的雏形最早可上溯至罗马法。例如，罗马法上的交付（tradition）要求当事人一方以转移所有权的意思，移交物件于另一方，才能转移所有权。这些制度都对萨维尼物权行为理论的形成产生了重大影响。萨维尼在《现代罗马法体系》一书中写道：私法上契约，以各种不同制度或形态出现，甚为繁杂。首先是基于债之关系而成立之债权契约，其次是物权契约，并有广泛适用，交付（Tradition）具有一切契约之特征，是一个真正之契约，一方面包括占有之现实交付，他方面亦包括移转所有权之意思表示。此项物权契约常被忽视，例如在买卖契约，一般人只想到债权契约，但却忘记 Tradition 之中亦含有一项与买卖契约完全分离，以移转所有权为目的之物权契约。② 萨维尼的这一论述包含了三项重要原理：第一，物权行为的独立性原理。认为交付是一个独立的契约，是独立于债权契约的"一个真正的契约"，它与买卖契约即原因行为并非同一个法律关系，与买卖契约是完全分离的。③ 第二，交付必须体现当事人的独立的意思表示。由于这一独立意思表示与原因行为无关，便产生了物权行为的无因性理论。④ 第三，物权行为的实施旨在使物权产生变动，因而交付必须以所有权的转移为目的。萨维尼正是在总结和阐释罗马法制度的基础上创立了物权行为理论，并对德国法的民法物权体系乃至大陆法系中的物

---

① 参见王泽鉴：《民法学说与判例研究》，第 1 册，275 页，北京，中国政法大学出版社，1998。
② 参见王泽鉴：《民法学说与判例研究》，第 1 册，63 页，北京，中国政法大学出版社，2003。
③ 参见孙宪忠：《物权行为理论探源及其意义》，载《法学研究》，1996（3）。
④ 参见王泽鉴：《民法学说与判例研究》，第 1 册，63 页，北京，中国政法大学出版社，2003。

权法理论产生了重大影响。①

　　按照德国学界的观点，所谓物权行为（dingliche Rechtsgeschäfte），是以设定、内容变更、转移或消灭一项物权为内容的处分。物权行为可能是一项单方法律行为，比如设定一项所有人土地债务，也可能是一个合同，而物权合同则在物权法中具有中心地位，尤其是在不动产（《德国民法典》第 873 条）或动产（第 929 条）所有权转移中。② 债权行为尽管作为物权行为的原因，但是却不能直接发生物权变动的效力，物权变动的效力取决于物权行为。③ 从而，物权行为自身的效力不取决于债权行为的效力。④

　　综上述，物权行为是指以物权变动为目的并须具备物权变动意思表示及交付或登记两项要件的法律行为。其主要特征如下。

　　1. 物权行为以物权变动为目的，也就是说以设立、变更或消灭物权关系为目的。⑤ 它与债权行为不同，债权行为是以发生给付义务为目的的法律行为，所以又称负担行为。而物权行为是以发生物权变动为目的的行为，又称处分行为。⑥ 由于物权行为将发生物权变动的法律后果，因而行为人应对标的物享有处分权，"而于负担行为，则不以负担义务者对给付标的物有处分权为必要"⑦。

　　2. 物权行为以交付或登记为其生效要件。⑧ 物权行为以物权变动为目的，但要发生物权变动的法律效果，还必须依赖于交付或登记行为。王泽鉴先生认为，

---

　　① 也有学者认为，物权行为理论最早是由胡果提出，胡果关于物权合同的理论体现在胡果发表的一些关于法律基础与取得形式理论的法学论文中，特别是胡果在 1790 年发表的论文《对拉特·赫普纳先生注释集中的几种普遍观点的勘正》；此外还有胡果于 1789 年出版的第 1 版有关罗马法的教科书；最后还有胡果于 1812 年发表的《详论（合法）法律基础与取得形式理论》。参见［德］雅各布斯：《物权合同存在吗？》，载中国政法大学《中德法学学术研讨会论文集》，180 页，2001。

　　② MünchKomm/Gaier，Einleitung des Sachenrechts，Rn. 7.

　　③ MünchKomm/Gaier，Einleitung des Sachenrechts，Rn. 15.

　　④ MünchKomm/Gaier，Einleitung des Sachenrechts，Rn. 16.

　　⑤ MünchKomm/Oechsler，5. Auflage 2009，§ 929，Rn. 22.

　　⑥ 参见王泽鉴：《民法学说与判例研究》，第 5 册，112 页，北京，中国政法大学出版社，2003。

　　⑦ 谢在全：《民法物权论》（上册），68 页，台北，自版，1997。

　　⑧ MünchKomm/Oechsler，5. Auflage 2009，BGB § 929，Rn. 48 ff.

依广义物权行为概念，物权行为必然包括登记或交付。① 我国台湾地区学者也大多接受了这一观点。正如谢在全教授所指出的，"不动产之物权行为，乃物权变动之意思表示，与登记、书面相互结合之要式行为；动产之物权行为乃动产物权变动之意思表示，与交付相结合之法律行为"②。

3. 物权行为必须具有物权变动的合意。③ 既然物权行为以物权变动为目的，则物权变动必须先由当事人达成物权变动的合意。此种合意学者通常称为物权契约。狭义的物权行为理论，认为物权行为仅指物权契约，"物权行为就其固有意义而言，仅指当事人欲使发生物权变动之意思表示"④。物权合意直接决定了登记或交付行为的实施，由于交付或登记都是基于物权合意而产生的行为，固而无论是通过交付或登记设立所有权或他物权，都取决于物权合意的内容。物权合意的存在是物权行为独立于债权行为的基础。从此种意义上说，物权合意是物权行为的核心。⑤

（二）对物权行为独立性理论的评述

所谓物权行为的独立性，是指物权行为与债权行为相互分离且独立于债权行为之外。⑥ 债权契约仅能使当事人之间产生债权债务关系，而不能发生所有权转移的效果。只有通过物权行为，才能导致所有权的转移。以买卖为例，当事人之间缔结买卖合同的合意是债权行为或债权合同，它仅能使双方当事人负担交付标的物和支付价金的义务。如果要发生标的物和价金所有权转移的效果，则当事人仍需达成移转所有权的合意，同时还要从事登记或交付行为。主张独立性理论的学者认为，转移物权的合意与交付或登记行为的结合本身是独立于债权行为的，因为物权行为是独立的，具有独立性之特征。⑦

---

① 参见王泽鉴：《民法学说与判例研究》，第 1 册，278 页，北京，中国政法大学出版社，2003。

② 谢在全：《民法物权论》（上册），67 页，台北，自版，1997。

③ MünchKomm / Oechsler, 5. Auflage 2009, BGB § 929, Rn. 23-26.

④ 王泽鉴：《民法学说与判例研究》，第 1 册，277 页，北京，中国政法大学出版社，2003。

⑤ MünchKomm/Gaier, Einleitung des Sachenrechts, Rn. 7.

⑥ 参见谢在全：《民法物权论》（上册），69 页，台北，自版，1997。

⑦ 参见申政武：《论现代物权法的原则》，载《法学》，1992（7）。

笔者认为，物权行为独立性的观点是不能成立的，因为所谓转移物权的合意实际上是学者虚构的产物，在现实的交易生活中不可能存在独立于债权合意之外的移转物权的合意。以买卖为例，当事人订立买卖合同的目的，就是使一方支付价金而取得标的物的所有权，另一方通过交付标的物而取得价金的所有权，如果将移转标的物和价金所有权的合意从买卖合同中强行剥离出来，买卖合同也就不复存在。此外，当事人订立任何一份买卖合同，都必须对价金和标的物转移问题作出约定，否则买卖合同将因缺少必要条款而根本不能成立，当事人没有必要就标的物和价金的所有权转移问题另行达成所谓的物权合意。正如有的学者所指出的："物权行为中所包含的意思表示在法律意义上是对债权行为意思表示的重复或履行。"[1] "物权行为不过是原来债权行为意思表示的贯彻或延伸，并非有一个新的意思表示。"[2]

物权和债权尽管存在本质的区别，但这种区别并非一定导致物权的意思表示必须独立于债权的意思表示，也并非是产生特殊的物权变动方法的根据。有人认为："债权契约，仅发生特定给付之请求权而已，债权人不得依债权契约而直接取得物权。故应认为债权契约以外，有独立之物权转移之原因即物权契约之存在。"[3] 笔者认为这种说法存在以下问题。

第一，物权的变动并不需要存在物权移转的合意，即使就即时买卖、即时赠与来说，并非无债权合同而仅有物权合同，相反，当事人在达成买卖和赠与合意以后，立即履行了债权合同，因而仅存在债权合同，而不存在所谓的物权合同，只不过这种债权合同是以口头方式表现出来而已。例如，在买卖合同中当事人约定移转价金和标的物所有权，实际上就是在债权合同中确定了物权变动，只不过实际的物权移转必须待履行期到来后因当事人的实际履行方能发生，但这丝毫不能否认债权合同以转移财产权为内容的特点。

第二，就交付行为来说，它并非独立于债权合意而存在。交付的性质是实际

① 董安生：《民事法律行为》，166 页，北京，中国人民大学出版社，1994。
② 谢哲胜：《物权行为独立性之检讨》，载《政大法学评论》，第 52 期。
③ 张龙文：《民法物权实务研究》，4 页，台北，汉林出版社，1977。

占有的移转，从物权法的理论来看，在动产买卖合同中，动产一旦交付就会导致所有权的移转，因为在交付以前，当事人在买卖合同中已经形成移转动产所有权的合意，因为该合意的存在，从而使动产一经交付便发生移转所有权的效果。但如果当事人之间没有所有权移转的合意，而只有使用权移转的合意（如租赁），则根本不可能因交付而产生所有权移转。由此可见，交付效果不可能与买卖合同割裂开来。尤其应当看到，实际交付标的物不是什么单独的行为，而是当事人依据债权合同而履行义务的行为。所以，如果将交付行为与买卖合同割裂开来，则交付行为的正当与否就失去了评价标准。

第三，就登记来说，其本身并非民事行为，而是公法行为。一些极力主张物权行为独立性的学者，也认为登记系公法上之行为，显然不能作为法律行为之构成部分。① 还有学者进一步指出，"不动产之登记是地政机关依土地法和土地登记规则所为之公法行为，却被认为是私法上物权行为之一部分，这不仅逾越公私法之界限，而将地政机关的公法行为，视为私法上当事人意思自主法律行为之一部分，更是不伦不类"②。

依据我国《民法典》，债权合同既是当事人债权债务关系的原因，也是物权变动的基础。《民法典》第215条虽然承认了债权效力和物权效力的区分，但并未明确承认物权的变动也是一个独立的物权合意。可以说，《民法典》中不存在着物权合意和债权合同的概念。如果不顾《民法典》的规定，而非要承认在买卖合同等合同之外还存在一个物权合意，该合意不仅独立于最初的买卖合同等合同，而且在办理登记之前就必须有这样的合意，没有这样的合意就无法导致物权变动，这种理论势必给《民法典》物权编规则的适用带来极大的麻烦和障碍。因为，法官在适用所有关于债权形式主义的规则时，都必须要在当事人订立的买卖、抵押、赠与等合同关系之外，探求在当事人所有权移转之前是否还存在物权合意，由此将会产生一系列复杂的问题，难以回答诸如该物权合意从何而来，内容如何，认定物权合意的依据是什么，物权合同与合同的关系如何，当事人是否

---

① 参见王泽鉴：《民法物权》，第1册，67页，北京，中国政法大学出版社，2001。
② 谢哲胜：《财产法专题研究》，96页，台北，三民书局，1995。

有证据证明该物权合意的存在，物权合意是否适用法律行为效力的规则，其在何种情形下是有效的，何种情形下是无效的，当事人在办理登记时是否需要在合同关系之外另行提交关于物权合意存在的证明，等等。显然，作出上述认定不仅徒增麻烦，还可能使法律的适用变得混乱。更为突出的问题是，由于物权合意是虚构的，如何认定完全交由法官判断，也完全缺乏应有的标准，法官享有任意解释的自由，这对于交易的秩序与安全，以及裁判的公正和统一，将带来极大的威胁。

采纳物权行为理论并非世界各国立法通例。即使在德国，对物权行为理论的批评也甚多。例如德国学者基尔克对萨维尼的物权行为理论作出了尖锐的批评，认为这一理论是"学说对社会生活的凌辱"。因为按照这一理论，"到商店购买一双手套，当场付款取回标的物者，今后亦常非考虑到会发生三件事情不可：其一，债权法上缔结契约，由此契约所生债权关系，因履行而会消灭；其二，与此种原因完全分离之物权契约，为得所有权让与缔结；其三，除此二个法律行为以外，还须有行使'交付'之法律上的行为。这完全是拟制的，实际上此不过对于单一的法律行为有二个相异的观察方式而已。今以捏造二种互为独立之契约，不仅会混乱现实的法律过程，实定法亦会因极端之形式思考而受到妨害"①。

（三）对物权行为无因性理论的评述

法律行为有要因和不要因之分。所谓要因行为，是指以原因（causa）为法律行为之要件；所谓无因行为，是指不以原因作为法律行为之要件。② 物权行为的无因性即指物权行为的法律效力不受债权行为的影响。按照德国物权行为理论，既然作为物权变动依据的物权合意是独立于债权合同的，因此，债权合同无效或者被撤销不应当影响物权变动的效力，这就是所谓的物权无因性理论。根据无因性理论，法律关系非常明晰。如买卖可以分为三个独立的法律行为：一是债权行为（买卖契约）；二是移转标的物所有权之物权行为；三是移转价金所有权

---

① 转引自刘得宽：《民法诸问题与新展望》，468页，台北，三民书局，1979。

② 参见梅仲协：《民法要义》，93～96页，北京，中国政法大学出版社，1998。

之物权行为。每个法律关系容易判断，且有利于法律适用。① 抽象的物权合同并非要符合大众一般思想观念，而是以正确的方式来兼顾双方当事人的利益。② 该理论认为，即便合同不成立、无效，物权依然发生变动。这意味着物权行为的有效性并不依赖于存在一项有效的原因行为或者主要是一项原因行为（如买卖、赠与等）。③ 也就是说，按照物权行为理论，物权合意不以原因行为（债权合同）的存在为前提，即便原因行为不成立、无效或被撤销，也不影响物权行为的效力，物权行为一旦生效，就发生物权变动的效果。④ 在债权合同无效或者被撤销后，由于其并不当然影响物权合意的效力，物权的处分失去法律上的原因，适用不当得利返还规则，但不影响已经发生的物权变动的效力。⑤

物权行为无因性理论能否真正充分保障当事人的利益，对此，笔者认为需作具体分析。试以动产的买卖为例，如果出卖方已交付标的物，买受方未支付价金，而买卖合同被宣告无效或被撤销，在此情况下，采取无因或有因理论对当事人利益状态的影响是不同的。依据有因性理论，标的物的所有权并不因交付发生移转，在法律上仍归出卖方所有，买受人必须返还原物。如果买受人宣告破产，则出卖人享有别除权。如果买受人将标的物卖给第三人，构成无权处分，出卖人可行使追及权。但如果第三人取得财产时系出于善意，则可以取得标的物所有权。如果买受人在标的物上设立抵押或质押，则因为买受人对该标的物不享有所有权，此种设立抵押权、质权的行为应为无效。依据无因性理论，即使买卖合同被宣告无效或被撤销，标的物的所有权同样因交付而发生移转，出卖人丧失所有权，所有权在法律上归买受人享有，出卖人不得向其主张返还原物，而只能请求不当得利返还。⑥ 如果买受人被宣告破产，出卖人不能享有别除权，只能作为普通债权人参与破产财产的分配。如果买受人将标的物出卖给第三人，则为有权处

---

① 参见梅仲协：《民法要义》，284 页，北京，中国政法大学出版社，1998。

② Hans Josef Wieling, Sachenrecht, Band 1, Springer, 2006, S. 34.

③ Hans Josef Wieling, Sachenrecht, 5. Aufl., Springer 2007, S. 12.

④ Vgl. MüKoBGB/Oechsler BGB §929 Rn. 9.

⑤⑥ MünchKomm/Gaier, Einleitung des Sachenrechts, Rn. 16.

分，出卖人不能行使追及权，而只能请求买受人返还因转卖所得的价金。第三人直接取得标的物时，即使是出于恶意（即明知或应知买卖合同已被宣告无效或被撤销），仍得取得标的物的所有权。如果买受人在标的物上设立担保物权，由于担保物权具有优先于普通债权的效力，出卖人不能请求返还标的物，只能向买受人请求赔偿。[①]

由上述分析可知，无因性理论虽然有利于维护买受人和第三人的利益，但这种保护是以违背民法的公平和诚信原则为代价的。尤其应当看到，依据无因性理论，在第三人恶意的情况下，他也能取得标的物所有权，这本身与法律的公平理念是相违背的，而且不符合所有权取得的合法原则。事实上，德国学者也承认，自《德国民法典》颁行以来，由于善意取得制度的适用，物权行为理论与有因性原则之间的区别已经没有那么明显。[②]

我国审判实践经验和民间习惯与无因性理论也是大相径庭的。买受人在未支付价款的情况下，也能取得标的物的所有权；买卖合同被宣告无效后，买受人仍可转让标的物；第三人出于恶意也能取得标的物的所有权等规则根本不可能为审判实践所采纳，也不符合民间习惯，一些主张无因性理论的学者也认为该理论"违背生活常情，与一般观念显有未符"[③]。

物权行为无因性理论是否有助于区分各种法律关系，并有助于法律适用？如前所述，物权合意本身是一种理论的虚构，就一个买卖关系，将其分成三个不同的法律关系即买卖合同、移转标的物所有权的物权行为和移转价金的物权行为，这完全是一种虚构。因为现实生活中只存在一种法律关系即买卖关系，不可能存在三种关系。从法律适用的角度来看，这一理论不仅无助于法律适用，反而使法律的适用更为困难。例如，按照物权行为的理论，物权行为是法律行为，故应适用法律行为的一般规定。[④] 事实上，由于独立于债权合意的物权合意根本不存

---

① 参见梁慧星：《民法总论》，157 页，北京，法律出版社，1996。

② Hans Josef Wieling, Sachenrecht, Band 1, Springer, 2006, S. 34.

③ 王泽鉴：《民法学说与判例研究》，第 1 册，286、287 页，北京，中国政法大学出版社，2003。

④ 参见史尚宽：《论物权行为之独立性与无因性》，载郑玉波主编：《民法物权论文选辑》（上册），4 页，台北，五南图书出版有限公司，1984。

在，尤其就交付行为而言，完全是一种履行合同的事实行为，如何能适用法律行为的一般规定呢？交付行为的正确和适当与否，只能依据合同之约定而非法律行为的一般规定来作出判断。

最后要说明的一点是，萨维尼"源于错误的交付也是有效的"无因性理论，极有可能纵容受让人与第三人之间恶意串通损害出卖人利益。例如，受让人通过欺诈方式取得了出卖人交付的某项具有重要价值的特定物，为防止出卖人追夺该物，遂与第三人恶意通谋，以虚假的买卖合同将该物转让给第三人，而按照无因性理论，买卖合同尽管因欺诈而被撤销，受让人和第三人尽管都具有恶意，但仍能取得该物的所有权，这显然是不妥的。

（四）我国《民法典》没有采纳物权行为理论

我国《民法典》第 209 条规定："不动产物权的设立、变更、转让和消灭，经依法登记，发生效力；未经登记，不发生效力，但是法律另有规定的除外。"第 224 条规定："动产物权的设立和转让，自交付时发生效力，但是法律另有规定的除外。"可见，我国关于物权变动模式是合意加公示的模式，实际上确立了一种以债权形式主义为原则，以公示对抗主义为例外的多元物权变动模式。而此种模式与德国法的模式是完全不同的。我国《民法典》物权编所规定的物权变动公示方法虽然是物权变动的条件，但从我国《民法典》物权编的规定来看，并没有将其规定为物权合同，而只是将其规定为物权变动的公示方法。因此，我国《民法典》没有采纳德国的物权行为理论。具体表现在于：

第一，《民法典》没有承认物权行为的独立性理论。[①]《民法典》第 215 条规定："当事人之间订立有关设立、变更、转让和消灭不动产物权的合同，除法律另有规定或者当事人另有约定外，自合同成立时生效；未办理物权登记的，不影响合同效力。"尽管该条常常被称为所谓"区分原则"，即区分了合同和登记的效力，但是，并不意味着采纳了物权行为理论。此处所说的合同就是指发生债权债务关系的合同，也是设立、变更、转让和消灭不动产物权的合同，而没有在此之

---

① 参见崔建远：《中国民法典释评·物权编》（上卷），85 页，北京，中国人民大学出版社，2020。

外承认独立的物权合同。①《民法典》第215条的规定，也只是在一个合同关系中区分合同的效力和登记的效力，因而也不存在物权契约和债权契约的分离问题。②

第二，《民法典》并未承认物权行为的无因性，而认为设定或转让物权的合同的效力，直接影响物权设定或移转的效力。依据《民法典》第595条，买卖合同以移转标的物所有权为目的，不存在所谓债权合同与物权合同的区别。如果买卖等债权合同被宣告无效或被撤销，当事人应依据法律规定，主张返还原物、恢复原状，而绝不能因交付行为而取得所有权。这就是说，如果合同本身的效力存在瑕疵，导致其被撤销或者被宣告无效，那么，转让行为自然不得发生物权变动的后果。

第三，《民法典》采取了合意加公示的物权变动模式。关于物权变动，《民法典》第208条规定："不动产物权的设立、变更、转让和消灭，应当依照法律规定登记。动产物权的设立和转让，应当依照法律规定交付。"这实际上是将登记和交付作为一种公示方法对外，而这种公示方法与当事人的合意结合在一起，就可以发生物权变动，但《民法典》物权编并没有将登记或者交付规定为一种物权合同，也不存在所谓独立的"物权合意"。我国并未承认物权行为的存在，现行立法对交付、登记等物权变动要件的规定，主要是出于公示的要求，不能将其作为物权行为存在的依据。因此，登记、交付不是独立的物权行为，而只是发生物权变动的公示要件，这与德国的物权行为的独立性理论也不同。

第四，从我国司法实践来看，《全国法院民商事审判工作会议纪要》第124条第2款就规定："在金钱债权执行中，如果案外人提出执行异议之诉依据的生效裁判认定以转移所有权为目的的合同（如买卖合同）无效或应当解除，进而判令向案外人返还执行标的物的，此时案外人享有的是物权性质的返还请求权。"可见，我国司法实践一般认为，在合同被宣告无效或者被解除后，出卖人所享有的返还请求权在性质上属于物权性质的请求权，从物权变动的层面看，这实际上也承认了合同效力对物权变动效力的影响。

总之，我国《民法典》所规定的物权变动模式与德国法的模式是完全不同

---

① 参见黄薇主编：《中华人民共和国民法典物权编释义》，422页，北京，法律出版社，2020。
② 参见崔建远：《物权法》，2版，48页，北京，中国人民大学出版社，2011。

的。从中国的实际情况来看，采取此种模式较之采取物权行为模式，其优越性明显地表现在：第一，符合我国的民事立法传统，易于被执法者理解和掌握。物权行为无因性理论割裂交付、登记与原因行为的关系，虽然强调了对买受人的保护，但忽视了对出卖人的保护。尤其是物权行为无因性理论，主张"源于错误的交付也是有效的"，第三人基于恶意也能取得所有权，买受人在买卖合同被确认为无效后仍能转卖标的物等。这些规则不仅不利于维护交易安全，也不能体现法律的公平与正义。第二，我国的立法模式切实反映了各种纷纭复杂的动产交易和不动产交易的内在需要，体现了市场活动的一般规律，完全符合我国现实生活常情。而物权行为理论将现实生活中某个简单的交易关系，人为地虚设分解为三个相互独立的关系，使明晰的物权变动过程极端复杂化。它使本身简单明了的现实法律过程徒增混乱，不利于法律的正确适用。① 第三，我国立法模式能够有效地维护交易安全和秩序，同时借助于善意取得制度，也可以有效地保护善意第三人，与物权行为理论相比较，更有利于保护权利人。

第三节　基于法律行为的物权变动

一、基于法律行为的物权变动概述

物权的变动可以分为基于法律行为的物权变动和非基于法律行为的物权变动。前者除了要依据法律规定之外，应当充分尊重当事人之间的私法自治，且必须要采取一定的公示方法。后者一般直接依据法律的规定或者事实行为而发生物权变动，一般不要求公示。基于法律行为发生的物权变动是市场交易的法律形式，属于物权法调整的物权变动常态。而非基于法律行为发生的物权变动因其不是典型的交易形式，《民法典》物权编对之作出例外规定，在有法律特别规定的情况下才能适用。②

---

① 参见黄薇主编：《中华人民共和国民法典物权编释义》，422页，北京，法律出版社，2020。
② 参见孙宪忠、朱广新主编：《民法典评注　物权编1》，190页，北京，中国法制出版社，2020。

物权变动的主要形态是基于法律行为的物权变动。基于法律行为的物权变动与直接依据法律规定而发生的物权变动不同，具体表现为：一方面，尽管当事人在设定物权时，必须符合法律规定的物权类型，但是，这种物权的变动以当事人的意思为基础，而不能直接依据法律的规定而产生。尽管当事人设立和变动物权时，必须符合物权法定的要求，但这种物权的变动本身体现了一定的私法自治，在不违反强行法的前提下，当事人可基于其意志依法变动物权。另一方面，基于法律行为的物权变动必须要履行法定的公示方法，所以，基于法律行为的物权变动，必须要通过合意加公示来完成。从实践来看，此种物权变动是现实中物权变动的基本类型，或者是物权变动的常态，而依据法律规定发生的物权变动只是例外情况。本书所讨论的动产交付和不动产登记，都是针对基于法律行为的物权变动而言的。

按照物权法定原则，物权设定必须符合法律规定的物权类型和内容，当事人不能在法律规定之外随意创设物权，在法律规定的物权体系内，当事人可以通过合意并完成一定的公示方法设定物权，具体来说，这一过程可以分为如下两个阶段。

（一）合意

合意是依法律行为变动物权的基础。[①] 由于当事人双方就物权的变动达成合意是物权移转的基础，因而在学理上也常常将物权变动的合意称为基础关系。[②] 此处所说的合意，不是指所谓的物权合同。我国物权立法也从未承认在债权合同之外存在所谓物权合同。所谓合意是指当事人就是否设定物权以及物权的内容等方面达成一致的意思表示。[③] 在市场经济条件下，一般交易都是通过双方的协议来进行的，物权变动也主要以合意或者合同为基础。当然，在特殊情况下，也可能以单方法律行为作为物权变动的基础。例如某人将其房产捐助设立基金会，捐助行为性质上为单方法律行为，在捐赠之后，双方办理了登记，也可以发生物权

---

①　MünchKomm / Oechsler，5. Auflage 2009，BGB § 929，Rn. 22.

②　参见《〈中华人民共和国物权法〉条文理解与适用》，89 页，北京，人民法院出版社，2007。

③　MünchKomm / Oechsler，5. Auflage 2009，BGB § 929，Rn. 23ff.

变动的效果。

　　法律在物权变动方面给予了当事人较为广泛的意思自治和行为自由，主要表现在如下方面。

　　第一，对于是否设定物权和设定何种物权，当事人具有广泛的选择余地。各国物权法上都承认了相当数量的物权类型，允许当事人自由选择加以设立。物权的类型越多就表明当事人可以发挥特定物的使用价值和交换价值的方式越多。

　　第二，物权的内容在一定程度上也可以由当事人协商确定。在现代物权法中出现了物权法定主义的缓和趋势，主要体现在内容方面法律允许当事人通过其合意确定具体内容。例如，就设定地役权而言，当事人之间可以就某些特定的地役权的具体内容进行约定。具体说来，供役地如何满足需役地的特定需求，利用的方式、利用的期限等，都可以由当事人之间进行协商。尽管《民法典》中就有关某些物权的内容的规定绝大多数是强制性的，不允许当事人通过协议加以改变，但是物权法定并不绝对排除当事人的约定，相反，当事人对于物权内容的约定，反而可以弥补法律规定的不足。

　　第三，就公示方法的选择而言，原则上当事人设定物权时不得选择公示方法，例如设定抵押必须采取登记的方式，质押必须采取交付和移转占有的方式，然而由于动产担保的发展，当事人在动产担保的公示方法的选择上已经享有广泛的选择自由。如果要设立动产担保，我国《民法典》允许当事人既可以通过登记方式设定抵押，也可以通过交付而设定质押。

　　（二）公示

　　物权的变动，必须要通过一定的公示方法来完成。公示就是要将物权的变动公之于世，或者说将物权变动的意思表示向社会公众显示。[1] 依据《民法典》第208条的规定，物权的公示方法包括不动产的登记和动产的交付。在基于法律行为发生的物权变动的公示中，没有合意的公示是不能发生物权移转的效果的。在

----

① 参见王茵：《不动产物权变动和交易安全》，72页，北京，商务印书馆，2004。

以法律行为发生的物权变动中，当事人的相关合意通常不能直接产生物权变动的后果，如果当事人之间仅就物权的变动达成合意，而没有完成公示要件，在当事人之间仅存在债的关系，并没有发生物权变动的效果。正是由于未完成公示要件不产生物权变动的效果，故而公示直接决定着物权设定和变动效力的发生，仅有当事人的合意不能产生物权变动的后果。① 当然，我国《民法典》物权编也规定在例外情况下，物权（如土地承包经营权）的设定和移转应采用登记对抗的方式，且规定对自然资源的所有权即使不办理登记，国家也可以享有所有权。

合意与公示联系紧密。公示是以合意为前提的，合同规定了物权变动的意思，但这种意思必须通过公示的方法对外披露出来，才能最终产生物权变动的后果，而这种公示又必须以合同所规定的物权变动的内容为依据。在基于法律行为发生的物权变动的公示中，没有合意的公示是不能发生物权移转的效果的。公示的方法主要是登记和交付。在以法律行为发生的物权变动中，当事人的合意不能直接产生物权变动的后果，如果当事人之间仅就物权的变动达成合意，而没有完成公示要件，当事人之间在性质上仍然只是一种债的关系，并没有形成物权关系，此时产生的只是债权，不能产生物权变动的效果。正是由于未完成公示要件不产生物权变动的效果，公示依法决定着物权设定和变动效力的发生。

所以，在我国《民法典》中，基于法律行为的物权变动，原则上应当采取"合意（或法律行为）＋公示（登记或交付）"的方式完成。此种物权变动模式是物权变动的常态。在法律没有特别规定的情况下，物权变动原则上应当依据此种变动方式的规则来完成。《民法典》物权编第二章关于不动产登记和动产交付的规定主要就是对物权变动中的公示所作出的规定。

二、基于法律行为的不动产物权变动模式

（一）登记要件模式和登记对抗模式的概念

不动产物权变动模式是指不动产物权产生、变更、消灭的法定方式。由于不

---

① 参见黄薇主编：《中华人民共和国民法典物权编解读》，12 页，北京，中国法制出版社，2020。

动产物权的公示方法是登记，所以就不动产的物权变动而言又主要可以分为两种模式，即登记要件模式和登记对抗模式。

所谓登记要件模式，是指登记是不动产物权变动的生效要件，未经登记，不动产物权不发生变动①，德国、瑞士民法采取了此种方式。② 我国《民法典》第209 条第 1 款规定："不动产物权的设立、变更、转让和消灭，经依法登记，发生效力；未经登记，不发生效力，但是法律另有规定的除外。"可见，《民法典》明确了登记要件主义应当成为不动产物权变动的基本原则。例如，在房屋买卖合同中，房屋所有权的移转应当自办理变更登记时发生，如果出卖人只是将房屋交付买受人，房屋所有权并没有发生变动。

所谓登记对抗模式，是指未经登记，物权的变动在法律上也可有效成立，但不能对抗善意第三人，法国、日本民法采纳了此种观点。我国《民法典》规定，在例外情况下采登记对抗主义，例如，对于机动车、船舶、航空器采登记对抗主义（《民法典》第 225 条）。如果船舶所有人将其船舶转让给他人，即使没有办理登记，受让人也可以取得该船舶的物权，只不过，此种物权不能对抗善意的第三人。

具体来说，登记对抗模式具有如下特点。

第一，登记并不是一种法定的义务。在登记对抗模式下，是否办理登记，可以由当事人作出选择，法律不作强行性的规定。据此可以说，登记对抗模式下，当事人在变动物权时，并没有义务办理变更登记。当然，即使是适用登记对抗主义，如果当事人通过合同约定，非经登记不发生物权变动的效力，此时，也应当依据合同约定认定当事人有办理登记的义务。

第二，如果移转物权需要交付，必须要实际交付财产。在登记对抗主义模式下，虽然不以登记为物权变动的要件，但并不意味着不需要交付。如果未交付，则当事人之间仍只是存在债的关系，而并不存在物权关系。尽管在登记对抗模式下，当事人不负有登记的义务，但是并不意味着不需任何的公示方法，当事人就可以变动物权。

---

① 参见王泽鉴：《民法物权》，第 1 册，107 页，台北，自版，2001。

② 参见《德国民法典》第 873 条，《瑞士民法典》第 656 条。

第三，受让人取得的物权具有一定的对抗性。在登记对抗模式下，即使没有登记，受让人在交付之后，也可以取得物权并具有一定的对抗性。此种对抗性包括两个方面的内容：一方面，受让人取得的物权，可以对抗转让人。例如，转让人在转让汽车之后，由于车价上涨，即使其愿意以承担违约责任为代价而收回汽车，买受人也可以基于物权予以拒绝。另一方面，受让人取得的物权也可以对抗恶意的第三人。这也就是说，即使对享有物权的第三人而言，其主观上知道或者应当知道已经发生了转让行为，财产已经交付，其仍然就该财产与出让人发生交易，主观上具有恶意，因此对此种恶意的第三人享有的物权，受让人的物权依然可以加以对抗。但是，转让人享有的物权不能对抗善意的第三人。此外，如果在取得物权后，第三人侵占该物，或者造成该物毁损灭失，受让人也可以依据物权请求第三人停止侵害、返还原物、排除妨害等。

第四，受让人享有的物权非经登记，不得对抗善意的第三人。日本学者对于登记对抗的效力提出了三种理论：第一种观点认为未经登记的物权变动，第三人可以对此予以否认；第二种观点则认为，物权变动未经登记，在与第三人的关系上，物权变动不发生效力，或者仅仅发生债的效力；第三种观点则认为，物权变动未经登记即不发生完全效力。① 依据我国《民法典》的规定，凡是适用登记对抗的情况，未经登记，不得对抗善意第三人。

何为善意？善意就是指不知情。在登记对抗的情况下，所谓善意是指第三人不知道且不应当知道物权已经发生变动。具体来说，包括两个方面：一是第三人不知道此前权利人已经与他人订立了转让或者设定他物权的合同；二是不知道权利人此前已经实际交付了财产，从而发生了物权变动。例如，甲将其所有的一艘船舶先卖给了乙并交付了船舶，又将其卖给了丙并办理了登记。由于甲已经将船舶实际交付给了乙，按照登记对抗主义，已经发生了物权的实际变动。丙虽然是登记权利人，其所享有的权利能否对抗乙，就需要看丙是否是善意的。而判断丙是否善意，不能以其已经办理了登记为准，关键要看丙在办理登记时，是否知道

---

① 参见 ［日］我妻荣：《新订物权法》，罗丽译，156～157 页，北京，中国法制出版社，2008。

甲乙之间已经订立了买卖合同，还要看其是否知悉交付的事实。即使丙知悉甲乙之间有买卖合同，但不知悉甲已向乙为交付这一事实的话，那么，在丙看来，甲乙之间仍只发生债权关系，而尚未发生物权关系。因为登记对抗主义虽然不以登记为生效要件，但也应以现实交付为其权利的外在表征，既然丙认为甲乙之间还未产生物权关系，并基于这样的认识与甲发生交易关系，那么就应认为其是善意的。

何谓善意的第三人？第三人主要是指合法交易中的善意的、已经办理了登记的权利人，具体来说，第一，第三人必须是通过合法交易取得权利的人。如上例中，甲将船舶卖给乙后又卖给丙，但丙采用的是欺诈、胁迫等手段订立的合同，则即便其善意且经过登记，但在合同被撤销的情况下，仍然不能受到保护。第二，第三人必须是善意不知情的。第三，第三人主要是已经办理了登记的权利人。在登记对抗模式下，因交付就可发生物权变动的效力，而船舶、航空器等特殊动产在交付给一个买受人之后，不可能再交付给其他人，所以，因交付发生物权变动之后，不可能再出现另一个因交付而发生的物权变动。但是，其他人有可能因登记而取得权利。在登记对抗的情况下，尽管法律并不以登记作为物权变动的唯一条件，但毕竟登记是一种公示方法，登记对抗并非完全不需要登记，而是给予了当事人一种选择的权利，办理了登记，其权利就能够获得充分的保护，但是如果不办理登记，则其要承受一种风险，即无法对抗已经办理登记的善意第三人。因此，对于已经办理了登记的善意买受人，受让人是不能对抗的。由此可见，即使是登记对抗，从维护受让人利益出发，办理登记也是需要的。

在登记对抗模式下，登记虽然不是取得物权的要件，但会影响物权变动的效力。在这种模式下，登记并不是区分物权和债权的标准。这样一来，就会导致物权和债权的区分标准并不明晰。例如，法国法正是因为采取登记对抗主义，因而他物权和债权的区分并不严格。① 不过，由于未经登记不能产生对抗善意第三人的效力，因而我国《民法典》的立法本意仍然在于鼓励当事人进行登记。

（二）登记要件模式和登记对抗模式的区别

在登记要件模式下，其实还存在严格生效主义与"一主一辅"的区别，严格

---

① 参见于海涌：《法国不动产担保物权研究》，289 页，北京，法律出版社，2004。

生效主义认为所有的物权变动要以登记为要件，而在一主一辅模式下，原则上物权变动以登记为要件，而在例外情形下，登记仅为物权变动的对抗要件。换言之，应该以登记生效为原则，而以登记对抗为补充。① 我国《民法典》实际上采纳的是此种模式。具体而言，登记要件和登记对抗模式的主要区别在于：

第一，登记是否为物权变动的生效要件。根据登记要件主义，只有依法办理登记，物权才能够有效地发生变动，所以对于以法律行为发生的物权变动采取"合同＋登记"的模式，即没有办理登记，只能在当事人之间产生合同债权关系，并不发生物权变动效果。② 而按照登记对抗主义，即使没有办理登记，当事人之间仍然可以发生物权的变动，只不过该物权只是在当事人之间发生效力，而不能对抗善意第三人。

第二，登记是否为强制性的要件不同。在登记要件模式下，登记是一种强制性的规范，实际上属于物权法定内容的一部分。如果没有办理登记，将无法产生物权变动的效果。在登记对抗模式下，当事人没有办理登记，也可以发生物权变动，是否登记可以由当事人自愿选择。登记并不是一种强制性的要求，而是一种倡导性的要求。由于当事人不办理登记，可能要承担不能对抗善意第三人的风险，因而《民法典》仍然鼓励当事人办理登记。

第三，是否存在物权的冲突不同。根据登记对抗主义，在不动产物权变动中，如果没有办理登记，受让人虽然可以取得物权，但其物权属于不具有完全效力的物权，因此，登记和交付可能在同一物上产生多个物权，例如，甲将其房屋卖与乙，乙已经支付房款并占有了房屋。之后，甲又将该房屋卖与丙，并办理了过户登记。在此情况下，如果按照登记要件主义，则乙并没有取得物权，无权针对甲和丙行使物权请求权来保护其权利，而只能基于债权或者占有要求保护。正是因为这一原因，登记要件主义模式下，一般不会产生多个物权的冲突问题。但是根据登记对抗主义，在此情况下，因为已经发生物权变动，因而乙已经享有物权，而丙因为已经办理了登记过户，也享有物权，这样就在法律上出现了两个物

---

① 参见龙俊：《物权变动模式的理想方案与现实选择》，载《法学杂志》，2019（7）。
② 参见刘家安：《物权法论》，2 版，67 页，北京，中国政法大学出版社，2015。

权，可能形成物权的冲突。

第四，是否要考虑善意第三人不同。在登记要件模式下，以登记作为物权变动的要件，一旦发生登记，则登记记载的权利人就是法律上的权利人。此时，登记记载的权利人可以对抗任何第三人。[1] 但在登记对抗模式下，即使没有办理登记，仍然可以发生物权变动，只不过这种物权不能对抗善意的第三人。因而登记对抗主义的适用要求考虑第三人主观上是否善意。如果第三人是善意的，则受让人享有的物权不能对抗该第三人。

第五，适用范围不同。从适用范围来说，《民法典》第209条第1款规定："不动产物权的设立、变更、转让和消灭，经依法登记，发生效力；未经登记，不发生效力，但是法律另有规定的除外。"依据该条规定，我国《民法典》对不动产物权变动实际上采取了以登记要件为一般原则、登记对抗为例外的做法，登记对抗模式只能适用于法律特别规定的情形。该条确定了登记作为一般原则的强制性，虽然条文没有采用"必须登记"的行文，但除了法律有特别规定的以外，所有的不动产物权变动都必须采取登记方式。只有在法律规定的例外情况下，才可能适用登记对抗主义。

三、两种模式的适用范围

我国《民法典》实质上采取登记要件主义作为一般原则、登记对抗主义为辅助规则的模式。应当承认，登记对抗主义确实有利于鼓励交易、简化交易手续、减少交易成本。但是，此种模式也具有其固有的缺陷：一是此种模式使登记成为一种任意性的规定，不利于鼓励当事人办理登记并通过登记理顺各种财产关系，尤其是不利于通过登记防止欺诈的发生。二是登记对抗实际上承认了一物之上的物权的冲突和对抗，这就有必要确立一套解决冲突的规则，这个规则主要是未经登记不能对抗第三人的规则。然而，第三人的判断有时候较为复杂。三是登记对抗主义尽管有利于促进交易，但假如不辅之以一定的配套制度，其固有的不符合交

---

① MünchKomm/Kohler，BGB §891，Rn. 12 f.

易安全的缺陷就会显露。如美国法中采纳登记对抗制度，但它有所谓的优先顺位规则，很好地解决了可能发生的物权冲突。例如，在发生一物数卖的情况下，根据登记对抗主义，各买受人都享有物权，此时应当根据优先规则，来确定应当优先保护哪些物权。因为上述原因，在整个《民法典》物权编中，登记对抗主义仅适用于法定的例外情形。物权编规定适用登记对抗模式的情形主要包括：第一，船舶、航空器、机动车等特殊动产物权的变动。《民法典》第 225 条规定："船舶、航空器和机动车等的物权的设立、变更、转让和消灭，未经登记，不得对抗善意第三人。"第二，土地承包经营权的流转。《民法典》第 335 条规定："土地承包经营权互换、转让的，当事人可以向登记机构申请登记；未经登记，不得对抗善意第三人。"第三，地役权的设立。《民法典》第 374 条规定："地役权自地役权合同生效时设立。当事人要求登记的，可以向登记机构申请地役权登记；未经登记，不得对抗善意第三人。"第四，动产抵押的设立。《民法典》第 403 条规定："以动产抵押的，抵押权自抵押合同生效时设立；未经登记，不得对抗善意第三人。"

《民法典》第 209 条第 1 款规定："不动产物权的设立、变更、转让和消灭，经依法登记，发生效力；未经登记，不发生效力，但是法律另有规定的除外。"这就明确了登记要件主义应当成为不动产物权变动的基本原则：该条确定了登记应为一般原则，虽然条文没有使用"必须登记"的行文，但除了法律有特别规定的以外，所有的不动产物权变动都必须采取登记方式。法律的特别规定主要包括如下几个方面：一是在《民法典》中明确规定的可以采取登记对抗的情况，如动产抵押权的设定、土地承包经营权和宅基地使用权的移转可以不必登记。二是依法属于国家所有的自然资源，所有权可以不登记（《民法典》第 209 条第 2 款）。因为我国《宪法》以及其他法律已经明确确定，自然资源属于国有，无须登记也可以确定产权的归属。三是《民法典》第 229 条至第 231 条规定，非基于法律行为发生的物权变动，如继承、征收、合法建造房屋等，虽非登记亦发生效力，但是未经登记不得处分该物权。四是特别法规定的采登记对抗主义的情形，如《海商法》规定的关于船舶所有权、抵押权的规定，采纳的就是登记对抗主义。

我国《民法典》之所以原则上采取登记要件主义，具有如下几个方面的理由：一方面，有利于维护交易安全。在我国现阶段，经济生活处于转轨时期，市场体制仍不健全，信用体系缺失，如果在不动产交易过程中不要求交易当事人办理登记，则很容易发生欺诈现象。正如有学者所指出的，如果采取登记对抗主义，认可不通过公示方法的采用就可以发生法律变动的效果，则交易关系的第三人又可以在采用登记方法以后，以前手未经登记为由主张物权变动无效，这与登记对抗主义的变动模式旨在弥补意思主义模式缺乏外部的表征有碍交易安全的初衷相背离。① 而在登记要件的模式下，通过强化公示方法的采用，物权关系变得明晰、透明、公开，从而有助于使交易当事人更为安全稳定。另一方面，登记要件主义有利于明确产权关系。以登记作为确权的依据，有利于简化确权的程序和规则，而且非常简便易行。登记要件主义强制性地要求物权变动必须办理登记，无论交易前还是交易后，不动产的物权状态都非常明晰，有助于维护财产秩序。尽管实践中仍旧大量存在没有办理登记的情况，但物权法应当及时引导人们尽可能通过办理登记维护自己的不动产权属，以减少不必要的纷争。此外，采取登记要件主义，有利于法官正确地审理有关不动产的案件，减少调查取证的困难。在发生产权纠纷之后，法官确认权属的主要依据是登记，因为登记具有很强的公信力，除非当事人有确切的证据表明登记具有瑕疵并应当变更登记，否则法官可以直接依据登记进行裁判。采登记要件主义也有利于加强对不动产的管理，了解整个市场中不动产交易的情况，从而也有利于对不动产交易征收相应的税收。如果采登记对抗主义，将不利于国家在现阶段对不动产交易进行宏观调控。

第四节 非基于法律行为的物权变动

一、非基于法律行为的物权变动的概念

所谓非基于法律行为的物权变动，是指因为法律规定的原因，如继承、法院

---

① 参见王轶：《物权变动论》，45 页，北京，中国人民大学出版社，2001。

生效判决、征收等事实，导致物权的设定、变更和消灭。从《民法典》物权编第二章第三节的规定来看，非基于法律行为的物权变动具有如下几个特点。

1. 必须依据法律的规定而变动

物权变动的公示方法是由《民法典》物权编规定的，是法律的强制性规定，不允许当事人通过合同自由约定。非基于法律行为的物权变动通常是直接基于法律规定的原因而发生的，它不取决于当事人的意思。① 法律规定的原因通常包括如下几项：继承、强制执行、公用征收、法院的判决、因公权力取得不动产物权等。只要发生法律规定的上述事实，就会发生物权的变动。② 正是从这个意义上说，非基于法律行为的物权变动是基于法律规定的原因直接产生的。③

2. 必须有特定的事实或者事实行为发生

这些事实或事实行为包括征收、新建建筑物，或者自然灾害导致房屋的灭失等。这些特定的事实行为必须是法律所限定的特殊事实行为，而不包括一般的事实行为。事实行为不同于法律行为，它不以意思表示为要素、但由于法律的规定，也能够产生一定的民事法律后果④，事实行为有合法的，也有不合法的。从事智力创造活动，拾得遗失物、漂流物等属于合法的事实行为，侵害国家、集体的财产或他人的人身、财产则是不合法的事实行为。但由于法律的规定，同样会引起一定的民事法律后果的行为。法律之所以确认这些事实行为可以发生物权变动的效果，主要是基于法政策的考虑。因为这些行为或者是国家公权力机关依法作出的具有法律效力的决定或者裁定，具有权威性；或者是为了更好地保护权利人的利益，防止出现权利争议或者权属不明的情形；等等，法律承认这些事实行为可发生物权变动的效果。

3. 不以公示为物权变动的生效要件

非基于法律行为的物权变动不需要公示，特别是不需要办理登记，就可以直

---

① 参见黄薇主编：《中华人民共和国民法典物权编解读》，58 页，北京，中国法制出版社，2020。

② 参见陈华彬：《物权法原理》，155 页，北京，国家行政学院出版社，1998。

③ 参见陈华彬：《物权法原理》，155 页，北京，国家行政学院出版社，1998；姚瑞光：《民法物权论》，27 页，台北，自版，1988。

④ 参见黄薇主编：《中华人民共和国民法典物权编解读》，58 页，北京，中国法制出版社，2020。

接依据法律的规定，发生物权效力。[1] 但因上述行为发生物权变动，并不是说此种物权变动之后不需要办理登记手续。依据《民法典》第232条的规定，新的权利人要处分财产，还应当按照公示原则进行登记。例如，依据法院的判决所发生的物权变动，它只是产生了物权变动的依据，最终权利人要想完整地享有处分权，还有赖于当事人办理登记。所以，在因事实行为发生物权变动的情况下，如不登记则必然会损害交易秩序和交易安全[2]，权利人应当尽快登记，以维护自己的权利。

非基于法律行为的物权变动，是否已经具有某种程度上的公示？例如，在继承的情况下，继承人已经占有了被继承的财产；而合资建房的情况下，建房人已经占有了房屋。应当承认，在这些情况下，已经形成一种权利的外观形式，且能够在一定程度上表现物权的归属。但这些外观形式并不是法定的公示方法，不过，由于这些特定事实行为的特殊属性，导致了可以不经登记而发生物权变动。

4. 此种物权变动只是物权变动的例外现象

依据法律行为发生的物权变动是物权变动的常态，而非基于法律行为发生的物权变动则是物权变动的例外情形。[3] 根据法律规定的事实所产生的物权也是受到法律认可和保护的，但如果确实有相反的事实发生，尤其是已经完成了法定的公示方法，也可以推翻基于事实行为所作出的权利推定。尽管从实践来看，非基于法律行为的物权变动并不典型，但是，也容易因此而产生纠纷。所以，我国《民法典》物权编对此也作出了明确规定，以达到定分止争、确定物权的归属的目的，避免因权属不清而引发新的争议。

二、非基于法律行为的物权变动的几种情况

（一）法院、仲裁机构的生效法律文书对物权变动的影响

1. 法院、仲裁机构的生效法律文书可产生物权变动的效果

法院、仲裁机构的生效法律文书可以发生物权变动的效果，对此，《民法典》

---

[1]　参见孙宪忠：《论物权法》，65页，北京，法律出版社，2001。

[2]　参见黄薇主编：《中华人民共和国民法典物权编解读》，648页，北京，中国法制出版社，2020。

[3]　参见王轶：《物权变动论》，4页，北京，中国人民大学出版社，2001。

第 229 条规定："因人民法院、仲裁机构的法律文书或者人民政府的征收决定等，导致物权设立、变更、转让或者消灭的，自法律文书或者征收决定等生效时发生效力。"《民法典》之所以要确认有关法院的生效判决和仲裁委员会的裁定所发生的物权变动的效果，一方面，这有利于维护判决书、裁定书和仲裁裁决的效力。如果在这些决定生效之后，不能够发生物权变动的效果，原权利人还可能继续处分其财产，而原权利人的债权人也可以将该财产作为原权利人的财产，申请强制执行或者查封扣押，如此将导致判决、裁定等确定的权利难以实现，不利于维护司法裁判和仲裁的效力和权威性。另一方面，这有利于督促新的权利人及时行使权利。一旦上述决定发生效力之后，物权就要发生变动，真正权利人为了维护自身的权益，应该及时申请办理变更登记或者异议登记，以防止原权利人继续处分该财产。① 这对于有效维护上述法律文书中所确认的权利、及时确定物权的归属是十分必要的。新的权利人及时办理登记等手续，物权的归属将及时得以表彰和确定，可以有效地防止原权利人对财产作出无权处分。

2. 法院、仲裁机构的生效法律文书可产生物权变动效果的条件

（1）必须是人民法院的生效裁判或仲裁委员会的生效裁决。此种物权变动的特殊性就体现在，其并非基于当事人的意思，而是基于法院或仲裁机构的生效裁决而发生。

人民法院的生效判决是指法院通过法定的程序作出的有关物权变动的有效判决和裁定。例如，甲认为登记记载在乙名下的房产属于甲所有，于是向登记机构要求办理变更登记，登记机构予以拒绝，甲便在法院提起诉讼，请求确认产权。经过二审之后，二审法院判决该房产属于甲所有，从判决生效之日起，在当事人之间就发生了物权变动的效果。这就是说，人民法院的判决或仲裁委员会裁定一旦生效，就在当事人之间发生物权的效力，而无须履行法定的公示方法。一般来说，判决的生效应当以送达当事人的时间为准。

所谓仲裁委员会生效的法律文书是指仲裁委员会依据仲裁程序作出物权变动

---

① 参见崔建远：《物权法》，2 版，64 页，北京，中国人民大学出版社，2011。

的有效仲裁裁定。关于仲裁机构的裁决能否自动发生物权变动的效果，对此有两种不同的观点。一种观点认为，仲裁委员会的裁决在性质上并不具有既判力，且裁决本身并不能最终解决争议问题，因为裁决可能需要诉诸司法渠道，由司法机关对裁决书本身进行审查，当事人也可以申请法院撤销裁决。例如，根据《纽约公约》第5条第2款的规定，如果根据法院地法裁决事项为不通过裁决解决的事项，裁决地法院有权拒绝承认与执行该外国仲裁裁决。在这种情况下，执行地法院显然是根据法院地法对裁决事项是否属于可裁决事项进行判断的。从国外的法律规定来看，许多国家的法律规定对自动产生物权变动的法律文书只限于法院作出的判决裁定，不包括仲裁机构的裁决。[①] 我国《仲裁法》第9条第2款规定："裁决被人民法院依法裁定撤销或者不予执行的，当事人就该纠纷可以根据双方重新达成的仲裁协议申请仲裁，也可以向人民法院起诉。"这也表明仲裁裁决本身并不能最终解决争议。另一种观点认为，仲裁裁决具有准司法效力，仲裁裁决是根据有效的仲裁协议而作出的，应该受到法律的严格保护。《民法典》采纳了第二种观点。此种做法具有其合理性：一方面，绝大多数仲裁裁决是能够自动履行的，只有极少数裁决需要到法院审查，如果未到法院进行审查，或者法院经审查以后要求执行仲裁裁决，在此情况下已生效的仲裁裁决本身也能够产生物权变动的效果。另一方面，如果仲裁裁决作出并生效之后，法律不赋予其物权变动的效力，可能导致原权利人转让其财产，真正权利人的权利得不到实现，这就不利于保护生效法律文书中所确认的权利人的权利。当然，该条中所指的仲裁裁决，是指当事人没有向法院提出撤销裁决的请求或者向法院提出请求以后被法院驳回的、从而已经发生法律效力的裁决。如果不赋予此类仲裁裁决文书的法律效力，就不利于维护这类文书的公信力。

（2）必须是在实体法上具有在当事人之间形成或创设某种物权变动效果的法律文书，仅限于形成判决。[②]《物权编司法解释（一）》第7条规定："人民法院、

---

①　例如，《瑞士民法典》第656条第2款规定，"取得人在先占、继承、征收、强制执行或法院判决等情形下，得在登记前，先取得所有权"。

②　参见孙宪忠、朱广新主编：《民法典评注　物权编1》，187页，北京，中国法制出版社，2020。

仲裁机构在分割共有不动产或者动产等案件中作出并依法生效的改变原有物权关系的判决书、裁决书、调解书，以及人民法院在执行程序中作出的拍卖成交裁定书、变卖成交裁定书、以物抵债裁定书，应当认定为民法典第二百二十九条所称导致物权设立、变更、转让或者消灭的人民法院、仲裁机构的法律文书。"这就对生效的法律文书的概念作出了清晰的界定。这些文书都包含了物权变动的内容，因而可以产生物权变动的效果。例如，在"崔家忠、徐新龙确认合同无效纠纷再审审查与审判监督民事案"中，法院就曾指出："法院参与调解所形成的调解书确认诉争房屋归属的，系非基于法律行为的物权变动。"①

（3）必须是针对特定的动产和不动产的物权变动而作出的决定。如果裁决并非针对物权变动，而是指向一定的给付，则这仅仅是给付性裁决，并不能直接导致物权变动。

《民法典》第229条所说的判决、裁定必须是针对特定的动产和不动产而作出的。一方面，这些动产和不动产必须是特定的，也就是说针对具体的动产或不动产。因为物权本身是针对动产和不动产所享有的权利，物权的变动也必须针对这些特定的财产。如果法院只是针对债务人的一般财产作出判决的，则不适用该条的规定。另一方面，它必须是针对动产和不动产作出的。这里所说的生效的判决、裁定不能是针对无形财产或者货币作出的。即使法院判决被告支付一定的货币，因为货币所有权的确定采用"占有推定为所有"的规则，在债务人没有实际交付之前，不可能发生货币所有权的移转。

3. 基于法院、仲裁机构的生效法律文书发生物权变动的具体效果

第一，在当事人之间发生了物权变动的效力。也就是说，判决和裁定生效之后，在当事人之间发生了事实上的物权变动，判决和裁定确定的权利人是物权人，作为物权人，新的权利人享有如下权利：首先，其有权请求原权利人返还财产和交付财产，原权利人不得拒绝；如果原权利人无正当理由予以拒绝，新的权利人可以请求法院强制执行。其次，依据生效的判决和裁定已经取得物权的人有

① 湖北省高级人民法院（2017）鄂民申2457号民事裁定书。

权基于物权申请办理变更登记或更正登记，登记机构负有义务办理登记。当然，即便权利人依据法院的生效判决或仲裁机关的裁定获得了对财产的占有，但如果没有办理变更登记或更正登记，其也不得处分财产。再次，由于新的权利人已经享有物权，因此，在原权利人擅自处分财产或者对财产造成损害的情况下，新的权利人有权基于物权请求要求其返还原物或停止侵害。因为既然新的权利人已经取得物权，其就可以向原权利人提出请求，以保护其物权。最后，如果原权利人的债权人要求对该财产查封、扣押，或要求法院强制执行，新权利人有权对抗其请求。

第二，原权利人已经丧失了物权。尽管在登记簿上其被记载为权利人，但实际上已经丧失了其权利。所以原权利人只享有权利的外观，但不享有任何实际的权利。在判决和裁定生效之后，原权利人不能以其为登记记载的权利人而处分财产，也不能继续对财产进行不正当的利用，从而造成对财产的损害。如果原权利人在法院判决生效之后继续处分财产，将构成无权处分。如果因此给新权利人造成损害，应当承担损害赔偿责任。但需要指出的是，尽管法院判决或者仲裁机关裁定已经确定了物权的归属，但如果没有进行查封登记或者异议登记，则登记簿上记载的仍然是原权利人，此时基于登记产生的效力，原权利人转让不动产时，善意第三人仍然受到善意取得制度的保护。

但是，法院、仲裁机构的生效法律文书可以发生物权变动的效果，仅适用于非基于法律行为的物权变动，不适用于基于法律行为的物权变动。例如，在"胡克文、国家税务总局湛江市麻章区税务局等案外人执行异议之诉案"中，法院就曾指出："基于法律行为的物权变动不适用《民法典》第229条和《最高人民法院关于适用〈中华人民共和国民法典〉物权编的解释（一）》第7条的规则，不能通过裁判的方式进行确权。"①

第三，在没有办理登记之前，新的权利人不得处分物权。在判决和裁定生效之后，新的权利人是否可以处分其物权？学者对此存在着两种不同的理解：一种观点认为，在判决和裁定生效之后，新的权利人就享有处分权，可以处分房产，

---

① 广东省湛江市麻章区人民法院（2022）粤0811民初764号民事判决书。

但物权人不享有完整的所有权。① 只不过是未经登记，不发生房屋所有权移转的效力而已。因为判决和裁定本身可以替代各种公示方法。另一种观点认为，判决生效后，若未经登记，当事人还不享有处分权，如果未变更登记便处分房产，则与物权法的公示原则是相违背的。依据《民法典》的规定，在没有办理登记之前，新的权利人不得处分物权。因为判决和裁定并不是公示的替代方法，依据《民法典》的规定，在此情况下，依照法律规定需要办理登记的，未经登记，不发生物权效力。因此，新的权利人仍然有必要去办理登记。《房屋登记办法》②第80条规定："人民法院、仲裁委员会的生效法律文书确定的房屋权利归属或者权利内容与房屋登记簿记载的权利状况不一致的，房屋登记机构应当按照当事人的申请或者有关法律文书，办理相应的登记。"这是符合《民法典》立法精神的。一旦上述决定发生效力之后，物权就要发生变动，真正权利人为了维护自身的权益，应该及时申请办理变更登记或者异议登记，以防止原权利人继续处分该财产。③ 这对于有效维护上述法律文书中所确认的权利、及时确定物权的归属是十分必要的。新的权利人应该及时通知登记机构，防止原权利人将权利处分并办理登记过户手续。如此可以有效地防止原权利人对财产作出无权处分。因为既然物权已经发生变动，原权利人再对财产作出处分，将构成无权处分。

《民法典》第232条规定："未经登记，不发生物权效力"。所谓"不发生物权效力"，一方面，是指未经登记并不影响合同的效力。合同是否有效，要视具体情况而定。如果未经登记而处分物权的，合同仍然可以有效，如果因为不符合法律规定的物权变动的条件，物权无法移转，则出让人要承担违约责任。另一方面，新的权利人未经登记处分财产，不能发生物权变动的效果，法律上不承认受让人因此而取得物权。毕竟按照公示原则，需要登记的物权在发生变动时，必须办理登记，只有在登记的情况下才能够产生公信力，从而保障交易安全。如果在未办理登记之前，就允许新的权利人可以随意处分自己的物权，将影响到整个交

① 参见孙宪忠、朱广新主编：《民法典评注 物权编1》，192页，北京，中国法制出版社，2020。
② 《房屋登记办法》已于2019年被废止，但其规定仍符合《民法典》的精神，故此引用说明。
③ 参见崔建远：《物权法》，2版，64页，北京，中国人民大学出版社，2011。

易的秩序，将来可能会因财产多次转手而导致无穷的产权纠纷。如果需要办理登记而不办理登记就处分产权，就意味着将该判决和裁定等同于产权证书，司法和仲裁机关的职能就取代了登记机构的职能。所以，依法应当办理登记的，在未办理登记之前，不能实际取得处分权，从这一意义上说，权利人的处分权在此时是受限制的。因法院的判决而取得的不动产物权，"虽不以登记为生效要件，但非经登记不得处分其物权，以维护交易之安全。唯所谓不得处分物权，并不包括与人订立买卖或其他债之契约之情形在内"①。

第四，登记机构负有办理相关登记的义务。这就是说，登记机构有义务根据法院和仲裁机构的法律文书来办理产权的更正登记手续，而不能加以拒绝，所以它对登记机构也产生了一种效力。《房屋登记办法》第80条规定："人民法院、仲裁委员会的生效法律文书确定的房屋权利归属或者权利内容与房屋登记簿记载的权利状况不一致的，房屋登记机构应当按照当事人的申请或者有关法律文书，办理相应的登记。"有人认为，法院判决或者仲裁机关裁定生效以后，登记机构有权进一步审查判决、裁定是否合理。笔者认为，此种观点是不妥当的，因为如果允许登记机构进一步审查判决、裁定是否合理，就等于说生效的判决和裁定还没有产生应有的效力。法院和仲裁机构关于物权变动的判决、裁定之所以能够发生物权变动的效果，就是因为它必须成为登记的依据。

一旦判决或者裁定生效，新的权利人在没有办理登记的情况下也享有物权，可以基于该物权对抗原权利人和原权利人的债权人，也可以基于其享有物权的事实要求登记机构变更登记。而原权利人虽然是登记记载的权利人，但实际上不再享有任何权利。然而，法院、仲裁机构的生效法律文书所针对的只是具体当事人而非一般人，对当事人以外的第三人来说，公示性不强，公信力较弱②，因此，《民法典》第232条规定："处分依照本节规定享有的不动产物权，依照法律规定需要办理登记的，未经登记，不发生物权效力。"

---

① 姚瑞光：《民法物权论》，28页，台北，自版，1988。
② 参见黄薇主编：《中华人民共和国民法典物权编解读》，55页，北京，中国法制出版社，2020。

（二）征收

所谓征收是指国家为了公共利益的需要，在依法作出补偿的前提下，利用公权力强制性地将集体或私人所有的财产征归国有的行为。征收行为生效也可以发生物权变动。有关引起物权变动的事实行为中最重要的一种就是征收行为。很多国家将因征收行为所导致的物权变动规定在宪法或者其他宪法文件中，而不是在物权法中。这是因为，征收涉及公权力和基本民事权利（即财产权）的冲突，而西方各国宪法中的基本权利包括财产权，所以，将征收所引起的物权变动规定在宪法中也是容易理解的。根据我国《民法典》第229条的规定，一旦有关人民政府作出征收决定，下达征收令，该决定生效之后，就发生物权移转效果。

征收之所以直接导致物权的变动，这主要是因为：一方面，征收是国家行使公权力的行为，征收令应当产生物权变动的后果，如果征收令生效之后，不能立刻发生物权变动的后果，此种征收决定可能名存实亡，影响到国家机关依据合法权限和合法程序作出的征收决定的权威性。在征收以后，如果还要进行物权的公示和办理登记，也会影响到征收的实际效果。例如，假如认为在没有办理登记之前，不移转所有权，那么，原权利人仍然可以处分该财产，而且原权利人的债权人也可以向法院申请对该财产进行查封扣押，这样就会影响征收的进行，增加征收成本。更何况，征收行为本身与交易行为不同，不能适用因法律行为发生的物权变动的规则。另一方面，征收本身就是强制性移转所有权的方法，而登记需要原登记权利人的协助，所以，在征收的情况下，也难以将登记的办理作为物权变动的前提条件。此外，任何一个民事权利都不是绝对的，它仍然受到公共利益等法定因素的限制，而政府征收令是对公民财产权的法定限制，在法律上已经具有明确规定，对任何民事主体都不构成特殊的损害。征收行为是基于公共利益作出的，其受到严格的程序限制，一般要提前发出征收公告，即使没有办理登记就发生物权变动，也不会损害其他人利益。①

需要探讨的是，征收令从何时开始生效？对此存在着不同的看法。一种观点

---

① 参见黄薇主编：《中华人民共和国民法典物权编解读》，55页，北京，中国法制出版社，2020。

认为，只要政府作出了征收的决定，征收令就发生效力。另一种观点认为，仅仅只是有政府作出了决定，还不能导致征收令的生效。还有一种观点认为，政府作出征收决定之后，必须予以公告，自公告之日起该决定即发生效力。笔者认为，《民法典》第229条所说的生效具有其特定的含义，并不是指发布了征收决定就发生了效力，而是必须要补偿完成后征收决定才发生效力。在实践中，确实存在有的政府还没有与被征收人达成补偿协议，就发布征收公告，并认为自公告之日起就发生物权变动。笔者认为，在没有达成补偿协议之前，征收的条件尚未具备，如果在此情形下，即行政机关可以在不具备法律规定条件的情形下，享有单方面依据职权改变物权归属的权力，这显然不利于保护被征收人的合法权益。也就是说，在征收补偿完成之后，被征收人对征收决定未提起行政复议或诉讼，或者提起了行政复议或诉讼后原征收决定被维持的，才能认为征收令发生了效力。

需要指出的是，《民法典》第232条规定："处分依照本节规定享有的不动产物权，依照法律规定需要办理登记的，未经登记，不发生物权效力。"这就是说，如果在处分该物权的时候，依法需要办理登记而没有办理登记，则权利人不能处分财产，即使处分，也不能发生物权变动的效力。

（三）因继承取得物权

所谓因继承取得物权，是指继承人依法取得被继承人的遗产，并据此取得相关的物权。《民法典》第230条规定："因继承取得物权的，自继承开始时发生效力。"依据该规定，法定继承开始后，就会发生物权变动的效力，即继承人取得继承财产的所有权和其他物权，成为新的物权人。此处所说的继承，是指被继承人死亡之后，依据法律规定或者遗嘱由继承人继承被继承人的遗产。因此，继承开始时间就是指被继承人死亡之时，无须继承人作出接受继承的意思表示[1]，而死亡则包括自然死亡和宣告死亡，后者自判决确定死亡之时开始继承。[2]此处所说的继承包括法定继承、遗嘱继承。

---

① 参见孙宪忠、朱广新主编：《民法典评注　物权编1》，194页，北京，中国法制出版社，2020。
② 参见胡康生主编：《中华人民共和国物权法释义》，80页，北京，法律出版社，2007。

1. 法定继承

依据《民法典》第 230 条的规定，法定继承开始后，就会发生物权变动的效力，即继承人取得继承财产的所有权和其他物权，成为新的物权人。《民法典》第 1124 条第 1 款规定："继承开始后，继承人放弃继承的，应当在遗产处理前，以书面形式作出放弃继承的表示；没有表示的，视为接受继承。"据此，继承开始以后，所有继承人是基于法律规定取得被继承人的财产。《民法典》规定在法定继承开始后，就发生物权变动的效力，主要原因在于：

第一，避免使遗产成为无主财产。[①] 为了防止被继承人死亡之后，继承财产成为无主财产，必须立即承认物权变动的效果，使财产的权利归属状态不间断。也就是说，权利义务的原归属点消失，这就必须为财产找到新的权利义务归属点。如果法律规定直到登记完成才能归属于继承人，那么，被继承人死亡之后至登记之前，就不能确定遗产的权利归属。

第二，依据我国《民法典》第 1161 条的规定，继承遗产应当清偿被继承人的债务，而且继承人清偿被继承人的债务以其继承的遗产为限。这就需要明确继承人从继承开始时即对遗产享有所有权，否则无法判断债务的清偿主体和范围。因为被继承人死亡，其民事主体资格已经消灭，故而其不能再作为债务人清偿自身债务，而继承人因为要继承财产，才与被继承人的债权人之间发生清偿关系。遗产必须具有新的所有权人，因被继承人一旦死亡，继承就开始了，继承人就应当承受被继承人的一切权利义务，换言之，被继承人的财产权利义务从继承一开始就当然地归属于继承人。[②]

第三，最大限度地尊重被继承人的意志，维护继承人的利益，防止各种纠纷的发生。例如，甲死亡之后，其子乙正在国外，并不知悉其父亲去世，自然也无从办理登记，将其父的财产登记到自己名下，但其仍然享有所有权。这就可以直接确定物权的归属，避免因继承人还没有实际占有继承财产而发生各种产权争议。如果只有一位继承人，遗产就归该继承人所有，如果继承人为数人，则遗

---

① 参见孙宪忠、朱广新主编：《民法典评注　物权编 1》，193 页，北京，中国法制出版社，2020。
② 参见杨与龄：《民法物权》，29 页，台北，五南图书出版有限公司，1996。

产就归全体继承人共有。当然，如果某项财产本来属于遗产的范围，但因为错误而登记在他人名下，此时，继承人只能通过确权程序，确认其财产权利。

当然，依据《民法典》物权编的规定，被继承人死亡后，其财产只是转移给了继承人，如果继承人丧失继承权或者抛弃继承权，可以认为其自继承开始时就不享有所有权。[①]

2. 遗嘱继承

遗嘱继承可否发生物权变动效力？对此比较法上存在两种模式：第一种模式是继承具有债权效力，德国法采取此种模式，即继承并不能直接导致物权变动，仅仅只是使继承人享有对遗产管理人的请求权，遗产管理人应当以遗产先清偿债务，剩余遗产满足继承人的请求。第二种模式是遗嘱继承具有物权效力，继承发生后，继承人直接取得物权。依据《民法典》第 230 条，我国法采取第二种模式。《民法典》之所以承认遗嘱继承自遗嘱生效时就发生物权变动的效力，是由遗嘱这种法律行为的特殊性决定的。遗嘱行为属于死因法律行为，行为人死亡后，遗嘱才发生法律效力。因而，依据遗嘱的规定，要求被继承人和遗嘱继承人或者受遗赠人之间进行交付或者登记，是不可能的，因为已经去世的人无法协助办理登记手续或者进行动产标的物的交付。如果强行要求交付或者登记，则在交付或者登记之前，遗产就可能处于无主状态，这样就不利于确定权利的归属，实现定分止争的目的。例如，在"唐某 1 与唐某 2、唐某 3 等分家析产纠纷二审民事案"中，法院就曾指出："基于法定继承、遗嘱继承、遗赠发生的非基于法律行为的物权变动，无须登记或交付，继承人、受遗赠人于被继承人死亡或者被宣告死亡时取得不动产或者动产之物权，但未办理宣示登记（转移登记、初始登记）的，不动产物权人不得处分，权利人处分该不动产的，不发生物权变动的效果。"[②]

当然，在继承人为多人时，一旦继承发生，遗产属于继承人共有，但继承人可以请求遗产管理人分割，只有在实际分割之后，继承人才可以获得单独的完整

---

① 参见《〈中华人民共和国物权法〉条文理解与适用》，127 页，北京，人民法院出版社，2007。

② 辽宁省大连市中级人民法院（2018）辽 02 民终 9021 号民事判决书。

的所有权。

遗嘱继承是基于合法的遗嘱而产生的。《民法典》第 230 条修改了《物权法》第 29 条的规定，不再将受遗赠作为非基于法律行为的物权变动的情形，这主要是因为，遗嘱属于法律行为，而不属于事实行为，因此，因遗赠引起的物权变动在性质上属于基于法律行为的物权变动，换言之，在遗赠的情形下，需要依据基于法律行为的物权变动规则认定其物权变动效果，这就是说，既需要被继承人作出遗赠的意思表示，也需要完成法定的物权变动公示方法，否则无法完成物权变动。① 因此，遗赠并不是基于法律规定发生物权变动的情形。

（四）合法建造房屋、拆除住房、添附等事实行为

《民法典》第 231 条规定："因合法建造、拆除房屋等事实行为设立或者消灭物权的，自事实行为成就时发生效力。"该条实际上是对因事实行为而发生的物权变动所作的规定。所谓事实行为，是指不以行为人的意思表示为要素，由于法律的规定，会产生一定民事法律后果的行为。该条实际上是对因事实行为而发生的物权变动所作的规定。② 基于事实行为引发的物权变动有别于基于法律行为产生的物权变动，对前者，法律完全采取法定主义的调整方式，直接规定其物权变动的结果。事实行为不受行为人是否具有行为能力以及意思表示的影响，只要存在某种事实行为，法律便赋予其一定的法律效果。

在民法上，对大量事实行为采取法定主义的调整方式，直接由法律确定事实行为所引起的法律后果。③ 按照《民法典》第 231 条中的规定，事实行为成就就可以发生法定效果。所谓成就，实际上就是指完成了一定的事实行为，例如，完成了《民法典》第 231 条规定的建造、拆除行为。所谓发生效力，是指发生物权变动的效果，即行为人自动取得所有权或者是自动丧失所有权。例如，房屋建成导致房屋所有权产生，材料销毁导致材料所有权消灭。④ 当然，并不是所有的事

---

① 参见房绍坤：《遗赠效力再探》，载《东方法学》，2022（4）。

② 参见黄薇主编：《中华人民共和国民法典物权编解读》，58 页，北京，中国法制出版社，2020。

③ Schulze u. a., Bürgerliches Gesetzbuch, Vorbemerkung zu BGB §§ 104-185, Rn. 12（von Heinrich Dörner）.

④ 参见黄薇主编：《中华人民共和国民法典物权编解读》，58 页，北京，中国法制出版社，2020。

实行为都可以发生物权变动的效果，法律只是基于政策的考虑，赋予某些事实行为的成就具有物权变动的效力，因此，基于事实行为发生物权的变动，必须符合法律规定的构成要件。

1. 合法建造房屋

合法建造房屋之所以可以取得物权，主要是基于如下几个理由：第一，建房人对于房屋建造进行了投资，按照"谁投资、谁受益"的原则，可以依法取得所有权。按照所有权取得方式，生产和劳动是所有权取得的首要方法，建房人投资建房投入了自己的资金和劳动，即使未办理登记，建房人也应当取得产权。更何况在我国，建造房屋必须要取得审批许可，申请人取得了合法的审批手续之后才可以建房。既然是办了合法手续才建造房屋，对建房人完成的劳动成果就应当给予承认和保护。第二，确定物权归属。在建房人合法建造房屋之后，如果房屋已经具备四壁和顶盖，就已经形成了一个新的不动产。对该不动产，在没有办理登记之前，在法律上就应当确定其归属。不能因为未办登记或未及时办理登记，而使该财产成为无主财产。第三，有利于保护物权。因为在我国广大农村，房屋并没有要求登记。如果不赋予这些建造人取得物权的权利，则在登记之前，由于其尚未享有物权，可能随时遭受第三人的侵害，就无法获得物权法所规定的保护，容易产生社会纠纷。确认建房人取得所有权有利于最大限度地防止争议发生，保护建房人的利益。如果第三人侵害了该物权，建房人因已经取得了物权，可以行使物权请求权排除第三人的侵害。第四，建房人已经对建造的房屋进行了占有，形成了一定的权利外观。从房屋建造开始至房屋建造完毕，房屋都始终处于建造人的占有之下，这就给外界一种印象，即该房屋属于其所有，因而建房人对建造的房屋理所当然地享有所有权。这种情况类似于某人对其生产的产品享有所有权。可以说，这种所有权的取得方式属于原始取得。第五，符合一般的生活习惯。按照通常的社会观念，都认为在合法建造完房屋以后，建房人就对其房屋享有所有权。因事实行为所产生的物权变动，如果不承认通过事实行为可以产生物权，不符合一般的生活习惯。

合法建房取得物权的条件是：第一，必须有合法的建房手续。《民法典》第

231条所说的合法建房是指取得了合法手续的建房，违章建筑不能取得物权。按照《民法典》第231条的规定，只有合法建筑才能够在建成之后发生物权变动的结果，如果是非法、违章建造房屋形成的违章建筑，当然不适用本条的规定。所谓合法，主要是强调完成了特定的审批手续，取得了合法的土地权利，符合规划要求。根据《民法典》第231条的反面解释，违法建筑物不得归建造人所有。① 否则就意味着鼓励人们擅自突破城市规划、违章建房。违章建筑虽然也体现了一定的财产利益，但因为不是合法建房，总体上不应该作为不动产物权受到物权法的保护。第二，必须已满足构成建筑物的基本要求，如果房屋尚处于建设过程中，甚至尚未构成在建建筑物，则因为不动产物权的客体尚不存在，自然不能取得不动产物权。

需要指出的是，基于合法建房而事实上取得的物权，在没有登记之前，还不具有完全的所有权效力。关于事实行为是否取得完全的所有权，在物权立法中是存在争议的。一种观点认为，没有办理登记，不具有完整的所有权，不能处分该房产。有学者将其称为事实物权。② 另一种观点认为，即便建房人未办理登记，也可以取得完整的所有权，因为广大农村中大量房屋尚未办理产权，如果不允许农民转让房屋所有权，不利于保护农民利益。现实中，农村的很多房屋都是没有登记的，但已经进行了转让，必须承认此种客观现实。这里确实涉及如何协调对交易安全的保护和对财产权保护的冲突问题。按照《民法典》的规定，因事实行为所发生的物权变动与一般物权变动有区别，此种区别表现在：一方面，因合法建房只能取得物权，建房人在法律上还不能取得完的所有权，其必须经过登记才能够取得完整的所有权。另一方面，此种基于事实行为所取得的物权在对抗第三人的效力方面受到限制，因为此种物权毕竟没有经过登记，缺乏法定的权利外观。所以在处分方面应当受到一定的限制，即未经登记，权利人移转该房产，或者将房产设置抵押的，不发生物权变动的效力。所以，《民法典》第232条规定，依据事实行为取得的物权，应及时办理登记；未经登记，在进行处分行为时，不发生物权的效力。

---

① 参见崔建远：《中国民法典释评·物权编》（上卷），182页，北京，中国人民大学出版社，2020。
② 参见孙宪忠：《论物权法》，65页，北京，法律出版社，2001。

2. 拆除住房

拆除房屋也可以导致物权变动，此种变动是指所有权的客体灭失，导致房屋所有权丧失，但是宅基地使用权或者建设用地使用权并不随之丧失。例如，在"程某1；程某2；程某3；程某4；王某1；王某2；闽侯县港房屋征收服务中心继承纠纷案"中，法院就曾指出："拆除重建系非基于法律行为的物权变动原因，故拆迁前的原该座房产并不属于遗产范围。"① 至于拆除房屋，当事人能否取得建筑材料等动产的所有权，则是另一个法律问题。如果原灭失房屋没有登记，则在灭失的情况下，原所有权人没有必要办理涂销登记；但是如果原房屋已经在不动产登记机构办理了登记，则原所有权人必须补办涂销登记，以防止造成登记错误，影响交易安全。

3. 其他事实行为

《民法典》第 322 条规定："因加工、附合、混合而产生的物的归属，有约定的，按照约定；没有约定或者约定不明确的，依照法律规定；法律没有规定的，按照充分发挥物的效用以及保护无过错当事人的原则确定。"依据这一规定，在发生添附的情况下会发生物权的变动，基于添附这一事实行为所发生的物权变动也属于非基于法律行为发生的物权变动。

三、非基于法律行为的不动产物权变动的登记

（一）依法需要办理登记的应当登记

非基于法律行为发生的物权变动也应当进行登记，但是在未获得登记时，也应当受到物权法的保护。《物权编司法解释（一）》第 8 条规定："依据民法典第二百二十九条至第二百三十一条规定享有物权，但尚未完成动产交付或者不动产登记的权利人，依据民法典第二百三十五条至第二百三十八条的规定，请求保护其物权的，应予支持。"据此，非依法律行为发生的物权变动不以动产交付或不

---

① 福建省福州市中级人民法院（2020）闽 01 民终 5993 号民事判决书。

动产登记为必要，物权人当然可以行使物权请求权。

（二）未经登记处分该物权时，不发生物权效力。

非基于法律行为的物权变动，仍然受到法律的保护。《物权编司法解释（一）》第8条规定，此时的物权人仍有权请求保护物权。新的权利人在没有办理登记之前虽然取得物权，但此种物权的效力仍不完整，还不是一种完全的所有权。[①] 或者说是受到限制的物权，这种限制主要发生在其处分行为中。为了保障交易的安全，保护当事人的合法权利，新权利人处分不动产物权时应当先办理登记，否则处分不发生物权效力。具体而言：

首先，如果新的权利人依据《民法典》第232条享有不动产物权，应当办理登记，还是应当及时办理登记，否则会影响其处分权的实现，使其享有的权利成为一种不完全的所有权。当然，对动产物权而言，并不存在这样的问题。

其次，依照法律规定需要办理登记的，未经登记而处分物权的，不发生物权效力。所谓"不发生物权效力"，一方面，是指未经登记并不影响合同的效力，合同是否有效，要视具体情况而定。如果未经登记而处分物权的，合同可以仍然有效，如果因为不符合法律规定的物权变动的条件，导致物权无法移转，则出让人要承担违约责任。另一方面，新的权利人未经登记处分财产，不能发生物权变动的效果，法律上不承认受让人因此而取得物权。[②] 毕竟按照公示原则，需要登记的物权在发生变动时，必须办理登记，只有在登记的情况下才能够产生公信力，从而保障交易安全。如果在未办理登记之前，就允许新的权利人随意处分自己的物权，将影响到整个交易的秩序，将来可能会因财产多次转手而导致无穷的产权纠纷。所以，依法应当办理登记的，在未办理登记之前，不能实际取得处分权，从这一意义上说，权利人的处分权在此时是受限制的。因法院的判决而取得的不动产物权，"虽不以登记为生效要件，但非经登记不得处分其物权，以维护交易之安全。唯所谓不得处分物权，并不包括与人订立买卖或其他债之契约之情

---

① 参见孙宪忠、朱广新主编：《民法典评注 物权编1》，206页，北京，中国法制出版社，2020。
② 参见崔建远：《中国民法典释评·物权编》（上卷），185页，北京，中国人民大学出版社，2020。

形在内"①。

问题在于，如果判决或者裁定生效后，办理变更登记之前，原权利人处分了房屋，有可能损害新的权利人利益。在此情况下，新的权利人在未办理登记之前，应当及时到登记机构办理更正登记，也有权提出异议登记，以防止所有权受到侵害。如果新的权利人没有及时办理相关登记手续以维护自己的权利，则要承担由此带来的风险和损失。

---

① 姚瑞光：《民法物权论》，28页，台北，自版，1988。

第六章
不动产登记

第一节 不动产登记概述

一、不动产登记的概念与特征

不动产登记是指国家登记机构将不动产物权变动的事项记载于不动产登记簿并供公众查阅。换言之，不动产登记是指专门的登记机构根据登记申请人的申请，依照法定的程序，对不动产物权的设立、变更、转让和消灭的情况在不动产登记簿上进行记载并供不特定的第三人查阅的行为。[①]《不动产登记暂行条例》第2条规定："本条例所称不动产登记，是指不动产登记机构依法将不动产权利归属和其他法定事项记载于不动产登记簿的行为。"登记的客体主要是不动产[②]，

[①] 参见孙宪忠:《论物权法》，439 页，北京，法律出版社，2001。

[②] 关于登记的范围，《不动产登记暂行条例》第5条规定："下列不动产权利，依照本条例的规定办理登记:（一）集体土地所有权;（二）房屋等建筑物、构筑物所有权;（三）森林、林木所有权;（四）耕地、林地、草地等土地承包经营权;（五）建设用地使用权;（六）宅基地使用权;（七）海域使用权;（八）地役权;（九）抵押权;（十）法律规定需要登记的其他不动产权利"。

它是不动产物权变动的法定公示方法。物权的公示原则要求当事人应当将物权设立、移转的事实通过一定的公示方法向社会公开，从而使第三人知道物权存在和变动的情况。不动产登记是不动产物权设立和变动的主要公示方法。在公示方法中，最重要的就是不动产的登记制度。可以说，完备的登记制度不仅是保障财产交易有序化的重要措施，而且是整套物权法律制度赖以存在的基础。只有在一个完备的登记制度之下，绝大多数不动产物权才得以设立和有秩序地移转。

登记制度是适应确认产权、保护交易安全的需要而不断演化的。据学者考证，不动产登记制度可以追溯到希腊化时期的埃及和古希腊的一些城邦。① 罗马法最初对所有权的移转注重形式，要求采用曼兮帕蓄（mancipatio）和拟诉弃权（iure in cessio）等形式②，以后逐渐采取了占有移转或交付（traditio）的方式。于是，所有权必须依交付而移转。罗马法的占有 possessio 一词，来源于 sedere 和 por（或者 pod、apud）两个词的组合，意思是指坐在土地之上，或密切接近于土地。这种公示的方式显然不符合不动产权利移转的要求。以后，日耳曼法进一步发展了交付制度，要求当事人在让与土地所有权时，在证人面前不仅要缔结让与契约，而且必须为物的移转行为的表象行为，让与合意和交付行为构成土地所有权让与的条件。此种交付逐渐发展为以文书代替象征物的交付，将记载了当事人让与合意的文书交付给受让人，便可以完成交付行为。③ 而现代的登记制度正是在该文书交付的基础上发展起来的。④ 根据学者的一般看法，登记制度开始于 12 世纪前后德国北部城市关于土地物权变动须记载于市政会所掌管的都市公

---

① J. Ph. Levy，Rev. hist du droit，1987，pp. 257-266.

② 所谓曼兮帕蓄，即要式买卖，是专门针对要式物的最富有特色的形式，以至于在它被适用于略式物后，本身不再具有任何意义。在这种形式中，卖主有义务保证物的所有权，如果卖主出卖的物不是他自己的，则退还双倍的价款，这种保证叫做"auctoritas"（合法性），有关诉讼叫做"合法性之诉"。所谓拟诉弃权，是在执法官面前进行的转让。它采取要求返还诉的形式，转让者（即虚拟的请求人）在诉讼中不提出异议，因而虚拟的诉讼在"法律审"中完结。拟诉弃权是转让要式物和略式物的共同方式，但是一般来说，对于要式物在古典法时代很少使用。参见［意］彼德罗·彭梵得：《罗马法教科书》，黄风译，北京，中国政法大学出版社，1992。

③ 参见史尚宽：《物权法论》，22 页，北京，中国政法大学出版社，2000。

④ 参见史尚宽：《论物权行为的独立性与无因性》，载郑玉波主编：《民法物权论文选辑》（上册），台北，五南图书出版有限公司，1984。

簿（Stadtbuch）上。其后不久，这一制度因德国大规模继受罗马法而被多数地方废止，仅个别地方略有采行。[1] 直到 18 世纪，由于农业金融的需要以及商业的发展，普鲁士邦和法国开始恢复土地抵押权登记制度。随着登记制度的产生，国家权力已经介入到市场交易之中，在相当程度上克服了不动产的交易中占有移转不具有较强公示性的缺陷。[2]

当然，大陆法系国家对于登记的效力问题，历来存在着不同的规定。一是以法国法为代表的国家主要采取意思主义，认为当事人一旦形成物权变动的意思表示，便可以发生物权变动的法律效果，未经登记的物权也可以通过当事人的合意而成立，只是在没有依法进行公示前，物权的变动不能对抗善意的第三人。法国近代的不动产登记制度最早应当上溯到大革命时期的 1798 年 11 月 1 日法律，该法律旨在保护抵押权人的利益。[3]《法国民法典》第 711 条规定："财产所有权得因继承、生前赠与、遗赠以及债的效果而取得或转移。"这种立法体例便形成了所谓形式主义登记体制。二是以德国民法为代表的国家采取了登记要件主义，此种主张认为不动产物权的变动必须进行登记，如果当事人仅仅只是达成了物权变动的合意，而没有完成登记手续，则物权变动的意思表示不仅不产生公信力，而且不产生物权变动的法律效果。[4]《德国民法典》第 873 条第 1 款规定："为转让一项地产的物权，为在地产上设立一项物权以及转让该项权利或者在该权利上设立其他权利，如法律没有另行规定，必须有权利人和因该权利变更而涉及的其他人的合意，以及该变更在不动产登记簿上的登记。"第 875 条第 1 款规定："为放弃一项地产的权利，如法律无另行规定，必须有权利人放弃其权利的意思表示，以及该项权利在不动产登记簿的涂销登记。"据此，不动产物权登记就不仅具有物权公示作用，而且具有决定不动产物权变更的法律行为能否生效的作用。

---

① 参见谢在全：《民法物权论》（上册），59 页，台北，自版，1997。

② 参见尹田：《法国不动产公示制度》，载梁慧星主编：《民商法论丛》，第 16 卷，香港，金桥文化出版公司，2000。

③ Philippe Malaurie, Laurent Anès, Les sûretés, La publicité foncière, 2e éd., Defrénois, 2006, pp. 266-267.

④ MünchKomm/Kohler, BGB § 873, Rn. 87.

在我国，依据《民法典》第 209 条，不动产登记是不动产物权变动的公示方法，其具有如下几个特点。

（一）不动产登记是登记机构将不动产物权的设立、变更和消灭的事实记载于登记簿的行为

登记必须要由登记申请人提出申请，由登记机构负责办理登记。登记的本质在于将有关不动产物权设立、移转、变更等情况登录、记载于登记簿上，以备人们查阅。登记簿是指登记物权变动以及相关事项并备存于登记机构的簿册。在登记制度中，登记簿具有特殊的地位，即登记簿是证明物权设立及变动的重要根据。登记簿应当具有统一性，与不动产物权变动有关的事项都应当在同一个登记簿中予以体现。登记行为本身含有公权力行使的因素，登记簿可以说是由国家建立的财产档案①，因此，登记簿具有权威性。登记簿所记载的内容应当是公开的，允许他人查阅。登记机构将登记事项记载于登记簿以后，应当向登记权利人发放权利证书。

实践中，不动产登记包括申请、收件、审核、公告、记载和发证多个环节，因此，关于不动产物权从何时发生变动，一直存在争议。第一种观点认为，登记申请人提出登记申请，只要该申请为登记机构所接受，就认为已经完成了登记。第二种观点认为，仅仅只是受理登记，还不足以发生登记的效力，只有将物权变动情况记载于登记簿之后才能发生登记的效力。第三种观点认为，将登记的事项记载于登记簿还不能发生效力，而只有将登记的内容向社会公示，第三人能够查阅才产生登记效力。《民法典》第 214 条规定："不动产物权的设立、变更、转让和消灭，依照法律规定应当登记的，自记载于不动产登记簿时发生效力。"所以，不动产物权设立、变更、转让和消灭的时间，应当以记载于不动产登记簿时为准。② 尽管登记程序较为复杂，但最实质性的要件是记载于登记簿。因此，一方面，如果登记申请人提出申请以后，登记的申请已经获得有关登记部门的同意但没有完成登录、记载手续，仍然不构成完成登记。另一方面，在记载于登记簿之后，即使权利人尚未领取产权证，也不影响登记的完成。

---

① 参见胡康生主编：《中华人民共和国物权法释义》，49 页，北京，法律出版社，2007。
② 参见黄薇主编：《中华人民共和国民法典物权编解读》，24 页，北京，中国法制出版社，2020。

（二）不动产登记是就不动产物权的变动进行的登记

根据《民法典》第 214 条的规定，不动产登记的事项主要包括不动产物权的设立、变更、转让和消灭。至于登记的种类，《民法典》只是规定了不动产物权的设立、变更、转让和消灭，依照法律规定应当登记的，自记载于不动产登记簿时发生效力。而根据《不动产登记暂行条例》第 3 条的规定，不动产的登记包括首次登记、变更登记、转移登记、注销登记、更正登记、异议登记、预告登记、查封登记等种类。

首先需要明确的是，不动产登记的事项，主要是不动产物权变动的状况，而非不动产本身。虽然不动产本身的状况，如地址、门牌号码、建筑物附图等也是登记内容，但是其只是为不动产物权变动提供基础而已，登记的核心仍然是不动产物权变动的状态。具体来说，登记的目的就在于向公众公示如下情况。

1. 不动产物权的设立

除了极少数法定物权以外，物权的产生都以公示为条件，即使当事人之间存在协议，但是该协议也只能在当事人之间生效，不能产生物权设立的效果。公示是物权设立的重要条件，不动产物权一旦经过了登记，则人们有合理的理由相信这些物权已经设立。如果当事人通过合同约定设定某种物权，但尚未进行登记，因其没有完成公示的要求，人们便可以相信此种物权并没有产生。

在一项不动产之上设立的他物权（如在土地使用权上设立的抵押权等），通常表现为对所有权的限制即不动产的负担。例如，在某项房产上设立了抵押实际上就是在该房产上设立了负担。这种负担的设立情况也应当向公众公示，因为该房产一旦进入交易市场，有负担的不动产和没有负担的不动产在价值上是完全不同的。对买受人而言，购买了具有负担的不动产之后，有可能会受到第三人的追夺。如果登记的信息不能对第三人公开，第三人就可能受到欺诈。由此表明，向公众公开不动产负担的情况，对于保护买受人的利益，防止一物数卖以及各种欺诈行为都具有十分重要的作用。

2. 不动产物权的变更

不动产物权的变更主要是指物权内容和客体的变化，此种变更为狭义的物权变更，不包括物权主体的变化。不动产的状况和权利内容发生变更，也必须在登记簿上体现，否则不能发生物权变动的效力。例如，不动产用益物权期限的延长或缩短，必须登记于登记簿上才能发生物权效力。再如，甲将其房屋抵押给乙，用于担保其1 000万元债务，后当事人约定将抵押所担保的债权数额由1 000万元减少至500万元，此种情形就属于抵押权内容的变更。

3. 不动产物权的转让

不动产物权的转让，是指在物权客体、内容不发生变化的情况下，物权的主体发生变更。例如，某人将房屋转让给他人，应当办理房屋所有权移转登记。

4. 不动产物权的消灭

不动产物权由于某种原因而消灭时，应当将不动产物权在不动产登记簿上注销，以防止此类物权再进入交易市场。例如，房屋因为火灾被烧毁，就应当在房屋登记机构办理注销登记。拆除房屋以后，也应当办理注销登记。

5. 不动产上权利的其他情形

这主要是指其他对不动产物权进行限制的情形，例如对不动产物权进行查封、对不动产进行财产保全，等等。这些措施都旨在限制不动产权利人的处分权，因而有必要通过登记予以公示。

如果某种物权已经发生了变动，但没有在登记簿上予以记载，则在法律上视为并没有真正完成物权的变动。从法律效果上来看，只要作为公示内容的物权现状没有变动，便可以视为未曾发生物权变动。反之，如果登记记载的某项物权已经发生变动，但事实上并没有变动，在法律上则推定物权已经发生了变动。例如，甲乙双方在订立了房屋买卖合同后，双方并没有实际交付价款和交付房屋，但已经办理了房屋登记过户手续，对善意第三人来说，可以认为房屋所有权已经发生移转；相反，即使已经交付了房款或者已经交付了房屋，而没有办理登记，也不能认为所有权已经发生了移转。①

既然不动产登记是一种公示方法，登记的一些内容应能够为人们所查阅。登记的一些内容应当是公开的信息，而登记完成以后也意味着将登记的事实向社会公示、公开，如果登录、记载的事实属于不宜向社会公示、公开的事实，则不属

---

① 参见肖厚国：《物权变动研究》，6页，北京，法律出版社，2002。

于登记事项。

（三）不动产登记的客体仅限于不动产

不动产登记顾名思义针对的是不动产。不动产登记本身是一套完整的制度，并且要由统一的登记机构办理。至于动产，并非不需要登记，例如车辆、船舶等也需要登记，但其登记机构和规则等，与不动产登记制度是有差异的。权利质押的登记，必须要依照《民法典》的规定在有关机关办理登记，但此种登记不属于不动产的登记。

《民法典》第209条第2款规定："依法属于国家所有的自然资源，所有权可以不登记。"依法属于国家所有的自然资源主要是指矿藏、水流、海域、城市土地、国有的森林、山林、草原、滩涂等自然资源。这些资源的所有权之所以不需要进行登记，主要是因为《民法典》及其他法律已经明确其属于国有，且专属于国家所有，这些财产的所有权不得转让，即使不登记也不影响权利的归属和交易安全。此外，考虑到基于国有自然资源产生的他物权，如建设用地使用权等需要登记，所以，所有权不登记并不影响对这些资源有效率的利用。当然，对于一些并非专属于国家所有的自然资源，如土地、森林、草原等，国家也可能会和集体之间发生争议，所以从长远来说仍然应当登记。例如，根据草原法规定，未确定使用权的国家所有的草原，由县级以上登记造册，但这种资产性登记，与民法典中作为公示方法的物权登记是不同的，它只是管理部门为摸清家底所从事的一种管理行为，并不产生物权登记的效力。[1]

（四）登记在性质上是一种公示方法

登记是不动产物权变动的公示方法，登记的目的在于将物权变动的事实对外公开。[2] 因此，登记并非一种行政许可或者行政确认行为。当事人办理不动产物权变动登记，并不需要政府的审批和核准，而是将物权变动的事实对外公开。可见，登记行为只是对于法律事实的确认，而不是创造了一个新的权利。如果认为

---

① 参见黄薇主编：《中华人民共和国民法典物权编解读》，19～29页，北京，中国法制出版社，2020。

② MünchKomm / Kohler，5. Auflage 2009，BGB § 873，Rn, 89 ff.

登记行为能够创设基本权利，那么就给人以行政行为能够创设权利的假象。当然，登记具有权利的推定效力，但登记本身不是创造权利的根源，也并不意味着事实上的权利状况就绝对与登记相符。①

（五）登记兼具民事行为的属性

登记行为的性质究竟是民事行为还是行政行为，在学理上一直存在争议。通说认为，登记应当是一种民事行为。笔者认为登记行为具有双重属性。

（1）登记具有民事行为的属性。原因在于：第一，除非法律另有规定，否则登记活动必须依据当事人的申请进行。当事人的申请不仅决定了登记活动是否能够开展，而且决定了登记机构的行为范围。当事人提出申请就是行使民法上的登记请求权，此种请求权属于民事权利。申言之，登记主要是基于当事人的登记请求而发生的，在此情况下，登记机构也只能基于当事人的请求而进行登记。登记请求权是民法上的请求权。第二，通过不动产登记而发生不动产物权变动这一实体法上的法律效果，其根本原因在于当事人之间的物权合意，而非登记机构的登记行为。登记机构的登记行为并未创设某种新的权利义务关系，不动产物权变动的效果的发生根源在于当事人的合意，因此，登记必须以当事人的合意为基础，而此种合意显然是平等主体之间的法律关系。第三，登记虽然由登记机构负责，并由登记机构将登记信息记载于登记簿上，但登记机构本身并不需要进行审批或核准，只是要将已经发生的物权变动通过登记予以公示。登记的效力是发生民事权利的变动，即在当事人之间产生民事权利义务关系。第四，登记出现错误，即登记簿的记载与真实的物权状况不一致时，实际上就意味着当事人之间就物权的归属或内容存在争议，这种争议属于民事争议，应当通过民事诉讼程序由司法审判机关加以裁决，登记机构依据司法机关生效的法律文书才能进行相应的更正登记，因为登记机构作为行政机关是无权裁决当事人的民事权利义务纠纷的。所以从这种意义上说，登记属于民事活动。在登记发生错误时，也要通过民事确权程序重新确权。第五，在当事人通过提供虚假的登记材料而造成登记错误时，依据

---

① MünchKomm/Kohler, 5. Auflage 2009，BGB § 891，Rn. 1.

我国《民法典》第 222 条第 1 款的规定，应当由提供虚假材料的当事人承担赔偿责任，这种赔偿责任显然属于民事责任。由此可见，登记在很大程度上属于一种民事活动。

（2）登记具有行政行为或行政活动的性质。这是因为：首先，登记机构性质上属于行政机构，其代表国家从事的登记活动属于行政活动，因此必须严格依照法律规定的程序进行活动。就登记机构而言，其从事的登记活动是一种行政行为，不能超越法律的授权，也不能放弃法律赋予的职责。例如，对于我国《民法典》第 212 条规定的登记机构应当履行的职责，实际上是要求登记机构在从事登记活动时必须合法。其次，登记机构没有正当理由拒绝办理登记或者拒绝更正登记，当事人有权就登记机构的行政不作为提起行政诉讼。最后，登记机构在从事登记活动时，如果违反法律、法规的规定，没有依照法律的程序和法定权限进行登记，不仅要承担由此产生的行政责任，而且要对因此遭受损害的当事人承担国家赔偿责任。

长期以来，我们将登记完全作为行政机关行使行政管理的职权的行为，而不是一种公示方法，这就造成了登记机构与行政机关的设置和职能合一的问题。[①]为了克服分散的登记制度所造成的弊端，《民法典》第 210 条规定："不动产登记，由不动产所在地的登记机构办理。国家对不动产实行统一登记制度。统一登记的范围、登记机构和登记办法，由法律、行政法规规定。"所谓不动产的统一登记制度，是指由一个登记机构统一负责有关不动产的登记事务，并在登记范围和登记规则、程序等方面实现统一。

二、不动产登记的例外

《民法典》第 209 条规定："不动产物权的设立、变更、转让和消灭，经依法登记，发生效力；未经登记，不发生效力，但是法律另有规定的除外。"此处所

[①]　参见黄薇主编：《中华人民共和国民法典物权编解读》，20 页，北京，中国法制出版社，2020。

言的"未经登记，不发生效力，但是法律另有规定的除外"主要包括如下几种情形。

第一，依法属于国有的自然资源，可以不登记。《民法典》第 209 条第 2 款规定："依法属于国家所有的自然资源，所有权可以不登记。"应当看到，我国有关法律，如草原法、海域使用管理法等，也对草原、海域要求登记造册，例如《海域使用管理法》第 19 条规定："海域使用申请经依法批准后，国务院批准用海的，由国务院海洋行政主管部门登记造册，向海域使用申请人颁发海域使用权证书；地方人民政府批准用海的，由地方人民政府登记造册，向海域使用申请人颁发海域使用权证书。海域使用申请人自领取海域使用权证书之日起，取得海域使用权。"但是这些单行法规定的登记造册，其实并不是《民法典》所规定的登记，而只是一种行政管理方式。之所以自然资源不要求登记，存在如下三方面原因：一是，我国宪法已经规定自然资源属于国家所有，《民法典》对此也进行了规定。例如，《宪法》第 9 条第 1 款就明确规定：矿藏、水流、森林、山岭、草原、荒地、滩涂等自然资源，都属于国家所有，即全民所有；由法律规定属于集体所有的森林和山岭、草原、荒地、滩涂除外。《民法典》物权编第五章在有关国家所有权的规定中，也对宪法的相关规定进行了落实。[①] 二是，我国宪法、法律都明确规定了有关自然资源不允许个人、企业等取得所有权。既然公示公信主要是通过法律行为取得，那么在宪法法律有了明确规定、不得取得自然资源所有权的情况下，当事人也就不能通过法律行为产生物权变动，在实践中也不易发生纠纷，所以是否对自然资源进行登记，意义不大。三是，既然我国宪法和法律都已经规定自然资源属于国家所有，那么因宪法法律的规定，自然已经取得了公示的效力，甚至比物权的公示具有更高的效力，因此不必进行登记。[②]

第二，非因法律行为引起的物权变动，可以不经登记。《民法典》第 229 条到第 231 条对此进行了规定。当然，依据《民法典》第 232 条，在处分不动产物权时，如果未经登记，则不发生物权效力。

---

① 参见黄薇主编：《中华人民共和国民法典物权编解读》，16 页，北京，中国法制出版社，2020。
② 参见黄薇主编：《中华人民共和国民法典物权编解读》，17 页，北京，中国法制出版社，2020。

第三，机动车、船舶、航空器等交通工具采取登记对抗主义。《民法典》第225条规定，船舶、航空器和机动车等的物权的设立、变更、转让和消灭，也可以不登记，但未经登记，不得对抗善意第三人。

第四，某些用益物权的变动不以登记为要件，换言之，这些用益物权的变动采取债权意思主义的物权变动模式，在合同生效后，即可发生物权变动，具体而言：一是土地承包经营权。《民法典》第333条规定："土地承包经营权自土地承包经营权合同生效时设立"。二是宅基地使用权。《民法典》第336条规定："宅基地使用权的取得、行使和转让，适用土地管理的法律和国家有关规定。"三是地役权。《民法典》第374条规定："地役权自地役权合同生效时设立。当事人要求登记的，可以向登记机构申请地役权登记；未经登记，不得对抗善意第三人。"

三、建立统一的不动产登记制度

长期以来，我们将登记作为行政机关所享有的行政管理的职权，而不是一种公示方法，这就造成了登记机构与行政机关的设置与职能合一的问题。多个行政机关负责对不同的不动产加以管理，由此形成了多头登记的现象，如土地由土地管理部门管理，建设用地使用权登记也在土地管理部门进行；林木由林业管理部门管理，有关林木所有权的登记在林业管理部门进行；房屋由城建部门管理，产权登记也在该部门进行。从行政管理职能的充分发挥与便利性来看，登记与行政职能部门的设置和职权的结合是必要的，但如果将登记作为公示方法对待，则原有的登记体制便凸显许多的弊端。[1] 为了克服分散的登记制度所造成的弊端，《物权法》第10条规定，"国家对不动产实行统一登记制度。统一登记的范围、登记机构和登记办法，由法律、行政法规规定。"2015年国务院制定《不动产登记暂行条例》，全面落实物权法的规定。2015年6月29日国土资源部颁布了《不动产登记暂行条例实施细则》。《不动产登记暂行条例》第6条规定："国务院国

---

① 参见孙宪忠：《论物权法》，479页，北京，法律出版社，2001。

土资源主管部门负责指导、监督全国不动产登记工作。""县级以上地方人民政府应当确定一个部门为本行政区域的不动产登记机构，负责不动产登记工作，并接受上级人民政府不动产登记主管部门的指导、监督。"

《民法典》第210条第2款规定："国家对不动产实行统一登记制度。统一登记的范围、登记机构和登记办法，由法律、行政法规规定。"所谓不动产的统一登记制度，是指由一个登记机构统一负责有关不动产的登记事务，并在登记范围和登记规则、程序等方面实现统一。正如有的学者所说的五个统一，即"统一法律依据、统一登记机构、统一登记效力、统一登记程序、统一权属证书"①。实行统一登记制度的重要意义在于：一是为当事人办理登记和查阅登记提供方便。在登记严重分散的情况下，各个登记机构分别从事不同的管理活动，负责不同的登记事务，并根据自身的需要建立了不同的登记规则。这就使得登记制度本身严重分散，极不统一，不能形成一套科学有效的登记规则。实行不动产统一登记之后，将会给当事人办理登记提供很大的方便。二是有利于维护交易的安全和秩序。在登记制度严重分散的情况下，由于信息不能得到全面的披露，少数不法分子利用登记制度的弊端将房地分别抵押，甚至分别转让，也有一些当事人将企业财产整体抵押之后，又将部分财产重复担保。在建立统一的登记制度之后，通过建立全面的信息披露制度，就可以为交易有秩序地进行奠定良好的基础。三是有利于提高效率。统一登记制度不仅为交易当事人办理登记提供方便，更重要的是，它对于实现物尽其用、提高效率是非常重要的。

根据《民法典》第210条第2款的规定，实行统一登记必须依据有关的法律法规进行。诚然，统一登记制度的设立依赖于政府行政机构的改革，但是，政府行政机构改革将需要经过一定的时间，等到这个改革完成再建立统一登记制度是不现实的。从实践来看，目前各地的做法并不一致，例如，有的地方鉴于房地分别由不同的机关登记而造成的弊端，在实践中已经开始逐渐将房地登记合一，这种做法确实有利于减轻人民群众负担，简化办事程序，降低登记成本，提高登记

---

① 孙宪忠：《论物权法》，476~482页，北京，法律出版社，2001。

效率，从而加快房地产市场流通速度，促进房地产市场更快发展。但也有的地方仍然实行房地分别登记，由不同的部门负责办理登记。所以《民法典》第 210 条第 2 款规定："统一登记的范围、登记机构和登记办法作，由法律、行政法规规定。"笔者认为，实行不动产登记制度，首先应当抓紧建立城镇房地产的统一登记制度，从房地产的统一登记开始，再逐步推行整个不动产登记的统一。

要实行统一的登记制度，必须要在观念上对登记的功能进行重新的认识。事实上，登记虽然具有政府管理经济的职能，但它首先是一种物权设立和变动的公示方法，不能简单地将登记视为行政管理的手段。正是因为它主要是一种公示方法，所以，登记的职责并不需要与各个政府机关的管理职责相重合，也就是说，某个政府机关管理某项事务，并不意味着其就必须承担相关的登记职责。从总体上说，有必要将所有的登记事务和机构都统一起来。但从中国的实际情况出发，还不可能很快就实现全面的登记统一，而只能从不动产登记的统一着手。因此，首先是要做到房地登记制度的统一，然后在房地统一登记的基础上实行不动产登记制度的完全统一。

第二节　不动产登记簿与权属证书

一、不动产登记簿

所谓登记簿，是指由登记机构依据当事人的申请或者依职权将物权变动以及相关事项记载于其上并予以保管、公示的特定簿册。将登记的事实记录在登记簿之后，如果是权属登记，登记机构应该向登记权利人发放权属证书。不动产登记簿是有效地表明权利人就不动产所享有的权利及其内容的根据。[①] 由于登记簿应当对外公开，权利人和利害关系人有权查阅，因而法律赋予登记簿记载的内容以公信力。

---

① 参见《〈中华人民共和国物权法〉条文理解与适用》，93 页，北京，人民法院出版社，2007。

在我国,不动产登记簿的特点主要表现在以下几个方面。

第一,由登记机构负责管理。在我国,登记机构是国家设立的专门登记的机构,在公示物权方面具有公信力和权威性。换言之,不动产登记簿是国家建立的档案簿册,具有很强的公信力。[①] 因为登记是由国家机构作为独立的第三者,通过现代的数据管理手段而将登记的事项予以记载并对外公示,登记的方式具有较高的权威性,且因为登记机构要进行必要的审查,故登记的内容具有真实性和可靠性。依据《民法典》第 216 条第 2 款:"不动产登记簿由登记机构管理",这也保障了其权威性。

第二,采取物的编成主义。《不动产登记暂行条例》第 8 条规定:"不动产以不动产单元为基本单位进行登记。不动产单元具有唯一编码。"《不动产登记暂行条例实施细则》第 5 条规定:"《条例》第八条规定的不动产单元,是指权属界线封闭且具有独立使用价值的空间。"第 6 条规定:"不动产登记簿以宗地或者宗海为单位编成,一宗地或者一宗海范围内的全部不动产单元编入一个不动产登记簿。"由此可见,不动产登记采取物的编成主义。[②]

第三,具有统一性。所谓统一性,是指在某个登记区域内只能有一个不动产登记簿,不能存在多个登记簿,有关不动产的权属和内容只能以一个登机簿的记载为准,其详细记载与不动产物权变动相关的事项,权利人和利害关系人只须查询一个登记簿即可。

第四,具有公开性。登记簿应当对外公开,权利人和利害关系人有权查阅。根据《不动产登记暂行条例》第 8 条的规定,不动产登记机构应当按照国务院国土资源主管部门的规定设立统一的不动产登记簿。关于登记簿的形式,依据《不动产登记暂行条例》第 9 条的规定,不动产登记簿应当采用电子介质,暂不具备条件的,可以采用纸质介质。

---

① 参见黄薇主编:《中华人民共和国民法典物权编解读》,24 页,北京,中国法制出版社,2020。
② 该条例第 8 条第 3 款规定:不动产登记簿应当记载以下事项:(1)不动产的坐落、界址、空间界限、面积、用途等自然状况;(2)不动产权利的主体、类型、内容、来源、期限、权利变化等权属状况;(3)涉及不动产权利限制、提示的事项;(4)其他相关事项。

第五，效力具有法定性。不动产登记簿的效力表现为：一是确认物权归属和内容的根据。《民法典》第216条规定："不动产登记簿是物权归属和内容的根据。不动产登记簿由登记机构管理。"不动产登记簿应当记载不动产的坐落、界址、空间界限、面积、用途等自然状况；不动产权利的主体、类型、内容、来源、期限、权利变化等权属状况；涉及不动产权利限制、提示的事项；其他相关事项。不动产登记机构应当依法将各类登记事项准确、完整、清晰地记载于不动产登记簿。这些记载的内容是权利人就不动产所享有的权利及其内容的根据。[1]二是具有推定力。登记簿记载的权利人，应推定为法律上的权利人，登记簿记载的权利归属，应推定为真实的权利状况。三是具有公信力，即任何人查阅登记后，因相信登记所记载的权利状况，而与登记记载的权利人进行交易，这种信赖应受到保护。即使事后发现登记错误而被更正，或权利内容与真实的不一致，在更正以前，第三人因信赖登记也构成善意。依据《物权编司法解释（一）》第15条第1款规定，在如下情形下应当认定不动产受让人知道转让人无处分权，构成恶意：（1）登记簿上存在有效的异议登记；（2）预告登记有效期内，未经预告登记的权利人同意；（3）登记簿上已经记载司法机关或者行政机关依法裁定、决定查封或者以其他形式限制不动产权利的有关事项；（4）受让人知道登记簿上记载的权利主体错误；（5）受让人知道他人已经依法享有不动产物权。在构成恶意的情形下，其信赖利益不应当受到保护。

二、权属证书

所谓权属证书，是指证明物权的凭证。权属证书也可以作为权利存在的证据，但它不是确权的主要依据。例如，在"郑磊诉吴重凡财产权属案"[2]中，法院认为："房屋产权证书是登记机构颁发给权利人作为其享有权利的证明，具有证据资

---

[1]　参见《〈中华人民共和国物权法〉条文理解与适用》，93页，北京，人民法院出版社，2007。

[2]　北京市第一中级人民法院（2007）一中民初字第6945号民事判决书；北京市高级人民法院（2008）高民终字第862号民事判决书。

格，但并不能直接决定实体法律关系的存在与否。房屋产权证书是权利的外在表现形式，只具有推定的证据效力，与实际权利状况并不一定完全吻合。"如果是不动产权属登记，一旦将登记的事实记录在登记簿，登记机构应该向登记权利人发放权属证书。即使将权属证书移转给他人占有，如果登记簿的内容中没有记载物权变动的，物权本身也不发生变动。证书的占有人不能以其占有了权属证书来主张某项物权。权属证书必须根据登记簿的内容来制作，其必须与登记内容保持完全一致。

在权属证书与登记簿不一致的情况下，如何确定不动产的物权归属？对此，《民法典》第 217 条规定："不动产权属证书是权利人享有该不动产物权的证明。不动产权属证书记载的事项，应当与不动产登记簿一致；记载不一致的，除有证据证明不动产登记簿确有错误外，以不动产登记簿为准。"该条确立了如下规则。

第一，不动产权属证书是权利人享有该不动产物权的证明。申请人在办理登记之后，登记机构将依法对其颁发不动产权属证书，权属证书是证明权利申请人享有某种权利的证明。换言之，权属证书只是作为表彰不动产权利归属的一项证明文件，在发生产权争议的情况下，权属证书可以作为一种书证来使用，只是不动产登记簿所记载的内容的外在表达形式。[①] 实践中，当事人进行交易时，权利人一般需要出具权属证书来证明自己享有相应的产权。例如，债务人将其房产设定抵押时，需要向抵押权人出具房产证。

第二，不动产权属证书记载的事项，应当与不动产登记簿一致。不动产登记簿由登记机构管理，既然登记簿是由登记机构管理的，对于登记簿的真实性，登记机构是可以控制的。[②] 而权属证书是由当事人管理的，所以权属证书发放之后出现伪造、涂改等现象是登记机构难以控制的。且权属证书是由权利人持有，其被伪造、变造、涂改的可能性较大，而不动产登记簿则难以进行改动。尤其是因为登记簿能够清晰地展现不动产上的权利变动状况，登记簿是对外公开的，第三人可以查阅登记，通过查阅会对登记簿记载的内容产生信赖，这种信赖应该受到法律的保护。如果不以登记簿为准，将会对登记的公信力造成极大的损害，从而

① 参见黄薇主编：《中华人民共和国民法典物权编解读》，33 页，北京，中国法制出版社，2020。
② 参见孙宪忠、朱广新主编：《民法典评注 物权 1》，117 页，北京，中国法制出版社，2020。

危害交易的安全。①

由于各方面的原因，权属证书可能与登记记载的内容不一致。从实践来看，错误发放、重复发放权属证书，伪造权属证书的情况时有发生。在权属证书与登记记载的内容不一致的情况下，除有证据证明不动产登记簿确有错误的情形以外，必须要以登记簿记载的为准。主要原因在于：一方面，登记以记载于登记簿为生效条件，而不是以发放证书作为条件。因为权属证书是根据登记簿记载的内容来制作、发放的，所以权属证书一般不会与登记簿记载的内容相冲突。但是在特殊情况下，由于权属证书发放错误或者伪造等原因，权属证书上所表彰的权利与登记簿记载的权利不一致，在此情况下应当根据登记簿上记载的内容来确定权利归属。因为不动产登记簿是有效的表明权利人权利的证明文件，权属证书只能根据登记簿的内容来制作并发放，如果登记簿发生错误，那就需要更正登记，重新确认权利。另一方面，因为登记簿能够清晰地展现不动产上的权利变动状况，尤其登记簿是对外公开的，第三人可以查阅登记，通过查阅会对登记簿记载的内容产生信赖，这种信赖应该受到法律的保护。权属证书由权利人持有，第三人一般难以见到，是否存在错误，第三人也难以了解，从而无法对权属证书的记载提出异议。

第三，如何理解"除有证据证明不动产登记簿确有错误的情形以外"？所谓"有证据证明"，是指登记机构发现登记簿记载确实有误，此时就不能以登记簿为准，而应当依据一定的程序更正登记。如果利害关系人提出登记簿本身确实有错误的，也可以在法院提起诉讼，请求重新确权。②

登记必须由当事人发起登记申请，根据《不动产登记暂行条例》第14条的规定，因买卖、设定抵押权等申请不动产登记的，应当由当事人双方共同申请。因此登记机构不得主动依职权办理登记，即便是人民法院、仲裁机构作出了确认物权归属的法律文书，也需要通过协助执行通知书等方式来启动登记程序。当然，依据《民法典》第211条的规定，当事人在提出登记申请时，应当提供不动产的权属证明、不动产界址、面积等必要的材料。同时，登记机构必须按照当事

---

① 参见黄薇主编：《中华人民共和国民法典物权编解读》，33页，北京，中国法制出版社，2020。
② 参见孙宪忠、朱广新主编：《民法典评注　物权编1》，117页，北京，中国法制出版社，2020。

人的申请来办理登记，不得超出当事人提出的申请范围来办理有关登记手续。依据《不动产登记暂行条例》第 20 条的规定，不动产登记机构应当自受理登记申请之日起 30 个工作日内办结不动产登记手续。

三、不动产登记簿的记载与真实权利状态不符

《民法典》第 217 条规定，"不动产权属证书是权利人享有该不动产物权的证明。不动产权属证书记载的事项，应当与不动产登记簿一致；记载不一致的，除有证据证明不动产登记簿确有错误外，以不动产登记簿为准。"问题在于，不动产登记机构是否可以自行认定"不动产登记簿确有错误"？还是必须经过法院的判决或裁定，才能确认登记簿有错误？笔者认为，登记机构作为登记管理机关，依职权也应当有权认定登记是否确有错误。若凡是登记错误都需要法院来认定，无疑大大增加了登记错误更正的成本，也不利于真正权利人利益的保护。在确定不动产权属证书是否应当与登记簿一致时，只要登记机构认定为登记簿确有错误，就可以更正权属证书。依据《民法典》第 217 条，在权属证书与登记簿不一致的情况下，原则上应当以登记簿为准，如果利害关系人提出登记簿本身确实有错误的，也需要根据一定的程序首先对登记簿记载加以更正，而不能直接以权属证书的记载作为依据。

《物权编司法解释（一）》第 2 条规定："当事人有证据证明不动产登记簿的记载于真实权利状态不符、其为该不动产物权的真实权利人，请求确认其享有物权的，应予支持。"这一解释以不动产登记簿的权利推定效力为基础，明确了在登记错误时，真实权利人可以行使物权确认请求权。例如，在"华夏证券股份有限公司与中国工商银行股份有限公司哈尔滨森融支行其他所有权及与所有权相关权利纠纷"案中，法院认为："不动产权属证书记载的权利人与实际权利人不一致的，如果有证据证明不动产物权实际权利人的，应依法确定系争不动产物权的权利人。"[①] 不动产登记簿仅具有权利推定的功能，即推定登记簿上的权利人为

---

① 最高人民法院（2013）民提字第 134 号民事判决书。

真实权利人。但如果当事人有证据证明不动产登记簿的记载与真实权利状态不符、且该当事人是不动产物权真实权利人的，则可以推翻不动产登记簿的推定效力，通过民事诉讼来确认其为真正权利人。

四、人的编成主义与物的编成主义

关于登记簿的制作，根据各国现有立法例，登记簿的编制方式主要分为物的编成主义与人的编成主义两种。① 一是物的编成主义，它是指不动产登记簿的编制以物即不动产为中心，即按照不动产所在的区域、地段、地号来制作登记簿，一宗土地就制作一个登记簿簿页，然后在该登记簿簿页中对于所有权、他物权等权利分别加以记载。在我国，《不动产登记暂行条例》第 8 条规定："不动产以不动产单元为基本单位进行登记。不动产单元具有唯一编码。"据此，在我国，不动产包括不动产权利（如建设用地使用权等）采取物的编成主义。二是人的编成主义，它是指登记簿以人为单位设立登记页并进行权利变动登记的模式。② 不动产登记簿以不动产所有人为中心加以制作，按照所有权人来制作登记簿簿页，依次将相应的权利人加以记载。例如，甲要在某辆车上为乙设立一项抵押权，那么就在甲的登记页上记载"某年某月某日，甲在其某辆车上为乙设立了抵押权"。目前，采取物的编成主义的国家和地区较多，如德国、瑞士、日本等国。③ 而采取人的编成主义的主要是澳大利亚等国家和地区。在我国，依据 2022 年中国人民银行《动产和权利担保统一登记办法》第 9 条规定："登记内容包括担保权人和担保人的基本信息、担保财产的描述、登记期限。"有关动产（除船舶、航空器等特殊动产以外的动产）、权利（除不动产权利以外）都采用人的编成主义。两者的区别在于：

第一，适用的对象不同。物的编成主义主要适用于不动产以及不动产权利，

---

①　参见程啸：《不动产登记簿的编制》，载《清华法学》，2007（4），73 页。
②　参见龙俊：《民法典中的动产和权利担保体系》，载《法学研究》，2020（6），27 页。
③　参见王轶：《物权变动论》，156 页，北京，中国人民大学出版社，2001。

人的编成主义主要适用于动产（不包括船舶、航空器等特殊动产），以及不动产权利之外的其他权利；也能够适应浮动财产、将来财产与集合物的担保交易的公示需求。[1]

第二，登记簿索引的编制方式不同。物的编成主义以物为核心，按照物的位置、基本特征等制作成索引，来进行编制和登记。利害关系人进行查询，也只能以物为中心来进行，例如根据房屋的门牌号码来进行查询。即便是未来的物，也要进行特定化，例如房屋的具体门牌号等。但是，人的编成主义只是以人为核心来进行登记，例如某个企业的成套设备抵押给银行，那么登记的就是某某企业将某设备抵押给某银行。人是登记簿编制的出发点与核心，是依人登记其权利以及相应的负担。[2]

第三，登记内容的确定性不同。物的编成指向特定物，其特定性比较高，某个特定的物属于某个特定的人。但是人的编成通常是一种概括性的描述。这主要是考虑到动产很难特定化，特别是成批量生产的动产，很难与其他动产区分开来，因此只能概括描述。人的编成主义以担保人的姓名或名称为检索坐标，登记内容仅表明担保人正在进行担保交易及交易时间，仅需要对担保财产进行概括性描述，记载担保财产的种类即可。[3]

第四，对潜在的交易相对人利益影响不同。物的编成主义下，内容的确定性较高，所以不动产登记簿具有较强的公信力；而人的编成，由于动产的确定性程度不高，所以仅仅只是查询登记，还不能了解权利的状况，这种登记主要是一种提醒、提示作用，要真正了解登记的情况，还需要进行进一步查询。例如，提供某个担保的动产，虽然进行了抵押，但是该动产是否真实存在，其型号、位置等，都需要进一步核实。由于动产容易发生毁损灭失或者交易处分，因此登记的状态与真实的状态很可能不一致，需要进行实地查验。因此，有的学者主张，在动产和权利担保登记系统中，对于价值较大的动产，应兼采物的编成主义，动产和权

---

[1]　参见高圣平：《统一动产融资登记公示制度的建构》，载《环球法律评论》，2017（6）。
[2]　参见程啸：《不动产登记法研究》，2版，211页，北京，法律出版社，2018。
[3]　参见龙俊：《民法典中的动产和权利担保体系》，载《法学研究》，2020（6），28页。

利担保登记系统应允许以标的物作为检索标准。①

　　第五，登记的效力不同。物的编成主义针对的是不动产，原则上采取登记生效主义，登记是物权的生效要件，未经登记，物权不得设立；而人的编成模式下，针对的是动产，主要采取登记对抗模式，除了应收账款采取登记生效主义以外，其他的一般都是采取登记对抗主义。登记仅有对抗效力，担保权在担保合同生效时即设立，但未经登记不得对抗第三人。②

第三节　登记请求权

一、依申请登记规则

　　所谓依申请登记规则，是指登记必须由当事人的登记申请发起，由登记机构依据申请的内容来办理登记。登记必须要由当事人提出申请，除非法律另有规定，登记机构不得主动依职权办理登记。③即便是人民法院、仲裁机构作出了确认物权归属的法律文书，也需要通过协助执行通知书等方式来启动登记程序。如果没有协助执行通知书等文书，则需要由当事人提出更正登记申请。同时，登记机构必须按照当事人的申请来办理登记，不得超出当事人提出的申请范围来办理有关登记手续。如果登记机构超出当事人的申请，为其办理申请之外的其他登记，就逾越了登记机构的职权。

　　依申请登记规则，登记原则上是被动的、依据当事人的申请而作出的行为，登记本身并不同于行政审批，只不过是将当事人有关物权变动的事实基于当事人的申请予以确认，并对外公开，公之于世，因此，必须要当事人提出申请，登记机构才能依法办理登记。具体而言，一是必须要申请，才能启动登记程序，登记

---

　　① 参见高圣平：《〈民法典〉视野下统一动产和权利担保登记制度的构造》，载《浙江工商大学学报》，2020（5），50页。

　　② 参见谢在全：《担保物权制度的成长与蜕变》，载《法学家》，2019（1），45页。

　　③ 参见常鹏翱：《不动产登记法》，98页，北京，社会科学文献出版社，2011。

机构不得依职权自己发动登记程序，登记是当事人的一项权利。二是登记机构必须按照当事人的申请来办理登记，不得超出当事人提出的申请范围来办理有关登记手续。登记机构必须要围绕当事人提供的登记资料进行审查，尽管其可以询问和实地查看，但不能主动收集登记资料。《民法典》第 211 条规定："当事人申请登记，应当根据不同登记事项提供权属证明和不动产界址、面积等必要材料。"这就是说，一方面，当事人在申请登记时，其应当提供权属证明和不动产界址、面积等必要材料。另一方面，当事人在申请登记时，应当根据不同的登记事项来提出申请。① 例如，在申请初始登记或者变更登记时，申请人需要就不动产界址、面积提交材料，而在移转登记或者他项权利登记时，自然就没有必要提交这方面的材料了。这些材料应该与当事人的登记申请内容或者说物权变动状况一致，内容上不会相互冲突。当事人提交的申请材料必须真实、客观，不得伪造、变造，否则，如果造成登记错误，申请人应当承担相应的赔偿责任。三是符合登记条件的，应该按照当事人的申请登记。四是当事人如要求撤回登记，也应该允许。②

二、登记请求权

所谓登记请求权，是指登记权利人对登记义务人所享有的请求其履行登记义务或协助履行登记义务的权利。《不动产登记暂行条例》第三章对当事人申请登记的规则作出了规定，这可以说在一定程度上确认了登记请求权。明确登记请求权的意义在于：一方面，如前所述，登记必须依据当事人的申请而启动程序，登记机构原则上不能主动启动登记程序。另一方面，在登记义务人拒绝履行义务的情况下，请求权人有权请求登记机构办理登记，同时，当事人也可以请求法院强制登记义务人协助办理登记手续。③ 长期以来，在实践中，我国一直将登记、审批等作为合同成立和生效的要件，这样，只要未获得审批或未办理登记，便导致

---

① 参见常鹏翱：《不动产登记法》，101 页，北京，社会科学文献出版社，2011。

② 参见程啸等：《不动产登记暂行条例及其实施细则的理解与适用》，44 页，北京，法律出版社，2017。

③ 参见张龙文：《论登记请求权》，载郑玉波主编：《民法物权论文选辑》（上册），94～95 页，台北，五南图书出版有限公司，1984。

合同无效。应当办理登记、审批手续的一方在可以办理而且也能够办理的情况下，为了获取不正当利益而故意不办理，致使合同不能生效，法院也不能在合同无效以后强制其办理登记、审批的手续。所以，将登记与合同的效力分开，使登记义务成为合同请求权内容，才能在一方故意不办理登记手续时，另一方可请求法院强制登记义务人办理登记手续。

1. 登记请求权人

登记请求权人是因登记而取得物权的人，以及其他因登记而获得利益的人。《房屋登记办法》第12条规定：申请房屋登记，应当由有关当事人双方共同申请，但本办法另有规定的除外。在因事实而取得物权的情形，依据该条规定，仅由单方当事人申请即可办理登记。虽然该办法规定的是共同申请，实际上，登记请求权人可以请求登记义务人与其一同提出申请。当然，在例外情况下（即因事实而取得物权时），登记请求权人也可以不必得到登记义务人的协助，而可以直接申请登记。

2. 登记请求权的内容

登记请求权包括两方面内容：一是享有请求权的一方可以请求对方为其办理登记手续或者进行更正登记。原则上，登记机构只能应登记申请人的请求，才能办理登记或者进行更正登记，且只能在登记请求的范围内进行登记。二是负有办理登记义务的一方，有权利请求对方协助办理登记义务。可见在登记请求的过程中，依据法律和合同规定，一方有义务办理登记手续，另一方有义务协助办理登记手续。可以说，双方都负有登记的义务。登记请求权实际上应当由双方享有，因为在许多情况下，即使法律和合同没有规定另一方有义务协助办理登记手续，该当事人基于诚实信用原则仍然有义务协助，因为在登记过程中需要该当事人提交有关登记的资料，否则难以完成登记的手续。

3. 登记请求权的相对人

登记请求权的相对人，也称为登记义务人，它是指在登记的记载中基于对方请求而负有协助办理登记义务的人。在登记权利人与登记义务人应共同为登记申请的场合，义务人不协助完成申请，那么，登记权利人有权请求登记义务人协助其完成登记手续。此种权利，称为登记请求权。① 例如就买卖而言，出卖人移转不动产的所有权给买受人，出卖人就是登记的义务人。关于登记义务人的确定问题，原则上应当由法律与合同加以确定。如果法律没有规定，则双方都应当负有办理登记的义务。

4. 登记请求权的产生依据

登记请求权既可以由法律直接规定产生，也可以由双方约定产生。② 例如，双方在合同中规定，一方应当负有办理登记过户的义务，另一方据此可以享有请求对方办理登记手续的权利。一般来说，如果合同明确地规定了应由哪一方提出申请办理登记，合同已经成立生效的，则该方当事人便有义务办理登记手续。在此情况下履行登记的义务实际上是履行一种合同义务。长时间以来，我国许多学者认为，登记只是由一方提出申请，如果没有办理登记手续，则合同并不生效。所以一方不履行登记义务并不构成违约。如果区分登记与交易，那么是否办理登记原则上不应影响到合同本身的效力，而只能导致物权的设定因为缺少公示要件而不能生效，但合同本身已经生效并且对当事人已经产生了拘束力。因此，合同一方依据合同的规定应当办理登记的申请，乃是一种依据合同应负的义务；而另一方要求其履行登记义务实际上是要求其实际履行合同。如果负有登记义务的一方拒不办理登记义务，应当承担违约责任。如果合同没有规定登记的义务，笔者认为依据法律的规定双方也负有办理登记的义务，此种义务一旦为法律所固定下来，便可以自动转化为合同义务，任何一方违反此种义务，都将构成违约。

5. 登记请求权的类型

登记请求权的类型，应根据我国现行法的规定而确定。《民法典》物权编规定了预告登记、异议登记、变更登记、消灭登记、抵押登记等，根据这些登记的类型，登记请求权人享有不同的权利。《不动产登记暂行条例实施细则》第四章在"不动产权利登记"中规定了集体土地所有权登记、国有建设用地使用权及房屋所有权登记、宅基地使用权及房屋所有权登记、集体建设用地使用权及建筑

---

① 参见孙毅：《物权法公示与公信原则研究》，载梁慧星主编：《民商法论丛》，第7卷，507页，北京，法律出版社，1997。

② 参见向明：《不动产登记制度研究》，47~48页，武汉，华中师范大学出版社，2011。

物、构筑物所有权登记、土地承包经营权登记、海域使用权登记、地役权登记、抵押权登记。在第五章"其他登记"中，规定了更正登记、异议登记、预告登记、查封登记。有一些学者认为，登记请求权包括了请求登记的权利和登记订正请求权，后一种请求权又包括不当登记涂销请求权、不当登记更正请求权和不当涂销回复请求权三种情况。[①] 此种分类也不无道理。

6. 登记请求权的行使

登记请求权的行使原则上由登记权利人亲自进行。但是，如果登记请求权人属于未成年人、精神病人，则该权利应当由其监护人行使。《不动产登记暂行条例实施细则》第 11 条规定："无民事行为能力人、限制民事行为能力人申请不动产登记的，应当由监护人代为申请。"该条虽然不是直接针对登记请求权的规定，但是，通过解释也可以认为，其确立了监护人代为行使登记请求权的规则。

登记权利人可以请求相对人协助其办理登记手续，相对人有义务予以协助，并提供相应的资料。如果登记需要共同申请，登记义务人有义务与登记权利人一同提出申请。从合同的角度来看，登记义务人所负有的义务，属于合同义务的范畴。如果其履行该义务，可以构成违约，应承担相应的责任。在相对人拒绝时，登记权利人可以请求法院判决登记义务人负担协助义务，或者在其不予协助时，登记权利人依法院判决而单方申请登记。

第四节　不动产登记的效力

一、不动产登记的效力概述

所谓登记的效力，是指在登记之后产生何种法律上的效果。我国《民法典》第 209 条第 1 款明确规定："不动产物权的设立、变更、转让和消灭，经依法登

---

① 参见孙毅：《物权法公示与公信原则研究》，载梁慧星主编：《民商法论丛》，第 7 卷，509 页，北京，法律出版社，1997。

记，发生效力；未经登记，不发生效力，但是法律另有规定的除外。"这就从法律上正式采纳了登记要件主义作为一般原则，而以登记对抗主义作为例外。从总体上看，不动产登记主要具有如下几个方面的效力。

1. 物权变动的效力

一般来说，以法律行为发生的不动产物权变动，都是从登记之日起发生物权变动的效果。① 凡是依法需要办理登记的，其不动产物权的变动，都需要依法办理登记，只有从办理登记时起才发生物权的变动。这就是说，登记对物权变动具有决定性的意义，绝非简单的宣示。《民法典》第214条规定："不动产物权的设立、变更、转让和消灭，依照法律规定应当登记的，自记载于不动产登记簿时发生效力。"这就是说，登记的生效时间应当以记载于不动产登记簿的时间为准。记载是指将登记的事项记录于不动产登记簿之中，记载必须是记入登记簿，如果仅仅只是提出申请还不能认为构成登记。

2. 权利推定效力

它是指登记记载的权利人应当被推定为法律上的权利人。在登记没有更正也不存在异议登记的情况下，只能推定登记记载的权利人就是物权人。② 《民法典》第216条确认了此种登记的效力。当然，登记可能发生错误，但在未更正错误之前，只能依据登记簿的记载作出权利人推定。因为对第三人来说，登记由国家机关作出，当然也就是最具有社会公信力的事实。③ 只要没有按照法定程序重新确权、作出更正登记，登记对任何第三人来说都具有权利推定效力。也就是说，这一权利推定规则只是减轻了登记簿上权利人的证明责任，即登记权利人无须证明登记内容为真，但如果事实上的权利状况与登记内容不一致，则主张重新确权的当事人应当对此不一致情况负担举证责任。

3. 善意保护的效力

所谓善意保护的效力，也就是传统民法所谓的"公信力"，它是指登记记载

---

① MünchKomm/Kohler, 5. Auflage 2009, BGB §873, Rn. 99 ff.

② MünchKomm/Kohler, 5. Auflage 2009, BGB §891, Rn. 1.

③ 参见孙宪忠：《论物权法》，447页，北京，法律出版社，2001。

的权利人在法律上被推定为真正的权利人，即便以后事实证明登记记载的物权不存在或存有瑕疵，对于信赖该物权的存在并已从事了物权交易的人，法律仍然承认其行为具有与如同物权真实存在一样的法律效果。[1] 在登记申请人办理了登记之后，任何人因为信赖登记，而与登记权利人就登记的财产从事了交易行为，符合善意取得的构成要件，应当受到善意取得制度的保护，取得该不动产的所有权。对登记簿记载的权利人以及登记的权利内容所产生的信赖，在法律上称为公信力。[2]《民法典》第216条第1款规定："不动产登记簿是物权归属和内容的根据。"这实际上确立了登记的公信力与善意取得制度相配合的规则，也就是说，即便登记记载的内容发生错误，但因为信赖公示内容而发生交易的当事人，其信赖应当受到保护，这有利于维护交易安全。[3]这实际上确立了登记的公信力要受到物权法的善意取得制度的保护的规则。登记记载的内容即使发生错误，但因为信赖公示内容而发生交易的当事人，其信赖应当受到保护。例如，甲向乙借款100万元，以其价值100万元的房产作抵押，在登记时，本应记载的向乙银行抵押所担保的债权写成另一个银行丙的债权，但当事人的信赖利益仍然应当受到保护。

为什么需要维护登记的公信力？就是通过保护善意第三人，保护交易安全。一方面，保护登记所产生的公信力，实际上就是保护交易安全。因为登记的事实会使第三人产生信赖，此处所说的信赖，是指交易当事人对于登记记载的物权变动情况所产生的信赖。任何信赖登记内容而从事交易的相对人，能够依据这种信赖获得保护。[4] 信赖本身是交易安全的组成部分，保护信赖实际上就是保护交易安全。如果登记记载的事实都不值得信赖，或者因信赖了登记而从事的交易不受保护，那么，人们就不敢从事交易，从而危及经济交往。另一方面，有利于鼓励交易。因为在市场经济条件下，任何人与他人从事不动产的交易，或者在不动产

---

① 参见李昊、常鹏翱等：《不动产登记程序的制度建构》，119页，北京，北京大学出版社，2005。

② MünchKomm/Kohler，5. Auflage 2009，BGB §873，Rn. 98.

③ 参见［日］我妻荣：《日本物权法》，［日］有泉亨修订，41页，台北，五南图书出版有限公司，1999。

④ MuechKomm/Kohler，5. Auflage 2009，BGB §892，Rn. 1.

之上设定物权，只能相信登记，而不能相信其他的权利证明手段。交易当事人如果不相信登记，也不可能采取各种方式调查权利的真实状态。维护登记的公信力对于鼓励交易、提高交易的迅捷具有重要意义。①

二、区分登记的效力与合同的效力

《民法典》第215条规定："当事人之间订立有关设立、变更、转让和消灭不动产物权的合同，除法律另有规定或者当事人另有约定外，自合同成立时生效；未办理物权登记的，不影响合同效力。"该条在民法上称为"区分原则"，即区分合同效力和物权变动的效力。该条主要适用于不动产物权的变动，但对于动产物权的变动也具有重要的参照意义。例如，动产抵押实行登记对抗，也必须严格区分合同的效力与登记的效力。区分原则是我国物权法的基本原则，也是物权变动的基本指导原则。它是指在基于法律行为的物权变动中应当区分合同的效力与物权变动的效力，物权是否变动对于合同的效力不发生影响。通说认为，我国《民法典》第215条确立了区分原则。《民法典》这一条是非常具有中国特色的规定，也是我国物权法独有的一项制度。

（一）区分原则的含义

1. 必须区分合同的效力与登记的效力

依据《民法典》第215条，除非法律有特别规定或者合同另有约定，合同一经成立，只要在内容上不违反法律的强制性规定和公序良俗，就可发生效力。合同只是当事人之间的一种合意，并不必然与登记联系在一起②，登记只是与不动产物权的变动是联系在一起的，是不动产物权变动的公示方法。

根据《民法典》第215条，除非法律有特别规定或者合同另有约定，合同一经成立，只要在内容上不违反法律的强行性规定和公序良俗，就可发生效力。因

---

① 参见［日］我妻荣：《日本物权法》，41页，台北，五南图书出版有限公司，1999。
② 参见全国人大常委会法制工作委员会民法室编：《中华人民共和国物权法条文说明、立法理由及相关规定》，23页，北京，北京大学出版社，2007。

为登记是针对民事权利的变动而设定的，它是与物权的变动联系在一起的，是一种物权变动的公示方法。如果当事人之间仅就物权的变动达成合意，而没有办理登记，合同仍然有效。例如，当事人双方订立了房屋买卖合同之后，合同就已经生效，如果没有办理登记手续，房屋所有权不能发生移转，但合同仍然有效，买受人基于有效合同而享有的占有权仍然受到保护。因此，除非法律有特别规定，登记的效力仅针对物权的变动而并不针对合同本身。在登记之前，当事人就不动产的移转已经达成了合意，合同关系已经成立并生效。既然合同已经产生了拘束力，当事人任何一方违反合同都应当承担违约责任。当然，此处所说的"区分原则"，与德国法上认可的负担行为和处分行为的区分是完全不同的。我国《民法典》并没有承认物权行为理论，所以，不存在德国物权法上的区分原则。①

2. 未办理物权登记的，不影响合同效力

依据区分原则，未办理物权登记的，不影响合同效力。其主要原因在于：一方面，登记直接指向的是物权的变动，而非合同的效力。另一方面，合同是否有效，应当依据法律行为有效要件进行判断。② 只要当事人之间的合同符合合同成立和生效的要件，该合同就应当是有效的，当事人是否办理登记，不应当影响该合同的效力。所谓不影响合同效力，具体包括如下几方面内容。

第一，合同对当事人产生拘束力。如果当事人之间订立了旨在发生物权变动的合同，即使没有办理登记，合同仍然有效。③ 例如，当事人双方订立了房屋抵押合同之后，合同就已经生效，如果没有办理登记手续，抵押权不能设立，但抵押合同仍然有效，一方可请求另一方继续办理登记或承担违约责任。因此，除非法律有特别规定，登记的效力仅针对物权变动，而并不针对合同本身。

---

① 参见王胜明：《物权法制定过程中的几个重要问题》，载《法学杂志》，2006（1）。

② 参见崔建远：《中国民法典释评·物权编》（上卷），84～85页，北京，中国人民大学出版社，2020。

③ 参见全国人大常委会法制工作委员会民法室编：《中华人民共和国物权法条文说明、立法理由及相关规定》，23页，北京，北京大学出版社，2007。

第二，任何一方违反合同都应当承担违约责任。一方面，如果一方依据合同应负有办理登记的义务而未办理登记，则另一方有权请求其承担违约责任。区分登记与合同的效力，就意味着在一方当事人未按照合同约定办理登记时，另一方有权请求其继续履行合同义务，办理登记。[①]《有关担保的司法解释》第46条第1款规定："不动产抵押合同生效后未办理抵押登记手续，债权人请求抵押人办理抵押登记手续的，人民法院应予支持。"依据该条规定，如果因抵押人的原因不能办理登记，抵押人应当承担违约责任。另一方面，任何一方违反合同，另一方可以主张违约责任。

由于区分原则是债权形式主义物权变动模式的主要组成部分，而在债权形式主义模式下，物权变动需要同时具备合意与公示两个要件，二者缺一不可，合同的效力是物权变动不可分割的部分，是物权变动的基础和前提，因此，在当事人之间的合同被宣告无效或者被撤销后，物权变动的效力也无法发生。从这种意义上说，物权变动以合同效力为基础。事实上，从登记机构的要求来看，如果当事人之间未能提交有效的合同，登记机构也无法为其办理物权变动的登记。

第三，基于合同对财产的占有是有效的。在没有办理登记之前，不动产物权不会发生变动。但是因为合同已经生效，所以依据有效合同而交付财产后，买受人对财产的占有仍然应当受到保护。针对第三人侵害不动产的行为，买受人可以基于对不动产的占有行使占有保护请求权。

3. 除法律另有规定或者合同另有约定外，合同自成立时生效

《民法典》第215条规定了"法律另有规定或者当事人另有约定"，具体包括两种情况：第一种情况是"当事人另有约定"，仅仅涉及合同的生效时间问题，与物权变动时间无关，主要包括如下两种情形：第一，当事人在合同中约定把物权登记作为合同的生效要件。根据这种约定，合同自登记完成时生效。[②]如此，则在办理登记之前，合同尚未生效，在一方不协助办理登记时，另一方无法通过请求实际履行的方式请求对方协助登记。第二，当事人在合同中约定其他生效要

---

① 参见崔建远：《物权法》，4版，89页，北京，中国人民大学出版社，2017。
② 参见杨永清：《论不动产物权变动的区分原则》，载《人民司法》，2007（7）。

件（例如，当事人约定以办理公证作为合同生效的要件，则合同自当事人办理公证时生效）。关于合同从何时成立、生效，属于当事人意思自治的范畴，法律应当尊重当事人的意思自治。

第二种情况是《民法典》第215条规定的"法律另有规定"，此类情形也属于除外条件。例如，《民法典》第502条第2款规定，依据法律、行政法规的规定，合同应当办理批准等手续才能成立的，自办理批准手续后才能生效。

（二）我国法上的物权变动主要采用的是债权形式主义模式

在物权变动模式上，我国民法历来采取的就是债权形式主义即"合意＋公示"的模式。[①] 其中所谓的"合意"是指，当事人之间关于设立、变更、转让和消灭物权的合意，主要就是通常所说的移转财产权的合同，如买卖合同、赠与合同、抵押合同等；所谓"公示"，是指不动产登记、动产交付等影响物权变动的要件。

在债权形式主义模式中，合意是物权变动的基础，合意决定着物权变动，物权变动是基于合意所产生的法律效果。对此，《合同法》第130条（《民法典》第595条）就典型的例证，它们明确把买卖合同定义为"出卖人转移标的物的所有权于买受人，买受人支付价款的合同"，这就表明所有权转移的效果基于买卖合同而来。《合同法》第185条（《民法典》第657条）所规定的赠与合同亦不例外。可以说，在所有权转移等物权变动中，除了当事人达成的买卖合同、赠与合同等合意之外，并不单独存在另外一个所谓的物权合意。如果认为债权形式主义中的合意除了买卖合同等合同，还包括所谓的物权合意，即存在债权和物权两个合意，显然就是误解了债权形式主义。这就是说，只有合意而没有公示，物权变动的效果不发生，即登记等公示要件只是影响物权变动的效果，不影响合意的效力；反之，即便当事人完成了公示，如果缺乏合意（如合同不成立、无效或被撤销），物权变动的效力也不可能发生。但此处所言的合意，仅指债权合同。

概括而言，我国采用的是债权形式主义的物权变动模式，这是我们理解区分原则的基本出发点。如果偏离这个出发点，就违背《民法典》体系的内在要求。

[①]　需要指出的是，我国《民法典》在特殊情形下采取的是其他的物权变动模式，例如在宅基地使用权、动产抵押权等采取债权意思主义的物权变动模式。

债权形式主义模式是涉及物权变动的交易关系的法律表达，发挥着维护交易安全和秩序的功能，故而，作为债权形式主义模式有机组成部分的区分原则在调整交易关系方面发挥着基础性的作用，它完全是在债权形式主义模式下所产生的一种交易规则和法律规范。

（三）区分原则未承认独立的物权合意

《民法典》第215条的区分原则并没有承认独立的物权合意，而只是区分了合同效力与物权变动效力，不能据此认为除了导致物权变动的合同之外，还存在一个独立的物权合意。[①] 因此，《民法典》第215条所说的区分原则与德国法上物权行为理论的区分原则截然不同，也就是说，此"区分"非彼"区分"，不能混淆。依据《民法典》第215条的规定，仅仅是在一个合同关系中区分合同的效力和登记的效力，并没有在概念上明确区分物权行为和债权行为，因而不存在物权合意和债权合意的区分问题[②]，不存在独立的物权合意。笔者认为，对于我国《民法典》是否采纳了独立于债权合同之外的物权合同这一问题，必须要严格依据法律文本，通过文义解释并结合立法目的和整个体系来作出全面准确的回答，绝不能望文生义或以想象代替事实。

第一，从文义解释来看，不宜认定《民法典》第215条承认了独立的物权合意。从《民法典》第215条的文义来看，根本无法解释出该条承认了在债权合同之外还存在着一个独立的物权合同。该条前半句的"有关订立、变更、转让和消灭不动产物权的合同"与后半句规定的"合同"完全是指同一个合同，即均是指以不动产为标的物的买卖合同等合同，二者在效力判断方面也没有任何差别规定，均应适用《民法典》总则编的法律行为制度和合同编的合同效力制度。所以，《民法典》第215条仅规定了一个合同关系，即债权合同，而没有承认独立的物权合同。

第二，从体系解释来看，《民法典》第464条对于合同进行了界定，只要不是该条第2款规定的"婚姻、收养、监护等有关身份关系的协议"，《民法典》物

---

① 参见孙宪忠：《中国物权法原理》，257页以下，北京，法律出版社，2004。

② 参见崔建远：《物权法》，2版，48页，北京，中国人民大学出版社，2011。

权编中提到的合同也属于《民法典》第464条所规定的合同。换言之,《民法典》第215条中所说的合同,本身都是同一属性的合同。根据《民法典》第464条对合同的定义,无论交付还是登记都不能归入其中。交付是实际占有的移转,登记是在登记簿中作出记载,它们属于事实行为的范畴,不能理解为合同。而且,根据《民法典》第215条,合同不因为没有办理登记而影响其效力,显然,登记是合同所确立的义务,按照约定办理登记,是实现合同目的的必备步骤。《民法典》第598条也明确规定了出卖人转移标的物所有权的义务。依据《民法典》第214条,不动产所有权转移,需办理转移登记,并没有规定在办理登记之前双方还需要有物权合意。故而,无论从《民法典》对合同的定义来看,还是从不动产物权变动的要件来看,均不涉及物权合意,区分原则中并不存在此类合意。

第三,从目的解释来看,《民法典》第215条不仅明确表现了债权形式主义的物权变动规则,把合意和公示均明定为物权变动的要素,而且该条确立区分原则的主要目的是区分合同的效力与物权变动的公示方法,即当事人之间订立的合同的效力应当依据总则编和合同编的相关规则予以判断。换言之,一旦该合同具有生效条件,就应当依法产生法律效力,并不受物权变动公示方法的影响。因此,即使物权没有发生效力,合同也应当生效。而物权最终能否发生变动,还取决于是否完成了法定的公示方法。可见,《民法典》第215条确认区分原则很重要的立法目的,在于准确确定合意和公示之间的关系,防止两者不当串味,以免出现未登记会影响合同效力、无效的合同不影响物权效力等不良后果。事实上,所谓"物权合意"本身就完全是一种虚构的合意。因为当事人在办理登记之前,并不存在也不需要就移转所有权另行达成合意,不需要再去强行解释出一个独立的物权合意。

第五节 登记机构的义务和责任

一、登记机构的性质

登记应当在登记机构办理,登记机构是指在一定的辖区内依法接受申请人递交的材料，办理所有权和其他物权登记的机构。关于登记机构的设定，许多国家和地区将法院作为登记机构。例如在德国，不动产登记统一适用《土地登记法》，登记机构是地方法院的土地登记局。在日本，统一适用《不动产登记法》，登记机构是不动产所在地的司法行政机关法务局、地方法务局或其支局、派出所。在我国台湾地区，统一适用"土地登记规则"，土地登记由土地所在地之市县地政机关办理。① 按照《民法典》第 210 条第 1 款的规定，"不动产登记，由不动产所在地的登记机构办理"。所谓不动产所在地，就是指房屋土地所处的地点。确立由不动产所在地的登记机构来办理登记，既有利于确定不动产归属，也方便登记申请人和进行查阅的利害关系人。

《不动产登记暂行条例》第 7 条第 1 款规定："不动产登记由不动产所在地的县级人民政府不动产登记机构办理；直辖市、设区的市人民政府可以确定本级不动产登记机构统一办理所属各区的不动产登记。"据此，在我国，不动产登记的事务主要由县级人民政府负责。依据该条第 2 款规定："跨县级行政区域的不动产登记，由所跨县级行政区域的不动产登记机构分别办理。不能分别办理的，由所跨县级行政区域的不动产登记机构协商办理；协商不成的，由共同的上一级人民政府不动产登记主管部门指定办理。"从该规定来看，不动产登记采取属地登记方式。所谓属地登记，是指不动产所在地的登记机构进行登记。不动产，是指土地、海域以及房屋、林木等定着物。采取属地登记的原因在于：一方面，这是由不动产的属性决定的。由于不动产具有固定性、不可移动性、坐落位置固定性等特点，因此决定了不动产登记采取属地管理是合理的。另一方面，按照物的编成主义，现在我国对不动产登记采取属地主义，这也是按照物的编成主义来进行的。《不动产登记暂行条例》第 7 条就规定："不动产登记由不动产所在地的县级人民政府不动产登记机构办理；直辖市、设区的市人民政府可以确定本级不动产登记机构统一办理所属各区的不动产登记。"因为不动产必须坐落于某一个具体位置，故采取属地登记，也适合进行属地管辖。

---

① 参见孙毅：《物权法公示与公信原则研究》，载梁慧星主编：《民商法论丛》，第 7 卷，503 页，北京，法律出版社，1997。

根据《民法典》第 222 条的规定，因为登记错误给他人造成损害的，登记机构应当承担赔偿责任。这就意味着，登记并不是一种最终的确权方式。如果登记发生错误，当事人是可以获得司法救济的。而且由法院进行登记也存在着问题：一方面，如果法院登记错误，就难以获得法院的救济。另一方面，行政机关进行登记，可以通过法院进行司法救济。确权之诉本身就包括了登记机构因为登记错误而进行的重新确权，所以，登记本身应当作为司法审查的对象。

二、登记机构的审查义务

所谓审查义务就是指登记机构在审查有关的登记申请中，承担何种审查职责。从各国物权法的规定来看，关于登记机构的审查义务，主要有两种模式：一种是形式审查，另一种是实质审查。所谓形式审查是指登记机构仅仅对当事人所提交的材料进行形式审查。如果确定这些申请登记的材料符合形式要件，就应当认为是合格的。[①] 所谓实质审查，是指登记机构不仅应当对当事人提交的申请材料进行形式要件的审查，而且应当负责对申请材料内容的真伪进行核实，甚至在特殊情况下对法律关系的真实性也要进行审查。[②] 二者的主要区别在于，是否应当对登记申请人的真实身份、不动产的实际状况、作为物权变动依据的交易的真实性和合法性进行审查。有人认为，实质审查要对交易的真实性、合法性等进行调查了解，进行全面的审查。例如，在有关不动产登记中，需要审查买卖合同当事人的意思表示是否真实、内容是否合法。笔者认为，此种观点对于实质审查的范围理解得过于宽泛。一般来说，登记机构无权审查交易本身的效力，因为有关合同本身的合法性问题应当由司法机关负责审查，如果赋予登记机构享有合同效力的审查权力，则显然超出了登记机构所享有的权力范围，将导致行政机关不正当地干预了民事关系。

---

① 参见崔建远：《中国民法典释评·物权编》（上卷），76～77 页，北京，中国人民大学出版社，2020。
② 参见胡康生主编：《中华人民共和国物权法释义》，47 页，北京，法律出版社，2007。

《民法典》第212条既没有采纳形式审查说，也没有采纳实质审查说，而采折中的办法，具体列举了登记机构的职责，使登记机构在其职责范围内，充分履行职责，尽可能保持登记的准确、真实，避免发生登记错误。[①] 其中既包括了形式审查内容（如查验申请人提供的权属证明和其他必要材料），也包括了实质审查的内容（如必要时实地查看）。换言之《民法典》物权编的上述规定，实际上采纳了以形式审查为主、以实质审查为辅的审查制度。

依据《民法典》第212条规定：登记机构应当履行下列职责。

第一，查验申请人提供的权属证明和其他必要材料。"查验"顾名思义是"检查、验收"的意思，查验并不是说对所有登记申请材料必须查验无误，因为要求登记机构对所有材料都查验无误是非常困难的。《不动产登记暂行条例》第18条规定，"不动产登记机构受理不动产登记申请的，应当按照下列要求进行查验：（一）不动产界址、空间界限、面积等材料与申请登记的不动产状况是否一致；（二）有关证明材料、文件与申请登记的内容是否一致；（三）登记申请是否违反法律、行政法规规定"。在实践中，对有些证件也应当查证属实，比如查验房产证的真伪。因为房产证是由登记机构发出的，审查房产证的真伪对于登记机构没有什么困难。查验是否包括对法律行为的真实性和合法性的审查？笔者认为，应区别真实性和合法性，从而予以分别对待。对于真实性问题，如果能够审查的，应当予以审查，从而尽量避免登记的错误。但对于合法性问题，如作为物权变动依据的合同、遗嘱是否有效的问题，本身不应属于登记机构审查的职权范围，而应当属于人民法院的职权范围。

《民法典》第212条第2款规定："申请登记的不动产的有关情况需要进一步证明的，登记机构可以要求申请人补充材料"。这就是说，法律对于何种情形下需要进一步证明没有明确规定，它需要登记机构结合具体情形予以判断。如果根据申请人提供的材料，不足以证明其是不动产权利人的，登记机构可以根据具体

---

①　参见黄薇主编：《中华人民共和国民法典物权编解读》，21页，北京，中国法制出版社，2020。

情况要求其补充材料。

第二，就有关登记事项询问申请人。所谓询问，是指由登记机构就与登记事项有关的问题，向申请人询问。询问的目的主要在于核对登记申请人提交的材料，以确定其是否真实。① 询问的内容是登记事项，登记机构没必要就超出登记以外的事项进行询问。而只要是与登记事项有关的问题，登记机构都有权向登记申请人询问。询问既是一种权力，也是一种义务。因而，登记机构询问时，申请人就应该如实回答；登记机构也应履行询问的义务，如果不询问而发生了错误的登记，登记机构就没有尽到责任。

第三，如实、及时登记有关事项。所谓如实登记，就是指依法将登记事项记载在登记簿或登记系统中，将登记信息真实地予以记载。所谓及时登记，是指在登记机构受理登记申请以后，应当及时办理登记，不得无故拖延；否则，也会给登记申请人造成损害。例如，因为抵押权登记不及时，导致抵押权顺位置后，使抵押权人不能优先受偿。

第四，必要时实地查看。《民法典》第212条第2款规定："申请登记的不动产的有关情况需要进一步证明的，登记机构可以要求申请人补充材料，必要时可以实地查看。"所谓实地查看，是指登记机构对不动产进行实地查验，以确定其权利状况是否与当事人所提交的申请材料相符合。《不动产登记暂行条例》第19条对需要实地查看的情形也作了具体规定。② 例如，某栋房屋已经被拆除，但登记簿上仍然予以记载，此时就只有实地查看才能够了解详情。

《民法典》第212条将是否进行现场查看的权力交由登记机构，由其决定是否进行现场查看。但笔者认为这也是赋予了登记机构一种义务，即在确实有必要进行现场查看时，应当进行现场查看。③ 没有尽到此种义务而使有关利害关系人受损失的，登记机构应当负责。例如，某房屋已经拆迁，而仍然在登记簿上予以

---

① 参见姚辉：《不动产登记机构赔偿责任》，载《法学》，2009（5）。

② 《不动产登记暂行条例》第19条规定第1款规定："属于下列情形之一的，不动产登记机构可以对申请登记的不动产进行实地查看：（一）房屋等建筑物、构筑物所有权首次登记；（二）在建建筑物抵押权登记；（三）因不动产灭失导致的注销登记；（四）不动产登记机构认为需要实地查看的其他情形。"

③ 参见常鹏翱：《也论不动产登记错误的法律救济》，载《法律科学》，2006（5）。

记载，并为该房屋设定抵押登记，就会造成有关利害关系人的损失。《不动产登记实施条例实施细则》第16条对不动产登记机构的实际查看作出了更加详细的规定。

第五，法律、行政法规规定的其他职责。例如，对可能存在权属争议，或者可能涉及他人利害关系的登记申请，不动产登记机构可以向申请人、利害关系人或者有关单位进行调查。《不动产登记暂行条例》赋予了登记机构调查不动产权利状况的权力①，不动产登记机构进行实地查看或者调查时，申请人、被调查人应当予以配合。

我国《民法典》不仅从正面规定了登记机构的职责，而且为了保障登记机构充分履行其义务，也从反面规定了登记机构不得实施的行为。依据《民法典》第213条的规定，这些行为包括：其一，登记机构不能对不动产进行评估。因为登记是对物权变动的一种公示，而评估是对价值的确定，其与公示没有关系。登记机构从事的是将权利记载下来并予以公示的行为。在实践中，某些登记机构以要求确定抵押物的价值为理由，强制性地要求由其进行评估，从而多收取费用，这也给登记申请人增加了沉重的负担。其二，不能以年检的名义要求进行重复登记。登记是一种公示，如果没有发生物权变动，就没有必要进行重新登记。有些物权有期限，如抵押权，期限届满权利消灭，需要设立新的物权的话，要进行新的登记，而不是重新登记。其三，不得超出登记职责的范围进行登记。此处所谓登记机构超出登记职责范围的情形：一方面，是指依据不动产登记法中的登记同意原则，登记申请人的申请决定了登记机构的活动范围，登记机构不得超出这一范围从事活动。例如，当事人申请办理抵押登记，就不能为当事人办理其他登记。另一方面，如果登记机构的登记是依据法律的规定，则不能超过这一规定。例如，法律未承认动产让与担保，则登记机构不得为当事人办理此种登记。其四，不得违反规定进行收费。我国《民法典》第223条规定："不动产登记费按件收取，不得按照不动产的面积、体积或者价款的比例收取。"该条规定的主要

---

① 《不动产登记暂行条例》第19条第2款规定："对可能存在权属争议，或者可能涉及他人利害关系的登记申请，不动产登记机构可以向申请人、利害关系人或者有关单位进行调查。"

理由在于：一方面，它明确了登记机构的性质，它应当是非营利性的。登记机构从事登记事务确实需要一定的行政成本，但它不是营利性机构，它不能从登记事务中获取利益。如果允许登记机构将登记与不动产面积、体积、价值等挂钩，就实际上使登记机构具有营利性，从而与其性质不符。另一方面，从实践来看，一些登记机构由于受到利益驱动，抬高收费标准，增加了登记成本，使得登记申请人不愿意办理登记，这不利于登记制度的推行，也不利于交易安全的维护。在《民法典》规定了登记制度之后，如果不规定收费办法，当事人仍然不愿意办理登记，将使登记制度形同虚设，从而危及交易的安全和秩序。另外，这也与统一登记制度密切相关。如果我们要统一登记制度，就应当减少登记机构的利益驱动。基于这些理由，《民法典》规定收费标准是十分必要的。这种规定，对于国务院有关部门制定收费办法起到了指导和规范作用。

按照《民法典》第 223 条的规定，关于登记费用的计算：一方面，不动产登记费应按件收取。但是，就如何理解"件"的含义，存在不同的看法。有的人认为，所谓"件"就是指申请书的件数，一份不动产登记申请就是一件。而有些人认为，所谓"件"应当是按照登记的不动产的个数来确定，即一个不动产就是一件。也就是说，每登记一栋房屋，不管其面积大小或价值高低，都只能是每登记一栋房屋就收取相应的费用。另一方面，不得按照不动产的面积、体积或者价款的比例收取。这就是说，在收取费用的时候，不能够根据不动产的面积、体积、价款等分别收费，更不得要求登记申请人进行不动产的评估，从而按照不动产的价值来收费。

三、登记机构的责任

（一）登记机构责任的概念

所谓登记机构的责任是指登记机构没有尽到法律规定的职责，造成登记错误，给权利人造成损害时所应承担的责任。关于登记机构的责任性质，在物权法制定中，就存在不同观点：一种观点认为属于民事责任，另一种观点认为属于国家赔偿责任，因登记错误导致当事人或利害关系人遭受损害的，登记机构应依据国家赔偿的法律规定予以赔偿；还有一种观点认为，应建立不动产登记赔偿基金，专门处理有关登记机构的赔偿问题。① 在《民法典》编纂过程中，立法机关认为，关于登记机构责任的性质目前难以规定，留待以后专门性法律作出规定，对此仅作了原则性规定。②

如前所述，登记的内容正确有利于保护交易当事人的利益，维护交易的安全和秩序，但登记发生错误也可能会给真正的权利人和交易当事人造成损失。一方面，如果对登记审查不严，导致因故意或过失而将有关财产登记在他人名下，就会使真正的权利人蒙受损失。另一方面，如果对登记审查不严而发生登记错误，使善意相对人与登记权利人发生了交易，也会造成善意相对人的损失。在因登记错误而使真正权利人和善意相对人遭受损失时，真正权利人有权请求有关登记申请人和登记机构赔偿该损失。由此可见，登记机构的责任在性质上主要是一种民事责任，而非行政责任。

（二）归责原则

登记机构的责任既可能是过错责任，也可能是严格责任。登记机构因各种原因造成登记错误，给当事人造成重大损失的，登记机构应当依法承担赔偿责任。因为一方面，登记机构不能仅仅只享有收费的权利，而不对错误登记的后果负任何责任。必须要使登记机构在享受一定利益的同时承担一定的责任。另一方面，登记机构对登记内容不承担任何责任，不利于强化登记机构的职责，促使其认真审查登记的内容，从而力求使登记的内容真实可靠。尤其是如果实行登记的实质审查制度，也必须要使登记机构承担一定的义务和责任，否则负责登记的机构很难有压力和动力来履行实质审查的义务。③ 还要看到，如果因为登记机构的工作人员的严重过错甚至与他人相互勾结、恶意串通，造成交易当事人损害，登记机构和有关工作人员不承担任何责任，对受害人也是极不公平的。我国台湾地区土

---

① 参见胡康生主编：《中华人民共和国物权法释义》，64 页，北京，法律出版社，2007。
② 参见黄薇主编：《中华人民共和国民法典物权编解读》，40 页，北京，中国法制出版社，2020。
③ 参见许中缘、杨代雄：《物权变动中未登记的受让人利益的保护》，载《法学杂志》，2006（1）。

地相关制度规定，因登记错误遗漏或虚伪受损害者，由该地政机关负损害赔偿责任。但该地政机关证明其原因应归责于受害人时，不在此限。笔者认为这一经验是值得借鉴的。

根据《民法典》第222条，可以认为登记机构的责任在性质上分为两类：一是《民法典》第222条第1款所规定的过错责任。即当事人提供虚假申请材料，如果发生登记错误，登记申请人首先应当承担责任，同时并不免除登记机构的责任。但登记机构的责任只限于其未能按照《民法典》第212条等规定依法履行审查义务，造成登记错误所应当承担的责任。所以，此种责任严格地说是过错责任。二是严格责任。这就是说，只要出现了《民法典》第222条第1款以外的情况，造成登记错误，并给他人造成损害的，登记机构都应当承担责任。《民法典》第222条所说的"登记错误"是一个范围比较宽泛的概念，它首先是指登记的状况与实际状况不一致、不符合，但造成这种现象的原因很多，除了登记申请人弄虚作假、登记机构没有尽到审查职责以外，对其他的原因造成的各种登记错误，登记机构都要负责。例如，因为登记机构的工作人员严重失职，或者与登记申请人相互勾结，造成登记错误，等等，给有关利害关系人造成了损害，侵害了真正权利人的权利，这些情况都属于登记错误的范围。但由于这些情况比较复杂，不容易全部列举，故使用了"登记错误"一词。对此种登记错误，登记机构所承担的责任是严格责任，而不是过错责任。

（三）责任的承担方式

登记机构的责任不是补充责任而是单独责任。所谓补充责任是指先由造成登记错误的人承担责任，再由登记机构承担责任。所谓单独责任是指由登记机构直接对因登记错误而遭受损害的当事人负责。对受害人而言，其索赔没有先后顺序的要求，即其可以直接起诉登记机构。《民法典》第222条规定，"登记机构赔偿后，可以向造成登记错误的人追偿"，由此表明登记机构的责任，不是在提供虚假材料的申请人赔偿损失之后承担补充责任，而是要依据受害人的请求承担单独赔偿责任。

一般而言，登记机构的责任，以发生实际损害为前提。发生登记错误必须要造成实际损害，例如，房屋因登记错误而被抵押或者转让，造成真正权利人丧失权利或者承受负担的实际损害后果。如果没有造成实际损害后果，登记机构应该履行更正登记的义务，但不应当承担赔偿责任。

（四）登记机构的责任的类型

《民法典》第222条规定："当事人提供虚假材料申请登记，造成他人损害的，应当承担赔偿责任。因登记错误，造成他人损害的，登记机构应当承担赔偿责任。登记机构赔偿后，可以向造成登记错误的人追偿。"这就规定了登记机构因为登记错误所承担的责任。《民法典》物权编实际上区分了两种情况而分别确立责任。

第一，当事人提供虚假的权属证书等证明材料申请登记，给他人造成损害，登记机构没有尽到审查职责。此种责任实际上是一种未履行审核义务而产生的责任。这就是说，登记申请人提供虚假材料在登记机构办理登记，登记机构未尽到审查职责，从而导致损害的发生。当然，在此应该区分两种情况：一是因为登记申请人自己弄虚作假而登记机构已经尽到了自己的职责；二是登记机构具有过错。例如，某人将单位委托其保管的房产，登记在自己的名下，其提供的有关文件残缺不全，但登记机构未予审查，便为其办理了登记手续，并将该项产权记载在该人的名下。如果登记机构已尽到审查责任，登记机构不应承担责任，而应由弄虚作假的申请人承担责任。例如，行为人伪造他人的身份证、产权证或授权委托书等材料，将他人的财产设定抵押并进行登记，但登记机构未尽到审查义务并造成损害。对此，登记机构应当承担赔偿责任。

第二，因登记机构的过错造成真正权利人损害的，登记机构应当承担责任。《民法典》第222条规定："因登记错误，造成他人损害的，登记机构应当承担赔偿责任。"该条规定针对的是，完全是因登记机构的错误造成的损害。例如，登记机构应当实地查看而未查看造成登记错误的，或无正当理由拖延登记时间造成权利人损害的。错误包括登记机构工作人员的故意以及疏忽大意等过失。[1]《有关

---

[1] 参见黄薇主编：《中华人民共和国民法典物权编解读》，40页，北京，中国法制出版社，2020。

担保的司法解释》第 48 条规定："当事人申请办理抵押登记手续时，因登记机构的过错致使其不能办理抵押登记，当事人请求登记机构承担赔偿责任的，人民法院依法予以支持。"如果是因为登记机构的过错导致当事人不能办理不动产抵押登记，并因此遭受损害，当事人可以请求登记机构按照过错承担赔偿责任。此种责任与前一种责任的不同之处在于，前一种责任是由当事人提供虚假材料，且登记机构未尽审查义务造成；而此种责任，主要是由于登记机构自身的过错造成。

需要指出的是，登记机构的责任是一种与其过错相适应的民事赔偿责任，而不是行政责任。虽然在登记之时，行政机关和当事人之间的地位不平等，但是，在登记错误发生之后，其赔偿责任的承担属于平等主体之间的关系，因此，应当纳入民事责任的范畴。主要理由在于：其一，登记在性质上不是纯粹的行政行为，登记不过是物权的公示方法，登记机构并没有通过登记创设物权，登记机构的登记行为是民事法律行为中的事件，因登记行为产生的民法上的法律后果，登记机构登记行为错误也会产生民法上的法律后果。其二，登记机构的登记行为属于执行国家公务行为，因而因登记错误而给当事人造成损害的，登记机构应当向当事人承担民事赔偿责任，此种责任的性质属于民法上的侵权损害责任。其三，在《民法典》物权编中规定登记错误的赔偿责任，本身就表明了其属于民事责任。立法者是从民事责任的角度出发，确立相关规范的。其四，在登记错误的情况下，给受害人造成了损害，仅仅承担行政责任不能有效弥补受害人的损害，因此有必要通过承担民事责任来尽量弥补受害人的损害。当然，依据《民法典》第 222 条第 2 款的规定，登记机构在赔偿之后，享有向造成登记错误的人进行追偿的权利。

第六节 登记的查询

一、登记的查询的概念

登记作为一种公示方法，应当将不动产登记簿记载的事项对外公开，使第三人能够查阅。物权之所以需要公示，是为了方便第三人查阅和了解登记的内容。如果在登记之后，第三人非常难以查阅甚至根本无法查阅，登记的公示和公信力就无从谈起，因此，第三人能否较为便捷地查阅登记内容是能否发挥登记公示效力的前提。物权公示的主要目的并非使全社会每个人都了解已登记的特定的不动产信息，而旨在使与交易有关的第三人了解登记的信息，登记资料主要能够满足合同双方当事人以外或者物权人以外的可能和物权变动有关系的人了解相关信息的要求，达到相关要求就达到了登记的目的和物权公示的要求。① 登记的信息如果能够为这些人所了解或查询，就已达到公示的目的。毕竟登记的也属于个人信息的组成部分，从保护个人信息考虑，也应最小化处理。因此《民法典》第218条延续了《物权法》第18条的规定。② 该条规定："权利人、利害关系人可以申请查询、复制不动产登记资料，登记机构应当提供。"其明确了权利人和利害关系人查阅不动产登记簿的权利。

（一）有权查阅、复制登记资料的是权利人和利害关系人

从公示原则出发，某项不动产或者动产上是否设立了物权或者存在某种负担，应当公之于世，使第三人可以对之了解。但是有关登记的详细资料，则并不能向全社会公开。这就是说，应当对查询主体作出必要的限制。有学者认为，所谓公示就是指将物权设定和移转的事实向全社会公开。因而，登记资料属于公共信息，应当允许任何人查阅，不应该在法律上对查阅主体作出限制。③ 更何况，允许一部分人查阅而不允许另一部分查阅，在实践中也很难操作。应当看到，查阅登记资料的权利人范围，确实应当与公示原则相一致。但是，公示不一定意味着要将物权设立和移转的事实向全社会公开，登记的内容不一定向每一个人公开。探讨这一问题应当从公示制度设立的目的出发。公示的目的是要将物权设立和移转的事实向社会公开，从而维护交易安全，保护交易当事人的利益。对于毫无交易意愿的人，登记机构就没有向其提供查阅登记资料的义务。因为这些资料

---

① 参见黄薇主编：《中华人民共和国民法典物权编解读》，31页，北京，中国法制出版社，2020。
② 参见江必新编著：《民法典编纂若干争议问题实录》，87页，北京，人民法院出版社，2021。
③ 参见黄莹、吴鹏：《论不动产登记的查询主体》，载《法学评论》，2009（3）。

可能涉及登记权利人的隐私或者商业秘密，一旦泄露可能对登记权利人产生重大不利。因此，如果某人根本没有参与交易的意图，而只是想了解与交易毫无关系的涉及登记权利人的情况，在此情况下就没有查询的正当理由。正是因为这一原因，《民法典》物权编限定了不动产登记查询的主体范围。

依据《民法典》第218条，只有权利人和利害关系人才有权要求查阅、复制登记资料。查询主体包括两种类型：一是权利人，即对登记的财产享有财产权的主体。例如，某人将共有的财产登记在其个人名义下，则其他共有人应当属于权利人，有权进行查询。再如，买受人有权查阅相关财产是否登记在出卖人的名下，该财产上是否存在相关的权利负担等。又如，设定抵押之后，抵押权人可以查阅；财产在租赁之前承租人可以查阅出租人的有关情况。

二是利害关系人，即对登记财产享有利益的人，原则上是指交易的当事人或者潜在的交易当事人。交易当事人是指已经与登记权利人签订了不动产物权变动协议的当事人或者正在缔约的当事人。利害关系人既包括现实的交易关系当事人，也包括潜在的交易关系当事人。而所谓潜在的交易当事人，是指一切可能从事交易的人或者有交易意向的人，其需要了解不动产之上的权属状态，从而决定是否与权利人从事交易，如买卖、设定担保等。非潜在的交易当事人，虽然可以查阅一些必要的公共信息，诸如土地的面积和权属状况、房屋上是否设定了抵押等，但没有必要了解详细的登记资料，如有关登记权利人的家庭住址、电话号码等。[①] 潜在的交易当事人之所以要了解这些信息，是为了避免出现欺诈。但是，其无法了解、也没有必要了解登记簿上所有权利人的信息以及此前的交易记录。除了交易当事人和潜在的交易当事人之外，登记权利人的近亲属需要了解家庭共有财产状况的，也有权进行查询。至于一般的新闻媒体、记者出于好奇心或者舆论监督的需要，是无权随意申请查询或复制登记资料的。

（二）查询、复制的对象是登记资料

如何理解登记资料？对此存在不同观点。一种观点认为登记资料是指所有与

---

① 参见程啸等：《不动产登记暂行条例及其实施细则的理解与适用》，108～109页，北京，法律出版社，2017。

登记相关的文件材料，不仅包括登记簿记载的内容，还包括作为档案留存的登记资料，如当事人的登记申请表、提交的相关文件等。另一种观点认为，登记资料仅限于登记簿。笔者认为，登记资料除登记簿之外，还应当包括其他与登记有关的重要资料，如当事人的登记申请表、不动产物权变动的原因文件（如买卖合同、法院生效的判决书等）、地籍图等文件。《土地登记规则》第59条第1款规定："土地登记形成的文件资料主要有以下几种：（一）土地登记申请书；（二）土地登记收件单；（三）土地权属证明文件、资料；（四）土地登记审批表；（五）地籍图；（六）土地登记簿（卡）；（七）土地证书签收簿；（八）土地归户册（卡）；（九）土地登记复查申请表；（十）土地登记复查结果表；（十一）确权过程中形成的协议书、决定书等文件、资料。"此外，依据建设部颁布的《房屋权属登记信息查询暂行办法》，登记资料包括两部分：其一，房屋原始登记凭证，包括房屋权利登记申请表，房屋权利设立、变更、转移、消灭或限制的具体依据，以及房屋权属登记申请人提交的其他资料。其二，房屋权属登记簿。因为《民法典》第218条提出了"查询、复制"的概念，如果查询的对象只是登记簿的话，实际上是没有必要复制的。只有在查询对象包含了登记簿之外的其他材料时，才有必要对这些材料进行复制。

所谓"权利人和利害关系人有权查询、复制登记资料"，可以分为两类：一是应当向全社会公开、允许任何人查询的资料。这主要是不动产上的权利负担情况，例如是否设定了抵押权，是否有分管协议，是否已被查封，是否已经设定了地役权等。对于此种信息，登记机构有义务向所有的社会成员提供查阅、复制登记资料的便利。二是除上述资料之外的其他登记资料。对于这部分登记资料，因为涉及个人隐私，因此不宜完全作为公开信息。例如，不动产权属情况，登记权利人姓名、住址、电话号码等。对此种信息，只限于权利人和利害关系人查询，其他人如果没有任何正当理由要求查询，登记机构应予以拒绝。但是，一旦登记权利人要进入法律交易中，例如，某人委托房屋中介机构出售房屋，或者某人张贴了房屋的招租公告，那么也意味着他也希望与他人进行交易。对于愿意与其进行交易的当事人，登记权利人应当授权其查阅权属状况等登记资料。公示制度作为维护交易安全的基本规则，正是因为其目的在于维护交易安全，它应当是直接服务于交易的，所以对于登记资料，应当是面对交易当事人和潜在的交易当事人，而并非是要向全社会公开。

《不动产登记暂行条例》第28条规定："查询不动产登记资料的单位、个人应当向不动产登记机构说明查询目的，不得将查询获得的不动产登记资料用于其他目的。"《民法典》物权编及《不动产登记暂行条例》的上述规定实际上限定了不动产登记查询的主体范围。公示的目的是要将物权设立和移转的事实向社会公开，从而维护交易安全，保护交易当事人的利益，但这并不意味着需要将不动产登记的内容向每一个人公开。依据《不动产登记暂行条例》第28条，对于利害关系人能够申请查阅的登记资料，应当作出必要的限制。一是，在没有经过登记权利人同意的情况下，不能对权利人的姓名加以查询，而只能查询不动产上的权利负担。二是，即便经过权利人同意，作出适当的限制还是有必要的，例如，有关登记权利人的家庭住址、家庭成员、联系方式等就没有必要公开。这就要求登记资料在详细记载的同时，应当加以分类，涉及权利负担、物权变动的内容可以记载于登记簿并予以公开，与交易或者物权变动无关的内容，不宜在登记簿上记载，也不能允许所有的人都去查阅。

（三）登记机构有义务依法提供查阅、复制登记资料的便利

依据《民法典》物权编的上述规定，登记机构作为专门负责登记的机构，不仅享有审查登记资料等权力，同时也承担公示的义务，此种义务就是向有权查阅的权利人和利害关系人提供查阅、复制登记资料的便利，从而促进不动产的交易安全。如果登记机构无正当理由拒绝权利人和利害关系人的查询，由此造成他人损害，则应当承担责任。在获得登记权利人授权的情况下，登记机构也有义务向他人公开涉及登记权利人财产隐私的资料。

需要指出的是，登记机构有义务对权利人的个人隐私保守秘密。应当看到，登记的信息确有一部分要转化为公开信息，但是，并非所有登记的信息公开以后都应当转化为公开信息。有一种观点认为，公示以后，所有信息都应当成为公开的信息，不再受隐私权的保护。这种理解是不妥当的。因为一方面，登记资料类

型多样，记载的内容也较多，有些适于公开，有些涉及个人隐私或者商业秘密，不宜公开。另一方面，即使是有关财产归属的内容，也不都是公开的信息，因为财产登记并不意味着财产申报，没有必要把权利人的情况都向社会公开。凡是涉及权利人姓名、名称、住址等情况，都属于隐私权的范围，没有足够的理由无法要求当事人必须公开此种个人信息。对于这部分资料，不是任何人都可以查阅、复制的。我们要坚持公示原则，促进交易，但同时也要保护商业秘密和个人隐私。公示本身只是出于交易的需要而作出的制度上的安排，它只是给需要交易的人提供物权的真实情形，只需使那些需要交易的利害关系人知道权利的归属等情况，而并不一定需要使利害关系人了解权利人的一些个人隐私。因此，在建立公示原则的同时，既要保护利害关系人的知情权，又要维护登记申请人的隐私权。尤其是对登记机构来说，更不能将产权人的资料向中介机构和企业等擅自披露，从中牟取利益。

二、利害关系人的保密义务

利害关系人在查询相关的登记资料后，对登记资料也负有保密义务，对此，《民法典》第219条明确规定："利害关系人不得公开、非法使用权利人的不动产登记资料。"该条源自《不动产登记暂行条例》《不动产登记暂行条例实施细则》的相关规定，明确课以利害关系人对所查询的不动产登记资料的保密义务，即不得公开和非法利用所获取的权利人的不动产登记信息。因为这些信息属于权利人重要的敏感信息，包含权利人的家庭住址、财产状况、家庭成员等，一旦被公开和不法利用将会侵害权利人的生活安宁、隐私等权益。依据上述规定，虽然利害关系人享有查询、复制不动产登记资料的权利，但也负有对登记的个人信息的保密义务[①]，不得公开、非法使用权利人的不动产登记资料。

不过，《民法典》第219条虽然规定了利害关系人的保密义务，但有关利害

---

① 参见黄薇主编：《中华人民共和国民法典物权编解读》，33页，北京，中国法制出版社，2020。

关系人对个人信息和隐私的保密义务,是由《民法典》人格权编和《个人信息保护法》全面规定的,如果利害关系人违反了保密义务,造成他人损害,无法直接依据物权编的规则认定利害关系人的责任,而应当依据《民法典》人格权编及《个人信息保护法》有关隐私权、个人信息保护的相关规定认定其责任。

第七节　更正登记

一、更正登记的概念

所谓更正登记,是指权利人、利害关系人认为不动产登记簿记载的事项有错误时,经其申请,由权利人书面同意更正,或者有证据证明登记确有错误的,登记机构对错误事项进行更正的登记。[1] 例如,房屋登记的面积、界址发生错误,经权利人申请,登记机构对相关记载加以更正。基于确保登记簿真实性的考量,大部分国家或地区均设立了更正登记制度。[2] 更正登记旨在彻底消除登记权利与真实权利不一致的状态,避免第三人依据不动产登记簿的登记而取得物权,因此,可以认为更正登记是对原登记权利的涂销登记,也可以说是对真实权利的初始登记。[3] 例如,在"谭土兴、广东省湛江市人民政府资源行政管理:土地行政管理(土地)再审行政案"中,法院就曾指出:"错误登记事项经权利人、利害关系人申请,且有明确证据证明登记事项确有错误的,不动产登记机构应当根据申请进行更正。"[4]

更正登记与通过诉讼确权之间具有一定的联系。更正登记可以法院关于确权的判决或裁定为依据,但登记机构在申请人提供的证据证明登记存在明显错误或

---

① MünchKomm / Kohler, 5. Auflage 2009, BGB § 894, Rn. 1.

② 参见马栩生:《登记公信力研究》,220 页,北京,人民法院出版社,2006。

③ 参见黄薇主编:《中华人民共和国民法典物权编解读》,34 页,北京,中国法制出版社,2020。

④ 最高人民法院(2021)最高法行再 131 号行政判决书。

者登记权利人书面同意更正的情况下，也可以不通过法院判决或裁定而直接通过更正登记程序予以更正。通过更正登记程序更正既节约了当事人的诉讼成本，又使登记错误的纠正更加便捷。当然，如果不能通过更正程序纠正登记错误，仍然需要通过诉讼程序解决。

更正登记与移转登记也具有一定的联系。例如，法院判决产权归属之后办理登记，此种情况尽管在广义上也属于更正登记，但是它是依照司法判决发生的产权移转，也可以归入移转登记之中。

二、更正登记的条件

依据《民法典》第 220 条第 1 款规定，更正登记的条件和程序包括如下几个方面。

（1）权利人、利害关系人认为不动产登记簿记载的事项有错误，并提出申请。权利人是指登记记载的权利人，利害关系人是指对登记记载错误会对自己造成不利影响的当事人。一旦权利人、利害关系人发现登记存有错误，即便登记具有公信力，也应当予以纠正。例如，在"王彦周、洛阳市洛龙区人民政府资源行政管理：土地行政管理（土地）再审审查与审判监督行政案"中，法院就曾指出："根据《土地登记办法》第 59 条的规定，土地权利人认为土地登记簿记载的事项错误的，可以持原土地权利证书和证明登记错误的相关材料，申请更正登记。利害关系人认为土地登记簿记载的事项错误的，可以持土地权利人书面同意更正的证明文件，申请更正登记。"[1]

尽管登记是由行政机关作出的，但登记确定的是不动产物权变动的事项，涉及的是民事权益问题。在登记发生错误的情况下，应当按照私法自治的原则，由当事人提出请求。[2] 登记机构不宜主动地、依职权进行更改。即便是发生了登记错误，而真正权利人发现错误之后也不愿意更正的，表明其已经自愿放弃了其权

---

[1]　最高人民法院（2018）最高法行申 3013 号行政裁定书。

[2]　MünchKomm/Kohler, 5. Auflage 2009, BGB § 894, Rn 39.

益。例如，夫妻双方购买的房产，登记申请时申请登记在夫妻双方名下，但登记机构将房产记载在夫妻一方名下，后来夫妻另一方发现错误而没有提出异议，这表明这一方已经放弃了自己的权益。在这种情况下，登记机构没有必要主动更改。

问题在于，如果登记机构确实发现自己的行为存在错误，例如存在笔误，将登记面积记载错误，能否主动更改？一般认为，如果登记机构发现自己登记错误，可以作出更正登记。[①] 笔者认为，此时登记机构仍然应当通知登记申请人，由其提出更改。所以，申请人的申请，是更正登记的基本条件。

（2）不动产登记簿记载的权利人书面同意更正或者有证据证明登记确有错误的。具体而言：一是必须要经过登记记载的权利人书面同意。为了防止当事人事后发生争议，也为了督促权利人认真地、谨慎地作出决定，法律要求登记权利人向登记机构提交书面的同意材料，而且其内容必须明确表示愿意办理更正登记。如果已经办理了更正登记，登记权利人事后反悔，登记机构不能直接撤销已经完成的更正登记。当然，如果登记权利人主动提出了不动产属于他人，则只要该第三人同意，也可以办理更正登记，直接将权利移转到该第三人名下。需要指出的是，即便权利人作出了书面同意，登记机构也仍然负有审核义务，以确定更正登记是否可能涉及他人的权利问题，或者虽然并不直接牵涉他人的权利，但是权利人并未放弃自己的权利。所以，在提出申请之后，还需要登记机构进行审查，以确定是否发生了登记错误。

二是更正申请人有证据证明登记确有错误。此处所说的错误既包括登记簿的记载与登记的原始文件不一致，也包括与真实的物权状况不一致。在这两种情况下，权利人都有权请求登记机构进行更正登记。[②] 所谓有证据证明，应当是指有足够的证据证明，因为毕竟更正登记要改变权利归属，所以登记机构在办理更正登记时必须要审查证据是否确凿充分。

这就是说，如果不动产登记簿记载的权利人拒绝办理更正登记，则必须由申

---

① 参见黄薇主编：《中华人民共和国民法典物权编解读》，35 页，北京，中国法制出版社，2020。
② MünchKomm / Kohler, 5. Auflage 2009, BGB § 894, Rn. 4.

304

请人提供足够的证据证明登记确有错误，否则登记机构不能为其办理更正登记。[①] 如何理解《民法典》第 220 条第 1 款中规定的"不动产登记簿记载的事项错误"？对此，存在三种不同的观点。第一种观点认为，所谓错误是指不动产登记簿与登记的原始文件不一致。因为如果是登记簿的记载与原始文件一致，而与真实的物权状况不一致，那么就意味着此时已经涉及物权的归属和内容的争执，此种争执属于民事纠纷，应由司法审判机关通过诉讼程序加以解决。第二种观点认为，我国《民法典》中规定的错误应当既包括登记簿的记载与登记的原始文件不一致，也包括与真实的物权状况不一致，在这两种情况下都可以由登记机构进行更正登记。第三种观点认为，所谓不动产登记记载的事项错误，是指经过法院和仲裁机构的判决与裁定认定登记确有错误。在此情况下，才能够确定登记错误，登记机构才能够更正登记。登记机构自身不能够依职权确定登记是否有错误，并办理更正登记。笔者认为，登记机构应有权确定登记是否有错误，并办理更正登记。一方面，既然登记机构负责登记事务，它更了解登记的情况，也能够更便捷地进行更正登记。如果登记机构判断有误，导致更正登记存在错误，登记机构要承担相应的责任。同时，当事人也有权请求法院重新确权。另一方面，如果只有在法院和仲裁机构确定以后，才能够更正登记，这就意味着所有的登记错误都必须经过司法程序才能纠正，从而混淆了登记程序和司法程序，导致更正登记的程序烦琐、效率低下，也加重了法院的负担。笔者赞成第二种观点。物权法中规定的错误包括这两种情形，在出现登记错误的情况下，当事人既可以向登记机构申请更正登记，也可以通过诉讼的方式由法院判决，依该判决进行更正登记。一般来说，所谓有证据证明应当是指有足够的证据证明，因为毕竟更正登记要改变权利归属，所以登记机构在办理更正登记时必须要审查证据是否确凿充分。申请人有证据证明登记确有错误的，登记机构也应当进行审核，如果确定确有错误，应当予以更正。

当不动产权属证书的记载出现错误时，当事人能否申请更正登记？目前，我

[①] MünchKomm / Kohler，5. Auflage 2009，BGB § 894，Rn. 4.

国的一些地方性法规允许当事人针对不动产权属证书记载的错误进行更正登记。对此，笔者认为，更正登记仅仅是针对登记簿的记载错误进行的，而不动产权属证书出现记载错误时，不能进行更正登记，只能由登记机构重新发证。

（3）登记机构应当依法予以更正。在权利人、利害关系人认为不动产登记簿记载的事项有错误，并提出申请以后，登记机构有义务进行审查，确认情况属实后，应当进行更正。更正登记是登记机构的职权，最终应当由登记机构办理完成，所以更正登记在登记程序中就可完成，而不需要通过诉讼程序来完成。例如，在"安某诉黄某所有权确认案"中，法院认为，权利人、利害关系人认为不动产登记簿记载的事项错误的，可以申请更正登记。[1]

当然，在出现登记错误的情况下，当事人既可以向登记机构申请更正登记，也可以通过诉讼的方式由法院判决，依该判决进行更正登记。如果利害关系人有足够的证据证明登记存在错误，而登记机构拒绝更正，则利害关系人必须通过诉讼程序要求重新确权。《物权编司法解释（一）》第2条规定："当事人有证据证明不动产登记簿的记载与真实权利状态不符、其为该不动产物权的真实权利人，请求确认其享有物权的，应予支持。"据此，当事人只要有证据证明登记簿记载出现错误时，便可以向法院提起诉讼请求登记机构予以更正。诉讼的完结以法院作出生效的裁判文书为标志，一旦判决或裁定生效，登记机构就有义务更正登记。如果符合更正登记的条件，而登记机构拒不办理更正登记的，权利人或利害关系人有权以行政不作为为由向人民法院提起诉讼。

第八节　异议登记

一、异议登记的概念和特征

所谓异议登记，是指利害关系人对不动产登记簿记载的物权归属等事项有异

---

[1]　参见福建省厦门市湖里区人民法院（2009）湖民初字第 3219 号民事判决书。

议的，可以通过异议登记来保护其权利。《民法典》第220条第2款规定："不动产登记簿记载的权利人不同意更正的，利害关系人可以申请异议登记。登记机构予以异议登记，申请人自异议登记之日起十五日内不提起诉讼的，异议登记失效。异议登记不当，造成权利人损害的，权利人可以向申请人请求损害赔偿。"该条对异议登记制度作出了规定，这对于我国登记制度的完善具有重要意义。

依据《民法典》第220条，异议登记的特点主要在于：

第一，异议登记不是对物权变动状态本身所进行的登记。当事人申请异议登记，主要目的在于打破登记的公信力，避免存在产权争议的不动产为第三人善意取得[1]，从而为其通过民事诉讼进行权利确认或者为直接办理更正登记收取更多的证据争取时间，提供一种临时的保障。

第二，异议登记是为了防止登记权利人处分财产。通过异议登记，可以使第三人了解登记权利的归属和内容可能存在瑕疵。因为在存在登记异议的情况下，第三人如果与权利人就发生争议的房屋进行物权变动，就要承担因为房屋的权利有瑕疵可能形成的风险，因此，异议登记可以在一定程度上影响登记的公信力，但是异议登记并不具有完全限制登记权利人处分权的作用。在发生异议登记的情况下，虽然登记的权利状况有争议，但这并不构成对登记权利人处分权的限制。

第三，具有临时性。应当指出，如果登记发生错误，登记权利人可以申请更正登记，但毕竟更正登记较为费时，许多权属争议一时难以解决，且因为时间拖延，导致物权变动，造成真正权利人的损害，因此，通过异议登记，可以为真正权利人提供临时性的保护措施。[2] 异议登记实际上是一种暂时的保全登记，可以作为更正登记的前置辅助手段。[3] 例如，甲认为登记记载在乙名下的房屋其实是甲自己的，并要求将该所有权更正到自己名下，但是乙并不同意，而且甲也暂时无法举出充分的证据，从而导致登记机构拒绝了甲办理更正登记的请求。为了防止在收集证据期间，乙擅自将该房屋处分，甲就可以先申请异议登记，以阻止乙

---

[1]　MünchKomm/Kohler，5. Auflage 2009，BGB § 899，Rn. 1.

[2]　参见黄薇主编：《中华人民共和国民法典物权编解读》，35页，北京，中国法制出版社，2020。

[3]　参见崔建远主编：《我国物权立法难点问题研究》，421页，北京，清华大学出版社，2005。

将房屋出卖并为第三人善意取得。

异议登记与更正登记都不直接发生物权变动的效力，且两者之间关系十分密切，一般而言，当事人在对登记簿所记载的权利状况有争议时，其一般会直接申请更正登记，如果其所提供的证据不充分，则无法办理更正登记，但依据《不动产登记暂行条例实施细则》第 82 条的规定，当事人仍然可以办理异议登记。同时，在异议登记之后，如果当事人确权成功，其仍有权申请更正登记。但是两者之间存在明显的区别，更正登记是为了纠正登记错误，而异议登记则是为了阻却第三人善意取得标的物的物权。①

二、异议登记的功能

（1）保护真实的权利人。② 异议登记主要是在对物权归属等产生争议的情况下，允许对不动产享有物权的人向登记机构申请异议登记，在不动产登记簿上注明该物权存在异议，防止登记记载的权利人从事出卖财产或者将财产设置抵押等妨害真正权利人利益的行为。在不动产登记簿存在错误或者遗漏的情况下，本来可以由当事人通过更正登记加以解决，但由于更正登记的程序要求十分严格且时间较长，真正权利人一时不能收集到足够的证据，请求登记机构进行更正，这样就有必要通过异议登记阻碍登记记载的权利人进行转让或抵押等，让真正权利人有更多的时间收集证据。这对于保护真正权利人是非常必要的。在异议登记之后，登记权利人仍然可以处分其财产，但是一旦异议登记成立，可以对异议登记申请人提供保护。

（2）警示功能。在登记簿的记载存在错误或者遗漏的情况下，如果登记记载的权利人继续处分财产或者将财产设定抵押等，第三人基于对登记簿的信赖，可能就不动产发生转让、抵押等交易。而如果登记簿上存在异议登记，那么，第三人就会发现该登记的产权存在异议，从而就不会与登记记载的权利人从事交易。

---

① 参见程啸等：《不动产登记暂行条例及其实施细则的理解与适用》，432 页，北京，法律出版社，2017。

② MünchKomm/Kohler, 5. Auflage 2009，BGB § 899, Rn. 1.

这样对于相对人来说，也是一种保护。因为异议登记的存在实际上向第三人提示了可能存在风险，异议登记可以暂时有效地阻止登记簿公信力的发生，从而避免给第三人的利益造成损害。①

（3）有利于发挥物的效用。在异议登记之后，并不是说登记记载的权利人就不能利用该财产，相反，登记权利人仍然可以利用该财产获得收益，甚至其还可以处分财产，因为他仍然是登记记载的权利人，因而享有对该财产的处分权。但是，异议登记的存在，向与其从事交易的人提出了警示，其应当知道该权利之上存在争议。如果其不考虑任何产权争执的风险，坚持购买该房产，愿意承担风险，在法律上也未尝不可。所以异议登记有利于继续发挥物的效用。

三、异议登记的条件

依据《民法典》第220条规定，异议登记的条件如下。

（1）利害关系人认为不动产登记簿的记载存在错误。② 一般来说，异议登记的申请人都是利害关系人。由于异议登记会对权利人的权利构成一定的限制，因而，登记权利人通常不会同意他人实行异议登记，利害关系人提出异议登记的理由，是不动产登记簿的记载事项存在错误。异议登记对于登记记载的权利人非常不利，异议登记之后，实际上就是在登记记载的权利之上施加了法律上的权利限制，登记权利人对该不动产的处分也将受到一定的影响。因而，登记权利人通常不可能主动同意他人实行异议登记。异议登记一般是在登记权利人不同意更正登记的情况下，或者是在登记机构认为证据不足，不予办理更正登记的情况下，由利害关系人提出的。

（2）异议登记以不能办理更正登记为前提。笔者认为，在办理异议登记之前，利害关系人应当首先提出更正登记，只有在权利人不同意或者登记机构拒绝更正的情况下，更正登记申请人才可以提出异议登记。异议登记的主要是为了办

---

① MünchKomm / Kohler，5. Auflage 2009，BGB § 899，Rn. 20.

② MünchKomm / Kohler，5. Auflage 2009，BGB § 899，Rn. 3.

理更正登记。如果利害关系人有证据证明登记有错误，则其首先应当申请办理更正登记。因此，为了节约登记资源，有必要要求异议登记以不能办理更正登记为前提。在办理异议登记之前，利害关系人必须首先提出更正登记，只有在权利人不同意或者登记机构拒绝更正的情况下，更正登记申请人才可以提出异议登记。这就是说，如果利害关系人确实发现了登记存在错误，其首先应当通过更正登记程序来解决登记的错误问题，而没必要通过异议登记来提出异议。只要利害关系人有证据证明登记有错误，都应当主动提出办理更正登记。只有在无法进行更正登记的情况下才能提出异议登记，因为异议登记最终还是为了办理更正登记。如果能够直接办理更正登记，自然就没有必要申请异议登记。因此，为了节约登记资源，有必要要求异议登记以不能办理更正登记为前提。

（3）在提出异议登记之后，即使登记申请人没有提出足够的证据，登记机构也应当为其办理异议登记。一般来说，利害关系人提出异议登记时，其通常没有足够的证据证明登记确有错误，否则，其可以直接提出办理更正登记。在办理异议登记的情况下，只要申请人能够提供初步的证据证明登记存在错误即可，登记机构即使认为更正登记证据不足，也应当为申请人办理异议登记。

四、异议登记的失效

在办理异议登记之后，申请人应当在 15 日内向法院起诉；否则，异议登记即失效。此时，即便异议登记尚未从登记簿上涂销，也应当自动失效，不能发生阻却登记公信力的效力。因为异议登记只是保护利害关系人的临时措施，所以在申请人提出异议登记之后，其应当尽快向法院起诉，否则将会对登记权利人产生重大不利，使其物权一直存在负担，不利于财产的交易。法律给予异议登记的时间效力不能太长，否则将会极不合理地限制权利人的权利，因此，《民法典》有必要对异议登记的期限作出明确的规定。通常，在一段合理期限过去之后，如果异议登记人不能提供充分的证据直接进行更正登记，则其必须向法院提起诉讼，通过诉讼程序最终解决争议。如果当事人在异议登记之后的特定期限内不向法院起诉、当事人之间达成和解等均会导致异议登记失效。所以，《民法典》第 220 条第 2 款规定："不动产登记簿记载的权利人不同意更正的，利害关系人可以申请异议登记。登记机构予以异议登记，申请人自异议登记之日起十五日内不提起诉讼的，异议登记失效。"据此，申请人如果不在 15 日内提起诉讼，异议登记就失效。

异议登记作为保全物权请求权的登记，其登记手续的办理应当以申请人向法院申请诉前财产保全为前提，依据法院财产保全的裁定，登记机构应当办理异议登记。自办理异议登记之日起 15 日内，申请人应当向法院提起确认之诉，确认之诉中，申请人胜诉的，可以依照《民法典》第 220 条第 1 款，请求登记机构办理更正登记；申请人败诉的，应当依照《民法典》第 220 条第 2 款向登记权利人承担赔偿责任。

关于该条规定的 15 日的法律效力，存在不同观点。一种观点认为，15 日性质上是除斥期间，在该期间内，申请人不起诉的，异议登记即告失效；一旦在 15 日内申请人提起诉讼，则异议登记继续保留，发挥保全物权请求权的效力。[1] 另一种观点认为，15 日就是异议登记的期限，其效力并非形成权，其存续期间是可变的，如果当事人在此期间提起诉讼，则登记继续有效，并不当然消灭。[2] 不论是否提起诉讼，异议登记仍然可以存在。笔者认为，《民法典》第 220 条只是规定要在 15 日内起诉，如果在 15 日内没有提起诉讼，则异议登记失效。所谓失效，并不意味着登记机构一定要涂销异议登记，而是指异议登记不再产生拘束力，即不再发挥阻断公信力的效力，第三人即便查询到登记簿上存在异议登记，亦可继续受让登记的财产，并可善意取得。[3] 因为申请人未在 15 日内提起诉讼，表明其没有积极主张权利，为了维护登记权利人的利益和交易安全，《民法典》第 220 条规定异议登记即告失效。[4] 当然，还要考虑申请人起诉后发生

---

① 参见梁慧星主编：《中国物权法草案建议稿》，160 页，北京，社会科学文献出版社，2000。

② 参见最高人民法院民事审判第一庭：《最高人民法院物权法司法解释（一）》，101 页，北京，人民法院出版社，2016。

③ 参见最高人民法院民事审判第一庭：《最高人民法院物权法司法解释（一）》，102 页，北京，人民法院出版社，2016。

④ 参见黄薇主编：《中华人民共和国民法典物权编解读》，35 页，北京，中国法制出版社，2020。

的情况。如果申请人的起诉被法院驳回、申请人主动撤诉、法院判决申请人败诉等原因都会导致异议登记失效。依据《不动产登记暂行条例实施细则》第 83 条第 2 款，异议登记申请人应当在异议登记之日起 15 日内，提交人民法院受理通知书、仲裁委员会受理通知书等提起诉讼、申请仲裁的材料，逾期不提交的，异议登记失效。同时，申请人作为原告，也可以请求法院对登记财产进行查封，办理查封登记。一旦对该不动产办理了查封登记，异议登记就更无保留的必要，因为查封登记后登记权利人不能对不动产进行处分，且查封的有效期间比较长，因此办理了查封，更有利于限制登记权利人的权利。

在提出异议登记 15 日后，如果申请人仍然不能够搜集到足够证据，从而根据更正程序更正登记，那么申请人为了维护自己的权利就只能通过诉讼程序并采取诉讼保全措施来防止登记权利人处分财产。需要指出的是，在发生产权登记的情况下，当事人确实可以通过诉讼保全的方式维护自己的利益。但诉讼保全毕竟不能替代异议登记制度，其理由在于：第一，条件不同。依据我国《民事诉讼法》，无论是诉前财产保全还是诉讼财产保全，都有较为严格的条件要求。例如，申请诉前财产保全，法律要求"情况紧急，不立即申请财产保全将使其合法权益受到难以弥补的损害"。然而相对来说，异议登记的程序则较为简单易行，而且异议登记只需向登记机构提出申请，而不必像财产保全那样向法院申请，由法院再向登记机构发布保全的命令。第二，措施不同。财产保全采用查封、扣押、冻结或者法律规定的其他方法。而在异议登记的情况下，只需要由登记机构注明异议登记，而不需要采取其他的措施。第三，由于财产已经被查封、扣压或者冻结，很可能被保全人无法继续使用并处分被保全物。而异议登记只是妨害了原权利人的处分，但并没有对原权利人使用和利用的权利作出限制。甚至可以说，其对原权利人的处分权并没有实质性的限制，无非其交易存在相当的困难而已。所以，较之于财产保全而言，异议登记对于不动产所作的限制要小得多，至少登记记载的权利人还可以利用其物。第四，在异议登记情况下，如果证据充足，可以进行更正登记。但诉讼保全并不涉及登记问题，如果要变更登记，必须依据相关登记程序办理。第五，诉讼保全建立在案件纠纷基础上，但异议登记并不必然形成纠纷。如果申请人提出异议之后，该异议并不成立，因不当异议可能发生损害赔偿责任，但不必在法院提起诉讼。

五、异议登记的效力

1. 不影响登记权利人对不动产的处分

在异议登记之后，权利人是否可以处分其财产？对此有不同观点：第一种观点认为，在异议登记之后，登记权利人如果处分其财产，构成无权处分。这种观点也得到了登记实践的支持。按照有关行政规章和地方性法规的规定，如果存在民事权利纠纷，则登记机构有权不予登记。显然，在存在异议登记的情况下，登记机构也同样有权拒绝为登记权利人对不动产的处分办理登记。第二种观点认为，异议登记之后，权利人仍然有权处分其财产，只是如果登记机构拒绝办理相应的登记，则买受人不能够取得相应的物权。第三种观点认为，异议登记的效力主要是警示他人该物权存在产权不明的交易风险，该登记并不表征权利，第三人购买该不动产时，由于异议登记的存在，不适用善意取得，但如果当事人自愿承担风险，订立关于该有权利瑕疵的标的物的处分合同，也未尝不可。[①] 笔者认为，一方面，异议登记之后，登记权利人并没有被剥夺或者限制其权利，其仍然有权处分其财产，其与相对人订立的处分其不动产权利的合同仍然是有效的，只要相对人自愿承担风险，该合同在债法上应当是有效的，但是因为有异议登记，所以受让人不能构成善意取得。[②] 正是从这个意义上，有学者认为，异议登记有阻断不动产登记公信力和推定力的作用。[③] 另一方面，在异议登记期间，不动产登记簿上记载的权利人以及第三人因处分权利申请登记的，不动产登记机构应当书面告知申请人该权利已经存在异议登记的有关事项。申请人要求继续办理的，应当继续办理，

---

① 参见马特：《物权变动》，82页，北京，中国法制出版社，2007。
② MünchKomm / Kohler, 5. Auflage 2009, BGB §899, Rn. 20.
③ 参见崔建远主编：《我国物权立法难点问题研究》，422页，北京，清华大学出版社，2005。

但要自行承担风险。

异议登记的目的在于，避免办理更正登记之前，因为登记的公信力，而使异议登记申请人遭受损害。异议登记只是起到一种向社会公众发出提醒的作用，也使交易第三人无法依据善意取得制度取得相应的权利。按照一般的社会经验，一个合理的交易第三人在发现了异议登记以后，他不会轻率地购买房屋。[①] 但异议登记并没有剥夺登记权利人的处分权。登记权利人可以继续处分，受让人也可以购买。问题在于，登记机构是否可以为其办理登记？笔者认为，考虑到异议登记的存在，登记机构不应当为其办理过户登记，否则一旦证明登记权利人不是真实的权利人，登记机构又要进行变更登记，从而增加登记机构的负担。尤其应当看到，如果登记机构为其办理了过户登记，第三人再次转让，后来，因登记错误又要撤销登记，可能造成交易秩序的混乱。

2. 排除善意取得的适用

异议登记的重要目的在于阻断登记的共信力，一旦办理了异议登记，第三人就应当知道不动产之上存在权利争议，其仍然进行交易的，应当承担相应的交易风险。异议登记在先的，交易当事人应当查询，如果其没有查询，或者查询之后仍然交易的，则其不能基于善意取得的规则取得相关的物权。[②]

3. 权利人办理更正登记不受影响

异议登记通常是没有证据证明物权归属的内容，无法立即办理更正登记，但在异议登记的申请人办理异议登记之后，如果其收集有关的证据能够办理更正登记，则异议登记不影响其办理更正登记。如果申请人提起确权之诉后，申请人胜诉的，可以依据《民法典》第 220 条规定，请求登记机构办理更正登记。

4. 申请人确权不受影响

如前所述，异议登记只是表明申请人对登记簿记载的权利提出异议，但其并

---

① 参见马栩生：《登记公信力研究》，216 页，北京，人民法院出版社，2006。

② 参见最高人民法院民事审判第一庭：《物权法司法解释（一）理解与适用》，102 页，北京，人民法院出版社，2016。

未剥夺登记权利人的权利。《物权编司法解释（一）》第3条规定："异议登记因民法典第二百二十条第二款规定的事由失效后，当事人提起民事诉讼，请求确认物权归属的，应当依法受理。异议登记失效不影响人民法院对案件的实体审理。"依据该条规定，即便异议登记因为申请人没有在法定期间内提起诉讼而失效，申请人也可以在异议登记失效后请求确认物权归属，而且，人民法院在审理申请人提起的请求确认物权归属的诉讼时，不应受到异议登记失效的影响。事实上，异议登记只是发挥一种警示功能，阻断不动产登记的公信力，排除善意取得的适用，但其并不具有确认物权归属的作用，因此，异议登记与物权确权之诉不能相互替代。[1]

异议登记不当造成权利人损害的，申请人应当承担赔偿责任。异议登记确实对权利人处分财产造成了一定的妨害，尤其是因为不动产价值巨大，在某个时期内价值可能会发生急剧的变动。在存在异议登记的情况下，虽然权利本身没有发生变更，但是权利可能难以转让，从而会给权利人造成损害。因此，如果异议登记确实不成立，登记权利人有权请求申请人承担赔偿责任。赔偿机制是一种比较有效的防止滥用异议登记的方法。[2]

第九节 预告登记

一、预告登记的概念和特征

预告登记，是与本登记相对应的概念，它是指为确保债权的实现、保障将来实现物权等目的，按照约定向登记机构申请办理的预先登记。[3] 预告登记本质上不是一种物权登记，不能直接发生物权变动的效果。《民法典》第221条确认了

---

[1] 参见最高人民法院民事审判第一庭：《物权法司法解释（一）理解与适用》，103页，北京，人民法院出版社，2016。
[2] 参见黄薇主编：《中华人民共和国民法典物权编解读》，35页，北京，中国法制出版社，2020。
[3] 参见黄薇主编：《中华人民共和国民法典物权编解读》，41页，北京，中国法制出版社，2020。

预告登记制度。例如，当事人签订了期房买卖合同，因为房屋尚未建成，因而买受人尚未取得物权，但为了保障期房买卖债权的实现，而向登记机构办理商品房预告登记。由于此种债权请求权的实现能够引起物权变动法律效果的发生，所以也有学者将其称为以将来发生不动产物权变动为目的的请求权的登记。[①]

预告登记（Vormerkung）也称为暂先登记、预登记、预先登记等，它是与本登记相对应的概念，日本民法称为假登记。[②] 预告登记是指，为确保一项旨在发生未来的物权变动（dingliche Rechtsänderung）的债权请求权之实现，而向登记机构申请办理的预先登记。[③] 通过预告登记，债权人以实现不动产物权变动为内容的请求权的效力被增强了。[④] 预告登记是德国中世纪民法创立的制度[⑤]，发端于早期普鲁士法上的"异议登记"（Widerspruch），后为奥地利、德国、瑞士民法所采纳，并为日本法所继受。[⑥]《民法典》第 221 条规定："当事人签订买卖房屋或者其他不动产物权的协议，为保障将来实现物权，按照约定可以向登记机构申请预告登记。预告登记后，未经预告登记的权利人同意，处分该不动产的，不发生物权效力。"这就在我国法律上首次确认了预告登记的概念。预告登记具有如下特征。

第一，具有临时性。也就是说，预告登记是为了保障将来取得物权而采取的临时性的登记，不具有确定物权归属的特点。在进行预告登记的时候，登记记载的只是债权请求权。但是，当不动产已经建成或者不动产物权变动完成的时候，就应当将预告登记转化为本登记；或者在出现了一定的法定事由（如债权已经消灭）时，应当涂销预告登记，因此预告登记只是本登记的准备阶段，是一种临时性的登记。[⑦]

第二，具有依附于债权的特点。预告登记主要适用于债权请求权，通常都是

---

① MünchKomm/ Kohler，5. Auflage 2009，BGB § 883，Rn. 2.

② 参见孙宪忠：《争议与思考——物权立法笔记》，115 页，北京，中国人民大学出版社，2006。

③ Jauernig/ Berger，§ 883，Rn. 2；MünchKomm / Kohler，5. Auflage 2009，BGB § 883，Rn 2.

④ 参见程啸：《论抵押权的预告登记》，载《中外法学》，2017（2）。

⑤ Biermann, Widerspruch und Vormerkung, 1901, S. 1 ff.

⑥ 参见张双根：《商品房预售中预告登记制度之质疑》，载《清华法学》，2014（2）。

⑦ 参见最高人民法院民事审判第一庭：《物权法司法解释（一）理解与适用》，120 页，北京，人民法院出版社，2016。

为了保障债权而设置的，只有在存在保护债权的需要时，才能办理预告登记。如果债权请求权发生转让和消灭，则预告登记也应当相应地发生转让和消灭。①

第三，具有公示性。预告登记虽然是依附于债权而产生，但预告登记又可以起到一定的公示效果，就房屋买卖而言，预告登记与网签等效力不同，因为网签并不具有公示的效果，而预告登记则具有公示的效果。应当看到，预告登记本身并不是直接表彰物权变动结果的公示方法，而仅仅是在物权变动过程中为保障权利人取得物权的一种公示方式。②

第四，兼具债权和物权的特点。王泽鉴教授认为，预告登记系介于债权与物权之间，兼具二者的性质，可认为系于土地登记簿上公示，以保全对不动产物权之请求权为目的，具有若干物权效力的制度。③ 一方面，预告登记本身不能直接产生物权效力，已经登记的权利并非物权；另一方面，为了保障债权的实现，又应当使预告登记产生一定的物权的效力④，使之能够对抗第三人，因此，预告登记属于物权法和债法交叉领域的问题。按照德国学者鲍尔等人的观点，预告登记本身所担保的是以物权变动为内容的债权请求权，但因其涉及物权变动，所以也可以纳入物权的范畴。⑤ 科学合理地确定预告登记的法律效力，对于维护不动产交易安全、稳定交易秩序具有重要作用，也有助于司法实践中裁判规则的统一，提高法律适用的统一。

二、预告登记与本登记

与预告登记相对的是本登记。本登记就是指对于已经实际发生的物权变动进

---

① 参见最高人民法院民事审判第一庭：《物权法司法解释（一）理解与适用》，121 页，北京，人民法院出版社，2016。

② MünchKomm/ Kohler, 5. Auflage 2009, BGB § 883, Rn. 2.

③ 参见王泽鉴：《民法物权·通则·所有权》，128 页，北京，中国政法大学出版社，2001。

④ 参见最高人民法院民事审判第一庭：《最高人民法院物权法司法解释（一）》，120 页，北京，人民法院出版社，2016。

⑤ 参见［德］鲍尔、施蒂尔纳：《德国物权法》，419 页，北京，法律出版社，2004。

行的登记，通常所说的登记都是指本登记。预告登记和本登记的区别表现在：

（1）登记权利的客体不同。预告登记并不是对已经存在的物权的变动进行的登记。在物权法中，登记制度是不动产物权变动的公示方法，所以登记大多是针对已经存在的物权发生的实际变动而进行的。但是预告登记不同，它不是对已经存在的物权的变动进行登记，在预告登记时，物权的客体尚未形成，因此物权尚不存在；进行预告登记时，当事人已经达成了约定，将来要发生物权变动，或者是对优先权进行设定，而优先权本身还不是真正的物权。在这些情况下，当事人为了实现自己未来的物权，或者使现在已经享有的债权或者某种优先权得到充分保障，而进行预告登记，向不特定人作出公示。可见，这种公示方法不是对现存的物权变动的登记，而是登记制度的例外情形。

（2）与债权请求权的联系程度不同。预告登记是基于债权的请求权而发生的，正是因为存在债权的请求权，才可以进行预告登记。如果债权请求权不存在或者消灭，预告登记应当被涂销。从这一点上来说，预告登记相对于债权而言，具有一定的从属性①，即因债权的转让而转让，因债权的消灭而消灭。然而，本登记可以不依附于债权本身，在某些情况下具有独立性。

（3）是否具有临时性的特点不同。预告登记具有临时性，而本登记不是为了将来取得物权，而是要现实地取得物权，所以，它是具有确定归属性质的登记。

（4）登记申请材料不同。在预告登记的情况下，当事人并不需要证明自己实际享有某种物权，只要符合法律规定的可以办理预告登记的条件，就可以直接办理。而在本登记中，当事人必须提供权属证明以及不动产的界址、面积等材料。

（5）登记的法律效力不同。预告登记的法律效果是限制登记权利人的处分行为，以保障债权请求权的实现。②因为债权请求权人期待的未来所发生的物权对自己具有重要意义，因而需要办理预告登记，以保障自己将来取得物权。预告登记作出后，并不导致不动产物权的设立或变动，而只是使登记申请人取得一种请

---

① 参见［德］鲍尔、施蒂尔纳：《德国物权法》（上册），张双根译，419页，北京，法律出版社，2004。

② MünchKomm/ Kohler，5. Auflage 2009，BGB § 883，Rn. 2.

求将来发生物权变动的权利。纳入预告登记的请求权，对于后来发生与该项请求权内容相同的不动产物权的处分行为，具有排他的效力，以确保将来只发生该请求权所期待的法律结果。① 而一般的不动产登记都是因为要发生不动产物权的实际变动而进行的登记。

三、预告登记的适用范围

《民法典》第 221 条规定："当事人签订买卖房屋的协议或者签订其他不动产物权的协议，为保障将来实现物权，按照约定可以向登记机构申请预告登记……"该条规定明确了预告登记的适用范围，主要适用于两种情况。

一是房屋买卖协议。依据上述规定，当事人签订买卖房屋的合同，可以进行预告登记。此处所说的买卖房屋，包括普通的房屋所有权转让，以及预售商品房的买卖。商品房预售登记是最典型的预告登记形式。例如，在"上海浦东发展银行股份有限公司西宁分行、陈立宏等金融借款合同纠纷案"中，法院提出："实践中如果要求先办理抵押登记才能行使抵押权，势必引起当事人诉累，因此为避免此类情形出现，人民法院应该可以对预告登记权利人是否具备抵押登记条件进行审查。"案涉不动产所属的建筑物已经完成所有权首次登记，该不动产具备了抵押登记条件，浦发银行西宁分行应当享有优先受偿权。②

二是其他不动产物权变动协议。例如，《有关担保的司法解释》第 52 条第 1款规定："当事人办理抵押预告登记后，预告登记权利人请求就抵押财产优先受偿，经审查存在尚未办理建筑物所有权首次登记、预告登记的财产与办理建筑物所有权首次登记时的财产不一致、抵押预告登记已经失效等情形，导致不具备办理抵押登记条件的，人民法院不予支持；经审查已经办理建筑物所有权首次登记，且不存在预告登记失效等情形的，人民法院应予支持，并应当认定抵押权自预告登记之日起设立。"该款所规定的"抵押预告登记"，即属于此种情形。

---

① 参见王轶：《物权变动论》，164 页，北京，中国人民大学出版社，2001。
② 参见青海省西宁市中级人民法院（2022）青 01 民终 2472 号民事判决书。

四、预告登记的效力

预告登记本身并不是直接表彰物权变动结果的公示方法，而仅仅是在物权变动过程中为了保障权利人取得物权的一种公示方式。[1] 预告登记并不当然产生物权的效力，依据《有关担保的司法解释》第 52 条第 1 款规定，如果已经办理了预告登记，后来的本登记与预告登记是一致的，应当认定抵押权自预告登记之日起设立，而非认定自办理不动产抵押登记之日起算。如果有不一致的或预告登记已经失效，则应当以本登记为准。

预告登记的效力体现在以下方面。

第一，保障债权实现的效力。保障债权实现的效力，也称为担保效力、保全效力。所谓保障债权的实现，就是指保障预告登记的债权能够在未来顺利转化为物权，并使得未来的物权变动顺利、有序进行。严格地说，在预告登记的权利人办理预告登记时，其尚未实际取得物权，而只是享有以物权变动的实现为内容的债权请求权。预告登记的目的就在于确保这种债权请求权能够实现，并最终完成不动产物权的顺利变动。[2] 即使在出卖人一房数卖的情况下，出卖人在房屋建成以后，将房屋转让给预告登记权利人以外的人，登记机构也不得为受让人办理所有权移转登记。《物权编司法解释（一）》第 4 条明文规定："未经预告登记的权利人同意，转移不动产所有权等物权，或者设定建设用地使用权、居住权、地役权、抵押权等其他物权的，应当依照民法典第二百二十一条第一款的规定，认定其不发生物权效力。"依据该条规定，预告登记具有防止出卖人再次处分不动产的作用，从而保障预告登记权利人未来物权的实现。如果出卖人已经为其他买受人办理了物权变动登记，则预告登记的权利人有权请求更正登记。以预售商品房预告登记为例，为了保障期房买卖债权的实现，买受人可以向登记机构申请办理商品房预售登记，这有利于保障其期房买卖债权的实现。否则，出卖人可能在办

---

[1][2]　MünchKomm/ Kohler，5. Auflage 2009，BGB §883，Rn. 2.

理所有权变更登记前再次转让房屋，受让人就有目的落空的现实风险，从这一意义上说，预告登记无疑是消弭该风险的一剂良方。[1]

第二，对抗第三人的效力。这就是说，经过预告登记的权利可以对抗第三人，阻止其取得与预告登记的权利相冲突的物权。《有关担保的司法解释》第52条第2款规定："当事人办理了抵押预告登记，抵押人破产，经审查抵押财产属于破产财产，预告登记权利人主张就抵押财产优先受偿的，人民法院应当在受理破产申请时抵押财产的价值范围内予以支持，但是在人民法院受理破产申请前一年内，债务人对没有财产担保的债务设立抵押预告登记的除外。"这就意味着，预告登记能够使普通债权产生一种对抗第三人的效力。[2] 例如，在办理商品房预售登记之前，在当事人之间仅仅产生合同关系，而未发生物权的变动。但是，在办理预告登记后，合同债权产生了一定的物权效力，如果将该办理了预告登记的财产再次出售，预告登记权利人就具有了对抗后手受让人的效力。例如，就期房买卖而言，在办理预告登记后，如果建设单位将该房屋另行出售，预告登记的债权请求权就能对其后的受让人产生对抗的效力。[3]

第三，限制物权处分的效力。所谓限制物权处分的效力，是指预告登记之后，原物权人的处分行为受到法律限制。此处所说的"限制物权处分"仅限于法律上的处分，其在实践中主要体现在一物数卖的情形。这就是说，如果所有权人将物转让给数人，在先买受人已经办理了预告登记，则后来的买受人无法办理所有权的移转登记，也无法取得所有权。《民法典》第221条第1款规定："预告登记后，未经预告登记的权利人同意，处分该不动产的，不发生物权效力。"据此，在办理预告登记之后，由于第三人知道该标的物已经预售，可以对其起到警示作用，从而避免第三人因出卖人一物数卖而遭受损失。在比较法上，一些国家对预告登记后发生的处分行为的效力采取"相对无效说"，即与预告登记相冲突的处分行为和担保行为相对不生效力（relativ unwirksam）。[4] 预告登记后债务人仍然

① 参见常鹏翱：《预告登记制度的死亡与再生》，载《法学家》，2016（3）。

② 参见黄薇主编：《中华人民共和国民法典物权编解读》，41页，北京，中国法制出版社，2020。

③ 参见胡康生主编：《中华人民共和国物权法释义》，61页，北京，法律出版社，2007。

④ Wilhelm, Sachenrecht, 6. Aufl., 2019, Rn. 2286；MüKoBGB/Kohler, 7. Aufl. 2017, BGB § 883，Rn. 50.

可以对办理预告登记的财产进行处分，处分行为也不会妨害预告登记。尽管第三人基于预告登记义务人的处分行为，并通过登记取得了物权，但该行为对预告登记权利人不生效，权利人仍有权请求义务人履行义务。① 然而，我国法上对于预告登记权利人的保护采取了更为严格的登记程序保护性规定。例如，《不动产登记暂行条例》第85条第2款明确规定："预告登记生效期间，未经预告登记的权利人书面同意，处分该不动产权利申请登记的，不动产登记机构应当不予办理。"这就是说，依据我国现行不动产登记法的规定，未经预告登记权利人同意，对于之后的处分，登记部门不得办理相应的处分登记。这意味着，预告登记具有了限制处分的效力。

依据《物权编司法解释（一）》第4条的规定："未经预告登记的权利人同意，转让不动产所有权等物权，或者设立建设用地使用权、居住权、地役权、抵押权等其他物权的，应当依照民法典第二百二十一条第一款的规定，认定其不发生物权效力。"因此，在预告登记期间，对于建设用地使用权等物权未经权利人的同意作出处分，同样不能够发生物权变动。具体包括两种情形：一是转让不动产所有权等物权，二是设立建设用地使用权、居住权、地役权、抵押权等其他物权。依据上述规定，在存在预告登记的情形下，未经预告登记权利人同意，不得转让不动产的所有权，或者在该不动产之上设立他物权，否则无法发生物权效力，即当事人取得的不动产权利无效。② 当然，如果新设立的物权与预告登记权利人的权利之间不存在冲突，或者不影响预告登记权利人权利的实现，则应当承认其效力，当事人取得的权利不受影响。③ 例如，在不动产之上存在抵押权预告登记的情形下，应当允许继续办理抵押权登记。

第四，确定权利顺位的效力。预告登记具有确定权利顺位的效力，它是指预告登记在确定权利实现顺序方面的效力。换言之，经过预告登记的权利可以优先

---

① 参见常鹏翱：《物权法的展开与反思》，400页，北京，法律出版社，2017。

② 参见最高人民法院民事审判第一庭：《最高人民法院物权法司法解释（一）》，146页，北京，人民法院出版社，2016。

③ 参见最高人民法院民事审判第一庭：《最高人民法院物权法司法解释（一）》，147页，北京，人民法院出版社，2016。

于其他权利而实现。① 依据《不动产登记暂行条例实施细则》的规定，未经预告登记权利人的同意，登记机构不得为预告登记义务人办理嗣后的处分登记。因此，在我国，预告登记将构成后续处分登记的障碍，也就是说，只要某一不动产上办理了预告登记，这就形成了对此后不动产登记的障碍。未经预告登记权利人的同意，义务人就无法再行办理处分登记②，因此，办理抵押权的预告登记也具有顺位保全的效力，在预告登记转为本登记之后，抵押权优先顺位的判断时点应溯及至预告登记之时。当然，在仅办理抵押权预告登记的情形下，预告登记的权利人可以请求义务人及时办理抵押权本登记，从而使其具有优先受偿的效力。例如，在"山东高创建设投资集团有限公司、兴业银行股份有限公司潍坊分行等金融借款合同纠纷案"中，法院通过阐释预告登记制度的效力，表明预告登记的权利人对于设立预告登记的房屋享有优先受偿权。③ 买受人在房屋尚未建成时，办理了期房预告登记，如果房屋建成后，建设单位又在房屋上设立抵押，此时应当优先保护买房人的利益。

五、预告登记的失效

《民法典》第 221 条第 2 款规定："预告登记后，债权消灭或者自能够进行不动产登记之日起九十日内未申请登记的，预告登记失效。"因此，在出现如下两种情况时，预告登记将自动失效。

一是债权消灭。《物权编司法解释（一）》第 5 条规定："预告登记的买卖不动产物权的协议被认定无效、被撤销，或者预告登记的权利人放弃债权的，应当认定为民法典第二百二十一条第二款所称的'债权消灭'。"据此，此处所说的债权消灭包括了无效、被撤销以及权利的放弃等所有导致权利不再存续的情形。由于在预告登记情况下，房屋尚未建成，权利人享有的只是一种债权，如果债权因

---

① 参见王轶：《物权变动论》，169 页，北京，中国人民大学出版社，2001。
② 参见程啸：《不动产登记法研究》，2 版，817 页，北京，法律出版社，2018。
③ 参见山东省潍坊市中级人民法院（2022）鲁 07 民再 174 号民事判决书。

为某种原因消灭，则预告登记自动失效。引起债权消灭的原因很多，例如，债权因为合同被撤销、解除、混同、清偿、免除、提存以及其他原因归于消灭。在债权消灭以后，应当将预告登记涂销。再如，买受人在购买期房之后，拒不支付房款，构成严重违约，出卖人根据合同解除权而解除合同。在合同被解除后，预告登记因为失去了基础关系而失效，当事人也应该办理预告登记的涂销手续。

二是自能够进行不动产登记之日起 90 日内未申请登记。如何理解"能够进行不动产登记之日"？笔者认为，这主要是针对预售商品房和在建工程的转让与抵押的情形。因为预售商品房或在建工程转让或抵押时，该房屋尚未建成，没有办理所有权的初始登记，自然无法办理转让登记或抵押权登记，因此只能办理预告登记。然而，在这些房屋已经建成并办理了初始登记后，就可以相应地办理转让登记或抵押权登记，此时预告登记已经没有存在的必要性了。预告登记设立的目的是保护权利人将来取得物权，在可以办理现房登记的情况下，买受人应该及时去办理现房登记。如果不及时办理本登记，建设单位又不能将已经建成的房屋进行转让，这将对于后位买受人的利益产生不利影响。所以，如果在一定期限内不办理本登记，就表明预告登记的权利不再应当受到保护。此处所说的能够办理是指权利人能够办理现房登记，在权利人不能办理登记的情况下，预告登记仍然有效。

如果不存在预告登记失效的情形，预告登记将产生效力。在"招商银行股份有限公司滨州分行、滨州市极富房地产开发有限公司等金融借款合同纠纷案"中，法院认定："涉案房屋进行了首次登记且不存在预告登记失效的情形，据此应认定招行滨州分行对涉案房屋享有优先受偿权且其抵押权自预告登记之日起设立。"①

---

① 山东省滨州地区（市）中级人民法院（2022）鲁 16 民终 3155 号民事判决书。

第七章
动产交付

▪▪

第一节　动产交付概述

一、动产交付的概念和效力

在物权法中，交付是动产物权变动的法定的公示方法，因此，当事人要完成物权变动，必须要依法履行交付的义务，否则，即使合同有效，动产物权也不能设立或发生变动。《民法典》第 224 条规定："动产物权的设立和转让，自交付时发生效力，但是法律另有规定的除外。"依据该条规定，除法律有特别规定以外，任何动产物权的变动都要依循法定的公示方法，即都需要完成交付。何谓交付？交付是指权利人将自己占有的物移转其他人占有的行为。简言之，交付意味着占有的移转，动产的交付自动产移转给受让人占有时完成。交付作为动产物权的法定公示方法，当事人原则上不能通过约定免除当事人的交付义务，也不能擅自约定变更交付的方式和交付的效力。例如，当事人不能在合同中约定，在设定质押时，可将某物交付质押合同当事人以外的任何人视为交付。

需要指出的是，尽管《民法典》合同编中也规定了出卖人的交付义务，但物权编中的交付不同于合同编中的交付，二者的区别主要表现为：第一，从交付的目的来看，合同法上的交付在性质上属于履行合同义务，完成交付就意味着履行了合同义务。而物权法中的交付在性质上是动产物权变动的公示方法，交付完成将依法产生物权变动的效果。同时，交付之所以作为物权变动的公示方法，是因为交付要发生占有的移转，交付是瞬间完成的，其实际上无法公示①，交付的效果最终要通过占有表现出来，从而产生权利公示的效果。② 第二，合同法注重调整交付的过程，在合同法中，交付可以采取各种方式，但无论采用何种形式，都应符合合同的约定，否则可能构成违约。而物权法则注重调整交付的结果，即考虑是否实际发生了占有的移转，其一般不考虑交付的过程，即便交付过程存在瑕疵，也不影响物权的变动。因此，物权法中的交付作为一种物权变动公示方法，是与占有联系在一起的。第三，合同法中的交付可以采取多种方式。例如，如果合同约定由转让人送货的，转让人在交货地点将标的物交给受领人点收完毕，可以视为交付。如果合同中约定，由转让人代办托运或邮寄的，转让人将标的物交给第一承运人或邮局，可视为交付。但在物权法上，上述方式并不当然能够成为动产物权变动的公示方法。

二、交付是动产物权变动的公示方法

（一）动产物权变动的公示方法是交付

关于交付的效力，比较法上存在交付要件主义与交付对抗主义两种模式。根据交付要件主义，交付是动产物权变动的生效要件，未经交付，无法产生动产物权变动的效果③，德国法采取了此种模式。④ 根据交付对抗主义，动产物权仅依

---

①　参见赵守江：《论物权变动与物权公示的分离》，载《烟台大学学报（哲学社会科学版）》，2007（2）。

②　参见刘家安：《论动产所有权移转中的交付——若干重要概念及观念的澄清与重构》，载《法学》，2019（1）。

③　参见郑云瑞：《民法物权论》，88～89 页，北京，北京大学出版社，2006。

④　参见《德国民法典》第 929 条。

当事人之间的合意即可以发生变动，交付仅仅具有对抗第三人的效力。依据《法国民法典》第 1138 条规定，即使没有物的移转，债权人也可以直接成为所有权人并负担风险。另外，该法典在赠与、买卖、互易的相关条文中也分别规定了仅凭当事人双方合意即可移转动产所有权的规则。① 日本民法也采取了此种模式。②

根据我国《民法典》第 224 条规定，除法律另有规定的情形外，动产物权的变动均需要交付，交付是动产物权变动的法定公示方法，也是动产物权变动的必要条件。可见，我国《民法典》物权编显然是采取了前述交付要件主义的立场。

（二）交付是法定的义务

依据《民法典》第 224 条的规定，交付是动产物权变动法定的公示方法，因此，当事人要完成物权变动，必须要依法履行交付的义务，否则，即使合同有效，动产物权也不能设立或发生变动。由于交付是动产物权变动的法定公示方法，因此，在动产物权设立和转让的情形下，当事人不能通过合同随意免除交付的义务。例如，当事人不能在合同中约定，在设定质押时，可将某物交付给质押合同当事人以外的任何人，视为交付。

当然，交付不一定由物权设定人和转让人亲自进行，其也可以由占有辅助人基于权利人的授权而完成。所谓占有辅助人，是指基于占有人的意思，实际占有物的人，如公司的出纳、商店的销售人员等。占有辅助人的交付行为一旦完成，也可以依法产生交付的效力。

（三）交付完成将发生动产物权的变动

交付完成是指转让人已经将动产交付给了受让人，或者权利设定人将动产交付给了权利人。判断交付是否完成，关键看是否发生了占有的移转。如果当事人只是提出交付，而没有实际交付，则不能认为动产物权发生了变动。依据《民法典》第 224 条规定，交付完成对物权变动的作用主要表现在如下两个方面。

第一，物权的设立。在物权的设立过程中，交付是动产物权设定的公示方

---

① 参见龙俊：《物权变动模式的理想方案与现实选择》，载《法学杂志》，2019（4）。
② 参见《日本民法典》第 178 条。

法，这主要表现在质权的设定方面，即质权的设立必须以移转占有即交付为要件，而且动产在完成实际交付后，便可设立质权。同时，质权人对质押财产的占有应当伴随质权的始终，至于交付行为是否为第三人知道，并不影响质权的设立。换言之，动产物权的设立关键在于是否通过交付使占有发生了移转，而不必要求必须"公之于世"。

第二，物权的转让。动产物权的转让必须经过交付才能生效。[①] 除了船舶、航空器、机动车等特殊动产之外，原则上所有的普通动产物权变动都以交付的完成作为物权变动的公示方法。对特殊动产而言，虽然适用登记对抗规则，但是在没有办理变更登记的情况下，也可以基于交付的完成而发生物权变动的结果。

（四）法律有规定的除外

物权作为一种对世权，具有公信力。如果任由当事人约定排除适用动产物权变动公示规则的适用，则可能发生各种纠纷。因此，《民法典》第 224 条规定，只有在法律另有规定的情形下，才可以不适用交付的规则。既然《民法典》排除了当事人约定改变动产物权变动方式的可能，因此，从文义解释的角度出发，不应扩张解释为当事人约定也可以变更动产物权变动的公示方式。交付的方式主要是由物权法规定的，例如，在"青岛源宏祥纺织有限公司诉港润（聊城）印染有限公司取回权确认纠纷案"[②] 中，法院认为，"法律共规定了现实交付、简易交付、指示交付和占有改定四种交付方式。当事人只能在法律规定的四种交付方式中通过约定选择一种具体的交付方式，除此之外，不存在其他基于法律行为而发生的动产物权变动的方式。"但实际上，关于交付移转所有权，法律存在特别规定，在《民法典》中，所谓法律另有规定，主要是指两种情况：一是指《民法典》合同编规定的所有权保留买卖的情形；二是指动产担保中有关登记的规定。依据《民法典》第 403 条规定，动产抵押权自抵押合同生效时设立，而不需要采用交付的方法。

---

① 参见谢在全：《民法物权论》（上册），149 页，台北，三民书局，2003。
② 《最高人民法院公报》，2012（4）。

三、交付方式的分类

（一）现实交付和观念交付

在物权法上，交付是指将自己占有的物移转给他人占有的行为。交付分为现实的交付和观念的交付两种情况。所谓现实的交付，是指动产物权的出让人将动产的占有实际地移转给受让人，由受让人直接占有该动产。简单地说，现实交付就是将物从一个人的控制转移到另一个人的控制之下，从而发生动产占有的实际移转。这是交付的一般情况。在采用现实交付之前，标的物通常处于出让人占有之下，出让人按照约定将标的物移转至受让人占有之下，视为交付。当然，直接交付行为并不一定完全由出让人亲自进行，出让人也可以委托其履行辅助人完成交付行为。完成现实交付必须具备两个要件：一是对标的物的实际控制发生移转，即从交付的一方移转给另一方，由另一方实际控制。[①] 交付的完成重在结果，而不在过程，即必须完成实际控制的移转，只要完成这种实际控制的移转，即使没有交付的过程也应构成交付（如简易交付）。二是必须受让人接受占有。例如交付一方将标的物置放于受让人控制的范围内，但未作通知，受让人未接受交付，主观上也无占有的意思，因此不能构成交付。当然，在特殊情况下，根据交易习惯，只要一方将物置于另一方控制范围内也构成交付，如将信件投置于受信人的邮筒。

所谓观念交付，是指在特殊情况下，法律允许当事人通过特别约定，采用一种变通的交付办法来代替实际交付。需要指出的是，物权法上的观念交付与合同法上的规定不同。合同法主要规定的是买卖合同中移转所有权的交付，而物权法规定的则是动产物权设立、转让中的交付，因此较之于合同法上对交付的规定，其适用范围更为宽泛。观念交付方式之所以特殊，是因为基于法律的特别规定，即使不实际移转占有，也可以完成交付行为。"此为法律顾及特殊情形下交易之

---

① 参见王泽鉴：《民法物权·通则·所有权》，136 页，台北，三民书局，2001。

便捷，而采取之变通方法，以代替现实交付，故亦称为'交付之代替'。"① 我国《民法典》第 226 条至第 228 条规定了三种观念交付的形式，即简易交付、指示交付和占有改定。物权法之所以允许观念交付在一定情况下代替现实交付，是出于充分尊重当事人的意志，减少因实际交付所产生的交易费用，使交易更为便捷的需要。②

（二）实物交付和拟制交付

交付还可以分为实物交付和拟制交付。所谓实物交付，是指标的物占有的现实移转。物权法上的交付通常是实物交付。交付最初是指对物的实际控制的移转。例如，出卖人将物直接交付给买受人。可见，直接占有的移转仅限于实物的交付。随着商品交换的发展，特别是财产证券化的形成，实物的交付显然不能概括全部的交付现象，因而法律逐渐承认了拟制的交付方式。所谓拟制的交付，是指移转所有权的一方将标的物的所有权凭证如仓单、提单等交给受让人，以代替物的现实交付。拟制交付方式的发展进一步加速了财产的流转。

第二节　简易交付

一、简易交付的概念和构成要件

所谓简易交付，是指动产物权设立和转让前，如果权利人已经依法占有了该动产，就无须再行实际交付，从法律行为发生效力时起直接发生物权变动的效力。③《民法典》第 226 条规定："动产物权设立和转让前，权利人已经占有该动产的，物权自民事法律行为生效时发生效力。"本条就是关于简易交付的规定。在实践中，出让人在转让动产物权之前，受让人已通过委托、租赁、使用借贷等

① 谢在全：《民法物权论》（上册），100 页，北京，中国政法大学出版社，2011。
② 参见王泽鉴：《民法物权》，2 版，97 页，北京，北京大学出版社，2010。
③ 参见谢在全：《民法物权论》（上册），151 页，台北，三民书局，2003。

方式而实际占有了该动产，则从移转标的物所有权的合同生效之时起，视为交付已经完成。例如，在"彭创任、彭创立等侵权责任纠纷案"中，法院就曾指出："原告已经履行了合同义务，且涉案别克凯越小轿车已经由原告实际占有使用，故该车辆的所有权已经归原告。"即物权已因简易交付发生转移。①

在简易交付之前，尽管新的权利人先前已经占有了负有交付义务的人的财产，但这种占有不是以所有人的意思而进行的占有，学说上称为他主占有。双方当事人达成动产物权转让的合意后，就代替了对动产的现实的交付。此种交付又称为无形的交付。对于负有交付义务的人来说，尽管先前没有实际占有其物，但仍然构成自主占有，即以所有人意思所进行的占有。在简易交付时，负有交付义务的人仅将自主占有的意思授予新的权利人，使其从他主占有变为自主占有，以代替现实的交付行为。因此，许多学者认为简易交付是一种纯粹的观念交付。②

构成简易交付的要件是：

第一，动产物权设立和转让前，权利人已经占有了该动产。简易交付中的权利人是指受让人或者质权人等合法占有人。例如，甲欲将其所有的汽车转让给乙，而转让前乙已经实际占有该汽车。关于权利人的占有是否必须合法，在《民法典》的编纂中存在争议。一种观点认为，占有必须合法，否则非法的占有还可以适用简易交付的规则的话，势必保护非法占有人，引发更大的纠纷。另一种观点认为，简易交付本身就是为了交易的便捷而产生的制度，对于受让人占有的原因可以不予考虑。根据《民法典》第 226 条的规定，并不要求权利人的占有必须合法。

第二，双方实施了某种法律行为，且已经生效。此处所说的法律行为主要是指物权转让、设立的合同。例如，银行在与借款人订立质押合同前已经占有了汽车的，则双方订立的质押合同生效时，质押权即告生效。

第三，物权自法律行为生效时发生效力。在简易交付的情况下，由于双方已

---

① 参见陕西省咸阳市中级人民法院（2022）云 05 执异 12 号民事判决书。
② 参见王轶：《物权变动论》，149 页，北京，中国人民大学出版社，2001。

经达成了移转所有权的合意，同时标的物已经发生了占有的移转，因而没有必要再继续从事现实交付行为。合同生效时，物权变动即发生法律效力。[①]

二、简易交付的效力

在简易交付的情况下，转让人和受让人达成了让与物权的合意，由于受让人已经事前取得了对动产的占有，满足了法定的公示方法，因此受让人对动产物权的取得已符合法定的要件[②]，只要当事人达成物权变动的合意，从该合意生效之时起，即产生物权变动的效果。[③]

第三节　指示交付

一、指示交付的概念和构成要件

所谓指示交付，又称为返还请求权让与，是指当事人在动产物权设立和转让时，如果该动产已经由第三人占有，则负有交付义务的人可以将其对第三人的返还请求权转让给新的权利人，以代替物的实际交付。此处所说的负有交付义务的人主要是指出卖人、出质人等。《民法典》第 227 条规定："动产物权设立和转让前，第三人占有该动产的，负有交付义务的人可以通过转让请求第三人返还原物的权利代替交付。"本条是关于指示交付的规定。例如，甲将一辆摩托车借给乙使用，后又将该车转让给丙，此时，甲可以将其对乙的返还请求权转让给丙，从而完成该摩托车的交付，此种交付方式就是指示交付。指示交付是为了保障第三人对标的物占有的延长，从而进一步发挥物的使用效益，同时也可以简化交付程

---

① 参见黄薇主编：《中华人民共和国民法典物权编解读》，50 页，北京，中国法制出版社，2020。
② 参见庄加园：《自主占有与简易交付》，载《法学》，2020（1）。
③ 参见黄薇主编：《中华人民共和国民法典物权编解读》，46 页，北京，中国法制出版社，2020。

序，节约交易成本。构成指示交付必须具备如下条件。

第一，必须要在物权设立和转让前第三人占有该动产。通常，在当事人设立和转让物权前不仅要求出让人享有物权，而且出让人必须实际占有物权的标的。但指示交付的情况不同，负有交付义务的人并没有实际占有该动产，而由第三人占有该动产。[①] 例如，某辆汽车在设定质押前，已经由质押人借给了第三人使用，并由第三人占有。同时，从《民法典》第227条规定来看，构成指示交付仅要求第三人占有相关动产，而不要求第三人必须是合法占有，因为第三人不管是合法占有还是非法占有，都可以使转让人享有所有物返还请求权并请求转让，非法占有也可以产生指示交付。只要受让人愿意接受，就意味着受让人愿意承担将来权利不能完全实现的风险。

第二，转让人应对第三人享有返还原物请求权。在指示交付中，转让人转让的返还请求权应当是对特定的第三人的返还请求权。该特定第三人是指能够对转让动产进行物理意义上直接占有、控制的一方。[②] 这就必须由负有交付义务的人向实际占有财产的第三人作出指示，表明该物的返还请求权已经转移给了权利人，因而权利人享有向第三人直接请求的权利。只有在指示到达第三人的情况下，其才负有向新的权利人返还的义务。

第三，双方当事人达成了转让返还原物请求权的协议。在标的物由第三人占有的情形下，当事人达成由出卖人将标的物返还请求权转让给买受人的协议，可以发生交付的效力。如果双方当事人没有达成转让返还原物请求权的协议，无法发生指示交付的效力。[③] 为了减少交付的费用，法律规定允许转让人将要求第三人返还原物的请求权转让给取得和受让物权的人，从而代替交付。但满足该要件，首先必须要由双方约定转让向第三人请求返还原物的权利。第三人是指合同当事人以外的实际占有物的人，或者是负有向转让人交付标的物义务的人，如标

---

① 参见谢在全：《民法物权论》（上册），152页，台北，三民书局，2003。

② 参见黄薇主编：《中华人民共和国民法典物权编解读》，52页，北京，中国法制出版社，2020。

③ 参见刘家安：《论通过返还请求权让与方式实现动产所有权移转》，载《比较法研究》，2017（4）。

的物的保管人。例如，在"李先仁、蔡家陆等船舶买卖合同纠纷案"中，法院就曾指出："主张案涉船舶的交付方式为指示交付，需举证证明李先仁和蔡家陆之间存在以指示交付替代现实交付的合意。"①其次，必须由负有交付义务的人向实际占有物的第三人作出指示。在指示交付中，转让人转让的返还请求权应当是对特定第三人的返还请求权。这就必须由负有交付义务的人向实际占有财产的第三人作出指示，表明该物的返还请求权已经转移给了权利人，因而权利人享有向第三人直接请求的权利。例如，在"敦煌市领途汽车服务有限公司、闫锦鹏案"中，法院就曾指出："指示交付的成立须具备两个条件：一是当事人须有转让所有权的合同；二是让与人应当将所有权转让的事实通知标的物的实际占有人。"②

第四，从双方约定生效时起，要求返还原物的请求权发生转让并代替交付。因为这一原因，此种方式也称为让与返还请求权或返还请求权的代位。由于在指示交付时动产已经由第三人占有，因此不需要现实交付。当然，如果转让人不能实际行使返还原物的请求权，也就不能通过指示交付发生物权的变动。在转让人自身都不能够行使物权请求权时，自然不能将这种有瑕疵的权利转让给受让人。问题在于，在双方约定生效以后，如果转让人对第三人的返还原物请求权不能行使，或行使遇到障碍，是否可以发生物权变动的效果？值得探讨。笔者认为，如果转让人对第三人的返还请求权成立，而只是存在权利行使的障碍，则并不影响当事人采用指示交付的方式。此时，在受让人行使返还原物请求权时，第三人有权对受让人主张相关的抗辩；但如果转让人对第三人的返还原物请求权不成立，则其无法通过指示交付的方式完成标的物的交付。

指示交付不同于债权人指示债务人向第三人履行。在实践中，曾经有判决书认为："经债权人指示债务人直接向第三人履行义务的方式，在法律上称之为指示交付。"③这就混淆了指示交付与向第三人履行。在向第三人履行的情形下，第三人

---

① 湖北省高级人民法院（2022）鄂民终 140 号民事判决书。

② 甘肃省酒泉市中级人民法院（2022）甘 09 民终 1185 号民事判决书。

③ "俞××诉丁××，李××不当得利纠纷案"，上海市徐汇区人民法院（2007）徐民三（民）初字第 2350 号民事判决书。

并非占有媒介人，而是仅享有占有权，但债务人向第三人履行则不存在此种现象。①

二、指示交付的效力

指示交付是为了保障第三人占有的延续，从而充分发挥物的使用效益而产生的交付方法。但是在指示交付的情形下，毕竟受让人并未现实地取得标的物的直接占有，因此其享有的权利也无法通过直接占有进行公示，所以指示交付的效果与现实交付或简易交付应当有所区别。在指示交付的情形下，第三人的占有可以分为第三人合法占有转让人的财产与第三人无法律依据而非法占有转让人的财产两种类型。

（一）第三人合法占有转让人的财产

在第三人通过保管、租赁、质押、借用等合同而合法占有转让人的财产时，对于指示交付中所转让的请求权究竟包含了哪些请求权，学理上一直存在争议。有观点认为，指示交付中出让人所转让的只能是物权请求权，即所有物返还请求权；也有观点认为，转让的权利既包括物权请求权，也包括债权请求权②；还有观点认为，指示交付中所转让的只能是债权请求权。③ 笔者认为，指示交付中所转让的权利既包括物权请求权，也应当包括债权请求权。在转让人与第三人之间存在合同关系的情形下，转让人应当有权将其对第三人所享有的债权请求权转让给受让人，如果转让人与第三人的合同无效，则转让人可以将其基于不当得利的返还请求权让与给受让人。④ 因为在不当得利返还的情形下，有可能实现原物的返还，因此可以成为指示交付的对象。之所以认定指示交付中所转让的权利包括债权请求权，主要理由在于：一方面，在出让人与占有人之间存在合同关系的场合，仅仅转让物权返

---

① 参见庄加园：《民法典体系下的动产所有权变动：占有取得与所有权让与》，136 页，北京，法律出版社，2021。

② 参见黄薇主编：《中华人民共和国民法典释义及适用指南》（上），343～344 页，北京，中国民主法制出版社，2020。

③ 参见庄加园：《基于指示交付的动产所有权移转——兼评〈中华人民共和国物权法〉第 26 条》，载《法学研究》，2014（3）。

④ 参见黄薇主编：《中华人民共和国民法典物权编解读》，49 页，北京，中国法制出版社，2020。

还请求权并不足以使受让人取得现实占有，还需要发生债权请求权的移转。例如，在出让人与占有人之间存在保管合同、租赁合同的场合，如果指示交付所转让的权利仅包括物权请求权，那么受让人即便获得该请求权，占有人也可以通过保管合同、租赁合同进行抗辩，从而拒绝返还转让物。在这种情况下，如果不允许转让人向受让人转让债权请求权，将影响受让人权利的实现。另一方面，即便出让人与占有人之间可能存有禁止让与债权的约定，但是这并不应当成为否定债权请求权转让的理由。因为出让人与占有人之间禁止债权让与的特约不能对抗善意的第三人，而且即便受让人知悉该约定，其还可以通过所有物返还请求权的转让完成交付。

（二）第三人无法律依据而非法占有转让人的财产

如果第三人非法占有转让人的财产，在此情形下，让与人对于占有人享有返还原物的权利。问题在于，在指示交付的情形下，让与人能否转让其对于占有人所享有的返还原物的权利？对此存在不同观点。一种观点认为，指示交付并不适用于无权占有的场合。另一种观点则认为，无权占有并不影响指示交付的成立。[1]《物权法》第 26 条在立法中，对于指示交付要求第三人"依法"占有动产，但是《民法典》第 227 条在基本沿用《物权法》第 26 条的表述的同时，删除了"依法"的表述，即将"第三人依法占有"改为"第三人占有"。可见，此处所说的指示交付既包括物权的返还请求权，也包括债权返还请求权[2]，没有法律依据的无权占有也可以采取指示交付方法。[3] 这也就意味着，指示交付并不限于第三人依法占有动产的情形，在第三人无权占有的情形，同样可以完成指示交付，主要理由在于：一方面，第三人是否为有权占有并不影响指示交付的效力。在指示交付中，出让人将对于间接占有的动产的返还请求权让与受让人，以完成观念上的交付。[4] 而直接占有人是否为有权占有，并不影响指示交付的成立。例如，在动产

---

① 参见崔建远：《物权法》，96 页，北京，中国人民大学出版社，2017。

② 参见黄薇主编：《中华人民共和国民法典物权编解读》，53 页，北京，中国法制出版社，2020。

③ 参见江必新编著：《民法典编纂若干争议问题实录》，89 页，北京，人民法院出版社，2021；最高人民法院民法典贯彻实施工作领导小组主编：《中华人民共和国民法典物权编理解与适用》（上），149 页，北京，人民法院出版社，2020。

④ 参见庄加园：《基于指示交付的动产所有权移转——兼评〈中华人民共和国物权法〉第 26 条》，载《法学研究》，2014（3）。

为他人所侵夺的场合，出让人仍然可以将所有物返还请求权让与他人，此时不应因第三人为有权占有或无权占有而对出让人进行区别对待。如果第三人先前系有权占有，但之后其与出让人的基础合同关系因违反了法律规定而无效，致使该第三人因丧失占有本权而成为无权占有，此时，如果出让人转让该动产所有权，则可以向受让人转让其对无权占有人的原物返还请求权，从而完成交付。[①]

另一方面，此种做法也有利于尊重当事人的意思自治，降低交易成本，提高交易效率。在第三人无权占有的情形下，只要受让人愿意承担无法从无权占有人处获得返还的风险，那么就应当允许出让人通过转让返还请求权的方式完成指示交付，而不必一定要求出让人先行使所有物返还请求权，从第三人处获得占有，再进行转让，否则将会人为地提升交易成本。指示交付旨在通过间接占有实现动产所有权的移转，避免无效率的现实交付，至于间接占有究竟是有权占有还是无权占有，不应成为适用指示交付的障碍。[②]

在转让请求权之后，受让人取得了对于第三人的返还请求权，其有权代替转让人的地位而直接向第三人提出请求，返还请求权的让与不仅对间接占有标的物的占有人产生效力，也可以对该财产的后续交易当事人产生效力，当然，如果后续交易当事人基于善意取得制度取得该财产的物权，则不能对其产生效力。[③]

第四节 占有改定

一、占有改定的概念

所谓占有改定，也称继续占有，是指在动产物权转让时，如果转让人希望继续占有该动产，双方当事人可以订立合同，特别约定由转让人继续占有该动产，而受让人因此取得对标的物的间接占有以代替标的物的实际交付。我国《民法

---

①② 参见庄加园：《民法典体系下的动产所有权变动：占有取得与所有权让与》，144 页，北京，法律出版社，2021。

③ 参见黄薇主编：《中华人民共和国民法典物权编解读》，50 页，北京，中国法制出版社，2020。

典》第 228 条规定："动产物权转让时，当事人又约定由出让人继续占有该动产的，物权自该约定生效时发生效力。"该条对占有改定规则作出了规定。例如，甲将其电脑出卖给乙以后，乙并没有占有该电脑，双方又达成租赁合同，约定由甲继续承租并使用该电脑，此种情况就属于占有改定。占有改定的目的是要使转让人继续占有标的物，从而既符合转让人的要求，又继续发挥物的效用。占有改定不仅简化了交付的程序，降低了交易费用，而且有利于鼓励交易。在实践中，占有改定常常被援引于"售后返租"这种交易方式。这就是说，出卖人因出售货物而收回了货款，但愿通过租赁方式继续占有并使用该货物，向买受人支付租金。而买受人则在取得货物所有权之后，可以由出卖人继续占有、使用货物，并从出卖人那里收取租金。[①]

占有改定源于罗马法中的"constitutum possessiorium"制度，大陆法系国家的物权法大都承认了占有改定制度。[②]《德国民法典》第 930 条规定了占有改定，根据该规定，占有改定属于交付的替代（Übergabesurrogate）。[③] 然而，许多学者认为，占有改定实际上已经放弃了公示要求（Verzicht auf Publizität）。[④] 出让人和受让人之间约定具体的占有媒介关系（Besitzmittlungsverhältnisse）。[⑤] 出让人基于他主占有的意思，使受让人取得间接占有并成为所有人。[⑥] 也就是说，作为直接占有人的出让人具有事实上的意思，为作为间接占有人的受让人行使对物的管领。[⑦]

在物权法中，通过占有改定来完成物权的变动也不无意义，因为它有助于判断物权变动的时点。这就是说，从占有改定生效之日起，物权就已经发生了变动。但由于占有改定并没有实质上移转占有，受让人并没有现实接受占有，所以占有

---

① 参见庄加园：《民法典体系下的动产所有权变动：占有取得与所有权让与》，117 页，北京，法律出版社，2021。

② 参见孙宪忠：《德国当代物权法》，316 页，北京，法律出版社，1997。

③ HK-BGB/Hans Schulte-Nölke，11. Aufl. 2021，BGB § 930 Rn. 1-32.

④ Staudinger/Wiegand（2017）BGB § 930，Rn. 2；MüKoBGB/Oechsler，8. Aufl. 2020，BGB § 930 Rn. 3.

⑤ MüKoBGB/Oechsler，8. Aufl. 2020，BGB § 930 Rn. 14 ff.

⑥ Staudinger/Wiegand（2017）BGB § 930，Rn. 11.

⑦ MüKoBGB/Oechsler，8. Aufl. 2020，BGB § 930 Rn. 12.

改定并未形成物权变动的外观，因而在适用该规则时，应当严格把握占有改定的构成要件。例如，在"青岛源宏祥纺织有限公司诉港润（聊城）印染有限公司取回权确认纠纷案"[①] 中，涉及破产财产的取回。双方当事人仅达成了机器设备所有权变动的协议，协议并未约定港润印染公司以何种方式继续占有机器设备，一审法院裁定受理了恒润热力公司对港润印染公司的破产申请，此时距协议生效尚不满 6 个月。在这种情形下，如果认定当事人之间的协议属于占有改定，则可能构成债务人对个别债权人的清偿，因此法院认为："虽然双方当事人签订的七台设备物权转让协议包含有所有权变动内容，但没有就被上诉人港润印染公司继续占有使用该七台设备另外达成协议。因此，港润印染公司与上诉人源宏祥纺织公司之间的协议不构成占有改定交付。"

正是由于占有改定没有发生实际占有的移转，而第三人很难知道当事人之间发生了占有改定关系，所以，如果转让人将财产转让给某一受让人之后，又将该财产转让给第三人，第三人有可能构成善意取得。例如，甲将其财产出让给乙以后，甲乙之间约定由甲继续使用该财产，后甲再次将该财产转让给丙。按照许多学者的观点，尽管甲和乙之间的买卖合同已经生效，但因为发生了占有改定的行为，甲已经不再是该财产的所有人，其处分该财产的行为构成无权处分，因此甲转让该财产的合同应当被宣告无效。笔者认为，在无权处分的情况下，关键要看是否符合善意取得的构成要件。由于甲在转让财产以后继续占有该财产，丙基于对甲占有的信赖，而与甲完成了转让行为，丙主观上是善意无过失的，因此，如果符合善意取得的构成要件，丙应当基于善意取得制度即时取得所有权。[②]

二、占有改定的构成要件

占有改定的成立需要具备如下要件。

第一，必须是在占有改定之前，转让人已经占有并且希望继续占有标的物。

① 《最高人民法院公报》，2012（4）。

② 参见史尚宽：《物权法论》，561～562 页，北京，中国政法大学出版社，2000。

这就是说，在双方达成占有改定的协议之前，必须要由转让人实际占有动产。而转让人希望继续占有该动产，这样才有必要实行占有改定。

第二，双方必须达成物权变动的合意。对《民法典》第 228 条规定中所说的"又"应理解为另行达成占有物的协议。因为在双方通过协议设置占有改定之前，双方必须要有设定和移转物权的合意，这样才能够通过占有改定而导致物权的变动。[①] 例如，在"李光伟、段再新执行异议之诉案"中，法院就曾指出："占有改定是在所有权变动协议的基础上，双方就出卖方继续占有使用标的物另行达成协议。"[②]

双方要约定移转所有权，才能为占有的改定提供基础。没有合法、有效的移转所有权协议，就不可能发生占有的改定。双方移转所有权的约定，可以采取多种方式。例如，可以单独设立占有改定的合同条款，也可以通过单独订立买卖、租赁等合同使转让人继续占有标的物。在占有改定的情形下，依据我国《民法典》第 228 条规定："物权自该约定生效时发生效力"。这就是说，必须要有占有改定的约定，如果虚构该约定，则不能发生占有改定的效果。当然，该约定可以在交易发生时，也可以在交易发生之后。[③] 换言之，双方必须要约定所有权已经发生移转，如果仅仅只是发生占有的移转，而没有发生所有权的移转，则在性质上称为"抽象的改定"，不能发生所有权的移转效果。如果双方没有明确约定所有权的移转，但实际达成了租赁合同、保管合同或借用合同等，并依据这些合同的规定，使原所有人继续占有该财产，可以认为双方形成了债的关系，但不能认为双方可以通过占有改定发生物权的变动。

第三，必须要通过约定由转让人继续占有标的物。在占有改定的情况下，必须要双方当事人明确约定：即使通过买卖等方式移转了所有权等物权之后，仍然由原所有权人继续占有该物。

---

① MünchKomm / Oechsler, 5. Auflage 2009，BGB § 930，Rn 7.

② 吉林省四平市中级人民法院（2022）吉 03 民终 548 号民事判决书。

③ 参见庄加园：《民法典体系下的动产所有权变动：占有取得与所有权让与》，124 页，北京，法律出版社，2021。

受让人取得间接占有的法律关系在德国法中称为占有媒介关系，其是为了解决间接占有人和直接占有人的利益冲突而由法律拟制出来的一种法律关系。[1] 在占有改定生效之后，转让人将取得对标的物的直接占有，对受让人来说，只是取得间接占有。在占有改定的情况下，受让人本来应当直接占有标的物，但因为占有改定而使其本应取得的直接占有转化为间接占有。所谓间接占有，是指自己不直接占有某物，而基于一定的法律关系对直接占有其物的人享有返还请求权，因此对于物有间接管领力。[2] 例如，在转让一辆汽车之后，转让人又租用该汽车，可以继续占有该汽车，但是并不享有该汽车的所有权。在发生侵害占有的情况下，直接占有人和间接占有人都可以通过侵害占有之诉来获得保护。

　　第四，占有改定自转让合同生效时就发生效力。由于占有改定不发生标的物的实际交付，此类合同也称为"占有媒介关系"。关于占有改定从何时生效，存在不同的观点。一种观点认为，占有媒介关系从何时开始生效，则所有权就从何时开始移转。[3] 另一种观点认为，占有改定中替代交付要件的关键要素是受让人转让物的间接占有[4]，因此，占有改定的时间应以受让人取得间接占有的时间为准，这一时间点与占有媒介关系生效的时间点可能不一定一致。但是，《民法典》第228条规定："物权自该约定生效时发生效力。"据此占有改定自合同生效时就发生效力。这就意味着，一方面，《民法典》第228条已经明确规定从占有改定协议生效的时间点确定物权变动的效力，而不是从受让人取得间接占有的时间为准。另一方面，在通常情形下，受让人取得间接占有的时间与占有改定协议生效的时间点应当是一致的，因为只有从占有改定协议生效开始，受让人才能取得间接占有，在此之前，只有让与人能够占有财产，受让人不享有间接占有的权利。

　　占有改定约定的生效，必须遵循法律行为生效的一般条件，即主体合格、意

---

①　参见黄薇主编：《中华人民共和国民法典物权编解读》，52页，北京，中国法制出版社，2020。

②　参见王泽鉴：《民法物权·用益物权·占有》，43页，台北，自版，1995。

③　参见庄加园：《民法典体系下的动产所有权变动：占有取得与所有权让与》，116页，北京，法律出版社，2021。

④　参见王泽鉴：《民法物权》，136页，北京，中国政法大学出版社，2001。

思表示真实、内容合法。① 例如，在"方某某与王某某船舶营运合同纠纷"案中，法院认为，涉案船舶作为特殊动产，双方协议约定以船舶抵债，三年内船舶继续由王恩海占有管理，故船舶所有权的转移应自双方约定生效时即发生效力。② 此处所说的发生效力应该包括两个方面的效力：一是占有改定的效力。这就是说，出让人和受让人之间通过租赁、保管等发生占有改定，在所有权移转之前，可以通过占有改定来代替实际交付。二是物权的移转发生效力，占有改定生效之后，标的物的所有权已经从转让人移转给受让人。

需要指出的是，我国《民法典》第228条规定的占有改定仅仅只适用于动产物权的转让，而不适用于动产物权的设定。例如，当事人在设定动产质权时，不能通过占有改定的方式来完成公示。这是因为在占有改定的情况下，仍然由转让人继续占有动产，如果允许通过占有改定方式设定质权，则根本无法取得物权设定的公示效果，导致第三人误以为该财产并不存在质权负担，因为第三人根本无从知悉出质人和质权人之间达成的协议。同时，在占有改定的情况下，在发生转让行为以后，转让人继续占有动产，而受让人只是取得对动产的间接占有，对第三人公示出来的只是转让人的占有，而不是受让人的占有。受让人的占有只是一种观念的占有，而不是一种现实的占有，因此这种占有欠缺一种权利变动的外部表象。如果认为占有改定能够设定质权，则当事人便可能通过此种约定从事欺诈行为，损害债权人利益。

三、占有改定的效力

占有改定将产生如下法律效力。

第一，当事人之间达成了占有改定的协议以后，该协议在当事人之间已经产生了效力，所有权也随之发生移转，在双方就标的物所有权移转发生纠纷的情况下，只要能够确定该占有改定的协议是合法有效的，法院就应当确认所有权移转

---

① 参见黄薇主编：《中华人民共和国民法典物权编解读》，46页，北京，中国法制出版社，2020。
② 参见海南省高级人民法院（2015）琼民三终字第82号民事判决书。

的效果。因为法律关于实际交付的规定本身是一种任意性规范，当事人完全可以在合同中特别约定不以实际交付标的物为必要。然而，由于这种移转方式不具有公示性，第三人并不知道所有权是否已经发生了移转，所以第三人就该标的物的所有权归属与转让人、受让人发生争执时，转让人和受让人之间不能仅根据占有改定的协议来对抗善意第三人。

问题在于，占有改定的协议无效，是否导致受让人的间接占有无效？我国不少学者认为，受让人取得间接占有，并不依赖于占有媒介关系的效力，而取决于出让人是否具有为受让人占有的占有媒介意思。① 例如，双方在订立买卖合同后又通过租赁合同实行"售后返租"，如果租赁合同被宣告无效，也不应影响出租人的间接占有，因为决定间接占有的并非租赁合同的效力，而是当事人的占有媒介意思。② 笔者认为，此种观点值得商榷。因为一旦占有媒介关系被宣告无效，受让人有权主张让与人直接向其交付财产，并移转财产的占有，从而恢复原状，不可能继续维持占有改定的现状。当然，单纯宣告占有媒介关系无效还不能改变占有改定的现状，还必须由受让人提出恢复原状的请求。如果其没有提出此种请求，则要继续维持占有改定的现状。

第二，占有改定不能发生善意取得的效果。例如，甲无权处分乙的财产给丙，并通过占有改定的方式进行交付。此时，丙并未取得标的物的现实占有。在丙满足善意取得的其他要件的情况下，能否认定丙可以通过善意取得获得标的物的所有权呢？由于占有改定并不能使受让人获得现实占有，因此占有改定的公示效果并不明显。通说认为，在此种方式下，受让人不能善意取得该动产。③ 而且，由于善意取得制度旨在保护连续的交易安全，此时丙并未形成占有标的物的外观，因此也就不需要保护可能的后手买受人。

第三，在一方当事人破产时，如果破产人作为债务人曾与其债权人（受让

---

① 参见申卫星：《物权法原理》，196 页，北京，中国人民大学出版社，2008。
② 参见庄加园：《民法典体系下的动产所有权变动：占有取得与所有权让与》，118 页，北京，法律出版社，2021。
③ 参见崔建远：《中国民法典释评·物权编》（上卷），165 页，北京，中国人民大学出版社，2020。

人）就某些动产的买卖达成了占有改定的协议，也很难认为其就所有权的移转已产生了一种公示，所有权即使发生移转也不能对抗第三人。所以受让人不能仅仅根据占有改定的协议而要求对某种动产行使取回的权利。

　　需要指出的是，《民法典》第 228 条规定占有改定适用于物权的转让，是适用于各种物权的转让还是仅适用于某种特殊的物权的转让？有学者认为占有改定仅仅适用于融资租赁、买回等特殊的交易，在这些交易中，第三人能够知道当事人可能会发生占有改定。笔者认为，《民法典》第 228 条规定占有改定适用于物权的转让，并没有限制于某类或某几类特殊的交易，对其应当理解为适用于各种交易。

第八章
特殊动产物权的变动

第一节　特殊动产物权变动适用登记对抗主义

一、特殊动产应当适用特殊公示原则

所谓特殊动产，是指船舶、航空器和机动车等动产。因为此类动产不完全适用交付移转所有权的规则，而在法律上要求办理登记，所以，可以将其归入特殊动产的范畴。《民法典》第225条规定："船舶、航空器和机动车等的物权的设立、变更、转让和消灭，未经登记，不得对抗善意第三人。"这就是说，有关船舶、航空器和机动车等物权的设立、变更、转让和消灭，可以不经登记而发生物权的变动，适用登记对抗主义。因特殊动产作为交通工具使用，且价值较大，而且具有可识别的区别于他物的特征，因而作为区别于一般动产的特殊动产存在。虽然它们具有特殊性，但仍属于有体物，其物权变动理应采取相应的公示方法。

一般来说，通过登记的方式，可以有效地确认物权的归属，也有助于解决产权纠纷。但对船舶、航空器和机动车等特殊动产物权，允许当事人自愿选择是否

登记，并因此对特殊动产物权的变动采登记对抗主义，法律之所以对特殊动产采用登记对抗主义，不强制要求物权变动必须进行登记，主要原因在于特殊动产登记成本较高或者有时难以进行登记。一方面，由于船舶、航空器、机动车在现实生活中始终不停地发生空间上的移动，在很多情况下实行强制登记会给当事人从事交易造成很多不便。另一方面，特殊动产（如机动车、船舶等）往往处于变动不定的状态，强制特殊动产的物权变动必须进行登记，可能会过分增加交易成本，影响特殊动产的交易。而采登记对抗要件，则有利于降低交易成本并加速财产流转。[1] 因此，绝大多数国家的立法都对船舶、航空器、机动车等采取登记对抗主义。例如，根据《日本商法典》第687条，在商法上要求登记的船舶以及已登记的建筑机械，其所有权移转以登记为对抗要件。同时，机动车、航空器的所有权变动也与船舶采取同样的方法，即登记对抗主义。[2] 我国《海商法》第9条规定，"船舶所有权的取得、转让和消灭，应当向船舶登记机构登记；未经登记的，不得对抗第三人。"《民法典》正是在总结我国立法经验，借鉴外国立法经验的基础上，对船舶、航空器和机动车等物权的设立和变动采取登记对抗主义。如果未在登记部门进行登记，就不产生公信力，不能对抗善意第三人。[3]

二、特殊动产物权的设立和变动采取登记对抗主义

（一）特殊动产可以以交付和登记作为其物权变动的公示方法

《民法典》第225条规定："船舶、航空器和机动车等的物权的设立、变更、转让和消灭，未经登记，不得对抗善意第三人。"尽管该条规定并未明文提及交付的作用，但因该规定位于第二节"动产交付"规定之中，所以交付无疑是特殊

---

[1]　参见渠涛：《不动产物权变动制度研究与中国的选择》，载《法学研究》，1999（5）。

[2]　参见［日］我妻荣：《新订物权法》，罗丽译，194～195页，北京，中国法制出版社，2008。

[3]　参见全国人大常委会法制工作委员会民法室编：《中华人民共和国物权法条文说明、立法理由及相关规定》，24页，北京，北京大学出版社，2007。

动产物权变动的公示方法。但特殊动产也应同时以登记作为公示方法，主要理由在于：

第一，特殊动产的特殊性决定了其可以采用登记的方法。特殊动产不同于一般的动产，可以采用登记的方法。主要原因在于：一是具有可识别的区别于他物的特征。特别是批量生产的动产如电视机、冰箱等，往往不具有显著的可识别性。例如，一台二十英寸的海尔牌电视机与另一台同品牌同型号的电视机之间，几乎很难发现其差异。这就给动产之间的识别和登记带来很大困难。而特殊动产则不同，这些动产具有很强的可识别性。例如，一艘六万吨散货船就与其他吨位的船舶具有显著的不同，甚至船舶之上用作甲板的钢板都有特殊的标记，这就决定了船舶可以通过登记显示出其可识别性。二是特殊动产价值巨大。总体来看，特殊动产具有较大的价值，有的甚至超过了不动产，因此，其物权变动对于当事人的利益影响巨大，需要采用更为确定的公示方法以保护当事人的利益。三是特殊动产是作为交通工具使用的，影响到公众安全，一旦发生权属争议，不仅会给权利人带来较大的损害，而且不利于保护社会公众利益。四是特殊动产在利用过程中，往往因借用、租赁等原因而发生多次交付，占有的情况各不相同，更何况其游移不定，仅以交付作为公示方式，第三人很难确定其真正的权利归属。例如，机动车的借用时常发生，无法通过占有的方式来准确地公示其物权。正是因为特殊动产的占有人和处分权人往往并不一致，所以，如果仅以占有为物权公示方法，很容易产生无权处分、非法转让等行为，甚至很容易诱发欺诈。五是特殊动产的移转往往需要金融机构介入其中，例如，船舶就经常采取融资租赁、光船租赁等方法取得和利用，在此情形下，会发生占有和所有分离的情形。为了明晰特殊动产的物权状况，有必要以登记这一较强的公示方法作为其物权变动的公示方法。六是对于某些特殊动产而言，其往往需要进行保险，而保险需要以特殊动产的实际登记人作为依据进行办理，如果特殊动产没有进行登记，会对保险的发展造成诸多障碍。

第二，我国法律已经对特殊动产采用登记的方法。从我国现行立法来看，相关法律都已经规定了特殊动产的登记制度。《海商法》第9条第1款规定："船舶所有权的取得、转让和消灭，应当向船舶登记机构登记。"《民用航空法》第11条规定："民用航空器权利人应当就下列权利分别向国务院民用航空主管部门办理权利登记：（一）民用航空器所有权；（二）通过购买行为取得并占有民用航空器的权利；（三）根据租赁期限为六个月以上的租赁合同占有民用航空器的权利；（四）民用航空器抵押权。"《道路交通安全法》第8条规定："国家对机动车实行登记制度。"基于上述法律规定，国务院和有关部委也颁布了关于登记的配套法规和规章，如《船舶登记条例》《民用航空器权利登记条例》《机动车登记规定》等，并设立了专门的机构负责登记事务（民航总局负责民用航空器的登记，公安部门的交通管理局负责机动车的登记事项）。由此可见，在我国，就特殊动产，一直要求办理登记。

问题在于，这些登记到底是一种物权法上的公示方法，还是仅仅是一种行政管理措施。对此一直存在争议。事实上，反对以登记作为特殊动产物权公示方法的重要理由，就是认为这些登记仅仅是行政管理措施，而并非物权的公示方法。例如，《道路交通安全法》第8条规定："国家对机动车实行登记制度。机动车经公安机关交通管理部门登记后，方可上道路行驶。尚未登记的机动车，需要临时上道路行驶的，应当取得临时通行牌证。"该规定具有较为浓厚的行政管理色彩，似乎不属于物权法意义上的登记。但笔者认为，即便机动车登记具有行政管理的色彩，也并不排斥其具有物权公示的功能。因为机动车登记也具有确权的功能，机动车登记证书其实就是所有权凭证，伪造、变造机动车登记证书将承担相应的法律责任。另外，依据我国《民法典》第1209条的规定，在机动车借用、租赁等情况下致他人损害，虽然机动车要由机动车使用人承担赔偿责任，但机动车所有人有过错的，也要承担相应的赔偿责任，而确定机动车所有人的依据就是登记。可见，登记绝非仅仅是行政管理手段。更何况，对船舶、航空器而言，因为其价值较大，且流动性较强，经常发生船舶和航空器的抵押、租赁等情况，如果没有登记，将无法确定法律上的所有人，极易发生各种纠纷。正是因为这一原因，《民用航空法》第11条明确规定了航空器的权利登记。显然，对特殊动产要求办理登记，绝非仅仅是行政管理措施，也是一种物权法上的公示方法。

第三，《民法典》针对特殊动产并非仅以交付作为公示方法。从体系解释来看，依据我国《民法典》的规定，特殊动产并非仅以交付作为公示方法，一方面，《民法典》第224条规定，动产物权的变动自交付时发生效力。以此而言，动产物权以交付为一般公示方法，但是，该条还规定"法律另有规定的除外"。而根据规范内容和条文顺序来看，《民法典》第225条就属于第224条指出的除外情形。在此意义上，不能简单地以第224条的规定来限定第225条的内容。另一方面，与一般动产相比，船舶、航空器、机动车等特殊动产影响到公众安全，为了防止发生权属争议，物权法仍然要求针对特殊动产办理登记。《民法典》第225条就明确提到了登记。其实，该条规定最初来源于特别法的规定。例如，《海商法》第9条规定："船舶所有权的取得、转让和消灭，应当向船舶登记机构登记；未经登记的，不得对抗第三人。"该条首先确立了船舶所有权的登记制度，然后确立了登记对抗的效力。《民法典》第225条的本意与《海商法》第9条的本旨是相同的。《民法典》第225条规定特殊动产适用登记对抗主义，这就意味着特殊动产适用特别规定，因此其公示方法不能完全适用一般动产的公示方法。由于特殊动产仍然属于动产的类型，《民法典》将特殊动产与动产一起作了规定，但这并不意味着两者的公示方法完全一致。如果将特殊动产的公示方法仅仅理解为交付，并不符合立法者的立法本意。登记对抗并不意味着完全不需要登记，只不过不以登记作为物权变动的生效要件，登记仍然是特殊动产的重要公示方法。

（二）特殊动产物权的设立和变动采取登记对抗主义

所谓登记对抗，是指就特殊动产物权的变动而言，当事人已经达成协议的，即使没有办理登记手续，也可以因交付而发生物权变动的效果。如果涉及物权的转让，则受让人可以依法取得物权，只是此种物权不能对抗善意的第三人。登记对抗与登记要件主义存在一个很重要的区别，即在物权变动的情况下，当事人即使未办理登记，也可以发生物权变动的效果。法律之所以对特殊动产采用登记对抗主义，不强制要求物权变动必须进行登记，主要原因在于特殊动产登记成本较高或者有时难以进行登记。一方面，由于船舶、航空器、机动车在现实生活中始终不停地发生空间上的移动，在很多情况下实行强制登记会给当事人从事交易造成很多不便。例如，在异地要进行船舶抵押或者其他担保，如果采取登记要件主义，则必须回到此类财产的原始财产登记地才能办理抵押登记，这将给当事人带来很大不便。再如，某船旗国下的船舶因远洋航行至其他国家，而在该国又发生抵押的情况，如果必须回到船旗国办理抵押登记，则会极大地增加当事人交易费用，而且无法满足当事人的及时需求。另一方面，特殊动产（如机动车、船舶等）往往处于变动不定的状态，强制特殊动产的物权变动必须进行登记，可能会过分增加交易成本，影响特殊动产的交易。而采登记对抗要件，则有利于降低交易成本并加速财产流转。[1]

依据《民法典》第225条的规定，当事人双方就船舶、飞行器和机动车等物权的设立、变更、转让和消灭达成协议的，即使没有办理登记手续，在当事人之间仍然可以发生物权变动的效果。如果涉及物权的转让，则受让人可以依法取得物权，只是此种物权不能对抗善意的第三人。关于船舶、航空器和机动车等物权的设立和变动采取登记对抗主义，应当包含如下内容。

（1）必须实际发生了交付行为。尽管在登记对抗模式中，物权变动不需要办理登记，但仍然需要交付。因为如果没有实际交付动产，且没有办理登记，则即使受让人交付了价款，双方也只是形成了债的关系，不能认为双方之间形成了物权关系。之所以如此理解，是因为我国《民法典》第208条、第224条都强调，动产物权的设立和转让自交付时发生效力，单纯的合同不宜发生物权变动。《民法典》第224条所规定的法律另有规定的情况，主要是指在所有权保留制度中，当事人约定交付在例外情况下不发生物权变动的情况。

（2）在登记对抗的情况下，并非完全不考虑登记的效力。如果已经办理了登记，登记也可以成为确权的重要依据，只不过，登记不能成为确权的唯一依据。因为作为对抗要件的登记不具有公信力[2]，如果登记权利人在办理登记之前，就已经知道该财产已经转让，且已经交付，并为受让人占有，则登记权利人是恶意

---

①　参见渠涛：《不动产物权变动制度研究与中国的选择》，载《法学研究》，1999（5）。

②　参见崔建远：《中国民法典释评·物权编》（上卷），137页，北京，中国人民大学出版社，2020。

的，其不能依据登记取得物权。但如果登记权利人是善意的，则即使特殊动产已经交付，占有人也不能对抗登记权利人。从这个意义上说，登记也具有确权的效果。

（3）未经登记不得对抗善意第三人。所谓善意第三人，是指不知道也不应当知道物权发生了物权关系变动的当事人。[①] 问题的关键在于，未经登记不得对抗的第三人包括哪些人。按照学界的共识，已交付但未经登记的物权变动并非不能对抗任何第三人，不得对抗的第三人的范围在法律上是有一定限制的。[②] 仅交付而未经登记的特殊动产物权变动能对抗一般债权人，这一点毫无疑问。[③] 依据《物权编司法解释（一）》第 6 条的规定："转让人转让船舶、航空器和机动车等所有权，受让人已经支付合理价款并取得占有，虽未经登记，但转让人的债权人主张其为民法典第二百二十五条所称的'善意第三人'的，不予支持，法律另有规定的除外。"之所以要求支付价款，是为了保证交易的真实性，避免因虚构债权，损害一般债权人的利益。依据该解释，对于特殊动产的转让而言，即使受让人没有办理登记，但因财产已交付，受让人已经取得了占有并支付了价款时，其也可以对抗转让人的一般债权人。因为交付移转了占有，而占有本身具有公信力，这意味着受让人据此取得了物权，自然能对抗债权。更何况在现实交付中，受让人还取得了合法占有，而一般债权人并没有占有，受让人仅凭占有也有权对抗一般债权人。因此，上述第三人不包括一般债权人。

笔者认为，在所有第三人中，不能对抗的只能是善意的登记权利人。在特殊动产的受让人满足交付公示方法时，并不排除其他受让人满足登记的公示方法。对于善意的登记权利人，仅受领交付的受让人就不能对抗。换言之，在通常情况下，善意的第三人是指对船舶、航空器和机动车等物的交付不知情、并办理了登记的第三人。具体来说，善意的第三人具有如下特点。

一是善意。所谓善意，就是指对船舶、航空器和机动车等特殊动产的交付不

---

① 参见黄薇主编：《中华人民共和国民法典物权编解读》，45 页，北京，中国法制出版社，2020。

② 参见龙俊：《中国物权法上的登记对抗主义》，载《法学研究》，2012（5）。

③ 参见王泽鉴：《动产担保交易法上登记之对抗力、公信力与善意取得》，载王泽鉴：《民法学说与判例研究》，第 1 册，228 页，北京，中国政法大学出版社，2005。

知情。换言之,对于特殊动产的交易合同是否知情并不重要,而对于特殊动产交易合同订立后是否已经交付,才是知情的内容。例如,甲乙双方就买卖一艘船舶达成协议,乙已经支付了价款,并已经办理了登记过户手续。但因为船舶尚未完全装修完毕,因此没有交付。后来,出卖人甲又将该船舶转让给丙,并将该船舶交付给了丙。由于乙并不知道甲在以后又将船舶交付给丙的事实,所以,可以认定其属于善意。所谓"恶意"第三人,主要是指在发生物权变动之后,知道或者应当知道物权变动的事实的人。善意第三人通常有两种类型:一类是登记先于交付的第三人,另一类是登记在后、但不知或不应当知道已经交付的第三人。如船舶所有人在设立抵押权时,已经将船舶转让给第三人并实际交付,却隐瞒事实,并为抵押权人办理了登记手续,抵押权人即属于善意第三人。

二是已经办理了登记过户手续。在登记对抗的模式下,虽然法律允许当事人就是否登记进行选择,但登记仍然具有明显强于交付的公示效力,因此,在未登记而已交付的情形下,毫无疑问,受让人所享有的物权虽可以对抗一般的债权人,但能否对抗其他享有物权的人,则不无疑问。既然特殊动产是有体物,不可能发生两次实际交付,因而不可能再存在另一个因实际交付而取得物权的人。这就意味着,除了交付取得物权的人之外,其他取得物权的人只能是登记权利人。而在一个当事人受领交付,而另一个当事人已经办理移转登记的情形下,已经取得物的占有的权利人不能对抗经过登记取得物权的善意的权利人。所以,《民法典》第225条所规定的善意第三人,只限于一种人,这就是已经办理了登记的权利人。除此之外,因交付取得权利的人可以对抗任何人。如果采用交付优先于登记的观点,因交付取得的权利可以对抗任何人,成为效力完整的物权。这就意味着《民法典》第225条规定的善意第三人已经不复存在,该条本身也变得毫无意义。所以,采交付优先于登记的观点,实际上与登记对抗主义是矛盾的。此种看法不仅不恰当地高估了交付的效力,而且贬低了登记的效力。它意味着登记人只能对抗一般债权人,而无法对抗取得占有的人。

(三)特殊动产物权中的权利冲突

第一,登记在先的权利优先于交付在后的权利。

不能对抗善意的登记权利人意味着,并非在任何情况下交付均优于登记,相反，在已经办理登记的情况下，在先的登记应当优先于在后的交付。在已办理登记的情形下，后买受人应查阅登记，否则，不能构成善意。正是从这个意义上说，登记应当是优先于交付的。因为对于特殊动产而言，登记具有一定的公示效力，也能够发生物权变动的效力。尽管关于登记确权的一系列规则是在物权编第二章第一节"不动产登记"中加以规定的，但这并不意味着登记确权规则仅适用于不动产而不适用于特殊动产。只要当事人发生了真实的交易关系，且已经办理了登记移转所有权的手续，就应当认为所有权已经发生移转。因为登记一般不会产生双重登记的问题。但如果采取交付优先，就可能会产生一种权利不清晰的状况，因为占有存在直接占有和间接占有等不同的占有种类，这会导致权利状况非常难以确认。

第二，登记在后的权利人是善意的，其权利仍优先于实际交付所取得的权利。

应当看到，在特殊动产物权的买卖中，依据《民法典》第 225 条，仅交付而没有办理登记，不能对抗善意第三人。登记在后的买受人有可能善意也有可能非善意，在此情形下，即使交付在先，也不能对抗在后的善意登记权利人。但是，这并不是说，所有的交易都需要在办理登记时查询或调查是否已经交付，这一义务的确定需要考虑个案的诸多具体情况，具有个案认定的特点。因为在一些情况下，特殊动产物权的变动可能并不以交付为要件（如抵押），无论发生什么样的交付，登记权利人都是善意的，已经符合了《民法典》第 225 条规定的"善意第三人"的含义，因而可以优先于交付在先的权利人。

在特殊动产物权变动的情形下，不应当由登记权利人证明其是善意的，而应当由对其登记效力提出异议的人负担举证责任，如果其不能证明登记权利人为恶意，则登记应当具有优先于交付的效力。主要原因在于：一方面，登记的权利人可能已经满足动产善意取得的要件，依据善意取得的规定取得了完整的所有权；另一方面，即便其不能完全符合善意取得的要件（因为善意取得需要受让人支付合理的对价，而登记权利人可能并没有支付合理的对价，从而并不符合善意取得的要件），仍应当认为登记的效力具有优先性。毕竟与登记相比，交付对社会公众公示物权信息的功能相对较弱，对于权利的证明效力也不强，仅凭交付来表明物权变动完全完成，与物权的绝对性和排他性不符，也与交易实践不符。

第三，无法确定登记或交付时间先后顺序，登记在先的权利优先于实际交付在后的权利。

在法律上，登记仍然是比交付更具有真实性、权威性的公示方法，在两者发生冲突时，应当以登记为优先，这也符合我国《民法典》关于以登记确定优先顺位的一般规则，且也有利于维护交易安全。尤其是特殊动产仍属于动产，在占有改定和指示交付的情况下，都可能发生再次交付的问题。例如，在特殊动产物权转让时，双方已办理了登记，但特殊动产的转让人希望继续占有该动产，如船舶转让人需要在一定期限内继续使用该船舶，当事人双方可以订立合同，特别约定由转让人继续占有该动产，而受让人因此取得对标的物的间接占有以代替标的物的实际交付。[①] 但转让人将该特殊动产一物数卖，又将该动产交付给第三人，该第三人也因交付取得对该特殊动产的占有。再次交付之后，该交付的效力是否优先于登记？如前所述，由于登记在先，登记的权利人可以对抗后来的受让人。在此情况下，虽然前一受让人已经因为交付与登记取得了完整的所有权，后一受让人也已经受让了交付，此时还涉及登记与交付的效力问题。此时，应当认为，在先登记的效力具有优先于在后交付的效力。

第二节　特殊动产的交付不能对抗登记

在特殊动产"一物数卖"的情形下，登记和交付产生矛盾和冲突。关于特殊动产的物权变动应当采取何种公示方法，理论与实务上存在不同观点。

一是交付说。此种观点认为，特殊动产毕竟也是动产，其物权的变动应遵循《民法典》第 224 条关于动产物权的设立和转让以交付为原则的规则，在这一点

---

① MünchKomm / Oechsler 5. Auflage 2009，BGB § 930，Rn 9ff.

上没有例外。《民法典》第225条关于特殊动产物权的规定，不是对于该法第224条关于交付作为动产物权变动生效要件的否定，而是对效力强弱和范围的补充。[1] 如果将登记作为生效要件，则有可能将已经交付的船舶、航空器、机动车等物权关系，当作尚未发生变动的物权关系，反而不利于物权关系的明晰。[2] 因此，在转让特殊动产时，如果没有实际交付，即使办理了登记，也不能取得物权。[3]

二是登记说。此种观点认为，我国《民法典》第225条虽然只是规定未经登记不得对抗第三人。但就其立法目的而言，仍然是要求办理登记。尽管物权法规定船舶、机动车等特殊动产实行登记对抗，但是，在交付之后只是发生了物的占有移转而没有发生所有权的移转。当事人仍然可以通过登记而发生物权变动。[4] 也有学者认为，特殊动产的物权变动自合同生效时发生效力，并不以登记或交付为要件，但是，当事人办理了登记，可以产生对抗第三人的效力。[5]

笔者认为，上述两种观点都认为特殊动产的物权变动只能采取一种公示方法，这些看法虽然不无道理，但也都值得商榷。特殊动产物权区别于一般动产物权的重要特点在于，它绝非采用一种公示方法，而是同时采用了两种公示方法。也就是说，登记和交付都是特殊动产物权变动的公示方法。

《买卖合同司法解释》第7条规定：出卖人就同一船舶、航空器、机动车等特殊动产订立多重买卖合同，在买卖合同均有效的情况下，出卖人将标的物交付给买受人之一，又为其他买受人办理所有权转移登记，已受领交付的买受人请求将标的物所有权登记在自己名下的，人民法院应予支持。试图为解决此类纠纷设定统一标准，该规定即采纳了交付说的观点。但因为该规则与《民法典》的相关规定发生诸多矛盾，反而引发质疑和争议。

①　参见崔建远：《再论动产物权变动的生效要件》，载《法学家》，2010（5）。

②　参见：《最高人民法院关于买卖合同司法解释理解与适用》，177页，北京，人民法院出版社，2012。

③　参见崔建远：《再论动产物权变动的生效要件》，载《法学家》，2010（5）。

④　参见程啸：《论动产多重买卖中标的物所有权归属的确定标准》，载《清华法学》，2012（6）。

⑤　参见李勇主编：《买卖合同纠纷》，56页，北京，法律出版社，2011。

在特殊动产的物权变动中，在登记对抗的情况下，并非不要求登记或者不考虑登记的效力。事实上，登记对抗模式的立法本意仍然是鼓励登记。因为交易相对人为了取得具有对抗第三人效力的所有权，必须进行登记。法律虽然不强制当事人办理登记，但当事人如果选择办理登记，就可以取得效力完整的物权；而如果其未办理登记，虽然也可以因交付而发生物权变动，但其取得的物权的效力会受到影响，其要承担不能对抗善意第三人的风险。如果已经办理了登记，登记也可以成为确权的重要依据。只不过登记不能成为确权的唯一依据。如果登记权利人在办理登记之前，就已经知道该财产已经转让，且已经交付并为受让人占有，则登记权利人是恶意的，其不能依据登记取得物权。但如果登记权利人是善意的，则即使特殊动产已经交付，占有人也不能对抗登记权利人，从这个意义上说，登记也具有确权的效果。从比较法来看，即使采登记对抗模式，登记也越来越受到重视。例如，日本最初在法律上选择登记对抗主义模式，主要原因在于当时市场经济尚不发达，物资流通并不复杂，而且登记簿当时也没有取得较强的公信力。而现在随着登记簿公信力的增强，登记在物权变动中发挥着越来越重要的作用。[1] 这也说明，随着登记簿公信力的增强，登记也逐渐成为确认特殊动产物权的重要方法。

特殊动产物权变动采登记对抗模式，也表明了特殊物权变动与一般动产物权变动的区别。一般动产的物权变动，依据《民法典》第 224 条的规定，仅因交付而发生效力。而该法第 225 条采登记对抗模式，表明特殊动产不能通过交付而发生完全的所有权移转，还必须办理登记。如果仅仅以交付为特殊动产物权变动的要件，将混淆一般动产物权变动与特殊动产物权变动的区别。[2] 相反，登记对抗模式本身就包含了登记优先于交付的含义。笔者认为，准确地理解《民法典》第225 条的规定，即便已经交付，也不得对抗已经登记的善意的权利人。因此，在特殊动产一物数卖情况下，登记应当优先于交付。理由主要在于：

第一，采登记应当优先于交付的规则，有利于解决"一物数卖"情况下的产

① 参见龙俊：《中国物权法上的登记对抗主义》，载《法学研究》，2012（5）。
② 参见程啸：《论动产多重买卖中标的物所有权归属的确定标准》，载《清华法学》，2012（6）。

权归属问题。

从法律上看，登记的公信力要明显高于占有的公信力，因为登记是由国家机构作为独立的第三者，通过现代的数据管理手段而将登记的事项予以记载并对外公示，登记的方式具有较高的权威性，且因为登记机构要进行必要的审查，因而登记的内容具有真实性和可靠性。登记通过文字信息等清楚地载明物权信息，而且在信息化的当代，第三人可以较低成本进行调查，此外，登记机构的责任机制也为当事人提供了有效的法律保障。如前所述，正是因为特殊动产不仅关系到权利人的个体利益，还涉及社会公众的利益，为了营造和规范有序的特殊动产交易市场，以及为在发生特殊动产侵权事故时便于确定责任主体，国家有义务通过登记的方法来明确特殊动产的物权状态。

交付较之登记具有天然的缺陷，其无法准确地判断实际所有权。一是交付具有一定的内在性，交付本身仅发生于转让人和受让人之间，第三人可能难以知晓，尽管交付的结果发生了占有移转，占有具有一定的公示性，但较之登记，交付的公示程度仍然较弱。二是交付所表征的权利不具有完整性和清晰性。从实践来看，当事人交付标的物的原因复杂，占有人究竟基于何种权利而占有该物，其权利的内容和具体范围如何，都无法通过占有得到清晰而完整的公示。三是交付因方式的多样性而不具有典型的公开性（如简易交付和占有改定就无法实现公示的效果），也无法进行准确的查询。交付仅仅是一种社会现实，受到时间和空间的很大限制，第三人虽然可以进行核查，但所需成本太高。

其实，从公示制度的发展来看，最早还是以交付作为物权变动的公示要件，以后逐渐发展到登记。罗马法最初对所有权的移转注重形式，要求采用曼兮帕蓄（mancipatio）和拟诉弃权（iure in cessio）等形式①，以后逐渐采取了占有移转

---

①　所谓曼兮帕蓄，即要式买卖，是专门针对要式物的最富有特色的形式，以至于在它被适用于略式物后，本身不再具有任何意义。在这种形式中，卖主有义务保证物的所有权，如果卖主出卖的物不是他自己的，则退还双倍的价款，这种保证叫做"AUCTORITAS"（合法性），有关诉讼叫"合法性之诉"。所谓拟诉弃权，是在执法官面前进行的转让。它采取要求返还诉的形式，转让者（即虚拟的请求人）在诉讼中不提出异议，因而虚拟的诉讼在"法律审"中完结。拟诉弃权是转让要式物和略式物的共同方式，但是一般来说，对于要式物在古典法时代很少使用。参见［意］彼德罗·彭梵得：《罗马法教科书》，黄风译，北京，中国政法大学出版社，1992。

或交付（traditio）的方式。登记制度最初用于不动产，但逐渐运用于动产。根据学者的一般看法，登记制度开始于 12 世纪前后德国北部城市关于土地物权变动须记载于市政会所掌管的都市公簿（Stadtbuch）上的规定。[1] 在很长时间内，登记只适用于不动产，但后来由于互联网技术的发展，登记制度逐渐适用于动产。在动产交易中，登记制度也能够发挥很高的便利交易的效能，尤其是对于特殊动产而言，各国广泛采用了登记方法。从比较法上来看，各国均把船舶、航空器等交通运输工具纳入法律的管理范围之内，针对这些交通运输工具制定了相应的行政法规和私法性规范。对于特殊动产的物权变动，许多国家也采取了登记的公示方法。这一发展过程表明，就特殊动产而言，登记的适用范围具有扩张趋势，这也说明登记具有较之于交付不可比拟的优势。

第二，采登记应当优先于交付的规则，更符合效率原则。

从效率上看，通过登记确定产权较之于通过交付确定产权更有效率。如前所述，由于强制要求特殊动产的登记可能给当事人带来不便，所以法律没有采登记要件主义，但就确认物权归属而言，登记较之于交付更有效率。一方面，特殊动产作为交通工具，其游移不定，甚至可能在世界范围内运行，会发生占有主体多次的变更。如果没有登记作为其确权依据，而仅以交付为标准，往往会发生争议，影响确权的效率。另一方面，特殊动产物权变动仅以交付为标准，交易成本也很高。因为交易相对人无法从占有中判断真正的权利人，其必须进行认真的调查或查询，也要为此付出高昂的费用。登记的公信力规则也适用于特殊动产。例如，在德国，对于已经登记的内河船舶而言，登记具有推定力和公信力，因此登记簿上记载的权利人即推定为真实权利人。[2] 通过法律行为取得船舶所有权、船舶抵押权或者船舶用益权的人，为了其利益，船舶登记簿的内容被视为正确，但已进行异议登记或者受让人明知登记非为正确的除外。[3] 从效率角度来看，此种做法有利于降低交易成本，提高交易效率。

---

① 参见谢在全：《民法物权论》（上册），59 页，台北，自版，1997。
② Hans Josef Wieling, Sachenrecht, Band 1, Springer, 2006, S. 356.
③ 参见德国《关于登记船舶和船舶建造物的权利的法律》（SchRG）第 16 条。

第三，采登记应当优先于交付的规则，有利于减少一物数卖，甚至欺诈行为。

严格地说，一物数卖本身就是不诚信的行为，其中常常涉及欺诈。从立法的价值取向而言，应当尽可能地减少一物数卖的发生。然而，如果采纳交付优先于登记的规则，其结果必然形成一种导向，即鼓励当事人不办理登记。如此一来，将会使占有人更容易从事一物数卖，其结果不是减少而是刺激了一物数卖。而如果采取登记优先于交付的规则，则会鼓励当事人办理登记。在办理登记之后，潜在买受人通过查询登记就能够知晓权利的移转，从而不再与出卖人进行交易，可以大大减少一物数卖的发生。

第四，采登记应当优先于交付的规则，有利于保护善意买受人，维护交易安全。

在特殊动产一物数卖的情形下，善意买受人的保护是法律关注的核心问题之一。而善意买受人的保护首先取决于财产权利的明晰。较之于交付而言，登记更有利于保护善意第三人。毕竟，登记的权利记载明确，且具有较强的公信力；而占有的方式具有多种，以其作为效力应十分强大的公示方法，将使得不同的当事人主张依据不同的占有类型而享有权利，不仅不利于法律关系的明晰，而且会使第三人无法了解真实的权利状况，危及交易安全。

第九章
物权的保护

第一节　物权保护概述

一、物权保护的方法及其特点

所谓物权保护，是指在物权受到妨害的情况下，采用法律规定的各种方法维护物权人的利益、保障权利人不受侵害的各种保护方法。从宏观层面看，一方面，保护产权就是维护我国基本经济制度。《民法典》第 206 条第 1 款规定："国家坚持和完善公有制为主体、多种所有制经济共同发展，按劳分配为主体、多种分配方式并存，社会主义市场经济体制等社会主义基本经济制度。"生产资料所有制是基本经济制度的核心和基础。我国目前处于社会主义初级阶段，在所有制形态上实行公有制为主体、多种所有制经济共同发展的基本经济制度。物权法构建了以平等保护为核心的产权保护原则，有力维护了国家基本经济制度。另一方面，产权保护是市场经济的基础，无论是从历史的维度，还是从比较的视角，都可以看到，产权保护是推动市场发育和经济增长的基石。"有恒产者，有恒心"。

保护产权，实质上就是保护劳动、保护发明创造、保护和发展生产力。对营商环境的改善和经济的稳定增长具有基础性的意义；从微观层面看，产权保护具有激励投资兴业、创造财富的重要作用。

早在 18 世纪，英国法学家边沁（Jeremy Bentham）曾经指出，"财产权与法律生死相依，没有法律，就没有财产权；法律消失了，财产权也就消失了"①。这就深刻揭示了法律保障的核心是产权保障问题，保障财产也是构建良好法律的核心问题。在我国，保护各种类型的物权，是维护社会主义所有制和经济秩序，保护人民群众基本财产权，维护基本人权的需要，因而成为宪法、行政法、刑法、民法等各个法律部门共同的任务。我国宪法对于各种财产的保护作出了明确的规定。例如，《宪法》第 12 条规定，社会主义的公共财产神圣不可侵犯，同时第 13 条规定，"公民的合法的私有财产不受侵犯"。这些规定要由民法、经济法、行政法和刑法等多个法律部门来体现和维护，据此，可以将物权的保护分为广义上的物权保护和狭义上的物权保护，前者是指公法和私法上的保护，公法的保护包括宪法、刑法和行政法律法规等对物权的保护②，私法的保护是指民法的保护。狭义上的物权保护，主要是指民法对物权的各类保护方法。我国《民法典》物权编第三章规定的"物权的保护"，主要是指民法上的保护。物权是我国法律体系所要保护的重要权利，也是为了具体落实我国《宪法》所规定的私人财产和公共财产受到法律保护的基本原则。当然，不同法律部门对物权进行保护的方法是不同的，因而各个法律部门对物权都作出了规定，并设立了不同的法律责任。

在物权法中，关于物权的保护模式，学界存在物权请求权、侵权请求权和综合模式等不同主张。③ 但根据我国《民法典》物权编第三章有关"物权的保护"

---

① Kenneth L. Karst and Keith S. Rosenn, *Law and Development in Latin America*, University of California Press, 1975, p. 695. 转引自 ［美］李・J. 阿尔斯顿等主编：《制度变迁的经验研究》，84 页，上海，上海财经大学出版社，2014。

② 参见 ［德］鲍尔、施蒂尔纳：《德国物权法》（上册），张双根译，246 页，北京，法律出版社，2004。

③ 关于三种模式的介绍，请参见渠涛、刘保玉、高圣平：《物权法学的新发展》，160～162 页，北京，中国社会科学出版社，2021。

的规定，物权的保护模式不是单纯地选择哪一种模式，而是综合物权请求权、侵权请求权等各种请求权基础的保护模式。由此可见，我国《民法典》物权编采取了以物权请求权为主，辅之以其他方法的混合模式。

首先，我国《民法典》物权编采取了综合保护的方式。这是因为，物权请求权和侵权请求权各有特点，其适用范围各有一定的限制，任何一种保护方式无法单独给物权提供最圆满的保护。从《民法典》物权编第三章的内容来看，其确立了以下几种物权保护方式：一是物权确权请求权，因为确权是保护物权的前提和基础；二是《民法典》第235条至第237条确立了返还原物、排除妨害和消除危险；三是《民法典》第238条规定了损害赔偿请求权，其在性质上为侵权请求权；四是《民法典》物权编第五分编规定了占有保护的各种方法。因此，从私法上来看，物权的保护采取了综合的保护模式。同时，根据《民法典》第239条的规定，各种物权保护方式既可以单独适用，也可以合并适用。由此可见，《民法典》物权编第三章的规定通过引致规范形成了对物权的综合保护模式，其并不只是规定物权请求权，也同时规定了其他类型的保护方式，甚至在《民法典》第237条还规定了依法请求修理、重作、更换等合同救济措施。可以说，《民法典》物权编第三章的规定赋予物权以最全面的保护。有的学者认为，民事权利体系的规范内容可以分为两类：一是权利分配规范，二是权利实现规范（权利救济规范）。其中，权利实现规范是指绝对权请求权、侵权损害赔偿请求权等旨在实现权利分配内容的规范。① 我国《民法典》物权编的规定也体现了此种区分方法，整个物权编都属于权利确认规范，而物权编第三章"物权的保护"综合规定了各种救济性请求权，属于权利救济规范的范畴。因此，将物权请求权与侵害物权的损害赔偿请求权统一规定为物权的保护具有理论正当性。

其次，我国《民法典》物权编规定的物权的保护以物权请求权为主。这是因

---

① 一些德国学者尝试通过权利分配规范与权利救济规范重构德国民法体系。例如皮克尔（Eduard Picker）区分了"实体性权利"（Substanzrechten）和"保护性权利"（Schutzrechten），Vgl. Picker, Privatrechtssystem und negatorischer Rechtsschutz, 2019, S. 47；又如霍夫曼（Franz Hofmann）区分了"原权"（Stammrechte）和"法律效果权"（Rechtsfolgenrechte），Vgl. Hofmann, Der Unterlassungsanspruch als Rechtsbehelf, 2017, S. 173ff。

为物权请求权是物权特有的保护方法，而其他保护方法则不是物权保护的特色。民法典以多个条款规定物权请求权，体现了以物权请求权为主的保护方式。

二、《民法典》对物权的保护的特点

产权是一个国家基本经济制度的反映。社会历史形态往往以经济制度作为划分标准，而其中最为重要的就是产权制度的不同。正如德国法学家鲍尔与施蒂尔纳所指出的，"作为法律制度一部分的物权法，包含着人类对财物进行支配的根本规则。而该规则之构成，又取决于一个国家宪法制度所确立的基本决策。与此同时，国家的经济制度，也是建立在该基本决策之上，并将其予以具体化"①。国家的基本经济制度决定了物权制度的基本构架和内容，但同时，物权制度又对基本经济制度起着具体化的反向影响的作用。《民法典》纠正了实践中存在的重公有产权、轻私有产权的问题，建立健全了以平等保护为核心的产权保护原则，对多种所有制经济共同发展具有重要意义。在《民法典》物权编第三章（物权的保护）中，对物权的保护具有如下几个特点。

（1）在物权受到侵害的情况下，可以通过多种途径获得救济。《民法典》第233条规定，"物权受到侵害的，权利人可以通过和解、调解、仲裁、诉讼等途径解决"。在物权受到侵害时，权利人首先可以采用诉讼外和解的方式，即通过相互协商解决有关物权的争议，也可以通过专门的调解机构或者通过司法机关、仲裁机关具有法律效力的调解来解决其有关物权的争议，还可以通过诉讼解决其纠纷。由于司法机关是最终解决争议的部门，所以在当事人通过其他方式不能解决争议时，应当通过诉讼来解决争议。

（2）《民法典》物权编第三章规定了物权确认请求权，专门用于解决在物权归属不明的情况下所发生的争议。由于此种请求权所解决的纠纷属于平等的民事主体之间的争议，因此此种请求权在性质上属于民事请求权。确认请求权的行使

---

① ［德］鲍尔、施蒂尔纳：《德国物权法》（上册），张双根译，3页，北京，法律出版社，2004。

是保护和行使物权的前提，也是我国第一次在民事法律中作出这样的规定，这对于界定产权、定分止争具有重要的作用。

（3）救济方式多元，即采用多样化的救济机制保护物权。一是《民法典》物权编第三章规定了物权请求权，包括返还原物请求权、排除妨害、消除危险、恢复原状请求权四种方式。这些请求权是保护物权的特殊方式，它可以由物权权利人直接向侵害人提出请求，要求侵害人返还原物、排除和消除物权行使的障碍，使权利人恢复对物权的圆满状态，如果侵害人拒绝物权人提出的合理请求，物权人有权向司法机关提起诉讼，最终解决纠纷。物权法对于物权的保护，不仅可以采用物权请求权，而且可以采用侵权请求权加以保护，这两种方式可以单独使用，也可以合并使用，这实际上加大了对物权的保护力度，不仅使得权利人在物权受到侵害或妨害时能够回复物权的圆满状态，而且可以在物权人遭受损害的时候，能够获得相应的赔偿。二是通过引致条款，适用损害赔偿规则保护物权。《民法典》第238条规定："侵害物权，造成权利人损害的，权利人可以依法请求损害赔偿，也可以依法请求承担其他民事责任。"在物权遭受侵害时，权利人既可以主张物权请求权，也可以主张侵权损害赔偿请求权，这就为物权遭受侵害提供了有效的救济，并有效预防损害的发生，可发挥事后救济与损害预防的功能。三是《民法典》物权编第三章规定了占有保护请求权，专门保护占有。虽然对占有的保护不是在物权的保护中规定的，而是在物权编第五分编"占有"中规定的，但占有的保护也是物权保护的组成部分。一方面，占有的保护扩大了对民事主体的财产保护的范围，也就是说，物权编不仅保护权利人所享有的各种物权，也保护那些还没有形成物权的占有。另一方面，物权编通过保护占有，实际上要求通过正当程序保护财产。例如，对于违章建筑，虽然不能形成财产权利，但占有人对违章建筑的占有利益，同样受到物权法的保护。这就是说，违章建筑只能由有关机关通过法定的程序来认定，并依据法定的程序来予以拆除，而不是说任何人都可以对其进行拆除。

（4）侵害物权，除承担民事责任外，违反行政管理规定的，依法承担行政责任；构成犯罪的，依法追究刑事责任。某一种行为既可能构成民事侵权，也可能构成犯罪。民事责任的承担并不意味着免除刑事责任的承担。问题在于，民事责任和其他法律责任是否可以同时承担，对此应当根据具体情况分析。一是民事责任与行政责任的并用。这两种责任可以同时并用，也可以分别适用。例如，《民法典》第 259 条规定："履行国有财产管理、监督职责的机构及其工作人员，应当依法加强对国有财产的管理、监督，促进国有财产保值增值，防止国有财产损失；滥用职权，玩忽职守，造成国有财产损失的，应当依法承担法律责任。"该条规定了既可以适用侵权损害赔偿，也应当适用违法行为的行政责任。二是民事责任和刑事责任的并用。例如，侵占他人遗失物情节严重的，既可能构成犯罪，占有人应承担刑事责任，同时失主也可以主张民法上返还原物的责任。三是民事责任与行政责任、刑事责任的并用。例如，侵害国有资产，造成重大损失的，可能触犯刑法，也会构成行政责任，同时也成立民事赔偿责任。此时，三种责任应当可以并用。

三、物权保护方法的单独适用与合并适用

侵害物权，造成权利人损害的，权利人可以请求损害赔偿，也可以请求行为人承担其他民事责任。《民法典》第 239 条规定："本章规定的物权保护方式，可以单独适用，也可以根据权利被侵害的情形合并适用。"因此，物权请求权在适用中可以产生两种情况：一种是责任竞合，这就是说，在侵害物权的情况下，受害人在物权请求权和侵权请求权之间只能选择一种请求权，而不能同时请求多种责任。例如，权利人的物权遭受他人的妨害，受害人请求排除妨害、消除危险，一般不能再基于侵权的请求权主张损害赔偿。在一般情况下，由于物权请求权是专门为保护物权而设定的，因而选择物权请求权对受害人是有利的。另一种是责任聚合，它是指同一法律事实基于法律的规定以及损害后果的多重性，而应当使责任人向权利人承担多种法律责任的形态。例如，受害人在其物被他人非法占有之后，可以在请求返还原物的同时，就返还的费用主张损害赔偿。从权利人的角度来看，责任聚合表现为请求权的聚合，即当事人可以同时主张数种以不同的给

付为内容的请求权。①

第二节　物权确认请求权

一、物权确认请求权的概念

所谓物权确认请求权，是指利害关系人在就物权归属和内容发生争议时，请求确认物权归属、明确权利内容的权利。《民法典》第234条对此作出了专门规定："因物权的归属、内容发生争议的，利害关系人可以请求确认权利。"在传统物权法中，物权请求权并不包括确认物权的请求权，因为物权请求权是在权利人已经享有权利、权利界定十分清楚的情况下享有的。物权法的首要功能是定分止争，确认物权的内容与归属，在此基础上保护物权。但从实践来看，大量的争议并不是在物权归属明确的情况下需要保护物权，而是当事人就权利本身发生争议，需要通过物权确认请求权来保护物权。所以，我国《民法典》物权编规定物权确认请求权，一方面，建立起了完整的保护物权的体系，发挥了物权法在定分止争、确认产权中的功能；另一方面，此种请求权对于人民法院解决实践中出现的大量纠纷提供了法律依据。此种请求权是我国《民法典》物权编保护物权的一项重要内容。

确认物权是保护物权的前提。如前所述，登记具有公信力，但是这种公信力毕竟是一种推定，在有相反证据的情况下，权利人可以请求对登记簿予以更正。对此，《物权编司法解释（一）》第2条规定："当事人有证据证明不动产登记簿的记载与真实权利状态不符、其为该不动产物权的真实权利人，请求确认其享有物权的，应予支持。"该条实际上明确了在真实权利人与登记簿记载不符时，真实权利人有权请求人民法院重新确认物权的归属。例如，在"郑磊诉吴重凡财产

---

① 参见王泽鉴：《法律思维与民法实例》，199页，台北，自版，1999。

权属案"①中，本案属于典型的借名登记案件，法院认为："经实体审查，虽然该房屋的所有权证上显示所有权人为吴重凡，并且吴重凡也实际持有该房的所有权证书，但并没有证据证明其对该房屋拥有实体所有权。依据相应的证据，可以认定郑磊是以吴重凡的名义购买了上述房屋，并实际支付了全部购房款，是该房屋的真正购买人，是该房屋的实际所有权人。综上，原告郑磊要求依法确认位于××市××区××胡同××公寓两套底商房屋为郑磊所有的诉讼请求依据充分，依法予以支持。"

从《民法典》物权编来看，该编所规定的物权确认请求权主要具有如下特点。

（1）物权确认请求权是保护物权的前提。《民法典》物权编将物权的确认置于物权的保护一章中，表明它是物权保护的一项重要内容。在物权编第三章中首先规定物权确认请求权，再规定物权请求权，这就在逻辑上表明了，物权编是将确认物权归属作为物权保护的前提。在物权的归属发生争议的时候，当事人不能直接行使物权请求权，而必须首先请求确认物权的归属，如此才能发挥《民法典》物权编确认产权、定分止争的功能。

（2）物权的确认包括两方面的内容：一是对物权归属的确认。一方面，它是保护所有权的前提，因为返还所有物、排除妨害等请求权都以所有权的确认为前提。如果所有权的归属不清，则无法适用所有权的保护方法。另一方面，它是对他物权的确认。例如，土地使用权因登记错误发生争议的，真正的权利人有权请求法院确认土地使用权的归属。如抵押权设定以后，在拍卖时发生争议，即债权人对于拍卖物之上是否设有抵押权、谁享有抵押权发生了争议，当然应当先行确权。他物权的设定虽有登记，但登记记载的内容也会发生错误，在发生争议时也有必要确权。在这一点上其与房屋所有权的确认相同。二是对物权内容的确认。所谓对物权内容的确认，是指当事人对物权的内容发生争议以后，请求人民法院对物权的内容加以确认。例如，登记机构将他人的房屋面积登记错误，或者将抵

---

① 北京市第一中级人民法院（2007）一中民初字第 6945 号民事判决书；北京市高级人民法院（2008）高民终字第 862 号民事判决书。

押权所担保的债权数额记载错误，权利人向登记机构提出更正登记遭到拒绝后，可以请求法院确认其物权。

（3）物权确认请求权的行使主体应当限于利害关系人，包括真正权利人、对物主张权利的人，以及与其具有债权债务关系的人。[①] 在物权确认中，应当对请求权主体作出一定的限定，即只有利害关系人才能主张权利，如果任何人都可以主张确认权利，将不利于稳定财产秩序，也会增加法院的诉讼负担。行使物权确认请求权必须向有关机关或人民法院提出，并最终由人民法院确权。在就物权的归属发生争议的情况下，可以向登记机构要求办理更正登记。更正登记虽然是对登记错误的纠正，但实际上也是对登记权利的重新确认，因此更正登记本身具有重新确权的功能。当事人除了可以要求更正登记之外，也可以直接向法院提出确权之诉，请求确认物权的归属和内容。只有人民法院的确权才是最终解决争议的途径。

（4）行使物权确认请求权必须向有关机关或人民法院提出请求。一是在物权的归属发生争议的情况下，利害关系人可以向登记机构要求办理更正登记。二是利害关系人除了可以要求更正登记之外，也可以直接向法院提出确权之诉，请求确认物权的归属和内容。当发生产权争议时，只有人民法院的确权才是最终解决争议的途径。

二、物权确认请求权的性质

物权确认请求权的性质，历来存在两种观点：一是实体法权利说，二是程序法权利说。程序法权利说认为，物权确认请求权不是实体法上的权利，而是程序法上的权利。这是因为，物权确认请求权难以向民事主体行使，只能请求国家机关作出确认物权内容或物权归属的权威性认定。换言之，确权本身不是一项独立的物权请求，而是保护物权的一种方式。因为在争议解决以前，物权人是不是享

[①] 参见孙宪忠、朱广新主编：《民法典评注 物权编 2》，218～219 页，北京，中国法制出版社，2020。

有物权还不确定，且物权确认请求权并没有特定的义务人，只能向相应的国家机关提起，如向司法机关提起，因此它不是一项民事实体权利，而是一项诉讼程序上的权利。因为"物权确认请求权不是基于物权本身而产生，而是基于程序制度而享有，它属于程序上的权利"。"《物权法》主要为实体法的规范，但也有若干程序法的规定。其第 33 条即属于程序法的范畴，它规定的物权确认请求权属于程序上的权利。"[1]

笔者认为，物权确认请求权兼具实体法和程序法的性质。首先，物权确认请求权具有实体法权利的属性，理由如下：第一，该请求权规定于《民法典》物权编中。确认物权的归属应当属于实体法的范畴，虽然该权利可以不以真实的物权存在为基础，任何利害关系人都可以提起该诉讼，但其解决的是实体权利纠纷，既然由物权法规定，那么就应当属于实体法上的权利。在就物权的归属发生争议以后，如果不提起确权之诉，权利人便无法完满地支配其物，无法充分地行使权利，而确权之诉的目的就在于通过司法程序确认权利人的物权，以使权利人能回复对物完满支配的状态。可见，确权之诉也是保护物权的重要方法。所以，确权之诉通常都是在物权法中直接规定的。诉讼只是行使权利的具体方式，不能因为物权人为了维护物权提起了诉讼，便认为该项权利转化为程序法上的诉权。第二，虽然该请求权通常需要通过诉讼行使，但是其又不必完全通过诉讼的方式行使。例如，在不动产登记机构出现登记错误时，利害关系人可以请求更正登记，此时利害关系人也是在行使物权确认请求权。第三，物权确认请求权不仅涉及物权归属，还涉及物权内容的确认。程序法上的确权之诉主要是确认一项法律关系或者权利的存在或不存在，而物权内容的确认请求权主要涉及法律关系或者权利的内容，因此难以通过向人民法院提起确权之诉的方式实现物权内容的确认请求权。

其次，物权确认请求权具有程序法权利的属性。这就是说，利害关系人行使物权确认请求权，大多要向人民法院提起诉讼，而这种需要通过诉讼方式实现的请求权的程序，在诉讼类型上称为确认之诉。所谓确认之诉，是指原告请求法院确认其

---

① 崔建远：《物权法》，3 版，114 页，北京，中国人民大学出版社，2016。

与被告之间是否存在某种法律关系，或确认其是否享有某种民事权利的诉讼。当事人提起确认之诉旨在避免可能发生或消解已发生的纠纷，或者以此作为发展某些法律关系的起点。① 最为常见的情况是，权利人向人民法院提起诉讼，要求确认系争之物的所有权归属于自己，这是典型的确认之诉。若是从这个角度认识物权确认请求权，那么它的性质只能是诉权。作为一项诉权，物权确认请求权调整的是民事主体与国家之间的法律关系，即民事主体有权要求国家提供积极给付，为民事主体的物权作出权威性确认。从程序法的层面看，确权之诉是确认之诉的一种形态，即平等主体之间的一方当事人针对另一方就物权的争议提起的诉讼。② 就物权法领域而言，确权之诉具体表现为确认物权归属之诉、确认物权的内容之诉等。例如，甲认为登记在乙名下的产权归其所有，因而向法院提起诉讼，要求确认该产权归甲所有。又如，甲和乙就不动产物权的边界发生争议，当事人就可以提起确认物权内容之诉。由于物权发生争议以后，通过司法裁判才能最终决定权利的归属，并维持或推翻已经形成的财产关系，因而不能由当事人自身凭私力救济来确认物权的归属，而应当向法院提起诉讼、请求法院确权，即提起确认之诉。

物权确认请求权和物权请求权都属于物权的保护方式，民事主体均可以通过提起诉讼的方式请求国家对物权提供保护。物权确认不应适用诉讼时效。因为只要物权归属的争议存在，请求确认物权归属的权利就应存在，否则，物权法就会失去定分止争的作用，难以解决争议。③ 实践中两种请求权可能存在交叉现象。

但是，《民法典》第234条规定的物权确认请求权与物权请求权存在明显区别，对此将在后文阐释。

三、确权机构

在我国，确权机构主要是行政机关和人民法院。

---

① 参见王亚新等：《中国民事诉讼法重点讲义》，8页，北京，高等教育出版社，2017。
② 参见中国物权法研究课题组：《中国物权法草案建议稿：条文，说明，理由及参考法例》，207页，北京，社会科学文献出版社，2020。
③ 参见付鼎生：《物上请求权的时效性》，载《法学》，2007（6）。

（一）行政机关确权

从我国现行立法规定来看，在物权的归属处于状态不明的情况下，当事人可以通过有权机关如行政机关予以确权。这就是说，当事人在物权的权属发生争议以后，不一定完全通过司法程序来解决争议，也可以通过行政复议等方式来请求确权。例如，依据《土地管理法》第14条规定，土地所有权和使用权争议，由当事人协商解决；协商不成的，由人民政府处理。单位之间的争议，由县级以上人民政府处理；个人之间、个人与单位之间的争议，由乡级人民政府或者县级以上人民政府处理。当事人对有关人民政府的处理决定不服的，可以自接到处理决定通知之日起30日内，向人民法院起诉。由此可见，在当事人之间因为土地使用权和所有权归属发生的争议，至少可以通过协商、调解、行政裁决和诉讼的方式予以确认。其中以协商和调解的方式确认权利归属的，不具有法律上的强制约束力，而以行政裁决和诉讼方式确认权利归属的，则具有法律上的强制约束力。如果法律规定应当由行政机关先行处理的，法院应当作出不予准许一并审理民事争议的决定。①

应当看到，行政确权具有效率性，但是行政确权若是无法解决民事主体关于物权归属与物权内容的争议的，民事主体仍然可以向人民法院提起诉讼，要求人民法院作出终局性的裁判。事实上，只有司法裁判才能够最终解决争议，也只有司法裁判才能够终局性地确定权利的归属。此外，在登记发生错误的情况下，登记机构可以办理更正登记。登记本身具有公信力，但是在登记发生错误的情况下，真正的权利人与登记记载的权利人之间发生争议，后者就不能仅以登记的公信力来对抗，而必须要举证证明自己为真正的权利人。如果登记机构的决定与法院的裁判相矛盾，应以法院的裁判为准。

（二）人民法院确权

人民法院确权就是司法确权，人民法院是最终解决确权问题的机构，确权的司法判决应当是最终判决。人民法院确权包括两种方式：一方面，利害关系人可

---

① 参见《最高人民法院关于适用〈中华人民共和国行政诉讼法〉若干问题的解释》第17条第2款。

以通过确认之诉的民事诉讼进行确权。《物权编司法解释（一）》第1条规定："因不动产物权的归属，以及作为不动产物权登记基础的买卖、赠与、抵押等产生争议，当事人提起民事诉讼的，应当依法受理。当事人已经在行政诉讼中申请一并解决上述民事争议，且人民法院一并审理的除外。"这一规定对民事主体向登记机构因登记错误等原因提起行政诉讼中，当事人申请一并解决民事争议的情形作出了规定。根据这一规定，如果当事人因确权而提起行政诉讼的，人民法院应当在行政诉讼中一并解决民事争议。① 因为行政诉讼也可以在解决当事人与国家机关的行政争议的同时，达成物权确认的效果。例如，当事人就登记机构的登记错误提起行政诉讼时，就可以通过行政诉讼起到确权的作用。行政诉讼在确权中也会发生一定的作用。例如，行政机关作出某种具体的行政行为会直接涉及产权的变动，导致对产权归属的争议，因此，在发生此种争议以后，当事人就要通过行政程序请求确权，或者向法院提起行政诉讼，请求确认其权利。根据《土地管理法》等有关法律法规的规定，当事人就法律法规特别规定的物权的归属发生争议以后，可以向法定的行政机关提出申请，请求行政机关予以确权，行政机关通过具体行政行为确认物权归属。有时行政机关在实施其他具体行政行为的过程中也可能对物权归属予以确认。这样一来，具体行政行为就导致了确认物权归属的法律后果。② 如果当事人对上述具体行政行为不服，依法向人民法院提起行政诉讼，这就可能导致法院通过行政诉讼以裁判的方式确认物权归属。

需要指出的是，通过行政诉讼确权与通过民事诉讼确权是不同的，表现在：第一，关于时效的规定不同。《最高人民法院关于执行〈中华人民共和国行政诉讼法〉若干问题的解释》第41条规定，行政机关作出行政行为时，未告知公民、法人或者其他组织起诉期限的，起诉期限从公民、法人或者其他组织知道或者应当知道起诉期限之日起计算，但从知道或者应当知道行政行为内容之日起最长不

① 参见最高人民法院民事审判第二庭：《最高人民法院民法典担保制度司法解释理解与适用》，53页，北京，人民法院出版社，2021。

② 参见最高人民法院民事审判第二庭：《最高人民法院民法典担保制度司法解释理解与适用》，54页，北京，人民法院出版社，2021。

得超过 1 年。如果属于民事确权，则不应受 2 年行政诉讼时效的限制。因为保护物权尤其是所有权，2 年的时效期间显然过短。第二，是否要求存在具体行政行为不同。行政诉讼必然要求有具体行政行为存在，也就是说，原告要提起行政诉讼，必须要证明政府从事了某种违反法律规定的具体行政行为，而使其享有的物权被剥夺或受到侵害。但通过提起民事诉讼来确认物权的归属，原告并不需要证明政府是否实施了某种具体的行政行为，而只要能够证明自己是真正的权利人，就应当获得胜诉的判决。第三，诉讼当事人不同。如果提起行政诉讼，则实际上是以政府为被告，行政诉讼被告必是政府。如果提起民事确认物权之诉，主体只是涉及发生物权争议的当事人，一般不以政府为被告。第四，提起行政诉讼一般应当证明具体行政行为具有违法性，才能予以撤销。但是提起民事诉讼，则一般不涉及该问题。依据行政诉讼法的举证责任原则，行政机关有义务证明其作出的确权决定是合法的，但是在民事诉讼中，作为物权归属纠纷一方当事人的原告则仅需要举证证明自己是真正的权利人，而不需证明对方的行为是否具有违法性。

四、物权确认请求权与诉讼时效

关于物权确认请求权或者说确权请求权是否适用诉讼时效的问题，学者也存在不同的看法。赞成适用时效的理由是：在实践中发生产权争议的情况很多，如果当事人经过很长时间仍然主张确权，会影响已经形成的社会财产关系的稳定，将会损害特定第三人的信赖利益。[①] 既然《民法典》物权编没有规定不适用诉讼时效，则应该适用诉讼时效。即使返还原物请求权不适用诉讼时效，确权请求权也应当适用诉讼时效。有关行政规章受到此观点影响。例如，国家土地管理局1995 年《确定土地所有权和使用权的若干规定》第 21 条规定："农民集体连续使用其他农民集体所有的土地已满二十年的，应视为现使用者所有；连续使用不

---

① 参见谢在全：《民法物权论》（上册），51 页，台北，三民书局，2003。

满二十年，或者虽满二十年但在二十年期满之前所有者曾向现使用者或有关部门提出归还的，由县级以上人民政府根据具体情况确定土地所有权。"

反对适用诉讼时效的主要理由在于：请求确认权利在性质上不是一种私法上的请求权，因此不应适用消灭时效[1]，但可以适用取得时效。也就是说，权利人经过很长时间不主张权利，占有人就可以通过取得时效确认权利的最终归属。

笔者认为，尽管确权请求权也是一种请求权，但该请求权原则上不应当适用诉讼时效的规定，主要理由在于：

第一，从确权请求权的性质来看，其不同于普通的请求权，不是基于实体权利的请求权。因为作为物权请求权，必须以物权的存在为基础，以物权的确定为基础，而确权请求权本身就是为了解决物权的存在与否而产生的，在行使之前，物权的归属并未最终确定。

第二，从确权请求权的内容而言，其并不是保护物权的请求权，并不是在物权遭受侵害之后寻求救济的手段，也不要求对方当事人作出一定的给付。从确认请求权的行使效果来讲，确认请求权的行使并不使一方当事人为一定行为，而只是请求相关机构确认物权的归属和内容的权利，在权利发生争议的情况下要求公权力介入，对当事人的权利请求由国家机关作出最终的判断，这一点与一般意义上的请求权是不同的。因此，确认请求权不能像一般请求权一样适用诉讼时效。

第三，从时效的起算点来看，即使承认确权请求权应当适用诉讼时效，也很难确定时效期间的起算点。因为产权争议是一种继续性的状态，该诉讼时效是应当从发生权利争议之时起算，还是从法院作出确权判决之日起算，对此很难确定。因为在确权之前，权利还没有确定，不能说某人的权利遭到了损害，只能在法院确定权利归属和内容之后才能开始计算。

当然，应当看到，权利人经过很长时间之后仍然行使确权请求权，确实不利于财产关系的稳定，也可能损害第三人的利益，因此将来有必要通过司法解释对取得时效作出相关规定。

---

[1] 参见［日］我妻荣：《新订物权法》，罗丽译，24 页，北京，中国法制出版社，2008。

第三节　物权请求权一般原理

一、物权请求权的概念

物权请求权有广义、狭义两种含义。狭义的物权请求权是指基于物权而产生的请求权，也就是说，当物权人在其物被侵害或有可能遭受侵害时，不问侵害人是否有过错，其有权请求恢复物权的圆满状态或防止侵害；广义的物权请求权除了基于物权而产生的请求权以外，还包括占有人的占有保护请求权。[①] 学者一般都是从狭义上理解物权请求权的，它是指权利人为恢复物权的圆满状态或者防止侵害的发生，请求义务人返还原物、排除妨害、消除危险和恢复原状的权利。物权请求权是依附于物权的独立请求权，其只能在物权受到侵害，或因他人行为导致物权人不能圆满支配其物权的情形下才能成立。物权请求权包括返还原物请求权、消除危险请求权和排除妨害请求权、恢复原状请求权。

物权请求权在物权法上又称物上请求权，笔者认为，这两个概念是有区别的。一方面，物权请求权是基于物权产生的请求权，在物权受到侵害或者有遭受侵害的可能时才能行使；而物上请求权，则是基于物产生的请求权，是在物受到侵害或者有遭受侵害的可能时行使的。物权请求权源于物权的绝对性、支配力，是物权权能实现的保障和效力的体现，而物上请求权的概念没有抽象出这种法律特性。另一方面，物权请求权的概念是与债权请求权的概念相对应的，而物上请求权则没有表明此种区别。因此，用更为准确的物权请求权代替物上请求权更为科学。

物权请求权可追溯至罗马法，罗马法中已经形成了保护所有权的"对物之诉"。该诉讼分为以下三种形式：一是所有物返还之诉（res vindicatio），即所有

---

① 参见王泽鉴：《民法物权》，50 页，北京，北京大学出版社，2010。

人有权提起诉讼，请求非法占有其物的人返还原物，此种诉讼是市民法保护所有权的诉讼。① 二是排除妨害之诉（actio negatoria），即在他人侵害其所有权时，所有人有权提起诉讼，请求排除行为人的妨害。该诉讼最初仅所有权人可以提起，之后他物权人亦可以主张援用。② 三是普布利西亚那之诉（actio publiciana），这是一种以时效取得为基础的虚拟的所有物返还之诉，但该诉讼形式后来随着要式物与略式物区别的消失而随之消失。罗马法的上述三种诉权形成了一种独特的物权保护方式，逐渐产生出了德国法中的物权和债权的区分，并最终演化为德国民法中物权请求权的来源。③

《德国民法典》在制定前，学者曾对罗马法上的前述诉权展开过讨论，尤其是对于排除妨害之诉，18 世纪至 19 世纪之间的潘德克顿法学曾对此有深入的研究。德国著名法学家萨维尼在《当代罗马法的体系》一书中，就对罗马法的"诉讼"（Actio）一词作了详细分析。他认为，罗马法中的诉权是一种主观权利，其表现为权利受到侵害而呈现的对抗加害人所表现的状态，这实际上已经很接近于实体法上请求权的概念。④ 温德沙伊德认为："actio 在罗马法中并不是权利的结果，而是权利的反映"。正是在罗马法 actio 概念的基础上，温德沙伊德等人提出了实体法上请求权的概念。⑤ 申言之，温德沙伊德通过剥离罗马法上的诉所内含的诉权或可诉请性的因素，而提出了实体法上的请求权概念，在此基础上形成了物权请求权。《德国民法典》第 985 条及第 1004 条规定了三种基于所有权的请求权，即所有物返还请求权、所有权除去侵害请求权及不作为请求权，而在他物权中也规定他物权可根据各自的内容和效力相应地准用关于所有权保护的规定，从而形成物权请求权制度。⑥

① 参见周枏：《罗马法原理》，350 页，北京，商务印书馆，1996。
② 参见周枏：《罗马法原理》，355 页，北京，商务印书馆，1996。
③ MünchKomm/Baldus, Vor BGB §985, Rn. 28.
④ 参见朱岩：《论请求权》，载王利明主编：《判解研究》（第 4 辑），北京，人民法院出版社，2003。
⑤ 参见金可可：《论温德莎伊德的请求权概念》，载《比较法研究》，2005（3），119 页。
⑥ 参见《德国民法典》第 1017 条、第 1027 条。另参见程啸：《论未来我国民法典中物权请求权制度的定位》，载《清华大学学报（哲学社会科学版）》，2004（5）。

时至今日，物权请求权与诉权已经相互分离，物权请求权既可以在诉讼中行使，也可以在诉讼外行使。物权请求权作为物权保护的一种特殊方式，在不少国家已经获得了法律的承认，并与侵权损害赔偿请求权相分离。即便有的国家没有承认独立的物权请求权，实际上也明确区分了侵权诉讼与物权保护诉讼，客观上起到了类似的效果。

但仔细分析物权请求权的产生，可以看出，其实际上来自物债二分理论。温德沙伊德在从诉权的概念中抽象出实体法上请求权的概念时，就认为请求权是指"法律上有权提出的请求，也即请求的权利，某人向他人要求一些东西的权利"。温德沙伊德在区分对物权与对人权时，认为前者针对的是消极的不作为，后者针对的是积极的作为，但在物权被侵害后，物权这种支配权就可以转化为要求消除侵害的请求权。需要注意的是，温德沙伊德认为，物权本身也具有针对一切人的不作为请求权。[①] 申言之，按照温德沙伊德的理论，事实上存在着两种不同的物权请求权：一是普遍的、针对一切人的不作为的物权请求权。二是针对特定侵害人的、要求回复物权圆满状态的物权请求权。不过，今天仅在第二个意义上使用物权请求权。温德沙伊德所称两类请求权，其实就是物权请求权与债权请求权。这种分类为《德国民法典》所采纳。《德国民法典》沿袭罗马法《学说汇纂》的体系，采取五编制，其在体系上的最大特点在于，采纳物债二分模式，分别制定债务关系法（Recht der Schuldverh&auml；ltnisse）和物权法（Sachenrecht），将债务关系法规定为民法典第二编，将物权法规定为民法典第三编，在此基础上分别形成了物权请求权和债权请求权的分类。

1804 年的《法国民法典》虽然没有采取严格区分物权与债权的体系，但法国民法学上历来也是承认物权与债权的区分的。权利主体对作为权利客体的物享有某些权利。债权的客体是债务人本人，至少是此人的行为。[②] 物权是将主体与其特权所针对之物联系在一起的权利，而债权则是在债权人和债务人之间建立起

---

① 参见金可可：《债权物权区分说的构成要素》，载《法学研究》，2005（1），23 页。

② François Terré，Philippe Simler，Yves Lequette et François Chénedé，Droit civil，Les obligations，12e éd.，Dalloz，2019，pp. 2-3.

联系的权利。① 法国法上，历来承认物债二分，按照《法国民法典》第 1240 条，受害人还可以提起侵权之诉。因此，法国法上对物权的保护既可以采取物权保护的诉讼，也可以采取侵权诉讼的方式进行。显然，法国法虽然没有明确承认独立的物权请求权，但因为区分了物权保护诉讼与侵权诉讼，客观上的效果与德国法那样认可物权请求权独立性的效果类似。

通过分析自罗马法以来大陆法系国家民法中的物权请求权制度可以发现，从历史起源的角度而言，物权请求权的确来自诉权，但实质上来自物债二分理论。大陆法系国家民法形成了物权和债权的区分与对立，在此基础上分别形成了物权请求权和债权请求权。② 这一体系为我国民法典所采纳。我国民法典在总则编第五章"民事权利"中分别规定了物权和债权的定义（《民法典》第 114 条和第 118 条），并且分别在第二编和第三编规定物权和合同，实质上就是在区分物权和债权的基础上，构建了物债二分的体系。物权和债权虽然都属于财产权的范畴，但是这两者之间的界分，有助于分别针对物权和债权建立不同的规则，从而形成以物权为核心的物权请求权制度，和以债权为核心的债权请求权制度。从比较法上看，即便有的国家没有承认独立的物权请求权，实际上也明确区分了侵权诉讼与物权保护诉讼，客观上起到了类似的效果。我国《民法典》明确规定了物权请求权，该法第 235～237 条分别规定了返还原物请求权、排除妨害请求权、消除危险请求权、恢复原状请求权，形成了物权法保护物权的特有方法。

二、物权请求权的特征

物权请求权是请求权的一种类型，因此具有请求权的共同特征。当物权遭受妨害时，物权人可以直接向相对人提出请求，也可以通过提起诉讼的方式向相对

---

① 参见［法］雅克·盖斯旦、［法］吉勒·古博：《法国民法总论》，陈鹏等译，168 页，北京，法律出版社，2004。

② 参见常鹏翱：《体系化视角中的物权法定》，载《法学研究》，2006（5）；张鹏：《物债二分体系下的物权法定》，载《中国法学》，2013（6）。

人提出请求。但物权请求权具有不同于其他请求权的特点，表现在：

1. 物权请求权是物权法保护物权的特有方法

物权请求权之所以是保护物权的独特方法，它是一种基于物权而产生的、保护物权的请求权，其适用范围仅限于物权，也是物权法为保护物权而特别设定的一种方法。① 物权请求权的基础是物权。物权作为一种对物的直接支配权，权利人享有对物进行占有、使用、处分、获取收益等权能，这些权能可以说是物权的积极权能。为了保障这些权能的实现，就必须要赋予物权人在物权受到侵害的情况下所享有的返还原物、排除妨害等物权请求权。物权请求权并不以直接支配物为其内容，而是以请求另一方当事人为一定行为或者不为一定行为为内容，物权人行使物权请求权的目的是要求侵害人为一定的积极行为，即返还原物、排除妨害。物权人行使物权请求权要求义务人消除这种妨害的可能性，既可能要求义务人为一定行为，也可能要求不为一定行为，它是独立于物权本身的行为请求权。

物权请求权来自物权的支配性。当物权人的支配权受到他人侵害时，为恢复权利人对客体的圆满支配状态，物权人才应行使此项请求权。可见，物权请求权的行使可以使物权恢复圆满状态和支配力，因此它也是物权效力的体现。它普遍适用于对各种物权的保护。《物权编司法解释（一）》第 8 条规定："依据民法典第二百二十九条至第二百三十一条规定享有物权，但尚未完成动产交付或者不动产登记的权利人，依据民法典第二百三十五条至第二百三十八条的规定，请求保护其物权的，应予支持。"因此，在非基于法律行为而取得物权的情形，即使没有完成公示，权利人也可以行使物权请求权。

2. 物权请求权与物权是不可分离的

物权请求权与物权具有共同的命运，物权请求权随着物权的产生而产生，随着物权的转移而转移，物权消灭时物权请求权亦不复存在，物权请求权不能单独转让。② 尽管物权请求权是基于物权产生的且与物权不可分离，但它不同于物权本身。一方面，物权请求权只能发生在特定的当事人之间，是一种相对法律关

---

① 参见谢在全：《民法物权论》（上册），28 页，台北，新学林出版股份有限公司，2014。
② 参见［日］我妻荣：《新订物权法》，罗丽译，24 页，北京，中国法制出版社，2008。

系，它和作为绝对权的支配权是有区别的。对于权利人来说，一般只有在其物权遭受侵害的情况下，才能针对特定的侵害人行使物权请求权，而不能针对任何其他人行使物权请求权，但物权人行使物权则可以对抗任何第三人。另一方面，物权请求权在性质上仍然是以请求相对人为或不为一定行为为内容的，因此，它也属于请求权的范畴。物权请求权在性质上也不同于作为支配权的物权。

3. 物权请求权主要是为了恢复对物的圆满支配状态

物权请求权来自物权的支配性。只有当物权人的支配权受到他人侵害时，为恢复权利人对客体的圆满支配状态，物权人才能行使此项请求权。可见，物权请求权的行使可以使物权恢复圆满状态和支配力，因此它也是物权效力的体现。一方面，物权请求权的行使必须以物仍然存在为前提，如果物已灭失，则只能够通过要求损害赔偿而获得救济，而无法行使原物的物权请求权。[①] 另一方面，物权请求权通常是与有体物的保护联系在一起的，其行使旨在恢复对有体物的支配。返还原物、排除妨害、消除危险都是在物权人所有或占有的有体物受到他人侵占、妨害或侵害时产生的保护方法，它们主要是针对有体物的保护而创设的。对于无体财产的妨害或占有，主要采用侵权损害赔偿请求权的保护方法。

当然，鉴于物权请求权主要针对实物的保护发生作用，功能有限，一些学者建议应扩大物权请求权的适用范围。如在无形财产遭到侵占时，可以采用物权的价值返还请求权。这一观点虽然有一定道理，但由于物权特别是所有权主要是以有体物为客体的权利，因而物权请求权主要是为实现对有体物的保护而创设的，它与有体物不可分开。当然，在特殊情况下适用物权请求权对无体财产进行保护或许是合理的，但如果广泛使用这一方法保护无体财产，则会使物权请求权的性质和目的发生改变，并使其与侵权请求权发生混淆。

4. 物权请求权的内容包括返还原物、排除妨害请求权、消除危险请求权

《民法典》第235条所规定的返还原物请求权，是指物权的占有被他人侵夺时产生的物权请求权；《民法典》第236条规定，物权受到妨害或者可能受到妨害的，

---

① 参见孙宪忠：《中国物权法总论》，317页，北京，法律出版社，2003。

物权人可以主张排除妨害请求权或者消除危险请求权。《民法典》第236条规定了恢复原状请求权，这些规定均是在物权圆满性遭到破坏时，赋予物权人一项重新恢复物权圆满性的救济制度。需要指出的是，按照《民法典》第238条的规定，"侵害物权，造成权利人损害的，权利人可以依法请求损害赔偿，也可以依法请求承担其他民事责任"。该条容易造成一种误解，即认为物权请求权包括损害赔偿请求权。实际上该条并没有承认损害赔偿请求权是物权请求权的形式。

5. 物权请求权具有相对性

尽管物权是绝对权、对世权，但是物权请求权是相对权、对人权。当他人侵犯物权之后，物权请求权的相对人是特定主体，即侵害人，而非不特定主体。[①]在这个意义上，物权请求权具有一定的债权的特点。但是，物权请求权不是债权，物权请求权具有不同于债权的效力。一方面，在破产中其优先于一般债权；另一方面，当物辗转于他人之手时，物权人可以追及物之所在要求返还，因此可以对第三人产生效力，在这一点上其也不同于债权。

三、物权请求权具有独特性

对于物权请求权的性质，历来众说纷纭。归纳起来，主要有如下几种观点。

（1）物权的作用说。此种观点认为，物权请求权是根据物权的作用所产生的权利，它是物权效力的具体体现。物权请求权与物权是不可分离的，如所有物返还请求权与所有权密切结合在一起，返还原物请求权将随着所有权的转让或消失而转让或消失，因此，物权请求权是物权作用的体现，而非独立的权利。

（2）债权说。此种观点认为，物权请求权仍然是发生在特定当事人之间的请求为一定行为或不为一定行为的权利，其在性质上属于债权，应适用债法的有关规定。

（3）准债权说。此种观点认为，物权请求权并非物权本身，而是一种独立的

---

① 参见［德］鲍尔、施蒂尔纳：《德国物权法》（上册），张双根译，13页，北京，法律出版社，2004。

权利。就其仅能对特定相对人行使及仍以请求他人为或不为一定行为为权利内容而言，极类似于债权，但又非纯粹的债权，因为其产生、移转、消灭等与物权本身密切相关，所以，它是一种非纯粹的债权，在学理上可称为准债权。

笔者认为，上述观点都有一定道理，但都不尽完善。请求权是债权的主要内容，但是请求权不仅为债权所独有，物权、亲属权都存在请求权，事实上请求权已经成为沟通实体权利与请求实体权利司法保护的媒介权利。物权请求权虽然具有相对性，但应当看到，物权请求权是一种既不同于债权也不同于物权的权利，而是一种特殊的请求权类型。

第一，物权请求权不是债权或准债权。诚然，物权请求权是发生在特定当事人之间的请求关系，但物权请求权具有不同于债权的特殊性质。因为物权请求权是根据物权所具有的支配性并为保障物权的支配权的圆满实现而产生的。支配意味着权利人无须借助他人的帮助就能行使权利，在无须他人的意志和行为介入的情况下，就可以实现自己的权利；为了保障某物归属于某人，则必须使物权人享有物权请求权。而物权请求权的行使旨在实现物权人对物的圆满支配，可见，物权请求权乃是物权效力的直接体现。而债权作为一种请求权，不能产生物权请求权的效力，通常，债权人在债务人尚未履行义务之前，并不能直接支配其标的物，在因第三人的原因导致债务人不履行债务时，不能通过行使物权请求权支配债务人尚未交付的标的物，或要求第三人承担违约责任而只能请求债务人履行其债务或承担债务不履行的责任。如果第三人故意侵害债权，造成债权人的损害，债权人在此情况下，也不能行使物权请求权，而只能请求第三人承担侵权责任。所以，债权虽具有不可侵犯性，但由于债权不具有支配性，因此不能产生和适用物权请求权。

第二，物权请求权与物权是不可分离的：一方面，物权请求权与物权具有共同的命运。当物权消灭时，物权请求权亦不复存在，物权移转时，物权请求权也随之移转，甚至移转返还所有物的请求权也可导致所有权本身的移转。据此，移转返还所有物的请求权可以成为一种交付财产的方式。另一方面，物权请求权是以物权为基础而产生的权利，其产生根据在于物权是对客体进行支配并排斥他人干涉的权利。① 当物权人的支配权受到他人侵害时，为恢复权利人对客体的圆满支配状态，物权人才能行使此项请求权。可见，物权请求权行使的根本目的在于维护物权人对其物的圆满支配状态。正是从这个意义上说，物权请求权可视为物权效力的体现。

第三，物权请求权也不同于物权本身。尽管物权请求权是基于物权而产生的，而且与物权不可分离②，但它不同于物权本身。一方面，物权请求权因侵害或妨害物权的行为而产生，只能发生在特定的当事人之间，是一种相对法律关系，它和作为绝对权的物权是有区别的。对于权利人来说，一般只有在其物权遭受侵害的情况下，才能针对特定的侵害人行使物权请求权，而不能针对任何其他人行使物权请求权。而物权人行使物权则可以排斥任何第三人的干涉。另一方面，物权请求权在性质上仍然是以请求相对人为一定的行为或不为一定的行为为内容的，它也属于请求权的范畴。而物权则是支配权，不是请求权，所以物权请求权与物权本身也是有区别的。

总之，物权请求权既具有债权请求权的某些特征，又与物权具有密不可分的联系，它既不同于债权请求权，又不同于物权，可以将其视为一类独特的请求权。

四、物权请求权与物权确认的关系

物权确认与物权请求权联系密切，在物权的归属发生争议以后，如果不提起确权之诉，权利人便无法完满地支配其物，无法充分地行使权利。因此，物权归属的确定，是物权人行使物权请求权的前提。但物权确认与物权请求权存在显著的区别。

一是两种权利的性质不同。对于请求确认物权的权利性质上究竟属于实体性的权利还是程序性的权利一直存有争论。③ 物权确认请求权既是程序性权利，也

---

① 参见〔日〕我妻荣：《新订物权法》，罗丽译，24 页，北京，中国法制出版社，2008。
② 参见崔建远：《物权：规范与学说》（上册），276～277 页，北京，清华大学出版社，2011。
③ 参见王洪亮：《实体请求权与诉讼请求权之辨——从物权确认请求权谈起》，载《法律科学》，2009（2）。

是实体性权利。虽然该权利被规定在《民法典》第 234 条，性质上是实体性权利，但是此种权利不得向对方当事人行使，而只能请求法院、仲裁机构等进行确认。① 而且，该权利也不涉及诉讼时效的问题，而只是受到其所依附的物权的影响。而物权请求权仅仅为实体性的权利，可以直接在诉讼程序外请求他人返还所有物，或请求停止侵害、排除妨害，也可以通过诉讼或者仲裁的方式提出请求。在物权请求权中，返还原物请求权受到诉讼时效的影响。物权请求权的行使主体是物权人，但是物权确认请求权的行使主体是利害关系人，这是因为物权归属发生争议时，还没有终局地确定谁是物权人，那些对物权归属具有利害关系的民事主体都可以行使物权确认请求权。

二是通过诉讼行使两种权利的性质不同。请求确认物权的诉讼在性质上属于确认之诉，即确认法律关系存在与否的诉讼，确认之诉对于给付之诉具有预决的作用，即往往需要先通过诉讼确认物权的归属，进而依据该判决行使物权请求权。而物权请求权属于给付之诉，即请求被告为或不为一定行为的诉讼，此种诉讼具有可执行性。

三是两种权利的行使方式不同。请求确认物权必须通过诉讼、仲裁的方式才能行使。其虽然可以被称为请求权，但与一般请求权不同，不能直接向对方当事人主张。行使物权确认请求权并不会使相对人负担义务，而物权请求权的行使则通常会使相对人承担一定的义务。物权请求权行使的前提是行为人实施了一定妨害物权行使的行为，因此物权请求权的行使通常会使行为人负担一定的义务，这是物权与物权请求权之间的逻辑关系。但物权确认请求权与物权之间并不具有类似的逻辑关系，其功能在于确认相关主体对物所享有的权利。即便在执行阶段，案外人异议之诉也可能起到确认物权归属的作用，但是物权确认之诉仍然是独立于案外人异议之诉的诉讼。②

---

① 参见最高人民法院民法典贯彻实施工作领导小组主编：《中华人民共和国民法典物权编理解与适用》（上），186 页，北京，人民法院出版社，2020。

② 参见孙瑞玺：《物权确认请求权的性质及其与相关规定的适用问题探讨》，载《法学论坛》，2014（3）。

四是两种权利的功能不同。物权确认旨在定分止争，以明确物权归属，并为物权请求权的行使提供基础和前提。确认之诉由于具有司法的强制效力，因而在性质上具有预防纠纷发生的功能。[①] 而物权请求权则以恢复物权人对物的圆满支配状态为目的，是基于物权的享有而产生的权利。物权请求权虽然可以有效保护物权，但是以明确存在的物权归属为前提，并不具有明确物权归属的功能。

当事人通过诉讼或者仲裁行使物权请求权时，通常需要先证明自己享有物权。只有享有物权的当事人才可以主张返还原物、排除妨碍和消除危险请求权。因此，物权请求权诉讼实质上是以物权确认为前提条件的。可能存在疑问的是，在物权请求权诉讼过程中，当事人之间就原告是否享有物权发生争议时，当事人是否需要另行提起一个物权确认诉讼，先解决物权归属争议，再就物权请求权的行使进行审判？笔者认为，这是不必要的。法官完全可以在一个诉中同时解决两个问题：一是物权归属的确认，二是根据确认后的物权归属审理物权请求权是否成立。事实上，基本上所有的给付之诉都以确认之诉为前提条件。例如，合同一方请求对方履行合同的诉讼（给付之诉），法官毫无疑问需要先审理合同关系的存在（确认之诉）。因此，法官可以在物权请求权诉讼中，先对物权的归属作出裁判，并在裁判理由中予以说理，在此基础上，法官可以直接对物权请求权作出裁判，无须通过另一诉讼作出裁判。

五、物权请求权与侵权损害赔偿请求权

按照《民法典》第238条的规定，"侵害物权，造成权利人损害的，权利人可以依法请求损害赔偿，也可以依法请求承担其他民事责任"。该条容易造成一种误解，即认为，既然《民法典》在"物权的保护"中规定了侵权损害赔偿请求权，因此，侵权损害赔偿请求权也是物权请求权的一种类型。实际上，这两者具

---

① 参见刘哲玮：《确认之诉的限缩及其路径》，载《法学研究》，2018（1）。

有明显的区别。从比较法来看，各国民法典大多区分了物权请求权和债权请求权，后者包括侵权损害赔偿请求权，二者的体系位置并不相同。例如，在德国法中，涉及绝对权请求权的法律规定是《德国民法典》第 1004 条，该条规定了妨害排除请求权（Beseitigungsanspruch）和不作为请求权（Unterlassungsanspruch，即妨害防止请求权）。一般来说，不作为请求权与损害赔偿的关系比较容易理解。妨害排除请求权针对的是已经发生和可能发生的风险（Wiederholungsgefahr)[①]，以预防未来发生的、对所有权的不法妨害，且不以义务人有过错为必要。[②] 而损害赔偿则针对的是已经发生的损害，其主要具有填补功能（Ausgleichsfunktion），即对受害人已经蒙受的不利进行补偿，以义务人具有过错为前提。[③] 侵权损害赔偿请求权通常被规定于债编之中。

物权请求权与侵权损害赔偿请求权一样，都具有保护物权的作用，在物权受到侵害的情况下，权利人既可以依据物权请求权提出请求，也可以依据侵权请求权提出请求。但两种请求权存在一定的区别，具体表现在：

1. 功能和目的不同

由于物权请求权和侵权损害赔偿请求权的目的和功能不同，所以两者对物权保护的侧重点也不同。传统的物权请求权行使的方式主要是请求返还原物、请求侵害排除和请求侵害防止，其目的在于排除物权受侵害的事实或者可能，恢复或者保障物权的圆满状态[④]；在物权保护中，行使侵权损害赔偿请求权就是通过请求侵权人承担损害赔偿责任，以弥补物权人无法通过行使物权请求权而遭受的损失，例如，在德国法中，损害赔偿以恢复原状为原则，损害赔偿的目的在于将权利人的财产状态重新恢复到损害如果没有发生时权利人应处的状态。[⑤] 即以金钱

---

① MüKoBGB/Baldus，7. Aufl. 2017，BGB § 1004 Rn. 289；Staudinger/Karl-Heinz Gursky（2012）BGB § 1004，Rn. 213.

② BeckOGK/Spohnheimer BGB § 1004，2019，Rn. 253.

③ MüKoBGB/Wagner，7. Aufl. 2017，Vor BGB § 823 Rn. 43.

④ 参见王泽鉴：《民法物权·通则·所有权》，65 页，北京，中国政法大学出版社，2001。

⑤ Pfeiffer, Beseitigung und Schadensersatz, in：Egon Lorenz（Hrsg.），Karlsruher Forum 2012-Be-seitigung und Schadensersatz, Verlag Versicherungswirtschaft GmbH，2013，S. 7.

支付方式恢复被损害物的价值状态，弥补受害人所遭受的价值损失。

一般而言，当物权受到侵害或者有遭受侵害的可能时，权利人既可以依据物权请求权提出请求，恢复其物权的完满状态，也可以依据侵权损害赔偿请求权提出请求。如果侵害物权已造成实际损害，而且损害没有必要或难以通过排除妨害等物权请求权获得救济，就只有通过损害赔偿的侵权请求权获得价值上的补偿。由此可见，物权请求权和侵权损害赔偿请求权是两种不同的对物权的保护方法，其从不同的角度对物权损害予以不同的救济，两者可以独立适用，也可以结合适用。①

简言之，物权请求权具有防止和制止对权利的侵害的功能，因而属于权利的事先的、主动的防御。相对而言，侵权损害赔偿请求权则属于事后的、被动的救济。② 所以，如果将物权请求权包括于侵权损害赔偿请求权之中，必然导致物权请求权的预防功能无法发挥。

2. 是否考虑行为人的过错不同

比较法上普遍认为，损害赔偿请求权以过错为要件，而妨害排除则无须行为人具有过错。③ 根据我国现行法律的规定，除了法律特别规定的侵权行为以外，一般侵权行为的受害人要行使基于侵权行为的请求权必须适用过错责任原则。也就是说，受害人要主张权利就必须举证证明加害人具有过错，如不能证明加害人具有过错，则加害人不负侵权责任。但是如果适用物权请求权，权利人要求侵害人返还财产、停止侵害、排除妨害和恢复原状，都不需要证明相对人具有过错。换言之，物权人在行使其物权请求权的时候，只需要证明其财产被他人不法占有或遭受了侵害或妨害，而不需要证明他人对该财产的占有、侵害或妨害是否具有过错。如果以侵权损害赔偿请求权替代物权请求权，按照侵权损害赔偿请求权的归责原则要求权利人必须对行为人主观上是否有过错的问题举证，实际上加重了

---

① 参见崔建远：《物权救济模式的选择及其依据》，载《吉林大学社会科学学报》，2005（1）。

② 参见曹险峰：《侵权责任本质论——兼论"绝对权请求权"之确立》，载《当代法学》，2007（4）。

③ Pfeiffer, Beseitigung und Schadensersatz, in: Egon Lorenz (Hrsg.), Karlsruher Forum 2012-Beseitigung und Schadensersatz, Verlag Versicherungswirtschaft GmbH, 2013, S. 7.

物权人的举证负担，这对于保护物权极为不利。换言之，物权人在行使其物权请求权的时候，只需要证明其财产被他人不法占有或遭受了侵害或妨害，而不需要证明他人对该财产的占有、侵害或妨害具有过错。①

3. 对危害后果要件要求不同

从危害后果上来看，在物权的保护中，行使侵权损害赔偿请求权的前提是存在损害赔偿之债。虽然预防性的侵权责任方式的适用也不要求受害人遭受损害，但对侵权损害赔偿责任而言，其适用要求加害人造成了受害人财产的损失，没有损失就没有赔偿。② 但是物权人行使物权请求权的前提是物权遭受到侵害或者有遭受侵害的可能，而不以造成财产损失为前提。也就是说，只要行为人阻碍或者妨害物权人行使其物权，不论是否造成现实的损害，物权人都有行使物权请求权的可能。③ 另一方面，不法行为人侵害或者妨害物权人的物权，造成了妨害或危险，此种妨害或危险本身并非一种损害，常常难以以货币的形式来具体确定或定量，但这并不影响物权人行使物权请求权而对这些妨害或危险予以排除。④

4. 是否适用诉讼时效不同

诉讼时效针对的对象是债权请求权，依据我国《民法典》第188条，侵权损害赔偿请求权诉讼时效为3年。但是物权请求权则不能适用上述诉讼时效的规定。一方面，对于诸如返还原物的请求权而言，适用3年诉讼时效将不利于保护所有权人的利益，或者说不利于保护所有权人的权利。⑤ 例如，行为人在某人的房屋边上挖掘窖坑，严重影响到房屋的安全，如果房屋所有人请求挖坑的行为人排除妨害，行为人提出该坑是在三年前挖的，已过诉讼时效，其没有义务消除危险，这就意味着经过一定的期限后将使某种违法的行为合法化，显然不符合时效

---

① 参见［德］鲍尔、施蒂尔纳：《德国物权法》（上册），张双根译，227页，北京，法律出版社，2004。

② 参见史尚宽：《物权法论》，11页，北京，中国政法大学出版社，2000。

③ 参见崔建远：《中国民法典释评·物权编》（上卷），219页，北京，中国人民大学出版社，2020。

④ 参见［德］鲍尔、施蒂尔纳：《德国物权法》（上册），张双根译，230页，北京，法律出版社，2004。

⑤ 参见崔建远：《物权：规范与学说》（上册），317页，北京，清华大学出版社，2011。

制度设定的目的。另一方面，对返还原物、排除妨害、消除危险等物权请求权而言，也很难确定诉讼时效的起算点。因为物权请求权通常适用于各种继续性的侵害行为，侵害和妨害行为通常是持续不断进行的，例如非法占有他人的财产，只要没有返还，物权就仍然处于遭受侵害的状态。

5. 对物权保护的效力不同

物权请求权来源于物权，是物权效力的具体体现；侵权损害赔偿请求权产生于债权，属于广义上的债权请求权。在某些情形下，物权请求权的效力优先于债权请求权。例如，在破产程序中，所有人基于返还原物的请求权而应当对其物享有取回权，因此这种取回权应优先于一般债权而受到保护。① 如果只允许所有人采用侵权损害赔偿请求权的方法保护自己的物权，就只能以一般破产债权人的身份按比例受偿，显然不及采用物权请求权，通过恢复对物的支配的方式可以更好地保护物权。由此可见，如果以侵权损害赔偿请求权代替物权请求权，则损害了物权应当具有的优先效力。除非法律基于某种价值考量而有特别的规定，否则在被执行人破产或者无法清偿所有的债务时，享有损害赔偿债权的权利人和其他债权人应当平等就破产财产而受清偿。② 如果混淆物权请求权与侵权损害赔偿请求权，就意味着只允许所有人采用侵权损害赔偿请求权的方法保护自己的物权，那么在债务人破产或者被执行财产不足以清偿全部债务时，所有人就只能以一般破产债权人的身份按比例受偿，这不仅在理论上与物权的性质不符，实践中也不利于对物权的保护。

总之，物权请求权与侵权损害赔偿请求权相分离，有利于更好地预防侵害物权的行为。侵权损害赔偿请求权主要具有的是事后补救的功能，而物权请求权则

---

① 参见［日］我妻荣：《新订物权法》，罗丽译，24 页，北京，中国法制出版社，2008。

② 关于被侵权人的损害赔偿债权优先于其他债权的特别规定，如《最高人民法院关于刑事裁判涉财产部分执行的若干规定》第 13 条规定："被执行人在执行中同时承担刑事责任、民事责任，其财产不足以支付的，按照下列顺序执行：（一）人身损害赔偿中的医疗费用；（二）退赔被害人的损失；（三）其他民事债务；（四）罚金；（五）没收财产。债权人对执行标的依法享有优先受偿权，其主张优先受偿的，人民法院应当在前款第（一）项规定的医疗费用受偿后，予以支持。"

是在物权受到妨害或者有妨害之虞时即可行使，显然更有利于对损害的预防。①物权请求权的根本目的就是回复物权人对其物的圆满支配状态，不论是原物返还请求权还是排除妨害请求权，目的都是回复物权的圆满支配状态。因此，物权请求权的行使并不要求权利人证明行为人构成侵权，只要行为人妨害了权利人对其物的圆满支配状态，权利人就可以主张物权请求权，这就可以在侵权之外对物权提供保护。

六、物权请求权可否适用诉讼时效

所谓诉讼时效，是指当事人因不行使权利的事实状态经过一定时间而导致其权利消灭或其权利不受法律保护。关于物上请求权是否可以适用诉讼时效，各国法律规定并不相同。根据《德国民法典》第 194 条，请求权应受时效的限制。可见请求权均应适用诉讼时效，而请求权在解释上包括了物上请求权。然而根据《德国民法典》第 902 条第 1 项："已经登记之权利之请求权，不受时效之限制"，可见已经登记的不动产所有人之返还请求权不适用诉讼时效。根据《日本民法典》第 167 条的规定，"债权因 10 年间不行使而消灭，债权或所有权以外的财产权，因 20 年间不行使而消灭"。物权请求权是否适用该条规定，法律并未明确规定。但根据判例和通说，认为所有权以对于标的物的圆满支配为内容，具有回复所有权圆满支配状态作用的物上请求权，在所有权存续期间，不断滋生，所有权既不适用诉讼时效，则所有权之物上请求权，自不应因时效而消灭。②

我国《民法典》第 196 条列举了不受诉讼时效限制的权利类型，依据该条规定，未登记的动产物权也受到诉讼时效的限制，因此，如果权利人对未登记的动产物权受到诉讼时效的限制，则专门保护物权的物权请求权也应当相应地受到诉讼时效的限制。但《诉讼时效司法解释》第 1 条规定，"当事人可以对债权请求

---

① 参见辜明安：《物权请求权制度研究》，169 页，北京，法律出版社，2009。
② 参见郑玉波：《论所有物返还请求权》，载郑玉波：《民商法问题研究》（三），79 页，台北，三民书局，1982。

权提出诉讼时效抗辩"。该条实际上明确了，诉讼时效的适用范围原则上限于债权请求权。债权请求权是特定的债权人请求债务人为一定的行为或不为一定行为的权利。从原则上说，债权的请求权都可以适用诉讼时效。如合同之债、侵权之债、无因管理之债、不当得利之债等，均可以适用诉讼时效。[①] 笔者认为，物权请求权原则上不应适用诉讼时效，理由在于：

第一，物权请求权与物权不可分开，它与物权是同命运的，物权请求权是物权效力的具体体现，是包含在物权权能之中的，只要物权存在，物权请求权就应该存在。既然物权作为支配权，不能适用诉讼时效，则物权请求权也不能与物权分开而单独适用诉讼时效。假如物权请求权可以适用诉讼时效，物权则很有可能变成空虚的权利。例如，所有物的返还请求权因适用诉讼时效而消灭，而所有权又不因适用诉讼时效而消失，在此情况下，所有权实际上已经变成了一种空虚的所有权；即使仍然存在，也是无意义的。如果所有权人因诉讼时效经过、无权占有人享有拒绝返还的抗辩权，如此，占有人无权利却可继续保有占有物，这种"名实分离"的状态将会导致法律秩序的混乱。

第二，物权请求权难以适用诉讼时效，存在确定诉讼时效的起算点的困难。这是因为物权请求权通常适用于各种继续性的侵害行为。所谓继续性的侵害行为是指侵害或妨害行为通常是持续不断地进行的。例如，长期非法占有他人的财产，在他人的房屋边挖洞、长期威胁到他人的安全等。对这些侵害行为很难确定时效的起算点，只要权利人发现其权利受到了侵害或遭到妨害，就有权行使物权请求权，而不应适用诉讼时效。

物权请求权虽不适用诉讼时效，但可适用取得时效。也就是说，如果权利人在一定期限内不行使所有物的返还请求权，使他人公开地、和平地占有其物，经过一定期限以后，他人可取得对该物的所有权。由于取得时效与诉讼时效都是为了"帮助勤勉人、制裁睡眠人"，推动财产流转，并维护社会经济秩序，如果因适用取得时效而使权利人失去权利，也是对其不积极行使权利的一种制裁，在此

---

① 参见王泽鉴：《民法总则》，522页，北京，北京大学出版社，2009。

情况下，无必要再适用诉讼时效。

第四节　返还原物请求权

一、返还原物的请求权的概念

所谓返还原物请求权，是指权利人对无权占有或侵夺其物的人，有权请求其返还占有物。《民法典》第235条规定："无权占有不动产或者动产的，权利人可以请求返还原物。"该项请求权是由所有权所派生的请求权，并且是所有权效力的直接体现，只要他人无权占有或侵夺权利人的财产，权利人都可以通过行使该项请求权而恢复其物权的圆满状态。[①]

《民法典》第235条规定的返还原物请求权主要针对的是对有体物的侵害，即在所有人的动产和不动产遭受侵害的情形下所采取的一种权利人的救济方式。其与《民法典》第179条规定的返还财产不同。后者既可以适用于有形财产，也可以适用于无形财产（例如，知识产权、股权或数据、网络虚拟财产等数字资产的返还）。之所以采用"财产"的表述，表明其不同于原物的概念，它包括了原物，但有不限于原物。这就与《民法典》第235条规定的返还原物请求权不同。《民法典》第179条规定的返还财产是一个上位概念，而《民法典》第235条规定的返还原物是一个下位概念。对于有体物之外的无形财产的返还应当适用《民法典》第179条的返还财产。

返还原物的请求权与所有权返还请求权（rei vindicatio）是有差异的：所有权返还请求权是指所有人在他人无权占有或者侵夺其所有物的时候，以占有回复为目的而行使的请求权。[②] 所有权返还请求权只能由所有人行使，针对的情形主要是所有物遭受他人的无权占有或侵夺。而返还原物请求权的主体并不一定是所

---

① 参见谢在全：《民法物权论》（上册），28页，台北，新学林出版股份有限公司，2014。

② 参见［日］川岛武宜：《所有权法的理论》，121页，东京，岩波书店，1987。

有人，在一定情况下，他物权人也有权提起。所以，我国《民法典》第 235 条采用了返还原物请求权的概念，从而扩大了请求权主体的范围。

二、返还原物请求权不能替代物权的追及效力

在大陆法系国家，一些学者否认物权的追及效力，其认为返还原物请求权制度足以实现这一目的。[①] 有学者认为，物权具有追及效力是毋庸置疑的，由于这种效力最终包含于优先效力或者物上请求权二者之中，因此没有必要再特别规定其他效力。[②] 郑玉波先生亦持类似见解。[③] 应当看到，物权的追及效力依附于物权，是物权固有的效力，其与返还原物请求权具有密切联系，在特定情形下，物权的追及效力也可以表现为权利人请求相对人返还原物。虽然追及效力确实可能与物权返还请求权发生重合，但物权追及效力和返还原物请求权并非同一层次的问题，两者不能相互替代。物权追及效力是返还原物请求权的基础，物权追及效力可以体现为多种形式，其中最有效的方式就是返还原物。此种返还不以过错为要件，同时，其具有私力救济的特点，可以成为维护物权的重要手段。例如，在非法转让他人财产的情况下，所有权人既是在行使物权返还请求权，也同时是主张追及效力。正因为如此，追及效力似乎可以被物权返还请求权所替代。

笔者认为，虽然物权的追及效力与返还原物请求权联系紧密，但返还原物请求权无法取代物权的追及效力，二者的区别主要体现为：

第一，二者的功能定位不同。物权追及效力是返还原物请求权的基础。返还原物请求权在性质上是物权请求权，其是相对于债权而言的，而物权追及效力是物权效力的具体体现，二者并非同一层次的概念。进一步而言，物权追及效力是本权意义上的基础性权利，是物权所固有的效力，而返还原物请求权则是物权这

---

① 参见陈华彬：《物权法原理》，96 页，北京，国家行政学院出版社，1998。

② 参见［日］我妻荣：《新订物权法》，［日］有泉亨补订，罗丽译，20 页，北京，中国法制出版社，2008。

③ 参见郑玉波：《民法物权》，黄宗乐修订，36 页，台北，三民书局，2012。

一本权所派生出来的权利。

第二，二者的本质属性不同。如前所述，物权的追及效力是物权支配效力、排他效力的具体体现，是物权固有的一项效力。而返还原物请求权则是物权在遭受侵害后的一种救济方式，即物权在遭受侵害的情形下，权利人有权依法主张返还原物请求权，以恢复权利人对其物的圆满支配状态。例如，大风将某人晾晒的衣服吹到邻居家中，邻居对此并不知晓，因此其没有实施侵害行为，并且没有非法占有的意图，因此该邻居并不构成无权占有。此时，这些衣物的所有权人只能根据追及效力请求邻居予以返还。因而物权在没有遭受侵害的情况下，并非绝对不产生追及效力。物权请求权是物权追及效力在制度层面的具体化。追及效力是物权请求权中返还原物的请求权产生的基础，但不应将追及的效力概括在物权请求权之中。

第三，二者的效力范围不同。返还原物请求权针对的是特定的相对人，即无权占有物的行为人，因此，尽管物权是绝对权、对世权，但返还原物请求权仍然是相对权、对人权。当他人侵犯物权之后，物权请求权的相对人是特定主体，而非不特定主体。从这个意义上说，物权请求权具有债权的特点。而物权的追及效力具有对世性，权利人可以向任何人主张。换言之，追及效力旨在解决权利行使中的对象问题，可以突破具有相对性的法律关系，而对第三人产生效力。而在确定权利行使的对象后，则需要借助具体的物权请求权（如返还原物请求权）确定请求权的内容。[1]

第四，二者的表现形式不同。权利人在行使返还原物请求权时，其只能请求无权占有人返还原物。而物权追及效力的行使并不当然体现为原物的返还。例如，就抵押权的追及效力而言，抵押权人可以追及行使其权利，并主张就抵押物拍卖、变卖，而不是主张返还抵押物。同时，如果抵押财产已经毁损、灭失，抵押权人还可以就抵押财产的代位物行使权利。可见，物权追及效力的表现形式要多于返还原物请求权，其可以以不当得利、返还原物等方式体现出来。从这一意

---

① 参见崔建远：《物权法》，5 版，37 页，北京，中国人民大学出版社，2021。

义上说，物权的追及效力实际上在一定程度上也包括了返还原物请求权。另外，就所有权人来说，在原物被他人非法占有以后，其可以主张返还原物，如果确实无法返还，可以主张不当得利返还。

第五，二者适用的情形不完全相同。返还原物适用于物权的标的物被非法侵占的情形，而追及权的行使，不仅仅限于标的物被非法侵占的情形，还包括标的物被他人合法转让的情形（例如，抵押人在抵押期间合法转让其抵押物）。在发生添附的情况下，不同所有权人的财产或劳动成果合并在一起，从而形成另一种新形态的财产，但所有人并不因此丧失追及权。所有人有权请求确认其所有权。如果恢复原状在事实上不可能或者在经济上不合理，则要解决该新财产的归属问题。在某物发生添附时，如果依法认定由该物权利人之外的其他主体取得添附物的所有权，则该物的权利人的物权也将消灭，其也当然无权追及行使其权利，这实际上已构成对物权追及效力的限制。

在此需要探讨的是，在合同被宣告无效或者被撤销后，合同当事人主张返还财产的理论基础究竟是物权请求权还是物权的追及效力？笔者认为，按照我国的物权变动模式，在合同被宣告合同或者被撤销后，标的物的所有权无法发生变动，此时，如果权利人基于物权追及效力而请求返还，其既可以行使返还原物请求权，也可以主张不当得利返还（如价值返还）。所以，此时物权追及效力成为权利人主张返还的基础。同时，在合同被宣告无效或者被撤销后，相对人占有标的物已经没有法律上的原因，应当构成无权占有，此时，权利人也应当有权基于物权的追及效力请求相对人返还原物。

三、返还原物请求权的法律特征

（一）请求权的主体应为失去对物的占有的物权人

返还原物请求权的主体应为失去对物的占有的物权人。具体而言，一方面，请求权人必须是物权人，既包括所有权人也包括他物权人，至于所有权人既可以是单独的所有人，也可以是共有人；不享有物权的人即使取得了合法占有权，也不能享有此种请求权。例如，承租人、保管人等，不享有返还原物的请求权。另一方面，物权人行使该请求权的前提必须是其所有或有权占有的物被他人非法侵占，物权人已丧失了对物的占有。这就是说，物权人行使该项请求权的前提必须是其所有的物被他人非法侵占，其已实际丧失了对物的占有。

关于《民法典》第235条所说的权利人究竟应当如何理解，有两种不同的意见。一种意见认为，权利人仅限于物权人，而不包括其他权利人，如债权人等；另一种观点认为，权利人既包括物权人，又包括其他合法占有人。例如，拾得人拾得的财产被他人非法占有之后，应当允许拾得人请求返还占有。笔者认为，返还原物请求权的主体应为失去对物的占有的所有权人和他物权人，此处所说的权利人应当仅限于物权人。[①] 主要原因在于：第一，返还原物请求权是物权请求权的一种类型，只有享有物权的人才能基于其本权行使[②]，非物权人在其占有的财产被他人侵害之后，权利人也有权请求返还，但并非基于物权请求权要求返还，而只能基于其他请求权，如占有保护请求权请求返还。第二，对债权人而言，如果其基于有效的合同而占有他人的财产，在合同规定的有效期限内，享有占有该财产的权利，如果债务人违反合同提前收回该财产，债权人有权请求债务人交付财产、返还占有，不需要也不能基于物权请求权请求返还占有物。第三，返还原物请求权，既包括所有物返还请求权，也包括他物权的返还原物请求权。例如，建设用地使用权被他人非法侵占，他物权人有权请求返还。[③] 对依据法律规定和合同而对某物取得合法占有权的人，如该物被第三人非法占有，在此情况下，占有权人有权基于《民法典》第460条请求返还占有物，不需要通过物权请求权请求返还原物。我国《民法典》物权编关于占有的规定既包括有权占有，又包括无权占有。在占有人的占有物被侵占的情况下，占有人可以行使占有保护请求权请求保护。既然我国《民法典》物权编在第五分编（第243条）对占有物的返还请

---

① 参见丁宇翔：《返还原物请求权研究》，22页，北京，法律出版社，2019。

② 当然，虽然不是物权人，但依法律规定可以行使物的返还请求权的人，如破产管理人、国有财产管理人等，也可以行使返还原物的请求权。参见崔建远：《物权：规范与学说》（上册），314页，北京，清华大学出版社，2011。

③ 参见丁宇翔：《返还原物请求权研究》，27页，北京，法律出版社，2019。

求权作出了专门规定，也就不必要再适用物权返还请求权。反过来说，在物权人的财产受到他人侵害的情况下，既然物权人可以基于物权请求权获得保护，自然也就不需要根据占有请求权请求对其权利的保护。

返还原物请求权的主体在如下情形下具有特殊性。

第一，如果按份共有人中的一人超过其应有部分行使权利，尤其是超过其应有部分占有和使用共有物，其他共有人能否行使返还原物请求权，要求其返还共有物？对此学者有不同的看法。一是侵权行为或者不当得利说。此种观点认为，应有部分并不是要求在共有物上具体量化，只是按照一定的比例抽象地存在于一物之上，共有物在具体分割前不可能确定哪一部分归何人所有，不可能发生某个共有人侵占其他共有人的共有物问题，因此，各共有人都不得行使返还原物请求权，只能根据侵权行为或者不当得利提出请求。二是物权请求权说。此种观点认为，按份共有人中的一人超过其应有部分行使权利，其他共有人可以根据物权请求权请求其排除妨害或者返还占用部分。① 笔者认为，尽管应有部分不是所有权权能的分割，也没有被具体量化在共有物的某一部分上，但是应有部分确定了权利行使的范围，也就是说，就共有物的整体而言，每个共有人超越其应有份额而行使占有、使用权，必然会妨害或阻碍其他共有人行使占有、使用权，因此，其他共有人也应当有权对其行使返还原物请求权。

第二，在按份共有的情况下，如果第三人无权占有共有物，则由于共有物在法律上归属于全体共有人，而非为单个共有人所有，因而各共有人若单独提起返还原物之诉，必须请求占有人向全体共有人返还共有物，而不得请求仅向自己返还。这就是说，返还所有物的请求权必须基于全体共有人的利益而行使，因为按份共有人对共有物都可基于一定的份额享有并行使权利，所以按份共有人都可基于全体共有人的利益提出请求。② 然而，在共同共有的情况下，各共有人对第三人行使共有物返还请求权，除法律或合同另有规定外，必须取得全体共有人的同意。如果全体共有人同意向第三人提出请求，则单个的共有人在此情况下也可以

---

① 参见王泽鉴：《民法物权》，第 1 册，176 页，台北，自版，2001。
② 参见王泽鉴：《民法物权》，第 1 册，167 页，台北，自版，2001。

向该第三人单独提出请求。①

　　第三，在担保物权中，抵押权人是否有权行使返还原物的请求权？对此在理论上存在着不同的看法。一种观点认为，从抵押权的追及性出发，无论物辗转流入何人之手，抵押权人都可以行使追及权；如果抵押物发生灭失，抵押权人还可以基于物的代位性将代位物提存或者请求提前清偿债务。因此，物发生被第三人侵夺的情形不会影响其权利，抵押权人没有必要享有返还原物的请求权。另一种观点认为，如果物发生被第三人侵夺的情况，那么，抵押物发生毁损、灭失，或者被非法处分让与他人的概率将会增加，在此情况下，抵押权随时可能受到威胁，发生不测，因此，应当允许抵押权人享有返还原物的请求权。笔者赞同第二种观点。因为在抵押物遭受第三人侵害的情形下，抵押人作为所有人应首先行使返还原物的请求权，但抵押人可能因各种原因无法有效主张其返还原物的权利；因此，应当允许抵押权人作为物权人主张返还抵押物，否则，抵押权人享有的抵押权就可能受到威胁。如果抵押人不能行使返还原物请求权，则应允许抵押权人行使该权利。

　　第四，出租人将其财产出租给承租人，承租人将该财产非法转租给第三人，出租人要对第三人行使返还原物请求权，必须终止其与承租人之间的协议。因为虽然承租人的转租行为是非法的，但第三人是基于其与承租人之间的合同而占有该物的；如果出租人不终止其与承租人之间的租赁合同，则承租人对该物的占有是合法的，而第三人从承租人处取得的占有便很难说是非法的，所以，出租人只有先终止其与承租人之间的合同，才能向第三人行使返还原物请求权。

　　第五，当法人的财产为他人非法占有后，法人的法定代表人及其他法人机关成员，必须以法人的名义行使返还原物请求权，而不得以个人名义行使该项权利，同时也必须请求非法占有人将该物返还给法人而非个人。

　　（二）请求权的相对人必须是无权占有物的人

　　《民法典》第 235 条规定："无权占有不动产或者动产的，权利人可以请求返

---

①　参见王泽鉴：《民法物权》，第 1 册，167 页，台北，自版，2001。

还原物。"因此,请求权的相对人为无权占有物的人,例如,在"唐伟、唐虎、唐静诉俞修珍返还原物纠纷案"① 中,合肥市中级人民法院认为,返还原物是指物权的权利人在其原物被他人侵占或无权占有时,该权利人有权要求无权占有人返还原物。本案中,唐伟、唐虎、唐静作为安徽省合肥市某房屋登记的产权人,能否要求现占有人俞修珍返还案涉房产,关键在于俞修珍是否属于无权占有。由于"唐伟、唐虎、唐静在取得案涉房屋所有权的同时作出的承诺应系其真实意思表示,且不违反法律强制性规定,俞修珍享有继续在案涉房屋居住的权利,唐伟、唐虎、唐静现无权要求俞修珍立即返还案涉房产"。具体来说,返还原物的请求权的相对人应符合如下条件。

第一,相对人必须是现在占有标的物并侵害物权人占有的人。所谓现在占有人,是指在提出请求之时,仍然占有标的物的人。现在占有人包括直接占有人和间接占有人。② 物权人只有向现在的占有人提出请求才能使标的物实际返还给所有人。例如,所有人甲知道乙侵夺了其财产,但乙在占有该财产以后又被丙占有。尽管所有人甲丧失占有是由乙的行为造成的,但由于乙现在并未实际占有标的物,因而甲只能依据侵权行为行使请求权,请求乙赔偿损失,同时向现在的占有人丙主张所有物的返还。如果甲向乙提出返还原物请求,则会因乙不可能返还而使其请求权无法实现。

应当指出,确定占有人的占有为合法或非法,应根据物权人提出请求时占有人是否有权占有来决定。物权人有权请求现在的占有人返还财产。就返还的效果而言,应当回复到侵害行为发生之前的状况,也就是说,如果存在一项他物权,则应当回复到他物权人可以行使其他物权的状态之下;他物权人所享有的他物权不能因为不法侵害等行为而发生消灭,因为一项不法事实本身不能消灭一项合法权利。一般来说,所有人的财产被他人非法占有后,所有人有权请求返还,而对于动产质权人、留置权人等物权人来说,依法有权占有他人提供质押或留置的财

---

① 安徽省合肥市庐阳区人民法院(2018)皖 0103 民初 5019 号民事判决书;安徽省合肥市中级人民法院(2019)皖 01 民终 264 号民事判决书。

② 参见王泽鉴:《民法物权》,第 1 册,168 页,台北,自版,2001。

产，在该财产被他人非法占有以后，也有权行使返还原物请求权，在第三人返还原物的时候，应当首先返还给动产质权人、留置权人等物权人，假如原物返还给所有人，所有人如果不愿意继续在其物上设定他物权负担，这就会导致这些他物权的消灭。

确定占有人的占有为合法或非法的时间点，应当以物权人向占有人提出请求的时间为准。这就是说，要由现在的无权占有人负责返还。如果占有人曾经是有权占有，而现在属于无权占有，则所有人也可以对其行使返还原物请求权。如果无权占有人占有原物以后，又将该物转让给他人占有，则权利人既可请求无权占有人，也可以请求现在的占有人返还原物。①

第二，相对人的占有必须构成无权占有。其不仅现在占有标的物，且无占有权源。② 关于返还原物的相对人应当为无权占有人，如何理解无权占有？所谓无权占有，通常是指缺乏占有的合法依据，换言之，是指相对人无法律或合同的依据而占有所有人的财产。一方面，没有法律上的依据而占有。例如动产留置权人依法对动产享有占有权。但如果不符合留置的条件，则其占有构成非法的占有。另一方面，没有合同上的依据而占有。非法占有他人财产或者在合同约定期限届满之后继续占有他人财产等都构成无权占有，物权人都有权请求无权占有人返还其物。

如果相对人从某个非所有人处取得占有具有一定的根据，但对于所有人而言，其并无占有的权利，所有人仍可对其行使返还原物请求权。例如，在非法转租的情况下，次承租人证明他是基于租赁合同而占有他人财产，则可以形成对转租人的抗辩，但是其不得对抗所有人，拒绝所有人的返还原物的请求。至于相对人占有该物在主观上是出于故意或过失，并不影响所有人行使返还原物请求权。

问题在于，无权占有人将财产转让给第三人，受让人受让该财产是出于善意，是否构成有权占有？对此存在两种不同的观点：一是"权利外观说"。此种观点认为，根据"占有即推定为所有"的规则，无权处分人在转让动产的时候，

① 参见史尚宽：《物权法论》，59 页，台北，自版，1957。
② 参见丁宇翔：《返还原物请求权研究》，24 页，北京，法律出版社，2019。

其对于动产占有的事实本身形成其所有权的"表象"和"权利外观",足以让善意第三人产生合理的信赖,相信其为真正的所有人。在此情形下,第三人如支付对价,转而占有该动产,则应认为是有权占有人,不是无权占有人。二是善意取得说。此种观点认为,判断受让人是否构成有权占有,不能仅仅以无权处分人与第三人之间的合同为依据,关键要看无权处分人处分该财产,受让人是否属于善意,且是否符合善意取得的构成要件,如果符合善意取得构成要件,无权处分人与受让人之间的合同有效,受让人不仅属于有权占有,而且基于善意取得即时取得所有权,如果不构成善意取得,那么无权处分人与受让人之间的合同无效,因而占有人仍然构成无权占有,而物权人有权请求其返还原物。笔者赞成第二种观点。

当然,占有人倘能举证证明其占有仍然是合法的(如承租人将财产转租给他人占有),则可以形成对所有人返还原物的请求的抗辩。至于相对人占有该物在主观上是出于故意还是过失,并不影响所有人行使请求权。为什么在相对人的占有构成无权占有时,所有人才能对其行使所有物的返还请求权?对此有两种解释。一种解释认为,返还原物请求权不得向有权占有人行使,因为占有人的占有如果对所有人而言为有权的、合法的占有,则所有人根本不能对其行使所有物的返还请求权。[1] 另一种解释认为,如果相对人基于地上权、质权、留置权、租赁权或借用关系等对标的物具有合法的占有权,则所有人在此情况下也可以行使返还原物请求权,但相对人有拒绝返还的抗辩权。[2] 笔者认为,如果相对人的占有确实是基于所有人的意志,来源于其与所有人之间的合同,则所有人根本不能向相对人行使所有物的返还请求权,否则将构成违约。如果相对人的占有并不是来源于所有人的意志,而是基于与某个有权占有该物的非所有人之间的合同,则所有人仍可行使所有物的返还请求权,但相对人可以提出抗辩。如果其抗辩成立,则所有人承担败诉的后果;如果其抗辩不成立,则应负有向所有人返还占有物的责任。例如,在"山东龙威集团寿光制盐场、杨光天等海域使用权纠纷案"中,

---

[1]　参见姚瑞光:《民法物权论》,55 页,台北,自版,1988。
[2]　参见史尚宽:《物权法论》,59 页,台北,自版,1957。

法院就曾指出："民事主体之间是否存在直接的合同关系，不影响其作为物权人行使返还原物请求权。"①

第三，返还原物请求权的相对人既包括直接占有人，也包括间接占有人。如甲有"飞鸽"牌自行车一辆，被乙盗去，乙将该车租给丙使用，乙为间接的非法占有人，而丙为直接的非法占有人。在此情况下甲既可以同时向乙、丙提出请求，也可以仅向乙或丙提出请求。也就是说，对于非法占有人而言，无论是直接占有人还是间接占有人，所有人都可以请求其返还所有物。有一种观点认为："返还原物请求权，系以物之交付为目的，间接占有人，并无事实上支配其物，故由间接占有人交付其物，实系不能。"② 这一观点值得商榷。因为间接占有人虽未事实上支配标的物，但并未丧失占有。更何况在民法上，物的交付并不以现实交付为限，如果由间接占有人以其对于直接占有人的返还请求权让与请求权人，使请求权人因此取得间接占有，而请求权人愿意采用此种交付方式的，亦构成交付。所以，所有人也可以向间接占有人请求返还。

值得注意的是，相对人可以是直接占有人，也可以是间接占有人，但必须是占有人。如果某人只是占有的辅助人或并没有占有某物，则所有人不得对其提出请求。

（三）请求权的行使必须以物的现实存在为前提

物权人请求返还原物应以原物的存在为前提。因为返还原物请求权就是为了保护物权的圆满状态，如果原物已经灭失，物权因其客体的消灭而消灭，此时物权人只能请求无权占有人承担违约赔偿责任或侵权赔偿责任。③ 如果原物仍然存在，但是遭受了毁损，则物权人可以请求无权占有人返还原物，并承担恢复原状的责任，如果物权人遭受了损失，还可以要求无权占有人承担侵权赔偿责任。此外，围绕着返还原物请求权还可形成其他的一些请求权，如要求返还孳息、费用补偿等问题。对此，我国《民法典》物权编在第五分编"占有"中作出了详细的规定。

---

① 山东省高级人民法院（2022）鲁民终 838 号民事判决书。
② 张龙文：《民法物权实务研究》，29 页，台北，汉林出版社，1977。
③ 参见孙宪忠、朱广新主编：《民法典评注 物权编2》，221 页，北京，中国法制出版社，2020。

问题在于，如果原物仍然存在，但是遭受了重大损害，如果可以进行修补，而物权人希望获得对原物的占有，那么物权人既可以请求返还原物，也可以要求恢复原状。如果原物仍然存在，但是遭受的损失无法修补，或修补的成本高于原物的价值，或修补后从根本上改变了物的基本性质和特征，不具备原有的功能，此时权利人也可以要求赔偿损失，不再要求返还原物。

四、举证责任

行使返还原物请求权，应由权利人就其所享有的合法物权进行举证；如果其无法证明该物的合法权属，尤其是无法证明自己对该物享有的物权，则不能支持其请求。同时，权利人还应当证明其合法享有的物权遭受了相对人的妨害或侵夺。反过来，相对人必须证明他对物的占有是合法的，有法定或者约定的根据。物权人在证明自己是物权人以后，是否仍负有举证责任证明相对人的占有为无权占有，对此在理论上不无争议。笔者认为，原告不必证明被告为无权占有，如果被告抗辩（主张）其为有权占有，应由被告负举证责任。[1] 因为一方面，在举证责任的分配规则上，通常认为，主张消极事实的一方无须证明，主张某种积极事实的一方必须证明。既然无权占有人主张自己享有合法的占有权，当然应当由其来证明其占有的根据，而不是由物权人去证明他没有占有权。当然，占有人的合法利益也应受到保护。据此，占有人可以在所有人提出请求时，以其占有是有权占有为依据而提出抗辩。另一方面，占有人是否为有权占有，只有占有人最为了解，而物权人对此常常难以举证。所以，有权占有的问题应由占有人举证，如果占有人不能举证，则应认定其为无权占有。

五、返还原物请求权的效力

返还原物请求权，旨在要求相对人返还所有物，因而此种请求权行使的直接

---

[1] 参见姚瑞光：《民法物权论》，55页，台北，自版，1988。

法律效力是标的物占有的移转。但除标的物的移转外，行使此项请求权还涉及孳息返还、赔偿损失及费用补偿等问题。

1. 占有的移转

返还原物请求权行使的主要目的在于使物权人支配的财产从无权占有人手中移转给物权人，进而使物权人的物权回复到圆满状态，使物权人重新获得对物的支配。所以，行使返还原物请求权也是所有权弹性力的体现，或者说是所有权效力的表现。

返还原物请求权之效果实际上是一种占有的移转，也就是说，由无权占有人将其对标的物的占有移转给物权人。占有一旦发生移转，则物权人行使返还原物请求权的目的即已达到。法律允许的交付方式具有多样性，决定了占有移转的方式也是多样的。例如，可以由占有人（相对人）将标的物的占有直接移转给物权人，也可以采用占有改定或指示交付的方法。不过在实践中，简易交付的方式是极少见的，因为此种方式要求受让人在受让之前就已占有动产，当双方发生占有移转的合意时，交付就产生效力。由于所有权人不可能事先占有其动产（因为如果已占有动产，便不可能行使返还原物请求权），因而也就不可能采取简易交付的方式。

返还原物只是标的物的返还，而非所有权的返还。区分这两个概念在实践中不无意义。因为返还原物必须移转对标的物的占有，但返还所有权并不一定要移转对标的物的占有。

2. 返还原物和孳息

返还原物不仅包括返还原标的物，而且包括返还孳息。物权人请求返还原物，必须原物依然存在。如果原物已经灭失，返还原物客观上已经不可能，物权人就只能要求赔偿损失，而不能要求返还原物。一般来说，现时占有人向返还请求权人返还原物时应保持物的原有状态，不得造成物的损害和价值的减少。这就是说，无论是善意占有人还是恶意占有人在返还原物时必须使物保持原有的状态。当然，保持原有的状态并不意味着一定要在返还时恢复物的原状，而只是说其负有保持原状的义务。如果因其故意或过失造成物的损害和价值的减少，应当承担损害赔偿责任。

3. 赔偿损失

占有人在返还原物时，如果因其故意或过失造成物的损失的，应当承担损害赔偿责任。关于损害赔偿责任的适用应当区分三种不同的情况：其一，占有人造成物的损失，返还请求权人有权请求其赔偿损失。其二，占有人造成物的收益的损失，占有人应当承担赔偿责任，但在确定责任时必须要考虑占有人对于收益的损失是否具有过错，这种过错是指占有人依通常经营方法可以收取收益而不收取。其三，因占有人的过错造成物的灭失的，占有人如何承担赔偿责任应当根据其主观上的善意或恶意而定。占有物因占有人的过失造成灭失的，恶意占有人应赔偿全部损失，而善意占有人仅在其现有利益的限度内承担赔偿义务。

4. 关于货币返还问题

如果所有物为货币，如何返还？货币是一种特殊的种类物，在交易上可以互相代替。货币也可以作为所有权的客体。货币所有权的特点在于，所有权与占有权是合一的，对货币的合法占有，可以推定货币的占有人为所有人。所以，货币占有的取得和丧失，便导致货币所有权的取得和丧失。正是基于这一原因，许多学者认为货币所有权并没有追及的效力，当然不存在返还原物请求权。当事人请求返还本金，实际上只是请求返还数额相等的货币，而不是原货币。但也有一些学者认为，在金钱所有权遭受侵害的情况下，应适用物权的价值返还请求权。也就是说，所有人并非请求返还原货币，而是请求返还金钱价值的所有权。[①] 笔者认为，由于货币本身的特殊性决定了货币的所有权原则上不发生原物返还请求权问题，也不得适用所谓"物权的价值返还请求权"。但是在特殊情况下，如果一定数额的货币是用信封、纸袋等包装的，该笔金钱被侵占后如能够识别为原所有人的财物，或在移转给第三人以后，仍能辨别，则可以将该笔金钱作为一般的物对待，由所有人行使返还原物请求权。

返还原物请求权与合同上的请求权可能发生竞合。例如，承租人在租赁期满

---

① 参见黄宗乐：《物权的请求权》，载《台大法学论丛》，1982年11卷第2期，245页。

以后不返还租赁物，出租人既可以基于物权请求权请求承租人返还，也可以基于合同上的请求权请求其返还。在这两种请求权之间，权利人有权作出选择。①

第五节　排除妨害和消除危险请求权

《民法典》第236条规定："妨害物权或者可能妨害物权的，权利人可以请求排除妨害或者消除危险。"该条将排除妨害和消除危险请求权放在一个条文中作出规定，表明这两种请求权具有内在的、密切的联系。下面分别阐述。

一、排除妨害请求权

（一）排除妨害请求权的概念

排除妨害请求权是指当物权的享有和行使受到占有以外的方式妨害时，物权人对妨害人享有请求其排除妨害、使自己的权利恢复圆满状态的权利。例如，某公司在他人房屋之上违章架设某种广播设备，可能发出某种辐射、给他人造成妨害，权利人有权请求排除妨害。《民法典》第236条规定："妨害物权或者可能妨害物权的，权利人可以请求排除妨害或者消除危险。"妨害是指实施了某种妨害所有人行使所有权的行为。"妨害物的对外界和环境的联系，只要物的功能性使用因此受到影响，就构成了妨害所有权。"② 妨害是现实地造成了对他人的权利行使的阻碍，权利人行使妨害除去请求权的，妨害人无须将权利人的状态恢复到妨害未发生之前的状态（Wiederherstellung des status quo ante），只需要将已造成的妨害出去，或采取与其妨害行为相反的行为（actus contrarius）即可。③

---

① 参见［德］沃尔夫：《物权法》，吴越、李大雪译，109页，北京，法律出版社，2004。
② ［德］沃尔夫：《物权法》，吴越、李大雪译，138页，北京，法律出版社，2004。
③ MüKoBGB/Baldus, 7. Aufl. 2017, BGB §1004 Rn. 225.

排除妨害请求权的内容是请求除去妨害，通过排除妨害使物权人的物权恢复其原来状态。值得注意的是，排除妨害请求权仅限于除去妨害而并不包括恢复原状。当妨害排除以后，物权人的标的物是否已恢复其原有状态，属于恢复原状请求权应解决的问题。如果妨害行为给所有物造成损害，物权人有权请求妨害人赔偿损失或要求其通过修补等方式恢复原状。

　　排除妨害请求权与返还原物请求权也会发生密切联系。但从构成要件、法律效果等方面来看，这两项请求权是有区别的。例如，甲的大树被风吹倒在乙的庭院里，因为甲的大树构成对乙的所有权妨害，所以乙有权要求甲搬走大树，排除妨害。同时，由于甲的大树已倒在乙的庭院里，则甲有权要求乙返还大树，因而两项请求权发生了冲突。在此情况下，如果双方都提出了请求，究竟应支持哪一方，值得探讨。因请求权的行使而涉及的费用，应当在当事人之间如何分配？关于请求权行使中费用的负担，有不同的学说。笔者赞同过错责任说。由于物权请求权是容忍请求权①，所以，物权请求权的行使只有在相对人具有过错，或者就妨害有可以归责的事由时，才能够要求相对人承担费用；如果相对人没有过错，那么相对人仅负容忍的义务，无须负担物权请求权行使所产生的费用。② 同理，如果请求权人具有过错，应该由请求权人承担费用。当然，在决定费用分摊时，还应当根据是否获利的状态来考虑谁承担费用，也就是按照"谁受利益，谁担费用"的原则来确定费用分摊。

　　排除妨害请求权不同于损害赔偿请求权。在德国法上，就损害赔偿采纳了恢复原状主义，损害赔偿旨在将权利人的财产状态恢复到损害未发生的应然状态，与妨害排除的功能具有相当性。③ 但我国《民法典》区分了排除妨害请求权与损害赔偿请求权，前者属于物权的范畴，后者属于侵权请求权的范围，损害赔偿与妨害排除至少在以下几点存在区别：第一，损害赔偿请求权以权益侵害为要件，

---

① 参见［日］我妻荣：《日本物权法》，22 页，台北，五南图书出版有限公司，1999。

② 参见谢在全：《民法物权论》（上册），217～219 页，台北，三民书局，2003。

③ Pfeiffer, Beseitigung und Schadensersatz, in: Egon Lorenz (Hrsg.), Karlsruher Forum 2012-Beseitigung und Schadensersatz, Verlag Versicherungswirtschaft GmbH, 2013, S. 7.

而妨害排除仅仅要求"妨害"的存在；损害是已经现实发生的、客观存在的，受害人请求行为人承担损害赔偿责任时，既需要证明其客观上遭受了一定的损害，又需要证明其损害的具体程度与数额，否则可能难以获得救济。而妨害在性质上是一种正在持续的侵害状态，最终所导致的损害的具体程度和数额此时并不确定，最终损害结果也尚未形成。妨害并不一定造成实际的损害，它只是一种持续性、尚未结束的不利影响，而损害是已经结束的造成了实际后果的侵害状态。奥地利法学家库奇奥认为，妨害与损害是两个有本质差异的侵害类型：妨害体现为对被妨害人在法律上可享有的法益构成限制（das rechtliche Können），而损害体现为对受害人事实上享有的法益构成限制（das tatsächliche Können）。① 一般而言，对已经终止的损害应当适用侵权损害赔偿，而对于单纯的妨害行为，则应当适用排除妨害请求权。② 第二，由于排除妨害请求权性质上是物权请求权，因此，行使此种权利时，无须考虑行为人的过错；而损害赔偿请求权性质上属于侵权请求权，因此应当要以过错为要件。第三，从适用的范围来看，损害赔偿请求权针对的是损害的结果，其赔偿的范围不仅包括财产损害，还包括非财产损害，而排除妨害请求权则主要针对财产的侵害，或者更确切地说，是针对物权的侵害，妨害不一定会造成现实的损害结果。第四，损害赔偿请求权以补偿功能（Kompensationsfunktion）为主要功能，通过损害赔偿应当达到加害行为未曾发生的状况，其旨在弥补受害人的全部损失。而妨害排除请求权不具有补偿功能，不涉及过去状况的比较；更强调预防功能（Präventionsfunktion）。③ 当然，在特殊情形下，二者也可能发生竞合。

（二）排除妨害请求权的行使条件

该项请求权的行使必须符合如下构成要件。

第一，被妨害的标的物仍然存在且由物权人占有。排除妨害请求权行使的主

---

① ［奥］库奇奥：《侵权责任法的基本问题（第一卷）：德语国家的视角》，朱岩译，29 页，北京，北京大学出版社，2017。

② Jabornegg/Sttasser, Nachbarrechtliche Ansprüche als Instrument des Umweltschutzes (1978) 132 ff.

③ Staudinger/Karl-Heinz Gursky (2012) BGB § 1004, Rn. 139；Pfeiffer, a. a. O. , S. 8 f.

体是物权内容受到妨害的物权人，但物权人行使该请求权时，必须要求被妨害的物仍然存在且由物权人占有。行使排除妨害和返还原物请求权的条件是不同的，两者的主要区别在于：在请求排除妨害的情况下，物权人一般没有丧失对物的占有；在请求返还原物的情况下，物权人已丧失了对所有物的占有。

第二，妨害人以占有以外的方法妨害物权人行使所有权。所谓"妨害"，是指以占有以外的方法，侵害物权或妨害物权人行使其所有权。[①] 妨害主要有如下几种情况：一是对物权人的标的物的侵害，如在他人的房屋边挖洞危及房屋的安全。二是非法利用他人的财产致使物权人不能对其财产行使物权。如在他人使用的土地上堆放垃圾，在他人的大门前停放车辆、妨害他人通行。三是非法为所有权设定负担，如擅自在他人不动产上设定抵押权。四是其他妨害行为，如某招牌被大风吹落，倒塌在他人的门前，尽管招牌的倒塌是由自然原因造成的，但毕竟行为人的物件致他人受害，亦构成妨害行为。所以，妨害既可以是妨害人实施的妨害行为造成的，也可以是由妨害人的物件造成的。法谚云："人之所有物，应视同人之人格延长"，因而他人的物件妨害物权人行使权利，物权人也可以请求排除妨害。妨害行为是否可以扩大到对人身权利行使的妨害？如邻人播放黄色图片、开设棺材店、将太平间的大门朝着他人住宅的大门等，这些行为不仅是对财产权行使的妨害，也包括对他人人身权利行使的妨害。笔者认为，此时受妨害人要行使排除妨害请求权，必须证明物权受到妨害，否则不能适用排除妨害请求权。

需要注意的是，妨害必须是持续进行的，而不是短暂即逝或已经消失的，否则，尽管妨害行为已经作出，物权人也不能行使排除妨害请求权，而只能请求侵害人承担侵权损害赔偿等责任。

第三，妨害是不合法的，或者超越了正常的容忍限度。[②] 如果行为人实施某种行为具有法律上或合同上的依据（如承租人正当使用房屋、某人因紧急避险而给所有人造成妨害），则虽对物权人构成妨害，物权人也不得请求行为人排除妨害。妨害行为有可能是合法的（如在自己土地上堆放被许可排放的污染物），此

①　参见崔建远：《中国民法典释评·物权编》（上卷），209 页，北京，中国人民大学出版社，2020。
②　参见黄薇主编：《中华人民共和国民法典物权编解读》，70 页，北京，中国法制出版社，2020。

种行为依据"无害"标准并不禁止，但如果给他人造成的妨害过度超越了正常的容忍限度，权利人也可以请求排除。

物权人行使排除妨害的请求权，并不要求相对人具有故意或过失，换言之，该项请求权的行使不以相对人具有过错为要件。在此有必要区分排除妨害与赔偿损失的概念。在民法上，妨害和损害的概念是有区别的。损害一词有广义和狭义的含义。从广义上说，损害是指因一定的行为或事件使某人的权利或利益遭受某种不利益的影响，而妨害行为也会造成被妨害人的不利益，从这个意义上说，损害可包括妨害。从狭义上说，损害是指财产的损失，如侵害财产权的损害赔偿实际上是指赔偿损失，从这个意义上理解的损害，与妨害的概念是不同的，因为妨害常常难以具体化，更不能以金钱计算。尤其应当看到，排除妨害旨在除去物权人在行使物权过程中的障碍或侵害，使物权恢复其圆满状态，因而此种请求权的行使不必适用过错责任原则。只要行为人阻碍或妨害物权人行使其权利，不论是造成现实的妨害，还是对将来行使物权造成妨害，亦无论此种妨害能否以货币确定其损失，权利人都可以要求行为人排除其妨害。在这一点上，它不同于侵权损害赔偿责任，侵权责任不仅具有补偿目的，而且还具有制裁并教育不法行为人的作用，因此侵权损害赔偿责任的承担要考虑行为人是否具有过错。

（三）物权人的容忍义务

妨害行为超过了正常的容忍限度，权利人有权请求排除妨害。一般说来，物权人应当容忍他人的轻微的、正当的妨害。罗马法通过对土地所有权人施加限制的方式，而认可了相关的容忍义务。[①] 早在十二铜表法之中，就规定了邻田果树所结之果实，土地所有人应任田邻经过其土地而收取；以自然形势而形成之水流，低地所有人有承受之义务。[②] 罗马法学家阿里斯多（Aristo）认为，"只要上面的建筑物有排烟役权负担，奶酪作坊的烟就可以被合法地排往位于其上的建筑物"[③]。

[①]　参见［德］马克思·卡泽尔、罗尔夫·克努特尔：《罗马私法》，田士永译，238 页，北京，法律出版社，2018。

[②]　参见陈朝璧：《罗马法原理》，255 页，北京，法律出版社，2006。

[③]　［意］桑德罗·斯契巴尼选编：《物与物权》，2 版，范怀俊、费安玲译，155 页，北京，中国政法大学出版社，2009。

邻人还必须容忍他人向外突出半英尺的墙，而在烟、水和类似物侵入邻人土地时，如果没有超过通常限度，所有权人同样必须容忍。否则，该邻人可以依据现状占有令状（interd. Uti. possideitis），甚至否认之诉（actio negatoria）请求保护。① 近代民法确认相邻关系制度，本质上就是要协调两个或两个以上相互毗邻的不动产所有人或使用人之间的利益冲突，这就是说，相邻各方的权利人在行使不动产的所有权或使用不动产时，因相互给予便利和接受限制而发生一定的冲突，为了平衡此种冲突，法律应当明确一方需要给另一方提供一定的便利，而在提供此种便利时，其也应当容忍因提供便利而给自己造成的损害，而另一方也应当容忍对方因行使权利而必然给自己带来的损害，而不能行使排除妨害的请求权。例如，在德国法上，相邻关系制度事实上是以排除妨害请求权的限制为中心的，整个相邻关系制度的运行实际上是在解决何种情况下该物上请求权得以排除适用的问题，而其判断标准正是容忍义务。②

在《民法典》关于相邻关系的规定中，立法均体现了容忍义务的内容。《民法典》第291条将容忍义务表述为"提供必要的便利"。而在第293、294、295等条文中，《民法典》则将容忍义务表述为"不得违反"规定或"不得危及安全"。无论是提供便利，还是接受限制，或者相互容忍，这实际上都是相邻不动产权利人之间为他人不动产利用受到容忍义务限制的表现。我国司法实践也承认了容忍义务。例如，在"孟德玉诉天津东南新城城市建设投资有限公司噪声污染责任纠纷案"③ 中，天津市津南区人民法院一审认为，东南新城公司作为房地产开发企业，未能依照《住宅设计规范》（GB50096—1999）的相关规定对公共用电机房进行隔声减震处理，造成案涉房屋噪声排放标准高于《社会生活环境噪声排放标准》（GB22337—2008）规定的排放限值，应对由此造成的噪声污染承担责任。

---

① 参见［德］马克思·卡泽尔、罗尔夫·克努特尔：《罗马私法》，田士永译，238页，北京，法律出版社，2018。

② 参见陈华彬：《德国相邻关系制度研究》，载梁慧星主编：《迎接WTO——梁慧星先生主编之域外法律制度研究集》（第2辑），3页，北京，国家行政学院出版社，2000。

③ 天津市第二中级人民法院（2019）津02民终5521号民事判决书。

容忍义务首先来自法律的规定。例如《民法典》第 291 条关于通行便利的条款，不过，此种义务也可以由公法规定，包括公法规定和具体的行政行为等。容忍义务也源自人们共同生活的习惯，因为法律不可能全面列举容忍义务的内容，依据社会生活习惯来确定容忍义务，可以有效缓和法律规定方式的僵化，充分考虑各地的不同生活习惯，且更符合实际情况。

容忍义务限制了排除妨害请求权。容忍义务针对的是非重大的妨害，不动产权利人不得因此行使排除妨害请求权。① 这就是说，行使排除妨害的请求权，必须妨害是不合法的，或者超越了正常的容忍限度。如果行为人实施某种行为具有法律上或合同上的依据（如承租人正当使用房屋、某人因紧急避险而给所有人造成妨害），虽对物权人构成妨害，物权人也不得请求行为人排除妨害，而必须予以容忍。但如果给他人造成了过度超越了正常的容忍限度的妨害，权利人也可以请求排除。法律承认忍受轻微妨害的义务的主要理由在于：

第一，忍受轻微妨害义务是维护社会生活的和睦所必需的。容忍来自他人的轻微的妨害，是民事主体所应当负有的一种义务。因为人作为社会关系的总和，生活在特定的共同体和社会之中，总会与他人发生各种摩擦，从而不可避免会造成损害或妨害。如果人们不能容忍任何轻微的妨害，则社会成员之间根本无法和睦相处，社会就难以形成正常的经济生活秩序。所以，从维护社会生活秩序的角度出发，所有人应当容忍轻微的妨害。在他人实施了轻微的妨害的情况下，物权人不得请求予以排除。

第二，忍受轻微妨害义务是相邻关系制度的重要内容。相邻关系规则就是要规范不动产权利人之间在行使物权时的相互关系，一方的权利要适当延伸，另一方要提供适当的便利，这就包含了应忍受轻微妨害的义务。如果在物权法上不能确定忍受轻微妨害的义务，则无法形成相邻关系规则。"容忍义务可直接基于法律而生，其主要情形体现为相邻关系上的容忍义务。来自邻地干涉而生的对所有权之妨害，若该干涉是轻微的或为当地通行的，则所有权人对该妨害，不得提起

---

① 参见王利明：《论相邻关系中的容忍义务》，载《社会科学研究》，2020（4）。

所有物妨害防止之诉。"①

第三，忍受轻微妨害的义务，在一定程度上也确定了所有权行使的标准。在现代民法中，所有权不是绝对无限制的权利，而是一种受限制的权利。对所有权的限制规则之一是所有人负有忍受轻微妨害的义务，这也是诚信原则的要求。当然，法律对所有权的限制也应在合理的范围内，法律不能要求所有人因提供便利而使自己蒙受重大的妨害，或因提供这种便利而使其所有权不能得到正常的行使。

如何判断某种妨害是否属于轻微的妨害？这需要考虑两方面的因素：一是要看一个合理的一般的人是否能够忍受，也就是说，这种妨害是否超出了一个合理的人能够忍受的范围。二是需要考虑所有人忍受此种妨害是否将使其所有权不能得到正常行使，如果无碍于所有权的行使，那么此种妨害就属于轻微妨害。

（四）排除妨害的费用的承担

从原则上讲，由于妨害行为给物权人造成了侵害，因而妨害人应当承担排除妨害的费用，但是也应当考虑妨害人对妨害形成是否具有过错。在某些情况下，妨害行为也可能由自然原因造成，例如天降大雨而使围墙倒塌，对邻人造成妨害，在此情况下，考虑到妨害人并无过错，也可由邻人适当分担排除妨害的费用。如果物权人对围墙倒塌也有过错（如在围墙下挖洞），则由其承担费用更为合理。

笔者认为，关于费用的承担，可以考虑以下几个方面的因素。

第一，考虑过错。这就是说，无论是损害还是妨害，如果是由于一方的过错造成的，理所当然，应当由过错一方承担费用，而不能由没有过错的一方承担该后果。例如，甲的大树倒在乙的庭院里，并给乙的土地使用权造成妨害，而乙的土地使用权并没有妨害甲的大树。② 显然是甲造成了对乙的妨害而不是乙妨害了甲。所以甲应当对乙承担排除妨害的责任。再如，某人踢球将其球踢进他人井

---

①　［德］鲍尔、施蒂尔纳：《德国物权法》（上册），张双根译，231 页，北京，法律出版社，2004。

②　参见侯利宏：《论物上请求权制度》，载梁慧星主编：《民商法论丛》，第 6 卷，701 页，北京，法律出版社，1997。

中。踢球人要求返还原物，井的所有权人要求排除妨害。因为踢球人对损害的发生是有过错的，所以其应当承担排除妨害的费用。若所有权人以自己之费用排除了妨害，则他可依不当得利或无因管理规则，请求所支出费用之返还。[①]

第二，考虑受益情况。按照"谁受利益，谁担费用"的原则决定费用的分摊也是有一定道理的。因为如果一方从请求权的行使中获得了利益，要求其承担相关的费用，体现了民法中的公平原则。上例中，踢球人因原物的返还，从中获得了利益，因此，由其承担费用也是公平合理的。

第三，考虑损失情况。这就是说，在考虑哪一方承担返还费用时，应当考虑究竟哪一方在此过程中受到了损失。如果甲的大树是因刮大风而倒在乙的庭院，甲虽无过错，但因此给乙造成损失，则甲在取回其物时，应赔偿给乙造成的损失。

二、消除危险请求权

（一）消除危险请求权是一种独立的物权请求权形式

所谓消除危险请求权，是指行为人的行为可能造成对他人的妨害，并且构成一定的危险，权利人既有权请求消除已经存在的危险，也有权请求消除某种尚未发生但确有可能发生的危险。[②] 例如，甲乙二人为邻居，甲长年在外打工，其房屋因年久失修，随时有倒塌危险。乙在与甲取得联系后，甲拒绝修理。乙便自己将甲的房屋外墙面予以加固，以消除危险，因此支出的费用应由甲承担。自罗马法以来，物权请求权的主要形式有三种，即返还原物、排除妨害和妨害防止。[③]因此消除危险是一种物权请求权形式。《民法典》第 236 条规定："妨害物权或者可能妨害物权的，权利人可以请求排除妨害或者消除危险。"因此，无论是可能妨害物权还是已经妨害物权的，权利人可以请求消除危险或者排除妨害。通过行

① 参见［德］鲍尔、施蒂尔纳：《德国物权法》（上册），张双根译，239 页，北京，法律出版社，2004。

② 参见黄薇主编：《中华人民共和国民法典物权编解读》，71 页，北京，中国法制出版社，2020。

③ 参见史尚宽：《物权法论》，66 页，北京，中国政法大学出版社，2000。

使消除危险请求权，可以预防将来发生对物权的现实损害。《民法典》第 236 条将排除妨害和消除危险请求权放在一个条文中作出规定，表明这两种请求权具有内在的、密切的联系。因为排除妨害和消除危险所针对的妨害行为或危险行为，都对物权人行使物权构成妨害，也就是说行为人不是实际地占有了物，而是采取了占有以外的方式构成对物权人物权行使的妨害。正是因为它们都是对权利行使的妨害，权利人有权要求除去妨害或危险。但严格地说，两者之间还是存在一定的区别的，排除妨害和消除危险作为物权法上两种不同的物权请求权的形式，其主要区别表现在：

1. 针对的对象不同

《民法典》第 236 条将排除妨害和消除危险区分为妨害物权或者可能妨害，这就从法律上准确地表述了这两种请求权的差别。妨害是指已经发生的现实的障碍，这种障碍已经对物权的行使构成了客观上的阻碍；而消除危险中的危险，是指未来可能发生的对于物权行使的障碍。妨害无论是否达到了严重妨害物权行使，甚至导致物权的客体消灭的程度，物权人都可以请求排除妨害。

2. 是否可以与损害赔偿并用不同

妨害是现实的障碍，它的存在对于物权的行使构成一种实际的阻碍，因此，很可能会引发损害的实际发生；由此，物权人可以请求损害赔偿。但是，消除危险中的危险是未来可能发生的障碍，损害并未实际发生，因此，不能合并适用损害赔偿。

消除危险请求权作为一种预防性责任方式，其可发挥事前防止损害实际发生的功能，因此，不要求侵害人具有过错。在法律上，可以请求适用消除危险的主体应当是权利处于危险状态中的权利人。例如，一幢危楼摇摇欲坠，很可能发生倒塌，对周围的过往行人可能造成威胁，但谁有权请求消除此种危险？笔者认为，只能是有实际遭受损害之虞的受害人才有权请求消除危险，如邻居需要途经此地，邻居可能每天都有遭受损害之虞，且危险可能对其转化为实际损害；但是就路人而言，其只是偶然经过，在其经过以后，对其就不再存在危险，因此其无权请求行为人消除危险。

（二）消除危险的责任构成要件

在法律上，妨害有两种含义：一是指所有人实际面临的现实的妨害，二是指尚未实际发生的但有可能出现的妨害，后一种妨害又称危险。从狭义上所讲的妨害仅指前一种妨害。物权请求权中的排除妨害的请求权也仅指对实际发生的妨害进行排除，而不包括对将来可能出现的危险进行排除。对于未来的妨害的排除，适用消除危险请求权。所以，物权人在他人的行为或者设施可能造成自己占有物的损害时，可以请求消除危险。

《民法典》第 236 条中的"危险"是指他人的行为或者设施可能造成自己占有物的损害，危险的判断标准为：第一，危险必须是可以合理预见的，而不是主观臆测的。例如，房屋倒塌必须是按照一般的社会观念或者工程建设领域普通技术人员的认识，其确有可能倒塌。第二，危险必须是确实存在的且有对他人财产造成损害的可能。如邻人的大树有可能倾倒，砸坏自己的房屋。此种损害尚未发生但又确有可能发生，对此种危险，所有人也有权请求排除。危险的发生既可能构成未来的危险，也可能构成现实的妨害。如行为人在自己的土地上挖洞等，所有人在行使消除危险的请求权时可不考虑行为人主观上是否具有故意或者过失。

危险发生以后，应当由危险的形成人承担消除危险的责任，因此，消除危险的费用应当由危险设施的物权人或危险形成人承担。一般来说，消除危险请求权的行使，不受诉讼时效的限制。因为什么时候发生危险，有可能受到损害的人便有权要求危险的形成人承担消除危险的责任。

如果危险虽然已经形成，但并没有造成实际的损害，则有可能遭受损害的人有权请求危险形成人消除危险，但不能请求其承担侵权损害赔偿责任。如果在形成危险以后同时又造成了他人的损害，则受害人不仅可以行使物权请求权请求其消除危险，也可以基于侵权损害赔偿请求权请求其承担损害赔偿责任。

第六节　恢复原状请求权

一、恢复原状请求权的概念和特征

恢复原状，又称为回复原状，起源于罗马法上的 restitution in integral ，是指大法官凭借其统治权对合法但显失公平的行为予以撤销。一旦撤销，则该行为自始不成立，从而应恢复到原有状态。① 德国法中称为 natural restitution ，但德国法并没有将其作为一种物权请求权的形式，而依据《德国民法典》第 249 条第 1 款，它是一项损害赔偿的原则。②

物权请求权中的恢复原状，主要是指对物的恢复原状而非对人格利益遭受损害的恢复，《民法典》第 237 条规定："造成不动产或者动产毁损的，权利人可以依法请求修理、重作、更换或者恢复原状。"这就将恢复原状规定为物权请求权的一种类型。《民法典》第 286 条第 2 款 也对此种请求权作出了规定。恢复原状请求权主要具有如下特点。

第一，恢复原状的目的是要恢复物权人对物权的圆满支配状态。在所有人的物受到他人侵害的情况下，要充分保障所有人的利益，仅仅通过损害赔偿的方法并不能满足受害人的利益要求。毕竟金钱赔偿不能完全代替恢复原状的方法，因为对物的侵害既可能造成物的毁损，也可能造成物的灭失。如果已造成物的灭失，只能采取损害赔偿的方法，若仅仅造成物的毁损，则要考虑该物是否为可代替的、能否在市场上购买到。如果是市场上能够购买到的物，则在这些物受到侵害以后，通过赔偿的办法使所有人在获得一定金钱以后，在市场上购买到替代物，确有利于充分维护所有人的利益，且便于法院的判决执行。如果被毁损的物并不是可替代物，而是特定的、在市场上难以购买到的物，则采用损害赔偿的方法并不一定对受害人有利。在此情形下，允许受害人请求恢复原状，则受害人可以基于自身利益的考虑，在请求赔偿损害与请求恢复原状之间作出选择。如果受害人认为恢复原状对其有利，则完全可以采用此种方法；如果仅允许受害人要求赔偿损失，则实际上剥夺了受害人的选择权。

第二，它通常是与有体物的保护联系在一起的。③ 此种请求权主要是为了恢复对物的圆满支配状态，它是基于对有体物的保护而产生的，通常以恢复对有体

---

① 参见周枏：《罗马法原论》（下册），911 页，北京，商务印书馆，1994。

② 参见丁宇翔：《返还原物请求权研究》，243 页，北京，法律出版社，2019。

③ 参见尹田：《论物权请求权的制度价值》，载《法律科学》，2001（4）。

物的支配为内容。当有体物遭受侵害以后，通过损害赔偿难以对受害人提供全面救济，就需要恢复原状。但如果财产已经灭失或者无法恢复原状，或者恢复原状费用过高，而权利人又不愿意修补，则权利人只能够采取损害赔偿的方式，而不能采取恢复原状的方法。① 当然，恢复原状的方式因动产和不动产遭受侵害而有区别。对于造成动产毁损的，主要采取三种方式，即修理、重作、更换。修理是修补物的缺陷，重作是重新制作一个原物的替代物，而更换则是通过购买等方式提供一个新的替代物。更换通常适用于可替代物，而不适用于不可替代物。上述这些方式，都是为了使权利人恢复对动产的支配。对于不动产则不宜采取上述方式。比如，污染了农田造成损害的，无法进行修理、重作，更难以进行更换，所以，对不动产应当采取上述方式之外的其他方式。例如，对于污染农田可以采取消除污染、修复等方式。

第三，不考虑过错。适用物权请求权，权利人要求侵害人返还财产、停止侵害、排除妨害和消除危险，都不需要证明相对人具有过错。换言之，物权人在行使其物权请求权的时候，只需要证明其财产被他人不法占有或遭受了侵害或妨害，而不需要证明他人对该财产的占有、侵害或妨害是否具有过错。

第四，应当考虑到经济上是否合理。在动产发生毁损的情况下，虽然可以修理或者重作，但如果在经济上极不合理，修理和重作的费用远远超过了更换新的替代物的经济价值，则应当考虑到加害人的赔偿成本，允许其以同等质量的替代物履行恢复原状的义务。所谓不能修理和替换，是指修理和替换有可能损害物的价值的，或使物的价值不能得到恢复，或者修复在经济上不合理，或者某物为特定物无法找到替代品。尤其是在造成不动产毁损的情况下，恢复原状可能没有必要或者难以恢复，此时就没有必要采用恢复原状。在此情况下，所有人有权要求行为人赔偿其对物造成的损失。在许多情况下，由于物的效用主要体现在经济价值上，以金钱赔偿物的价值也可能使受害人利益能够得到满足，对加害人也较为便利。

物权请求权中的恢复原状，主要是指对物的恢复原状而非对人格利益遭受损

---

① 参见马俊驹、余延满：《民法原论》，297 页，北京，法律出版社，2005。

害的恢复，它不同于恢复名誉，亦不同于合同被宣告无效以后的恢复原状。因此，有必要区分基于合同关系的恢复原状和基于物权请求权的恢复原状。前者是基于合同被宣告无效或被撤销而产生的，后者是基于物权请求权而产生的，与合同的履行一般没有关系。

二、恢复原状请求权的性质

严格来说，恢复原状请求权的范围较为宽泛，其不限于物权请求权的内容。《民法典》第237条特别强调了"依法"行使恢复原状请求权，表明该请求权不完全等同于物权请求权，而有可能要适用合同编、侵权责任编等相关规定，从而确定该请求权的构成要件和法律效果。从体系化视角观察，恢复原状有广义和狭义两种含义。广义的恢复原状是指财产权益遭受侵害的情形下，无论基于何种法律关系、无论通过何种具体措施，以使得财产恢复到原有状态的一种责任形式。《民法典》第179条所规定的民事责任承担方式中的恢复原状，实际上是广义的恢复原状。广义的恢复原状广泛地适用于各种法律关系之中，既包括因对物的支配而产生的物权请求权，也包括合同无效、被撤销、解除等基于合同关系而产生的请求权，以及基于侵权行为和无因管理等产生的请求权。在我国《民法典》第179条的规定中，恢复原状是指在动产或者不动产等财产遭受物理毁损或者伤害的情况下，责任人需要通过物理手段将该财产恢复原状的救济方式。但是，《民法典》第179条只规定了"民事责任的方式"，并没有规定责任基础或者请求权基础。笔者认为，这些民事责任的方式的责任基础或者请求权基础，应当到《民法典》各编中寻找。例如，在侵害土地造成土壤环境破坏的场合，对于土壤的恢复原状就可能引致到《土壤污染防治法》关于土壤修复的相关规定。

狭义的恢复原状是指《民法典》第237条所规定的作为物权请求权一种类型的恢复原状。它是指在动产、不动产等有体物遭受侵害的情形下，将遭受侵害的财产恢复到遭受侵害前的状态所采取的一种方式。承认狭义的恢复原状作为物权请求权的一种形式的主要理由在于：

第一，恢复原状作为一种独立请求权的意义在于充分发挥物的效用，满足受害人的需要。因为如果被毁损的物并不是可替代物，而是特定物，在市场上难以购买到，那么采用价值赔偿的方式并不一定对受害人有利。在造成物的毁损的情况下，加害人赔偿物的全部价值以后，在法律上应该能取得该物①，而受害人可能并不愿放弃该物，此时由加害人取得该物就会与受害人的愿望相悖。如果物遭受毁损后可以修补，且加害人有足够的能力予以修补，或者受害人也有能力修补该物，则采用修补、重作等方式可能对于受害人甚至双方在经济上都是合理的，且避免了确定金钱赔偿数额所产生的困难。此外，如果受害人需要该物而加害人并不需要该物，则在加害人赔偿后由其取得该物也不利于发挥物的经济效用。恢复原状也有利于避免社会财富的浪费。将损坏之物修复如初或予以更换，有助于实现物的效能最大化。②

第二，恢复原状作为一种救济方式，有利于避免社会财富的浪费。③具体而言，如果财产遭受的侵害，可以在物理上加以修复，应当尽可能要求加害人将该财产进行物理修复，而不是首先进行损害赔偿。唯有如此，方可促进社会财富的累积。正是在这个意义上，《德国民法典》第249条有以恢复原状为原则的规定。例如，甲的汽车被乙撞坏后，该汽车仍有修复可能性的，如果允许受害人自由选择，甲将主张整量汽车的损害赔偿，但在赔偿之后，甲就要把该汽车交给乙。而这辆汽车对于乙而言可能是没有价值的。这就必然导致社会财富的浪费。相反，这辆汽车在甲手上，可继续发挥这辆车的作用。另外，甲若是可以首先选择损害赔偿，甲将不会急于修理，其损害将会继续扩大。如果要求加害人及时修理，那么就可以避免社会财富的浪费。

第三，恢复原状责任具有独立的构成要件，只要满足构成要件，即可请求恢复原状。在司法实践中，法官往往具有一种偏好，倾向于认为侵害财产时应当优先适用损害赔偿责任形式。这种观点在侵权责任的承担中是必要的，因为侵权责任编确立的是以损害赔偿为中心的救济模式。但是此种请求权行使需要受害人证

---

① 参见王泽鉴：《损害赔偿》，299页，北京，北京大学出版社，2017。
②③ 参见崔建远：《恢复原状请求权辨》，载《甘肃政法学院学报》，2020（5）。

明行为人有过错，而行使恢复原状的请求权，受害人无须证明加害人具有过错。

恢复原状须有修复的可能和必要。恢复原状可以通过多种方式实现，但无论通过何种方式，恢复原状不仅要在实际上可能，而且要在经济上合理，否则，就不应该采取这种方式。[①]一方面，须有修复的必要。如果财产遭损坏后已无法修复，或者虽可修复，但所有人已不需要，或者所支付的修理费用过高，则不能适用恢复原状的民事责任，而应当折价赔偿。在恢复原状时，应由加害人以自己的费用进行修理，受害人予以监督。另一方面，恢复原状应当考虑到经济上是否合理。在许多情况下，由于物的效用主要体现在经济价值上，以金钱赔偿物的价值也可能使受害人利益能够得到满足，对加害人也较为便利。

我国《民法典》上的恢复原状主要是指物理上的修复，因此不同于赔偿损失。所谓赔偿损失，是指通过金钱赔偿的方式进行损害赔偿。虽然损害赔偿已成为侵权责任的主要形式，但金钱赔偿毕竟不是万能的，不能完全代替恢复原状的方法，因为对物的侵害既可能造成毁损，也可能造成物的灭失。如果已造成物的灭失，当然只能采取损害赔偿的方法。在受害人在其财产遭受他人损害的情况下，只要没有造成财产的灭失，如果能够修理、更换、重作，应当允许受害人要求加害人恢复原状。在我国，恢复原状与损害赔偿相比较，恢复原状的请求权应当具有优先地位，因为恢复原状的功能还表现在，在财产遭受侵害时，恢复原状想要恢复的是财产的完整利益；而赔偿损失则旨在赔偿财产的价值利益。完整利益比价值利益更加全面地描述了一项财产所蕴含的利益内容。[②]从受害人救济的角度考虑，恢复原状具有损害赔偿所不具的功能，更有利于救济受害人。这尤其表现在就某些不可替代物（如祖传的古玩、个人具有特殊纪念意义的用品等），在权利人长期使用之后可能能具有了一定的主观价值，权利人对真有特殊偏好，或者在市场上无法购买到。因此，对于这些财产，如果发生损害但没有发生损毁，权利人可能并不希望行为人以赔偿损失来替代恢复原状，而希望采用修理等方式使这些财产恢复原状。例如，甲饲养的宠物犬被乙打伤后，对甲来说，更重

---

① 参见黄薇主编：《中华人民共和国民法典总则编解读》，534页，北京，中国法制出版社，2020。
② 参见程啸、王丹：《损害赔偿的方法》，载《法学研究》，2013（3）。

要的是医治好该宠物犬，而不是简单地获得金钱赔偿，因为该宠物犬对于甲而言，其价值是无法通过金钱赔偿加以计算的。因为许多财产的完整利益是难以通过经济价值简单衡量的，特别是对大量的特定物而言更是如此。当然，如果恢复原状在经济上不合理或者没有必要，也可以要求赔偿损失。

除此之外，还应注意的是，我国《民法典》中的恢复原状也不同于德国损害赔偿理论中的恢复原状。根据《德国民法典》第 249 条的规定，恢复原状是损害赔偿的基本原则，即加害人进行损害赔偿时应当恢复至假设损害事件没有发生之应有状态。但是，我国《民法典》中的恢复原状不是这个意义上的恢复原状。我国《民法典》中的恢复原状，作为一种责任方式，是指在物理意义上将动产或者不动产等财产进行修复。

三、恢复原状请求权的构成要件

依据《民法典》第 237 条，恢复原状请求权的行使必须具备如下要件。

1. 行为人造成不动产或者动产毁损

恢复原状的前提是行为人造成动产或者不动产的毁损，否则没有恢复原状的必要。恢复原状自身的功能就在于恢复对物的完满支配的状态，而此种状态的维持需要物在遭受毁损的情况下，通过诸如修理等方式，使物在遭受侵害后，不论是从外观上还是功能上都能恢复到侵害之前的状态，而这是损害赔偿等其他的保护形式所不能实现的。

2. 能够采取修理、更换、重作等方式恢复原状

从《民法典》第 237 条规定来看，在解释上应当将恢复原状作为修理、重作、更换的上位概念，将此处的"或者"解释为"等"。此种请求权主要是指在物遭受侵害之后，如果能够通过修理、重作等方式恢复原状，应该采用各种方法使得这些物恢复到原有的状态，从而使权利人恢复对物的圆满权利状态。但是，《民法典》第 237 条专门规定了"依法"二字，表明该条款需要指向其他条文，方可形成完全规范。"依法"既可以指向合同编，即涉及修理、重作和更换

的救济方式，就需要在合同编中找到相应的请求权基础；"依法"也可以指向侵权责任编，即涉及恢复原状的救济方式的，就应在侵权责任编中找到相应的请求权基础。

从《民法典》第 237 条来看，立法将修理、更换、重作与恢复原状进行并列，表明二者并非等同或者包含的关系，而是两种不同的责任承担方式。

第一，性质不同。《民法典》第 237 条规定，权利人可以请求修理、重作、更换，这与合同法所规定的修理、重作、更换是不一样的。后者作为违约责任的形式，本质上属于债权请求权的范畴，而前者则是作为对侵害物权的救济，属于物权请求权的一种。《民法典》第 237 条将恢复原状与返还原物、排除妨害、消除危险并列规定，说明恢复原状是一种物权请求权的形式。《民法典》第 237 条规定，权利人可以请求修理、重作、更换，这与《民法典》合同编中所规定的修理、重作、更换是不一样的。后者作为违约责任的形式，本质上属于债权请求权的范畴，并不具有物权请求权的品格及功能。[①] 而前者则是作为对侵害物权的救济，属于物权请求权的一种。

第二，二者适用的范围不同。《民法典》总则编的规定来看，第 179 条中规定的修理、更换、重作主要还是适用于合同领域的责任形式。而第 237 条所规定的恢复责任形式，则增加了"依法"二字。这表明，其在性质上属于引致条款，因此恢复原状的责任形式并不仅仅适用于物权编而可以广泛适用于各种法律关系之中。

第三，恢复原状的方式不限于修理、更换、重作，也可以是其他的方式。前已述及，恢复原状的方式多种多样，甚至支付恢复原状的费用也属于恢复原状的责任形式。财产损害恢复原状的典型是物遭受损害时的恢复原状。恢复原状的方式包括修理、交付与原物具有同类性和等价性的替代物。[②] 如果对受损物的修理实际上已经变成了制造一个新物，如对受损的不可替代物进行"修理"，那么，在这种情形，恢复原状已经不再可能，受害人只能请求金钱赔偿。[③] 如果修理和交付替代物均能实现恢复原状，加害人可以自由选择采取何种方式，只要两种方

---

① 参见崔建远：《恢复原状请求权辨》，载《甘肃政法学院学报》，2020 (5)。
②③ MüKoBGB/Oetker, 8. Aufl. 2019, BGB § 249 Rn. 344.

式不存在《德国民法典》第251条第2款费用过巨的情形。[1] 倘若即使经过修理，受损的物在技术上仍然存在贬值，那么，修理就不属于能够恢复原状的方式，此时受害人可以要求交付替代物。[2] 当然，受害人也可以请求加害人修理，然后就贬值的部分请求金钱赔偿。[3]

3. 不考虑行为人是否具有过错

恢复原状请求权作为一种物权请求权，其适用并不需要行为人主观上具有过错。受害人主张恢复原状，并不需要证明行为人具有过错。

总之，恢复原状请求权赋予受害人要求加害人对被毁损之物进行物理修复的请求权，从而使物本身恢复至圆满状态。一些种类物可以从市场上获得，但是在遭受毁损时恢复至圆满状态对于物的保护更有效率。可以说，恢复原状最本质地反映了将遭受侵害的物权回复至圆满状态的功能特征。因此，我国《民法典》将恢复原状请求权规定为物权请求权，以最大限度地实现物权的保护。

第七节　物权请求权与侵权损害赔偿请求权的竞合

一、物权请求权与侵权损害赔偿请求权产生竞合的原因

如前所述，在物债二分的情形下，物权请求权与侵权损害赔偿请求权存在明显的区别，但是在侵害物权的情形下，物权请求权与侵权损害赔偿请求权也会产生竞合或者聚合的现象。《民法典》第238条规定："侵害物权，造成权利人损害的，权利人可以依法请求损害赔偿，也可以依法请求承担其他民事责任。"依据这一规定，应当采取多种方式保护物权。当然，从本条规定来看，其仅适用于物权遭受侵害的情形，即只有行为人构成侵权时才能适用，具体适用侵权责任承担

---

①② MüKoBGB/Oetker, 8. Aufl. 2019, BGB § 249 Rn. 346.
③　MüKoBGB/Oetker, 8. Aufl. 2019, BGB § 249 Rn. 347.

方式应当掌握的原则是，在任何情况下，只要有救济损害的需要，如果一种方式不足以救济受害人，就应当同时适用其他方式。①

在行为人侵害物权的情形下，依据《民法典》第 238 条，"权利人可以依法请求损害赔偿"。由于侵权损害赔偿主要是在侵权责任编中规定的，因此，此处所说的"依法"不是指依据物权法律制度上的物权请求权，换言之，此处所说的"依法"是指依据民法典侵权责任编以及其他相关法律规范的规定。②"依法"不仅包括依据民法典侵权责任编，也包括依据其他相关法律规定③，这表明本条属于引致规范，通过该引致规范，可以适用侵权责任编以及其他相关法律的规则，适用侵权损害赔偿请求权。需要注意的是，虽然物权的权利人在遭受侵害以后，可以通过侵权责任编予以保护，但是侵权责任的构成要件与物权请求权的并不相同，只有在满足侵权责任的构成要件时，权利人才可以主张行为人承担侵权责任。

侵害物权造成权利人损害的，权利人既可以请求损害赔偿，也可以请求行为人承担其他民事责任。《民法典》第 239 条规定："本章规定的物权保护方式，可以单独适用，也可以根据权利被侵害的情形合并适用。"依据这一规定，物权请求权在适用中可能出现以下两种情况。

（1）请求权的竞合。所谓请求权竞合，是指因为某种事实的发生而导致两种或者两种以上的请求权并存并相互冲突，"即同一给付请求因数个请求权规范而成立"④。这就是说，在侵害物权的情况下，受害人只能选择一种请求权，而不能同时请求多种责任承担。例如，权利人的物权遭受他人的妨害，物权人可以选择依据《民法典》第 236 条的规定行使物权请求权，请求他人排除妨害、消除危险，也可以依据《民法典》第 1167 条，主张他人承担排除妨碍或消除危险的侵权责任，但不能同时主张上述两项权利。由于物权请求权是专门为保护物权而设

---

① 参见王利明主编：《中国民法典释评·总则编》，459 页，北京，中国人民大学出版社，2020。
② 参见黄薇主编：《中华人民共和国民法典物权编释义》，446 页，北京，法律出版社，2020。
③ 参见黄薇主编：《中华人民共和国民法典物权编释义》，68 页，北京，法律出版社，2020。
④ ［德］迪特尔·施瓦布：《民法导论》，郑冲译，164～165 页，北京，法律出版社，2006。

定的,因而选择物权请求权通常对受害人是有利的。

（2）请求权的聚合,它也称责任聚合,是指同一法律事实发生以后,基于法律的规定以及损害后果的多重性,而应当使责任人向权利人承担多种法律责任的形态,即当事人可以同时主张数种以不同的给付为内容的请求权。[①] 例如,受害人在其物被他人非法占有之后,可以在请求返还原物的同时,就返还的费用或非法占有期间的用益损失主张损害赔偿。依据《民法典》第238条规定,在物权遭受侵害的情形下,可能需要通过侵权责任编规定的损害赔偿责任对权利人提供救济,这也为物权请求权与侵权损害赔偿请求权聚合提供了法律依据,即物权人可以同时依据《民法典》第235条请求他人返还原物,并依据《民法典》侵权责任编的规定请求损害赔偿。

在物权遭受侵害的情形下,之所以会发生物权请求权与侵权损害赔偿请求权的聚合,主要是基于如下原因:一是物权的客体主要是有体物。在有体物遭受损害或者妨害的情形下,单纯的物权请求权不足以对物权人提供充分的救济。例如,在物权人的物为他人暴力侵夺时,物权请求权无法提供针对物的救济。在上述情形下,均需要通过损害赔偿的方式对权利人提供救济。二是单纯的物权请求权旨在恢复权利人对物的圆满支配,但其并没有考虑财产价值的完全弥补,在物权遭受侵害时,权利人遭受的不仅是物的物理损害,其还可能遭受一定的经济价值的损失,而物权请求权难以有效填补权利人遭受的经济价值的损失。例如,返还原物请求权只能解决物的返还问题,但物本身是否还有其他损失,返还原物请求权难以解决此种损失的补救问题。三是通过修理、重作、更换等方式恢复原状,受损的物仍然存在技术性贬值即交易性贬值（technischer mindewrt）,此时受害人可以要求加害人修理、重作、更换以后,就贬值的部分请求金钱赔偿。[②] 四是在物权遭受侵害期间,受害人可能难以有效利用该物,因而遭受物之使用利益丧失的损害,而物权请求权也无法填补此种损失。[③] 特别是在遭受损害的物具

① 参见王泽鉴:《法律思维与民法实例》,199页,台北,自版,1999。
② 参见王泽鉴:《损害赔偿》,199页,台北,元照出版公司,2017。
③ MüKoBGB/Oetker, 8. Aufl. 2019, BGB § 249 Rn. 331.

有一定的精神价值的情形下，如宠物、亲人遗照等，通过物权请求权仅能解决物的返还或者恢复原状等问题，而无法填补权利人的其他损失。① 此外，如果否定物权请求权与侵权损害赔偿请求权的聚合，则可能导致行为人责任的不当减轻。② 例如，在行为人无权占有他人之物的情形下，如果行为人仅需要承担返还原物的责任，无须承担其他责任，则对受害人的救济显然是不充分的，甚至可能在一定程度上鼓励此种行为。

二、原物返还请求权与侵权损害赔偿请求权的聚合

在非法侵夺、非法占有他人之物的情形下，可能发生原物返还请求权与侵权损害赔偿请求权的聚合，在此情形下，权利人既有权请求行为人返还原物，也有权请求行为人承担侵权损害赔偿责任。具体而言，二者的聚合主要发生在如下情形。

一是行为人非法侵占他人之物，并造成对他人之物的损害。在此情形下，权利人有权基于原物返还请求权请求行为人返还原物。但在行为人返还原物之后，权利人就其物所遭受的损害尚未得到填补，因此，仅依靠原物返还请求权无法对权利人提供充分的救济，此时，权利人仍有权请求行为人承担侵权损害赔偿责任，即发生原物返还请求权与侵权损害赔偿请求权的聚合。

二是行为人非法占有他人之物，虽然并未损坏该物，但物权人却可能遭受物以外的损害。例如，行为人非法占有他人字画，虽未损毁，但物权人却为查清字画在何人之手而支出费用。在此情形下，权利人有权基于原物返还请求权请求行为人返还原物，以恢复权利人对其物的圆满支配状态；同时，可以就其损害请求损害赔偿。

三是非法占有他人之物期间，导致权利人不能利用该物。此种损害在比较法上被称为"物之使用利益丧失"（Nutzungsausfall）③ 此时，权利人有权主张原物

---

① MüKoBGB/Oetker, 8. Aufl. 2019, BGB § 251 Rn. 70.

② MüKoBGB/Oetker, 8. Aufl. 2019, BGB § 249 Rn. 348.

③ ［德］迪尔克·罗歇尔德斯：《德国债法总论》，沈小军、张金海译，沈小军校，353 页，北京，中国人民大学出版社，2014。

返还请求权，请求行为人返还该物的占有。但在行为人占有该物期间，权利人因无法利用该物，也会使权利人遭受一定的损害，此时，权利人有权同时主张侵权损害赔偿请求权。[1] 例如，在"王某戈与被告畅某某、解某某物权保护纠纷一案"中，被告畅某某因外出需要而借用原告王某的宝马车，后畅某某向被告解某某借款，并将该车交由解某某开走，双方约定在畅某某还款时，解某某将车辆返还。后因畅某某无法还款，车辆一直被解某某占有。原告主张二被告返还车辆，并赔偿损失。法院认为，被告解某某负有返还原物的义务，但由于车辆并没有全部毁损，可以返还，因此，原告无权主张赔偿损失，无法成立原物返还请求权与侵权损害赔偿请求权的聚合。[2] 笔者认为，本案中，毫无疑问，原告可以行使所有物返还请求权，但这并不意味着其不得主张侵权损害赔偿请求权。虽然车辆没有全部毁损，但被告的使用已经造成了车辆的损耗。而且，在汽车被他人无权占有的情形下，所有权人需要另行租车或负担交通费，或车辆无法投入运营而遭受收入丧失等损害。因而，单纯行使物上请求权并不能使权利人所遭受的损害获得完全填补。解某某明知车辆并非畅某某所有，仍然将车开走作为借款的担保，且拒不归还，显然具有过错，应当构成侵权，因此，王某也有权请求解某某承担侵权损害赔偿责任。

由此可见，在侵害物权的情形下，并不仅仅造成对物权行使的妨害，也可能由此导致损害。甚至在占有他人之物的情形下，即使没有造成物的毁损灭失，也有可能因占有该物而造成权利人的其他损失。例如，非法占有他人运营的车辆，致使受害人不能将车辆投入运营，进而带来收入的损失。在此情形下，如果仅仅允许受害人行使物权请求权，则并不能充分保护受害人，因此仍有必要允许受害人行使侵权损害赔偿请求权。

当然，在物权遭受侵害时，并不意味着在任何情形下均可成立原物返还请求权与侵权损害赔偿请求权的聚合。通常，在如下情形下，权利人仅能主张原物返还请求权，而无权主张侵权损害赔偿请求权：一是权利人并未遭受损害，即在物

---

[1] MüKoBGB/Oetker, 8. Aufl. 2019, BGB § 249 Rn. 353.

[2] 参见陕西省西安市雁塔区人民法院（2017）陕 0113 民初 12019 号民事判决书。

权遭受侵害的情形下，如果权利人并没有遭受现实的损害，则其无权主张侵权损害赔偿请求权。例如，行为人侵占他人报废的机械设备，没有给权利人造成现实的损害，则权利人仅能主张原物返还请求权，而无权主张侵权损害赔偿。二是权利人虽然遭受了现实的损害，但权利人的损害已经通过其他请求权的行使获得了填补。例如，在行为人占有他人房屋并据此获利，权利人在主张原物返还请求权的同时，也可主张不当得利返还请求权，如果权利人的损害已经通过不当得利返还请求权获得了填补，则其无权再主张侵权损害赔偿请求权。

三、排除妨害、消除危险请求权与损害赔偿请求权的聚合

排除妨害和消除危险请求权以妨害为要件，而损害赔偿请求权以现实的损害发生为要件。在适用排除妨害请求权与损害赔偿请求权时，必须区分损害和妨害。其中，损害是已经现实发生的、客观存在的，受害人请求行为人承担损害赔偿责任时，既需要证明其客观上遭受了一定的损害，又需要证明其损害的具体程度与数额，否则可能难以获得救济。而妨害在性质上是一种正在持续的侵害状态，最终所导致的损害的具体程度和数额此时并不确定，最终损害结果也尚未形成。妨害并不一定造成实际的损害，它只是一种持续性、尚未结束的不利影响，而损害是已经结束的造成了实际后果的侵害状态。[1] 奥地利法学家库奇奥认为，妨害与损害是两个有本质差异的侵害类型：妨害体现为对被妨害人在法律上可享有的法益构成限制（das rechtliche Können），而损害体现为对受害人事实上享有的法益构成限制（das tatsächliche Können）。[2] 因此，在通常情形下，排除妨害请求权和损害赔偿请求权可能难以发生聚合，因为一方面，损害赔偿请求权以权益侵害为要件，而妨害排除仅仅要求"妨害"的存在，如果行为人的行为仅造成

---

① Jabornegg/Sttasser, Nachbarrechtliche Ansprüche als Instrument des Umweltschutzes（1978）132 ff.

② 参见［奥］库齐奥：《侵权责任法的基本问题（第一卷）：德语国家的视角》，朱岩译，29 页，北京，北京大学出版社，2017。

妨害而无损害，因为侵权损害赔偿请求权以实际损害的发生为前提，而妨害和危险可能并不构成现实的损害，此时，权利人仅能主张排除妨碍、消除危险请求权，而无权主张侵权损害赔偿请求权。另一方面，行为人的行为虽然可能构成妨害和危险，但相关的妨害和危险一旦转化为现实的损害，而不再构成妨害和危险，此时，权利人仅能主张侵权损害赔偿请求权，而无权主张排除妨害和消除危险。此外，虽然行为人的行为构成妨害和危险，而且可能造成权利人的损害，但此种损害可能难以量化，此时，权利人在客观上也难以主张侵权损害赔偿请求权。例如，行为人在权利人的房屋旁边施工、挖洞，给权利人遭受了一定的危险，但权利人在此种情形下究竟遭受了多大的损害，往往难以量化，此时，权利人仅能主张消除危险，而无权主张侵权损害赔偿。

但在特殊情形下，如果行为人已经造成了权利人损害，并且相关的妨害行为持续存在，权利人应当有权同时主张排除妨害请求权与侵权损害赔偿请求权。在许多情形下，行为人妨害他人物权可能最终造成相对人财产或人身的损害。在此情形下，排除妨害请求权与损害赔偿请求权也可能发生聚合，例如，甲在建造房屋时，没有按照法律规定与乙的房屋保持足够的距离，影响乙房屋的采光，在此情形下，乙已经因此遭受一定的损害，但甲对乙的妨害行为仍持续存在，此时，乙应当有权同时主张排除妨害请求权与侵权损害赔偿请求权。

如果在行为人的行为构成妨害和危险的情形下，相关的妨害和危险也可能部分转化为可量化的损害，此时也可成立排除妨害、消除危险请求权与侵权损害赔偿请求权的聚合。例如，在"杨龙艳诉挚合物业公司、马恒寅健康权纠纷案"[①]中，原告杨龙艳与被告马恒寅系上下楼邻居关系，被告马恒寅私自在主排烟道内加装管道，致使厨房排烟不畅，并导致原告身体不适而住院就医，后物业公司向马恒寅下达了限期恢复原状整改通知书，但马恒寅收到该通知后并未恢复原状。杨龙艳认为二被告的违法行为造成了原告损害，故起诉请求法院依法判令二被告

---

① 天津市第一中级人民法院（2015）一中民一终字第 1465 号民事判决书。

承担连带赔偿责任。被告认为其雇用专业人员施工，自己无过错。法院经审理认为，被告马恒寅虽然是雇用专业公司安装并享有燃气使用证，但对相邻方造成损害，依法亦应承担赔偿责任，不以其对损害事实的发生存在过错为前提。故原告要求被告马恒寅承担损害赔偿的请求，于法有据，依法应予支持。笔者认为，本案中，被告私自加装管道的行为已经构成了对他人不动产使用的妨害，原告可以依据物权请求权要求被告拆除改装，恢复原状以排除妨害，此种请求权不以过错为要件。当物权受到妨害或有受到妨害的危险的同时又给权利人造成了损害，此时构成请求权的聚合。受害人可以同时主张物权请求权和侵权损害赔偿请求权。

在此需要探讨的是，在行为人的行为构成妨害和危险的情形下，如果损害并未现实发生，而可能在将来发生，此时，权利人能否主张侵权损害赔偿？笔者认为，物权请求权并非针对已经发生的损害，其目的正是在于预防未来可能发生的损害。[1] 一般而言，对于单纯的妨害行为尚未导致损害发生时，则应当适用排除妨害请求权。对将来可能发生的损害，由于并未发生现实的损害，权利人也仅能主张排除妨害，而无权主张侵权损害赔偿。

四、恢复原状和损害赔偿的关系

从体系化视角观察恢复原状，需要厘清恢复原状与损害赔偿之间的关系，对此有两种不同的观点。第一种观点认为，恢复原状既包括物理上的恢复原状，也包括经济价值的恢复原状，因此恢复原状应当包含损害赔偿。[2] 虽然受害人可以请求支付相当于恢复原状金额的费用，但此处保护的不是受害人的价值利益，而仍然与恢复原状一样保护的是受害人的完整性利益。[3] 因此，这种金钱赔偿被称

---

① Jabornegg/Sttasser, Nachbarrechtliche Anspruche als Instrument des Umweltschutzes (1978) 132 ff.

② 参见《〈中华人民共和国民法总则〉条文理解与适用》（下），1181页，北京，人民法院出版社，2017。

③ Looschelders, Schuldrecht AT, 18. Aufl. 2020, §47 Rn. 3; BeckOK BGB/Johannes W. Flume, 56. Ed. 1. 11. 2020, BGB §249 Rn. 59.

为"计算上的恢复原状"①。第二种观点认为，恢复原状（Naturalrestitution）与
金钱赔偿（Geldersatz）是损害赔偿的两种方式，即损害赔偿可以被分为恢复原
状和金钱赔偿。② 根据《德国民法典》第 249 条的规定，德国损害赔偿法以恢复
原状为原则，以金钱赔偿为例外。③ 当然，德国法上的恢复原状并不是要求义务
人必须将状态回复到损害未发生时的应然状态，而是尽可能地将状态回复到损害
未发生时的应然状态。④

我国民法上历来区分损害赔偿和恢复原状，并没有采取德国法上的恢复原状
的概念，没有将恢复原状当作损害赔偿的方法。虽然两者都是救济性的责任形
式，但二者具有区别。从受害人救济的角度考虑，恢复原状具有损害赔偿所不具
有的功能，更有利于救济受害人。这尤其表现在就某些不可替代物（例如祖传的
古玩、个人具有特殊纪念意义的用品等）遭受侵害的情形。同时，恢复原状是通
过物理性的手段直接恢复被侵害的状态，即使是要求加害人支付修理费等，也并
非以金钱赔偿为目的，仍然是要使受侵害的财产物理性地恢复到如同没有受到侵
害的状态，因此，并不能将其简单等同于损害赔偿。需要指出的是，在我国，恢
复原状责任形式并非损害赔偿的一种形态，而是与损害赔偿并列的责任形式。因
此，恢复原状可以与损害赔偿结合适用，也可以分离单独适用。

1. 恢复原状与损害赔偿的顺位关系

对于金钱赔偿与恢复原状在适用上的先后顺序，存在两种不同的立法例。第
一种是德国、法国所采取的恢复原状主义的立法例，即恢复原状优先。第二种则
是英国、意大利、日本所采取的金钱赔偿主义，即金钱赔偿优先于恢复原状。⑤
在示范法上，金钱赔偿主义也得到了支持，例如，《欧洲侵权法原则》第 10：
101 条就采取了金钱赔偿优先于恢复原状的模式，将金钱赔偿置于侵权救济的核

---

① BeckOK BGB/Johannes W. Flume, 56. Ed. 1.11.2020, BGB § 249 Rn. 58.
② 参见张红：《我国民法中恢复原状的再体系化》，载《荆楚法学》，2022（2）。
③ MüKoBGB/Oetker, 8. Aufl. 2019, BGB § 249 Rn. 320.
④ MüKoBGB/Oetker, 8. Aufl. 2019, BGB § 249 Rn. 325.
⑤ 参见张红：《我国民法中恢复原状的再体系化》，载《荆楚法学》，2022（2）。

心地位。[①] 恢复原状可以与损害赔偿同时适用。

从我国《民法典》第179条来看，该条款并未对不同责任方式作出优先顺位的安排。然而，笔者认为，在适用《民法典》第179条时，法官应当考虑不同责任方式的顺位问题。在财产遭受侵害的情形下，如果能够恢复原状的，应当优先适用恢复原状的侵权责任，这样最有利于充分发挥物的价值，促进物尽其用，也有利于强制执行。金钱赔偿看似容易执行，但是在确定受损价值的具体数额时，也需要支付一定的评估费用。相比之下，恢复原状要求责任人直接进行物理修复，更有利于强制执行。在恢复原状后仍然存在价值贬损的场合，应当允许受害人在主张恢复原状后继续主张损害赔偿责任。

需要指出的是，尽管恢复原状具有损害赔偿所不可替代的作用，但也不宜认为在任何情况下都首先要考虑恢复原状，然后采用损害赔偿的方法，因为恢复原状与损害赔偿相比，一个明显缺陷就是在监督执行上存在困难，尤其在由加害人修理的情况下，要促使加害人依据诚实信用原则认真修理其毁损的物，必须通过受害人或法院予以监督，这确实会带来技术上的困难。因此，笔者认为，原则上能够恢复原状的，应当尽可能地恢复原状，如果无法恢复原状，或者恢复原状的费用巨大的，此时应当允许受害人选择损害赔偿等其他方式。如果受害人采取了恢复原状的方法，但通过修补仍存在瑕疵，受害人可另外要求赔偿损失。

2. 恢复原状与损害赔偿的并存

恢复原状要求将已经造成物的损害状态通过修理、重作、更换，尽可能地恢复到损害未发生时的应然状态。[②] 但通过修理、重作，虽然修复如旧，仍然存在价值的贬损的，或者在修理后，产生了技术性贬损与交易性贬损的问题，或者在重作之后，在价值上仍然不如重作前物的价值，此时也会发生恢复原状与损害赔偿并存的问题。[③] 在我国司法实践中，有观点认为恢复原状与损害赔偿是相互排斥的两种责任形式。例如，在"党辉等诉中铁五局（集团）有限公司等侵权纠纷

①　参见欧洲侵权法小组编著：《欧洲侵权法原则：文本与评注》，206页，北京，法律出版社，2009。
②　MüKoBGB/Oetker, 8. Aufl. 2019, BGB § 249 Rn. 325.
③　参见王泽鉴：《损害赔偿》，199页，台北，元照出版公司，2017。

再审案"中，原告在为被告施工作业过程中，为阻挡堤坝决口，其所有的工程车辆淹没在河水之中，导致车辆损坏。河南省高级人民法院认为，在因事故而导致车辆受损的场合，受损车辆经过维修即已经承担了恢复原状的责任形式，此时即便该车在交易中可能因为经过维修而贬值，但这种贬值的损害已经因为该车被恢复原状而不得请求。① 笔者认为，此种观点值得商榷，因为仅完成修理，并没有弥补受害人所遭受的价值贬值损失，因此受害人在请求恢复原状以后，仍然可以请求损害赔偿。

———————

① 参见"中铁五局（集团）有限公司等诉党辉等侵权纠纷再审案"，河南省高级人民法院（2016）豫民再 677 号民事判决书。

第三编

所有权

第十章
所有权概述

第一节 所有权的概念和特征

所有权，是指所有权人依法对自己的财产享有的占有、使用、收益和处分的权利，它是最为重要的物权形式。所有权是最重要的物权与财产权，它是交易发生的前提，也是交易追求的结果。一般认为，大陆法的所有权概念来源于罗马法的"dominium"和"proprietas"，根据罗马法学者的看法，"dominium"一词是在罗马共和国晚期出现的。[①] 在罗马法中，所有权表述为 dominium，原有统治、管辖、控制、支配之意义，在法律上即是"对物享有完全的权利"。而 proprietas 实际上是"财产权"的意思。[②] 在罗马法上，所有权为抽象的支配的权利，对物的利用乃是抽象的支配的作用，所有权被定义为"对物的最重要的支配权"（signoria eminente sulla cosa）[③]。在大陆法系国家的民法典中，关于所有权的定义

---

① See Gyorgy Diosdi, *Ownership in Ancient and Preclassical Roman Law*, pp. 132-133.
② 参见米健：《用益权的实质及其现实思考》，载《政法论坛》，1999（4）。
③ 史尚宽：《物权法论》，1页，台北，自版，1987。

有两种模式。

一是具体列举式。《法国民法典》第 544 条将所有权定义为"对于物有绝对无限制地使用、收益及处分的权利，但法令所禁止的使用不在此限"。这就采纳了具体列举式的定义，即通过具体列举所有权的各项权能而给所有权下定义。这种方式易于使所有权的权能为人们所了解。但不足之处在于，这种方式并没有也很难概括出所有权的全部权能和作用。因为所有权的权能是不断发展的，法律上很难列举穷尽。

二是抽象概括说。《德国民法典》第 903 条规定，所有权是指"物之所有人，在不违反法律或第三人权利之范围内，得自由处分其物，并得排除他人对物之一切干涉"。可见，其不具体列举所有权的各项权能，而只是通过规定所有权的抽象作用而给所有权下定义。[1] 在此种定义方式中，所有权被视为"一般的支配权，为他物权之泉源"[2]。抽象概括式在逻辑上是十分严谨的，且能够解释各种从所有权中派生出来的新的权利。但其缺点在于，不能明确地表述出所有权的内容，对于确定权利人实际享有的权利并不十分有利。

在英美法系，一般采取了财产权而非所有权的概念，财产权并非人对财产的支配关系，而是人与人之间的法律关系。早在 20 世纪 20 年代，美国著名法学家霍菲尔德就提出财产权的本质并不是人对物的关系，而是人与人之间的法律关系，而且是由一系列复杂权利，即请求权（claim）、特权（privilege）、权力（power）和豁免（immunity）构成的关系集合。[3] 根据霍尔德的观点，任何物权都应被视为个人之间的权利。其他一些美国学者也提出类似的看法。例如，莫里斯·科恩（Morris R. Cohen）在《财产与主权》中认为，"财产权不是所有者与物品之间的关系，而是所有者与其他个人之间的关系"[4]。奥诺雷（A. M. Honoré）在著名的《所有权》（Ownership）一文中指出[5]，所有权是 11 项权利、

---

① MünchKomm / Gaier，5. Auflage 2009，Vorbemerkung zu BGB § 903，Rn. 2 ff.

② 史尚宽：《物权法论》，55 页，台北，荣泰印书馆，1957。

③ 参见［美］霍菲尔德：《基本法律概念》，张书友编译，144 页，北京，中国法制出版社，2009。

④ Morris R. Cohen, "Property and Sovereignty", *Cornell Law Quarterly*，1927（13），p. 8.

⑤ See A. M. Honoré, *Ownership*, in A. G. Guest（ed.），*Oxford Essays in Jurisprudence*，First Series 107，Oxford University Press，1961，p. 47.

义务和其他要素叠加的产物，而不是整体性的一项权利。这些观点后来又发展成了"权利束"的思想，即一宗财产上发生的多重权利关系集合在一起，构成一个权利关系的束体，就像一束束花朵一样。[1]"权利束"的观点深刻地影响了美国财产法，也为后来法与经济学的财产权理论的发展奠定了基础。

《民法典》第 240 条规定："所有权人对自己的不动产或者动产，依法享有占有、使用、收益和处分的权利。"可见，我国民法典采纳了具体列举的方式。由于他物权都是在所有权的基础上产生，所以所有权制度在物权制度中占据着核心位置。依据《民法典》第 240 条，所有权的法律特征表现在：

（1）所有权是法定的财产权。《民法典》虽然采取了列举式的方式，但摒弃了罗马法以及法国民法将所有权视为"绝对无限制"的权利的观点，而规定所有权是所有权人依法享有的权利。具体来说，一是所有权的取得必须合法；二是法律规定了一些所有权的客体范围，例如，专属于国家所有的财产只能归国家所有；三是所有权的权能是由法律规定或赋予的，必须受到法律的限制；四是所有权人行使所有权必须遵守法律的规定，不得滥用权利；五是法律对所有权的保护作出了专门的规定。[2]

（2）所有权的主体为所有权人。从法律关系的角度来看，所有权关系的主体为所有权人及除所有权人以外的义务人。任何在民法上具有民事权利能力的主体均可取得所有权，不管这些主体在行政法律关系、劳动法律关系等关系中处于何种地位，他们都可以平等地依法取得所有权，从而成为所有权的主体。但是，对某些财产，法律规定只能由特定的主体所有。例如，在我国，土地只能由国家和农村集体组织所有，其他任何单位和个人都不能成为土地的所有权人。所有权的义务主体是除所有权人以外的一切不特定的人，他们都负有不得侵犯所有权人的所有权的义务。《民法典》物权编从所有制性质出发，规定了国家、集体、私人三种所有权类型。除此之外，《民法典》第 270 条也规定了社会团体法人、捐助

---

① See J. E. Penner, "The Bundle of Rights Picture of Property", *Ucla Law Review*, Vol. 43, pp. 711-820 (1995).

② 参见韩松、姜战军、张翔：《物权法所有权编》，20～21 页，北京，中国人民大学出版社，2007。

法人的所有权。同时，依据《民法典》第 207 条规定，其他权利人的物权受法律保护，这就使物权主体的范围保持了一定程度的开放性。

有一种观点认为，所有权主体应当与民事主体的形态相一致，我国法律确认自然人、法人是两类基本的民事主体，同时确认了国家在特殊情况下也可成为民事主体，这样，所有权的主体结构应是国家、法人和私人。这种看法有一定道理，但是法人所有权的提法并没有被广泛采纳。尤其是全民所有制企业对其占有的财产是否享有法人所有权，在理论上存在很大的争论，现行立法对此也没有加以确认，因此，法人所有权的提法尚不成熟。至于集体所有权，既可能是全体集体成员集体所有，也可能是指作为法人的集体经济组织所享有的所有权，集体经济组织作为由单个的个人联合起来的组织，有的具有法人资格，其财产所有权应由代表法人的机构经营、管理、统一行使，但有的集体经济组织，如村民小组，可能没有法人资格，因此，集体所有权与法人所有权并不完全等同。我国《民法典》规定国家、集体、私人三种所有权类型，不仅符合我国国情，而且对于维护我国基本经济制度、保障社会主义市场经济发展，具有重要意义。

（3）所有权的客体仅限于有体物、特定物。一方面，所有权的客体具有有体性，包括动产和不动产，权利本身一般不能成为其客体，否则，就会形成所有权之上的所有权，所有权本身也无法确定了。至于智力成果，则属于知识产权的客体。另一方面，所有权的客体必须是特定物，如某辆汽车、某栋房屋。[①] 该物必须是特定的、独立的，如果所有权的客体不能特定，则权利人根本不可能对物形成特定的支配权。除了法律有特别规定之外，集合物不能作为物权的客体。

（4）所有权是独占的支配权。所有权是一种独占的支配权，即法律赋予所有权人排他的支配力，因此产生了所有权的排他性原则，即一物不容二主，同一物之上只能有一个所有权，而不可能出现两个或多个所有权。一物一权乃是所有权人对其物享有完全的、独占的支配权的必然引申，这也是所有权与他物权的区别。

---

① 参见史尚宽：《民法总论》，254 页，北京，中国政法大学出版社，2000。

所有权的权能可以依据所有权人的意志和利益与所有权发生分离，但这并不导致所有权人丧失所有权，因为所有权人完全可以通过行使支配权而控制和实现其所有权。此时，所有权人的所有权仍然存在的根据在于所有权人享有法律所赋予的支配权。支配权是在同一物之上独立支配其物的排他的权利。由于所有权是一种独占的支配权，即法律赋予所有权具有排他的支配力，因此产生了所有权的排他性原则，即一物不容二主，同一物之上只能有一个所有权，而不可能出现两个或多个所有权。一物一权乃是所有权人对其物享有完全的、独占的支配权的必然引申，由此也导致了所有权与他物权的区别。具体体现在：第一，全面的支配与一部的支配，"对物之全面的支配与其一面的支配"是所有权与他物权的"质的差异"①。第二，恒久的支配与暂时的支配。所有权的存在没有预定的存续期间，当事人之间订立永远禁止对所有物进行处分的协定是无效的。②而他物权都具有明确的存续期间，因而只是暂时对物的支配。由于支配权是永久的，从而决定了所有权与诸种权能的分离不论经过多长时间，都只是暂时的分离，这些权能最终要并入所有权中，使所有权恢复其圆满状态，这即是罗马法所确认的所有权的"弹力性"或"伸缩性"原则。③

（5）所有权是无期限限制的权利。这就是说，所有权在存续的期限上，是不存在着限制的。第一，当事人不得创设有期限的所有权，所有权一旦存有明确的期限，那么它就转变成为他物权。第二，法律本身不能为所有权设定存续期限，不存在"暂时性"的所有权。第三，所有权不得因为不行使而告消灭，这是所有权与其他权利尤其是债权的一个本质性区别。第四，只要物持续存在，对物的所有权就一直存在。所有权的无期限性是其与他物权的重要区别。

（6）所有权是完全物权，它包含了四项权能。依据《民法典》第240条的规定，所有权人对自己的不动产或者动产，依法享有占有、使用、收益和处分的权利。可见，所有权人享有的四项权能组成了法定的所有权的内在结构。由于所有

---

① 李宜琛：《日耳曼法概说》，49页，上海，商务印书馆，1944。
② 参见史尚宽：《物权法论》，56页，台北，荣泰印书馆，1957。
③ 参见费安玲主编：《罗马私法学》，166页，北京，中国政法大学出版社，2009。

权包含了四项权能，因而所有权权能是完整的。相对于其他物权来说，所有权是"完全物权"。当然，应当看到，随着社会经济生活的发展，所有权的权能也在不断变化，该四项权能也不一定能够完全概括所有权的各项权能。

第二节　财产所有权的本质

财产所有权的本质是什么？这是研究所有权时不可回避的问题。国外学者就此曾提出了各种观点和学说，主要有以下几种观点。

（1）先占说。此种观点起源于罗马时代，为罗马法学者所倡导，以后荷兰学者格劳秀斯详尽地阐述了这一观点。此种观点认为，在古代，万物没有定主，如果有人先占有某物则就与物之间产生一种特殊关系，他人不得侵夺，这就是所有权的最初状态。但是先占不过是一种事实。马克思指出："只是由于社会赋予实际占有以法律的规定，实际占有才具有合法占有的性质，才具有私有财产的性质。"[1] 所以，先占的事实是不能产生所有权的。即使对自然物能够因先占取得所有权，而劳动产品也是不可能因先占而取得所有权的。

（2）劳动说。这种观点认为，所有权是劳动的产物，例如，农民的收获、工人的工资、商人的盈余等都是劳动的产物。英国学者洛克认为，人对于自己的身体和用身体进行的劳动享有排他的所有权，"只要他使任何东西脱离自然所提供的和那个东西所处的状态，他就已经掺进了他的劳动，在这上面掺加他自己所有的某些东西，因而便成为他的财产"[2]。洛克把这种所有权称为"劳动财产权"。法国学者卢梭等也持这种观点。[3] 但劳动说不能解释社会财富可能存在的分配不公等问题，也不能解释资源等财产所有权取得的原因。

（3）人性说。这种观点认为，所有权是由人们的天性决定的，人类没有外物

---

①　《马克思恩格斯全集》，第1卷，382页，北京，人民出版社，1956。

②　［英］洛克：《政府论》（下册），19页，北京，商务印书馆，1964。

③　参见［法］卢梭：《社会契约论》，123页，北京，商务印书馆，1980。

的供养不能生存，而外物所有的事实与人类俱存，人类意识到互相争夺外物对人类自身不利，于是要求对财产各安其分、互不侵犯，从而产生了所有权观点。18世纪和 19 世纪的许多西方学者都认为，对于每个人来说，所有权是一种天然的不能让与的权利，财产上的不平等是自然的必然结果。[①] 这种观点从抽象的人性出发，抹杀了私有制社会中人与人之间的剥削与被剥削的关系，也不能解释各种所有权取得的原因，因而也是不正确的。

（4）绝对意志说。这种观点认为，所有权是个人绝对意志的体现。例如，黑格尔认为："人把他的意志体现在任何物中，因而该物成为我的东西。""人把他的意志体现在物内，这就是所有权的概念。""但人是一个单元，所以所有权就成为单元意志的人格的东西……这就是关于私人所有权的必然性的重要学说。"[②] 马克思曾经对这一观点给予批判，认为它"表明了一个幻想"，证明黑格尔"……对土地所有权的实际性质'一窍不通'，因为这个概念从一开始就错了，就把一个完全确定的、属于资产阶级社会的、关于土地所有权的法律观念，看作绝对的东西"[③]。

（5）法定说。这种观点认为，人类需要财产虽然是出于人类的本性，但是如果没有法律加以确认和保护，则人类将经常因财产而争夺，社会秩序就不会安定，因此，法律创设了所有权制度。[④] 在法律创设以前，不可能有所有权的存在。因此，所有权作为一种权利，是由法律规定的，但是，法律本身并不仅仅是由立法者的意志决定的，而最终是由社会物质生活条件决定的。法定说只是说明了所有权现象而没有揭示出其内在本质。

上述各种观点不无道理，但都没有全面理解所有权制度的本质，所有权制度的本质应当从法律和制度两个方面理解[⑤]：一方面，从法律层面来看，所有权本质上是法定的权利，是权利人意志和利益的体现，它是权利人依法对其拥有的物

---

① 参见［法］蒲鲁东：《什么是所有权》，89 页，北京，商务印书馆，1982。
② ［德］黑格尔：《法哲学原理》，52～55 页，北京，商务印书馆，1965。
③ 《马克思恩格斯全集》，第 25 卷，695 页，北京，人民出版社，1974。
④ MünchKomm / Säcker, 5. Auflage 2009, BGB § 903, Rn 4.
⑤ H. P. Westermann, Sachenrecht, C. F. Müller Juristische Verlag Heidelberg, 1990, S. 167.

所享有的进行绝对处分的权利，同时还体现为权利人对其所有物进行占有、使用、收益和处分的权利。① 另一方面，从制度层面理解，所有权本身反映了所有制需要，根据马克思主义的观点，所有权作为一种法律形式，其本质在于表现和保护特定的历史时期的所有制关系。所有权制度尽管是由法律规定的，本质上也是对该社会个人和集团对生产资料和劳动产品的占有关系的反映，一定社会的所有权性质正是由该社会占统治地位的所有制性质所决定的。因此，所有权不仅仅是民法的用语，它也在各种政治法律关系中所使用。

第三节　所有权的内容

一、所有权的内容概述

所有权的内容就是指所有权的权能，包括积极的权能和消极的权能。② 但从狭义上理解，积极的权能就是指所有权的内容。根据《民法典》第 240 条，所有权人对自己的不动产或者动产，依法享有占有、使用、收益和处分的权利。消极的权能就是指所有权在受到侵害以后所产生的物权请求权，它是指所有权在遭受侵害的情况下，权利人对所有权进行保护的权利。

所有权权能与所有权是何种关系，在学说上有两种不同的看法：一是权利集合说。这种观点认为，所有权是由各项权能组成的集合体，各项权利可以成为单独的权利，集合起来则为一个整体的所有权。因此，所有权的权能是指构成所有权的权利。二是权利作用说。此种观点认为，所有权的各项权能不过是所有权的不同的作用，因而当这些权能与所有权分离时，不过是所有权的不同作用的体现。这种观点认为，如果说所有权是各项权能的集合，则所有权因缺乏某项权能就不构成所有权，这样，权能便不可能与所有权发生分离。

---

① 参见米健：《用益权的实质及其现实思考》，载《政法论坛》，1999（4）。
② MünchKomm / Säcker, 5. Auflage 2009，BGB § 903, Rn 7 ff.

笔者认为，这两种观点都有一定的道理，但并没有将所有权权能与所有权的关系解释清楚。实际上，所有权作为客观的权利，它是权能的集合体，是具有完整的权能的权利，从这个意义上说，所有权的权能是由所有人享有的、构成所有权内容的权利。但是所有权作为主观权利，其四项权能可以部分或全部与所有权发生分离，在所有人实际享有并行使所有权的过程中，它又是作为所有权的某种或某几种作用体现出来的。从这个意义上说，所有权的权能又是所有权的作用的体现。

（一）占有权能

占有，是指民事主体对财产的实际控制。① 占有权，就是民事主体对于财产的实际控制权。占有权能，是指所有权人和其他合法占有人对于所有物进行控制和管领的事实。关于占有是否应当列为所有权的一项权能，学说上历来存在着争论。《民法典》将占有明确规定为所有权的权能，这是不无道理的。一方面，尽管占有可能是一种事实状态，但也可能是一种法定权利。占有人所享有的占有权，不过是从所有权中分离出来的权能。一般情况下，占有权并不是独立于所有权之外的法定权利。另一方面，尽管占有权作为所有权的一项权能，在大多数情况下与所有权是重合的，所有权只有从占有开始，才能由客观权利变为主观权利，而且只有当占有权回复到所有人手中，所有权才最终恢复其圆满状态。② 德国学者耶林指出："占有是所有权的实现。占有是事实，所有权是权利。占有是事实上行使某种请求，而所有权是在法律上确认这个权利。""占有是所有的外部形式，因此而使所有获得了表现形式。"③

占有权也可以与所有权发生分离，从而成为一种独立的权利。这种分离的现象主要依合同而产生，例如，根据保管、租赁、担保合同而移转占有并移转占有权。再如，对遗失物依法保管，在保管期间，占有人对其占有的遗失物享有占有权。占有人取得占有权后，可以排斥第三人的干涉，甚至可以对抗所有人。但是这种权利也不过是所有权人根据自己的意愿转让的，是所有权人为了使自己的所

---

① MünchKomm / Säcker，5. Auflage 2009，BGB § 854，Rn. 2.

② 参见史尚宽：《物权法论》，57 页，台北，荣泰印书馆，1957。

③ Jhering，über den Grund Besitzschutzes，1869，p. 179.

有物能得到更好的保管、利用，以及获得更大的利益而转让给占有人的，这是符合所有权人的意志和利益的。为了保护占有，我国《民法典》第 462 条规定了占有之诉。

占有权是由所有权分离出来的一项权能。这种分离之所以能够成为占有人的权利，是因为它符合法律的规定和所有人的意志，否则，不可能形成合法占有权，而仅为一种事实状态。占有权既然是从所有权中分离出来的一项权能，那么，这种权利就不能超出它本身的范围，也就是说，占有权不能包括使用、收益和处分权，而仅仅为对物（生产资料和劳动产品）实行控制的权利。

（二）使用权能

在任何社会经济形态中，人们占有生产资料和劳动产品都不是目的，占有的目的是获取物的使用价值或增值价值。所以，不论是所有权人还是非所有权人，他们占有财产，最终都是为了对财产有效地利用或从中获得经济上的利益。[1] 这种利用财产的权利，就是使用权。现代民法物权制度出现从重所有向重使用的转化，表明使用权的地位逐渐突出。在各种物权中，用益物权的重要权能就是使用权，权利人设立这种权利的目的就是要获得使用的权利。

实际上，物的使用权在本质上是由物的使用价值所决定的。获取物的使用价值以满足所有权人的需要，是所有权人的意志和利益的体现，而所有权人以外的其他人，负有不妨害所有权人获取其物的使用价值的义务。因此，使用权能够成为所有权的一项独立权能。所有权人根据法律或合同的规定，可将使用权移转给非所有权人行使。非所有权人取得使用权，即使在已经对物进行事实上使用的情况下，也必须依据法定的方式，而且非所有权人的使用权是由所有权派生出来并依赖于所有权的。非所有权人行使使用权时，必须根据法律或合同的规定进行，一般要按照指定的用途使用。

（三）收益权能

收益权是指利用财产并获取一定的经济利益的权利。收益权是所有权的一项

---

[1] 参见谢在全：《民法物权论》（上册），123 页，北京，中国政法大学出版社，2011。

重要的权能。人们拥有某物，都是为了在物之上获取某种经济利益以满足自己的需要，只有当这种经济利益得到实现后，所有权才是现实的。如果享有所有权对所有权人毫无利益，所有权人等于一无所有。

就收益权的历史考察，在罗马法的所有权概念中，排斥了收益权能。尽管在罗马法关于用益权的规定中提到了收益的权利，并且认为用益权是"可以从所有权中分离出来的，这种分离可采取各种不同方式"①，但实际上在罗马法时代，收益权在所有权的权能中并不突出。因为罗马社会仍然是简单商品经济社会，简单商品经济是在自然经济条件下所发生的简单商品交换，这种交换的目的，是满足所有权人的生产和生活的消费而不是在生产的基础上追求价值。所以，在实际的生产过程中，所有权人注重的是使用权，即获取物的使用价值的权利，而往往忽视了追求物的价值的权利，即收益权。收益权的概念，是中世纪注释法学派在解释罗马法时提出的。② 注释法学派认为，在所有权的权能中应补充收益权的概念。这种观点的提出主要是为了解释中世纪西欧封建社会所存在的双重所有权形式。由于这种双重所有权的存在，因而在中世纪欧洲基本上不存在自由的土地所有权，领主对土地享有的实际权利，是在土地上获取收益即占有农奴的剩余产品的权利。在当代西方社会，收益权日益突出。许多学者认为，现代所有权的观念就是由绝对所有权向收益权的转化，认为所有权均为收益权。③ 进入现代社会，物权法发展的一个重要趋势是所有权从抽象的支配到具体的利用转变。物权的权利人支配其物，并不在于抽象地支配，而在于通过对物的支配而获得一定的经济利益。当代物权法通过加强对利用权能（即使用和收益权能）的保护，以"利用"或"利用的必要性"来代替"支配性"，使物资利用权（用益权）优于所有

---

① ［古罗马］查士丁尼：《法学总论》，61 页，北京，商务印书馆，1989。

② 据学者考证，中世纪初注释法学派代表人巴托鲁在解释罗马法的所有（dominium）一词时，认为该概念中包含了对物权（ius in re），尤其是用益权。此后，用益权被表述为一种广义上的特别所有权或为部分所有权（pars dominium）。具体参见米健：《用益权的实质及其现实思考》，载《政法论坛》，1999（4）。

③ See Gyula Eörsi, "Comparative Civil (Private) Law: Law Types, Law Groups, the Roads of Legal Development", *Akadémiai Kiadó*, 1979, pp. 247-248.

权，同时"社会性的利用"优于"私人性的利用"①，从而充分鼓励和督促权利人对物的利用，以发挥物的效用，促进经济的发展。

收益权是所有权的权能，而且是一项重要的权能。就收益权与使用权的关系而言，两者联系非常密切。有一种观点认为，应从广义上理解使用权。使用不仅是对物的效用的利用，还包括在物之上获得经济利益，因而使用权包括收益权。笔者认为，这种看法是有一定道理的。但严格地讲，不能认为有了使用权就必然有了收益权，因为这毕竟是两个不同的权能。从社会经济生活来看，在使用权和收益权的行使中，一般来说会出现四种情况：一是因有使用权而获得收益。例如，利用物而获得天然孳息，在这里，收益并不是一项独立的权能。二是既有使用权又有收益权，二者是联系在一起的。例如，土地承包经营权等。三是只有使用权但不获得收益。例如，在房屋租赁中承租人只有使用权，但不能通过转租从中获得收益。四是只有收益权而没有直接使用权。例如，所有人在出租房屋后收取租金而不能再继续占有、使用房屋。在后两种情况下，使用显然和收益是完全脱离的。即使在前两种情况下，使用和收益的性质也是不一样的。使用是为了获取物的使用价值，而不是单纯为了获取物的价值。所有权人和非所有权人享有收益权和使用权，分别追求的是不同的经济目的。

收益权不仅包括天然孳息，还包括法定孳息；不仅是指利用物本身取得利益，还包括投资及其收益。收益权也可以基于所有权人的意志和利益，与所有权人发生分离，所有权人为他人设立用益物权以后，用益物权人就享有收益权。收益权可以基于法律规定来确定。例如，《民法典》第 256 条规定，国家举办的事业单位依照法律和国务院的有关规定享有收益权。收益权也可以基于合同来确定，例如，《民法典》第 321 条规定，天然孳息归用益物权人取得，当事人另有约定的除外。

（四）处分权能

所谓处分权，就是所有权人对其动产或不动产进行消费和转让的权利。对财

---

① 林刚：《物权理论：从所有向利用的转变》，载司法部法学教育司编：《优秀法学论文选》，215 页，北京，法律出版社，1996。

产的消费（包括生产和生活的消费）属于事实上的处分，对财产的转让属于法律上的处分，两者都会导致所有权的绝对或相对消灭。所以，处分权决定了财产的归属，它是所有权区别于他物权的一个重要特征，是所有权的核心权能。

处分权是由物具有交换价值决定的，法律上的处分意味着物的转让。各个所有权人对财产实行的法律上的处分形成了商品的交换，而一连串的处分行为形成了总体的交换即商品的流通。

在市场经济社会中，处分权是一个独立的市场主体应有的权利。因为所有权是生产和交换的前提与结果。如果主体对生产工具和劳动对象不享有事实上的处分权，他就无法在生产领域中将生产资料和劳动力结合起来，从而无法进行实际的生产活动。如果主体对劳动产品不享有法律的处分权，在交换中他就不能作为所有者将商品转让。一个没有处分权的主体，是无权与他人缔结转让财产的合同的。所有权人通常享有处分权，但处分权在法律上也可以受到限制，例如，农村集体经济组织虽然对其土地享有处分权，但是，不能随意转让土地。

所有权的权能为所有权人提供了一定的行为自由，它意味着所有权人具有依法实施一类或一系列行为的可能性，每一种权能都具有十分复杂的性质。例如，所有权人享有处分权，意味着所有权人可以对其财产消费、清偿、赠与、交换、加工等。随着经济的发展和物的效用的增加，所有权权能所包含的内容也将扩大。

二、所有权权能的分离

《民法典》第 241 条规定："所有权人有权在自己的不动产或者动产上设立用益物权和担保物权。用益物权人、担保物权人行使权利，不得损害所有权人的权益。"如前所述，所有权的权能包括了占有、使用、收益、处分四项权能。这些权能都可以根据所有权人的意志与所有权发生分离。所有权人享有的每一种权能，都意味着所有权人具有依法实施一类或一系列行为的可能性。每一种权能都具有十分复杂的性质。所有权人在实际行使所有权过程中，常常将其所有权的权能依据法律规定和当事人之间的约定分离出去，这是所有权人行使所有权的具体形式。《民法典》第241条专门对所有权权能的分离作出了规定。

所有权的每一项权能都可以与所有权发生分离，并在此基础上形成由非所有人享有的各种权利，而各项权能也可以作为交易的对象由非所有人享有。所有权人在实际行使所有权过程中，常常将其所有权的权能依据法律规定或当事人之间的约定分离出去，从而在自己的财产之上设定他物权，这也是所有人行使所有权的具体形式。例如，所有权人可以设立用益物权和担保物权。《民法典》第241条专门对所有权人有权在自己的财产之上依法设定他物权作出规定。所有权权能的分离主要具有如下特征。

1. 所有权人有权在自己的财产之上设定他物权

《民法典》第241条规定："所有权人有权在自己的不动产或者动产上设立用益物权和担保物权"，这实际上是确认了所有权权能可以根据所有人的意志发生分离，从而设立用益物权和担保物权。权能分离通常表现为他物权的设定。这种分离是现代市场经济条件下所有权发展的必然趋势，也是实现所有人意志和利益的最佳途径。例如，在一块土地之上，可以通过登记公示确立出多种物权，包括土地所有权、建设用地使用权、地上和地下空间权、地役权、土地的抵押权、资源开采权等。

所有权在实际的运行过程中，其权能往往是不完整的。所有权的权能依据所有人的意志和利益与所有权发生分离，但这并不导致所有权人丧失所有权，因为所有权人可以通过行使支配权而实现其所有权。他物权的存在不仅是符合所有权人的意志的，而且有利于所有权的充分实现。基于所有权而设立的他物权，是对财富的有效利用形式，这些形式越多，表明对财富的利用方式越丰富。

2. 他物权的设定并不导致所有权的消灭

《民法典》第241条规定所有权人有权在自己的不动产或者动产上设立用益物权和担保物权，这实际上是确认了所有权权能可以根据所有权人的意志发生分离，从而设立用益物权和担保物权。在罗马法中，因实行自然经济，生产规模相对较小，对物的使用的效能相对低下，所有权权能常常集中于所有权人手中，权能分离的现象并不十分复杂和普遍。但在当代市场经济条件下，所有权权能分离现象越来越普遍。所有权的每一项权能都可以与所有权发生分离，并在此基础上形成由非所有权人享有的各种权利，而各项权能也可以作为交易的对象由非所有权人享有。当代物权法中不断增多的物权形式，也证明了权能分离的多样性。

因此，所有权在实际的运行过程中，其权能往往是不完整的。所有权的权能依据所有权人的意志和利益与所有权发生分离，但这并不导致所有权人丧失所有权，这是因为所有权人可以通过行使支配权而实现其所有权。他物权的存在不仅是符合所有权人的意志的，而且有利于所有权的充分实现。例如，在同一物之上设定数个担保物权。基于所有权而设立他物权，是对财富的有效利用形式，这些形式越多，表明对财富的利用方式越丰富。

他物权的设定不仅不会导致所有权消灭，反而有利于所有权人更好地实现其所有权。他物权是在所有权的基础上产生的，其本质上是对所有权的限制，他物权一旦消灭，所有权仍会恢复其圆满状态。物权法理论一般认为，所有权具有整体性，在所有物上设定用益物权及担保物权，不是让与所有权的一部分，而是创设一个新的、独立的物权。[1]

3. 他物权的行使不得损害所有权人的利益

一旦所有权之上设定了他物权，就出现一物之上存在多个物权的现象。他物权人依据法律规定或者约定享有他物权，但他物权的行使不得损害所有权人的利益。例如，国家对矿产资源享有所有权，在该所有权基础上设定了采矿权，而采矿权人行使采矿权时，不能滥采，必须依照法律和合同的规定开采。采矿权人还必须保护环境，维护生态的平衡。再如，建设用地使用权人不得禁止和排斥国家对空间的合理利用。因此，《民法典》第241条规定："用益物权人、担保物权人行使权利，不得损害所有权人的权益。"

---

① 参见王泽鉴：《民法物权》，110页，北京，北京大学出版社，2010。

他物权人行使所有权损害所有人利益的，可能承担三种责任：一是侵权责任。例如，他物权人在占有所有人财产之后非法侵害其使用的财产的，构成侵权。二是违约责任。例如，需役地人违反地役权设定合同而利用供役地人的不动产，造成供役地人损失的，应承担合同责任。三是不当得利返还责任。例如，他物权人非法转让所有权人的财产，由此获得的利益没有法律根据，应当返还给所有权人。

第四节 所有权的限制

一、对所有权进行限制是当代所有权制度发展的重要趋势之一

在任何国家的法律中，所有权都不是绝对的、不受限制的权利。在自由资本主义时期，以绝对的、不受限制的私有权为原则，不少学者主张所有权的绝对性和无限制性，认为私人所有者对其所有物可以自由地使用、收益和处分，而不受任何限制。这一原则虽然对自由资本主义经济的发展起过推动作用，但是因其过分强调个人利益而忽视了社会整体利益，加剧了个人利益与社会利益之间的冲突，阻碍了生产的社会化和大规模的经济建设，甚至导致了个人滥用其所有权而损害他人和社会利益的现象。因此，19 世纪末期以来，个人主义的所有权观念日渐式微，并产生了如下两种所有权观念：一是社会的所有权观念。这种观念认为，法律保障所有权旨在发挥物的效用，使物达到充分利用并增进社会的公共福利，所以，所有权的行使应当顾及社会公共利益，不允许个人滥用权利，损害他人和公共利益。同时，这种观念认为，从维护社会公共利益出发，应对所有权作适当的限制。二是个人与社会调和的所有权思想。此种观点认为，如果过分强调个人所有权的绝对性，将有害于社会公共利益，但若过分强调所有权的社会性，又将会侵害个人的财产权利，损害个人的财产自由，所以法律应当协调个人的权利与社会利益。个人行使所有权应当顾及社会利益，同时社会也应当尊重个人对

其财产所享有的自由。自第二次世界大战以来，这种观点逐渐盛行。①

　　20 世纪以来，资本主义所有权制度的发展主要表现为法律对私人所有权的限制。1919 年德国《魏玛宪法》第 153 条第 4 项规定："所有权负有义务，于其行使应同时有益于社会公益。"据此，财产所有权人行使其对财产的占有、使用、收益和处分权时不得违背社会公共利益，并且法律必须出于公共利益的需要而科以所有人义务。1947 年日本修改民法典时，在第 1 条第 1 款明确宣布："私权必须遵守公共福祉。"根据学者的解释，"物权法具有排他性，涉及公共利益，如何合理调和自由与限制，是每一个物权法面临的重大课题"②。从大陆法系民法的立法看，对所有权的限制主要表现在如下几个方面：一是对土地所有权的客体范围和效力范围的限制。二是基于生态和环境保护的需要对所有权的限制。三是基于相邻关系的限制。四是对所有权行使方式的限制。五是基于公共利益对于私权利用的限制。例如，基于城市规划、重要基础设施建设等需要对所有权进行限制。

　　上述对所有权的各种限制，大都属于私法上的限制。此外，各国都颁布了许多行政法规对所有权及其行使施加了公法上的限制。有学者认为，公法上的限制也形成了对所有权的内在限制，所有权人违反公法限制行使权利，在法律上除了应认定其为无效外，还可实施行政处罚，违反刑法时可以判处刑罚。③"根据特殊情况，国家可以用废除和没收的方法限制所有者的权利。特别是自从进入 20 世纪以来，对所有权所采取的公法的限制有了重大的发展。"④ 尽管此种限制并未改变私人所有权的归属，但无疑使所有权在内容和行使方式上都受到法律的诸多限制。可见，所有权理论并非以个人为本位，而是以社会为本位。上述对所有权的限制常常被西方学者称为"所有权的社会化"，"变主观的所有权为社

---

　　① 这两种所有权观念参见温丰文：《土地法》，40～41 页，台北，三民书局，1996。

　　② 王泽鉴：《物权法上的自由与限制》，载孙宪忠主编：《制定科学的民法典——中德民法典立法研讨会文集》，210 页，北京，法律出版社，2003。

　　③ 参见〔日〕田中夫、山本进一：《民法总则·物权法》，345 页，东京，法学书店，1976。

　　④ J. H. Beekhuis, F. H. Lawson, *International Encyclopedia of Comparative Law*, *Property and Trust*, *Structural Variations in Property Law*, H. C. B Mohr, 1972, p. 10.

会的功能"①。此种变化表明，所有权已不再是罗马法中所称的绝对的不受限制的所有权，而是受限制的、相对的所有权。

二、对所有权进行限制的原因

我国《民法典》贯彻了所有权平等保护的精神，强化了对各类所有权的保护，但这并不意味着我国法律上所有权是绝对的、不受限制的。从维护国家基本经济制度和经济秩序等考虑，我国法律对所有权进行了一定的限制。《民法典》第 114 条在规定物权的概念时，使用了"依法享有物权"这一表述，表明物权都应当依法享有，其当然也适用于所有权的享有。同时，《民法典》第 240 条在规定所有权的概念和权能时，也使用了"依法"这一表述，这也表明，权利人只能在法律规定范围内享有所有权，即法律可以赋予所有权各项权能，也可以对所有权进行限制。

所有权的限制就是指依据法律规定对所有权的内容和行使进行限制。《民法典》强调要尊重和保护各类物权，但在加强对各类物权进行保护的同时，也有必要从公共利益等原因出发对所有权进行限制，具体而言：

第一，维护社会主义基本经济制度。从维护国家基本经济制度出发，我国《民法典》确立了国有财产的专属性原则。按照这一原则，专属于国家的自然资源、国防资产等，不能由其他人所有。正因为这一原则，这些财产的所有权不能进行交易，国家也不能对其进行处分。在这一点上，也可以说是对国家所有权的限制，而作出这些限制就是为了保障国家对这些财产的专有权，维护国家的基本经济制度。

第二，实现公共利益。从世界各国法律规定来看，即使是在对私有财产的保护非常全面和完备的国家，也认为私有财产权并不是绝对不受限制的权利。国家出于公共利益的需要，可以对私有财产进行征收。② 所以，征收制度是各国法律

---

① ［俄］弗莱西茨：《为垄断资本主义服务的资产阶级民法》，9 页，北京，中国人民大学出版社，1956。

② MünchKomm / Gaier，5. Auflage 2009，Vorbemerkung zu BGB § 903，Rn. 30 ff.

普遍认可的制度。各国法律都规定基于法律规定、正当程序和公共利益的需要，在合理补偿的基础上可以对私人财产予以征收、征用。鉴于征收是对个人财产权的重大限制，征收行为的实施对个人财产利益关系巨大，其将导致个人财产权被限制，甚至被剥夺，所以，为了强化对个人财产权的保护，各国法律大多是在宪法和物权法中对征收制度作出规定的。我国《民法典》基于维护公共利益和保护个人财产权的需要，采用多个条文规定了征收的条件、补偿标准，从而完善了征收、征用制度。这一制度设立的目的，就是实现公共利益。

第三，保护耕地，保障生态环境和资源的合理利用。我国的国情是人口多、耕地少，现在全国耕地保有量只有 18.3 亿亩，人均耕地只有 1.4 亩。我们是以仅占世界平均水平的 1/3 的耕地，养活了占世界近 1/4 的人口。[①] 耕地资源的不可再生性，与我国工业化市场化发展的需求形成了尖锐的矛盾。保护耕地、维护生态环境、实现可持续发展，是我国的基本国策。因此，《民法典》第 244 条明确规定了国家对耕地实行特殊保护，严格限制农用地转为建设用地，控制建设用地总量。此外，《民法典》第 326 条还规定，用益物权人行使权利，应当遵守法律有关保护和合理开发利用资源的规定。

第四，实现物尽其用。物尽其用是物权法的基本功能，也是贯穿于物权法始终的基本精神，它体现在物权制度的各个方面。例如，在相邻关系方面，不动产之间相互予以限制，也是为了实现物尽其用。在共有制度中，鉴于按份共有的协商成本较高，《民法典》放宽了对共有物作出处分和重大修缮的限制，这种对共有财产权的干预，也是为了实现物尽其用。

第五，维护人与人之间的和睦关系，构建和谐社会。人们在社会生活中，行使权利应当考虑邻人的利益。因此，相邻一方在他人有利用自己土地和房屋的必要时，应当为其提供通风、采光等方面的便利。可见，法律对于相邻关系的规定，实际上也是法律对所有权以及使用权进行的限制，而作出这种限制，在很大程度上就是要维护人与人之间的和睦关系，构建和谐社会。

---

① 参见王兆国：《关于〈中华人民共和国物权法（草案）〉的说明》，新华社 2007 年 3 月 8 日电。

从我国现行立法规定来看，对所有权的限制具体体现为：一是《民法典》第117条规定了征收、征用制度，这两项制度构成对所有权的限制。二是《民法典》第244条关于对耕地实行特殊保护的规则，构成对所有权行使的限制。三是《民法典》对各类所有权的行使规则作出了规定，其也构成对所有权行使的限制，即各类所有权的权利人只能在法律规定的范围内行使所有权。四是依据《民法典》第279条、第286条等的规定，在建筑区分所有权制度中，业主在行使所有权时，也应当受到法律、法规以及管理规约的限制。五是相邻关系的限制。我国《民法典》对相邻关系作出了规定，相邻不动产的权利人在行使权利时，应依法受到相邻关系法律规则的限制。六是所有权的取得必须合法，即权利人必须基于依据法律规定取得所有权，这就对取得所有权的依据进行了限制。除《民法典》外，相关特别法以及公法等，基于节约资源、保护生态环境、城市规划、文物保护、国防安全等原因，也对所有权进行了一定的限制。

三、征用制度

（一）征用的概念

征用是对单位和个人财产所有权进行限制的一种方式。《民法典》第245条规定："因抢险救灾、疫情防控等紧急需要，依照法律规定的权限和程序可以征用组织、个人的不动产或者动产。被征用的不动产或者动产使用后，应当返还被征用人。组织、个人的不动产或者动产被征用或者征用后毁损、灭失的，应当给予补偿。"据此，征用是指国家因抢险、救灾等紧急需要而依法通过行使征用权，临时使用单位或者个人的财产。征用的特征在于：

第一，征用必须是出于抢险、救灾等紧急需要。所谓紧急需要，是指因战争、抢险、救灾等情况紧迫，必须要紧急使用单位和个人的财产。一方面，这些紧急需要属于公共利益的范畴，可以说是公共利益的具体类型和特殊表现，正是因为出于公共利益的表现，征用制度才具有正当性和合法性。另一方面，征用必须在紧急情况下采用，即政府无法通过正常的市场购买行为来完成，只能通过征用的方式。

第二，国家必须依法行使征用权。《民法典》第 245 条并没有规定征用权行使的主体。据此有人认为，征用权不限于政府享有，也可以由法人或者个人享有。例如，为了紧急救人、打捞沉船，可以未经权利人的同意而强行使用他人的渔船或者其他交通工具。如果仅仅规定政府作为征用权的主体，不利于单位和个人为了公共利益在紧急情况下进行及时处理。但是，笔者认为，征用权应当是专属于政府的公权力，任何单位和个人不得享有。物权法规范征用制度，也是为了防止政府权力不当侵害公民、法人的财产权。如果单位和个人也享有征用权，在实践中容易导致随意侵害他人财产的后果。至于在特别紧急情况下，单位或者个人的确需要利用他人的财产来保障其个人或者他人的利益甚至公共利益，可以通过紧急避险等制度来加以规范，但征用权只能由国家享有。

第三，不移转所有权。征用是对个人和单位财产的临时使用，不发生所有权变动的后果。一般来说，征收要强制移转所有权，而且导致所有权永久性的移转，而征收是国家对私人所有权所采取的具体而特别的干预。[①] 但征用旨在获得使用权。在征用的情况下，只是临时使用标的物，所有权没有移转，如果标的物没有毁损、灭失，就应当返还原物。有一种观点认为，既然政府使用他人财产过程中导致财产灭失和所有权丧失，性质上就不再是征用，而是征收。笔者认为，此种情况仍然属于征用，因为《民法典》第 243 条规定的征收对象是不动产，在征用过程中造成他人财产灭失的情况下，政府未获得该财产的所有权，仍然应当以征用来处理。当然，在补偿时，应当考虑到该动产的价值，适当作出补偿。

第四，适用于动产和不动产。《民法典》第 245 条规定，征用适用于"组织、个人的不动产或者动产"。对绝大多数动产而言，都具有可替代性，可以在市场上购买到。因而即便国家需要，大多也可以通过在市场上购买的方式获得，而不必启用征用制度。只是在特殊情况下，因紧急需要才有必要利用公民的动产。例

---

① 参见［德］鲍尔、施蒂尔纳：《德国物权法》（上册），张双根译，254 页，北京，法律出版社，2004。

如，因抢险救灾而需要利用公民家中的木板。在实践中，征用的对象大多是不动产。例如，紧急情况下征用他人的土地，用于堆放救灾器材，或在"SARS"时期征用他人房屋以隔离病人。

（二）征用的条件

第一，必须出于紧急需要。征用是在紧急需要时实施的，这是征用适用的基本条件。《民法典》第245条强调征用必须基于救灾、抢险等紧急需要。通常，紧急需要是指因公共事务、军事、民事等原因而发生的重大紧急需求。

第二，必须符合法定的权限和程序。征用行为是否必须依照法律规定的权限和程序，对此存在不同的看法。不少学者认为，在征用的情况下，因为是在紧急情况下采取的措施，所以无法遵循特定的程序。笔者认为，根据《民法典》第245条的规定，即使在紧急情况下也要依照法律规定的权限和程序来行使征用权，这对于规范政府的权力是十分必要的。例如，需要请示有关主管部门批准或者有关方面的特殊授权，而不得擅自随意由某个人作出决定。当然，征用的程序应当不同于征收程序，虽然《民法典》第243条和《民法典》第245条中采取了相同的表述，但征收和征用所适用的权限和程序应当存在区别。

第三，征用完毕应当返还，并给予适当补偿。《民法典》第245条中规定："被征用的不动产或者动产使用后，应当返还被征用人。单位、个人的不动产或者动产被征用或者征用后毁损、灭失的，应当给予补偿。"具体来说，包括两方面：一方面，在征用以后，由于被征用的财产并没有移转所有权，如果被征用的财产没有灭失，应当向权利人返还该被征用的财产。或者在紧急状态结束后，应当将被征用之物返还给其权利人。如征用了他人的房屋的，应当尽快腾空房屋，返还给被征用人。另一方面，应当对被征用人给予补偿。根据《民法典》第245条的规定，在征用以后，无论是否造成了被征用财产的毁损灭失，都应当给予补偿。如果征用了被征用者的财产，即使没有造成被征用财产的毁损、灭失，因为利用了被征用财产的使用价值，也应当给予补偿。如造成了征用财产的毁损、灭失，则不仅要补偿物的使用价值，还应当补偿因物的毁损灭失造成的损失。关于征用的补偿标准，《民法典》第 245 条只是规定应当给予补偿，究竟如何补偿，可以由双方依据法律规定协商确定。如果双方未能达成协议，一般应当考虑财产的价值、被利用的情况、是否造成被征用财产毁损、灭失等因素来决定补偿的费用。

需要指出的是，由于征用主要是为实现公共利益而采取的方式，且符合法定的权限和程序，所以，即使造成了财产的毁损、灭失也不能依据侵权责任作出赔偿，只能依法给予必要的补偿。

第十一章
所有权的取得

第一节　所有权取得概述

一、所有权取得的概念

所有权的取得，是指民事主体取得所有权的合法方式和根据。所有权的取得必须是合法的，否则，不受法律的承认与保护。所有权的取得方式包括劳动生产和收益、征收、善意取得、添附等。所有权的合法取得方式可分为原始取得与继受取得两种。所谓原始取得，是指根据法律规定最初取得财产的所有权或不依赖于原所有权人的意志而取得财产的所有权。原始取得包括劳动生产和收益、征收、善意取得、添附等。对于无主财产，在符合法律规定的条件下，将被收归国有（如遗失物超过 1 年无人认领）。此种方式也是原始取得。所谓继受取得，又称传来取得，是指通过某种法律行为从原所有权人那里取得对某项财产的所有权。[①] 这种方式

---

① 参见刘家安：《物权法论》，2 版，93 页，北京，中国政法大学出版社，2015。

是以原所有权人对该项财产的所有权作为取得的前提条件的。继受取得的根据主要包括买卖合同、赠与、互易、继承、受遗赠和其他合法原因。

在《民法典》物权编中，继受取得主要是指通过当事人之间的交易取得物权，继受取得主要是指两种情形：一是通过买卖、赠与等交易方式取得物权；二是通过继承和受遗赠等方式取得物权。在这两类继受取得情形中，物权通常是从一个权利人处转移到另一个权利人手中，从而发生物权变动，其应当遵循物权变动的规则。当然，对于通过继承和受遗赠方式取得物权而言，其不仅要遵循物权变动的一般规则，还需要适用《民法典》继承编等相关规则。

原始取得和继受取得的区别如下。

第一，是否基于原权利人的意愿。对原始取得而言，权利人取得相关的物权并不是基于原权利人的意愿而取得，可能是基于自己的劳动，或者从非权利人处取得相关物权。而传来取得则是权利人从原权利人处取得相关物权，而且权利人取得相关物权是基于原权利人的意志而取得。

第二，权利人取得物权的原因不同。对原始取得而言，权利人取得物权是基于法律规定，其属于非基于法律行为而发生的物权变动。如基于权利人的劳动，或者基于添附等法定原因取得物权；而对传来取得而言，权利人取得物权是基于法律行为而取得，其通常是基于权利人与原权利人之间的法律行为（如买卖合同、赠与合同等）而取得物权。

第三，权利人取得相关财产是否需要承受该财产之上的权利负担不同。对原始取得而言，权利人在取得相关的财产权利之后，通常并不需要承受该财产之上既有的财产负担，如抵押权等；而对传来取得而言，权利人取得该财产时对该财产之上的权利负担是知悉的，原则上其应当承受该财产之上的权利负担。[①]

绝大多数物权是基于法律行为或其他法律事实而取得的，且必须具有法律依据，不能由当事人随意创设物权。

[①] 参见史尚宽：《物权法论》，568～569 页，北京，中国政法大学出版社，2000。

二、关于取得时效问题的探讨

关于所有权的取得方式，比较法上有取得时效的规定。所谓取得时效（usu-capion），又称占有时效，它是指占有他人的动产、不动产或其他财产权的事实状态经过一定的期限以后，将取得该动产或不动产的所有权或其他财产权。[①] 自罗马法以来，诉讼时效和取得时效均已存在。现行大陆法系国家的民法也大多都确认了这两种时效。我国《民法典》已确认了诉讼时效，但对于立法中是否有必要确认取得时效，学术界存在着不同的看法。取得时效是与诉讼时效相对应的，诉讼时效期间届满后，如果义务人提出抗辩，则其并不负有返还的义务，但义务人也不能取得该动产物权，该动产的物权仍归属于原权利人，只是在权利人主张权利时占有人（义务人）享有抗辩权而已。在此情形下，如何确定物的归属，是一个值得探讨的问题。

应当看到，《民法典》第196条规定："下列请求权不适用诉讼时效的规定：（一）请求停止侵害、排除妨害、消除危险；（二）不动产物权和登记的动产物权的权利人请求返还财产；（三）请求支付抚养费、赡养费或者扶养费；（四）依法不适用诉讼时效的其他请求权。"从该条规定来看，采反面解释方法，不动产物权和登记的动产物权的权利人请求返还财产不适用诉讼时效，但对于未登记的动产物权而言，应当理解为可以适用诉讼时效。由于我国尚未规定取得时效制度，承认未登记的动产物权适用诉讼时效，可能会产生一定的问题。例如，在某人无权占有他人的古玩字画的情形，经过3年后，时效已经届满，所有权人对无权占有人享有的原物返还请求权，就应当受到诉讼时效的限制。问题在于，在诉讼时效经过后，如果义务人提出时效抗辩，则其将无须返还该动产，但由于我国并未规定取得时效制度，义务人又无法取得该动产的物权，这样就会使相关的财产秩序长期处于不确定的状态。例如，一方请求另一方交付其长期占有的某项财产，

---

① 参见梁慧星、陈华彬：《物权法》，128页，北京，法律出版社，2003。

对方以诉讼时效届满为由提出抗辩，法院在查实诉讼时效确已届满以后，只能宣布该项请求法院不予保护，但该财产究竟应归谁所有，法律仍存疑问。这样，财产关系仍然处于不确定的状态，出现"权利真空"的现象。[1] 因此，有学者认为，《民法典》的上述规定实际提出了相关的财产保护问题，需要取得时效制度加以解决。

善意取得制度不能代替取得时效制度。按照一些学者的观点，善意取得制度存在的理由之一在于：因为第三人在受让财产时，出于善意，因此可以即时取得对其受让的财产的所有权。而即时取得实际上就是一种瞬间时效，这一观点又称为即时时效说。据此，在善意取得的情况下，适用于即时时效或瞬间时效（priscription instantanee nsucapione momentanla），善意取得制度可以取代取得时效。我国也有一些学者赞成这一观点，认为在《民法典》中确认了善意取得制度以后，就没有必要再承认取得时效制度。笔者认为这一观点是值得商榷的。应当承认，善意取得制度和取得时效一样都具有维护交易安全和促进物的有效利用的功能。然而，善意取得制度毕竟和取得时效是两项不同的制度，具体表现在：第一，取得时效制度是指占有他人的动产、不动产或其他财产权的事实状态经过一定的期限以后，将取得该动产或不动产的所有权或其他财产权。善意取得是指动产占有人无权处分其占有的动产，但其将该动产转让给第三人，受让人取得该动产时不知或不应知出让人无权处分，则受让人将依法即时取得对该动产的所有权或其他物权。前者维持的是客观上存在的一种时间持续的状态，而后者强调的是一种主观状态的善意。或者说取得时效更注重客观事实，它虽然重视占有人的占有是否形成了一种自主占有的状态，但并不完全考虑主观状态是否善意。因为在有一些国家的民法中承认在恶意状态下，经过一定的期间也可以取得权利。而且，对占有人的主观状态是否具有为自己所有的意思进行占有常常采用推定的办法。[2] 第二，善意取得必须发生在有偿交易中，一般适用于通过买卖、互易等有

---

[1]　参见王胜明：《物权法制定过程中的几个重要问题》，载《法学杂志》，2006（1）。
[2]　参见温世扬、廖焕国：《物权法通论》，233 页，北京，人民法院出版社，2005。

偿行为来进行的交易。而取得时效则不限于通过交换而占有，实际上其大多适用于通过交易以外的赠与、继承、共同关系等行为而发生的情况①，无偿转让行为也可适用。第三，善意取得适用于善意受让人与无处分权的转让人之间的关系，受让人不直接与动产的所有权人发生关系；而取得时效是善意占有人与财产所有权人之间的关系，不直接涉及第三人。② 在所有人与占有人之外，一般不涉及第三人。

但我国《民法典》不采纳取得时效制定，一方面是因为在现代社会，权利公示制度越来越发达，因而取得时效适用范围越来越狭窄，通过取得时效解决财物归属的必要性并不明显。另一方面，许多动产脱离占有以后，即使经过很长时间，也不能由占有人取得所有权，否则可能损害公共利益。例如，文物不宜适用取得时效。当然，由于没有规定取得时效，确实存在诉讼时效届满以后财产的归属如何确定的难题，这有待于进一步探讨。

第二节　征　　收

一、征收的概念和特征

所谓征收，是指国家基于公共利益通过行使征收权，在依法给予补偿的前提下，将单位或者个人的财产移转给国家所有。我国《宪法》第 10 条第 3 款规定："国家为了公共利益的需要，可以依照法律规定对土地实行征收或者征用并给予补偿。"《民法典》第 243 条第 1 款规定："为了公共利益的需要，依照法律规定的权限和程序可以征收集体所有的土地和组织、个人的房屋以及其他不动产。"这就明确了征收的要件。可以说征收制度是规范公权力、保护民事主体的合法权益的重要制度。

依据《民法典》第 243 条，征收具有如下法律特点。

---

①② 参见房绍坤等：《中国民事立法专论》，71 页，青岛，青岛海洋大学出版社，1995。

第一，征收必须是为了公共利益。所谓公共利益，是指有关国防、教育、科技、文化、卫生等关系国计民生的利益。从比较法的角度来看，"征收"（taken）一般是基于"公共利益"（public use）和"正当补偿"（just compensation）这几个概念而展开的。[①] 所谓公共利益，一般认为，是指有关国防、教育、科技、文化、卫生等关系国计民生的利益。为了防止政府行政权侵害公民和集体的财产权，法律要求政府行使征收权必须符合公共利益的需要。事实上，政府之所以可以不通过磋商谈判方式而征收个人或集体的财产，根本原因在于为了公共利益的需要。所以，公共利益也是行使征收权的正当性和合法性的前提。

为了防止政府行使行政权侵害个人和集体的财产权，法律要求政府行使征收权必须符合公共利益的需要。事实上，政府之所以可以不通过磋商谈判方式征收个人或集体的财产，根本原因在于征收是为了公共利益的需要。公共利益是行使征收权的正当性和合法性的前提。

第二，征收的主体是国家。征收是一种国家的强制行为，是政府行使征收权的行政行为。因此，只有国家才能利用公共权力对集体或私人的财产进行干预，甚至将其强制性地移转给国家。除国家之外，任何组织和个人都不享有公共权力，因而也不享有征收权。尽管《民法典》第 243 条没有规定征收行为的主体，但由于物权编有关征收的规定本身构成对政府行使行政权的规范，因而也表明征收是政府依法所实施的行为。

《征收与补偿条例》第 4 条规定："市、县级人民政府负责本行政区域的房屋征收与补偿工作。市、县级人民政府确定的房屋征收部门（以下称房屋征收部门）组织实施本行政区域的房屋征收与补偿工作。"据此，该条例明确了市、县级人民政府是拆迁法律关系中的主体，即拆迁人和补偿人。一方面，政府应当作为拆迁人。被征收人在法定期限内不申请行政复议或者不提起行政诉讼，在补偿决定规定的期限内又不搬迁的，由作出房屋征收决定的市、县级人民政府依法申请人民法院强制执行（《征收与补偿条例》第 28 条）。另一方面，政府应当作为

---

① See Leif Wenar，"The Concept of Property and the Taking Clause"，97 *Colum. L. Rev.* （1923）.

补偿人。也就是说，只能由政府出面与被拆迁人达成补偿协议，并且由政府来支付补偿费用。当然，政府作为拆迁人，并非意味着政府享有强制搬迁的权力，正是因为政府作为拆迁人，其在与被拆迁人发生纠纷以后，不能再以裁判者的身份出现。

第三，征收是移转所有权的行为。在《民法典》第 243 条和第 245 条分别规定了有关征收和征用的内容。征收和征用具有重要区别，表现在：征收将导致集体或者个人的所有权移转。从实践来看，只要不发生所有权移转，将不会发生征收问题。例如，严格限制公民砍伐自己栽种的树木，就属于所有权的限制，而不属于征收。又如，属于个人所有的住宅受到文保法的保护，所有权人不得自行拆除，也属于对所有权的限制，而不是征收。

第四，征收必须依法作出补偿。征收虽然在性质上不是交易，作出征收的决定不是遵循自愿的原则来进行的，但它必须以补偿为前提，而不能在未支付任何补偿的情况下强制性地移转民事主体的所有权。法律作出此种规定的主要目的是充分保护民事主体的合法权益。

第五，征收的对象主要是不动产。依据《民法典》第 243 条的规定，征收的对象主要包括两类：一是集体所有的土地以及集体所有土地之上的土地承包经营权和宅基地使用权等。二是组织和个人的房屋以及其他不动产。依据《民法典》第 338 条的规定，用益物权也可以成为征收的对象。依据《民法典》第 358 条的规定，为了公共利益的需要，提前收回建设用地使用权，也会发生征收地上建筑物的问题。原则上征收的对象不包括动产，因为动产通常是可以替代的物，如果国家出于公共利益要获得个人的动产，可以从市场购买或者与个人协商购买，而不必通过征收的方式直接发生所有权的变动。

从比较法的角度来看，征收的财产范围也在扩大。① 在我国，征收的对象既包括不动产的所有权，也包括不动产之上的用益物权，但是，担保物权不可能发生征收的问题，因为担保物权涉及其他人的利益，如果因征收导致担保物权的消

---

① See Leif Wenar："The Concept of Property and the Taking Clause"，97 *Colum. L.* Rev.（1923）.

灭，可能影响到抵押权的实现。

由于征收要移转所有权，因而在法律上属于原始取得。《民法典》关于征收制度的规定，对于充分保护公民、法人的财产，维护被征收人的合法权益具有十分重要的意义。《民法典》强调要保障被征地农民的合法权益，保护被拆迁人的合法权益，这就确定了我国征收制度的根本目的。鉴于实践中已经出现了不少征收补偿方面的纠纷，需要通过具体法律的规定为司法裁判提供法律依据。《民法典》第243条的规定也为行政法规、规章以及司法解释的制定提供了依据。《民法典》作为我国法律体系中的基本法律，已经确立了征收制度的基本框架，行政法规、规章以及司法解释只能够在其框架内加以细化规定，而不能违反《民法典》关于征收制度的基本内容和精神。

二、征收与征用的区别

征收、征用都是国家通过行使行政权，基于公共利益对集体和私人所有权进行限制的方法，二者具有一定的相似之处，表现在：征收、征用都是为了公共利益的需要，且都应给予补偿。但两者存在一定的区别，表现在：

第一，是否移转所有权不同。征收都要移转所有权，它是指国家为了公共利益的需要，而利用公权力强制性地将集体或私人所有的财产征归国有。征用属于政府强制使用个人或者组织的财产，不发生所有权移转的后果。①

第二，是否为了抢险、救灾、疫情防控等紧急需要不同。征用只是在紧急需要的情况下才能适用。例如，在新冠病毒防疫期间，政府有关部门征用宾馆、酒店用于安置隔离人员。征收则是基于公共利益的需要而采取的措施，不以紧急需要的存在为其适用的前提，即使不存在紧急状态，政府出于公共利益的需要也可以征收。

第三，适用对象不同。征收的对象主要为农村土地和城市房屋等不动产，一

---

① 参见崔建远：《中国民法典释评·物权编》（上卷），278页，北京，中国人民大学出版社，2020。

般不包括动产。征用对象既包括不动产，也包括动产。

第四，补偿标准不同。由于征收要移转所有权，所以对被征收人造成的损失更大，对其作出的补偿也相应地更高一些。而征用只是临时使用，如果没有造成物的毁损、灭失，可以返还被征用物并作出适当的补偿，其一般也不需要考虑被征用财产的市场价格而予以补偿。

征用是对所有权限制的一种方式，征收也是一种限制所有权的方式，但严格地说，征收不仅是对所有权的限制，而且是所有权的强制性移转，是国家原始取得所有权的一种方式。

三、征收的条件

（一）基于公共利益的需要

依据《民法典》第243条，政府从事征收行为，必须是为了公共利益的需要，只有公共利益才是限制私有财产权的重要理由。[1] 公共利益是由法律和行政法规规定的有关国家安全、促进国民经济和社会发展等方面的利益。为了保障公民的财产权，公共利益必须法定化，不能由法官随意解释，也不能由当事人约定。同时，公共利益在内涵上应当与国家和社会的整体利益保持一致，它是社会成员多数人的利益，而不是某一个小团体、极少数人甚至个别人的利益。我国有关行政法规对公共利益也作出了明确界定。《征收与补偿条例》第8条规定："为了保障国家安全、促进国民经济和社会发展等公共利益的需要，有下列情形之一，确需征收房屋的，由市、县级人民政府作出房屋征收决定：（一）国防和外交的需要；（二）由政府组织实施的能源、交通、水利等基础设施建设的需要；（三）由政府组织实施的科技、教育、文化、卫生、体育、环境和资源保护、防灾减灾、文物保护、社会福利、市政公用等公共事业的需要；（四）由政府组织实施的保障性安居工程建设的需要；（五）由政府依照城乡规划法有关规定组织

---

[1] 参见黄薇主编：《中华人民共和国民法典物权编释义》，454页，北京，法律出版社，2020。

实施的对危房集中、基础设施落后等地段进行旧城区改建的需要；（六）法律、行政法规规定的其他公共利益的需要。"该条的规定实际上是对公共利益内涵的一种表述，即公共利益是由法律和行政法规规定的，有关国家安全、促进国民经济和社会发展等方面的利益。

《征收与补偿条例》第 8 条以一般规定加具体列举的方式，对公共利益的内涵和外延都作出了规定，较为清晰地界定了公共利益的范围。公共利益虽然难以界定，但实际上，它完全可以通过类型化的方式，不断细化自身的内容，限制政府在征收中自由裁量的权力，从而充分保障被征收人的财产权。[①] 该条具体列举了五项公共利益的类型，基本上可以涵盖目前社会发展阶段所出现的公共利益类型。尤其是该条采用了兜底条款的立法技术，表明此种列举只是例示性列举，而不是封闭性列举。在具体列举之外，也可能存在公共利益的情形。公共利益本身是一个开放的概念，具有不可穷尽性，也就是说，其类型繁多，且随着社会的发展而不断发展。[②] 因不同社会的发展阶段、各国的具体国情、经济发展水平等，它会具有不同的内涵。而且它与国家政策和不同时期的社会需要具有非常密切的联系。社会不同时期的治国方略、采用的政策等，都会在一定程度上影响公共利益的内涵和实现。从各国立法发展的情况来看，过去公共利益的内涵比较狭小，商业开发利用一般是不包含在公共利益之中的。但是现在，从许多案件反映出来的情况看，公共利益的内涵在不断扩大，甚至包含了商业利益。例如，在美国"凯洛诉新伦敦市案"（Susette Kelo，et al. v. City of New London）中，联邦最高法院认为，建造一个制药厂可以增加当地的就业和税收，因而也体现了公共利益。[③] 由于公共利益概念既极具抽象性，又是一种正面价值评断的概念，所以，不论列举多少具体形态，都应当有一个兜底条款，为新类型公共利益留下法律空间。[④]

---

① 参见韩大元：《宪法文本中"公共利益"的规范分析》，载《法学论坛》，2005（1）。

② See Margaret Jane Radin，"The Liberal Conception of Property：Cross Currents in the Jurisprudence of Takings"，88 *Colum. L. Rev.* 1667，1680（1988）.

③ See Kelo v. New London（104-108）268 Conn. 1，843 A. 2d 500.

④ 参见陈新民：《德国公法学基础理论》，182、208 页，济南，山东人民出版社，2001。

根据《征收与补偿条例》第 9 条的规定[①]，公共利益的界定必须符合国民经济和社会发展规划、土地利用总体规划、城乡规划和专项规划，而这些规划是由全国人大、地方各级人大作出的，这在程序上就能够保证公共利益的界定是符合民意的，在程序上是正当的，并且防止地方政府对公共利益过度扩张解释。在此特别需要强调的是，虽然《征收与补偿条例》规定，有关公共利益的事项必须纳入规划，但这并不是说，所有纳入规划的事项都必然属于公共利益的范畴。因为规划的事项很多，有些商业项目也可能纳入规划，不能以是否纳入规划作为认定公共利益的唯一标准。

应当看到，公共利益本身在法律上是一个弹性条款，其内容具有不确定性和一定程度上的开放性特点，在不同领域内、不同情形下，公共利益的内涵并不相同，情况相当复杂，但《民法典》中也对公共利益及基于公共利益的征收作了一些必要的规定。例如，针对实践中建设用地总量增长过快，低成本工业用地过度扩张，违法违规用地、滥占耕地现象屡禁不止等现象，《民法典》第 244 条作出了针对性的规定："国家对耕地实行特殊保护，严格限制农用地转为建设用地，控制建设用地总量。不得违反法律规定的权限和程序征收集体所有的土地。"这实际上就是通过维护粮食安全这一公共利益，对征收进行了一定的限制。

（二）符合法律规定的权限和程序

依据《民法典》第 243 条，征收必须依照法律规定的权限和程序进行。这就是说，政府必须在法定的权限范围内从事征收，且征收必须按照法定的程序进行。物权编特别强调征收补偿必须依据法定的权限和程序，主要原因在于：一方面是充分保护公民财产权的需要。征收会永久性地剥夺公民的财产权利，为了防止一些地方政府及其工作人员以公共利益为名，滥用征收权力，损害被征收人的利益和农民的权益，必须强调要遵循法定的程序。[②] 另一方面是在征收中严格强

---

① 《征收与补偿条例》第 9 条第 1 款规定："依照本条例第八条规定，确需征收房屋的各项建设活动，应当符合国民经济和社会发展规划、土地利用总体规划、城乡规划和专项规划。保障性安居工程建设、旧城区改建，应当纳入市、县级国民经济和社会发展年度计划。"

② MünchKomm / Gaier, 5. Auflage 2009, Vorbemerkung zu BGB §903, Rn. 52, 53.

调依据法定的权限和程序进行，有利于政府机关依法行政。程序是看得见的正义，只有保障程序公开、公正，才能保证征收行为的合法性。

《民法典》第 244 条规定："国家对耕地实行特殊保护，严格限制农用地转为建设用地，控制建设用地总量。不得违反法律规定的权限和程序征收集体所有的土地。"依据该规定，一是要实施切实保护耕地的基本国策。由于我国人口众多，可耕地面积少，耕地后备资源不足，因此，国家对基本农田保护区实行全面规划、合理利用、用养结合、严格保护的方针，以满足我国未来人口和国民经济发展对农产品的需求，促进农业生产和社会经济的可持续发展。全国耕地的红线保持在十八亿亩。二是基本农田保护区经依法划定后，任何单位和个人不得改变土地用途。严格限制农用地转为建设用地，控制建设用地总量。政府征收集体土地时，必须严格法定的权限和程序，不得非法批地、非法占用土地。①《土地管理法》第 46 条对政府征收集体土地所必须严格依照的法定权限和程序作出了规定。②

所谓依照法律规定的权限和程序，就是说有关征收的权限和程序必须法定化。依据《立法法》第 11 条第 7 项，对非国有财产的征收只能制定法律，亦即只能由全国人大及其常委会制定的法律来规定，而不能由行政法规确定，更不能由各地、各部门自行授予权力和确定程序。程序是制度的保障，《征收与补偿条例》通过国有土地上房屋征收程序的完善，保障了征收和拆迁的有序进行，以切实保护被拆迁人的合法权益。从整个《征收与补偿条例》的规定来看，其实质是完善了征收的程序，包括确定公共利益的程序、征收决定的作出程序、补偿方案制定程序、强制搬迁程序、争议解决机制以及救济程序。例如，《征收与补偿

---

① 参见唐德华、高圣平主编：《土地管理法及配套规定新释新解》（下册），1085 页，北京，人民法院出版社，2008。

② 《土地管理法》第 46 条规定："征收下列土地的，由国务院批准：（一）永久基本农田；（二）永久基本农田以外的耕地超过三十五公顷的；（三）其他土地超过七十公顷的。征收前款规定以外的土地的，由省、自治区、直辖市人民政府批准"。"征收农用地的，应当依照本法第四十四条的规定先行办理农用地转用审批。其中，经国务院批准农用地转用的，同时办理征地审批手续，不再另行办理征地审批；经省、自治区、直辖市人民政府在征地批准权限内批准农用地转用的，同时办理征地审批手续，不再另行办理征地审批，超过征地批准权限的，应当依照本条第一款的规定另行办理征地审批。"

条例》规定征收决定前就应确定补偿方案，实际上将补偿作为征收的核心问题，在征收决定作出前就予以明确。这不仅有助于使征收更为公开透明，而且保证了征收的有序进行。又如，《征收与补偿条例》取消了行政强制搬迁，规定由具有中立地位的第三者（即司法机关）来决定是否应当强制搬迁，这也有利于保障强制搬迁有序、公平、公正地进行。采取司法强制搬迁的措施，也是现代社会程序公正的必然要求。

（三）依法作出补偿

为了防止行政权对公民财产权的侵害，法律要求征收以补偿为前提，不能在不支付任何补偿的情况下强制性地移转公民财产的所有权。《宪法》第13条第3款规定，对公民的私有财产实行征收或者征用应给予补偿。因此，在征收的情况下，国家必须对被征收人予以补偿。《民法典》第243条对征收情形下国家的补偿义务作出了规定，这对于保护公民的财产权、规范政府征收权的行使具有重要意义。我国《民法典》为了充分保障自然人、法人和非法人组织的合法权益，区分了农村土地的征收和城市房屋的拆迁，分别规定了不同的补偿标准。

就世界各国和地区的实践做法来看，关于征收、征用的补偿标准，存在着各种不同的补偿模式：一是完全补偿模式，即要求对征收、征用实行全额的补偿。[①] 遵循"财产权绝对保障"，以"市场经济之交易价值"作为评估标准。[②] 二是适当补偿模式，即规定对征收、征用进行适当的补偿。何为"适当"，大多由法官事后裁定。[③] 三是公平补偿模式，是指权衡公共利益与私人利益后决定补偿的原则。公平的补偿通常都是按照公平的市价给予补偿。[④] 四是合理补偿模式，

---

① 1784年颁布的《普鲁士土地征收法》第1条明确规定，征收补偿是"全额"补偿。同法第8条第1款规定，征收应补偿被征土地及其附属物及孳息的全额。可以说，该法所规定的完全补偿是市场导向的补偿。参见陈新民：《德国公法学基础理论》，488～489页，济南，山东人民出版社，2001。

② 德国在魏玛时代的帝国法院审判中，已经确立了依市价补偿。但严格地说，市价补偿与全额补偿仍然是有区别的。

③ 德国《魏玛宪法》第153条第2款规定，除联邦法律另有规定外，征收必须给予适当的补偿。也就是说，征收的补偿不再是全额补偿，而只是适当的补偿。这是一种更具弹性的模式。《澳门民法典》第1234条也规定：对私有财产的征收、征用，应当作出适当的损害赔偿。

④ 参见梅夏英：《物权法·所有权》，130页，北京，中国法制出版社，2005。

即权衡公益的需要，参考当事人的财产状况给予适当的补偿数额。[①] 上述几种观点都具有合理性，但笔者主张采用最后一种观点。因为完全补偿实际上是将征收等同于普通的侵权行为，这与征收的性质不符。毕竟征收是对私有财产权的合法侵害，因而不能采用完全补偿原则。尤其是完全补偿涉及直接损失和间接损失，如果这两类损失都同时赔偿，也会导致征收、征用的成本过高，不能够起到维护公共利益的目的。而公平补偿又弹性太大，赋予政府在解释补偿标准时以太大的权力，不利于维护权利人的私有财产。适当补偿的标准也过低，我国目前许多地方政府在征收、征用时采取适当补偿的原则，但常常不能给被征收人以合理的补偿。

当然，合理补偿标准比较抽象，操作起来可能会给征收人、征用人过大的自由裁量权。《民法典》为了更好地保护被征收人的合法权益，明确规定了对于被征收人的充分补偿。《民法典》第243条第2款和第3款区分了征收集体土地的补偿和征收城市房屋的补偿，分别就补偿原则和补偿内容作了明确规定。

1. 征收集体所有的土地的补偿

第一，足额支付征地补偿费。根据《民法典》第243条的规定，征地后的补偿必须要足额支付，禁止截留征地款，损害被征收人的利益。足额支付主要是针对土地补偿费、安置补助费、地上附着物和青苗的补偿费等费用的支付。坚持足额支付才能充分保护农民的利益。从实践来看，确实存在个别地方在征收集体土地用于兴建高速公路、机场等的过程中，截留征地款，严重损害农民利益的情形。因此，《民法典》第243条强调必须足额支付补偿费用。此处所说的足额支付，既包括足额支付给集体组织，也包括足额支付给农民个人。征地款支付给集体组织之后，集体组织也不得截留。

第二，及时足额支付，即对被征收土地的村民支付的补偿费用，不得拖延。

---

① 参见梅夏英：《物权法·所有权》，130页，北京，中国法制出版社，2005。《意大利民法典》第834条第1款规定："不得全部或部分地使任何所有权人丧失其所有权，但是，为公共利益的需要，依法宣告征用并且给予合理补偿的情况不在此限。"

第三，对于承包经营权应予以补偿的规则。对于征地后的补偿，既包括对集体土地的补偿，也包括对被征收的土地承包经营权作出的补偿。《民法典》第 327 条和第 338 条的规定就是强调在承包经营权物权化之后，对承包经营权被征收后应该给予补偿。在承包经营权物权化以后，一旦集体土地被征收，而导致承包经营权消灭，作为物权人的农民也应当成为被征收人，享有相应的权利，并获得补偿。也就是说，征收集体所有的土地，不仅要对土地的所有者即集体经济组织给予补偿，也要对因为征收集体的土地而导致土地承包经营权消灭的失地农民予以补偿。[1]《民法典》第 243 条规定，征收集体所有的土地，应当依法足额支付土地补偿费、安置补助费、地上附着物和青苗的补偿费等费用，其中既包括了对集体土地所有权人的补偿，也包括了对土地承包经营权人的补偿。

　　第四，应当安排被征地农民的社会保障费用的规则。从国外立法的规定来看，一些国家确立了生活补偿标准。"生活补偿"是现代西方国家出现的一种新的补偿理论，即不仅要对个别财产价值进行补偿，而且要对被征收人的生活本身予以补偿。例如，村落迁移，村民失去的不只是房屋耕地，更失去了基本生活条件，在此情况下，仅仅给付财产补偿，不足以恢复与原来同等的生活状况。[2] 我国《民法典》第 243 条规定了对社会保障费用的支付，这是十分必要的。由于目前我国城乡二元结构的存在，特别是长期以来历史欠账较多，还不可能由国家财政为广大农村居民提供普遍的社会保障，因而在我国现阶段，农村土地承包经营权仍然具有一定的社会保障功能。换言之，对于尚有土地的农民，即便暂时还没有社会保障，其也可以通过土地获得一定的保障。但是被征地之后，被征地的农民可能成为所谓的"三无农民"（无岗可上，无地可耕，无低保可享受），这就会导致比较严重的社会问题。因此，对于被征地农民，必须为其提供社会保障，否则其生存权就要面临现实的威胁。即使是农民已经举家迁入城市，由于现在各地实行的社会保障制度还不能够满足农民工子弟上学、家中老人医疗等方面的需

---

　　① 例如，《民法典》第 338 条规定，承包地被征收的，土地承包经营权人有权依照本法第 243 条的规定获得相应补偿。

　　② 参见马特：《征收、征用和补偿》，载《检察日报》，2007-04-10。

要，所以，需要给失地农民发放足够的社会保障金。①《民法典》第243条规定，在征收农民土地之后，要对其社会保障费用加以足额安排。在支付社会保障费用的过程中，要明确和落实社会保障资金的渠道，有关的审计部门和主管机关应当对于社会保障费用的支付予以监督。当然，鉴于我国各地经济、社会发展不平衡，各地社会保障制度健全程度、收入差别也比较大，因而对于社会保障费用发放的具体标准，不宜在法律中作出"一刀切"的规定。

2. 征收单位、个人的住宅及其他不动产的补偿

《民法典》第243条第3款规定："征收组织、个人的房屋以及其他不动产，应当依法给予征收补偿，维护被征收人的合法权益；征收个人住宅的，还应当保障被征收人的居住条件。"依据这一规定，征收单位、个人的住宅及其他不动产的补偿包括两个方面：一是依法给予拆迁补偿。只要对不动产进行征收，无论其所有权人是单位还是个人，都应当予以拆迁补偿。通常拆迁补偿的方式都是支付一笔金钱。如果是以货币的方式进行补偿，所支付的货币，应当能够保障被征收人的居住条件。这就是说，被征收人在获得补偿费用之后，能够购买到必需的住房。二是保障居住条件。在被征收的房屋为个人的住宅时，在拆迁补偿之外，还应当保障被征收人的居住条件。在征收以后，确保被征收人的居住条件有改善、生活水平不下降。

城市房屋的征收，与农村土地的征收不同，因为房屋所占用的土地本身就属于国家所有，不存在征收土地并移转土地所有权的问题。所谓城市房屋拆迁，实际上主要限于房屋征收，因而对于房屋的征收一般不考虑地价如何补偿的问题，关键是如何解决好居民的居住问题。另外，由于农村尚未建立社会保障制度，因而，土地征收之后，还要考虑农民的社会保障问题。而城市中已经建立了低保制度，所以，房屋拆迁补偿不必考虑居民的社会保障问题。所谓保障被征收人的居

---

① 2006年国务院《关于加强土地调控有关问题的通知》指出："征地补偿安置必须以确保被征地农民原有生活水平不降低、长远生计有保障为原则。各地要认真落实国办发〔2006〕29号文件的规定，做好被征地农民就业培训和社会保障工作。被征地农民的社会保障费用，按有关规定纳入征地补偿安置费用，不足部分由当地政府从国有土地有偿使用收入中解决。社会保障费用不落实的不得批准征地。"

住条件，包括两方面的内容：一方面，在拆迁之后、回迁或者安置之前，政府应当为被征收人提供廉租房，满足其居住需求。在被征收人的居住条件没有得到落实之前，不得对其房屋进行强制拆迁，不能因为拆迁而使被拆迁人流离失所。另一方面，在回迁的时候，应当保障被拆迁人的居住条件。《民法典》第243条强调保障被征收人的居住条件，如何才能保障其居住条件，还需要有关配套的法律法规予以具体解释。笔者认为，保障居住条件，应当是保障合理的居住需求，并不一定要求必须回迁到原来的地方，但获得补偿后，居住条件不能比征收前差。有关安置房的区位、面积等条件，应当在拆迁补偿中一并考虑。

《征收与补偿条例》确立了先补偿后搬迁的原则。《征收与补偿条例》第27条规定，"实施房屋征收应当先补偿、后搬迁。作出房屋征收决定的市、县级人民政府对被征收人给予补偿后，被征收人应当在补偿协议约定或者补偿决定确定的搬迁期限内完成搬迁"。这一规定有利于保护被拆迁人的利益，确立了拆迁行为的基本原则。如果没有补偿就拆迁，则被拆迁人的利益更难以得到保护，《征收与补偿条例》还要求确立市场价格补偿的规则，如果被征收人将其不动产出售，补偿的价格不得低于该市场价格。如果双方通过自由协商确定出来的价格高于市场价格，也并不违反《征收与补偿条例》的规定。尤其是此处所说的补偿，不仅包括对房屋的补偿，也包括对土地使用权的补偿，这就大体上可以确保被征收人的居住条件有改善、生活水平不下降。此外，根据《征收与补偿条例》第21条的规定，被征收人在要求补偿时，可以选择货币补偿或者产权调换，这也充分尊重了被征收人的选择权。

为了将征收补偿落实到位，充分保护被征收人的合法权益，《民法典》第243条第4款规定："任何组织或者个人不得贪污、挪用、私分、截留、拖欠征收补偿费等费用。"该条款规定了补偿费的保存义务，从民法规范的性质来看，该条款可以作为请求权基础。如果某个单位和个人贪污、挪用、私分、截留、拖欠征收补偿费等费用的，权利人完全可以基于《民法典》第243条提起返还补偿费之诉和贪污补偿费的侵权之诉。[①] 只有这样才能充分地保护被征收人的合法利益。从实践来看，相关主体在政府作出征收决定、补偿之后，可能出现贪污、挪用、私分、截留、拖欠征收补偿费等费用，侵害被征收人的利益的现象，因此，本款规定对于保障被征收人的利益具有重要意义。

第三节 善意取得

一、善意取得概述

善意取得，又称为即时取得，是指无处分权人将动产或不动产转让给受让人，如果受让人取得该动产或不动产时出于善意，则受让人将依法取得对该动产或不动产的所有权或其他物权。[②] 可见，善意取得包括了所有权的取得与其他物权的取得两方面的内容。《民法典》第 311 条规定了善意取得制度，该制度一方面有利于维护交易安全，促进市场经济的有序发展。在市场经济社会，保护交易当事人的信赖利益实际上是保护交易安全的重要组成部分。在广泛的市场交易活动中，从事交易的当事人往往并不知道对方是否有权处分财产，也很难对其在市场上出售的商品逐一调查。虽然善意取得制度削弱了对原财产所有权人所有权的保护，但其对整个社会经济秩序的稳定是有利的。[③] 另一方面，善意取得制度有利于鼓励交易，促进财产的流转。[④] 善意取得制度保护了善意的买受人，只要其有合理的理由信赖不动产登记，或者信赖动产的占有人有处分权，就不必支付大量的调查成本来审查转让人是否享有处分权，这就极大地降低了交易费用，有利于鼓励交易。

---

① 参见马特：《征收、征用和补偿》，载《检察日报》，2007-04-10。

② 参见魏振瀛主编：《民法》，4 版，261 页，北京，高等教育出版社，2010。

③ 参见尹田：《物权法理论评析与思考》，311 页，北京，中国人民大学出版社，2008。

④ 参见谢在全：《民法物权论》（上册），292 页，台北，新学林出版股份有限公司，2014。

我国《民法典》中的善意取得制度具有如下特点。

第一，适用于各类物权。从比较法上看，各国物权法关于善意取得制度适用的范围并不一致，一种立法模式是区分动产和不动产，善意取得制度只适用于动产[①]，一般不适用于不动产，所以善意取得又称为动产的善意取得制度，而不动产适用公信原则。另一种立法模式是并不区分动产和不动产，对二者统一适用善意取得制度。我国《民法典》采纳了第二种模式，即善意取得制度统一适用于动产和不动产。[②] 这实际上是将比较法上的动产善意取得制度和不动产的公信原则合并在一起加以规定。在我国，除了法律禁止流转的动产和法律有特别规定的动产之外，原则上各类动产都可以适用善意取得制度。不动产善意取得，主要是指在登记错误的情况下，善意的买受人因相信了登记而购买不动产，如果符合善意取得的构成要件，应当善意取得所有权。[③] 同时，从《民法典》第 311 条第 3 款规定来看，除所有权外，其他物权也可以发生善意取得。

第二，统一规定了动产和不动产善意取得的要件。我国《民法典》第 311 条将动产的善意取得和不动产的善意取得合并在一起作出规定，从而简化了善意取得的构成要件。但是考虑到动产和不动产的善意取得存在一些区别，在该制度的适用中，对动产和不动产的善意取得作出严格的区分。

第三，《民法典》从反面规定了不适用善意取得的情况。按照《民法典》第 312 条的规定，"所有权人或者其他权利人有权追回遗失物"，这也就是说，遗失物丢失之后，第三人不能基于善意取得制度取得所有权。《民法典》第 319 条规定："拾得漂流物、发现埋藏物或者隐藏物的，参照适用拾得遗失物的有关规定。法律另有规定的，依照其规定。"关于赃物是否适用善意取得制度，我国《民法典》第 311 条并没有作出明确的规定，需要通过相关司法解释对此作出进一步规定。

第四，明确了善意取得的适用条件。《民法典》第 311 条对善意取得制度的

---

① MünchKomm / Oechsler, 5. Auflage 2009, BGB § 932, Rn. 9.

② 参见崔建远：《物权：规范与学说》（上册），231 页，北京，清华大学出版社，2011。

③ 参见王泽鉴：《民法物权·通则·所有权》，123 页，台北，三民书局，2001。

适用条件作出了明确规定，这有利于保障该制度的准确适用。从总体上来说，我国《民法典》规定的善意取得制度的适用对象是比较宽泛的，但是适用条件又是比较严格的。例如，构成善意取得要求出让人必须以合理的价格转让，而不仅仅要求交易具有有偿性。

关于善意取得的性质究竟是原始取得还是继受取得，存在不同的观点。我国《民法典》对此没有作出明确的规定。但《民法典》第313条规定："善意受让人取得动产后，该动产上的原有权利消灭。但是，善意受让人在受让时知道或者应当知道该权利的除外。"笔者认为，从这一规定可以看出，《民法典》在原则上将善意取得作为一种原始取得的方式，同时规定了在善意受让人知道或者应当知道财产上存在权利负担时，该权利不因善意取得而消灭。

二、善意取得制度的基本功能

《民法典》规定了善意取得制度，有利于维护交易安全。① 现代社会是市场经济社会，市场经济客观上要求建立和完善市场交易秩序。我国实行社会主义市场经济，就必然要求通过善意取得制度维护交易安全。在行为人无权处分的情形下，主要存在两种利益的冲突：一是真正权利人的利益。如果要保护真正权利人的利益，就应该允许真正权利人不断追及其财产。二是善意买受人的信赖利益。如果要保护此种信赖利益，就应当维护交易的效果，不能允许真正权利人进行追及。当这两种利益发生了冲突和矛盾，法律必须要制定相应规则，来解决已产生的利益冲突。各国法律大多通过善意取得制度来优先保护善意取得人的信赖利益。其原因在于，真正权利人的利益毕竟只是单个所有人的利益，而交易第三人的信赖利益体现的是一种群体的交易安全和公共利益。交易安全作为一种整体利益，高于真正权利人的个别利益，这是法律确立善意取得制度的重要原因。具体而言，善意取得制度的基本功能主要体现为：

---

① MünchKomm / Oechsler，5. Auflage 2009，BGB § 932，Rn. 8.

一是有利于维护交易安全，促进市场经济的有序发展。在市场经济社会，保护交易当事人的信赖利益实际上是保护交易安全的重要组成部分。在广泛的市场交易活动中，从事交易的当事人往往并不知道对方是否有权处分财产，也很难对其在市场上出售的商品逐一调查。如果交易时受让人不知或不应该知道转让人无权转让该动产，则在交易完成后，由于无权处分行为致使交易无效，并使受让人返还财产，则不仅要推翻已经形成的财产关系，而且使当事人在从事交换活动时，随时会担心现在买到的商品，今后有可能要退还，从而造成当事人在交易时的不安全感，不利于市场经济秩序的稳定。善意取得制度虽然削弱了对原动产所有权人的所有权的保护，但是，这对于整个社会经济秩序的稳定是有利的。[①] 可以说，善意取得制度不仅涉及第三人个人信赖利益的保护，而且涉及对整个交易秩序的维护，相对于整个交易秩序，原所有权人的个人利益无法对抗对交易秩序的保护。[②]

二是有利于鼓励交易，促进财产的流转。[③] 善意取得制度保护了善意的买受人，只要他有合理的理由信赖登记，或者信赖动产的占有人有处分权，就不必支付大量的调查成本来审查转让人是否享有处分权。这就极大地降低了交易费用，从而可以实现鼓励交易的目的。

三是有利于充分发挥物的经济效用，促进物尽其用。善意取得在发挥物的经济效用方面的作用主要体现在：一方面，如果简单地宣告任何无权处分行为无效，使善意的当事人向真正的权利人返还财产，将使交易的当事人因返还财产、恢复原状而产生一些交易费用。如果承认交易有效，使善意第三人即时取得所有权，则可以避免这些交易费用的支出。另一方面，在实际生活中，由于商品流转的加速，善意买受人在受让财产后又将财产转让他人，甚至几经转让易手，财产可能已经投入生产经营活动，若允许所有权人追夺现在的占有人占有的财产，则

---

① 参见尹田：《物权法理论评析与思考》，311 页，北京，中国人民大学出版社，2004。

② Westermann, Sachenrecht, Band Ⅰ, Grundlagen und Recht der beweglichen Sachen, 1990, S. 330.

③ 参见谢在全：《民法物权论》（上册），448 页，台北，三民书局，2003。

将推翻一系列已经成立或履行的合同关系，妨害生产经营活动的正常进行，也会造成一些不必要的损失和浪费。[1]

四是有利于及时解决民事纠纷。当无权处分人处分他人财产以后，标的物可能在多个当事人之间转让易手，有的时间已经久远，有的当事人多次变换，由于年久日深，证据也难以搜集，因而如果不保护善意买受人的利益，而允许原所有权人向现在的占有人追夺原物，势必会推翻现有的秩序，将导致大量的人力、物力、财力陷入无休止的举证之中，使大量的民事纠纷不能及时解决，使有限的司法资源被浪费，不能得到有效率的利用，当事人亦将陷入讼累。

适用善意取得制度并不会损害国家和社会公共利益，更不会导致国有资产的流失，因为一方面，我国法律对某些财产（如国家专有的财产、国有的自然资源等）的交易作出了禁止的规定。这些财产根本不能进入市场进行交易，即使进行交易，这些交易也是无效的。另一方面，我国《民法典》第311条明确规定，善意取得制度的构成要件之一是"以合理的价格有偿转让"，这就可以有效防止有关国有企业的负责人以低价贱卖的方式出卖国有资产，造成国有资产流失。

三、善意取得构成要件

依据《民法典》第311条第1款规定，善意取得的构成要件包括以下四项。

（一）无处分权人处分他人财产

所谓无权处分，是指没有处分权而处分他人的财产。所谓处分，从最广义上来理解，包括事实上的处分与法律上的处分。[2] 无权处分中的"处分"是指法律上的处分，即通过买卖、赠与、抵押等使所有权发生转让或权能发生分离的情形。

动产的无权处分在实践中主要包括四种情况：一是无所有权而处分财产的情形。例如，承租人、保管人对承租或保管的财产并不享有所有权，而将该财产转

---

① 参见苏永钦主编：《民法物权争议问题研究》，321页，台北，五南图书出版有限公司，1999。
② MünchKomm / Oechsler，5. Auflage 2009，BGB § 932，Rn. 14.

让给他人。二是所有权受到限制而处分财产的情形。例如，某一共有人未经其他共有人的同意而处分共有财产。三是虽有所有权但无处分权，却处分了财产的情形。例如，在附条件买卖中，当事人约定在价金未完全清偿前，出卖人仍然保留所有权，买受人享有期待权，在合同有效期间，出卖人不能再次转让该标的物，否则将构成无权处分。四是代理人擅自处分被代理人的财产。① 上述四种情况都会发生无权处分的效果。

不动产的无权处分通常表现为因登记错误而发生的名义上的权利人的无权处分。例如，某人的房屋因登记错误而记载在他人名下，后登记权利人将房产出售给他人，此时，是否可以称为无权处分？笔者认为，在不动产交易中，如果出现登记错误，则登记的权利人并非该不动产真正的权利人，其对该不动产的处分也将构成无权处分，至于该登记权利人在实施相关行为时是否明知其为无权处分，并不影响无权处分的认定。

从法律关系的角度来看，无权处分涉及无权处分人、第三人和真实权利人三方主体，无权处分人与真正的权利人之间可以是侵权、违约或者不当得利等关系。其中，涉及有关合同效力的问题应由合同法解决，涉及损害赔偿或者不当得利的问题主要由侵权法或不当得利制度解决。因此，《民法典》则主要通过善意取得制度来确定被处分财产的物权归属问题。无权处分是善意取得的重要的构成要件，善意取得制度存在的目的就是解决现实中存在的无权处分问题，通过设定一定条件来平衡无权处分涉及的当事人之间的利益平衡问题。②

尽管无权处分涉及三方主体，但由于无权处分人故意处分他人财产的行为在法律上已无保护的必要，故法律上所需要保护的就是真正的权利人和第三人，由于这两者的利益可能会发生冲突，因而需要平衡和保护真实权利人和第三人的利益。通过使善意第三人取得所有权，从而对第三人利益予以保护，虽然在一定程

---

① 参见王泽鉴：《民法物权》，第 2 册，261 页，台北，自版，2001。

② 参见［德］鲍尔、施蒂尔纳：《德国物权法》（上册），张双根译，64～65、490～508 页，北京，法律出版社，2004；［日］田山辉明：《物权法》，陆庆胜译，100～109 页，北京，法律出版社，2001；王泽鉴：《民法物权》，第 1 册，269 页，北京，中国政法大学出版社，2001。

度上牺牲了真正权利人的利益，但有利于对交易迅捷和安全的保护。在物权法中，无权处分与善意取得的关系表现在：一方面，无权处分是善意取得的前提条件，假如在无权处分情况下，法律将其单纯作为合同问题，仅仅只是简单地宣告无权处分无效，通过使合同无效而发生恢复原状的后果，使原所有人重新取回其所有权，则虽然保护了原所有人的权利，但不可能发生善意取得，就不能保护善意第三人利益和交易的安全。另一方面，在无权处分的情况下，如果赋予原所有权人无限制的追及权利，将使其享有是否追认交易效力的权利，导致因无权处分发生的交易行为不能产生效力，也不能取得物权。因此在善意取得的情况下，无权处分也能产生物权移转的效果。①

（二）受让人取得财产时出于善意

善意取得制度的核心在于保护受让人的合理信赖，因此其核心要件就是受让人在取得财产时必须是善意的。顾名思义，善意取得是受让人基于主观的善意而取得所有权等物权，所以，善意是善意取得的核心要件。② 正是在这个意义上，德国著名学者弗卢梅（Flume）就指出，善意在一定程度上具有取代物权出让人之处分权的机能。③ 对于"受让人受让该不动产或者动产时是善意的"的规定，依据《民法典》第 311 条，适用善意取得制度必须"受让人受让该不动产或者动产时是善意"，据此，受让人是否为善意，应当从如下两方面判断。

1. 受让人不知道转让人无处分权

善意是相对于恶意而言的，善意是指不知情，即受让人受让该不动产或者动产时不知或不应知道让与人转让财产时没有处分该项财产的权限。《物权编司法解释（一）》第 14 条第 1 款对此也作出了规定，依据该司法解释第 15 条第 1 款规定，在如下情形下应当认定不动产受让人知道转让人无处分权，构成

---

①　参见孔祥俊：《合同法教程》，207 页，北京，中国人民公安大学出版社，1999。

②　MünchKomm / Oechsler, 5. Auflage 2009, BGB § 932, Rn. 15.

③　Vgl. Flume, Allgemeiner Teil des Bürgerlichen Rechts, Ⅱ das Rechtsgeschäft, 4. Aufl., 1992, S. 142.

恶意。

一是登记簿上存在有效的异议登记。依据《民法典》第220条规定，如果权利人、利害关系人认为不动产登记簿记载的事项错误的，可以申请更正登记，如果不动产登记簿记载的权利人不同意更正的，则利害关系人可以申请异议登记。在存在异议登记的情形下，表明该不动产的权属存在一定的争议，在登记的权利人转让该不动产的情形下，受让人就应当知道该不动产的归属存在一定的争议，如果其仍然购买，事后如果登记的权利人并非真正权利人，则应当认定受让人构成恶意。

二是预告登记有效期内，未经预告登记的权利人同意。依据《民法典》第221条规定，当事人在签订买卖房屋的协议或者其他不动产物权的协议时，为保障将来实现物权，可以申请办理预告登记，在此情形下，由于毕竟没有办理本登记，买受人或者其他主体并未取得物权，因此，建设单位等出卖人仍有可能再次将该不动产转让。在已经办理预告登记的情形下，受让人应当查阅预告登记，如果其未查询，应当构成恶意。

三是登记簿上已经记载司法机关或者行政机关依法裁定、决定查封或者以其他形式限制不动产权利的有关事项。例如，甲、乙双方就某房屋的归属发生争议，甲主张登记在乙名下的房屋归其所有，后甲在法院提起确权之诉，法院依法裁定该房屋归甲所有，由于未来得及办理变更登记，因此仅在登记簿上记载了法院裁定，在此情形下，如果乙将该房屋转让给他人，则买受人应当通过查询登记簿、了解该登记簿中已经记载了法院的裁决，如果其仍然受领该房屋，则应当构成恶意。

四是受让人知道登记簿上记载的权利主体错误。例如，因为房屋限购的原因，甲以乙的名义购买一套房屋，并将该房屋登记在乙的名下，后乙将该房屋转让给丙，如果丙知道是该房屋是甲借乙的名义购买，且知道真正的权利人是甲，此时，丙仍然从乙处购买该房屋的，则应当构成恶意。

五是受让人知道他人已经依法享有不动产物权。如果受让人知道他人已经享有不动产物权，而仍然受让该不动产物权的，则其主观上为恶意，无法成立善意取得。

2. 受让人对其不知情无重大过失

《物权编司法解释（一）》第 14 条第 1 款规定："受让人受让不动产或者动产时，不知道转让人无处分权，且无重大过失的，应当认定受让人为善意。"第 15 条第 2 款规定："真实权利人有证据证明不动产受让人应当知道转让人无处分权的，应当认定受让人具有重大过失。"据此，此处所说的受让人重大过失是指受让人对其不知情具有重大过失，即因为其具有重大过失，其对转让人无处分权不知情。例如，在房屋买卖的情形下，由于房屋本身具有登记系统，受让人对出卖人是否具有处分权应当尽到合理的审核义务，在出卖人并非登记的权利人的情形下，如果买受人没有尽到基本的审核义务，未查询登记簿即与出卖人订立合同，导致其不知道出卖人对该房屋没有处分权不知情，则其就具有重大过失。

当然，合理审核义务很难有一个广泛适用的、一般的标准。一般而言，在法律上要区分动产与不动产而分别认定当事人的审核义务，在不动产交易中，当事人应当查询登记，否则其就具有重大过失。而在动产交易中，依据《物权编司法解释（一）》第 16 条规定，需要结合交易的对象、场所或者时机等具体认定受让人的审核义务，具体而言：

一是交易的对象。交易的对象是指与受让人签订转让合同的转让人或者出卖人是否是专门从事该标的物经营活动的主体。例如，甲在路边遇见兜售名表的人，明知其形迹可疑，仍然与其交易的，则属于非善意。

二是交易的场所。如果受让人是在公开市场上购买的商品，且能出具发票或办理了相应的手续，可以认为第三人是善意的；但如果是在非公开市场，尤其是在"黑市"购买二手货，则表明第三人可能是非善意的。再如，出卖人在火车站兜售手机，受让人贪图便宜购买的，则属于非善意。

三是交易的时机。动产的交易可能需要在特定的时机进行，交易的时机可能影响标的物的价格，从而对于判断受让人是否善意具有重要意义。例如，按照当地的交易习惯，第三人在交易时是否已知道转让人为无权处分人，如果第三人以前曾与转让人进行过系列交易或与转让人非常熟悉，表明其知道或应当知道转让人对交易的财产不具有处分权，在受让时不能认为其为善意。

四是其他因素。例如，转让人在交易时是否形迹可疑：如果其是形迹可疑的，则往往表明其是非善意的。再如，如果受让人与转让人之间有恶意串通的可能等，则不能认为受让人具有善意。可见，对于受让人所具有的重大过失，应当由真实权利人承担证明责任。

3. 善意的判断时间点为"受让人受让该不动产或者动产时"

在善意取得制度中，受让人善意的时间应以受让财产的时间确定，即取得人必须在最后取得行为那一刻是善意的。[①]《物权编司法解释（一）》第 17 条规定了所谓"受让人受让该不动产或者动产时"，是指"依法完成不动产物权转移登记或者动产交付之时"。

在观念交付的情形下，《物权编司法解释（一）》还专门规定了善意的判断时间点，具体而言：一是简易交付。依据该司法解释第 17 条第 2 款，在当事人以简易交付方式交付动产的情形下，当事人之间转让动产民事法律行为生效时即为该动产交付之时，在善意取得规则的适用中，该时间点也是判断受让人善意的时间点。例如，甲将某物借给乙使用，后甲与乙订立买卖合同，将该物转让给乙，如果当事人采用简易交付方式，则乙善意的判断时间点即为该买卖合同生效时，这也是该物所有权变动的时间点。二是指示交付。依据《物权编司法解释（一）》第 17 条第 2 款规定，在当事人以指示交付的方式交付动产时，转让人与受让人之间达成的有关转让返还原物请求权的协议生效时即为动产交付之时，这也是善意取得规则适用时判断受让人善意的时间点。例如，甲将其某物借给乙使用，后甲将该物转让给丙，如果当事人采用指示交付的方式交付标的物，则该标的物所有权变动的时间为甲与丙之间达成的将其对乙的返还原物请求权转让给丙的协议生效之时。至于受让人取得财产以后是否为善意，则不影响善意取得的构成。如果受让人在这一时点以前出于恶意，亦可认定其在交付时及以后为恶意。

《物权编司法解释（一）》第 14 条第 2 款规定："真实权利人主张受让人不构

---

① 参见［德］鲍尔、施蒂尔纳：《德国物权法》（下册），申卫星、王洪亮译，415 页，北京，法律出版社，2006。

成善意的，应当承担举证证明责任。"据此，在当事人就是否构成善意取得发生争议后，应当由真实权利人证明受让人的恶意。之所以由真实权利人负担证明受让人恶意的义务，主要原因在于：一是符合举证责任的一般规则。原所有人要追及该物，必须要举证证明受让人的恶意。在举证责任分配方面，应当由主张受让人有恶意的人（通常是原权利人）来举证。如果其不能举出足够的证据证明受让人为恶意，则推定受让人为善意。这就是说，原权利人对受让人的恶意或重大过失应负举证责任。二是有利于保护受让人的利益。因为从生活经验来看，证明"消极事实"都是比较困难的①，受让人通常难以证明自己不知情。在原权利人举证以后，法官应当根据原权利人的举证以及各种客观、外部的情况进行综合判断，以确定第三人是否在交易时为善意。例如，夫妻共有房屋登记在丈夫名下，后来在妻子起诉离婚以后，丈夫将房屋转让给其朋友。如果妻子要主张受让人不构成善意，则应当对此负有举证责任。如证明受让人知道其是夫妻关系，而且知道该房屋是夫妻关系存续期间购买的房屋，则可以证明受让人并非为善意。

（三）以合理的价格有偿转让

依据《民法典》第311条的规定，善意取得制度的另一个构成要件是财产必须"以合理的价格转让"。依据该条规定，善意取得只适用于有偿的交易。② 我国《民法典》强调善意取得只适用于有偿交易，主要有以下理由：首先，如果是无偿的转让，受让人取得财产没有支付任何对价，此时不适用善意取得，可以要求受让人返还财产，受让人并没有因此而遭受损失。其次，善意取得是为了实现交易安全而构建的法律制度，只适用于交易行为。尽管从广义上讲，交易包括有偿和无偿的财产转让，但从狭义上理解，交易只是指支付了对价的交易，而无偿转让显然不是交易。最后，在许多情况下，无偿转让财产本身就表明财产的来源可能是不正当的，而一个诚实的、不贪图便宜的受让人在无偿受让财产时，应当查明财产的来源，如果不经调查就无偿受让财产，则本身是非善意的，或者说是

---

① 参见杜万华主编：《最高人民法院物权编司法解释（一）理解与适用》，362 页，北京，人民法院出版社，2016。

② 参见崔建远：《物权：规范与学说》（上册），216、233 页，北京，清华大学出版社，2011。

有过失的。所以，受让人在取得财产时，必须将相应的财产或金钱支付给出让人。无偿取得财产时，不适用善意取得。例如，在"王俊兰、郑伟等确认合同无效纠纷案"中，法院在认定是否能构成善意取得的情形时，转让的价格是否合理是判断的重要标准之一。①

依据《民法典》第311条的规定，"以合理的价格转让"包括两层含义。

第一，支付合理的价格。所谓以合理的价格有偿转让，应当根据市场价格来判断，大体上应是符合市场价格的。《物权编司法解释（一）》第18条规定："民法典第三百一十一条第一款第二项所称'合理的价格'，应当根据转让标的物的性质、数量以及付款方式等具体情况，参考转让时交易地市场价格以及交易习惯等因素综合认定。"具体而言：

一是转让标的物的性质。所谓转让标的物的性质是指标的物是属于动产抑或不动产。对动产而言，其公示方式是交付占有，由于占有的物权公示效力较弱，如果出让人以较低的价格出让动产，受让人应当对其是否为权利人产生合理怀疑，因此，有必要要求出让人以合理的价格出让；而对不动产而言，要求交易有偿是必要的，但不一定要求价格是合理的。因为不动产的权利公示方法为登记，登记具有很强的公信力，在不动产登记之后，交易当事人完全有理由信赖登记所记载的权利人具有处分权利，即使不动产转让的价格偏低，也不能影响登记的公信力，只要受让人信赖登记并支付了一定的价款就足以构成善意。

二是标的物的数量，有时虽然出卖价格较低，但是买受人购买的数量较多，因此可以以一定的折扣进行购买。

三是付款方式。这就是说，虽然当事人约定的价格可能较低，但是其采取的是一次付清的方式，虽然价格较低，也有利于出卖人资金快速收回。

四是参考转让时交易地市场价格以及交易习惯等因素。有的标的物并不存在市场价格，此时可以考虑参考指导价等价格进行判断。

第二，必须实际支付对价。适用善意取得，原则上必须以实际支付为要件，

---

① 参见山东省日照市中级人民法院（2022）鲁11民申118号民事判决书。

如果仅仅只是达成了协议，不能认为已经符合了善意取得的构成要件。这是因为：一方面，如果没有支付价款，原权利人可以以没有完成交易为由否认善意取得的成立，这就很有可能会引发很多纠纷。另一方面，这也可以为善意的判断提供明确的标准。假如没有支付合理价款这一限制，将导致很多实质上无偿、形式上有偿的转让为法律所保护，引发虚构有偿交易的道德风险。比如，双方约定一辆宝马汽车以 100 元转让，但是对交付期限没有限制，也没有实际交付。那么，这种转让形式上是有偿的，但实际上可能是虚构的。假如这种低价转让可以导致善意取得，就容易造成转让人和受让人之间的恶意串通，最终产生损害真实权利人的后果。

（四）完成了法定的公示方法

《民法典》第 311 条规定完成公示是善意取得的要件之一，即"转让的不动产或者动产依照法律规定应当登记的已经登记，不需要登记的已经交付给受让人"。这就意味着善意取得的构成必须以公示方法的完成为要件，具体而言：

第一，依法应当办理登记的已经登记。依据《民法典》第 311 条的规定，依照法律规定应当登记的已经登记，才能适用善意取得。在我国，城市的房屋依法应当办理登记。因此，房屋的买卖只有在受让人与转让人办理登记之日起才能适用善意取得，仅仅发生交付，并不能够产生善意取得的后果。之所以要以办理完毕登记过户作为不动产善意取得的构成要件，一方面，是因为只有在完成物权登记手续之后，买受人才能够真正取得完整的物权，这与我国《民法典》原则上采纳的登记要件主义完全吻合。依据不动产登记要件主义，不动产物权以登记为公示要件，必须办理了登记之后，才能发生所有权的移转，而交付不是不动产物权的公示要件。另一方面，如果以办理登记为不动产物权善意取得的时间点，则在转让人办理登记将不动产记载于自己的名下之后，真实权利人完全可以通过异议登记来及时阻却转让人的无权处分行为。因为受让人必须办理登记才能受到善意取得制度的保护，而在存在异议登记的情况下，受让人就很难被认为是善意的，就无法据此取得不动产所有权。

第二，不需要登记的已经交付。动产所有权的变动原则上不需要登记，但适用动产善意取得制度，必须发生占有的移转，亦即转让人向受让人实际交付了财产，受让人实际占有了该财产。^① 一方面，只有通过交付，才能发生所有权的移转。如果双方仅仅只是达成了合意，而并没有发生标的物占有的移转，则不能发生善意取得的效果，双方当事人仍然只是一种债的关系。由于买受人享有的仍然是债权，便不能通过物权法对之加以保护。另一方面，对善意受让人来说，一旦发生交付，其占有了出让人的财产，从而形成了享有物权的外观，也可能引发社会公众对其权利的信赖。其也可以对物进行实际的利用、加工和改良，从而提高对物的使用效率，增加物的价值。如果在对物进行重大修缮之后，再进行返还，可能不利于物尽其用，造成对物的损失浪费。所以，即使买受人主观上是善意的，如果没有通过交付实际占有财产，不能取得所有权。^②

需要指出的是，此处所称的交付，原则上是指实际交付，即转让人将动产交付给受让人；除实际交付之外，简易交付也应当可以适用善意取得。^③ 无论如何，善意取得中所说的占有应当是实际占有，只应当包括实际交付、简易交付与指示交付形态，而不包括占有改定形态。毋庸赘言，在实际交付的情况下，动产在出卖人和买受人之间实际发生了占有的移转，自然可能构成善意取得。但在占有改定的情况下，动产本身并未发生占有的实际移转，受让人也并没有实际占有动产；受让人并不具备动产的权利外观，因此，不构成善意取得的构成要件中的交付。动产物权善意取得以交付为要件，主要目的在于实现善意受让人对动产的占有，从而有可能形成受让人享有物权的权利外观，使第三人能够知悉动产物权已经发生变动。因此，动产物权善意取得中的交付形态，也应当有其特殊要求，即只能是现实交付、简易交付和指示交付。

第三，特殊动产应当完成交付。《物权编司法解释（一）》第 19 条规定："转让人将民法典第二百二十五条规定的船舶、航空器和机动车等交付给受让人的，

---

① MünchKomm / Oechsler，5. Auflage 2009，BGB § 932，Rn. 13.

② 参见王轶：《物权变动论》，48～75 页，北京，中国人民大学出版社，2001。

③ 参见谢在全：《民法物权论》（上册），228～229 页，北京，中国政法大学出版社，2011；陈华彬：《物权法》，340 页，北京，法律出版社，2004。

应当认定符合民法典第三百一十一条第一款第三项规定的善意取得的条件。"依据该规定，特殊动产的善意取得应当以交付为条件，虽然特殊动产采登记对抗主义，但交付作为特殊动产物权变动的条件，即只要完成交付，就完成了法定的公示方法。

（五）转让合同有效

善意取得必须以转让人与受让人之间的转让合同合法有效为基本前提。如果转让人与受让人之间所从事的买卖、互易、赠与等行为是无效的或可以撤销的行为，则不能产生善意取得的效果。《物权编司法解释（一）》第 20 条规定："具有下列情形之一，受让人主张依据民法典第三百一十一条规定取得所有权的，不予支持：（一）转让合同被认定无效；（二）转让合同被撤销。"据此，在当事人之间的基础合同被撤销或者被宣告无效的情形下，则排除善意取得的适用。也就是说，善意取得的成立以转让人和受让人之间的合同有效为前提，如果该合同因为违反法律或行政法规的强制性规定，或违反公序良俗而被宣告无效，或者被依法撤销则无法发生善意取得的法律效果。作出此种规定的主要理由在于：一方面，善意取得制度本身就是为了维护交易安全而设计的一种法律制度。其所维护的"交易"只能是合法的交易，对违法的交易，其自然也不可能受到法律的特别保护。如果合同无效，则表明该交易本身具有不法性，不应受到法律的保护，当事人之间应当产生恢复原状的后果，无法产生善意取得的效果。因此，依据上述司法解释的规定，在合同被宣告无效的情形下，就可以排除善意取得。另一方面，善意取得虽然在性质上是原始取得，但其也属于基于法律行为的物权变动，在我国，基于法律行为的物权变动规则主要实行债权形式主义，物权的变动既需要完成公示方法，也需要当事人之间的基础法律关系有效。因此，一旦当事人之间的基础合同被宣告无效或者被撤销，则物权无法发生变动，受让人也无法基于善意"取得"标的物所有权。

四、善意取得的效果

善意取得将产生如下法律效果。

第一，物权的变动。善意取得是原始取得，这就是说，只要符合善意取得的构成要件，原权利人与受让人之间将发生一种物权的变动，即受让人因为出于善意将即时取得标的物的所有权，而原权利人的所有权将因此消灭。[1] 原权利人不得向善意的受让人主张返还原物，而只能要求转让人赔偿损失或者承担其他法律责任。

需要指出的是，在无权处分动产的情形下，如果构成善意取得，动产将发生变动，但转让合同是否无效？我国《合同法》第 51 条曾将无权处分的合同规定为效力待定合同，但是在真正权利人拒绝追认时，无权处分合同将被宣告无效。我国《民法典》第 597 条第 1 款在总结司法实践经验的基础上，吸收了比较法上所普遍采纳的有效说。[2] 有效说有利于保护买受人利益，且可以鼓励未来财产交易。因为现代社会中的商业交易并非全部建立在对已经获得所有权的标的物的处分之上。在相当多的商业交易中，当事人采取订购的方式，约定买卖将来物，也就是说，在合同订立时，标的物可能尚未生产出来，或所有权仍属于他人，当事人只是就尚未生产出来的物或可从他人处购得的标的物作预先安排，从而加速财产的流动。

第二，动产上的原有权利原则上消灭。《民法典》第 313 条规定："善意受让人取得动产后，该动产上的原有权利消灭。但是，善意受让人在受让时知道或者应当知道该权利的除外。"据此，能够因善意取得而导致物上其他权利消灭的，只能是动产，而不是不动产。因为不动产上的权利都要经过登记，对外予以公示，所以，受让人在受让不动产时就知道或者应当知道不动产上的物权负担。如果不动产上的物权负担已经登记，而受让人仍然受让该不动产，其就应当承受此种物权负担。如果物上的负担已经登记，权利人没有查阅，他也要承担因没有查阅可能形成的风险。[3] 所以，只有在动产上才可能发生其他权利的消灭现象。符合善意取得的构成要件，将导致动产上的原有权利原则上消灭，这些权利包括原

---

① 参见谢在全：《民法物权论》（上册），296 页，台北，新学林出版股份有限公司，2014。
② 参见黄薇主编：《中华人民共和国民法典物权编释义》，1162 页，北京，法律出版社，2020。
③ 参见孙宪忠：《中国物权法总论》，217 页，北京，法律出版社，2003。

492

动产所有权、动产抵押权等。

第三，无权转让人的法律责任。原权利人因善意取得使其标的物的所有权消灭，而又不能请求受让人返还财产，法律上便对原权利人提供了一种债权上的救济。《民法典》第311条第2款规定："受让人依据前款规定取得不动产或者动产的所有权的，原所有权人有权向无处分权人请求损害赔偿。"依据该规定，在构成善意取得的情形下，原所有权人有权请求无处分权人承担损害赔偿责任。在不同情形下，原所有权人可以基于不同的请求权主张损害赔偿责任：一是主张违约损害赔偿。例如，在原所有权人与无处分权人之间存在合同关系的情形下，如原所有权人将标的物出租或者借用给无处分权人，此时，原所有权人有权请求无处分权人承担违约损害赔偿责任。二是侵权损害赔偿。在构成善意取得的情形下，原所有权人的所有权因无处分权人的无权处分行为而消灭，其有权请求无处分权人承担侵权损害赔偿责任。三是不当得利返还请求权。在构成善意取得的情形下，无处分权人会从相对人处获得一定的对价，而且原所有权人也会因此遭受一定的损失，符合不当得利返还请求权的构成要件，原所有权人有权请求无处分权人返还不当得利。

五、他物权的善意取得

他物权的善意取得是指无处分权人擅自在他人之物上设定抵押、质权等他物权，如果相对人是善意的，也可以基于善意取得他物权。例如，甲借乙之名购买房屋，由甲支付购买房屋的价款，并将房屋登记在乙的名下，后乙将该房屋抵押给银行。在设定抵押权的过程中，如果银行在查阅登记后，发现该房屋确实登记在乙的名下，即便后来在实现抵押权的过程中发现乙并非真正的权利人，银行也可以善意取得该抵押权。

动产上的原有权利包括原动产所有权、动产抵押权等担保物权。从比较法上看，各国法律大多承认他物权的善意取得。[①] 我国《民法典》第311条第3款规

---

① 参见《德国民法典》第1207条，《瑞士民法典》第884条。

定："当事人善意取得其他物权的，参照前两款规定。"这实际上承认了其他物权也可以适用善意取得的规定。司法实践也确认善意取得可适用于其他物权。例如，在"无锡金茂置业有限公司、顾科达等对外追收债权纠纷案"中，法院认为"凤凰文贸公司取得顾科达名下的涉案房产抵押权善意无过失，已办理不动产抵押登记，并经法院生效判决予以确认"即抵押权亦可善意取得。[1] 再如，出质人将其占有的质押财产出质的，只要质权人是善意的，不知出质人无处分权，则质权的设定是有效的，所有权人不能要求质权人返还财产，但可要求出质人赔偿损失。这就表明，质权也是可以善意取得的。

需要指出的是，依据《民法典》第311条第3款的规定，他物权的善意取得虽然需要参照适用所有权善意取得的规则，但需要考虑如下情形：第一，无处分权人在动产之上设定他物权，受让人受让该不动产或者动产权利时是善意的。第二，善意受让人在受让时不知道或者不应当知道动产上存在着该权利。这就是说，即使因为善意取得而导致动产上其他权利消灭，也必须要求受让人是善意的。所谓善意，是针对动产上存在的其他权利而言，受让人是不知情的。如果受让人知道或者应当知道该权利的存在，就表明其不是善意的，因此，即便受让人善意取得了所有权，其也应当承受动产上的其他权利负担。例如，甲在动产上设定了附有禁止转让特约的抵押，未办理登记，然后将该动产转让，而受让人乙在受让动产时，如果事先知道该特约，因而是恶意的，那么，当抵押权人追及该动产时，其不能对抗抵押权人。但如果受让人在受让该动产时，确实不知道其上有抵押权，其在取得动产以后，该动产之上的抵押权消灭。[2] 第三，不一定考虑转让价的合理性。例如，抵押人在与债权人订立抵押合同时，通常是无偿的，抵押人一般不会从债权人处获得对价，因此，在参照适用所有权善意取得的规则认定抵押权善意取得的条件时，不一定将有偿性作为条件。第四，在具体认定他物权善意取得的适用条件时，也需要考虑其权利取得的特殊性。对动产抵押而言，抵押合同生效，对不动产抵押而言，当事人已经办理

---

① 参见江苏省无锡市中级人民法院（2022）苏02民终5644号民事判决书。
② 参见谢在全：《民法物权论》（上册），296页，台北，新学林出版股份有限公司，2014。

抵押登记。只有具备上述条件，善意取得才能导致动产上原有权利的消灭。

除物权外，其他权利也可能存在善意取得的情形。例如，在"江西华邦传媒有限公司与吴皎等侵害网络域名纠纷案"①中，重庆市第二中级人民法院经审理认为，"域名 sr.cn 由刘泰龙购买取得，本案中没有证据证明刘泰龙事先知道 sr.cn 的出卖人没有处分权，也无证据证明刘泰龙与其存在恶意串通，该出卖人与刘泰龙通过电子邮件对域名 sr.cn 的价格进行了反复协商，双方达成的成交价 70 万元基本符合该域名的市场价格，并无证据证明其成交价属于明显不合理低价，因此刘泰龙属于善意且以合理的价格购买域名 sr.cn，该域名已从'易名中国'平台 160129 账户转移交付至刘泰龙的 38169 账户，刘泰龙获得该域名符合善意取得的规则，华邦传媒公司主张返还域名 sr.cn 缺乏法律依据。"当然，依据《民法典》第 311 条规定，善意取得的对象限于物权，在法律没有特别规定的情形下，其他权利的善意取得并不能直接适用《民法典》第 311 条的规定，而应当参照适用该规则。

六、赃物的善意取得

罗马法中，为了强化对所有权的保护，奉行"任何人不得以大于自己的权利转让他人"（Nemo plus juris ad alium transferre potest，quam ipse habet）的原则。尤其是罗马法上有一句著名的格言，即"物在呼叫主人"，可见，罗马法没有承认善意取得制度，而是赋予了物的所有权人无限制的追及权利。显然，在罗马法中，所有权人对自己丧失占有的赃物是可以追及的。但是在日耳曼法中，对所有权人的追及进行了限制，根据日耳曼法之以手护手（Hand wahre Hand）原则，在占有的情况下，"汝授予汝之信赖，汝仅得对受信赖者为要求也"②，即所

---

① 《人民司法·案例》，2019（17）；重庆市第二中级人民法院（2017）渝 02 民初 108 号民事判决书；重庆市高级人民法院〔2018〕渝民终 162 号民事裁定书。

② Frederrick Pollock, Frederrick William Maitland，*The History of English Law before the Time of Edward I* ，London：Cambridge University Press 1968. p. 155.

有者只能基于契约向物的受托人提出请求，不能对第三人实行追及。

　　近现代民法实际上是借鉴了日耳曼法的经验，广泛确立了善意取得制度，对于赃物是否能够适用善意取得，在判例学说上发展了一个重要的理论，即区分占有委托与占有脱离，并分别认定其法律后果。所谓占有脱离物，是指非基于真正权利人的意思而丧失占有，诸如抢夺、盗窃或其他非因占有人的意思脱离其占有而归于第三人的物。^① 占有脱离又可以包括两种情形：一是基于事实行为或者侵权行为使物脱离占有；二是财产脱离占有人的占有在一定程度上体现了权利人的意志，但并没有完全体现权利人的意志。所谓占有委托物，就是指基于权利人的真实意思而发生占有移转的物，例如，基于租赁、保管等合同取得对权利人的物的占有。^② 在许多国家的法律中，善意取得制度都区分占有委托与占有脱离，如果是占有委托物，就要适用善意取得制度。理由在于，某项财产依权利人的意志让与受托人占有时，就同时引发了两种危险：一是它营造了一个可以使第三人信赖的状态，从而对交易安全产生了危险；二是所有人失去标的物的直接占有，就面临标的物被他人处分的危险。^③ 对于权利人来说，其能够预测到上述两种风险，并且完全可以基于自己的意志控制物的移转^④，且与善意的交易第三人相比，其更具有化解风险的能力。所以，法律应该优先保护交易安全和善意第三人的利益，对占有委托物适用善意取得制度。我国《民法典》物权编中没有对此作出区分，但笔者认为，在确定善意取得适用范围的时候，区分占有委托物和占有脱离物仍有一定的意义。

　　关于占有脱离物（主要指遗失物、赃物）是否适用善意取得的问题，目前并没有统一的看法。有学者认为，占有脱离物不适用善意取得，不仅可以合理平衡所有者与第三人的利益，醇化社会风尚，而且未必真的损害交易安全。^⑤ 也有学者认为，占有脱离物仍然需要适用善意取得。依据《民法典》第 312 条"所有权

　　① 参见史尚宽：《物权法论》，569 页，北京，中国政法大学出版社，2000。
　　② 参见梁慧星编著：《中国物权法草案建议稿》，368 页，北京，社会科学文献出版社，2000。
　　③ 参见王轶：《物权变动论》，283 页，北京，中国人民大学出版社，2001。
　　④ 参见谢在全：《民法物权论》（下册），968 页，北京，中国政法大学出版社，2011。
　　⑤ 参见王轶：《物权变动论》，283 页，北京，中国人民大学出版社，2001。

人或者其他权利人有权追回遗失物"的规定，善意取得制度原则上不适用于遗失物，但是对于赃物是否适用于善意取得，《民法典》对此未作出规定。笔者认为，并非所有遗失物和赃物都不能适用善意取得。从比较法角度看，关于赃物是否适用善意取得制度，存在几种不同的模式。

一是区分说。该说进一步区分赃物的性质究竟是占有委托物还是占有脱离物。对于属于占有脱离物的赃物，不适用善意取得；对于因诈骗等属于占有委托物的赃物，则仍然可以适用善意取得制度。《德国民法典》第935条规定："物从所有人处被盗、遗失或以其他方式丧失的，不发生以第932条至第934条为依据的所有权取得。""在所有人只是间接占有人，例如，使用租赁的出租人、使用借贷的贷与人是所有人，但只是间接占有人。关于间接占有①的情况下，物从占有人②处丧失的，亦同。"③《瑞士民法典》第934条规定善意取得仅适用于占有委托物。

二是不适用说。此种观点认为，所有的赃物一律不适用善意取得制度，而不论是占有脱离物还是占有委托物。苏联民法就采取了此种做法。《苏俄民法典》第152条规定："对拾得物和盗赃物，丧失占有人有权要求返还该财产，只有当财产是为执行法院判决而依规定的办法出售时，才不允许要求返还财产。"

三是适用说。该说以美国法为代表，《美国统一商法典》第2403条规定："具有可撤销的所有权的人有权向按价购货的善意第三人转让所有权。当货物是以买卖交易的形式交付的，购买人取得其所有权。"此种学说没有区分占有委托物和占有脱离物，主要是出于对交易安全的保护。

如前所述，对于赃物是不是适用善意取得，在物权法起草过程中争议很大，《物权法》最终回避了这一问题，《民法典》物权编同样未对此作出规定。我国刑

---

① 参见《德国民法典》第868条。

② 这里的占有人是指直接占有人，如使用租赁的承租人、使用借贷的借用人。

③ 丧失（Abhandengekommensein）是指非自愿地失去直接占有，包括被盗、遗失等情形。Medicus，Grundwissen zum Bürgerlichen Recht，5. Aufl. 2002，S. 151.

法和司法实践曾经对赃物实行"一追到底"的做法，但自 2007 年《物权法》颁行以来，善意取得制度逐渐深入人心，尤其是随着我国社会主义市场经济与法治建设事业的发展，强化对善意相对人与交易安全的保护也被放到更重要的地位。在此背景下，司法实践的立场也逐步作出了相应的调整。2014 年《最高人民法院关于刑事裁判涉财产部分执行的若干规定》第 11 条第 1 款列举了不适用善意取得的情形，依据该解释第 11 条第 2 款规定，"第三人善意取得涉案财物的，执行程序中不予追缴。作为原所有人的被害人对该涉案财物主张权利的，人民法院应当告知其通过诉讼程序处理"。这就确认了赃物原则上可以适用善意取得。第三人如果善意取得涉案财物的，执行程序当中应当不予追缴。① 从该规定来看，其对赃物采取了原则上可以适用善意取得制度，而排除了不适用善意取得制度的四类情形。② 由于该定针对所有刑事案件中赃物的善意取得，而非仅仅是针对某些特定犯罪类型中的赃物或者某种特定的赃物可适用善意取得制度，这就表明我国司法实践已经承认赃物原则上可以适用善意取得制度。③

一方面，赃物适用善意取得有利于保护善意第三人，维护交易安全。物是否可以适用善意取得制度的前提是，该物本身并未丧失可交易的属性。如果将赃物全部排除在善意取得的适用范围之外，则可能会严重损害交易相对人的合理信赖，危害交易安全。现代网络信息社会的市场交易，无论是交易的规模、频次还是数量，都远非一百多年前的市场所能相比。因此，现代市场经济中交易当事人对市场本身信任的要求和维护都非常高，以实现快速、便捷的交易。故此，交易安全的保护成为现代法律的重要价值追求。构建高水平社会主义市场经济体制就必须增强交易安全、保护善意相对人的合理信赖，为当事人提供合理预期，提升交易主体的信心，增强交易的可预期性，进而促进交易、促进市场的繁荣与发

---

① 关敬杨：《善意取得的抵押权与刑事追赃的协调》，《人民司法》2020 年第 17 期，第 73 页。

② 依据 2014 年《最高人民法院关于刑事裁判涉财产部分执行的若干规定》第 11 条，以下情形不适用善意取得：（1）第三人明知是涉案财物而接受的；（2）第三人无偿或者以明显低于市场的价格取得涉案财物的；（3）第三人通过非法债务清偿或者违法犯罪活动取得涉案财物的；（4）第三人通过其他恶意方式取得涉案财物的。

③ 参见程啸：《不动产登记簿的权利事项错误与不动产善意取得》，载《法学家》2017 年第 2 期，第 49 页。

展。故此，赃物适用善意取得能够更好地保护交易安全。

另一方面，赃物适用善意取得有利于规范和制约公权力，避免无限追赃产生的各种弊端。刑事追赃的过程就是公权力的行使过程，包括追缴、发还等环节。赃物善意取得有利于保护善意第三人的合法权益的需要，避免公权力的过度介入损害交易当事人的合理预期。①

还应当看到，赃物适用善意取得有利于维护正常的社会生活和生产经营秩序。尤其是在互联网时代，许多商品交易不论是一手交易还是二手交易，都是通过网络平台来完成的，当事人作出交易决策和合同的履行通常也都是在线完成的，在赃物交易的情形下，相对人在交易过程中可能并无接触无权处分人的机会，也难以通过察言观色等传统的方式去识别可能遭遇的购赃风险。在交易相对人善意且已经支付了合理对价的情形下，如果不考虑交易相对人的保护而一概予以追赃，甚至将相对人支付的对价作为赃款予以追缴，也可能极大地影响交易安全和企业的正常经营活动。因此，在赃物交易的情形下，如果符合善意取得的构成要件，则应当通过善意取得制度对交易相对人予以保护，以维护正常的交易秩序。②

由于赃物的概念非常宽泛，为了更好地协调财产权的保护与交易安全的保护这二者的关系，需要对赃物的善意取得进行类型化的处理。传统大陆法系国家民法大多区分了占有委托物和占有脱离物。区分占有委托物和占有脱离物，对于善意取得的适用具有直接的影响，对于占有委托物通常可以适用善意取得，而对占有脱离物的善意取得适用条件更为严格，甚至许多国家明确规定不得适用善意取得。因为占有委托物是基于权利人的意志而脱离其占有的，该物一旦进入市场交易，就可能为他人通过交易而获得。因此第三人信赖该物是基于所有权人的意愿而被交易的，基于这一信赖而购买该物，因而是善意的。如果对这一信赖不予保护，将会危及交易安全。③ 对于权利人来说，其能够预测到第三人可能产生信赖，并且完全可以基于自己的意志控制物的移转④，其与善意的交易第三人相

①　参见张爱珍、潘琳：《民刑交叉案件的程序及实体处理规则》，载《人民司法》，2020（19）。

②　参见费安玲、汪源：《论盗赃物善意取得之正当性——以法经济学为分析视角》，载《法学杂志》，2018（7），64页。

③　参见王轶：《物权变动论》，283页，北京，中国人民大学出版社，2001。

④　参见谢在全：《民法物权论》（下册），968页，北京，中国政法大学出版社，2011。

比，更具有化解风险的能力。所以，法律应该优先保护交易安全和善意第三人的利益，对占有委托物适用善意取得制度。与此不同，对占有脱离物而言，标的物脱离权利人占有是违背其意愿的，很多时候是权利人难以控制和避免的，如被犯罪分子抢劫、抢夺、盗窃的财物。故此，在利益平衡上，与占有委托物相比，法律上应当更多地保护所有权人等财产权利人的利益，而非交易安全。

我国《民法典》的善意取得制度并没有区分占有委托物与占有脱离物。尽管《民法典》特别规定了遗失物的善意取得规则，但其只是占有脱离物的一种典型情形而已，《民法典》并没有就占有脱离物的善意取得规则作出一般规定。因此，就赃物能否类推适用遗失物的善意取得，存在不同观点。笔者认为，不能笼统认为，赃物都应当类推适用遗失物的规定。由于赃物的类型纷繁复杂，在是否类推适用遗失物的规定这一问题上，应当进一步作类型化处理。一方面，盗赃物应当类推适用《民法典》第312条关于遗失物善意取得的规定。另一方面，其他赃物不应当类推适用《民法典》第312条的规定，而应当适用《民法典》第311条的善意取得制度。从立法目的来看，《民法典》第311条规定善意取得旨在维护交易安全和秩序，而《民法典》第312条关于遗失物排除善意取得的规则则兼顾了交易安全与所有人的利益，并且总体上更侧重于保护所有人的利益。该条通过允许所有人享有返还原物请求权可以有效地维护所有人的利益。在对赃物这一占有脱离物适用善意取得制度时，为了更好地兼顾所有权人利益的保护，应当严格限制其适用条件，既然遗失物不适用善意取得，而盗赃物的法律评价远低于遗失物，所有权人是基于他人的违法犯罪行为而丧失占有。遗失物并非基于所有人的意思而丧失占有，但是实质上系所有权人自己的遗失行为导致占有丧失，在价值评价方面，赃物是违法犯罪行为所得，而遗失物毕竟是所有人不慎丢失的动产。举重以明轻，盗赃物的善意取得的适用要件不应当比遗失物的善意取得的适用要件更为宽松。[1] 此外还应当看到，由于近几年来，盗窃抢劫的犯罪行为逐渐减少，盗赃物的数量也在逐渐减少。因此，将盗赃物排除在善意取得的适用范围之外，也并不会对交易安全造成重大影响。

---

① 参见崔建远：《中国民法典释评·物权编》（上卷），522页，北京，中国人民大学出版社，2020。

第四节　添　　附

一、添附的概念

所谓添附（accessio），是指不同所有人的物结合在一起而形成不可分离的物或具有新物性质的物。[1] 法律规定添附的原因在于：二个以上的物合并为一体，若要使其分离，必然要毁损或减少物的价值，支付不必要的费用。更何况，在添附的情况下，要恢复原状往往在事实上已不可能，因此，从增进财富、充分发挥物的效用的原则出发，须承认添附可以取得所有权。

添附制度起源于罗马法，在罗马法中，"附属物添附于主物"（accessio cedit principali）成为确认所有权归属的基本原则。[2] 以后该制度被大陆法系国家民法典继受，并成为大陆法系国家物权法中取得财产权的重要方法和制度。在罗马法上，优士丁尼即认为，若改良物可以被分解为其之前的材料，材料所有人即为物的所有人；若改良物不能被分解，则物的所有权则归属于改良者。[3] 以添附作为取得所有权的方法，是罗马法以来所公认的原则，并为各国物权法所公认。在英美法系国家，一般将添附定义为：以自然、人工或自然与人工相混合的方法作用于他人之物，并依法取得该物所有权的制度。[4] 我国《民法典》第322条规定："因加工、附合、混合而产生的物的归属，有约定的，按照约定；没有约定或者约定不明确的，依照法律规定；法律没有规定的，按照充分发挥物的效用以及保护无过错当事人的原则确定。因一方当事人的过错或者确定物的归属造成另一方当事人

---

① 参见谢在全：《民法物权论》（上册），505页，台北，自版，2003。
② 参见［意］彼德罗·彭梵得：《罗马法教科书》，黄风译，201页，北京，中国政法大学出版社，1996。
③ See Harold C. Rector, "Accession", 5 *Sw. L. J.* 80（1951）.
④ See Garland, David S., et al., Editors, *American and English Encyclopaedia of Law*, Northport, N. Y., Edward Thompson Co., 1896, p. 247.

损害的，应当给予赔偿或者补偿。"这就确定了添附的规则。添附的主要特点是：

第一，不同所有人的物结合在一起而形成不可分离的物。如果不同所有人的物能够分开，就不存在某人取得他人动产所有权的问题。所有人可以通过行使物权请求权请求恢复原状。添附包括三种形式，即附合、混合和加工，这三种情况都会发生不同的所有人的动产相互结合的状态。在添附的情况下，由于财产密切结合在一起，要恢复原状在事实上已不可能或者在经济上极不合理，才有必要运用添附的规则加以解决。

第二，添附必须是基于数个物的结合形成了单独的所有权。不同的所有人之间的物因结合产生添附时，这些物既可能是动产，也可能是不动产。但因为我国法律历来不以添附的规则处理房屋与土地之间的关系，所以，不动产与不动产之间不可能发生添附，而一般只限于动产与不动产或动产之间发生添附。当不同的所有人所拥有的数个物已经在法律上结合为一物，且以单一的所有权的形式而存在时，则在法律上将构成添附。如果不同的所有人之间的物发生添附，形成了数个物的结合状态，可以形成多个所有权，也可能会发生数添附。

第三，在发生添附的情况下，法律上必须确定添附物所有权的归属。添附物既可以归一人所有，也可以为各个不同的所有人共有。法律上关于确定添附物归属的规则在性质上属于任意性规范，当事人可以依据合同自由原则加以变更，自行约定所有权的归属。为求得当事人之间的利益平衡，而受有损失的一方，可以依照不当得利的规定，请求损失之赔偿。①

添附制度的功能主要在于确认添附物的归属，并对因添附而丧失原物所有权的一方以相应补偿。② 因为添附而导致当事人财产损害的，依据不同的情况可以适用不当得利返还请求权或者侵权请求权，以保护当事人的合法权益，填补其所受到的损害。③ 因此，添附制度属于物权法的组成部分，与侵权责任法一样都是

---

① 参见史尚宽：《物权法论》，141 页，北京，中国政法大学出版社，2000。
② 参见陈本寒：《构建我国添附制度的立法思考》，载《法商研究》，2018（4）。
③ Vgl. Reuter/Martinek, Ungerechtfertigte Bereicherung, §2 Ⅲ, S. 33; Weitnauer DB 1984, 2496（2497）.

民法的组成部分，且都具有保护财产权的作用。添附制度作为确认权利的重要规则，是保护财产权的前提。在德国法中，添附被作为所有权的取得方式，而在《法国民法典》中，添附被视为所有权扩张的体现[①]，但无论如何，添附都是以财产归属的确认为中心。在发生添附的情况下，法律上必须确定添附物所有权的归属。添附物既可以归一人所有，也可以为各个不同的所有人共有。

二、添附与其他相近概念的区别

（一）添附与孳息

从狭义上理解，添附具有三种形态，即混合、附合、加工。从广义上理解，添附还包括原物所产生的孳息。关于添附与孳息的关系，国外立法有不同的规定。根据法国民法，添附分为生产和附合，该法将所有人获得的物所产生的孳息视为添附[②]，亦即物的附带产生物均构成孳息。而其他一些国家的民法大多区分了添附和孳息。

笔者认为，添附与孳息在性质上是不同的。主要表现在：一方面，添附是指两个所有权因为加工、混合等原因而结合在一起，但是孳息产生后并没有发生两个所有人的财产的结合，孳息仍然是在原所有人的财产的基础上产生的收益。另一方面，添附涉及两个所有权之间的冲突问题，需要对添附物的权利归属进行重新界定。但就孳息来说，一般由原物的所有人享有。孳息是原物所有权人行使所有权所获得的收益，也可以说是所有权的收益权能的具体体现。当然，在原物发生占有移转以后，依照法律和合同规定，也可以由产生孳息时的合法占有人所有。物的原所有人有权请求所有人返还物的孳息。

（二）添附和逾界建筑

所谓逾界建筑，指在建造建筑物时建筑人在共有权建筑的土地上逾越疆界，

---

① 参见尹田：《法国物权法上的添附权》，载《法商研究》，1999（3）。
② 参见《法国民法典》第547条至第550条。

建造房屋，这就需要在法律上确认建筑人和邻地权利人之间的关系，换言之，逾界建筑人首先应当在自己有建筑权的土地上建筑房屋。[①] 在逾界建筑的情况下，发生了一方的房屋与另一方的土地所有权或土地使用权的结合问题，如果承认不动产和不动产之间可以发生添附，有关逾界建筑问题就可能适用添附规则解决。笔者认为，逾界建筑和添附规则仍然是有区别的：一方面，在出现逾界建筑的情形下，现代民法通常要求邻地权人容忍逾界建筑，保全逾界建筑，充分发挥土地和建筑物的利用价值。例如，《德国民法典》第 912 条明文规定："土地所有人因非由其负责的故意或者重大过失，在建筑房屋时逾越疆界建筑者，邻地的所有人应容忍其逾界建筑，但邻地所有人曾在逾界之前或之后即提出异议者，不在此限。"另一方面，构成逾界建筑必须是邻地权人应当知道或已经知道，但未及时提出异议。例如，《瑞士民法典》第 674 条第 3 款规定："如该突出建筑物系由无权利人建造的，被害人虽知悉此情况，但未即时声明异议时，依情况善意建筑人得支付相当的赔偿以取得该建筑物的物权或者土地所有权。"[②] 但在添附的情况下，不管被添附者是否知道其财产被添附，都要依照添附规则而确定所有权归属。

(三) 添附与侵权制度

添附既可能导致原物形态的改变，也可能导致物的灭失，还可能由于添附导致物上权利的灭失。[③] 因添附是作用在他人之物上，因此，其常常与侵权发生关联。应当看到，未经他人的同意而利用他人财产，只要产生了新的财产，在大多数情况下既构成添附，也构成侵权行为。尤其是未经他人同意而利用他人财产，虽然客观上可能使他人的财产增值，但由于该行为造成了财产形态的改变，在违背权利人意愿的情形下，该行为也可能构成侵权，从而发生侵权与添附的竞合。

---

① 参见叶军、孔玲，《试论逾界建筑及其法律效力》，载《现代法学》，2000（4）。

② 对于异议权的主体，大陆法系民法一般表述为邻地所有人，但是其学说及判例则往往扩张解释。如谢在全先生认为："其提出人为邻地所有人、地上权人、永佃权人或典权人。"〔谢在全：《民法物权论》（上册），229 页，台北，自版，1997。〕这实际上是把异议权人扩张为对邻地享有某项权利而因逾界建筑使其该权利受到损害的人。

③ Vgl. MüKoBGB/Füller, BGB § 951 Rn. 5.

例如，未经他人同意进行错误的装修，因装修发生的添附，尽管在客观上可能使房屋增值，但因为通常装修是与个人审美情趣和偏好相关联的，具有很强的主观性，因而擅自装修，也可能因为不符合业主的审美观念而成为一种损害。所以，所有权人有权基于其房屋所有权主张排除妨害，要求存在过错的添附人拆除其装修材料，将其房屋恢复原状，也有权主张由添附人承担该恢复原状的拆除费用，并就装修中因拆除有关隔墙的损失等请求侵权损害赔偿。可以说，只要不是出于被添附人的意愿的添附，都有发生侵权的可能。[①] 正因如此，有不少学者认为，添附制度可以被侵权行为制度所替代，因为任何人无论是基于善意还是恶意利用他人财产进行添附，都构成对他人财产所有权的侵害。因此，财产被添附的一方都有权基于侵权请求权主张排除妨害，并赔偿损失。

应当看到，如果未经他人同意而使用他人财产，尚未产生新物，此时仅构成侵权而不构成添附。即使在侵权与添附发生竞合的情况下，因为二者具有不同的功能与价值，依据不同的规则处理会产生不同的结果，所以，在既发生侵权又构成添附的情况下，也不一定适用侵权责任的有关规则。具体来说，二者的区别主要体现为：

一是二者的功能不同。侵权责任制度以过错为前提，以损害赔偿作为其主要形式。但损害赔偿只是使权利人遭受的财产损失获得补救，其本身并不能解决财产被他人添附以后所形成的物的权利归属问题，也不能替代添附制度物尽其用的功能。而添附制度的首要目的在于确定财产归属，维护社会秩序的稳定。

二是二者旨在实现的价值不同。侵权责任法作为保护权利的法律，主要体现的是通过保护受害人的权益、制裁不法行为人来实现公平正义的价值，并维护社会正常的生产和生活秩序。而添附制度具有促进物的有效利用的功能，当然，添附制度也要反映公平正义的价值，但它更强调促进物尽其用，提高物的使用效率。

三是二者适用的条件不同。添附制度的适用前提是发生了附合、加工、混合

---

① 参见王泽鉴：《民法物权·通则·所有权》，311 页，北京，中国政法大学出版社，2001。

等事实而产生了新的物，从而有必要确认物的产权归属。在确认添附物的归属时，添附一方的主观状态并不是考虑的主要因素。[①] 但一般侵权责任是过错责任，应当考虑行为人是否具有过错。

四是两者的法律效果不同。添附是基于各种原因引起的，未必与侵权行为必然联系在一起，产生添附以后，首先需要对添附物的归属进行重新确认，而未必首先需要确定侵权责任。即便是因为侵权行为发生的添附，也不一定要适用侵权的有关规则。在适用的结果上，构成添附可能导致不当得利返还的适用，成立侵权则导致侵权损害赔偿的适用。

（四）添附与合同

添附可能因为合同而产生。例如，承租人在租赁期间，未经出租人的同意而对房屋进行改造、加工、装修，不仅违反合同规定，而且形成添附。

添附是一种所有权原始取得方式，添附物的形成即意味着新物的产生和旧物的消灭。针对该新物的所有权归属，《民法典》物权编秉持意思自治优先原则，规定当事人有约定的，按照约定确定添附物之归属，这属于最有效率的添附物权属确定方式。例如，根据承揽合同的规定，定作人提供材料，由承揽人完成一定的工作，除了当事人有特别约定以外，承揽人为履行承揽之工作，无论是对既成品进行加工还是制作新品，加工物所有权皆归供给材料的定作人所有。

三、添附的三种形态

（一）附合

附合是指不同所有人的财产密切结合在一起而形成新的财产，虽未达到混合程度，但非经拆毁不能达到原来的状态。如砖瓦、木板附合于房屋之中，附合可以因为自然的或人为的原因而形成。附合既可是因为动产和不动产所有人实施的行为造成的，也可是因为第三人的原因发生的。

---

① Vgl. MüKoBGB/Füller，BGB § 951 Rn. 37.

附合有两种情况

1. 动产与不动产的附合

动产与不动产相结合成为不动产的组成部分，构成了附合形态中的一种。此种附合的特点在于：第一，动产成为不动产的组成部分，或者说成为不动产的重要成分。[①] 两物发生附合以后，非经毁损或改变物的性质而不能使两者分离。第二，此种附合具有固定性，也就是说这种附合不是暂时的[②]，而是持续存在的。如果并不具有固定性，仍不构成附合。第三，在社会经济观念上，已将相互结合的两个物视为一个物。也就是按照社会一般的观念[③]，附合的动产必须失去物理上的独立性（körperliche Selbstständigkeit），作为一部分合并成一个统一的整体。[④] 典型的例子是底盘、车身和发动机附合成为机动车。[⑤] 一般人认为，两个物已经成为一物。例如，在他人的土地上堆放物品或者搭建简易的设施，一般人并不认为两个物已经成为一个独立的物，则不构成附合。又如土地上未完成的建筑物，属于多种建筑材料的组合，不丧失独立性，因而不应视为不动产的附合物。

在附合的情况下，动产和不动产都分别属于不同的所有人所有，这就需要对附合物的所有权归属在法律上予以确定。一般认为，在发生动产与不动产附合的情况下，应当由不动产所有人取得附合物的所有权。此项取得在性质上是原始取得，是基于法律规定而直接取得的所有权。动产附合于不动产导致动产所有权消灭，以动产成为不动产重要成分为前提，因此，如果动产只是基于暂时目的依附于不动产，在一段时间后会基于所有人的意思与不动产分离，动产所有权不消灭。[⑥] 在新的财产应归不动产所有人所有以后，动产所有权发生消灭。动产所有人可以取得与其动产价值相当的补偿。当然，如果因为某人利用他人的财产进行

---

① MünchKomm/Füller, BGB §946, Rn. 5.

② MünchKomm/Füller, BGB §946, Rn. 6 f.

③ MünchKomm/Füller, BGB §946, Rn. 5.

④ BeckOK BGB/Kindl, 64. Ed. 1.11.2022, BGB §947 Rn. 4.

⑤ BGHZ 18, 226, 229.

⑥ Staudinger/C Heinze (2020) BGB §946 Rn. 4.

加工，发生附合的结果，此种情况一般应依照加工的规则解决。附合规则有助于维持经济上的一体性、实现法律关系的清晰明确。[1]

2. 动产与动产的附合

两个或两个以上的不同所有人的动产互相结合，一个物成为他物的重要组成部分[2]，非经毁损不能分离，或者分离在经济上不合理，此种情况属于动产与动产的附合，例如，将他人的珠宝镶嵌在自己的手镯上。但是动产与动产的附合仅限于没有经过加工的情况，如果经过了加工，则适用加工的规定。

动产与动产的附合所结合的物，称为合成物。关于合成物归属的确定，各国立法有三种原则：一是以共有为原则，以单独所有为补充，如《德国民法典》《瑞士民法典》；二是以单独所有为原则，以共有为补充，如《日本民法典》；三是仅规定由主物所有人取得所有权，如《法国民法典》。笔者认为，对于合成物归属的确定需要考虑各动产所有人财产的价值。如果各个动产在价值上相等或者难以区分为主物和从物，则附合物可以由各所有人共有。[3] 各个动产所有人的应有部分，按动产附合时的价值来确定比例。如果合成物可以区别主物和从物，则按照从物随主物的原则，应当归主物所有人享有所有权[4]，法律上确立这一规则主要是为了减少在附合以后因形成共有物而产生的管理上的不便以及分割共有物所支付的不必要费用。在确定主物和从物的关系的时候，应当按照一般的交易观念[5]，根据物的价值、效用以及性质等来决定。例如在他人的桌椅上刷漆，一般认为，桌椅是主物而漆是从物，由桌椅的所有人取得所有权。但某人在取得附合物的所有权的同时，必须对从物的所有人或财产价值小的所有人作出适当补偿。

（二）混合

混合是指不同所有人的动产互相结合在一起，难以分开，或分开在经济上不

---

① Staudinger/C Heinze (2020) BGB § 946 Rn. 1.

② MünchKomm/Füller，BGB § 947，Rn. 4.

③ MünchKomm/Füller，BGB § 947，Rn. 8.

④ MünchKomm/Füller，BGB § 947，Rn. 9.

⑤ MünchKomm/Füller，BGB § 947，Rn. 5 ff.

合理，并且形成新的财产①，例如，米与米混合（固体的混合）、酒与酒混合（液体的混合）、氧与氢混合（气体的混合）。混合的特点在于动产与动产之间相互结合为一个物，对原物已经不能加以识别，或者加以识别在经济上不合理，其性质为事实行为。② 例如，酒与酒发生混合，一般不能加以识别。所以关于混合的观念，"仍应不离添附之立法意旨，不以能否识别为准，而应以有无合理方法使其复原为断，是以同种类、品质之物混合后，若事先知各自数量者，仍非不能按数取回，故此际应不发生混合之问题，否则徒使法律关系更趋复杂，于社会经济亦属无益"③。需要指出的是，混合制度不在于维持新物经济上的一体性，而在于避免技术上或者经济上不合理地分离已经混合的动产。④ 将混合的动产在技术上分离是否可行，或者在经济上因费用过巨而不合理，需要依据客观标准判断。⑤

混合与附合的区别在于：在混合的情况下，已无法识别原各所有人的财产；在附合的情况下，原各所有人的财产仍然能够识别。附合和混合一样，都是在不同所有者之间发生财产的结合。如果是同一所有人的不同财产的结合，则不发生附合或混合的问题。在德国民法中，混合与附和一样，原则上由原物所有人共有，但是在能够区分出主物和从物的情况下，由主物所有人单独所有。⑥ 在我国司法实践中，对混合的处理一般应根据原财产价值的大小来决定。混合后的新物一般归原财产价值大的一方所有，原财产价值小的一方可取得与原财产相当的补偿，此种做法是符合经济效率原则的。

（三）加工

加工是指一方使用他人的财产加工改造为具有更高价值的财产。在加工的情况下，加工人已对加工物的形成提供了自己的劳动。在各国立法中，加工有狭义

---

① MünchKomm/Füller, BGB § 948, Rn. 2 f.
② MünchKomm/Füller, BGB § 948, Rn. 2.
③ 谢在全：《民法物权论》（上册），301 页，台北，自版，1997。
④ BeckOK BGB/Kindl, 64. Ed. 1.11.2022, BGB § 948 Rn. 1.
⑤ Staudinger/C Heinze (2020) BGB § 948 Rn. 4.
⑥ MünchKomm/Füller, BGB § 948, Rn. 4.

和广义两种情况。狭义的加工，指改造他人的动产而为新动产的事实，如把丝织成绸缎等。罗马法及法国民法主张这种观点。广义的加工不仅包括改造他人的动产为新动产，也包括加工于他人动产的表面，从而形成新动产，如在他人木板上作画、镀金等。

加工的构成要件是：

第一，加工的标的仅限于动产。[1] 加工一般都是利用他人的动产进行改造而加工成新的动产。但在特殊情况下，也可能利用他人的动产进行加工形成不动产。例如，利用他人的建筑材料而建成房屋，此种情况亦可属于加工。因为加工的标的仍然是动产，只不过加工物为不动产而已，在确定加工物的归属时，也可以适用加工的规定。[2]

第二，加工的材料必须为他人所有。因为加工本身是在他人的材料上进行的改造，所以加工的材料必须是他人的材料。当然在加工过程中加工人会掺入部分自己的材料，但这并不影响加工的成立。材料既可以是原料，也可以是半成品。

第三，必须提供了加工行为。[3] 加工行为就是对他人的材料进行改造，加工行为是一种人为的事实行为。[4] 因此，无民事行为能力人、限制民事行为能力人也可以通过加工取得新物的所有权。[5] 不过，加工行为虽然不要求意思表示，但仍然要求加工人是有意识地加工[6]，即加工行为必须是自然意思支配下的人类行为。[7] 即使加工人没有取得新物所有权的意思，加工人仍然依据该规定取得新物所有权。[8]

第四，必须因工作而制成一种新物（neue Sache）。[9] 因加工所形成的物称为加工物，如将他人的木料制成家具，将他人的石材进行雕刻制成工艺品，将他人

① MünchKomm/Füller，BGB § 950，Rn. 4.

② 参见谢在全：《民法物权论》（上册），302 页，台北，自版，1997。

③ MünchKomm/Füller，BGB § 950，Rn. 5 f.

④ 参见房绍坤：《论加工的物权法规制》，载《清华法学》，2017 年（2），67～69 页。

⑤⑥ MüKoBGB/Füller，9. Aufl. 2023，BGB § 950 Rn. 5.

⑦ Staudinger/C Heinze（2020）BGB § 950 Rn. 8.

⑧ BeckOK BGB/Kindl，64. Ed. 1. 11. 2022，BGB § 950 Rn. 4.

⑨ MünchKomm/Füller，BGB § 950，Rn. 7 f.

的皮革制成皮靴等。加工必须是制成新的物，如果只是对他人的旧物进行修缮，并没有形成新物，则不构成加工。关于如何判断新物，学说上存在多种观点。一般认为，如果原材料和新物之间不具有同一性[①]，即新物与原材料相比具有了不同的用途（Verwendungszweck）、不同的性质（Eigenschaften）。[②] 新物通常具有新的名称，如白菜变成酸菜、谷物变成面包，或者与原材料相比，新物在性质上具有稳定持久的实质性变化（erhebliche Veränderungen der Sachsubstanz），在外观上有新的表现形式。[③] 也就是说，判断新物是否出现，应当从经济的角度来观察。[④]

关于加工物的所有权归属，在罗马法中，曾有两种不同的学派，即 Sabiniani 学派（以下称"萨派"）与 Proculiani 学派（以下称"普派"）。"萨派"认为，关于加工物所有权归谁所属，应采"材料所有人主义"（简称"材料主义"），因材料经加工后，形体虽已改变，但其作为材料的本质则未有任何变化，故而材料所有人不得丧失所有权。[⑤] 在盖尤斯的《学说汇纂》中对此也有记载。[⑥] 与此相反，"普派"则认为应依"加工人所有权主义"（简称"加工主义"）确定加工物所有权的归属，因材料经加工后已经改变形体而成为新物，原所有权已经消灭，故新物应归加工人所有。[⑦] 例如，"已制成的器皿可被还原回原材料金、银、铜；与此相反，已制成的葡萄酒、油以及麦粒就不能还原回葡萄酒、橄榄和麦穗；蜜酒也不能还原回蜂蜜和葡萄酒；药膏和眼药也不能还原回药材"[⑧]。受罗马法影响，大陆法系学说上有材料主义和加工主义两种主张。材料主义认为，材料加工以

---

① BGH NJW 2016，317.

② MüKoBGB/Füller，9. Aufl. 2023，BGB § 950 Rn. 8.

③ BeckOK BGB/Kindl，64. Ed. 1. 11. 2022，BGB § 950 Rn. 5.

④ Staudinger/C Heinze（2020）BGB § 950 Rn. 9.

⑤ 参见陈华彬：《物权法原理》，459 页，北京，国家行政学院出版社，1998。

⑥ 盖尤斯认为，"没有材料就不可能有新物，如我用你的金、银、铜制成一个盆，用你的木板制成一条船、一个柜子或是一条凳，用你的葡萄酒和蜂蜜制成蜜酒，用你的药材制成药膏或是眼药，用你的葡萄、橄榄、麦穗制成葡萄酒、油以及麦粒"。D. 41，1，7，7.

⑦ 参见陈华彬：《物权法原理》，459 页，北京，国家行政学院出版社，1998。

⑧ D. 41，1，7，7.

后，其形式虽然已经改变，但其本质仍然未产生变化。加工物是在原材料上加工而成，因此加工物应归材料所有人所有；加工主义认为，加工物的形成主要是加工人的工作成果，而且当原物改造成新物以后，原物的所有权应当发生消灭，加工物应当属于无主物，加工人可以基于先占而取得所有权。① 近代的立法大多采用折中说，即兼采材料主义与加工主义，有的国家如法国和日本等国家的立法在确定所有权归属时，以材料主义为原则，以加工主义为例外，而《德国民法典》第 950 条则以加工主义为原则，以材料主义为例外。②

在考虑加工物的所有权归属的时候，应当兼顾材料人的利益和加工人的利益。因为加工物本身的价值是由材料的价值和加工人的劳务两者构成的，用他人材料制成加工物的，如果加工物所增加的价值明显超过了材料的价值，加工物的所有权归加工人，但加工人为恶意的除外。一旦加工人享有加工物的所有权，材料所有人的所有权消灭，该材料之上的其他权利也发生消灭。当然材料所有人有权要求加工人对其损失给予赔偿。③ 需要指出的是，加工人必须出于善意才能取得加工物的所有权。加工人恶意加工他人财产，尽管其加工所增加的价值超过了材料的价值，也不应当然从材料价值上考虑而使其享有所有权。因为仅仅通过损害赔偿的办法并不足以保护材料所有人的利益。尤其是在恶意加工的情况下，恶意加工所获得的加工物价值超过了损害赔偿的数额，则如果使加工人取得所有权，将会使加工人从中获得利益，其结果就可能会纵容恶意加工行为。在此情况下，首先要考虑是否可以拆除材料，如果能够使材料从加工物中拆除的，应当拆除。由此造成的损失，由恶意加工人赔偿。如果不能拆除，则应当由法官根据具体情况来判定加工物归加工人所有还是归材料所有权人所有。

由于加工是一种事实行为，所以无行为能力人也可以因加工而取得所有权。债务履行辅助人从事加工行为，应当由债务人取得所有权。承揽人根据定作人的

---

① 参见谢在全：《民法物权论》，修订 7 版，348～349 页，台北，新学林出版股份有限公司，2020。
② 参见［日］我妻荣：《新订物权法》，罗丽译，322～324 页，北京，中国法制出版社，2008。
③ 参见陈华彬：《物权法原理》，465 页，北京，国家行政学院出版社，1998。

要求从事加工行为，物之所有权归属于定作人。①

四、添附物归属的确定

关于添附物归属的确定，《民法典》第 322 条规定："因加工、附合、混合而产生的物的归属，有约定的，按照约定；没有约定或者约定不明确的，依照法律规定；法律没有规定的，按照充分发挥物的效用以及保护无过错当事人的原则确定。因一方当事人的过错或者确定物的归属造成另一方当事人损害的，应当给予赔偿或者补偿。"该条按照物尽其用和保护无过错当事人原则确定添附物之归属，力求在追求物尽其用原则和保护无过错当事人的物权之间寻求利益平衡，具体而言，确认了如下规则。

1. 约定优先原则

依据《民法典》第 322 条规定，在确定添附物的归属时，"有约定的，按照约定；没有约定或者约定不明确的，依照法律规定"，这就是说，在确定添附物的归属时，首先要尊重当事人的约定。在就物的归属发生争议后，当事人可以约定由一方取得所有权，并对另一方给予补偿，或者约定由双方共有相关财产，当事人可以约定如何处理添附物归属纠纷。例如，根据承揽合同，承揽人根据定作人的要求从事加工行为，添附物的所有权归属于定作人。②

2. 充分发挥物的效用

在当事人没有约定，且法律没有明确规定的情形下，在确定添附物的归属时，应当考虑物尽其用，充分发挥物的价值。③ 也就是说，在确定添附物的归属时，应当考虑效率原则。在实践中，如果未经他人的同意利用他人财产进行加工、装修等，通常要考虑两个物之间的价值，一般来说，应当由价值大的物的所有人取得物权。如对混合的处理一般应根据原财产价值的大小来决定。混合后的新物一般归原财产价值大的一方所有，原财产价值小的一方可取得与原财产相当

①② 参见史尚宽：《物权法论》，149 页，北京，中国政法大学出版社，2000。

③ 参见黄薇主编：《中华人民共和国民法典物权编释义》，618 页，北京，法律出版社，2020。

的补偿，实践证明，此种做法是符合经济效率原则的。

确定添附物的归属首先要考虑的就是效率原则。也就是说，在发生添附的情况下，因为相互结合的两个物不能拆除或者这种拆除在经济上不合理，这就不可能通过物权请求权或其他请求权来解决，而需要根据效率原则确定所有权的归属。例如，利用他人的基石盖成房屋的地基，即使行为人从事该添附行为是出于恶意，也不能一概责令行为人必须拆除房屋，返还该基石。因为拆除房屋地基的任何一部分，都会影响到整栋建筑物的安全，甚至迫使整栋建筑物重建，这将给建筑人造成极大损失。从这个意义上来说，添附规则是一种强行法，依该制度，使物的所有权发生变动，且不取决于所有人的意志和心理状态。[①] 毕竟基石与房屋相比，房屋的价值要远远超过基石，所以从效率考虑就不能要求行为人必须返还原物，而只能责令其赔偿损失。在有关装修的添附案例中，既然装修出于所有人的意愿，其愿意得到该装修后的财产，如果依据添附确认归属，而不是简单地拆除，就是符合效率原则的。

在实际确定添附物的归属时，要充分考虑对物的利用效率。具体来说：第一，如果未经他人的同意利用他人财产进行加工、装修等，通常要考虑两个物之间的价值，一般来说，应当由价值大的物的所有人取得物权。法律上之所以确定这样的规则，主要是考虑到价值更大的物的所有人更愿意取得物的所有权，也更能有效率地利用该物。如果是动产与不动产之间的添附，则在通常情形之下，因为不动产的价值大都大于动产，所以一般应由不动产的所有人取得添附物的所有权。第二，利用他人之物进行加工、装修等，如果在利用过程中投入了较大的人力，该人力价值明显高于被利用之物的价值（如利用他人的普通的一块木头雕刻成精美的工艺品），应当考虑将财产归属于投入人力较大的一方。因为添附物价值中的大部分是由加工人投入的人力价值而形成的，由其取得所有权可以鼓励人们创造财富。更何况这种添附物对于添附行为人是有用的，而对被添附物的所有人不一定有用。所以，由被添附物的所有人取得所有权无法体现效率原则。在这

---

① MünchKomm/Füller, BGB §946, Rn. 10.

一点上，笔者不完全赞成利用他人材料加工成物应确定物归属于材料人的观点。

需要指出的是，物尽其用的效率原则是确认添附的一项规则，但适用这一规则也要考虑一些特殊的情况。例如一方因错误装修而发生添附，虽然客观上装修使得所有人的房屋增值，由所有人取得添附物的所有权在许多情况下可能是有效率的，但由于装修带有强烈的个性化色彩，因此，错误装修的结果未必符合所有人的喜好，在此情况下，简单地以效率原则要求所有权人予以接受是不妥当的。

3. 保护无过错当事人

在根据添附规则确定财产归属时，应当区分善意和恶意，保护无过错当事人一方。在根据添附规则确定添附物的归属时，之所以需要区分善意和恶意，一方面，在两个所有人的动产发生添附以后，如果添附是因为行为人的恶意添附行为造成的，两个动产的价值虽有差距但差距并不大，则应当侧重保护受害人的利益，使添附物的所有权归属于受害人，这样也有利于保护权利人。另一方面，对恶意添附行为予以制裁，也符合诚信原则。在此情形下，不能仅仅根据价值大小或者效率原则来确定归属。

具体而言，如果是恶意添附，基于恶意不受保护的理念，恶意添附人对其添附中所花费的材料和费用不仅不享有不当得利请求权，而且应对恶意添附所造成的损害承担侵权损害赔偿责任。[①] 特别是因加工所增之价值，虽然明显超过材料的价值，而加工人实施加工的时候，没有出于善意，则不能取得加工物的所有权。[②] 如果恶意利用他人财产而发生添附，能够拆除的，且拆除以后不影响财产的价值的，被利用物的所有人要求返还原物，应当将该物予以拆除，由利用该物的人予以返还。但如果拆除该物确有可能损害物的价值，或者拆除对物的所有人并无任何利益，只能给利用人造成损害，从诚信原则的角度和效率原则考虑，不应当予以拆除。[③] 例如，在"杜某诉谢某不当得利纠纷案"中，被告强占单位的集资房，并进行装修。法院经审理认为，杜某强占单位集资房，非法占用他人财

---

① 参见陈本寒：《构建我国添附制度的立法思考》，载《法商研究》，2018（4）。
② 参见梅仲协：《民法要义》，393 页，北京，中国政法大学出版社，1998。
③ 参见王泽鉴：《民法物权》，198 页，北京，北京大学出版社，2010。

产，已经构成侵权，擅自装修是侵权行为的延续。杜某的装修行为是在他人不动产上附合动产，侵权的同时也构成添附。如果按侵权处理，要求恢复原状，必然要拆除装修，对双方利益都是一种损失，也是双方不愿意得到的结果。法院判决被告搬出房屋，但已装修的装潢不得拆除，由原告所有，但原告应当给予被告一定的补偿。[①]

第五节　遗失物的拾得

一、拾得遗失物

（一）遗失物的概念

遗失物，是指他人丢失的动产。换言之，遗失物并不是无主物，也不是所有人抛弃的或因他人的侵害而丢失的物，而是因所有人、占有人不慎所丢失的动产。遗失物属于"占有脱离物"。所谓占有脱离物，是指非基于真正权利人的意思而丧失占有的物，一般认为包括赃物和遗失物。[②] 遗失物必须具备以下几个条件。

（1）必须是占有人不慎丧失占有的动产。[③] 遗失物为他人不慎丢失的动产，不动产的物理属性决定了它是不可能遗失的，所以遗失物只能限于动产。遗失物与抛弃物的根本区别就在于，遗失物并不是权利人抛弃的动产，而是权利人不慎丢失的财产，权利人并没有抛弃其所有权的意思。如果所有人故意放弃占有，其所有权因抛弃而消灭，该物则应当作为无主物处理。在法律上，凡未为权利人明确抛弃的动产，均可以推定为遗失物。但从实践来看，如何界定所有人具有抛弃的意思，要依具体情况而定。要依据社会一般观念、物的价值、所有人是否有抛

---

① 参见中国人民解放军南京军区军事法院（2008）军宁直民初字第 4 号民事判决书。

② 参见梁慧星：《中国物权法草案建议稿》，369 页，北京，社会科学文献出版社，2000。

③ MünchKomm/Oechsler，BGB §965，Rn. 3.

弃的意图等来决定。从一般社会观念来看，如果某人将一辆破旧的、价值不大的自行车扔在离家较远的道边，且没有上锁，可以认定其具有抛弃的意思；但如果放在自己的家门口，或者虽然置于离家较远的道边，但已经上锁，就表明他不具有抛弃的意思。①

（2）必须是无人占有的动产。此处所说的占有，必须从主观和客观两个方面来考虑。从主观上来看，必须有占有的意图。例如，某人脚下踩到了他人丢失的物品，但是，并没有意识到它的存在，这就不能认为构成占有。从客观上来看，必须要实际上对物进行了管领和控制。如果某人占有某物以后，又丢失了该物，则不能认为其占有了遗失物，只能认为遗失物为实际的占有人所占有。如果从他人手中盗取某物，只能认定为占有赃物，不能认定为占有遗失物。

（3）必须是拾得人拾得的动产。② 遗失物是为所有人丢失的动产。这就是说，它并非抛弃物，也不是无主物，而在法律上具有明确的归属。如果是抛弃的垃圾等无主物，则应当根据先占原则来确定归属。遗失物在拾得之后，将发生拾得人返还遗失物的义务。所谓拾得，包括发现和占有两个要素。所谓发现，就是指已经知道或确定遗失物及其地点；所谓占有，是指已经基于占有的意思而占有。③ 在遗失物拾得的两个构成要素中，虽然发现先于占有，没有遗失物的发现，则不可能产生遗失物的占有，但仅仅只是发现，没有占有，并不能构成拾得。只有在发现的基础上且占有遗失物，才构成拾得。④

任何人拾得遗失物便成为拾得人。拾得行为是一种事实行为，此种行为是指拾得人取得遗失物并予以占有的行为。一旦成为拾得人，在法律上就负有归还的义务。任何人采用非法手段占有他人财产并不构成拾得行为。某人拾得他人的财产，他人以暴力行为予以抢夺，获得对遗失物的占有，也不构成拾得行为，而构成侵权行为。

---

① MünchKomm/Oechsler, BGB § 965, Rn. 4.
② MünchKomm/Oechsler, BGB § 965, Rn. 10 ff.
③ 参见史尚宽：《物权法论》，130 页，北京，中国政法大学出版社，2000。
④ 参见郑云瑞：《民法物权论》，189 页，北京，北京大学出版社，2006。

遗失物并非无主财产，它在法律上具有明确的归属。根据我国《民法典》，遗失物的所有权归于失主。这就表明，尽管遗失物脱离了所有人的控制和实际支配，但并没有因此而发生所有权的移转。我国法律明确规定遗失物的所有权归于失主（原所有人或占有人），因而拾得人有义务将遗失物返还失主，这并不是道德上的义务也不是任意性的义务，而是法律规定的必须履行的强制性义务；否则，视为对他人所有权的侵犯，所有人也有权请求拾得人返还原物。

（二）拾得人的义务

《民法典》第314条规定，"拾得遗失物，应当返还权利人。拾得人应当及时通知权利人领取，或者送交公安等有关部门。"拾得人在拾得遗失物以后，应当负有返还遗失物的义务，该义务包括如下内容。

第一，及时通知义务。依据《民法典》第315条，"有关部门收到遗失物，知道权利人的，应当及时通知其领取；不知道的，应当及时发布招领公告"。因此，拾得人知道权利人的，应当及时通知权利人。所谓权利人，包括两类：一是所有人。拾得人如果知道所有人的，依据诚信原则，应返还给所有人。二是所有人以外的其他权利人，包括借用人、管理人等。拾得人在他人的住宅、公共汽车内或者机关、学校、图书馆等公共场所拾得遗失物，也可以将遗失物交给住户或者有关的管理人，或者送交公安机关。有关部门在收到遗失物以后，知道权利人的，应当及时通知权利人领取；不知道失主的，应当及时发布招领公告。

第二，妥善保管遗失物的义务。《民法典》第316条规定："拾得人在遗失物送交有关部门前，有关部门在遗失物被领取前，应当妥善保管遗失物。因故意或者重大过失致使遗失物毁损、灭失的，应当承担民事责任。"该规定包括了如下内容：一是拾得人在拾得遗失物以后，应该承担妥善保管遗失物的义务。在保管期间，拾得人对遗失物的占有是有权占有。同样，拾得人在将拾得遗失物交给有关部门以后，有关部门也负有妥善保管遗失物的义务。二是拾得人应以一般的注意义务保管遗失物。拾得人依据法律规定的原因而保管遗失物，其从管理中没有获得利益，因此拾得人只要尽到一般的注意义务即可。只要不是基于故意或者重大过失造成遗失物的毁损灭失，就不需要承担损害赔偿责任。[①] 三是如果拾得人在占有遗失物期间，或者有关部门在管理遗失物期间，因故意或者重大过失致使遗失物毁损、灭失的，应当承担损害赔偿责任。

之所以于拾得人存在故意或者重大过失的情况下才承担责任，学理上的解释理由是：一是无因管理说。因为拾得人与遗失物权利人之间形成无因管理关系。拾得人作为管理人当然应当负有妥善保管的义务，并就故意或者重大过失负赔偿责任。[②] 二是非自己财产说。拾得人并非保管自己的财产，而是保管他人的财产，因而只要尽到一般的注意义务即可。根据《民法典》的上述规定，拾得人在拾得遗失物之后，首先应当负有妥善保管的义务。笔者赞成第二种观点，因为拾得人占有遗失物，并未与失主之间形成无因管理，拾得人依据法律规定的原因而保管遗失物，并不是无法律依据而管理他人的财产。只不过其所保管的财产是他人的财产，他从管理中没有获得利益，因此拾得人只要尽到一般的注意义务即可，只要不是基于故意或者重大过失造成遗失物的毁损灭失，就不需要承担损害赔偿责任。[③] 例如，将拾得的物品置于室外，风吹雨打造成重大损害，构成故意。所谓重大过失，就是指拾得人未能尽到一般人的注意义务，致使遗失物毁损灭失。例如，对于拾得的自行车，既不上锁也不看管，将该物扔在室外，结果被他人盗走，此种情况构成重大过失。拾得人应当承担赔偿责任。

第三，返还遗失物的义务。拾得人负有的返还义务是一种法定义务，拾得人的返还义务并不是道德上的义务，也不是任意性的义务，而是法律规定的必须履行的强制性义务。[④] 任何人拾得遗失物便成为拾得人，并负有返还遗失物的义务。拾得人知道权利人的，应当及时通知权利人领取；不知道失主的，应当及时发布招领公告。我国《民法典》第312条规定：“所有权人或者其他权利人有权追回遗失物。”因此，失主享有返还原物的请求权。

---

① MünchKomm/Oechsler, BGB § 966, Rn. 2.
② 参见梁慧星：《中国物权法草案建议稿》，384页，北京，社会科学文献出版社，2000。
③ MünchKomm/Oechsler, BGB § 966, Rn. 2.
④ MünchKomm/Oechsler, BGB § 969, Rn. 1 ff.

（三）拾得人的权利

拾得人虽然负有返还和保管遗失物的义务，但并非不享有任何权利。拾得人的权利主要包括如下几个方面。

第一，请求支付保管费用。《民法典》第 317 条第 1 款规定："权利人领取遗失物时，应当向拾得人或者有关部门支付保管遗失物等支出的必要费用。"依据这一规定，所有权人、占有权人等权利人领取遗失物时，应当向拾得人或者有关部门支付保管遗失物等支出的费用。拾得人和有关部门在保管遗失物期间，也可能支付一定的费用，此处的费用主要指保管遗失物支出的必要费用，可按照无因管理请求遗失人偿还。[①] 但这些费用不能由拾得人或有关部门来承担，而只能由领取遗失物的权利人支付。但是，保管费用的返还范围仅限于必要费用，对于那些不必要的费用，权利人无须返还。[②] 如果拾得人侵占遗失物的，无权请求保管遗失物等支出的费用和报酬。

如果失主拒绝支付保管费用，拾得人是否可以留置遗失物，学界对此有不同的看法。大多数认为，在领取遗失物的权利人支付保管费用前，拾得人可以留置遗失物。[③] 笔者认为这种观点有一定的道理。

第二，请求失主按照承诺履行义务。关于拾得人是否有权要求失主支付报酬的问题，理论上存在着两种截然不同的观点。我国《民法典》并没有规定拾得人可以享有报酬请求权，而只是规定，如果"权利人悬赏寻找遗失物的，领取遗失物时应当按照承诺履行义务"（《民法典》第 317 条第 2 款）。该规定包括了如下内容：一方面，确认了拾金不昧的优良传统。拾金不昧确实为我国数千年所流传下来的传统美德，它在新的历史时期也应不断发扬光大。在拾得遗失物的情形，《民法典》并没有规定拾得人可以享有报酬请求权，其旨在鼓励拾金不昧的行为，弘扬我国优秀的道德传统。另一方面，拾得人并非绝对不能请求报酬的支付，如果权利人通过悬赏广告寻找遗失物的，拾得人就有权要求权利人按照承诺履行义

务。因而《民法典》也并非完全排除拾得人的报酬请求权，《民法典》第317条第2款规定："权利人悬赏寻找遗失物的，领取遗失物时应当按照承诺履行义务。"依据这一规定，如果权利人通过发布悬赏广告的方式寻找遗失物，并且在悬赏广告中承诺支付报酬，则拾得人有权请求失主按照承诺履行支付报酬的义务。悬赏广告是广告人作出的单方允诺，作出允诺后，失主有义务依据悬赏广告的约定向拾得人支付约定报酬。[①] 允许拾得人基于失主的承诺而请求支付报酬，实际上是尊重了当事人的自主自愿，体现了私法自治的精神。当然，在悬赏广告之外，拾得人不享有报酬请求权。

（四）拾得人侵占遗失物的责任

所谓侵占遗失物是指拾得人以占有遗失物为目的而拒绝返还遗失物，如失主请求拾得人返还而拒不返还，拾得人明知失主却隐匿遗失物拒不返还等。拾得人在拾得遗失物后，应当返还权利人，而不得将遗失物据为己有，否则应当承担相应的责任。所谓据为己有，是指通过一定的意思表示及实施一定行为，公开宣称遗失物属于自己所有。例如，第三人明确表示遗失物是自己的财产，或在失主发现遗失物以后要求返还时，拾得人拒不返还。

拾得人侵占遗失物的后果包括如下两种。

（1）丧失费用返还请求权和报酬请求权。《民法典》第317条第3款规定："拾得人侵占遗失物的，无权请求保管遗失物等支出的费用，也无权请求权利人按照承诺履行义务。"这就是说，一方面，拾得人在保管期间内为遗失物的保管支付了各种费用，如果权利人依法向拾得人支付了这些费用，而拾得人仍不返还，就构成侵占遗失物，此后拾得人再无权利请求保管遗失物等支出的费用。另一方面，在拾得人侵占遗失物的情形，拾得人无权请求权利人按照承诺支付报酬。法律作出此种规定，也体现了对非法侵占遗失物的行为的制裁。

（2）依法承担法律责任。拾得人侵占遗失物的，不仅无权请求权利人支付相

---

① 笔者认为，悬赏广告的性质应当属于单方允诺，而非合同的要约。

关费用和报酬，还可能构成侵权行为或负担不当得利返还义务。在司法实践中，对于将遗失物据为己有的行为性质存在着下述两种截然不同的观点：一是不当得利说。所谓不当得利，是指无合法根据取得利益而造成他人损害。就拾得人拒不返还遗失物的行为来说，应可以认定其构成不当得利。二是侵权行为说。此种观点认为，拾得人拒不返还遗失物，应按侵权行为处理。① 根据《最高人民法院关于贯彻执行〈中华人民共和国民法通则〉若干问题的意见（试行）》第94条的规定，"……拾得人将遗失物据为己有，拒不返还而引起诉讼的，按照侵权之诉处理"。

笔者认为，拾得人拒不返还遗失物，既可以适用物权请求权返还，也可构成不当得利或者侵权行为，从而产生了物权请求权、不当得利与侵权行为的竞合现象。如果按不当得利处理，失主一般只需证明拾得人占有失主的财产，这种占有是无法律根据的。拾得人只要将其占有的财产返还给失主，就足以保护失主的利益。尤其在许多情况下，失主因丢失某物将使其遭受严重的损失，而拾得人并未因拾得该物而获得较多的利益（例如遗失物对其无太多的价值等），损害与获利之间并无对应的关系，因而只能以获利为准要求获利人返还不当得利，而不能以损害为依据要求获利人赔偿其完全不能预见的损害。如果按侵权处理，一旦失主证明自己遭受了较多的损失，此种损失就要由拾得人赔偿，这对拾得人未免太不公平。更何况，在拒不返还遗失物的情况下，主要是一个确定返还责任的问题，而通过损害赔偿方式，并不能很好地保护失主的利益，所以在一般情况下，按不当得利要求拾得人返还遗失物，是比较妥当的。但是下列情况，则不应按不当得利，而应按侵权行为处理：一是拾得人在失主要求返还遗失物后，不仅未及时返还，而且因其过错，造成遗失物的毁损灭失。对此，拾得人应依侵权责任规定，负损害赔偿责任。二是拾得人在失主要求返还以后，故意将遗失物转让或抛弃，应当作为侵权行为处理，要求其承担侵权责任。

还需要指出的是，拾得人侵占拾得物，情节严重的，有可能构成刑法上的侵

---

① 参见崔建远：《物权：规范与学说》（上册），236页，北京，清华大学出版社，2011。

占罪，依法应承担刑事责任。

（五）招领公告期过后遗失物的归属

关于招领公告期过后遗失物的归属问题，比较法上许多国家立法规定，经过招领期限之后，拾得人有权取得遗失物的所有权。[①]　在我国《物权法》起草过程中，对此也存在着不同的看法。一种观点认为，超过一定期限无人领取的遗失物，应当归拾得人所有，作为对拾得者的奖励，以形成拾金不昧的良好社会风气。国家权力不得侵害私人的利益。[②]　另一种观点认为，将所有超过招领期限的遗失物都归国家所有也并不一定妥当。对此，还是应当区分大额的遗失物和小额的遗失物。对于一定数额以上的遗失物归国家所有是必要的，但是一些小额的遗失物归国家所有，既不利于鼓励拾得人积极履行返还义务，又可能会使有关机关支付不必要的保管费用。因为有关机关在占有遗失物后，如果上缴国家，也没有什么价值。因而对此应当根据不同情况而分别考虑。《民法典》第318条规定："遗失物自发布招领公告之日起一年内无人认领的，归国家所有。"作出这种规定的主要理由在于，返还遗失物是拾得人的法定义务。如果没有找到权利人，拾得人应当交给有关部门。有关部门也无权将遗失物归为自己所有，在超过招领期限后，遗失物归国家所有。尤其需要指出，如果允许遗失物归拾得人所有，就会使拾得人借机不返还遗失物。特别是对一些价值比较高的遗失物，如果不归国家所有，也可能会引发一些社会问题。

但对拾得物并不是随意就可以收归国有的，必须要符合如下条件才能归国家所有：一是拾得人在拾得遗失物之后，必须要将遗失物交给有关部门。二是必须由有关部门发布招领公告，经过有关部门的公告程序而没有认领的，遗失物才能归国家所有。公告程序主要是让遗失人发现其遗失物所在。当拾得人将遗失物交给有关部门以后，如果有关部门没有发布招领公告，就将该拾得物收归国有，也不符合物权法规定的程序要求。例如，如果有关部门收到遗失物而没有发布招领公告，一旦被失主发现，失主仍然有权主张重新确权。因为在没有发布招领公告

---

①　参见《德国民法典》第973条，《日本遗失物法》第14条。
②　参见朱雨晨等：《中国走近物权时代》，载《法制早报》，2005－07－04。

的情况下，失主并不知道其遗失物在什么地方以及通过何种程序认领。所以，即使经过一定时间没有人认领，也不能认为失主是有过错的。三是必须自发布招领公告之日起一年内无人认领的，才能归国家所有。通过招领公告，在法律上推定失主应该知道其物的所在，失主应当在法律规定的期间内及时认领，否则便丧失认领的权利。一年期限在性质上属于除斥期间，超过该期限不行使认领权，则可以认为失主已经放弃了对该拾得物的所有权，所有权便归国家所有。失主经过一定期间不认领，法律也不可能将其确定为失主以外的其他人所有，更不能将该物长期认定为无主财产，所以，只能将物的所有权规定为国家所有。

（六）失主享有追回遗失物的权利

遗失物是否适用善意取得？对此《民法典》采取了否定说。《民法典》第312条规定："所有权人或者其他权利人有权追回遗失物。"据此，发生物的遗失的，遗失物的所有权人可以直接向拾得人请求返还原物，而不受善意取得的限制。物权法之所以作出这样的规定：一方面，拾得人只是取得对遗失物的占有，而没有取得遗失物的所有权，所有权仍然属于原权利人。[①] 另一方面，出于公平的考虑，不至于使所有人因为一时疏忽不慎遗失所有物，就永远丧失所有权，尤其是对于一些珍贵的特定物，此种考虑更显得重要。还要看到，失主丧失占有非出于其自愿，而是出于一时的不慎或者他人的原因，因而法律不能推定其有抛弃的意思。在丧失占有之后，失主无法预测后来被拾得人占有后发生转让的风险，也不能预防和控制此种风险。因此，应当使其享有追及权；此外，这样的规定也是为了淳化社会风气，弘扬"拾金不昧"的传统美德。

《民法典》第312条确立了如下规则。

第一，权利人享有返还原物请求权。从比较法来看，很多国家将赃物和遗失物并列，并规定其不适用善意取得。[②] 在德国民法中，"盗赃物"（die gestohlene

---

① 参见全国人大常委会法制工作委员会民法室编：《中华人民共和国物权法条文说明、立法理由及相关规定》，195 页，北京，北京大学出版社，2007。

② 参见《德国民法典》第 935 条第 1 款，《法国民法典》第 2279 条第 2 款，《瑞士民法典》第 934 条，《日本民法典》第 193 条。

Sache）在表述上不等同于遗失物（die verlorene Sache）。"盗赃物"是指一切被偷盗的动产①，但是，盗赃物和遗失物具有两方面的共同特征：一是丧失占有，二是非基于权利人的意愿而丧失占有。据此，《德国民法典》第935条将盗赃物和遗失物并列规定，不适用善意取得。在《民法典》未对赃物无权处分问题作专门规定的情况下，对于盗赃物可类推适用《民法典》第312条规定，解决被害人与第三人的权利冲突。由于盗赃物是行为人实施犯罪手段所侵占，相关标的物脱离被害人占有完全违背了其意愿；同时，行为人侵占相关财产本身是一种严重侵害他人财产的侵权行为，行为人的主观恶意较重，对受害人的侵害程度和后果较之于一般的侵权也更为严重。根据举轻以明重原则，既然遗失物不适用善意取得，而盗赃物的法律评价远低于遗失物，因此，盗赃物也不应当适用善意取得。

既然遗失物原则上不适用善意取得，因而对拾得物，失主仍然享有回复请求权。这就是说，不管拾得物辗转流失到何人之手，也不管占有人占有该物是否具有过错或是否支付了合理对价，失主都有权基于所有权请求其返还原物。对于不适用善意取得制度的财产，原权利人都享有返还原物请求权。返还原物请求权的主体是权利人，义务人为现在占有人，在占有遗失物的情况下义务人为拾得人。所谓现在占有人包括直接占有人与间接占有人，例如，拾得人拾得电视机一台，借给其邻居使用，则拾得人为间接占有人，其邻居为直接占有人，他们都负有返还的义务。权利人请求返还原物时，一般不得请求损害赔偿。

第二，向受让人请求返还原物应受除斥期间的限制。失主享有返还请求权，并不是一项绝对和不受任何限制的原则。如果拾得人在拾得财产之后，将遗失物转让给他人之后，必然会涉及对于交易安全、善意第三人利益和合理信赖的保护。如果受让人是善意无过失的，本来可以依据善意取得制度的规定取得所有

---

① 《德国民法典》没有对此进一步解释，但是它和《德国刑法典》的"盗窃罪"（Diebstahl）采用的词是一样的（gestohlen是stehlen的动词完成时，Stahl是它的名词形式）。《德国刑法典》第242条将盗窃解释为"意图为自己或第三人不法之所有，而盗取他人之动产"。这和《德国刑法典》第249条强盗相区分，强盗的德语是Raub，强调获取方式为强暴或胁迫导致对生命、身体有现时危害。《德国刑法典》对窝赃采用了另一个词，为Hehlerei。《德国刑法典》第259条规定的赃物罪中的赃物不仅是盗窃之物，而是指"盗窃或其他违法损害他人财产行为而取得之他人的物"，范围比盗窃更广。

权，但由于标的物是遗失物而不适用善意取得，允许权利人向买受人追及，但需要平衡买受人和权利人的利益，维护交易安全。① 《民法典》第 312 条规定："该遗失物通过转让被他人占有的，权利人有权向无处分权人请求损害赔偿，或者自知道或者应当知道受让人之日起二年内向受让人请求返还原物。"这就是说，权利人要求受让人返还原物必须受 2 年期间的限制。超过了该期限的，则不能请求返还。一般认为，该期限属于除斥期间，不适用中止、中断的规定。②

问题在于，在 2 年期间内，遗失物的所有权归属何人？我国台湾地区通说认为，除斥期间内标的物所有权应归属于善意受让人。③ 笔者认为，既然遗失物不适用善意取得，在 2 年期间内，该遗失物仍然应当属于失主所有，因此，失主自知道或者应当知道受让人之日起 2 年内有权向受让人请求返还原物。

需要指出的是，司法实践中认为，如果遗失的是与失主身份或生活密切关联的身份证、工作证、驾驶证、照片等物，且原物尚存的，遗失人的返还原物请求权不应受时效限制。④

第三，请求返还原物时应当支付法定的费用。我国《民法典》第 312 条规定："受让人通过拍卖或者向具有经营资格的经营者购得该遗失物的，权利人请求返还原物时应当支付受让人所付的费用。权利人向受让人支付所付费用后，有权向无处分权人追偿"。这就是说，权利人在如下两种情况下，虽然能够请求返还原物，但是其必须负有支付受让人所付费用的义务：一是受让人通过拍卖获得该物；二是受让人从具有经营资格的经营者处通过购买取得。这些情形都是从公开市场取得的物的所有权。在这两种情况下，受让人受让遗失物是善意的，此时，从维护交易安全考虑，应当平衡善意买受人和遗失物所有人的利益。因此，失主领取遗失物后，应当向受让人依法返还受让人所支付的费用。《民法典》第 312 条所说的追偿，是指权利人向受让人支付所付费用后，有权向无处分权人

①　参见孙宪忠、朱广新主编：《民法典评注 物权编2》，468~469 页，北京，中国法制出版社，2020。

②　参见王泽鉴：《民法物权·用益物权·占有》，289 页，北京，中国政法大学出版社，2001。

③　参见谢在全：《民法物权论》（下册），975~976 页，北京，中国政法大学出版社，2011。

④　参见最高人民法院物权法研究小组编著：《〈中华人民共和国物权法〉条文理解与适用》，343 页，北京，人民法院出版社，2007。

追偿，追偿的费用应当是指受让人购买遗失物所支出的费用。通过这种补偿，有利于对交易秩序的维护，避免无处分权人获得不当得利。

二、漂流物的拾得、埋藏物和隐藏物的发现

所谓漂流物，是指在水上漂流的动产。所谓埋藏物，通常是指埋藏于地下，而所有权人不明的动产。[①] 所谓隐藏物，是指隐匿于他物之中的物。只要是从物理表面上不能发现的物，都应当纳入隐藏物的范畴。严格地说，埋藏和隐藏是有区别的：一方面，埋藏是指将物埋藏于他人的土地之中，而隐藏是指将物藏于他物之中。如果某物不是埋藏于他物之中，具有显而易见性，则属于遗失物或抛弃物，拾得人拾得该物后，应当按照遗失物的归属或先占规则处理。另一方面，埋藏物一般年代久远。[②] 例如，在自己的房屋下，发现了清代的银元，该银元就属于埋藏物。一般来说，埋藏时间比较短暂，且将物埋藏于自己的不动产之下，则埋藏人和隐藏人可能仍然继续占有埋藏物和隐藏物，可能有证据证明其仍然对该物享有所有权。但如果埋藏日久，且将物埋藏于他人的不动产之下，则很难确定该物仍然归属于埋藏人和隐藏人。

漂流物、埋藏物和隐藏物都是动产。漂流物是显而易见的，埋藏物和隐藏物是埋藏和隐藏于他物之中的，不具有显而易见性。但这些物都属于动产，且在拾得和发现时，有的所有权归属明确，有的所有权归属不明，因此，有必要在法律上确定其归属。实践中曾发生过类似案件，例如2012年春节，四川彭州通济镇村民吴高亮在自家承包地中，发现罕见乌木，长达34米，价值数百万元。通济镇政府称，吴高亮发现的乌木属于国有财产，并派警察、城管到吴高亮家中，劝

---

① MünchKomm/Oechsler，BGB§984，Rn. 2.

② 关于埋藏物是否必须埋藏年代久远才构成，各国立法规定并不一致。《法国民法典》第716条规定："一切埋藏或隐匿的物件，任何人又不能证明其所有权且其发现又纯为偶然者，为埋藏物。"可见，其并不要求埋藏时间久远。而德国民法认为，埋藏物须为长期埋藏的物。

说其放弃乌木。① 笔者认为，乌木并不属于埋藏物，因为其不是人为埋藏于地下的，而是自然界的树木在地下经过成千上万年炭化过程才能形成，所以又被称为"炭化木"和"植物木乃伊"。从这个意义上说，乌木是天然的产物，所以不属于埋藏物。我国《民法典》第319条规定："拾得漂流物、发现埋藏物或者隐藏物的，参照适用拾得遗失物的有关规定。法律另有规定的，依照其规定。"据此，漂流物、埋藏物和隐藏物的权属按照如下规则确定。

（1）返还失主。在拾得或发现漂流物、埋藏物和隐藏物以后，应当作为遗失物，及时返还失主，或者交给有关部门，有关部门应当及时交还失主或者发出招领公告；拾得人或有关部门应当妥善保管漂流物、埋藏物和隐藏物。自发布招领公告之日起一年内无人认领的，归国家所有。

（2）妥善保管漂流物、埋藏物和隐藏物。参照《民法典》物权编关于拾得遗失物的有关规定，拾得人或发现人在拾得或发现了漂流物、埋藏物、隐藏物之后，应当妥善保管。如果因为故意或重大过失造成物的毁损或灭失的，应当承担相应的民事责任。②

（3）及时通知权利人。拾得人或发现人在拾得漂流物或发现埋藏物和隐藏物后，知道权利人的，应当及时通知权利人领取这些物或者送交有关部门，由有关部门进行通知。如果有关部门不知道权利人的，应当及时发布招领公告。

（4）关于费用的支付。返还漂流物、埋藏物和隐藏物以后，是否要支付费用，应当参照物权编关于遗失物返还的规定来确定。这就是说，依据《民法典》第317条的规定，权利人领取这些物时应当向拾得人或发现人以及有关部门支付必要的费用。这些费用主要包括：保管费用、公告费用、寻找失主费用、交付费用等。

《民法典》第319条规定："法律另有规定的，依照其规定。"因为在漂流物、埋藏物和隐藏物中，有些是具有历史、艺术和科学价值的文物，这些文物依法应归国家所有。根据《文物保护法》第5条的规定，中华人民共和国境内地下、内水和领海中遗存的一切文物，属于国家所有。古文化遗址、古墓葬、石窟寺属于

---

① 参见《村民发现天价乌木引争议：乌木国有存法律空白》，载《成都商报》，2012-07-04。
② 参见孙宪忠、朱广新主编：《民法典评注 物权编2》，494页，北京，中国法制出版社，2020。

国家所有，对于地下埋葬的文物，任何单位和个人都不得私自挖掘或将发现的文物隐藏不报，不上缴国家，应承担相应的法律责任。

除上述各种所有权的原始取得方式外，没收也可以成为所有权原始取得的方式。没收是指国家根据法律、法规采取强制手段，剥夺违法犯罪分子的财产归国家所有。

第六节　抛弃和先占

一、抛弃所有权

作为一项民事权利的所有权，体现了所有人的意志和利益，法律允许所有人予以抛弃。这种抛弃所有权的行为，是所有人行使其权利的单方行为，故无须向特定人作意思表示。[1] 当然，由于此项法律行为属于没有相对人的法律行为，因此其通常与交易安全无涉，对所有人抛弃所有权的意思发生争议时，在解释上应采取主观说。[2] 所有人实施抛弃行为以后，即丧失对其所抛弃的财产的所有权。但是，所有人抛弃其财产，不得损害国家利益和社会公共利益，不得损害他人的合法权益，否则就构成滥用所有权的行为。

所有权的抛弃的特点在于：第一，抛弃行为乃是单独行为，无论是明示、默示，均可生效。第二，抛弃动产所有权，抛弃人除主观上应有抛弃的意思以外，客观上还须有放弃动产占有的行为[3]，抛弃是一种单独行为，抛弃不动产所有权，无须对特定人作出抛弃的意思表示，但必须经过登记才能生效。第三，抛弃的效果是使权利人丧失对其抛弃财产的物权，而被抛弃的财产将成为无主财产。[4] 由于动产因抛弃成为无主财产，因而除非法律、法规另有规定，应适用先

---

[1][2]　MünchKomm/Oechsler，BGB §959，Rn. 3.

[3]　MünchKomm/Oechsler，BGB §959，Rn. 7.

[4]　MünchKomm/Oechsler，BGB §959，Rn. 9.

占原则，故在我国法律中应建立先占制度。第四，抛弃既不同于不行使权利，也不同于所有权的移转。所有权的移转只是使所有人的所有权移转给他人，而抛弃是指所有人放弃其所有权，但其并不将所有权移转给某个特定的主体。所以，如果所有人是为了某个特定人的利益而抛弃，则不是真正的抛弃，而应属于所有权的移转。

抛弃后所产生的抛弃物不同于遗失物。从实践来看，拾得人在拾得相关的物之后，很难确定其究竟是遗失物还是抛弃物。从本质上讲，遗失物不同于抛弃物，二者的区别主要体现为：一方面，相关主体脱离对物的控制的原因不同。遗失物是权利人不慎丢失的物；而抛弃物是权利人主动抛弃的物，所有人有权对其财产行使占有、使用、收益和处分等权利，可以抛弃其物，只要不损害他人利益，法律没有必要干涉所有权人行使其权利的自由。另一方面，二者的性质不同。遗失物属于有主财产，因此，拾得人在拾得遗失物之后，应当依据法律规定予以归还。而抛弃物则属于无主财产，只要不违反法律规定和公序良俗，拾得人应当可以基于先占规则取得所有权，而不需要返还。因此，抛弃物通常与先占规则联系在一起。当然，我国《民法典》并没有对先占规则作出规定，但按照一般的生活习惯，拾得人可以基于先占取得抛弃物的所有权，如拾得人可以基于先占取得废品、抛弃的物品等的所有权。因此，虽然《民法典》没有明确规定先占规则，但拾得人可以基于习惯取得抛弃物的所有权。

他物权也存在着抛弃的问题。如质权人将质物返还给出质人，视为质权人已抛弃了质权。值得注意的是，如果担保物权人抛弃其担保物权，但并未抛弃债权，则债权仍然存在。如果担保物上设有多个担保物权，第一顺序的抵押权人抛弃其抵押权，则后次序的抵押权上升为前一顺序的抵押权人；如果无次序，则应按所有权的弹力性，担保物之上将无担保存在，所有权恢复其圆满状态。

二、先占

（一）先占的概念

所谓先占，是指以所有的意思，先于他人而占有某项无主的动产，并依法取得所有权。先占原则是一项古老的财产取得原则，在古代法律中由于财产常常没有确定归属，所以先占成为取得所有权的主要方法。梅因曾指出："先占"（Occupatio）是罗马"法学阶梯"中"取得所有权的自然方式"中的一种。① 罗马法中的先占对象既包括动产也包括不动产。先占是古代社会尤其是狩猎游牧社会取得所有权的主要手段，在现代社会其重要性已大大降低，但作为所有权取得的一种手段仍然受到各国物权法的重视。② 所以在各国法律中普遍采纳了动产先占规则。③ 现代社会万物大多有明确的归属，先占作为取得所有权的方法虽已逐渐丧失其重要性。不过在特殊情况下，先占仍然可以成为取得所有权的方法。

关于先占的立法体例，主要有两种：一是先占自由主义，即不分动产和不动产，法律规定两者均可依先占取得，罗马法曾经采取这种方法。④ 二是先占权主义，即关于不动产只有国家或政府享有先占权，至于动产，也需要法律的许可，才可依先占取得所有权，日耳曼法即采用先占权主义。⑤ 从目前世界各国立法体例来看，基本上都采纳了第二种体例。

依先占取得所有权的法律性质历来存在争议，主要有三种观点：一为法律行为说。该说认为，既然先占的要素之一表现为以本人所有的意思占有，而该意思也即为先占人取得所有权的效果意思，那么它就是一种基于意思表示而形成的法律行为。二为准法律行为说。该说认为，先占并不是纯粹的法律行为，而是以意思表示为要素的准法律行为。由于先占本身并不是体现"私法自治"原则的制度，而是法律直接对于一定的意思和行为而直接赋予行为人享有所有权的制度，因此先占应是一准法律行为。⑥ 三为事实行为说。该说认为，尽管先占人要以所有的意思占有，但所谓以"所有的意思"，并不是效果意思，而是指对无主动产

① 参见［英］梅因：《古代法》，沈景一译，139～140 页，北京，商务印书馆，1996。
② 参见王泽鉴：《民法物权》，第 1 册，284 页，台北，自版，2001。
③ 参见史尚宽：《物权法论》，123 页，北京，中国政法大学出版社，2000。
④ 参见宁红丽：《物权法占有编》，53 页，北京，中国人民大学出版社，2007。
⑤ 参见谢在全：《民法物权论》（上册），233 页，台北，自版，1997。
⑥ 参见郑玉波：《民法物权》，99 页，台北，自版，1986。

完全支配和管领的意思，法律完全只是基于先占这一事实，而直接赋予先占者取得所有权的效力，因此先占是一纯粹的事实行为。[①] 笔者赞成第三种观点。因为先占人并没有向他人作出意思表示，也没有与他人为法律行为，从而先占取得所有权乃是基于法律规定而产生的所有权变动。[②] 先占人所谓的"以所有的意思"占有动产，在性质上与法律行为中的意思表示是不同的，它只是意味着法律要求先占人具有占有该项财产的意图，但并不需要将这种意图表示出来。

我国《民法典》没有规定先占制度，这主要是考虑到，对先占缺乏必要的限制，很可能导致该制度被滥用，并可能会导致国有财产的流失、生态环境的破坏。从我国目前的情况看，不动产是不可能适用先占原则的，因为就土地而言，法律确定为国家或集体所有，如果就土地的权属发生争议，应当通过法定的程序确定究竟是归国家还是集体所有，任何个人或组织不得基于先占原则获得土地所有权。至于房屋也通过登记制度明确了归属，对于那些未经登记或登记发生错误的房屋，在发生产权纠纷以后也必须要通过法定程序来确定产权的归属，不能适用先占原则。所以，在法律上能够适用先占原则的仅限于动产。[③] 即使对于动产，要取得所有权也必须要有合法依据。但应当看到，先占作为所有权取得的一种重要方式，该制度是世界范围内普遍承认的物权制度。在我国，虽然《民法典》没有规定先占制度，但对于废品、他人的抛弃物、法律允许适用先占的动植物等，可以基于习惯取得抛弃物的所有权。对于这些无主财产，在不违反法律、公序良俗的前提下，基于习惯先占，更有利于无主物的物尽其用、维护财产的秩序。

（二）先占适用的条件

1. 先占适用的对象为无主物

所谓无主物，是指不属于任何人，也未被任何人占有的物。[④] 一方面，无主

---

① 参见谢在全：《民法物权论》（上册），233 页，台北，自版，1997。

② MünchKomm/Oechsler, BGB §958, Rn. 1.

③ MünchKomm/Oechsler, BGB §958, Rn. 3.

④ MünchKomm/Oechsler, BGB §958, Rn. 3 ff.

物在法律上无确定的归属。如果某物过去属于某人所有，但后来该人以抛弃方式放弃所有权，也可以适用先占。另一方面，无主物在现时未为任何人所占有。因为某物即使在归属上不确定，但如果处于某人的占有之下，则该人对该物享有占有权；根据占有推定为所有规则①，该人很可能享有该物的所有权，此时也不适用先占取得所有权的规则。所以，只有物是处于无主状态下，才能适用先占取得所有权规则。

传统民法中先占的对象主要包括野生动物、河流中的水生动物、埋藏物、水权、矿产等。② 应当看到，各国法律对先占适用范围的规定并不完全相同。在德国法中，无主物通常被认为以前的所有人抛弃所有权的物，《德国民法典》第960条规定，在野生状态中的野兽为无主物，所以无主物除野生动物外，通常主要是指一些大件垃圾。③ 而日本民法承认占有他人所饲养的非家畜动物，如果占有人是善意，可适用先占原则。④ 在我国，先占制度仍然有一定的适用范围。先占主要可适用于如下几种无主物：抛弃物、不属于国家所有的野生动物、不属于国家所有的野生植物、其他无主财产等。总的来说，在我国，无主财产的范围十分有限。

2. 以所有的意思占有动产

构成先占的占有必须是自主占有，应当具备体素和心素两个要件。⑤ 所谓心素是指先占人应当具有"所有的意思"。假如某人将某个废弃物踩在脚下，但他并没有意识到该物的存在，也不符合先占的条件。但以"所有的意思"并不需要对外宣示，只要从客观环境可以认定占有人已对动产实施了一定程度的控制，就可以认定其具有"所有的意思"。所谓体素，是指先占人已经对该物实施了一定的控制，当然这种控制并不意味着是一种身体与物的接触，如狩猎人并不需要将猎物实际捕获，只要其已将猎物置于其实际控制范围内即可构成先占。⑥

①　《法国民法典》第 2279 条言简意赅地规定："占有视为所有权的证书。"
②　参见宁红丽：《占有制度研究》，中国人民大学 2003 年博士学位论文，116 页。
③　参见〔德〕沃尔夫：《物权法》，吴越、李大雪译，319 页，北京，法律出版社，2004。
④　参见《日本民法典》第 195 条。
⑤　MünchKomm/Oechsler, BGB §958, Rn. 6.
⑥　参见宁红丽：《物权法占有编》，19～26 页，北京，中国人民大学出版社，2007。

3. 先占不得违法

先占不得违反法律、法规的规定，即不存在禁止先占的法律规定。[①] 这就是说，先占的对象、占有的方式等都不得违反强行法的规定。许多动产不能成为先占取得的客体，法律禁止个人持有或流通的物，如枪支、毒品等即使在法律上处于无主的状态，也不得适用先占规则；还有一些特殊的物，如文物、地下埋藏物等，它们的归属要依据法律规定来确定。所以，先占必须遵守有关法律、法规的特别规定。

在符合先占的条件下，先占人便可依法取得先占权。先占权也应当受法律保护，在他人侵害该权利时，权利人可以依据物权请求权或占有的保护方法获得保护。

第七节　货币所有权的取得

从经济上看，货币是商品的一般等价物，是具有强制流通性的铸币或纸币。从法律上来看，货币是一种特殊的动产，其特殊性表现在：货币是一种特殊的种类物，在交易上可以互相替换。货币的占有与所有是同一的，简称为"所有和占有一致原则"。这一原则具体体现为：（1）货币占有的取得就视为货币所有权的取得，货币占有的丧失即视为货币所有权的丧失。（2）货币一旦交付，将会发生所有权的移转。即使是接受无行为能力人交付的货币，货币所有权也发生移转。因此，以货币作为借贷、保管等合同的标的，一旦一方向另一方交付货币，则将发生货币所有权的移转。货币所有权移转以后，不能再以该货币设定质押。（3）货币在发生占有移转以后，货币的所有人只能请求对方返还一定数额的钱款，而不能根据物权请求权要求占有人返还原物或返还对原物的占有，也不能要求恢复原状。[②]（4）货币所有权在适用善意取得制度方面具有特殊性。例如，某

---

① MünchKomm/Oechsler，BGB § 958，Rn. 9 ff.

② 参见陈华彬：《物权法原理》，467 页，北京，国家行政学院出版社，1998。

人将其一定数额的货币交给他人保管，他人擅自使用了该笔钱款，货币取得人是善意还是恶意，都不影响其取得所有权。货币所有权之所以采纳这一规则，根本上是由货币作为充当一般等价物的特殊商品的特点所决定的。作为一种特殊的动产，货币是一种纯粹的种类物，不具有任何个性，任何等额的货币价值相等，可以互相代替；货币还是一种典型的消费物，其使用价值就在于交换，具有高度的流通性。因此，"于交易上，如货币之占有与所有可以分离，则于接受货币之际，势必逐一调查交付货币之人（占有人）是否具有所有权，否则即难免遭受不测之损害。如此则人人惮于接受货币，货币的流通机能也丧失殆尽"①。

需要指出的是，在某些特殊的商事关系中，不适用货币所有权规则，因为：一方面，由于商事交易的复杂性、便捷性，代理、行纪、信托、经销、代办等特殊交易方式大量存在，货币权能分离现象十分普遍，对于某些特殊的商事关系，如果适用货币所有和占有相一致的规则，则一旦货币所有人将其货币交与他人用于购买货物或放松了对该货币的直接控制，该笔货币将成为他人的财产，这将不利于交易安全和权利保障，势必导致权利人不敢使资金脱离自己的直接控制，不能形成正常的市场信用关系，妨害资金的流通、交易效率的提高和现代交易方式的建立。另一方面，在商业交往中，货币的流通是大量存在的，但为了保障交易的安全和秩序、保护客户的利益，有必要区分受托人、行纪人等自身的财产和其客户委托其向他人支付的财产，不能把这些财产全部用于清偿受托人、行纪人等自己的债务。一旦货币交付给受托人，则委托人只能基于一般债权主张返还，而不再享有所有权或其他优先权，否则，将会导致代理、行纪等商事关系极不安全，不仅对于委托人，而且对于第三人的利益都缺乏必要的保障。这也是为什么各国商法对此都十分关注，通过建立商事特别规则来对此行为进行调整的原因。

我国实行民商合一，但在民法中要注意到一些特殊的交易关系的存在，不能简单地把民法中货币所有和占有相一致原则这一民法中的一般规则适用到一些特

---

① 陈华彬：《物权法原理》，467 页，北京，国家行政学院出版社，1998。

殊的交易方面。事实上，我国司法实践中也承认了这种例外，例如，在规定强制执行信用社财产的司法解释中，信用社对外所欠债务的强制执行不得及于信用社储户的储蓄存款，即储户账户名下的钱款不适用货币所有和占有相一致原则，归入信用社的责任财产，而应当属于储户所有，优先返还给储户。因此，借鉴现代商事制度的经验，有必要推进商业账簿制度完善化和分别管理制度的严格化，在货币资产得以特定化和公示化的条件下，作为特定行业的例外，应当排除货币"占有与所有相一致"规则的适用，以保障客户利益，维护交易安全，促进资金流通。

第十二章
所有权类型

▪▪

第一节　国家所有权

一、国家所有权的概念和特征

在我国，社会主义国家不仅是国家政权的承担者，而且是国有财产的所有者。《民法典》第246条第1款规定："法律规定属于国家所有的财产，属于国家所有即全民所有。"所谓国家所有权，是指国家对国有财产的占有、使用、收益和处分的权利，它是全民所有制在法律上的表现。全民所有制是社会全体成员共同占有社会生产资料的一种所有制形式。由于现阶段不可能由社会全体成员直接占有社会生产资料，单个社会成员也不可能代表全体社会成员支配生产资料，因此，必须通过一个社会中心来实现对全民的生产资料的支配。在国家依然存在的情况下，这个社会中心只能是国家。公有制的建立，使社会主义国家能够按照全体人民的共同利益，对全民所有制领域的经济活动进行统一领导和必要的管理，因此，社会主义全民所有制在法律上表现为国家所有权，有其客观的必然性。

《民法典》确认和保护国家所有权，对于维护国家基本经济制度，保障国有财产的保值增值，防止国有财产流失具有重要意义。①

国家所有权在《民法典》上的特点表现在：

（1）主体的特殊性。国家既是主权的享有者、政权的承担者，也是国有财产的归属者。所以，国家所有权的主体本身具有多重性，但国家作为财产权的主体存在时，与其作为主权者的身份是应当相分离的。国家作为政权的主体和作为财产权的主体身份，是可以而且必须严格分开的，国家对于国有财产享有排他的支配权，任何个人和组织都不能以国有财产在经济上属于全民所有为根据，而在法律上主张对国家财产的所有权。由于我国国家所有权是全民所有制的法律表现，所以，国家是代表全体人民行使所有权的，当然，国家作为一个抽象的实体，它本身并没有特殊利益，其享有并行使所有权所获得的利益，最终是为了满足广大人民的物质和文化生活需要，实现全体社会成员的利益需要。国家在行使所有权的过程中，也应当充分反映全体人民的意志和利益。在我国现行体制下，国家所有权是通过国务院代表国家来行使的。

（2）客体的特殊性。国家所有权的客体的特殊性表现在：一方面，国家所有权的客体具有广泛性。我国的国家所有权客体范围相当广泛，既包括了土地及其他自然资源的所有权，也包括了各类动产和不动产。根据《民法典》第242条的规定，依照法律规定专属于国家所有的不动产和动产，任何单位和个人都不能取得所有权。这就是说，一些财产在法律上只能归属于国家所有，而不能由其他主体享有所有权。根据我国宪法和民法的规定，城市的土地、矿藏、水流、森林、山岭、草原、荒地、滩涂等自然资源属于国家专有，禁止侵占或以买卖及其他方式非法转让。这种国有资源的国家独占和垄断是由国家主权产生的。按照国际法的主权原则，各国可以基于其主权对资源进行垄断，对外可以排除其他国家获得，对内不允许任何公民和法人享有所有权。因此，当国家专有的土地及其他自然资源被不法行为人非法处分时，在法律上现存的占有人是不可能根据善意取得

---

① 参见黄薇主编：《中华人民共和国民法典物权编释义》，459页，北京，法律出版社，2020。

制度和时效取得规则而取得所有权的。我国《民法典》第242条在所有权的一般规定中，宣示了专属性规则，明确了这些财产的独占性，排除任何单位和个人可以拥有这些财产。这对于保护国家所有权、保障国家的经济命脉和维护资源和环境，都具有十分重要的意义。另一方面，国家所有权通常是与国有财产的概念等同的，国有财产中既包括了有形财产也包括了无形财产，它们共同成为国家所有权的客体。但对私人所有权而言，通常其所有权的客体限于特定的动产和不动产，而不包括集合物。

（3）取得方式的特殊性。由于国家本身是主权的享有者和政权的承担者，国家可以依据法律规定的条件和程序，通过征收、国有化、没收等方式强制性地将公民个人或集体的财产收归国有。国家也可以依据行政权强制性地无偿地征收税金，从而取得国有财产。当然，国家采用上述方式强制性地移转所有权必须要受到法律的严格限制，且必须遵循法定的程序，从而保障公民、法人的合法权益，维护社会正常的经济秩序。除此之外，国家还可以通过特殊的方式取得所有权，例如，依据我国《民法典》第318条，遗失物自发布招领公告之日起一年内无人认领的，归国家所有。我国《民法典》继承编规定，公民死亡之后，无人继承又无人受遗赠的财产归国家所有。这些都表明，国家所有权在取得方式上具有特殊性。

（4）行使方式的特殊性。国家所有权在行使方式上具有不同于私人所有权的特点。因为国家作为一个抽象的实体，它难以直接行使所有权，必须通过法律法规授权的国家机关、企事业单位以及国家投资的企业，在法律规定的范围内行使。

二、国家所有权主体

国家既是主权的享有者、政权的承担者，也是国有财产的归属者。所以，国家所有权的主体本身具有多重性，但国家作为财产权的主体存在时，与其作为主权者的身份应当分离。《民法典》第246条第2款规定："国有财产由国务院代表国家行使所有权。法律另有规定的，依照其规定。"因此，国家所有权的行使，应当由国务院代表国家在法律授权的范围内行使对国有财产的权利。国家对于国有财产享有排他的支配权,任何个人和组织都不能以国有财产在经济上属于全民所有为根据,而在法律上主张对国家财产享有所有权。

国家所有权在性质上虽然属于全民所有,但不可能将国有财产量化给每个个人,也不可能由每个个人都来占有国有财产、行使国家所有权。国有财产作为全民所有的财产,其行使有特殊性,依照《民法典》和有关法律的规定,国家所有权行使的特殊性表现在:

第一,由国务院代表国家统一行使国家所有权。国务院代表国家行使所有权,必须在法律授权范围内行使所有权,且必须对最高国家权力机关负责,并受最高国家权力机关的监督。依据《民法典》第 257 条,国家出资的企业,由国务院、地方人民政府依照法律、行政法规规定分别代表国家履行出资人职责,享有出资人权益。对国家出资的企业,应当坚持政府公共管理职能和国有资产出资人职能分开的原则。因此,一方面,应当维护企业作为市场主体的地位及依法享有的各项权利,国有资产管理部门不能随意干预企业的日常经营活动。另一方面,国有资产管理机构对授权监管的国有资本依法履行出资人职责,维护所有者权益,同时要督促企业实现国有资产保值增值,防止国有资产流失。

第二,国家要授权国家机关、事业单位对其直接支配的财产在法律、行政法规规定的范围内,享有一定的支配权利。国家所有权在行使方式上具有不同于集体、私人所有权的特点,因为国家作为一个抽象的主体,难以直接行使所有权,必须通过法律法规授权的国家机关、企事业单位以及国家投资的企业,在法律规定的范围内行使。这种支配权利是由法律、国务院的有关规定所确定的。例如,《民法典》规定事业单位依法行使国家所有权时可以享有收益权,而国家机关不能享有收益权。未经许可并依照法定的程序,国家机关和事业单位都不能擅自处分国有财产。

第三,国家投资的企业,对其占有的国有财产,依法享有占有、使用、收益和处分的权利。国家所有权的行使方式与经济体制有着密切的联系。我国经济体制改革的一个重要内容,就是要改变原有的国家所有权的行使方式,实行国家所有权和企业经营权的适当分离，从而搞活企业，建立社会主义市场经济运行体制。对国家出资设立的企业，既要按照市场经济的要求，保障其作为市场主体应有的权限，同时也要加强对国有资产的管理，防止国有资产的流失。

第四，国家可以直接以国库的财产为基础，以特殊的民事主体的身份，发行国债、国库券。国家也可以设立专门的机构对国家的外汇储备进行管理和投资。国家可以将其财产转移给集体组织、个人和外国投资者使用，如将国有土地使用权转移给他人使用，从而获取一定的经济利益并充分发挥物的效用。当然，《民法典》在主体制度中并没有明确承认国家的主体地位。我国《民法典》第97条承认了机关法人的民事主体地位，但是，机关法人与国家作为民事主体是不同的。依据《民法典》总则编的规定，机关法人在性质上属于特别法人，是特殊的民事主体，其主体地位应当与国家相区分。

应当看到，我国目前实行财政体制的"双轨制"，中央和省级政府之间采取分税制，由此产生了一个问题，即地方政府以地方财政投资所形成的收益，地方政府是否有权支配或获取收益，甚至对其投资及其收益享有独立的所有权？我国《民法典》没有承认地方政府都享有国有财产所有权，而只是确认了地方政府对其投资的企业可以享有出资人的权益。承认各地方政府在法律和行政法规规定的范围可以代表国家履行出资人职责，享有所有者的权益，这就有利于鼓励地方政府出资兴办企业，并加强对这些企业的管理，也有利于防止统一的所有权制度分割为国家所有和地方所有，甚至分割为不同层次的所有权。规定国有财产属于全民所有，即国家所有，这就从法律上确立了除国务院之外任何部门、地方和单位都不能作为国有财产所有权的主体，也否定了那种"部门所有、地方所有"的主张，维护了国有企业财产所有权的统一性和完整性。

三、国家所有权的客体

(一)客体的分类

国家所有权的客体的特殊性表现在：国家所有权的客体具有广泛性，既包括土地及其他自然资源，也包括各类动产和不动产。《民法典》第 246 条规定："法律规定属于国家所有的财产，属于国家所有即全民所有。"这就以抽象概括式的条款确认了国家所有权的客体。凡是法律规定为国家所有的财产，都应纳入国家所有权的客体范围。当然，这并不意味着任何财产都可以属于国家所有，国家取得任何财产都必须有法律依据，对国有财产的范围，也需要在法律上作出明确的界定。

国家所有权的客体可以分为专属于国家所有的财产和非专属于国家所有的财产。所谓专属于国家所有的财产，是指依据法律规定只能由国家所有的财产。《民法典》第 242 条规定："法律规定专属于国家所有的不动产和动产，任何组织或者个人不能取得所有权。"这就确立了专属性的原则。所谓专属，顾名思义，是指只能属于特定主体所有，而排斥其他主体享有所有权。这就是说，一些财产在法律上只能归国家所有，而不能由其他主体享有所有权。专属性的客体主要包括国有的自然资源以及只能为国家所有的一些重要的财产。如我国《民法典》第247 条规定："矿藏、水流、海域属于国家所有。"《民法典》第 250 条规定："森林、山岭、草原、荒地、滩涂等自然资源，属于国家所有，但是法律规定属于集体所有的除外。"第 249 条规定："城市的土地，属于国家所有。"专属于国家所有的财产，也不适用善意取得。所谓非专属于国家所有的财产，是指可以由国家以外的其他主体享有所有权的财产。

按照国有资产的用途不同，还可以将国有资产分为资源性国有资产、经营性国有资产和行政事业性国有资产。资源性国有资产即国有自然资源，是依法由国家所有的土地资源、矿藏资源、海洋资源、河流资源、森林资源等。资源性国有资产具有垄断性的特点。当然，国有自然资源的范围是可以变动的，随着科学技术的发展，人类有可能认识并利用新的自然资源。[①] 所谓经营性国有资产，是指国家投入企业进行生产经营或者按照企业要求经营使用的国有资产。经营性的资产要进入市场，具有营利性的特点，主要由国家独资、持股或者控股的企业支

---

① 参见顾耕耘：《国有经济法论》，38 页，北京，北京大学出版社，2006。

配，通过市场配置来实现资源的优化配置。所谓行政事业性国有资产，是指不投入生产经营，而由国家机关、事业单位和社会团体用于行政公务活动和社会公益性事业的国有资产。它具有非营利性的特点，即主要用于行政和社会公益事业，一般由国家机关、国家举办的事业单位和社会团体所支配。①

（二）客体的具体范围

依据《民法典》物权编的相关规定，国家所有权的客体主要包括以下几种。

（1）国家所有的自然资源。国家所有的自然资源包括专属于国家所有的自然资源和非专属于国家所有的自然资源两种。所谓自然资源包括土地资源、水资源、矿产资源、生物资源、气候资源、海洋资源等。② 专属于国家所有的自然资源是指国家对矿藏、水流、海域、城市土地的所有权。《民法典》第247条规定："矿藏、水流、海域属于国家所有。"第249条规定："城市的土地，属于国家所有。法律规定属于国家所有的农村和城市郊区的土地，属于国家所有。"第250条规定："森林、山岭、草原、荒地、滩涂等自然资源，属于国家所有，但是法律规定属于集体所有的除外。"这些都是对国家所有的土地等自然资源的规定。专属于国家所有的自然资源，是由国家主权所派生的，也是关系到国家经济命脉的最重要的资源。国家对重要资源实行专属所有的原因在于：一方面，这一类财产专属于国家所有，进一步宣示了国家主权，充分保障我国的社会主义性质，也有利于保障我国的经济安全，实现国家的宏观调控。另一方面，自然资源专属于国家所有，对于合理有序地利用自然资源、保护环境、维护生态平衡都具有十分重要的意义。依据《民法典》第209条第2款的规定，依法属于国家所有的自然资源，所有权可以不登记。

专属于国家所有的自然资源的特点在于只能由国家享有所有权，不能通过市场进行交易，由其他主体享有所有权。因为所有权不能转让，所以任何主体不可能通过交易取得所有权。例如矿产所有权不能买卖，其他主体就不能享有矿产所

① 参见顾耕耘：《国有经济法论》，38～39页，北京，北京大学出版社，2006。
② 参见全国人大常委会法制工作委员会民法室编：《中华人民共和国物权法条文说明、立法理由及相关规定》，75页，北京，北京大学出版社，2007。

有权。专属于国家所有的财产，也不适用善意取得制度。因为善意取得制度只适用于可以交易的财产，专属于国家所有的财产既然不能交易，显然不能构成善意取得。对于专属于国家所有的财产，相对人也不可能构成善意。当然，这并不是说这些资源的使用权不能转让。事实上，为了有效利用国有自然资源，国家可以将这些自然资源的使用权移转给其他主体享有，享有利用国有自然资源产生的收益。除了上述自然资源之外，也有些国有财产具有专属性，例如某些重要国防设施，尤其是涉及国家重大安全的武器不可能通过市场转让。

所谓非专属于国家所有的自然资源，是指可以由集体所有的森林、山岭、草原、荒地、滩涂等自然资源，但不能归属于私人所有。尽管这些自然资源可以由集体所有，但因为这些自然资源仍然具有不可再生性和可耗竭性，需要合理利用，且这些自然资源也关系到国家的经济命脉和基本的经济安全，因而有必要在《民法典》中确认其归属。此外，这些自然资源与土地密不可分，土地所有权不能为私人所有，这些资源也当然不能为私人所有。《民法典》第250条规定："森林、山岭、草原、荒地、滩涂等自然资源，属于国家所有，但法律规定属于集体所有的除外。"可见，《民法典》确认森林、山岭、草原、荒地、滩涂等自然资源属于非专属于国家所有的自然资源，对于这些资源的有效管理利用也十分必要。

（2）属于国家所有的其他资源。这些资源主要包括以下几类。

第一，法律规定属于国家所有的野生动植物资源。所谓野生动物，是指珍贵、濒危的陆生、水生野生动物和有重要生态、科学、社会价值的陆生野生动物（《野生动物保护法》第2条第2款）。所谓野生植物，是指原生地天然生长的珍贵植物和原生地天然生长并具有重要经济、科学研究、文化价值的濒危、稀有植物（《野生植物保护条例》第2条），包括野生的菌类、虫草等各类非人工种植的植物。《民法典》第251条规定："法律规定属于国家所有的野生动植物资源，属于国家所有。"《野生动物保护法》第3条规定，野生动物资源属于国家所有。法律规定野生动植物属于国家所有，并不是说所有的野生动植物资源都归国家所有，只有那些法律规定的珍贵、濒危的且有重要生态、科学、社会价值的野生动植物，才应当属于国家所有。通常，这些要被列入国家保护范围的野生动植物资源。将野生动物确认为国家所有对于维护生物的多样性，保护自然环境等，都具有十分重要的意义。

第二，无线电频谱资源。《民法典》第252条规定："无线电频谱资源属于国家所有。"频谱是一种有限的自然资源，它包括红外线、可见光、X射线等。[1] 它是自然界存在的一种电磁波，是无线通信的信道或者载体，也是一种能够被人类利用的自然资源[2]，具有复用性、非消耗性固有的传播性等特征。无线电频谱之所以在法律上被确认为国家所有，主要是基于以下考虑：首先，无线电频谱对于保障国防安全和社会公共利益都具有十分重要的作用，通过归国家所有，便于实现国家对无线电频谱的管理，从而维护国家安全。其次，无线电频谱资源具有无形性、非排他性的特点，因此如果不归国家所有，并由国家依据法律的规定授权单位或个人使用，不仅会造成资源的浪费，而且会出现各种资源相互干扰的情形。正因如此，《无线电管理条例》第3条明确规定："无线电频谱资源属于国家所有。国家对无线电频谱资源实行统一规划、合理开发、有偿使用的原则。"《民法典》第252条明确规定，无线电频谱资源属于国家所有，该规定实际上承认无线电频谱资源属于国家专属的财产，而不可能由集体和个人分享所有权。对无线电频谱资源，要由国家的有关部门管理，如此才能有效利用无线电频谱，从而为我国国防建设和经济建设服务。

需要指出的是，我国法律虽然规定了无线电频谱资源属于国家所有，但是，国家又很难对所有的无线电频谱进行独占性利用。依据《无线电管理条例》第14条规定："使用无线电频率应当取得许可，但下列频率除外：（一）业余无线电台、公众对讲机、制式无线电台使用的频率；（二）国际安全与遇险系统，用于航空、水上移动业务和无线电导航业务的国际固定频率；（三）国家无线电管理机构规定的微功率短距离无线电发射设备使用的频率。"地面公众移动通信使用频率等商用无线电频率的使用许可，可以依照有关法律、行政法规的规定采取招标、拍卖的方式。无线电管理机构采取招标、拍卖的方式确定中标人、买受人后，应当作出许可的决定，并依法向中标人、买受人颁发无线电频率使用许可

---

① 无线电频谱（radio spectrum）一般指人类目前能够利用的3 000 Hz到3 000 GHz范围的频率组合，法律意义上无线电频谱也指上述频带的频谱。

② 参见张新锋、郭禾：《无线电频谱资源使用权的开放性设计》，载《现代法学》，2012（2）。

证。无线电频率使用许可的期限不得超过 10 年。

第三，无居民海岛。《海岛保护法》第 2 条第 2 款规定："本法所称海岛，是指四面环海水并在高潮时高于水面的自然形成的陆地区域，包括有居民海岛和无居民海岛。"所谓无居民海岛也称为荒岛，是指不属于居民户籍管理的住址登记地的海岛（《海岛保护法》第 57 条）。无居民海岛是中国蓝色国土的重要组成部分，具有重要的经济开发、环境生态和科研价值，事关国家的领土主权、渔业资源开发保护、海洋生态环境保护等，明确无居民海岛的所有权归属因而具有重要意义。《民法典》第 248 条明确规定："无居民海岛属于国家所有，国务院代表国家行使无居民海岛所有权。"该条在明确无居民海岛属于国家所有的同时，授权国务院代表国家行使对无居民海岛的所有权，不仅可以有效避免因权属不明所导致的对海岛资源的破坏和非法侵占，而且可以促进对无居民海岛综合、高效的开发和利用，实现国家安全利益、经济效益、生态效益等的协调统一。《海岛保护法》对无居民海岛海域生态保护工作和开发利用的管理工作作出了规定（参见《海岛保护法》第 5 条）。2010 年财政部、国家海洋局颁布了《无居民海岛使用金征收使用管理办法》，规定国家实行无居民海岛有偿使用制度。无居民海岛使用权可以通过申请审批方式出让，也可以通过招标、拍卖、挂牌的方式出让。其中，旅游、娱乐、工业等经营性用岛有两个及两个以上意向者的，一律实行招标、拍卖、挂牌方式出让。

（3）国防资产。《民法典》第 254 条第 1 款规定，国防资产属于国家所有。所谓国防资产，主要是指国家出资设立的，用于国防目的的军事设施、军事基地等。[①] 这些财产都是为了保障国防安全而设立的，也是国家出资建造的，在法律上应属于国家所有。由于国防资产类型很多，有些重要的国防资产，例如军舰、导弹等只能专属于国家所有，但也有一些国防资产，例如军队的房屋是可以通过市场交易将其产权转让给私人或者集体享有的。《国防法》第 37 条规定："国家为武装力量建设、国防科研生产和其他国防建设直接投入的资金、划拨使用的土地等资源，以及由此形成的用于国防目的的武器装备和设备设施、物资器材、技术成果

---

① 参见崔建远：《中国民法典释评·物权编》（上卷），311 页，北京，中国人民大学出版社，2020。

等属于国防资产。""国防资产归国家所有。"笔者认为，这里所说的设备设施、物资器材、技术成果等应当是直接用于国防目的的资产。

国防资产可以分为两大类：一是由国家专有的财产，例如，"两弹一星"等直接关系国家战略利益和国防安全的财产。此类财产只能由国家所有，而不能通过交易由其他主体获得所有权。直接用于国防目的的重要武器、技术成果等必须由国家支配和控制，以维护国家安全。国防资产中的国家专有财产，属于禁止流通物，不得转让、抵押其所有权。二是非由国家专有的财产，例如，有的公路、电力设施等财产。这些财产也可以军民两用，或者转让给民间使用。[①]《国防法》第 38 条第 1 款规定："国家根据国防建设和经济建设的需要，确定国防资产的规模、结构和布局，调整和处分国防资产。"这就是说，国家可以通过调整国防资产的规模、结构和布局，将相关资产从国防资产中调整出去，使其不再直接用于国防目的，然后再对其加以处分。这也说明国防资产并不完全属于国家专有财产。

（4）文物。所谓文物，是指具有历史、艺术、科学价值的历史遗址和各种物品等。[②]《民法典》第 253 条规定："法律规定属于国家所有的文物，属于国家所有。"我国历史悠久，文物资源丰富，保存在地上和地下的文物都是我国民族文化遗产的重要组成部分。依据我国《文物保护法》第 5 条规定，我国境内地下、内水和领海中遗存的一切文物，属于国家所有。古文化遗址、古墓葬、石窟寺属于国家所有。国家指定保护的纪念建筑物、古建筑、石刻、壁画、近代现代代表性建筑等不可移动文物，除国家另有规定的以外，属于国家所有。依据《文物保护法》第 5 条，国有不可移动文物的所有权不因其所依附的土地所有权或者使用权的改变而改变。属于国家所有的可移动文物的所有权不因其保管、收藏单位的终止或者变更而改变。除此之外的文物，可以依法归单位或个人所有。

（5）基础设施。《民法典》第 254 条第 2 款规定："铁路、公路、电力设施、电信设施和油气管道等基础设施，依照法律规定为国家所有的，属于国家所有。"

---

① 参见胡康生：《中华人民共和国物权法释义》，125 页，北京，法律出版社，2007。
② 参见《文物保护法》第 2 条。

在计划经济时代，我国的铁路、公路、电力设施等基础设施都是由国家投资兴建的，因此所有权当然归国家。但现在铁路、公路等基础设施投资领域已经逐渐开放，允许民营资本和私人资本投资兴建，因此这些设施中只有国家投资兴建的，才能归国家所有。

（6）国家机关支配的国有财产。《民法典》第255条规定："国家机关对其直接支配的不动产和动产，享有占有、使用以及依照法律和国务院的有关规定处分的权利。"国家机关是指各级国家权力机关、政府机关、审判机关、检察机关等。国家机关所支配的国有财产，虽然是非经营性财产，但也是重要的国有资产，是国家机关正常开展工作所必备的条件。依据《民法典》的上述规定，国家机关对其直接支配的不动产和动产，享有占有、使用以及按照法律和国务院的有关规定处分的权利。这就是说，一方面，凡是国家机关支配的财产，都应当是国有财产。国家机关对其支配的国有财产享有的权利，必须由法律和国务院的相关规定确定，不得超出上述规定的范围来享有并行使权利。换言之，对国家机关所具体享有的对国有财产的权利，也只能由法律和国务院的有关规定来确定。另一方面，国家机关对其支配的国有财产享有占有、使用和依法处分的权利，并不享有收益权。

（7）国家举办的事业单位所支配的国有财产。《民法典》第256条规定："国家举办的事业单位对其直接支配的不动产和动产，享有占有、使用以及依照法律和国务院的有关规定收益、处分的权利。"所谓国家举办的事业单位，是指国家出资兴办的、服务于教科文卫体等公益性事业的事业单位法人。这些事业单位所支配的财产，应归国家所有。随着改革开放的深入进行，我国逐渐放开了公益、公用事业领域对私有资本进入的限制，各种混合所有制类型的事业单位也先后出现。为明确其支配的财产的国有财产属性，《民法典》第256条强调该条所称的事业单位为"国家举办的事业单位"。

第一，《民法典》推定国家举办的事业单位支配的财产，属于国有财产。《民法典》第256条将国家举办的事业单位所支配的财产，置于各种具体的国家所有权的类型加以规定，表明《民法典》第256条实际上推定这些财产都属于国家所有。通常，这些财产属于非经营性的国有财产。尽管我国颁布了很多关于国有财产管理的规定，但是大多都是针对经营性国有财产作出的规定。在法律上，确有必要针对非经营性国有财产的权利内容作出规定。根据《民法典》第256条的规定，所谓国家举办的事业单位，就是指国家投资兴办的事业单位，对国家举办的事业单位来说，无论是其属于财政全额拨款、差额拨款、自收自支还是实行其他的方式，其资产都应当推定为国家所有。但是，事业单位的投资来源也可能是多样化的，如果确有证据证明其由集体或者社会团体出资，则应当由主张产权的人举证，证明其对事业单位的财产享有产权，并通过法定程序对其产权归属加以确认。

第二，《民法典》第256条确认了国家举办的事业单位的收益权。事业单位类型非常复杂，在规定的范围内，应当享有一定的收益权。在这一点上，它和国家机关享有的权利是不同的。当然，由于事业单位的类型、所占有的财产的特殊性，对国家举办的事业单位的收益和处分的权利应作出不同的规定。不同的事业单位，其享有的收益权的范围应当存在一定差异。例如，实行企业化经营的事业单位，其收益权应当比财政全额拨款的事业单位享有的收益权范围要大一些。事业单位享有并行使收益权，必须符合法律和国务院的有关规定。各种事业单位具体享有多大的收益权，应当通过法律和行政法规等规范性文件进一步具体化。

第三，《民法典》第256条确认了国家举办的事业单位的处分权，但这种权利应当受到法律法规的限制。事业单位支配的是非经营性的国有财产。这部分财产的管理规则，是不同于经营性财产的管理规则的。这尤其表现在财产的处分权上，经营性财产必须保值增值，但是，非经营性财产就无法要求保值增值。对于经营性财产，企事业单位应当享有一定的处分权，甚至可以以财产进行担保。但是，对非经营性财产，是不能够随意处分的。例如，一些国家举办的事业单位对其占用的财产无处分权利，比如博物馆对其占用的某些财产，不能擅自处分，更不能将收藏品擅自处分；当然，也有一些国家举办的事业单位应当享有比国家机关更大的处分权，对其占用的财产经过法定的程序审批，应享有一定的处分权利。

依据《民法典》第 256 条规定，对事业单位享有的权利，只能通过法律和国务院的有关规定来确定，行政规章和地方性法规不能直接对此作出规定。根据《民法典》第 246 条，国务院代表国家行使国有财产的所有权。因此，国务院当然有权对国家机关和国家举办的事业单位对国有财产的权利作出界定，国务院可以以自己的名义发布各种行政法规和其他规范性文件以界定国有财产权。但是《民法典》并未授权国务院各部门以及地方政府通过颁布有关的规范性文件来具体界定上述单位所享有的对国有财产的权利。

（8）国家出资的法人财产。对于国家出资的法人财产，可以分为两种类型，即由中央政府出资设立的企业和由地方政府出资设立的企业。《民法典》第 257 条规定："国家出资的企业，由国务院、地方人民政府依照法律、行政法规规定分别代表国家履行出资人职责，享有出资人权益。"因此，国家出资的法人财产属于国家所有权的客体。

《民法典》第 257 条包括如下几层含义：第一，国家出资的企业既包括国家单独投资兴建的企业，也包括国家出资参股、控股的企业。第二，国家出资包括中央政府的出资，也包括各级地方政府的出资。在我国，由于幅员辽阔，政府投资需求较大，不可能都由中央政府投资。而且我国财政实行"分灶吃饭"，为了鼓励地方投资，也为了强化政府对企业的管理，所以有必要对国有企业资产实行分级管理。国家出资包括中央和地方各级政府的出资。在所有权行使上，也应当由国务院、地方人民政府依照法律、行政法规的规定，分别代表国家履行出资人职责、享有出资人权益。第三，《民法典》第 257 条确立了由国务院和地方人民政府分别代表国家履行出资人职责、享有出资人权益的体制。一方面，中央和地方人民政府都要履行出资人的职责。也就是说，在设立企业时，中央政府和地方政府都要依据法律、法规、章程、协议等的规定，履行其应有的出资义务。例如，《企业国有资产监督管理暂行条例》第 5 条第 1 款规定："国务院代表国家对关系国民经济命脉和国家安全的大型国有及国有控股、国有参股企业，重要基础设施和重要自然资源等领域的国有及国有控股、国有参股企业，履行出资人职责。国务院履行出资人职责的企业，由国务院确定、公布。"另一方面，地方政府对其出资形成的企业资产，不能在法律上享有所有权。如果存在地方政府所有权，国家所有权就形同虚设了。但是，对于地方政府的出资，又不能不承认其享有出资人的权益；否则，既不利于鼓励地方政府出资，也使地方政府缺乏对其出资的企业进行管理的法律依据。

国家出资的财产可以分为国家出资给企业所形成的企业法人财产和国家出资给非企业而形成的非企业法人财产。国家投资设立的企业还可以分为两种情况：一是国家单独出资设立的企业；二是国家与其他主体共同出资设立的企业，包括国家控股、参股的企业。在国家与其他主体共同出资的情况下，投资主体已经多元化，而非仅由国家出资，所以，国家出资的企业，实际上就是投资兴办的企业以及国家在各类企业中的出资。无论是哪一类企业，国家出资以后，都应当享有出资人的权益。

四、国家所有权的保护

（一）物权法对国家所有权保护的方法

国家所有权是我国全民所有制的法律形式，保护国家所有权是维护国家基本经济制度的要求。尤其是在我国公有制仍然占主体地位的情况下，国家所有权直接关系到国家的经济安全和经济命脉，决定了国家宏观调控的基础和能力。保护国家所有权对于保障我国社会主义市场经济的健康有序发展具有重要意义。[①]

《民法典》对国有财产的具体保护包括：确认国家所有权行使的主体，明确规定国家所有权客体的范围，宣示部分国有财产的专属性原则以保护国有财产。《民法典》确立了对国家出资的企业的管理体制，即分别由国务院和地方人民政府依法代表国家履行出资人职责，享有出资人权益。《民法典》确立了国家机关和国家举办的事业单位对其支配的国有财产的权利。这些都对保护国有资产具有

---

① 参见黄薇主编：《中华人民共和国民法典物权编释义》，476页，北京，法律出版社，2020。

重要作用。《民法典》确认了保护物权的各种方法，都可以适用于国家所有权的保护。例如，在非法占有国有财产的情况下，国有财产管理机构和直接支配国有财产的机关、事业单位，有权请求确认产权和返还财产。如果造成对国有财产的妨害，国有财产管理机构和直接支配国有财产的机关、事业单位可以请求行为人排除妨害。

《民法典》第258定："国家所有的财产受法律保护，禁止任何组织或者个人侵占、哄抢、私分、截留、破坏。"所谓侵占，是指非经国家的授权或者国家机关的同意而占有国有财产。例如，未经批准使用国有土地和自然资源，抢占国有房屋和其他财产，挪用公款，化公为私，或以权谋私，侵吞国家财产等。所谓哄抢，是指故意以非法手段抢占国家财产，例如，趁国有企业关停之机哄抢财物。[1] 所谓私分，是指未经批准而将国有财产分配给个人或组织所有。例如，巧立名目，滥发奖金和实物等。所谓截留，是指将应上缴给国家的利税以各种手段不交或少交。所谓破坏，是指以非法手段直接损害国有财产，如滥挖矿床、滥伐林木、捕杀珍稀动物、盗掘古墓、毁损古迹等。上列各种违法行为，都侵犯了国家财产所有权，应依法追究行为人的民事、行政甚至刑事责任。如果非法侵害国有财产违反行政管理的规定，应当追究行为人的行政责任；构成犯罪的，应当追究其刑事责任。

（二）防止国有资产流失的特别规定

在我国，由于国有企业法人治理结构不健全、国有资产投资决策程序不完善以及国有资产产权关系不明确等[2]，国有资产流失一直是国家所有权保护中面临的重要问题。针对国有资产流失现象，《民法典》第259条第2款规定："违反国有财产管理规定，在企业改制、合并分立、关联交易等过程中，低价转让、合谋私分、擅自担保或者以其他方式造成国有财产损失的，应当依法承担法律责任。"就实践来看，国有资产流失主要是违反国有财产管理规定造成的，主要表现为以

---

① 参见黄薇主编：《中华人民共和国民法典物权编释义》，477页，北京，法律出版社，2020。
② 参见李松森等编著：《国有资产管理》，289页，大连，东北财经大学出版社，2016。

下几种：一是经营决策过程中的流失，如在关联交易等过程中，低价转让、擅自担保；二是企业改制中的流失，如在企业股份制改造中，故意虚假评估国有资产、低价转让国有财产；三是在企业合并分立过程中，合谋私分国有财产；四是以其他方式造成国有财产损失，如在企业破产过程中造成国有资产的流失。针对上述国有资产流失的问题，国家有关国有资产管理部门虽然出台了一系列相关规定①，但是从法律层面上，仍有必要从国家所有权的角度对国有资产流失进行一般性的规定。

为了防止国有资产的流失，《民法典》第259条第1款规定："履行国有财产管理、监督职责的机构及其工作人员，应当依法加强对国有财产的管理、监督，促进国有财产保值增值，防止国有财产损失；滥用职权，玩忽职守，造成国有财产损失的，应当依法承担法律责任。"这就要求履行国有财产管理、监督职责的机构及其工作人员，应当完善相关制度，并严格遵守相关制度，依法负有促进国有财产保值增值，防止国有财产损失的义务。未履行国有资产管理职责和监督职责的责任的构成要件包括：第一，责任主体具有特殊性。必须是履行国有财产管理、监督职责的机构及其工作人员，才能承担此种责任。第二，必须是因为滥用职权、玩忽职守，造成国有财产损失。所谓滥用职权，通常是指行为人故意超越职权范围行使权力；所谓玩忽职守，是指行为人未尽合理的注意义务，应当预见损害的发生而没有预见，从而导致损害。第三，必须是因为未尽职责已经实际造成了国有资产的损失。也就是说，滥用职权等行为已经造成了损害后果的发生。第四，应当承担相应的责任，此种责任主要是刑事和行政责任，国家机关及其工作人员因为未尽到职责而造成国有财产损失的，应当根据行政法和刑法的规定，承担行政责任和刑事责任，但也不应当免除责任人的民事责任。因为由《民法典》规定的未履行国有资产管理职责和监督职责的责任，应当包括民事责任在内。

---

①　例如，国资委印发的《中央企业混合所有制改革操作指引》就专门对"混资本"过程中资产审计评估、进场交易、上市公司资本运作要严格履行相关工作程序，切实防止国有资产流失提出了要求。

《民法典》第259条第2款规定："违反国有财产管理规定，在企业改制、合并分立、关联交易等过程中，低价转让、合谋私分、擅自担保或者以其他方式造成国有财产损失的，应当依法承担法律责任。"这就专门规定了违反国有财产管理规定，造成国有资产在经营中流失的，应依法承担法律责任。所谓低价转让，即以明显的低于市场的价格转让国有财产，尤其是在存在竞价者的情况下，将国有财产不卖给高价购买者，而卖给低价购买者。所谓合谋私分，是指企业经营管理者与他人恶意串通，违反规定私分国有财产。所谓擅自担保，是指未经同意以国有资产为他人作担保，因担保权人实现担保权从而造成国有资产流失。所谓其他方式，是指从事了上述方式以外的其他行为，比如说在交易中允许他人非法占有财产。这些责任主要还是行政责任，但如果涉及第三人的时候，也会产生民事责任。构成犯罪的，应依法承担刑事责任。

第二节　集体所有权

一、集体所有权的概念和特征

根据《宪法》，中华人民共和国的经济制度是生产资料的社会主义公有制，即全民所有制和劳动群众集体所有制，集体所有制经济是我国公有制经济的重要组成部分。在我国，集体所有权是指集体组织以及集体组织全体成员对集体财产享有的占有、使用、收益和处分的权利，它是劳动群众集体所有制在法律上的表现，也是所有权的一种重要类型。集体所有权的法律特征主要表现为：

（1）集体所有权的主体首先是集体组织。例如，《民法典》263条规定："城镇集体所有的不动产和动产，依照法律、行政法规的规定由本集体享有占有、使用、收益和处分的权利。"集体所有权没有全国性的统一主体，各个劳动群众集体组织都是独立的集体所有权的主体。① 当然，集体所有权的主体还包括集体的全体成员，例如，《民法典》第261条第1款规定："农民集体所有的不动产和动产，属于本集体成员集体所有"。在法律上，集体所有的财产和集体组织成员的个人财产是分开的。

但是，集体组织的某个成员或某部分成员不能成为劳动群众集体组织所有权的主体。可见，集体的概念在民法上有特定的含义：一方面，集体既可能是指组织，也可能是指集体成员。② 作为集体组织，并不包括各种不具有法人资格的团体（如合伙等）。合伙财产在性质上不属于集体财产，合伙财产本质上是一种共有财产，而集体财产性质上是公有财产，它是与个人财产相分离的。另一方面，集体所有权也不同于社会团体的所有权。社会团体类型复杂，但是，社会团体的所有权是法人的所有权，许多社会团体的所有权从所有制的角度来看，并不是公有性质的，例如私人设立的基金会等。而集体所有权在性质上属于公有。集体组织具体表现为各类农村集体经济组织、城镇集体企业等。我国并没有全国统一的集体组织，而只是存在各种具体的组织。

（2）集体所有权的客体是指属于该集体所有的不动产和动产。③ 就集体所有权的客体而言，它虽然不包括专属于国家所有的自然资源等专属性的财产，但相对于个人所有的财产而言，集体所有的财产范围也是非常宽泛的。④ 《民法典》对于集体所有权的客体作了专门规定。依据《民法典》第260条规定，集体所有的不动产和动产包括：

一是法律规定属于集体所有的土地和森林、山岭、草原、荒地、滩涂。我国《宪法》第10条第1、2款规定："城市的土地属于国家所有。农村和城市郊区的土地，除由法律规定属于国家所有的以外，属于集体所有；宅基地和自留地、自留山，也属于集体所有。"因此，依法归劳动群众集体所有的土地，是集体所有权的重要客体。在我国，实行土地全民所有和集体所有两种形式。集体也有权依法对

---

①② 参见崔建远：《物权法》，2版，172页，北京，中国人民大学出版社，2011。

③ 参见胡康生主编：《中华人民共和国物权法释义》，148页，北京，法律出版社，2007。

④ 参见刘保玉：《物权法学》，162页，北京，中国法制出版社，2007。

法律规定属于集体所有的土地和森林、山岭、草原、荒地、滩涂享有所有权。

二是集体所有的建筑物、生产设施、农田水利设施。例如，集体企业建造的厂房、仓库等建筑物；集体企业所有的机器设备、交通运输工具；农村集体经济组织建造的水库、农田灌溉渠道等农田水利设施等。

三是集体所有的教育、科学、文化、卫生、体育等设施。例如，农村集体组织兴办的学校、农村敬老院等公益设施。

四是集体所有的其他不动产和动产。集体所有的其他财产类型很多，难以一一列举，《民法典》第 260 条第 4 款实际上是一个兜底条款，凡是集体合法使用的财产，都依法受法律保护。

（3）集体所有权的内容。它是指集体对其所有的财产享有占有、使用、收益和处分的权利。[①]集体所有权的内容包括所有权的各项权能，但对土地所有权的处分权又是受限制的，也就是说，集体的土地不能直接进入市场进行转让。集体所有权的行使必须依法实行民主管理，对于一些重大的事务必须由集体的成员依法民主作出决定。集体组织的负责人只是代表集体组织来行使权利，且必须对集体成员负责，并接受他们的监督。一般来说，集体所有权的各项权能都是由集体自己行使的，但是根据生产和经营活动的需要，某个集体组织也可以将其所有权的权能转移给个人行使。

二、农村集体所有权

（一）农村集体所有权概述

农村集体所有权，是指农村集体经济组织成员对于本集体所有的动产和不动产所享有的所有权。关于农村集体所有权的表述，有几种不同的观点：一是集体组织说，这种观点认为，农村集体所有权就是指由农村集体经济组织所有。例如，农村集体经济组织可以分为村集体经济组织、村民委员会、村民小组等；因

---

① 参见胡康生主编：《中华人民共和国物权法释义》，148 页，北京，法律出版社，2007。

而，也应当由其相应地享有农村集体所有权，并由其行使该权利。二是集体成员所有说，此种观点认为，农村集体所有权在性质上应当属于本集体成员所有。《民法典》采纳了第二种观点，所谓农村集体所有权，就是指农村集体经济组织成员对于本集体的财产所享有的权利。《民法典》第 261 条规定："农民集体所有的不动产和动产，属于本集体成员集体所有"。依据该条规定，农村集体所有权在性质上应当属于本集体成员所有。农村集体所有权的特点在于：

第一，它是本集体经济组织的成员对集体财产享有的权利。"本集体"表明此种权利的主体具有特定性，以区别于其他集体经济组织，同时也表明此种权利专属于某个集体组织的成员。所谓本集体经济组织成员所有，并不意味着集体所有就是集体成员共有。因为成员集体所有是一种公有，它和共有在法律上有极大差别。强调集体财产属于集体组织成员公有，一方面是为了强调集体成员对集体财产享有共同的支配权、平等的民主管理权和共同的收益权，涉及成员重大利益的事项，必须要经过成员集体决定。另一方面也有利于明确成员的权利，防止集体组织的负责人滥用集体的名义侵吞集体财产或者损害集体成员的利益。还应当看到，《民法典》第 261 条强调成员集体所有，就是要使集体所有与共有相区别。因为共有，无论是按份共有还是共同共有，都与特定的共有人是不可分离的，并且共有没有脱离个人而存在。共有人不仅可以直接占有共有财产，而且有权请求分割共有财产。集体财产尽管为其成员所有，但其属于集体所有，集体财产与其成员是相互分离的，尤其是任何成员都无权请求分割集体财产，从而将集体财产变成私人所有。所以集体财产都是公有财产；而共有财产既可能是公有的，也可能是私有的。

第二，它是本集体经济组织成员对本集体所有的各项动产、不动产所享有的权利。在我国广大农村，集体的土地、建筑物、生产设施、农田水利设施等财产大量地属于集体所有。集体所有的财产依法应当属于本集体成员集体所有。由于在实践中，集体财产的收益分配、征地款的分配等，都涉及成员资格的认定问题，因此，必须明确集体财产属于成员集体所有，才能在此基础上确定成员资格和成员权。还应当看到，随着我国农村改革的发展，集体经济组织本身也在改革，名称、组织机构都有一定发展、变化。所以，如果仍然强调集体组织所有，就可能与实践中的发展不相符合。

第三，集体所有权的客体包括了集体所有的各项动产、不动产。在我国广大农村，集体的土地、建筑物、生产设施、农田水利设施等财产大量地属于集体所有。集体所有的财产依法应当属于本集体成员集体所有。

第四，集体所有权的行使，要遵守法律、法规和有关规约的规定。有关集体所有权的行使，在我国《土地管理法》《农村土地承包法》《村民委员会组织法》，尤其是《民法典》物权编中，都进行了比较明确的规定。此外，有关行政法规、地方性法规也在法律规定的基础上进行了进一步的具体规定。集体所有权应当依照这些规定来行使。集体成员通过民主程序依法制定的各种规约，也可能涉及集体所有权的行使，集体也应当依据这些规约来行使所有权。①

（二）集体土地所有权

关于集体土地所有权的归属，《宪法》第 10 条第 2 款规定："农村和城市郊区的土地，除由法律规定属于国家所有的以外，属于集体所有；宅基地和自留地、自留山，也属于集体所有。"该条规定尽管确认了农村的土地属于集体所有，但并没有明确规定农村土地的具体所有者，也就是说没有规定农村土地究竟归哪一个经济组织所有，因此留下了一个法律上需要解决的问题。1986 年的《民法通则》为了解决这一问题，在第 74 条中明确规定："集体所有的土地依照法律属于村农民集体所有，由村农业生产合作社等农业集体经济组织或者村民委员会经营、管理。已经属于乡（镇）农民集体经济组织所有的，可以属于乡（镇）农民集体所有。"同年颁布的《土地管理法》进一步补充规定："农民集体所有的土地已经分别属于村内两个以上农业集体经济组织所有的，可以属于各该农业集体经济组织的农民集体所有"（第 8 条第 2 款）。《物权法》第 59 条认真总结了改革的

---

① 关于集体所有权的行使，有学者认为，集体所有权可以由集体组织直接行使，也可以由其代表行使，重要事项应依照法定程序经本集体成员决定。参见刘保玉：《物权法学》，163 页，北京，中国法制出版社，2007。

经验，对集体土地所有权的主体作出了较为科学合理的规定，在实践中是可行的。

《民法典》物权编依据《宪法》的规定并总结了长期以来的立法经验，沿袭了《物权法》第 59 条，对农村集体土地所有权作了明确规定。《民法典》第 261 条规定："农民集体所有的不动产和动产，属于本集体成员集体所有。"第 262 条实际上是明确了集体成员集体所有。该条在此基础上进一步规定："对于集体所有的土地和森林、山岭、草原、荒地、滩涂等，依照下列规定行使所有权：（一）属于村农民集体所有的，由村集体经济组织或者村民委员会代表集体行使所有权；（二）分别属于村内两个以上农民集体所有的，由村内各该集体经济组织或者村民小组代表集体行使所有权；（三）属于乡镇农民集体所有的，由乡镇集体经济组织代表集体行使所有权。"与原有的规定相比，《民法典》的规定有如下变化：第一，其客体不仅仅限于土地，而且进一步确认了森林、山岭、草原、荒地、滩涂等自然资源的所有权，这也解决了就这些自然资源的权属纠纷而发生的一些争议。第二，《民法典》确认了土地的集体所有权由集体成员集体所有，各类集体经济组织只是代表集体行使所有权。《民法典》在确认集体成员集体享有土地所有权的前提下，规定了各类集体组织只是代表集体行使所有权，这实际上进一步强化了集体成员的民主管理权利。第三，《民法典》考虑到农村的集体经济组织的变化，对《民法通则》关于合作社等集体经济组织代表集体享有的集体所有权作了修改。例如在农村，现在已经不限于村民小组，而出现了各种经济组织，如经济合作社等，因而《民法典》规定分别属于村内两个以上农民集体所有的，由村内各集体经济组织或者村民小组代表集体行使所有权。

《民法典》第 262 条包括如下内容。

第一，农村集体土地的所有权主体是"农民集体所有"，而不是集体经济组织所有，但可以由各该集体经济组织依法代表集体行使所有权。[①]

《民法典》第 261 条所规定的"成员集体所有"是在维护并完善宪法确认的

---

① 参见黄薇主编：《中华人民共和国民法典物权编释义》，485 页，北京，法律出版社，2020。

土地公有制的框架内，构建了适应市场经济体制需要的物权制度。该条规定突出"集体"二字，表明必须是在集体所有的前提下，明确集体所有权的主体。任何试图改变农村土地集体性质的做法，都不符合我国宪法确认的土地制度的性质。但是，鉴于集体土地所有权的主体过于抽象，与市场经济的要求不相吻合。需要通过确认集体的成员权使成员直接享有对土地的权益。所有这些都为保障农民权益和实现土地的流转奠定了基础。《民法典》第261条确认"成员集体所有"，也旨在强调集体成员对集体财产享有共同的支配权、平等的民主管理权和共同的收益权；集体的财产只有在法律上确认为成员集体所有，才能密切集体成员和财产之间的关系，防止集体组织的负责人滥用集体的名义侵吞集体财产或者损害集体成员的利益。

第二，集体土地所有权包括三种类型：一是属于村农民集体所有，二是分别属于村内两个以上农民集体所有，三是属于乡镇农民集体所有。属于村农民集体所有的，由村集体经济组织或者村民委员会受本农民集体成员的委托行使所有权；分别属于村内两个以上农民集体所有的，由村内各该集体经济组织或者村民小组依法代表集体行使所有权；属于乡镇农民集体所有的，由乡镇集体经济组织代表集体行使所有权。

第三，集体土地所有权的客体不仅限于土地，还包括依法由集体所有的森林、山岭、草原、荒地、滩涂等自然资源，这也解决了因这些自然资源的权属纠纷而发生的一些争议。① 农民使用的宅基地、自留地、自留山等都属于集体所有。

（三）集体组织成员的成员权

1. 集体组织成员的成员权的概念和特征

为了充分保障农村集体经济组织成员的权利，促进集体经济稳定的发展，《民法典》物权编规定了农村集体组织的成员权。所谓成员权，是指集体经济组织成员依据法律和章程对集体经济组织的财产权的行使和其他重大事务处理所享有的管理权，以及收益分配权等权利。换言之，是指农村集体经济组织的成员就

---

① 参见黄薇主编：《中华人民共和国民法典物权编释义》，485页，北京，法律出版社，2020。

集体财产以及集体经济组织中的其他事项所享有的管理、使用、收益等各项权利。[①] 集体组织成员权具有如下特点。

第一，集体组织成员权是依据法律和章程的规定所享有的。除法律规定之外，成员权也可以依据成员之间的章程确定。成员权是从集体所有权之中派生出来的权利，没有集体所有权就没有集体成员权，二者是辩证统一的。[②]

第二，此种权利是一种民法上的权利，而不是公法上的权利。农村集体组织的成员权究竟是民事权利还是宪法权利，在法律上值得探讨。《村民委员会组织法》第2条规定："村民委员会是村民自我管理、自我教育、自我服务的基层群众性自治组织。"该法中规定了有关村民的权利，包括村民对集体经济组织的财产予以管理的权利。但笔者认为，《民法典》所确认的成员权与公法上所确认的有关公民的权利还是有区别的，因为成员权本质上是一种私法权利，与财产利益密切结合在一起。如果造成对管理权的侵害，依据《民法典》应当获得民法上的救济，受害人可以提起民事诉讼保护自己的民事权利。所以，笔者认为，农村集体经济组织成员权不是公法权利，从内容上来看，其是一种管理财产并获取收益的权利，是一种私权，所以应该属于《民法典》调整的范围。

第三，成员权只能由集体经济组织的成员所享有。它是以身份为基础的权利。成员权是伴随农村集体所有制的确立而形成的一项与农民集体成员身份密切相连的特殊权利。[③] 成员权的享有基础就是集体成员的资格。它类似于建筑物区分所有中的共同管理权，是一种财产及身份二要素合而为一的法律关系。之所以认为它是一种财产权，是因为它是对财产的支配、管理和收益分配的权利，同时，成员权的行使又可以给成员带来一定的财产利益。之所以说它是具有人身性

---

① 需要指出的是，一些地方的高级人民法院为解决司法实践中农民集体成员资格的认定问题，先后制定了有关规定，如《天津市高级人民法院关于农村集体经济组织成员资格确认问题的意见》（津高法民一字〔2007〕3号）、《重庆市高级人民法院印发〈关于农村集体经济组织成员资格认定问题的会议纪要〉的通知》（渝高法〔2009〕160号）。

② 参见韩松：《农民集体所有权和集体成员权益的侵权责任法适用》，载《国家检察官学院学报》，2011（2）。

③ 参见王瑞雪：《关于成员权及其退出问题的探讨》，载《调研世界》2006（10）。

质的人身权，因为只有成为该组织的成员才享有该权利。正因为它是一种人身性质的权利，所以此种权利既不能够继承，也不能够转让，更不能够被强制执行。

第四，它是集体成员所享有的专属性权利。成员权只可以随成员资格的移转而移转，一般不能继承和转让。当然，成员权中的具财产性质的权利，如利益分配请求权，如果已经实现，就转化为债权，从而可以单独地转让或继承。[①]

成员权只能由集体经济组织的成员享有，成员是否等同于村民？笔者认为，村民与集体经济组织成员的概念并不完全等同。成员作为村民当然有权参加村民大会，行使村民的自治权，但并非一个行政村的所有村民都是集体经济组织成员。因为在以乡或者村民小组为单位组建集体经济组织的情况下，村民分别属于不同的经济组织，或者同一经济组织成员分属不同的行政村，显然二者的范围并不相同。所以某人有权参加村民大会，但是其未必是集体经济组织成员。

2. 集体组织成员的管理权

依据《民法典》第261条，对于涉及集体成员重大利益的事项，要经过集体经济组织成员依据法定的程序共同决定。依据《民法典》第261条确认农村集体经济组织成员的管理权具有如下意义：一方面，有助于加强农村集体经济组织内部的民主管理，保障集体经济健康有序的发展。在许多地方，农村集体经济组织成员缺乏对集体经济组织在财产管理方面必要的监督和制约，导致某些集体财产实际上成了完全由经营者、管理者事实上占有和支配的财产。有的管理者或经营者化公为私，利用公款请客送礼、损公肥私等现象依然存在，导致集体财产的流失现象也较为严重。农村集体所有本质上应当是劳动者在共同占有生产资料的基础上实行民主管理，走向共同富裕的财产形式，只有落实集体组织内部的民主管理，才能使劳动者真正对企业产生认同感，使劳动者发挥其积极性和创造作用，促使集体经济稳步发展。另一方面，有利于强化对广大农民的保护。例如，有的村民委员会的少数领导擅自将集体的土地出租，或将出租的收益在少数人之间进行分配或用于个人消费，有的私分承包、征地款，直接损害了农民的利益。而在

---

① 参见吴兴国：《集体组织成员资格及成员权研究》，载《法学杂志》，2006（2）。

村民向法院起诉，要求给予保护时，因为缺乏法律依据，法院也很难受理，为此发生了不少纠纷，甚至出现了群体性的纠纷，影响社会的和谐稳定。所以，《民法典》为保护8亿农民的切身利益，专门规定了成员的民主管理权。农村集体经济组织成员的管理权在行使方面具有平等性、民主性。农村集体财产既然属于集体成员共同共有，因此，集体成员就有权对集体财产加以民主管理。农村集体组织的成员在参与管理时，与一般的管理权不同，并不是按照份额的多少行使权利，而应当平等享有管理权。

依据《民法典》第261条，集体组织成员的管理的事项主要包括如下几个方面。

第一，土地承包方案以及将土地发包给本集体以外的组织或者个人承包。农村土地承包经营权是农民所享有的基本财产权利，农民获得土地承包经营权不仅是一种经营行为，而且具有一定的福利和社会保障性质。对于大部分地区的农民来说，承包地是其主要收入来源，因而承包地的获得与集体组织的成员身份密切相关。如果将土地发包给集体以外的人承包，有可能会损害本集体的农民的利益。① 所以，《民法典》第261条规定，农村集体组织成员有权决定土地承包方案以及是否将土地发包给本集体以外的单位或者个人承包。上述事项由成员通过一定的民主程序集体决定，将有助于保护承包方案的公平、公正，以及承包关系的稳定。

第二，个别土地承包经营权人之间承包地的调整。在土地承包经营权物权化以后，承包经营关系应该保持稳定，不能随意变动。但是在特殊情况下，需要对土地承包经营权进行调整。例如，有的地方因集体组织成员的生死嫁娶而引起土地调整需求，有些地方按照"生不增，死不减"的原则办理，在特殊情况下，若不调整则不公平。依据《民法典》第261条，经由集体经济组织成员依据法定程序共同决定，可以对个别承包土地进行调整。《农村土地承包法》第28条第1款规定："承包期内，发包方不得调整承包地。"如果要对个别农户的承包地进行调

---

① 参见钱海玲、孙欣：《关于规范农村土地承包经营权问题的统计分析》，载《人民司法》，2007（3）。

整，必须经本集体经济组织成员的村民会议 2/3 以上成员或者 2/3 以上村民代表的同意，并报乡（镇）人民政府和县级人民政府农业等行政主管部门批准。

第三，土地补偿费等费用的使用、分配办法。在实践中，对于农村土地被征用、征收后所获得的土地补偿金如何分配，经常发生纠纷。而补偿金的分配直接关系到农民的切身利益，所以，《民法典》强调农村集体经济组织的成员有权决定土地补偿费等费用的使用、分配办法，作为农村集体组织的成员，有权依照法律或章程的规定，分享集体财产所产生的收益。这种获取收益的权利依法可以继承，但由于管理权具有人身性质，原则上不能随意转让。集体组织成员对于集体组织出让或出租的财产，在同等条件下享有优先受让权和优先承租权。

第四，集体出资的企业的所有权变动等事项。所谓集体企业的所有权变动，是指集体组织将其所有的企业的所有权转让给他人，或者设定抵押。集体企业的所有权属于集体经济组织，它也是集体所有制的重要组成部分，因而，对这些财产的处分必须要经过集体经济组织成员依循法律规定的程序，共同加以决定。

第五，法律规定的其他事项。法律规定的其他事项所涉及的情况很多，例如，分配宅基地建造房屋等。在农村，宅基地使用权可能发生变动，也可能因为房屋在本村内的买卖而发生转移，或者宅基地长期闲置等，需要对宅基地实行变动。对于宅基地的变动，也需要由集体经济组织的成员来决定，而不能由村委会少数委员决定。再如，是否允许某个企业在本集体的土地上设置地役权，也关系到集体成员的重大利益。

上述规定从表面上看，是对集体就重大事务决策的程序进行的规定，但实际上明确了集体成员所享有的民主管理权的范围。对于集体经济组织以及有关负责人违反上述法定程序作出的决定，损害集体组织和集体成员的利益时，集体成员有权通过司法程序获得保护。因为"无救济就无权利"，集体成员的民主管理权受到侵害的，有权获得司法救济。

3. 集体成员的信息查阅、复制权

《民法典》第 264 条规定："农村集体经济组织或者村民委员会、村民小组应当依照法律、行政法规以及章程、村规民约向本集体成员公布集体财产的状况。"

这实际上是确认了村务公开的原则，以进一步保护农民的知情权。只有充分保障村民的知情权，才能实行有效的民主管理。

《民法典》第 264 条规定："集体成员有权查阅、复制相关资料。"此句为新增规定，用以保障农村集体经济组织成员查阅、复制有关集体财产信息的权利。集体财产属于集体所有，而村集体由集体成员构成，因而集体财产的使用、收益、处分等直接关系到集体成员的切身利益。赋予集体成员信息查阅、复制的权利，对于集体成员的成员权的保障和行使、加强农村集体经济组织的监督和集体财产的保护，以及促进农村集体经济的发展等均有重要意义。①

4. 集体成员的撤销权

所谓撤销权，是指集体经济组织及其负责人作出的决定侵害了集体成员的合法权益，受侵害的集体成员可以请求法院予以撤销。《民法典》第 265 条规定："集体所有的财产受法律保护，禁止任何组织或者个人侵占、哄抢、私分、破坏。农村集体经济组织、村民委员会或者其负责人作出的决定侵害集体成员合法权益的，受侵害的集体成员可以请求人民法院予以撤销。"依据这一规定，集体成员撤销权的行使应当具备如下条件。

（1）撤销权的主体适格。依据《民法典》第 265 条的规定，撤销权的主体必须是受侵害的集体成员。这就是说，一方面，只有集体经济组织的成员才有资格提出撤销，如果是集体组织聘请的人员，没有成为集体组织的成员，无权行使撤销权。另一方面，必须由遭受损害的集体经济组织成员提出主张，也就是说，并不是任何集体经济组织成员都可以享有撤销权，有权提出撤销的只能是实际遭受损害的成员。例如，在"湘潭市岳塘区荷塘乡青山村村民委员会与袁某某不当得利纠纷案"中，法院认为："村民委员会不享有撤销权，只有受侵害的集体组织成员享有撤销权。"② 由此可见，请求撤销的主体不能够以维护集体利益的名义提出撤销，而只能以维护自身的利益为由而请求撤销。

（2）撤销权的客体是已侵害集体成员合法权益的集体组织或者负责人所作出

---

① 参见黄薇主编：《中华人民共和国民法典物权编释义》，489 页，北京，法律出版社，2020。
② 湖南省湘潭市中级人民法院（2014）潭中民一终字第 452 号民事判决书。

的决定。一方面，不是所有的决定都能够被撤销，此处所说的撤销的对象，必须是集体经济组织、村民委员会或者其负责人作出的决定。① 此种决定包括两种类型：一是集体组织的负责人个人作出的决定，二是以集体名义作出的决定。只要上述决定侵害了集体成员的合法权益，受侵害的集体成员都可以请求撤销。另一方面，必须是该决定侵害了集体成员的合法权益，这就是说，判断某一决定是否违法，主要要从结果上考察是否侵害了成员的合法权益。② 例如，某个负责人决定将征地款只在部分人之间发放，从而导致另一部分成员的合法权益遭受损害。

（3）撤销权人必须证明自己遭受了损害。撤销权人应当证明，集体经济组织、村民委员会或者负责人作出的决定使其遭受了损害，在其遭受的损害和决定之间存在因果联系。如果上述决定并没有损害主张撤销的人的权利，而只是损害了其他人的利益，他就不能主张撤销。

撤销权与《民法典》第 261 条规定的民主管理权不同。撤销权人主张撤销，并不需要证明集体经济组织、村民委员会或者负责人作出的决定违反了法定的程序，而只要证明这些决定造成了自身的损害，即使决定的作出符合法定程序，但是造成了集体成员的损害，受害人也有权请求撤销。

依据《民法典》规定，集体经济组织或者村民委员会的管理人作出的决定侵害集体成员合法权益的，该集体成员可以请求人民法院予以撤销。这就意味着，在集体财产遭受侵害的情况下，农村集体组织成员有权向法院提起诉讼，请求维护集体财产、返还财产并赔偿损失。

三、城镇集体所有权

《民法典》第 263 条规定："城镇集体所有的不动产和动产，依照法律、行政法规的规定由本集体享有占有、使用、收益和处分的权利。"城镇集体企业是财

---

①② 参见崔建远：《中国民法典释评·物权编》（上卷），336 页，北京，中国人民大学出版社，2020。

产属于劳动群众集体所有、实行共同劳动、在分配方式上以按劳分配为主体的社会主义经济组织。[①] 城镇集体经济也是公有制经济的组成部分，因此，《民法典》有必要对城镇集体所有权作出规定。《民法典》对城镇集体所有权作出规定是必要的。一方面，城镇集体所有企业所有权是集体所有权的一项重要内容，尽管城镇集体企业的改革正在不断深化，但作为一种财产类型，仍然应当由《民法典》加以确认和保护。另一方面，《民法典》正是通过对城镇集体企业所有权作出规定来明确产权。应当看到，目前，由于一些城镇集体企业的产权的最终归属不清，并由此引发企业内部对管理者的权利制衡机制不健全（缺乏最终所有者的制衡），因此在一些企业中，集体所有已经蜕变成个人的事实上的"所有"。长此以往，这些企业很难有长期积累和发展的后劲。《民法典》规定了城镇集体企业财产的所有权，实际上从基本法的角度规定了这一类财产形态，不仅在财产发生争议后，为法院解决纠纷提供了可供适用的法律依据，同时也为有关法律法规具体界定城镇集体企业的财产归属确定了基本规则。

关于城镇集体所有权的主体，也存在不同的看法：第一种观点认为，城镇集体企业的主体应当是集体本身。第二种观点认为，城镇集体企业的主体应当是集体经济组织的全体成员。第三种观点认为，我国城镇集体企业是由国家兴办的，应当由国家所有。《民法典》第263条对城镇集体财产从物权的角度作出原则规定："城镇集体所有的不动产和动产，依照法律、行政法规的规定由本集体享有占有、使用、收益和处分的权利。"《民法典》第263条如此规定的主要原因在于：

第一，城镇集体所有权情况非常复杂，不宜按谁投资谁享有产权的规则来界定产权。我国的城镇集体企业主要产生于20世纪50年代，产生的原因和资金来源很不一样，其发展和现状又很复杂。例如有的企业最初是以个人的现金或者实物入股的，或者是由合伙人出资形成的企业。企业盈利以后，被强制性地退还本金或者原始股已经退还，这些企业已经不再是原有合伙人所有。也有一些城镇集

---

① 参见国务院1991年《城镇集体所有制企业条例》第4条。

体企业最初由政府和国有企业兴办，通过借贷经营的方式，依靠免税及税前还贷等优惠条件，积累财产而最终形成集体企业。由于企业制度不健全，因此这些集体企业在所有权归属上很不明确。还有一些集体企业是国有企业为安排职工子女就业、知识青年回城设立的，其投资主要来源于国有企业，只是使用了集体企业的名义。有一些集体企业的最终的投资者已经很难界定。[①] 集体企业经过几十年的发展，产权的来源非常复杂。简单地以最初的出资来界定产权是不妥当的，甚至在很多情况下，要追索集体企业的最初出资者是不可能的，所以，不能够简单地按照谁投资谁享有权益的办法确定城镇集体企业的产权。

第二，城镇集体企业财产权也不能简单地界定为集体成员所有，在这一点上，它不同于农村的集体财产。一方面，农村的集体财产相对比较固定，不像城镇集体企业财产那样，作为经营资产变动比较大；另一方面，农村集体组织成员相对比较稳定，而城镇集体企业人员的变动性也比较大，成员也不是相对固定的，所以不能简单地以最初出资来界定企业归谁所有。

第三，关于城镇集体所有权的主体，《民法典》第263条并没有对其作出明确界定，而只是笼统地规定由本集体享有所有权，而对本集体的概念可以作多种解释，它既可以是集体经济组织的所有成员，也可以是以整个集体名义存在的企业，具体指何种含义，应当根据企业的具体情况加以确定。此种规定符合我国当前的实际情况，也为今后深化改革预留了空间。

需要指出的是，由于城镇集体企业正在不断改制之中，一些企业将按照公司制的形式进行改组，一些改制的措施也在逐步探索之中，所以《民法典》的上述规定较为原则化，从而为集体企业财产制度的发展留有空间。[②]

四、集体所有权的保护

集体所有的财产，是我国社会主义公共财产的重要组成部分，受国家法律的

---

① 参见胡康生主编：《中华人民共和国物权法释义》，146页，北京，法律出版社，2007。
② 参见胡康生主编：《中华人民共和国物权法释义》，147页，北京，法律出版社，2007。

保护。我国《宪法》规定社会主义公共财产神圣不可侵犯，其中包括集体所有的财产。根据《宪法》规定的原则，《民法典》第 265 条明确规定，集体所有的财产受法律保护，禁止任何组织或者个人侵占、哄抢、私分、破坏。所谓侵占，是指通过各种手段将集体财产非法占有。所谓哄抢，是指组织或者参与由多人一起从事的强行抢夺集体财产的行为。所谓私分，是指违反有关规定擅自将集体财产分给某几个或者某一些人。所谓破坏，是指非法毁损集体的财产，造成集体财产的损害。[①] 任何单位和个人不得非法干预集体组织的内部事务，不得以任何借口平调、挪用、侵吞或私分集体所有制企业的资金、利润、厂房、设备、原材料、产品等一切资产，不得无偿调动集体所有制企业的劳动力。对集体财产的保护特别要注重对集体土地所有权的保护，禁止有关地方政府以所谓兴办"开发区""工业园"等名义非法圈占集体所有的土地，以避免耕地的流失。对于侵犯集体所有制企业的合法权益的行为，企业有权予以抵制，或依法提起诉讼和提出请求。我国民法为保护所有权所规定的确认产权、返还原物、恢复原状、排除妨害、赔偿损失等方法，也是保护集体所有权的重要措施。除民事制裁外，必要时还应根据侵犯集体财产行为的不同程度和细节，另行追究不法行为人的行政责任或刑事责任。

第三节　私人所有权

一、私人所有权的概念

所谓私人所有权，是指公民个人依法对其所有的动产或者不动产享有的权利，以及私人投资者投资到各类企业中后，所依法享有的出资人的权益。《民法典》第 266 条规定："私人对其合法的收入、房屋、生活用品、生产工具、原材料等不动产和动产享有所有权。"据此，私人所有权包括两方面的内容：一是公

---

① 参见全国人大常委会法制工作委员会民法室编：《中华人民共和国物权法条文说明、立法理由及相关规定》，98 页，北京，北京大学出版社，2007。

民个人依法对其动产和不动产所享有的权利；二是指私人投资者就其投资、收益所享有的各种权利。私人所有权是私人所有制在法律上的反映。我国《民法典》从三种所有制形态的分类出发，分别确定国家、集体和私人所有权。《民法典》确立了平等保护原则，不仅要保护国家、集体所有权，而且要保护私人所有权。保护私人所有权，就是要保护私营经济等非公有制经济的合法权利和利益。鼓励、支持和引导非公有制经济的发展，就是要保护广大老百姓的财产，保护个人的基本人权，维护公民的正常生活，保障人们的基本民生。

《民法典》第二编第一分编第五章的标题使用了"私人所有权"的概念。私人所有权的含义，较之于个人所有权的概念是有区别的，其外延大于个人所有权。个人所有权实际上指自然人对其动产和不动产享有的所有权，其主体限于自然人。而私人所有权不仅包括个人对其动产和不动产所享有的所有权，而且包括个人对出资给企业的财产所依法享有的权利、个体工商户的财产等这些财产在性质上不属于公有财产。笔者认为，采用私人所有权的概念更为合理。一方面，私是与公相对应的概念，私人所有权的概念是从所有制的角度提出的，它所对应的是国家所有与集体所有。私人所有权也是与对公有财产所享有的所有权相对应的。私人所有权比个人所有权指称的范围更广，包括个体工商户、合伙、各类企业法人、外商投资企业中投资者的权益等。所以，在法律上确认了私人所有权的概念，就有助于将私人财产和公有财产分开。另一方面，因为私人财产和公共财产在法律调整上存在较大差异，这不仅在民法上而且在行政法上具有重大意义。从今后的发展趋势来看，私人财产有着广阔的发展空间，私人投资的企业所占有的比重会越来越大。确认私人所有权就可以对这些类型的财产所有权进行有效的调整。

私人所有权具有如下几个特点。

（1）私人所有权的主体主要是自然人，但也包括个体工商户、个人合伙中的合伙人、个人独资企业的投资者等，因此也不限于自然人。[1] 个人向合伙企业所

---

[1]　参见崔建远：《中国民法典释评·物权编》（上卷），377 页，北京，中国人民大学出版社，2020。

作出的出资及其收益，也是个人的财产。依据《个人独资企业法》第 17 条的规定，个人独资企业投资人对本企业的财产依法享有所有权，其有关权利可以依法进行转让或继承。因此，独资企业的财产属于投资者个人所有，投资者也有权将其投入企业的财产依法转让。私人可以投资兴办各类企业，比如私人可以独立兴办各类私营企业、外商投资企业，也可以投资各类公司，在这些公司中，私人既可以控股，也可以参股；所以，私人所有权的客体实际上就是与公共财产相对应的私人财产。

（2）私人所有权的客体范围非常广泛，因为个人所有权的客体主要是生活资料，如房屋、电视机等，而私人所有权的客体不仅包括生活资料，也包括生产资料；不仅包括有形财产，还包括各种投资及其收益，诸如各种他物权、知识产权、投资收益、有价证券等权利均属于私人所有权的范畴。[①]《民法典》物权编对私人所有权的客体采取了具体列举和抽象概括相结合的方式。从具体列举的角度来看，《民法典》列举了私人对其合法的收入、房屋、生活用品、生产工具、储蓄、投资等各类财产所享有的权利。《民法典》第 267 条还规定，私人的合法财产受法律保护。这实际上是一个概括性条款，也就是说，任何私人取得的合法财产都是其所有权的客体，并受到法律保护。不管是否在法律明确列举的范围之内，只要属于合法财产，无论其用于生产还是消费，都可以成为私人所有权的客体。

（3）私人财产权的取得方式多样。私人所有权的取得方式既可以通过合法的劳动，也可以是投资以及继承、赠与。我国法律不限制公民通过何种方式取得财产，但要求财产的取得合法。需要指出的是，判断合法与非法的标准必须依法确定，任何机关都不能随意确定评价标准并对私人的财产随意地进行剥夺与没收。根据占有的推定规则，任何人占有某项财产就应推定其对占有的财产享有合法的权益，除非有证据证明该财产的取得是非法的，否则应受到保护。对私人财产的剥夺必须要通过司法程序，对私人财产的征收、征用要符合法定的条件与程序。

---

① 参见崔建远：《物权法》，2 版，177 页，北京，中国人民大学出版社，2011。

（4）私人所有权的内容广泛。私人所有权的内容包括私人对其动产与不动产所享有的占有、使用、收益和处分的权利。在合法的范围内，私人对其财产可以依法处分，但是私人行使其所有权时不得滥用权利，损害他人的利益。任何人不得以违反公序良俗的方式行使私人所有权。

二、私人所有权的范围

《民法典》第 266 条规定："私人对其合法的收入、房屋、生活用品、生产工具、原材料等不动产和动产享有所有权。"我国《民法典》虽然采取高度概括的方式规定了私人所有的合法财产受法律保护，但同时又列举了各类私人所有权的具体范围。依据《民法典》第 266 条的规定，私人所有权主要包括如下几种。

（1）合法收入。私人对其合法的收入享有所有权。公民通过自己的劳动取得的工资收入、报酬等，任何个人从事合法职业以及依据自己的劳动合法取得的收入，在照章纳税之后，都应当是合法收入。

（2）房屋。私人对其合法的房屋享有所有权。此处所说的房屋是指公民的私有房产，包括公民购买的独门独院的房屋以及以建筑物区分所有权体现的房屋。房屋是公民的重要财产，也是其基本的生活资料和居住的场所，是人民群众民生的基本保障，所以，保护公民房屋所有权就意味着保护公民的基本人权。随着我国改革开放和市场经济的发展，房屋也越来越成为私人所有权的重要客体，而且房屋既可能是住宅性的，也有可能是商业性的。《民法典》第 266 条明确规定了对公民房屋所有权的保护。

（3）生活用品、生产工具、原材料等不动产和动产。私人对其合法的生活用品、生产工具、原材料等不动产和动产享有所有权。这些财产既包括公民的生活资料，也包括公民的生产资料。例如，机动车就是公民重要的生活资料。

（4）合法储蓄。储蓄主要是指公民在银行的各项存款。随着改革开放的发展，我国人民生活水平不断提高，储蓄已经成为重要的私有财产。对于公民的储蓄，商业银行应当遵循"存款自愿、取款自由、存款有息、为存款人保密"的原则。对个人储蓄存款，商业银行有权拒绝任何单位或者个人查询、冻结、扣划，但法律另有规定的除外。①

（5）投资及其收益。公民对其投资及其收益的权利受法律保护。例如，公民购买股票所享有的各种收益，就是公民的重要财产。从实践来看，公民的很多财产并不体现在有体物上，常常表现为存款、股票等各类有价证券，所以，在《民法典》上规定私人所有权的范围包括投资和收益是非常必要的。《民法典》第 268 条规定，"国家、集体和私人依法可以出资设立有限责任公司、股份有限公司或者其他企业。国家、集体和私人所有的不动产或者动产投到企业的，由出资人按照约定或者出资比例享有资产收益、重大决策以及选择经营管理者等权利并履行义务。"因此，公民在法律规定的范围内可以兴办各类企业，也可以在各类企业中投资，私人合法的投资及其收益受法律保护。《民法典》为全面保护私有财产，将投资及其收益纳入物权的范畴予以调整。一方面，这进一步强化了对私人财产权的保护，因为投资及其收益是私人重要的财产，保护投资及其收益，是维护市场经济正常秩序，鼓励人民创造财富，促进社会财富增长的法律保障。另一方面，宪法已经明确规定了保护合法的私人财产，通过在《民法典》中保护投资及其收益，可以将宪法规范转化为可操作的民事规范。从实践来看，公民的许多财产并不是体现在有体物上，常常表现为存款、股票等各类有价证券，所以，在《民法典》上规定私人所有权的范围包括投资和收益是非常必要的。

（6）继承的财产。国家依照法律规定保护私人的继承权。通过继承取得财产，是公民合法取得财产的途径。保护继承权，既是保护财产权的重要内容，也是鼓励人们创造财富的必要措施。

（7）其他合法权益。除继承的财产之外，公民的其他合法权益都应当受到法律保护。即使对于一些尚未形成权利的财产，只要占有人的占有是合法的，也应该得到法律的保护。例如尚未登记的在建房屋、已经交付但没有登记的房产等，都应该属于公民的合法财产，可以获得《民法典》的保护。即使对于非法财产，也并非任何人都可以侵害，而必须由国家有关机关通过法定的程序予以剥夺。还应当看到，为了适应 21 世纪互联网、大数据时代的需要，顺应高科技发展的要

---

① 参见《商业银行法》第 29 条。

求，《民法典》第 127 条规定："法律对数据、网络虚拟财产的保护有规定的，依照其规定。"该条对数据和网络虚拟财产的保护作出了规定。虽然该条采取了引致性条文的表述，但实际上已在法律上承认了数据、网络虚拟财产可以作为财产等权益予以保护。

需要指出的是，我国《民法典》虽然从保护个人财产权的角度对私人所有权的范围作了最广泛的列举，但是笔者认为，这些不同的类型会对应不同种类的民事权利，并不一概属于所有权的客体。有的可能属于债权，有的则属于股权甚至是继承权的范畴。

三、对私人所有权的保护

我国《宪法》第 13 条规定，"公民的合法的私有财产不受侵犯"。坚持平等保护的法律原则，依法保护私人所有权，才能让亿万人民群众专心创新、放心置产、大胆投资、安心经营。才能对各类市场主体一视同仁，营造公平竞争的市场环境、政策环境、法治环境，确保权利平等、机会平等、规则平等。"有恒产者有恒心"，依法保护私人所有权是经济社会持续健康发展的基础。《民法典》物权编根据宪法的规定，根据宪法扩大私有财产保护范围的精神，进一步强化了对公民私有财产的保护。《民法典》采纳私人所有权的概念，不仅强化了对公民个人所有权的保护，而且强化了对私人投资者投资到公司、合伙企业、个人独资企业中的财产的保护。

《民法典》对私人所有权的保护具有如下特点：第一，注重平等保护。《民法典》以基本法的形式确立了平等保护原则，这就进一步强化了对私人所有权的保护。第二，受保护的私人所有权的范围非常宽泛。《民法典》不仅规定私人对其合法收入、房屋、生活用品、生产工具、原材料等不动产和动产享有所有权，而且规定私人的储蓄、投资及其收益受法律保护。由此可见，对私有财产的保护，不仅保护有形财产，还扩大至无形财产的保护。第三，《民法典》完善了征收补偿制度，从而强化了对私人财产权的保护。第四，《民法典》规定了对物权保护的各种方法，包括物权请求权和债权请求权的保护方法，它们都可以适用于私人所有权遭受侵害的情形，对权利人提供救济。《民法典》第 267 条规定，"私人的合法财产受法律保护，禁止任何组织或者个人侵占、哄抢、破坏"。任何组织或者个人都不得以任何方式无偿侵占公民的财产。对于各种非法摊派和收费，公民有权予以拒绝。公民在其所有权受到侵犯时，有权要求侵权行为人停止侵害、返还原物、排除妨害、恢复原状、赔偿损失，或依法向人民法院提起诉讼。

需要指出的是，私人所有权并非绝对的和不受限制的权利，受到物权法保护的私有财产必须是合法的财产，《民法典》第267条规定："私人的合法财产受法律保护，禁止任何组织或者个人侵占、哄抢、破坏。"是否应删除"合法"二字，对此存在争议，但依据宪法，"公民的合法的私有财产不受侵犯"，民法典必须与宪法保持一致，且明确合法，才有利于鼓励私人通过合法方式取得财产，形成良好的财产秩序。例如，通过贪污、盗窃等方式取得的财产，不仅不能取得所有权，而且国家还要予以收缴。[①] 但是，在实践中，就财产归属发生争议以后，并不意味着必须由公民应就其财产的合法性举证证明，即便是非法占有，也并不意味着任何人都可以强占或非法剥夺。笔者认为，即便没有删除"合法"二字，对此也应该作扩大解释，依据平等保护原则，私人所有的财产都应受到保护。[②] 当然，公民利用其财产从事生产经营和投资活动，必须遵守国家的法律和政策，依法纳税，服从有关国家机关的监督管理，不得通过非法手段获取财产。对于公民个人财产，要明确合法与非法的界限，并严格禁止采用非法手段获取个人财产，从而有助于堵塞用不正当手段谋取个人财产的途径，引导人们通过合法手段取得财产。

第四节 营利法人、社会团体法人和捐助法人财产权

一、营利法人财产权及出资人的权益

（一）营利法人财产权

营利法人是指以取得利润并分配给股东等出资人为目的成立的法人（《民法

---

① 参见黄薇主编：《中华人民共和国民法典物权编解读》，159 页，北京，中国法制出版社，2020。
② 参见江必新编著：《民法典编纂若干争议问题实录》，76 页，北京，人民法院出版社，2021。

典》第 76 条第 1 款）。《民法典》第 269 条第 1 款规定："营利法人对其不动产和动产依照法律、行政法规以及章程享有占有、使用、收益和处分的权利。"营利法人既包括国家出资的企业，也包括国家、集体、私人等分别出资或者联合出资的企业。各类营利法人作为独立的民事主体，都应当享有独立的财产权。我国《公司法》等法律虽然规定了公司所享有的财产权利，但《民法典》作为民事基本法，有必要对包括公司在内的营利法人的财产权进行确认和保护。

根据《民法典》第 269 条第 1 款的规定，营利法人应依法享有独立的财产权，其特点在于：

（1）营利法人享有独立的财产权。从《民法典》的相关规定来看，相对于非营利法人而言，营利法人应当属于社团法人。例如，《民法典》第 76 条第 2 款列举了营利法人的类型，包含有限责任公司、股份有限公司等，这些都是以人的集合为基础的法人。因此，营利法人通常都要有成员；而且，为了保障营利法人的正常运行，营利法人的成员需要按照约定出资。虽然营利法人的成员并不当然成为营利法人的机关，但其是营利法人成立的基础和存续的条件。[1] 营利法人对其财产享有独立的财产权，这既是其作为独立的市场主体从事民事活动的基础，也是其独立承担民事责任的物质条件。没有独立的财产，营利法人就不可能作为市场主体发挥其主动性和能动性。

营利法人以取得利润并分配给股东等出资人为目的。一方面，其主要从事经营活动并取得利润。营利法人通常都是从事市场经济活动的组织体，其主要从事经营活动。同时，依据《民法典》第 76 条第 1 款的规定，取得利润也是营利法人设定的目的。另一方面，营利法人取得利润的目的是分配给股东等出资人。营利法人和非营利法人的区别并不在于是否营利，而在于是否将营利分配给其成员。[2] 此外，营利法人终止，如果其尚有剩余财产的，则应当将该财产分配给其

---

① 从比较法上来看，社团法人的成员所享有的权利称为社员权或者成员权，通说认为，其既非单纯的财产权，也不是单纯的人身权，而实际上是一种特殊类型的权利。郑玉波：《民法总则》，229 页，北京，中国政法大学出版社，2003。

② 参见石宏主编：《中华人民共和国民法总则条文说明、立法理由及相关规定》，173 页，北京，北京大学出版社，2017。

成员。而对为公益目的设立的非营利法人而言，依据《民法典》第95条的规定，其终止后，不得向出资人、设立人或者会员分配剩余财产。

（2）营利法人只能在法律、行政法规和章程规定的范围内独立享有财产权利。营利法人的类型很多，不同类型的营利法人因法律、行政法规和章程对其限制不同，所以其享有的财产权利也并不相同。营利法人的财产权可以区分为两种情况：一是没有改制为公司的企业法人所享有的财产权。例如，许多大型的国有企业，完全是由国家出资，按照全民所有制工业企业设立，尚未改制成为公司。对这类企业法人而言，也应当承认其独立的主体地位，以及作为独立的市场主体所享有的财产权利。此类企业法人即使完全是由国家出资，也应当依法享有独立的财产权。但是由于此类企业法人并未改制成公司，投资者以及所有者来源单一，因此其财产权的行使更多受到投资者或所有者的制约。同时，此类企业法人往往没有章程，因此其财产权通常不受章程的限制。二是已经改制成公司的企业。《民法典》第268条规定，国家、集体和私人依法可以出资设立有限责任公司、股份有限公司或者其他企业。国家、集体和私人所有的不动产或者动产，投资到企业的，由出资人按照约定或者出资比例享有资产收益、重大决策以及选择经营管理者等权利并履行义务，这就是对所谓混合型的企业财产权的规定。例如，国有企业在改制成为公司以后，已经形成国家控股和参股的企业。推动国有资本、集体资本与非公有资本的参股融合，推动国有和集体企业通过多种形式和渠道吸纳个体私营资本和外国资本的进入，是发展社会主义市场经济的重要举措。实行控股和参股，国家对企业所享有的所有者权益和控制力是不同的。但无论采取哪一种形式，在国家出资后，其出资的财产应该成为公司的独立财产，所以《民法典》规定这些企业法人对其财产依据法律、章程享有占有、使用、收益和处分的权利。尽管《民法典》没有明确规定其享有法人所有权，但承认这些企业可享有所有权的四项权能。对于公司制企业，即使存在国家的投资，也要依据公司法确认公司与国家之间的财产关系，国家在出资之后，其出资的财产归公司所有，而国家作为出资人享有股权，并依据股权享有各种权利。国家作为出资人，应当按照约定或者出资比例享有资产收益等权利。

（3）营利法人享有的财产权是受限制的财产权。尽管《民法典》第 269 条承认营利法人对其不动产和动产依照法律、行政法规以及章程享有占有、使用、收益和处分的权利，但并没有承认营利法人对其财产享有所有权。这主要是因为，其财产权要受到严格的限制，还不是一种完整的所有权，或者说是受到严格限制的所有权。营利法人财产权在内容上要受到法律、行政法规和章程规定的限制。就法律限制而言，企业应依法上缴利润和税收，企业对国有资产的处分应当经过有关部门的批准。从章程的限制来看，投资者通过章程都对企业法人享有的财产权利进行了各种限制，如重大投资决策要经过董事会乃至股东会批准，等等。因此，无论企业是否已经进行公司制改造，只要是营利法人，其都具有独立的法人资格，都应当对其不动产和动产享有企业法人财产权，但考虑到这些企业的财产权要受到法律、行政法规和章程的限制，又不能承认其享有完全的所有权。《民法典》第 269 条的规定之所以没有使用"所有权"一词，也是为了避免一种误解，即认为营利法人享有完全的所有权。

在实践中，国家、集体和私人也可以兴办一些非营利法人，如基金会、各种协会、学会等。这些非营利法人的财产权利也要在《民法典》中加以确认和保护。依据《民法典》第 269 条第 2 款规定，营利法人以外的法人，对其不动产和动产的权利，适用有关法律、行政法规以及章程的规定。依据该条规定，非营利法人的财产权主要具有如下特点：一方面，营利法人以外的法人对其不动产和动产也享有财产权利。但这种财产权利不一定包含所有权的四项权能，因为非营利法人并非市场主体，并不需要以其财产进行经营、从事各种民事活动，所以，其不一定要享有独立的财产权。另一方面，其享有的财产权因其性质、设立目的、功能各不相同，因而其财产权的内容也不完全一致。所有非企业法人的财产权应当适用有关法律、行政法规和章程的规定，也就是说要由法律、行政法规和章程来确定非企业法人究竟享有何种财产权。例如，基金会的财产在有关基金会的法规和规章中都有规定。

还需要提及的是，实践中还存在非法人企业，即国家、集体和私人可以出资兴办一些非法人的企业，如合伙，法人的分支机构，银行的许多支行、储蓄所等，其并不具有法人地位。对于这些非法人企业享有的权利，《民法典》并未作出规定，笔者认为，非法人企业的财产权也应当依据法律、行政法规和章程规定来确定。例如，合伙企业的财产权的问题应当适用《合伙企业法》的规定。

（二）营利法人出资人的权益

《民法典》第268条规定：“国家、集体和私人依法可以出资设立有限责任公司、股份有限公司或者其他企业。国家、集体和私人所有的不动产或者动产投到企业的，由出资人按照约定或者出资比例享有资产收益、重大决策以及选择经营管理者等权利并履行义务。”该条确认了营利法人出资人的权益。这里所讲的出资人的权利，是指出资人作为有限责任公司、股份有限公司或者其他企业的股东，依法所享有的资产收益、参与重大决策和选择管理者等权利。具体包括：

第一，资产收益权。它是指出资人有权按照公司章程的规定，基于其出资行为而获取公司经营所带来的红利。

第二，参与重大决策权。出资人作为股东，有权依据公司法等法律的规定，通过参与股东会、股东大会，行使表决权来决定公司的重大事项、参与作出公司的重大决策，包括公司的经营方针和投资计划，审议批准董事会、监事会的报告，公司的合并、分立、解散、清算，公司的利润分配方案和弥补亏损方案，对外担保或融资等。参与公司的重大决策，也是保障出资人的权利得到实现的基础，因为只要出资人依据章程作出了决定，那么企业的经营管理者就应当依据出资人的决定来对公司进行经营管理。[①]

第三，选择管理者的权利。出资人有权依据股东会、股东大会的决定，来选聘、解聘、更换公司的经营管理者，包括公司的董事、监事等，也可以通过董事会来聘任和解聘公司的经理等高级管理人。

第四，其他权利，包括法律法规和章程规定的其他权利。例如，当股东认为

---

① 参见黄薇主编：《中华人民共和国民法典物权编解读》，150页，北京，中国法制出版社，2020。

股东会、董事会的会议召集程序、表决方式、决议内容等存在违法或违反公司章程的，股东可以提起撤销之诉，或者当董、监事会不履行职责时由股东提起代表之诉，等等。

当然，出资人在享有权利的同时，也负有相应的义务，这些义务包括法律规定的义务，也包括章程规定的义务，以及应当按期足额缴纳公司章程中规定的各自所认缴的出资额，不得抽逃出资，不得损坏公司利益，等等。①

二、社会团体法人、捐助法人所有权

社会团体法人、捐助法人所有权，是指各类团体依法对其所有的不动产和动产所享有的权利。《民法典》第 270 条规定："社会团体法人、捐助法人依法所有的不动产和动产，受法律保护。"这就确认了两类财产的保护：一是社会团体法人的财产。社会团体法人是指具备法人条件，基于会员共同意愿，为公益目的或者会员共同利益等非营利目的而依法设立的社会团体，如工会、妇女联合会、工商业联合会等。② 虽然社会团体法人属于非营利法人，但为保障其正常的运营和责任承担，其也需要有独立的财产，其财产可能源于成员出资或成员缴纳的费用，也可能源于社会捐助。这些财产归社会团体所有，并受法律保护。二是捐助法人的财产。所谓捐助法人，是指具备法人条件，为公益目的以捐助财产设立的基金会、社会服务机构等组织。③ 在比较法上，捐助法人通常被称为私法上的财团法人。我国《基金会管理条例》确立了基金会这一法人类型。捐助法人的财产应当属于捐助法人所有。例如，基金会就是由各类组织以及个人自愿的捐赠所形成的。这些自愿捐赠的资金脱离了捐助人之后，具有独立性，所有权也从原捐助人转移至捐助法人，为该法人所享有。④ 从捐助者的角度来说，捐助法人一旦成

---

① 参见黄薇主编：《中华人民共和国民法典物权编解读》，151 页，北京，中国法制出版社，2020。
② 参见黄薇主编：《中华人民共和国民法典物权编释义》，171 页，北京，法律出版社，2020。
③ 参见黄薇主编：《中华人民共和国民法典物权编释义》，177 页，北京，法律出版社，2020。
④ 参见佟柔主编：《中国民法》，128 页，北京，法律出版社，1990。

立，便与捐助者脱离关系，捐助者不再对捐助对象享有支配权。捐助法人中的有关人员也应当按照捐助章程来管理运作财产，这和社团法人是有区别的。依据《民法典》第 270 条，社会团体法人、捐助法人依法所有的不动产和动产，受法律保护。

社会团体法人、捐助法人所有权的法律特征在于：

第一，它不能按照所有制归属于任何一类所有权。《民法典》从确认和维护基本经济制度出发，将所有权区分为国家、集体和私人所有权。而社会团体法人、捐助法人很难归入其中任何一类，其既不是国家财产，也不是集体和个人的财产，实际上是国家、集体和私人所有权以外的一类所有权。[①] 例如，国家举办的事业单位所支配的财产，应当推定为国有财产。但如果事业单位确实有证据证明其财产并不属于国家出资的财产，而应当归属于其他社会团体法人的财产，那么，经过合法的程序确认，也可以依据《民法典》第 270 条的规定，确定为其他社会团体所有。

社会团体法人、捐助法人所有权性质上属于"其他权利人的物权"。《民法典》第 207 条规定："国家、集体、私人的物权和其他权利人的物权受法律平等保护，任何组织或者个人不得侵犯。"此处所说的"其他权利人的物权"，就包括社会团体法人、捐助法人的财产。《民法典》在国家、集体和私人所有权之外，专门规定社会团体所有权，不仅有利于确认各种财产的归属，解决产权的争议，而且有利于促进我国文化、教育、宗教等事业的发展。[②]

第二，它在性质上属于法人所有的财产，权利人所享有的财产权是一种特殊的法人财产权。社会团体都是依法成立的，其既可以是法人，也可以是非法人组织，对于属于法人的社会团体，其所享有的财产权是一种特殊的法人财产权。《民法典》在所有权的分类上没有采用自然人、法人的分类方法，也没有规定一

---

①　参见黄薇主编：《中华人民共和国民法典物权编释义》，11 页，北京，法律出版社，2020。

②　参见全国人大常委会法制工作委员会民法室编：《中华人民共和国物权法条文说明、立法理由及相关规定》，69 页，北京，北京大学出版社，2007。

个抽象的法人所有权制度。这是因为法人的种类繁多，不同的法人所支配的财产性质是不同的，有些法人支配的是国有财产，有些支配的是集体或私人的财产，应当将其分别归入不同类型的所有权之中。但在国家、集体、私人所有权之外，还存在着一种特殊的法人财产。它虽不属于国家和集体的财产，但是，也不能作为私人财产对待。这种财产和个人财产是相分离的。有关这些财产的使用，应该依据法律和法人的章程、合同等的规定来确定。

《民法典》确认社会团体法人、捐助法人所有权，为新的所有权类型的发展预留空间。许多学者之所以不赞成三种所有权的分类，理由是，这三种所有权并不能将所有的所有权类型涵盖其中。例如，信托财产中受托人的财产权利、宗教财产、家族祭祀活动中的财产等不属于上述三种类型的财产。随着社会经济生活的发展，必然会出现许多新的财产。对这些新的财产，究竟应当在法律上如何概括，存在不同的看法。一种观点认为，应当在《民法典》中设定调整所有权的一般条款，将其作为其他类型所有权的兜底条款。这样，无论出现何种新的财产，都可以将其囊括其中。另一种观点认为，对私人所有权中的"私人"作扩大解释，就能够囊括这些所有权类型。还有一种观点认为，通过确认法人所有权的概念，尽可能地将这些财产纳入法人所有权之中。但事实上，无论采取哪一种方式，都难以将新的财产全部纳入其中。笔者认为，抽象的法人所有权概念不论是在内涵还是外延上都存在不少争议，我国《民法典》在规定了三类所有权之后规定社会团体所有权，能够概括各类财产所有权，从而也为未来财产权的发展提供了法律基础。

第三，社会团体所有权的主体是社会团体法人，捐助法人所有权的主体是捐助法人。社会团体的财产大多涉及文化、教育、宗教等事业，其中包括宗教场所法人的财产。宗教场所法人在性质上属于捐助法人。《民法典》第92条第2款在法律上确立了宗教场所的法人资格。所谓宗教活动场所法人，是指依法取得捐助法人资格的宗教活动场所。宗教活动场所法人不是人的集合，而是财产的集合，是由土地、建筑、庙产等构成的财产综合体，作为财产集合，其性质应为财团法人。作为宗教活动场所法人基础的财产，主要包括其依法使用的土地，依法所有或者管理使用的建筑物、构筑物、各类设施等。在《民法典》制定之前，因为没有明确宗教活动场所的法人资格，寺院、教堂等不能在银行开设账户，善款往往以个人名义存入银行，其房产、地产、机动车等财产的所有权不能登记在宗教活动场所名下。这些都导致宗教财产权权属关系混乱，宗教财产得不到有效保护和监督管理。① 依据《民法典》第 270 条，宗教活动场所法人的财产受法律保护，从而为宗教财产的保护提供了法律依据。

---

① 参见冯玉军：《宗教财产归属与宗教法人资格问题的法律思考》，载《苏州大学学报（法学版）》2016（1）。

第十三章
业主的建筑物区分所有权

第一节　业主的建筑物区分所有权概述

一、建筑物区分所有权的概念和特征

（一）建筑物区分所有权的概念

所谓业主的建筑物区分所有权，简称为区分所有权，是业主在对建筑物内的不动产进行区分的基础上，所享有的由专有部分所有权、共有权、管理权相结合而组成的一种特殊物权。此类所有权是随着现代住宅商品化、一幢大楼内部的所有权结构向多元化方向发展而形成的。随着工商业的发展和经济的繁荣，城市人口急剧增加，继衣食之后的居住问题日趋突出。建筑面积的增长需求和土地面积的有限性之间的矛盾，都促使建筑物不断向多层高空发展。而一栋住宅高楼常常不可能为一人所有或数人共有，只能分割为不同部分而为众多的住户所有，正是因为多个所有人共同拥有一栋高层建筑物，从而产生了区分

所有。^①在区分所有的基础上形成多项权利的集合体，各项权利是紧密结合成为一个整体的，且不可分割。

英文中的"区分所有"（Condominium）一词来源于拉丁文"共有"（communio）^②，关于建筑物区分所有权的名称，各国立法使用的名称不完全一样。^③德国专门对此立法，称为"住宅所有权"（Wohnungseigentum），也有一些学者认为是"住宅所有"^④；《瑞士民法典》第712条a—t也专门规定了建筑物区分所有权，称为"楼层所有权"（Stockwerkeigentum）；法国称为"住宅分层所有权"（la copropriété des immeubles bâtis）^⑤，日本则称为"建筑物区分所有权"^⑥。其中区分一词相当于汉语中的"分类、划分"的意思。^⑦英国称为"住宅所有权"（flat ownership），美国称为"公寓单元所有权或公寓所有权"（condominium ownership）^⑧。可见，各国立法中区分所有权的名称并不统一。我国《民法典》物权编借鉴日本民法的提法，使用了"建筑物区分所有权"的概念，但为了便于民众所理解，增加了"业主"一词，形成了"业主的建筑物的区分所有权"的概

---

① 参见段启武：《建筑物区分所有权之研究》，载梁慧星主编：《民商法论丛》，第1卷，289页，北京，法律出版社，1995。

② Warren Freedman and Jonathan B. Alter, *The Law of Condominia and Property Owners Associations*, Quorum Books, 1992, p.1.

③ 参见陈华彬：《现代建筑物区分所有权制度研究》，20页以下，北京，法律出版社，1995。在英美法中也有相类似的概念。有称为"unit ownership"，译为"单位权益"，也有译为"单位所有权"；还有称为"horizontal property"，译为"水平所有权"。

④ 德国为了规范建筑物区分所有关系，专门于1951年制定了《住宅所有权和长期居住权的法律》（Gesetz über das Wohnungseigentum und das Dauerwohnrecht），简称《住宅所有权法》（Wohnungseigentumsgesetz）。

⑤ 法国曾经于1938年颁布《住宅分层所有权法》，该法为1968年7月10日的新法（Loi n° 65-557 du 10 juillet 1965 fixant le statut de la copropriété des immeubles bâtis）取代。奥地利也于1948年制定《住宅所有权法》（Wohnungseigentumsgesetz）。

⑥ 日本1962年制定《有关建筑物区分所有等之法律》。在美国，其名称更是未尽一致，有的州称为"公寓所有权"（Condominum ownership），有的州称为"单位所有权"（Unit ownership），还有的州称为"水平所有权"（Horizontal property），等等。

⑦ 参见段启武：《建筑物区分所有权之研究》，载梁慧星主编：《民商法论丛》第1卷，300页，北京，法律出版社，1995。

⑧ 美国法中，区分所有包括了专有部分所有权与共有部分。参见段启武：《建筑物区分所有权之研究》，载梁慧星主编：《民商法论丛》，第1卷，299页，北京，法律出版社，1995。

念。该概念已经成为通用的术语，为广大学者和实务界人士所接受，有利于法律的实施。

我国《民法典》第271条对区分所有权进行了定义："业主对建筑物内的住宅、经营性用房等专有部分享有所有权，对专有部分以外的共有部分享有共有和共同管理的权利。"这是我国法律第一次对建筑物区分所有权的概念作出规定。该定义的特点在于：

首先，该概念明确了建筑物区分所有权的主体是业主，这样区别了业主之外的房屋承租人、借用人、管理人等，这些人也被称为"专有部分占有人"，而专有部分占有人并不是所有权人，而是非所有权人，因此不能被称为业主。[①]《建筑物区分所有权司法解释》第1条第1款规定："依法登记取得或者依据民法典第二百二十九条至第二百三十一条规定取得建筑物专有部分所有权的人，应当认定为民法典第二编第六章所称的业主。"同条第2款规定："基于与建设单位之间的商品房买卖民事法律行为，已经合法占有建筑物专有部分，但尚未依法办理所有权登记的人，可以认定为民法典第二编第六章所称的业主。"这就在法律上界定了区分所有权的主体，明确了"业主"的概念。

其次，确认了区分所有权是在对建筑物进行纵向和横向区分的基础上，由业主所享有的专有部分的所有权、共有权和共同管理权三项权利所组成的一种复合的权利。这也表明区分所有权是特殊的物权，需要在物权法上专门对其作出规定。

最后，该概念明确了建筑物区分所有权的客体是建筑物内的住宅、经营性用房。也就是说，区分所有权的客体不限于住宅，也可以用于商用。

建筑物区分所有权就是由专有部分的所有权、共有权和共同管理权所构成的一种不动产物权。[②] 由此可见，建筑物区分所有权是一种特殊的物权。我国《民法典》物权编设立专章具体规定了业主的建筑物区分所有权，这对于保护公民的基本财产权、维护公民的基本人权，构建法治国家和和谐社会具有重要意义。一

[①] 参见陈华彬：《业主的建筑物区分所有》，载《中外法学》，2006（1）。
[②] 参见郑云瑞：《民法物权论》，155页，北京，北京大学出版社，2006。

方面，对大多数城市居民来说，建筑物区分所有是最重要的财产，因为城市大多数居民一生的积蓄就是购买一套商品房，所以保护区分所有的财产，也就是保护公民的基本财产；另一方面，区分所有财产是公民基本生存条件的保障，保护区分所有的财产也是为了保障公民个人的基本生活条件，保障人们安居乐业。[①] 此外，《民法典》第 271 条第一次在法律上确认业主享有的各项权能，进一步扩大了业主的意思自治，特别是对小区公共事务的管理，确认了业主自治的权利。这对减少政府的干预，培养公民的自治能力，增强民主意识都具有重要意义。

（二）建筑物区分所有权的特征

1. 区分所有权是在对建筑物进行区分的基础上产生的

建筑物区分所有权不同于传统的独门独院、一家一户的传统所有权，就在于它是在对建筑物进行区分的基础上形成的财产权。所谓区分是指因为对建筑物进行纵向和横向的区分，而形成了一层或者一套房屋的产权，从而在此基础上产生了专有部分的所有权、共有权以及业主的管理权，这些权利的集合就是建筑物区分所有权。一般来说，对建筑物内部的分割可采取三种不同方式：（1）纵的分割，即将一栋建筑物从纵的角度划分为数户，从而产生纵的区分所有权。（2）横的分割，即将一栋建筑物以横的水平分割，而将各层分属于区分所有权人的建筑物，从而产生横的区分所有权。例如，一栋二层建筑物，一层为甲所有，二层为乙所有。（3）纵横的分割，即通过上下横切、左右纵横分割成独立成套的建筑物，从而产生纵横混合的区分所有权。[②] 正是因为建筑物区分所有权具有复杂性，所以应当在《民法典》中专门作出规定。

2. 区分所有权的权利主体是业主

所谓业主，通常是指买房置业的人或者说不动产的所有人，在区分所有的情况下，业主即建筑物区分所有权人。《建筑物区分所有权司法解释》第 1 条第 1

---

① 《世界人权宣言》中这样表述："人人有权享受为维持其本人和家属的健康及福利所需的生活水准，包括食物、衣着、住房、医疗和必要的社会服务。" 1991 年，联合国专门发表了《关于获得适当住房权的第四号一般性意见》，该意见第 1 条提出，"适当的住房之人权由来于相当的生活水准之权利，对享有所有紧急、社会和文化权利是至关重要的"。

② 参见陈华彬：《现代建筑物区分所有制度研究》，20 页以下，北京，法律出版社，1995。

款规定："依法登记取得或者依据民法典第二百二十九条至第二百三十一条规定取得建筑物专有部分所有权的人，应当认定为民法典第二编第六章所称的业主。"依据该规定，只有通过登记或者依法取得建筑物专有部分所有权的人，才是业主。业主既可以是自然人，也可以是法人或其他组织。只要是获得专有部分所有权并因此取得共有部分的人，都能成为业主。

业主取得了对专有部分的所有权，才能享有对建筑物及其小区附属共有财产的共有权以及管理权。业主既可以是自然人，也可以是法人或其他组织。只要是获得专有部分所有权并因此取得共有部分的人，都能成为业主。[1]

3. 区分所有权的内容是由三项权利构成的

区分所有权不同于传统独门独院的房屋所有权，后者产权是单一的，即只存在专有部分的使用权和所有权，而不存在共有权和管理权的问题。但区分所有权是由专有权、共有权和管理权构成的。关于区分所有权的内容，究竟由哪些权利构成？对此，在学理上一直有不同的看法。根据《民法典》第 271 条，建筑物区分所有权的内容包括三个方面，即专有部分的所有权、共有权和管理权。可见《民法典》采纳的是三要素说，即专有权、共有权和管理权。

建筑物区分所有权是一种复合物权，其原因在于：第一，因为它是一种新型的物权，区分所有权是由专有权、共有权和管理权构成的。依据《民法典》第 271 条的规定，建筑物区分所有就是由专有部分所有权、共有权和管理权所共同构成的一项权利。此种物权既不同于一般的所有权，也不同于共有权。第二，权利的内容具有集合性。如上所述，建筑物区分所有权是由建筑物区分所有人对专有部分的所有权、建筑物区分所有人对共有部分的共有权以及建筑物区分所有人的管理权等三种权利组成的。第三，它不同于普通的物权，如所有权、抵押权或国有土地使用权，这些权利具有单一性，也就是说这些权利不是由许多不同的权利组合而成的，而只是权利主体对不动产享有占有、使用、收益和处分的权利。而区分所有权是由各种不同的权利集合在一起而形成的权利，因此，对建筑

---

[1] 参见黄薇主编：《中华人民共和国民法典物权编释义》，504 页，北京，法律出版社，2020。

物区分所有权进行研究就不仅意味着对其中的各个构成单位分别加以研究，还必须就各个权利相互之间的互动关系进行观察。建筑物区分所有权是一个权利的集合体，三种权利是紧密结合成为一个整体的且不可分割，权利人不能对建筑物区分所有权中的不同权利进行分割行使、转让、抵押、继承或抛弃。

4. 区分所有权的客体主要是建筑物，但也不限于建筑物

建筑物区分所有的客体首先是建筑物，包括所有可能发生建筑物区分所有的类型，如公寓、普通住宅以及连体别墅。在我国物权法中，区分所有权的客体不限于建筑物，因为尽管我国《民法典》物权编使用的是建筑物区分所有权的概念，但是业主的区分所有的范围已经扩大。在我国，由于商品房开发都是以小区为单位进行规划和建设的，所以，业主的区分所有权的范围已经从建筑物拓展到整个小区。例如，小区规划范围内的绿地、道路，按照《民法典》的规定，属于全体业主共同所有。小区中的其他公共场所和公共设施也属于业主共有。《民法典》之所以采用建筑物区分所有权的概念，主要是因为建筑物区分所有权的主要客体仍然是建筑物，即业主对建筑物专有部分享有的财产权。

二、建筑物区分所有权的性质

关于建筑物区分所有权究竟是一种特殊的物权，还是仍然属于传统的物权类型，在比较法上，就不动产区分所有权的性质，存在着两种不同的观点。

1. "二元说"

"二元说"认为，不动产区分所有权包含有共有部分和专有部分的权利，区分所有权是专有部分的"纯粹"的个人所有权与共有部分"强制性共有"（由于其用于共同用途，因此不得主张就其适用普通共有下的分割权）的"并置"（Juxtaposition），这是两种不同的权利。[①] 此种理论将专有部分视为区分所有权的核心，在相当程度上将其类比为普通所有权。该理论对比利时、意大利、日本

---

① François Terré, Philippe Simler, Droit civil, Les biens, Dalloz, Droit privé, Précis, 7ᵉ éd., 2006, para. 604.

等国家的法律产生了一定的影响。例如，日本"有关建筑物区分所有权之法律"对建筑物区分所有权的处理方式是，首先区分住房人专有权的支配部分，此外划定为共有支配部分，从而认为，专有部分和共有部分是可以分开的权利。①

2. "一元说"

"一元说"认为，整个区分所有的建筑物是一个完整的整体。区分所有权是由多项权利所构成的，多项权利构成一个统一的整体，而无法再作出区分，由于它是多种权利的结合，只能作为一个整体的物权来看待和处理。此种理论对德国、奥地利、瑞士和荷兰等国家的法律产生了一定的影响。② 例如，德国法认为，住宅所有权是一种复合性的权利，它是由共有权和专有权结合在一起所形成的权利。③共有权和专有部分所有权构成住宅所有权。④ 晚近以来的立法和判例对"一元说"提出了挑战。有理论认为，"一元说"未能很好地解释以下的问题：区分所有权中的专有部分是"专属"和"可转让"的。"一元说"强调区分所有权的"共有属性"，在个人权利和业主委员会之间更强调后者的权利⑤，这在相当程度上与个人主义权利观相冲突。

比较这两种观点，笔者认为"一元说"更为合理，原因在于：

第一，明确了共有权和管理权对专有部分所有权的从属性，应当看到，专有部分的所有权居于主导地位，尽管在建筑物区分所有的状态下，是由多种权利构成的，但在各项权利中，专有部分的所有权居于主导地位，即其他权利都是由专有部分的所有权决定的。

第二，三项权利具有一体性。葡萄牙学者马斯奎塔（Mesquita）认为，假如分层所有权只是无改动地将法律承认的其他物权制度的并列或累加，则人们可以自由地创设这种性质的制度，而不违反类型法定原则。但区分所有权并不是单独

① 参见孙宪忠：《争议与思考——物权立法笔记》，598 页，北京，中国人民大学出版社，2006。
② François Terré, Philippe Simler, Droit civil, Les biens, para. 605.
③ 参见孙宪忠：《争议与思考——物权立法笔记》，598 页，北京，中国人民大学出版社，2006。
④ 参见［德］鲍尔、施蒂尔纳：《德国物权法》（上册），张双根译，636 页，北京，法律出版社，2004。
⑤ François Terré, Philippe Simler, Droit civil, Les biens, para. 606.

所有权与共有权的相加。① 而是一种新型的物权，具有其独特的内容。事实上，传统的房屋所有权是针对某一土地上独立、完整的一栋建筑物享有的所有权，其内容较为简单，权利义务关系相对单纯。而区分所有表达的则是多个业主对同一建筑物根据物理上空间的区分而产生的复杂的权利状况。② 在区分所有的情况下，专有权的行使也不能脱离共有部分，离开了共有部分的楼梯、走廊的设施，专有部分权利无法行使。此外，共有权和管理权也是以专有部分为基础的，在转让专有部分之后，一般不能保留共有部分的权利。还应看到，共同管理权也是在共有财产基础上产生的，没有共有也就没有了共有财产的管理权。所以，三项权利交织在一起，共同构成建筑物区分所有权的整体。

第三，三项权利无法分割转让和行使。正是由于三项权利的一体性，决定了三项权利不能分割转让和行使。建筑物区分所有权人在转让其专有部分所有权时，其对共有部分共有和管理的权利得一并转让，不能仅转让专有部分所有权而保留共有部分共有权和管理权。还需要指出，在单个所有人对自己的财产享有所有权的情况下，其当然享有对财产的管理权，所以管理权已经融入所有权之中。即便所有权人将其建筑物委托他人管理，也很容易通过一对一的协议来调整。但是在区分所有的情况下，由于产权主体是多样化的，甚至一个小区有成千上万的业主。多个业主形成了共同的生活和居住关系，各个业主都享有共同管理权，他们不仅仅需要委托他人管理其共有财产，而且需要制订相关规则来规范他们的共同生活秩序。

建筑物区分所有权就是由专有部分的所有权、共有权和共同管理权所构成的一种不动产物权。③ 我国《民法典》之所以设立专章规定建筑物区分所有权，而并不是在所有权的一般规则或者共有部分规定建筑物区分所有权问题，这就表明了建筑物区分所有权是一种特殊类型的物权。承认建筑物区分所有为一种特殊的

---

① Mesquita：《物权法》，282页。转引自蔡耀忠主编：《物权法报告》，69页，北京，中信出版社，2005。

② 参见段启武：《建筑物区分所有权之研究》，载梁慧星主编：《民商法论丛》，第1卷，303页，北京，法律出版社，1995。

③ 参见郑云瑞：《民法物权论》，155页，北京，北京大学出版社，2006。

权利，一方面有利于将此种权利与一般的所有权和共有区别开来，保证业主能够有效地行使其三项权利，尤其是强调业主对建筑物的共有财产以及小区的共有财产从整体上负有维护维修的义务和责任。全体业主已经形成了共同的利害关系，因而都负有共同的责任。另一方面，法律也对建筑物区分所有权的行使确立了特殊的规则，例如，要求区分所有权人在行使权利时必须尊重业主所确立的管理规约。禁止业主分别单独转让共有权或者要求分割共有部分，防止权利行使和管理的不便和纠纷。

三、业主身份的认定

建筑物区分所有权的主体是业主。何为业主？一般认为，业主是指产权或者企业的所有者。[①] 但在物权法上，业主的概念具有特定的含义。依据《建筑物区分所有权司法解释》的相关规定，业主主要包括以下两类。

1. 依法取得专有部分所有权的人

《建筑物区分所有权司法解释》第 1 条第 1 款规定："依法登记取得或者依据民法典第二百二十九条至第二百三十一条规定取得建筑物专有部分所有权的人，应当认定为民法典第二编第六章所称的业主。"依据该规定，业主身份的取得主要有如下两种途径：一是基于法律行为发生物权变动并依法登记。依据《民法典》第 209 条的规定，不动产的物权变动以登记要件主义为原则，只有经过登记才能取得不动产所有权，因此，如果基于买卖、赠与等法律行为而移转房屋所有权的，只有经过登记才能取得建筑物区分所有权。二是非基于法律行为发生物权变动。在非基于法律行为的物权变动的情形，不动产所有权的变动并不全部以进行登记为要件。例如，因征收、法院的裁决、合法建造等都是《民法典》物权编第二章第三节规定的所有权的非基于法律行为取得的方式。因此《建筑物区分所有权司法解释》第 1 条承认依据此种方式取得所有权的人，即使并未完成登记，

---

① 参见《现代汉语词典》，1349 页，北京，商务印书馆，1991。

也可以成为业主。

一般来说，业主不应当包括物业的承租人。承租人可以是共有财产的承租人，也可以是业主专有财产的承租人；租赁既可以是长期的，也可以是短期的。无论采取何种形式承租，承租人都不是财产的所有人，因而不是业主。当然，如果经业主的授权，承租人可以作为业主的代理人参加表决。

2. 基于买卖已合法占有建筑物专有部分的人

如前所述，原则上，业主必须要基于依法登记取得或基于事实行为取得建筑物专有部分的所有权。但在特殊情形下，为保护业主利益，也应当承认尚未登记、但已经通过买卖合同而合法占有建筑物专有部分的人为业主。《建筑物区分所有权司法解释》第1条第2款规定："基于与建设单位之间的商品房买卖民事法律行为，已经合法占有建筑物专有部分，但尚未依法办理所有权登记的人，可以认定为民法典第二编第六章所称的业主。"依据这一规定，在特殊情形下，取得业主身份要符合三个条件。

第一，与建设单位之间订立了合法有效的商品房买卖合同。依据这一规定，不经登记而取得业主身份，仅限于与建设单位之间订立买卖合同的情形。如果从建设单位处取得所有权的人再次转让给第三人，则第三人不可能依据该条规定而取得业主身份。[①] 何谓建设单位？《建筑物区分所有权司法解释》第17条规定："本解释所称建设单位，包括包销期满，按照包销合同约定的包销价格购买尚未销售的物业后，以自己名义对外销售的包销人"。据此，该解释实际上对"建设单位"的概念作了扩大解释，即其不仅包括直接与单个业主订立合同的人，而且包括以包销的方式销售物业的人。将包销人视同建设单位，也有利于保护业主利益。[②]

第二，因交付而合法占有建筑物专有部分。只要建设单位已经将建筑物的专

① 参见王利明主编：《建筑物区分所有权、物业服务司法解释》，5页，北京，中国法制出版社，2010。

② 参见《最高人民法院建筑物区分所有权、物业服务司法解释理解与适用》，228页，北京，人民法院出版社，2009。

有部分交付给买受人，买受人就取得了业主身份。从实践来看，交付的认定以交付房屋钥匙为准，而不考虑是否实际入住。

第三，尚未依法办理所有权登记。上述司法解释之所以不以登记为要件，是因为实践中没有办理登记的情形很复杂，经常因为建设单位的原因而迟延办理登记，且办理登记的程序复杂，需要一定的时间。如果以登记为准，则买受人可能因未登记而不能取得业主身份，这对于买受人极为不利，对于业主权利行使和义务承担都造成障碍。① 另外，如果以登记为准来确定业主身份，在建设单位已与买受人订立买卖合同且已交付的情形下，如果仅因未办理移转登记，仍以建设单位为业主，也不符合当事人的真实意思。

此外，依据《建筑物区分所有权司法解释》第16条第2款的规定，"专有部分的承租人、借用人等物业使用人，根据法律、法规、管理规约、业主大会或者业主委员会依法作出的决定，以及其与业主的约定，享有相应权利，承担相应义务"。因此，当业主将房屋出租、出借给他人以后，承租人、借用人等只要合法占有了该房屋，其就应当依据法律、法规、管理规约、业主大会或者业主委员会依法作出的决定，以及与业主的约定，依法享有业主的权利，并承担业主的义务。

第二节 专有权

一、专有权的概念

专有部分所有权，简称为专有权，是指区分所有人对其建筑物内的住宅、经营性用房等专有部分所享有的单独所有权。所谓专有部分，是指具有构造上及使用上的独立性，并能够成为分别所有权客体的部分。② 专有部分通常是在将建筑

---

① 参见《最高人民法院建筑物区分所有权、物业服务司法解释理解与适用》，32页，北京，人民法院出版社，2009。

② 参见王泽鉴：《民法物权》，第1册，197页，台北，自版，2001。

物分割为各个不同部分的基础上形成的，专有部分是各个区分所有人所单独享有的所有权客体，此项单独所有权与一般的单独所有权并无本质区分①，所以，权利人可以行使完全的占有、使用、收益与处分权。《民法典》第 272 条规定："业主对其建筑物专有部分享有占有、使用、收益和处分的权利。业主行使权利不得危及建筑物的安全，不得损害其他业主的合法权益。"该条对建筑物区分所有权的专有部分所有权作出了规定，专有部分所有权的特点在于：

1. 专有部分所有权具有所有权的效力

《民法典》第 272 条规定，业主对其建筑物专有部分享有占有、使用、收益和处分的权利。这就表明，专有权人对其专有部分的所有权享有如同一般所有权一样的权能，包括占有、使用、收益和处分的权利，从这个意义上说，专有部分的所有权本质上仍然属于所有权。占有就是指所有人对其房屋有权控制，如对其住宅商品房进行自主占有，也可以由他人占有。使用就是指对其专有部分可以自己使用，也可以授权他人使用；可以用于住宅②，也可以用于经营性用房。当然，权利人只能在法律、法规和管理规约规定的范围内使用，必须按照特定用途来使用。处分就是指所有人有权将房屋转让、出租以及设置抵押等。③ 专有部分的所有人对其专有部分享有完全的占有、使用、收益和处分权，某一专有权人在出售其专有部分时，其他权利人不享有优先购买权。专有权人也享有基于所有权产生的物权请求权。④

值得讨论的是，区分所有人对其专有部分所享有的出租权和抵押权，能否在管理规约中加以限制或剥夺？一种观点认为，既然区分人享有所有权，其应当享有处分权，自然可以出租和设定抵押等负担。管理规约可以限制业主对专有部分的出租权和抵押权，例如，限制承租人使用房屋的方式，但是，不能禁止业主出租。另一种观点认为，区分所有人共同生活和共同利益决定了管理规约可以剥夺

---

① Bärmann/Armbrüster，WEG，§ 1，Rn. 14.

② 在德国法中，住宅所有权仅仅是指以居住为目的的特定空间。MüncheKomm / Commichau，WEG，§ 1，Rn. 7 f.

③ Bärmann/Armbrüster，WEG，§ 1，Rn. 72 f.

④ Bärmann/Armbrüster，WEG，§ 1，Rn. 182 ff.

业主对专有部分的出租权和抵押权。我国《民法典》第272条规定，业主行使专有部分的权利，不得损害其他业主的合法权益。这就意味着，只要大多数业主认为，专有部分的出租和抵押会损害其他业主的利益，则在法律上应当允许剥夺。笔者赞成前一种观点。理由在于：第一，既然专有部分的所有权，具有所有权的效力，所以，管理规约不能剥夺业主出租和抵押专有部分的权利；否则，就与业主对专有部分享有的所有权的性质相违背。禁止区分所有人将其专有部分出租，剥夺了所有人的处分权，是违反公序良俗的。基于公共政策的考虑，小区内房屋的出租不应当受到限制。① 第二，管理规约剥夺业主出租和抵押专有部分的权利是违背公序良俗的。确切地说，此种剥夺实际上违反了公共秩序，即违反了法律保障所有权的基本规则。既然制订管理规约属于法律行为的一种，因此其违反法律法规的规定和公序良俗，则应当被认定为无效。第三，我国《民法典》第272条规定，业主行使专有部分的权利，不得损害其他业主的合法权益。该条规定旨在禁止业主滥用专有部分所有权，从而损害其他业主的利益。例如，在自己的专有部分之上堆放腐烂的物品，散发臭气；或者制造噪声影响邻人的休息，都可能损害其他业主的合法权益。但这并不是说，物权法完全禁止业主出租、抵押其专有部分，因为从法律上说，出租和抵押一般不会损害其他业主的利益。当然，在法律上对于业主从事出租或者其他活动也有必要作出适当的限制，例如，房屋出租以后，承租人不得改变建筑物的使用目的，不得擅自将住宅改为商用。

2. 专有权的客体具有特殊性

一般所有权的客体是特定的动产或不动产。而区分所有权中专有权的客体不可能是独立的不动产，而只能是建筑物经分割后形成的具有一定独立性和可公示性的"专有部分"，具有空间上的统一性和封闭性。② 通常，专有部分所有权的客体都位于建筑物之内，业主的专有部分的所有权，主要是对建筑物内的财产享

---

① See David E. Grassmick, "Minding the Neighbor's Business: Just How Far Can Condominium Owner's Associations Go In Deciding Who Can Move Into The Buiding?", 2002 *U. Ill. L. Rev.* 185.

② MünchKomm / Commichau, WEG, §5, Rn. 4.

有所有权。在特殊情况下，规划确定某块绿地属于特定的业主所有，也可以作为专有部分所有权的客体。

3. 专有部分所有权在行使上具有特殊性

专有部分所有权，尽管具有一般所有权的效力，但它又不完全等同于一般的所有权。因为区分所有和独门独院的房屋的所有权不同。在独门独院的情况下，所有人是单独生活，其行使所有权一般不会威胁到其他建筑物的安全，也一般不会影响其他人的生活。但是，在区分所有的情况下，某一业主都是和其他众多的业主一起共同生活，形成一种住宅所有人共同体（Wohnungseigentuemergemeinschfat)①，因此其行使专有部分的所有权都直接关系到其他业主的利益。所以，在法律上有必要对专有部分的行使作出更多的限制。这也是专有部分所有权不同于一般所有权的重要特点。

4. 专有部分的所有权居于主导地位

尽管业主享有的建筑物区分所有权是由多种权利构成的，但在各项权利中，专有部分的所有权居于主导地位，其他权利都是由专有部分的所有权决定的。基于专有部分的所有权，才决定了共有部分的持有份比例，决定了共有权中的使用和收益范围，决定了在行使共同管理权时管理权的大小。所以，专有部分的所有权应当在各项区分所有权中居于核心地位。值得注意的是，尽管有德国学者也认为，专有部分的所有权是主物②，但是依据德国《住宅所有权法》第6条，专有部分所有权实际上从属于或者不可分地包含于对共同所有权的共有份（Miteigentumsanteil）之中，就共同所有权上所成立的权利，也及于专有部分所有权。因此，对专有部分所有权的处分不得独立为之，必须结合共同所有权的份额进行处分。③ 此种观点值得商榷。在我国《民法典》中，只有专有部分所有权在区分所有中居于主导地位。

---

① 参见［德］鲍尔、施蒂尔纳：《德国物权法》（上册），张双根译，639页，北京，法律出版社，2004。

② Börner, FS Dölle, S. 201 ff.

③ MüncheKomm/Commichau, WEG, §6, Rn. 2 f.；Bärmann/Armbrüster, WEG, §6, Rn. 1.

二、专有部分所有权的行使

如前所述，专有部分所有权，与一般所有权相比较，在行使方面要受到更多的限制。《民法典》第 272 条规定：“业主对其建筑物专有部分享有占有、使用、收益和处分的权利。业主行使权利不得危及建筑物的安全，不得损害其他业主的合法权益。”由此确定了专有部分所有权行使的限制规则。因为建筑物区分所有人与他人已经形成共同生活关系，这种关系要求区分所有权的权利的行使不能损害他人。专有权人在享有和使用专有部分的时候应受到共同生活规则的限制。具体来说，这种限制表现在：

（1）业主行使权利不得危及建筑物的安全。在区分所有的情况下，业主所有的专有部分紧密联系，构成建筑物的整体。业主对其专有部分的行使，对其他业主专有部分甚至建筑物整体的安全都存在较大的影响。所以，业主行使其专有部分的权利不得危及建筑物的安全。例如，业主装修房屋不得擅自拆除承重墙或者改变房屋结构。在日常生活中，任何业主都有义务保障建筑物整体的完好，某个业主对建筑物的损害，有可能危害全体业主的居住安全，妨害全体业主的利益。①

（2）不得滥用权利，损害其他业主的合法权益。例如，业主不得擅自将住宅改变为歌厅、餐厅等商业用房，也不得擅自将共有部分改变用途。任何专有部分所有权人行使权利时，都要考虑到全体区分所有权人的共同利益，不得滥用其专有部分所有权，损害其他所有人的利益。如果业主随意变更建筑物专有部分的使用用途，从事带有噪声、震动或其他影响他人生活或者休息的行为，给其他业主造成生活上的不便，属于滥用权利的行为，受害的业主可要求其承担停止侵害、排除妨害、恢复原状、赔偿损失等民事责任。例如，在“顾某某与上海巨星物业有限公司排除妨碍、财产损害赔偿案”中，二审法院认为：“上诉人顾某某作为本市××室房屋的所有权人，可以依法行使占有、使用、收益和处分权，同时上

---

① 参见孙宪忠：《争议与思考——物权立法笔记》，598 页，北京，中国人民大学出版社，2006。

诉人顾某某也有义务和责任在行使其权利时，不损害他人的合法权益和公共
利益。"①

（3）专有部分所有权的行使必须受管理规约的限制。专有部分所有权的行
使，也可以构成共同生活的一部分，因此，应当受共同生活规则的限制，这就是
说，要受到业主所共同制订的管理规约的限制。② 比如，管理规约规定，各个业
主修建栅栏，或对阳台进行装修，都应当符合统一的规格和颜色等要求，这样业
主在修建栅栏，或对阳台进行装修时，就必须要符合管理规约的规定。

（4）专有部分所有权的处分不能与共有部分相分离。专有部分和共有部分是
不可分离的。一方面，共有部分的权利是由专有部分所决定的；另一方面，共有
的走廊、楼梯、电梯等共有部分大多是专有部分的配套设施，是为了保障专有部
分所有权的正常行使而建造的。离开了共有部分，专有部分的所有权也是无法行
使的。因而，对共有部分的维护维修义务，是专有部分所有权人必须承担的义
务。专有部分所有权人不能要求免除其对共有部分的维护维修等义务。③

三、专有部分的范围

所谓专有部分的范围，是指专有部分所涉及的部分，它是界定业主专有部分
所有权的基础。《建筑物区分所有权司法解释》第 2 条第 1 款规定："建筑区划内
符合下列条件的房屋，以及车位、摊位等特定空间，应当认定为民法典第二编第
六章所称的专有部分：（一）具有构造上的独立性，能够明确区分；（二）具有利
用上的独立性，可以排他使用；（三）能够登记成为特定业主所有权的客体。"依
据这一规定，专有部分要成为区分所有权的客体，必须具备如下几个条件。

（一）必须具有构造上的独立性

构造上的独立性又称为"物理上的独立性"，它是指各个部分在建筑物的构

---

① 上海市第二中级人民法院（2002）沪二中民一（民）终字第 1355 号民事判决书。
② 参见申卫星：《自治与受制之法律基石》，载蔡耀忠主编：《物权法报告》，38 页，北京，中信出版
社，2005。
③ 参见郑云瑞：《民法物权论》，153 页，北京，北京大学出版社，2006。

造上可以被区分开，并与建筑物其他部分在物理上隔离开来，如此才能客观地划分为不同部分并为各个所有人独立支配。[1]　在比较法上，专有部分是空间上封闭，依据交往的观点结合其类型和大小能够满足人类居住需要的建筑物的独立部分。[2]　如一排房屋以墙壁间隔成户，即能够被各个住户独立地支配。问题在于，构造上的独立性如何具体确定？事实上的区分达到何种程度才形成构造上的独立性？有一些国家的判例学说（如德国）认为，区分所有权客体必须四壁有确定的遮闭性[3]，一幢建筑物内部若无墙壁间隔不能成为区分所有权的客体。如何确定构造上的独立性？首先，应当具有固定性，而不是一种临时性的建构。至于间隔，无论是木材、砖块、涂板等都可以，但屏风、桌椅等不行，因为它们不具有固定性、确定性。所以，未以墙壁间隔的零售市场、摊位等，不得成为区分所有权的客体。[4]　其次，通过间隔能够独立地形成一定的空间。根据瑞士法律规定，区分所有权的客体必须是供居住用的一定空间，即形成一定的居住单位，而该居住单位必须要有独立的出入门户，所以一套住宅中的某个房间，不能作为区分所有权的客体。[5]　在法律上要求构成上的独立性的原因在于：一方面，由于区分所有要将建筑物分割为不同部分而为不同所有者单独所有，而单独所有权的支配权效力所及的客体范围必须明确，要明确划分范围就必须以墙壁、地板、大门等作间隔和区分标志。另一方面，只有在客体范围十分明确的情况下，才能确定权利范围，同时准确地判断他人的行为是否构成对某一专有权的损害，如果各个权利的客体都不能区分开，也就很难判定某人的权利是否受到侵害。

（二）必须具有利用上的独立性

所谓利用上的独立性，是指业主能够针对专有部分所有权的各个部分，独立

---

[1]　参见谢在全：《民法物权论》（上册），240页，台北，新学林出版股份有限公司，2014。

[2]　参见奥地利《住宅所有权法》第2条第2款。

[3]　MüncheKomm / Commichau，WEG，§5，Rn.4.

[4]　参见日本昭和39年（1964年）3月12日东京高等裁判所判决，载《下级裁判所民事裁判例集》15卷2号，529页。

[5]　参见黄越钦：《住宅分层所有权之比较法研究》，载郑玉波主编：《民法物权论文选辑》（上册），437页，台北，五南图书出版有限公司，1984。

地利用并可以排他使用。建筑物被区分为各个部分以后，每一部分都可以被独立地使用或具有独立的经济效用，此种独立性在学说上又被称为"机能上之独立性"或"利用上之独立性"①。一方面，所谓独立的利用，是指不需借助其他部分辅助即可利用，如区分的部分可以用来住人、用作店铺、办公室、仓库、停车场等，以住家为目的的专有部分，其内部应有居住空间、厨房等，应当具有独立的经济效用。另一方面，所谓独立的利用，是指权利人可以直接占有该专有部分并进行排他的利用。假如区分为各个房间以后，该房间并无独立的出入门户，必须利用相邻的单位门户才能出入，则该房间并不具有使用上的独立性，不能排他地利用，从而不能成为区分所有权的客体。通常，判断区分部分能否单独使用，要以该区分部分有无独立的出入门户为判断要素。②

（三）能够登记成为特定业主所有权的客体

此种独立性在学说上也被称为"形式的独立性"。构造上和使用上的独立性，乃是经济上的独立性。只有通过登记成为特定业主所有权的客体，才能表现为法律上的独立性。③ 也就是说，通过登记使被分割的各个部分在法律上成为各个所有权的客体。如果被分割的各个部分登记为各个主体所有，则建筑物作为整体不能再作为一个独立物存在。当然，如果各个区分所有权已经归属于一个人时，而该所有人愿意将各部分登记为一个建筑物所有权时，基于物权的排他性原则可以导致其他区分所有权消灭。

应当指出的是，通过登记表现出来的法律上的独立性，是以构造上和使用上的独立为基础的，如果构造上或使用上的独立性不复存在，则法律上的独立性也难以存在。例如，原被区分所有的两部分同属于一人，间隔除去后，两部分合为一体，则各部分失去其构造上的独立性或使用上的独立性，应解释为一个所有权；如果不属于一人而除去间隔，则应推定其为共有。所以，区分所有是以事实上建筑物能够被区分为基础的，如果具有构造上和使用上的独立性但未登记（例

---

① 温丰文：《建筑物区分所有权之研究》，19 页，台北，三民书局，1992。
② 参见温丰文：《建筑物区分所有权之研究》，19 页，台北，三民书局，1992。
③ 参见刘家安：《物权法论》，2 版，129 页，北京，中国政法大学出版社，2015。

如一个建筑物已被分割为各个部分，具有独立的门牌号码但并未分别登记），在此情况下应当综合考虑占有和使用房屋的根据、使用情况、未经登记的原因等因素而决定是否应承认使用人的单独所有权。同时，区分所有的登记还要以当事人具有区分所有的意思为前提。[①]

四、专有部分的具体认定

（一）房屋

房屋包括住宅用房和商业用房等，《建筑物区分所有权司法解释》第2条第1款将专有部分的客体范围界定为房屋。房屋最符合上述构造上、利用上、法律上独立性的要求。建筑物区分所有不同于独门独院的房屋所有权，在区分所有的状态下，整栋建筑物作为一个整体已经分割为各个业主的专有部分所有权和共有权的客体，它不能再作为一个物权的客体，如为某人（如建设单位）所有，也不能为每个业主按照一定的份额分别享有所有权。尽管业主负有对整个建筑物的维护维修义务，此种义务是其享有的专有部分所有权而产生的，不能因为其要承担此种义务，而认为整个建筑物仍然是按份共有的客体。

但是，在特殊情形下，某个业主购买了整栋房屋，该房屋也可能成为区分所有权的客体，例如，在一个小区内有数栋别墅，为数人享有，各个业主对某栋别墅享有专有所有权，但对小区内的公共道路、绿地等，仍可以享有共有权。据此，《建筑物区分所有权司法解释》第2条第3款规定："本条第一款所称房屋，包括整栋建筑物。"

（二）特定的空间

依据《建筑物区分所有权司法解释》第2条第1款的规定，专有部分的范围除了房屋之外，还包括车位、摊位等特定空间。具体而言：一是车位。所谓车

---

① 参见温丰文：《建筑物区分所有权之研究》，22页，台北，三民书局，1992。

位，是指车库中的停车位。就车位来说，虽然它可能没有封闭，但必须在地面上划定确定的分割线，以确定各个车位的区分所有的范围，没有进行如此界分的，不能作为专有部分。这也是前述构造上和利用上独立性的要求。二是摊位。摊位通常是封闭的，各个摊位的界限是清晰的，但也可能存在没有封闭的情形，在此情形下，也应当通过一定方法将各个摊位隔离开，如在地面上划分分割线，或通过挡板等将各个摊位分开，从而区分不同的业主权利的范围。三是其他特定空间。其他特定空间的范围比较广泛，但要符合一定的条件才能成为专有部分，例如，码头上堆放物品的空间等，如果要成为区分所有权的客体，也必须能够确定其四至的范围。

关于墙壁的物权归属问题，在学术界存在不同的观点。① 笔者认为，应当将共用墙壁既作为共有财产，又作为专有财产来对待。墙壁可以区分为室内墙壁和室外墙壁，室外墙壁应当作为业主的共有财产对待，任何人不得随意在室外墙面上悬挂广告牌、随意涂抹字体、毁损外墙面，否则将构成对整个业主共有财产的侵害。就室内墙壁而言，具有双重性，其既可以作为共有部分，也可以作为专有部分：一方面，共用墙壁虽然在室内，但是其构造和功能是作为建筑物整体结构而存在的，所以应当作为共有部分。② 在确定区分所有权对墙壁的管理维护、维修等义务上，我国现行法律将其规定为共有财产，各个区分所有权人都负有维修的义务。例如，一般认为，共有的墙壁属于共有人的共有财产。③ 这有利于确定各区分所有人对墙壁所具有的管理维护、维修义务，有利于协调共有人之间的利益。如果将墙壁规定为共有财产，也有利于确定各个区分所有权人对墙壁所负有的维修义务。我国司法审判实践也认为，外墙面应为业主共有，任何单个业主都

---

① 以上四种观点，均见王泽鉴：《民法物权》，第 1 册，257 页，台北，自版，2001；温丰文：《区分所有权与所有权建物之专有部分》，载《法令月刊》第 42 卷，7 页；谢在全：《民法物权论》（上册），238 页，台北，自版，1997。

② 参见王泽鉴：《民法物权》，第 1 册，257 页，台北，自版，2001。

③ 有些城市的行政规章对此也作出了规定。例如，《长春市城镇异产毗连房屋共有房屋管理办法》第 4 条第 2 款、第 3 款规定："共有墙体的修缮（包括因结构需要而涉及的相邻部位的修缮），按两侧均分后，再由每侧房屋所有人按份额比例分摊。"

不能擅自利用外墙面从事广告等活动。①

墙壁不仅是共有财产，也是专有部分之间的划分界限。在一栋建筑物内，正是因为墙壁才使建筑物分割为不同的专有部分，墙壁与专有部分是不可分割的，它也应当成为专有权的客体。墙壁作为专有部分和共有部分的分割界限，也是专有部分不可分割的一部分，没有墙壁的区分，是无法形成专有部分的。每个区分所有人对其拥有的墙壁的表层享有独立的使用权利，可自由地粉刷墙壁，于其上悬挂物品、图画等，邻人不得妨害专有权人所享有的此种权利。邻人因过错污损共同墙壁的表层部分时，应对专有部分的所有权人负赔偿责任。② 此外，区分所有人在转让其专有部分时，必须将墙壁同时出售，而不可能将其作为共有财产对待，否则，区分所有权人根本不能独立处分其专有财产，这与区分所有的制度是完全相违背的。共用墙壁在登记时，也不可能作为专有财产加以登记，而只是作为专有部分的组成部分而加以登记。

总之，笔者认为，应当将共用墙壁既作为共有财产，又作为专有财产来对待。墙壁可以区分为室内墙壁和室外墙壁，室外墙壁应当作为业主的共有财产对待，任何人不得随意在室外墙面上悬挂广告牌、随意涂抹字体、毁损外墙面，否则将构成对整个业主共有财产的侵害。就室内墙壁而言，具有双重性，其既具有共有财产的性质，又具有专有财产的性质，建筑物的外墙面属于业主共有，而不属于业主专有。

（三）露台等物业

《建筑物区分所有权司法解释》第 2 条第 2 款规定："规划上专属于特定房屋，且建设单位销售时已经根据规划列入该特定房屋买卖合同中的露台等，应当认定为前款所称的专有部分的组成部分。"由此可见，露台等物业也属于业主专有部分，但其成为专有部分必须符合以下条件：第一，必须符合规划的要求。这就是说，规划确定为可以归业主专有的，则为专有部分；如果规划将其确定为共

---

① 参见《最高人民法院建筑物区分所有权、物业服务司法解释理解与适用》，79 页，北京，人民法院出版社，2009。

② 参见王泽鉴：《民法物权》，第 1 册，197 页，台北，自版，2001。

有部分，则其只能成为共有权的客体。第二，必须专属于特定的房屋。这就是说在物理上，该露台与特定房屋具有物理上的直接联系，应当专属于特定房屋的所有人使用。第三，合同中已经对此作出明确约定。这就是说，业主和建设单位订立商品房买卖合同时，已经将露台等列入其中，作为买卖的对象。只有符合上述条件，露台等物业才能被认定为专有部分。

在确定专有部分的范围时，还应当看到，专有部分除建筑物的结构部分以外，还可能包括建筑物的某些附属物（如专用设备）或附属建筑物（如车库、仓库等）。①

五、"住改商"应当符合一定的条件

所谓"住改商"，是指业主将住宅改变用途，变更为经营性用房的行为。"住改商"的行为可能影响到其他业主的生活安宁、安全，也可能产生污染（如油烟、废水、噪声）。同时，由于"住改商"之后，往来人员众多，也会给小区的管理带来很大的不便。② 因此，《民法典》第 279 条规定："业主不得违反法律、法规以及管理规约，将住宅改变为经营性用房。业主将住宅改变为经营性用房的，除遵守法律、法规以及管理规约外，应当经有利害关系的业主一致同意。"依据这一规定，"住改商"应当符合以下条件。

第一，必须符合法律、法规以及管理规约的规定。法律、法规（如《物业管理条例》等）如对住宅改为经营性用房有明确规定，业主必须遵守这些规定。所谓管理规约是指业主大会集体通过的管理规定，如果其中对住宅改为经营性用房有禁止性的规定，则必须按照管理规约的规定，不得将住宅改为经营性用房。如果业主制订的管理规约不允许将住宅改为商用，则不能更改。

第二，必须经过有利害关系的业主一致同意。《建筑物区分所有权司法解释》

---

① 参见温丰文：《区分所有权与所有权建物之专有部分》，载《法令月刊》，第 42 卷，35 页。
② 参见胡康生主编：《中华人民共和国物权法释义》，180 页，北京，法律出版社，2007。

第 11 条规定："业主将住宅改变为经营性用房，本栋建筑物内的其他业主，应当认定为民法典第二百七十九条所称'有利害关系的业主'。建筑区划内，本栋建筑物之外的业主，主张与自己有利害关系的，应证明其房屋价值、生活质量受到或者可能受到不利影响。"这就是说，有利害关系的业主包括两种情形：一是本栋建筑物内的其他所有业主，其只需提供能证明其合法的业主身份的证据即可。① 二是该建筑区划内的本栋建筑物之外的、有利害关系的业主。不过，这些业主应当对其房屋价值、生活质量受到或者可能受到不利影响负担举证责任。

所谓经过有利害关系的业主的一致同意，是指所有有利害关系的业主都应当同意。由于民宅商用直接影响到有利害关系的其他业主的生活质量、房屋价值等，每一个有利害关系业主的居住利益都应得到尊重和保障，因此要求所有有利害关系的业主同意是必要的。②《建筑物区分所有权司法解释》第 10 条第 2 款规定："将住宅改变为经营性用房的业主以多数有利害关系的业主同意其行为进行抗辩的，人民法院不予支持。"这就采纳了"利害关系业主一致同意原则"。也就是说，即使获得多数利害关系的业主同意，也不得进行"住改商"。例如，如果要将自己的住宅改为歌厅，因为可能影响到整个建筑物全体业主的利益，故需要取得全体有利害关系的业主的同意。有利害关系的业主的同意应以明示的方式作出，如果其并未以明示方式作出同意，则不应推定有利害关系的业主已经同意"住改商"的行为。③

在业主擅自进行"住改商"的情况下，该行为可能损害其他业主的合法权益，因此，其他业主享有请求救济的权利。《建筑物区分所有权司法解释》第 10 条第 1 款规定："业主将住宅改变为经营性用房，未按照物权法第七十七条的规定经有利害关系的业主同意，有利害关系的业主请求排除妨害、消除危险、恢复原状或者赔偿损失的，人民法院应予支持。"依据这一规定，受损害的其他业主可以提出如下

---

① 参见《最高人民法院建筑物区分所有权、物业服务司法解释理解与适用》，170 页，北京，人民法院出版社，2009。

② 参见黄薇主编：《中华人民共和国民法典物权编释义》，534 页，北京，法律出版社，2020。

③ 参见《最高人民法院建筑物区分所有权、物业服务司法解释理解与适用》，157 页，北京，人民法院出版社，2009。

请求：一是排除妨害。例如，某栋居民在楼道口堆放物品，则受影响的居民可以请求堆放人将物品移除。二是消除危险。例如，某居民在楼道口私接电线，则受影响的居民有权请求行为人移除电线，以消除危险。三是恢复原状。即权利人有权请求"住改商"的行为人将商业用房改回居住用房。四是赔偿损失。即在行为人住改商的行为给其他业主造成损害的，则受损害的业主有权向行为人请求损害赔偿。

第三节　共有权

一、共有权的概念和特点

所谓建筑物区分所有人对共有部分的共有权，是指区分所有人依据法律、合同以及区分所有人之间的规约，对建筑物的共用部分、基地使用权、小区的公共场所和公共设施等所共同享有的财产权利。例如，区分所有人对于小区的绿地、道路所享有的共有权。建筑物区分所有人的共有权具有如下特点。

（1）权利主体的特殊性。建筑物区分所有权中共有权的权利主体是业主大会或者全体业主。与一般财产共有相比，在建筑物区分所有中，共有人是众多的。随着现代建筑物向高层、高空发展，一栋建筑物的住户越来越多，一个小区内可能有成千上万的业主，他们都构成了小区内共有财产的主体。正是因为人数众多，不可能每一个人都参与共有财产的管理，通常需要由业主通过业主委员会或其委托的物业服务企业来实际行使管理权。

然而，关于共有部分的权利主体的确定，实践中存在不同看法：一是业主大会说。此种观点认为，共有部分只能归属于业主大会。二是业主委员会说。此种观点认为，业主大会并非定期召开，无法行使权利义务，而业主委员会是常设机构，因此，应当由业主委员会作为权利主体。三是全体业主说。此种观点认为，共有部分职能由全体业主所有。笔者认为，建筑物区分所有权中共有权的主体为全体业主，如果已经成立了业主大会，也可以登记在其名下，这就有必要在法律上赋予业主大会以民事权利主体资格。如果没有成立业主大会，则应当登记在全体业主名下。

（2）共有部分附随于专有部分。在建筑物区分所有的状态下，区分所有人所享有的共有权与其对专有部分所享有的单独所有权是密切联系在一起的，共有权是由专有部分所决定的，并从属于专有部分的所有权。在区分所有的情形下，共有部分不能独立存在，也不能单独转让和继承。[①] 只有在取得了专有部分的所有权之后才能相应地取得共有权。一般来说，专有部分的面积越大，共有部分的份额就越大。转让专有部分所有权，共有部分也应相应转让。[②] 专有权的大小也常常要决定其承担修缮共有财产的义务范围，任何买受人购买房产，一旦取得专有部分的所有权，则自然取得共有部分所有权。在区分所有的成立登记上，一般只登记专有部分所有权，而对共有部分所有权并不单独登记。[③] 正是由于共有部分附随于专有部分，因而区分所有权中的共有，既不同于按份共有，也不同于共同共有，可以将其视为一种特殊的共有形态。

（3）客体范围较为广泛。一般来说，专有部分的所有权限于建筑物内。但对于共有权而言，则不限于建筑物内，还可能延伸到小区其他设施。共有部分的范围主要包括如下方面：一是建筑物的基本构造部分，例如支柱、屋顶、外墙或地下室等。二是建筑物的共有部分及附属物，例如，楼梯、消防设备、走廊、水塔、自来水管道等，以及仅为部分区分所有权人所共有的部分。三是建筑物所占有的地基的使用权，在法律上归属于全体建筑物区分所有权人共同所有。四是住宅小区的绿地、道路、物业管理用房。五是公共场所和公共设施，如小区大门建筑、艺术装饰物等地上或地下共有物和水电、照明、消防、保安等公用配套设施，除依法归属于国家或有关法人所有外，应当归属于全体住宅小区的业主所共有。六是小区内的空地。七是其他共有财产，例如小区内种植的树木等。

（4）共有权的内容包括权利与义务。《民法典》第 273 条第 1 款规定："业主对

---

① 参见孙宪忠、朱广新主编：《民法典评注 物权编1》，56 页，北京，中国法制出版社，2020。
② 参见陈华彬：《物权法》，274 页，北京，法律出版社，2004。
③ 参见陈华彬：《现代建筑物区分所有制度研究》，91 页，北京，法律出版社，1995。

建筑物专有部分以外的共有部分，享有权利，承担义务；不得以放弃权利为由不履行义务。"业主对建筑物专有部分以外的共有部分在享有共有权和共同管理权的同时，也要承担对建筑物共有部分的维护、维修以及分担有关物业管理、维护维修费用的义务。如果小区的共有部分受有损失，也应当分担损失。《民法典》之所以强调业主对共有部分既享有权利，又要承担义务，原因在于，业主往往注重对自己专有部分权利的行使和义务的履行，但易于忽视对共有部分的义务承担。这有可能导致对其他业主的利益的损害。[1] 例如，在实践中有的业主因拖欠共同维修费用，使建筑物共有部分长期得不到维护。依据《民法典》第273条的规定，业主在享有共有权的同时，应当履行共有人的义务，不得以放弃权利为由不履行义务。

根据《民法典》第273条的规定，业主不得以放弃权利而不履行义务。一方面，业主不得为了拒绝支付共有财产维护维修的费用，而表示放弃对共有财产的权利。因为共有部分和专有部分是不可分离的，业主不得在保留专有部分权利的同时，放弃其共有部分的权利。更不能以放弃共有部分的权利为理由而拒绝履行义务。另一方面，业主不得在转让专有部分所有权时，拒不履行对共有部分的义务。此外，业主不得以其未"实际使用"为由而拒绝支付费用。例如，所有安装了集体供暖设施的业主，不论其是否实际使用，都必须支付费用。只有确保业主对共有部分义务的履行，才能维护业主的共同生活有秩序地进行，才能构建小区的和谐。

（5）权利行使方式具有特殊性。一是要依据法律的规定和管理规约来行使共有权。例如，依法定程序决定维修资金的使用。二是在建筑物区分所有的情况下，共有人行使权利，常常采用持有份的方式。依据我国《民法典》第282条的规定，建筑物共有部分及其附属部分的费用分摊、收益分配等事项，有约定的，按照约定，没有约定或者约定不清的，按照业主专有部分面积所占比例确定。这实际上是确定了共有人在没有约定的情况下，应采取持有份的方式享有权利并承担义务。

---

[1]　参见孙宪忠、朱广新主编：《民法典评注　物权编1》，58页，北京，中国法制出版社，2020。

二、共有权的性质

我国《民法典》第 297 条规定了共有，包括按份共有和共同共有，所谓"包括"，就是指共有可以包括按份共有和共同共有，但是不限于这两种类型。建筑物区分所有中的共有权是否属于这两种共有的类型，对此一直存在争议。依据德国学界的观点，这里的共有实际上是按份共有。① 笔者认为，建筑物区分所有中的共有权在性质上既不是按份共有，也不是共同共有，应当认为是一种在按份共有和共同共有之外的第三种共有。② 物权法中有关共有的规则，大多是不适用于区分所有中的共有权的。具体而言：

（1）区分所有的共有权不同于共同共有。理由是：与共同共有相比，其具有明确的份额划分，在没有约定或约定不明时，对小区物业相关费用，如绿地维护、建筑物修缮等要依据持有份分摊；在区分所有人之间也不存在赖以存在的共同关系，如合伙关系、夫妻关系等。③ 共有人居住在一起并非形成一种特殊共同关系，共有财产也不是基于共同关系产生的，而是从专有部分的所有权中派生出来的。在建筑物区分所有的情况下，由于不存在共同关系，任何业主转让其专有部分的所有权，不影响共有关系的存在，也不导致共有财产的分割。新的受让人既要享有共有部分的共有权，也要承担相应的义务。通常，任何单个的业主都不得请求分割共有财产。

（2）区分所有的共有权也不同于按份共有。表现在：一方面，区分所有人分别对自己的专有部分享有所有权，对建筑物形成一种复合的权利结构，不是按照份额对一个建筑物整体享有所有权。④ 在区分所有的情况下，并没有形成应有的份额。尽管对有关修缮的费用以及其他费用要按照一定的比例确定，但这和按份

---

① 参见［德］鲍尔、施蒂尔纳：《德国物权法》（上册），张双根译，639 页，北京，法律出版社，2004。类似的，参见奥地利《住宅所有权法》第 2 条和法国《住宅分层所有权法》第 5 条。

② 参见孙宪忠：《争议与思考——物权立法笔记》，598，北京，中国人民大学出版社，2006。

③④　耿焰：《建筑物区分所有权与一般所有权之比较研究》。载《青岛海洋大学学报》，2000（2）。

共有中的份额存在本质区别。共有人不能单独转让、抛弃其持有份，也不能在该比例上单独设定负担。持有份依附于专有部分的所有权，具有从属性。另一方面，按份共有的客体通常是单一物，而建筑物区分所有中的共有权，其客体是多个标的物或者物的一部分组成的整体。尤其是共有部分是由专有部分所决定的，是为了保障专有部分所有权的正常行使而设立的，所以，它与专有部分是不可分割的。还要看到，在建筑物区分所有的情况下，共有人不能请求分割共有财产，只享有共有财产的利益。所以，物权法中关于按份共有财产分割的规则，原则上不适用于建筑物区分所有中的共有部分。所以，此种共有与按份共有也是不同的。

（3）此种共有不仅与专有部分不可分割，且常常采取法定共有的方式，也有学者将其称为"强制共有"①。《民法典》第 273 条第 1 款规定："业主对建筑物专有部分以外的共有部分，享有权利，承担义务；不得以放弃权利为由不履行义务。"例如，业主对外墙面、小区内的管道等共有财产享有权利，同时也要承担维修的义务，共有人不得抛弃对外墙面的共有权而拒绝承担维修义务。

（4）根据持有份行使权利。《民法典》第 283 条规定："建筑物及其附属设施的费用分摊、收益分配等事项，有约定的，按照约定；没有约定或者约定不明确的，按照业主专有部分所占比例确定。"可见，区分所有权中的共有权可以根据持有份来行使。

三、持有份

所谓持有份，是指区分所有中业主根据专有部分的面积占整个建筑物总面积的比例所确定的份额。在区分所有的情况下，通常可以根据两种方法来确定持有份额：一是根据面积来确定，即依据各共有人的专有部分占整个建筑物总面积的比例所确定的份额。二是根据购房价款来确定，即根据购房款在整栋房屋价款中

---

① 耿焰：《建筑物区分所有权与一般所有权之比较研究》。载《青岛海洋大学学报》，2000（2）。

的比例来确定持有份，例如，《瑞士民法典》第 712e 条即采取了此种立场。这两种方式各有利弊。如果完全按照面积来确定，在面积差距过大时可能在某些方面对小业主有利但不利于大业主，如物业费用的分担。而依据购房款的比例确定，又会出现如下问题：即不同业主购买房屋的价格不同，会形成不同的比例。但事实上，不同时期购买的房屋的价值本身就是不同的。所以，根据此种方式来确定持有份也不一定妥当。

《民法典》第 283 条规定："建筑物及其附属设施的费用分摊、收益分配等事项，有约定的，按照约定；没有约定或者约定不明确的，按照业主专有部分所占比例确定。"可见，该条是根据面积来确定持有份的。此处所说的专有部分，包括套内使用面积加上公摊部分，实际上是指售房合同中的建筑面积。此处所说的总面积，应当区分两种情况：一是一栋建筑物内的建筑物总面积，二是指整个小区的总面积。如果要确定建筑物内的共有权的持有份，应当以一栋建筑物内的建筑物总面积作为确立持有份的标准。如果要确定小区内共有部分的持有份，应当以小区内的建筑物总面积作为确立持有份的标准。持有份确定了业主对共有财产享有权利和承担义务的基础。

持有份是区分所有中特有的概念，它不同于按份共有中的应有份，表现在：第一，应有份具有所有权的效力，它可以转让、抵押、抛弃，甚至还产生优先购买权，但是持有份并不具有这些效力。第二，应有份是对整个共有财产的应有份额，是一种比例关系。而持有份的核心是业主对自己专有财产在总面积中的比例。第三，应有份的核心仍然是所有权，它体现为一种权利，但持有份常常是与区分所有中的管理权联系在一起的，它不仅仅确立业主的管理权，还要确定义务的分担。第四，应有份是按份共有人行使权利的依据。而持有份只是在业主没有约定或约定不明时才能发挥作用。具体来说，区分所有中的持有份的确定主要有如下几方面的意义。

1. 建设用地使用权的享有

在我国，土地属于国家或集体所有，任何通过建造、购买等方式取得建筑物所有权的主体，都不能取得对土地的所有权，但应同时取得占用范围内的建设用地使用权。在房地产开发实践中，首先是由建设单位在通过出让、转让、划拨等方式取得建设用地使用权以后而建造建筑物的，建筑物建成后，建设单位基于其合法的建造行为而取得房屋所有权，同时享有建设用地使用权。但是建设单位将房屋转让给各个业主之后，各个专有部分所占该建筑物所占地基面积的比例都应当记载在房屋产权证之中。区分所有的面积越大，其所占地基的面积比例越高。笔者认为，建筑物地基的建设用地使用权应当为业主所共有，但由于我国采用房随地走的原则，业主在购买房屋之后，也相应地取得区分所有部分所占土地面积的权利。实际上，该比例就是业主对共有的建设用地使用权所占的持有份。

2. 管理权的行使

管理权在一定程度上也要由专有部分所有权所决定。因为建筑物区分所有权人对于共有财产的管理，涉及共有权的行使，因此需要按照一定的比例确定各业主所享有的共有部分的管理权。根据我国《民法典》第 278 条，在行使管理权的时候，也应当按照建筑面积所占总面积的比例来确定，这实际上就是按照持有份来行使权利。

3. 费用分担

共有财产在管理过程中也会产生许多维护维修的费用，以及因为共有财产造成他人损害的赔偿费用，业主不能仅享有对共有财产的权利，而不承担义务。这些费用的分摊，有约定的，按照约定处理；没有约定的，也应当由业主根据一定的比例分担。[1] 关于具体的费用分摊状况，可以根据费用的发生的不同情况来分别考虑：小区的费用的分摊，应该根据业主的专有部分的面积占规划小区的面积来分摊；如果是建筑物的费用，则应该根据建筑物内住户的持有份占建筑物的面积来分摊。

4. 收益分配

对于基于共有财产所取得的收益的分配，如果没有约定或约定不明，可以按照持有份来决定。[2] 例如，物业服务企业将小区的空地作为停车场，并出租给他

---

① MünchKomm / Engelhardt, WEG, §16, Rn. 6 ff.; Bärmann/Becker, WEG, §16, Rn. 21 ff.
② MünchKomm / Engelhardt, WEG, §16, Rn. 2 ff.; Bärmann/Becker, WEG, §16, Rn. 9 ff.

人，获取了一定的收益，或者将屋顶平台出租设立广告牌而获取的收益。这些收益可以根据持有份在业主之间进行分配。

四、共有部分的范围

（一）共有部分的确定标准

共有部分的确定分为如下情形：一是法定共有，即依据法律法规和相关司法解释的规定所确定的共有。例如，依据《民法典》第274条的规定，规划范围内道路、绿地等归业主共有。《建筑物区分所有权司法解释》第3条第1款也扩张了物权法有关法定共有的范围。从广义上说，司法解释确定的共有属于特殊情形的法定共有。法定共有的规定属于强行法，一旦法律规定之后，当事人不得在购房合同中通过约定变更归属。建设单位也不能通过合同来处分这些法定共有的财产。法定共有也是附随于专有权的，一旦业主取得了房屋的专有权，同时也取得共有权。二是约定共有。约定共有是指业主通过管理规约等确定的共有，例如，小区内的会所等可以通过约定确定其归属。

（二）共有部分范围的类型

依据《民法典》物权编及相关规定，建筑物区分所有权中共有部分在范围上包括以下内容。

（1）房屋基本结构部分、公共通行部分和附属设施等。依据《建筑物区分所有权司法解释》第3条第1款第1项，共有部分首先包括建筑物的基本结构部分，它是指建筑物的基础、承重结构、外墙、屋顶等。所谓公共通行部分，是指通道、楼梯、大堂等公共通行部分。所谓附属设施等是指消防、公共照明等附属设施、设备，避难层、设备层或者设备间等结构部分。此外，凡是不属于规划上专属于特定房屋，且建设单位销售时未根据规划列入该特定房屋买卖合同中的露台，对此类物业，可以认为属于《民法典》第274条所规定的公共场所，应当认为属于全体业主共有。

（2）绿地。《民法典》第274条规定："建筑区划内的绿地，属于业主共有，但是属于城镇公共绿地或者明示属于个人的除外。"根据该条规定，除属于城镇公共绿地或者明示属于个人的以外，业主对小区内的绿地享有共有权。绿地应当作为共有财产属于全体业主共有，不能由建设单位保留所有权。《民法典》作出此种规定的原因在于：一方面，这对维护业主的利益是十分必要的，因为业主在购买房屋时，小区内的绿地面积是重要的考虑因素，其甚至可能将绿地的有无以及面积的大小作为决定自己是否购买房屋的决定性条件。这就是说，绿地的有无和大小，直接决定了业主是否订立房屋买卖合同或者直接影响到买卖的价格。如果建设单位改变了绿地的用途，将可能造成对业主的重大利益的损害。另一方面，如果由建设单位保留对绿地的所有权，则建设单位可能基于自己利益的考虑而改变绿地用途，此时，业主们将很难通过法律的途径来对此种行为加以制约。实践中，建设单位对绿地的用途改变已引发诸多纠纷，这与过去绿地的归属不清具有直接关系。所以在《民法典》中规定绿地归业主共有，也有利于解决各种纠纷。此外，如果允许建设单位保留绿地的所有权，建设单位就有可能想办法改变规划，例如，将绿地更改为车位，从而更改绿地的使用目的，这就会严重破坏城市环境。毕竟绿地属于整个城市环境的一部分。

《民法典》只是整体地推定绿地属于业主共有，但绿地中可能确有属于城镇公共绿地和明示属于个人所有的情况。所以，《民法典》第 274 条特别规定，"属于城镇公共绿地或者明示属于个人的除外"。这就是说，一方面，如果有证据证明，特定的绿地属于城镇公共绿地，就属于公有物，应当属于国家所有。另一方面，如果明示属于个人所有，就应当归个人所有。需要指出的是，所谓"明示属于个人"所有，是指规划确定为个人所有或个人专用的绿地，而不能理解为明示属于个人就是售房合同中规定为个人所有。如果规划确定为业主共有的，则不能根据合同确定为某个人所有。否则，建设单位就可能根据合同将业主共有的绿地都卖给个人，从而损害业主的利益。关于房屋买卖合同中约定的附赠的花园，究竟应当归属于业主共有还是由业主单独所有。对此存在不同看法。笔者认为，如果这些绿地根据规划已经确定归个人所有，应当将其作为《民法典》第 274 条所规定的"明示属于个人的绿地"。尤其是这些绿地往往是个别业主专用的，如果归业主共有，还要由全体业主为其承担维护的义务，这也极不合理。

（3）道路。道路是指小区内没有经过市政规划的用于通行的道路。《民法典》第 274 条规定："建筑区划内的道路，属于业主共有，但是属于城镇公共道路的除外。"这就是说，如果是规划确定的公共道路，就应当属于公有物，属于国家所有。《民法典》为什么确认道路归业主共有？因为道路是各业主进入自己所在建筑物和专有部分的必经之路，是所有业主实现其专有部分所有权所必需的。业主购买房屋，必须取得对道路的权利，否则还需要通过相邻关系或者设定地役权的方式获得通行权，这显然对业主极为不利。如果允许建设单位和业主在售房合同中保留对道路的权利，就会引发许多产权的纠纷。

值得注意的是，虽然道路、绿地必须归业主共有，但业主也不能随意改变这些道路、绿地的规划用途，如不能在此之上私盖建筑等。如果其他小区的业主有必要通行，则应当按照相邻关系的有关规定处理。例如，在"重庆市豪运房地产开发有限公司诉重庆市九龙坡西彭帝景豪苑业主委员会车位纠纷案"① 中，最高人民法院认为，不能办理产权登记成为特定业主所有权的客体的地上车位，不能成为享有专有权的专有部分，该部分占用业主共有的道路或者其他场地用于停放汽车的车位，属于业主共有。

（4）物业服务用房。物业服务用房是指物业管理公司为管理整个小区内的物业而使用的房屋。依据《民法典》第 274 条规定，物业服务用房应当规定为全体业主共有。因为一方面，物业服务用房是向小区提供物业服务所必需的。没有物业服务用房，物业服务企业等就无法为业主提供必要的物业服务，所以，建设单位在兴建小区时应当一并建造物业服务用房。在向业主转让专有部分所有权时，建设单位应当将物业服务用房的所有权一并转移，不能将其单独转让或者保留所有权。另一方面，物业服务企业都是由业主聘请的，所以，业主也应当为其提供服务用房。如果服务用房不属于业主共有，业主聘请物业服务企业，就要支付大笔租金，也会影响小区的物业管理。

---

① 重庆市第五中级人民法院（2015）渝五中法民初字第 00826 号民事判决书；重庆市高级人民法院（2016）渝民终 7 号民事判决书；最高人民法院（2017）最高法民申 2817 号民事裁定书。

（5）维修资金。所谓维修资金，是指由业主支付的专门用于住宅共用部分、共用设施和设备维修的资金。《民法典》针对维修资金的规定涉及如下内容。

一是关于维修资金的归属。依据《民法典》第281条规定，"建筑物及其附属设施的维修资金，属于业主共有"。由于维修资金是向业主筹集的资金，业主按照缴纳比例对维修资金享有权利，维修资金归全体业主共有，任何人未依据法律规定和法定程序擅自使用维修资金的，均构成对业主共有权的侵害。

二是关于维修资金的用途。依据《民法典》第281条规定，维修资金必须用于共有部分的修缮，如电梯、物业外墙等物业设施，也可以用于物业服务用房的修缮。具体的修缮活动包括相关设施的维修、更新和改造。维修资金的使用不限于共有部分的维修，还包括共有部分的更新和改造。但维修资金不能用于业主专有部分的修缮。

三是关于维修资金的使用程序。依据《民法典》第278条第2款的规定，维修资金的使用必须要业主共同决定，且必须同时满足"参会比例"和"表决比例"的要求：一方面，在"参会比例"的问题上，不要求全体业主共同参与，而只要参与的业主在人数上占到全体业主的2/3以上，同时参会业主所占专有部分面积达到2/3以上即可。另一方面，在"表决比例"的问题上，"应当经参与表决专有部分面积过半数以上的业主且参与表决人数过半数的业主同意"。以最低的参会人数为例，满足使用维修资金的决定条件，其实就是达到全体业主人数的1/3且所占专有面积也达到1/3的要求。[①] 同时，业主对维修资金的使用，全体业主享有知情权。无论是业主大会、业主委员会还是物业公司，都有义务将维修资金的使用情况向全体业主公布，业主也有权对维修资金的使用情况进行查询、监督。

四是关于紧急情况下维修资金的使用规则。从实践来看，一旦出现紧急情况（如出现暴雨、大风）导致建筑物漏雨、外墙面脱落等，危及业主的人身、财产安全，则需要紧急动用维修资金进行修缮。在此情形下，如果按照《民法典》

---

① 参见黄薇主编：《中华人民共和国民法典物权编解读》，224～225页，北京，中国法制出版社，2020。

第 278 条由业主大会进行表决，时间可能来不及。因此，《民法典》第 281 条第 2 款确认了维修资金的紧急使用权，即出现紧急情况下可使用维修资金。依据这一规则，维修资金的紧急使用不需要召开业主大会，业主大会或者业主委员会可以直接申请动用维修资金维护。所谓依法申请，是指业主大会或者业主委员会依据法律规定直接向政府有关维修资金的管理部门申请即可，这既有利于应对自然灾害，也是为了维护业主的利益。此处的"法"，既包括法律，也包括行政法规、部门规章和地方性法规。[①]

（6）建筑区划内的其他公共场所和公用设施。《民法典》第 274 条规定："建筑区划内的其他公共场所、公用设施和物业服务用房，属于业主共有。"所谓其他公共场所和公用设施，是指除绿地、道路之外的公共场所和公用设施。《建筑物区分所有权司法解释》第 3 条第 1 款第 2 项规定："其他不属于业主专有部分，也不属于市政公用部分或者其他权利人所有的场所及设施等。"该解释采取了排除法，即如果不属于业主专有和其他人所有的场所和设施，则属于业主共有的"其他公共场所、公用设施"。

具体来说：一是其他公共场所。所谓公共场所，是指能够为全体业主所共同使用或利用的场所。换言之，是除绿地、道路等以外的，为全体业主所共同使用的地方。公共场所包括广场、园林、走廊、门庭、大堂等。[②]公共场所要区别于仅仅供特定人使用的场所。例如，根据规划确定由某个业主专门使用的部分，比如附赠的、供业主单独使用的阳台，不能认为是公共场所。二是公用设施。所谓公用设施，是指为保障专有部分的利用而修建的专门服务于业主的配套设施。例如，各种健身设施、消防设施、围墙、大门、自行车车棚、外墙、配电箱、各种供电、热水、气、管线等。又如小区的警报设施、电梯设施、邮箱、地下供暖管道、小区内花园、栏杆、小区大门对讲机、小区中心供暖设备、排气管、通风

---

① 参见黄薇主编：《中华人民共和国民法典物权编解读》，242～243 页，北京，中国法制出版社，2020。

② 《建筑物区分所有权司法解释》第 3 条规定："建筑物的基础、承重结构、外墙、屋顶等基本结构部分，通道、楼梯、大堂等公共通行部分，消防、公共照明等附属设施、设备、避难层、设备层或者设备间等结构部分"属于业主的共有部分。

井、垃圾箱、小区内的美化雕塑、装饰及尖顶、外墙、小区大门等。[①] 公用设施是为了满足小区业主共同利益的场所和设施，从而区别于完全用于营利性的、面向社会开放的活动的各种设施。正是在这个意义上可以认为，会所、商铺等营利性设施并不一定是公共场所和公共设施。据此，不应将小区内所有公用设施都纳入业主共有的范围。

（7）小区内未纳入建筑区划的其他场地。《民法典》第 275 条规定："占用业主共有的道路或者其他场地用于停放汽车的车位，属于业主共有。"此处实际上规定了占用业主共有的道路或者其他场地应当归业主共有。那么如何理解其他场地？结合《民法典》第 274 条和第 275 条的规定，可以认为此处所说的其他场地，主要是指未纳入建筑区划的空地。

这些空地究竟应该归属于谁，在实践中经常发生争议，有的建设单位将空地用作停车收费，甚至利用空地建设会所或者如歌厅舞厅之类的娱乐场所，由此引发了一些纠纷。笔者认为，根据《民法典》第 275 条的规定，尽管空地没有纳入规划的范围，也应当作为其他场地，归业主共有。《民法典》作出此种规定，主要原因在于：一方面，在房地产开发过程中，建设用地使用权的出让是按照宗地进行的，建设单位拿到一宗土地进行开发建设，再将土地上下的建筑物分别转让给业主。完成转让之后，业主在获得专有部分的所有权、建筑物共有部分共有权的同时，除城镇公共道路和绿地应当为国有、明示归个人的绿地则按照约定处理之外，原则上各业主也应当共同取得对该宗土地的建设用地使用权，这其中就包含了建筑区划外的其他场地。另一方面，对于规划中并未进行建设的空地，建设单位也不能擅自改变整体规划用途进行开发。虽然空地未纳入规划建设的范围，但显然将某块土地留作空地是符合整体规划要求的。为了避免建设单位擅自改变规划，也有必要要求空地归业主共有。既然空地归业主共有，如果在空地上设置健身设施、体育锻炼场所，也应该归业主共有，由业主决定如何使用。

（8）因利用共有部分产生的收益。《民法典》第 282 条规定，"建设单位、物

---

① 　MünchKomm / Commichau，WEG，§ 1，Rn. 42 f.

业服务企业或者其他管理人等利用业主的共有部分产生的收入，在扣除合理成本之后，属于业主共有。"这一规则扩大了共有权的客体范围，使其包括了收益。依据这一规定，一方面，建设单位、物业服务企业或者其他管理人等利用业主的共有部分产生的收入属于业主共有。例如，物业服务企业利用小区空地用作停车场产生的收入，或者建设单位利用建筑物外墙面提供广告位而产生的收入等均属于利用共有部分产生的收益。《民法典》颁行前，我国《物权法》并未对此进行明确规定，经常发生争议。《民法典》新增这一规则，强化了对业主共有权的保护。另一方面，此处的收入应当扣除合理成本，即相关的合理开支，即应以净收入而非毛收入计算。此外，物业服务企业等产生的收益也应当定期向业主进行报告。① 在擅自进行经营性活动的情形下，《建筑物区分所有权司法解释》第14条第2款规定，"属于前款所称擅自进行经营性活动的情形，权利人请求建设单位、物业服务企业或者其他管理人等将扣除合理成本之后的收益用于补充专项维修资金或者业主共同决定的其他用途的，人民法院应予支持。行为人对成本的支出及其合理性承担举证责任"。这就是说，在业主要求返还因他人侵权而获得的收益以后，可以将该收益用于业主共同决定的用途。

（9）不属于业主专有部分的露台。依据《建筑物区分所有权司法解释》第2条第2款："规划上专属于特定房屋，且建设单位销售时已经根据规划列入该特定房屋买卖合同中的露台等，应当认定为民法典第二编第六章所称专有部分的组成部分"。依反面解释，凡是不属于规划上专属于特定房屋，且建设单位销售时未根据规划列入该特定房屋买卖合同中的露台，对此类物业，可以认为属于《民法典》第274条所规定的公共场所，应当认为属于全体业主共有，如果允许建设单位保留屋顶平台的所有权，禁止他人特别是业主上屋顶平台，甚至改变设计用途，在屋顶平台上加盖房屋，就会损害业主的权利。对于属于业主共有的屋顶平台，任何有关屋顶平台的有偿利用，例如树立广告牌、搭建有关设施等行为，都必须经过业主大会或者业主委员会的同意，通过订立合同或者设定地役权来确

---

① 参见黄薇主编：《中华人民共和国民法典物权编解读》，246页，北京，中国法制出版社，2020。

定，由此所获得的收益应当归全体业主所有。例如，在"陈春梅与宣辐等物权保护纠纷案"① 中，北京市西城区人民法院认为："根据被告宣辐提供的房产证和购房合同确定，被告宣辐不是 702 房屋外面露台的所有权人，宣辐对该露台没有法定的维护、清扫义务。因此，对原告要求被告宣辐赔偿损失并修复×房屋露台防水的请求，不予支持。被告观远物业公司系该小区的物业管理公司，因此，观远物业公司对小区建筑物的公共部分，有管理、维护的义务。"

（10）其他场所、设施和物业。除上述公共部分外，建筑物的公共通行部分、建筑物的附属设施部分、建筑物的结构空间部分等，都属于共有部分的范围。此外，《建筑物区分所有权司法解释》第 3 条第 1 款第 2 项规定："其他不属于业主专有部分，也不属于市政公用部分或者其他权利人所有的场所及设施等"，也属于共有部分。该条实际上采取兜底性列举的方式，按照"非特定权利人所有即为业主共有"的原则，将法律上没有列举清晰的共有部分概括进去。② 例如，种植在小区公共草坪内的花卉和树木，也应当属于业主共有财产。但是，该条确定的共有部分必须满足三个条件：第一，必须不属于专有部分。如果在法律上已经归属于专有部分，则不能作为此处所说的共有部分。第二，不属于市政公用部分。例如，有关水电管道、煤气管道、电话线路等，如果已经确定为市政公用部分，则不属于业主共有。第三，必须不属于其他权利人所有。例如，在小区内，第三人设立的幼儿园、银行建设的自动取款机等，不属于业主共有。

共有部分属于全体业主共有，由其进行使用和收益，其他任何人不得侵害业主的权利。在行为人侵害业主共有财产时，权利人既可以依据物权请求权主张权利，也可以依据侵权请求权提出请求。《建筑物区分所有权司法解释》第 14 条第 1 款规定："建设单位、物业服务企业或者其他管理人等擅自占用、处分业主共有部分、改变其使用功能或者进行经营性活动，权利人请求排除妨害、恢复原

---

① 北京市西城区人民法院（2020）京 0102 民初 26816 号书民事判决书；北京市第二中级人民法院（2021）京 02 民终 1214 号民事判决书。

② 参见《最高人民法院建筑物区分所有权、物业服务司法解释理解与适用》，66 页，北京，人民法院出版社，2009。

状、确认处分行为无效或者赔偿损失的，人民法院应予支持。"据此，侵害行为人包括建设单位、物业服务企业或者其他管理人等。在其侵害共有财产的情况下，业主作为权利人有权请求排除妨害、恢复原状、确认处分行为无效或者赔偿损失。

五、共有权的行使

《建筑物区分所有权司法解释》第 4 条规定："业主基于对住宅、经营性用房等专有部分特定使用功能的合理需要，无偿利用屋顶以及与其专有部分相对应的外墙面等共有部分的，不应认定为侵权。但违反法律、法规、管理规约，损害他人合法权益的除外。"依据这一规定，共有权的行使应当符合如下原则。

第一，合法行使原则。业主要依据法律的规定和管理规约来行使共有权。例如，依法定程序决定维修资金的使用。在建筑物区分所有的情况下，共有人行使权利，常常根据其持有份来行使。依据《民法典》第 283 条的规定，建筑物及其附属设施的费用分摊、收益分配等事项，有约定的，按照约定；没有约定或者约定不清的，按照业主专有部分面积所占比例确定。这实际上确定了共有人在没有约定的情况下，应根据持有份享有权利并承担义务。

第二，合理使用原则。此处所说的合理使用，是指业主基于对住宅、经营性用房等专有部分特定使用功能的合理需要而使用共有部分。至于"合理需要"的认定，应当考虑专有部分的用途、共有部分的设立目的、业主个人的情况等具体情形综合考虑。

第三，在法定范围内的无偿使用原则。《建筑物区分所有权司法解释》第 4 条规定，专有部分所有人"无偿利用屋顶以及与其专有部分相对应的外墙面等共有部分的，不应认定为侵权"。依据这一规定，业主在法定范围内可以无偿利用共有部分。因为从建筑物区分所有权中共有部分的存在目的来看，该共有部分的存在主要是为了业主使用、收益，以实现专有部分的功能。例如，屋顶平台、外墙面都与专有部分的利用不可分割，专有部分所有人对其屋顶以及专有部分对应的外墙等的无偿利用行为，应当属于法定范围内的无偿使用，该行为可以认定为一种合理使用，不应当构成侵权。① 但超出法定范围的使用行为，则构成侵权。例如，某个业主擅自利用公共建筑的外墙做广告，则构成对其他业主权利的侵害。

共有部分属于全体业主共有，由其进行使用和收益，其他任何人不得侵害业主的权利。《建筑物区分所有权司法解释》第 14 条第 1 款规定："建设单位、物业服务企业或者其他管理人等擅自占用、处分业主共有部分、改变其使用功能或者进行经营性活动，权利人请求排除妨害、恢复原状、确认处分行为无效或者赔偿损失的，人民法院应予支持。"例如，在"甘肃兴隆房地产开发有限公司、宁夏物华集团房地产开发有限责任公司等建筑物区分所有权纠纷案"中，法院就曾指出："建设单位擅自占用、处分业主共有部分，改变其使用功能或者进行经营性活动，权利人可以请求排除妨害、恢复原状、确认处分行为无效或者赔偿损失。"②

未经业主同意擅自使用外墙面发布广告，或者擅自利用公用阳台堆放杂物等，对这些侵害共有财产的行为，业主作为权利人有权请求排除妨害、恢复原状、确认处分行为无效或者赔偿损失。

第四节　车位、车库的归属和使用

一、车位、车库可以作为建筑物区分所有权的客体

所谓车位，是指车库中的停车位，以及规划用于停车的具体地点。所谓车库，是指隶属于整个小区，具有独立的空间、以存放车辆为目的的附属建筑物。③ 车库又常常被称为地下车库，其四周是封闭的，可以通过登记表彰权利的

---

① 参见《最高人民法院建筑物区分所有权、物业服务司法解释理解与适用》，79 页，北京，人民法院出版社，2009。

② 宁夏回族自治区中卫市中级人民法院（2022）宁 05 民终 1004 号民事判决书。

③ 参见黄薇主编：《中华人民共和国民法典物权编释义》，515 页，北京，法律出版社，2020。

范围。但车位很难通过登记表彰其四至范围，所以无法成为单独的所有权的客体。车库大多是利用地下空间而建造的，而地上车位大都是利用地表划定的。在建筑物区分所有中，车位、车库与区分所有权不可分割。随着城市化的快速发展、人们生活水平的提高，私家车的保有量也越来越多，作为业主的代步工具的存放地点，车位和车库的辅助功能也越来越重要，其财产价值也日益凸显。因此，《民法典》专门规定了车位、车库的归属问题。

车位与车库都是建筑物区分所有权的重要内容，二者都具有构造上和使用上的独立性，不论是车位还是车库，其固有用途都是用于停放车辆，而不是用于居住或者其他营业目的。[1] 而且车位与车库都可以成为专有权的客体。但车库不同于车位，二者的区别主要在于：一方面，车库本身是建筑物，具有建筑物的共同特点，车库通常都具有四至的封闭空间，其不同于一般的停车场的车位。一般来说，车位很难通过登记表彰其四至范围，所以无法成为单独所有权的客体。尽管车位具有一定的价值，但是在地表上的车位不能独立于土地，一般很难成为独立所有权的客体。另一方面，与小区在路边、空地设置的露天停车位不同，车库一般不是利用土地使用权的地表而兴建的，其大都是利用地下空间而建造的，而地上车位大都是利用地表划定的。[2] 在建筑物区分所有中，车位、车库都是与区分所有权不可分割的组成部分。在建筑物区分所有权中，商品房需要有小区车位、车库的配套，通常配套越全，商品房的市场吸引力就越大，价格也可能就越高，所以小区车位、车库是实现建筑物区分所有权功能的重要保障。由于车位、车库是整个小区的有机组成部分，是建筑物区分所有制度中的重要财产，因而讨论业主的权益必须讨论车位、车库的归属问题。

车位既可以建在地表，也可以建在地下。而车库常常被称为地下车库，严格地说，此种表述并不是准确的法律语言，因为在小区内，车库可以分为地下车库

---

[1] 参见高圣平：《住宅小区车位、车库的性质及其权利归属研究——兼评〈物权法〉第 74 条》，载《法学家》2008（6）。

[2] 当然，如果车库不是占用业主共有的区域而建造，也应当属于业主单独所有，而不应当属于业主共有财产。

与地上车库。如果建设单位独立兴建地上车库，既可能是建设单位独立兴建的建筑物，又可能因为是在业主共有土地之上建造的，所以其归属就有可能在法律上确定为建设单位或者业主共有。从这一意义上说，地上车库有别于地下车库。就地下车库而言，因其不是作为区分所有的建筑物的附属设施兴建的，它既不是在建设单位的土地上建造的，也不能说完全就是在业主共有的土地使用权上兴建的，因而其归属常引发争议，有必要在物权法中作出规定。

关于车位、车库能否成为独立的所有权客体，依据《建筑物区分所有权司法解释》第2条的规定，如果车位、车库具有构造上的独立性、利用上的独立性以及能够登记成为特定业主所有权的客体，则其可以成为独立的所有权客体。因为对车位而言，其具有明确的界限范围，具有空间上的独立性。就车库来说，其在建筑物内形成了一定空间，车库四周的范围是明确的，且具有独立的出入口，所以已经成为与住房相区别的、独立的特定物，因而可以作为独立的财产。诚然，停车场内也可能设置为整个建筑物所使用的各种管线、电表等，但这并不能否认车库在构造上和利用上的独立性。因为这些设备在停车场中仅占据了极小的空间，放置这些东西并不妨害停车场发挥作用，不能以此否认其利用上的独立性。所以车库可以与其上面的楼层分开而成为单独所有权的客体，也可以作为独立的财产并成为单独的交易客体。

二、根据约定确定车位、车库的归属

《民法典》第275条规定："建筑区划内，规划用于停放汽车的车位、车库的归属，由当事人通过出售、附赠或者出租等方式约定。"依据这一规定，应根据约定确定车位、车库归属。约定的方式包括出售、附赠、出租等方式。具体而言：一是出售，即建设单位将车位、车库卖给业主；二是附赠，即建设单位将车位、车库赠给业主；三是出租，即建设单位将车位、车库出租给业主。这些形式都可以作为解决车位、车库归属的方式，从而满足业主的需要。实践中，当事人一般都会对车位、车库的法律归属作出约定，但如果当事人没有对车位、车库的归属作出约定，从《民法典》鼓励建造车位、车库的立法目的出发，应当推定车位、车库归建设单位所有。

对车位、车库的归属应当通过约定来确定其归属的主要理由在于：

第一，充分体现私法自治原则。私法领域中奉行的基本原理是自治。[①] 物权法作为私法的重要组成部分，作为财产归属与利用的基本法，其也应遵循私法自治的内在要求。由于财产归属利用的多元化，通过私法自治，才能够很好地协调各方利益，实现各种利益归属的最大化。因为只有当事人才是自身利益的最佳判断者，法律不能越俎代庖地替当事人进行选择。我国《民法典》第 275 条规定对车位、车库的归属应当根据约定来进行确定，正是体现了私法自治的要求。这有利于买受人和建设单位通过平等协商来充分地体现自身的意志和利益，也最有利于争议的解决。

第二，符合市场经济的内在要求。通过约定解决归属，实质上是通过市场机制解决纠纷。在市场经济条件下，将此问题交给市场来解决，通过合同约定方式，在车位、车库的归属上实现各方利益的最大化。当然这里也存在着一种风险，即如果是一个完整的竞争市场，通过市场机制可以实现资源的优化配置。但是如果房屋市场是一个卖方市场，房屋供不应求，在此情况下，建设单位有可能通过格式合同保留车位、车库的所有权，这有可能对业主不利。但在实践中，这个问题很大程度上是由房屋买卖市场决定的，如果房屋处于卖方市场，车位价值就会升高，即使将车库作为共有财产，也不一定可以降低业主使用车库的成本，因为建设单位有可能将车库纳入房屋的价格。如果房屋处于买方市场，建设单位开发的房屋严重滞销，其根本不可能把车位、车库的价格抬得过高，为了促销房屋，其可能会把车位、车库进行搭售，也就是赠送。所以，在市场竞争的情况下，对于买受人来说，要获得较好的居住配套环境，就要付出合理的成本和对价。[②]

---

① 参见王利明：《民法总则研究》，15 页，北京，中国人民大学出版社，2003。

② 参见邓光达：《论物权法草案对绿地和车库权利归属制度安排的缺陷》，http：//www. law-lib. com/lw/lw _ view. aspno＝3987。

第三，有利于对车位、车库有效利用和管理。车位、车库是一个整体，如果再区分各个车位、车库，简单地归业主所有，也无法找到一个合适的标准，将各个车位、车库公平地划分给每个业主。在实践中，车位、车库的位置、大小不同，相应的价值也不同。有的人有车，有的人没有车；有的人车大，有的人车小。有的人不要车位，有的人需要车位；有的人车多，有的人车少。如果要归业主共同管理，将难以协调各个业主之间的需求关系。在业主人数众多的情况下，即使通过业主委员会来分配，在使用管理方面的效率也会大大降低，且分配未必公平合理，这势必也会引发诸多纠纷。

第四，有利于鼓励建设单位修建更多的车位、车库。多年来，我国城市建设忽略了车位、车库的建设，造成了目前城市车位、车库紧张的状况，停车难的问题非常突出，当然，这与我国汽车市场发展太快也有关系。我们已经成为世界第二大市场消费国家，将来还会进一步发展。这就需要鼓励建设单位尽可能开发更多的车位，来缓解目前这种紧张的局面。车库具有独立的使用价值与交换价值，其是一种独立的财产，可以进行转让。在停车难的问题越来越突出的情况下，车库的价值也会增长。正如美国学者 Henry Hansmann 所认为的，如果某些财产成为共有物，需要采取一种对建设单位形成强有力的刺激的机制，使其提供高质量的房屋产品。[①] 这就有必要刺激投资，以利益驱动的方式使建设单位考虑为小业主提供必要的、合理的车位、车库。但如果将车位、车库规定为业主的共有财产，那么，建设单位就没有足够的动力来建筑车库。最后，因为车库非常紧张，停车越来越难，损害最大的仍然是业主。

允许当事人约定车位、车库的归属，也是对实践中经验的总结。大多数地方性的法规基本上都允许当事人通过约定来确定车位、车库的归属。从我国的实践情况来看，车位、车库大都是按照协议进行转让，才能进行登记。例如，2003年北京市政府颁布的《北京市城市房地产转让管理办法》第13条规定："房地产转让时，相应的共用部位、共用设备的权利份额一并转让；按照国家和本市规定

---

① See Henry Hansmann，"Condominium and Cooperative Housing：Transactional Efficiency，Tax Subsidies，and Tenure Choice"，*Journal of Legal Studies*，Vol. ⅩⅩ（January，1997），p. 25.

可以单独转让的地下停车库等附属建筑物、构筑物不随同转让的，应当在房地产转让合同中载明；没有载明的，视为一并转让。"该规定将车库、车位定位为建筑物的附属设施，依据主物与从物的原理，主物转让的，其从物一并转让，但当事人有约定的除外。此种做法既平衡了建设单位的利益，也在一定程度上维护了业主的利益。因此，笔者认为，关于车位、车库的归属问题，应当允许建设单位和业主在买卖房屋时协商予以确定，这也是解决车位、车库归属的最佳方案。

三、车位、车库的归属应当如何约定

《民法典》第 275 条第 1 款规定："建筑区划内，规划用于停放汽车的车位、车库的归属，由当事人通过出售、附赠或者出租等方式约定。"该条确立了确定车库、车位归属的基本原则，即应当由当事人通过约定确定其归属。依据该条规定，法律上给予了建设单位通过约定保留车位、车库所有权的可能性，如果建设单位在合同中作出了保留车位、车库所有权的约定，那么，其就获得了车位、车库所有权。

（一）约定的主体、时间和方式

1. 约定的主体

约定的主体应该是建设单位和业主，而不是仅仅在业主之间进行约定。虽然建设单位与业主以约定的方式确定车位、车库的归属可以有效实现私法自治，但是建设单位与买受人之间具有明显不同的交易地位。在卖方市场的情形下，完全通过约定的方式对车位的归属与利用进行确定，可能并不会产生立法者所原本设想的结果。如果是卖方市场，消费者根本没有与建设单位磋商、谈判的能力。但如果是买方市场，情形又完全不同。[①] 因而，法律有必要对车位、车库的价格及其转让等作出规制，防止建设单位任意涨价，或将车位、车库高价转让给业主以外的其他人，或高价出租给他人。

---

① 参见高圣平：《住宅小区车位、车库的性质及其权利归属研究》，载《法学家》，2008（6）。

建设单位与业主之间就车位、车库使用权的约定，可以采取两种方式：一是由全体业主与建设单位进行约定。在实践中，由于商品房的买卖都是以零售方式进行的，所以，建设单位只能够与单个业主约定，但不排除在团购的情况下，与全体业主进行统一协商。也可能在全体业主入住之后，与业主事后约定，但此种情况在现实中比较少见。二是由建设单位与单个业主单独约定。实践中，由于建设单位在销售商品房时，通常在销售合同中与各个业主就是否购买车位、车库，以及具体价格进行协商，所以，对车位、车库归属的约定通常应该分别进行。有学者认为，建设单位与购房人分别约定，并不能解决所有的车位、车库归属问题。因为建设单位和某个购房人之间的约定，并不能约束其他的还没有签约的区分所有人。[1] 笔者认为，这一看法有一定的道理。关键的问题是，要确定建设单位是否与每个业主签订了保留车位、车库所有权归属的约定。此处所说的归属约定，是指在建设单位与全体业主签订的房屋买卖中，都要保留车位、车库的所有权。如果仅仅只是和部分业主签订了保留车位、车库所有权的协议，并不能表明其保留了车位、车库的所有权。

问题在于，在当事人没有作出约定时，车位、车库的归属如何？笔者认为，从该条的规定来看，其允许建设单位以出售、附赠或者出租等方式约定车位、车库的归属，而在当事人约定出售、附赠或者出租车位、车库时，业主将基于该约定取得车位、车库的所有权或者使用权，据此，如果当事人没有作出此种约定，则无法取得车位、车库的所有权或者使用权，这也意味着，如果当事人没有就车位、车库的归属和利用作出特别约定，业主将无权就车位、车位的归属或者使用主张权利。

2. 约定的时间

当事人约定车位、车库归属的时间既可以发生在商品房买卖之时，也可能发生在商品房买卖之后，但通常约定应该是在订立商品房买卖合同时，因为只有在该时间约定，才有利于减少纠纷。在业主入住后约定，不仅交易成本高，且易发

---

① 参见库里达：《窗前绿地、楼顶空间、停车位是谁的？》，载《新疆人大》，2005（8）。

纠纷。在此时约定，即便建设单位已经将车位、车库出租或者借给第三人使用，其也可以保留车位、车库的所有权。

3. 约定的方式

约定车位、车库归属的合同应当是要式合同，约定原则上应当采用书面的形式，因为车位、车库在性质上属于不动产，而且其归属与房屋所有权的关系非常密切。我国法律对房屋所有权的移转要求必须订立书面合同，所以，对于车库所有权的归属也应当订立书面合同。当然，当事人约定车位、车库归属的方式既可以体现为商品房买卖合同中的特别条款，也可以通过单独的合同专门约定车位、车库的归属。

（二）没有约定或约定不明的归建设单位所有

如果当事人没有就车位、车库的归属作出约定，或者约定不明，此时，如何确定车位、车库的归属？所谓没有约定，是指建设单位与业主之间根本没有就车位、车库的归属达成任何协议。没有约定不仅包括没有任何约定，也包括约定不符合形式方面的要求，或者约定无效。例如，仅仅只是以口头方式作出约定，不能认为形成了约定。如果建设单位在订立房屋买卖合同时没有明确表明保留车位、车库的所有权，但事后与业主达成车位、车库转让合同，也应当认定当事人已经就车位、车库的归属作出了明确的约定。所谓约定不明是指虽然有约定，但基于各种原因没有就归属达成明确的合意，可以通过解释的方法确定最终的归属。假如双方没有就车位、车库达成约定，但业主通过在购房合同中单方面放弃了对车位、车库的所有权，这实际上可以解释为建设单位保留了车位、车库的所有权。

笔者认为，在当事人没有就车位、车库的归属作出约定，或者约定不明时，应当认定车位、车库归归建设单位所有，因为从《民法典》第275条第1款的规定来看，车位、车库的归属由当事人通过出售、附赠或者出租等方式约定，这也意味着车位、车库所有权或者使用权是由建设单位处移转给业主的，据此，如果当事人没有就车位、车库的归属作出约定，或者约定不明，则不应当认定车位、车库的所有权或者使用权发生了变动，即车位、车库仍应当归属于建设单位。

四、占用业主共有道路或者其他场地增设的车位

我国《民法典》第 275 条第 3 款规定："占用业主共有的道路或者其他场地用于停放汽车的车位，属于业主共有。"这就意味着，关于依约定确定车位、车库的归属存在一个例外，即占用业主共有道路或者其他场地增设的车位，不属于建设单位所有，而属于业主的共有财产。《建筑物区分所有权司法解释》第 6 条规定："建筑区划内在规划用于停放汽车的车位之外，占用业主共有道路或者其他场地增设的车位，应当认定为民法典第二百七十五条第二款所称的车位。"这就进一步明确了"占用业主共有的道路或者其他场地而形成的车位归业主所有"这一规则。之所以作出此种规定，主要原因在于：我国《民法典》第 274 条确认了建筑区划内的道路和其他公共场所属于业主共有，因此，建设单位或物业服务企业占用该道路或其他公共场所而用于停放车辆，也不应当改变该道路或公共场所的物权归属，由此形成的车位也应当属于业主的共有财产。如果将此类车位出租，则相关的收益也应当归属于业主。该司法解释进一步将上述规定解释为，即使按照建筑区划，原本不用于停放汽车，只要是占用业主共有道路或者其他场地增设的车位，应当依据《民法典》第 274 条的规定认定其属于业主共有。由此形成的收益也应归属于业主。这就明确了在规划以外利用共有道路和其他场地增设的车位的归属，保障了业主的财产权益。

五、车位、车库应当首先满足业主的需要

《民法典》第 276 条规定："建筑区划内，规划用于停放汽车的车位、车库应当首先满足业主的需要。"依据这一规定，建设单位在修建了车位、车库之后，首先应当满足业主的需要。因为车库、车位本身是业主实现其区分所有权的重要辅助设施，性质上属于小区的配套设施。因此，其功能应当首先满足小区居民的生活需要。在建筑物规划中，一般要对车位、车库作出规定，甚至一些地方已经

强制性要求配套车位、车库的比例。而这些配套车位、车库，显然主要是为了满足业主的需要。此外，强调满足业主的需要也有利于充分发挥物的效益，因为如果不能满足业主的需要，业主要到小区之外寻找车位、车库，从而可能支付高昂的对价以及花费大量的时间成本。

如何理解首先满足业主的需要？所谓首先满足业主需要，是指建设单位在修建了车位、车库之后应当首先将其出租、出售给业主，而不能高价卖给第三人。如果业主有能力购买，则应当出售给业主；如果业主没有能力购买，则应当出租给业主。依据《民法典》第276条的规定，车位、车库首先应当满足业主的需要，不论其他人是否提出了比业主更高的条件，都不能先卖给其他人。当然，满足业主需要只能是合理的需要，这就是说，只要满足业主基本的停车需要，就应认为已经满足了需求。《建筑物区分所有权司法解释》第5条第1款规定："建设单位按照配置比例将车位、车库，以出售、附赠或者出租等方式处分给业主的，应当认定其行为符合民法典第二百七十六条有关'应当首先满足业主的需要'的规定"。依据这一规定，确定是否满足业主的需要，首先考虑根据规划确定的配置比例。《建筑物区分所有权司法解释》第5条第2款规定："前款所称配置比例是指规划确定的建筑区划内规划用于停放汽车的车位、车库与房屋套数的比例。"配置比例在各个地方、各个小区并不完全相同，目前法律也没有对此作出统一规定。但是，规划中都确定了配置比例。例如，配置比例为1∶1，则意味着，每套房屋应当配套建造一个车位或车库。如果每个业主已经按照该配置比例得到了一个车位，就意味着，建设单位已经满足了业主的需要，其可以自行处置剩余的车位。如果建设单位没有按照该配置比例来满足业主的需要，则不能将剩余的车位、车库转让给第三人。

问题在于，如果没有满足需要，建设单位将车位、车库高价转让给业主以外的其他人，业主可否请求确认出卖车位的合同无效？在司法实践中，有法院认为，建设单位违反该规定向业主之外的主体转让车位的，该合同并非无效。例如，在"李某某与北京万通地产股份有限公司等确认合同无效纠纷案"中，法院认为，依据《民法典》第276条的规定，建筑区划内，规划用于停放汽车的车位、车库应当首先满足业主的需要，"该条款虽规定了业主优先获得使用之权利，但该条款并非效力禁止性条款，违反该条款可有其他救济方式，依现有法理不能认为违反该条款即导致合同无效"①。但笔者认为，在没有满足业主合理需要的情况下，必然损害了业主依法应当享有的权益，如果业主不能主张合同无效，相应的立法目的就无法实现。所以，《民法典》第276条的规定，在性质上属于强制性规定，违反了该规定而订立的合同，都应当被宣告无效。②

需要指出的是，车位、车库首先应当满足业主的需要，并不是指只能满足业主的需要。这是因为，根据规划要求，建设单位修建的车位、车库可能并不限于满足本小区业主的需要；如果建设单位修建的车位、车库在满足业主需要之后，仍有大量空余，而周边小区的许多业主又没有车位，在此情况下，完全不允许建设单位将车位、车库卖给或者租给业主以外的人，既不利于满足他人的需要，也不利于发挥物的效用。

第五节　共同管理权

一、共同管理权的概念

所谓共同管理权，是指业主基于专有部分的所有权从而依法享有对业主的共同财产和共同事务进行管理的权利。依据《民法典》第271条，区分所有权包括业主的"共同管理"权。在形成建筑物区分所有关系时，各区分所有人间往往素不相识，如果在形成区分所有以后，仅仅有法律关于单独所有权、共有、相邻关系的规定，虽可有效地解决产权的归属问题，但不能很好地解决各区分所有人有效管理其财产，尤其是对共有财产管理的问题。③ 所以，有必要在《民法典》中

---

① 北京市第三中级人民法院，（2013）三中民终字第01815号民事判决书。

② 参见崔建远：《中国民法典释评·物权编》（上卷），382页，北京，中国人民大学出版社，2020。

③ 参见王冬梅：《浅析我国物权法中的建筑物区分所有权》，载《法治与社会》，2008（4）。

就区分所有人的共同管理权作出规定。

共同管理权在学理上常常被称为"成员权"。成员权和共同管理权的概念各有其特点：成员权强调业主对其共有财产和共同事务进行管理是由其作为业主的资格所决定的，任何人取得了专有部分的所有权，就同时取得了这种成员资格。[①] 而共同管理权的概念强调了权利的内容在于对共同事务的管理，并没有突出业主的成员资格。但考虑到在建筑物区分所有的情况下，业主作为成员所享有的权利，主要还是参与管理，至于其对有关财产获取收益，可以视为其共有权的内容。[②] 所以，《民法典》没有采用成员权，而采用了管理权的概念，这是不无道理的。管理权的性质和特点表现在：

1. 共同管理权是专属于业主的权利

管理权是专属于业主的权利。德国学者认为，在专有所有权（Sondereigentum）之上而产生的身份上的成员权（Mitgliedschaft）属于区分所有权的重要组成部分。[③] 但是德国通说和司法实践并没有承认这一成员权属于区分所有权的重要组成部分[④]，在比较法上，瑞士、奥地利和法国实际上都采纳了二元说的立场。[⑤] 因为管理权是由专有部分的所有权产生的，管理权在性质上是由业主享有的专有部分所有权所决定的，或者说是以各个业主享有的单独的所有权为基础的。任何人取得了专有部分所有权，自然取得了管理权。如果转让了专有部分所有权，其管理权也随之丧失，并由受让人取得成员资格。[⑥] 管理权有时是确保专有部分所有权和共有权实现的手段。所以管理权不能与建筑物区分所有权相分离而单独转让，权利人不得保留专有部分所有权而抵押其共有部分，也不得保留管理权而转让专有部分所有权与共有权。然而，管理权又与专有部分的所有权和共

---

① 参见于大水：《论建筑物区分所有权的成员权——兼评〈中国物权法草案建议稿〉中的相关内容》，载《河北法学》2002（1）。

② 参见《〈中华人民共和国物权法〉条文理解与适用》，224页，北京，人民法院出版社，2007。

③ J. Bärmann：《德国住宅所有权法》，戴东雄译，载《台大法学论丛》，第13卷第1期。

④ Bärmann，NJW 1989，1057。

⑤ 参见《瑞士民法典》第712a条和第712b条，奥地利《住宅所有权法》第1条和第2条，法国1965年7月10日法律的第1条。

⑥ 参见白江：《德国住宅楼管理制度之研究与启示》，载《中外法学》，2008（2）。

有权存在一定的区别。不能简单地将管理权与专有部分的权能等同。① 尤其应当指出，只有成为业主才能享有管理权，而物业服务企业只有具有管理的职能，但它并不享有业主所享有的管理权，它只是受业主委托，依据合同而行使管理权。业主所享有的管理权的范围也要受到单独所有权部分的制约②，例如，业主在就重大事项投票时，要考虑到其专有部分的面积。

2. 共同管理权是一种私法上的权利

我国《民法典》第 240 条关于所有权权能的规定中并无管理权的规定，那么，管理权是否是一种所有权的权能呢？其性质应如何确定？学者大多认为，管理权是私法上的权利和公法上的权利的结合，具有人法和物法性的因素。③ 笔者认为，管理权仍然是一种私法上的权利。其理由在于：第一，由《民法典》规定的管理权由单独所有权决定，由所有权派生出来，而公法上的权利不具有此种性质。管理权是所有权的延伸，是区分所有权的一部分，是确保专属所有权和共有权实现的手段。第二，管理权的内容主要是针对业主的共有财产和共同事务而进行管理。这些事务本质上仍然是私人事务，所以，不宜由政府管理。根据我国《城市居委会组织法》第 2 条的规定，城市居委会负有办理本居住地区居民的公共事务和公益事业、调解民间纠纷、协助维护社会治安、协助人民政府或者它的派出机关做好与居民利益有关的公共卫生、计划生育、优抚救济、青少年教育等项工作的职能。因此，小区居民也要受到居委会的管理，但是，涉及业主共有财产的维护维修等问题，则是居委会所不能管理的。因此，管理权的实现主要体现为一种财产利益，而不是公法上的利益。第三，正是因为管理权体现的是业主私人的利益，所以，管理权的行使要尊重业主的意愿。例如，业主是否行使管理权，应当由业主决定。管理权不能与专有权和共有权相分离而单独转让，但可以基于业主的共同意思将一部分权利委托给他人行使。第四，在《民法典》中规定管理权，就

① 参见段启武：《建筑物区分所有权之研究》，载梁慧星主编：《民商法论丛》，第 1 卷，336 页，北京，法律出版社，1995。
② 参见王泽鉴：《民法物权·通则·所有权》，256 页，北京，中国政法大学出版社，2001。
③ 参见陈华彬：《现代建筑物区分所有权制度研究》，196 页，北京，法律出版社，1995。

意味着该权利受到侵害或者有受到侵害的危险时，可以获得《民法典》的救济。

3. 共同管理权是管理共有财产和共同事务的权利

区分所有权中的管理权是法律赋予业主专门管理业主的共有财产和共同事务的权利，这是区分所有权中的一项重要内容。在独门独院的产权模式下，自己管理自己的财产，不会产生共同管理的问题。但在区分所有的情况下，各个业主已经形成了一种共同关系。在一栋建筑物，特别是在一个小区内，区分所有人人数众多，甚至可能是成千上万的人生活在一起，因此，区分所有人因区分所有而产生了共同生活关系，在这种共同生活关系中必然要管理业主的共同事务，因此区分所有必然产生对共同事务的管理，为了维护此种共同生活关系的秩序，维护共有财产的安全，有必要由全体业主参与管理，这样就产生了管理权的问题。一方面，管理权需要针对共有财产进行管理。小区的共有财产不可能由小区的业主平等占有、使用，除了由业主自行管理物业的以外，不可能由于每个业主实际管理小区的事务，而只能通过业主大会或业主委员会等来实际管理，或者委托有关的物业服务企业或其他管理人对共有财产进行管理。另一方面，管理权要针对共同事务进行管理，这些共同事务包括公共场所的使用、有关物业费的交纳、禁止滥用专有部分所有权、禁止滥搭滥建，等等。但这种管理又不是对自己的事务的管理，而是对共同财产、共同事务的管理。这些共同事务如果不能得到妥善处理，显然无法保障小区的和谐。当然，业主行使管理权要通过一定的程序来进行。业主在行使管理权的同时，也要承担相应的义务，例如，在参与管理的同时，也要支付管理的费用。

4. 共同管理权既是权利又是义务

业主参与对共同事务和共同财产的管理，是业主作为专有部分的所有人和共有权人所享有的基本权利，但也是业主的一项义务，因此业主不得抛弃其管理权。业主在参与管理的同时，其作为共同生活关系的一员，也负有参与共同生活、维护共同秩序的义务。[①] 例如，业主有权参与管理规约的制订，但也负有遵

---

① 参见段启武：《建筑物区分所有权之研究》，载梁慧星主编：《民商法论丛》，第 1 卷，335 页，北京，法律出版社，1995。

守管理规约的义务；业主有权管理共有财产，但也有义务支付管理费用。[①]

二、共同管理权的行使方式

业主行使管理权必须要依据法律、法规和管理规约的规定来具体行使。管理权主要针对的是业主们的共有财产和共同事务，但是，业主无法单独、亲自、实际地管理每一项共同财产和共同事务，所以只能通过法律、法规和管理规约规定的方式来行使管理权。一般来说，管理权的行使方式主要有如下几种。

（1）参与业主大会，行使表决权。各个业主要参与管理的事务，首先要通过参与业主大会行使表决权。表决权既可以由业主本人行使，也可以委托他人代为行使。凡是涉及业主重大利益的事项，都应当依据法律、法规和管理规约的规定，由全体业主召开业主大会共同决定。法律赋予业主所享有的各项权利，如聘请物业服务企业，解聘物业服务企业，都需要通过参与业主大会共同决定的方式才能实现。

（2）参与业主委员会，行使管理权。在一个小区内可能因为业主人数众多，不可能经常召开业主大会，对日常的管理事务，只应当由业主委员会等机构以及业主委托的物业服务企业进行管理。业主有权出席业主大会，选举业主委员会，并有权通过业主大会对业主委员会进行监督或重新选举业主委员会。业主有权参与业委会，管理业主的共有财产和共同事务。而业主委员会只能由业主组成。

（3）共同制订管理规约的权利。管理规约的制订，不仅关系到每个业主的利益，而且对于每个业主都有拘束力。所以，每个业主都应当有权参与业主大会并通过法定的程序制订管理规约。

（4）请求就重要事项召开会议讨论的权利。凡是关系到业主的重大利益的事宜，例如，公共财产的修缮、维护、处分、公共停车场的使用等，如果在管理规

---

① 参见于大水：《论建筑物区分所有权中的共同管理权——兼评〈中国物权法草案建议稿〉中的相关内容》，载《河北法学》，2002（1）。

约中没有作出规定，业主都有权发出动议，请求召开会议，对这些重大事项进行讨论，并在管理规约中予以规定。如果某些业主实施违反共同利益的行为，其他业主有权请求其停止该行为。① 业主有权要求召集业主大会，就有关事务进行讨论。根据《物业管理条例》第 13 条，"业主大会定期会议应当按照业主大会议事规则的规定召开。经 20％以上的业主提议，业主委员会应当组织召开业主大会临时会议"。业主一般要亲自参加会议，但也可以委托他人参加大会。

（5）自行管理物业和小区其他事务的权利。对于小区的物业，可以自行管理，也可以委托他人管理。在自行管理的情形，业主有权直接管理物业和小区其他事务。小区内的物业管理源于业主的共同管理权，并因业主集体将管理事务委托给物业服务企业而产生了物业服务。② 业主通常都委托物业服务企业进行管理，但是，如果业主愿意，他们也可以自行管理小区事务。因为管理权是全体业主都享有的权利，而且管理权的行使关系到全体业主的利益，所以，业主自行管理小区事务应当由全体业主共同进行。不过，全体业主共同管理时，也可以委托部分业主具体进行管理。

（6）请求公开与共同事务相关的信息资料。《建筑物区分所有权司法解释》第 13 条确认了业主的知情权，它是指业主知悉与共同事务相关的信息资料的权利，主要包括建筑区划内涉及业主共有权以及共同管理权相关事项。③ 业主请求的对象既包括物业服务企业，也包括业主委员会等。知情权的内容包括两项：一是请求公开相关信息资料的权利；二是请求查阅相关信息资料的权利。这就是说，业主有权查阅或者请求相关主体公开与业主共同事务相关的情况和信息资料，并有权进行复制。这是业主对其公共事务知情权的行使，因此应当得到法律的保障。

---

① 参见陈华彬：《物权法》，277 页，北京，法律出版社，2004。
② 参见张柳青主编：《物权法审判实务疑难精解》，224 页，北京，中国法制出版社，2007。
③ 参见《最高人民法院建筑物区分所有权、物业服务司法解释理解与适用》，186 页，北京，人民法院出版社，2009。

在享有管理权的同时，业主作为团体成员也应当承担相应的义务。例如，业主应当遵守管理规约、接受管理者管理等。对管理规约和业主委员会基于合法程序作出的决定，业主应当遵守。《民法典》第 280 条规定，业主大会或者业主委员会的决定，对业主具有约束力。实际上，这一规定对业主也施加了一种必须遵守该决定的义务。

三、业主享有管理其物业的权利

业主享有的共同管理权也包括管理其物业的权利。既然业主基于其专有部分的所有权而享有对共有财产和共同事务进行管理的权利，而对物业的管理本身既涉及共有财产的管理，也涉及共同事务的管理。管理物业包括业主自行或者委托物业服务企业以及其他管理人，对建筑物的保存、改良、利用、处分，以及对区分所有权人共同生活秩序的维持等内容进行管理。[①] 物业管理是由业主的共同管理权所派生出来的。业主对于物业管理享有如下权利。

（1）自行管理权。依据《民法典》第 284 条第 1 款，业主可以自行管理建筑物及其附属设施。业主不仅是专有部分的所有权人，而且是共有财产的共有人。所有权人有权自行管理自己的财产，在业主人数较少、物业范围较小的情形下，为节省物业管理的费用，业主完全可以自行管理，而不需要聘请物业服务企业或者其他管理人管理。

（2）自主聘任权。依据《民法典》第 284 条第 1 款，业主可以委托物业服务企业或者其他管理人管理，这就赋予了业主对物业服务企业或者其他管理人的自主聘任权。虽然在业主购买房屋并召开业主大会之前，建设单位可以代业主指定物业服务企业，但是一旦业主陆续搬入并能够召开业主大会，就应当由业主按照法定程序决定是否继续聘用建设单位指定的物业服务企业。需要指出的是，业主

---

① 参见陈俊樵：《论区分所有建筑物之管理组织》，载《中兴法学》，第 24 期。

不仅有权自主聘任物业服务企业来提供物业服务，还可以自主聘任物业服务企业之外的其他管理人来管理。

（3）解聘权。所谓解聘权，是指在建设单位前期聘任了物业服务企业之后，业主也可以通过一定的程序解聘建设单位前期选聘的物业服务企业。《民法典》第284条第2款规定，"对建设单位聘请的物业服务企业或者其他管理人，业主有权依法更换"。在房地产开发过程中，在业主、业主大会选聘物业服务企业之前，建设单位首先要为业主选聘物业服务企业，这对于做好物业的前期管理是必要的。但是，在建设单位选聘了物业服务企业之后，并不是说业主就只能服从其选聘，而丧失了自主聘任和解聘物业服务企业的权利。

（4）监督权。《民法典》第285条规定："物业服务企业或者其他管理人根据业主的委托，依照本法第三编有关物业服务合同的规定管理建筑区划内的建筑物及其附属设施，接受业主的监督，并及时答复业主对物业服务情况提出的询问。"依据这一规定，业主有权监督物业服务企业或者其他管理人的物业管理活动，具体而言：

第一，监督权针对的对象是物业服务企业或者其他管理人的物业服务活动。[1] 物业服务企业或者其他管理人提供物业服务与管理的权限，来自业主的委托。对于物业服务企业或其他管理人超出业主委托范围的行为，业主有权基于违约提起诉讼。因此，业主对物业服务企业或者其他管理人的物业管理活动有权进行监督，物业服务企业或者其他管理人也应当自觉接受业主的监督。

第二，业主监督的依据是法律规定和物业服务合同的约定。这就是说，业主监督的内容是物业服务企业或者其他管理人依据物业服务合同和《民法典》合同编有关物业服务合同的规定管理建筑区划内的建筑物及其附属设施的行为，也就是说，业主监督的目的是督促物业服务企业或者其他管理人更好地履行其依据法律规定和物业服务合同约定所负有的管理义务。

---

① 参见黄薇主编：《中华人民共和国民法典物权编释义》，552页，北京，法律出版社，2020。

第三，物业服务企业或者其他管理人应当及时答复业主对物业服务情况提出的询问。对于各种管理事项、费用支出等事务，物业服务企业或者其他管理人应当通过适当方式予以公示，方便业主行使监督权。《建筑物区分所有权司法解释》第 13 条规定："业主请求公布、查阅下列应当向业主公开的情况和资料的，人民法院应予支持：（一）建筑物及其附属设施的维修资金的筹集、使用情况；（二）管理规约、业主大会议事规则，以及业主大会或者业主委员会的决定及会议记录；（三）物业服务合同、共有部分的使用和收益情况；（四）建筑区划内规划用于停放汽车的车位、车库的处分情况；（五）其他应当向业主公开的情况和资料。"鉴于实践中，一些物业服务企业对物业服务情况不进行及时公布，业主普遍难以获得相关信息的现状，这使业主不仅难以对物业服务企业进行有效监督，而且难以保障自己的合法权益[1]，如物业服务企业私涨物业费，业主有权对物业服务情况提出询问。依据《民法典》第 285 条，物业服务企业或者其他管理人应当及时答复业主对物业服务情况提出的询问。这一规定有利于促进物业服务企业的信息公开，从而保障业主的知情权。

为了充分保障业主的利益，《民法典》合同编专章规定了物业服务合同，明晰了物业服务企业与业主之间的权利义务关系以及相关责任的承担。因而，《民法典》第 285 条规定，"物业服务企业或者其他管理人根据业主的委托，依照本法第三编有关物业服务合同的规定管理建筑区划内的建筑物及其附属设施，接受业主的监督"。通过该引致条款，将合同编物业服务合同的规定导引到物权编，用以指导相关物业服务纠纷的处理，实现《民法典》内部合同编与物权编协同处理物业服务纠纷的局面。

四、业主负有遵守管理规约等义务

（一）遵守法律、法规以及管理规约的义务

所谓管理规约，又称为规约、业主公约、住户规约，是由全体业主通过业主

---

[1] 参见孙宪忠、朱广新主编：《民法典评注 物权编 2》，203 页，北京，中国法制出版社，2020。

大会就物业的管理、使用、维护与所有关系等各方面所制定的规则①，也是由业主制定的有关如何管理、使用和维护共有财产以及规范其相互之间的关系的协议。管理规约只要是依据法定程序制定的，在内容上不违反法律法规的强制性规定，就要对全体业主产生拘束力，全体业主就应当遵守。②

（二）业主的相关行为应当符合节约资源、保护生态环境的要求

小区的环境卫生关系到每个业主的切身利益，同时，小区环境也是城市环境的重要组成部分。如果业主擅自堆放垃圾，污染小区环境，造成小区环境的脏、乱、差，不仅损害了小区环境，也破坏了城市环境。因此，《民法典》第286条明确规定："业主应当遵守法律、法规以及管理规约，相关行为应当符合节约资源、保护生态环境的要求。"依据这一规定，业主都应当负有保护环境、爱护生态的义务，这也是为了实现业主的共同利益。可见，小区环境的维护不仅是物业服务企业的义务，也是每个业主的义务，每个业主都应按照管理规约的规定履行保护生态环境的义务，即业主应当有效利用公共资源，不得随意侵占、浪费公共资源。

（三）配合应急处置措施和其他管理措施的义务

《民法典》第286条第1款规定，业主"对于物业服务企业或者其他管理人执行政府依法实施的应急处置措施和其他管理措施，业主应当依法予以配合"。因此，在发生公共事件等情形下，物业服务企业或者其他物业管理人为依法执行政府的应急处置措施或者其他管理措施，可能会对业主的行为进行一定的限制。例如，发生传染病流行时，政府组织力量进行防治，采取封闭小区、封存一些有污染物的物品、食品等，封闭可能造成传染病扩散的场所等，这既有助于维护公共利益，也有利于维护小区业主的利益。一旦政府依法采取应急措施或者其他管理措施，物业服务企业或者其他管理人应当依法执行，在执行过程中，小区业主也负有配合义务，不得以相关措施损害其利益为由拒不配合。此种义务也是业主应当负有的法定义务。③

---

① 参见万鄂湘主编：《物权法理论与适用》，410页，北京，人民法院出版社，2005。
② 参见张义华：《物权法论》，169页，北京，中国人民公安大学出版社，2004。
③ 参见黄薇主编：《中华人民共和国民法典物权编解读》，274页，北京，中国法制出版社，2020。

第六节　业主大会和业主委员会

一、业主大会

（一）业主大会的性质

《民法典》第 277 条规定："业主可以设立业主大会，选举业主委员会。"业主大会（Wohnungseigentümerversammlung）是指全体业主成立的、管理其共有财产和共同生活事务的自治组织。在建筑物区分所有的情况下，业主有权设立业主大会，并通过业主大会来管理业主的各项共同事务。业主也可以不设立业主大会，而通过书面征求意见表决等方式行使权利。但在建筑物区分所有人人数较多的情形，一般应设立业主大会。

第一，业主大会是业主的意思形成机构。[①] 业主大会是有权决定业主共同事务的唯一合法机构。业主的共同意志通过业主大会的决议表现出来，业主大会的决议是法律赋予业主的权利的具体实现形式。凡是涉及法律规定必须要经过业主大会决定的事项，必须要经过召集业主大会的形式才能作出决定。以业主大会以外的其他形式作出的决议，哪怕是得到了部分业主的同意，都会被认为因违反法定程序而无效。

第二，业主大会是业主依据法定的程序行使共同管理权的组织。一方面，业主大会需要通过会议将业主的个别意志上升为全体业主的共同意志。也就是说，业主大会需要通过业主的审议和表决来形成和实现业主的共同意志。另一方面，法律赋予全体业主所享有的共同管理权，需要通过业主大会才能得以行使。业主委员会是由业主大会选举产生的；而选聘物业服务企业或者其他管理人等重要事务，也需要业主大会来作出决议。

---

① MünchKomm / Engelhardt，WEG，§23，Rn. 1；Bärmann/ Merle，WEG，§23，Rn. 2.

第三，业主大会是一个自治组织，即全体业主所组成的自我管理其共同财产和共同事务的组织。它是一个所有人的联合体，其既不是国家机关，也不是事业单位，更不是营利性的机构，只不过是依照法律和规约而由业主组织起来的组织体。《民法典》第 277 条规定："业主可以设立业主大会，选举业主委员会。"其中使用"设立"一词，表明业主大会并非一个会议，而是一个能够以自己名义享有权利、承担义务的社会组织，而业主委员会只是其执行机关。因为业主大会是依据法定的程序而组织起来的，已经形成为一个组织体。业主大会能够依法独立地享有权利和承担义务。业主可以通过设立业主大会的方式来管理其事务，也可以通过召开会议的方式来形成决定和决议。一旦设立业主大会，就可以通过该组织实际行使权利。业主大会作为一个组织体，可以自己的名义开立账户，并且有自己的意思机关与执行机关，能够订立管理规约，也可以授权业主委员会在对外关系上进行管理行为。

第四，业主大会的职权是由法律、法规的规定以及业主规约的规定来决定的。这就是说，一方面，如果法律、法规直接规定了业主大会的职权，应当依据法律法规的规定。例如《民法典》第 278 条明确规定需要由业主共同决定的事项，必须要通过召集业主大会的形式才能做出决定；另一方面，业主也可以通过管理规约授与业主大会一定的权利。《民法典》关于区分所有制度的规定，不可能对业主大会的权限作非常详尽的规定，因而应当允许业主通过制订管理规约等来弥补法律规定的不足。当然，管理规约的内容不得违反法律法规的强行性规定。

关于业主大会的法律地位问题，对此存在几种不同的观点：一是认为，业主大会是特殊的民事主体，性质上属于其他组织的一种，能够独立享有民事权利，承担民事义务。二是法人说，其认为，业主大会是独立的社会团体法人，例如，在香港，法律承认业主大会属于法人，具有独立的人格，从而可以作为独立于其成员的独立的民事主体。[1] 三是业主集合说。此种观点认为，业主大会只不过是

---

① 参见蔡耀忠：《中国房地产法研究》，397 页，北京，法律出版社，2002。

全体业主的集合而已，不具有独立的民事主体资格。因此业主大会不能以自己的名义独立地起诉与应诉。从国外和有关地区的立法经验来看，业主大会在日本被视为"管理组合法人"，学者常常将其称为"中间法人"①。在德国，虽然没有承认业主团体具有法人资格，但通常认为，业主团体是区别于法人和合伙的有部分权利能力的特别社团（teilrechtsfähiger Verband）②，学者常常将其称为"具有部分权利能力之特别团体"③。美国则称之为"公寓所有人协会"④。在瑞士，楼层所有人共同体能够以自己的名义起诉、被诉或者从事民事活动。⑤ 可见，业主大会也日益被认可为一个独立的民事主体。可以说，这已经成为物权法发展的重要趋势。

我国《民法典》回避了业主大会的民事主体资格以及诉讼主体资格问题。笔者认为，业主大会并不仅仅是全体业主汇集在一起参加某个会议，也不是业主之间的松散联合，而是一个能够以自己的名义享受权利与承担义务的主体。业主大会具有自己的独立财产，业主的一些共有财产，如绿地、道路等，可以登记在业主大会名下。业主大会可以以自己的名义与物业服务企业签订合同，也可以以业主大会自己的名义对外从事民事活动（例如出租广告牌等业主的共有财产）。业主大会也可以对单个业主征收管理费，请求单个业主遵守管理规约。所以，业主大会可以成为一类独立的民事主体，只不过其是否属于法人，尚待进一步探讨。考虑到业主大会毕竟只是代表业主从事各种行为，且不可能因资不抵债而被宣告破产，从而消灭其主体资格，从这个意义上讲，其与法人仍然是有区别的。

（二）业主大会的职权

关于业主大会的职权，《民法典》第 278 条规定了由业主共同决定的事项，该事项实际上也属于业主大会的职权范围。除此之外，法律法规另有规定，以及

---

① 陈华彬：《现代建筑物区分所有权制度研究》，235 页，北京，法律出版社，1995。

② Bamberger/Roth/Hügel，WEG，§ 23，Rn. 10；BGH ZMR 2007，875.

③ 戴东雄：《论建筑物区分所有权之理论基础》，载《法学论丛》第 115 期。

④ Warren Freedman and Jonathan B. Alter，*The Law of Condominia and Property Owners'Associations*. Quorum Books，1992. p. 109-124.

⑤ 参见《瑞士民法典》第 712l 条。

管理规约授与业主大会的职权，也属于业主大会的职权。依据《民法典》第278条的规定，下列事项由业主共同决定。

第一，制定和修改业主大会议事规则。因为业主大会由全体业主组成，各业主之间的利益诉求千差万别，这就需要制定一定的议事规则，如明确如何召集大会，大会按照何种程序进行，如何确定会议议程以及表决方式等。①

第二，制定和修改管理规约。管理规约主要是针对建筑物及其附属设施而制定的。这就是说，如何管理整个建筑物以及各项共有财产，应当由业主在管理规约中加以规定，如果有必要对管理的方法进行变更，可以修改管理规约的规定。管理规约关涉每个业主的利益，对全体业主具有约束力。②

第三，选举业主委员会或者更换业主委员会成员。业主委员会代表全体业主对内决定本小区的日常事务，它是业主大会的执行机关，应当向业主大会负责并受业主大会的监督，业主委员会的成立必须由全体业主召开业主大会，经过民主程序选举产生，从而使其能够真正代表业主的利益，表达业主的意志。

第四，选聘和解聘物业服务企业或者其他管理人。《民法典》第284条规定，业主可以自行管理建筑物及其附属设施，也可以委托物业服务企业或者其他管理人管理。对建设单位聘请的物业服务企业或者其他管理人，业主有权依法更换。但是，业主决定物业管理机构和其他管理人也必须依据一定的程序，毕竟物业管理机构和其他管理人的确定直接关涉业主的切身利益，选聘结果的好坏直接影响到整个小区的管理。

第五，使用建筑物及其附属设施的维修资金。维修资金是专门用于维护和维修共有财产的资金。维修资金属于全体业主共有，经业主决定，可以用于电梯、屋顶、外墙、无障碍设施等共有部分的维修、更新和改造。维修资金的筹集、使用情况应当定期公布。维修资金在性质上属于共有财产，不能随意处分、转让，也不能实际地分割为业主所有；维修资金必须用于特定的目的。关于维修资金的筹集，以及如何使用于建筑物及其附属设施，必须由业主决定。业主大会必须经

---

① 参见黄薇主编：《中华人民共和国民法典物权编释义》，522页，北京，法律出版社，2020。
② 参见黄薇主编：《中华人民共和国民法典物权编释义》，523页，北京，法律出版社，2020。

过一定的程序，才能够作出如何筹集和使用维修资金的决定。

第六，筹集建筑物及其附属设施的补充维修资金。实践中，维修资金是由购房人按照每平方米的标准缴纳，一般在买房时就需要交维修基金，但在购房之后，如果因为修缮、改建、重建建筑物及其附属设施，需要补充维修资金，就需要由业主依据一定的程序共同决定。

第七，修缮、改建、重建建筑物及其附属设施。所谓修缮实际上就是指对建筑物进行检修和维护。改建是指对建筑物及其附属建设进行局部的改造。而重建是指建筑物及其附属设施全部重新建造。修缮、改建、重建都构成对建筑物的重大变化，既要动用公共维修资金，也可能需要重新筹集款项，同时可能改变小区建筑物的原有规划，所以必须要业主依据法定的程序作出决定。

第八，改变共有部分的用途或者利用共有部分从事经营活动。该款包括两种情形：一是改变共有部分的用途。例如，将其他空地改建为停车场。二是利用共有部分从事经营性活动。例如，通过租赁的方式，将外墙面交给他人设置广告；或者允许广告公司在电梯内设置广告屏、广告牌等。

第九，有关共有和共同管理权利的其他重大事项。该款实际上是兜底条款，凡是关系到业主的重大利益的事宜，例如公共财产的修缮、维护、处分、公共停车场的使用等，如果在管理规约中没有作出规定，各个业主都有权提出动议，请求召开会议，要求业主大会对这些重大事项进行讨论，或者在管理规约中予以规定。

（三）业主大会的表决程序

业主大会的决定是否具有合法性，并能够对全体业主产生拘束力，很大程度上取决于业主大会所作出的决定是否符合法定的程序。

1. 到会人数必须达到三分之二

鉴于《物权法》关于业主共同决定的重大事项的表决程序要求较高，实践中难以达到法定比例，导致作出共同决议较难，为了降低决议门槛，《民法典》物权编将《物权法》所规定的表决程序作出了重要修改[①]，即不要求全体业主参与

---

① 参见黄薇主编：《中华人民共和国民法典物权编释义》，527 页，北京，法律出版社，2020。

表决，而仅要求专有部分面积占比 2/3 以上的业主且人数占比 2/3 以上的业主参与表决。《民法典》第 278 条第 2 款规定："业主共同决定事项，应当由专有部分面积占比三分之二以上的业主且人数占比三分之二以上的业主参与表决。"这就是说，对于应当由业主共同决定的事项，并不要求必须全体业主参与，而只要符合占专有部分面积 2/3 以上的业主和占人数 2/3 以上的业主参与表决的要求即可。其中对于专有面积的确定应当按照登记簿为准，未登记的应当按照测绘机构的实测面积计算，未实测的按照合同记载的面积计算。[①]

2. 协调专有部分面积和业主人数之间的关系

在表决权计算中，有人数决与面积决两种不同的方式。[②] 依据《民法典》的规定，在业主就共同决定事项进行表决时，既要考虑专有部分的面积，也要考虑业主的人数。一方面，如果只是考虑业主人数，对占有较大部分专有部分面积的业主并不公平，因为物业的管理既涉及专有部分权益的保障，也涉及业主共有部分的保障，这与业主专有部分面积的大小存在直接关联。另一方面，也不能仅仅考虑专有部分的面积，因为业主共同决定的事项也应当兼顾每个业主的利益。因此，《民法典》物权编在规定业主表决条件时，同时要求具备专有部分面积条件和业主人数条件，目的就是更好地协调专有部分面积与业主人数之间的关系。

《建筑物区分所有权司法解释》第 9 条规定，"民法典第二百七十八条第二款规定的业主人数可以按照专有部分的数量计算，一个专有部分按一人计算。但建设单位尚未出售和虽已出售但尚未交付的部分，以及同一买受人拥有一个以上专有部分的，按一人计算。"这就是说，业主人数可以按照专有部分的数量计算，一个专有部分计为一名业主，但是有两项例外：一是建设单位有大量尚未出售或者虽然已经出售但尚未交付的专有部分时，如果允许将其计算为多名业主，那么将导致建设单位拥有不合理的表决票数，因此，司法解释例外将这种情况视作一名业主，计为一票。二是一人在一个小区或一个建筑物内购买多套房屋时，司法解释要求同样将其按照一名业主进行对待。

---

① 参见黄薇主编：《中华人民共和国民法典物权编解读》，222 页，北京，中国法制出版社，2020。

② 参见孙宪忠、朱广新主编：《民法典评注 物权编》，138 页，北京，中国法制出版社，2020。

3. 区分不同的表决事项设置不同的表决条件

鉴于业主共同决定的事项对业主利益的影响程度不同,《民法典》物权编延续了《物权法》的做法,针对不同表决事项规定了不同的表决条件,具体而言,区分了两类情况。

第一,《民法典》第 278 条第 6 项至第 8 项所规定的事项,具体包括:一是筹集建筑物及其附属设施的维修资金;二是改建、重建建筑物及其附属设施;三是改变共有部分的用途或者利用共有部分从事经营活动。由于这些事项属于较为重大的事项,关系到所有业主的切身利益,出于慎重决定的要求,对于以上事项,应当经参与表决占专有部分面积 3/4 以上的业主且参与表决人数 3/4 以上的业主同意。①

第二,《民法典》第 278 条第 1 项至第 5 项所规定的事项,以及其他重大事项,具体包括:一是制定和修改业主大会议事规则;二是制定和修改管理规约;三是选举业委员会或者更换业主委员会成员;四是选聘和解聘物业服务企业或者其他管理人;五是使用建筑物及其附属设施的维修资金;六是有关共有和共同管理权利的其他重大事项。对于上述事项,应当经参与表决占专有部分面积过半数的业主且参与表决人数过半数的业主同意。

依据《民法典》第 278 条的规定,对于上述两类事项的表决,仅需要经参与表决的业主达到法定比例要求即可,而不需要经全体业主表决。一旦表决程序和表决条件符合法律要求,即对全体业主产生拘束力,其他业主即便没有参与表决,也应当受到该决议的拘束。

二、业主委员会

(一)业主委员会的性质

《民法典》第 277 条规定:"业主可以设立业主大会,选举业主委员会"。业

---

① 参见黄薇主编:《中华人民共和国民法典物权编解读》,223～224 页,北京,中国法制出版社,2020。

主委员会是业主大会的执行机构，受业主大会委托而管理全体业主的共有财产或者共同生活事务。[①] 业主委员会是业主管理其物业的自治机构，在法律上准确界定业主委员会的性质，对于有效管理物业、维护业主合法权益具有重要意义。依据《民法典》物权编的规定，业主委员会具有如下特征。

第一，它是业主大会的执行机构。在一个小区内可能业主人数众多，平时很难召集各种业主大会，因此有必要通过业主委员会来具体执行管理规约和业主大会的决议。[②] 业主委员会本身不能独立于业主大会而存在，它是业主大会的常设机构。在业主大会闭会期间，业主委员会要依据业主大会的授权而具体执行业主大会的各项决定。我国《物业管理条例》第 15 条已经界定了业主委员会的性质，《民法典》虽然对此没有明确规定，但从其作出的相关规定来看，可以看出业委会主要是业主大会的执行机构。

第二，它是由业主依据法定的程序所组成的。一方面，只有业主才能有资格被选举为业主委员会成员。因为毕竟业主委员会是业主进行自主管理的一种形式，它不需要也不可能由非业主参与其事务的管理。另一方面，业主委员会必须由业主大会经一定的民主程序选举产生。依据《民法典》第 278 条的规定，选举业主委员会或者更换业主委员会成员，应当由专有面积占比 2/3 以上业主且人数占比 2/3 以上的业主参与表决，而且经参与表决专有部分面积过半数的业主且参与表决人数过半数的业主同意。

第三，它的主要职责是维护全体业主的权益。业主委员会是由业主选举产生的。《民法典》并没有对业主委员会的职权作出规定，主要是考虑到业主委员会并不是行政机构，也不是有偿的代理机构，它是由全体业主通过法定的程序选举出来的代表业主管理事务的机构，作为共同行使共有财产权和共同事务管理权的自治组织，其主要职责是基于法律法规和业主的委托，维护全体业主的共同利益。业主委员会要维护全体业主的共同利益，如对共有部分的养护、管理和使用；在必要时，可以对个别业主违反管理规约处置其专有部分的行为进行制止。

① 参见崔建远：《中国民法典释评·物权编》（上卷），386 页，北京，中国人民大学出版社，2020。
② 参见韩松等：《物权法所有权编》，238 页，北京，中国人民大学出版社，2007。

业主委员会活动的费用应当由全体业主来承担。

业主可以设立业主委员会，也可不设立业主委员会。针对实践中选举业主委员会较为困难的问题，《民法典》第277条第2款规定：“地方人民政府有关部门、居民委员会应当对设立业主大会和选举业主委员会给予指导和协助。”

（二）业主委员会的职权

由于业主委员会本质上只是业主大会的执行机构，因而，其职权应当由法律、行政法规、管理规约和业主大会来决定。业主委员会的基本宗旨在于维护业主基本权利，管理好业主的共同财产和共同事务。《物业管理条例》等有关规定就业主委员会的职权作出了规制，最高人民法院《物业服务纠纷司法解释》进一步明确了业主委员会的职权，依据上述规定，业主委员会主要享有以下职权。

（1）受全体业主的委托，与物业服务企业订立物业服务合同。即便某个业主未参与物业服务合同的订立，只要业主委员会基于合法的授权与建设单位签订了前期物业服务合同，则该合同对业主均发生效力。单个业主享有合同中的相应权利，也应当承担相应的义务。① 不过，业主委员会只是代表全体业主订立合同，其本身并不是合同主体，主要理由在于：

第一，从法律关系上说，业主委员会只是受业主大会的授权，代表业主大会签订物业服务合同，而不是代表自己签订物业服务合同，其本身不是合同当事人。

第二，从权利能力上说，权利能力是指“成为权利和义务载体的能力”②，业主委员会并不具有民事主体资格，并不是“民法上的人”。业主委员会本身没有独立的财产，也无法承担独立的责任，其行使各项职责、参与诉讼等活动均是为业主而行为，因此不能将其作为物业服务合同的一方当事人，合同主体应当是全体业主，而不是业主委员会。

第三，从合同履行来看，物业服务合同涉及共有财产的利用，而业主委员会

---

① 参见《最高人民法院建筑物区分所有权、物业服务司法解释理解与适用》，255页，北京，人民法院出版社，2009。

② ［德］梅迪库斯：《德国民法总论》，邵建东译，781页，北京，法律出版社，2001。

并非共有财产的权利人，其本身无独立财产、无法履行合同。因此，业主委员会只是在业主授权的范围内代表全体业主签订合同，其本身并不能成为合同的一方当事人。

（2）受全体业主的委托，请求确认物业服务合同无效或者部分无效的权利。订立物业服务合同的目的，主要在于规范业主与物业服务企业之间的相互关系，保障小区内建筑物及其附属设施的有效运转，维护小区内业主的财产安全和良好的居住环境。但物业服务企业不得利用合同规避其应承担的主要义务。[①] 如果物业服务合同中有免除物业服务企业责任、加重业主委员会或者业主责任、排除业主委员会或者业主主要权利的条款，业主委员会也有权请求确认该合同条款无效。这实际上赋予业主委员会请求确认物业服务合同无效的权利，不过，该权利是基于全体业主的委托而产生的，在行使权利时也应当以全体业主的名义进行。

（3）受全体业主的委托，请求解除物业服务合同的权利。依据《民法典》第278条第1款第4项，业主大会有权共同决定解聘物业服务企业或者其他管理人。依据这一规定，只要业主大会依据法定程序作出解聘物业服务企业的决定，业主委员会就应当执行该决定。如果物业服务企业拒绝接受解聘，则业主委员会有权请求解除物业服务合同。笔者认为，根据这一规定，只是确立了相关的程序，即解除物业服务合同应当遵循相应的程序，但是否赋予了业主任意解除权，仍值得探讨。笔者认为，该条主要是强调物业服务合同的解除程序，而并未赋予业主任意解除权。相反，物业服务业企业的解聘以及物业服务合同的解除都需要按照物权编与合同编所规定的条件与程序依法行使，不能由业主任意且自由地行使。

（4）受全体业主的委托，在合同终止后，请求物业服务企业退出和移交的权利。依据《民法典》第949条的规定，在物业服务合同权利义务终止后，物业服务企业应及时退出物业服务区域等，其属于后合同义务的范畴，如果其拒绝履行该义务，实际上已经构成侵权，业主委员会可以请求其履行该义务，造成业主损

---

① 参见《最高人民法院建筑物区分所有权、物业服务司法解释理解与适用》，268页，北京，人民法院出版社，2009。

失的，应赔偿损失。

三、业主大会和业主委员会决定的效力

业主大会和业主委员会的决定，在性质上属于决议行为，只要作出决定的程序是合法的，即使某个或某几个业主不同意该决定，也必须受该决议的约束。《民法典》第 280 条第 1 款规定："业主大会或者业主委员会的决定，对业主具有法律约束力。"依据这一规定，业主大会或者业主委员会的决定，对业主具有约束力。因为业主大会和业主委员会作为自我管理的权力机构和执行机构，所作决议是业主作为共有人，按约定管理共有不动产的产物。[①]

为了防止业主大会或者业主委员会违反法律或规约的规定作出决定，避免少数业主委员会成员受利益驱使作出危害大多数业主的行为，《民法典》第 280 条第 2 款规定："业主大会或者业主委员会作出的决定侵害业主合法权益的，受侵害的业主可以请求人民法院予以撤销。"这就赋予了受侵害的业主以撤销权。该撤销权的行使必须符合如下条件。

一是撤销的对象针对的是业主大会或者业主委员会作出的违法决定。也就是说，撤销权不是针对某人的行为，而是针对决议行为。依据《建筑物区分所有权司法解释》第 12 条，此类决定之所以构成违法一方面损害了业主的合法权益，另一方面违反了法律规定的程序，因此应当被撤销。

二是该决定侵害了业主的利益。如果业主委员会作出决定，损害了业主的专有部分所有权，受侵害的业主可以请求撤销。例如，在"上海市嘉定区东方豪园小区第一届业主委员会与金玮、王海英等业主撤销权纠纷案"[②] 中，上海市第二中级人民法院认为，"业主大会或者业主委员会作出的决定侵害业主合法权益的，受侵害的业主可以请求人民法院予以撤销。合法权益的范围应是业主实体权利或

①　参见孙宪忠、朱广新主编：《民法典评注　物权编2》，154 页，北京，中国法制出版社，2020。

②　上海市嘉定区人民法院（2020）沪 0114 民初 15975 号民事判决书；上海市第二中级人民法院（2020）沪 02 民终 11164 号民事判决书。

重大程序权利，而不应是少数业主超过权利需要的个性化、中间过程性的权利，且该权益应该是明确、具体的，而非抽象的、概念化的"。

三是主张撤销权的业主应当是权益受到侵害的业主，也就是受害人，非受害人不能请求法院撤销。[①]

四是撤销权的行使必须在法定期限内作出。《建筑物区分所有权司法解释》第 12 条规定："业主以业主大会或者业主委员会作出的决定侵害其合法权益或者违反了法律规定的程序为由，依据民法典第二百八十条第二款的规定请求人民法院撤销该决定的，应当在知道或者应当知道业主大会或者业主委员会作出决定之日起一年内行使。"该条明确了撤销权行使的除斥期间为 1 年，超过该期限，则撤销权消灭。

如果业主大会和业主委员会侵害业主的共同管理权，损害了业主的利益，例如剥夺了业主的投票权，参与业委会的管理权等，业主有权针对业主大会和业主委员会提起诉讼，主张权利，此类诉讼属于侵权之诉。

四、业主、业主大会和业主委员会的请求权

（一）业主大会和业主委员会的请求权

我国《民法典》虽然没有对业主大会和业主委员会的法律地位和诉讼主体资格作出规定，但《民法典》第 286 条第 2 款规定："业主大会或者业主委员会，对任意弃置垃圾、排放污染物或者噪声、违反规定饲养动物、违章搭建、侵占通道、拒付物业费等损害他人合法权益的行为，有权依照法律、法规以及管理规约，请求行为人停止侵害、排除妨害、消除危险、恢复原状、赔偿损失。"从该条规定来看，其实际上明确了在业主实施上述行为的情形下，业主大会和业主委员会可以作为原告提起诉讼。《民法典》作出此种规定的必要性在于，业主大会和业主委员会是管理规约的"执法者"和业主共同利益的维护者。因此，在业主

---

① 参见王利明、尹飞、程啸：《中国物权法教程》，240～241 页，北京，人民法院出版社，2007。

实施任意弃置垃圾、排放污染物或者噪声、违反规定饲养动物、违章搭建、侵占通道、拒付物业费等损害他人合法权益等行为时，如果不允许业主大会和业主委员会提出请求，则不利于及时制止此类违法行为。尤其是针对这些行为，单个业主难以提出请求，因此有必要承认业主大会和业主委员会向行为人提出请求的权利。但《民法典》对业主大会或业主委员会提起诉讼的权利并没有作出明确的规定，立法者认为，鉴于许多小区还没有成立业主大会和业主委员会，因此目前暂不宜对此作出规定。对侵害业主共同权益的纠纷，可以通过民事诉讼法的相关规定，推选代表人进行诉讼。①

《民法典》第 286 条第 2 款的规定承认了在业主违反法律、法规以及管理规约的情形下，业主大会或业主委员会有权向行为人提出请求，其请求权包括两个方面：一是业主大会和业主委员会针对侵害相邻关系的行为，有权请求行为人停止侵害、消除危险、排除妨害。《民法典》第 286 条规定，业主大会或业主委员会除有权要求违反法律法规以及管理规约、侵害他人权益的业主承担停止侵害、排除妨害、消除危险、赔偿损失等民事责任外，还可要求其承担"恢复原状"的民事责任。《民法典》第 286 条第 2 款新增了"恢复原状"请求权，如果不增加此种请求权，就不利于保护业主的利益，尤其是对于私搭乱建、占用通道等行为，只有通过恢复原状才能很好地解决这一问题。二是业主大会和业主委员会可以主张侵权损害赔偿请求权。业主大会和业主委员会在提出请求时，应当依据法律、法规以及管理规约的规定。业主大会和业主委员会行使这些请求权，既可以直接向行为人提出请求，也可以向法院提起诉讼，请求行为人承担相应的责任，因此，从这一意义上讲，可以说在一定程度上承认了业主大会和业主委员会的诉讼主体资格。② 如果业主组织能够采取一定的行动来制止侵害行为，就可以实现纠纷解决的效率性，而无须启动司法程序去解决。当然，业主大会和业主委员会在提出请求时，应当依据一定的程序或者依据管理规约进行。

① 参见黄薇主编：《中华人民共和国民法典物权编解读》，276 页，北京，中国法制出版社，2020。
② 参见孙宪忠、朱广新主编：《民法典评注 物权编 2》，124 页，北京，中国法制出版社，2020。

（二）业主针对侵害自己合法权益行为的请求权

在小区物业范围内，相关的侵害行为并不当然是针对业主共有财产或者针对不特定的人实施的，其也可能侵害单个业主的权利，因此，没有必要都通过业主大会和业主委员会提出请求，遭受侵害的业主也有权依法提出请求。对此，《民法典》第287条规定："业主对建设单位、物业服务企业或者其他管理人以及其他业主侵害自己合法权益的行为，有权请求其承担民事责任。"本条所规定的业主应当是单个的业主，即对《民法典》第286条所规定的私搭乱建等行为，单个的业主有权提出请求。业主依据本条规定可以提出请求主要包括：一是物权请求权。也就是说，如果行为人的行为侵害了单个业主的物权，该业主有权主张物权请求权。例如，行为人在自己窗外私搭乱建，影响楼下业主的采光或者影响其建筑物安全的，权利人有权主张物权请求权，请求行为人排除妨害、消除危险。二是侵权损害赔偿请求权。如其他业主私搭乱建等行为侵害了业主的合法权益，业主有权主张侵权损害赔偿请求权。三是人格权请求权。例如，行为人长期在小区内制造噪声，影响到某业主的健康的，该业主有权主张人格权请求权，请求行为人停止侵害。① 四是违约请求权。例如，物业服务企业违反物业服务合同的规定，违规收费，或者未提供约定的物业服务等，业主有权主张违约责任。也就是说，该条所规定的民事责任既包括侵权责任，也包括违约责任。而且从该条规定可以看出，在其他业主实施私搭乱建、占用通道等行为时，即便业主委员会或者业主大会没有提出请求，单个的业主也可以提出请求，这对于保护业主的利益是十分必要的。

《民法典》第286条第3款规定："业主或者其他行为人拒不履行相关义务的，有关当事人可以向有关行政主管部门报告或者投诉，有关行政主管部门应当依法处理。"此处所说的当事人包括业主、业主大会、业主委员会。② 该条之所以要求有关行政主管部门依法处理，主要是因为此类纠纷本就属于有关行政主管部门职责的范围，因为业主和其他行为人实施了有关私搭乱建、侵占通道、排放

---

① 参见黄薇主编：《中华人民共和国民法典物权编解读》，276页，北京，中国法制出版社，2020。
② 参见崔建远：《中国民法典释评·物权编》（上卷），413页，北京，中国人民大学出版社，2020。

污染物的行为，这些行为实际上涉及不同的行政机关管理职责，理应由其解决。例如，私搭乱建行为应当由城市管理部门管理，排放污染物应由环保部门管理，侵占通道应由有关行政管理部门管理，针对存在侵权业主不履行相应的作为义务和承担相应民事责任的现实，公力救济的介入是必须的和必要的。行为人拒不履行相关义务的，受害人或者其他业主通过及时向有关行政主管部门投诉，由行政主管部门解决，这既有利于及时解决纠纷，也有利于避免群体性事件的发生，如果此类纠纷都通过法院解决，也不利于纠纷及时解决。

第七节　管理规约

一、管理规约的概念和特征

所谓管理规约（Gemeinschaftsordnung），又称为规约、业主公约，住户规约，是由全体业主通过业主大会就物业的管理、适用、维护与所有关系等各方面所制订的规则①，也是指由业主制定的有关如何管理、使用和维护共有财产以及规范其相互之间的关系的协议。从物权法发展趋势来看，各国法律越来越重视管理规约在规范区分所有人之间的关系、管理共同财产方面的作用。"法律适应现实需要，各国相邻关系立法也从私法调整过渡到私法、公法调整，再过渡到私法、公法及自律法调整。"② 在美国，许多学者认为，小区内的业主们组成了一个限制更多的"小社会"。需要通过管理规约安排其共同生活。③ "有些人搬进小区居住，是因为他们喜欢居住在居民的行为被严格的规则组织起来的社区里"④。我国《民法典》第286条第1款规定："业主应当遵守法律、法规以及管理规

---

① 参见万鄂湘主编：《物权法理论与适用》，410页，北京，人民法院出版社，2005。

② 陈华彬：《物权法原理》，362页，北京，国家行政学院出版社，1998。

③ Hidden Harbour Estates, Inc. v. Norman, 309 So. 2d 180, 182 (Fla. Dist. Ct. App. 1975).

④ David E. Grassmick, "Minding the Neighbor's Business: Just How Far Can Condominium Owner's Associations Go In Deciding Who Can Move Into The Building?", 2002 *U. Ill. L. Rev.* 185.

约"，这就强调了管理规约的重要性。

管理规约的特点在于：第一，管理规约是业主自治的产物。管理规约在性质上属于民法中的共同行为，依物法自治原则，只要按照一定的表决程序作出决定，就应当对全体业主产生拘束力。依据《民法典》的相关规定，业主有权在不违反法律法规的情况下，自主地决定有关其共同事务管理的一切规则。例如，禁止饲养有危害或困扰他人之虞的动物、禁止遛狗时间过晚影响邻人的休息、禁止在露天场所开舞会而影响邻人的休息、禁止不法占用共有部分堆放物品、禁止滥搭滥建，等等。这些都可以通过管理规约加以确定。① 管理规约涉及业主之间权利义务关系的规定，属于自治法和自治规则。它不仅是规范业主行为的规则②，也是物业管理的依据。

第二，管理规约是全体业主共同意志的产物，性质上属于一种共同行为。管理规约是各业主对共同事项一致的意思表示，类似于公司章程，全体业主必须要严格遵守。③ 具体来说：一方面，管理规约一旦生效，对全体业主产生拘束力。业主违反了管理规约，也应当承担违约责任。另一方面，如果管理规约违反了法律法规和公序良俗，业主可以基于合同法关于合同无效的规定请求撤销。当然，作为共同行为，管理规约和一般合同还是存在一定区别的，因为一般的合同的订立必须要双方当事人形成合意，而管理规约并不一定要求全体业主都表示同意。此外，管理规约并不要求每个业主都参与订立，即便某一业主是在管理规约通过后，购买他人房屋而取得业主身份，其也应当遵守管理规约的规定。

第三，管理规约是经过法定的程序而制订的。它是按照少数服从多数的原则制订的。④ 依据《民法典》第278条第1款第2项的规定，制定和修改建筑物及其附属设施的管理规约，应当由专有部分面积占比2/3以上的业主且人数占比2/3以上的业主参与表决。应当经参与表决专有部分面积过半数的业主且参

---

① 参见万鄂湘主编：《物权法理论与适用》，43页，北京，人民法院出版社，2005。
② 参见陈华彬：《现代建筑物区分所有权制度研究》，217页，北京，法律出版社，1995。
③ 参见王泽鉴：《民法物权》，第1册，263页，北京，中国政法大学出版社，2001。
④ 参见王泽鉴：《民法物权》，第1册，263页，台北，自版，2001。

与表决人数过半数的业主同意。只要管理规约是全体业主共同意思的表示，没有违反法律的强制性规定以及公序良俗，则管理规约经过法定的程序制定后，就应当生效，并对全体业主产生拘束力。管理规约作为一种共同行为，可以视为全体业主依据法定的程序集体签订的合同，所以，其可以适用法律有关合同的有关规定。[①]

第四，管理规约是针对物业的管理和业主的行为而制定的规则。根据《民法典》第 278 条的规定，管理规约并不只涉及物业管理企业如何管理建筑物的方式和具体内容，而且涉及业主相互之间权利义务的约定。管理规约作为业主自治的产物，应当由业主在法律规定的范围内决定。但是，通常说来，管理规约基本上包括两部分：一方面，针对物的管理。特别是对建筑物及其附属设施的使用和维护等问题，需要制定管理规约加以确定。例如，小区内是否禁止将住宅改为经营性用房等都必须通过管理规约加以确定。管理规约也可以针对共有财产的利用作出规定，例如，全体按照法定程序规定，对于一楼的业主，由于其并不使用楼梯、电梯，因此其可以不承担电梯、楼梯的日常维护费用。[②] 但是，对于共同生活的一些规则也应当在管理规约中加以明确，管理规约主要是对共有部分和共同事业作出的约定，它是对全体业主的共同事务作出的规定，而不能干涉专有部分的使用权。[③] 例如，管理规约不能对房屋的出租给他人居住作出限制，但如果将房屋出租给他人经营，该规约也可以作出限制。另一方面，针对业主行为作出规范。这就是说，管理规约要具体针对业主的共同生活作出规定。例如，禁止滥搭滥建、禁止业主携带危险物品进入社区、禁止饲养危险的动物、禁止利用专有部分的所有权从事违法活动、业主依法交纳物业费和其他费用，等等。所以，管理规约也可以说是业主行为的基本准则。

管理规约中是否可以规定业主违反规约所采取的制裁措施？严格地说，业

[①]　参见申卫星：《自治与受制之法律基石》，载蔡耀忠主编：《物权法报告》，44 页，北京，中信出版社，2005。

[②]　参见王轶：《物权法的任意性规范及其适用》，载《法律适用》，2007（5）。

[③]　参见申卫星：《自治与受制之法律基石》，载蔡耀忠主编：《物权法报告》，38 页，北京，中信出版社，2005。

主团体本身并不享有处罚的权力。但是，为了保障管理规约能够得到有效实施，管理规约也可以规定，在住户违反管理规约的情况下，采取一些必要措施保障管理规约的实施。例如，业主委员会和物业服务企业有权对违反管理规约的行为予以制止或者召集有关当事人进行处理，必要时也可以请求有关政府机构进行处理。

二、管理规约的效力

管理规约只要是依据法定程序制定的，在内容上不违反法律法规的强制性规定，就要对全体业主产生拘束力，全体业主就应当遵守。[①] 我国《民法典》第 286 条规定，"业主应当遵守法律、法规以及管理规约"。该条实际上包含了如下几个方面的含义。

首先，管理规约是对所有业主都具有普遍约束力的规范，不论业主是否参与了制定，也不问其入住的先后，或其是否同意该管理规约，同一小区内的所有业主都应该受管理规约的拘束。甚至除了业主之外，业主的权利继受者（包括受让人和承租人等）都要受到管理规约的约束。[②] 法律上之所以要规定管理规约，是因为各个小区管理的具体情况千差万别，内容十分庞杂烦琐，法律不可能一刀切式地就这些细节问题作出统一规定。另外，法律许可全体业主制订管理规约来管理他们的小区，这体现了业主的共同意志和业主自治的精神。如果在管理规约制订之后，业主都能够遵守管理规约的规定，自觉地约束自己的行为，就能极大地减少纠纷的发生，使很多矛盾消解在社区之内。

《民法典》第 280 条规定："业主大会或者业主委员会作出的决定侵害业主合法权益的，受侵害的业主可以请求人民法院予以撤销"。此处所说的"决定"

---

① 参见张义华：《物权法论》，169 页，北京，中国人民公安大学出版社，2004。

② 依据《德国住宅所有权法》第 15 条和第 10 条，对专有所有权和共同所有权所属物的使用作出的规定，只有在登记后对继受人有效。不过，依据某些学者的观点，第 21 条第 5 款的楼房规约（Hausord-nung）并不当然地对第三人有效，因此在出租房屋时，业主必须在租赁合同条款中予以载明，要求承租人遵守规约。Bärmann/ Merle, WEG, §21, Rn. 65.

是否包括管理规约？从广义上说，管理规约是业主大会制订的，也属于业主大会的决定，但从《民法典》的规定来看，管理规约与业主大会的决定是有区别的。所谓业主大会的决定是指业主大会通过的除管理规约的关于物业管理、共同生活等方面事项的具体决定。业主大会的决定是对具体事项所作出的特别规定，而管理规约是就物业管理和业主行为的一般规定，它可以普遍适用于同类事项。如果业主大会的决定侵害了业主利益，业主可以请求撤销，但是，为了尊重业主的自治权，管理规约从整体上是不能撤销的。当然，如果管理规约的个别条款可能导致某一个或者某几个业主的权益遭受侵害（例如，管理规约规定临街的窗户必须安装栅栏），受害的业主可以请求撤销个别条款。[①] 如果管理规约违反了法律法规的强制性规定，业主可以基于合同的规定而主张无效。例如，管理规约禁止业主出租房屋，可以认为，这违反了公序良俗，从而导致管理规约的相应条款无效。此外，管理规约本身并不针对某个特定的个体，而只是针对公共事务和程序性事项，如果针对具体的业主作出规定，就超出了管理规约的范围。

其次，对业主的重大事务和共有财产的管理，必须要通过管理规约来实现。《民法典》第 279 条规定："业主不得违反法律、法规以及管理规约，将住宅改变为经营性用房。业主将住宅改变为经营性用房的，除遵守法律、法规以及管理规约外，应当经有利害关系的业主同意。"第 286 条规定："业主应当遵守法律、法规以及管理规约。"这就将管理规约的效力置于与法律、法规的效力同等对待的地位，表明了管理规约的重要性。

最后，业主之间的纠纷如果不能通过管理规约来解决，则最终需要通过司法程序来解决。法院在处理纠纷时，也必须要依据管理规约来处理。例如，因拖欠物业费、取暖费等问题而引发的纠纷，业主以物业公司服务不到位为由拒不支付，法院在确定何种情况下构成服务不到位，或者在何种情况下业主必须支付各种费用，必须要根据管理规约来确定。《民法典》第 286 条规定，"业主应当遵守

---

①　参见《德国住宅所有权法》第 43 条。

法律、法规以及管理规约"。该条实际上也要求法院在处理有关纠纷中要以管理规约为依据。

关于管理规约是否需要登记和公示的问题，对此存在不同的看法。笔者认为，既然管理规约可以对不特定的第三人（尤其是业主的权利继受者）产生拘束力，因此，应当通过一定的方式使这些第三方能够事先知晓其内容。所以，对管理规约采取一定的公示方式也是必要的。

三、管理规约的修改

如果因为客观情况的变化，需要修改管理规约，业主可以请求召开业主大会，对管理规约进行修改。例如，关于物业费的分摊方式，如果少数业主认为对其不合理，可以请求召开业主大会予以修改。关于管理规约的修改程序，《民法典》第278条第1款第2项明确规定，制定和修改建筑物及其附属设施的管理规约应当由业主共同决定，并且必须要经过专有部分占建筑物总面积过半数的业主且占总人数过半数的业主同意。

第八节　侵害建筑物区分所有的救济

一、建筑物区分所有中的共同生活关系具有特殊性

所谓建筑物区分所有中的相邻关系，是指在建筑物区分所有中，因为业主行使专有部分所有权和共有权而形成的有关通风、采光等相邻关系。关于建筑物区分所有权是否应当包括相邻权，理论上有不同看法。

1. 准用相邻关系规则说

此种观点认为，建筑物区分所有制度中的相邻关系不具有特殊性，可以适用相邻关系的一般规则，而不必设立独立的相邻关系制度。

2. 不动产役权说

此种观点认为，在建筑物区分所有的情况下，为调整相邻或相近的不动产权利人之间的关系，应设独立的不动产役权制度，辅之有关相邻关系的法律规范。① 其主要根据在于，"役权"不仅具有鲜明的法律特性，而且包含着"相邻"的因素；"相邻关系"不具备物权中的"个性"，它既不能反映自物权的特征，也不能充分体现他物权的性质。在区分所有的情况下应以地役权代替相邻权。

3. 特殊相邻关系说

此种观点认为，区分所有权中的相邻权具有特殊性，不能为一般的相邻关系规则所替代，因此，在区分所有权中应当包括相邻权。而物权法关于相邻关系的规定原则上不适用于建筑物区分所有中的相邻关系。

根据我国《民法典》第 271 条的规定，建筑物区分所有权并没有包括相邻权，可见，立法是要将区分所有权中的相邻关系适用相邻关系的一般规则，其采准用相邻关系规则说的立场。笔者认为，这一规定是合理的，理由在于：一方面，尽管在建筑物区分所有的情况下，相邻关系具有特殊性，但是，考虑到相邻关系只是所有权的限制和延伸的问题，没有产生独立的物权②，所以，不能在区分所有权中增加相邻权这样一种独立的权利。另一方面，我国《民法典》关于相邻关系处理的规则，确定了一些基本原则，如《民法典》第 288 条规定："不动产的相邻权利人应当按照有利生产、方便生活、团结互助、公平合理的原则，正确处理相邻关系。"第 289 条规定："法律、法规对处理相邻关系有规定的，依照其规定；法律、法规没有规定的，可以按照当地习惯。"这些规定都可以适用于区分所有情况下的相邻关系纠纷，没必要单独设立区分所有中的相邻关系规则。尤其应当看到，《民法典》在相邻关系中规定的通风、采光、日照、通行以及建造和修缮建筑物等相邻关系，完全可以适用于区分所有情形下的各种相邻关系。

但是，应当看到，建筑物区分所有情况下，共同生活关系确实具有其特殊性

---

① 参见李宝明：《区域所有权及其相关理论初探》，载高级法官培训中心《首届学术讨论会论文选》，343 页。

② 参见［日］我妻荣：《日本物权法》，264 页，台北，五南图书出版有限公司，1999。

和复杂性，具体表现在：一方面，一般的相邻关系并非基于相邻不动产权利人的共同生活而产生，但在区分所有的情况下，由于众多业主居住在一起共同生活，因此产生了许多特殊的相邻关系，如不可量物的侵害、建筑物的不当毁损、建筑物的不当利用等所形成的相邻关系，尤其是如果某个业主不当使用其专有部分，将可能妨害众多的邻人的利益。例如：因饲养宠物而妨害他人正常生活；修缮自己专有部分而影响邻人专有部分的安全或给邻人造成损害；因使用自己的专有部分或设施而散发出煤气、蒸气、臭气、烟气、热气、灰屑、喧嚣、振动等给邻人造成妨害。诚如温丰文教授所指出的："居住在同一屋檐下之区分所有人，其各自之专有部分，有如火柴盒一样，紧密地堆砌在同一栋建筑物上，各区分所有人彼此间因而形成立体的相邻关系。"① 而这些特殊的相邻关系又是物权法关于相邻关系的法律规则中没有具体加以规定的类型，因此，需要由全体业主通过有关管理规约或者适用处理相邻关系的基本原则加以解决。另一方面，在一般相邻关系，通常不涉及相邻不动产权利人之间的共有权问题，而在区分所有的情况下，相邻关系往往和共有部分发生联系。例如，利用共有部分堆放物品、在共有部分滥搭滥建，等等。② 在区分所有的情况下，相邻关系不仅是客观存在的，而且较之一般相邻关系更为复杂。在一般相邻关系中，相邻各方彼此间有一定间隔，且人数较少，不像大厦公寓中各区分所有人之间空间联系密切、居住人数众多。尤其是在一般相邻关系中，各方没有较多的共有财产，而区分所有人之间会因共有部分的使用而发生各种相邻关系。③

正是因为在区分所有的情况下共同生活关系更为复杂，这就也使区分所有权中的相邻关系表现出一定的特殊性，不能简单地套用物权法中有关相邻关系的原理去解决。为了实现业主自治，维护社区和谐，有必要通过管理规约或业主大会、业主委员会决定的方式予以解决，具体来说：一是依据管理规约解决纠纷。通过区分所有权人订立管理规约的方式，也可以处理相邻关系，管理规约就相邻

---

① 温丰文：《区分所有建筑物法律关系之构造》，载《法令月刊》第 43 卷第 9 期，5 页。
② 参见万鄂湘主编：《物权法理论与适用》，39 页，北京，人民法院出版社，2005。
③ 参见王洪伟：《建筑物区分所有权、相邻权及其他》，载《当代法学》，2003（4）。

关系的约定既可以直接明确法律的强行性规定，也可以在此基础上进一步约定其他内容，并对区分所有权人具有拘束力。例如，对任意弃置垃圾、排放污染物或者噪声、违反规定饲养动物、违章搭建、侵占通道等行为，可以在管理规约中对此予以明确的禁止，并规定其责任。二是依据业主大会或业主委员会的决定解决纠纷。在区分所有的情况下，业主大会、业主委员会也可以作出决定，以解决业主之间有关相邻关系的争议，例如，禁止晚上十点以后遛狗以防止影响他人休息，禁止夜晚因播放音乐或其他原因发出一定程度的噪声。在处理相邻关系时，如果此种决定不存在侵害业主权利的情况，那么其就是有效的，因而对所有业主都具有约束力。

通过管理规约或业主大会、业主委员会决定的方式处理共同生活关系问题，可以将大量的内部矛盾消化吸收在小区之内，而不必要都通过复杂的司法程序去解决。即使需要司法程序最终解决，法院在处理这些纠纷的时候，也必须要以管理规约或业主大会、业主委员会的决定为依据。因为业主的共同生活复杂，每个小区差异较大，法律无法都规定得过于详细，所以，应当由业主通过自治的方式调整小区内复杂的相邻关系。例如，一旦管理规约依据法定程序生效之后，其中规定了相邻关系，则应当优先遵守管理规约。[①]《民法典》第286条第1款规定："业主应当遵守法律、法规以及管理规约。"该条实际上是要求业主应当通过订立管理规约的方式来处理有关业主之间的具体的相邻关系问题，如针对任意弃置垃圾、排放污染物或者噪声、违反规定饲养动物、违章搭建、侵占通道等作出规定。

二、侵害建筑物区分所有的责任

（一）业主大会和业主委员会的请求权

如前述，业主大会和业主委员会针对侵害相邻关系的行为，有权要求行为人

---

① 参见王俊主编：《相邻关系纠纷案件审判要旨》，202页，北京，人民法院出版社，2005。

停止侵害、消除危险、排除妨害、赔偿损失。这实际上是由法律授权业主大会和业主委员会针对侵害行为采取预防和防范措施。如果业主组织能够采取一定的行动来制止侵害行为的话，就无须启动司法程序去解决。此种请求权的构成要件包括：

第一，业主实施了损害他人合法权益的行为。《民法典》第 286 条列举了业主实施的侵害他人合法权益的行为包括：任意弃置垃圾、排放污染物或者噪声、违反规定饲养动物、违章搭建、侵占通道、拒付物业费等。但如何理解该条中所规定的其他"损害他人合法权益的行为"？《建筑物区分所有权司法解释》第 15 条规定："业主或者其他行为人违反法律、法规、国家相关强制性标准、管理规约，或者违反业主大会、业主委员会依法作出的决定，实施下列行为的，可以认定为民法典第二百八十六条第二款所称的'其他损害他人合法权益的行为'"。这些行为具体包括：一是损害房屋承重结构，损害或者违章使用电力、燃气、消防设施，在建筑物内放置危险、放射性物品等危及建筑物安全或者妨害建筑物正常使用；二是违反规定破坏、改变建筑物外墙面的形状、颜色等损害建筑物外观；三是违反规定进行房屋装饰装修；四是违章加建、改建，侵占、挖掘公共通道、道路、场地或者其他共有部分。

第二，业主的行为违反了法律、法规和管理规约的规定。《民法典》第 286 条第 1 款规定："业主应当遵守法律、法规以及管理规约。"这虽然是宣示性的规定，但是，该款置于该条中最前面，也明确了判断业主是否实施了损害他人合法权益的行为的标准。据此，只有在违反了法律、法规和管理规约的情形，业主委员会和业主大会才能享有请求权。实际上，业主大会和业主委员会是管理规约的"执法者"和业主共同利益的维护者。业主大会和业主委员会在解决纠纷的时候，可以直接依据管理规约来制止业主的各种侵害行为。

第三，业主的行为损害了他人的合法权益。业主的行为必须构成对他人合法权益的损害，但是，此处所说的"损害"应当从广义上理解，其不仅包括造成了现实损害的情形，也包括可能要造成实际的损害的情形。只要构成对其他业主的权益的损害，就符合该条的构成要件。从业主行为的性质来看，其可能既构成违约，又构成侵权。

（二）受侵害的业主享有请求权

业主对侵害自己合法权益的行为，也可以依法向人民法院提起诉讼。此处所说的业主，是指单个的业主。《民法典》第 287 条规定："业主对建设单位、物业服务企业或者其他管理人以及其他业主侵害自己合法权益的行为，有权请求其承担民事责任"。据此分为三种情形：一是建设单位、物业服务企业或者其他管理人侵害业主的合法权益。从实践来看，业主与建设单位以及物业服务企业之间通常有合同关系，在建设单位或者物业服务企业违反合同约定的情形下，业主有权依法主张违约责任。但建设单位、物业服务企业以及其他业主的行为也可能构成侵权，此时，业主也有权依法主张侵权责任，例如，建设单位在建设过程中，将相关的建设材料堆放在业主的门口，影响业主通行，此时，业主有权请求建设单位排除妨碍；如果因此造成业主损害的，业主也有权依法主张侵权损害赔偿责任。二是物业服务企业或者其他管理人侵害业主的合法权益，例如，物业服务企业违反安全保障义务，造成业主损害，业主有权依法请求物业服务企业承担侵权损害赔偿责任。三是其他业主侵害业主的合法权益。其他业主的侵权通常是一般侵权，如其他业主因违规装修、堆放垃圾等导致相关业主损害，此时，遭受损害的业主有权依法主张侵权责任。

在侵害相邻关系的情况下，某个或某些业主可能遭受实际的损害或妨害，这些业主也应当享有相应的物权请求权或侵权请求权，从而请求法院予以保护。因为建立和谐社区，需要全体业主遵守法律、法规以及业主会议制定的管理规约，也要遵守公共道德。对于业主从事的一些如任意弃置垃圾、侵占通道等损害业主权益的行为，考虑到这些行为已经构成对其他业主的侵害，因此，无论业主会议制定的管理规约是否规范了这些行为，法律都明确规定，这些行为构成侵权，其他受害的业主有权对侵害人提起诉讼。

无论是业主大会和业主委员会还是受侵害的业主本人提出请求，其责任基础都是侵权责任，因为《民法典》第 286 条的规定比较简略，因此，在具体解释适用时，应当结合《民法典》侵权责任编的相关规定（如减轻或免除的事由、诉讼时效等）。

第十四章
相邻关系

第一节 相邻关系的概念和特征

一、相邻关系的概念

所谓相邻关系，是指依据法律规定，两个或两个以上相互毗邻的不动产的所有人或使用人，在行使不动产的所有权或使用权时，因相邻各方应当给予便利和接受限制而发生的权利义务关系。简单地讲，相邻关系就是不动产的相邻各方因行使所有权或使用权而发生的权利义务关系。[①] 例如，甲有一块承包地处于乙的地块中间，甲要行使自己的土地使用权必须经过乙使用的土地，这样甲、乙之间就产生了相邻关系。我国《民法典》物权编第七章专门规定了相邻关系。

相邻关系起源于罗马法。罗马法通过对土地所有权人施加限制的方式认可了

---

① 参见史尚宽：《物权法论》，79 页，北京，中国政法大学出版社，2000。

相关的容忍义务。[①] 早在《十二铜表法》之中，就规定了邻田果树所结之果实，土地所有人应任田邻经过其土地而收取；以自然形势而形成之水流，低地所有人有承受之义务。[②] 罗马法学家阿里斯多（Aristo）认为，"只要上面的建筑物有排烟役权负担，奶酪作坊的烟就可以被合法地排往位于其上的建筑物"[③]。近代民法确认相邻关系制度，本质上就是要协调两个或两个以上相互毗邻的不动产所有人或使用人之间的利益冲突。在法国法中，相邻关系制度最早是置于权利滥用的框架内进行讨论的，以后形成了妨害邻居的侵权责任。该制度的核心内容是，所有人应当对自己给邻人造成的不当干扰承担责任，即使他已经竭尽可能去避免干扰。"由于相邻关系的存在，相邻人之间或多或少总会有些妨碍，这是正常的。"[④] 但如果一方给另一方造成"非正常的损害"为非必要，即损害是严重的、重复性的、非惯常的，超越合理的容忍限度，则构成妨害邻居，并应承担侵权责任。对这些因素的评估应当依据案件的具体环境，具体的时间和地点进行。[⑤] 而在德国法上，相邻关系制度事实上是以排除妨害请求权的限制为中心的，整个相邻关系制度的运行实际上是在解决何种情况下该物上请求权得以排除适用的问题，而其判断标准正是容忍义务。[⑥]

相邻关系，从权利角度来讲又称为相邻权，它是调节不动产所有权行使时发生的权益冲突而产生的一种权利，以保障土地有效利用、维护社会生活秩序。[⑦] 根据法律的规定，不动产所有人和使用人行使权利，应给予相邻的不动产所有人和使用人以行使权利的必要的便利。如此，对于一方来说，因提供给对方必要的

---

① 参见［德］马克思·卡泽尔、罗尔夫·克努特尔：《罗马私法》，田士永译，238 页，北京，法律出版社，2018。

② 参见陈朝璧：《罗马法原理》，255 页，北京，法律出版社，2006。

③ ［意］桑德罗·斯契巴尼选编：《物与物权》，2 版，范怀俊、费安玲译，155 页，北京，中国政法大学出版社，2009。

④ ［法］弗朗索瓦·泰雷、菲利普·森勒尔：《法国财产法》，罗结珍译，407 页，北京，中国法制出版社，2008。

⑤ Philippe Malaurie et Laurent Aynès, Droit civil, Les biens, Defrénois, 2004, pp. 303-304.

⑥ 参见陈华彬：《德国相邻关系制度研究》，载梁慧星主编：《迎接 WTO——梁慧星先生主编之域外法律制度研究集》（第 2 辑），3 页，北京，国家行政学院出版社，2000。

⑦ 参见王泽鉴：《民法物权》，144 页，北京，北京大学出版社，2010。

便利，就使自己的权利受到了限制；对于另一方来说，因为依法取得了必要的便利，则使自己的权利得到了延伸。正确处理相邻关系，也就是要解决两个或多个相邻的不动产所有人或使用人因行使权利所发生的冲突，维护相邻各方利益的相对平衡。这就是说，相邻各方的权利人在行使不动产的所有权或使用不动产时，因相互给予便利和接受限制而发生一定的冲突，为了平衡此种冲突，法律规定了相邻关系制度。相邻关系实质上就是涉及提供便利与容忍损害之间的权利义务关系。[1] 法律上正是通过容忍义务的设置以实现有效协调人们之间的利害冲突，维护社会生活的和谐有序。

二、相邻关系的特征

相邻关系具有如下几个特征。

（1）相邻关系依据法律的规定而产生。这就是说，法律为了维护相邻不动产权利人之间的和睦关系，防止行使权利中的各种冲突，保障一方最基本的生产和生活需要，规定了相邻的一方应当给另一方提供通风、采光、排水、取水、通行、排污等各方面的便利。相邻关系是基于法律规定而产生的，可以说，其本质上体现了法律对不动产权利的干预。正是因为相邻关系是依法产生的，所以，对提供便利的一方来说，其负有法定的义务为另一方提供便利，而另一方也依法享有相应的权益。《民法典》关于相邻关系的规定，确定了一方依法应当有义务为他方提供便利，而另一方享受这种便利是合法获得的，通常不需要支付相应的对价，双方也无须就权利的取得本身进行协商并进而确定对价。由于相邻关系是法律对所有权的强制性限制，所以，相邻关系不适用物权变动的一般规则，也不需要通过订立合同的方式设立，更不需要办理登记。相邻权是依法产生的，不存在设定的问题，也不存在公示的问题。

由于相邻关系是法律对不动产权利的一种干预，所以，当事人即使不能达成

---

[1] 参见史尚宽：《物权法论》，79 页，北京，中国政法大学出版社，2000。

协议，也应当依法提供便利。虽然相邻关系是法定的，但不能完全排斥当事人之间的约定。也就是说，在相邻关系中，仍然存在当事人意思自治的空间。允许当事人在行使不动产权利中享有一定的自治空间，从而能更有效地利用资源，是十分必要的。① 例如，如果相邻的不动产所有人和使用人之间因不动产的占有、使用等问题达成了团体规约（如建筑物区分所有人之间的团体规约）或协议，而相邻一方违反规约和合同的规定，将构成违约行为，其他相邻人有权请求其承担违约责任。如果当事人通过约定在一定范围内免除了一方应当向另一方提供的便利并且作出了一定的补偿，或者双方通过合同设定地役权，改变了法定的方式，此种约定也是有效的。不过，此种约定不能对第三人产生效力。例如，在"屠福炎诉王义炎相邻通行权纠纷"② 中，法院认为，出卖人出卖不动产时，其基于相邻关系而在他人不动产上享有的通行等权利不应成为转让标的。即使双方在买卖合同中对该通行权进行了所谓的约定，对第三人也不具有约束力。买受人享有的通行权权源基础同样是相邻关系，而并非是买卖合同的约定。当客观情况发生变化，买受人不再符合相邻关系要件时，第三人得拒绝买受人的通行要求，买受人无权以买卖合同中关于通行权的约定约束第三人。

（2）相邻关系的主体必须是两个或两个以上的人，因为一人不可能构成相邻。相邻关系可以在自然人之间，也可以在法人、非法人组织之间，或在自然人与法人、非法人组织之间发生。相邻关系是因为主体所有或使用的不动产相邻而发生的，例如因为房屋相邻产生了通风、采光的相邻关系。

（3）相邻关系因主体所有或使用的不动产相邻而发生。如何理解"相邻"？传统民法理论认为相邻必须是"相互毗邻的不动产"以及必须相互连接③，但现代民法理论大多认为，相邻只是近邻，甚至并不邻接也可以发生相邻。④ 笔者赞成后一种观点。不动产相邻不一定要求两个不动产必须邻接。一方面，相邻关系

---

① 参见苏永钦：《民法物权争议问题研究》，133 页，台北，五南图书出版有限公司，1999。

② 《最高人民法院公报》，2013（3）（总第 197 期）。

③ 参见史尚宽：《物权法论》，87 页，北京，中国政法大学出版社，2000。

④ 参见王泽鉴：《民法物权·通则·所有权》，215 页，北京，中国政法大学出版社，2001。

既包括不动产的地理位置相互邻接，也包括不动产权利的行使所涉及的范围是相互邻近的。例如，上游的人排水必须经过下游的人所使用的土地，尽管当事人之间的不动产并不是相互毗邻的，但其行使权利的范围是相互邻接的。在许多情况下，相邻关系的发生也与自然环境有关。例如，甲、乙两个村处于一条河流的上下两个相连的地段，就自然构成了甲、乙两村互相利用水流灌溉和水力资源的相邻关系问题。另一方面，在不可量物侵害的情况下，即使不构成不动产的相邻，也会发生相邻关系。因为"相邻关系不以发生相邻接之土地者为限，举凡侵入物所生之土地，均包括在内"①。

相邻关系中所说的相邻"不动产"，不仅包括土地，还应当包括房屋。因为既然土地和土地上的建筑物应当在法律上予以区别对待，所以在确定相邻关系的类型的时候，不应将相邻关系仅限于土地的相邻，否则，在实践中大量存在的因建筑物的相邻而产生的通风、采光等关系就不能包括在内。现代社会城市居民大都居住在大厦、公寓之中，因建筑物区分所有而产生的各种相邻关系迫切需要法律予以调整，如果相邻权不包括建筑物的相邻关系，显然是不妥当的。还要看到，不动产的所有人或使用人不限于享有物权的人，即使仅享有合法的占有权的人，如租赁权人，也可以享有相邻权。

（4）相邻权的内容十分复杂。相邻权因种类不同而具有不同的内容，但是基本上都包括两个方面：一是相邻一方有权要求他方提供必要的便利，他方应给予必要的方便。所谓必要的便利，是指非从相邻方处得到便利，否则不能正常行使其所有权或使用权。例如，从相邻人的土地上通行，必须是在无道路可走的情况下，才能要求相邻人给予方便。二是相邻各方行使权利，不得损害他方的合法权益。例如，从相邻方的土地通过，应尽量避免给对方造成损失。这种相邻权的内容实质上是以消极的不作为为内容的。当事人在行使相邻权时，应尽量避免和减少给对方造成损失，应遵循最小损害原则，不得滥用其权利。②

（5）相邻关系的客体主要是行使不动产权利所体现的利益。对于相邻权的客

---

① 王泽鉴：《民法物权·通则·所有权》，215页，北京，中国政法大学出版社，2001。
② 参见王泽鉴：《民法物权》，144页，北京，北京大学出版社，2010。

体，学理上历来有不同的看法。一种观点认为，相邻权的客体是不动产本身；另一种观点认为，相邻关系的客体是行使不动产权利所体现的利益；还有一种观点认为，相邻权的客体是相邻各方所实施的行为（作为或不作为）。笔者认为，相邻权的主体必须是相邻不动产的所有人或使用人，对不动产享有合法权益。但相邻权的种类十分复杂，不同的相邻权因其内容不同，权利和义务所指向的对象及客体也不同。例如，在因土地使用权权属不清而发生的相邻关系中，其客体是不动产本身，但是大多数相邻权的客体是行使不动产的所有权或使用权所体现的财产权益和其他权益。相邻各方在行使权利时，既要实现自己的合法利益，又要为邻人提供方便，尊重他人的合法权益。① 至于相邻各方的行为，应视为相邻权的内容而不是客体。所以，相邻关系的客体是行使不动产的所有权或使用权所体现的财产利益和其他利益。

相邻权从性质上说并不是一种独立的物权，而仍然属于所有权的范畴，属于因法律规定对所有权的必要限制。② 其原因在于：一方面，相邻权从内容上来说是指相邻不动产的所有人或使用人行使权利的限制或延伸，相邻权在内容上都包括一方要求另一方提供必要的便利。所谓提供必要的便利是指非从相邻方获得此种便利，便无法行使其权利。相邻的一方获得此种便利以后使其权利得到延伸，也能够使其顺利行使其自身权利，相邻的另一方因提供此种便利使其权利受到限制。而所有权的限制问题不管是利用的限制还是行使方式的限制都是所有权本身的问题，法律对所有权限制的问题，是所有权制度的重要组成部分。另一方面，由于相邻权只属于对所有权的限制，因而不必将相邻权作为一种独立物权加以登记，而其他物权大都须登记，否则不能产生对抗第三人的效力。还应看到，相邻权是一种相对的权利、义务关系，即主要发生在相邻不动产的所有人和使用人之间，当事人之间的权利、义务具有相对性。而一般物权都属于绝对权，发生在特定权利主体与不特定的义务主体之间，权利义务并不具有相对性。

在我国，相邻关系常常具有普遍性和复杂多样性。自然人和法人、非法人组

① 参见梅夏英：《物权法·所有权》，328 页，北京，中国法制出版社，2005。
② 参见王泽鉴：《民法物权》，145 页，北京，北京大学出版社，2010。

织在生产和生活中无不涉及这种关系。如果相邻关系处理得不好，容易发生纠纷，影响人们的生产和生活，甚至会造成人身伤亡和财产的重大损害，影响社会秩序的稳定，所以，《民法典》物权编规定相邻关系，对于构建和谐社会、保护相邻人的合法权益、减少不必要的损失和浪费、保护环境、稳定社会经济秩序，都具有重要的意义。

三、相邻关系的性质

相邻关系是依据法律规定而产生的一种社会关系。现代民法有关相邻关系的理论基础尽管是多种多样的，但是按照许多学者的解释，其重要理论基础之一乃是所有权的社会化理论。18 世纪至 19 世纪，民法中的土地所有权是一种绝对所有权，所有人享有无限制的不受他人干涉的权利。土地所有权的效力"上穷天空，下尽地心"，所有人可以对自己的所有物为任何行为或不行为，任何人行使自己的所有权都不会给他人的所有权造成丝毫妨害。这种所有权观念既与社会利益维护形成尖锐矛盾，也不利于社会秩序的稳定，而影响发挥物的效用。所以自 19 世纪末期以来，德国基尔克学者耶林等人在坚持罗马法维护私有制和绝对个人私有财产的原则的同时，开始强调所有权的社会性，强调个人利益与社会利益的结合，并主张对私人所有权进行干预。① 以狄骥为代表的社会连带学者认为，所有权应服从于社会利益，"人在社会中没有绝对的自由，为尽到一个社会人的责任，所有权只有依社会利益而行使"②。现代民法关于相邻关系的规定是十分具体和详尽的，对所有权的限制并不限于物权法，还有大量的公法的规定对所有权的内容和行使方式也作出诸多限制。③ 所以，相邻关系是一种法定的权利安排，它不是法律设定的一种物权，而是两个不动产权利之间相互关系的制度安

---

① 参见［德］奥托·基尔克：《物法的社会使命》，杨若濛译，18 页，北京，商务印书馆，2021。

② ［法］莱昂·狄骥：《〈拿破仑法典〉以来私法的普通变迁》，徐砥平译，139 页，北京，中国政法大学出版社，2003。

③ 参见王泽鉴：《民法物权》，第 1 册，220 页，台北，自版，2001。

排，只是法律对所有权的限制，所以其不能够形成独立物权。

笔者认为，法律之所以要通过相邻关系规则协调相邻不动产之间的权利冲突，对一方的所有权进行干预，其原因在于：

（1）保护个人的基本生存利益。在社会生活中，人们要维护正常的生活，必须要享有基本的通风、采光、通行等权利。这些权利涉及人们的最基本的生存利益，是最高位阶的权益。从表面上看，相邻关系调整的是不动产的利用关系，但这种利用是与个人的基本生存利益密切相连的。个人的生存利益，实际上也关系到个人的基本人权，关系到个人的人格尊严。为了维护这种生存利益，法律必须强制性地调整相邻关系，要求相邻的一方必须要给另一方提供通风、采光、通行等便利。

（2）实现物尽其用。从更有效地利用财产的角度考虑，有必要满足一方正常的生产生活需要，并对不动产所有权的行使作出必要限制。比如说，一方在自己的土地上建造房屋，阻挡另一方的通行，如果法律上不强行要求建造房屋的一方给另一方提供必要的便利，该另一方必要的生活条件就无法得到保障，甚至使另一方的不动产不能得到利用。尤其应当看到，如果将不动产的限制和延伸的问题交给当事人自己通过谈判解决，这可能导致当事人之间负担巨额的谈判成本，甚至可能使他们根本无法达成一致；因此，由法律作出强制性规定是最合适的解决办法。正确处理好相邻关系，对于保护相邻人的合法权益，减少不必要的损失和浪费，保护环境，稳定社会经济秩序十分重要。

（3）协调利益冲突，维护社会和谐。相邻关系制度的重要目的之一就在于协调各种利益冲突，从而维护社会的和谐。相邻关系直接关系到相邻不动产权利人的重大利益，关系到人民群众的切身利益，如果处理不好极易发生利益的冲突，甚至会造成人身伤亡和财产的重大损害，影响社会秩序的稳定。例如，通风、采光、通行等权利，是人们从事正常的生产生活必备的条件，也是个人的基本人权。如果这些权利遭受侵害，就会严重地妨害人们的生产生活，甚至会引发激烈的冲突。所以，物权法规定相邻关系，并确立处理相邻关系的各项规则，这对于维护人与人之间的和睦关系，对和谐社会的构建等都具有重要意义。

（4）确立行为规则。法律关于相邻关系的规定，实际上确立了正确行使不动产权利的行为规则。例如，禁止不可量物的侵害，禁止滥用不动产权利损害他人权利，这些都是不动产权利人在行使物权时所应遵守的基本准则。因此，相邻关系的有关规定确定了不动产相毗邻的物权人之间的行为规则。①

四、相邻关系的立法模式

相邻关系的立法模式主要是在与地役权的区别中建立起来的。所谓地役权，是指土地所有人或使用人为了满足自己土地的某种便利的需要而使用他人土地的权利。② 我国《民法典》第 372 条规定，地役权是指地役权人有权按照合同约定，利用他人的不动产，以提高自己的不动产的效益。关于地役权和相邻关系的关系，对此主要有两种模式。

一是合并立法模式，此种模式的特点是将相邻关系纳入地役权的范围来调整。在此种模式下，相邻权被称为法定地役权。欧洲中世纪时代采取了此种做法。依据欧洲中世纪时代的普通法、普鲁士普通邦法，除了约定之外，通过法定的默示方式也可以设定地役权。③ 合并立法模式后来被法国法系各国民法所继受。例如，《法国民法典》既规定了约定地役权，也规定了法定地役权。④ 在《法国民法典》中，并没有对相邻关系作专门的规定。而《法国民法典》第 639 条则对役权发生的原因进行了规定，"役权之发生，或者因场所的自然位置，或者因法律强制规定的义务，或者因诸所有权人之间的约定"。从该条规定的三种形态来看，所谓因法律强制规定的义务而产生的役权，即法定役权，就是属于典型的相邻关系。⑤ 相邻关系性质上属于法定地役权，是地役权的组成部分，因而

---

① 参见［德］鲍尔、施蒂尔纳：《德国物权法》（上册），张双根译，538 页，北京，法律出版社，2004。

② 参见佟柔主编：《民法原理》（修订本），152 页，北京，法律出版社，1998。

③ 参见《德国民法典实施法（EGBGB）》第 184～187 条。

④ 在《法国民法典》起草时，立法者即计划用地役权制度来解决不动产相邻关系问题。参见陈华彬：《法国近邻妨害问题研究》，载梁慧星主编：《民商法论丛》，第 5 卷，北京，法律出版社，1996。

⑤ 参见罗结珍译：《法国民法典》（上册），509 页，北京，法律出版社，2005。

地役权吸收了相邻关系；《意大利民法典》及《俄罗斯民法典》第 274 条也采取了此种模式。

二是分别立法模式，此种模式的特点是区分相邻关系和地役权①，该模式主要以德国民法为代表。《德国民法典》区分了相邻关系和地役权，认为相邻关系不是独立的用益物权，而只是对所有权的限制。该法典在第三章"所有权"的第一节"所有权的内容"中对相邻关系进行了规定，并以此作为对所有权内容的限制，又被称为基于民法所产生的限制。② 该法典第一次在法律上明确区分了地役权和相邻关系。此种模式也为日本民法所继受。

我国《民法典》区分了相邻关系和地役权，认为相邻关系本身不属于地役权的范畴。相邻关系虽然可以称为"相邻权"，但相邻关系不是一种独立的用益物权，而只是对不动产所有权的限制。从《民法典》的结构安排来看，相邻关系被置于物权编第二分编"所有权"之中规定的，从体系解释的角度来看，立法者是将其作为所有权的内容加以规定的。《民法典》没有采用相邻关系和地役权合一的观点，而将相邻关系和地役权分别作出规定，在所有权中规定相邻关系，而在用益物权中规定地役权；因而，《民法典》实际上并没有承认相邻关系是一种独立的他物权。

关于相邻关系的规范的性质，在学说上有两种不同的观点：一是禁止性规定说。此种观点认为，相邻权的规定大都为禁止性规定，不允许当事人通过约定而加以排除。如果相邻不动产的所有人和使用人之间特别约定不依民法关于相邻关系的规定行使权利履行义务，此种协议因违反了相邻关系的规定，应属无效。③ 二是任意性规范说。该种观点认为，相邻关系规定中占大多数的物权调整规范，绝大部分可以透过自由的债权安排及合理的契约解释，而对实际的相邻关系发生妥善的规范作用。④ 相邻关系内容多涉及私人利益，而私人利益可以由权利人放

---

① MünchenKomm/Joost, BGB § 1018, Rn. 38.

② 参见〔德〕鲍尔、施蒂尔纳：《德国物权法》（上册），张双根译，524 页，北京，法律出版社，2004。

③ 参见郑云瑞：《民法物权论》，162 页，北京，北京大学出版社，2006。

④ 参见苏永钦主编：《民法物权争议问题研究》，131 页，台北，五南图书出版有限公司，1999。

弃或改变。所以，相邻关系规范在性质上主要是任意性规范。[1] 笔者认为，从原则上讲，如果法律对某些相邻关系规定为强制性规范，则当事人不得通过协议加以排除。例如，《民法典》第294条规定，禁止一方违反国家规定弃置固体废物，排放大气污染物、水污染物、土壤污染物、噪声、光辐射、电磁辐射等有害物质，即使当事人之间达成协议，一方允许另一方实施污染环境的行为，在法律上也是无效的。但如果法律对某些相邻关系的规定为倡导性规范，则当事人尚有自由协商、实现意思自治的空间。此类规范仅是提倡一种立法者认为较佳的模式，并不对当事人之间的利益关系产生实质性的影响。[2] 例如，《民法典》第290条第2款规定，对自然流水的排放，应当尊重自然流向。那么如果当事人双方通过协商，以人工方式排水，改变水流的自然流向而加以利用，那么法律也应当允许当事人采取这种协议的利用方式。如果相邻不动产的所有人和使用人之间特别约定不依民法关于相邻关系的规定，而依据合同来处理相互之间的相邻关系，因一方行使权利和履行义务，给另一方造成损害，另一方有权依照合同的约定，提起诉讼要求获得救济。另外，某些相邻关系需要适用国家有关环境保护、工程建设等专业的技术性规范，那么这些相邻权在许多情况下不得抛弃。例如，《民法典》第293条规定："建造建筑物，不得违反国家有关工程建设标准，妨害相邻建筑物的通风、采光和日照。"在这一点上，相邻权显然与其他物权不同，因为其他物权大都是可以放弃的。

第二节　相邻关系的种类

相邻关系产生的原因很多、种类复杂，根据我国《民法典》的规定，可以区分为两大类型：一是提供积极便利的相邻关系，即用水、排水、通行等积极为邻人提供方便所产生的关系。二是消极不作为的相邻关系，即要求不动产权利人不

---

① 参见王俊主编：《相邻关系纠纷案件审判要旨》，202页，北京，人民法院出版社，2005。
② 参见王轶：《论倡导性规范——以合同法为背景的分析》，载《清华法学》，2007（1）。

得从事一些特定的行为所产生的关系。随着社会经济生活的发展，其范围也不断扩大。相邻关系主要有以下几种。

一、因用水、排水产生的相邻关系

《民法典》第 290 条规定："不动产权利人应当为相邻权利人用水、排水提供必要的便利。对自然流水的利用，应当在不动产的相邻权利人之间合理分配。对自然流水的排放，应当尊重自然流向。"该条实际上规定的是因水资源的利用所形成的相邻关系，包括两个方面。

（一）因用水产生的相邻关系

由于我国水资源相对缺乏，尤其许多地方水资源较为短缺，生产生活对自然水资源依赖较大，而水资源的合理分配直接关系到正常的生产生活，如果处理不当就会产生各种矛盾。按照《民法典》的上述规定，不动产权利人应当为相邻权利人用水提供必要的便利，应当合理分配水资源。不能因为水资源缺乏而通过人为方式独占水源或者截断水流，不得因此影响邻地的用水。例如，关于设堰的问题，在目前法律没有特别规定的情况下，就应当依据历史形成的习惯来确定。[①]如果某一个时期，下游的水资源充足，而上游的水资源缺乏，此时，下游的权利人就应当适当照顾上游的权利人；如果各个权利人都依赖于地下水，土地使用人不得滥钻井眼、挖掘地下水，使邻人的生活水源减少，甚至使近邻的井泉干涸。

对相邻各方都有权利用的自然流水，还应当尊重自然形成的流向，禁止过度占用水资源，任何土地使用人都不得为自身利益而改变水路，截断水流；水源不足时，高地段的相邻人不得独自控制水源，断绝低地段的用水。[②]放水一般应按照"由近到远，由高至低"的原则依次灌溉、使用。一方擅自堵截或独占自然流水影响他方正常生产、生活的，他方有权请求排除妨害；造成他方损失的，应负

---

① 参见全国人大常委会法制工作委员会民法室编：《中华人民共和国物权法条文说明、立法理由及相关规定》，139 页，北京，北京大学出版社，2007。

② 参见黄薇主编：《中华人民共和国民法典物权编释义》，566～567 页，北京，法律出版社，2020。

赔偿责任。

（二）因排水产生的相邻关系

相邻一方必须利用另一方的土地排水时，他方应当允许。在民法上，对因排水而发生的相邻关系，通常分为自然排水和人工排水。[1] 在自然排水时，对自然流水的方向，应当尊重自然流水的排放。这就是说，低地的权利人应当允许高地的权利人按照水流的自然方向进行排水。在水流有余时，低地段的相邻人不得擅自筑坝堵截，使水倒流，或者采取各种方法阻塞河流、影响高地的排水。在人工排水时，也应尊重水流的流向，如果因为人工排水而构造各种设施或工作物，改变了水流的方向，给他人造成损害的，受害人可以请求排除妨害、赔偿损失。例如，在"吴兆宽与抚顺市机电职业技术学校相邻关系纠纷案"中，法院就曾指出："不动产权利人应当为相邻权利人用水、排水提供必要的便利。"[2] 在排水时，不能排放违反国家法律明确禁止的污水以及其他污染物。在利用他人的土地排水时，使用的一方应采取必要的保护措施；造成损失的，应由受益人合理补偿。

二、因通行所产生的相邻关系

因通行所产生的相邻关系是一种传统的相邻关系，自罗马法以来，在世界各国民法尤其是习惯法中都有所体现。通行是维持人们正常的生产生活的条件，如果通行权都无法得到保障，那么，人们正常的生产和生活秩序就会受到严重的干扰，甚至引发严重的社会矛盾；因此《民法典》第291条规定："不动产权利人对相邻权利人因通行等必须利用其土地的，应当提供必要的便利。"相邻通行关系包括如下情况。

1. 因袋地产生的通行问题

所谓袋地，是指不动产被相邻不动产所围绕，无其他出路，权利人只能从相邻他方的土地上通行，此种现象即被形象地称为"袋地"。例如，甲的一块土地，

---

① 参见王泽鉴：《民法物权》，第1册，223页，台北，自版，2001。
② 辽宁省抚顺市中级人民法院（2022）辽04民终2435号民事判决书。

其周围的土地全部被乙所购买，导致甲的土地形成袋地，在此情况下，甲必须经由乙的土地，否则无路可走。关于在袋地情况下的通行问题，一般都属于相邻关系制度调整的范围，而不属于地役权的内容。因为出现袋地以后，通行的需求属于最低限度的生产生活需要。即使是因为土地转让、交换等产生袋地现象，相邻一方也应当提供通行的便利。[①] 如果相邻的另一方拒绝对袋地权利人提供便利，袋地权利人有权请求实现其通行权。[②] 但是，袋地权利人只能要求他方提供必要的通行便利，例如，可以允许袋地权利人在其土地上通行。但如果袋地权利人要求他人修筑道路甚至加宽道路，满足其特殊的通行需要，则只能通过设定地役权的方式，而不能通过相邻关系规则解决。

2. 通行困难

此种情况也被称为准袋地。[③] 虽然不动产权利人有路通行，但如果不经另一方的土地通行，非常不便利，并且会发生较高的费用。[④] 尽管《民法典》第291条规定的是土地上的通行问题，但也包括利用他人建筑物内的空间通行的问题。提供便利以通行困难的存在为必要前提。

如何判断通行困难？对此有两种解释。一种观点认为，通行困难是指"土地因与公路无适宜之联络，致不能为通常使用者，土地所有人得通行周围地以至公路，谓之土地所有人之通行权，而周围地所有人则容忍通行之义务，故相互形成通行之相邻关系"[⑤]。另一种观点认为，通行困难必须是指无路可走，即在无路可走的情况下，相邻一方必须对另一方提供必要便利，以方便另一方正常行使其权利。笔者认为，对此通常要考虑以下因素：第一，道路改造等原因，致使一方不通过相邻一方的土地就无法到达交通要道。第二，如果不通过另一方的土地，就难以满足运输等基本的生产需求。例如，在"锡林郭勒盟锡原商贸有限公司诉

---

① 参见全国人大常委会法制工作委员会民法室编：《中华人民共和国物权法条文说明、立法理由及相关规定》，北京，北京大学出版社，2007。

② MünchenerKomm / Säcker，BGB § 917，Rn. 8.

③ 参见陈华彬：《物权法原理》，375 页，北京，国家行政学院出版社，1998。

④ 参见王泽鉴：《民法物权》，152 页，北京，北京大学出版社，2010。

⑤ 谢在全：《民法物权论》（上册），225 页，北京，中国政法大学出版社，2011。

王生全、王鑫、王坤、内蒙古自治区锡林郭勒盟正蓝旗国土资源局相邻权纠纷"① 中，法院认为，"锡原公司取得采矿权的小乌兰沟西采石场与王生全承包的草场虽不直接相连，但二者相互毗邻，锡原公司与王生全应受相邻关系相关法律法规的调整，并按照有利生产、方便生活、团结互助、公平合理的原则正确处理相邻关系。小乌兰沟西采石场自身无运送石料的出入通道，锡原公司须利用相邻草场通行才能进出运送石料，根据《中华人民共和国物权法》第八十七条的规定，相邻草场的权利人应当提供必要的便利。"第三，如果一方不经过他人的土地，则欲通行将支付较高费用，或具有危险或非常不便。② 例如，一方的土地与公路之间距离很近，但是被另外一方的土地所阻隔，如果其不通过另外一方的土地而是绕道到达公路，需要穿越其土地背后的山脉，成本大幅提高且颇具危险性。第四，山洪暴发等自然原因导致原有正常通道的毁损，一方无法通过原有道路通行或者完成交通运输，需要通过相邻一方的土地到达公路。在以上几种情况中，相邻一方应当提供必要便利。③ 相邻一方利用他人土地，既可以是临时利用，也可以是长期利用。

3. 其他通行问题

《民法典》第 291 条规定："不动产权利人对相邻权利人因通行等必须利用其土地的，应当提供必要的便利。"此处使用了一个"等"字，表明在上述两种通行的情况之外，还存在其他通行的问题。例如，他人的物品坠落，掉进某人的土地之上，土地权利人应当允许失主进入其土地取走。④ 再如，关于果实自落于邻地，究竟应该属于邻地所有人所有还是果树的所有人所有，各国立法并不相同。但如果依据习惯，可以归果树所有人的，邻地所有人应该允许果树所有人进入其土地，取走果实。

---

① 内蒙古自治区锡林郭勒盟中级人民法院（2010）锡民二初字第 11 号民事判决书；内蒙古自治区高级人民法院（2015）内民一终字第 00026 号民事判决书；最高人民法院（2015）民提字第 222 号民事判决书。

② 参见王泽鉴：《民法物权》，第 1 册，227 页，台北，自版，2001。

③ 参见《德国民法典》第 917、918 条。

④ 参见胡康生主编：《中华人民共和国物权法释义》，203 页，北京，法律出版社，2007。

三、因建造、修缮建筑物以及铺设管线所形成的相邻关系

《民法典》第 292 条规定："不动产权利人因建造、修缮建筑物以及铺设电线、电缆、水管、暖气和燃气管线等必须利用相邻土地、建筑物的，该土地、建筑物的权利人应当提供必要的便利。"因建造、修缮建筑物以及铺设管线所形成的相邻关系，主要存在两种情况。一是一方因为建造、修缮建筑物需要利用相邻不动产的。例如，建造房屋时，需要临时在相邻的不动产上搭建脚手架或堆放必要的建筑材料。相邻一方因修建施工、架设电线、埋设管道等，需要临时占用他人土地的，他人应当允许，但是施工应选择对他人损失最小的方案，并按照双方约定的范围、用途和期限进行，施工完毕后应及时清理现场、恢复原状，因此给他人造成损失的，施工一方应当给予适当补偿。二是铺设电线、电缆、水管、暖气和燃气、管线等必须利用相邻土地、建筑物的，相邻的另一方应当提供必要的便利。例如，电力公司为了供电需要铺设有关的线缆，有权在某人的不动产上方或者地表以下进行施工。

在上述两种情况下，对他人不动产的利用，有可能是长期的，也有可能是临时性的。需要指出的是，因建造、修缮建筑物以及铺设管线所形成的相邻关系，是物权法对所有权所设定的一种限制，这是否意味着在任何情况下，因建造、修缮建筑物以及铺设管线，需要利用邻人的土地或者建筑物的时候，必须取得邻人的同意？对此，存在着不同的观点。笔者认为，根据《民法典》第 292 条的规定，只要是因建造、修缮建筑物以及铺设管线必须利用他人的不动产，另一方应当给予便利。但一方面，这种利用的要求必须是合理的。如果从具体的个案情况来看，这一要求并不合理，则另一方有权予以拒绝。例如，在建造建筑物的过程中，本来不需要占用相邻另一方的土地堆放建材等杂物，却非要对方同意其堆放这些物品的，则后者有权拒绝。另一方面，另一方提供便利，并不意味着该方必须承受重大损失；在利用相邻建筑物的过程中，应当尽可能给对方减少损失，如果因为利用他人的不动产给他人造成损害，则可能需要双方进行协商，由一方给

予另一方适当的补偿。① 还要看到，在利用相邻不动产的过程中，如果是基于商业目的的利用，还应当给予充分的补偿。有关补偿的问题，需要由双方协商解决。

四、因通风、采光而产生的相邻关系

通风、采光、日照不仅是维持人们基本生产生活的要求，也是最低限度的生活条件，也在某种程度上涉及个人尊严的维护。《民法典》第293条规定："建造建筑物，不得违反国家有关工程建设标准，不得妨害相邻建筑物的通风、采光和日照。"这就从相邻关系的角度对此作出了规定，对于保障人们的基本生活条件，构建社会和谐等都十分有必要。依据《民法典》第293条的规定，因通风、采光、日照而产生的相邻关系的内容如下所述。

第一，必须是在建造建筑物的过程中，有必要为他人提供通风、采光和日照等便利。不动产权利人虽然有权在自己的土地上建造建筑物，但此种权利的行使必须要考虑到他人的利益；不能滥用自己的所有权，在自己的土地上建造房屋阻挡他人的光线、日照、通风等。如果房屋在建成之后，严重影响了他人的通风、采光，邻人是否有权请求拆除该房屋？这是值得探讨的问题。笔者认为，如果明显违反规划的规定建造房屋，并严重影响了邻人的通风、采光，邻人应有权请求其拆除违反规划的房屋，法院也可以依具体情况决定是否应当予以拆除。如果没有违反规划的规定建造房屋，但影响了邻人的通风、采光，一般只能采用损害赔偿的办法，而不能够请求拆除该房屋。总之，如果房屋的建造违反国家有关工程建设标准，妨害了邻人的通风、采光，应承担相应的法律责任。

第二，不得违反国家有关工程建设标准，妨害相邻建筑物的通风、采光和日照。国家工程建设标准是指由国家有关机关颁布的建筑标准（如2013年5月1日实施的《建筑采光设计标准》）。《民法典》第293条之所以规定建造建筑物时

---

① 参见孙宪忠、朱广新主编：《民法典评注 物权编2》，286页，北京，中国法制出版社，2020。

不得违反国家有关工程建设标准，因为该标准是国家的统一标准，按照这些标准建造的建筑物一般不会存在通风、采光和日照等争议。如果违反国家有关工程建设标准，妨害相邻建筑物的通风、采光和日照的，相邻一方应当承担相应的法律责任。

需要指出的是，在特殊情形下，即使符合有关工程建设标准，仍然可能妨害相邻建筑物的通风、采光和日照，此时是否应当允许相邻另一方请求给予通风、采光或日照的便利，或者要求妨害一方承担相应的责任？对此有不同的意见。一种观点认为，是否构成影响他人通风、采光或日照，必须要考虑是否违反了有关国家工程建设标准的规定，也就是说，只有违反了建筑规划的规定，才能确认其影响了他人的通风、采光。另一种观点认为，是否影响了他人的通风、采光或日照不应当仅以违反国家有关工程建设标准为准。例如，在没有纳入规划的空地上建筑房屋，也会发生影响他人通风、采光或日照的问题。更何况，在广大农村，并没有完全按照国家有关工程建设标准来建筑，一旦发生了通风、采光或日照的纠纷，也应当按照相邻关系来处理。笔者赞成后一种看法。相邻关系，实际上是为了保障相邻不动产双方的权利行使。规划是一种管理手段，是最低限度的要求，在发生了妨碍通风、采光或日照的情形下，首先需要考虑建筑物是否违反国家有关工程建设标准；如果虽不存在违反国家有关工程建设标准的情况，但客观上已经妨碍了他人的通风、采光或日照，也应当认定为违反了相邻关系的有关内容。通风、采光的获取，是权利人固有的权利，它是关涉个人的生存利益、居住利益的一种权利。此种权利不能因规划的错误而丧失，因此，对于未违反有关工程建设标准要求，但是造成了他人通风、采光或日照的妨害的，受害人也可以请求相对方承担赔偿责任。[1]

第三，相邻一方违反有关规定修建建筑物，影响他人通风、采光或日照的，受害人有权要求停止侵害、恢复原状或赔偿损失。从我国司法实践来看，应当根据具体情况确定相应的责任形式。例如，房屋在建造过程中，已经影响了邻人的

---

[1] 参见孙宪忠、朱广新主编：《民法典评注 物权编2》，299页，北京，中国法制出版社，2020。

通风、采光或日照，邻人可以请求停止侵害，如果房屋已经建造完毕，且没有违反规划，通常只能要求赔偿损害，而不能要求拆除房屋。但如果房屋已经违反了相关的建筑规划，则应当将该房屋予以拆除。

需要指出的是，除了通风、采光、日照等方面所引发的相邻关系，在实践中还存在着因为眺望而引发的相邻纠纷。例如，某人在海滩建造了一家旅馆，但后来他人在其邻侧违反规划修建了建筑物，妨害了在先建造的旅馆的眺望海景；关于对眺望利益的保护问题，有各种不同的观点。① 笔者认为，眺望确实体现为一定的利益，但此种利益还很难说是一种权利。因为在商品房购买过程中，是否能眺望海景或其他景观，往往会在房价中得到一定的体现。笔者认为，一方面，眺望不属于相邻关系的范畴，因为相邻关系只是对所有权的最低限度的限制，是为了维护正常的生产生活需要而对所有权作出的限制。虽然眺望可以使人获得一种精神的愉悦，但毕竟不是一种最低限度的生活要求，因而不能根据相邻关系来解决。另一方面，即使在同一栋楼中，不同的楼层、不同的朝向，能否眺望美景以及眺望的程度都是不一样的，但不能说不享有或未能充分享有眺望权，业主的正常生活就受到了限制。此外，对大部分楼盘来说，可能根本谈不上眺望权的问题。可见，眺望是一种较高层次的享受，因而不能通过作为对所有权进行最低限度限制的相邻关系制度来解决。对这个问题，可以通过合同或者侵权制度来解决。就合同来说，在买受人购买房屋的时候，可以通过合同与建设单位约定眺望权的内容。即使合同没有规定眺望的内容，但如果其支付的房款中已经包含了眺望的内容时，在建设单位违反合同的约定，新盖的高楼遮挡买受人的视线时，买受人也有权请求建设单位承担违约责任，赔偿因不能眺望景观而导致的损失。就侵权来说，如果第三人违反规划的要求，新盖的大楼或者设置公告牌，遮挡买受人的视线的，业主有权基于侵权责任请求排除妨害、赔偿损失。因此，考虑到眺望海景或其他景观的情况比较复杂，应当根据具体情况来分别考虑。

---

① 参见孙宪忠、朱广新主编：《民法典评注 物权编2》，215 页，北京，中国法制出版社，2020。

五、因保护环境所产生的相邻关系

《民法典》第 294 条规定:"不动产权利人不得违反国家规定弃置固体废物,排放大气污染物、水污染物、土壤污染物、噪声、光辐射、电磁辐射等有害物质。"该条实际上是关于所谓"不可量物"的侵害所引发的相邻关系的规定。所谓不可量物的侵害,是指按照通常的计量手段无法加以精确测量的某些物质因排放、扩散等致他人损害。不可计量的物,大体如气体、音响、光线、尘埃、采石之粉、灰、火花、湿气、真菌类、噪声、电流、臭气、烟气、煤气以及"光的有意图之侵入"①。至于固体或液体等物,例如沙石、污水等则不包括在内。② 不可量物的侵害,常常会给相邻的一方造成损害,严重的不可量物侵害常常会严重地影响环境,对许多不特定的人造成损害。例如,某企业安装了反射出刺眼光芒的特殊玻璃,造成了辐射,影响附近许多人的正常生活。再如,一些商店使用高频率的音像器材招揽顾客,由于高音喇叭声音太高,严重影响周围群众的生活。

不可量物的侵害是否属于相邻关系,在学说上是值得研究的。在德国法学界,学者对此形成两种观点。一是相邻关系说,此种观点的代表人物是德国学者 Hersche,他认为不可量物侵害仍然发生在不动产的所有人之间,相邻的观念在近代已灵活地加以扩大,不可量物的侵害常常与土地相关联。如果不可量物的侵害并非重大和不合理,受侵害人应当予以忍受,这实质上是所有权的限制和扩张。所以,不可量物侵害问题属于相邻关系范畴。③ 二是人格权侵害说。此种观点以德国学者 Forkel 为代表,他认为不可量物的侵害在性质上是侵害一般人格权,如果受害人以人格权的侵害为依据提出请求,则对维护受害人的利益十分必要。因为以此提出请求对因不可量物侵害而遭受损害的范围将不再限于物权的享

---

① 陈华彬:《德国相邻制度研究》,载梁慧星主编:《民商法论丛》,第 4 卷,227 页,北京,法律出版社,1996。

② 参见王泽鉴:《民法物权·通则·所有权》,184 页,北京,中国政法大学出版社,2001。

③ MünchenerKomm / Säcker, BGB §906, Rn. 1.

有者，还可以扩大到其他权利人，同时对受害人的保护将因此扩及精神的不可侵性、行为的自由及感情领域。此外，在确定是否构成不可量物的侵害时，依据人格权法的规定，可适用个别化的具体准则加以确定。[1]

依据我国《民法典》第 294 条规定，不可量物的侵害属于相邻关系的范畴，应适用相邻关系的规定，但不可量物的侵害必须具备如下条件。

第一，违反了国家有关环境保护方面的法律法规的规定。这就是说，在确定不可量物是否构成侵害时，首先要考虑是否违反了"国家规定"。例如，我国《固体废物污染环境防治法》第 14 条规定："国务院环境生态环境主管部门会同国务院有关部门根据国家环境质量标准和国家经济、技术条件，制定固体废物鉴别标准、鉴别程序和国家固体废物污染环境防治技术标准。"如果违反了有关规定，行为人不仅要停止侵害，而且要承担相应的责任。如果国家还没有制定相关的规定，则应当根据具体情况来确定是否过度或过量。

第二，不可量物侵害只有发生在相邻的不动产权利人之间，才受到民法相邻关系的调整。例如，因采矿导致沙石飞扬，因盖房导致尘土四散。如果行为人与受害人相距较远，即便存在不可量物散发而影响受害人居住的情形，一般也不宜作为相邻关系纠纷，而应当按照环境侵权来处理。如果将此种行为都作为侵害相邻关系的案件处理，就会将许多环境污染的侵权行为都当作相邻关系来处理，民法的相邻关系甚至包含了大部分环境法的内容，这显然不妥当。

第三，造成了一定的妨害或损害后果。不可量物必须直接侵入邻人的不动产范围内，导致邻人受到损害或妨害；如果不可量物侵入邻人不动产范围以后，其侵入或妨害仍然在正常合理范围内，则邻人必须加以忍受。[2] 因为人们在社会中生活，总是会对他人产生轻微的妨害；不能认为任何妨害都无法忍受。但是，如果这种不可量物的妨害超过了必要的限度，也超出了正常人的容忍限度，那么就不能再要求他人继续予以容忍。所以，对于不可量物是否构成违法侵害，关键要看是否超出

---

① 参见陈华彬：《德国相邻制度研究》，载梁慧星主编：《民商法论丛》，第 4 卷，299～300 页，北京，法律出版社，1996。

② 参见王泽鉴：《民法物权》，156 页，北京，北京大学出版社，2010。

了合理限度。在考虑不可量物的侵害后果时，需要考虑侵害的时间长短及严重性、被侵害利益的性质、侵害回避的可能性等多种因素，从而确定行为人应当承担的责任。[1]

由于不可量物侵害妨害了他人的生活安宁，甚至影响他人的身心健康，据此，有学者认为，该行为已构成对人格权的侵害。笔者认为，不可量物侵害是否同时构成对人格权的侵害，应当依据具体情形考虑。如果确实已经损害了受害人的人格利益，受害人以此主张侵权损害赔偿，或精神损害赔偿也应当是法律所允许的。因为一方面，某人制造噪声严重影响他人休息，或堆放的物品有害他人健康，行为人的行为已经侵害了他人的人格利益，有必要保护受害人的人格权。但是，如果不可量物仅仅侵害他人的财产权益，则不能以人格权受侵害为由而请求救济。但在确定加害人的侵权损害赔偿责任时，需要考虑行为人是否存在抗辩事由，如比较法上存在的"危险引受"规则，该规则认为，如果受侵害邻地所有人或使用人明知会发生不可量物的侵害而仍住入其附近建筑住宅，因受妨害而要求损害赔偿时，一般不予认可。[2] 此时，受害人对损害的发生具有过错，应当减轻或者免除行为人的侵权责任。笔者认为，在适用该规则时，要进行利益衡量，确定哪一方的利益应当优先受到保护。在利益衡量的过程中，应当考虑人身权益一般优先于财产权益。另一方面，不可量物造成他人损害时，在确定能否适用精神损害赔偿时，应当依据《民法典》第 1183 条关于精神损害赔偿的规定进行判断。即如果受害人主张精神损害赔偿，则只有因其人身权益遭受侵害并导致严重精神损害的情况下，才能请求精神损害赔偿，如果是相邻关系或侵害财产权案件，显然不能适用精神损害赔偿。

六、因挖掘土地、建造建筑物等发生的相邻关系

《民法典》第 295 条规定，"不动产权利人挖掘土地、建造建筑物、铺设管线

---

[1] 参见王旭光等：《物权法适用疑难问题研究》，187 页，济南，山东人民出版社，2007。
[2] 参见王俊主编：《相邻关系纠纷案件审判要旨》，175 页注，北京，人民法院出版社，2005。

以及安装设备等，不得危及相邻不动产的安全。"此种情况在学理上常常称为
"邻地损害的防免"①。此种相邻关系的构成要件如下。

（1）一方在自己的不动产之上行使权利。例如，相邻一方在自己的土地上挖
水沟、水池、地窖、水井和地基等时，危及对方房屋、地基以及其他建筑物的安
全。在自己的不动产上行使权利，既包括在自己所有的不动产上行使权利，以及
在自己享有他物权的不动产上行使权利，也包括对土地享有租赁等占有权者行使
权利。

（2）一方在自己土地上从事挖掘作业等，给另一方造成妨害或者可能造成妨
害。一方在自己的不动产上进行作业，虽然属于所有权行使的范围，但是，任何
人在自己的不动产之上行使权利，不得损害他人的利益。例如，一方因从事挖掘
作业导致他方建筑物存在倒塌的危险，严重威胁对方的人身、财产安全时，对方
有权请求采取措施排除危险来源以消除危险。

（3）一方的行为危及相邻不动产的安全。这就是说，邻人从事挖掘等作业必
须危及他人的不动产，如果已威胁到他人的人身或者动产，通常应当按照侵权来
处理，也可以适用物权请求权，但不应当适用相邻关系的规定。所谓危及不动产
的安全包括两种情况：一是实际损害，即已经给不动产造成了妨害或损害。例
如，挖掘土地已经使他人房屋的地基动摇。二是可能妨害，即可能给他人的不动
产造成妨害，这就是未来可能形成的危险。例如，在挖掘土地、建造建筑物、铺
设管线以及安装设备等时，如果有可能危及邻人房屋的安全，邻人无须证明已实
际发生损害，只需要证明存在着此种威胁，就可以要求施工方停止侵害行为。放
置或使用易燃、易爆、剧毒物品，必须严格按有关法规办理，并应当与邻人的建
筑物保持适当的距离或采取必要的防范措施，使邻人免遭人身和财产损失；因此
造成损害的，应赔偿邻人的损害。

---

① 王泽鉴：《民法物权》，第1册，221页，台北，自版，2001。

第三节　处理相邻关系的原则

一、处理相邻关系的几项原则

《民法典》第 288 条规定："不动产的相邻权利人应当按照有利生产、方便生活、团结互助、公平合理的原则，正确处理相邻关系。"依据这一规定，在处理相邻关系时，应适用如下原则。

（一）依照法律、法规和习惯处理相邻关系

《民法典》第 289 条规定："法律、法规对处理相邻关系有规定的，依照其规定；法律、法规没有规定的，可以按照当地习惯。"依据这一规定，如果法律法规对相邻关系作出了明确的规定，则必须依据法律法规的规定处理相邻关系。例如，有关法规规定建筑工程施工等活动，必须采取安全保障设施。如果法律法规没有明确规定的，可以依据习惯进行处理。

习惯包括习俗和惯例，它们都是人们长期生活中形成并遵守的生活准则，可以调节人们之间的生产生活，这种习惯已然具有"习惯法"作用，具有一定的法律约束力[1]，因而可以用作处理相邻关系的规则。我国民间的一些习惯就有若干处理相邻关系纠纷的规则。例如，涉及物权不动产相邻关系方面的习惯就有土地经界，隔道找地，两地比邻之建筑保持距离，两地比邻种植保持距离以及植根侵入邻地等方面的规则。[2] 由于我国地域广阔，不动产相邻关系较为复杂，法律无法对需要调整的相邻关系全部列举，而只能就其中一些典型的相邻关系作原则性的规定。即使就法定的相邻关系类型，在发生纠纷以后，究竟应当如何处理，

---

[1] 参见黄薇主编：《中华人民共和国民法典物权编释义》，566 页，北京，法律出版社，2020。

[2] 参见江平主编：《中美物权法的现状与发展》，322 页，北京，清华大学出版社，2003。有关我国民间习惯中有不少对相邻关系处理的规则，请参见前南京国民政府司法财政部编：《民事习惯调查报告录》，北京，中国政法大学出版社，2005。

《民法典》也不可能就此作出十分明确、具有可操作性的规则，而习惯根植于当地的生产生活，可以较好地调整不动产之间的相邻关系，填补法律调整的空白。一方面，对于一些法律没有规定的相邻关系，在发生纠纷以后，可以参照《民法典》的规定，结合生活习惯加以处理。例如，我国《民法典》没有规定邻地果实的取回权，如果一方果树的果实坠落在邻人的土地上，究竟应当允许果树的所有人取回果实，还是应当由邻地的权利人取得，从比较法的角度来看，各国规定都不一样，这就要考虑习惯问题。如果当地习惯允许果树所有人取回，就应当允许其取回。① 另一方面，在发生相邻关系纠纷之后，如果找不到法律法规的相关规定，可以适用习惯。例如，关于通行权的确定，在一方给予另一方提供通行的便利时，究竟如何通行，也要考虑习惯问题。如果习惯就是走某一条道路，那么，就应当按照习惯来决定。

（二）团结互助、兼顾各方的利益

相邻各方在行使所有权或使用权时，要团结互助、兼顾各方的利益，最大限度地减少对方的损失。例如，相邻一方给另一方提供通行的便利，另一方不能踩踏该方的绿地等。相邻各方在因为不动产权利的行使发生争议的情况下，必须本着互谅互让、有利团结的精神协商解决；协商不成的，由有关国家机关和人民法院解决。在争议解决以前，争议各方不得荒废土地、山林等自然资源，不得破坏有关设施，更不得聚众闹事，强占或毁坏财产。对故意闹事造成财产损害和人身伤害的，除应追究当事人的民事责任外，还应追究其行政责任，甚至刑事责任。

为了维持人与人之间的和睦关系，需要确立当事人之间适当的容忍义务。所谓容忍义务，是指相邻的一方应当容忍相邻的另一方所造成的最低限度的轻微妨害。例如，一方因搬运家具、整理床铺等可能影响邻人休息，邻人应当在合理限度内予以容忍，而不能因为造成轻微的妨害而主张权利。相邻一方晒在阳台上的衣物因大风被吹落在邻人的阳台上，应当允许衣物的所有权人取走衣物。法国民

---

① 参见全国人大常委会法制工作委员会民法室编：《中华人民共和国物权法条文说明、立法理由及相关规定》，136 页，北京，北京大学出版社，2007。

法学者雅克·盖斯旦和吉勒·古博首次明确提出了相邻关系以邻人之间的特殊义务为基础。[①] 容忍义务是相邻关系制度构建的核心概念，可以说是相邻关系的基石，也是相邻关系中的核心问题。一方面，相邻关系本质上是解决权利冲突的问题[②]，其是关于相邻不动产权利限制和扩张的问题：扩张的权利同样需要在一定的范围内行使，受限的权利也不意味着容忍一切来自邻地的侵害。如果说所有权划定了相邻关系中双方权利的静态边界，那么容忍义务则划定了不动产权利人对不动产利用的动态边界。另一方面，不动产权利的行使总是可能给相邻不动产权利人带来损害，这些损害有的可能干扰重大，有的则影响甚微，如果不规定相邻关系中的容忍义务，则将会使大量妨害甚微的纠纷也演化为诉讼，导致司法资源的浪费。此外，相邻关系以维护邻里和睦、促进不动产利用为目的，容忍义务的设立有利于不动产权利人利用其不动产创造更大的价值，并协调由此产生的纠纷与冲突，因而应当将容忍义务置于相邻关系中的核心位置。可以说，缺乏容忍义务的规则，相邻关系制度的立法目的就可能落空。容忍义务的设置扩张了一方权利的行使，也要求另一方忍受轻微的妨害，这有利于维持共同的生活关系，实现不动产相邻各方利益冲突的衡平调整，因而有必要通过在法律上设置容忍义务加以规范。[③] 正是因为上述原因，德国学者沃尔夫在讨论相邻关系时采用"私法上的容忍义务与相邻权"，强调相邻权与容忍义务不可分割，并以容忍义务为基础和前提，这就解释了相邻关系的本质。如果一方拒绝承担容忍义务，则可能构成权利滥用。

（三）有利生产、方便生活

在现代社会，居住条件和科技的发展是导致毗邻居住人之间冲突和损害不断增长的原因。工业、商业甚至自用住宅，都可以成为干扰邻人的来源，这些干扰不再仅仅以烟、臭气、噪声等排放为限，而且包括了毒物、震动甚至是电子干扰

---

① 参见陈忠、杨泽：《论不可量物侵害之容忍义务制度的构建——对我国〈物权法〉第90条的反思》，载《法律适用》，2011（5）。

② 参见韩光明：《财产权利与容忍义务》，173页，北京，知识产权出版社，2010。

③ 参见陈华彬：《物权法原理》，356页，北京，国家行政学院出版社，1998。

等形态。① 除干扰形态增多外，科学技术的发展使得干扰的范围更为广泛，因而相邻关系中的法律冲突和矛盾更为尖锐。相邻关系规则为平衡相邻不动产所有人之间的利益，并有效解决社会生活变化所带来的相邻关系中的新问题，以化解相邻不动产所有人之间的冲突，提升不动产的利用效率，确保物尽其用。法律之所以要设置相邻关系的规则，就是要保证人们最基本的生活条件，保障人们的生产生活能够顺利进行。所以，在处理因相邻关系纠纷时，应从有利于有效合理地使用财产、有利于生产和生活出发。例如，在一方通行有困难的情况下，另一方是否有必要提供通行的便利，就要本着有利生产、方便生活的原则来确定，尽可能促进物尽其用。

（四）公平合理

相邻关系涉及各方不动产权利方面的争议甚至冲突，在发生纠纷以后，如果处理不当，就容易酿成比较严重的社会矛盾，危害社会的稳定和团结，所以，相邻各方在发生相邻纠纷以后，应当本着公平的原则予以处理。例如，一方林木的树枝延伸到邻人的土地上，一般应当允许邻人剪除，但是，如果树枝确实具有重大的经济价值或者剪除将严重影响树木的生长，那么，双方应当通过协商，并通过公平考虑来确定是予以剪除，还是允许其生长但给予补偿。② 相邻关系的种类很多，法律很难对各种相邻关系都作出具体规定，这就需要人民法院在处理相邻关系纠纷时，从实际情况出发，进行深入的调查研究，兼顾各方面的利益，适当考虑当地的习惯，公平合理地解决纠纷。

（五）依法给予补偿

《民法典》第 296 条规定："不动产权利人因用水、排水、通行、铺设管线等利用相邻不动产的，应当尽量避免对相邻的不动产权利人造成损害。"相邻关系是法律对于不动产的一种干预，在许多情况下，相邻一方为另一方提供通行、通

---

① See Jean Limpens, *International Encyclopedia of Comparative Law*, Vol. 4, Torts, Chapter 2, Liability for One's Own Act, J. C. B. Mohr (Paul Siebeck), Tübingen, 1975, p. 119.

② 参见全国人大常委会法制工作委员会民法室编：《中华人民共和国物权法条文说明、立法理由及相关规定》，87 页，北京，北京大学出版社，2007。

风、采光等便利，是义务人的法定义务，不能要求对方给予补偿。在此，应当区分生产生活的最低限度的需要和超出这一最低限度的需要。如果是为了满足最低限度的需要，即使造成了损失也不一定必须要给予补偿。但是，即使仅为了满足最低限度的要求，也可能造成损害。例如，就袋地通行权而言，袋地所有人要通行于他人的土地，必然造成他人的损害。在此情况下，按照公平原则，可能要给予适当的补偿。因此，相邻关系也可能涉及费用补偿的问题。根据《民法典》第296条的规定，在相邻各方行使权利和承担义务时，应当首先依据法律法规和习惯行使权利和承担义务。但是不动产权利人因用水、排水、通行、铺设管线等利用相邻不动产的，应尽量避免对相邻的不动产权利人造成损害，如因此造成相邻一方的损害，也要承担赔偿责任。此种责任的构成要件是：

第一，补偿的情况主要限定于因用水、排水、通行、铺设管线等利用相邻不动产的情形。并不是说，在任何情况下，发生相邻关系后，获得便利的一方都要给提供便利的一方补偿。法律规定，只是在因用水、排水、通行、铺设管线等利用相邻不动产的情形下才有可能给予补偿。因为在排水、用水等特殊的相邻关系中，依据法律规定，一方可以利用相邻另一方不动产，此种利用是占有、利用他人的不动产而使自己获得便利，因此可能给另外一方造成损害。例如，从邻人的土地上通行，可能要在邻人土地上开辟一条道路，将导致另一方蒙受重大损失。因此，获得便利的一方，应当给另一方一定的补偿。

第二，此种损害是基于合理利用所产生的损失。一方面，在因用水、排水、通行、铺设管线等利用相邻不动产的情形下，因为一方给另一方提供便利，会给提供便利的一方造成损害，但此种损失是一方当事人必须负担的义务，不是法律上所认为的损害。因此，不能通过损害赔偿的方式给予救济。另一方面，此种损害是基于合理利用所产生的损失。如果因为不合理的利用而造成他人的重大损失，应当承担赔偿责任。例如，排水可以在邻人土地下铺设管道，但不能挖掘沟渠直接排水。所以，相邻一方应当尽量避免对相邻的不动产权利人造成损害。再如，给予通行的便利，并不意味着要为另一方修一条宽敞的大道，因为这样会给提供便利的一方造成不合理的损害。如果一方强行占道，给另一方造成重大损害，应当承担侵权责任。根据《民法典》第296条的规定，造成损害的应当给予赔偿。此处所说的损害，实际上指的是侵权损害。如果是因正常合理的利用而造成的损害，在法律上和侵权造成的损害是不同的。

第三，已经造成实际损害。通常，一方为了实现另一方基本的生产、生活的需要而为另一方提供必要的便利，不能要求另一方必须给予补偿。只有在因排水、用水、通行、铺设管线等情况下，一方给另一方提供便利，且因此使自己蒙受损失，才有可能要求另外一方提供必要的补偿。如果是因正常合理利用而给他人造成的损害，相邻一方主观上不具有过错，则不应当承担侵权责任。但考虑到客观上给相邻一方造成了损害，所以，应给予适当的补偿。既然是补偿，就不同于侵权法上的损害赔偿，不能要求完全的损害填补，而应当依据实际情况给予适当的补偿。

相邻关系不仅可以产生侵权损害赔偿请求权，也可以产生物权请求权。因此，在相邻关系遭受侵害的情况下，构成物权请求权和侵权请求权的竞合，应当允许不动产物权人依法行使各类物权请求权或侵权请求权来保护自己的合法权益。

二、关于相邻关系中约定的效力

如前所述，相邻关系是基于法律规定而产生的，法律为了平衡各方面利益，协调私权的冲突，而要求相邻一方应当给相邻另一方提供必要的便利。从《民法典》第289条规定来看，处理相邻关系，应当依据法律、法规的规定，并没有提出要依据当事人之间的约定。但是，这并不是说在相邻关系中就绝对排除当事人的约定。在相邻关系中，法律也允许当事人具有一定自治的空间，主要原因在于：一方面，相邻关系的规范虽然具有法定性，但并不是一种强制性的规定。例如，通风、日照、采光等权利，虽然是法定的权利，但并非当事人不能通过约定排除。所以相邻关系与绝对的禁止性规范有所差异，在某种程度上允许当事人意思自治。另一方面，由于相邻关系类型复杂，法律关于相邻关系的规则比较抽象概括，不可能对所有的相邻关系都进行列举。这就有必要通过当事人的约定来弥补法律规定的不足。从这个意义上讲，当事人的约定具有将抽象的法律规范具体化的功能。正如我国台湾地区学者苏永钦所说，所有相邻关系的物权调整规定中，有必要通过当事人的约定来填补法律漏洞。^① 他认为，把地役权从土地之间的关系扩张到土地、定着物与土地、定着物之间的关系，用在属于法定地役权关系的所有权相邻关系上，也可以更精确地处理现代的相邻关系纠纷。^② 此种看法也不无道理。还要看到，在相邻关系中，涉及有关利益的安排问题，因为仍然属于私益的范畴，当事人仍然可以依据意思自治加以处分。而允许当事人在一定程度上通过约定自行调整其权利义务关系，更有利于充分发挥不动产的经济效用，促进物尽其用。^③ 因此，笔者认为，在相邻关系中，如果当事人就提供便利、补偿等作出约定，只要该约定未违反法律的强制性规定或公序良俗，也不损害第三人利益，应当认可其效力。

具体来说，笔者认为，如下几种情况下可以通过当事人约定来弥补法律规定的不足。

第一，放弃便利的约定。在相邻关系中，尽管一方依法有义务为另一方提供便利，但另一方也可以抛弃或不行使该相邻关系的便利。例如，一方可以依法获得通行的便利，但其也可以不行使该权利而通过租用道路的方式来解决通行问题。在涉及相邻的不动产权利人之间的关系的时候，只要不涉及第三人，当事人之间完全可以通过达成协议，对这种提供便利的权利予以放弃。因为对这种所有权的限制毕竟仍属于私权利的范畴。当然，这种放弃不得损害第三人利益和社会公共利益。

第二，对于法律未规定的相邻关系类型作出约定。我国《民法典》从第 290条至第 296 条列举了相邻关系的类型，但这种列举显然只是对几种典型的相邻关系作出了规定，实践中还有大量的相邻关系没有进行列举。例如，因空调滴水所

---

① 参见苏永钦：《私法自治中的经济理性》，225 页，北京，中国人民大学出版社，2004。

② 参见苏永钦：《民事立法与公私法的接轨》，282 页，北京，北京大学出版社，2005。

③ 王泽鉴：《民法物权》，第 1 册，212 页，北京，中国政法大学出版社，2001。

引发的相邻关系，因相邻采暖而引发的相邻关系，因堆放物品而引发的相邻关系，等等。正是因为相邻关系的类型难以列举穷尽，所以，《民法典》第289条规定，法律、法规没有规定的，可以按照当地习惯处理。对于法律没有规定的相邻关系类型，是否应当允许强制性地提供便利，除了依据习惯以外，应依据当事人的约定来解决。例如，上下楼层的两个住户，就可以订立合同，禁止空调滴水或屋檐滴水。

第三，有关相邻关系规则具体化的约定。对相邻关系而言，法律规定毕竟是抽象的概括，但具体妨害的程度、使用道路的宽窄、通行的车辆大小等需要通过当事人约定解决。对于提供便利的范围也可以由双方作出约定。这就是说，即使是法律强制规定要提供便利的情况，双方就如何提供便利的问题，也可以达成协议。例如，《民法典》第291条规定："不动产权利人对相邻权利人因通行等必须利用其土地的，应当提供必要的便利。"但关于提供通行的便利的问题，双方可以约定，一方可以给另一方提供行走的便利，而不必为另一方修建一条道路让其货车通行。对提供便利的具体内容，是可以由当事人约定的。此种约定实际上是对法律规定的具体展开，只要不违反法律的强制性规定就仍然是有效的。

第四，就补偿问题作出的约定。《民法典》第296条规定："不动产权利人因用水、排水、通行、铺设管线等利用相邻不动产的，应当尽量避免对相邻的不动产权利人造成损害。"造成损害的，应当给予赔偿。但究竟如何进行补偿，法律没有规定。由此可以看出，相邻关系虽然是强制性地要求一方给另一方提供便利，但是，这并不是说，提供此种便利是无代价的。如果确实因为一方给另一方提供便利，使自己遭受了损害，受害一方也有权获得补偿。对于补偿的问题，原则上应当由双方达成协议。此外，尽管《民法典》第296条列举了应当补偿的情况，但实际上也不限于这些情况。即使是依法不需要补偿的，如提供通风采光的便利，如果接受便利的一方当事人愿意给另一方提供补偿，在法律上也不应当予以禁止。

第五，对相邻关系纠纷的解决方式的约定。这就是说，当事人可以通过订立合同或者管理规约的方式进行处理。在建筑物区分所有的情况下，人们共同生活在一起,相邻关系的处理关系到全体业主的利益,所以,有关如何利用专有部分的所有权,如何遵守公共道德和防止对其他业主权利的侵害,都可以通过订立合同或者管理规约来具体确定。[①] 在相邻关系纠纷发生以后,当事人也可以通过和解达成协议。在当事人就提供便利及其补偿达成协议以后,如果一方违反了协议,另一方既可以直接基于相邻关系的规定予以处理,也可以以违约提起诉讼。

相邻关系规范大多是强制性规范,针对这些规范,不动产相邻权利人无法通过约定排除其适用,否则,应当认定约定无效。例如,如果相邻双方约定,袋地所有人永远不能通行,该约定应当无效。但是,也有一些规则属于任意性规范,允许当事人在法律、法规和公序良俗允许的范围内通过约定来改变。例如,如果相邻双方约定,袋地所有人短期内不能使用车辆通行,该约定可以有效。

---

① 参见万鄂湘主编:《物权法理论与适用》,43 页,北京,人民法院出版社,2005。

第十五章
共　　有

第一节　共有概述

一、共有的概念和特征

传统的大陆法系国家物权法认为，一物之上不得存在多个所有权，换言之，数人不得对同一物各自享有完整的所有权。但是，一个所有权可以由两个或两个以上的人享有，"盖权利固应有其主体，但其主体之为单数或复数，自无限制之必要，不独物权如此，债权亦然，故各国民法莫不承认共有之制度"①。《民法典》第297条规定："不动产或者动产可以由两个以上组织、个人共有。共有包括按份共有和共同共有。"据此，所谓共有，是指某项财产由两个或两个以上的权利主体共同享有同一所有权，换言之，是指多个权利主体对一物共同享有所有权。按照一物一权主义，一物之上不得存在多个所有权，数人不得对同一物各自享有完整的所

---

① 郑玉波：《民法物权》，114页，台北，自版，1963。

有权。但一个所有权可以由两个或两个以上的人享有。例如，两人共同所有一间房屋，三人共同所有一台机器。共有的主体称为共有人，客体称为共有财产或共有物。各共有人之间因财产共有形成的权利义务关系，称为共有关系。

财产的所有形式可分为单独所有和共有两种。早期罗马法上仅有共同所有权，到了共和国初期，才开始形成按份共有。在罗马法中，"每个共有者对整个物享有所有权，而且同一切所有主一样，他对该物独立地行使权利，但是，每个人行使权利的范围不应当超过表现为他的权利范围的份额"①。这在很长时期，成为罗马法共有的主要形式。② 从比较法来看，各国普遍采纳共有的形式，包括按份共有和共同共有。

共有只是数人对于同一物享有同一所有权，而非数人对同一物分别享有所有权。共有只是所有权的一种形态，因而仍然要适用所有权的一般规则，如一物一权等规则。共有是相对于单独所有而言的。单独所有是指财产所有权的主体是单一的，即一个人单独享有对某项财产的所有权。共有关系的特殊性体现如下。

（1）主体具有特殊性。共有与单独所有的最大区别就表现在，共有的主体不是一个而是两个或两个以上的自然人、法人或非法人组织，但是多数人共同所有一物，并不是说共有是多个所有权，而只是指数人对同一物享有一个完整的所有权。换言之，在法律上，共有财产仅有一个所有权，只不过由多人享有。③ 由于主体是多数人，所以共有制度应对各个主体之间在管理、使用、收益及处分共有财产的权利义务关系方面作出规定。同时，由于在多个主体之间常常有可能形成一种联合或团体关系，多个主体基于其相互之间的共同合意也可能制定一定的团体规则或协议，各共有人应当遵守。

（2）客体具有特殊性。共有的客体即共有物是特定的财产，它可以是独立物，也可以是集合物（如共同继承的遗产）。客体既可以是特定物，也可以是权利的集合，各种权利的共有称为准共有。④ 例如，对小区的绿地所享有的共有

---

① ［意］彼德罗·彭梵得：《罗马法教科书》，黄风译，231页，北京，政法大学出版社，2005。
② 参见唐勇：《论共有》，39页，北京，北京大学出版社，2019。
③ 参见王泽鉴：《民法物权》，第1册，326页，台北，自版，2001。
④ 参见崔建远：《中国民法典释评·物权编》（上卷），442页，北京，中国人民大学出版社，2020。

权，实际上是对权利的共有。在共有关系存续期间，不能由各个共有人分别对某一部分共有物享有所有权。由于每个共有人的权利及于整个共有财产，共有物在共有关系存续期间，根据约定不能分割共有物的，只能由各共有人对共有物共同享有所有权。由此可见，共有不同于分别所有。

（3）内容具有特殊性。在内容方面，共有人对共有物按照各自的份额享有权利并承担义务，或者平等地享有权利、承担义务。[1] 一方面，共有人对共有物所享有的权利及承担的义务，因按份共有和共同共有而各不相同。另一方面，各共有人所享有的权利及于整个共有财产，也就是说，要对整个共有财产依据份额或平等地享有权利，而不能仅仅只是针对某一共有财产或共有财产的某一部分享有权利。每个共有人对共有物享有的占有、使用、收益和处分的权利[2]，不受其他共有人的侵害。在行使共有财产的权利、特别是处分共有财产时，必须由全体共有人协商，按共有人共同的意志行事。

财产共有是社会经济生活中大量存在的财产形式。近年来，在我国，在广泛发展市场经济的过程中，自然人之间，自然人与法人、非法人组织之间的财产共有关系得到了发展，各种共同经营体大量产生。在全民所有制企业实行股份制改革的过程中，共有财产也发展很快，并显示出重要作用。为此，需要从法律上确认和保护财产共有权，正确解决共有人之间的权利义务关系，从而保护共有人的合法权益，维护社会生产和生活秩序。还要看到，在我国，家庭既是消费单位，还往往是生产经营单位，家庭共有财产关系和夫妻共有财产关系涉及千家万户的生活和生产经营活动。以法律形式确认这些财产关系，对于建立社会主义的新型家庭关系，促进家庭的和睦团结，发展个体、私人经营和农村家庭承包经营，也是十分必要的。

二、共有和公有

共有是多个权利主体基于共同的生活、生产和经营目的，将其财产联合在一

---

[1] 参见陈华彬：《物权法》，382 页，北京，法律出版社，2004。
[2] 参见王泽鉴：《民法物权》，第 1 册，327 页，台北，自版，2001。

起而产生的财产形式。共有和公有不同。"公有"一词具有双重含义：一是指社会经济制度，即公有制；二是指一种财产形式。而共有既可以是公有制在法律上的表现形式，也可以是私人所有制在法律上的反映。[①] 公有和共有在法律性质上也是不同的，表现在：

第一，共有财产的主体是多个共有人，而公有财产的主体是单一的，在我国为国家或集体组织。全民公有的财产属于国家所有，集体公有的财产则属于某一个集体组织所有。

第二，共有既可以是同一种类型的所有权的联合（如私人所有权之间的联合）；也可以是不同类型的所有权的联合（如集体组织所有权与个人所有权之间的联合）。共有既可能发生在同一所有制之间，也可能发生在不同的所有制之间。可见，共有是一种所有权的联合形式，而不是一种反映所有制的特殊的所有权形式。

第三，公有财产已经脱离个人而存在，它既不能实际分割为个人所有，也不能由个人按照一定的份额享有财产权利。在法律上，任何个人都不能成为公有财产的权利主体。而在共有的情况下，特别是在个人的共有关系中，财产往往并没有脱离共有人而存在。公有财产在归属上为公有人所有，所以，单个自然人退出或加入公有组织并不影响公有财产的完整性，但是，自然人退出或加入共有组织（如合伙），就会对共有财产产生影响。

第二节　共有的分类

一、历史上的共有形态

共有在历史上曾出现过多种形态，典型的有罗马法的共有与日耳曼法的总有

---

① 参见崔建远：《中国民法典释评·物权编》（上卷），443 页，北京，中国人民大学出版社，2020。

和合有制度。

1. 罗马法的共有（communio）

罗马法的共有主要是按份共有。在罗马法中，共有可依当事人的合意、遗嘱、法律规定等原因而发生，在共有关系中，共有人对全部共有财产享有平等的权利，承担相应的义务。换言之，各共有人对共有物均享有使用、收益和处分的权利，同时也承担因共有物而产生的支付管理费用、纳税等义务。[①] 而罗马法从个人本位出发，认为"当多数人共有一物时，此多数所有人，固因共同所有之理由，互受节制，但皆于其标的物上，有其特殊之应有部分（Anteil）"[②]，各个共有人根据其应有部分而享有分割请求权，可以随时请求分割共有财产或根据分割裁判（Adjudicatio）制度提起诉讼，请求法官分割。一经裁判分割和由共有人自行分割，各个共有人则成为单独的所有人。罗马法的上述规定对现代大陆法的共有制度也产生了重要影响。

2. 日耳曼法的总有制度

总有，是存在于日耳曼社会的一种特有现象，是指由一定的团体对标的物享有管理权能，而由其成员享有标的物的收益权能。总有的形式包括继承共同体、婚姻共同体、初级的公证公司、合伙等。[③] 总有是一种共同体的所有方式，其特点在于：（1）将所有权的内容根据团体内部的规则加以分割，其管理、处分等支配的权能，属于团体；而使用、收益等利用的权能分别属于团体的成员。团体成员违反团体规则而进行使用、收益时，团体要依团体规则，请求团体成员停止该妨害行为及赔偿损害。（2）团体成员的使用、收益权与其作为团体成员的身份有密切关系，因团体成员身份的取得和丧失而取得和丧失，不得脱离其身份而取得财产的权利。（3）总有团体的成员人数很多，团体性比较浓厚，总有形式是古代日耳曼村落共同体的财产所有形式，是日耳曼财产法中的一项重要的财产权。随着社会经济的发展，总有权形式已经转化为法人的独立财产权，在当代各国民法

① 参见周枏：《罗马法原论》，310 页，北京，商务印书馆，1994。
② 李宜琛：《日耳曼法概说》，52 页，上海，商务印书馆，1944。
③ Buchda，Geschichte und Kritik der deutschen Gesamthandlehre，S. 35ff.

中，已基本上不存在作为一项独立的财产权的总有权制度。①

3. 日耳曼法中的合有制度

所谓合有，亦称为共同共有，是指数人根据共同关系享有对标的物的所有权。一般认为，合有起源于古代日耳曼社会，在被继承人死亡以后，共同继承人对遗产在法律上被认为是合有。合有是总有与共有的中间形态，其特点在于，各共有人根据共同关系对标的物共同地享有管理权，同时也共同地享有收益权能，各共有人也可以享有应有部分，但在共同关系没有终止以前，各共有人不得请求分割财产。因此，一些学者将此种应有份称为"潜在的应有部分"②。也就是说，只有在共同关系终止以后，通过分割才能确定每个人的份额。这种共有状态难以确定各个权利人的具体权利，不利于充分发挥物的效用，因此，该种共有形态在近代法上没有获得普遍认可。例如，《日本民法典》并未对合有作出规定，《德国民法典》虽规定了合有，但将其限于夫妻共同财产、共同继承等关系。

如前所述，在这三种形态中，总有形态已经转化为法人财产形态，法人的独立财产制就是发端于日耳曼法的总有权；其他两种共有形式特别是按份共有已被各国民法所采纳。所以现代大陆法系国家物权法所承认的共有主要就是按份共有和共同共有这两种形式。

二、当代法中共有制度的发展

首先，对共有物处分的条件逐步放宽。大陆法系国家传统上认为，共有物处分应采一致决定说。此种观点认为，共有物归属于全体共有人，对共有物进行处分应当征得全体共有人的同意，否则可能构成对某一共有人利益的侵害。例如，《德国民法典》第 747 条规定："整个共有物仅得由全体共有人共同处分。"但要求共有物的处分必须取得全体共有人的一致同意十分困难，不符合物尽其用的要求，因为在

---

① 有些国家民法规定的财产权形式类似于总有权，如《日本民法典》第 263 条规定的入会权（樵牧权）。

② 谢在全：《民法物权论》（上册），333 页，台北，自版，1997。

很多情况下，可能因为某一共有人不同意处分共有财产而丧失利用共有物的最好时机，因此出现了多数决定说①，我国《民法典》物权编采纳了这种模式。②

其次，共有物分管协议也体现了物尽其用的原则。所谓共有物分管协议，是指共有人之间所订立的，由部分或全部共有人分别占有共有物的特定部分，并对各部分进行管理的合同。③ 分管协议以共有人对共有物的特定部分进行管理的安排为内容。在比较法上，虽然各国法律大多将分管协议作为债权合同，但是在将分管协议进行登记之后，其也具有一定的物权效力，并能够拘束新加入的共有人。根据分管协议，可以由共有人中的部分人来管理共有物，也可以委托共有人之外的第三方来管理，与全体共有人直接管理共有物的方式相比，此种方式显然更具有效率，也符合专业化分工的原则，有利于物的最有效利用。

再次，准共有制度也体现了物尽其用原则。所谓准共有，是指两个以上单位、个人共同享有用益物权、担保物权等权利。例如，三个人共同购买一块土地的使用权，并对该土地使用权享有共有权，此种共有属于准共有。因为法律允许多个主体共同享有用益物权，共有的客体不再限于所有权。法律设置共有制度的主要原因是确立对物的共同利用的规则，允许用益物权共有，可以丰富物的利用方式，从而促进物尽其用。

最后，共有财产的分割也应遵循物尽其用原则。从各国物权法的发展趋势来看，物尽其用原则在共有财产的分割中发挥了越来越重要的作用。例如，法律上进一步放松了对共有财产分割的限制，禁止当事人订立长期的禁止分割共有物的协议，努力降低因分割形成的交易成本等，这些都体现了物尽其用的立法政策。④ 我国《民法典》物权编也适应这一发展趋势，在共有财产分割中作出了特殊的规定。⑤

① 参见《瑞士民法典》第 647 条，《意大利民法典》第 1105 条。
② 参见《民法典》第 300 条。
③ 参见谢在全：《分别共有内部关系之理论与实务》，91 页，台北，三民书局，1995。
④ 参见苏永钦：《寻找新民法》，441 页，北京，北京大学出版社，2012。
⑤ 参见《民法典》第 303 条。

三、我国《民法典》规定的两种共有

《民法典》第 297 条规定，共有包括按份共有和共同共有。应当说，按份共有和共同共有基本上概括了共有的形态。这两种形态的主要区别在于：

第一，各共有人对共有物所享有的权利因共有关系的性质不同而存在区别。在按份共有关系中，各共有人依其份额享有权利并承担义务，在共同共有关系中，各共有人则不分份额，共同地享有权利、承担义务。

第二，关于共有物的处分，在按份共有关系中，原则上只需要 2/3 多数同意；而在共同共有关系中，需要全体共有人的一致同意才能处分共有物。对于共同共有而言，其最主要的特征是各共有人平等地享有并承担对共有物的权利和义务，由于共有物的处分和作出重大修缮、变更性质或者用途，关涉各共同共有人的重大利益，因此，必须采取"一致决"的方式。[①] 依据《民法典》第 301 条规定，处分共有的不动产或者动产以及对共有的不动产或者动产作重大修缮、变更性质或者用途的，应当经占份额 2/3 以上的按份共有人或者全体共同共有人同意，但共有人之间另有约定的除外。

第三，按份共有人可以转让其享有的共有的不动产或者动产份额。其他共有人在同等条件下享有优先购买的权利。但是在共同共有的情况下，不存在优先购买的问题。

第四，关于共有财产的分割，在没有约定或者约定不明确的情况下，按份共有人可以随时请求分割，共同共有人在共有的基础丧失或者有重大理由需要分割时可以请求分割。如夫妻双方在婚姻关系存续期间购买了一幢房产，对其归属未加以特别约定，则在婚姻关系存续期内应当认为是共同共有，不得请求分割；但如果婚姻关系解除，则一方可以请求进行分割。

《民法典》第 297 条规定，共有包括按份共有和共同共有，这说明共有包括

---

① 参见黄薇主编：《中华人民共和国民法典物权编解读》，305 页，北京，中国法制出版社，2020。

但不限于这两种共有形态。[①] 在市场经济条件下，财产关系较为复杂，尤其是随着经济社会的发展，共有关系也在不断发展。因此，这两种形态还不能完全概括共有的各种类型，除了这两种形态之外，还有合有、总有等其他一些特殊的共有形态。其中比较典型的就是在建筑物区分所有中，业主对共有部分的共有关系，它既不同于按份共有又不同于共同共有，此种共有与专有部分是不可分离的，其不能分割，性质上近似共同共有；但是其权利的享有和义务的承担有时是按照持有份来确定的，在这方面又近似于按份共有。由于这种共有状态的复杂性，通常将其称为特殊的共有，要适用建筑物区分所有权中关于共有的特别规定。

第三节　按份共有

一、按份共有的含义

（一）按份共有的概念和特征

按份共有，又称分别共有，是指两个或两个以上的共有人按照各自的份额分别对共有财产享有权利和承担义务的一种共有关系。《民法典》第 298 条规定："按份共有人对共有的不动产或者动产按照其份额享有所有权。"例如，甲、乙合购一幢房屋，甲出资 100 万元，乙出资 50 万元，甲、乙各按出资的份额对房屋享有权利。按份共有具有如下法律特征。

第一，各个共有人对共有物按份额享有权利。各个共有人的份额，又称为应有份，其数额一般由共有人事先约定，或按照出资比例决定。在按份共有关系产生时，法律要求共有人应明确其应有的份额，按份共有人对共有的不动产或者动产享有的份额，没有约定或者约定不明确的，按照出资额确定；不能确定出资额的，视为等额享有。[②]

---

① 参见梁涛等：《物权法学的新发展》，298 页，北京，中国社会科学出版社，2021。
② 参见《民法典》第 309 条。

第二，各个共有人对共有财产享有权利和承担义务依据其不同的份额确定。[①] 换言之，各个共有人对共有物持有多大的份额，就要对其共有物享有多大权利和承担多大义务。份额不同，各个共有人对共有人的共有财产的权利和义务是各不相同的。

第三，尽管在按份共有的情况下，各个共有人要依据其份额享有权利并承担义务，但按份共有并不是分别所有，各个共有人的权利并不局限于共有财产的某一具体部分上，或就某一具体部分单独享有所有权，而是及于该财产的全部，例如，在上述购房例子中，甲占有 2/3 的份额，乙占有 1/3 的份额，两人都是对全部房屋依据份额行使权利，而不是把房屋划分成三部分，分别行使权利。

（二）按份共有的性质

按份共有在法律上性质如何，这是长期以来学者们所争论的一个问题。对此，主要有三种看法：（1）价值部分说。该说为温德沙伊德提出，他认为共有人之间真正划分的是物的价值，或者说应当将整个物看作一个整体，共有人的份额是对物的各个价值部分所享有的权利。[②] 这一观点实际上着眼于物的价值本身，无法适用于一些不能以金钱衡量的物，同时该观点也没有揭示出按份共有的应有本质。（2）理想部分说。这种观点最早起源于古罗马法学家乌尔比安（Ulpianus）。乌尔比安认为，一个共有的奴隶属于其全体主人，而非整个属于每一个主人，因份额没有被分割，所以他们享有的是观念份额，而非实体份额。[③] 该说为瓦希特（Wächter）采纳，他认为共有物的份额不是在物理上对物进行的划分，而是按照理想份额（intellektuelle Theilen）所进行的划分，因此共有人的份额并不及于所有物的实体，而仅仅是一种观念上的存在。[④] 按照这种观点，共有人的所有权实际上就沦为了一种观念上的权利或者说想象中的权利，因此，这与所有

---

① 参见黄薇主编：《中华人民共和国民法典物权编释义》，579 页，北京，法律出版社，2020。
② Windscheid, Lehrbuch des Pandektenrechts, Band 1, 1870, §169a, S. 477.
③ D. 45, 3, 5.
④ Wächter, Pandekten, Band 2：Besonderer Theil, 1880, §121, S. 25.

权理论不符。（3）权利范围说。该观点最早起源罗马法学家塞尔苏斯（Celsus），他认为，共有所有权并不能完全分属于每个共有人，也不能由每个共有人完全占有，而是每个共有人只能就整体物通过未分割的份额享有部分所有权。① 该说也为登伯格（Dernburg）所采纳，他认为共有物中份额划分的不是物本身，而是对物的所有权所进行的划分。实际上，共有人之间的所有权份额划分并非是所有权内容的划分，而是依所有权范围的划分。② 该说正确地阐释了按份共有的本质，因此为现代民法所采纳。（4）单独所有权说。共有的份额表示具有所有权的效力，原则上可以自由处分。③ 一些德国学者甚至认为共有的持有份就是所有权，与单独所有权本质上没有区别。④

笔者认为，确立共有的性质必须准确认定应有部分的性质。应有部分实际上是指共有人对共有物所有权所享有的比例，或者说应有部分乃是各个共有人行使权利和承担义务的范围。因为数人共同对某物享有一个所有权，那么这些人应如何支配其共有物，就必须要有一定的范围，以此作为行使权利的依据。应有部分的特点表现在：

第一，应有部分是抽象的而非具体的范围。应有部分只是行使权利的范围，在共有中不能根据应有部分而对共有物进行实际的量的分割。例如，甲乙双方共有一套两间房屋，各占有 1/2 的份额。如果将房屋按面积各分一半为两人分别享有，这就作出了一种量上的分割。如果采用这种划分方式，则共有权将不复存在。应有份额只是说行使权利应按照一定的比例确定，当事人甚至可以订立分管合同分别地管理一部分房屋，但在共有关系存续期间，不能根据应有部分实际分割财产。

第二，应有部分并不是局限在共有物的某一个特定部分之上，而是抽象地存在于共有财产的任何一部分之上，也就是说，共有人根据其应有份额可以对共有

---

① D. 13，6，5，15.

② Dernburg, Pandekten, Band 1, 1902, § 195, S. 456.

③ Larenz, Schuldrecht Ⅱ, s. 415.

④ 参见唐勇：《论共有》，21 页，北京，北京大学出版社，2019。

物的任何一个部分行使权利。共有为所有权的量的分割，故各共有人的应有部分权，互为同种同质。①

第三，应有部分是就权利所作的分割，而不是就所有权权能的分割。所谓所有权权能的分割也称为所有权质的分割，是指将所有权的各项权能，如占有、使用、收益、管理等权能进行分割，分别为不同的人享有，如由某人行使占有、使用权，而另一个人享有收益权等。所有权质的分割很容易产生双重所有的现象。而在共有的情况下，共有为所有权的量的分割，即每个共有人都享有占有、使用、收益和处分权能，只是因为应有部分不同而在权利的行使范围上不同而已，其不同于所有权质的分割。②

（三）应有部分的效力

按份共有人的份额并不成立一个完整的所有权，应有部分只是确立了权利行使的范围，而并不是所有权权能的分割。如果按份共有人的份额成为单个的完整的所有权，将会使共有形成多重所有。应有部分要及于整个共有财产，而不是仅仅局限于共有物的某一部分，如果共有人分别享有所有权，则无法确定共有人对共有财产的权利。③ 如果认为各共有人对其份额享有实在的所有权，必然导致各个共有人分别享有所有权，若共有物实际被分割，共有关系便很难存在。

按份共有人享有的份额，虽然不是所有权，但是每个份额都具有一定的所有权效力④，具体而言：

第一，在没有特殊约定的情况下，每个共有人都能依据自己的份额行使所有权。⑤ 但是，每个共有人都只能在预先确定的份额范围内享有并行使占有、使用和收益权，不得超出该范围行使权利，如果某一共有人超越其应有部分的范围行

①② 参见史尚宽：《物权法论》，155 页，北京，中国政法大学出版社，2000。

③ 参见［日］我妻荣：《日本物权法》，297 页，台北，五南图书出版有限公司，1999。

④ MünchKomm/ Schmidt, BGB § 1008, Rn. 1; BGHZ 36, 365, 368 = LM ZPO § 322 Nr. 38 m. Anm. Johannsen = DB 1962, 1372; RGZ 56, 96, 100; 146, 363, 364; OLG Hamburg OLGE 14, 85; Mot. in Mugdan III S. 245; RGRK/Pikart RdNr. 2; Staudinger/Gursky RdNr. 2; Palandt/Bassenge RdNr. 1.

⑤ RGZ 69, 36, 40; 146, 363, 364; BayObLGZ 1974, 466, 469; vgl. auch BayObLG DNotZ 1971, 659.

使权利，便被视为对其他共有人合法权益的侵犯，其他共有人有权基于物权请求权要求其停止侵害、排除妨害、赔偿损失。第三人对共有物造成妨害时，任何一个共有人均可以请求排除对于共有物的全部妨害，此种请求权也称为应有部分权（持分权）的妨害排除请求权。①

第二，除法律和合同另有规定之外，按份共有人转让其份额不需要征得其他共有人的同意。② 例如，在"张跃进、张坤赠与合同纠纷案"中，法院就曾指出："按份共有人可以转让其享有的共有的不动产或者动产份额，且无需征得其他共有人的同意。"③ 这就使应有部分具有所有权的效力。按份共有人对其应有部分所享有的权利又称为"份额权"，可以自由处分，从而在没有特殊约定的情况下，各共有人可以单独对于他共有人，主张其权利，无须全体共有人达成协议。④ 这对于保证各共有人自由参加或退出共有，保护共有人的权益是必要的。各按份共有人转让或分出其份额的权利通常没有时间限制，只要共有关系存在，共有人就享有该项权利。但是，如果各共有人事先约定在共有关系存续期间内不得转让和分出份额，则视为各共有人自愿放弃在该期间内转让或分出其份额的权利。但是，这一对共有人处分权限制的约定仅仅具有债的效力，其效力仅仅及于共有人。⑤

第三，按份共有人的应有部分（份额）具有所有权的效力，在按份共有人死亡时，其份额可以作为遗产为继承人所继承。如果无继承人继承，则该份额应作为无人继承的遗产处理。

第四，应有部分的抛弃。既然应有部分具有所有权的效力，允许按份共有人依法作出法律上的处分，故也应当允许共有人依法抛弃其应有份额，抛弃行为在性质上也是一种法律上的处分。例如，甲、乙、丙三人合伙兴办一企业，各享有1/3的份额，在该企业开办一年以后，甲因为担心该企业经营不好而自动地宣布

① 参见陈华彬：《物权法原理》，492 页，北京，国家行政学院出版社，1998。
② MünchKomm/ Schmidt，BGB § 747，Rn. 11.
③ 山东省青岛市中级人民法院（2022）鲁 02 民终 10763 号民事判决书。
④ 参见史尚宽：《物权法论》，156 页，北京，中国政法大学出版社，2000。
⑤ MünchKomm/ Schmidt，BGB § 747，Rn. 8，11.

退伙，并抛弃其份额，后因该企业经营较好，甲要求重新主张其对于应有份额的权利，为此而发生纠纷。从我国有关现行立法以及司法实践来看，公民个人只要不损害社会和他人利益，可以抛弃其财产所有权，因此，公民可以抛弃其共有财产的份额。但是，全民所有制企事业单位对投入共有的财产所享有的应有份额，在性质上属于国有财产，因此依法不得随意抛弃。否则，因其行为损害了国家和社会公共利益，将依法追究其法律责任。

在共有人依法抛弃其应有的份额后，这些份额是否应为其他共有人取得？学者对此有不同的看法。一种观点认为，应有的份额与所有权同样具有弹力性，一部分份额消灭，就解除了对其他部分的限制，其他部分就随之消灭，所以，应有部分一经抛弃则应当归属于其他共有人。① 另一种观点认为，应有部分仅仅是对共有物所有权的比例，既不是他物权对于应有部分的限制，也不是应有部分相互之间的限制，共有人抛弃其应有部分，其他共有人的应有部分不应发生回复原来圆满状态的问题，因此抛弃部分不能当然由其他共有人享有权利。我国现行立法对此并未明确规定。笔者认为，某一共有人抛弃的份额，应当由其他共有人享有。一方面，因为任何第三人享有该份额的权利而加入共有关系中来，都容易在共有人之间产生纠纷，不利于共有人对共有财产的使用和管理。其他共有人享有一共有人抛弃的份额，有利于维护共有关系的稳定。另一方面，共有份额不仅体现一定的财产利益，而且体现一定的义务和责任，例如在前例中，甲之所以抛弃其份额是因为害怕承担债务和责任，所以由其他共有人享有某一共有人抛弃的份额实际上也加重了其他共有人的责任。

第五，按份共有人对其应有部分所享有的权利又称为"份额权"，由于份额具有所有权的效力，如果某一共有人超越其应有部分的范围行使权利，其他共有人有权基于物权请求权要求其停止侵害、排除妨害、赔偿损失。因此，第三人对自己所享有的应有部分主张权利时，可以提起应有部分权的确认之诉，请求确认自己对应有部分所享有的权利，民法上称为应有部分权（持分权）的确认之诉。②

---

① 参见［日］我妻荣：《日本物权法》，297 页，台北，五南图书出版有限公司，1999。
② 参见陈华彬：《物权法原理》，492 页，北京，国家行政学院出版社，1998。

二、按份共有人的权利和义务

（一）按份共有人的权利

1. 按份共有人有权依其份额对共有财产享有占有、使用和收益权

《民法典》第 298 条规定："按份共有人对共有的不动产或者动产按照其份额享有所有权。"依据份额享有权利，就是说共有人对于全部的共有财产，依据其份额享有并行使权利，享有收益。[①] 份额越大，则使用共有财产并获取收益的权利就越大；份额越小，则使用共有财产并获取收益的权利就越小。当然，份额多的共有人不能侵害份额较少的共有人的利益。

在大多数情况下，共有人往往能够对整个共有财产行使权利。然而，有时依据共有财产的性质，共有人却不能对共有财产进行共同的使用，例如，数人共有一间房，不能容纳全体共有人居住。此时各共有人应如何行使权利？学者对此有不同的看法。有人认为，应由共有人共同协商决定；有人认为各共有人在不妨碍其他共有人利益时，不论其他共有人意思如何，可以在其应有部分的范围内，对共有财产使用收益。笔者认为，在此情况下，为避免共有人之间的纠纷，各共有人应就占有、使用和收益方法进行协商，并按全体协商的意见处理。在协商过程中，应尽可能从有利于提高物的利用效率的角度来确定如何使用共有物。

在按份共有中，某一共有人享有的占有、使用和收益的权利，要受到其他共有人的权利的制约。在通常情况下，对共有财产的使用和收益方法，应由全体共有人协商决定，不能由每个共有人根据自己的意志自由行使对共有财产的权利，也不得未经其他共有人的同意，擅自占有和使用共有财产。

关于按份共有人中的一人超过其应有部分行使权利，尤其是超过其应有部分占有和使用共有物，其他共有人能否行使返还原物请求权，要求其返还共有物？对此学者有不同的看法。有一种观点认为，应有部分并不是要求在共有物上具体

---

① MünchKomm/ Schmidt，BGB § 743，Rn. 3.

量化，只是按照一定的比例抽象地存在于一物之上，共有物在具体分割以前不可能确定哪一部分归何人所有，不可能发生某个共有人侵占其他共有人的共有物问题，因此，各共有人都不得行使返还原物请求权。这一看法虽有一定道理，但值得商榷。因为尽管应有部分不是所有权权能的分割，也没有被具体量化在共有物的某一部分上，但是应有部分确定了权利行使的范围，也就是说，就共有物的整体而言，每个共有人超越其应有份额而行使占有、使用权，必然会妨碍或阻碍其他共有人行使占有、使用权，因此，其他共有人也应当对其行使返还原物请求权。①

2. 按份共有人有权按照约定管理共有财产

关于共有物的利用，《民法典》第 300 条规定："共有人按照约定管理共有的不动产或者动产；没有约定或者约定不明确的，各共有人都有管理的权利和义务。"据此，如何管理共有财产，需要由共有人达成协议，同样，如何利用共有财产，也必须要由全体共有人通过约定来确定。当然，共有人可以通过订立分管协议的方式，约定由部分共有人管理共有物。

问题在于，如果当事人不能达成协议，当事人是否可以起诉到法院，请求确定共有物的财产利用？笔者认为，按照《民法典》第 300 条规定，在不能达成协议的情况下，全体共有人都享有利用共有财产的权利。当然，对此要区分按份共有和共同共有。按份共有人应当按照份额利用共有财产，而共同共有人应当平等地行使权利。但是，对于如何利用共有财产发生了争议，当事人能否起诉到法院，请求法院决定如何利用共有财产？笔者认为，就如何利用共有财产发生争议时，仍然应当由共有人协商确定，而不宜由法院来决定如何利用共有财产。理由在于：第一，如何利用共有财产，这是共有人的私人事务，法院不能随意介入。例如，甲、乙、丙共同出资买来一艘船，有人主张将船用于货运，也有人主张将该船出租。三人无法对船的使用达成协议。在此情况下，还是应当由共有人协商决定，如果协商不成，则应当按照各自的份额决定，不宜提请法院决定如何利

---

① 参见谢在全：《民法物权论》（上册），551 页，台北，三民书局，2003。

用。在上述例子中，法院也很难判断，究竟是将船从事货运实现了物尽其用，还是将船进行出租是物尽其用。第二，法院事实上无法决定，究竟哪一种利用方式对当事人最为有利。毕竟法院不是私人利益的最佳判断者。如果法院决定采取某种利用方式导致当事人亏损，法院也不可能承担损失。第三，共有关系的形成，就是基于当事人的自由意志，共同利用共有物。如果当事人无法就共同利用共有物达成协议，那么，当事人可以请求法院分割共有财产。如果当事人无法共同利用共有物，那么，就没有必要维持这种共有关系。

3. 按份共有人享有物权请求权

按份共有人对共有财产享有物权，在共有财产遭受侵害或妨害的情况下，也享有物权请求权，包括返还原物请求权、排除妨害请求权和消除危险请求权。各共有人对于第三人可以就共有物的全部而享有物权请求权，这是各共有人的权利，均可以单独行使此项权利，而不必征得其他共有人的同意。[①]

在按份共有的情况下，如果第三人无权占有共有物，由于共有物在法律上归属于全体共有人，而非为单个所有人所有，所以，各共有人若单独提起所有物返还之诉，必须请求占有人向共有人返还共有物，而不得请求仅向自己返还。这就是说，一方面，返还所有物的请求权必须基于全体共有人的利益而行使，由于按份共有人对共有物都可基于一定的份额享有并行使权利，所以按份共有人都可基于全体共有人的利益提出请求。另一方面，返还共有物必须使共有关系恢复到原有状态，即应当将共有物返还给全体共有人。然而，在共同共有的情况下，各共有人对第三人行使共有物返还请求权，除法律或合同另有规定外，必须取得全体共有人的同意。如果全体共有人同意向第三人提出请求，则单个的共有人在此情况下也可以向该第三人单独提出请求。

4. 按份共有人有权转让其应有部分

由于按份共有人的应有部分具有所有权的效力，可以由按份共有人自由处分，故《民法典》第 305 条规定："按份共有人可以转让其享有的共有的不动产

---

① 参见谢在全：《民法物权论》（上册），392 页，台北，新学林出版股份有限公司，2014。

或者动产份额……"由此可见，这种处分包括：一是分出。所谓分出，是指按份共有人退出共有，将自己在共有财产中的份额分割出去。在分出份额时，通常要对共有财产进行分割。二是转让。所谓转让，是指共有人依法将自己在共有财产中的份额转让给他人。共有人可以自由参加或退出共有。为了保护共有人的权益，应允许共有人自己转让其共有份额，但共有人转让其份额，不得损害其他共有人的利益。如果共有是合伙中的共有，则共有人退出共有和转让份额，都要受合伙合同的约束。各按份共有人转让或分出其份额，一般是不受时间限制的，只要共有关系存在，共有人就享有该项权利。但是，如果各共有人事先约定在共有关系存续期间，不得转让和分出份额，则视为各共有人自愿放弃转让或分出其份额的权利，无论哪一个共有人转让或分出其份额，都将构成对其他共有人的违约行为。

5. 按份共有人享有优先购买权

为防止某一按份共有人转让其份额造成对其他共有人的损害，《民法典》第305条规定："按份共有人可以转让其享有的共有的不动产或者动产份额。其他共有人在同等条件下享有优先购买的权利。"例如，甲、乙、丙三人合建一房屋，各占1/3的份额，在丙欲出让其份额时，甲、乙二人有权优先于第三人购买该份额。

（二）按份共有人的义务

1. 共有人负有对共有物的修缮、维修等义务

共有人在依据份额行使权利的同时，必须要承担相应的义务。该义务主要是承担对共有物的管理费用以及其他负担。按份共有人按照各自的份额，对共有财产分享权利，同时也要按各自的份额分担义务，按份共有人持有的份额越大，其承担的因经营共有财产所产生的义务和责任也就越大，反之则越少。共有财产既然是由每个共有人共有，则每个共有人都有修缮、维修共有财产的义务，以维持其良好的状态。共有人可以自己管理，也可以委托他人管理，在委托他人管理的情形下，可能产生相应的管理费用，此时，各个共有人负有分担该管理费用的义务。

2. 共有人负有对共有物的管理费用的承担

共有人在依据份额行使权利的同时，必须要承担相应的义务。该义务主要是

承担对共有物的管理费用以及其他负担。具体来说：一是承担对共有物的保存费用。例如，在共有物需要保管的情况下，共有物的保管费就属于保存费用。再如，对共有的车辆需要支付税费、保险费等。二是承担对共有物的改良费用。例如，修缮共有物所产生的修缮费用。三是承担因共有物造成他人的损害所产生的责任。例如，共有房屋倒塌造成他人伤害而承担的损害赔偿责任。各共有人的义务，正如各共有人的权利一样及于全部共有财产，每个共有人不能仅对共有财产的某一部分承担义务。例如，两人共同出资购买了两辆汽车搞运输，其中任何一辆被损坏或者肇事造成他人损失，各共有人都应承担损失或责任。

3. 共有人应当承担对共有物的其他负担

除共有物的管理负担外，共有人还应当负担因共有物所产生的其他负担，例如因利用共有财产产生的税费。按份共有人按照各自的份额，对共有财产享有权利，同时也要按各自的份额分担义务，按份共有人持有的份额越大，其承担的因经营共有财产所产生的义务和责任也就越大，反之则越小。《民法典》第 302 条规定："共有人对共有物的管理费用以及其他负担，有约定的，按照其约定；没有约定或者约定不明确的，按份共有人按照其份额负担，共同共有人共同负担。"依据这一规定，关于共有人费用的承担，如果有约定，首先应当按照约定来支付；如果没有约定或者约定不明，按份共有人应当依据其份额来承担。如果某个共有人支付上述费用时，超出其份额所应分担的部分，该共有人有权请求其他共有人偿还。

（三）共有人应依法处分共有财产或对共有财产作出重大修缮、变更性质或者用途

所谓处分共有财产，是指共有人依据法定的程序从事将共有物转让或设置抵押等处分行为。《民法典》第 301 条规定："处分共有的不动产或者动产以及对共有的不动产或者动产作重大修缮、变更性质或者用途的，应当经占份额三分之二以上的按份共有人或者全体共同共有人同意，但是共有人之间另有约定的除外。"该条实际上规范了处分共有财产或对共有财产作出重大修缮的程序和条件。一是处分共有财产，处分共有财产主要是指将共有财产转让，即经过法定程序将共有

财产转让给某个或某几个共有人，或者共有人以外的其他人。二是对共有财产作出重大修缮。所谓对共有财产作出重大修缮，是指对共有物进行重大改良或重大维修。三是变更性质或者用途。

一般来说，对共有财产的处分，比较法上历来存在两种理论：一是必须采取"一致决"的方式。[①] 所谓"一致决"，是指共有物是全体共有人的财产，如果要对共有物进行处分，必须要取得全体共有人的同意，否则会侵害某一共有人的利益。例如，《德国民法典》第 747 条规定："整个共有物仅得由全体共有人共同处分。"二是所谓"多数决"，是指对共有物进行处分，只要经过多数共有人的同意即可。因为在实践中，要求共有物的处分必须取得全体共有人的同意十分困难，不符合物尽其用的要求。在许多情况下，如果某一个共有人不同意就不能够处分共有财产，将会丧失利用共有物的最好时机。[②] 古罗马法谚云："共有乃纷争之母"，在国外，共有一直被许多学者批评为是一种效率低下的财产形式，就是因为按照许多国家的法律的规定，共有物的处分，必须要经过全体共有人的同意。在共有人人数较多的情形下，要取得全体共有人的同意是十分困难的。例如，七个人购买了一套房屋，如果要将这套房屋出租，就必须要取得七个人的同意。只要有一个人不同意，就无法出租。这就不能适应物尽其用的要求，因为当今社会，市场价格不断变化，机会稍纵即逝，如果要等到全体共有人同意，就会丧失机遇，不利于对物的有效利用，且会使共有人之间产生矛盾。[③] 因此，许多国家经历了从"一致决"到"多数决"的过程。

依据《民法典》第 301 条规定，处分按份共有的不动产或者动产以及对共有的不动产或者动产作重大修缮、变更性质或者用途的，采取"多数决"的方式，具体而言：

第一，无须经过全体按份共有人同意，而只是要求经占份额 2/3 以上的按份

---

① 参见黄薇主编：《中华人民共和国民法典物权编解读》，305 页，北京，中国法制出版社，2020。

② 参见全国人大常委会法制工作委员会民法室编：《中华人民共和国物权法条文说明、立法理由及相关规定》，175 页，北京，北京大学出版社，2007。

③ 参见黄薇主编：《中华人民共和国民法典物权编解读》，302 页，北京，中国法制出版社，2020。

共有人同意。法律作出此种规定的原因在于：一方面，从实践来看，要求处分共有财产必须经全体按份共有人的同意是十分困难的，尤其在共有人人数众多的情况下，每个共有人都具有特殊的利益，很难要求全体按份共有人同意。另一方面，在许多情况下，必须及时作出处分和重大修缮决定，如果要求全体按份共有人同意，可能导致共有人迟迟不能作出处分和重大修缮的决定，造成共有财产利益减损，反而有害于全体共有人的利益。所以，《民法典》规定占份额 2/3 以上的按份共有人就可以处分或进行重大修缮，这是十分必要的。当然，多数人的决定不能损害其他不同意处分或者重大修缮的按份共有人的利益，如果决定会造成全体共有人损害，应当允许少数人转让自己的份额或者请求分割共有物。

第二，仅适用于处分共有财产和对共有财产进行重大修缮的情形。法律之所以针对这两种行为设置限制，一方面是因为在对共有财产进行处分和重大修缮的情况下，将可能对共有人利益产生重大影响，甚至可能因为共有财产的处分导致共有的解体。另一方面，法律如此规定，也是为了实现物尽其用。因为作出处分和重大修缮本来是为了全体共有人的利益。如果某一个共有人不同意，就不能进行共有物的重大修缮，那么，就会影响到对物的利用效率。

第三，《民法典》的上述规定只是任意性规定，依据《民法典》上述规定，如果共有人另有约定，则不适用上述规则。这就是说，上述规定仍然是任意性规范，如果共有人之间已经达成了协议，当事人就应当遵守此种协议。[①] 例如，按份共有人之间已经达成了分管协议，由于该协议对所有共有人具有拘束力，所以，该约定可以优先于法律规定适用。

如果某个或某几个共有人未经全体共有人依法定程序同意，擅自对共有财产进行法律上的处分，对于其他共有人不产生法律效力。如果转让的共有财产为动产，受让人取得该动产时系出于善意，则可以按照善意取得的规则处理。此时其他共有人不得主张转让行为无效，仅能对进行该无权处分行为的共有人，依侵权

---

① 参见崔建远：《中国民法典释评·物权编》（上卷），455 页，北京，中国人民大学出版社，2020。

行为或不当得利的规定而主张其权利。①

1. 不得对共有财产作出无权处分

共有人违反法定的程序，对共有财产进行处分或重大修缮，在法律上如何确定其效力是值得探讨的。笔者认为，首先要区分事实上的处分和法律上的处分。

就事实上的处分而言，共有财产的事实上的处分（如对共有物进行消费或毁弃共有物等）是否需要取得全体共有人的同意？由于事实上的处分决定了共有财产的权属，因而也应当取得全体共有人的同意。某一或某些共有人未经全体共有人的同意，擅自对共有财产进行事实上的处分，如毁弃共有物等，应对其他共有人负侵权行为的责任。全民所有制企事业单位擅自毁损、抛弃或允许第三人占有其共有财产，应依法追究法人及其法定代表人的责任。在事实上的处分中，应当包括对共有财产的性质和用途的变更，例如将用于居住的房屋改为出租房，或者将金银变为首饰器物等。共有物性质上的变更，属于标的物的使用、收益和利用行为，但此种变更也涉及共有物的事实上的处分，应当取得全体共有人的同意。

就法律上的处分而言，如果某个或某几个共有人未经全体共有人的同意，擅自对共有财产进行法律上的处分的，对于其他共有人不产生法律效力。就第三人而言，该行为属于效力待定的无权处分行为，如果其他共有人事后追认了该行为，则该无权处分行为有效；如拒绝追认，则应属无效并应按无效的民事行为处理。但是如果转让的共有财产为动产，受让人取得该动产时系出于善意，则可以按照善意取得的原则处理。

关于共有人在处分共有物时，全体共有人是否享有优先购买权，对此《民法典》没有作出规定。一种观点认为，按照举轻以明重的规则，既然法律规定了转让份额时其他共有人有优先购买权，因此，转让共有物也应当由共有人享有优先购买权。另一种观点认为，法律既然没有对此作出规定，就不应认为转让共有物时各共有人有优先购买权。笔者认为，不宜认为转让共有物时各共有人享有优先购买权，这与某一共有人转让份额，其他共有人享有优先购买权是不同的。一方面，共有人

---

① 参见谢在全：《民法物权论》（上册），366页，台北，新学林出版股份有限公司，2014。

对其他共有人的份额转让有优先购买权，如果某一共有人希望得到完整的所有权，其完全可以通过购买其他共有人的份额来实现这一目的，不必要行使对共有物的优先购买权。另一方面，如果某一共有人同意转让共有物，其又提出自己购买，这本身就违背了诚信原则；如果其不同意转让共有物，而其他共有人执意将共有物作出处分，则实际上表明其他共有人不愿将各自的份额转让给该共有人，为了尊重其他共有人的意思自治，也不宜认为该共有人对共有物享有优先购买权。

2. 处分共有财产的特殊情形

第一，对共有财产的某一部分进行处分，是否应当取得全体共有人的同意？例如，甲乙二人共有一栋两层的房屋，甲未得到乙的同意而将第二层转让给丙，此项转让是否有效？从民法上看，按份共有人只能转让自己的份额，而不能转让任何共有财产，即使转让共有财产的一部分，也可以视为对共有财产的处分，因此必须取得全体共有人的同意，否则对其他共有人不产生效力。即使该共有人转让的共有财产的价值低于其应有部分所应分得的财产价值或者没有超过其应有部分的比例，仍然属于对共有财产的处分，需要取得全体共有人的同意。当然，受让人在取得财产时如果是善意的，可以依据善意取得的规定取得该财产的所有权。

第二，在共有财产之上设立抵押和出租，是否需要取得全体共有人的同意？笔者认为，应当区别抵押和出租两种情况。抵押是设定负担的行为，因为抵押权的设定可能使共有财产最终发生权利的转让，所以抵押属于一种广义上的处分行为，必须取得全体共有人的同意。但出租并不会导致所有权的转让，而且某一共有人将共有财产出租给他人以后，将收取一定的租金。该设定出租的行为即使未经全体共有人的同意，也不一定导致租赁合同的无效。

第三，数个共有人未取得全体共有人的同意，擅自分割共有财产，此种行为不仅导致共有财产归属的移转，而且将终止共有关系，在性质上也是一种处分行为。未经全体共有人的同意，该分割行为是无效的。

（四）共有人可以通过分管协议管理共有财产

1. 分管协议的概念

所谓分管协议，是指共有人间约定由某个人或各共有人分别占有共有物的特定部分，并对该部分进行管理的合同。①《民法典》第300条规定，"共有人按照约定管理共有的不动产或者动产"。第302条规定，"对共有物的管理费用以及其他负担，有约定的，按照约定；没有约定或者约定不明确的，按份共有人按照其份额负担，共同共有人共同负担"。这些条款虽然是对有关共有物的管理及其费用的分担作出的规定，但因为这些规定承认对共有物的管理可以按照约定来确定，这实际上承认了当事人可以事先订立分管协议。分管协议的特点在于：

第一，它是在共有人之间通过约定而达成的协议，这就是说，因为分管协议只是共有人就其共有财产如何进行管理而达成的协议，所以分管协议的当事人必须是共有人。共有物的买受人在购买共有物时还没有成为共有物的所有人，当然不得对共有物行使管理的权利，因此也就不可能订立分管协议。

第二，分管协议的内容确定的是对共有财产由共有人分别管理的问题，不涉及对共有物的处分权。例如，甲乙丙三方对某市的三处房产享有共有权，三方达成分管协议，由各方分别管理某一处房产，并由各方行使对其各自占有的共有物的使用、收益或管理权。但是，在共有人订立分管协议以后，即使某一共有人取得对某个特定的共有财产的管理权，也不享有对该财产的处分权。

第三，分管协议所说的分管，实际上是要赋予按份共有人对某一个特定的共有物行使占有、使用、收益的权利。从法律上看，按份共有人的应有部分应当普遍存在于全部共有物上，各按份共有人应当按其应有部分对于全部共有物行使占有、使用、收益的权利，但是在当事人订立了分管协议以后，按份共有人就要按照分管协议的规定，针对某个特定的共有物来进行管理，这就使对共有物的利用和管理具体化了，同时也改变了依据份额行使权利的状态②，从这个意义上说，分管协议实际上改变了法定的共有权的行使方法。

分管协议既可以针对按份共有设定，也可以针对共同共有设定。在按份共有的情况下，共有人约定占有、管理共有物的特定部分，不一定必须以应有部分换

---

①　参见谢在全：《分别共有内部关系之理论与实务》，91页，台北，三民书局，1995。

②　参见蔡明诚：《物权法研究》，97页，台北，新学林出版股份有限公司，2005。

算的比例为限，其应有部分换算为多或少均可。① 从这个意义上说，分管协议实际上改变了法定的共有权的行使方法。但分管协议的订立并不导致共有关系的解除，相反应当以继续维持共有关系为前提。尽管分管协议涉及共有财产的分别管理问题，但并不导致对共有物的分割，也就是说，分管协议只是指共有人就共有物的管理分别达成协议，但并不是就共有物的实际分割达成协议。共有物在法律上仍然属于全体共有人所有，只不过由不同的共有人分别行使管理的权利。由于分管协议的订立并没有导致共有物的实际分割，也没有导致共有物之上的物权变动，所以并不影响共有关系的存在。

从效率上说，分管协议的订立有利于有效地利用共有物。因为一方面，在许多情况下，依照份额确定各共有人的权利义务并不完全合理。如有的共有人懂得如何管理共有财产，而有的共有人却不知如何管理，这就需要由各共有人之间通过协商，以确定合理的、最有效率的管理和利用方法。通过分管协议，可以有效地发挥共有人对共有物的管理和利用的作用。另一方面，在许多情况下，由于共有物不是连成一个整体，而是各自分开的，或者即使连成一个整体，也可以分开管理，因而共有人之间有必要达成分管协议，由共有人分别对不同的标的物进行管理。当然，在分管协议中，当事人也可以分别约定各分管人主要对其占有的共有物进行使用和管理，有关共有物的收益仍然归共有人所有，并由全体共有人依据份额进行分配。还要看到，共有物类型很多，依据其性质应当采取不同的管理方法。允许各个共有人通过订立分管协议的方式对共有财产进行利用，符合私法自治的基本原则，法律上应当予以认可。② 如果通过订立协议由某个或各个共有人对共有物进行管理和利用，有利于对共有财产进行有效的管理并发挥共有财产的利用效率。从根本上说，这是符合全体共有人的意志和利益的。

2. 分管协议的效力

（1）分管协议对第三人的效力

分管协议订立之后具有何种效力？该效力能否对抗第三人？对此有几种不同

---

① 参见谢在全：《民法物权论》（上册），589 页，台北，三民书局，2003。
② 苏永钦主编：《民法物权争议问题研究》，195 页，台北，五南图书出版有限公司，1999。

的观点。

一是债权效力说。此种观点认为，分管协议并没有发生物权的变更，而只是在共有人之间订立了债权协议，因此，只是对特定的共有人产生拘束力。如果该协议订立之后，某一共有人将其应有份转让给其他人，受让人不知道分管协议的存在，其就不应当受此协议的拘束。①

二是物权效力说。此种观点认为，分管协议在经过登记以后，可以对受让人产生拘束力。当事人订立分管协议之后，一旦登记，对于应有部分的受让人或者取得物权的人将产生效力。共有财产应有部分让与时，受让人对于让与人就共有物的使用、管理所产生的债务负连带清偿责任。② 德国法就共有人之间的契约，承认在某些情况下具有对抗受让人的效力。例如，《德国民法典》第 746 条规定："共有人对共有物的管理和使用作出规定的，所作决定对特定继受人无论有利或者不利均有效。"这实际上承认了分管协议也具有对抗第三人的效力。在日本，一些学者认为，分管协议是一种特别约定，在应有部分转让以后，分管协议也应当由受让人承受。③ 在美国法中，因美国大多数州尚未建立全面性的强制登记制度，所以，共有人之间的合同不能通过登记而对抗特定的继受人，但为了保护善意的特定继受人和其他共有人的利益，美国法也承认如果共有人之间的分管契约是书面的，具备契约将随土地所有权移转的真意，契约与土地相关、具有财产上的相互关系，则可以对特定的继受人产生效力。④

三是折中说。此种观点认为，应当根据分管协议的类型来决定分管协议的效力。在按份共有的情况下，分管协议才具有物权效力；而在共同共有的情况下，分管协议并不具有物权效力。另外，还应当考虑分管协议的内容。有些分管协议仅仅是共有人内部的协议，而有的分管协议是针对与第三人的事项，后者具有物权效力。⑤

---

① 参见谢在全：《分别共有内部关系之理论与实务》，92 页，台北，三民书局，1995。
② 参见蔡明诚：《物权法研究》，91 页，台北，新学林出版股份有限公司，2005。
③ 参见苏永钦主编：《民法物权争议问题研究》，201 页，台北，五南图书出版有限公司，1999。
④ 参见谢哲胜：《财产法专题研究》，71～72 页，台北，自版，1995。
⑤ 参见苏永钦主编：《民法物权争议问题研究》，214 页，台北，五南图书出版有限公司，1999。

笔者认为，分管协议本质上仍然是一般的债权合同，仅在合同当事人之间产生效力，如果分管协议未经过公示，则不能产生对抗第三人的效力。① 例如，甲乙丙三人共同出资购买一辆车，各人占 1/3 份额，三人共同约定，甲乙二人负责开车运营，丙仅按比例享有收益，不承担任何义务和责任。尽管随着市场经济的发展，物权与债权的联系更为密切，债权的物权化、物权的债权化已成为一种发展趋势，但这并不意味着债权与物权之间的区别已经消失。就共有人之间所订立的合同而言，其产生的仍然是合同债权，它与共有人所享有的对共有财产的权利（物权）是不同的，此种合同债权并不能对抗善意的第三人。

在分管协议登记以后，即具有对抗第三人的效力，因为一方面，如果分管协议已经登记，尤其是已经进行了公示，能够为第三人查阅或了解，各个共有人对物的管理与使用所作出的安排应当受到法律保护，即使共有人转让其应有份额，受让人也应受分管和利用合同的拘束。② 另一方面，在分管协议已经登记的情况下，使分管协议具有对抗第三人的效力，维持共有人对共有物的管理和利用的方法，有利于发挥共有物的效用，保护其他共有人的利益。否则，某一共有人在订立了分管协议以后，将应有部分转让给他人并且改变利用方式，不仅将会破坏原有的分管状态，使共有物并不能发挥其应有的作用，而且会损害其他共有人的利益。当然，如果分管协议没有登记，因为受让的第三人根本不知道分管协议的订立状态，则不能够产生对抗第三人的效果。如果当事人订立的合同可任意拘束第三人，则必然会损害第三人利益，危害交易安全。有一种观点认为，分管协议与应有部分的权利是一种从权利与主权利的关系，一旦应有部分发生移转，则应当按照从权利随从主权利移转的规则使分管协议的效力发生移转。笔者认为，这一解释是不妥当的，因为在分管协议没有登记的情况下，应有部分的受让人不知道也不应当知道分管协议的订立情况，没有义务必须要受到分管协议的约束，两者之间不是一种从权利与主权利的关系。

① 参见唐勇：《论共有》，30 页，北京，北京大学出版社，2019。
② 参见谢在全：《民法物权论》（上册），591 页，台北，三民书局，2003。

（2）分管协议对各共有人的效力

在分管协议订立以后，各共有人只是对其分得的共有部分享有占有、使用、管理等权利，在分管以后，除了当事人之间有特别约定授予某一分管人在特定情况下享有对该共有物的处分权以外，分管人不得任意处分其分管部分的共有物，处分任何分管的财产都需要取得全体共有人的同意。除分管协议有特别限定以外，分管人有权对其分管的共有物进行必要的有益的改良和应用。如果分管协议没有特别限定，分管人只要不从事擅自处分分管的共有物的行为，或采取有害于共有物的使用方法对共有物进行使用、收益，就可以行使对分管的共有物的占有、使用和收益的权利。由于出租、出借也是一种使用、收益分管物的方法，分管人通过这种方法对其分管的共有物进行使用收益时，只要没有造成对标的物的损害，应当允许。分管协议也不应该影响到应有部分的权利的行使。

共有人在订立分管协议时，能否禁止应有部分的移转？从法律上来说，应有部分具有所有权的效力，即便共有人之间在分管协议中或其他协议中明确禁止共有人转让其应有份额，该约定也不能对抗善意的受让人。因此，某一共有人在订立分管协议之后，移转应有部分，因为协议中明确禁止共有人转让其应有份额，可能对其他共有人构成违约，但是如果第三人是善意的，该移转行为本身仍然是有效的。

分管协议的订立不应当免除共有人的对外责任，各个共有人对内依据份额行使权利并承担义务，但一旦因共有物造成对他人的损害，则各共有人应当对损害承担连带责任。由各个分管人分别管理共有物，即使受害人遭受的损害只是由于某一个共有人造成的，也应当由全体共有人承担连带责任。

3. 分管协议的终止

如果分管协议明确约定了期限的，则期限届满时终止。如果当事人没有特别约定期限，可随时通过达成协议的方式终止分管协议。但分管协议终止以后不影响共有关系的存在。① 就是说，在终止分管协议以后，共有人对共有物不再行使

---

① 参见谢在全：《民法物权论》（上册），593 页，台北，三民书局，2003。

分管权，而仍然应当像一般共有人那样依据份额对全体共有财产实行占有、使用、收益的权利。即便某一共有物是由某一个共有人占有的，在分管协议终止以后，该共有人依据其份额，不仅对其占有的共有物享有权利，而且对其他人占有的共有物也依照份额享有权利。分管协议终止以后，任何共有人不得拒绝其他共有人对自己占有的共有物行使权利，也不得将其分管的部分继续出租或出借给他人使用并获取收益。

经全体共有人同意的，也可以终止分管协议。[①] 分管协议经订立后，即对各个共有人具有约束力，任何共有人不得随意终止分管协议，但各个共有人一致同意终止分管协议的，则可以终止其效力。

三、约定不明时按份共有的推定

（一）约定不明视为按份共有

《民法典》第 308 条规定："共有人对共有的不动产或者动产没有约定为按份共有或者共同共有，或者约定不明确的，除共有人具有家庭关系等外，视为按份共有。"因为按份共有较之于共同共有，对物的利用更加有效，对物的分割更加方便，对共有物的管理比较灵活，对共有物的处分也比较便利，所以，约定不明推定为按份共有，有利于有效率地管理和利用共有财产。《民法典》第 308 条规定的合理性在于：

第一，共同共有必须法定，且共同共有的前提是各共有人之间存在共同关系，但只有在法律有明确规定的情况下，才能形成共同共有关系。在共有财产性质不明的情况下，直接推定该共有财产为共同共有，这就扩大了共同共有财产的范围。尤其是在发生财产性质不明的情况下，如果直接推定为共同共有，共有人对共有财产的份额仍然不明确，这就不利于共有人行使权利。[②] 共同共有财产一般都是由法律特别规定的，如果法律没有特别规定，则在一般情况下，共有都是

---

① 参见谢在全：《民法物权论》（上册），592 页，台北，三民书局，2003。
② 参见黄薇主编：《中华人民共和国民法典物权编解读》，347 页，北京，中国法制出版社，2020。

按份共有。因此，法律推定在没有特别约定的情况下，应当形成按份共有。

第二，有利于促进物尽其用。因为一方面，按份共有较之于共同共有，对物的利用更加有效，按份共有对物的分割更加方便，有助于把共有关系转化为单独所有关系。按份共有人可以随时请求分割，允许共有人可以随时请求分割共有财产，有利于促使共有转化为单独所有，从而提高物的利用效率。如果推定在没有约定的情况下共有为按份共有，也使当事人不必等到共有关系终止才分割共有财产。另一方面，对共有物的管理也比较灵活，在按份共有的情况下，对共有物的处分比较便利。根据举重以明轻的规则，在对按份共有的财产进行处分或者重大修缮的情况下，遵从三分之二的多数人的决定，就能够形成决议，这就意味着对按份共有的其他事项的决议，其门槛就应当更低。而共同共有要求全体共有人一致同意，其处分相对较难。此外，在共同共有的情况下，不能随时请求分割；而在按份共有的情况下，原则上可以随时请求分割。

第三，此种推定更符合生活常情。共同共有是基于共同关系而产生的，如果无法证明是按份共有还是共同共有，通常此种共有就是按份共有。因为共同关系的存在一般是比较容易证明的。

但是，推定为按份共有的情形也有例外，如各个共有人之间已经是家庭、夫妻或者合伙关系，依据特别法的规定，应当认定为共同共有，则不能适用该推定规则。

（二）关于推定为按份共有的份额问题

依据《民法典》第 309 条的规定，"按份共有人对共有的不动产或者动产享有的份额，没有约定或者约定不明确的，按照出资额确定；不能确定出资额的，视为等额享有"。因此，对份额的确定要遵循如下规则。

第一，要考察当事人之间是否有具体约定，虽然具有约定，但约定无效或者当事人之间发生争议，无法举证证明原有约定的效力的，则视为没有约定，推定为份额相等，即等额按份共有。

第二，在没有约定的情况下，按照出资额确定。因为出资额常常是确定份额的重要依据，而且根据出资额来确定份额是简便易行的。根据出资额来确定份额，也符合权利义务相一致原则。因为出资额确定了各自的权利，同时也确定了各自应承担的义务，这与按份共有中的份额的内涵是一致的。例如，甲出资 1/2、乙、丙各出资 1/4 购买了某项财产，但没有就该财产的性质作出约定。在此情况下，可以依据先前的出资额确定共有的份额。

第三，如果不能根据出资额确定份额，则推定为等额享有。既然共有关系的成立是当事人意思自治的结果，在不能确定出资额时，视为等额享有，这样既易于操作、简便易行，也符合民法的公平原则。[①]

第四节　共同共有

一、共同共有概述

共同共有，亦称为公同共有，是指两个或两个以上的自然人或法人，根据某种共同关系而对某项财产不分份额地共同享有权利并承担义务。共同共有是共有的另一种形式。狭义的共同共有，在民法上又称为合有，是指各共有人根据法律或合同的效力，共同结合在一起，共同所有某项财产而不分份额。广义的共同共有除包括合有外，还包括总有。最初，总有与合有之间并没有明确的区别，由于总有形式与合有相比较，主体人数较多，且团体性质极为浓厚，随着社会经济生活的发展，总有团体转化为法人，而总有权成为法人的单独所有权，合有便与总有发生分离。[②] 现在各国立法所称的共同共有一般指的是合有。

关于共同共有的性质，在理论上也有几种不同的看法：一是不分割的共有权说，此种观点认为，共同共有是指没有应有部分的共同所有权，即使有应有部分，这些部分也是潜在的，只有在共有关系解散时，才能实现共同所有权。二是人身权说，此种观点认为，在共同共有关系中，每个人虽然享有应有部分，但该

---

① 参见黄薇主编：《中华人民共和国民法典物权编解读》，323 页，北京，中国法制出版社，2020。
② 参见史尚宽：《物权法论》，174 页，北京，中国政法大学出版社，2000。

共有权的存续以一定的人身关系的存在为前提，共有人对应有部分所享有的权利具有人身权的性质。三是结合的共有权说，此种观点认为共同共有人具有应有部分，共同共有本质上是各个共有人应有部分的结合，但各个共有人在共有关系存续期间内，不得自由处分其应有部分。《民法典》第 299 条规定："共同共有人对共有的不动产或者动产共同享有所有权。"据此，共同共有实质上是两个或两个以上的人基于某种共同关系而共有一物，在共同共有中，对共有之物的权利并没有划分份额，各共有人的权利和义务都是平等的。

共同共有的特征体现在以下方面。

（1）共同共有根据共同关系而产生，必须以共同关系的存在为前提。[1] 例如，男女双方结婚后形成夫妻关系，依照法律规定，夫妻关系存续期间所得的财产为共有财产，因夫妻关系的产生而形成夫妻财产共有关系。再如，家庭成员之间存在着家庭关系，家庭成员因共同劳动和经营而获取的收益为家庭成员共有，形成家庭财产的共有关系。所以，共同共有是以当事人之间存在某种共同关系为前提的，它一般发生在互有特殊身份关系的当事人之间。

（2）在共同共有中，财产不分份额。只要共同共有存在，共有人对共有的财产就无法划分各人的份额或确定哪个部分属于哪个共有人所有，只有在共同共有关系终止、共有财产分割以后，才能确定各共有人的份额。[2] 财产是否区分份额是共同共有与按份共有的主要区别。在共同共有关系存续期间，部分共有人擅自划分份额、处分共有财产的，一般不发生物权变动的效力。

（3）在共同共有中，各共有人平等地享受权利和承担义务。依据《民法典》第 299 条，各共有人对整个共有财产享有平等的占有、使用、收益和处分的权利，同时对整个共有财产平等地承担义务。由于共同共有人的权利和义务都是平等的，因而较之于按份共有，共同共有人之间具有更密切的利害关系。

共同共有关系主要因共同关系的终止（如婚姻关系解除）而解除。也可以由

---

① 参见刘家安：《物权法论》，2 版，126 页，北京，中国政法大学出版社，2015。

② 参见全国人大常委会法制工作委员会民法室编：《中华人民共和国物权法条文说明、立法理由及相关规定》，168 页，北京，北京大学出版社，2007。

于其他原因（如共有物丧失、共有财产被转让等）而终止。共同共有终止时，对共有财产的分割，有协议的，按协议处理；没有协议的，一般可根据均等原则，并考虑共有人对共有财产的贡献大小以及共有人生产、生活的实际情况等处理。

二、共同共有人的权利和义务

共同共有关系主要依照法律的规定或合同的约定而产生，共同共有人相互间的权利义务也应依法律的规定或合同的约定而确定。其具体内容如下。

（1）共同共有人的权利。共同共有人对共有财产享有平等的占有、使用权，对共有财产的收益，不是按比例分配，而是共同享有；对共有财产的处分，必须征得全体共有人的同意，未经全体共有人的同意而处分共有财产，不发生物权变动的效力。①

依据《民法典》第 301 条，共同共有最主要的特征是各共有人平等地享有或承担对共有物的权利和义务，因此，共有物的处分和作出重大修缮、变更性质或者用途，因其关涉各共同共有人的重大利益，因此，必须采取"一致决"的方式。② 如果采取多数决方式，不仅可能不符合共同共有的性质，而且会损害其他共同共有人的利益。③ 但是如果根据法律规定或依据共有人之间的协议，某个共有人有权代表或代理全体共有人处分共有财产时，则该共有人依法或依协议作出的处分财产的行为是有效的。

（2）共同共有人的义务。共同共有人对共有财产共同承担义务。《民法典》第 302 条规定："共有人对共有物的管理费用以及其他负担，有约定的，按照其约定；没有约定或者约定不明确的，按份共有人按照其份额负担，共同共有人共同负担"。因而在共同共有的情况下，因对共有财产进行维护、保管、改良等所支付的费用由各共有人共同分担。④ 各共有人因经营共同事业对外发生债务或对

---

① 参见崔建远：《物权：规范与学说》（上册），481 页，北京，清华大学出版社，2011。
②③ 参见黄薇主编：《中华人民共和国民法典物权编解读》，305 页，北京，中国法制出版社，2020。
④ 参见梅夏英、高圣平：《物权法教程》，2 版，145 页，北京，中国人民大学出版社，2010。

第三人造成损害的，由全体共有人承担连带责任。

共同共有人能否转让其作为共有人的资格？笔者认为，在因婚姻和血缘关系而形成的共同共有中，共有人的资格是不能转让的；而在因纯粹的合同关系形成的共同共有中，只要不违反合同的规定和损害其他共有人的利益，则共有人可以转让其作为共有人的资格。如在因合伙合同而成立的共同共有中，某个合伙人的退伙就属于这种情况。

共同共有关系存续期间，各共有人一般不得请求分割共有财产，但共同共有人在共有的基础丧失或者有重大理由需要分割时可以请求分割。

三、共同共有的形式

在我国，共同共有的基本形式主要包括：夫妻共有财产、家庭共有财产、遗产分割前的共有，对于合伙人对合伙财产的权利究竟属于按份共有抑或共同共有则存有争议。

（一）夫妻共有财产

夫妻共同财产是指在婚姻关系存续期间由夫妻双方共同享有的财产。夫妻共同财产包括法定的共同财产和约定的共同财产，法定的夫妻共同财产即依据法律规定夫妻双方所共同享有的财产权利。《民法典》第 1062 条对法定的夫妻共同财产范围作出了规定。总体而言，只要是婚姻关系存续期间合法取得的财产，除有法律特别规定或当事人另行约定以外，均属于夫妻共同财产。夫妻共同财产也可以来自双方当事人的约定，当事人可以将婚前或婚后的个人财产约定为夫妻共同财产。基于对意思自治的尊重，约定财产制优先于法定财产制适用。

1. 夫妻法定共有财产

《民法典》第 1062 规定："夫妻在婚姻关系存续期间所得的下列财产，为夫妻的共同财产，归夫妻共同所有：（一）工资、奖金、劳务报酬；（二）生产、经营、投资的收益；（三）知识产权的收益；（四）继承或者受赠的财产，但是本法第一千零六十三条第三项规定的除外；（五）其他应当归共同所有的财产。夫妻对共同财产，有平等的处理权。"这就确认了夫妻在婚姻关系存续期间的法定共有财产。《民法典》扩大了夫妻共有财产的范围，将工资和奖金以外的其他劳务报酬和投资收益都明确规定为夫妻共有财产的范畴。一般认为，夫妻双方婚后所得的财产属于共同共有，而非按份共有。①

《民法典》第297条对共有表述为包括按份共有和共同共有，传统上一般都认为夫妻共同财产属于共同共有，但《民法典》第1062条对夫妻共同财产的表述采取"共同所有"的表述，由此可以看出，《民法典》有意表明夫妻共同财产是一种特殊的共同共有，不能与一般的共同共有完全等同。笔者认为，此处的"共同所有"属于广义的共有范畴，但是与一般的共同共有也存在一定的区别。这种区别主要体现在：

第一，共有的主体具有特殊性。一般的共同共有的主体并不限于夫妻双方。而夫妻共同所有的主体仅限于婚姻存续期间内的夫妻双方。

第二，强调夫妻双方享有平等的处理权。物权编中的"共同共有"包含了内部关系和外部关系的共有形态，内部是共同享有权利，而对外是共同行使权利。而婚姻家庭编中的"共同所有"更强调家庭成员内部共同享有权利。就财产的利用和处分而言，无论是夫妻法定共有财产还是约定共有财产，核心特征是对夫妻共同财产共同所有，夫妻双方享有平等的处理权。② 夫妻在婚姻关系存续期间，对于共有财产享有平等的占有、使用、收益和处分的权利。③ 夫妻共有财产是夫妻共同生活的物质基础。

第三，客体具有特殊性。共同共有作为共有的一种，是一种所有权的形态。但是《民法典》第1062条所规定的由夫妻共同享有的并不限于所有权，其客体也并不限于有体物。例如，知识产权的收益等并不属于所有权的范畴，而是属于一种准共有。夫妻共同所有的权利也包含了物权之外的其他权利。

第四，权利的行使方式不同。这种特殊性就表现在：一方面，要维持夫妻之

---

① 李永军主编：《中国民法学》（第四卷 婚姻继承），95页，北京，中国民主法制出版社，2022。
② 参见黄薇主编：《中华人民共和国民法典物权编释义》，1991页，北京，法律出版社，2020。
③ 参见梅夏英、高圣平：《物权法教程》，2版，147页，北京，中国人民大学出版社，2010。

间的平等权利；另一方面，在对外关系上也要考虑第三人的交易安全保护问题。在对外关系上，对一般财产的处理，夫妻享有日常家事代理权，任何一方处分都对配偶双方发生效力，第三人也无须查验该财产的真正所有权人。但对大宗财产处分（如房产、股权等）而言，从事超出家庭日常生活需要所作出的处分，第三人应当查阅登记，并进一步了解登记权利人的婚姻状况，这就在一定程度上对夫妻一方处分财产作出了必要的限制。在夫妻内部关系上，无论登记是何种状况，只要是夫妻共同财产，夫妻双方都平等享有对财产的占有、使用、收益的权利，进而在夫妻离婚时，原则上应当对该共同财产进行平等分割，这也是夫妻共同财产的特殊之处。①

当然，夫妻共同财产在广义上仍然属于共有的范畴。这就意味着：一方面，夫妻共同财产为夫妻双方所享有，夫妻双方均有管理共有财产的权利和义务；另一方面，按照《民法典》第 1062 的规定，夫妻双方有平等的处理权，在处分夫妻共同财产时，共同共有中关于财产处分的规则均可适用。在通常情况下，《民法典》婚姻家庭编中的财产规则与物权编中的财产规则不会发生冲突。婚姻家庭编主要调整的是夫妻之间的财产关系，而物权编调整的则是夫妻与不特定第三人之间的财产关系。例如，夫妻双方出卖、赠与属于夫妻共有的财产，应取得一致同意。在夫妻处分共有财产时，在对外关系上应当主要适用物权编的规定。例如，物权编关于交付、登记、物权变动等规定在夫妻处分共有财产中均应当适用。

2. 夫妻约定的共有财产

夫妻约定的共有财产，是指夫妻约定共同共有某些财产。我国《民法典》第 1065 条规定："男女双方可以约定婚姻关系存续期间所得的财产以及婚前财产归各自所有、共同所有或者部分各自所有、部分共同所有。约定应当采用书面形式。没有约定或者约定不明确的，适用本法第一千零六十二条、第一千零六十三条的规定。"这就确认了夫妻约定共有财产。约定财产制是法律允许夫妻双方之

---

① 参见冉克平：《夫妻财产制度的双重结构及其体系化释论》，载《中国法学》，2020（6），75 页。

间的财产关系通过意思自治确定财产的归属，该约定具有优先于法定财产制的效力，只有在当事人未就夫妻财产作出约定、约定不明确或者约定无效时，才适用夫妻法定财产制。①

按照《民法典》第1065条的规定，约定财产制应当以书面的形式进行，但是不应据此认为口头约定无效。立法规定应当采取书面形式，旨在提醒当事人对财产归属这一重大事项慎重约定，而并非否定口头形式的效力。只要当事人能够证明口头约定存在，双方没有争议，即便是口头的约定也可以发生效力。

夫妻双方一旦作出约定，就应当对双方产生法律拘束力，但在对外关系上，第三人可能并不知道夫妻之间的约定，而我国当前还没有建立夫妻财产登记制度，在此情形下，为了保障第三人的利益，维护交易安全，《民法典》第1065条第3款规定："夫妻对婚姻关系存续期间所得的财产约定归各自所有，夫或者妻一方对外所负的债务，相对人知道该约定的，以夫或者妻一方的个人财产清偿。"这就是说，夫妻一方与第三人从事交易，第三人知道夫妻之间的财产约定的，以夫或者妻一方的个人财产清偿。第三人不知道夫妻之间的财产约定的，以夫妻共同财产清偿。②

《民法典》对于夫妻财产制采"婚后所得共同财产制为主、约定财产制为辅"的模式③，相较于分别财产制这种模式，功能在于对内保护夫妻双方平等地享有和使用财产，尤其是有利于保护夫妻关系中经济能力较弱的一方的权益。④ 这种模式对外也可以有效维护交易安全。《民法典》采取婚后所得共同制，这也就意味着夫妻一方的婚前财产不属于夫妻共同财产的范畴。但需要注意的是，对于夫妻一方个人财产在婚后产生的收益，依据《婚姻家庭编司法解释（一）》第26条的规定，除孳息和自然增值外的收益，应认定为夫妻共同财产。

（二）家庭共有财产

所谓家庭共有财产，是指在家庭中全部或部分家庭成员共同所有的财产。⑤

---

① 参见黄薇主编：《中华人民共和国民法典婚姻家庭编解读》，127页，北京，中国法制出版社，2020。
② 参见黄薇主编：《中华人民共和国民法典婚姻家庭编解读》，128页，北京，中国法制出版社，2020。
③④ 参见黄薇：《中华人民共和国民法典婚姻家庭编释义》，79页，北京，法律出版社，2020。
⑤ 参见崔建远：《物权：规范与学说》（上册），479页，北京，清华大学出版社，2011。

换言之，是指家庭成员在家庭共同生活关系存续期间共同创造、共同所得的财产。

《民法典》第 56 条在个体工商户的债务承担规则中，使用了"家庭财产"的概念，即对于家庭经营的个体工商户或家庭经营与个体经营无法区分的个体工商户，以家庭财产承担债务。对于家庭成员是否参与个体工商户的生产经营，司法实践中采取实质判断的标准。即便在个体工商户的登记中登记为个人经营，但如果其他家庭成员确实参与了个体工商户的经营，也应当以家庭财产承担责任。例如，在"金湖县成某麦种植家庭农场等与江苏省大华种业集团有限公司侵害植物新品种权纠纷再审案"中，最高人民法院认为，陈某虽然没有被登记为某家庭农场的经营者，但是其作为家庭成员确实参与了农场经营活动，因此应当以家庭财产承担责任。①

家庭财产这一概念在《民法典》中只是在总则编被提及，但是婚姻家庭编中没有对家庭财产进行规定。对于此处的"家庭财产"应当如何理解，理论和实践上存在争议。"家庭财产"不等同于夫妻共同财产。一方面，家庭财产不限于夫妻共同财产。家庭财产不仅包括了夫妻共同财产也包括了其他家庭成员的财产。另一方面，也并非所有的夫妻共同财产均可构成本条中所说的用于清偿个体工商户债务的家庭财产。因为在个体工商户债务的清偿中，应当保留家庭成员的生活必需品和必要的生产工具。② 这些生活必需品和生产工具可能构成夫妻共同财产，但却不能作为用于清偿债务的家庭财产。家庭共有财产的特征如下。

（1）家庭共有财产的主体是对家庭共有财产的形成作出过贡献的家庭成员。在家庭中，并不是每一个家庭成员都享有对家庭共有财产的共有权。在家庭中，父母有劳动收入，而未成年子女通常没有经济收入，如果没有通过接受遗赠或赠与等方法对家庭财产作出贡献，不能认为应和父母一起作为家庭财产的共有人。

（2）家庭共有财产的形式主要是家庭成员在共同生活期间的共同劳动收入，

---

① 参见最高人民法院（2021）最高法民申 3353 号民事裁定书。
② 参见黄薇主编：《中华人民共和国民法典总则编解读》，62 页，北京，中国法制出版社，2020。

包括家庭成员交给家庭的财产、家庭成员共同受赠的财产以及在此基础上购置和积累起来的财产等。[1] 概言之，家庭共有财产是家庭成员的共同劳动收入和所得。

（3）家庭共有财产是以维持家庭成员共同生活或生产为目的的财产。[2] 如果某个家庭成员以其劳动收入购买个人所需要的而不是家庭需要的物品，则一般不应视为家庭共有财产。

（4）家庭共有财产以家庭共同生活关系的存在为前提，家庭共同生活关系终止（如因成年子女分家、父母离婚、父母一方或双方死亡等原因）导致家庭共同生活关系终止，就可能引起家庭共有财产的分割，使原有的家庭共有财产权归于消灭。

（5）对于家庭共有财产，每个家庭成员都享有平等的权利。除法律另有规定或家庭成员间另有约定的以外，对于家庭共有财产的使用、处分或分割，应该取得全体家庭成员的同意，任何家庭成员都不得随意处分属于家庭所有的共同财产。

家庭共有财产和夫妻共有财产的概念存在区别。在不同的家庭结构中，两者有可能是相同的，也可能完全不同。例如，在由夫妻和未成年子女组成的家庭（即通常所说的"核心家庭"）中，如果未成年子女没有独立的经济收入，也没有其他的和父母形成家庭财产共有权的事实（如受赠等），则对父母的共同财产不享有财产所有权。[3] 在这种家庭中，家庭共有财产一般就是夫妻共有财产。如果未成年子女也对家庭共有财产的形成作出了贡献，例如有独立的经济收入、与父母共同受赠价值较大的财产等，这就产生了父母和子女的家庭财产共有权，特别是当家庭中有成年子女或者有三代家庭成员，则家庭共有财产的范围就要扩大到夫妻、子女、兄弟姐妹、孙子女等共有的财产。在这样的家庭中，家庭共有财产和夫妻共有财产是不同的。夫妻离婚时，除分割共同财产以外，还应确定并分得在其家庭共有财产中夫妻应得的份额，以维护其合法权益。

当然，并不是任何家庭成员的财产都属于家庭共有财产。在一个家庭中，家

---

① 参见胡康生主编：《中华人民共和国物权法释义》，217 页，北京，法律出版社，2007。

② 参见崔建远：《物权法》，2 版，241 页，北京，中国人民大学出版社，2011。

③ 参见梅夏英、高圣平：《物权法教程》，2 版，147 页，北京，中国人民大学出版社，2010。

庭的共有财产与家庭成员的个人财产可以相互区别而存在。家庭个人财产是家庭成员中的某个人基于一定的法律事实所取得，并且没有成为共有财产的财产。在家庭成员共同生活期间，家庭成员的个人财产不能视为家庭共有财产。从我国审判实践经验来看，对此大概可以作出如下区别：（1）子女因履行对父母的赡养义务而给付父母的赡养费，应属于父母的个人财产。父母以子女给付的赡养费积蓄而购置的财产，所有权归父母。（2）父母因履行对子女的抚养义务而给付子女的财产、父母赠与子女的财产，属于子女的个人财产。（3）子女以个人名义从事生产经营活动所获取的收入，除按照家庭成员之间的约定或自愿交付给家庭的收入以外，自己保存的收入部分，应作为子女的个人财产。（4）对于无法确定为个人财产还是家庭共有财产的财产，应视为家庭共有财产。

区分家庭共有财产与家庭成员个人财产的主要意义在于：首先，在家庭成员分家析产时，只能对家庭共有财产而不能对个人财产进行分割。[①]　家庭共有财产的某一共有人死亡，在继承开始时，必须把死者在家庭共有财产中的应有部分分出，作为遗产继承，而不能把家庭共有财产都当作遗产继承。其次，在因对外经营活动负有债务时，因个人经营而负债的，以个人财产承担清偿债务的责任；如果是因家庭经营而负债的，以家庭共有财产承担清偿债务的责任。最后，在家庭成员共同生活期间，为家庭的共同生活和生产需要所付出的开支，由家庭共有财产负担；不是为家庭的共同生活和生产的需要而是为满足个人的需要所付出的开支，应由个人财产负担。

（三）遗产分割前的共有

关于遗产分割前的共有关系，我国《民法典》没有对其作出规定，但应当将此种共有关系界定为共同共有，即被继承人死亡后，遗产分割前，各继承人对遗产的共有也应属于共同共有。[②]　因为当有数个继承人时，任何一个继承人都不能单独取得遗产的所有权，而且在遗产分割前，各个继承人对遗产的份额也难以确定。

---

① 参见全国人大常委会法制工作委员会民法室编：《中华人民共和国物权法条文说明、立法理由及相关规定》，168 页，北京，北京大学出版社，2007。

② 参见刘家安：《物权法论》，2 版，127 页，北京，中国政法大学出版社，2015。

第五节 准共有

一、准共有的概念和特征

所谓准共有，是指两个以上单位、个人共同享有用益物权、担保物权等权利。《民法典》第 310 条规定："两个以上组织、个人共同享有用益物权、担保物权的，参照适用本章的规定。"例如，三个人共同购买一块土地的使用权，而对该土地使用权享有共有权，此种共有属于准共有。准共有与一般共有不同，准共有的特点如下。

（1）准共有是所有权之外的共有。此种共有的客体并不是物和所有权，而是以各种用益物权和担保物权为客体。所以，准共有与一般共有的区别就表现在：一般共有是指数人对某一特定物享有所有权，而准共有是指数人对他物权共同享有权利。

（2）准共有的客体主要包括各种他物权。依据《民法典》第 310 条的规定，准共有主要针对除所有权以外的用益物权和担保物权，即他物权。《民法典》也只是规定了对于用益物权和担保物权可以参照适用共有的相关规则。根据学者的观点，准共有是指权利人对所有权以外的其他财产权的共有，即两个或两个以上的民事主体，共同享有所有权以外的财产权的共有。[1] 所有权以外的其他财产权利，可以普遍地作为准共有的客体。[2] 根据我国《民法典》第 310 条的规定，准共有的权利客体只限于他物权。但从广义上讲，准共有包括定限物权、准物权、知识产权以及债权的共有。[3] 对知识产权的共有，如对著作权、专利权、商标权的共有，可以准用有关准共有的规定。

---

① 参见杨立新：《论准共有》，载《法学与实践》，1995（2）。
② 需要注意的是，债权之上的共有与按份债权和连带债权不同，因而对于债权的准共有不能适用按份之债与连带之债的规则。参见郑冠宇：《民法物权》，340 页，台北，新学林出版股份有限公司，2018。
③ 参见王泽鉴：《民法物权》，389 页，北京，中国政法大学出版社，2001。

然而，准共有事实上并不仅限于用益物权与担保物权，其他权利之上也可能出现多个权利人的状态。诸如知识产权、股权等共有即为典型。因此，《民法典》第310条仅仅规定了他物权参照适用共有规则，并不能够解决所有权利由多人享有的问题，有必要对该条进行目的性扩张。事实上，在知识产权、海域使用权、采矿权、取水权、债权之上均可能成立准共有。因此有必要将准共有的客体一般性地扩张到财产权利之上。但是对于人身权利，则并不存在共有的可能。因此即便是在知识产权中，在具有人身性质的权利之上也不能成立准共有。在著作权的署名权中，多个作者之间并非共同享有一个署名权，而是分别、单独享有署名权。

　　关于债权能否成为共有的权利客体，学界存在不同的看法。一些学者认为，债权尽管是一种期待的权利，但仍然体现了一定财产利益，也可成为准共有的客体。[①] 但笔者认为，准共有应当限于对他物权和知识产权等绝对权的共有，而不包括债权的共有。因为债法中已经对数人享有债权进行了规定，即按份债权、连带债权等，其规则与共有规则有较大差别，因此，债权不能成为准共有的权利客体。但如果债权已经证券化，则可能形成准共有。[②]

　　占有能否形成准共有？一般认为，占有是一种事实状态，而不是权利，占有的权利本身难以交易，因此，占有不能形成为准共有。[③]

　　（3）准共有，究竟应是准按份共有，还是准共同共有，应当由各准共有人依据法律和合同规定，以及共有权利的性质，加以确定。通常，按份共有可以基于合同关系来确定，如果合同规定了准共有关系，各共有人应按一定份额享有权利和承担义务，则属于"准按份共有"。对于共同共有而言，需要根据法律规定才可能成立准共有。如果依据法律规定，各个共有人必须共同行使权利，不得分割为一定份额，则应当认定其为"准共同共有关系"，各共有人应不分份额，共同行使对财产的权利。

① 参见崔建远：《物权法》，265页，北京，中国人民大学出版社，2009。
② 参见唐勇：《论共有》，79页，北京，北京大学出版社，2019。
③ 参见梁慧星、陈华彬：《物权法》，252页，北京，法律出版社，2009。

二、参照适用共有的规定

准共有所说的"准"，主要是指参照适用，又称为准用。它是指法律明确规定特定法律规范可以参照适用于本不属于该条规范调整范围的其他情形。在性质上参照适用属于法定类推，是就准用者与被准用者的构成要件，从规范功能及体系关联上进行比较观察，以认定在何种程度应对被准用者赋予相当的法律效果。[①] 参照适用是一种法定的"类推"，也有学者将其称为"授权式类推适用"[②]，在参照适用的情形下，法官也需要在被参照适用的规范中继续寻找裁判依据。因此，参照适用条款的适用存在继续找法的问题。准共有究竟应当参照适用按份共有还是共同共有的规定，应当视其共有关系究竟属于按份共有还是共同共有而定。[③]

第六节　因共有财产而产生的债权债务

一、因共有财产而产生的债权债务概述

所谓因共有财产而产生的共同债权债务，是指因共有的不动产和动产所产生的债权债务关系。通常，此种债主要包括侵权之债和违约之债。例如，共有的房屋倒塌造成他人的财产或人身损失；共有的财产在出租之后因为重大瑕疵致承租人的损害。《民法典》第 307 条规定："因共有的不动产或者动产产生的债权债务，在对外关系上，共有人享有连带债权、承担连带债务，但是法律另有规定或者第三人知道共有人不具有连带债权债务关系的除外；在共有人内部关系上，除共有人另有约定外，按份共有人按照份额享有债权、承担债务，共同共有人共同

---

① 参见王泽鉴：《民法学说与判例研究》，第 7 册，208 页以下，北京，北京大学出版社，2009。
② 张弓长：《民法典中〈参照适用〉》，载《清华法学》，2020（4）。
③ 参见崔建远：《物权法》，265 页，北京，中国人民大学出版社，2009。

享有债权、承担债务。偿还债务超过自己应当承担份额的按份共有人，有权向其他共有人追偿。"

因共有财产所生的共同债务，必须符合两个要件：第一，必须是因为共有财产所产生的债务。[①] 此种债务可能直接是由共有财产造成损害而发生的（例如，共有的房屋倒塌致他人损害），也可能是因为利用共有财产发生的债务（例如某一共有人驾驶共有的汽车撞上他人）。这两种情形在对外关系上是相同的，从《民法典》第307条的规定来看，强调了因为共有财产而发生的债务，只要是共有财产造成了对他人的损害，就应当由共有人承担责任。例如，某一共有人酒后驾驶共有的汽车致他人损害，驾驶人有严重的过错，甚至构成犯罪。在此情况下，虽然驾驶汽车的行为人应当负责，但是，因为事故是共有财产造成的，所以，共有人对外要承担连带责任。第二，损害的发生必须与共有物存在因果联系。因为在实践中损害后果的发生，既可能纯粹是由共有物造成的，也可能虽是由共有物造成的但同时介入了人的行为，还可能纯粹是因为人的行为造成的。例如，某人盗窃他人汽车后肇事，则纯粹是由行为人的行为造成的，应当由行为人承担责任，而不宜追究汽车所有权人或者共有人的责任。在具体考虑各种情况时，必须要考虑损害发生时，共有物对损害的发生是否发挥了作用。只要在损害发生的过程中，共有物对损害后果的发生起到一定的作用，共有人就应当承担共同债务。

二、区分内部关系与外部关系确立责任

《民法典》第307条区分了内部关系与外部关系。所谓外部关系是指共有人与第三人（如因共有财产遭受损害的第三人等）之间的关系；所谓内部关系是指共有人之间的关系。《民法典》第307条对于因共有财产而产生的债权债务的承担规则作出了规定，即就对外关系而言，适用连带债权债务规则。对于内部关系，适用按份债权债务规则。具体而言：

[①]　参见崔建远：《物权：规范与学说》（上册），478页，北京，清华大学出版社，2011。

1. 就对外关系而言，适用连带债权债务规则

依据《民法典》第307条规定，共有人对外应享有连带债权，并承担连带债务。[①] 因共有财产发生债务之后，共有人都对债权人承担连带债务。例如，甲乙双方共有一间房屋，因年久失修而倒塌，造成他人的重大损害，甲乙双方应当依据《民法典》第307条的规定对受害人承担连带责任。在连带债务的情况下，共有人有义务向受害人赔偿，受害人有权向任何一个共有人请求赔偿。一旦某个共有人清偿了全部债务，债就归于消灭。

《民法典》第307条规定共有财产产生的债务，共有人对外承担连带责任，这对于保护受害人利益具有十分重要的作用。原因在于：第一，共有物属于全体共有人所有，所有权本身是单一的而不是多元的。也就是说，对共有物所享有的所有权不能分割为多重所有。既然各个共有人对共有物从整体上享有所有权，那么理所当然对共有物所造成的损害都应当有义务承担赔偿责任。至于共有人在对外承担责任以后，对内如何按比例分担，则是共有人内部关系确定的问题。第二，有利于受害人提出请求。因为共有人之间事先确定的份额，通常只是在共有人内部之间约定的，对外部第三人来说往往并不知道其内部约定的份额情况，如果完全根据其份额来承担责任，对受害人的保护是十分不利的。在共有物造成他人损害以后，受害人可能并不知道有多少共有人、谁是共有人，而可能只了解某一或几个共有人，因而只是起诉了其中某个共有人，如果该共有人不具有支付能力，或已经破产，或者下落不明，甚至已被宣告失踪，而其他共有人都提出该不具有支付能力的或失踪的共有人占据了共有财产的90%的份额，应当由其承担90%的赔偿责任，而其他人只承担10%的责任，受害人的损害就可能得不到充分的补救，对受害人也不公平。所以对共有人之间约定的份额，只能对共有人产生效力，而不应当对第三人产生拘束力。即使共有人之间达成了分管协议，由各个分管人分别管理共有物，而受害人遭受的损害只是由于某一个共有物造成的，也应当由全体共有人承担连带责任。第三，有利于减少诉讼。在连带责任的情况下，受害人通过一次诉讼就可以解决救济的问题；而在份额责任的情况下，受害

---

① 参见胡康生主编：《中华人民共和国物权法释义》，232页，北京，法律出版社，2007。

人可能要提起两次甚至多次诉讼，才能解决其赔偿问题。

共有人对外承担的连带债务，不因共有人内部的约定而免除。即使是共有人之间订立了分管协议，甚至该协议已经登记，也不能免除共有人的连带责任。因为登记的只是财产的管理人，而并非登记了责任份额。更何况，即使分管协议中登记了责任份额，除了共有财产受让人以外，其他人并没有义务查询该分管协议。所以，连带责任对于保护受害人是非常必要的。

2. 对于内部关系，适用按份债权债务规则

依据《民法典》第307条规定，在共有人内部关系上，除了共有人另有约定外，各共有人应当按照一定的份额享有债权。这就是说，在内部关系上，是否约定份额以及如何约定份额，首先应当由当事人约定，如果当事人没有约定，则对按份共有人而言，应当视为以相同份额分享债权。依据《民法典》第521条，"连带债权人之间的份额难以确定的，视为份额相同"。

对因共有财产而产生的连带债权债务而言，一是对内按份行使债权，对共有财产享有和利用而产生的债权，各共有人可以按照其份额来行使权利；二是对于因共有物而对外承担连带债务之后，每个按份共有人对内应当按照共有份额来分担责任。也就是说，凡是偿还债务超过自己应当承担份额的按份共有人，都有权向其他共有人追偿。① 这就意味着，在承担责任超过自己份额的共有人和其他共有人之间形成一种追偿之债的关系。追偿权利人是债权人，追偿义务人是债务人。依据《民法典》第307条，偿还债务超过自己应当承担份额的按份共有人，有权向其他共有人追偿。例如，甲、乙、丙三人共同出资购买一套房屋，各占1/3的份额，因为该房屋倒塌致某人受伤，花费30万元医疗费，甲赔偿20万元，其有权就其多支付的10万元要求乙、丙返还。

三、不构成连带债权债务的情形

《民法典》第307条规定了两种不构成连带债权债务的情形：一是法律有特

_____

① 参见梅夏英、高圣平：《物权法教程》，2版，143页，北京，中国人民大学出版社，2010。

别规定的情形。所谓法律有特别规定，主要是指针对共有财产产生的债务，法律规定了不同于连带责任的规则。例如，非共有人未经共有人的允许驾驶共有的汽车而致他人损害。此种情形在侵权责任编中已有特殊规定，就应当适用该编的规定。二是第三人知道共有人不具有连带债权债务关系。所谓第三人知道，是指在发生损害之前，第三人已经确切了解共有人之间的责任分担情况。例如，在租赁合同中，已经明确规定了共有人的份额，所以，因租赁财产造成损害，可以认为承租人知道了共有人之间的责任分担份额。一般来说，第三人知道的情形，需要由共有人举证证明，而不能由受害人举证。

第七节　按份共有人的优先购买权

一、按份共有人的优先购买权的概念和特征

所谓优先购买权，又称"先买权"，是指特定的民事主体依照法律规定享有的先于他人购买某项特定财产的权利。在我国，优先购买权制度最早可以追溯到《唐律》[①]，在五代时已经有法律明确记载[②]；在外国民法史上，有关优先购买权的规定可溯源至古希腊、古罗马时代。[③] 大陆法诸国都以不同的形式规定了在特定条件下的优先购买权。《民法典》第 305 条规定："按份共有人可以转让其享有的共有的不动产或者动产份额。其他共有人在同等条件下享有优先购买的权利。"该规定确立了按份共有人享有的优先购买权，对于有效配置资源，促进物尽其用，减少共有人之间的纠纷，维护共有人团体的利益都具有重要的意义。

优先购买权具有如下法律特征。

---

① 唐律规定，房地产买卖必须先问近亲，次问四邻，近亲四邻不要，才得卖与别人。参见孔庆明等编著：《中国民法史》，256 页，长春，吉林人民出版社，1996。

② 据《五代会要》载，后周广顺二年（公元 952 年）奏准："如有典卖庄宅，准例：房亲、邻人合得承当；若是亲人不要，及着价不及，方得别处商量。"

③ 参见郑玉波：《民商法问题研究》（一），415 页，台北，三民书局，1991。

第一，优先购买权是法定的而非当事人约定的权利。在市场经济体制下，意思自治、契约自由为民法的基本原则，财产的处分依法应尊重所有人的意志，但是如果某项财产权的转让将涉及对某些特定人（如承租人、承典人、共有人等）利益的保护时，立法者从公平、效益和维护社会生活正常秩序的价值取向出发，对此类特定关系人予以倾斜保护，赋予其优先购买的权利，使这些特定的人能够获得优先购买某项财产的权利。所以，优先购买权乃是法定的而不是约定的权利。同时，这种权利也是对所有权的限制，因为先买权对出卖人的出卖财产的处分权进行了限制，从而使出让人对财产的处分自由受到先买权的约束，只要先买权人是在同等条件下行使了购买权，则出卖人不得将标的物再转让给先买权人以外的其他人，否则，该财产移转应当宣告无效。当然，当事人可以约定先买权，这种约定先买权如未经登记，则不得对抗第三人。正是因为优先购买权是依法产生的，所以符合物权法定的特点。

第二，优先购买权具有对抗第三人的效力。也就是说，优先购买权不仅可以对抗出卖人，而且可以对抗第三人。如果第三人在侵害优先购买权人的优先权的情况下购买标的物，优先购买权人有权确认该买卖关系无效，并要求将标的物出卖给自己。这种对抗第三人的效力使其具有明显的物权的效力和特征。在这一点上其与一般的合同债权是有区别的，因为债权只具有相对性而不具有对抗第三人的效力。当然，由于优先购买权人在购买前并不一定直接占有标的物，也不是标的物的所有人，因而不能以所有人或占有人的名义以物权请求权或占有保护请求权的方式行使其权利，权利人也不能直接行使对物的支配权。通过请求人民法院宣告该房屋买卖无效的方式保护其权利，这也是优先购买权作为一种具有物权效力的权利的特点。明确优先购买权具有物权效力，有利于防止出卖人和其他买受人通过协议任意更改法定优先购买权的规定，同时也有利于法律明确优先购买权的类型，加强对优先购买权人的保护。①

第三，优先购买权具有优先于第三人在同等条件下优先购买的效力。优先购买

---

① 参见张家勇：《试析优先购买权的法律性质》，载《西藏民族学院学报（哲学社会科学版）》，1999（1）。

权虽然在性质上是一种债权，但其不仅可以向出卖人主张，还可以具有一定的优先性，即可以在同等条件下优先于第三人进行购买。① 如果第三人在侵害优先购买权人的优先权的情况下购买标的物，优先购买权人有权要求将标的物出卖给自己。

二、按份共有人的优先购买权的性质

关于优先购买权的性质，学界存在不同的看法。一是形成权说。此种观点认为，优先购买权是形成权。依德国法学通说，优先购买权人得依一方之意思，形成以义务人出卖与第三人同样条件为内容之契约，而无须义务人（出卖人）之承诺。② 我国台湾地区大多数学者认为，优先购买权是形成权的一种。理由在于：优先购买权是以一方的意思表示形成与义务人存在与第三方同样内容的合同，该合同的成立并不需要义务人的承诺。二是期待权说。按照许多学者的看法，优先购买权乃是一种期待权。③ 所谓期待权，是指一种将来可能取得权利的权利，其权利系寄托在将来可能取得的权利上。期待权的法律性质即决定于将来可能取得权利的法律性质。④ 此种规定认为，标的物所有权人（即共有人、出租人等）未将标的物出卖，则优先购买权人的权利尚未现实化，只处于期待权状态。⑤ 三是物权或债权说。该说认为优先购买权依其能否对抗第三人可分为物权性和债权性优先购买权，无论法定或约定优先购买权皆有这两种性质不同的优先购买权。⑥

上述观点都不无道理。但笔者认为，从性质上看，优先购买权是附随于买卖关系的，该项权利的设定也是法律对出卖人所附加的义务，它作为合同法中规定的强制性的义务，可以自动地成为买卖关系的组成部分。从这个意义上说，优先购买权本质上仍然是债权，可以在合同法中加以规定。但是，优先购买权是一种

---

① 杜万华主编：《最高人民法院物权编司法解释（一）理解与适用》，258～259 页，北京，人民法院出版社，2016。

② 参见王泽鉴：《民法学说与判例研究》，第 1 册，507 页，北京，中国政法大学出版社，1998。

③ 参见谢哲胜：《财产法专题研究》，254 页，台北，三民书局，1995。

④ 参见王泽鉴：《民法学说与判例研究》，第 1 册，145 页，北京，中国政法大学出版社，1998。

⑤ 参见张新荣：《试论"优先购买权"及其法律保护》，载《法学》，1989（9）。

⑥ 参见孙宪忠：《德国当代物权法》，170～171 页，北京，法律出版社，1997。

较为复杂的民事权利，笔者认为，优先购买权不仅仅具有债权的效力，也具有某些物权的效力，在物权法中也可以对其作出规定。

共有人优先购买权具有物权的效力，但并不是一种特殊的物权。一方面，其对标的物的支配力较弱：权利人不能直接行使对标的物的支配权，而只能要求出卖人将该标的物优先转让给自己。由于优先购买权人在购买前并不一定直接占有标的物，也不是标的物的所有人，因而在该种权利受到侵害时，权利人不能行使物权请求权或占有保护请求权。另一方面，优先购买权实际上是一种不确定的权利，也有学者将其称为机会权利。[①] 这是因为虽然优先购买权是由法律规定的，但共有人是否能够实际享有这一权利，还要取决于其他共有人是否实际转让其共有份额。即便转让，其他买受人可能会以更高的价格购买，使先买权人的机会不能实现。这就是说，优先购买权只是给了先买权人一个优先购买的机会。还要看到，优先购买权不是物权，因为其在性质上只是一种附从性的权利，它是附随于主权利的一种权利[②]，例如共有人所享有的先买权，实际上是附随于共有关系的。基础关系（可能是共有关系、租赁关系等）是先买权产生和行使的基础，二者紧密结合，不可分离。因此，某一个共有人转让其份额，实际上先买权也随之发生了转让，先买权不能够与共有权发生分离，单独转让。在出卖人出卖标的物之前，优先购买权人已先于这种买卖关系而处于某种法律事实或法律关系中，离开这种法律事实或法律关系，就失去了优先购买权存在的基础和前提。[③] 因此，如退出共有关系，当然就不再享有优先购买权。

三、优先购买权行使的条件

（一）适用于有偿交易

优先购买权具有特定的行使范围，主要适用于有偿转让的情形。其主要包括

---

① 参见王福祥：《论优先购买权》，载《法制与社会发展》，1995（2）。

② 参见戴孟勇：《先买权：理论与立法》，载《岳麓法学评论》，第1卷，48页，长沙，湖南大学出版社，2000。

③ 参见王福祥：《论优先购买权》，载《法制与社会发展》，1995（2）。

两种情形：一是按份共有人转让其享有的共有的不动产。例如，甲乙二人共有一套房屋，甲要转让其对该房屋享有的共有权。二是按份共有人转让其动产份额。例如，甲乙丙共有一台机器，各占三分之一，甲要转让其对该动产的份额。优先购买权之所以适用于有偿交易，是因为一方面，从物权法关于共有人优先购买权的规定来看，其仅适用于有偿交易。《民法典》第305条规定："按份共有人可以转让其享有的共有的不动产或者动产份额。其他共有人在同等条件下享有优先购买的权利。"从该条规定来看，只有按份共有人"转让"其共有份额，其他共有人才能主张行使优先购买权。另一方面，从《民法典》第305条规定来看，其他共有人在同等条件下享有优先购买的权利，而"同等条件"主要是指价格条件。因为对于无偿交易而言，当事人之间难以判断条件的优劣，无法适用优先购买权。

在因继承、遗赠、赠与等引起共有份额变动的情形，其他共有人不得主张行使优先购买权。《物权编司法解释（一）》第9条规定："共有份额的权利主体因继承、遗赠等原因发生变化时，其他按份共有人主张优先购买的，不予支持，但按份共有人之间另有约定的除外。"作出此种规定的原因在于，在共有人无偿让与其共有份额时，其与受让方之间往往具有一定的亲属、血缘关系或者其他道德上的联系，这些关系很难简单地通过金钱价值予以衡量，因此不适用优先购买权的规则。即使该条中没有明确列举"赠与"，按照同类解释规则，也应当认定，在赠与的情形下不适用优先购买权，因为其与前述"继承""遗赠"属于同类情形。[1]

当然，根据《物权编司法解释（一）》第9条但书的规定，"按份共有人之间另有约定的除外"，即在当事人有特别约定的情形下，即便是因继承、遗赠等原因发生共有份额的变动，当事人也可以主张优先购买权。

（二）在同等条件下行使

优先购买权仅仅适用于有偿交易，因此其他共有人只有在"同等条件下"才享有优先购买权。同等条件是对优先购买权人行使先买权的限制。作出这种限制

---

[1] 参见杜万华主编：《最高人民法院物权法司法解释（一）理解与适用》，265页，北京，人民法院出版社，2016。

尊重了作为出卖人的所有人的所有权，不至于因优先购买权的行使，使出卖人的利益遭受损失。由于有同等条件的限制，使出卖人出卖的标的物能够确定合理的市价，同时，在确立优先购买权以后也并没有剥夺其他人的购买机会。[①] 因为其他买受人仍然可以参与购买，如果先买权人不能提供同等条件，则按价高者得的市场原则决定物的归属，因而不违反公平竞争的原则。可以说同等条件是优先购买权行使的前提，也是对其他买受人的保护措施，对此各国立法大都有明确的规定。

我国《民法典》第 305 条规定："按份共有人可以转让其享有的共有的不动产或者动产份额。其他共有人在同等条件下享有优先购买的权利。"然而，对"同等条件"应当如何理解，在学理上存在不同的看法：《物权编司法解释（一）》第 10 条规定："民法典第三百零五条所称的'同等条件'，应当综合共有份额的转让价格、价款履行方式及期限等因素确定。"依据这一规定，共有人优先购买权中的"同等条件"主要是指价格条件，但其又不限于价格数额这一条件，只要是对转让人的经济利益有重大影响的，都应当纳入"同等条件"的范畴。例如，如果受让人以提供劳务的方式作为对价，很难计价，则其他共有人无法主张优先购买权。因此，交易条件能够被替代，不应当包含无法被替代的给付。根据该司法解释的规定，判断同等条件应当考虑如下因素。

第一，共有份额的转让价格数额。同等条件应当主要指的是价格条件，也就是说，先买权人支付的价格应当与其他买受人支付的价格条件相同。同等条件并不要求先买人和出卖人订立的合同与出卖人和他人订立的合同的条款完全相同。至于其他交易条件，不管是现金支付还是转账支付，只要没有从根本上影响到出卖人的利益，出卖人不能以此作为同等条件。如果其他共有人愿意出更高的价格，则按"价高者得"的竞价原则处理。但如果共有人所提出的价格低于受让人所提出的价格，则共有人不得主张优先购买权。[②]

---

① 参见杜万华主编：《最高人民法院物权法司法解释（一）理解与适用》，275 页，北京，人民法院出版社，2016。

② 参见杜万华主编：《最高人民法院物权法司法解释（一）理解与适用》，280 页，北京，人民法院出版社，2016。

第二，价款支付方式。除价款的数额外，是否属于"同等条件"还应当考虑价款的支付方式，如一次性支付与分期支付对转让人的经济利益会有不同影响。因此，在考虑同等条件时，也应当考虑价款的支付方式。当然，如果价款支付方式对转让人的利益没有重大影响的，则不应当影响共有人的优先购买权。例如，以现金方式还是银行转账的方式履行支付价款的义务，并不会对转让人的利益产生重大影响，此时就不应当影响共有人的优先购买权。

第三，价款支付期限。这主要是指履行的期限，支付价款的履行在多长时间之内完成。价款支付期限会对转让人的经济利益产生影响，由于共有人是否具有支付价款的能力并不确定，延期付款可能使转让人面临一定的风险。更何况有的转让人可能急需资金，共有人主张延期付款时，可能会对转让人产生重大影响。因此，在判断共有人是否是在"同等条件"下行使优先购买权时，还要考虑价款的支付期限。共有人主张优先购买权时，其付款期限应当等于或者短于受让人的付款时间。①

第四，其他情况。除上述因素外，还要考虑是否存在影响公平交易和损害转让人利益的情况。具体而言：一是考虑公平交易，也就是说，交易条件应当是相当的，体现同等对待、公平交易的精神，从而使其他共有人有参与公平竞价的机会。二是不损害转让人利益。也就是说，其他共有人所提出的条件不应当低于受让人所提出的条件。只要优先购买权人所提出的其他条件体现了公平交易的精神，没有损害转让人的利益，即应当认定符合优先购买权的行使条件。

（三）必须在特定的期限内行使

优先购买权必须在特定的期限内行使，但确定合理期限要求共有人在出卖其共有份额时，应当提前通知其他先买权人。《民法典》第306条第1款规定："按份共有人转让其享有的共有的不动产或者动产份额的，应当将转让条件及时通知其他共有人。其他共有人应当在合理期限内行使优先购买权。"依据该规定，一方面，按份共有人应将转让条件及时通知其他共有人，此种通知既可以是在出售

---

① 参见杜万华主编：《最高人民法院物权法司法解释（一）理解与适用》，280页，北京，人民法院出版社，2016。

时明确告知，也可以是在与第三人达成交易之前通知，告知的内容既包括要出售份额的情况，也包括价格及其他重要的交易条件。另一方面，按份共有人将转让条件及时通知其他共有人以后，其他共有人应当在合理期限内行使优先购买权。所谓"合理期限"，是指行使优先购买权的期限。如果享有优先购买权的共有人在"一定期限"内不行使的视为放弃。我国《民法典》虽然没有对共有人优先购买权行使的最长期限作出明确规定，但《物权编司法解释（一）》第11条规定："优先购买权的行使期间，按份共有人之间有约定的，按照约定处理"，该条首先确定了行使优先购买权期间的基本原则，即有约定的，按照约定处理，该规定充分尊重了当事人的私法自治。[①] 此处所说的"约定"是指对优先购买权行使的期限所作的约定，包括对期限的起算点、具体期限的长短等所作出的约定。[②] 按照私法自治原则，优先购买权的行使期限可以由当事人约定，在共有人约定了优先购买权行使期限后，各共有人都要受该约定的约束。所以，共有人只能在约定的期限内主张优先购买权，期限经过没有行使优先购买权时，则视为其放弃了该权利。

《物权编司法解释（一）》第11条规定还确立了如下规则。

第一，转让人向其他按份共有人发出的包含同等条件内容的通知中载明行使期间的，以该期间为准。从该规定来看，在各共有人没有对优先购买权的行使期限作出约定时，则转让人可以单方面确定各共有人行使优先购买权的期限。但转让人必须向其他按份共有人发出通知，且通知中必须包括同等条件、优先购买权的行使期限。

第二，通知中未载明行使期限，或者载明的期限短于通知送达之日起15日的，为15日。该条实际上确立了最短的优先购买权行使期限。在没有载明优先购买权行使期限的情形下，优先购买权的行使期限为15日。该期限只能延长，不能缩短。如果转让人确定的优先购买权行使期限短于15日，该期限的确定无效，优先购买权的行使期限仍然为15日。

---

①②　参见杜万华主编：《最高人民法院物权法司法解释（一）理解与适用》，296页，北京，人民法院出版社，2016。

第三，转让人未通知的，为其他按份共有人知道或者应当知道最终确定的同等条件之日起 15 日。如果其他共有人没有在该期限内行使优先购买权，则推定其没有行使该项权利的意愿。该规定也有利于减少纠纷，如果没有该条规定，则共有人可能在转让事实发生后主张优先购买权，这可能引发诸多纠纷。

第四，转让人未通知，且无法确定其他按份共有人知道或者应当知道最终确定的同等条件的，为共有份额权属转移之日起 6 个月。该条确立了优先购买权最长行使期限（即 6 个月）。因为如果不确定最长的优先购买权行使期限，在共有人主张优先购买权时，转让人与受让人之间的交易关系可能会受到影响，财产秩序的稳定也会受到影响。①

四、优先购买权的不当行使

所谓优先购买权的不当行使，是指优先购买权人没有按照法定或者约定的方式行使优先购买权。通常来说，优先购买权应当按照法定或者约定的期限行使，否则，权利人可能丧失优先购买权。《物权编司法解释（一）》第 12 条规定："其他按份共有人的请求具有下列情形之一的，不予支持：（一）未在本解释第十一条规定的期间内主张优先购买，或者虽主张优先购买，但提出减少转让价款、增加转让人负担等实质性变更要求；（二）以其优先购买权受到侵害为由，仅请求撤销共有份额转让合同或者认定该合同无效。"这一规定确立了如下规则。

一是未在约定或者法定的期限内行使优先购买权将导致权利消灭。共有人行使优先购买权的期间在性质上属于权利存续期间，权利人未在该期间内行使权利，将导致该优先购买权消灭。

二是主张优先购买权的共有人单方面降低了转让人确立的同等条件，也不能行使优先购买权。如果主张优先购买权的共有人实质性变更了同等条件，如提出减少转让价款、增加转让人负担（如要求转让人为其提供某种服务）等，已经不

---

① 参见杜万华主编：《最高人民法院物权法司法解释（一）理解与适用》，302 页，北京，人民法院出版社，2016。

是在"同等条件"下主张购买，其就会丧失优先购买权行使的基础。

三是以其优先购买权受到侵害为由，仅请求撤销共有份额转让合同或者认定该合同无效。这包含了两种情形：第一，其他共有人未主张行使优先购买权，而只是主张撤销转让人与受让人之间的合同；第二，其他共有人未主张行使优先购买权，而只是主张宣告转让人与受让人之间的合同无效。在这两种情形下，优先购买权人都未表明其要行使优先购买权。也就是说，其他共有人只是阻止他人购买，而没有明确表达自己购买的意愿。

五、多个共有人主张行使优先购买权

《民法典》第306条第2款规定："两个以上其他共有人主张行使优先购买权的，协商确定各自的购买比例；协商不成的，按照转让时各自的共有份额比例行使优先购买权。"如果有数个共有人行使优先购买权，依据本条规定，首先要按照私法自治原则，由共有人协商确定各自的购买比例，但是在协商不成的情形下，依据《民法典》第306条，由各个共有人按照转让时各自的共有份额比例行使优先购买权。例如，甲、乙、丙、丁四人共有一套房屋，各占1/4，丁转让其1/4的份额，甲、乙、丙三人均享有优先购买权，如果甲不愿意购买，则乙、丙各自享有50%份额比例行使优先购买权，如果甲愿意购买，则甲、乙、丙就在转让时各享有1/3份额的购买比例。该条之所以要求按照转让时的共有份额比例行使优先购买权，主要是基于如下两方面的原因：第一，保障出让人的利益。该条规定要求各个共有人按照转让时的共有份额比例行使优先购买权，而不是按照其共有份额占共有财产的比例行使优先购买权，主要目的在于防止相关的共有份额无人购买。例如，在前例中，如果不要求乙、丙按照转让时的共有份额比例购买，则乙、丙只能在1/3的范围内行使优先购买权，这可能不利于保护出让人丁的利益。第二，要求各共有人按照各自的共有份额比例行使优先购买权，也是为了维持各个共有人的共有份额比例，防止某一共有人取得全部出让的共有份额，形成对其他共有人的比例优势。

由于优先购买权不是物权，优先购买权人在购买前没有直接占有标的物，不能直接支配特定的物，因而在该权利受到侵害时，权利人不能以所有人或占有人的名义以物权请求权或占有保护请求权的方式行使其权利。如果某一共有人出卖其共有份额时，没有告知其他共有人，或者在告知其他共有人之后，其他共有人已经提出在同等条件下购买，而转让其份额的共有人拒绝其他共有人购买，此时，究竟应该如何对其他共有人提供救济？笔者认为，优先购买权受到侵害时，权利人有权就其不能购买到该份额所遭受的损失要求赔偿，但依据《物权编司法解释（一）》第 12 条的规定，不能请求转让合同无效或请求撤销该合同。

六、共有人之间进行转让

如果某一共有人将其共有份额转让给另一共有人，此时其他共有人能否主张优先购买权？《物权编司法解释（一）》第 13 条规定："按份共有人之间转让共有份额，其他按份共有人主张依据民法典第三百零五条规定优先购买的，不予支持，但按份共有人之间另有约定的除外。"据此，按份共有人之间转让共有份额不适用优先购买权。作出此种规定的主要理由在于：

第一，《民法典》第 305 条规定："按份共有人可以转让其享有的共有的不动产或者动产份额。其他共有人在同等条件下享有优先购买的权利。"法律规定共有人的优先购买权，是为了防止共有人之外的人加入共有关系。也就是说，《民法典》之所以赋予共有人优先购买权，很大程度上是为了防止第三人进入共有关系之中，以此来维持共有关系的稳定。那么，如果只是在按份共有人之间发生共有份额的转让，只是共有人向其他共有人转让共有份额，则不存在第三人加入共有关系的问题[①]，就没有必要让其他共有人享有优先购买权，因为这样不符合法律设置优先购买权的目的。

第二，共有人之间转让共有份额，并不存在妨碍共有物有效利用的情况。按

---

① 参见杜万华主编：《最高人民法院物权法司法解释（一）理解与适用》，306 页，北京，人民法院出版社，2016。

份共有人虽然是转让共有份额，但其与共有人之间可能存在一定的关联，如果转让给共有人之外的其他主体，则可能会影响其他共有人对共有财产的利用。但在共有人之间转让共有份额，则不存在上述问题。因为法律规定共有人享有优先购买权，是为了减少财产的共有状态、提高财产的利用效率。如果共有财产的份额在共有人内部转让，则不存在提高共有物利用效率的问题，因此没有必要让其他共有人享有优先购买权。

第三，在共有人内部转让共有份额时，其他共有人都是平等的，不存在优先购买权的问题，但是在共有人对外转让共有份额时，则其他共有人享有优先购买权。

当然，如果共有人之间转让份额时存在特别约定的，也可以产生优先购买权。因为共有人之间就优先购买达成协议，仍然属于对共有内部事务作出的安排，只要不违反法律的强制性规定、不损害第三人利益，该约定就有效。因此，应当允许共有人之间做出此种安排。但如果此种安排损害了第三人的利益，则此时该约定不能对抗第三人。

第八节　共有财产的分割

一、共有财产分割的概念

所谓共有财产的分割，是指在共有关系存续期间内，共有人请求按照一定的份额或者均等地分割共有财产为每个共有人所有。共有关系因共有物的灭失、某一共有人取得其他所有共有人的应有部分而终止，但共有终止最主要的原因，则是共有物的分割。[1] 各个共有人都享有分割请求权，在德国法上，该请求权称为"废止请求权"（Aufhebungsanspruch）[2]，共有财产的分割的主要特点在于：

---

[1]　参见史尚宽：《物权法论》，166 页，北京，中国政法大学出版社，2000。
[2]　史尚宽：《物权法论》，166 页，北京，中国政法大学出版社，2000。

首先，共有财产的分割，应当尊重共有人的意思自治，必须要由共有人主张。[①] 按照私法自治原则，法院不能在共有人没有提出分割的情况下，就直接通过裁判分割共有财产。无论是按份共有，还是共同共有，共有人都应依据法律规定或合同的约定享有分割请求权。需要注意的是，有权请求分割共有财产的人不仅仅限于共有人本人，除共有人之外，在共有人失踪情况下的财产代管人、共有人破产情况下的破产管理人等，也可以请求分割共有财产。

其次，分割是共有人请求就共有物分割自己应得的部分，即请求分割应有份。分割共有财产，有可能导致整个共有关系的解体，如果共有财产的分割将导致共有关系的消灭，在物权法上称为共有消灭的特殊原因。[②] 但也可能在分割共有财产之后，仅仅使得某一个或某些共有人退出共有关系。其他共有人如果愿意继续留在共有关系之中，这些共有人还可以继续维持共有关系。

再次，分割共有财产应当依据按份共有和共同共有区别对待。一般来说，对于按份共有，允许共有人自由请求分割，我国《民法典》第303条规定，共有人没有约定或者约定不明确的，按份共有人可以随时请求分割，但是，对共同共有，法律严格限制其自由分割。依据《民法典》上述规定，共同共有人只有在共有的基础丧失或者有重大理由需要分割时才可以请求分割。此外，共有人在分割共有财产时，特别是在分割家庭共有财产和夫妻共有财产时，应当体现男女平等、保护妇女和未成年子女利益的精神。在确定各共有人应分得的份额时，对于负担抚养、赡养、扶养其他家庭成员义务的共有人应当适当考虑多分。[③]

最后，分割请求权不受诉讼时效的限制。[④] 学理上一般认为，分割请求权具有形成权的特点，且由于在没有约定或者约定不明确时，按份共有人可以随时请求分割，因此，分割请求权可以随时产生，导致时效的起算点难以确定。

---

① 参见全国人大常委会法制工作委员会民法室编：《中华人民共和国物权法条文说明、立法理由及相关规定》，183 页，北京，北京大学出版社，2007。

② 参见谢在全：《民法物权论》（上册），394 页，台北，新学林出版股份有限公司，2014。

③ 参见杨立新：《共有权研究》，275～276 页，北京，高等教育出版社，2003。

④ 参见王泽鉴：《民法物权·通则·所有权》，363 页，台北，自版，2001。

二、分割共有财产的原则

(一) 尊重共有人意愿原则

共有财产尤其是按份共有财产是否分割以及如何分割，完全属于共有人的事务，原则上应当尊重共有人的选择。一是按照私法自治原则，共有人可以自由约定如何分割共有财产。依据《民法典》第303条的规定，共有人约定不得分割共有的不动产或者动产，以维持共有关系的，应当按照约定，各共有人不得违反合同的规定而请求分割。二是如果当事人订立了禁止分割的协议，除非共有人有重大理由，不得分割。三是在没有约定或者约定不明确时，按份共有人可以随时请求分割，从物尽其用原则出发，允许按份共有人随时请求分割是有效率的，但当事人约定不得分割，则要尊重当事人的约定。四是共有人还可以协商决定共有物分割的范围、期限、方式以及分配方法等。当事人的约定应优先于法律的任意性规定而适用。这就是说，是否允许分割，在何种情况下分割，采用何种分割方式，都必须由当事人自主决定。如果当事人就共有财产的分割不能达成一致的意见，可以由共有人提起诉讼，请求法院进行裁判分割。

(二) 物尽其用原则

所谓物尽其用，是指充分发挥物的效用。物尽其用也是我国《民法典》物权编的立法目的之一，因而，在共有财产的分割问题上，也要充分发挥分割的最大效用。[1] 从各国物权法的发展趋势来看，物尽其用原则在共有财产的分割中发挥了越来越重要的作用。例如，在法律上，进一步放松了对共有财产分割的限制，禁止当事人订立长期的禁止分割的协议、努力降低因分割形成的交易成本等，这些都体现了物尽其用的立法政策。[2] 我国《民法典》物权编也适应这一发展趋势，在共有财产分割中作出了特殊的规定，表现在：

---

① 参见全国人大常委会法制工作委员会民法室编：《中华人民共和国物权法条文说明、立法理由及相关规定》，183页，北京，北京大学出版社，2007。

② 参见苏永钦：《寻找新民法》，441页，北京，北京大学出版社，2012。

第一，在按份共有中，贯彻了自由分割的立法精神。根据《民法典》第303条的规定，没有约定或者约定不明确的，按份共有人可以随时请求分割，即使当事人约定不得分割，共有人有重大理由需要分割的，也可以请求分割。作出这种规定主要是考虑到，相对于个人所有，按份共有关系是一种短暂的法律关系，在按份共有的情况下，如果要求各个共有人协商一致来行使权利，则因为协商成本可能很高，甚至难以达成协议，所以，较之于单个人所有而言，往往导致财产利用的低效率。尤其是法律上既然允许按份共有人随时转让其份额以脱离共有关系，也应当允许按份共有人分割共有财产，以消灭共有关系。①允许共有人随时请求分割，使共有关系容易消灭，这对于国家、社会和共有人都是有利的。②

第二，我国司法实践历来认为，共同共有是以共同关系为基础，其中特别涉及共同生活关系，所以，共同共有人在共同关系存续期间不能任意请求共有物的分割。但《民法典》第303条规定，共同共有人在共有的基础丧失或者有重大理由需要分割时可以请求分割。这对有效率地利用共有财产也具有重要意义。

第三，依据《民法典》第304条，"共有人可以协商确定分割方式"。因此，对于分割方式，应当由共有人进行协商，实际上就是要求共有人选择一种对其最为有利或者最有效率的方式进行分割。

从比较法来看，为促进物尽其用，许多国家与地区的法律对于当事人订立的禁止分割的协议设置了期限限制，规定各共有人间订定永久不得分割共有物的特约的，将被认为无效。③我国台湾地区民法理论认为，禁止分割的期限不得超过5年。我国《民法典》第303条允许共有人订立禁止分割共有财产的协议，但对当事人关于禁止分割共有财产的期限，没有规定。笔者认为，《民法典》没有规定禁止分割的期限是合理的。一方面，禁止分割的期限体现了当事人的意思自

---

① 参见谢在全：《民法物权论》（上册），304～305 页，北京，中国政法大学出版社，2011。
② 参见王泽鉴：《民法物权·通则·所有权》，362 页，台北，自版，2001。
③ 参见陈华彬：《物权法原理》，493 页，北京，国家行政学院出版社，1998。

治。另一方面,《民法典》第 303 条规定,即便有禁止分割的协议,但有重大理由的,共有人也可以请求分割。这实际上已经考虑到了必须分割的特殊情况。如果没有重大理由,仍然应当尊重当事人的意思;如果确实有重大理由,就应当允许当事人请求分割,从而保护共有人的利益。

(三)依法分割原则

在分割共有财产时,共有人应当遵守法律的规定。法律禁止分割的财产,如查封扣押的财产,共有人不能请求分割。① 分割共有财产不得损害国家、集体和他人的利益,不能把属于国家、集体的财产,如承包的土地、借用的集体组织的工具、他人存放的财产等作为共有财产来分割;隐匿的赃款、赃物等非法所得,必须依法追缴,不能当做共有财产分割。在分割财产时,按份共有人一般只能取得属于自己份额的财产,不能取得属于其他共有人份额的财产,否则应作为不当得利返还给其他共有人。共有人分割共有财产时不得损害债权人和其他利害关系人的利益。②

共有人在分割共有财产时,特别是在分割家庭共有财产和夫妻共有财产时,应当体现男女平等、保护妇女和未成年子女利益的精神。在确定各共有人应分得的份额时,对于负担抚养、赡养、扶养其他家庭成员义务的共有人应当适当考虑多分。③ 例如,在"刘柯好诉刘茂勇、周忠容共有房屋分割案"中,法院就曾指出:"对于父母赠与子女部分所有权后与子女共有的房屋,子女行使物权将损害父母生活的,人民法院不予支持。"④ 分割共有财产也要有利于生产、方便生活。比如,从事某种职业所必需的物品(如专业书籍、生产工具等),应尽可能地分给需要的一方,差价可以作价折抵。对于不能进行实物分割或采取实物分割有损财产的价值的,应采取其他方式进行分割。

---

① 参见谢在全:《民法物权论》(上册),618 页,台北,三民书局,2003。
② 为防止共有人借分割共有财产而损害债权人的利益,一些国家的民法明确规定债权人可以参与共有财产的分割。对此,我国民法尚无规定。在司法实践中,债权人在其利益受损害时,可依法提出请求和诉讼。
③ 参见杨立新:《共有权研究》,275~276 页,北京,高等教育出版社,2003。
④ 重庆市第五中级人民法院(2015)渝五中法民再终字第 00043 号民事判决书。

三、分割请求权的行使

共有人依据法律和合同的规定，享有请求分割共有财产的权利。所谓分割请求权，是指某一共有人依据其意志请求其他所有人分割共有物，从而脱离共有关系的权利。[①] 自罗马法以来，现代民法普遍承认按份共有人享有分割请求权。[②] 关于分割请求权的性质，存在着两种不同的观点：一是请求权说。此种观点认为，共有物分割请求权和其他请求权一样都是请求他人为一定行为或不为一定行为的权利，因此，分割请求权是请求权的一种类型。[③] 二是形成权说。此种观点认为，分割请求权在性质上是一种形成权，而不是请求权。其原因在于：因为共有人一方请求分割的意思表示，可以使共有人之间发生依一定方法分割共有物的法律关系，为了贯彻分割自由原则，应允许共有人提出分割共有物以后，就导致物权的变动。[④] 且分割请求权不受时效限制，分割请求权是针对物的分割请求，而不是针对人的分割请求。[⑤] 分割请求权，不是请求其他共有人同为分割行为的权利，而只是指某一或某几个共有人请求分割属于他自己的份额，其性质为形成权的一种，并非请求权，也不适用诉讼时效的规定。[⑥]

分割请求权是请求权的一种，是从共有权中产生的一种权利，但分割请求权并不是形成权，因为一方面，共有人行使分割请求权只是请求其他所有人与其一起分割共有财产，该请求权的行使并不能直接导致共有物的分割，而需要通过与其他共有人协商，或者通过裁判来确定。所以共有人提出分割的请求并不必然发生法律关系的变动。[⑦] 另一方面，共有人提出分割，只是请求分割自己的部分，

---

① 参见《〈中华人民共和国物权法〉条文理解与适用》，306 页，北京，人民法院出版社，2007。

② 参见苏永钦：《寻找新民法》，434 页，北京，北京大学出版社，2012。

③ 参见［日］我妻荣：《日本物权法》，306 页，台北，五南图书出版有限公司，1999。

④ 参见谢在全：《民法物权论》（上册），305 页，台北，三民书局，2003。

⑤ 参见王泽鉴：《民法物权·通则·所有权》，363 页，台北，自版，2001。

⑥ 参见王泽鉴：《民法物权》，第 1 册，363 页，台北，自版，2001。

⑦ 参见温世扬、廖焕国：《物权法通论》，262～263 页，北京，人民法院出版社，2005。

但具体分得哪一部分，或者仅仅是获得价金，还不能立刻确定。

依照《民法典》的有关规定，分割请求权的行使依按份共有和共同共有的不同而存在如下区别。

（一）按份共有人可以随时请求分割

在共有关系存续期间，共有人原则上可以随时请求分割共有财产。[①]《民法典》第303条虽然没有明确规定按份共有人可随时请求分割，但从反面解释的角度来看，既然法律规定除了当事人约定不允许分割或者约定不明确的以外，共有人都可以随时请求分割。法律作出这样的规定，不仅有利于维护共有人的权益，也可以促进物尽其用。因为共有形态下，协商成本较高，允许按份共有人自由请求分割符合效率原则。每个共有人随时都有权请求从共有财产中分出属于自己的份额，且无须取得其他共有人的同意。当然，依据诚信原则，按份共有人也不得随意请求分割共有财产而损害其他共有人的利益。

根据《民法典》第303条的规定，在按份共有人订立了禁止分割的约定之后，并非绝对不能请求分割。因为在共有关系存续期间，也可能因为情况发生变化而需要分割共有财产。因此，《民法典》第303条规定，"但是共有人有重大理由需要分割的，可以请求分割"。如何理解重大理由？重大理由通常是指不分割共有物会严重损害共有人的利益，主要包括：一是共有出现重大亏损，如果不分割将使共有人蒙受损害。二是从管理和利用方面考虑，共有财产如果不分别管理可能会发生重大损害，必须要通过分割而实行分别管理。例如，在"刘柯好诉刘茂勇、周忠容共有房屋分割案"[②] 中，法院认为，刘茂勇、周忠容对涉案房屋的装修仅为简易修缮行为，不增加其效用，并未损害刘柯好的合法权益。刘柯好拥有该房屋90%的份额，但其中大部分系来自刘茂勇、周忠容的赠与，若允许刘柯好随时请求分割甚至进一步取得该房屋全部所有权，显然有

---

① 参见《〈中华人民共和国物权法〉条文理解与适用》，308页，北京，人民法院出版社，2007。
② 重庆市第五中级人民法院（2015）渝五中法民再终字第00043号民事判决书；重庆市第五中级人民法院（2014）渝五中法民终字第06040号民事判决书；重庆市綦江区人民法院（2014）綦法民初字第04573号民事判决书。

失公允，也不符合普遍的道德伦理价值观，因此驳回刘柯好分割该房屋的诉讼请求。三是如果因各方面的原因，共有难以继续维持，出现这些情况，即使有不得分割的协议，也可以主张分割共有物。笔者认为，《民法典》第303条规定的重大理由，可以理解为情势变更原则在物权法中的运用。这就是说，按份共有人在订立禁止分割的协议之后，如果确实出现了重大理由，可以认为发生了情势变更，而不考虑该协议，要求分割共有财产。

（二）共同共有人在共有的基础丧失或者有重大理由需要分割时可以请求分割

共同共有财产的分割与按份共有的分割是不同的。毕竟从性质上来看，共同共有和按份共有是不同的。依据《民法典》第303条的规定，不允许共同共有人在共同关系存续期间随时请求分割共有财产，除非是因为共有的基础丧失或者有重大理由需要分割。因此，共同共有人只能在例外的情况下才可以请求分割。例外的情况包括两种：一是，共有的基础丧失。所谓共有的基础丧失，是指共同共有赖以产生的特殊关系（如合伙关系、夫妻关系）等已经不存在。也就是说，在各共有人基础关系已经不存在的情形下，则基于该基础关系而产生的共同共有关系就丧失了存在的基础，因此，各共有人有权请求分割共有财产。例如，如果合伙解散、夫妻离婚，可以认为共有的基础丧失，共同共有人有权请求分割共有财产。二是，必须有重大理由需要分割。依据《民法典》第303条，"共有人有重大理由需要分割的，可以请求分割"。比如，尽管甲乙丙三人继承了祖传的房屋，但是，甲因为生重病无钱医治，需要分割共有财产。如果不允许其分割，将严重影响其生产或生活。[①] 此种情况应当认为属于"重大理由"。

依据《民法典》第303条的规定，"因分割造成其他共有人损害的，应当给予赔偿"。此处所说的"因分割对其他共有人造成损害"，并不是指一般的分割共有财产造成的损害，而特指在按份共有的情况下，当事人签订了禁止分割的协议之后，因为重大理由要求分割，或者在共同共有中，在共有的基础丧失

---

① 参见《〈中华人民共和国物权法〉条文理解与适用》，309页，北京，人民法院出版社，2007。

或者有重大理由需要分割时请求分割，由此给其他共有人造成的损害。因为共有人分割共有财产会使共有财产的功能丧失或者削弱、降低共有物的价值，可能会造成其他共有人的损害。① 此时，请求分割的一方应当对其他共有人承担赔偿责任。

四、分割的方式

依据《民法典》第 304 条第 1 款的规定，"共有人可以协商确定分割方式。达不成协议，共有的不动产或者动产可以分割且不会因分割减损价值的，应当对实物予以分割；难以分割或者因分割会减损价值的，应当对折价或者拍卖、变卖取得的价款予以分割"。据此，共有人分割共有财产，首先应当通过协议来确定。通过协商确定分割的方式，符合各共有人的意志，有利于解决各种纠纷。如果不能达成协议，就应当充分考虑对物的利用效率，发挥物的价值，以确定对共有物的分割方式。具体来说，对共有财产的分割可以采取三种方式。

（1）实物分割。它是指在不影响共有财产的使用价值和特定用途时，以原物分配给各共有人，如分割蛋糕、布匹、土地等。《民法典》第 304 条第 1 款规定，对于共有财产的分割，如果达不成协议，共有的不动产或者动产可以分割且不会因分割减损价值的，应当对实物予以分割。所谓可以分割，是指对实物进行分割，不影响共有财产的使用价值和特定用途。可以进行实物分割的共有物一般是可分物，如粮食、布匹等。所谓不会因分割减损价值，就是说对共有物进行实物分割后，并不会减损其价值。

（2）变价分割。它是指在共有财产不宜分割的情况下，采用变卖共有物的方法，将价金分配给各共有人。② 依据《民法典》第 304 条的规定，如果对于共有财产的分割达不成协议，首先要进行实物分割。如果共有物难以分割或者因分割会减损价值的，可以采取变价分割的方式。所谓"难以分割"，是指共有财产事

---

① 参见胡康生主编：《中华人民共和国物权法释义》，228 页，北京，法律出版社，2007。
② 参见王泽鉴：《民法物权》，第 1 册，370 页，台北，自版，2001。

实上不能分割，例如耕牛、拖拉机等共有财产不能进行实物分割。所谓"因分割会减损价值的"，是指对共有财产进行分割在经济上不合理。例如，甲、乙二人共有红宝石一粒，虽能分割，但分割以后有损宝石的价值，则可以采取变价分割的方式。此外，如果各共有人都不愿意接受共有物时，可以将共有物出卖后，由各共有人分别取得价金。变价分割应当通过市场公开竞价的方式实现共有物的价值，并在此基础上对于取得的价款进行分割。

（3）作价补偿。此种情况通常适用于共有物性质上不能以原物分配或者原物分配有困难的情形。[1] 此处所说的作价补偿，是指部分共有人获得共有财产，同时根据共有财产的市场价值对其他共有人给予补偿。作价补偿主要适用于两种情况：一是对于不可进行实物分割的共有物，如果共有人中的一人愿意取得共有物，可以由该共有人取得共有物，并由该共有人向其他共有人作价补偿。如甲、乙二人共有耕牛一头，价值 1 000 元，甲愿获得该耕牛，则可由甲取得耕牛所有权，并由其向乙支付 500 元的补偿金。二是依据共有财产的性质，不能对共有财产进行准确的分割，并使各共有人按其应有部分接受分配，而只能依其财产的性质进行简单分割，导致某个共有人获得的共有物要大于其他共有人所获得的共有物，由此，获得共有物多的共有人，应向其他共有人作价补偿。如甲、乙二人共同拥有房屋二栋，但面积不同，甲、乙二人各获得一栋房屋以后，如果甲获得面积较大的房屋，则应对乙作价补偿。

五、协议分割和裁判分割

（一）协议分割

所谓协议分割，是指共有人就共有财产的分割事由、分割请求权、分割方式等达成协议，从而依据协议进行的分割。协议分割方式已将分割的事务交给当事人自己决定，当事人既可以决定是否分割，也可以决定分割的方法。[2] 协议可以

---

① 参见谢在全：《民法物权论》（上册），408 页，台北，新学林出版股份有限公司，2014。
② 参见王泽鉴：《民法物权·通则·所有权》，360～361 页，北京，中国政法大学出版社，2001。

通过书面合同的方式，也可以采取口头的方式。分割协议不仅在共有人之间发生效力，而且分割协议订立之后在尚未分割之前，如果某共有人将其应有份让与第三人，该协议对第三人也具有拘束力。

《民法典》第 304 条规定，共有人可以协商确定分割方式。协商确定分割方式，究竟是指全体协商一致还是多数决定？一种观点认为，应当经全体协商一致才能确定分割方式。共有人请求分割共有物，本身就是允许其离开共有关系，此时，不能以 2/3 以上同意来决定，否则就违反了立法目的。如果共有人没有参与协商或者某一共有人不同意，分割共有物的协议均不发生法律效力。[①] 我国台湾地区民法理论通说认为，无论是明示还是默示，协议分割必须经过全体共有人同意。[②] 另一种观点认为，分割共有财产属于处分行为，应当适用《民法典》第 301 条的规定，只要有 2/3 以上按份所有人同意即可。笔者认为，所谓协议分割，实际上就是由各个共有人就分割的事务达成协议。尽管多数决的规则，应当限于法律有明确规定或当事人有约定的情形，否则就会损害表示异议的共有人的利益，但由于分割的方式本身是一种利用共有物的方式，与共有物是否可以分割是有区别的，没必要每个人都同意。更何况对共有财产的重大修缮、处分都可以由多数人决定，按举重明轻的规则，有关分割方式的决定也可以实行多数决。

（二）裁判分割

所谓裁判分割，是指在共有人不能就共有物分割的方法达成协议的情况下，共有人可以诉请法院分割。[③] 如果共有人不能就共有财产是否可以分割、分割事由或采用何种分割方式达成协议时，应允许共有人请求法院作出裁判，以决定是否可以分割或如何进行分割。自罗马法以来，各国法律都承认裁判分割方式。[④] 在实践中，强行实行实物分割可能会破坏标的物的整体价值，甚至可能导致一方当事人实施损人不利己的行为。所以，在不能就分割方式达成协议的情况下，应

① 参见《〈中华人民共和国物权法〉条文理解与适用》，311 页，北京，人民法院出版社，2007。
② 参见王泽鉴：《民法物权·通则·所有权》，366 页，台北，自版，2001。
③ 参见温世扬、廖焕国：《物权法通论》，263 页，北京，人民法院出版社，2005。
④ 参见《葡萄牙民法典》第 1413 条，《荷兰民法典》第三编第 185 条。

当允许当事人就分割方式请求法院裁判。

裁判分割首先要以共有人提出分割的请求为前提，法院不能主动发动裁判分割的程序。通常请求裁判分割，必须要由某一个或某几个共有人提出。因为分割本身是一种处分行为，会发生物权的变动，所以必须要由某一共有人起诉，并针对其他不同意分割的共有人提起诉讼。即使共有人中有人不反对分割，但不愿意起诉，也应当参加诉讼。① 共有人既可以针对是否允许分割提起诉讼，也可以针对分割请求权或分割的方式提起诉讼。例如，就是否允许分割而言，共有人就是否存在"重大事由"存在争议，可以请求法院认定。如果当事人订立了禁止分割的协议，但关于该协议的内容和期限在当事人之间发生了争议，共有人也可以请求法院撤销该合同，并要求分割共有财产。法院就分割所作出的裁判生效以后，将导致物权的变动，共有关系解体，并最终导致共有的消灭。

根据我国《民法典》规定，在按份共有的情况下，没有约定或者约定不明确，按份共有人可以随时请求分割。所谓按份共有人可以随时请求分割，首先应当经过协商程序。某一共有人如果要主张分割，必须要向其他共有人请求，并与其他共有人协商进行分割。只有在不能达成一致意见的情况下，共有人才能请求法院分割。毕竟共有是共有人利用财产的形式，请求分割就会导致共有的解体。因此，为了尊重全体共有人的意志和利益，应当由共有人对共有财产的分割进行协商。如果不能通过协商达成一致意见，才应起诉到法院。如果大多数共有人不赞成分割，尤其是不赞成消灭共有关系，则法院应当尊重大多数人的意见，对于愿意分割的共有人采取补偿的方式，而对于不愿意分割的共有人还应当维持对物的共有。例如，在"柳州市柳某激光科技有限公司、广西富业世界资产投资开发有限公司等所有权确认、共有物分割、返还原物、合同纠纷案"中，法院就曾指出："通过裁判进行实物分割有违当事人意愿，亦会减损信托大厦的整体使用价值"②。即若无法达成分割协议，且不具备分割条件，将导致分割共有物的请求被驳回。

---

① 参见谢在全：《民法物权论》（上册），402 页，台北，新学林出版股份有限公司，2014。
② 最高人民法院（2020）最高法民终 1158 号民事判决书。

总之，法院不能轻易地准许分割，并导致共有关系的解体。在确定分割的方式时，法院也应当考虑大多数共有人的利益，而不能随意决定采取何种分割方式。如果大多数共有人愿意保有共有物，就应当尽可能地采取实物分割或作价补偿的方式。总的来说，在分割方面，应当适当限制法院的裁判权力①，因为法院毕竟是共有关系以外的人，它并不一定了解共有内部的关系。只有共有人才是其利益的最佳判断者，因此应当尊重其意愿。

六、分割的效力

　　在分割之后，共有关系将不复存在，各个共有人将单独取得所有权。关于共有物分割效力的发生时间，国外民法对此有两种不同的规定。

　　（1）认定主义，又称宣示主义（Déclaratif）。此种观点认为，共有财产的分割，实际上是认定财产关系的行为，并不是移转共有人之间的应有部分。在分割以前，共有人对于共有物各有其应有份额存在，只是范围未确定，经过分割才能确定，所以，分割的效力溯及共有成立之时。②法国、日本、意大利以及阿根廷等国家的民法采纳了这一主张。③

　　（2）移转主义，又称付与主义（Atlributif）。该观点认为，共有人对于其共有财产在未分割以前，仅在量上有一部分所有权，分割以后才开始对于其物取得完全的权利。所以，共有财产的分割，实际上是共有人之间权利的移转。各共有人将其共有物的一部分所有权分开，互相移转其应有部分而各自取得新的所有权，因而分割的效力不溯及既往，以分割时为准。④此种观点主要为德国学者所主张，并为德国民法所采纳。

　　两种学说互有长短，前者可以使物权关系简单化，但是不利于保护第三人的

---

　　①　参见谢在全：《民法物权论》（上册），632页，台北，自版，2003。
　　②　参见姚瑞光：《民法物权论》，134页，台北，自版，1995。
　　③　例如，《阿根廷民法典》第2695条规定："各共有人应被视为自发生共有之时起已经是其所分得份额的排他性所有权人，并且应认为他对其他共有人在分割中分得的份额从未享有所有权，在此意义上，共有人之间的分割仅属声明性的分割，而不是移转所有权的分割。"这实际上采纳了该观点。
　　④　参见姚瑞光：《民法物权论》，134页，台北，自版，1995。

利益，而后者有利于保护第三人的利益，但使物权关系过于复杂。

根据我国司法实践，当全部共有财产分割以后，共有关系即归于消灭，如果就原物进行分配时，各共有人即就其分得部分取得单独的所有权。所以，分割的效力可以使各共有人取得单独的所有权，各共有人因分割取得的所有权的范围原则上应与其应有部分相等。

关于财产分割后的瑕疵担保责任问题，《民法典》第304条第2款规定："共有人分割所得的不动产或者动产有瑕疵的，其他共有人应当分担损失。"据此，我国《民法典》已承认共有人的瑕疵担保责任。《民法典》作出此种规定，有利于保障共有物分割的有序进行，也有利于保障各个共有人的权利，分割本身可以理解为一种交易，每个共有人依据诚信原则，负有类似于出卖人的瑕疵担保义务。《民法典》第304条第2款的规定包含两方面的内容。

（1）共有人负有瑕疵担保责任。瑕疵担保责任包括物的瑕疵担保和权利瑕疵担保。具体而言：一是物的瑕疵担保。对物的瑕疵而言，如果是表面瑕疵，分得财产的共有人在进行实物分割时可以提出异议，此处的瑕疵通常是指隐蔽瑕疵。此种瑕疵在共有物分割之时通常是难以发现的，如果不承认共有人的瑕疵担保责任，而由分得财产的人自己承受不利后果，则有违公平原则。对于当事人明知有瑕疵而仍然接受所分割的共有物的，应当视为当事人有承受此损失的意思。二是权利瑕疵担保。权利瑕疵是指共有人分得的共有物属于第三人所有，或者存在产权争议以及各种负担。如果某一共有人分得共有物之后，因第三人的追夺而遭受损失，其他共有人也应当分担损失。

（2）受害人有权请求其他共有人分担损失。其他共有人都应当对标的物的瑕疵负担保义务。如果分割以后属于某个共有人所有的财产，由于分割以前的原因而为第三人追索，或者发现有隐蔽瑕疵，使取得财产的共有人因此遭受损失，则该共有人分得的部分与其应有的份额并不相符，从而必然使该共有人遭受损失。为保护分割财产后的所得人的利益，其他共有人都应有义务分担损失。例如，甲、乙在分割共有财产以后，发现甲分得的财产是甲、乙借用丙的财产，甲应将该项财产返还给丙，而乙则应补偿甲的损失。再如，甲、乙在分割共有财产以后，甲分得的财产因有瑕疵而不能使用，则乙应负责补偿甲的损失。

主要参考书目

一、中文文献

1. 黄薇主编．中华人民共和国民法典物权编解读．北京：中国法制出版社，2020

2. 黄薇主编．中华人民共和国民法典总则编解读．北京：中国法制出版社，2020

3. 黄薇主编．中华人民共和国民法典物权编释义．北京：法律出版社，2020

4. 全国人大常委会法制工作委员会民法室编．中华人民共和国物权法条文说明、立法理由及相关规定．北京：北京大学出版社，2007

5. 胡康生主编．中华人民共和国物权法释义．北京：法律出版社，2007

6. 最高人民法院物权法研究小组编著．《中华人民共和国物权法》条文理解与适用．北京：人民法院出版社，2007

7. 最高人民法院民事审判第一庭．最高人民法院物权法司法解释（一）．北京：人民法院出版社，2016

8. 最高人民法院民事审判第一庭．最高人民法院物权法司法解释（一）理解适用与案例指导．北京：法律出版社，2016

9. 最高人民法院民事审判第二庭．最高人民法院民法典担保制度司法解释

理解与适用．北京：人民法院出版社，2021

10. 最高人民法院民事审判第一庭编著．最高人民法院建筑物区分所有权、物业服务司法解释理解与适用．北京：人民法院出版社，2009

11. 江必新编著．民法典编纂若干争议问题实录．北京：人民法院出版社，2021

12. 崔建远．物权法．2版．北京：中国人民大学出版社，2011

13. 梁慧星主编．中国物权法草案建议稿．北京：社会科学文献出版社，2000

14. 刘保玉．物权法学．2版．北京：中国法制出版社，2022

15. 孙宪忠，朱广新主编．民法典评注 物权编 1．北京：中国法制出版社，2020

16. 孙宪忠，朱广新主编．民法典评注 物权编 2．北京：中国法制出版社，2020

17. 孙宪忠．中国物权法原理．北京：法律出版社，2004

18. 程啸．不动产登记法研究．2版．北京：法律出版社，2018

19. 渠涛，刘保玉，高圣平．物权法学的新发展．北京：中国社会科学出版社，2021

20. 茆荣华主编．民法典适用与司法实务．北京：法律出版社，2020

21. 梅夏英．物权法·所有权．北京：中国法制出版社，2005

22. 常鹏翱．物权法的展开与反思．北京：法律出版社，2017

23. 常鹏翱．不动产登记法．北京：社会科学文献出版社，2011

24. 尹田．法国物权法．2版．北京：法律出版社，2009

25. 尹田．物权法理论评析与思考．北京：中国人民大学出版社，2004

26. 王轶．物权变动论．北京：中国人民大学出版社，2001

27. 房绍坤．物权法 用益物权编．北京：中国人民大学出版社，2007

28. 陈华彬．民法物权论．北京：中国法制出版社，2010

29. 郑云瑞．民法物权论．北京：北京大学出版社，2006

30. 黄泷一．物权法定原则：普遍理论与中国选择．北京：法律出版社，2019

31. 李智，郑永宽．新编物权法案例教程．北京：中国民主法制出版社，2008

32. 唐勇．论共有．北京：北京大学出版社，2019

33. 丁宇翔．返还原物请求权研究．北京：法律出版社，2019

34. 庄加园．民法典体系下的动产所有权变动：占有取得与所有权让与．北京：法律出版社，2021

35. 蒋运龙编．自然资源学原理．北京：科学出版社，2000

36. 马特．物权变动．北京：中国法制出版社，2007

37. 余能斌主编．现代物权法专论．北京：法律出版社，2002

38. 崔建远．准物权研究．北京：法律出版社，2003

39. 崔建远．物权：规范与学说：上册．北京：清华大学出版社，2011

40. 崔建远．中国民法典释评·物权编：上卷．北京：中国人民大学出版社，2020

41. 房绍坤．公益征收法研究．北京：中国人民大学出版社，2021

42. 申卫星．物权法原理．北京：中国人民大学出版社，2008

43. 刘保玉．物权体系论．北京：人民法院出版社，2004

44. 孙鹏．物权公示论：以物权变动为中心．北京：法律出版社，2004

45. 王茵．不动产物权变动和交易安全．北京：商务印书馆，2004

46. 向明．不动产登记制度研究．武汉：华中师范大学出版社，2011

47. 陈华彬．现代建筑物区分所有权制度研究．北京：法律出版社，1995

48. 徐海燕．区分所有建筑物管理的法律问题研究．北京：法律出版社，2009

49. 辜明安．物权请求权制度研究．北京：法律出版社，2009

50. 高圣平．民法典担保制度及其配套司法解释理解与适用：上．北京：中

国法制出版社，2021

51. 高圣平. 民法典担保制度及其配套司法解释理解与适用：下. 北京：中国法制出版社，2021

52. 程啸，高圣平，谢鸿飞. 最高人民法院新担保司法解释理解与适用. 北京：法律出版社，2021

53. 郑玉波. 民法物权. 台北：三民书局，1992

54. 史尚宽. 物权法论. 北京：中国政法大学出版社，2000

55. 王泽鉴. 民法物权：第 1 册. 北京：中国政法大学出版社，2001

56. 谢在全. 民法物权论：上下册. 北京：中国政法大学出版社，2011

57. 谢哲胜. 财产法专题研究. 台北：三民书局，1995

58. 林诚二. 民法总则讲义. 台北：瑞兴图书股份有限公司，1995

59. 施启扬. 民法总则. 修订 8 版. 北京：中国法制出版社，2010

60. 张龙文. 民法物权实务研究. 台北：汉林出版社，1977

二、译著

1. ［德］鲍尔，施蒂尔纳. 德国物权法：上册. 张双根，译. 北京：法律出版社，2004

2. ［德］迪特尔·施瓦布. 民法导论. 郑冲，译. 北京：法律出版社，2006

3. ［德］曼弗雷德·沃尔夫. 物权法. 吴越，李大雪，译. 北京：法律出版社，2004

4. ［日］三潴信三. 物权法提要. 孙芳，译. 北京：中国政法大学出版社，2005

5. ［日］田山辉明. 物权法：增订本. 北京：法律出版社，2001

6. ［日］我妻荣. 日本物权法. 台北：五南图书出版有限公司，1999

7. ［德］迪特尔·梅迪库斯. 德国民法总论. 邵建东，译. 北京：法律出版社，2000

8. ［德］汉斯·布洛克斯，沃尔夫·迪特里希·瓦尔克. 德国民法总论. 张

艳，译．北京：中国人民大学出版社，2012

9. ［日］我妻荣．新订民法总则．于敏，译．北京：中国法制出版社，2008

三、外文文献

1. Good and McKendrick on Commercial Law. sixth edition. LexisNexis and Penguin Books Ltd. 2020

2. William H. Lawrence，William H. Henning and R. Wilson Freyermuth. Understanding Secured Transactions. 5th ed.，New Providence. NJ：Matthew Bender & Company，Inc.，2012

图书在版编目（CIP）数据

物权法研究．上卷／王利明著．－－5 版．－－北京：
中国人民大学出版社，2024.8
ISBN 978-7-300-32486-9

Ⅰ．①物… Ⅱ．①王… Ⅲ．①物权法-研究-中国
Ⅳ．①D923.24

中国国家版本馆 CIP 数据核字（2024）第 025157 号

物权法研究（第五版）上卷
王利明　著
Wuquanfa Yanjiu

出版发行	中国人民大学出版社				
社　　址	北京中关村大街 31 号		**邮政编码**	100080	
电　　话	010－62511242（总编室）		010－62511770（质管部）		
	010－82501766（邮购部）		010－62514148（门市部）		
	010－62515195（发行公司）		010－62515275（盗版举报）		
网　　址	http://www.crup.com.cn				
经　　销	新华书店				
印　　刷	涿州市星河印刷有限公司		**版　　次**	2002 年 5 月第 1 版	
开　　本	720 mm×1000 mm　1/16			2024 年 8 月第 5 版	
印　　张	49.5 插页 4		**印　　次**	2024 年 8 月第 1 次印刷	
字　　数	741 000		**定　　价**	348.00 元（上、下卷）	

版权所有　侵权必究　印装差错　负责调换

王利明 ◎ 著

物权法研究
第五版

下卷

中国人民大学出版社
· 北京 ·

下卷目录

第四编　用益物权

第五编 担保物权

第六编 占 有

第四编

用益物权

第十六章
用益物权的一般原理

第一节　用益物权概述

一、用益物权的概念

所谓用益物权（德文为 Nießbrauchsrecht，法文为 démembrements），是指对他人之物享有的使用、收益的权利。[1] 由于该项物权是对他人所有的物以使用、收益的目的而设立的，因此称为用益物权。[2]

当代大陆法上的用益物权概念来源于罗马法。[3] 盖尤斯（Gaius）早在其所著的《法学阶梯》（Institution）中就对民事权利作了较为科学的划分，其将物法（iusres）分为有体物法（rescorporales）和无体物法（resincorporales）两部分，

---

[1]　Münchener Kommentar/Pohlmann，BGB § 1030，Rn. 2.

[2]　参见黄薇主编：《中华人民共和国民法典物权编解读》，363 页，北京，中国法制出版社，2020。

[3]　Philippe Malaurie，LaurentAynès，Lesbiens，Defrénois，2004.

其中收益权（ususfructus）是一种重要的有体物权。在中世纪，注释法学家在诠释罗马法收益权等概念的过程中开始形成用益物权的概念。德国近代民法体系奠基人——海德堡大学海瑟教授在其所著的《普通民法体系大纲——学说汇纂讲课任务》中，第一次系统地提出了民法五编制的编纂方式。在第二编物权法中，他使用了"用益物权"（Nießbrauchsrecht）的概念。[①] 18 世纪以后，欧洲各国民法法典化运动都普遍接受了用益物权这一概念和制度。例如，1811 年的《奥地利民法典》第 509 条及以下诸条和 1911 年的《瑞士民法典》第 745 条及以下诸条，都较为详细地规定了用益物权制度。

虽然大陆法系国家的物权法中规定了用益物权，但用益物权的概念通常是在学理上使用的，立法中明确采纳这一概念的尚不多见，大多数国家的物权法并没有对用益物权下定义。我国《民法典》第 323 条规定："用益物权人对他人所有的不动产或者动产，依法享有占有、使用和收益的权利。"在立法体例上，该条明确采用了用益物权的概念并对其加以定义，应当说是一个立法上的创新，这也标志着用益物权的概念从单纯的学理范畴进入了法典。具体而言，在立法上明确规定用益物权概念具有如下重要意义。

首先，《民法典》中关于用益物权概念的规定，通过物权法定的方式，确立了所有人与用益物权人的基本权利义务，有效地协调和平衡了当事人之间的利益冲突。[②] 用益物权人依法享有的占有、使用和收益的权利，包括利用他人土地建造房屋，利用他人土地耕种放牧等[③]，当事人不得通过合同随意变更，同时，用益物权人依法享有占有、使用和收益的权利，不仅所有权人不得干涉，其他任何第三人也不得侵害。

其次，《民法典》中关于用益物权概念的规定，强调了用益物权是在"对他人所有的不动产或者动产"之上设定的物权，性质上属于他物权。所谓"他人所

①　Arnold Heise, Grundriss eines Systems des Gemeinen Civilrechts：zum Behuf von Pandection-Vorlesungen, 3. Edi., Heidelberg, 1819.

②　参见黄薇主编：《中华人民共和国民法典物权编解读》，364 页，北京，中国法制出版社，2020。

③　参见黄薇主编：《中华人民共和国民法典物权编解读》，365 页，北京，中国法制出版社，2020。

有的不动产或者动产"，一方面，表明用益物权是在所有权权能分离的基础上产生的，用益物权的出现是所有权权能分离的结果，这就意味着用益物权是一种他物权。另一方面，用益物权只能在他人所有的物之上设立①，从而否定了在自己的物上为自己设定用益物权的可能性。从比较法上看，有的国家法律也肯定权利人有权在自己的物上设定用益物权。例如，依德国民法之规定，所有人可以为自己设定具有用益物权性质的实物负担。②此外，德国法中也承认需役地与供役地同属于一人时，亦可设定地役权。③这种规定虽然不无道理，但有可能导致物上权利关系紊乱，因此《民法典》关于用益物权的定义实际上否定了对自己设立的用益物权。值得注意的是，我国《民法典》物权编不仅在设立时未承认在自己的物上设立他物权，而且嗣后由于混同等原因导致所有权人和他物权人成为同一人时，也不得在自己的物上设立他物权。

再次，该条规定强调了用益物权的基本性质和特征，明确了用益物权的内容包括占有、使用和收益的权利，但不包括处分权。一方面，作为一种物权，用益物权具有物权共同的特性，如物权的追及力、排他性，以及物上请求权的保护等；用益物权作为物权的一种，其主要着眼于财产的使用价值。"用益物权者何？乃对他人之物，于一定范围内，得为使用、收益之一种定限物权也。"④《民法典》物权编第二分编以"所有权"为名，第三分编以"用益物权"为名，第四分编以"担保物权"为名，从而他物权中的用益物权和担保物权在物权法的结构上已俨然与所有权处于平等地位。这是现代物权法"从所有到利用"发展趋势的体现，表明《民法典》充分重视在现代社会中对动产和不动产的使用和收益、担保等功能的利用与开发。因此，用益物权具有所有权中除了处分之外的大多数权能。另一方面，与所有权相比较，用益物权中不包括处分权，这是用益物权与所有权的重要区别，由此也表明，用益物权作为一种权能分离的结果，并不改变权

① 参见郑云瑞：《民法物权论》，224页，北京，北京大学出版社，2006。
② 参见孙宪忠：《德国当代物权法》，256页，北京，法律出版社，1997。
③ 参见〔德〕鲍尔、施蒂尔纳：《德国物权法》（上册），张双根译，723页，北京，法律出版社，2004。
④ 郑玉波：《民法物权》，130页，台北，三民书局，1995。

利的最终归属，虽然所有人丧失了占有、使用、收益等权能，但是仍然保留了最根本的处分权利。

最后，在立法上明确概括用益物权的定义，也为未来实践的发展和制度创新留下了空间。虽然用益物权主要是在不动产之上设立的，但是根据《民法典》第323条的规定，用益物权是在"对他人所有的不动产或者动产"之上设立的物权，因此，动产上也可以设立用益物权，这就在相当程度上了弥补了这一空白。依据这一定义，在未来，司法实践对于实践中出现的动产之上的多种利用方式上的制度创新予以肯定，赋予其用益物权的属性和效力，并不能被认为违反物权法定原则。

我国《民法典》将他物权划分为用益物权与担保物权两编，对他物权采取二分法，在此基础上，构建了科学、合理、符合中国国情的他物权体系，有利于法官在裁判中正确适用法律、解决纠纷。用益物权设立的目的是对他人所有之物进行使用和收益，其本质上是所有权权能分离的结果。也就是说，所有权人将所有权部分权能授予他人享有，由用益物权人依据法律规定或者当事人的约定，对其财产进行占有、使用或者收益。用益物权的设立，确定了所有权人与用益物权人之间的权利义务关系，在赋予权利人对土地等资源享有使用、收益等权利的同时，明确其负有保护环境、维护生态、促进物尽其用的义务。[①] 由于现代社会对资源的需求不断增长，而资源具有有限性，因此必须强化物尽其用的原则，而用益物权的产生正是物尽其用的具体体现。

二、用益物权的特征

用益物权是对他人所有之物进行使用和收益的权利，是所有权人授予他人"使用"和"享有"的权利。[②] 用益物权的出现是所有权权能分离的结果，换言之，所有权人将所有权权能中的部分分离，授予他人享有，作为结果，形成了在

---

① 参见黄薇主编：《中华人民共和国民法典物权编解读》，365页，北京，中国法制出版社，2020。
② Philippe Malaurie, Laurent Aynès, Lesbiens, Defrénois, 2004，p. 239.

他人之物上的物权，这就是他物权（拉丁文为 jurarealiena）。[1] 他物权包括用益物权和担保物权两大类型。由于用益物权是在他人所有的物上成立的物权，所以称为他物权。又因为它是在设定契约所规定的范围内对标的物加以支配，所以又称为限制物权。[2] 用益物权作为他物权，与其他类型的他物权相比，具有如下特征。

（一）用益物权的主体是除所有人以外的其他民事主体

一般认为，用益物权是在他人所有的物之上设立的，用益物权的主体是除所有人以外的其他民事主体，所有权人本人不能成为自己财产的用益物权人。因此，用益物权人就是在他人动产和不动产之上享有权利的自然人、法人和非法人组织[3]，但国家作为所有人一般不作为用益物权的主体出现。如果权利人对自己的物享有用益物权，就会发生混同。虽然自然人、法人、非法人组织原则上都可能成为用益物权的主体，但是根据我国《民法典》的规定，某些特定的用益物权，例如土地承包经营权、宅基地使用权等只能由集体经济组织成员等特定的群体享有。

（二）用益物权是在他人所有的动产或不动产之上设立的

依据《民法典》第 323 条规定，用益物权是在"他人所有的不动产或者动产"之上设立的物权。如何理解"他人所有"？从文义解释来看，仅限于他人享有所有权的物。但有学者认为，不仅包括他人所有之物，还应当包括他人享有使用权（主要指用益物权）之物，也就是说，就他人使用之物，权利人也可以取得用益物权。[4] 例如，地役权就可以在建设用地使用权之上设立，这就是在他物权上设立的，而不是在他人所有权之上设立的用益物权。[5]

传统大陆法系物权法上用益物权的客体主要是不动产。从比较法角度来看，各国立法大都是在不动产之上设定用益物权的，因为不动产具有固定性、永久

① Philippe Malaurie, Laurent Aynès, Lesbiens, Defrénois, 2004.

② 参见陈华彬：《外国物权法》，169 页，北京，法律出版社，2004。

③ Münchener Kommentar/Pohlmann, BGB § 1030, Rn. 4ff.

④ 参见房绍坤：《物权法 用益物权编》，1 页，北京，中国人民大学出版社，2007。

⑤ 参见王利明等：《中国物权法教程》，285 页，北京，人民法院出版社，2007。

性、非消耗性等特点，可以在其之上设定比较长期和稳定的使用权。[1] 特别是土地具有稀缺性或不可替代性，所以，为了有效率地利用土地资源，必须要在其上设立用益物权。[2] 相反，动产具有流动性、可替代、可消耗和暂时性等特点，对其使用将导致物的耗费，很难保持物的存续，且动产大都为种类物，经济价值不大，如果要利用动产，大都可以通过购买、租赁方式实现其目的[3]，也可以采取借用等方式进行短期利用，而不必采用设定用益物权的方式来利用动产。[4] 事实上，从《民法典》中规定的用益物权的具体类型来看，其客体主要为不动产，甚至主要局限于土地之上。[5] 但从我国《民法典》第 323 条规定来看，用益物权的客体也包含了动产。因为其一，部分动产的价值甚至已经超过不动产，例如航空器、船舶、精密仪器等；其二，随着财富利用方式的多样化，特别是由于科技的突飞猛进和金融等领域大量的制度创新，动产的价值在不断提高，利用方式也越来越多样化。为了应对这种动产利用多样化的趋势，《民法典》允许在动产上设定用益物权，从而为未来的动产之上的用益物权的设定预留了空间。此外，《民法典》还承认在权利之上也可以设立用益物权，这也是充分考虑到中国的现实情况而作的重大制度创新，因为企业和个人不能成为土地所有人，只能对土地享有占有、使用、收益权。

（三）用益物权是占有他人之物并使用、收益的权利

"用益"的概念是一个概括性的表述，可以包括使用和收益在内。尽管各类用益物权的权能并不相同，但都包括了占有权，或者说用益物权以占有权为前提。因为用益物权是对标的物的使用价值的支配，只有占有标的物的实体，才能对标的物进行使用收益。如果权利人未占有他人之物，也就不能实现用益物

①　Münchener Kommentar/Pohlmann，BGB § 1030，Rn. 30ff.

②　参见黄薇主编：《中华人民共和国民法典物权编解读》，365 页，北京，中国法制出版社，2020。

③　参见谢在全：《民法物权论》（中册），49 页，台北，自版，2003。

④　参见王泽鉴：《民法物权》，第 2 册，4 页，台北，自版，2001。不过，在传统民法和大陆法系民法中，动产亦可以作为集合财产的组成部分，从而成为用益物权的客体。

⑤　参见黄薇主编：《中华人民共和国民法典物权编解读》，367 页，北京，中国法制出版社，2020。

权。① 此处所言的占有，是指对物的实体为事实上的控制和支配。用益物权人失去对标的物的占有的，也就会失去用益物权。②

（四）用益物权的内容主要是使用他人之物并获取收益

顾名思义，用益物权就是使用和收益的权利。③ 用益物权内容的核心是使用权和收益权。据此，有学者认为，用益物权是指仅包括使用权能和收益权能的一种被限制了支配权能的物权。④ 从《民法典》第 323 条的规定来看，用益物权的内容是对标的物的占有、使用和收益，一般不包括法律上的处分权。⑤ 这就是说，一方面，用益物权的主要内容是使用收益。当然，这并不意味着所有的用益物权类型都包括使用和收益权能，有的用益物权可以使用和收益。例如，依据《民法典》第 344 条规定，建设用地使用权人依法对国家所有的土地享有占有、使用和收益的权利，其中包括了使用和收益权。有的用益物权可能仅有使用权，但不包括收益权。例如，依据《民法典》第 362 条规定，宅基地使用权不包括收益的权利。依据《民法典》第 366 条，居住权人对他人的住宅享有占有、使用的用益物权，原则上也不包括收益权。因此，收益权能并不是各种用益物权所共同具备的权能。⑥ 不过，权利人在行使权利的时候可以采取多种方式，例如，可以根据物的功效、权利设定目的等差异，而采取不同的利用方式。有的用益物权重在对物本身的使用，而有的用益物权重在对物进行收益，甚至有的用益物权重在对物进行精神上的使用而非物质上的直接使用（如眺望地役权）。另一方面，用益物权一般不包括对标的物的处分权。从《民法典》第 323 条的规定来看，用益物权的内容是对标的物的使用、收益，一般不包括对标的物的处分（包括法律上的处分权和事实上的处分）。但权利人也依法享有对用益物权本身的处分权，例如，建设用地使用权的权利人对建设用地使用权有权抵押，也有权将其转让。对于用益物权本身进行处分，有利于充分发挥不动产的利用效率，并扩大债权担保

---

①② 参见郭明瑞：《物权法通义》（修订本），180 页，北京，商务印书馆，2022。

③ Münchener Kommentar/Pohlmann, BGB § 1030, Rn. 50ff.

④ 参见［日］近江幸治：《民法讲义Ⅱ·物权法》，259 页，东京，成文堂，2001。

⑤ 在传统民法上，消费物也可以作为用益权标的物，消费物用益包含了处分权。

⑥ 参见渠涛、刘保玉、高圣平：《物权法学的新发展》，389 页，北京，中国社会科学出版社，2021。

的范围。随着人们对物的利用方式的发展，科技的不断进步，用益物权的内容也随之不断丰富和发展。

（五）用益物权的设立方式具有特殊性

与国外的用益物权制度相比，我国《民法典》所规定的用益物权在设立方式上具有特殊性：一是，仅仅承认主要通过约定方式设定用益物权，不承认主要以法定方式设定用益物权。例如，法定地役权制度在物权编中就没有加以规定。当然，在特殊情况下，法律也规定了通过法律的直接规定而取得用益物权，如建设用使用权可以善意取得。二是，考虑到中国的实际情况，某些用益物权主要通过合同方式设立，但在登记方面，就农村的土地承包经营权、地役权而言，采取的却是"登记对抗主义"。当然，有的用益物权也可以通过其他方式设立，如居住权可以通过遗嘱设立，宅基地使用权通过审批设立。三是，准用益物权的设立需要取得行政许可，因此，具有一定的公法色彩。

（六）用益物权在性质上具有特殊性

第一，用益物权是一种定限物权，"定限物权于时于量，皆有一定之限度，不如所有权内容之丰富"[1]。用益物权与所有权的最大区别就表现在：所有权是无期限的物权，而用益物权是有期限的物权。由于用益物权人仅能在法律规定和当事人约定的范围内对他人的物进行使用和收益，因而，用益物权又称为定限物权。[2] 与私有制基础上的物权制度不同，我国的物权制度建立在土地公有制的基础上，因此，用益物权的期限性在我国更为突出。例如，有的国家或地区法律规定，当事人可以设定永佃权以利用他人土地从事农业生产，也可以约定无期限的地上权或地役权。[3]

第二，用益物权原则上是具有独立性的权利。它不是从属于其他物权的权利，不像担保物权那样，必须依附于主债权。用益物权作为一种独立于所有权的物权，在权利人设立用益物权之后，用益物权人便独立地享有对标的物的使用、

---

① 郑玉波：《民法物权》，159 页，台北，三民书局，2003。

② 参见陈华彬：《外国物权法》，169 页，北京，法律出版社，2004。

③ 参见郑玉波：《民法物权》，25 页，台北，三民书局，2003。

收益权，亦即该权利是独立存在的，依当事人之间设立用益物权的行为或法律的直接规定而发生。用益物权是具有独立性的权利，它不以其他物权的存在为成立前提，不随其他物权的转让而转让，也不随其他物权的消灭而消灭。[①] 在不动产因征收等原因而消灭时，必须给予用益物权人单独的补偿。当然，在例外情况下，用益物权也可能是一种从属性的权利，如地役权。

第三，用益物权是一种有期物权。所谓有期物权，是指有明确期限限制的物权。所有权都具有恒久性，但用益物权一般都有明确的期限限制，因为用益物权本质上是对所有权的一种限制，如果允许用益物权永续存在，则可能导致所有权的虚化，甚至导致所有权名存实亡。因此，在期限届满以后，用益物权人应当将其占有、使用之物返还给所有人。[②] 尽管当事人在居住权合同中可以不约定居住权的期限，但在解释上，居住权人死亡，居住权即消灭。由此可见，居住权同样为有期限物权。当然，在例外情形下，为了实现特定的立法目的，用益物权也可能没有期限限制。例如，通过划拨方式取得的建设用地使用权，一般不受期限限制。依据《民法典》第359条的规定，住宅建设用地使用权期满可以自动续期，实际上意味着对于此类他物权没有严格的期限限制。但是，从立法的措辞来看，"续期"本身就表明权利是有期限的，与"无期"完全不同。即便如此，也不意味这些用益物权并非没有任何期限限制，如果住宅用地改变为工业和商业用地，则不能自动延期。从这个意义上讲，用益物权也是有期限限制的。当然对一些特殊的用益物权，例如宅基地使用权，原则上就没有期限限制。

第四，用益物权具有较强的本土性。应当承认，用益物权制度与一个国家的基本经济制度具有直接的联系，而一个国家的经济体制、人们的生活方式具有相对稳定性，因此，用益物权的内容也具有相对稳定性。这使用益物权具有十分突出的本土性和民族性特点，各国的用益物权制度也因此差异明显。用益物权的种类和内容因历史传统、国情地域不同而不同，深具固有法色彩。[③] 例如，英美法

---

① 参见房绍坤：《论用益物权的法律属性》，载《现代法学》，2003（6）。

② 参见黄薇主编：《中华人民共和国民法典物权编解读》，366页，北京，中国法制出版社，2020。

③ 参见谢在全：《民法物权论》（中册），51页，台北，自版，2003。

系不承认大陆法系中物权和债权这一体系化的"基本划分"，也不存在大陆法系中系统化的用益物权制度。再如，德国法中的土地债务、法国法中的居住权、日本法中的小耕作权等，都具有其自身的特点，是本国历史传统和具体国情的体现。[1] 在我国土地公有制基础上产生的用益物权具有一些公有制的特点，例如，建设用地使用权是在土地国有的基础上产生，而土地承包经营权是在集体土地上产生的，是我国农村经济体制改革经验的总结。这些都是适合我国国情的用益物权制度，其与土地私有制国家的用益物权制度在性质和特征上都是存在区别的。因此，我国用益物权制度体现了鲜明的中国特色。值得注意的是，用益物权最集中地反映了一国物权法的特色，这与担保物权存在明显的差异。担保物权主要是针对交易提供担保，而交易要求各国遵循共同的规则，交易的国际性决定了担保物权的国际性和共同性。

三、用益物权的分类

用益物权是物权的基本类型，尽管从编章体例结构来看，《民法典》物权编在第三分编"用益物权"中只规定了六章，列举了五种类型的用益物权，即土地承包经营权、建设用地使用权、宅基地使用权、居住权、地役权，但如果包括各类准用益物权（海域使用权、采矿权等）以及土地承包经营权之上设立的经营权，用益物权类型是相当丰富的。在法律上，可以对用益物权作出如下分类。

（一）必须登记的用益物权和非必须登记的用益物权

依据用益物权是否必须经登记方可设立，用益物权可以分为必须登记的用益物权和非必须登记的用益物权。前者是指依据《民法典》物权编和特别法的规定，必须登记才能依法设立的用益物权，如建设用地使用权、居住权。依法必须办理登记的用益物权的设立采取登记生效模式。后者是指未经登记也可设立的用益物权，对于这些用益物权，当事人可以直接通过订立合同的方式设定。[2] 当

---

① 参见陈根发：《论日本法的精神》，207 页，北京，北京大学出版社，2005。

② 参见房绍坤：《物权法 用益物权编》，5 页，北京，中国人民大学出版社，2007。

然，对此类物权并非完全不登记，采登记对抗主义的用益物权也属于非必须办理登记的用益物权，例如，依据《民法典》第 341 条的规定，土地经营权未经登记不得对抗善意第三人。土地承包经营权、土地经营权、宅基地使用权、地役权等均属非必须办理登记的用益物权。

这两种用益物权的区别在于：首先，用益物权的设定是否必须办理登记不同。严格来讲，用益物权的设定需要采取一定的公示方法，不动产物权变动一般要办理登记，经登记设立应当是不动产用益物权设立的一般要求。但是，考虑到农村土地登记的特殊情形，尤其是农村土地登记现状，以及农村"熟人社会"中公示的特殊性①，立法上对于土地承包经营权、土地经营权和宅基地使用权采取了特殊规则，即不以登记作为这些用益物权设定的必要条件。其次，合同的作用不同。在非必须办理登记的用益物权中，合同直接成为设立合同的依据，当事人取得的用益物权范围依据合同确定。而对于必须登记的用益物权，合同不能直接成为物权设立的依据，当事人取得的用益物权范围以登记为准。

（二）有明确期限的用益物权和无明确期限的用益物权

依据用益物权是否受到明确的期限限制，可以将用益物权分为有明确期限的用益物权和无明确期限的用益物权。有明确期限的用益物权是指权利的存续具有明确期限限制的用益物权，而无明确期限的用益物权是指不对权利存续期限进行明确限制的用益物权。一般而言，用益物权都要明确受到期限的限制，否则，就可能难以与所有权相区别。例如，建设用地使用权就依据土地用途被区分为不同的期限。这种期限的限制可以体现为法律所规定的最长期限，也可以是当事人约定的期限。但是，在一些特殊情形下，则不会对用益物权进行明确的期限限制，例如以划拨方式取得的建设用地使用权，往往就没有明确的期限限制。

无明确期限的用益物权可以分为两种：第一种是法律并未规定期限的用益物权，如以划拨方式取得的建设用地使用权。此种用益物权只是用益物权的特殊例外情形，因为通常用益物权必须有期限，否则就会导致其与所有权的界限模糊。第

---

① 参见温世扬：《〈土地管理法〉与民法典物权编的衔接》，载《中国不动产法研究》，2019（2）。

二种是终身享有的用益物权，如权利人终身享有的居住权和宅基地使用权，此种权利依附于权利人的人身，因而为权利人终身享有。①

（三）设定人为所有权人的用益物权和设定人为非所有权人的用益物权

依据设定人是否为所有权人，可以将用益物权区分为设定人为所有权人的用益物权和设定人为非所有权人的用益物权。前者是指所有权人为他人设定的用益物权，例如房屋所有权人为他人设定的居住权。后者是指所有权人以外的权利人为他人设定的用益物权。可以为他人设立用益物权的不限于所有权人，例如土地经营权就是由土地承包经营权人为他人设定，建设用地使用权人也可以在建设用地上为他人单独设立空间利用权。

二者的区别主要体现在用益物权权利人受到所有权人的制约程度不同。设定人为所有权人的，用益物权人直接受到所有权人的制约。设定人为非所有权人的用益物权除需要受到设定人制约外，还需要受到所有权人的制约。例如，用益物权的取得还需要经所有权人的同意。用益物权的期限也需要受到设定人的权利剩余期限的限制。

（四）用益物权与准用益物权

准用益物权是指权利人通过行政特许的方式取得的对于海域、矿藏、水流等自然资源所依法享有的占有、使用及收益的权利。准用益物权中的"准"，旨在强调与一般用益物权相比较具有相似性，但法律适用上具有特殊性。虽然《民法典》物权编对准用益物权进行了规定，但是准用益物权的法律依据主要在于特别法之中，例如《海域使用管理法》《矿产资源法》等。

准用益物权与一般的用益物权的区别主要在于：一是取得的方式不同。一般的用益物权是通过合同加公示的方法，或在特殊情况下依据合同设定。而准用益物权主要是通过行政许可的方式设立，与公法关系密切。② 二是权利客体存在区别。用益物权的客体是不动产，而准用益物权的客体主要是一些特殊的资源，如

---

① 参见房绍坤：《物权法 用益物权编》，7 页，北京，中国人民大学出版社，2007。
② 参见崔建远：《准物权研究》，25 页，北京，法律出版社，2003。

矿产、水资源或渔业资源等，对此类物权客体的特定性要求并不严格。[1] 三是权利内容和范围的确定不同。用益物权主要依据当事人合意和登记进行确定，但准用益物权通常由行政许可所规定的范围和内容确定。准用益物权因受到的行政干预较多，因而其行使往往需要受到较多的约束或负担较多的义务。[2]

除上述分类以外，还可以依据调整用益物权的法律规范不同，将用益物权区分为一般法上的用益物权和特别法上的用益物权。依据用益物权是否可以自由流通，也可以区分为可自由流通的用益物权和限制流通的用益物权。根据用益物权人数量不同还可以区分为单独用益物权和共同用益物权。[3]

四、用益物权的地位和作用

用益物权是物权的基本类型。在现代民法上，所有权已从注重抽象的支配，发展到侧重于具体的使用形态。也就是说，已经逐渐放弃了传统民法注重对物的实物支配、注重财产归属的做法，转而注重财产价值形态的支配和利用。两大法系有关财产的法律，都充分体现了以"利用"为中心的物权观念，传统的以物的"所有"为中心的物权观念，已经被以物的"利用"为中心的现代物权观念所取代。[4] 用益物权正是这种以"利用"为中心的物权的主要表现。正是在此种有效利用土地资源的基础上，用益物权的类型不断发展。例如，在土地之上，分离出建设用地使用权、地上地下空间利用权、地役权等权利。这些权利还可以按照期限进行分割。在土地上的房屋之上，也可以设立多种用益物权，如地役权、居住权等。正是因为这一原因，从物权法层面来说，传统民法以所有权为中心，但随着从所有到利用的趋势发展，用益物权的地位也逐步提升至与所有权并驾齐驱，理念上出现从归属到利用、从以所有为中心到以利用为中心的转变。许多学者认

---

[1] 参见崔建远：《准物权研究》，24 页，北京，法律出版社，2003。
[2] 参见李显东、唐荣娜：《论我国物权法上的准用益物权》，载《河南省政法管理干部学院学报》，2007（5）。
[3] 参见房绍坤：《物权法 用益物权编》，8 页，北京，中国人民大学出版社，2007。
[4] 参见钱明星：《我国用益物权体系研究》，载《北京大学学报（哲学社会科学版）》，2002（1）。

为，现代物权法的核心在于用益物权。① 当然，强调用益物权的重要地位并不否认所有权在物权法中的基础性地位。

在我国，用益物权是《民法典》物权编所规定的三种物权的类型之一，随着我国市场经济的发展，用益物权在物权体系中的地位和作用将日益凸显。

用益物权在物权法中占据重要地位，与其社会作用是分不开的，用益物权具有独特的社会作用。

第一，实现对物的有效利用。在我国，根据《宪法》和《民法典》的规定，土地等自然资源实行公有制，土地等重要的自然资源属于国家或集体所有，且土地等自然资源不得买卖。但如果土地等自然资源不能进入市场，就无法真正实现建设社会主义市场经济的目标。借助用益物权制度，在不改变土地等自然资源归属的前提下，通过建设用地使用权等用益物权的流转，使土地能够进入市场，由国家和集体以外的其他民事主体对土地等自然资源进行利用。国家和集体一般不能直接利用土地和自然资源等，而是通过在国家所有和集体所有的不动产上设立用益物权，使这些公有的资源可以进入市场，从而实现公共财产的利用、保值和增值，提高资源的利用效率。② 因此，《民法典》第 325 条规定："国家实行自然资源有偿使用制度，但是法律另有规定的除外。"国家实行自然资源有偿使用制度，才能充分发挥市场对经济发展的推动作用。《民法典》根据我国基本经济制度和建立、完善社会主义市场经济体制的需要，分别规定了土地承包经营权、土地经营权、建设用地使用权等用益物权，强化了对用益物权人的保护。③ 随着我国市场经济的发展，用益物权类型也将更为多样和丰富。

第二，用益物权可以实现资源的优化配置。资源的稀缺性与人类不断增长的需求之间是互相矛盾的，解决这一矛盾的根本途径是配置和利用资源，而用益物权制度有助于引入市场机制，实现资源的最有效配置，让最有条件和能力的主体利用有限的资源。随着社会形态从农业社会逐步过渡为工业化时代，用益物权的

---

① 参见房绍坤等：《用益物权三论》，载《中国法学》，1996（2）。

② 参见郭明瑞：《物权法通义》（修订本），182 页，北京，商务印书馆，2022。

③ 参见黄薇主编：《中华人民共和国民法典物权编解读》，370 页，北京，中国法制出版社，2020。

内容发生了深刻的变化，用益物权制度发挥了崭新的功能①，用益物权在现代物权体系中的地位日益突出的原因主要在于：自然资源的利用要尽量实现优化配置，让资源流转到最有条件和能力利用该物的人手里，才能实现资源效用发挥的最大化。②但在我国原有的高度集中的经济体制下，对自然资源的利用是通过计划安排来进行的，所以用益物权制度的作用就无法显现出来。在现代市场经济体制下，资源的优化配置是通过市场来实现的，用益物权是在市场机制条件下，实现国有自然资源优化利用的机制，通过当事人的自由协商和有偿使用的机制，可以使资源在最有利用需求和利用能力的当事人之间流动，可以实现对自然资源最有效率的利用。例如，土地经营权可以依法转让、融资担保，建设用地使用权同样可以转让，而租赁权本身的转让受到限制。依据《民法典》第325条，通过自然资源有偿使用制度，将作为最重要的生产要素土地和其他自然资源交由市场调节，通过市场的手段，使资源得到效率最大化的配置和使用，从而发挥最大的价值。③

第三，用益物权能够实现对物的最安全的利用。虽然租赁权在一定程度上已物权化，但其仍然并非物权，无法完全实现权利人针对所有权人和其他第三人的干涉，用益物权则能够排除所有权人和其他第三人的不当干涉。

第四，用益物权有助于实现对物的有序利用。物的利用形式多元，因此在物上也可能同时存在所有权、用益物权和担保物权。通过法律规则的有效设计，可以有效协调平衡这些权利主体之间的关系，进而实现对物的有序利用。④还要看到，任何人在利用自己的财产时，都应当注意协调个人利益和社会利益、短期利益和长期利益，注重财产效用的发挥和生态环境的保护的协调发展，从而实现自然资源使用收益和生态环境保护的双重目的。在我国，实行创新、协调、绿色、

① Philippe Malaurie, Laurent Aynès, Lesbiens, Defrénois, 2004, pp. 312 - 313.

② 参见全国人大常委会法制工作委员会民法室编：《中华人民共和国物权法条文说明、立法理由及相关规定》，213 页，北京，北京大学出版社，2007。

③ 参见黄薇主编：《中华人民共和国民法典物权编解读》，373 页，北京，中国法制出版社，2020。

④ 最高人民法院民法典贯彻实施工作领导小组编：《中国民法典适用大全 物权卷》（二），837 页，北京，人民法院出版社，2022。

开放、共享"五大发展理念"，强化保护生态和环境，实现可持续发展，是我国的一项基本国策。《民法典》中的用益物权制度也特别注重对生态环境的保护，避免出现"公地的悲剧"现象。① 为此，需要在用益物权中协调对资源的开发利用和环境保护之间的关系，将保护环境、合理开发土地等资源确定为用益物权人的法定义务。② 有偿利用自然资源的用益物权的确立，对于妥善处理所有权人和用益物权人之间的利益关系，保护和合理开发利用自然资源，通过市场有效配置自然资源的利用，实现可持续发展、绿色发展，有重要意义。③

第二节　用益物权和相关权利的区别

一、用益物权与所有权

用益物权是在所有权的基础上产生的，其本身就是对所有权的限制，如法国学者认为，用益物权是对所有权的限制（amoindrissementdelapropriété）。④ 用益物权的设定也有助于更好地实现所有权的价值，是所有权在经济上的一种实现方式。

用益物权是在他人的所有权基础上产生的，其与所有权的关系是双重的：一方面，用益物权是对所有权的一种限制，所有人在自己的财产之上设定用益物权以后，就要受到来自用益物权的限制。⑤ 两者相互之间具有排他性。另一方面，用益物权的设定是所有权行使的一种方式，其产生也使所有权的经济价值得到充

① 美国环境保护主义者加雷特·哈丁于1968年发表题为《公地的悲剧》的论文，其中谈到草地公有而畜牧私有对环境的破坏，出现公地的悲剧现象。参见吕忠梅：《关于物权法的"绿色"思考》，载《中国法学》，2000（5）。

② 参见黄薇主编：《中华人民共和国民法典物权编解读》，365页，北京，中国法制出版社，2020。

③ 参见郭明瑞：《物权法通义》（修订本），182～183页，北京，商务印书馆，2022。

④ Christian Larroumet, Droit civil, Tome Ⅱ；Lesbien, Droit réels principaux, 4e éd.，Economica，2004，p. 32.

⑤ 参见房绍坤：《物权法　用益物权编》，15页，北京，中国人民大学出版社，2007。

分和完全的实现。用益物权的设立，往往来自所有权人的意志。① 在所有人无法实际利用的情况下，其将自己的财产交给他人使用，如此则能在经济上充分实现其价值。用益物权是物权体系从支配向利用的发展进程的产物。在同一物之上，用益物权与所有权共存，并不损害一物一权原则和所有权的专属性。从这一意义上说，用益物权是所有权行使的一种方法，所有人对自己的物不仅是抽象地支配，其必须要实际地利用，才能发挥财产的最大效益。②

尽管所有权和用益物权联系密切，但两者存在着明显的区别，主要表现在：

第一，权利性质不同。用益物权是一种他物权，而所有权是一种自物权。自物权是对自己的物的支配权，它是最全面、最完整的物权。自物权和他物权的区分标准在于，权利客体是否属于权利人所有。在他人所有之物上设立的物权，就是他物权。③ 例如，在法国法上，用益物权（démembrements）是"从所有权派生出来的物权"（les droits réels démembrés de la propriété）④。用益物权是在他人所有之物上设定的物权，具备了他物权的共同特点，如有期性、内容受限制性等。⑤ 按照我国《民法典》的规定，用益物权是在他人之物上设立的物权，所有人不能在自己的物之上设立用益物权。

第二，权利内容不同。用益物权是定限物权，而所有权是完全物权。用益物权作为一种定限物权，在期限上和权利内容上都是有限制的，其支配的主要是物的使用价值。⑥ 而所有权则是无期限限制的、具有全部权能的物权。用益物权人只是享有所有权的部分权能，原则上不包括处分权能。而所有权是具备四项权能的、完整的权利。法律通过规定用益物权，分别确定了所有权人和用益物权人之间的权利义务关系，以有效维护财产秩序。⑦

---

① 某些用益物权的设立，也可能出于公共利益。例如，就役权制度而言，一些国家承认所有法定役权，允许行政法等法律出于公共利益设定役权。

② 参见房绍坤：《物权法 用益物权编》，15 页，北京，中国人民大学出版社，2007。

③ 参见温世扬、廖焕国：《物权法通论》，89 页，北京，人民法院出版社，2005。

④ Philippe Malaurie, Laurent Aynès, Lesbiens, Defrénois, 2004.

⑤ 参见房绍坤：《物权法 用益物权编》，15 页，北京，中国人民大学出版社，2007。

⑥ 参见郑玉波：《民法物权》，159 页，台北，三民书局，2003。

⑦ 参见黄薇主编：《中华人民共和国民法典物权编解读》，364 页，北京，中国法制出版社，2020。

第三，是否受期限限制不同。从期限性上来看，用益物权是有期限的物权，而所有权是无期限的物权。所有权的存在与所有物共始终，只要标的物存在，所有权就存在。而在我国物权法上，用益物权大多是有期限限制的，只是针对特殊的用益物权（如宅基地使用权），因其性质和特点的特殊性，法律没有设置具体期限的限制。

第四，客体不同。所有权客体的范围非常广泛，包括各类有形的财产。任何财产，不论是限制流转物还是禁止流转物，都可以成为所有权的客体；不论物是否具有使用价值，都可以为某人所有。而用益物权的客体相对狭窄。尽管《民法典》第323条包括了动产和不动产，但用益物权主要是在不动产上设立的物权，动产之上一般难以设定用益物权。① 作为用益物权的客体，一般都必须具有使用价值，从而满足权利人利用的需要。但所有权的客体主要是物，无论这些物是否具有使用价值，都不妨碍其成为所有权的客体。此外，所有权的客体一般不包括权利，但可以在权利之上设立用益物权。

第五，取得方式不同。所有权的取得方式具有多样性，其既可以是原始取得，也可以是继受取得。只要采取合法的方式，都可以取得所有权。而用益物权的取得原则上只能采取继受取得的方式，在特殊情况下才能通过原始取得的方式取得。同时，用益物权的取得方式具有其特殊性，有的仅需通过合同即可设定，有的则必须通过合同约定并办理登记才能合法取得，如建设用地使用权就需要通过登记才能取得。通过对用益物权的设立目的、土地等资源的用途等进行登记，以防止用益物权人改变土地用途，保护所有权人的利益。

当然，由于用益物权是在所有权基础上设立的，它虽然是独立的物权，但它与所有权是两种不同类型的物权，相互之间具有排他性，如果没有法律和合同依据，所有人擅自干预用益物权人行使权利，用益物权人的权利就难以得到保障。因此，《民法典》第326条规定，"所有权人不得干涉用益物权人行使权利。"这实际上明确了所有权人负有不得干预用益物权人行使权利的义务。例如，在农村

---

① 参见黄薇主编：《中华人民共和国民法典物权编解读》，367页，北京，中国法制出版社，2020。

集体土地所有权之上设立了土地承包经营权之后，集体土地所有人不得非法干涉承包人依法从事正常的经营活动。所有人履行此种义务，才能使用益物权人行使权利的行为得到基本保障。

二、用益物权与债权性利用权的区别

使用他人之物的方法有债权的方法和物权的方法。所谓债权的方法，也称为债权性利用权，是指主要通过合同的方式取得，并依据合同对他人之物享有的占有、使用和收益的权利。例如通过租赁、借用等合同而取得的对标的物的占有、使用和收益的权利。物的利用人对物的权利也需要根据合同确定。从历史发展来看，在大陆法系国家，关于永佃权与租赁权的区分一直存在争议。[①]《德国民法典》中的土地权利体系也未摆脱长期租赁和永久租赁的影响，相反，得益于永佃、租赁与所有权的相互发展，使长期占有与所有的关系在现代私法中获得进一步厘清。[②]

对他人之物的利用关系，究竟应采用物权关系，还是债权关系，取决于立法者的政策选择。一般而言，如立法者欲将某一利用关系稳定化、长期化，就可采取物权关系。[③] 在实践中，债权性利用权的最典型形态是租赁。民事主体既可以通过设定用益物权的方式使用他人之物，也可以通过订立租赁合同的方式实现对他人之物的利用。这两种利用方式具有一定的相似性，具体表现在：一是从目的上看，两者都是以利用他人之物、获取他人之物的使用价值为目的。二是从权利内容来看，两者都要以直接占有标的物为前提，都包含占有、使用权能。三是在特殊情形下，债权性利用权与用益物权可以在同属一人的不动产上同时存在，二者可以同时并存，例如，将土地承包经营权出租给他人。[④] 四是从期限上看，两

---

① 房绍坤等：《土地承包经营权益实现机制研究》，28 页，北京，法律出版社，2023。
② 参见李俊：《罗马法上的农地永久租赁及其双重影响》，载《环球法律评论》，2017（4）。
③ 参见高圣平：《农地三权分置的法律表达》，166～167 页，北京，法律出版社，2023。
④ 参见温世扬、廖焕国：《物权法通论》，405 页，北京，人民法院出版社，2005。

者都具有一定的期限限制。五是从效力上看，现代民法出现了租赁权物权化现象，使得租赁权在一定条件下也具有对抗第三人的效力。①

但是，用益物权和租赁权之间存在本质的区别，主要表现在：

第一，权利性质不同。用益物权在性质上属于物权，权利人可以直接支配物并排他性地享受物的利益；而租赁权的性质是债权，只能请求对方为一定行为或不为一定行为来实现利益。

第二，设定方式不同。用益物权的设定需要在《民法典》上确认其为物权，以满足物权法定的要求，完成法定的公示方法。只要法律确定了某种权利为物权，即使该权利完全基于合同产生，也具有物权的效力。例如，土地承包经营权、地役权等。而租赁权则是通过租赁合同实现对他人不动产的利用，其既不需要满足物权种类法定的要求，也不需要公示。

第三，期限不同。租赁合同的期限一般较短，最长不得超过 20 年，而用益物权主要是长期性利用，通过所有人以设定物权的方式将使用收益权交给第三人行使，且一般是在不动产之上设立的，此类法律关系通常由《民法典》物权编等法律来进行规范。②

第四，权利的流转不同。由于用益物权是一种长期稳定的财产权利，因而用益物权大都可以依法自由流转。而租赁权在性质上是一种债权，承租人转租时需要经过出租人的同意。法律原则上仅认为出租人可同意将租赁物交给承租人使用，而不能推定其也具有同意承租人转租给第三人使用的意思，所以，承租人没有取得出租人的同意而转租，承租人将构成违约，并使出租人享有解除权。因此，《民法典》第 716 条第 2 款规定："承租人未经出租人同意转租的，出租人可以解除合同。"

第五，利用方式不同。对于用益物权而言，权利人可以享有独立的使用、收益权利，且所有人不得干预其权利的行使。而承租人权利的行使则应当受到合同约定和法律规定的制约。根据《民法典》第 715 条的规定，承租人不得随意对租赁物进行改造，或者在租赁物上增设他物。如果承租人违反了这种不作为义务，

---

① 参见房绍坤：《物权法　用益物权编》，19 页，北京，中国人民大学出版社，2007。
② 参见李淑明：《民法物权》，125 页，台北，元照出版社，2005。

出租人有权要求其恢复原状、赔偿损失。这就意味着尽管承租人可以占有租赁物，但对租赁物状态的改变，必须尊重出租人的意志。

第六，对抗第三人的范围不同。租赁权原则上不具有对世效力，只能对相对人主张权利。即使租赁权已相对物权化，也只能依据《民法典》合同编的规定，向特定的第三人主张。换言之，租赁权对抗效力的扩张，是一种例外的情况，它是法律基于特定的立法政策的原因所作出的例外性规定。在租赁权受到侵害的情况下，权利人通常只能行使占有保护请求权，而不能行使物权请求权。但是，用益物权人可以借助物权公示方法对抗任意第三人，在用益物权受到侵害的情况下，用益物权人可以行使物权请求权。

第七，客体不同。虽然《民法典》第323条规定用益物权可在动产或不动产之上设立，但《民法典》中具体规定的用益物权都是在不动产上设立的；而租赁权则可以广泛地在动产上设立，如融资租赁设备等。

还要注意的是，用益物权作为物权，权利人不仅可以依用益物权限定的范围支配不动产，而且有权对抗包括所有权人在内的任何人对其权利行使的干涉。这就使在非所有人对他人之物的利用方面，用益物权制度具有债权制度无可比拟的优越性。在《民法典》物权编中，用益物权以其对不动产进行特定支配的性质，成为与所有权、担保物权鼎足而立的一类物权。①

第三节　用益物权的内容

一、用益物权人的权利

1. 占有权
用益物权人通常要占有动产或不动产，才能使用、收益。用益物权人对于动

---

① 参见钱明星：《我国用益物权体系的研究》，载《北京大学学报（哲学社会科学版）》，2002（1）。不过，在传统大陆法系民法中，动产亦可以作为集合财产的组成部分成为用益权的客体。

产或不动产的占有，针对不同的物权而有所不同。例如，建设用地使用权人必须直接占有土地，才能使用该土地；而通行地役权设定后，权利人需要占有一定的土地。由于用益物权需要对物进行使用和收益，获取物的使用价值，这就决定了用益物权人必须要占有标的物。① 因为只有占有标的物，才能获得标的物的使用价值，在没有占有的情形下，虽然可以抽象地支配，但是无法实际利用。一物之上如果发生了用益物权的冲突，该冲突主要是占有的冲突，因为占有是用益物权设定的先决条件。当然，某些用益物权也可以不以占有为基础，例如，眺望地役权就不一定要实际占有他人的不动产，而铺设管线的地役权，也不一定要构成对地表的占有，但这些都只是例外的情况。

2. 使用权和收益权

用益物权主要以使用、收益为目的。使用是指按照物的性质和用途在不毁损其物和改变物的性质的前提下，依据法律或合同的约定，对物加以利用。用益物权人设定用益物权就是为了使用和利用特定的财产，并通过利用该财产获取一定的利益②，使用主要是为了追求物的使用价值。从我国《民法典》物权编的相关规定来看，虽然一些用益物权可能并不包括收益权，但都要包括使用权，因此，使用权成为用益物权中的重要权能。

收益是指通过对物的利用而获取经济上的收入或其他利益，如获取物的天然孳息和法定孳息。收益既体现为通过他人之物的利用获取经济收入等金钱利益，也体现为获取居住利益等非金钱利益。③ 具体而言，收益权包括如下方面：一是通过利用财产获取收益。例如，在土地之上建造房屋获取利润；再如，采矿权人通过行使采矿权可以获得矿产资源的所有权。这些都是用益物权人收益的主要内容。二是获取天然孳息。例如，收取土地上的农作物。三是获得法定孳息。例如，建设用地使用权人建造房屋出租以获取收益。

① 参见房绍坤：《物权法 用益物权编》，31页，北京，中国人民大学出版社，2007。
② 参见姚红主编：《中华人民共和国物权法精解》，203页，北京，人民出版社，2007。
③ 最高人民法院民法典贯彻实施工作领导小组编：《中国民法典适用大全 物权卷（二）》，833页，北京，人民法院出版社，2022。

"用益"，顾名思义就是使用收益，使用权和收益权一般是结合在一起的，因为只有使用才能获得收益。但各种用益物权是否包括使用权和收益权，学界对此有不同的看法。有人认为，用益物权应兼具使用和收益两项内容①；也有人认为，不必同时兼具使用和收益两项内容②，因为用益物权在法学中的直接意义就是使用权，即以使用为目的而利用他人之物的物权。③ 应当看到，对许多用益物权来说，都要包含收益的权能。但是一些用益物权人可能只能使用而不能收益。例如，依据《民法典》第 362 条规定，宅基地使用权人依法对集体所有的土地享有占有和使用的权利，但并不包括收益权。用益物权人针对不同的对象可以进行不同的利用，使用的目的是不同的。例如，土地承包经营权人要利用集体的土地进行耕作；建设用地使用权人要利用国有土地进行建设。依据使用目的的不同，可以对用益物权进行不同的分类。但一般来说，用益物权主要是对物的使用价值的利用，通过这种利用，可以满足权利人的不同需要，从这个意义上讲，用益物权也都包括了一定的收益。

3. 不受所有权人非法干涉的权利

《民法典》第 326 条规定，"所有权人不得干涉用益物权人行使权利。"这实际上就赋予了用益物权人不受所有权人非法干涉的权利。因为一方面，用益物权设立后，它就独立于所有权，具有直接支配性和排他性，从而对所有权形成一种限制。作为独立的物权类型，用益物权人行使占有、使用、收益权，所有权人负有不得干预用益物权人行使权利的义务，只有如此，才能保障用益物权人权利的实现。④ 另一方面，用益物权是在所有权基础上设立的，它虽然是独立的物权，但它也受到所有权人意志的制约，如果没有法律和合同依据，所有人擅自干预用益物权人行使权利，用益物权人的权利就难以得到保障。例如，在土地承包经营权设定之后，发包人干预承包人的权利，擅自提前收回承包地，就会使土地承包

---

① 参见张俊浩主编：《民法学原理》，347 页，北京，中国政法大学出版社，1991；房绍坤等：《用益物权三论》，载《中国法学》，1996（2）。

② 参见屈茂辉：《用益物权论》，5 页，长沙，湖南人民出版社，1999。

③ 参见孙宪忠：《德国当代物权法》，30 页，北京，法律出版社，1997。

④ 参见黄薇主编：《中华人民共和国民法典物权编解读》，378 页，北京，中国法制出版社，2020。

经营权无法实现和行使。① 当然，用益物权人行使权利也不能损害所有人的利益。例如，在罗马法时代，对于用益权，即强调用益物权人负有"保护所有物之本体"的义务。② 因为在我国，用益物权都是基于合同而产生的，所有权人只是让渡了占有、使用或者收益的权能，因此，用益物权人在行使权利时，应当限于使用和收益的目的范围。如果用益物权人行使权利损害了所有权人的利益（例如，对标的物进行显著的变更和毁损），则不仅会造成社会财富的损失和浪费，而且违反了设立用益物权的合同。

4. 处分权

在用益物权中，处分涉及两个方面：一是用益物权人对标的物的处分，二是用益物权人对用益物权本身的处分。关于用益物权人是否对标的物本身享有处分权，在学理上一直存在着争论。一是否定说，此种观点认为用益物权的内容只能限于使用收益，不能包括处分权。③ 二是肯定说，此种观点认为在一定的情况下用益物权人也可以享有一定的处分权。三是折中说，即认为用益物权人不享有法律上的处分权，但享有事实上的处分权。④ 笔者认为，用益物权的主要内容是使用收益，显然不能包括所有权人所享有的对于标的物的处分权能。不过，为了有效率地利用物，法律也允许权利人在不妨碍物的最终权利归属的前提下依法享有对用益物权本身的处分权。例如，建设用地使用权人在特定情况下依法享有转让建设用地使用权的权利，采矿权也可以依法进行抵押。当然，这种处分是对权利的处分，而不是对物本身的处分，对物的处分应当属于所有人。

5. 征收后依法请求补偿的权利

正是因为用益物权具有使用收益权能，因此在用益物权因征收等原因而消灭的情况下，用益物权人应当有权获得单独的补偿。《民法典》第 327 条规定："因不动产或者动产被征收、征用致使用益物权消灭或者影响用益物权行使的，用益

---

① 参见胡康生主编：《中华人民共和国物权法释义》，269 页，北京，法律出版社，2007。

② Jean Gaudemet, Droit privéro main, 2e éd, Nontchrestien, 2000, p.248.

③ 参见房绍坤：《论用益物权的法律属性》，载《现代法学》，2003（6）。

④ 参见钱明星：《我国用益物权体系的研究》，载《北京大学学报（哲学社会科学版）》，2002（1）。

物权人有权依据本法第二百四十三条、第二百四十五条的规定获得相应补偿。"由此可见，用益物权人作为被征收人，其在用益物权被征收后，有权依法获得补偿。

二、用益物权人的义务

（1）保护和合理开发利用资源的义务。在现代社会，资源的有限性与人类不断增长的需求和市场的发展形成尖锐的冲突和矛盾。由于人口增长，发展速度加快，现代社会的资源和环境对于发展的承受能力已临近极限。而在我国资源严重紧缺、生态严重恶化的情况下，更应当重视资源的有效利用。[①] 据此《民法典》第326条规定："用益物权人行使权利，应当遵守法律有关保护和合理开发利用资源、保护生态环境的规定。"依据该条规定，用益物权人应当依法保护资源、合理开发利用资源，开发利用应当符合土地性质和规划利用的要求，不能进行过度开发和超载建设、造成环境污染和生态破坏。无论所有人与用益物权人在设定用益物权时是否存在此种约定，用益物权人都负有此种义务。用益物权人只有履行此种法定义务，才能提高各种资源利用的效率，实现物尽其用。

（2）以合同约定的方式和目的对他人的不动产和动产进行利用。用益物权都以物权设定合同为前提，合同中需要明确用益物权人的基本权利和义务，以弥补法律关于用益物权内容规定的不足。所以，用益物权人除了应当根据法律规定履行其各项义务外，还应当依照合同对他人不动产进行使用、收益。例如，地役权合同便具体规定了各种需役地人对供役地利用的权利，但是其利用他人不动产必须严格按照合同约定的方式和目的行使权利、履行义务，不得滥用权利而对他人不动产造成合同约定外的损害和限制。

（3）按照约定支付价款或费用。用益物权的取得通常都是有偿的，因此，用益物权人应当依据合同支付相应的对价。例如，建设用地使用权人应当支付土地

---

①　2006年6月5日，国务院新闻办公室发表了《中国的环境保护白皮书（1996—2005）》。白皮书中指出，由于中国人均资源相对不足，地区差异较大，生态环境脆弱，生态环境恶化的趋势仍未得到有效遏制。

出让金，需役地人应当依据合同约定向供役地人支付一定的费用。

（4）返还标的物并恢复原状的义务。一般而言，用益物权的客体大多为非消耗物，用益物权人对标的物的占有、使用、收益，不会影响标的物的存续。因此，在期限届满、用益物权归于消灭后，用益物权人有义务将标的物返还给所有权人。在不能返还原物的情况下，也应返还与原物同种类、同数量、同品质的物，或者按其价值返还价金。[①]

第四节　用益物权的历史发展

一、古代法

（一）罗马法上的用益物权

用益物权和担保物权的分类，是伴随注释法学家们在对罗马法的研究和创新而形成的。从历史渊源来看，用益物权早在罗马法时代即已存在。罗马法时代的"他物权"（iurainrealiena，指设立于他人所有物之上的物权）主要就是用益物权，因为在罗马法时期，融资体制不发达，并未形成完善和发达的担保物权制度。在古典罗马法中，用益物权主要是指役权制度，它被认为是用益物权的"最显著代表"[②]，役权包括人役权（Personarumservitus）和地役权（Prediorumservitus）。[③] 东罗马帝国时期，在罗马私法中又逐渐形成了永佃权（Emphyteusis）和地上权（superficies）。[④] 所谓地上权，是指在他人所有土地之上设置建筑物、工作物及其他附着物的权利。罗马法确立了地上物附属于土地的原则，不承认地

---

① 参见房绍坤：《物权法　用益物权编》，34页，北京，中国人民大学出版社，2007。

② Christian Larroumet，Droit civil，Tome Ⅱ；Lesbien，Droit réels principaux，4e éd.，Economica，2004，p.476.

③ 参见［英］巴里·尼古拉斯：《罗马法概论》，黄风译，149页，北京，法律出版社，2000。

④ 参见［英］巴里·尼古拉斯：《罗马法概论》，黄风译，157页，北京，法律出版社，2000。

上物是独立的不动产。① 所谓永佃权，是指在他人土地上享有的永久用益之权利，以支付租金为报酬。简言之，永佃权其实是永久之租地权。② 地役权和人役权的区分标准是基于受益对象是"地"还是"人"③。地役权发生于两个不动产之间，它又分为城市地役权和农村地役权。人役权是指为了特定的人而设定的役权，其中包括用益权（ususfructus，是 usus 和 fructus 两个词直接合并而成）、使用权、居住权和使用自己所有的奴隶或者牲畜劳动的权利（operaeautanima-lis）。相对于地役权而言，人役权的种类是限定的，这也是身份社会的典型特点。④

罗马法的用益物权制度主要是针对不动产，这也反映出这一时期不动产在社会经济体系中的核心地位，且罗马法的用益物权制度突出反映出农业社会的特点，因为在役权制度中，地役权的利用核心在于水资源的收益和分配制度，如灌溉、饮用水、城市和农村地区的生活用水相关设施的建造。这是因为整个亚平宁半岛气候比较干旱，水资源相对稀少。至于永佃权等制度更是植根于农业社会的生产方式。⑤ 因为罗马法用益物权制度深受古希腊哲学影响，将一些权利客体归纳于物的概念，对所有权和用益物权进行了严格的区分，而且对用益物权的权能进行了比较系统的界定，因而对后世的大陆法系产生了重要的影响，尤其是关于役权的分类、地上权和永佃权的概念等，这些都为后世的大陆法系国家所继受。⑥

（二）日耳曼法上的用益物权

日耳曼法的用益物权制度具有明显不同于罗马法的诸多特点，它主要是在习惯法的基础上形成，反映出日耳曼部族的游牧社会和部落性等特色。该制度形成于公元 5 世纪至 9 世纪西欧早期封建制时期。其中，占有制度是以用益而表现的

---

① 参见陈朝璧：《罗马法原理》，293 页，北京，法律出版社，2006。

② 参见丘汉平：《罗马法》，239 页，北京，中国方正出版社，2004。

③ 丘汉平：《罗马法》，224 页，北京，中国方正出版社，2004。

④⑤ Jean-Philippe Lévy，André Castaldo，Histoire du droit civil，1ère éd.，Précis-Droitprivé，Dalloz，2002，pp. 346 - 351.

⑥ Jean-Philippe Lévy，André Castaldo，Histoire du droit civil，1ère éd.，Précis-Droitprivé，Dalloz，2002，p. 346.

占有。① 日耳曼法中的占有主要采用了"Seisin"一词（德文为 setzen，法文为 saisine），这一词源于所谓"蛮族法"（日耳曼习惯法）中"物"和"对物的控制"两个概念，意指"占有某物"②。后世学者认为，这一概念在中世纪早期接近于罗马法上的"所有权"概念；虽然自 14 世纪之后日耳曼法的占有制度更接近于罗马法的"占有"制度，但是，在总体上，它与所有权制度十分类似，法国法律史学者 Olivier Martin 就说，二者之间其实"只有程度上的差别，而无质的区别"③。可以说，它实质上是所有和占有的结合，对土地享有不同权利的人都可以称为"占有者"。"如称直接领主占有那块土地，说他的封君也占有那块土地，而封君的封君也占有那块土地。世袭佃户是占有者，终身佃户也是占有者，甚至短期佃户也是占有者，而在诉讼时，所争的也不是谁所有那块土地，而是谁占有那块土地"④。"占有"（Seisin）最初是取得不动产权利的条件。也就是说，对土地的权利只有通过占有才能获得。以后特指"占有随着时间的流逝而得到尊重"。如果某人能够证明其占有的时间比他人长，就能获得诉讼的胜利。⑤ Pollock 和 Maitland 指出，在诺曼征服以后，法学家并没有用其他词汇来描绘占有，而主要是用"Seisin"一词来描绘合法的占有。据此，学者一般认为，在日耳曼法中，由于适用占有即所有的规则，因此所有权与用益物权没有严格的区别。

不仅如此，在日耳曼法中，奉行占有即所有原则，承认多重所有权，对所有权的权能可以进行质的分割，在此基础上成立各种权利（权能）。例如，将所有权的权能区分为占有权、使用权、收益权、处分权和管理权。这些权能可以归属于不同的主体所有。例如，某物即使小部分为自己支配，该物亦非他人之物，而为自己之物。对土地的管理、处分权，虽属于村落住民全体或专属于领主，但农奴对土地的利用权，除受血族身份关系的限制、公法上的服从关系以及私法上的

---

① 参见李宜琛：《日耳曼法概说》，54 页，北京，中国政法大学出版社，2003。
② Jean-Philippe Lévy, André Castaldo, Histoire du droit civil, 1èreéd., Précis-Droitprivé, Dalloz, 2002，p. 513.
③ Jean-Philippe Lévy, André Castaldo, Ibid., p. 513.
④ 马克圭：《西欧封建经济形态研究》，116～117 页，北京，人民出版社，1985。
⑤ 参见［法］马克·布洛赫：《封建社会》（上册），张绪山译，204～205 页，北京，商务印书馆，2004。

契约关系等的限制之外，与所有权之间并无本质差异。① 日耳曼法中关于所有权的权能分离理论对于后世的大陆法系具有重要影响。

二、近代法中的用益物权

西方近代的物权制度是在罗马法和日耳曼法的基础上发展起来的，并形成了大陆法系和英美法系两个不同的法律体系。大陆法系的物权法承袭了罗马法的有关规定，用益物权是其十分重要的物权制度之一；英美法系虽然采用的是财产法的概念，但也有类似于大陆法系上用益物权的制度，如用益权、地役权等。②

1. 近代大陆法系上的用益物权

1804 年《法国民法典》受罗马法的影响，虽然没有明确采用用益物权的概念，但是从内容上看，仍然沿袭了罗马法的用益物权体系，并接受了罗马法关于役权的基本分类。例如，《法国民法典》在第二卷"财产以及所有权的各种变更"的第三编、第四编中规定的用益权、使用权、居住权和地役权，这明显是源于罗马法的基本分类，具有罗马法的明显痕迹。再如，罗马法将用益权定义为："对他人之物的使用和收益的权利，以保存物的本体为条件。"而该定义成为《法国民法典》第 578 条对用益权所下定义的渊源，即："用益权为如同所有人一样，享有所有权属于他人之物的权利，但用益权人负有保存该物本体的义务。"③

法国法用益物权制度的特点主要体现在：第一，用益物权主要是成立于不动产之上，且是针对他人所有之财产。用益权（usufruit）针对土地和房屋，居住权（droitd habitation）和使用权（droitd usage）主要针对房屋，而地役权（servitudes）主要针对土地。第二，由于司法体制上存在普通法院、行政法院的二元体制，涉及公共利益的问题主要是由行政法来调整，而涉及私人利用的物权关系则由民法来调整。如地役权分为行政法上的地役权（servitudesadministratives）

---

① 参见陈华彬：《物权法研究》，20 页，香港，金桥文化出版有限公司，2001。

② 参见房绍坤：《用益物权基本问题研究》，82 页，北京，北京大学出版社，2006。

③ 尹田：《法国物权法》，335 页，北京，法律出版社，1998。

和民法上的地役权（servitudesciviles）。① 行政法上的地役权又可以分为与市镇规划有关的役权（servitudesd urbanisme）和与公共用途有关的役权（servitudesd utilitépublique）。前者是指由全国或者地方性的市镇规划法律或者条例所设定的役权，后者是指由其他行政法律所设定的役权，如文化保护、能源分配、公共道路规划、海岸维护等法律。② 第三，就地役权和相邻关系的内容而言，法国法认为，相邻关系的内容属于法定地役权，因而，相邻关系包含在地役权之中，从而使得法国法上的地役权的内涵较之于其他国家的法律而言更为宽泛。关于地上权，主要由单行法（主要是 1988 年 1 月 5 日和 1994 年 7 月 25 日的单行法律）加以规定。③ 关于用益物权的规定，总体上来说比较简单，民法典的核心仍在于役权制度。

大陆法系的另一代表——1896 年的《德国民法典》则既受到了罗马法的影响，又受到了日耳曼法的影响。《德国民法典》规定了独立的物权编，其用益物权包括地上权、役权和土地负担（又称实物负担）。其中役权是一大类权利的总称，其中包括地役权、限制的人役权、用益权、居住权；用益权又可分为物上用益权、权利用益权及财产用益权。德国法所规定的用益物权类型除了借鉴罗马法的规则以外，也反映了德国民法制定时为各地一直沿用的习惯。④《德国民法典》承继罗马法将地上权与役权并列的规范，将地上权视为区别于役权的物权。虽然罗马法及其他承认地上权的大陆法系国家将地上权视为最重要的用益物权形式，但在德国民法中，地上权的性质已经成为一种"相似所有权"⑤。此外，通过颁布单行的法律，德国规定了特别法上的用益物权，例如，德国的《住宅所有权法及永久居住权法》还规定了永久居住权、永久利用权和住宅所有权等，其中大部分内容也属于用益物权。⑥

日本民法上的用益物权制度则借鉴了罗马法和德国法的经验，在《日本民法

---

① 参见尹田：《法国物权法》，335 页，北京，法律出版社，1998。
②③　Philippe Malaurie, Lauret Aynès, Lesbiens, Defrénois, 2004, p. 266.
④ 参见高富平：《土地使用权和用益物权》，34 页，北京，法律出版社，2001。
⑤ 高富平：《物权法原论》，498 页，北京，中国法制出版社，2001。
⑥ 参见陈华彬：《外国物权法》，190 页，北京，法律出版社，2004。

典》中，用益物权以对土地的现实使用和收益为中心，注重对土地的现实占有和耕作。① 日本民法上的用益物权包括地上权、永佃权、地役权及入会权四种。地上权是指地上权人因于他人土地上有工作物或竹木，有使用该土地的权利；永佃权是指权利人通过支付佃租而享有在他人土地上耕作或者畜牧的权利；地役权是指权利人依设定行为所定的目的，有以他人土地供自己土地便宜之用的权利；入会权是居住在一定地域或村落的居民在一定山林原野之上进行管理、经营、使用以及收益的权利。日本民法具有一定的本土性，表现在：一方面，日本民法的用益物权仅包括地役权，而没有规定德国及其他西方国家民法中所规定的人役权，如用益权、使用权、居住权等。这主要是因为人役权是所有权人使财产在一定期间满足特定人生存或养老的需要，然后再转至自己或自己的继承人。由于西方国家子女不供养老人的问题非常严重，所以需要通过人役权制度来保证对老人的供养问题，而在东方国家，这一问题并不严重。所以，日本从其国情出发，没有规定人役权。② 另一方面，日本民法中明确规定了永佃权这一具有东方土地利用特色的物权制度，以保障农民对土地的长期耕作。这一制度保证了农民对土地的最基本的需求，但同时，永佃权也使土地所有权人和使用人之间的关系长期化、固定化，被认为具有封建因素，阻碍土地自由交易和流转。③

2. 近代英美法系上的用益物权

普通法中，涉及财产利用关系的法律称为"财产法"（law of property）。从历史渊源来看，普通法的这一基本分类源于13世纪普通法诉讼中的二元格局：对人（inpersonam）诉讼和对物（inrem）诉讼；后来这一格局不复存在，但是对于财产的分类仍然得以保留下来。④ 由于普通法的财产法主要是在封建土地制度之上产生和发展起来的⑤，因而在封建领主与承租人之间，"专有的术语不合

---

① 参见陈根发：《论日本法的精神》，207页，北京，北京大学出版社，2005。

② 参见邓曾甲：《日本民法概论》，145页，北京，法律出版社，1995。

③ 参见高富平：《物权法原论》，500页，北京，中国法制出版社，2001。

④ Jean-Philippe Lévy, André Castaldo, Histoire du droit civil, op. cit. , p. 402.

⑤ 米尔森指出："我们设想在12世纪处理对物诉讼的领主法庭，权利可以对抗世界，但不能对抗领主的世界，只能对抗罗马或现代的世界。"

适了。存在一种互负义务的关系……合适的术语是义务"。"当罗马的律师谈着土地的出租与承租时，他的英国同事则讲着地主与佃农的关系。"① 它与大陆法系的物权法相比，呈现出显著不同的特点。除地役权制度外，其他制度与罗马法基本上没有太大关联。② 大陆法在区分所有权和他物权的基础之上形成了用益物权的体系，而英美法是将各种对财产的利用形态形成一个单独的权利，不存在一个所有权和他物权相区分的逻辑性体系。③

普通法中，"财产"（property）这一核心概念又被分为动产（personal property，也被称为 chattels）和不动产（real property，也可以被称为 real estate）。在英国法上，对土地的权利在封建时代表现为各种土地保有权，近代表现为法定地产权、法定利益和衡平利益，其中法定利益主要包括地役权、租费权、进入权等，这些权利与大陆法系物权法中的用益物权相似。④ 17 世纪以后，英国的封建土地制度有所变化，传统的封建土地制度渐趋没落，如领主服务（knightservices）制度被正式废除，其他的土地特权（serjeanties）也日渐式微，取而代之的是新型的农业土地利用制度，如所谓封闭式土地利用（enclosures）制度，取代了过去的所谓开放式土地利用（openfield）制度，反映出土地集中程度日渐强化的趋势。⑤ 英美法中对他人地产的权益是地役权、许可使用权、获利权等。这一类土地权益是与地产相并列的，称为非地产财产权。⑥

① Alastair Hudson，*New Perspectiveson Property Law*，*Obligations and Restitution*，London，Cavendish Publishing Limited，pp. 93 - 94.

② Jean-Philippe Lévy，André Castaldo，Ibid. ，p. 401.

③ 有人曾经用这样的比喻来说明英美法的财产权利体系："罗马的所有权可以被想象成为一个写着'所有权'的盒子。拥有这个盒子的人就是'所有人'。就完全的、不受限制的所有权而言，这个盒子装着一些特定的权利，包括使用权、占有权、收益权，以及处分权。而且，所有人可以打开这个盒子并且拿出一种或者多种这样的权利并将它们移转给别人。但是只要他保持着这个盒子，他就仍然拥有所有权，即使这个盒子是空的。与之形成对照的是，英美的财产法很简单。它们没有盒子。它们只有许多种法律利益。谁拥有所有权，谁就当然绝对拥有最大可能的一束此类法律利益。当他将这些利益的一种或多种转移给他人时，他也就失去了他的一束权利中的一部分。" See Alastair Hudson（ed.），*New Perspective on Property Law*，*Obligations and Restitution*，Cavenddish Publishing Limited，2004，p. 118.

④ 参见吴道霞：《物权法比较研究》，379 页，北京，中国人民公安大学出版社，2004。

⑤ Jean-Philippe Lévy，André Castaldo，Ibid. ，p. 427.

⑥ 参见高富平：《物权法原论》，521 页，北京，中国法制出版社，2001。

英美法中，经常使用 estate 这一概念，它是在土地或其他不动产之上某人享有的财产利益。① 英美法上的用益权与大陆法的有所不同，其具有占有权的性质，是指进入他人土地取得该地收益或部分该地土料的权利。而英美法上通常认可的地役权则包括通行权、采光权、水流权和建筑支撑权等。② 就不动产权利体系而言，普通法十分独特和复杂，诸如，feesimple（指法律允许在土地之上存在广泛的财产利益，权利人可以终身享有，也译为"终身所有权"）、lifeestate（有译为"终身产权"）、leasehold（有译为"租赁权益"）等。比较法学家指出，大陆法上的用益权（usufruit）在普通法中属于一种 lifeestate。③ 而在物权的保护方法方面，普通法与大陆法差异明显。普通法基本采取侵权法的救济手段，例如，针对侵入不动产的 trespass，针对动产侵占的 trover，针对霸占他人动产的 detinue，针对侵犯土地的 ejectment 等。另外，在物权的保护方面，普通法也经常诉诸刑法手段④，例如，未经许可进入他人的土地或者房产的 trespassing 行为，在普通法中极可能构成一种刑法上的犯罪行为，受到刑事追究。

需要指出的是，英美法的地役权制度受到了罗马法的影响。这一概念是 13 世纪英国法学家布莱克顿（Bracton）从罗马法中借鉴而来，并逐渐为普通法所接受。⑤ 美国法也采纳了这一概念⑥，大多数地役权都是积极地役权，即它们使权益持有人有权在承担责任的土地上做某些事情，或者有权作出某些事情影响承担责任的土地。比较少见的是消极地役权，依据此种权利，地役权人可禁止土地的所有人以某些方式使用其土地。例如，使地役权人有权从相邻土地获得自由采

---

① See Bryan A. Cyarnereditor, *Blacks Law dictionary*, eighth edition, West Publishing Co., 2004, p. 586.

② 参见［英］戴维·M. 沃克：《牛津法律大辞典》，李双元等译，278 页，北京，光明日报出版社，1988。

③④　Jean-Philippe Lévy, André Castaldo, Ibid., p. 402.

⑤　参见［英］巴里·尼古拉斯：《罗马法概论》，黄风译，156 页，北京，法律出版社，2000。

⑥　美国 1944 年《财产法重述》第 450 条所采纳的定义是："地役权是对于他人占有的土地的一种权益，它（a）使使该权益的所有人有权对该权益所在的土地进行有限的使用；（b）使他有权获得保护，免受第三人对此使用的干涉；（c）不受土地占有人意志的限制；（d）不是这种权益的所有人占有土地的一般附随特征；（e）可以通过转让行为设立。"

光和通风，从而限制了邻人在相邻土地上建造建筑物。①

三、用益物权在当代的发展

作为民法中最为古老的部门之一，用益物权制度自罗马法以来一直处于不断的发展变迁的历史进程之中，其在权利类型、权利设定、权利内容、基本原则等方面历经了一定的嬗变。一方面，一些传统的用益物权在衰落，如人役权、永佃权②；另一方面，一些新的用益物权制度也得以发展，如空间权。此外，关于用益物权还发生一些共通的趋势，如地上权的准所有权化、永佃权被新型土地权利所取代、地役权日益完善发达等。总体说来，当代的用益物权制度呈现出以下发展趋势。

第一，用益物权的地位和作用日益凸显。尽管用益物权是一种古老的制度，但它在当代社会仍然焕发出勃勃生机。究其原因，主要是传统民法为了适应农业社会的需要而设立的一些用益物权制度，在经过改造之后，仍能适应现代工商社会的需要。例如，地役权在传统上仅仅局限于相邻的土地，而现代民法则可以在土地或房屋等不动产之上设立地役权。此外，现代社会也出现了一些新的用益物权形式，进一步丰富了用益物权制度的内容。③ 例如，晚近以来，在许多国家出现了空间地役权的概念，将地役权扩张适用至空间的利用关系，因而悬挂于建筑物顶的大型广告牌、修建于建筑物顶端的空中花园等，都可以通过地役权来调整。还有一些公用事业单位铺设管线、电缆等，虽然有追求经济利益的驱动，但也是为了一定的公共利益的需要，因而出现了法定地役权的类型。总之，用益物权的适用范围的扩张在当代是一个突出的变化。

第二，物尽其用的功能主要依赖于用益物权制度，对物的使用价值的实现主

---

① 参见［美］约翰·E.克里贝特等：《财产法：案例与材料》，（第7版），齐东祥、陈刚译，454页，北京，中国政法大学出版社，2003。

② 参见高富平：《土地使用权和用益物权》，37页，北京，法律出版社，2001。

③ 参见高富平：《土地使用权和用益物权》，70页，北京，法律出版社，2001。

要是由用益物权来实现的。传统上，用益物权主要是在不动产之上设立的，而今，用益物权可以成立于空间、地下和自然资源之上。传统的地上权是指在地上建设建筑物、种植林木等的权利，如今在某些国家，地上权可以延伸适用到某些空间利用关系。土地的稀缺性和人口的不断增长，使得土地权利日益复杂，如今，在土地之上和土地之下，可以成立一个十分庞大复杂的"权利束"，例如，土地所有权、地上权、地役权、空间权等，都可以同时并存，分属于不同的主体所有，甚至地上权还可以按照期限进行分割，根据利用不同的时段而分别分配给不同的人享有。①

第三，日趋重视对生态环境的保护成为用益物权制度的重要特色。为了节约资源、保护环境、维持生态，实现可持续发展，需要在用益物权制度中加强对生态环境的保护。一方面，用益物权的内容本身包含了对环境的保护，环境保护义务不仅是用益物权人对于他方当事人所负担的义务，也是用益物权人对国家所负担的义务。另一方面，许多国家的法律明确要求，权利人在行使权利的时候，也负有保护环境、尊重生态的义务。② 其原因在于，用益物权基本上是不动产物权，毫无疑问，较之于动产而言，不动产对于环境有更显著的影响。例如，在对土地的利用过程中，有可能会发生化学物品对土地的污染，这不仅会导致地上的建筑物、林木等被污染，还可能因为空气的流通、雨水的冲刷、大风的吹扫等因素，而对于临近的甚至较远地域的环境也产生较大的影响。③ 所以，用益物权制度中强化环境的保护十分重要。

第四，空间用益物权的产生和发展。在现代社会，由于人口激增、经济快速发展以及城市化的日益加快，不可再生的土地资源越来越稀缺，人类对土地的利用逐步从平面转向立体，空间的利用与开发也就越来越重要。因此，地上和地下空间也就成为重要的财产，出现了空间权等制度，这些都是新的财产形式。从用

---

① See Margaret Jane Radin, "The Liberal Conceptionof Property: Cross Currents in the Jurisprudence of Takings", 88 *Colum. L. Rev.* 1667, 1680 (1988).

② 参见吕忠梅：《关于物权法的"绿色思考"》，载《中国法学》，2000 (5)。

③ 参见顾向一：《环境权保护在我国物权立法中的体现》，载《理论月刊》，2006 (10)。

益物权发展趋势来看，传统的地上权都设置在地面。为适应经济的发展和有效利用资源的需要，地上权的设定已经"立体化"和"区分化"，存在于土地的上空或地下，增进了土地的利用价值。① 正如有学者所指出的，用益物权并非因此没有发展的空间，由于其特有的性质和社会机能，不动产用益物权将随着不动产用益形态的精致化、立体化，而获得再生的机会。②

第五，不动产之上可设立的用益物权类型增多。随着社会的发展，为了有效率地利用资源，导致新的用益物权的产生。而且，随着人们对财产的利用能力的增强，利用财产的方法增加，这些都导致新的用益物权的产生。只要这些用益物权相互间不产生冲突和矛盾，都可以为法律所承认。③ 例如，在一块土地之上，可以设立建设用地使用权、空间权、地役权，还可以进一步在土地之上设立采矿权等权利。

四、我国民法用益物权制度的发展

（一）我国近代民法中的用益物权

我国古代法律虽然也有关于典权、永佃权等制度的规定，但是由于我国古代诸法合体、民刑不分，没有独立的民法，用益物权也并没有体系化。自清末法制变革后，我国民法开始纳入大陆法的体系，用益物权制度也得以逐步确立。1907年，光绪皇帝指定沈家本等主持民、刑等法典的编纂。1911年的《大清民律草案》将物权专门设为第三编，并在该编标题下进行说明："物权之种类，古今立法例亦不一致，本编斟酌本国之习惯及多数之立法例，分物权为所有权、地上权、永佃权、地役权及担保物权"。由此，用益物权分为地上权、永佃权、地役权三类。这主要是借鉴了近代其他国家尤其是《日本民法典》的物权制度，同时确实吸收了中国古代一些习惯的内容。④ 但是在借鉴的过程中，也出现了由于误

① 参见王泽鉴：《民法物权》，第 2 册，21 页，台北，自版，2001。
② 参见谢在全：《民法物权论》（中册），52 页，台北，自版，2003。
③ 参见房绍坤：《用益物权基本问题研究》，105 页，北京，北京大学出版社，2006。
④ 参见何勤华、李秀清：《外国法与中国法——20 世纪中国移植外国法反思》，226 页，北京，中国政法大学出版社，2003。

信外国学者的观点而发生明显移植偏差的情况。例如，在用益物权制度中，基于日本学者关于典权与不动产质权实属相同的观点，物权编没有规定中国传统的典权制度，而是效仿日本规定了不动产质权，但其实两者差别甚大。① 1925 年北洋政府修订法律馆在《大清民律草案》的基础上颁布了《第二次民律草案》，该草案对用益物权作了进一步的规定，规定了地上权、永佃权、地役权，并增设了典权制度。② 国民政府于 1929 年 11 月 30 日公布了《中华民国民法》中的物权编，并于 1930 年 5 月 5 日起施行。物权编共分为十章：通则、所有权、地上权、永佃权、地役权、抵押权、质权、典权、留置权、占有，共 210 条。该法继受了《第二次民律草案》用益物权的相关制度，建立了较为完整的用益物权体系。③

（二）我国《民法通则》和《物权法》中的用益物权

1986 年颁行的《民法通则》第五章第一节专门规定了"财产所有权和与财产所有权有关的财产权"，其中第 80 条和第 81 条规定了对国有土地及其他自然资源的使用和收益权，以及采矿、土地承包经营等用益物权。由于《民法通则》没有使用"物权"一词，物权制度尚不完善，所以也没有构建完整的用益物权体系。2003 年颁布了《农村土地承包法》，但在该法中并没有承认土地承包经营权是一种物权。2007 年颁行的《物权法》是我国民事立法史上具有里程碑意义的大事，该法的制定历时 13 年，经过八次审议，创下了法律草案审议之最。《物权法》中全面规定了所有权、用益物权、担保物权制度，并对国家所有权、集体所有权和私人的财产所有权设置了比较完备和明确的法律规范，构建了产权制度的基本框架，从而有力地维护了社会主义基本经济制度。在用益物权制度中，《物权法》具有如下特点：第一，第一次在区分用益物权和担保物权的基础上规定了较为完整的用益物权体系。第二，第一次承认了土地承包经营权是一种物权，从而使该项权利成为一种长期稳定的权利，充分保护了广大农民的利益；

---

① 参见李婉丽：《中国典权法律制度研究》，载梁慧星主编：《民商法论丛》，第 1 卷，384 页以下，北京，法律出版社，1994。

② 参见房绍坤：《用益物权基本问题研究》，94 页，北京，北京大学出版社，2006。

③ 参见何勤华、李秀清：《外国法与中国法——20 世纪中国移植外国法反思》，243 页，北京，中国政法大学出版社，2003。

第一次承认了海域使用权、探矿权、采矿权、取水权和使用水域、滩涂从事养殖、捕捞的权利，从而保障了自然资源的有效率的利用；第一次承认了空间利用权，从而能够有效率地利用地上和地下空间。第三，用益物权制度充分考虑我国的国情，设置了具有中国特色的用益物权类型，如土地承包经营权、建设用地使用权、宅基地使用权等。

（三）我国《民法典》中的用益物权

《民法典》在总结我国物权立法和司法实践经验的基础上，对用益物权体系进行了完善和创新。例如，增设居住权，以满足广大人民群众的多样化居住需求。再如，允许土地承包经营权人流转土地经营权，以提高耕地的利用效率。当然，《民法典》的颁布实施并不意味着一劳永逸解决了民事法治建设的所有问题，仍然有许多问题需要在实践中不断完善。因此，在《民法典》颁布后，用益物权制度也需要适应社会的发展需要而与时俱进、不断发展。

第五节　用益物权的体系

所谓体系，是指按照一定的逻辑建立起来的有机的系统。用益物权体系，就是指依据一定的逻辑结构所构成的有关用益物权的规范体系。用益物权是物权法中的一项重要的权利，具有自己独特的性质和特征。用益物权以获得物的使用价值为目的，并以此为基础形成了自己的体系。

一、用益物权体系具有本土性

罗马法中的用益物权包括三种类型，即地上权、永佃权和役权，此种体系对近代大陆法系国家的立法产生了重大影响。但从比较法上来看，大陆法系国家的用益物权体系往往受到其历史传统、习惯、文化等因素的影响，具有其自己的特色，各国的用益物权体系之间存在较大的差异。

《法国民法典》完全采纳了罗马法的役权概念，并设定了用益权、使用权及居住权（第三编），役权和地役权（第四编）。与罗马法不同的是，《法国民法典》没有规定地上权和永佃权制度，地上权制度是在近代通过判例逐步确立起来的。总体上，法国的用益物权体系主要具有如下特点：首先，其在体系上深受罗马法的影响。例如，用益权、使用权、居住权、役权等基本类型，都直接源于罗马法。其次，民法典本身并未规定全部的用益物权类型，如地上权、永佃权、长期建筑租赁等类型的用益物权，在《法国民法典》中都未作规定，而是由判例和单行法所发展起来的。最后，判例在用益物权体系的发展中发挥重要作用。例如，地上权制度是由法国最高法院在 19 世纪 70 年代加以重新挖掘和整理所发展起来的①；在役权制度的发展方面，判例同样扮演了突出的角色。②

　　《德国民法典》第三编"物权法"在第 1030 条至第 1089 条中详细规定了用益物权制度。德国法上的用益物权可概括分为地上权、役权和土地负担（又称实物负担）。其中役权是一大类权利的总称，包括地役权、限制的人役权、用益权；用益权又可分为物上用益权、权利用益权及财产用益权。用益权包括不动产用益物权（NieβbrauchanImmobilien, Liegenschaft）、动产用益物权（NieβbrauchanMobilien, Fahnis）、权利用益物权［如债权用益物权（NieβbrauchanForderung）］，以及特殊情况下的法定用益物权。此外，依据客体是否可分，用益物权又可以分为按份共有用益物权（Bruchteilsnieβbrauch）和份额用益物权（Quotennieβbrauch），后者主要集中在不动产用益物权，即在某一不动产之上，将该客体划分为不同的部分，在此基础上分别设立用益物权；而按份共有用益物权则建立在一个不动产之上，其权利人为多数，而不是就客体进行划分。③ 德国法所规定的用益物权类型除了借鉴罗马法的规则以外，也采纳了德国民法制定时为各地一直沿用的习惯。近年来，德国用益物权制度也适应社会发展的需要而发生了一定的变化，如

----

①　Philippe Malaurie, Laurent Aynès, Droitcivil, Lesbiens, Defrénois, 2003, p. 266.

②　Philippe Malaurie, Laurent Aynès, Droitcivil, Lesbiens, op. cit., pp. 341 - 342.

③　Von Arnold Heise, rudrisseines Systemsdes Gemeinen Civilrechts-Zum Behufvon Pandecten-Vorlesungen, Ehemaligem Professorder Rechte, Dritte Verbesserte Ausgabe, Heidelberg, Bey Mohrund Winter 1819.

地上权制度的功能得到强化，实物负担制度也注重对物的交换价值的利用。①

日本民法上的用益物权有地上权、永小作权、地役权及入会权四种。② 永小作权指支付佃租，而在他人之土地为耕作或畜牧的权利。此种永小作权有一定存续期间。入会权系指居住于一定地域或村落的居民在一定山林原野，为管理、运营使用收益之习惯上的权利。③ 此外，在单行法中，还对矿业权、渔业权这两种用益物权作了规定。④

总之，与担保物权不同，各国的用益物权制度大都是从维护本国的历史传统和生活习惯出发，具有强烈的固有性的特点。因此，虽然各国的担保物权已经具有相当大的趋同性，但用益物权的本土色彩仍较为浓厚。另外，尽管各国物权法的物权法定原则都保持了一定的开放性和弹性，但用益物权体系则相对稳定，在交易中很少出现新型的用益物权，这也是其与担保物权的不同之处。尤其需要指出的是，域外民法中的用益物权制度固然值得我们关注和参考，但这些用益物权制度毕竟是建立在土地私有制的基础上的，因此其并不能完全为我国建立在土地公有制基础上的用益物权制度所采纳。

二、我国《民法典》物权编中的用益物权体系

《民法典》物权编对用益物权体系的构建是以总分结构为主线而展开的。

（一）用益物权通则

从比较法上看，绝大多数国家立法都没有使用"用益物权"这一概念，也没有规定用益物权的"一般规定"，这与担保物权立法中通常存在"一般规定"的做法存在明显的区别，因为不同类型用益物权的具体规则存在较大差异，很难通过"一般规定"加以概括。⑤ 但我国《民法典》物权编则采取了不同的立法技

① 参见梅夏英、高圣平：《物权法教程》，205 页，北京，中国人民大学出版社，2007。
② 参见［日］我妻荣：《日本物权法》，338 页，台北，五南图书出版有限公司，1999。
③ 参见王泽鉴：《民法物权·用益物权·占有》，修订版，2 页，台北，自版，2001。
④ 参见邓曾甲：《日本民法概论》，203 页，北京，法律出版社，1995。
⑤ 参见房绍坤：《民法典物权编用益物权的立法建议》，载《清华法学》，2018（2）。

术，在所有权编、用益物权编、担保物权编都设置了"一般规定"。我国《民法典》在"物权编"第三分编单设用益物权制度，规定"国家所有或者国家所有由集体使用以及法律规定属于集体所有的自然资源，组织、个人依法可以占有、使用和收益"（第 324 条）。该分编通过规定建设用地使用权等制度，通过市场的手段，使土地等资源进入市场，进行流转。用益物权本身能够在土地和自然资源等的利用过程中引入市场机制，通过当事人的自由协商和有偿使用机制，实现资源的最有效配置。我国《民法典》物权编虽然没有明确规定动产用益物权的设定方式，但按照我国民法典之物权编的"一般规定"中的"动产物权的公示公信原则"，应当认为，我国民法典上动产用益物权的设定也应适用《民法典》第 208 条规定，即"不动产物权的设立、变更、转让和消灭，应当依照法律规定登记。动产物权的设立和转让，应当依照法律规定交付"①。

（二）用益物权分则

在用益物权分则部分，我国《民法典》物权编用益物权分编确定了五种典型的用益物权，包括土地承包经营权、建设用地使用权、宅基地使用权、居住权和地役权。在建设用地使用权中，《民法典》又规定了空间权。同时，《民法典》也规定了海域使用权、探矿权、采矿权、取水权和使用水域、滩涂从事养殖、捕捞的权利，这些权利又被称为准用益物权。可见，我国用益物权体系主要是针对不动产，但是，又不完全限于不动产。我国《民法典》物权编所规定的建设用地使用权、土地承包经营权、宅基地使用权，都是在公有土地的基础上产生的，没有公有制作为基础，就无法理解这些权利的存在；同时，没有这些用益物权类型，也难以将土地公有制与市场经济进行相互结合。

根据我国《民法典》物权编的规定，用益物权体系是在以不动产利用为中心的基础上构建起来的，但用益物权的客体并不限于不动产，还包括动产，具体而言，用益物权的客体包括如下几类。

一是土地。在传统大陆法系国家的物权法中，用益物权主要是在他人的不动

---

① 李永军：《论我国民法典上用益物权的内涵与外延》，载《清华法学》，2020（3）。

产之上设立的。据此，在《物权法》制定过程中，不少学者认为，《物权法》的用益物权的客体应当限于不动产。① 从《民法典》的内容来看，尽管《民法典》第 323 条所规定的用益物权的客体包括了动产，但《民法典》规定的用益物权的客体主要是不动产。从我国现有的用益物权体系来看，其主要是围绕土地与房屋等不动产权利而建立的。

二是不动产权利。传统民法认为，用益物权之上不得再设立用益物权，但一些大陆法系的物权法在例外情况下也允许在地上权等权利之上设定用益物权。② 在我国，由于土地等自然资源属于公有，且所有权不能移转，因而在土地之上设立各种用益物权而最大效率地利用资源就显得格外重要，由此决定了在我国土地公有制基础上，不仅可以在国家和集体的土地之上设定建设用地使用权、土地承包经营权，还可以在这些权利之上设定地役权。③ 例如，在土地承包经营权之上再设定利用他人土地进行通行的地役权，这就突破了传统民法不允许在用益物权之上再次设定用益物权的做法，丰富和发展了用益物权的体系。再如，按照有些学者的观点，农村土地进行"三权分置"改革以后，土地经营权实际上也是在土地承包经营权之上派生出来的用益物权类型。④

三是房屋。房屋作为重要的不动产权利，为了发挥房屋的经济效用，也可以在房屋之上设立用益物权。我国《民法典》物权编所规定的居住权就是在住宅这一特定类型的房屋之上所设立的用益物权类型。

四是空间。空间是指土地上下一定范围内的立体位置。对空间所享有的支配和利用的权利就是空间权。在农业社会时代，对土地的利用主要集中在地表和地表之上有限的空间，对地上和地下的广泛空间缺乏深入的利用。加上对空间的利用手段不足，以及市场对空间的需求相对较小，空间作为一项重要资源的性质还

---

① 参见钱明星：《我国用益物权体系的研究》，载《北京大学学报（哲学社会科学版）》，2002（1）。

② 参见孙宪忠：《德国当代物权法》，235 页，北京，法律出版社，1997。

③ 有学者认为，此时用益物权的客体究竟是指不动产本身还是权利，值得研究。参见梅夏英、高圣平：《物权法教程》，202 页，北京，中国人民大学出版社，2007。

④ 参见孙宪忠：《推进农村土地"三权分置"需要解决的法律认识问题》，载《行政管理改革》，2016（2）。

没有凸显出来。但在现代社会，随着人口的增长和需求的增加，土地资源已变得越来越紧缺，客观上需要利用地上和地下的空间来满足人口增长的需求，尤其是随着现代科学技术的发展，人类利用空间的手段和能力也不断提高，空间作为重要的财产，其重要性越来越凸显。① 这些都在客观上需要《民法典》将空间作为用益物权的客体纳入物权法的范围。我国《民法典》第 345 条规定："建设用地使用权可以在土地的地表、地上或者地下分别设立。"这就承认了建设用地使用权可以在地上、地下的空间设立，从而实际上认可了空间可以成为用益物权的客体。

五是土地之外的其他自然资源。《民法典》确立了海域使用权、探矿权、采矿权、取水权、养殖权、捕捞权等准用益物权。准用益物权虽然不是典型的用益物权，但因为《民法典》是在用益物权之中对其作出规定的，所以其仍然属于用益物权的范畴。由于《民法典》承认了准用益物权制度，所以我国物权法上的用益物权实质上可以细分为一般用益物权和准用益物权，准用益物权不仅受到《民法典》的调整，还要受到《海域使用管理法》等相关特别法的调整。

我国《民法典》所规定的用益物权体系主要具有如下几方面的特点。

第一，本土性。用益物权体系具有浓厚的本土性。以土地为主要标的物的用益物权受到本国基本经济制度、文化传统等的深刻影响。② "由于对物资之'使用关系'大都取决于其社会结构和习惯。所以在认定与其相应之各种物权时，各国自然会表现出不同之差异，而物资之'交换价值'则完全建立在共同基础之上，此于任何国度都没有差异。"③ 我国用益物权体系的本土性，一方面表现在用益物权大都建立在土地公有制基础上，是在国有或者集体所有的土地之上产生的；另一方面，我国法上的用益物权体系是在总结我国改革开放以来立法和司法实践经验的基础上而构建的，因此具有鲜明的本土性。

第二，实践性。构建我国用益物权制度不仅要借鉴国外经验，更需要从中国

---

① 参见刘春彦等：《空间使用权法律问题思考》，载《山西高等学校社会科学学报》，2007（2）。
② 参见钱明星：《我国用益物权体系的研究》，载《北京大学学报（哲学社会科学版）》，2002（1）。
③ ［日］我妻荣：《日本物权法》，1～2 页，台北，五南图书出版有限公司，1999。

的实际情况出发，注意吸收我国人民群众的实践智慧以及司法实务的优秀经验成果，在此基础上建立一整套具有中国特色的、符合中国国情的用益物权制度。例如，土地承包经营权和建设用地使用权已经在我国民众中成为普遍接受的、约定俗成的概念，不宜采用永佃权或地上权的概念来代替，即使采用也很难为人们所接受。对于实践中出现的对不动产进行合法利用的形态，都应进行认真的整理和清理，需要立法予以规范的，应确认为新型的用益物权，并在此基础上进一步完善我国的用益物权体系。

第三，法定性。《民法典》第116条确立了物权法定原则，因此，物权的类型和体系必须要由法律规定。与担保物权相比，用益物权的设定更加注重法定性，不允许通过法律之外的地方性法规、司法解释以及合同等随意创设用益物权类型。例如，有的地方性法规规定，进行水力发电需要通过招标、拍卖等方式从政府取得"水能资源开发利用权"，并缴纳出让金。全国人大有关部门经审查认为，地方自行规定的"水能资源开发利用权"具有用益物权性质，但其并不符合《民法典》所规定的物权法定原则[1]，应当纠正。

当然，任何体系都不是封闭的，而应当保持一定的开放性。从比较法的角度来看，用益物权体系虽然具有相当的稳定性，但各国立法并没有对用益物权体系采取封闭的态度，而是允许通过特别法和判例不断发展用益物权体系。我国《民法典》虽然已经明确规定了用益物权的类型，但这并不意味着用益物权的类型就已经为法律所穷尽，并因此完全固定化。事实上，在物权法定原则之下，物权类型的体系也应当保持一定的开放性。因为一方面，我国正处于社会转型时期，市场经济在不断发展，社会本身剧烈变化，物权关系也不可能一成不变。在我国土地和自然资源公有的背景下，用益物权的社会功能与西方实行土地私有的国家有所不同，我国的用益物权体系是随着社会主义市场经济体制改革逐步发展起来的，除了继受传统习惯和满足当事人的生活需要之外，还起到了将土地、自然资

---

① 参见沈春耀：《全国人民代表大会常务委员会法制工作委员会关于十三届全国人大以来暨2022年备案审查工作情况的报告》，http：//www.npc.gov.cn/npc/c30834/202301/071b016931d6480abfef076f95b8b208.shtml。

源等通过用益物权进行市场化配置的重要作用。① 用益物权作为利用不动产和其他财产资源的一种方式，客观上需要保持必要的灵活性和开放性。对于那些被实践证明卓有成效的土地及自然资源的利用方式，不妨以后通过立法将其确认为新的用益物权类型。另一方面，在《民法典》物权编制定过程中，对于典权等用益物权是否应当在《民法典》中作出规定，虽然存在争议，但这并不妨碍以后时机成熟时将其纳入物权体系之中。

需要指出的是，《民法典》在用益物权制度的设计上已经为用益物权的发展预留了一定的空间，兼顾了物权法定原则下的刚性与弹性。一方面，《民法典》物权编在规定用益物权的客体时，并没有将其限定为不动产，而包括了动产。不动产具有固定性、生产性和永久性等特点，因而不动产成为古代用益物权的主要客体。在中世纪的很长时间内，对土地的占有还是权利的重要象征。在近代，重农主义学派鼓吹所谓"土地是财富之母"的经济哲学，进一步助长了法律对不动产的偏重。这些都解释了为什么直到 1804 年《拿破仑民法典》（《法国民法典》）时期，不动产仍然具有优越地位，该法典的大量规定其实只是针对不动产而作出的。② 也正是因为这一原因，大陆法系国家民法典中用益物权的客体都限于不动产。有学者认为，用益物权主要以不动产为标的物③，甚至有学者认为，用益物权的客体应以不动产为限，在动产或权利之上不能设立用益物权。④ 但依据我国《民法典》第 323 条，在动产之上也可以设定用益物权。这不仅为动产之上设立用益物权提供了制度空间，也为将来我国用益物权体系的丰富和完善提供了法律依据。例如，未来如果船舶、航空器等采用融资租赁的方式，并办理了登记，也可能会取得用益物权。另一方面，《民法典》规定了准用益物权制度，包括海域使用权、探矿权、采矿权、取水权和使用水域、滩涂从事养殖、捕捞的权利，这些权利不仅受《民法典》的调整，也受特别法的调整。如果将来特别法规定了新

---

① 参见黄薇主编：《中华人民共和国民法典物权编解读》，364 页，北京，中国法制出版社，2020。

② Jean-LouisBergel, Marc Bruschi, Sylvie Cimamonti, Droit civil, Lesbiens, LGDJ, 2000, p. 167.

③ 参见陈华彬：《物权法原理》，498 页，北京，国家行政学院出版社，1998。

④ 参见房绍坤：《用益物权基本问题研究》，169 页，北京，北京大学出版社，2006。

的准用益物权类型，也可以将其纳入《民法典》的范围内，从而不断丰富和发展《民法典》的用益物权体系。

第六节　用益物权行使的原则

用益物权人虽然享有独立的用益物权，但是，其行使用益物权应当遵循一定的原则，详言之，必须遵循如下基本原则。

一、物尽其用的原则

用益物权制度必须体现物尽其用原则。用益物权，即对他人的不动产使用收益之权，而在利用的过程中应当充分发挥物的效用，所以用益物权的设定目的必须贯彻物尽其用的原则。[1] 在现代社会，由于资源本身的稀缺性，人口与资源的压力日益突出，因此，各国立法都十分注重对资源进行最大效率的利用。而用益物权制度设立的目的就是要促进物尽其用，尽可能以最有效的方式利用有限的资源[2]，因而，贯彻物尽其用的原则在我国物权法上得到了充分体现。例如《民法典》第 345 条承认建设用地使用权可以在土地的地表、地上和地下分别设立，这实际上承认了空间利用权。再如，《民法典》第 332 条第 2 款规定，土地承包经营权届满之后，由土地承包经营权人依照农村土地承包的法律规定继续承包。这就有利于鼓励土地承包经营权人加大对承包土地的投资，提高承包土地的效益。[3]《民法典》所具有的物尽其用的功能，在相当程度上是通过用益物权制度来具体体现的。用益物权的社会功能在于"增进物尽其用的经济效用，即拥有其

---

[1]　参见王泽鉴：《民法物权》，第 2 册，2 页，台北，自版，2001。

[2]　孙中山亦曾主张实行"地尽其利"，"以增进财富，充裕民生"。参见刘得宽：《民法诸问题与新展望》，64 页，北京，中国政法大学出版社，2002。

[3]　参见孙佑海：《物权法与环境保护》，载《环境保护》，2007（5）。

物者得自不使用，而使他人利用之，以收取利益对价。无其物者得支付代价而利用他人之物，而不必取得其所有权。易言之，用益物权具有调剂土地'所有'与'利用'的机能"①。

二、合理开发利用资源、保护生态环境的原则

现代社会，自然资源的有限性和稀缺性与人类不断增长的需求之间，存在尖锐的矛盾，因此，必须合理利用资源，保护生态环境。《民法典》第 326 条规定："用益物权人行使权利，应当遵守法律有关保护和合理开发利用资源、保护生态环境的规定。"据此，用益物权人在行使用益物权时，必须遵守法律有关保护和合理开发利用资源的规定。所谓合理开发和利用，是指开发和保护必须结合起来，对于自然资源的利用和养护必须协调处理，既要保证资源的有效利用，防止浪费，又要保证可持续发展，兼顾近期的利用效率和长远利益。保护生态环境，要求依法防止自然环境受到污染和破坏，对受到污染和破坏的环境做好综合治理。在我国，良好的生态环境是人民群众美好幸福生活的重要组成部分，是最普惠的民生福祉。我国是世界上最大的发展中国家，为了发展经济，我们必须利用各种资源，但同时又面临资源严重紧缺、生态严重恶化的危机，大气污染、黑臭水体、垃圾围城等成为民生之患，这就要求我们必须更重视资源的有效利用，并防止生态环境进一步恶化。保护环境、维护生态文明已成为我国的一项基本国策，并成为"五大发展理念"的重要内容。用益物权作为规范不动产利用关系的基本法律制度，直接规定了对土地等不动产利用过程中的权利义务关系，《民法典》将保护生态环境的原则作为用益物权制度的基本原则，既符合我国基本国策，也符合我国长远发展的基本需要。

《民法典》第 244 条规定："国家对耕地实行特殊保护，严格限制农用地转为建设用地，控制建设用地总量。不得违反法律规定的权限和程序征收集体所有的

---

① 王泽鉴：《民法物权》，第 2 册，7 页，台北，自版，2001。

土地。"这就确立了用益物权中保护耕地的原则。确立这一具有中国特色的原则的原因在于，用益物权成立于不动产之上，尤其是土地之上，其权利内容表现为对土地的利用，与耕地有密切的联系。我国用不到世界7％的耕地养活了世界22％的人口。我国目前可耕作的土地面积为18.4亿亩，人均不足1.4亩，是世界平均水平的1/3。而且，我国耕地总体质量差，沙化现象严重，耕地后备资源匮乏。① 所以，对耕地实行最严格的保护政策，是我国一项基本的国策。按照保护耕地的原则，用益物权人行使其权利的过程中，必须合理利用土地，保护耕地，如不能擅自占用耕地建房、修坟、取土、挖沙等②，不得将耕地随意改为宅基地，土地承包经营权的流转不得改变农用地的用途。保护耕地的原则决定了《民法典》对土地承包经营权和宅基地使用权的流转仍然有严格的限制。

三、遵守合同约定、禁止权利滥用的原则

遵守合同约定，是指用益物权设定人和用益物权人之间，常常要通过用益物权设定合同明确双方的权利义务关系，依据该合同规定，用益物权享有对他人之物的"用益"权利，同时要依据合同行使权利并承担义务，而用益物权设定人要依据合同对他人行使"用益"权利承担"容忍义务"，而不能干涉用益物权人行使权利。③ 用益物权人在行使权利过程中，不得超出法律、合同规定的范围，行使的方式也必须符合法律和合同的规定。

所谓禁止权利滥用，是指权利人在行使其享有的权利的时候，必须以诚信和顾及社会和他人利益的方式进行，禁止以损害他人利益的方式恶意地行使其权利，这是诚信原则的具体体现和要求。罗马法时期曾有法谚云："任何人不恶用自己的物，乃国家利益之所在"（expeditenimreipublicaenequisresuamaleutatur）。19世纪末叶以后，各国均以法律或判例的形式确立了"权利滥用禁止"原则。

① 参见黄薇主编：《中华人民共和国民法典物权编解读》，375页，北京，中国法制出版社，2020。
② 参见胡康生主编：《中华人民共和国物权法释义》，267页，北京，法律出版社，2007。
③ 参见李永军：《论我国民法典上用益物权的内涵与外延》，载《清华法学》，2020（3）。

如《德国民法典》第226条规定："权利的行使不得专以加害他人为目的。"日本民法经过判例的长期发展，最终在《日本民法典》第1条第1款中增加"不许权利滥用"的规定。借鉴比较法的经验，《民法典》第132条规定，民事主体不得滥用民事权利损害国家利益、公共利益或者他人的合法权益。这可以被视为是对禁止权利滥用原则的明确规定。许多学者认为，禁止权利滥用是物权法的一项重要原则。① 笔者认为，禁止权利滥用虽然不是物权法的基本原则，但是，它应当是物权行使所必须遵守的一项重要原则。一方面，用益物权人行使权利，利用他人的财产进行使用收益，应当尽可能像对待自己的财产一样爱护和利用他人的财产，不得以牺牲资源、环境为代价，从事生产开发，侵害所有人和其他人的利益，否则构成权利滥用。② 另一方面，用益物权人在行使权利的过程中，不得超出权利行使的正常范围，恶意地损害他人的利益，为他人的不动产带来不必要的负担或者财产损害。还要看到，所有权人行使所有权，不得妨碍用益物权人行使权利。《民法典》第326条规定，所有权人不得干涉用益物权人行使权利。否则，也构成滥用权利。

----

① 参见钱明星：《论用益物权的特征及其社会作用》，载《法制与社会发展》，1998（3）。
② 参见孙佑海：《物权法与环境保护》，载《环境保护》，2007（5）。

第十七章
土地承包经营权

第一节　土地承包经营权概述

一、土地承包经营权的概念

所谓土地承包经营权，是指权利人对集体所有或者国家所有由集体使用的土地，享有依照法律和合同的规定，从事种植业、林业、畜牧业等农业生产的权利。1986 年的《民法通则》第一次在法律上确立了土地承包经营权，虽然该法没有明示其物权属性，但将该权利置于第五章第一节"财产所有权和与财产所有权有关的财产权"，表明《民法通则》的本意是将该权利作为物权来规定的。这也表明了《民法通则》具有一定的前瞻性，并且和《物权法》是一脉相承的。①1998 年的《土地管理法》（2019 年最后修正）和 2002 年颁行的《农村土地承包

---

① 参见中国社会科学院法学研究所物权法研究课题组：《制定中国物权法的基本思路》，载《法学研究》，1995（3）。

法》（2018年最后修正），都规定了土地承包经营权制度，但都没有明确承认其具有的物权效力。《物权法》第一次在法律上明确承认土地承包经营权为一种用益物权，并设立专章对此作出规定。这一规定实现了此种权利的物权化，对于稳定土地承包关系具有重要意义，也是对农村土地承包经营制度的重大发展。《民法典》物权编再次确认了土地承包经营权制度，并作出了完善。

土地承包经营权是一种重要的用益物权，它是我国农村集体经济组织以实行家庭承包经营为基础，统分结合的双层经营体制的产物。《民法典》第330条第1款规定："农村集体经济组织实行家庭承包经营为基础、统分结合的双层经营体制。"双层经营体制包括两个层次：一是以家庭承包为基础，即农村集体的土地由以家庭为单位的农户（即土地承包经营户）根据承包合同进行自主经营，从事农业生产。《民法典》第330条第2款规定："农民集体所有和国家所有由农民集体使用的耕地、林地、草地以及其他用于农业的土地，依法实行土地承包经营制度"，因此，在保持土地性质不变的前提下，由农村集体经济组织与农户订立集体经营合同，由农户取得农村集体经济组织土地的承包经营权。此种家庭的分散承包经营是整个经营体制的基础。[1] 二是集体统一经营的方式。集体组织虽然不直接耕种集体的土地，但是它负担着通过承包合同组织发包，指导和监督合同的履行，对集体资产享有并行使集体所有权，组织本集体经济组织成员开展统一的生产经营。[2] 最初它是一种农村集体经济组织高度集中的统一生产经营，后来采取多种形式来实现统一经营。所以，集体经营也是家庭经营的保障。如果没有集体经营，则难以保障社会主义集体所有制的性质。此种集体就是农村集体经济组织法人，在《民法典》中被界定为特别法人。《民法典》规定了双层经营体制，是对我国农村改革经验的总结，也有助于维护广大农民的基本权利，充分调动亿万农民的生产积极性，解放农村生产力，保障农村经济的健康发展。[3]

《民法典》第331条规定："土地承包经营权人依法对其承包经营的耕地、林地、草地等享有占有、使用和收益的权利，有权从事种植业、林业、畜牧业等农

---

[1][2] 参见黄薇主编：《中华人民共和国民法典物权编解读》，391页，北京，中国法制出版社，2020。

[3] 参见胡康生主编：《中华人民共和国物权法释义》，278页，北京，法律出版社，2007。

业生产。"该条继续采用了约定俗成的土地承包经营权的概念。这主要考虑到我国农村从 20 世纪 80 年代末期就开始实行联产承包责任制，几十年来已经形成了一整套政策法律制度，如果要取消土地承包经营权的概念，就要完全取消上述制度，这在实践中未必可行。实践证明，土地承包经营权是我国集体所有制之下的一种有效的、可行的土地利用方式。我国的经济体制改革正是从农村土地承包制度开始，极大地解放了农村生产力。正是在改革中逐步形成和完善土地承包经营权，《物权法》承认该权利为物权本身就是对于农村经济体制改革成果的总结。①任何法治的进步都是一个不断积累的渐进的过程，法律是过去实践的总结，一个法律上约定俗成的概念的存在，都有其深厚的社会背景，不能够轻易地改变。《民法典》第 331 条所规定的土地承包经营权的概念具有如下含义。

第一，对象是依法承包的耕地、林地、草地等，其属于农村土地。依据《农村土地承包法》第 2 条，农村土地是指农民集体所有或国家所有依法由农民集体使用的耕地、林地、草地以及其他依法用于农业的土地。农村土地与农民集体的土地存在区别，其不限于集体所有的土地，还包括国家所有依法由农民集体使用的土地。农村土地承包以后，土地所有权的性质不变，实行土地承包绝不是实行土地的私有化，土地承包经营权人并不享有土地所有权②，土地公有的性质不可能发生改变。

第二，目的是用于农业生产。土地承包经营权只能用于农业生产，而不能用于其他目的。即便从事相关的建设，其也应当服务于农业生产需要。从这个意义上说，土地承包经营权与宅基地使用权、建设用地使用权在设立目的和用途管制上存在重大区别。

第三，主体是土地承包经营权人。《民法典》使用的"土地承包经营权人"是一个比较概括的概念。依据我国现行法律规定，土地承包经营权人只能是以家

---

① 参见丁关良、田华：《论农用地物权制度的选择——关于"土地承包经营权"名称的存废》，载《中国农村经济》，2002（2）。

② 参见黄薇主编：《中华人民共和国农村土地承包法释义》，23 页，北京，法律出版社，2019。

庭承包方式承包本集体经济组织农村土地的农户①，而且从我国农村集体经济组织法人制度来看，承包户的成员应当限于农村集体组织的成员。《民法典》使用"土地承包经营权人"的概念，较之于《民法通则》第 80 条规定所采用的"公民""集体"作为承包经营权主体的表述更为科学。值得注意的是，从土地承包经营权中产生的土地经营权在主体上具有多样性。②

第四，对土地享有占有、使用、收益的权利。土地承包经营权人依法对其承包的土地享有占有、使用、收益的权利，可以利用其承包的土地进行各种农业生产活动，这也决定了其用益物权属性。但需要指出的是，土地承包经营权本身是可以处分的，但权利人对其承包的土地并不享有处分权。按照物权法定原则，这些权利都是由《民法典》所确定的权利，是法律所承认的基本权利，不得通过行政命令等方式加以剥夺。③

《民法典》为了巩固农村土地"三权分置"改革成果，促进土地的适度规模化经营，保护农民的合法权益，确认了土地经营权制度，这也是《民法典》的重大亮点。《民法典》在法律上明确承认土地承包经营权和土地经营权为一种用益物权，并设立专章对此作出规定，这是对农村土地承包经营制度的重大完善。该项制度是在不改变集体所有制性质的前提下，最大限度地使农民和土地的关系更加密切、保护农民权益的一种可行的方法和途径，对于稳定承包关系、促进土地流转、提高土地效益也具有十分重要的意义。

二、土地承包经营权的特征

土地承包经营权作为一项独立的用益物权，与其他用益物权存在明显区别，其主要法律特征是：

---

① 参见高圣平：《承包地三权分置的法律表达》，载《中国法学》，2018（4）。
② 参见高圣平：《农地三权分置的法律表达》，115~116 页，北京，法律出版社，2023。
③ 参见梅夏英、高圣平：《物权法教程》，213 页，北京，中国人民大学出版社，2007。

1. 目的的特殊性

土地承包经营权不同于其他用益物权之处在于，权利人设立该项权利的目的是从事各种农业生产活动，而不是建设房屋等。虽然农业生产也需要建造一定的建筑物和其他工作物，但是，它是为了农业生产而建造的。从事农业生产正是农村土地承包经营权设立的目的。依据《民法典》第 331 条规定，土地承包经营权人"有权从事种植业、林业、畜牧业等农业生产"。

所谓农业，有广义和狭义两种含义。狭义的农业，仅指种植业；而广义的农业，又称大农业，包括农业、林业、牧业、渔业等。可见，该条实际上采用了广义农业的概念，权利人对土地享有的权利，不限于从事种植粮棉等农业生产活动，还包括养殖、种植林木等。[①] 由于土地承包经营权的目的是从事农业生产，因此权利人在行使权利的过程中，应当维持土地的农业用途，不得将土地用于非农建设和生产（如建造房屋）。[②]

2. 设立的特殊性

用益物权大都采用法律行为的方式，按照公示原则，必须采取合意加公示的模式而设立，但土地承包经营权的设立具有特殊性。一方面，该权利自承包合同生效之日起就能有效设立，而不必采用公示方法。从这一点上讲，其类似于以法国法为代表的债权意思主义物权变动模式，采取此种模式符合我国国情，有利于保护农民的利益。这就使得合同的效力在一定程度上能够成为依法取得物权的依据，而承包经营合同的效力直接决定了物权的存续。另一方面，土地承包经营权也不是依照法律规定的申请、审批程序以及国家机关的授权产生的，而是通过订立承包合同的方式确立的。还要看到，合同一旦生效，土地承包经营权便随之自动设立，在合同生效之后，即使发包方没有实际交付土地，也不影响土地承包经营权的设立。因此，土地承包经营权的设立既不需要登记，也不需要交付，所以有学者将其称为典型的意思主义模式也不无道理。[③]

---

① 参见尹飞：《物权法·用益物权》，北京，中国法制出版社，2005。
② 参见江平主编：《中华人民共和国物权法精解》，167 页，北京，中国政法大学出版社，2007。
③ 参见房绍坤：《物权法 用益物权编》，北京，中国人民大学出版社，2007。

3. 主体的特殊性

《民法典》第 331 条关于土地承包经营权的主体并没有使用"承包经营户"的概念，而使用"土地承包经营权人"的提法。但是，《农村土地承包法》第 16 条第 1 款规定："家庭承包的承包方式是本集体经济组织的农户。"由此可见，在体系解释上，土地承包经营权人仅限于本集体经济组织的承包农户。《农村土地承包法》将"其他承包方式"的土地承包经营权人重塑为土地经营权人，其权利人也不限于本集体经济组织的农户。

4. 内容的特殊性

根据《民法典》第 331 条，土地承包经营权的内容包括占有、使用和收益的权利，而不包括处分权。在内容法定的前提下，有关土地承包经营权的内容也可以由有关发包方和承包方通过合同具体约定，从而将法定的内容具体化、明晰化。但是，《民法典》第 331 条的规定只是确立了权利的基本内容，有关土地承包经营权的具体内容则仍然应由土地承包合同来具体补充和完善。[①] 基于物权法定原则，对《民法典》所规定的土地承包经营权的内容，发包人与承包人不得在合同中任意变更。土地承包经营权人必须按合同规定的权能范围行使权利，且必须履行合同所规定的义务。

一般用益物权的权利人可以自由处分其权利，如建设用地使用权可以转让和抵押。但我国法律从维护耕地和保护农民的长远利益考虑，对于土地承包经营权的流转存在严格限制，如土地承包经营权仅能转让给本集体经济组织的其他农户，且应经发包方同意（《农村土地承包法》第 34 条）。

需要指出的是，中共中央办公厅、国务院办公厅在《关于引导农村土地经营权有序流转发展农业适度规模经营的意见》（中办发〔2014〕61 号）中就对农村土地承包经营权的规模经营做了部署，并在"指导思想"中明确提到了农村土地承包经营权将实现所有权、承包权和经营权分立的改革路径。按照此种"三权分置"的改革模式，土地承包经营权之中将包括经营权，并且可以将其分离出去作

---

① 参见李显冬主编：《中国物权法要义与案例释解》，200 页，北京，法律出版社，2007。

为独立于承包权的权利。我国《民法典》确认了此项改革成果，明确规定了土地经营权制度。这就意味着，土地承包经营权人享有设立土地经营权的权利。

5. 客体的特殊性

依据《民法典》第331条的规定，土地承包经营权的客体是指农村土地，即土地承包经营权人依法对其承包经营的耕地、林地、草地等享有物权，据此，承包经营的土地既包括集体所有的土地，也包括国家所有交给集体使用的土地。依据该条规定，一方面，承包经营的土地既包括集体所有的土地，也包括国家所有交给集体使用的土地。从实践来看，土地承包经营的客体主要是农村集体所有的土地，但又不限于集体所有的土地，还包括国家所有而由集体使用的土地。国家依法所有由农民集体使用的耕地、林地和草地的所有权属于国家，但交给农民集体使用。另一方面，承包经营的土地主要是指耕地、林地、草地等农业用地，除此之外，还包括其他农业用地。所谓其他农业用地，实际上是指养殖水面、菜地等。[1] 但是，除法律另有规定或当事人另有约定之外，一般不包括地下及地上空间的利用权。[2] 当然，随着我国多种形式的经营方式的发展，承包经营的范围越来越广泛，土地承包经营权的客体也要逐渐扩大，凡是法律规定可以由集体组织或农户承包经营的土地，都可以成为土地承包经营权的客体。

6. 期限的特殊性

用益物权都具有期限性，土地承包经营权也不例外，我国《民法典》第332条第1款规定："耕地的承包期为三十年。草地的承包期为三十年至五十年。林地的承包期为三十年至七十年"。这就规定了各种土地的承包期。此种期限属于法定的期限，不允许当事人通过合同随意变更。[3] 与一般用益物权比较，土地承包经营权虽然在期限上有限制，但为了保障土地承包经营权的长期稳定性，维护广大农民的切身利益，对农村土地承包经营权规定了较长的期限，并且到期后可

---

[1] 参见黄薇主编：《中华人民共和国民法典物权编解读》，392页，北京，中国法制出版社，2020。

[2] 参见梅夏英、高圣平：《物权法教程》，217页，北京，中国人民大学出版社，2007。

[3] 参见全国人大常委会法制工作委员会民法室编：《中华人民共和国物权法立法条文、立法理由及相关规定》，234页，北京，北京大学出版社，2007。

以依法继续承包。可见，土地承包经营权虽然有期限限制，但期限届满后，土地承包经营权人有权请求继续承包。由于农村土地对于农民而言，具有社会保障性质，每个农户都能对集体土地享有承包经营的权利，任何人都不得被剥夺承包土地的资格。从这个角度来说，土地承包经营权具有一定的身份性和平等性。[①]　即使是土地承包经营期届满，农民也不丧失承包经营的资格，只要承包人提出续期的请求，发包人就应当满足其要求。[②]

第二节　土地承包经营权的设定

一、土地承包经营权的设立方式

土地承包经营权的设立，也称为土地承包经营权的取得，是指当事人依据法律的规定和合同的约定而创设土地承包经营权的行为。关于土地承包经营权的设立方式。《物权法》第 127 条规定："土地承包经营权自土地承包经营权合同生效时设立。"《民法典》沿袭了这一规定，于第 333 条第 1 款规定："土地承包经营权自土地承包经营权合同生效时设立。"显然，《民法典》没有采纳土地承包经营权的设立必须登记的观点，只要土地承包经营权合同生效，就能设立土地承包经营权。作出此种规定的理由在于：

第一，有利于强化对土地承包经营权的保护，赋予了土地承包经营合同特别的效力。由于承包经营合同中已经明确了支配的范围和承包地的四至，这就明确了支配的范围，所以，在合同生效之后，承包人可以对特定的对象进行支配，并可以产生一定的排他性。

第二，有助于降低土地承包经营权的设立成本，减轻农民负担。在我国，广大农村仍然是熟人社会，人们对土地承包的范围和用途大多是了解的，极少发生

---

① 参见高富平：《土地使用权和用益物权》，440 页，北京，法律出版社，2001。
② 参见尹飞：《物权法·用益物权》，321 页，北京，中国法制出版社，2005。

争议，即使发生了争议，通过承包经营合同也不难有效确定当事人的权利义务关系。^① 同时，由于农村土地的四至是明确的，即便不明确，也可以通过习惯法进行调整。而如果要求登记才能设立，不可避免地将加重农民的负担，在实践中的价值也不大。

第三，我国目前的登记技术还不够完善，没有足够的人力、物力进行农村土地登记工作；同时，我国的信息化、电子化程度还不成熟，还没有达到将登记作为对抗的条件。尤其是在权利人要求登记时，还没有足够的条件满足权利人要求登记的请求。

虽然我国《民法典》规定，只要合同生效，就可以设立土地承包经营权，而没有规定登记对抗的规则，但在土地承包经营权转让、互换的情形下，则规定了未经登记不得对抗的规则，因此，其并非严格的登记对抗规则。笔者认为，就目前来看，土地承包经营权的设立不要求登记，虽然具有一定的合理性，但是，从长远来看，土地承包经营权的设立应当登记，因为随着土地经营权流转的增加，农村土地市场化的发展，土地经营权的流转会越来越频繁，因而可以采取登记的方式来保障当事人的权利。

2015年3月1日，《不动产登记暂行条例》正式生效，明确了"耕地、林地、草地等土地承包经营权"具有登记能力。国土资源部制定的《不动产登记暂行条例实施细则》中也明确了"依法以承包方式在土地上从事种植业或者养殖业生产活动的，可以申请土地承包经营权的首次登记"，并就申请首次登记的程序作出了规定。但是，颁发权属证书属于行政法意义上的行政确权，与土地承包经营权的设立标准是两个完全不同的问题。所以，在现阶段，我国土地承包经营权仍在土地承包经营权合同生效时设立。

《民法典》第333条第1款规定："土地承包经营权自土地承包经营权合同生效时设立。"依据这一规定，土地承包经营权自土地承包经营权合同生效时设立，这就表明我国土地承包经营权的设定主要是通过承包合同完成的。一般用益物权

---

① 参见全国人大常委会法制工作委员会民法室编：《中华人民共和国物权法条文说明、立法理由及相关规定》，236页，北京，北京大学出版社，2007。

的设定采取登记生效主义，未经登记仅具有合同上的债权债务关系，而并不发生物权变动，但我国土地承包经营权的设定具有特殊性，表现在：

第一，采取了意思主义的物权变动模式。我国《民法典》原则上采取登记生效主义，但是在法律特别规定的情况下，允许通过合同直接设定物权。这主要表现在土地承包经营权与地役权的设立上。按照《民法典》第333条，无论是集体土地承包还是国有土地承包，都无须采取登记生效主义，而可以由当事人通过订立合同的方式设立土地承包经营权。

第二，土地承包经营权自合同生效时即可成立。发包人和承包人就合同条款达成合意，并且签字盖章，合同一旦生效即可产生物权。这就表明，承包合同在当事人之间不仅产生债的关系，还可以产生物权关系。问题在于，在土地承包经营权的设立中，是否以交付作为土地承包经营权取得的要件？笔者认为，从《民法典》第333条的规定来看，即使没有交付土地，也可以设立土地承包经营权。其原因在于：一方面，《民法典》关于交付的规定仅仅是动产物权变动的要件，并不适用于不动产。另一方面，从实践来看，合同已经订立但是没有交付的情况很少发生。农村的土地一般都处于农民的占有之下，土地承包经营权设定后，一般要发生占有的移转。在承包以后，即使没有交付承包地，土地承包经营权人也有权基于合同要求发包方交付土地，并可以基于土地承包经营权行使物上请求权，要求取得对承包经营土地的占有。所以，农民在签订土地承包经营合同之后，便取得了对相应土地的承包经营权，并对之前占有该土地的农户享有移转占有的请求权。

第三，土地承包经营权的设立不以登记为要件。依据《民法典》第333条第1款，土地承包经营权人可以自由选择登记。这与建设用地使用权不同。建设用地使用权采取法定登记的模式，如不登记则物权不能设立。而土地承包经营权登记与否取决于当事人的自愿，不登记并不妨害物权的成立，只不过依据《民法典》第335条，在流转时未经登记不得对抗善意第三人。由此可见，我国土地承包经营权采取了类似于登记对抗主义的模式。

《民法典》第333条第2款规定："登记机构应当向土地承包经营权人发放土

地承包经营权证、林权证等证书，并登记造册，确认土地承包经营权"。这主要是考虑到，登记确权有利于明确权利的归属，稳定土地承包关系，并确保土地承包经营权流转的安全，并明确土地的面积、四至、空间位置等。①

二、土地承包合同

土地承包合同，是发包人与承包人之间订立的以土地承包经营为内容的合同。土地承包合同不仅是设立土地承包经营权的依据，也是确定土地承包经营权的期限、内容的依据。从这个意义上说，其与物权行为具有一定的相似性，但由于我国并没有采纳物权行为理论，因此，虽然土地承包合同能够直接设定土地承包经营权，但其在性质上并不是物权合同。当事人订立土地承包合同之后，应当在合同中依法记载当事人所享有、负担的各项权利义务。即使在土地承包经营权的内容和期限法定化以后，也仍然需要发包人和承包人通过承包合同确定其具体的权利义务关系，或者使法定的抽象权利规定具体化。

土地承包合同是物权取得的依据，但是这并不意味着《民法典》不需要对土地承包经营权作出规定。《民法典》不仅确认了土地承包经营权为物权，而且对土地承包经营权的主要内容进行了规定。依照物权法定原则，土地承包经营权的内容法定，当事人不得任意变更其效力、期限等内容。如果合同违反了《民法典》的强制性规定（如合同内容中约定违法收回和调整承包地），则该约定是无效的。② 例如，如果当事人约定一方可以在承包地上建造房屋，则该约定也是无效的。当然，当事人在不违反《民法典》强制性规定的基础上，有权通过相互之间的合同来设立土地承包经营权。

土地承包合同具有如下几个特点。

（1）主体的特殊性。土地承包经营合同是在集体经济组织和其成员之间订立

---

① 参见黄薇主编：《中华人民共和国民法典物权编解读》，438～439页，北京，中国法制出版社，2020。

② 参见《最高人民法院关于审理涉及农村土地承包纠纷案件适用法律问题的解释》第5条。

的。承包人是本集体经济组织的农户，不包括本集体经济组织之外的其他自然人、法人。

（2）目的的特殊性。《民法典》第331条规定："土地承包经营权人依法对其承包经营的耕地、林地、草地等享有占有、使用和收益的权利，有权从事种植业、林业、畜牧业等农业生产。"这就高度概括了土地承包经营合同的订立目的，即在集体的耕地、林地、草地等之上从事种植业、林业、畜牧业等农业生产。如果合同中约定将承包农地用于非农业用途，则该约定因违反法律规定而无效。即使土地承包经营权发生转让，受让人也应当在土地上从事农业生产，不得改变土地的用途。

（3）订立方式的特殊性。土地承包合同是根据承包方案而订立的。依据《农村土地承包法》第19条第3项的规定，承包方案的通过必须经本集体经济组织成员的村民会议2/3以上成员或者2/3以上村民代表的同意。

（4）客体和内容的特殊性。土地承包经营权的客体是农村土地，包括集体所有的耕地、林地、草地等，以及国家所有交由集体使用的土地。它不应当包括矿藏、海域等财产，除法律另有规定外，也不应当包括地上和地下的空间。土地承包经营权在内容上，主要是指发包人将土地交给承包人，由承包人对集体土地依法享有使用、收益，并有权依法将土地承包经营权予以转让；农村土地承包后，土地的所有权性质不变。

（5）期限上的特殊性。土地承包合同的期限受到法律的约束。《民法典》第332条第1款规定："耕地的承包期为三十年。草地的承包期为三十年至五十年。林地的承包期为三十年至七十年"。第332条第2款规定："前款规定的承包期限届满，由土地承包经营权人依照农村土地承包的法律规定继续承包。"这就明确了在土地承包期届满之后，承包人有权按照国家有关规定继续承包。此种权利也称为土地承包经营权人的续包权。依据《土地承包法司法解释》第7条规定，承包合同约定或者土地承包经营权证等证书记载的承包期限短于农村土地承包法规定的期限，则承包方有权请求延长。林地的承包期比耕地和草地的承包期都要长，这主要是因为林木种植、生长和成熟的周期较长，如果承包期过短，则将使经营权人难以对林木进行有效的经济利用，也难以鼓励土地承包经营权人进行林木的种植。俗话说，"一年之计，莫如树谷；十年之计，莫如树木"。这就很形象地说明了这一点。①

需要指出的是，这里所言的承包期，不仅是合同期限，也是物权的存续期限。在法律对权利期限进行了强制性规定的情况下，当事人不得任意变更该期限的规定。当然，在不违背物权法规定的情况下，可以由当事人作出补充性的约定。

（6）效力上的特殊性。土地承包合同自成立之日起生效。依据《民法典》第333条第1款的规定，土地承包经营权合同一旦生效，就直接发生设立土地承包经营权的效力。② 具体而言，一是土地承包经营合同生效之后，在当事人之间产生合同的效力。合同当事人双方应当依据法律规定履行合同，在一方违反合同时，对方有权请求其承担违约责任。也就是说，土地承包合同是作为债权合同而存在的，因土地承包合同发生纠纷要适用《民法典》合同编关于合同的订立、变更、解除、违约责任等规定。在这一点上，土地承包经营合同与其他合同并没有本质的区别。二是直接导致物权的设定。因为土地承包合同是土地承包经营权的主要设立依据，合同之外（除继承外）一般不能取得土地承包经营权。依据《民法典》第333条第1款的规定，土地承包经营权合同一旦生效，就直接发生了设立土地承包经营权的效力。所谓生效，依据《民法典》物权编、合同编及相关法律的规定，就是指当事人就土地承包合同的主要条款达成协议且具备书面形式，而且各方都具有相应的行为能力，意思表示真实且不违反法律、行政法规的强制性规定，也不损害社会公共利益。在此情况下，土地承包经营权合同原则上自成立时生效。③ 三是内容不得违反法律规定。《民法典》《农村土地承包法》对土地承包经营权的内容、期限等作出了规定，当事人在订立土地承包合同时，不得违反法律的规定，否则可能导致合同无效。四是在承包期限内不得擅自变更和

---

① 参见姚红主编：《中华人民共和国物权法精解》，226～227页，北京，人民出版社，2007。
②③ 参见梅夏英、高圣平：《物权法教程》，220页，北京，中国人民大学出版社，2007。

解除。①

（7）具有要式性。土地承包经营权设立合同需采书面形式，主要原因在于：一方面，土地承包合同不仅直接产生设立物权的效力，而且是确定土地承包经营权内容的重要依据；另一方面，土地承包经营权是否能够设立，对相关当事人具有重要利害关系，通过书面合同设立和确认土地承包经营权，有利于使土地承包经营关系稳定化，鼓励和促进农民顺利开展农作物的种植、生产和投资。《农村土地承包法》第22条第1款也规定："发包方应当与承包方签订书面承包合同。"《民法典》虽未明确规定土地承包合同为要式合同，但从体系解释来看，土地承包合同作为设定物权的合同，应为要式合同。采用要式合同的方式，有利于避免纠纷的发生，且有利于发生纠纷时的举证。

三、土地承包经营权登记的效力

（一）土地承包经营权登记的效力概述

如前所述，《民法典》对设立土地承包经营权采取意思主义模式，没有采取登记生效主义。也就是说，一旦土地承包经营权合同生效，土地承包经营权就得以设立，而不需要进行登记。因而，登记在效力上不直接导致土地承包经营权的产生，不是物权取得的必要条件。即使没有办理登记，土地承包经营权人也可以依据合同取得完全的土地承包经营权。② 例如，在"甘某某等诉甘某某等土地承包经营权纠纷案"③ 中，法院认为，采取互换方式流转农村土地承包经营权的当事人可以要求办理农村土地承包经营权证变更登记，也可以不办理变更登记。

按照《民法典》第335条的规定：土地承包经营权人将土地承包经营权互换、转让，当事人可以向登记机构申请登记；未经登记，不得对抗善意第三人。"

---

① 参见《农村土地承包法》第35条。
② 参见黄薇主编：《中华人民共和国农村土地承包法释义》，109页，北京，法律出版社，2019。
③ 广西壮族自治区岑溪市人民法院（2011）岑民初字第691号民事判决书。

因此，登记主要适用于土地互换、转让的情况。登记在效力上主要表现为一种对抗第三人的效力。也就是说，即使土地承包经营权的互换和转让没有办理登记，但是该物权的变动在当事人之间也发生效力，只是不能对抗善意第三人。

（二）登记造册的性质和效力

《民法典》第333条第2款规定，登记机构应当登记造册。如何理解此处所说的"登记造册"？所谓登记造册，是指县级以上地方人民政府依法将土地的使用权属、用途、面积等情况登记在专门的簿册上，以确认土地承包经营权的法律制度。[①] 尽管《民法典》第333条第2款规定了设立土地承包经营权时应当登记造册，但登记造册不是物权设立的公示方法，只是政府出于管理需要而对土地承包经营权的确认。[②] 此处所说的登记并不是基于当事人的申请而发生的，而是政府依法作出的一种职权行为，带有总登记的性质。在土地承包经营权设立之后，各级地方人民政府都有义务向土地承包经营权人颁发土地承包经营证书。土地承包经营证是确认和证明土地承包经营权的凭证，也是物权的权利凭证。在发生土地承包经营权纠纷的情况下，土地承包经营证可以作为确权的依据。

如果当事人对于证书真伪不明发生争议，登记造册具有较强的证明力。但是如果登记发生错误，不能以此否认合同和物权的效力。[③] 例如，颁发林权证以后，仍然使第三人难以判断某林地的承包经营权的主体，所以，对于林地的承包，在颁发证书之后，还需要登记造册。从实践来看，这对于保护林地承包权人的利益是十分重要的。土地承包经营权人虽然没有取得林权证，但是，在发生争议之后，登记造册的内容也具有证据的效力。

（三）土地承包经营权证的效力

依据《民法典》第333条规定，登记机构除了登记造册以外，还应当发放土

[①] 参见胡康生主编：《中华人民共和国农村土地承包法释义》，65～66页，北京，法律出版社，2002。

[②] 参见姚红主编：《中华人民共和国物权法精解》，228页，北京，人民出版社，2007。

[③] 参见胡康生主编：《中华人民共和国土地承包法释义》，286页，北京，法律出版社，2002。

地承包经营权证。土地承包经营权证具有两个方面的作用：一方面，它可以证明土地承包经营合同关系的存在和内容。一般来说，土地承包经营权应当通过承包合同来证明，但是，在承包合同丢失的情况下，土地承包经营权证也可以间接地证明该承包关系的存在，因为证书中也应当记载权属、面积、用途等事项。另一方面，它是一种物权的凭证。由于证书是由县级以上政府统一印制的，其表明了国家对于权利的认可和保护。当然，证书作为权利凭证，仅具有证明承包经营权的证据效力，领取证书不是权利的成立要件。土地承包经营权证要详细记载四至，要对地块坐落以及谁对特定的地块享有多大权利予以记载，这有助于确认权利内容和归属。[①] 在发生土地承包经营权纠纷的情况下，土地承包经营权证可以作为确权的依据。

第三节　土地承包经营权的内容

土地承包经营权是一种用益物权，其内容首先应由《民法典》《土地管理法》《农村土地承包法》等法律规定。如果当事人就土地承包经营权的内容发生争议，应当首先依据法律的规定确定，在法律没有规定的情况下，才应当根据承包合同来确定该权利的内容。

一、承包经营权人的权利

（一）占有权、使用权和收益权

首先，土地承包经营权人有权依法占有承包的土地。在土地承包经营合同生效以后，权利人有权占有集体的土地，从事承包经营。尽管土地承包经营权的设立以合同生效为要件，但事实上，土地承包经营权人要实际利用集体土地从事农

---

① 参见中国土地政策改革课题组：《中国土地政策改革：一个整体性行动框架》，载《改革》，2006（2）。

业生产，就必须以占有土地为前提。① 如果土地承包经营权在合同生效以后，发包人并没有立即向承包人交付土地，土地承包经营权人在承包合同订立之后有权请求发包方交付土地并进行占有。如果土地仍然由第三人占有，承包经营权人有权基于其享有的物权请求第三人返还占有。如果土地之上存在他人的设施等，承包经营权人有权请求排除妨害。

其次，土地承包经营权人对土地享有使用的权利。所谓使用，是指土地承包经营权人有权利用承包的土地从事种植业、林业、畜牧业等农业生产，也可以利用承包的土地修建必要的附属设施，但以农业生产必需为限。例如，林地使用人有权修建必要的引水沟渠，但是，修建附属设施必须以服务于农业生产为必要。在法定的范围内，使用土地的权利内容主要应根据承包合同来确定。例如，合同允许其利用集体的土地栽种果树，或利用集体的池塘进行养殖，承包经营权人也有权享有上述权利。② 在承包经营关系中，使用是有范围限制的，也就是说，土地承包经营权人不得利用土地建造房屋或从事其他非农业活动，也不能擅自改变农用地的性质。

最后，土地承包经营权人对土地享有收益的权利。所谓收益，主要是指从承包地中种植的农产品获取的收益。例如，果树上出产的果实、稻田里出产的稻米、鱼塘里养殖的水产品，这是农民赖以生存的保障。③ 土地承包经营权人依法转让土地承包经营权或者依法流转土地经营权获得的收益，也可以认为是土地承包经营权人的收益。我国自取消农业税以后，农民通过承包经营土地，进行种植和生产而获得的收益，都应当归农民自己所有。

（二）自主经营权

所谓自主经营权，是指土地承包经营权人依据自己的意志组织农业生产经营活动和处置产品的权利。《农村土地承包法》第 17 条将自主经营权与使用收益权

---

① 参见梅夏英、高圣平：《物权法教程》，224 页，北京，中国人民大学出版社，2007。

② 参见全国人大常委会法制工作委员会民法室编：《中华人民共和国物权法条文说明、立法理由及相关规定》，231 页，北京，北京大学出版社，2007。

③ 参见胡康生主编：《中华人民共和国土地承包法释义》，43 页，北京，法律出版社，2002。

并列，表明这是一项独立的权能。此种权利包括两方面的内容：一是土地承包经营权人有权利用承包土地从事生产经营活动。其利用集体的土地从事生产经营活动，享有经营自主权，他人不得干涉。任何人不能以"一乡一品""特色农业"等为由干涉承包经营权人的经营自由。二是土地承包经营权人对利用承包的土地所收获的产品有权进行处置。土地承包经营权人可以自由决定农产品是否卖、如何卖，以及价格如何确定。土地承包经营权人行使自主经营权，任何组织或个人都不得干扰或阻挠。① 但对于一些特殊的农业生产活动，权利人也要受到法律的约束。例如，承包经营权人栽种林木，其虽然对林木享有所有权，但必须按照法律规定进行砍伐。

需要指出的是，在我国农村土地制度改革中，按照"三权分置"的改革思路，要从土地承包经营权中派生出土地经营权，即土地承包经营权人可以与土地实际经营人不一致。② 我国《民法典》实现了此种三权分置的制度化，这在一定程度上走出了土地承包经营权仅承载社会福利的认识限制，是一种规模化经营的改革思路。这将有利于承包地发挥其物权效能，保障农民的权益，也是土地承包经营权人自主经营权的特殊实现方式。

（三）续包权

在承包经营期届满之后，承包权人有权继续承包集体的土地，享有土地承包经营权。《民法典》第 332 条第 2 款规定："前款规定的承包期限届满，由土地承包经营权人依照农村土地承包的法律规定继续承包。"依据这一规定，即使承包期限届满，土地承包经营权人仍然有权继续承包。续包权包含了如下几个方面的内容：一是承包期满以后，只要承包人提出续包，发包人就应当满足其要求，由承包人按照其意愿继续承包；如果权利人不愿继续承包，则不能强行要求其继续承包。继续承包实际上是在终止原有的承包合同的基础上，产生一个新的承包合同。尽管在合同内容上与前一合同并无变化，但前一合同已经终止，所以继续承包实际上就是要签订一个新的合同，而不是原承包经营关系的继续。二是续包要

---

① 参见胡康生主编：《中华人民共和国土地承包法释义》，44 页，北京，法律出版社，2002。
② 参见刘守英：《直面中国土地问题》，166 页，北京，中国发展出版社，2014。

依据国家有关规定进行。我国农村土地承包始于 20 世纪 80 年代，在 90 年代中期第一轮承包期届满之前，第二轮土地承包工作已经到期。① 所谓依据国家有关规定继续承包，实际上就是指依据未来国家就第三轮土地承包发布的有关规定进行续包。三是续包权仅适用于家庭承包，而不适用于通过招标、拍卖、公开协商等方式承包的"四荒"土地。因为这些土地的承包要采用竞争性的方式，有能力者才能承包，而不是实行户户有份的方式。所以，对这类土地的承包，在承包期间届满后，承包经营权人不能当然享有续包权。《民法典》第 332 条规定的续包权，是土地承包经营权作为一种用益物权的重要内容，也是充分保障农民利益的具体体现。由于土地承包经营权还承载了社会保障的功能，所以，续包权是保障农民基本生活所必需的。《民法典》作出此种规定有利于进一步稳定农村承包经营关系，也有利于鼓励承包经营权人在承包期届满时继续对承包地进行投资，防止滥用土地资源等短期行为。②

（四）依法处分权

所谓依法处分权，是指土地承包经营权人有权将土地承包经营权依法通过互换、转让等方式转移，以及设定土地经营权。如前所述，土地承包经营权作为一种用益物权，权利人无权处分土地，但土地承包经营权作为一项民事权利，权利人对该权利享有一定的处分权。《民法典》第 334 条规定："土地承包经营权人依照法律规定，有权将土地承包经营权互换、转让。未经依法批准，不得将承包地用于非农建设。"《农村土地承包法》第 17 条确认承包方享有依法互换、转让土地承包经营权的权利，以及依法流转土地经营权的权利。据此，依法处分权主要包括两种：一是互换、转让。由于土地承包经营权具有一定的身份属性，权利人在互换、转让土地承包经营权时，应当在本集体经济组织内部进行。二是设定土地经营权。我国正在推行农村土地的"三权分置"，也就是说，要实行土地所有权、土地承包经营权和土地经营权的分离。推行农村土地"三权分置"的目的，

---

① 2019 年 11 月中共中央 国务院《关于保持土地承包关系稳定并长久不变的意见》指出，在第二轮承包期到期后，土地承包期限再延长 30 年。

② 参见姚红主编：《中华人民共和国物权法精解》，228 页，北京，人民出版社，2007。

就是要稳定土地承包经营权，放活土地经营权，从而实现土地的规模经营，促进农民增产增收。在此背景下，土地承包经营权人可以为他人设立土地经营权，这也是其处分权的重要内容。① 依据《民法典》第 334 条要求，转让必须依照《农村土地承包法》的规定，并明确规定"未经依法批准，不得将承包地用于非农建设"。

（五）拒绝非法收回或调整承包地的权利

根据《民法典》第 337 条的规定："承包期内发包人不得收回承包地。法律另有规定的，依照其规定。"此处所说的法律，主要是指《农村土地承包法》。《农村土地承包法》第 27 条对收回承包地的情况作出了规定。依据该规定，"国家保护进城农户的土地承包经营权。不得以退出土地承包经营权作为农户进城落户的条件"。但如果承包期内，承包农户进城落户的，要引导支持其按照自愿有偿原则，将承包地交回发包方或者鼓励其流转土地经营权。可见，除非法律另有规定，在承包期内发包人不得收回承包地。这不仅是合同必须严守规则的要求，也是保证土地承包经营权成为长期稳定的物权所必需的。

土地承包经营权人享有拒绝非法调整承包地的权利。根据《民法典》第 336 条的规定，"承包期内发包人不得调整承包地。因自然灾害严重毁损承包地等特殊情形，需要适当调整承包的耕地和草地的，应当依照农村土地承包法的法律规定办理"。《农村土地承包法》第 28 条规定，承包期内，因自然灾害严重毁损承包地等特殊情形对个别农户之间承包的耕地和草地需要适当调整的，必须经本集体经济组织成员的村民会议 2/3 以上成员或者 2/3 以上村民代表的同意，并报乡（镇）人民政府和县级人民政府农业等行政主管部门批准。承包合同中约定不得调整的，按照其约定。这就确认了承包经营的土地不得随意调整的规则，因为土地承包经营权既然是一种物权，物权化的目的就是要使得该权利成为长期稳定的财产权利，因此，发包方就不能随意调整。如果调整，不仅将损害土地承包经营权人的权利，而且不利于承包经营权人形成稳定的预期，进行长期投资，从而不

---

① 参见李国强：《论农地流转中"三权分置"的法律关系》，载《法律科学》，2015（6）。

利于提高土地利用效率。如果确有特殊情况，需要适当调整承包地的，则必须符合法定的条件和程序。①

值得探讨的是，土地承包经营权人弃耕抛荒达到一定期限的，发包方是否能够收回承包地？依据 2004 年《土地管理法》第 37 条规定，如果土地承包经营权人弃耕抛荒满 2 年的，则发包人有权收回承包地，但 2019 年的《土地管理法》废除了上述规定。因此，即使土地承包经营权人实施了弃耕抛荒行为，发包方也不能收回土地，因为土地承包经营权具有最低生活保障的作用，如果以弃耕抛荒为由而收回，则将使暂时无力耕种的承包经营权人失去生存之本，影响社会的安定。

（六）征收补偿权

所谓征收补偿权，是指因国家基于公共利益的需要，依据法律规定的权限和程序征收集体的土地而导致土地所有权移转，土地承包经营权因此消灭，土地承包经营权人有权依法要求单独补偿。《农村土地承包法》第 17 条规定，承包经营权人"承包地被依法征用、占用的，有权依法获得相应的补偿"。《民法典》第 338 条规定："承包地被征收的，土地承包经营权人有权依据本法第二百四十三条的规定获得相应补偿。"因此，土地承包经营权人享有征收补偿权。具体来说：

第一，必须是承包地已经被征收，即集体土地所有权被征收，从而导致土地承包经营权消灭。如果土地没有被承包，即使土地被征收，也不存在土地承包经营权人的补偿问题。

第二，土地承包经营权因征收而绝对消灭。当然，要区分土地的征收和征用，在征用的情况下，只是临时影响了土地承包经营权的行使，而不会导致土地承包经营权的绝对消灭。例如，因抗洪抢险、军事演习而临时征用集体土地，只是导致土地承包经营权在一定时间内受到限制，因此也不产生征收补偿权的问题。

---

① 参见席志国、方立维：《物权法法条详解与原理阐释》，208 页，北京，中国人民公安大学出版社，2007。

第三，补偿的标准和数额必须符合法律规定。征收集体土地之后，集体作为被征收人享有依法获得补偿的权利。但由于土地承包经营权已经物权化，因而在征收的时候，不仅要对土地所有权人给予补偿，也要对相关的用益物权人给予补偿。①《民法典》第243条第2款规定，征收集体所有的土地，应当依法及时足额支付土地补偿费、安置补助费以及农村村民住宅、其他地上附着物和青苗等的补偿费用，并安排被征地农民的社会保障费用，保障被征地农民的生活，维护被征地农民的合法权益。据此，一方面，必须对土地承包经营权人给予足额的补偿；另一方面，不仅要足额支付土地的补偿费，还要支付农民的社会保障费用。值得注意的是，征收征用中的补偿要贯彻农民生活水平不降低、长远生计有保障的原则。② 此外，在计算补偿款时应当将两者分开分别计算，从而既可以防止征收补偿费用过低的状况出现，又可以防止一些地方出现的村干部利用职权侵占甚至侵吞补偿款的情况出现。

二、承包经营权人的义务

（1）按照法律规定和合同约定利用土地的义务。一方面，依据《农村土地承包法》第18条的规定，土地承包经营权人应当"维持土地的农业用途，不得用于非农建设"。可见，土地承包经营权人最基本的义务是必须将土地用于农业用途，而不得将土地用于房地产开发等活动。另一方面，承包经营权人必须在法律允许的范围内从事农业生产活动。承包经营权人必须合法行使权利。任何人不得买卖土地，不得擅自将土地抵押或者将土地承包经营权非法流转，不得在承包地上从事建房、起土、建坟等活动。此外，土地承包经营权人在获得土地承包经营权之后，应当积极组织有效的农业生产，不得撂荒、弃耕或进行掠夺性农业生产，破坏土地的生产力，不得擅自在土地之上建造各种建筑物和工作物。

---

① 参见梅夏英、高圣平：《物权法教程》，228页，北京，中国人民大学出版社，2007。
② 参见《国务院关于加强土地调控有关问题的通知》（2006年），其中规定，征地补偿安置要坚持被征地"农民原有生活水平不降低、长远生计有保障的原则"。

（2）合理使用土地、保护环境的义务。《民法典》第 326 条规定："用益物权人行使权利，应当遵守法律有关保护和合理开发利用资源、保护生态环境的规定。"因此，土地承包经营权人承包土地之后，也应当注重保护资源，合理开发和利用资源并保护环境。《农村土地承包法》第 18 条规定，土地承包经营权人应当"依法保护和合理利用土地，不得给土地造成永久性损害"。据此，土地承包经营权人对承包经营的土地、山林、水面等应当合理利用，不得进行掠夺式开发、经营；不得擅自在耕地上建房、挖沙、采土、采石、采矿；同时，土地承包经营权人还有义务保护所承包土地的生态环境，即使是个人种植的林木也不能滥砍滥伐，不得使用违禁农药污染环境等。

（3）返还土地并恢复原状的义务。土地承包经营期限届满或其他法定原因导致土地承包经营权消灭，当事人又没有续订承包经营合同的，土地承包经营权人应当及时向发包人返还土地，并应当恢复土地的原状。

第四节　土地承包经营权的处分

一、土地承包经营权处分概述

所谓土地承包经营权的处分，是指土地承包经营权人依照法律的规定，采取互换、转让的方式将土地承包经营权移转给他人，或者设定土地经营权。土地承包经营权人是用益物权人，作为土地承包经营权客体的土地本身不能由其进行处分，但土地承包经营权作为一种权利，则可以被权利人依法处分。《民法典》第334 条规定："土地承包经营权人依照法律规定，有权将土地承包经营权互换、转让。未经依法批准，不得将承包地用于非农建设。"第 339 条规定："土地承包经营权人可以自主决定依法采取出租、入股或者其他方式向他人流转土地经营权。"这就在法律上确认了土地承包经营权人所享有的依法处分的权利。从实践来看，在稳定家庭承包经营的基础上，允许土地承包经营权依法处分，是发展农村市场经济、实现资源优化配置的必然要求。① 土地承包经营权的依法处分具有如下几个特点。

第一，依法处分在性质上是对权利的处分行为。土地承包经营权的依法处分都要导致权利被转让。这就是说，在被依法处分之后，一方的土地承包经营权消灭，而另一方继受取得该土地承包经营权。从这个意义上说，土地承包经营权的依法处分在性质上是一种土地承包经营权的交易。因而，应当按照自愿有偿、平等协商的规则进行流转。② 从广义上说，设立土地经营权也是土地承包经营权的一种处分方式。

第二，依法处分的权利是土地承包经营权的一项重要内容。既然土地承包经营权是一种物权，具有财产价值，就可以依法处分。一旦土地承包经营权人取得土地承包经营权，就自然享有对这种权利的处分权。③ 一般来说，依法处分的主体是土地承包经营权人，而不是发包人。在法律规定的范围内，土地承包经营权人有权决定是否处分以及处分的对象，也有权决定处分的方式和内容。

第三，依法处分不得改变土地的农业用途。在我国，土地属于国家或者集体所有，土地承包经营权只是用益物权，无论采取何种方式处分，也无论移转至何处，都不得改变土地的农业用途。对此，《民法典》第 334 条规定："未经依法批准，不得将承包地用于非农建设。"这是因为，我国实行最严格的耕地保护制度，土地承包经营权设立的目的只是为了从事农业生产，不是为了从事非农建设。因此，土地承包经营权被依法处分之后，受让人不能将承包地用于农业生产以外的目的。例如，在受让人受让承包地之后，不能将承包地用于房地产开发等非农建设。④ 当然，根据《民法典》相关规定，在国家土地整体利用规划范围内，承包经营的土地经过有关机关的批准和法定的程序，是可以改变用途的。

第四，土地承包经营权的处分是受限制的。土地承包经营权是依据一定的身

① 参见胡康生主编：《中华人民共和国土地承包法释义》，90 页，北京，法律出版社，2002。
② 参见《农村土地承包法》第 19 条。
③ 参见郭明瑞主编：《中华人民共和国物权法释义》，229 页，北京，中国法制出版社，2007。
④ 参见房绍坤：《物权法　用益物权编》，80 页，北京，中国人民大学出版社，2007。

份而取得的，因此不能完全放任其自由处分。例如，根据《农村土地承包法》第38条的规定，土地承包经营权的处分不得改变土地所有权的性质和土地的农业用途，受让方需有农业经营能力或者资质。可见，土地承包经营权的处分与一般用益物权的转让是有区别的，它要受到比较多的限制。

二、土地承包经营权的两种处分类型及其区别

根据《民法典》第334条，土地承包经营权不再使用"流转"一词，因此，土地承包经营权的处分主要是指土地承包经营权的互换、转让，同时，土地承包经营权人还可以依法设立土地经营权。据此，土地承包经营权的处分包括两种基本类型：一种是土地承包经营权的移转。依据我国《民法典》第335条和《农村土地承包法》的规定，此种处分是指互换和转让。此种形式的处分涉及土地承包经营权权利本身的移转。二是设定土地经营权。《民法典》第339条专门规定了土地经营权的流转："土地承包经营权人可以自主决定依法采取出租、入股或者其他方式向他人流转土地经营权。"这也是"三权分置"改革的成果，主要是为了更好地发挥土地的使用价值，实现规模化经营。

两者的主要区别在于：

第一，是否导致土地承包经营权在不同主体间的变动不同。在土地承包经营权互换、转让的情形下，原土地承包经营权人将丧失其土地承包经营权。从广义上说，土地承包经营权的互换、转让是该权利移转的继受取得。而设定土地经营权则并不导致土地承包经营权人丧失其土地承包经营权，而只是在该权利之上设定一种权利负担。土地经营权的设定在性质上属于继受取得。当然，设定的土地经营权可能是具有物权性质的权利，也可能是具有债权性质的权利。

第二，是否涉及农地"三权分置"不同。土地承包经营权的互换、转让涉及该权利的消灭与权利的取得，其并不创设新的权利类型，不涉及农地"三权分置"问题。而土地经营权的设立则在土地承包经营权之上创设新的权利类型，其是农地"三权分置"的产物。

第三，主体资格要求不同。土地承包经营权的互换、转让涉及移转的继受取得，其对受让人的资格有一定的要求，即受让人应当是本集体经济组织成员。而土地经营权的设定对受让人的资格没有限制为本集体经济组织成员，受让人可以是农业公司或者本集体经济组织成员之外的其他主体。

第四，是否受到期限限制不同。土地承包经营权的互换、转让所约定的期限不得超过土地承包经营权的剩余期限。而设定土地经营权则应当受到双重期限的限制，即一方面，土地经营权的期限不得超过土地承包经营权的剩余期限，即土地承包经营权在为他人设定土地经营权时，也不得超过土地承包经营权剩余期限；另一方面，土地经营权还应当受到当事人约定期间的限制。

三、土地承包经营权的互换和转让

1. 土地承包经营权人有权将土地承包经营权互换

所谓互换，是指土地承包经营权人将自己的土地承包经营权交换给他人行使，自己行使从他人处换来的土地承包经营权。[①] 它是指同一集体经济组织内部的不同土地承包经营权人将各自的土地承包经营权进行互易。土地承包经营权互换的目的是方便各自的需要。例如，农户所承包的土地过于分散，不适合规范化种植，通过互换的方式可以实现地块的集中，便于耕作。土地承包经营权互换只是主体的改变，但是不能改变土地的用途、权属以及承包的义务，土地承包经营权的互换基于农户的自由意愿，经过发包方的备案即可。[②]

在互换的情况下，当事人之间形成了一种互易合同关系。我国《民法典》第334条和《农村土地承包法》第33条对此作出了专门规定。与一般互易合同不同的是，此种互易合同的标的物是土地承包经营权，而不是所有权。在互易之后，双方都丧失了自己的原承包地经营权，而取得了对方的承包地经营权。互换

---

① 参见黄薇主编：《中华人民共和国民法典物权编解读》，443 页，北京，中国法制出版社，2020。
② 参见黄薇主编：《中华人民共和国农村土地承包法释义》，141～142 页，北京，法律出版社，2019。

从表面上看是地块的交换，但从性质上看，是由交换承包的土地引起的权利的移转。① 同一集体经济组织的承包方之间自愿将土地承包经营权进行互换，双方对互换土地，原享有的承包权利和承担的义务也相应互换。该种交换改变了原有的权利分配，涉及承包义务的履行，因此，应当报发包方备案。② 互换并不导致土地承包经营权内容的改变。在互换以后，原土地承包经营权设立合同约定的权利义务，应当由新的土地承包经营权人概括承受。③

互换除应签订书面合同之外，还应当符合如下几个条件：第一，互换的主体必须是同一集体经济组织内部的成员。按照《农村土地承包法》第 33 条的规定，因为关系到农户的生存保障问题，互换只能在同一集体经济组织内部进行，承包经营权人无权将其承包经营权与不同集体经济组织成员的土地承包经营权进行互换。第二，由于互换只是在同一集体经济组织内部进行交换，并没有改变土地承包方案，也没有将土地承包经营权移转给集体经济组织以外的其他人，对发包人的权益没有产生实质性的影响，因而，它不需要取得发包人的同意。④

2. 土地承包经营权人有权将土地承包经营权进行转让

所谓转让，是指土地承包经营权人将其拥有的未到期的土地经营权按照一定的方式和条件转让给他人的行为。⑤《农村土地承包法》第 34 条规定："经发包方同意，承包方可以将全部或者部分的土地承包经营权转让给本集体经济组织的其他农户，由该农户同发包方确立新的承包关系，原承包方与发包方在该土地上的承包关系即行终止。"《民法典》第 334 条将转让作为典型的流转方式加以规定，表明转让是土地承包经营权人享有的一项重要权利。《民法典》之所以允许土地承包经营权转让，主要是因为土地承包经营权的流转有助于推动我国农业生产的规模化和机械化，有利于提高土地利用效率。需要注意的是，转让也是一种典型的交易行为，故应当符合等价有偿的原则。转让可以采取全部转让的方式，也可

---

① 参见胡康生主编：《中华人民共和国农村土地承包法释义》，90 页，北京，法律出版社，2002。
② 参见黄薇主编：《中华人民共和国民法典物权编解读》，443 页，北京，中国法制出版社，2020。
③ 参见孙宪忠、朱广新主编：《民法典评注 物权编3》，70 页，北京，中国法制出版社，2020。
④ 参见胡康生主编：《中华人民共和国物权法释义》，289 页，北京，法律出版社，2007。
⑤ 参见黄薇主编：《中华人民共和国农村土地承包法释义》，142 页，北京，法律出版社，2019。

以采取部分转让的方式。土地承包经营权全部转让之后，原土地承包经营关系自行终止，原承包经营权人的权利消灭，而受让人取得该权利，并与发包人之间形成新的承包关系。[①] 转让导致土地承包经营权主体的变更，且转让是权利义务的概括移转，受让人应当取得原承包经营权人享有的权利，承担原承包经营权人负担的义务。如果受让人没有履行义务，应当由受让人承担违约责任。

转让除应签订书面合同之外，还必须符合如下几个条件：第一，必须经过发包方的同意。依据《农村土地承包法》第34条的规定，承包方只有经发包方同意，才能将其承包的全部或部分的土地承包经营权转让给本集体经济组织的其他农户。法律作出此种规定，主要是考虑到，承包经营权的转让行为毕竟会改变土地承包规划，并可能影响该集体经济组织的集体利益。因此，从维护发包人利益考虑，需要经过发包人同意。如果未经过发包人同意，将导致转让合同无效。[②]当然，如果出现了发包方无正当理由不同意或者拖延表态等情况除外。[③] 第二，受让方具有从事农业生产经营的能力。土地承包经营权的转让并未改变承包经营的目的，受让人必须按照承包经营地的用途继续从事农业生产。因此，受让方必须具有从事农业生产的能力。随着我国社会保障体制的逐步建立和完善，农村市场经济的发展，农民的非农收入不断增加，以及从推进农村的市场化、提高农业的市场效率等方面出发，应当逐步放开对土地承包经营权转让的限制。[④]

需要注意的是，转让与互换之间存在不同：在互换的情况下，土地承包经营权并未丧失，只是交换其承包经营权，而转让则因为当事人之间的转让生效，导致转让方不再享有承包经营权。[⑤] 同时，二者在程序要求上存在区别。土地承包经营权互换只需要当事人进行备案，而土地承包经营权的转让需要发包人的同意。

① 参见房绍坤：《物权法 用益物权编》，110页，北京，中国人民大学出版社，2007。
② 《最高人民法院关于审理涉及农村土地承包纠纷案件适用法律问题的解释》第13条规定：承包方未经发包方同意，采取转让方式流转其土地承包经营权的，转让合同无效。但发包方无法定理由不同意或者拖延表态的除外。
③ 参见高圣平：《〈中华人民共和国农村土地承包法〉条文理解与适用》，199页，北京，人民法院出版社，2019。
④ 参见马特：《土地承包经营权刍议》，载《河北法学》，2007（11）。
⑤ 参见黄薇主编：《中华人民共和国农村土地承包法释义》，142页，北京，法律出版社，2019。

依据《农村土地承包法》第 34 条规定，土地承包经营权的转让必须符合几个条件：一是必须经过发包方同意。其理由在于，首先发包人是土地承包经营权的代表方，土地承包经营权是发包人和承包人之间签订的，因此承包经营权的转让必须征得发包人同意是合理的。其次，土地承包经营权在一定程度上具有社会保障的性质，它是农户的基本财产权，具有基本生存保障的功能。法律要求转让取得发包人同意也是为了保护承包经营权人的利益，避免这种转让对集体所有权产生影响。① 二是土地承包经营权受让的对象是本集体经济组织的其他农户。因为土地承包经营权是受让的农户同发包方通过订立合同确立的土地承包经营权，其必须要符合身份、资格的要求，土地承包经营权必须限制在集体经济组织内部进行流转，保障承包经营权不会向外部流失。从法律效果上讲，土地承包经营权一旦转让，其原有的土地承包关系就终止了，受让方与发包人之间成立了新的承包关系，进而获得了土地承包经营权。受让方必须是从事农业生产的农户，而且必须是集体经济组织的成员。发包方与承包方的关系也不再是集体经济组织与其成员的内部关系，受让方是否符合法律规定的主体资格，是否具有承包经营的能力，直接关系到承包义务的履行。②

依据《民法典》第 334 条规定，未经批准不得将土地承包经营权用于非农建设。由于土地承包经营权的权利内容与制度功能都要满足土地承包经营权的基本需要，故当事人之间不能擅自改变耕地的用途，如不得在承包地上建窑、建坟或者擅自在承包地上建房、挖沙、采石、取土等。③

四、设立土地经营权

在土地承包经营权基础上设定土地经营权有两种方式。

一是在土地承包经营权基础上设立土地经营权。《民法典》第 341 条规定：

---

① 参见黄薇主编：《中华人民共和国民法典物权编解读》，444 页，北京，中国法制出版社，2020。
② 参见黄薇主编：《中华人民共和国农村土地承包法释义》，146 页，北京，法律出版社，2019。
③ 参见黄薇主编：《中华人民共和国民法典物权编解读》，445 页，北京，中国法制出版社，2020。

"流转期限为五年以上的土地经营权，自流转合同生效时设立。当事人可以向登记机构申请土地经营权登记；未经登记，不得对抗善意第三人。"据此，流转期限为 5 年以上的土地经营权，可以办理土地经营权登记。严格地说，流转期限为 5 年以上的土地经营权，取得了登记能力，但并不意味着土地经营权登记是权利人取得土地经营权的条件。对于流转期限不满 5 年的土地经营权，其并不具有登记能力。应当指出，土地经营权的流转期限应当受土地承包经营权剩余期限的限制。如果超过剩余期限，则超出部分应为无效。当然，延包之后，如果土地承包经营权人仍然取得土地承包经营权，从体系融贯的角度出发，仍应认定为有权处分。例如，土地承包经营权剩余 5 年期间，当事人签订的土地经营权期间为 10 年，由于农业生产的投入期间较长，可能前 3 年都是投入，没有产出，如果只以 5 年为有效期，则可能影响受让人取得土地经营权的积极性。因此，土地承包经营权人经延包后仍取得土地承包经营权的，可以认定 10 年期限有效。

二是由所有权人直接设立，该种方式针对的主要是四荒土地。《民法典》第 342 条规定："通过招标、拍卖、公开协商等方式承包农村土地，经依法登记取得权属证书的，可以依法采取出租、入股、抵押或者其他方式流转土地经营权。"

五、土地承包经营权移转后的登记

《民法典》第 335 条规定："土地承包经营权互换、转让的，当事人可以向登记机构申请登记；未经登记，不得对抗善意第三人。"从这一规定来看，我国土地承包经营权的转让采用了登记对抗模式。这就是说，登记不是物权转移的必要条件，而只是产生对抗第三人效力的要件。确认登记的对抗效力，有利于保护善意第三人利益，并进而维护交易安全。《民法典》之所以对土地承包经营权的设立没有明确规定登记对抗，而对土地承包经营权的互换、转让，则规定了登记对抗规则，主要理由在于：一方面，土地承包经营权的设立发生在农村集体经济组织内部，属于熟人社会，即便不办理登记，一般也不会发生权属争议。而一旦进行互换、转让，就可能产生权属变动，即便发生在集体经济组织内部，也容易发生争议，因此，需要进行登记。另一方面，在土地承包经营权发生互换、转让的情形下，土地承包经营权人将发生变动，这也导致土地承包经营权的实际权利人与发包方案所记载的权利人不一致，此时，实行登记对抗规则可以减少权属纠纷，公示权利状态。此外，在土地承包经营权互换、转让的情形下，实行登记对抗主义，也有利于土地经营权的设立和流转，即通过登记可以公示土地之上的真实权利状态，从而便于权利人设定和流转土地经营权。

采用登记对抗主义，包括如下几个方面的含义。

第一，土地承包经营权流转本身并不要求必须登记。如果没有办理登记，并不影响流转的生效，因此，登记并不是土地承包经营权互换、转让的生效条件。①《民法典》第334条规定，当事人要求登记的，相应行政机关才应当根据当事人的申请办理登记。这也就是说，当事人可以办理登记，也可以不办理登记。如果不办理登记的，也不影响该权利的流转。

第二，如果当事人要求登记，应当向县级以上地方人民政府申请办理土地承包经营权变更登记。这里所说的"变更登记"不应当理解为内容变更的登记，此种登记是主体变更的登记，即移转登记。

第三，未经登记，不得对抗善意第三人。如何理解此处所说的"善意第三人"？一般认为，即使未经登记，受让人取得的仍然是物权，可以对抗一般债权人和恶意第三人，只是不能对抗已经登记的其他善意受让人。如果承包经营权人将土地承包经营权多次转让，在先的受让人没有进行登记，所取得的物权只对转让人有效。而一旦其他善意受让人在后来的交易中办理了登记，则其取得该土地承包经营权，因此，在先的受让人取得的权利不能对抗在后的已经办理了登记的善意受让人。

第五节 土地承包经营权的消灭

土地承包经营权的消灭，是指土地承包经营权人基于特定事由丧失土地承包

---

① 参见房绍坤：《物权法 用益物权编》，114页，北京，中国人民大学出版社，2007。

经营权。具体来说，土地承包经营权消灭的原因包括下述几种。

一、土地承包经营权期限届满

土地承包经营期限一般由承包经营合同明确规定，在承包经营期限届满以后，如果没有延长承包经营期限，原土地承包经营合同终止，土地承包经营权消灭。《民法典》第332条第2款规定："前款规定的承包期限届满，由土地承包经营权人依照农村土地承包的法律规定继续承包"。但是，在承包期满之后，即使能够继续承包，也只是导致新的承包经营关系的产生，而不是原承包经营关系的继续。

二、依法调整承包地

依据《民法典》第336条第1款规定，"承包期内发包人不得调整承包地"。可见，除非符合法定的条件和程序，否则发包方在承包期内不得擅自调整承包地。《民法典》第336条第2款规定："因自然灾害严重毁损承包地等特殊情形，需要适当调整承包的耕地和草地的，应当依照农村土地承包的法律规定办理。"在调整承包地以后，基于原土地之上的土地承包经营权消灭，而土地承包经营权人取得了新的土地之上的承包经营权。也就是说，土地承包经营权的客体发生了变化，承包经营权也随之发生变化。土地承包经营权调整的法定条件主要包括：

第一，必须出现法定的调整承包地的事由。这主要是指出现了自然灾害严重毁损承包地等特殊情形。因为自然灾害（如洪水、海啸、地震等）造成水土流失，承包地本身已经无法继续耕种甚至出现承包地灭失情况，在此情况下，如果不予以调整，土地承包经营权人将丧失基本的生活保障。

第二，必须在承包期内需要适当调整承包地。一方面，必须是出现了法定的调整事由后，确有必要调整承包地。如果出现了自然灾害但没有导致土地流失，就没有必要调整。另一方面，必须发生在承包期内，如果承包期届满且没有续订合同，当然就没有必要调整，由此将导致承包权的消灭。

第三，调整必须依照法定的程序。《农村土地承包法》第 28 条规定，承包地的调整要经过本集体经济组织成员的村民会议 2/3 以上成员或者 2/3 以上村民代表的同意，才能调整承包地。因为土地承包经营权的调整，不仅关系到个别农户，而且关系到整个集体经济组织的重大利益问题，所以，应当经过绝对多数的村民同意。笔者认为，《民法典》第 261 条第 2 款规定，对个别承包地的调整，要依照法定程序经本集体成员决定，同时，《民法典》第 336 条第 2 款规定："因自然灾害严重毁损承包地等特殊情形，需要适当调整承包的耕地和草地的，应当依照农村土地承包的法律规定办理。"需要讨论的是，《农村土地承包法》第 27 条规定："承包合同中约定不得调整的，按照其约定。"依反面解释，承包经营合同约定土地承包经营权可以调整的，则可以按照合同约定调整。这里关键是如何理解"约定"，如果该约定是由集体经济组织内部共同约定的，反映了全体集体经济组织成员的共同意志，该约定是有效的。当约定的调整条件发生时，该集体可以根据合同约定进行调整。但是，如果只是针对个别承包合同作出可以调整或者不可以调整的约定，则该约定是无效的。单个合同的约定不得改变法律的强制性规定，因为既然法律规定在特殊情况下并且经过法定程序可以调整，那么，如果个别承包合同中约定不得调整，实际上通过该约定使得法定的权利无法得到实现，这显然是不合法的。

三、土地承包经营权人自愿交回承包地

土地承包经营权作为一种民事权利，可以由权利人依自己的意志进行处分。如果土地承包经营权人自愿交回承包地，实际上是抛弃土地承包经营权的行为，将导致土地承包经营权消灭。《农村土地承包法》第 30 条规定："承包期内，承包方可以自愿将承包地交回发包方。承包方自愿交回承包地的，可以获得合理补偿，但是应当提前半年以书面形式通知发包方。承包方在承包期内交回承包地

的，在承包期内不得再要求承包土地。"从该规定来看，自愿交回的行为并不受任何限制，不管承包经营权人是否在城市找到了工作，也不管其是否获得了一定的非农业收入，只要其愿意交回土地，法律都不禁止。但交回之后，发包方有接受的义务，依据《农村土地承包法》第29条，承包经营权人在交回之后在合同约定的承包期内不得再要求承包土地。

四、国家对承包经营土地的征收

土地承包经营权存在的前提是集体对土地享有所有权。如果国家基于社会公共利益的需要，依据法律规定的权限和程序而征收集体的土地，则在集体土地所有权移转并变成国家所有之后，该集体土地上设立的土地承包经营权随之消灭。当然，国家在征收承包经营地时，应当依据《民法典》第338条给予土地承包经营权人充分、合理的补偿。因此，征收也是土地承包经营权消灭的一种原因。

土地承包经营权消灭后，关于地上的附属设施的归属问题，法律并没有作出明确规定。笔者认为，如果附属物是土地承包经营权人修建的，在土地承包经营权期限届满时，权利人有权取回附属设施。但发包人要求以时价购买的，依据物尽其用的原则，土地承包经营权人不得拒绝。土地承包经营权人不取回附属设施，且保留附属设施对土地使用有益时，发包人应当给予相应的补偿。

第六节　土地经营权

一、土地经营权的概念和特征

土地经营权包括两种：一是家庭承包中土地承包经营权经流转设立的土地经营权，即受让方根据流转合同的约定对承包方承包的农村土地依法占有、利用其开展农业生产经营并取得收益的权利[1]；二是土地所有权人直接设立的土地经营权，即通过招标、拍卖、公开协商等方式承包农村土地，经依法登记取得权属证书的，以出租、入股、抵押或者其他方式设立的土地经营权。《民法典》第340条规定："土地经营权人有权在合同约定的期限内占有农村土地，自主开展农业生产经营并取得收益。"《民法典》确认了土地经营权，旨在确认农村土地"三权分置"改革的成果，保障农民的合法权益，避免其丧失土地承包经营权，同时促进土地的适度规模化经营，克服现在的小规模的耕作模式，促进土地流转，赋予受让方更加稳定的权利。[2]

"三权分置"是农村经济改革的产物。所谓三权分置，是指将农村土地上的权利分为集体土地所有权、土地承包经营权与土地经营权三个层次，承包方承包土地后，既可以自己经营，也可以流转承包地的土地经营权，由他人经营。受让人通过流转取得土地经营权，可以实现土地经营效益的最大化。[3]农民集体土地所有权与家庭承包经营权的两权分离，已不能满足农村的实际需要，因此需要进行"三权分置"。三权分置改革是继家庭联产承包责任制后农村改革又一重大制度创新。由于我国农村经济的发展，各类合作社、农业产业化龙头企业等新型经济主体不断出现，规模化、集约化经营水平不断提升，家庭承包多元经营的格局开始出现[4]，通过"三权分置"改革，可以明晰土地产权关系，更好地维护农民集体、承包农户、经营主体的权益；从而有利于促进土地资源合理利用，构建新型农业经营体系，发展多种形式的适度规模经营，提高土地产出率、劳动生产率和资源利用率，推动现代农业发展。[5]"三权分置"是农村基本经营制度的自我完善，符合生产关系适应生产力发展的客观规律，展现了农村基本经营制度的持久活力，有利于明晰土地产权关系，更好地维护农民集体、承包农户、经营主体

① 参见黄薇主编：《中华人民共和国民法典物权编解读》，667页，北京，中国法制出版社，2020。
② 参见孙宪忠、朱广新主编：《民法典评注 物权3》，115～116页，北京，中国法制出版社，2020。
③ 参见黄薇主编：《中华人民共和国农村土地承包法释义》，196页，北京，法律出版社，2019。
④ 参见崔建远：《物权法》，5版，293页，北京，中国人民大学出版社，2021。
⑤ 2016年中共中央办公厅 国务院办公厅印发《关于完善农村土地所有权承包权经营权分置办法的意见》。

的权益。①

在三权分置改革的基础上，土地经营权应运而生。为了适应三权分置改革的需要，土地承包经营权的流转已经通过土地经营权的设定而实现，《民法典》第334条删除了土地承包经营权的转包规则，仅仅保留了互换、转让，规定"土地承包经营权人依照法律规定，有权将土地承包经营权互换、转让。未经依法批准，不得将承包地用于非农建设"。并且在"土地承包经营权"章（第十一章）中，单设土地经营权。②

土地经营权具有如下特点。

第一，它主要是在土地承包经营权之上派生出来的权利。土地承包经营权是土地经营权的母权，土地经营权就是从土地承包经营权中派生出来的权利，它是土地承包经营权流转的一种方式，是为了实现土地的经营利用而产生的一项权利。③当然，对四荒土地之上设立的土地经营权而言，其是在土地所有权之上设立的权利。

第二，土地经营权的主体是根据土地流转合同取得经营土地权利的自然人、法人或者非法人组织。一方面，就出让方而言，由于在实践中，家庭承包通常以户为单位，故流转中出让方是承包方，而非承包户的个别家庭成员。④另一方面，就受让方而言，土地经营权的主体既可能是自然人，又可能是法人或非法人组织。土地经营权不同于土地承包经营权，其没有相关身份的限制，并不要求是集体组织的成员。⑤从这一意义上说，土地经营权的取得和处分由当事人自主约定，法律不作强行限制，这不同于具有福利性、保障性的土地承包经营权。⑥当然，虽然法律上没有对土地经营权人的身份进行严格限制，但依据《农村土地承包法》第38条第4项规定，土地经营权的取得也要求权利人具有相应的农业经营能

①　参见黄薇主编：《中华人民共和国民法典物权编释义》，664页，北京，法律出版社，2020。

②　参见《民法典》第340、341条。

③　参见高圣平等：《〈中华人民共和国农村土地承包法〉条文理解与适用》，224～225页，北京，人民法院出版社，2019。

④　参见黄薇主编：《中华人民共和国农村土地承包法释义》，149页，北京，法律出版社，2019。

⑤　参见黄薇主编：《中华人民共和国民法典物权编释义》，668页，北京，法律出版社，2020。

⑥　王利明主编：《民法》，8版，399页，北京，中国人民大学出版社，2020。

力或者资质，如果权利人没有经营能力，就难以进行规模化的农业生产。其既可以是本集体经济组织的成员，也可以是非本集体经济组织的成员。① 但是，依据《农村土地承包法》第 38 条第 4 项的规定，"受让方须有农业经营能力或者资质"。

第三，土地经营权的客体是承包地、四荒地等农村土地。依据《农村土地承包法》第 2 条的规定，"本法所称农村土地，是指农民集体所有和国家所有依法由农民集体使用的耕地、林地、草地，以及其他依法用于农业的土地"。因此，农村土地是指用于农业的土地，非农村土地之上不能设立土地经营权。就农村土地而言，土地经营权的客体包括两种：一是采取家庭承包方式取得的土地，二是通过招标、拍卖、公开协商等方式取得的四荒土地。两种土地经营权在设立方式、权利内容等方面存在重要区别。

第四，土地经营权有一定的期限限制，不得超过承包期的剩余期限。土地承包经营权本身是一种有期限限制的用益物权，其权利存续期限受到一定的限制。土地经营权作为土地承包经营权所派生的权利，同样应当具有期限的限制。② 对于以家庭承包方式承包的土地而言，《农村土地承包法》第 38 条第 3 项规定："流转期限不得超过承包期的剩余期限。"③ 因为对以家庭方式承包的土地而言，土地经营权派生于土地承包经营权，其期限当然应当受土地承包经营权期限的限制。对于以其他方式承包的土地经营权而言，依据《农村土地承包法》第 49 条的规定，当事人同样需要在合同中约定土地经营权的承包期限，其同样有一定的期限限制。

二、土地经营权的性质

关于"三权分置"中土地经营权的性质，一直存在债权说和物权说两种不同

---

① 参见黄薇主编：《中华人民共和国农村土地承包法释义》，150 页，北京，法律出版社，2019。
② 参见黄薇主编：《中华人民共和国农村土地承包法释义》，157 页，北京，法律出版社，2019。
③ 《农村土地承包法》第 21 条规定："耕地的承包期为三十年。草地的承包期为三十年至五十年。林地的承包期为三十年至七十年。前款规定的耕地承包期届满后再延长三十年，草地、林地承包期届满后依照前款规定相应延长。"

的观点。

一是债权说。此种观点认为，土地经营权在性质上属于债权，即当事人通过合同约定设定的权利，仅在当事人之间产生效力，不能对抗第三人。从《农村土地承包法》第二章第五节"土地经营权"的内容来看，土地经营权人投资改良土壤，建设农业生产附属、配套设施，再流转土地经营权，向金融机构融资担保，均需取得承包农户的同意或书面同意（第43条、第46条、第47条），其债权性质至为明显。另外，土地承包经营权作为一种他物权，不能充任"母权"，并派生出另一个他物权即"子权"①。在债权说中，还有一种特殊观点，认为经营权是债权的物权化。② 此种观点认为，土地经营权属于债权，只不过，其具有物权化的特点，可予以物权化的保护。③

二是物权说。此种观点认为，土地经营权在性质上属于物权。《民法典》之所以将其规定在了物权编中，就是因为其属于物权，当然其必须进行登记，才能成为物权。土地经营权具有独立性，这从《农村土地承包法》的体系结构可以得出结论，即按照该法规定，土地经营权虽然主要从土地承包经营权中派生，但其在性质上并不是土地承包经营权的组成部分，而是与土地承包经营权相并列的一项权利。《农村土地承包法》第36条明确规定，土地经营权为土地承包经营权所派生，基于承包人特定的自主流转行为而产生，无须发包人同意，仅需要向其备案而已。此外，土地经营权具有用益物权的内容并受到物权保护。④ 尤其是《民法典》第341条已经规定了流转期限5年以上土地经营权可以办理登记，具有物权效力。⑤

笔者认为，土地经营权的性质应当依据具体情形而定。《民法典》第341条

---

① 崔建远：《物权编对四种他物权制度的完善和发展》，载《中国法学》，2020（4），30页；谢鸿飞：《〈民法典〉中土地经营权的赋权逻辑与法律性质》，载《广东社会科学》，2021（1），235页。

② 参见于飞：《从农村土地承包法到民法典物权编："三权分置"法律表达的完善》，载《法学杂志》，2020（2），70页。

③ 参见高圣平：《承包地三权分置的法律表达》，载《中国法学》，2018（4），276页。

④ 参见龙卫球：《民法典物权编"三权分置"的体制抉择与物权协同架构模式》，载《东方法学》，2020（4），96～98页。

⑤ 参见高海：《〈民法典〉中两类土地经营权解释论》，载《中国农业观察》，2022（1），18页。

规定："流转期限为五年以上的土地经营权，自流转合同生效时设立。当事人可以向登记机构申请土地经营权登记；未经登记，不得对抗善意第三人。"据此可见，土地经营权分为两种类型，一是具有债权性质的土地经营权，即流转期限不到5年，且无法办理登记，其在性质上应当属于债权，不能产生对抗第三人的效力，只能在土地承包经营权人和土地经营权人之间产生效力。① 二是具有物权性质的土地经营权，这主要是指流转期限在5年以上的土地经营权，这种土地经营权具有长期性、稳定性的特点，应当属于物权，依据《民法典》第341条，流转期限在5年以上的，土地经营权合同生效时，土地经营权设立。只不过，在没有办理登记的情形下，不能对抗善意第三人②，其效力仅可对抗部分第三人（如无担保债权人、恶意第三人），但不得对抗善意物权人。

之所以将流转期限在5年以上的土地经营权认定为物权，理由主要在于：

第一，对5年以上的土地经营权而言，一旦办理登记，就将形成一种长期稳定的财产权利。第三人通过查询登记簿，就可以了解土地上的权利负担，从而作出理性的商业判断。由此可见，经登记的土地经营权不仅在当事人之间发生法律效力，而且被赋予一定的支配和排他效力，可以对抗第三人。

第二，如果不承认其为物权，而仍然将其认定为债权，则该权利仍然不稳定，也就无法形成经营主体的稳定经营预期。只有承认其物权地位，才能对抗第三人，并排除第三人对土地经营权的侵害。同时，将其认定为物权，也才能将其作为抵押的客体，并通过多种方式进行流转。

第三，从体系解释层面看，之所以将土地经营权规定在物权编中，而且《民法典》特别强调流转期限在5年以上的土地经营权才能登记，而经过办理登记，土地经营权就具有了物权效力。因此，办理登记后的土地经营权才可以以抵押等方式流转，这不仅与《民法典》第209条第1款不动产物权设立经依法登记才发生效力是一致的，而且与后文权利抵押客体应为物权的阐释一致。③ 因此，从土

① 参见崔建远：《物权编对四种他物权制度的完善和发展》，载《中国法学》，2020（4），30～31页。
② 参见黄薇主编：《中华人民共和国民法典物权编解读》，439页，北京，中国法制出版社，2000。
③ 参见高海：《〈民法典〉中两类土地经营权解释论》，载《中国农业观察》，2022（1），24～25页。

地经营权经依法登记可以流转的规定来看，这实际上也承认了其在性质上属于物权。①

三、土地经营权的设立

《民法典》第 341 条规定："流转期限为五年以上的土地经营权，自流转合同生效时设立。当事人可以向登记机构申请土地经营权登记；未经登记，不得对抗善意第三人。"依据该条规定，土地经营权应当通过合同的方式设立，即当事人应当就土地经营权的设立订立合同，对于流转期限为 5 年以上的土地经营权，当事人还可以依法办理登记。

（一）订立合同

依据《农村土地承包法》第 40 条第 1 款规定，土地经营权流转合同条款首先要载明当事人的姓名、住所，明确合同订立的主体；要规定流转土地的名称、坐落、面积、质量等级，这主要是为了明确合同的标的，从而在此基础上确定当事人的权利和义务；合同要具体规定当事人双方的权利义务，由于采取不同的流转方式，当事人的权利义务并不相同，所以合同的内容越明晰，越有利于防止纠纷的发生。合同还要规定土地经营权流转的价款，包括转包的转包费、出租的租金、入股的股金，具体数额应当由流转方和受流转方在流转合同中协商确定。由于合理的租金或入股分红是促进承包方和经营者加入经营权流转的重要因素，因而流转价款的确定是土地经营权顺利流转的前提条件。② 需要指出的是，《农村土地承包法》第 40 条第 1 款采用了"一般包括"的表述，这就意味着，并非本条中规定的所有条款都是合同的必要条款。除了有关当事人、标的等属于合同的必要条款外，其他条款并非合同的必要条款。同时，当事人也可以在上述条款之外约定其他的合同条款，如争议解决方法等。③

---

① 参见朱继胜：《三权分置下土地经营权的物权塑造》，载《北方法学》，2017（2）。
② 参见王利明主编：《民法学》，8 版，404 页，北京，中国人民大学出版社，2020。
③ 参见黄薇主编：《中华人民共和国民法典物权编解读》，438 页，北京，中国法制出版社，2020。

（二）土地经营权的登记

如前述，对于流转期限为 5 年以上的土地经营权，自流转合同生效时就已设立，而依据《民法典》第 341 条规定，5 年以上的土地经营权，就取得了登记能力，当事人可以办理登记，从而可以对抗任何第三人。如果没有办理登记，虽然该经营权也具有物权效力，但不得对抗善意第三人。法律上明确流转期限为 5 年以上的土地经营权可以登记，这在一定程度上有利于鼓励当事人办理登记。①

针对土地经营权的设立，我国《民法典》采登记对抗说。所谓登记对抗，首先是指是否办理登记，由当事人自己选择。其次，要区分土地经营权的期限是否为 5 年以上。5 年期限是土地经营权是否具有登记资格的分界点，也就是说，流转期限低于 5 年的土地经营权，不具有登记资格，不能进行登记，流转期限为 5 年以上的土地经营权，登记或不登记，都具有物权效力，只不过能够对抗的主体范围不同。流转期限为 5 年以下的土地经营权，由于其期限较短，赋予其物权效力意义不大，应当将当事人之间的关系界定为合同债权债务关系。如果流转期限超过 5 年的土地经营权，则当事人有选择进行登记的权利，一旦进行了登记，则可以对抗任何第三人。

需要指出的是，对在家庭承包土地之上设定的土地经营权，是否办理登记，由当事人自主决定，即便没有办理登记，也不影响权利人取得土地经营权。但是，依据《民法典》第 342 条规定，通过招标、拍卖、公开协商等方式承包农村土地，经依法登记取得权属证书的，可以依法采取出租、入股、抵押或者其他方式流转土地经营权。这就是说，对以招标、拍卖等市场化的方式取得的土地经营权而言，其期限通常较长，投资较大，需要双方通过登记设立一种稳定的物权关系，并取得权利证书，才能更好地保护土地经营权人的权利，所以，此种经营权应当经过依法登记，才能够进行流转。②

① 参见高圣平等：《〈中华人民共和国农村土地承包法〉条文理解与适用》，216～217 页，北京，人民法院出版社，2019。

② 参见黄薇主编：《中华人民共和国民法典物权编解读》，442 页，北京，中国法制出版社，2020。

（三）家庭承包土地之上设立的土地经营权与"四荒"土地之上设立的土地经营权的区别

家庭承包土地之上设立的土地经营权与"四荒"土地之上设立的土地经营权存在一定的区别，具体而言：

第一，二者的权利来源不同。家庭承包土地之上设立的土地经营权是在家庭承包土地的土地承包经营权之上设立的权利，是三权分置的结果；而在"四荒"土地之上设立的土地经营权则是在土地所有权之上设立的，是土地所有权与土地经营权两权分置的结果。

第二，二者的设立条件不同。家庭承包土地之上设立的土地经营权，其并不需要取得农村集体经济组织的同意；而对"四荒"土地之上设立的土地经营权而言，其设立需要集体经济组织通过民主决策程序作出决定。

第三，在承包土地之上设立的土地经营权，依据《民法典》第143条与《农村土地承包法》第341条规定，只有流转期限5年以上的土地经营权，才能够办理登记，不到5年的，不具有登记能力，而在登记之后，才可以对抗任何第三人。但"四荒"土地之上设立的土地经营权，并没有要求达到一定的期限，只要是通过招标、拍卖、公开协商等方式承包的，经依法登记取得权属证书就可以依法采取出租、入股、抵押或者其他方式流转土地经营权。

需要指出的是，关于家庭承包土地之上设立的土地经营权的利用，《农村土地承包法》第47条规定，此类土地经营权可以进行融资，但融资方式是否包括抵押，该条并未作出明确规定。而对"四荒"土地之上设立的土地经营权而言，《农村土地承包法》明确规定其可以进行抵押。

第四，转让的限制不同。对家庭承包的土地之上设立的土地经营权而言，如果受让方要再次转让土地经营权，依据《农村土地承包法》第46条规定，必须要经承包方书面同意，并向集体经济组织备案。而对"四荒"土地之上的土地经营权而言，由于不存在土地承包经营权，因此，不存在取得承包方同意的问题。

第五，转让的条件不同。对"四荒"土地经营权而言，其转让以办理登记或取得权利证书为前提；而对于家庭承包的土地上设立的土地经营权，其转让并不以办理登记或取得权利证书为条件。

四、土地经营权的内容

（一）占有权

《民法典》第 340 条规定："土地经营权人有权在合同约定的期限内占有农村土地，自主开展农业生产经营并取得收益。"该条对土地经营权人的占有权作出了规定。占有是指民事主体对物的事实上的管领力。土地承包经营权人根据流转合同将土地交给土地经营权人或者发包方将土地直接交给土地经营权人后，土地经营权人便有权对农地进行占有。① 占有是对承包地的直接支配并排除他人干涉的权能，土地经营权人有权直接占有承包地，同时，土地承包经营权人或者发包方有义务依据法律规定和合同约定将对土地的占有移转给土地经营权人。

（二）自主开展农业生产经营的权利

依据《民法典》第 340 条和《农村土地承包法》第 37 条规定，土地经营权人享有自主开展生产经营的权利，这是土地经营权的核心内容。权利人应当依据土地的性质、用途以及合同的约定，对土地进行使用。只要在法律允许的范围内，土地经营权人对于如何耕作、种植何种作物以及采取何种经营管理方法，均可以自行决定，而不受承包人或其他人的干涉。但是，土地经营权人不得长期抛荒，或违法改变土地用途。②

土地经营权与土地承包经营权存在的目的都是开展农业生产经营③，都是改善农民生活、促进农业专业化利用的重要手段。因此，土地承包经营权人和发包方都不得干涉土地经营权人依法开展的各种生产经营活动。④

---

① 参见孙宪忠、朱广新主编：《民法典评注 物权编 3》，117 页，北京，中国法制出版社，2020。
② 参见高圣平等：《〈中华人民共和国农村土地承包法〉条文理解与适用》，224 页，北京，人民法院出版社，2019。
③④ 参见孙宪忠、朱广新主编：《民法典评注 物权编 3》，117 页，北京，中国法制出版社，2020。

（三）收益权

土地经营权人可以在农地上进行耕作，通过劳动产出一定的农产品，获得产品的所有权，从而获得收益。① 土地经营权人占有、使用流转取得的承包地，最终目的就是取得农业生产经营的收益。例如，利用耕地种植粮食作物、经济作物，产出粮食等农产品；利用林地种植林木后，依法砍伐林木；利用草地放牧牛羊等。这些收益权都属于土地经营权人，任何人不得侵害。② 此外，土地经营权人也可以就农业生产设施开展具有附随性质的商业活动，如旅游观光、农家乐采摘等，并享有由此产生的收益。③

（四）再流转权

所谓再流转，实际上是将其土地经营权再次转让给他人。根据《农村土地承包法》第 46 条的规定："经承包方书面同意，并向本集体经济组织备案，受让方可以再流转土地经营权。"据此，只要经过承包方的书面同意，并且通过备案程序，受让方还可以再次流转土地经营权。再流转在程序上需要有如下限制：一是要取得承包方的书面同意。所谓书面同意，既可以表现为承包方在土地经营权人再流转其土地经营权时单独出具的书面同意文件，也可以表现为承包方在土地经营权流转合同中事先作出的概括同意，还可以表现为承包方在土地经营权再流转合同中作为当事人签章，或在该合同上明确表示同意。④ 二是必须向发包方备案，从而使发包方了解土地经营权的流转情况。三是再次流转的期限不得超过原流转期限的剩余期限。⑤

（五）改良土壤、建设附属设施的权利

土地经营权人经过承包方的同意可以对承包地进行必要的改良，如平整土

---

① 参见孙宪忠、朱广新主编：《民法典评注 物权编3》，117 页，北京，中国法制出版社，2020。

② 参见黄薇主编：《中华人民共和国民法典物权编解读》，669 页，北京，中国法制出版社，2020。

③ 参见黄薇主编：《中华人民共和国农村土地承包法释义》，159 页，北京，法律出版社，2019。

④ 参见高圣平：《〈中华人民共和国农村土地承包法〉条文理解与适用》，302 页，北京，人民法院出版社，2019。

⑤ 参见黄薇主编：《中华人民共和国农村土地承包法释义》，160 页，北京，法律出版社，2019。

地、修缮沟渠等，还可以建设必要的生产配套措施。①《农村土地承包法》第43条规定："经承包方同意，受让方可以依法投资改良土壤，建设农业生产附属、配套设施，并按照合同约定对其投资部分获得合理补偿。"因此，经承包方同意，土地经营权人可以依法投资、改良土壤，或者建设农业生产附属设施、配套设施等，以满足土地经营权人特定的经营需要。

（六）融资担保的权利

依据《农村土地承包法》第47条第1款规定，受让方可以用承包地的土地经营权向金融机构融资担保，并向发包人备案。一般而言，以流转期限为5年以上的土地经营权担保的，应当办理登记；如果流转期限低于5年，因不具有物权的属性，故不能作为抵押财产。可供抵押的土地经营权的范围应当局限于物权性质的土地经营权，因为债权性质的土地经营权的期限较短，也不具有对抗第三人的效力，允许债权性质的土地经营权抵押可能会影响交易安全。

关于融资担保的方式，法律并未进行明确的限定，其中既包括抵押，也包括质押等多种情形。受让方在进行融资担保时，担保物权自融资担保合同生效时设立。依据《农村土地承包法》第47条第2款的规定，对于此处的担保权利采取登记对抗模式，担保权利人可以选择是否办理登记，即使未办理登记，担保权利也可自担保合同成立时设立，只不过不能对抗善意第三人。采用登记对抗模式的理由主要是使担保物权的设立更加简便，更尊重当事人的自主自愿，且在设立和实现时更有效率。②

依据《农村土地承包法》第47条的规定，受让方利用承包地的经营权向金融机构担保的，需要向发包方备案。因此，受让方以土地经营权向金融机构进行融资担保，应当遵循"同意＋备案"的程序。一是必须取得承包方的书面同意，因为受让方虽然获得了土地经营权，但是承包方仍然享有土地承包经营权，其并不因流转经营权而丧失承包权。如果不经过承包方的同意，将可能侵害其利益。尤其是考虑到，在土地经营权上设立担保物权时，在通过拍卖、变卖实现担保物

① 参见黄薇主编：《中华人民共和国农村土地承包法释义》，159页，北京，法律出版社，2019。
② 参见黄薇主编：《中华人民共和国农村土地承包法释义》，202页，北京，法律出版社，2019。

权时，承包方的利益可能无法得到保障①，因此，有必要获得承包方的书面同意。二是应当向发包方备案，从而使发包方了解土地经营权的流转情况。当然，依据该条规定，如果是承包方自己利用土地经营权向金融机构进行融资担保，则只需要向发包方备案即可，而不需要取得其同意。

五、土地经营权的流转

如前所述，土地经营权的流转包括两种：一是在土地承包经营权基础上设立的经营权的流转，《农村土地承包法》第 36 条规定："承包方可以自主决定依法采取出租（转包）、入股或者其他方式向他人流转土地经营权，并向发包方备案"。因此，对家庭承包方式的土地之上的土地经营权而言，其流转方式包括出租（转包）、入股和其他方式，其中并不包括抵押的方式。同时，通过此种方式流转的，必须向发包人备案。二是通过招标、拍卖、公开协商等方式承包的"四荒"土地的经营权流转，可以采取出租、入股、抵押等方式流转。

（一）在土地承包经营权基础上设立的经营权的流转方式

1. 出租

所谓出租，是指土地经营权人（出租人）和承租人签订租赁合同，设立土地经营权，由受让人在租赁合同的期限内，占有、使用承包地，并按照约定向出租方支付租金。② 土地承包经营权继续由出租人享有，承租人只是占有承包土地，但并不受让土地承包经营权。③ 依据《农村土地承包法》第 36 条的规定，土地经营人有权以法律允许的方式将土地经营权进行流转，该条将转包包括在了出租之内，而不再单独承认转包方式。在实践中，农户之间通常会将租赁关系称为转包。在土地经营权出租的情形下，当事人必须要签订租赁合同，双方当事人的权利义务关系即依据租赁合同来确定。租赁合同具有双务性和有偿性，出租人应当

---

① 参见黄薇主编：《中华人民共和国农村土地承包法释义》，201 页，北京，法律出版社。2019。

② 参见黄薇主编：《中华人民共和国农村土地承包法释义》，151 页，北京，法律出版社，2019。

③ 参见崔建远：《中国民法典释评·物权编》（下卷），131 页，北京，中国人民大学出版社，2020。

将土地经营权在一定期限内移转给承租人，承租人应当按照约定向出租人支付租金。

2. 入股

所谓土地经营权入股，是指土地经营权人将土地经营权作价，投入到农民专业合作社或公司等，并按照出资协议的约定取得份额，在出资入股后，土地经营权成为农民专业合作社或公司等企业的财产。[1] 入股是利用土地经营权进行投资的一种方式，承包方成为农业专业合作社的成员或企业股东，享有合作社成员或公司股东的权利，并参与公司的管理等。[2] 土地经营权入股，实际上就是将土地经营权作为股权，共同组成合作社或公司来从事农业生产经营。在入股的情况下，土地经营权人可以依法直接向公司和农民专业合作社出资，还可以先出资设立农民专业合作社，再由合作社出资设立公司。但是其期限不得超过土地承包经营权的剩余期限[3]，土地经营权人在入股以后，成为企业的股东，要参与企业的经营管理，与其他股东一起共担风险、共享收益。[4]

3. 其他方式

所谓其他方式，是指出租、入股之外的方式。其他方式还包括代耕、代种、融资担保、农地信托、土地托管等多种方式。[5] 例如，《农村土地承包法》第47条第1款规定："承包方可以用承包地的土地经营权向金融机构融资担保，并向发包方备案。受让方通过流转取得的土地经营权，经承包方书面同意并向发包方备案，可以向金融机构融资担保。"由此可见，承包方可以使用土地经营权进行融资担保。

所谓融资担保，就是指以土地经营权作为担保物，为主债权提供担保。土地

---

① 参见崔建远：《中国民法典释评·物权编》（下卷），131 页，北京，中国人民大学出版社，2020。

② 参见黄薇主编：《中华人民共和国农村土地承包法释义》，152 页，北京，法律出版社，2019。

③ 参见高圣平等：《〈中华人民共和国农村土地承包法〉条文理解与适用》，215 页，北京，人民法院出版社，2019。

④ 参见黄薇主编：《中华人民共和国民法典物权编解读》，464 页，北京，中国法制出版社，2020。

⑤ 参见高圣平：《〈中华人民共和国农村土地承包法〉条文理解与适用》，216～217 页，北京，人民法院出版社，2019。

经营权的融资担保方式主要包括直接担保、反担保、入股担保和未来收益担保在内的四种典型的融资担保模式。① 但是，关于土地经营权担保，究竟应当属于抵押，还是权利质押，存在疑问。笔者认为，依据《民法典》第 395 条，其采取"负面清单"模式，凡是法律、行政法规没有禁止抵押的财产，都可以抵押。而根据《民法典》第 440 条的规定，其采用"正面清单"模式，只有"法律、行政法规规定"的权利，才可以质押。鉴于我国现行的法律和行政法规没有对土地经营权作出明确规定，因此，应当理解为，现行法没有对其抵押作出禁止性规定。据此可以认为以土地经营权作担保，性质上为权利抵押。需要指出的是，土地经营权担保是采取登记对抗主义还是登记生效主义？笔者认为，应当采登记生效主义。虽然《民法典》第 342 条就土地经营权的设立采登记对抗主义，但这并不意味着，土地经营权的抵押也采登记对抗主义。另外，我国《民法典》就物权变动原则上采登记生效主义，除非法律有特别规定，都应当采登记生效模式。就土地经营权抵押来说，我国法律没有明确规定，因此，就应当属于登记生效模式。

（二）在"四荒"土地上设立的经营权的流转方式

对通过招标、拍卖、公开协商等方式承包的"四荒"土地之上的土地经营权而言，依据《民法典》第 342 条规定，通过招标、拍卖、公开协商等方式承包农村土地，经依法登记取得权属证书的，可以依法采取出租、入股、抵押或者其他方式流转土地经营权。在这种方式中，增加了抵押方式，即可以以土地经营权本身进行抵押。由于通过招标、拍卖、公开协商等方式取得的土地经营权主要是通过市场化方式取得的，而且支付了一定的对价，因此，其流转的限制性条件较少，一般不需要备案或者取得发包人同意。而接受流转的一方也并不限于本集体经济组织内的成员，外部的个人或者农业公司均可以接受流转。②

需要指出的是，依据《农村土地承包法》第 38 条规定，土地经营权人在流转时必须遵循如下原则：第一，流转必须依法，任何组织和个人不得强迫或者阻

---

① 参见李会勋、徐傲：《"三权分置"下土地经营权融资担保制度研究》，载《行政与法》，2022（11），101～104 页。

② 参见黄薇主编：《中华人民共和国民法典物权编解读》，476 页，北京，中国法制出版社，2000。

碍土地经营权流转。依法是指应当遵守法律和法规的相关规定，并且遵循法律所规定的程序进行流转。例如，不得借土地流转之名搞土地非农建设①，不得改变土地所有权的性质和土地的农业用途，不得破坏农业综合生产能力和农业生态环境。这就是说，土地经营权人在取得土地经营权之后，不得改变土地的农业用途，如将土地用于开发房地产，或者作其他非农业用途。第二，流转应当自愿。土地经营权流转双方应当按照自愿原则从事土地经营权流转，充分尊重当事人的自主自愿，承包方有权依据自己的意愿处分权利，受让方有权自行决定是否受让。任何组织和个人都不得干预和强迫土地经营权的流转，也不得要求承包农户将土地交还集体统一对外流转。② 第三，流转应当有偿。土地经营权流转的对价应当合理、公平。家庭承包户有权从流转中获得收益，受让方有义务支付对价。第四，流转期限不得超过承包期的剩余期限。因为土地经营权是土地承包经营权所派生出来的一项权利，其存在必须以土地承包经营权的存在为前提和基础，因此，在存续期限方面，土地经营权的期限也不得超过土地承包经营权的期限，否则超出的部分应当无效。第五，受让方须有农业经营能力或者资质。土地经营权设立的目的是对土地进行集约利用，因此，土地经营权人应当具有农业经营的能力和资质，否则可能造成土地资源的浪费。第六，在同等条件下，本集体经济组织成员享有优先权。此种流转，不限于在本集体成员之间流转，非本集体组织成员的任何组织和个人，具备一定的条件也可以成为受让方，但依据《农村土地承包法》第 38 条第 5 项规定，"在同等条件下，本集体经济组织成员享有优先权"。也就是说，土地经营权的取得没有严格的身份限制，但为了保护本集体经济组织成员的利益，法律规定在同等条件下，本集体经济组织成员享有优先取得土地经营权的权利。

如果发包方就同一土地签订两个以上承包合同，设定土地经营权，承包方都主张取得土地经营权的，依据《农村土地承包法司法解释》第 19 条，应当按照如下规则处理：第一，已经依法登记的承包方，取得土地经营权。也就是说，如

① 参见黄薇主编：《中华人民共和国农村土地承包法释义》，161 页，北京，法律出版社，2019。
② 参见黄薇主编：《中华人民共和国农村土地承包法释义》，163 页，北京，法律出版社，2019。

果发包方就同一土地签订了两个以上的承包合同，某一承包方办理了土地经营权登记，而其他承包方并未办理登记，则应当由依法办理登记的承包方取得土地经营权。第二，如果各个承包方均未办理登记，则由生效在先合同的承包方取得土地经营权。如果各个承包方均未办理土地经营权登记，则需要确定各个土地承包合同的生效期限，并由合同生效在先的承包人取得土地经营权。第三，如果依据上述两项规则仍然无法确定土地经营权的归属，即各个土地经营权均未办理登记，且无法确定各个土地承包合同的生效时间先后顺序，此时，则由已经根据承包合同合法占有使用承包地的人取得土地经营权。这有利于保护承包人对土地的开发利用，也有利于减少资源的浪费。当然，如果在争议发生后，一方强行先占承包地的，不得作为确定土地经营权的依据。

（三）土地经营权再流转的程序

《农村土地承包法》第46条规定："经承包方书面同意，并向本集体经济组织备案，受让方可以再流转土地经营权。"第47条第1款第2句规定："受让方通过流转取得的土地经营权，经承包方书面同意并向发包方备案，可以向金融机构融资担保。"据此，土地受让方再流转土地经营权，要遵守同意加备案的程序。

一是同意。即受让方在取得了土地经营权后，如果将土地经营权再次转让给他人，必须征得承包方的书面同意。因为在受让方取得流转土地的经营权后，其取得的土地经营权的权能并不包括处分，其对于该经营权再进行流转，就必须取得具有处分权能的承包人的同意。集体经济组织作为发包方，不得对流转进行不当干预，但是需要从整体上对于已经发包的土地状况进行了解，从而监督土地的依法利用，保障土地用于农业用途、符合规划要求。如果土地经营权在设立后再次流转，流转的对象若缺乏从事农业开发生产的资格和能力，将导致土地上无法从事农业生产，或者流转的期限超过受让土地经营权的期限，发包人需要对再次流转进行监督，有权要求修改流转合同的内容甚至予以拒绝。①

二是备案。所谓备案，就是以书面形式告知集体经济组织土地经营权流转的

---

① 参见黄薇主编：《中华人民共和国农村土地承包法释义》，197页，北京，法律出版社，2019。

事实。备案应当由承包方向发包方进行，使发包方了解土地经营权的流转状况。备案并不等同于审批或审核，而只是让发包方了解土地经营权流转的事实。发包方对于土地经营权的流转享有一定的监督权，如果受让方进行非农建设，土地发包方可以进行制止。

六、土地经营权的终止

土地经营权通常有明确的期限限制，一旦存续期限届满，土地经营权即当然消灭。按照私法自治原则，当事人也可以在土地经营权合同中约定土地经营权终止的原因，此时，一旦相关的终止事由出现，则土地经营权也将随之终止。

土地经营权也可能基于法律规定的原因而终止，根据《农村土地承包法》第42条的规定："承包方不得单方解除土地经营权流转合同，但受让方有下列情形之一的除外：（一）擅自改变土地的农业用途；（二）弃耕抛荒连续两年以上；（三）给土地造成严重损害或者严重破坏土地生态环境；（四）其他严重违约行为。"该条实际上是关于承包方单方法定解除权的规则。这就是说，如果土地经营权人实施了严重违反土地经营权流转合同的行为，或者严重违反了法律的规定，将构成根本违约，此时，承包人有权依法解除土地经营权流转合同，土地经营权也将随之消灭。[1] 而除了承包方享有解除权之外，如果承包方的行为构成根本违约，或者出现了当事人约定的解除合同的事由，受让方也有权解除土地经营权流转合同。[2]

---

[1]　参见高圣平：《〈中华人民共和国农村土地承包法〉条文理解与适用》，282页，北京，人民法院出版社，2019。

[2]　参见高圣平：《〈中华人民共和国农村土地承包法〉条文理解与适用》，281页，北京，人民法院出版社，2019。

第十八章
建设用地使用权

第一节 建设用地使用权概述

一、建设用地使用权的概念

所谓建设用地使用权，是指建设用地使用权人依法对国有土地享有的占有、使用、收益并排斥他人干涉的权利。[1]《民法典》第 344 条规定："建设用地使用权人依法对国家所有的土地享有占有、使用和收益的权利，有权利用该土地建造建筑物、构筑物及其附属设施"。这就在法律上明确了"建设用地使用权"的概念。

土地是财富之母，是人类社会最重要的、必不可少的物质财富之一，是"一切生产和一切存在的源泉"[2]。在我国，城市土地属于国有，但国家并不直接利

---

① 参见黄薇主编：《中华人民共和国民法典物权编释义》，675 页，北京，法律出版社，2020。
② 《马克思恩格斯选集》，第 2 卷，2 版，24 页，北京，人民出版社，1995。

用土地从事经营等活动。为了最大限度地发挥土地的效益，实现土地资源的优化配置，促进市场经济的繁荣和发展，国家就必须通过设立建设用地使用权，从而将国有土地交给自然人、法人或者非法人组织来利用。建设用地使用权作为用益物权的一种类型，在《民法典》中具有重要的地位。

关于"建设用地使用权"的概念用语选择，曾经出现了激烈的争论，形成了几种不同的观点：一是"基地使用权说"。此种观点认为，我国物权立法应当采用基地使用权的概念。所谓基地使用权，"是指为在他人所有的土地上建造并所有建筑物或其他附着物而使用他人土地的权利"[①]。土地使用权的种类繁多，划分的标准又不统一，因此，应当以基地使用权一词来替代土地使用权。采用此概念，可以将目前城市、农村土地权利概括在一起，以便于同类土地使用权法律制度的统一协调。[②] 二是"地上权说"。此种观点认为，各国都采用地上权的概念，已经约定俗成，使用该概念，包含性比较强[③]，而且能够强调它是地上的权利，对土地的利用不包括对地下矿藏资源的利用，矿产资源、水流等权利与地上权是分开的。三是"土地使用权说"。此种观点认为，我国现行立法一直使用"国有土地使用权"的概念，此种说法已经成为约定俗成的概念，没有必要废弃。事实上，尽管该概念并没有明确该权利的内容，但它反映了该权利的客体，也可以为人们所理解。

笔者认为，《民法典》物权编采用"建设用地使用权"的概念是比较科学的，理由主要在于：

首先，它明确了此种权利的性质和目的，建设用地使用权不同于其他用益物权之处就在于，它是利用国有土地从事"建设"，即建造房屋等建筑物、构筑物及附属设施。相较于土地使用权这一概念，建设用地使用权更加强调其目的性，从而使其与其他类型的土地使用权相区分。

---

① 梁慧星主编：《中国物权法研究》（下册），647页，北京，法律出版社，1998。

② 参见梁慧星主编：《中国物权法研究》（下册），650页，北京，法律出版社，1998。

③ 参见钱明星：《物权法原理》，293页，北京，北京大学出版社，1994；崔建远：《我国物权法应选取的结构原则》，载《法制与社会发展》，1995（3）。

其次，"建设用地使用权"的概念可以使该权利与土地承包经营权和宅基地使用权相区别。这三种权利都是对土地进行利用的权利，但这些权利的目的不同，建设用地使用权的目的是建造房屋等建筑物、构筑物及附属设施，宅基地使用权的设立是为了建造农村集体经济组织成员的住宅，而土地承包经营权的设立是为了从事农业生产。

最后，"建设用地使用权"的概念突出了权利人所依法享有的主要权利，即占有、使用和收益的权利，尤其是突出了要利用该土地进行建设，这就明确了该权利的内容，并且能够与其他权利在内容上加以区别。这一点与地上权概念形成对比，地上权概念没有将其权能表述出来。基地使用权也没有表达出建设用地使用权可以在地下、地表、地上均可设立的特点，无法全面概括此类权利的内涵。

二、建设用地使用权的特征

建设用地使用权属于典型的用益物权，具有用益物权的一般特点。但建设用地使用权与其他用益物权相比较，具有如下法律特征。

（1）客体具有特殊性。《民法典》第 344 条规定："建设用地使用权人依法对国家所有的土地享有占有、使用和收益的权利，有权利用该土地建造建筑物、构筑物及其附属设施"。可见，《民法典》将建设用地使用权的客体限于国有土地，因而只能在国有土地之上设立建设用地使用权。根据《民法典》第 361 条规定，"集体所有的土地作为建设用地的，应当依照土地管理的法律规定办理。"集体土地只是在特殊情形下才能作为建设用地。根据《土地管理法》第 63 条规定，土地利用总体规划、城乡规划确定为工业、商业等经济性用途，并经依法登记的集体经营性建设用地，土地所有权人可以通过出让、出租等方式交由单位或者个人使用。同时，通过出让等方式取得的集体经营性建设用地使用权可以通过转让、互换、出资、赠与或者抵押等方式加以利用。可见，集体经营性建设用地可以直接进入市场进行流转。

建设用地使用权是在国有土地所有权之上派生出来的一种权利，是由使用权人在国有的土地上从事建设，建造建筑物、构筑物及其附属设施的权利。建设用地使用权的客体是国家所有的土地，从使用目的来看，其范围较宽泛，包括住宅用地、工业用地、基础设施用地、商业用地等。各种不同的用地方式，表明建设用地的用途是各不相同的。① 权利人可以根据不同的需要而设立相应的建设用地使用权。当然，在特殊情况下，建设用地使用权也可以在集体土地之上设立。② 乡镇企业对其厂房所占用的集体土地依法也享有建设用地使用权。需要指出的是，建设用地使用权不仅可以在国有土地的地表设立，还可以单纯就土地上下的空间而单独设立，因而，建设用地使用权的客体范围是比较宽泛的。

（2）内容具有特定性。依据《民法典》第 344 条的规定，建设用地使用权的内容突出在"建设"二字上。所谓建设，是指利用国有土地建造建筑物、构筑物及其附属设施。所谓建筑物，是指住宅、厂房等房屋。所谓构筑物，是指虽然不适宜于居住和生产经营，但仍然具有特定用途的人工建造物，如桥梁、水塔等。所谓附属设施，是指为建筑物、构筑物配套服务而修建的设施，如道路、沟渠、庭院等。③ 权利人建造的建筑物，可能是住宅用房，也可能是商业用房、工业用房等。不论建设用地使用权上的建筑物的用途如何，都属于建设用地使用权的范围，权利人对特定的土地享有占有、使用、收益的权利，该权利围绕着"建设"的需要而产生。例如，权利人为了从事建设，必须占有和使用土地。在使用收益方面，建设用地使用权人在法律、法规、规划和合同的范围内对建设用地享有广泛的使用收益权，并有权排斥他人干涉。

（3）设立原则上具有有偿性。法律上设立建设用地使用权的目的是实现土地使用权的有偿流转，因此，建设用地使用权原则上具有有偿性。依据《民法典》第 347 条的规定，设立建设用地使用权，可以采取出让或者划拨等方式。建设用地使用权的出让是建设用地使用权设立的主要方式。在建设用地使用权出让的情形，当事人需要订立建设用地使用权出让合同，并在合同中约定出让金等费用及

---

① 参见姚红主编：《中华人民共和国物权法精解》，247 页，北京，人民出版社，2007。

② 参见《土地管理法》第 63 条。

③ 参见姚红主编：《中华人民共和国物权法精解》，247 页，北京，人民出版社，2007。

其支付方式等。划拨作为一种设立方式，通常受到法律的严格限制，应当严格遵守法律、行政法规关于土地用途的规定。

（4）期限具有受限制性。建设用地使用权原则上是有期限的物权。我国在国有土地使用制度改革之后，改变了无限期使用国有土地的做法，国家出让给土地使用者的土地使用权是有期限限制的。① 所以，凡是通过出让方式设立的建设用地使用权，都是有期限的物权。国有土地出让金的数额与出让的年限是紧密联系的。由于建设用地使用权只有具有物权的效力，才能鼓励和促进建设用地使用权人投入必要的资金，从事长期的投资开发经营活动。因此，相对于租赁而言，建设用地使用权的期限一般都比较长。

（5）流转上具有特殊性。建设用地使用权是可以自由流转的权利。它作为一种典型的用益物权，权利人取得该权利不受身份的限制，尤其是该权利不仅可以依法自由转让，还可以抵押、出租或者继承。由于我国土地所有权不能流转，因而建设用地使用权的流转在一定程度上实现了土地流转的功能。② 当然，划拨建设用地使用权的取得是无偿的，而且往往是为了公共利益的需要而设立的，所以其流转要受到限制，即使可以流转，当事人也必须补交土地出让金。

（6）在用益物权中具有典型性。尽管《民法典》规定了各类用益物权，但实际上，建设用地使用权是最典型的用益物权。其典型性主要表现在：第一，在设立方面，它采取合意加公示的方法，并且适用登记要件主义的一般规定。第二，在权利流转方面，与其他用益物权不同，建设用地使用权的流转基本上没有限制。第三，建设用地使用权的权利人不受身份的限制，在这一点上，它与土地承包经营权和宅基地使用权是有区别的。第四，建设用地使用权的取得原则上都是有偿的，如果是无偿取得（即划拨）的，必须受到法律的严格限制。第五，建设用地使用权具有独立性，可以单独转让。这与地役权不同，地役权的转让需要随

---

① 《城市房地产管理法》第 14 条规定："土地使用权出让最高年限由国务院规定。"《城镇国有土地使用权出让和转让暂行条例》第 12 条规定："土地使用权出让最高年限按下列用途确定：（一）居住用地七十年；（二）工业用地五十年；（三）教育、科技、文化、卫生、体育用地五十年；（四）商业、旅游、娱乐用地四十年；（五）综合或其他用地五十年。"

② 参见胡康生主编：《中华人民共和国物权法释义》，307 页，北京，法律出版社，2007。

同需役地一并转让。

三、建设用地使用权与相关权利区别

（一）建设用地使用权与土地承包经营权的区别

建设用地使用权与土地承包经营权都是在他人的土地之上设立的用益物权，且权利人都享有使用收益的权利。但是，二者具有明显的区别，主要表现在：

第一，二者的设立目的不同。建设用地使用权的设立目的是建造建筑物等，而土地承包经营权的设立目的是从事农业生产。建设用地使用权人的利用，不仅包括对地表的利用，还包括对地上地下空间的利用。在土地承包经营权中，虽然权利人也可以在承包地上建设水渠等设施，但此种建设必须附属于权利人进行农业生产的行为。虽然建设用地使用权和土地承包经营权都是对他人土地的利用，但是在具体利用方式上，二者存在明显的区分。

第二，二者设立的客体不同。建设用地使用权的客体是国有土地，而土地承包经营权原则上设立于集体土地之上，在例外情况下，对于国家所有交给农民集体使用的土地，也可以在其上设立土地承包经营权。

第三，二者对权利人资格的要求不同。建设用地使用权的取得不受身份的限制，法律没有对其权利人的资格作出要求。但是，土地承包经营权是基于农村集体经济组织成员的身份而取得的权利，因此，权利人必须是农村集体经济组织的成员。

第四，二者的设立方式不同。建设用地使用权的设立必须经过登记，非经登记，该权利不得设立。[①] 但土地承包经营权的设立只需要订立土地承包合同，未经登记本身并不影响权利的设立。[②]

第五，二者的期限不同。建设用地使用权区分了住宅用地和非住宅用地，二者的期限不同，而且在期限届满以后，只有住宅用地的建设用地使用权可以自动

---

① 参见席志国、方里维：《物权法法条详解与原理阐述》，224页，北京，中国人民公安大学出版社，2007。

② 参见姚红主编：《中华人民共和国物权法精解》，228页，北京，人民出版社，2007。

续期。土地承包经营权的期限区分耕地、草地、林地而各不相同，但是，在期限届满之后，原则上当事人都可以续包。①

第六，二者流转的自由度不同。建设用地使用权可以自主转让或抵押；而土地承包经营权在流转上存在限制，法律禁止土地承包经营权抵押。

（二）建设用地使用权与地上权

所谓地上权，是指支付地租，利用他人土地建筑房屋、其他工作物或种植竹木的权利。② 地上权的概念起源于罗马法，并为许多国家的物权法所采纳，其特点主要在于：一是地上权为使用他人土地的一种物权③，因此地上权的标的物为土地。二是地上权是以保有建筑物或其他工作物为目的的权利，这里的建筑物或其他工作物是就在土地上、下建筑的房屋及其他设施而言，如桥梁、沟渠、铜像、纪念碑、地窖等。④ 三是地上权人对其建筑物享有使用、出租、转让、继承、抵押等权利，但地上权人应支付地租，并对土地尽合理使用的义务。地上权是使土地所有权暂时受到限制的一种权利，而且这种限制，原则上基于所有人之意思而成立。⑤《民法典》没有采纳地上权的概念，而采用了建设用地使用权的概念。

应当看到，地上权和建设用地使用权具有相似性，它们都是利用他人土地建造建筑物或其他工作物的权利，且标的物均为土地，并且两种权利都不限于在地表之上设定，在地面上空或者地下的空间，也都可以设定。⑥ 但是，建设用地使用权和地上权存在明显的区别，主要表现在：

第一，设定权利的土地性质不同。大陆法系国家物权法中的地上权，主要是在私人土地上设立的；而建设用地使用权是我国土地公有制基础上产生的一种特

---

① 参见房绍坤：《物权法 用益物权编》，129页，北京，中国人民大学出版社，2007。
② 参见姚瑞光：《民法物权论》，145页，台北，自版，1988。
③ 参见史尚宽：《物权法论》，172页，台北，自版，1957；钱明星：《物权法原理》，294页，北京，北京大学出版社，1994。
④ Jean-Louis Bergel, Marc Bruschi, Sylvie Cimamonti, Droit civil, Les Biens, LGDJ, 2000, p. 290.
⑤ 参见［日］我妻荣：《日本物权法》，313页，台北，五南图书出版有限公司，1999。
⑥ 参见王效贤、夏建三：《用益物权制度研究》，39页，北京，法律出版社，2006。

殊的用益物权，它原则上是在国有土地的基础上产生的。

第二，设立方式不同。除了法定地上权以外，地上权的取得一般是通过地上权设立合同取得，即地上权人通过与土地所有人签订合同的方式设立地上权[①]；而建设用地使用权的取得主要是通过划拨和出让这两种方式，其中划拨的方式是无偿取得的。

第三，权利内容不同。地上权是使用他人土地的权利，其权利的范围比较宽泛，不一定限于建造建筑物或其他工作物，还包括种植竹木。甚至有学者认为，"由于今日社会都市土地利用已趋向于立体化，所以在他人建筑物上以建筑物为目的而使用其建筑物的，也应承认得以设立类似于地上权的权利"[②]。而建设用地使用权的内容必须符合法律、法规的规定，同时，也必须符合规划的要求。一般来说，建设用地使用权不应当包括种植竹木的权利，此种权利实际上属于土地承包经营权的范畴。[③]

第四，对流转的限制不同。从流转的角度来看，地上权可以自由流转[④]，但是如果建设用地使用权采取划拨的方式取得的，则不得随意流转，其流转要受到严格的限制。

第五，期限不同。从期限上来看，地上权的存续期间可以由当事人自由约定，或通过遗嘱设定，地上权的具体期限长短并没有限制，当事人甚至可以设定永久存续的地上权。[⑤]而建设用地使用权在取得之初都规定有明确的使用期限的条款，具有明显的期限性特征，即使是住宅建设用地使用权的自动续期制度，也并非不受期限的限制，只是期限届满后可以再次约定一个新的期限而已。

第六，社会功能不同。从社会功能来看，地上权解决在他人土地上保有建筑物的问题，而建设用地使用权解决的是土地公有制下市场化配置土地资源的问题。

---

① 参见温世扬、廖焕国：《物权法通论》，421页，北京，人民法院出版社，2005。
② 谢在全：《民法物权论》（下册），345页，北京，中国政法大学出版社，1999。
③ 参见胡康生主编：《中华人民共和国物权法释义》，307页，北京，法律出版社，2007。
④ 参见王泽鉴：《民法物权·用益物权·占有》，修订版，36页，台北，自版，2001。
⑤ 参见王泽鉴：《民法物权·用益物权·占有》，修订版，32页，台北，自版，2001。

第二节 建设用地使用权的设立

一、建设用地使用权设立的概念和特征

所谓建设用地使用权的设立，是指国家作为土地所有权人通过出让、划拨等方式将对土地的占有、使用和收益的权利转移给相对人，由相对人在其之上建造建筑物、构筑物及其附属设施。《民法典》第 347 条第 1 款规定："设立建设用地使用权，可以采取出让或者划拨等方式。"因此，设立建设用地使用权的方式可以是民事法律行为（如建设用地使用权出让合同），也可以是行政法律行为（如采取划拨方式设立建设用地使用权）。

建设用地使用权的设立，在性质上究竟是继受取得，还是原始取得，在学理上存在争议。一种观点认为，建设用地使用权的设立是第一次取得该权利，所以是原始取得，而通过转让、互换等方式取得，才是继受取得。[1] 另一种观点认为，建设用地使用权的取得是以承认国有土地所有权为基础的，因此属于继受取得，只不过，此种继受取得属于创设的继受取得，而非移转的继受取得。[2] 笔者赞成第二种观点。因为建设用地使用权的设立要以国有土地所有权为前提，利用土地进行建设是国家土地所有权的行使和实现方式。因此，此种取得方式属于继受取得。具体来说，建设用地使用权的设立有如下特点。

1. 建设用地使用权必须在国有土地之上设立

建设用地使用权是一种他物权，原则上以他人之物为客体。[3] 我国法律明确

---

① 参见王卫国：《中国土地权利研究》，159～161 页，北京，中国政法大学出版社，1997。

② 参见房绍坤：《物权法 用益物权编》，143 页，北京，中国人民大学出版社，2007。

③ 我国也有学者认为，在所有权与其他物权混同而其他物权的存续与所有权人或第三人有法律上的利益时，其他物权可以例外地不因混同而消灭，从而发生所有权人在自己的物上享有他物权的情况。参见梁慧星、陈华彬：《物权法》，99 页，北京，法律出版社，1997。

规定，建设用地使用权必须是在国家土地所有权权能分离的基础上产生的。正是因为建设用地使用权是在国有土地上设立的，所以，在设立过程中，国家土地管理部门要代表国家以平等的民事主体身份与相对人订立出让合同，设立建设用地使用权[①]，或者直接以土地管理者的身份通过划拨的方式来设立建设用地使用权。

2. 建设用地使用权的设立，主要采取出让或者划拨等方式

《民法典》第 347 条第 1 款规定："设立建设用地使用权，可以采取出让或者划拨等方式。"据此，建设用地使用权的设立，主要采取两种方式：一是出让，即国家作为土地所有权人通过订立出让合同，使相对人取得建设用地使用权，而相对人需要支付相应的土地出让金。此种设立方式实际上是典型的基于法律行为的他物权设立方式，必须按照他物权设立的一般规则，采取合意加公示的方式设立。二是划拨，即国家土地管理部门基于公共利益的需要而使相对人无偿地、长期地取得建设用地使用权。划拨一般只需通过行政机关的行政审批即可设立，不需要出让方与受让方之间形成合意，但是非经审批不能处分。现行法中建设用地使用权的设立方式主要包括出让和划拨两种，但在例外情况下，也可能采取其他方式设立建设用地使用权。例如，法院的生效裁判也可以作为设立和变更建设用地使用权的重要依据。随着土地流转的市场化发展，新的建设用地使用权设立方式也可能不断产生。所以《民法典》第 347 条第 1 款规定："设立建设用地使用权，可以采取出让或者划拨等方式。"该规定为未来设立方式的发展留下了空间。

3. 建设用地使用权的设立应当进行登记

《民法典》第 349 条规定："设立建设用地使用权的，应当向登记机构申请建设用地使用权登记。建设用地使用权自登记时设立。"根据该规定，一方面，即便当事人签订了土地出让合同，但如果没有办理登记手续，当事人之间只是形成了债的关系，而没有创设物权。例如，在"陈某某诉石柱土家族自治县某某局等建设用地使用权出让合同纠纷案"中，法院认为，依据《民法典》第 349 条的规

---

① 参见尹飞：《物权法·用益物权》，182 页，北京，中国法制出版社，2005。

定，设立建设用地使用权的，应当向登记机构申请建设用地使用权登记。本案原告陈某某并未办理建设用地使用权登记，因此，其不能主张已经通过划拨方式取得了建设用地使用权。[①] 另一方面，建设用地使用权自登记时设立，只有完成了登记，作为物权的建设用地使用权才得以产生。此外，建设用地使用权人申请登记，登记机关在办理登记之后，应当向权利人核发权属证书。[②]

二、设立建设用地使用权的原则

(一) 遵循有偿使用的原则

尽管《民法典》关于建设用地使用权的设立主要采用出让和划拨的方式，而划拨实际上是无偿取得建设用地使用权，但从总体而言，《民法典》中建设用地使用权的取得一般采取出让方式有偿取得。一方面，《民法典》第325条规定："国家实行自然资源有偿使用制度，但是法律另有规定的除外。"建设用地使用权采用出让方式设立，必须订立出让合同，建设用地使用权人必须支付土地出让金。我国土地使用权制度改革的目的就在于设立有偿利用土地的机制，并在此基础上建立和完善土地市场。另一方面，《民法典》要求严格限制划拨建设用地使用权的适用，对于经营性用地必须适用招标、拍卖等公开竞价的方式。采取公开竞价的方式出让，其目的也主要在于通过公开竞价的方式形成土地价格，从而有效利用国有土地、健全土地市场。当然，为了公共利益的需要，国家可以采取划拨这一无偿方式授予用地单位建设用地使用权。即便如此，如果土地用途发生了变化，就需要依据法律的规定补交土地出让金。由此可见，划拨方式只是建设用地使用权设立的例外。

(二) 应当符合节约资源、保护生态环境的要求

建设用地使用权的设立应当遵守绿色原则。在我国，良好的生态环境是美好幸福生活的重要组成部分，是最普惠的民生福祉。绿色原则要求人们的生产、生

---

① 参见重庆市石柱土家族自治县人民法院 (2013) 石法民初字第 02559 号民事判决书。
② 参见郭明瑞主编：《中华人民共和国物权法释义》，261 页，北京，中国法制出版社，2007。

活等活动要与资源、环境相协调，要实现人与自然的和谐相处，节约资源。《民法典》第 346 条规定："设立建设用地使用权，应当符合节约资源、保护生态环境的要求。"因此，设立建设用地使用权，必须要符合节约资源，保护生态环境的要求。因为土地是一种不可再生的稀缺资源，与我国的生态文明建设相挂钩。[①] 因此，设定建设用地使用权必须有效率地利用资源、节约资源。要在规划范围内进行开发利用，不得超出规划竭泽而渔、滥用地力、无度开发，造成环境破坏。《民法典》第 9 条明确规定了绿色原则，该条规定："民事主体从事民事活动，应当有利于节约资源、保护生态环境"，这也是建设用地使用权应遵循的原则。

（三）遵守法律、行政法规关于土地用途的规定

《民法典》第 346 条规定：设立建设用地使用权，应当"遵守法律、行政法规关于土地用途的规定"。该条包括两方面内容：一方面，建设用地使用权人应当遵守法律、法规的强制性规定。另一方面，要符合土地用途管制要求。根据《土地管理法》第 4 条的规定："国家实行土地用途管制制度。"我国对土地采取用途管制，它是指国家为保证土地资源的合理利用，通过编制规划，规定土地用途，确定土地使用条件，使土地使用者严格按照规划确定的用途使用土地。[②] 按照这一制度，要规定土地用途，将土地分为农用地、建设用地和未利用地，以有效协调土地资源的合理利用以及经济、社会的发展和环境的保护，合理利用土地，对耕地实行特殊保护。[③] 按照土地用途管制要求，要严格限制农用地转为建设用地，控制建设用地总量，对耕地实行特殊保护。设定建设用地使用权不得侵占农业用地，未经合法程序不得将农业用地转变土地性质用于商业开发。对于土地的利用也应当符合城市规划的土地性质要求，不得擅自变更土地利用方式。

（四）不得损害已经设立的用益物权

如果已经在某一土地上设定了用益物权，后来又依法在该土地上设定建设用

---

① 参见孙宪忠、朱广新主编：《民法典评注 物权编 3》，441 页，北京，中国法制出版社，2020。
②③ 参见杨合庆主编：《中华人民共和国土地管理法释义》，17 页，北京，法律出版社，2020。

地使用权，这就可能涉及两项用益物权之间的冲突。依据《民法典》第 346 条的规定，设立建设用地使用权，不得损害已设定的用益物权。例如，先前已经设定了地下空间权用于经营停车场，后设定的建设用地经营权人不得要求原用益物权人拆除该地下停车场设施。设立建设用地使用权必须遵循禁止权利滥用的原则，不得以损害他人为主要目的，如果因此造成他人损害的，还需要承担相应的法律责任。① 如此规定，也是为了有效协调物权之间的冲突，防止因为物权冲突所产生的损害。

三、建设用地使用权的设立程序

（一）合意

建设用地使用权的设立，需要当事人就相关内容达成合意。这里所说的合意，是指当事人就是否设定他物权以及他物权的内容等方面达成一致的意思表示。在建设用地使用权的设立过程中，如果采用出让方式，必须签订建设用地使用权出让合同。但在出让合同签订以后，只是发生了债的关系，而只有办理了建设用地使用权的登记手续，当事人双方才形成物权关系，建设用地使用权才能有效设立。出让合同是建设用地使用权设定的基础法律关系，两者之间的关系在于：一方面，当事人双方之间必须订立出让合同，用地人才能通过登记取得建设用地使用权。另一方面，虽然按照物权法定原则，建设用地使用权的内容应当由法律规定，但是，出让合同不仅可以使法律规定具体化，而且可以弥补法律规定的不足。出让合同的无效、可撤销，也会直接影响到建设用地使用权的存在。但是，出让合同的订立，并不意味着建设用地使用权的取得。有关建设用地使用权的设立应采取法律行为的方式来设定物权，因此，其应当按照合意加公示的方式设定物权，发生物权变动的效果。出让合同的订立，改变了在土地管理方面单纯依靠行政管理的僵化模式，作为土地所有者的国家和使用者基于平等、

---

① 参见孙宪忠、朱广新主编：《民法典评注 物权编3》，143 页，北京，中国法制出版社，2020。

自愿、有偿的原则而形成合同法律关系，双方均应当受到合同关系的拘束。此种方法对于有效地管理土地和利用土地、保障国家的收益、防止土地的流失具有重要作用。

（二）登记

建设用地使用权采取合意加公示的方式来设立，是典型的用益物权。在债权形式主义模式下，物权变动效力一般具有双重构成要件：即变动物权的合意与能为外部所认识的公示程序。建设用地使用权的设立必须办理登记才能生效。《民法典》第349条规定："设立建设用地使用权的，应当向登记机构申请建设用地使用权登记。建设用地使用权自登记时设立。登记机构应当向建设用地使用权人发放权属证书。"根据该规定，一方面，即便当事人签订了土地出让合同，但如果没有办理登记手续，当事人之间只是形成了债的关系，而没有创设物权。另一方面，建设用地使用权自登记时设立，只有完成了登记，作为物权的建设用地使用权才得以产生。此外，建设用地使用权人申请登记，登记机关在办理登记之后，应当向权利人核发权属证书。[1]

1. 设立建设用地使用权必须依法登记

当事人要设立建设用地使用权，应当负有登记的义务，不能自愿选择是否登记，也不能通过合同排除登记义务的履行。在用地人提出登记的要求之后，出让人有义务办理建设用地使用权的登记。

2. 建设用地使用权自登记时设立

首先，建设用地使用权的设立必须办理登记。根据《民法典》第349条的规定，建设用地使用权出让合同的生效只是在当事人之间发生合同关系，并没有相应地产生物权效力，换言之，建设用地使用权的设定并不以出让合同的生效为全部要件。但办理登记是否仅限于以出让方式设立建设用地使用权？《民法典》第349条只是规定设立建设用地使用权都应当办理登记。对于以划拨方式取得建设用地使用权是否要办理登记并没有明确作出规定。笔者认为，《民法典》第349

---

① 参见郭明瑞主编：《中华人民共和国物权法释义》，261页，北京，中国法制出版社，2007。

条并没有区分出让和划拨，只是规定设立建设用地使用权都应当办理登记，而根据《民法典》第 347 条第 1 款规定，设立建设用地使用权，可以采取出让或者划拨等方式。因此，从体系解释考虑，划拨也是建设用地使用权的一种设立方式，而只要设立建设用地使用权就都应当登记。即使通过划拨方式取得建设用地使用权，也应当登记。尤其是根据我国《城市房地产管理法》第 61 条第 1 款的规定，以划拨方式取得的土地使用权，也应当办理登记。当事人办理登记，必须依法向负有登记职责的机构即土地管理部门办理。

其次，建设用地使用权自登记时设立。所谓"登记时设立"，并非意味着当事人在登记过程中建设用地使用权就已经设立，而是指在登记过程完成之后，建设用地使用权才能有效设立。由此可见，《民法典》第 349 条对建设用地使用权的设立采取登记要件主义。只有办理完登记手续后才能产生物权设立的效果，受让人才能取得建设用地使用权。关于建设用地使用权期限的计算，原则上应该以登记的期限为准。

最后，即使没有办理登记，也不会影响出让合同的效力。根据《民法典》第349 条，一方当事人仍然可以根据有效的出让合同要求另一方当事人办理登记，或请求其承担违约责任。在通过划拨取得建设用地使用权的情况下，也必须办理登记，建设用地使用权自登记时起有效设立。

3. 登记机构应当向建设用地使用权人发放建设用地使用权证书

在当事人办理登记之后，登记机构应当向建设用地使用权人发放权利证书，该权利证书就是土地使用权证。权利证书是建设用地使用权人享有建设用地使用权的凭证，依据该凭证，在发生产权争议的情况下，权利证书也是证明权利人享有建设用地使用权的有效证据。建设用地使用权人依法将建设用地使用权转让或者设定抵押，通常也需要出示权利证书。但依据《民法典》第 217 条，"不动产权属证书是权利人享有该不动产物权的证明。不动产权属证书记载的事项，应当与不动产登记簿一致；记载不一致的，除有证据证明不动产登记簿确有错误外，以不动产登记簿为准"。因此，为了准确地核实登记状况，当事人应当向登记机构查阅权属状况。

第三节　建设用地使用权的出让

一、建设用地使用权出让的概念

所谓建设用地使用权的出让，是指国家作为出让人，将其土地的占有、使用和收益的权利通过出让合同在一定年限内转移给土地使用者，由土地使用者享有建设用地使用权，利用该土地建造建筑物、构筑物及其附属设施，并向国家支付土地使用权出让金的行为。[①] 建设用地使用权出让，是建设用地使用权设定的主要形式。在出让法律关系中，国家作为土地的所有权人是出让人，而建设用地使用权人是受让人，其取得建设用地使用权后，应当依法承担支付建设用地使用权出让金等义务。建设用地使用权的出让具有如下几个特点。

第一，本质上是一种设权行为。就建设用地使用权的设定而言，国家作为土地所有权人，与土地使用者通过双方合意订立出让合同并进行登记，在国有土地所有权之上为土地使用者创设了一种用益物权，即建设用地使用权。出让作为一种设权行为的特殊性表现在：一方面，它是我国土地公有制下的《民法典》中特有的概念，是在不改变土地所有权归属性质的前提下，为充分发挥土地的效用和价值而产生的用益物权。另一方面，在出让关系中，国家土地管理部门代表所有人参与到出让关系之中，与用地人之间形成一种合同关系。由于国家身份的特殊性，与其他物权的设定方式相比，出让具有其特殊性。

第二，必须订立有偿的书面合同。土地使用权出让合同的双方是国家和土地使用者。虽然国家是公权力主体，但是在土地使用权出让合同中，它与受让人之间处于平等的地位。[②] 双方在合同中应遵循平等、自愿、等价有偿原则，国家不

---

① 参见《城市房地产管理法》第 8 条。
② 参见黄建中：《城市房地产管理法新释与例解》，31 页，北京，同心出版社，2000。

能依据公权力强迫另一方订立合同及确定合同内容。一方面，出让合同是有偿合同，如果采用招标、拍卖等公开竞价的方式来出让，则必须根据公开竞价的方式来确定出让的价格。国家不能在公开竞价的方式之外另行确定土地出让价格。出让不同于划拨，划拨是无偿行为，而出让是有偿行为。《民法典》第351条规定："建设用地使用权人应当依照法律规定以及合同约定支付出让金等费用。"可见，建设用地使用权的出让必须是有偿的。另一方面，出让合同是要式合同。《城市房地产管理法》第15条规定，土地使用权出让，应当签订书面出让合同。土地使用权出让合同由市、县人民政府土地管理部门与土地使用者签订。因此，出让合同必须采取书面的形式。

第三，客体是国有土地使用权。建设用地使用权的出让是国家以国有土地所有人的身份将国有的土地使用权在一定年限内让与土地使用者，并由土地使用者向国家支付土地使用权出让金的行为。我国法律明确规定，城市规划内的集体所有的土地不能直接出让，只能在通过征收变为国有土地之后才能进行出让。[①] 但是，土地利用总体规划、城乡规划确定为工业、商业等经济性用途，并经依法登记的集体经营性建设用地，土地所有权人可以通过出让、出租等方式设立集体经营性建设用地使用权。

第四，原则上应当通过公开竞价的方式进行。设定建设用地使用权的目的就在于形成土地价格，通过市场实现国有土地最有效率的利用。这就需要通过公开竞价的方式来真正形成土地价格。此外，这一做法也有利于解决我国土地出让实践中因暗箱操作引发的腐败问题。

二、经营性用地必须采取公开竞价的方式出让

《民法典》第347条第2款规定："工业、商业、旅游、娱乐和商品住宅等经营性用地以及同一土地有两个以上意向用地者的，应当采取招标、拍卖等公开竞

---

① 例如，根据《城市房地产管理法》第9条的规定，城市规划区内的集体所有的土地，经依法征用转为国有土地后，该幅国有土地的使用权方可有偿出让。

价的方式出让。"这就确立了经营性的土地必须采取公开竞价的方式出让的规则。确立该规则的意义主要表现为：第一，保障建设用地使用权设立程序的公开、公平和公正。公开竞价实际上就是要允许所有的不特定的人都参与竞争，按照市场交易规则竞价交易，实现阳光用地，并保障用地程序的公正。① 第二，有助于强化依法行政，规范政府对土地的审批权。在《民法典》颁布之前，根据《城市房地产管理法》第 13 条规定，土地使用权可以采取公开竞价的方式出让，也可以采取双方协议的方式出让，这就赋予了政府极大的审批权，政府可以自由决定出让的方式，从而导致实践中大量的土地不通过公开竞价的方式出让，而采用协议转让的方式，造成了土地的低价转让和权力寻租等不良现象。根据《民法典》第 347 条第 2 款的规定，经营性用地一律实行招标、拍卖、挂牌的方式竞价出让，这就有效地规范了政府批地权。第三，有利于提高土地的利用效率。土地本身具有稀缺性和不可再生性，通过公开竞价的方式，使最有能力利用土地者获得土地的使用权，有利于土地利用效率的最大化，真正做到了物尽其用。第四，有利于防止国有土地资源流失。因为采取协议出让的方式，国有土地的价值常常被严重低估，土地出让的价格不能按照市场规律反映其应有的价格，从而造成国有资产的严重流失。

经营性的土地必须采取公开竞价的方式出让，包括如下内容。

（1）必须是经营性用地或者同一土地有两个以上意向用地者。所谓经营性用地，是指用于营利性目的的用地，包括工业、商业、旅游、娱乐和商品住宅等用地。从事教育、科学、文化、卫生等社会公益和社会福利事业以及国家重点扶植的能源、交通、水利等基础设施建设等，都不属于经营性用地。对于同一土地有两个以上意向用地者应公开竞价，究竟应当如何理解，存在两种不同看法：一种看法是指同一经营性用地之上有两个以上意向用地者，就需要采用公开竞价的方式。换言之，这里存在两个条件，一是必须是经营性用地，二是必须有两个以上的意向用地者。只有同时具备这两个条件，才需要采用公开竞价的方式。另一种

---

① 参见国土资源部 2007 年发布、2017 年修订《招标拍卖挂牌出让国有建设用地使用权规定》第 1 条。

看法是，只要是经营性用地，无论是否存在两个以上意向用地者，都应当采用公开竞价的方式。笔者认为，从文义解释的角度来看，此处所说的用地应当包含两项规则：一是，凡是经营性用地都必须采取公开竞价的方式出让；二是，只要在同一土地之上有两个以上意向用地者，不管是经营性用地还是非经营性用地，都应当采用公开竞价的方式出让。我国有关的行政规章也采取同样规定。[①] 所以，有两个以上意向用地者，就意味着该土地有两个以上的民事主体愿意取得土地使用权，因此有必要采用公开竞价的方式，让最有能力利用土地者获得建设用地使用权。

需要指出的是，并不是所有的土地都要采用公开竞价的方式，对于确实需要扶植的国家重点行业和大型基础设施用地，又不符合划拨取得建设用地使用权标准，依法需要采用协议转让方式出让的，可以依据法律规定不采用公开竞价的方式出让，而是直接与某个或某些意向用地者进行协商洽谈，确定建设用地使用权人。

（2）必须以公开竞价的方式出让。所谓公开竞价，就是指通过公开竞争的方式确定建设用地使用权的价格和取得人。依据《民法典》第347条的规定，公开竞价包括招标、拍卖等方式。所谓招标，是指招标人提出招标项目，向不特定人或向三个以上具备承担招标项目的能力、资信良好的特定法人或非法人组织发出，以吸引或邀请相对方向自己发出要约为目的的意思表示。[②] 依据《招标投标法》第10条的规定，招标还分为公开招标和邀请招标。其中公开招标就是指招标人以招标公告的方式邀请不特定的法人或者非法人组织投标；邀请招标就是指招标人以投标邀请书的方式邀请特定的法人或者非法人组织投标。所谓拍卖，是指拍卖人接受委托人之委托，在众多的公开报价中，选择报价最高者与其订立合同的一种特殊买卖方式。所谓挂牌出让，是指出让人发布挂牌公告，公布一定期

---

① 国土资源部2007年发布、2017年修订《招标拍卖挂牌出让国有建设用地使用权规定》第4条规定："工业、商业、旅游、娱乐和商品住宅等经营性用地以及同一宗地有两个以上意向用地者的，应当以招标、拍卖或者挂牌方式出让。前款规定的工业用地包括仓储用地，但不包括采矿用地。"

② 参见《招标投标法》第17条。

限内拟出让地的交易条件，接受竞买人的报价申请并更新挂牌价格，根据挂牌期限截止时的出价结果确定土地使用者的行为。① 具体的程序是，首先对拟出让的财产或权利确定一个出让底价，然后招标拍卖，把财产或权利出让给出价最高者。这三种方式实际上都是公开竞价的方式。一旦通过公开竞价确定建设用地使用权的价格，就必须按照该价格出让，而不能在此之外另行确定其他的价格。

公开竞价出让是与协议出让相对应的，两者虽然都是建设用地使用权出让的方式，但存在如下区别：一方面，协议出让的交易相对人是特定的，它只限于某个或某些买受人。而公开竞价是向不特定的人发出要约邀请，由不特定的人再向出让人发出要约。通过公开竞价的方式来设立建设用地使用权，是面向不特定的人发出订约的邀请，国家有关土地管理部门选择条件最优者，与其订立合同，从而设立建设用地使用权。条件最优者是指综合条件最优者，而非出价最高者。另一方面，在公开竞价的情况下，存在着价格的竞争，由条件最优者获得建设用地使用权。在采取拍卖、招标的方式下，实际上就是要运用公开竞争的方法将建设用地使用权转让给他人，任何有意取得建设用地使用权的自然人、法人或非法人组织都可以参与竞争，以充分实现土地的市场价格。如以拍卖方式转让建设用地使用权，一旦拍卖完成，拍卖中拍定的自然人、法人或者非法人组织就可与国家土地管理部门订立土地使用权出让合同。而在协议出让的情况下，由于没有引入竞争机制，并不存在价格的竞争。② 还要看到，在公开竞价出让的情况下，政府的权力受到一定的限制，而在协议转让的情况下，由政府选择相对方进行洽谈，并且价格等条件也由政府单方面确定，政府在整个协议转让过程中的权力较大。

（3）以公开竞价的方式出让的规则属于强行性规范。根据《城市房地产管理法》第13条的规定，建设用地使用权出让，可以采取拍卖、招标或者双方协议的方式。此处采取的是"可以"的表述，既然是"可以"，出让人就有选择的权利，其既可以选择协议的方式，也可以选择招标、拍卖的方式。尽管国家有关宏观调控等政策都要求对经营性用地必须采用招拍挂，但缺乏法律的规定，造

---

① 参见国土资源部2007年发布、2017年修订《招标拍卖挂牌出让国有建设用地使用权规定》第2条。
② 参见王胜明主编：《中华人民共和国物权法解读》，300页，北京，中国法制出版社，2007。

成了约束不力。正是由于这一原因，《民法典》以民事基本法的形式对此作出了限制，该法第 347 条规定："应当采取招标、拍卖等公开竞价的方式出让。"此处规定"应当"，实际上就是表明出让方必须采用此种方式，也就表明其为强行性规范，当事人必须遵守。如果违反该规定，以其他方式出让，将承担相应的责任。

如果违反了《民法典》第 347 条的规定没有对经营性用地实行招拍挂，是否应当允许任何人在法院主张合同无效？《招标拍卖挂牌出让国有建设用地使用权规定》对此没有作出规定。笔者认为，既然该条属于强行性规范，违反该条规定的建设用地使用权出让行为，都应当是无效的。但是，主张无效的主体是否应进行限制，值得探讨。对此有两种观点：一是第三人主张说。此种观点认为，因为采取了协议出让的方式，某个第三人没有机会获得建设用地使用权，其必然遭受利益损害，因而其有权主张合同无效。如果不允许其他人主张无效，政府本身也不会主张其无效。此外，行政处罚本身也不会导致合同无效。如果允许任何人都可以主张其无效，就可以有效制止此种协议转让行为，这对于维护国家利益是十分重要的。二是合同当事人主张说。此种观点认为，按照合同相对性原理，合同无效只能由合同双方当事人提出，而不能由第三人提出。如果允许任何第三人主张合同无效，可能会增加诉累。笔者认为，对此情形应当具体分析，如果该行为损害了第三人利益，则应当允许第三人主张合同无效；如果没有造成第三人损害，则其不应当有权主张宣告该合同无效。此外，如果能够采取效力补正的方式，也不宜简单地宣告无效。因为效力补正就意味着可以依据市场价格补交地价，尽可能地减少因为无效带来的财产损失浪费等问题。

三、建设用地使用权出让合同的性质和内容

（一）出让合同的性质

建设用地使用权出让合同，是指由国家土地管理部门作为出让方，与受让方之间订立的将建设用地使用权在一定年限内让与受让方，并由受让方向国家支付

土地使用权出让金的合同。出让合同的性质究竟是民事合同还是行政合同，在学界存在不同的看法：一是民事合同说。此种观点认为，建设用地使用权出让合同在订立过程中，双方当事人是平等的民事主体，此种合同在性质上是民事合同。二是行政合同说。此种观点认为，建设用地使用权出让合同在性质上属于行政合同。行政合同的特点在于合同的一方必须是代表公共利益的行政机关，行政机关运用行政合同的目的在于实现行政管理和公共利益的目标，而不是为了企业或个人的私人利益、私人目标，在行政合同的权利、义务配置方面，行政机关保留了某些特别的权力。这些特殊权力主要是：监督甚至指导合同的实际履行情况；单方变更合同；认定对方违法并给予制裁。而建设用地使用权出让合同正具有此种性质①，因此此类合同属于行政合同。甚至有些学者认为，从建设用地使用权出让金来看，它不是土地使用权的商品价格。出让方并不单纯追求收取最高的土地使用权出让金，而是要考虑如何实现行政管理目的，确定出让金成了一种管理手段。从发生争议时的解决措施来看，出让方可以直接根据法律采取单方措施，如收回土地使用权等。总之，建设用地使用权出让为一种行政行为。②

笔者认为，建设用地使用权出让合同并不是行政合同，而仍然是民事合同，其主要根据在于：

第一，国家土地管理部门是以民事主体的身份参与订立合同的。任何个人和组织参与不同的法律关系，其主体资格和身份是不同的，国家也不例外。当国家以国有资产为基础参与各种民事法律关系时，国家是以民事主体身份出现的。就建设用地使用权的出让来说，国家土地管理部门以土地所有人的身份与土地使用者订立建设用地使用权出让合同，是以民事主体的身份而与其他民事主体从事交易行为，其相互之间发生的是平等民事主体之间的民事法律关系。按照《城市房地产管理法》第 15 条的规定，出让人是市、县人民政府土地管理部门。市、县

　　① 参见应松年：《行政合同不可忽视》，载《法制日报》，1997-06-09。
　　② 参见南路明、肖志岳：《中华人民共和国地产法律制度》，33 页，北京，中国法制出版社，1991；周岩、金心：《土地转让中的法律问题》，110～112 页，北京，中国政法大学出版社，1990。

人民政府土地管理部门代表国家签订出让合同直接来源于法律规定的权限。① 因此，出让合同由市、县人民政府土地管理部门与土地使用者签订。需要注意的是，根据《民法典》第 246 条第 2 款的规定，"国有财产由国务院代表国家行使所有权；法律另有规定的，依照其规定"，据此，国有财产所有权一般只能由国务院代表国家行使。但该条中规定，"法律另有规定的，依照其规定"。因此，在特殊情况下，依据法律规定，市、县人民政府土地管理部门可以代表国家行使对国有土地的所有权。据此可以认为，此种情形就是《民法典》第 246 条第 2 款所言的"法律另有规定"的情形。在签订出让合同的过程中，市、县人民政府土地管理部门也可以依法直接作为国家土地所有权的代表与用地人签订建设用地使用权出让合同。②

第二，《民法典》等法律实质上也已经确认了出让合同的性质。建设用地使用权出让合同在《民法典》这一民事基本法中加以规定，就已经表明出让合同是受民法所调整的民事合同。国家作为合同一方当事人，其法律地位与另一方当事人即土地使用者是完全平等的。在合同订立过程中，双方均应遵循平等、自愿、等价有偿的原则，国家不能强迫对方订立或不订立合同，合同内容也必须是双方真实意思的表现。若否认了国家的民事主体身份，过分强调国家作为管理者的身份，将会使出让合同不能发挥出在国有土地管理中应有的作用，也与《民法典》关于国家机关法人作为特殊民事主体的规定是相矛盾的。既然《民法典》第 97 条、第 98 条承认国家机关可以成为民事主体③，则其就可以以民事主体的身份参

---

①　依据我国《土地管理法》第 5 条的规定，国务院自然资源主管部门统一负责全国土地的管理和监督工作。县级以上地方人民政府自然资源主管部门的设置及其职责，由省、自治区、直辖市人民政府根据国务院有关规定确定。依据我国现行法律规定，对于房地产开发而出让土地使用权总面积的方案，要报国务院或省级人民政府批准。

②　依据我国《城市房地产管理法》第 15 条第 2 款的规定，土地使用权出让合同由市、县人民政府土地管理部门与土地使用者签订。

③　《民法典》第 97 条规定："有独立经费的机关和承担行政职能的法定机构从成立之日起，具有机关法人资格，可以从事为履行职能所需要的民事活动。"《民法总则》第 98 条规定："机关法人被撤销的，法人终止，其民事权利和义务由继任的机关法人享有和承担；没有继任的机关法人的，由作出撤销决定的机关法人享有和承担。"

与民事活动，其中包括与其他民事主体订立民事合同，这些合同都受合同法调整。因此，不宜将行政机关参与订立的合同一概认定为行政合同。

第三，将出让合同作为行政合同混淆了行政关系与合同关系。主张行政合同观点的学者认为，在这些合同关系中，行政机关仍然保留了某些行政权。① 笔者认为，如果将这些本属于民事合同的合同均纳入行政协议的范畴，并承认政府在这些协议中享有行政优益权（如单方定价权、单方变更合同的权利、单方解除合同的权利、监督权以及惩罚权等），将导致合同是否有效以及能否履行完全取决于政府的意愿，而这显然难以有效保障相对人的合法权益，也极不利于合同的严守。例如，在土地使用权出让合同成立后，政府换届导致"新官不理旧账"，随意否定合同效力。如果将此类合同作为行政协议，将可能为政府拒绝履行合同提供依据。即使认为土地出让人享有的某些监督等权力具有某些行政性质，但一旦规定在合同中，便成为合同的内容，其性质已经发生变化。一方面，这些权力规定在合同中，便从先前主要为行政权的权力转化为合同中的权利。出让人行使权利的依据不仅来源于法律规定，而且来源于合同，而土地使用者也要依据合同的规定，接受出让人的监督。另一方面，当这些权力规定在出让合同中以后，如果用地人违反合同，出让人可以违约为由追究用地人的责任。而出让人超越合同规定行使权力，也将构成违约。由此可见，将上述权力规定在合同之中，出让人享有的只是合同权利，而不再是行政权力。② 所以，认为在出让合同中，出让人仍然保留行政特权且双方地位不平等的观点是不妥当的。

第四，建设用地使用权出让金并不是一种管理手段，而是建设用地使用权的商品价格。在我国，长期以来因对国有土地实行无偿使用制度，使国有土地的巨大经济收益不能收归国库。建设用地使用权的有偿利用，是我国土地改革的重要成果。正是通过支付出让金等费用，才真正形成了土地的市场价格并进而形成我

---

① 如《城镇国有土地使用权出让和转让暂行条例》第 17 条第 2 款规定："未按合同规定的期限和条件开发、利用土地的，市、县人民政府土地管理部门应当予以纠正，并根据情节给予警告、罚款直至无偿收回土地使用权的处罚。"

② 参见孙宪忠：《国有土地使用权财产论》，57 页，北京，中国社会科学出版社，1993。

国公有制条件下的土地市场，从而有可能通过市场方式来合理配置土地资源。我国自 20 世纪 80 年代中期以来实行土地使用制度的改革，变无偿使用为有偿使用制度，并使国有土地使用权进入市场进行交易，从而极大地增加了国家的财政收入，改变了因无偿使用土地所造成的土地盲目占有、大量浪费、使用效率低下的现象，并促进了城市建设的发展和经济的繁荣。依照有关规定，只有在土地使用者交付出让金之后，才能办理建设用地使用权登记手续。[①] 如果将土地出让金作为一种管理手段，其数额完全由土地管理部门根据管理的需要随意决定，则建设用地使用权不可能真正进入市场进行转让，并充分发挥土地的效益，国家也难以通过转让获得应有的收益。如果行政管理机关可随意确定出让金，也极易助长管理机关的腐败行为。

虽然行政机关可以在一定程度上以追求公益为目的而订立协议，但如果该协议本质上是一种市场行为，协议当事人按照等价交换的原则进行交易，并遵循市场的基本法则，任何一方都不享有优先于另一方的权利，任何一方违反合同都应当承担民事责任，则此种协议在性质上应当属于民事合同。也就是说，在市场中，各种交易关系不管是发生在自然人之间、自然人与法人之间，还是发生在法人之间，不管这种交易关系的客体是生产资料还是生活资料，是国家、集体所有的财产，还是个人所有的财产，只要是发生在平等主体之间的交易关系，都应当属于民事合同，应当受合同法调整，遵循合同法的基本原则和准则，任何一方都不具有凌驾或优越于另一方的法律地位。正是基于法律地位的平等，决定了当事人必须平等协商，一方不得对另一方发出强制性的命令或指示。因此，出让合同在性质上属于民事合同。出让合同虽然可以发生建设用地使用权设定的效果，但就其性质而言，仍然属于债权合同，在合同成立以后，只是发生了债的关系，还没有发生物权关系，有关合同的订立、履行、违约责任等仍然应适用《民法典》合同编的规定。

---

① 国土资源部 2007 年发布、2017 年修订《招标拍卖挂牌出让国有建设用地使用权规定》第 23 条第 1 款规定："受让人依照国有建设用地使用权出让合同的约定付清全部土地出让价款后，方可申请办理土地登记，领取国有建设用地使用权证书。"

（二）出让合同的特征

出让合同具有如下法律特征：第一，该合同在效力上具有特殊性，即不仅在当事人之间产生债权关系，而且是物权产生的基础。也就是说，在订立了建设用地使用权出让合同之后，当事人之间通过登记就可以产生建设用地使用权。所以，合同的订立也是设立物权的行为。出让合同是建设用地使用权产生的基础，当然，出让合同仅适用于出让取得建设用地使用权的情形，不适用于划拨取得建设用地使用权的情形。第二，客体具有特殊性，即建设用地使用权原则上是在国有土地上设立的。在例外情况下，法律有明确规定的，也可以在集体土地上设立。第三，在形式上具有特殊性。建设用地使用权出让合同是要式合同，《民法典》第348条第1款规定："采取招标、拍卖、协议等出让方式设立建设用地使用权的，当事人应当采取书面形式订立建设用地使用权出让合同。"根据这一规定，凡是采取出让方式设定建设用地使用权的，必须由国家作为土地所有权人与用地人之间，对建设用地使用权出让合同的条款达成合意。第四，出让人一方具有特殊性。出让合同就是指作为土地所有人代表的国家土地管理部门与用地人之间订立的，由一方向另一方转移一定期限的土地使用权，另一方交付出让金的协议。因此，出让人通常都是市县级人民政府的土地管理部门，其代表国家出让土地使用权。①

（三）出让合同的内容

根据《民法典》第348条第2款的规定，建设用地使用权出让合同一般包括下列条款。

第一，当事人的名称和住所。出让合同首先应当载明双方当事人的名称和住所地，实际上就是要规定合同当事人的基本情况。所谓住所，如果是个人，则是指当事人的户籍所在地；如果是单位，则应当以主要办事机构所在地为住所地。

第二，土地界址、面积等。物权的客体必须特定，从而才能明确物权支配的特定范围。这就要求出让合同中必须明确作为建设用地使用权客体的土地的位

---

① 参见王守智、吴春岐：《土地法学》，85页，北京，中国人民大学出版社，2011。

置、四至等情况，以免发生权属争议。通常在出让合同中要明确规定，出让的客体仅限于建设用地使用权，而不包括地下自然资源、埋藏物等财产。

第三，建筑物、构筑物及其附属设施占用的空间。《民法典》第 345 条允许就土地的地表、地上或者地下分别设立建设用地使用权，引入了空间权的概念。建设用地使用权人只能在约定的空间内行使权利，这就要求在出让合同中明确其权利所支配的空间的范围。建设用地使用权人也只能在规划和合同规定的空间范围内建造建筑物、构筑物及其附属设施。

第四，土地用途、规划条件。土地用途是指在土地总体规划的范围内来利用某宗土地。例如，合同规定为"公益用地"，则建设用地使用权人就不能将该地用于商业开发、旅游开发等商业用途。我国相关法律也对建设用地实行严格的土地用途管理制度。任何建设用地使用权的设立，都必须符合土地规划的要求。建设用地在出让前，就应当依据规划的要求，确立其土地用途，再依据该用途发布招标、拍卖或者挂牌公告，进入出让合同的订立程序。在出让合同中必须明确规定土地用途，如果要变更土地的用途，必须依据法律规定的程序获得批准，并且重新签订变更协议。[①]

第五，建设用地使用权期限。建设用地使用权是一种有期限的用益物权，当事人必须在合同中约定土地的使用期限。例如，根据《城镇国有土地使用权出让和转让暂行条例》第 12 条规定，土地使用权出让最高年限为：居住用地 70 年；工业用地 50 年；教育、科技、文化、卫生、体育用地 50 年；商业、旅游、娱乐用地 40 年；综合或者其他用地 50 年。问题在于，相关行政法规只是规定了建设用地使用权的上限，出让合同能否低于该上限对使用期限进行约定？笔者认为，按照私法自治原则，原则上应当允许当事人自由约定使用期限，但当事人不得约定过短的期限。例如，有的开发商与出让人只约定 5 年的住宅用地使用期限，并按照 5 年的期限支付出让金。但开发商建成房屋并转让给小业主后，鉴于小业主

---

① 《城市房地产管理法》第 18 条规定："土地使用者需要改变土地使用权出让合同约定的土地用途的，必须取得出让方和市、县人民政府城市规划行政主管部门的同意，签订土地使用权出让合同变更协议或者重新签订土地使用权出让合同，相应调整土地使用权出让金。"

已经入住，即便使用期限届满，政府也无法要求小业主支付出让金或者强制收回土地。此种做法实际上是一种规避法律的做法，违背了建设用地使用权设立的目的。建设用地使用权作为一种重要的用益物权，投资和建设的周期一般都比较长，如果约定时间过短，将不利于鼓励使用权人进行投资和建设活动。

第六，出让金等费用及其支付方式。建设用地使用权出让合同为有偿合同，其中应当规定出让金的数额及其支付方式，包括支付时间、支付方法等。双方可以约定一次支付，也可以约定分期支付。《城市房地产管理法》第16条规定："土地使用者必须按照出让合同约定，支付土地使用权出让金；未按照出让合同约定支付土地使用权出让金的，土地管理部门有权解除合同，并可以请求违约赔偿。"出让金实际上是建设用地使用权的对价，应当根据市场价格确定。根据最高人民法院的有关司法解释，如果是以协议方式出让土地使用权的，土地使用权出让金低于订立合同时当地政府按照国家规定确定的最低价的，应当认定土地使用权出让合同约定的价格条款无效。①

第七，解决争议的方法。例如，究竟选择仲裁还是诉讼，诉讼管辖地等，应当在合同中明确规定。《土地管理法》第14条第1款规定："土地所有权和使用权争议，由当事人协商解决；协商不成的，由人民政府处理。"同条第3款规定："当事人对有关人民政府的处理决定不服的，可以自接到处理决定通知之日起三十日内，向人民法院起诉。"依据上述规定，在建设用地使用权出让合同发生纠纷时，首先应当尊重当事人的意思自治，由当事人协商解决；在当事人无法协商解决时，应当由政府处理，只有当事人对政府的处理决定不服时，当事人才能向人民法院起诉。

《民法典》第348条使用了"一般包括"四个字。所谓"一般包括"就意味着上述条款并不一定都是每个出让合同的必要条款，如果没有包含有关条款，并不能当然宣告合同无效或者未成立。该条规定具有倡导性的意义，指引当事人在签订建设用地使用权出让合同中写明这些主要的条款，以免合同内容过于粗糙和

---

① 参见《最高人民法院关于审理涉及国有土地使用权合同纠纷案件适用法律问题的解释》第3条。

不完善，而在以后的履行中埋下发生纠纷的隐患。当然，对上述条款应当区分主要条款和非主要条款，其中当事人状况，土地界址，建筑物、构筑物及其附属设施占用的空间以及土地用途性质上应为主要条款，其他条款应为非主要条款。

第四节　建设用地使用权的划拨

一、建设用地使用权划拨的概念和特征

划拨，是指国家土地管理部门基于公共利益的需要而使相对人无偿、长期地取得建设用地使用权。划拨用地主要用于国家管理、教育、科研、国防公用设施和公共福利设施等非营利目的。[①] 正是因为划拨具有公益性，因而，根据《民法典》第 347 条第 3 款的规定，严格限制以划拨方式设立建设用地使用权。对土地的划拨应当按照法律、法规的规定，严格限制土地划拨的范围，不得超出划拨的土地用途范围。

根据《城市房地产管理法》第 23 条的规定，土地使用权划拨，是指县级以上人民政府依法批准，在土地使用者缴纳补偿、安置等费用后将该幅土地交付其使用，或者将土地使用权无偿交付给土地使用者使用的行为。划拨实际上有两种形式：一是相对无偿，即通过划拨取得建设用地使用权时，需要缴纳补偿、安置等费用；二是完全无偿，即建设用地使用权人取得使用权不需要支付任何费用。[②] 依据《民法典》第 347 条，建设用地使用权可以采取出让或划拨等方式设立。因此，建设用地使用权的设立以出让为一般形式，而以划拨作为例外形式。尤其是对经营性用地，不能通过划拨方式设定建设用地使用权。建设用地使用权划拨的特点在于：

第一，划拨土地是为了公共利益的需要。在划拨的情况下，建设用地使用权

---

① 参见王卫国：《中国土地权利研究》，151 页，北京，中国政法大学出版社，1997。
② 参见梅夏英、高圣平：《物权法教程》，248 页，北京，中国人民大学出版社，2007。

并没有进入市场流转，也没有完全按照市场规则进行交易，且不需要支付相应对价。国家之所以要把国有的土地划拨给有关单位使用，是为了实现公共利益。[①]因此有学者主张，将划拨设立的建设用地使用权称为公益性用地使用权，即用于国家管理、教育、科研、国防、各种不营利的公用设施和公共福利设施等非营利目的。[②]笔者认为此种观点确有一定的道理。从我国现行法律规定的划拨用途的范围来看，实际上也是严格将划拨用地限于公共利益用途。[③]正是因为划拨具有公益性，所以，根据我国《民法典》第 347 条第 3 款的规定，对土地的划拨应当按照法律、法规的规定，严格限制土地划拨的范围，不得超出划拨用地的土地用途范围。

第二，划拨是通过行政行为而设定民事权利的。根据《城市房地产管理法》第 23 条的规定，土地使用权的划拨，需要经过人民政府依法批准。所谓依法批准，就是指一种行政审批行为，但不同于一般的行政许可行为，二者区别在于：一方面，《行政许可法》第 2 条规定："本法所称行政许可，是指行政机关根据公民、法人或者其他组织的申请，经依法审查，准予其从事特定活动的行为。"根据该规定，行政许可的对象是"从事特定活动的行为"，例如，进行自然资源开发、自然资源配置、公共产品和服务的提供等活动，而不是取得相关财产权利。但是划拨是使用地人取得用益物权。行政划拨的结果不是使行政相对人取得了从事相应活动的资格，这与行政许可行为是不同的。用地单位通过划拨就直接取得了对国有土地进行建设的用益物权。还要看到，从行政许可事项的内容来看，主要涉及特定行业的市场准入标准、特殊技能、条件的资质鉴定标准以及对某些设备、设施检验标准的审定等。而划拨取得建设用地使用权并不属于这些范围，因此，划拨性质上属于行政审批行为，而不是行政许可行为。

---

① 参见黄建中：《城市房地产管理法新释与例解》，121 页，北京，同心出版社，2000。

② 参见王卫国：《中国土地权利研究》，151 页，北京，中国政法大学出版社，1997。

③ 《城市房地产管理法》第 24 条规定："下列建设用地的土地使用权，确属必需的，可以由县级以上人民政府依法批准划拨：（一）国家机关用地和军事用地；（二）城市基础设施用地和公益事业用地；（三）国家重点扶持的能源、交通、水利等项目用地；（四）法律、行政法规规定的其他用地。"

需要指出的是，虽然划拨行为本身是一种行政行为，但是划拨是为了设定一种物权即建设用地使用权，这种物权也必须按照《民法典》规定的物权变动方式通过登记才能设立。建设用地使用权可以由划拨、出让或者转让等多种方式取得，因而划拨只是物权取得的基础和前提。

第三，通过划拨取得的建设用地使用权是无偿取得的。划拨不同于出让的最大特点在于，通过划拨方式取得建设用地使用权是无偿的，这主要是因为划拨往往是基于公共利益的需要。反之，如果不是基于公共利益需要，建设用地使用权就应当采用出让的方式设立，建设用地使用权人应当支付土地出让金。建设用地使用权的划拨取得原则上是无偿的，但在特殊情况下，取得人仍需要支付安置、补偿等费用。① 与土地出让时支付的土地出让金不同的是，划拨时支付的费用是向被拆迁人支付的，而并不是归国家所有。因此，不能据此认为划拨属于有偿行为。划拨土地使用权设定之后，如果需要流转，则必须补交土地出让金。

第四，通过划拨取得的建设用地使用权一般没有期限限制。一般来说，用益物权都是有期限的，但是，划拨取得的建设用地使用权通常是无期限限制的。因为划拨既然是为了公共利益需要，只要相关主体使用土地的用途没有改变，则其用地期限不能受到限制。当然，如果该土地用途发生改变，不是为了公共利益而使用，则就不具备划拨所要求的条件。

基于划拨取得建设用地使用权的时间如何确定？对此有两种不同的观点：一种观点认为，建设用地使用权在批准时就已经取得；另一种观点认为，通过划拨取得的建设用地使用权必须通过登记才能设立。笔者认为，根据《民法典》第 349 条的规定，设立建设用地使用权的，应当向登记机构申请建设用地使用权登记。因此，通过划拨取得建设用地使用权，也应当办理登记。② 从体系解释的角度来看，建设用地使用权可以通过两种方式设立，而无论采取何种方式都必须登记。所以，通过划拨取得建设用地使用权，必须登记，物权从登记之日起生效。

---

① 参见梅夏英、高圣平：《物权法教程》，248 页，北京，中国人民大学出版社，2007。

② 参见姚红主编：《中华人民共和国物权法精解》，254 页，北京，人民出版社，2007。

二、严格限定划拨土地使用权的范围

通过划拨取得建设用地使用权，必须符合法律规定的相应条件，与通过出让方式取得建设用地使用权相比，其条件更为严格，尤其是土地的使用用途要符合公共利益的需要，所以，《民法典》第347条第3款规定："严格限制以划拨方式设立建设用地使用权。采取划拨方式的，应当遵守法律、行政法规关于土地用途的规定。"首先，所谓严格限制以划拨方式设立建设用地使用权，也就是说划拨必须符合公共利益，如果是为了商业利益需要而通过划拨取得土地使用权，就使划拨失去了存在的意义和价值。其次，采取划拨方式的，应当遵守法律、行政法规关于土地用途的规定。根据该规定，一方面，划拨方式必须遵守法律规定的使用用途；另一方面，取得建设用地使用权之后，必须要严格按照申请时的用途使用，划拨土地使用权人只能将划拨土地用于申请时的目的，而不能用于设定范围以外的其他目的。[①] 如果要将划拨建设用地使用权转让，必须经过批准，并且要补交土地出让金。这就严格限制了划拨土地的范围。政府有关土地管理部门不得超出该范围，而任意划拨土地。[②]

《民法典》第347条严格限制通过划拨取得建设用地使用权的主要原因在于：第一，有利于促进行政机关依法行政，提高土地的利用效率。严格限制划拨建设用地使用权的范围，才能实现土地资源的优先配置，体现物尽其用，也有利于促使权利人高效率地利用土地。第二，有利于促进房地产市场的健康发展，防止滋生腐败。房地产市场的健康发展，以公平、公开的市场环境为基础。如果允许一部分人通过划拨无偿取得建设用地使用权，显然对于其他支付了高昂地价的使用权人是不公平的，也不利于形成公平的市场竞争秩序，从而导致土地不能通过市

---

① 《土地管理法》第54条规定："建设单位使用国有土地，应当以出让等有偿使用方式取得；但是，下列建设用地，经县级以上人民政府依法批准，可以以划拨方式取得：（一）国家机关用地和军事用地；（二）城市基础设施用地和公益事业用地；（三）国家重点扶持的能源、交通、水利等基础设施用地；（四）法律、行政法规规定的其他用地。"

② 参见胡康生主编：《中华人民共和国物权法释义》，312页，北京，法律出版社，2007。

场实现优化配置，严重损害房地产市场的健康发展。而且土地划拨往往很难通过公开的方式来进行，从而可能引发暗箱操作，滋生腐败。第三，有利于维护国家利益。"土地是财富之母"，对于经营性用地，国家应当通过出让方式设定，从而获得土地出让金，再利用土地出让金从事其他经济建设活动。如果擅自扩大划拨土地的适用范围，将经营性用地按照划拨方式设定建设用地使用权，就会造成国有资产的流失，损害国家的利益。[①]

《民法典》第347条所确立的规则是强行性规范，对该规则的违反应引发相应的法律效果。这主要表现为：第一，划拨行为本身作为一种行政行为，应当按照行政程序确认违法，并由有关机关依照法定的程序予以纠正，对相关工作人员作出处理决定。第二，如果建设用地使用权的设立应当以出让方式设立的，建设用地使用权人应当依法及时补交土地出让金。第三，如果建设用地使用权人通过划拨方式取得土地使用权后改变土地用途，应当及时纠正，按照批准的用途使用土地，或者补交相应的土地出让金。

第五节 建设用地使用权的内容

建设用地使用权的内容包括建设用地使用权人的权利和建设用地使用权人的义务两个方面，以下具体论述。

一、建设用地使用权人的权利

建设用地使用权设立后，建设用地使用权人主要享有以下权利。

1. 建设用地使用权人享有对土地的占有、使用和收益的权利

《民法典》第344条规定："建设用地使用权人依法对国家所有的土地享有占

---

① 参见刘俊：《划拨土地使用权的法律问题研究》，载《江西社会科学》，2007（1）。

有、使用和收益的权利"。建设用地使用权人享有用益物权的各项权能，具体包括：

第一，占有权。建设用地使用权人有权对土地进行直接控制、管理。建设用地使用权设立的目的在于，使权利人通过建设行为获得土地的使用价值，这就要求建设用地使用权人首先要对特定的土地进行占有，这是展开利用活动的必要前提。一旦设立了建设用地使用权，国家就有义务将土地交付给建设用地使用权人。如果基于转让而取得建设用地使用权，转让人也有义务移转土地的占有。

第二，使用权。所谓使用，是指在特定的土地上进行建设行为，建造各种建筑物、构筑物和其他附属设施。建设用地使用权设立的目的在于使权利人通过建设行为获得土地的使用价值，因此，使用是建设用地使用权的核心内容。使用的范围非常宽泛，只要在法律规定和合同约定的范围内，权利人可以任意进行使用。

第三，收益权。一方面，土地所有人依法有权获取土地之上的收益，并通过从事建设来满足自己的各种需要。[①] 如建设用地使用权人通过建造建筑物、构筑物及其他附属设施，通过自己使用或者出售、出租，以获得价金、租金等收益。这些都是权利人的收益权的主要内容。另一方面，建设用地使用权本身也可以作为交易的对象进行转让、出租并获取收益。我国土地所有权不能通过市场交易发生转移，尤其是国家土地所有权是绝对不能买卖和抵押的，但建设用地使用权可以在市场上流转，建设用地使用权人可以通过流转而获取相应的收益。[②]

2. 利用国有土地从事建设的权利

《民法典》第 344 条规定："建设用地使用权人依法对国家所有的土地享有占有、使用和收益的权利，有权利用该土地建造建筑物、构筑物及其附属设施。"建设用地使用权设立的目的就是要利用国有土地建造建筑物、构筑物及其附属设施。建设用地，顾名思义就是为了建设而用地，权利人所享有的占有、使用和收益权都是以建设为目的的。建设用地使用权不同于土地承包经营权等用益物权，

---

① 参见房绍坤：《物权法 用益物权编》，167 页，北京，中国人民大学出版社，2007。

② 参见王胜明主编：《中华人民共和国物权法解读》，296 页，北京，中国法制出版社，2007。

主要表现在其设立的目的就是要利用土地从事建设。权利人占有建设用地经过法定期限而没有从事任何建设，构成土地的闲置，则将导致建设用地使用权被土地管理部门收回。

从《民法典》的角度来看，此处所说"有权利用该土地建造建筑物、构筑物及其附属设施"中的"利用"是物权性的利用，而不包括债权性的利用。建设用地使用权人只能在法律、法规、规划以及出让合同所确定的范围内享有权利。通常，建设用地使用权都是长期的利用，建造房屋及其他工作物，是建设用地使用权的核心内容，但建设用地使用权中除了建造房屋之外，是否还包括种植竹木尚存在争议，这就涉及建设用地使用权的内容问题。对此，各国或地区有两种立法例：一是沿袭罗马法的规定，将地上权的内容限定在建造建筑物和工作物上，《德国民法典》即属于这种立法例。二是地上权的内容除建造建筑物和工作物外，还包括种植竹木，《日本民法典》属于这种立法例。[①] 笔者认为，依据《民法典》第 344 条的规定，建设用地使用权是要利用国有土地建造建筑物、构筑物及其附属设施，而不包括种植竹木的利用方式。如果单纯为了种植竹木而利用国有土地，完全可以依照《民法典》第 343 条关于"国家所有的农用地实行承包经营的，参照适用本编的有关规定"来设定相应权利，而无须设定建设用地使用权。"参照适用"又称为准用，是指法律明确规定特定法律规范可以参照适用于本不属于该条规范调整范围的其他情形。在性质上参照适用属于法定类推，是就准用者与被准用者的构成要件，从规范功能及体系关联上进行比较观察，以认定在何种程度应对被准用者赋予相当的法律效果。[②] 由此也可以看出，权利设定的目的也是区分建设用地使用权和土地承包经营权的重要标准。尽管如此，建设用地使用权人在建造房屋过程中，也有权为了美化环境而种植竹木，但不能纯粹利用建设用地来种植竹木。

3. 保有建筑物等工作物的权利

所谓保有，就是指建设用地使用权人在建造之后，有权享有建筑物、构筑物

---

① 参见郑云瑞：《民法物权论》，230 页，北京，北京大学出版社，2006。

② 参见王泽鉴：《民法学说与判例研究》，第 7 册，208 页以下，北京，北京大学出版社，2009。

及其附属设施的所有权。由于建设用地使用权的用途比较广泛，因而建设用地使用权人可以建造并保有住宅、写字楼、厂房等建筑物，也可以保有道路、桥梁、隧道、水池、水塔、纪念碑等构筑物，还可以保有附属于建筑物、构筑物的附属设施，如供用电、热、水、气等设施。① 建造性质上为事实行为，只要建设用地使用权人依法完成了建造行为，即便没有办理所有权初始登记，也可以依据《民法典》第231条关于"因合法建造、拆除房屋等事实行为设立或者消灭物权的，自事实行为成就时发生效力"的规定而取得其所建造的建筑物、构筑物及其附属设施的物权。《民法典》第352条规定："建设用地使用权人建造的建筑物、构筑物及其附属设施的所有权属于建设用地使用权人，但是有相反证据证明的除外。"这实际上推定了凡是在建设用地使用权的土地之上所修建的建筑物、构筑物及其附属设施，都应当归属于建设用地使用权人。如果发生了产权争议，在没有相反证据的情况下，应当推定这些建筑物、构筑物及其附属设施归建设用地使用权人所有。② 此种规定有利于解决产权争议，保护建设用地使用权人的权益。

4.处分建设用地使用权和地上建筑物、构筑物及其附属设施的权利

建设用地使用权作为一种用益物权，权利人有权对该权利进行处分。这种处分权包括两方面。

一是建设用地使用权人有权对权利本身加以处分。③ 其处分的方式包括将建设用地使用权出资入股，设定抵押权，转让、互换或者赠与等。建设用地使用权人也有权抛弃建设用地使用权，但不得损害土地所有人和第三人的利益。依据《民法典》第354条："建设用地使用权转让、互换、出资、赠与或者抵押的，当事人应当采用书面形式订立相应的合同。使用期限由当事人约定，但是不得超过建设用地使用权的剩余期限。"因此，流转合同规定的使用期限不得超过建设用地使用权的剩余期限。需要指出的是，这里所说的处分，是对权利的处分，而非

---

① 参见胡康生主编：《中华人民共和国物权法释义》，306页，北京，法律出版社，2007。
② 参见房绍坤：《物权法 用益物权编》，169页，北京，中国人民大学出版社，2007。
③ 参见房绍坤：《用益物权基本问题研究》，193页，北京，北京大学出版社，2006。

对土地本身或者说是对所有权的处分。因此，法律强调使用期限不得超过建设用地使用权的剩余期限。此外，对建设用地使用权进行处分应当采取书面形式，而且依据《民法典》第355条，对建设用地使用权的处分，采取登记要件主义，不登记不能发生物权变动效力。

二是对建设用地之上的建筑物、构筑物及其附属设施的处分。一方面，建设用地使用权人有权自己利用建筑物、构筑物及其附属设施，从事相应的活动；另一方面，建设用地使用权人也有权将建筑物、构筑物及其附属设施进行转让、互换、赠与、出资和设定抵押。既然建设用地使用权人对其所建造的建筑物、构筑物及其附属设施等享有所有权，则对其当然享有处分权。建设用地使用权人通过处分获得的收益，应当归建设用地使用权人享有。

5. 住宅建设用地使用权自动续期的权利

根据《民法典》第359条规定："住宅建设用地使用权期限届满的，自动续期。续期费用的缴纳或者减免，依照法律、行政法规的规定办理。"该条是为了强化对广大小业主的房屋所有权而设置的特殊规定。所谓自动续期，是指在住宅建设用地使用权期限届满后，无须住宅建设用地使用权人向有关部门提出申请，就可依法自动延长该权利的期限。但对于住宅建设用地之外的其他建设用地使用权，则依据其他法律的规定来处理。此处所说的其他法律是指《土地管理法》《城市房地产管理法》等法律。例如，《土地管理法》第58条第2项规定，"土地出让等有偿使用合同约定的使用期限届满，土地使用者未申请续期或者申请续期未获批准的"，政府可以收回建设用地使用权。

二、建设用地使用权人的义务

1. 合理利用土地，保护环境的义务

21世纪是一个面临严重生态危机的时代，生态环境被严重破坏，人类生存与发展的环境不断受到严峻挑战。由于资源的有限性与人类不断增长的需求和市场的发展形成尖锐的冲突和矛盾，如何有效率地利用资源并防止生态环境的破坏，已成为民法的重要使命。《民法典》第346条规定："设立建设用地使用权，应当符合节约资源、保护生态环境的要求，遵守法律、行政法规关于土地用途的规定，不得损害已经设立的用益物权"。第350条规定，"建设用地使用权人应当合理利用土地"。可见，虽然建设用地使用权人有权利利用土地，但是其必须合理利用土地。所谓合理利用，首先是指要根据法律、法规和合同确定的范围、方式来利用土地。其次，建设用地使用权人在建设过程中要兼顾他人的利益，不得滥用权利，损害他人的利益。① 例如，在挖掘地基的时候，不得造成周边建筑物的下沉或者倾斜等危险。最后，建设用地使用权人要注重对周边环境的保护，维护良好的生态环境，例如，修筑道路之后，要尽量降低噪声污染，或者修建隔音墙等设施减少影响。

2. 不得改变土地用途

如前述，我国实行土地管制制度。据此，《民法典》第350条规定，"建设用地使用权人应当合理利用土地，不得改变土地用途；需要改变土地用途的，应当依法经有关行政主管部门批准"。所谓"不得改变土地用途"，是指建设用地使用权人不得改变建设用地使用权出让合同约定的或者建设用地使用权划拨批准文件中规定的土地用途。一方面，在出让合同中确定了土地用途之后，权利人必须严格按照出让合同约定的土地用途来利用土地，出让合同中约定的土地用途实际上也就是规划中确定的土地用途。《民法典》第344条规定：采取划拨方式的，应当遵守"法律、行政法规关于土地用途的规定。"据此，对划拨确定的土地用途，权利人同样不能改变。另一方面，如果需要改变土地用途，应当依法经有关行政主管部门批准，而不得随意改变土地用途。例如，不得随意将公益用地改变为商业用地，不得随意将非住宅用地改变为住宅用地。② 在建设用地使用权行使中，如果确需要改变土地用途的，则必须按照法定程序办理相关手续。如果建设用地使用权人擅自改变建设用地使用权出让合同约定的土地用途的，则出让人有权请

① 参见孙宪忠、朱广新主编：《民法典评注 物权编3》，143页，北京，中国法制出版社，2020。
② 参见房绍坤：《物权法 用益物权编》，171页，北京，中国人民大学出版社，2007。

求解除合同。① 当事人违反规定改变建设用地用途的，当事人所订立的合同也可能被宣告无效。例如，在"牛某某等与戎某某、刘某某确认合同无效纠纷案"②中，法院认为，依据《物权法》第 140 条（《民法典》第 350 条）的规定，建设用地使用权人应当合理利用土地，不得改变土地用途；需要改变土地用途的，应当依法经有关行政主管部门批准。本案中，当事人所签订的《房产联合开发协议》中合作开发项目占用地包括了当事人的自住宅用地和新郑市玻璃机械制品有限公司的工业用地，该协议的履行涉及改变工业用地的用途、申请办理建设工程规划许可证等审批手续，当事人未办理相关手续即签订合同，该协议因违反法律的强制性规定而属无效。

3. 支付必要的费用

建设用地使用权人支付必要的费用主要包括两个方面：一是出让情况下支付土地出让金。《民法典》第 351 条规定："建设用地使用权人应当依照法律规定以及合同约定支付出让金等费用。"二是部分划拨情况下支付必要的安置费和补偿费。尽管通过划拨取得建设用地使用权原则上是无偿的，但权利人在特定情况下应当依法支付必要的安置费和补偿费。③

第六节　空间权

一、空间权的概念和特征

空间是一个物理学上的概念，是以一定的长、宽、高来界定的三维空间。作为法律概念的空间是以权利客体的形式存在的。空间权的客体与一般物权的客

---

① 参见《最高人民法院关于审理涉及国有土地使用权合同纠纷案件适用法律问题的解释》第 5 条、第 6 条。
② 河南省新郑市人民法院（2012）新民初字第 2637 号民事判决书。
③ 参见梅夏英、高圣平：《物权法教程》，244 页，北京，中国人民大学出版社，2007。

体是有区别的，因为空间不是有形物，它难以被实际控制或占有。但它仍然可以作为物权的客体存在，因为它是客观存在的资源，在一定条件下也可以为人类所支配和控制，并能够满足人类的某种需要。① 与电、气、磁场等类似，空间也是可以被感知的。在现代社会，由于我国土地资源相对不足，城市人口稠密，生产和生活空间都极其稀缺，因而对空间的利用越来越重要。② 尤其是在土地资源日益稀缺的今天，立体利用空间可以在很大程度上弥补土地资源稀缺的不足。因而，空间利用权作为一项财产的重要意义也日益突出。随着人类对空间利用能力的提高，从平面利用逐渐发展到立体利用，都使空间具有前所未有的经济价值，客观上需要法律确认空间权，对各种空间的利益进行确认和保护，从而有效地促进权利人对空间的开发和利用，最大限度地发挥空间的价值。人类对空间的有效率利用，是解决资源的有限性与不断增长的人类需求之间矛盾的一项重要措施。广袤无垠的空间是有待于人类开发的无限宝藏，而人类对空间的利用将日益频繁，这就迫切需要法律对空间利用权作出规范。

为适应不断扩大的利用空间的需要，《民法典》第345条规定："建设用地使用权可以在土地的地表、地上或者地下分别设立。新设立的建设用地使用权，不得损害已设立的用益物权。"这就在法律上确认了空间权。所谓空间权，也称为空间利用权，是指权利人基于法律和规划的规定，对于地上和地下的空间依法利用，建造建筑物、构筑物及其附属设施的权利。空间权具有如下特点。

1. 空间权的主体具有特殊性

虽然《民法典》是在建设用地使用权中规定空间权的，但是，空间权主体具有多样性，除了包括建设用地使用权人外，还应包括独立的空间权人和土地所有权人。空间权既可以包括在建设用地使用权之中，也可以与建设用地使用权相分离。其既包括对他人土地空间利用的权利，也包括对自己土地空间利用的权利。但就空间权与土地所有权的关系而言，当土地所有权与建设用地使用权尚未分离时，空间权应包含在土地所有权之内，不必独立存在。当空间权与建设用地使用

---

① 参见赵怡：《试论物权法中的空间权制度》，载《市场周刊》，2004（6）。
② 参见石少侠、王宪森：《土地空间权若干问题探析》，载《政治与法律》，1994（1）。

权发生分离以后，权利人对空间的权利就体现为对他人土地地上和地下一定范围空间支配和利用的权利。这就会在土地所有权人与建设用地使用权人就空间的利用方面发生一定的冲突，从而有必要通过法律确定其归属。因此，空间权的主体能否独立存在，很大程度上取决于法律是否承认空间权的独立性。此外，由于空间权大都是在建设用地使用权基础上设立的，因而其主体大都具有建设用地使用权人的身份。

2. 空间权的内容主要是利用权

人们支配一定的空间是为了有效地利用空间，因而空间权的内容主要是利用权。由于空间权主要是在建设用地使用权之上设立的，所以，人们利用一定的空间大多是为了建造房屋、构筑物及其附属设施。但是，随着人类对空间利用技术的发展，利用的范围和方式也将不断扩大。在国外，如美国佛罗里达州的水下旅馆，迈阿密州的水下电影院，苏丹港外的水下村庄，日本海底隧道的水下火车站，琵琶湖底的水下粮仓等。这些水下工程已把陆上空间权引向水上和水下。[①]由此可见，空间利用的前景是十分广阔的，《民法典》对空间利用权的规定，必将对进一步促进人们充分利用空间的积极性，促进我国经济的发展，发挥重要的作用。[②] 空间权是在规划设计的范围内由权利人依法享有的权利，权利人享有空间权的范围，取决于规划的范围。土地使用权出让合同一般都对利用空间的范围、内容和方式加以约定，权利人必须按照约定利用空间。

所谓空间权内容的限制性，就是指空间权人利用空间并获取经济利益必须符合规定的用途。空间利用权人应按照规定的用途和目的使用空间，这就是说，空间权内容还要受到法律、法规、城市规划以及合同的严格限制，具体来说表现在以下三方面：一是法律、法规的限制。例如，《人民防空法》对利用地下空间建设地下设施作出了明确规定；《民用航空法》对利用地上空间作为航道也作出了规定。二是城市规划的限制。例如，规划确定地上利用的空间的高度，就只能在该规划确定的范围内建造房屋和附属设施。从这个意义上说，规划决定着空间权

---

① 参见沈守愚：《从物权理论析土地产权利用的报告》，载《中国土地科学》，1996 (1)。
② 参见陈祥健：《关于空间权的性质与立法体例的探讨》，载《中国法学》，2002 (5)。

的内容，超出了规划的范围，原则上构成越权。正是因为这一原因，空间法和规划法是密切联系在一起的。三是合同的限制。空间权也要受到建设用地使用权出让合同和空间权设立合同的限制。依据《民法典》第348条的规定，建设用地使用权的出让合同必须包括"建筑物、构筑物及其附属设施占用的空间"，例如，当事人约定在屋顶平台之上利用空间建造广告塔，则空间利用权人不得建造建筑物和其他附属设施，否则将构成对土地所有人或使用人权利的侵害。假如所有人只是将地表的权利转让给建设用地使用权人，那么，所有人仍然享有对地上和地下的空间的权利。

3. 空间权的客体具有特殊性

从物权法的角度来看，空间权的客体是一定的空间。这种空间主要是指他人土地上下的空间，空间是一种财产，在现代物权法中，尽管空间不是一种有体物，但是它可以为人们所利用，体现了一定的经济价值。严格说来，空间范畴的法律问题涉及多个部门，例如，外层空间由国际空间法来调整，属于公法的范畴；海洋上空的空间属于海洋法所调整（如海洋上空航空器的飞越自由问题）。在民法中，空间主要受到物权法调整，但可以分别受到各个物权制度调整，不应完全由用益物权制度所调整。例如，建筑物内部的空间、对土地上建筑物、构筑物及其附属设施内的空间利用问题涉及所有权法律关系，应当由所有权制度调整。对于房屋内的空间、地下停车场的空间利用的问题，都应当通过房屋所有权、建筑物区分所有制度来解决，而无须通过空间权来加以调整。作为空间权客体的空间，是土地上下的一定范围的空间，与土地等不动产具有天然的物理联系。正是由于这一原因，可以将空间界定为财产，空间权也应当受物权法调整，而不能在物权法之外单独形成空间法并对空间权进行调整。

4. 设立上的特殊性

如果空间权被包含在建设用地使用权之中，就应当与建设用地使用权一起设立。但空间权也可以与建设用地使用权相分离而单独设立。如果单独设立空间权，不仅要签订空间权利用合同，而且要通过登记等方法对外公示。尽管空间是一种财产，可以为人们所利用，但如果它不能通过一定公示方法为外界所知，则难以形成一种物权。作为物权，其设立必然需要依法登记。

总之，空间权在性质上属于物权的范畴，应当受物权法的调整。空间权作为一项新型的物权，其产生丰富了民事权利的体系，扩大了民事权利客体的范围，扩张了财产的类型和概念。

二、空间权与建设用地使用权

从大陆法系国家的立法经验来看，空间权大多是包括在地上权之中的，并没有与地上权分离。例如，《德国民法典》第 1012 条规定："土地得以此种方式（地上权方式），使因设定权利而享受利益的人，享有在土地、地上或地下设置工作物的可转让或可继承的权利。"因此，地上权不仅包括对地表的权利，而且包括对土地上下的空间的权利。此种规定主要是受到罗马法以来的"房随地走"原则的影响。为了进一步规范空间权制度，解决在实践中发生的纠纷，1919 年德国又颁布了《地上权条例》，该条例将地上权分为普通地上权和空间地上权。《德国民法典》第 1012 条也随之废止。所谓空间地上权，就是指以在他人土地表面、上空及地下拥有工作物为目的而使用他人土地及空间的权利。[①] 日本民法借鉴了德国民法的经验，在 1966 年修改《日本民法典》时，增加了空间权概念。[②]

《民法典》将空间权规定在建设用地使用权部分。据此，许多学者认为，就《民法典》立法本意而言，《民法典》仍然沿袭了大陆法系的立法模式，采取了建设用地使用权包含空间权的做法。换言之，空间不应单独成为权利的客体，而应属于建设用地使用权的内容，包含在建设用地使用权之中。如果将空间权作为独立的物权形态，可能造成相关物权之间的冲突。建设用地使用权包括了对地上、

---

① 参见陈华彬：《土地所有权理论发展之动向——以空间权法理之生成及运用为中心》，载梁慧星主编：《民商法论丛》，第 3 卷，北京，法律出版社，1995。

② 现行《日本民法典》第 269 条之二规定："（一）地下或空间，因定上下范围及有工作物，可以以之作为地上权的标的。于此情形，为行使地上权，可以以设定行为为对土地的使用加以限制。（二）前款的地上权，即使在第三人有土地使用或收益情形时，在得到该权利者或者以该权利为标的的权利者全体承诺后，仍可予以设定。于此情形，有土地收益、使用权利者，不得妨碍前款地上权的行使。"

地下以及空间的权利，空间属于建设用地使用权的范围，归建设用地使用权人享有，所以，空间权不能成为独立的权利，而只是属于建设用地使用权的范畴。此种观点不无道理。

但是，从《民法典》的规定来看，实际上也承认了空间权的独立性。我国《民法典》第345条规定："建设用地使用权可以在土地的地表、地上或者地下分别设立。"新设立的建设用地使用权，不得损害已设立的用益物权。《民法典》虽然将空间权置于建设用地使用权部分规定，但是，该条采用"分别设立"的提法。所谓"分别设立"，是指地上、地下的空间权可以与建设用地使用权相分离而设立。这就意味着，空间利用人可以与国家土地管理部门达成利用空间的协议，通过登记设立单独的空间利用权。例如，某人要在公园的地下建造地下停车场，但是，公园的土地上无法设立建设用地使用权，此时，其可以依据《民法典》第345条的规定，就地下的空间设立空间权。该权利一旦登记，就可以产生对抗第三人的效力。通过此种方式，也可以使空间资源得到有效率的利用。所以，《民法典》第345条规定使用了"分别设立"几个字，实际上承认了空间权可以成为独立的物权。

空间权一旦分别设立，经过登记就形成了独立的用益物权，这就突破了传统大陆法系国家将空间权包含在地上权之中的做法。笔者认为，将空间权作为一种独立的用益物权，不仅具有必要性，而且具有可能性，其原因在于：

第一，空间权可以与建设用地使用权相分离。依据我国《民法典》第345条，尽管一定的空间总是与土地权利联系在一起的，但空间权不一定包括在建设用地使用权之中。在建设用地使用权确定之后，国家可以基于公共利益的需要或者他人基于有效地利用空间资源的需要，而与建设用地使用权人协商利用其地上、地下空间。在此情况下，建设用地使用权和空间权就会发生一定程度的分离。由于空间权和建设用地使用权发生分离，形成了非土地所有人或使用人对空间享有的权利。在我国，法律并未对此作出明确规定，从实践来看，空间权都包括于土地所有权以及其他物权之中，极少与土地的物权发生分离并单独被转让。但从有效利用空间的角度出发，应当允许物权人在法律许可的范围内，转让一定范围内的空间的利用权。例如，某人在规划确定的范围内利用地上的空间修建房屋，但在不违反规划要求的前提下，允许他人利用地下的空间。当然，转让空间利用权不得违反城市规划的有关规定，不得形成权利之间的冲突。在未来，法律一旦允许空间权转让，空间权作为独立权利的属性将会更为明显。

第二，承认空间权作为独立的物权，有利于明确空间权的归属，有效地利用空间资源，并为登记机关实行空间利用权的登记提供法律依据。如果空间权包含在建设用地使用权之中，空间权就不是一项独立的物权，不能单独进行登记，无法对抗第三人，其效力将会受到很大的影响。登记部门在法无明文规定的情况下只能拒绝登记，由此会影响到资源的有效利用。由于物权的设定必须符合一定的公示要件，如果登记机关拒绝登记，则空间权不能进行公示，权利人就不能对其空间享有物权，以有效地对抗第三人，因此，《民法典》承认空间利用权，就为此类物权的设立提供了法律依据。

第三，空间并不必然依附于土地，可以成为独立的权利客体。虽然一定的空间必须依附一定的土地，但并非所有的空间利用都必须绝对依附于土地。例如，通过架设高架桥而形成连接两幢大楼的走廊，在楼顶平台上设置建筑物的附属物或者建造建筑物，利用楼顶上空设置广告塔、架设高压电线、空中电缆，等等，都不需要依附于土地。同时，空间权还涉及对地表下面空间的利用，如建造地铁、地下街道、地下商店、地下停车场，铺设地下管线、电线、电话线等。这些情况均表明，空间不再单纯是土地的附属，而是具有特定价值形态的物。因而空间"有各自的经济价值，而且因其系离开地表，在地上之空中或地下之地中的空间里具有独立之支配力，因而与传统土地所有权之以地表为中心而有上下垂直的支配力不同"[1]。随着人类建筑水平的提高和土地立体利用能力的增强，人类已经能够形成对地表的高空和地下空间进行立体和有效率的利用，空间权也可能作为财产独立地被利用，并可以被转让。这些都决定了，有必要在法律上将空间权规定为一种独立的物权。而将空间权规定为一种独立的用益物权，有利于促进交

---

① 温丰文：《空间权之法理》，载台湾《法令月刊》，第39卷第3期。

易并提升交易效益，有利于对空间财产价值进行独立的评估和转让。空间权的设定有利于有效率地利用资源。①

第四，空间权已经具备了物权的基本特征，可以成为一项独立的物权。一方面，空间权的内容主要是指对特定空间的利用，而这种权利的效力也具有物权的支配和排他性等效力。空间权作为一种物权，必然具有支配的效力，也就是说，权利人可以对特定的空间进行支配。因为物权的本质特性是支配性，空间权也不例外。而利用特定的空间，应当以空间可以被支配为前提。这就是说，空间权人通过支配一定的空间而对其加以利用，以满足其生产和生活的需要。这种支配的特点决定了它和债权是有区别的。另一方面，空间通过规划可以确定相应的范围，权利人可以实际支配特定的空间。物权的客体原则上限于有体物，空间虽然不是有体物，但是，空间可以通过登记被特定化。一经登记，空间就可以具有明确的四至，权利人可以在其上形成一种排他的权利。因此，一定的空间可以成为独立支配的客体，空间权也就可以作为一种独立的物权而存在。

三、空间权与相关权利的比较

（一）空间权与所有权

承认空间权的独立性，不能完全否认土地所有权人对空间所享有的权利。在罗马法中，空间权是包括在土地所有权之中的，因而不存在独立的空间权概念。罗马古老的格言谓："支配权无高度及深度的限制"（qui dominus est soli domi-nusest usgue ad cellum et usque ad inferos）。这就是说，土地所有权已经包含了地上与地下空间的权利。罗马法曾经根据添附原理，认为"建筑物添附于地皮，一切被建筑在地皮上的物跟附于地皮"，而土地上下的空间乃是土地所有权的自然延伸，所以罗马法中一直存在着"谁拥有土地便拥有土地之无限上空"的主张，空间成为土地所有权效力所及的范围。

---

① 参见石少侠、王宪森：《土地空间权若干问题探析》，载《政治与法律》，1994 (1)。

受罗马法这种观念的影响，大陆法系国家的民法典大多承认土地所有权享有地上、地下的空间利用权。如《法国民法典》完全继受罗马法，从添附原则出发，规定"土地所有权并包含该地上空和地下的所有权"，"所有人得在地上从事其认为适当的种植或建筑……所有人得在地下从事其认为适当的建筑或发掘"（第522条）。因而土地所有权"上穷天寰，下及地心"，由此也形成了绝对的土地所有权概念。而这种绝对的土地所有权概念常常与社会公共利益发生矛盾。例如架设高压电线、飞机在空中飞行，会与地上土地所有权人的地上空间权发生冲突，而政府建地铁及其他地下设施也会与土地所有权人的地下空间权发生矛盾。为此，法国颁布了一系列法律和法规，对土地所有权人的空间权作出了限制。①《德国民法典》也规定土地所有权人享有土地上下的空间权，土地所有权的范围包括地表、地上、地下三部分。但是，该法典并没有采纳绝对土地所有权概念，而对土地所有权人的空间权进行了限制，该法典第905条规定："土地所有人的权利，及于地表上的空间和地表下的地壳。但所有人不得禁止在高到或深到所有人对排除干涉无利益的地方所进行的干涉。"② 这种法律机制也在一定程度上保护了所有权人对空间的权利，可以激励所有权人对空间的有效利用。③

我国《民法典》承认了空间权的概念，它不仅可以包括在建设用地使用权之中，而且可以单独设立。这是否意味着，空间权已经完全移转给建设用地使用权人或者空间权人，而土地所有权人不再享有任何空间的权利呢？笔者认为，当土地所有权与建设用地使用权发生分离之后，并不意味着空间权完全归属于建设用地使用权的内容范围，土地所有权人也仍然在一定范围内享有对空间利用的权利，主要理由在于：首先，建设用地使用权人必须在规划确定的范围内享有对空间进行利用的权利。在规划之外利用空间的权利，仍然应当由土地所有权人享

---

① 参见［苏］弗莱西茨：《为垄断资本主义服务的资产阶级民法》，郭寿康等译，9页，北京，中国人民大学出版社，1956。

② 陈卫佐译注：《德国民法典》，2版，329页，北京，法律出版社，2006。

③ 传统上美国法也认为，土地的所有权人享有上至苍穹下至地心的权利。See Harvey M. Jacobs, *Private property in the 21st century：The future of an American ideal* 2004，Edward Elgar Cheltenham, p. 8.

有。其次，依据《民法典》第 348 条的规定，建设用地使用权出让合同必须包括"建筑物、构筑物及其附属设施占用的空间"，所以，双方还需要通过建设用地使用权出让合同来具体确定双方对空间利用的范围。例如，在建设用地使用权出让合同中，可以对空间的利用作出特别约定。如果土地所有权人要保留对空间利用的权利（如所有权人要利用地下空间设置管道、埋置管线），也可以通过约定的形式。再如，当事人可以在合同中约定建设用地使用权人享有对地表上的一定空间利用的权利，而由土地所有权人保留对地下空间的权利。这样，土地所有权人仍然有权开发地下的空间。最后，在设立建设用地使用权时，所有权人也可以保留对一定的空间的单独使用的权利，如将一定的空间用于修建地铁、通信、广告等目的。如果土地所有权人在出让合同中保留了一定范围内的空间权，例如，土地所有权人要利用土地设立手机信号发射塔、户外广告等设施①，这样其就有必要保留一定的空间利用权。只要不违反法律规定与公序良俗，不违反城市规划，法律应该尊重当事人的意志。

在建设用地使用权发生转让之后，应当根据规划、出让合同等的规定来确定各自享有的空间范围，避免各种不必要的纠纷。问题在于，规划和出让合同不可能解决所有的空间利用问题，这就有必要确定土地所有权人和建设用地使用权人各自享有的空间范围。主要理由在于：一方面，建设用地使用权作为一种用益物权，其客体必须特定化，这种特定表现为支配范围上的特定。既然规划和出让合同已经明确规定了建设用地使用权人的权利范围，那么建设用地使用权的客体就已经特定了。至于其所能支配的客体范围究竟有多大，应该在规划和出让合同中加以明确，使用权人不能超出规划和出让合同所确定的范围来行使权利。否则，过度地逾越其应享有的权利，将侵害土地所有权人的利益。另一方面，所有权是一项全面对物进行支配的权利。"所有权为一般的支配权，为他物权之泉源，此点与地上权、永佃权、典权、地役权等，唯就使用收益之特定方向，于一定范围为物之支配之物权，不同。"② 既然土地所有权体现为对土地的全面的支配，而

---

① 参见李凤华：《设置"户外广告"引发的行政官司》，载《法制与新闻》，2006（7）。
② 史尚宽：《物权法论》，61 页，北京，中国政法大学出版社，2000。

建设用地使用权作为一种用益物权，是建立在土地所有权权能发生分离基础之上的，那么，建设用地使用权支配的范围仅限于规定的范围，超出规定范围的应由所有权人享有和支配。因此，只要合同没有明确约定建设用地使用权等用益物权包括土地上下的空间，用益物权之外的权利都应由所有权人享有。

尽管建设用地使用权人所享有的空间权利应当受到规划、合同等的限制，原则上，在规划和合同没有明确规定的情况下，空间的权利应当属于所有权人，但对此应当存在一个例外，即为了保障建设用地使用权人可以完整地行使自己所享有的权利，即使在没有明确约定的情况下，其也可以在合理的范围内享有对空间的利用权。例如，建设用地使用权人要利用土地栽种树木，也需要必要的空间，建造房屋所需的空间也应当属于建设用地使用权人。如果规划没有确定空间的范围，则应当认为建设用地使用权人可以利用必要的空间从事建设活动。除此之外的空间都应归所有人享有。

（二）空间权与空间役权

所谓空间役权，也称空间地役权，是地役权的一种，它是指以他人的特定空间供自己或其不动产（或空间）的方便和便利的权利。[①] 自 20 世纪以来，学者对地役权的概念和内涵进行了反思和重构，逐步明确了地役权的内容和规则，这也被称为"地役权的枯木逢春"。其重要标志就在于空间地役权的创设和发展，旨在解决土地所有权人、使用权人因空间的利用而发生的权利限制与扩展问题。空间役权关注的是土地的立体利用，其中"空间"包括地上和地下，即空间役权在土地的上空和下层均可设立。例如，一方当事人为了观风景而设立眺望权，这就需要在供役地人的建筑物之上的空间设立地役权。[②] 第二次世界大战以后，地役权发展的另一个重要趋势就是，空间地役权在行政法上也得到了重视和发展。例如，在许多国家，大量的公用事业单位基于公共利益需要，频繁地利用地上和地下空间建造公用设施。

在《物权法》制定过程中，不少学者主张不应承认独立的空间权，因为空间

---

① 参见陈华彬：《物权法原理》，557 页，北京，国家行政学院出版社，1998。
② 参见梁慧星、陈华彬：《物权法》，4 版，293 页，北京，法律出版社，2007。

权可以为建设用地使用权和地役权分别吸收，凡是利用一定的空间为他人提供便利的，应当包含在地役权之中，因此，空间役权就是地役权的组成部分。① 而利用一定空间建造建筑物、构筑物及其附属设施，则应当包含在建设用地使用权之中。

应当承认，空间权和空间役权具有一定的相似性，主要表现在：一方面，二者都要利用他人的空间，从事生产活动或者满足生活需求；另一方面，二者都是在土地的上空或土地之下进行的空间立体运用，并且两者都与不动产的利用有关，都属于用益物权。将空间役权置于地役权之中，有助于减少权利类型，简化法律关系，简化空间役权的设立程序。但是，笔者认为，简单地将空间役权包含在地役权之中，也并非妥当，因为二者存在以下区别。

第一，利用范围的区别。空间役权的利用范围比地役权的利用范围更为广泛。地役权主要是指一方基于地役权合同为另一方提供便利，其更多地强调一种物权负担，是一种消极的事实和状态。而空间役权是利用空间的行为，是一种积极的事实。空间利用权主要是利用空间，建造房屋和其他附属设施，而并不仅仅是提供便利。随着技术的发展，利用一定的空间种植花草、竹木，甚至从事其他农业生产，也不应当为法律所禁止。所以，简单地以空间地役权来代替空间权，就会妨害空间资源的有效率的利用。②

第二，转让的区别。如果承认空间权是一种独立的物权，其便可以单独转让。但空间役权实际上是地役权的具体类型，它具有从属性，只能随着需役地的转让一同转让，而不能单独转让。③

第三，客体的区别。依据《民法典》第345条的规定，空间权的客体一般仅包括土地之上或之下的空间。至于建筑物区分所有之内的空间，属于建筑物区分所有权制度调整的范围，不应当包含在空间权的范围之内。而空间役权的客体不仅包括土地之上或之下的空间，还包括建筑物等其他不动产之上或之下的空间。

---

　　① 　参见林广会、肖振东：《空间权的解析与构建——兼论〈中华人民共和国物权法〉（草案）征求意见稿相关规定》，载《河北科技师范学院学报（社会科学版）》，2006（1）。

　　②③ 　参见高鸿宾：《空间权问题探讨》，载《法律适用》，2007（10）。

例如，禁止他人在房屋之上设立广告牌，可以设立空间役权，但不一定需要设立空间权。

第四，设立方式的区别。空间权的设立方式，一般由国家进行土地空间使用权的划拨或出让，划拨是无偿的，而出让则是有偿的，出让应当采取招标、拍卖等公开竞价的方式；而空间役权则一般都是通过地役权合同有偿设定的，需要由当事人在自由协商、自愿自主的基础上签订合同。

第五，登记效力的区别。由于《民法典》是将空间权置于建设用地使用权部分来规定的，从体系解释的角度来看，空间权应采登记生效主义，自登记时设立；而空间役权属于地役权的范畴，按照《民法典》关于地役权设立的规定，空间权自地役权合同生效时设立，未经登记不得对抗善意第三人，采登记对抗主义。

（三）空间权与公共地役权

所谓公共地役权，是指利用城市的地上、地下的空间建造地铁、铺设管线、建造其他的设施而利用他人空间的权利。[①] 此种权利之所以被称为"公共地役权"，原因在于该权利是出于公共利益的需要而设定的。由于公共地役权也要涉及对空间的利用，因而有人认为，《民法典》可以通过规定公共地役权的方式来解决有关市政建设的空间利用问题，没有必要在法律上单独规定空间权。例如，在法国，对于空间利用的法律关系，主流观点认为主要是通过役权（Servitude）制度来调整的（如地上电力输送管线的架设、地下空间的利用等）。也有法国学者认为，对于地下空间的利用，在某些情形下也会涉及"征收"（expropriation）制度[②]，这就实际上承认了公共地役权。

我国《民法典》并没有承认公共地役权。一般认为，凡是基于公共利益的需要而铺设管道、管线，建造地铁，或者为了军事演习等需要而临时占用土地，铺设有关的管道、管线，通行，可以分别通过相邻关系、征收征用制度等来解决。但应当看到，为了公共利益的需要而利用一定的空间，确有其特殊性。《民法典》

---

① 参见高富平：《土地使用权和用益物权——我国不动产物权体系研究》，247 页，北京，法律出版社，2001。

② Philippe Malaurie, Laurent Aynès, Les biens, Defrénois, 2004，pp. 114 - 115.

第345条关于空间权的规定，没有考虑到公共利益的问题，主要是针对商业性利用。公共地役权涉及的主要是供电、通信、无线电和电视台、公安、消防、市政、航空等涉及公共利益的市政建设问题①，从今后的发展需要来看，一些企业基于公共利益的需要，又无法通过划拨方式取得建设用地使用权，在此情况下，需要通过公共地役权加以解决。因此，在《民法典》中对公共地役权作出专门规定是有必要的。即使今后法律规定了公共地役权，它和空间权也是有区别的。一方面，依据《民法典》的规定，空间权是专门调整空间的支配和利用法律关系的制度，它和建设用地使用权有着密切联系。而公共地役权更强调的是土地上的负担，它并不包含在建设用地使用权之中。另一方面，公共地役权的设立是为了公共利益的需要而建造各类公共设施，而空间权的设立不限于公共利益的需要。空间权通常都是利用特定土地上下的空间，而公共地役权的客体范围更加广泛，往往不限于对特定土地上下空间的利用，而涉及对许多相关土地上下空间的利用。

四、对空间权设立的限制

《民法典》第345条规定，新设立的建设用地使用权，不得损害已设立的用益物权。这主要是因为空间权的设立，很容易导致权利的冲突。例如，建设用地使用权人要利用地上空间建造房屋，但他人是否可以在其地下建立停车场，这可能影响到建筑物的安全。再如，某人在地上建造了10米高的房屋，其他人是否可以在房屋上空架设高速公路，这就涉及已设立的建设用地使用权与在后设立的建设用地使用权之间的矛盾和冲突。《民法典》第345条的规定首先为解决这一矛盾和冲突提供了基本规则。该规则确立的依据是物权的对内优先效力。按照物权的对内优先效力，物权之间的冲突应当按照"先来后到"的规则确立其优先顺位，即"时间在先，权利优先"（prior tempore，potior iure）。对于用益物权来说，先设立的用益物权应当优先于后设立的用益物权。在确立用益物权的优先顺

---

① 参见高富平：《建设用地使用权和用益物权》，248页，北京，法律出版社，2001。

位的时候，必须确立各个用益物权的设立时间，如果是登记要件主义，应当以登记时间为准；如果是登记对抗主义，应当以合同生效的时间为准。当然，如果以合同生效时间来确定物权的设立时间，还应当根据第三人的善意和恶意分别确定其效力。凡是新设立的用益物权，都不能损害已设立的用益物权。所谓损害，不仅是指权利的行使造成已经存在的用益物权的损害，还包括权利的范围延伸到已经存在的用益物权之中，影响他人权利的正常行使。如果新设立的建设用地使用权，只是给已设立的用益物权造成轻微的妨害和不便，则不能适用该规则。

就空间权而言，按照《民法典》第 345 条的规定，土地可以分层出让，形成不同范围的空间权，尤其是空间权可以单独设立，形成独立的权利，尽管可以通过登记的方式来公示，界定权利的内容，但是，相互毗邻的权利人之间行使权利，难免会损害他人的利益。这个规则为解决空间权与其他用益物权之间的冲突确立了法律依据。因为空间权以及建设用地使用权等用益物权的设立，往往存在时间的先后，所以，在后的权利人应当明知在先权利人的权利范围，登记机构在办理登记的时候，不得影响在先权利人的权利。如果在地表、地下或者地上已经设定了用益物权，在后设立的建设用地使用权人在权利内容以及权利行使上不能损害在先权利人的利益。

需要探讨的是，《民法典》的上述规定确立了解决用益物权、相邻关系等权利冲突的规则。根据一些学者对上述规定的解释，不动产的权利人根据相邻关系的规定，应当为相邻各权利人提供必要的便利，并在其权利受到损害时，可以请求相邻权利人补偿。[①] 笔者认为，此规则与相邻关系的规则在一定程度上是相互配合的，对此可以分为两种情况：第一种情况是，如果后物权的设立只是给在先的用益物权造成轻微的妨害或不便，则应当适用相邻关系的规则，相对人应当负有容忍的义务，允许后物权人充分行使其物权。第二种情况是，如果后物权的设立给在先的用益物权人带来的不仅是轻微的妨害，而且已经达到了损害的程度，此时应当适用《民法典》第 346 条所确立的新设立的建设用地使用权"不得损害

---

① 参见姚红主编：《中华人民共和国物权法精解》，248 页，北京，人民出版社，2007。

已经设立的用益物权"的规则，因为如果后物权的设立将会给在先的用益物权人带来损害，则其并没有容忍这种损害的义务，其有权阻止后物权的设立，通过行使物权请求权以保护自己的权利不受侵害。一方面，新的用益物权人在设定物权时，就应当知道此前已经存在用益物权。新的用益物权人设定此种权利，必须承受已有的权利的限制。尤其是，已有的权利已经通过登记的方式予以公示，如果新的用益物权人以不知已经存在用益物权为理由，要求在先的用益物权人为其提供便利，这本身是非善意的。另一方面，如果允许新的用益物权人可以基于相邻关系规则而请求在先的用益物权人提供便利，就可能造成对已有的权利人权利的侵害，也可能导致新的用益物权人和所有人恶意串通，从而损害在先的用益物权人的利益。例如，甲已经利用地下 2 米建造了一层停车场，乙又利用地下的 2 米~5 米建造停车场，乙要求甲基于相邻关系的规定提供通行、施工等便利，因为甲已经在先设立了用益物权，乙不能基于相邻关系规则而使甲受到损害。当然，如果双方通过合同约定设立地役权，来解决此种冲突，自然没有限制的必要。

根据《民法典》第 345 条的规定，要解决因空间权设立而造成的用益物权的冲突，权利人在设立该权利时，必须尊重既存的权利。空间建设用地使用权设定之后，必须处理好与其设定范围内外上下四至所有的不动产权利人之间的关系，而不仅仅局限于处理好与其他建设用地使用权人的关系。如果要对权利进行限制，也不仅仅是限制新设的空间建设用地使用权人的权利。[①] 例如，如果将同一块土地地下 10 米至地上 70 米的建设用地使用权出让给甲公司建设住宅；将地下 20 米至 40 米的建设用地使用权出让给乙公司建一地下商场，这样就可以避免权利之间的冲突。此外，有关土地管理部门以及规划部门，在出让土地和制定规划时，就应确定不同空间的利用范围，以避免发生权利的冲突。当然，登记机构也有义务明确各种用益物权的范围。如果权利内容发生冲突，则应当根据《物权法》的相关规定确认物权的归属，或者办理变更登记手续。

---

① 参见陈健祥：《建立我国空间建设用地使用权制度若干问题的探讨》，载《政法论坛》，2003（1）。

第七节　建设用地使用权的流转

一、建设用地使用权的流转概述

所谓建设用地使用权的流转，是指建设用地使用权人依法将其建设用地使用权以转让、互换、出资、赠与等方式加以处分的行为。建设用地使用权的流转就是使此种权利进入市场进行交易，从法律上看，这是权利在不同主体之间的重新配置；从经济上看，这是一种资源的优化配置，也是最有效地发挥土地效用的方式。建设用地使用权作为一种典型的用益物权，其可以自由流转。依据《民法典》第353条的规定，"建设用地使用权人有权将建设用地使用权转让、互换、出资、赠与或者抵押，但是法律另有规定的除外"。建设用地使用权的流转具有如下特点。

（1）流转的方式具有多样性。依据《民法典》第353条规定，建设用地使用权的流转方式包括转让、互换、出资、赠与或者抵押。可见，《民法典》所规定的建设用地使用权的流转与土地承包经营权的流转明显不同，法律对于土地承包经营权的流转进行了较多的限制，而对于建设用地使用权则允许采取多种方式进行流转。在这些方式中，既包括直接移转权利的方式（如转让、互换等），也包括设定新权利（如抵押）；既包括有偿的流转方式（如转让、互换等），也包括无偿的流转方式（如赠与）。甚至较之于土地承包经营权以外的其他的用益物权而言，建设用地使用权的流转方式是最丰富的，其所受到的法律限制也是最少的。

（2）流转的性质为权利处分行为。流转属于权利处分的范畴，也就是说，建设用地使用权的流转意味着，权利人对其权利的处分。例如，通过转让将建设用地使用权让与给他人。流转大多导致物权的转移，即权利主体的变化，其具体方式包括转让、互换、出资、赠与等。建设用地使用权作为一种可以转让的财产权，是可以由权利人加以处分的。《民法典》第353条规定的转让、互换、出资、赠与或者抵押，都是对权利进行处分的方式。

（3）流转的法律效果是权利的移转或可能移转。建设用地使用权的流转原则上将导致权利主体的变化。流转可采取转让、互换、出资、赠与或者抵押等方式，除了抵押方式之外，其他方式都将直接导致权利的移转。即便是抵押，在抵押权实现之后，也将导致建设用地使用权的移转。因此，这种方式也可能导致权利移转。就转让人而言，建设用地使用权的流转通常意味着权利的相对消灭。在流转发生后，转让人通常丧失了建设用地使用权，但权利本身并没有消灭，而只是转移给了受让人。在一方丧失权利的同时，另一方取得了该权利。由于流转通常将发生物权的变动，因而属于物权变动的范畴，应当适用《民法典》关于物权变动的规则。

（4）流转必须采用法定的形式。由于建设用地使用权的流转会导致物权的变动，因而法律对其流转的形式设置了一定的限制：一是流转应当采用书面合同的形式。《民法典》第354条规定："建设用地使用权转让、互换、出资、赠与或者抵押的，当事人应当采用书面形式订立相应的合同。使用期限由当事人约定，但是不得超过建设用地使用权的剩余期限。"因而转让人必须和受让人之间签订书面的流转合同，流转合同之所以采取要式合同，是因为此类合同将发生建设用地使用权的转让，对当事人的利益影响巨大，必须谨慎行事，而签订书面合同有助于实现这一目的，如果当事人之间仅有口头约定，则不能发生建设用地使用权流转的效果。二是依法办理登记手续。《民法典》第355条规定："建设用地使用权转让、互换、出资或者赠与的，应当向登记机构申请变更登记。"可见，建设用地使用权的流转采登记要件主义，当事人之间未经登记不发生权利流转的效果。

（5）流转具有期限限制。建设用地使用权本身是有期限限制的权利。根据《民法典》第354条的规定，在流转时，使用期限由当事人约定，但不得超过建设用地使用权的剩余期限。因此，法律允许当事人约定流转期限，只要不超过建设用地使用权的剩余期限即可。例如，权利人甲享有一项期限为70年的建设用地使用权，其可以将其中一部分年限如20年的使用权转移给乙；20年期限届满，则乙的权利消灭，该建设用地使用权可继续由甲享有。

需要指出的是，流转必须符合法律的特别规定。《民法典》第 353 条规定："……但法律另有规定的除外。"也就是说，对于流转行为，如果法律有例外的限制性规定，则不能随意流转。例如，《城市房地产管理法》第 39 条第 2 项规定："按照出让合同约定进行投资开发，属于房屋建设工程的，完成开发投资总额的百分之二十五以上，属于成片开发土地的，形成工业用地或者其他建设用地条件。"这实际上是对建设用地使用权的流转进行的限制。之所以进行此种限制，主要是为了避免建设用地使用权人"炒地皮"[1]。

二、建设用地使用权的流转方式

（一）建设用地使用权转让、互换、出资和赠与的特点

依据《民法典》第 353 条，"建设用地使用权人有权将建设用地使用权转让、互换、出资、赠与或者抵押，但是法律另有规定的除外。"因此，在建设用地使用权的流转中，最典型的形式是如下几种：一是转让。所谓转让，是指权利人将其建设用地使用权以合同的方式转移的行为。[2] 权利人在取得建设用地使用权之后，可能基于融资或者经营能力、范围发生变化等原因，难以继续使用已取得的建设用地使用权，需要将建设用地使用权转让给他人，进而获得转让费从事其他活动。二是互换。所谓互换，是指权利人将自己的建设用地使用权与他人进行交换，其本质上是一种互易行为。通过互换可以实现自己全部资产的最优整合。三是出资。所谓出资，是指建设用地使用权人与他人合办公司或者企业，以建设用地使用权投资入股，并折合成一定股权的行为。[3] 权利人为了更好地经营自己的资产，也需要将已取得的建设用地使用权进行出资，以组建公司或获取更多更长远的利益。四是赠与。所谓赠与，是指将自己的建设用地使用权无偿地赠送给他

---

① 崔建远、孙佑海、王苑生：《中国房地产法》，92 页，北京，中国法制出版社，1995。
② 参见梅夏英、高圣平：《物权法教程》，248 页，北京，中国人民大学出版社，2007。
③ 参见梅夏英、高圣平：《物权法教程》，249 页，北京，中国人民大学出版社，2007。

人。如果赠与是附条件的，受赠人必须按照合同的约定履行相应的义务，否则不能取得建设用地使用权。五是抵押，它是指为担保债务的履行，债务人或者第三人将建设用地使用权抵押给债权人，债务人不履行到期债务或者发生当事人约定的实现抵押权的情形，债权人有权就该财产优先受偿。

建设用地使用权的流转方式具有如下几个特点。

（1）流转发生在平等民事主体之间。与建设用地使用权的出让不同，出让合同的主体是土地所有权人和相对人，而转让、互换、赠与等流转合同的主体是建设用地使用权人和受让人。转让、互换、赠与等合同当事人不应当包括出让人，也就是说不包括国家。毕竟转让等合同和出让合同是两个不同的合同关系，合同当事人的地位是各不相同的，不能将转让等合同当事人与出让合同当事人混为一谈。当然，在某些情况下，出让合同规定的条件对转让等合同当事人具有拘束力。

（2）转让、互换、赠与是权利移转行为，而非设定行为。出让和转让等方式都涉及建设用地使用权的变动，从广义上说，都是建设用地使用权的取得方式。但是，出让本质上是设定权利，而转让、互换、赠与，则属于转移权利。换言之，通过转让、互换、赠与，在不改变权利客体和内容的情况下对权利主体进行变更。因此，建设用地使用权的转让等流转方式是在不改变权利客体和内容的情况下，权利人将其建设用地使用权转移给他人。当然，建设用地使用权的转让并不是纯粹意义上的买卖。所谓买卖，是指有偿转移标的物所有权的行为，但就建设用地使用权的转让而言，其合同的标的是建设用地使用权，而非土地所有权。有鉴于此，《民法典》没有采用建设用地使用权买卖的表述，而是采用了"转让"这一概念。

（3）权利义务的一并流转。转让、互换、赠与与出让不同，出让是土地所有权人将自己所有权的一部分权能让渡给他人的行为，是一种在所有权基础上设定他物权的过程。出让是权利的移转。而转让、互换、赠与等流转是他物权人将自己所获得的权利义务一并让渡给他人的行为。流转无论采取何种方式，都必须是权利与义务的一并转让，不能只是移转权利而不转让义务，或者移转义务而保留权利。在转让等合同中，受让人取得的只能是剩余期限以内的建设用地使用权。① 如果让与的期限超过出让合同规定的期限，构成无权处分，超出部分应为无效。

（4）流转方式可以有偿也可以无偿。建设用地使用权人在取得使用权之后，有权依法处分其权利，其流转可以是有偿的也可以是无偿的（如赠与）。建设用地使用权的转让必须是有偿的，让与人有权与受让人协商确定价格，但是依据我国有关法律、法规规定，转让的价格也必须合理。② 在出资中，让与人可以获得股权或其他权利；在互换中，让与人可以取得受让人的其他物或权利。但是，通过赠与的方式流转，则在性质上属于无偿将建设用地使用权让与他人。

（二）建设用地使用权的转让等的条件

（1）让与人必须取得合法的建设用地使用权。建设用地使用权在被转让、互换、出资和赠与时，让与人必须是权利的享有者，否则将构成无权处分。就建设用地使用权的让与而言，让与人必须经依法登记并取得建设用地使用权权属证书之后，才能依法让与。如果让与人未完成取得建设用地使用权的相关手续，或者权属本身有争议，或者权利已经被收回，或者被法院查封扣押等，则不能转让。③ 在让与人对建设用地使用权不具有处分权时，其与受让人签订的让与合同并不因此无效，但并不能发生物权变动的效力，由于其不能完成合同约定的义务，可能需要向受让人承担违约责任。让与人将权利让与他人之后应当承担瑕疵担保义务，保证建设用地使用权完全移转给受让人。如果遇到第三人追索该建设用地使用权，让与人有义务证明该第三人无权追索。如果发生产权纠纷，法院判决该建设用地使用权为第三人所有，让与人应向受让人承担损害赔偿责任。

（2）让与的权利必须在权利的有效期限内。关于建设用地使用权的转让期限，原则上应由双方当事人自由协商，但依据《民法典》第354条的规定，使用

---

① 参见房绍坤：《物权法 用益物权编》，187页，北京，中国人民大学出版社，2007。

② 《城镇国有土地使用权出让和转让暂行条例》第26条规定："土地使用权转让价格明显低于市场价格的，市、县人民政府有优先购买权。土地使用权转让的市场价格不合理上涨时，市、县人民政府可以采取必要的措施。"

③ 参见《城市房地产管理法》第38条。

期限由当事人约定，但是不得超过建设用地使用权的剩余期限。建设用地使用权本身可以按照期限进行分割，权利人可以将一定期限的建设用地使用权再以转让等方式让与给他人，从而有效率地利用土地。但转让以出让方式取得的建设用地使用权，其使用年限为原出让合同约定的使用年限减去原建设用地使用权人已经使用年限后的剩余年限。例如，出让合同规定的期限为 30 年，若使用已经经过了 10 年，那么转让人只能转让 20 年或低于 20 年期限的使用权。值得注意的是，建设用地使用权人有可能将剩余期限内的权利分成多个部分，预先转让给不同的受让人。在此情况下，让与人应当将在先让与的情况，明确告知使用期限在后的受让人，以免引起所有人、让与人和受让人之间的纠纷。

（3）让与人已按照出让合同的约定进行投资开发。根据《城市房地产管理法》第 39 条的规定，建设用地使用权人转让以出让方式取得的建设用地使用权，必须已经按照出让合同的约定进行投资开发，属于房屋建设工程的，完成开发投资总额的 25％以上；属于成片开发的，形成工业用地或者其他建设用地条件。如果土地使用权人未缴纳全部土地出让金，或者未按土地出让合同规定的期限和条件开发利用土地的，不得转让建设用地使用权。

（4）权利和义务的一并转让。《城市房地产管理法》第 42 条规定："房地产转让时，土地使用权出让合同载明的权利、义务随之转移。"据此，流转等方式是他物权人将自己所获得的权利义务一并让渡给他人的行为。让与人在转让建设用地使用权时，不能只移转权利而不移转义务，而必须将原出让合同规定的全部权利、义务移转给受让人。法律之所以作出这种规定，是为了保障出让合同的履行，避免因转让引起矛盾和纠纷。因为一旦发生转让，让与人不再是建设用地使用权的权利主体，受让人将成为建设用地使用权人。但如果让与人未将原出让合同规定的义务（如投资开发的义务等）一并移转给受让人，则出让合同就难以履行，并可能发生各种纠纷。如果让与人只转让了权利而没有转让义务，此种转让行为是无效的，让与人仍应向出让人承担义务和责任。① 当然，让与人在转让全

---

① 参见吕来明：《走向市场的土地——地产法新论》，137 页，贵阳，贵州人民出版社，1995。

部的权利和义务以后，受让人所取得的权利不应当超出原建设用地使用权出让合同所规定的权利的范围。建设用地使用权转让时，让与人应当向受让人告知建设用地使用权上已有的负担，该负担应随同建设用地使用权一并移转。但让与人在转让时没有明确告知的，受让人无须承担该负担。

（5）流转必须符合法律法规的规定。依据《民法典》第 353 条，"……但是法律另有规定的除外"。主要是强调流转必须符合法律法规规定。例如，对于划拨和基于出让方式取得的建设用地使用权，法律都分别作出了一定的限制，当事人在进行流转时，必须要遵守这些限制。[①] 另外，建设用地使用权的让与，还需要依法完成相应的程序。根据法律规定，应当签订书面合同，办理缴纳有关税费等手续。[②] 土地管理部门经过严格审查，在当事人之间的转让符合法定条件时，应当按规定向受让人颁发建设用地使用权证书。

（三）建设用地使用权流转的登记

《民法典》第 355 条规定："建设用地使用权转让、互换、出资或者赠与的，应当向登记机构申请变更登记。"根据这一规定，建设用地使用权的流转，应当采取登记要件主义。因为一方面，根据《民法典》第 355 条，建设用地使用权的设立，采取登记要件主义，当事人之间订立建设用地使用权流转合同只是在当事人之间发生债的效力。只有办理了登记，才能发生设立建设用地使用权的效力。因此，建设用地使用权的流转也应当采取登记要件主义。另一方面，《民法典》第 355 条规定中使用了"应当"一词，表明流转的登记是法定的强行性规范，未经登记，不发生建设用地使用权的流转。当然，这里所说的变更登记，具体来说是权利转移登记。因为建设用地使用权流转是权利人的变化，而物权客体和内容并未发生变化。

在当事人没有依法办理变更登记的情况下，尽管当事人之间就流转达成了协议，并且移转了对土地的占有，也只能认为在当事人之间产生了债的关系，而不能认为在当事人之间产生了物权的变动。如果没有办理登记，受让人占有土地并

---

① 参见黄薇主编：《中华人民共和国民法典物权编解读》，470 页，北京，中国法制出版社，2020。
② 参见《城市房地产转让管理规定》第 7 条。

且完成了房屋的建造，是否属于合法建造行为并适用《民法典》第231条的规定？笔者认为，所谓合法建造，应当是指取得建设用地使用权并办理了建造房屋的审批手续之后进行的建造。因此，受让人不能依《民法典》第231条取得房屋的所有权，但是受让人对房屋的占有权仍然应当受到保护。

三、房地流转中的一并处分规则

从自然属性上来讲，房屋是不可能脱离土地而存在的。但在法律上，土地和建筑物的权利是否可以分开，即土地和建筑物是否可以作为相互独立的不动产，历来存在两种不同的立法例：一是吸收主义。在此种模式下，房屋被认为是土地的重要组成部分，或者被认为是地上权的组成部分。二是分离主义。在此种模式下，房屋和土地是分别的所有权客体，房屋不是土地的组成部分，而是独立的权利客体。我国《民法典》采取了"房随地走"和"地随房走"的原则，从而避免了房地权利主体的分离造成的房地利用效率低下，避免纠纷的产生，这也有利于维护交易安全、防止欺诈。依据这一原则，在房地流转时也必然采取一并处分的规则。

（一）房地让与时的一并处分规则概述

《民法典》第356条、第357条分别规定了"房随地走"和"地随房走"两个规则，即在交易中，房地必须一并处分。所谓一并处分，就是指建设用地使用权和建筑物等的所有权要一并移转。按照建设用地使用权和建筑物所有权的主体应当保持一致的原则，权利人应当将房屋所有权和建设用地使用权作为整体予以流转。具体而言：一是建设用地使用权流转时的房屋一并处分规则。《民法典》第356条规定："建设用地使用权转让、互换、出资或者赠与的，附着于该土地上的建筑物、构筑物及其附属设施一并处分。"二是房屋流转时建设用地使用权的一并处分规则。《民法典》第357条规定："建筑物、构筑物及其附属设施转让、互换、出资或者赠与的，该建筑物、构筑物及其附属设施占用范围内的建设用地使用权一并处分。"房地流转中的一并处分规则有利于维护交易安全、减少纠纷发生，并有利于物尽其用、避免资源的浪费，符合效率原则。① 如果将建设用地使用权与其地上建筑物和附属物分开，很可能使地上建筑物和附属物在移转所有权以后失去建设用地使用权。这就有可能出现建设用地使用权人要求地上建筑物、其他附着物所有人拆除其地上建筑物、附着物的现象，或者建设用地使用权人禁止地上建筑物、附着物所有人通行等后果。②

第一，建设用地使用权转让、互换、出资或者赠与的，附着于该土地上的建筑物、构筑物及其附属设施一并处分。所谓"附着于"，是仅指地表之上的建筑物等，还是包括地上和地下的建筑物等？笔者认为，因为建筑物、构筑物及其附属设施的类型非常多，建筑物等不仅仅限于地表之上的，还应当包括地上和地下空间在内的建筑物等。

第二，建筑物、构筑物及其附属设施转让、互换、出资或者赠与的，该建筑物、构筑物及其附属设施占用范围内的建设用地使用权一并处分。所谓"占用范围内"，是指该建筑物等所占用范围内的建设用地使用权，不应包括规划范围内的空地和其他土地。当然，在现实生活中，当事人为了充分有效地利用土地和建筑物，可能将土地和房屋的各种权利和利益分割成不同部分，分别予以转让和处理。如建设用地使用权人转让地上建筑物后，保留在地下修建停车场的权利，或将建筑物屋顶上的空间利用权转让给他人，而自己保留建筑物的所有权，等等。如果这种权益的分割转让是合法的，在权利的最终归属上没有导致建筑物所有权和建设用地使用权主体分离的结果，这些转让协议应当认为是有效的。但如果处分建设用地使用权和房屋所有权，则不能够分别转让，否则转让协议应当被认为无效。在处分问题上应实行一体处分原则，以保存不动产的价值。③

总之，根据《民法典》上述规定，权利人不能在保留建设用地使用权的情况下处分地上的建筑物等，也不能在保留建筑物等的情况下处分建设用地使用权。

---

① 参见崔建远：《中国民法典释评·物权编》（下卷），214页，北京，中国人民大学出版社，2020。
② 参见崔建远、孙佑海、王宛生：《中国房地产法研究》，86页，北京，中国法制出版社，1995。
③ 参见房绍坤：《物权法 用益物权编》，185页，北京，中国人民大学出版社，2007。

（二）抵押时的一并处分

《民法典》第417条规定，"建设用地使用权抵押后，该土地上新增的建筑物不属于抵押财产。"据此，抵押权人实现抵押权时，应当将该土地上新增的建筑物与建设用地使用权一并处分。但是，就新增建筑物所得的价款，抵押权人无权优先受偿。据此可见，即使存在新增的建筑物，也要与原建筑物和建设用地使用权一并拍卖、变卖。只是新增房屋不属于抵押财产的价值不能由抵押权人优先受偿。①

应当指出，就土地和建筑物二者的关系来说，是建筑物附随于土地，还是土地附随于建筑物，法律未作规定。② 所谓"房随地走"或"地随房走"的现象都是存在的，两者之间未分主次关系。我国立法确认建设用地使用权和房屋所有权主体保持一致，应当理解为权利最终归属的统一，即房屋的所有权和建设用地使用权必须归同一主体所有。为了达到这种房地权利主体的合一，必须要求房屋所有权移转时，建设用地使用权也一并移转，而建设用地使用权移转时，地上的房屋所有权也一并移转。移转的最终结果是使房屋的所有权人和建设用地使用权人为一人。

四、地上房屋所有权的推定规则

（一）推定规则的概念

我国《民法典》在借鉴国外立法经验的基础之上，也确定了地上房屋所有权的推定规则。《民法典》第352条规定："建设用地使用权人建造的建筑物、构筑物及其附属设施的所有权属于建设用地使用权人，但是有相反证据证明的除外。"国有土地上建有建筑物、构筑物及其附属设施的，则推定该建筑物、构筑物及其附属设施的所有权归建设用地使用权人所有，但有相反证据证明其所有权不属于建设用地使用权人的除外。例如，当事人之间就地上房屋所有权的归属发生争

---

① 参见崔建远：《中国民法典释评·物权编》（下卷），416页，北京，中国人民大学出版社，2020。

② 某些学者认为，土地使用权应附从于房屋所有权，因为地基使用权随房屋所有权的成立而成立。参见钱明星：《物权法原理》，191页，北京，北京大学出版社，1994。

议，首先应推定建设用地使用权人享有房屋所有权，如果其他人提出不同的主张，必须负担举证责任。

《民法典》规定地上房屋所有权推定规则的主要原因在于：第一，从建设用地使用权设立的目的来看，权利人取得该权利就是为了建造和保有建筑物、构筑物及其附属设施等，如果建设用地使用权人取得该权利时，土地上已经存在房屋，其就无法利用该土地来建造建筑物、构筑物及其附属设施等，推定地上房屋所有权归建设用地使用权人所有，符合建设用地使用权设立的目的。第二，在我国，国家一般不直接使用土地建造房屋，具体使用土地的主体通常是国家以外自然人和法人等民事主体①，其对土地的利用，都是通过设定建设用地使用权的方式来实现的。在设定建设用地使用权之后，权利人必然要利用土地建造建筑物、构筑物及其附属设施。因此，自然人、法人等民事主体利用建设用地使用权建造的建筑物、构筑物及其附属设施的所有权应当属于建设用地使用权人所有，而不归属于土地所有权人即国家。第三，该规定符合占有的推定规则。按照占有的推定规则，占有人通常被推定为所有人。在建设用地使用权中，也可以采取此种推定方式。在建设用地使用权之上建造的房屋，一般由权利人占有，从而推定建设用地使用权人享有房屋所有权。此外，尽管我国现行法律将土地和房屋作为不同的不动产分别对待，将其分别登记，但同时实行"房随地走""地随房走"的原则。在交易中必须保持房屋、建设用地使用权主体的一致性。这就需要对土地上房屋的归属进行初始界定，保证房屋所有权发生之初房屋与建设用地使用权同属一人所有。如果房屋和建设用地使用权分属于不同的主体，则可能使房屋、土地上的权利相互冲突，妨碍权利的行使，违反物尽其用的原则。

需要指出的是，地上房屋所有权归属推定规则仅适用于合法建造物。根据《民法典》第352条，适用推定规则，建设用地使用权人必须举证证明两点：第一，必须证明其建造了建筑物、构筑物及其附属设施，如果这些物并非为建设用地使用权人建造，也不能适用上述推定规则。第二，必须证明其所从事的是合法

---

①　参见孙毅、申建平：《建设用地使用权·宅基地使用权》，82页，北京，中国法制出版社，2007。

建造行为。虽然《民法典》第 352 条并未强调建设用地使用权人合法建造，但从《民法典》第 231 条"因合法建造、拆除房屋等事实行为设立或者消灭物权的，自事实行为成就时发生效力"的规定来看，只有在建设用地使用权人合法建造的情况下，方可产生物权。因此，《民法典》第 352 条所言的"建设用地使用权人建造的建筑物、构筑物及其附属设施"仅限于合法建造的建筑物、构筑物及其附属设施，否则，这些物的所有权是否产生尚有疑问，更不可能推定其所有权的归属。需要指出的是，如果建设用地使用权人并未从事合法建造行为，就意味着其建造的建筑物是违章建筑，对其所有权的归属，应当按照《城乡规划法》的有关规定处理。

（二）推定规则的排除适用

如何理解《民法典》第 352 条中所说的"有相反证据除外"？也就是说，上述推定只是法律上的预设，如果当事人确实有相反的证据，仍然可以推翻此种推定。笔者认为，相反的证据主要包括如下几种情形。

（1）当事人之间存在特别的约定。目前城市建设蓬勃发展，市政公用设施难以全部由政府投资建设。因此，在部分建设用地使用权出让合同中，出让方和建设用地使用权人通常约定，建设用地使用权人在进行房地产开发时，需要同时从事相应的配套设施建设。例如，建设用地使用权合同约定，开发商建设商品住宅用房时，需要建造居委会专门用房等配套公用设施。[①] 根据房屋的性质和合同的约定，居委会专门用房等配套公用设施在性质上属于市政公用，并不当然属于建设用地使用权人所有。此外，如果开发商将开发的建筑物等工作物转让给第三人，则第三人应当继续遵守建设用地使用权出让合同中的建筑物权属划分。[②]

（2）依据法律的特别规定。例如，依据《民法典》第 274 条，建筑区划内的道路，属于业主共有，但属于城镇公共道路的除外。建筑区划内的绿地，属于业主共有，但属于城镇公共绿地或者明示属于个人的除外。因而，建筑规划区内的道路和绿地、附属设施等就依该条规定而确定产权，而不归作为建设用地使用权人的开发商所有。在实践中，也存在房改时单位出卖公房于职工，使职工取得房

---

① 参见胡康生主编：《中华人民共和国物权法释义》，323 页，北京，法律出版社，2007。
② 参见胡康生主编：《中华人民共和国物权法释义》，322 页，北京，法律出版社，2007。

屋所有权，单位仍然享有建设用地使用权的情形。

（3）在他人享有建设用地使用权的土地上建造房屋。此种情况下，建造人基于《民法典》第231条的规定而自动取得房屋所有权。需要指出的是，在建设用地使用权人与建造人不一致的情况下，房屋究竟如何确定归属？例如，甲、乙共同共有两间房屋，甲未经乙同意擅自在该房屋占用的土地上又以自己的名义申请并获准建造了一间房屋。则该房屋归谁所有？一种观点认为，甲为合法建造人，应当依据《民法典》第231条的规定，在其完成建造这一事实行为时，即取得房屋所有权。另一种观点认为，该建设用地使用权为二人共有，该房屋也应当归二人共同共有。当然，乙应当按照不当得利向甲返还在建造中支出的费用。笔者认为，后一种观点更为妥当。从利益平衡考虑，确认双方共有，并没有否认任何一方的权利，更加公平。如果否认乙的权利，则意味着甲通过其恶意添附的侵权行为剥夺了乙的权利，与公平观念不符。

（4）建设用地使用权人出租建设用地。如果建设用地使用权人将土地使用权租赁给他人，由他人在该土地上建造房屋，双方可以在合同中约定由承租人取得房屋的所有权。但在合同没有约定的情况下，笔者认为可以类推适用《民法典》第352条的规定，推定地上建造物只能由出租人取得房屋所有权。如果房屋的建造人确有证据证明其对房屋进行了投资，那么根据添附规则，则应当由建设用地使用权人取得房屋所有权，由其对建造人进行补偿。

需要指出的是，有相反证据证明，首先应当由所有权人对此承担举证责任。如果建设用地使用权人对此提出异议，则需要经过确权程序，重新确认物权的归属。

第八节　住宅建设用地使用权的自动续期

一、自动续期的一般规则

众所周知，住宅建设用地使用权是建立在我国土地公有制基础上构建的对土地进行利用的他物权。就本书所探讨的住宅建设用地使用权而言，自然人对土地之上的房屋享有所有权，该所有权的永久性与住宅建设用地使用权的出让期限的有限性之间存在不可避免的冲突。换言之，在住宅建设用地使用权届满之后，房屋所有权能否继续存在？此时又应当如何贯彻房地一体主义？这成为法律上的一大难题。由于房屋是每个自然人的基本财产，对于绝大多数人来说，房屋也是安身立命之本，并可能是以其终身的积蓄购买的财产，因而，在《物权法》制定时，这一问题成为广大人民群众普遍关注的重大问题。《物权法》第149条专门规定了住宅建设用地使用权的自动续期规则，该规则在立法上首次区分了住宅建设用地使用权和非住宅建设用地使用权，完善了相关法律规定，切实保护了公民的基本财产权、居住权和基本人权，保障了老百姓的基本民生，保护了广大人民群众的利益，因而该规则成为《物权法》的重大亮点。

不过，在《物权法》制定时，由于对于住宅建设用地使用权到期后究竟应当续期多长时间、是否收取以及如何收取相关费用争议较大，所以立法者采取了回避的态度。[①] 在《物权法》的实施过程中，自2009年青岛出现首例住宅建设用地使用权到期事件以来，上述立法时所回避的问题亟待解决，温州"20年住宅用地期限到期要求补交出让金"事件更是引发了社会各界的广泛关注。在这一背景下，2016年11月27日，中共中央、国务院《关于完善产权保护制度依法保护产权的意见》（以下简称《产权保护意见》）指出，"研究住宅建设用地等土地使用权到期后续期的法律安排，推动形成全社会对公民财产长久受保护的良好和稳定预期"。我国《民法典》第359条继续采纳了住宅建设用地使用权自动续期的规则。

按照自动续期规则，住宅建设用地使用权期限届满的，无须建设用地使用权人申请即自动续期，这既有利于降低行政成本，也可以免除权利人申请续期的繁杂手续，减轻了权利人的负担。[②] 因为现代城市商品房大多采取建筑物区分所有

---

① 参见胡康生主编：《中华人民共和国物权法释义》，332页，北京，法律出版社，2007。
② 参见高圣平：《〈物权法〉背景下的〈城市房地产管理法〉修改》，载《中国人民大学学报》，2008（2）。

的方式，小区内部的住户众多，协调成本较高，难以都到政府部门办理续期手续，如果在住宅建设用地使用权到期时要求权利人申请办理续期手续，操作起来确有困难和不便之处。因此，《民法典》第 359 条规定了住宅建设用地使用权自动续期的规则，可以避免因申请审批等环节而产生的费用和成本。该规定属于强行性规范，不允许当事人通过出让合同予以排除，也不允许政府单方面地制定相关的规范性文件予以排除。

在自动续期期限内，即便房屋灭失，只要土地没有灭失，则当事人可以在原住宅建设用地上翻建房屋，但在特殊情形下，也可能因为一定事实的出现，使得自动续期没有必要。[①] 这主要有如下几种情况：一是房屋已经灭失而不准备新建房屋。例如，房屋所有权人拆毁房屋，或者房屋因自然原因而灭失，如地震，但所有人并不在土地上新建房屋。二是房屋被征收。在征收以后，房屋所有权已经转归国家所有。三是土地性质改变，即土地由住宅用地改为工业或商业用地，在此情况下，已经不符合自动续期的条件。在上述情形下，自动续期可能就没有必要了。

综上所述，《民法典》第 359 条所规定的住宅建设用地使用权自动续期规则是保护房屋所有权的重要举措。基于该规定，住宅建设用地使用权最长 70 年的使用期限实际上是得到了变相延长。也就是说，在我国，就住宅建设用地使用权而言，其已不再受 70 年的最长期限限制。

但自动续期应当续期多长时间，《物权法》并未解决，对此，《产权保护意见》指出，续期期限要形成公民住宅财产的长久受保护、良好和稳定预期局面，这就为我们的研究提出了明确的指导意见，具体表现在：第一，续期制度的构建要促使形成长久受保护的状态，使居民在住宅建设用地上的房屋成为"恒产"。因为只有成为恒产，人们才能够产生投资的愿望和置产的动力，而要形成这样长久受法律保护的状态，续期的期限显然不能过短，否则就不可能形成恒产。还应当看到，住宅本身也是一种商品，其可以成为抵押、转让、继承的对象，因而产

---

① 参见刘锐：《住宅国有土地使用权自动续期的实现路径》，载《理论与改革》，2016（6）。

权的存续期限越长，其交换价值越大，反之期限缩短，房屋价值则会减损。第二，续期制度的构建应当致力于使公众有良好稳定的预期。这种预期可以从产权人自身和全社会两方面来加以理解。一方面，产权人本身要产生良好的预期，住宅不是一般的商品，而是公民安身立命之所，也是其终生积蓄所在，是政府长期所强调的生存权和发展权的基础。①所以，在确定续期期限方面，应当以"产权人对自己拥有恒产能够产生合理期待"为立法目标。从这一意义上说，如果能够通过一次性续期解决该问题，就不应当通过多次续期来解决，否则，产权人难免对其产权安全产生担忧，形成对未来产权保护的不确定性。另一方面，全社会对于公民能够享有恒产要形成良好稳定的预期。只有这种预期的客观存在，才能保障交易的顺利进行，以及社会人心的安定，公众幸福感的增加。但《民法典》仍然没有解决住宅建设用地使用权续期期限的问题。

笔者认为，续期的期限原则上应当通过一次性续期的办法来确定，而不宜采取多次续期的办法。在续期问题上，要形成公民住宅财产的长久受保护、良好和稳定预期局面，应当尽量减少权利人续期的负担和续期的不确定性。如果没有特殊期间考量，原则上续期期限应当在50年左右，且最长不宜超过70年，因为按照建设部的建设标准，房屋设计的使用寿命为50年，而住宅建设用地使用权的出让期限最长为70年，以此确定一次性续期期限具有合理性。但是在确定具体的续期期限长短时，有必要考虑如下几个因素。

一是房屋的使用年限。所谓房屋使用年限，是指房屋用于居住的正常使用期限，其不等同于房屋从建成到倒塌的期限，因为建筑物都存在一定的设计使用年限，一般而言，在超过这一使用年限后，房屋可能存在安全危险，从而无法发挥正常居住的功能。此时，即使房屋仍然客观存在，也应当认定房屋的使用年限已经届满。对此，有观点认为，住宅建设用地使用权的续期期限应当考虑房屋的使用寿命，且主张"续期期限应当是建筑专家对该建筑物安全使用年限的评估年限，最长与国家规定的最长使用年限一致"②。与此相对应，有论者则直接指出

---

① 参见许德风：《住房租赁合同的社会控制》，载《中国社会科学》，2009（3）。
② 何汉全：《土地使用权期满的后续问题研究》，载《中国房地产》，2004（11）。

住宅用地使用权自动续期应当以房屋的使用年限为限，且不限定最长时间的限制。① 这种观点不无道理。房屋使用年限到期之后，如果房屋所有权人或者使用人要拆除该危房，而又不准备翻建新房，在此情形下，再延长住宅建设用地使用权的期限也就失去了意义。当然，如果续期时间不到 70 年时，应当酌情减少所交纳的续期费用。

二是房屋用途转化的可能性。在现实生活中，住宅很有可能被商业化利用，也就是我们通常所说的"住改商"情形，此外，还有不少房屋"住商两用"。例如，有居民将自己的住宅登记为公司的办公场所，在这种情况下，建设用地使用权届满后，应当按照何种土地性质进行续期，值得研究。对此，笔者认为应当根据事实情况来予以确定，也就是说即使出让时建设用地使用权的用途是住宅，只要房屋所有权人事后将其改为商用房的，就应当考虑按照商用房的性质确定具体的续期规则。其原因在于，如果仅仅按照期限届满时的用途来确定续期规则，很有可能将导致房屋所有权人变相规避法律规定，所以考虑到对住房的正确认识，按照所有权人是否一直将住房用于"居住"作为续期规则的确认标准，是具有合理性的。所以说，自动续期规则的适用对象应该仅限于一直体现居住功能的住房上。

三是考虑土地和房屋被征收的情形。在实践中，根据旧城改造等城市建设规划工作，其往往提前确定需要改造的区域。对此，立法上可以考虑续期期限至旧城改造等城市规划工程开始实施时截止，此时，征收补偿只需要补偿房屋所有权。之所以进行这种考虑，原因在于，一次性续期期限为 50 年～70 年。从我国目前的城市建设情况来看，在这么长的时间内，城市区域改造的可能性非常大，若不将此种城市规划定性为续期期限的法定届满事由，可能会影响城市规划和发展。

总之，考虑上述特殊情形，原则上续期期限为 50 年～70 年，并结合特殊情况，具体确定续期期限。需要指出的是，有学者主张，关于续期的期限，在法律

---

① 参见石冠彬：《住宅建设用地使用权续期制度的宏观构建》，载《云南社会科学》，2017（2）；叶剑平等：《对土地使用权续期问题的思考》，载《中国土地》，2016（5）。

规定最长期限内，应当由业主和政府协商确定。[①] 笔者认为，不宜由当事人约定续期期限，这主要基于如下因素的考量：一方面，相对于政府，房屋所有权人处于弱势地位，如果由当事人协商，则很难保证房屋所有权人的真实意思表示在协议中得到体现，这将有损房屋所有权人的权益。另一方面，在建筑物区分所有的情况下，住宅建设用地使用权人人数众多，难以形成统一的共识，即便通过多数决，有一些权利人可能仍然认为自己的权利受到侵害，乃至会引发一些不必要的矛盾和纠纷。相对而言，法律不允许当事人之间就住宅建设用地使用权的续期期限进行意定，可以避免不必要的矛盾和纠纷，能够最大程度保障每一个住宅建设用地使用权人的合法权益，体现物权法定分止争、保障公民恒产的立法宗旨。

二、续期收费：有偿续期但不应采纳出让金标准

（一）自动续期不宜完全无偿

依据《民法典》第359条规定，续期费用的缴纳或者减免，依照法律、行政法规的规定办理。从该规定来看，立法者将该问题交由未来立法、行政法规规定，但其并没有采纳无偿续期的态度。笔者认为，自动续期不应当采纳无偿续期的立场，主要理由如下。

第一，无偿自动续期有违市场经济公平公正原则。因为住宅建设用地使用权的出让期限越长，住宅建设用地使用权人所支付的土地出让金也会相应越高，若转化到房价成本中，则相应购房人所支付的房价也会较高。在这种情况下，如果对不同出让期限的住宅用地都予以一律平等对待，加以无偿自动期限，则有悖于公平理念。[②]

第二，无偿自动续期可能会加剧房地产市场的投机行为，进一步加剧炒房行

---

① 参见楼建波：《物权法为何没把自动续期说透？》，载《中国国土资源报》，2015-03-19。

② 参见马天柱：《住宅建设用地使用权期满自动续期的若干思考》，载《天津商业大学学报》，2008 (3)。

为，房屋将异化为一种投资的商品，而不是用于居住。① 在目前我国房地产市场上，不少人购买房屋完全是基于投资行为，而非居住目的。房屋作为一种商品，虽然可以进入流通领域，但其也具有一定的特殊性，事关广大人民群众居住权的实现，关涉基本民生。因此，从立法本意来看，自动续期规则也是为了保障房屋所有权人的居住权益，若采纳无偿自动续期方式，有可能导致房屋被进一步炒作，不利于保障公民的居住权益。

第三，无偿自动续期会降低土地利用效率，加剧土地资源稀缺性的矛盾，不利于对土地的充分利用。② 土地收益具有很强的财政属性，建设用地使用权有偿续期，可以提供稳定的地方财源，为社会保障、民生支出和经济建设提供持续的动力，有利于保证地方政府的正常运转。③ 无偿续期论会削弱国家对社会资源的调控能力，可能导致土地资源占有不公状态长期凝固化。对于自动续期可能引致的重大社会效应，立法者和学界应当予以及早重视和充分研究。④

第四，无偿续期可能导致政府对特定范围内基础设施的投资减少，从而不利于住宅周边环境的改善，最终也将影响房屋所有权人权益的实现。因为房屋价值与周边环境是紧密联系在一起的。尤其应当看到，无偿续期有可能导致政府减少对危旧房屋的改造，对基础设施的投资减少，最终不利于对民生的保护。

（二）续期不宜采纳出让金标准

采纳有偿续期立场的关键问题在于如何确定合理的续期收费标准。对此，无论是在理论界还是实务界都引发了广泛的讨论。笔者认为，不应当按照土地出让金标准确定住宅建设用地使用权续期的收费数额，主要原因如下。

第一，住房本身涉及公民居住权益的保障。自动续期规则的目的在于保障居者有其屋的权利，使人们能够安居乐业、幸福生活，满足人们对美好生活的向

---

① 参见刘锐：《住宅国有土地使用权自动续期的实现路径》，载《理论与改革》，2016（6）。

② 参见袁志锋：《城市住宅建设用地使用权期满自动续期初探》，载《中国地质大学学报（社会科学版）》，2013（6）。

③ 参见高圣平、杨璇：《建设用地使用权期限届满后的法律后果》，载《法学》，2011（10）。

④ 参见靳相木、欧阳亦梵：《住宅建设用地自动续期的逻辑变换及方案形成》，载《中国土地科学》，2016（2）。

往，同时，也是为了保障公民的基本民生。什么是"民生"？最大的民生就是公民的财产权保障问题。公民的财产权问题解决不好，就不可能真正解决好民生问题。公民购买商品房之后，取得了无期限的房屋所有权，如果住宅建设用地使用权续期需要收费，但采纳出让金标准收费，导致收费过高，老百姓可能交不起续期费用，这相当于变相剥夺了老百姓的财产权，显然违背了《民法典》保护公民财产权的立法目的。

第二，续期不同于出让。从逻辑上而言，住宅建设用地使用权期限届满后，如果使用权人要继续享有住宅建设用地使用权，则应当予以再次出让，《土地管理法》及《城市房地产管理法》曾采纳这一立场。但是《民法典》确立了自动续期规则，否定了政府与当事人之间通过合意来达成出让合同，这种强制规定就意味着续期不同于缔约，也就是说，这不是一个出让行为。按照土地出让金的标准确定续期的收费标准，因为欠缺"出让"这一大前提，所以是没有依据的。

第三，采纳出让金标准，有可能导致自动续期规则沦为具文。一方面，许多房屋所有权人可能因为支付不了高昂的续期费用，而无法续期，这就使得自动续期规则不能够得到落实，老百姓也不能从中享受到应有的福利和实惠。另一方面，在无法续期的情况下，所有权人对房屋的所有权与国有土地所有权之间的矛盾将无法得到调和，会形成严重的社会问题。

第四，采纳出让金标准不符合未来立法的指导精神。追溯至《物权法》，其出台这一规定是为了给老百姓一颗定心丸，但以出让金标准收费，会使很多人担心有生之年可能负担不起续期费用，而百年之后，由后代负担过高的续期费用，也对不起子孙后代。[①] 这种做法也不符合《产权保护意见》所确立的"形成公民住宅财产的长久受保护、良好和稳定预期局面"的指导精神。

总之，建设用地使用权自动续期应当收费并不意味着应当按照土地出让金收费，因为考虑到经营性建设用地使用权与住宅建设用地使用权的不同，收费还是应当考虑住宅用地所承载的社会福利的性质，且应当对民生保障、社会稳定予以考量。

---

① 参见刘锐：《住宅国有土地使用权自动续期的实现路径》，载《理论与改革》，2016（6）。

第九节 集体建设用地使用权

一、集体建设用地使用权的概念

集体建设用地使用权是指农村集体经济组织举办的乡镇、村企业，依法取得的在集体所有的土地上建造建筑物、构筑物及其附属设施的权利。《民法典》第 361 条规定："集体所有的土地作为建设用地的，应当依照土地管理的法律规定办理。"该条表面上看是一个宣示性条款，但实际上确认了集体所有的土地可以设立集体建设用地使用权。我国土地所有权包括国家所有和集体所有两类，建设用地使用权也包括了一般意义上的建设用地使用权和集体建设用地使用权。但是，我国农村实行的是土地的集体所有制，农村土地的集体所有权是我国公有制的重要组成部分，土地不能转让。

《民法典》第 361 条只是概括性地规定了集体建设用地使用权，但是一般而言，在集体所有的土地上只能设立集体建设用地使用权，主要用于乡镇企业用地、集体经济组织的公共设施和公共事业用地，并且通常是以无偿为原则。集体建设用地使用权的使用目的受到严格限制，这就在建设用地使用权方面形成了城乡二元结构。由于集体建设用地使用权的取得受到严格限制，入市极为困难，不利于构建统一的建设用地市场，盘活集体建设用地，保护广大农民的利益。2014 年中央一号文件《中共中央、国务院印发〈关于全面深化农村改革加快推进农业现代化的若干意见〉》明确提出要"加快建立农村集体经营性建设用地产权流转和增值收益分配制度。有关部门要尽快提出具体指导意见，并推动修订相关法律法规"。2015 年 2 月 27 日，全国人大常委会授权国务院在相关地区实行试点进行农村土地改革。[1] 立法机关总结

---

[1] 《全国人民代表大会常务委员会关于授权国务院在北京市大兴区等三十三个试点县（市、区）行政区域暂时调整实施有关法律规定的决定》（2015 年 2 月 27 日第十三届全国人民代表大会常务委员会第十三次会议通过）。

相关试点的经验，2020年1月1日起施行的《土地管理法》删除了关于"任何单位和个人进行建设，需要使用土地，必须依法申请使用国有土地"的旧规定，这就有利于促进城乡统一的建设用地市场。我国《民法典》第361条的规定也为集体建设用地使用权确立了基本的法律依据。

集体建设用地使用权不同于一般意义上的建设用地使用权，它是指在集体所有的土地上设立的建设用地使用权。一般意义上的建设用地使用权，是指在国家所有的土地上设立的、以建造建筑物、构筑物及其附属设施为目的的用益物权。集体建设用地使用权虽然也是为了从事建筑物、构筑物及其附属设施的建造，但并不是在国家所有的土地之上设立，而是在集体所有的土地之上设立，因此，其具有不同于一般意义上的建设用地使用权的特征。

二、集体建设用地使用权的类型

根据我国《土地管理法》的相关规定，集体建设用地使用权包括农村集体公益用地使用权、集体经营性建设用地使用权两种类型。

农村集体公益用地使用权，是指农村集体经济组织或者由农村集体经济组织依法设立的公益组织，为从事乡（镇）村公共设施或公益事业建设，在经过依法审批后，对用于本集体经济组织内部公益事业的非农用地所享有的土地使用权。例如举办乡镇小学、建设乡镇医院、修建乡村公路设施等需要占用集体土地的。集体经营性建设用地使用权，是指根据土地利用总体规划、城乡规划确定为工业、商业等经营性用途，并经依法登记的集体经营性建设用地，土地所有权人通过出让、出租等方式为单位或者个人设立的集体土地使用权。这两种农村集体建设用地使用权的区别主要在于：

第一，目的不同，农村集体公益用地使用权具有公益性，以实现公共利益为目的。而集体公益用地使用权具有经营性，其用途相对比较广泛。根据《土地管理法》第63条的规定，土地利用总体规划、城乡规划确定为工业、商业等经营性用途，并经依法登记的集体经营性建设用地，土地所有权人可以通过出让、出租等方式交由单位或者个人使用，并应当签订书面合同，载明土地界址、面积、动工期限、使用期限、土地用途、规划条件和双方其他的权利义务。

第二，是否可以流转不同。根据《土地管理法》第 63 条的规定，通过出让等方式取得的集体经营性建设用地使用权可以转让、互换、出资、赠与或者抵押，当然，法律、行政法规另有规定或者土地所有权人、土地使用权人签订的书面合同另有约定的除外。但对于农村集体公益用地使用权，法律没有规定是否可以转让。

第三，期限不同。集体经营性建设用地使用权受到一定期限的限制；集体公益性建设用地使用权通常没有期限的限制。

三、集体建设用地使用权的取得

由于我国实行严格的耕地保护制度，要防止耕地流失，所以对农村集体土地也实行规划的管理制度。因此，乡镇企业建设用地使用权的取得必须经过法定程序，对此，《土地管理法》等法律、法规有明确的规定。[1] 依据《土地管理法》的相关规定，集体建设用地使用权的设立既不同于建设用地使用权的设立方式，也不同于一般用益物权的设定方式，即不采用合同加公示的方式设立，而是采取了申请加审批的方式。只要集体建设用地使用权人向相关主管部门提出集体建设用地使用权申请，相关部门就应该按照法定程序进行审批，对符合相应条件的申请，应当批准其获得集体建设用地使用权，允许其开办集体企业等活动，而不需要与申请者签订建设用地使用权出让合同。

依据《土地管理法》第 60、61 条第 1 款规定，集体建设用地使用权的取得必须符合以下条件。

第一，必须经过法定程序取得。依据《土地管理法》第 60 条的规定，集体建设用地使用权的设立必须经过法定程序。就农村集体经济组织兴办企业而言，

---

① 参见《土地管理法》第 44 条、第 60 条。

必须要经县级以上地方人民政府批准，如果涉及占用农用地，就应当按照《土地管理法》第 44 条的规定办理严格的审批手续。就乡村公共设施、公益事业用地而言，也必须经过县级以上地方人民政府的批准。

第二，必须符合相关的规划。农村集体经济组织适用乡镇土地利用总体规划。根据《土地管理法》第 59 条的规定，乡镇企业、乡（镇）村公共设施、公益事业、农村村民住宅等乡（镇）村建设，应当按照村庄和集镇规划，合理布局，综合开发，配套建设；建设用地，应当符合乡（镇）土地利用总体规划和土地利用年度计划，并依照《土地管理法》的相关规定办理审批手续。

第三，涉及农用地的，要依法办理农业地转用审批，按照《土地管理法》第 44 条的规定，要履行相关的审批手续。即使是公益性集体建设用地使用权，也应当尽量使用存量建设用地，少占用耕地，能使用存量建设用地的，不能批准占用耕地。①

四、集体建设用地使用权的行使

第一，集体建设用地的使用者应当严格按照土地利用总体规划、城乡规划确定的用途使用土地。在土地利用总体规划制定前已建的不符合土地利用总体规划确定的用途的建筑物、构筑物，不得重建、扩建。

第二，应当节约使用土地，有效地利用好土地，防止土地的闲置浪费。长期以来，农村集体经济组织兴办的企业存在规模小、布局散、用地面积大、利用率不高的现象，造成土地闲置浪费现象比较严重。② 即使是公益性用地，也不能盲目大规模地占用农村土地。集体建设用地使用权的行使应当遵循民法典规定的绿色原则，保护环境，维护生态。《民法典》第 294 条规定，不动产权利人不得违反国家规定弃置固体废物，排放大气污染物、水污染物、土壤污染物、噪声、光辐射、电磁辐射等有害物质。根据这一规定，集体建设用地使用权的行使不得违

---

① 参见杨合庆主编：《中华人民共和国土地管理法释义》，111 页，北京，法律出版社，2020。
② 参见杨合庆主编：《中华人民共和国土地管理法释义》，110 页，北京，法律出版社，2020。

反国家规定弃置废物、排放有害物质，不得侵害相邻他方的不动产权利。

第三，集体建设用地使用权的行使应当保护耕地。严格控制占用耕地规模。耕地保护是我国的一项重要国策。《土地管理法》第 30 条第 1 款明确规定，国家保护耕地，严格控制耕地转为非耕地。为了维护国家粮食安全，国家确立了 18 亿亩的耕地保护红线。这一红线必须坚守。尤其是对于农村集体建设用地使用权的行使而言，不能占用耕地突破红线。

第四，集体建设用地使用权的流转受到法律的严格限制。由于《民法典》并未就乡镇企业建设用地使用权的流转作出特别的规定，依据《民法典》第 361 条的规定，乡镇企业建设用地使用权的流转依然适用《土地管理法》等法律的规定。

第十节　建设用地使用权的消灭

一、建设用地使用权的消灭原因

由于建设用地使用权是物权的一种，因此物权的一般消灭原因同样适用于建设用地使用权。当然，建设用地使用权作为一种用益物权，也有一些特殊的消灭原因，主要包括以下几种。

（一）建设用地使用权因存续期限届满而消灭

对于附有存续期限的建设用地使用权，在期限届满时自然归于消灭。但是住宅建设用地使用权在期满之后的效力却关系到公民的民生和基本财产权的保护，不能简单采取期满自动消灭的做法。因此，依据《民法典》第 359 条规定，住宅建设用地使用权并不因存续期限届满而消灭。但对于非住宅建设用地使用权，在期限届满后，建设用地使用权将可能消灭。《民法典》第 359 条第 2 款规定："非住宅建设用地使用权期限届满后的续期，依照法律规定办理。"该条实际上确认了非住宅建设用地使用权期限届满后的续期应当依据特别法确定。我国《城市房地产管理法》第 22 条第 1 款明确规定："土地使用权出让合同约定的使用年限届满，土地使用者需要继续使用土地的，应当至迟于届满前一年申请续期，除根据社会公共利益需要收回该幅土地的，应当予以批准。经批准准予续期的，应当重新签订土地使用权出让合同，依照规定支付土地使用权出让金。"因此，对于非住宅建设用地仍然需要按照该规定，在期限届满后，由原土地使用权人提出申请并经相关部门批准后才能续期，而不能当然自动续期。

《民法典》第 359 条第 2 款规定："非住宅建设用地使用权期限届满后的续期，依照法律规定办理。该土地上的房屋以及其他不动产的归属，有约定的，按照约定；没有约定或者约定不明确的，依照法律、行政法规的规定办理。"依据这一规定，对于非住宅建设用地使用权因存续期间届满而消灭时，该土地上的房屋及其他不动产的归属的处理，应当按照下列规则处理。

第一，首先要依据合同约定来确定归属。通过合同确定归属，实际上就是使当事人的约定具有优先于法律规定的效力。此种规定尊重了当事人的意志，也维护了权利人的产权。

第二，如果没有约定或者约定不明确的，依照法律、行政法规的规定办理。例如，《国有土地使用权出让和转让暂行条例》第 40 条规定："土地使用权期满，土地使用权及其地上建筑物、其他附着物所有权由国家无偿取得。"

（二）建设用地使用权因公共利益需要而提前收回

《民法典》第 358 条规定："建设用地使用权期限届满前，因公共利益需要提前收回该土地的，应当依据本法第二百四十三条的规定对该土地上的房屋以及其他不动产给予补偿，并退还相应的出让金。"建设用地使用权因公共利益需要而提前收回涉及如下几个问题。

（1）所谓因公共利益需要而提前收回，是指在建设用地使用权期限届满前，政府因公共利益需要提前收回该土地。对于该条规定的性质有几种不同的理解：一是征收说。此种观点认为，提前收回在性质上是一种征收。征收的对象不是动产、不动产，而是建设用地使用权。提前收回建设用地使用权的行为，不仅使权利人丧失继续使用土地的权利，也将收回其地上建造的房屋等，因此这实质上是一种国家对单位或个人财产的征收行为。因此，提前收回实际上是一种征收。二是解除合同说。此种观点认为，提前收回不同于征收，提前收回只是要解除建设用地使用权设立合同，而不是一种征收行为。只是因为在解除了该合同之后，涉及地上房屋时，才适用征收的规定。三是建设用地使用权终止说。此种观点认为，提前收回不仅仅是解除合同，而是要终止建设用地使用权。由于提前终止了建设用地使用权，所以需要补偿房屋的价值。笔者认为，《民法典》第358条规定的收回，针对房屋所有权而言，其在性质上属于征收。因为一方面，在提前收回的条件下，《民法典》第358条明确要求必须是因公共利益的需要，才能提前收回；另一方面，该条也明确规定了要按照《民法典》第243条的规定给予补偿，同时还要退还相应的出让金。正是因为将因公共利益需要提前收回归入了征收的范畴，因而解决了实践中一些地方政府官员随意利用提前收回制度损害建设用地使用权人利益的问题。①《民法典》第358条之所以采取"提前收回"的表述，而没有采取征收的表述，主要原因在于，对于城市的不动产的征收主要是对房产的征收，由于城市土地本来就属于国家所有，建设用地使用权是在国家土地所有权基础上设立的他物权，而在我国，征收在法律上要移转所有权，所以，对建设用地使用权不存在征收问题，只有提前收回的问题。但如果土地之上存在房屋，则在提前收回土地使用权的同时也要对房屋一并进行征收。

（2）必须是基于公共利益的需要。笔者认为，在提前收回的情况下，对公共利益应当做更加严格的限制和解释。如果对提前收回情况下的公共利益不做限制，很可能就给予政府极大的权力，不利于对自然人、法人财产权的保障。《民法典》第358条规定所说的公共利益，不应包含商业利益。尤其应当看到，此处所说的公共利益必须是国家的重大公共利益。所谓重大的公共利益，主要是指国防事业、公益设施、大型公益事业（如奥运会场馆建设等）。如果是一般的公共利益，不应作为提前收回的理由。

---

① 参见程啸：《物权法规定建设用地使用权的意义——"无偿收回土地使用权"行为的性质评析》，载《人民法院报》，2007－06－11，第6版。

（3）对该土地上的房屋及其他不动产给予补偿，并应退还相应的出让金。一方面，要对该土地上的房屋及其他不动产给予补偿。依据上述规定，对于地上房屋等要适用征收补偿的标准进行补偿。在提前收回时，政府应当退还相应的出让金。所谓相应的出让金，就是按照建设用地使用权的期限来确定的出让价金。剩余多少年的建设用地使用权，应按照相应的年限来计算出让金，然后予以退回。因为建设用地使用权人支付的出让金是对一定期限内的权利所支付的费用，如果提前收回，就应当将已经使用的年限部分的出让金扣除，退回剩余部分期限的出让金。

从程序上看，提前收回包括的情形很多，法律没有对其程序进行严格的规定。而按照《民法典》第243条的规定，征收应当受到严格的程序限制。如果将其纳入征收的范畴，就应按照征收程序来办理，从而避免有关单位以提前收回名义来代替征收，损害被征收人的利益。

（三）建设用地使用权因土地闲置超过两年而被收回

《城市房地产管理法》第26条规定："超过出让合同约定的动工开发日期满一年未动工开发的，可以征收相当于土地使用权出让金百分之二十以下的土地闲置费；满二年未动工开发的，可以无偿收回土地使用权。"关于土地闲置两年提前收回的行为的性质，学界一直存在着不同的看法。

一种观点认为，提前收回性质上是一种行政处罚，因为土地作为一种不可再生的资源，对社会经济发展具有重要的意义，只有有效率地利用土地，才能促进市场经济的发展。尤其是因为我国人均占有土地的面积较少，耕地后备资源缺乏，有效率地利用土地更为重要。另一种观点认为，此种情况属于违约的问题，可以要求建设用地使用权人支付违约金，不宜提前收回。笔者认为，收回闲置土地的规定是有必要的，因为此种规定有利于促进物尽其用，促使建设用地使用权人及时利用土地，也有利于防止囤积土地、"炒地皮"的现象。但是，提前收回确实会损害建设用地使用权人的利益。所以，即使提前收回的规定作为一种因违约而解除合同的具体方式，政府也应当按照剩余期限的相应比例返还部分土地出让金。当然，应当看到，在建设用地使用权出让合同中，依据现行法律，必须对开发期限以及相应的违约解除权进行规定。如果开发商违反规定闲置土地超过一定期限，也构成违约，应当承担相应的违约责任。

《民法典》中没有对此种提前收回作出规定。是否应当继续采纳这一规则，在法律上仍然值得探讨。笔者认为，法律作出收回闲置土地的规定是有必要的，因为此种规定有利于促进物尽其用，促使建设用地使用权人及时利用土地。毕竟土地闲置性质上属于违约行为，在建设用地使用权出让合同中，依据现行法律，必须对开发期限以及相应的违约解除权进行规定。

当然，无偿提前收回规则也的确有其不合理性，主要理由在于：第一，建设用地使用权人在取得使用权时，通常支付了一定的代价即出让金，而且出让金的数额一般较大，这些费用有的甚至还包括了市政费、征地和拆迁费等，政府在获得了出让金以后又无偿收回土地，实际上政府无偿获得了双重利益，实际上政府并没有支付任何对价而收取了一大笔费用，这显然是不合理的。在民法上，建设用地使用权出让方与受让方之间的关系是平等的民事合同关系，当一方违约构成另一方单方解除合同的条件时，另一方有权解除合同并追究违约方的违约责任，但是双方依合同的约定取得的财产，都应返还给对方。而《城市房地产管理法》第26条"无偿收回土地使用权"的规定则意味着土地使用方需要返还出让方交付的土地，土地出让方却可以占有土地受让方缴纳的全部土地出让金。这就可能会损害另一方民事主体依民法应当享有的权利。① 第二，对于建设用地使用权人来说，尽管其造成土地闲置，但引起闲置的原因可能是多方面的，建设用地使用权人大多是因暂时无足够资金进行开发，在此情况下其造成土地闲置，并没有重大的过错。因此，虽然完全收回土地体现了对建设用地使用权人的一种制裁，但这种制裁过重，而且，赋予地方政府过大的权力。此外，在实践中要完全无偿收回土地也会遇到很大的阻力和困难。第三，这种做法也容易诱发腐败现象。由于闲置的概念不明确，所以政府对是否要收回闲置土地享有很大的决定权，在缺乏足够制约机制的情况下，这种决定权极易导致寻租行为，诱发腐败。第四，既然

---

① 参见李开国：《我国城市建设用地使用权制度的完善》，载《现代法学》，2006（2）。

是一种违约责任，那么按照合同法的规定，在一方当事人违约时候，非违约方获得的赔偿不能超过违约方在违约时能预见的给对方造成的损害。而且，违约方必须构成根本违约，才可以解除合同。提前收回的做法不仅与合同法上的合同解除制度存在冲突，而且具有明显的惩罚性质。从我国实践来看，正是由于这种做法过于严厉，所以实践中很难实行。

因此，笔者认为应当对"无偿收回"作适当修正。根据实践中广东省等地区的做法和经验，可以考虑适当退还土地出让金，退还的数额可根据建设用地使用权的市场价值予以确定。

当然，在我国现行立法对此未作修改之前，因为此种原因而提前收回土地的，仍然是建设用地使用权消灭的一种原因。在依法收回建设用地使用权之后，根据有关规定，对于地上已经存在的建筑物，政府如果继续加以利用，则必须对建筑物所有权人进行补偿。如果不能利用，则应当进行拆除，拆除的费用应当由建设用地使用权人来承担。

（四）因停止使用等原因而收回建设用地使用权

《土地管理法》第 58 条规定，因单位撤销、迁移等原因，停止使用原划拨的国有土地的，或因公路、铁路、机场、矿场等经核准报废的，在此种情况下，土地行政主管部门有权收回该建设用地使用权。由于此类被收回的建设用地使用权多属于以划拨方式无偿取得的，因而不应给予补偿。但是，对于其地上建筑物、其他附着物，市、县人民政府应当根据实际情况给予适当补偿。需要指出的是，关于国有企业在破产之后，其基于划拨方式取得的建设用地使用权能否作为破产财产分配，在学理上存在不同的看法。笔者认为，依据《土地管理法》的上述规定，在此情况下，建设用地使用权应当由政府收回，而不能作为破产财产。另外，由于破产企业建设用地使用权是通过划拨方式取得的，因而即使作为破产财产，未经批准也不能进入市场流转。①

（五）土地的灭失

如果建设用地因为自然灾害等原因而发生灭失，也会导致建设用地使用权的

---

① 参见梅夏英、高圣平：《物权法教程》，263 页，北京，中国人民大学出版社，2007。

消灭。例如，因洪水、地震等原因导致土地流失或者土地无法使用。

二、办理注销登记手续

《民法典》第 360 条规定："建设用地使用权消灭的，出让人应当及时办理注销登记。登记机构应当收回权属证书。"建设用地使用权无论因为何种原因而消灭，都应当及时办理注销登记，因为不办理注销登记，不知情的交易第三人很可能会信赖登记而以为建设用地使用权仍然存在，从而给交易安全带来隐患。① 值得探讨的是，如果出让合同被宣告无效或者撤销，当事人没有办理注销登记手续，建设用地使用权是否仍然有效？笔者认为，在我国，物权变动原则上采债权形式主义变动模式，因此，在出让合同被宣告无效或者被撤销以后，作为建设用地使用权设立基础的合同已经不存在，此时，建设用地使用权应归于消灭。只不过，在没有办理注销登记之前，该登记还具有一定的公信力，善意第三人可基于此登记而受到保护。

---

① 参见崔建远：《中国民法典释评·物权编》（下卷），224 页，北京，中国人民大学出版社，2020。

第十九章
宅基地使用权

第一节　宅基地使用权概述

一、宅基地使用权的概念

宅基地使用权是我国特有的一种用益物权，《民法典》第 362 条规定："宅基地使用权人依法对集体所有的土地享有占有和使用的权利，有权依法利用该土地建造住宅及其附属设施。"据此，宅基地使用权是指农村居民为建造住宅以及相关附属设施对集体土地所享有的占有、使用的权利。取得宅基地使用权是权利人居住、生活的基本保障和重要条件。宅基地使用权的主要特征在于：

1. 权利主体具有特殊性

就一般用益物权而言，权利主体没有身份上的限制，但是，《民法典》第362 条所规定的宅基地使用权人具有身份上的要求。此种权利只能由集体经济组织的成员享有。所以，宅基地通常是与成员权联系在一起的。权利主体的特殊性，也是宅基地使用权与建设用地使用权等用益物权的重要区别。宅基地使用权的取得以"户"为单位。《土地管理法》确立了"一户一宅"及"户有所居"的宅基地审批原则。① 对于是否独立为"户"，实践中通常以家庭为基础，根据血缘、婚姻的当地风俗习惯判断。依据《土地管理法》第 62 条，宅基地是以户为单位申请的，单个的家庭成员不能以个人名义申请宅基地。

2. 权利客体具有特殊性

宅基地使用权的客体是集体所有的土地。中华人民共和国成立以后，在相当长的时期内还保留了城镇居民宅基地使用权，但《土地管理法》颁布之后，城镇居民宅基地使用权已逐渐消失，取而代之的是建设用地使用权。② 自此以后，宅基地使用权只能在集体土地之上设定，只有集体才有权设立此种权利。此外，宅基地使用权的客体必须是集体所有的建设用地，需要占用农用地的，必须依法办理农地转用及其他相关的审批手续。③

3. 权利内容具有特殊性

《民法典》第 362 条规定，宅基地使用权具有特定用途，即原则上只能用于建造住宅及其附属设施，且必须用于自用。所谓"建造住宅"，是指农村居民所建住房以及与居住、生活有关的建筑物和设施。④ 所谓建造附属设施，是指为保证对住宅的有效利用，而建造水井、地窖等附属使用设施。即宅基地使用权虽然是用益物权，但其权利内容仅限于个人和家庭的居住用途。

由于房屋可以继承，所以宅基地使用权实质上也可以继承。由于宅基地主要是作为生活资料提供的，所以权利人不能将宅基地作为生产资料使用。例如，不得将宅基地投资建厂或者改为鱼塘等，否则就违背了宅基地使用权设立

---

① 2019《土地管理法》第 62 条规定："农村村民一户只能拥有一处宅基地，其宅基地的面积不得超过省、自治区、直辖市规定的标准。人均土地少、不能保障一户拥有一处宅基地的地区，县级人民政府在充分尊重农村村民意愿的基础上，可以采取措施，按照省、自治区、直辖市规定的标准保障农村村民实现户有所居。"

② 参见房绍坤：《物权法　用益物权编》，226～227 页，北京，中国人民大学出版社，2007。

③ 2019 年《土地管理法》第 62 条规定：农村村民建住宅……不得占用永久基本农田，并尽量使用原有的宅基地和村内空闲地……涉及占用农用地的，按照本法第四十四条的规定办理审批手续。

④ 参见国家土地管理局政策法规司于 1992 年 5 月 28 日发布的《关于对农村居民"建住宅"含义理解问题的答复》。

的目的。

4. 权利取得和行使具有无偿性

实践中，作为集体成员的农民只要分门立户皆可申请宅基地。宅基地使用权的取得，并不需要支付对价。究其原因，主要是因为宅基地使用权具有社会保障功能。因为提供了宅基地，农村居民享有了基本的居住条件，从而维护了农村的稳定。[①] 集体经济组织成员所取得的宅基地使用权，是其基本的生活条件和生存保障。如果要采用等价交换的方式才能获得宅基地使用权，该项制度则失去了对农村集体成员的生存保障作用。此外，既然集体成员对集体土地享有所有权，那么其取得宅基地使用权就不应再支付相应的对价。因此，理解宅基地使用权的社会保障属性，应当从农民集体土地所有权与设立其上的宅基地使用权的本质联系中理解。[②] 当然，一户只能申请一处宅基地。如果要转让宅基地使用权，应当向集体经济组织支付一定的费用。

5. 权利存续具有无期限性

宅基地使用权在使用上没有期限的限制，具有永久性。[③]《民法典》及《土地管理法》未明确宅基地使用权期限问题。同时，宅基地使用权以"户"为方式取得，只要户内有集体成员尚在生存，宅基地使用权则不会变动。因为宅基地使用权关系到广大农村集体经济组织成员的基本生存和居住问题，如果该项权利具有期限限制且期限较短，则不利于农民的生存保障和农村的稳定。法律对宅基地不设明显的期限限制，能够最大限度地保障权利人的基本生存条件。而且宅基地使用权具有社会福利的性质，所以从社会保障的角度考虑，也不应当对宅基地使用权设置期限的限制。当然，尽管宅基地使用权没有期限限制，但其并非不可变更。例如，因为国家建设需要征用土地的，或者村镇规划需要改变土地用途，或者村民个人的宅基地面积远超过当地标准，可以经过法定程序，进行合理的调剂或重新安排。

---

① 参见姚红主编：《中华人民共和国物权法精解》，272 页，北京，人民出版社，2007。
② 参见韩松：《宅基地立法政策与宅基地使用权制度改革》，载《法学研究》，2019（6），71 页。
③ 参见崔建远：《物权法》，4 版，322 页，北京，中国人民大学出版社，2017。

6. 权利流转的受限性

尽管宅基地使用权是一种财产权利，但其流转受到严格的限制，因为宅基地使用权具有一定的身份性质。因此，《民法典》第363条规定："宅基地使用权的取得、行使和转让，适用土地管理的法律和国家有关规定。"而我国目前相关法规政策规定，宅基地不能自由转让，宅基地上的房屋转让也限于特定人群间。我国有关宅基地的政策一再表明，国家对于农村宅基地交易持否定态度。[①] 司法实践中，对于农村居民将宅基地及房屋向集体成员外出售而引起的房屋买卖合同效力纠纷，近年来法院系统也逐渐达成共识，一般认定该类合同为无效合同。[②] 宅基地使用权不得向集体外成员转让的理由在于，一旦允许宅基地自由转让，则背离了权利主体为集体成员的内在要求，这不符合宅基地使用权的社会保障属性。但根据《土地管理法》第62条的规定，在坚持"一户一宅"的基础上，为实现物尽其用、缓和实践中宅基地的稀缺状况，允许宅基地使用权及地上房屋在集体成员间出卖、出租、赠与。

二、宅基地使用权的历史发展

宅基地使用权作为农民最重要的财产权之一，是用益物权的重要类型。宅基地制度历经70年的发展变迁，从农民所有、自由处分到集体所有、农民使用，从严格管制、限制流转到探索规范流转，宅基地制度一直因时而变，但为农民群体提供居住保障的底线不曾动摇。我国宅基地制度历经如下重大的变革。

1. 宅基地"农民所有、农民利用"阶段

20世纪50年代土地改革时，在实行"耕者有其田"政策的同时，也按"居

---

① 《国务院办公厅关于加强土地转让管理严禁炒卖土地的通知》（1999年）、《国务院关于深化改革严格管理土地的决定》（2004年）、《国土资源部关于加强农村宅基地管理的意见》（2004年）和《国务院办公厅关于严格执行有关农村集体建设用地法律和政策的通知》（2007年）等明令禁止城镇居民购置宅基地或通过批准取得农村宅基地使用权，将宅基地使用权的主体严格限定为农村居民。

② 参见海南省高级人民法院2011年《关于办理商品房买卖合同纠纷案件的指导意见》；山东省高级人民法院2011年《全省民事审判工作会议纪要》等司法文件。

者有其屋"的原则，给农民分配住房和宅基地。农民对宅基地享有所有权，可自由买卖、出典、出租和继承。[①] 中华人民共和国成立初期的土地改革使农民成为土地的主人，此处所言的土地，包括农民的宅基地。1954 年的宪法也规定，国家依法保护农民的土地所有权。

2. 宅基地"集体所有、农民利用"阶段

农民对宅基地的所有权转化成为使用权，是我国社会主义改造运动的产物。1955 年后，中央逐渐把以私有制为基础的个体农业经济，改造为生产资料公有制为基础的农业合作经济。1955 年《农业生产合作社示范章程草案》和 1956 年颁布的《高级农业生产合作和示范章程》规定，农村生产资料变私有为集体所有，农村土地也归属集体所有，但社员原有的坟地和房屋地基不必入社。1962年 9 月，中共中央颁布实施《农村人民公社工作条例（修正草案）》，初步建立宅基地的权属分离格局。

人民公社化以后，宅基地性质已经发生变化。在农村，1962 年中央颁发了《农村人民公社工作条例（修正草案）》，将农村土地所有权转归了集体所有，公社社员从此对宅基地不再享有所有权而只享有使用权，从此我国确立了"宅基地使用权"的概念，并沿袭至今。[②] 1963 年 3 月 20 日，中共中央下发了《中共中央关于对各地社员宅基地问题作一些补充的通知》。该《通知》规定：宅基地，不论是有建筑物的宅基地还是尚未建房的宅基地，其所有权归集体所有，不得出租、买卖，但社员（农民）对宅基地可以长期使用，长期不变；宅基地上的房屋及其附着物归社员（农民）所有，可以租赁、买卖等方式流转。2004 年修订的《土地管理法》规定，农村村民一户只能拥有一处宅基地，其面积不得超过省级政府制定的标准，村民出卖、出租其住房之后，不能再申请宅基地。

3. 确立宅基地使用权为用益物权阶段

《物权法》第一次以法律的形式确立了宅基地使用权的概念，并明确了其用益物权属性。《民法典》继续沿用了相关规定，并规定宅基地使用权人依法对集

---

① 参见刘守英：《直面中国土地问题》，196 页，北京，中国发展出版社，2014。
② 参见高圣平等：《宅基地使用权初始取得制度研究》，载《中国土地科学》，2007（2）。

体所有的土地享有占有和使用的权利，并有权依法利用该土地建造住宅及其附属设施。同时，宅基地使用权的取得、行使和转让，应适用土地管理法等法律和国家有关规定。如果宅基地因自然灾害等原因而灭失的，则宅基地使用权消灭。对失去宅基地的村民，应当重新分配宅基地。对于已经登记的宅基地使用权，如果发生转让或者消灭的，则应当及时办理变更登记或者注销登记。

4. 宅基地制度改革探索阶段

随着我国近几十年城镇化进程的推进，农村人口持续流向城镇，农村宅基地闲置的现象日益普遍。农村闲置下来的宅基地，面积巨大且用途单一，成为"沉睡的资产"，造成了土地资源的严重浪费，为盘活农村闲置宅基地，唤醒农民"沉睡的资产"，国家持续出台了多部文件，探索宅基地制度改革。2013年中共中央十八届三中全会《关于全面深化改革若干重大问题的决定》指出，要慎重稳妥推进农民住房财产权抵押、担保、转让。2015年国务院通过的《全国人民代表大会常务委员会关于授权国务院在北京市大兴区等三十三个试点县（市、区）行政区域暂时调整实施有关法律规定的决定》，授权33个试点地区进行改革探索。2018年中央一号文件《中共中央国务院关于实施乡村振兴战略的意见》提出，探索宅基地所有权、资格权、使用权"三权分置"改革，充分盘活农村大量闲置的宅基地。2019年《土地管理法》规定，国家允许进城落户的农村村民依法自愿有偿退出宅基地，鼓励农村集体经济组织及其成员盘活利用闲置宅基地和闲置住宅。迄今为止，宅基地使用权制度的改革仍然处于探索之中。

所谓"三权"包括"宅基地所有权"、"使用权"和"资格权"。所谓资格权，是农民基于集体成员身份所享有的成员权。[①] 资格权作为成员权的一种，主要权能体现在：宅基地取得环节中，资格权是集体成员基于成员资格请求集体为其设定宅基地使用权的一种权利，即宅基地分配请求权，其本质为"宅基地申请资格的权利化"[②]。在宅基地使用环节体现为无偿使用、保有以及流转结束后回复宅

---

① 参见陈小君：《宅基地使用权的制度困局与破解之维》，载《法学研究》，2019（4）；耿卓：《宅基地"三权分置"改革的基本遵循及其贯彻》，载《法学杂志》，2019（4）。

② 江晓华：《宅基地使用权转让的司法裁判立场研究》，载《法律科学》，2017（1）。

基地使用权的权利。① 所谓"使用权"，是指在宅基地使用权之上设立的权利，它是宅基地使用权人与宅基地利用权人之间达成的，在宅基地上建造房屋等建筑物的权利。它是指对宅基地享有资格权的人，与他人通过订立合同的方式，使得他人取得的对宅基地的占有和使用的权利，而不是指宅基地成员依据其身份资格获取的对宅基地的占有和使用的权利②，因为集体成员依据其身份资格所获取的对宅基地的占有和使用的权利已经被包括在其享有的资格权之中。可见，宅基地使用权是我国建立在土地集体所有基础上的一种用益物权制度。我国《物权法》第一次将宅基地使用权作为物权制度进行了立法规定。《民法典》继续沿用了《物权法》的规定。《民法典》规定的宅基地使用权制度，鲜明地体现了我国用益物权制度的中国特色，对于满足广大农村居民的生存、生活需要，保护广大农民的切身利益有着重大的意义。在我国农村，由于社会保障制度尚未建立健全，宅基地使用权仍发挥着保障农民基本生存条件的功能，将宅基地使用权物权化，就可以通过物权请求权等物权规则对宅基地使用权人进行更为全面的保护。随着农村土地制度全面深化改革的进行，宅基地使用权改革也势在必行。③ 宅基地使用权的财产属性将日益凸显，农民对宅基地享有的权利内容也将不断扩大。④

第二节　宅基地使用权与其他相关用益物权

一、宅基地使用权与建设用地使用权

宅基地使用权与建设用地使用权具有一定的相似性，两者都是利用土地建造房屋和其他附属设施。但是，宅基地使用权与建设用地使用权是两种不同的用益

---

①② 参见刘宇晗、刘明：《宅基地"三权分置"改革中资格权和使用权分置的法律构造》，载《河南社会科学》，2019（8）。

③ 例如，《中共中央关于全面深化改革若干重大问题的决定》明确需要改革完善宅基地使用权制度，并明确了要"探索农民增加财产性收入渠道"。

④ 参见刘守英：《直面中国土地问题》，9～10 页，北京，中国发展出版社，2014。

物权，具有明显的区别，主要表现在：

（1）权利主体不同。如前所述，宅基地使用权具有主体身份性特征，宅基地使用权人只能是农村集体成员，不包括城市居民。而建设用地使用权主体不受身份限制，无论自然人还是法人，不论是城市居民还是农村居民，都可以成为建设用地使用权主体。[①]

（2）权利客体不同。建设用地使用权的客体主要限于国有土地，不包括集体土地。建设用地使用权以国家所有权为基础，是在国有土地上建造建筑物、构筑物及其他附属设施的权利。而宅基地使用权设立于集体土地之上，在一定程度上与集体经济组织的成员资格和福利联系在一起，发挥着最基本的农村社会保障作用。[②]

（3）权利内容不同。宅基地使用权的内容限于建造住宅及附属设施，而建设用地使用权的内容包括建造工业用房、商业用房、娱乐用房等，不限于建造住宅用房。[③]

（4）权利流转的限制不同。对宅基地使用权的流转，法律有严格的限制，原则上宅基地使用权不得向集体成员以外人员流转，权利人也不能从事经营活动。但建设用地使用权可以自由流转，法律对此没有过多限制。[④]

（5）权利的存续期间不同。建设用地使用权根据土地用途设定了不同的期限，期限一旦届满，该权利消灭。住宅建设用地具有一定的特殊性，但"自动续期"规则的适用，不等于其完全没有期限，如果房屋改变用途或被征收等，则没

[①]　《城镇国有土地使用权出让和转让暂行条例》第3条规定：中华人民共和国境内外的公司、企业、非法人组织和个人，除法律另有规定者外，均可依照本条例的规定取得土地使用权，进行土地开发、利用、经营。

[②]　参见杨立新主编：《民商法理论争议问题——用益物权》，149页，北京，中国人民大学出版社，2007。

[③]　《城镇国有土地使用权出让和转让暂行条例》第12条规定：土地使用权出让最高年限按下列用途确定：（1）居住用地七十年；（2）工业用地五十年；（3）教育、科技、文化、卫生、体育用地五十年；（4）商业、旅游、娱乐用地四十年；（5）综合或者其他用地五十年。

[④]　《城镇国有土地使用权出让和转让暂行条例》第4条规定：依照本条例的规定取得土地使用权的土地使用者，其使用权在使用年限内可以转让、出租、抵押或者用于其他经济活动，合法权益受国家法律保护。

有必要再继续自动续期。但是，对宅基地使用权，法律却没有规定明确的权利存续期限。

（6）权利取得是否需要支付对价不同。建设用地使用权的取得，通常采用出让的方式，权利人须支付土地出让金。宅基地使用权基于农村集体成员身份取得，具有居住权保障的性质，其取得具有无偿性。[①]

二、宅基地使用权与土地承包经营权

宅基地使用权与土地承包经营权具有诸多共同特征：权利性质都属于在集体土地上设定的用益物权；权利主体都具有身份性，必须是农村集体成员才能够取得这两种权利；并且这两种权利的取得原则上都是无偿的。因为集体经济组织成员都享有成员资格，可以以此为基础获得权利。另外，这两种权利都具有社会保障功能，都是为了保障集体成员的基本生活需求；权利的流转都具有受限性，二者原则上都不得向集体外成员转让。但是，宅基地使用权与土地承包经营权也存在明显差异。

（1）设立目的不同。土地承包经营权的设立，是为了从事农业生产；而宅基地使用权的设立，是为了建造住宅及附属设施。所以，土地承包经营权的设立是为了解决衣食来源问题，而宅基地使用权的设立是为了解决居住问题。[②]

（2）设立方式不同。土地承包经营权的取得，要订立土地承包合同，合同一旦生效，权利人即取得土地承包经营权；而宅基地使用权的取得，要经过集体组织成员申请和乡（镇）人民政府的审批，涉及占用农用地的，要依法办理农用地转用审批手续，其目的在于防止浪费土地，防范耕地流失，保护乡村规划及环境。

（3）期限和数量限制不同。一方面，法律对于宅基地使用权没有期限限制，而对于土地承包经营权则具有期限限制。另一方面，对于宅基地使用权而言，依

---

① 参见郑尚元：《宅基地使用权性质及农民居住权利之保障》，载《中国法学》，2014（2）。

② 参见姚红主编：《中华人民共和国物权法精解》，272页，北京，人民出版社，2007。

据《土地管理法》第62条的规定，一户只能取得一处宅基地；而对于土地承包经营权而言，法律并没有数量的限制，集体经济组织成员可以根据自己的经济组织能力和本集体的土地数量提出申请。①

（4）流转限制程度不同。就承包地而言，国家鼓励承包地适度规模流转。根据《民法典》第334条、第339条的规定，土地承包经营权人依照法律规定，有权将土地承包经营权互换、转让；土地承包经营权人可以依法采取出租、入股或者其他方式流转土地经营权。而对于宅基地使用权，现行国家有关规定严格限制其流转。除宅基地制度改革试点地区以外，立法对宅基地向集体外成员流转持否定态度。

第三节　宅基地使用权的取得

一、宅基地使用权的取得主体

1.农村集体经济组织成员是宅基地使用权取得的主体

我国宅基地具有社会福利的性质，因此，每个集体经济组织成员都有资格获得宅基地。集体经济组织必须保障每个成员都获得宅基地，从而保障其基本的生存条件和居住条件。集体经济组织成员可以无偿取得一处宅基地，这也是集体经济组织成员因其成员资格而当然应当享有的权利，此种权利不受任何组织或个人的剥夺。

2."户"是宅基地使用权的分配单位

我国《土地管理法》规定了宅基地中的"一户一宅"原则。具体包括以下内容。

一是农村村民一户只能拥有一处宅基地。虽然集体经济组织成员有权获得宅

---

① 参见胡康生主编：《中华人民共和国农村土地承包法释义》，9页，北京，法律出版社，2002。

基地，但其取得宅基地使用权必须受到一定的限制。因为一方面，土地资源具有不可再生性和稀缺性，尤其是在我国，地少人多、土地紧缺，不能用过多的土地来建造住宅。另一方面，宅基地使用权的设立是为了保障基本的居住条件，此种保障应当限于必要的限度之内，即每户居民只能取得一处宅基地。即使子女成家需要盖房的，如果没有分家立户，也不能申请新的宅基地。如果允许申请多处宅基地，则将导致对有限土地资源的浪费。所以，宅基地的取得必须要受到严格的限制。

二是"户"指农村自然户而非农村承包经营户。后者是在农村自然户的成员基础上承担特定经济职能的一类经营主体。农村自然户的本质是一个农村家庭，是作为民事主体的自然人的联合。①

三是宅基地的面积不得超标。因分家析产形成新的一户而申请宅基地时，应当根据该户的人口来确定分配面积。一处宅基地不等于一宗地。权利人获得了一处宅基地之后，若在面积上已经达到了规定的标准，就不能超标准获得更大的宅基地。② 一般而言，按照"一户一宅"的要求，当事人只能申请一处宅基地，不得同时申请两处宅基地。例如，在"罗某某诉曾某某确认合同无效纠纷案"中，法院认为，"农村村民只能申请一处宅基地，不能申请两处以上的宅基地，并非指仅能拥有一处宅基地。"③

四是"一户"只能申请"一宅"，但可能因继承房屋等合法原因而享有"数宅"。法律是否禁止公民享有两处以上的宅基地？司法实践对此存在不同观点：一种观点认为，一个农户只能拥有一处宅基地。例如，在"冉某某与张某某物权保护纠纷案"中，法院认为，"农户的宅基地必须符合'一户一宅'的原则，即一个农户只能拥有一处宅基地。"④ 另一种观点认为，"一户一宅"主要是指一户只能申请一处宅基地，但可通过其他方式取得其他宅基地。例如，在"杨某某诉

---

① 参见高圣平：《物权法原理·规则·案例》，119页，北京，清华大学出版社，2007。
② 参见卞耀武、李元：《中华人民共和国土地管理法释义》，175页，北京，法律出版社，1998。
③ 广东省深圳市中级人民法院（2015）深中法房终字第29号民事判决书。
④ 重庆市酉阳土家族苗族自治县人民法院（2014）酉法民初字第00481号民事判决书。

被告杨某某房屋买卖合同纠纷案"① 中，法院认为，"所谓'一户一宅'是指农村村民一户只能申请一处宅基地，如果将原有宅基地上住宅房屋出卖或者出租后，不能再行申请另处宅基地，并非村民不得买卖本集体经济组织范围内的私有房屋"。还有观点认为，我国现行立法关于"一户一宅"的规定并不明确。例如，在"徐某某、吴某某与舟山东海岸投资置业有限公司、舟山市普陀区人民政府东港街道办事处财产损害赔偿纠纷案"中，法院认为，"我国宅基地使用权的核心要素，即'一户一宅'原则，但基于合法原因，如让与、继承等取得二处以上宅基地的情况如何处理，现行法律并不明确"②。

笔者认为，原则上应当坚持贯彻"一户一宅"的法律政策。一方面，这一政策充分体现了宅基地使用权的福利性质，农村村民取得宅基地使用权基本上是无偿的，其能够使农村居民享有基本的居住条件，从而维护了农村的稳定。另一方面，它体现了分配的正义。这一规则不考虑农民的财产状况、社会关系等，而根据每户的居住人口数量进行合理的分配。此外，这一政策有利于防止多占宅基地，防止耕地的流失，也有利于防止由于乡（镇）干部及村干部的滥用职权、以权谋私，乱占地建房、多占地建房的现象发生。但农村村民只能拥有一处宅基地，这主要是就申请而言的，"一户只能拥有一处宅基地"的限制性规定，是基于宅基地的福利性及所承载的社会保障功能对宅基地使用权申请取得的限制，而不是对宅基地使用权享有状态的限制。因此，有学者建议将"一户只能拥有一处宅基地"的限制性规定改为"宅基地的面积不得超标"③。对于因为房屋继承、购买等合法原因而形成的一户拥有多处宅基地现象，法律上并不绝对禁止，也不应当将其收回。通过继承取得农村的房屋，也可能在事实上出现一户拥有多处宅基地的现象。但是，房屋进行重新翻建之后，多余的宅基地应当退回。④ 如果宅基地长期闲置，集体应当引导宅基地使用权人退出宅基地。此种观

---

① 河北省唐山市开平区人民法院（2013）开民初字第 661 号民事判决书。
② 浙江省舟山市普陀区人民法院（2014）舟普民初字第 193 号民事判决书。
③ 郭明瑞：《关于宅基地使用权的立法建议》，载《法学论坛》，2007（1）。
④ 参见郭明瑞：《关于宅基地使用权的立法建议》，载《法学论坛》，2007（1）。

点不无道理。

二、宅基地使用权的取得程序

1. 宅基地使用权的取得需经过行政审批

《土地管理法》第 62 条第 4 款规定："农村村民住宅用地，由乡（镇）人民政府审核批准；其中，涉及占用农用地的，依照本法第四十四条的规定办理审批手续。"第 44 条规定："建设占用土地，涉及农用地转为建设用地的，应当办理农用地转用审批手续。"可见，我国现行法律对宅基地使用权的取得采取了审批程序。

需要指出的是，也有学者对农村宅基地使用权取得中的审批程序提出了批评，其理由在于：一方面，既然农村的集体土地属于集体所有，那么，集体经济组织在集体所有的土地上设立用益物权，属于行使自己的所有权，应当不需要经过他人的批准，否则就会架空所有权。另一方面，此种程序实际上对宅基地使用权的取得采取了行政审批的方法。在审批之前，宅基地使用权人根本没有权利，这也从根本上否定了集体所有权人的所有权。① 笔者认为，这一看法不无道理。既然土地属于集体所有，在取得宅基地的过程中，应当明确集体组织的地位，以及取得宅基地使用权的相应程序。但是，考虑到现阶段我国实行最严格的耕地保护制度，为了防止实践中出现随意多占宅基地的现象，宅基地使用权审批制度具有必要性。因为将宅基地使用权的取得完全交给集体经济组织自行决定，可能会导致随意占用宅基地、耕地大量流失的现象。

在办理宅基地使用权取得手续中，要区分新增宅基地的申请和宅基地的流转两种方式：一是新增宅基地的申请。申请新增宅基地，必须先批地领证，然后才能建房。没有经过批准而违法占地建房的，土地管理部门应当采取拆除等适当措施，予以纠正。二是通过房屋赠与、继承和转让等方式而取得。宅基地本身不能

---

① 参见高圣平：《物权法原理·规则·案例》，117 页，北京，清华大学出版社，2007。

单独流转，但是，农村村民将私有房屋出让给本集体成员的，宅基地使用权将因此一并移转。宅基地使用权也可以因为房屋的继承而取得。通过此种方式取得的宅基地不需要经过严格的审批程序。

对于涉及占用农用地的，应当办理农用地转用审批手续。农村村民建设住宅，应尽量使用原有的宅基地和村内空闲地。在特殊情况下，须占用农用地的，须办理农用地转用审批手续。

2. 登记不是宅基地使用权取得的前提条件

根据《民法典》的规定，宅基地使用权的取得不需要经过登记。因为一方面，我国农村居民相互之间大都比较了解和熟悉，其转让的范围一般也限于同一集体经济组织成员内部，关于宅基地的权属一般比较清楚，不会发生善意交易第三人的保护问题；即使没有登记，当事人也知晓宅基地的权属状况，因此，未经登记也不影响其他人的利益。[1] 另一方面，如果要求宅基地使用权的取得必须办理登记，则会增加农民的居住成本和费用，增加农民的负担。[2] 但是，考虑到登记是界定产权、明确归属的有效方法，伴随着宅基地使用权流转制度的不断改革，应当鼓励办理宅基地使用权的登记，以明晰产权归属。

《民法典》第 365 条规定："已经登记的宅基地使用权转让或者消灭的，应当及时办理变更登记或者注销登记。"该条所规定的"变更登记或者注销登记"究竟采取的是登记要件主义还是属于登记对抗主义？此处采用了"应当"二字，并不意味着该条属于强制性规范，其仍然可以解释为采取登记对抗主义的规定，即已经登记的宅基地使用权转让或消灭的，没有登记也会发生物权变动，只是不能对抗善意第三人。采纳登记对抗主义使宅基地使用权的设立更为便捷，同时也是考虑到我国现阶段宅基地流转市场较为封闭，宅基地使用权的变动并不频繁，在此情况下，即使未经登记，一般也不会危害交易的安全。[3]

---

① 参见尹飞：《物权法·用益物权》，269 页，北京，中国法制出版社，2005。
② 参见梅夏英、高圣平：《物权法教程》，270 页，北京，中国人民大学出版社，2007。
③ 参见高圣平等：《宅基地使用权初始取得制度研究》，载《中国土地科学》，2007（2）。

第四节　宅基地使用权的内容

一、宅基地使用权人的权利

1. 占有和使用权

《民法典》第362条规定："宅基地使用权人依法对集体所有的土地享有占有和使用的权利，有权依法利用该土地建造住宅及其附属设施。"宅基地使用权人依法享有对宅基地的占有权，权利人只有在占有宅基地基础之上，才能够实际利用宅基地建造住宅。如果宅基地经过申请并获批准后没有交付，则权利人可以根据宅基地使用权请求交付。宅基地使用权人也享有对宅基地的使用权。但该使用权应以建设并保有住宅居住为目的，而不能进行其他商业性的利用。如前所述，宅基地使用权是一种无期限限制的使用权，所以，除非基于法律规定的原因而导致宅基地使用权消灭，宅基地使用权人享有无期限的权利。宅基地上的建筑物或者其他附属物灭失的，不影响宅基地使用权的效力。

2. 建造住宅及其附属设施的权利

根据《民法典》第362条，宅基地使用权人有权依法利用该土地建造住宅及其附属设施。宅基地使用权设立的目的就在于使权利人能够利用该土地建造住宅及其附属设施，满足基本的生活和生存需要。当然，权利人在取得宅基地使用权之后，需要向房产管理部门提出建房申请，在获得批准后方能建造住宅及其附属设施。在不改变宅基地根本用途的前提下，权利人也可以在宅基地上种植适当的树木用于日常生活。对于宅基地上的房屋及其他附属物、合理栽种的树木等，权利人享有完全的所有权。需要强调的是，权利人只能将宅基地用于建造住宅及其附属设施，而不能将宅基地用于商品房开发等其他目的。尤其是村民建造住宅不能占用永久基本农田。

3. 依法处分宅基地使用权、住宅及其附属设施的权利

在我国，依据现行规定，农村住宅所有权流转是受限制的，即只能向本集体经济组织内部成员转让。尽管宅基地使用权本身不可以转让，但可以随着住宅一同转让。由于房屋可以继承，所以宅基地使用权实际上也可以继承。此外，村民将房屋置换、赠与给本集体的其他成员时，宅基地使用权也应当一并移转给新的房屋所有人，但宅基地的所有权仍然应当归集体所有。当然，依据《土地管理法》第 62 条第 5 款的规定，农村村民出卖、出租、赠与住宅后，再申请宅基地的，不予批准。这意味着，在处分宅基地使用权之后，原权利人不能再申请新的宅基地。

4. 宅基地灭失后的重新分配权

《民法典》第 364 条规定："宅基地因自然灾害等原因灭失的，宅基地使用权消灭。对失去宅基地的村民，应当依法重新分配宅基地。"该条确定了宅基地使用权人享有的重新分配宅基地的权利。该权利须满足如下条件：第一，须因自然灾害等原因造成土地灭失。例如，洪水将土地淹没、地震使土地塌陷等。如果自然灾害等原因仅造成房屋灭失，而没有导致宅基地灭失的，宅基地使用权人不能请求重新分配宅基地。[①] 第二，因土地灭失导致宅基地使用权绝对消灭。根据这一规定，因自然灾害等原因已经导致土地灭失，宅基地使用权不复存在，才能重新要求分配宅基地。这就是说，如果由于转让房屋而导致宅基地使用权的移转，依据《土地管理法》第 62 条第 5 款的规定，宅基地使用权人不能请求重新分配宅基地。第三，失去宅基地的宅基地使用权人有权要求重新分配宅基地。在重新分配宅基地时，同样必须经过法定的程序，且不能多占宅基地。

5. 宅基地使用权与房屋所有权可以一并由继承人继承

现行立法虽然对宅基地使用权的继承未作明确规定，但是由于房屋所有权本身可以继承，所以房屋占用范围的宅基地使用权可以由继承人一并继承，否则将会造成房地权属的不一致，违反物权法中房地一并移转的原则。

---

① 参见郭明瑞主编：《中华人民共和国物权法释义》，278 页，北京，中国法制出版社，2007。

二、宅基地使用权人的义务

1. 不得非法转让宅基地使用权的义务

《民法典》第363条规定："宅基地使用权的取得、行使和转让，适用土地管理的法律和国家有关规定。"该条实际上维持了现有的做法。依据该规定，宅基地使用权的取得、行使和转让，应当适用《土地管理法》规定和国家有关规定。转让宅基地上的房屋也必须要符合如下的条件：第一，转让人和受让人都必须是同一集体经济组织内部的成员。[1] 1999年国务院办公厅《关于加强土地转让管理严禁炒卖土地的通知》第2条规定："农民的住宅不得向城市居民出售，也不得批准城市居民占用农民集体土地建住宅，有关部门不得为违法建造和购买的住宅发放土地使用证和房产证。"第二，转让行为必须征得本集体经济组织的同意。

2. 接受政府统一规划的义务

尽管权利人对宅基地享有长期的使用权，但这种使用权并非不可改变。如果因为国家因建设需要征用土地，或者村镇规划需要改变土地用途，或者农村居民的宅基地面积远超当地标准的，政府和集体组织可以经过法定程序，进行合理的调剂或重新安排。

宅基地依法经过统一规划的，以规划后确定的使用权为准，宅基地使用权人原有的宅基地已经依法统一规划另行分配的，不得再要求收回。宅基地经过合法手续个别调整的，以调整后的为准。抢占、多占集体土地或他人的宅基地的，一律无效；不按审批权限或程序划拨的宅基地使用权，或者房屋所有人在原宅基地上翻建、改建、扩建自己的房屋时，未按规定办理合法手续的，法律不予保护。

3. 正当使用宅基地的义务

由于宅基地主要是作为生活资料提供的，所以权利人不能将宅基地作为生产资料使用，例如将宅基地投资建厂或者改为鱼塘等。

---

① 参见杨合庆主编：《中华人民共和国土地管理法释义》，115页，北京，法律出版社，2020。

4. 农村村民出卖、出租、赠与住宅后不能再申请宅基地

依据《土地管理法》第 62 条第 5 款，农村村民出卖、出租、赠与住宅后不能再申请宅基地，法律作出这一规定的主要原因在于，防止农村村民以建住宅为名，进行房地产开发，多占宅基地。①

第五节　关于宅基地使用权流转的探讨

一、关于是否应允许宅基地使用权自由流转的不同观点

所谓宅基地使用权的流转，是指宅基地使用权人依法将宅基地使用权转让给他人。对于是否应当允许宅基地使用权自由流转的问题，一直存在激烈争论，早在 2007 年《物权法》制定过程中，就形成了三种不同的观点。

1. 自由流转说

此种观点认为，宅基地使用权的转让在法律上不应当存在限制，而应当允许宅基地使用权的自由转让。自由转让的主要理由在于：第一，禁止宅基地使用权的流转和转让，不利于农民宅基地的保值增值。宅基地使用权不能转让，就不能从交易中实现其价值，也不能在交易中升值。② 第二，禁止自由转让没有体现城市和农村的平等对待，并强化了目前存在的城乡二元分割局面。禁止宅基地自由转让，不允许城市居民到农村购房，就不利于推动农村的商品化发展。同时，农民不能够将宅基地转让，也使农民没有足够的融资手段。③ 第三，禁止宅基地流转不利于小城镇建设。而允许农民将其房屋连同宅基地使用权转让，对小城镇发展扩大起很大的作用。④

---

① 参见杨合庆主编：《中华人民共和国土地管理法释义》，114 页，北京，法律出版社，2020。

② 参见乔新生：《〈物权法〉三审触碰中国体制改革核心难题》，载《中国经营报》，2005 - 07 - 03。

③ 参见王崇敏等：《农村宅基地使用权流转析论》，载《海南大学学报（人文社会科学版）》，2006 (2)。

④ 参见李满枝：《物权法下宅基地使用权的转让》，载《广西政法管理干部学院学报》，2006 (1)。

2. 禁止流转说

其理由主要在于：一是宅基地具有社会福利的性质，承担着社会保障的功能。① 农村宅基地是农民安身立命之地，允许其流转，就可能导致一部分农民失去最低的生存保障。② 二是从维护社会稳定考虑，允许宅基地自由流转，可能使失地农民无居无业，失去生活保障，影响社会稳定。三是允许宅基地自由转让，必然会使一部分人多占宅基地，而且与我国长期以来实行的一户只能拥有一处宅基地的政策相矛盾。③

3. 限制流转说

此种观点认为，完全禁止流转或者允许自由流转都是不妥当的，应当实行有限制的流转。虽然宅基地使用权不能自由流转，但是，如果宅基地使用权人在城市有稳定的非农收入，有固定的职业，应当允许其转让宅基地。中国人多地少，有限的农用土地首先要用于解决 13 亿人的吃饭问题，因此，严格或者尽可能控制农用土地向其他用途包括农民宅基地的转化成为国家的头等大事之一。④

二、《民法典》第 363 条维持了现行做法

《民法典》第 363 条规定："宅基地使用权的取得、行使和转让，适用土地管理的法律和国家有关规定。"该条实际上维持了现有的做法。首先，依据该规定，宅基地使用权的取得、行使和转让，应当适用《土地管理法》的规定。《土地管理法》第 62 条规定："农村村民出卖、出租、赠与住宅后，再申请宅基地的，不予批准"。国家土地管理局曾在 1995 年 9 月 11 日发布实施的《农村集体土地使用权抵押登记的若干规定》及 1997 年 1 月 3 日发布实施的《关于土地使用权抵押登记有关问题的通知》中，明确规定了宅基地使用权不能抵押。这就表明，我国法律和政策禁止宅基地使用权的抵押，对出卖、出租房屋进行了严格限制。其

---

① 参见韩玉斌：《农村宅基地使用权立法的价值选择》，载《西南民族大学学报（人文社科版）》，2005（5）。

②③④ 参见孟勤国：《物权法开禁农村宅基地交易之辩》，载《法学评论》，2005（4）。

次，宅基地使用权的取得、行使和转让，应当适用国家有关规定。所谓"国家有关规定"，主要是指国家颁布的有关法规和规范性文件，例如 1999 年国务院办公厅《关于加强土地转让管理严禁炒卖土地的通知》第 2 条规定："农民的住宅不得向城市居民出售，也不得批准城市居民占用农民集体土地建住宅，有关部门不得为违法建造和购买的住宅发放土地使用证和房产证。"根据以上法律法规，我国禁止宅基地使用权的抵押、集体外转让。

《民法典》第 363 条延续了《物权法》严格限制宅基地使用权转让的做法。按照《物权法》制定时立法机关的解释，主要有如下原因：第一，严格限制宅基地使用权转让是为了保护农民的长远利益。考虑到目前我国农村社会保障体系尚未全面建立，土地承包经营权和宅基地使用权是农民安身立命之本，所以严格限制宅基地的转让，保护广大农民的安身立命之本，实际上是保护农民的长远利益。[1] 第二，严格限制宅基地使用权转让有利于维护社会稳定。农民失去宅基地后可能大量涌入城市，如果他们无法在城市正常就业，极易给城市的发展和稳定带来不稳定因素。第三，严格限制宅基地使用权的转让有利于保护耕地。我国目前的国情是地少人多，最严格地保护耕地是社会发展的重要条件。因此，为了防止耕地的大量流失，对宅基地使用权转让作出限制是必要的。[2]

三、《民法典》第 363 条预留了改革空间

应当承认，《民法典》第 363 条维持现行规定具有其合理性，但是，随着我国市场经济的发展和改革开放的深化，对宅基地使用权流转严格限制的做法，也有进行改革的必要。具体来说，严格限制甚至禁止宅基地使用权的流转具有如下缺陷：一方面，此种做法不利于保护农民利益，且不利于有效利用不动产。宅基地使用权不能转让就意味着，它不具备真正物权的属性，不能在市场中体现其应有的价值，从而使农民不能从中获取收益。财产只有在流转中才能最大化地实现

---

[1] 参见王兆国：《关于〈中华人民共和国物权法（草案）〉的说明》，新华社 2007 年 3 月 8 日电。
[2] 参见胡康生主编：《中华人民共和国物权法释义》，340 页，北京，法律出版社，2007。

其价值。如果严格限制宅基地的流转，农民即使有闲置的房屋，也不能通过出售获得收益，更不能通过房屋抵押等进行融资，这就不能从根本上保护农民的利益。随着中国经济的不断发展，城市的房地产在不断增值，但农村的房屋价格始终不能上涨，使农民不能从不动产的增值中获得利益。① 另一方面，此种做法不利于改变城乡二元体制。城乡二元体制限制了我国社会经济的全面发展和进步，也阻碍了农村市场经济的发展。严格限制宅基地使用权的流转，特别是禁止城镇居民在农村购买房屋，则客观上维护了这种城乡二元结构。允许城市居民在农村买房，有利于推进小城镇建设，形成城乡互动和城乡的一体化。② 还要看到，此种做法不符合物尽其用的原则。如今有大量的农民外出打工，许多人在城市已经有长期固定的职业，但他们在农村的房屋长期闲置，如果仅仅允许其向村内农民转让，就使得房屋难以转让，毕竟村内的需求有限。真正需要宅基地使用权和房屋的城市居民依据现行规定又不能购买，造成农村房屋的长期闲置。如果宅基地使用权不能转让，农民就无法利用宅基地进行融资，从而不利于农民通过融资兴办企业和进行投资。这也是多年来影响我国农村市场经济发展的重要原因。③

允许宅基地适当流转，实际上也是符合宅基地使用权作为物权的基本属性的。法律上之所以承认宅基地使用权是一种物权，在很大程度上是要使此种权利成为长期稳定的财产权利，并有助于使其进入市场流通。④ 如果宅基地使用权仍然是一种债权，那么，它就很难进入市场进行交易。所以，放松对宅基地使用权流转的限制，其实就是使宅基地使用权具有更强的物权属性，从而体现了《民法典》将其作为用益物权来规定的目的。

为契合宅基地制度发展需求，《民法典》第 363 条在维持现行规定的同时，又为今后逐步放开宅基地使用权的转让、修改有关法律或调整有关政策留有余

---

① 参见秋风：《"小产权房"能不能合法化》，载《新京报》，2007 - 06 - 22。
② 参见扈传荣、黄亮：《农村宅基地的性质不会随村民身份变化而改变》，载《中国土地》，2004（7）。
③ 参见王崇敏等：《农村宅基地使用权流转析论》，载《海南大学学报（人文社会科学版）》，2006（2）。
④ 参见郭明瑞：《关于宅基地使用权的立法建议》，载《法学论坛》，2007（1）。

地。在宅基地制度改革试点地区，进行了各种形式流转宅基地使用权的探索。①这些改革措施也可以认为符合《民法典》第363条所说的符合"国家有关规定"。由此可以看出，《民法典》第363条为宅基地使用权制度的改革预留了空间。

第六节 宅基地使用权的消灭

一、宅基地使用权消灭的原因

1. 因自然灾害等原因造成土地灭失

土地作为不动产，一般来说不会灭失，但有可能因为自然灾害等特殊情况而灭失。《民法典》第364条规定："宅基地因自然灾害等原因灭失的，宅基地使用权消灭。对失去宅基地的村民，应当依法重新分配宅基地。"因此，当自然灾害等原因导致土地灭失时，宅基地使用权消灭，此时原权利人有权要求重新分配宅基地。

2. 因宅基地的调整而消灭

宅基地使用权作为一种物权，受到法律保护，任何组织和个人不得擅自收回宅基地使用权。但土地所有权人根据城镇或者乡村的发展规划，必要时可以调整宅基地。宅基地被调整以后，土地所有权人应当及时为原权利人置换面积大体相当的宅基地。

3. 因土地的征收而消灭

《民法典》第327条规定："因不动产或者动产被征收、征用致使用益物权消灭或者影响用益物权行使的，用益物权人有权依据本法第二百四十三条、第二百四十五条的规定获得相应补偿。"国家为了社会公共利益的需要，可以征

---

① 例如，浙江省义乌市允许农民在本市行政区域内跨集体转让宅基地使用权。参见叶剑锋、吴宇哲：《宅基地制度改革的风险与规避——义乌市"三权分置"的实践》，载《浙江工商大学学报》，2018（6），88~99页。

收集体所有的土地，包括征收农村居民的宅基地。在征收宅基地时，国家应当对于宅基地上的房屋及其他建筑物给予相应的补偿。实践中，各地政府通常根据实际情况，以统一安排居住地、提供城镇购房补贴等方式提供被征收农民的居住保障。

4.因权利人放弃权利等原因而消灭

我国相关立法一度规定，因长期闲置等原因，土地所有权人有权收回宅基地[1]，从而导致宅基地使用权的消灭。但2019年《土地管理法》修改了该规定。该法第62条第6款规定："国家允许进城落户的农村村民，依法自愿有偿退回宅基地，鼓励农村集体经济组织及其成员盘活利用宅基地和闲置的住宅。"宅基地使用权作为一种权利，权利人有权予以抛弃，但抛弃宅基地使用权后，不得再申请新的宅基地使用权。

5.因无人继承而消灭

《民法典》第1160条规定："无人继承又无人受遗赠的遗产，归国家所有，用于公益事业；死者生前是集体所有制组织成员的，归所在集体所有制组织所有。"因此，在无人继承的情况下，宅基地使用权作为死者的遗产由其生前所在的集体组织收回，从而导致该权利消灭。

二、宅基地使用权的注销登记

《民法典》第365条规定："已经登记的宅基地使用权转让或者消灭的，应当及时办理变更登记或者注销登记。"宅基地使用权消灭后，如果不办理注销登记，就可能使第三人产生信赖而遭受损害，从而妨害交易安全。需要指出的是，该条虽使用了"应当"二字，但这并不代表宅基地使用权的变动采用了登记要件主义，登记与否均不会影响宅基地使用权的物权变动效力。[2]

---

[1] 参见国家土地管理局1995年3月11日发布的《确定土地所有权和使用权的若干规定》第52条。
[2] 参见崔建远：《中国民法典释评·物权编》（下卷），248页，北京，中国人民大学出版社，2020。

第二十章
居住权

第一节　居住权的概念和特征

一、居住权的概念

所谓居住权，是指居住权人对他人所有的住房以及其他附着物所享有的占有、使用的权利。《民法典》第 366 条规定："居住权人有权按照合同约定，对他人的住宅享有占有、使用的用益物权，以满足生活居住的需要"。从这一概念可以看出，首先，居住权主要是在他人的住宅之上设立的物权。比较法上普遍认可，居住权主要是以住宅为客体，例如，在德国，居住权是作为建筑物或其部分之上设定的一项以作为住宅使用的权利，并可以限制所有权的效力。[①] 其次，居住权的设立方式主要是依据合同进行设立。当然依据遗嘱也可设立居住权。复

[①]　参见［德］鲍尔、施蒂尔纳：《德国物权法》（上册），张双根译，655 页，北京，法律出版社，2004。

次，居住权的目的在于保障居住权人的居住利益，以实现"居者有其屋"为制度使命。最后，居住权作为一项他物权，权能主要包括占有和使用，而不包括处分和收益，这也符合居住权制度的目的。

我国《民法典》物权编新增规定居住权制度，具有重要的社会意义。随着社会环境的变化，居住权应成为物权的呼声愈来愈高，为了回应这种社会需求，《民法典》物权编增设了居住权，将该权利作为用益物权的一种。在现代社会，住房不仅是公民基本的财产，也是公民基本的生活资料，它是保障个人生存权所必需的财产。住房是基本的民生保障，确认和保护居住权不仅对保障民生、维护社会稳定、满足公民基本生活需要具有重要意义，而且对于保障公民的基本人权关系重大。

具体来说，居住权具有如下性质。

第一，居住权是一种物权。权利人可以依法支配特定房屋并排除他人干涉，这也是其与长期租赁的重要区别。住房是人们赖以生存的基础，也是民生的基本保障，由于所有权包含了占有、使用、收益、处分等多种权能，房屋所有人当然享有在自己房屋里居住的权利，但这种权利并非居住权。作为用益物权的居住权一定是在他人房屋之上设立的，是设立居住权的房屋所有权人行使其所有权的一种体现，也是发挥房屋经济效用的重要方式。[1] 也就是说，居住权是房屋所有权权能分离的结果，是房屋所有权的负担，是由所有人以外的其他物权人享有的。《民法典》将居住权规定为物权，一是使居住权具有物权的效力，能够通过登记产生对抗第三人的效力。如果仅将居住权理解为一项债权，则基于债的相对性原则，在所有人与居住权人通过遗嘱、合同设立居住权以后，居住权人很难对第三人行使权利。二是使居住权具有法定的权利内容，基于物权法定原则，居住权的内容基于法律规定具有完整性。三是能够获得物权保护规则的保护，如居住权可以受到物权请求权等规则的保护。将居住权理解为债权，也忽视了房屋交由居住权人占有、使用、收益的事实，从而忽略了这一权利的物权属性。[2] 而将居住权界

---

① 参见钱明星：《关于在我国物权法中设置居住权的几个问题》，载《中国法学》，2001（5）。
② 参见崔建远：《民法分则物权编立法研究》，载《中国法学》，2017（2）。

定为一项债权，则不利于权利人的保护，这也正是罗马法以来大陆法系民法均将居住权作为用益物权的根本原因。由于居住权是一种物权，因而，权利人的权利不受房屋所有权移转的影响，而且，在权利遭受侵害时，权利人可以行使物权请求权以保护其权利。

第二，居住权是以满足权利人的居住需要而设定的用益物权。依据《民法典》第366条，居住权设立的目的是"满足生活居住的需要"，这一目的也决定了居住权的功能定位：一方面，就居住权在民法上的定位而言，它首先是一种用益物权。基于这种用益物权，权利人不仅能占有他人住宅，而且可以以居住为目的使用他人住宅，从而满足权利人的居住需求。另一方面，居住权是以满足特定人的居住需要而设立的用益物权。具体而言，居住权的目的是满足居住的需要，《老子》中曾言："甘美食，美其服，安其居，乐其俗。""安得广厦千万间，大庇天下寒士俱欢颜"就深刻地刻画出了这种向往。"住有所居"一直是人民群众对幸福生活向往的重要组成部分，只要能满足这种需要，实现居住权人正常居住、生活的目的，居住权人既可以使用他人的全部房屋，也可以使用他人房屋的一部分，还可以收取其所居住的房屋附属的树木的果实等天然孳息。如果是为了满足商业目的的需要，则完全可以通过订立租赁合同的方式实现，而不能设立居住权。尽管居住权在比较法上与其他一些用益物权（如用益权等）均有实现权利人的生活保障的功能，但它们之间的区别是显而易见的，这为居住权在用益物权体系中占据独立的一席之地奠定了基础。

第三，居住权是用益物权中的人役权。所谓人役权，是指为特定人的利益而利用他人之物的权利。根据大陆法系国家民法，居住权是在他人的住房之上设定的权利，而且此种权利仅仅是为特定个人设立的，该权利不得转让，也不得继承，只能由权利人享有该权利。我国《民法典》物权编在将居住权作为一种用益物权作出明确规定的同时，也承认了它具有人役权的特点，具体而言，表现在如下几个方面。

一是为特定人设立。居住权虽然具有财产属性，与此同时其还具有较强的人身属性，只能由特定的权利人所享有。用罗马法学家马尔西安的话来说，就是

"役权（servitutes）附着于人身"①。既然居住权是为特定人设定的，这就意味着该权利只能为特定权利人所享有，而不可转让由他人享有或由他人继承。②《民法典》第 369 条明确规定，"居住权不得转让、继承"，这就表明了这一特征。

二是原则上具有终身性，但当事人可以通过约定限制居住权的存续期间。居住权以期限届满或以权利人的终身为限。与其他用益物权一样，作为人役权的居住权也有存续的期限，这种期限虽然可由双方当事人予以约定，但其以居住权人的终身为限。在罗马法中，最初，如果权利人在两年内不行使居住权，则居住权将因此消灭，但之后其逐渐被认为可延续至终身。③ 在当代民法中，居住权的期限通常由当事人约定或者根据遗嘱确定，并且应当到登记机关办理登记。④ 如果登记机关所登记的期限与当事人约定的期限不同，则应以登记机关登记的期限为准。不过，若合同约定或遗嘱确定的居住权的存续期限过长，超过了权利人的终身，就与居住权保护特定人居住利益的特质不符，应将这种期限解释为居住权人终身享有居住权。当事人在合同或遗嘱中未明确居住权期限的，为了满足权利人的居住需求和居住利益，应当推定居住权的期限至居住权人死亡时止。⑤

三是原则上具有无偿性。在大陆法系国家，人役权为具有特定情感关系的人设立，其所具有的是恩赐和慈善的价值，因而通常以无偿为特征。⑥ 依据《民法典》第 368 条规定，居住权原则上是无偿设立的，居住权人取得居住权通常无须支付对价。一般而言，居住权是所有人为了尽特定的社会义务而施加恩惠于他人，所以居住权人取得居住权都要因此而获得一定的利益，大多数居住权人都在

---

① Inst.8，1，1. 转引自江平、米健：《罗马法基础》，223 页，北京，中国政法大学出版社，2004。

② 参见陈华彬：《人役权制度的构——兼议我国〈民法典物权编（草案）〉的居住权规定》，载《比较法研究》，2019（2）。

③ 参见［意］桑德罗·斯奇巴尼选编：《物与物权》，范怀俊译，299 页，北京，中国政法大学出版社，2009。

④ 参见杨宏晖：《我国人役权之立法刍议——兼论德国法之介绍》，载《陈荣隆教授六秩华诞祝寿论文集·物权法之新思与新为》，328 页，台北，瑞兴图书股份有限公司，2016。

⑤ 参见周枏：《罗马法原论》，414～415 页，北京，商务印书馆，2016。

⑥ 参见温世扬、廖焕国：《人役权制度与中国物权法》，载《时代法学》，2004（5）。

居住期间无须向所有人支付费用。从《民法典》第368条规定来看，只有在当事人有特别约定的情形下，居住权才是有偿的，因此，在当事人没有约定或者约定不明时，居住权应推定为无偿。

四是具有人身专属性。所谓人身专属性，是指该权利专属于居住权人，只能由特定权利人享有，居住权不能转让，不能继承。居住权是一种人役权，它以他人的房屋为标的物，以满足特定权利人的居住需要为目的，具有高度的人身专属性，权利人不得转让其居住权。在权利人死亡后，居住权也不得继承，这也是其与其他用益物权的重要区别。

二、居住权的特点

(一) 居住权的主体具有特定性

居住权的主体是特定的民事主体。从比较法上看，居住权的主体主要是自然人。从《民法典》的相关规定来看，关于居住权的主体是否仅限于自然人，对此存有不同的观点。一是自然人说。此种观点认为，居住权人仅限于自然人，居住权主要是为了满足特定自然人的赡养、扶养的需要为设立的，其设立的目的是生活需要，所以居住权虽然是一种物权，但其也具有较强的人身属性，即它只能由特定的权利人所享有。[1] 因此，对于《民法典》第367条中的"当事人的名称"应作限缩解释，即法人、非法人组织只能作为居住权的设立主体，而不能作为居住权人。[2] 二是民事主体说。此种观点认为，居住权的主体不限于自然人，法人与非法人组织同样可以成为居住权主体。[3] 主要理由在于，从《民法典》第366条规定来看，其采用了"居住权人"这一表述，而没有采用"自然人"这一表述，因此，居住权人不应仅限于自然人。

笔者认为，居住权人原则上限于自然人，因为就居住权的设立目的来说，其

---

[1] 参见黄薇主编：《中华人民共和国民法典物权编解读》，504页，北京，中国法制出版社，2020。
[2] 参见房绍坤：《论民法典中的居住权》，载《现代法学》，2020 (4)。
[3] 参见汪洋：《民法典意定居住权与居住权合同解释论》，载《比较法研究》，2020 (6)。

主要是为特定自然人的利益在自己住宅上设定的权利，具有人身专属性等特征。这都表明居住权的主体原则上限于自然人。就居住权的适用范围而言，其主要是为家庭成员而设立的人役权，居住权制度中所说的特定人主要是指自然人，而且通常是家庭成员。目前实践中的居住权也主要是为自然人的居住权益而设立，居住权的主体也主要被局限于自然人，这一观点也更符合居住权的性质。但是在特殊情形下，法人和非法人组织也应当可以成为居住权人，主要理由在于：一方面，从《民法典》文义来看，其并没有将居住权的主体严格限定为自然人。依据《民法典》第366条规定，居住权的主体为"居住权人"，该条并没有将居住权的主体限定为自然人，这也为法人、非法人组织成为居住权主体提供了空间。同时，《民法典》第367条在规定居住权合同的条款时，使用的是"当事人的姓名或者名称和住所"这一表述，该条采用"名称"这一表述，这表明立法者在此为将来的居住权制度发展预留了一定的解释空间。另一方面，从功能上看，居住权虽然主要是为了满足特定主体的生活需要，但从今后的发展来看，其也可能具有一定的投资功能，为了适应投资性居住权发展的需要，也应当允许法人、非法人组织在特殊情形下成为居住权人。事实上，随着社会经济生活的发展，居住权作为实现居者有其屋的法律措施与手段，能够在以房养老、住房制度改革等多方面发挥作用；同时，随着实践的不断发展，未来可能出现将居住权主体涵盖法人或非法人组织的实践需求。因此，不宜完全将法人与法人组织排除于居住权的主体之外。

依《民法典》第366条的文义，居住权主体仅限于合同或遗嘱明确指定的享有居住权的主体，具体来说：一方面，在以合同方式设定居住权的场合，合同约定的居住权人享有居住权；在以遗嘱方式设定居住权的场合，遗嘱人在遗嘱中指定的享有居住权的人为居住权主体。另一方面，居住权主体必须通过登记进行公示，以登记簿之上记载的主体作为居住权人。

问题在于，除遗嘱和合同确定的居住权人之外，居住权人的家庭成员及相关人员（如保姆、护理人员等）是否能够居住相关的住宅，甚至成为居住权的主体？从比较法来看，早在罗马法时期，就已将权利人范围扩大至居住权人的配偶、近亲属、客人以及奴隶。① 《法国民法典》第 632 条和《意大利民法典》第 1022 条至第 1023 条也区分了居住权人与实际居住人，居住权人在住宅中可以接纳实际居住人共同居住生活，且实际居住人的范围并非固定不变的。笔者认为，此类主体应当可以享有居住利益，但不应当据此认定其为居住权人，主要理由在于：一是居住权人是合同或者遗嘱明确记载的特定主体。居住权是基于合同或者遗嘱而设立的一项用益物权，相关主体应当基于有效的合同或者遗嘱取得居住权，与居住权人共同生活的家庭成员或者其他主体并非居住权合同或者遗嘱所确定的居住权主体，其也无法享有居住权。二是居住权的设立应当依法办理登记，就居住权人的家庭成员或者其他主体而言，其并没有办理相关的居住权登记，无法成为居住权人。三是居住权具有很强的人身专属性，如果特定的居住权人死亡，则居住权将随之消灭，无法被继承，因此，不宜认定居住权人的家庭成员或者其他主体可以成为居住权人。当然，居住权人的家庭成员或者其他主体可以依法享有一定的居住利益。由于居住权人也有自己的家庭，需要与配偶、子女、需抚养的近亲属等家庭成员，以及为权利人及家庭成员提供医务或家务等护理服务的人员共同居住。当居住权人组建家庭或者因年迈、疾病需要护理时，生活需求范围不仅仅是个人需求，而是扩展到配偶、子女及其护理服务人员的需求。因此，同住之人虽然也可因为与居住权人的家庭关系等取得一同在房屋居住的利益，但是此种居住利益并非要设立独立的居住权，这些同住之人也并非独立的居住权人。② 实际居住人只是间接受益人，并非居住权合同的一方当事人，其权利享有与义务承担皆不同于居住权人。③ 居住权人为设立居住权的当事人，而该当事人的家属或提供家务服务的人则成为实际居住人。④ 因此在其居住利益受到侵害时，不能独立诉请停止侵害或请求赔偿损失，而只能由居住权人诉请。同时，这些主体的居住利益也依附于居住权人存在，在居住权因期限经过或居住权人死

---

① 参见汪洋：《民法典意定居住权与居住权合同解释论》，载《比较法研究》，2020 (6)。
② 参见房绍坤：《论民法典中的居住权》，载《现代法学》，2020 (4)。
③ 参见汪洋：《民法典意定居住权与居住权合同解释论》，载《比较法研究》，2020 (6)。
④ 参见曾大鹏：《居住权的私法困境、功能嬗变与立法重构》，载《法学》，2019 (12)。

亡而消灭的场合，居住利益人也不再享有居住利益。在居住权人的居住权消灭后，这些同住之人也不得继续在住房内进行居住，所有权人有权请求其返还房屋。

在此需要讨论的是，所有权人是否可以就自己的住宅设立居住权？笔者认为，从《民法典》第 366 条规定来看，居住权只能在他人的住宅之上设立，而不能在自己的住宅之上设立，因为房屋所有权人当然对自己的房屋享有居住等权利，因此，房屋所有人为自己设定居住权，并没有太大意义。① 应当看到，房屋所有权人在处分房屋之前，出于满足居住需要的目的，其可能在为自己设定居住权后，再将房屋出售，并继续在房屋内居住。笔者认为，在此情形下，所有权人为自己设定的居住权只是暂时的，在房屋所有权变动后，居住权便存在于"他人的住宅之上"，这符合《民法典》第 366 条的规定。②

（二）居住权是一种意定的用益物权

所谓意定的用益物权，是相对于法定用益物权而言的，它是指基于当事人的意思而设立的用益物权，而不是基于法律规定设立的用益物权。就居住权而言，不论是基于合同设立还是基于遗嘱设立，本质上都是基于当事人的意思而设立的。居住权是在他人的房屋所有权之上所设立的用益物权，设立居住权既是房屋所有权人行使房屋所有权的结果，也是房屋所有权在经济上得以实现的手段和途径。③ 居住权是权利人在他人房屋所有权之上所享有的一项用益物权，其本质上也是房屋所有权之上的负担，或者说是房屋所有权权能分离的结果。从实践来看，居住权的类型很多，根据《民法典》第 366 条和第 371 条的规定，居住权主要是通过合同和遗嘱的方式设立的。但在司法实践中，还涉及法院判决设定的居住权。例如，涉及有关夫妻离婚以后，如果一方生活困难，如没有房屋居住，而另一方有多套房屋，则法院也会通过判决的方式确定一方对另一方给予适当帮

① 参见黄薇主编：《中华人民共和国民法典物权编解读》，503 页，北京，中国法制出版社，2000。
② 参见房绍坤：《论民法典中的居住权》，载《现代法学》，2020（4）。
③ 参见钱明星：《关于在我国物权法中设置居住权的几个问题》，载《中国法学》，2001（5）。

助，其中也包括为另一方设定居住权。^① 此种情形并不是基于合同或者遗嘱的方式设立居住权，而属于非基于法律行为的物权变动。

（三）居住权的客体是住宅

《民法典》第366条的文义将居住权客体仅限于"住宅"。应当如何理解《民法典》第366条所规定的"住宅"？住宅包括房屋及其附属物，如附随于住宅的花园、庭院等，均是居住权的客体范围。^② 因为居住权人所使用的并不仅限于住宅本身，住宅的附属物也同样是达成居住目的所必需的设施。首先，居住权只能在住宅即房屋上设立，在单纯的土地权利上不能设定居住权。其次，此处的"住宅"并不仅限于民用住宅，从《民法典》第366条规定来看，对"他人的住宅"并没有作严格的限定，因此，其应当包括公寓式酒店、民宿等经营性用房等。当然，按照《民法典》第366条的规定，应当强调"住宅"的性质，即用于居住的房屋，因此对于可以居住的房屋，应当肯定可以设定居住权，而不应当依据房屋的所有权性质等作出区分。公有或私有房屋之上均可以设定居住权。如果相关的房屋无法用于居住，则无法成为居住权的客体。例如，厂房、商铺以及科教文卫体等用途的房屋等，其并非以居住为目的，因此原则上无法设立居住权。^③

居住权可以设立在全部房屋之上，也可以在房屋的一部分上设立。为了充分利用房屋，所有权人可以在房屋的一部分之上设立居住权，只要在一般社会交易观念上认为满足独立居住需求的房屋部分，就应当允许在其上设立居住权。^④ 即只要该部分具有结构上、功能上以及公示上的独立性，就应当允许设立居住权。^⑤ 虽然从表面上看，居住权是设立于住宅的一部分之上，但其实它是对整个住宅所施加的一种负担，只是居住权人的行使范围须受限于特定部分而已。^⑥

（四）居住权的期限具有长期性

相对于租赁权而言，居住权是一种长期、稳定的权利，这也体现了居住权的

①　参见黄薇主编：《中华人民共和国民法典物权编解读》，514页，北京，中国法制出版社，2020。
②　参见崔建远：《物权法》，5版，342页，北京，中国人民大学出版社，2021。
③　参见汪洋：《民法典意定居住权与居住权合同解释论》，载《比较法研究》，2020（6）。
④⑤　参见黄薇主编：《中华人民共和国民法典物权编解读》，550页，北京，中国法制出版社，2020。
⑥　参见房绍坤：《论民法典中的居住权》，载《现代法学》，2020（4）。

物权属性。居住权的期限通常应当由当事人在合同中特别约定或根据遗嘱来确定，并应当在登记机关登记。如果登记机关登记的期限与合同等约定的期限不同，则应当以登记机关登记的期限为准。居住权一旦设定，如果没有明确的期限限制，则权利人可以终身居住于特定房屋。也就是说，如果当事人没有明确约定居住权的期限，则应当推定居住权的期限至居住权人死亡时止。

（五）居住权具有人身专属性

居住权虽然在性质上为物权，但是与其他物权相比，其与权利人的人身具有较强的关联，因此居住权具有人身专属性。居住权是为特定人的居住利益而设定的，当事人设定居住权一般并非出于流通或营利而设定，而是旨在满足他人的居住利益，该权利也只能为该特定人享有。与其他典型财产权不同，居住权设定以后，权利人不得将居住权转让和继承。由于居住权是为特定主体的居住利益而设定，因此除非有特别约定，可以为居住权人所终身享有。尽管居住权具有明显的人身专属性，但是这并不意味着居住权是一项人身权利，就性质上而言，其仍然是一项财产性的权利。

三、居住权的分类

（一）生活性的居住权与投资性的居住权

按照设立目的的不同，居住权可以分为生活性的居住权与投资性的居住权。生活性的居住权，是指在婚姻家庭关系中，出于赡养和抚养的需要，对于配偶、子女的居住利益而设定的居住权。投资性的居住权，是指基于投资需要，在住房所有权的基础上分离出来，以实现投资功能的居住权。两者都是居住权的类型，总体上要适用相同的规则。但是，生活性的居住权与投资性的居住权也存在如下区别。

一是设立的目的不同。前者为生活需要，特别是针对未成年人、老年人、妇女而设立的居住权，在一定程度上具有保护弱者，实现实质正义的功能。[1] 当

---

① 参见崔建远：《物权法》，5 版，341 页，北京，中国人民大学出版社，2021。

然，居住权也不限于保护弱者的功能，出于安居乐业的必要，即便针对家庭生活中并非弱势的一方，也可以依据当事人的意思，自行设定居住权，以保障相关主体的居住利益。后者则是为投资需要，当然投资性的居住权也可兼顾生活居住的需要。①

二是是否具有无偿性不同。前者以无偿为原则，而后者则基于当事人的特别约定为有偿设立。

三是权利的存续期间不同。在期限上，就前者而言，在没有特别约定时以居住权人终身享有为原则，而对后者而言，则主要依据当事人约定确定期限。

（二）终身居住的居住权和非终身居住的居住权

传统的居住权主要是终身居住的居住权，这也是其具有人身专属性的表现，我国《民法典》中也允许设立非终身居住的居住权。这两种居住权有如下区别。

一是居住期限不同。对终身居住的居住权而言，其存续期限通常较长，直至居住权人死亡为止。一般而言，就为自然人而设立的居住权而言，如果当事人没有在合同或者遗嘱中规定居住权的存续期限，则推定其为终身居住的居住权。

二是人身专属性不同。一般来说，终身居住的居住权通常是给老人、亲属等具有一定亲属关系的人设立。而非终身居住权则有明确的存续期限，其通常并不是为特定的自然人设定的。从我国《民法典》相关规定来看，法人、非法人组织也可能享有居住权，此种居住权为非终身居住的居住权。

三是终身居住的居住权通常是为了满足生活需要的居住权，而非终身居住的居住权则可能是为了满足投资需要而设立的居住权。

（三）通过合同设立的居住权与通过遗嘱设立的居住权

通过遗嘱方式设立居住权和合同方式设定居住权的共同特征在于，二者均需要以书面的形式进行，同时二者也都是意定的居住权设立方式，即依据当事人的意思发生设定居住权的效果。但是二者之间也存在显著的区别。

一是合同方式设立居住权是双方法律行为，而以遗嘱方式设立居住权则通常

---

① 参见崔建远：《中国民法典释评·物权编》（下卷），258～261 页，北京，中国人民大学出版社，2020。

是依据单方的意思发生效力。在以遗嘱设立居住权时，居住权依据遗嘱设立，居住权的设立乃是依据遗嘱人的单方意思表示发生效力的。

二是生效条件不同。以遗嘱方式设定居住权，必须被继承人死亡时，遗嘱才能生效。但合同通常没有附条件或附期限，一旦合同依法成立便生效。当然，无论是通过合同还是以遗嘱方式设立居住权，都必须办理登记，居住权才能有效设立。

在实践中可能出现共同遗嘱。例如，夫妻双方立下共同遗嘱为他人设定居住权。此时可能产生的问题是，在一方死亡后，另一方意图更改该遗嘱，是否应当允许发生更改遗嘱的效力。笔者认为，共同遗嘱作为多数当事人共同的意思表示，不能由单个当事人进行修改。同时，由于设定居住权的行为也不可分，此时不应允许一方对该共同遗嘱进行修改。而该共同遗嘱的生效时间应该为共同遗嘱的当事人均死亡时，遗嘱才发生效力。只有一方死亡时，遗嘱作为死因行为的生效条件并未满足，不能发生效力。

正是因为两者存在区别，所以《民法典》第371条规定，"以遗嘱方式设立居住权的，参照适用本章的有关规定。"该条是引致性条款，其适用于以遗嘱方式设立居住权的情形，即参照适用居住权的设立、居住权的限制、居住权的消灭等规定。① 有观点认为，以遗嘱方式设定居住权并非"参照适用"，而是可能直接适用有关居住权的规则或者可能参照适用居住权一章以外的其他规则。例如关于生效时间的规定就不能参照适用以合同方式设立居住权的规则。② 在以遗嘱方式设立居住权的情形下，有关居住期限、居住要求等内容是否可以参照适用，需要结合遗嘱的性质来综合判定。

四、居住权制度的功能

如前述，居住权制度的目的是满足居住权人的居住需要。对于生活性的居住

---

① 参见黄薇主编：《中华人民共和国民法典物权编解读》，514页，北京，中国法制出版社，2020。

② 参见肖俊：《遗嘱设立居住权研究——基于继承法与物权法的交叉视角》，载《比较法研究》，2023（3）。

权而言，主要就是满足居住的需要，对于投资性的居住权而言，也同样要兼顾居住的需要。因此，居住权就是为人民群众"住有所居"提供了重要的法律保障。在这样一个目的的指导下，应当充分发挥居住权的作用，而不能囿于人役权制度所带来的种种限制。基于这样一个目的，居住权制度主要具有如下功能。

第一，满足人民群众生活居住需要。土地和房屋是稀缺资源，在我国，城市居民住房问题并没有得到完全解决。改革开放以来，我国城市化十分迅速，城市人口的急剧增加，也促进了住宅商品化的发展。但解决居民住房仅仅依靠政府和社会是不可能做到的，必须要通过多种渠道、多种方式来解决。在法律上建立居住权制度，就是要鼓励公民通过互相帮助的方式来解决住房问题。由于土地资源的有限性及建筑成本的昂贵等原因，房价与许多公民的收入相比较依然过于昂贵，并非所有的人都能够购买商品房、取得商品房的所有权。而一些公民也没有足够的经济能力承租他人的房屋。通过设定居住权的方式，可以适当缓解住房紧张、实现"居者有其屋"的理想，也有利于维护社会稳定。[1] 居住权对于实现人们对住房的多样利用，有效发挥住房的经济功能和效用具有重要意义。

我国目前的住房保障体系具有多个层次，低收入群体由于自身经济条件的限制，没有能力进入房屋市场，只能依靠政府保障解决住房问题。但相关的保障性住房制度在实践中的运用状态并不理想，现有的经济适用房产权不清晰，法律制度又难以对权利人的权利予以全面保障，实践中甚至出现了通过虚构债务等方式转让所有权，以从中牟利的现象，致使经济适用房的制度目的落空。[2] 为解决上述问题，在《民法典》物权编中规定居住权制度，不失为一剂良方。因为按照居住权的法律构造，在住房制度改革中，可以改造既有的经济适用房和廉租房等保障措施，对于由国家投资兴建的房屋，可以由国家享有房屋的所有权，但政府可以为低收入家庭设置长期居住权，以满足其基本的居住需求。居住权人不限于特定的自然人，还包括其家庭成员。但居住权人不能将居住权用于营利，也不得转

---

① 参见黄薇主编：《中华人民共和国民法典物权编解读》，541 页，北京，中国法制出版社，2020。
② 参见申卫星：《从"居住有其屋"到"住有所居"》，载《现代法学》，2018（2）。

让，这有利于实现住有所居，满足人们基本的住房需求。① 换言之，居住权是用益物权而非所有权，作为人役权的居住权具有较强的人身专属性，不可转让和继承。采取居住权的模式来提供住房保障，在无须转移房屋所有权的同时，又能限制居住权人对住房的处分，可以有效解决经济适用房产权不清、利用保障性用房牟利等现实问题。

第二，保障弱势群体利益，实现实质正义。在我国，政府和事业单位工作人员在公有房屋中的居住由来已久，这种权利实际上就是以家庭为主体而设立的居住权，但受制于法律缺失和观念错位，特别是由于公有住房的产权没有登记，哪些人能够居住该房屋并不确定，因而不利于保护相关权利人的居住权。例如，在"顾某1等诉顾某2等分家析产纠纷案"② 中，在老人居住的公房被征收时，上海市第二中级人民法院就认为其子女不是共同居住人。但其子女认为，其已经与父母居住多年，也应当享有居住权。同样，在"于某伟与刘某玉公有房屋承租权纠纷一案"③ 中，在公房中居住的老人去世后，法院为了回避居住权人的问题，直接判定老人只是租赁该公房，其继承人没有继续承租的资格。在物权法上，所谓定分止争，并不限于确定所有权的归属，对其他物权的确认与保护，也应当是物权法定分止争功能的体现。在《民法典》物权编中规定居住权，就是要明确各方当事人对房屋所享有的居住权益，最大程度地保护这些以家庭为主体的居住权，妥当解决由此产生的法律问题。

在房屋拆迁过程中，居住权制度还具有保障被拆迁人的居住权益的作用。在拆迁安置中，为更好地保障被安置人的居住利益，可以在被安置房屋中为被拆迁人设置居住权，以保障其基本生活。从我国司法实践来看，有的法院也在拆迁安置纠纷中承认了被安置人对被安置房屋的居住权。例如，在"广州市穗港建设开发公司与广州市越秀区友谊玩具店、曾文雄、罗锦燕、梁珠女物权保护纠纷案"

---

① 参见贾康、刘军民：《优化与强化政府职能建立和完善分层次住房保障体系》，载《财贸经济》，2008（1）。

② 上海市第二中级人民法院（2018）沪02民申328号民事裁定书。

③ 辽宁省高级人民法院（2013）辽审四民提字第00041号民事裁定书。

中，法院认为，"涉讼的 103 房虽未办理房产登记，但广州市穗港建设开发公司为涉讼大楼的建设单位，对涉讼的 103 房享有合法权益。梁珠女作为原公房承租户，其依据拆迁安置协议回迁入住涉讼的 103 房，对该涉讼的 103 房有合法的承租权和居住权。罗锦燕、曾文雄作为拆迁安置对象，对涉讼的 103 房也有合法的居住使用权利"①。

第三，提高住房利用效率，丰富住房利用形式。我国正逐渐步入老龄化社会，以房养老也正成为养老经济模式中不可忽视的一环。既有的以房养老模式，无论是反向抵押还是售后租回，都面临一些法律问题，居住权制度的设立则能在一定程度上解决前述问题，为以房养老提供法律支撑。依据这一制度，老年人可以与相关金融机构达成设定居住权并以房养老的协议，由老年人将其房屋所有权在协议生效后移转给金融机构，金融机构在该房屋上为老年人设定永久居住权，由金融机构根据房屋的价值向老年人进行定期的金钱给付，从而确保其生活质量不下降。由于老年人向金融机构转让房屋所有权的目的在于养老，故在老年人有生之年，金融机构虽可取得所有权，但其还不能实际占有该房屋，而只有在老人身故后，金融机构才能享有完整的所有权。而老年人则在获得一笔充足的养老金的同时，又能够享有居住权，对该房屋进行长期的居住。② 可以说，在我国老龄化社会到来之际，在《民法典》物权编规定居住权制度，在以房养老方面能发挥重要作用，在应对老龄化方面的确正对其路、恰逢其时。

第四，充分发挥我国家庭的职能，鼓励互帮互助，有利于弘扬社会道德，淳化社会风尚。家庭在任何时候都是社会最基本的生存共同体，应当承担相应的社会义务，为家庭成员提供必要的生活条件。③ 家庭所承担的社会职能都是以一定的财产为保障的。居住权体现的是一种生存利益，满足的是个人的基本生活需要。如果法律上允许公民设立居住权，使一部分家庭成员享有居住的权利，就在一定程度上可以实现家庭相应的社会职能。例如，房屋所有权人通过遗嘱的方

---

① 广东省广州市中级人民法院（2015）穗中法民五终字第 3791 号民事判决书。
② 参见肖俊：《空虚所有权交易与大陆法系的以房养老模式》，载《上海财经大学学报》，2017（1）。
③ 参见夏吟兰主编：《婚姻家庭与继承法学原理》，304 页，北京，中国政法大学出版社，1999。

式，使房屋由其子女继承，但在遗嘱中为其配偶或其他人设立居住权。再如，现在老年人同居现象越来越多，一方去世前为另一方设定居住权，也有利于对老人的赡养。这些方法都有利于充分发挥我国家庭的职能。

一些公民因经济收入有限，不能购买商品房，也无力支付高昂的租金承租他人房屋。在住房困难的情况下，因为他们和房屋所有权人之间具有某种血缘关系或长期共同生活等特殊关系，因此，所有人在其所有权之上，专门为住房困难的人设立居住权，并使这种居住权具有长期的对抗第三人的效力，有利于缓解一些公民住房困难的问题。例如，某个保姆照顾某个老人多年，该老人去世前考虑到该保姆将来无房居住，专门在自己的房屋上为其设立居住权，这也有利于弘扬社会公共道德。

第二节　居住权制度的历史发展

一、罗马法中的居住权

居住权制度源于罗马法，其植根于罗马社会特殊的家庭制度和遗产继承制度，其制度功能是使罗马人在不违反家长制和家子一人概括继承制的情况下，满足特定家庭成员尤其是生活困难、无独立财产的老年配偶或被解放的奴隶得以供养的需要。这种制度目的也使罗马法上的居住权具有高度的人身性和浓厚的伦理性，不允许权利人自由转让居住权。[1] 在罗马法中，居住权包括在人役权中，但罗马法的用益权（ususfructus）也涉及居住权。在用益权中包括了使用权（usus）和收益权（fructus）。其中对物的使用的权利是"使用权"，对物利用的权利是"收益权"，即对物上产出及其他特定的收入享有的权利。在用益权中包括了"居住权"（habitatio）。尤士丁尼法将使用权和居住权作为独立的役权分别

---

① 参见王富博：《居住权研究——我国物权立法的继受与创新》，中国政法大学 2006 年博士学位论文，6 页。

规定①，优士丁尼针对居住权颁布如下谕令，其被记载于优士丁尼《法典》和《法学阶梯》中，"如果对某人遗赠或以某种方式设立了居住权，人们既不认为它是使用权，也不认为它是用益权，而是一种专门的权利。对享有居住权的人，为了事物的功利，根据马尔切勒的意见发布了朕的决定，朕允许他们不仅自己在房屋中过活，而且也可将之租予他人。"② 据此，居住权人不仅可以自己使用房屋，而且享有出租该房屋给他人使用的权利。③

罗马法的立法例也为许多大陆法系国家民法所采纳。④ 法国民法基本上采纳了罗马法的规定，在《法国民法典》中规定了用益权制度，并承认了居住权（le droit d'habitation）制度。相较罗马法，《法国民法典》对居住权的规定与罗马法具有明显区别：一是设立方式不同。罗马法对居住权的设定主要以遗赠为主，而《法国民法典》则主要是以契约作为居住权的设立方式（第 625 条）。⑤ 二是罗马法上的居住权是用益权的一种，而按照法国法的规定，居住权只是在设立方式、权利内容等方面与用益权类似，其本身并非用益权的组成部分。依据《法国民法典》第 625 条规定，"使用权和居住权，依用益权相同的方式设立与丧失"。因此，在法国法上，居住权在权利设定方式、权利内容等方面与用益权类似。三是居住权的内容和范围不同。罗马法主要是以遗赠的方式设立居住权，因此，其通常不存在当事人约定居住权的内容和范围等问题。而法国法主要通过契约的方式设定居住权，当事人在约定居住权的内容和范围方面具有较大的自由（第 628 条）。依据《法国民法典》第 632 条规定，不仅居住权人本人可以居住于相关的房屋，其家庭成员同样可以居住于该房屋。当然，依据《法国民法典》第 633 条规定，不论是居住权人自己居住，还是其家庭成员一起居住，都只能在满足其居

---

① 参见陈朝璧：《罗马法原理》（下册），362 页，上海，商务印书馆，1936。

② 徐国栋：《优士丁尼〈法学阶梯〉评注》，208 页，北京，北京大学出版社，2011；[古罗马] 查士丁尼：《法学总论——法学阶梯》，张企泰译，63 页，北京，商务印书馆，1989。

③ 参见 [英] 巴里·尼古拉斯：《罗马法概论》，黄风译，152 页，北京，法律出版社，2000。

④ 参见《民法大全·学说汇纂》，第 7 卷，8 页，北京，法律出版社，1999。

⑤ 参见申卫星：《视野拓展与功能转换——我国设立居住权必要性的多重视角》，载《中国法学》，2005（5），79 页。

住的必要需求范围内居住该房屋。四是居住权人是否有权出租房屋不同。与罗马法不同的是，依据《法国民法典》第634条规定，居住权人既不得将其居住的房屋转让，也不得将该房屋出租。

《德国民法典》第1030至1089条确认了用益权制度，其中包括了居住权。《德国民法典》中的居住权是对他人的房屋以居住为目的而加以使用的权利，它也是人役权的一种类型。但德国法中的居住权包括两种：一是《德国民法典》所规定的传统居住权，与法国民法相比，《德国民法典》更明确地将居住权定位成限制的人役权，它只能在不动产上设立，而且只能为某一特定的人设定，不得转让也不得继承。① 当然，在民法典修正过程中，德国曾几次修改用益权以增强其可转让性和独立性。例如，1935年12月13日《用益权和限制的人役权转让法》规定，如果是基于公共利益的原因，则用益权可以转让。1953年3月5日《关于恢复民法领域的法律统一的法律》规定，法人可以概括继承或个别移转的方式进行用益权的移转。当然，只有在权利人为法人时，居住权才能在特定情形下具有可转让性，在权利人为自然人时，居住权仍然不得转让。② 二是在德国特别民法《住宅所有权与长期居住权法》中规定的长期居住权，它是一种独立的用益物权，此种居住权可以转让和继承。就此类居住权而言，其与罗马法上的居住权具有明显的区别。罗马法上的居住权属于人役权，具有强烈的人身专属性，不得转让；而德国法上的此种居住权则可以进行转让，此种居住权也被称为"长期居住权"（Dauerwohnrecht），其是对公寓化住宅的房屋享有以居住为目的的使用权，这种权利不同于《德国民法典》所规定的限制的人役权中的居住权，其可以独立地转让、继承、出租；同时，其在性质上是一种独立的物权，而不是具有附属权利性质的人役权。③ 由此可见，与罗马法不同，德国法通过特别法的方式扩张了居住权的功能，使居住权在一定程度上突破了人役权的属性，而且具有一定的流

① 参见王利明：《论民法典物权编中居住权的若干问题》，载《学术月刊》，2019（7），92页。
② 参见王富博：《居住权研究——我国物权立法的继受与创新》，中国政法大学2006年博士学位论文，12页。
③ 参见孙宪忠：《德国当代物权法》，253页，北京，法律出版社，1997。

通性和独立性。

居住权在大陆法系国家的适用范围是比较广泛的，除典型的大陆法系国家法国、德国外，《意大利民法典》《西班牙民法典》《路易斯安那州民法典》等都对居住权进行了明文甚至是专章的规定，其定位均为具有人身属性的人役权。

二、我国民法中的居住权

早在《物权法》制定的过程中，对于应否规定居住权问题，就曾有过较大争议，后立法机关认为，通过房屋租赁等方式可以满足人们的居住需求，因此并未对居住权制度作出规定。虽然《物权法》并未规定居住权，但我国司法实践中对于居住权的概念也并不陌生，最高人民法院在《关于适用〈中华人民共和国婚姻法〉若干问题的解释（一）》第 27 条第 3 款就规定："离婚时，一方以个人财产中的住房对生活困难者进行帮助的形式，可以是房屋的居住权或者房屋的所有权。"据此，在离婚后，为无住处的配偶设定居住权是相当常见的法律现象，如在"仲某诉熊某某离婚后财产分割纠纷案"① 中，房屋虽被认定为被告的个人财产，但原告仲某离婚后没有住处，没有稳定的收入来源，且身体健康状况不好，属于婚姻法规定的生活困难，法院判令其可以继续在被告房屋中居住。不仅如此，在司法实践中，前述司法解释的规定也被类推适用于养老等情形②，并在一些条件下被赋予对抗所有权的效力。③ 尽管包括司法解释在内的司法实践在面对实务问题时，尝试着明确居住权的适用范围和法律效力，但因为上位法的缺失，居住权制度的适用仍缺乏法律依据。在总结我国立法和司法实践经验的基础上，《民法典》在用益物权部分专门规定了居住权制度。

在现代社会，住房不仅仅是公民基本的财产，也是公民基本的生活资料，它

---

① 江苏省宿迁市中级人民法院（2011）宿中民终字第 1190 号民事判决书。

② 参见谷昔伟、曹璐：《居住权可对抗房屋所有权人排除妨害请求权》，载《人民司法·案例》，2015（18）。

③ 参见孙翠等：《居住权与所有权权利冲突的裁判思维分析》，载《人民司法·应用》，2013（23）。

是保障个人生存权所必需的财产。"住有所居"是人民群众美好幸福生活的重要
内容，也是最基本的民生，可以说是当代社会极为重要的政治、经济和社会问
题，解决这个问题不仅有利于维护社会稳定，满足公民基本生活需要，而且有利
于保障公民的基本人权，而居住权制度对于有效解决这个问题，具有重要的推动
作用。但在现有条件下，住有所居并不是要使每个人都有一套房屋，而是使每个
人都住有所居，俗话说安居乐业，只有保障人们的基本居住需求，才能使得人们
真正安居乐业。作为一项源自罗马法，并被域外民法普遍规定的古老制度，居住
权是房屋所有权实现的一种方式，其在今天仍然有广泛的适用价值，一旦社会发
展提出了需求，法律应当以合适的制度来反映这种需求。比如，近几年来，日本
民法的改革中也开始对居住权进行关注。① 我国《民法典》物权编之所以规定居
住权这种人役权制度，同样是为了回应相应的社会需求，虽然居住权是一项具有
很强本土性的制度，根植于一定的社会条件，但该制度旨在缓解人们住有所居的
问题，解决人们的住房需求，因此，《民法典》专门规定了居住权制度。我们不
能仅以文化差异或习惯不同，而对源自罗马法并为大陆法系民法普遍规定的居住
权持排斥态度。但是在借鉴域外的居住权制度的同时，也应当对这一制度进行一
些必要的改造，使其适应现代社会的发展和现实需要。我国《民法典》规定居住
权制度，根植于我国的本土实践，体现了鲜明的中国特色和实践特色。

第三节　居住权与相关权利

一、居住权与租赁权

居住权与房屋租赁权都是对他人房屋所享有的使用权，二者具有一定的相似
性，这主要表现在：一方面，两者在权利内容上具有相似性，居住权与房屋租赁

---

① 参见陈华彬：《人役权制度的构建》，载《比较法研究》，2019（2）。

权都是在他人房屋之上设定的以房屋的占有、使用为目的的权利，而且不论是居住权人，还是承租人，都应当按照法律规定以及当事人约定使用他人房屋，未经所有权人同意，不得擅自将房屋出租、转租或对房屋进行约定方式以外的经营性利用；另一方面，二者在效力上都具有一定的对抗第三人的效力。居住权作为物权，具有对抗第三人的效力，即便所有人将房屋所有权转让给他人，居住权也可以对抗受让人；而基于"买卖不破租赁"的规则，在租赁合同存续期间内，租赁物所有权发生变动的，租赁物新的权利人也不能随意终止租赁合同，而必须继续履行租赁合同，承租人得以继续享有租赁权，这使租赁权在一定程度上具有了物权效力①，一些学者甚至将其称为"相对支配权"（relatives Herrschaftsrecht）②。在租赁权效力强化以后，也越来越具有对抗第三人的效力。③ 除此之外，二者均以房屋为客体，在客体上具有相似性。

不过，居住权与租赁权也存在着明显的区别，主要表现在：

第一，性质和成立条件不同。居住权是一种物权，而且作为一种不动产物权，其必须要通过登记而设立。而租赁权本质上仍然是一种债权，其设立不一定采取登记的方式。尽管租赁权通过买卖不破租赁等规则产生了一定的对抗第三人的效力，但其在本质上仍然是一种债权，只是基于保护承租人的需要而产生一定的对抗效力。作为用益物权的居住权是支配权，居住权人对房屋具有较强的支配力，只要不违背法律规定，居住权人完全可以基于生活居住的需要而对房屋进行广泛的正常使用，居住权人在利用房屋方面具有很强的自主性。正是因为这一原因，在居住权存续期间内，房屋所有权人的权利在很大程度上处于一种虚化的状态。然而，作为债权的租赁权支配力比较低，尽管承租人在一定程度上能够对租赁物进行占有和使用，但这种占有和使用的权能不仅受到法律限制，还受到出租人意志的严格限制，甚至依附于出租人的意志。例如，如果房屋租赁合同约定租

① 参见王泽鉴：《民法学说与判例研究》，第7册，71页，北京，中国政法大学出版社，1998。

② 张双根：《买卖不破租赁》，载王洪亮等主编：《中德私法研究》（第1卷），北京，清华大学出版社，1999。

③ 参见史尚宽：《债法各论》，222页，北京，中国政法大学出版社，2000。

赁的目的是进行民用居住，那么承租人就只能在约定的期限和条件规定的范围内租赁房屋，不得改变租赁房屋的用途，也不能将租赁房屋转租谋利。两相对比，居住权人对房屋的支配力更强，更符合有居住需求之人的利益。相比较而言，居住权作为一种物权，其所受到的保护程度更强。① 在成立条件上，作为用益物权的居住权是绝对权，必须要通过登记而设立，这样就可以对抗房屋所有权人之外的任何第三人，能基于物权请求权来保护自己权利。然而，作为债权的租赁权是相对权，其设立不需要采取登记的方式。

第二，具体权利内容不同。对租赁权而言，在租赁物需要维修时，一般由出租人负担维修义务。而对居住权而言，在房屋需要维修时，原则上应当由居住权人负担维修义务。同时，居住权必须在住宅之上设立，其满足的是居住权人基本的生活需要。而对租赁权而言，其既可以在住宅之上设立，也可以在其他房屋之上设立，租赁权的设立也并不当然是为了满足承租人的生活需要，还可以满足其生产、经营等活动的需要。②

第三，期限不同。居住权通常是长期的权利，作为用益物权的居住权是人役权，附随于特定的权利人而存续，在当事人没有特别约定时，甚至可能是为居住权人终身所设定的。然而，租赁权则不是一项长期、稳定的权利。其一般在期限上较短，即使是长期租赁，与居住权相比较仍然是短暂的。依据我国《民法典》第 705 条规定，租赁期限不得超过 20 年，当事人约定的租赁期限超过 20 年的，则超过的部分无效。

第四，是否具有无偿性不同。依据《民法典》第 368 条规定，居住权原则上是无偿设立的，因为居住权的设定是一方为另一方所施舍的恩惠行为，带有浓厚的帮助、扶助的性质。但租赁合同是一种双务、有偿的法律行为。承租人取得租赁权以其支付租金为条件。一般而言，居住权人向所有人支出的费用要大大低于租金的数额，否则居住权的设定便失去了其意义。

第五，设立方式不同。从我国《民法典》规定来看，作为用益物权的居住权是人役权，以满足居住人生活居住的需要为目的，其既可以以合同的方式设立，也

---

①② 参见孙宪忠、朱广新主编：《民法典评注 物权编 3》，240 页，北京，中国法制出版社，2020。

可以以遗嘱的形式设立。与此不同，租赁权的设立必须基于租赁合同，而租赁合同是一种双务、有偿的法律行为，租赁权的取得必须以支付租金为条件。对比而言，居住权的设立不是市场交易行为，租赁则是典型的市场交易行为，正是因为这一原因，居住权人的经济负担相对较轻，其所支出的费用通常要低于租金的数额。

二、居住权与借用权

此处所说的借用权是指借用人基于借用合同所享有的权利。在房屋借用的情形下，借用人对房屋也享有占有、使用等权利。借用合同是无偿的，而居住权原则上也是无偿设立的，它们都体现了公民之间的互通有无，从这一意义上说，借用权与居住权具有一定的相似性。但居住权与借用权也存在明显区别，具体而言：

第一，性质不同。居住权是一种物权，而借用权是一种合同债权。居住权作为一种不动产用益物权，其设立既需要当事人订立书面合同，而且需要办理登记。而借用权作为一种合同债权，其成立并没有严格的程序性要求，只要当事人就借用合同的内容达成合意，借用权即可有效设立。

第二，权利内容不同。居住权作为一种用益物权，居住权人可以直接支配房屋，并可以对抗任何第三人对该权利行使的干涉。而借用权人只能依据借用合同对抗房屋的出借人，而无权对抗第三人。如果出借人不是房屋的所有人，所有人以出借人擅自出借房屋为由，要求借用人搬出房屋，借用人也很难对抗所有人。所以，借用关系具有极大的不稳定性。

第三，期限不同。借用权作为一项债权，其只能解决一时的住房之需，不能使借用人享有长期稳定的居住权利。而居住权则可以使居住权人享有长期稳定居住他人房屋的权利，甚至是终身居住他人房屋的权利。也正是因为这一原因，借用权在功能上不能代替居住权。

三、居住权与抵押权

居住权和抵押权的区分是十分清晰的，因为居住权是用益物权，而抵押权是担保物权，二者界限分明，但是在实践中，因为房屋可能设定抵押，而该房屋之上也可能同时存在居住权，因此，二者可能产生一定的冲突。

居住权属于对所有权形成限制和负担的物权性权利，既然该权利将会对所有权形成限制和负担，那么自然也就不能任由房屋的非所有权人、承租人、暂时的使用人在该房屋之上设立居住权。笔者认为，应当允许在已设有抵押等负担的房屋上设立居住权，因为抵押权与居住权同属于施加于某物之上的负担，其所带来的问题仅仅只是权利实现的优先顺序问题而已，并不存在权利设立上的矛盾冲突。[①] 由于居住权与抵押权都应当办理登记，因此，原则上说，在设定抵押权之后，如果再设置居住权，就不得对抗抵押权，因为按照登记先后顺序，抵押权也应当优先于居住权。

但是，如果先设定居住权并已经办理了登记，所有人再设定抵押权，在此情形下，抵押权不得对抗居住权。换言之，即便房屋之上存在在先设立的居住权，房屋所有权人也可以再次将房屋抵押，而且该抵押权可以有效设立；同时，在抵押权实现时，不得对抗在先设立的居住权，即在抵押权人通过对房屋进行变价以实现抵押权时，该房屋新的所有权人仍应当承受居住权这一权利负担。

第四节　居住权的设立

一、居住权的设立方式概述

所谓居住权的设立，是指权利人依法创设居住权的过程。居住权主要是通过意定的方式设定的，所谓意定，是指根据房屋所有人的意愿而在其房屋之上为他人设定居住权。设立人必须是房屋的所有人，除所有人之外，其他任何人不得在

---

① 参见辜明安、蒋昇洋：《我国〈民法典〉设立居住权的必要性及其制度构造》，载《西南民族大学学报（人文社会科学版）》，2020（2）。

他人的房屋之上设定居住权。我国《民法典》对于居住权的设定充分尊重了当事人的自主自愿。从我国《民法典》规定来看，居住权的设定方式主要包括合同设定和遗嘱设定两种方式。

（一）根据合同设立居住权

依据合同设立居住权是意定居住权设立方式的第一种形态。所谓依据合同设立，是指房屋所有权人和居住权人之间就居住权的设立订立的合同，并依据该合同设定居住权。例如，双方约定，在一方所有的房屋之上为另一方设立居住权，使其能够在该房屋中终身居住。从实践来看，当事人还可能在离婚协议中设定居住权，如男女双方在离婚时，在离婚协议中规定，离婚后房屋所有权归属于男方，但女方应对其中一间房屋享有终身居住权。依据合同设定居住权不限于双方直接订立居住权设定合同。交易实践中常见的以合同设立居住权的方式还包括保留居住权的所有权买卖及赠与、设定居住权的共有物分割协议或集资购房协议等。①

《民法典》第 367 条规定："设立居住权，当事人应当采用书面形式订立居住权合同"，该条表明了居住权合同具有要式性。居住权的设立之所以需要采用书面形式，主要原因在于：第一，居住权的设定本身对所有权人的利益影响较大，要求采取书面形式对当事人具有重要的警示功能，提醒当事人谨慎行事，以免因一时冲动而设定居住权。第二，书面形式的要求还能体现证据留存功能，当事人如果采取口头形式订立合同，在诉讼中往往会存在难以举证的问题，如果要求当事人订立书面合同，居住权的设立则有证据可资证明，更方便当事人进行举证。第三，居住权的设立必须要办理登记，由于当事人在办理居住权登记时必须提交书面形式的居住权合同，因此，当事人约定居住权应当采取书面形式。第四，因为居住权的期限较长，合同履行过程中的法律关系比较复杂，因而有必要采取书面形式明确当事人之间的关系，从而避免发生各种纠纷。居住权合同属于要式合同，若当事人未以书面形式设立，并且不符合《民法典》第 490 条第 2 款规定的

---

① 参见汪洋：《民法典意定居住权与居住权合同解释论》，载《比较法研究》，2020（6），109 页。

"履行治愈"规则，那么居住权合同因为不满足要式而未成立。①

依据《民法典》第 367 条第 2 款的规定，居住权合同的内容主要包括以下几项。

第一，当事人的姓名或者名称和住所。一般而言，居住权的主体限于自然人，但随着社会的发展，也不排除将来法人和非法人组织也可以成为居住权的主体，因此，《民法典》第 367 条第 2 款在规定居住权的内容时，也规定了当事人的名称和住所，其实际上就是为居住权制度预留发展空间。

第二，住宅的位置。居住权合同应当明确约定住宅的位置，只有明确住宅的具体位置，才能够使居住权得到落实，这也符合物权客体特定原则。此处所说的具体位置不仅仅是指住宅的门牌号，还包括某个套间的几间房。例如，在某处房屋的某一间房屋之上设立居住权。一般而言，住宅的位置约定得越具体，就越有利于保护居住权人的权益。

第三，居住的条件和要求。设立居住权的合同应当尽可能对居住的条件和要求作出明确约定。此处所说的居住的条件和要求主要指的是房屋的状况、利用的空间以及维修义务等，还包括居住权人应当承担的各项义务。如约定居住权人不得将房屋出租、转租，不得破坏房屋的结构，装修不得破坏承重墙以及房屋的日常使用、房屋的保管、维修、维护义务等内容。

第四，居住权期限。居住权原则上具有长期性的特点。但居住权是一种定限物权，其本身具有一定的期限，按照私法自治原则，当事人也可以在合同中约定居住权的存续期间。一旦当事人对居住权期限作出约定，则应当按照当事人的合同约定来确定居住权的期限。在当事人约定的居住权期限届满后，居住权也随之消灭。

第五，解决争议的方法。解决争议的方法指的是居住权合同发生争议之后双方提起仲裁还是起诉，以及关于管辖权的约定与违约金的承担等。

《民法典》第 367 条规定居住权合同"一般包括"上述条款，这就意味着，

---

① 参见申卫星：《〈民法典〉居住权制度的体系展开》，载《吉林大学社会科学学报》，2021（3），54页。

上述条款只是居住权合同通常应当包括的条款，除了必备条款之外，其他条款并非居住权合同必须包括的条款。因此，该条具有倡导性的性质，有利于引导人们订立较为完整的居住权合同。① 在上述五项内容中，应当区分合同的必要条款与一般条款。笔者认为，上述第一项与第二项内容是居住权合同的必要条款，缺少上述两项的内容，居住权合同的内容不明确，居住权也因此不能设立。其他条款应当是居住权的非必要条款，欠缺这些条款不影响居住权的成立。此外，上述非必备条款在性质上只是居住权合同的示范性规定，按照私法自治原则，当事人还可以约定其他条款。

居住权的设立可否附条件或附期限？有观点认为，就居住权而言，虽然其是为特定人的生活居住需要而设立的，但并不涉及身份行为，也非确定法律关系。因此，居住权的设立没有不许附条件或附期限的理由。② 笔者认为，既然依《民法典》第158条、第159条的规定，民事法律行为可以附条件、期限，因而设立居住权的合同自然可以附条件、附期限，一旦居住权合同进行了公示，该条件或者期限将成为居住权存续的条件或者期限。从这个意义上讲，居住权是可以附条件或者期限的。

（二）以遗嘱方式设立居住权

1. 以遗嘱方式设定居住权的概念和特征

所谓根据遗嘱的方式设立，是指房屋所有人生前在遗嘱中为他人设定居住权。《民法典》第371条规定了以意定方式设立居住权的另一种形态，即以遗嘱方式设立居住权。按照遗嘱自由原则，被继承人在死亡之前，可以就其房屋所有权的继承在遗嘱中作出安排，也可以就其房屋的使用作出安排，其中也包括在其房屋之上为特定的自然人设定居住权。例如，房屋所有人在遗嘱中规定，房屋由特定的法定继承人继承，但必须留出一间房屋由其配偶终身使用，这就可以通过设定居住权的方式实现。事实上，在司法实践中也已经出现了以此种方式设定的居住权。例如，在"邱某光与董某军居住权执行案"中，邱某光与董某峰于

----

① 参见崔建远：《物权法》，5版，345页，北京，中国人民大学出版社，2021。
② 参见房绍坤：《论民法典中的居住权》，载《现代法学》，2020（4）。

2006 年登记结婚，婚后董某峰于 2016 年订立遗嘱，将其所有的房屋遗赠给其弟董某军，并为其夫邱某光在该房屋上设立了以其不再婚为条件的居住权。其后，邱某光一直在该房屋居住，但该房屋后被董某军挂牌出售。邱某光向法院申请强制执行其居住权后，法院经审理认为，该房屋虽为董某军所有，但是邱某光享有案涉房屋的居住使用权。执行法院遂依照《民法典》第 368 条等关于居住权的规定，裁定将董某军所有的案涉房屋的居住权登记在邱某光名下。①

以遗嘱方式设立居住权的特点在于：一是基于单方行为设立，这就是说，此种方式完全是根据遗嘱人的单方意志而产生的，但此种单方行为设立方式仍然是基于法律行为的物权变动，因此，仍然需要办理登记，才能有效设立居住权。对以遗嘱方式设立居住权而言，其体现为为房屋继承人设定一定的权利负担，因而房屋继承人在取得房屋所有权时，应当承受该房屋之上所设立的居住权。二是其既包括遗嘱继承，也包括遗赠。通常，如果居住权人是法定继承人，则属于遗嘱继承；如果居住权人是法定继承人以外的人，则属于遗赠。如果在遗嘱继承中，被继承人在遗嘱中明确要求房产的继承人必须为某人设定居住权，则其不属于以遗嘱方式设立居住权，因为此种方式所设立的居住权不是直接通过遗嘱方式所设立的，而是通过遗嘱的方式要求继承人承担为他人设立居住权的义务的方式而实现的，此种居住权通常是继承人与居住权人通过合同的方式设立的。三是其具有要式性，其应当符合遗嘱的形式要求。遗嘱的形式和效力可以参照《民法典》继承编中遗嘱的形式和效力的规定加以认定。② 因为我国《民法典》物权编没有对设立居住权的遗嘱形式作出特别限定，因此，凡是有效的遗嘱方式，都可以设定居住权。四是一般情形下，居住权以无偿的形式设立，依据《民法典》第 368 条，居住权应当无偿设立，遗赠也是无偿行为。遗赠的对象可以是继承人之外的其他人，例如，某人在临死前立下遗赠表示，确定其房产由其子女继承，但应留出一间房屋由照顾其多年的保姆终身居住，这就是通过遗赠的方式设立了居住权。此时，为该保姆所设定居住权的行为具有赠与的性质。

---

① 参见最高人民法院发布人民法院贯彻实施民法典典型案例（第一批）。
② 参见房绍坤：《论民法典中的居住权》，载《现代法学》，2020（4）。

需要指出的是，通过遗嘱设定居住权，既不属于遗嘱继承，也不属于遗赠，因为被继承人在通过遗嘱设定居住权之前，居住权尚未成立，其并不属于被继承人的遗产，因此，通过遗嘱设定居住权只是居住权设立的一种方式，而不能将其认定为遗嘱继承或者遗赠。依据《民法典》第371条的规定，以遗嘱方式设立居住权的，参照适用以合同方式设立居住权的有关规定。因此，以遗嘱方式设立居住权的，也需要在遗嘱内载明当事人的姓名或者名称和住所以及住宅的位置等必要内容。

2. 以遗嘱方式设定居住权的生效时间

在以遗嘱方式设立居住权时，居住权的生效时间如何确定？有观点认为应当类推适用《民法典》第230条认定居住权在遗嘱生效时设定，即自遗嘱生效即继承开始时居住权设立，而不以办理登记为设立条件。① 也有观点认为应当适用《民法典》第368条认定居住权在完成登记时设定。② 另有观点认为，以遗嘱继承方式设立居住权的，设置居住权登记产生登记对抗的登记效力更适合。③ 笔者认为，按照《民法典》第368条第2句的规定，设立居住权的，不论依照何种方式设立，均应按照登记要件主义办理登记。按照第368条第3句的规定，既然居住权的设立采登记生效主义，这就意味着，居住权作为物权，应当自登记时设立。据此，以遗嘱方式设立居住权时，居住权设立的时间应当是办理登记之时。一方面，以遗嘱方式设立居住权，在性质上仍然是基于法律行为的物权变动，在遗嘱生效时，由于尚未办理登记，未完成公示，因此，遗嘱的生效只是确立了居住权设立的基础和前提，我国《民法典》对居住权的设立采取登记要件主义，因此，在未办理登记时，居住权无法设立。另一方面，即便遗嘱生效，受遗赠人可以拒绝接受遗赠，遗嘱继承人可以放弃继承，在此情形下，居住权也无法设立。此外，《民法典》第371条规定，以遗嘱方式设立居住权的，参照适用本章的规定。而本章第368条明确规定居住权自登记时设立。因此，以遗嘱方式设立居住权

---

① 参见房绍坤：《论民法典中的居住权》，载《现代法学》，2020（4）。

② 参见中国审判理论研究会民事审判理论专业委员会编：《民法典物权编条文理解与司法适用》，386页，北京，法律出版社，2020。类似观点还可参见杨立新主编：《中华人民共和国民法典释义与案例评注·物权编》，591～615页，北京，中国法制出版社，2020。

③ 参见屈然：《论我国居住权的设立方式与登记效力》，载《法学杂志》，2020（12）。

的，也应当自登记时设立。还要看到，依据《民法典》第 371 条规定，"以遗嘱方式设立居住权的，参照适用本章的有关规定"，其中也应当包括居住权自登记时设立的规则。因此，应当认定，在以遗嘱方式设立居住权时，居住权应当自登记时设立。

需要指出的是，《民法典》仅规定了合同和遗嘱这两种居住权设立方式，但在《民法典》颁布前，就存在有大量设立居住权的方式，这主要包括如下几种形态：一是丧偶夫妻中的一方对另一方的房屋所享有的居住权。例如，夫妻双方生活在一方所有的房屋中，在丈夫死亡后，在遗产分割中，应当肯定妻子可以享有该房屋上的居住权，以保障其居住利益。二是夫妻双方离婚后基于离婚时具有负担能力的一方对具有生活困难的一方负有的帮助义务而享有的居住权。即夫妻离婚时，一方以个人财产中的住房对生活困难者进行帮助的形式，可以是房屋的居住权或者房屋的所有权。① 三是未成年子女以及不能独立生活的成年子女基于抚养义务而享有的居住权。四是基于子女对父母的赡养义务而产生的居住权。② 在《民法典》颁布后，以上方式能否成为设立居住权的方式，值得探讨。按照《民法典》的物权法定原则，由于《民法典》仅承认了以合同或者遗嘱方式设立，以上方式并不属于合同或者遗嘱方式，因此，在严格物权法定主义模式下，其他方式不能有效设立作为物权的居住权。但考虑到以上方式有利于满足人民群众住有所居，未来可以考虑通过立法解释的方式，将其纳入设立居住权方式的范畴。

二、居住权的登记

我国《民法典》对居住权的设立采取登记要件主义，《民法典》第 368 条规定："设立居住权的，应当向登记机构申请居住权登记。居住权自登记时设立。"据此，设立居住权无论是采用遗嘱方式，还是合同方式，都应当办理居住权登记，并在登记簿上明确予以记载，才能产生设立居住权的效果。如果没有办理登

① 参见马强：《民法典居住权规定所涉及实务问题之研究》，载《法律适用》，2022（5），120 页。
② 参见付一耀：《论裁判方式设立居住权》，载《社会科学研究》，2022（6）。

记，当事人之间的合同关系或遗嘱仍然有效，但是不能发生物权设立的效力。如果所有人只是立下遗嘱，或订立合同，但并没有在登记机关登记，则有关居住权的意思表示，只能对抗遗嘱的人，或只能在合同当事人之间产生效力，而不能对抗第三人。如果房屋发生继承、转让，则不能对抗新的所有人。

法律上之所以对居住权的设立采取登记要件主义，一方面，其作为在不动产之上设立的权利，我国民法典对不动产物权的设立原则上都是采登记要件的做法。另一方面，不论是城市房屋，还是农村房屋，都有设立居住权的需要，其并不当然发生在熟人社会，采用登记对抗主义，对权利人的保护是不充分的。如果未能办理登记，一旦发生房屋的转让，居住权就没有办法对抗第三人，居住权保障权利人居住权益的目的往往就会因此落空。而只有将居住权进行登记并由此进行公示，才能使居住权人完整地取得对抗他人的效力。此外，采用登记要件主义，也有利于明确居住权的设立时间，并更有利于保护居住权人的利益。

在通过遗嘱的方式设立居住权的情形下，居住权的设立是否需要办理登记？对此存在争议。笔者认为，此种情形同样应当办理登记。一方面，根据《民法典》第 371 条规定："以遗嘱方式设立居住权的，参照适用本章的有关规定。"这也就意味着，即便是通过遗嘱的方式设立居住权，当事人也应当依法办理居住权登记。《民法典》第 368 条规定设立居住权应当办理登记，但是并没有限定于以合同设立。该条并没有将其适用范围限定为通过合同方式设立居住权的情形，而是适用于所有居住权设立的情形。另一方面，如果通过遗嘱设立居住权不办理登记，则有可能会对第三人产生不可预测的风险。因为居住权作为一种物权，必须产生对抗第三人的效力，在设立居住权的情形下，如果不办理登记，则第三人对此并不了解，对交易第三人或者债权人会产生不利影响，因此，不办理登记则无法产生对抗对三人的效力。如果没有办理居住权登记，就不能设立作为用益物权的居住权。当然，即便没有办理居住权登记，该遗嘱对房屋的继承人仍然具有拘束力，只不过在办理登记之前，无法设立居住权。

居住权的登记属于依申请登记，原则上应当由双方共同办理，提出申请。在实践中，存在当事人一方不配合办理登记申请的情形，此时，一方可以请求法院作出判决，责令对方配合办理登记。

如果因为登记错误导致居住权合同约定的内容与登记簿记载的内容不一致，对此，当事人应当有权申请变更登记，如果确定为登记错误的，由于登记簿公信力仅针对第三人，当事人的内部合同约定不能对抗善意第三人。① 依据《民法典》第216条的规定，不动产登记簿是物权的归属和内容的依据，因此，如果当事人合同约定的内容与登记簿记载的内容不一致，则应当以登记的内容为准。如果登记机关的登记并没有发生错误，如当事人在办理首次登记时均同意作出与合同约定不一致的登记，则此种情形应当属于双方通过合意对合同内容进行了变更，此时应当以登记簿记载的变更后的合意为准。

三、居住权原则上应无偿设立

（一）原则上应无偿设立

《民法典》第368条规定："居住权无偿设立，但是当事人另有约定的除外。设立居住权的，应当向登记机构申请居住权登记。居住权自登记时设立。"该条首先确立了居住权的设立以无偿为原则。如前所述，居住权与租赁权的最本质区别在于，居住权具有无偿性，而租赁权具有有偿性。

居住权之所以原则上应无偿设立，主要理由在于：一方面，自罗马法以来，居住权的设置都是无偿的，这也是居住权制度的固有特点。在传统大陆法系国家，居住权是一种人役权，具有无偿性，大多具有家庭成员之间扶危济困的性质，在一定程度上体现了互助和慈善的特点。另一方面，居住权是一种人役权，人役权在性质上都是无偿的。居住权通常都带有相互扶助、相互帮助性质，大都是针对弱势一方的居住利益的保护而设定的。而且居住权主要是基于自然人之间的互帮互助而设立的一种用益物权，其通常适用于赡养、扶养等情形，因此，其原则上是无偿设立的。此外，正是因为居住权原则上是无偿的，因此可以发挥其

---

① 参见汪洋：《民法典意定居住权与居住权合同解释论》，载《比较法研究》，2020（6）。

特殊的制度功能，如果其原则上是有偿的，则可以为租赁制度所替代。

正是因为其具有无偿性，所以居住权人并不需要支付对价。当然，依据《民法典》第 368 条的规定，居住权无偿设立只是一般原则，法律并不禁止当事人通过特别约定居住权的有偿设立，因为严格将居住权的设立方式限定为无偿，可能导致其适用范围过窄。例如一些公租房领域设立居住权，或者基于投资的需要设立居住权不一定都是无偿的。因此，如果当事人有特别约定的，按照私法自治原则，应当允许当事人有偿设立居住权。依据《民法典》第 368 条，居住权无偿设立，但当事人另有约定的除外。这就意味着，在当事人有特别约定的情形下，当事人也可以有偿设立居住权。这就使得居住权具有更强的包容性和功能延展性。例如，在以房养老中，可以借助居住权的设立服务于以房养老的目的，在实际运行中，此种居住权一般是有偿的。

（二）当事人可以约定居住权的有偿设立

《民法典》第 368 条第 1 句规定："居住权无偿设立，但是当事人另有约定的除外。"有观点认为，本条在解释论上不排除投资性居住权的约定。① 还有观点认为，该条规定仅限于无偿约定。笔者认为，虽然传统大陆法系国家原则上采取无偿的方式，但从《民法典》上述规定来看，其并没有禁止当事人约定为有偿，也就是说，只有在当事人没有约定居住权的有偿设立的情形下，居住权的设立才是无偿的。笔者认为，允许当事人通过合同的方式有偿设立居住权，具有以下几个方面的意义。

第一，承认当事人通过约定有偿设立居住权，可以有效实现居住权的立法目的。如前所述，居住权以实现"居者有其屋"为其立法目标，如果有利于这一目标的实现，则应当鼓励能够实现该目标的居住权形式。将居住权局限于无偿设立，可能会影响居住权功能的发挥。事实上，从比较法上看，有的国家立法虽然将无偿性作为居住权设立的基本原则，但也都设置了有偿性的例外。居住权作为一种用益物权，其虽然以满足个人的基本居住需要为目的，但并不能认为居住权

---

① 参见崔建远：《物权编对四种他物权制度的完善和发展》，载《中国法学》，2020（4）。

只能通过无偿的方式设定。如前所述，意定居住权的设立可以通过订立合同的方式进行，根据合同设定用益物权的性质就决定了其也可以为有偿。只要是为了满足居住权人的基本居住需要，当事人设立居住权约定为有偿还是无偿，法律都应当允许。在许多情形下，当事人在通过合同的方式设定居住权时，本质上是在从事一种交易行为，例如，所有人为某人设置居住权时，虽然具有一定的无偿性，但又附有一定的条件，其具有一定的有偿性，而相对人也愿意接受，则不应当禁止其设立。

第二，承认当事人通过约定有偿设立居住权，可以最大限度地实现居住权的投资功能。尤其是在以房养老和完善住房保障体系的目标中，一概将居住权的设立方式限于无偿，也不符合居住权制度的本旨。事实上，居住权作为一项用益物权，除了能满足个人居住需要，还有顺应以房养老的现实需要等功能，且能够作为住房改革的重要保障。充分发挥居住权的制度功能，就应当允许当事人自主选择居住权的设立方式。承认有偿设立的居住权，也能为以房养老等新型养老制度构建提供保障。

第三，承认当事人通过约定有偿设立居住权，可以为公有房屋上设置居住权提供依据。实践中不断推进公房制度改革，现有的租赁制度并不能有效保障居住人的权利，而通过设立有偿的居住权的方式，既强化了对居住人的保障，又与公房一定程度的有偿使用保持衔接，从而充分发挥居住权的制度功能。

第五节 居住权的内容

所谓居住权的内容，是指作为物权人的居住权人所享有的权利和负担的义务。具体而言：

一、居住权人的权利

（一）对房屋的占有、使用权

居住权人有权使用他人所有的房屋。使用房屋的面积应当根据合同、遗嘱或登记记载的面积加以确定。居住权人既可以使用他人的全部房屋，也可以使用房屋的一部分。如无特别规定，则原则上应当以保证居住权人正常居住、生活为限。居住权设立人应当负有义务向居住权人交付房屋，满足居住权人占有、使用的需要。居住权人只能将房屋供自己使用，不能将房屋转借或出租给他人使用。

居住权人在使用该房屋时，可以基于生活上照顾等正当理由，而允许其家庭成员和照料其生活的人与其共同使用，例如，聘请保姆照顾自己的生活等。如果没有特别规定，居住权人也可以允许其家属或家人与其同住。当然，与居住权人共同居住的人并不享有居住权，其虽为居住权的受益人，享有居住利益，但其不是权利人本身。因为居住权只是为特定人设立的，而且是在登记簿上进行记载公示的主体。如果居住权人的居住权及于建筑物全部，权利人当然可以使用整个建筑物，包括公共设施；如果仅就建筑物一部分设定居住权，也应准许该部分的居住权人就整个建筑物的公共设施部分享有使用的权利，否则该居住权就面临无法实现的困难。当然，对公共设施的使用应以该部分的居住权实现为目的，如对网球场、停车位等公共设施的利用，不应包括在内。

就使用期限而言，要依据居住权是终身使用还是短期使用而确定。就终身使用的居住权而言，其通常是一种长期的使用，居住权人在生存期限内均有权使用。而就短期使用而言，居住权人只能在约定的期限内使用房屋。当事人在登记机关登记时应当注明居住权的期限，如果登记机关登记的期限与合同约定期限不一致的，应当以登记内容为准。[1] 居住权人可能超过一人，此时居住权的期限应当至生存期限最长的权利人死亡时止。[2]

（二）有权依据约定将房屋出租给他人

依据《民法典》第369条规定，在当事人之间没有特别约定的情形下，设定居住权的住宅不得出租。法律作出此种规定的主要原因在于，居住权是为特定人设定的，其目的在于满足特定人的居住需要，而将住宅出租，则已经超出了居住

---

① 参见孙茜：《〈民法典〉视野下居住权制度的理解与适用》，载《法律适用》，2020（21）。
② 参见申卫星：《从"居住有其屋"到"住有所居"》，载《现代法学》，2018（2）。

的范围①，而且出租后有可能造成对房屋的毁损，因此不允许设定居住权的房屋出租，也是为了保护房屋所有权人的利益。当然，依据《民法典》第 369 条规定，如果取得了房屋所有人同意，则居住权人可以进行出租。例如，居住权人的工作地点发生变化，导致设立居住权的房屋与工作地点较远，此时当事人可以约定，居住权人出租房屋，并用所得的租金另行租房，这同样也是为了满足居住权人的生活需求。法律之所以允许通过当事人的约定赋予居住权人出租的权利，理由在于，在当事人作出此种约定时，实际上所有权人已经放弃了法律对于其所有权的完整保护，此种处分不会导致公共利益或第三人利益的损害，因此应当允许所有权人与居住权人达成可出租房屋的协议。

需要指出的是，从《民法典》第 369 条规定来看，除当事人另有约定外，居住权人不得将居住的住宅出租，这就意味着，在当事人没有特别约定居住权人有权出租房屋的情形下，居住权人并不享有出租房屋的权利，法律作出此种规定的主要原因在于：一方面，作为人役权的居住权具有较强的人身专属性，一般情形下不能与居住权人相分离，因而居住权一般不允许转让、继承。另一方面，一旦允许居住权人将房屋出租，就意味着允许居住权人之外的其他人居住该房屋，这显然有违居住权的制度目的，因为居住权是为了满足特定主体的居住需要，而不是为了使其从中获利，因此，居住权人既不能将房屋出租，也不能将房屋用于生产经营活动，否则就违背了居住权设立的目的。此外，如果允许居住权人将居住的房屋出租，则居住权人可能通过长期租赁的方式将居住的房屋出租，这也可能使当事人通过租赁的方式规避居住权不得转让的规则。

在以遗嘱方式设立的情形中，如果遗嘱中严格禁止居住权人出租房屋，那么居住权人当然不能出租该房屋。而如果遗嘱中未对居住权人是否可以出租进行说明，除非居住权人取得房屋继承人或受遗赠人（所有权人）的事后同意，否则也不得出租。如果遗嘱中明确载明居住权人可以出租，但是继承人或受遗赠人（所有权人）未同意的，居住权人是否可以出租，对此法律并没有做出明确规定。笔

---

① 参见黄薇主编：《中华人民共和国民法典物权编解读》，511 页，北京，中国法制出版社，2020。

者认为，如果被继承人在遗嘱中允许居住权人出租房屋，则意味着该房屋的继承人或者受遗赠人负有允许居住权人出租房屋的义务；同时，如果被继承人在遗嘱中允许居住权人出租房屋，则应当认定，在居住权设定时，居住权人即享有出租房屋的权利。

居住权人能否将住宅出借给他人？从本质上讲，出租与出借具有相似性，在当事人另有约定时，也应当允许出借。根据"举重以明轻"规则，既然所有权人可以允许居住权人出租住宅，当然可以允许居住权人出借住宅。① 但依据《民法典》第 369 条规定，既然出租房屋需要当事人达成合意，那么居住权人出借房屋也应当与房屋所有权人达成合意，或者征得房屋所有权人的许可。

（三）有权对房屋进行必要的改良和修缮

依据《民法典》第 366 条的规定，居住权的设立是为了满足居住权人生活居住的需要，因此，为了满足此种生活居住的需要，居住权人也应当有权对房屋进行必要的改良和修缮，如对房屋进行装修、安装空调等，但不得对房屋作重大的结构性改变。

问题在于，如果居住权人对房屋进行了必要的改良与修建，是否有权请求所有人支付相关的改良与修缮费用？笔者认为，毕竟除当事人有特别约定外，居住权人居住他人房屋并没有支付相应的对价，因此在对房屋进行必要的改良和修缮时，如果并不需要支付较大的费用，则居住权人应当负担该费用。如果由房屋所有权人负担该费用，可能产生如下两个问题：一方面，当事人之间关于必要的范围和费用的分担容易发生纠纷；另一方面，这种修缮对于居住权人本身是有利的，其享有了修缮的大部分利益，按照权利义务一致的原则，理应由居住权人负担。

（四）排除房屋所有权人及其他人侵害的权利

居住权人有权要求房屋所有权人提供指定的住房或住房的一部分，要求所有权人不为妨害居住的行为。因为居住权作为一种他物权，本身是对于所有权的一

---

① 参见房绍坤：《论民法典中的居住权》，载《现代法学》，2020（4）。

种限制，所以，房屋所有权人不得对居住权人行使排除妨害、返还原物等物上请求权。居住权相对于住房所有权也具有排他性，可排除房屋所有权人的妨害。我国司法实践也认为，居住权相对于住房所有权具有排他性，可对抗房屋所有权人排除妨害请求权。[1] 房屋所有权人在设定居住权之后，可能将该房屋转让给第三人，在此种情形下，受让人应当尊重居住权人的权利，而不能不当妨碍居住权人正常行使其居住权。与此同时，居住权人作为用益物权人，本身也可依据绝对权请求权享有排除他人侵害的权利。对于居住权人行使居住权而言，只要该行使权利的行为不损害所有权人的利益，所有权人应当尊重居住权人行使居住权的行为。当然，如果居住权人对房屋的利用不当造成对房屋的损害，则所有权人有权依法请求居住权人承担民事责任，此时，所有权人应当负担相应的举证责任。[2]

（五）抛弃居住权的权利

居住权的设立一般是一方对另一方的施惠行为，居住权人通常会从居住权的行使中获取一定的利益。同时，居住权在性质上属于物权，是一项民事权利，按照私法自治原则，居住权人既可以选择行使该权利，也可以抛弃该权利。例如，如果居住权人认为该房屋距离自己的工作地较远，或者居住权人有一定收入可以用于租用他人的房屋等，则居住权人有权抛弃其居住权。

二、居住权人的义务

（一）合理使用房屋

居住权设立的目的是满足居住权人的生活需要，因此，居住权人行使居住权不能超出这一目的范围，居住权人不得将房屋用于生活居住以外的目的。因此，居住权设立后，居住权人应当按照房屋的性质正常合理使用房屋，不得造成房屋的毁损灭失。同时，居住权人可以对房屋进行合理的装修、装饰，并进行必要的

---

① 参见谷昔伟、曹璐：《居住权可对抗房屋所有权人排除妨害请求权》，载《人民司法》，2015（18）。

② 参见薛军：《地役权与居住权问题》，载《中外法学》，2006（1）。

维修，但不得将房屋改装、改建或作重大的结构上的变化。如果因此造成对房屋的重大损害，则所有权人有权依法解除居住权合同并收回房屋。

（二）依据约定交纳必要费用

居住权虽然原则上是无偿设立的，但依据《民法典》第368条规定，如果依据合同、遗嘱等规定，居住权人在居住期间内应当支付一定的费用，则居住权人有义务支付。这主要是因为，居住权不仅仅是为自然人设立，在特殊情形下也可能为法人、非法人组织设立，而且即便是为自然人设立的，也可能出于对房屋进行收益的需要，当事人也可以特别约定，居住权人在取得居住权时应当支付一定的费用。如果合同中已经约定了支付费用的条款，则居住权人有义务按照约定支付该费用。例如，当事人在居住权设立合同中约定由居住权人缴纳物业费，在此情况下，居住权人有义务缴纳该费用。

（三）合理保管、维护房屋

居住权人应当合理保管房屋，在居住期间内应当尽到一定的注意义务。居住权人居住他人的房屋，特别是无偿居住他人的房屋，应当使房屋维持可居住的状态，避免房屋在居住期间遭受重大毁损、灭失。例如，居住权人在维修房屋时，不得破坏房屋的主体结构。在这一点上，类似于房屋承租人所负有的义务，因为承租人都负有合理保管、维护房屋的义务，按照举重以明轻的解释规则，无偿取得居住权的居住权人更应当负有此项义务；在居住权有偿设立的情形下，居住权人也应当参照租赁合同的规则负有合理保管、维护房屋的义务。居住权人不得从事任何有损于房屋的行为，如果房屋存在毁损的隐患，则居住权人应当及时通知所有权人，或者采取必要的措施予以修缮。对于修缮费用而言，有约定的应按照约定，没有约定或约定不明的，应当区分居住权的有偿与否。在居住权人承担通常维修义务的情况下，若居住权人占有全部住宅，则居住权人应负担全部维修费用；若仅占有住宅的一部分，则居住权人应按比例承担通常维修费用。① 此外，在第三人侵害房屋的情形下，居住权人也有义务予以制止。

---

① 参见房绍坤：《论民法典中的居住权》，载《现代法学》，2020（4）。

一般而言，居住权人在占有、使用住房以及其他附着物期间，可以不承担重大维修费用，但要承担日常房屋修缮费用。居住权人在享有居住权的同时，也应当负担通常的保养费用，包括日常的维修费、修缮费，因为居住权人居住他人的房屋，仍然由所有权人负担此种房屋的日常修缮费，显然并不合理。当然，如果房屋遭受重大损害，确有必要进行重大修缮（比如房屋的围墙的严重损害，房屋楼顶漏水需要修缮），在当事人没有特别约定的情况下，居住权人没有义务支付对房屋的重大修缮费，而仍然应当由房屋所有权人负担该费用。[1]

（四）不得转让居住权

依据《民法典》第369条的规定，居住权不得转让，这就确立了居住权人不得转让居住权的义务。有观点认为，为了缓解立法禁止居住权转让和继承带来的负面效应，可借鉴罗马法学家的做法：用益权虽不能转让，但用益权的行使可以转让，既可以由本人对用益物实现收益，亦可以通过债权性合同让与给他人收益。[2] 笔者认为，《民法典》第369条已经明确规定居住权不得转让，因此，居住权不具有可转让性，法律作出此种规定的原因在于：一是居住权是为特定人而设立的一种人役权，其具有互助性质和无偿性，通常发生在具有特定的身份关系的主体之间，这一性质决定了居住权具有强烈的人身专属性，仅限于由特定的居住权人享有，而不能随意转让。二是居住权转让违背了居住权设立人的意愿，因为居住权是专门为特定的人设立的，如果允许居住权转让，将违背居住权设立的目的。三是居住权的权能是对住宅的占有和使用，并不包括收益和处分的权能，转让行为将导致居住权人取得对住宅的处分权能，从而与居住权的性质相悖。从《民法典》第369条规定来看，居住权不得转让的规定在性质上属于强行性规范，因此，即便居住权设定人同意，居住权也不得转让，如果居住权设定人同意居住权转让，其可以与居住权人约定终止居住权，并另行为他人设定居住权。

（五）不得擅自出租、出借居住房屋

如前述，只有在当事人明确约定居住权人可以出租房屋的情形下，居住权人

---

① 参见肖俊：《"居住"如何成为一种物权》载《法律科学》，2019（3）。
② 参见汪洋：《民法典意定居住权与居住权合同解释论》，载《比较法研究》，2020（6）。

才能出租房屋。在当事人没有明确约定的情形下，依据《民法典》第 369 条规定，居住权人不得擅自出租居住的房屋。因为一方面，居住权的目的是满足权利人的生活居住需要，同时其设立本身又具有无偿性，所以居住权人对居住的住宅不能通过出租来享有收益权。另一方面，居住权人必须要为了生活消费而使用房屋，不得为了营利而将房屋转租给他人，并从中谋取利益，也不得将房屋用于生产经营活动，否则违背了居住权设立的目的。如果当事人没有特别约定，则居住权人有权收取房屋所附属的树木的果实等自然孳息。当然，依据《民法典》第369 条规定，如果当事人特别约定居住权人可以出租房屋，则该约定有效。

（六）不得通过遗嘱安排居住房屋的继承

依据《民法典》第 369 条规定，居住权不得继承，因为居住权是为特定人设定的，满足其生活居住的需要，在当事人没有约定的情况下，只能由居住权人享有；同时，依据《民法典》第 370 条规定，在居住权人死亡后，居住权将消灭，该居住权不属于居住权人的遗产，居住权人也当然不得通过遗嘱的方式安排该房屋居住权的继承。如果允许居住权继承，则可能使居住权世世代代延续下去，从而使房屋所有权人对居住权产生无限期的负担，显然不利于对房屋所有权人的保护。

第六节　居住权的消灭

一、居住权消灭的原因

《民法典》第 370 条规定："居住权期限届满或者居住权人死亡的，居住权消灭。居住权消灭的，应当及时办理注销登记"。据此，居住权可因如下原因消灭。

1. 居住权设定的期限届满

居住权设定的期限届满以后，居住权消灭，该房屋所有权之上的居住权负担也随之解除。与租赁权不同，居住权原则上没有期限上限的限制，但法律也不禁止当事人约定居住权的期限。例如，当事人可以在合同中约定为某个未成年人设定居住权，但是在其成年后居住权就消灭，则约定的期限届满后居住权就因此消灭。

在具体的居住权期限的认定上，依据居住权作为人役权的性质，原则上应当由居住权人终身享有，在当事人没有约定时，在居住权人死亡时居住权才消灭。但是当事人也可以对居住权设定一定的期限（如 20 年的期限），在该期限届满后，居住权消灭。因为虽然居住权原则上可终身享有，但是居住权设定人可能对期限具有特别考量，该期限经过，可能该居住权的设定就不再有必要。此时应当尊重当事人的意思。依据《民法典》第 370 条规定，"居住权期限届满或者居住权人死亡的，居住权消灭"，应将该规定解释为，如果合同或遗嘱没有规定居住权的存续期限，则居住权人死亡时权利消灭；如果合同或者遗嘱明确规定了居住权的存续期限，则在该期限届满时，居住权消灭。

2. 居住权人死亡

由于居住权具有特定的人身性，只能由特定的居住权人享有，不得继承、转让，所以在居住权人死亡以后，居住权当然消灭，任何人不得再主张居住权。居住权的设立是为了实现特定人的居住利益，如果权利主体不存在，居住权就没有存在的必要。但值得讨论的是，如果合同或者遗嘱规定的居住权期限届满前，居住权人死亡的，此时，居住权是否消灭？有观点认为，在居住权人死亡时，如果居住权的期限尚未届满，则实际居住人有权在剩余期限内主张居住权。[①] 笔者认为，此种情形下，应当认定居住权已经消灭，因为居住权具有强烈的人身专属性，不得与居住权人相分离，因此，在居住权人死亡后，即便居住权的期限尚未届满，也应当认定居住权已经消灭。此时，与居住权人共同生活的人可以通过与房屋所有权人订立房屋租赁合同的方式，解决房屋居住问题。当然，房屋所有权人应当为共同居住人寻找新的住处提供一定的宽限期。

3. 其他事由所导致的居住权消灭的情形

第一，居住权人抛弃居住权。居住权人可以在居住权设定以后的任何时间内抛弃居住权。这种抛弃的表示通常以明示方式作出，且须对所有权人作出。在抛

---

① 参见汪洋：《民法典意定居住权与居住权合同解释论》，载《比较法研究》，2020（6）。

弃居住权以后，除非具有法定的民事法律行为效力瑕疵的事由，否则居住权人不得撤销该抛弃居住权的意思表示。

第二，住房因不可抗力倒塌毁损。在此种情况下，因房屋不存在而导致居住权消灭。因为是因不可抗力的原因致使建筑物毁损，房屋所有权人与居住权人双方均无过错，所有权人无义务继续翻盖、交付新的房屋，居住权人也无须对房屋的毁损承担责任。但如果是因为所有权人的过错导致房屋毁损，则所有权人有义务恢复原状。

第三，居住权人因滥用权利而终止。居住权是在他人的房屋之上设定的权利，居住权人应负有妥善保管他人房屋并正当使用房屋的义务，如果居住权人滥用居住权，将房屋用作生产经营活动或者造成房屋的毁损等，则房屋所有权人可以居住权人滥用居住权为由，请求法院终止居住权。由于终止居住权涉及居住权人的重大利益，所以不能由所有权人单方面行使，应由法院裁判决定。如果是以合同方式设定居住权的，设立人可以解除合同。

第四，混同。所谓混同，是指房屋所有权与居住权归于一人。产生混同的原因有多种。例如，房屋所有权人将房屋赠送或者转让给居住权人。在混同的情况下，居住权消灭。

第五，居住权合同被依法解除。在符合合同解除条件的情形下，当事人有权依法解除合同，在设定居住权的合同被解除的情形下，居住权消灭。例如，如果居住权设定合同是有偿的，而居住权人未按约定支付费用，则所有权人有权依法解除合同。解除合同时应提前作出催告，在合同被解除以后，居住权消灭。

二、居住权消灭后的法律效果

（一）及时办理注销登记的义务

《民法典》第 370 条规定："居住权期限届满或者居住权人死亡的，居住权消灭。居住权消灭的，应当及时办理注销登记。"注销登记是指居住权消灭后，将房屋上的居住权负担进行注销。关于办理注销登记的义务的负担，房屋所有权人可与居住权人约定，也可以通过遗嘱予以确定。也就是说，可以通过合同或者遗嘱的方式确定办理注销义务的负担主体。一旦确定了办理注销登记的义务主体，义务人即负有办理注销登记的义务。

（二）房屋的返还义务

一旦当事人约定的居住权期限届满，则居住权将随之消灭，在此情形下，居住权人有义务将房屋返还所有权人。只要居住权人按照通常的生活需要合理使用房屋，则即便造成房屋的损害，居住权人也不负有损害赔偿责任。也就是说，居住权人在返还房屋时，并不需要按照使用房屋之前的状态返还，而只需要将符合按照约定或者根据房屋的性质使用后的状态返还所有权人。由于居住权人对房屋的使用也必然会造成房屋的正常损耗，因此，居住权人仅需要保证房屋符合按照约定或者根据房屋的性质使用后的状态即可。

（三）改良和修缮设施的归属确定

居住权消灭之后，涉及对房屋进行必要的改良和修缮设施的归属问题。如果居住权人未经所有权人同意而对房屋进行改善或者增设他物（例如，居住权人未经所有权人同意而对房屋进行大面积的装修、改造），则所有权人有权请求居住权人恢复原状，因此造成所有权人损失的，居住权人还应当赔偿损失。经所有权人同意装饰装修，居住权期限届满时，除当事人另有约定外，如果已经因添附而成为房屋的一部分，则应当归属于房屋所有权人；如果未形成添附的装饰装修物，应当归属于居住权人，或者由居住权人予以拆除。因拆除造成房屋毁损的，居住权人应当恢复原状。

（四）造成房屋毁损的赔偿责任

在居住权终止以后，居住权人应当向所有权人返还房屋，如果确因居住权人的过错造成房屋的毁损，居住权人应负赔偿责任。居住权人并非所有权人，其只能在居住的范围内对房屋进行合理的利用，在因其超出正常居住的范围而造成房屋的毁损时，则可能构成侵权，此时应当允许房屋所有权人向其主张侵权损害赔偿。

第二十一章
地役权

第一节 地役权概述

一、地役权的概念和特征

地役权出自拉丁语"servitu"，意指奴役、仆人，后引申为地役权。"役"在汉语中是指受支配、受役使的意思。地役权是以他人不动产供自己的不动产便利之用的权利，即通过限制他人不动产所有权的行使，以方便自己不动产的利用，从而提高自己不动产价值的权利。[1] 例如，甲所享有建设用地使用权的土地与乙的土地相邻，甲为了走近道节省通行时间，而与乙达成协议，并经过登记在乙的土地之上设立通行地役权，允许甲开车经过乙的土地，乙的土地之上设置了负担，从而增加了甲的土地的价值。我国《民法典》为了实现物尽其用的立法目的，进一步提高不动产的利用效率，对地役权制度作出了规定。

---

[1] 参见谢在全：《民法物权论》（下册），13页，台北，新学林出版股份有限公司，2014。

地役权是最为古老的用益物权类型，在古罗马时代已经存在。因而，在我国《物权法》制定过程中，是否应当继续采纳地役权的概念，学者们对此也存在着不同的看法。一些学者认为，"地役权"的名称过于古老，不宜为一般民众所接受，应当将其改为"邻地利用权"，并将需役地改称需用地，供役地改称供用地。① 笔者认为，尽管地役权的概念比较古老，但这并不意味着民众不能接受。社会一般人之所以对此概念仍然感到陌生，主要是因为我们长期缺乏系统的物权制度，也没有在法律上明确使用该概念。但是，由于地役权和人们的生产、生活关系密切，《民法典》规定了地役权制度之后，该概念必然会逐步为人们所理解和掌握。如果采纳邻地利用权的概念，至少存在如下问题：一方面，"邻地利用权"的名称中强调需役地与供役地之间必须相邻，这并不符合地役权的特点，因为设定地役权，并不一定要求两块土地相邻，即使两个不动产并不相邻，也可以发生地役权。例如，某人承包的土地需要从较远的地方引水灌溉，中间需要经过他人的土地，当事人之间便可以设定地役权。另一方面，邻地利用权的概念仅仅强调对土地的利用，这并不能概括地役权制度的全部功能。因为在现代社会，地役权的客体不仅仅是土地，而且包括建筑物。地役权人行使地役权的方式可以是在供役地上作为，也可以是不作为（如在自己家中眺望海景）。还要看到，采用邻地利用权的概念，易与相邻权相混淆，不能准确表达地役权的内容和特征。地役权与相邻权的区别之一就在于相邻权更强调两个不动产之间的相邻，而地役权并不强调这种相邻。所以，邻地利用权的概念并不一定妥当。

《民法典》采用了"地役权"的概念，这是借鉴大陆法系国家的立法经验的结果。首先，从古罗马到现代，各国民法普遍采用了"地役权"的概念。我国近代变法修律时，在《大清民律草案》中便规定了地役权。因为地役权毕竟是大陆法传统的概念，其用语也比较精确。② 其次，这一概念也准确地概括了不动产权利人利用他人不动产的财产利用方式。在现代社会，地役权越来越重要，随着对

---

① 梁慧星教授主持拟订的"物权法草案建议稿"中即采用了"邻地利用权"的名称。

② 大陆法系国家和地区几乎都规定了地役权制度，如《日本民法典》第280条规定："地役权人，依设定行为所定的目的，有以他人土地供自己土地便宜之用的权利。"

物利用程度的提高、利用方式的多样化，地役权的内容日渐丰富，适用的范围也不断扩张。① 尤其是随着我国市场经济的发展，为了更有效率地利用有限的自然资源，促进资源的优化配置，需要采纳地役权这一用益物权制度。最后，《民法典》规定地役权，有利于建构并完善我国用益物权体系。因为地役权是一种独立于建设用地使用权、土地承包经营权、宅基地使用权之外的特殊的不动产利用方式。因此，地役权作为一种重要的用益物权类型，有必要在《民法典》中进行规定。

《民法典》第372条第1款规定："地役权人有权按照合同约定，利用他人的不动产，以提高自己的不动产的效益。"据此，《民法典》强调了地役权的三个特征：第一，地役权必须基于合同产生。在物权法体系中，地役权是与相邻关系相区别的两种不同的不动产利用方式。我国既没有将地役权置于相邻关系之中，也不承认法定地役权，因此地役权在性质上是一种依据《民法典》的规定、基于合同而产生的物权。第二，地役权必须是以利用他人不动产为内容。所谓利用，是指需役地人利用供役地来增加其自己不动产的效用。虽然利用的方式可以是多样的，但是，这种利用必须是与建设用地使用权、土地承包经营权等其他用益物权相区别的。地役权人为了满足需役地的需要，可以对供役地进行各种方式的利用②，但是不能利用供役地进行农业生产、建造房屋和设施，否则，地役权就和其他用益物权发生了混淆。第三，地役权的设立必须是为了提高需役地不动产的效益。地役权设立的目的就是要提高需役地不动产的效益，所以，它主要不是单纯为了满足需役地人的个人需要，而是为了提高需役地的价值而设立的。设定地役权必须提高需役地的效益，否则就没有必要设立地役权。③ 地役权虽然成立于他人所有的供役地之上，但是它仍然是一项独立的物权。

地役权设立的目的是提高需役地不动产的效益。其中，为他人提供便利的不动产称为供役地，而需要由他人不动产提供便利的不动产为需役地。在地役权关

---

① 参见王泽鉴：《民法物权·用益物权·占有》，75页，北京，中国政法大学出版社，2001。
② 参见梅夏英、高圣平：《物权法教程》，293页，北京，中国人民大学出版社，2007。
③ 参见陈华彬：《物权法原理》，541页，北京，国家行政学院出版社，1998。

系中，供役地和需役地之间在地理位置上并不一定相连和连接，即使不相连或相距较远，也可以成立地役权。①

二、地役权的特征

地役权在性质上属于用益物权的范畴，它是需役地人所享有的一项物权，是为了需役地的利益而设的②，但它不是需役地所有权和使用权的扩张，在这一点上与相邻权是不同的。与其他相关用益物权相比较，地役权具有如下特点。

（1）设定方式具有意定性。与建设用地使用权等典型用益物权不同，地役权是在物权法定原则之下，通过合同的方式设定的。就地役权的设定而言，有关地役权的内容、期限、不动产利用方式等方面都是根据合同确定的。登记不是该权利设立的必要条件，但是，登记将使权利人的地役权具有对抗第三人的效力。③因此，地役权在设定方式上具有较强的意定性，这是其与相邻权的重要区别。

（2）权利主体具有广泛性。《民法典》第 372 条将地役权的主体规定为"地役权人"。"地役权人"是一个范围非常宽泛的概念，其是指按照合同约定而利用他人不动产的需役地人。根据《民法典》第 372 条的规定，需役地人的需役地是指权利人"自己的不动产"。但如何理解"自己的不动产"？笔者认为，按照整体解释原则，这里所说的"自己的不动产"应该采取广义的理解。它不仅包括房屋和土地，还包括对房屋、土地所享有的各种权利。例如，建设用地使用权、土地承包经营权、宅基地使用权等。既然地役权是各类需役地人所享有的权利，与此相适应，在我国，地役权的主体具有相当的广泛性，除了土地所有权人之外，建设用地使用权人、土地承包经营权人、宅基地使用权人等他物权人都可以成为地役权法律关系的主体。④ 所以，所谓提高需役地人的"自己的不动产"的效益，

---

① 参见崔建远：《物权法》，5 版，358 页，北京，中国人民大学出版社，2021。
② MünchenKomm/Joost，BGB § 1018，Rn. 1。
③ 参见崔建远：《物权法》，5 版，359 页，北京，中国人民大学出版社，2021。
④ 参见王利明等：《中国物权法教程》，401 页，北京，人民法院出版社，2007。

是指需役地人利用他人的不动产，来提高自己的房屋、土地以及各种不动产权利的效益。

（3）内容具有意定性。① 按照物权法定原则，物权的内容必须由法律规定。就地役权而言，法律虽然规定了地役权的基本内容，但是有关地役权的具体内容主要是通过当事人约定来确定的。这就是说，法律只是规定了地役权是利用供役地的权利，但是，究竟如何利用、选择何种利用方式、利用的期限、如何支付对价等，都必须由当事人通过合同来约定。② 《民法典》之所以强调地役权内容的意定性，一方面是因为现代社会利用不动产的方式复杂多样，法律无法对其一一作出规定，只能委诸当事人根据具体情况来分别约定。另一方面，地役权的利用不是为了维护基本生存利益，而是为了提高不动产的效益，因此，也没有必要由法律强行作出规定。正是在这个意义许多学者认为，地役权是某人对于他人土地之上的一种利益。③ 也有学者认为，地役权是"类型法定、内容意定"的权利，或者说是一种宏观法定、微观意定的物权。④ 正是因为地役权具有内容意定的特点，所以其可以成为一种缓和物权法定主义的僵硬性⑤，兼顾私法自治和交易安全，有效利用财产的重要形式。⑥ 当然，当事人的约定必须合法，不得违反公序良俗，否则将导致地役权的设定无效。例如，如果当事人设定以禁止袋地通行为内容的地役权，或设定容忍权利滥用的地役权的，这些设定行为都是无效的。

（4）客体具有特殊性。在我国，地役权的客体具有鲜明的特征，体现在：

第一，地役权的客体包括土地和建筑物。就土地的权利而言，也不限于土地所有权，还包括其他物权。在我国，地役权既可以在国家和集体的不动产所有权之上设立，也可以在用益物权（如建设用地使用权、土地承包经营权）之上设立。除了土地权利之外，建筑物以及空间的权利，都可以设立地役权。因为现代

---

① MünchenKomm/Joost，BGB § 1018，Rn. 2.

② MünchenKomm/Joost，BGB § 1018，Rn. 25 ff.

③ See Barlow Burke and Joseph A. Snoe, *Property*, Aspen law & Business, 2001, p. 5.

④ 参见潘新美：《地役权制度与物权法之生命》，载《甘肃政法学院学报》，2003（3）。

⑤ MünchenKomm/Joost，BGB § 1018，Rn. 2.

⑥ 参见尹飞：《物权法·用益物权》，406 页，北京，中国法制出版社，2005。

社会建筑物的价值日渐增加，对房屋的利用方式也日趋复杂，所以地役权可以在房屋之上设定，这样能够适应现代社会不动产的发展和利用趋势，满足城市居民的不同需求。在建筑物区分所有权的情况下，也可以设立地役权。例如，业主之间达成协议，一方不得在自己的房屋上悬挂广告牌。所以，地役权的客体具有多样性，对地役权中的"地"的含义应当作扩大的理解。在他人的土地之上所设立的地役权，既包括他人所有的，也包括他人享有用益物权的土地。[①]

第二，地役权的客体是他人的不动产及不动产权利。[②] 关于地役权的客体，包括以下两个方面的内容：一方面，地役权不能在自己的不动产上设立，而必须在他人的不动产上设立负担，一般来说，地役权是以供役地所有权或者使用权为基础的，一旦供役地灭失或者供役地使用权消灭，地役权也就无法存在。[③] 地役权只能在他人不动产或不动产权利上设定，因为在自己的不动产之上，自己可以行使完全的占有、使用、收益的权利，没有设立地役权的必要。如果在他人不动产上设立的地役权与所有权发生混同，将导致地役权的消灭。另一方面，客体不仅包括所有权，还包括各种权利。在我国，土地实行公有制，在土地使用权和所有权分离的情况下，设定各种用益物权是所有权有效实现的方式。在此种情况下，地役权的客体也可能是各种用益物权。

第三，地役权还可以存在于他人不动产上下的空间。《民法典》第345条承认了空间权的概念，因而空间权成为一种权利，在空间之上也可以设立地役权。例如，利用他人的屋顶平台设立广告牌，利用他人的土地铺设管道等，可以通过建立债的关系来确立当事人之间的权利义务关系。如果需要设立物权以对抗第三人，则可以通过空间利用权制度加以解决。[④] 但是在立法没有将空间利用权作为一种独立的物权形态加以规定的情况下，则应当通过地役权来解决土地上下的空间的排他性利用问题。

---

① 参见尹飞：《用益物权》，载王利明等：《中国物权法教程》，400页，北京，人民法院出版社，2007。
② MünchenKomm/Joost，BGB § 1018，Rn. 20.
③ 参见高富平：《土地使用权和用益物权》，204页，北京，法律出版社，2001。
④ 参见梁慧星主编：《中国物权法研究》（下册），759页，北京，法律出版社，1998。

（5）地役权具有从属性和不可分性。所谓地役权的从属性，是指地役权从属于需役地，与需役地不可分离。这就是所谓的"役权与所有权一起变动"（Servitus ambulat cum domino）的规则。[1] 用益物权原则上不依附于其他权利就可以独立存在，但是，地役权不同，它以他人供役地和自己的需役地的存在为前提。需役地的所有权、使用权是主权利，地役权是附属于该主权利的从权利。地役权的从属性在内容上包括设立上的从属性、处分上的从属性、消灭上的从属性。

所谓地役权的不可分性，是指地役权不仅及于需役地的全部，而且及于供役地的全部，地役权的不可分性包括两个方面的内容：一是地役权不受需役地的部分转让的影响。即使需役地和供役地发生分割，也不影响地役权的存在。[2] 二是地役权不受供役地部分转让的影响。地役权设定之后，供役地上的各种权利可以部分转让，但这并不导致地役权的消灭。

（6）存续期间具有期限性。这就是说，地役权不可能永久存在，它只能在一定期限内存在。《民法典》允许当事人自行约定地役权的期限，期限长短由当事人确定。但当事人不能在合同中约定无期限的地役权，否则就改变了他物权的性质。而且，当事人约定的期限不得超过主权利的期限。《民法典》第 377 条规定："地役权期限由当事人约定；但是，不得超过土地承包经营权、建设用地使用权等用益物权的剩余期限。"据此，如果超过地役权的期限，超过部分的地役权就是无效的。

三、地役权和相关权利

（一）地役权和建设用地使用权

地役权和建设用地使用权都是用益物权，都涉及对土地的利用，根据《民法典》第 344 条的规定，"建设用地使用权人依法对国家所有的土地享有占有、使用和收益的权利，有权利用该土地建造建筑物、构筑物及其附属设施"。而地役权也

---

① Jean-Philippe Lévy, André Castaldo, Histoire du Droit civil, 1ère éd., 2002, p. 349.
② 参见郑玉波：《民法物权》，218 页，台北，三民书局，2003。

可以通过合同约定，由需役地人在供役地上修建有关的附属设施以提高自己不动产的经济效益。但两者之间仍然存在明显的区别，表现在以下几个方面。

第一，设立方式不同。地役权的设立是通过合同的方式设立的，且不以登记为地役权的生效要件；而建设用地使用权的设立则可以采取出让或者划拨等方式来设立。例如，某石油公司需要建造临时的输油管道，为此需要经过某村的土地。该公司并不需要在该村的土地上设置建设用地使用权，而只需要与该村协商设立地役权。在设定该地役权时，并不需要登记。

第二，对土地的利用方式不同。地役权设立的目的主要不是利用供役地从事房屋建造等建设活动，而是为了获取便利。换言之，它是指需役地人利用他人的不动产，来提高自己的房屋、土地以及各种不动产权利的效益。当然，为了对供役地的有效利用，在必要的时候，可在供役地上修建适当的附属设施；而建设用地使用权人利用土地的方式就是在土地之上从事建设。[①]

第三，转让方式不同。地役权具有从属性，因此不得与需役地分离而单独转让，也不得与需役地分离而作为其他权利的标的（如单独抵押）。以土地承包经营权、建设用地使用权等抵押的，在实现抵押权时，地役权一并转让。但是建设用地使用权作为一种独立的用益物权，权利人有权将其单独转让、互换、出资、赠与或者抵押。

第四，权利登记的效力不同。我国《民法典》对地役权的设立没有采取登记要件主义，而采取登记对抗主义。所以，未经登记也可以设立地役权，只是不能对抗第三人。但对于建设用地使用权而言，《民法典》采纳了登记生效主义，未经登记的建设用地使用权不能有效设立。

（二）地役权和人役权

所谓人役权就是指为了特定人的利益而利用他人之物的权利。[②] 例如，甲为其自身的利益，与土地所有人乙设定在该地散步、捕鱼、写生、露营的权利。罗马法曾经确定了地役权和人役权的区分，认为地役权属于土地和土地之间的关

---

① 参见崔建远：《物权法》，5 版，374 页，北京，中国人民大学出版社，2021。
② 参见谢邦宇：《罗马法》，221 页，北京，北京大学出版社，1990。

系，而人役权属于人与物之间的关系。① 《法国民法典》继承了此种做法，其中人役权包括用益权、使用权和居住权。德国法中也承认了这种分类。② 可以说，欧陆各国民法大体上均承认此种役权制度。③ 我国物权法没有承认此种分类，也没有承认人役权的概念。

地役权和人役权都属于役权的范围，本质上都是属于附加在他人所有物之上的负担，并且都属于用益物权。④ 但两者的区别在于：

第一，设立目的不同。地役权的设立是为了需役地本身效用的增加⑤，而人役权的设立是为了满足特定人的利益或者便利，即以他人的物供权利人使用和收益的权利。地役权是为了满足需役地的需要而设立的，即"被某块地所役使"。所提供的便利为需役地承受，而不是为特定的个人享受。所以地役权中存在着需役地，而人役权中只有供役物而没有需役地⑥，即人役权由权利人本人享有，而不论其是不是土地的所有权人。⑦ 传统上，地役权是不动产之上的负担，但是现代物权法认为，只要是从不动产中产生的利益，即使不是为了需役地不动产价值的增加，而是为了满足某人的需要，也可以设定地役权。例如，在建筑物上设立的眺望权，主要是为了满足需役地人的精神需要，而不是使需役地价值增值，也属于地役权。这就导致地役权和人役权的界限越来越模糊。之所以出现这种现象，是因为地役权的利用方式逐渐扩大，不动产的利用不仅仅是为了需役地的便利，还是为了需役地权利人的便利。⑧ 但地役权主要不是为了满足人的需要，它和人役权仍然是有区别的。

第二，客体不同。地役权的客体限于不动产，而人役权的客体包括不动产、动产和权利。从比较法上来看，人役权客体的范围是非常宽泛的，甚至一些无形

① 参见［英］巴里·尼古拉斯：《罗马法概论》，黄风译，153 页，北京，法律出版社，2000。
② 参见［德］沃尔夫：《物权法》，吴越、李大雪译，414 页，北京，法律出版社，2004。
③ 参见王泽鉴：《民法物权》，第 2 册，71 页，台北，自版，2001。
④ 参见温世扬、廖焕国：《人役权制度与中国物权法》，载《时代法学》，2004（5）。
⑤ MünchenKomm/Joost，BGB § 1018，Rn.1.
⑥ 参见温世扬、廖焕国：《人役权制度与中国物权法》，载《时代法学》，2004（5）。
⑦ 参见［德］沃尔夫：《物权法》，吴越、李大雪译，414 页，北京，法律出版社，2004。
⑧ 参见唐晓晴译：《物权法》，澳门大学法学院 1997—1998 年度法律课程教材，218 页。

财产，包括营业资产、有价证券、著作权、工业产权和债权都可以设定人役权。①

第三，从属的对象不同。地役权不能与需役地分离而转让或处分，而人役权只能由特定的人享有，人役权是一种具有高度人身属性的用益物权，其在法律上只能由本人享有，一般不允许单独转让，也不能继承。②

第四，两者在是否有偿方面不同。地役权的设定通常是有偿的，且要支付相关的费用和报酬等，而人役权的设定通常是无偿的，一般是为了解决离婚妇女的生活问题等而设定的。③ 人役权在法律上通常具有无对价性，无须权利人支付对价。

第二节 地役权制度的产生与发展

一、地役权制度的产生

地役权起源于罗马法。根据学者的考证，大约在公元前 3 世纪或 2 世纪左右已经形成。从学说汇纂中的一些片段来看，前古典的法学家曾讨论过地役权。④ 在罗马氏族社会的后期（大约在公元前 6 世纪中叶），由于氏族公有土地的制度被土地私有制所取代，因而产生了经由他人土地进行通行、汲水如何处理的问题，这就出现了所谓的田野地役权（servitutes praediorum rustecorum）。⑤ 该地

---

① 参见尹田：《法国物权法》，342～343 页，北京，法律出版社，1998。

② 参见米健：《用益权的实质及其现实思考》，载《政法论坛》，1999（4）。

③ Sophie Boufflette，"L'article 710 bis du Code civil et la suppression partielle des servitudes du fait de l'homme"，Revue de la Faculté de droit de l'Université de Liège，2007，Vol. 2，p. 283.

④ 地役权和用益权的产生，需要从法律上明确土地所有人的地位，这就促使了"所有权"（dominum）的诞生。所以，按照许多罗马法学家的看法，"所有权"（dominum）的形成，是地役权（servitus）和用益权（usus fructus）产生的结果。See Gyorgy Diosdi, *Ownership in Ancient and Preclassical Roman Law*, Budapest, Akademiai Kiado, 1970, p. 133.

⑤ 参见周枏：《罗马法原论》，360 页，北京，商务印书馆，1994。

役权的最典型的形态是通行权和用水权等。[1] 田野地役权主要是为了放牧和耕作的便利，沿袭土地共同使用的习惯演变而成。[2] 罗马城于公元前390年毁于高卢人入侵之后，新建造的房屋彼此毗邻，不再遵守《十二表法》规定的空出通行道的古制。[3] 于是，随着罗马社会的发展，逐渐产生了各种城市地役权（servitutes praediorum urbanorum）。[4] 此种地役权包括建筑材料穿入邻居的墙壁、建筑物延伸到邻居的上空、利用光线、承受屋檐滴水和流水等而设定的地役权。[5]《国法大全》（Corpus Iuris Civilis）中明确规定了一些典型的役权，如 iter、actus 等，此种役权被称为"有名役权"（servitutes nominatae），而习惯法和通过当事人意思自治所创造的役权被称为"无名役权"（servitutes innominatae）[6]。在罗马法中地役权的标的主要是土地，地役权的类型主要是以自己的土地为他人土地提供便利，如通行、灌溉、排水等。由于罗马法中采用土地吸收建筑物的原则，因而土地上的地役权自然包括土地上的一些建筑物和附属物。罗马法上的地役权在期限上具有永久性（perpetua causa）。它随土地而始终，不随土地的变更而受影响。[7]

二、地役权在近现代以来的发展

1804年的《法国民法典》直接继承了罗马法中关于地役权的规定。该法典第637条规定："役权，系为另一所有人的不动产的使用及需要而对一个不动产所加的负担。"这实际上是对地役权所下的定义。地役权在性质上被认为是一种

---

① 参见［意］彼德罗·彭梵得：《罗马法教科书》，黄风译，254页，北京，中国政法大学出版社，1992。

② 最初，各个土地使用者为了耕种的便利和其他需要，对已分割的土地，在使用时仍保持未分割的状态。参见曲可伸：《罗马法原理》，206页，天津，南开大学出版社，1988。

③ 参见吴道霞：《物权法比较研究》，378页，北京，中国人民公安大学出版社，2004。

④ 公元前390年，罗马受到高卢人的入侵，城市被毁，高卢人被打退后，罗马人重建家园。由于人口增多，土地有限，新建房屋多毗连栉比，相邻而居，不再遵守建筑间空出5尺通行道的传统，于是产生了各种城市地役权。参见周枏：《罗马法原论》，361页，北京，商务印书馆，1994。

⑤ 参见陈朝璧：《罗马法原理》（下册），370页，上海，商务印书馆，1936。

⑥ Helmut Coing, Europäisches Privatrecht, Band Ⅰ, 1985, S. 313.

⑦ 参见周枏：《罗马法原论》，392页，北京，商务印书馆，1994。

不动产物权（droit réel immobilier）。法国法中的地役权是在不动产之上设立的，它调整的是两个不动产之间的关系，是因不动产的利用和便利而形成的关系。① 法国民法区分了地役权和人役权，且地役权和相邻关系是合一的，换言之，相邻关系作为法定的地役权是包括在地役权制度之中的。在法国民法中地役权的范围是很广泛的，包括了"因场所的位置产生的役权"、"法律规定的役权"以及"由人的行为设定的役权"等。当然，地役权的概念中实际上包括了相邻关系的内容，因为所谓"因场所的位置产生的役权"②"法律规定的役权"，主要是关于相邻关系的规定，例如，有关排水、房屋滴水、取水等都属于地役权的范畴。而"由人的行为设定的役权"才是真正的地役权的规范。需要指出的是，虽然在《法国民法典》中没有规定相邻关系，有关相邻关系的内容是在地役权中规定的，但事实上，法国的判例和学说仍然承认相邻关系。一些法国学者认为，相邻关系属于"所有权"（droit de propriété）范畴；性质上属于"所有权的限制"（Les limites du droit de propriété）；而地役权经常被放到"所有权派生的物权"（Les droits réels démembrés du droit de propriété）中予以研究。③

《德国民法典》则继承了罗马法的基本原则，在法典中单独设立了役权，地役权不过是役权的一种，地役权的标的也主要是土地。《德国民法典》借鉴罗马法的经验，最初认为地役权只能在他人土地上设立。④ 但是，随着地役权制度的发展，法院通过判例的方式逐渐地承认了地役权可以在自己土地上设立。例如，联邦最高法院在有关的判例中就承认，所有人可以在自己的土地上设立地役权，称为"所有人地役权"⑤。由于德国民法采物权行为无因性，因而须双方当事人

---

① 参见罗结珍译：《法国民法典》（上册），506 页，北京，法律出版社，2005。

② 该种役权也称为"自然役权"，主要是引水役权等。参见罗结珍译：《法国民法典》（上册），509 页脚注，北京，法律出版社，2005。

③ Christian Larroumet, Droit civil, Les biens, Droits réels principaux, Econimica, 2004, p. 478.

④ 《德国民法典》第 1018 条规定："一土地可以为另一土地在现时的所有人的利益，以此人可以在个别关系中使用此土地，或在此土地上不得实施某些行为，或排除行使基于对此土地的所有权而对另一土地产生的权利的方式，设定负担。"

⑤ ［德］沃尔夫：《物权法》，463 页，吴越、李大雪译，北京，法律出版社，2004；孙宪忠：《德国当代物权法》，242 页，北京，法律出版社，1997。

订立物权的合意（物权契约）并进行登记后，地役权才能够成立。而且地役权的设定行为，性质上属于一种无因的物权行为。[①] 值得注意的是，《德国民法典》第一次在法律上明确区分了地役权和相邻关系。地役权是一种独立的物权，而相邻权并不是独立的物权，只是对所有权的限制与扩张，所以，《德国民法典》关于地役地制度的规定在概念上更为严谨、更富有体系。

从以上分析可见，自罗马法以来，大陆法系国家民法中都把地役权作为一项重要的物权加以规定，这是完全符合有效率地利用土地资源、维护社会秩序的需要的。

三、地役权的当代发展

地役权几乎是最为古老的用益物权形态，自《法国民法典》以来，物权法在用益物权方面，并没有太大的变化。在进入工业革命时代以后，地役权的一度沉寂使许多人认为它可能像其他某些古老的物权（如人役权）一样，会走向衰落和消亡。但是，随着社会经济生活的发展，特别是适应对土地资源有效利用的要求，现代民法正逐渐从以所有为中心转向以利用为中心，地役权的作用也因此不断增强。作为一种古老的权利，地役权在当代复杂的社会经济情势下，经过法学理论家和实务家们的解释和改造，成为具有极大包容性的权利。正是在这个意义上，地役权在当代的变化被一些人称为"枯木逢春""地役权的第二春"，古老的地役权重获生机。[②] 地役权在当代的发展主要表现在如下几个方面。

（1）地役权的客体范围不断扩大。古代法律中的地役权就是指对土地进行利用的权利，建筑物被认为是土地的组成部分，因此，地役权只能在土地上设立，但是，此种规则在一定程度上限制了地役权的发展，妨害了土地的有效率利用。现在，地役权的客体逐渐扩大，具体表现为：一是扩大到建筑物。根据现代法国

---

① 参见陈华彬：《物权法原理》，545 页，北京，国家行政学院出版社，1998。
② 参见王泽鉴：《民法物权》，第 2 册，75 页，台北，自版，2001。

和德国民法，地役权的客体包括了土地和房屋。① 在房屋之上可以设立采光、眺望、日照、建造附属设施（如空中走廊）等地役权。二是扩大到空间，许多国家的法律都逐渐认可了空间役权。为了有效率地利用资源，空间也成为土地之外的重要权利客体，因而，也可以成为地役权的客体。例如，在他人空间之上架设电线或电缆、建造有关附属设施（如空中园林）等。再如，航空公司因飞机起落造成噪声污染，要免于承担此种责任，则可以设定噪声排放地役权，并支付必要的费用。② 三是扩大到用益物权。如在地上权之上可以设定地役权。四是扩大到其他各种利益。例如，1999 年《葡萄牙民法典》第 1534 条规定："凡可被需役地享用之任何利益，均可成为地役权之标的，即使该利益将来或偶然存在，增加需役地之价值亦然。"这种规定就意味着，凡是需役地上的利益，无论是需役地的需要，还是需役地人的需要；无论是土地本身的利益，还是其他不动产的利益；无论是现在的利益，还是未来的利益；无论是短期的利益，还是长期的利益，都可以成为地役权的客体。③ 当然，尽管地役权的客体范围不断扩大，但在各国法律和判例学说中，仍然要求作为地役权客体的利益应当是需役地人可享受的特定的利益，且这种利益的享用必须和不动产联系在一起，如果与作为需役地的不动产毫无联系，是不能够成为地役权客体的。

（2）在地役权的设立和内容确定方面，更强调当事人的意思自治。传统上，地役权的内容主要是通过法律予以规定。例如，在罗马法中，地役权在内容上有严格限制，即不得表现为要求作为。也就是说，如果需役地人要求供役地人积极地采取一些行动，就不再是地役权而转化为债权。④ 但现代社会，越来越强调地役权设立的意定性，原因在于：一方面，不动产的利用方式逐渐多元化，地役权设立的意定性可以提高不动产的利用效率；另一方面，地役权的内容的意定性，

---

① 参见《法国民法典》第 637 条，《德国民法典》第 1021 条。
② 参见顾向一：《环境权保护在我国物权立法中的体现》，载《理论月刊》，2006（10）。
③ 参见唐晓晴译：《物权法》，澳门大学法学院 1997—1998 年度法律课程教材，211 页。
④ 参见［意］彼德罗·彭梵得：《罗马法教科书》，黄风译，190 页，北京，中国政法大学出版社，2005。

可以有效地弥补和缓和物权法定规则的缺陷和僵化。① 随着物权客体范围的扩张，当事人采用地役权来利用不动产的方式越来越灵活。这就在客观上需要给予当事人更大的意思自治空间，使其能够自由设定各种地役权法律关系。因此，在现代民法中，地役权发展的一个重要趋势就是其内容具有非封闭性，其利用方式正在不断发展。②

在地役权设立方面，不少国家采用登记对抗主义，当事人可以依据合同而直接设立地役权，无须登记即可有效设立。在地役权合同的内容方面，法律赋予当事人广泛的约定自由，当事人之间可以根据其需要来确定地役权的内容。一方面，当事人要以何种不动产作为地役权客体，可以由当事人自由选择③；另一方面，有关地役权设定的期限、终止的事由等也是可以由当事人自由约定的。此外，对供役地人的补偿问题，法律原则上也不作干预，而由当事人自由选择。还要看到，当事人可以通过协议确定各种利用不动产的方式，有些地役权要求供役地人从事积极的作为。例如，供役地人应当通过积极的维护行为来保持供役地与需役地建筑风格的统一。再如，依据地役权合同，需役地人有权要求供役地人维护其在供役地上设置的工作物。地役权的设定强调当事人的意思自治，也可以构成对物权法定原则的缓和。④

（3）地役权的具体类型不断丰富发展，具体表现在如下三个方面：一是，地役权的类型从消极不作为发展到积极作为。在罗马法中，地役权的类型限于消极不作为的地役权，相对人负担的义务仅仅是容忍的义务。而现代地役权的类型发展到积极作为的地役权，供役地人可以负担积极作为的义务。⑤ 此种发展的原因在于，要实现物尽其用，充分利用资源。二是，消极不作为的地役权类型中也发展出了一些新的次类型。这尤其表现在欧陆一些国家出现了限制营业竞争地役权，它主要是指在需役地上从事了某种经营活动，通过设定地役权而禁止或限制

---

① MünchenKomm/Joost，BGB § 1018，Rn. 21.
② 参见唐晓晴译：《物权法》，澳门大学法学院1997—1998年度法律课程教材，211页。
③ 参见谢在全：《民法物权论》（中册），188页，台北，自版，2003。
④ 参见李益民等：《论地役权对物权法定原则之补充》，载《河北法学》，2006（2）。
⑤ 参见谢在全：《民法物权论》（中册），193页，台北，自版，2003。

供役地上再从事相同或类似的营业。例如，某人在某一土地上建造一家酒店，可以在相邻的土地上与他人设立一项地役权，地役权的内容是禁止邻地上再建造酒店。这种地役权的出现使地役权从内容到形式都发生了重大的改变，并且导致地役权和人役权的界限模糊。[①] 竞业禁止通常发生于企业转让行为之后，受让人往往要求出让人在今后一段时间内，不得从事与受让人业务相竞争的行为，或者不在受让企业附近区域内设立新的竞争企业。这在性质上属于地役权还是人役权，学术上存在争议。法国过去的判例认为，此种权利是人役权，因为受益的主体是需役地人，而不是需役地。但是，现在也有判例认为，此种权利也可以构成地役权，尤其是受益主体中有不动产的情形。[②] 三是，公共地役权也日益重要，其在城市规划、铺设石油管线、环境生态保护等方面发挥了积极作用。此种地役权非为私人利益而为公共利益而设定。

（4）地役权制度在保护环境方面的作用逐步强化。由于地役权涉及对他人之物的利用，而且对不相邻的物也可以加以利用，所以，这种利用可以极大地发挥其在环境保护方面的作用。早在 19 世纪中叶，英国法律就承认当事人可以通过设定地役权合同设定保护环境的义务。[③] 而在当代，这种地役权合同大量地涉及环境保护内容，例如，通过设定地役权而禁止他人的声响干扰和侵入，以保持宁静的环境。[④] 再如，为了维持某一处湿地的生态，而穿越他人的土地铺设较粗管道引水保持湿地水源等。地役权在当代还扩大适用到建筑物区分所有的框架范围内，如区分所有人承诺不进行某些建筑行为，以免损害建筑物的外观美感，或者区分所有人承诺在建筑物内不从事某些职业（包括自由职业），以免影响其他业主居住和生活的宁静。在美国的许多州，已有法律明确设立景色地役权，或称保护地役权（conservation easement）。《统一保护地役权法案》第 1（1）条将保护地

---

① 参见［德］鲍尔、施蒂尔纳：《德国物权法》（上册），张双根译，715 页，北京，法律出版社，2004。

② Philippe Malaurie，Laurent Aynès，Les biens，op. cit.，p. 323；Christian Larroumet，Droit civil，Les biens，Droits réels principaux，op. cit.，p. 498.

③ 参见顾向一：《环境权保护在我国物权立法中的体现》，载《理论月刊》，2006（10）。

④ 参见谢在全：《民法物权论》（中册），193 页，台北，自版，2003。

役权定义为一种非占有性权益，它限制或者要求保留或者保护不动产的自然的景色优美或者开放空间的价值。①

（5）地役权主体的发展。一方面，地役权在主体上，从过去单纯的个体发展到群体，这就意味着，地役权的权利人和义务人都有可能是群体。在权利人和义务人的身份问题上，当事人各方可能彼此都要对对方负担义务和行使权利，突破了权利人和义务人相对固定的特点。② 另一方面，所有人地役权获得了承认。传统民法认为，供役地人不能在自己的土地上设定地役权，该原则起源于罗马法上"于自己之土地不成立地役权"（Nemini res suas servit）的规则。③《瑞士民法典》率先突破了罗马法上的规则，承认地役权的客体可扩大到所有权人的不动产。这就出现了所谓"所有人地役权"。该法典第 733 条明确规定："所有人可在自己的土地上，为属于自己的另一块土地的利益，设定地役权。"此后，其他一些国家也纷纷仿效。④ 采纳所有人地役权的主要理由是，地役权并不是调节土地的所有，而在于调节土地的利用关系，因此当地役权和所有权合二为一时，只要有利于对所有物的利用，有助于实现所有人的利益，仍可保留地役权。⑤ 例如，在不动产上已经存在某种使用权的情况下，所有权人已经不能再对其土地任意进行使用收益，其就有可能为了自己另一不动产的便利而在该不动产上设定地役权。⑥

四、我国《民法典》中的地役权

我国古代法律中实际上已经出现了一些地役权的具体类型，如汉代法律中就

---

① 参见［美］约翰·E. 克里贝特等：《财产法：案例与材料》，7 版，齐东祥、陈刚译，482 页，北京，中国政法大学出版社，2003。

② Philippe Malaurie, Laurent Aynès, Les biens, op. cit., p. 323；Christian Larroumet, Droit civil, Les biens, Droits réels principaux, op. cit., p. 498.

③ 参见［德］鲍尔、施蒂尔纳：《德国物权法》（上册），张双根译，723 页，北京，法律出版社，2004。

④ 参见《葡萄牙民法典》第 1362 条，《澳门民法典》第 1279 条。

⑤ 参见刘清景主编：《民法物权》，275 页，台北，学知出版社，1997。

⑥ 参见尹飞：《物权法·用益物权》，385 页，北京，中国法制出版社，2005。

出现了具体的利用他人土地的权利。但是，因为我国诸法合体的立法体制，地役权并没有作为一项独立的制度而存在。《大清民律草案》第一次规定了地役权制度。国民政府于1929年11月30日公布了《中华民国民法》中的物权编，其中规定了地役权制度。中华人民共和国成立后，我国的民法都没有规定地役权制度。例如，《民法通则》只是规定了相邻关系制度。《民法典》规定了地役权制度，这是对我国用益物权制度的重大发展和完善。

传统物权法中的地役权是以土地私有制为基础的，但《民法典》规定的地役权是设立于土地公有制基础之上的用益物权，因而具有自己的特征，具体表现为：一方面，用益物权之上可以设立地役权。从比较法看，各国法律大多规定权利之上不得设立用益物权，但是由于我国实行土地公有，土地本身不得转让，对土地的利用需要在土地之上设立用益物权，因此在土地权利之上才有可能设立地役权。另一方面，《民法典》并未规定"法定役权"。所谓法定役权，是指直接由法律加以规定的地役权，例如《法国民法典》第682条规定，"袋地"的权利人有法定的通行权。[①]　我国《民法典》未规定"法定役权"，主要是因为国家和集体可以以土地所有人的身份而直接利用土地，没有必要通过设定法定役权的方式来利用公有的土地。尤其需要指出的是，从最严格地保护耕地、维护环境等政策出发，对地役权的适用范围应有严格限制，任何人不能通过设定地役权，在供役地之上变相从事房地产开发等建设活动，从而导致耕地的流失。

《民法典》确认地役权制度，有助于完善不动产权利体系。在《物权法》制定之前，我国的不动产权利体系不够健全，导致相邻权与地役权难以区分，人们也不能通过设定地役权的方式来有效利用土地资源。例如，在我国，农村土地的征收程序日渐复杂，许多企事业单位利用农村土地修建各种设施、埋藏管道时，不可能都借助政府行使征收权力来解决用地问题，而且，这些利用方式也不是建设用地使用权、农村土地承包经营权所能够涵盖的。而通过地役权的设定，就能够实现对农村土地在农业生产和建设之外的其他方式的利用。因此，在我国土地

---

① Philippe Malaurie, Laurent Aynès, Les biens, Defrénois, 2003, p. 317.

公有制条件下，为了有效地利用土地，也应当允许在不同的土地所有人和使用人之间设定地役权。

《民法典》确认地役权制度，有助于促进对土地资源的有效利用。地役权制度为权利人在他人的不动产之上通过约定设定用益物权提供了极大的方便。[①] 当事人完全可以基于自己的利益和需要利用他人的不动产。土地的利用方式是多样化的，地役权的设定通常比较灵活。法律规定地役权，区分了相邻关系和地役权制度，从而有利于提高土地的利用效率。[②] 例如，在邻地上设立停放轿车的权利、在他人土地上规定营业禁止的权利等，这些都可以采用地役权的方式设立。地役权的这一特点极大地弥补了物权法定的不足。通过设立地役权的方式，既不损害土地上既有的权利人的利益，又能够更进一步发挥土地使用权的价值。[③] 如果没有地役权制度，通过法定的相邻关系又无法取得这种便利，则一方要么去购买对方的整个不动产，要么通过订立一般的合同来实现这种利用。但是这两种方式都有其明显的不足：通过债权方式利用，基于债权的相对性，其权利不能对抗需役地的新的所有权人或者使用权人，从而无法建构一种长期稳定的权利；通过购买整个不动产，则耗资巨大，而且对方当事人也未必愿意转让。而地役权就克服了这两种方式的弊端，实现了对他人不动产的有效利用。

《民法典》确认地役权制度，有助于克服物权类型法定化的不足，实现意思自治。基于物权法定主义，物权类型必须由法律规定。物权法虽然规定了各种用益物权的类型，并对其内容也就是具体的不动产利用方式进行了明确的规定，但由于社会发展的需要，当事人利用不动产的需求具有多样性，法定化的权利类型远远不能满足这些需求。而地役权虽然为法律列举的物权类型，但对其具体内容法律并不直接加以规定，而基本上委诸当事人通过合同加以约定，这就满足了土地利用形式多样性的要求，当事人可以通过设定地役权的方式来实现对土地的多种利用，从而有力地克服了法律对用益物权类型规定的不足。因此，地役权协调

① 参见梁慧星编著：《中国物权法草案建议稿》，554 页，北京，社会科学文献出版社，2000。
② 参见王卫国、王广华主编：《中国土地权利的法制建设》，174 页，北京，中国政法大学出版社，2002。
③ 参见王卫国、王广华主编：《中国土地权利的法制建设》，175 页，北京，中国政法大学出版社，2002。

了意思自治与物权法定，有利于克服物权法定的僵化。[1]

第三节　地役权与相邻权的关系

一、两种权利的立法模式比较

自罗马法以来，大陆法系各国民法大多严格区分地役权和相邻权。在罗马法中，对所有权的私法限制集中表现在相邻关系上，因而相邻权并非一种物权。而地役权尽管也是对他人物上的负担，是对他人权利的限制，但其本质上是一种独立的物权。[2] 尤其是随着登记制度的发展，地役权也可以通过登记的方式进行公示，在此情况下，地役权与相邻关系在性质上的区分日益明显。

罗马法的模式对大陆法的物权法制度产生了重大的影响，19 世纪之后，罗马法中有关役权的理论以及种类划分被欧洲大陆各国普遍接受[3]，甚至英国法也接受了地役权的概念。但大陆法系各国物权法基于本国的国情以及法律文化传统，对罗马法的借鉴也不完全相同，因此形成了两种不同的制度模式。

一是合并立法模式，此种模式的特点是将相邻关系纳入地役权的范围来调整。在此种模式下，相邻权被称为法定地役权。欧洲中世纪时期采取了此种做法。依据欧洲中世纪时期的普通法、普鲁士普通邦法，除了约定之外，通过法定的默示方式也可以设定地役权。[4] 合并立法模式后来被法国法系各国民法所继受。例如，《法国民法典》既规定了约定地役权，也规定了法定地役权[5]，但并没有对相邻关系作专门的规定。《法国民法典》第 639 条则对役权发生的原因进

---

① 参见李益民等：《论地役权对物权法定原则之补充》，载《河北法学》，2006（2）。

② 参见唐晓晴译：《物权法》，澳门大学法学院 1997—1998 年度法律课程教材，211 页。

③ Helmut Coing, Europäisches Privatrecht, Band Ⅱ, 1989, S. 404.

④ 参见《德国民法典实施法（EGBGB）》第 184～187 条。

⑤ 在《法国民法典》起草时，立法者即计划用地役权制度来解决不动产相邻关系问题。参见陈华彬：《法国近邻妨害问题研究》，载梁慧星主编：《民商法论丛》，第 5 卷，北京，法律出版社，1996。

行了规定，"役权之发生，或者因场所的自然位置，或者因法律强制规定的义务，或者因诸所有权人之间的约定"。从该条规定的三种形态来看，所谓因法律强制规定的义务而产生的役权，即法定役权，就是属于典型的相邻关系。① 《意大利民法典》及《俄罗斯联邦民法典》第 274 条也采取了此种模式。

　　二是分别立法模式，此种模式的特点是区分相邻关系和地役权②，主要以德国民法为代表，也为《日本民法典》所继受。《德国民法典》区分了相邻关系和地役权，该法典第三章在有关"所有权的内容"中对相邻关系进行了规定，并以此作为对所有权内容的限制，其又被称为基于民法所产生的限制。③ 该法典第一次在法律上明确区分了地役权和相邻关系。在《德国民法典》上，地役权只能通过法律行为来设立，即双方当事人必须达成设定地役权的合意并在不动产登记簿上进行登记。德国民法中的地役权主要包括通行权、提供供给的权利等权利。此外，地役权还可以被用于调整企业之间烟气等的排放以及限制营业竞争方面。④

　　我国 1986 年的《民法通则》在第五章第一节规定了相邻关系制度，但该法并没有对地役权作专门规定，地役权制度就成为法律的空白，因而在许多情况下，汲水、采光、通行等实质上属于地役权的内容，要么通过合同法进行调整，要么由相邻关系法律规则进行调整。如此处理虽然操作起来较为简便，但也存在很大局限，表现在：一方面，纳入合同法调整，会受到合同相对性规则的限制，权利人不能享有稳定的财产性权利；另一方面，纳入相邻关系调整又显得十分僵化，不利于通过意思自治的方式来妥当设定当事人的权利义务关系。随着社会经济生活的发展，这种通过法定的相邻关系规则来调整约定产生的地役权的模式，已经不再适应社会的发展和需要。⑤ 地役权所具有的意定性有助于当事人根据实际情况最有效率地利用自然资源，并赋予当事人更大的意思自治空间。尤其是随

　　① 参见罗结珍译：《法国民法典》（上册），509 页，北京，法律出版社，2005。

　　② MünchenKomm/Joost, BGB § 1018, Rn. 38.

　　③ 参见［德］鲍尔、施蒂尔纳：《德国物权法》（上册），张双根译，524 页，北京，法律出版社，2004。

　　④ Staudinger-Komm/Wolfgang Ring, BGB Vorbem zu §§ 1018 - 1029, Rdnr. 3.

　　⑤ 参见尹飞：《地役权》，载王利明等：《中国物权法教程》，405 页，北京，人民法院出版社，2007。

着市场经济的发展，对土地的利用越来越多元化，现有的用益物权类型难以满足实际需要，这就需要通过地役权这种具有较大弹性的物权类型来弥补既有用益物权体系的缺陷。①

我国《民法典》借鉴德国民法的立法模式，分别规定了相邻关系和地役权。相邻关系规则被规定在《民法典》的所有权制度中，而地役权则作为用益物权的内容加以规定，且我国《民法典》也没有承认所谓的法定地役权。我国《民法典》采纳此种模式，不仅避免了相关规定的重复，而且完善了用益物权的体系，弥补了《民法通则》的立法缺陷。

二、地役权和相邻关系的区别

1. 法定和约定的区别

相邻关系是由法律规定的。《民法典》第289条规定："法律、法规对处理相邻关系有规定的，依照其规定；法律、法规没有规定的，可以按照当地习惯。"可见，相邻关系的产生原则上是基于法律法规的规定，在例外情况下也可以基于习惯法而产生。相邻关系就是基于法律的规定或习惯法，一方有义务为相邻一方提供通风、通行、采光、日照等便利，而另一方获得这种便利从而使自己不动产权利得到实现和扩张。② 而依据《民法典》第372条的规定，地役权是基于约定产生的。从司法实践来看，这也成为地役权与相邻关系的区分标准。例如，在"王某某与向某某等地役权纠纷上诉案"中，法院认为，吉首市太丰房地产开发有限公司放弃对该相邻墙面开启窗户的权益属于对其不动产利益的约束，四被上诉人通过该协议利用吉首市太丰房地产开发有限公司的物权处分行为，保障和提升了其不动产的利益，包括眺望、采光、通风等权益。相邻权属于法定权利，不需约定即已形成，故本案纠纷应当属于地役权纠纷，而不是相邻采光、日照权益

---

① 参见张鹏：《役权的历史渊源与现代价值定位》，载梁慧星主编：《民商法论丛》，第18卷，454页，香港，金桥文化出版（香港）有限公司，2001。

② 参见谢在全：《民法物权论》（上册），289页，台北，自版，2003。

纠纷。① 之所以会产生法定和约定的区别，主要原因在于：一方面，相邻关系主要是为了维护个人最基本的生存利益和保障其最低限度的生活需要，这也体现了对个人人格尊严的保护。而地役权设定的目的是利用他人的不动产使自己的不动产效益得到增加。另一方面，在相邻关系情况下，权利的限制与扩张，可能会使一方受损，另一方获益。但一方向另一方提供便利，虽然使自己的权利受到限制，却使得另一方的不动产能够得到正常的利用。但在地役权关系中，一方利用他人的不动产使自己不动产的效益提高，常常是为了获得商业上的利益，并且因为提供这种便利可能使供役地人蒙受重大损害，在此情况下也就很难用效益的标准进行评价，只能通过双方协商谈判和合理补偿的方式来解决。

2. 在提供便利的内容上存在区别

相邻关系是一方基于法律的规定而为另一方所提供的通风、通行、采光、日照、铺设管线等便利。提供这些便利的方式和内容，大多都是法律直接规定的。但是，对于地役权而言，一方利用他人的不动产而使自己的不动产获得效益，究竟采取什么样的利用方式和提供便利的方式，完全是当事人双方自己约定的，法律上不作限定。在现代社会，为了有效率地利用土地等资源，当事人通过设定地役权，利用不动产和提供便利的方式越来越复杂。例如，通过他人承包的土地引水，依据相邻关系的规定，一方有义务向另一方提供便利。但一方本来可以采用水管引水的办法，而为了自身的方便，引水人希望在他人的土地上挖一条水渠引水，这显然就不是向对方提出了提供最低的便利要求，而是提出了较高的要求。对另一方来说，应当允许他人通过水管等方法引水，因为提供这种便利并没有使自己遭受较大的损失，但是，其并没有法定的义务向对方提供水渠引水的便利。这种情况下，当事人之间就可以通过设立地役权的方式来提供此种便利。所以，笔者认为，前者属于相邻权的范畴，后者则属于地役权的内容。

3. 设立是否需要登记的区别

相邻关系本质上不是一种独立的物权，而是对所有权的限制和延伸，其产生

---

① 参见湖南省湘西土家族苗族自治州中级人民法院判决（2012）州民一终字第 264 号民事裁判书。

的权利义务与所有权共存，不可能单独取得或丧失，也不因相对人的意思而取得、丧失或变更，因此也就不需要办理登记。① 相邻关系也不可能作为独立的物权而对抗第三人，因此在法律上相邻关系不需要登记。但对地役权而言，虽然在设定上可以直接根据地役权合同而设定，但是，根据《民法典》第374条，当事人也可以通过登记而使之产生对抗第三人的效力。

4. 是否要求不动产相邻不同

尽管在现代民法中，由于相邻关系的适用范围扩大了，相邻的概念也可以包括两个不动产的所有人或使用人相距甚远的情况。例如，在上游和下游的用水人之间，也可以发生相邻关系，而上游的用水人与下游的用水人之间在地理位置上并不一定相邻。② 但一般认为，相邻关系中的相邻都是指相互毗邻的关系，"相邻关系者邻接之不动产，其所有人相互间之权利义务关系也"③，这与地役权不同。相邻关系强调不动产相邻，地役权不要求不动产相邻。地役权可以发生在相邻的两块土地之间，也可以发生在并不相邻的不动产所有人之间。尽管在现代民法中，相邻关系的适用范围逐渐扩大，但一般认为，相邻关系中的相邻都是指相互毗邻的关系。而在地役权关系中，供役地和需役地可能并不相邻，在特殊情况下，两块土地甚至可以相隔很远。④

5. 相邻权的取得都是无偿的，而地役权的取得大都是有偿的

相邻权是法律强制一方必须为另一方提供必要的便利，另一方获得这种便利并不需要支付任何代价。只有相邻权人在利用相邻他人的不动产而造成损失时，才需要支付一定的费用，而且这种费用也不具有对价的性质，而只是一种补偿。⑤ 但是地役权大多应当是有偿的，地役权的取得一般需要支付一定的费用，因为供役地人给需役地人的土地带来了价值增值的便利，供役地人提供的这种便利也不是供役地人依法必须提供的，为此需役地人应当向对方支付一定的费用来

① 参见谢在全：《民法物权论》（上册），207页，台北，自版，2003。
② 参见王泽鉴：《民法物权·通则·所有权》，173页，台北，三民书局，1992。
③ 郑玉波：《民法物权》，91页，台北，三民书局，2003。
④ 参见刘家安：《物权法论》，2版，343页，北京，中国政法大学出版社，2015。
⑤ 参见房绍坤：《物权法 用益物权编》，261页，北京，中国人民大学出版社，2007。

作为自己获得一定的便利的对价，这是符合等价交换原则的。当然，按照合同自由原则，如果供役地人放弃补偿的要求，也不应影响地役权设定的效力。

6. 权利是否可以移转不同

相邻关系的产生以不动产相邻为基础，其目的在于为相邻的不动产权利人之间提供最基本的生产、生活上的便利，因此，为了保障不动产权利人最基本的生产、生活需要，法律一般不允许转让；同时，其是基于法律的规定而产生，只要不动产相邻，相关主体都可以基于法律规定提出请求，因此，相邻权也没有转让的必要。而地役权是当事人约定的，其可以转让。

总之，地役权与相邻权在调整不动产之间关系上的地位和作用方面形成了合理的分工，两者不能相互替代。相邻权直接为相毗邻的不动产之间的关系设定了法定的标准，主要体现在法律直接规定相邻权的形式。但单纯采相邻关系的立法方式既不能全面地调整实际生活中不动产之间关系的形式，又抑制了当事人的意思自治，不利于土地实际价值的最大限度的发挥，因此需要通过允许当事人设立地役权的方式，利用协议安排其关于不动产的提供便利的问题，从而弥补相邻关系的规定的不足。①

三、地役权合同是否可以改变或排除地役权规则

地役权是约定的权利，而相邻权是法定的权利。由于相邻关系中涉及一方的基本生存问题，所以通过私法自治难以解决双方之间的利益冲突。一旦通过合同来安排双方之间提供便利的问题，一方就有可能利用对方生存的急需而漫天要价，提出高昂的补偿要求，另一方有可能在自己的生存利益不能得到保障的情况下采取过激的手段，从而易于引发冲突和矛盾，不利于社会秩序的稳定。② 所以，有必要由法律通过强行性规范，来解决此种激烈的利益冲突，化解矛盾。但

---

① 参见马新彦、张晓阳：《地役权的借鉴与重构》，载王利明主编：《物权法专题研究》（上册），784~787页，长春，吉林人民出版社，2002。

② 参见申卫星：《地役权制度的立法价值与模式选择》，载《现代法学》，2004（10）。

在地役权关系中，不存在对当事人基本生活保障的问题，其主要是为了更有效率地利用资源。因此，应当允许当事人通过约定排除地役权的相关法律规则。

即便对相邻关系的规则，虽然原则上不应当允许当事人通过合同加以改变。但是，社会生活纷繁复杂，立法者难以对相邻关系中的具体内容规定得十分详细，因此需要允许当事人通过合同对相邻关系的具体内容作出约定，以弥补法定的不足。① 例如，在意大利，所谓法定地役权，实际上已经变成依不动产相邻的事实而依法产生的缔结地役权契约的义务，双方可就相邻权的方式、补偿等内容进行协商；协商不成，可由法院判决。②

值得探讨的是，究竟哪些相邻关系的规则可以被地役权变更或排除。笔者认为，除了基本的生存利益外，如必要的通风、采光等，其他的应当可以通过地役权合同来变更或排除。但当事人不能够在合同中排斥保护基本生存利益的规则，例如，不能在合同中约定当事人永远不享有日照权或者约定袋地权利人不享有通行权，这些约定都是违反公序良俗的。

第四节　地役权的分类

一、法定地役权和约定地役权

所谓法定地役权，是指基于法律规定而产生的地役权。法定地役权主要是基于相邻关系、取得时效、法定继承及法律的特别规定取得的。③ 约定地役权，是指基于当事人的约定而产生的地役权。如前所述，大陆法系许多国家区分了法定地役权和约定地役权。一些国家（如法国）的法定地役权主要是指相邻权。据

---

① 参见苏永钦：《走入新世纪的私法自治》，250 页，北京，中国政法大学出版社，2002。
② 参见张鹏：《役权的历史渊源与现代价值定位》，载梁慧星主编：《民商法论丛》，第 18 卷，486 页，香港，金桥文化出版（香港）有限公司，2001。
③ 参见［日］我妻荣：《新订物权法》，431 页，北京，中国法制出版社，2008。

此，我国也有学者主张我国物权法中应当分别规定法定地役权和约定地役权。[①]
笔者认为，由于物权法中已经严格区分了地役权和相邻关系，所以，相邻关系不
再属于地役权的范畴。至于其他的法定地役权，也是不存在的。《民法典》并没
有承认取得时效，因此，当事人不可能基于取得时效而取得地役权。至于继承取
得的方式，也不属于法定地役权，因为继承本质上属于权利主体的变更或者权利
的移转，而不是权利的设定。所以，因继承而取得地役权，并不意味着这种地役
权就是法定地役权，事实上任何意定物权都可能因继承而发生权利主体的变更。
而且，地役权本质上为财产权，不具有人身专属性，可以作为继承的标的。在需
役地人死亡的情况下，地役权可以作为遗产一并发生继承。此种继承并无特殊之
处，因此《民法典》也没有必要规定因继承而取得地役权。所以，笔者认为，
《民法典》仅对约定地役权作出规定，符合我国的实际情况。所以，在我国物权
法上只存在约定地役权而不存在法定地役权。

二、作为地役权和不作为地役权

按照地役权人行为的性质，地役权可以分为作为地役权和不作为地役权。作
为地役权，又称为积极地役权，是指地役权人可以在供役地上实施一定积极行为
的地役权。实际上是指供役地人容忍地役权人在其不动产上实施一定的行为，从
这个意义上讲，它又称为容忍地役权。[②] 通常情况下，在供役地上通行、取水、
修建管道管线等设施等权利，都是地役权人享有的作为地役权。例如，甲和乙约
定，甲可以在乙的土地上通行。不作为地役权，又称为消极地役权，是指地役权
人有权要求供役地人不得实施特定行为的地役权。[③] 例如，甲和乙约定，乙不能
在自己的土地上修建加油站。再如，甲乙双方约定，乙不得在自己房屋上设置
广告牌，这也是不作为地役权。在此种地役权中，供役地人自己负有不作为义

[①]　参见高富平：《土地使用权和用益物权》，202 页，北京，法律出版社，2001。
[②]　参见谢在全：《民法物权论》（中册），192 页，台北，自版，2003。
[③]　参见王泽鉴：《民法物权》，第 2 册，77 页，台北，自版，2001。

务，即被禁止从事某种行为，以免妨碍需役地人行使权利。

三、继续地役权和不继续地役权

按照地役权的行使形态，地役权可以分为继续地役权和不继续地役权。所谓继续地役权，是指权利内容的实现，不必要每次都有地役权人的行为，只要在时间上能够继续无间断地利用，就可以提高自己不动产的效用，实现便利的地役权。[①] 例如，甲乙双方约定，乙不得建造高层建筑，甲便在约定的时间内，持续地享有眺望权。所谓不继续地役权，是指地役权人每次行使权利必须实施一定的行为的地役权。[②] 例如，双方约定，需役地人每逢生产季节都需要从供役地取土、汲水等；再如，双方约定设立通行地役权，如果没有修建专门的通行道路，权利人每次通行都要穿越供役地。可见不继续地役权的权利人每次实现地役权需要重复实施约定的行为。

四、通行、引水、排水、汲水、铺设管线、构造设施等地役权

按照具体内容划分，典型的地役权可以区分为如下几种。

（一）通行地役权

所谓通行地役权（Wegerecht）[③]，是指地役权人可以在他人土地上通行的权利。地役权人可以修筑道路，也可以不修筑道路而通行于他人土地之上。[④] 权利人选择何种方式通行，应当通过地役权合同具体约定，但是约定的内容不能违反法律的强行性规定。

（二）引水、排水、汲水地役权

所谓引水地役权，就是指权利人享有在供役地上修建管道、沟渠等设施，从

---

① 参见谢在全：《民法物权论》（中册），400 页，台北，自版，2003。
② 参见王泽鉴：《民法物权》，第 2 册，77 页，台北，自版，2001。
③ MünchenKomm/Joost，BGB § 1018，Rn. 29；Jauernig/ Berger，BGB § 1018，Rn. 4.
④ 参见史尚宽：《物权法论》，234 页，北京，中国政法大学出版社，2000。

而将水源引入自己土地的地役权。所谓排水地役权（Recht auf Wasserablei-tung），是指权利人享有通过他人的土地将水流排出的地役权。所谓汲水地役权（Recht auf Wasserentnahme），是指权利人享有在供役地人的井中或者供役地之内的其他水源中取水的权利。[①] 在此应区分汲水地役权与相邻权，如果取水是对不动产的最低限度的合理利用，就属于相邻关系的范畴。但如果超出此最低容忍限度，给对方行使权利造成较大负担，就应当设定为地役权。

（三）铺设管线、构造设施地役权

所谓铺设管线（Verlegungsrecht für Leitungen）和构造设施的地役权，是指权利人在供役地上铺设管道、管线及建造、利用、保有一定设施的地役权。[②] 铺设管道、管线和构造设施，也受到相邻关系调整。[③] 但相邻关系和地役权是存在区别的，相邻关系只能满足最低限度的铺设管线和构造设施的需要，超出此种限度，就必须设立地役权。需要探讨的情况是，如果甲乙双方在合同中约定，甲利用乙集体组织的土地修建一定的设施（如在高速公路旁修建加油站），这是否属于设立地役权的问题？对此，存在不同看法。笔者认为，甲不能通过设立地役权的方式而取得建造加油站的权利。因为各种用益物权之间存在内容上的区分，如果地役权中有关对他人土地的利用包含了其他用益物权的内容，就使得地役权实际上取代了其他的用益物权类型，这不符合法律设定用益物权的目的。因此，地役权中对他人土地的利用，在方式上应不同于其他用益物权内容中的利用。所以，修建此种设施只能通过征收的方式先将土地转为国有，再设立建设用地使用权，或者通过土地租赁设立债权性利用权。

（四）眺望地役权

所谓眺望地役权，是指一方为了享有在其不动产上进行眺望的利益，而与他方约定，另一方不得建造过高建筑物，遮挡其眺望的视线的权利。眺望本身并非为了满足个人生产、生活的急需，因此不动产权利人要享有眺望的权利，就必须设立地役权。眺望地役权既是为了需役地的利益，也是为了需役地权利人的利

---

①② MünchenKomm/Joost，BGB § 1018，Rn. 29；Jauernig/ Berger，BGB § 1018，Rn. 4.
③　参见《物权法》第 88 条。

益。地役权人享有的权益，既可以是具有财产价值的权益，也可以是具有精神价值或美观价值的权益。[1] 例如，甲在海边建造一座别墅时，与海边建造房屋的乙设立眺望地役权，约定乙不能建造超过一定高度的高楼，以免影响其眺望大海。

（五）放牧地役权

所谓放牧地役权，就是指在他人的土地上放养牲畜的地役权。[2] 如果双方达成了协议，无论有偿或无偿，都可以构成放牧地役权。例如，甲和乙承包了相邻的草地，甲为了在更大的范围内放养自己的牲畜，与乙约定在乙承包的草地上放养牲畜，甲因此就享有了放牧地役权。

（六）取土地役权

所谓取土地役权（Recht auf Entnahme von Bodenbestandteilen），是指双方通过合同约定，一方允许另一方在其土地之上取土作业和建设必要设施的权利。[3] 这里所说的建设必要设施，是为了取土作业的需要而建造的必要设施。例如，一方的土地地表在暴雨后被冲刷流失，难以再进行种植，因此需要在他人土地之上采掘一些泥土以恢复自己土地的原貌，这时就可以和对方约定，在对方土地上设定取土地役权。

（七）营业禁止地役权

所谓营业禁止地役权，是指权利人可以请求供役地人不得实施特定营业的地役权。例如，一方在自己的房屋内经营咖啡馆，为了保证顾客流量，因而与对面的房屋所有人约定，其不得在房屋内经营同样的咖啡馆。营业禁止地役权是近几十年以来地役权发展的结果，因此带来了地役权的"第二春"[4]。我国社会实践中尚未出现此种类型的地役权，但是，随着社会的发展，此种地役权应当有广阔的适用空间。

（八）空间地役权

所谓空间地役权，是指利用他人土地、房屋等不动产的一定空间树立广告

---

[1] 参见［德］鲍尔、施蒂尔纳：《德国物权法》（上册），张双根译，714 页，北京，法律出版社，2004。

[2] 参见史尚宽：《物权法论》，234 页，北京，中国政法大学出版社，2000。

[3] MünchenKomm/Joost, BGB § 1018, Rn. 29；Jauernig/ Berger, BGB § 1018, Rn. 4.

[4] 王泽鉴：《民法物权·用益物权·占有》，修订版，12 页，台北，自版，2001。

牌、构造设施等的地役权。例如双方通过约定，一方在他人的承包地上或者房顶树立广告牌，或者在他人门前树立指示牌。我国《民法典》将空间权包含在建设用地使用权之中，但是空间权可以单独设立，所以，空间地役权也可以单独设立。

五、已经登记的地役权和未经登记的地役权

按照地役权是否登记，可以将地役权分为已经登记的地役权和未经登记的地役权。根据《民法典》第 374 条的规定，地役权的设立和转让采登记对抗主义。登记不是地役权设立和变动的生效要件，而是对抗要件。已登记的地役权，具有完整的物权效力；未登记的地役权，不能对抗善意第三人。

第五节　地役权的设立

一、地役权自合同生效时设立

《民法典》第 374 条规定："地役权自地役权合同生效时设立。当事人要求登记的，可以向登记机构申请地役权登记；未经登记，不得对抗善意第三人。"根据这一规定，设定地役权的合同生效之时，地役权即设立。地役权合同具有债权合同的性质，其签订的程序、内容都要符合《民法典》合同编的相关规定。按照《民法典》第 373 条的规定，地役权设定合同生效之后，地役权随之产生，无论当事人是否办理了地役权登记，都不影响地役权本身的效力，但未经登记，不得对抗善意第三人。据此可见，《民法典》关于地役权的设立采取了登记对抗主义。[①] 在地役权合同生效之后，有一些地役权人要占有供役地人的不动产才能实

[①]　参见黄薇主编：《中华人民共和国民法典物权编解读》，566 页，北京，中国法制出版社，2020。

际享有地役权，另一些地役权人不需要占有他人不动产就可以享有地役权。但是，无论是否占有他人不动产，都不影响地役权的设立，只是可能实际影响地役权人权利的行使。地役权合同的生效能够产生物权设立的效果，主要是因为《民法典》将地役权确认为一种用益物权，直接赋予其物权的效力。

地役权合同，是指当事人双方通过自由协商，设立地役权并确定其内容的合同。地役权的内容必须符合法律规定，在设立地役权时，如果违反法律的强行性规范（如允许需役地人排放超过法定排放标准的污染物等），违反公共秩序和善良风俗（如完全禁止供役地人对其土地的使用等），则地役权的设立行为无效。①例如，如果当事人设定以禁止袋地通行为内容的地役权，或设定容忍权利滥用的地役权的，这些设定行为都是无效的。从形式上看，地役权合同具有要式性，合同必须采取书面的形式。此外，地役权合同是双务合同。在地役权合同中，供役地人为需役地人提供使用不动产的便利，其义务是主动提供便利或者容忍。正是因为地役权合同是双务合同，所以，如果是有偿的地役权合同，一方拒绝支付对价，基于给付与对待给付之间的牵连性，另一方可以行使同时履行抗辩权，拒绝提供便利。

二、地役权合同的内容

依据《民法典》第 373 条的规定，设立地役权，当事人应当采用书面形式订立地役权合同。地役权合同主要应当包括以下内容。

（1）当事人的姓名、名称和住所。地役权合同首先需要明确记载合同双方当事人，即地役权关系中的供役地人和需役地人，这就确定了双方当事人权利义务的载体。

（2）供役地和需役地的位置。地役权是发生在特定的供役地和需役地之间的法律关系，地役权作为一种物权，必须具有自己明确的支配对象，这就需要确定

---

① 参见梁慧星主编：《中国物权法研究》，775 页，北京，法律出版社，1998。

供役地和需役地具体的位置。当事人应当在合同中标明供役地和需役地的方位、四至以及面积。①

（3）利用目的和方法。地役权在本质上是利用他人的不动产，因此其是一种利用权。但是，法律只能对利用方式作原则性规定，而关于具体的利用目的和方法，都只能通过当事人采取自由协商的方式确定。正是因为当事人可以在合同中约定利用的目的和方法，地役权才能满足权利人多样化的需要，最大限度地发挥供役地和需役地的利用效率。地役权的类型不同，利用的方式也不同。例如，在袋地通行的情况下，需役地人利用供役地的目的是使自己的土地得以与外界相连，便于行走；而在引水地役权的情况下，需役地人利用供役地是为了自己的土地能够得到水源进行灌溉；在眺望地役权的情况下，需役地人利用供役地是为了自己能够在屋内进行远景眺望，以满足其精神上的审美需要。再如，只要权利内容不相冲突，供役地人就可以在其供役地上为多个需役地人设立地役权（如同时设立引水地役权和排水地役权）。② 同样，即使是为了实现同样的利用目的，具体的利用方法也可以各不相同。例如，在通行地役权中，地役权人可以修建道路也可以不修建道路。总之，地役权合同中利用的目的和方法在具体情况下才能确定，而且具有多样性，应由当事人双方进行自由协商、安排。

（4）利用期限。罗马法中的地役权为无期限的用益物权，但现代民法大多认为，地役权应当具有期限性。《民法典》第377条规定："地役权期限由当事人约定；但是，不得超过土地承包经营权、建设用地使用权等用益物权的剩余期限。"依据这一规定，当事人所约定的利用期限不得超过土地承包经营权、建设用地使用权等用益物权的剩余期限。

要求地役权的期限不得超过土地承包经营权、建设用地使用权等用益物权的剩余期限，包括如下几个方面的内容：第一，无论是供役地还是需役地，都不得

---

① 参见全国人大常委会法制工作委员会民法室编：《中华人民共和国物权法条文说明、立法理由及相关规定》，286页，北京，北京大学出版社，2007。

② 参见郑玉波：《民法物权》，221页，台北，三民书局，2003。

超过土地承包经营权、建设用地使用权等用益物权的剩余期限。因为如果是需役地，在期限超出之后，按照地役权的从属性，当事人既然对需役地都不再享有权利，则当然不能享有地役权。对供役地人来说，如果地役权期限已经超出剩余期限，则供役地人对供役地已经不再享有权利，也就无权在该不动产上为他人设定地役权。因此，无论是供役地还是需役地，其期限都不得超过土地承包经营权等的剩余期限。第二，土地承包经营权、建设用地使用权等用益物权的剩余期限就是地役权设定的最长期限。法律没有规定地役权的最短期限，但是规定了地役权的最长期限，即不得超过土地承包经营权、建设用地使用权等用益物权的剩余期限。因此，当事人可以在合同中自由设定低于土地承包经营权等的剩余期限。[1]第三，如果地役权合同的期限超过了供役地上其他用益物权的剩余期限，则因为在超过的期限内地役权实际上已经无法行使，且已经无存续的必要，因此可以认为超过了最长剩余期限的地役权自动失效。

（5）费用及其支付方式。地役权合同大多是双务有偿的，因为地役权人要利用他人的不动产提高自己不动产的效益，所以，此种利用通常不能是无偿的利用。权利人利用他人土地的方式有多种，既可以是以营利为目的的利用，也可以是不以营利为目的的利用，但都使权利人从利用中受益。如果是以营利为目的的利用，实际上就是经营性的利用。[2]地役权是利用他人的不动产以提高自己不动产的效益，那么地役权人获得了经济利益，就应当给对方当事人以一定的经济补偿。有关费用补偿问题，通常是由合同确定的，而不必在登记中予以记载。[3]当然，法律也不禁止当事人订立无偿的地役权合同。

（6）解决争议的方法。当事人可以在合同中事先约定，在地役权合同发生争议的情况下，究竟是采取诉讼还是仲裁的方式解决争议。

需要指出的是，《民法典》第 373 条虽然对地役权合同中的条款进行了列举规定，但其也明确指出这些条款是"地役权合同一般包括下列条款"。因此，其

---

① 参见姚红主编：《中华人民共和国物权法精解》，285 页，北京，人民出版社，2007。
② 参见梁慧星编著：《中国物权法草案建议稿》，554 页，北京，社会科学文献出版社，2000。
③ 参见［日］我妻荣：《日本物权法》，383 页，台北，五南图书出版有限公司，1999。

列举的规定乃是倡导性条款，而非必要条款，这些条款的订立完全取决于当事人的协商。如果当事人没有约定，地役权合同未必无效。当事人嗣后可以通过协商补充协议，法院也可以通过各种解释方法弥补合同漏洞。《民法典》第 373 条的规定作为倡导性条款，有助于尽可能发挥当事人的意思自治，从而设定满足自己需要的地役权。正是从这个意义上说，地役权可以称为"类型法定、内容意定"的权利。

三、地役权采登记对抗主义

比较法上，地役权的设立没有统一的模式，基本上可以概括为两种模式，即登记生效（要件）主义和登记对抗主义两种模式。

一是登记要件主义。就地役权的设定而言，《德国民法典》采纳登记要件主义。一般认为地役权的成立需要当事人之间的物权合意，同时在土地登记簿上登记。[①] 也就是说，地役权的成立以登记为必要。地役权作为客观物上权利（subjektiv-dingliches Recht）的一种，依据《德国民法典》第 873 条的规定，其产生（Entstellung）须以合意和登记（Einigung und Eintragung）为前提。[②] 因此，地役权作为一种物权（dingliches Recht），其产生须通过以对象地产为标的的合意和在土地登记簿中的登记。[③]

二是登记对抗主义。法国法认为，地役权的设定不以地产登记及公告为要件。地役权如系基于法律的直接规定而设立，则无须登记；如系基于约定或者司法裁定而设立，则需登记以取得对抗第三方的效力。[④]《日本民法典》第 177 条规定，登记对抗主义适用于一切不动产物权，包括地役权。依据学者解释，地役权

---

① MünchenKomm/Joost，BGB § 1018，Rn. 59；［德］鲍尔、施蒂尔纳：《德国物权法》（上册），张双根译，722 页，北京，法律出版社，2004。

② Jörg Mayer，in：Staudinger，BGB，§ 1018 Rn. 18.

③ Bassenge，in：Palant，BGB，§ 1018 Rn. 28.

④ Philippe Malaurie，Laurent Aynès，Les biens，Defrénois，2004，p. 319.

的取得应采登记对抗主义。①

比较上述两种模式，可谓各有利弊。我国《民法典》第 374 条规定："地役权自地役权合同生效时设立。当事人要求登记的，可以向登记机构申请地役权登记；未经登记，不得对抗善意第三人。"可见，我国地役权的设定采取登记对抗主义。《民法典》关于地役权设立不必办理登记的规定，乃是《民法典》确立的登记要件主义原则的例外。《民法典》之所以采取了登记对抗主义，主要原因在于：第一，我国地役权大多发生在农村，而迄今为止，我国农村土地承包经营权和宅基地使用权登记制度尚未建立并完善，因此，如果要求地役权的设立必须登记，则广大农村就很难设立地役权。第二，如果设定地役权时强制性地要求办理登记，则会增加当事人的负担，因为相对于其他用益物权而言，地役权毕竟发生在当事人之间，法律并不要求当事人必须登记。而且地役权通常发生在相邻的不动产之间，容易识别和判断，交易范围十分有限，第三人往往难以利用；同时，地役权交易具有一定的熟人社会的特点，对陌生的第三人的影响较小，因此，地役权的设立并不要求强制进行登记。第三，我国农村基本上还是一个熟人社会，村民长期共同生活在同一区域，即便土地的界限和负担没有登记，也大都能够知悉彼此土地的权属状况，因此采用登记对抗主义即可。此外，登记的功能在于保护交易安全，而农村土地使用权的流转性很差，交易安全的需求并不突出。第四，地役权关系一般属于供、需役地双方内部的关系，因此，双方合意即可调整他们之间的关系，而登记仅在转让时对保护第三人有意义。所以，《民法典》对于地役权的设定采取登记对抗主义，也不会影响到交易安全的保护。

《民法典》第 374 条规定的登记对抗主义包含如下几方面的含义。

第一，在地役权设立方面，是否需要办理登记完全取决于当事人的自愿。如果当事人愿意办理登记，就可以通过登记取得具有完全效力的用益物权；如果当事人不愿意办理登记的，也不影响地役权的设立。只不过其取得的物权在效力上

---

① 参见［日］我妻荣：《新订物权法》，431 页，北京，中国法制出版社，2008。

受到一定的限制，即不得对抗善意的第三人。

第二，未经登记不得对抗善意第三人。所谓未经登记，不得对抗善意第三人，是指在没有登记的情况下，地役权人有权对抗供役地人和恶意第三人。但是如果发生了供役地的转让，或者是在供役地上设立其他权利，已经办理了登记，且供役地的受让人或后设立的登记权利人不知道该地已经设立了地役权，在此情形下，未经登记的地役权不得对抗已登记的权利。即使该地役权未经登记，地役权人也可以对抗知情的供役地的受让人或后设立的其他用益物权人。① 例如，甲、乙之间达成协议，甲利用乙的承包地修建水渠对自己的土地进行引水灌溉，但是未登记该地役权，后来乙将其土地承包经营权转包给了丙，且办理了登记手续，而没有告知丙该地役权存在的情况，丙也不知道该水渠是甲修建的，如果丙成为土地承包经营权人之后不愿意再为甲提供引水便利，甲只能要求乙承担违约责任。这是因为丙是善意第三人，甲享有的未登记的地役权不得对抗丙。

第三，地役权如经登记，则应当具有完全的物权效力，任何人因信赖该登记而进行的交易应受到保护。在登记之后，地役权的内容应当根据登记来确定。在地役权登记和地役权合同内容不一致时，应当以登记记载的内容为准。如果未经登记，则应当以地役权设立合同来确定地役权的具体内容。

由于地役权同时涉及供役地和需役地，地役权登记也应当在供役地和需役地上同时进行。如果两块土地上登记内容不一致，应当如何处理？在德国法中，有关地役权的登记必须被标注在供役地的土地登记簿上，仅仅标注在需役地的土地登记簿上并不能够满足设立地役权的要求。在需役地和供役地土地登记簿上所记载的内容出现矛盾时，应以供役地土地登记簿的内容为准。② 因为地役权本身是在供役地上设定负担，负担的具体内容应当征得供役地人同意。一般来说，供役地人对在自己供役地上设定、记载负担更为谨慎，且供役地登记簿的记载内容对供役地人的利益影响重大，因此地役权的内容应当以供役地登记簿上记载的内容

---

① 参见胡康生主编：《中华人民共和国物权法释义》，348 页，北京，法律出版社，2007。
② 参见《德国不动产登记条例》（GBO）第 9 条和第 21 条。

为准。这种经验是值得我们借鉴的。

第六节　地役权的内容

一、地役权人的权利义务

（一）地役权人的权利

1. 利用供役地的权利

地役权设立的目的就在于利用他人的不动产以提高自己不动产的效益。《民法典》第 375 条规定："供役地权利人应当按照合同约定，允许地役权人利用其不动产，不得妨害地役权人行使权利。"由此可见，地役权人所享有的主要权利就是利用他人的不动产。笔者认为，地役权人对他人不动产的利用，是地役权设立的目的，构成地役权人权利的核心内容，各种地役权因为形态不同，其利用的方式也存在差异。地役权一旦设定，供役地人不应当妨碍地役权人行使权利。例如，在"黄某某与徐某某地役权纠纷案"[①] 中，法院认为，依据《物权法》的规定，供役地权利人应当按照合同约定，允许地役权人利用其土地，不得妨害地役权人行使权利。本案中，当事人已经订立了地役权合同，供役地人黄某某应当按照合同约定，允许地役权人通行使用，不得妨害地役权人通行。

地役权人应当按照法律规定和合同约定行使权利。一方面，利用的权利必须合法。在物权法定原则之下，利用的权利必须由法律规定，不论是积极利用还是消极利用，不论是短期利用还是长期利用，都必须合法。例如，如果当事人设定以禁止袋地通行为内容的地役权，或设定容忍权利滥用的地役权，这些设定行为都是不合法的，设定行为无效。地役权人的利用，也不得违反公序良俗，否则地役权的设定无效。另一方面，利用的权利必须符合约定。也就是说，地役权人的

[①] 江西省赣州市中级人民法院（2015）赣中民三终字第 777 号民事判决书。

权利是在法定主义的模式下，由双方当事人具体约定的，合同确定了地役权人所享有的具体权利。当然，与建设用地使用权等用益物权不同的是，这里的利用一般不是对供役地的独占性利用，地役权人不仅可以与供役地人共同利用，也可以与第三人共同利用。①

还要看到，地役权人的利用应当与地役权的性质和目的相符合，具体而言：一方面，地役权人的利用是在相邻关系之外的一种利用，它不是为了生存的需要所进行的利用，而是出于超出正常生产生活需要所进行的利用，通常都是经营上的利用，因此法律不能强制性干预当事人的利用方式，而应由双方当事人对此协商确定。另一方面，地役权人的利用也不是为了公共利益，否则，就有可能属于相邻关系或征用的范畴。例如，因为军事演习的需要而临时铺设管线，应适用相邻关系或征用制度，而不需要设立地役权。还要看到，地役权人的利用不应当包含建设用地使用权、土地承包经营权和宅基地使用权中的利用方式，因为按照体系解释的方法，地役权的利用应当是与其他用益物权中的利用相并列的，相互间不能重合，否则就会模糊这些权利之间的界限。因此，地役权不能用于建造建筑物、构筑物及其附属设施，也不能用于从事农业生产和建造农村住宅。

2. 利用他人不动产获取效益的权利

按照《民法典》第372条的规定，地役权人不仅要利用他人的不动产，而且有权利用他人的不动产，以提高自己不动产的效益。如何理解"效益"？所谓效益，又称为便宜，就是通过利用他人的不动产来满足自己不动产的需要，以提高需役地的价值。首先，利用是为了满足需役地的需要，而不能仅仅是为了满足地役权人的需要。所谓满足需役地的需要，就是通过利用他人的不动产使需役地人的土地、房屋及不动产权利的价值增值，或者使需役地得到更有效的利用。其次，在满足需役地需要的同时，也可能满足地役权人的需要。例如，眺望地役权的设定，不仅增加了需役地人的不动产价值，而且使地役权人的精神利益得到满足。

效益可以分为财产价值形式的效益和非财产价值形式的效益。所谓财产价值

---

① 参见郑玉波：《民法物权》，221页，台北，三民书局，2003。

形式的效益，是指通过提供便利，使需役地的财产价值得到增加。所谓非财产价值形式的效益，是指具有精神上或感情上的利益。例如，为需役地的美观舒适而设定的眺望地役权。[①] 效益还可以分为经营上的利益和非经营上的利益。例如，某公司为了更好地吸引顾客，与他人达成协议，在他人土地上设定通行地役权，通向自己的商场，这是为了获得经营上的利益。而住户个人为了自己的通行便利，与他人达成协议，从他人土地上通行，则是为非经营上的利益而设定的地役权。在判断地役权中利用土地的"便宜"时，主要不是采用客观的标准，而应采用经由当事人协商确定的主观判断标准，也就是说，是否有效益，要看当事人从主观上考虑对其是否有利。

一般来说，地役权人所获得的不动产效益，不是地役权人为了从事正常的生产、生活而必须具备的条件，而是为了更有效率地经营或利用自己的不动产。地役权是超过相邻关系的限度而调和两土地的利用。[②]

3. 从事必要附属行为或建造必要设施的权利

第一，在某些情况下，地役权人为行使权利，可以在供役地上从事必要的附属行为。例如，为取水的方便而必须在供役地上通行。从事附属行为，实际上指为了实现地役权合同中约定的利用方式而实施的辅助行为。[③] 当然，地役权人从事一定的附属行为，必须是为了更好地实现其地役权而从事的必要的辅助行为。地役权人从事必要的附属行为时，应选择对供役地损害最少的处所及方法而为之。

第二，地役权人虽然不能利用地役权从事建设，但是为了实现地役权可以修建必要的附属设施。所谓"必要"，是指为了提高需役地的效益所必需的。例如，取水权人可以建造取水设施，通行权人可以修筑道路。但是，建造必要设施的权利，不能成为地役权的主要内容。毕竟从事建造应当属于建设用地使用权的范围，否则就违背了设立地役权的目的。所谓附属设施，是指为了有效实现地役权而必须修建的设施。地役权人修建设施时，还必须采取适当的方法，尽量减少给

---

① 参见谢在全：《民法物权论》（中册），184 页，台北，自版，2003。
② 参见姚瑞光：《民法物权论》，180 页，注释 4，台北，自版，1998。
③ 参见郑玉波：《民法物权》，222 页，台北，三民书局，2003。

供役地人造成损失。[①] 在地役权人建造必要的设施以后，有权取得该设施的所有权，同时，地役权人应当负有维护该附属设施的义务。

4. 取回设施的权利

既然地役权人在供役地上修建的设施属于地役权人所有，那么，在地役权终止以后，地役权人有权取回其建造的设施。但是，地役权人行使取回权，不能给供役地人造成损害。而且在取回设施之后，应当恢复不动产的原状。另外，如果供役地人愿意以市场价格购买该设施，依据诚信原则，地役权人不得拒绝。

（二）地役权人的义务

1. 必须依约定利用供役地

地役权人必须严格遵守合同的约定。《民法典》第 376 条规定："地役权人应当按照合同约定的利用目的和方法利用供役地，尽量减少对供役地权利人物权的限制。"这就要求，地役权人必须按照合同规定的目的利用供役地。例如，合同约定的是引水的地役权，就不得在供役地上进行取土、建造等与合同约定的目的并不相关的利用。如果合同约定为人的通行，就不应当改变为通车。地役权人不得自行改变双方约定的地役权行使的范围。同时，地役权人必须按照合同约定的方式来进行利用。例如，合同约定，需役地人将通过牵引管道的方式引水，那么地役权人就不得擅自违反合同以开挖水渠的方式引水。

2. 必须尽量减少对供役地人的损害

利用他人不动产的权利虽然是地役权人的权利，但依据法律规定和诚信原则，地役权人不得滥用此种权利。根据我国《民法典》第 376 条，地役权人应当"尽量减少对供役地权利人物权的限制"。所谓尽量减少限制，就是说地役权在设定之后，地役权人应当最大限度地减轻对供役地人不动产权利的损害和限制。例如，利用他人供役地来排水，则地役权人应当谨慎注意，不要使流水溢出而淹没他人土地，给供役地人造成不必要的损失。再如，在他人土地上通行，应当选取最短的道路，以免给供役地人造成不必要的损害。在不妨碍地役权实现的情况

---

① 参见梅夏英、高圣平：《物权法教程》，294 页，北京，中国人民大学出版社，2007。

下，如果供役地人需要利用该附属设施，地役权人应当允许。这不仅是为了实现物尽其用，而且是诚实信用原则的要求。[①]

3. 支付费用的义务

按照《民法典》第384条的规定，地役权人"有偿利用供役地"的，应当按期支付费用。由此表明地役权的设定，可以是有偿的，也可以是无偿的。但在实践中，设定地役权大多数是有偿的，这也是地役权与相邻关系的重要区别。如果地役权的设定是有偿的，则地役权人负有支付约定的费用的义务。有关费用支付的数额、时间、方式等都应当遵守合同的约定。

4. 自行负担维护费用的义务

地役权人在他人不动产上修建的设施，应当自行保管和维修，而且由自己负担费用。在地役权存续期间内，地役权人应当及时检修和维护该设施。因未尽保养维修义务致该设施致人损害，地役权人应当承担赔偿责任。[②]

5. 恢复原状的义务

在地役权消灭以后，应当恢复供役地的原状。在地役权消灭以后，地役权人还应当拆除所有的设施，恢复土地的原状。如果附属设施对供役地人有利用价值，双方当事人也可以协商保留该设施。关于地役权的期限的设定，法律没有明确规定，完全由当事人自由约定。[③]

二、供役地人的权利义务

（一）供役地人的权利

供役地人依据法律规定和合同约定，享有相应的权利，具体来说包括如下几类。

（1）支付费用请求权。如果地役权是有偿的，那么，供役地人有权请求地役权人依据合同支付费用，而收取地役权的费用也是供役地人同意承受土地负担的

---

① 参见谢在全：《民法物权论》（中册），47页，台北，新学林出版股份有限公司，2014。

② 参见谢在全：《民法物权论》（下册），44页，台北，新学林出版股份有限公司，2014。

③ 参见王泽鉴：《民法物权》，第2册，70页，台北，自版，2001。

主要原因。如果地役权人拒绝支付费用，且在合理期限内经两次催告仍不支付，符合《民法典》第384条规定的条件，供役地人有权解除地役权合同，并要求地役权人承担违约责任。在合同依法被解除后，地役权则随之消灭。地役权转让之后，供役地人仍然有权要求新的需役地人支付合同约定的费用。当然，供役地人除了依据《民法典》第384条行使合同解除权之外，还可以根据当事人双方的合同约定来解除合同。

如果地役权人不履行支付费用的义务，供役地权利人可否行使同时履行抗辩权，拒绝提供相应便利？笔者认为，从权利设定的目的考虑，收取费用是供役地人所享有的主要权利，缴纳费用的义务是地役权人的主给付义务，如果当事人没有就二种给付义务履行的先后顺序进行约定，那么基于双务合同中主给付义务的牵连性，供役地人应当有权行使同时履行抗辩权。

（2）使用附属设施的权利。供役地人在不违反合同约定，也不影响地役权人利用其建造的设施的前提下，可以使用地役权人修建的附属设施。例如，在不影响地役权人使用的情况下，供役地人有权利用地役权人修建的引水、排水管道。虽然法律没有对此作出明确规定，但是确认供役地人的此项权利有利于充分发挥物的使用价值，避免供役地人再重复建造相同的设施。① 当然，如果供役地人利用该附属设施的，应当同地役权人分担附属设施的保养、维修费用。当事人另有约定的，从其约定。

（3）变更供役地场所和利用方法的请求权。供役地人为了使用土地的需要，在不影响地役权设定目的的前提下，且不影响需役地人正常利用的情况下，可以请求变更地役权人利用供役地的场所和方法，地役权人原则上不得拒绝。一般认为，依据诚实信用原则，如果变更地役权的行使场所和方法对地役权人并无不利，而对供役地人有利的，需役地人应当同意。② 因此支出的费用由供役地人负担。

（二）供役地人的义务

根据《民法典》第376条的规定，地役权人应当按照合同约定的利用目的和方

---

① 参见郑玉波：《民法物权》，222页，台北，三民书局，2003。
② 参见谢在全：《民法物权论》（下册），41页，台北，新学林出版股份有限公司，2014。

法利用供役地，不得妨害地役权人行使权利。由此，供役地人主要承担如下义务。

（1）依据合同约定提供便利的义务。虽然法律对供役地人的义务作了原则性规定，但关于供役地人的具体义务应当根据合同约定来确定。无论合同如何规定，供役地人都有义务承受合同约定的负担。一般来说，供役地人的义务主要包括容忍的义务和积极行为的义务两种。在多数情况下，供役地人的义务是依据合同负担容忍的义务。正是从这个意义上说，地役权常常被认为是供役地的负担，是基于需役地的便利或者需要而对供役地设定的一种负担。因为地役权的设定使供役地人的不动产权利受到一定的限制，形成了对供役地人全面行使权利的限制。这些负担包括允许他人通行于自己的土地，放弃部分使用的权利，容忍他人对自己土地实施某种程度上的侵害等。①

（2）不妨害地役权人行使权利的义务。为了保证地役权人依据约定充分行使自己的合法权利，供役地人不得妨碍地役权人从事必要的附属行为，不得破坏地役权人建造的附属设施。

（3）共同维护附属设施的义务。如果供役地人也要利用地役权人所建造的附属设施，则基于权利义务相一致的原则，供役地人应当按照合同约定的比例来分担附属设施的维护义务。合同没有约定的，当事人应当按照合理比例承担相应的维护义务。

第七节　地役权的从属性和不可分性

一、地役权的从属性

地役权虽然是一种独立的权利，不是需役地本身权利内容的扩张，但在权利发生变动时，必须与需役地的权利变动同时发生，这就是所谓地役权的从属

---

① 参见陈华彬：《物权法原理》，540 页，北京，国家行政学院出版社，1998。

性。① 我国《民法典》第 380、381 条就是对于地役权从属性的规定。

地役权从属性的特点表现在：一方面，地役权是从属于需役地的权利。因为地役权是为需役地的便利而设立的，只有需役地人才享有地役权。此处所说的"需役地"应作广义理解，它不仅包括土地所有权本身，还包括土地承包经营权、宅基地使用权、建设用地使用权、建筑物所有权等物权。地役权对于需役地人来说是一种权利，而对于供役地人而言却是一种负担，因此，地役权并非从属于供役地的权利。② 另一方面，地役权的从属性主要体现在需役地物权变动过程中。在地役权设定以后，需役地的物权变动，必然导致地役权的变动。地役权原本就是为了需役地的便宜利用而设立在供役地上的，该权利与需役地具有一种从属性的关系，必须从属于需役地转让，只转让地役权而不转让需役地的权利是没有任何意义的；而只转让需役地的权利却不转让相关的地役权也是不合理的。③ 如果需役地没有发生物权变动，自然不产生地役权的从属性问题。

地役权的从属性在内容上包括三个方面。

（1）设立上的从属性。地役权的设立，以需役地的存在为前提。需役地的存在是地役权存在的基础。先有需役地的权利，然后才能设定地役权。如果对需役地根本不享有任何权利，则自然谈不上地役权的设定问题。在据以设立地役权的需役地所有权或者使用权消灭的情况下，地役权也因设立目的的丧失而失去存在的必要，从而归于消灭。④《民法典》第 377 条规定："地役权的期限由当事人约定，但是，不得超过土地承包经营权、建设用地使用权等用益物权的剩余期限。"可见，需役地使用权人设定地役权时，地役权期限不得超过使用权的存续期限，这正是地役权的从属性的表现。因为在需役地使用权的存续期限之内，需役地使用权人的权利仍然存在，所以可以在此基础上设定地役权。如果超出了此期限，需役地的权利已经消灭，当然不能在此基础上设定地役权。⑤

① 参见郑玉波：《民法物权》，217 页，台北，三民书局，2003。
② 参见谢在全：《民法物权论》（中册），200 页，台北，自版，2003。
③ 参见郑玉波：《民法物权》，217 页，台北，三民书局，2003。
④ 参见［日］我妻荣：《日本物权法》，379 页，台北，五南图书出版有限公司，1999。
⑤ 参见尹飞：《物权法·用益物权》，392 页，北京，中国法制出版社，2005。

（2）处分上的从属性。地役权必须随同需役地的转让而一并转让。《民法典》第 380 条规定："地役权不得单独转让。土地承包经营权、建设用地使用权等转让的，地役权一并转让，但是合同另有约定的除外。"这一规定包含如下内容。

首先，地役权不得单独转让。地役权与一般的用益物权不同，权利人不能单独处分地役权。如果权利人只处分地役权而保留需役地的权利，则地役权就失去了存在的目的。因而，这种转让在法律上是无效的，也不具有可操作性。

其次，地役权必须随同需役地的权利一并转让。《民法典》第 380 条规定："土地承包经营权、建设用地使用权等转让的，地役权一并转让"。此处所说的"土地承包经营权、建设用地使用权等"就是指需役地。因为地役权是需役地人享有的权利，是为了需役地的便利而设定的，所以，应当随同需役地的转让而转让。反过来说，地役权对供役地人来说只不过是一种负担，所以，供役地人本身无权转让地役权，地役权只是从属于需役地。换言之，地役权以需役地的存在为前提，并与需役地的物权同命运。① 例如，在"王某某与张某某、李某某地役权纠纷案"中，法院认为，依据《物权法》的规定，土地承包经营权、建设用地使用权等转让的，地役权一并转让，但合同另有约定的除外，据此，被上诉人李某某将房屋转让给被上诉人张某某，被上诉人张某某继受取得被上诉人李某某在上诉人王某某宅基地上设立的地役权。② 该条所说的"一并转让"，就是指地役权与需役地（包括各种用益物权）一并转让，同其命运。因此，当需役地所有人要将该幅土地上的土地承包经营权、建设用地使用权等权利转让给他人时，则地役权也自动随之转让。此即所谓"需役地所有人不得将地役权单独让与，或为其他权利之标的"③。

最后，当事人另有约定的除外。这就是说，地役权转让合同的当事人，即需役地人和受让人可以在合同中约定，在转让需役地上的物权时，需役地权利人只转让需役地的权利，而不同时转让需役地上的地役权。其效果是该转让行为有

---

① 参见谢在全：《民法物权论》（中册），200 页，台北，自版，2003。
② 参见湖南省湘西土家族苗族自治州中级人民法院（2014）州民一终字第 225 号民事判决书。
③ 刘志敫：《民法物权编》，方恒、张谷校勘，226 页，北京，中国政法大学出版社，2006。

效，而地役权归于消灭。无论如何，当事人的特别约定不能改变"一并转让"的从属性规则，因为从属性规则是地役权的基本性质，改变地役权的从属性将改变地役权的根本属性，此种约定是无效的。当事人的特别约定只能是在从属性规则许可的框架内作出的约定。具体而言，处分上的从属性又包括两种类型。

第一，转让时的从属性。此即所谓"让与需役地于人，或就需役地设定他权利时，地役权均随之共为移转"[1]。因为一方面，需役地人不能自己保留需役地，而转让其地役权，如保留建设用地使用权，而转让地役权；也不能自己保留地役权，而转让需役地。地役权不得与需役地相分离单独转让，成为其他权利的标的。[2]另一方面，需役地人不能将需役地和地役权分别转让给不同的主体。[3]否则，不仅违反了从属性规则，而且地役权已经失去了存在的基础，需役地也不能发挥其应有的效用，从而不能实现物尽其用。

第二，抵押时的从属性。需役地的所有人和使用人将需役地抵押时，必须将地役权同时抵押。《民法典》第381条规定："地役权不得单独抵押。土地经营权、建设用地使用权等抵押的，在实现抵押权时，地役权一并转让。"如果地役权可以单独抵押，则虽然在设定抵押时还不会发生地役权和需役地上的权利相分离，但是，一旦抵押权实现，就会导致地役权和需役地上的权利分别属于不同的主体[4]，这就违反了转让上的从属性的规则。抵押时的从属性和转让时的从属性，二者的原理是相同的。基于上述原因，如果需役地权利人将需役地上的土地承包经营权、建设用地使用权等权利进行抵押，相应的地役权也应成为抵押权的标的。因此在实现该抵押权时，相应的地役权也应随之一并转让。[5]

（3）消灭上的从属性。地役权随需役地权利的消灭而消灭。例如，土地承包经营权因土地被征收而消灭以后，地役权也不复存在。此外，如果需役地人抛弃

---

① 刘志敏：《民法物权编》，方恒、张谷校勘，225页，北京，中国政法大学出版社，2006。

② 参见［德］沃尔夫：《物权法》，吴越、李大雪译，466页，北京，法律出版社，2004。

③ 参见谢在全：《民法物权论》（中册），434页，台北，自版，2003。

④ 参见谢在全：《民法物权论》（上册），424页，台北，自版，2003；［日］我妻荣：《日本物权法》，379页，台北，五南图书出版有限公司，1999。

⑤ 参见房绍坤：《物权法　用益物权编》，255页，北京，中国人民大学出版社，2007。

了需役地的权利，则地役权也随之消灭。[1]

二、地役权的不可分性

地役权是不可分割的权利。所谓地役权的不可分性，是指地役权存在于需役地和供役地的全部，不能分割为各个部分或仅仅以一部分而单独存在。[2] 有学者认为，地役权的不可分性，是地役权从属性的延伸。因为地役权是从属于需役地而存在的，所以，它从属于需役地的全部而不是特定的部分。对于供役地来说，地役权是它不可分割的负担，也是存在于供役地全部之上的负担。[3] 这一看法不无道理。在一定意义上，地役权的不可分性实际上是其从属性的延伸。因为既然地役权从属于需役地的所有权和使用权，那么应当及于全部的需役地之上，而不能只及于需役地的某一部分。但地役权的不可分性和地役权的从属性是两项不同的规则。从属性主要是确定地役权转让的规则，而不可分性主要确定的是地役权存续以及其权利义务的范围。具体而言，地役权的不可分性包括两方面内容。

1. 地役权不受需役地的部分转让的影响

《民法典》第 382 条规定："需役地以及需役地上的土地承包经营权、建设用地使用权部分转让时，转让部分涉及地役权的，受让人同时享有地役权。"地役权是为了需役地利用上的便利而存在于供役地上的，为了实现该种目的，地役权就只能为了需役地的全部而存在，也只能存在于供役地的全部之上。根据该条规定，第一，地役权设定以后，需役地不能与地役权相分离。如果需役地由单独所有转化为共有，则共有人共同享有地役权。如果需役地转化为供役地人所有，则地役权因混同而消灭。[4] 第二，在地役权设定之后，需役地可以部分转让。所谓需役地的转让，包括各种权利的转让。如果转让部分需役地，地役权不受影响，

---

① 参见崔建远：《物权法》，4 版，347 页，北京，中国人民大学出版社，2017。

② 参见郑玉波：《民法物权》，218 页，台北，三民书局，2003。

③ 参见谢在全：《民法物权论》（中册），202 页，台北，自版，2003。

④ 参见郑玉波：《民法物权》，218 页，台北，三民书局，2003。

而仍然要及于整个已转让和未转让的需役地之上。需役地部分转让，且该部分涉及地役权的，则受让人取得全部地役权，而不是部分的地役权。已转让的部分需役地和未转让的部分需役地都享有原来的地役权。例如，某一地块需要利用邻人的土地引水灌溉，如果该地块的部分土地承包经营权转让，则不仅仅是转让部分涉及的地役权相应转让，而且未转让的地块涉及的地役权也仍然存在。在此情况下，各个需役地权利人共同享有地役权，或者供役地权利人共同负担地役权。①《民法典》第382条实际上可以理解为确定了不可分性规则的例外，因为根据反对解释可以认为，如果转让部分不涉及地役权的，该受让人就不再享有地役权；如果涉及地役权的，即使双方没有约定，转让部分受让人也可以享有此种权利。② 例如，甲开设一餐馆，但其门前屋后不能停车，甲便与邻人乙达成协议，长期使用乙门前的空地为其客人提供停车便利。甲将其餐馆转让他人时，并没有告知受让人，但受让人并非不能享有该地役权。第三，如果在需役地部分转让之后，地役权仅在部分需役地上存在，且不影响地役权实现的，则仅该部分需役地权利人享有地役权，但要求地役权仅仅存在于该特定部分上就可以实现其目的。③

2. 地役权不受供役地部分转让的影响

《民法典》第383条规定："供役地以及供役地上的土地承包经营权、建设用地使用权部分转让时，转让部分涉及地役权的，地役权对受让人具有约束力。"依据这一规定，供役地发生转让，供役地上的负担仍然继续存在，地役权仍对受让人产生效力。具体而言，第一，地役权设定之后，供役地上的各种权利可以部分转让，但这并不导致地役权的消灭。因为地役权是为整个需役地提供便利、为整个供役地设定负担，如果土地分割为各个部分，则这种便利和负担也应当继续存在于已经被分割的土地之上。如果供役地分割为数块，则每块供役地的所有人都应当承担原地役权合同所规定的义务，仍应当为需役地人提供合同约定的便

---

① 参见谢在全：《民法物权论》（中册），204页，台北，自版，2003。
② 参见尹飞：《地役权》，载王利明等：《中国物权法教程》，407页，北京，人民法院出版社，2007。
③ 参见姚红主编：《中华人民共和国物权法精解》，288页，北京，人民出版社，2007。

利。① 除非地役权的行使被限制于供役地的特定部分，此时其他部分就被免除提供便利的义务。② 如果转让共有不动产中的份额，各共有人不得因其应有部分转让等而使地役权发生消灭，也就是说，应有部分的权利主体发生变化不应当影响地役权的存在。共有人中的一人抛弃其应有份额，也不影响其地役权的存在。如果共有的土地上已经设定了地役权，则可以认为整个共有财产上已经设定了负担。③ 第二，转让供役地，转让部分涉及地役权的，地役权对受让人具有约束力。此种约束力就是指供役地的受让人仍然有义务为需役地人提供便利。供役地上所存在的地役权负担并不因转让而消灭。例如，在"中山市利珅房地产发展有限公司与中山市金汇实业有限公司、中山市金汇实业有限公司金山城物业管理分公司占有排除妨害纠纷案"中，法院认为，"涉案土地在公开拍卖前，已对金山城公园用地情况进行公示，因此即使利珅公司通过合法手段取得涉案土地使用权，但涉案土地上原有地役权对其仍有约束力。"④ 此外，如果地役权已登记，在供役地部分转让时地役权仍然产生对抗第三人（受让人）的效力；但如果没有登记，则只能对抗恶意的第三人，而不能对抗善意的第三人，即善意的登记权利人。如果转让人在转让时已经明确告知受让人地役权的存在，则受让人不能成为善意受让人。

地役权虽然具有从属性和不可分性，但仍然是一种独立的用益物权，并非从属于债权的权利。在这一点上，其与担保物权仍然是有区别的。⑤

第八节　地役权与其他用益物权的竞合

地役权作为一种用益物权，不仅可以在不动产所有权上设立，而且可以在其

---

① 参见周枏：《罗马法原论》，393 页，北京，商务印书馆，1994。
② MünchenKomm/Joost，BGB § 1026，Rn. 2.
③ 参见谢在全：《民法物权论》（中册），203 页，台北，自版，2003。
④ 广东省中山市中级人民法院（2014）中中法民一终字第 848 号民事判决书。
⑤ 参见史浩明：《用益物权制度研究》，载《江苏社会科学》，1996（6）。

他用益物权之上设立。因此，地役权的设定，就可能与其他用益物权发生竞合。所谓竞合，就是指在同一不动产之上同时存在数个用益物权，其中包括地役权。那么，地役权和其他用益物权之间属于何种关系？如果发生冲突，在法律上如何解决？我国《民法典》物权编区分了两种情况，并分别作了规定。

一、地役权先于其他用益物权而设立

《民法典》第378条规定："土地所有权人享有地役权或者负担地役权的，设立土地承包经营权、宅基地使用权等用益物权时，该用益物权人继续享有或者负担已经设立的地役权。"依据这一规定，如果需役地人取得地役权之后，又在需役地上设立土地承包经营权和宅基地使用权，则需役地的土地承包经营权人和宅基地使用权人继续享有该地役权。对供役地来说，如果地役权设定之后，供役地上又设立了土地承包经营权和宅基地使用权，则土地承包经营权人和宅基地使用权人应当继续负担该地役权。[①] 例如，某农村集体经济组织有一块空地，该组织与临近的工厂达成设定地役权的协议，允许该工厂在土地之下铺设管线。后来，集体经济组织将该空地作为宅基地批准为某村民使用。由于临近工厂的地役权先于该村民的宅基地使用权而设立，其效力不应当受到影响。

关于《民法典》第378条规定的"该土地承包经营权人、宅基地使用权人继续享有或者负担已设立的地役权"，可以从需役地和供役地两方面来理解。一方面，对需役地来说，如果需役地人取得地役权之后，又在需役地上设立土地承包经营权和宅基地使用权，则需役地的土地承包经营权人和宅基地使用权人继续享有该地役权。另一方面，对供役地来说，如果地役权设定之后，供役地上又设立了土地承包经营权和宅基地使用权，则土地承包经营权人和宅基地使用权人应当继续负担该地役权。[②] 因为在同一土地上，地役权设定在先，应当优先于在该地之上以后设立的土地承包经营权、宅基地使用权。

---

①② 参见胡康生主编：《中华人民共和国物权法释义》，352页，北京，法律出版社，2007。

二、地役权后于其他用益物权而设立

《民法典》第 379 条规定："土地上已经设立土地承包经营权、建设用地使用权、宅基地使用权等用益物权的，未经用益物权人同意，土地所有权人不得设立地役权。"依据这一规定，在土地上存在其他用益物权的情形下，土地所有权人在土地上设定地役权应当得到该用益物权人的同意，未经用益物权人的同意，土地所有权人不得设立地役权。

土地上已经设立土地承包经营权、建设用地使用权、宅基地使用权等用益物权的，就会与地役权发生冲突。例如，在前例中，如果某个农村集体经济组织将某块地作为宅基地交给某村民使用，此后该集体经济组织又与某工厂达成设定地役权的协议，允许工厂在该土地之下铺设管线。此时，由于宅基地使用权先于地役权而设立，因而在未经宅基地使用权人的同意的情况下，土地所有权人不得设立地役权。这要区分两种情况进行处理。

第一，经用益物权人的同意，依据《民法典》的上述规定是可以设立的。这是因为地役权本身是在他人土地之上设立的负担，如果土地之上设立了用益物权，经过用益物权人的同意，则可以在其上设立与已经存在的用益物权不相冲突的权利，例如空间役权等。

第二，未经用益物权人的同意，土地所有权人不得设立地役权。例如，上文举例，这显然是不符合《民法典》的上述规定的。有学者认为，这实际上是按照物权的先后顺序来确定其效力的规则。先成立的物权优先于后成立的物权，后成立的物权如果对先成立的物权有影响，后物权在先物权实现时被排斥或消灭，因此，地役权不得对抗成立在先的用益物权，即除非经过用益物权人的同意，否则，不能设立地役权。[①] 笔者认为，用益物权和所有权之间无所谓效力优先问题，所有权具有完全性，用益物权的设立，只是对所有权的限制。[②]《民法典》

---

① 参见郭明瑞主编：《中华人民共和国物权法释义》，292 页，北京，中国法制出版社，2007。

② 参见谢在全：《民法物权论》（中册），50 页，台北，自版，2003。

第 379 条主要不是基于物权的优先性，而是为了保障用益物权人权利的实现而作出的规定。因为如果未经用益物权人同意，在土地之上设立地役权，必然会损害用益物权人的利益。

如果土地上已经存在用益物权，用益物权人允许他人在其上设立地役权，那么在土地所有人和用益物权人之间，究竟谁有权设立地役权？例如，某集体经济组织将一块土地为某村民设立了土地承包经营权，而后另一村民希望在该地上设立通行地役权，那么集体经济组织和土地承包经营权人，谁有权来设立通行地役权？笔者认为，如果用益物权已经设立，只能由用益物权人设立地役权。因为用益物权人本身享有了占有、使用、收益不动产的权利，而地役权的设立，必将对用益物权的行使产生一定影响。《民法典》第 379 条规定，经过用益物权人的同意可以设立地役权，这实际上就是允许用益物权人与他人达成协议，订立地役权合同，设立地役权。当然，如果超出了用益物权权利的范围，用益物权人就不能设立地役权。例如，不能设立超过用益物权期限的地役权。至于地役权人支付的对价费用应当归属何人，这就要取决于地役权合同的当事人是谁。如果是用益物权人作为合同当事人而与他人签订合同设定地役权，则该对价应当支付给用益物权人；如果因地役权的内容超出用益物权人权利的范围，而由土地所有人亲自与他人签订合同设立地役权，则此时对价应当支付给土地所有人。

第九节　地役权的消灭

由于地役权是一种具体的物权，所以物权消灭的一般原因也应适用于地役权的消灭。但由于地役权具有其特殊性，因而，地役权也存在特殊的消灭原因。[①]具体而言，地役权消灭的原因主要有以下几种。

---

① 参见房绍坤：《物权法 用益物权编》，295 页，北京，中国人民大学出版社，2007。

一、地役权设定的期限届满

地役权都是有期限的物权，当事人不得设立永久存续的地役权。当事人设定地役权，其期限应由双方协商确定。同时，如果在需役地或供役地上存在的权利有期限的限制，则地役权不得超过该权利的剩余期限。地役权期限届满而不续期时，地役权消灭。

二、供役地人依法终止地役权合同

依据《民法典》第384条的规定，在出现以下两种情况时，供役地人可以单方面解除地役权合同，从而消灭地役权：第一，地役权人违反法律规定或者合同约定，滥用地役权。例如，地役权人不按照地役权合同规定的内容利用他人土地，构成地役权的滥用，在他人土地上随意取土挖坑，对土地造成严重破坏，则供役地人有权解除地役权合同。第二，有偿利用供役地的，在约定的付款期间届满后在合理期限内经供役地人两次催告未支付费用。如果地役权是有偿的，需役地人不交付费用，将导致供役地人不能实现合同的目的，供役地人有权依法解除合同，但即使地役权人未支付费用，供役地人也不能立即解除合同。《民法典》第384条规定，"在合理期限内经两次催告未支付费用"，这实际上是指约定的付款期届满后，供役地人应当给予地役权人两次宽限期，经过两次催告以后，如果地役权人仍然不支付费用，即表明地役权人没有履行合同的诚意和根本不可能再履行合同，此时供役地人才能单方解除合同。①《民法典》作出此种规定，主要是考虑到地役权合同不仅仅是债的关系，也已经导致形成物权关系，对当事人利益关系重大，地役权人在供役地上可能会作出一定的投资、修建一定的设施，如果供役地人随意解除地役权合同，则会造成财产的浪费，所以有必要对供役地人

---

① 参见郭明瑞主编：《中华人民共和国物权法释义》，297页，北京，中国法制出版社，2007。

解除合同的权利进行一定的限制。当然，该规定在性质上仍然属于任意性规范，当事人在地役权合同中可以特别约定，在一方未按期支付费用时另一方享有解除权，从而排除该规定的适用。

供役地人依据上述规定享有的解除权性质上属于形成权，在出现上述两种情况之后，必须要供役地人及时行使解除权才能消灭地役权，而不是上述情况一旦出现就当然消灭地役权。所谓行使解除权就是要依据《民法典》合同编的规定，明确通知地役权人已经解除合同，从通知到达之日起，合同解除。

三、地役权的抛弃

地役权作为一种民事权利，可以由权利人予以处分，即权利人有权抛弃地役权。但如果地役权是有偿取得的，地役权人必须在向供役地人支付租金以后，才能抛弃；如果地役权是地役权人无偿取得的，则地役权人可以随时抛弃。地役权人抛弃地役权的，地役权消灭。[1]

四、地役权的混同

地役权的混同是指在设立地役权之后，享有地役权的需役地人，因为某种原因又取得了对供役地的权利，此时其所享有的地役权消灭。[2] 但按照地役权的不可分性，如果需役地或供役地为共有时，若仅仅是共有人中的其中一人发生混同情形，则地役权并非当然消灭。

五、土地征收

国家因社会公共利益的需要而征收需役地或者供役地，致使地役权成为不必

---

① 参见谢在全：《民法物权论》（下册），51 页，台北，新学林出版股份有限公司，2014。
② 参见史浩明、张鹏：《地役权》，265 页，北京，中国法制出版社，2007。

要或者行使不能时，地役权消灭。但在征收以后，应当给予地役权人合理的补偿。例如，征收集体的土地，导致集体土地所有权以及集体土地之上的承包经营权消灭，则地役权也随之消灭。

地役权消灭以后，地役权人应当及时清除土地上的各种设施和附属物，恢复土地的原状。关于附属物的处理、补偿请求权等，应当依据法律规定和当事人的约定处理。依照《民法典》第385条的规定，"已经登记的地役权变更、转让或者消灭的，应当及时办理变更登记或者注销登记"。这是因为地役权在消灭之后如果不及时办理注销登记，可能会给第三人造成错误的信赖，并因此造成损害。所以双方当事人都负有及时注销登记的义务。

第二十二章
准用益物权

第一节　准用益物权概述

一、准用益物权的性质

在学理上，准用益物权又称为特许物权、特别法上的物权、非典型物权、特别物权等，它是指由权利人通过行政特许的方式所获得的，对于海域、矿藏、水流等自然资源所依法享有的占有、使用及收益的权利。《民法典》虽然没有具体规定各种准用益物权，但在用益物权的一般规定中对准用益物权作出了规定。《民法典》第328条规定："依法取得的海域使用权受法律保护"。第329条规定："依法取得的探矿权、采矿权、取水权和使用水域、滩涂从事养殖、捕捞的权利受法律保护"。这就在《民法典》中确认了海域使用权、采矿权、取水权和使用水域、滩涂从事养殖、捕捞的权利等几种准用益物权。《民法典》在用益物权制度中规定了这些权利，彰显了其私权本质，但又没有明确承认其为用益物权，所以，从体系解释的角度来看，将其作为准用益物权来表述是比较准确的。

准用益物权是准物权的一种类型。① 准物权是现实生活中产生的一些新型权利，这些权利虽然并不完全符合传统物权的特征，但仍可准用物权的相关规则，因此一般被称为准物权。② 从比较法来看，许多国家的民法典都已经承认了采矿权等为用益权。③ 由于准用益物权不仅是直接支配和利用海域、矿藏、水资源等的权利，而且其利用还直接关系到环境和生态保护的问题。因而，通过在《民法典》物权编和有关法律中规定准用益物权制度，对于保障准用益物权的权利人履行保护环境、维护生态和促进可持续发展的义务，保障土地和矿藏等自然资源的合理和有序开发利用，都具有极为重要的意义。

尽管在学理上关于准用益物权是属于公法上的权利还是私法上的权利仍然存在争论，但《民法典》确认上述权利为准用益物权的一种类型，其主要根据在于：

第一，就权利客体而言，尽管传统物权法中对物权的客体规定并不包括土地之外的自然资源，但毕竟自然资源与不动产尤其是土地有着密切的联系，例如，矿藏属于广义的不动产的范畴。④ 海域包括了水体和底土等，内水的特定水面也是存在于一定土地之上的，即使是矿产资源等也都是在土地之下存在的，而现代物权法通过将自然资源纳入物权法的范畴，可以在更大程度上促进自然资源的有效率和有序的利用。这对于保护资源、维护生态环境、保障经济的可持续发展，都具有十分重要的意义。

第二，就权利内容来说，将采矿、养殖等权利规定在用益物权之中，首先是因为它们具有物权的效力，针对一定的客体也具有一定的支配性和排他性。例如，采矿权人在特定的矿区，享有排他性的占有、勘探的权利；海域使用权人在

---

① 参见李显东等：《论我国物权法上的准用益物权》，载《河南省政法干部管理学院学报》，2007(5)。

② 参见崔建远：《准物权研究》，20页，北京，法律出版社，2003。

③ 参见《法国民法典》第598条，《意大利民法典》第987条。

④ 参见《荷兰新民法典》（1992年）第三编"财产法总则"第3条第1款规定："以下的物为不动产：土地，未采掘的矿藏，附着于土地的种植物，与土地连接的建筑物和工作物，无论是直接或者通过其他建筑物或工作物与土地连接。"

特定的海域也具有排他的使用权。准用益物权都具有占有、使用、收益等权能，也就是说，权利人都可以针对特定的自然资源进行占有并进行使用和获取收益。在特殊情况下，准用益物权人也享有处分的权利。

第三，就公示方法而言，一些准用益物权设立和移转依法也需要经过登记，例如海域使用权、采矿权都需要登记，这就使这种权利具有一定的公示性，可以向社会一般人公开，使第三人了解和知道此种权利的设定和变动情况。当然准用益物权中的登记具有浓厚的行政管理的色彩，不完全等同于物权的公示，但毕竟能够起到一定的公示效果。正是因为这一原因，准用益物权可以产生对抗第三人的效力，所以也可以成为物权。在学理上，也常常将渔业权和矿业权视为物权。[1]

第四，就权利的性质而言，准用益物权和其他用益物权一样，都是设立于他人财产之上的独立物权，虽然它们是对国家和集体所有的自然资源的占有、使用和收益的权利，但是其存在具有独立性，是一种独立的物权。

第五，就保护方法而言，准用益物权在遭受侵害之后也可以适用物权的保护方法，获得物权法的保护，即获得物权请求权的救济。对这种权利的侵害不应当通过行政程序而应当通过民事程序来提供补救。当然，如果是行政机关的行为侵害了权利人的权利，权利人也可以提起行政诉讼。由于权利人在行使自己权利的过程中，必然会涉及对特定的国有自然资源的支配，所以它和所有权，特别是一般的用益物权有密切的联系，而且这些权利的设定、移转，也要遵循物权法的基本规则，因此从广义上也可以将其纳入物权体系中，并由《民法典》予以规范。

诚然，准用益物权需要经过行政审批才能产生，具有较强的行政色彩，但不能因为这一原因而否认这些权利的物权属性。因为在我国，许多物权都以行政审批为其设立的前置程序，如宅基地使用权等，甚至建设用地使用权的出让也需要取得国有土地管理部门的批准，然后办理登记手续才能实现，所以，经过行政审批不能作为否认物权性质的理由。问题的关键在于，这种权利能否通过登记而成

---

① 参见史尚宽：《民法总论》，262 页，北京，中国政法大学出版社，2000。

为一种长期稳定的财产权利，能否具备物权的效力？实际上，这些权利经过行政机关批准而设立后，经过登记和公示，是可以成为一类物权的。

将准用益物权纳入《民法典》调整范围，为这些物权适用《民法典》的规则并根据《民法典》对它们进行完善提供了必要的制度空间。以海域使用权的设定为例，根据《海域使用管理法》，海域使用权的设定大都采取审批加登记的方式①，只要申请人向有关部门提交申请书，获得批准并办理了登记手续，就可以获得准物权。实际上，如果承认海域使用权是一种准用益物权，那么仅有政府审批而没有合同是不能导致他物权的设定的。且以审批取代他物权设定的合意并不科学合理，通过合同设立海域使用权不仅可以具体规定当事人之间的权利义务关系，也可以规范海域使用权人对海域的合理利用，还可以防止政府对海域使用权人的随意干涉，保持法律的稳定性和可预测性。

从广义上说，各类准用益物权也可以归入用益物权的范畴。因为一方面，这些权利不是所有权，也不是担保物权，而是对他人之物进行使用收益的权利，因此唯有将其归入用益物权才较为妥当。②另一方面，这些权利具有用益物权的一些突出的特点，如都是在他人的财产之上（通常是在国家所有的自然资源基础上）设立的权利，这些权利都是独立的权利，这些都表明其与用益物权具有极大的相似性。尤其应当看到，用益物权本身的一个重大发展趋势就是其客体不断地从不动产转向自然资源，愈加重视自然资源的开发利用，所以将这些对自然资源利用的权利纳入准用益物权的范畴，也符合用益物权的发展趋势。③因为这些原因，《民法典》将这些权利归入准用益物权的范畴之内是合理的。《民法典》规定这些准用益物权，一方面，衔接了对有关准用益物权作出具体规定的特别法与《民法典》之间的关系，另一方面，确定了法律适用的规则，即按照特别法优于普通法适用的规则，虽然准用益物权的具体制度是由特别法规定的，但在特别法

---

①　《海域使用管理法》第 19 条规定："海域使用申请经依法批准后，国务院批准用海的，由国务院海洋行政主管部门登记造册，向海域使用申请人颁发海域使用权证书；地方人民政府批准用海的，由地方人民政府登记造册，向海域使用申请人颁发海域使用权证书。海域使用申请人自领取海域使用权证书之日起，取得海域使用权。"

②③　参见屈茂辉：《用益物权论》，271～282 页，长沙，湖南人民出版社，1999。

没有规定的情况下，可以准用物权法用益物权的规则。当然，在将准用益物权归入用益物权的范畴时，必须要注意到其与一般用益物权的区别。

二、准用益物权的特点

尽管准用益物权具有用益物权的特点，但它们本身不能完全等同于用益物权。传统物权法一般没有对这些物权作出规定。一方面，这是因为传统民法在建构物权制度时，对自然资源的利用和对生态环境的保护的需求没有当今社会这么突出；另一方面，是因为现代社会的发展已经对物权法提出了利用自然资源、保护环境的强烈要求，物权法必须对此作出回应，并进行一定程度的制度创新。为了实现对资源的严格维护和管理，就必须对这些准用益物权的设定、取得等进行适度的国家干预和管理。这些权利通常不完全是私人之间的权利安排，而是政府作为国有自然资源的所有者的代表与其他民事主体之间通过许可等方式作出的权利安排。[①] 有关权利的具体内容也不能完全按照用益物权的模式来安排，而必须考虑对自然资源进行管理等因素。这就使得这些权利具有较强的公法色彩，所以对这些权利不能全部由《民法典》作出详尽的规定，而应当主要由各类特别法作出规定。我们将之统称为准用益物权，既表明它们与其他用益物权的区别，又表明在性质上它们仍然属于用益物权的一类。准用益物权与一般用益物权具有以下差异。

1. 权利的取得方式不同

就一般的用益物权的取得而言，一般都要采用物权设定合同加公示的方法，用益物权设定原则上要有设定他物权的合意。但准用益物权的取得方式不同，表现在：一方面，准用益物权的设定不需要通过设定用益物权合同的方式来完成，而是通过行政审批的方式获得行政许可，以此取得准用益物权。例如，采矿需要获得采矿许可证，捕捞需要取得捕捞许可证，养殖需要获得养殖许可证等。许可

---

① 参见李显东等：《论我国物权法上的准用益物权》，载《河南省政法干部管理学院学报》，2007（5）。

证的权利和内容实质上就是权利的内容，一旦获得了行政许可，也就获得了权利。这种行政许可实际上是在申请人符合法定的条件时，政府授予其具有从事捕捞、采矿等资格。因此，这些权利常常被称为特许物权。① 由于不动产的开发和利用与国民经济关系重大，涉及资源的合理利用和配置问题，所以政府对涉及自然资源的开发和利用活动都应当进行必要的管理，也就是说，对各种准用益物权的取得必须要采用行政许可的方式，但行政特许只是产生准用益物权的方式，并不意味着准用益物权是行政法上的特许权。另一方面，准用益物权并不要求通过登记等方式取得，尽管依据我国的法律规定，海域使用权等准用益物权的取得需要登记造册，但是此种登记造册不是严格的物权公示方法，而主要是政府的行政管理手段，登记造册是政府有关主管部门在作出行政许可之后作出的，而一般不是通过申请人自己申请进行的。②

2. 权利客体不同

用益物权一般以不动产作为权利的客体，即使在特殊情况下可以以动产为权利客体，也都是以有形财产为客体，尤其是这些客体都必须特定化，从而使物权人具有确定的支配对象和范围。而准用益物权主要是以土地之外的各类自然资源为客体。这些自然资源无法简单地归入动产或不动产之中，例如，开采国有矿产的权利，在特定的海域进行捕捞的权利，它们都是对海域、矿产等资源从事某种特定的开发、利用等行为。不仅如此，在某些情况下，准用益物权的客体甚至具有不特定性。比如在同一片特定水域内可以同时为多个权利人设定捕捞权，因此权利人行使权利的客体具有很强的不特定性，很难在行使权利之时就具体确定其数量、形状、位置等。③

3. 权利内容不同

按照物权法定原则，物权的内容和类型一般都由法律进行规定，而一般的用益物权还可以通过合同自由约定来弥补法律硬性规定的不足，但是准用益物权的

---

① 参见梅夏英、高圣平：《物权法教程》，299 页，北京，中国人民大学出版社，2007。
② 参见《海域使用管理法》第 19 条。
③ 参见崔建远：《准物权研究》，366 页，北京，法律出版社，2003。

内容不仅要适用法律的规定，而且更要遵守行政许可的具体规定。例如，海域使用权行使的范围、期限、用途等都需要遵守海域使用许可证的具体规定。尤其需要指出，用益物权虽然存在一些公法上的限制义务，但权利人承担的主要还是私法上的义务，而准用益物权负担的公法上的义务比较多，甚至构成权利人的义务的主要部分。权利人行使权利，不仅需遵守《民法典》中权利行使的规则，也应当遵守相关公法上的对此种权利行使所提出的要求。[①] 例如，《海域使用管理法》第 23 条规定，海域使用权人负有依法保护和合理使用海域的义务。通过这些公法义务的设定，有助于保证这些准用益物权的行使符合国家的公共利益的要求。

4. 权利的行使方式不同

一般用益物权的权利人是对不动产进行占有，并进行使用和收益；但是准用益物权的权利人的利用方式不是直接在不动产之上进行开发利用并获取收益，而是对土地之外的自然资源通过使用、勘探、开采、汲取（如取水）、养殖、捕捞等方式进行利用。有学者将其称为带有创造性的开发行为。在权利的行使中，权利人不能完全排斥他人在同一范围内的利用行为。[②] 例如，捕捞权人、探矿权人不能禁止他人在同一特定区域内进行合法的、相同的利用行为。在权利行使过程中，往往和其他的权利会发生一定的重合。例如，探矿权人在勘查到矿产之后也有权进行开采、处分，养殖权人在特定的水域内不仅可以进行养殖，也可以进行捕捞等。

5. 法律适用不同

用益物权主要适用《民法典》的规定，当然特别法也可以进行补充规定，从而可以引致到相关的特别法中。例如，《民法典》第 337 条规定："承包期内发包人不得收回承包地。法律另有规定的，依照其规定。"但是准用益物权主要是由特别法规定的，《民法典》物权编主要是对这些权利作出简要的一般性规定，它只是确认了其物权的性质，这些权利的具体内容和行使等往往需要由特别法作出

---

① 参见李显东等：《论我国物权法上的准用益物权》，载《河南省政法干部管理学院学报》，2007 (5)。

② 参见梅夏英、高圣平：《物权法教程》，300 页，北京，中国人民大学出版社，2007。

相应的规制，如矿产资源法、渔业法、水法等对这些权利都作出了规定。在特别法中不仅要对权利人的权利予以确认，还必须对这些权利主体所承担的国家和社会的义务作出规定，才能更好地实现国家整体利益和社会公共利益。

虽然准用益物权主要是由特别法作出规定的，但这并不意味着《民法典》对其没有必要作出规定，《民法典》也可以对这些权利作出概括性的规定，所以这些权利应当受到物权法和特别法的双重规制。当然，《民法典》和特别法对这些权利规定的内容是不一样的。《民法典》只是对这些权利作出概括性的规定，从而表明这些权利可以适用物权的基本规则，如公示公信原则，并可以采用物权的保护方法对这些权利进行保护，但有关这些权利的设定、取得、终止以及权利的具体内容因为多与行政管理具有密切的联系，故应当在特别法上作出规定。① 在法律适用方面，按照特别法优先于普通法的规则，首先应当适用特别法的规定；在其没有规定时，才适用《民法典》的规定。

美国学者瑞奇曾在其《新财产》一文中指出，行政特许产生一种财产权利。② 单纯的行政特许本身是不能成为物权的，其只是一种经过政府批准的资格。行政特许产生的权利是通过行政程序而不是民事程序所获得的；权利的内容和期限需要由公法界定；但行政特许可以产生一种民事权利。我国有关的特别法（如《海域使用管理法》等）已经将海域使用权等行政特许的权利确认为一种民事权利，在其遭受侵害时，赋予了其一定的救济措施。特别是《民法典》将这些权利确认为物权，并且规定在用益物权分编之中，从而使其成为一种长期稳定的财产权利，并且在受到侵害的时候能够获得物权法上的救济。这对于保护权利人的权利、促进自然资源的合理开发利用具有积极的作用。实际上，准用益物权虽然具有行政特许的特点，但作为物权，又是一种受物权法保护的长期稳定的财产权利。③

---

① 参见梅夏英、高圣平：《物权法教程》，303 页，北京，中国人民大学出版社，2007。

② Lawrence M. Friedman, "The Law of The Living, The Law of The Dead: Property, Succession, and Society", 1966 *Wis. L. Rev.* Vol 29, 1980.

③ 参见孙佑海：《物权法与环境保护》，载《环境保护》，2007（5）。

第二节　海域使用权

一、海域使用权的概念

所谓海域使用权，是指权利人依法占有特定的海域并利用海域进行养殖、旅游、运输、采矿、修建港口和各种设施等并获取收益的权利。海洋是人类宝贵的资源，被誉为"蓝色的领土"，它是最重要的地球生态系统和环境要素，是生命的发源地和摇篮。海域的用途十分广泛，随着人们利用海洋的技术手段的发展，海域将具有重要的利用价值。在我国，海域属于国家所有，且是国家领土的重要组成部分，涉及国家主权问题。海域属于国家专有的财产，任何集体和个人都不能享有海域所有权。海域所有权也不能通过交易而转让。海域虽归国家所有，但为了发挥海域的使用和利用效率，国家需要在海域之上创设各种权利，如海域使用权，以提高对海域的综合利用能力，在最大范围内保持国有资产增值保值的作用。由国家将特定海域的使用收益权转让给公民、法人，从而产生了海域使用权。由于海域使用权是在国家海域所有权基础上产生的，所以，它属于民事权利的范畴。①

在各种准用益物权中，海域使用权是最类似于一般用益物权的一种权利。一方面，其利用的海域就是"蓝色的土地"，是在国家所有的海洋上设立的一种权利，其所利用的海域的范围也是特定的。另一方面，就其权利内容来看，它仍然表现为对于国家所有的特殊财产（海水水域）的利用，包括海上设施的建造、海洋矿物资源的开采、生物水产资源的养殖养护等多种形式。就海域使用权的本质而言，这些活动仍然是对于物的利用行为。如同建设用地使用权可以在国家所有

---

① 参见尹田主编：《物权法中海域物权的立法安排》，87 页，北京，法律出版社，2005。

的土地之上从事建设活动一样，海域使用权人也可以在海域之上从事各种设施的建造活动，以及养殖、开采、旅游等活动。尤其应当看到，海域使用权在性质上也是对资源使用、收益的权利。在传统上，关于海域的利用问题，通常由国内法上的行政法规和一些国际法加以规范。近年来，海域的经济价值不断增长，对海域综合利用的水平也逐渐提高。例如，权利人可以利用特定的海域从事养殖、旅游、围海造田、修建港口、搭建海上石油平台等海上设施等，海域使用权的价值日益凸显。因此，《民法典》第328条规定："依法取得的海域使用权受法律保护"。《民法典》用一个条文将海域使用权单独加以规定，而没有将其同其他几类准用益物权一并规定在《民法典》第329条之中。这不仅确立了其在各种用益物权中的重要地位，而且表明了其与一般用益物权具有更为密切的联系。

海域使用权具有如下几个方面的法律特征。

（1）海域使用权的客体是特定海域。海域是一种自然资源，此种资源具有特殊性。依一些国家法律，内水和领海海域的底土视为所有权的客体，而海域被称为"水下土地"[1]。从我国法律的规定来看，海域的特定性强调其空间性，对海域的理解应该是特定范围内的海水体（而非海水量）及其海床、底土。[2]

特定的海域作为一种资源，虽然不能简单归入不动产的范围，但其与不动产具有密切的联系。海域必须要由海床和底土组成，水体、水面都是存在于一定的海底、底土之上的。虽然海水在不断流动，但海床、底土是难以改变的。尤其是特定海域的空间是固定的，不能移动，在这一点上，其与土地等不动产具有相似性。海水退潮后形成的海滩实际上是不动产，而填海造田也可以形成新的不动产，这就表明海域和不动产具有密切的联系。但由于海域本身包括了一定的海水，而海水又处于不停的流动之中，所以，海域也具有变动性的特点。[3] 至于海底之下的矿产资源，作为一种权利客体应该属于采矿权的客体。

---

① 尹田主编：《中国海域物权制度研究》，4页，北京，中国法制出版社，2004。

② 参见《海域使用权问题研究》，http：//www.studa.net。正是因为这一原因，许多学者认为，海域使用权的客体是特定的海域空间。参见阮春林：《海域分层确权问题探讨》，载尹田主编：《物权法中海域物权的立法安排》，93页，北京，法律出版社，2005。

③ 参见李永军主编：《海域使用权研究》，52页，北京，中国政法大学出版社，2006。

（2）海域使用权具有一定的支配性和排他性。海域使用权人在获得海域使用权之后，可直接支配特定的海域，并排斥他人干涉。与其他准用益物权相比，海域使用权具有明显的支配性和排他性的特点。一方面，尽管海域中包含的海水是流动的，但海域可以特定化。海域的特定化可以采取类似于土地特定化的方法，这就是说可以通过一定的技术手段，将海域的四至、面积等加以确定，从而明确海域使用权的范围。随着科学技术的发展，海域的面积和地理位置的确定也越来越容易和准确。针对特定的海域，权利人不仅有权支配，而且享有排他的权利。另一方面，特定的海域可以采取公示的方法加以确定。海域使用权设定后，权利人要占有特定的海域，并且在特定海域内享有使用、收益的权利，这也必然要求海域使用的范围特定化。实践中，海洋主管部门也可以依据海洋功能区划，经过经纬坐标拐点确定海域边界，因而海域可以成为特定的支配对象。① 一旦海域的四至确定，便可以通过登记的方式明确权利人支配的特定海域，从而对外予以公示。

（3）海域使用权是有期限限制、有偿取得的权利。海域使用权是在国家享有海域所有权的基础上产生的。作为一种准用益物权，海域使用权必须具有期限的限制，且这种期限不宜过长，否则就使海域使用权与海域所有权难以区分。当然，海域使用权的期限，应当根据不同的海域利用方式和性质分别确定。例如，修建港口显然要比养殖用海时间更长。②

海域使用权的取得也具有有偿性。由于海域使用权大都是权利人对一定海域进行使用和收益的权利，所以实行海域有偿使用制度是各国通行的做法。我国实行海域有偿使用制度，不仅有助于国家海域所有权在经济上的实现，而且有利于杜绝海域使用中的资源浪费和国有资源性资产流失。③《民法典》第 325 条规定："国家实行自然资源有偿使用制度，但是法律另有规定的除外"。因而有偿使用是

---

① 参见尹田主编：《物权法中海域物权的立法安排》，131 页，北京，法律出版社，2005。

② 《海域使用管理法》第 25 条规定："海域使用权最高期限，按照下列用途确定：（一）养殖用海十五年；（二）拆船用海二十年；（三）旅游、娱乐用海二十五年；（四）盐业、矿业用海三十年；（五）公益事业用海四十年；（六）港口、修造船厂等建设工程用海五十年。"

③ 参见田凤山：《关于〈中华人民共和国海域使用管理法（草案）〉的说明》（2001 年 6 月 26 日在全国人大常委会第二十二次会议上的报告）。

准用益物权的基本原则。根据我国《海域使用管理法》第 21 条的规定，国家实行海域有偿使用制度，任何单位和个人使用海域都应当依法缴纳海域使用金。

（4）海域使用权的取得方式具有特殊性。虽然海域使用权非常类似于用益物权，但是在取得方式上并不同于一般用益物权，并未采用"合意＋公示"的方法。海域使用权采取行政审批的方式，只要申请人向有关部门递交了申请书并获得了行政许可，由有关政府主管部门登记造册，颁发权利证书，就可以获得海域使用权。尽管行政审批是关键，但是权利的取得始于海域使用权证书的取得。这和一般的用益物权取得的时间也不相同，其取得始于证书颁发之日。根据《海域使用管理法》第 19 条的规定，申请人在提出申请并获得批准以后仍然需要登记造册，但这种登记不是一种物权的公示方法。因为一方面，它不是由当事人提出登记申请，而是由政府来办理的；另一方面，这种登记造册的效力并不影响物权的设立，即使没有办理登记造册，只要颁发了权利证书，也应当认为这种物权已经取得，此种登记造册只是一种政府的行政管理行为。在登记造册与证书不相一致的情况下，应当以权利证书所记载的内容为准。与一般用益物权相比，海域使用权的产生具有特殊性，其不需要通过合意的方式来设定权利，而只需获得行政审批即可。从这个意义上说，海域使用权的产生与一般用益物权的设定不同。

二、海域使用权的性质

关于海域使用权的性质，有如下几种观点：第一，物权说。此种观点认为，海域具有可支配性和排他性，是典型的用益物权[1]，是与土地使用权并列的典型用益物权，有别于矿权、水权等特许物权。为了保证用益物权制度的完整性，应该明确把海域使用权列入用益物权范畴。[2] 第二，准物权说。此种观点认为，海

---

[1]　参见崔建远：《论争中的渔业权》，131 页，北京，北京大学出版社，2006。按照崔建远教授的看法，应当以客体是否具有特定性为标准来区分物权和准物权。

[2]　参见《全国人大法工委公布对物权法草案的意见（全文）（6）》，http：//news. tom. com/1002/2005811－2383617. html。

域使用权非为民法上的物权，而只在法律上视为物权，准用民法关于不动产物权的规定。[1] 第三，公法权利说。海域使用权属于具有公法性质的私权。传统物权法不调整以海洋等自然资源为客体的权利，应将其纳入公法调整的范围。物权法规定海域使用权与大陆法系国家典型的做法不相符合，而这种权利具有多种权利的属性，其与其他类型的权利容易产生冲突，所以不宜在物权法中作出规定。第四，混合权利说。此种观点认为，海域使用权虽然是私法上的权利，但因其涉及社会公共利益、国家战略利益，在取得、转让、行使等方面被课以种种公法上的义务，法律对海域使用权设置了不少管理监督规定，所以它又具有公法性质。这些观点都不无道理。

依据《民法典》规定，海域使用权在权利性质上属于准用益物权。应当承认，海域使用权确实具有一定公法上的权利特点。这不仅因为其取得采取行政许可的方式，而且在内容上也受到大量的公法规范的调整。例如，有关海洋生物资源养护、海洋油气资源开采、海洋环境保护等方面的规范，都可以规范权利的行使。但是，《民法典》将其作为一种准用益物权加以规定，表明其并非公法上的权利。虽然权利人要依法负担大量公法上的义务，但就该权利的性质而言，主要是私法上的权利。此种权利在受到侵害的情况下，应当受到《民法典》的保护。依据《民法典》的规定，海域使用权又是一种特殊的用益物权，即"准用益物权"。如前所述，由于其在取得方式上具有行政色彩，内容较多地受公法规范的约束，政府对此种权利采取诸多管制与调控等，所以其不是一般的用益物权，只能被视为一种特别法上的物权。

《海域使用管理法》规定海域使用权是一种财产权利，并认为海域不仅是公法上的自然资源或者国际法上的主权客体，而且是私法上的物权客体，可运用私法的手段来调整海域利用活动，这无疑是对传统权利体系的重大突破。但是，《海域使用管理法》并没有将海域使用权规定为一种准用益物权，这就使该权利难以被纳入民事权利体系中进行调整和保护。而《民法典》将海域使用权规定在

用益物权之中（第 328 条），承认其为一种准用益物权，具有如下重要意义。

第一，物权法将海域使用权作为准用益物权加以规定，有助于维护海域利用秩序，保护海洋环境资源。在海域使用权被确定为一项准用益物权之前，通过行政手段来调整权利滥用行为，往往不能有效地遏制对海域的非法利用和对海域环境的破坏行为，导致一些海域开发、利用的无序、无度现象，对海洋资源和环境的保护造成了非常不利的影响。将海域使用权规定为一种准用益物权，根据物权法定的规则，作为海域所有权人的国家，也不能随便限制和改变海域使用权人的权利内容。①

第二，物权法将海域使用权作为准用益物权加以规定，有助于海域资源的有效利用，实现物尽其用。在海域资源的价值日益重要和突出的情况下，将海域使用权作为一项民事权利加以明确规定，有利于用海人通过民事权利的设立和变动方式来利用海域。这不仅实现了权利人的利益期待，也可促进海域使用权按照市场化的原则进行流转，有利于实现海域最有效率的利用。②

第三，物权法将海域使用权作为一种准用益物权，有利于明确权利归属，解决权利争议。在海域使用权发生争议的情况下，可以通过物权法关于确权的规则来确认海域使用权权属，定分止争。显然，有关权利归属的确定问题，不是单纯的行政手段所能解决的，必须要在海域使用权被确定为物权之后，纳入《民法典》的调整范围，才能有效解决权属争议。在政府与权利人之间发生争议的情况下，由于政府本身已经是争议的一方当事人，如果由政府作为纠纷的裁判者，这显然违背了正当程序规则，极易损害权利人的合法权益。在确认海域使用权为准物权以后，海域使用权人因享有准用益物权，因而在其权利受到侵害时，权利人可以行使物权特有的保护方法，即物权请求权，从而充分保护其权利。

第四，承认海域使用权为一项准用益物权，为海域使用权制度的发展和完善提供了制度空间。一方面，在特别法没有规定的情况下，可以准用用益物权的一般规则。例如，海域使用权的设定可以准用用益物权的登记制度。海域使用权申

---

① 参见李永军主编：《海域使用权研究》，46 页，北京，中国政法大学出版社，2006。
② 参见郭明瑞主编：《中华人民共和国物权法释义》，211 页，北京，中国法制出版社，2007。

请人和海洋主管部门可以通过合意加登记的方式来设立海域使用权。由于申请人与管理机关之间并没有订立海域使用权合同，缺乏对权利义务关系的明确约定，因而在海域利用的过程中，容易引发各种矛盾。例如，在权利人滥用其权利，不正当行使权利的时候，也难以承担合同责任，受害人的权利难以得到有效的救济。另一方面，既然承认海域使用权为一种准用益物权，因此其设定不能简单地通过行政审批的方式，而应当采取《民法典》中"合意＋公示"的方法。有关海域使用权的公示也不得完全采用登记造册的行政管理方式，而应该纳入物权公示的框架下，并且应该允许第三人查阅。此外，关于海域使用权的转让、抵押等规则，也应该按照物权变动的规则来处理。

三、海域使用权与其他权利的关系

（一）海域使用权与建设用地使用权

海域和土地都属于自然资源，在民法上都属于广义不动产的范畴。海洋中的海床、底土、矿藏等都是土地的组成部分，两者之间也可能会发生一定的转化，例如，海水在退潮后形成新的滩涂，海洋在地震之后可能形成新的岛屿，通过填海能够形成新的土地。所以，海域可以通过自然或者人为原因转化为土地。海域使用权和建设用地使用权都是在国家所有权基础上派生出来的，都需要在规划的范围内合理利用。土地和海域作为重要的自然资源，都要受到有关生态保护、可持续发展规划等方面规定的约束，权利人必须履行一些公法上的义务。尤其是海域使用权的取得与建设用地使用权的划拨都是通过行政特许的方式取得的，二者之间呈现出一定的相似性。据此，对于海域使用权和建设用地使用权的关系有不同的看法：一种观点认为，可以将海域使用权分解，分别纳入土地承包经营权和建设用地使用权之中。① 另一种观点认为，可以用建设用地使用权代替海域使用权。

笔者认为，尽管这两种权利存在交叉，但是，两者之间又存在着明显的区

---

① 参见侯水平、黄果天等：《物权法争点详析》，367页，北京，法律出版社，2007。

别。正确区分建设用地使用权和海域使用权，对于发挥各自不同的功能，解决海洋功能区划和土地功能区划的配套、土地使用权人和海域使用权人之间的协调，十分必要。二者区别主要表现在：

第一，权利的性质不同。建设用地使用权是一种典型的用益物权，而海域使用权只是一种准用益物权；前者主要受《民法典》调整，而后者主要受特别法的调整。

第二，权利客体不同。海域使用权设立于海域之上，包括海洋洋面、海水、海床、底土等，而建设用地使用权则设立于陆地土地之上。如果利用特定的海域填海造田，此时，海域已经转变为土地，权利的客体发生了变化，原海域使用权自然终止。[①] 反过来，如果土地因地表下沉、海水上涨等原因而被海水长时间淹没，则土地又转变为海域，此时，建设用地使用权归于消灭。

第三，权利内容不同。海域使用权的内容比较广泛，包括从事养殖，旅游，建造设施、港口等行为；而建设用地使用权主要是在土地之上从事建造建筑物、构筑物及其附属设施等行为。

第四，设立方式不同。海域使用权主要采取行政许可的方式设定；而除了划拨土地之外，建设用地使用权主要通过出让方式设立，当事人之间必须订立建设用地使用权出让合同，同时，该权利的设立还必须登记。

（二）海域使用权与采矿权

海域使用权与采矿权也具有密切的联系，海水本身和海床都蕴涵着较多的矿藏资源，根据我国的《海域使用管理法》第25条的规定，申请人可以利用海域从事海底采矿活动，因此在海域使用权中也可能包含采矿权。问题在于：如果某人取得了海域使用权，是否还需要再另行申请采矿权才能从事开采活动？反过来说，如果取得了采矿权，是否还需要申请海域使用权？现行法律对此并未有明确规定。笔者认为，即使取得了海域使用权，并不当然取得了采矿权，在特定的海域范围内，勘探、开采一定的矿藏，也不应包括在海域使用权之内。因为一方面，从保

---

① 参见李永军主编：《海域使用权研究》，129页，北京，中国政法大学出版社，2006。

护国家的矿产资源和保护自然资源的角度考虑，我国的《矿产资源法》对于采矿权的主体设定了严格的资质条件，但是对于海域使用权的主体则没有作出严格的规定。因此，即便申请人取得了海域使用权，如果要进行开采，还必须申请采矿证。另一方面，开采活动必须要受到有关部门的严格监管，因为开采活动可能对海洋环境造成污染，对矿物资源造成破坏，所以不能因为取得了海域使用权，就同时取得了采矿权。如果要在海洋从事开采活动，必须要同时取得两项权利。

四、海域使用权的效力

（一）海域使用权人的权利

（1）占有权。海域使用权人要利用特定的海域进行使用和收益，就必须对特定海域进行占有，但这种占有主要是基于特定利用目的而进行的占有，而不一定是完全排他性的占有。对于他人在不损害海域使用权的利用目的的情况下而使用海域，海域使用权人不得排斥他人的占有。[①]

（2）使用、收益权。权利人设定海域使用权的最终目的，并不是占有特定海域，而是按照规定的用途和方式，利用特定的海域并取得相应收益。一方面，海域使用权人有权按照规定的用途来利用海域，如从事养殖、旅游、通航、建造港口等活动。对海域的使用，可以是空间的立体利用，也可以是对特定平面区域的利用。例如，养殖要利用水体，而旅游主要利用水面，建造设施则要综合立体利用水体、海底以及上空。在某些情况下，还可以利用海域上下的空间，用于特定的目的。例如，在礁石上建造一些设施，或者作为广告灯塔使用，以及建造跨海桥梁、海底隧道、水下仓库等。[②]另一方面，权利人可以采取各种合理的方式进行利用，并通过利用来获取收益。如权利人可以通过养殖获取水产品，通过旅游开发获取经济利益，也可以通过转让海域使用权来获取收益。

---

① 参见尹田主编：《中国海域物权制度研究》，53 页，北京，中国法制出版社，2004。
② 参见阮春林：《海域分层确权问题探讨》，载尹田主编：《物权法中海域物权的立法安排》，93 页，北京，法律出版社，2005。

海域使用权中的使用收益权虽然具有排他性，但其排他性受到较多的限制。例如，同一海域可以有多种使用方式，如某人在利用海域养殖时，可以允许另一人在海域之上设置灯塔，并允许船只通行。在特定海域建造各种设施之后，其他人也可以继续利用该海域从事旅游观光等活动。因此，为了充分地实现物尽其用，也应当允许在同一海域中设定不同的海域使用权，或者要求海域使用权人在不影响其权利正常行使的前提下，设立其他的海域使用权或者用益物权。这就是说，权利人负有容忍他人合理使用海域的义务。①

（3）处分权。海域使用权作为一种财产权利，本身也可以依法转让。通过权利的转让，能够促使海域的最有效利用。根据《海域使用管理法》第 27 条的规定，海域使用权可以依法转让、继承，也可以因企业分立、合并、合资、合作经营等，经有关主管部门批准而变更海域使用权主体。但《海域使用管理法》并没有规定海域使用权可以抵押。笔者认为，海域使用权是一种准用益物权，且作为不动产物权，既然可以转让，则说明其具有流通性，应当可以作为抵押权的客体，作为融资担保的工具。对此，《民法典》第 395 条第 1 款明确规定海域使用权可以抵押。

（二）海域使用权人的义务

（1）按照规定使用海域的义务。为了保护海洋环境，确保对于海洋资源的合理利用，国家一般对海洋的利用活动都制定了总体规划。海域使用权的设立必须符合海洋功能区划的要求。权利人在取得权利之后，必须在规划的用途范围内从事核准的海洋利用活动。如果海域使用权是基于行政许可而设立的，应当在许可的范围内使用海域。如果海域使用权是基于合同而设立的，应当依据合同的约定使用海域。我国实行海域有偿使用制度，任何单位和个人使用海域，应当按照国务院的规定缴纳海域使用金。②

（2）保护海洋环境的义务。海域使用权人的重要义务，是保护海洋环境，注重对海洋矿物资源的合理利用和对生物资源的养护。海域是国家的重要自然资

---

① 参见李永军主编：《海域使用权研究》，48 页，北京，中国政法大学出版社，2006。
② 参见《海域使用管理法》第 33 条第 2 款。

源，也是人类共有的资源，为了维护海域资源的可持续发展、保护生态环境，国家需要对海域进行必要的行政管理。① 所以，海域使用权人在利用海域的过程中，必须要保护环境，不得使用可能残留、污染环境的化学产品、药品等。

（3）恢复原状的义务。海域使用权期限届满，未申请续期或者申请续期未获批准的，海域使用权即行终止。海域使用权终止后，原海域使用权人负有将海域恢复原状的义务。这就是说，应当拆除可能造成海洋环境污染或者影响其他用海项目的用海设施和构筑物。②

第三节　探矿权和采矿权

一、探矿权和采矿权概述

探矿权、采矿权都属于矿业权。所谓矿业权，是指权利人经过批准，依法在属于国家所有的特定矿区内进行勘探、开采作业，以获取收益的权利。在我国，矿产资源是属于国家专有的财产，但是国家一般不会直接从事开采利用活动，因此有必要通过设立矿业权制度，许可特定主体从事勘探、开采等活动，有效地利用矿产资源，发挥其最大价值。尤其是在设定了此种权利活动之后，既能强化对权利人的保护，又能有效地调控和规范勘探开采活动的秩序，防止乱采乱探等行为，有效保护生态环境和维护自然资源。③ 例如，在主体方面设置资质审查，就能够防止一些完全不具备能力和技术条件的企业和个人从事乱采行为。再如，通过对权利的行使设定一定公法和私法义务，就能够确保权利人正当行使权利。

在性质上，探矿权、采矿权都是权利人产生于他人所有的自然矿产资源之上的权利，其权利客体都是特定的矿产资源，权利设定的目的都是有效地开发利用

---

① 参见李永军主编：《海域使用权研究》，52 页，北京，中国政法大学出版社，2006。

② 参见《海域使用管理法》第 29 条第 2 款。

③ 参见李显东等：《矿业权的私权法律属性》，载《北京石油管理干部学院学报》，2007（2）。

矿产资源。此外，二者具有非常密切的内在联系，勘探通常是开采活动的出发点，开采通常是勘探活动的必然结果。权利人依法享有在特定的矿区和工作区勘探、开采一定的矿产资源，取得矿产产品，排除他人干涉的权利。探矿权、采矿权由于自身的特点而属于准用益物权的范畴。

矿业权的客体具有特殊性。关于矿业权的客体，有人认为是特定矿区和工作区的矿产资源，甚至认为是该地区的地下土壤。[①] 也有人认为，矿业权的客体是一定的开发行为。[②] 笔者认为，探矿权的客体仍然是作为物的矿产本身，但其也应当包括勘探、开采矿产行为。矿业权的客体具有不特定性。因为探矿和采矿的权利在设定之时客体尚不能特定化，只有在勘探、开采行为完成后才能特定化，并且客体的范围也会随着权利的行使而不断变化。例如，在勘探工作进行到一定阶段时，矿区或工作区的面积应相应缩减，把未勘探的矿产资源的权利归还给国家，以供他人继续勘探。[③]

二、探矿权

探矿权，顾名思义，是指勘探矿产资源的权利。探矿人依法在已经登记的特定矿区或工作区内勘探一定的国有矿产资源、取得矿石标本、地质资料等的权利。[④] 取得勘查许可证的单位或者个人称为探矿权人。探矿权是在他人之物上设定的权利，在性质上是一种准用益物权，因为探矿权人要占有一定的工作区进行勘探、采掘等行为，也就是要利用他人的不动产，如果勘查到矿产资源，还可以取得一定数量的样品并进行处分，如果探明了矿藏，则这种权利便具有较大经济价值，可以进行转让，因而探矿权也是一种财产性权利。但由于探矿权的取得要通过行政审批行为，必须在依法取得的勘查许可证规定的范围内勘查矿产资

---

① 参见彭义刚：《论探矿权的客体》，载《国土资源导刊》，2006 (3)。
② 参见梅夏英、高圣平：《物权法教程》，300 页，北京，中国人民大学出版社，2007。
③ 参见崔建远：《准物权研究》，182 页，北京，法律出版社，2003。
④ 参见崔建远：《物权：生长与成型》，256 页，北京，中国人民大学出版社，2004。

源①，而且在行使上与一般的用益物权行使方式有所不同，所以其性质为准用益物权。

探矿通常是采矿行为的前提，如果探矿之后权利人还取得了采矿资格，则可以同时享有采矿权；如果探矿之后没有取得采矿资格，而将开采的权利转让给他人，则探矿权和采矿权由不同的主体享有。探矿权人的权利主要包括如下几点。

第一，对特定区域享有一定程度的占有和使用权。探矿权人要勘探一定的矿产资源，必须要对勘查许可证许可的勘查范围的工作区进行占有和支配。探矿权人占有的是特定的工作区，这实际上是利用国有的土地和自然资源来从事一定的矿产勘探，其只能在该工作区内才能探测是否存在矿产资源，不能超出工作区的范围探矿。在勘查许可证许可的范围内，探矿权人享有的对工作区的勘探权具有排他性。探矿权人的目的就是查明勘查区内的矿产资源，将其变为具有开采价值的资源，因此，权利人对特定勘查区域享有一定程度的占有和使用权。② 例如，在勘查作业区及相邻区域有权架设供电、供水、通讯管线，但是不得影响或者损害原有的供电、供水设施和通讯管线；探矿主要是勘探，根据《矿产资源法实施细则》第 16 条的规定，为了完成勘探作业，有时需要建造一定的附属设施，根据工程需要临时使用土地，必要时也需要取土。

第二，独立勘查的权利。探矿权人有权按照勘查许可证规定的区域、期限、工作对象进行勘查，对这种勘查行为有权独立实施而不受他人的非法干涉；在勘查作业区及相邻区域通行；探矿权人在工作区内进行探矿作业，并非完全不允许他人进入工作区，但是他人进入探矿工作区之后，也不能妨碍探矿人进行探矿作业。由于勘探要独立进行，因而，在同一勘查、工作区范围内，同一期限内，不能并存两个或两个以上的探矿权。③ 探矿是在特定工作区内对探矿许可证所载明的矿种进行勘探的权利，但如果在勘探过程中，发现有其他新的矿种，根据《矿产资源法实施细则》第 16 条的规定，探矿人就可以优先取得勘查作业区内新发

---

① 参见《矿产资源法实施细则》第 6 条。
② 参见崔建远：《准物权研究》，216 页，北京，法律出版社，2003。
③ 参见张振凯：《矿业权物权属性与矿业立法》，载《中国矿业》，2003（10）。

现矿种的探矿权。

第三，对探矿资料及样品的处分权。一方面，探矿权人有权将其在探矿过程中获得的探矿报告或资料进行转让。探矿权人从事探矿活动，有权获得工作区的矿藏资源信息。根据《矿产资源法》第28条的规定，"矿床勘探报告及其他有价值的勘查资料，按照国务院规定实行有偿使用"。在探矿过程中，如果发现了矿产品，探矿权人不能自行开采，如果需要开采，就必须将资料有偿转让给他人，通过这种有偿转让而获得对价，使自己支付的费用得到补偿。另一方面，探矿权人对其在探矿过程中获得的矿产品样品有权予以处分，因此探矿权人有权自行销售勘查中按照批准的工程设计施工回收的矿产品。[1]

第四，优先取得采矿权的权利。探矿权人取得探矿权之后，有权优先取得勘查作业区内矿产资源的采矿权。[2] 这主要是因为：一方面，在探矿过程中，探矿权人往往要花费巨额的设备、人工等费用，如果在完成探查行为之后不能优先取得采矿权，则无法对探矿权人形成有效的激励机制，不利于新的矿产资源的发现和开采；另一方面，如果探矿权人在探查行为完成后不能自己开采而由他人开采，也不利于资源的节约，因为探矿权人在探查过程中已经对工作区的地理结构等比较了解，而他人对此并不了解，如果由他人开采，则仍然需要熟悉工作区的地质环境，这就会浪费有限的资源。比较法上，许多国家都将探矿权和采矿权合二为一。[3] 我国没有规定二权统一的矿业权制度，但规定探矿权人享有优先开采权是有必要的。

第五，转让探矿权的权利。探矿权虽然基于行政许可而取得，但本质上仍然是一种财产权，可以依法流转，根据《矿产资源法》第6条的规定，"探矿权人在完成规定的最低勘查投入后，经依法批准，可以将探矿权转让他人"，也可以通过出售、作价出资、合作、重组改制等多种形式进行矿业权流转。通过探矿权的转让而在流转中实现资源的最优配置。

---

[1] 参见李显东等：《矿业权的私权法律属性》，载《北京石油管理干部学院学报》，2007（2）。

[2] 参见《矿产资源法》第6条。

[3] 参见张振凯：《矿业权物权属性与矿业立法》，载《中国矿业》，2003（10）。

探矿权人的主要义务是依照勘查许可证规定的勘探方式、范围、期限等进行探矿行为。首先，根据《矿产资源法实施细则》第 17 条的规定，在探矿过程中必须要保护环境，维护资源，遵守有关法律、法规关于劳动安全、土地复垦和环境保护的规定。其次，勘查作业完毕，及时封、填探矿作业遗留的井、洞或者采取其他措施，消除安全隐患。最后，探矿权人即使发现了矿产品，也不得擅自采矿，要进行开采，必须要取得采矿的资格。在查明主要矿种的同时，对共生、伴生矿产资源应当进行综合勘查、综合评价；探矿权人取得临时使用土地权后，在勘查过程中给集体的土地、草原、林地、他人的承包地造成财产损害的，应当依法给予补偿。

三、采矿权

（一）采矿权的概念和特征

采矿权是指在依法取得的采矿许可证规定的范围内，开采矿产资源和获得所开采的矿产品的权利。取得采矿许可证的单位或个人称为采矿权人。《民法典》第 329 条规定："依法取得的探矿权、采矿权、取水权和使用水域、滩涂从事养殖、捕捞的权利受法律保护"。这就确认了采矿权是一种准用益物权。我国矿产资源专属于国家所有，由国务院行使国家对矿产资源的所有权，但国家一般不会直接开采矿产，通常都是由采矿人在取得采矿权之后进行具体开采作业。设立采矿权本身是国家行使矿产资源所有权的结果，也是合理利用自然资源、促进资源有效利用的重要方式。[①] 采矿权具有如下几个特点。

（1）采矿权的主体，是直接从事采矿活动、依法取得采矿权的国有矿山企业、集体所有制矿山企业和公民个人。我国国有矿山企业是矿产资源的主要开采者，但是为了提高开采的效率，满足我国经济发展中对煤、铁、铜等矿产品的需求，以及合理利用零星、分散资源和大矿山的边角残矿，并繁荣地区经济，国家

---

① 参见王利明主编：《民法》（上册），8 版，377 页，北京，中国人民大学出版社，2020。

也允许集体矿山企业以及公民个人开采矿产。当然，为保护和合理利用矿产资源，维护开采的正常秩序，法律对不同的采矿权人采取了不同的管理原则。[1]根据《矿产资源法实施细则》第二章的规定，对于国有企业、集体企业和个人开采矿产资源分别规定了不同的条件，只有在依法符合法定的条件的基础上，才能从事矿产资源的开发。

（2）采矿权必须通过行政许可而取得。由于矿产资源是国家的一项重要的财富形态，关系到国计民生，为了维护国家利益，保护生态环境和自然资源，防止出现滥采滥伐，实现经济的可持续发展，有必要对采矿实行行政许可。因此，国家对采矿权人的资质、开采时间、开采方法和选矿工艺等条件作出了严格的强制性规定，并通过审批等行政程序授予申请人采矿权。采矿权必须从获得行政许可之日起才取得，任何人未获得行政许可不得擅自进行采矿活动。

（3）采矿权的客体是矿产资源本身，其也涉及一定的矿产资源开发行为。之所以将其称为准用益物权，在一定程度上也是因为，其不是完全以物为客体。采矿权实际上是利用国有的矿产资源进行开采并获取收益，采矿权在客体方面不同于矿产资源的所有权，所有权的客体是矿产资源，而采矿权的客体是在特定矿区内，依法从事被核准的采矿行为，而采矿行为的对象是一定矿区或工作区内的矿产资源。由于在开采作业全部完成之前，难以准确知道可以开采的矿产品的具体数量，只能在事前大致预测，而实际开采状况与预测数量也许会有较大出入，因而采矿权的客体无法像传统物权的客体那样特定化。[2]

（4）采矿权是一种准用益物权。采矿权必须经行政许可取得，这并不意味着采矿权只是一种行政特许权而非民事权利。从比较法的角度来看，许多国家承认采矿权为一种用益权。[3]在我国，采矿权应当属于准用益物权的范畴。因为一方面，采矿权是在国有自然资源的基础上产生的，采矿权以国家享有对矿产的所有权为前提，同时也是基于资源的有偿使用而产生的。《民法典》第 325 条规定：

① 参见崔建远主编：《我国物权立法难点问题研究》，339 页，北京，清华大学出版社，2005。
② 参见崔建远：《准物权研究》，13 页，北京，法律出版社，2003。
③ 参见《法国民法典》第 598 条，《意大利民法典》第 987 条。

"国家实行自然资源有偿使用制度，但法律另有规定的除外。"因此，其产生符合民法中的等价有偿的基本原则要求。另一方面，采矿权本质上是一种对国有矿产资源进行使用收益的权利。采矿权人利用国有的矿产资源进行开采，对取得的矿产品进行处分以获得收益。在这一点上其与一般的用益物权的行使并无本质差异。此外，采矿权本身具有一种准用益物权的性质，可以依法进行抵押、流转。采矿权在受到侵害的情况下还可以得到《民法典》的救济，所以其在本质上仍然是一种民事权利。[①]

（二）采矿权的内容

采矿权的内容是指采矿权人依法享有的权利和承担的义务。采矿权人的主要权利是开采国有的矿产并对矿产品享有使用、收益的权利。具体而言，采矿权人的权利主要包括以下几方面。

1. 矿区占有权

采矿权人要开采矿产资源，必须首先占有一定的矿区，并能够对该矿区进行独立的支配。所谓矿区，既包含地下部分，也包括地表。采矿权人必须对整个矿区享有占有权，才能进行开采作业，占有权是行使采矿权的前提。[②] 如果采矿权人对地表不享有任何权利，其就无法修建设施，进行开采作业。如果对地下空间也不享有权利，则无法进行开采。当然，这并不是说采矿权人对矿区享有所有权才能进行开采，比如，如果其只需要对地表以下的空间享有权利，就不必对地表以上享有权利。

2. 矿区使用权

采矿权人占有特定的矿区，目的是对该矿区的矿产资源进行开采。为了实施开采作业，就必须对特定的矿区享有使用权。例如，建造必要的附属设施、安置设备、允许工作人员进出矿区、允许车辆通行，等等。因此采矿权人有权根据采矿的需要，从事必要的建设行为。如果采矿权人只享有采矿权而不能从事任何建设活动，也就不可能顺利实施开采行为。当然，如果采矿权人没有取得建设用地使用权，就不能利用矿区从事商品房开发等建设。但是，建设用地使用权人没有

---

① 参见李显东等：《矿业权的私权法律属性》，载《北京石油管理干部学院学报》，2007（2）。

② 参见崔建远：《准物权研究》，230 页，北京，法律出版社，2003。

取得矿业权，则其也不得在建设用地之下从事开采活动。[1]

3. 独立开采权

采矿权人在取得采矿权以后，有权要求有关主管机关为其划定明确的矿区范围，依据采矿许可证规定的开采范围和期限从事开采活动，并有权排斥任何人的非法干预和侵害。采矿本身也是一种生产经营活动，任何人对采矿权人进行非法侵害和干涉，则采矿权人有权采取《民法典》赋予物权人的救济措施，即权利人可以请求排除妨害或者消除危险，或者请求修理、重作、更换或者恢复原状。[2] 在造成权利人损害时，权利人可以请求损害赔偿，也可以请求行为人承担其他民事责任。在经营过程中，如果发生国家的征收征用等行为，则采矿权人有权依法获得补偿。

4. 对矿产品的处分权

采矿人对其因采掘而获得的矿产品依法享有独立的处分权，采矿权人有权自己利用（如自己直接加工成为成品），也有权依照法律的规定出售，从而获得一定的经济利益。采矿权人在处分矿产品的过程中，对于某些特殊的矿产品，如果依法应由指定单位统一进行收购的，则必须出售给指定的收购单位。

5. 采矿权的转让权

根据《民法通则》第81条规定，采矿权不得买卖、出租、抵押或以其他形式非法转让。1986年《矿产资源法》第3条也规定："采矿权不得买卖、出租，不得用作抵押。"但1996年《矿产资源法》修改后，允许已取得采矿权的矿山企业，因企业合并、分立、与他人合资、合作经营，或者因企业资产出售等需要变更采矿权主体的，经依法批准可以将采矿权转让他人。[3] 可见，法律允许采矿权的转让，但同时严格规定了转让的条件。主要原因在于，一方面，采矿权作为一项重要的财产权利，允许采矿权人转让采矿权，有利于保障采矿权人的利益，通过市场促进矿业资源的有效配置，促进市场经济的发展；另一方面，在允许转让的同时，严格限定转让的条件，有利于防止将采矿权倒卖牟利，造成矿产资源的

---

[1] 参见崔建远等：《矿业权基本问题探讨》，载《法学研究》，1998（4）。

[2] 参见李显东等：《矿业权的私权法律属性》，载《北京石油管理干部学院学报》，2007（2）。

[3] 参见尹飞：《物权法·用益物权》，448页，北京，中国法制出版社，2005。

闲置和浪费。尤其是如果将采矿权转让给不具有法律要求资质的主体进行开采，容易发生矿难等严重事故，也可能会造成对矿产资源的重大破坏。

值得探讨的是，采矿权能否进行抵押？对此，学界存在两种不同的观点。一种观点认为，从立法的本意来看，国家采取的态度是禁止采矿权的抵押。另一种观点认为，既然允许采矿权的转让，那么按照举重以明轻的规则，应当允许采矿权抵押，且依据《民法典》第395条第1款第7项规定，"法律、行政法规未禁止抵押的其他财产"可以设定抵押。所以只要法律没有明确禁止的就应当允许抵押。从我国台湾地区的相关规定来看，已经允许了采矿权的抵押。笔者认为，从我国现行法律规定来看，确实没有允许采矿权抵押，这主要是因为采矿权的取得对于权利人有相当严格的资质限制，为了强化对矿产资源的管理，防止一些不具备采矿资质和能力的个人和企业获得采矿权，避免滥采滥挖、破坏环境的行为，有必要对矿业权的抵押作出必要的限制。此外，如果允许权利人自由抵押，将来一旦抵押之后债权不能得到清偿，在实现抵押权的时候，符合资质限制的买方数量较少，这将会导致此种抵押权在现实中难以真正实现，这未必有利于保障债权人的债权。笔者认为，从资源的优化配置和有效利用来看，应当允许矿业权的抵押，但是在抵押权实现时，应当作出必要的限制。

采矿权人依法所承担的主要义务是，按照国家规定缴纳有关税费，在规定的矿区范围内采矿，并按照国家的统一规划和布局，合理开采、综合利用，保护国有矿产不受损失和浪费。国家指定矿产品必须销售给特定单位时，采矿权人必须将该矿产品销售给该特定的单位。[①] 采矿权人在采矿过程中应当合理开采矿产资源并注意保护环境，因为矿产资源的开发、利用、加工转化及废弃物的处理等环节都会对自然环境的质量和功能造成负面影响。[②] 采矿权人在采矿活动中还必须遵守国家劳动安全规定，具备保障安全生产的必要条件。因开采活动给他人的生

---

① 参见国务院1991年1月15日发布的《关于将钨、锡、锑、离子型稀土矿产列为国家实行保护性开采特定矿种的通知》。

② 参见余振国：《矿业权市场化配置中的环境权利保障制度研究》，载《中国矿业大学学报（社会科学版）》，2005（2）。

产、生活造成损失的，应当负责赔偿，并采取必要的补救措施；此外，还应遵守国家有关水土保持、土地复垦和环境保护方面的法律、法规。[①] 采矿权人不履行其应负的义务，如擅自开采国家规定的实行保护性开采的特定矿种，采用破坏性的开采方法开采矿产资源等，依法应承担民事责任和行政责任，情节严重的，应依照刑法的规定承担刑事责任。

第四节　取水权

一、取水权的概念

取水权，是指权利人利用取水工程或者设施直接从江河、湖泊或者地下取用水资源的权利。[②]《民法典》第 329 条将取水权规定为准用益物权，通过确认和保护对水资源的取用权利，最大限度地发挥水资源的经济效益，从而实现水资源可持续利用的终极目标，保护环境和生态的平衡。中国是一个水资源短缺的国家，目前，我国人均水资源量仅为世界人均水平的 1/4，局部地区人均水资源量远远低于世界人均水平，水资源很可能成为 21 世纪中国最为稀缺的自然资源。随着社会经济的进一步发展，水资源短缺的矛盾将更加突出。当今中国在水资源方面面临着三大严重问题：洪涝灾害、干旱缺水、水环境恶化。[③] 从发展趋势来讲，随着我国社会经济的进一步发展，水资源短缺的矛盾将会更加突出，并成为我国经济和社会发展的严重制约因素。[④] 如何有效地节约、保护、利用水资源是一个

---

① 参见戴永生：《国内外矿业权之法律属性分析》，载《投资与合作》，2006（2）。
② 参见国务院 2006 年颁布的《取水许可和水资源费征收管理条例》第 2 条第 1 款。
③ 参见汪恕诚：《水权和水市场——谈实现水资源优化配置的经济手段》，载《水电能源科学》，第 19 卷第 1 期。
④ 我国水资源总量不足，人均水资源只有世界平均水平的 1/4，全国六百多个城市中有四百多个城市水资源短缺，其中一百多个严重短缺。参见周生贤：《采取最严格的措施让江河湖海休养生息》，载《环境保护》，2007（9）。

涉及资源、环境、经济、科技、法律等不同方面的综合性问题。因此,《民法典》将取水权规定为准用益物权,通过确认和保护对水资源的取用权利,最大限度地发挥水资源的经济效益,从而实现水资源可持续利用的终极目标,保护环境和生态的平衡,是十分必要的。

在我国,水资源属于国家或集体所有,即属于公共财产,而自然人和法人只能享有对水资源的取用权,即使自然人和法人取得了某块土地的使用权,也不能对该土地地表和地下的水资源享有所有权。[①] 但在法律上通过设定取水权,也能够使水资源得到有效率的利用。取水权的特点在于:

第一,取水权的客体是水资源。按照民法对于动产的界定,取水权的客体即水资源,即一定区域内的水资源,其必须与一定的土地相结合,其一般以土地为载体而存在,与土地不可分离,从广义上说,其是动产与不动产的结合。水一般以液态形式存在,具有流动性,难以特定化,无论是在江河湖泊中取水,还是打井取水,都难以确定取水权的客体。通常只有在取水完成之后,取用的水才能特定化。但随着技术的发展,可以确定一定水量的、一定地域或一定范围的水成为权利客体。

第二,取水权属于一种经过行政许可而获得的权利。由于水资源是一种关系整个人类社会存亡的重要社会公共资源,它关涉国计民生,关系到国家未来的可持续发展,因而,为了加强对水资源的管理和保护,促进水资源的节约与合理开发利用,有必要在我国实行取水许可证制度[②],通过行政许可的方式加强国家对取水利用的管理。取用水资源的单位和个人,原则上都应当申请领取取水许可证,并缴纳水资源费。

第三,取水权的行使应当遵循合理利用资源的规定。实施取水许可应当坚持地表水与地下水统筹考虑,开源与节流相结合、节流优先的原则,实行总量控制与定额管理相结合。即使在公民、法人取得了取水权以后,国家仍然应当继续保持对水资源利用的严格管理,从而对取水权的内容及行使作出严格的限制。民事主

---

① 如《英国水资源法》规定水属于国家所有;《日本河川法》规定河流属于公共财产。
② 参见汪恕诚:《怎样解决中国四大水问题》,载《求是》,2005(3)。

体在取得法律法规授权的行政机关的行政许可的前提下方能享有开发、利用自然资源的权利。即便民事主体在取得了水资源利用权以后，国家出于维护社会公共利益的需要，也可以对水资源的利用作出必要的调整。当然，在调整以后应当给利用权人以适当补偿。对于取水权作出严格的限制，是保障社会公共利益的重要措施。

第四，取水权可以转让。由于政府代表国家行使水资源所有权，所以水资源所有权具有不可转让的特点，不能在市场上自由流转。这样，水资源所有人根本无法通过市场交易去追求和获得水资源的最大价值。但为了最有效率地利用水资源、节约用水，有必要设立取水权，国家可以将取水权转让给公民、法人享有；一旦将取水权授权他人行使或授权他人对水资源进行使用，也应当允许取水权人将其权利进行转让。依据我国现行法规的规定，依法获得取水权的单位或者个人，通过调整产品和产业结构、改革工艺、节水等措施节约水资源的，在取水许可的有效期和取水限额内，经原审批机关批准，可以依法有偿转让其节约的水资源，否则，就难以通过市场的方式最大限度地发挥水资源的利用效益。① 实际上，水资源的利用权的转让在实践中已经存在。②

取水权与水资源利用权关系密切。所谓"水资源利用权"，是指公民、法人或者非法人组织依照法律规定，开采、使用地下水、地上水以满足生产、生活需要的民事权利。水资源利用权是水权中的一种非常重要的权利。水资源利用权的具体权利内容包括：一是取水权。二是水流使用权。水源地、沟渠及其他水流地所有权人，可以自由使用水流，但不得侵害他人利益和社会利益，尤其不得污染环境、破坏生态平衡。在我国，须遵守《水法》第32条的规定，即除为家庭生活少量用水外，须经政府许可。三是水流变更权。水流变更主要是指变更河流的宽度及河流改道，过去水流变更主要是基于传统习惯产生，但由于水流变更对周围环境，尤其是下游用水有较大影响，所以现在在发达国家大多规定，水流变更须经政府批准，若因水流变更损害周围环境或者造成下游土地所有权人的经济损

---

① 参见国务院2006年颁布、2017年修订《取水许可和水资源费征收管理条例》第27条。
② 据报道，"位于浙中盆地的义乌市出资两亿元向毗邻的东阳市买下了约五千万立方米水资源的永久使用权。这笔交易协议开创了中国水权制度改革的先河"。参见《经济日报》，2001-02-27，5版。

失，则受害人有权请求恢复原状、赔偿损失。由此可见，取水权只是水资源利用权的一种类型，但不能概括所有的水资源利用权。在我国物权法确认了取水权为准用益物权之后，有必要通过有关法律法规全面规定水资源利用权。

二、取水权的取得

取水权作为一种准用益物权，其取得方式不同于一般用益物权。它不是通过法律行为的方式取得，也不需要经过公示，原则上需要通过行政许可的方式取得。如前所述，在我国，取水权实行行政许可制。[①] 因此，需要对取水权通过较为严格的行政审批程序进行管理。原则上，取水需要申请取水许可证，申请取水的单位或者个人，应当向具有审批权限的审批机关提出申请。在获得了主管部门的审批许可之后，主管部门应当向权利人发放取水许可证。这种受法律保护的取水权益，就为合法取水权。[②] 但农村集体经济组织及其成员使用本集体经济组织的水塘、水库中的水的，家庭生活和零星散养、圈养畜禽饮用等少量取水的，为保障矿井等地下工程施工安全和生产安全必须进行临时应急取（排）水的，为消除对公共安全或者公共利益的危害临时应急取水的，不需要申请领取取水许可证。[③]

依据我国现行法的规定，取水权的取得不需要通过合同的方式来设立。笔者认为，既然《民法典》承认取水权是一种准用益物权，那么，权利的设定应当采用物权设定的一般方法。首先，取水权人应当与主管部门达成合意。所谓合意，是指当事人就是否设定取水权以及取水权的内容等方面达成一致的意思表示。因为取水许可证只是行政审批，它不能代替合同，审批机关的批准不是建立在与他人协商的基础之上的。如果以审批代替合同，那么，由此设立的权利内容将完全由行政机关决定，行政机关可以随意撤销权利或者变更权利人。取水权行使方

---

① 参见国务院 2006 年颁布、2017 年修订《取水许可和水资源费征收管理条例》第 2 条。

② 参见王英虎：《浅谈合法取水权的获得程序》，载《河北水利》，1997（5）。

③ 参见国务院 2006 年颁布、2017 年修订《取水许可和水资源费征收管理条例》第 4 条。

式、取水地点、每日取水量等也应当由双方当事人在取水权出让合同中作出约定。按照物权法定原则，取水权的内容必须首先由法律规定，合同的约定应当视为是对法律规定的取水权内容的补充和具体化。

关于取水权是否需要登记的问题，在法律上值得探讨。一般来说，取水权人取得了取水许可证之后，就应获得取水权。但是，仅仅颁发取水许可证是不够的，因为取水权可以转让，尽管转让时需要办理相关手续，但是，如果没有办理登记，很容易导致权利的混乱，造成第三人的损害。只有通过登记才能将取水权的移转对外公示，使第三人知悉权利的移转，才有利于保护受让人的权利，维护交易安全。笔者认为，为了避免行政的审批和登记在不同的机关进行，造成重复审查和重复收费特别是审批和登记内容不一致问题，审批和登记的机关应当统一。国家水资源行政主管机关在许可登记过程中，有权审查合同主体、合同内容、使用途径及其对水体正常功能的影响，等等，对不符合水资源规划、总量分配和生态保护要求等强制性规定的合同不予登记或者变更、撤销其已登记的取水权。对经审查合格的合同，则予以登记、公告并发给取水许可证，赋予其依照合同约定开发利用水资源的权利和资格。

三、取水权的内容

取水权人的权利主要是权利人依照法律或取水许可证的规定，通过取用地下水、地上水以满足其生产、生活需要的权利。取水权人所享有的权利主要包括如下几项：一是在江河、湖泊或者地下取用水资源的权利。这就是说，取水权人所享有的权利是从特定的水源取水，只要在规定的限度内，权利人都可以取用水资源。二是建造取水工程或者设施的权利。因为取水常常都是大型企事业单位或者某个地区大规模取用水，所以，权利人需要修建取水工程和设施。

取用水资源的单位和个人，主要应承担以下义务。

第一，取水权人应当合理利用水资源，不得违法取用地下水和地上水资源。取水权人必须依照法律和在许可的范围内取用一定量的水资源，不得超过规定取用水资源。流域内批准取水的总耗水量不得超过本流域水资源的可利用量。取水权的行使要遵循法律法规和有关对取水地点、取水量、取水方式等多方面的约束。

第二，节约用水，保护水资源环境。设立取水权的目的，就是要促进取水权人节约用水，促进水资源的合理开发利用。所以，取水权人在取得取水权之后，应当负有节约用水、保护水资源环境的义务。取水权人不得过度取用水资源，不得造成江河和湖泊水域使用功能降低、地下水超采、地面沉降。取水权人通过建造一定的设施取水，也不得造成水资源的污染，否则应当承担相应的法律责任。[1]

第三，及时缴纳水资源费。取水权的取得必须支付合理的对价，此种对价称为"水资源费"。水资源是宝贵的自然资源，为了促进水资源的合理开发利用和节约水资源，应当实行有偿取得取水权的制度。在我国，取水单位和个人在获得取水权之后，应当根据取水的总量来缴纳水资源费。取水权人取用一定的水必须缴纳水资源费，超计划或者超定额取水的，应依法对超计划或者超定额部分累进缴纳水资源费。

第五节　养殖权和捕捞权

一、养殖权、捕捞权概述

养殖权、捕捞权都属于渔业权的范畴。所谓渔业权是指权利人依法在他人所有的特定水域从事渔业生产经营活动的权利。渔业权有广义和狭义两种含义。广义上的渔业权不仅包括养殖权和捕捞权，还包括入渔权等权利。所谓入渔权就是指根据设定行为，参与他人已有的渔业权的权利。[2] 狭义上的渔业权仅包括养殖权和捕捞权两种权利。依学界通说，"渔业权"是指民事主体在特定水域从事水

---

①　参见《水法》第 31 条。

②　参见崔建远：《论争中的渔业权》，5 页，北京，北京大学出版社，2006。

产动植物养殖、捕捞的权利。① 《民法典》第 329 条和《渔业法》所规定的渔业权，主要是指权利人在特定水域进行养殖和捕捞作业的权利。这里采用的是狭义的渔业权概念，因此渔业权就是指权利人在特定水域进行养殖和捕捞作业的权利。

渔业权的概念可以追溯到罗马法。《布莱克法律辞典》将渔业权解释为"自然人所享有的在公共水域从事渔业活动的权利"②。在大陆法系国家，如日本、韩国，是由渔业法来规范渔业活动及其相关的水域，采用渔业权制度调整水域的使用权。例如，日本早在 1901 年（明治年代）就颁布了《渔业法》。③

渔业权都是在他人的水域之上存在的物权，其内容在于权利人使用属于他人所有的水域，并获得和保持水生动植物。但是关于渔业权的性质究竟为公权力还是私权利，学界一直存在争议。从各国法律规定来看，渔业权确实兼具公权力和私权利的一些特征，因此也有学者认为，渔业权"是一种公权和私权并存的权利结构"④。

《渔业法》虽然规定了养殖权和捕捞权，但并没有规定渔业权。这主要是考虑到这两种权利各有其鲜明的特点，很难用渔业权制度来统一规范。但《渔业法》承认了养殖权和捕捞权是一种民事权利，因此，学者大多认为，渔业权性质上属于用益物权。⑤《民法典》将渔业权（养殖权和捕捞权）纳入用益物权体系之内，与矿业权、取水权等一起列入准用益物权的类型之中。因为一方面，这两种权利都是利用国家和集体的水域、滩涂等进行养殖、捕捞，并进行使用、收益的经营活动，且其内容也都具有一定的财产价值，对于养殖、捕捞的产品也享有独立的处分权利，所以，与典型的用益物权具有一定的相似性。另一方面，渔业权与典型的用益物权相比，又具有其特殊性。例如，在对滩涂、水面的利用上，采用审批的行政管理办法，行政色彩较浓；渔业权的客体也具有特殊性，考虑到水

---

①　参见孙宪忠主编：《中国渔业权研究》，11 页，北京，法律出版社，2006。
②　*Blacks Law Dictionary*，seventh edition，1999，p. 650.
③　参见孙宪忠：《中国渔业权研究》，4～5 页，北京，法律出版社，2006。
④　税兵：《论渔业权》，载《现代法学》，2005（2）。
⑤　参见罗曼丽：《关于渔业权法律制度的探讨》，载《现代渔业信息》，2004（4）。

温、水深、水流等因素，渔业权的客体在一定程度上具有不特定性[1]；尤其是渔业权的取得要经过行政许可，权利的内容、期限等都是由行政许可确定的；权利的内容上也具有较多的公法上的义务。这些都表明其和典型的用益物权具有一定的区别。因此《民法典》将其归入准用益物权之中，是较为科学合理的。

二、养殖权

（一）养殖权的概念和特征

所谓养殖权，是指权利人依法在国有、集体的水面、滩涂从事养殖活动并排斥他人干涉的权利。我国海域辽阔、海岸线很长，为海水养殖提供了便利。自改革开放以来，我国海水养殖业迅速发展，不少民众在河道、湖泊以及水库的水面从事淡水养殖，因此，养殖已经成为一项重要的产业。为了加强对渔业资源的保护和合理利用，保障渔业经营者在养殖、使用水面过程中的合法权益，确有必要在法律上确认养殖权为一种准用益物权。

《民法典》第 329 条规定："使用水域、滩涂从事养殖、捕捞的权利受法律保护"。这就在法律上确认了养殖权为一种准用益物权。这一方面有利于使渔业权成为一种长期稳定的权利。因为准用益物权的取得虽然需要经过行政许可，但是在取得之后就成为一种准用益物权，行政机关不得随意干预，这就有利于维护渔业经营者的权利。我国有许多渔业经营者，完全靠水产养殖为生，且有的人祖祖辈辈均从事水产养殖，水面就是其赖以生存的基本生产资料。如果其对养殖经营的水面不能享有物权，有关政府机关可以随意调整或收回权利，这就势必极大地损害养殖经营者的利益。另一方面，有利于鼓励养殖经营者从事各种投资行为。"有恒产者有恒心"，渔业权只有成为一种长期稳定的财产权利，经营者基于对养殖的合理期待才能够大胆地对养殖业进行投资。如果养殖经营不能成为物权，则很难鼓励养殖业者作长远的投资。[2] 此外，这为渔业权在未来进行制度完善提供

---

① 参见崔建远：《论争中的渔业权》，119 页，北京，北京大学出版社，2006。
② 参见孙宪忠主编：《中国渔业权研究》，7 页，北京，法律出版社，2006。

了一定的空间。由于渔业权是一种准用益物权，所以在权利的设定、内容等方面，如果《渔业法》等特别法没有作出规定，则适用《民法典》的相关规定，尤其是在确认其是一种准用益物权之后，对于此种权利的流转、保护等都可以适用《民法典》的相关规定，这就更加有利于保护渔业权人的利益，并为以后渔业权制度的完善提供制度空间。养殖权的特点主要在于：

（1）养殖权的取得必须要通过行政许可。作为一种准用益物权，养殖权的取得必须要获得政府的行政许可。这主要是因为：一方面，养殖要利用国有的海域、湖泊、滩涂等，而养殖过程中又很容易造成水质的污染等有害环境行为，因此，对养殖经营者的资质等级等，国家需要进行严格的控制。也就是说，养殖权的取得必须要通过行政许可。另一方面，对海域、水面等自然资源的利用，国家需要进行整体规划，才能发挥水域的综合利用的功能。因此，需要政府对水面养殖进行行政许可，保障国家规划的实现，加强行政监管，防止在养殖过程中污染水面和环境以及将水面荒芜；对于各种违法行为，政府也可以及时予以处罚。[①]当然应当看到，养殖主要是培植、增加水生资源，而不像捕捞那样是减少水生资源，因此国家不宜进行过多的限制，否则不利于社会财富的创造和增加。由于养殖是一种高投入的产业，如果对这种权利的行政干预过多，则不利于权利人对其未来收益产生合理的预期，从而挫伤其投资的积极性，不利于提升我国养殖业的科技含量和经营水平，向产业化、集约化和规模经营方向发展。因此立法者需要更多地尊重养殖权人的意思自治，反映权利本位的价值取向。[②]

（2）养殖权的客体是特定的水域、滩涂等。养殖权是针对特定的水域进行利用而享有的权利。养殖权人只有支配特定的水域才能进行有效的养殖活动，从而划清养殖权人与其他权利人之间的权利边界，并行使具有一定排他性的权利。

（3）养殖权的内容是利用特定的水域进行养殖活动。养殖权设立目的是特定的，仅仅是从事养殖活动，而不包括其他活动。养殖权人从事养殖的内容并非不受到限制，为了保护环境和水生物种的安全，保证养殖业的有序发展，法律法规

---

① 参见崔建远：《关于渔业权的探讨》，载《吉林大学社会科学学报》，2003（3）。
② 参见税兵：《论渔业权》，载《现代法学》，2005（2）。

等对养殖的内容也进行了一定的限制，但由于养殖活动有利于促进水生动植物的繁衍，促进资源的再生与增长，所以，国家鼓励养殖权人积极从事养殖活动，保证水生物资源的可持续发展。因此，对养殖权人来说，法律应当体现权利人一定程度的意思自治，而不能作过多的干预。从这一点上讲，养殖权与捕捞权之间存在较大的差别。养殖权人的权利具有一定的复合性，权利人不仅可以占有一定的水域，还可以使用该水域养殖水生动植物，并享有保持该水域水生动植物的生长状态的权利。①

（4）养殖权的期限应当相对固定。养殖权成为物权就是要使该权利在期限上保持一定的固定性和长期性，不应当成为行政机关时收时放的权利。在国外，有关养殖的期限都规定得较长。② 例如，日本养殖权的存续期限依养殖权的不同种类分为 5 年和 10 年，而韩国养殖权的期限为 5 年以上 10 年以下，期限届满时，原养殖权人可以申请延期。③ 借鉴国外的立法经验，我国立法有必要对养殖权的期限作出规定。因为养殖权的期限过短，就不利于鼓励养殖权人进行投资，不利于对养殖权的保护；但如果养殖权的期限过长，则又不利于国家对水域的管理、综合利用，因此，具体期限应当根据养殖的水域和类型来确定。例如，海水养殖有滩涂养殖、浅海养殖和深海养殖等类型，养殖渔业的类型、养殖种类、品种及产量因养殖用水面水域生态环境、养殖承载力的不同差别很大，因此，对其养殖用水面的使用权期限区别也比较大，要根据不同的情况来确定不同的期限。

（5）养殖权在效力上具有一定的排他性。这种排他性是指在同一特定水域上，不能并存两个养殖权，或存在多种相冲突的权利，所以权利人享有的权利可以排除他人在同一水域、同一期限内从事养殖活动。当然，这并不是说养殖权人在特定的水域内就可以排斥其他人从事不影响其权利行使的使用，如果他人对该

① 参见梅夏英、高圣平：《物权法教程》，303 页，北京，中国人民大学出版社，2007。

② 如根据《新西兰海洋水产养殖法》的规定，使用时限为 14 年，并且享有再延长 14 年的优先权。其 1991 年制定的《资源管理法》规定，新设立的养殖场使用海域的年限可达 35 年。在澳大利亚的西澳大利亚州，设立珍珠牡蛎养殖场期限可达 21 年。在英国的英格兰取得养殖执照后，期限达 21 年。

③ 参见贾东明、郝作成：《日本、韩国渔业权的法律性质及其主要内容》，载《中国水产》，2002 (12)。

水域的利用不会影响到养殖权的行使，例如他人利用该水面航行、旅游等，并未损害养殖权人的利益，则养殖权人不得阻止。

（二）养殖权与海域使用权

养殖权和海域使用权这两种权利可能同时涉及对海域的利用问题，在内容上具有一定程度的交叉。因而在《物权法》制定中，对海域使用权和养殖权的相互关系存在不同的看法：一是单一海域使用权说。该学说认为《物权法》只应当规定海域使用权，而不应当规定养殖权，因为海域使用权可以涵盖养殖权的所有内容。而在其他水面上的养殖权，可以通过土地承包经营权的扩大解释来解决。养殖权从来不是，也不应当成为民法上的权利。[①]二是单一养殖权说。此种观点认为，《物权法》只应当规定养殖权，而不应当规定海域使用权。因为养殖权可以包括所有水面上的养殖，而海域使用权只能包括在海域上的养殖。且海域使用权缺乏调整目的和功能，如果海域用于养殖，就应当以养殖权来代替；如果海域是用于捕捞，就应当以捕捞权来代替。[②]三是双重权利承认说。此种观点认为，尽管养殖权和海域使用权之间存在一定的交叉，但它们实际上是两种不同性质的权利。因此，立法上应当同时承认这两种准用益物权。比较法上，多数国家的立法采纳了第三种观点。

《民法典》也采纳了第三种观点，分别在《民法典》第328条和《民法典》第329条规定了海域使用权和养殖权。海域使用权与养殖权这两种权利在内容上确实存在交叉，主要表现在，如果权利人要利用特定的海域从事养殖活动，将可能同时涉及海域使用权和养殖权的内容。如何解决二者之间在取得、行使时可能产生的冲突和矛盾，值得探讨。

根据《海域使用管理法》第25条的规定，海域使用申请人可以利用海域从事养殖。《渔业法》第11条规定："单位和个人使用国家规划确定用于养殖业的全民所有的水域、滩涂的，使用者应当向县级以上地方人民政府渔业行政主管部门提出申请，由本级人民政府核发养殖证，许可其使用该水域、滩涂从事养殖生产。"由于全民所有的水域包括了海域，所以申请人可以申请利用国有的海域从

---

① 参见尹田主编：《中国海域物权制度研究》，159页，北京，中国法制出版社，2004。

② 参见崔建远：《海域使用权制度及其反思》，载《政法论坛》，2004（6）。

事养殖业。那么，海域使用权人经过申请批准，获得海域使用权证书之后，是否还必须取得养殖权证书？反过来说，养殖权人如果经过申请批准，获得养殖许可证书之后，是否还必须取得海域使用权证书？两种权利之间是重叠的还是相互冲突的？这些问题值得探讨。

尽管海域使用权与养殖权在内容上存在着重叠和交叉，但二者毕竟是两种不同性质的准用益物权，在法律上可以作出区分，其主要区别表现在：第一，二者的设定目的不同。养殖权的设立目的是利用水域从事水生动植物的养殖，但并不需要利用水域之上的空间；而海域使用权设立的目的非常广泛，除了可以从事养殖活动外，还包括从事拆船、旅游娱乐、盐业矿业、公益事业、建设工程等诸多活动。① 当然，随着海洋经济以及科学技术的发展，海域的利用方式日益丰富发展，海域使用权的具体内容还将有新的发展。第二，两种权利的客体不同。海域使用权的客体是海域，而养殖权的客体是所有的水面和滩涂，包括江河湖泊等的水面。② 根据《渔业法》第 2 条，在内水、滩涂、领海、专属经济区以及一切其他海域均可设立养殖权；而海域使用权的范围仅限于海域本身。尤其是养殖权人可以在集体所有的水域进行养殖，从而使养殖权与承包经营权具有类似性；而海域使用权人只能利用专属于国家所有的海域。第三，二者适用的法律不同。《民法典》只是对养殖权和海域使用权作了原则性规定，二者的具体内容要根据特别法来具体确定，其中养殖权主要依据《渔业法》确定，而海域使用权要适用《海域使用管理法》的规定。

针对养殖权和海域使用权之间可能发生的冲突，法律上有必要作出一个整体的设计，不能因确认两项权利，使权利人增加取得此项用益物权利益的成本。如果能够通过颁发一个权证解决权利归属，则对保护权利人的利益是非常必要的。笔者认为，首先，应该根据当事人设立权利的目的来考虑。如果当事人仅仅希望从事养殖业，则可以考虑申请设立养殖权；而如果当事人要从事养殖以外的活动，例如开采、建造等活动，则应申请设立海域使用权。其次，也要考虑简化当

---

① 参见《海域使用管理法》第 25 条。
② 参见崔建远：《论争中的渔业权》，138～139 页，北京，北京大学出版社，2006。

事人的登记申请程序。例如，如果申请人要利用特定的海域从事养殖，已经获得一个权利的权属证书，就视为其同时获得了两种权利的资格，已经取得了另一个部门的审批，但是如果不是利用特定的海域从事养殖活动，而是从事其他的活动，或者主要是从事养殖活动但同时还要从事一些其他附属性活动，则必须要取得海域使用权证。如果申请人不仅仅利用海域，还要利用其他土地进行养殖，那就需要取得养殖许可证。

在同一海域范围内，如果不同的申请人都获得了权利许可证书，如何解决权利冲突？例如，某人有权从事养殖业，另一人有权从事建造、开采等活动，在此情况下，可以考虑通过两项规则来解决：一是根据物权法中的"先来后到"规则。如果两项权利之间发生直接冲突，如一人根据养殖权要求从事养殖，另一人根据海域使用权也要求进行养殖活动，则应根据两项权利设立的时间顺序来解决冲突。二是新设定的用益物权不得损害已设定的用益物权。例如，一人首先在特定的海域取得了养殖权从事养殖，另一人以后又取得海域使用权来从事开采、建造等活动，则开采、建造等行为不得影响他人的养殖活动。

（三）养殖权的内容

养殖权人的主要权利如下。

（1）占有权。此处所说的占有权是指养殖权人有权占有特定的水域、滩涂等从事养殖活动并获取收益。对水域、滩涂等的占有从根本上是为了从事养殖生产经营活动，而不是为了获得对水域的独占权。权利人只能排除与其权利相冲突的权利。养殖人利用特定水域以后，如果其他人利用该水域从事无害于养殖权人权利的利用，养殖权人应当允许。

（2）使用特定水域、滩涂从事养殖的权利。养殖权设立的目的就是要使用特定水域、滩涂从事水生动植物的养殖。养殖的水生动植物必须符合法律的要求，并且对特定水域的使用方式也应当符合法律的要求。在使用的时间上，无正当理由停止使用达到一定期限的，则养殖权终止。[1] 在养殖权存续期限内，国家因建

---

[1]　参见崔建远：《论争中的渔业权》，271 页，北京，北京大学出版社，2006。

设需要收回已经确认使用权的浅海、滩涂，应当依据正当程序办理，并给予养殖权人合理的补偿。政府因调整或者修改水产养殖布局规划，给养殖权人造成经济损失的，应当根据损失程度给予合理补偿。

（3）处分权。权利人对通过养殖经营活动而取得的产品，有权依法自由处分并获取收益。任何国家机关、集体经济组织、公民或法人不得非法干预养殖权人的经营自由。养殖权人可以将养殖权依法转让、出租、设定抵押，也可以由其继承人继承。[①] 养殖权人对其所养殖的各种水生动植物享有所有权，有权捕捞、转让、消费其养殖的水产品。这既是养殖权人收益权的具体内容，也是养殖权设立和行使的目的所在。养殖权人有权处分其水产品，并从中获取收益，也有权将各种养殖的水产品进行加工、消费等。

养殖权人的主要义务就是按照批准的用途、范围等从事养殖活动。养殖权人不得擅自扩大水域的范围，也不得擅自改变养殖的方式和养殖的水产品的种类等。养殖权人在养殖过程中必须要保护环境，防止水域污染。养殖权人从事养殖生产不得使用含有毒有害物质的饵料、饲料，而且应当科学确定养殖密度，合理投饵、施肥、使用药物，不得造成水域的环境污染。[②] 此外，养殖权人还负有缴纳养殖费的义务。养殖权的设定是一种有偿的行为，养殖权人取得养殖权应当支付相应的对价。

三、捕捞权

（一）捕捞权的概念和特征

所谓捕捞权，是指权利人依法按照捕捞许可证规定的水域范围和期限从事捕捞作业的权利。捕捞权以捕捞水生动植物资源，并取得其所有权为内容[③]，属于渔业权的一种类型。《民法典》第 329 条规定："依法取得的探矿权、采矿权、取

---

① 参见梅夏英、高圣平：《物权法教程》，305 页，北京，中国人民大学出版社，2007。

② 参见《渔业法》第 19、20 条。

③ 参见税兵：《论渔业权》，载《现代法学》，2005（2）。

水权和使用水域、滩涂从事养殖、捕捞的权利受法律保护"。这就在法律上确认了捕捞权是一种准用益物权。虽然捕捞权的客体即水生动植物具有不特定性和不稳定性，因而与一般的用益物权的特点有所不同，但是它作为一种利用他人水域进行使用收益的权利，仍然具有用益物权的基本特征，因此，《民法典》将其归入准用益物权的范畴也不无道理。

捕捞权的特点在于：

第一，捕捞权一般需要经过行政许可才能取得。在我国，为了统一规划和综合开发利用水生动植物资源，保护渔业资源和渔业水域生态环境，国家对捕捞权实施捕捞许可证的行政许可制度，因此在通常情况下，实行捕捞作业尤其是从事海洋大型拖网、围网作业等必须要获得捕捞许可。[1] 捕捞权的取得必须由捕捞权申请人申请，经主管部门批准后颁发捕捞证。依据我国《渔业法》第24条的规定，获得捕捞证，必须具有渔业船舶检验证书；有渔业船舶登记证书；符合国务院渔业行政主管部门规定的其他条件。此外，县级以上地方人民政府渔业行政主管部门批准发放的捕捞许可证，应当与上级人民政府渔业行政主管部门下达的捕捞限额指标相适应。但是根据《渔业法实施细则》第18条，"娱乐性游钓和在尚未养殖、管理的滩涂手工采集零星水产品的，不必申请捕捞许可证，但应当加强管理，防止破坏渔业资源"，因而对此种捕捞行为可以不必申请捕捞许可。

第二，捕捞权的客体是野生水生动植物资源。一般来说，对自己养殖的水产品进行捕捞，属于养殖权人所应当享有的权利，根本不需要取得捕捞权。但根据《民法典》第251条，"法律规定属于国家所有的野生动植物资源，属于国家所有"，因此凡是法律规定属于国家所有的野生渔业资源，应为国家所有。当然，无论是否归属于国家所有的野生渔业资源，国家认为必要时，都可以通过授予捕捞许可证的方式使捕捞权人享有捕捞权。捕捞权人依据许可从事水生动植物资源的捕捞，对其捕捞的水生产品依法享有所有权。捕捞权是利用一定的水域进行捕捞活动，其目的在于取得野生水生动植物资源，利用特定水域只是附带性的，而非目的。[2] 因

---

① 参见《渔业法》第23条。
② 参见孙宪忠主编：《中国渔业权研究》，13页，北京，法律出版社，2006。

而，捕捞权的客体应当是水生动植物资源，此种资源在捕捞取得之前具有不确定性和不稳定性的特点。因为权利人从事捕捞行为究竟能够捕获多少水生资源，在权利设立后并不能确定，所以权利人并不是直接针对特定的水生资源而享有的权利，不能认为一旦设定了捕捞权，权利人就可以支配特定的水生动植物资源。

第三，捕捞权是利用特定的水域进行捕捞的权利。捕捞的水域可分为公海和内海，也可以分为海域、江河湖泊、水库等。捕捞权人只能在特定的水域享有捕捞的权利，因而，水域必须特定。从性质上说，捕捞权大多是在国有的水域之上设立的，有学者认为，国家作为国有水域的许可人，并非是以所有权人的身份而是以公共资源管理者的身份出现的。① 此种看法也有一定的道理。捕捞权也可以在集体所有的水域上设立。即使是在集体水域上捕捞，也应当依法获得捕捞许可证。需要指出的是，捕捞权人对特定水域的支配，只能是在捕捞权实现的目的、范围内进行支配，不能超越该范围而享有捕捞权。② 需要指出的是，由于捕捞会造成水生动植物数量的减少，捕捞不当就可能破坏水生动植物资源的生态平衡，影响可持续发展，所以，法律对捕捞权的行使应当作出严格的限制，例如对捕捞时间、捕捞工具及方式、捕捞品种等方面设定了严格的限制。

第四，捕捞权不具有严格的排他性。捕捞权的实现，不需要对特定水域进行排他性的支配，同一水域上，通常可以设定多个捕捞权，多个权利人都可以在同一水域进行捕捞，各权利人在行使权利时一般也不存在冲突。因此，捕捞权人对特定水域的支配缺乏排他性。即使对于特定水域内的野生动植物资源，也很难说只能由某一个权利人享有捕捞权。③

（二）捕捞权与养殖权

捕捞权与养殖权，都需要利用一定的水面从事渔业生产或捕捞，都是利用一定的水面来满足权利人需要的权利。两种权利都涉及水产品的生产和取得，都属于渔业权的范畴，尤其是国家为了增加渔业资源，也鼓励捕捞权人增放一定的水

---

① 参见崔建远：《论争中的渔业权》，273 页，北京，北京大学出版社，2006。
② 参见孙宪忠主编：《中国渔业权研究》，56 页，北京，法律出版社，2006。
③ 参见税兵：《论渔业权》，载《现代法学》，2005（2）。

生动物或水生植物，如果捕捞权人在特定的水域增放一定的鱼苗，经过一段时期以后继续捕捞，则既具有养殖的特点，也具有捕捞的性质。但两者属于不同的准用益物权类型，其区别在于：

（1）对水域占有的方式不同。养殖权是针对特定的水域从事养殖活动而享有的权利，如果养殖期限较长，则水域也要求相对固定。对特定的水域进行养殖则不可能再允许他人同时进行养殖。但捕捞权则只是在特定的水面从事捕捞行为的权利，捕捞权人只是临时占有水域，其占有特定水域的方式和期限根据鱼汛期、捕捞方式等而变化，渔民逐鱼而渔，不具有长期稳定性[1]；且捕捞占用的水域一般比较广阔，因为固定区域内水产品的资源有限，无法满足权利人的需要。尤其在特定的水域上可以设定多个捕捞权，因而捕捞权人对特定水域的支配不具有绝对排他性。但是养殖权对特定水域的占有具有一定的长期稳定性，且养殖权所占用的水面比捕捞权人占用的水面相对狭小，水面过大将导致权利人难以养殖。

（2）权利的客体不同。捕捞权的权利客体是一定水域内的野生水生动植物资源，而不应当包括权利人养殖的水产品，而野生水生动植物资源是不特定的；养殖权的权利客体是特定的水域以及滩涂等，养殖的水产品具有一定的特定性，因为权利人是在特定范围内进行的养殖，权利人可以在一定程度上对其所养殖的水产品通过各种工具和手段进行控制。

（3）权利行使的方式不同。捕捞权的权利行使方式是进行捕捞作业，一般采用渔具进行捕捞，如进行海洋大型拖网、围网作业等；而养殖权的权利行使方式是进行养殖作业，例如浅海筏式养殖、海上网箱养殖、浅海底播增殖、潮间带养护和近岸池塘养殖等。[2]当然，像投放一定数量的鱼苗以便于将来进行捕捞的，这应当属于养殖权的内容。

（4）权利的排他性不同。就捕捞权而言，捕捞权人在特定水域内进行捕捞，并非是排他性利用，其他捕捞权人同样可以进行捕捞；而在养殖权中，养殖权人占有特定的水域进行养殖，这就排除了其他人再利用同一水域进行养殖的可能

---

① 参见孙宪忠主编：《中国渔业权研究》，13 页，北京，法律出版社，2006。

② 参见尹田主编：《中国海域物权制度研究》，165 页，北京，中国法制出版社，2004。

性，因此，该权利具有排他性。由于养殖经营的特殊性，其主要在内水、滩涂或近海进行，而且易于划定经营水域的范围；而随着远洋捕捞技术的发展，捕捞可能更多地在我国领海以外的公海上完成，对其调整也将较多地涉及国际公法的因素。[1]

（5）对权利的限制不同。由于捕捞的对象主要是天然水生动物和植物，这些资源虽然也是可再生资源，但由于我国近海和内水的渔业资源经过长期滥捕或过度捕捞，已趋近耗竭，因而，出于保护自然资源和自然环境、实现可持续发展的考虑，势必要对捕捞尤其是在内水和近海的捕捞作较多限制，对捕捞权的取得要严格控制，对权利的内容要实行必要的公法上的限制。[2]而养殖则是养殖者自行投入种苗等来进行养殖经营，较少涉及自然资源的保护问题，有关立法着重保护养殖者的利益，因此，来自公法的限制较少。

（三）捕捞权与海域使用权

捕捞权与海域使用权具有一定的相似性，表现在两者的行使都要利用一定的水域，两者都属于准用益物权的范畴，在取得上都要经过申请和批准的程序[3]，且两种权利都具有一定的期限性，因此两者具有一定的共性；但是它们是两种不同的准用益物权，其区别主要表现在：

（1）权利客体不同。捕捞权的权利客体是野生的水生动植物资源。虽然捕捞权人也要使用特定的水域包括海域，但权利人只是利用特定的水域从事捕捞活动，由于该权利设定的目的就是获取特定的水生动植物资源，因而捕捞权的客体应为野生的水生动植物资源。而海域使用权的客体是海域，即中华人民共和国内水、领海的水面、水体、海床和底土。内水，是指中华人民共和国领海基线向陆

---

① 参见崔建远：《准物权研究》，371 页，北京，法律出版社，2003。

② 例如，《渔业法实施细则》第 21 条规定："在重要鱼、虾、蟹、贝、藻类，以及其他重要水生生物的产卵场、索饵场、越冬场和洄游通道，规定禁渔区和禁渔期，禁止使用或者限制使用的渔具和捕捞方法，最小网目尺寸，以及制定其他保护渔业资源的措施。"

③ 关于海域使用权的审批程序的介绍，可参见李永军主编：《海域使用权研究》，111～120 页，北京，中国政法大学出版社，2006。

地一侧至海岸线的海域。①

（2）权利设定的目的不同。捕捞权人设定权利的目的是通过捕捞作业而获取一定的水生动植物的资源，取得水产品的所有权；而海域使用权人设定权利的目的则具有多样性，可以进行水上设施建造、开设工厂作业、修建水上公园等，按照海域功能划分，具体又可以分为海洋工程海域使用权、养殖海域使用权、港口海域使用权、海洋油气勘探开采海域使用权、海底电缆管道海域使用权等。②

（3）行使权利的方式不同。捕捞权的权利行使方式是进行捕捞作业，例如进行海洋大型拖网、围网作业等，在内水、湖泊通常采用渔网等渔具进行作业。而海域使用权人行使权利的方式则可以是进行养殖用海、拆船用海、旅游、娱乐用海、盐业、矿业用海、公益事业用海以及港口、修造船厂等建设工程用海等。

（四）捕捞权的内容

捕捞权人的权利包括如下几点。

（1）对特定水域的占有权。从事捕捞作业，必须首先占有一定的水域，该水域必须是捕捞许可证上指定渔场的水域。③但占有特定水域，只是指在特定水域内从事捕捞作业。例如，渔船进入特定的水域或者在特定的水域布网等，并不是说占有了特定的水域就可以禁止他人正常进入该水域和从事合法捕捞作业。

（2）在特定水域捕捞的权利。捕捞权的核心在于权利人可以在捕捞许可证上指定的渔场从事捕捞作业。④作业的方式主要是使用渔网等渔具进行捕捞，也可以通过垂钓、鱼鹰捕鱼等方式捕捞。只要不是在禁渔期，权利人可以在捕捞许可的范围和期限内进行捕捞。捕捞作业的渔具只要不是法律法规禁止使用的，权利人都可以使用。权利人对所享有的捕捞权依法独立行使，并排除他人的非法干涉。

（3）取得捕获水产品所有权的权利。捕捞权人进行捕捞作业的目的是获取水产品，获取水产品实际上是捕捞权人享有的收益权。捕捞权人对其所捕捞的水产

---

① 参见《海域使用管理法》第1条。
② 参见尹田主编：《中国海域物权制度研究》，54页，北京，中国法制出版社，2004。
③ 参见崔建远：《论争中的渔业权》，273页，北京，北京大学出版社，2006。
④ 参见崔建远：《准物权研究》，416页，北京，法律出版社，2003。

品享有所有权，可以将之进行事实和法律上的处分，比如进行食用或出卖。

捕捞权人的义务主要包括：一是按照法律法规和捕捞许可证的规定进行捕捞作业。捕捞权人应当严格按照捕捞许可证关于作业类型、场所、时限、渔具数量和捕捞限额的规定进行作业，并遵守国家有关渔业资源保护的规定，例如大中型渔船应当填写渔捞日志。[①] 制造、更新改造、购置、进口的从事捕捞作业的船舶必须经渔业船舶检验部门检验合格后，方可下水作业。不得在禁渔区、禁渔期进行捕捞。二是合理捕捞的义务。尽管渔业资源具有可再生性，但是，过度捕捞也会造成资源的极度减少，甚至导致鱼类种群的灭亡，因此，为了保障渔业资源的可持续利用，捕捞权人就必须履行合理捕捞的义务，不得使用法律、法规禁止使用的方式进行捕捞，不得采取涸泽而渔式的捕捞作业方式，也不得采用法律禁止的工具进行捕捞。例如，捕捞权人不得使用炸鱼、毒鱼、电鱼等破坏渔业资源的方法进行捕捞，也不得制造、销售、使用禁用的渔具，不得使用小于最小网目尺寸的网具进行捕捞。[②]

---

① 参见《渔业法》第 25 条。
② 参见《渔业法实施细则》第 25 条。

第五编

担保物权

第二十三章
担保物权的一般原理

第一节　担保物权概述

一、担保物权的概念

所谓担保物权（法文为 sûreté，德文为 Gundpfandrecht），是指除法律另有规定外，担保物权人在债务人不履行到期债务或者发生当事人约定的实现担保物权的情形时，依法享有的就担保财产优先受偿的权利。换言之，担保物权是指为了担保债权的实现，由债务人或第三人提供特定的物或者权利作为担保财产而设定的定限物权。担保物权是为了确保债务的履行而对他人提供担保的物或权利的价值所享有的权利，也是市场经济社会一项重要的物权。市场经济是信用经济，而担保物权制度则是保障债权的实现、维护市场信用的重要制度。"为了债权的担保而奋斗是市场经济的必然现象。"[①] 随着交易的发展，为了充

---

① 王泽鉴：《动产担保制度与经济发展》，载梁慧星主编：《民商法论丛》，第 2 卷，97 页，北京，法律出版社，1994。

分地保护债权、促进资金融通、防范金融风险，就需要充分发挥各类担保物权的作用。

《民法典》物权编第四分编第十六章设立了担保物权的"一般规定"。所谓一般规定，是指通过提取公因式的方式提炼出来的有关担保物权的一般规则，它可以适用于所有担保物权类型。《民法典》物权编第四分编所规定的担保物权的主要特点在于：

1. 担保物权的设定以担保主债权的实现为目的

顾名思义，担保物权就是为担保债权而设定的物权。它以一定的财产作为担保财产来担保债权的实现，债权人所享有的债权因担保物的存在而得到充分的保障。① 担保物权不同于用益物权之处就在于，权利人通过支配担保财产的交换价值，从而在债务人不履行债务或者发生了当事人约定的实现担保物权的情形时，就可以拍卖、变卖担保财产并从中优先受偿，从而保障其债权的实现。由于担保物权是为了保障债务的履行而设立的，因而，它以主债权的存在为前提，且被担保的债权至少在实现担保物权之前必须特定化②，否则担保物权就缺乏存在的基础。担保物权是为保障主债权的实现而设定的，这就决定了担保物权与主债权是不可分割的。需要指出的是，担保物权所担保的债权主要是合同之债，但又不限于合同之债，还包括侵权行为之债、不当得利之债、无因管理之债等各种债的形式。

2. 担保物权是一种从属性的物权

担保物权是为了担保主债权的实现而设立的，因此它必须以主债权的存在为前提。正因如此，担保物权在学理上通常被称为从权利。一方面，担保物权必须以主债权的有效存在为前提。③ 一般情况下，主债权在担保物权设定时必须是特定的。在例外情况下（如设定最高额抵押），设定担保物权时，主债权可以不特

---

① 参见〔日〕近江幸治：《担保物权法》，祝娅等译，2页，北京，法律出版社，2000。
② 参见谢在全：《民法物权论》（中册），343页，台北，自版，2003。
③ 参见高圣平：《民法典担保制度及其配套司法解释理解与适用》（上册），73页，北京，中国法制出版社，2021。

定，但在实现担保物权之前，主债权必须特定。① 另一方面，担保物权也必须附随于主债权，随主债权的变动而变动。主债权移转，担保物权转让；主债权消灭，担保物权也相应消灭。有鉴于此，《民法典》第388条规定："担保合同是主债权债务合同的从合同。主债权债务合同无效的，担保合同无效，但是法律另有规定的除外。"

3. 担保物权以债务人或第三人提供担保的物或权利为客体

担保物权不同于保证之处，就在于它是以提供担保的特定的物或者权利为权利客体，而不是像保证那样以担保人的一般责任财产或信用财产为基础的。② 担保物权的客体既可以是物，也可以是权利。当然，并非任何物和权利都可以成为担保物权的客体，能够成为担保物权的客体的物必须是有体的、特定化的、可流通的物，而权利也应当具有流通性。当然，随着商业的发展，对于物的特定化也出现了例外，例如浮动抵押并不要求权利设定时标的物必须特定化，只不过在抵押权实现时标的物必须特定化。

4. 担保物权人所支配的是交换价值

所有权是对物的全面支配，用益物权则是对物的使用价值的支配，而担保物权所支配的则是物的交换价值。这主要体现在两个方面：一方面，担保物权是以获取担保物的交换价值为目的而设定的，权利人支配的是担保物在拍卖、变卖时的价值。因此，同一物之上可以基于对交换价值的分割而设立多个担保物权，如在同一物之上设立多个抵押权。正是因为担保物权支配的是交换价值，所以担保物权具有物上代位性。另一方面，担保物权中重要的内容是换价权（德文为Verwertungsrecht）。所谓换价权是指在债务人不履行债务时，债权人有权将担保物进行变卖、拍卖，并就所得价款优先受偿。③ 交换价值是一个抽象的概念，普遍存在于各种物之上。担保物权人对于物的支配表现在对其交换价值的支配，

---

① 参见高圣平：《民法典担保制度及其配套司法解释理解与适用》（下册），802页，北京，中国法制出版社，2021。

② 参见黄薇主编：《中华人民共和国民法典物权编解读》，562页，北京，中国法制出版社，2020。

③ 参见陈华彬：《物权法论》，517页，北京，中国政法大学出版社，2018。

而不同于用益物权中对物的使用价值的支配。例如，抵押权是对抵押物交换价值的支配。因为抵押权以取得抵押物的交换价值而实现债权的受偿为目的，正是从这个意义上说，担保物权又被称为价值权。① 担保物权的价值权和换价权属性是担保物权的本质属性。我妻荣先生认为："在近代经济组织，担保权逐渐由强制手段过渡到以纯粹的担保价值为目的，换句话说，是由使用价值为目的过渡到以交换价值为目的。"②

尽管担保物权是对担保物的交换价值的支配，但并不意味着担保物权人完全不能支配担保物的实体，或者认为其支配担保物的实体是毫无意义的。在某些情况下，支配担保物的实体具有十分重要的法律意义。例如，在动产质权和留置权的情形，通过支配实体可以使债务人产生现实压力，促使其积极履行债务。此外，当其他人对担保物进行侵害时，担保权人可以享有物上请求权。从这个意义上说，对交换价值的支配与对实物的支配也是不可分割的。

5. 担保物权是一种定限物权

担保物权人不能对担保财产予以全面支配，不能像所有权人那样依照自己的意志和利益行使所有权的全部权能，而只能支配标的物的交换价值。这种支配主要体现为：一方面在担保物权设立后，权利人不一定实际占有担保财产，但其对担保财产的交换价值具有支配力；另一方面，在债务人不履行到期债务或者发生了当事人约定的实现担保物权的情形时，担保物权人有权依法从担保财产进行折价或者拍卖、变卖的价款中优先受偿。③

6. 担保物权人依法享有对担保标的物的变价权

所谓变价，是指在债务人不履行到期债务时，债权人可以对担保财产进行折价、拍卖、变卖，对担保物权来说，权利人一般不能直接实现担保物权，必须通过法定的方式，如依据拍卖、变卖程序来实现其担保物权。这就是学理上所说的

---

① 参见史尚宽：《物权法论》，225 页，北京，中国政法大学出版社，2000。

② ［日］我妻荣：《债权在近代法中的优越地位》，王书江、张雷译，100 页，北京，中国大百科全书出版社，1999。

③ 参见黄薇主编：《中华人民共和国民法典物权编解读》，561 页，北京，中国法制出版社，2020。

"换价权"①。例如，抵押权的实现，必须由抵押权人在债务人不履行债务或出现当事人约定的情形时，将抵押物依据一定的程序，进行折价、拍卖或变卖。抵押权人不能直接取得抵押物的所有权，或擅自拍卖抵押物而从中优先受偿。这就是说，担保物的换价权必须要通过一定的程序予以实现。依据《有关担保的司法解释》第45条，当事人可以约定，在债务人不履行到期债务或者产生当事人约定的实现担保物权的情形时，担保物权人有权依据该约定将担保财产自行拍卖、变卖，并就所得的价款优先受偿。

值得注意的是，《农村土地承包法》就土地经营权担保物权的实现采取了收益执行的方法，但这并没有改变担保物权的价值权属性，只不过，担保物权的实现方式在传统的变价处分标的财产之外，新增了就标的财产的出租等取得的收益清偿主债权的方式。

需要指出的是，《民法典》第386条规定担保物权具有优先受偿的效力，同时还规定"法律另有规定的除外"。如何理解"法律另有规定的除外"？笔者认为，此处的"法律"应当做广义解释，包括对法律进行解释的相关司法解释。在现行法下，此种例外情形主要是指某些以交换价值为支配对象的权利（如法定优先权），具有优先于担保物权的效力。例如，《民法典》第416条规定的价款优先权、《民法典》第807条规定的建设工程价款优先权、《海商法》第25条规定的船舶优先权、《民用航空法》第22条规定的民用航空器优先权。此外，《税收征收管理法》第45条第1款规定了税收优先权，即税收债权在特定条件下优先于担保物权，该条件就是欠缴的税款发生在担保物权设定之前。② 当然，该条仅适用于非破产程序，一旦纳税人破产，依据《破产法解释（二）》第3条等有关规

---

① 现今，大多数德国学者都主张担保物权的本质就是换价权，参见刘得宽：《民法诸问题与新展望》，387页，北京，中国政法大学出版社，2002。

② 《税收征收管理法》第45条第1款规定："税务机关征收税款，税收优先于无担保债权，法律另有规定的除外；纳税人欠缴的税款发生在纳税人以其财产设定抵押、质押或者纳税人的财产被留置之前的，税收应当先于抵押权、质权、留置权执行。"第46条规定："纳税人有欠税情形而以其财产设定抵押、质押的，应当向抵押权人、质权人说明其欠税情况。抵押权人、质权人可以请求税务机关提供有关的欠税情况。"

定，税收债权劣后于担保物权受偿。

担保物权的主要功能是担保债权的实现。首先，由于担保人要以一定的物或权利作为担保，这就使债权的实现获得了更为切实的保障。担保物权制度对于鼓励交易，促进交易的迅速达成起到十分重要的作用。还要看到，在现代市场经济条件下，担保物权本身作为社会融资的基本手段，对经济的繁荣有着积极的作用。企业和个人在向金融机构融资时，提供物的担保是最为有效的担保手段。因此，担保物权已经成为社会融资的重要手段。一个国家的担保制度是否发达，会对一个国家金融行业的发展和创新产生重要影响，可有力促进经济的繁荣和发展。[①] 其次，担保本身是债权实现的基本保障，担保的债权越多，越有利于债权的实现。可以说，现代民法发展的一个很重要的趋势是完善担保制度和丰富担保形式，并进而产生尽可能鼓励担保的效果，这也是优化营商环境的重要内容。[②] 再次，担保有助于充分发挥物的交换价值。物本身兼具使用价值和交换价值。而担保的重要制度功能就是要物尽其用、货畅其流。何为物尽其用？传统上主要强调的是物的使用价值的实现，主要体现在对用益物权制度的完善方面。但在市场经济条件下，"物尽其用"不仅仅是强调要发挥物的使用价值，还要充分发挥其物的交换价值。可以说，担保越发达，物的交换价值越能被充分发挥出来，越有利于增加信用，并增强市场主体的融资能力。[③]

二、担保物权的属性

担保物权的属性，是担保物权的共性。担保物权是物权的一种类型，它和一般物权相比较，除具有一般物权所共同具有的支配性、优先性、排他性等特性之外，还具有如下属性。

---

① 参见黄薇主编：《中华人民共和国民法典物权编解读》，601 页，北京，中国法制出版社，2020。
② 参见最高人民法院民事审判第二庭：《最高人民法院民法典担保制度司法解释理解与适用》，38 页，北京，人民法院出版社，2021。
③ 参见黄薇主编：《中华人民共和国民法典物权编解读》，558 页，北京，中国法制出版社，2020。

1. 从属性

所谓从属性，是指在一般情况下，担保物权是从属于主债权的从权利，其在效力上必须依附于被担保的主债权。不过，担保物权作为从权利，并不影响其作为物权的独立存在。担保物权的从属性主要表现在三个方面。

第一，成立上的从属性。《民法典》第 388 条规定："担保合同是主债权债务合同的从合同。主债权债务合同无效的，担保合同无效……"在一般情况下，担保物权的成立应当以已经成立并生效的债权的存在为前提。如果债权根本不成立或者未生效，则担保物权即使成立也是不生效的。如果债权在成立以后，被宣告无效或撤销，则担保物权也应相应无效。

第二，移转上的从属性。如果主债权发生转让，则担保物权也应当相应地转让。因为担保物权不得与主债权相分离。担保物权人不得单独将担保物权转让给他人，而自己保留债权，否则该转让无效；担保物权人也不得将债权转让给他人，而自己保留担保物权，更不得将债权和担保物权区别开而分别转让给不同的受让人。

如果当事人在设定担保物权时同时约定，主债权转让时担保物权不随同移转，则此种约定能否生效？一般认为，此种约定应当视为担保物权的约定消灭事由。① 但笔者认为，从原则上说，当事人不能约定与从属性规则相违背的条款。因为担保物权移转上的从属性关系到债权受让人的利益，如果允许担保人和担保物权人之间作此约定，则将使债权受让人的利益得不到保障，所以，这种约定只具有债权效力，仅在担保人和担保物权人之间产生效力，不得对抗善意的债权受让人。依据《民法典》第 407 条规定，在债权转让的情形下，当事人可以约定担保该债权的抵押权不一并转让，在此种情形下，当事人仅转让债权而不转让抵押权，抵押权将因债权的转让而消灭。②

第三，消灭上的从属性。根据《民法典》第 393 条，主债权消灭的，担保物权随之消灭。在担保物权所担保的债权因各种原因而全部消灭时，担保物权也应

---

① 参见程啸：《中国抵押权制度的理论与实践》，21 页，北京，法律出版社，2002。
② 参见黄薇主编：《中华人民共和国民法典物权编解读》，637 页，北京，中国法制出版社，2020。

当随之消灭。一方面，如果债权已经因为全部履行而消灭，担保物权应该相应地消灭。当然，如果被担保的债权只发生部分消灭，担保物仍然应当全部用于担保剩余的债权。债权因混同、提存等原因消灭，担保物权原则上也应当消灭。另一方面，担保物权所担保的债权，因为主合同撤销而不存在时，担保物权也随之消灭。因为解除或撤销主合同而产生的恢复原状义务，属于法律规定的特殊义务，已经不属于担保物权的担保范围了。当然，如果因主债务不履行而造成债权人损害时，此项损害赔偿之债属于原来主债务的变形，应当属于担保物权担保的范围。①

在合同解除的情况下，主合同权利义务消灭，但是根据《民法典》第566条第3款的规定，担保不随之消灭，担保人仍应承担责任。这就一定程度上改变了担保的从属性规则，因为合同解除是对非违约方的救济，如果担保也消灭了，则不利于对非违约方的救济。

应当看到，由于最高额抵押、所有人抵押、抵押权证券化等制度的发展，担保物权已开始显现出一些独立化的倾向。一些学者甚至认为担保物权的独立性代表了担保物权的未来发展趋势。笔者认为，现在断言担保物权应当独立于主债权而存在，未免依据不足。如果担保物权脱离主债权而独立存在，其担保功能将大为减弱，这也不利于保障交易的安全。因此，抵押权的独立性只能作为抵押权从属性的例外存在。

2. 不可分性

所谓不可分性，是指担保物的各个部分应担保债权的全部，享有担保物权的债权人有权就担保物的全部行使优先受偿权，担保物是否被分割或出现部分毁损灭失，或担保物权所担保的债权是否已经部分履行，都对担保物权的存在不产生影响。② 虽然《民法典》没有规定担保物权的不可分性，但《有关担保的司法解释》第38条、第39条对不可分性作了规定。

---

① 参见黄薇主编：《中华人民共和国民法典物权编解读》，570～571页，北京，中国法制出版社，2020。

② 参见崔建远：《物权法》，5版，436页，北京，中国人民大学出版社，2021。

担保物权的不可分性主要体现在以下几个方面。

一是担保财产的各个部分担保债权的全部，享有担保物权的债权人有权就担保财产的全部行使优先受偿权。例如，甲对丙享有 10 万元的债权，丙以其房产作抵押。后来丙因为分家，抵押房产由多人所有。即便在房产产权被分割后，甲仍然对各个部分都享有优先受偿权。但是，基于可分物所形成的留置权除外。对此，《民法典》第 450 条规定："留置财产为可分物的，留置财产的价值应当相当于债务的金额。"依据该规定，如果留置财产为可分物，则债权人仅能留置相当于债务金额的财产。

二是在担保财产被分割后，被分割的各个部分担保财产仍然应当担保债权的实现。在主债权获全部实现之前，即便担保财产被分割，则担保物权仍然存在于这些担保财产之上，不会影响担保物权的实现，担保物权人仍然可以就担保财产的全体实现担保物权。[①] 例如，甲向银行借款，将登记在其名下的财产进行抵押，后来其分家析产，将房产分成了三部分，担保物权人仍然可就该房产的全部实现担保物权，不会因为分割而在担保物权的实现上受到影响。在担保财产被转让的情形下，不论担保财产转让给谁，都可以就该担保财产行使担保物权。

三是担保物权所担保的债权是否已被部分履行，对担保物权的存在不产生影响。例如，甲以其自行车 5 辆作为质物向乙借款 2 000 元，之后甲已清偿了 1 000 元，其是否可以要求乙返还两辆自行车呢？从担保物权的不可分性而言，即使债务已履行了一部分，但在债务未完全清偿以前，债权人可以就担保物的全部行使权利，因此，甲不得在债务清偿以前，要求返还部分质物，乙就质物享有的权利并不因为其债权部分已受清偿而受到影响。乙对其未受清偿的部分债权仍可对于质物的全部行使权利。

四是如果担保物发生部分灭失，则未灭失的担保物部分，仍应担保全部债权，而不能相应地缩小担保的债务范围。当然，如果担保物因为可归责于担保人的原因而发生部分灭失的，担保人有义务以其他财产补充担保物所应具有的

---

① 参见崔建远：《物权法》，5 版，435 页，北京，中国人民大学出版社，2021。

价值。

3. 物上代位性

所谓物上代位，是指标的物因出卖、毁损灭失等原因，发生以金钱或其他财物（代偿物）代替时，担保物权人可以对代偿物行使权利。[①]《民法典》第 390 条规定："担保期间，担保财产毁损、灭失或者被征收等，担保物权人可以就获得的保险金、赔偿金或者补偿金等优先受偿。被担保债权的履行期限未届满的，也可以提存该保险金、赔偿金或者补偿金等。"据此，我国《民法典》上的代偿物主要是指担保物毁损、灭失或者被征收后，所获得的保险金、赔偿金或者补偿金等。[②] 例如，甲为了向乙借款，将其一辆汽车出质给乙，后因为发生火灾，该汽车被烧毁，甲从保险公司获得赔偿。则该赔偿金应当成为质押的标的，债权人可以对此赔偿金优先受偿。担保物权之所以具有物上代位性，主要是因为，代位物是原担保物的转换形态，物上代位制度产生的根本原因在于，担保物权是一种价值权。受担保的债权届期未受清偿时，担保权人可以行使换价权，以标的物换价所得价金优先清偿债务。交换价值既可以存在于标的物的实体上，也可以存在于其他物之上。如果标的物发生毁损、灭失而标的物的交换价值以其他的物来体现，那么这些物仍然应当为担保物权的效力所及，这也是担保物权物上代位性规则产生的主要原因。

三、担保物权与保证

（一）担保物权与保证的相似性

担保物权与保证均具有担保的功能，二者都是《民法典》所规定的担保方式，二者的相似之处主要体现为：

第一，二者都是重要的担保方式。不论是担保物权，还是保证，其目的都在

---

① 参见［日］近江幸治：《担保物权法》，祝娅等译，12 页，北京，法律出版社，2000。

② 参见高圣平：《民法典担保制度及其配套司法解释理解与适用》，342～343 页，北京，中国法制出版社，2021。

于保障债权的实现，虽然二者提供担保的方式存在一定的区别，但其本质上都是债的担保方式。

第二，二者都具有从属性。担保物权和保证作为担保的重要方式，都具有担保从属性的特点。例如，在成立从属性方面，担保物权与保证都以特定的被担保的债权的存在为前提；在主合同被宣告无效的情形下，设立担保物权的合同与保证合同也随之无效。再如，在担保范围的从属性方面，担保物权与保证所担保的债权范围都不得超过主债权的范围。

第三，不论是担保物权，还是保证，当事人都可以在担保合同中约定违约责任条款。从《有关担保的司法解释》第 3 条规定来看，其在规定此种违约责任条款时使用的是"担保人"这一表述，这表明，不论是担保物权，还是保证，当事人都可以在担保合同中约定专门的违约责任条款。

第四，担保合同无效的法律后果具有相似性。关于担保合同无效的责任范围，《有关担保的司法解释》对其作出了规定，从该规定来看，其并没有区分担保物权与保证，而是统一规定了担保合同无效的法律后果，可见，对担保物权与保证而言，担保合同无效的法律后果具有一定的相似性。例如，在因主合同无效导致担保合同无效的情形下，依据《有关担保的司法解释》第 17 条第 2 款规定，因主合同无效导致担保合同无效，担保人有过错的，其承担的赔偿责任不应超过债务人不能清偿部分的 1/3，其既适用于担保物权，也适用于保证。问题是，第三人提供的抵押权因主合同无效而无效，抵押人有过错的，如何确定抵押人的责任？有观点认为，依据《有关担保的司法解释》第 17 条规定，抵押人承担的责任仍然为不超过债务人不能清偿部分的 1/3。[①] 但笔者认为，考虑到担保物权是担保人以担保财产的价值为限承担责任，故抵押人承担的前述责任，还应加上不得超过担保财产价值的限制，否则，很有可能会出现抵押合同无效场合抵押人所应承担的责任大于抵押权有效设立时其所应承担的责任的不合理现象。如主债权是 1 000 万元，第三人以自己价值 200 万元的房屋提供抵押并办理了抵押登记，

---

① 参见最高人民法院民事审判第二庭：《最高人民法院民法典担保制度司法解释理解与适用》，208 页，北京，人民法院出版社，2021。

在抵押权有效时其所应承担的担保责任以 200 万元为限，但如简单沿用前述规则，在抵押合同因主合同无效而无效时，则在债务人丧失清偿能力的情况下，其反而要承担不超过 333 万元的责任，显然不合理，故应施加以担保财产价值为限的责任限制。①

正是因为担保物权与保证具有上述相似性，《法国民法典》在修订后单设担保编，对担保物权与保证进行统一规定，这实际上也是考虑到了二者的共性。②在我国，由于《民法典》担保物权部分关于物上担保人的规则较为简略，而保证合同中有关保证人的规则则较为详细、全面，因此，《有关担保的司法解释》第20 条规定，人民法院在审理担保物权纠纷时，可以参照适用保证合同的相关规则，这进一步凸显了担保物权与保证的共性，为构建实质意义上的担保制度奠定了坚实的基础。

（二）担保物权与保证的区别

尽管担保物权与保证存在上述相似性，但二者之间也存在一定区别，具体体现为：

第一，二者的性质不同。担保物权在性质上为物权，而保证在性质上为债权。《民法典》同时规定担保物权与保证，并分别规定于物权编与合同编，实际上是适应了传统的物债二分理论，而要坚持物债二分的体系，就必须区分物的担保与人的担保。也正是因为二者在性质上存在区别，对担保物权可以适用物权的保护方法，如物权请求权等。而鉴于保证是一种债权，只能用债权的保护方法对其提供保护。

第二，担保的客体不同。对保证而言，保证人以其信用为基础提供担保，即保证人以其所有的责任财产提供担保。而担保物权则是以特定物的交换价值提供担保，担保人也仅以担保物的价值为限承担担保责任。正是因为二者存在此种区别，在保证的设立中，债权人比较重视保证人的资信能力，而在担保物权的设立

---

① 参见麻锦亮：《民法典·担保注释书》，导论 11 页，北京，中国民主法制出版社，2023。
② 参见李世刚：《关于法国担保制度的改革》，载《政治与法律》，2007（3）。

中，债权人并不需要过多关注担保人的资信能力。①

第三，担保人的范围不同。对担保物权而言，担保人既可以是债务人本人，也可以是债务人之外的第三人。而对保证而言，保证人只能是债务人之外的其他主体，因为债务人当然以其全部责任财产保障债权的实现，因此，允许债务人充当保证人并无实际意义。

第四，担保人的责任范围不同。对保证而言，保证人是以其全部责任财产为债权的实现提供担保，其承担的是一种无限责任。而对担保物权而言，担保人是以担保物的价值为限承担担保责任，其承担的是一种有限责任。

第五，是否需要公示不同。对担保物权而言，其作为一种物权，通常需要通过一定的公示方法予以公示，如通过交付或者登记进行公示。而保证在性质上是一种债的关系，其并不需要通过一定的公示方法予以公示。

第六，担保权的效力不同。对保证而言，债权人对保证人的责任财产并不享有优先受偿的效力。而对担保物权而言，债权人对担保物的价值依法享有优先受偿权。

第七，对担保人是否有资格限制不同。有观点认为，保证人以其全部财产作为责任财产承担责任，而在担保物权中，担保人仅以担保财产的价值为限承担担保责任，因而保证人有保证资格的问题，而担保物权并无担保资格的规定，仅有担保财产是否违法或者适格的规定。此种观点具有一定的合理性。当然，对机关法人以及以公益为目的的非营利法人、非法人组织而言，其之所以不得作为保证人，不仅仅是因为其没有独立的承担责任的财产，更重要的是其也只能从事与其法定职责相关的活动或者公益性活动，不能从事民商事交易活动，因而当然也不能提供物保，因此，《有关担保的司法解释》第5、6条将民法典有关保证资格的规定扩及于提供物保的情形。

第八，二者在能否经公证赋予强制执行效力上存在区别。《执行异议和复议规定》第22条第1款规定："公证债权文书对主债务和担保债务同时赋予强制执

---

① 参见高圣平：《民法典担保制度及其配套司法解释理解与适用》（上册），9页，北京，中国法制出版社，2021。

行效力的，人民法院应予执行；仅对主债务赋予强制执行效力未涉及担保债务的，对担保债务的执行申请不予受理；仅对担保债务赋予强制执行效力未涉及主债务的，对主债务的执行申请不予受理。"该条规定的担保债务主要是基于保证合同而产生的债务。值得探讨的是，抵押合同、质押合同等意在设立担保物权的合同，能否通过公证赋予其强制执行效力？实践中存在当事人将抵押合同等进行公证的案例，但担保物权尤其是不动产担保物权采登记生效主义，只能在办理登记后才能设立，而公证并不能代替登记，因此，仅进行公证，无法产生设立担保物权的效力。对抵押合同等进行公证，既不会产生设定担保物权的效果，也不会因此豁免登记机构在审查时负有的法定审查义务。且能够经公证被赋予强制执行效力的债权文书须具有给付内容，而当事人签订抵押合同等的目的在于设定抵押权等担保物权，合同本身并不具有给付内容。因此，对抵押合同进行公证并无必要，更不可能产生赋予强制执行效力的后果，这也是担保物权与保证的重要区别。[1]

四、担保物权和用益物权

他物权可以分为用益物权和担保物权。在他物权体系中，用益物权是相对于担保物权而言的。按照通说，用益物权体现的是物的使用价值，而担保物权体现的是物的交换价值。担保物权是为了确保债务的履行而对他人提供担保的物或权利的价值所享有的权利。二者主要具有如下区别。

（一）内容不同

用益物权是以对标的物使用、收益为目的的权利。用益物权人支配的是标的物的使用价值，权利人设立该权利的目的是获取物的使用价值，因而用益物权又可称为"使用价值权"。用益物权作为物权的一种，着眼于财产的使用价值。而担保物权则侧重于对标的物交换价值的支配，其不以对物的实体利用为目的，而

---

① 参见麻锦亮：《民法典·担保注释书》，44 页，北京，中国民主法制出版社，2023。

是通过支配物的交换价值来确保所担保的债权获得圆满实现。① 担保物权人所支配的是担保物的交换价值，即担保物在折价、拍卖或变卖时的价值。担保物权设立的目的是保证担保物权人能够对担保物的交换价值优先受偿。学理上经常将担保物权称为换价权，就是因为担保物权是以获取担保物的交换价值为目的，而用益物权是以取得标的物的使用价值为目的，所以也称为实体权。②

（二）存续期间不同

用益物权往往有明确的存续期间，此种存续期间或是约定的，或是法定的。用益物权只有在物权关系被解除以后，才归于消灭。权利人取得用益物权之后，就可以对标的物进行使用、收益。而担保物权的权利人不能在设定权利后立即实现权利，只有在所担保的债权已届清偿期且债务人不履行债务时，担保物权人才能行使变价受偿权。③ 担保物权以债权的存在为前提，在债权实现后，该担保物权亦随之消灭。

（三）性质不同

除地役权外，用益物权都不具有从属性，故用益物权主要为独立物权。用益物权一旦设立，权利人便独立地享有对标的物的使用权、收益权，亦即该权利是独立存在的，依当事人之间设立用益物权的行为或法律的规定而设立。而担保物权因其具有从属性，即担保物权因债权的产生而产生，以债权的存在为前提，所以是从权利。一般来说，尽管用益物权与担保物权的权利内容完全不同，但是，它们完全可能同时并存于同一物之上。④ 例如，在某一房屋上设立居住权后，还可以在该房屋上设立抵押权。

（四）目的和社会功能不同

权利人设立用益物权的目的在于对物的使用和收益，从而获取物的使用价值，因此必然要以对权利客体的实体支配为条件。⑤ 权利人对物的支配就要求权利人首先应当实际地占有标的物，因为占有乃是使用的前提，丧失了对物的占

① 参见谢在全：《民法物权论》（上册），74页，台北，自版，2003。
② 参见黄家镇：《德国流通式不动产担保物权制度研究》，5页，北京，法律出版社，2010。
③ 参见郭明瑞：《担保法原理与实务》，11页，北京，中国方正出版社，1995。
④ 参见李淑明：《民法物权》，126页，台北，元照出版社，2006。
⑤ 参见［日］柚木馨：《担保物权法》，3页，东京，有斐阁，1947。

有，将导致用益物权不能行使。但在担保物权中，担保物权设定的目的并非是行使对物的使用和收益权，所以不以对标的物的直接支配为条件。质权之所以要求占有质物，是为了保证质权的实现，而非为了使用质物并从中收益。

用益物权是对不动产的实际控制和利用，这就决定了用益物权制度必然在相当程度上与一国基本经济制度具有密切联系，这使得其具有明显的"本土性"（或称本地性）；而担保物权并不要求对不动产等资源进行实际的控制，仅仅需要支配物的交换价值，因此，它与一国的基本经济制度之间的联系并不紧密，这为担保物权的国际化创造了条件。

（五）客体不同

用益物权通常以不动产为客体。虽然《民法典》第 323 条规定动产之上也可以设定用益物权，但是《民法典》所规定的四种具体用益物权都是以不动产为客体的。这主要是因为，动产通常是可消耗物和种类物，大多可以通过市场获得，而不需要在其之上设立用益物权。对动产的利用，不一定通过设定用益物权的方式实现，所以，物权法理论上通常认为在动产上不宜设定用益物权。[①] 而担保权的客体可以是动产、不动产以及权利。从担保物权的发展趋势来看，只要具有财产价值、能够流通的财产都可以作为担保物权的客体。用益物权的客体发生价值形态的变化，如价值改变、减少等，将对用益物权人的使用收益权产生直接影响，而担保物权的客体发生价值形态的变化，并不影响担保物权的存在。[②] 所以担保物权具有物上代位性，即当担保物权的标的物转化为其他价值形态时，担保物权以标的物的代替物为客体。

虽然用益物权和担保物权是两种不同的他物权形态，但是二者的区别不是绝对的，二者之间的界限也逐渐模糊，尤其是某些担保物权中同样体现物的使用价值。[③] 例如，在日本法上存在着特殊的不动产质制度。[④] 我国传统民法上的典权

---

① 参见谢在全：《民法物权论》（下册），51 页，北京，中国政法大学出版社，1999。

② 崔建远：《物权法》，5 版，417 页，北京，中国人民大学出版社，2021。

③ Christian Larroumet, Droit civil, Tome Ⅱ；Les bien, Droit réels principaux, 4e éd. , Economica, 2004, p. 23.

④ 参见《日本民法典》第 356 条。

制度，就兼具担保物权和用益物权的双重功能。

第二节 担保物权制度的发展

一、古代法中的担保物权制度

担保物权制度起源于古希腊。在古希腊，已经形成了不动产抵押制度。在梭伦改制的时候，土地私有和买卖发展得相当迅速，"在阿提卡的田地上到处都竖立着抵押柱"①。但是，作为一种物权制度，担保物权制度主要在罗马法和日耳曼法之中发展得比较成熟，并且对近现代的担保物权制度产生了重大影响。

（一）罗马法中的担保物权制度

罗马法中并没有明确提出担保物权的概念。但"人保"和"物保"的基本区分已经形成。② 在罗马法中存在着三种物上担保，即信托质权（fiduci cum creditore）、物件质权（pignus）和抵押权（hypotheca）。③ 后世学者将其解释为担保物权。④ 这三种类型的物保中，债权人对担保物都享有追及权和优先受偿权，只要该物存在，通常都可以使债权获得清偿。

罗马法上最初的担保制度就是信托质权，后来发展到物件质权。物件质权的出现是为了克服信托质权的弊端。因为信托质权是当事人通过协议而设立的物

---

① 《马克思恩格斯选集》，第4卷，2版，110页，北京，人民出版社，1995。

② 不过，在罗马法时代，人的担保比物的担保的使用要广泛得多。其原因在于：其一，物的担保制度在当时并不发达，因而很不完善；其二，当时的家庭和社会的内部结构的高度凝聚性使债务人很容易找到保证人，朋友之间相互提供保证的情形十分普遍。人的保证在罗马时代还具有政治意义，据说西塞罗经常为其政治盟友作保，以至于他常常不记得担保的具体内容。Jean-Philippe Lévy，André Castaldo，Histoire du droit civil，1ère éd.，Précis-Droit privé，Dalloz，2002，p. 544.

③ 参见陈朝璧：《罗马法原理》，325页，北京，法律出版社，2006。

④ 所谓信托质权，是指债务人以"曼兮帕蓄"或"拟弃诉权"的方式，移转其物的所有权给债权人，并由债权人在同一方式中附带约定债务清偿时返还原物的制度。所谓物件质权，是指为了担保债权，债权人就债务人或者第三人移交的物件取得占有，并可以在债务人不清偿债务时，变卖质物以清偿债务的制度。在占有期间，债权人并可以提起占有保护之诉。

保，在债务得到清偿以后，债权人才返还担保物的所有权。此种担保对于债权人不安全，对债务人也不利，因为即使抵押物的价值远远超过了整个债务的价值，也不能以担保物为其他债务设立担保。① 为了克服此种缺陷，罗马法上形成了物件质权，物件质权不要求在提供担保时移转所有权，但要求移转对物的占有。实践中，多为佃农为担保其地租的支付，以其饲养的牲畜、耕作的工具等作为担保。② 但是，采用单一的质押制度，无法有效地保护债权人利益。例如，如果质物是土地，债权人无法对土地进行保管，债务人可以将其出卖，这确实使债权人利益难以得到保障。而且，一旦债权人失去对质物的持有，并无任何司法救济手段。此外，质权的设定要交付质物，在交付后，出质人失去对质物的使用收益权，也不能对未来的孳息设立质权。③ 这就给出质人的生产和生活带来诸多不便。因此，为了克服质押的弊端，罗马法上逐渐形成了不移转占有的抵押制度。

罗马法中，抵押和质押的区别主要在于：债权人是否实际占有了担保物，如果占有了担保物，则是质押，否则就是抵押。如果抵押和质押同时成立，则由于质权人已经占有担保物，根据"占有人的地位优于对方"的规则，其权利优先于抵押权。④ 虽然在罗马法中，也承认动产可以作为抵押的标的，但抵押的标的主要为不动产，动产通常是作为质权的标的。⑤ 这就形成了一种典型的分类，即不动产设立抵押，而动产设立质押。此后，这一传统就被继承了下来。事实上，尽管罗马法没有形成完整的公示制度，但抵押和质押的区分仍然是清晰的。至于留置权，自罗马法初期即已存在，只是这一制度一直未能发挥重要作用；它是由近代的注释法学家所发现和整理出来的。罗马法的担保物权制度对大陆法产生了较大的影响。⑥ 两大法系国家的法律在担保物权的结构上基本上都采取了"二分

①② 参见［英］巴里·尼古拉斯：《罗马法概论》，黄风译，160 页，北京，法律出版社，2000。

③　参见周枏：《罗马法原论》，425 页，北京，商务印书馆，1994。

④　参见周枏：《罗马法原论》，427 页，北京，商务印书馆，1994。

⑤　参见［德］马斯克·卡泽尔、罗尔夫·克努特尔：《罗马私法》，田士永译，315 页，北京，法律出版社，2018。

⑥　Jean-Philippe Lévy, André Castaldo, Histoire du droit civil, 1ère éd., Précis-Droit privé, Dalloz, 2002, p. 548.

法"的模式，即"不动产抵押、动产质押"。这在很大程度上是因为考虑到不动产不能移动，也不便于移转占有，因此不宜作为质押的标的，而适合作为抵押的标的。而动产的特点也决定了，它适于以占有和交付作为公示方法，不大适合于通过登记来设立抵押。

（二）日耳曼法中的担保制度

日耳曼法中，并没有完整的担保物权制度。但是，古日耳曼法承认动产质押制度，以代替私人的扣押。动产质权的成立，以债权人占有由债务人或第三人提交的质押物为要件，如果债权人未持有质押物，其质权即不成立。[①]

起初，日耳曼法仅承认了不动产所有质。在此种制度下，为了担保债权的实现，债务人将其不动产所有权进行附条件的转让。当事人双方通过协议的方式约定，如果债务人届期不清偿债务，债权人可以扣押担保物，并直接取得担保物的所有权。如果债务人按期清偿了债务，则对担保物的所有权享有回赎权。[②] 后来，日耳曼法逐渐发展出了类似于担保物权的质押制度，即要求在债务人不履行债务的时候，债权人可以变卖质押物，就卖得的价金优先受偿。[③] 随着社会的发展，日耳曼法上还产生了一种新的担保制度，即"新质"或"非占有质"。此种制度既注重债务的担保，又注重质物的利用。它并不要求移转质押物的占有，但要求办理登记，从这一点上说，它类似于抵押。[④]

二、近代法中的担保物权制度

近代民法中的担保物权制度的产生是以《法国民法典》为标志的。《法国民法典》中的担保物权制度基本上采纳了罗马法的模式，特别是采纳了"两分法"

---

①　参见李秀清：《日耳曼法研究》，283页，北京，商务印书馆，2005。

②　参见温世扬、廖焕国：《物权法通论》，538页，北京，人民法院出版社，2005。

③　例如，西哥特法律规定，债务人在规定时间内没有履行债务的，债权人应将质押物交至法官或者城市总管，对于出卖质押物而得的价款，债权人获得其应得的数额，多余部分归出质人所有。参见李秀清：《日耳曼法研究》，286页，北京，商务印书馆，2005。

④　参见温世扬、廖焕国：《物权法通论》，538页，北京，人民法院出版社，2005。

的担保物权模式，即不动产采用抵押方式，而动产只能质押。该法第 2118 条明确规定："只有不动产才可以成为抵押的标的。"据此，大多数法国学者认为，质押和抵押的区分标准在于，其客体是动产还是不动产。不过，在例外情况下，法国也承认动产可以抵押，如船舶抵押、航空器抵押①，以及机动车抵押。此外，在《法国民法典》中已经建立了完整的登记制度作为担保物权制度的配套，这也是该法典确立近代担保物权制度的标志。根据法国法，不动产抵押采取登记的方式，且根据登记来确定优先受偿的顺序；权利质押也适用登记制度。法国法上，还存在着不动产质的概念（antichrèse），该制度可以追溯到罗马法。②《法国民法典》第 2085 条规定："不动产质，仅得以书面形式设定。"在《法国民法典》制定之初，担保物权的实现方式特别注重国家干预，强调法官的介入和司法程序的强制性，其立法宗旨是保护债务人的利益。例如，当时严格禁止设立流质契约。但是，由此带来的弊端是，担保物权（尤其是抵押权）的实现成本较高，程序冗长烦琐。在 2006 年法国担保法改革以后，担保物权实现方式上的意思自治被强化，主要表现为：当事人可以协议约定担保物权实现的方式；流质契约和流押契约被认定为合法。此种修改，不仅有利于尊重当事人的意思，而且有利于节省实现担保物权的成本。在 2006 年法国担保法改革以后，也有所谓"不转移占有的质押"（gage sans dépossession），类似于动产抵押。③ 根据修订后的《法国民法典》第 2329 条规定，"动产担保"包括动产优先特权、有体动产质押、物体动产质押和留置所有权担保。④

《德国民法典》也基本上采纳两分法的模式，并没有承认动产抵押制度。所以，在德国法中，不动产采取抵押的方式，动产采取质押的方式。此外，德国法规定了权利质押⑤，而且权利质押的范围非常宽泛，包括债权和一切可以转让的

---

①　Jacques Mestre，Emmanuel Putman et Marc Billiau，ibid.，p. 463.

②　M. Cabrillac et C. Mouly，Droit des Sûretés，4e éd.，Litec，1997，pp. 700 - 702.

③　Reinhard Dammann，"La réforme des sûretés mobilières：une occasion manquée "，in Recueil Dalloz，2006，n°19，11/05/2006，pp. 1299 - 1300.

④　参见李世刚：《关于法国担保制度的改革》，载《政治与法律》，2007（3）。

⑤　根据《德国民法典》第 1273 条规定，质权的客体也可以是权利。

权利。① 尤其需要注意的是，德国法中存在具有本土特色的土地债务制度，土地债务不仅不具有附随性（Nichtakzessorietaet），而且不以所担保的主债权作为存在的前提，因而具有独立性。② 随着社会经济的发展，《德国民法典》仅仅将抵押限于不动产的做法明显不能适应经济发展的需要，而动产质押又具有明显的缺陷，因此，德国民法实务上承认了一些非典型担保形式，即动产让与担保和所有权保留。在实务中，德国商人还经常以存货（stock-in-trade）作为抵押，以此克服动产质押的不足，并充分发挥动产的担保作用，此种抵押也被德国的判例所承认。③ 在担保物权的实现方面，《德国民法典》也强调公权力的介入，并禁止流质契约和流押契约。

三、当代担保物权制度的新发展

随着市场经济的发展，担保物权制度的重要性进一步突出。基于担保物权在担保债权的实现、保障金融安全、促进资金融通方面的重要功能，各国的担保物权制度都经历了一些新的发展和变化。

1. 动产担保越来越发达，呈现出与不动产担保并驾齐驱之势

传统上，不动产抵押在各种担保形式中占据极为重要的地位，从而被称为"担保之王"。发达国家至今仍十分重视不动产抵押，主要原因在于：一方面，不动产的价值较高，具有稀有性、不可移动性和价值的相对稳定性。不动产不仅不易贬值，就土地而言，还常常会发生增值。④ 另一方面，不动产的价值也容易评估，从而有利于依据不动产的价值来设立适度的担保。尤其应当看到，不动产可以通过登记的方法来表彰权利，公示比较简便，从而有利于保护担保物权人的权

---

① 《德国民法典》第 1274 条第 2 款规定："不得转让的权利，不得设立权利质权。"

② 参见［德］鲍尔、施蒂尔纳：《德国物权法》（下册），申卫星、王洪亮译，225～226 页，北京，法律出版社，2004。

③ Jacques Mestre, Emmanuel Putman et Marc Billiau, Droit spécial des Sûretés réelles, op. cit., p. 461.

④ 参见郭明瑞：《物权法通义》，266 页，北京，商务印书馆，2019。

利。但随着现代社会担保的发展，动产抵押和其他以动产作担保的形式越来越多，作用越来越突出。在现代社会，随着科学技术的进步，动产的类型越来越多，价值也越来越大。不动产虽然重要，但这种资源总是有限的，土地以及其他很多自然资源都具有不可再生性。而随着生产力的高度发达，动产却可以不断地被制造出来，它的价值总量在不断增长。例如，某个汽车制造厂每天可以生产出成千上万辆汽车，这些汽车的价值总量就不断增加。另外，一些新型动产的重要性也日益凸显，例如，信息的发展使个人的资料作为动产越来越重要；计算机软件的开发使软件具有日益重要的价值。如果法律允许动产抵押或采取其他担保形式，就将使普通动产和新型动产都将被纳入担保财产的范围，从而极大地扩张担保标的物的范围。正是因为这一原因，以德国为代表的国家承认了动产让与担保，在实务中大量采用了动产担保形式；而以日本为代表的一些大陆法系国家，则承认动产抵押。

2. 传统的动产质押逐渐衰落，权利担保不断增长

传统的动产质押，是指为担保债权的实现，出质人将动产移转给质权人占有而设立的质押。此种方式也称为"占有型担保"。现代社会，此种动产质押已经明显衰落，主要原因在于：一方面，此种担保使出质人无法利用担保物获取收益，从而使得动产不能得到有效的利用。[①] 另一方面，在移转占有以后，债权人往往不能也不需要继续利用质押物，但还需要保管该动产，并为该动产支付一定的保管费用。[②] 正是由于这些原因，动产质押违背了物尽其用原则，在世界范围内逐渐衰落。

与动产质押的衰落形成对比的是权利质押的发达。权利质押可以说是介乎于质押和抵押之间的一种担保形式，它吸收了这两种方式的优点。权利质押通常都采取登记的方式予以公示，并不需要移转占有，甚至不需要交付权利证书。尤其应当看到，现代社会的财富构成已经不同于传统的农业社会，社会财富更多地表

---

① 参见中国人民银行研究局等：《中国动产担保物权与信贷市场发展》，25 页，北京，中信出版社，2005。

② 参见王泽鉴：《民法学说与判例研究》（重排合订本），1477 页，北京，北京大学出版社，2015。

现为权利和无形财产而不是有体物。随着知识经济时代的到来，以知识、技术等为客体的知识产权的重要性越来越突出。因此，权利质押的重要性日益受到认可，并被许多国家的法律所承认。例如，《美国统一商法典》第九编"统一的动产担保制度"广泛地允许了权利质押，而且该法的一大特点就是强化权利担保。加拿大《魁北克民法典》也允许债权上的动产担保物权，即各种非移转占有的动产担保物权。日本也修改和制定了一系列新的特别法，允许设立抵押证券、让渡担保、所有权保留、债权让渡、抵销预约、代理受领、保险担保、担保信托等非传统担保。①

3. 担保标的的不断扩大，无形财产、未来财产、集合财产等均可作为担保财产

无形财产是指知识产权、票据权利、品牌、经营权等各种非有体化的财产。无形财产包括权利，但不限于权利，有一些没有形成权利的利益也可被归入无形财产的范畴。在现代社会，无形财产在担保中的作用日趋重要，因为一方面，无形财产的价值往往是巨大的。例如，知名品牌的价值是无法估量的，其价值可能远远大于有体财产的价值；再如，一项发明可能使濒临破产的企业重现生机。另一方面，在现代社会，有形财产和无形财产常常是相互转化的。例如，商品出售以后就转化为债权，而知识产权在转让以后又变成了货币。企业生产的产品出售之后，就可能形成应收账款。② 因此，以无形财产和未来的财产作担保，成为担保物权的重要发展趋势。③

未来财产就是现在尚未取得，但是依据合同、法律规定或交易的通常情况是可以获得的财产，主要表现为应收账款。未来财产虽然具有一定的不确定性，但通过一定的技术手段可以克服此种缺陷，所以其也可以成为担保的标的。法律上允许以未来财产作担保，既包括允许未来财产和其他财产结合在一起形成集合物

---

① 参见梁慧星：《日本现代担保法制及其对我国制订担保法的启示》，载梁慧星主编：《民商法论丛》，第3卷，180页以下，北京，法律出版社，1995。

② 参见谢在全：《动产担保制度之最近发展》，载法学丛刊杂志社主编：《跨世纪法学新思维》，318页，台北，元照出版社，2006。

③ See A. L. Diamond, *A Review of Security Interests in Property* (DTI HMSO, 1980), p. 9.

作担保，也包括单独允许未来财产作担保。英国的浮动担保和美国的统一担保制度都承认未来财产的担保。以未来财产作担保，不仅有利于促进融资，而且"以原料、货品之供应商得以供应之货品、出售所生之应收账款等作为担保物，则可促进信用、担保等融资制度的多样化，避免仅依靠银行以不动产融资，于发生危机时，对经济之冲击"①。加拿大《魁北克民法典》第6卷专门设定了担保物权的总则，其第2645条规定，允许以未来财产作为担保，但对于未来财产作担保又是有一定限制的。未来财产仍然应当在该物存在或者债务人实际取得财产时才能实际设定担保权，担保权的优先顺位也应当以其公示时为准。②

集合物担保主要是指财团抵押、浮动抵押。这些都是以整个企业内的所有财产或者整个商店内的全部商品等进行抵押或其他担保。③ 以集合物作担保的优势在于：一方面，它解决了许多大型项目所面临的融资难问题。例如，BOT投资需要大量筹集资金，投资企业通常不能拿出众多的动产和不动产来作为巨额贷款的担保，但可以在项目企业的全部财产及未来所获得的收益之上设定担保。也就是说，可以以集合物作为担保。④ 另一方面，集合财产的价值要远远大于单个财产价值的简单相加，当一个企业的财产单独拿出一部分进行担保时，其价值是有限的，当其结合成一个整体来计算时，其价值就远远比部分财产大得多。如品牌、经营权、企业的声誉、知识产权，往往是与企业联系在一起的，只有进行整体的评估，价值才能确定下来。尤其应当看到，以集合财产作担保，可以使担保权人根据担保合同而接管整个企业的财产，或者在企业资不抵债的情况下，将企业的全部财产以及企业的经营业绩等加在一起出售。这既避免了将企业财产分别出售而导致的价值减少，也可以使受让人在买了这些财产之后，对企业进行整体

---

① 谢在全：《动产担保制度之最近发展》，载法学丛刊杂志社主编：《跨世纪法学新思维》，318页，台北，元照出版社，2006。

② 参见谢在全：《动产担保制度之最近发展》，载法学丛刊杂志社主编：《跨世纪法学新思维》，318页，台北，元照出版社，2006。

③ 参见〔日〕我妻荣：《物权法》，2页，东京，岩波书店，1995。

④ 参见谢在全：《动产担保制度之最近发展》，载法学丛刊杂志社主编：《跨世纪法学新思维》，318页，台北，元照出版社，2006。

的利用，充分发挥这些财产的价值。英国自19世纪中期以来就承认了浮动担保（floating charge）制度，允许企业以其现在的、未来的各种财产作为担保。《美国统一商法典》尽管没有采纳浮动担保制度，但其统一的担保制度允许以集合物作担保。① 日本在1958年以英国的浮动抵押制度为蓝本，制定了《企业担保法》，承认了类似于英国的浮动担保的财团抵押制度。② 财团抵押是指将企业的各类财产作为一个集合财产，通过必要的登记公示，在其上只设定一个抵押权的担保方式。③ 财团抵押的优点在于：一方面，它避免和减少了分别抵押、分别登记所支付的各种交易费用，也使交易当事人查阅登记较为容易。另一方面，财团抵押因为是以整体的企业财产作抵押，所以能够合理地确定企业财产的价值。④ 其特点主要表现为：财团抵押的标的必须是企业的整体财产，即集合财产。

4. 公示制度进一步完善

随着非占有型的动产担保以及权利质押等的发展，登记制度本身也发生了一系列变化。例如，加拿大在20世纪50年代就建立了一个集中统一的中央电子化登记系统，并采用描述性登记的方式。⑤ 同一个担保物可以采取多种公示方法，各种公示方法之间并没有效力上的优劣。《美洲国家组织动产担保交易示范法》第10条第3款规定："依一种方式公示的担保物权以后仍可依其他方式而公示，而且，如果公示之间没有间断，为达到本法规定的目的，该担保物权视为持续公示。"这就意味着如果在设定某一个担保物权的时候，采用了某一种特定的公示方法，之后当事人又放弃了此种公示方法，在该客体上又采取其他公示方法，不影响该担保物权的成立。

公示方式的多样化是公示制度发展的另一个趋势。例如，奥地利1920年制

---

① 有关美国的统一担保制度与英国的浮动担保制度的区别，请参见李莉：《论浮动抵押财产确定制度》，载《环球法律评论》，2021（2），77页。

② 参见［日］近江幸治：《担保物权法》，祝娅等译，214页，北京，法律出版社，2000。

③ 参见陈本寒主编：《担保法通论》，205页，武汉，武汉大学出版社，1998。

④ 企业的许多财产只有和企业的其他财产结合在一起时，才能表现出应有的价值。

⑤ 参见中国人民银行研究局等：《中国动产担保物权与信贷市场发展》，26页，北京，中信出版社，2005。

定了关于动产担保的特别法，为了对当事人之间的关系予以明确并向第三者公示，实行"编制目录"（Verzeichnis）及"编制表格"（Liste）两种登记制度。日本创设了粘贴标签、打刻标记等公示方法，而美国、加拿大和受其影响的许多国家采用的则是更为适合现代社会发展需要的、通过互联网进行的电子登记制度。电子登记方式的优点是成本低、查阅方便、适用范围广等，据资料显示，在一些整体经济实力和电子信息化程度远比我国低的国家，电子登记方式都已经在实践中得以运用并且运行良好。在欧洲，也实行在机器设备上标注、将票据权利以背书交付等方式，尤其是对权利质押、浮动担保等方式可以采取多种公示手段。例如，对于特定的集合物可以制作成抵押财产目录表予以登记；对于库存商品等处于流动状态的标的物，可以确定特定的空间并进行特定的标识予以公示或进行通知公告。

5. 既注重支配担保财产的交换价值，也注重发挥担保财产的使用价值

根据传统民法，担保物权与用益物权的根本区别在于：用益物权注重对物的使用价值的支配，而担保物权注重对物的交换价值的支配。但是现代社会，担保物权形态在功能上发生了一些变化。担保物权人不仅仅注重对交换价值的支配，也日益重视对担保物的实际利用甚至对担保物的支配。此种现象的产生，也使得担保物权和用益物权的区分标准变得越来越模糊。例如，在动产的让与担保或动产抵押中，担保物的实际变现价值对债权人来说意义并不重要，因为机器设备、原材料或成品、半成品的实际变现价值往往很低，但对债务人来说可能非常重要。如果失去这些动产，债务人可能要被迫停产，或支付远高于变现价格的价格去重新购置。这样，担保权人并不是十分注重这些动产将来拍卖的价值，而更重视通过担保物所有权的移转来促使债务人履行债务。因为债务人害怕失去这些财产，而必须按期清偿债务。正是从这个意义上，这些担保物权也日益具有"控制"的功能。再如，在浮动抵押中，如果债务人经营不善，或者有其他约定的

① Koch, Warenkredit, S. 121ff. 转引自［日］我妻荣：《债权在近代法中的优越地位》，王书江、张雷译，96页，北京，中国大百科全书出版社，1999。

② 参见苏合成：《英美全面业务抵押制度研究》，126页，北京，北京大学出版社，2004。

事由，债权人可以由自己或者通过法院委任管理人来接管和处理债务人的财产。英国法赋予管理人非常广泛的权利，包括允许其有权继续经营债务人公司的业务。①

6. 当事人意思自治空间日益扩大

物权法定本身也呈现出一种缓和的趋势，这一点尤其表现在担保物权方面。现代担保法为鼓励担保、融通资金、促进经济的发展，逐渐扩大了当事人在担保的设定、公示方法的确定、实现等方面的意思自治。具体表现在：

第一，许多国家对担保物权的设定采用登记对抗的模式，担保物权从达成协议之日起便产生物权设定的效力。《美国统一商法典》在很大程度上赋予当事人设定权利类型的空间，强调当事人的"意思自治"，该法典第9—109条规定，本编适用于"依合同在动产或不动产附着物之上创设担保权的交易，其形式若何，在所不问"。这就最大限度地体现了"私法自治"的精神。②《美国统一商法典》规定，没有书面担保协议，但能够用其他方式证明动产抵押存在的，不影响动产抵押的效力。

第二，关于公示方法的确定，因为美国没有实行大陆法系那样的物权类型的法定模式，而主要是对程序进行规定，包括设定、公示以及实现的程序，所以只要依循《美国统一商法典》第九编的设定、公示担保权的程序，当事人即可依具体情况分配其权利和义务，并可创设新的担保形态。③过去一些国家的法律不允许当事人选择公示方法，但现在都允许作出选择。比如动产担保，可以选择登记，可以选择交付，如果选择登记就设立了抵押，选择交付就设立了质押，从而尽量使担保变得灵活，而不至于太僵化。

第三，当事人意思自治空间扩大还表现在当事人可以在担保财产的范围方面，有更广泛的选择空间。其可以选择现有财产，也可以选择未来财产，这就将

---

① 参见钟维：《民法典编纂背景下我国浮动抵押制度的释评与完善》，载《广东社会科学》，2018（4），237页。

② 参见高圣平：《动产担保交易的功能主义与形式主义》，载《国外社会科学》，2020（4），6页。

③ 参见耿林：《论银行账户担保的控制公示方式》，载《法学杂志》，2020（2），26页以下。

私法自治原则贯彻到了传统的物权法领域。具体来说，当事人可以在这种程序中创设不同的担保模式，而不必拘泥于某一种形态，这种模式相比较于大陆法系，当事人具有更大的意思自治空间。①

第四，关于内容的确定。对此，许多国家的法律允许当事人通过约定来完成。例如，有关担保的债权、担保的标的物等都是通过合同来约定的。对此类合同，法律允许当事人对物权的内容进行约定。例如抵押合同，当事人完全可以对被担保的主债权数额等进行约定。

第五，关于担保物的执行。根据一些国家的动产担保交易法的规定，一旦发生违约，担保物权人即可对担保物行使权利，同时可以选择采取以下救济措施，如占有担保物或不经过债务人的同意而通过自力救济的方式来取得对担保物的占有。当然，采取这种方式不得损害第三人利益和危害公共安全。② 当事人可以通过合同约定违约的具体事由，以及违约后担保权人所享有的各种权利，只要这种约定不违反法律的强制性规定，都是法律允许的。③

7. 担保物权的独立性增强

担保物权本质上是为了担保主债权的实现而设立，其功能在于增强主债权实现的保障。通常说来，担保物权的存续以主债权的存续为前提；主债权在主体、内容等方面的变化，都会给担保物权带来影响。这种趋势在相当程度上通过抵押权的证券化表现出来。所谓抵押权的证券化，主要是指银行将其享有的抵押权转移给投资公司或金融公司，由这些公司以抵押权所具有的权益发行证券对外出售。采纳此种做法的优势在于：一方面，通过发行抵押权证券进行资产变现，加强了资产的流动性，充分发挥了资产的利用效率；另一方面，买受人通过购买证

---

① See Ronald C. C. Cuming, "The Internationalization of Secured Financing Law：the Spreading Influence of the Concepts UCC，Article 9 and its Progeny"，in Ross Cranston（ed.），*Making Commercial Law*，*Essays in Honour of Roy Goode*，Oxford，Clarendon Press，1997，p. 501.

② 参见中国人民银行研究局等：《中国动产担保物权与信贷市场发展》，270 页，北京，中信出版社，2005。

③ 参见中国人民银行研究局等：《中国动产担保物权与信贷市场发展》，269 页，北京，中信出版社，2005。

券分担了抵押风险。这种方式将有助于使担保物权变得更有效率。[1]

8. 从形式主义到功能主义的发展

大陆法主要采取形式主义（formalistic）的立法模式。形式主义模式的主要特点是基于物债二分结构，坚持物权法定，将担保物权区分为抵押、质押、留置等各种不同的权利，然后分别设置不同的规则。德国法采取了此种模式，其民法体系就是在物债二分的基本框架下构建的，它将保证规定在债法，将担保物权规定在物权法，奉行物权法定主义，然后又将担保物权分为抵押、质押、留置，分别设置不同的规则。所谓功能主义（functionalistic）是指具有担保功能的交易安排均被作为担保，而不考虑担保的性质是物权还是债权的性质。当事人可以采取各种担保方式，但只要办理了登记，统一按照登记的先后顺序确定权利实现的顺位，其并没有采取传统的物债二分体系。美国法采取了此种模式。[2] 客观上讲，两种模式各有利弊，无绝对优劣之分，英美法更侧重于实用主义，而大陆法更追求体系性、逻辑性，两种模式各有千秋。概括说来，这两种模式的区别主要体现在以下几个方面。

一是是否以严格的物债二分为规则设计的基础。形式主义的理论基础是债权与物权的二分。在这样的基本框架下，担保物权和具有担保功能的债权也被分别归入物权编和债编，在物权编中，因为物权法定原则的作用，不同的担保物权也就有不同的法律调整机制。需要注意的是，《法国民法典》增设第四编担保编实际上也是打破了传统的物债二分的体系，同时也为当事人找法提供了方便。

二是是否要区分不同类型的权利而建立不同的规则。形式主义的最大特点是将担保物权区分为不同类型，对不同类型的担保物权分设不同规则；功能主义并不要求不同担保交易的所有方面都适用相同的规则，仅仅只是与第三人效力有关的规则应当统一，即不区分担保物权的形态，只要有担保功能，就适用统一规则。

---

① 参见李富成：《从美国到全球的证券化市场观察》，载《月旦民商法杂志》，2005（7）。

② 参见高圣平：《动产担保交易的功能主义与形式主义——中国〈民法典〉的处理模式及其影响》，载《国外社会科学》，2020（4）。

三是是否严格受物权法定原则类型强制的约束。形式主义受到物权法定特别是类型强制的约束，当事人不能在法定的物权类型之外创设新的物权类型。功能主义就是要打破类型强制对担保交易的约束，只要在经济上能够起到担保作用，又有适当的公示手段，就可以赋予其优先受偿效力。

　　9. 非典型担保形式不断发展

　　所谓非典型担保是指在物权法等有关法律规定之外的担保形式。非典型担保主要是由法官通过判例创造出来的，非典型担保在类型上具有开放性，在相当程度上是对传统的物权法定原则的突破和缓和。在德国，非典型担保主要表现为让与担保，让与担保又主要分为如下三种：所有权让与担保、债权让与担保与其他权利（主要是股权和知识产权）让与担保。[①] 在其他国家，非典型担保类型也不完全一样，随着经济生活的发展，今后也可能产生更多的新型担保类型。由于非典型担保构成各国担保制度的重要组成部分，而非典型担保在法律渊源上多表现为判例法，所以，仅仅凭借成文法的规定很难完全了解一国担保制度的全貌。[②] 当然，非典型担保如果没有为法律所承认，还很难成为一种法律承认的物权。

　　此外，作为现代社会越来越活跃的民事权利，担保物权发展日新月异，还体现为最高额担保日益发达，其所担保的债权由单一走向集合；法定担保物权有所强化，与意定担保物权共同发挥调整社会生活的功能。[③]

　　上述担保物权发展的趋势，既表明担保物权随着市场经济的发展而不断发展，也表明担保物权是物权法中最活跃的一种权利，与经济生活最为密切。所以，在坚持物权法定原则的同时，应当考虑到担保物权的发展，适当为担保物权的发展留下成长的必要空间。由于担保物权的规则与资金融通、债权保障联系在一起，所以具有很强的国际化特征，在全球化的背景下，物权法应该尽可能注意到担保物权的发展趋势，将一些新类型的经实践证明已是成熟的担保物权方式纳

---

① 参见［德］鲍尔、施蒂尔纳：《德国物权法》（下册），申卫星、王洪亮译，553 页，北京，法律出版社，2006。

② 参见高圣平：《物权法担保物权编》，25 页，北京，中国人民大学出版社，2007。

③ 参见马特：《信用风险与担保物权之发展》，载《安徽大学法律评论》，2007（1）。

入我国物权法当中。

四、我国担保物权制度的发展

我国担保物权制度，是随着改革开放和市场经济制度的建立和完善而逐步建立起来的。中华人民共和国成立后，实行高度集中的计划经济体制，金融业实行严格的国家垄断，在这种背景下，担保制度难以生存和发展。但随着改革开放的推行和商品经济的发展，我国担保物权制度也大致经历了如下几个发展阶段。[①]

一是《民法通则》规定的担保物权制度。1986 年的《民法通则》第 89 条规定了几种典型的担保形式，包括抵押和保证等。但是，《民法通则》并没有承认抵押权为担保物权，而认为其属于债权的范畴，且没有严格区分抵押和质押。

二是《担保法》及其司法解释规定的担保物权制度。1995 年的《担保法》适应我国市场经济体制建立和发展的需要，构建了较为全面的担保法律制度，区分了抵押和质押，并就担保物权的效力、实行等作出了较为全面的规定。《担保法》实际上将各种担保类型统一规定，对担保制度进行了重大完善，起到了为市场经济"保驾护航"的作用。但是，由于《担保法》制定之时，我国担保制度在理论上还不够成熟，担保的实践也还不尽丰富，所以，《担保法》并没有明确承认抵押权、质权、留置权等担保物权的物权性质，且担保制度的内容和体系也不够完善。这就在一定程度上限定了抵押的范围，限制了超额抵押和多个抵押，不利于担保财产的最大化利用。[②]《担保法司法解释》进一步填补了担保法律制度的空白。

三是《物权法》规定的担保物权制度。《物权法》针对担保物权制度在《担保法》基础上作出了重大修改和完善，例如，《物权法》改变了《担保法》的规定，将担保合同效力从属性的例外情形严格限定为法律规定的情形，而不允许当事人作出约定。再如，与《担保法》的规定相比，《物权法》扩大了抵押财产的

①　参见吴光荣：《担保法精讲》，11～14 页，北京，中国民主法制出版社，2023。

②　参见何志：《担保法审判实务研究》，242 页，北京，人民法院出版社，2002。

范围，即只要法律、行政法规未禁止抵押的财产，均可设立抵押权。此外，《物权法》还区分了设定担保物权的合同的效力与担保物权设立的效力，即当事人之间订立的抵押合同、质押合同自合同成立时生效，担保物权未设立的，不影响担保合同的效力。

四是《民法典》及相关司法解释规定的担保物权制度。《民法典》在总结我国立法和司法实践经验的基础上，借鉴比较法经验，对担保制度作出了重大完善。2020年最高人民法院颁布了《有关担保的司法解释》，有效配合了《民法典》有关担保制度的适用，并进一步改善了营商环境，建立了更加科学的担保物权制度体系。该解释实际上是对原担保法司法解释进行的清理，对该解释中与《民法典》不一致的规定予以废除，与《民法典》规定相一致的予以吸收，在担保物权部分，详细规定了担保合同与担保物权的效力、不动产抵押、动产权利担保的规则。例如，关于抵押财产的转让，该司法解释对《民法典》第406条所规定的禁止让与特约规则作出了细化规定，并对禁止让与特约登记的效力作出了规定。再如，该司法解释还完善了抵押权预告登记制度，完善了权利质押规则。[①]此外，该司法解释还就非典型担保作出了规定，并进一步完善了担保物权的实现规则。

《民法典》担保物权制度的亮点主要体现在如下几个方面。

（一）促进了动产和权利担保登记制度的统一

在不动产登记制度实现统一之后，立法机关在民法典的编纂中就着手推进动产和权利担保的统一登记。由于在动产和权利担保登记方面，登记机构处于一种分散的状态，动产和权利担保制度因而出现了"九龙治水"的局面。由于各个机构分别承担相应的登记职责，而且各自的登记程序不同，登记要求不同，登记事项也不同，彼此信息也不互联互通，形成了各自为政的信息孤岛，这无疑会增加当事人的信息查询负担和成本，而且严重损害登记的公示公信力，造成中小微企业、民营企业融资难和融资贵的问题，既不利于社会经济的发展和活跃，也影响

---

① 参见最高人民法院民事审判第二庭：《最高人民法院民法典担保制度司法解释理解与适用》，38页，北京，人民法院出版社，2021。

了营商环境指标中的指数提升。① 为了改善营商环境，促进担保的公开透明、消除隐形担保、维护交易秩序，国务院出台的《优化营商环境条例》第47条第2款就明确要求，国家推动建立统一的动产和权利担保登记公示系统，逐步实现市场主体在一个平台上办理动产和权利担保登记。《民法典》对此也作出了重大的改变。《民法典》有关动产和权利担保的条文删掉了关于专门的登记机构的规定，按照立法者的说明，删除有关担保物权具体登记机构的规定，是为建立统一的动产抵押和权利质押登记制度留下空间，进而推进动产和权利担保的统一化。② 依据《民法典》的规定，国务院已颁发了《关于实施动产和权利担保统一登记的决定》，并于2021年1月1日在全国范围内实施。该规定要求在全国范围内实施动产和权利担保统一登记，纳入统一登记的担保类型包括生产设备、原材料、半成品、产品抵押，应收账款质押，存款单、仓单、提单质押，融资租赁，保理，所有权保留，其他可以登记的动产和权利担保，但机动车抵押、船舶抵押、航空器抵押、债券质押、基金份额质押、股权质押、知识产权中的财产权质押除外。

（二）担保类型的多样化

第一，《民法典》规定了各种新的担保形式。担保的类型越多，当事人的选择空间就越大，将进一步丰富当事人的融资手段，有利于保障债权的实现。因此，《民法典》兼顾了安全和效率两个方面的功能，为了使当事人获得尽可能多的融资途径，规定了正在建造的建筑物的抵押、动产浮动担保、基金份额质押、应收账款质押等，也适应了担保物权国际化发展趋势。此外，《民法典》第388条扩大了设定担保物权的担保合同的范围，承认了大量的非典型担保。

第二，《民法典》扩大了担保财产的范围，对当事人设定担保提供了更多的选择手段。当事人选择担保的余地越大，越表明担保制度符合社会发展的需要。《民法典》第395条第1款第7项中规定的"法律、行政法规未禁止抵押的其他财产"，使得抵押权的类型在严格的物权法定主义的模式下，具有了一定程度的

---

① 参见刘保玉：《我国担保物权制度新规释评》，载《法商研究》，2020（5）。

② 参见王晨：《关于〈中华人民共和国民法典（草案）〉的说明》，285页，北京，中国法制出版社，2020。

开放性。物权法定主义的优势在于为当事人提供一套固定、成熟和安全的担保物权体系，供其自由选择。但是，其不足在于：法定主义会限制当事人的制度创新，妨碍人们的自主创造和对资源的最有效利用。《民法典》第395条上述规定的优点在于：对于抵押物的范围，法律并未加以严格限制，反而采取了开放性立法体例，因而各种新的财产只要具备了合适的公示方法，均可设定抵押。这在一定程度上缓和了严格的法定主义所带来的僵化和刚性。

第三，有效地协调了"法定主义"和"意定主义"两种基本调整手段的关系，赋予当事人在担保物权的创设、担保范围、担保的实现等方面更多的意思自治空间。例如，在动产担保设定方面，动产是采取抵押还是质押，可以由当事人选择。在物权法定原则下，赋予当事人在担保物权体系内予以自由选择的权利。此外，《民法典》第395条还增加了一些新的规则，例如区分动产抵押和其他财产的抵押，对不动产抵押实行登记要件主义，而对动产抵押实行登记对抗主义。

（三）从形式主义到功能主义的发展

如前所述，担保制度在比较法上存在着从形式主义到功能主义发展的趋向，我国《民法典》在总结比较法经验的基础上，采纳了功能性的形式主义，具体表现在：

第一，《民法典》仍然基本坚持了形式主义的模式。一是在总则编明确规定了物权法定原则；二是坚持了物债二分的基本制度格局，将融资租赁、所有权保留和保理规定于《民法典》合同编，把担保物权规定在物权编，这两者还是有严格区分的；三是《民法典》在担保物权分编分设抵押、质押、留置章，分别规定相应的规则，这基本上就是形式主义模式的做法，可以说形式主义的基本结构仍然被保留了。

第二，《民法典》以形式主义模式为基础，同时也借鉴了美国法的功能主义的一些制度和做法，主要表现在：一是引入了具有担保功能的合同的概念。《民法典》第388条第1款规定："担保合同包括抵押合同、质押合同和其他具有担保功能的合同。"这就将其他具有担保功能的合同如所有权保留、融资租赁、保理，都纳入了担保合同的范围，这些担保方式依法登记后可以产生担保物权的效力。二是明确了担保权的优先顺位规则，并将其适用于非典型担保。《民法典》第414条第2款规定："其他可以登记的担保物权，清偿顺序参照适用前款规定。"这就明确了，抵押权的顺位规则可以适用于其他可以登记的担保物权，也可以通过登记明确其权利顺位，这就有效协调了各种担保方式之间的关系。可以说，《民法典》第388条第1款和第414条第2款把经济功能上相同的担保交易赋予了同等的法律地位，并可以适用相同的权利对抗、权利顺位以及担保权实现的规则。① 例如，《民法典》第412条规定了抵押权的实现规则，在解释上，融资租赁和所有权保留中的"所有权的实现"，也可以适用相同的规则。尽管《民法典》就后者的权利实现规则并未完全按照功能化的思路予以重构，但《有关担保的司法解释》就权利实现规则也采纳了功能主义立场。② 三是动产担保登记对抗规则的扩张适用。《民法典》规定了动产担保登记对抗的效力，其不仅适用于动产抵押，而且适用于所有权保留、融资租赁等担保方式。③

以形式主义的模式为基础，引入功能主义的一些制度安排的优点在于：其一，有利于鼓励当事人通过意思自治设立新型担保，鼓励担保和金融创新。尤其是针对动产的担保，兼顾功能主义就能够尊重当事人在设立担保中的自治，可以将各种新型的动产方式在符合一定公示方法的前提下纳入具有担保功能的担保物权的范畴中。其二，充分发挥物的交换价值，进而保障债权的实现，这也缓和了僵化的物权法定主义。其三，有利于打通物权与债权之间的壁垒，从而形成互动的适用关系。例如，《民法典》没有规定在第三人提供物上担保的情形下，其对债权人享有哪些抗辩，也没有规定在承担担保责任后，担保人享有哪些权利，以及其他涉及担保人的权利保护规则，这些于《民法典》物权编中的质押合同、抵押合同规则都未明确，此时就存在法律上的漏洞。《民法典》第388条第1款关

---

①　参见高圣平：《民法典担保制度体系研究》，13~14页，北京，中国人民大学出版社，2023。

②　参见高圣平：《担保法前沿问题与判解研究》（第5卷），5页，北京，人民法院出版社，2021。

③　参见最高人民法院民事审判第二庭：《最高人民法院民法典担保制度司法解释理解与适用》，558页，北京，人民法院出版社，2021。

于"担保合同"的概念，可以把抵押合同、质押合同与保证合同统一起来，并可基于担保合同的共通性，将合同编关于保证合同的规则类推适用到抵押合同、质押合同等担保合同中，用于解决第三人物上担保人的权利保护问题。

（四）简化了担保物权的实现程序，降低了担保物权的实现成本

现代担保物权制度发展的一个趋势就是降低实现担保物权的成本。根据《民法典》第410条的规定，实现抵押权可以由抵押权人与抵押人之间达成协议，以抵押财产折价、拍卖或变卖该抵押财产所得的价款优先受偿。在当事人就抵押权的实现没有达成协议的情况下，抵押权人可以直接请求法院拍卖或变卖抵押财产。《有关担保的司法解释》第45条新增庭外实现方式，即当事人可以在担保合同中约定在担保物权实现条件满足时，由担保物权人自行拍卖、变卖担保财产，并优先受偿。[1] 这些规则均在诉讼实现担保物权之外，为债权人的权利实现提供了多种可供选择的方案，以降低担保物权的实现成本。

第三节　担保物权的分类

一、意定担保物权和法定担保物权

意定担保物权是指基于当事人的约定，并在完成一定的公示方法后设定的担保物权。传统民法上的意定担保物权主要是抵押权和质权。但是随着社会的发展，意定担保物权又有了新的发展，主要是依据交易习惯和判例法发展的"非典型担保"，如让与担保等。法定担保物权是指根据法律的规定而直接设定的担保物权。在某些情况下，法律从保护某种特别债权的政策考虑，直接承认权利人依法享有法定的担保物权，如留置权和建设工程价款优先受偿权等。[2]

---

① 参见最高人民法院民事审判第二庭：《最高人民法院民法典担保制度司法解释理解与适用》，402～403页，北京，人民法院出版社，2021。

② 参见［日］近江幸治：《担保物权法》，祝娅等译，7页，北京，法律出版社，2000。

按照物权法定原则，任何物权的设定都须由法律规定，而不能由当事人自由创设。意定担保和法定担保的区别并不意味着意定担保物权完全是通过当事人的约定产生的。所谓意定，只是说担保物权的产生需要由当事人之间事先订立设定担保物权的合同，如抵押合同、质押合同，但这些物权的产生最终需要符合法定的要件，如抵押权的取得必须登记，而质权的设定必须交付质物。从这个意义上说，这些物权的产生也必须要符合法定的要件。但对于法定的担保物权来说，只需要具备法定的构成要件，就可以直接产生法定的担保物权，而不需要通过订立合同的方式来设定担保物权。所以，区分这两类物权的意义主要在于是否要订立设立物权的合同。

二、典型担保物权和非典型担保物权

一般认为，所谓典型担保物权是指在民法典中有明文规定的担保物权。[1] 非典型担保物权是指在法律中没有明文规定，或者虽然有规定，但并没有明确将其规定为担保物权的担保方式。非典型担保物权是非典型担保的一种类型，除非典型担保物权外，非典型担保还包括保理、股权让与担保等担保方式。从传统上看，非典型担保物权的特点在于非法定性。在物权法上，采用物权法定原则，物权包括担保物权的类型都是由法律规定的，而非典型担保物权则不属于物权法所确定的他物权类型，所以总是与物权法定原则处在矛盾之中，这也是一些学者主张物权法定原则缓和的重要理由。但在我国，它主要是指《民法典》物权编规定之外的担保物权。《民法典》虽然规定了所有权保留、融资租赁、保理等方式，但只是将其规定在合同编中，而没有将其规定为担保物权，依据《有关担保的司法解释》可以认定为具有担保物权效力的非典型担保。非典型担保物权本来不是作为担保物权的预定制度由立法者专门设计出来的，而是在交易实践中作为一种担保手段来使用，随后，又得到了各国判例的确认。[2] 依据《有关担保的司法解

---

① 参见［日］近江幸治：《担保物权法》，祝娅等译，9 页，北京，法律出版社，2000。
② 参见陈华彬：《物权法论》，652 页，北京，中国政法大学出版社，2018。

释》第 63 条规定，当事人在订立有关担保的合同之后，必须在法定的登记机构依法办理登记，才能产生担保物权的效力。[①]　此外，《有关担保的司法解释》第 68 条、第 69 条对让与担保作出了明确规定。由于物权法规定的物权类型不一定完全符合现实的需要，所以交易当事人在实践中往往会采取一些新的担保形式。这些担保形式通过判例等方式确认后，就成为非典型担保物权。[②]　就典型的担保物权而言，主要限于抵押权、质权和留置权。非典型担保物权主要指让与担保等形式。在我国，两者区分的意义主要在于是否属于《民法典》物权编所规定的法定的担保物权。

三、动产担保物权、不动产担保物权和权利担保物权

此种分类是以担保物权的标的为标准所作的分类。动产担保物权是指以动产为标的物所设立的担保物权；不动产担保物权是指以不动产和不动产权利为标的所设立的担保物权；权利担保物权是指以动产和不动产之外的某些财产权利为标的所设立的担保物权。对这三种类型的物权作出区分的主要意义在于，动产担保物权的设定以交付标的物的占有作为公示方式，而以不动产和权利作为担保的标的的，则应当以登记作为公示方法。此外，在将担保物用于担保时，不动产常常要作价评估，而动产则可以不必评估。

在大多数大陆法系国家的民法中，动产担保物权主要限于质权，而不动产和权利担保物权是指抵押权和权利质权。在我国的立法实践中，这种分类的标准被不断地突破，因为一些动产如交通运输工具也可以设定抵押，所以这种分类的意义已并不突出。应当注意的是，在国际私法统一化运动中，学者们普遍认为在担保物权领域只有动产担保物权的规则适于统一化。[③]

---

① 参见吴光荣：《担保法精讲》，553 页，北京，中国民主法制出版社，2023。
② 参见梁慧星：《日本现代担保法制及其对我国制订担保法的启示》，载梁慧星主编：《民商法论丛》，第 3 卷，180 页以下，北京，法律出版社，1995。
③ 参见联合国国际贸易委员会文件（A/CN. 9/486），3 页。

四、占有担保物权和非占有担保物权

根据标的物是否移转占有为标准，可区分为占有担保物权（或称移转占有型担保物权）和非占有担保物权（或称非移转占有型担保物权）。前者以标的物移转给债权人占有为担保物权的成立与存续要件，如质权、留置权；后者不以标的物移转占有为担保物权的成立与存续要件，担保人仍可继续占有、使用标的物，如抵押权。①

五、权利限制性担保物权和权利移转性担保物权

此种分类是以担保物权的构造方式不同所作的区分。权利限制性担保物权是指以在标的物上设定限制物权的方式设立的担保物权。一般的担保物权都属于此种类型，如抵押、质押等。权利移转性担保物权是指以将标的物的所有权移转于债权人的方式设立的担保物权，如让与担保、假登记担保等。② 它是利用买卖等权利移转的方法进行担保，其在金融担保中发挥着巨大的作用。

第四节　担保物权的设立

担保物权的产生，是指基于法律行为或者法律规定而产生担保物权。担保物权的产生方式主要有两种：一是基于法律行为而设立担保物权，这是担保物权设立的典型形式。担保物权的设立属于创设的继受取得，因而，不包括担保物权的转让，后者属于担保物权移转的继受取得。二是基于法律规定而产生担保物权，如留置权等。当然，即使是基于法律规定而产生的，也应当符合担保物

---

① 参见谢在全：《民法物权论》（下册），9页，台北，自版，2003。
② 参见［日］近江幸治：《担保物权法》，祝娅等译，7页，北京，法律出版社，2000。

权的取得条件。

一、基于法律行为而设立担保物权

如果采用法律行为的方式设立担保物权，应当经过完成合意和公示两个阶段。

（一）合意

《民法典》第388条规定："设立担保物权，应当依照本法和其他法律的规定订立担保合同。"该条包括如下内容：首先，当事人为了担保债的履行，通常要通过合同的方式设立意定担保物权，包括抵押权和质权。例如，要设立抵押权，当事人之间必须订立抵押合同，设立质权必须订立质押合同。其次，应当依照《民法典》和其他法律的规定订立书面担保合同。根据《民法典》的规定，设立抵押和质押都必须订立书面合同。这是因为这些担保物权的设定，对担保权人和担保人的权益影响甚大，且在第三人提供担保财产的情况下，第三人往往是无偿的，并没有因为履行担保义务而获得对价，如果不采用书面合同的方式，可能导致在实现担保物权时，第三人推卸责任。所以，为了预防和减少当事人之间的纠纷，法律规定应当采用书面合同的形式。但留置权的取得，则不需要订立担保合同。①

关于担保合同与主合同的关系，《民法典》第388条第1款规定："担保合同是主债权债务合同的从合同。主债权债务合同无效的，担保合同无效，但是法律另有规定的除外。"这就确立了担保合同从属于主合同的规则，即只有在法律另有规定的情形下，担保合同的效力才可独立于主合同，当事人不能约定担保合同效力独立于主合同。《有关担保的司法解释》第2条第1款也规定："当事人在担保合同中约定担保合同的效力独立于主合同，或者约定担保人对主合同无效的法律后果承担担保责任，该有关担保独立性的约定无效。主合同有效的，有关担保独立性的约定无效不影响担保合同的效力；主合同无效的，人民法院应当认定担

---

① 参见郭明瑞主编：《中华人民共和国物权法释义》，308页，北京，中国法制出版社，2007。

保合同无效，但是法律另有规定的除外。"从该规定来看，一方面，它强调了当事人不得约定担保合同的效力独立于主合同，如果当事人作出此种约定，则该约定无效。另一方面，在主合同有效且担保合同也符合法律规定的情形下，当事人约定担保合同的效力独立于主合同，此时，当事人关于担保合同效力独立性的约定无效，但这并不当然导致整个担保合同无效。[①] 此外，担保合同的效力从属于主合同的效力，即主合同无效的，除法律另有规定外，担保合同也无效。例如，即使当事人之间基于担保合同已经办理了担保物权设立登记，但其后担保合同被认定为无效，或者被撤销的，已登记的担保物权也应宣告无效，登记簿上的担保物权登记仅具有形式上的意义，而不具有担保物权的意义。

此外，在债权让与的情形下，抵押权的转让并不需要当事人作出明确约定，基于担保从属性原则，抵押权原则上也随债权的转让而发生转让，此种转让是基于法律规定发生的。对此，《民法典》第407条规定："债权转让的，担保该债权的抵押权一并转让，但是法律另有规定或者当事人另有约定的除外。"依据该规定，在债权让与的情形下，如果法律没有特别规定且当事人没有特别约定，也发生抵押权的移转。《民法典》第547条第1款规定："债权人转让债权的，受让人取得与债权有关的从权利，但是该从权利专属于债权人自身的除外。"这就是说，对在债权转让情形下的受让人而言，其与担保人之间并不存在设立担保物权的合意，但基于法律规定，其仍然可以依法享有担保物权。

（二）公示

担保物权基于法律行为设立，必须经过公示。《民法典》规定的担保物权的公示方法主要有两种。

一是登记。它适用于不动产抵押、权利抵押和部分权利质押。值得注意的是，《民法典》对不动产抵押、动产抵押分别适用登记要件和登记对抗主义。在登记要件主义模式下，登记是担保物权的公示方法，担保物权非经登记不得设立。在登记对抗主义模式下，是否登记由当事人自愿选择，即使未经登记，抵押

---

① 参见高圣平：《民法典担保制度体系研究》，95～96页，北京，中国人民大学出版社，2023。

权仍可有效设立。从这个意义上讲，登记并不是动产抵押权设立的公示方法，此种情况也可看作是抵押权设立的例外。未办理抵押登记，不影响抵押合同的效力。《有关担保的司法解释》第 46 条第 1 款规定："不动产抵押合同生效后未办理抵押登记手续，债权人请求抵押人办理抵押登记手续的，人民法院应予支持。"该条实际上确认了在没有办理抵押登记的情形下，抵押合同仍然有效，抵押权人仍然有权请求抵押人办理抵押登记。这实际也是区分物权变动效力和合同效力的具体体现，债权人请求抵押人办理抵押登记，也是主张违约责任中的继续履行请求权。[①]

二是交付。它主要适用于动产质押和部分权利质押。在登记的情况下，担保物权的权利内容状况明确，第三人可以通过登记了解到担保物权的类型和具体内容（如主债权的数额、担保范围、担保期限等）。而在交付的情况下，第三人仅凭对担保物的占有难以清楚地了解到担保物权的类型和具体内容。例如，债权人占有他人的动产，其享有的究竟是留置权还是质权，第三人不一定能够清楚地知道。所以，登记是典型的公示方法，第三人可以查知其真相，较之于交付更有利于保障交易安全。[②]

需要探讨的是，《民法典》第 395 条第 1 款第 7 项规定，"法律、行政法规未禁止抵押的其他财产"可以抵押。同时，对于大量的"担保物权"并没有明确规定担保物权的设定必须采用何种公示方法。笔者认为，对以《民法典》第 395 条第 1 款没有列举的财产设立抵押，如果特别法对公示方法做出了规定，则应当依据该特别法的规定确定其权利公示方法[③]，如果法律没有作出特别规定，则原则上应适用登记要件主义，主要原因在于：第一，《民法典》第 209 条规定："不动产物权的设立、变更、转让和消灭，经依法登记，发生效力；未经登记，不发生效力，但是法律另有规定的除外。"该条的适用范围虽然针对的是不动产，但可

---

① 参见最高人民法院民事审判第二庭：《最高人民法院民法典担保制度司法解释理解与适用》，405 页，北京，人民法院出版社，2021。

② 参见郑玉波：《民法物权》，33 页，台北，三民书局，2003。

③ 参见高圣平：《民法典担保制度及其配套司法解释理解与适用》（上册），410 页，北京，中国法制出版社，2021。

以类推适用于可登记且法律没有作出特殊规定的其他财产。例如，债务人以其庄园进行抵押，该庄园既包括了不动产，也包括了一些正在建设的建造物以及庄园中的浮雕等艺术品，对此类财产的抵押是否必须登记，法律并未作出明确规定，但鉴于庄园本身可以登记，因此可类推适用《民法典》第 209 条规定。第二，在《民法典》中，凡是不适用登记要件主义的情形都已经作出例外规定。例如，关于动产抵押、动产浮动担保，其不适用登记要件主义，而采登记对抗主义。第三，从立法目的上看，物权法仍然主张通过登记来确定物权的归属，从而明晰产权、定分止争；对于法律没有明确规定必须采取登记对抗主义的，原则上都应当采取登记要件主义。例如，有关权利质押，法律已明确要求登记，这反映了立法者的意图，从而未经登记不能有效设立物权。

二、基于法律规定而产生担保物权

基于法律规定而产生的担保物权，称为法定担保物权。其特征在于，只要符合法律规定的要件，就可以直接产生担保物权，既不需要当事人就担保物权的设立达成协议，也不需要采用一定的公示方法进行公示。法定担保物权是基于法律政策考虑，而使当事人享有的担保物权。例如，为了保障汽车修理人的利益，法律规定在符合法定要件时，其可以对占有的汽车享有留置权，从而保障其债权的实现。

《民法典》第 388 条第 1 款规定："设立担保物权，应当依照本法和其他法律的规定订立担保合同。"但这只是就担保物权设立的一般情况作出的规定。关于法定担保物权设立的具体规则，并不适用本条的规定。因为基于法律规定而设立担保物权，当事人不需要作出设立担保物权的意思表示，更不需要在当事人之间订立设立担保物权的合同。所以，法定担保物权只能根据法律的特别规定取得。举其要旨，《民法典》中基于法律规定直接产生的担保物权可以概括为如下几类。

第一，留置权。留置权是基于《民法典》规定而产生的法定担保物权，其不能依据当事人的合意而产生，当事人也不能通过合意予以排除。

第二，基于债权让与产生的担保物权的转让。在债权让与的情形下，担保物权也随之移转，此种情形下担保物权的移转并不是基于当事人约定发生的，而是基于法律规定发生的，因此，其也属于基于法律规定发生的担保物权的变动。

第三，基于房地一体抵押规则而设立的抵押权。[1] 即在抵押人以建设用地使用权单独设立抵押权时，该建设用地使用权之上的房屋也视为一并抵押；同样，如果抵押人以房屋单独设立抵押权时，该房屋所占的建设用地使用权也视为一并抵押。这里的"一并抵押"系指抵押权人就未抵押部分财产取得的抵押权，属于法定抵押权。[2]

需要指出的是，对基于法律规定而产生的担保物权而言，其产生原因具有法定性，即只有法律对此作出了明确的规定，才能依法产生担保物权。同时，此种情形下担保物权产生的条件也具有法定性，即只有符合法律规定的条件，才能产生担保物权。

关于基于法律规定发生的担保物权的变动是否需要践行法定的公示方法，笔者认为，基于法律规定发生的担保物权变动并非基于法律行为而发生的物权变动，因此，其并不需要践行法定的物权变动公示方法。例如，在债权让与的情形下，担保该债权的不动产抵押权也随之移转，此时，即便没有办理抵押权变更登记，抵押权也会随债权的转让而发生转让。

第五节　担保合同

一、担保合同的概念

《民法典》第 388 条规定，"担保合同是主债权债务合同的从合同。主债权债务合同无效，担保合同无效，但是法律另有规定的除外"。该条首先确定了担保

---

[1]　参见《民法典》第 397 条。

[2]　参见高圣平：《担保法前沿问题与判解研究》（第 5 卷），361 页，北京，人民法院出版社，2021。

合同的性质。所谓担保合同，是指当事人之间依据《民法典》以及其他法律的规定而达成的设立担保物权的协议。其订立的目的在于保障主债务的履行。担保物权除了法定的担保物权之外，通常都需要依据担保合同而设立。担保合同是以意思表示为核心的行为，而此种意思表示的内容就是要在当事人之间设立担保物权，如抵押权和质权。至于当事人之间关于变更和消灭担保物权的合同，不属于此处所说的担保合同。担保合同从广义上说，包括设立担保物权的合同和保证合同。但此处所说的"担保合同"仅指设立担保物权的合同，而不包括保证合同。此种合同主要发生在主债权人和担保人之间，而担保人既可以是债务人，也可以是第三人。

根据《民法典》第388条规定，担保合同是主债权债务合同的从合同。所谓从合同，是相对于主合同而言的。主合同是指不需要其他合同的存在即可独立存在的合同。对于担保合同来说，设立主债务的合同就是主合同。从合同，就是以其他合同的存在为存在前提的合同。担保合同相对于主债务合同而言即为从合同。由于从合同要依赖主合同的存在而存在，所以从合同又被称为"附属合同"。担保合同作为从合同，具有从属性，其自身不能独立存在。[①] 这具体表现为：第一，产生上的从属性，即担保合同以主合同的存在为前提，其自身不能独立存在，必须以主合同的存在并生效为前提。第二，效力上的从属性，即从合同的效力随主合同效力而定；主合同无效，担保合同无效。第三，移转上的从属性，即主合同移转，担保合同原则上也相应地发生移转。第四，消灭上的从属性，即主合同消灭则担保合同也归于消灭。《民法典》关于担保合同性质的规定，准确地界定了担保合同与主债权合同之间的关系。

二、担保合同的范围的扩张

《民法典》第388条第1款规定："设立担保物权，应当依照本法和其他法律

---

① 参见崔建远主编：《合同法》，4版，36页，北京，法律出版社，2007。

的规定订立担保合同。担保合同包括抵押合同、质押合同和其他具有担保功能的合同。"该规定进一步完善了担保物权制度，为推动担保制度现代化、优化营商环境提供了法治保障。

第一，扩大担保合同的范围，并承认了各类担保合同的效力。该条扩大了担保合同的范围，增加规定担保合同包括抵押合同、质押合同和其他具有担保功能的合同。《有关担保的司法解释》第1条规定："因抵押、质押、留置、保证等担保发生的纠纷，适用本解释。所有权保留买卖、融资租赁、保理等涉及担保功能发生的纠纷，适用本解释的有关规定。"从该规定来看，其显然是以《民法典》第388条第1款为上位法依据，意在统一调整各类担保方式，消除各类担保方式公示方法不统一、效力顺位不明确等问题。

第二，为非典型担保提供了法律适用依据。《民法典》第388条第1款中的"其他具有担保功能的合同"，是指抵押合同和质押合同之外的其他担保合同，其中以合同编规定的所有权保留、融资租赁、保理等交易形式为其典型。对于合同编规定的这些非传统担保，《民法典》允许通过登记来体现或增强其效力。《民法典》第388条第1款中不仅允许当事人订立"其他具有担保功能的合同"，更重要的是通过这种合同的订立而采纳一定的公示方法，就可以形成具有功能化的担保物权。这就为当事人创设新的担保物权形态、实行各种金融创新提供了法律依据。

第三，为建立统一的动产抵押和权利质押登记制度提供了规范基础。《民法典》第388条第1款除了明确担保合同的范围，更为重要的是在统一的动产和权利担保登记公示系统的支撑下，把抵押权等传统担保物权，以及合同编规定的所有权保留、融资租赁、保理之类的非传统担保，再加上法律并未规定的其他新类型担保，均归入"动产和权利担保"，通过统一登记制度，可以产生物权效力。

三、担保合同的标的物

所谓担保财产，是指能够用来提供担保的物和权利。在现代社会，随着市场经济的发展，法律为了便于融通资金，充分发挥财产的经济效用，促进交易的发展，逐步扩张了担保财产的范围。我国《民法典》在规定抵押财产的范围时采用负面清单的方式，即凡是法律法规没有禁止抵押的财产，都可以成为抵押财产。在权利质权方面，《民法典》第440条则采取了正面清单模式，将出质财产限定在"法律、行政法规规定可以出质的其他财产权利"。但《有关担保的司法解释》第63条规定："债权人与担保人订立担保合同，约定以法律、行政法规尚未规定可以担保的财产权利设立担保，当事人主张合同无效的，人民法院不予支持。当事人未在法定的登记机构依法进行登记，主张该担保具有物权效力的，人民法院不予支持。"依据这一规定，只要是法律不禁止的任何财产权利之上均可以设定担保，且当事人在订立担保合同之后只要在法定的登记机构依法进行登记，均可以取得担保物权的效力。这一规定进一步扩张了法律允许担保的权利范围。

担保财产具有如下特点。

第一，担保的财产包括了物和权利。一是作为担保财产的物。对担保物来说，主要包括动产和不动产。通常，担保物必须特定化，达到能够合理识别的程度，但这并非说，在担保物权设定时担保物必须特定，只要在担保物权实现时特定即可。例如，在动产浮动抵押的情形，只需要在抵押权实现时抵押物特定化即可。二是作为担保财产的权利。随着社会的发展，权利担保的范围也越来越宽泛，权利担保的范围在不断扩张。

第二，必须具有合理识别性。所谓合理识别，是指根据一般人的认识可以识别特定的担保财产即可。在以不动产为客体设立担保的合同中，需要对财产进行具体描述。而在以动产和权利为客体设立担保的合同中，往往不需要对担保财产作具体描述，而只需要对其作概括描述，只要概括描述能够合理识别担保财产的，即符合特定化的要求。对于担保物采用概括描述的方式，有利于鼓励担保特别是动产担保，降低担保费用、充分发挥物的交换价值。[1] 因为对于部分动产（如存货）以及未来财产而言，很难进行具体描述。因此，《有关担保的司法解

---

① 参见程啸、高圣平、谢鸿飞：《最高人民法院新担保制度司法解释理解与适用》，334页，北京，法律出版社，2021。

释》第 53 条规定："当事人在动产和权利担保合同中对担保财产进行概括描述，该描述能够合理识别担保财产的，人民法院应当认定担保成立。"

第三，必须具有可转让性。由于担保物权支配的是担保财产的交换价值，在债务人不履行债务或者发生当事人约定的事由时，债权人有权就担保财产进行变价，并就价款优先受偿。因此，如果担保财产不具有可转让性，债权人无法就担保财产进行变价，担保物权也将无法实现，此时，在该财产之上设定担保物权并不具有现实意义。

四、主合同和担保合同的关系

（一）主合同无效和被撤销对担保合同的影响

在主合同被确认无效以后，担保合同是否应当被确认无效？按照一般的原则，担保合同的效力是从属于主合同的效力的，担保合同的成立、生效是以主合同的成立和生效为前提的。主合同无效，担保合同也无效。根据我国《担保法》第 5 条第 1 款的规定，"担保合同是主合同的从合同，主合同无效，担保合同无效。担保合同另有约定的，按照约定"。如何理解"担保合同另有约定的，按照约定"？许多学者认为，当事人之间"另有约定"是指，当事人特别约定担保合同可以具有独立于主合同的效力，如当事人特别规定主合同被确认无效以后，担保合同仍然有效。如果当事人作出此种约定，则按照合同自由原则应尊重当事人的约定。《民法典》第 388 条第 1 款规定："担保合同是主债权债务合同的从合同。主债权债务合同无效的，担保合同无效，但是法律另有规定的除外。"根据这一规定，当主债权债务合同因为违反法律的强制性规定等原因而被认定为无效时，担保合同原则上也归于无效，除非法律另有规定。按照《民法典》的上述规定，当事人之间不得特别约定主合同无效而设立担保物权的担保合同仍然有效，当然，独立保证不适用该规定，可以仍然有效。此种修改的意义在于：一方面，该规定突出了担保合同的从属性。主债权债务合同无效的，担保合同原则上也无效。另一方面，该规定不允许当事人通过约定排除《民法典》第 388 条的规定，从而确立了该规范的强行法性质。

需要注意的是，《民法典》仅仅规定了主合同无效而导致担保合同无效的情形，而没有涉及主合同被撤销的情形。笔者认为，主合同被撤销，将导致与无效相同的法律后果，所以，《民法典》第388条第1款的规定也应当类推适用于主合同被撤销的情形。主合同被撤销，担保合同的效力也应当归于消灭。

（二）主合同有效而担保合同无效

在主合同有效而担保合同无效的情形下，《民法典》第388条第2款规定："担保合同被确认无效后，债务人、担保人、债权人有过错的，应当根据其过错各自承担相应的民事责任。"依据该规定，应当根据债务人、担保人、债权人的过错认定其民事责任，但各方主体究竟应当承担何种责任，该条并未作出细化规定。关于此种情形下担保人责任的性质，一般认为，在主合同有效而担保合同无效的情况下，担保人主要应当根据缔约过失承担责任，这种责任并不是一种履行责任，而只是一种损害赔偿责任。此种损害赔偿责任的主要依据是过错责任原则。具体来说，就是要根据担保人、债权人、债务人的不同过错程度来考虑其责任范围。《有关担保的司法解释》第17条第1款专门规定了此种情形下担保人的责任规则，依据该规定，在主合同有效而担保合同无效场合，应当视当事人对担保合同的无效是否有过错来确定担保人应否承担赔偿责任，具体而言：

第一，债权人与担保人均有过错的，担保人承担的赔偿责任不应超过债务人不能清偿部分的1/2。笔者认为，如此规定虽然具有一定的可操作性，但是规定"1/2"的责任份额的理由也可能过于僵硬，因为在债权人与担保人均有过错的情形下，二者的过错程度常常是不一样的，完全不考虑各自的过错程度，而一概规定担保人承担民事责任的部分不应超过债务人不能清偿部分的1/2，如此机械规定可能导致在法律适用中某个过错程度较重者，仅承担较轻的责任。

第二，担保人有过错而债权人无过错的，担保人对债务人不能清偿的部分承担赔偿责任。例如，担保人和债务人恶意串通，欺诈债权人，诱使其订立担保合同，合同因欺诈而归于无效的，债权人对此并无过错。在债权人没有过错的情形下，担保合同无效是因担保人的过错而导致的，因此，担保人应当对债权人的损失承担赔偿责任。问题在于,在债权人无过错的情况下,担保人与债务人对债权人的损失是否应当承担连带赔偿责任?有学者解释,"主合同有效而担保合同无效,债权人无过错的,担保人与债务人对主合同债权人的经济损失,承担连带赔偿责任"。其理论基础与共同侵权相似。[①] 笔者认为,这种观点仍然是值得商榷的。担保合同是债权人和担保人之间的合同,因担保人的过错而导致合同无效,担保人毫无疑问应当承担责任,但担保人并不因此而与债务人承担连带责任。对此要区分两种情况:一是担保人与债务人恶意串通,欺诈债权人诱使其订立担保合同的。在此种情形下,两者具有共同的过错,已构成共同侵权行为,则应当承担共同侵权的连带责任。二是仅由于担保人的过错导致担保合同无效,换言之,担保合同无效是担保人的个人原因造成的,例如担保人弄虚作假,以欺诈的方式为他人提供担保,导致担保合同无效,在此情况下,债务人并没有过错,若要与担保人共同承担连带责任,对债务人确实不公平。因此,主合同有效而担保合同无效,债权人无过错的,担保人与债务人对主合同债权人的损失,毫无疑问应当承担赔偿责任,但此种情况下是依据共同侵权而由担保人和债务人承担连带责任,还是根据缔约过失制度由具有过错的担保人独自承担,应依具体情况具体处理。

第三,债权人有过错而担保人无过错的,担保人不承担赔偿责任。在担保合同无效的情形下,担保人对债权人所承担的责任在性质上属于缔约过失责任,如果债权人有过错而担保人无过错,则担保人的缔约过失责任无法成立,其无须对债权人的损失承担赔偿责任。

(三)主合同无效导致担保合同无效

《民法典》第 388 条第 1 款规定:"主债权债务合同无效的,担保合同无效,但是法律另有规定的除外。"担保合同是主合同的从合同,按照"从附主"的原则,主合同无效,就导致担保合同无效。但在因主合同无效导致担保合同无效的情形下,担保人要承担何种责任,本条并未作出明确规定。笔者认为,在因主合同无效导致担保合同无效的情形下,由于担保合同已经被宣告无效,担保人无须

---

① 参见曹士兵:《中国担保制度与担保方法》,4 版,98 页,北京,中国法制出版社,2017。

承担担保责任，其承担的主要是缔约过失责任。《有关担保的司法解释》第 17 条第 2 款区分了不同情形，分别规定了担保人的责任。

第一，担保人无过错的，不承担赔偿责任。如果担保人对于主合同无效无过错，主合同无效是因债务人和债权人的过错造成的，此时，理所当然应当由主合同的当事人承担责任。如前所述，由于担保合同无效时担保人所承担的责任是缔约过失责任，此种责任以过错为成立要件，因此，在担保人无过错时，其无须承担责任。

第二，担保人有过错的，其承担的赔偿责任不应超过债务人不能清偿部分的 1/3。例如，在"江苏志元置业有限公司诉上海懿卿投资管理有限公司等企业借贷纠纷案"中，法院认为，"借贷合同无效，担保合同也无效。由于原告与被告江某某对于担保合同无效都存在过错，因此作为保证人的被告江某某，应向债权人即原告承担赔偿责任，但承担责任部分不应超过债务人即被告懿卿公司不能清偿部分的三分之一。"①

需要指出的是，在主合同无效的情况下，如何确定担保人的过错？一般认为，所谓担保人有过错，是指担保人明知主合同无效仍为之提供担保，以及担保人明知主合同无效仍促使主合同成立或为主合同的签订做中介等。② 笔者认为，担保人的过错包括多种形态，具体包括：一是担保人明知主债权无效而仍然提供担保。例如，明知债务人贷款是为了从事非法活动，而仍然为此种违法贷款提供担保；明知贷款人实施了骗取贷款的行为，而仍然为其提供担保。二是在订立违法的主合同过程中，与主债务人恶意串通而欺诈主债权人并订立合同。在上述情况下，由于担保人具有过错，合同被确认无效之后，担保人应当根据其过错承担相应的责任。

笔者认为，原则上合同的有效或无效与合同关系之外的第三人无关。就担保而言，主合同属于债权人和债务人之间的合同，与担保人无关，通常不可能因为担保人的原因造成主合同无效。因此，对于主合同无效而言，主要是因为债务人和债权人的过错造成的，理所当然应当由主合同的当事人承担责任。在主合同无

① 上海市奉贤区人民法院（2013）奉民二（商）初字第 2149 号民事判决书。
② 参见曹士兵：《中国担保诸问题的解决与展望》，33 页，北京，中国法制出版社，2001。

效的情况下，如果要担保人承担责任，只有一个例外，即在主合同在订立时，债权人可能信赖担保合同的成立并生效而订立主合同。此种情况下，如果担保人不负担任何责任，则对债权人的保护不利。尤其是在主合同无效债权人没有过错时，更是如此。从信赖利益的保护考虑，保护信赖利益实际上是保护交易安全，因此，使担保人承担一定的责任是必要的。

当然，从《有关担保的司法解释》第 17 条第 2 款的规定来看，在主合同无效导致担保合同无效时，担保人所承担的赔偿责任不应超过债务人不能清偿部分的 1/3，此种责任限制过于机械。笔者认为，在主合同无效导致担保合同无效的情形下，担保人承担的赔偿责任原则上不超过债务人不能清偿部分的 1/3，但也应当允许法官根据案件的不同情况，具体认定担保人的责任。

（四）担保合同无效后的追偿责任

在担保人承担责任之后，是否可以向债务人追偿？《民法典》第 700 条规定："保证人承担保证责任后，除当事人另有约定外，有权在其承担保证责任的范围内向债务人追偿，享有债权人对债务人的权利，但是不得损害债权人的利益。"依据该规定，对保证而言，保证人在承担保证责任后，其原则上可以向债务人追偿。依据《有关担保的司法解释》第 20 条规定，该规则也可以参照适用于担保物权的情形。担保人对债务人追偿权的行使应当具备如下条件。

第一，担保人所承担的是担保责任。依据《民法典》第 700 条规定，担保人对债务人行使追偿权的前提是其承担了担保责任。因为在担保关系中，债务人才是债务的最终承担者，担保人是为债务人承担责任，其在承担担保责任后，对债务人应当依法享有追偿权。

需要指出的是，前述规则仅能适用于担保人承担担保责任的情形。如前所述，在担保合同无效的情形下，担保人所承担的主要是缔约过失责任，其在承担了赔偿责任后，是否可以向债务人追偿？对此，《有关担保的司法解释》第 18 条第 1 款规定："承担了担保责任或者赔偿责任的担保人，在其承担责任的范围内向债务人追偿的，人民法院应予支持。"依据该条规定，担保人在承担了赔偿责任后，可以依法向债务人追偿，此处的赔偿责任也包括担保人在担保合同无效后所承担的责任。一般认为，在担保合同无效的情形下，担保人承担赔偿责任后之所以可以向债务人追偿，主要是因为担保人所承担的赔偿责任仍然是基于担保关系产生的，而且担保人承担赔偿责任也会导致债务人责任的减轻。[①] 笔者认为，在担保合同无效的情形下，允许担保人承担赔偿责任后向债务人追偿，已经超出了《民法典》第700条的文义范围，而且担保人在此种情形下所承担的是缔约过失责任，是为自己的过错承担责任，其承担赔偿责任后不应当对债务人享有追偿权。

第二，担保人承担担保责任与债务人责任消灭之间具有因果关系。[②] 换言之，担保人承担担保责任后，会导致主债权相应地消灭，从而导致债务人责任相应地消灭，二者之间具有因果关系。如果担保人承担责任并没有导致主债权相应地消灭，而只是导致担保人自己的责任减轻，则其对债务人不应享有追偿权。

第三，担保人没有抛弃追偿权的意思。担保人承担担保责任后对债务人的追偿权是一项法定权利，其成立并不需要当事人明确约定，但如果担保人明确表示抛弃对债务人的追偿权，则其承担担保责任将变为对债务人纯粹的赠与，此种抛弃也是有效的。

此外，依据《民法典》第700条的规定，担保人对债务人行使追偿权不得损害债权人的利益。例如，担保人在行使追偿权时，债权人的债权尚未完全实现，如果因担保人行使追偿权导致债权人的债权无法实现，则该追偿权的行使即损害了债权人的利益。换言之，在担保人对债务人行使追偿权的情形下，要优先保障债权人债权的实现。

五、区分担保合同与担保物权

我国《民法典》原则上采债权形式主义的物权变动模式，即合意＋公示的模

---

① 参见最高人民法院民事审判第二庭：《最高人民法院民法典担保制度司法解释理解与适用》，214～215页，北京，人民法院出版社，2021。

② 参见最高人民法院民事审判第二庭：《最高人民法院民法典担保制度司法解释理解与适用》，214页，北京，人民法院出版社，2021。

式。就担保合同而言，合意是指当事人之间关于设立、变更、转让担保物权的合同，而公示则是登记或者交付。合意是设立担保物权的基础，决定担保物权的变动，而担保物权的设立则是合意的结果。依据《民法典》第215条的规定，除法律另有规定或者当事人另有约定外，担保合同自成立时生效。当事人是否办理登记或者交付标的物，并不影响担保合同的效力。

长期以来，我国立法认为，不登记不仅使物权变动的效果不发生，也会如同没有经过许可、批准那样影响合同的效力，即不登记，合同不生效。这种认识在《担保法》中得到了鲜明的体现，该法第41条曾规定："当事人以本法第四十二条规定的财产抵押的，应当办理抵押物登记，抵押合同自登记之日起生效。"据此，当事人以不动产设立抵押权时，未办理抵押登记的，不仅没有设立不动产抵押权，不动产抵押合同也无效。作为这种观点的延续，《担保法》第64条规定："出质人和质权人应当以书面形式订立质押合同。质押合同自质物移交于质权人占有时生效。"依据《担保法》的上述规定，显然，抵押合同与质押合同的生效与抵押权与质权的设立是同时的，即必须登记或交付时才能生效。我们可以将此种把合同效力依附于物权变动效力的模式称为"一体模式"，即将合同的效力和物权变动效力合二为一，一体评价，不可分割。此种"一体模式"的做法表面上看似乎能督促当事人尽早完成登记等公示，实则弊端非常明显，例如，一些抵押人在将其房产设置抵押以后，一旦银行向其发放了借款，就以未经登记合同不生效为由，而拒绝办理抵押登记。此时，因为抵押合同还没有生效，对方当事人也无权依据有效的合同要求其承担违约责任，仅能要求其承担缔约过失责任。这种投机行为显然有违诚信观念，大规模、大范围的出现甚至可能引发道德危机，不利于构建诚信社会以及市场经济的健康发展。

在担保领域，债权形式主义是就一般的情形而言的，但在特殊情形下也可采取登记对抗主义模式。在登记对抗主义模式下，当事人就担保合同达成合意，就直接设立担保物权。当事人未办理登记，只是不能对抗善意第三人，但不影响担保物权的设立。

六、主合同的解除对担保合同的影响

依据《民法典》第 566 条第 3 款规定，"主合同解除后，担保人对债务人应当承担的民事责任仍应当承担担保责任，但是担保合同另有约定的除外"。可见，主合同解除对担保合同的影响有如下体现。

第一，主合同解除，担保并不当然解除。因为从《民法典》的上述规定来看，主合同解除并不当然导致担保合同的解除。担保合同效力的从属性是指主合同无效导致担保合同无效，并不包括主合同解除的情形。

第二，主合同解除并不当然免除担保人的担保责任。主合同解除不同于主合同无效、被撤销等，其并不能当然免除担保人的担保责任，主要原因在于：一方面，在合同因违约被解除的情形下，并不免除违约方的违约责任，而违约责任是当事人不履行合同义务的结果，其实际上是当事人合同债务的一种延伸，因此，担保人对债务人应当承担的民事责任仍应当承担担保责任。另一方面，当事人设立担保的目的在于保障主债务的履行，在合同因主债务未履行而被解除的，债务人在合同被解除后所产生的责任也是因主债务未履行而导致的，因此，担保人对债务人仍应当承担担保责任。这也不违反担保人设立担保的意思。

第三，担保人应对债务人承担的民事责任承担担保责任。合同解除后的民事责任主要包括两大类：一是违约责任；二是基于恢复原状、采取补救措施义务而产生的民事责任。从《民法典》第 566 条第 3 款规定来看，其在规定主合同解除对担保责任的影响时，并没有限定债务人对债权人所承担的民事责任的范围。在债务人对债权人负担违约责任的情形下，债务人的违约责任与原主债务具有同一性，因此，担保人对债务人的违约责任仍应当承担担保责任。债务人在主合同被解除后所负担的恢复原状、采取补救措施等责任是否属于担保人担保的范围，存在一定的争议。笔者认为，合同解除后的恢复原状、采取补救措施等义务的履行不应当成为担保的对象，因为担保的对象是主债务，而合同解除后的恢复原状、采取补救措施等义务并不是由合同主债务转化而来，其与主债务并不具有同一性，因此，其不应当成为担保的对象。当然，《民法典》第 566 条第 3 款规定，在主合同解除后，当事人可以对担保责任的承担作出约定。例如，当事人可以约定，在主合同解除时，可以免除或者减轻担保人的责任，如果当事人作出了此种约定，该约定也应当有效。

七、主合同的效力与独立担保

所谓独立担保，是指在效力上独立于主债权的担保。在人的担保与物的担保中，都存在独立担保的问题。在担保物权中，依据《民法典》第 388 条第 1 款规定，"主债权债务合同无效的，担保合同无效，但是法律另有规定的除外"。依据该规定，只有在法律另有规定的情形下，担保合同的效力才能独立于主合同，当事人不能约定担保合同的效力具有独立性。在保证中，依据《民法典》第 682 条第 1 款规定，"主债权债务合同无效的，保证合同无效，但是法律另有规定的除外"。该条同样将保证合同效力的独立性限定为法律另有规定的情形。

对于《民法典》第 388 条、第 682 条有关"法律另有规定的除外"的表述，在解释上有两种不同的看法。

（1）赞成说。此种观点认为，《民法典》虽然是用"法律另有规定的除外"的提法，但实际上是为独立担保提供了法律空间。[1]尤其应当看到，独立担保在国际商事交往中应用十分广泛，在担保实务中通常表现为独立保函、见索即付银行保函、备用信用证、放弃先诉抗辩权和主合同一切抗辩权等。因为其具有广泛的适用空间，所以应当认为《民法典》承认了此种形式。

（2）反对说。此种观点认为，考虑到独立担保责任的异常严厉性，以及承认该制度可能产生欺诈和滥用权利的弊端，尤其是为了避免严重影响或动摇我国担保法律制度体系的基础，目前独立担保只能在国际商事交易中使用。[2]

---

[1]　参见邹海林：《论〈民法典各分编（草案）〉"担保物权"的制度完善——以〈民法典各分编（草案）〉第一编物权为分析对象》，载《比较法研究》，2019（2），44 页。

[2]　参见《当前民商事审判工作应当注意的几个法律适用问题》，载《中国审判》，2007（7）。

上述两种观点都无不道理，应当看到，独立担保已经为有关的国际公约和国际惯例所承认。例如，1992年国际商会《合同担保统一规则》《见索即付担保统一规则》等，其中就涉及独立担保。1995年，联合国通过了《独立担保和备用信用证公约》，首次明确规定了独立担保，但此种担保仅在国际交往中采用。笔者认为，我国《民法典》中并未明确承认独立担保，但这并未妨碍将来通过特别法对独立担保予以承认。主要理由在于：从文义解释的角度来看，《民法典》只限于法律特别规定的情形，才能设立独立担保。如果法律没有明确规定，当事人约定设立"独立担保"的，则依据从属性规则，此种约定不产生物权效力。《民法典》的规定实际上保持了一种开放性，为未来的担保法律发展留下了空间。

《最高人民法院关于审理独立保函纠纷案件若干问题的规定》对独立保函作出了规定，但《民法典》关于担保效力独立性所规定的法律另有规定的情形是否包括司法解释的规定，理论上存在一定的争议。《有关担保的司法解释》第2条承认了独立保函的效力，并规定《最高人民法院关于审理独立保函纠纷案件若干问题的规定》仍然有效，这实际上是从广义上理解前述法律另有规定的情形，而将司法解释也纳入其中。但即便如此，我国现行立法也没有承认担保物权效力的独立性，因此，如果当事人在设立担保物权时约定，主合同无效后，担保物权仍然有效，则该约定无效。在此情形下，即便当事人已经办理了登记，也无法产生设立担保物权的效力。

第六节　担保人的资格限制

担保合同的当事人与一般的典型合同不同，在法律上并不是所有的主体均能作为担保合同的当事人。《有关担保的司法解释》对机关法人等主体提供担保的资格作出了规定。凡是不具有担保资格的主体，不能成为担保合同的当事人[①]，

---

① 参见最高人民法院民事审判第二庭：《最高人民法院民法典担保制度司法解释理解与适用》，116页，北京，人民法院出版社，2021。

依据《有关担保的司法解释》，在担保人不具有担保资格的情形下，担保合同无效，此时，不能有效设立担保物权。依据该司法解释第 17 条规定，担保人、债权人、债务人应当根据其过错程度承担相应的责任。我国民事立法对担保合同当事人资格存在一定的限制，具体而言：

一、机关法人

机关法人是指承担一定公共事业管理职能的公权力机构。依据《民法典》第 683 条，机关法人原则上不能为保证人。但机关法人能不能提供物保，对此一直存在争议。依据《有关担保的司法解释》第 5 条，机关法人提供担保，应当认定该担保合同无效。这就将《民法典》禁止保证人提供保证的规则扩张适用到了设立担保物权的情形。司法解释之所以作出此种规定，主要原因在于，机关法人的宗旨和目的涉及履行依法管理社会的公共职能，为了保证其职责的履行，不宜使其承担担保责任；同时，担保是一种交易活动，允许机关法人提供担保与其宗旨不符。此外，机关法人承担担保责任后，导致其财产被拍卖、变卖，也可能导致其无法正常履行职责。但是，依据该司法解释第 5 条，经过国务院批准，为使用外国政府或者国际经济组织贷款进行转贷的除外。[①]

二、居民委员会、村民委员会

居民委员会和村民委员会都是基层群众自治组织，虽然其管理相关的财产和费用，但其主要是从事公共事业和提供公共服务，原则上不具有担保资格，因此，《有关担保的司法解释》第 5 条第 2 款规定，居民委员会和村民委员会提供

[①] 参见最高人民法院民事审判第二庭：《最高人民法院民法典担保制度司法解释理解与适用》，116 页，北京，人民法院出版社，2021。

担保的，应当认定该担保无效。① 但依据该规定，依法代行集体经济组织职能的村民委员会具有担保资格，这主要是因为，在我国很多地方，还没有成立农村集体经济组织，因此，村民委员会同时承担了集体经济组织的经济职能，为了履行此种经济职能，应当承认其担保资格。但一方面，村民委员会应当在履行集体经济组织经济职能的范围内提供担保。另一方面，村民委员会在提供担保时，应当依照村民委员会组织法的规定，履行讨论决定的程序。

三、公司、合伙企业、非营利法人

（一）以公益为目的的非营利法人、非法人组织

《有关担保的司法解释》第 6 条第 1 款对《民法典》第 683 条第 2 款作了进一步细化规定，该条规定："以公益为目的的非营利性学校、幼儿园、医疗机构、养老机构等提供担保的，人民法院应当认定担保合同无效。"以公益为目的的非营利性民办学校、幼儿园、医疗机构，不具有担保资格，但是依据《有关担保的司法解释》第 6 条第 1 款的规定，存在两种例外的情形。一是以教育设施、医疗卫生设施、养老服务设施和其他公益设施以外的不动产、动产或者财产权利设立担保物权。例如，某个学校将属于校产的宾馆对某项债务提供抵押，由于该宾馆并不属于服务于教学的公益设施，因此，该担保是有效的。二是在购买或者以融资租赁的方式承租教育设施、医疗卫生设施、养老服务设施和其他公益设施时，出卖人或出租人为担保价款或租金实现而在该公益设施上保留所有权。

值得注意的是，根据《有关担保的司法解释》第 6 条第 2 款的规定，"登记为营利法人的学校、幼儿园、医疗机构、养老机构等提供担保，当事人以其不具有担保资格为由主张担保合同无效的，人民法院不予支持"。依据该规定，对于登记为营利法人的学校、幼儿园等机构而言，其具有提供担保的资格，当事人不得以上述机构不具有担保资格为由主张担保合同无效。

---

① 参见最高人民法院民事审判第二庭：《最高人民法院民法典担保制度司法解释理解与适用》，117～118 页，北京，人民法院出版社，2021。

（二）公司对外提供担保应当遵循法定程序

公司作为营利法人，当然有权对外提供担保，但公司对外提供保证，应当由公司通过其章程、董事会、股东会的决议决定。《公司法》第 15 条规定："公司向其他企业投资或者为他人提供担保，按照公司章程的规定，由董事会或者股东会决议；公司章程对投资或者担保的总额及单项投资或者担保的数额有限额规定的，不得超过规定的限额。"依据这一规定，法律并不禁止公司对外提供保证，但公司对外提供担保应当依据公司章程规定，由董事会或者股东会、股东大会决议。① 《公司法》的相关规定进一步区分了为公司股东和实际控制人所提供的担保（即关联担保）与为其他主体提供的担保（即非关联担保），在决议程序方面存在一定的区别。

因此，公司是否能够对外担保，关键看其是否符合法定的程序。《民法典》第 504 条规定，"法人的法定代表人或者非法人组织的负责人超越权限订立的合同，除相对人知道或者应当知道其超越权限外，该合同对法人或者非法人组织发生效力"，相对人知道或者应当知道其超越权限包括两种情况：一是在订立合同时相对人对法定代表人、负责人超越权限的情况是明知的。例如，甲代表法人对外订立担保合同时，未获得董事会的授权，债权人明知这一情况，多次要求甲利用职权私盖公章，后甲按照乙的要求在担保合同上加盖法人印章。二是在订立合同时相对人应当知道法定代表人、负责人超越权限的情况。相对人在法定代表人未取得董事会同意的情况下，就与法定代表人订立合同，相对人知道或者应当知道法定代表人、负责人超越权限对外订立合同，该法定代表人超越职权的行为不构成表见代表。在此情况下相对人是恶意的、有过错的，而在相对人存在恶意的情况下，不存在信赖受保护的问题。在判断公司法定代表人违反该规定越权签订的担保合同是否对公司有效时，还应考察相对人是否尽到了合理的审查义务，从而决定其是否构成善意。

根据《有关担保的司法解释》第 7 条第 1 款，越权担保要区分几种情形。

① 参见钱玉林：《公司法第 16 条的规范意义》，载《法学研究》，2011（6）。

第一，相对人是善意的，担保合同对公司发生效力；相对人请求公司承担担保责任的，人民法院应予支持。根据该司法解释第7条第3款规定："第一款所称善意，是指相对人在订立担保合同时不知道且不应当知道法定代表人超越权限。相对人有证据证明已对公司决议进行了合理审查，人民法院应当认定其构成善意，但是公司有证据证明相对人知道或者应当知道决议系伪造、变造的除外。"依据该规则，在判断相对人是否善意时，采纳了合理审查而非形式审查的标准。所谓合理审查，是指依据法律法规对法定代表人对外代表公司的权限限制对公司决议进行审查。相对人合理审查的内容具体包括：一是，审查交易事项是否属于法定限制事项。相对人首先需要对合同所涉事项是否属于法律、行政法规所限制的代表权范围进行审查。这就是说，相对人在与公司进行交易时，不能仅查阅公司的交易文件，还应当确定法律、法规对合同所涉事项中代表权的限制。对于法律法规关于代表权限制的规定，应当推定相对人知悉，且相对人也无法通过反证推翻这一推定。二是，审查决议机构是否适格。一方面，要依据法律或行政法规的规定，对代表权的限制是应当由股东会还是董事会作出，以及决议作出机构是否符合该规定进行审查。另一方面，要依据章程审查股东、董事是否合格。如果在某些情形下，法律只是笼统地规定由章程对代表权进行限制，此时，相对人就应当进一步审查章程对代表权进行的限制是如何规定的。三是，审查决议表决程序是否有效。决议行为与一般法律行为的区别在于，其要求以规定的议事方式和表决程序作出，否则该行为不能成立。就相对人审查义务而言，表决程序的审查有法律规定的，应依据法律规定。如果法定代表人仅提供了董事会决议，则其并不能对外提供担保，此时，如果相对人没有进行合理的审查，则不能认定其是善意的。另外，还要区分关联担保与非关联担保。根据《公司法》第15条，如果是关联担保，需要股东会作出决议，非关联担保只需要满足公司章程规定即可，公司章程的规定根据《民法典》第61条不得对抗善意第三人。非关联担保一般情形下只需要有决议，不论是股东会决议还是董事会决议都可以。

第二，相对人是非善意的，担保合同对公司不发生效力。所谓相对人非善意，是指相对人知道或者应当知道法定代表人没有对外提供相应担保的资格。在相对人非善意的情形下，虽然担保合同对公司不发生效力，公司不需要承担担保责任，但如果因此给相对人造成损失的，则相对人仍然有权请求公司承担赔偿责任。依据《有关担保的司法解释》第 7 条第 1 款第 2 项规定，"相对人请求公司承担赔偿责任的，参照适用本解释第十七条的有关规定"。第 17 条第 1 款规定："主合同有效而第三人提供的担保合同无效，人民法院应当区分不同情形确定担保人的赔偿责任：（一）债权人与担保人均有过错的，担保人承担的赔偿责任不应超过债务人不能清偿部分的二分之一；（二）担保人有过错而债权人无过错的，担保人对债务人不能清偿的部分承担赔偿责任；（三）债权人有过错而担保人无过错的，担保人不承担赔偿责任。"这实际上就是依据过错来确定当事人之间的责任范围。笔者认为，此种赔偿责任在性质上属于缔约过失责任，公司法定代表人属于公司的组织机构，其是代表公司行为，因此，即便其对外提供的担保不能对公司发生效力，此时应当按照担保合同无效的规则认定各方的责任。

（三）分支机构对外担保

公司的分支机构并不具有独立的法人人格，其仍然应当属于公司的组成机构。《民法典》第 74 条第 2 款规定："分支机构以自己的名义从事民事活动，产生的民事责任由法人承担；也可以先以该分支机构管理的财产承担，不足以承担的，由法人承担。"但是分支机构以自己的名义对外提供担保，则应当取得公司的授权，法人的分支机构对外提供担保，应当符合两项条件：一是分支机构从事的行为就是法人的行为，经由公司决议程序，只要法人作出决议允许分支机构对外担保，分支机构的担保就有效。二是要区分一般的公司和金融机构、担保公司的分支机构对外担保。一般的公司对外提供担保，适用《公司法》第 15 条关于法定代表人对外代表公司签约的限制，需要股东会或董事会作出决议，而银行等金融机构对外担保，要依据有关金融机构对外担保的相关规定。例如，有关金融机构规定，在保函范围或者上级授权方面，需要总行批准。而保函担保有营业执照就行，分支机构可以无须得到授权。

依据《民法典》的相关规定，《有关担保的司法解释》第 11 条第 1 款规定："公司的分支机构未经公司股东（大）会或者董事会决议以自己的名义对外提供担保，相对人请求公司或者其分支机构承担担保责任的，人民法院不予支持，但是相对人不知道且不应当知道分支机构对外提供担保未经公司决议程序的除外。"第2款规定："公司的分支机构对外提供担保，相对人非善意，请求公司承担赔偿责任的，参照本解释第十七条的有关规定处理。"该条包括了如下三方面的内容。

第一，在分支机构以自己的名义对外提供担保时，相对人必须对公司股东会或者董事会是否对分支机构以自己名义对外提供担保作出了授权进行查询。但是在实践中，分支机构的情形十分复杂，金融机构的大量分支机构只对应一个法人，例如就中国银行而言，只有中国银行总行是一个法人，其余的机构都是分支机构，而金融机构的分支机构的对外活动是非常频繁的，要求其每次担保都要作出决议是极其困难的。金融机构往往都有许多分支机构，而金融机构从事对外开具保函等业务，相对人无法要求总公司就每笔交易都作出了授权的决议，相对人对其开具的保函和提供的担保也会产生合理信赖。据此，《有关担保的司法解释》第11条第2款规定："金融机构的分支机构在其营业执照记载的经营范围内开立保函，或者经有权从事担保业务的上级机构授权开立保函，金融机构或者其分支机构以违反公司法关于公司对外担保决议程序的规定为由主张不承担担保责任的，人民法院不予支持。金融机构的分支机构未经金融机构授权提供保函之外的担保，金融机构或者其分支机构主张不承担担保责任的，人民法院应予支持，但是相对人不知道且不应当知道分支机构对外提供担保未经金融机构授权的除外。"

第二，如果相对人是善意的，即不知道且不应当知道分支机构对外提供担保未经公司决议程序的，此时，相对人仍然有权请求公司或者其分支机构承担担保责任。

第三，在分支机构对外提供担保的情形，如果相对人是非善意的，则公司的分支机构和公司都不承担担保责任，但这并不意味着其不承担任何责任。依据《有关担保的司法解释》第11条第4款规定，"公司的分支机构对外提供担保，相对人非善意，请求公司承担赔偿责任的，参照本解释第十七条的有关规定处理"。据此，需要按照担保合同无效的规则认定各方当事人的责任，如果公司具有过错，应承担相应的责任。

总之，公司分支机构对外提供担保时，适用公司对外担保的一般规定，如果相对人通过审查相关决议后确实无法判断真伪，应当认为相对人是善意的，此时该担保合同是有效的。如果相对人属于恶意的，则不得要求公司承受该担保合同的担保责任，此时应适用担保合同无效的相关规则处理。

第七节　担保物权的效力

一、担保物权所担保的债权范围

担保物权是为了担保债权的实现而设立的，其担保的债权范围应当通过法律规定或者当事人约定来确定。确定担保物权所担保的债权的范围，实际上是确定担保人担保责任的范围。《民法典》第389条规定："担保物权的担保范围包括主债权及其利息、违约金、损害赔偿金、保管担保财产和实现担保物权的费用。当事人另有约定的，按照其约定。"根据这一规定，如果当事人就担保的债权范围作出了约定，应当尊重当事人的约定。尽管我国物权法坚持物权法定原则，但物权法定只是就物权的种类和内容而言的，担保债权范围仍然属于当事人自由约定的范畴。如果当事人没有特别约定担保的具体范围，就应当按照《民法典》的规定处理，具体而言，担保物权所担保的债权范围包括：

（一）主债权

所谓主债权，是指担保物权人享有的被担保的原债权。主债权既可以是金钱债权，也可以是非金钱债权。在借款合同中，《民法典》第389条所谓的主债权是指借款人返还借款本金的债权，不包括该债权产生的利息、违约金、损害赔偿金等。[①] 担保物权所担保的主债权具有如下几个特点。

---

① 参见高圣平：《民法典担保制度及其配套司法解释理解与适用》，322页，北京，中国法制出版社，2021。

第一，具有合法性。担保物权所担保的主债权应当具有合法性，如果该债权本身是非法的，如基于赌博产生的赌债，其并非合法有效的债权，不能成为担保物权担保的对象。

第二，具有特定性。因为担保物权必须是为特定债权而设定的，所以，主债权必须特定化。所谓特定化，是指担保物权所担保的债权应当是明确确定的某个或某些债权。如果担保物权需要登记的，当事人应当在登记簿中记载主债权的数额、种类等。[①] 当然，所谓特定化并不一定必须在设立担保物权时就特定，也可以在担保物权实现时由当事人协商确定主债权。[②] 在最高额抵押中，抵押权并不附着于特定的主债权，只有在发生法定或者约定的事由后，被担保的债权数额才能最终确定。

第三，具有整体性。这就是说，担保财产应当用于担保整个债权的实现，如果该债权被部分转让，或者部分清偿的情形下，在主债权未受到全部清偿之前，各个债权人均可以依法就担保财产的全部行使担保物权。该规则实际上来自《民法典》第407条关于担保物权在移转时的从属性规则。[③]《有关担保的司法解释》第38条第1款规定："主债权未受全部清偿，担保物权人主张就担保财产的全部行使担保物权的，人民法院应予支持，但是留置权人行使留置权的，应当依照民法典第四百五十条的规定处理。"这一规则包含如下内容：一是强调担保物权的债权实现的整体性。依据本条的规定，即使主债权得到了部分的清偿，但是只要没有全部清偿完毕，担保物权人就仍然可以就整个担保物行使担保物权以实现剩余债权。例如，债务人以其一套1 000万元的房产向银行借款作抵押，其在清偿了500万元之后，该整个房产仍然是剩余500万元的抵押物，抵押权人仍然可以就整个房屋拍卖、变卖。不能将房子分成两半来进行拍卖变卖。二是留置权不适用上述规则。对于留置权而言，依据《民法典》第450条，如果留置财产为可分物，留置

---

① 参见姚红主编：《中华人民共和国物权法精解》，306页，北京，人民出版社，2007。

② 参见程啸：《担保物权的一般规定》，载王利明等：《中国物权法教程》，429页，北京，人民法院出版社，2007。

③ 参见最高人民法院民事审判第二庭：《最高人民法院民法典担保制度司法解释理解与适用》，360页，北京，人民法院出版社，2021。

权人能够留置的财产价值应当相当于债务的金额。这是禁止过度留置规则的体现，留置财产不能过度超出其费用求偿的范围，否则将导致对债务人不公平。[1]

关于主债权被分割或转让时担保物权的行使，《有关担保的司法解释》第39条第1款规定："主债权被分割或者部分转让，各债权人主张就其享有的债权份额行使担保物权的，人民法院应予支持，但是法律另有规定或者当事人另有约定的除外。"该条对主债权发生分割或主债权被部分让与情形下担保物权的不可分性规则作出了规定，即在此情形下，各个债权人仍然可以依法行使担保物权。例如，甲享有对乙的1 000万元债权，甲将该债权分割为四份，由甲丙丁戊各享有25％的债权，在债权分割后，各个债权人都可以在其享有的债权范围内对乙主张债权。在法律没有特别规定或当事人没有特别约定的情形下，这种主张都是合法有效的。如果1 000万元债权转让给第三人500万元，第三人作为债权人可以行使作为从权利的担保物权，因此主权利被转让，从权利也要随之转让。但由此增加的费用，应当依据《民法典》第550条由转让人承担。

需要指出的是，如果担保财产的价值低于全部被担保的债权时，而某一债权人就担保财产完全受偿，必然会影响其他债权人债权的实现，在此情形下，数个债权人应当如何行使其担保物权？一般认为，根据担保物权的不可分性，在主债权被部分转让或者分割的情形下，在担保财产价值不足以保障全部债权实现时，虽然各个债权人都可以主张就全部担保财产行使担保物权，但应当按照各个债权额的比例确定受偿比例。[2]

（二）利息

利息，是指实现担保物权时，主债权所应当产生的法定孳息。一般来说，只有在金钱债权中才产生利息的问题，在非金钱债权中不存在利息的问题。利息包括法定利息和约定利息两种。法定利息是指依照法律规定而产生的利息，如迟延履行的利息。法定利息是按照法定的利息率而计算的。约定利息是指依据当事人的约

---

① 参见黄薇主编：《中华人民共和国民法典物权编解读》，812页，北京，中国法制出版社，2020。

② 参见最高人民法院民事审判第二庭：《最高人民法院民法典担保制度司法解释理解与适用》，360页，北京，人民法院出版社，2021。

定而产生的利息。例如，当事人约定的迟延履行的利息。利息率通常都是法律明确规定的，但是，在不违反法律规定的情况下，当事人也可以自行约定利息率。

（三）违约金

违约金，是指当事人双方事先约定的或者法律直接规定的、一方当事人违约的情况下应当向对方支付的一定数额的货币。违约金通常都是当事人约定的。一般而言，合同当事人都会对违约金作出约定，因此，担保的范围可以扩大到违约金，这是普通的债权人应当可以预见到的。在实现担保物权时，除当事人另有约定外，违约金也应当被纳入担保的范围。

（四）损害赔偿金

损害赔偿金是指因为违约或侵权等原因而造成他人损害所应当承担的损害赔偿金额。在担保关系中，担保的对象通常都是合同债权，但也应当包括损害赔偿金。因为损害赔偿金是在违约情况下对非违约方的重要补救方式，也是在侵权的情况下对债权人的救济措施，因此，除当事人另有约定外，损害赔偿金也应当属于担保的范围。

（五）保管担保财产的费用

保管费用是指债权人在占有担保财产期间因履行保管义务而支付的各种费用。[①] 因为在质押、留置的情况下，担保财产需要由担保物权人占有，并履行保管的义务。一方面，保管担保财产的费用是因为担保人担保债务的履行而产生的，如果由担保物权人承担，就会产生不公平的后果。另一方面，如果保管担保财产的费用不纳入优先受偿的范围，也难免使债权的实现过于复杂。另外，一般债权人可以预见到保管担保财产的费用，因此，也不会使一般债权人遭受不测的损害。当然，虽然担保物权的可优先受偿的范围包括保管担保财产的费用，但这种费用应当是合理的、必要的，即为担保财产保全完好而必须支付的必要保管费用。[②]

---

① 参见黄薇主编：《中华人民共和国民法典物权编解读》，615 页，北京，中国法制出版社，2020。
② 参见高圣平：《民法典担保制度及其配套司法解释理解与适用》（上册），326 页，北京，中国法制出版社，2021。

（六）实现担保物权的费用

所谓实现担保物权的费用，是指担保物权人在实现担保物权的过程中所花费的各项费用，包括申请拍卖的费用、评估费用、拍卖费用等。[1] 之所以将实现担保物权的费用纳入优先受偿的范围之内，是因为担保物权的实现必然花费一定的费用，如果不支出这些费用，担保物权就不能实现。[2] 而且，将这些费用纳入优先受偿的范围是债务人、担保人都可以预见的。但这些费用必须是实现担保物权所支出的费用，且必须是实际支出的合理费用。

《有关担保的司法解释》第 47 条规定："不动产登记簿就抵押财产、被担保的债权范围等所作的记载与抵押合同约定不一致的，人民法院应当根据登记簿的记载确定抵押财产、被担保的债权范围等事项。"因此，如果当事人的约定与登记不　致，则应当根据登记记载的事项确定担保的范围。司法解释作出此种规定的原因在于，登记簿是不动产物权确定的归属和依据，且具有物权的推定效力，第三人可以根据登记簿的记载了解担保物权所担保的债权情况。[3] 同时，以登记作为确定担保物权担保债权数额的依据，也有利于保护交易安全，因为当事人约定的担保物权担保的债权数额通常并不需要公示，当事人可能通过倒签合同等方式更改债权数额，这可能影响交易安全尤其是其他债权人利益的实现。

二、主债权债务合同的变更、转让对担保物权的影响

（一）主债权债务合同的变更对担保物权的影响

在抵押权设定之后，债权人和债务人可能对主合同进行变更。例如，在合同履行过程中，债权人部分免除债务人的债务，因而导致债务数额发生变化。从法律上看，因为抵押权具有从属性，它是为了担保主债权的实现而设立的，因此如

---

[1]　参见黄薇主编：《中华人民共和国民法典物权编解读》，615 页，北京，中国法制出版社，2020。

[2]　参见郭明瑞：《物权法通义》，258 页，北京，商务印书馆，2019。

[3]　参见最高人民法院民事审判第二庭：《最高人民法院民法典担保制度司法解释理解与适用》，419 页，北京，人民法院出版社，2021。

果主债权发生了变更，抵押权也应当相应地受到影响。

关于主合同的变更对抵押权的影响，《民法典》没有对此作出明确规定，但《民法典》针对保证合同变更对抵押权的影响作出了规定。其第 695 条的规定："债权人和债务人未经保证人书面同意，协商变更主债权债务合同内容，减轻债务的，保证人仍对变更后的债务承担保证责任；加重债务的，保证人对加重的部分不承担保证责任。债权人和债务人变更主债权债务合同的履行期限，未经保证人书面同意的，保证期间不受影响。"该规则能否适用于担保物权？《有关担保的司法解释》第 20 条规定："人民法院在审理第三人提供的物的担保纠纷案件时，可以适用民法典第六百九十五条第一款、第六百九十六条第一款、第六百九十七条第二款、第六百九十九条、第七百条、第七百零一条、第七百零二条等关于保证合同的规定。"据此，该规则可以准用于担保物权。可以准用的原因在于，在抵押和保证的情形，物上担保人和保证人的法律地位本质上是相同的，两者都是债务人之外的第三人，以自己的财产为他人提供担保，从而保障债权的实现，而且都涉及主合同与担保合同的关系，且目的上都是保障债权的实现。[①] 因此，可以将保证合同的规则准用于抵押。

（二）主债务移转对担保物权的影响

在担保物权设立之后，主债务可能发生转让。例如，在担保物权设立之后，债务人将其债务移转给第三人。《民法典》第 391 条规定："第三人提供担保，未经其书面同意，债权人允许债务人转移全部或者部分债务的，担保人不再承担相应的担保责任。"该条实际上是关于主债务的移转与第三人提供的担保的关系的规定。该条规定包含了如下几个方面的内容。

第一，担保物权设定之后，经过债权人同意后，如果债务人移转债务经过担保人同意，则担保人应当继续承担担保责任。在主债务移转时，通常会对担保人担保责任的承担产生较大的影响。例如，债务人的履行能力不同，影响到担保人是否实际承担担保责任以及承担担保责任的范围大小。据此，依据《民法典》上

---

① 参见最高人民法院民事审判第二庭：《最高人民法院民法典担保制度司法解释理解与适用》，223 页，北京，人民法院出版社，2021。

述规定，在担保物权设定后，债务移转应当经过担保人的同意，如果未经担保人同意，则并不影响债务移转的效力，但会对担保人的担保责任产生影响，即担保人将不再承担相应的担保责任。

第二，担保人的同意应当采取书面形式。考虑到在第三人提供担保的情况下，未经担保人同意就移转债务，可能会给担保人造成较大的损害。为了防止发生纠纷、保存证据，《民法典》第 391 条要求担保人必须书面同意。这同时也是为了提醒担保人慎重考虑、谨慎行事。

第三，担保人必须是债务人以外的第三人。不论债务移转协议是在债务人与第三人之间达成的，还是在债权人和债务承担人之间达成的，只要取得了担保人的同意，则表明该债务承担并不违反担保人的意思，此时，担保人仍应当承担担保责任。[1] 如果由债务人提供担保，则债务人移转其全部或部分债务并不会加重其担保责任，此时，债务人仍应当按照约定承担担保责任。

第四，债务移转没有得到担保人的同意，导致担保人相应担保责任的免除。此处所说的"相应"是指根据原担保合同的约定，担保人应当承担的责任。当然，"相应"的责任还应当根据债务移转的份额来确定。这里要区分债务的全部转让和债务的部分转让。所谓全部转让，是指债务的全部移转，或者说发生了全部债务的承担，新的债务人代替了原有的债务人。而所谓部分债务的转让，是指仅仅转让了一部分债务，剩余的债务仍然应由原债务人承担。如果是全部移转债务而没有经过担保人的同意，担保人就应免除全部的担保责任；而如果部分移转债务而没有经过担保人的同意，担保人仅对原债务人负担的剩余债务承担担保责任。因为担保人原本就应当对原债务人的债务承担担保责任，所以，未经担保人同意并不影响其对剩余的债务承担责任。[2]

如果主债务被分割或者部分转移，应当区分债务人自己提供的物的担保与第三人提供的物的担保。《有关担保的司法解释》第 39 条第 2 款规定："主债务被

---

① 参见全国人大常委会法制工作委员会民法室编：《中华人民共和国物权法条文说明、立法理由及相关规定》，312 页，北京，北京大学出版社，2007。

② 参见黄薇主编：《中华人民共和国民法典物权编解读》，620 页，北京，中国法制出版社，2020。

分割或者部分转移，债务人自己提供物的担保，债权人请求以该担保财产担保全部债务履行的，人民法院应予支持；第三人提供物的担保，主张对未经其书面同意转移的债务不再承担担保责任的，人民法院应予支持。"该款区分了债务人自己提供物的担保与第三人提供物的担保两种情形，分别规定了主债务被分割或者部分转移对担保物权的影响，具体而言：一是债务人自己提供物的担保。在此情形下，由于债务人所提供的物的担保所担保的是自己的债务，它是以自己的物为自己的债务提供担保，债务人应当就自身的债务承担担保责任。且债务的部分移转和分割也不会加重债权人的担保责任，此时，债务人应当对剩余的债务以及被移转的债务承担担保责任。二是第三人提供物的担保的。在此情形下，依据《民法典》第391条，如果债务转让没有经过第三人书面同意的，第三人不再承担担保责任。由于债务的移转将使原债务人被免除部分责任，而新的债务人是否能承担债务对于担保人而言并不清晰，因此，债务的移转必须取得担保人的书面同意，否则担保人就不应当再承担担保责任。

三、担保物权的物上代位

（一）物上代位的概念

所谓物上代位，是指在担保物权存续期间，担保财产的形态发生转变，担保物权仍然及于该财产的变形物或变价物等。担保物的代位物，是指因担保物发生毁损或价值形态的变化而使担保人获得的代替担保物价值形态的其他物。[1]《民法典》第390条规定："担保期间，担保财产毁损、灭失或者被征收等，担保物权人可以就获得的保险金、赔偿金或者补偿金等优先受偿。被担保债权的履行期限未届满的，也可以提存该保险金、赔偿金或者补偿金等。"这就确立了物上代位规则。

物上代位是担保物权区别于其他物权的重要特征。因为担保物权与用益物权

---

① 参见陈华彬：《物权法论》，515、538页，北京，中国政法大学出版社，2018。

的区别就在于，担保物权是价值权，担保物权人对担保财产的交换价值进行支配，因此，即使担保财产的价值形态发生了变化，但是，只要其变化后的价值形态仍然存在，担保物权人仍然可以根据《民法典》第 390 条规定，就该变形物和变价物等优先受偿。例如，在"江南水利水电工程公司防城港建筑工程处等与中国农业银行股份有限公司防城港港口区支行金融借款合同纠纷上诉案"① 中，法院认为，星光皮革厂以国有土地使用权作为讼争债权的担保物，现该地块使用权已因情势变更而灭失，故应根据担保物权的物上代位规则，在获得的补偿金366 390 元范围内承担担保责任。

《民法典》之所以规定物上代位制度，主要基于如下原因：第一，这是由担保物权的性质决定的。抵押权具有物上代位性是由其作为价值权的属性而决定的。担保物权是价值权，它支配的是担保财产的价值，而不考虑担保财产的具体物理形态，因此，即使担保财产的物理形态发生了变化，也不应当影响担保物权的存在。② 第二，这是保障担保物权人权利的需要。我国《民法典》规定物上代位制度，这就使担保物权的效力不仅及于担保财产本身，而且可以及于担保财产的变形形态，担保物权不因价值形态的载体的改变而丧失，从而有利于充分保障担保物权人的利益。第三，这是担保物权支配效力的体现。担保物权是支配权，从表面上看，担保物权人支配的是担保财产，实质上权利人支配的是该财产的价值。因此，即使担保财产发生了形态变化，也不应当影响该支配权的实现。③ 只要其变化后的价值形态仍然存在，担保物权人仍然可以根据《民法典》第 390条，就该变形物或变价物等优先受偿。

（二）物上代位的性质

关于物上代位的性质，在学理上有不同的解释：一是物上代位担保物权延续说。此种观点认为，物上代位性中的代位物本质上是担保物的转化，物上代位是法律赋予担保物权以价值权性和优先受偿性从而及于代位物而形成的制度。二是

---

① 广西壮族自治区防城港市中级人民法院（2013）防市民二终字第 15 号民事裁定书。

② 参见［日］近江幸治：《担保物权法》，祝娅等译，12 页，北京，法律出版社，2000。

③ 参见谢在全：《民法物权论》（中册），442~445 页，台北，自版，2003。

法定债权质权说。此种观点认为，担保物权的物上代位实际上是在代位物之上成立一个债权质权，即以代位物给付请求权这一债权为标的而成立的一种权利质权，由于此种债权质权的成立具有法定性，因此属于法定的债权质权。[①]

物上代位担保物权延续说和法定债权质权说主要存在如下区别。

第一，代位物的性质不同。依据担保物权延续说，代位物是保险金、赔偿金或者补偿金等本身；而依据法定债权质权说，代位物则是支付保险金、赔偿金或者补偿金等的请求权。

第二，担保物权人行使权利的对象不同。按照担保物权延续说，保险金、赔偿金或者补偿金等是担保的延续；而按照法定债权质权说，保险金、赔偿金或者补偿金等一旦交付担保人，则发生财产的混同，担保权人就不能向担保人主张。

第三，受领权利人也不同。担保财产毁损、灭失或者被征收时，给付义务人具有给付保险金、赔偿金或者补偿金等的义务。但是应当向谁给付，两种学说具有不同的观点。依据担保物权延续说，应当向担保人主张权利，而给付义务人也应当向担保人给付、由担保人受领。而按照债权质权说，给付义务人应当向担保权人给付，由担保权人受领。[②]

笔者认为，担保物权延续说更为合理，即代位物是原担保物的转换形态，而不是法定债权质权的客体，因为一方面，物上代位制度产生的根本原因在于，担保物权是一种价值权。受担保的债权届期未受清偿时，担保权人可以行使换价权，以标的物换价所得价金优先清偿债务。交换价值既可以存在于标的物的实体上，也可以存在于其他物之上。如果标的物发生毁损、灭失而标的物的价值或交换价值以其他的物来体现，那么这些物仍然应当为担保物权的效力所及，这也是担保物权物上代位性规则产生的主要原因。另一方面，法定债权质权说从学理解释债权人对代位物的权利虽然有一定的意义，但法定债权质权的成立具有法定性，即需要有明确的法律依据，而从我国《民法典》及相关司法解释的规定来看，我国立法并没有规定此种法定的债权质权。因此，相比较而言，担保物权延

---

① 参见程啸：《担保物权人物上代位权实现程序的建构》，载《比较法研究》，2015（2）。
② 参见麻锦亮：《民法典·担保注释书》，436～439页，北京，中国民主法制出版社，2023。

续说更为合理。此外，担保物权延续说认为，此时原担保物权继续存在，只是其客体发生变化，而且，不需要通过新的登记、交付等形式予以公示，从而降低了交易成本，对担保权人更为有利。

（三）物上代位适用的条件

根据《民法典》第 390 条，物上代位适用的条件包括如下几项。

（1）担保财产出现了毁损、灭失或者被征收等情况。在担保期间，发生了担保财产毁损、灭失或者被征收等情况，是物上代位适用的前提。根据《民法典》第 390 条规定，在担保期间内，担保财产毁损、灭失或者被征收等使原物已经不复存在、严重受损或移转所有权，但由于担保权是价值权，不能因为担保财产的物质形态或所有权的变化而影响担保物权。只要是在担保期间内，都应当发生物上代位的效果。担保财产出现毁损、灭失等具体包括如下几种情况。

一是担保财产的毁损。所谓毁损，是指财产遭受部分的损害，但是财产本身还存在。毁损是指物理意义上的毁坏、损害，在确定抵押物遭受毁损时，不一定以外观上遭受了损害为限，如果确实造成其价值减少，也可以认定为毁损。[1] 但是，如果财产在物理上没有发生损害，仅仅只是因为第三人的原因而导致其市场价格的降低，不能认为是毁损。

二是担保财产的灭失。所谓灭失，是指担保财产在物理意义上已经不复存在。

毁损、灭失通常是由于第三人的原因造成的，例如，第三人将车辆烧毁、将房屋拆除等。在特殊情况下，毁损、灭失，也可能因为担保人的原因而造成。如果是因为担保人的原因造成担保财产的毁损、灭失，应当由担保人提供增担保。但同时担保物权也可以产生物上代位的效果，即担保人重新提供财产或增加新的财产作为担保财产，以保护担保物权，使担保物之价值不致受影响，不致使其价值权落空。[2]

三是担保财产被征收。所谓财产被征收，是指因为国家行使征收权在对担保

---

① 参见谢在全：《民法物权论》（中册），444 页，台北，自版，2003。

② 参见谢在全：《民法物权论》（中册），516 页，台北，自版，2003。

人依法作出补偿之后移转担保物的所有权。担保物被征收，实质上也是一种法律意义上的灭失，因为原物虽然存在，但物上的权利已经移转给了国家，抵押人的物权已经发生了消灭。

担保物权物上代位的发生原因，通常是担保关系以外的第三人造成担保财产的毁损、灭失或被征收的行为，其标的物是担保关系以外的第三人所支付给担保人的价金或其他替代物。在特殊情形下，因为担保人自身的原因而造成担保财产的毁损灭失等，如果存在保险，则保险金也可能成为代位物。

（2）必须是在担保期间发生了担保财产的形态变化。物上代位必须发生在担保期间。如果担保物权没有设立，或者担保物权已经消灭，此时，担保物权人就不能主张其权利的物上代位。在担保物权实现阶段，虽然担保财产的形态可能发生变化，但由于担保物权人支配的是担保财产的交换价值，因此，担保物权人仍然有权就担保财产的变形物或者变价优先受偿。[1]

（3）因为担保财产的毁损、灭失或被征收等而出现了替代物。在担保期间，发生了担保财产毁损、灭失或者被征收等情况，如果没有出现替代物，不会发生物上代位的问题。替代物又称代位物，无论替代物的形态如何，都应当属于担保物权支配的对象。只有出现了替代物，才可能适用物上代位的规则。[2] 具体来说，担保财产的替代物主要包括如下几种。

一是保险金。保险金是指保险赔偿金，即在发生保险事故后，保险公司按保险合同的约定支付的赔偿。保险金一般是因意外事故或第三人的侵权行为等引发保险事故，而由保险人支付给被保险人或受益人的一笔金钱。例如，针对某些财产，担保人已经投了财产险，在该财产毁损、灭失后，担保人可能因此获得保险赔偿金。再如，在担保的财产发生合同约定的保险事故后，如果被保险人为担保人，则发生物上代位；如果被保险人不是担保人，就不存在物上代位适用的可能。

二是赔偿金。它是指因第三人的侵害行为导致担保财产毁损、灭失的侵权损

---

① 参见谢在全：《民法物权论》（中册），686～688 页，北京，中国政法大学出版社，2011。

② 参见谢在全：《民法物权论》（中册），442 页，北京，中国政法大学出版社，2011。

害赔偿金。① 赔偿金必须是已经实际支付的金钱，如果仅仅是判决确定的赔偿金，或者根据协议应当支付而没有支付的赔偿金，都不属于此处所说的"赔偿金"。

三是补偿金。它是指国家依法对集体、个人所有的财产进行征收之后所支付的补偿费用。此项费用也必须实际支付。

保险金、赔偿金或者补偿金都是以货币的形式支付的，担保人获得了这些金钱之后，原有的担保物虽然不复存在，但是这些金钱就成为代位物。②

在解释上，担保财产代位物并不以担保人实际取得的保险金、赔偿金和补偿金为限，担保人所享有的保险金、赔偿金和补偿金给付请求权亦在代位物的文义涵摄范围内。《有关担保的司法解释》第42条第3款规定："抵押权人请求给付义务人向其给付保险金、赔偿金或者补偿金的，人民法院可以通知抵押人作为第三人参加诉讼。"一般而言，担保物权的物上代位性是指在担保财产存在代位物（如保险金、损害赔偿金等）时，债权人可以向担保人主张就带代位物优先受偿，而依据《有关担保的司法解释》第42条第3款的规定，在担保财产毁损、灭失的情形下，担保权人可以直接请求给付义务人向其给付保险金、赔偿金或者补偿金等代位物，这实际上是承认了担保物权人对给付义务人的直接请求权，将担保物权的物上代位性扩张及于担保人对义务人的请求权。上述司法解释作出此种规定，一方面，符合担保物权物上代位的本质特征。因为在担保财产毁损、灭失等情形下，担保人对义务人所享有的债权本质上也是担保财产的代位财产，基于担保物权物上代位性的特点，债权人应当有权向义务人主张该债权。另一方面，由债权人直接向义务人提出请求，也可以简化当事人之间的权利义务关系，简化担保物权的实现程序。

四是其他代位物。《民法典》第390条规定："担保期间，担保财产毁损、灭失或者被征收等，担保物权人可以就获得的保险金、赔偿金或者补偿金等优先受

---

① 参见高圣平：《物权法 担保物权编》，203页，北京，中国人民大学出版社，2007。

② 参见全国人大常委会法制工作委员会民法室编：《中华人民共和国物权法条文说明、立法理由及相关规定》，212页，北京，北京大学出版社，2007。

偿。"根据这一规定，除了法律明确列举的保险金、赔偿金或者补偿金之外，还有其他的变形物。例如，征收房屋时被征收人可以选择房屋产权调换，该调换后的房屋就属于代位物。[①]

值得探讨的是，物上代位通常发生在抵押权情形，但是，在质押和留置中是否可以发生物上代位的问题？在抵押的情况下，抵押物为抵押人占有，发生毁损、灭失是抵押权人所无法控制的，因此，为保护抵押权人，才有必要认可物上代位。但是，在质押和留置的情况下，担保财产是由担保物权人占有的，此时，是否存在物上代位的问题？笔者认为，原则上，物上代位可以适用于各类担保物权。在质押和留置的情况下，尽管是担保物权人占有标的物，但如果由于第三人的原因造成标的物毁损、灭失，并由此获得赔偿金、保险金等替代物的，担保物权人可以就其优先受偿。如果是留置权人或质权人自身的原因导致担保财产的毁损、灭失，则因担保物权人占有的丧失而使担保物权归于消灭，而且担保物权人对作为担保人的所有权人负有损害赔偿义务，其作出的赔偿在扣除应偿还的债务之后，可以返还给所有权人。[②]

（四）物上代位的法律后果

在担保期间内，如果担保财产发生毁损、灭失或被征收，担保权人可以就担保人所获得的损害赔偿金、保险金、补偿金等优先受偿，且各担保权人的受偿顺位不受影响。[③] 所谓代位，并不是指某种地位的替代，而是指标的物的替代。换言之，原担保财产发生了毁损、灭失，而且因毁损、灭失而产生了新的物或者财产，原来的担保财产就被新的物或财产替代。由于存在着此种替代，因而担保物权不会消灭。[④] 依据《民法典》第 390 条的规定，即使抵押物已经灭失，抵押权并没有因为抵押物的消灭而消灭，而是继续存在于因抵押物灭失所得的保险金、赔偿金等抵押物的代位物上。

---

① 参见高圣平：《民法典担保制度及其配套司法解释理解与适用》（上册），344 页，北京，中国法制出版社，2021。

② 参见高圣平：《物权法　担保物权编》，203 页，北京，中国人民大学出版社，2007。

③ 参见黄薇主编：《中华人民共和国民法典物权编解读》，574 页，北京，中国法制出版社，2020。

④ 参见谢在全：《民法物权论》（下册），131 页，台北，新学林出版股份有限公司，2014。

在担保财产毁损、灭失或者被征收时，物上代位可能出现两种情况。

一是债务已经到期。在此情况下，一般而言，担保财产已经转化成了货币，担保物权人不必拍卖、变卖，就可以直接就代位物优先受偿。当然，如果第三人赔偿或者补偿担保人的并非货币，而是物，则债权人仍然需要就该物进行变价，并就该变价优先受偿。①

二是债务没有到期。在此情况下，担保物权人不能就代位物直接受偿，否则可能损害债务人的利益。依据《民法典》第390条的规定，可以将保险金等提存。通过提存可以将担保财产的变价予以固定，从而保障担保物权的实现。问题在于，双方可否通过协商提前清偿？对此，存在两种不同的观点：一种观点认为，《民法典》没有规定提前清偿，所以，不能协商提前清偿。另一种观点认为，担保物权人可以提前在担保物上实现自己的债权。如果担保物权人还希望保留自己的期限利益，也可以不立即在代位物上实现担保物权，而待期限届满之后再实现担保物权。② 笔者认为，按照私法自治原则，当事人当然可以协商提前清偿，但担保物权人不能直接就代位物要求优先受偿。因为虽然《民法典》第390条仅仅规定了"被担保债权的履行期未届满的，也可以提存该保险金、赔偿金或者补偿金等"，但此处表述是"也可以提存"，而非必须提存。该条并没有允许被担保的债权的履行期未届满的，担保物权人直接实现担保物权，从前后两句的文义解释来看，在当事人没有特别约定的情形下，该条并不允许担保物权人提前从代位物中优先受偿，否则在维护债权人利益的同时，将牺牲担保人的期限利益。依据《民法典》第390条的规定，担保人可以自己或者应债权人要求将代位物提存。

如果抵押财产之上存在多个抵押权，则在抵押财产毁损、灭失等情形下，各个抵押权人在实现权利时，也存在权利实现顺序的问题，对此，《有关担保的司法解释》第42条第1款规定："抵押权依法设立后，抵押财产毁损、灭失或者被征收等，抵押权人请求按照原抵押权的顺位就保险金、赔偿金或者补偿金等优先受偿的，人民法院应予支持。"这实际上就确立了各个抵押权人就抵押财产代位

① 参见黄薇主编：《中华人民共和国民法典物权编解读》，574页，北京，中国法制出版社，2020。

② 参见黄薇主编：《中华人民共和国民法典物权编释义》，752～753页，北京，法律出版社，2020。

物实现权利时的顺位规则，即各个抵押权人仍应按照原抵押权的顺位实现权利，并不因抵押财产的变形而影响各个抵押权的实现顺位。法律作出此种规定的原因在于，担保物权本身支配的是物的交换价值，基于物上代位性的法理，应当承认担保物权人就其保险金、赔偿金或者补偿金按照原抵押权的顺位行使优先受偿权，不因物上代位而改变抵押权的顺位规则。① 例如，在征收补偿的情形下，抵押人置换了新的房屋，则各个抵押权人就该新房屋实现抵押权的顺位也不应当改变。

如何确定给付义务人的义务？《有关担保的司法解释》第42条第2款规定："给付义务人已经向抵押人给付了保险金、赔偿金或者补偿金，抵押权人请求给付义务人向其给付保险金、赔偿金或者补偿金的，人民法院不予支持，但是给付义务人接到抵押权人要求向其给付的通知后仍然向抵押人给付的除外。"据此，在抵押权人通知之前，如果给付义务人已经向抵押人给付了"三金"，即保险金、赔偿金或补偿金，就构成有效清偿，则给付义务人的义务已经消灭。② 在抵押权人通知给付义务人之后，此时已经发生了法定的债权转让，抵押权人已经成为新的债权人，继续向原债权人履行不会产生清偿的法律效果。③ 例如，甲以自己的价值50万元的机动车向保险公司全额投保，后以该车向银行做抵押，贷款50万元，之后甲车因交通事故而毁损，保险公司应向其支付50万元的保险金，此时如果银行向该保险公司发出通知要求保险公司向其给付该保险金，如果保险公司再向投保人甲给付保险金的，并不发生清偿的效力，银行仍有权请求该保险公司向其支付保险金。如果给付义务人尚未对抵押人作出给付，抵押权人已经向给付义务人发出通知，则给付义务人不得再向其他人作出给付，而应当向抵押权人进行给付。司法解释作出此种规定，主要是为了保护债权人的利益，防止"三金"被抵押人转移或者挥霍，从而损害抵押权人的合法权益。

---

① 参见黄薇主编：《中华人民共和国民法典物权编解读》，574页，北京，中国法制出版社，2020。
② 参见最高人民法院民事审判第二庭：《最高人民法院民法典担保制度司法解释理解与适用》，382页，北京，人民法院出版社，2021。
③ 参见程啸：《担保物权人物上代位权实现程序的建构》，载《比较法研究》，2015（2）。

四、担保物权效力所及的标的物范围

担保财产的范围一般是当事人在合同中约定的，但是在特殊情形下，在当事人没有约定的情形下，法律也对担保财产的范围作出了规定。

（一）从物

从物是主物的对称，它主要是辅助主物而发挥效用的物。[①] 按照《民法典》第 320 条，主物的处分要及于从物。但从物是否属于担保物权的客体范围，需要区分如下两种情形，分别予以认定。

第一，从物在担保物权设定时已经产生。《有关担保的司法解释》第 40 条第 1 款规定："从物产生于抵押权依法设立前，抵押权人主张抵押权的效力及于从物的，人民法院应予支持，但是当事人另有约定的除外。"这就是说，如果当事人之间就从物是否构成担保财产没有特别约定的，则只要在抵押权设立时，从物已经产生，由于从物命运随同主物，在主物上设定的抵押权也应当及于从物，应当被纳入抵押的范围。但从物产生于抵押权依法设立之后，在法律上属于抵押后新增的物，不应当然属于担保财产的范围。

第二，从物在担保物权设定后产生。《有关担保的司法解释》第 40 条第 2 款规定："从物产生于抵押权依法设立后，抵押权人主张抵押权的效力及于从物的，人民法院不予支持，但是在抵押权实现时可以一并处分。"如果从物是在抵押权依法设立后所产生的，此时从物不应当然属于抵押财产的范围，所以抵押权人无权就该财产在变价后优先受偿。但是基于主物与从物在经济上的密切关联，其本身不可分割，如果要分开拍卖、变卖将降低其价值，因此，可以在抵押权实现时一并处分，但是并不意味着抵押权人有权对从物拍卖、变卖所得的价款优先受偿。例如，放置在门口的一对石狮子，就是房屋的从物，当事人可以就石狮子与主物房屋一并拍卖变卖。但因为石狮子并不属于抵押财产，因此在实现抵押权

---

① 参见孙宪忠、朱广新主编：《民法典评注　物权编2》，495 页，北京，中国法制出版社，2020。

时，应将该从物价值扣除。

对动产质权而言，由于其成立需要质押人将质押财产移转给债权人占有，因此，如果在质权设定时从物尚未产生，或者即便从物已经产生，但质押人并未将该从物的占有移转给债权人，则该从物也无法成为质权的客体。因此，上述规则主要适用于抵押权。

（二）从权利

从权利是为配合主权利而发挥作用的。例如，抵押权的标的为建设用地使用权时，水流利用权、邻地通行权等均为从权利。如果在实现抵押权时拍卖主权利而不移转从权利，则抵押将很难实现其应有价值，甚至可能使抵押的价值丧失。因此，在实现抵押权时，抵押权的效力可及于从权利。

（三）添附物

所谓添附物，是指不同所有人的物结合在一起而形成不可分离的物或具有新质的物。添附包括附合、混合与加工。添附物与担保财产并无从属关系，因此不是从物。依据《有关担保的司法解释》第41条，如果担保财产设立之后，担保财产被添附，首先要确定添附物的归属，然后，确定是否应当补偿等问题。具体而言，可以区分为如下三种情形。

第一，添附财产归第三人所有。《有关担保的司法解释》第41条第1款规定："抵押权依法设立后，抵押财产被添附，添附物归第三人所有，抵押权人主张抵押权效力及于补偿金的，人民法院应予支持。"该条实际上确立了在抵押财产因添附而归第三人所有且第三人支付了补偿金的情形下，应当按照物上代位规则处理，即在添附物归第三人所有的情形，抵押权的效力及于抵押人所得到的补偿金。[1] 例如，以一块玉料作抵押，结果工艺大师在其上进行雕刻，此时因其加工行为导致玉雕品的价值显著增加，导致该添附财产归第三人所有，这实际上是物上代位性的问题。此时添附物的所有权人为第三人，抵押权人不享有对该玉料在变价后优先受偿的权利，但是抵押权人可以主张对于添附所获得的补偿金进行

① 参见最高人民法院民事审判第二庭：《最高人民法院民法典担保制度司法解释理解与适用》，370页，北京，人民法院出版社，2021。

优先受偿的权利。虽然其丧失了对原物的担保物权，但是抵押财产发生了形态变化，因此抵押权人对于补偿金所享有的权利并非普通的债权，而仍然可以主张优先受偿的效力。①

第二，添附物归抵押人所有。《有关担保的司法解释》第41条第2款规定："抵押权依法设立后，抵押财产被添附，抵押人对添附物享有所有权，抵押权人主张抵押权的效力及于添附物的，人民法院应予支持，但是添附导致抵押财产价值增加的，抵押权的效力不及于增加的价值部分。"依据该规定，在添附物归抵押人的情形下，将产生如下效果：一方面，抵押权人可以对整个添附物行使抵押权。虽然添附物已经成为一个新物，但其毕竟是从抵押物转化而来，并且其作为抵押财产不可分割，因此，抵押权人可以就整个添附物行使抵押权。另一方面，如果添附导致抵押财产价值增加的，抵押权的效力不及于增加的价值部分。虽然抵押权人可以就整个添附物行使抵押权，但毕竟因为抵押财产增加的价值源于添附，此时，抵押权的效力不应当及于价值增加的部分。②

第三，添附物归抵押人和第三人共有。《有关担保的司法解释》第41条第3款规定："抵押权依法设立后，抵押人与第三人因添附成为添附物的共有人，抵押权人主张抵押权的效力及于抵押人对共有物享有的份额的，人民法院应予支持。"依据这一规定，如果因添附使抵押人与第三人成为添附物的共有人，由于添附物本身和抵押物之间不可分割，所以抵押权人仍可以对添附物行使抵押权，但是毕竟担保物在所有权归属上已经构成共有，因此，抵押权人只能就抵押人享有的共有份额实现抵押权。

（四）孳息

孳息包括天然孳息和法定孳息。在抵押设定以后，抵押人仍然享有使用权和收益权，所以，孳息收取权仍归抵押人，孳息不能为抵押权的效力所及。③

尽管在抵押存续期间，抵押权人无权收取孳息，但如果抵押财产被查封或扣

---

① ② 参见高圣平：《民法典担保制度及其配套司法解释理解与适用》，717页，北京，中国法制出版社，2021。

③ 参见黄薇主编：《中华人民共和国民法典物权编解读》，702页，北京，中国法制出版社，2020。

押，则抵押权人即有权收取抵押物的孳息。根据《民法典》第412条，抵押权人在特殊情形下也有权收取抵押物的孳息①，但应当符合如下条件。

第一，债务人不履行到期债务，或者出现当事人约定实现抵押权的情形。抵押权人申请拍卖、变卖抵押财产，即应先查封、扣押抵押财产，此时，抵押权人也可提起普通民事诉讼，在诉前或诉讼过程中，可以申请对抵押财产进行财产保全，也需要查封、扣押抵押财产。

第二，必须是在抵押财产被人民法院依法查封、扣押以后，抵押权人才能收取孳息。此处所说的扣押，是指对抵押物采取强制执行措施。如果出现了抵押权实现的情况，而抵押财产还没有被法院扣押，抵押权人也就不能够依法行使孳息收取权。②自抵押财产被扣押之日起，抵押权人有权收取该抵押财产的天然孳息或者法定孳息。在解释上，保全措施和执行措施并不以扣押为限，查封亦无不可。

第三，抵押权人收取孳息必须通知负有交付法定孳息的义务人。此处所说的义务人，是指对法定孳息负有清偿义务的人，如抵押财产的承租人。如果抵押权人已经通知义务人，义务人应当向抵押权人交付孳息。③例如，抵押人的财产出租以后，本来应当由抵押人收取租金，但抵押物被扣押以后，承租人应当向抵押权人支付租金，但是抵押权人应当通知承租人。

（五）代位物

《民法典》第390条规定，当抵押物毁损、灭失或者被征收时，抵押权人可以就获得的保险金、赔偿金或者补偿金等优先受偿。这里所说的保险金、赔偿金或者补偿金等就是抵押物的代位物，也应为抵押权的效力所及。

（六）关于新增建筑物

所谓新增建筑物，是指建设用地使用权设定抵押之后，土地之上新增加的建

---

① 该部分论述的是担保物权，不限于抵押权。实际上，质权也有收取孳息的问题。

② 参见高圣平：《民法典担保制度及其配套司法解释理解与适用》，712页，北京，中国法制出版社，2021。

③ 参见黄薇主编：《中华人民共和国民法典物权编释义》，800页，北京，法律出版社，2020。

筑物。它通常不在建设用地使用权抵押登记的范围内，不为建设用地使用权抵押权效力所及。但是，它又与建设用地使用权难以分离①，《民法典》第417条规定："建设用地使用权抵押后，该土地上新增的建筑物不属于抵押财产。该建设用地使用权实现抵押权时，应当将该土地上新增的建筑物与建设用地使用权一并处分。但是，新增建筑物所得的价款，抵押权人无权优先受偿。"这就确立了房地一体主义的规则。

《有关担保的司法解释》第51条对《民法典》上述规定作出了细化规定，再次强调了房地一体抵押的规则，同时，该规定又确立了几项新的规则。

第一，仅以建设用地使用权抵押，抵押权的效力要及于土地上已有的建筑物以及正在建造的建筑物已完成部分。主要原因在于，按照房随地走的规则，对建设用地使用权的处分，在效力上应当及于相关的建筑物。实践中经常发生开发商在建造房屋的过程中，将建设用地使用权抵押用于融资，如果没有新的投资，很容易形成烂尾楼。在此情形下，就需要明确抵押财产的范围，按照上述规则，在建设用地使用权抵押的情形下，已经建造和正在建造的建筑物都应当纳入抵押财产的范围。

第二，当事人以正在建造的建筑物抵押，抵押权的效力范围限于已办理抵押登记的部分。因为正在建造的建筑物会随时发生变化，所以，为了准确确定抵押财产范围，必须借助抵押登记确定抵押财产的范围。

第三，新增或续建的建筑物不应当属于抵押财产的范围。② 所谓新增，是指在建设用地使用权设定抵押之后，又在该建设用地上新增加的建筑物。因为土地的面积可能较大，而房屋的占地面积可能较小，即使设定了建设用地使用权抵押，也有可能新建房屋。当然，新增的时间点应以建设用地使用权抵押权的设定为判断标准。③ 所谓续建，是指在在建工程抵押之后，在已经完成部分的基础

----

① 参见高圣平：《民法典担保制度及其配套司法解释理解与适用》，755页，北京，中国法制出版社，2021。

② 参见崔建远：《中国民法典释评·物权编》（下卷），416页，北京，中国人民大学出版社，2020。

③ 参见高圣平：《民法典担保制度及其配套司法解释理解与适用》，755～756页，北京，中国法制出版社，2021。

上，继续建造的建筑物。因为在设定抵押时，当事人并没有将新增或续建建筑物纳入抵押财产的范围。尤其是在设立抵押权时，该建筑物并不存在，所以，也无法将其纳入抵押财产的范围之中，否则，就违反了当事人的意愿，并不恰当地增加了抵押人的负担。①

第四，在实现抵押权时，新增的建筑物与建设用地使用权一并处分。因为新增的建筑物与已经抵押的建设用地使用权不可分离，按照房地一体流转规则，抵押权人在实现抵押权时，新增的建筑物必须与建设用地使用权应一并处分。所谓一并处分，是指将房地一起转让，且必须转让给同一主体。实行一并转让，有利于贯彻房地合一原则，而且有利于防止抵押人利用新增房屋损害抵押权人的利益，在某种程度上有利于遏制抵押人通过新增房屋来牟取利益从而损害抵押权人的行为。②

需要指出的是，新增建筑物所得的价款，抵押权人无权优先受偿。因为土地和地上的建筑物合并拍卖，可以拍得更高的价格。但是，毕竟新增建筑物不属于担保财产的范围，因此，依据《民法典》第 417 条，新增的建筑物在抵押权实现时要一并拍卖，只不过抵押权人不能就新增建筑物的价值优先受偿。

第五，分别抵押时的受偿顺序。抵押人有权将建设用地使用权、土地上的建筑物或者正在建造的建筑物分别抵押给不同的债权人，在此情形下，应当根据抵押登记的时间先后确定清偿顺序。在分别抵押的情形下，各个抵押权人应当根据抵押权登记的先后顺序确定其权利顺位。需要指出的是，由于房地一体抵押规则，抵押人在就建设用地使用权抵押时，建筑物将一并抵押，此时，即便抵押人后来就建筑物单独抵押，就该建筑物的价值，建设用地使用权抵押权人也应当有权优先受偿。在抵押人先就建筑物抵押的情形，也应当同等处理。

---

① 参见郭明瑞：《物权法通义》，316 页，北京，商务印书馆，2019。
② 参见黄薇主编：《中华人民共和国民法典物权编释义》，768 页，北京，法律出版社，2020。

第八节　流押契约的效力

一、流押契约的概念和特征

所谓流押契约（lex commissoria），又称绝押契约，从狭义上说仅指流抵现象；从广义上说，同时包含流抵和流质。它是指当事人双方在设立抵押或质押时，在担保合同中规定，债务履行期限届满而担保权人尚未受清偿时，担保物的所有权移转为债权人所有。[1] 例如，某个债务人向银行借款 500 万元，用其价值600 万元的房产抵押，而且合同中明确约定到期不能清偿债务，该房屋就归银行债权人所有。我国《民法典》分别在抵押中规定了流抵契约（第 401 条），在质押中规定了流质契约（第 428 条）。

流押契约的主要特点在于：一是流押契约必须是在债务履行期届满前作出的约定。也就是说，在债务履行期届满之前，当事人约定担保财产在债务未履行时直接归属担保权人，则属于流押契约。如果在债务履行期届满以后，双方约定，担保财产归属于债权人，这实际上是折价补偿的协议。折价补偿协议和流押合同的区别就在于，二者订立的时间不同，前者是在债务履行期届满以后订立的，而后者是在债务履行期届满以前订立的。二是流押契约通常规定在债务人不能清偿债务时，担保物的所有权完全归债权人所有。因为这一原因，流押契约改变了法定的物权实现方式。通常来说，担保物权人支配的是担保财产的交换价值，只能在拍卖、变卖、折价之后就担保财产的价值优先受偿。而按照流押契约的约定，担保权人可以直接取得担保财产，不需要经过变价的程序。由此，通过流押直接实现担保物权所带来的问题是，担保物权实现程序的不透明性，完全缺乏外部必

---

[1] 参见史尚宽：《物权法论》，305 页，北京，中国政法大学出版社，2000。

要的监督（如司法监督），极有可能导致对债务人和其他债权人利益的损害。

正是因为流押契约具有上述特点，因此，大陆法系历来有禁止流押契约的传统。罗马法有非常损失规则（laesioe normis），卖价短少逾半卖主得解除之。对债权人的暴利行为是予以禁止的。大陆法系国家基本上都采取了禁止流押契约的做法，德国、瑞士等国家的民法都有相关规定。[①] 例如，《瑞士民法典》第816条第2款规定："债权人的不动产担保债权未受清偿时，其担保物的所有权即归债权人所有的约定，无效。"我国《物权法》第186条规定："抵押权人在债务履行期届满前，不得与抵押人约定债务人不履行到期债务时抵押财产归债权人所有。"《物权法》第211条也明确规定禁止流质契约。从该规定可以看出，我国《物权法》明令禁止当事人订立流押契约，如果当事人订立该契约，则因为违反了强制性规范而应当被宣告无效。[②] 之所以采取禁止态度，主要原因在于，在债务人借债多、处于急迫窘困的情形下，债权人可以利用债务人的这种不利处境，迫使债务人与其订立流押契约，以价值甚高的担保实现价值较低的债权，并约定在担保物权实现时，不通过清算程序，使债权人完全获得担保物的所有权。这实际上是一种暴利行为，必将损害债务人的利益。[③] 例如，用1 500万元的房屋担保1 000万元的债权，如果到期不还款，该套房屋归债权人所有，这其实是变相的高利贷。另外，如果在一项财产上设置了多个抵押担保，如果约定到期不还，该财产归某一担保权人所有，这无疑会损害到后顺位的担保权人的债权实现。因为如果进行拍卖、变卖，后顺位的抵押权人还能有顺位利益，顺位在后的抵押权人还能受偿，但如果全部被第一个担保权人取得，后面的担保权人无法实现债权。这无疑不利于在一物上设置多重担保，不利于充分发挥物的交换价值。

但是在民法典编纂过程中，对是否应当禁止流押契约存在着争议，从立法目的和规范意旨来看，《民法典》第401条和第428条并不禁止当事人订立流押契

---

① 《德国民法典》第1149条规定："债权对所有人未到期的，所有人不得给予债权人以清偿为目的的请求转让土地所有权或以强制执行之外的其他方式进行土地让与的权利。"

② 参见《物权法》第186条、第211条。

③ 参见谢在全：《民法物权论》（下册），675页，台北，自版，2003。

约和流质契约，但在当事人订立该合同之后，在债务人不能履行债务时，债权人应当按照担保物权实现的程序，采取拍卖、变卖的方式实现其担保物权，而不能按照当事人的约定直接取得担保财产的所有权。《民法典》之所以采取此种规则，原因在于：

第一，有利于鼓励担保、促进资金融通。在实践中，当事人采取流押或者流质进行担保，也是资金融通的一种方式，法律上一概予以禁止，将会限制当事人的自由，也限制了当事人进行担保的方式，不利于鼓励担保交易。流押和流质的弊端在于其实现方式问题，因此，在解决了担保物权的实现方式后，就没有禁止流押和流质的必要。[①]

第二，使担保物权的实现方式更加透明和公正，并防止出现变相的"高利贷"。流质契约通常约定了在债务不能履行时，担保物的所有权将移转归债权人所有，如此将对债务人显失公平，甚至可能成为一个变相的高利贷条款。流押契约允许债权人直接取得担保财产的所有权，实际上是规避了担保物权法定的实现程序。许多学者认为，由当事人之间的协商合意来确定，而不必借助国家权力，通过法定的公开方式和程序进行标的物的拍卖处分，属于私力救济的一种类型。[②] 此种观点也有一定的道理。但笔者认为，私力救济是指在一方不履行其义务的情况下，另一方自行采取救济手段；流押契约并不属于这种情况。严格来说，禁止流押的主要意义就在于，要求当事人严格按照法定程序来实现抵押权，使得整个程序更加公开透明。[③]

第三，有利于保护担保物权人以外的其他债权人。如果担保物的价值大大高于被担保的债权的价值，则在进行拍卖、变卖以后，被担保的债权的债权人优先受偿后，也会有剩余的价值由债务人的其他债权人受偿。但如果不进入拍卖、变

①　参见高圣平：《民法典担保制度及其配套司法解释理解与适用》（下册），843页，北京，中国法制出版社，2021。

②　参见顾长浩：《论日本的让渡担保制度》，载梁慧星主编：《民商法论丛》，第10卷，526页，北京，法律出版社，1998。

③　参见高圣平：《民法典担保制度及其配套司法解释理解与适用》（下册），843页，北京，中国法制出版社，2021。

卖程序，而由债权人直接取走担保物，则对于其他债权人是不利的。因此，在当事人约定流押或者流质条款时，法律规定债权人应当通过担保物权实现程序实现其担保物权，也有利于保护债务人和其他债权人的利益。

二、流押契约与相关概念

（一）流押契约与让与担保

从《有关担保的司法解释》第 68 条规定来看，让与担保的规则与流押契约的规则存在相似之处，在成立让与担保的情形下，债权人在实现担保权时，也存在清算的问题。但流押契约不同于让与担保，二者的区别主要体现为：

第一，是否需要将标的物所有权转移至债权人名下不同。对流质契约而言，出质人虽然需要将质押财产交付债权人，但其只是将质押财产的占有移转至债权人，而没有移转质押财产的所有权，出质人仍然是质押财产的所有权人。而对让与担保而言，债务人或者第三人需要按照约定将标的物在形式上转移至债权人名下。

第二，当事人约定的内容不同。对让与担保而言，当事人约定在担保合同订立时，担保财产归债权人所有。而对流押契约而言，当事人约定的内容体现为债务人不履行到期债务时，担保财产将归债权人所有。

第三，当事人约定无效时的法律后果不同。依据《民法典》第 428 条规定，在当事人约定流押契约时，并不影响担保物权的设立，当事人之间仍然成立担保物权关系，债权人有权就担保财产优先受偿。而对让与担保而言，依据《有关担保的司法解释》第 68 条规定，如果当事人之间作出有关财产归债权人所有的约定，则当事人之间仍可成立担保关系，该担保关系虽然可以参照适用《民法典》关于担保物权的规定，但其本质上属于非典型担保。

（二）流质契约与以物抵债

严格地说，当事人在履行期限届满后所达成的以物抵债协议是债务履行方式的约定，在性质上属于新债清偿，即当事人通过约定新债的方式清偿原债务。而在债务履行期限届满前，当事人所达成的以物抵债协议在性质上属于当事人关于担保方式的约定，其涉及是否构成流质契约的问题。债务履行期届满前达成的以物抵债协议，又称为担保型的以物抵债协议。在债务履行期限届满前，债务人能否履行债务尚不确定，因此，当事人可能会通过订立以物抵债协议的方式，担保该债务的履行。依据《合同编通则解释》第28条第2款规定，要区分以物抵债协议的两种情形，分别认定其效力：一是当事人约定债务人到期没有清偿债务，债权人可以对抵债财产拍卖、变卖、折价以实现债权的。该约定只是关于债务到期后债权实现方式的约定，该约定应当有效。因为该约定有效，在债务人不履行到期债务时，债权人请求对抵债财产拍卖、变卖、折价以实现债权。二是当事人不得约定债务人不履行到期债务的，抵债的财产将直接归债权人所有。此种约定类似于流押流质条款，可能会不当损害债务人的利益，因此，依据该规定，当事人作出此种约定，该约定本身无效，但该条款无效不影响以物抵债协议其他部分效力的，则该协议的其他部分仍然应当有效。例如，当事人除在以物抵债协议中约定上述条款外，还约定债务人不履行债务的，债权人有权请求债务人履行原债务，或者约定债权人有权选择请求债务人履行旧债或者新债等，此类约定仍应当有效。债务履行期限届满前所达成的以物抵债协议不同于流质契约，二者的区别主要体现为：

第一，当事人约定的内容不同。对以物抵债协议而言，当事人既可能约定债务人不履行到期债务时，相关的财产归债权人所有，也可能约定，在债务人没有清偿到期债务时，债权人可以对相关的财产进行拍卖、变卖、折价偿还债权。而对流质契约而言，依据《民法典》第401、428条规定，当事人约定的内容体现为债务人不履行到期债务时，质押财产将归债权人所有。

第二，在债务履行期限届满前，债权人是否已经占有标的物不同。对质权设定中的流质契约而言，由于移转标的物的占有是质权的成立条件，因此，在债务履行期间届满前，债权人通常已经实际占有标的物。而对以物抵债协议而言，债权人可能并未实际占有相关的财产。

第三，债权人是否享有优先受偿权不同。对流质契约而言，虽然当事人约定流质契约条款无效，但并不影响担保物权的效力，即在符合担保物权的实现条件时，债权人有权就担保财产的价值优先受偿。而对以物抵债协议而言，在该协议生效后，如果债务人或者第三人已经将财产转移至债权人名下，则债权人有权依法主张就该财产的价值优先受偿；而如果债务人或者第三人尚未将财产转移至债权人名下，依据《有关担保的司法解释》第 68 条的规定，则债权人并不享有优先受偿权。

三、流押契约的效力

（1）法律不禁止当事人约定流押契约条款。应当看到，确实有一些国家和地区的法律开始为流质契约解禁，逐渐承认流押契约的效力。例如，法国在 2006 年 3 月 23 日通过了修改原担保法的法令，从而明确承认了流押契约的效力。不过，国际上也存在着一种重要的发展趋势，即在承认流押契约条款有效的同时，法律侧重于对担保人和其他利害关系人的保护。[①] 我国《民法典》第 401 条和第 428 条借鉴了这一立法经验，并不禁止当事人约定流押契约条款。具体而言，《民法典》第 401 条和第 428 条不再直接规定"不得"约定流质流抵条款，而是"只能依法就抵押财产优先受偿"。按照体系和目的解释，法律并不绝对禁止流质条款，即便当事人约定了流押契约条款，法院不宜简单地认定整个流押契约无效。

（2）当事人约定流押契约条款不影响担保物权的设立。毕竟流押契约条款也是当事人真实意思的体现，也并不违反公序良俗，且有利于降低担保物权实现的成本，因此法律并无必要否定这一约定的效力。

（3）债权人必须按照担保物权实现程序依法优先受偿。在当事人约定流押条款之后，一旦债务到期，债务人无法履行债务时，并不能由债权人按照约定直接取得担保财产的所有权，而应当按照清算程序实现权利。也就是说，即便当事人

---

① 参见谢在全：《民法担保物权之新风貌》，载《法学丛刊》，第 204 期。

约定流押契约，也不能发生当事人预期的法律效果，即不能产生担保财产直接归属于债权人的效果，而是要通过拍卖、变卖等程序实现担保物权。因此，在实现担保物权时，担保权人负有清算义务，无论是通过拍卖、变卖，还是折价的方式，都需要依法清算，超过债权部分的变价款应当返还给债务人，从而使其他的担保权人、债权人还可以从中获得清偿。通过清算程序的引入，可以实现担保人和担保权人之间利益的均衡，而且可以保护其他担保权人、债权人的正当利益。

第九节　反担保

一、反担保的概念和特征

所谓反担保，是指债务人或第三人向担保人作出保证或设定物的担保，在担保人因清偿债务人的债务而遭受损失时，向担保人作出清偿。在反担保中，与反担保相对应并作为设定反担保前提的担保称为本担保。反担保只是与本担保相对应的概念。本担保中的担保人称为本担保人，而反担保中的担保人称为反担保人。《民法典》第 387 条第 2 款规定："第三人为债务人向债权人提供担保的，可以要求债务人提供反担保。反担保适用本法和其他法律的规定。"可见，反担保要依据反担保的具体形式适用《民法典》和其他法律的规定。此处的其他法律规定，是指可能调整反担保的特别法，例如《海商法》《民用航空器法》《企业破产法》等。

反担保核心功能在于保障担保人追偿权的实现，其宗旨在于保障担保人的追偿权。[①] 由于反担保主要是担保担保人的追偿权，因此，反担保合同的主合同就不是担保合同，也正是因为这一原因，担保合同无效也并不当然导致反担保无

---

① 参见郭明瑞：《物权法通义》，255 页，北京，商务印书馆，2019。

效。实际上，在担保合同无效的情形下，担保人仍然有权按照约定请求反担保人承担担保责任。反担保可以适用于各种担保形式，不论是物的担保还是人的担保，担保人都可以要求债务人提供反担保。因为反担保的设立极大降低了担保人的风险，有利于鼓励第三人提供担保。[①] 从实践来看，当事人在物的担保中常常采用反担保方式，因此，担保物权的设定与反担保关系密切，某些担保物权的设定是以反担保的设定为条件的。如果没有反担保，有的当事人则不会设定本担保，也不会产生担保物权。

反担保与本担保并不存在本质的差异，其担保的类型、设立条件、效力等方面基本上是相同的。因此，比较法上一般未对反担保作出特别规定。为了保障反担保的正确适用，我国法律对其作出了规定。但应当看到，反担保和本担保也存在一定区别，主要表现在：一方面，设立目的不同。反担保的设立是为了使担保人的追偿权得到实现，其宗旨在于保障担保人的追偿权。[②] 而本担保的设立是为了担保主债权的实现。另一方面，适用范围不同。本担保的适用范围要远远大于反担保的适用范围。但《民法典》对反担保的适用范围没有作出明确规定，一般认为，在保证、抵押或者质押中，反担保均可能有适用空间。当然，关于留置是否可以适用反担保，学界存在不同的观点。否定说认为，留置权是依据法律规定而直接产生的，所以，不可能产生反担保的问题。[③] 肯定说认为，虽然留置权本身是法定的，但反担保可以是约定的，因此，在留置的情况下，也可以设立反担保。[④] 笔者认为，在留置等法定担保物权中，不可能产生反担保，反担保只能在约定担保中才能产生。由于留置权属于法定担保物权，它是因为特定事实的出现而产生的，当事人无法预见其担保责任的承担，所以也不可能以约定反担保的方式对其追偿权的实现作出事先的安排。此外，反担保所担保的是担保人的追偿权，而留置权中的留置物往往归属于债务人，一般不存在追

---

① 参见谢鸿飞、朱广新主编：《民法典评注 合同编2》，61页，北京，中国法制出版社，2020。
② 参见刘保玉、吕文江主编：《债权担保制度与研究》，66页，北京，中国民主法制出版社，2000。
③ 参见高圣平：《物权法 担保物权编》，60页，北京，中国人民大学出版社，2007。
④ 参见郭明瑞：《物权法通义》，255页，北京，商务印书馆，2019。

偿的问题，自无反担保的必要。

二、反担保的成立条件

反担保的成立需具备下列几个条件。

（1）反担保以本担保的存在为前提。此处所说的"本担保"，是指由债务人以外的第三人提供的担保。之所以要以本担保的存在为前提，是因为反担保设立的目的就是保障本担保人追偿权的实现，如果没有本担保，就不存在反担保。

一般情况下，反担保责任以本担保责任的承担为前提，但如前所述，本担保合同无效并不当然导致反担保无效，因此，在本担保合同无效的情形下，担保人仍然有权按照约定请求反担保人承担担保责任，对此，《有关担保的司法解释》第19条第1款规定："担保合同无效，承担了赔偿责任的担保人按照反担保合同的约定，在其承担赔偿责任的范围内请求反担保人承担担保责任的，人民法院应予支持。"依据该规定，即便本担保合同无效，但如果担保人承担了赔偿责任的，则其仍然有权按照约定请求反担保人承担担保责任。

但反担保毕竟是一种独立于本担保的法律关系，其独立性主要表现在：一方面，法律关系的当事人不同。本担保关系发生在担保人和债权人之间，而反担保关系发生在担保人与反担保人之间。另一方面，担保的范围不同。本担保所担保的主要是主债权等权利的实现，反担保人担保的是担保人的追偿权，只要本担保人承担了一定的责任，反担保人就要对这种责任的承担担保责任。即便担保合同被宣告无效，但如果担保人需要承担赔偿责任，则反担保责任也不应当免除。正是从这个意义上说，反担保的责任又具有一定的独立性，不完全依附于本担保。由于反担保所担保的是担保人对债务人的追偿权，而该追偿权可以是基于合同、无因管理或者法律规定而产生的一项债权，也就是说，反担保的效力应当从属于其所担保的债权，与本担保之间并不具有从属关系，[①] 因此，反担保合同的效

---

① 参见高圣平：《担保法前沿问题与判解研究》（第5卷），172～173页，北京，人民法院出版社，2021。

力并不当然从属于担保合同。对此,《有关担保的司法解释》第 19 条第 2 款规定:"反担保合同无效的,依照本解释第十七条的有关规定处理。当事人仅以担保合同无效为由主张反担保合同无效的,人民法院不予支持。"这就是说,与担保合同相比较,反担保合同独立于担保合同,并非担保合同的从合同,而只是担保担保人代为清偿之后的追偿权,即便担保合同无效,担保人仍然可能承担赔偿责任,这就符合了反担保合同的适用条件,此时不应当认为反担保合同当然无效。

(2) 提供反担保的主体不限于债务人,还包括债务人以外的其他人。关于反担保提供者的范围,有人认为,无论是《民法典》第 689 条还是第 387 条第 2 款,都仅仅规定债务人为反担保的提供者。因此,这两个条文涵盖的反担保提供者的范围过于狭窄,不足以贯彻其立法目的,构成法律漏洞,需要通过目的性扩张解释方式,允许第三人提供反担保。笔者认为,该观点值得商榷。① 债务人充当反担保人时,只能提供物的担保,不能将保证作为反担保的形式,因为债务人本身不能作为保证人,其以保证作为反担保成为反担保人毫无实际意义。从《民法典》本意来看,反担保人既可以是债务人,也可以是第三人。如果反担保人是债务人以外的其他人,则不仅可以提供物的担保,也可以提供人的担保。在原担保关系中是担保人的,在反担保关系中就成为被担保人,如果原担保人是债务人以外的其他人,则反担保中,他们将成为被担保人。

在第三人作为反担保人时,究竟采何种反担保形式,由当事人自由约定。反担保既可以设立人的担保,也可以设立物的担保;既可以产生合同关系,也可以产生物权关系,不管是何种形式,都可以由当事人作出选择。根据反担保所采取的形式可以分为三种类型:1) 求偿保证。它是指担保人在作出担保之后,担保人与反担保人之间约定,由反担保人以自己的财产和信誉确保担保人对债务人追偿权的实现。此种担保中的反担保人只能是债务人以外的第三人。2) 求偿抵押。它是指债务人或者债务人以外的第三人以其财产作抵押,确保担保人追偿权实现

---

① 参见黄薇主编:《中华人民共和国民法典合同编解读》,756～757 页,北京,中国法制出版社,2020。

的一种反担保。3）求偿质押。它是指债务人或债务人以外的第三人以自己的财产提供质押，以确保担保人追偿权的实现。无论采取何种方式都是为了保障追偿权的实现。当然，如果当事人没有特别约定追偿权的范围，则应当认为与追偿权的行使有关的所支出的所有费用都应当属于反担保所担保的范围。[①] 第一种反担保属于保证的范畴，只有后两种反担保才属于担保物权的范畴。

（3）反担保的被请求人为债务人或提供反担保的第三人。因为第三人为债务人提供担保以后，可能因债务人的责任财产不足，使得第三人的追偿权无法实现，因而才有必要要求债务人提供反担保。所以，《民法典》第387条第2款规定："第三人为债务人向债权人提供担保的，可以要求债务人提供反担保。"由于反担保人既可以是债务人，也可以是第三人，因此担保人都可以向其提出请求。

（4）反担保也应当有一定的形式要求。根据我国《民法典》的规定，本担保一般都要采取书面形式，但反担保是否需要采用书面形式，应当依据反担保的具体方式予以确定。例如，如果反担保采用不动产抵押的方式，则反担保当事人应当订立书面形式的不动产抵押合同，但如果反担保采用保证的方式，则当事人并不当然需要采用书面形式。可见，相对于本担保，反担保在形式方面具有一定的独立性。

三、反担保的效力

反担保也是一种担保方式，其效力适用担保的一般规则。具体来说，其效力的认定需要结合反担保的具体类型确定，如果反担保的形式为保证，则适用保证的规则；如果反担保的形式为担保物权，则应当适用担保物权的规则。此外，反担保成立以后，必须在担保人实际承担了担保责任，并据此对债务人产生了追偿权后，才能实际生效。

因为反担保的设立，担保人可以依据反担保要求反担保人承担其担保责任。

---

① 参见李国光主编：《担保法新释新解与适用》，36～37页，北京，新华出版社，2001。

反担保人也应当依据反担保合同承担其相应的责任。这里的反担保人可能是主债务人，也可能是第三人。第三人在依据反担保合同承担担保责任后，其也有权依法向债务人追偿。

在设立反担保之后，如果担保人代主债务人作出清偿。在清偿后，担保人有权向主债务人追偿，担保人的此种追偿权是基于其作为担保人而当然享有的权利。

第十节　担保物权的消灭

所谓担保物权的消灭，是指当法律规定的事由出现时，担保物权的支配力终止，担保物权不再发生效力。担保物权的消灭可能是因物权消灭的一般原因造成，如物权的标的物灭失且没有代位物。除此之外，各类担保物权还可以基于其特有的原因而消灭。

一、主债权消灭

担保物权的目的是要担保主债权，按照从权利从属于主权利的原则，如果主债权已经消灭，担保物权也就没有存在必要。但如果法律另外规定担保物权不随之消灭的，担保物权并不当然消灭。例如，在最高额抵押的情形，某一债权的消灭并不当然导致抵押权的消灭，担保物权人仍然可以就全部担保财产享有担保物权。[1]

二、担保物权实现

担保物权的实现，是指担保物权人在债务人不履行债务或者发生当事人约定

---

[1]　参见黄薇主编：《中华人民共和国民法典物权编释义》，822 页，北京，法律出版社，2020。

的情形时，就担保财产的价值优先受偿。在担保物权实现后，既然担保物权已经实现，担保人就不再负有担保债务。① 担保物权的实现是该权利设立的目的，担保物权一旦实现，担保法律关系消灭，担保物权自然没有必要继续存在。

值得探讨的是，在设置担保物权之后，担保物权人是否可以不请求执行担保财产，而请求执行债务人的一般财产？如果担保物权人请求执行债务人的一般财产，是否可以认定为担保物权人放弃了其担保物权？笔者认为，按照私法自治原则，在债务人未按照约定履行债务时，担保物权人应当有权选择主张担保物权，或者请求执行债务人的一般财产。当然，在担保物权人选择请求执行债务人的一般责任财产时，也不意味着担保物权人放弃了其担保物权。② 同时，在担保物权人请求执行债务人的一般财产时，其也不享有优先受偿权。

三、债权人放弃担保物权

债权人放弃担保物权，是指债权人通过意思表示抛弃其担保物权。因为担保物权本身也是一种财产权，按照"财产权原则上可以抛弃"的原则，权利人可以抛弃其担保物权。债权人放弃其担保物权的，将导致担保物权消灭。应当指出，债权人放弃担保物权必须采取明示的方式，即便担保权人以自己的行为导致担保物毁损灭失，也不能据此认定其放弃了担保物权。

四、法律规定担保物权消灭的其他情形

因为引起担保物权消灭的原因很多，法律上不可能一一列举，所以，有必要采用兜底条款。例如，《民法典》第 457 条规定："留置权人对留置财产丧失占有或者留置权人接受债务人另行提供担保的，留置权消灭。"此种情况就属于担保

---

① 参见杨明刚：《担保物权适用解说与典型案例评析》，45 页，北京，法律出版社，2007。
② 参见程啸：《担保物权》，载王利明等：《中国物权法教程》，436 页，北京，人民法院出版社，2007。

物权消灭的特殊原因。① 担保物权在性质上属于权利人享有的财产权，当事人原则上可以通过约定来处分财产权，因而，只要不违反法律的强行性规定，也不损害第三人利益和社会公共利益，应当允许当事人约定担保物权的消灭原因。例如，当事人通过依法约定抵押权的存续期间，这实际上属于设定了抵押权的特殊消灭原因。

五、主债权诉讼时效届满对抵押权的影响

《民法典》第 419 条规定："抵押权人应当在主债权诉讼时效期间行使抵押权；未行使的，人民法院不予保护。"《有关担保的司法解释》第 44 条第 1 款对此进一步作出规定，依据该条规定，"主债权诉讼时效期间届满后，抵押权人主张行使抵押权的，人民法院不予支持；抵押人以主债权诉讼时效期间届满为由，主张不承担担保责任的，人民法院应予支持。主债权诉讼时效期间届满前，债权人仅对债务人提起诉讼，经人民法院判决或者调解后未在民事诉讼法规定的申请执行时效期间内对债务人申请强制执行，其向抵押人主张行使抵押权的，人民法院不予支持。"

《民法典》和司法解释的规定，对主债权诉讼时效期间届满后抵押权的效力究竟采何种立场，并不明确。对此，存在两种观点。

一是抵押权消灭说。此种观点认为，主债权诉讼时效期间届满后，抵押权人未行使抵押权，则抵押权消灭，对于办理了登记的抵押权，抵押人有权请求涂销抵押登记。②

二是抗辩发生说。此种观点认为，主债权时效届满后，抵押权不消灭，而只是使抵押人享有了拒绝履行的抗辩权，作为从权利的抵押权，其实体权利不应消灭，抵押人不能请求涂销抵押权登记；如果抵押人自愿履行担保义务，抵押权人仍然可以接受，从而使其权利实现，抵押人自愿履行后又反悔的，也不受人民法

---

① 参见黄薇主编：《中华人民共和国民法典物权编释义》，872 页，北京，法律出版社，2020。

② 参见程啸、高圣平、谢鸿飞：《最高人民法院新担保制度司法解释理解与适用》，273 页，北京，法律出版社，2021。

院的保护。[1]

笔者认为，抵押权消灭说更为合理，主要理由在于：一方面，其有助于督促抵押权人积极行使权利。在主债权诉讼时效期间届满后，如果允许抵押权一直存续，可能会使抵押权人怠于行使抵押权，对于抵押人也过于苛刻，不利于发挥抵押财产的经济效用。[2] 按照抵押权消灭说，由于抵押权消灭，即使抵押人未提出抗辩，法院也应主动查明主债权的诉讼时效是否届满，这有助于进一步督促抵押权人积极行使抵押权。另一方面，有利于抵押财产的流通转让。如果采取抗辩发生说，在主债权诉讼时效届满后，抵押权仍然存在，此时抵押人不能请求涂销抵押登记，则抵押财产无法顺利流转，也会损害其他债权人的利益。[3] 此外，抵押权消灭说并不妨碍抵押人自愿履行债务。因为即使主债权诉讼时效届满后抵押权消灭，抵押人自愿清偿主债权，这属于抵押人和抵押权人之间形成了以物抵债协议或者第三人履行，抵押人不得反悔。

需要注意的是，主债权诉讼时效届满后抵押权消灭的观点同样可以参照适用于以登记作为公示方式的其他担保权利。《有关担保的司法解释》第44条第3款中规定，主债权诉讼时效期间届满的法律后果，以登记作为公示方式的权利质权，参照适用第1款的规定。[4] 但与以登记作为公示方式的担保权不同，以交付作为公示方式的担保权，例如动产质权、留置权和以交付权利凭证作为公示方式的权利质权，《民法典》并未如同抵押权那样规定主债权诉讼时效届满后对行使担保权不予保护。

---

① 参见黄薇主编：《中华人民共和国民法典物权编释义》，812页，北京，法律出版社，2020。

② 参见黄薇主编：《中华人民共和国民法典物权编解读》，677页，北京，中国法制出版社，2020。

③ 参见程啸、高圣平、谢鸿飞：《最高人民法院新担保制度司法解释理解与适用》，272页，北京，法律出版社，2021。

④ 《全国民商事审判工作会议纪要》第59条第2款也同样规定："以登记作为公示方法的权利质权，参照适用前款规定。"

第二十四章
抵押权

第一节　抵押权概述

一、抵押权的概念和特征

抵押权是指债权人对于债务人或者第三人不移转占有而提供担保的财产，在债务人不履行债务时，依法享有的就担保的财产变价并优先受偿的权利。《民法典》第 394 条规定："为担保债务的履行，债务人或者第三人不转移财产的占有，将该财产抵押给债权人的，债务人不履行到期债务或者发生当事人约定的实现抵押权的情形，债权人有权就该财产优先受偿。"这就在法律上明确了抵押权的概念、性质和特征。抵押关系的当事人是抵押人和抵押权人，抵押权人即主债权人，因为抵押权是为了担保主债权而存在的，故只有享有主债权的债权人才能成为抵押权人。抵押权人可以是自然人，也可以是法人或非法人组织。由于抵押在性质上是一种处分财产的行为，抵押人应当是对抵押财产享有处分权的人，包括所有人、失踪人的财产代管人、破产管理人等。

461

抵押权素有"担保之王"之美誉，其作为一种典型的担保物权，具有如下特点。

第一，抵押权是一种担保物权。一方面，抵押权人对抵押人提供担保的财产的交换价值享有支配权。抵押物虽不移转占有，但抵押权人可以支配抵押物的交换价值，抵押权人实现抵押权，并不需要抵押人实施一定的行为予以配合。如果在抵押期间，抵押物毁损灭失，抵押物将发生物上代位，抵押权的效力及于抵押物的变形体或代替物。另一方面，抵押权人对抵押物变价后的价值享有优先受偿权。也就是说，当抵押权与普通债权并存时，抵押权要优先于普通债权而受偿；如果同一物上设定了数个抵押权，则先设定的抵押权通常要优先于后设定的抵押权。

第二，抵押权是为了担保债权的实现而提供特定的财产担保。一方面，抵押权设立的目的是担保债的履行，目的就是避免债务人因为责任财产的减少以及其他原因，从而导致债权不能实现。通过设定抵押权，抵押权人可以有效支配抵押物的交换价值，保障其债权的实现。另一方面，抵押权是在债务人或者第三人提供一定的财产之上设定的担保物权，所担保的债权实现的基础是特定财产，而不是担保人的信用。[①] 正是因为抵押权是在特定财产之上设定的，因而成为一种有效保障债权实现的担保方式，在现代社会得以普遍适用。当然，此处所说的抵押财产特定并不当然是指抵押财产在抵押权设定时特定，而只是要求抵押财产在抵押权实现时必须特定。

第三，抵押权是不移转标的物占有的担保物权。根据《民法典》第394条的规定，抵押权的设立不需要移转抵押物的占有，这也是抵押权与质权的重要区别。在抵押权设定之后，抵押财产仍然由抵押人支配，抵押人对抵押物享有占有、使用权，并可以以其收益充作债务的清偿资金，抵押权人直接支配的只是抵押物的交换价值，而无须保管抵押物。[②] 抵押物的使用价值和交换价值可以得到双重利用，这也使抵押成为一种重要的担保方式。由于抵押权的设定不需要移转

[①] 参见郭明瑞：《物权法通义》，255、267页，北京，商务印书馆，2019。

[②] 参见史尚宽：《物权法论》，261页，北京，中国政法大学出版社，2000。

占有，因而，抵押权一般应采用登记或其他方式进行公示。

第四，抵押权是以抵押财产的变价而优先受偿的权利。抵押权的优先受偿性是抵押权作为担保物权的重要特征。根据《民法典》第 394 条的规定，债务人不履行到期债务或者发生当事人约定的实现抵押权的情形，债权人有权就该财产优先受偿。但这种优先受偿并不是指在债务人不履行债务时直接移转抵押物的所有权，而是指在债务人不履行债务时，将抵押物变价，使抵押权人就抵押物变价后的价值优先受偿。正是从这个意义上说，抵押权是一种价值权或变价受偿权。①

二、抵押权的特性

抵押权在性质上属于担保物权，因此，它具有担保物权的一些固有属性。这些特性主要表现在：

（1）特定性。所谓抵押权的特定性，是指抵押权以特定的财产价值来确保特定债权的实现。一方面，无论是以动产或不动产作抵押，这些财产都必须特定化，并且能够在设定抵押之后予以公示，使第三人知道该特定财产之上已设定了抵押。另一方面，抵押所担保的债权也必须特定，除了浮动抵押、最高额抵押等特殊形态的抵押外，原则上抵押只能担保特定的债权，而不能担保范围不确定的债权。在允许就担保财产进行概括描述的情形下，抵押权的特定性有所缓和但须达到合理识别的标准。②

（2）从属性。所谓抵押权的从属性，是指抵押权的设立、移转和消灭都从属于主债权。③ 抵押权设立的目的就是担保债权的履行，其存续以主债权的实现为终极目的。因此，抵押权必须从属于主债权，不得与之发生分离。抵押权的从属性主要表现在如下几个方面。

---

① 参见陈华彬：《物权法论》，514 页，北京，中国政法大学出版社，2018。

② 参见高圣平：《担保法前沿问题与判解研究》，5 卷，377～378 页，北京，人民法院出版社，2021。

③ 参见谢在全：《民法物权论》（中册），378 页，台北，自版，2003。

第一，成立上的从属性。抵押权的成立以债权的成立并生效为前提条件，主债权成立并生效，抵押权方能成立和生效。抵押权的产生与存续必须以一定的债的关系的发生与存续为前提和基础，所担保的债权未形成或未生效，就不能成立抵押权。

第二，转移上的从属性。《民法典》第407条规定："抵押权不得与债权分离而单独转让或者作为其他债权的担保。债权转让的，担保该债权的抵押权一并转让，但是法律另有规定或者当事人另有约定的除外。"该规定的内容具体表现为：一是抵押权不能与其所担保的债权相分离而单独转让。如果主债权分别转让给数人，形成多个债权，则所有债权人都对抵押物享有抵押权。例如，主债权人将有抵押担保的未来到期的1 000万元债权，转让给10个不同的受让人，原来的主债权分裂为10个新的债权，10个债权人都应当对抵押物享有抵押权。从抵押物的角度来看，如果抵押物被分割，则每一个抵押物都负担主债权的全部，成为全部主债权清偿的担保物。二是抵押权不得与债权分离而作为另一债权的担保。这就是说，抵押权人不得将抵押权本身作为抵押财产进行再担保，换言之，不得在抵押权之上设立一个权利质押。① 三是如果法律另有规定，抵押权并不一定随同主债权转让。例如，在最高额抵押的情况下，依据《民法典》第421条的规定，转让部分主债权，抵押权并不随之移转。四是如果当事人在合同中另有约定，则可以排除该条的适用。例如，当事人可以约定主债权分别转让，抵押权并不完全及于每一个被转让的债权。

从抵押权制度的发展来看，抵押权出现了从属性缓和的趋势。如抵押权的证券化和最高额抵押中的主债权移转。② 《民法典》第407条规定"法律另有规定或者当事人另有约定的除外"，这在一定程度上就缓解了抵押权严格的从属性所造成的刚性。当然，这毕竟只是例外的情形。因为赋予抵押权过高的独立性，将会给整个信用体系带来风险。

第三，消灭上的从属性。根据《民法典》第393条的规定，主债权消灭，担

---

① 参见崔建远：《物权法》，5版，522页，北京，中国人民大学出版社，2021。
② 参见［日］近江幸治：《担保物权法》，祝娅等译，108页，北京，法律出版社，2000。

保物权消灭。因此，如果抵押权所担保的债权因分割、清偿、免除等原因而全部消灭时，抵押权也随之消灭。

（3）不可分性。它是指抵押权担保债权的全部，抵押权应及于抵押物的全部。抵押权的不可分性与抵押权的从属性是抵押权的两个不同的特性。抵押权的不可分性包括两个方面：一方面，抵押物被分割或被移转一部分时，抵押权仍然存在。例如，甲有数套房屋，并将这些房屋作抵押，后经抵押权人乙的同意，将这数套房屋分别转让给数人所有，则抵押权人对数个房产都享有抵押权。抵押权所担保的债权被分割或部分转让时，抵押权并不因此而受影响，各债权人仍可以就其享有的债权份额行使全部抵押权。主债权部分受偿时，抵押权人仍可以就其未受偿部分的债权对抵押财产的全部行使抵押权。抵押财产部分灭失时，未灭失的部分仍担保着全部债权，所担保的债权额并不因此而减少。[1] 另一方面，如果主债权被分割或发生部分转让，抵押物的全部仍应当担保各部分债权。如果抵押人就是债务人，因抵押权的不可分性，无论是债务的分割还是转让，对抵押权的存在都不产生影响，抵押物应当被用于担保分割转让后的债务。如果抵押人是第三人，因为债务人将部分债务转让给他人，而受让人的清偿能力可能不如原债务人，这就会增加抵押人权的风险。因此，除非得到抵押人权的书面同意，否则抵押人不再承担担保责任。[2]

（4）物上代位性。所谓抵押权的物上代位性，是指抵押权的效力及于抵押财产的变形物。《民法典》第390条规定："担保期间，担保财产毁损、灭失或者被

---

① 参见郭明瑞：《物权法通义》，246 页，北京，商务印书馆，2019。《有关担保的司法解释》第 38 条规定："主债权未受全部清偿，担保物权人主张就担保财产的全部行使担保物权的，人民法院应予支持，但是留置权人行使留置权的，应当依照民法典第四百五十条的规定处理。担保财产被分割或者部分转让，担保物权人主张就分割或者转让后的担保财产行使担保物权的，人民法院应予支持，但是法律或者司法解释另有规定的除外。"

② 《有关担保的司法解释》第 39 条规定："主债权被分割或者部分转让，各债权人主张就其享有的债权份额行使担保物权的，人民法院应予支持，但是法律另有规定或者当事人另有约定的除外。主债务被分割或者部分转移，债务人自己提供物的担保，债权人请求以该担保财产担保全部债务履行的，人民法院应予支持；第三人提供物的担保，主张对未经其书面同意转移的债务不再承担担保责任的，人民法院应予支持。"

征收等，担保物权人可以就获得的保险金、赔偿金或者补偿金等优先受偿。被担保债权的履行期限未届满的，也可以提存该保险金、赔偿金或者补偿金等。"这就确认了抵押权的物上代位性。

三、抵押的分类

（一）动产抵押、不动产抵押和权利抵押

抵押可以分为动产抵押、不动产抵押和权利抵押，这主要是从抵押财产的不同性质而作出的分类。传统上，大陆法系民法主要将抵押财产限定为不动产，但随着社会的发展，动产抵押也越来越广泛，二者的区别主要表现在：

第一，是否需要具体描述不同。不动产抵押和权利抵押需要在登记系统中准确描述，而动产只需要概括描述，能够进行合理识别即可，这样才能够使担保财产与担保人的其他财产相区别，使第三人能够判断某物上是否具有权利负担，达到担保权利客体确定的标准。[①]《有关担保的司法解释》第53条对此专门作出了规定。

第二，是否采取登记要件主义不同。一般而言，不动产抵押和权利抵押应当采用登记的方式，依据《民法典》第402条，不动产抵押原则上采取登记生效主义，如果当事人未办理抵押登记，则抵押权无法设立。但对动产抵押而言，因其物权变动采取登记对抗的模式，因此，在当事人未办理登记的情形下，仍然可以设立抵押权，只是无法对抗善意第三人。

第三，能否设置浮动抵押不同。不动产和权利抵押并不能采用浮动抵押的方式，而动产抵押则可以采用浮动抵押的方式，尤其是对大量的存货而言，可以采取动产浮动抵押。

值得注意的是，依据我国《民法典》的相关规定，权利既可以作为抵押权的客体，也可以作为质权的客体，在解释上，如果以不动产权利设置质权，则需要移转对标的财产的控制权，所以，一般认为，不动产上不能设置质权，只能作为

---

① 参见程啸、高圣平、谢鸿飞：《最高人民法院新担保制度司法解释理解与适用》，335页，北京，法律出版社，2021。

抵押权的客体。①

（二）固定抵押和浮动抵押

以抵押权设立时抵押财产是否确定为标准，可以将抵押区分为固定抵押和浮动抵押。固定抵押是指在抵押设定时抵押财产的范围已经确定的抵押。而浮动抵押是指在抵押设定时抵押财产的范围尚未确定，而只是在债务人不履行到期债务或发生当事人约定的实现抵押权的情形时，抵押财产才确定的抵押。二者的区别主要表现在：一方面，抵押财产是否具有集合性。固定抵押中的抵押财产一般都是单个的抵押财产，而浮动抵押中抵押财产具有集合性的特点。另一方面，抵押财产是否具有浮动性不同。在固定抵押中，抵押财产是确定的，而在浮动抵押中，抵押财产的范围则处于不断变动之中。

（三）单独财产抵押和集合财产抵押

《民法典》第 395 条第 2 款明确规定："抵押人可以将前款所列财产一并抵押"，它的意思就是法律上认可一并抵押或者说集合抵押的效力。集合财产分为事实上的集合财产和法律上的集合财产。事实上的集合财产是指，根据当事人的意思和经济上的目的，使一些单一财产集合在一起成为集合财产。如将许多商品放在一个商店中，该商店内的全部商品就形成了一个集合财产。② 所谓法律上的集合财产，是指权利和物的结合，包括营业财产、企业财产、破产财产、共同继承财产、合伙财产、夫妻共同财产、失踪人的财产，等等。③ 由于各个物和权利集合在一起仍然可能具有确定的交换价值，因此，其在观念上可以成为独立的物。集合物担保主要是指财团抵押、浮动抵押等。这些都是以整个企业内的所有财产或者整个商店内的全部商品等进行抵押或其他担保。

两者的区别主要表现在：

第一，单独财产抵押是常态，而集合财产抵押是交易的例外情形，因为其在

---

① 参见高圣平：《民法典担保制度及其配套司法解释理解与适用》（下册），816 页，北京，中国法制出版社，2021。

② 参见洪逊欣：《中国民法总则》，213 页，台北，三民书局，1992。

③ 参见 ［日］ 我妻荣：《物权法》，2 页，东京，岩波书店，1995。

一定程度上已经突破了担保财产特定性的要求。

第二，单独财产抵押通常需要进行具体描述，尤其是就不动产而言，需要通过描述具体识别特定的不动产。而集合财产抵押通常是进行概括描述，即通过列举清单等方式描述集合财产。

第三，抵押权的实现方式不同。对单独财产抵押而言，抵押权的实现需要将该抵押财产单独变价。而就集合财产抵押而言，则需要将集合财产进行整体变价，因为集合财产的整体价值通常远高于单个财产的价值，也高于数个单一财产价值的简单相加，如果拆分单独抵押或设置其他担保，这不仅会减损担保品的价值，而且程序上过于烦琐。[①] 这也是法律允许集合财产抵押的主要原因，因此，在抵押权实现时，原则上也应当对集合财产进行整体变价，这一方面有利于实现集合财产的变价，对于实现担保权人的利益也较为有利；另一方面，这也体现了物尽其用的理念，整体发挥了财产的价值和效用，避免造成对集合财产生产潜力的损害和品牌价值的流失。

第二节　抵押权的设定

一、抵押权的设定概述

除动产抵押之外，抵押权的设定通常包括合意和公示两个步骤。

（一）合意

合意是指当事人就抵押权的设立达成协议。此处的合意是当事人之间订立抵押合同，抵押合同是抵押权设定的基础。对不动产抵押而言，只有当事人具有合意，并在此基础上办理登记，才能设定抵押权。对动产抵押权而言，采取登记对抗主义，即便当事人没有办理登记，但只要当事人就抵押权的设定达成合意，也

---

① 参见崔建远：《中国民法典释评·物权编》（下卷），351 页，北京，中国人民大学出版社，2020。

可以设立抵押权。基于当事人之间所订立的抵押合同而设定的，抵押权称为约定抵押权。在我国，依据现行立法规定，抵押权主要为约定抵押权。但在例外的情况下，抵押权可根据法律的规定直接产生，这种抵押权称为法定抵押权。例如，《民法典》第 397 条规定："以建筑物抵押的，该建筑物占用范围内的建设用地使用权一并抵押。以建设用地使用权抵押的，该土地上的建筑物一并抵押。抵押人未依据前款规定一并抵押的，未抵押的财产视为一并抵押。"由于此种抵押并不是依抵押权人和抵押人之间的合同而产生，而是依法律的规定而产生的，也不需要登记，因此可以称为法定抵押权。[①]

（二）公示

对法律规定采登记作为成立要件的抵押权而言，如不动产抵押，则当事人必须办理登记，否则无法设立。对动产抵押而言，法律采取登记对抗主义，是否办理登记由当事人选择。对动产抵押而言，登记虽然不是抵押权设立的要件，但其仍然具有重要意义，即当事人没有办理抵押登记的，无法对抗善意第三人。

二、抵押合同

（一）抵押合同的内容

《民法典》第 400 条规定："设立抵押权，当事人应当采用书面形式订立抵押合同。抵押合同一般包括下列条款：（一）被担保债权的种类和数额；（二）债务人履行债务的期限；（三）抵押财产的名称、数量等情况；（四）担保的范围。"此处所说的"一般包括"意味着该规定是提示性的规定。[②] 依据合同自由原则，除了法律法规规定必须在抵押合同中规定的条款以外，原则上有关抵押合同的内容应当由当事人自由约定。但为了促使当事人进一步完善抵押合同的内容，法律上有必要对抵押合同的内容作出一些提示性的规定，《民法典》的上述规定便具有这种性质。具体来说，抵押合同的内容一般包括如下条款。

[①]　参见崔建远：《物权：规范与学说》（下册），767 页，北京，清华大学出版社，2011。

[②]　参见黄薇主编：《中华人民共和国民法典物权编解读》，659 页，北京，中国法制出版社，2020。

(1) 被担保的主债权种类和数额。依据《民法典》的规定，主债权可以因合同、无因管理、不当得利、侵权行为等原因而产生，非合同债权也可能采用抵押的方式进行担保。例如，在侵权损害赔偿之债确定之后，当事人之间也可以设定抵押以担保该赔偿之债的履行。应当注意的是，在当事人订立抵押合同时，必须将被担保的主债权种类、数额在合同中作出明确约定。所谓主债权的种类，是指抵押权担保的主债权类型。例如，应当明确抵押权担保的是合同之债、侵权之债，还是其他的债。如果是合同之债，具体是哪种合同产生的债。所谓主债权的数额，是指主债权的标的额。该数额如果不确定，将来以抵押财产变价后优先受偿的数额就不能确定，从而极容易发生纠纷。至于利息、违约金、实现抵押权的费用等，则属于"担保的范围"的内容。

(2) 债务人履行债务的期限。所谓债务履行的期限，也称债务的清偿期，即债务人应履行债务的期限。一般来说，债务人履行债务的期限应当在主合同中约定，但如果主合同中对债务人履行债务的期限未作明确约定，也可以在抵押合同中作出约定。如果抵押合同和主合同对此均未作出约定，则债权人在请求债务人作出履行后，应当给予债务人合理的履行准备期限，在该期限经过后仍不履行的，抵押权人可以主张抵押权。

(3) 抵押财产的名称、数量等情况。抵押权本质上是一种物权，物权的成立应以客体的特定化为前提，因此在抵押合同中，有必要使抵押财产特定化。所谓特定化，就是必须要明确抵押财产的名称、数量等信息，使某个抵押物与其他物相区别。《物权法》对于抵押合同中关于抵押财产的描述规定得十分详细，除名称数量外，还要求将质量、状况、所在地、所有权归属或者使用权归属等内容一并予以记载。但是《民法典》从便利获得融资的角度，简化了抵押合同需要记载的抵押财产描述的事项。允许对担保财产作一般性或概括性描述[1]，只要该描述能够合理识别担保财产即可。这一修改为存货融资和未来财产的担保提供了法律上的依据。

---

[1] 参见黄薇主编：《中华人民共和国民法典物权编解读》，660 页，北京，中国法制出版社，2020。

（4）抵押担保的范围。所谓抵押担保的范围，就是指抵押财产折价、拍卖或者变卖以后抵押权人可以优先受偿的范围。《民法典》第389条规定："担保物权的担保范围包括主债权及其利息、违约金、损害赔偿金、保管担保财产和实现担保物权的费用。当事人另有约定的，按照其约定。"因此，抵押担保的范围一般可以包括：主债权、主债权的利息、违约金、损害赔偿金、实现抵押权的费用等。某一抵押权所担保的具体范围，应当由当事人在抵押合同中明确约定。如果没有约定或者约定不明的，就应当适用《民法典》第389条关于法定担保财产范围的规定。

（5）当事人认为需要约定的其他事项。抵押合同除了可以约定上述条款之外，还可以根据实际情况作出一些其他约定。只要不违反法律法规的强行性规定，当事人可以在抵押合同中约定其他事项。

抵押合同原则上应当具备上述各项条款，但一般认为，被担保的主债权种类和数额、抵押财产是抵押合同的必要条款，其余几项不是合同的必要条款。如果当事人对被担保的主债权种类、抵押财产没有约定或约定不明，并不能简单宣告抵押合同无效，而应当采取两种方式解决：一是事后补正的方式，即当事人事后再达成合意以弥补上述条款的不足。抵押合同是当事人合意的产物，在条款不明确的情况下，通过当事人事后补正的方式来弥补合同的缺陷，就尊重了当事人的自主自愿。① 二是推定当事人的真实意思，即由法官根据抵押合同的其他条款和当事人之间的交易过程、交易习惯等，通过解释来确定当事人在抵押合同中的真实意思。如果根据上述两种方法仍然不能确定上述条款的内容，则应当认为抵押合同因不具备主要条款而不能成立。

抵押合同是一种要式合同，必须采取书面形式。但这并不意味着抵押合同要订立一份单独的抵押合同书，抵押合同完全可以作为合同条款与主合同并存于一份合同书中。抵押合同订立后可以公证也可以不公证，是否公证完全由当事人自由决定。

---

① 参见黄薇主编：《中华人民共和国民法典物权编解读》，661～662页，北京，中国法制出版社，2020。

我国《民法典》第 215 条确立了设立不动产物权合同的效力和登记效力的区分原则。因此，不动产抵押合同生效与抵押权的设立是相分离的，抵押合同生效以后，非经登记不能设立抵押权。未经登记通常对抵押合同效力并不发生影响，而只能对作为物权的抵押权能否设定产生影响。[①] 由于抵押合同是否办理登记并不影响抵押合同的效力，因而，抵押人未履行登记义务的，抵押权人有权基于抵押合同要求抵押人承担违约责任。

（二）抵押合同的变更

所谓抵押合同的变更，是指在抵押合同生效之后，抵押人和抵押权人之间通过合意改变抵押合同的内容。例如，在抵押合同生效后，抵押人与抵押权人约定，提高抵押财产所担保的债权的数额。抵押合同虽然是从合同，其成立、内容和效力要依附于主合同，但其在性质上属于独立的合同。在抵押合同生效之后，当事人可以通过合意改变抵押合同的内容，这是合同自由原则的体现。抵押合同的变更不包括合同主体的变更，抵押合同主体的变更属于抵押权的移转范畴，其在性质上属于合同权利义务的转让。[②] 抵押合同的变更也不同于放弃抵押权，虽然《民法典》第 409 条将放弃抵押权和变更抵押权置于同一条规定，但在放弃抵押权的情况下，抵押权归于消灭，而变更抵押合同是在抵押权存在的前提下对合同的内容进行变更。抵押合同的变更主要包括以下几种情况。

一是变更抵押权的顺位。顺位是抵押权人受偿的先后顺序，是一种地位与利益，故抵押权人可以变更其抵押权的顺位。[③]《民法典》第 409 条规定："抵押权人可以放弃抵押权或者抵押权的顺位。抵押权人与抵押人可以协议变更抵押权顺位以及被担保的债权数额等内容。但是，抵押权的变更未经其他抵押权人书面同意的，不得对其他抵押权人产生不利影响。"

二是变更被担保的债权数额。根据《民法典》第 409 条，变更被担保的债权数额，未经其他抵押权人书面同意，不得对其他抵押权人产生不利影响。此处所

① 参见黄薇主编：《中华人民共和国民法典物权编释义》，779 页，北京，法律出版社，2020。
② 参见崔建远主编：《合同法》，4 版，197 页，北京，法律出版社，2007。
③ 参见陈华彬：《物权法论》，547 页，北京，中国政法大学出版社，2018。

说的产生不利影响，主要是指擅自增加了被担保的债权数额对其他担保权人会产生的不利影响。如果减少了被担保的债权数额，这实际上对其他抵押权人是有利的。

三是变更抵押期限。抵押期限是指当事人约定抵押权在多长时间内有效。在约定之后，如果当事人变更该期限，则该变更也是有效的。当事人能否在抵押合同中约定抵押人承担担保责任的期限？例如，当事人在抵押合同中约定抵押人仅在两年内承担担保责任，该约定是否有效？笔者认为，按照私法自治原则，当事人应当有权约定抵押人承担担保责任的期限。此外，当事人也应当可以通过协商变更该期限。《民法典》第409条规定，"抵押权人与抵押人可以协议变更抵押权顺位以及被担保的债权数额等内容"。此处使用"等内容"的表述，表明抵押合同的变更不限于该条所列举的情况，也包括变更抵押期限。根据《民法典》第409条，抵押合同变更未经其他抵押权人书面同意，不得对其他抵押权人产生不利影响。此处强调要采用书面同意，主要是考虑到如果变更抵押合同对其他抵押权人不利，将很容易导致纠纷的产生，所以，采用书面形式是必要的。

三、抵押登记

(一) 不动产抵押登记

《民法典》第402条规定："以本法第三百九十五条第一款第一项至第三项规定的财产或者第五项规定的正在建造的建筑物抵押的，应当办理抵押登记。抵押权自登记时设立。"因此，不动产抵押应当适用登记要件主义，具体来说：

第一，不动产抵押应当办理登记。所谓"应当办理抵押登记"，是指凡是以不动产抵押的，当事人依法负有登记的义务，当事人不能约定不经登记就设立抵押权。依据上述规定，不动产的范围具体包括建筑物和其他土地附着物、建设用地使用权、海域使用权、正在建造的建筑物等。从狭义上理解，不动产抵押仅仅指不动产所有权的抵押，用益物权的抵押属于权利抵押的范畴。但《民法典》第402条也承认了建设用地使用权属于不动产抵押的范围。因此，此处所说的不动产抵押是从广义上理解的，这就是说，不动产抵押既包括不动产所有权的抵押，也包括用益物权的抵押。

第二，不动产抵押权自登记时设立。根据这一规定，作为物权的不动产抵押权自登记之日起设立，如果当事人仅仅订立了抵押合同而没有登记，不动产抵押权不能有效设立。当然，抵押合同仍然可以在当事人之间发生效力。只有在当事人办理完毕抵押登记之后，债权人才享有不动产抵押权。不仅如此，登记记载的内容也直接决定抵押权的内容，如果抵押合同的内容与登记记载不同，原则上应当以登记记载的内容为准①，但如果当事人证明登记记载的内容与其真实意思不符，也可以办理更正登记。值得注意的是，依据《农村土地承包法》第 47 条的规定，土地经营权抵押权例外地采取了登记对抗主义。②

（二）不动产抵押登记的效力

抵押登记主要产生两种效力。

一是物权设立的效力。不动产抵押权非经登记不能设立，所以，凡是根据登记要件主义登记的，抵押权自登记时起设立，而且，抵押权的具体内容都依据登记来确定。在登记之后，不动产抵押权才能依法设立，才具有优先受偿的效力。

二是明确权利实现顺位的效力。物权的对内优先效力，就是指物权之间原则上依据其产生的先后顺序来确定优先顺位。登记可以确定同一不动产不同担保物权之间的优先顺位，因而可以依法产生对内优先效力。《民法典》第 414 条规定，"同一财产向两个以上债权人抵押的，拍卖、变卖抵押财产所得的价款依照下列规定清偿：（一）抵押权已经登记的，按照登记的时间先后确定清偿顺序；（二）抵押权已经登记的先于未登记的受偿；（三）抵押权未登记的，按照债权比例清偿。其他可以登记的担保物权，清偿顺序参照适用前款规定。"因此，不动产抵

---

① 《有关担保的司法解释》第 47 条规定："不动产登记簿就抵押财产、被担保的债权范围等所作的记载与抵押合同约定不一致的，人民法院应当根据登记簿的记载确定抵押财产、被担保的债权范围等事项。"

② 参见高圣平：《民法典担保制度及其配套司法解释的理解与适用》，516 页，北京，中国法制出版社，2021。

押权的登记是确定其优先受偿顺序的依据。正是因为登记可以产生上述效力，所以，交易当事人都负有查询登记的义务，而不能只查看抵押权证书。如果没有查阅抵押登记而从事某项交易，应当承担相应的不利后果。

需要指出的是，一般而言，抵押权人应当是债权人，但从交易实践来看，登记的抵押权人与债权人的身份也可能不一致，此时也不能当然否定抵押权的效力。对此，《有关担保的司法解释》第 4 条规定："有下列情形之一，当事人将担保物权登记在他人名下，债务人不履行到期债务或者发生当事人约定的实现担保物权的情形，债权人或者其受托人主张就该财产优先受偿的，人民法院依法予以支持：（一）为债券持有人提供的担保物权登记在债券受托管理人名下；（二）为委托贷款人提供的担保物权登记在受托人名下；（三）担保人知道债权人与他人之间存在委托关系的其他情形。"从该规定来看，即使出现了登记的抵押权人与债权人的身份不一致的情形，也不能据此否定抵押权的效力，其目的在于保护抵押权人的利益。

（三）未办理抵押登记的不动产抵押合同的效力

抵押合同只是当事人之间的一种合意，登记并非合同的成立或生效要件。相反，因为登记是针对民事权利的变动而设定的，它与物权的变动联系在一起，是一种物权变动的公示方法。如果当事人之间在订立抵押合同之后，并没有办理抵押登记，抵押合同仍然有效，只不过，作为一种物权的抵押权不能有效设立（动产抵押例外）。根据《民法典》第 215 条的规定，除非法律有特别规定，抵押合同一经成立，只要在内容上不违反法律的强行性规定和公序良俗，就可发生合同的效力。

在不动产抵押的情形下，由于抵押权的设立采登记要件主义，因此，当事人必须办理登记，抵押权才能设立，但在办理抵押登记前，抵押合同究竟产生何种效力？《有关担保的司法解释》第 46 条对此作出了明确规定。

第一，未办理抵押登记，不影响抵押合同的效力。《有关担保的司法解释》第 46 条第 1 款规定："不动产抵押合同生效后未办理抵押登记手续，债权人请求抵押人办理抵押登记手续的，人民法院应予支持。"该条实际上确认了，在没有办理抵押登记的情形下，抵押合同仍然有效，抵押权人有权请求抵押人办理抵押登记。这实际也是《民法典》第 215 条关于区分物权变动效力和合同效力规定的具体体现。抵押合同生效后，抵押人负有办理登记手续的义务，如果没有办理登记手续的，债权人可以基于生效的抵押合同请求其履行该项义务，这也是违约责任继续履行请求权的具体体现。①

第二，未办理抵押登记的，不动产抵押权不能有效设立，抵押权人无权请求抵押人承担担保责任。对不动产抵押权而言，如果当事人未办理抵押登记，则抵押权无法设立，此时，在债务人不履行债务时，债权人也无权请求抵押人承担担保责任。

第三，因不可归责于抵押人自身的原因灭失或者被征收等导致不能办理抵押登记的法律后果。《有关担保的司法解释》第 46 条第 2 款规定："抵押财产因不可归责于抵押人自身的原因灭失或者被征收等导致不能办理抵押登记，债权人请求抵押人在约定的担保范围内承担责任的，人民法院不予支持；但是抵押人已经获得保险金、赔偿金或者补偿金等，债权人请求抵押人在其所获金额范围内承担赔偿责任的，人民法院依法予以支持。"由于当事人通常会在抵押合同中约定抵押人负有办理抵押登记的义务，因此，在抵押人无正当理由拒绝办理抵押登记时，债权人有权依法请求其承担违约责任。当然，抵押人不能办理抵押登记的原因较为复杂，某些情形下可能是因为抵押权人的原因，或者因为抵押财产毁损、灭失，无法办理抵押登记，因此，依据上述规定，首先应当确定是否因抵押人的原因而无法办理抵押登记，从而进一步认定抵押人是否应当承担违约责任。如果因不可归责于抵押人自身的原因导致不能办理抵押登记，但抵押人构成违约，则抵押权人虽然有权请求抵押人承担违约责任，但不能请求抵押人在约定的担保范围内负责。如果抵押财产是因第三人侵害导致毁损、灭失，或者抵押财产被征收，抵押人因此获得赔偿金、补偿金等，则抵押权人有权请求抵押人在其所获得的各项金额范围内承担赔偿责任，抵押人承担赔偿责任的限额是其所获得的金额。

---

① 参见李志刚等：《〈全国法院民商事工作会议纪要〉专题解读与实务指引》，302 页，北京，法律出版社，2020。

第四，因抵押人的原因不能办理抵押登记的法律后果。《有关担保的司法解释》第 46 条第 3 款规定："因抵押人转让抵押财产或者其他可归责于抵押人自身的原因导致不能办理抵押登记，债权人请求抵押人在约定的担保范围内承担责任的，人民法院依法予以支持，但是不得超过抵押权能够设立时抵押人应当承担的责任范围。"据此，因抵押人的原因不能办理抵押登记的，抵押权无法设立，因抵押人已经构成违约，抵押权人有权请求抵押人承担违约责任。抵押人承担违约责任的范围是当事人约定的担保范围。债权人有权基于该抵押合同要求抵押人在约定的担保范围之内承担责任，这实质上就是承担抵押合同的违约责任，该责任范围不得超过抵押权有效设立时所应承担的担保责任范围。

（四）抵押登记与抵押合同约定不一致

《有关担保的司法解释》第 47 条规定："不动产登记簿就抵押财产、被担保的债权范围等所作的记载与抵押合同约定不一致的，人民法院应当根据登记簿的记载确定抵押财产、被担保的债权范围等事项。"该条是对于不动产登记簿推定效力的规定。一方面，不动产抵押权的设立采取登记生效主义，不动产抵押权自登记时设立，不动产登记具有公示公信效力，应以不动产登记簿登记的抵押财产、被担保债权范围等记载为准。当事人约定的抵押财产、被担保的债权范围等与不动产登记簿的记载不一致的，应以不动产登记簿的记载来确定担保财产、被担保的债权范围。这是因为，不动产抵押合同仅具有债的效力，只有在登记之后，才能设立抵押权。另一方面，在当事人办理登记时，如果登记的内容与抵押合同约定的内容不一致（如当事人就抵押财产的范围，抵押权担保的债权范围等与抵押合同约定不一致），应当将其解释为，当事人在办理登记时对抵押合同的内容作出了变更，应当以登记的内容确定抵押权的内容。

（五）抵押权预告登记的效力

预告登记，是与本登记相对应的概念，它是指为确保债权的实现、保障将来实现物权等目的，按照约定向登记机构申请办理的预先登记。[①] 抵押权的预告登

---

① 参见黄薇主编：《中华人民共和国民法典物权编解读》，41 页，北京，中国法制出版社，2020。

记，是指在办理抵押权的本登记之前，当事人在登记机构就抵押权办理的预先登记。预告登记本质上不是一种物权登记，不能直接发生物权变动的效果。《民法典》第221条确认了预告登记制度。抵押权预告登记是预告登记的一种类型。

1. 不动产抵押预告登记的顺位效力

抵押权预告登记的顺位效力，是指抵押权预告登记在确定数个抵押权的顺位时所具有的效力。

预告登记具有确定权利顺位的效力，即预告登记在确定权利实现顺序方面的效力。学者也往往使用"顺位保留"来表述预告登记的顺位效力。预告登记所具有的保障债权实现的作用主要通过预告登记确定权利的顺位来实现，换言之，经过预告登记的权利可以优先于其他权利而实现。依据《不动产登记暂行条例实施细则》的规定，未经预告登记权利人的同意，登记机构不得为预告登记义务人办理嗣后的处分登记。因此，在我国，预告登记将构成后续处分登记的障碍，也就是说，只要某一不动产上办理了预告登记，就形成了对此后不动产登记的障碍。未经预告登记权利人的同意，义务人就无法再行办理处分登记。然而，不能就据此否认我国法上预告登记的顺位效力。从实践来看，承认预告登记的顺位效力对于定分止争也具有重要的意义：一方面，在大量的抵押权预告登记的情形，由于还可能在该物之上设立多重抵押，此时，确定各项权利的优先顺位就具有十分重要的意义。另一方面，在预告登记后，虽然法律禁止义务人再次办理处分登记，但是如果出现登记机构错误登记，此时虽然可以通过更正登记程序解决，但未必是最好的方法，而赋予预告登记权利人的顺位优先权利优先的效力，也可以为该问题的解决提供另一种思路。

从实践来看，关于抵押权预告登记的顺位效力，经常发生争议的主要有如下两种情形。

第一，办理了抵押权预告登记后，义务人再次办理其他抵押登记（本登记）时的顺位效力。笔者认为，在此情形下，办理抵押权预告登记的抵押权的实现顺序应当在先，主要理由在于：依据《民法典》的规定，应当以成立时间的先后确立不动产抵押权优先顺位，法律作出此种规定的原因在于，登记在先、成立在先的抵押权，因已经办理登记而进行了物权公示，故此承认其具有优先效力并不会损害成立时间在的抵押权人的信赖利益。而在抵押权预告登记的情形下，虽然该抵押权的本登记时间在后，但由于其预告登记时间在前，通过预告登记已经对抵押权进行了有效的权利公示，赋予其优先顺位的效力，也不会损害在后权利人的信赖利益，也是公平合理的。

第二，仅办理抵押权预告登记的顺位效力。在不动产之上仅办理了抵押权预告登记，而没有办理抵押权本登记时，其是否具有优先受偿的效力？依据《有关担保的司法解释》第 52 条第 1 款规定，应当区分两种情形处理。

一是抵押权预告登记有效，且建筑物所有权已办理首次登记，则应当认定抵押权自预告登记之日起设立。这就是说，如果已经办理建筑物所有权首次登记，且预告登记有效，就应当认定抵押权自预告登记之日起设立。

二是未办理建筑物所有权首次登记，或者预告登记的财产与办理建筑物所有权首次登记时的财产不一致，或者抵押预告登记已经失效，则不能认定抵押权预告登记的效力，此时，预告登记的权利人无权主张就抵押财产优先受偿。

2. 不动产抵押权预告登记在破产中的效力

《有关担保的司法解释》第 52 条第 2 款规定："当事人办理了抵押预告登记，抵押人破产，经审查抵押财产属于破产财产，预告登记权利人主张就抵押财产优先受偿的，人民法院应当在受理破产申请时抵押财产的价值范围内予以支持，但是在人民法院受理破产申请前一年内，债务人对没有财产担保的债务设立抵押预告登记的除外。"该款规定了在抵押人破产的情形下，即使预告登记权利人仍不具备办理抵押登记的条件，也认为其就约定的抵押物享有优先受偿的权利，其理由主要在于：一方面，预告登记本身就具有排除强制执行和抵御破产的效力，所以，抵押权预告登记也不例外，如果其不具有抵御破产的效力，当事人办理抵押权预告登记的目的也难以实现。[1] 另一方面，此种规定也与《企业破产法》的规定保持一致。依据《企业破产法》第 46 条规定，对未到期的债权，在破产申请

---

[1] 参见最高人民法院民事审判第二庭：《最高人民法院民法典担保制度司法解释理解与适用》，458页，北京，人民法院出版社，2021。

受理时视为到期，同样，在抵押人破产时，即便不具备办理抵押登记的条件，也视为该条件已经成就。此外，依据《企业破产法》第31条规定，在人民法院受理破产申请前一年内，如果债务人对没有财产担保的债务提供财产担保的，则管理人有权请求人民法院撤销该行为。该规则也适用于抵押权预告登记。①

（六）因登记机构过错导致不能办理抵押登记的责任

在办理抵押登记过程中，也可能因为登记机构的过错导致不能办理抵押登记，对此，《有关担保的司法解释》第48条规定："当事人申请办理抵押登记手续时，因登记机构的过错致使其不能办理抵押登记，当事人请求登记机构承担赔偿责任的，人民法院依法予以支持。"该条所规定的登记机构的责任性质如何，法律并没有作出明确规定，需要留给特别法作出规定。② 依据本条规定，在因登记机构过错导致不能办理抵押登记的，不能有效设立抵押权，当事人有权依据本条规定请求登记机构承担赔偿责任。③

四、同一财产之上设立多个抵押

所谓同一财产之上设立多个抵押，是指在同一抵押财产上为多个债权分别设定了抵押权。抵押权所支配的是抵押物的交换价值，而不要求实际占有抵押物，其本质上是一种价值权。抵押权的交换价值是可以分割计算的，因此，同一抵押物可以成为多个抵押权的标的。只要抵押权人愿意接受，在抵押物上当然可以设定多个抵押权，即使其担保的债权数额超过抵押物的价值，也不应予以限制。④ 我国《民法典》第414条允许当事人在同一财产之上设立多个抵押权。例如，甲拥有价值1 000万元的房产一套，其先以该房产向甲银行抵押借款500万元，后

---

① 参见最高人民法院民事审判第二庭：《最高人民法院民法典担保制度司法解释理解与适用》，460页，北京，人民法院出版社，2021。

② 参见黄薇主编：《中华人民共和国民法典物权编释义》，30页，北京，法律出版社，2020。

③ 参见最高人民法院民事审判第二庭：《最高人民法院民法典担保制度司法解释理解与适用》，427页，北京，人民法院出版社，2021。

④ 参见黄薇主编：《中华人民共和国民法典物权编释义》，802页，北京，法律出版社，2020。

来，又向乙银行借款 800 万元，也以该房产作抵押。只要办理了登记，两项抵押权都可以有效设立。法律允许同一财产之上设立多个抵押权，有利于充分发挥财产的经济效用，也有利于鼓励交易。

在一物之上设置多个抵押的情形下，应当依据《民法典》第 414 条确立各个抵押权之间的权利顺位规则，即抵押权已经登记的，按照登记的时间先后确定清偿顺序；抵押权已经登记的先于未登记的受偿；抵押权未登记的，按照债权比例清偿。因为《民法典》规定了优先顺位，允许在一物之上设置多个抵押，但主要根据登记确定抵押权的优先顺位。《民法典》第 414 条确立的抵押权竞存时的优先顺位规则，在适用上存在如下例外：一是债权人在动产之上取得的担保因购买该动产而产生的价款给付担保权，即使登记在后，其也可以优先受偿。二是正常经营买受人规则，如为正常经营买受人，则即便抵押权已经办理了登记，买受人也可主张不受抵押权的限制。

第三节　抵押财产

一、抵押财产概述

抵押财产，又称为抵押物，是指抵押权的标的或客体。可以抵押的财产必须具备如下条件。

第一，抵押财产不限于有体物。抵押财产可以是有形财产，也可以是无形财产，只要是具有独立交换价值，且法律允许转让的财产，都可以设定抵押。[①] 例如，一些没有权利凭证的财产权利也可以设定抵押。从法律上看，任何抵押财产都必须具有独立的交换价值，因为抵押权本质上是对交换价值的支配权，如果抵押财产没有独立的交换价值，抵押权的效力难以体现，抵押权本身也难以实现。

---

① 参见黄薇主编：《中华人民共和国民法典物权编释义》，764 页，北京，法律出版社，2020。

第二，抵押财产必须特定。即抵押的财产必须是某项特定的财产，或者该财产具有特定的范围。如果不能特定，抵押权人就无法支配抵押财产，从而不可能顺利地实现抵押权。[①] 问题在于，抵押财产的价值是否必须等于或大于被担保的债权的数额？依据《民法典》的有关规定，基于当事人约定所产生的抵押，抵押物及被担保的债权的范围均可由当事人自行约定。即使抵押物的价值少于被担保债权的数额，甚至有很大的差距，只要债权人自愿接受，法律也无干预的必要。因为即使以价值很小的抵押物担保数额较大的债权，也总比没有提供担保的情况要好。债权人既然同意此种抵押，表明其愿意承担其债权不能完全基于抵押权的实现而实现的风险。更何况当事人在设定抵押时，不可能对抵押物的价值进行准确的评估，也可能难以判定抵押物的价值是否大于或等于抵押所担保的债权的数额。

第三，抵押财产必须具有可转让性。由于抵押的实现要将抵押物拍卖、变卖，因此抵押物必须是可以转让的物。凡是法律禁止流通或禁止强制执行的财产是不得作为抵押物的。抵押物只有具有可转让性，才能体现一定的交换价值。[②]

第四，抵押财产必须具有可公示性。抵押财产必须能以登记或其他的方式予以公示。由于抵押权的设立不是以标的物的占有移转为公示要件，而是以登记或其他的方法进行公示，因此抵押物必须能够以登记或其他的方式予以公示。

二、依法可以抵押的财产

《民法典》第 395 条具体列举了几种抵押财产的典型形态。

（1）建筑物和其他土地附着物。所谓建筑物，是指定着于土地上或地面以下，具有顶盖、梁柱、墙壁，可供人居住或使用的构造物、房屋、仓库、地下室、空中走廊、立体停车场、桥梁、水塔、烟囱等。其他土地附着物，是指依附

---

① 参见崔建远：《物权法》，5 版，432 页，北京，中国人民大学出版社，2021。
② 参见梅仲协：《民法要义》，592 页，北京，中国政法大学出版社，1998。

于土地、在土地之上建造的构筑物和其他附着物（如桥梁、水坝等）。^①《民法典》允许抵押的不动产包括土地上的房屋等建筑物和其他土地附着物；此处所说的建筑物是指已经建成的建筑物，而对于正在建造的建筑物或者尚未建造的建筑物抵押则属于在建工程抵押和期房抵押。值得注意的是，《有关担保的司法解释》第49条规定，以违法建筑物设定抵押的，抵押合同无效，但如果当事人能够在一审法庭辩论终结前已经办理合法手续的，则抵押合同有效。可见，即便相关建筑物是违法建设的，但其所占的建设用地使用权仍然可以依法设立抵押。

（2）建设用地使用权。以建设用地使用权设立的抵押，是指债务人或第三人以其建设用地使用权向债权人提供担保，当债务人不履行债务或者发生当事人约定的情形时，债权人有权依法从该建设用地使用权折价、拍卖或者变卖所得的价款中优先受偿。由于建设用地使用权依法可以转让，且具有一定的经济价值，因而可以成为抵押的标的。在我国，土地的抵押实际上就是指建设用地使用权的抵押。以建设用地使用权抵押，抵押的标的不是土地或者土地所有权本身，而是对土地使用和收益的权利，此种权利已经与土地所有权发生分离，形成一种独立的用益物权。从性质上说，建设用地使用权抵押并不是实物抵押而是权利抵押。^②

建设用地使用权可以采取出让或者划拨等方式来设立，以出让方式设立的，建设用地使用权可以抵押，但如果是以划拨建设用地使用权抵押的，在实现抵押权时，首先应当从拍卖所得的价款中交纳相当于应交纳的建设用地使用权出让金的款额后，抵押权人才能优先受偿。《有关担保的司法解释》第50条对划拨的建设用地使用权的抵押规则作出了专门规定。《民法典》采用交易中房地一并处分的规则，因而建设用地使用权抵押时，其地上建筑物、其他附着物也应随之抵

---

① 参见梁慧星、陈华彬：《物权法》，4版，36页，北京，法律出版社，2007；黄薇主编：《中华人民共和国民法典物权编释义》，762页，北京，法律出版社，2020。

② 参见程啸：《担保物权》，载王利明等：《中国物权法教程》，460页，北京，人民法院出版社，2007。

押；地上建筑物、其他附着物抵押时，其使用范围内的建设用地使用权随之抵押。① 但建设用地使用权抵押后，该土地上新增的建筑物不属于抵押财产。

（3）海域使用权。《民法典》第 328 条规定的海域使用权是一项重要的财产权利，《物权法》就对这一权利作出了明确规定，但是并未明确其是否可以作为抵押权客体。伴随着海洋经济的不断发展，《民法典》将海域使用权明确规定为可以抵押的财产权客体，对实践中已经存在并运行的海域使用权抵押进行了确认。

（4）生产设备、原材料、半成品、产品。所谓生产设备，是指企业、个体工商户、农村承包经营户等使用的各种机器、计算机、试验设备、通信设备等用于生产的各种设备。所谓原材料，是指用于制造产品或从事各类生产经营活动的原料和材料。所谓半成品，是指尚未生产完成的产品。所谓产品，是指已经制造完毕的最终产品。②

（5）正在建造的建筑物、船舶、航空器。具体包括：

1）正在建造的建筑物。以正在建造的建筑物设定抵押的情形主要包括两种。

一是在符合预售条件之后，购房人向银行办理按揭过程中进行的抵押，属于商品房的抵押预告登记。这一登记不属于本登记，因为建筑物尚未完工，所有权不能办理初始登记，抵押权也不能办理本登记。

在此需要讨论的是在实践中通常采用的"按揭"方式。按揭一语，转译自英语 mortgage。在英美法中，mortgage 由古语 mort 和 gage 复合构成，mort 源于拉丁语 mortum，意为"永久、永远"，gage 意为"质押、担保"，二者合在一起，便有"永久质、死担保"的含义。③ 在我国，所谓按揭，通常是指商品房按揭，它是指购房人和房屋出卖人买卖期房时，购房人在支付首期规定的房价款之后，向银行贷款，由贷款银行代其支付其余的购房款，而购房人将其所购预售商

---

① 参见《民法典》第 397 条。

② 参见黄薇主编：《中华人民共和国民法典物权编释义》，763 页，北京，法律出版社，2020。

③ See E. H. Burn, *Cheshire and Burns Modern Law of Real Property*, 13th, Butterworths, 1982, p. 617.

品房抵押给贷款银行，作为偿还贷款履行担保的行为。[1] 严格地说，按揭不是一个严谨的法律术语，其在内容上包含了多重法律关系。

在期房按揭中，预购人（按揭人）将其与开发商签订的《商品房预售合同》交予银行占有，并以此合同项下的权益作担保（并由商品房预售人作保证人）向银行贷款；在其依约清偿银行贷款的本息后，将该预售合同从银行处赎回；于其不能依约清偿银行贷款的本息时，由银行取得该预售合同项下的权益以清偿预购人对银行的欠款。我国大陆的按揭并非仅局限于担保，而是担保和不动产交易紧密结合的一种复杂的交易方式，涉及三方当事人之间的数个法律关系，即：一为购房人（按揭人）与银行之间的贷款合同法律关系；二为按揭人与银行之间的以所购房屋或合同项下权益为标的的担保合同（一般包含有保险条款和房屋买卖合同及权利证书移转占有条款）法律关系；三为购房人与银行之间就将划拨资金给房产商的委托合同法律关系。[2]

《民法典》是否承认了按揭为一种担保物权？对此，存在着两种不同的看法。我国《民法典》第 395 条规定，债务人和第三人可以以其有权处分的正在建造的建筑物抵押，这实际上已经承认了按揭中的抵押关系可以成为担保物权，其他关系需要根据具体情况由其他法律调整。按揭中的法律关系包括开发商与买受人的购房关系、买受人与银行之间的借贷关系、买受人与银行之间的担保关系等，其内容较为复杂，其中包括了抵押关系。我国《民法典》第 221 条规定了预告登记制度，这就为按揭的公示提供了制度保障，在按揭之后，可以通过预告登记将其公示出来。

二是在建工程抵押，即抵押人为取得在建工程继续建造资金的贷款，以其合法取得的建设用地使用权连同在建工程，以不转移占有的方式抵押给贷款银行作为偿还贷款履行担保的行为。[3] 在建工程具有一定的财产价值，也具有特定性，因此法律规定其可以成为抵押财产。在建工程的抵押登记，究竟属于预告登记，

---

[1] 参见程啸：《担保物权》，载王利明等：《中国物权法教程》，460 页，北京，人民法院出版社，2007。

[2] 参见孟祥沛：《论中国式按揭》，载《政治与法律》，2013（5），90～91 页。

[3] 参见《城市房地产抵押管理办法》第 3 条第 5 款。

还是一般抵押权登记？对此，学理上一直存在不同的看法。笔者认为，已经建造部分的抵押，并不等同于建造完毕的房屋的抵押，应当属于本登记。例如，按照规划，房屋应当建造10层，开发商只建造了5层就用于抵押贷款。因为仅仅建造了5层，还不能认为是建筑物，这就表明在建工程不是已经完成的建筑物，不是完整的不动产。但是，在建工程毕竟具有财产利益，《民法典》承认在建工程抵押，有助于扩大抵押财产的范围，充分发挥在建工程的价值，促进融资。① 由于在建工程只能在建设完工后才能取得物权，所以，在建工程抵押是对未来财产的抵押。

应当看到，在建工程通常是在继续建造的物，因此，其价值也会增加。那么，在建工程的权利人是否应当在因建造而增加价值后，办理变更登记？笔者认为，没有必要进行此种变更登记。这是因为一方面，在建工程的抵押属于未来财产的抵押，以建造完成后的财产拍卖从而担保债权的实现，这本身就是当事人设立担保的目的。另一方面，在我国，建筑物的建造是按照城市规划进行的，要求在建工程权利人办理变更登记，并不具有实际意义。此外，在建工程抵押是现状抵押，续建部分也应办理抵押登记。没有必要在建造过程中，因增加价值就进行变更登记，当事人只需在建工程完工之后办理变更登记。

依据《有关担保的司法解释》第51条第2款规定："当事人以正在建造的建筑物抵押，抵押权的效力范围限于已办理抵押登记的部分。当事人按照担保合同的约定，主张抵押权的效力及于续建部分、新增建筑物以及规划中尚未建造的建筑物的，人民法院不予支持。"据此，对正在建造的建筑物，是否可以作为抵押财产，应当以登记确定的内容为准，对于已办理登记的部分，则应当将其纳入抵押权的客体范围。同时，即便当事人在抵押合同中约定，抵押权的效力及于续建部分和新增部分或者尚未建造的建筑物，但如果当事人未办理登记，则仍然应当以当事人登记的内容为准，确定抵押权的客体范围，这实际上是将《民法典》第417条进行了具体化。

----

① 参见黄薇主编：《中华人民共和国民法典物权编释义》，764页，北京，法律出版社，2020。

2）正在建造的船舶和航空器

除了正在建造的建筑物可以抵押外，《民法典》第 395 条第 1 款规定，正在建造的船舶和航空器也可以设定抵押，这就进一步扩大了正在建造的财产可以抵押的范围。因为这些动产在建造完毕之前，虽然不能从事运输，但是，它们仍然具有一定的财产价值。例如，正在建造的船舶可以作为娱乐设施而使用。而且船舶、航空器一旦建造完成，便具有较大的价值。船舶、航空器的建造周期长，资金需求量很大，建造人往往需要大量投资，如果不允许以正在建造的船舶、航空器抵押，可能就难以融资，从而影响其建造。[①]

（6）交通运输工具。交通运输工具包括车辆、船舶和航空器，其范围非常宽泛，如飞机、船舶、汽车等。它们在性质上都是动产，但是，因为交通运输工具的公示方法采用登记的方式，因而在学理上又被称为"准不动产"。需要指出的是，能够用于抵押的交通运输工具，主要是指具有一定的财产价值，可以通过登记方式来进行物权变动的交通运输工具。除《民法典》之外，我国有关特别法律法规也规定了交通运输工具的抵押登记问题。[②]

（7）法律、行政法规未禁止抵押的其他财产。《民法典》第 395 条规定，"法律、行政法规未禁止抵押的其他财产"都可以抵押。因为从实践来看，随着社会经济生活的发展，抵押财产的范围将不断扩大，当事人以各种新的财产作抵押，在法律上无法列举穷尽。采用正面清单方式列举抵押财产会极大限制当事人可以抵押的财产范围，使得大量财产不能用于抵押，不利于促进融资。依据该条规定，只要属于法律没有禁止抵押的财产，权利人完全可以基于自己的最佳利益判断，决定是否将其财产设定抵押。"为使物尽其担保的功能，似无限制必要，宜由市场需要决定之。"[③]

当然，《民法典》第 395 条第 1 款第 7 项中"其他财产"，也必须符合抵押财

---

①　参见姚红主编：《中华人民共和国物权法精解》，324 页，北京，人民出版社，2007。

②　参见《机动车登记规定》第二章，《海商法》第 13 条，《民用航空法》第 16 条。

③　王泽鉴：《动产担保制度与经济发展》，载梁慧星主编：《民商法论丛》，第 2 卷，114 页，北京，法律出版社，1994。

产的基本条件。笔者认为，此处说的"其他财产"应当具备如下条件：第一，必须是可以转让的不动产和动产以及权利。例如，有些消费品如电视机、冰箱、手机也可设定抵押。因为《民法典》第115条规定："物包括不动产和动产。法律规定权利作为客体的，依照其规定。"这就意味着，物权的客体原则上是动产和不动产，权利在法律作出明确规定的情况下，才能成为物权的客体。但无论是物还是权利，都必须具有可转让性。第二，抵押人对该项财产具有处分权。根据《民法典》第395条的规定，债务人或者第三人有权处分且符合第395条规定的财产可以抵押。所以，即使是法律、法规不禁止抵押的财产，也必须由抵押人享有处分权，对于无处分权的财产不得抵押。第三，应当具备相应的公示方法。我国《民法典》物权编确立了物权公示原则，因此，财产之上要设立抵押权，就应当具备相应的公示方法。例如，以整个农场抵押，应当存在相应的登记机构，并可以办理登记。问题在于，如果法律没有规定相应的登记机构，该财产是否就不能设立抵押？笔者认为，没有登记机构不等于就没有公示方法。虽然法律没有规定相应的登记机构，只要可以通过一定的方法进行公示，就应当可以设立抵押。至于实践中如何实现公示，需要根据具体情况来确定。第四，抵押的设定，不得违反公序良俗。例如，将"洋垃圾"作为财产进行抵押。虽然现行法律没有严格限制此类财产的抵押，但是将此类财产进行抵押显然是违反公序良俗的。

需要探讨的是，《民法典》第395条第1款第7项规定，"法律、行政法规未禁止抵押的其他财产"可以抵押，但并没有明确规定其设定应当采用何种公示方法。笔者认为，对于《民法典》第395条第1款没有列举的财产设立抵押，应当根据以其财产属性分别适用动产或者不动产的公示方法。

三、关于共有财产的抵押

抵押权的客体包括共有财产。共有财产的抵押，可以分为按份共有财产的抵押和共同共有财产的抵押。

第一，按份共有。在按份共有的情形下，各个共有人可以就其份额进行抵押，由于在按份共有的情形下，各个共有人就其应有份享有如同所有权的效力，因此，其可以将该份额抵押，在抵押权实现时，可以将该共有份额变价，抵押权人有权优先受偿。

第二，共同共有。共同共有人以共有财产设立抵押的，原则上必须取得其他共有人的同意。其理由在于：根据《民法典》第301条的规定，处分共同共有的财产，应当经全体共同共有人同意。而抵押也是对财产的一种处分行为，所以共同共有财产的抵押必须取得全体共同共有人的同意。

从实践来看，夫妻一方将共有财产抵押以后，已经办理了登记，但夫妻另一方事后以抵押未征得其同意为由，否定抵押的效力，此时如何认定该行为的效力？笔者认为，应当区分抵押财产的不同类型，分别认定其效力：如果是一般的夫妻共有财产，按照《民法典》第1060条所规定的日常家事代理权规则，夫妻一方完全有权代表另一方行使处分权，该处分行为包括抵押行为是有效的。但如果抵押财产是诸如房屋、机动车等重要财产，其已经超出了日常家事代理权的范围，夫妻一方擅自设定抵押的，应当构成无权处分，在此情形下，相对人应当查明相关的财产是否为夫妻一方单独所有的财产，否则不能当然认定其构成善意，并据此认定相对人可以善意取得抵押权。需要指出的是，部分共同共有人对共有财产的处分问题存在约定，但这种约定不具有公示性，不能对第三人发生效力。因此，共同共有人不能以此种内部约定来否定抵押的效力，否则将可能严重损害善意第三人的利益。当然，如果夫妻一方在设置抵押时，夫妻另一方已明确提出异议，或者相关权利证书表明拟抵押财产为共有财产且未取得其他共有人同意，债权人在抵押设定时知道或者应当知道前述情况，则债权人并非善意，不能取得该抵押权。当然，在重要家庭财产的处分中，还要结合具体案情考察抵押权人在交易时的注意义务，其是否尽到对重要财产的审查义务，以决定其善意与否。如果抵押权人是善意的，则可以依据《民法典》第311条第4款的规定善意取得。

四、禁止（或限制）抵押的财产

我国《民法典》第395条和第399条，同时采用正面列举和反面排除两种方式，界定了抵押财产的范围。根据《民法典》第399条，禁止抵押的财产主要包括以下几类。

（一）土地所有权

我国实行土地公有制，土地只能归国家或集体所有。在土地公有制度框架下，土地所有权的流转受到严格限制，我国宪法和有关法律严格禁止土地买卖。如果允许将土地所有权作为抵押物设定抵押，则在抵押权实现时，势必导致民事主体取得土地所有权，这就违背了我国基本的土地所有制度，动摇公有制的基础。[①] 有鉴于此，《民法典》明确禁止任何土地所有权的抵押。

（二）宅基地、自留地、自留山等集体所有土地的使用权

根据《民法典》第399条，法律禁止宅基地、自留地、自留山等集体所有的土地使用权的抵押，但法律规定可以抵押的除外，该条实际上承认土地经营权可以抵押。与《物权法》的规定相比较，《民法典》第399条第2项删除了"耕地"二字，这意味着关于耕地禁止抵押的规定被删除了。虽然只是两个字的删除，但是具有重要意义。《农村土地承包法》第47条第1款规定："承包方可以用承包地的土地经营权向金融机构融资担保，并向发包方备案。受让方通过流转取得的土地经营权，经承包方书面同意并向发包方备案，可以向金融机构融资担保。"允许土地经营权抵押，不仅巩固了这一农村改革的成果，而且有利于保护农民的利益。如果土地经营权既不能流通，也不能抵押，这将导致城乡二元化结构越来越固化，而且不利于农用地的财产价值的充分显现。依据《民法典》的规定，禁止抵押的集体财产还包括如下几种。

（1）宅基地使用权。关于宅基地使用权是否可以单独抵押，在物权法立法过程中也存在争议。从推进市场经济的发展，维护农民利益考虑，应当逐步放开宅基地使用权的抵押。不过，我国现阶段宅基地使用权在一定程度上发挥着社会保障的功能，尤其是考虑到目前我国农村社会保障体系尚未全面建立，宅基地使用权是农民安身立命之本，而且从全国范围看，完全放开宅基地使用权的转让和抵

---

① 参见黄薇主编：《中华人民共和国民法典物权编释义》，770页，北京，法律出版社，2020。

押的条件尚不成熟。① 所以，《民法典》对宅基地的转让和抵押实际上采取了维持现状的做法。从《民法典》第399条的规定来看，宅基地使用权是不得抵押的。

笔者认为，放开宅基地使用权抵押的限制，有利于宅基地使用权的流转，从而使农民从中获得更多财产收益。但《民法典》最终没有明确规定宅基地使用权可以抵押，一个重要的理由是为了保障农民的切身居住利益，保障其基本生存。不过从长远看，一直禁止宅基地使用权抵押也会固化城乡二元格局，扩大城乡居民的收入差距。最近国家已经在部分地方开展宅基地抵押的试点工作，能否取得预期的效果，尚有待观察。

问题在于，宅基地使用权能否随同房屋一并抵押？笔者认为，宅基地单独抵押和宅基地随同房屋一并抵押是有区别的。从我国现行法来看，法律并没有严格禁止农民以其房屋设立抵押。其主要原因在于：房屋是广大农民的一项重要财产，如果禁止以其房屋抵押，则房屋的交换价值难以发挥，农民自然不能以房屋作抵押获得融资。在农民融资渠道本来就十分有限的情形下，如果法律禁止以房屋抵押获得融资，将会影响农民经济活动的进行，也会妨碍农村市场经济的发展。因此，笔者认为，既然我国《民法典》第399条没有禁止宅基地使用权随同房屋抵押，基于以上考虑应当允许此种抵押。

（2）自留山、自留地之上的土地承包经营权。自留地是指农村集体经济组织分配给本集体经济组织成员长期使用的土地；自留山是指农村集体经济组织分配给其成员长期使用的少量的柴山和荒坡。② 自留山、自留地性质上也属于土地承包经营权，只不过是特殊的土地承包经营权。由于自留山、自留地之上的土地承包经营权具有一定的身份属性，且发挥着社会保障的功能，因此，我国《民法典》第399条第2项规定自留山、自留地之上的土地使用权不得抵押，但是允许在法律另有规定时的例外。例如，依据《农村土地承包法》第53条的规定，通过招标、拍卖、公开协商等方式承包农村土地的，可以进行抵押。

---

① ② 参见黄薇主编：《中华人民共和国民法典物权编释义》，772页，北京，法律出版社，2020。

（三）学校、幼儿园、医疗机构等为公益为目的的成立的非营利法人、非法人组织的教育设施、医疗卫生设施和其他社会公益设施

依据《民法典》第 399 条的规定，凡是学校、幼儿园、医疗机构等以公益为目的的财产不得抵押，包括以公益为目的的事业单位的各种社会公益设施，其他社会公益设施包括公共图书馆、博物馆、美术馆、文化宫等。① 这些公益设施一旦设定抵押，有可能在实现抵押权时，使这些财产被拍卖或变卖，危害社会公共利益。我国《民法典》作出此种禁止性规定，有利于防止以牟利为目的的经营活动影响教育、卫生等社会公益事业的发展。②

对《民法典》第 399 条的规定进行反面解释，可见非为公益为目的的成立的学校、幼儿园、医疗机构，法律并不禁止其以自身财产进行抵押。《有关担保的司法解释》第 6 条第 2 款规定："登记为营利法人的学校、幼儿园、医疗机构、养老机构等提供担保，当事人以其不具有担保资格为由主张担保合同无效的，人民法院不予支持。"当然，即便是对上述非营利性机构而言，其财产中可能包含一些非公益设施或者其他非公益的财产，如学校所办商店、医院所办生产基地等财产，此种财产的利用与流转通常不会影响上述机构公益目的的实现，因此，《有关担保的司法解释》第 6 条第 1 款允许上述机构以其非公益设施提供担保。尤其是学校、医疗机构有可能因为借款等原因而将其所有的非教育设施和非医疗设施等财产为自己的债务设定抵押，或者为他人的债务提供担保，如果完全禁止以这些财产进行抵押，既不利于保护债权人利益，也会对学校、医疗机构产生不利影响。

（四）所有权、使用权不明或者有争议的财产

所谓所有权、使用权不明，是指在设置抵押时该财产的权利归属处于不明确状态。所谓有争议，是指在设立抵押权时财产所有权或者使用权存在争议。例如，房屋登记中记载了异议登记，或者第三人已经提起了确认之诉。我国《民法典》禁止所有权、使用权不明或者有争议的财产设立抵押，其主要原因在于：一

---

① 参见王胜明主编：《中华人民共和国物权法解读》，396 页，北京，中国法制出版社，2007；黄薇主编：《中华人民共和国民法典物权编释义》，773 页，北京，法律出版社，2020。

② 参见黄薇主编：《中华人民共和国民法典物权编释义》，773 页，北京，法律出版社，2020。

方面，抵押是一种处分行为，抵押人将某项财产抵押的前提是对该项财产享有处分权，而对于所有权、使用权不明或者有争议的财产，抵押人是否享有处分权尚未确定，因此不能将其抵押①；另一方面，此类财产的抵押可能侵犯所有权人或者使用权人的合法权益，而且可能引发争议，使社会关系变得紊乱。

我国《民法典》第399条虽然规定了所有权、使用权不明的财产不得抵押，但从我国《民法典》的规定来看，在无权处分的情形下，行为人无权处分他人财产的，无权处分合同仍然有效，而且在符合善意取得构成要件的情形下，相对人可以取得该财产的所有权。当事人以所有权不明、使用权不明或者有争议的财产设定抵押的，如果相对人是善意的，则其也应当可以依据善意取得的规定取得抵押权。同时，在设定抵押权时，相关财产所有权是否明确、使用权是否明确，是否有争议，相对人可能难以判断，或者识别成本较高，一概否认在此类财产之上设立的抵押权的效力，也会影响交易安全和效率。因此，《有关担保的司法解释》第37条第1款规定：“当事人以所有权、使用权不明或者有争议的财产抵押，经审查构成无权处分的，人民法院应当依照民法典第三百一十一条的规定处理。”依据该规定，如果当事人以所有权、使用权不明或者有争议的财产进行抵押，则将产生如下效力：第一，当事人所订立的抵押合同仍然是有效的。也就是说，抵押权在构成无权处分的情形下，当事人所订立的抵押合同效力不因此而受到影响。第二，如果符合善意取得的条件，则相对人可以善意取得该抵押权。第三，如果不符合善意取得的构成要件，则相对人无法取得抵押权。《民法典》第311条第3款规定，“当事人善意取得其他物权的，参照前两款规定”。据此，如果在设定抵押时，抵押权人接受该抵押时是善意的、不知情的，即使抵押财产的所有权不明或者存在争议，债权人也可以依据善意取得制度取得抵押权。例如，甲和乙之间就一套房产有争议，甲将房产抵押，抵押后办理了登记，后证明该房产不是甲的财产，甲构成无权处分。乙可以基于《民法典》第311条第3款的规定主张抵押权的善意取得。

---

① 参见黄薇主编：《中华人民共和国民法典物权编释义》，774页，北京，法律出版社，2020。

（五）依法被查封、扣押、监管的财产

1. 被查封、扣押的财产

查封是指人民法院或有权的行政机关依法采取强制措施，将被保全的财产、被执行人的财产贴上封条就地封存，并禁止占有、使用和处分该财产。扣押是指法院或有关行政机关依法将财物就地扣留，或者易地扣留，禁止财物所有人在扣留期间动用或处分财产。《有关担保的司法解释》第37条第2款规定："当事人以依法被查封或者扣押的财产抵押，抵押权人请求行使抵押权，经审查查封或者扣押措施已经解除的，人民法院应予支持。抵押人以抵押权设立时财产被查封或者扣押为由主张抵押合同无效的，人民法院不予支持。"依据这一规定，允许当事人就查封、扣押的财产设定抵押。依据该条规定，如果仅仅以依法被查封、扣押的财产进行抵押的，抵押合同的效力不受影响，只不过在行使抵押权时，需要区分如下情形：一是在行使抵押权时，查封、扣押等措施已经解除的，此时可以认定抵押权已经设立，抵押权人可以依法行使其抵押权。二是当事人以查封、扣押的财产设定抵押的，抵押人不得以抵押权设定时抵押财产已经被采取查封、扣押措施为由主张抵押合同无效。三是在抵押权实现时，查封、扣押措施仍然未解除的，则抵押合同有效，但抵押权尚无法行使。

此外，在抵押有效成立以后，因为抵押人的原因导致已经设定抵押的财产依法被查封、扣押的，也不影响其抵押效力。①

2. 被监管的财产

监管是指海关依照《海关法》第57条第5款的规定，对自进境起到办结海关手续的进口货物，自向海关申报起到出境止的出口货物过境、转运、通运货物，以及暂时进口货物、保税货物和其他尚未办结海关手续的进出境货物进行监督、管理。

依法被查封、扣押、监管的财产，尽管所有权并没有发生移转，但所有权的

----

① 《有关担保的司法解释》第37条规定："当事人以所有权、使用权不明或者有争议的财产抵押，经审查构成无权处分的，人民法院应当依照民法典第三百一十一条的规定处理。当事人以依法被查封或者扣押的财产抵押，抵押权人请求行使抵押权，经审查查封或者扣押措施已经解除的，人民法院应予支持。抵押人以抵押权设立时财产被查封或者扣押为由主张抵押合同无效的，人民法院不予支持。以依法被监管的财产抵押的，适用前款规定。"

行使受到了严格限制，由于这些财产已被司法机关和其他执法机关采取了强制措施并予以监管，所有人无权对此类财产擅自处分，因而该财产处于暂时不得让与的状态，不得用于抵押。但如果这类财产已经被解除了查封、扣押或其他强制措施，则可以用于抵押。①《有关担保的司法解释》第 37 条第 3 款规定："以依法被监管的财产抵押的，适用前款规定。"这就是说，在抵押权设定时，财产虽然被查封或扣押，但是只要在行使抵押权时，该查封或扣押已经解除的，并不影响抵押权的效力。

（六）法律、行政法规规定不得抵押的其他财产

该条实际上是兜底条款。因为除民法典的规定以外，其他法律、行政法规都规定了一些不得抵押的财产，民法典没有必要重复这些规定。除上述规定外，还有一些法律、法规规定了一些禁止抵押的财产，主要包括：

1. 违法、违章的建筑物

我国有关法律、法规历来禁止建造违法、违章的建筑物。违法建筑物是指违反有关法律、法规的禁止性规定而建造的各类建筑物及其设施，例如违反有关防洪法，在防洪大堤上建造的房屋。而违章建筑主要是指违反城市规划，或者没有办理有关审批手续的建筑物及其他附属设施。例如，擅自搭建的房屋及其设施以及违反规划建造的房屋。对这两类建筑物，我国法律、法规不保护其建造人享有所有权，为了维护法律的权威和规划的效力，违法、违章建筑必须予以拆除，如果不能拆除，应当没收违法所得或者责令其补办有关手续。② 尤其是如果允许以违法、违章建筑物进行抵押，则会产生鼓励违法、违章建筑行为的后果。③

《有关担保的司法解释》第 49 条第 1 款规定确立了如下规则：一是以违法的建筑物抵押的，抵押合同原则上无效。因为合同的标的物本身具有违法性，不得

---

① 参见黄薇主编：《中华人民共和国民法典物权编释义》，774 页，北京，法律出版社，2020。

② 参见程啸：《中国抵押权制度的理论与实践》，148～150 页，北京，法律出版社，2002。

③ 《有关担保的司法解释》第 49 条规定："以违法的建筑物抵押的，抵押合同无效，但是一审法庭辩论终结前已经办理合法手续的除外。抵押合同无效的法律后果，依照本解释第十七条的有关规定处理。当事人以建设用地使用权依法设立抵押，抵押人以土地上存在违法的建筑物为由主张抵押合同无效的，人民法院不予支持。"

作为抵押财产。二是如果当事人在一审法庭辩论终结前已经办理合法手续的，则消除了其违法性，此时应当认为以违法的建筑物抵押的抵押合同有效。例如，就违反行政规划的违章建筑物订立的不动产抵押合同，在没有补办合法手续之前，抵押合同无效，一旦在一审法庭辩论终结前办理了相关合法手续，则抵押合同有效。因此，以违法、违章的建筑物设定抵押权的，抵押合同的效力应当以一审法定辩论终结前是否办理合法手续作为判断标准。三是抵押合同无效的，应当按照《有关担保的司法解释》第17条的有关规定确定各方主体的民事责任。该条主要依据过错确定各方主体的责任。

此外，根据《民法典》的规定，建设用地使用权与建筑物均可以成为不动产抵押权的客体，均可单独设立抵押权，因此，在以违法、违章建筑物抵押的情形下，应当区分违法、违章建筑物与其所占用的建设用地使用权，分别认定其效力。对此，《有关担保的司法解释》第49条第2款规定："当事人以建设用地使用权依法设立抵押，抵押人以土地上存在违法的建筑物为由主张抵押合同无效的，人民法院不予支持。"依据上述司法解释的规定，如果当事人以建设用地使用权依法设立不动产抵押之后，即便该建设用地之上存在违法、违章建筑，也不应当影响抵押合同的效力。在我国法上，建设用地使用权与建筑物是独立的两项财产，这种违章建筑物的违法性并不会对建设用地使用权抵押合同的效力产生直接的影响，两者之间具有相对独立性。

2. 宗教财产

宗教财产是指宗教团体对其动产和不动产所享有的所有权。我国《民法典》虽然没有规定宗教财产是否可以抵押，但《宗教事务条例》第54条规定："宗教活动场所用于宗教活动的房屋、构筑物及其附属的宗教教职人员生活用房不得转让、抵押或者作为实物投资。"可见，凡是用于宗教活动目的的教会财产都不得抵押。

五、房地一并抵押

（一）房地一并抵押的概念和效力

为了消除因房地分离而产生的各种纠纷，我国《民法典》在抵押方面采用了

"地随房走""房随地走"的原则。从客观上来说，房、地在物理属性上不能分离，在价值的确定上也无法分别确定，房屋不能离开土地来确定其价格，反之亦然。尤其是如果房屋和土地的权属不一致，也会产生不必要的纠纷。所以，我国法律历来强调房屋和建设用地使用权一并抵押。① 我国《民法典》仍然采纳了这一规则，于第397条规定："以建筑物抵押的，该建筑物占用范围内的建设用地使用权一并抵押。以建设用地使用权抵押的，该土地上的建筑物一并抵押。抵押人未依据前款规定一并抵押的，未抵押的财产视为一并抵押。"该条包含了如下几个方面的内容。

第一，以建筑物抵押的，该建筑物占用范围内的建设用地使用权一并抵押。所谓"建筑物占用范围内的建设用地使用权"，是指依据规划，建筑物所占用的土地之上的建设用地使用权。如果以整栋房屋抵押，就是指该房屋实际占地上的建设用地使用权一并抵押。如果是以区分所有的建筑物抵押，则是指该建筑物所占的相应比例的建设用地使用权。因为一宗土地之上可能建造多栋房屋，或者房屋占用的土地面积有限，在确定房屋抵押时哪些建设用地使用权应当抵押，必须以该房屋所占用土地的建设用地使用权为限，其他的建设用地使用权并不一并抵押。

第二，以建设用地使用权抵押的，该土地上的建筑物一并抵押。此处所说的"土地上的建筑物"，是指以该建设用地使用权为基础建造的建筑物。建设用地使用权抵押时，只要土地之上已经建造了建筑物，该建筑物就要抵押。《有关担保的司法解释》第51条第1款规定："当事人仅以建设用地使用权抵押，债权人主张抵押权的效力及于土地上已有的建筑物以及正在建造的建筑物已完成部分的，人民法院应予支持。债权人主张抵押权的效力及于正在建造的建筑物的续建部分以及新增建筑物的，人民法院不予支持。"该规则实际上是"房地一体"规则的具体体现。② 依据该规定，如果当事人约定仅以建设用地使用权设定抵押权，且该建设用地之上已经存在建筑物，则按照"房随地走"的规则，该建筑物也应当

---

① 参见《城镇国有土地使用权出让和转让暂行条例》第33条，《城市房地产管理法》第32条。
② 参见黄薇主编：《中华人民共和国民法典物权编释义》，768页，北京，法律出版社，2020。

纳入抵押权的客体范围；同时，如果抵押权设立时，相关的建筑物正在建设，则对于抵押权设立时已经建设的部分，也应当按照房随地走的规则，将其纳入抵押权的客体范围，但对于抵押权设立之后新增的建筑物，或者建筑物后续建设的部分，则不应当纳入抵押权的客体范围。当然，对续建和新增的部分应当在拍卖、变卖的时候一并处分，但是债权人只能就已有的和正在建造的部分优先受偿。

除了建筑物之外，其他的构造物、工作物等是否也应当抵押？笔者认为，《民法典》第397条仅规定了"建筑物"，未对"构造物""工作物"抵押作出规定，这属于法律漏洞，应当通过类推适用该条规定来弥补该法律漏洞。否则，建设用地使用权人就可能行使妨害排除请求权，要求构造物或工作物的所有人拆除其他构造物和工作物。当然，适用《民法典》第397条的前提是，抵押时该房屋以及其他构造物、工作物已经存在、在建工程已经完成。[①] 如果是抵押之后新增加的建筑物，或正在建造建筑物的续建部分，则就应当按照《民法典》第417条的规定来处理，即新增加的建筑物不属于抵押财产，但应当一并拍卖，抵押权人不能就新增加建筑物的拍卖款优先受偿。

第三，抵押人未依照前款规定一并抵押的，未抵押的财产视为一并抵押。这就是说，即使当事人没有按照法律规定一并抵押，法律也推定当事人将房地一并设立抵押。此种推定属于不可推翻的推定，当事人不能以协议加以排除，也不能事后否定此种一并抵押的效力。这就是说，无论当事人是否同意，只要以该建筑物占地范围内的建设用地使用权抵押，该建筑物也一并抵押；反之亦然。[②]

（二）房地分别抵押的效力

第一，抵押权将房、地分别抵押的，并不因此导致各个抵押权无效。例如，抵押人首先将建设用地使用权设立抵押，并办理抵押登记，如果地上已经有房屋或者正在建造的建筑物，而抵押人又将该房屋抵押给其他人，此时即构成房、地分别抵押。

第二，在房、地分别抵押的情形下，应当按照抵押登记的时间先后确定清偿

---

① 参见郭明瑞：《物权法通义》，273页，北京，商务印书馆，2019。
② 参见崔建远：《物权：规范与学说》（下册），767页，北京，清华大学出版社，2011。

顺序。《有关担保的司法解释》第 51 条第 3 款规定："抵押人将建设用地使用权、土地上的建筑物或者正在建造的建筑物分别抵押给不同债权人的，人民法院应当根据抵押登记的时间先后确定清偿顺序。"依据该条规定，在房、地分别抵押的情形下，各个抵押权并不因此无效，而要依据抵押登记的先后顺序确定其清偿顺序，这实际上符合《民法典》第 414 条的规定。

问题在于，如果抵押人将房、地分别抵押给不同的债权人，此时，多个抵押是否有效？是否应当按照《民法典》的上述规定，视为房地一并抵押，从而认定为多个抵押？例如，甲在 5 月 1 日将其建设用地使用权抵押给乙银行，而没有将该土地上的房屋一并抵押；6 月 1 日甲又将该房屋抵押给丙银行，而没有将房屋占用范围内的建设用地使用权一并抵押。依据《民法典》第 397 条第 2 款的规定，5 月 1 日甲在抵押建设用地使用权的时候，应将房屋视为一并抵押；而在 6 月 1 日抵押房屋的时候，应将房屋占用范围内的土地视为一并抵押。现在存在争论的问题是，这两个抵押权的顺位如何确定。对此，存在两种观点：一种观点认为，乙银行为第一顺位的抵押权人，有权就拍卖土地和房屋所得的价款优先受偿；丙银行为第二顺位抵押权人。另一种观点认为，乙仅仅在土地上享有第一顺位抵押权，就该建设用地使用权所卖得的价款优先受偿；而丙仅仅在房屋上享有第一顺位的抵押权，就该房屋所卖得的价款优先受偿。因为乙仅仅办理了以建设用地使用权为客体的抵押权登记，而丙仅仅办理了以房屋为客体的抵押权登记。[①] 笔者认为，既然《民法典》第 397 条已采取法律拟制的方式，使在先设立的抵押权效力及于建筑物和建设用地使用权，而在后设立的抵押权也及于该两项标的，所以，只能理解为，抵押人设立了多个抵押。也就是说，虽然第一个抵押权只是办理建设用地使用权抵押，但应当认为是以建设用地使用权和房屋一并抵押，后来的抵押权人是顺位在后的担保物权人。

第三，按照房地一体主义，顺序在先的抵押权人有权就房、地的变价优先受偿，顺序在后的抵押权人也有权按照登记顺序就房、地的变价受偿。

---

① 参见高圣平：《〈民法典〉房地一体抵押规则的解释与适用》，载《法律适用》，2021（5），5 页。

六、以划拨的建设用地使用权设定抵押

所谓划拨的建设用地使用权，即国家土地管理机关基于公共利益的需要而使相对人无偿地、长期地取得建设用地使用权。我国《民法典》第347条第3款明确规定，"严格限制以划拨方式设立建设用地使用权"，但在权利人通过划拨方式取得了建设用地使用权之后，能否在该建设用地使用权之上设立抵押权，值得探讨。由于划拨实际上是无偿取得建设用地使用权，且划拨的建设用地使用权都是为了实现特定的目的，因此，我国立法最初禁止划拨的建设用地使用权进行抵押，而后来又逐步允许在划拨的建设用地使用权之上设立抵押权，因为允许在划拨的建设用地使用权之上设立抵押权，并不当然会影响特定划拨目的的实现，而且允许划拨的建设用地使用权之上设立抵押权，也有利于发挥土地的经济效用，实现物尽其用。《有关担保的司法解释》第50条对划拨的建设用地使用权之上设立抵押权作出了规定，这实际上是确认了划拨的建设用地使用权可以抵押，该条就划拨的建设用地使用权抵押主要确立了如下规则。

第一，以划拨的建设用地使用权抵押的，应当经过有关部门批准。《有关担保的司法解释》第50条第1款规定："抵押人以划拨建设用地上的建筑物抵押，当事人以该建设用地使用权不能抵押或者未办理批准手续为由主张抵押合同无效或者不生效的，人民法院不予支持。"划拨一般只需通过行政机关的行政审批即可设立，不需要出让方与受让方之间形成合意，但是非经审批不能处分，因此，当事人约定以划拨的建设用地使用权设定抵押的，应当取得有关部门的批准。如果未经批准，则抵押权本身并未有效设立，但当事人所订立的抵押合同并不因此无效或者不生效。如果因为抵押人未能办理批准手续导致无法设立抵押权的，则对方当事人有权请求其承担违约责任。

第二，以划拨的建设用地使用权抵押的，抵押权实现所得的价款，应当优先支付建设用地使用权出让金。由于划拨是无偿取得的，当事人在将该建设用地使

用权进行抵押，对其进行交易时，应当补缴相应的建设用地使用权出让金。这主要是为了保障国家利益的实现，即不论是拍卖、变卖建筑物所得的价款，还是建设用地使用权的变价，都应当优先用于补缴建设用地使用权出让金，这有利于保障国家利益不受损失。

第三，对《有关担保的司法解释》第 50 条第 1 款作出反面解释，可以认为，即使划拨的建设用地使用权抵押没有办理批准手续，抵押合同也是有效的。一方不能履行抵押合同，另一方可请求其承担违约责任。当然，如果划拨的建设用地使用权抵押未获得批准，则抵押权无法有效设立。同时，以建筑物抵押的，按照房地一体原则，建设用地使用权也一并抵押。

第四，以划拨的建设用地使用权抵押的，在办理批准手续后，如果已经办理抵押登记，则可以有效设立抵押权。《有关担保的司法解释》第 50 条第 2 款规定："已经依法办理抵押登记，抵押权人主张行使抵押权的，人民法院应予支持。抵押权依法实现时所得的价款，参照前款有关规定处理。"依据该条规定，对于以划拨方式取得的建设用地使用权抵押而言，如果当事人已经依法办理了抵押登记，则抵押权人有权依法主张行使抵押权。

第四节　抵押期限

抵押期限，是指抵押权的存续期间。它可以分为抵押权的法定期限和抵押权的约定期限。

一、抵押权的法定期限

所谓抵押权的法定期限，是指法律直接规定的抵押权的存续期间，或者说是抵押权设立后至抵押权人可以实现抵押权时的法定期间。《民法典》第 419 条规定："抵押权人应当在主债权诉讼时效期间行使抵押权；未行使的，人民法院不予保护。"这是对《担保法司法解释》规定的重大修改。① 该规定确定了抵押权的法定期限和确定法定期限的规则，具体来说，该条规定的主要内容包括：

（1）该规定确定了抵押权的法定期限。所谓法定期限，是指在当事人没有约定的情形，法律直接规定了抵押权的存续期间。依据上述规定，抵押权人应当在主债权诉讼时效期间行使抵押权，因而抵押权的最长期限原则上不超过主债权的诉讼时效期限。不论当事人是否存在着关于抵押权期限的约定，抵押权都会因主债权诉讼时效届满而归于消灭，这实际上就确立了抵押权的法定期限。《民法典》作出这种规定的理由在于：一方面，按照从属性原则，抵押权具有从属于主债权的特性，其目的在于担保主债权的履行，所以，抵押权不应当与主债权相分离而独立存在。如果主债权已经过了诉讼时效，抵押权也不得再实现，因为在主债权诉讼时效期间届满后，尽管债权这一实体权利并不消灭，但是债务人享有时效届满的抗辩权，如果允许抵押权人此时仍然有权行使抵押权进而实现债权，这就变相地规避了诉讼时效的规定。所以，《民法典》规定此时抵押权人行使抵押权，法院不予保护。② 另一方面，在诉讼时效届满之后，债权人不行使主债权，导致主债权诉讼时效届满，也没有必要再为抵押权单独留出行使期限。债权人不积极行使权利，就表明其对抵押权已经怠于行使。还要看到，如果主债权的诉讼时效届满后，抵押权继续存在必将极大地加重抵押人的负担。③ 尤其是随着市场经济的发展，不单独设立抵押期限，有利于促进物的流转和使用，从而实现物尽其用。

---

① 《有关担保的司法解释》第44条规定："主债权诉讼时效期间届满后，抵押权人主张行使抵押权的，人民法院不予支持；抵押人以主债权诉讼时效期间届满为由，主张不承担担保责任的，人民法院应予支持。主债权诉讼时效期间届满前，债权人仅对债务人提起诉讼，经人民法院判决或者调解后未在民事诉讼法规定的申请执行时效期间内对债务人申请强制执行，其向抵押人主张行使抵押权的，人民法院不予支持。主债权诉讼时效期间届满后，财产被留置的债务人或者对留置财产享有所有权的第三人请求债权人返还留置财产的，人民法院不予支持；债务人或者第三人请求拍卖、变卖留置财产并以所得价款清偿债务的，人民法院应予支持。主债权诉讼时效期间届满的法律后果，以登记作为公示方式的权利质权，参照适用第一款的规定；动产质权、以交付权利凭证作为公示方式的权利质权，参照适用第二款的规定。"

② 参见黄薇主编：《中华人民共和国民法典物权编释义》，811～814页，北京，法律出版社，2020。

③ 参见胡康生主编：《中华人民共和国物权法释义》，439页，北京，法律出版社，2007。

（2）抵押期限必须根据主债权的诉讼时效期间来确定。关于法定的抵押期限的确定，有几种不同的观点：一种观点认为，法定的抵押期限不应当与主债权的诉讼时效期间相同。因为担保物权是一种以担保债权为目的的物权，故不应随主债权的诉讼时效期间届满而消灭，而应自担保物权自身受到损害时（即主债权的诉讼时效届满）才应开始计算其两年的诉讼时效。[①] 另一种观点认为，法定的抵押期限应当与主债权的诉讼时效期间相同。因为抵押权具有从属性，抵押权的法定期限也应当从属于主债权，主债权的诉讼时效期间届满，抵押权的效力也相应地受到影响。[②] 根据我国《民法典》第 419 条的规定，主债权的诉讼时效期间届满，抵押权不再受到保护。因而，抵押权的存续期间与主债权的诉讼时效期间原则上应当相同。[③] 如果主债权诉讼时效期间发生中止、中断或延长，抵押期限也相应地发生变化。在主债权诉讼时效届满之后，抵押权也不受保护。因此，抵押权的最长存续期间就是主债权的诉讼时效期间。当事人不能约定抵押权永久存在，也不能约定诉讼时效届满之后抵押权继续存在。因为这些约定明显违背《民法典》第 419 条的规定，应当认定为无效。

（3）在主债权诉讼时效期间届满以后，抵押权不受法律保护。如何理解"人民法院不予保护"？笔者认为，人民法院不予保护应当与《民法典》关于诉讼时效届满的法律后果作相同理解。这就是说，主债权时效届满后，抵押权不消灭，而只是使抵押人享有了拒绝履行的抗辩权。作为从权利的抵押权，其实体权利不应消灭，如果抵押人自愿履行担保义务，抵押权人仍然可以接受，从而使其权利实现。[④] 但由于主债权已过诉讼时效，抵押权不再受人民法院保护，所以，抵押人实际上已经没有法律上的义务履行担保责任。如果抵押人不履行担保义务，抵押权人向人民法院提起诉讼，不应受到法院的保护。如果超过诉讼时效，抵押人自愿履行后又反悔的，也不受人民法院的保护。[⑤] 从实践来看，由于抵押权的设

---

① 参见李国光主编：《担保法新释新解与适用》，727 页，北京，新华出版社，2001。

② 参见胡康生主编：《中华人民共和国物权法释义》，439 页，北京，法律出版社，2007。

③ 参见杨明刚：《担保物权适用解说与典型案例评析》，170 页，北京，法律出版社，2007。

④ 参见胡康生主编：《中华人民共和国物权法释义》，441 页，北京，法律出版社，2007。

⑤ 参见杨明刚：《担保物权适用解说与典型案例评析》，173 页，北京，法律出版社，2007。

定乃是给抵押人施加的一种负担，所以，抵押权的法定期间届满后，抵押人通常不愿意执行抵押财产，从这个意义上说，抵押权实际上已经归于消灭。《民法典》作出这种规定，既不违背抵押权的从属性，又可以防止出现抵押权人通过行使抵押权而规避诉讼时效制度的问题。

二、抵押权的约定期限

（一）抵押权的约定期限概说

所谓抵押权的约定期限，是指当事人双方在抵押合同中约定的抵押权的存续期间。例如，抵押人与抵押权人在抵押合同中约定，抵押期限不超过 2 年，按照私法自治原则，该约定也是有效的。通常所说的抵押期限，就是指抵押权的约定期限。抵押权作为一种他物权，本身就具有期限限制，只能在一定期限内存在。这种期限除了法律规定之外，当事人也可以自行约定。如果当事人自行约定了抵押期限，并且在登记中进行记载，实际上是限定抵押权的存续期限的一种方式，按照合同自由原则，只要不损害其他人的利益，这种约定就应当是有效的。

值得探讨的是，虽然《民法典》第 402 条规定了抵押权的法定期限，但其中并没有规定约定期限，因此，《民法典》是否承认约定期限？学界对此存在两种不同的观点：一种观点认为，既然我国《民法典》第 419 条规定，抵押权人应当在主债权诉讼时效期间行使抵押权，这实际上意味着抵押期限与诉讼时效期间是一致的。所以，只要有主债权的诉讼时效期间，就不必要存在抵押期限。另一种观点认为，我国法律并没有完全否定当事人可以约定抵押期限，它并不是禁止当事人设立抵押期限。笔者认为，按照《民法典》第 400 条的规定，抵押合同中并没有包括抵押期限，但由于该条表述上使用"一般包括"的提法，因而，该条并不是强行性规范，当事人完全可以在该条列举的各项条款之外作出约定。虽然《民法典》第 419 条对抵押权的最长存续期间作出了规定，但是，该条并没有绝对禁止当事人自主约定抵押期限。在《民法典》第 419 条规定的最长期限内，当事人虽然不能约定永久存续的抵押权，但是，可以约定一定期限内存在的抵押权。主要原因在于：

第一，主债权的诉讼时效期间在一定程度上确定了抵押权的最长期限，但是，在主债权的诉讼时效期间届满之前，抵押权可以在任何阶段存在，当事人完全可以约定较短的抵押期限。例如，双方订立了 10 年的长期供货合同，为了担保债务的履行，出卖人以其房产设立了抵押；但如果房产长期设定抵押，将影响房产的转让，所以，双方在合同中约定，抵押期限仅为 5 年，并在登记簿上作了记载。作出此种约定，既符合私法自治的精神，也不违反《民法典》第 419 条的规定。再如，在分期偿还贷款的情况下，债权人对债务人前 5 年的还款能力没有信心，但是，对其后 5 年的还款能力有信心。债权人要求债务人只在前 5 年提供担保。即使当事人之间约定的期限，超越了主债权的诉讼时效，也不一定绝对无效。因为抵押权可能因为中止、中断、延长等原因而没有超过主债权的诉讼时效。

第二，如果当事人的约定超过了主债权的存续期间，也并非当然无效。因为主债权在履行期届满以后，即使债务人不履行债务，并不意味着诉讼时效期间届满。一方面，主债权的普通诉讼时效期间为 3 年，如果当事人积极主张权利，时效并不会届满。另一方面，如果已经发生主债权诉讼时效的中止、中断、延长，而约定的抵押期限仍然超过主债权的诉讼时效期间，这种情况下才应当认定该约定无效。① 因此，在主债权的存续期间内，仍然存在着当事人约定抵押期限的空间。

第三，当事人约定了抵押权生效的时间，例如，合同订立后某个时期内办理登记手续，此时，主债务期限和抵押期限的起算点就不相同。当事人可以仅仅在抵押登记的文件中记载抵押权的存续期限，如在登记中载明抵押权自登记之日起 1 年内有效。

需要指出的是，虽然抵押合同是附属于主合同的从合同，抵押权是从属于主债权的担保物权，但无论是主合同还是从合同都是当事人合意的结果，当事人在

---

① 参见吴春岐等：《抵押权》，227 页，北京，中国法制出版社，2007。

法定的范围内完全有权利约定从合同所设定权利的存续期间。抵押权在债务没有清偿前就消灭，并没有否认抵押权的从属性。因为抵押权的从属性强调的是抵押权不能与主债权分离而独立存在，并不意味着抵押权不可以在主债权得到清偿以前发生消灭。事实上，在主债权没有被清偿以前，也可以因为抵押权人抛弃抵押权等原因而导致抵押权消灭。尤其需要指出的是，允许当事人通过合同约定抵押权的存续期间，有利于促使当事人及时行使权利，使抵押财产的价值及时实现。[1]

《民法典》第419条的规定仍然为当事人约定抵押期限提供了空间。按照私法自治的原则，当事人约定抵押期限，只要不违反法律的强制性规定和公序良俗，也不损害他人利益，法律不应予以禁止。但是，当事人不能约定抵押权永久存续。

（二）抵押期限的登记

通常，当事人约定的抵押期限，只是在当事人之间产生拘束力，要产生物权效力，就必须要经过登记。当事人在合同中约定抵押期限的方式可以有多种，如明确规定主合同成立以后一段时间内抵押权有效，或明确规定抵押期限为半年等。当事人在合同中约定的抵押期限是否能够直接限制抵押权的存续期限、能否对第三人产生法律效力，是一个值得研究的问题。但无论在抵押合同中如何规定，当事人在合同中对抵押期限的约定和在登记簿中对抵押期限的记载，这两种行为的性质是有区别的，具有不同的法律效果。一般认为，当事人关于抵押期限的约定只是在当事人之间产生拘束力，未经登记不能产生物权效力。因此，当事人应当通过登记将抵押期限对外公示，使第三人知道抵押物负担的情况，才能够对第三人产生法律效力。[2] 因为期限的限制与抵押权的设立一样，都必须要通过登记才符合法律关于抵押权设立的要求。同样，当事人通过协议规定抵押权存在的期限也必须通过登记才能对第三人产生效力。

---

① 参见杨明刚：《担保物权适用解说与典型案例评析》，171页，北京，法律出版社，2007。

② 参见吴春岐等：《抵押权》，227页，北京，中国法制出版社，2007。

第五节 抵押财产的转让与限制

一、抵押财产转让的概念

所谓抵押财产的转让，是指在抵押期限内抵押人将抵押物转让给他人。抵押设定之后，抵押物所有权在法律上仍然归属于抵押人，只不过，抵押人对抵押物的处分权是受到限制的。原则上，抵押人可以处分抵押物。抵押权人同意转让抵押物，并以获得的价款优先受偿的，按照私法自治的原则，只要不损害其他人的利益，法律应当尊重当事人的意思，允许抵押物的转让。

《物权法》第191条第2款采取了禁止抵押人转让抵押财产的观点。但《民法典》第406条第1款规定："抵押期间，抵押人可以转让抵押财产。当事人另有约定的，按照其约定。抵押财产转让的，抵押权不受影响。"由此可见，我国《民法典》采纳了自由转让说。《民法典》之所以允许抵押人在设定抵押权之后可以转让抵押财产，主要原因在于：

第一，这符合所有权的一般原理。抵押权的设立并不意味着抵押人丧失了抵押财产的所有权，抵押权只是在抵押财产上形成一种权利负担，抵押人仍然保留所有权，自然有权通过转让行为来处分自己的财产。

第二，此种做法有利于充分发挥抵押财产的交换价值，发挥其经济效用，促进物尽其用、货畅其流。[1] 允许抵押财产转让，有利于实现财产流转，充分发挥物的效用。在抵押权设定后，物的价值在不断变化，允许抵押财产转让，有利于发挥物的效用。在抵押物的转让问题上，如果采取物权的追及效力的方案，允许抵押人处分财产，可以确保抵押权的设立不影响抵押物的高效利用，从而实现物尽其用。[2]

---

[1] 参见黄薇主编：《中华人民共和国民法典物权编释义》，526页，北京，法律出版社，2020。

[2] 参见高圣平、罗帅：《〈民法典〉不动产抵押权追及效力规则的解释论》，载《社会科学研究》，2020（5）。

此外，允许抵押人处分抵押财产，并不当然损害抵押权人的利益。在当事人办理抵押权登记之后，无论抵押财产辗转至何人手中，根据抵押权的追及效力，如果某抵押权人登记在先，则其就可以对作为后手的抵押财产权利人行使抵押权。[1]后手在受让抵押财产时，应当查阅登记系统的相关信息，如果其明知或者应知其存在权利负担，仍然同意受让该财产，则应当承受此种风险，抵押权人当然可以就该财产实现自己的担保物权。承认抵押权的追及效力，有利于增强抵押财产的流通性，促进抵押权的再流转，从而鼓励交易、便利融资。[2]

第三，抵押财产转让也不会损害抵押权人的合法权益。因为抵押权具有追及效力，即使没有经过抵押权人的同意，抵押人也可以转让，但抵押权人可以追及抵押物行使抵押权。由于抵押权是支配抵押物的交换价值的权利，对于抵押人不妨碍抵押物的交换价值的处分或用益行为，法律没有干涉的必要。[3]

第四，我国司法实践也承认抵押权人的追及效力。例如，最高人民法院在《物权法》颁布后，也仍然认可追及权，认为"抵押权本质上是'对物'的权利，而非'对人'的权利。一旦抵押权依法设定，债权人即对抵押财产享有了排他的优先受偿的权利，只要抵押权人未表示同意放弃抵押权的，抵押财产不论是基于抵押人的自由转让行为，还是基于司法执行行为等导致变动，抵押权人均可基于有效的抵押权追及抵押财产行使权利"[4]。学界也有不少学者认为，物权的追及效力是指物权设立后，其标的物不论辗转流入何人之手，物权人都有追及物之所在而直接支配该物的效力。[5] 只不过这些观点并没有获得立法的认可，主要还是一种学理的表达。而《民法典》第406条第一次在法律上承认在抵押权设定后，抵押财产可以自由转让，实际上正是承认了抵押权的追及效力。

① 参见谢在全：《民法物权论》（中册），700页，北京，中国政法大学出版社，2011。
② 参见高圣平、罗帅：《〈民法典〉不动产抵押权追及效力规则的解释论》，载《社会科学研究》，2020（5）。
③ 参见邹海林、常敏：《债权担保的方式和应用》，151页，北京，法律出版社，1998。
④ "新疆三山娱乐有限公司等与中国农业银行新疆维吾尔自治区分行营业部等金融借款合同纠纷上诉案"，最高人民法院（2012）民二终字第113号民事判决书。
⑤ 参见崔建远：《物权法》，40页，北京，中国人民大学出版社，2014。

《民法典》第 406 条第 1 款认可抵押人可以转让抵押财产，抵押权不受影响，这实际上承认了抵押权的追及效力①，所谓抵押权追及效力，是指在抵押权成立后，无论抵押财产辗转至何人之手，抵押权人均可追及至该财产之所在，而主张对该财产的变价款优先受偿。同时，该条允许当事人订立禁止转让特约以限制抵押财产的转让，以弥补抵押人有权转让抵押财产的缺陷。《有关担保的司法解释》为配合《民法典》的全面贯彻实施，于第 43 条第 2 款规定，如果当事人将禁止转让特约办理了登记，违反该约定并不导致合同无效，只能导致抵押财产的转让无法发生物权变动的效果。这就有效地平衡了因承认抵押权的追及效力产生的各方利益冲突问题。

二、抵押财产转让后抵押权人的追及权

《民法典》第 406 条第 1 款明确承认了抵押人无须抵押权人同意即可自由转让抵押财产的规则，并规定了抵押财产转让时抵押权不受影响，这是物权追及效力在抵押权中的体现。以"带押过户"为例，虽然房屋上设立了抵押权，受让人凭借登记知道房屋上存在抵押权，此时，受让人取得的是负担抵押权的所有权，抵押权并不因抵押财产转让而受影响，在债务人不能清偿债务时，抵押人仍然可以就抵押房屋行使抵押权。具体而言：

第一，抵押人有权转让抵押财产。依据《民法典》第 406 条第 2 款，抵押人转让抵押财产的，应当及时通知抵押权人。"应当通知"并非取得抵押权人同意，而是将抵押财产转让的事实告知抵押权人，由于抵押权人并没有实际占有和控制抵押财产，对于抵押财产的实际权属和占有状态可能并不知晓，因此，抵押人在转让抵押财产时就要及时通知抵押权人。② 通知的目的是便利抵押权人及时行使债权和提存的权利。当然，通知是抵押权人行使追及权的前提，如果未通知，抵押权人不知道抵押财产是否转让以及转让给谁，无从行使抵押权。与《担保法》

---

①　参见黄薇主编：《中华人民共和国民法典物权编解读》，632 页，北京，中国法制出版社，2020。
②　参见黄薇主编：《中华人民共和国民法典物权编解读》，635 页，北京，中国法制出版社，2020。

第 49 条第 1 款所规定的"不通知或告知则转让无效制度"相比较①，转让通知义务是否履行并不影响抵押财产转让的效力。未尽通知义务，抵押人仍然有权转让，受让人仍可取得对抵押物的所有权。

第二，抵押权不因转让而受到影响。虽然抵押财产已经由抵押人转让给受让人，这只是抵押财产的所有权发生了变化，抵押权并未发生变化，受让人取得的所有权是负有抵押负担的所有权。在此需要区分动产抵押权和不动产抵押权。对于不动产抵押权而言，由于登记是抵押权的成立要件，因此未经登记的不动产抵押自然没有追及效力的适用余地。动产抵押权如果未登记，依据《有关担保的司法解释》第 54 条第 1 项的规定，未登记的动产抵押权不能对抗善意受让人，因此，如果受让人为善意，抵押权的追及效力就被切断；但只要动产抵押权已经办理登记，则受让人始终取得的是负有抵押负担的所有权，抵押权人在债务人不履行债务时能够行使抵押权。因此，追及效力的发生以公示为必要。而就动产而言，对于未登记的动产抵押权，抵押权人原则上不得对抗受让人，抵押权人不能追及至受让人处行使抵押权。② 例如，在"黄月设、中国长城资产管理股份有限公司广西壮族自治区分公司等案外人执行异议之诉"③ 中，法院认为，依据《民法典》第 406 条，"据此，黄月设与海通公司对案涉房屋的买卖关系不足以影响抵押权的执行。且，黄月设是在明知有抵押权存在的情况下受让案涉房屋，说明其同意承受案涉房屋上设定的权利负担，应自行承担相应法律后果。综上，黄月设诉请依据的房屋买卖协议无论是否有效、是否履行完毕，均不足以排除长城公司为实现抵押权对案涉房屋申请的强制执行"。

第三，抵押财产多次转让时，抵押权人始终能够向抵押财产的现所有权人主张行使抵押权。也就是说，在债务人不清偿债务时，抵押权人可以基于已经登记的抵押权，直接追及抵押财产，要求对该财产拍卖、变卖，并从变价的价值中优先受偿。在抵押权设定以后，即使抵押财产多次转让，借助于登记制度予以公

---

① 参见崔建远：《抵押权探微》，载《法学》，2004（4）。
② 参见高圣平、叶冬影：《民法典动产抵押物转让规则的解释论》，载《比较法研究》，2020（4）。
③ 广西壮族自治区高级人民法院（2021）桂民终 877 号民事判决书。

示，买受人能够了解抵押物之上存在抵押权负担，因此不会从根本上损害其利益。《民法典》第 406 条中的转让，既包括买卖等有偿转让，也包括赠与等无偿转让。① 当然，追及效力的适用前提在于物权客体能够通过再处分进行流通，且抵押权已经办理了登记手续，因此在一些非基于法律行为发生物权变动的例外场合，因为物权变动没有办理登记，则并不当然适用追及效力的相关规则。②

在《民法典》颁布以后，由于《民法典》第 406 条承认了抵押权的追及效力，因此，在实践中出现了带押过户的交易模式。在房屋买卖交易中，如果买受人未支付全部价款，则出卖人担心在办理过户登记后买受人不支付全款，因此，通常是买受人一方支付全部价款，出卖人才会为买受人办理所有权过户登记。从实践来看，在标的房屋已经抵押给银行的情形下，如果出卖人将房屋出卖给买受人，如果买受人支付了 80% 的款项，则可以进行带押过户。就剩余的 20% 尾款而言，由登记机关牵头，要求银行、出卖人、买受人三方，到另一家银行借款，由另一家银行将尾款打入封闭账户，在实现这个条件后，登记机关则可以为其办理带押过户，这样既可以保障资金的安全，也减少了银行的费用，因为涂销抵押权登记需要交纳费用，在涂销抵押权登记后再办理第二个抵押，同样需要支付费用，而带押过户则可以减少相关的交易成本。此种交易模式是在《民法典》第406 条实施之后新出现的一个重大变化，即允许抵押人在抵押权没有涂销时可以转让房屋。当然，从实践来看，对带押过户限制比较严格，需要各方当事人共同签订合同，并实际支付尾款，而不允许出卖人自行带押过户。

应当指出，返还原物请求权不能代替抵押权的追及权。如果抵押财产被他人占有，而抵押人又怠于行使请求权，此时，抵押权人是否享有返还原物请求权，存在争议。笔者认为，不宜用返还原物请求权解释《民法典》第 406 条。应当看到，物权的追及效力实际上在一定程度上也包括了返还原物请求权。追及的效力是指物权人针对标的物的追及效力，它是物权请求权所不能完全概括的：一方

---

① 参见刘保玉：《民法典担保物权制度新规释评》，载《法商研究》，2020（5）。
② 参见高圣平、罗帅：《〈民法典〉不动产抵押权追及效力规则的解释论》，载《社会科学研究》，2020（5）。

面，物权具有追及的效力是相对于债权而言的，它是在与债权的比较中所确定的独有的效力，债权原则上不具有追及效力，债权的标的物在没有转移所有权之前，由债务人非法转让或第三人非法占有时，债权人不得请求物的占有人返还财产，只能请求债务人履行债务或承担违约责任。另一方面，物权在遭受侵害的情况下，其追及效力需要通过行使物权请求权得以实现。但物权在没有遭受侵害的情况下，并非绝对不产生追及效力。物权请求权是以物权遭受侵害或妨害为前提；而追及效力并不一定以物权受到侵害或妨害为前提。例如，大风将某人晾晒的衣服吹到其邻居家中，该邻居对此并不知晓，因为没有实施侵害行为，且没有非法占有的意图，因此该邻居并不构成无权占有。此时，衣物的所有权人只能根据追及效力要求邻居予以返还。对此，《德国民法典》第867条和第1005条对追及权作了明文规定。《德国民法典》第867条第1句规定："某物脱离占有人的支配力，移往为他人所占有的土地的，土地占有人必须许可该物的占有人寻找或取走该物，但该物在此时已被占有的除外。"《德国民法典》第1005条规定："某物位于物的所有人以外的人所占有的土地之上的，物的所有人对土地占有人享有第867条所规定的请求权。"由此可见，物权请求权并不能代替抵押权的追及效力，也不能以物权请求权的功能涵盖抵押权追及效力的功能。物权请求权是物权追及效力在制度层面的具体化。追及效力是物权请求权之中的返还原物请求权产生的基础，但并不是说它应当包括在返还原物请求权之中，不应将追及的效力概括在物权请求权之中。

《民法典》第406条所确立的是抵押权的追及效力，而非抵押权人的返还原物请求权，主要理由在于：

第一，抵押权支配的是抵押财产的交换价值，是一种价值支配权，其效力主要体现为就抵押财产的变价进行优先受偿，而非返还财产。抵押权人在行使抵押权时，实际上是就已经转让的抵押财产进行保全，然后就抵押财产按照程序进行变价，并从变价的价款中优先受偿，抵押权人本身无权取回抵押财产。因此，从权利属性上看，抵押权既不具有返还原物的权能，客观上也不需要具有返还原物的内容。

第二，抵押权人并非抵押财产的所有权人，不能行使所有物返还请求权。所谓返还原物请求权，是指所有权人对无权占有或侵夺其物的人，有权请求其返还占有物。因此，返还原物请求权的行使以权利人享有所有权为前提，而抵押权人只是基于支配抵押财产的交换价值而取得了优先受偿的权利，该权利并不包含返还原物的权利。

第三，抵押权人也并非抵押财产的占有人，也无法行使基于占有而产生占有返还请求权。所谓占有返还请求权，是指占有人在其占有物被他人侵夺以后，可依法请求侵夺人返还占有物的权利。从比较法上来看，《德国民法典》物权编规定了占有人和所有人的追寻权（追及权，Verfolgungsrecht）。依据《德国民法典》第 867 条，占有物脱离占有人管领，处于他人占有之不动产内的，不动产占有人应允许占有人进入不动产寻找取回占有物。此种模式在一定程度上确实可以发挥物权追及效力的功能[1]，但是从我国《民法典》规定来看，第 460 条规定的占有物返还请求权是以占有人的占有物被第三人占有为前提的，但是在抵押权人行使追及权的场景下，抵押权人并没有实际占有抵押物，所以其无法行使抵押物的占有返还请求权。抵押权人既然并没有实际占有财产，则其无法行使基于占有产生的返还请求权。

第四，返还原物请求权行使的前提是物受到侵害，而在抵押权追及权行使的前提下，抵押物本身并没有受到侵害。依据《民法典》第 406 条的规定，抵押人可以处分抵押财产，受让人自抵押人处合法取得抵押财产，是该财产的合法占有人、有权占有人。可见，在抵押财产转让的情形下，抵押人和受让人都没有非法侵夺对抵押财产的占有，并不构成对抵押财产的非法侵夺，因此，抵押权人无权行使原物返还请求权。

三、抵押财产转让后受让人付清价款时的处理

如果抵押人转让抵押财产后受让人已经向抵押人付清价款，抵押权人如何行

---

[1] MüKoBGB/Oechsler，8. Aufl. 2020，BGB § 962 Rn. 1.

使追及权？对此有观点认为，抵押权人行使追及权将明显不利于已经支付全部价款的受让人权利的保护。因为受让人一方面已经支付了全部价款，另一方面又将面临抵押权人的追及导致抵押财产被拍卖、变卖，从而形成"鸡飞蛋打"的局面。① 这种方案虽然为抵押权人提供了全面的保护，但却忽视了受让人的保护，造成了不公平的局面。不过，与此相反的观点则认为，由于受让人可以通过查询登记知晓转让财产上存在抵押权，因此其在知悉抵押权存在而仍受让的场合，应当由其自身承担抵押权实现的风险。毕竟在抵押财产上存在负担（即抵押）的情形下，受让人支付的费用也将会相应减少。而如果该抵押权未经登记，受让人也就根本不会被追及。② 因此由受让人承担风险并无不妥。③

应当看到，上述风险是受让人自愿承受的，即受让人在受让抵押财产时明知抵押财产之上有抵押权负担而仍然愿意受让抵押财产，其也应当承担抵押财产被抵押权人追及的不利后果。但毕竟受让人已经支付了购买抵押财产的价款，如果其再被抵押权人追及，将会使其遭受重大损害。从保障实质公平考虑，法律应当对抵押财产的受让人提供适当的保护。据此，依据《民法典》第 524 条规定，抵押财产受让人有权主张代为履行，即行使涤除权，以消除抵押财产之上的抵押权，从而使其不再受抵押权人的追及。我国《物权法》第 191 条规定了受让人的涤除权，不过，《民法典》第 406 条删除了涤除权的规定，但这并不意味着否定了受让人的涤除权，删除该规则的主要原因是《民法典》第 524 条第 1 款已经统一规定了第三人代为履行制度，该条规定的第三人代为履行的前提是"第三人对履行该债务具有合法利益"，抵押物的受让人属于《民法典》第 524 条第 1 款中的对履行债务具有合法利益的第三人，故受让人可以依据该款代为履行债务以涤除抵押权。④ 据此，债权人不得以存在禁止转让特约为抗辩而拒绝受让人的清偿。正是因为这一原因，《有关担保的司法解释》第 43 条第 2 款规定："当事人

① 参见崔建远：《物权法》，5 版，455 页，北京，中国人民大学出版社，2021。
② 参见徐银波：《我国抵押物转让制度的"体"冲突与完善》，载《武汉理工大学学报（社会科学版）》，2014（4）。
③ 参见黄薇主编：《中华人民共和国民法典物权编释义》，510 页，北京，法律出版社，2020。
④ 参见黄薇主编：《中华人民共和国民法典物权编解读》，683 页，北京，中国法制出版社，2020。

约定禁止或者限制转让抵押财产且已经将约定登记，抵押人违反约定转让抵押财产，抵押权人请求确认转让合同无效的，人民法院不予支持；抵押财产已经交付或者登记，抵押权人主张转让不发生物权效力的，人民法院应予支持，但是因受让人代替债务人清偿债务导致抵押权消灭的除外。"该条但书规定实际上在《民法典》的基础上再次确认认了涤除权规则。因此，在抵押设定之后，如果抵押人希望在不通过抵押权人同意的情形下转让抵押物，则可以与受让人协商，由受让人代债务人履行债务以消除抵押权，在此情形下，抵押权人不得拒绝。由此也可以保护抵押权人和买受人的利益。同时，依据该条规定，受让人在行使涤除权之后，将享有债权人的债权，从而可以依法向债务人提出请求，这可以在一定程度上保护抵押财产受让人的利益。

四、禁止转让特约及其登记对追及权行使的影响

承认抵押权追及效力的前提是允许抵押人在财产设定抵押后自由转让抵押财产，但如果完全放开抵押财产的自由转让，也可能造成对抵押权的损害。同时，因抵押权人行使追及权也会给第三人造成不利影响，所以法律在允许抵押人自由转让的同时，有必要依据私法自治原则，允许抵押人和抵押权人事先设定禁止转让特约。所谓禁止转让特约，是指抵押权人和抵押人约定，抵押人在抵押期间内不得转让财产。此种约定在一定程度上也可以防范因承认追及效力造成的对抵押权人或第三人的损害。

（一）《民法典》允许当事人订立禁止转让特约

《民法典》第 406 条规定在抵押期限内，抵押人可以转让抵押财产之后，又特别在第 406 条第 1 款增加了"当事人另有约定的，按照其约定"这一规则，但对于该规定存在不同观点。[①] 一种观点认为，当事人禁止转让的约定优先于《民法典》自由转让的规定，在当事人有禁止转让约定的情形下，构成对处分权的限

---

① 参见崔建远：《担保制度司法解释的制度创新与难点释疑》，载《财经法学》，2021（4）。

制，即便没有办理登记，抵押人也不得转让。① 另一种观点认为，在禁止转让特约没有办理登记的情形下，当事人的约定不能对抗受让人，而只是在当事人之间产生效力，抵押财产禁止转让的约定不构成对处分权的限制。② 因此，准确理解禁止转让特约的规定，对于全面把握抵押权的追及权也十分重要。

笔者倾向于后一种观点，主要理由在于：首先，从文义解释来看，本款中的"当事人"指的是抵押人和抵押权人，而并不包括受让人。因此，该约定应当是抵押人和抵押权人之间的合同关系，不能直接对受让人产生影响。其次，即便约定有效，也不应影响抵押人财产转让的效力。即便是无权处分，依据《民法典》的规定，也并不影响合同的效力。即便当事人有禁止转让的特约，实际上也不构成对处分权的剥夺，更不应当影响转让合同的效力。抵押人违反约定转让虽然构成违约，应当承担违约责任③，但是不影响抵押财产转让合同的效力。由此可见，立法者试图通过承认禁止转让特约效力的方式，来弥补立法允许抵押财产转让而可能产生的缺漏。也就是说，当事人之间可以另行特约禁止抵押财产的转让，从而减少因抵押财产转让可能带来的风险。

由于《民法典》第 406 条第 1 款允许当事人设定禁止转让特约，并没有明确规定该约定不能办理登记，因此在当事人设定禁止转让特约后，无论是否办理登记，都是符合该规定的。依据《民法典》第 215 条等相关规定，如果有关物权变动的合同办理了登记，将具有物权效力或对抗第三人的效力。当然，即使未办理物权登记，也不影响合同的效力。正是因为当事人之间订立的禁止转让特约并不能有效对抗第三人，这就在一定程度上限制了禁止转让特约的作用，同时使得抵押权人的利益不能得到充分保障。为弥补上述规定的缺陷，《有关担保的司法解释》第 43 条第 1 款规定，若未将禁止转让的约定进行登记，抵押财产已经交付或者登记的，请求确认不发生物权效力的，人民法院不予支持。这就通过公示的

---

① 参见程啸：《我国民法典中的抵押财产转让》，载《检察日报》，2020 - 11 - 16。
② 参见黄薇主编：《中华人民共和国民法典物权编解读》，682 页，北京，中国法制出版社，2020。
③ 参见刘家安：《〈民法典〉抵押物转让规则的体系解读——以第 406 条为中心》，载《山东大学学报（哲学社会科学版）》，2020（6）。

方式，赋予禁止转让特约对抗第三人的效力，同时也在一定程度上起到了对抵押权追及效力的限制作用。依据《有关担保的司法解释》第43条第1款的规定，如果当事人一旦将禁止转让特约办理了登记，违反该约定并不导致合同无效，只能导致抵押财产的转让无法发生物权变动的效果。但如果当事人未将禁止转让特约办理登记，则不仅买卖合同的效力不受到影响，抵押财产所有权的变动也不应当受到影响，在此情形下，抵押权人只能以抵押人违约为由向抵押人主张违约责任。[1] 笔者认为，该规则符合《民法典》第406条第1款的规定，事实上，通过登记公示获得物权效力或者对抗第三人的效力，是现代民法发展的趋势，也符合民法的基本法理。[2]

正是因为《有关担保的司法解释》第43条第1款允许禁止转让特约可以办理登记，因此，《民法典》第406条第1款规定允许当事人设定禁止转让特约，包含两种情形：一是，仅仅只是在当事人之间订立禁止转让特约而并不办理登记。在此情形下，如果受让人不知道该禁止转让特约，按照合同的相对性原理，该约定只能在当事人之间发生效力，并不能对受让人发生效力。在实践中，抵押的情形比较多，抵押人将其房屋设定抵押后，即便抵押人违反了禁止转让特约，抵押权人仍然可以向该第三人追及。在此情形下，即使禁止转让特约没有登记，也不会严重地影响到抵押权人的利益。我国有学者认为，此项限制处分约定的登记大大增加了当事人的检索成本，不符合物尽其用的原则。[3] 而实际上，由于不动产的价值较高，在进行转让时受让人应当查阅其上可能存在禁止转让等登记。任何受让人明知存在该禁止转让特约而受让，则抵押权人仍然可以行使追及权。二是，当事人在订立禁止转让特约后，在登记机关办理了登记。由于未登记的禁止转让特约只是抵押人与抵押权人之间的约定，对受让人不发生效力，若抵押人

---

① 参见最高人民法院民事审判第二庭：《最高人民法院民法典担保制度司法解释理解与适用》，391页，北京，人民法院出版社，2021。

② 参见程啸、高圣平、谢鸿飞：《最高人民法院新担保司法解释理解与适用》，267页，北京，法律出版社，2021。

③ 参见刘家安：《〈民法典〉抵押物转让规则的体系解读——以第406条为中心》，载《山东大学学报（哲学社会科学版）》，2020（6）。

违反禁止让与特约，抵押权人也只能追究抵押人的违约责任，而无法使抵押权人对抗受让人，因此，如果抵押人转让抵押财产，将有可能使抵押权人面临极大的风险。对此，抵押权人可要求抵押人予以配合，将该禁止转让特约办理登记。在办理登记后，则受让人就应当知道该抵押财产的转让已经为当事人之间达成的特约所禁止。对于受让人而言，其也可以通过查询登记获知当事人之间存在禁止转让的特约。受让人如果没有查询而不知道特约的存在，就表明其是非善意的，已经公示的禁止转让特约可以对抗该恶意的受让人，自不待言。如果受让人通过查询登记获知该特约的存在，那么就应当知道转让财产上存在抵押权，且存在禁止转让抵押财产的特约，其受让抵押财产本来就存在风险，既然知道或应当知道风险还签订抵押财产转让合同，就表明其愿意接受该风险。因此，抵押财产禁止转让的特约经登记后应当对受让人产生对抗效力，受让人不能因转让合同而取得抵押财产的所有权。这就表明，《有关担保的司法解释》第43条第1款在一定程度上也弥补了《民法典》第406条规定的不足。

（二）禁止转让特约的登记是一项防范抵押财产擅自转让风险的重要举措

应当看到，《民法典》第406条第1款允许抵押人在设定抵押权后转让抵押财产，虽然有利于实现物尽其用等功能，但由此也产生了新的法律适用问题，即对抵押权人而言，抵押财产的转让可能对其带来极大的风险，主要表现在：

第一，抵押权人很难针对第三人行使追及权。赞成抵押人可自由转让抵押财产的理由之一，就是认为在抵押财产已经转让之后，因为抵押权已经办理登记，抵押权人可依登记而向受让抵押财产的第三人行使追及权。但事实上，这种追及权常常很难实现。因为在实践中，有的开发商在未经抵押权人（银行）同意的情形下就转让作为抵押财产的房屋，在抵押财产转让后，开发商并未将转让所得价款用于清偿其对银行的债务。同时，由于大量的小业主已经支付了价款或者办理了入住手续，如果强制要求小业主腾退房屋，则可能对小业主的生存权构成威胁，在此情形下，根本无法强制执行，抵押权人将无法行使追及权。[①] 另外，抵

---

① 参见林文学：《不动产抵押制度法律适用的新发展——以民法典〈担保制度司法解释〉为中心》，载《法律适用》，2021（5）。

押人转让抵押财产后，常常出现买受人无处可寻、买受人将抵押财产再次转手或房屋被查封扣押等情况，这些情形的出现均可能使抵押权人面临无法实现抵押权的较大风险，甚至导致抵押权完全落空。

第二，抵押权人难以实现抵押权。由于许多开发商主要依赖银行融资来维持其资金运转，而对于银行而言，其风险防控的重要手段就是通过对不动产设置抵押权来使其贷款债权得到清偿的保障。因此，抵押被称为"担保之王"。但如果抵押设定后，抵押人可以随意转让抵押财产且并不将转让后的价款用于清偿债务，抵押权人的抵押权就很难得到保障。如果通过诉讼行使追及权，将会遇到很多权利实现的障碍且成本高昂。如果被称为"担保之王"的抵押权难以实现，银行的风险防控机制将受到极大的冲击，甚至有可能引发大量的呆账、坏账，危及金融安全和秩序。

第三，新型抵押品的大量增加更需要加强风险防控。我国《民法典》为改善营商环境，鼓励担保，保持了担保类型的开放性，由此也使担保标的的类型越来越多，担保交易的新形态也将大量产生。在此背景下，更应当要求加强风险防控，充分保障抵押权的安全。如果允许抵押人随意转让抵押财产，且在法律规则上没有足够的风险防控机制，就会使抵押人将大量的风险成本最终转嫁给抵押权人，金融安全也会受到影响。从实践来看，即便"带押过户"为交易双方带来了"活水"，但转让资金能否顺利流入卖方贷款银行的账户，特别是跨行交易，除了职能部门的审批、登记，资金的交付也都要做到全程封闭运行①，否则都可能影响抵押权的实现。

虽然《民法典》第 406 条规定允许当事人设定禁止转让特约，实际上就是希望通过此种方法来限制抵押人转让抵押财产所带来的巨大风险。但该规定毕竟没有明确当事人之间的特约是否可以办理登记，而《有关担保的司法解释》的规则把设立并公示禁止转让特约的权利交给当事人，由当事人根据具体情况考量是否订立禁止转让特约、是否将该特约办理登记，这就有效地平衡了各方当事人之间

---

① 参见亓宁：《南京、苏州等多个城市放开"带抵押过户"，意味着什么？对银行有何利弊？》，载《第一财经》，2022 - 09 - 19。

的利益，兼顾了物尽其用与保护金融安全的价值。且此种登记可以防范因为抵押财产擅自转让造成的风险。[①]

（三）《有关担保的司法解释》第43条第1款并未否定抵押权的追及效力

抵押财产自由转让并承认抵押权的追及效力，一般而言能够平衡抵押权人、抵押人和受让人的利益。但是，此种平衡的前提是，抵押权人能够对抵押财产受让人以较低的成本行使追及权。应当看到，《有关担保的司法解释》第43条并未剥夺抵押权的追及效力，该条第1款毫无疑问并未否定抵押权的追及效力，恰恰是抵押权追及效力的体现。该条第2款规定在禁止转让特约登记的情况下，如果抵押人违反约定转让抵押财产，已经登记的禁止转让特约不影响抵押人和受让人之间的转让合同效力；如果抵押财产已经登记在受让人名下或者交付给受让人，抵押权人有权主张转让不发生物权效力。这同样体现了抵押权的追及效力。抵押权的追及效力在禁止转让特约登记和未登记的情形中有不同的表现。在特约未登记情形中，如果受让人为恶意，转让发生物权效力，追及效力表现为抵押权人可以向受让人主张抵押权；在特约已经登记情形中，追及效力表现为抵押权人有权主张转让不发生物权效力，受让人不能取得所有权，从而能够继续行使抵押权。《有关担保的司法解释》的规定使抵押权人能够有更多的选择可能，其可以选择登记特约或者不登记特约。

此外，通过特约登记，也可以使受让人能够获知禁止转让特约的存在，从而作出相应的交易安排。《民法典》承认禁止转让特约的效力，而且并未明确禁止此种特约的登记安排，充分体现了私法自治。[②] 所以，此种特约安排也是符合《民法典》第406条规定的。同时，《民法典》第221条的预告登记等也允许合同约定在办理登记之后产生对抗效力，这也符合现代民法通过公示产生

---

① 2021年4月6日，自然资源部下发的《关于做好不动产抵押权登记工作的通知》第3条规定："民法典施行前已经办理抵押登记的不动产，抵押期间转让的，未经抵押权人同意，不予办理转移登记。"

② 参见程啸、高圣平、谢鸿飞：《最高人民法院新担保司法解释理解与适用》，266页，北京，法律出版社，2021。

物权效力的趋势。① 法律之所以允许当事人约定禁止抵押财产转让，体现了对当事人私法自治的尊重，同时也有利于当事人对抵押财产的处分作出妥当安排。

第六节　抵押权的效力

一、抵押人的权利

1. 对抵押物的占有和使用权

抵押设定以后，除法律或合同另有约定以外，抵押人有权继续占有抵押物，并有权取得抵押物的孳息。但是，抵押人在行使占有权时应当妥善保管抵押物，并自行承担保管的费用。如果因为抵押人保管不善，造成抵押物毁损灭失，抵押权人可以要求其增加担保。如果有毁损灭失之虞的，抵押权人可以要求提前拍卖、变卖抵押物。

2. 转让抵押物的权利

在抵押权设定以后，由于抵押人仍然享有对抵押物的所有权，也仍然享有对抵押物的最终处分权，因此应允许抵押设定后抵押人转让财产。《民法典》第406 条规定，在抵押期间，抵押人可以转让抵押财产，这就修改了《物权法》第191 条的规定②，允许抵押人在设定抵押之后可以转让抵押财产，但是，应当看到，这种修改也带来了一定的监管风险。全社会的诚信环境还没有真正形成，在商事交易中的不诚实守信的行为也时有发生。允许抵押人在设定抵押后可以自由转让抵押物，可能导致一些不诚实守信的抵押人恶意利用该规则，增加债权人的权利实现成本。如果是动产抵押，多次转让后，可能就隐匿不见或者毁损了，此

---

① 参见苏永钦：《物权法定主义松动下的民事财产权体系》，载《寻找新民法》，156 页以下，台北，元照出版社，2008。

② 《物权法》第 191 条规定："抵押期间，抵押人未经抵押权人同意，不得转让抵押财产。"

时根本无法行使追及效力。即便是办理不动产抵押登记，对债权人而言，实现自己的债权也有很大的挑战。比如，开发商将已经抵押的财产转让给业主，在房屋预售或者现售，买受人已经支付了全部或者大部分购房款，此时，买受人的权利可能就会优先于商品房上的抵押权，毕竟很多买受人已经支付了房款，而且对这些业主强制执行会带来比较严重的社会问题。正是因为这一原因，《有关担保的司法解释》第43条第1款规定了当事人可以将禁止或者限制转让抵押财产的约定办理登记。一旦办理登记，就能取得对抗第三人的效力，任何买受人在购买已经抵押的财产时，应当查询登记。如果第三人在查询到该禁止转让的信息之后，仍然选择购买抵押财产，此时买受人与抵押人的抵押财产转让就不能直接发生物权变动。在受让人知道的情形下，即便抵押财产已经交付或者办理登记，则抵押权人仍然可以主张该转让不发生物权效力。当然，转让人和受让人之间的抵押合同仍然有效，只是物权不能发生有效变动。

3. 再次设定抵押的权利

抵押人在同一抵押财产上为两个或者两个以上的债权分别设定抵押权，要依据《民法典》第414条的规定确定数个抵押权之间的顺位，不能以构成多个抵押为由认定后设立的抵押权无效。《民法典》第414条对同一财产向两个以上债权人抵押时抵押权的顺位规则做出了规定。法律允许抵押财产重复抵押，有利于发挥抵押财产的交换价值，同时，抵押财产的价值也可能具有一定的浮动性，顺位在后的抵押权人也可能因为抵押财产价值的增加而获得比较充分的满足。因此，抵押人设定某一抵押之后，仍然享有再次设定多个抵押的权利，这可以看作是其处分权的一项内容。

4. 对抵押财产的出租权

抵押权设定以后，抵押物仍然归抵押人所有，因此抵押人有权将抵押物出租给他人使用。无论是在抵押前还是抵押后，抵押人都可以将其抵押财产出租。但是，两种情况下所产生的法律后果并不相同。

（1）先出租后抵押。《民法典》第405条规定："抵押权设立前，抵押财产已经出租并转移占有的，原租赁关系不受该抵押权的影响。"与《物权法》第190

条规定相比①，《民法典》第405条有如下变化：一是要求承租人必须占有租赁物。二是删除了《物权法》第190条后半段关于"抵押权设立后抵押财产出租的，该租赁关系不得对抗已登记的抵押权"的表述。

依据《民法典》第405条的规定，租赁关系对抗抵押权的条件有两个。

第一，抵押权设立前，租赁关系已经成立。此处的已经成立，是指在抵押权设立之前，当事人之间的租赁合同已经生效，而不是指抵押合同生效前，租赁合同生效。

第二，要求承租人必须占有租赁物。这主要是为了防止当事人通过虚构租赁合同或者倒签合同的方式，侵害抵押权人的利益。同时，这也是为了让抵押权人知悉租赁关系的存在。因为租赁权本身没有法定的公示方法，因此应要求承租人必须占有租赁物。②

在符合上述两个要件的情形下，则抵押权的设立不影响在先设立的租赁关系的效力。在抵押人出租其财产之后，其仍然可以就该财产设定抵押权，因为抵押人将财产出租并没有移转其所有权，只不过因为出租行为而在财产之上设立了负担。如果抵押人将出租的财产抵押，租赁关系也不因此受到影响。在出租人将已出租的财产设定抵押之后，一般不影响承租人对财产的占有和使用，因而抵押权可以与租赁权并存。从财产价值来看，抵押权人追求的是抵押物的交换价值，而租赁权人追求的是物的使用价值，只要租赁权的设定不妨碍抵押权人抵押权的实现，两者之间不发生冲突。在抵押权实现时，也不产生清偿顺序上的矛盾。所谓原租赁关系不受影响，是指原租赁合同的主体、内容、期限等不会因抵押权的设定而受到影响。承租人依据租赁合同仍然享有使用租赁物的权利。

抵押人将已出租的财产设定抵押有可能会对抵押权的实现造成妨碍，因而，抵押人将已出租的财产设定抵押的，依诚实信用原则，其应对抵押权人负告知的义务。如未告知抵押权人，致使抵押权人遭受损害，抵押人应负损害赔偿责任。

---

① 《物权法》第190条规定："订立抵押合同前抵押财产已出租的，原租赁关系不受该抵押权的影响。抵押权设立后抵押财产出租的，该租赁关系不得对抗已登记的抵押权。"

② 参见黄薇主编：《中华人民共和国民法典物权编释义》，783页，北京，法律出版社，2020。

（2）先抵押后出租。因为抵押关系成立以后，抵押人仍享有抵押物的所有权，其仍然可以对抵押物行使使用、收益的权利。一方面，只要租赁期限不超过债务的清偿期，抵押人就可以将占有和使用权转移给他人。也就是说，抵押人仍可以将该物出租。这样在抵押权人实现抵押权时，租赁关系也已经终止，从而不影响抵押权人权利的实现。另一方面，由于抵押权的设立并不需要移转抵押财产的占有，如果不允许抵押人将该抵押物出租或借给他人使用，则不能充分发挥抵押财产的使用价值。因此，一般认为，抵押设定后，抵押人可以将抵押物出租。①尤其是如果抵押权设立后抵押财产出租的，因为抵押权设定在先，而租赁权设定在后，承租人知道或者应当知道抵押权的存在而仍然愿意承租，表明其已经愿意承受相应的风险。在此情况下，抵押权具有优先于租赁权的效力。如果租赁期限超过了抵押权行使期限，则租赁合同不具有对抗抵押权的效力。"买卖不破租赁"的原则在此情况下，不得适用。

对动产而言，由于动产抵押并不当然需要办理登记，如果以没有办理抵押登记的财产出租，承租人不知道或者不应当知道出租的财产已设定抵押，即承租人是没有过错的，在此情况下，就不能以抵押权来对抗租赁权。因而，抵押权实现时，不得自动消灭租赁关系。②依据《民法典》第403条规定，动产抵押未经登记，不得对抗善意第三人，此处的第三人也应当包括不知情的承租人。

在抵押权能够对抗租赁关系的情形下，抵押权人在实现抵押权时，承租人不得对抵押物新的权利人主张继续履行租赁合同。此处所说的对抗效力，主要是指在抵押权实现时的对抗效力。③如此规定是为了与物权优先效力规则保持一致。当然，在此情形下，承租人有权依法请求出租人承担违约责任。

值得注意的是，《民法典》和《有关担保的司法解释》就抵押权与居住权的关系未作明确规定，但在解释上，居住权与租赁权一样，都属于抵押财产上的负担，抵押权与租赁权之间关系的规则也可类推适用于解决抵押权与居住权之间的

---

① 参见郭明瑞：《担保法原理与实务》，174页，北京，中国方正出版社，1995。
② 参见黄薇主编：《中华人民共和国民法典物权编释义》，540页，北京，法律出版社，2020。
③ 参见郭明瑞：《物权法通义》，294页，北京，商务印书馆，2019。

关系。

5. 孳息收取权

在抵押期间，由于抵押物的所有权仍然归属于抵押人，且抵押物由抵押人占有，因而，抵押物的孳息收取权应当归抵押人享有。但在债务履行期届满、债务人不履行债务而使抵押物被人民法院依法扣押的，根据《民法典》第412条的规定，自扣押之日起，抵押权人有权收取由抵押物所分离的天然孳息以及抵押人就抵押物可以收取的法定孳息。

抵押人的主要义务是妥善保管好抵押物。在抵押期间，由于抵押人继续占有抵押物，因而抵押人应当负有保管抵押物的义务，并应采取各种必要的措施以防止抵押物的毁损灭失和价值减少。因抵押人的行为造成抵押物价值减少的，抵押人有义务恢复抵押物的价值，或者提供与减少的价值相当的担保。在抵押期间，抵押人转让抵押财产的，应当及时通知抵押权人。经同意转让抵押物的价款应符合抵押物的实际价值，且因转让所获得的价款应用来提前清偿所担保的债权或者向第三人提存。

二、抵押权人的权利

（一）支配抵押物并排除他人侵害的权利

在抵押期间，尽管抵押权人并未实际占有抵押物，但抵押权人对抵押物仍享有支配权。如果抵押物受到第三人的侵害，抵押权人有权要求侵害人停止侵害、恢复原状、赔偿损失。当抵押物被第三人侵夺时，抵押权人依法可对抵押物行使物权请求权，以保障其权利实现。[①]

（二）抵押财产转让有害债权实现时请求提前清偿或者提存的权利

根据《民法典》第406条的规定，抵押期限内，抵押人可以转让抵押财产。但是，如果该抵押财产的转让可能损害抵押权人的债权时，抵押权人在能够证明

---

① 参见崔建远：《物权法》，5版，467页，北京，中国人民大学出版社，2021。

如下情况时，可以请求将该转让价款用于提前清偿债权或者进行提存。一是请求抵押人提前清偿债务，通过提前清偿，有利于保障债权人债权的实现。二是要求提存，即在抵押人转让抵押财产的情形下，抵押权人有权请求抵押人将所得的价款提存，以保障其债权的实现。

（三）抵押财产价值的保全与恢复权

《民法典》第 408 条规定："抵押人的行为足以使抵押财产价值减少的，抵押权人有权请求抵押人停止其行为；抵押财产价值减少的，抵押权人有权请求恢复抵押财产的价值，或者提供与减少的价值相应的担保。抵押人不恢复抵押财产的价值，也不提供担保的，抵押权人有权请求债务人提前清偿债务。"该条实际上确认了三种权利，即请求停止实施减少抵押物价值行为的权利、抵押权人对抵押物的价值保全权和请求提前清偿债务的权利。

（1）请求停止实施减少抵押物价值行为的权利。所谓请求停止实施减少抵押物价值行为的权利，是指在因抵押人的行为足以使抵押财产价值减少的，抵押权人有权依法请求其停止该行为。其行使必须符合以下两个条件。

第一，必须是在抵押人的行为造成抵押物价值减少的情况下行使。[1] 这就是说，抵押物价值的减少必须是因为抵押人的行为造成的。抵押人从事使抵押财产价值减少的行为主要包括两种：一种是抵押人的积极行为使抵押财产的价值减少，例如拆除抵押的房屋、因驾驶抵押的车辆造成车辆损坏等；另一种是抵押人消极的不作为导致抵押财产价值的减少，例如对抵押的危险房屋不做修缮，将抵押的财产置于室外不加保护，这些行为都是可归责于抵押人的行为。[2] 当然，如果是抵押权人的不正当干预等行为，或不可抗力等原因造成抵押物价值减少，则不能行使此项权利。例如，由于市场价值的正常波动或者技术的更新换代而导致抵押财产价值减少，显然就不是由于抵押人的行为造成的。

第二，抵押人的行为足以使抵押财产价值减少。抵押物在设定抵押后仍然由抵押人占有，抵押人可以对其进行正常的使用，这就难免会造成抵押物价值的减

---

[1]　参见黄薇主编：《中华人民共和国民法典物权编释义》，790 页，北京，法律出版社，2020。

[2]　参见陈华彬：《物权法论》，550 页，北京，中国政法大学出版社，2018。

少。但这并不是说，抵押物价值发生轻微变化，抵押权人便享有此项权利。根据《民法典》第408条，必须是"抵押人的行为足以使抵押财产价值减少的"，抵押权人才有权要求抵押人停止其行为。所谓"足以"，是指抵押权人能够举证证明，抵押人的行为会明显造成抵押物的价值减少。对于"足以"的举证责任，应当由抵押权人承担。

（2）对抵押物的价值保全权。《民法典》第408条规定："抵押财产价值减少的，抵押权人有权请求恢复抵押财产的价值，或者提供与减少的价值相应的担保。"该权利的行使必须符合如下条件。

第一，抵押财产的价值在客观上已经减少。由于抵押财产在抵押人的控制之下，而抵押权人支配的只是抵押财产的交换价值，不能实际占有抵押财产。为了防止抵押人在占有抵押财产期间，因其不当利用或管理等行为造成抵押物价值的减损，维护抵押权人的合法权益，就有必要使抵押权人拥有保全和恢复抵押财产价值的权利。[1] 因此，只要发生了抵押财产的价值减少，不论抵押人是否存在过错，抵押权人都有权请求恢复抵押财产的价值。

第二，抵押人没有及时恢复抵押物的价值或者提供相应的担保。如果抵押财产的价值在客观上已经减少，而抵押人已经及时采取了措施来恢复抵押财产的价值，自然就没有必要赋予抵押权人价值保全权。只有在抵押人没有采取措施的情况下，抵押权人的利益才会受到影响，此时，抵押权人就应当享有此项权利。

第三，抵押权人有权要求抵押人恢复抵押财产的价值。所谓有权要求恢复抵押财产的价值，是指排除导致抵押物价值减少的行为，使抵押物的价值恢复到以前的状态。例如，甲以其建设用地使用权设立抵押之后，抵押人对该土地不进行有效的保护，导致该土地的水土流失，致使该地的价值明显减少，抵押权人有权要求其采取措施恢复该土地的价值。

第四，抵押权人有权要求抵押人提供与减少的价值相应的担保。一般来说，如果抵押人可以恢复抵押财产的价值，应当允许其首先恢复该财产的价值，只有

---

[1]　参见王利明主编：《民法》（上册），8版，485页，北京，中国人民大学出版社，2020。

在其不能恢复的情况下，才能要求其另行提供担保。此种担保在法律上称为"增担保"。抵押人提供的担保，既可以是人的担保，也可以是物的担保，只要与抵押财产减少的价值相当即可。①

抵押权人行使价值保全权时，是否属于物上代位？对此，存在不同的观点。笔者认为，《民法典》第408条与第390条所规定的价值保全权和物上代位是有区别的。详言之，抵押权人物上代位权和抵押权人对抵押物的保全权存在以下不同：一方面，产生权利的原因不同。价值保全权产生的原因是抵押人实施了导致抵押财产价值减少或可能减少的行为。物上代位权是指担保物权人在担保物权的存续期间，有权要求以担保财产因毁损、灭失或者被征收而获得的保险金、赔偿金、补偿金等财产代替原担保财产，并对替代物优先受偿。我国《民法典》第390条对担保物权的物上代位性作出了明确的规定。担保物权的物上代位中的毁损、灭失并非是由于抵押人造成的，而是由抵押关系以外的第三人导致的；在因抵押人的行为导致抵押财产毁损时，抵押权人为了防止抵押财产价值减少，有权要求抵押人恢复抵押物的价值或增担保，这是《民法典》对抵押权人与抵押人之间关系作出的特别规定。另一方面，物上代位实际上是以原抵押物残存的物和变形物来作为担保物权的标的。而适用价值保全权时，是以抵押人的其他财产加入担保财产之中，新的财产与原抵押财产之间没有什么关联性。② 还要看到，行使价值保全权必须由抵押权人向抵押人提出保全主张，据此学者也将该权利称为"价值保全请求权"。而物上代位在出现代位物之后，并不需要抵押权人提出主张，甚至在抵押权人不知情时，也可以产生物上代位的效力。

（3）请求提前清偿债务的权利。《民法典》第408条规定，"抵押人不恢复抵押财产的价值，也不提供担保的，抵押权人有权请求债务人提前清偿债务。"如果抵押财产的价值明显减少，抵押人不恢复抵押财产的价值也不提供担保的，法律必须采取措施保障抵押权人的利益。不过，此种规定在一定程度上剥夺了债务人的期限利益，但因为抵押人不采取措施恢复抵押财产的价值或者增加担保，会

---

① 参见谢在全：《民法物权论》（下册），236～237页，台北，新学林出版股份有限公司，2014。

② 参见谢在全：《民法物权法》（中册），521页，台北，自版，2003。

使抵押权人的利益受到严重威胁，法律为保障抵押权人的利益，允许其要求抵押人提前清偿，这对抵押人并非不公平。

（四）权利处分权

抵押权设定之后，抵押权人可以放弃抵押权和抵押权的顺位，也可以与抵押人协商变更抵押权的内容。抵押权虽然具有从属性，但也具有相对的独立性，且抵押权在性质上仍然属于一种财产权，所以，按照私法自治原则，抵押权人可以对抵押权进行处分。抵押权的处分，包括抵押权的放弃和抵押权顺位的变更等。只要不损害其他抵押权人的利益，抵押权人都可以依法处分其权利。[①] 如果抵押权人转让其主债权，也可以将抵押权一并转让。

（五）追及权

所谓追及权，是指在抵押权成立后，抵押人转让抵押财产，无论辗转至何人之手，抵押权人均可追及至物之所在，而主张对该物的变价优先受偿。《民法典》第406条规定，抵押财产转让的，抵押权不受影响，该条实际上是确认了抵押权人的追及权。但依据法律规定不能追及的，则不发生追及的效果。例如，依据《民法典》第404条，在设定抵押权之后，该抵押权即便已经登记也不得对抗正常经营活动中已经支付合理价款并取得抵押财产的买受人。因而，此时抵押权不能追及至买受人处。

（六）变价优先受偿权

所谓变价优先受偿权，主要是指在债务人不履行债务或出现当事人约定实现抵押权的情形时，抵押权人可以与抵押人协议以该抵押财产折价，或者以拍卖、变卖该抵押财产所得的价款优先受偿。除此之外，还包括如下几个方面。

第一，抵押权与其他担保物权之间，要依据公示先后来确定受偿顺序。即在抵押权与抵押权发生冲突的情况下，应当按照《民法典》第414条的规定确定抵押权实现的先后顺序。

第二，抵押权与一般债权之间，在抵押物被查封、被执行时，抵押权优先

[①] 参见郭明瑞：《物权法通义》，303～306页，北京，商务印书馆，2019。

于执行的债权。对于抵押财产被扣押或强制执行的，抵押权人应当从抵押物的变价中优先受偿。如果债务人被宣告破产，抵押权应当优先于一切债权，抵押财产不列入破产财产，抵押权人可以就抵押物于其担保的债权额范围内优先受偿。[1]

抵押权人的主要义务是在实现抵押权时严格依据法定和约定的方式及程序，不得损害抵押人和其他人的利益，不得非法干预抵押人所享有的各种权利。抵押权人应当按照诚信原则，在设定抵押的时候，不得要求抵押人设定过度抵押，例如，以价值 1 000 万元的房产担保 100 万元的债权；如果抵押物的价值超出所担保的主债权，不得禁止抵押人就抵押物的剩余价值设定新的抵押；否则，将违反诚信原则，也不利于充分发挥抵押物的担保效用。

第七节　抵押权的顺位

一、抵押权顺位的概念

抵押权顺位，又称为抵押权的次序或者顺序，是指为了担保两个或者两个以上的债权，在同一财产上设立了多个抵押权之后，各个抵押权人在行使抵押权时所处的先后次序。例如，甲有一栋楼房，价值 1 000 万元，从乙银行借款 500 万元，设立了抵押；后来，甲又从丙银行借款 600 万元，并以该楼房设立了抵押。此时，就涉及两个抵押权人优先受偿的顺位问题。抵押权人所享有的顺位权，表面上看是一种优先受偿的次序，实际上是一种财产权。因为优先受偿顺位，最终影响着担保物权的优先性是否可以实现以及实现的范围。换言之，抵押权最终能否实现，取决于优先受偿的顺位。[2]

关于抵押权的顺位究竟是一项权利还是权利的特性，在学理上也是不无争议

---

① 参见陈华彬：《物权法论》，526 页，北京，中国政法大学出版社，2018。
② 参见陈荣隆：《担保物权之新纪元与未来之展望》，载《台湾法学杂志》，第 93 期。

的。但毫无疑问，确立抵押权顺位具有重要意义[1]，因为在同一标的物之上设定多重抵押时，各个抵押权人行使权利有先后顺序之分。抵押权的顺位是由抵押权的排他性和优先性决定的。一方面，就排他性而言，在同一顺位上，抵押权是排他的，顺位在先的抵押权可以排斥顺位在后的抵押权。另一方面，抵押权的顺位，也是由抵押权的优先性决定的。物权的优先性主要体现在抵押权的顺位方面，这种顺位实际上体现了物权的对内优先效力。《民法典》第 386 条规定："担保物权人在债务人不履行到期债务或者发生当事人约定的实现担保物权的情形，依法享有就担保财产优先受偿的权利，但是法律另有规定的除外。"其中强调"优先受偿"实际上明确了其优先顺位。

在法律上规定抵押权优先顺位的意义在于：一方面，有利于充分实现抵押物的价值，实现物尽其用。承认抵押权的顺位，实际上就意味着承认多个抵押。只有在多个抵押的情况下，才有优先顺位的问题。而多个抵押有助于充分利用抵押物的交换价值，可以实现利用一个抵押物担保多个债权，从而有利于融通资金，实现财产的最大功用。[2] 另一方面，有利于法院依法进行强制执行。抵押权优先顺位的确定，就确定了执行的先后顺序，而且确定了债务人可以获得分配的数额。《民法典》关于抵押权优先顺位的规定，可以方便法院在执行时根据一定的顺位来确定各个抵押权人优先受偿的数额。此外，其有利于提醒当事人注意其可能面临的风险。抵押权优先顺位的确定，实际上提供了一个风险的预警机制，可以事先提醒当事人注意其债权被担保的范围，从而准确估量其债权实现的风险。例如，在后顺位的债权人就可以准确估量其可能获得优先受偿的数额，从而决定其是否接受多个抵押。

二、抵押权顺位的产生

抵押权顺位产生的原因主要在于：一方面，抵押权是一种价值权，法律允许

---

[1] 参见［德］鲍尔、施蒂尔纳：《德国物权法》（上册），张双根译，337 页，北京，法律出版社，2004。

[2] 参见《〈中华人民共和国物权法〉条文理解与适用》，578 页，北京，人民法院出版社，2007。

在同一财产之上设立多个抵押权，从而尽可能发挥抵押财产的交换价值，符合物权法上的效率原则。如果法律上禁止多个抵押，则不可能产生抵押权顺位的问题。另一方面，物权的排他性也决定了在同一财产之上设立的各个抵押权之间不可能是平等的，而应当存在优先效力的问题。

《民法典》第414条规定："同一财产向两个以上债权人抵押的，拍卖、变卖抵押财产所得的价款依照下列规定清偿：（一）抵押权已经登记的，按照登记的先后顺序清偿；（二）抵押权已经登记的先于未登记的受偿；（三）抵押权未登记的，按照债权比例清偿。"该条规定实际上修改了《担保法》限制多个抵押的相关规定，扩大了多个抵押的适用范围。① 以同一财产向同一债权人或者不同债权人多次抵押的，抵押人所担保的债权可以超出其抵押财产的价值。这有利于充分发挥抵押财产的价值，便利企业和个人的融资活动。允许同一财产向数个债权人抵押，就会涉及数个抵押权清偿顺序的问题，以及顺序相同时如何清偿的问题。

抵押权的顺位出现冲突，应当如何解决，有两种立法模式：一是平等主义，即在抵押权顺位不同的情况下，各个债权人按照债权比例平均受偿。二是按照先来后到的规则，抵押权是一种物权，应当以物权在登记簿记载的顺位为基准。登记在先的权利具有优势地位，其实现的机会比后登记者更有保障，登记顺位在后的权利只有在在先的权利实现后，才能有实现的机会。② 这两种模式都各有利弊。我国《民法典》在总结既有立法和司法经验的基础上，确立了抵押权优先受偿的顺序。依据《民法典》第414条的规定，同一财产向两个以上债权人抵押的，拍卖、变卖抵押财产所得的价款应当依照如下顺序受偿。

（1）登记在先优先于登记在后。《民法典》第414条第1款第1项规定："抵押权已经登记，按照登记的时间先后确定清偿顺序。"这就是说，如果一物之上

---

① 《担保法》第35条规定："抵押人所担保的债权不得超出其抵押物的价值。财产抵押后，该财产的价值大于所担保债权的余额部分，可以再次抵押，但不得超出其余额部分。"

② 参见常鹏翱：《论顺位》，载梁慧星主编：《民商法论丛》，第25卷，316页，北京，法律出版社，2002；王闯：《规则冲突与制度创新（上）——以物权法与担保法及其解释的比较为中心而展开》，载《人民法院报》，2007-06-20。

各抵押权都已办理抵押登记，则应当按照登记时间的先后确定顺位，即清偿顺序按照"登记时间在先，权利在先的"规则来确定。这一规则是物权优先性的体现，早在中世纪，法学家就已经确立了"先登记者比后登记者有优先权利（prior tempore potior iure）"①。这一规则可以有效解决已经办理登记的各项抵押权的权利顺位问题，也有利于督促当事人及时办理登记，即当事人在设立抵押以后，不仅要办理登记，而且要尽快办理抵押登记。依据《民法典》第414条的规定，即使某个抵押合同签订在先，但如果该抵押登记在后，则其权利实现顺位也位列在后，相反，如果其他抵押权人登记在先，则即便其担保合同订立在后，抵押权人也能优先受偿。由此可以看出，重复抵押的顺位规则就是以登记为中心确定的。

（2）登记优先于未登记。依据《民法典》第414条第1款第2项规定，"抵押权已经登记的优先于未登记的受偿"。这就是说，在重复抵押的情形下，首先要考虑抵押权是否已经办理了登记，如果有的抵押权已经办理登记，而有的抵押权没有办理登记，则已经登记的抵押权在权利实现顺位上优先于未登记的抵押权。以登记为中心，意味着已办理登记的抵押权应当优先于未登记的抵押权。例如，以某项动产为多项债务作抵押，即使第一个抵押权设立在先，但是如果其未办理登记，即便第二个抵押权设立在后，但已经办理了登记，其也要优先于第一个抵押权人受偿。

（3）未登记的以债权比例确定。如果同一财产上的抵押权都没有办理登记，则各个抵押权人按债权比例受偿。当然，由于物权优先于债权，因此，即便抵押权没有办理登记，其也要优先于普通债权得以实现。法律作出此种规定，可以使债权人清晰了解不办理抵押登记的风险和后果，由于动产抵押权的设立依法采登记对抗主义，该规则赋予了当事人自由选择办理抵押登记的权利，如果当事人选择不办理登记，则应当承担作出此种选择的风险和后果。

由此可见，《民法典》第414条实际上形成的是以登记为中心的权利优先顺位规则，其确立了已登记优先于未登记的、登记在先顺位在先的规则，毕竟抵押

---

① 江平主编：《中美物权法的现状与发展》，93页，北京，清华大学出版社，2003。

权是一种物权，不能够在顺位明显不同的情况下，按照平等主义的模式来受偿，否则将使抵押权演变成为一种债权。《民法典》的上述规定确立了解决抵押权对内优先规则，同时，又确立了抵押权的顺位规则。

问题在于，虽然在同一抵押物上有多个抵押权时，以设定的先后次序作为实现的先后次序，但设定在前的抵押权所担保的债权并不一定首先到期。如果设定在前的抵押权所担保的债权的清偿期限后于设定在后的抵押权所担保债权的清偿期限，而后一债权又未获清偿，需要以拍卖或者变卖抵押物所得来清偿，就存在如何保障在先抵押权的问题。因为如果以拍卖或者变卖抵押物的所得优先清偿了设定在后的抵押权，则可能导致拍卖或者变卖抵押物的所得所剩无几，难以满足先设定的抵押权，在事实上否定了设定在先的抵押权人的顺位权。例如，甲向乙借款 500 万元，以其价值 1 000 万元的房屋作抵押，于 2018 年 5 月 1 日登记，所担保的债权于 2019 年 11 月 1 日到期。然后，甲又向丙借款 800 万元，也以该房屋作抵押，于 2018 年 7 月 1 日登记，所担保的债权于 2019 年 7 月 1 日到期。这两个抵押权都办理了登记。2019 年 7 月 2 日，后一个债务到期。甲未清偿债务，应当由丙还是乙优先实现抵押权？对此，在学理上，有两种不同的处理方法。

一是在先顺位的抵押权提前受偿，提前消灭。此种做法的优点在于，保障在先顺位的抵押权人的债权得到清偿，并可以及时清偿在后顺位抵押权人的债权。但是，此种做法损害了债务人的利益，因为它强迫债务人期前清偿，放弃了其期限利益。

二是允许后设定的抵押权在债权到期时，优先实现债权。如在上例中，由丙优先满足其 500 万元的债权，然后，由乙在债务到期后实现其抵押权。如果法律允许这种清偿方式，则实际上否定了物权的对内优先规则，即在数个抵押权并存的情况下，应当实行"登记在先权利在先"的原则，而上述做法事实上使已到清偿期的债权具有了优先于物权的效力。

笔者认为，应当全面认识"顺位权"的内容，先设定的抵押权不仅对抵押物的价值而言是优先的，而且在清偿的时间顺序上也是优先的。后抵押权人一旦接受后抵押的事实，便要接受这一规则。如果在先顺位抵押权人在债权尚未到期的情况下就提前清偿，或者要求在后顺位的抵押权必须等在先顺位的抵押权担保的债权到期才能实现，就有可能损害后顺位抵押权人的利益，因为后顺位抵押权人必须等待先顺位抵押权人的债权到期。尤其是在抵押物的价值不断下降的情况下，继续等待实际上只能造成对当事人利益的损害，因此，在顺位在后的抵押权所担保的债权已经到期的情形下，应当允许抵押权人主张对抵押财产进行变价，但其就该变价进行受偿的顺序应当在先顺位抵押权人之后。

三、抵押权顺位的固定主义与顺位的升进主义

如果次序在先的抵押权消灭以后，次序在后的抵押权是否可依次升位而相应地变更抵押权人的次序权？对此，各国立法规定并不完全相同，大致存在着两种模式。

（1）顺序固定主义。此种立法认为，抵押权设立以后，抵押权的顺序位置保持不变，顺序在先的抵押权消灭时，顺序在后的抵押权并不递升，而应固定在原来的顺序中，保持不变。此种立法最先起源于罗马法，并为德国和瑞士立法所采纳，因为德国、瑞士等不强调抵押权的附属性，采用固定主义为保护抵押人和债务人的利益以及抵押权的独立提供了保障。[1] 如《瑞士民法典》第 814 条第 1 款规定："同一土地设定若干顺序不动产担保权的，如一顺序担保权消灭时，其后的不动产担保债权人无请求升位的权利。"

固定主义有两种做法具有代表性。第一，空白担保位置制度。此种做法为瑞士民法所采纳，即同一物之上设定数个抵押权之后，抵押权的顺位按设定的顺序保持不变，即使顺位在先的抵押权所担保的债权受到清偿，或者因其他原因消灭时，顺位在后的抵押权也不升位，仍然保留这一空白位置，不动产的所有人可以利用该空白的担保位置，设定另一个新的抵押权。[2] 如《瑞士民法典》第 814 条第 2 款规定："优先的不动产担保权受清偿后，得设定另一不动产担保权。"但

---

① 参见崔建远：《物权法》，5 版，457 页，北京，中国人民大学出版社，2021。
② 参见高圣平：《担保法论》，348 页，北京，法律出版社，2009。

《瑞士民法典》允许当事人就抵押权的升位进行协商，如该法第 814 条第 3 款规定，"不动产担保人就升位所做的合意，以在不动产登记簿上登记的为限，发生物权的效力"。第二，所有人抵押制度。该制度允许所有人在自己的不动产上存在为自己拥有的抵押权，这种抵押权被称为所有人抵押权，该立法模式主要为德国法所采纳。所有人抵押制度是德国民法上的特有制度，其实质在于使抵押权可以独立存在，还可以发行土地抵押证券或者将土地抵押权作为投资直接纳入流通。就目前多数国家的立法来看，一般认为，抵押权是为了担保债权而设立的，具有从属于债权的特性，债权消灭，抵押权自然没有了存在的基础，抵押权也不能独立地流通。所以，德国的所有人抵押制度并不具有普遍性和典型性。[1] 依据所有人抵押的特征，如果所有人抵押权为先次序抵押权，则在被担保的债权因为清偿而消灭以后，该抵押权仍然存在，后次序抵押权不得升进。[2]

　　上述两种做法的主要区别在于，在所有人抵押的情况下，由于先次序的所有人抵押权不因清偿等原因而消灭，所以，后次序的抵押权无论因何种原因都不得升进，其债权数额超出担保范围部分，也只能以普通债权人的身份，与其他债权人一起平均受偿。而在空白担保位置制度之下，空白的担保位置，在没有设定新的抵押权之前，后次序的抵押权是有可能升进的。所以，在此情况下，如果将抵押物变卖，后次序的抵押权人因为空白担保位置没有设定新的抵押权，可能使抵押权顺序提前，所以在这一点上也发生了与顺序升进主义相同的效果。[3] 事实上，由于后一次序的抵押权是否可以升进，取决于在前一次序的抵押权消灭以后，所空出的价值上是否设置了新的抵押权，因此该做法可以视为折中主义。

　　（2）顺序升进主义。此种立法规定，在抵押权设定以后，抵押权的顺序并非固定不变，如果顺序在先的抵押权发生消灭，则顺序在后的抵押权可以递升。这就是说，第一顺序的抵押权消灭时，第二顺序的抵押权升进到第一顺序，第三顺序的抵押权则升进到第二顺序，依此类推。此种立法最早起源于日耳曼法，并为

---

① 参见陈华彬：《物权法论》，577 页以下，北京，中国政法大学出版社，2018。

② 参见孙鹏、肖厚国：《担保法律制度研究》，153 页，北京，法律出版社，1998。

③ 参见谢在全：《抵押权次序升进原则与次序固定原则》，载《本土法学杂志》，2000（7）。

法国和日本等国民法所采纳①，例如，日本民法就规定，当先顺位的抵押权因债权得到清偿等原因而消灭后，后顺位的抵押权可以晋升至前一顺位。②

《民法典》第414条所确立的顺位升进主义具有如下特点。

第一，适用于登记的抵押权，不能适用于未登记的抵押权。因为不动产抵押需办理登记才能生效，所以此处未登记的抵押权主要指的是动产抵押，动产抵押如果未办理登记，对未登记的动产抵押权之间而言，按照债权比例清偿。《民法典》第414条适用于登记的抵押权，采纳顺位升进主义，不会使后顺位的抵押权人获得不当的利益，因为在多个抵押的情形下，既然抵押权已经经过了登记，一般的债权人可以通过查询登记知晓相关情形，后顺位的抵押权人对在先的抵押权人顺位的升进具有合理的期待，也可能是因为其寄希望于在先的抵押权消灭之后其顺位可以升进，这是一种合理的期待③，一旦在先的抵押权消灭，其次序就可以升进，而获得此种顺位并非不当得利。

第二，既可能适用于登记生效的担保物权，也适用于登记对抗的担保物权。就动产抵押而言，如果都办理登记，此时也可以采取顺位升进。从《民法典》第414条规定来看，其并没有对适用范围进行例外限制，即只要抵押权可以办理登记，就可以基于登记的先后顺序确定其优先顺位，并可适用顺位升进规则，因此，不论是采登记生效主义的抵押权，还是采登记对抗主义的抵押权，均可适用顺位升进规则。

第三，在顺位升进的情况下，后次序的抵押权人一般仅能从先次序抵押权实现后的剩余的价值中获得受偿，因先次序抵押权消灭，将使后次序的抵押权得以随之升进，后次序的抵押权人获得完全的或部分的受偿，如此也不会损害债权人的利益。因为在多个抵押的情形下，就意味着顺序在后抵押权，只能在顺序在先的抵押权人权利实现之后，就抵押财产的剩余价值优先受偿，债权人对此应当具

①　参见史尚宽：《物权法论》，282页，北京，中国政法大学出版社，2000。

②　参见［日］近江幸治：《担保物权法》，祝娅等译，91页以下，北京，法律出版社，2000。

③　参见［日］鸟山泰志：《顺位昇進原则の立法論・解释論上の意義》，载《法学新报》，2015年第122卷第1・2号。

有预期。后次序抵押权人自愿接受后次序的抵押，可能是合理期待抵押物价值的升值；如果价值升值，则既使先次序的抵押权人获得受偿，又可使后次序的抵押权人从中获得受偿。如果后次序的抵押权人愿意承担此种风险，法律也应当允许。当然，在顺序在先的抵押权实现之后，次序在后的抵押权能否实现，具有一定的不确定性，即只有在先次序的抵押权消灭以后，抵押物仍然有剩余价值时，后次序的抵押权才有以抵押物拍卖或者变卖价款受偿的可能。

总之，在同一标的物上设立数个抵押权的情形下，依据《民法典》的规定，在抵押权实现时仍然应当采取顺位升进主义，而非顺位固定主义。采取此种模式，有利于保护一般债权人，防止后次序抵押权因升进次序而取得不当得利，因为后次序抵押权人就同一标的物取得抵押权，是在先次序抵押权已经存在的情形下发生的。一方面，后次序的抵押权人之所以接受后次序抵押权，也可能是因为其寄希望于先次序的抵押权人会放弃其抵押权，这是一种合理的期待。一旦先次序的抵押权人放弃其抵押权，其次序就可以升进，此并非不当得利。后次序的抵押权存在较高的风险，只有在先次序的抵押权消灭以后，抵押物仍然能够有剩余价值的时候，后次序的抵押权才有以抵押物拍卖或者变卖价款受偿的可能。这种高风险与放债的条件通常是联系在一起的，因而对后次序抵押权人而言，是公平的。另一方面，后次序抵押权人自愿接受后次序的抵押，可能是合理期待抵押物价值的升值，在升值以后，不仅使先次序的抵押权人获得受偿，也使后次序的抵押权人获得受偿；也可能是期待先次序的抵押权所担保的债权因为正常清偿、免除债务、混同等原因，导致其不必借助于抵押物而消灭。在混同的情况下，会不会损害抵押物受让人的利益呢？例如，甲有一幢价值 100 万元的房屋，甲以该房屋设定抵押向乙借款 50 万元，此后甲又向丙借款 60 万元，并以该房屋设定了后次序的抵押。甲将该房屋转让给乙，则乙既享有抵押权又享有房屋的所有权，导致乙享有的抵押权因为混同而消灭。丙的抵押权将会因此获得完全的保障。这种做法是否对乙不公平呢？笔者认为并非如此。因为甲与乙协商转让房屋时，乙通过房屋的登记情况应当知道该房屋之上已经设定了第二个抵押权，乙在考虑是否受让和以何种价格受让该房屋时，自然应当考虑该抵押负担的问题，所以乙最后受让该房屋并承担丙在房屋上设定的抵押权，是乙愿意承担的风险，而且这种风险已经合理地被考虑在房屋价格之中，对双方当事人都是公平合理的。

由于后次序抵押权人仍然享有抵押权，具有优先于普通债权人的地位，因而其优先于普通债权人以抵押物的价值受偿，是完全合理、合法的。顺序升进主义是否损害一般债权人的利益，应当在一般债权人的合理预见和实际结果的对比中体现。在抵押物之上设定了若干抵押是经过登记公示的，一般债权人完全可以通过查阅登记材料而知晓，后次序抵押可以升进也是由法律明文规定的，所以一般债权人对把抵押物作为一般责任财产偿还其债务有多大的合理预期是明确的。如果一般债权人认为在顺序升进主义情况下，会导致债务人一般责任财产的减少，降低了其债权的保障，那么，其也完全可以要求债务人为其提供担保。

最后还要看到，抵押权的顺序升进主义符合所有权的弹力性原则。抵押权的设定是对所有权形成一定的限制。一物之上设立数个抵押权，实际上是给所有权设立了负担，同时也是对所有权的限制。当顺序在先的抵押权消灭以后，所有权的内容基于弹力性原则应当恢复其内容，随之应由顺序在后的抵押权人享有并支配抵押物的价值权，所以顺序升进主义是合理的。①

总之，如果同一标的物上成立数个抵押权，在抵押权实现时，笔者认为，仍然应当采取顺序升进主义，而不应当采取顺序固定主义。

四、抵押权顺位的变更、抛弃和转让

（一）抵押权顺位的变更

所谓抵押权顺位的变更，是指当事人通过协商变更各抵押权的优先顺序，或者数个抵押权之间的先后顺位进行互换。在顺位变更后，各抵押权人只能按变更后的顺位行使优先受偿权。《民法典》第409条规定："抵押权人可以放弃抵押权

---

① 参见谢在全：《抵押权次序升进原则与次序固定原则》，载《本土法学杂志》，2000（7）。

或者抵押权的顺位。抵押权人与抵押人可以协议变更抵押权顺位以及被担保的债权数额等内容。但是，抵押权的变更未经其他抵押权人书面同意，不得对其他抵押权人产生不利影响。债务人以自己的财产设定抵押，抵押权人放弃该抵押权、抵押权顺位或者变更抵押权的，其他担保人在抵押权人丧失优先受偿权益的范围内免除担保责任，但是其他担保人承诺仍然提供担保的除外。"该条实际上承认了当事人可以通过协议变更抵押权的顺位，但抵押权顺位的变更必须满足以下几个条件。

第一，必须通过协议进行变更。抵押权顺位的变更有多种方式，可以是法定的变更，也可以是约定的变更。通常认为，在先的抵押权消灭而导致在后的抵押权的顺位上升，就属于法定的变更。《民法典》第409条只是承认了协议变更抵押权顺位的方式。从实践来看，抵押权顺位的变更主要采协议变更的方式，且此种变更又容易产生争议，因此《民法典》有必要对此专门作出规定。

第二，抵押权顺位的变更，未经其他抵押权人书面同意，不得对其他抵押权人产生不利影响。抵押权的变更形式有多种，在不损害其他抵押权人利益的情况下，当事人可以将在先顺位变更为在后顺位，也可以将在后顺位变更为在先顺位。抵押权顺位的变更，可以是有偿的（例如，变更后由后顺位的抵押权人给予顺序在先的抵押权人以一定的补偿），也可以是无偿的。通常来说，如果在先顺位的抵押权人愿意变更为顺位在后的抵押权人，就不需要经过后顺位抵押权人的同意。如果在后顺位的抵押权要变更为在先顺位的抵押权，则必须征得在先顺位抵押权人的同意。[①] 值得注意的是，如果抵押权顺位的变更，将对其他抵押权人产生不利影响，则必须要取得其他抵押权人的书面同意。

第三，抵押权顺位的变更，必须经过登记，否则不产生对抗第三人的效力。抵押权顺位的变更也是抵押权的变更，因而应当办理变更登记。[②]

（二）抵押权顺位的抛弃

所谓抵押权顺位的抛弃，是指在先顺位的抵押权人放弃了其在先的抵押权顺

[①] 参见胡康生主编：《中华人民共和国物权法释义》，423页，北京，法律出版社，2007。

[②] 参见郭明瑞主编：《中华人民共和国物权法释义》，361页，北京，中国法制出版社，2007。

位。抵押权本身是一种财产权，抵押权顺位本身体现了一定的财产利益，按照私法自治原则，既然权利人可以放弃抵押权，抵押权人自然也可以在不损害其他抵押权人利益的情况下放弃其顺位利益，无须征得后顺位抵押权人的同意。① 《民法典》第 409 条规定："抵押权人可以放弃抵押权或者抵押权的顺位。"尽管《民法典》将抛弃抵押权和抛弃抵押权顺位规定在一起，但抵押权顺位的抛弃和抵押权的抛弃是不同的，抵押权的抛弃意味着，原抵押权人不再享有抵押权，而变为普通债权人。而抵押权顺位的抛弃，则只是意味着其抵押权的受偿顺序的变更，抵押权仍然存在，抵押权人并没有转变为普通债权人。

抵押权顺位的抛弃可以有两种情况：一是针对特定后顺位抵押权人的抛弃。在先顺位的抵押权人为了特定后顺位抵押权人的利益，而将自己的优先受偿利益抛弃，此种情况也称为抵押权顺位的相对抛弃。相对抛弃在性质上具有变更的特点，但因为在先顺位抵押权人毕竟放弃了其在先的顺位，所以，也可以认为是抵押权顺位的抛弃。二是针对不特定的后顺位抵押权人的抛弃，此种情况称为抵押权顺位的绝对抛弃。它是指在先顺位的抵押权人为了全体后顺位的抵押权人的利益，而将自己的抵押权在先顺位予以抛弃。此时，后顺位的抵押权人的顺位依次升进，而抛弃者变成了最后顺位的抵押权人。②

（三）抵押权顺位变更、抛弃的法律效果

《民法典》第 409 条第 2 款规定："债务人以自己的财产设定抵押，抵押权人放弃该抵押权、抵押权顺位或者变更抵押权的，其他担保人在抵押权人丧失优先受偿权益的范围内免除担保责任，但是其他担保人承诺仍然提供担保的除外。"该条确立了抵押权顺位变更、抛弃的法律效果。

第一，抵押权人放弃该抵押权、抵押权顺位或者变更抵押权的，必须要考虑其他担保人的利益。《民法典》第 409 条第 2 款所说的"其他担保人"是指提供物上担保的第三人或者保证债务中的保证人。就同一主债权可以设立多个担保，

---

①② 参见高圣平：《民法典担保制度及其配套司法解释理解与适用》（上册），675 页，北京，中国法制出版社，2021。

其中既包括物的担保，也包括人的担保，因而，其他担保人应当包括各类担保人。[1] 抵押权人放弃该抵押权、抵押权顺位或者变更抵押权的，都必须考虑到其他担保人的利益。

第二，必须区分是以债务人自己的财产设定的抵押，还是以第三人的财产设定的抵押。如果是债务人以自己的财产设定抵押，不管债务人所设立的抵押是担保全部债务还是部分债务，首先应当以债务人自己的财产实现此种抵押权。但如果是债务人以外的第三人提供担保，则抵押权人放弃该抵押权、抵押权顺位或者变更抵押权的，有可能导致第三人相应地被免除责任。[2] 如果债务人以自己的财产抵押，抵押权人应当首先以该财产受偿，因为债务人是终局责任人，如此可以避免追索的费用。

第三，抵押权人放弃该抵押权、抵押权顺位或者变更抵押权的，则将导致其他担保人相应地被免责。根据《民法典》第 409 条第 2 款的规定，"其他担保人在抵押权人丧失优先受偿权益的范围内免除担保责任"。如何理解"抵押权人丧失优先受偿权益的范围内免除担保责任"？笔者认为，抵押权人抛弃了债务人自己提供的抵押的，抵押权人在其抛弃的抵押权范围内丧失优先受偿权。例如，甲向银行乙借款 1 000 万元，甲将自己的房产估价设定抵押担保 800 万元的债权，丙以其房产作抵押担保 300 万元的债务，丁作为保证人提供保证。如果乙抛弃了对甲的房产的抵押权，将会使自己丧失 800 万元的优先受偿的权益。因此，丙和丁仅就剩余的 200 万元债务承担担保责任。

第四，其他担保人承诺仍然提供担保的除外。如果其他担保人没有明确同意继续承担担保责任，就应当按照上述规则来处理。由此可见，该条实际上是任意性规定，当事人可以通过意思表示排除其适用。《民法典》第 409 条第 2 款所规定的"承诺"，既包括其他担保人与债权人之间达成的协议，也包括其他担保人单方的允诺。例如，数个担保人之间达成合意，即使抵押权人抛弃债务人自己财产上的抵押权，他们仍然要对全部债务承担担保责任。此时，抵押权人抛弃债务

---

①② 参见姚红主编：《中华人民共和国物权法精解》，341 页，北京，人民出版社，2007。

人财产上的抵押权，并不导致其他担保人责任的相应免除。

（四）抵押权顺位的转让

由于抵押权顺位本质上是财产权，所以，应当允许权利人转让抵押权的顺位。[1] 尽管我国《民法典》没有对抵押权顺位的转让作出规定，但是，因为《民法典》规定了抵押权顺位的协议变更，这实际上可以解释为，《民法典》也承认抵押权顺位的转让。从法律上看，只要转让人和受让人达成合意，应当允许双方转让抵押权顺位。顺位的转让也应当属于变更的内容，如果当事人通过合意转让抵押权的顺位且不损害其他人的利益的，就应当承认此种转让的效力。[2] 但抵押权顺位只能在先顺位抵押权人和后顺位抵押权人之间转让，在抵押权人和其他人之间是不可能发生抵押权顺位的转让的。

第八节 抵押权的实现

一、抵押权实现概述

所谓抵押权的实现，是指抵押物所担保的债权已届清偿期，而债务人未履行债务或者出现了当事人约定实现抵押权的情形，抵押权人可以行使抵押权，以抵押物的价值优先受偿。《民法典》第 410 条专门规定了抵押权的实现。抵押权设立的目的就在于，当债务人不清偿债务时，就抵押财产拍卖、变卖的价值优先受偿。抵押权的实现将使抵押权人设立抵押权的目的达到，并使主债权得以清偿。

抵押权的实现是以抵押权合法有效存在为前提的。抵押权的实现是抵押权人行使权利的表现，但它又不同于抵押权的行使。因为抵押权包含各项权能，抵押权人行使各项权能，都属于抵押权行使的范畴。而抵押权的实现，只是抵押权人

---

① 参见陈荣隆：《担保物权之新纪元与未来之展望》，载《台湾法学杂志》，第 93 期。
② 参见郭明瑞：《物权法通义》，306 页，北京，商务印书馆，2019。

行使其优先受偿权的体现。

担保的现代化要求提高抵押权实现的效率，我国民事立法按照这一要求，在抵押权实现方面提高了效率，表现在：

第一，降低了抵押权实现的成本。现代担保物权制度发展的一个趋势就是降低担保物权的实现成本。我国《民事诉讼法》设置了担保物权实现程序，简化担保物权的实现。《有关担保的司法解释》第45条对此作出了进一步规定，即当事人之间没有实质性争议的，则可以适用特别程序。

第二，扩大了当事人意思自治的空间。我国民事立法鼓励当事人可以在诉讼外执行，这就是说，如果当事人对抵押权的实现有特别约定的，则应尊重当事人的约定，《有关担保的司法解释》对此作出了特别规定，但其只是规定了拍卖、变卖，而没有约定折价。鼓励当事人通过约定实现抵押权，有利于降低抵押权实现成本，实现物尽其用，但此种约定不得损害第三人利益。

第三，进一步完善了抵押权实现的程序。抵押权实现的顺位、协议实现抵押权时债权人的撤销权等，在当事人不能就实现抵押权达成协议时，抵押权人可以请求人民法院拍卖、变卖抵押财产。

在各种担保方式之中，抵押权被称为"担保之王"，其在实现担保债权、促进融资和维护市场经济秩序方面，具有重要意义。但是，抵押权要发挥其作用，最终必须借助于抵押权的实现。保障抵押权的顺利实现，有利于充分发挥抵押权的制度价值、保障抵押权人的权益。因此，抵押权的实现制度是抵押权制度中的关键部分，在整个担保物权制度中居于十分重要的地位。

二、抵押权实现的条件

依据《民法典》第410条的规定，债务人不履行到期债务或者发生当事人约定的实现抵押权的情形，抵押权人有权实现抵押权。据此，抵押权实现的条件应当包括如下四个。

（一）必须存在合法有效的抵押权

抵押权具有从属性，其实现以抵押权的合法存在为前提。如果主合同被宣告无效或被撤销，则抵押合同也应相应被宣告无效，抵押权自然不能有效成立，抵押权人也不得行使抵押权。如果当事人之间虽然订立了抵押合同，但并未进行登记，则应当区分不同情况分别看待：如果抵押权的设立采登记要件主义，则抵押权在没有登记时尚未有效设立，自然不存在抵押权的实现问题；如果抵押权的设立采登记对抗说，此时不应当影响抵押权的存在，只是抵押权的效力不能对抗善意第三人。

（二）债务人的债务已届清偿期或出现约定情形

一是如果主债权尚未到清偿期，债权人不能请求债务人履行债务，抵押权人当然不能实现抵押权。《民法典》第 410 条规定的"债务人不履行到期债务"，不包括在履行期限到来之前，债务人公开明确地表明其将要不履行债务。即使出现此种情况，抵押权人也不能实现抵押权。由于抵押权以保障主债权的实现为目的，在履行期限届满之前，主债权人不能主张债权，抵押权人不能行使抵押权。因而，必须首先确立债务人履行债务的期限，并据此进一步确定债务人是否到期未履行债务。在未约定履行期限或约定不明确的情况下，应当根据《民法典》第 511 条的规定，确定合同的履行期限。在履行期到来以后，债务人不履行债务时，抵押权人才能要求实现其抵押权。

二是发生当事人约定的实现抵押权的情形。例如，抵押权人与抵押人在抵押合同中约定，抵押人必须为抵押财产购买保险，否则抵押权人有权立即实现抵押权，这就是发生了约定的实现抵押权的情形。再如，双方可以在合同中约定，尽管主债务没有到期，如果债务人已经破产或者出现了严重的支付不能情形，此时，抵押权人也有权实现抵押权。增加此种抵押权实现的条件，有助于进一步充分实现当事人的意思自治，发挥当事人在抵押权实现过程中的主动性。

（三）债务人不履行到期债务

债务人未履行债务包括债务人拒绝履行、迟延履行和不适当履行。当然，如果债务人根据主合同享有对债权人的抗辩权，则抵押人可以向抵押权人行使抗辩权，拒绝作出相应的履行。例如，如果债务人已履行了到期债务，或者虽未履行，但依照法律和合同的规定应免除责任的，则主债权人不得行使抵押权，否则，抵押人有权提出抗辩。如果债务不履行是由于债权人的原因造成的，如债权人无正当理由拒绝债务人的履行，则抵押权人也不能行使抵押权。

（四）抵押权人应当在抵押权的法定期限内行使抵押权

所谓抵押权的法定期限，是指法律直接规定的抵押权的存续期间，或者说是抵押权设立后至抵押权人可以实现抵押权时的法定期间。《民法典》第419条规定："抵押权人应当在主债权诉讼时效期间行使抵押权；未行使的，人民法院不予保护。"如何理解"人民法院不予保护"？对此存在两种观点，一是抵押权消灭说。此种观点认为，主债权诉讼时效期间届满后，抵押权也将随之消灭，抵押人有权请求涂销抵押登记。二是抗辩发生说。此种观点认为，主债权时效届满后，抵押权不消灭，而只是使抵押人享有了拒绝履行的抗辩权，作为从权利的抵押权，其实体权利不应消灭，抵押人不能请求涂销抵押权登记；如果抵押人自愿履行担保义务，抵押权人仍然可以接受，从而使其权利实现，抵押人自愿履行后又反悔的，也不受人民法院的保护。①

由于主债权已过诉讼时效，抵押权不再受人民法院保护，所以，抵押人实际上已经没有法律上的义务承担担保责任。因此，在抵押人不履行担保义务时，抵押权人向人民法院提起诉讼，不应受到法院的保护。从实践来看，由于抵押权的设定乃是给抵押人施加的一种负担，所以，抵押权的法定期间届满后，抵押人通常不愿意执行抵押财产，从这个意义上说，抵押权实际上已经归于消灭。《有关担保的司法解释》第44条第1款规定："主债权诉讼时效期间届满后，抵押权人主张行使抵押权的，人民法院不予支持；抵押人以主债权诉讼时效期间届满为由，主张不承担担保责任的，人民法院应予支持。主债权诉讼时效期间届满前，债权人仅对债务人提起诉讼，经人民法院判决或者调解后未在民事诉讼法规定的申请执行时效期间内对债务人申请强制执行，其向抵押人主张行使抵押权的，人民法院不予支持。"从该条规定来看，实际上采取了抵押权消灭说，采取此种模式的主要理由在于：一方面，其有助于督促抵押权人积极行使权利。在主债权诉

---

① 参见胡康生主编：《中华人民共和国物权法释义》，441页，北京，法律出版社，2007；杨明刚：《担保物权适用解说与典型案例评析》，173页，北京，法律出版社，2007；黄薇主编：《中华人民共和国民法典物权编释义》，811～813页，北京，法律出版社，2020。

讼时效期间届满后，如果允许抵押权一直存续，可能会使抵押权人怠于行使抵押权，不利于发挥抵押财产的经济效用。① 按照抵押权消灭说，由于抵押权消灭，即使抵押人未提出抗辩，法院也应主动查明主债权的诉讼时效是否届满，这有助于进一步督促抵押权人积极行使抵押权。另一方面，有利于抵押财产的流通转让。如果采取抗辩发生说，在主债权诉讼时效届满后，抵押权仍然存在，此时抵押人不能请求涂销抵押登记，则抵押财产无法顺利流转。显然抵押权消灭说更有利于抵押财产的流通转让。

需要注意的是，主债权诉讼时效届满后抵押权消灭的观点同样可以参照适用于以登记作为公示方式的其他担保权利。《有关担保的司法解释》第 44 条第 3 款中规定，主债权诉讼时效期间届满的法律后果，以登记作为公示方式的权利质权，参照适用第 1 款的规定。② 但与以登记作为公示方式的担保权不同，以交付作为公示方式的担保权，例如动产质权、留置权和以交付权利凭证作为公示方式的权利质权，《民法典》并未如同抵押权那样规定主债权诉讼时效届满后行使担保权的不予保护。

在主债权诉讼时效届满后，以交付作为公示方式的担保权应该如何处理，对此，《有关担保的司法解释》第 44 条采取了不同于以登记作为公示方式的担保权的观点。③ 依据该条第 2 款，"主债权诉讼时效期间届满后，财产被留置的债务人或者对留置财产享有所有权的第三人请求债权人返还留置财产的，人民法院不予支持；债务人或者第三人请求拍卖、变卖留置财产并以所得价款清偿债务的，人民法院应予支持"。同条第 3 款规定："动产质权、以交付权利凭证作为公示方式的权利质权，参照适用第二款的规定。"笔者认为，此种规定具有合理性。一方

---

① 参见黄薇主编：《中华人民共和国民法典物权编解读》，677 页，北京，中国法制出版社，2020。

② 《全国民商事审判工作会议纪要》第 59 条第 2 款同样规定："以登记作为公示方法的权利质权，参照适用前款规定。"

③ 《有关担保的司法解释》第 44 条第 2、3 款规定："主债权诉讼时效期间届满后，财产被留置的债务人或者对留置财产享有所有权的第三人请求债权人返还留置财产的，人民法院不予支持；债务人或者第三人请求拍卖、变卖留置财产并以所得价款清偿债务的，人民法院应予支持。""……动产质权、以交付权利凭证作为公示方式的权利质权，参照适用第二款的规定。"

面，与以登记作为公示方式的担保权不同，在以交付作为公示方式的担保权中，《民法典》规定了其他督促担保权人行使担保权的方式。例如，《民法典》第437条规定："出质人可以请求质权人在债务履行期限届满后及时行使质权；质权人不行使的，出质人可以请求人民法院拍卖、变卖质押财产。"再如，《民法典》第454条同样规定："债务人可以请求留置权人在债务履行期限届满后行使留置权；留置权人不行使的，债务人可以请求人民法院拍卖、变卖留置财产。"据此，当动产质权人不行使质权时，出质人有权请求质权人及时行使质权且可以请求质权人对因此造成的损害承担赔偿责任。另一方面，《民法典》对抵押权中主债权诉讼时效届满效果的规定，不是为了解决以交付或占有作为公示方式的质权和留置权，也不是为了解决因为主债权诉讼时效届满后出现的质权和留置权行使长期悬而未决可能带来的弊端。① 因此，既然《民法典》第437、454条的规定已经能够督促担保权人行使权利，则无须再通过担保权消灭实现督促权利行使的功能。

三、抵押权实现的方式

（一）协议实现抵押权

依据《民法典》第410条，实现抵押权必须由抵押权人与抵押人之间达成协议，以抵押财产折价或者以拍卖、变卖该抵押财产所得的价款优先受偿。只有在未达成协议或协议规定不明确的情况下才能请求人民法院拍卖、变卖抵押财产。由此可见，协议实现抵押权是抵押权人请求法院实现抵押权的必经程序。这就是说，抵押权人和抵押人首先必须协商，以达成实现抵押权的协议。如果双方没有经过协商，人民法院可以要求双方就抵押权的实现达成协议。双方仍然不能达成协议或协议规定不明确，法院才能拍卖、变卖抵押财产。《民法典》之所以要求当事人首先通过协议方式实现抵押权，一方面，这有助于尊重当事人的意志，由其自主选择抵押权的实现方式。因为抵押权的实现关系到当事人双方的利益，通

---

① 参见黄薇主编：《中华人民共和国民法典物权编释义》，813页，北京，法律出版社，2020。

过协商的方式，最大限度地尊重了当事人的意愿。另一方面，有利于降低抵押权的实现成本。如果双方达成协议选择折价的方式，将可以大大降低抵押权实现的成本。此外，当事人通过协议的方式来实现抵押权还可以减少诉讼成本，并可以减轻法院的负担。

协议实现抵押权主要包括如下两种情况。

（1）协议折价，即双方协商确定抵押物的价格，折抵债务人所欠的债务。折价实际上是由双方协商订立折价合同，而不能由抵押权人单方面决定抵押物的价格。① 如果抵押权人单方面决定了某种价格以后，抵押人表示同意或未表示异议，可以根据具体情况认定双方达成了折价协议。以抵押财产折价，要求双方参照市场价格，将抵押物折抵所欠的债务。如果双方协商折价以后，抵押物的价值大于债务总额的，抵押权人应当将多余的价值返还给抵押人；如果不足以清偿债务的，债务人应当继续清偿，而抵押人不再承担担保责任。② 折价之后，抵押财产转归抵押权人所有，移转财产所有权依法应当办理登记的，当事人应当办理登记。如果不需要办理登记的（如动产抵押），抵押人也必须交付抵押物。

折价协议不同于流押契约，两者的区别表现在：一方面，从时间上来看，流押契约是在债务履行期届满以前订立的，而折价协议是在债务履行期届满以后订立的，价格是事后由双方协商确定的。根据《民法典》的有关规定，由于流押契约系在抵押权实现以前签订，且存在着损害债务人利益的可能，因而依法应被宣告无效。另一方面，从具体程序来看，流押契约根本不经过任何清算程序，就使抵押财产直接归抵押权人所有；而折价协议在实际中往往还要经过估价清算等程序③，其最后折算的价格往往与市场价格差距不会过大，且抵押物的所有权必须在折价合同订立以后才能移转，因此，《民法典》第410条实际上承认了折价协议的效力。

---

① 参见崔建远：《物权法》，5版，473页，北京，中国人民大学出版社，2021。

② 参见高圣平：《民法典担保制度及其配套司法解释理解与适用》（下册），695页，北京，中国法制出版社，2021。

③ 参见程啸：《担保物权》，载王利明等：《中国物权法教程》，339页，北京，人民法院出版社，2007。

（2）协议拍卖和变卖。除协议折价外，双方可协商采用拍卖和变卖的方式实现抵押权。

一是协议拍卖。协议拍卖和变卖与请求法院拍卖、变卖不同，主要表现在：在协议拍卖、变卖的情况下，当事人不需要通过法院来实施换价行为，而是自行协议确定拍卖和变卖的方式。当事人选择的拍卖机构，可以是法院指定的机构，也可以是非法院指定的机构。依据我国《拍卖法》的规定，拍卖必须由具有拍卖资格的专门拍卖企业从事拍卖。

二是变卖。变卖是指将抵押物参照一定的市场价格对外出售。问题在于，法律是否应当允许当事人自行变卖？笔者认为，既然《民法典》允许当事人通过协商来确定拍卖和变卖的方式，就可以由抵押人、抵押权人或者双方委托的第三人来进行变卖。变卖的方式可以由当事人选择。《民法典》第 410 条第 3 款规定："抵押财产折价或者变卖的，应当参照市场价格。"所谓参照，就是指双方在协商时应当考虑市场价格，不能过分偏离市场价格。因此，当事人在折价或变卖时，应当尽可能考虑市场价格，以保证价格确定中的公平，以免损害抵押人、其他抵押权人和其他债权人的利益。需要指出的是，此处所说的是"参照市场价格"，并非指与市场价格完全保持一致。因为在订立折价协议或者变卖时，市场价格本身处于变动之中，且折价毕竟是双方之间的协议，而不是公开竞争，所以，不能要求约定或者折算价完全与市场价格相同。但约定的价格比市场价格明显过低的，其他债权人有权主张撤销。

根据《民法典》第 410 条的规定，如果当事人订立的实现抵押权的协议损害了其他债权人的利益，其他债权人有权请求法院予以撤销。这就赋予了其他债权人以撤销权。此种撤销权的行使，必须符合如下要件：第一，撤销的对象是实现抵押权的协议。如果撤销权人要针对主债权或抵押合同本身进行撤销，则不属于该条的适用范围。第二，损害了其他债权人的利益。所谓遭受损害，是指因为抵押权人和抵押人以过分低于市场价格的价格折价，从而使得其他债权人的债权不能实现或不能完全实现。《民法典》之所以赋予其他债权人撤销权，是因为在协议实现抵押权的情况下，抵押财产的价值是由抵押人和抵押权人来确定和控制的，如果抵押人和抵押权人在确定抵押财产的价格时充分考虑了市场价格，就不至于造成其他债权人的损害。所以，其他债权人不仅要举证证明市场的价格，而且还要证明协议的价格明显低于市场价格。第三，撤销权的行使必须通过诉讼的方式，也就是说，必须请求法院来宣告撤销，而不能通过一方意思表示来宣告撤销。第四，在法定期限内行使。该撤销权的行使期限应当适用《民法典》第 541 条对于债权人撤销权行使期限的规定。撤销权的行使期限是除斥期间，不适用中止、中断等规定。在时间上，应从权利人知道或者应当知道其权利受到侵害时开始起算。[①]

如果抵押人和抵押权人没有就抵押权的实现达成协议，而抵押人或债务人对主合同的效力或抵押合同的效力提出异议，那么应当由抵押人或债务人另行提起诉讼，由法院对主合同和抵押合同的效力进行审理。例如，抵押人提出抵押财产是法律禁止抵押的财产，因此抵押合同应被宣告无效，抵押权不成立。

（二）非讼实现抵押权

《民法典》第 410 条第 2 款规定："抵押权人与抵押人未就抵押权实现方式达成协议的，抵押权人可以请求人民法院拍卖、变卖抵押财产。"与本条相对应的程序依据，是《民事诉讼法》所规定的特别程序中的"实现担保物权案件"。由此可见，只有在抵押人和抵押权人双方未就抵押权实现方式达成协议的情况下，才能够请求法院来实现抵押权。所谓未就抵押权实现方式达成协议，是指债务人不履行到期债务或者发生当事人约定的实现抵押权的情形时，抵押人和抵押权人之间没有达成有关抵押权实现的协议，此时抵押权人就可以直接请求法院实现抵押权。值得注意的是，就抵押权的实现方式达成协议并不是实现担保物权案件的前置程序。

请求法院实现担保物权只是请求法院拍卖变卖抵押财产，并不是就主债权和抵押权提起诉讼，而是依据特别程序实现担保物权。《民事诉讼法》第 207 条规定了担保物权实现程序，依据该规定"申请实现担保物权，由担保物权人以及其他有权请求实现担保物权的人依照民法典等法律，向担保财产所在地或者担保物权登记地基层人民法院提出"。但是以《民事诉讼法》规定的特别程序实现担保

---

① 参见黄薇主编：《中华人民共和国民法典物权编释义》，795 页，北京，法律出版社，2020。

物权时，可能与担保合同中约定的争议解决方式产生冲突。对此，《有关担保的司法解释》第 45 条第 2 款规定了发生冲突时的处理方式。依据该款规定，一方当事人依照民事诉讼法有关"实现担保物权案件"的规定，申请拍卖、变卖担保财产，但是被申请人以担保合同约定仲裁条款为由主张驳回申请时，应当区分不同情形分别确定能否适用担保物权实现程序。

第一，当事人对担保物权无实质性争议且实现担保物权条件已经成就的，应当裁定准许拍卖、变卖担保财产。所谓"对担保物权无实质性争议"包括两个层次内容：一是对担保物权基本内容没有争议，所谓实质性，是指决定担保物权是否有效设立以及担保的主债权范围等，如担保物权是否有效设立、是否消灭、担保哪些范围等。所谓实现担保物权条件已经成就，是指债务人未履行到期债务，或者发生当事人约定的实现担保物权的情形。在无实质性争议的情形下，抵押权人可以直接请求法院强制执行，而不需要对主债权债务合同和抵押合同进行审理。如果抵押人对法院强制执行抵押标的物有异议，可以针对主债权和抵押合同提起诉讼，一旦该诉讼被法院受理，则针对抵押物的执行程序就应当裁定中止。这样可以保证实质上的公平，保障抵押人的利益。

第二，当事人对实现担保物权有部分实质性争议的，可以就无争议的部分裁定准许拍卖、变卖担保财产，并告知可以就有争议的部分申请仲裁。也就是说，即便当事人就担保物权存在实质性争议，但对无争议的部分，当事人仍然可以单独实现其担保物权。例如，当事人就抵押财产的范围存在争议，对于当事人不存在争议的抵押财产，抵押权人仍然可以就该财产实现抵押权。

第三，当事人对实现担保物权有实质性争议的，人民法院应当裁定驳回申请，并告知可以向仲裁机构申请仲裁。

法院具体实现担保物权有拍卖、变卖两种方式：拍卖是指以公开竞价的形式，将特定物品或者财产权利转让给最高应价者的买卖方式。[①] 笔者认为所谓变卖是指以非公开竞价的方式通过协商订立买卖合同出卖抵押物。变卖是与拍卖不

---

① 参见《拍卖法》第 3 条。

同的概念，它是指由法院在市场上向第三人转让抵押物。法院实施的变卖与当事人协议变卖是有区别的，主要表现在：前者是由法院委托第三人变卖。后者一般要在公开市场上，向不特定的多数人出卖，变卖以后，买受人取得标的物所有权，变卖的费用应当由抵押人承担。

（三）诉讼实现抵押权

虽然《民法典》第 410 条并没有规定抵押权的诉讼实现方式，但是依据《民事诉讼法》第 184 条的规定，当事人之间就抵押权产生争议的，自然可以提起民事诉讼。通常情形下，当事人选择诉讼程序实现担保物权，是因为当事人之间就主债权或抵押权存在实体上的争议，因此有必要承认抵押权的诉讼实现方式。[①]在通过普通民事诉讼程序实现担保物权时，法院需要对实体的权利义务关系进行确认后，才能够实现担保物权。适用该程序，法院需要介入实体权利义务关系的审理，并以此作为最终实现担保物权的前提。

《有关担保的司法解释》第 45 条第 3 款规定："债权人以诉讼方式行使担保物权的，应当以债务人和担保人作为共同被告。"以债务人和担保人作为共同被告，有助于查明担保物权所担保的主债权的范围和数额，由此确定债权人就担保财产优先受偿的范围。

（四）庭外实现抵押权

《有关担保的司法解释》第 45 条第 1 款规定："当事人约定当债务人不履行到期债务或者发生当事人约定的实现担保物权的情形，担保物权人有权将担保财产自行拍卖、变卖并就所得的价款优先受偿的，该约定有效。因担保人的原因导致担保物权人无法自行对担保财产进行拍卖、变卖，担保物权人请求担保人承担因此增加的费用的，人民法院应予支持。"庭外实现需要具备三个要件：第一，必须当事人之间存在明确约定，允许担保物权人在符合担保物权实现的条件下自行实现担保物权，这就体现了当事人在实现担保物权方面的意思自治，可以提高担保物权实现效率、优化营商环境；第二，必须符合担保物权的实现条件，庭外

---

① 参见高圣平：《担保法前沿问题与判解研究》（第 5 卷），318 页，北京，人民法院出版社，2021。

实现抵押权尽管带有一定程度的私力救济特点，但其也应当符合抵押权的实现条件，在抵押权的实现条件成就之前，当事人仍然不能自行拍卖变卖；第三，自行拍卖变卖应当符合拍卖变卖的相关规则。例如，拍卖必须符合《拍卖法》的相关规定，满足拍卖的程序要求，变卖必须具备商业上的合理性[①]；第四，自行拍卖变卖应当得到担保人的配合，尤其是在担保财产不是由担保物权人占有的情形下，担保人应负有协作配合的义务。[②]

应当指出，《有关担保的司法解释》的上述规定与《民法典》第410条所规定的抵押权的协议实现方式仍存区别：一方面，《民法典》第410条所认可的协议实现方式，仅能在抵押权实现条件成就后才能达成；而依据司法解释的上述规定，当事人所达成实现抵押权的协议的时间并不当然是在抵押权实现条件成就后，这就更有利于尊重当事人的私法自治。另一方面，就协议的内容而言，《民法典》第410条规定当事人可以约定就抵押财产进行变价；而司法解释的上述规定允许当事人约定担保物权人将担保财产自行拍卖、变卖，并依法优先受偿。[③]

四、抵押权人的优先受偿权

所谓优先受偿，是指抵押权人可以就抵押财产卖得的价金优先分配，而不必与普通债权人或后位抵押权人按债权比例分配该抵押财产的价金。[④] 抵押权在性质上是价值权，抵押权所支配的对象就是抵押物拍卖、变卖等之后的交换价值。从抵押财产换价的价款中优先受偿是抵押权设立的目的，也是抵押权作为"担保之王"能够用来担保债权的原因所在。[⑤]

抵押权人的优先受偿权，包括对内优先和对外优先两个方面：从对外的优先来看，抵押权人可以优先于普通债权人而受偿。此种权利表现在破产法中就是别

① 参见高圣平：《民法典担保制度体系研究》，555～556页，北京，中国人民大学出版社，2023。
② 参见麻锦亮：《民法典·担保注释书》，715页，北京，中国民主法制出版社，2023。
③ 参见高圣平：《民法典担保制度体系研究》，555页，北京，中国人民大学出版社，2023。
④ 参见谢在全：《民法物权论》（下册），136页，台北，新学林出版股份有限公司，2014。
⑤ 参见王利明主编：《民法》（上册），8版，472页，北京，中国人民大学出版社，2020。

除权。从对内的优先来看，是指如果同一财产之上设立了多个抵押，在先顺位的抵押权可以优先于在后顺位的抵押权。《民法典》明确承认抵押权是物权，因而其对外优先的效力不必规定，但是，对内的优先涉及抵押权之间的冲突，为了解决抵押权之间的冲突，保障抵押权的实现，《民法典》第414条规定了抵押权对内优先实现的规则。这就是以登记为中心，确立多重抵押权的实现顺位，具体而言：抵押权已登记的，按照登记的先后顺序清偿；抵押权已登记的优先于未登记的受偿。抵押权未登记的，按照债权比例清偿。

五、抵押权实现的其他问题

（一）抵押财产不足以清偿债务时的情况

《民法典》第413条规定："抵押财产折价或者拍卖、变卖后，其价款超过债权数额的部分归抵押人所有，不足部分由债务人清偿。"如果抵押人是债务人以外的第三人，剩余财产应当返还给第三人，而不能将该财产返还给债务人，因为抵押财产是第三人的财产。如果债务人自己提供抵押财产，且抵押财产不足以清偿债务，债务人应当以自己的责任财产来补充。因为抵押人只是为债务人的特定债务负担保责任。如果抵押财产不足以清偿债务，应当由债务人承担继续清偿的责任，而不能由第三人作为抵押人承担继续清偿责任。[①]

（二）抵押后的新增财产

《民法典》第417条规定："建设用地使用权抵押后，该土地上新增的建筑物不属于抵押财产。该建设用地使用权实现抵押权时，应当将该土地上新增的建筑物与建设用地使用权一并处分。但是新增建筑物所得的价款，抵押权人无权优先受偿。"新增财产之所以不属于抵押财产，是因为建设用地使用权抵押时，建筑物尚未建造，所以抵押后新增的建筑物不应包括在抵押财产的范围之内，这也是符合当事人的意思的。但是，根据《民法典》所确立的"房随地走""地随房走"

---

① 参见黄薇主编：《中华人民共和国民法典物权编释义》，800页，北京，法律出版社，2020。

的原则，在实现抵押权时，应当一并处分。所谓一并处分，就是指将建设用地使用权和新增建筑物一并转让，而不能分别转让给不同的民事主体。但是，在优先受偿时，抵押权人不能就新增建筑物的价值优先受偿。[1]

（三）集体所有土地使用权的抵押

《民法典》第418条规定："以集体所有土地的使用权依法抵押的，实现抵押权后，未经法定程序，不得改变土地所有权的性质和土地用途。"该条规定包括以下内容：第一，以可以抵押的集体所有土地的使用权设定抵押的，按照"房随地走""地随房走"的原则，土地上的厂房等建筑物不能单独抵押，必须与建筑物占用范围内的集体土地使用权一并抵押。以乡镇、村企业的厂房等建筑物抵押，导致在该建筑物占用范围内的建设用地使用权的抵押。允许厂房等建筑物附带建设用地使用权一并抵押，这是符合我国《民法典》确立的"房地一并处分"规则的。第二，在实现抵押权时，不得改变土地所有权的性质和土地用途。事实上，集体所有土地的使用权移转，原本不涉及土地所有权，法律作出此种规定旨在防止以抵押为名导致土地所有权的移转。例如，根据原规划，设立的乡镇企业建设用地使用权用于工业用途，在抵押权实现之后，其用途不得改变为商业、旅游等其他用途。另外，在实现抵押权之后，抵押财产的受让人不能改变土地的用途，这既是保护耕地政策的要求，也是物权法定原则的要求。[2]

第九节　动产抵押

一、动产抵押概述

（一）动产抵押的概念和特征

所谓动产抵押，是指以动产作为标的的抵押。现代社会，动产抵押已经成为

---

①②　参见黄薇主编：《中华人民共和国民法典物权编释义》，810页，北京，法律出版社，2020。

一种重要的担保方式，为不少国家物权法所承认。主要原因在于：虽然不动产的价值较高，不易贬值，也比较容易公示，但随着担保的发展，动产抵押和其他以动产作担保的形式越来越多，作用越来越突出。从各国的发展趋势来看，抵押物的范围也在不断地扩大，动产抵押成为一种新的发展趋势。当代担保物权发展的重心在于动产担保，从各国的立法例和国际公约来看，动产抵押越来越受到世界各国的广泛认同。

我国《民法典》借鉴了发达国家的立法经验，规定了动产抵押制度。在《民法典》中，动产抵押具体体现为普通动产抵押和动产浮动抵押两项制度。此处所说的动产抵押，是指普通的动产抵押。就普通动产抵押而言，《民法典》规定了如下几种财产可以设立动产抵押：一是《民法典》第395条第1款第4项规定，生产设备、原材料、半成品、产品可以抵押。二是《民法典》第395条第1款第5项规定，正在建造的船舶、航空器可以抵押。三是《民法典》第395条第1款第6项规定，交通运输工具可以抵押。四是《民法典》第395条第1款第7项规定，法律、行政法规未禁止抵押的其他财产可以抵押。动产抵押的特点在于：

第一，抵押的客体是动产。一方面，动产抵押原则上只能适用于有体动产，而不包括无形财产。虽然《民法典》第446条规定权利质押也可以适用动产质押的规定，但这只是一个准用性规定，即在法律对权利质押没有作出特别规定的时候，准用法律关于动产质押的规定，而不是说动产包括了权利，动产抵押也不应包括权利质押，而只限于有体动产。另一方面，普通动产抵押不是以集合的动产来抵押，而是以单个的动产来抵押，或者以多个独立的动产为抵押。当然，并非所有的动产都可以成为抵押的客体，除法律禁止抵押的动产之外，比较法上，一些国家规定，一些与个人生产、生活密切相关的动产，属于个人生活的必需品，如个人专业书籍、家庭生活必需品，这些财产本来不具有可强制执行性，因而不能成为抵押的客体。该规定值得借鉴。

第二，不移转动产的占有。动产抵押不以移转动产的占有为要件。从法律上看，动产抵押的最大特点在于抵押人可以在继续保留对其动产占有的情形下，将该动产用于担保。在动产抵押中，一方面，抵押人以该动产的交换价值作担保，因此可以取得信用、获得融资；另一方面，所有人仍可以继续占有、使用该动产，从而能够充分发挥这些动产的价值。因此，在现代市场经济社会中，动产抵押的作用日益突出。[1]

第三，适用登记对抗主义。《民法典》第 403 条规定："以动产抵押的，抵押权自抵押合同生效时设立；未经登记，不得对抗善意第三人。"因此，对动产抵押而言，是否办理登记，法律上并没有强制性的要求。这主要是因为，动产抵押因其自身的特点，很难像不动产那样通过登记来描述特征。因而法律上不宜强行要求办理登记。即使没有办理登记，抵押权人也可以取得物权，只不过因没有办理登记，不能对抗善意第三人。[2] 需要指出的是，尽管动产抵押采登记对抗主义，但与一般采用登记对抗主义设立物权的情况不同，动产抵押人设立抵押权，并不需要交付。《民法典》第 208 条规定，"动产物权的设立和转让，应当依照法律规定交付"。因而，除了法律特别规定发生物权变动不需要实际交付的情况之外，原则上所有动产物权的变动都应当交付。但动产抵押的性质决定了它不适用交付的规则，否则就与动产质押无异。

第四，基于生效的抵押合同而设立。不动产抵押权的设立，只要通过法律行为的方式，都采登记要件主义，不动产抵押权自登记时起设立。而根据《民法典》第 403 条的规定，动产抵押权"自抵押合同生效时设立"。由此可见，动产抵押是基于抵押合同而设立的，而非基于登记而设立。这也决定了即使没有办理登记，未经登记的抵押权也可以成立，只不过，在实现抵押权时，已登记的应当优先于未登记的受偿，如果出现了数个未登记的抵押权时，应当按照债权比例来清偿。

由于动产抵押可以不经过登记而设立，因而，在设立动产抵押之后，如果抵押人将已经设立抵押的财产转让给第三人，此时如果抵押权人未取得登记，便不能对抗善意第三人。如果第三人在交易时不知道或不应当知道该动产已经设定了抵押，则其可以取得无抵押权负担的动产。

① 参见黄薇主编：《中华人民共和国民法典物权编释义》，765 页，北京，法律出版社，2020。
② 参见陈华彬：《物权法论》，532 页，北京，中国政法大学出版社，2018。

（二）动产抵押登记的效力

传统民法之所以否定动产抵押，是因为动产抵押缺乏与之相对应的公示方法，特别是动产因其固有的流动性等特点，很难登记，难以公示。一方面，动产大多具有种类物的特点，在交易中可以互相替代，且由于动产流动性大，因此登记记载的动产可以被同种类的动产替代。另一方面，动产常常能被大批量地生产，因此很难描述其特征，正是因为这一原因，动产很难实行登记。但既然动产抵押是抵押的一种类型，那么也应该适用抵押的公示方法，只不过，不能采取一般抵押设定的登记要件主义。

1. 动产抵押未经登记不得对抗善意第三人

《民法典》第 403 条规定："以动产抵押的，抵押权自抵押合同生效时设立；未经登记，不得对抗善意第三人。"该条确认动产抵押采取登记对抗主义。采用此种模式，一方面是因为动产的特性决定了它难以像不动产那样准确登记，且动产常常随同其所有权人不断移动，因此，难以确定登记地。另一方面，我国有关的特别法（如《海商法》等）对船舶、航空器也是采取登记对抗主义，这种做法也符合国际惯例。尤其应当看到，登记对抗模式赋予了当事人一定的意思自由，也有利于交易的便捷。[①]

从《民法典》第 403 条规定来看，其仅适用于动产抵押，但是严格来说，《民法典》中关于担保的登记对抗主义模式并不局限于动产抵押，还适用于所有权保留买卖、融资租赁等，因此已经扩大适用到动产担保。例如，《民法典》第641 条第 2 款规定："出卖人对标的物保留的所有权，未经登记，不得对抗善意第三人。"再如，《民法典》第 745 条规定："出租人对租赁物享有的所有权，未经登记，不得对抗善意第三人。"由此可见，登记对抗主义是动产担保物权设立的一般规则。

如何理解动产担保的登记对抗主义呢？笔者认为，可以从如下几方面理解。

第一，登记对抗主义是与登记要件主义相对应的，登记对抗模式意味着动产

---

① 参见王闯：《动产抵押论纲》，载《法制与社会发展》，1995（1）。

担保是否办理登记，完全由当事人自由选择，法律上并没有设置一个强制性的规范，要求必须办理登记，至于是否选择办理登记，取决于当事人的自主意愿。①而从效力上讲，登记对抗强调的是如果没有办理登记，就不得对抗善意的第三人。反过来解释，如果该动产担保办理了登记公示，其对世性更强，即可以对抗善意第三人。

第二，动产抵押采债权意思主义的物权变动模式。动产抵押权的设立并不需要践行法定的公示方式，即登记并非动产抵押权设立的条件，动产抵押权自抵押合同生效时设立。这就是说，只要当事人订立的抵押合同生效，即使没有办理登记，抵押权也可以有效设立。②这也意味着，动产抵押合同的生效，不仅发生债的效力，而且发生设立抵押权的效力。③

第三，如果没有办理登记，不得对抗善意受让人。所谓善意，是指不知情，即不知道或不应当知道某项财产已设定抵押，且无重大过失。④在交易中，如果受害人不知道或不应当知道某项财产已设定抵押而仍与转让人订立买卖合同，甚至办理了登记手续，转让人不得对抗受让人。

第四，不得对抗善意第三人。如果第三人不知道或不应当知道某项财产已设定抵押而仍与抵押人订立买卖合同，且无重大过失，则属于善意，抵押权人不得对抗善意第三人。例如，如果动产抵押权没有经过登记，抵押人将抵押财产出租给第三人，在权利实现发生冲突时，就要看第三人是善意还是恶意，如果第三人明知租赁物上存在抵押权，那么抵押权人可以优先于该承租人实现自己的担保物权。但如果第三人是善意的，则不能对抗。

2. 未办理登记的动产抵押的效力

在动产抵押中，抵押合同是抵押权产生的基础，由于动产抵押权的设立并不要求必须登记，所以，动产抵押合同生效后，该抵押权即设立。《有关担保的司

---

① 参见王胜明主编：《中华人民共和国物权法解读》，406页，北京，中国法制出版社，2007。

② 参见高圣平：《民法典担保制度及其配套司法解释理解与适用》，552页，北京，中国法制出版社，2021。

③ 参见谢在全：《民法物权论》（下册），434页，台北，新学林出版股份有限公司，2014。

④ 参见龙俊：《动产抵押对抗规则研究》，载《法学家》，2016（3）。

法解释》第 54 条规定：动产抵押合同订立后未办理抵押登记，动产抵押权的效力按照下列情形分别处理。

第一，未办理抵押登记，动产抵押权已设立，但抵押人转让抵押财产，如果受让人不知道或者应当知道已经订立抵押合同，按照《民法典》第 403 条的规定，此时受让人属于登记对抗主义下的善意第三人，因而抵押权不具有追及效力。但是如果抵押权人能够举证证明受让人具有恶意的，即知道或者应当知道已经订立抵押合同的，则抵押权此时仍然具有追及效力，抵押权人可以实现担保物权。① 如果符合正常经营买受人规则，也可以基于这一规则而排除抵押权的追及力。如果不符合正常经营买受人规则，也可以适用善意取得规则。

第二，未登记的动产抵押权不得对抗善意的承租人。抵押人将抵押财产出租给他人并移转占有，抵押权人行使抵押权的，在确定未登记的动产抵押权能否对抗租赁权时，首先应当确定先租后抵还是先抵后租，如果是先租后抵，且承租人已经占有租赁物，则依据《民法典》第 405 条的规定，租赁关系不受抵押权的影响。如果是先抵后租，则又要区分两种情形：一是承租人是善意还是恶意的，依据上述司法解释的规定，如果承租人是恶意的，则抵押权人的权利可以对抗承租人的权利；二是如果承租人是善意的，则未登记的动产抵押权不得对抗善意的承租人，租赁关系不受影响。②

第三，未登记的动产抵押权不得对抗查封、扣押债权人。依据《有关担保的司法解释》第 54 条，抵押人的其他债权人向人民法院申请保全或者执行抵押财产，人民法院已经作出财产保全裁定或者采取执行措施，抵押权人不得主张对抵押财产优先受偿。因为在人民法院已经作出保全裁定或者执行抵押财产的情况下，实际上其他债权人也是善意的，既然公权力机关已经作出了保全裁定或者采

---

① 参见程啸、高圣平、谢鸿飞：《最高人民法院新担保制度司法解释理解与适用》，340 页，北京，法律出版社，2021。

② 参见高圣平：《民法典担保制度及其配套司法解释理解与适用》，581 页，北京，中国法制出版社，2021。

取执行措施，抵押权人不得主张优先受偿，因此该抵押财产仍然可以执行。[①]

第四，未办理登记，抵押人破产，不能行使别除权。如果动产抵押已经办理登记，抵押权人在破产时享有别除权，但如果动产抵押不办理登记，需要承担不办理登记的相应风险，即不得对抗善意第三人，也不能将该抵押财产从破产财产中别除出来。在抵押人破产的情形下，抵押权人不得主张对抵押财产优先受偿。破产程序是法律的特别规定，即未经登记的动产抵押权不得对抗其他破产债权人。

二、动产抵押不得对抗正常经营买受人

（一）概念和适用范围

所谓正常经营买受人（Buyer in ordinary course of business），是指与出卖人在正常经营活动中进行交易，买入相关商品的主体。[②]《民法典》第 404 条规定："以动产抵押的，不得对抗正常经营活动中已经支付合理价款并取得抵押财产的买受人。"依据该规定，正常经营买受人可以对抗动产抵押中的抵押权人。也就是说，即便该动产抵押权已经办理了登记，正常经营买受人的权利也不受该抵押权的限制。例如，甲为某家电销售企业，其将某存货抵押给某银行，并已经办理了抵押登记，但甲后来将其存货中的部分产品如电视机、冰箱等对外销售，消费者乙购买了两台彩电，在购买时并没有查询登记，后来某银行主张该彩电已经设立了抵押，要求追及行使抵押权。依据《民法典》的上述规定，按照正常经营买受人规则，该银行不得向乙追及行使抵押权。

《民法典》第 404 条规定正常经营买受人规则的原因在于：一方面，正常经营买受人规则有利于降低交易相对人的查询成本，维护交易安全和便捷。民法典

---

① 参见高圣平：《民法典担保制度及其配套司法解释理解与适用》，583 页，北京，中国法制出版社，2021。

② See Robert H. Skilton, "Buyer in Ordinary Course of Business under Article 9 of the Uniform Commercial Code (and Related Matters)", 1974 *Wis. L. Rev.* 1 (1974).

不仅规定现有的生产设备、原材料、半成品、产品等存货可以抵押，还规定将有的存货也可以设定浮动抵押，这意味着几乎所有的动产都可能成为抵押财产。如果不规定正常经营买受人规则，则所有的买受人都要负有查询登记的义务，从而既增加了交易成本，也不利于保护交易相对人的合理信赖。从这一意义上说，正常经营买受人规则是与动产抵押制度相伴相生的一项制度，是通过限制抵押权追及效力来保护交易安全、提高交易效率的重要举措。另一方面，该制度有利于保护正常经营中的消费者，实质就是豁免消费者的登记查询义务。如果消费者购买的货物已经设定了抵押，但尚未办理登记，消费者可能并不知情，此时可以适用《民法典》第 403 条的规定对抗抵押权人。但是如果该抵押已经办理了登记，此时如何对消费者予以保护？由于消费者在实施正常的消费活动中，不可能逐一查询商品上是否存有抵押权，否则将极大地降低交易效率、提升交易成本。此外，该规则也有利于保护交易中的合理信赖，符合交易习惯。因正常经营中的买受人信赖了在正常经营活动中的经营人对于交易标的物享有完整的所有权，正常经营买受人规则有助于保护此种交易上的信赖。尤其是考虑到买受人很多情况下可能是消费者，购买的也多是日常商品，规定正常经营买受人规则有利于保护消费者，使其能够取得完整的所有权。

我国《物权法》第 189 条第 2 款将正常经营买受人规则仅适用于浮动抵押的情形，但是《民法典》第 404 条将其扩张于所有的动产抵押，此时可以突破《民法典》第 406 条的抵押物的追及效力规则。《有关担保的司法解释》第 56 条进一步扩张至所有可以登记的动产担保，包括融资租赁、所有权保留等，这就进一步扩大了正常经营买受人规则的适用范围。

（二）正常经营买受人的条件

正常经营买受人应当具备如下条件。

第一，与从事正常经营活动的出卖人从事交易。"正常经营活动"是指作为担保人的出卖人的正常经营活动，而非买受人的正常经营活动。《有关担保的司法解释》第 56 条第 2 款明确规定："出卖人正常经营活动，是指出卖人的经营活动属于其营业执照明确记载的经营范围，且出卖人持续销售同类商品。前款所称担保物权人，是指已经办理登记的抵押权人、所有权保留买卖的出卖人、融资租赁合同的出租人。"这一规定包括如下内容：其一，出卖人从事的交易必须是其正常经营活动。按照上述司法解释的规定，该经营活动应当是出卖人的营业执照所记载的经营内容，家用电器销售商从事销售电器的活动，即属于其正常经营活动，但如果其从事销售汽车，或者生产设备，则不属于其正常经营活动。① 此外，正常经营活动，应当是指各种合法的交易行为，违法的交易行为不属于此处所说的正常经营活动。其二，出卖人须以出卖该产品为业。正是因为出卖人以此为业，所以出卖人必须持续性地销售同类商品，这也决定了正常经营买受人规则主要是适用于存货的买卖，而非生产设备的买卖。因此，《美国统一商法典》（UCC）明确采用了"存货"的概念是不无道理的。其三，必须是从事买卖交易，而非从事租赁、保理等活动。因为该条规定的只是买受人，显然不包括抵押权人、留置权人等非买卖活动中的当事人。如果是从事租赁、融资租赁交易，则无法适用正常经营买受人规则。

第二，必须是支付了合理的价款。如果买受人仅仅与抵押人订立了买卖合同，但是尚未支付价款或者支付了极少的价款，在此情形下，就没有保护这些买受人的必要。② 法律设立此种要件的主要目的在于，防止抵押人与他人合谋欺诈抵押权人。③ 如果仅仅有合同，而没有支付价款时，不能认为其就取得了可以对抗抵押权人的权利，否则将产生道德风险。如何理解支付了合理价款？一是价款必须合理。此处所说的合理，应当与善意取得中的合理价款作同种解释，即与标的物的价值大致相当。二是价款必须已经实际支付，即买受人应当将购买标的物的价款交付给抵押人。

第三，买受人已经取得抵押财产的所有权。此处所说的取得，主要是指取得标的物的所有权。如果买受人没有取得抵押财产的所有权，性质上仍然属于债权

---

① 参见高圣平：《民法典担保制度及其配套司法解释理解与适用》，603 页，北京，中国法制出版社，2021。
② 参见梅夏英、高圣平：《物权法教程》，436 页，北京，中国人民大学出版社，2007。
③ 参见程啸：《担保物权研究》，2 版，545 页，北京，中国人民大学出版社，2017。

人，则不可能获得对抗抵押权人的地位。而只有在买受人取得所有权后，才有可能获得对抗抵押权人的地位。动产物权的变动以交付作为公示方法，此处所谓的交付既包括现实交付，也包括简易交付，应无异议。对于以指示交付等方式进行交付的，虽然买受人已经取得了所有权，但是并未获得标的物的占有，此时是否可以对抗抵押权人，存在争议。笔者认为，买受人必须已经取得了抵押财产，即抵押人已经将抵押财产交付给了买受人。至于占有改定，因其缺乏公示的外观，不属于此处所谓的交付的范畴。

（三）正常经营活动买受人规则的排除

根据《有关担保的司法解释》第 56 条第 1 款的规定，以下五种情形不属于正常经营活动，因而不适用正常经营买受人规则。

第一，购买商品的数量明显超过一般买受人。正常经营活动本身就排除了异常交易。通常情形下，如果买受人购买的商品数量明显超过一般买受人，则可以认为其已经具有异常性。正常经营买受人规则的制度目的是保护消费者，豁免其查询登记的义务，如果买受人购买的数量明显超过一般买受人的真实需求，则已经超出了消费者的范畴，显然不应当受到正常经营买受人规则的保护。

第二，购买出卖人的生产设备。因为正常经营买受人规则主要适用于存货买卖，生产设备通常情况下不属于存货的范畴。由于正常经营买受人规则调整的是出卖人的正常经营活动，而生产设备是出卖人从事生产经营活动的必要条件，其不能将出卖生产设备作为日常经营活动，因此，应当将出卖人出卖其生产设备的活动排除在正常经营活动之外。当然，如果出卖人本身就是生产设备的制造商，则出卖生产设备就是其正常经营，此时的生产设备就属于存货，不适用该项例外。

第三，订立买卖合同的目的在于担保出卖人或者第三人履行债务。在这种情况下，当事人订立此种合同的目的在于担保出卖人或者第三人履行债务，而并非转让所有权；同时，买受人也不是为了购买货物商品来进行消费，此时也应当认为超出了正常经营买受人的范畴。按照《民法典》的上述规定，正常经营买受人规则中，买受人与出卖人交易是为了取得标的物的所有权，而买卖型担保中，买受人实际上是以取得担保为目的，因此买受人并不是正常经营买受人规则中的买受人。

第四，买受人与出卖人存在直接或者间接的控制关系，这实际上涉及关联交易的问题。例如，母公司购买子公司产品，如果此种交易也能产生对抗第三人的效力，则可能损害其他担保权人的利益。如果存在直接和间接的控制关系，实际上有可能损害出卖人的利益，因此此类买受人也已经超出了正常经营买受人的范畴。

第五，买受人应当查询抵押登记而未查询的其他情形。正常经营买受人规则旨在降低正常经营活动买受人的查询成本，但如果存在买受人应当查询抵押登记而未查询的其他情形，也应当排除。因为正常经营活动的范围十分宽泛，实践中会出现各种基于交易安全和保护消费者权益考量是否应当豁免查询义务的情形，法院应当根据具体情形判断是否适用正常经营买受人规则免除买受人的查询义务。这一规则主要是起到兜底作用，以应对未来各种新类型交易的情形。但是，在适用该条时，对于应当查询的买受人应当进行严格解释，否则将架空动产担保登记的制度目的。

在实践中，正常经营买受人规则与《民法典》第414条所规定的多个抵押优先顺位规则之间也会发生一定的冲突。由于第414条可以普遍适用于各种财产的多个抵押的现象，在动产抵押的情形下，二者也可能发生冲突。例如，以同一批存货设置多种抵押，并且都已办理了登记，后出卖人将该存货出售给消费者，消费者支付了对价，并且该物已经交付，在交易之前已经设定的抵押权能否优先于买受人？换言之，设定在先的抵押权能否向买受人行使追及权？笔者认为，抵押权人的权利不能优先于买受人的权利，因为从《民法典》第404条规定来看，只要是动产抵押的，不论是否办理登记，都不得对抗正常经营活动中的买受人的权利。

第十节 动产浮动抵押

一、动产浮动抵押的概念

所谓浮动抵押（英文为 floating charge），也称浮动担保，是指以其现有或者第三人的财产设定担保；在担保设定以后，债务人仍然有权继续处置其财产；但在特定的事项发生时，担保财产将予以确定（即结晶），债权人仅能就此范围内的财产优先受偿。① 浮动抵押起源于英国法。从比较法上来看，浮动抵押存在两种模式：一是英式浮动抵押。二是美式浮动抵押。两者的主要区别在于，是否采用登记对抗模式确定浮动抵押与固定抵押的顺位。按照英式浮动抵押，在"结晶"之前，任何特定物的买受人或者担保物权人，其权利均优先于浮动抵押权人，因此，固定抵押优先于浮动抵押。而按照美式模式，在浮动抵押设立之后，抵押权人就可以通过办理抵押登记的方式，取得优先受偿的顺位，因此只能根据登记先后确定顺位，不存在固定抵押优先于浮动抵押的规则。② 我国《民法典》在借鉴英美法的基础上，规定了动产的浮动抵押。《民法典》第 396 条规定："企业、个体工商户、农业生产经营者可以将现有的以及将有的生产设备、原材料、半成品、产品抵押，债务人不履行到期债务或者发生当事人约定的实现抵押权的情形，债权人有权就实现抵押权时的动产优先受偿。"这就在法律上确立了动产浮动抵押制度。由于我国《民法典》第 403 条没有严格区分固定抵押与浮动抵押的公示方式，而《民法典》第 414 条确立了统一的登记对抗模式，因此，浮动抵押将从登记时具有对抗效力，且要基于登记确定顺位，就此而言，我国借鉴了美式浮动抵押制度的经验，只不过对于浮动抵押进行了一定的限制。③

关于《民法典》第 396 条所规定的担保的性质，学理上有不同的看法。一是集合财产担保说。此种观点认为，该条实际上是就动产的集合设定的担保。因为该条并不是对共同抵押的规定，也不同于浮动抵押。它和英美法上的浮动抵押在很多方面存在区别。例如，此时的抵押权人并不享有接管企业的权利。更何况，浮动担保是就所有财产的担保，包括不动产和权利。而此处担保财产仅限于动

---

① 参见王闯：《规则冲突与制度创新（上）——以物权法与担保法及其解释的比较为中心而展开》，载《人民法院报》，2007 - 06 - 20。

② 参见龙俊：《民法典中的动产和权利担保体系》，载《法学研究》，2020（6）。

③ 参见麻锦亮：《民法典·担保注释书》，导论 7 页，北京，中国民主法制出版社，2023。

产，显然与浮动担保不一致。二是浮动抵押说。此种观点认为，该条规定的抵押财产具有浮动性。所谓浮动性，是指该抵押财产处于变动之中，抵押人仍然可以自由处分该财产，而且，该财产随时都有增减的可能。三是浮动担保说。此种观点认为，该条规定的担保财产不限于动产，还包括各种权利。因为将来取得的财产实际上是一种权利，而权利本身是不能抵押的，只能设立质押。所以，本条是对浮动担保的规定。笔者认为，从体系解释来看，《民法典》第 396 条规定的担保应当理解为动产浮动抵押。因为该条被置于抵押一节，而非属于担保的一般性规定，因此，应当认为这是抵押的一种具体类型。尤其需要指出的是，浮动担保的财产范围非常宽泛，可以说是以企业的全部财产，包括动产和不动产、知识产权、应收账款等为标的所设立的担保。[1] 在英语中 "charge" 除了抵押这一含义外，还可以泛指一切担保。[2] 但我国《民法典》第 396 条规定的担保，其标的仅限于动产，且动产不移转占有。正是因为它仅限于抵押，所以，它与英国的浮动担保制度不同。既然《民法典》第 396 条是对浮动抵押的规定，那么它在性质上属于抵押，应当适用抵押的一般规则。[3]

《民法典》第 396 条将浮动抵押的财产限于动产，这不仅是我国物权法的一个重大创新，而且有利于防止可能发生的权利冲突。首先，从实际情况来看，不动产基本上都已经允许设定抵押，如果再允许将其纳入浮动抵押的范围，则会导致潜在的浮动抵押和普通抵押之间的冲突，而我国《民法典》第 396 条并未规定二者冲突情况下的权利顺位问题，这就难以解决两者之间的冲突。将浮动抵押的标的限于动产，可以避免一般抵押和浮动抵押的冲突，防止出现在担保权实现时固定担保和浮动担保之间的冲突和矛盾。[4] 其次，动产与不动产适用不同的登记规则，具有不同的登记效力。如果浮动抵押能够同时适用于动产和不动产，在登记方面也会遇到极大的困难。再次，从动产和不动产的特点来看，动产具有流动

① 参见梁慧星：《物权法草案第六次审议稿的若干问题》，载《比较法研究》，2007 (1)。
② 参见侯国跃：《浮动抵押逸出担保物权体系的理论证成》，载《现代法学》，2020 (1)，82 页。
③ 参见黄薇主编：《中华人民共和国民法典物权编释义》，767 页，北京，法律出版社，2020。
④ 参见胡康生主编：《中华人民共和国物权法释义》，413 页，北京，法律出版社，2007；黄薇主编：《中华人民共和国民法典物权编释义》，765 页，北京，法律出版社，2020。

性，容易发生增减变化的"浮动"现象；而不动产具有价值大、固定性、设定有抵押等权利负担等特点，发生"浮动"的可能性不大。最后，很多中小企业没有或者只有很少量的不动产，财产的形式基本上限于动产。例如，实践中，不少企业营业或者生产场所都是通过租赁的方式而占有使用的。所以，《民法典》第396 条将浮动抵押的财产限于动产，具有其合理性。

《民法典》第 396 条承认动产浮动抵押的意义在于：第一，扩大了担保财产的范围，有助于促进商业融资和借贷发展，使企业获得新的融资渠道，也有利于盘活其全部资产，尤其是可以利用其存货甚至包括半成品、原材料等；对于银行而言，由于担保人以现在和未来的财产作为担保，未来的可预期收入也是主债权履行的担保，因而，这也有利于增强银行债权的安全性。第二，实现物尽其用。在浮动担保设定后，企业还可以继续占有该财产并从事营业，从而有利于资金的利用和调度。① 尤其是不少企业租赁他人的厂房进行生产经营，此时，房屋所有权登记在他人的名下。所以，允许企业以其动产设定浮动抵押，可以实现物尽其用。更何况，很多动产的价值已大大超过了不动产。在设立动产浮动抵押后，抵押人不仅可以使用该财产获取收益，而且可以处分该财产。这就极大地提高了财产的利用效率。② 第三，实现动产浮动抵押，可以在一定程度上简化登记制度。设立动产浮动抵押无须制作财产目录清单，也不需要公示财产，只需要采用书面形式订立抵押合同，并在有关机构进行登记即可。因为这种担保形式不要求罗列出详细的财产清单，甚至将未来的财产都可以纳入抵押财产的范围，每一项财产无须进行单独登记，而是作为整体进行一揽子登记，从而可以起到简化登记的作用。③

① 参见陈荣隆：《担保物权之新纪元与未来之展望》，载《台湾法学杂志》，第 93 期。
② 参见王胜明主编：《中华人民共和国物权法解读》，387 页，北京，中国法制出版社，2007；黄薇主编：《中华人民共和国民法典物权编释义》，765 页，北京，法律出版社，2020。
③ 参见王闯：《规则冲突与制度创新（上）——以物权法与担保法及其解释的比较为中心而展开》，载《人民法院报》，2007－06－20；黄薇主编：《中华人民共和国民法典物权编释义》，765 页，北京，法律出版社，2020。

二、动产浮动抵押的特点

我国《民法典》第 396 条所规定的动产浮动抵押具有如下几个特点。

第一，担保财产的集合性。法谚云："单独无用，集合有用"（Quan non Valeant Singula，juncta javant）。即一物不如多物配合更有效用。[①] 动产浮动抵押与财团抵押一样，都是以集合财产作担保，也就是说，是以整个企业的财产设定担保，既可以为抵押人的利益进行经营，也可以作为全部财产整体出售。[②] 动产浮动抵押的财产不仅包括现有财产，还包括将来的财产。就现有的财产而言，可以包括各种类型的财产，如机器设备、原材料、半成品、产品等。所有这些财产都作为一个整体的集合，共同作为抵押的标的。

第二，主体的特定性。按照《民法典》第 396 条的规定，动产浮动抵押的主体限于企业、个体工商户和农业生产经营者。这三类主体的共同特点在于，都是经营性主体。这就意味着，首先，国家机关、事业单位、社会团体等非经营性主体不能设立动产浮动抵押。其次，非从事生产经营的自然人也不能设立此种抵押。[③]《民法典》第 396 条之所以将其设定为经营性的主体，是因为其设立的目的是促进企业的融资，强化企业对其动产的利用效率，而其他主体就没有此种需要。[④]《民法典》第 396 条并没有仅仅将浮动抵押的主体限定为某些类型的公司，但也并非对浮动抵押的主体完全没有任何限制，而是将其限定为企业、个体工商户、农村生产经营者这三类主体，它们都是最常见的经济主体。对于这些生产经营活动者，银行是否愿意对其企业财产设定浮动抵押，应当交给当事人自己去评

[①]　参见郑玉波：《法谚》（二），99 页，北京，法律出版社，2007。

[②]　See Michael Grylls，"Insolvency Reform：Does the United Kingdom Need to Retain the Floating Charge"，*Journal of International Banking Law*（1994），pp. 391 – 392.

[③]　参见胡康生主编：《中华人民共和国物权法释义》，398 页，北京，法律出版社，2007；黄薇主编：《中华人民共和国民法典物权编释义》，766 页，北京，法律出版社，2020。

[④]　参见王胜明主编：《中华人民共和国物权法解读》，389 页，北京，中国法制出版社，2007；黄薇主编：《中华人民共和国民法典物权编释义》，767 页，北京，法律出版社，2020。

估风险、进行判断，法律应当尊重市场经济下的市场主体的意思自治，而不应作过多、过严的限制。一方面，如果不对浮动抵押的主体进行任何限制，则浮动抵押的风险性会大大增加，对于银行等金融企业的债权都可能会带来威胁；而如果允许个人就其非生产性活动设立浮动抵押，则可能会为其带来严重的债务负担，威胁其基本生活条件。另一方面，如果将浮动抵押的主体仅仅限定为股份有限公司，这虽然有可能会降低抵押权人的风险，但如此一来，将会导致众多的有限责任公司、个体工商户、农村生产经营者在急需资金时因无法提供浮动抵押而难以顺利融资获贷，这对于壮大中小企业、发展农村经济，甚至提高国家的整体经济实力都是很不利的。更何况公司本身也会不断发展变化。例如，一个小公司为项目融资设立了浮动抵押，公司在项目完成之前是小公司，但在项目完成之后可能成长为一个大公司①，因此，这就必须以动态和发展的态度来看待问题。《民法典》第 396 条的做法兼顾了融资便利与交易安全，是比较妥当的。

第三，担保的浮动性。所谓浮动性，是相对于固定性和特定性而言的，浮动性是指抵押财产的不特定性和变动性。一方面，不特定性是指抵押权的标的并未确定和特定化为某一具体财产，这也是许多大陆法国家无法接纳浮动抵押的根本原因，因为从传统的大陆法理论出发，作为抵押标的的财产必须是特定和现实存在的物；另一方面，所谓变动性，是指抵押财产的范围、价值等都处于变动的状态，随着正常的生产经营活动的继续而会发生增减变化，财产总体在每一时刻都可能具有不同的价值。也就是说，浮动抵押设定之后，财产总是处于不断变动之中，这不仅是因为抵押人仍然享有对财产的处分权，在动产浮动抵押设定之后，担保人仍然可以将抵押的财产出售、设置抵押等，在作出处分时并不需要取得抵押权人的同意。除此之外，抵押人新增加的财产或者收益也不断成为抵押的财产，使其范围得以扩大。② 所以，抵押的财产有可能减少，也有可能增加，财产

---

① 参见石宏：《论物权法中的让与担保和浮动抵押制度》，载《审判研究》，30～31 页，北京，法律出版社，2007。

② 参见全国人大常委会法制工作委员会民法室编：《中华人民共和国物权法条文说明、立法理由及相关规定》，327 页，北京，北京大学出版社，2007。

的增减变动，并不要求办理特别手续。在出现了特定的事由之后财产才会最终确定下来，形成所谓"结晶"状态。在"结晶"之前，抵押人可以处分已抵押的财产。

动产浮动抵押所具有的浮动性，有利有弊。由于在设定浮动担保之后，财产是浮动的，企业可以自由处分财产，只有在"结晶"的时候才停止浮动，这就造成了担保财产的不确定性，给债权人预测担保财产的价值带来很大的困难。尤其是在抵押设定之后，抵押人可以自由处分抵押物，且财产一旦被处分就自动解除抵押，而不再属于抵押财产，因此容易造成因转移财产而使抵押落空的后果。[①]如果因为企业经营不善，造成资不抵债，就可能使债权无法得到有效保障。因此，在规范上必须要尽量减少浮动抵押权人的风险。

第四，浮动抵押的财产包括现在的和将来的动产。如前所述，浮动抵押的范围限于动产，从而将不动产排除在浮动抵押的适用范围之外。就动产而言，《民法典》第 396 条列举了生产设备、原材料、半成品、产品抵押，且没有使用"等"字样，似乎采取的是"穷尽性"（exhaustive）列举方式；另外，上述这些动产都是有形的财产。由此，似乎可以认为，该条所说的动产仅指有形的动产，不应扩张到无形财产。但是，该条中采取"现有的以及将有"的表述，实际上又使动产的概念范围极为广泛，它不仅包括有形的动产，还应当包括将来可能取得的动产及各种权利。例如，如果以未来取得的租赁收入作为担保，这也属于以未来取得财产所设定的担保，如果单纯以租赁收入作为担保，它在本质上还是债权担保，应当纳入应收账款质押之中。但是，当其与其他财产结合在一起，成为集合担保的时候，就已不是纯粹的债权担保了；从操作层面来看，实践中也不可能将它与其他财产形式予以区分，分别设定担保，而只能将它们笼统地都称为动产浮动抵押。因此，此处所说的"将有的财产"主要限于有形财产，尤其是根据《民法典》第 396 条的规定，"债权人有权就实现抵押权时的动产优先受偿"，这表明其主要是指动产，但是在特殊情况下也会包括一些无形的财产权利。

---

① 参见陈华彬：《物权法论》，574 页，北京，中国政法大学出版社，2018。

浮动抵押与财团抵押极为相似。有学者认为，浮动抵押是财团抵押的一种类型。[①] 应当承认，由于两者都以企业的全部财产设定担保，且都以集合财产作担保，因而两者非常类似，但它们又存在明显的区别，表现在：一方面，在财团抵押的情况下，必须将企业全部的动产和不动产以及知识产权等作成一份财产目录清单，并在登记机关进行登记，一旦登记，清单上的财产就不能再行处分，也不能再予以抵押。这样一来，虽然可以发挥财产的集合优势，但仍然不能使财产得到更为有效的利用，浮动担保弥补了财团抵押的此种缺陷。在设定浮动担保之后，抵押人可以处分抵押财产，且不必将所有的财产作成清单而予以公示，因为这些财产都是浮动的。[②] 另一方面，在财团抵押的情况下，企业可以以任何交易财产作为一个整体进行抵押，而《民法典》第 396 条中所说的浮动抵押，主要是以动产作为抵押财产，排除了不动产。可见，我国《民法典》仅仅承认了动产的浮动抵押，并未承认包括不动产在内的整体财产的抵押。

三、动产浮动抵押与浮动担保

（一）动产浮动抵押的概念

所谓浮动担保，是与特定担保或固定担保（specific or fixed charge）相对应的概念。在英国法中，所谓特定担保或固定担保，是指根据普通法在担保设定时而附着于某特定的财产之上的一种担保，实际上就是通常所说的一般担保。[③] 而浮动担保在英国法上只是基于衡平法而由法官创设的一种担保形式，它与固定担保最大的区别在于，此类担保的财产在抵押财产得以确定的条件成就前，即"结晶"（crystallization）之前一直处于浮动状态[④]，不仅其客体具有不确定性，而且客体的价值也具有不确定性。在我国，根据《民法典》的相关规定，动产浮动抵

① 参见邹海林、常敏：《债的担保方式和应用》，203 页，北京，法律出版社，1998。
② 参见陈华彬：《物权法论》，574 页，北京，中国政法大学出版社，2018。
③ 参见彭贵：《中英浮动抵押制度之比较》，载《法律适用》，2008（1），52 页。
④ 所谓"结晶"，是指在出现法定或约定的事由以后，将浮动担保的财产予以确定并特定化。

押与浮动担保的区别主要表现在：

第一，从主体上看，根据《民法典》第396条的规定，无论是债务人作为抵押人，还是第三人作为抵押人，主体都包括企业、个体工商户、农业生产经营者。可见，《民法典》第396条可以设立动产浮动抵押的主体范围比较宽泛。但是，在比较法上，可以设立浮动担保的主体范围更为狭窄。例如，在英格兰法中，只有公司才被允许设立浮动抵押。①《日本企业担保法》规定，只有股份有限公司（标准设定为纯资产450亿日元以上的超优企业）才可以发行公司债，并可以设定浮动抵押。这是因为对股份有限公司的财产状况有严格的监管制度，其运营状况通常也较稳定，且企业信用度高，因而才有可能设定浮动担保。②

第二，从客体上看，《民法典》第396条规定的浮动抵押主要是动产的浮动抵押。也就是说，抵押的财产主要限于动产。而英国法中的浮动担保的担保财产范围十分宽泛，不仅包括动产，还包括不动产，甚至包括各种权利。③

第三，关于债权人的接管权。在英美法上，接管企业的权利，是浮动担保权人享有的重要权利，也是浮动担保价值的主要体现。由于设定浮动担保的财产是不确定的，债权人风险很大，为维护债权人的利益，允许在例外情况下，债权人可以介入企业经营中，对企业经营进行监督，特别是在企业经营不善影响到债权人债权实现时需要其介入。④但我国《民法典》第396条并没有赋予债权人接管企业的权利，这与英国的浮动担保制度是不同的。问题在于，根据我国《民法典》第396条的规定，动产浮动抵押是通过书面协议的形式设定的，债权人为了避免风险，是否可以通过协议约定接管企业的权利？笔者认为，为了防范未来的风险，平衡双方的利益，当事人可以在不损害第三人利益的情况下约定接管事

---

① 参见钟维：《民法典编纂背景下我国浮动抵押制度的释评与完善》，载《广东社会科学》，2018(4)，233页。

② 参见［日］近江幸治：《日本民法的展开——特别法担保法》，载梁慧星主编：《民商法论丛》，第17卷，399页，香港，金桥文化出版（香港）有限公司，2000。

③ See National Westminster Bank plc v. Spectrum Plus Limited and others. Citation（s），[2005] UKHL 41.

④ 参见钟维：《民法典编纂背景下我国浮动抵押制度的释评与完善》，载《广东社会科学》，2018(4)，237页。

项，法律不必干预。依照约定，抵押权人一旦接管，便可以指定管理人，从而可以避免破产，也可以避免企业资产被贱价出售，从而维护了企业的整体价值，甚至可以通过更换经营者，使企业获得新生。

（二）动产浮动抵押的公示

《民法典》第 403 条规定："以动产抵押的，抵押权自抵押合同生效时设立；未经登记，不得对抗善意第三人。"这就确立了动产浮动抵押实行登记对抗的模式。具体来说，这一模式包括如下内容。

（1）动产浮动抵押采取登记对抗主义。这就是说，法律对动产浮动抵押和一般动产抵押采取了相同的态度，即没有强制性地要求动产浮动抵押必须办理登记，因为如果强制动产浮动抵押的当事人办理登记，会给当事人造成诸多不便，许多动产本身就难以登记，而作为集合物登记更为困难。所以，《民法典》规定是否办理登记由当事人自愿选择。即使没有办理登记，只要当事人达成了有效书面协议，动产浮动抵押权就可以设立。

（2）不得对抗正常经营活动中已经支付合理价款并取得抵押财产的买受人。依据《民法典》第 404 条的规定，以动产设立抵押的，不得对抗正常经营活动中已经支付合理价款并取得抵押财产的买受人。此处所说的买受人应当具备如下三个条件：第一，必须是正常经营活动中的买受人。正常经营活动，应当是指各种合法的交易行为，而违法的交易行为不属于此处所说的正常经营活动。第二，必须是已支付了合理价款的买受人。如果买受人仅仅与抵押人订立了买卖合同，但是尚未支付价款或者仅支付了极少的价款，没有必要保护这些买受人。[①] 第三，买受人必须已经取得了抵押财产，即抵押人已经将抵押财产交付给了买受人。第四，取得财产必须是动产浮动的财产确定之前。因此，无论是否办理了登记，只要设立的是动产浮动抵押，抵押人都可以自由转让其抵押财产，抵押权人无法以其权利来对抗买受人。

（3）未经登记，不得对抗善意第三人。此处所说的"善意第三人"，是指在

---

① 参见梅夏英、高圣平：《物权法教程》，436 页，北京，中国人民大学出版社，2007。

设定了动产浮动抵押之后的买受人、承租人等非担保权人。如果是同一财产上再设立其他担保物权的，那么其他的担保物权人则依据登记的先后确定顺位就可以了。在设定了动产浮动抵押之后，抵押人还可能再设立一般的抵押。例如，将某台机器设备用于抵押，无须考察后设立的权利人是否善意。因为，在解释上可以认为，《民法典》允许抵押人再设立抵押的行为。如果在先的浮动抵押已经办理了登记，则可以对抗后设立的普通抵押。因为我国法律没有承认普通抵押优先于浮动抵押的规则，有关抵押权的实现应当根据登记在先的规则处理。如果后位的抵押权办理了登记，而在先的抵押权未办理登记，则后位登记的抵押权可以对抗在先的未办理登记的抵押权，这也符合"已登记的优先于未登记"的规则。

（三）产品出售后的价款应否纳入抵押财产的范畴

关于浮动抵押，争议较大的是产品出售后的价款应否纳入抵押财产的范畴，对此存在不同看法。笔者认为，产品出售后的价款不应纳入抵押财产的范畴。因为一方面，动产浮动抵押权的效力仅及于其确定时的抵押财产，这一抵押财产的种类和范围，取决于抵押合同的约定。如果合同中没有约定，则不应将出售后的价款纳入抵押财产。另一方面，浮动抵押中不存在物上代位，因此抵押财产不应及于转让价金。

四、动产浮动抵押的财产确定

（一）动产浮动抵押的确定

在动产浮动抵押中，因为抵押财产是浮动的，所以，需要在因为法定或者约定事由发生以后，将抵押财产予以确定，这个过程就称为抵押财产的确定，在英国法中，又称为抵押财产的结晶（crystallization）。在抵押财产确定之前，动产浮动抵押权人不能支配特定的财产，因而其效力处于休眠状态，学术上称为"效力休眠"[①]。结晶以后，动产浮动抵押就停止浮动，转化为一般抵押。

我国《民法典》并没有采纳"结晶"的概念，而采纳的是财产确定的概念。

---

① 李莉：《论浮动抵押财产确定制度》，载《环球法律评论》，2021（2），78 页。

动产浮动抵押之所以需要最终确定财产，理由在于：一方面，抵押财产需要被确定。在动产浮动抵押的情况下，财产都不确定，抵押财产必须确定并特定化。使浮动抵押变为固定抵押，只有经过这一程序和环节，抵押权才可能实现。① 另一方面，只有在财产确定之后，抵押权人才能针对特定的财产实现抵押权。在抵押财产确定之后，抵押权人才能拍卖、变卖，从而最终实现自己的抵押权。从法律上说，如果当事人约定了抵押财产确定的事由，只要不违反法律的强制性规定，便对当事人产生拘束力。但是，如果当事人没有约定债权确定的事由，则需要在法律上确定财产确定的事由。根据《民法典》第411条的规定，动产浮动抵押的抵押财产在如下情况得以确定。

第一，债务履行期限届满，债权未实现。这就是说，债务到期以后，无论债权人是否向债务人提出履行请求，只要债务人没有履行债务，自债务履行期届满之日起，抵押权人就有权要求确定抵押财产。②

第二，抵押人被宣告破产或者解散。如果抵押人经过法定的破产程序而被宣告破产，或者发生解散等导致主体资格丧失的，抵押人本身作为民事主体已经不复存在。在此情况下，表明抵押权人的权利已经受到重大的威胁，因此应当进入抵押权实现程序。

第三，发生了当事人约定的实现抵押权的情形。动产浮动抵押的实现事由完全可以由当事人自行约定。只要出现了当事人约定的事由，就可以确定抵押财产的范围。例如，抵押人从事关联交易或者低价转让其财产，或者抵押人违反约定拒绝抵押权人的监管等。③

第四，出现严重影响债权实现的其他情形。这些情况可以类推适用《民法典》第527条中合同当事人行使不安抗辩权的条件，具体包括：经营状况严重恶化；转移财产、抽逃资金，以逃避债务；丧失商业信誉；有丧失或者可能丧失履

---

① Daniel Anthony Teetham, "ALocal Authority's Power of Distraint and the Crystallised Floating Charge", *Company Lawyer*, 1994, 15 (4), p.114.
② 参见黄薇主编：《中华人民共和国民法典物权编释义》，767页，北京，法律出版社，2020。
③ 参见崔建远：《物权法》，5版，484页，北京，中国人民大学出版社，2021。

行债务能力的其他情形。这些情况都可以视为严重影响债权实现的其他情形。

在符合法定的财产确定条件下，如何启动结晶的程序，通常有两种做法：一是通知主义，它是指只要符合法定的确定条件，即抵押权人发出通知，就可实现确定，此时动产浮动抵押就转变为一般的抵押。抵押权人的通知具有形成权的性质，不可撤销或撤回。二是法院裁决方式。这就是说，即使符合确定的法定条件，浮动抵押权人为了实现浮动抵押财产，也必须首先由债权人向法院提出申请，来启动民事诉讼上的破产程序。笔者认为，一旦符合财产确定的法定条件，由债权人发出通知，则可以直接实现确定化。如果抵押人提出异议，则应当由法院作出裁决。这样既有利于简化程序，也有利于保障各方当事人的利益。动产浮动抵押在财产确定之后，就转化为普通的动产抵押。根据《民法典》第 396 条的规定，在出现了债务人不履行到期债务或者发生当事人约定的实现抵押权的情形，应按照普通抵押权实现的规则来处理。

（二）动产抵押与浮动抵押的顺位

动产抵押与动产浮动抵押之间可能存在一定的冲突。例如，当事人以库存的货物设立动产浮动抵押，后抵押人又以该库存货物中的某设备办理了动产抵押。在该动产抵押担保的主债务到期后，该动产抵押的担保物权人主张就该设备优先受偿，但浮动抵押的抵押权人则主张该设备属于浮动抵押的客体范围。这就会导致这两项抵押权的优先顺位问题存在冲突。关于如何协调二者之间的关系，从比较法上看，主要有如下两种做法。

一是英式浮动抵押制度。按照此种制度，对浮动抵押而言，由于存在结晶制度，因此，在抵押财产最终确定之前，抵押权一直处于休眠状态，只有在结晶之后，抵押权才具有优先受偿的效力。因此，当浮动抵押与一般的动产抵押并存时，浮动抵押的实现顺序原则上应当劣后于一般的动产抵押。[①] 在我国实践中，有些金融机构采纳了此种观点，从而更倾向于接受一般的动产抵押。

二是美式浮动抵押制度。依据《美国统一商法典》第 9—204 条规定，担保

----

① 参见高圣平：《担保法论》，455 页，北京，法律出版社，2009。

协议可以规定以将来取得的担保物作为担保协议中全部或部分债务的担保。在该制度中，如果抵押权人获得了该浮动抵押的登记，则该担保物权溯及至登记时，即具有了优先受偿的效力，这实际上是以登记与否作为优先顺位的依据。①

比较上述两种做法，笔者认为，上述第二种做法更为合理，也符合我国《民法典》的规定。《民法典》第414条确立了以登记作为确定担保物权优先顺位的标准，其也可以用于解决动产抵押与浮动抵押发生冲突的情形，此种规定的合理性在于，登记是公开、透明的，以登记作为确定二者优先顺位的标准，有利于平衡双方当事人的利益，也有利于维护交易安全。据此，当浮动抵押与一般的动产抵押发生冲突时，如果二者均办理了抵押登记，则以登记的先后顺序作为确定二者优先顺位的标准；如果只有一项抵押权办理了登记，则办理登记的抵押权优先于未办理登记的抵押权；如果二者均未办理登记，则按照债权比例确定其清偿数额。

第十一节　价款超级优先权

一、价款超级优先权的概念和特征

所谓价款超级优先权（purchase money security interest，PMSI），是指债权人在动产之上取得的担保因购买该动产而产生的价款给付的担保权。② 我国《民法典》第416条规定："动产抵押担保的主债权是抵押物的价款，标的物交付后十日内办理抵押登记的，该抵押权人优先于抵押物买受人的其他担保物权人受偿，但是留置权人除外。"该条对价款超级优先权作出了规定。例如，甲以自己的生产设备、原材料等为丙设定了浮动抵押，后从乙处赊购了一套新设备，甲以该设备为乙

---

① 参见龙俊：《民法典中的动产和权利担保体系》载《法学研究》，2020（6）。

② 参见崔建远：《中国民法典释评·物权编》（下卷），414页，北京，中国人民大学出版社，2020。关于该名称，目前并没有统一的术语。已使用的概念包括买卖价款抵押权、价款债权抵押权、购置款抵押权、购买价金担保权、价款超级优先权等。

设置了担保价金支付的抵押权，且于交付后 10 日内办理了登记。其后，甲未能依约定支付价款，此时乙就对抵押物享有优先于浮动抵押的抵押权人而受偿的权利。

我国《民法典》所规定的价款超级优先权主要是借鉴了《美国统一商法典》第九编关于动产担保的相关规定。价款超级优先权制度在很大程度上与浮动担保制度相关，而浮动担保主要是英美法上的制度，并分别形成了英式和美式的浮动担保制度。大陆法系国家和地区一般没有在法典中正式采纳浮动担保制度，因而大陆法系国家和地区的民法（典）中也并未出现价款超级优先权这一制度。不过，《欧洲示范民法典草案》（DCFR）第九篇试图引入该制度，该草案将这种交易称为"购置融资手段"。2016 年联合国国际贸易法委员会制定的《动产担保交易示范法》中将之称为"购置款担保权"①。

由于我国《民法典》规定的浮动抵押是按照设立动产浮动抵押登记之日来确定其优先顺位的，此时在办理了动产浮动抵押登记后，又购入或者以融资租赁的方式获得了新的动产，如果不规定价款超级优先权制度，那么这些新的动产之上的担保物权要劣后于已经登记的浮动抵押，这会导致抵押人难以获得新的融资，难以满足正常经营的需要。为了解决这一困境，《民法典》第 416 条专门规定了价款超级优先权。《民法典》做出此种规定的主要目的是解决实践中普遍存在的借款人借款购买货物情形下借款人的利益保护问题，即在贷款人借款购买货物并将该货物抵押给贷款人作为价款的担保的情形下，本条规定赋予该抵押权优先效力，从而保障借款人权利的实现，这也有利于融通资金，促进融资。② 在交易实践中，承认价款超级优先权对各方当事人都是有利的，因为新的信用提供者因为价款超级优先权的顺位保障，可以保障其债权得到优先实现，而对债务人而言，借助于该规则，可以使其获得新的融资，这也有利于其展开经营活动，扩大再生产，且有利于增强其偿债能力。③

---

① 该草案目前尚未正式通过。参见李运杨：《〈民法典〉中购置款抵押权之解释论》，载《现代法学》，2020（5），183～184 页。

② 参见沈春耀：《关于〈民法典各分编（草案）〉的说明——2018 年 8 月 27 日在第十三届全国人民代表大会常务委员会第五次会议上》，载《全国人民代表大会常务委员会公报》，2020 年特刊。

③ 参见谢鸿飞：《民法典担保规则的再体系化》，载《社会科学研究》，2019（6）。

具体来说，价款超级优先权的特点主要在于：

第一，担保的债权是特定的。也就是说，在此类担保中，担保的债权主要是标的物的价款债权。从《有关担保的司法解释》第 57 条的规定看，所担保的债权还包括融资租赁情况下未付清的租金。但是担保权人并不一定是标的物的出卖人，也包括了为购买该标的物而提供融资的债权人。价款超级优先权担保的主债权只能是价款的请求权或贷款偿还请求权，而不包括其他债权。①

第二，担保财产具有特定性。担保权的标的主要是买卖合同中的标的物，此外还包括融资租赁等交易中的标的物。价款超级优先权使成立在后的价款超级优先权人无须担心在先的抵押权，这也有利于抵押人继续融资，从而扩大生产和经营。价款超级优先权赋予出卖人或贷款人以优先受偿的权利，这对于交易安全的保护也具有重要作用。

第三，价款超级优先权具有法定性。价款超级优先权在性质上是一种法定的优先权。也就是说，价款超级优先权的效力是由法律规定的，而不是由当事人约定的。如果不设置价款超级优先权的规则，则债权人在债务人的财产之上设立动产浮动抵押的情形下，债务人再通过融资租赁、所有权保留等方式融资时，出租人或者出卖人即便办理登记，其担保权的实现顺位也将劣后于动产浮动抵押的抵押权人，因此，为便利债务人融资，法律规定了超级优先权规则，明确规定该权利具有绝对优先的效力。当然，虽然价款超级优先权的效力具有法定性，但该权利仍然需要通过意定的方式设立。

价款超级优先权在性质上作为一种法定的优先权，确立的就是一种可以优先于动产浮动担保权的效力规则。我国《民法典》规定的价款超级优先权是对《民法典》一般担保物权受偿顺位规则的突破。《民法典》第 414 条第 1 款规定以登记为中心，构建了优先受偿的顺位，但其中也仍然体现了以登记的先后来确定受偿顺序，这就是物权法中所谓的"先来后到"规则，也有人将其称为"时间在先，权利在先"规则。因此，如果同一财产之上设定多个抵押的，抵押权的设

---

① 参见黄薇主编：《中华人民共和国民法典物权编释义》，807 页，北京，法律出版社，2020。

定，就采取先来后到的规则，先设定的抵押权要优先于后设定的抵押权。然而，价款超级优先权突破了动产担保中登记在先顺位在先的规则（first-to-file rule），这就是说，即便担保价款物权的登记时间在后，其他担保物权登记时间在先，在符合价款超级优先权的情形下，价款担保也依法具有优先实现的效力。我国《民法典》第 416 条关于价款超级优先权的规定置于第 414 条与第 415 条之后，后两个条款均是多重担保中的权利顺位问题。而第 416 条被置于这两个条文之后，表明价款超级优先权实际上是一般权利担保顺位的特殊规则，也可以说其是对第 414 和第 415 条所确认的顺位规则的例外排除。当然，在存在多个价款超级优先权时，则仍然应当适用《民法典》第 414 条所确认的一般顺位规则进行判断。

第四，设定上具有特殊性。《民法典》第 416 条规定："动产抵押担保的主债权是抵押物的价款，标的物交付后十日内办理抵押登记的，该抵押权人优先于抵押物买受人的其他担保物权人受偿，但是留置权人除外。"依据该规定，该权利必须在标的物交付 10 日内进行登记，在未办理登记的情形下，其就成为普通的担保权，不具有优先于所有担保权利的效力。

价款超级优先权不仅适用于动产抵押，也适用于融资租赁、所有权保留。依据《民法典》第 416 条规定，价款超级优先权仅适用于抵押，但《有关担保的司法解释》第 57 条将其扩张到了其他担保方式。在担保人设立动产浮动抵押并办理动产抵押登记后，又购入或者以融资租赁方式承租新的动产的，如果没有价款超级优先权，浮动抵押人的融资担保将受到较大影响，新的债权人担心自己的债权无法借助相应担保物权得以实现，将拒绝为浮动抵押人提供信用和融资，这就不利于浮动抵押人正常经营，也会阻碍浮动抵押制度的适用。价款超级优先权的引入就是为了解决这一问题。因此，价款超级优先权的适用范围是较为宽泛的。

二、价款超级优先权制度的正当性

《民法典》创设价款超级优先权制度的主要原因在于：

第一，便利和鼓励融资。这一制度的设立是为了使债务人能够获得融资进行经营，从而进行再生产并获得利润，也有利于其他债务人的债务获得清偿。由于我国《民法典》规定的浮动抵押是按照设立动产浮动抵押登记之日来确定其优先顺位的，此时在办理了动产浮动抵押登记后，又购入或者以融资租赁的方式获得了新的动产，如果不规定超级优先权制度，那么这些新的动产之上的担保物权要劣后于已经登记的浮动抵押，这会导致抵押人难以获得新的融资，难以满足正常经营的需要。尤其是在动产浮动抵押中，这种交易方式有可能成为担保权人对债务人进行控制的方式，一旦担保权人对该债务人进行控制，其就可能对债务人进行经营提出严苛的要求，使其难以获得新的融资，持续经营也会受到妨碍。[1] 为了解决这一困境，《民法典》第416条专门规定了价款超级优先权。承认价款超级优先权的重要目的就是解决已经设定了浮动抵押的中小企业的再融资问题。[2] 超级优先权制度使得债务人具有优先顺位的保障，从而为其获得新的信用获得了新的激励，债务人也因此可以展开经营，并进行扩大再生产，增加其偿债能力，同时也不损害担保权人的信用期待。[3]

第二，增进债务人清偿能力。在设立动产浮动担保的情形下，担保人提供担保后，还需要继续生产经营，因此需要继续获得融资，使新的信用提供者介入。在债务人获得了新财产的情形，该新获得的财产是否应当仍然纳入原担保财产范围？由于原担保权人并没有对此财产的增加产生合理期待，故该财产是纯因债务人在担保设定后，为了增强清偿能力所获得的新融资。因此，此类财产不应纳入担保财产的范围，如果将所有新增的财产都归入在先担保的范围之内，既不利于鼓励债权人融资，也造成了债权人对于债务人的过度控制。[4] 这就需要通过价款

① See Arielle Tracey, "Purchase Money Security Interest Refinancing in New Zealand: A Case for Retention of Super-Priority", 51 *Victoriau. Wellingtonl. Rev*, pp. 112 - 113 (2020).

② 参见高圣平：《民法典担保制度及其配套司法解释理解与适用》（下），751页，北京，中国法制出版社，2021。

③ 参见谢鸿飞：《民法典担保规则的再体系化》，载《社会科学研究》，2019（6）。

④ See WilliamH. Lawrence, Milliam H. Henningand R. Wilson Freyermuth, *Understanding Secured Ttransactions*, 5th ed., New Providence, NJ: Matthew Bender & Company, Inc., 2012, p. 240; Ronald C. C. Cuming, Catherine Walshand Roderick J. Mood, *Personal Property Security Law*, 2nd ed., Toronto, ON: Irwin Law Inc., 2012, p. 440.

超级优先权制度使新财产的融资人具有优先于原担保权利人的效力，并避免这些新财产被纳入原担保财产的范围。比较法上的"新钱理论"（New Money Theory）理论对此作出了合理解释。此种观点认为，正是因为这种贷款具有给予债务人特殊利益的赋能功能，法律上才认可其超级优先的效力。[①] 价款超级优先权人应享有超级优先权，因为他们的贷款使得债务人可以购入新的财产。新资产的购置能够提高债务人的盈利能力，从而降低其资不抵债的风险，从这个意义上说，竞存的担保权人亦可从中获利。即便贷款仅仅使得债务人维持其资产状态，"流入的新钱"也是有价值的。一旦"流入的新钱"加入浮动抵押的财产中以后，法律上赋予那个拿出自己的资金以使债务人资产的获取或维持成为可能的人以最优先顺位，是公平合理的。

第二，兼顾各方当事人利益。价款超级优先权制度可以有效兼顾债务人、债权人和原担保权人之间的利益。在动产浮动抵押情形下，这一点表现得尤为突出：一是对于债务人而言，有利于债务人获得新的融资，来保持甚至增进清偿能力。债务人不必担心新获得的财产被纳入原担保财产的范围，从而可以大胆寻求新的融资。如果没有价款超级优先权存在，其无法摆脱原担保权人对其融资交易的"垄断"，从而也无法寻求新的担保。[②] 二是对于原担保权人而言，其并没有因为超级优先权的设定而遭受损害，甚至可能因为债务人清偿能力的增进，而使其债权获得更大的实现可能性。如果不承认价款超级优先权，其就会因为担保人购置财产的行为而"不劳而获"，其获得此种额外的利益并没有正当性。此时财产的增加并非由于在先的抵押权人提供了资金或者其作出了努力，而是单纯由于出卖人或融资人提供了信用融资等。[③] 因此，承认价金超级优先权可以避免这种情形的产生。三是对于新的信用提供者而言，价款超级优先权的存在可以有效降低其调查和查询成本，且其信用最终凝结于该动产之上，换言之，其之所以对该

① See Arielle Tracey，"Purchase Money Security Interest Refinancing in New Zealand：A Case for Retention of Super-Priority"，51*Victoriau. Wellingtonl. Rev*，pp. 111 - 112 (2020).

② 参见谢鸿飞：《民法典担保规则的再体系化》，载《社会科学研究》，2019（6）。

③ Whalev. Viasystems Ltd.，［2002］EWHC393；2022WC1876107.

动产享有超级优先权恰恰是因为其为该动产提供了融资，信用提供行为构成了债务人获得动产的原因。而该动产也与原来的担保财产相分离，在该动产之上设定的权利具有优先于原担保权的效力，这就给新的信用提供者提供了法律保障，因此在交易实践中，承认价款超级优先权对各方当事人都是有利的。①

第四，减少在先担保权人对担保人的监管成本。在动产浮动抵押的情形下，由于抵押财产的范围处于不断变化之中，因此，为了维持抵押财产的价值，防止因抵押人不当处分抵押财产而减少抵押财产的价值，担保权人需要对担保人的财产进行必要的监管，从而维持担保财产的价值，为此，担保权人也需要支出相关的监管成本。而在价款超级优先权设定后，就设定价款超级优先权的担保财产而言，价款超级优先权人作为担保权人，其也会有监督债务人的动力和压力。同时，其往往还是具有相关产品的专业知识且了解市场详情的主体，比银行等一般债权人更容易监控债务人。② 在此情形下，在先担保权人就无须对该部分担保财产进行监管，从而减少其监管成本。

三、价款超级优先权的适用范围

（一）价款超级优先权主要适用于动产浮动抵押

价款超级优先权作为法定优先权具有超级优先的效力，一旦赋予某种权利具有超级优先的效力，就必然会突破法律的一些规则，这本身就意味着，法律规定此种权利是一种特殊情形，是权利顺位规则的例外情形。因此，其权利的适用范围应当在法律上进行明确限定，否则就会不当冲击权利顺位的一般规则。依据《民法典》第416条规定，价款超级优先权仅适用于动产抵押，按照立法者的解释，虽然国外的相关立法中将超级优先权的范围适用于所有权保留、融资租赁等

---

① 参见谢鸿飞：《民法典担保规则的再体系化》，载《社会科学研究》，2019（6）。

② See Robert E. Scott, "A Relational Theory of Secured Financing", 86 *Columbia Law Review* 901, 962 (1986).

交易，但该条规定的动产抵押并不包括所有权保留和融资租赁交易。[①]《有关担保的司法解释》第57条将其扩张到了其他担保方式，甚至可以说适用于所有的担保形式，这就已经扩张了《民法典》第416条的适用范围，这种扩张是否有必要，而且是否具有正当性，都是值得探讨的问题。

《有关担保的司法解释》第57条第1款规定："担保人在设立动产浮动抵押并办理抵押登记后又购入或者以融资租赁方式承租新的动产，下列权利人为担保价款债权或者租金的实现而订立担保合同，并在该动产交付后十日内办理登记，主张其权利优先于在先设立的浮动抵押权的，人民法院应予支持。"该款实际上是将超级优先权局限于动产浮动抵押中。笔者认为，在设定浮动抵押的情形下，价款超级优先权规则具有合理性，主要理由在于：

第一，主要适用于动产浮动担保才能发挥价款超级优先权的功能，并彰显其正当性与合理性。价款超级优先权最适合于动产浮动抵押的场合。在浮动担保中，担保的财产具有浮动性。在抵押权设定后，抵押权的标的并未确定和特定化为某一具体财产，抵押财产的范围、价值等都处于变动的状态，随着正常的生产经营活动的继续而会发生增减变化，财产总体在每一时刻都可能具有不同的价值。也就是说，浮动抵押设定之后，财产总是处于不断变动之中，这不仅是因为抵押人仍然享有对财产的处分权，担保人可以将抵押的财产出售、设置抵押等，在作出处分时并不需要取得抵押权人的同意。除此之外，抵押人新增加的财产或者收益也不断纳入抵押的财产之中，使抵押财产的范围得以扩大。[②] 如果在浮动担保设置之后，当事人又与第三人以融资租赁方式设定抵押，且融资租赁中的出租人在10日内办理了登记，那么由于购入的财产尚未全部支付价金，此时允许抵押权人优先，对于出卖人而言并不公平。因此，即便是抵押权人已经办理登记，也应当赋予出卖人有条件的优先受偿的权利。

价款超级优先权的设定初衷，就是为了避免动产浮动担保的弊端，防止债务

---

① 参见黄薇主编：《中华人民共和国民法典物权编解读》，668页，北京，中国法制出版社，2020。

② 参见全国人大常委会法制工作委员会民法室编：《中华人民共和国物权法条文说明、立法理由及相关规定》，327页，北京，北京大学出版社，2007。

人所获得的新的财产继续归入浮动担保的财产范围，避免动产浮动担保人继续垄断和控制债务人的经营。而离开了动产浮动担保，价款超级优先权的制度正当性就已经丧失了基础。① 在动产抵押担保中，最有可能发生的同一物之上存在多个抵押担保竞存的典型情形仍是动产浮动抵押，因此《有关担保的司法解释》第57条第1款强调其主要适用于浮动抵押。只有在动产浮动抵押之中，该制度才具有充分和正当的理由，因为只有在动产浮动抵押中，抵押财产的范围才处于不确定的状态，而产生前述新的信用提供者忌惮在先的浮动抵押而拒绝提供融资，抵押人在设定抵押后，进而既损害债务人的正常经营能力，也损害了在先的浮动抵押权人获得清偿的可能，造成各方均遭受不利的局面。因此，在"新钱"范围内赋予新的信用提供者以价款超级优先权是合理且正当的。②

第二，价款超级优先权符合动产浮动担保中各方当事人对于动产浮动担保范围的合理期待。在实践中，动产浮动担保可能被滥用，例如通过浮动担保实现融资垄断和经营控制。这种浮动担保的弊端，不仅妨碍正常经营，而且不利于改善营商环境。从有利于促进市场经济的高质量发展而言，通过价款超级优先权制度的设定可以既增加债务人新获得财产，又通过法律规则的设定明确浮动担保权人对财产范围的合理预期。③

第三，比较法经验也表明该制度主要适用于动产浮动担保。美国法上的经验表明，价款超级优先权也基本针对的是动产浮动抵押交易，而不针对固定抵押。④《美国统一商法典》第9103条（b）（2）规定："当担保权益存在于现在或曾经是价款担保物的库存中时，担保权益系用于担保其他库存引起的价款债务，且受担保方目前或曾经就该其他库存持有价款担保权益"。以库存的财产设立担保，其主要是指设立动产浮动担保。因此，价款超级优先权主要适用于动产浮动担保，而所谓超级优先，针对的主要也是在先的动产浮动担保权，所以，价款超

---

①② 参见董学立：《浮动抵押的财产变动与效力限制》，载《法学研究》，2010（1）。

③ Darcy L. Macpherson, "Dueling Purchase-Money Security Interests under the PPSA: Explaining the Law and Policy behind Section", 34（7），36 *Manitoba Law Journal* 383，388（2012）.

④ 参见谢鸿飞：《价款债权抵押权的运行机理与规则构造》，载《清华法学》，2020（3）。

级优先权所应优先的担保权利主要是浮动抵押权。

（二）价款超级优先权一般不适用于固定抵押

关于价款超级优先权的适用范围，自《民法典》颁布以来确实存在不同的解释，有一种观点认为，《民法典》第416条关于价款超级优先权的规则，并没有限定于浮动抵押，甚至没有设定任何范围，而只是规定了动产抵押担保的主债权是抵押物的价款，可以说其适用于所有的抵押情形，因而价款超级优先权也可适用于固定抵押。① 《有关担保的司法解释》第57条第2款实际上是采纳了这一观点，依据该款规定："买受人取得动产但未付清价款或者承租人以融资租赁方式占有租赁物但是未付清全部租金，又以标的物为他人设立担保物权，前款所列权利人为担保价款债权或者租金的实现而订立担保合同，并在该动产交付后十日内办理登记，主张其权利优先于买受人为他人设立的担保物权的，人民法院应予支持。"从该规定来看，该条规定的价款超级优先权可以优先于担保人"为他人设立担保物权"，这就扩张了其适用范围，而不再限定为动产浮动抵押的情形。

《有关担保的司法解释》第57条第2款将价款超级优先权扩张至所有权保留和融资租赁交易。主要理由在于：一方面，我国《民法典》担保制度从担保的形式主义转向兼顾形式主义与功能主义之后，担保物权的范围已经不再局限于物权编所规定的抵押权、质权等担保物权类型，而且应当包括合同编中规定的所有权保留买卖与融资租赁等。另一方面，在所有权保留与融资租赁中，其也属于担保交易；此外，在统一适用登记对抗模式的情形下，所有权保留和融资租赁交易也应当与动产浮动担保权人一样受到同等的保护。② 但将优先的担保权利范围扩张到所有担保权利是不妥当的，而应当对《民法典》第416条作限缩解释，使其主要适用于动产浮动抵押。主要理由在于：

第一，将价款超级优先权扩张适用于所有担保，特别是固定抵押的情形，将导致《民法典》第414条的规则被完全架空。《民法典》第414条确认了登记优

---

① 参见高圣平：《民法典担保制度及其配套司法解释理解与适用》，750页，北京，中国法制出版社，2021。

② 参见程啸等：《最高人民法院新担保司法解释理解与适用》，358页，北京，法律出版社，2021。

先的规则，依据该规定，登记在先的抵押权在实现顺位上也优先。因此，如果在先设立的抵押权已经办理了登记，则其原则上应当具有优先实现的顺位，在后设立的所有抵押不管以何种形式出现，当事人都有义务查阅登记后再进行交易。因此，当事人在设定第一个抵押并办理抵押登记后，又以该财产继续作为向其他借款人的担保，毫无疑问，在后的担保权不应当具有优先实现的顺位，而必须按照《民法典》第414条的规定确定其实现顺位。该条是我国《民法典》中担保制度现代化的重大亮点，也是物权编适应营商环境改善的重要举措。而将价款超级优先权扩张适用至固定担保，实际上意味着，在后登记的价款超级优先权人有可能优先于在先登记的各种固定担保权人。如前所述，如果将价款超级优先权仅适用于浮动抵押，尚不至于对一般规则造成重大冲击，但是如果将价款超级优先权规则扩张适用到固定抵押，这就已经将其适用范围扩张到一般情形，而不再按照一般规则确定受偿顺序，导致一般的优先顺位规则落空，可能会完全架空《民法典》第414条。

诚然，我国《民法典》从完全采用形式主义，走向兼采功能主义，这也是推进担保制度现代化的重大举措。但功能主义并不能为价款超级优先权适用范围的扩张提供正当性基础，其原因在于，功能主义的宗旨在于在扩大动产和权利担保范围的基础上，统一权利效力、顺位、登记等规则，这就需要使《民法典》第414条保持其普遍适用性，才能使担保权利的设立和实现公开透明，使担保权利竞存时的顺位规则统一。由此可见，功能主义并不支持扩张价款超级优先权的适用范围，也不支持在缺乏正当理由的情形下，打破一般的受偿顺位的统一规则。事实上，虽然《有关担保的司法解释》第57条也体现了功能主义，但是这一规则的扩张适用到动产固定抵押的范围反而与功能主义的要求背道而驰。

第二，将价款超级优先权扩张适用于所有担保，特别是固定抵押的情形，将导致原担保权利人利益遭受侵害。按照《有关担保的司法解释》第57条第2款，承租人以融资租赁方式占有租赁物但是未付清全部租金，又以标的物为他人设立担保物权，出租人的权利可取得超级优先的顺位。例如，甲与乙订立了融资租赁合同，乙作为承租人从甲处承租租赁物，未付清全部租金，又将该租赁物在10

天之内抵押或质押给他人，后出租人又在 10 天之内办理了登记①，此时，《有关担保的司法解释》第 57 条第 2 款这种规定是值得商榷的。在上述案例中，出租人虽然在 10 天之内办理了担保登记，但在承租人将租赁物抵押给他人时，该担保登记尚不存在，抵押权人对该担保权的存在并不知情，如果认定出租人 10 天之内办理担保登记之后即可取得价款超级优先权，则将损害抵押权人的合理信赖，危及交易安全，也会不当冲击担保登记的效力。

按照《有关担保的司法解释》第 57 条第 2 款，如果出卖人与买受人订立了所有权保留买卖合同，买受人取得动产但未付清价款，又以标的物为他人设立担保，而后出卖人在 10 天之内办理担保登记，则无论后担保权人是否办理了登记，以及登记是否在先，出卖人均享有价款超级优先权。笔者认为，此种观点也是值得商榷的，此处可以区分两种情形：一是后担保权人已经办理了登记，且登记在先，此时，后担保权人在办理登记时，并不知道出卖人所享有的担保权，此种情形下，如果认定出卖人享有价金超级优先权，则会损害后担保权人的合理信赖，也会不当影响登记的公信力。二是后担保权人没有办理登记，此时，依据《民法典》第 414 条规定确定各个担保权人的权利优先顺位，是十分简便的，而不需要依据价款超级优先权的规则解决各个担保权人之间的权利冲突。因为，如果买受人在取得动产的时候，虽然未付清价款，但所有权人已经办理了所有权保留登记，在此情形下，所有权保留登记在先，而后设定的担保权利登记在后，因此不能取得对抗前手的效力。

第三，将价款超级优先权扩张适用于所有担保，特别是固定抵押的情形，将会增加道德风险。在后登记的担保权人可以和债权人通过伪造买卖、所有权保留、融资租赁等方式，加紧在 10 天内办理登记，从而优先于固定抵押的效力，如此一来，将会使固定担保的效力遭受严重损害，固定担保权利人的合理期待也将落空。因为在实践中，抵押被称为担保之王，动产之上设定抵押后，抵押权人只要办理了登记，即可按照登记顺位受偿，但是如果按照《有关担保的司法解

---

① 参见最高人民法院民二庭负责人就《最高人民法院关于适用〈中华人民共和国民法典〉有关担保制度的解释》答记者问，载"一法决诉疑"微信公众号，2020 - 01 - 13。

释》的规定，一旦当事人事后伪造买卖或融资租赁交易，并将合同日期倒签于设定抵押之前，由于动产在交付时间难以为第三人所查知，因此原担保权利人就会遭受显著的不测风险。

第四，将价款超级优先权扩张适用于所有担保，特别是固定抵押的情形，将会降低整体的融资效率。按照《有关担保的司法解释》第 57 条第 2 款的规则，新的信用提供者优先于在先登记的担保权人，就会导致固定担保权人为了保障自己的顺位利益，不得不在担保合同签订后，仍然等待 10 日，以确保不会受到价款超级优先权的妨碍，再进行放款。如此一来，就会使大量急需的短期融资难以尽快获得，从而不利于融资效率，甚至妨碍债务人的利益。

第五，即便价款超级优先权不适用于固定担保，对于出卖人、出租人而言也并无不利。对于出卖人、出租人而言，由于登记非常便捷，其完全可以通过立刻办理登记的方式，避免其后被再设定抵押的风险，避免出现担保权利冲突，从而适用《民法典》第 414 条的条规定，依据登记的顺序确定受偿的顺位。而在不即刻办理登记的场合，又通过价款超级优先权获得在先的受偿顺位，这就保护了懒惰者，也不利于金融秩序。反之，在已经设立了所有权保留、融资租赁的担保权利时，如果他人已经办理了担保权利登记，此时已经有登记在先的权利，在此种情形下，出卖人或出租人已经不是善意的，其不应再受特别保护。

按照《有关担保的司法解释》第 57 条第 2 款的规定，在实践中可能出现融资租赁是否存在超级优先权的问题，笔者认为，于此情况下也不应当成立价款超级优先权。例如，在设定超级优先权通常的情形中，有可能会出现这样一种情形，即：甲向乙购买某设备，并将该设备融资租赁给丙。甲担心丙出卖该设备，因此在 10 天内办理了融资租赁登记。在此情形下，融资租赁中的承租人丙根本没有担保权利，因此不会与乙的权利产生冲突。此时，虽然表面上乙可能符合价款超级优先权的要件，但实际上，丙并未取得担保权利，在甲与丙的交易中，甲是融资租赁中的担保权人。因此，根本无须讨论乙和丙之间是否具有顺位上何者优先的问题。

总之，超级优先权主要适用于在动产浮动抵押的情形下，具有其合理的适用空间，超出这一范畴的，现行法律制度均可以解决这一问题，而无须引入超级优先权的概念，否则将导致与现有的制度之间的冲突与混乱。

四、价款超级优先权的适用条件

价款超级优先权的适用应当符合如下条件。

（1）主债权主要是抵押物的价款。也就是说，价款超级优先权所担保的债权限于债务人购买抵押物的价款，旨在担保债务人购买该抵押物全部或者部分价款的清偿。从《民法典》第416条规定来看，除留置权外，价款超级优先权一旦设立，即具有优先于抵押物买受人的其他担保物权人受偿的效力，因此，其所担保的债权范围应当受到限制，否则可能损害其他担保权人的利益。[①] 当然，《有关担保的司法解释》第57条将主债权扩展到融资租赁中的租金债权以及所有权保留中的价金债权。

（2）价款超级优先权的标的物限于债务人所购置的标的物。具体而言，由于价款超级优先权的目的在于优先保障价金债权或融资债权的实现，为了平衡新的信用提供者与在先的担保权人之间的利益关系，应当对价款超级优先权的标的物进行严格限制，即应当限定为债务人所购置的标的物。同时，其所担保的债权也限于购买该标的物的全部或部分价款。该条以为债务人购置标的物而提供贷款为基本交易原型，法律规定价款超级优先权的目的在于防止债务人在设定浮动抵押后不能再进行信用消费和融资。在缺乏超级优先权的情况下，已经设定浮动抵押的抵押人在进行信用消费时可能面临无法提供有效担保的局面，而超级优先权的确立，可以使买受人取得优先于浮动抵押权人的优先受偿的权利，从而可以接受抵押人的信用消费。

（3）标的物交付后10日内办理抵押登记。具体而言，一是标的物必须交付，所谓标的物交付，应当作限缩解释，即必须是移转标的物所有权于买受人，并由

---

① 参见高圣平：《民法典担保制度及其配套司法解释理解与适用》，747页，北京，中国法制出版社，2021。

买受人实际占有。① 二是价金债权的债权人在标的物交付后 10 日内办理抵押登记。此处所说的 10 日，在性质上属于办理抵押登记的宽限期，也就是说，法律给予当事人 10 日的期限，只要在该期限内办理，就可以优先于其他担保权人。如果没能在该期限内办理，就只能按照一般的规则进行受偿。法律之所以规定该宽限期，主要是为了保障动产的流动和有效利用，也就是说，债权人不必等到自己或其他购买价金融资提供者登记，即可向买受人交付标的物，从而促进动产的有效流动。②

五、价款超级优先权的法律效力

《民法典》第 416 条规定："动产抵押担保的主债权是抵押物的价款，标的物交付后十日内办理抵押登记的，该抵押权人优先于抵押物买受人的其他担保物权人受偿，但是留置权人除外。"由此可见，关于价款超级优先权的效力，该条确立了两项规则。

1. 优先于抵押物买受人的其他担保物权人受偿

价款超级优先权优先于其他抵押权，在标的物购买人已经在其财产之上设定浮动抵押的情形下，其所购买的标的物原则上应当纳入浮动抵押的财产范围之内。如果不承认价款超级优先权，则即便价金的借款人在该标的物之上设定抵押权，该抵押权也将劣后于浮动抵押权人的权利，这可能导致借款人的借款债权难以实现，因此，法律规定，价款超级优先权应当优先于其他抵押权。有关超级优先权的优先效力，在其与其他担保权并存的情形下才能体现出来，具体而言，其包括如下几种情形。

---

① 参见高圣平：《民法典担保制度及其配套司法解释理解与适用》，750 页，北京，中国法制出版社，2021。

② See William H. Lawrence, William H. Henning and R. Wilson Freyermuth, *Understanding Secured Transactions*, 5th ed., New Providence, NJ: Matthew Bender & Company, Inc., 2012, p. 241; United Nations Commission on International Trade Law, *Uncitral Legislative Guide on Secured Transactions*, U-nited Nations, 2010, p. 346.

第一，先有动产浮动抵押，又设定价款优先权的，在此情形下，如果价款债权人在 10 日内办理了登记，则其权利优先于浮动抵押权。但如果没有在 10 内办理登记，则即便价款债权人之后办理了抵押登记，则其也不再享有价款超级优先权，而应当按照《民法典》第 414 条按照登记先后进行受偿。

《有关担保的司法解释》第 57 条第 1 款进一步扩张了价金超级优先权的适用范围，具体而言：一是在该动产上设立抵押权或者所有权保留买卖的债权人。即除了抵押权之外，所有权保留买卖中的出卖人也可以依法享有价款超级优先权。二是为价款支付提供融资而在该动产上设立抵押权的债权人。这就是说，价款超级优先权的担保权人包括了动产出卖人，也包括为价款支付提供融资的债权人。例如，第三人为债务人提供融资，购买相关的设备，为了保障其借款债权的实现，该第三人在法定期限内在该设备之上设立抵押权的，则可以依法享有优先受偿的效力。三是以融资租赁方式出租该动产的出租人。例如，债务人以融资租赁的方式从出租人处取得相关的设备，而出租人在法定期限内办理了登记，此时，在此情形下，出租人的权利也具有优先受偿的效力。

第二，先有价款产生，但尚未办理登记时，债务人又在该财产之上为第三人设立了其他担保物权，之后价款债权人在法定期间内办理登记的，则仍然享有价款超级优先权。《有关担保的司法解释》第 57 条第 2 款规定"买受人取得动产但未付清价款或者承租人以融资租赁方式占有租赁物但是未付清全部租金，又以标的物为他人设立担保物权，前款所列权利人为担保价款债权或者租金的实现而订立担保合同，并在该动产交付后十日内办理登记，主张其权利优先于买受人为他人设立的担保物权的，人民法院应予支持。"该款规定的是动产买卖中，买受人通过赊销、融资租赁等方式取得动产后，又以该动产为他人设定担保物权，后出卖人、出租人等权利人又在法定期限内办理了登记，则其仍然享有价款超级优先权。该条与《有关担保的司法解释》第 57 条第 1 款规定的情形不同，第 1 款规定的是债务人在设定动产浮动抵押之后又购入或者承租新的动产，而为担保价款债权的实现，价款债权人在该动产之上设立担保物权，超级优先权可以优先于浮动抵押权；而第 2 款进一步丰富了超级优先权的适用范围，其不仅仅适用于浮动抵押的情形，也适用于融资租赁等情形。[①] 例如，在融资租赁交易中，出租人的价款优先权应当在 10 日之内进行登记，为了避免承租人给第三人在 10 日内办理抢先登记，按照本款的规定，因为本身承租人带有恶意，应当认为此时的登记不得对抗前述的价款优先权登记，其相较而言具有劣后性。

第三，同一动产存在多个价款优先权。例如，两个商业银行分别向债务人提供购买设备的贷款，此时，两个商业银行都可能在同一设备上享有价款超级优先权。再如，贷款人向买受人提供购买设备的部分价款（如首付款）[②]，此时，贷款人与出卖人也可能在该设备之上同时享有价款超级优先权。在同一标的之上存在多个价款超级优先权的情形下，如何确定其效力顺位关系？《民法典》第 416 条仅规定了价款超级优先权与其他担保权之间的效力冲突解决规则，而没有规定多个价款超级优先权竞存时的效力顺位规则。《有关担保的司法解释》第 57 条第 3 款规定，"同一动产上存在多个价款优先权的，人民法院应当按照登记的时间先后确定清偿顺序"。据此，在同一标的物之上也可能存在多个价款超级优先权，即同一标的物上同时存在数个购买价金担保权，可以适用《民法典》第 414 条的规定，即应当按照登记的先后顺序确定其效力顺位。

此外，在符合《民法典》第 416 条规定的情形下，享有价款超级优先权的抵押权人的权利优先于其他担保权人，因此，不论其他担保权人办理的担保登记的实现是否在该抵押权人之前，该抵押权人均可基于价款超级优先权而享有优先受偿的顺位，此时，应排除《民法典》第 414 条的适用。可以说，此种情形下，该规则即构成了《民法典》第 414 条第 1 款确立的"公示在先、权利在先"规则的例外规则。

2. 不得优先于留置权人

价款超级优先权不得优先于留置权人的权利。例如，甲向乙购买某设备，乙

---

① 参见高圣平：《民法典担保制度及其配套司法解释理解与适用》，751 页，北京，中国法制出版社，2021。

② 参见高圣平：《最高人民法院新担保制度司法解释条文释评》，417～418 页，北京，人民法院出版社，2021。

在该设备之上设定抵押权，并已经依法办理了抵押登记，乙依法享有价款超级优先权。在此情形下，乙所享有的价款超级优先权具有优先于在先担保物权的效力，但如果甲将该机器设备交由丙维修，后无正当理由拒绝支付维修费用的，则丙有权依法留置该设备，在此情形下，乙就该设备所享有的价款超级优先权即不得优先于丙的留置权。

第十二节　最高额抵押

一、最高额抵押的概念

最高额抵押，是指为担保债务的履行，债务人或者第三人对一定期间内将要连续发生的债权提供担保财产的，债务人不履行到期债务或者发生当事人约定的实现抵押权的情形，抵押权人有权在最高债权额限度内就该担保财产优先受偿。例如，甲公司以其新建的一栋楼房（价值 2 000 万元）为甲从乙信托投资公司的借款进行担保，双方于 2021 年 1 月 5 日约定，自 2021 年 2 月 1 日至 2022 年 12 月底，在此期间所发生的债权均以该楼房作抵押。由于该楼房当时估价为 2 000 万元，因而双方约定担保借款的最高限额为 1 500 万元，若借款超过 1 500 万元，甲将以其他财产作保。双方签订合同以后，在登记部门办理了抵押登记手续。

最高额抵押与一般抵押的区别在于：

第一，最高额抵押是为将来发生的债权作担保。一般抵押中，往往是先有债权，然后才能设定抵押权，即抵押权的设定一般是以债权的存在为前提的，抵押权是为担保已存在的债权而存在的，这就是所谓抵押权在发生上的从属性。然而，最高额抵押权的设定，不以债权的实际发生为前提，而是对将来发生的债权作担保，即为《民法典》第 420 条所规定的"将要"发生的债权作担保。基于这一特点，最高额抵押已不具备抵押权在发生上的附从性。还需要指出的是，最高额抵押在决算以前，并不随被担保的债权的转让而转让。如果发生部分债权的转让，抵押权并不当然转让。

第二，担保债权具有不特定性。一般抵押所担保的债权都是特定的，这不仅表现为债权类型是特定的，而且债权的数额也是特定的。但最高额抵押所担保的未来债权则是不特定的，即将来的债权是否发生、债权类型是什么、债权额多少，均是不确定的。在最高额抵押的情况下，必须到决算期时，才能确定抵押权担保的实际债权数额。[①] 所以，一般抵押是通过一个具体的债权的数额加以限定的，而最高额抵押只是划定一个债权的最高限额，在该限额内都属于担保的范围。一般的抵押必须表明所担保的债权的种类，而最高额抵押所担保的债权必须是在一定的期限内连续发生的债权。[②] 尽管最高额抵押所担保的债权是不特定的，但是在决算以后，最高额抵押担保的债权就由不特定转为特定，在此情况下，最高额抵押实际上已经变成了一般抵押。

第三，最高额抵押担保的债权具有最高限额。对于一般抵押而言，因设定抵押时担保的债权已经确定，因此不存在最高或最低数额的限定。而最高额抵押则不同，由于在抵押设定时担保债权不确定，而抵押物是特定的，抵押物的价值是相对确定的，不能以价值有限的抵押物担保将来发生的无数的债务，否则将会给债权人造成极大的损害。正是由于这一原因，需要对抵押所担保的未来债权设定最高限额。所谓最高限额，是指抵押权人基于最高额抵押权所能够优先受偿的债权的最高限额。《有关担保的司法解释》第 15 条第 1 款规定："最高额担保中的最高债权额，是指包括主债权及其利息、违约金、损害赔偿金、保管担保财产的费用、实现债权或者实现担保物权的费用等在内的全部债权，但是当事人另有约定的除外。"依据该规定，在最高额抵押中，除当事人另有约定外，最高的债权额包括了主债权及其利息、违约金、损害赔偿金、保管担保财产的费用、实现债权或者实现担保物权的费用等在内的全部债权。最高额抵押的最高债权限额实际上也为抵押人设置了风险的控制，即抵押人仅在该最高限额内负担保责任，无论

---

① 参见王泽鉴：《民法物权》，2 版，388 页，北京，北京大学出版社，2010。
② 参见黄薇主编：《中华人民共和国民法典物权编释义》，814 页，北京，法律出版社，2020。

将来发生的债权数额有多少，抵押权人只能在最高债权额范围内对抵押财产享有优先受偿权，不能超出这个限额。①

第四，它是为一定期限内连续发生的债权作担保。最高额抵押仅对一定限额内连续发生的债权担保，在决算之前不从属于哪一笔具体的债权，也不因哪一笔具体债权的消灭而导致最高额抵押的消灭。即使在一定期限内发生的债权，因清偿、抵销等原因在一定时间内消灭，实际的债权额为零，最高额抵押也并不因此当然消灭。因为在决算期到来之前还可能发生新的债权，即使不发生新的债权，也必须等到决算期到来后通过决算才能确定债权的实际数额，并进一步确定最高额抵押担保的债权范围。正是由于这一原因，一般抵押权应随着债权的移转而发生移转，但最高额抵押权在决算期未到来而主债权未确定时，是不能移转的。②尽管最高额抵押所担保的债权是不特定的，但是在决算以后，最高额抵押担保的债权就由不特定转为特定，在此情况下，最高额抵押实际上已经变成了一般抵押。

最高额抵押是一种特殊的抵押，因此，当事人在抵押合同中对此应作特别的约定。如果当事人在抵押合同中仅规定了抵押，而并没有特别规定最高额抵押，只能认为其设立了一般抵押。虽然最高额抵押是一种特殊的抵押，但其在本质上仍然属于抵押。除了在有关抵押权的设立、债权的转让、被担保的债权的确定等方面比较特殊以外，其他方面并没有改变抵押权的性质。③ 例如，就从属性而言，《民法典》第421条允许在债权确定前，部分债权转让的，最高额抵押权不随之转让，这从表面上看似乎改变了其从属性，但实际上只是在一定范围内缓和了从属性规则。因此，《民法典》第424条规定："最高额抵押权除适用本节规定外，适用本章第一节的有关规定。"

---

① 参见高圣平：《民法典担保制度及其配套司法解释理解与适用》，784页，北京，中国法制出版社，2021。

② 参见程啸：《中国抵押权制度的理论与实践》，448~449页，北京，法律出版社，2002。

③ 参见黄薇主编：《中华人民共和国民法典物权编释义》，822页，北京，法律出版社，2020。

二、最高额抵押与动产浮动抵押

最高额抵押不同于动产浮动抵押，具体表现为：其一，二者所担保的债权不同。在最高额抵押的情况下，该抵押权所担保的债权是未来的债权，所以，被担保的主债权在抵押权设定时是不特定的。而在动产浮动抵押中，抵押权设立时，其所担保的主债权是特定化的。其二，抵押财产是否特定或者固定不同。对动产浮动抵押来说，抵押财产在抵押权设立之后还处于不断变动之中，只有在特定事由出现之后，抵押财产被确定下来，抵押权人才能就被确定后的抵押财产拍卖、变卖，并从中优先受偿。而在最高额抵押中，设立抵押权时，抵押财产是特定的。其三，抵押财产的类型不同。在动产浮动抵押中，抵押财产仅限于动产，包括生产设备、原材料、半成品、成品。而在最高额抵押中，抵押财产不限于动产，也可以是不动产所有权或者用益物权。其四，担保的债权是否有最高限额不同。在动产浮动抵押中，所担保的债权额是特定化的，因此，并不存在债权限额的问题。而在最高额抵押中，当事人双方必须约定抵押权所担保的债权的最高限额。

三、最高额抵押权所担保的债权范围

一般抵押都是对既定的债权的担保，设定一般抵押权需写明被担保的债权的范围，在设定最高额抵押时，当事人不仅要明确约定担保债权的最高限额，而且要约定债权发生的原因等。也就是说，对未来的主债权应如何确定，双方应在合同中事先加以约定。如双方约定担保借款的最高限额为 2 000 万元，并将担保债权仅限于借款，不包括商品交易，如果无此约定，则极易发生纠纷。特别是在担保商品交易发生的债权的，应当明确规定就何种商品进行连续交易发生的债权额进行担保。否则，应推定双方同意就各种商品交易发生的债权进行担保。在当事人没有约定的情形下，依据《有关担保的司法解释》第 15 条第 1 款规定，最高额担保中的最高债权额，是指包括主债权及其利息、违约金、损害赔偿金、保管担保财产的费用、实现债权或者实现担保物权的费用等在内的全部债权。

《民法典》第 420 条第 2 款规定："最高额抵押权设立前已经存在的债权，经当事人同意，可以转入最高额抵押担保的债权范围。"该条允许将最高额抵押设立前已经存在的债权纳入最高额抵押担保的范围。因为在设立最高额抵押时，其所担保的债权本就是不特定的，既然抵押人同意将先前已经存在的债权纳入其中，且没有违反最高额抵押的性质，最终发生的债权总额不超过最高限额，法律也应当允许。① 但是，将先前已经设立的债权纳入抵押担保的范围，只适用于最高额抵押，不适用于一般抵押，而且，应当满足如下要件：第一，必须经当事人同意。此处所说的"经当事人同意"，是指经过债权人和抵押人的同意。第二，先前的债权人和债务人与最高额抵押中的债权人和债务人必须同一。只有在先前的债权人和债务人与最高额抵押中的债权人和债务人是同一的，才能符合当事人设立最高额抵押的目的。如果二者并非同一，将最高额抵押权设立前的债权转入最高额抵押担保的债权范围，极易发生各种纠纷。例如，如果债权人并非同一主体，最高额抵押权实现也非常困难。第三，不得超过最高限额。最高额抵押在性质上都是一种限额抵押，无论当事人是否同意将先前的债权纳入最高额抵押担保的范围，抵押权人在优先受偿时，都不能超过最高限额。②

最高额抵押所担保的债权额应当进行登记，从而使相关交易主体和担保权人可以查明已经存在的抵押权，如果当事人未将最高额抵押所担保的债权额进行登记，则可能危及交易安全。《有关担保的司法解释》第 15 条第 2 款规定："登记的最高债权额与当事人约定的最高债权额不一致的，人民法院应当依据登记的最高债权额确定债权人优先受偿的范围。"依据该规定，如果当事人约定的最高债权额与登记的最高债权额不一致的，则抵押权人仅能在登记的最高额范围内依法享有优先受偿权，法律作出此种规定，一方面有利于督促当事人办理最高债权额登记，另一方面也是为了维护交易安全，保障其他交易主体尤其是担保权人的利益。

---

① 参见黄薇主编：《中华人民共和国民法典物权编释义》，815 页，北京，法律出版社，2020。
② 参见黄薇主编：《中华人民共和国民法典物权编释义》，814 页，北京，法律出版社，2020。

四、最高额抵押担保的债权的转让

在一般抵押中，抵押权具有从属性，所以，其应随着主债权的转让而发生转让。但在最高额抵押中，由于未来发生的债权是不确定的，经常处于变化之中，如果在决算期尚未到来之前，债权人随意转让其债权，而抵押权也将随之而移转，特别是当债权人将多项债权分别转让给多人时，抵押权的效力也要及于这些已转让的债权时，将会使法律关系混乱不清，而且极易给抵押人造成重大损害。据此，《民法典》第421条规定："最高额抵押担保的债权确定前，部分债权转让的，最高额抵押权不得转让，但是当事人另有约定的除外。"从该条规定可见，在最高额抵押的情况下，从属性已经有所缓和。从属性的缓和不仅表现在主债权移转方面，而且表现在主债权的消灭方面。[1] 我国《民法典》在最高额抵押转让的从属性方面采取了缓和的立场，这是借鉴了国际上的经验。

《民法典》第421条的规定应包含如下内容：第一，转让部分债权必须发生在最高额抵押担保的债权确定前。最高额抵押是一种为将来的债权设定的抵押，抵押设定之后，其所担保的债权在相当长的时间内不能确定。该债权一旦确定，最高额抵押就转变为普通抵押权，应当适用从属性规则。但是，在最高额抵押所担保的债权没有确定前，债权人可以转让部分债权。[2] 第二，部分债权转让的，最高额抵押权不得转让。此处所说的"部分债权"实际上是指在最高额抵押担保的债权确定以前所发生的债权。如果主债权都已经确定，则最高额抵押转变为普通抵押，就不能适用该条。《民法典》只是允许部分债权转让，因为毕竟主债权本身处于变化之中，所以，部分债权转让并没有改变从属性规则。在担保的债权最终确定前，已经发生的债权都可以转让。但是，在转让已经发生的债权时，并不能按照从属性规则使最高额抵押权一并移转，这也是最高额抵押并不完全适用从属性规则的体现。第三，当事人另有约定的除外。当事人另行作出约定主要包

---

[1] 参见陈荣隆：《担保物权之新纪元与未来之展望》，载《台湾法学杂志》，第93期。

[2] 参见梅夏英、高圣平：《物权法教程》，448页，北京，中国人民大学出版社，2007。

括如下几种情形：一是当事人可以约定部分债权转让的，最高额抵押权也随之转让。例如，当事人可以约定，最高额抵押所担保的全部债权中，如果某一债权或者部分债权发生转让，则最高额抵押权也随之转让。在此情形下，未转让的债权将失去最高额抵押的担保。二是当事人可以约定部分债权转让的，抵押权也发生部分转让。例如，当事人约定最高额抵押权所担保的部分债权发生转让时，最高额抵押权也随之部分转让，该约定也具有法律效力。当然，基于担保从属性原理，当事人不得约定，全部债权发生转让时，最高额抵押权不转让，如果当事人作出此种约定，则意味着债权人放弃了最高额抵押权。

由于部分债权转让，最高额抵押权并不随同转让，因而，已转让的债权部分只能发生债权转让的效果，而不发生物权转让的效果。① 部分债权转让之后，该债权是否仍然为最高额抵押权所担保？笔者认为，由于该债权已经被转让了，因而不为最高额抵押权所担保，此处不再适用一般抵押权的不可分性。至于是否需要为该债权另行提供担保，应当由当事人自行决定。《房屋登记办法》第 56 条第 2 款规定："最高额抵押权担保的债权确定前，债权人转让部分债权的，除当事人另有约定外，房屋登记机构不得办理最高额抵押权转移登记。"可见，该办法也明确了，债权部分转让的，最高额抵押权不得随同转让。

在债权部分转让的情形下，最高额抵押就相应地转化为普通抵押。从登记的角度来说，当事人应当首先办理最高额抵押转化为普通抵押的手续，然后，再办理最高额抵押的转移登记。

五、最高额抵押所担保的债权的确定

所谓最高额抵押所担保的债权的确定，是指因法定的事由或约定的债权确定期限届满，而使最高额抵押权所担保的债权特定化。最高额抵押所担保的债权之所以要确定，一方面是因为最高额抵押只是对一定时期内连续发生的债权所作的

---

① 参见许明月：《抵押权制度研究》，437～438 页，北京，法律出版社，1998。

担保，如果对其不予确定，就无法实际确定被担保的债权范围，从而也无法确定抵押权实际支配的范围和抵押权人优先受偿的范围。[1] 另一方面，只有在最高额抵押所担保的债权确定以后，该最高额抵押权才转化为一般抵押权，从而按照一般抵押权的实现规则来实现。《民法典》第 423 条规定，有下列情形之一的，抵押权人的债权确定。

（1）约定的债权确定期间届满。所谓约定的债权确定期间，就是指决算期。决算期是最终确定最高额抵押所担保的债权的实际数额的日期，所以在最高额抵押合同中通常必须明确规定决算期。决算期与债权的清偿期不能等同。决算期届满只是使债权额得以确定，并不意味着债权就应当清偿。当事人在抵押合同中可以既规定决算期又规定清偿期，在决算期到来后，如果当事人约定的清偿期没有到来，则债权人仍然不能要求清偿。[2] 在决算期到来之前，清偿期已经届满，债权如果已受清偿的，则不再属于最高额抵押担保的范围；如果未受清偿的，则仍然属于最高额抵押担保的范围。如果当事人没有约定清偿期而约定有抵押权的存续期间的，应当以抵押权的存续期间届满为其清偿期的到来。如果既没有约定清偿期，也没有约定抵押权的存续期间，则应当以决算期为清偿期。

（2）没有约定债权确定期间或者约定不明确，抵押权人或者抵押人自最高额抵押权设立之日起满 2 年后请求确定债权。如果当事人对确定债权的期限没有约定或者约定不明确，对此，我国《民法典》第 423 条第 2 项规定抵押权人或者抵押人自最高额抵押权设立之日起满 2 年后可以请求确定债权。[3] 这就是说，如果合同未约定决算期或者约定不明确，为了避免最高额抵押存续期间过长而影响抵押人和抵押权人的利益，《民法典》特别规定，抵押权人或者抵押人自最高额抵押权设立之日起满 2 年后请求确定债权。当然，确定债权的期日，并非为满 2 年之日，而是抵押人或者抵押权人提出请求之日。2 年期限是一个固定期限，不适

①　参见黄薇主编：《中华人民共和国民法典物权编释义》，818 页，北京，法律出版社，2020。

②　参见郑玉波：《民法物权》，288 页，台北，三民书局，2003。

③　参见梅夏英、高圣平：《物权法教程》，451 页，北京，中国人民大学出版社，2007。

用中止、中断、延长的规定。①

（3）新的债权不可能发生。所谓新的债权不可能发生，是指因当事人之间不存在交易关系等原因而不可能再发生债权。例如，债务人与债权人长期从事电脑交易，后来因为债务人改变了经营范围，不可能再进行电脑交易，因此，就不可能因电脑交易再发生新的债权。

（4）抵押权人知道或者应当知道抵押财产被查封、扣押。最高额抵押权在存续期间，如果抵押物被人民法院采取了强制措施，就应当对最高额抵押实行决算。② 但是如果以抵押财产被查封扣押的时间作为时点，对于无过失不知情的抵押权人不利，因此《民法典》修改了《物权法》第 206 条第 4 项的规定，将时点修改为抵押权人知道或者应当知道抵押财产被查封、扣押，以保护无过失不知情的抵押权人。

（5）债务人、抵押人被宣告破产或者解散。所谓被宣告破产，是指债务人或抵押人经过法定的破产程序而最终被宣告破产。依据《民法典》第 69 条的规定，法人被责令关闭或撤销只是法人解散的一种情形，其余情形还包括法人章程规定的存续期间届满或者法人章程规定的其他解散事由出现、法人的权力机构决议解散、因法人合并或者分立需要解散以及法律规定的其他情形。

（6）法律规定债权确定的其他情形。这实际上属于兜底条款。例如，按照《民法典》第 412 条的规定，出现了当事人约定的实现抵押权的情形，抵押权人可以实现抵押权。这可以看作是法律规定债权确定的其他情形之一。

最高额抵押担保的债权的确定所产生的效力，包括两个方面：一是使最高额抵押变为普通抵押；自此，最高额抵押就适用普通抵押的规则，抵押权从此就具有严格的从属性。③ 二是确定了担保的特定债权范围，被担保的债权一旦确定以后，无论发生多少债权，只要在此限额内，都应为抵押权效力所及。在金钱借贷中，如果双方未明确限定被担保的债权范围，则应认为最高额抵押权担保的债权

---

① 参见梅夏英、高圣平：《物权法教程》，452 页，北京，中国人民大学出版社，2007。

② 参见胡康生主编：《中华人民共和国物权法释义》，450 页，北京，法律出版社，2007。

③ 参见高圣平：《物权法 担保物权编》，312 页，北京，中国人民大学出版社，2007。

范围不仅包括本金，还应包括利息、违约金和赔偿金。

六、最高额抵押的变更

最高额抵押合同在订立后，当事人可以对合同的内容进行变更。在变更最高额抵押的情形，当事人应当在登记机构办理变更登记手续。《民法典》第 422 条规定："最高额抵押担保的债权确定前，抵押权人与抵押人可以通过协议变更债权确定的期间、债权范围以及最高债权额。但是，变更的内容不得对其他抵押权人产生不利影响。"根据该规定，抵押权人与抵押人可以通过协议来变更最高额抵押合同的内容。笔者认为，该条包括如下几个方面的内容。

第一，必须在最高额抵押担保的债权确定前才能变更。在债权确定以后，虽然当事人仍然可以变更，但是应当依据普通抵押权变更的规则，而不适用本条的规定。最高额抵押合同是抵押人和债权人之间订立的，所以，变更该合同也应当由该双方当事人协商确定。如果抵押人是第三人，抵押人和抵押权人协议变更最高额抵押，是否应当取得债务人的同意？笔者认为，依据《民法典》上述规定，抵押人和债权人可以协议变更，但如果抵押人违反了其与债务人之间的合同，则应当由抵押人向债务人承担违约责任。

第二，变更的内容包括债权确定的期间、债权范围以及最高债权额。一是变更债权确定的期间，即当事人通过约定对最高额抵押合同中约定的债权期限加以变更。此种变更既包括延长期限，也包括缩短期限。二是变更债权范围，即当事人通过约定变更最高额抵押合同中所约定的担保的债权范围。例如，将原合同约定的仅担保主债权扩大到对利息债权的担保。三是变更最高债权额，即当事人约定变更最高额抵押合同中约定的最高额，此种变更包括增加最高额，也包括减少最高额。[①] 但是，增加最高债权额不能以增加的部分对抗变更登记前已经存在的后顺位抵押权人。

---

① 参见高圣平：《民法典担保制度及其配套司法解释理解与适用》，796～797 页，北京，中国法制出版社，2021。

第三，变更的内容不得对其他抵押权人产生不利影响。如果同一财产之上设立了后位的抵押权，抵押权人和抵押人变更最高额抵押时（如提高了最高限额等），就可能对后位抵押权人产生不利影响。在此情况下，如果没有取得后位抵押权人的书面同意，此种变更就不能对抗后顺位的抵押权人。[①] 例如，甲公司向乙银行借款，甲在其价值1 000万元的建设用地使用权上设立最高额抵押，担保最高500万元的债务。后来，甲向丙银行借款，又以该建设用地使用权抵押。如果甲和乙约定变更抵押担保的债权数额，则不能扩大抵押担保的债权数额。再如，将决算期提前，使得第一个抵押权人能够获得优先受偿，而因此导致顺序在后的抵押权人的债权不能得到清偿，这就必然会损害顺序在后的抵押权人的利益。根据我国司法实践，增加最高限额的，对增加的部分，在先最高额抵押权人不能享有优先受偿权；决算期或清偿期变更的，则仍以未变更的决算期或清偿期为准。[②]

某物设定最高额抵押后，是否可以再为他人设定抵押？从理论上说，因债权有最高限额的限定，如果抵押物的价值高于债权最高限额的，应当可以再设定第二顺位、第三顺位的抵押权，此时，抵押人实际上是设立多个抵押。既然我国《民法典》允许抵押人设立多个抵押，就没有理由禁止在设立最高额抵押以后，在同一抵押财产上再设立抵押权。

七、最高额抵押的实现

对一般抵押来说，在债务履行期到来以后，债务人未清偿债务，则抵押权人有权实现抵押权。而对最高额抵押而言，要实现抵押权，必须具备两个条件。

一是抵押权担保的债权数额已确定。最高额抵押必须在变成普通抵押之后，才能实现抵押权，在没有确定被担保的债权数额以前是无法实现抵押权的。因为抵押权人是否可以优先受偿以及可以优先受偿的数额都无法确定。

---

① 参见郭明瑞：《物权法通义》，329～330页，北京，商务印书馆，2019。

② 参见黄薇主编：《中华人民共和国民法典物权编释义》，817～818页，北京，法律出版社，2020。

二是债务人不履行到期债务或者发生当事人约定的实现抵押权的情形，抵押权人有权在最高债权额限度内就该担保财产优先受偿。首先，债务已到履行期但债务人没有履行债务。当事人在抵押合同中除应规定决算期以外，还应当规定债务的履行期限。只有在决算期到来后，通过决算确定出债权的实际数额，同时债务也已经到清偿期时，抵押权人才能实现其抵押权。[①] 如果抵押合同中未明确规定履行期限，一般认为，应根据当事人约定的抵押权的存续期间或决算期来确定。其次，发生了当事人约定的实现抵押权的情形。例如，当事人约定在债务人严重资不抵债时，即使没有宣告破产，也可以实现抵押权。

在实现最高额抵押权时，抵押权人是否应出具有关债权证明？对一般抵押而言，因债权早已存在，故不存在这一问题，但对最高额抵押权而言，因其设定时债权尚未确定，所以，抵押权人在行使抵押权时，如果当事人就担保的债权发生争议，抵押权人应提交有关证明，证明其债权的存在及数额。

---

① 参见郭明瑞：《物权法通义》，328 页，北京，商务印书馆，2019。

第二十五章
动产质权

第一节　质权概述

一、质权的概念和特征

质权，又称质押权，是指债务人或第三人将其财产移交给债权人占有，以其作为债权担保的担保物权。在债务人不履行债务时，债权人可以依法以其占有的债务人或第三人提供担保的财产变价优先受偿。[①]《民法典》第 425 条规定："为担保债务的履行，债务人或者第三人将其动产出质给债权人占有的，债务人不履行到期债务或者发生当事人约定的实现质权的情形，债权人有权就该动产优先受偿。前款规定的债务人或者第三人为出质人，债权人为质权人，交付的动产为质

[①]　参见郭明瑞：《物权法通义》，332 页，北京，商务印书馆，2019。此外，我国台湾地区谢在全先生、史尚宽先生，日本近江幸治先生等均作类似定义。参见［日］近江幸治：《担保物权法》，祝娅等译，65 页，北京，法律出版社，2000。

押财产。"质押包括动产质押和权利质押。在质押中，权利人为质权人，提供财产担保的人为出质人，出质人可以是债务人自己，也可以是债务人以外的第三人。出质人为第三人时，在学理上称为物上担保人，出质人为债权担保所提供的财产称为质物。

由于质押是为担保债权而在担保物之上设定的，质权人对标的物的交换价值可予以支配并可以排除他人的干涉，因而，质权和抵押、留置一样都是担保物权。一方面，质权作为一种物权，具有物权的各种特征，包括支配性、优先性、排他性和追及性。另一方面，质权是为担保债的履行而设定的限制物权。质押作为一种担保的方式，其设立目的就是担保债的履行。正是因为它是一种担保物权，因而质权也具有从属性和不可分性，质权人可享有优先受偿权。在有质押担保的债权与普通债权并存时，有质押担保的债权人应优先于普通债权人接受清偿。在法律上，质权具有如下特点。

（1）质权的标的是动产或权利。《民法典》中所说的质押财产，与《民法典》有关抵押和留置中所说的担保财产不同，质押财产不限于物，还包括权利。根据《民法典》的规定，质权的标的包括动产和财产权利，其中财产权利又包括：票据权利、债权、证券权利、股权、知识产权、基金份额、应收账款等。但作为质权的标的只能是动产和权利，而不包括不动产。[①] 除了不动产物权以外，其他的动产及其财产权利，都可以作为质押的客体，因此，质押的客体是非常广泛的。

（2）公示方法具有多样性。依据《民法典》的规定，质权的类型不同，其公示方法也不同。从总体上看，质权的公示方法主要有三种类型：一是移转占有。对于动产质押来说，必须移转占有才能使债权人取得质权，并取得对抗第三人的效力。转移财产占有，这是质押区别于其他担保形式的本质特征。在动产质押中，质权人必须直接占有出质人所交付的质物，从而产生动产质权。由于动产质押是质押的一般类型，因而，学者常常将移转占有作为质押的一般公示方式。二是登记。对于基金份额、股权、知识产权和应收账款出质的，必须到有关部门办

[①] 参见高圣平：《民法典担保制度及其配套司法解释理解与适用》，816页，北京，中国法制出版社，2021。

理登记。质权自办理登记时起设立。三是交付权利凭证。依据《民法典》第441条的规定，以汇票、本票、支票、债券、存款单、仓单、提单等有价证券出质的，如果这些有价证券具有权利凭证，质权应当自权利凭证交付给质权人时设立。在物权法中，此种公示方法，也可视为特殊的移转占有方式。

（3）动产质押中权利人应当依法占有标的物。由于动产质权要移转占有，因而也决定了质押关系中当事人的权利义务内容与抵押关系中当事人的权利义务是不同的。在动产质押中，权利人有权占有该动产。当然，质权人也负有保管质物、在债务人适当履行债务后返还质物的义务。这些权利和义务，显然是抵押关系中当事人所不可能享有和承担的。

（4）设定的方式具有特殊性。动产质权的设定必须采用交付的方式，有价证券的质押，如果有权利凭证的，也必须交付权利凭证。没有权利凭证的，则以登记为公示方法。虽然质权的设定必须要采取一定的公示方法，但这种公示方法又与抵押有所区别。

从功能上说，质权具有两种功能：一是留置功能。因为质权就其功能而言，具有留置的作用，标的物由质权人占有，剥夺了质押人对标的物的占有，对其施加心理上的压力，从而有利于督促债务人履行债务。剥夺占有对质押人造成的损失越大，质押的功能也就越强。[①] 因此，质权的设定必须以权利人实际占有质押财产为前提。[②] 二是优先受偿的功能。质权人不仅占有质押物，而且支配质押物的交换价值。因而，在债务人到期不能清偿债务时，质押权人可以以质押物变价，从而优先受偿。从质押发展的趋势来看，其支配交换价值的功能日益突出，而其留置功能在逐渐减弱。这一方面是因为如果质押物交换价值较低，即使质权人占有该物，虽有可能给债务人造成压力，但是对于债权人来说，并无多大的实际意义。另一方面，动产质押正在被权利质押所替代，而各种有价证券等权利的质押的设立目的主要在于，就标的物的交换价值优先受偿。[③] 日本著名学者我妻

---

① 参见［日］我妻荣：《新订担保物权法》，申政武等译，101 页，北京，中国法制出版社，2008。
② 参见郑玉波：《民法物权》，336 页，台北，三民书局，2003。
③ 参见［日］我妻荣：《新订担保物权法》，申政武等译，104 页，北京，中国法制出版社，2008。

荣先生认为，随着质权制度的发展，其留置的作用正在丧失，质权人不再注重标的物的留置效力，而更重视标的物的交换价值。债权也可成为权利质权的标的，而债权对债权人来说是不存在任何使用价值的。① 这一观点不无道理。而且，权利质押通常以登记的方式设立，不需要占有，这也不会给债务人带来较大的心理压力。

二、动产质押和抵押的联系与区别

动产质权与抵押权都是担保物权，尤其是不少权利质押都采取登记的公示方法，而抵押中也存在权利抵押，且也采取登记的公示方法。据此，许多学者认为，权利质押和权利抵押具有相似性。但动产质权与抵押权之间存在本质区别，其主要体现在如下几个方面。

第一，标的不同。依据《民法典》第 395 条的规定，抵押物包括动产、不动产和用益物权，并不限于不动产。《民法典》将质押分为动产质押和权利质押，因此，可以用于质押的财产是动产和除不动产物权以外的财产权利。

第二，公示方式不同。尽管抵押权和某些权利质权都需要登记，但其公示方法不完全相同。根据《民法典》的规定，抵押权的设定应采用登记的方法，并不要求移转抵押物的占有，而且对于不动产和用益物权的抵押采登记要件主义，即使是动产抵押也实行登记，只不过采登记对抗主义。而动产质权的设定则必须移转占有，有权利凭证的有价证券质押必须交付权利凭证。

第三，权利内容不同。由于抵押权设定以后不移转占有，抵押物仍然由抵押人占有，抵押人可以继续对抵押物占有、使用、收益，抵押权人虽能享有对标的物的支配权，但并不能对标的物直接行使占有、使用、收益的权利。而在动产质押的情况下，质权人因质物移转占有，可直接对质物行使占有权，亦有权收取质物所生的孳息。因此，抵押权人和质权人对提供担保的物所享有的权利是不相

---

① 参见［日］我妻荣：《债权在近代法中的优越地位》，王书江、张雷译，99 页，北京，中国大百科全书出版社，1999。

同的。

尽管抵押和动产质押存在着明显的区别，但两者之间仍然具有十分密切的联系。从担保物权发展的趋势来看，抵押和动产质押正呈现出一种相互融合的趋势，表现在：一方面，由于动产抵押的产生与发展，根据权利的客体是动产还是不动产来区分抵押和质押已经越来越困难。根据我国《民法典》的规定，动产既可以设立抵押，又可以设立质押，这就打破了"动产质押、不动产抵押"的二分法格局。另一方面，由于许多权利质押并不需要移转占有，甚至不需要交付权利证书，其公示方法要采取登记的方式，因而以是否登记来区分抵押和质押也变得十分困难。例如，我国《民法典》第443条、第444条规定的股权质押、知识产权质押等，并不转移占有甚至不需要交付权利证书，而只是采取登记方式，其在性质上类似于抵押，甚至可以说这些权利质押与抵押并无本质不同。由此便使动产质押与抵押的分类越来越模糊。正如史尚宽先生指出的："权利质权，尤其以债权、股份或无体财产权为标的之权利质权，其担保的作用反近于抵押权，谓之介于一般质权与抵押权之中间区域，亦无不可。"[1] 权利质押中的许多类型究竟属于质押还是抵押，是值得研究的。

从今后的发展趋势来看，随着权利质押的发展，不移转占有的权利质押类型（如记名债权的质押、收费权的质押等）会越来越多，由于动产质押需要移转占有，因而常常会影响到对财产的有效率的利用。"惟因其必须移转占有，债务人对于担保物使用收益之功能，尽被剥夺。此在农业社会，以书画或饰物之类物品提供担保之情形，固无大碍；但在近日工业商业社会，势必窒碍难行，盖机器或原料均为生产材，工厂赖以从事生产，将之交付债权人占有，作为担保，以寻觅资金，殆属不可能之事。"[2] 所以，质押和抵押也正体现出一种相互接近的趋势。当然，这种相互接近、相互融合并不意味着这两种担保物权的独立性将会丧失，或者说这两种担保物权会最终统一为一体。无论如何，抵押和质押的基本区分标准依然存在。

---

① 史尚宽：《物权法论》，388页，北京，中国政法大学出版社，2000。
② 王泽鉴：《民法学说与判例研究》，第2册，298页，北京，中国政法大学出版社，1997。

还应当看到，在某些情形下，动产质押和动产抵押可能发生竞合。例如，某人将某辆汽车质押后，又将该汽车抵押给第三人，这就形成了动产质权与动产抵押的竞合。对权利竞合，《民法典》第415条规定："同一财产既设立抵押权又设立质权的，拍卖、变卖该财产所得的价款按照登记、交付的时间先后确定清偿顺序。"这就确立了在动产抵押和质押发生竞合情形的规则，原则上应当按照"先来后到"的规则确定其权利顺位，但在其适用中又应当具体分析。具体而言，应当区分两种情况：一是先质后抵。由于质押设立在先，则不论抵押权是否已经办理登记，则质权均应当优先。二是先抵后质。如果抵押权已经办理了登记，则抵押权优先于质权。如果是不动产抵押，未办理登记的抵押权未有效设立，不存在与质权的先后问题；如果是动产抵押，依据《民法典》第415条之规定，质权优先，不应考虑质权人是否为善意。

第二节　动产质押的概念和特征

一、动产质押的概念和特征

所谓动产质押，是指债务人或者第三人将其动产移交债权人占有，以该动产作为债的担保，在债务人不履行债务或者发生当事人约定的实现质权的条件时，债权人依法有权以该动产折价或者以拍卖、变卖该动产的价款优先受偿。[①] 质权最初是动产质权，后来逐渐扩展到权利质权和不动产质权，并在法律上出现了动产质权、不动产质权和权利质权的区分。但我国《民法典》仅承认动产质权和权利质权两种类型，没有规定不动产质权，这主要是因为在我国，不动产以及不动产用益物权都实行严格的登记制度，且根据我国《民法典》规定，这些权利设定采登记要件主义。如果不动产可以设立质押，这不仅与我国的登记制度不符，而

---

① 参见刘家安：《物权法论》，2版，180页，北京，中国政法大学出版社，2015。

且在质权实现时，将会因为与登记要件主义相违背而产生物权的争议。动产质押的特点在于：

第一，动产质押的标的是动产。此处所说的动产不仅包括普通动产，也包括可以办理登记的特殊动产，如船舶质押。有价证券质押原则上属于权利质押，而不属于动产质押的范畴。

第二，设立动产质押必须要移转占有。所谓移转占有，就是将动产由出质人交付给质权人，并由质权人直接占有动产。这就是说，动产质权的成立，必须以标的物的占有移转于质权人为前提，在占有完成移转以前，质权并未成立。此种占有具有如下几个特点：一是占有的公开，即占有必须能够公开，使第三人知晓。因此，此处所说的占有移转仅限于直接占有的移转，间接占有如占有改定不能产生公示的效果，只能在当事人之间产生效力而不能对抗第三人。由于动产质权的设定必须采取直接占有的方式，所以质物由质权人占有以后，就不可能由他人直接占有，因此一物之上不能设立多项质权。[①] 二是占有的持续性。质权人必须持续占有质押物，如果占有中断就可能丧失质权。[②] 在债务人未履行债务之前，质权人可以直接控制质物，在债务未受清偿之前，也有权拒绝返还质物。不过，由于经济生活的发展，这种留置的功能正在逐渐减弱。

第三，动产质押是质押的一般形态。《民法典》第446条规定，"权利质权除适用本节规定外，适用本章第一节的有关规定"。依据这一规定，相对于权利质权来说，动产质权的规则属于一般规定，而权利质权的规则属于特殊规定。所以，在权利质押中没有规定的，应当适用动产质押的规则。

动产质押与动产抵押都以动产为担保的标的，但动产质押需要移转占有，而动产抵押并不需要移转占有。动产质押以移转占有为要件，因而常常会影响到对财产的有效率利用。一方面，大规模动产（如机器设备）的移转占有本身是困难的，尤其是在动产移转以后，出质人不能再占有该动产，因此出质人不能对标的

---

① 参见倪江表：《民法物权论》，329页，台北，正中书局。转引自刘保玉：《论担保物权的竞存》，载《中国法学》，1999（2）。

② 参见［日］我妻荣：《新订担保物权法》，申政武等译，97页，北京，中国法制出版社，2008。

物进行使用、收益，这就有碍出质人的生产、经营。而债权人通常是银行等机构，其占有这些动产后，也无法充分利用该动产，从而降低了物的利用效率。另一方面，在移转占有以后，债权人还需要保管该动产。更何况，动产一旦经过一段时间不使用，其价值可能发生自然贬损，甚至变得毫无价值。正是因为这些原因，产生了动产抵押和动产让与担保等新的担保形式，而动产质押的范围从发展趋势来看正在逐渐缩小。

二、动产质押的标的

动产质权以动产为标的，土地、房屋、桥梁等建筑物以及建设用地使用权等属于不动产及用益物权，不得出质。但是，有关不动产的收费权等，可以作为应收账款而纳入权利质押的客体。交通运输工具在性质上仍然属于动产，可以出质，但由于交通运输工具在设定质押时须移转占有，从而会影响到对于该交通运输工具的利用，而采用抵押的方式更有利于对交通运输工具的利用。

尽管动产质权以动产为标的，但并不是说任何动产都可以成为质权的标的，作为质押的标的物应具备如下条件。

（1）动产质押的标的物须为特定物。质权具有物权的一般属性，物权的标的只限于特定物，在某物未特定化之前，权利人不能对其直接支配，也不能移转占有，所以也不能成为质权的标的。当然，由于动产质押必须移转占有，因而该动产也必须能够为权利人所支配。

（2）动产质押的标的物须为单一物。每一个单独的动产，可成为一个质权的标的。《民法典》承认集合物可以抵押，但并没有明确规定集合物的质押，因而用于质押的动产必须是特定的单一的动产。当然，如果当事人特别约定，以多个动产质押，可以形成共同质押。至于当事人能否以多个动产以及权利形成集合物设立质押，《民法典》对此并没有作出规定。笔者认为，参照《民法典》第115条，"物包括不动产和动产。法律规定权利作为物权客体的，依照其规定。"对此种集合财产的质押，应当由法律作出规定。在法律没有对集合物质押作出规定之前，当事人不能设立集合物质押。

（3）动产质押的标的物必须具有可让与性。《民法典》第 426 条规定："法律、行政法规禁止转让的动产不得出质。"所谓可让与性，是指该财产依法可以移转。法律、行政法规规定不可让与的财产，如各种法律禁止流通的物，不能作为质押的标的。[1] 由于对动产转让的禁止性规定，其他规范性文件不得作为禁止动产转让的法律依据[2]，这涉及对财产权限制的问题，故必须要由法律和行政法规作出明确规定。一些依法只能在特定民事主体之间流通的物（例如，某些具有重大科研价值的矿产品只能出售给国家），这些物的流通虽然受到限制，仍然可以转让，在法律上可以质押。至于依法被扣押的财产，因为当事人已经丧失了处分权，所以，既不能转让，也不能出质。

以主物设立质权，是否导致从物成为质权的客体？笔者认为，按照从物随主物的原则，主物的处分要及于从物。因此，除非当事人特别约定只以主物出质的，质权合同中的质押财产当然包括从物。如果主物及从物均已由出质人交付给质权人，则质权的效力毫无疑问要及于主物和从物。即使质押合同未明确规定从物为质物，如果从物已经移转占有，则根据主物的处分及于从物的规则和从物已移转占有的事实，可认定已就该从物设定了质权。但是，如果从物未随主物同时交付质权人占有，则该物尽管为质物的从物，也不能认为当事人已就该物设定了质权。[3] 例如，以摩托车设定质押，摩托车备用胎在未交付给质权人时，质权人当然不能就备用胎享有质权，但是，债权人有权依据质押合同请求出质人交付备用胎。

《民法典》第 427 条第 2 款使用的是"合同的内容一般包括……"，也就是说上述内容只是质押合同一般包括的内容。所谓"一般包括"，是指这些条款主要是提示性条款[4]，它提醒当事人注意这些条款的存在，并将其纳入质押合同之

---

① 参见王胜明：《中华人民共和国物权法解读》，455 页，北京，中国法制出版社，2007；黄薇主编：《中华人民共和国民法典物权编释义》，825 页，北京，法律出版社，2020。

② 参见黄薇主编：《中华人民共和国民法典物权编释义》，826 页，北京，法律出版社，2020。

③ 参见史尚宽：《物权法论》，358 页，北京，中国政法大学出版社，2000。

④ 参见王胜明主编：《中华人民共和国物权法解读》，456 页，北京，中国法制出版社，2007。

中。但是，这并非意味着，当事人没有约定该条所列举的全部条款，质押合同就是无效的，这就充分尊重了当事人在设立质权时的意思自治。

需要指出的是，如果移转占有的财产与质押合同的约定不一致，应当如何处理？笔者认为，尽管移转占有要依据合同，但占有的移转不是合同生效要件，占有可以独立于合同而存在。如果出质人交付财产与合同规定的质物不一致，不一定导致质押无效，可以视为当事人在实际交付财产的过程中，已经对原合同作出了变更。这主要有两种情况：一是如果交付的物不是合同约定的质物，则视为当事人以新的物代替了原合同约定的质物；二是如果质押合同约定以某几项财产设立质权，但出质人仅将其中的某一项财产移转占有给质权人，在此情况下，虽然出质人应当承担合同上的责任，但就质权而言，只能认为当事人仅就移转占有的财产设立质押，而不能认为质权人已就所有约定的财产设定质权。当然，由于质押合同已经生效，债权人仍然可以基于有效的合同要求出质人继续履行或者承担违约责任。

第三节　动产质押的设定

一、当事人必须订立书面的质押合同

动产质押的设定属于担保物权设定的典型形态，应当采取合同加公示的方式。《民法典》第 427 条规定："设立质权，当事人应当采用书面形式订立质押合同。"所谓质押合同，是指出质人和债权人之间订立的以设立质权为内容的合同。出质人既可以是债务人，也可以是第三人。质押合同仍属于合同的一种类型，在合同的订立、生效、违约责任等方面要适用《民法典》合同编的规定。例如，质押合同的内容不得违反法律和公共道德，不得以法律、行政法规禁止设立质押的财产来设立质押，否则，质押合同将被认定为无效。

质押合同作为设立质权的合同，性质上属于设立担保物权的合同，同时要适

用《民法典》物权编的规定。依据《民法典》第 427 条的规定，质押合同必须采取书面形式。这是因为在《民法典》上，所有设立担保物权的合同都要采取书面形式，质权合同也不例外，也只有采用书面形式才能提醒出质人慎重考虑，并防止将来可能出现的各种争议。

依据《民法典》第 427 条第 2 款的规定，质押合同的内容一般包括如下条款。

（1）被担保的主债权种类、数额。所谓被担保的主债权的种类，是指质押所担保的债权的类型，如担保的是金钱债权还是劳务债权，是合同之债还是侵权损害赔偿之债。所谓被担保的主债权的数额，是指以金钱计算的具体债权额。例如，借贷关系中的借款数额。当事人在质押合同中，可以约定质押财产担保全部的债权，也可以约定担保部分的债权；可以约定担保现在的债权，也可以约定担保将来的债权。[①]

（2）债务人履行债务的期限。所谓债务履行期限，是指合同所约定的债务人履行其债务的期限。由于债务履行期届满是质权实现的先决条件，因而，必须在质押合同中明确作出约定。

（3）质物的名称、数量等情况。按照物权客体特定的原则，动产质押的客体应当特定化。为了实现这一目的，质押合同中必须规定质押财产的情况。因为质押财产要移转占有，在质权人占有财产期间，可能会擅自使用该财产，从而导致财产改变形态、价值减损等。因此，在质押合同中，明确指明质押财产的状况有助于减少各种不必要的纠纷。《民法典》从便利获得融资的角度出发，相较于《物权法》而言，简化了对于质物情况的描述，不再要求约定质物的质量、状况等内容[②]，而只需要作进一步的概括描述。同时，依据《有关担保的司法解释》第 53 条，在进行概括描述时，应当能够合理识别担保财产。

（4）担保的范围。它是指质押财产究竟担保哪些债权。一般说来，质权担保

---

① 参见崔建远：《物权法》，5 版，425 页，北京，中国人民大学出版社，2021。
② 参见黄薇主编：《中华人民共和国民法典物权编释义》，827 页，北京，法律出版社，2020。

的债权范围包括主债权、保管质押物的费用、违约金、损害赔偿金、利息等。但是，当事人也可以自行约定质押担保的债权范围。例如，当事人可以约定仅担保主债权，甚至可以约定担保部分主债权。在当事人没有约定的情形下，应当按照《民法典》第389条的规定，确定质权担保的范围包括主债权、利息、损害赔偿金、保管质物的费用、实现质权的费用。[①]

（5）质押财产交付的时间、方式。交付时间是指出质人交付质物的时间。《民法典》第429条规定，质权自出质人交付质押财产时设立，因而，交付质物的时间，就是质权的设立时间。换言之，交付质物之后，债权人才享有质权，这也体现了《民法典》物权编中的区分原则。正因如此，质物的交付时间，必须在质押合同中明确规定。交付方式是指出质人向质权人交付质物的具体形态，如当事人可以约定质物交由第三人监管等。

二、出质人必须交付质物、移转占有

《民法典》第429条规定："质权自出质人交付质押财产时设立。"动产质押的成立，必须以标的物的占有移转于质权人才能产生效力。移转质物的占有，才能导致质权的成立。交付质物、移转质物的占有包括三个方面。

第一，交付。所谓交付，是指出质人必须依据质押合同规定的时间和地点将质押财产移转占有给质权人或者其他有受领权的人（如质权人的代理人）。交付是出质人依据质押合同所应当履行的主要义务。

问题在于，交付可以采取多种方式，如现实交付、简易交付、占有改定、指示交付。而当事人在移转占有从而设定质权时，是否可以采取任意一种交付方式，值得探讨。笔者认为，设定质权所要求的占有移转不同于一般债务履行所要求的占有移转。在后一种情况下，标的物是否必须发生直接占有的移转，可由债权人和债务人之间协商决定。如果双方协商可在不移转直接占有的情况下而移转

---

① 参见黄薇主编：《中华人民共和国民法典物权编释义》，827页，北京，法律出版社，2020。

所有权，因为主要涉及当事人之间的利益，法律认为此种关于交付的特别约定应是有效的。但在设定质权时，依法应当采取直接占有的移转方式，因为在某项财产上设定质权必须要有一定的公示方法，足以使第三人知道，此种公示方法便是直接占有的转移。没有公示就不能设定质权。由于在占有改定的情形下，并不需要移转占有，而是由担保人继续占有，因而这种方法不能成为质权设定的公示方法。如果可以采取占有改定的方式设立质权，一则导致质权人丧失了实际占有的权能，二则将对交易安全构成威胁。①

第二，移转占有。交付是一个过程，而交付的结果是移转占有。如果出质人交付之后，并没有使质权人实际取得对该质物的占有，不能认为完成了交付。所以，在质权的设定中所说的移转占有，必须是由受让人实际取得占有，而不应包括占有改定方式。

第三，占有的公示方法始终伴随着质权的存在。质权作为一种担保物权，其不同于一般债权之处在于，它必须要进行公示，这就是要具备移转质物的占有。占有是质权的外部象征。占有移转不仅是质权设定的要件，而且质权人的占有乃是其享有物权的标志。例如，甲将其摩托车两辆出质给乙，以担保 5 万元借款，乙占有一段时间以后，考虑到不便保管，遂将这两辆摩托车退回给甲，请甲帮助其代为保管。以后因甲欠丙 2 万元贷款，丙向甲追索要求以该摩托车偿还债务，而乙则主张对该摩托车的质权，乙的主张能否成立？笔者认为，占有移转不仅是物权设定的要件，而且是质权人享有物权的标志。占有必须与质权的存在相伴随，一旦质权人因自身的原因不再占有质物，则质权将不复存在。如果质押已不具备公示要件，则质权也不存在。因此，从乙放弃占有之时开始，可以认为其已抛弃了质权，所以乙不能主张优先于丙就两辆摩托车受偿，而只能与丙平等受偿。但应当看到，如果质权人非因自己的原因丧失对质物的占有，事后又恢复对质物的占有的，应认为其已恢复对质权的享有。但因为质权人自身的原因而导致对质物的占有丧失，则质权已经归于消灭，即使以后恢复占有，也不能仅因这一

---

① 参见郭明瑞：《物权法通义》，345 页，北京，商务印书馆，2019。

占有行为而恢复质权。

三、质权自出质人交付质押财产时设立

所谓动产质押的设立时间，是指当事人取得动产质权的时间点。《民法典》第429条规定："质权自出质人交付质押财产时设立。"据此，动产质权的设立时间，应当从实际交付之日起为判断标准。质物未经出质人交付给质权人，质权不能产生。此处所说的"交付"是作为动产物权变动的生效要件。

所谓质权的设定，是指当事人通过订立质押合同并移转对质物的占有，从而创设质权，出质人应当依据合同约定向债权人及时交付质押物，在交付并移转对质押物的占有之后，质权才能有效设定。笔者认为，占有改定不能成为质权设定的公示方法。所谓占有改定，是指当事人双方特别约定，由原占有人继续占有动产，而占有的受让人取得对标的物的间接占有，以代替标的物的交付。在此种占有方式下，占有的公示作用在一定程度上被削弱，不能完全适用于质权的设立。从《民法典》第429条规定来看，出质人代质权人占有质物的，不构成交付，因此，占有改定不能作为质权设定的公示方法。这主要是因为在占有改定的情况下，质权人仅能间接占有质物，从外观上看来，质物仍由出质人占有，从而使质权的设定没有完成应有的公示。对于任何第三人来说，只会认为质物仍由出质人占有，因此不能通过占有公示质权的存在，在此情况下如认为质权已经产生，使债权人享有质权，这就会损害第三人利益，影响交易安全。所以，占有改定的方式不适用于质权的设定。

出质人没有交付质物，只是没有完成法定的质权设定的公示方法，从而导致作为担保物权的质权不能设立，但并不会影响质押合同的效力，在出质人未按照约定交付质押物时，质权人有权依法请求出质人承担违约责任。我国《民法典》第215条确立了区分原则，在质权的设立方面，同样应区分质押合同的生效与质权的设定。

四、动产质权的善意取得

各国法律大都承认质权的善意取得。① 我国《民法典》第313条第3款规定："当事人善意取得其他物权的，参照前两款规定。"由此表明，善意取得不仅适用于所有权，而且适用于他物权，其中包括动产质权。如果在设立质权时，出质人以其不具有处分权的财产出质，但债权人是善意的，其不知或不应当知道出质人无处分权，则质权的设定是有效的。所有人不能要求质权人返还财产，但可要求出质人赔偿损失。

质权的善意取得必须符合一定的条件，具体表现在：第一，出质人对出质的动产并不享有处分权，但实施了出质行为，也就是以他人之物出质。第二，出质人与质权人之间订立了设定质权的合同，质押合同合法有效。第三，质权人在移转动产占有时是善意的。此处所说的"善意"，是指质权人不知且不应知道出质人无处分该质物的权利。善意是指质权人在设定质权时是善意的，如果质权人受让动产的占有时出于恶意，当然不能即时取得质权。第四，根据《民法典》第313条第3款的规定，质权的善意取得必须要"交付"。因此，质权人必须依据质权合同占有了出质的动产。在符合善意取得的情况下，善意第三人可以取得质权。但是若不符合善意取得的构成要件，债权人明知出质人无处分权而接受该财产作为质物，该质押是无效的。

第四节　动产质押的效力

一、质权人的权利和义务

（一）质权人的权利

（1）占有质物的权利。《民法典》第425条规定："为担保债务的履行，债务

---

① 如《德国民法典》第1207条，《瑞士民法典》第884条。

人或者第三人将其动产出质给债权人占有的，债务人不履行到期债务或者发生当事人约定的实现质权的情形，债权人有权就该动产优先受偿。"可见，在质权设定以后，质权人有权占有出质的财产。在主债务没有被清偿以前，质权人有权继续占有质物，此种占有实际上就是"留置"质物，即使质物的所有权已经由出质人转让给他人，质权人仍然享有占有权，并有权拒绝任何第三人提出的交付质物的请求。如果在质权人占有期间，质物被侵夺、遭受侵害或可能遭受侵害，质权并不因此而消灭。[1] 根据《民法典》关于物权请求权和占有保护请求权的规定，质权人可以请求返还原物、排除妨害、消除危险。

《民法典》第 431 条规定："质权人在质权存续期间，未经出质人同意，擅自使用、处分质押财产，造成出质人损害的，应当承担赔偿责任。"通过对该条进行反面解释可见，质权人虽不享有使用质押财产的权利，但如果经过出质人的同意，质权人可以使用质物，也有权处分质物。因为质物本身是出质人的财产，对质物的使用和处分必须取得出质人的同意。此处所说的处分，不仅包括质物的转让，而且包括转质。但未经过出质人同意，质权人使用质物，则既构成对质押合同的违反，也构成侵权，质权人应当承担相应的责任。[2]

问题在于，质权人是否有权使用质物？有学者认为，为了充分发挥物的效益，应当允许质权人在占有期间使用质物并以其收益清偿债务。笔者认为，此种观点值得商榷。《民法典》第 431 条规定并没有承认质权人享有此种权利。因为质权人对质物行使使用权，可能导致质物的毁损，且通过使用获取多少收益也不能为出质人所知晓，其结果极易造成对出质人的损害。《民法典》第 431 条规定："质权人在质权存续期间，未经出质人同意，擅自使用、处分质押财产，给出质人造成损害的，应当承担赔偿责任。"从反面解释来看，质权人虽不享有使用质押财产的权利，但如果经过出质人的同意，质权人可以使用质物，也有权处分质物。如未经出质人同意，质权人使用质物，则既构成对质押合同违反，也可能构

---

① 参见陈华彬：《物权法论》，610 页，北京，中国政法大学出版社，2018。
② 参见［日］近江幸治：《担保物权法》，祝娅等译，81 页，北京，法律出版社，2000。

成侵权，质权人应当承担相应的责任。[1]

（2）收取质物的孳息的权利。《民法典》第430条规定："质权人有权收取质押财产的孳息，但是合同另有约定的除外。前款规定的孳息应当先充抵收取孳息的费用。"该条包括了如下几层含义：第一，在质押期间，质权人有权收取质押财产的孳息。质权人既然占有了质物，则其应当有权收取质押财产的孳息，这样既可以降低收取孳息的成本，也有利于以孳息担保债权的实现。第二，质权人收取的孳息应当先充抵收取孳息的费用。质权人收取孳息可能需要支付一定的费用，质权人有权请求出质人偿还该费用。质权人所收取的孳息优先冲抵收取孳息的费用，有利于简化法律关系，保障质权人权利的实现。但按照孳息所有权归属于原物所有人的规则，质权人只是有权收取孳息，并将其作为质权的客体，而不能取得对孳息的所有权。如果这些孳息是金钱，质权人可以直接将其用于清偿债务；如果是其他物，则必须要按照质权的实现程序来清偿。[2] 因此，质权人收取孳息以后，只能对孳息享有优先受偿权。第三，当事人另有约定的除外。如果当事人对孳息的法律归属另有约定的，则依照合同约定。

（3）转质权。在债权存续期间，质权人为了对自己的债务提供担保而将质物的占有移转给第三人，并在该质物上设定了新的质权，此种情况称为转质。转质包括承诺转质和责任转质两种情况，我国《民法典》承认了承诺转质而没有承认责任转质。

所谓责任转质，是指质权人未经出质人的同意，而以自己承担责任为条件将质物质押给第三人。[3] 例如，甲为担保某项债权，将其一块名表交付给乙，为乙设定质权。如果乙没有经过甲的同意，擅自将名表质押给丙，则构成责任转质。《民法典》第434条规定，"质权人在质权存续期间，未经出质人同意转质，造成质押财产毁损、灭失的，应当向出质人承担赔偿责任"。根据反面解释，《民法典》承认了承诺转质，但并没有允许责任转质，在责任转质的情况下，质权人造

---

① 参见［日］近江幸治：《担保物权法》，祝娅等译，81页，北京，法律出版社，2000。

② 参见黄薇主编：《中华人民共和国民法典物权编释义》，830页，北京，法律出版社，2020。

③ 参见郭明瑞：《物权法通义》，352页，北京，商务印书馆，2019。

成质押财产毁损、灭失的，其应当向出质人承担赔偿责任。如果经过质权人同意，则转质转化为承诺转质，在转质生效之后，质权人的质权仍然存在。①

所谓承诺转质，是指经过出质人的同意，质权人将质物质押给第三人用以担保自己债务的履行。例如，甲将其名表一块质押给乙，后来，乙经过甲的同意，又将该名表质押给丙，用于担保丙对乙享有的债权。质权人在转质时取得了出质人的同意，意味着出质人已将质物的相应处分权授予原质权人。根据对《民法典》第434条的反对解释，只要经过出质人的同意，就可以进行转质。据此可见，我国《民法典》已经承认了承诺转质。

质权人实施承诺转质行为必须符合如下要件：第一，质权人取得出质人的同意。此处所说的同意，应当是指明示的同意，而不包括默示的同意。至于出质人的同意是否应当采取书面的形式，《民法典》并没有作出规定，应当理解为此种同意是非要式的。问题在于，如果质权人未取得出质人的同意，向第三人谎称自己是所有人或伪造出质人同意的证明，而将质物转质给他人，此时是否发生转质权的善意取得？对此，学者大多认为，依《民法典》第313条的规定，在此情况下，从保护善意第三人利益考虑，应当使转质权人取得的质权优先于原质权受偿。② 笔者赞成此种观点。如果第三人是善意的，符合善意取得构成要件，应使第三人取得质权，由此造成的损失，由出质人对质物的所有人承担赔偿责任。第二，质权人与第三人达成转质的协议。该协议又称为"转质约定"，在转质约定生效以后，才能设立转质权。如果转质约定被宣告无效或被撤销，转质权人不能取得质权。第三，质权人移转质物的占有给第三人。与原质权的设立相同，转质权的设立也必须交付质物，而且不能通过占有改定的方式交付质物。③

承诺转质以后，新设立的质权（转质权）与原质权及被其担保的债权是不同的，转质权不受原质权的限制。④ 这具体表现在：第一，转质权所担保的债权的

---

① 参见谢在全：《民法物权论》（下册），275页，台北，自版，2003。

② 参见陈志力、焦莉莉：《责任转质的立法可行性》，载《法律适用》，2007（9）。

③ 参见梅夏英、高圣平：《物权法教程》，466页，北京，中国人民大学出版社，2007。

④ 参见郭明瑞、杨立新：《担保法新论》，217页，长春，吉林人民出版社，1996。

清偿期和债权数额，可不受原质权所担保的债权范围的影响，即使超过原质权所担保的债权范围，也并非无效。第二，原质权因主债务人向原质权人清偿债务而归于消灭以后，转质权仍然存在，转质权人的权利并不因主债务人的清偿而受到影响。只有出质人或原质权人向转质权人全部清偿债务，使转质权人的质权消灭的，才可能使出质人取回其质物。第三，转质权人在自己的债权已到清偿期时，不需考虑原质权人是否已具备实行质权的条件，就可以直接实行其转质权。①

（4）质权的处分权。质权在性质上属于一种可以移转的财产权利，质权人有权基于自己的意志和利益处分自己的权利。例如，质权人可以将质权随同主债权一起转让给他人。质权为从权利，一般不得与主债权分离而单独转让，但可以与主债权结合在一起共同转让。再如，质权人可以将质权抛弃。一旦质权人处分质权，通常将导致质权的消灭。

《民法典》第 435 条规定："质权人可以放弃质权。债务人以自己的财产出质，质权人放弃该质权的，其他担保人在质权人丧失优先受偿权益的范围内免除担保责任，但是其他担保人承诺仍然提供担保的除外。"该条包括了如下内容：第一，质权人可以放弃质权。所谓放弃，是指质权人抛弃质权。因为放弃质权是处分质权的行为，将导致质权的消灭，所以，质权人必须要作出明确的放弃质权的意思表示。第二，质权人放弃质权不得损害其他人的利益。例如，在债权是共有的情况下，某一质权人（债权人）抛弃质权，将损害其他债权人的利益，此时其不得抛弃质权。第三，如果债务人以自己的财产出质，质权人放弃该质权的，其他担保人在质权人丧失优先受偿权益的范围内应被免除担保责任。例如，甲以其所有的价值 20 万元的汽车出质，担保对乙的欠款 50 万元，同时，丙又以其价值 100 万元的房产为该债务设定抵押。因为乙放弃了对甲享有的质权，这样就必然导致丙的担保责任加重。因此，在乙放弃了以价值 20 万元的汽车出质的质权以后，丙只对剩余的 30 万元债务承担担保责任。这就是说，质权人放弃了债务人自己质物之上的质权，因为债务人本来就应当自己承担债务，其他担保人的责

---

① 参见姚瑞光：《民法物权论》，295 页，台北，自版，1988。

任就相应地减轻或免除，否则对其他担保人是不公平的。[①] 在放弃质权之后，其他担保人可以相应地被免责，但是，按照私法自治原则，此种免责的利益也是可以放弃的。在债务人以自己的财产出质的情况下，质权人抛弃该质权，而其他担保人仍然愿意提供担保的，不影响其担保责任的承担。

（5）质物价值恢复请求权。所谓质物价值恢复请求权，是指因不能归责于质权人的事由致使质物价值减少时，质权人享有请求恢复质物价值的权利。质权本质上是一种价值权，质权人支配的是质物的交换价值，质物价值减少将直接导致质权人利益的损害，如果质权人的债权不能得到足额的担保，质权人的债权就不能得到有效保障，法律为了保护债权人的利益，设立价值恢复请求权。我国《民法典》第433条规定："因不可归责于质权人的事由可能使质押财产毁损或者价值明显减少，足以危害质权人权利的，质权人有权请求出质人提供相应的担保；出质人不提供的，质权人可以拍卖、变卖质押财产，并与出质人通过协议将拍卖、变卖所得的价款提前清偿债务或者提存。"这就在法律上确立了质物价值恢复权。但行使价值恢复权必须符合三项条件。

第一，因不能归责于质权人的事由导致质物价值减少。所谓不能归责，就是指质权人没有过错，即质押财产的价值减少是因为自然原因或第三人的过错引起的，在此情况下，质权人才能行使价值恢复请求权。

第二，可能使质押财产毁损或者价值明显减少。所谓"可能"，是指危害尚未发生，还没有现实地造成质押财产的损害，但通过一定事实可以判断该危险发生的概率很大。所谓"明显减少"，是指从一定的事实可以推断，质押财产价值的减少是显著、较大的，而不是微不足道的。

第三，足以危害质权人的权利。所谓"足以危害质权人权利"，是指质权人的债权不能获得足额的担保。笔者认为，依据《民法典》第433条，不仅要求质物有明显的价值减少，而且要求足以危害质权人权利的，才能请求恢复质物的价值，这实际上是附加了比较严格的条件。毕竟要求出质人再次提供担保将会加重

---

① 参见黄薇主编：《中华人民共和国民法典物权编释义》，834页，北京，法律出版社，2020。

出质人的负担，所以，不能因为仅仅可能造成债权人的损害，就要求出质人提供担保。①

根据《民法典》第433条的规定，在符合上述条件的情况下，质权人就可以行使价值恢复请求权，此种权利主要是指请求增加担保的权利。如果质押财产价值明显减少，足以危害质权人权利的，质权人有权要求出质人提供相应的担保。所谓相应的担保，是指出质人应当提供的担保财产价值与质押财产价值减少的部分相当。②只有在两者相当的情况下，才既维护了质权人的权利，又不会加重出质人的负担。

《民法典》第433条规定："出质人不提供的，质权人可以拍卖、变卖质押财产，并与出质人协议将拍卖、变卖所得的价款提前清偿债务或者提存。"根据这一规定，如果出质人不提供相应的担保，质权人可以在债务没有到期也不符合约定的实现质权的情况下，直接拍卖、变卖质押财产。只有如此才能保证质权人的利益不因质押财产的价值减少而遭受损失。③此时的拍卖、变卖与质权实现时质押财产的拍卖、变卖不同，因为质权实现的条件尚未具备，质权人不得直接受偿，此时，只能以拍卖或变卖所得的价款代充质押财产。④如果出质人不提供担保，质权人可以与出质人协商提存或协商提前清偿。所谓提存，是指出质人将拍卖、变卖所得的价款在公证部门提存。在债务清偿期到来之后，再用该价款清偿债务。所谓提前清偿，是指债务虽然没有到期，但双方约定提前清偿债务。需要指出的是，在债务没有到期的情况下，质权人依据《民法典》第433条，拍卖和变卖质押财产，或者与出质人达成协议就以拍卖、变卖的价款提前清偿债务或者提存，都是保全质物所担保的主债权的行为，在性质上与价值恢复请求权有所不同。

（6）优先受偿权。质权作为一种物权，具有优先于债权的效力，这种效力主要体现在质权人具有优先受偿权，即在债务人不履行债务时，质权人有权就质物拍卖、变卖所得的价金优先于其他一般债权人受偿，从而实现其债权。质权设立

---

① ② 参见黄薇主编：《中华人民共和国民法典物权编释义》，832页，北京，法律出版社，2020。

③ ④ 参见梅夏英、高圣平：《物权法教程》，464页，北京，中国人民大学出版社，2007。

的目的是担保债权的实现，而质权中的优先受偿权正是这一担保功能的重要体现。如果没有优先受偿权的存在，质权就失去了担保的意义。

（二）质权人的义务

（1）妥善保管质物的义务。《民法典》第 432 条第 1 款规定："质权人负有妥善保管质押财产的义务；因保管不善致使质押财产毁损、灭失的，应当承担赔偿责任。"该条确定了质权人的妥善保管义务。《民法典》确立此种义务的主要理由在于：一方面，质物是债权实现的保障，为了保障将来债权的实现，质权人应当妥善保管质物。另一方面，质物是出质人的财产，如果不妥善保管，将造成出质人的损害，这也可以看作是质权人应负担的合同法上的附随义务。例如，将质押的汽车放在露天就会遭受雨淋生锈，因此，质权人应当将其放置在室内，并妥善保管。此处所指的妥善保管，是指质权人应以善良管理人的注意保管质物。所谓善良管理人的注意义务，是指按照一般交易观念，以合理的、具有一定的经验和责任心的人来评价管理人是否尽到了管理义务。如果质权人未尽此种注意义务，致出质人遭受损害，应负赔偿责任。在承担赔偿责任时，应当区分毁损灭失的不同情况而赔偿部分或全部的损失。①

《民法典》第 432 条第 2 款规定："质权人的行为可能使质押财产毁损、灭失的，出质人可以请求质权人将质押财产提存，或者请求提前清偿债务并返还质押财产。"根据该条规定，出质人享有请求提存或提前清偿的权利必须符合如下条件：首先，因质权人的行为可能导致质押财产毁损、灭失。例如，质权人将质押的油画置于阴冷潮湿的地下室，很可能使该油画受损，出质人可享有《民法典》第 432 条规定的请求质权人将质物提存等权利。但如果是因出质人的行为、第三人的行为或自然原因造成的，出质人则不享有该条规定的权利。其次，可能造成损害。所谓"可能"，就是说根据一定的事实，按照一般社会观念，质权人的行为很可能导致质押财产的毁损灭失。《民法典》之所以作出此种规定，是因为质押之后，质押财产已经移转，即使质权人的行为可能导致质押财产的毁损灭失，

---

① 参见胡康生主编：《中华人民共和国物权法释义》，464 页，北京，法律出版社，2007；黄薇主编：《中华人民共和国民法典物权编释义》，831 页，北京，法律出版社，2020。

出质人也不能要求返还质物，但有必要保护出质人的利益。[1]

《民法典》在质权人的行为可能导致质押财产毁损灭失的情况下，为了保护出质人的利益，赋予出质人享有两项权利：一是出质人有权要求质权人将质押财产提存。此处所说的提存应当理解为可向公证机关提存，如果是向第三人提存，实际上是保管而非提存。[2] 二是有权要求提前清偿债务并返还质押财产。在提前清偿债务的情况下，实际上使债务人不享有期限利益，这一般不会给债权人带来损害，但如果提前清偿损害了债权人的利益，则债权人可以拒绝提前清偿。[3] 因为债务已经提前清偿，债务归于消灭，此时质权也归于消灭。在没有提前清偿债务的情况下，出质人并不能要求返还质押财产，而只能要求质权人提存该财产。当然，依据《民法典》第432条第2款规定，只有质权人的行为可能使质押财产毁损、灭失时，出质人才有权要求提前清偿债务并返还质押财产。

（2）不得擅自使用、处分质物的义务。如前所述，质权人并不当然享有对质物的使用和处分权。《民法典》第431条规定："质权人在质权存续期间，未经出质人同意，擅自使用、处分质押财产，造成出质人损害的，应当承担赔偿责任。"根据这一规定，质权人在质押期间一般只享有占有权，而不能使用、收益和处分质物，否则构成对出质人权利的侵害。如果质权人擅自使用、处分质押财产，给出质人造成损害的，应当承担赔偿责任。如果质权人擅自使用出质人的财产，即使没有造成质物的损害，也很可能降低质物的价值，并使质权人从中获得不正当利益[4]，在此情况下，出质人可以请求返还不当得利。另外，擅自使用也构成违约，因此出质人可要求质权人承担违约责任。

（3）返还质物的义务。《民法典》第436条规定："债务人履行债务或者出质人提前清偿所担保的债权的，质权人应当返还质押财产。"如果债务履行期届满

---

[1] 参见胡康生主编：《中华人民共和国物权法释义》，464页，北京，法律出版社，2007。

[2] 参见黄薇主编：《中华人民共和国民法典物权编释义》，830页，北京，法律出版社，2020。

[3] 参见全国人大常委会法制工作委员会民法室编：《中华人民共和国物权法条文说明、立法理由及相关规定》，212页，北京，北京大学出版社，2007；黄薇主编：《中华人民共和国民法典物权编释义》，835页，北京，法律出版社，2020。

[4] 参见王胜明主编：《中华人民共和国物权法解读》，462页，北京，中国法制出版社，2007。

债务人已履行债务，或者出质人已提前清偿所担保的债权，此时主债权已经消灭，按照从属性规则，质权也归于消灭，质权人应当返还质物。不过，质权人返还质物时，应当向有受领权的人（包括出质人和出质人指定或委托的受领人）返还。即使受领人不是所有人，质权人也有义务向其返还质物。[①]

二、出质人的权利和义务

（一）出质人的权利

（1）对质物的处分权。出质人虽然将质物移转占有于质权人，但质权的设定并不移转质物的所有权，毕竟出质人仍然是质物的所有人，依然享有对质物的处分权。因为质权并不导致质物的权属移转，处分权属于出质人。出质人对质物的处分包括：出质人有权允许质权人处分质押财产，也可以设立动产质权之外的其他担保物权。但出质人行使对质物的处分权，不得影响质权的行使，质权人对处分的质物仍享有质权。《民法典》承认了承诺转质，即质权人在征得出质人同意后，可以为担保自己债务的履行而将质押财产再次出质。在承诺转质的情形下，质权人将移转质押财产给第三人，但两项质权所担保的债权并不相同，新设定的质权并不影响原质权的实现。

（2）除去侵害和返还物的请求权。《民法典》第 432 条规定："质权人的行为可能使质押财产毁损、灭失的，出质人可以请求质权人将质押财产提存，或者请求提前清偿债务并返还质押财产。"该条包括规定：第一，如果质权人不妥善保管质物，造成质物损害或有损害的可能时，出质人有权请求其除去侵害，也可以请求质权人提存质物，以排除侵害。至于提存的费用，一般认为应当由质权人承担。第二，质权人未能妥善保管质物，出质人可以请求提前清偿债务并请求返还质物。因为质权人不能妥善保管质物，可能导致质物灭失或者毁损的，在此情况下，如果出质人不能请求提前清偿债务并返还质押财产，则可能造成出质人损

---

① 参见黄薇主编：《中华人民共和国民法典物权编释义》，835 页，北京，法律出版社，2020。

害的进一步扩大。

（3）请求及时行使质权的权利。在债务到期后，质物仍然处于质权人占有之下，并且由质权人继续收取孳息。如果质权人不及时行使质权，有可能使质物的价值降低，造成出质人的损失。例如，钢材的市场价格急剧波动，如果不及时拍卖、变卖钢材，将可能导致价格下跌、造成出质人的损害。所以，在债务履行期届满以后，出质人可以请求质权人及时行使质权。如果质权人不行使质权，依据《民法典》第437条的规定，出质人可以享有如下权利：一是请求人民法院拍卖、变卖质押财产。之所以必须请求法院拍卖、变卖，主要是因为质押财产处于质权人占有之下，如果允许出质人直接拍卖、变卖，则难免引发纠纷，也难以保障质权人的利益。二是请求损害赔偿。因质权人怠于行使权利造成损害的，应由质权人承担赔偿责任。此处所说的损害，是指在履行期届满以后，因质权人怠于行使质权给出质人造成的损害，而不包括债务履行期届满以前造成的损害。[①]

（4）对主债务人的求偿权。如果出质人并不是主债务人而是第三人，当其代替主债务人清偿了债务以后，出质人对主债务人享有求偿权。《民法典》第392条规定："提供担保的第三人承担担保责任后，有权向债务人追偿。"依据这一规定，出质人对主债务人享有求偿权，在出质人与主债务人之间产生了一种新的债权债务关系，第三人（出质人）是债权人，主债务人是债务人。

（5）行使主债务人的抗辩，包括迟延履行的抗辩、时效届满的抗辩等。如果主债务人抛弃其对主债权人的抗辩，出质人仍然可以行使对主债务人的抗辩。有一些学者认为，在质押合同无效或得撤销时，出质人可以享有抗辩权。[②] 笔者赞同此种观点，但如果质押合同已经被认定无效或可撤销原因时，质权就根本没有设定，所以就无所谓出质人的抗辩权。

（二）出质人的义务

（1）损害赔偿义务。质物本身可能具有瑕疵，从而造成质权人的损害。根据我国许多学者的看法，瑕疵分为隐蔽瑕疵和表面瑕疵，因为隐蔽瑕疵造成质权人

---

① 参见黄薇主编：《中华人民共和国民法典物权编释义》，837页，北京，法律出版社，2020。

② 参见李国光主编：《担保法新释新解与适用》，874页，北京，新华出版社，2001。

损害的赔偿，属于质权担保的范围。而表面瑕疵造成质权人的损害，则属于一般债权，不属于优先受偿的范围。[①]《民法典》没有对此作出明确规定，但根据该法第389条的规定，担保物权担保的范围包括"损害赔偿金"。笔者认为，此处所说的"损害赔偿金"，包括因质物隐蔽瑕疵而导致质权人损害的赔偿金，但表面瑕疵造成的损害并不包括在内。

（2）支付必要保管费用的义务。在设定质权后，质权人有义务保证质物的完好状态，以保障将来质权的实现和债务的履行，而质权人在占有质物期间因为保管质物所支付的必要费用，仍应当由出质人承担。一般认为，质权人可以请求返还的质物保管费用仅限于必要费用，即为保管质物而必须支出的费用。至于非必要费用，除经出质人同意而支出的有益费用以外，出质人不负返还义务，因为出资人将质物交付给质权人以后，对于因保管而支出的费用无法控制。如果让出质人承担非必要的费用，将会给出质人造成过重的负担；且双方之间存在着质权法律关系，质权人对质物的管理并非属于无因管理，因此，出质人不能支付必要费用之外的其他费用。[②]

第五节　特殊的动产质押

一、存货质押

所谓存货质押，是指经营者将其存货为借款提供担保，当事人约定由第三方对该存货进行监管，在债务人不能清偿债务或者发生当事人约定的事由时，债权人依法对该存货的变价享有优先受偿权。相较于《物权法》第210条第2款第5项，《民法典》第427条第2款第5项规定当事人可以在质押合同中约定质押财产交付的时间，特别是增加了"方式"二字。虽然只是几个字的改动，却意味着

---

① 参见曹士兵：《中国担保制度与担保方法》，338页，北京，中国法制出版社，2015。
② 参见谢在全：《民法物权论》（下册），531页，台北，新学林出版股份有限公司，2014。

法律明确承认当事人可以在质押合同中自主约定"质押财产的交付方式"。既然允许当事人选择不同的交付方式，那么由第三方监管获得对存货的占有，也可以被认为是一种交付方式，因此《民法典》第427条第2款第5项可为存货质押提供规范依据。《有关担保的司法解释》第55条第1款对存货质押明确作出了规定，这既是对交易实践经验的总结，也将《民法典》第427条修订的规范意涵进一步具体化。

存货质押可以分为两种：一是固定质押，即以批量货物作为标的物的质押。固定质押的特点在于，其不是以某一单独的动产作为质押标的，而是以多数动产集合在一起质押，其表面上是多个质押，但实质上是以集合物作为质押标的的质押。二是流动质押，即以一批存货为标的设置的动产浮动担保。对流动质押而言，债权人通常并不实际占有质押财产，而是聘请第三方作为监管人替代债权人管理、占有标的物。与固定质押不同，对流动质押而言，作为质押标的的存货会随着出质人的经营活动而不断变动，即出质人可能会卖出部分货物，或者买进部分货物，从而使质押财产呈现出流动性的特点。

二、特定账户内的款项质押

所谓特定账户内的款项质押，是指出质人将应收账款的收益设定特定账户，并以特定账户内的款项进行担保。此种担保与应收账款质押联系十分密切。在实践中，应收账款的质押可能以收益进行担保，将收益打入特定账户，以该账户进行质押的方式进行。例如，某高速公路收费权质押时，可以应质权人要求专门为高速公路的收费设置特别的账户，并由质权人取得对该账户的控制，通过此种担保方式，实现了金钱债权的特定化，防止其混入债务人的一般责任财产，从而便于确定担保财产的范围。成立账户的质押需要符合如下条件：第一，账户内的资金必须已经特定化，即与其他的资金是相区别的。特定账户内的金钱也必须实行专款专用，一般不能允许债权人和债务人自由使用。在出质后，债权人对该账户只享有管理的权利，但不能随意处分，账户所有人也不能随意减少该账户中的金钱，否则质押财产就处于不特定的状态。第二，债权人已经占有账户。如果债权人不能占有和控制账户，这和质权制度是相矛盾的。通常来说，债务人的账户是在银行开设的，所以，在设定质押之后，作为债权人的银行就实际上已经占有了该账户。第三，在实现质权时，质权人可以直接就该账户中的金钱受偿，而不需变现。①

《有关担保的司法解释》第61条第4款规定，针对以基础设施和公用事业项目收益权、提供服务或者劳务产生的债权以及其他将有的应收账款出质，规定可以以特定账户内的款项质押。按照这一规定，首先，以特定账户内的款项质押的，当发生法定或者约定的质权实现事由时，质权人有权请求就该特定账户内的款项优先受偿。这种质押实际上是金钱占有即推定为所有的例外，是为了避免混同而产生的特殊方式。只要质押财产具有特定性，当事人可以进行识别与控制，这就实现了质押财产的特定化，打入账户的财产也实现了担保财产的特定化，应当允许质权人就该特定账户内的款项优先受偿。其次，如果特定账户内的款项不足以清偿债务或者未设立特定账户，质权人有权请求折价或者拍卖、变卖项目收益权等将有的应收账款，并以所得的价款优先受偿。因为在以特定账户进行担保的情形下，其实际上仍是应收账款质押的特殊类型或特殊措施，所以在特定账户内的款项不能清偿全部担保债务时，仍应当允许质权人就收益权拍卖、变卖所获得的价款优先受偿。②

三、船舶、航空器、机动车等特殊动产的质押

船舶、航空器、机动车等特殊动产不仅可以设定抵押，也可以设定质押，只不过抵押的公示方法是登记，质押的公示方法则是交付。依据《民法典》第426条的规定，除非是法律、行政法规禁止转让的动产，否则，都可以设立质押。既

---

① 参见李国光主编：《担保法新释新解与适用》，860页，北京，新华出版社，2001。
② 参见高圣平：《民法典担保制度及其配套司法解释理解与适用》，828页，北京，中国法制出版社，2021。

然船舶、航空器、机动车等特殊动产并非法律、行政法规禁止转让的动产，当然可以设立质押。在这一点上，与权利质押不同，动产质押不需要法律特别规定，任何法律法规不禁止出质的动产都应当可以设定质押，即便该动产设定的质押是低效率的，只要当事人愿意采用这种质押方式，按照私法自治的原则，法律也不应对此作出限制和禁止的规定。对于船舶、航空器、机动车等特殊动产采用抵押还是质押的方式去设定担保，应当允许当事人自己作出选择。当然，比较而言，船舶、航空器、机动车等特殊动产通常都只适宜于抵押，因船舶、航空器、机动车等特殊动产可能价值巨大，且都要实际运营，一旦质押，不仅无法利用质物创造财富，而且需要支出大量的维护费用。海商法上通常都没有船舶质权，而只有船舶抵押权。[①] 但是，如果当事人愿意将其出质，也是合法的，法律上应当予以尊重。

四、最高额质押

所谓最高额质押，是指以质押财产担保一定数额范围内的债权。[②] 例如，甲将其10辆汽车质押给银行乙，评估价值为200万元，甲乙双方约定，在最高150万元的限度内可以分期借款。在将汽车交付之后，双方就设立了最高额质押。《民法典》第439条第2款规定："出质人与质权人可以协议设立最高额质权。最高额质权除适用本节有关规定外，参照适用本编第十七章第二节的有关规定。"该条实际上允许当事人设立最高额质押。

对于是否应当承认最高额质押，学理上存在争议。反对说认为，质押不同于抵押，它只是以占有质押财产为设立条件，不需要登记，当事人是否设立了最高额质押，很难为外界知晓，因此，最高额质押不具有公示的效力，很容易造成对第三人的损害，不宜承认。赞成说认为，所有的质押都是以占有质押财产为设立要件的，最高额质押与普通的质押并没有本质的区别，承认最高额质押还可以减

---

① 参见《海商法》第11条。
② 参见黄薇主编：《中华人民共和国民法典物权编释义》，838页，北京，法律出版社，2020。

少设立担保的成本。① 我国《民法典》第439条第2款规定允许设定最高额质押，有利于鼓励交易，并减少交易费用。因为在设立最高额质押的情况下，债务人可能在一定期限内连续发生债务，却不必在每一笔债务发生时都设定一次质押。尤其是，允许设立最高额质押有利于保护质权人的利益。因为质权人一次性地占有了质押财产，这样其就处于优势地位，从而可以充分保护质权人的利益。②

最高额质押，既可以是在动产之上设立，也可以在权利之上设定。因此，最高额质押可以分为动产最高额质押和权利最高额质押。这两者之间的区别在于：第一，质押财产不同。动产最高额质押和权利最高额质押分别以动产和权利作为质押的标的，因此，二者应当分别适用动产质押和权利质押的规定。第二，公示方法不同。动产之上的最高额质押，是通过移转占有的方式设立的，而权利之上的最高额质押，是通过登记（或称为"准占有"）或者交付权利凭证的方式设立的。

依据我国《民法典》第439条第2款规定，在法律适用上，最高额质押首先适用《民法典》有关质权的规定。这主要是考虑到，最高额质押作为一种担保物权，在性质上仍然是一种质权，其与最高额抵押相比较，都是对一定范围内连续发生的债权预定最高限额，并以一定的财产作担保。但最高额抵押权属于抵押权的一种，而最高额质押则是质权的一种具体类型。最高额抵押以登记作为生效要件或者对抗要件，而最高额质押以占有的移转或登记作为设立要件。最高额质押本质上是一种质权，这也决定了其在权利的内容上与最高额抵押也不完全相同。例如，最高额抵押权人依法不享有占有抵押财产的权利，也不享有收取孳息的权利。而最高额质权人依法可以占有质押财产，而且可以收取质押财产的孳息。尤其是在质权的实现方面，最高额质权必须采取质权实现的一般方法，而不能采取抵押权实现的方法。③

---

① 参见陈荣隆：《担保物权之新纪元与未来之展望》，载《台湾法学杂志》，第93期。
② 参见郭明瑞主编：《中华人民共和国物权法释义》，405页，北京，中国法制出版社，2007。
③ 参见王胜明主编：《中华人民共和国物权法解读》，475页，北京，中国法制出版社，2007。

最高额质押虽然是一种质押权，但其与最高额抵押之间具有较多的相似性。具体表现在：首先，它们都是以一定财产担保未来发生的不特定的债权，同时设定了债权的最高限额。所以，它们都被称为"最高额"的担保物权。^①其次，它们具有相对的独立性。一般的担保物权都具有较强的从属性，必须依附于主债权。但在最高额抵押和质押的情况下，两者都不必以主债权的存在为前提，两种担保物权并不从属于特定的债权，只有在债务确定以后，它们才转变为普通的抵押或质押。所以，它们不具有一般担保物权的从属性。^②经当事人同意，都可以将担保物权设立前已经存在的债权转入最高额担保的债权范围。最后，最高额质权的移转、变更和确定都可以参照适用最高额抵押的规定。例如，在担保物权实现时，二者都必须首先确定债权。正是因为最高额质押与最高额抵押具有相似性，因此根据《民法典》第439条规定，最高额质权除应适用动产质权的相关规定之外，还应参照最高额抵押的规定。当然，能够参照适用的部分，主要是两者之间具有相似性的地方。^③在两者不具有相似性的地方不可以参照适用。

第六节　动产质权的实现

一、动产质权的实现方式

所谓动产质权的实现，是指在债务人不履行到期债务或者发生当事人约定的实现质权的情形时，质权人将质物折价、拍卖或变卖，就所得的价款优先受偿。《民法典》第436条规定："债务人不履行到期债务或者发生当事人约定的实现质权的情形，质权人可以与出质人协议以质押财产折价，也可以就拍卖、变卖质押财产所得的价款优先受偿。质押财产折价或者变卖的，应当参照市场价格。"根

---

①②　参见郭明瑞主编：《中华人民共和国物权法释义》，403页，北京，中国法制出版社，2007。
③　参见王胜明主编：《中华人民共和国物权法解读》，475页，北京，中国法制出版社，2007。

据该条规定，动产质权的实现必须以债务人不履行到期债务或者发生当事人约定的实现质权的情形为前提。所谓债务人不履行到期债务，就是指债务履行期届满，而债务人没有履行或者没有适当履行债务。需要指出的是，《民法典》第436条规定的"债务人不履行到期债务"，不包括在履行期限到来之前，债务人公开、明确地表明不履行债务。即使出现此种情况，质权人也不能实现质权。所谓发生当事人约定实现质权的情形，是指当事人在协议中约定的其他可以实现质权的情况。例如，双方在合同中约定，债务人资不抵债或者出质人拒绝对质押财产投保时，质权人可以实现质权。

在实现质权时，债权人必须享有质权，如果因债权人丧失了占有或者抛弃了质权等而导致质权消灭，则债权人当然不能实现质权。[①] 当债务履行期届满，债务人履行债务的，或者出质人提前清偿所担保的债权的，质权将发生消灭。债务人提出提前清偿，债权人无正当理由不得拒绝债务人的清偿，债务人提前清偿可使其尽快取回质物，质权人不能以其具有期限利益为由拒绝债务人的提前清偿。

根据《民法典》第436条的规定，动产质权的实现方式具有如下几种。

（一）质物的折价

在实现动产质权时，质权人首先应当与出质人协议以质押财产折价。所谓折价，是指出质人与质权人协议按照质物的品质、参考市场价格将质物的所有权转归质权人，从而实现质权。[②] 如果质物的折价高于质权担保的债权数额，质权人必须向出质人返还差额；如果低于担保的债权数额，质权人仍有权请求债务人清偿差额部分。不过，因质权人已接受质物的折价，故该差额部分将成为无担保的债权。

质权人可以与出质人协议约定质权实现的方法，此种约定是在实现质权时双方达成的协议，这和双方在质权实现之前订立流质契约是不同的。质物的折价是在实现质押权时达成的协议，而流质契约是在质押权实现之前达成的协议。折价

---

① 参见郭明瑞：《物权法通义》，358页，北京，商务印书馆，2019。

② 参见黄薇主编：《中华人民共和国民法典物权编释义》，794页，北京，法律出版社，2020。

协议一旦达成，就对双方具有拘束力，双方当事人应当履行该协议。

根据《民法典》第436条的规定，只要出现债务人不履行到期债务或者发生当事人约定的实现质权的情形，质权人没有与出质人达成协议以质物折价的，则质权人可以自行将质押财产拍卖、变卖，并就所得价款优先受偿，这与抵押权的实现是不同的。质押权的实现方式与抵押权的实现方式之间的区别主要表现为两点：第一，关于双方协商实现担保物权的问题。按照《民法典》第410条的规定，法律要求在抵押权实现的条件成就时，抵押权人应当和抵押人尽可能地达成实现抵押权的协议，只有在就抵押权实现方式不能达成协议的情况下，抵押权人才可以请求人民法院拍卖、变卖抵押财产。但是，在质押的情况下，法律并不要求质押权人和出质人必须首先达成质权实现的协议。第二，关于担保物权人是否可以直接实现该项权利的问题。按照《民法典》第410条的规定，在不能达成协议的情况下，必须通过司法程序才能实现抵押权。但按照《民法典》第436条的规定，质押权人可以直接实现质押权，而不需通过司法程序。之所以形成这些区别，是因为抵押权人通常并没有占有抵押物，无法直接就其拍卖、变卖；而质押权人已占有了标的物，所以，其可以直接就质物拍卖、变卖。另外，设定抵押的财产一般价值都比较巨大，《民法典》也允许当事人在抵押物的价值范围内设定多个抵押权，因此对抵押物的处置涉及众多担保债权人的利益，如果允许某一个抵押权人将抵押物自行进行拍卖、变卖，则极有可能会损害其他债权人的利益，引发纠纷。而质押的标的一般是普通动产，价值不会太大，并且因为要移转占有，在质物上不可能设定多个担保，因此所涉及的其他债权人较少，法律关系较为简单，《民法典》允许质权人自行对质物进行拍卖、变卖而无须和出质人进行协议，一般不会发生诸多纠纷。

（二）拍卖

拍卖是指按照拍卖程序，以公开竞价的方式将质物卖给出价最高的叫价者的买卖方式。[①] 此处所说的拍卖是指任意拍卖而非强制拍卖，拍卖属于一种特殊的

---

① 参见黄薇主编：《中华人民共和国民法典物权编释义》，795页，北京，法律出版社，2020。

商品流通方式，它不像一般的买卖那样是由双方订立买卖合同，并依合同的约定进行标的物的转让，而是以公开竞价的方式将标的物转卖给最高出价的竞买人，因此，拍卖的公开性、透明度高。

（三）变卖

变卖是指直接将质物定价卖出的行为。[①] 变卖是对标的物进行变现的一种较拍卖简易的方式，无须竞价，由当事人直接协商价格。在质物的变卖方面，应允许质权人依法选择合理的出卖方式、时间和地点。

尽管《民法典》将拍卖方式规定在变卖方式之前，但这是否意味着质权人必须首先选择拍卖的方式？只有在不能够采用拍卖方式的情况下才能进行变卖？笔者认为，《民法典》将拍卖方式规定在变卖方式之前，并非是指质权人必须首先采取拍卖方式。只是因为拍卖是采取公开竞价的方式，更有利于充分实现质物的价值，保障双方当事人的利益。但这并不意味着拍卖是必须的首选方式，因为在某些情况下，拍卖也不一定比变卖对出质人更有利。如果竞买人并非真正需要质物的人或者拍卖时质物市价下跌，拍卖的价格对出质人不一定是有利的。更何况，许多质押的动产不一定能够拍卖，如以文物、金银等质押，还必须交有关机构收购，所以，不必要限定质权人必须采用拍卖方式。

需要指出的是，因为变卖的方式没有实现公开竞价，且变卖可能只是向一部分人进行出售，有可能不能充分实现质物的价值，根据《民法典》第436条的规定，质权人在对质押财产进行变卖时，为了保障出质人的权益，应当参照市场价格进行，不得过分低于市价。

二、出质人有权请求质权人及时行使质权

一般认为，实现质权是质权人的权利而非其义务。[②] 如何实现质权，质权人可在法定范围内作出选择，且质权人有权抛弃质权。但是由于质押物在质权人的

---

① 参见黄薇主编：《中华人民共和国民法典物权编释义》，795页，北京，法律出版社，2020。
② 参见郑玉波：《民商法问题研究》（三），120页，台北，自版，1982。

占有之下，质押的财产又可能随着市场价格的变动而变化，质权人就质押财产不及时行使质权，可能因质押物的价值下降而损害出质人的利益。据此，《民法典》第 437 条规定："出质人可以请求质权人在债务履行期限届满后及时行使质权；质权人不行使的，出质人可以请求人民法院拍卖、变卖质押财产。出质人请求质权人及时行使质权，因质权人怠于行使权利造成出质人损害的，由质权人承担赔偿责任。"

三、质权实现后的问题

《民法典》第 438 条规定："质押财产折价或者拍卖、变卖后，其价款超过债权数额的部分归出质人所有，不足部分由债务人清偿。"因为质押财产在设立质押之后，质权人只是对其享有质权，而非享有所有权，所以，质权人只能就质押财产优先受偿。在质权实现后，如果质押财产的变价不足以清偿债务的，则债权人仍然有权请求债务人清偿剩余债务；如果质押财产的变价超过债权数额的，则质权人应当将超出的部分返还出质人。

第二十六章
权利质权

第一节　权利质押概述

一、权利质押的概念和特征

权利质押是指以依法可转让的权利为标的而设定的质权，例如，以股权等权利设立质押。《民法典》在"质权"一章中没有对"质权"统一作出定义，而仅仅规定了动产质权的定义，对权利质押的概念缺乏规定。动产所有权、不动产所有权、用益物权以外的可以让与的财产权，因具有交换价值，都可以作为权利质押的标的。权利质押中的权利毕竟不同于一般的物，以权利作为担保物权的客体，表明不仅物而且权利本身也可以作为交易的对象，尤其是以权利作为物权客体后，传统物权的客体仅限于有体物的规则得以逐渐改变，物权的客体范围也得以拓宽。两种质权的客体不同，也决定了它们在权利的设定方法、权利的实现方面存在着差异。

权利质押与动产质押一样都属于质押的类型，但它又与动产质押不同，与动

产质押相比,权利质押的特点主要表现在:

(1) 客体是权利。动产质权的客体是有形的动产,而权利质权的客体则为无形财产,即权利。此处所说的动产,不仅包括普通的动产,而且包括需要登记的动产。但即使就需要登记的动产设立质押(如船舶质押),也必须采取交付的方式。[①] 至于有价证券,根据一些国家法律的规定,视为动产。但根据我国《民法典》的规定,如果以有价证券设立质权,仍然属于权利质押的范畴。

根据《民法典》第 440 条的规定,可以质押的权利包括:汇票、支票、本票;债券、存款单;仓单、提单;可以转让的基金份额、股权;依法可以转让的注册商标专用权、专利权、著作权等知识产权中的财产权;现有的以及将有的应收账款;法律、行政法规规定可以出质的其他财产权利。可以说,权利质权的标的包括了所有权、用益物权以外的可让与的财产权。[②]

(2) 公示方法具有多样性。权利质押的公示方法既包括登记,也包括交付等方式,这与动产质押的公示方法不同。动产质押的公示方法是移转占有,此种占有的移转是外在的、有形的,可导致权利人对质物的直接占有,但权利质押的公示方法并不采取移转占有的方式,而主要采取移转权利凭证的占有、办理出质登记等方式。权利质权不需要移转标的物的占有,因而,其具有动产质押所不具有的优点:一方面,在动产质权中,出质人丧失了对物的直接占有和使用收益的权利,而质权人又不能实际利用质物,从而使质物不能得到有效利用。权利质权则可以克服上述动产质权的缺陷。另一方面,动产质权人还必须对质物承担保管等义务,对其未免也是一种负担。权利质权人对于有价证券及权利证书的保管,较为简便。随着市场经济的发展,权利质押的担保功能和作用必将日益增强,其适用范围也会日益广泛。

(3) 对可质押的权利的范围作出了限制。依据《民法典》第 426 条的规定,法律、行政法规禁止转让的动产不得出质,这实际上采取了负面清单的规范模式。而对权利质押而言,依据《民法典》第 440 条第 7 项规定,法律、行政法规

---

① 参见梅仲协:《民法要义》,603 页,北京,中国政法大学出版社,1998。
② 参见崔建远:《物权法》,5 版,521~522 页,北京,中国人民大学出版社,2021。

规定可以出质的其他财产权利才可以质押，这实际上是采取了正面清单的模式，即只有法律、行政法规允许出质的权利才能出质。一般来说，凡是法律、行政法规不禁止转让的动产都可以质押，这使质押的动产的范围非常宽泛。而权利质押的客体必须由法律、行政法规明确列举承认，这就表明，权利质押的客体范围虽然较大，但仍然受到比较严格的限制。

（4）权利的实现方式具有特殊性。动产质权主要是通过拍卖、变卖、折价的方式实现，而权利质权除了上述的传统方式外，还包括质权人可以取代出质人的地位、向出质权利的义务人行使该出质权利。① 例如，在应收账款质押之后，质权人可以在债务人不履行债务时，有权取代债务人的地位，而直接向出质人的债务人收取账款。

当然，权利作为质押客体与动产作为质权客体也有许多相同之处，如关于书面形式的要求、质押合同的主要内容等大体相同。正因如此，《民法典》将权利质押与动产质押共同规定质押之中，仅就权利质权作了一些特殊规定，而并未就权利质押的一般问题作出特别规定。所以，凡是在权利质押中未作特殊规定的，应适用动产质押的规定。《民法典》第 446 条规定："权利质权除适用本节规定外，适用本章第一节的有关规定。"根据这一规定，《民法典》关于动产质权的规定，不仅是针对一类特殊的质权的规定，还包含了质权的一般规则。因为动产质权是质权的典型形态，动产质权的规则，可以理解为质权的一般规则。而权利质权本身只是质权的一种特殊类型，所以，权利质权与动产质权的规则的关系，可以理解为特别规则与一般规则的关系。如果权利质权中没有规定的，可以适用动产质权的规定。②

如前所述，动产质押具有留置和优先受偿的双重功能，但对于权利质押来说，其仅具有优先受偿的功能。权利之所以可以出质，根本原因在于，担保物权实质上支配的是交换价值而不是现实的物，担保物权在性质上是一种换价权。在

---

① 参见刘保玉、赵军蒙：《权利质权争议问题探讨与立法的完善》，载王利明主编：《物权法专题研究》（下册），1352 页，长春，吉林人民出版社，2001。

② 参见黄薇主编：《中华人民共和国民法典物权编释义》，851 页，北京，法律出版社，2020。

法律上，动产可以换价，从而使担保物权人优先受偿，那么，可转让的权利同样也可以换价，使权利人从其变价中取得利益。这就决定了可转让的权利和动产一样都可以成为质权的标的。[①] 从今后的发展趋势来看，权利质权制度在社会经济生活中的作用将日益突出，这主要是因为：一方面，现代社会的财富形态逐渐多样化，无形财产的重要性日益突出。知识产权、有价证券等权利本身也需要得到充分有效的利用，允许以这些权利设定质权就是对这些无形财产权利的最充分、最有效的利用。另一方面，权利质权与动产质权相比较，具有自身的优点。因为"此种质权，系以债权或证券等财产权为其标的物，并无物质的利用价值，仅有客观的交易价值。将其占有移转于质权人，以阻止出质人对其义务人行使权利，使质权人得藉留置作用，以确保其债权，出质人则可因而获得资金，对社会经济之活动，仍有极大之贡献"[②]。权利质权人对于有价证券及权利证书的保管，也并不困难。因为权利质权设定只需要通过登记等办法即可完成公示，而不需要交付实物，这样使出质人可以继续使用其财产，同时质权人也不需要像动产质权人那样对质物进行保管，并为此支付保管费用。所以，权利质权实现了对财产的最充分、最有效的利用。随着市场经济的发展，权利质押的担保功能和作用必将日益增强，其适用范围也会日益广泛。

二、权利质押与权利抵押

权利质押和权利抵押都是以权利来设立担保，但是两者之间存在一定的区别，主要表现在：

第一，担保财产的范围不同。依据我国《民法典》第 395 条的规定，权利抵押的财产主要是指建设用地使用权、海域使用权等，只要法律、行政法规没有规定不得抵押的财产都可进行抵押，所以其权利范围较为广泛。但是，根据《民法典》第 440 条，权利质押所担保财产的范围主要限于法律、行政法规明确规定可

---

① 参见陈华彬：《物权法原理》，717 页，北京，国家行政学院出版社，1998。
② 杨与龄：《民法物权》，214 页，台北，五南图书出版有限公司，1981。

以出质的财产权利，除了法律、行政法规列举的权利以外，其他权利均不得出质。①

第二，虽然权利抵押和权利质押的标的都是财产性权利，但是权利抵押的标的主要是不动产上的财产权利，而权利质押则一般是针对动产或其他无形财产所享有的权利。在权利可以作为担保财产的情况下，哪些权利应当设定抵押权，哪些权利应当设定质权，仍然以不动产和动产的区别为基础。不动产用益物权准用"不动产"的规定，成为抵押权的客体；除此之外的债权、股权等其他权利则准用动产的规定，成为权利质押的客体。可见，作为权利质押客体的权利是指能够参照适用动产的权利，不包括不动产用益物权。

第三，从权利的生效要件来看，权利抵押应当办理登记，并且权利从登记之时起才能设立。而权利质押一般是从交付权利凭证之时起就设立。例如，依据《民法典》第441条的规定，以汇票、支票、本票、债券、存款单、仓单、提单等出质的，质权自权利凭证交付质权人时设立；没有权利凭证的，质权自办理出质登记时设立。

第四，当事人的权利义务不同。权利设定抵押以后，权利人还可以继续行使该权利。但是权利设定质押之后，对权利的行使就要受到限制。例如，根据《民法典》第444条的规定，知识产权中的财产权出质后，出质人不得转让或者许可他人使用，但经出质人与质权人协商同意的除外。出质人转让或者许可他人使用出质的知识产权中的财产权所得的价款，应当向质权人提前清偿债务或者提存。

三、权利质权的标的

《民法典》第440条规定："债务人或者第三人有权处分的下列权利可以出质：（一）汇票、本票、支票；（二）债券、存款单；（三）仓单、提单；（四）可以转让的基金份额、股权；（五）可以转让的注册商标专用权、专利权、著作权

---

① 参见黄薇主编：《中华人民共和国民法典物权编释义》，841页，北京，法律出版社，2020。

等知识产权中的财产权；（六）现有的以及将有的应收账款；（七）法律、行政法规规定可以出质的其他财产权利。"根据这一规定，权利质权的标的十分宽泛，它不仅包括有价证券，还包括股权、知识产权等无形财产权。尤其是《民法典》还使用了应收账款的概念，该概念作为会计学上的术语，其适用面很宽，《民法典》还规定将有的应收账款也可以成为质权的客体。实际上，《民法典》上权利质押的客体范围得到较大的扩张。尽管如此，并非各种类型的民事权利都可以成为质权的标的。能够作为质权标的的权利，必须是法律、行政法规规定可以出质的财产权，其主要是指除所有权和用益物权以外的财产权。具体来说，作为权利质权标的的权利，应当具有如下特点。

第一，必须是财产权。财产权以外的人身权因不具有确定的财产价值，且与人身不能完全分离，不能依法转让，故不能成为质押的标的。尽管某些人格权的权能（如肖像使用权等）也可以由他人使用，但其不能质押。值得注意的是，知识产权是由财产权和人身权组成的，因此，知识产权整体上不能作为质押的标的，仅知识产权中的财产权可以质押，其中的人身权不能质押。

第二，必须可以转让。许多国家的法律都规定，质权的标的必须具有可转让性。① 我国《民法典》虽然没有明确规定权利质押的客体必须可以转让，但是，第440条规定，"可以转让的基金份额、股权"，"可以转让的注册商标专用权、专利权、著作权等知识产权中的财产权"，由此表明，《民法典》实际上要求出质的权利应当是可以转让的。因为质权作为担保物权，权利人支配的是标的物的交换价值，即使对权利质押来说，权利人也是对作为质押标的的权利的交换价值享有支配权。所以，在债务人不履行债务时，权利人将对作为质权标的的权利予以折价、拍卖、变卖，并从拍卖、变卖的价款中优先受偿。这就决定了作为质权的标的必须具有可转让性，否则是不可能形成交换价值的。

第三，必须是所有权和用益物权以外的其他财产权。依《民法典》第440条的规定，可以质押的权利范围较为广泛，但这些权利是无形财产权，而不包括对

---

① 例如，《日本民法典》第343条规定，"质权，不得以不可让与物为其标的"；《德国民法典》第1274条规定，"不得转让的权利不得设定权利质权"。

有形财产所享有的所有权。如果当事人要用有形财产的所有权设立担保，则只能设立不动产抵押、动产抵押或者动产质押。如果当事人以用益物权设立担保，只能设立权利抵押，而不能设立权利质押。

第四，必须是可以公示的权利。权利质权的设定也应以适当的方式公示，而不能以适当方式公示的权利，如企业的技术秘密、企业的客户资源等，则因为无法公示而不能成为权利质押的客体。

第五，必须是法律、行政法规规定可以出质的权利。该条在性质上是兜底性的规定。根据这一规定，可以出质的其他财产权利必须是法律、行政法规具体规定的财产权利。例如，《保险法》第 34 条规定，人寿保险的保险单经被保险人书面同意可以质押，就属于法律的特别规定。需要指出的是，《民法典》第 115 条规定，权利作为物权客体仅限于"法律"的规定，而本条将其扩大到"法律、行政法规"，这也可以认为是放宽了权利质押的限制。毕竟授权行政法规也可以规定可质押的权利将会扩大权利质押的范围。需要指出的是，《有关担保的司法解释》第 63 条规定："债权人与担保人订立担保合同，约定以法律、行政法规尚未规定可以担保的财产权利设立担保，当事人主张合同无效的，人民法院不予支持。当事人未在法定的登记机构依法进行登记，主张该担保具有物权效力的，人民法院不予支持。"该条认可了新类型担保的合同效力，在各种新类型的担保中，当事人订立的担保合同，只要能够办理登记，就能产生物权效力。若不能办理登记、或发生登记错误、或不属于法定机关办理登记的，则不能产生物权效力。例如，关于特许经营权是否可以质押，依据上述规定，只要其具有一定的公示方法，并且经过法律或者行政法规的确认，就可以出质。

四、权利质押的设立

依据《民法典》的相关规定，权利质权的设定采"合意＋公示"的方法，即首先由当事人就权利质权的设定达成合意，同时，当事人必须采取法定的公示方法予以公示，此类法定的公示方法包括交付权利凭证、登记等方式。一是交付权利凭证。依据《民法典》第441条的规定，以汇票、支票等有价证券出质的，如果这些有价证券具有权利凭证，质权应当自权利凭证交付给质权人时设立。此种公示方法可视为特殊的移转占有方式。二是登记。依据《民法典》第441条的规定，对于有价证券而言，如果没有权利凭证的，质权的设立必须在有关部门办理登记。依据《民法典》第443～445条的规定，以基金份额、股权、知识产权和应收账款出质的，也必须到有关部门办理登记，该质权自办理登记时起设立。权利质权自完成法定的公示方法时设立。

第二节　有价证券质押

一、有价证券质押的概念

所谓有价证券，是指能够表彰一定的权利，权利人行使权利必须以持有证券为凭据的证券。[①] 有价证券属于证券的一种类型，根据我国《民法典》第440条的规定，可以作为质押标的的有价证券包括汇票、本票、支票、债券、存款单、仓单、提单。在上述各种证券中，票据、债券、存款单都是表彰金钱债权的证券，因此又称为"金钱证券"；而仓单和提单则是表彰一定物品的交付请求权的证券，在学说上又称为"物品证券"。此类证券上所记载的物品所有权的移转以交付证券为必要，因而其证券的交付与物品的交付具有相同的效力。因为这一原因，学者也将其称为"交付证券"[②]。

《民法典》第441条规定："以汇票、本票、支票、债券、存款单、仓单、提单出质的，质权自权利凭证交付质权人时设立；没有权利凭证的，质权自办理出质登记时设立。法律另有规定的，依照其规定。"据此，在法律没有特别规定的

---

① 参见郭瑜：《电子可转让记录立法的"单一性"难题和破解》，3页，北京，北京大学出版社，2019。

② 郑玉波：《民商法问题研究》（四），144页，台北，自版，1985。

情形下，有价证券的出质，必须要采取合同加交付的方式才能设立，质权原则上都从交付证券时起设立，但对于一些没有权利凭证的有价证券的质押（如记账式国库券的质押），当事人应当到有关部门办理登记，质权自登记时起才能设立。①

二、有价证券质押的类型

有价证券的类型非常复杂，并不是所有的有价证券都可以出质。依据《民法典》的规定，能够进行质押的有价证券主要包括如下几种。

（一）票据质押

票据包括《票据法》中规定的汇票、本票和支票。汇票是指出票人委托他人于见票时或指定日期无条件支付一定金额给收款人或持票人的票据；本票是指出票人于见票时无条件支付一定金额给收款人或持票人的票据；支票则是出票人委托银行或者其他法定金融机构于见票时无条件支付一定金额给收款人或持票人的票据。票据属于有价证券中的债权证券，可以依法转让，因此可以成为质权的标的。我国《民法典》第 440 条第 1 项规定，债务人或者第三人有权处分的汇票、支票、本票可以出质。

票据质押的生效，应当具备如下条件：一是双方必须订立质押合同，明确质押的对象。二是必须交付票据。因为票据都是有权利凭证的，出质人应按照合同的约定将票据交付给质权人，该票据交付之时即为票据质权产生之时。依据《民法典》的规定，交付票据并非票据质押合同的生效要件，而是作为物权的质押权的设立要件。只要当事人达成合意，质押合同就可以生效，而并非自票据交付之日起生效。需要指出的是，《民法典》第 441 条并未将设质背书作为设立票据质权的生效要件，也没有要求在票据上记载"质押"字样才能设立质押。

值得探讨的是，汇票质押是否应当以背书"质押"字样为必要？关于汇票质押成立的条件，《民法典》与《票据法》的规定并不一致。依据《民法典》第

---

① 参见黄薇主编：《中华人民共和国民法典物权编释义》，846 页，北京，法律出版社，2020。

441 条规定，以汇票出质的，质权自权利凭证交付质权人时设立，即在汇票质押的情形下，以交付汇票作为汇票质权成立的条件。而依据《票据法》第 35 条规定，在汇票质押的情形下，应当以背书记载"质押"字样。同时，《最高人民法院关于审理票据纠纷案件若干问题的规定》第 54 条规定，"以汇票设定质押时，出质人在汇票上只记载了'质押'字样未在票据上签章的，或者出质人未在汇票、粘单上记载'质押'字样而另行签订质押合同、质押条款的，不构成票据质押"。可见，依据《票据法》及上述司法解释的规定，汇票质押的成立既需要在汇票上背书"质押"字样，也需要在汇票上签章，否则无法成立汇票质押。

关于汇票质押的成立，《有关担保的司法解释》第 58 条规定："以汇票出质，当事人以背书记载'质押'字样并在汇票上签章，汇票已经交付质权人的，人民法院应当认定质权自汇票交付质权人时设立。"据此，汇票质押必须具备签章、背书记载"质押"与交付三要件，缺一不可。① 该规定妥当协调了《民法典》与《票据法》有关汇票质押条件的冲突，对于减少实践纠纷、减少法律解释上的难题具有重要意义。该司法解释之所以要求汇票质押的成立需要同时具备上述三要件，主要理由在于：一方面，其与《票据法》有关汇票质押的规定保持了一致。设质背书行为作为票据行为，应当符合票据行为的一般要件。依据《票据法》的规定，票据行为具有要式性，汇票质押行为也具有要式性，因此汇票质押应当符合《票据法》有关汇票质押的成立条件。另一方面，汇票作为一种有价证券，汇票质押的成立也应当符合《民法典》有关票据质押的规定，《有关担保的司法解释》第 58 条规定汇票质押的成立需要实际交付汇票，与《民法典》的相关规定保持了一致。②

当然，对电子汇票而言，由于电子汇票并不具有纸质汇票凭证，无法完成背书或者交付，因此，电子汇票质权应当以登记作为成立条件，即电子汇票质权的

---

① 参见程啸、高圣平、谢鸿飞：《最高人民法院新担保制度司法解释理解与适用》，368 页，北京，法律出版社，2021。

② 参见高圣平：《设质背书的效力研究——兼及票据法与物权法冲突及其解决》，载《中外法学》，2009（4）。

成立以在电子商业汇票系统中办理登记为条件。

在票据质押之后，债权人对票据享有质权，此种权利与票据权利是两种不同性质的权利。票据权利人以票据出质，其目的旨在设定质权，而不当然移转票据的权利。[①] 所以在以票据出质以后，质权人没有取得票据权利，不能直接行使票据的权利。票据质权人只有在债务人不履行债务时，才能行使其对票据所享有的质权。此外，即便是行使质权时，票据质权人也仅仅享有对票据权利的优先受偿权，而不是直接行使其对票据的各种权利。如果被担保的债务小于票据所记载的金额，那么质权人在实现其债权以后，剩余部分还应当返还给出质人。

（二）债券、存款单质押

所谓债券，是指国家、金融机构或公司因向他人借款而签发的保证在一定期限内还本付息的有价证券，如国库券、金融债券、公司债券等。《民法典》第441条规定，以债券出质的，当事人应当订立书面合同，质权自权利凭证交付质权人时设立；没有权利凭证的，质权自有关部门办理出质登记时设立。这一规定包括如下内容：第一，以债券出质的，当事人必须订立书面合同，该合同自合意达成时就生效。第二，如果有权利凭证的，则质权自交付权利凭证时起设立，因而权利凭证的交付是此种质权设立的公示方法。例如，普通的国库券都是有权利凭证的，必须交付该国库券，才能设立质押权。第三，如果没有权利凭证，则必须要办理登记。例如，我国发行的记账式国债就不印制券面及凭证而是以记账形式记录债权，因此这些债券就是没有权利凭证的，其质押不必交付权利凭证，而必须要办理登记。[②] 依据《民法典》第441条的规定，应当到有关部门（中央国债登记结算有限责任公司）办理出质登记。

所谓存款单质押，是指以在银行存款的凭证即存款单作为质押的标的。《民法典》第441条允许存款单质押。尽管存款单是存款凭证，但它本身也是一种有价证券。存款单质押不是一般的债权质押，而是一种以证券化的形式表现出来的债权的质押。存款单质押和账户质押在性质上也是不同的，因为存款人将存款交

---

① 参见崔建远：《物权法》，5版，529页，北京，中国人民大学出版社，2021。

② 参见王胜明主编：《中华人民共和国物权法解读》，485页，北京，中国法制出版社，2007。

付后，该存款的占有发生了移转，按照货币的"占有与所有一致"原则，所有权已经移转于银行，存款人只是享有合同债权，即在合同规定的期限到来后请求银行支付本息。存款人以账户质押实际上属于债权质押。但是，存款单是一种有价证券，作为一种特殊的动产具有物权的效力，所以，存款单的质押属于有价证券的质押。

依据《民法典》第441条，以存款单设质时，首先要由当事人订立质押合同，并且出质人应当将存款单交付给质权人，在交付存款单之后，质权才可以设立。如果质权人不是银行，出质人和质权人应将存款单设质情况通知银行，以防止出质人在以存款单出质以后到银行挂失，继而背着质权人将存款提走，使质权落空。[1] 如已经通知银行，银行不得允许出质人随意提款。

（三）仓单质押

1. 仓单质押的设立

所谓仓单（德文 Lagerschein，英文 dockwarrant），是指仓库保管人在存货人寄托物品以后，应存货人的请求，向存货人填发的记载有关保管事项的单据，它也是提取仓储物的凭证。仓单可以分为可以登记的仓单和不可登记的仓单，可以登记的仓单通常是标准化的仓单，而非标准化仓单通常难以登记。在仓单质押中，质权人只是占有仓单，而不占有仓单项下的动产，该动产由保管人进行保管，如果因保管人保管不善造成仓储物损毁、灭失的，则出质人和质权人均有权依法请求保管人承担赔偿责任。[2] 依据《民法典》第441条的规定，仓单质押的设立应当具备以下条件。

第一，必须订立书面质押合同。之所以要求书面合同，主要是出于留存证据需要，且为了有效避免纠纷的发生。

第二，依据《民法典》第441条规定，仓单质押的设立要求出质人必须实际交付仓单给质权人。由于质权的设定以移转占有为必要，仓单在性质上属于物权凭证，因此仓单的交付就起到了与货物交付相同的功能。依据《有关担保的司法

---

① 参见崔建远：《物权法》，5版，536页，北京，中国人民大学出版社，2021。
② 参见程啸：《担保物权研究》，2版，691页，北京，中国人民大学出版社，2019。

解释》第 59 条第 1 款规定："仓单已经交付质权人的，人民法院应当认定质权自仓单交付质权人时设立。没有权利凭证的仓单，依法可以办理出质登记的，仓单质权自办理出质登记时设立。"仓单质权自权利凭证交付债权人时起设立，如果没有交付不能认为质权已经设立。对于依法可以办理出质登记的，仓单质权自办理出质登记时设立。

第三，当事人应当在仓单上背书记载"质押"字样。《有关担保的司法解释》第 59 条第 1 款规定，存货人或者仓单持有人在仓单上以背书记载"质押"字样，并经保管人签章，当事人交付权利凭证时，背书注明"质押"字样，可以有效防止出现各种纠纷。

第四，必须经保管人签章。依据《有关担保的司法解释》第 59 条第 1 款规定，仓单质权的设立不仅要交付仓单，由出质人在仓单上背书，还需要经保管人签名或者签章。对无纸化的仓单，有些可以办理登记，如果依法办理了登记，就足以起到公示的效果，如果某些仓单的质押不能够办理登记，也必须采取交付的公示方法，否则难以设立质权。

2. 仓单质押与仓储物担保并存时的权利顺位

仓单是一种货物的物权凭证，在所有人将货物交付仓储人保管后，可能将该货物又设定抵押，但由于仓储人又可以为同一货物签发仓单，仓单的持有人可以将仓单进行出质。在此情形下，同一物之上并存的两项担保权利就会发生冲突。《有关担保的司法解释》第 59 条第 2 款规定："出质人既以仓单出质，又以仓储物设立担保，按照公示的先后确定清偿顺序；难以确定先后的，按照债权比例清偿。"据此，在仓单和仓储物的担保发生冲突的情形下，应当依据《民法典》第414 条或第 415 条的规定，按照公示的先后顺序确定清偿顺序。如果因为公示方法不同，出现两种担保设定的时间上难以确定的问题，此时应当按照债权比例清偿。

此外，出质人以仓单出质的同时，如果出质人就仓单项下货物同时设立质权的，其可能因此造成仓单质权人损失，依据《有关担保的司法解释》第 59 条第 4 款规定，此时应当由出质人和保管人对仓单质权人承担连带赔偿责任，这主要是因为，在货物质押的情形下，移转该货物的占有需要保管人的配合。在保管人就一份货物签发多份仓单并由出质人设定多个仓单质权的情形中，保管人也有过错，故应当与出质人承担连带责任。①

3. 在多份仓单上设立多个质权

在实践中，保管人可能应存货人的要求为同一货物签发多份仓单，而仓单的持有人将多份仓单分别设定质权，此时将发生多个质权的竞存。依据《有关担保的司法解释》第59条第3款规定："保管人为同一货物签发多份仓单，出质人在多份仓单上设立多个质权，按照公示的先后确定清偿顺序；难以确定先后的，按照债权比例受偿。"据此，应当依据《民法典》第414条或第415条规定，按照公示的先后确定受偿的先后顺序。由于仓单质权既可以采取背书交付，也可以采取登记方式（特别是针对无纸化的仓单可以办理登记），因而可能难以确定取得仓单的先后顺序。在此情形下，各债权人应按照债权比例受偿。②

如果出质人既以仓单出质，又以仓储物设立担保，或者出质人在多份仓单上设定多个仓单质权，因此对质权人造成损害，如何确定责任？依据《有关担保的司法解释》第59条第4款规定："存在第二款、第三款规定的情形，债权人举证证明其损失系由出质人与保管人的共同行为所致，请求出质人与保管人承担连带赔偿责任的，人民法院应予支持。"据此，如果损害单纯由出质人造成，则应当由出质人承担责任，但如果损害是由于出质人与保管人的共同过错造成，则应当由二者共同承担连带责任。

（四）提单质押

所谓提单，是指用以证明海上货物运输合同和货物已经由承运人接受或者装船，以及承运人保证据以交付货物的单据。提单是表彰一定物品的交付请求权的证券，在学说上又称为"物品证券"。此类证券上所记载的物品所有权的移转以

---

① 参见高圣平：《民法典担保制度及其配套司法解释理解与适用》（下），938页，北京，中国法制出版社，2021。

② 参见高圣平：《民法典担保制度及其配套司法解释理解与适用》（下），937页，北京，中国法制出版社，2021。

交付证券为必要，因而其证券的交付与物品的交付具有相同的效力。据此，学者也将其称为"交付证券"①。在满足特定条件时，提单持有人有权提取提单项下的货物。

尽管提单是有价证券，但其不同于一般的动产，而仍然是一种权利凭证，对于提单的出质，也应适用《民法典》关于权利质押的规定。《有关担保的司法解释》第60条第1款规定："在跟单信用证交易中，开证行与开证申请人之间约定以提单作为担保的，人民法院应当依照民法典关于质权的有关规定处理。"该条对提单适用质押的规定作出了确认。

在跟单信用证交易中，开证行可以取得对提单项下货物的权利，但提单作为一项权利凭证，并不能认为持有人即为所有权人。而开证行所能取得的只是一项质权，即就提单项下货物价值享有优先受偿的权利。《有关担保的司法解释》第60条第2款对此予以确认也正是因为这一原因，开证行对转让货物价款优先受偿后，仍然负有清算的义务。故而，《有关担保的司法解释》第60条第3款规定："在跟单信用证交易中，开证行依据其与开证申请人之间的约定或者跟单信用证的惯例，通过转让提单或者提单项下货物取得价款，开证申请人请求返还超出债权部分的，人民法院应予支持。"据此，由于开证行就提单享有的只是一项担保权利，在担保物权实现之后，应当依据《民法典》第438条的规定进行清算，就超过主债权的部分财产，应当返还债务人。

三、有价证券质权的实现

当债务人不履行债务或者发生当事人约定的实现质权的情形时，质权人有权实现质权。不过，因为有价证券本身不同于一般的财产，所以，此种质权的实现具有一定的特殊性。具体来说，以有价证券设定质权以后，如果证券记载权利的清偿期与其所担保债权的清偿期一致，则在所担保的债权清偿期到来以后，债权

---

① 郑玉波：《民商法问题研究》（四），144页，台北，自版，1985。

人未获得清偿，质权人可直接行使质权，收取证券上的给付。[①] 当然，质权人是就证券的价值优先受偿，而不是行使证券的权利。

（1）清偿期先于主债权到期的，《民法典》第442条规定："汇票、本票、支票、债券、存款单、仓单、提单的兑现日期或者提货日期先于主债权到期的，质权人可以兑现或者提货，并与出质人协议将兑现的价款或者提取的货物提前清偿债务或者提存。"例如，以本票设质，本票的到期日为5月1日，而其所担保的债权的清偿期为6月1日。在此情况下，应当如何实现质权？根据《民法典》第442条的规定，质权人有权将票据兑现或持提单提货，但质权人应与出质人协商，确定是否将兑现的价款或提取的货物用于提前清偿质权所担保的债权。这主要是因为，在履行期尚未到来之前，出质人享有债务未到期的抗辩，其期限利益仍然应当受到保护。如果出质人愿意提前清偿，则质权将因提前清偿而消灭。如果其不愿意提前清偿，则应向双方约定的第三人提存，质权将及于提存物，一旦债务到期而债务人不能履行债务，则质权人应以提存物优先受偿。

（2）有价证券的清偿期后于主债权到期的。在此情形下，债权人能否直接向债务人请求给付，《民法典》没有作出明确规定。笔者认为，在设定质权时，质权人既然已经知道有价证券上记载的清偿期后于债务履行期，而仍然同意在该有价证券上设定质押，这表明其自愿承担了债权到期后无法立即就有价证券实现权利的后果，故其应当等待有价证券所记载的清偿期到来后，才能实际行使权利。

关于有价证券质权的实现问题，应区分不同情况分别处理。如果证券的给付为金钱，而被担保的债权亦为金钱债权，在此情况下，质权人要实现其质权是较为容易的，其可以直接要求证券的债务人向自己作出给付，证券的债务人也必须向其作出履行。有学者认为，不论证券票面金额是多少、被担保的债权是多少，质权人可请求证券债务人全部履行，在满足其债权以后有剩余的，可返还给出质人。此种观点不无道理。如果证券的给付为金钱以外的物，被担保的债权为金钱债权（如以提单担保借款合同），则质权人领取证券债务人交付的货物以后，是

---

① 参见梅仲协：《民法要义》，610页，北京，中国政法大学出版社，1998。

否存在物上代位？学界对此存在不同的看法。笔者认为，有价证券质押的客体原本是证券，质权人领取证券债务人交付的货物以后，应当适用物上代位的规则，使该质权的效力及于该货物，从而按照动产质权的实现方法处理。

第三节　基金份额、股权质押

一、基金份额质押

依据《民法典》第 440 条，"可以转让的基金份额、股权"可以质押。基金是指证券投资基金，即通过公开或非公开方式发售基金份额，由基金托管人托管，基金管理人管理，为基金份额持有人的利益所进行的证券投资活动。[①] 基金分为开放式基金和封闭式基金，大多数开放式基金不能上市交易，所以其不能作为质权的客体。所谓基金份额，是指向投资者发行的表示持有人按其所持有的份额并基于该份额对基金财产享有的收益分配权，清算后的剩余财产取回权以及其他权利。[②] 基金份额一般是指基金投资人对基金享有的份额，体现着基金投资人（基金份额持有人）的权利和义务。基金份额和股份一样，是资本市场中一种重要的财产类型，且随着我国资本市场的发展，基金已经成为一种越来越重要的财产形式。既然法律上允许依法可以转让的股份作为担保物，亦应允许依法可以转让的基金份额作为担保物，以扩充当事人的融资担保工具。

依据《民法典》的规定，凡是可以依法转让的且允许出质的财产，可以出质。既然基金份额的持有人有权依法转让其持有的份额，那么，基金份额属于依法可以转让的财产权利，可以设定质权。

以基金份额质押，应当办理登记。《民法典》第 443 条修改了《物权法》第 226 条的规定，并不要求当事人之间订立书面合同，但依据我国《民法典》第

---

① 参见《证券投资基金法》第 2 条。

② 参见黄薇主编：《中华人民共和国民法典物权编解读》，779 页，北京，中国法制出版社，2020。

443 条第 1 款的规定，"以基金份额、股权出质的，质权自办理出质登记时设立"。不过，按照区分原则，只要双方达成合意，即使没有办理登记，基金份额质押合同也是有效的，可以在当事人之间产生合同债权。由于基金份额出质的公示方法是登记，因此，质权在办理出质登记时发生效力。如果没有办理登记，当事人之间不能产生作为物权的基金份额质权。

二、股权质押

股权就是指股东因向公司直接投资，依据法律和章程的规定所享有的各种权利。在我国，公司包括股份有限公司、有限责任公司等形式，有限责任公司股东的股权是通过公司签发的出资证明书体现的，并不公开上市流通。而股份有限公司也要分为两类，即上市公司和非上市的股份公司。对于上市公司而言，上市公司股东的股权是通过公司签发的股票体现的，其可以在市场上自由转让，股权持有人因持有股票而享有相应的股权。

并非所有的上市公司股权均可以进行出质，能够进行质押的股权必须是可以依法转让的股权。即使就上市公司的股权而言，也可以分为两类：一类是上市的流通股，另一类是上市的非流通股或者限售股。这两类股权都必须在证券登记机关进行登记、存管或结算，但可以质押的主要是流通股，因为非流通股在转让上仍受到限制，因而不能作为质押的标的。值得注意的是，股权既包括经济性的权利也包括非经济性的权利，前者如分配红利、股息的权利，公司剩余财产分配权等。后者如出席股东大会的权利、投票权、选举权、被选举权、查阅公司账簿等权利。以股权质押仅仅是指以其中的经济性权利质押，而不包括非经济性权利，因此股东在将股权质押之后，依然享有出席股东大会、投票等参与公司经营管理的权利，而股票的质权人虽然占有股票，但其并不是股东，不能出席股东会议行使表决权。[1]

---

① 参见王文宇：《公司法论》，265 页，台北，元照出版社，2006。

《民法典》第443条第1款规定，以股权出质的质权自办理出质登记时设立。股权的出质首先要有出质人与质权人之间订立质押合同，并且在法律规定的登记机关办理登记，依据《民法典》第443条的规定，出质采登记生效主义。当事人虽无须实际交付股票或进行背书，但登记具有替代交付的功能。因此，以证券登记结算机构登记的股权出质的，质权自法定机构办理出质登记时设立。

三、基金份额和股权出质后，不得转让

根据《民法典》第443条第2款的规定，"基金份额和股权出质后，不得转让，但是出质人与质权人协商同意的除外"。该条是对出质人处分基金份额和股权的限制。一方面，基金份额和股权出质后已经受到了限制，因此不能像未出质时一样自由转让。这就是说，非经质权人同意，出质人不得转让其已出质的基金份额和股权，因为在权利质权中，质权的客体是权利而非有体物，质权人无法如同对动产那样实际占有控制客体，其控制力比较弱，所以应当限制出质人对质押标的物的处分权。如果转让，将构成对基金份额持有人或股东的侵害。① 另一方面，限制转让是出于保护质权人的目的，在质权人与出质人协商同意放弃这一保护时，也应当允许。但是，转让之后，出质人转让基金份额和股权所得的价款，应当向质权人提前清偿债权或者提存。② 在未经质权人同意的情况下，转让合同的效力虽然不受影响，但是其不能对质权人产生效力。

四、质权人有权收取质押财产的孳息

《民法典》第430条规定，"质权人有权收取质押财产的孳息"。依据这一规

---

① 参见姚红主编：《中华人民共和国物权法精解》，394页，北京，人民出版社，2007；黄薇主编：《中华人民共和国民法典物权编释义》，848页，北京，法律出版社，2020。

② 参见黄薇主编：《中华人民共和国民法典物权编解读》，791页，北京，中国法制出版社，2020。

定，如果当事人没有特别约定，则质权人有权收取孳息，该规则也应当可以适用于权利质权。就股权质权而言，所谓孳息主要是指红利与配送股，至于股票在股市上价格上涨的溢价，由于这种增值不属于股票的孳息收入，故不能归质权人享有。在实现质权的条件成就时，质权人通过将股票变价，只能在担保的债权范围内优先受偿，溢价收入在清偿债权后剩余部分应当返还给出质人。依法收取的孳息应当首先冲抵收取孳息的费用，然后冲抵主债权产生的利息和主债权。①

五、基金份额质权和股权质权的实现

当债务人不履行债务或者发生当事人约定的实现质权的情形时，质权人有权实现质权，即将已经设定质权的基金份额、股权折价或者拍卖、变卖，并就所得价款优先受偿。由于质权人不将质押财产变价就不能实现股票的交换价值，因而变价原则上是质权实现的必经程序。由于股票的价格是不断波动的，如果在质权实现以前，出现了股票价格大幅度上涨或者持续下跌的情况，出质人要求变价，质权人应当同意，但应当以变价所得提前清偿债务或用于提存。

第四节　知识产权质押

一、知识产权质押概述

所谓知识产权质押，是指当事人以注册商标专用权、专利权、著作权等知识产权中的财产权设定质权，当债务人到期不履行债务或者发生当事人约定的实现质权的事由时，质权人将已出质知识产权中的财产权变价，并就所得价款优先受偿的一种担保物权。我国《民法典》第444条第1款规定："以注册商标专用权、

---

① 参见黄薇主编：《中华人民共和国民法典物权编解读》，704页，北京，中国法制出版社，2020。

专利权、著作权等知识产权中的财产权出质的，质权自办理出质登记时设立。"需要指出的是，知识产权质押的客体只限于可以转让的财产权，而不包括其中的人身权，因为知识产权中的人身权，如著作署名权、发表权、修改权等只能专属于著作权人，而不能让与他人，所以不能出质。除了上述三种权利之外，《民法典》第 444 条还使用了"等知识产权"的表述，这为未来新型知识产权的出现及其质押留下了足够的空间。

二、知识产权质押的设立

一方面，出质人与质权人应形成质押合意。《物权法》规定出质人和质权人必须订立书面的质押合同，但是《民法典》中删除了这一要求。当然，当事人仍需要达成知识产权质押合意。另一方面，依据《民法典》第 444 条规定，知识产权质押必须依法办理登记，即必须向知识产权管理部门办理出质登记。由于知识产权是一种无形的财产，无法采取移转占有的方式来公示，因而知识产权设质需要办理登记。[①] 此外，为了防止出质人将知识产权质押后擅自转让知识产权，应当要求出质人向质权人交付知识产权权利证书，如商标注册证、专利证书等。依据《民法典》第 444 条的规定，质权自办理登记时设立，也就是说，仅仅只是订立了质押合同而没有办理登记还不能设立质权。质权只有在完成了公示方法之后，才能有效设立。

知识产权在出质以后，出质人不能未经质权人同意处分其财产权。《民法典》第 444 条规定："知识产权中的财产权出质后，出质人不得转让或者许可他人使用，但是出质人与质权人协商同意的除外。出质人转让或者许可他人使用出质的知识产权中的财产权所得的价款，应当向质权人提前清偿债务或者提存。"这一规定包括如下内容：第一，在知识产权出质后，出质人不得转让或者许可他人使用。法律限制出质人对设质的知识产权进行转让或许可他人使用，目的是保护质

---

① 参见黄薇主编：《中华人民共和国民法典物权编释义》，849 页，北京，法律出版社，2020。

权人的利益。第二，如果出质人要转让或许可他人使用出质的权利，必须征得质权人同意。此种同意既可以采取书面形式，也可以采取口头形式，但必须通过明示的方式表达出来。第三，经过出质人和质权人协商，可以以转让或许可所获得的转让费或许可费用于提前清偿债务人向债权人所欠的债务，质权及于转让费、许可费上。如果出质人不愿意提前清偿，则可将转让费、许可费向其与质权人所约定的第三人提存，一旦债务履行期到来，债务人不能履行债务，质权人可以以该提存物优先受偿。[①]

三、知识产权质权的实现

《民法典》第446条规定："权利质权除适用本节规定外，适用本章第一节的有关规定。"由此可见，我国《民法典》并没有特别规定知识产权质权的实现，有关知识产权质权的实现应当适用动产质权实现的一般规则。具体而言，质权人可以与出质人协议以该质押财产折价，也可以就拍卖、变卖知识产权财产权所得的价款优先受偿。值得注意的是，在拍卖、变卖知识产权前，应当对知识产权进行评估，确定其价值。但出质人不愿进行评估，也可直接进入变价程序。

第五节　应收账款质押

一、应收账款质押概述

应收账款是一个会计学上的概念，它是指企业对客户享有的债权。该债权应当具有确定性，符合会计记账的基本要求。根据《应收账款质押登记办法》第4条，应收账款是指权利人因提供一定的货物、服务或设施而获得的要求义务人付

---

① 参见姚红主编：《中华人民共和国物权法精解》，396页，北京，人民出版社，2007；黄薇主编：《中华人民共和国民法典物权编释义》，849页，北京，法律出版社，2020。

款的权利，包括现有的和未来的金钱债权及其产生的收益，但通常不包括因为票据或其他有价证券而产生的付款请求权。可见，该规定采用了较为宽泛的定义，包含了"未来的金钱债权及其产生的收益"①。可以作为质押客体的应收账款必须符合如下条件。

第一，应收账款必须具有可转让性。应收账款质押属于质押的一种，它应当符合质押的一般条件，在债务人不履行债务时，是可以强制执行的。对于不可转让的债务，如与人身联系密切或者不能强制执行的债权，不能质押。如果根据债权的性质不得转让（如劳务之债），也不得设定质押。因为在这些债权合同中，当事人双方均存在一种特殊的信任关系，如果此类合同发生转让或质押，必然破坏这种信赖关系。

第二，应收账款主要是指金钱债权。如因为销售商品或提供劳务以后，一方没有支付货款或费用。应收账款还包括未到期的债权。未到期的债权是将来取得的收益，这些债权本身已经产生，只是其履行期限尚未届至，但也具有财产价值，故可以作为质押的标的。例如，双方订立了长期的供货合同，以该合同债权质押，在这种合同中，债权人就可对尚未到期的债权享有质权。

第三，应收账款是没有证券化的债权。证券化的债权（如公司债）是否应包括在应收账款之中？对此存在不同的立法例。根据《美国统一商法典》第九编关于应收账款的规定，并不包括由担保债权凭证或票据表彰的偿付请求权。而《美洲国家组织动产担保交易示范法》中的应收账款则是指担保债权人所享有的向第三人主张或向第三人收取现在或未来到期的金钱付款的权利。笔者认为，证券化的债权，从广义上说也可以属于应收账款，但我国《民法典》第441条已经规定了证券质押，因此此类质押应当属于证券质押的范畴，而不应当包括在应收账款质押之中。②

第四，以现有的应收账款出质必须具有真实性。《有关担保的司法解释》第

---

① 美国法学会、美国统一州法委员会编：《美国〈统一商法典〉及其正式评述》，高圣平译，67～68页，北京，中国人民大学出版社，2006。

② 参见崔建远：《物权法》，5版，551页，北京，中国人民大学出版社，2021。

61 条第 1 款规定："以现有的应收账款出质，应收账款债务人向质权人确认应收账款的真实性后，又以应收账款不存在或者已经消灭为由主张不承担责任的，人民法院不予支持。"据此，以现有应收账款出质的，该账款必须具有真实性。因为应收账款债权的标的是一项债权，由于债权具有非典型的公开性，第三人很难查知特定的债权是否存在以及债权的内容。在出质人以应收账款出质时，质权人可能进行调查以了解债权的真实性，此时如果债务人表明债权债务关系确实存在，那么其就应当承担债权不存在的法律后果。由于债务人确认存在应收账款，质权人形成了债权关系确实存在的外观①，基于保护信赖，该条要求对于虚构债权债务关系的债务人承担如同债权债务关系确实存在一样的责任。因此，应收账款债务人确认应收账款真实性的，事后不得以应收账款不存在或者已经消灭为由主张不承担责任。②

如果在设定质权时，质权人没有进行尽职调查，以确认债权债务关系是否真实存在，其质权是否应当受到保护？依据《有关担保的司法解释》第 61 条第 2 款规定：只要质权人事后能够举证证明办理出质登记时应收账款是真实存在的，也应当受到保护。如果质权人不能举证证明办理出质登记时应收账款真实存在，仅以已经办理出质登记为由，表明质权人并不存在合理信赖，因此也不应受到保护。据此，该条确立了应当向应收账款债务人确定应收账款真实性的义务。如果其没有尽到确认真实性的义务，而应收账款是虚假的，其可以继续请求出质人承担违约责任。但在向应收账款债务人行使债权质权时，就必须要证明担保财产是否真实存在，也就是说如果设立质权时，应收账款都不存在，应当认为担保物权并未有效设立。当然，如果没有设立担保物权，质权人仍然可以基于基础交易关系要求出质人承担违约责任。

当应收账款债务人向债务人清偿时，应当如何确定质权人的权利？《有关担保的司法解释》第 61 条第 3 款依据质权人是否已经进行通知而分别确定不同的

---

① 参见黄薇主编：《中华人民共和国民法典合同编解读》，913 页，北京，中国法制出版社，2020。
② 参见高圣平：《民法典担保制度及其配套司法解释理解与适用》，988~989 页，北京，人民法院出版社，2021。

效果。依据该款的规定，应收账款债务人接到质权人要求向其履行的通知后，仍然向应收账款债权人履行的，不发生清偿的效果，质权人有权要求其继续履行；如果质权人并未通知，则质权人请求应收账款债务人再次履行债务时，不能得到支持。这是因为，在债权质权的情形下，只有在质权人向债务人作出了要求履行的通知之后，债权质权才会对债务人发生效力，根据债权转让的基本法理，此时只有向质权人履行才会发生清偿的效果。在通知之前已经履行的，不得要求债务人再次向其清偿或履行。而应收账款债务人在接到应收账款质权设立通知前，向应收账款债权人作出的履行可以对抗质权人。①

二、应收账款的分类

（一）已到期和未到期的应收账款债权

已到期的应收账款债权，是指在债权到期以后，债务人未清偿债权，债权人可以将其享有的债权设置质押。例如，因为销售商品或提供劳务以后，一方没有支付货款或费用。

未到期的应收账款债权，是将来取得的收益，债权本身已经产生，但是，其履行期限尚未届至，本身也具有财产价值。一些已到期的债权没有履行，可能已变成呆坏账，而未到期的债权，其实现的可能性更大。未到期的债权中，还包括那些目前尚未订立合同、但是当事人可以合理期待的未来债权。例如，双方订立了长期的供货合同，以该合同债权质押，在这种合同中，债权人享有的债权尚未实际产生，但依然能以此种债权设定质押。

（二）现有的和将有的应收账款债权

所谓现有的应收账款是指已经发生且客观存在的应收账款，所谓将有的应收账款是指未来将会产生的应收账款。此类应收账款又可以分为两类：一是以合同债权为基础的应收账款，例如，当事人之间订立了长期框架合同，债权尚未发生

---

① 参见高圣平：《民法典担保制度及其配套司法解释理解与适用》，984～986 页，北京，人民法院出版社，2021。

但是将来可能发生。二是非以合同债权为基础的应收账款，这主要是指收费权质押的情形。例如，高速公路收费权质押时，尚不存在债权，但是其确实属于未来可以获得的应收账款收益。由于以未来的财产作为担保是担保法发展的重要趋势，因此，《民法典》把将有的应收账款纳入质押范围，这对于鼓励担保、便利融资，充分发挥应收账款的交换价值具有重要的意义。

关于将有的应收账款质权，《有关担保的司法解释》第 61 条第 4 款规定："以基础设施和公用事业项目收益权、提供服务或者劳务产生的债权以及其他将有的应收账款出质，当事人为应收账款设立特定账户，发生法定或者约定的质权实现事由时，质权人请求就该特定账户内的款项优先受偿的，人民法院应予支持；特定账户内的款项不足以清偿债务或者未设立特定账户，质权人请求折价或者拍卖、变卖项目收益权等将有的应收账款，并以所得的价款优先受偿的，人民法院依法予以支持。"该条所规定的将有应收账款质押包括三种情形：一是指将来完成的能源、交通运输、水利、环境保护、市政工程等基础设施和公用事业项目收益权。例如，修建一条高速公路，以未来取得的高速公路收费权进行质押。二是以提供服务或劳务产生的债权出质，此处所谓的提供服务或者劳务，这些劳务并非是现在提供，而应是将来提供劳务产生的债权。针对特定主体提供的服务或者劳务仍属于现有的应收账款。[1] 三是以其他将有的应收账款出质。例如，出租人将其房屋进行出租，并就该未来取得的租金设定应收账款质押，但在签订质押合同时尚未与他人签订租赁合同。

《有关担保的司法解释》第 61 条第 4 款就上述三种情形下应收账款质押确立了如下规则：一是明确将有应收账款主要包括基础设施和公用事业项目收益权、提供服务或者劳务产生的债权以及其他将有的应收账款；二是规定以将有的应收账款质押，原则上应当设立特定账户；三是在实现应收账款质押时，原则上应先就特定账户内的款项优先受偿；特定账户内的款项不足以清偿债务或者未设立特定账户的，再对应收账款进行折价或者拍卖、变卖。

---

① 参见最高人民法院民事审判第二庭：《最高人民法院民法典担保制度司法解释理解与适用》，522 页，北京，人民法院出版社，2021。

（三）一般应收账款和收费权

收费权是一个范围非常宽泛的概念，但是，作为应收账款质押的收费权，主要是指经过有关部门的批准和许可，而享有的对公路、桥梁、隧道、渡口等基础设施的收费权。① 其特点在于，第一，它是一种请求权，即权利人对各种基础设施所可能产生的收益等享有的请求权，它主要是针对不特定人而不是针对特定的人请求支付费用的权利。第二，它是一种可能发生的请求权，收益权的范围具有不确定性，其是否可能发生或在多大程度上发生，都具有一定的不确定性。第三，它通常是基于一定的资格而发生的请求权。换言之，它不是现实地支配某项财产的权利，而是在权利人为他人提供服务之后所享有的一种收取费用的资格。第四，它的债务人并不确定。与一般应收账款不同，收费权的债务人并不特定。以收费权设立质押时，可能还没有形成具体的债权债务，但由于收费权本身也是以财产价值为内容的，而且行使收费权又会产生一定的收益，所以，收费权也是可以质押的。《有关担保的司法解释》第 61 条第 4 款对以基础设施和公用事业项目收益权、提供服务产生的应收账款出质规则作出了规定。此处所言的收益权就是指收费权。

需要指出的是，收费权质押和一般应收账款的质押是存在区别的。一方面，一般应收账款是在特定的债权债务人之间产生的，应收账款质押是以实际发生的债权质押。而收费权只是一种资格，此种权利产生时，债权债务关系可能尚未实际发生。在收费权质押中，出质的对象就是收费权。在债务人不履行债务的情况下，强制执行的只能是收费权本身，而不能是因收费权而产生的债权。拍卖、变卖的对象也只能是收费的资格。另一方面，一般应收账款都具有可转让性，但许多收费权本身是经过政府特许的，权利人的资格受到较多的限制。此外，从质权的实现方式来看，收费权质押可以采取将收费权拍卖、变卖或折价的方式，而应收账款的质押一般不存在将应收账款拍卖、变卖的方式，大都采取由质权人向第三人直接收取债权的方式。因此，收费权质押不同于发生在当事人之间的一般应收账款债权的质押。

---

① 参见黄薇主编：《中华人民共和国民法典物权编释义》，844 页，北京，法律出版社，2020。

三、应收账款质押的设立

应收账款质押的设立，是指当事人依据法律规定的条件在应收账款之上设立质权的行为。这种特殊的质押形式，除了具有质押的一般特点之外，还需要满足法律所规定的特殊要件。《民法典》第 445 条第 1 款规定以应收账款出质的，"质权自办理出质登记时设立"。据此，应收账款的质押，实行登记要件主义，也就是说，在出质人和质权人订立应收账款质押合同以后尚不能设立质权，当事人还必须办理登记。只有在办理了登记手续之后，质权才有效设立。

在比较法上，一般债权也可以设立质权，但以对债务人的通知作为质权的生效要件。例如，《德国民法典》第 1280 条规定："对有让与合同即可移转的债权设质，只有在债权人将其通知债务人时，才是有效的。"法国、日本民法也有类似的规定。[①] 以债权设定质押与债权转让的条件是一致的。我国合同法规定债权人转让合同债权无须取得债务人同意，但需要通知债务人。据此，许多学者认为债权的质押也不需要经过债务人的同意，但债权人有义务及时通知债务人关于债权已设定质押的情况。[②] 笔者认为，采纳通知主义的立法模式确有其合理性：一方面，它尊重了债权人处分其债权的自由，有利于鼓励担保，符合市场经济发展的需要；另一方面，它也考虑到了债务人的利益，要求及时通知债务人，实际上可避免因债务人对债权质押毫不知情所遭受的损害。但是，通知债务人并不是应收账款质押的设立要件，而只是质权人能否向债务人收取债权的条件，也就是说，如果通知了债务人，质权人可以向其收取，而如果没有通知债务人，债务人有权拒绝，但并不影响质押权的设立。[③] 根据我国《民法典》第 445 条的规定，应收账款质押从在信贷征信机构办理登记之日起设立。这就是说，只要双方订立了质押合同，办理了登记手续，质权就有效设立，并不需要通知债务人。应收账

---

①　参见《法国民法典》第 2075 条，《日本民法典》第 364 条。
②　参见郭明瑞、杨立新：《担保法新论》，23 页，长春，吉林人民出版社，1996。
③　参见谢在全：《民法物权论》（下册），842 页，台北，自版，2003。

款质押在登记之后，债权人就取得了质权，没有作出通知只是不能对抗债务人。如果债务人因为不知道债权设定了质押而仍然向原债权人清偿，该清偿有效。

四、应收账款质押的效力

（一）质权人的权利和义务

在应收账款质押生效之后，质权人对出质的债权享有质权，其权利的内容与一般权利质押的内容相同，但亦有不同之处。这尤其表现在，在质押债权到期之后，且被质押的债权也到期的情况下，质权人有权直接请求债务人向自己作出给付。例如，质权人在将质押已设定的情况通知第三人之后，就有权代债务人向第三人收取债权。在通知之后，第三人只能向质权人清偿，即向有受领权的人清偿，不能再向其债权人清偿。尽管我国《民法典》对此没有明确规定，但从法理上说，既然质权人享有质权，其就取得了债务受领人的法律地位，因此，可以代债务人请求第三人向自己作出给付。从国外物权法的经验来看，也大多采取此种方式。质权人在质押设定之后，在债权尚未到期以前，不得提前要求清偿，或擅自代位收取债权，也不得非法干预债务人或第三人的行为。

（二）出质的应收账款不得转让

《民法典》第 445 条第 2 款规定："应收账款出质后，不得转让，但是出质人与质权人协商同意的除外。出质人转让应收账款所得的价款，应当向质权人提前清偿债务或者提存。"这一规定包括如下内容：第一，作为质押标的的应收账款不得转让。《民法典》之所以禁止应收账款的转让，是为了防止质押标的因转让而使担保的目的落空，从而危及所担保的主债权。由于质押的债权与一般的财产权不同，它以请求权为标的，而且只能针对特定人请求，为了保护质权人的利益、维护交易安全，必须要对出质人的处分权作严格限制。[①] 因此，《民法典》第 445 条虽然承认出质人对其设置质押的应收账款享有债权，但不得转让，否则

---

① 参见黄薇主编：《中华人民共和国民法典物权编释义》，850 页，北京，法律出版社，2020。

将会形成双重处分，损害质权人的利益。第二，经出质人与质权人协商同意的，应收账款可以转让。毕竟，应收账款是一种财产权益，权利人可以处分；对出质人的处分权的限制主要是为了保护质权人的利益。如果质权人认为应收账款转让也是符合其利益的，则法律许可经协商同意转让。但是，转让后的收益必须用于清偿主债权或者予以提存。①

（三）应收账款质押对应收账款债务人的效力

1. 确认应收账款真实性后应收账款债务人的责任承担

在应收账款质权人向债务人请求确认应收账款真实性后，债务人原则上不得再以债权不存在或已消灭进行抗辩。《有关担保的司法解释》第 61 条第 1 款规定："以现有的应收账款出质，应收账款债务人向质权人确认应收账款的真实性后，又以应收账款不存在或者已经消灭为由主张不承担责任的，人民法院不予支持。"依据该规定，在应收账款的债务人向质权人确认应收账款的真实性后，即便应收账款不存在或者已经消灭，其仍应承担责任。从实践来看，在应收账款质押的情形下，质权人往往会向债务人确认应收账款是否真实存在，在应收账款债务人向质权人确认应收账款的真实性后，事后又以应收账款自始不存在或者已经消灭为由主张不承担责任的，已违反诚信原则，其行为不应得到支持。依据《民法典》第 763 条规定，应收账款债务人不得以应收账款不存在为由对抗质权人，除非其能够举证证明质权人对应收账款自始不存在是明知的。即便在当事人虚构应收账款的情形下，在出质人已经向债务人确认了债权真实存在后，债务人不得以债务不存在为由进行抗辩。② 对于债权曾经存在但是已经消灭的情形，债务人同样应当在质权人确认时进行告知，如果债务人并未告知债权已经消灭的事实，则即便债务已经消灭，债务人也应当承担责任。③ 司法解释之所以作出此种规

---

① 参见梅夏英、高圣平：《物权法教程》，498 页，北京，中国人民大学出版社，2007；黄薇主编：《中华人民共和国民法典物权编释义》，850 页，北京，法律出版社，2020。

② 参见最高人民法院民事审判第二庭：《最高人民法院民法典担保制度司法解释理解与适用》，519 页，北京，人民法院出版社，2021。

③ 参见最高人民法院民事审判第二庭：《最高人民法院民法典担保制度司法解释理解与适用》，520 页，北京，人民法院出版社，2021。

定，主要是为了保障质权人的信赖利益，因为即便债权不存在或已经消灭，但如果债务人仍然确认债权存在，则应当赋予应收账款如同债权确实存在一样的效果，即质权人可以要求债务人承担责任。

2. 质权人未向应收账款债务人确认应收账款真实性时应收账款债务人的责任承担

依据《有关担保的司法解释》第 61 条第 2 款规定，以现有的应收账款出质，如果应收账款的债务人未确认真实性，质权人以应收账款债务人为被告，请求就应收账款优先受偿时，则其需要证明办理出质登记时应受账款是真实存在的。换言之，在债务人未确认应收账款真实性的情形下，仅凭登记簿的记载并不能证明应收账款的真实性，但是因为应收账款质押登记不如不动产登记簿那样具有公信力，因此即便已经办理了质押登记，但质权人并不能据此要求就应收账款债权优先受偿，还需要质权人以登记簿外的其他证据证明债权真实存在，否则其不能仅以已经办理应收账款质押登记为由就主张对应收账款优先受偿。如果质权人能够举证证明应收账款在办理出质登记时是真实存在的，则其可以要求就应收账款债权优先受偿。在此情形下，如果债务人以应收账款已经消灭为由进行抗辩，则表明其已经承认应收账款的真实性，其应当对其该项抗辩承担举证责任。[①]

3. 应收账款债务人向应收账款债权人履行债务的法律效力

《有关担保的司法解释》第 61 条第 3 款规定："以现有的应收账款出质，应收账款债务人已经向应收账款债权人履行了债务，质权人请求应收账款债务人履行债务的，人民法院不予支持，但是应收账款债务人接到质权人要求向其履行的通知后，仍然向应收账款债权人履行的除外。"该条实际上确认了两项规则：一是在质权人未通知债务人要求向其履行时，债务人在向债权人清偿债务后，质权人不得再要求债务人向自己履行。换言之，在应收账款债务人接到质权人通知前，其仍可以向应收账款债权人履行债务，而且其履行债务后，质权人不得再请求其履行债务。二是已经收到质权人通知的债务人，只能向应收账款质权人履行

---

① 参见最高人民法院民事审判第二庭：《最高人民法院民法典担保制度司法解释理解与适用》，520页，北京，人民法院出版社，2021。

债务。也就是说，质权人应当向债务人通知该债权已经设质的事实，收到该通知的债务人继续向债权人履行债务的，不能免除向质权人履行债务。此处所说的通知，不同于履行的催告，其旨在通知债务人关于债权已经被设质的事实，而非要求其立即作出履行。就此而言，应收账款质权人要及时通知，否则，就可能面临不利后果。①

五、应收账款质权的实现

所谓应收账款质权的实现，是指质权人直接收取债权，并就其优先受偿。应收账款质押不同于一般的权利质押的实现在于，应收账款是以债权质押，而非以其他权利质押。所以，在被质押的债权到期以后，本来应由债权人收取的债权，可由质权人以受领权人的身份直接收取该债权。这与一般权利质押的实现不同，它并不需要经过变现程序。正是因为这一原因，应收账款的实现程序简便，成本低廉。例如，在"福建海峡银行股份有限公司福州五一支行诉长乐亚新污水处理有限公司、福州市政工程有限公司金融借款合同纠纷案"②中，法院认为，特许经营权的收益权依其性质不宜折价、拍卖或变卖，质权人主张优先受偿权的，人民法院可以判令出质债权的债务人将收益权的应收账款优先支付质权人。当然，如果应收账款质押中的债权没有到期，质权人只能等待该债权到期。

如果主债权与设质的应收账款质权清偿时间不一致的，应当分别处理。

（1）出质的应收账款债权先于主债权到期。对于此种情形下质权的实现，我国《民法典》虽然没有对此作出明确规定，但应当类推适用《民法典》第 442 条的规定，即出质人转让应收账款所得的价款，应当向质权人提前清偿债务或者提存。同时，如果质权人或出质人均不同意第三人向对方作出清偿，则第三人有权请求将其清偿金额提存，以免除其清偿责任，质权人或出质人也有权请求第三人

---

① 参见最高人民法院民事审判第二庭：《最高人民法院民法典担保制度司法解释理解与适用》，520页，北京，人民法院出版社，2021。

② 2015 年最高人民法院指导案例第 53 号。

将清偿金额提存。[①] 当然，在提存时，应当记载质权人的姓名及有质权存在的事实。待质权担保的债权已届清偿期以后，质权人可在债务人不履行债务时，领取提存金，从中优先受偿。

（2）出质的应收账款债权后于主债权到期。例如，乙欠甲 10 万元款项，清偿期是 2021 年 10 月 1 日，但甲因在银行丙处借款 10 万元，清偿期为 2020 年 5 月 1 日，并以甲对乙的债权作质押。当出质债权的履行期限后于主债权的履行期限时，质权人不能直接向出质人的债务人（即第三人）请求清偿。其主要原因在于，尽管出质人已经将债权设定质押，但这并不意味着，已经质押的债权就可以加速到期，因为这将损害第三人的期限利益。第三人虽然负有履行债务的义务，但是，其期限利益必须受到保护。[②] 所以，如果质押的债权没有到期，质权人不能请求第三人提前给付。法谚有云："任何人不因他人间所发生的事由而受损害。"前述规则是符合这一基本原理的。因此，在上例中，甲对丙的债务履行期届满后，如果甲对乙的债权未到期，则丙只能请求甲履行债务，而不能请求乙清偿债务。

---

① 参见梅夏英、高圣平：《物权法教程》，498 页，北京，中国人民大学出版社，2007；黄薇主编：《中华人民共和国民法典物权编释义》，850 页，北京，法律出版社，2020。
② 参见郭明瑞、杨立新：《担保法新论》，244 页，长春，吉林人民出版社，1996。

第二十七章
留置权

第一节　留置权概述

一、留置权的概念和特征

所谓留置权，是指在债权债务关系中，债权人已经合法占有了债务人的动产，在债务人不履行到期债务时，债权人有权依法留置该财产，将该留置的动产折价或者以拍卖、变卖所获得的价款优先受偿。例如，甲将其汽车一辆放在乙汽车修理公司修理，修好以后，因为双方就修理费的支付不能达成协议，甲拒绝支付修理费，乙则有权留置该汽车。《民法典》第 447 条规定："债务人不履行到期债务，债权人可以留置已经合法占有的债务人的动产，并有权就该动产优先受偿。前款规定的债权人为留置权人，占有的动产为留置财产。"留置他人财产的债权人是留置权人，而被留置财产的人，称为债务人，留置的财产称为留置物。

留置权在性质上属于担保物权，因为一方面，《民法典》在"担保物权"部分专门规定了留置权，这已经表明了留置权在我国属于担保物权的一种类型，且要适用担保物权的一般规定。另一方面，留置权因具有担保物权所具有的优先受偿效力、从属性、不可分性和物上代位性，在债务人不履行到期债务时，留置权人有权从留置物的拍卖、变卖或折价所得的价款中优先受偿，因此留置权在性质上不同于抗辩权和自助行为。① 与其他担保物权相比，留置权的特征主要表现为：

（1）留置权以债权人占有动产为前提条件。《民法典》第447条规定，债权人可以留置已经合法占有的债务人的动产，也就是说，留置权的行使必须以已经占有的动产为对象。因为只有在事先占有债务人动产的情况下，债权人才能在债务人不履行债务的情况下留置该动产。这种占有必须是直接地、实际地对物进行占有，而且对该动产的占有通常都是依据债权人和债务人之间的合同而产生的。如果债权人已经丧失对动产的占有，则债权人不能实际控制占有物，当然也不可能对该物进行留置。留置权对债权的担保，是通过对债务人动产的暂时扣留，剥夺其暂时利用权，以督促债务人清偿其债务实现的。因此，占有债务人的动产，不仅为留置权的主要内容，而且是留置权的成立与存续要件。② 占有虽为留置权的成立要件，但并非其公示方法。

（2）留置权只适用于动产。从《民法典》第447条的规定来看，留置权仅适用于动产而不适用于不动产。因为一方面，不动产采用登记方式作为公示的手段，无论是否移转占有都不影响其权利归属；另一方面，不动产的价值较大，而留置通常都是因修缮保管等原因形成的，其债权价值明显低于不动产价值，如果允许就某些费用的偿付对不动产进行留置，将违反比例原则，导致权利滥用的发生。③ 此外，在我国《民法典》上，留置权仅包括占有性的留置，而不包括收益性的留置，留置权人原则上不能通过出租等方式取得留置物的收益并就该收益优

---

① 参见崔建远：《物权法》，5版，561页，北京，中国人民大学出版社，2021。
② 参见谢在全：《民法物权论》（下册），559页，台北，新学林出版股份有限公司，2014。
③ 参见崔建远：《物权法》，5版，559页，北京，中国人民大学出版社，2021。

先受偿，因此，留置权的对象扩张到不动产，可能不利于发挥物的经济效用。[①]至于《民法典》第807条所规定的建设工程价款优先权，其在性质上应当属于法定优先权，而非留置权。

（3）留置权具有从属性和不可分性。所谓从属性，是指留置权作为一种担保物权是从属于主债权的，只有在主债权有效存在的情况下，才能产生留置权。至于在主债权发生转让的情况下，留置权是否应当随之转让？对此，我国立法虽然没有明确规定，但笔者认为，基于留置权作为担保物权及其从属性的特点，应当随主债权发生转让。

所谓留置权的不可分性，是指在债权没有获得全部清偿以前，留置权人有权留置全部的标的物，并可以对留置标的物的全部行使权利。留置权具有不可分性的原因在于：留置权设立的目的在于使债权人支配和控制留置物的全部交换价值，防止债务人因对留置的财产继续行使物权而造成财产的毁损灭失或将财产转让，以致不能以其财产的价值用于清偿债务，保障债权人的债权得以实现。留置权的不可分性主要表现在：一方面，在债权没有获得全部清偿以前，留置权人有权留置全部标的物，并可以对留置标的物的全部行使权利。债权的分割及部分清偿不影响留置权的效力，只要债权未完全受到清偿，不论未清偿的债权有多少，都可以对整个留置物行使权利。即使债权部分被清偿、抛弃，或发生部分债权的转让和抵销，只要有部分债权未被清偿，也不应当影响债权人对债务人的财产进行留置。另一方面，留置物本身的变化也不应影响留置权的存在。例如，留置物被分割、部分留置物发生毁损灭失等，不应当影响到留置权的存在。但是，依据《民法典》第450条有关可分物留置的规定，可以认为是留置权不可分性的例外。

（4）留置权具有物上代位性。从物上代位的本义来看，它是指权利人对于物在事实上不存在或者法律上丧失所有权的情形下，是否对其变形物享有权利的问题。就留置权而言，如果留置物非因留置权人的意志，发生意外毁损灭失，或者

[①]　参见蒋新苗等：《留置权制度比较研究》，71页，北京，知识产权出版社，2007。

依法被征用，则留置权人对于相应的赔偿金、补偿金等，享有请求从中获得优先受偿的权利。从这个意义上说，留置权应当被认为具有物上代位性。

二、留置权是法定担保物权

留置权不仅是一种担保物权，而且是一种法定担保物权。关于留置权的性质问题，一直存在着抗辩权说、债权的特别效力说、物权说、私力救济权说等观点。留置权虽然属于担保物权，但与抵押权、质权等担保物权不同，它不是基于法律行为而产生的，而是直接依据法律规定而产生的。从我国《民法典》的规定来看，留置权是一种法定的担保物权，因为留置权不必由当事人订立担保合同即可成立，且留置权的设定、内容、适用范围和法律效力都必须由法律规定。留置权的法定性具体体现在如下方面。

第一，产生的法定性。由于留置权是非基于法律行为而产生的，故只有符合法律规定的设定条件，才能产生留置权，当事人不得通过约定来设定留置权。而抵押权、质权的设定还需要由当事人订立抵押、质押合同。当然，根据《民法典》第449条的规定，法律规定或者当事人约定不得留置的动产，不得留置。如果当事人约定在某种交易中不得留置某项财产，则意味着当事人已经通过合同排斥了留置权的设定。

第二，内容的法定性。留置权不是通过法律行为设立的，其内容无法通过合同来事先确立，而只能由法律明确规定。例如，留置权实现中的宽限期、留置权人的保管义务、留置权人收取孳息的权利等都是由法律明确规定的。留置权在内容上最全面地体现了物权法定原则。

第三，适用范围的法定性。留置权并不是要赋予当事人私力救济的权利，而是使当事人享有担保物权，留置权可以看作是对私力救济的限制。因此，留置权的适用范围必须由法律明确规定，不能任由当事人约定。

第四，效力的法定性。留置权作为担保物权，其标的物、物权所担保的债权范围，都是由法律直接规定的。一般来说，留置权的效力范围只能由法律明确规定，不能由合同自由约定，在这一点上，它和抵押权、质权不同。留置权人享有优先受偿权，这也是法律明确规定的效力。在留置权与抵押权发生冲突的情况下，哪一项权利优先，通常也必须在法律上明确规定。留置权人对于其留置的物享有支配的权利并可以排斥他人干涉，留置权不仅可以对债务人主张，而且可以对抗留置标的物的受让人。

总之，留置权不同于其他担保物权的特点就在于，它是法定担保物权。由于留置权的发生具有法定性，当事人不能事先约定，因而当事人无法发挥利用被留置的财产主动融资的功能。[①] 另外，由于留置权是直接依据法律规定产生的，《民法典》对此种物权的产生并没有要求采用一定的公示方法。

三、留置权的适用范围

留置权是为了担保债权的实现而设立的。关于留置权的范围，可以从两方面理解。

一方面，留置权适用于各类合同和其他债的关系。债权人只要合法占有债务人的动产，不管是基于合同之债还是基于其他原因而产生的债，债务人都可以行使留置权。从《民法典》第 447 条的规定来看，留置权适用于债权人先前已经合法占有的动产，而并没有对留置权适用的债权范围作严格限制，即只要是合法占有债务人的动产，不管是基于合同之债还是基于其他原因而产生的债，债务人都可以行使留置权。具体而言：一是无因管理之债。例如，某人自愿为他人看管财物并支付了一定的费用，被管理人从中受益，但后来被管理人不支付因管理而产生的费用，此时，管理人就可以留置其合法占有的财产。再如，拾得人在拾得遗失物的情况下，如果失主不依据《民法典》的规定支付保管费，拾得人依据《民法典》第 447 条也可以留置遗失物。二是不当得利之债。例如，合法占有人对占有物进行了必要的修缮，占有人就可以向权利人主张返还必要的费用，如果权利

---

① 参见费安玲：《比较担保法》，434 页，北京，中国政法大学出版社，2004。

人不支付，占有人就可以留置占有物。但是，如果占有人所从事的是花费巨大的修理行为，则应事先取得所有人或其他权利人的同意，不能强迫后者得利。三是因侵权行为产生的损害赔偿之债。例如，某人踢足球打碎他人的玻璃，踢球人拒绝赔偿的，玻璃所有人可以留置该足球。由此可见，我国《民法典》关于留置权适用范围的规定，实际上采用的是广义留置权的概念，即留置权不限于合同之债，合同之外的其他债务也可以产生留置权。[①]

另一方面，依据《民法典》第 449 条规定："法律规定或者当事人约定不得留置的动产，不得留置。"这就从反面限制了可留置的财产的范围，也就是说，只要法律没有禁止的或者当事人约定中没有禁止留置的，都可以留置。可见，我国《民法典》中留置权的适用范围是较为宽泛的。

四、留置权与相关概念区别

（一）留置权与同时履行抗辩权

所谓同时履行抗辩权，也称履行合同的抗辩权，它是指没有先后履行顺序的双务合同的当事人一方在他方未对待履行以前，有权拒绝自己的履行。留置权与同时履行抗辩权均来源于罗马法的恶意抗辩。留置权与同时履行抗辩权极为类似。因为留置权发生的前提条件是债权人的债权与债权人占有的财产之间具有牵连关系，基于留置权，债权人在债务人不履行其债务时，可留置对方的财产以实现自己的债权。但两者之间存在着明显的区别，不能相互替代。两者的区别主要表现在：

第一，目的不同。留置权是在约定期限届满以后债务人不履行债务时，债权人依法留置财产并以折价或变卖的款项优先受偿，其目的是担保合同债务履行；而同时履行抗辩权的发生和行使的主要目的不在于担保债务履行，而在于谋求双

[①] 参见史尚宽：《物权法论》，483 页，北京，中国政法大学出版社，2000；谢在全：《民法物权论》（下册），847 页，北京，中国政法大学出版社，1999。

方同时履行，以维护利益的公平。①

第二，性质不同。留置权是担保物权，是为担保债务人履行其合同债务而设立的，留置权人可以按照留置的债务人的财产的价值优先受偿；而同时履行抗辩权不具有物权性质，它在性质上只是抗辩权，只能在合同当事人之间才能主张，享有同时履行抗辩权的一方只能对抗双务合同中对方当事人的请求权，拒绝履行自己的义务。

第三，效力不同。留置权所具有的留置效力表现为留置权人有权继续占有留置财产，相应地也具有拒绝返还的效力，就此而言，似乎与同时履行抗辩权所具有的拒绝履行效力相同。但实则二者有很大区别。同时履行抗辩权往往适用于双方均未履行债务场合，一方请求另一方履行时，另一方行使同时履行抗辩权，通过拒绝自己的履行督促对方履行。可见，其主要适用于双方均未履行债务的场合。而依据留置权，留置权人已经履行了对留置财产的加工等保值增值行为，因为债务人不履行支付费用等义务而留置财产。另一方面，留置权人拒绝返还的是被留置的动产，而在同时履行抗辩权场合，权利人拒绝履行行为指向的对象既可以是动产，也可以是金钱债务，还可以是不动产。②

第四，根据不同。留置权必须在一方按照合同约定占有对方的财产，且占有的物与债权之间具有牵连关系时方能成立。而同时履行抗辩权的发生根据是双务合同在债务履行上的牵连性，即对方未履行给付义务时，才可行使抗辩权。我国《民法典》第 525 条规定："当事人互负债务，没有先后履行顺序的，应当同时履行。一方在对方履行之前有权拒绝其履行请求。一方在对方履行债务不符合约定时，有权拒绝其相应的履行请求。"通常在同时履行抗辩权发生时，一方并不占有对方的财产。留置权作为担保物权，一般要求留置财产与所担保的债权系因同一法律关系所产生，学理上一般将其归纳为留置财产与债权之间具有牵连关系。同时履行抗辩权适用于双务合同，且双务合同中互负的对待给付具有牵连性。但此种牵连性与留置权所要求的牵连性并不相同。留置权场合的牵连关系，指的是动产与债权之间的牵连，而同时履行抗辩权则是对方互负的对待给付义务具有牵

① 参见陈华彬：《物权法论》，634 页，北京，中国政法大学出版社，2018。
② 参见麻锦亮：《民法典·担保注释书》，1080 页，北京，中国民主法制出版社，2023。

连关系，二者是有区别的。① 从留置权适用的主要合同类型看，保管合同、运输合同、承揽合同、仓储合同、行纪合同等合同在性质上都属于提供服务的合同。同时履行抗辩权适用的典型情形是买卖合同等转移标的物所有权或财产权利的合同。可见，二者适用的合同类型也存在不同。

第五，适用范围不同。同时履行抗辩权仅适用于双务合同②，而留置权的适用范围较为广泛，除适用于合同之债外，留置权还适用于其他类型的债的关系。

留置权与同时履行抗辩权的区别表明，不能因为有留置权制度而否定同时履行抗辩制度存在的必要性，也不可将法律关于留置权的规定简单地适用于同时履行抗辩的情形。

（二）留置权与自助行为

所谓自助行为，是指民事主体的合法权益受到侵害，情况紧迫且不能及时获得国家机关保护，不立即采取措施将使其合法权益受到难以弥补的损害的，受害人可以在保护自己合法权益的必要范围内采取扣留侵权人的财物等合理措施。我国《民法典》第 1177 条对此作出了规定。例如，甲在乙的餐厅用完餐之后，不交付餐费，乙餐厅将甲的随身物品扣押。留置权与自助的关系十分密切。这主要是因为，留置本身具有自助的功能，留置权人在债务人不履行债务时将已占有的债务人的财产扣押，以该财产的价值优先受偿，此种做法也类似于自助，至少在客观上达到了自助的效果。但严格说来，自助和留置是不同的，两者的区别主要表现在：

第一，是否有法律依据不同。自助是当事人权利行使与保护的一种重要方法，为我国《民法典》侵权责任编所规定，属于侵权责任的范围。而留置权则是《民法典》物权编所明确规定的一种法定担保物权。

第二，适用条件不同。自助的适用范围大于留置权的适用范围，因为在自助的情况下，自助人占有的财产并不一定与债权有牵连关系，如在前例中，乙扣押甲的随身物品与用餐合同并无法律上的牵连关系。而对留置权而言，除商事留置外，债权人留置的标的物必须与其所担保的债权有牵连关系。

---

① 参见麻锦亮：《民法典·担保注释书》，1080 页，北京，中国民主法制出版社，2023。

② 参见［日］近江幸治：《担保物权法》，祝娅等译，17 页，北京，法律出版社，2000。

第三，效力不同。自助的功能是暂时保全债权，但其并不能产生某种担保物权，也不能使自助行为人获得优先受偿的权利。[1] 自助原则上只能是一种对请求权采取暂时保全的措施，请求权的实现最终还必须通过司法程序来进行。[2] 而留置权则是一种法定担保物权，在留置的情况下，债权人享有担保物权，可以就留置物优先受偿。同时，在自助的情况下，债权人即使占有了债务人的财产，也只能对抗债务人，而不能对抗任何第三人。而在行使留置权以后，债权人占有债务人的财产，可以有效地对抗第三人。

第四，行使方式不同。依据《民法典》第 1177 条，自助通常是权利人在不能及时获得公力救济的情况下，如果不及时处理，则可能导致其请求权无法实现，或其行使会有困难时，受害人可以在保护自己合法权益的必要范围内采取扣留侵权人的财物等合理措施。自助不仅包括对财产进行扣押，也包括限制行为人的人身自由。当然，实行自助以后必须报告有关机关处理。而留置权的行使方式主要是扣押债务人的财产，债权人不得限制债务人的人身自由，此外，与自助不同，在留置以后，留置权人通常不必报告有关政府机关。

第五，适用范围不同。法律法规禁止留置的财产，或者限制流通物，以及具有人身属性的物品，如证件等，不得留置；但对于这些财产则可以实施自助行为。例如，某人投宿于某旅馆，未支付住宿费用，旅馆可以暂扣该旅客的证件，此种行为属于一种自助行为。

第二节　留置权的成立条件

留置权作为法定的担保物权必须符合法定的条件才能成立。各国立法都针对留置权而设定了明确的成立要件，许多国家的法律不仅规定了留置权的成立要

---

[1]　参见［德］迪特尔·梅迪库斯：《德国民法总论》，邵建东译，133 页，北京，法律出版社，2000。

[2]　参见［德］卡尔·拉伦茨：《德国民法通论》（上册），王晓晔等译，371 页，北京，法律出版社，2003。

件，也规定了不得留置的情况，因此，留置权的成立条件可以分为积极成立条件和消极成立条件。所谓积极成立条件，是指留置权的成立应当具备的法定要件；所谓消极成立条件，是指法律规定不得留置的情况。在留置权产生以后，将使债权人对留置财产享有物权，为了避免此种权利的行使损害债务人的利益，也有必要明确留置权的成立要件。①《民法典》第 447 条、第 448 条和第 449 条从积极要件和消极要件两个方面规定了留置权的成立要件，下面分别予以阐释。

一、留置权的主体必须是债权人

由于留置权仅适用于债的关系，且留置权是为了担保债权的实现而产生的，所以，只有债权人才能依据法律和合同的规定占有债务人的财产，并在债务人不履行债务的时候，依法留置债务人的财产。其他任何人留置债务人的财产，并不能因此享有留置权。由于我国《民法典》已经扩大了留置权的适用范围，所以，债权人不限于合同之债中的债权人，还包括其他债的关系中的债权人。

二、留置的对象是债权人所占有的债务人的动产

我国《民法典》第 447 条规定："债务人不履行到期债务，债权人可以留置已经合法占有的债务人的动产，并有权就该动产优先受偿。"根据这一规定，留置的对象是债务人提供的、由债权人所占有的动产。

（1）留置的动产是由债务人提供的财产。由债务人所提供的财产，并不一定属于债务人所有；它可能是债务人自己所有的财产，也可能是第三人所有的财产。原因在于：一方面，债务人将他人的财产交付给留置权人修理、保管等，即使不属于债务人所有，但债务人未支付修理费、保管费等费用，如果债权人不能留置该物，则对于债权人极为不利。毕竟，债权人通过修理、保管等行为为这些

---

① 参见黄薇主编：《中华人民共和国民法典物权编释义》，855 页，北京，法律出版社，2020。

财产的增值付出了相应的劳动。另一方面，如果不允许留置第三人所有的财产，则在留置权发生以后，债务人可能伪造证据，声称标的物属于第三人所有，以对抗债权人的留置。此外，《有关担保的司法解释》第 62 条第 1 款规定："债务人不履行到期债务，债权人因同一法律关系留置合法占有的第三人的动产，并主张就该留置财产优先受偿的，人民法院应予支持。第三人以该留置财产并非债务人的财产为由请求返还的，人民法院不予支持。"可见，我国司法实践也承认，即使不是债务人所有的财产，债权人也可以留置。这对于保护债权人的利益是具有积极意义的。

（2）留置的财产必须是动产。此处所说的动产，应当作狭义理解，即仅指不动产之外的有体物，不包括各种无形财产。不动产不得适用留置，但证券化的权利是否可以留置？笔者认为，原则上，证券化的权利不得适用留置，因为这些证券所代表的权利，与留置所担保的债权关系之间很难成立牵连关系；即使它们之间存在某些联系，对这些证券的留置也可能构成留置权的滥用。例如，因为未支付保管有价证券的保管费用，而留置这些证券本身，显然不符合比例原则。如果债权人的确需要占有这些有价证券，可以根据民事自助制度的原理，予以留置。例如，甲欠乙的债，乙扣留了甲的票据，此时，乙一般不能取得留置权，而只能通过自助制度获得救济。[①]

（3）留置的动产必须具有可转让性。从留置权的本质上考察，留置权在性质上是变价受偿权，留置权人留置债务人的动产，并不能对之加以利用，而只能从中优先受偿。这就是说，留置权主要在于控制留置物具有的使用价值，致使债务人暂时无法使用其动产，从而促使债务人履行其债务，但在债务人不履行债务时，留置权人要通过对留置物的拍卖、变卖并优先受偿。[②] 因此，留置权与抵押、质押一样，其标的物都应当具有可让与性，如果根本不能转让，则留置权人无法拍卖、变卖，其留置权就会落空。因此，法律法规禁止流通的物，无法适用

---

① Philippe Simler，Philippe Delebeque，Droit civil，Les sûretés，La publicité foncière，3e éd.，Dalloz，2000，p.440.

② 参见崔建远：《物权法》，5 版，577 页，北京，中国人民大学出版社，2021。

留置权。还有一些与人身有密切关系的证书，如毕业证、身份证、驾驶证等，也不能适用留置权的规定。

（4）债权人必须合法占有债务人提供的财产。所谓占有，是指由债权人对动产进行管领和控制。留置权人先前占有动产，以后因其自身原因导致占有丧失，留置权也因丧失占有而终止。一方面，债权人的占有不一定是其亲自对动产进行管领和控制，其可以通过占有辅助人来占有。如果债权人行使留置权之后，因留置物不便管理而委托他人管理，此时，债权人并不丧失其留置权。另一方面，债权人的占有必须是合法占有。任何人非法占有他人的财产，不能产生留置权。例如，在债务发生之后，债权人从债务人那里强行拿走某物，则不能形成留置权。①

三、占有的动产必须与债权属于同一法律关系

（一）"同一法律关系"的认定

按照传统的物权法理论，留置权行使的前提是，被留置的动产与要实现的债权之间存在着牵连关系。但是，究竟何为牵连关系，学说上也是众说纷纭，莫衷一是，主要有所谓单一标准说和两项标准说两种观点：单一标准说认为，判断可留置的标的物是否与债权有牵连关系，应该有一个统一的标准；两项标准说认为，所谓债权与该动产的牵连关系，不限于动产是债权发生的直接原因，即使动产是债权发生的间接原因，也可以认为有牵连关系。② 所以，两项标准说也被称为间接原因说。

《民法典》第448条规定，"债权人留置的动产，应当与债权属于同一法律关系。"由此可见，我国《民法典》主要采取的是单一标准说，即以同一法律关系作为标准。但与单一标准说有所不同的是，《民法典》对牵连关系采取了更为狭窄的解释，即将其限定在同一法律关系中。我国《民法典》所规定的"同一法律关系"与牵连关系相比，其范围更为狭窄。"同一法律关系"要求留置的财产必

---

① 参见谢在全：《民法物权论》（下册），568～569页，台北，新学林出版股份有限公司，2014。
② 参见谢在全：《民法物权论》（下册），560页，台北，新学林出版股份有限公司，2014。

须与产生的债权同属一个法律关系，而牵连关系则只需要具有一定的牵连性即可，并不要求一定属于同一法律关系。由于留置权的成立要求"属于同一法律关系"，这就使留置权的成立要件更为严格，其主要目的在于严格限制留置权的适用条件。因为留置毕竟是法律许可的救助方式，而且，它可以产生优先受偿的效力，如果其适用范围过宽，则可能对一般债权人不利。留置权的主要作用在于，留置债务人动产以迫使债务人清偿债务，从而使债权人的债权得以实现，但留置权人并不能任意留置债务人的所有财产。如果允许留置权人随意占有债务人的财产，则对其保护就未免过于宽泛，且对债务人也是极不公平的。因此，只有在留置的财产与未清偿的债务处于同一法律关系时，债权人才能予以留置。

（二）如何认定同一法律关系

《民法典》第448条规定占有的动产必须与债权属于同一法律关系。此处所说的"动产"应当包括动产的占有和动产占有的原因两个方面。一方面，债权人占有动产必须与债权是同一法律关系的内容。例如，基于运输合同而占有运输物，一方不支付运费，另一方留置其运输的货物。支付运费是基于运输合同而产生的，而占有运输的货物也是基于该运输合同而产生的。另一方面，债权人占有动产的原因必须与债权属于同一法律关系。例如，甲在乙处维修摩托车，但一直未付维修款，后甲又在乙处维修自行车，由于自行车与维修摩托车的价款之间并不属于同一法律关系，因而，乙不得主张留置甲的自行车。从这一意义上说，依据《民法典》第448条的规定，要求属于同一法律关系，实际上严格限制了留置权的适用范围。

《民法典》第448条强调，动产与债权属于同一法律关系，排除了纯粹的生活关系，而要求动产的占有与债权之间形成法律关系。所谓法律关系，是指受法律调整的，以权利义务为内容的社会关系。如果只是一种不产生权利义务的纯粹生活关系，则不属于法律关系。例如，散会后两人错拿了对方的雨伞，按照郑玉波先生的看法，这只是形成了一种生活关系。[①] 但有时生活关系会转化为法律关

---

① 参见郑玉波：《民法物权》，382页，台北，三民书局，2003。

系。通常认为，在如下情况下可以认为属于同一法律关系。

第一，留置的财产是债权发生的事实之一，或者说，留置财产与债权都是基于同一法律关系而产生的。例如，甲在乙公司修理汽车，乙公司占有汽车与甲负担修理费，都是修理合同的内容。因为甲的汽车的价值得以恢复是因为乙公司修理的结果。又如，甲拖欠乙运输费，乙扣留了其占有的甲的货物。

第二，留置的财产是债权发生的基础。例如，甲踢球撞碎乙的玻璃，此时，乙就可以留置该足球，因为踢球行为是侵权损害赔偿之债发生的基础。

第三，留置的财产与债权的发生之间具有因果关系。在留置权的适用中，同一法律关系的认定在很多情况下需要借助因果关系理论来判断，即按照社会一般观念确实存在留置的必要。① 例如，甲看到邻居乙的盆花可能被雨淋，请人搬到家中保存，如果乙拒不支付所付搬运工搬运的费用，则甲可以基于无因管理留置乙的盆花。此种情况，可以认定甲对盆花的占有与无因管理之债的发生具有牵连关系。

第四，动产的返还义务与债权属于同一法律关系的内容。例如，保管人返还保管财产和委托人支付保管费，是基于保管合同关系而产生的。这就是说，返还动产的义务是基于特定法律关系产生的，履行债务也是基于该法律关系产生的。

尽管我国《民法典》第 448 条要求债权人留置的财产应当与债权属于同一法律关系，但是，对于企业之间的留置适用商事留置权的规则，不受同一法律关系的制约。由此可见，同一法律关系只是对一般留置权的规定，商事留置权并不受此限制。

四、债权须已届清偿期而债务人未按规定的期限履行义务

《民法典》第 447 条规定："债务人不履行到期债务，债权人可以留置已经合法占有的债务人的动产，并有权就该动产优先受偿。"因此，债权已届清偿期而

---

① 参见黄薇主编：《中华人民共和国民法典物权编释义》，856 页，北京，法律出版社，2020。

债务人未按规定的期限履行义务，应为留置权设定的条件。

（1）留置权的成立须以债权已届清偿期为要件。如果债权人已占有债务人的动产，但其债权尚未到期而不能确定债务人是否构成违约，债权人就不能行使留置权。所以，在债权未届清偿期时，尚不发生债务人不履行债务的问题。[①] 如果在债权尚未到期时允许债权人行使留置权，则意味着债权人可以随意扣留他人的财产，或者可以迟延履行其返还标的物的义务，这显然是不合法的。在债务未到期的情况下，即使债务人明确表示将不履行债务，债权人也不能主张留置权。

（2）债务人在债权到期以后不履行债务。根据《民法典》第447条的规定，在债务人不履行到期债务时，债权人才可能享有留置权。留置权设立的目的是保障债权的实现，如果在债务履行期届满以后，债务人并没有迟延履行或有其他违约行为，债权人的债权并没有受到侵害，则在法律上没有必要允许债权人行使留置权。债务人不履行到期债务既包括不履行合同债务，也包括不履行侵权损害赔偿债务、不当得利返还债务、基于无因管理产生的补偿义务等。

五、留置不得违反法律规定或者当事人的明确约定

留置权不仅具有积极的成立要件，而且具有消极的排除性要件。这就是说，如果留置明显不符合法律规定或者当事人约定，留置权也不能成立。

（一）留置不得违反当事人的约定

留置权虽然是法定担保物权，但是它不得与当事人的约定相抵触，也就是说，当事人可以通过约定排除留置权的适用。《民法典》第449条规定："法律规定或者当事人约定不得留置的动产，不得留置。"这显然是承认当事人的约定可以排斥留置权的成立。毕竟，留置权作为民事权利，仍然有必要适用意思自治原则。而允许当事人通过约定来排斥留置权的适用，也更有利于实现双方利益的平衡。事实上，法律关于留置权的规定并非基于公共秩序等原因而是为了保护债权

---

① 参见陈华彬：《物权法论》，641页，北京，中国政法大学出版社，2018。

人的利益而设定的，既然债权人从其自身利益的角度考虑，同意放弃留置权或者接受留置权设立的限制条件，法律应当尊重其意志。①此种约定并不违反物权法定原则，相反这是对物权法定原则的补充。

不得违反约定主要包括：第一，如果当事人约定某些财产不能留置，则债权人不得留置这些财产。例如，双方在汽车修理合同中明确约定，修理人在任何情况下都不得留置该汽车，则即使发生未支付修理费的情形，修理人也不得对修理的车辆进行留置。第二，如果当事人在合同中就留置权行使的特殊条件有明确约定，则只有在这些特殊条件成就以后，才能够行使留置权。例如，甲将汽车交给乙修理厂修理，并约定，乙修理完毕以后，如果甲没有付款，乙也不得留置。但是，如果甲在修理完毕3个月内未前来取走车辆，则乙可以留置。此种约定并未违反法律的强制性规定，是合法有效的。第三，如果当事人在合同中约定不得留置某种特定财产，而其他财产可以留置。例如，当事人在合同中约定，即使债务人未支付修理等费用，债权人也不得行使留置权，这可以视为债权人预先放弃了对某种特定财产的留置权。如果当事人笼统地约定该合同的标的物不得留置，没有具体指明哪一部分的动产不得留置，则推定当事人的意思是指全部的标的物不得留置。但如果当事人在合同中特别指明了哪一部分标的物不得留置（如特别约定债务人个人的物品不得留置），则对于其他部分，仍然可以行使留置权。

（二）留置不得违反法律的强行性规定和公序良俗

留置权作为法定担保物权，法律对于其行使设定了一定的要件要求。《民法典》第449条规定："法律规定或者当事人约定不得留置的动产，不得留置。"这就表明，法律禁止留置的财产不得适用留置。例如，在救灾期间，承运人不得因未支付运费而留置紧急救灾或者抢险的物资。根据《民法典》第447条的规定，债权人可以留置已经合法占有的债务人的动产，因此，如果债权人非法占有了债务人的财产，则不发生留置。强调债权人必须合法占有债务人的财产，其主要原因在于留置权设置的目的是保护合法的债权和合法的占有，不得因为留置权的设

---

① 参见黄薇主编：《中华人民共和国民法典物权编释义》，859页，北京，法律出版社，2020。

立而妨害甚至破坏社会秩序和交易的安全。

留置也不得违反公序良俗。例如，医院或者殡仪馆对遗体、骨灰不得留置；快递公司对债务人委托其运送的身份证、户口本、护照等与个人身份密切关联的证件不得留置；对债务人日常生活的必需用品以及残疾人的残疾辅助用品等也不得留置。[①]

第三节　商事留置权

一、商事留置权概述

所谓商事留置权，是指企业之间在从事商业往来中，因一方不履行到期债务，另一方有权留置与其债权不属于同一法律关系的动产。《民法典》第448条规定："债权人留置的动产，应当与债权属于同一法律关系，但是企业之间留置的除外。"该条关于"企业之间留置"的规定实际上承认了商事留置权。例如，甲和乙之间长期进行商业往来，甲在第一笔交易中占有了乙的一批货物，后来，在第二笔交易中，乙因故没有偿还欠款，在此情况下，甲仍然可以留置乙的货物。这就是说，企业之间因经营关系而占有的动产以及因经营关系所产生的债权，无论实际上是否存在牵连关系，只要该动产是因为经营行为而被债权人占有的，债权人就可以留置。

从商事留置权的历史发展来看，其与普通留置权的起源和发展过程有所不同。普通留置权起源于罗马法上的恶意抗辩制度，该种抗辩只是诉讼上的一种抗辩，并不具有物权效力。而商事留置权则是萌芽于中世纪意大利都市的习惯法。[②] 在民商分立的国家或地区，商事留置权都是由商法而不是民法规定的。例

---

① 参见谢在全：《民法物权论》（下册），569页，台北，新学林出版股份有限公司，2014。

② 参见郑玉波：《民法物权》，373页，台北，三民书局，2003。

如，《日本商法典》就专门规定了商事留置权①；在民商合一的国家或地区，一般是在民法典里对商事留置权作出规定。我国虽然不采民商分立体制，没有承认商法的独立性，但承认商事领域中的一些特殊规则。《民法典》第448条规定了企业之间的留置无须被留置的动产与债权属于同一法律关系，这实际上就是对商事留置权的规定。商事留置权的特征表现在：

第一，商事留置权是留置权的一种特殊形态。这就是说，商事留置权在性质上仍属于留置权的一种，是《民法典》为了适应现代商事交往的需要而规定的一种留置权类型。在现代商事交往中，企业之间的交易非常频繁且常常要维持相当长的一段时间，如果按照民法上留置权的要求，债权人要逐一证明每次交易关系所发生的债权与其所占有的债务人的动产之间属于同一法律关系，非常困难。为了加强商业交易中的信用，确保交易安全，法律在商事留置权中不再要求债权人占有的动产与债权属于同一法律关系。②

第二，必须是企业因经营活动而合法占有对方动产。即权利人必须占有对方财产，而且此种占有必须是合法占有。即使是企业之间的债权债务，如果并非因经营活动而产生，或者并非持续经营的营业关系，也不应当适用商事留置权。商事留置权的目的是保障企业开展正常经营活动，促进债务及时清偿，确保交易的安全与稳定。③

第三，商事留置权的成立不受同一法律关系的限制，其与民事留置权相比在牵连性方面的要求是不一样的。民事留置权通常要求有牵连性。但在企业之间，为了保全商业行为而产生的债权，在债务人不履行债务时，可以留置债务人的与债权没有牵连性的财产。④因此，《民法典》第448条对此作出了特别规定。例如，甲企业拖欠乙企业的保管费，而正好甲企业同时还有另一批货物处于乙企业的保管之中，则乙企业可以对甲企业存放的另一批货物进行留置。尽管这两批货

---

① 参见《日本商法典》第51条、第562条、第557条。
② 参见黄薇主编：《中华人民共和国民法典物权编释义》，857页，北京，法律出版社，2020。
③ 参见汪琴：《论商事代理留置权》，载《武汉科技大学学报》，2006（4）。
④ 参见［日］近江幸治：《担保物权法》，祝娅等译，18页，北京，法律出版社，2000。

物处于不同的法律关系之中，但是允许乙企业对该批货物进行留置，有利于督促甲企业及时清偿债务。由此可见，对于商事留置，即企业之间的留置，并不要求债权人留置的动产与债权属于同一法律关系。这表明，商事留置权的主要特点在于，它不受"同一法律关系"的限制。

我国《民法典》承认商事留置权不受"同一法律关系"的限制，既有利于扩大留置权的适用范围，从而有助于保障企业之间债权的实现，也有利于及时解决企业之间的债权债务纠纷，这是对我国担保物权制度的重要完善。

二、商事留置权的适用条件

《民法典》虽然承认了商事留置权，但并没有对此种留置权的适用条件作特别规定，如果商事留置权的适用条件不明确，可能会发生很多的争议。笔者认为，商事留置权的适用除了需要债权必须合法有效等条件之外，还应当具备如下条件。

第一，商事留置权的主体必须是企业。从一些国外的立法规定来看，商事留置权可以适用于一切商人之间，但由于我国采取民商合一的立法体例，并没有采纳"商人"的概念，因而商事留置权的主体并不是指商人。《民法典》第448条规定"但是企业之间留置的除外"，这就表明商事留置权只能发生在企业之间。严格地讲，企业的概念比商人的概念在范围上要狭窄得多，由于在我国，商事留置权只能适用于依法成立的企业之间，因而自然人个人、个体工商户等参与的交易都不能适用商事留置权。

第二，必须以合法占有他人的财产为前提。如果企业之间的留置，是通过非法的方式取得占有，也不能留置。例如，甲企业欠乙企业100万元货款，甲委托丙企业运送一批货物给丁。但是，乙企业在途中擅自扣留该批货物，此时，乙企业对此是否可以享有留置权？笔者认为，根据留置权的一般规定，留置的标的必须是企业在正常经营活动中合法占有的财产，且留置财产的价值必须与债权的数额相当。该例中，乙企业在途中擅自扣留该批货物，属于非法占有，当然不能适用留置权，而是构成了侵权行为。此外，在行使商事留置权时，也必须遵循比例原则。例如，甲企业先前拖欠乙企业的保管费总计 100 万元，而另一批被乙所留置的货物价值为 500 万元，此时债权人如留置全部货物对于债务人甲企业过于苛刻，且明显违反了《民法典》第 450 条所确定的比例原则。

第三，必须基于持续经营的营业关系而占有他人的动产。债权人留置对方财产所保障的债权必须是企业持续经营中产生的债权。《有关担保的司法解释》第 62 条第 2 款规定："企业之间留置的动产与债权并非同一法律关系，债务人以该债权不属于企业持续经营中发生的债权为由请求债权人返还留置财产的，人民法院应予支持。"该条要求商事留置权必须适用于企业持续经营中发生的债权。所谓持续经营，是指多次频繁的商业交往。虽然为了追求效率，对企业之间的频繁交易不要求具有同一法律关系，但是为了兼顾债务人的利益，法律上仍然要求，必须是企业持续经营中发生的债权，才属于商事留置权保障的范围，也唯有如此才符合公平性。[①] 例如，甲拖欠乙的货款，而乙已经基于营业关系而占有了甲的动产。如果企业之间是通过营业以外的关系而取得动产（如基于一般生活关系或者实施违法行为而占有），就不能留置。再如，甲拖欠乙的费用，而甲因建筑房屋采购了一批钢材，乙强行占有甲的钢材，请求对甲的钢材进行留置，由于该钢材与营业无关，因而不能留置。在实践中，企业之间发生的留置权虽然不以基于同一法律关系为必要，但是，对于非持续营业而产生的债权而言，其不再遵循商事留置权的规则，对于此种超出持续营业范围而产生的债权，不能受到商事留置权的保护。

第四，仅限于债务人所有的财产。就一般留置权而言，留置财产并不限于债务人所有的财产，只要是债权人合法占有的第三人的财产，第三人不能请求将留置财产返还。《有关担保的司法解释》第 62 条第 3 款规定："企业之间留置的动产与债权并非同一法律关系，债权人留置第三人的财产，第三人请求债权人返还留置财产的，人民法院应予支持。"该条要求商事留置权只能成立于债务人所有

---

① 参见黄薇主编：《中华人民共和国民法典物权编解读》，807 页，北京，中国法制出版社，2020。

的财产之上。如果留置财产为第三人所有，第三人可以请求债权人返还留置财产。当然，企业之间基于同一法律关系发生的留置权并不受该规则的约束。司法解释作出此种规定主要原因在于，商事留置权不受同一法律关系的限制，基于商事交易的便捷性的要求，为了防止企业滥用留置权的发生，因此，不能留置第三人的财产。

如果债权人与债务人之间存在连续性的债务，则应如何看待牵连关系？例如，汽车修理厂在修理汽车后，未能得到报酬；但是，车行又因为新的修理要求，而再次将汽车交给修理厂进行修理。在此情况下，该修理厂能否就前一债权而留置该车？法国法院目前的判例持否定态度，理由是两项债务关系是独立的，属于不同的合同关系。[①] 笔者认为，有关连续性债务中的牵连关系问题，应当可以适用《民法典》第448条规定的商事留置权。

此外，商事留置权所担保的债权必须在诉讼时效期限内，如果债权人的债权已经超过诉讼时效，则该债权即欠缺强制执行力，债权人无权对债务人的财产行使留置权，以担保其债权的实现。

第四节　留置权的效力

一、留置权担保的债权范围

在一般的担保物权中，担保物权所担保的范围包括主债权、利息、违约金、损害赔偿金、实现担保物权的费用等，而且当事人可以对此自由约定。但对留置权而言，当事人不能约定留置权所担保的债权的具体范围。《民法典》虽然在留置权一章中没有具体规定留置权所担保的范围，但在担保物权的一般规定中，规定了担保物权的担保范围（《民法典》第390条），这一规定也同样适用于留置

---

① Laurent Aynès, Pierre Crocq, Lessûretés, La publicité foncière, 2e éd., Defrénois, 2006, p. 183.

权。据此，留置权担保的债权范围应当包括：主债权、利息、违约金和损害赔偿金、留置物保管的费用以及留置权实现的费用。

二、留置权的标的物范围

所谓留置权的标的物的范围，是指留置权在效力上及于哪些标的物。留置权的标的物范围首先包括留置财产本身。基于留置权不可分性的要求，留置权及于标的物的全部，而不是仅仅及于一部分。关于留置权的标的物范围，还应当包括如下几种。

（1）从物。从物是否是留置权的标的物？对此，存在着不同的观点。一种观点认为，按照从随主的原则，留置权及于从物，即使留置权人没有占有从物也应如此。另一种观点认为，留置权产生的前提是债权人占有留置物，如果债权人没有占有从物，该从物就不属于留置权的标的物。笔者赞成第二种观点，因为留置权以取得对标的物的占有为成立要件，只有在从物也为债权人所占有的情况下，留置权才及于该从物。[①] 从随主的原则只适用于标的物所有权转让的情况，而不适用于取得占有的情况。

（2）孳息。孳息包括天然孳息和法定孳息。根据《民法典》第452条的规定，"留置权人有权收取留置财产的孳息"。所以，留置财产所产生的孳息属于留置权标的物的范围。但留置权人对其收取的孳息，并不能享有所有权，而只能从取得的孳息中优先受偿。如果留置物足以清偿债务，债权人应当将孳息返还债务人。

（3）代位物。代位物是指在留置的动产发生毁损、灭失、被征收等情况下得到的赔偿金、补偿金和保险金等。既然留置权是担保物权的一种，而物上代位性又是担保物权的通性，那么其应当具有物上代位性。但需要指出的是，物上代位是就留置之后发生的代位物而言的，这些代位物可以归于留置权效力范围之内，

---

① 参见陈祥健主编：《担保物权研究》，278页，北京，中国检察出版社，2004。

但是留置尚未发生时，标的物因第三人的原因而发生毁损、灭失的，即使因此产生代位物（如赔偿金等），也不属于留置权的标的范围。①

三、留置权与担保债权之间应当具有相当性

《民法典》第 450 条规定："留置财产为可分物的，留置财产的价值应当相当于债务的金额。"该条款确立了留置物与担保债权之间的比例原则。例如，甲修理乙的 50 台电脑，后来，乙拖欠修理费 1 万元，由于每台电脑价值 5 000 元，故甲应只能留置乙的 2 台电脑。按照担保物权的不可分性规则，担保物权以其担保物的全部价值担保全部债权，担保物权不因担保物的分割和部分灭失而受影响。但按照不可分性规则的要求，以全部的价值很高的留置物担保价值较低的债权，对债务人明显不公平。例如上例中，如果留置 2 台电脑足以担保债权人的债权，则留置全部 50 台电脑，显然对债务人不公平。因为留置权是一种法定担保物权，不是基于当事人的自愿产生的，所以一般当事人事先不能就留置物与债权的价值进行考量，因此有必要由法律直接规定留置物与担保债权之间的比例原则。

根据《民法典》第 450 条的规定，比例原则的适用应当具备如下条件：首先，留置的财产必须是可分物。所谓可分物，是指标的物可以分开或者可以分割，且分割后不损害其经济价值。如将 2 台电脑从 50 台电脑中分开。如果留置财产不可分，则只能留置全部占有的财产。如果债权人既可以留置与债权相当的财产，也可以留置数额比较高的财产，则应当优先留置与债权价值相当的财产。其次，如果留置财产是可分物，债权人在留置财产的时候，对于可分的财产，只能留置相当于债务金额的部分。如何判断"相当于债务金额"？这应当根据留置权产生时留置财产的市场价值来判断。例如，2 台电脑的价值与拖欠的修理费价值相当，即为相当于债务金额。在针对可分物的留置权产生后，如果债权部分消

---

① 参见蒋新苗等：《留置权制度比较研究》，102 页，北京，知识产权出版社，2007。

灭或者债权发生变更，债权人不能坚持留置权的不可分性，而只能留置相当于变更后的债务金额的财产，其他财产应当返还给债务人。

四、留置权关系中当事人的权利义务

（一）留置权人的权利

（1）对留置标的物的占有权。留置权具有双重效力，即留置效力和优先受偿效力，而这双重效力都是以占有债务人的动产为基础的。由此可见，占有是留置权人的核心权利。债权人在其债权未受清偿前，依法有权占有债务人的财产[1]；如所留置之物被第三人侵夺时，留置权人有权提起占有物返还之诉请求返还。在债务人未全部清偿债务以前，债权人有权留置该动产。如果标的物为不可分物时，债权人有权对整个标的物进行占有。如果留置物可以分割，原则上只能留置与其债权相当的部分。

留置权人在占有债务人的动产之后，其对动产的占有权，可以对抗债务人以及第三人。例如，债务人将标的物转让给第三人，而第三人请求交付该标的物，则留置权人可以依据留置权对抗第三人。如果该留置物被查封扣押，留置权人有权提出执行异议。

（2）留置物孳息收取权。《民法典》第452条规定："留置权人有权收取留置财产的孳息。前款规定的孳息应当先充抵收取孳息的费用。"依据这一规定，留置权人在占有留置物期间内，有权收取留置物的孳息。法律之所以规定留置权人享有孳息收取权，其原因在于：一方面，留置物归留置权人占有，孳息由留置权人收取比较便利，成本较低。另一方面，留置权人收取留置物的孳息，可以扩大留置权标的物的范围，从而有利于保障债权的实现。[2] 由于这些孳息仍然是用于担保债务的履行，所以，留置权人收取孳息，对债务人并无不利。不过，留置权人可以收取的孳息，主要是指天然孳息，而由于法定孳息主要适用于法律规定的

---

① 参见蒋新苗等：《留置权制度比较研究》，108页，北京，知识产权出版社，2007。

② 参见蒋新苗等：《留置权制度比较研究》，109页，北京，知识产权出版社，2007。

情形，且通常以合同关系为基础而产生，所以，留置权人一般不能收取法定孳息。如果孳息是金钱，则可以直接以其充抵债务；如果孳息是其他财产，留置权人有权将其折价或变价，并优先受偿。留置权人对收取的孳息也应尽到善良保管人的注意义务。

应注意的是，留置权人并非对孳息享有所有权，而只是享有留置权。也就是说，留置权人对收取的孳息仍然作为担保财产，最终从孳息中优先受偿。一般来说，留置物的孳息在收取以后，首先应当充抵留置物的孳息的收取费用，然后用于充抵主债权的利息，最后是主债权。[1]

（3）必要使用权。留置权人原则上对留置的物不享有使用权，尤其是不能以获得收益为目的而使用留置物，否则将构成侵权行为。但是在特殊情况下，出于保管留置物的需要，留置权人可适当地使用留置物。例如，为了防止留置的汽车生锈进行适度的使用。另外，经债务人同意，留置权人也有权使用留置物。此时，留置权人必须以合理的方法，并依动产的性质和用途对该动产进行使用，在使用中要尽到善良管理人的注意义务。如果滥用使用的权利或不按照动产的性质和用途使用标的物，造成标的物的毁损、灭失，应当承担损害赔偿责任。

（4）对留置物收取必要保管费用的权利。留置权人在保管留置物的过程中将对留置物的保管支付必要的保管费用，由于此种费用是为了债务人的利益而支付的，所以该费用应当由债务人承担，留置权人有权请求债务人支付此项费用。但行使此种求偿权必须符合如下要件：第一，必须由留置权人向债务人提出请求。即使留置物是第三人的财产，并不是债务人的财产，债权人也不能向物的真正所有人请求，而只能向债务人请求支付保管费用。第二，求偿的费用必须是为保管留置物所支出的必要费用。留置权人并没有义务增加留置物的价值，因而为增加留置物的价值而支出的有益费用，不得请求债务人支付。[2]

（5）变价权。就留置权的性质而言，其应当为一种"换价权"，即通过占有

---

[1]　参见陈华彬：《物权法论》，644页，北京，中国政法大学出版社，2018。

[2]　参见陈祥健主编：《担保物权研究》，283页，北京，中国检察出版社，2004。

留置财产以督促债务人及时清偿债务。如果债务人不及时清偿债务，经催告后，债务人在一定期限内仍不履行的，债权人可以与债务人商议以留置物折价，也可以依法拍卖、变卖留置物。正是因为留置权人享有"换价权"，所以，留置权人通常只能对可转让的财产行使留置权。

（6）优先受偿权。留置权人有权就留置物的价值优先受偿，这是保障留置权人债权实现的根本手段。留置权人享有的优先受偿权包括以下两方面内容：一是不论留置权人所留置的财产是否属于债务人所有，只要符合留置权的成立要件，留置权人即可留置该标的物，因为如果留置权人仅仅只能留置债务人的财产，而不享有对该财产进行变价，以及对变价后的财产价值优先受偿的权利，留置权人的债权仍然不能实现。二是留置权优先于其他担保物权受偿。只要留置权人始终占有留置物，即使在留置权设定之前，在该物上存在其他担保物权（如质权），留置权也具有优先效力。

（二）留置权人的义务

（1）妥善保管留置物的义务。《民法典》第451条规定："留置权人负有妥善保管留置财产的义务；因保管不善致使留置财产毁损、灭失的，应当承担赔偿责任。"根据这一规定，留置权人在占有留置物期间，必须妥善保管留置的财产。如何理解"妥善保管"？通说认为，它是指留置权人应当以善良管理人的注意义务来保管留置物。包括保障留置财产的安全，防止留置财产的毁损、灭失和价值的不当降低等。所谓善良管理人的注意义务，是指以一个合理的、具有保管能力的、诚实的保管人的标准来保管。依一般交易上的观念，此种注意义务是指有相应知识经验及诚意之人所应负有的注意义务，对是否已尽到此种注意义务，应当依抽象的标准来确定。[①]

从法律上看，妥善保管义务与善良管理人的注意义务之间并无本质上的差别，其实质内容就是要求留置权人应当以与管理自己财产同等的注意来管理所留置的财产。[②]善良管理人的注意义务也应当用一个特殊的从业者的标准来衡量。

---

① 参见谢在全：《民法物权论》（下册），579页，台北，新学林出版股份有限公司，2014。
② 参见黄薇主编：《中华人民共和国民法典物权编释义》，862页，北京，法律出版社，2020。

例如专门的仓储、管理、承运人等，在留置他人财产之后，应当按照本行业的专业技术标准来衡量其保管过程中的注意义务。法谚云："不熟练视为过失"（Imperitia culpae adnumeratur）①。法律之所以要求留置权人负有此种义务，一方面，这是为了保障债务人的利益。留置权人是为了实现自己的债权而扣留、占有属于债务人的财产，因此基于权利义务相平衡的原则，留置权人应当妥善保管其所留置的财产，以免因留置的财产有所毁损、灭失，而使债务人的物权受到侵害。除不可抗力的原因外，留置权人均应对因保管不善造成的留置物的损失负赔偿责任。② 另一方面，这有利于防止留置权人滥用留置权。因为留置物处于留置权人的占有之下，留置权人可以直接控制和防范留置财产毁损、灭失的风险。此外，这有利于督促留置权人保管好留置的财产，从而在债务不能得到清偿时，就留置物的拍卖、变卖价款优先受偿。具体来说，留置权人负有的妥善保管义务应包括如下几个方面。

第一，从时间来看，自留置权人留置债务人的财产开始，直到留置权的消灭，在此期限内留置权人都负有妥善保管义务。

第二，从内容来看，留置权人的妥善保管义务主要包括保障留置财产的安全，防止留置财产的毁损、灭失和价值的非正常降低。留置权人还负有防止留置财产丢失、被盗等风险的义务。③ 例如，留置权人是一个专门的仓储公司，其将留置财产存放于某仓库之后，没有按照通常的安全标准设置防盗设施，而后留置财产被盗窃。由此表明留置权人没有尽到合理的防范义务，也就违反了其应当承担的妥善保管义务。

第三，从保管方式来看，留置权人应当采取有利于维护留置财产价值的保管行为，尤其是不得擅自使用或者允许他人使用留置财产，更不得将留置财产出租。即使留置权人对留置财产的使用没有造成留置财产的毁损、灭失或者价值贬损，也仍然构成对妥善保管义务的违反。

---

① 郑玉波：《法谚》（二），177 页，北京，法律出版社，2007。
② 参见黄薇主编：《中华人民共和国民法典物权编释义》，862～863 页，北京，法律出版社，2020。
③ 参见史尚宽：《物权法论》，510 页，北京，中国政法大学出版社，2000。

留置权人违反妥善保管的义务，将承担相应的法律后果。根据《民法典》第451条的规定，因保管不善致使留置财产毁损、灭失的，留置权人应当承担赔偿责任。

（2）不得擅自使用和利用留置物的义务。留置权人在占有留置物期间内，不得擅自使用、利用留置物或为获取收益而使用留置物，更不得非法处分留置物（如非法转让留置物）。由于留置权人不享有对留置财产的处分权，如未经债务人的同意，将留置财产提供担保，则构成无权处分。如果因为债务人履行债务等原因而导致留置权消灭，留置权人应当及时返还留置物。问题在于，留置权人违反不得擅自使用和利用留置物的义务，造成留置财产价值减少或毁损的，债务人是否有权取回留置物？笔者认为，《民法典》第451条规定，留置权人"因保管不善致使留置财产毁损、灭失的，应当承担赔偿责任"，但该条并没有规定留置财产的所有人取回留置财产的权利，且损害赔偿已足以对债务人提供救济，所以留置权人擅自使用和利用留置物，留置财产的所有人只能根据上述规定请求赔偿，而不能根据法律规定取回留置财产。

（3）依法实现留置权的义务。留置权人虽然占有了留置物，但是，在实现留置权时，必须依据法律规定来实现留置权，而不得擅自处置留置物。例如，留置权人承运债务人的鸡鸭鱼等鲜活产品，因为债务人拒绝支付运输费而占有这些鲜活产品，但是留置权人在处分这些鲜活产品时，如果明知鲜活产品不及时处置就会导致债务人的重大损失，而拒不及时变卖，导致鲜活产品腐烂变质，留置权人应当承担相应的损害赔偿责任。

（三）债务人的权利和义务

（1）请求及时实现留置权的权利。在留置物被留置以后，债务人并不丧失对留置物的所有权。《民法典》第454条规定："债务人可以请求留置权人在债务履行期限届满后行使留置权；留置权人不行使的，债务人可以请求人民法院拍卖、变卖留置财产。"该条包括如下内容。

第一，必须在债务履行期届满后才能主张。债务人不履行到期债务后，留置权人才能留置相关财产。因此，在债务履行期届满后，债务人可以请求留置权人行使留置权。

第二，必须请求留置权人及时行使留置权。此处所说的"请求行使留置权"应当理解为请求实现留置权。换言之，债权人在合理的期限内未及时实现留置权，在此情况下，债务人可以请求人民法院拍卖、变卖留置财产。① 如果债务人已经要求债权人实现留置权，就意味着债务人已经放弃了宽限期带来的期限利益，在当事人没有约定留置财产后的债务履行期限时，债务人不能依据《民法典》第 453 条的规定要求债权人给予其 60 日以上的履行债务的期限。

第三，如果留置权人不及时实现留置权的，债务人为保护其利益，可以请求人民法院拍卖、变卖留置财产，使留置权人从中优先受偿。

（2）依法转让留置物的权利。债务人的动产被依法留置以后，其并不因此丧失对标的物的处分权。如果留置物为债务人所有，债务人对标的物仍然享有所有权，其有权将留置物转让给他人，此种转让亦受法律保护。由于《民法典》第311 条关于善意取得的规定中，要求"转让的动产已经交付给受让人"，那么在标的物已经被留置的情况下，不可能进行交付，因此一般不会发生善意取得的情况。② 但买受人在购买留置物之后，可以向留置权人代债务人进行清偿，然后取得标的物的完整的权利。

（3）请求另行提供担保的权利。在债务人的财产被留置权人留置之后，债务人有权要求另行提供保证、质押等其他担保，而使留置权消灭。③ 在当事人没有特别约定的情况下，债务人另行提供的担保财产的价值应当与原债权的数额相一致。

（4）请求给予宽限期的权利。《民法典》第 453 条规定："留置权人与债务人应当约定留置财产后的债务履行期限；没有约定或者约定不明确的，留置权人应当给债务人六十日以上履行债务的期限，但是鲜活易腐等不易保管的动产除外。"根据这一规定，如果留置权人和债务人在成立留置权之后，没有就债务履行期限

① 参见黄薇主编：《中华人民共和国民法典物权编释义》，867～868 页，北京，法律出版社，2020。
② 参见崔建远：《物权法》，5 版，567 页，北京，中国人民大学出版社，2021。
③ 参见陈华彬：《物权法论》，648～649 页，北京，中国政法大学出版社，2018。

再次达成协议或者约定不明确的，债务人仍然享有请求给予宽限期的权利。也就是说，债务人可以要求给予其 60 日以上的宽限期。法律上之所以规定宽限期，是因为留置物的处置对债务人利益关系重大，且处分留置的财产也不一定能实现物尽其用。如果给予债务人宽限期，可以给债务人履行债务的机会，这不仅有利于债的设立目的的实现，而且可能避免支付实现留置权的成本。

债务人的主要义务是及时清偿债务。在留置权发生后，债务人不得干扰、阻碍留置权人行使留置权，并应偿付债权人因留置物而支出的必要费用。如果以留置财产折价或者拍卖、变卖后，其价款不足以清偿债务，不足部分仍然由债务人清偿。

第五节　留置权的实现和消灭

一、留置权的实现

留置权的实现，是指留置权人依法将所留置的财产折价、拍卖或者变卖，在从中获得的价款中优先受偿，并使债权得到实现。如前所述，留置权具有两次效力，留置权的实现就是留置权第二次效力的实现。但留置权的实现首先应以留置权的合法存在为前提，也就是说，留置权的实现先要具备留置权的成立要件，如果不能依法产生留置权，债权人也就不能行使留置权。

（一）留置权实现的条件

留置权的实现必须符合两个条件。

（1）留置权人必须持续地占有债务人的动产。作为一种法定物权，留置权以占有为构成要件，所以留置权人必须持续、合法地占有留置物。如果因为留置权人自身的原因而导致对留置物的占有丧失（例如，留置权人在留置标的物之后又允许债务人将标的物取回），视为债权人已抛弃留置权，留置权也自此消灭。如果留置权人抛弃了留置权，或者因为留置物毁损、灭失而导致留置权不复存在，留置权人也不可能再行使留置权。

（2）债务人经过催告在一定的期限内仍然没有履行债务。根据《民法典》第453条，应当经过如下程序。

一是留置权人首先与债务人约定留置财产后的债务履行期限。① 例如，甲修理乙的摩托车，乙不支付费用，债务已经到期，因债务人没有支付费用才发生留置。但在留置之后，留置权人应当再次与债务人约定债务履行期限，这实际上是就宽限期作出约定。法律之所以规定宽限期，主要是为了保护债务人的利益，因为债权人留置财产，目的在于督促债务人履行债务，如果留置之后就可以立即实现留置权，则留置权就起不到担保的作用，而且债务不能及时履行的原因也较为复杂，如果给予债务人一定的宽限期，债务人可能能够清偿债务。尤其是留置的财产的价值往往远远高于债务的价值，一旦没有宽限期而允许债权人迅速实现留置权，则拍卖、变卖财产可能给债务人造成较大的不利，所以在法律上有必要给债务人一定的宽限期，使其可以筹集资金、履行义务。但宽限期又不能过长，否则对债权人不利。②

二是依法确定宽限期。如果当事人没有约定留置财产后的债务履行期的，依据《民法典》第453条的规定，留置权人应当给债务人60日以上履行债务的期间，60日以上的期间，实际上就是法律规定的宽限期的最短期限。

三是经过宽限期限，仍然不履行的，留置权人可以实现留置权。如果债权人未给予债务人宽限期，直接变价处分留置物的，构成对留置权的滥用，债权人应当承担损害赔偿责任。但经过了宽限期之后，债务人仍未履行的，留置权人可以实现留置权。

但是，如果留置的动产是鲜活易腐等不易保管的动产，可以不必给予债务人宽限期。因为对这些不易保管的鲜活易腐的财产，若不及时变卖，将导致其价值减损，损害债务人的利益，也可能使留置权人的权利无法得到保障。更何况对这些产品进行保管，其费用将极为高昂。依据《民法典》第453条的规定，留置权

---

①② 参见王胜明主编：《中华人民共和国物权法解读》，504页，北京，中国法制出版社，2007。

人对此类产品可以不给予宽限期而直接处分，并应从处分获得的价款中优先受偿。

（二）留置权实现的方法

《民法典》第453条规定："债务人逾期未履行的，留置权人可以与债务人协议以留置财产折价，也可以就拍卖、变卖留置财产所得的价款优先受偿。留置财产折价或者变卖的，应当参照市场价格。"根据这一规定，在给予宽限期之后，债务人仍然不履行债务的，留置权人有权处分留置财产。对留置物的变价方式主要有以下几种。

一是协商折价，即通过双方协商，确定留置物的价格，由留置权人取得留置物的所有权，从而使债的关系消灭。在协商折价的情况下，由双方订立了折价协议来执行留置的财产，但留置权人与债务人订立的折价协议不得损害其他债权人的利益。[①]

二是自行拍卖和变卖。所谓拍卖，是指当事人委托拍卖公司或人民法院依法拍卖留置物，从而使留置权人就其价款优先受偿。所谓变卖，是指当事人依法将留置财产转让给第三人，留置权人从转让的价款中优先受偿。根据《民法典》第453条的规定，如果不能达成折价协议，留置权人不需要经过法院，可以直接拍卖、变卖留置物。与抵押权的实现不同的是，留置权人不必通过法院来拍卖，可以委托拍卖公司拍卖，从而极大地减少了留置权实现的费用，也缩短了留置权实现的时间。法律之所以如此规定，主要是考虑到相对于抵押物而言，留置物的价值一般比较低，没必要经过烦琐的司法程序。[②]但为了防止留置权人随意以较低的价格折价、变卖留置财产，损害债务人利益，《民法典》要求折价和变卖留置财产，应当参照市场价格，即与市场价格大体一致，如果变卖的价格明显低于市价，则债务人有权主张撤销。

《民法典》第455条规定："留置财产折价或者拍卖、变卖后，其价款超过债权数额的部分归债务人所有，不足部分由债务人清偿。"因为留置权本身是一种

---

①　参见崔建远：《物权法》，5版，577页，北京，中国人民大学出版社，2021。

②　参见杨立新：《中国物权法研究》，683页，北京，中国人民大学出版社，2018。

担保物权，留置权人只能就留置财产的价款优先受偿，而并不能直接将留置物归自己所有。所以，留置财产拍卖、变卖后，超过债权数额的价款应当返还给债务人，如果仍不足以清偿债务，债务人应当继续清偿。如果留置权人没有将剩余财产返还给债务人，则债务人有权请求其返还。

二、留置权的消灭

（一）留置权人丧失对留置物的占有

所谓丧失占有，是指留置权人丧失了对留置财产的控制。如果留置权人将留置财产委托他人保管，或者交给自己的员工管理，则不能认为其丧失占有。丧失占有是否导致留置权消灭，应当分为自愿丧失和非自愿丧失两种情况。

（1）自愿丧失占有。如果留置权人基于其自身的意愿，主动放弃对标的物的占有，将其交与第三人或债务人，或者抛弃留置物等，在此情况下，表明留置权人已经抛弃了留置权。如果因为留置权人保管不善，导致留置的财产灭失，在此情况下，留置权也不复存在。

（2）非自愿丧失占有。它是指出于留置权人意愿以外的原因，留置权人丧失对于留置物的占有。这可能是由于第三人的侵夺，也可能是由于国家根据法定程序进行强制征用，或者因司法强制执行等导致留置权人丧失占有。如果留置物是因为第三人的侵夺而丧失，留置权是否因此而消灭？笔者认为，如果留置权人非基于其自身意志而丧失对留置物的占有，便认为留置权就此消灭，对于留置权人显然有失公平，且剥夺了留置权所应有的对抗第三人的效力。既然留置权是一种物权，自然就具有物权的一般效力。如果留置物被第三人非法侵夺，在此种情况下，留置权人可以通过行使物权请求权请求返还原物。据此，笔者认为，《民法典》第457条笼统提到的"丧失占有"导致失权后果，应从狭义上做限缩解释，即仅限于自愿丧失占有的情形。①

---

① 参见陈华彬：《物权法论》，649页，北京，中国政法大学出版社，2018。

（二）债务人另行提供担保

《民法典》第 457 条规定，"留置权人对留置财产丧失占有或者留置权人接受债务人另行提供担保的，留置权消灭"。从字面解释来看，只要债务人另行提供了担保，债权人就应当接受，并因此导致留置权的消灭。法律作出此种规定的原因在于：一方面，从保障债权的目的来看，法律设立留置权的目的就是要实现债权，而不是确保债权人控制特定的财产。只要债务人通过提供其他的财产来设定担保，足以担保债权的实现，留置权人就没有必要再留置该物。① 另一方面，从促进物尽其用的目的来看，留置物本身可能对于债务人价值重大，甚至留置物的价值远远高于债务金额，尤其是留置物可能对债务人来说具有生产经营上的特殊重要性，如果不允许债务人另行提供担保，就会给债务人造成重大损害，而且不利于实现物尽其用。例如，某台机器正在操作中发生故障，被送去修理，如果被留置，将导致生产被迫停止。因而只要另行提供的担保足以保障债权，债权人就应当接受，并因此导致留置权消灭的后果。

需要指出的是，债务人另行提供的物的担保，必须与所担保的债权数额大体相当。如果另行提供担保的财产的价值明显低于债权数额的，债务人应当补充提供担保，当然，如果债权人愿意接受此种担保，则也无不可。② 如果债务人不能提供足额的担保，留置权人可以拒绝接受新的担保。

---

① 参见崔建远：《物权法》，5 版，578 页，北京，中国人民大学出版社，2021。
② 参见陈祥健主编：《担保物权研究》，291 页，北京，中国检察出版社，2004。

第二十八章
非典型担保物权

第一节　非典型担保概述

一、非典型担保的概念和特征

所谓非典型担保，是指与典型担保相对应的担保，它是没有在《民法典》物权编中规定的担保形式。在比较法上，各国法律实践中也都普遍存在各种非典型担保。德国学者也承认，现代经济生活实际上已经要求对物权法定原则予以多方面的突破，典型者为让与担保、期待权和担保土地债务。[①] 而在日本，日本立法修改和制定了一系列新的特别法规，允许一连串如"抵押证券""让渡担保""所有权保留""债权让渡""抵销预约""代理受领""保险担保""担保信托"等创新和非传统担保方式的设立[②]，以丰富融资担保的方式。这也使得立法不断吸收

---

① MünchKomm/Gaier, Einleitung des Sachenrechts，Rn. 11.
② 参见［日］道垣内弘人：《非典型担保物权法》，1 页，北京，北京大学出版社，2022。

非典型担保实践经验，将非典型担保典型化，不断丰富担保物权制度的内涵。在我国的实践中，伴随着金融创新的不断发展，也涌现出了大量的非典型担保交易形态。例如，以买卖合同担保债务履行、让与担保、账户质押等也曾引发了理论和实务界的关注。在这些交易场景发生争议时，如何认定这些非典型担保的法律效力，成为法律不得不回应的重大问题。

非典型担保的类型较多，在整个物权法律制度中，担保物权制度与商事交易紧密联系，因而成为物权法律制度中最为活跃和变动不居的部分。因此，在交易实践中大量出现了法律所没有规定的担保方式。这些担保方式的出现，主要是因为传统的担保物权形式无法满足现实生活的融资需求。这些非典型担保形态有利于实现物的价值，便利交易、促进融资。但是对于这些担保方式，因为缺乏法律的明确规定，往往在成立要件和法律效果上存在不少争议。但不可否认，非典型担保有利于促进资金融通，提升融资效率，有效降低融资成本。相较于典型担保而言，非典型担保的特点主要表现在：

第一，非法定性。从狭义上理解，典型担保物权是《民法典》物权编所规定的担保物权类型，而非典型担保则不是《民法典》物权编所规定的典型的担保物权。[1] 因此其与物权法定原则存在一定的冲突，由于在坚持物权法定原则的国家，也对物权法定原则进行一定的缓和，从而产生了各种非典型担保。

第二，它通常是由交易习惯所创设并由法院判例所确认的担保。由于物权法规定的物权类型不一定能完全满足现实的需要，所以交易当事人在实践中往往会采取一些新的担保形式。这也是有些学者主张物权法定的"法"应当包括习惯法的原因。从比较法来看，仅仅由交易习惯还难以确定非典型担保，只有在法官判例确认之后才能够逐步确立非典型担保的担保物权地位。这些担保形式通过判例等方式确认，就成了非典型担保。[2] 由于非典型担保构成各国担保制度的重要组成部分，而非典型担保在法律渊源上多表现为判例法。因此，仅仅凭借成文法的规定很难完全了解一国的担保制度全貌。当然，非典型担保如果没有为法律所承

---

① 参见［日］近江幸治：《担保物权法》，祝娅等译，10 页，北京，法律出版社，2000。
② 参见陈华彬：《物权法论》，652 页，北京，中国政法大学出版社，2018。

认，还很难说已经成为一种法律明文规定的典型物权。

第三，必须具备担保物权的产生条件。一方面，非典型担保的设立要求当事人具有担保的合意，只有在当事人具有担保合意的基础上才能形成非典型担保。另一方面，非典型担保必须完成一定的公示方法。由于非典型担保主要存在于物保中，在人保中一般不会出现此类担保，因此，在物上设立各类非典型担保，必须完成一定的公示方法，以防止对第三人利益的侵害。《合同编通则司法解释》第28条第3款规定："当事人订立前款规定的以物抵债协议后，债务人或者第三人未将财产权利转移至债权人名下，债权人主张优先受偿的，人民法院不予支持；债务人或者第三人已将财产权利转移至债权人名下的，依据《最高人民法院关于适用〈中华人民共和国民法典〉有关担保制度的解释》第六十八条的规定处理。"因此，对于以以物抵债形式设立非典型担保，如果当事人仅仅订立以物抵债协议而没有完成公示，就不能依法产生优先受偿的效力。公示的方式可以采取"将财产权利转移至债权人名下"的方式。

第四，类型具有开放型。各个国家的非典型担保类型并不完全相同，例如，在德国，非典型担保主要表现为让与担保，让与担保又主要分为如下三种：所有权让与担保、债权让与担保与其他权利（主要是知识产权）让与担保。[1] 今后随着经济生活的发展，也可能产生更多的新型担保类型。

当然，非典型担保类型除了与物权法定原则存在矛盾之外，还存在其他方面的缺陷：一是缺乏必要的公示手段，例如，让与担保一直欠缺统一的公示机关和公示手段，由此可能会给债务人的其他债权人的利益造成损害。二是与其他权利会产生一定的冲突。以动产让与担保为例，动产之上可能存在动产抵押甚至留置等负担，从而产生多个担保物权冲突的情况。在破产清算时，对于让与担保的所有权应当减弱其效力，这不同于物权法中的一般所有权。三是影响司法的统一。尽管非典型担保可以弥补物权法定所带来的僵化后果，增加了担保法的弹性和灵活性，但同时也可能会造成法官缺乏明确的裁判标准、司法的不统一等后果，因此，法律上有必要对非典型担保的规则作出统一规定。

---

① 参见陈本寒：《担保物权法比较研究》，359页，武汉，武汉大学出版社，2003。

二、非典型担保的类型

非典型担保可以概括为如下三种类型。

第一种是在《民法典》物权编之外由《民法典》列举的非典型担保，这主要是合同编中规定的非典型担保方式。例如，《民法典》规定的所有权保留买卖、融资租赁、保理等。当事人为订立此类担保而订立的合同在性质上属于《民法典》第 388 条所规定的"其他具有担保功能的合同"。

第二种是由司法解释所规定的非典型担保，如《有关担保的司法解释》第 68 条所规定的让与担保。严格地说，物权法定中的"法"不包括司法解释。但是我国司法解释已就一些担保类型作出了规定，因此它们也属于非典型担保。《有关担保的司法解释》第 63 条规定："债权人与担保人订立担保合同，约定以法律、行政法规尚未规定可以担保的财产权利设立担保，当事人主张合同无效的，人民法院不予支持。当事人未在法定的登记机构依法进行登记，主张该担保具有物权效力的，人民法院不予支持。"据此，当事人以法律、行政法规尚未规定可以担保的财产权利设定担保时，该担保合同仍然是有效的，但此种担保要产生担保物权的效力，则应当在法定的登记机构依法办理登记。例如，《民法典》第 440 条对可以质押的财产权利采取封闭式列举的模式，但是依上述司法解释的规定，在当事人订立担保合同之后，如果当事人在法定的登记机构依法办理了登记，则应当产生设定担保物权的效力。[1] 实践中已经出现了许多法律并未明确允许设定质押的财产类型，而权利人仍然在其上设定质押。例如，在"福建海峡银行股份有限公司福州五一支行诉长乐亚新污水处理有限公司、福州市政工程有限公司金融借款合同纠纷案"[2] 中，法院指出，"污水处理项目收益权虽系将来金钱债权，但其行使期间及收益金额均可确定，其属于确定的财产权利"。在实践

---

① 参见最高人民法院民事审判第二庭：《最高人民法院民法典担保制度司法解释理解与适用》，532~535 页，北京，人民法院出版社，2021。

② 最高人民法院指导案例第 53 号。

中，还存在着有关商铺租赁权质押、出租车经营权质押、信托收益权质押、资产收益权质权等以法律并未规定的客体进行质押的情形。^① 这些新型权利的质押，只要在法定的登记机构办理了登记，便可产生设定质权的效力。

第三种是没有法律和司法解释的规定，但是司法实践与习惯所创设的非典型担保。例如，在司法实践中，对于被拆迁人就安置房享有担保物权的效力，优先于一般债权人甚至优先于抵押权受偿。^② 实践中，确实有法院承认拆迁安置人享有优先于一般债权人和抵押权人的优先受偿效力。甘肃省高级人民法院在其（2015）甘民二终字第 74 号判决书中认为："被拆迁人根据《解释》（'法释〔2003〕7 号'）所享有的拆迁安置优先权，实质上是对其已被拆迁房屋所有权保护的一种延伸。被拆迁人据此享有的所有权要优先于银行享有的担保物权。"

笔者认为，对于非典型担保应当区分其物权效力与合同效力。首先，就《民法典》第 388 条和《有关担保的司法解释》第 63 条而言，双方当事人虽然并未以法律明确规定的财产权利设定担保，但是只要双方当事人意思表示真实，合同并不因此而无效。其次，就非典型担保是否能产生物权效力，仍然应当坚持物权法定原则，即确定是否符合法律规定的类型，这也涉及如何理解物权法定中的"法"。此处的"法"并不仅限于狭义的法律，也应当包括司法解释，但不应当包括习惯，否则会使"法"的范围过于宽泛。而且从目前来看，实践中如果没有明确的法律依据，登记机构也没有办理登记的依据。

三、非典型担保的物权效力

传统大陆法系坚持物权法定主义，因此非典型担保是否具有物权效力长期存

---

① 参见最高人民法院民事审判第二庭：《最高人民法院民法典担保制度司法解释理解与适用》，534～535 页，北京，人民法院出版社，2021。

② 最高人民法院在 2003 年《关于审理商品房买卖合同纠纷案件适用法律若干问题的解释》第 7 条第 1 款规定："拆迁人与被拆迁人按照所有权调换形式订立拆迁补偿安置协议，明确约定拆迁人以位置、用途特定的房屋对被拆迁人予以补偿安置，如果拆迁人将该补偿安置房屋另行出卖给第三人，被拆迁人请求优先取得补偿安置房屋的，应予支持"。但是 2020 年《民法典》颁布后，该条被删除。

在争议。毫无疑问，非典型担保应当具有合同债权的效力，但如果仅产生债权的效力，则不利于保护债权人的利益，也不符合当事人设定非典型担保的初衷，这就必须讨论其与物权法定原则的关系。首先，依据物权法定原则，只有符合法律规定而设立的物权，才具有物权效力。但这并不是说，只有《民法典》物权编所规定的担保物权类型，才能产生担保物权的效力。我国《民法典》除物权编之外，合同编也规定了一些担保类型，当事人依据这些规定设定了担保，并在法定机构办理了登记，此时能否产生物权的效力，这也是非典型担保制度要解决的问题。

我国《民法典》物权编为适用社会主义市场经济的需要，改善融资环境，鼓励当事人设立担保，采取功能主义的立场，扩大了担保物权的范围。《民法典》第 388 条第 1 款明确地允许当事人自由安排具有担保功能的合同的内容，从而充分尊重了当事人的私法自治，也有利于鼓励担保与促进资金融通。《民法典》在兼顾功能主义的模式下，又保留了传统大陆法系形式主义的担保物权立法模式，在兼顾传统的基础上，允许新的具有担保功能的担保权利进入担保领域，这有利于缓和严格的物权法定主义，为鼓励金融创新提供了制度空间。合同编分别规定了所有权保留、融资租赁、保理，《民法典》第 388 条第 1 款规定了担保合同包括抵押合同、质押合同以及其他具有担保功能的合同，这就在形式主义的法律框架中兼顾了功能主义，使担保物权制度更具有包容性，且能够为之后的进一步解释发展提供规范基础，进一步缓和了物权法定原则，这既有利于鼓励担保，又可消除隐性担保，从而有利于改善营商环境。

《有关担保的司法解释》单设第四部分专门规定非典型担保，不仅将《民法典》所规定的所有权保留、融资租赁、保理这三种形式纳入非典型担保之内，而且同时规定了让与担保的非典型担保形式，尤其是《有关担保的司法解释》第 63 条规定："债权人与担保人订立担保合同，约定以法律、行政法规尚未规定可以担保的财产权利设立担保，当事人主张合同无效的，人民法院不予支持。当事人未在法定的登记机构依法进行登记，主张该担保具有物权效力的，人民法院不予支持。"该规定承认了即使在法律和行政法规没有规定的权利上设定担保，只要当事人依法办理了登记，也认可其物权效力。这实际上就承认了在符合法律规定的前提下的非典型担保的物权效力。依据该解释第 63 条规定，除了法律规定的非典型担保（如所有权保留等）之外，其他非典型担保要获得担保物权的效力，应当具备两个要件：一是债权人与担保人订立担保合同，当事人应当就设立非典型担保达成合意。二是当事人应当在法定的登记机构办理登记。这就是说，并不是在所有的登记机构办理登记都是有效的，必须在法定的登记机构办理登记，才能够取得公示的效果。非典型担保之所以饱受诟病就是因为其无法办理登记，可能使第三人遭受不测损害，影响交易安全。在允许非典型担保进行登记之后，第三人也可以查阅，这就可以有效保护交易安全，不至于产生隐性担保。

第二节 《民法典》合同编中的非典型担保

一、所有权保留

（一）所有权保留的概念

所谓所有权保留（Retention of Title），是指在买卖合同中，买受人虽先占有、使用标的物，但在双方当事人约定的特定条件（通常是全部价款支付）成就以前，出卖人对于标的物仍保留所有权。① 例如，某人从某汽车销售店购买汽车一辆，双方约定，在没有付完全款之前，买受人可将该汽车取走使用，但销售店仍然保有汽车的所有权。所有权保留制度具有一定的担保功能，因为出卖人在交付标的物以后，仍然保留标的物的所有权，出卖人保留的所有权实际上就起着一种担保的功能，即担保买受人按期支付全部价款。我国《民法典》将所有权保留作为一种非典型担保加以规定，尤其是设立了所有权保留的登记制度，从而可以更充分地保障出卖人的合法权益。

（二）所有权保留的登记

关于所有权保留是否可以登记的问题，从比较法上来看，存在登记说与约定

---

① 参见崔建远主编：《合同法》，7 版，295 页，北京，法律出版社，2021。

说两种类型。《民法典》在总结我国实务经验、借鉴国外先进立法经验的基础上，于第 641 条第 2 款规定："出卖人对标的物保留的所有权，未经登记，不得对抗善意第三人。"该条确立了所有权保留可以进行登记的规则。这一规定进一步强化了所有权保留的担保功能，同时，也有利于妥善解决出卖人和第三人之间的关系，尤其是对标的物享有担保物权的主体之间的关系。

应当如何理解此处的"没有登记，不得对抗善意第三人"？笔者认为，首先，该条实际上明确了登记可以由当事人自由选择，而不是一种强制性义务。依据本条的规定，在所有权保留中，当事人可以自行决定是否登记。但是，有无登记的所有权保留效果不同。《民法典》第 414 条第 2 款规定："其他可以登记的担保物权，清偿顺序参照适用前款规定。"据此，在当事人进行登记后，由于所有权保留的非典型担保权利属性，可以依据《民法典》第 414 条第 2 款的规定确定清偿顺序。其次，所谓不得对抗善意第三人，是指在办理了登记的情形下，其可以对抗所有的第三人。例如，所有人办理了登记之后，即便买受人在该物之上设定了抵押并办理了抵押登记，但由于出卖人的登记在先，该项权利可以对抗顺位在后的抵押权。因此，可以按照登记的先后顺序来确定权利实现的优先顺位。如果未经登记，则不得对抗善意的受让人和承租人，不得对抗查封债权人、参与分配债权人和破产管理人。但是所有权保留的公示方法应当是登记，而非占有。例如，在"广东省东莞市虹瑞机械五金有限公司诉东莞市胜蓝电子有限公司、广州市巨亮光电科技股份有限公司买卖合同纠纷案"中，法院认为，"动产物权的设立和转让依法自交付时即发生效力，动产所有权享有的公示方式即为占有，换言之，如虹瑞公司力图保留涉案设备的所有权以产生足以对抗第三人主张权利或人民法院采取强制执行措施的效果，则必须在涉案设备发生占有转移后，也能使他人得以从外部认识到所有权的实际归属"①。本案是在《民法典》颁布前发生的，但在本案中，法院将占有作为公示方法，显然与《民法典》的规定并不相同。应当指出，在《民法典》颁行以前，出卖人难以通过登记的方式公示其对标的物的所有权，而在《民法典》颁行之后，出卖人则可以通过登记的方式公示其权利，而

---

① 广东省广州市中级人民法院（2016）粤 01 民终 4209 号民事判决书。

且一旦办理登记，就可以产生对抗第三人的效力。

至于未经登记的所有权保留，与动产抵押权、动产质权的关系，可类推适用《民法典》第414条、第415条的规定。此外，在所有权保留中，如果买受人在未支付价金或其他条件不满足的情形下转售标的物，则出卖人已经登记的所有权保留，可以获得对抗第三人的物权效力。

二、融资租赁

（一）融资租赁的概念

融资租赁是指出租人根据承租人的要求和选择，出资购买承租人所选定的标的物并出租给承租人使用，承租人分期交付租金，租期届满后，承租人根据融资租赁合同可以退回、续租或留购租赁物的交易模式。融资租赁合同具有融资和融物双重功能，这是融资租赁合同不同于租赁合同和借款合同的特点。典型的融资租赁结构是：一方（出租人）根据另一方（承租人）提出的要求，与第三方（供货方）订立一项合同（买卖合同）。《民法典》第735条规定："融资租赁合同是出租人根据承租人对出卖人、租赁物的选择，向出卖人购买租赁物，提供给承租人使用，承租人支付租金的合同。"根据此合同，出租人按照承租人就与其利益有关事项表示同意的条款购得成套设备、生产资料或其他设备（租赁物）；并且与承租人订立一项合同（租赁合同），以承租人支付租金为条件授予承租人使用设备的权利。

融资租赁合同本身是一种合同关系，出租人虽然名义上对租赁物享有所有权，但其所有权已经虚化。依据《有关担保的司法解释》第1条的规定，融资租赁涉及担保功能的，适用担保制度的相关规则，此种担保是租金债权清偿的物权保障。[①]比较法上，一些国家法律认为，出租人对于所有权的保留仅仅是名义上的。[②] 我

---

① 参见最高人民法院民法典贯彻实施工作领导小组主编：《中华人民共和国民法典合同编理解与适用》（三），1612页，北京，人民法院出版社，2020。

② See Good and Mc Kendrick on Commercial Law，sixth edition，Lexis Nexis and Penguin Books Ltd. 2020，p. 836.

国《民法典》承认出租人对租赁物的所有权，但主要发挥担保功能，将融资租赁合同等视为具有担保功能的合同。融资租赁交易的功能化转向，是担保制度的新发展。①《民法典》第 388 条第 1 款规定："设立担保物权，应当依照本法和其他法律的规定订立担保合同。担保合同包括抵押合同、质押合同和其他具有担保功能的合同。"这就扩大了担保合同的范围，将融资租赁合同等纳入"其他具有担保功能的合同"②。《有关担保的司法解释》第 1 条也将融资租赁纳入具有担保功能的交易的范畴。尤其是在与动产和权利担保登记系统的配合下，出租人在将其对租赁物的所有权进行登记后，其出租后的所有权不仅将取得对抗第三人的物权效力，而且可以明确其担保权与各种担保物权以及其他担保的效力顺位关系。

（二）融资租赁的登记

依据《民法典》第 745 条："出租人对租赁物享有的所有权，未经登记，不得对抗善意第三人。"在租赁物为普通动产的情形下，由于出租人负有将租赁物交付承租人使用的义务，因此，其无法通过占有租赁物的方式公示其所有权，这就需要通过登记等方式公示出租人的所有权。在融资租赁交易中，出租人保留租赁物所有权是担保其租金债权实现的重要方式，依据《民法典》第 745 条规定，融资租赁中租赁物的所有权可以登记。

依据《民法典》第 745 条规定，未经登记，不得对抗善意第三人，如果没有办理登记，不得对抗善意第三人。所谓不得对抗善意第三人，一是指在办理了登记的情形下，登记的所有权可以对抗任何第三人；二是如果没有办理登记，除非是租赁物的受让人明知承租人不享有所有权仍然购买，否则不得对抗善意的受让人。根据《有关担保的司法解释》第 67 条、第 54 条的规定，出租人的所有权如未经登记，则不得对抗善意受让人、善意承租人、查封扣押债权人和破产管理人，其中，后两者不要求"善意"要件。③

---

① 参见高圣平：《民法典担保制度及其配套司法解释理解与适用》（下），1256 页，北京，中国法制出版社，2021。

② 王晨：《关于〈中华人民共和国民法典（草案）〉的说明——2020 年 5 月 22 日在第十三届全国人民代表大会第三次会议上》，载《全国人民代表大会常务委员会公报》，2020 年特刊。

③ 参见高圣平：《民法典动产担保权登记对抗规则的解释论》，载《中外法学》，2020（4）。

三、保理

（一）保理的概念和性质

依据《民法典》第 761 条，保理是指应收账款债权人将现有的或者将有的应收账款转让给保理人，保理人提供资金融通、应收账款管理或者催收、应收账款债务人付款担保等服务的交易模式。在实践中，保理对资金的融通、开通融资渠道以及缓解中小企业融资难等问题，都发挥了重要作用。

保理合同区分为有追索权的保理与无追索权的保理。所谓有追索权的保理，又称为回购型保理，是指保理人不承担应收账款债务人的信用风险，在应收账款债权因债务人支付能力不足或无理由拒绝支付而无法实现的情况下，保理人可以请求原债权人回购应收账款债权或返还保理融资款本息，并承担相关合理费用。在有追索权的保理中，保理人保留了对应收账款债权人的追索权。所谓无追索权的保理，是指保理人在保理合同生效后若无商业纠纷，就只能向债务人请求付款，在债务人因为经营状况恶化而无力支付应收账款的情况下，其无权向债权人进行追索。此种方式又称为"买断型的保理"。我国《民法典》第 766 条与第 767 条分别对有追索权的保理和无追索权的保理作出了规定。这二者的区别主要在于：保理人是否可以根据保理合同的约定向债权人主张返还保理融资款本息或者回购应收账款债权。通常，对有追索权的保理而言，保理人不为债务人核定信用额度和提供坏账担保，债务人无法履行债务的风险仍应当由债权人负担。

关于保理的性质，存在债权转让说与让与担保说两种观点。债权转让说认为，保理合同本质上仍然是一种债权转让合同，通过债权转让发挥资金的融通功能。[1] 有学者认为，应将有追索权的保理认定为有特别约定的债权转让，附加的追索权本身是当事人的自由约定，不为法律所禁止。[2] 让与担保说则认为，有追索权的

---

① 参见谢鸿飞、朱广新主编：《民法典评注 合同编典型合同与准合同 2》，533 页，北京，中国法制出版社，2020。

② 参见方新军：《现代社会中的新合同研究》，214～215 页，北京，中国人民大学出版社，2005。

保理与担保常态相适应，在本质上应定性为让与担保。① 有追索权的保理是让与担保的特殊形式，追索权是保理合同双方对于应收账款债权人承担债务人履行能力保证义务的特别约定。② 在有追索权的保理中，保理人是担保权人，如果债务人到期难以偿还应收账款，保理人享有相应的追索权以确保其债权能够实现。

笔者认为，保理是兼具债权转让与担保功能的混合合同。一方面，保理具有债权转让的功能，其本质上确实是特殊的债权转让。另一方面，保理又具有担保功能，债权转让的定位无法全然囊括保理的非典型担保功能。《有关担保的司法解释》第1条规定："因抵押、质押、留置、保证等担保发生的纠纷，适用本解释。因所有权保留买卖、融资租赁、保理涉及担保功能发生的纠纷，适用本解释的有关规定。"但将保理仅定位为担保，难以涵盖保理本身与债权转让规则的密切联系，也无法与《民法典》第769条关于"本章没有规定的，适用本编第六章债权转让的有关规定"的规定相衔接。综上所述，无论是债权转让说还是让与担保说，都只能概括保理合同的某些特征，因此笔者认为，将其在性质上定位为兼具担保功能与债权转让功能的混合合同，更能凸显保理合同的法律性质。

（二）保理登记

保理合同订立后，当事人可以就保理交易中的应收账款债权转让办理登记，但是依据我国《民法典》第768条的规定，保理登记并非保理合同的生效要件，仅提供对抗其他保理人的效力，是否办理登记由当事人自主决定，因此，实践中也存在许多保理交易中的应收账款债权转让未登记的现象。保理登记主要为了解决多重保理中的优先顺位的问题。保理在办理登记之后，其可以依据《民法典》768条取得如下效力：第一，在办理登记后，保理人可以取得优先顺位。已经办理登记的保理将优先于未办理登记的保理。第二，产生对抗第三人的效力，且具有阻却善意取得的功能。如果受让人继续进行保理交易，则不会产生善意取得的问题。

如果未经登记，就不得对抗善意的受让人，不得对抗查封债权人、参与分配

---

① 参见黄和新：《保理合同：混合合同的首个立法样本》，载《清华法学》，2020（3）。

② 参见陈学辉：《国内保理合同性质认定及司法效果考证》，载《西北民族大学学报（哲学社会科学版）》，2019（2）。

债权人和破产管理人。依据《有关担保的司法解释》第 66 条，同一应收账款同时存在保理、应收账款质押和债权转让，当事人主张参照《民法典》第 768 条的规定确定优先顺序的，人民法院应予支持。

（三）保理与其他非典型担保的竞存

《民法典》第 768 条规定了多重保理的情形下，应当以登记为中心确定由哪一个保理人优先取得应收账款债权的顺位规则。但在实践中，存在着某一应收账款的权利人将同一应收账款设立保理、应收账款质押和债权转让的方式，实际上是一种变相的"一物数卖"行为。《有关担保的司法解释》第 66 条第 1 款规定："同一应收账款同时存在保理、应收账款质押和债权转让，当事人主张参照民法典第七百六十八条的规定确定优先顺序的，人民法院应予支持"。严格地说，《民法典》第 768 条只能用来解决同一应收账款债权上有多个保理人冲突的问题，而不能解决同一个应收账款债权上同时有保理人、权利质权人、普通的债权转让的受让人的权利冲突的问题。为了解决实际生活中确实存在的问题，《有关担保的司法解释》第 66 条第 1 款扩大了这一条的适用范围。尽管有此解释，但《民法典》第 768 条的适用确实仍存在一定的问题，这主要是因为普通的应收账款债权转让一般不具备登记资格，因此可能难以适用该条规定。

第三节　让与担保

一、动产让与担保的概念

让与担保有广义和狭义之分。① 狭义的让与式担保是指债务人或第三人为担

---

① 有关让与担保的广义与狭义的区分，主要来自日本法。但在日本法上，此种区分被认为是让与担保发展过程中运用法解释技术而产生的一时的产物，甚至被认为是虚构的对立概念，并无任何实益。也正是基于这一原因，这一概念上的区分，在日本大审院昭和 8 年（1933 年）4 月 26 日判例中被承认之后，并未被后来的司法实践所继续采纳（参见〔日〕近江幸治：《担保制度的研究——移転型担保研究序说一》，266 页，东京，成文堂，1989）。

保债务人的债务，将担保标的物的权利事先移转给担保权人，在债务清偿后，标的物的权利应返还给债务人或第三人，当债务人不履行债务时，担保权人可以就该标的物受偿。[①] 广义上的让与担保，包括买卖式担保与让与式担保。买卖式担保是指以买卖形式进行信用的授予，给予信用者即债权人并无请求返还价金的权利，但接受信用者即债务人却享有通过支付价金而请求返还自己让与给债权人的标的物的权利的一种担保形式。[②] 这种担保形式在日本民法上称为卖渡担保。

对于是否应当在立法中承认让与担保，两大法系采取了两种模式。一是以德国法为代表的模式，这种模式不承认动产抵押，而承认了动产让与担保（Sicherungsübereignung）。[③] 在实务中大量采用了动产担保形式，后来德国法官通过解释民法典承认了动产让与担保。[④] 二是以日本法为代表的一些大陆法系国家，通过特别法的形式承认了一些特殊动产的抵押（如汽车、船舶、航空器等），并将其作为一种重要的代表形式，在立法和司法中予以承认。例如，《日本商法典》《航空器抵押法》《汽车抵押法》等规定，可以对船舶、航空器、机动车等动产进行抵押。[⑤] 同时，对于汽车、船舶等特殊动产之外的动产融资需求，日本法则是通过在司法中承认让与担保等非典型担保制度而加以满足。[⑥] 加拿大《魁北克民法典》第 2660 条规定，担保物权是在动产和不动产之上所设定的、担保债务履行的物权。动产可以成立移转占有的担保物权和不移转占有的担保物权，即抵押。一些学者预言，动产担保代表未来担保的发展趋势。[⑦]

---

① 我国台湾地区也有学者认为，Mortgage 之本意为让与担保，目的在移转财产担保债务之清偿。参见刘得宽：《民法诸问题与新展望》，452 条，北京，中国政法大学出版社，2002。

② 参见史尚宽：《物权法论》，423 页，北京，中国政法大学出版社，2000。

③ Münch Komm/Oechsler, BGB Anhang zu §§ 929 - 936 Sicherungseigentum-Sicherungsübereignung, Rn. 1 ff.

④ Münch Komm/Oechsler, Anhang zu §§ 929 - 936 Sicherungseigentum-Sicherungsübereignung, Rn. 3.

⑤ 参见高圣平：《动产抵押制度研究》，396～400 页，北京，中国工商出版社，2004。

⑥ 参见 ［日］ 内田贵：《民法 3（第 3 版）·债权総論·担保物権》，485 页，东京，东京大学出版会，2015。

⑦ See Ronald C. C. Cuming, The Internationalization of Secured Financing Law: the Spreading Influence of the Concepts UCC, Article 9 and its Progeny' in Ross Cranston (ed.), *Making Commercial Law*, *Essays in Honour of Roy Good* (Oxford: Clarendon Press, 1997), p. 500.

动产让与担保作为一种非典型的担保，它并不是由法律直接规定的，而是通过习惯和司法判例创设的。各国法律大多没有在物权法中对其作出明确规定。①例如，以德国为代表的国家虽然承认动产让与担保，并在实务中广泛采用动产担保形式，但其立法并未对此作出明确规定。在实践中，融资融券交易就是以让与担保为核心构建的交易模式。虽然我国《民法典》未规定让与担保制度，但交易实践已承认了此种担保方式，且如果在法定的登记机关办理了登记，也可产生物权的效力。例如，根据《证券公司融资融券业务试点管理办法》第 31 条规定，证券登记结算机构依据证券公司客户信用交易担保证券账户内的记录，确认证券公司受托持有证券的事实，并以证券公司为名义持有人，登记于证券持有人名册。据此，有学者认为，作为担保物的证券，属于信托财产，证券公司是该证券的名义持有人。②不过，在条件成熟的时候，也应制定特别法来确立让与担保制度。

二、动产让与担保的构成

　　《民法典》旨在消灭隐形担保，我国司法解释之所以承认让与担保，在一定程度上是要明确法律规定的条件，才能使其具有担保物权的效力，并消灭隐性担保，维护交易安全，保护第三人利益。由于动产让与担保通过协议的方式即可完成，具有很强的隐蔽性，因此，动产让与担保具有物权效力的前提是其必须符合法律行政法规和司法解释的规定。而我国《有关担保的司法解释》第 68 条对动产让与担保的认定及其实现程序作出了规定。依据该规定，动产让与担保应当具有以下条件。

　　第一，当事人之间应当达成合意。根据《民法典》第 388 条规定，设定担保物权必须订立担保合同，这些合同必须具有担保功能，动产让与担保也不例外。在一般的交易中，当事人转让财产的目的在于获得对价。但是在动产让与担保约

① 参见［日］近江幸治：《担保物权法》，祝娅等译，10 页，北京，法律出版社，2000。
② 参见台冰：《融资融券业务中的法律风险问题》，深交所创新论坛，2007-05，62 页。

定中，当事人转让财产的目的并非获得对价，而是通过取得标的物而就该标的物享有担保利益。双方订立合同的目的也主要在于提供担保。这种担保主要表现在，在债务人未清偿债务前，受让人不能擅自处分财产，在债务人不履行债务时，受让人可以从财产拍卖、变卖等的价额中优先受偿。①

第二，合同约定将债务人与第三人的财产形式上移转给债权人。所谓形式上移转，是指债权人只是名义上的所有权人，其享有所有权只是为了担保，但并没有实际获得所有权。在实践中，让与担保常常与财产转让发生混淆，在财产转让的情形下，买受人将取得标的物完整的所有权。而在让与担保中，债权人只是取得名义上的所有权，转让人转让财产并不是为了获得对价，债权人受让财产也无须支付对价，当事人的主要目的是设立担保。②

第三，应当依法公示。法律上之所以承认动产让与担保的物权效力，很大程度上是基于动产让与担保的可公示性。依据《有关担保的司法解释》第 68 条第 1 款规定，已经完成公示，债务人到期不履行债务，债权人才能依据担保物权的相关规定优先受偿。在没有公示的情形下，当事人只是根据合同行使权利。如果当事人仅仅订立了让与担保合同，虽然并不具有物权效力，但根据区分原则，不影响合同效力。依据《有关担保的司法解释》第 68 条的规定，让与担保只要完成财产权利变动的公示，就可以产生物权效力，这里财产权利变动的公示要区分动产、不动产以及权利，动产只需要完成交付即可，而不动产和权利则需要在法律规定的登记机关完成登记。如果当事人仅签订让与担保合同而未完成权利变动公示的，则不能产生物权效力。

问题在于，放松流质契约的限制能否解决动产让与担保的问题？笔者认为，动产让与担保不同于流质契约，不能相互替代，因为流质契约是指担保物权实现时，标的物的所有权移转归债权人所有，而动产让与担保生效时，所有权已经转让，而且所有权的移转是担保的方式。尤其是流质契约并不改变担保的方式，而只是改变了担保物权的实现方式。但是动产让与担保生效时，担保结构发生变

---

① ② 参见最高人民法院民事审判第二庭：《最高人民法院民法典担保制度司法解释理解与适用》，567 页，北京，人民法院出版社，2021。

化，所有权已经转移。因此，它是一种独立的担保方式，不同于既有的抵押权、质权。

三、动产让与担保的权利实现程序

《有关担保的司法解释》第 68 条对让与担保的认定及权利实现的程序作出规定，依据该规则，动产让与担保在认定上被区分为三种不同的情形。

第一，未完成财产权移转公示的动产让与担保。《有关担保的司法解释》第 68 条第 1 款规定："债务人或者第三人与债权人约定将财产形式上转移至债权人名下，债务人不履行到期债务，债权人有权对财产折价或者以拍卖、变卖该财产所得价款偿还债务的，人民法院应当认定该约定有效。当事人已经完成财产权利变动的公示，债务人不履行到期债务，债权人请求参照民法典关于担保物权的有关规定就该财产优先受偿的，人民法院应予支持。"此种情形是让与担保的一般情形，即当事人签订合同约定将财产转移至债权人名下，但并没有实际完成物权变动的公示，债权人有权就财产折价或者拍卖、变卖所得价款偿还债务的，应认定此类约定合法有效，并视当事人是否已经完成了财产权利的变动公示，赋予债权人对财产的优先受偿权。在这种情形下，让与担保具有设定担保物权的效力，债权人可以依据担保物权实现的程序进行优先受偿。①

如果当事人在合同中约定，债务人和第三人将财产形式上移转债权人，在债务人不履行债务时，财产归债权人所有，其也属于让与担保。依据《有关担保的司法解释》第 68 条第 2 款规定，如果当事人已经完成了公示，则债权人可以优先受偿，其负有强制清算的义务，而不能直接取得担保财产所有权。

第二，已完成移转财产权的公示的动产让与担保。《有关担保的司法解释》第 68 条第 2 款规定对此确立了如下几方面的规则：一是明确了当事人约定债务人到期不履行债务财产归债权人所有时，该约定无效。这主要是考虑到，当事人

---

① 参见最高人民法院民事审判第二庭：《最高人民法院民法典担保制度司法解释理解与适用》，567页，北京，人民法院出版社，2021。

之间就担保物权缺少进行清算的约定，可能导致显著不利于债务人或第三人。二是该约定无效不影响当事人提供担保意思表示的效力。也就是说，虽然当事人之间不进行清算的约定不具有效力，但在当事人之间仍然具有设定担保的效力。担保物权的设立不因不清算条款的无效而无效。三是当事人已经完成财产权利变动的公示，在债务人不履行到期债务时，债权人可以依据担保物权的实现程序，就拍卖、变卖该财产所得的价款优先受偿，债务人可以请求履行债务后返还财产，或者请求对财产折价或者以拍卖、变卖所得的价款清偿债务。也就是说，不清算约定的无效不影响其作为让与担保的效力。[①]

第三，溢价回购型的动产让与担保。如果当事人在合同中约定将财产名义上转至债权人名下，再由债务人或三人以溢价款回购，债务人到期不回购的，财产归债权人所有，此种情形也属于让与担保的形态。例如，某房地产开发商为了募集资金，而将数套房屋移转给他人，同时约定，在一定的期限内，开发商以原房屋价款加一定的溢价回购该房屋，根据《有关担保的司法解释》第 68 条第 3 款规定，应当适用第 68 条第 2 款进行强制清算。[②] 在回购对象不真实存在的情况下，按照不同的规则予以处理。

四、股权让与担保

（一）股权让与担保的概念和特点

所谓股权让与担保是指以转让股权的方式为债务提供担保。当事人约定以股权移转到债权人名下的方式提供担保。债权人由此成为公司名义股东。如果出现股东未履行出资义务或未完全履行出资义务时，公司无权请求该名义股东承担连带责任。《有关担保的司法解释》第 69 条规定："股东以将其股权转移至债权人

---

① 参见最高人民法院民事审判第二庭：《最高人民法院民法典担保制度司法解释理解与适用》，568页，北京，人民法院出版社，2021。

② 参见最高人民法院民事审判第二庭：《最高人民法院民法典担保制度司法解释理解与适用》，567页，北京，人民法院出版社，2021。

名下的方式为债务履行提供担保，公司或者公司的债权人以股东未履行或者未全面履行出资义务、抽逃出资等为由，请求作为名义股东的债权人与股东承担连带责任的，人民法院不予支持。"例如，在"新疆投资发展（集团）有限责任公司与金石财富投资有限公司合同纠纷案"① 中，最高人民法院认为，为保证海峡公司与山东金石公司签订的《加工协议》顺利履约，叶某某、朱某某将二人持有的金石财富公司的全部股份转让给海峡公司，在《加工协议》履行终结后，海峡公司又将其持有金石财富公司的全部股份退回叶某某、朱某某。双方明确约定，金石财富公司股权相互转让的目的实质为《加工协议》提供股权担保，并不作其他用途，且转让已经过股东会决议，符合公司法的相关规定。新投公司以海峡公司作为曾经受让金石财富公司的股份而成为该公司股东为由，认为海峡公司应承担股东出资不实的补充赔偿责任的上诉理由，没有事实和法律依据，不能成立。

股权让与担保的特点在于：

第一，股权让与担保是为了进行担保而非使受让人取得股东权利，其在性质上不同于股权转让。股权转让是通过转让的方式，使受让人完整取得股权和股东权利，因此对于出资瑕疵等，受让人也应承担责任。但是在股权的让与担保中，受让人只是名义上的股东，并不实际取得股东资格，因此对于出资瑕疵不应承担连带责任。② 同时，与股权转让不同，在股权让与担保中，受让人也无须为股权转让支付对价。③

第二，股权让与担保作为让与担保的一种特殊类型，在债务能否履行尚未确定之前，债权人不得处分相关股权。在股权让与担保中，股权的受让人不能行使股东的权利或将股权转让给他人。

第三，股权让与担保中的受让人并未取得股权，而只是享有担保性权益，出

---

① 最高人民法院（2018）最高法民终 54 号民事裁定书。
② 参见最高人民法院民事审判第二庭：《最高人民法院民法典担保制度司法解释理解与适用》，569 页，北京，人民法院出版社，2021。
③ 参见最高人民法院民事审判第二庭：《最高人民法院民法典担保制度司法解释理解与适用》，572 页，北京，人民法院出版社，2021。

让人并未丧失股东身份。在股权让与担保中，受让人作为名义股东，并非取得完整的股权，而只是依据约定取得了股权交换价值上的优先受偿权。因此，股权让与担保中的受让人不能行使参与公司管理等股东权利。

（二）股权让与担保的效力

从对内效力来看，在股权让与担保的情形下，债权人作为名义股东实际上并没有取得股东的资格，因此不能参与公司的管理、行使股东的自益权和共益权。其原因在于：一方面，在股权让与担保中，股东只是让渡股权交换价值中的优先受偿的权利，当事人之间并没有完整转让股权或股东权利的合意。因此，股权让与担保中的受让人只是取得了股权的交换价值，而非完整的股东资格的让与。另一方面，在股权让与担保中，名义股权人可能并未在公司的股东名册上予以记载，此时其不能对公司享有股东权利。即使在股东名册上已经进行了变更记载，公司也可以通过证明让与担保的真实意思，以排除名义股东的股东资格。①

从对外效力来看，依据《有关担保的司法解释》第 69 条规定，股东以将其股权转移至债权人名下的方式为债务履行提供担保，公司或者公司的债权人以股东未履行或者未全面履行出资义务、抽逃出资等为由，请求作为名义股东的债权人与股东承担连带责任的，人民法院不应予以支持。作出该规定的理由在于：一方面，股权让与担保中的受让人仅仅取得名义股东的资格，享有就股权交换价值的优先受偿权益，对于出资义务的不履行或抽逃而言，其并不应承担责任。另一方面，公司债权人或公司主张承担出资义务或抽逃出资责任应以公司的股东为限，即只能向让与担保中的担保人主张承担责任，而不能向受让人主张承担连带责任。此外，名义股东不享有与股东身份有关的表决、分红等权利，也不应负有出资义务和清算义务，对于公司的债务不承担法律责任。公司债权人虽然不能要求作为名义股东的债权人承担责任，但在查明案件事实的基础之上，其可以要求转让人作为实际股东承担出资瑕疵责任。

---

① 参见最高人民法院民事审判第二庭：《最高人民法院民法典担保制度司法解释理解与适用》，574～575 页，北京，人民法院出版社，2021。

（三）股权让与担保的实现

在债务人不履行债务时，名义股东可以依据担保物权的实现方式就该股权的交换价值优先受偿。此时应当依据公司的性质对股权的价格进行确定。对于有限责任公司而言，其股权价格通常难以确定，可以由当事人之间通过协议的方式，折价受偿。而对于股份公司而言，则可以依据股价进行受偿。

第二十九章
担保物权的竞存

第一节　担保物权的顺位

一、担保物权顺位的一般规则

所谓担保物权的竞存，是指在同一财产上设定多重担保而引起的权利竞存现象。由于在实践中，各种担保物权的竞存时常发生，并引发权利的冲突，因此需要确定各担保物权的优先顺位，从而明确担保物权的受偿顺序，为各方当事人在融资时提供重要参考。[①] 学界对于竞存情形下的顺位规则，一直存在争议。《民法典》第414条规定："同一财产向两个以上债权人抵押的，拍卖、变卖抵押财产所得的价款依照下列规定清偿：（一）抵押权已经登记的，按照登记的时间先后确定清偿顺序；（二）抵押权已经登记的先于未登记的受偿；（三）抵押权未登记的，按照债权比例清偿。其他可以登记的担保物权，清偿顺序参照适用前款规

---

① 参见高圣平：《我国动产融资担保制度的检讨与完善》，载《中国人民大学学报》，2007（3）。

定。"该条以登记为中心，构建了可以登记的担保物权发生竞存时的顺位规则，登记的担保物权顺位规则是解决以登记作为公示方式的担保物权的竞存规则，但其并不涉及以占有作为公示方式和法定的担保物权竞存顺位规则。

如前述，《民法典》第 414 条明确了抵押权竞存的顺位。《民法典》第 414 条第 1 款旨在解决抵押权竞存时的权利顺位规则。自 2007 年《物权法》颁布以来，我国民法允许在同一财产之上重复设定抵押，即多个抵押。所谓多个抵押，是指债务人以同一抵押物分别向数个债权人设定抵押，致使该抵押物上存在着多个抵押权。[1] 多个抵押并不违反一物一权原则，因为按照一物一权原则，同一物之上不得设定多个所有权，也不得在同一物之上设立多个内容或效力相互冲突的物权。但多个抵押并不违反这一原则，因为一方面，抵押权本质是一种价值权，而抵押物的价值可以被分割。[2] 同时，各个抵押权人并不需要直接占有、使用抵押财产，从这一意义上说，各个抵押权相互之间在内容上并不存在冲突。另一方面，法律之所以允许多个抵押，是因为各个抵押权之间存在一定的权利顺位，各个抵押权人可以按照法定的权利顺位规则实现权利，从而消除各个抵押权在权利实现层面的冲突。由于登记制度的存在，可以将多个抵押予以公示，而且法律确定了多个抵押权行使的规则，从而避免了多个抵押所发生的冲突和纠纷。法律允许多个抵押，不仅使抵押物的价值得到充分的利用，而且为融资开辟了更为广阔的渠道，并保障债权获得实现。多个抵押有利于充分发挥担保物的交换价值，满足当事人的融资需求，尊重当事人的意愿。[3]

《民法典》第 414 条也构建了统一的、全方位的可以登记的担保物权的顺位规则，其适用范围并不限于抵押权，具体而言：

第一，构建统一的动产多个抵押的顺位规则。《民法典》第 414 条第 1 款也可以适用于动产抵押。按照这一规定，已登记的按照登记时间先后确定权利顺

---

① 参见常宇：《论多个抵押》，载《清华大学学报（哲社版）》，1999（2）。王利明：《物权法研究》（第四版）（下卷），1161 页，北京，中国人民大学出版社，2016。

② 参见谢在全：《抵押权次序升进原则与次序固定原则》，载《本土法学杂志》2000（7）。

③ 参见黄薇主编：《中华人民共和国民法典物权编释义》，802 页，北京，法律出版社，2020。

位，已登记的优先于未登记的，都未登记的按照债权比例清偿。还应当看到，《民法典》第 414 条也可以解决动产浮动抵押中的权利顺位问题。例如，某批存货在设定动产浮动抵押之后，当事人又将其中部分财产单独设定抵押，此时，在相关财产之上即存在多个抵押的问题。浮动抵押采取登记对抗主义，自然可以适用《民法典》第 414 条关于动产多个抵押优先顺位的一般规则。当然，《民法典》第 404 条关于正常经营活动买受人规则，作为特别例外适用的规则，应当优先于第 414 条而适用。

第二，明确了多个权利抵押的顺位规则。依据《民法典》第 395 条的规定，凡是法律、行政法规未禁止抵押的权利，原则上均可以设定抵押，同时，该条也明确列举了建设用地使用权、海域使用权可以成为抵押权的客体。因而，权利也可能存在多个抵押的问题，需要明确其权利顺位规则。从体系解释而言，第 414 条规定于《民法典》抵押权的一般规定之中，这表明其不仅适用于不动产抵押，也应适用于权利抵押，即在权利上存在多个抵押的情形下，也可以按照第 414 条的规定明确其权利顺位。

第三，明确了抵押权与可以登记的权利质权的冲突规则。从《民法典》的相关规定来看，有些权利质权的设立需要登记，这可能产生同一财产之上同时存在抵押权与质权的现象。从实践来看，同一财产之上既存在抵押又存在质押的情形比较罕见。对动产而言，其可以办理抵押和质押，但无法形成权利质权。但从实践来看，确实存在抵押权与可以登记的权利质权之间相冲突的情形。例如，某人将房屋抵押之后，出租人与承租人就房屋签订了租赁合同，而将房屋租金作为应收账款质押给其他人，房屋抵押权和应收账款质押均办理了登记，因而在担保物权实现时，究竟哪个担保物权优先实现，也应当按照《民法典》第 414 条确立的顺位规则明确其权利顺位。另外，随着各种新型财产（如数据等）的发展，不排除既办理抵押又办理权利质押的可能性，这就会发生上述权利冲突。

第四，沟通了典型担保与非典型担保之间的顺位关系。在典型担保与非典型担保之间同样可能存在竞存，具体有两种情形：一是典型担保和非典型担保之间，如动产抵押和动产所有权保留之间；二是非典型担保之间，如多重保理，或者同一动产上存在多重所有权保留。这两种竞存的情形在实践中时有发生，如何确定该竞存下的顺位规则？《民法典》第414条第2款规定："其他可以登记的担保物权，清偿顺序参照前款规定。"此处"其他可以登记的担保物权"就是指除物权编规定的担保物权之外的其他担保方式，如所有权保留、融资租赁和保理，以及让与担保等，当这些担保方式办理了登记之后，其清偿顺序也要适用《民法典》第414条的规定。该规则沟通了本款与"其他具有担保功能的合同"规定之间的关系。① 通过对《民法典》第388条第1款和第414条的体系解释，可以发现在所有权保留、融资租赁、保理等交易形态中，也可能发生担保物权的竞存，如果出现权利冲突问题，此时，亦可通过参照适用《民法典》第414条第1款的权利顺位规则，解决这些担保物权之间的冲突。②

第五，规定了权利质权顺位规则的参照适用。如前所述，抵押权可能与可以登记的权利质权之间发生竞存，在权利质权之间，也可能发生竞存。实践中，也会出现同一权利之上设定多重质押的现象，例如，同一股权分别质押给不同的债权人；再如，将同一应收账款分别质押给多家银行，此时必然会产生权利冲突问题。依据《民法典》关于权利质权的规定，有些权利质权（如仓单、提单等）将交付作为公示方法，而部分权利质权（如股权、应收账款等）的设立采取的是登记生效模式，即以登记作为该权利质权的公示方法。《民法典》并没有就同一权利重复设定质权的权利顺位规则作出规定，笔者认为，此时，可以参照适用《民法典》第414条第2款关于同一财产多个抵押的顺位规则，这既可以填补规则的漏洞，也可以避免立法的烦琐与重复。同时，参照适用《民法典》第414条的规定，具有合理性，而且在立法技术上较为简洁。③

第六，确立了新型担保竞存的权利顺位规则。《民法典》第414条的规定也为未来新型担保物权形态出现后多重担保的顺位规则的确定提供了依据。无论是

---

① 参见刘保玉：《我国担保物权制度新规释评》，载《法商研究》，2020（5）。
② 参见孙宪忠、朱广新主编：《民法典评注 物权编4》，224页，北京，中国法制出版社，2020。
③ 参见崔建远：《中国民法典释评·物权编》（下卷），412页，北京，中国人民大学出版社，2020。

新类型的抵押权、权利质权，只要是以登记作为公示的手段的权利，均可适用第414条的规定来确定顺位。随着社会的发展，实践中也可能出现新型的担保物权，如果其能够通过依法办理登记予以公示，则其也可以产生担保物权的效力，在这些新型担保物权与既有的担保物权类型以及各新型担保物权之间竞存时，也可以依据《民法典》第414条规定确定其权利顺位。

总之，《民法典》第414条虽然重点规定了多个抵押情形下的权利顺位规则，但其在体系上具有显著的溢出效应，可以实现形式意义上担保物权与功能型担保、典型担保与非典型担保之间的沟通和衔接，也为统一的动产和权利担保登记体系的建立提供理论支撑，进而实现担保物权的现代化，尽可能消除隐性担保，改善营商环境。

二、《民法典》第414条确立了顺位升进主义

在多重担保的情形下，解决竞存问题，还涉及另一个复杂的问题，就是顺位在先的担保物权所担保的债权被清偿之后，顺位在后的担保物权如何受偿？其顺位是依顺序递进，还是固定不变？例如，在多个抵押的情形下，如果顺位在先的抵押权消灭，则顺位在后的抵押权能否依次升位而相应地变更抵押权人的顺位，这是一个颇有争议的问题。对于该问题，各国立法规定并不完全相同，大致存在着顺位升进和固定主义两种立法例。

依据《民法典》第414条，如果在同一标的物之上存在着数个抵押权，则已经登记的应当优先于未登记的受偿，先登记的优先于后登记的受偿。据此，在前一顺序的抵押权受偿以后，如果有剩余的，则应当由第二顺序的抵押权人受偿，依此类推。例如，同一房屋被抵押给数个债权人，且数个抵押都已办理了登记，如果登记在第一顺位的抵押权人所享有的债权已经获得清偿，则登记在第二顺序的抵押权人就上升到第一顺位，就剩余价值优先受偿，如此类推。可见，登记在后的抵押权人的顺位升进了。该规定实际上采纳了顺序升进主义。值得注意的是，《有关担保的司法解释》第16条第2款在例外情形下也承认了顺位固定规

则，这可以说是对顺位升进主义适用的一种例外。①

三、《民法典》第414条适用中的其他问题

（一）关于《民法典》第414条第与第403条的关系

《民法典》第403条规定："以动产抵押的，抵押权自抵押合同生效时设立；未经登记，不得对抗善意第三人。"该条确立了动产抵押情形下的登记对抗规则，如前所述，《民法典》第414条既可以适用于不动产抵押，也可以适用于动产多个抵押情形下的竞存现象，但在具体适用中，其与《民法典》第403条存在一定的矛盾和冲突。例如，某担保人将自己的某套设备抵押给银行甲，之后未办理登记，又将该设备抵押给银行乙并办理登记，银行乙对该设备已经抵押给银行甲是知情的。如果按照《民法典》第414条，则已登记的抵押权优先于未登记的，即银行乙的抵押权应当优先；但如果按照《民法典》第403条规定，虽然银行甲的抵押权未办理登记，但其只是不得对抗善意第三人，其仍然可以对抗恶意第三人，而银行乙对此是知情的，是恶意的，因此，银行甲的抵押权可以对抗银行乙的抵押权，此时银行甲的抵押权就优先于银行乙的抵押权。

如前所述，《民法典》第414条所规定的担保物权顺位规则并不考虑担保物权人的善意或者恶意的问题，这也是为了实现担保物权顺位规则的统一性与明晰性②，且有利于维护登记簿的公信效力。据此，笔者认为，应当对《民法典》第403条中的"善意第三人"进行目的性限缩，将担保物权人排除在外。从《有关担保的司法解释》的规定来看，其主要也采取了此种立场。该司法解释第54条第1项规定，"抵押人转让抵押财产，受让人占有抵押财产后，抵押权人向受让人请求行使抵押权的，人民法院不予支持，但是抵押权人能够举证证明受让人知

---

① 该条规定："主合同当事人协议以新贷偿还旧贷，旧贷的物的担保人在登记尚未注销的情形下同意继续为新贷提供担保，在订立新的贷款合同前以该担保财产为其他债权人设立担保物权，其他债权人主张其担保物权顺位优先于新贷债权人的，人民法院不予支持。"

② 参见高圣平：《民法典动产担保权优先顺位规则的解释论》，载《清华法学》，2020（3）。

道或者应当知道已经订立抵押合同的除外"。依据该规定，此处的善意第三人主要是指抵押财产的受让人，而不包括担保物权人。因此，如果顺序在先的抵押权人并未办理登记，而顺序在后的抵押权人办理了登记，则即便顺序在先的抵押权人能够证明顺序在后的抵押权人对其已经设定抵押权知情，其也不得主张优先受偿。

（二）关于《民法典》第 414 条和第 404 条之间的关系

所谓正常经营买受人，是指与出卖人在正常经营活动中进行交易，买入相关商品的主体。依据《民法典》第 404 条，以动产抵押的，不得对抗正常经营活动中已经支付合理价款并取得抵押财产的买受人。在实践中，《民法典》第 414 条和第 404 条之间也会发生一定的冲突，因为《民法典》第 404 条主要适用于动产抵押，但由于第 414 条可以普遍适用于各种财产的重复抵押的现象，故在动产抵押的情形下，二者也可能发生冲突。例如，以同一批存货设置多种抵押，并且都已办理了登记，后该存货被出售给消费者，消费者支付了对价，并且该物已经交付，在交易之前已经设定的抵押权能否优先于买受人？换言之，抵押设定在先的抵押权人能否向买受人行使追及权？笔者认为，抵押权人的权利不能优先于买受人的权利，因为从《民法典》第 404 条的规定来看，只要是动产抵押的，不论是否办理登记，都不得对抗正常经营活动中的买受人的权利，其理由在于：一方面，正常经营买受人优先保护规则对买受人的信赖加以保护，目的在于维护交易安全，因为在正常的经营活动中，特别是普通消费者，其从商店等处购买商品，不需要再查询相关商品之上是否已经设定抵押，这既有利于保护交易当事人的合理信赖，也有利于提高交易效率。[①] 另一方面，《民法典》第 404 条的目的是降低正常经营活动买受人的查询成本，所以，只要是正常经营活动的买受人，即不负有查询登记的义务，且无论该买受人是否善意，都要优先于动产抵押权人。此外，在正常经营活动中，买受人在交易时难以查询相关的货物是否已经办理了抵押登记，否则不仅会增加交易成本，而且超出了一般买受人的查询能力。

（三）关于《民法典》第 414 条和第 416 条之间的关系

所谓价款超级优先权，是指债权人在动产之上取得的担保因购买该动产而产

[①] 参见朱良敏：《论"正常经营买受人规则"——以〈民法典（草案）〉第 404 条为切入点》，载《中南财经政法大学研究生学报》，2020（1）。

生的价款给付义务的抵押权。① 在同一标的物之上也可能存在多个价款超级优先权，即同一标的物上同时存在数个购买价金担保物权。例如，两个商业银行分别向债务人提供购买设备的贷款，此时，两个商业银行都可能在同一设备上享有价金超级优先权。再如，贷款人向买受人提供购买设备的部分价款（如首付款）②，此时，贷款人与出卖人也可能在该设备之上同时享有价款超级优先权。在同一标的物之上存在多个价款超级优先权的情形下，如何确定其效力顺位关系，值得探讨。《民法典》第416条仅规定了价款超级优先权与其他担保物权之间的效力冲突解决规则，而没有规定多个价款超级优先权竞存时的效力顺位规则，笔者认为，此时，也可以适用《民法典》第414条的规定，即应当按照登记的先后顺序确定其效力顺位。

此外，在符合《民法典》第416条规定的情形下，享有价款超级优先权的抵押权人的权利优先于其他担保物权人，因此，不论其他担保物权人办理的担保登记的实现是否在该抵押权人之前，该抵押权人均可基于价款超级优先权而享有优先受偿的顺位，此时，也应当排除《民法典》第414条的适用。可以说，在此种情形下，该规则即构成了《民法典》第414条第1款确立的"公示在先、权利在先"规则的例外规则。

第二节　物的担保和人的担保

一、物的担保和人的担保的关系

由于担保物权是以提供一定的物作为担保物，担保权人可以从该担保物变价

---

① 参见崔建远：《中国民法典释评·物权编》（下卷），414页，北京，中国人民大学出版社，2020。关于该名称，目前并没有统一的术语。已使用的概念包括买卖价款抵押权、价款债权抵押权、购置款抵押权、购买价金担保权、价款超级优先权等。

② 参见高圣平：《最高人民法院新担保制度司法解释条文释评》，417~418页，北京，人民法院出版社，2021。

后的价款优先受偿，所以担保物权也称为物的担保制度。[1] 严格地说，物的担保与担保物权仍然有一定的区别。因为可以设定担保物权的物并不限于有体物。在担保物权中，还存在着权利质权、建设用地使用权抵押等以无体物（权利）为标的的情况。但由于担保物权的典型形式是以动产和不动产为标的，所以一般认为，它是与人的担保相对应的一种形式。[2]

所谓人的担保，是指自然人或法人以其自身的资产或信用担保债务的履行的一种担保制度。人的担保最早起源于古代的"人质"，即债务人以其人身作为保证。但近现代意义上的人的担保，主要是指以第三人的信用以及全部财产作为债权实现的担保。人的担保的典型方式是保证，人的担保属于债权请求权担保。在这种担保中，担保权人不能直接支配担保人的特定财产，而只能在债务人不履行债务时，请求担保人承担担保责任。

人的担保和物的担保有以下区别。

第一，标的不同。人的担保通常以第三人的一般责任财产及信用财产作担保，或者说是以债务人不履行债务时的第三人的全部财产作担保；而物的担保则是以特定的财产作担保，其中包括动产、不动产和权利等。人的担保实际上是以保证人的一般责任财产作为担保，因此，此种担保是增加可供清偿的一般责任财产，而进一步保障债务能够履行。如果保证人在债务人不清偿债务时，具有足够的代债务人清偿的财产能力，人的担保将对债权的实现起到可靠的保障。但是，由于一般责任财产具有浮动性、不稳定性，所以，在债务人不履行债务时，保证人可能没有足够的财产履行债务。这样，债务不能得到完全履行的危险仍然存在。而在物的担保中，由于债权人可以独占性地支配特定财产或权利的交换价值，当债务不能清偿时，可以对标的物变价并优先受偿，所以，物的担保不受个人财产变动的影响。由此可见，物的担保比人的担保更加可靠。[3]

第二，主体不同。人的担保的主体只能是债务人以外的第三人，债务人本身

① 参见［日］近江幸治：《担保物权法》，祝娅等译，1 页，北京，法律出版社，2000。

② 参见崔建远：《物权法》，5 版，418 页，北京，中国人民大学出版社，2021。

③ 参见陈华彬：《物权法论》，523 页，北京，中国政法大学出版社，2018。

不能作为人的担保的主体。因为债务人在承担债务以后，理所当然应当以其全部财产作担保，此时再要求债务人提供保证是毫无意义的。而物的担保的主体可以是第三人，也可以是债务人，债务人完全可以以自己的财产建立物的担保。[①]

第三，法律效力不同。人的担保本质上仍然是一种合同关系，其产生的是一种债权，不具有优先受偿性，债权人所享有的对保证人的此种请求权仍然属于债权，不能优先于一般债权。如果担保人破产，担保权人只能与其他债权人按比例分配担保人的财产。而物的担保产生的是一种物权，具有优先受偿性。

二、物保和人保并存的规则

所谓物保和人保的并存，是指物保和人保同时担保同一债权的情况。换言之，在同一债权之上，既存在物保，又存在人保，如果两种担保并存，在担保实现时，哪一种担保权应当优先实现？对此，各国判例学说有四种不同的主张。

第一，"物保绝对优先说"。此种观点认为，在人保和物保并存的情况下，首先应该执行物保。因为按照物权优先于债权的规则，物保属于物权的范畴，而人保属于债权的范畴，所以，物保优先于人保。正如有学者指出，物的担保以其特有的物权优先品质确保债权受偿，成为优于保证担保的债权担保方式。[②] 所以，法谚有"人的担保系不如物的担保"（Plus cautionis in re est quam in persona）之说。因为物的担保将产生担保物权，而担保物权较之于保证合同更容易执行。我国《担保法》第 28 条规定："同一债权既有保证又有物的担保的，保证人对物的担保以外的债权承担保证责任。债权人放弃物的担保的，保证人在债权人放弃权利的范围内免除保证责任。"可见，《担保法》采纳了这一观点。

第二，"区分物保提供者说"。此种观点认为，要根据物保的提供者来考虑物保是否优先于人保。如果物保是由债务人自身提供的，则物保应当优先于人保。如果物保是由第三人提供的，则物保与人保具有平等的地位，债权人可以选择其

---

① 参见陈本寒：《担保法通论》，59 页，武汉，武汉大学出版社，1998。
② 参见邹海林、常敏：《债权担保的理论与实务》，116 页，北京，社会科学文献出版社，2005。

中的一种来实现。

第三，"物保人保平等说"。此种观点认为，物保和人保在提供担保方面是平等的，保证人和物的担保人在地位上是平等的，他们在整个债的关系中均享有先诉抗辩权，即都有权要求债权人先就主债务人的财产清偿，而彼此之间不应存在先诉抗辩权问题，否则就违背了民法的平等原则。

第四，"债权人自由选择说"。此种观点认为，在物保和人保并存的情况下，债权人究竟应先向保证人还是先向物的担保人请求代为清偿债务或承担责任，乃是债权人的自由，债权人可以在两种担保之间择一提出请求，已承担担保责任的担保人可以向其他担保人追偿其应当承担的份额。[①] 如前所述，物的担保和人的担保各有利弊，物的担保并不一定比人的担保更有利于债权人债权的实现，所以法律应当按照私法自治原则，在保证与第三人提供物的担保并存的情况下，允许债权人基于其自身意志作出选择，这也许更有利于其债权的实现。

《民法典》在总结我国立法和司法实践经验的基础上，于第392条规定："被担保的债权既有物的担保又有人的担保的，债务人不履行到期债务或者发生当事人约定的实现担保物权的情形，债权人应当按照约定实现债权；没有约定或者约定不明确，债务人自己提供物的担保的，债权人应当先就该物的担保实现债权；第三人提供物的担保的，债权人可以就物的担保实现债权，也可以要求保证人承担保证责任。提供担保的第三人承担担保责任后，有权向债务人追偿。"根据这一规定，物保和人保的实现顺序首先应当根据当事人之间的约定来确定。此处所说的"约定"，是指债权人和担保人之间的约定，因为担保合同的当事人是债权人与担保人，而且人保和物权的行使顺序也主要关系到债权人权利的实现与担保人担保责任的承担问题，因此应当由债权人与担保人对此作出约定。当事人可以对担保人承担责任的顺序、形式和承担担保责任的份额、范围作出具体的约定。[②] 要求当事人首先就担保权的实现进行约定，这就充分尊重了当事人的意思自治。在事先没有约定或者约定不明，事后也没有就担保物权的实现达成补充协

---

① 参见郑玉波：《民法债编各论》（下册），845页，台北，三民书局，1981。

② 参见高圣平：《物权法 担保物权编》，65页，北京，中国人民大学出版社，2007。

议的情况下，按照《民法典》第 392 条规定，应当按照如下规则处理。

（1）如果债务人自己提供物的担保，债权人应当先就该物的担保实现债权。这就是说，首先要区分物的担保的主体。如果物的担保是由债务人提供的，则债权人必须先实现该物的担保，然后才能要求物上担保人或保证人承担担保责任。如此规定的理由在于：一是避免因保证人向债务人追偿而产生不必要的交易成本。债务人毕竟是债务的终局承担者，保证人在履行保证责任后，还需要向最终的还债义务人即债务人进行追索。如果担保权人先行使物的担保权，就可以避免保证人日后再向债务人行使追索权的烦琐，减少权利实现的成本和费用。① 二是物保相对于人保而言，价值更为确定、更为安全，因此物保优于人保，对债权人的利益并无不利。

（2）如果由第三人提供物的担保，且又有保证时，债权人应当平等地对待物上担保人和保证人，不存在所谓"物保优先于人保"的问题。作出此种规定的理论基础在于：一方面，所谓物权优先于债权是指在同一标的物上，物权应优先于债权，也就是所谓"在同一标的物之上同时存在物权与债权时，物权优先"的规则。在物的担保和保证并存的情况下，物上担保的标的物是特定的担保财产，而保证的标的物是保证人的一般财产。二者的标的物并不同一，因而也就根本无法适用该规则。② 另一方面，在有些情况下，保证的担保可能比物的担保更有利于保护债权人的利益。因为如果保证人有较强的信用和足够的责任财产，在此情况下，保证比担保物权更有利于保障债权人的权利。此外，无论是提供物的担保的第三人还是保证人，都不是偿还债务的最终义务人，而只有债务人才是自己债务的最终义务人，因此，债权人无论是就物的担保还是人的担保行使权利，物的担保人与人的担保人都存在向债务人追偿的问题。此时，无法确定其自身的权利之间的优先性问题。③

正是因为不存在所谓"物保优先于人保"的问题，因此，根据《民法典》第

---

① 参见黄薇主编：《中华人民共和国民法典物权编解读》，578 页，北京，中国法制出版社，2020。
② 参见郭明瑞：《物权法通义》，261 页，北京，商务印书馆，2019。
③ 参见黄薇主编：《中华人民共和国民法典物权编解读》，579 页，北京，中国法制出版社，2020。

392 条的规定，允许债权人在人保和物保之间进行选择。既然要平等对待，就应当允许债权人选择就人保或者物保行使权利。① 因为作为提供物保的第三人与保证人处于平等的地位，且都不是债务的最终承担者，债权人完全可以基于自己的意志和利益选择最有利于实现其债权的方式。当然，在债权人作出选择之后，如果某一个担保人自愿优先承担责任，按照合同自由原则也应允许。自愿优先承担责任的表示形式有多种，如表示愿与物的担保人共同负连带责任，承诺"不管债权人是否向物的担保人请求都要由保证人负责"，等等。只要作出了这些表示，就表明保证人放弃了针对物的担保人的抗辩权。②

（3）物上担保人或保证人在承担担保责任之后，有权向债务人追偿。关于担保人承担担保责任之后，是否可以向其他担保人追偿的问题，学理上存在着不同的观点：一是相互追偿说。此种观点认为，在某担保人承担担保责任之后，应当允许其向其他担保人追偿。二是只能向债务人追偿说。此种观点认为，在存在多个担保人时，债务人是最终责任人，担保人在承担担保责任后，应当直接向债务人追偿。如果可以向其他担保人追偿，意味着其他担保人承担责任后，还必须向最终责任人即债务人追偿，这就使追偿程序过于复杂，也是不经济的。③ 每个担保人在设定担保时，都明白自己面临的风险。这就是说，如果债务人没有能力偿还，自己就会遭受损失，要避免这种风险，就必须在设定担保时进行特别约定，否则就只能向债务人追偿。④ 三是连带关系说。此种观点认为，在第三人提供的物的担保和人的担保并存的情况下，如果物上担保人与保证人之间未就担保份额作出约定，两者之间的关系与连带共同保证人之间的关系相类似，在解释上可以认定其构成连带债务关系。⑤ 从比较法上来看，不少国家都承认当事人之间的追偿权，其法理基础多为连带之债的认定。例如，《日本民法典》第 501 条就采纳此种模式。笔者认为，采用连带关系说，有利于保护债权人的利益，同时有利于

---

① 参见黄薇主编：《中华人民共和国民法典物权编解读》，579 页，北京，中国法制出版社，2020。

② 参见高圣平：《物权法 担保物权编》，63 页，北京，中国人民大学出版社，2007。

③④ 参见胡康生主编：《中华人民共和国物权法释义》，381 页，北京，法律出版社，2007。

⑤ 参见高圣平：《物权法 担保物权编》，68 页，北京，中国人民大学出版社，2007。

实现担保人之间的公平分担责任。正如《欧洲示范民法典草案》的起草者所言，"'一切'责任均由最先履行的保证人承担，而其他保证人并不负担任何责任，是专断的、不公正的"[1]。

《民法典》第 392 条只是规定了在提供担保的第三人承担担保责任后，有权向债务人追偿，但并没有规定各担保人之间是否可以追偿的问题。对此，《有关担保的司法解释》第 13 条确立了如下规则。

第一，如果担保人之间对相互之间的追偿有约定的，则承担了担保责任的担保人有权按照约定向其他担保人追偿。该条第 1 款规定："同一债务有两个以上第三人提供担保，担保人之间约定相互追偿及分担份额，承担了担保责任的担保人请求其他担保人按照约定分担份额的，人民法院应予支持；担保人之间约定承担连带共同担保，或者约定相互追偿但是未约定分担份额的，各担保人按照比例分担向债务人不能追偿的部分。"该款具体规定了两种情形：一是担保人之间约定了相互追偿及其分担份额。在担保人对其相互追偿关系及其分担份额作出约定的情形下，担保人在承担担保责任之后有权按照约定向其他担保人追偿。[2] 二是各担保人约定承担连带共同担保。此时，各个担保人在承担担保责任后也有权按照约定向其他担保人追偿。

第二，如果各个担保人未约定相互追偿但在同一份合同书上签字、盖章或者按指印时，其相互间仍可追偿。该条第 2 款规定："同一债务有两个以上第三人提供担保，担保人之间未对相互追偿作出约定且未约定承担连带共同担保，但是各担保人在同一份合同书上签字、盖章或者按指印，承担了担保责任的担保人请求其他担保人按照比例分担向债务人不能追偿部分的，人民法院应予支持。"依据该规定，即便担保人之间没有对其相互追偿关系作出约定，也没有约定承担连带共同担保，但如果各个担保人在同一份合同书上签字、盖章或者按指印，则推

---

[1]　Study Group on a European Civil Code, *Research Group on EC Private Law*（Acquis Group），*Principles, Definitions and Model Rules of European Private Law: Draft Common Frame of Reference*（DCFR），full edition, Volume 3. Munich，2009，pp. 2565 - 2566.

[2]　参见最高人民法院民事审判第二庭：《最高人民法院民法典担保制度司法解释理解与适用》，187 页，北京，人民法院出版社，2021。

定各个担保人之间存在提供连带共同担保的意思联络①，此时，承担了担保责任的担保人仍有权依法向其他担保人追偿。

第三，如果各个担保人既没有约定相互追偿或者承担连带共同担保，也没有在同一份合同书上签字、盖章或者按指印，则各个担保人之间并无追偿权。该条第3款规定："除前两款规定的情形外，承担了担保责任的担保人请求其他担保人分担向债务人不能追偿部分的，人民法院不予支持。"依据该规定，如果不存在前述两种情形，则各个担保人之间并不享有追偿权。

三、债权人放弃物保的效果

在人保和物保并存时，债权人放弃物保的，保证人应如何承担责任？对此在学理上有几种不同的观点。

（1）保证人在被放弃权利的范围内免责说。此种观点认为，既然物的担保优先于人的担保，如果物的担保权实现，保证人在相应的范围内就不再承担责任。但是，如果债权人免除了物上担保人的责任，则保证人就应当在债权人放弃权利的范围内免除保证责任。我国《担保法》第28条采纳了此种观点。

（2）保证人在物上担保人应当分担的债务范围内免责说。此种观点认为，物上担保人和保证人应当分担债务，如果债权人免除了物上担保人的责任，则保证人只是在物上担保人应当分担的债务范围内免责，而不是在债权人放弃的权利范围内免责。②

（3）保证人对未实现的部分债权承担责任说。此种观点认为，只要是债务人以自己的财产设定抵押的，无论该抵押是担保主债权的全部还是部分，都要首先行使抵押权来实现债权。如果因行使抵押权而实现了全部债权，那么，保证人就不用承担保证责任了；如果行使抵押权后只实现了部分债权，那么保证人就只对

---

① 参见最高人民法院民事审判第二庭：《最高人民法院民法典担保制度司法解释理解与适用》，187页，北京，人民法院出版社，2021。

② 参见梁慧星主持起草的"物权法学者建议稿"第337条、第367条。

未实现的那部分债权承担保证责任。[①]

上述观点都不无道理。《民法典》第 409 条第 2 款规定:"债务人以自己的财产设定抵押,抵押权人放弃该抵押权、抵押权顺位或者变更抵押权的,其他担保人在抵押权人丧失优先受偿权益的范围内免除担保责任,但是其他担保人承诺仍然提供担保的除外。"根据这一规定,只要债权人放弃了对某一担保人的担保物权,其他担保人都有权在债权人放弃担保的范围内免除担保责任,该条中的"其他担保人"并不限于提供物保的担保人,也包括保证人。因为既然物上担保人和保证人居于平等地位,那么,二者就应当分担债务的份额。如果债权人免除了物上担保人的责任,保证人就应当在相应的份额内免责。所以,所有的其他的担保人,无论是物上担保人还是保证人,都应当在债权人放弃担保的范围内免除责任。

第三节　抵押权与质权的竞存

一、抵押权与质权竞存的两种形式

(一) 先出质后抵押

某人将某项财产先设定质押之后,能否再设定抵押,对此存在一定的争议。在出质之后,出质人又将标的物抵押给其他债权人的典型形式是债务人设定质押后,可能将这些货物再办理动产浮动抵押,此时就在同一标的物之上成立了质押和抵押。对于先出质后抵押的情形,由于不违反法律的强制性规定,应当允许。[②] 在此情形下,依据《民法典》第 415 条的规定,由于质权设立在先,因此,不论成立在后的抵押权是否已经办理登记,其优先顺位都应当劣后于设立在先的质权。

---

① 参见胡康生主编:《中华人民共和国物权法释义》,424 页,北京,法律出版社,2007。
② 参见高圣平:《物权担保新制度新问题理解与适用》,416 页,北京,人民法院出版社,2013。

如果先设立质权，但质权人经过出质人同意，质权人又以该质物为第三人设立抵押权，此时如何确定二者的优先顺位关系？笔者认为，在此情形下，质权人以质物为第三人设定抵押权，意味着其在一定程度上放弃了就抵押财产优先受偿的权利，成立在后的抵押权在清偿顺位上应当优先于质权。①

（二）先抵押后出质

1. 抵押权尚未办理登记时抵押权与质权的关系

此种情形是指当事人在某动产之上先设立了抵押，后又将该动产出质，此时，即在该动产之上同时存在抵押权与质权。如果抵押权尚未办理登记，如何明确二者的优先顺位关系？依据《民法典》第415条规定，在同一财产之上同时设立抵押权与质权的情形下，如果抵押权并未办理登记，则其不能对抗已经成立的质权，即质权所担保的债权的清偿顺位优先。

依据《民法典》第403条规定，在动产抵押的情形下，如果未办理抵押登记，不得对抗善意第三人。依据反面解释，即便当事人未办理抵押登记，该抵押权也应当可以对抗恶意第三人。换言之，依据《民法典》第403条规定，如果质权成立时间在后，且质权人对该动产之上存在抵押权是知情的，则其属于恶意第三人，此时，成立在先的抵押权在清偿顺位上是否优先于质权？笔者认为，《民法典》第403条对动产抵押权效力的规定属于对抵押权效力的一般规定，与该规定相比，《民法典》第415条有关抵押权与质权优先顺位关系的规定在性质上属于特别规定，该特别规定应当优先于一般规定适用。据此，如果成立在先的抵押权并未办理登记，对成立在后的质权而言，即便质权人是恶意的，其在清偿顺位上也应当优先于成立在先的抵押权。

2. 抵押权已经办理登记时抵押权与质权的关系

如果标的物已经设立抵押，而且当事人已经办理了抵押登记，后抵押人再次将该财产出质给其他债权人，如果其他债权人愿意接受，也应当承认其效力，此时即产生抵押权与质权并存的局面。依据《民法典》第415条的规定，此时应当

---

① 参见高圣平：《物权担保新制度新问题理解与适用》，417页，北京，人民法院出版社，2013。

按照登记、交付的时间先后确定其优先顺位关系。据此，在抵押权登记在先的情形下，其在清偿顺序上应当优先于成立在后的质权。

二、关于抵押权顺位规则与抵押权、质权竞合规则的关系

《民法典》第414条规定了抵押权的顺位规定，《民法典》第415条规定了抵押权与质权竞合时的顺位规则，该条规定："同一财产既设立抵押权又设立质权的，拍卖、变卖该财产所得的价款按照登记、交付的时间先后确定清偿顺序。"该条所规定的质权是指以交付作为公示方法的质权，包括动产质权和以交付作为公示方法的权利质权。当同一财产上既存在抵押，又存在以交付作为公示方法的质权，此时应依法定公示的先后确定顺位，而不能完全以登记的先后确定顺位，因为《民法典》第414条确立的是可以办理登记的担保权之间的效力顺位规则。按照《民法典》第415条的规定，如果同一财产之上同时设立抵押和质押的，则应当依据登记、交付的时间先后确定清偿顺序。

在具体适用中，《民法典》第414条和第415条之间也会发生冲突，这主要可以分为两种情形。

一是已经登记的抵押权与质权的顺位关系。如果抵押权已经登记，则依据《民法典》第415条的规定，抵押权与质权的效力顺位关系应当根据登记、交付的先后顺序予以确定，也就是说，如果抵押权登记在先而质押财产交付在后，则抵押权顺位在先；如果抵押权登记在后而质押财产交付在先，则质权效力顺位在先。

二是未登记的抵押权与质权的顺位关系。如果动产设定抵押并没有办理登记，后当事人又将该物设定质权，则依据《民法典》第415条，由于抵押权并未办理登记，则应当认定质权优先。此时，也不必考虑质权人主观上是善意还是恶意。[1]

---

① 参见黄薇主编：《中华人民共和国民法典物权编解读》，665页，北京，中国法制出版社，2020。

第四节 留置权与其他担保物权的竞存

一、留置权与抵押权的竞存

所谓留置权与抵押权的竞存，是指留置权和抵押权同时存在于同一标的物之上。例如，甲由于向乙借款，而将其所有的一辆车抵押给乙，并已办理了登记手续。后来该车因需要修理，甲便将该车交付给丙修理，甲未向丙支付修理费而被留置。丙将该车留置，并要行使留置权，而乙则认为其已经对该车享有抵押权，应当优先行使该项物权，两项权利便产生了冲突，究竟应当优先保护哪一项物权？我国《民法典》第 456 条规定："同一动产上已经设立抵押权或者质权，该动产又被留置的，留置权人优先受偿。"依据这一规定，如果留置权和抵押权发生冲突，则留置权人优先受偿，留置权人之所以要优先于抵押权人优先受偿，其理由在于：

第一，法定的物权原则上优先于基于约定的物权。严格地说，所有的物权都是法定的，物权法定主义要求物权的产生必须符合法律规定的要件和公示方法，但绝大多数物权都需要当事人订立合同才能产生，只在例外的情况下，法律直接规定符合一定的条件便可以直接产生物权，这主要是指留置权等情况。因为它是根据法律规定直接产生的，所以，使留置权具有优先于抵押权的效力也是符合立法者的意图的。[①]

第二，留置权具有优先效力，有利于减少交易费用。留置权所担保的通常是加工承揽、货物运输、仓储保管等合同债权。在这些合同中，留置权人为了完成加工、运输和保管等义务，通常要为此提供一些劳务或者购买相应材料，由此而产生的费用通常都由留置权人预先支付。例如，在承揽合同中，留置权人作为承

---

① 参见黄薇主编：《中华人民共和国民法典物权编解读》，771 页，北京，中国法制出版社，2020。

揽人，其在制作定作物的过程中，需要预付一笔金钱购买原材料，已经有一定的劳务支出，如果留置权人享有的留置权不能优先于抵押权，那么不仅不能实现其付出的劳动价值，而且有可能使其预付的费用也不能得到补偿，这就会迫使留置权人采取预防性措施保障自己的权利。① 例如，要求定作人预先支付价款，如此将会不合理地增加交易费用。

第三，留置权具有优先效力，可以有效保障工人的工资债权的实现。根据我国《民事诉讼法》相关规定，在执行债务人财产时应当优先支付工人的工资。更何况，留置权人提供劳务和材料，已将其价值增加到留置物和抵押物之中。例如，已经设立抵押的汽车在毁坏以后，如果不进行修理，可能毫无价值，但是在修理以后，即使扣除修理费，也可能还有剩余的价值。而留置权人所付出的劳动增进了抵押权人和抵押人的共同利益，故理应在抵押权人的债权前获得清偿。②

第四，留置权具有优先效力也能兼顾抵押权人的利益。一般来说，留置权人行使留置权主要是为了满足修理费、承揽费、运输费等，其数额通常较低，拍卖、变卖留置物以后所获得的价款在扣除了上述费用以后常常也会有剩余，抵押权人还可以就这些剩余的价值受偿。因此，即使优先行使留置权，也不一定会严重损害抵押权人的利益。相反，如果由抵押权人优先受偿，则抵押权人必然以整个财产的价值清偿债权，留置权人可能会一无所得。如果不允许留置权人优先行使留置权，留置权人可能会将增加的价值除去，使留置物恢复到原有的状态，导致留置物价值极大贬损，这反而对抵押权人不利。而考虑到抵押物处于留置权人占有之下，留置权人因此也不会放弃该留置物而由抵押权人优先受偿，由此也会发生一些不必要的纠纷。

第五，留置权人已经合法占有留置物。留置权人是合法的占有人；而抵押权人并不占有标的物。基于占有的事实对抗效力，应当承认留置权人具有优先效力。此外，如果要让抵押权人优先，留置权人很可能要提出恢复原状，这确实有

---

① 参见麻锦亮：《民法典·担保注释书》，1124 页，北京，中国民主法制出版社，2023。
② 参见陈华彬：《物权法论》，647 页，北京，中国政法大学出版社，2018。

可能造成财产的损失浪费。①

二、留置权与质权的竞存

所谓留置权与质权的竞存，是指在同一标的物上同时存在留置权和质权。留置权与动产质权有很多相似之处，如两者都是以占有标的物为权利的成立要件，两者都以动产为标的物，两者均通过占有标的物使债务人产生压力从而迫使债务人履行债务等。但两者也存在重大的区别，主要表现在：第一，标的物不同。留置权的标的一般以债务人的财产为限，通常是动产；但在质权关系中，质权的标的物不仅限于动产，还包括权利。第二，设立要件不同。留置权的发生条件是由法律明确规定的，只要符合法定的条件，债权人就可以留置债务人的财产，从而产生留置权。而质权的发生是基于当事人双方之间订立的质押合同，且必须移转标的物的占有。② 第三，行使程序不同。留置权在行使之前，留置权人必须要给债务人指定一个履行期限，且此期限不得少于法定的最短期限（即法定的催告期），经过此期限，债务人不履行债务，留置权人才能行使留置权。而质权的行使只要债务已届清偿期而债务人不履行债务已足，不必给债务人确定一个催告期。第四，能否基于权利本身请求返还不同。在留置权中，对于债权人已经丧失占有的留置物，留置权人不能再依据留置权请求返还。而对于质权，质权人可以基于质权请求返还质物。③

留置权和质权之间可能发生竞存。例如，甲将其汽车出质给乙，但甲未经乙的同意将该车取回自用，后因该车出故障，甲将其交由丙维修，因甲未及时支付维修费，丙将该汽车留置，此时即产生留置权与质权的竞存。《民法典》第456条规定："同一动产上已经设立抵押权或者质权，该动产又被留置的，留置权人优先受偿。"根据这一规定，如果同一动产之上既存在留置权，又存在质权，则留置权具有优先效力，其理由主要在于：

① 参见兰桂杰：《论抵押与留置担保权的竞合条件及其效力》，载《东北财经大学学报》，2005（1）。
②③ 参见史尚宽：《物权法论》，488页，北京，中国政法大学出版社，2000。

第一，留置权一般是基于修理、保管或运输等行为而产生的，这些行为通常有益于增加、保全或者实现标的物的价值。而与留置权相比，质权的行使一般不会增加标的物的价值。留置权人不仅可能使标的物的价值得以保全，而且可能使标的物的价值因为修理等行为而得到增加，如果不允许留置权人优先受偿，则其可能提出要将标的物恢复原状，这将会造成财富的损失和浪费。

第二，与质权相比，留置权担保的债权一般是修理费、保管费、运输费等小额的债权，而质权所担保的债权数额往往大大超过留置权所担保的债权数额。因此，在留置权实现之后，标的物的价值一般会有较多的剩余，有可能满足质权人的债权；而如果让质权先实现，则留置权人的权利，往往会因为标的物的价值所剩无几而落空。[1]

第三，留置权产生的原因是基于法律规定的原因，属于法定担保物权，而质权的产生是基于当事人之间的自由协商，是意定担保物权。法定担保物权优先于约定担保物权，为公认的物权法原则。[2]

第四，在留置权和质权发生冲突的情况下，留置权人通常已经占有了标的物，如果不允许留置权人优先受偿，留置权人就可能会从事一些毁损标的物的行为，这就可能在留置权人、质权人和债务人之间引发冲突，且会造成社会财富的损失和浪费。[3]

---

[1]　参见梅夏英、高圣平：《物权法教程》，528页，北京，中国人民大学出版社，2007。

[2]　参见黄薇主编：《中华人民共和国民法典物权编释义》，869～871页，北京，法律出版社，2020。

[3]　参见郭明瑞：《物权法通义》，413页，北京，商务印书馆，2019。

第六编

占 有

第三十章
占　有

第一节　占有概述

一、占有的概念

占有是占有人对物进行管领的一种事实状态。罗马法中并没有对占有（possessio）作出系统的规定①，只是后来通过萨维尼等学者的整理，才形成了系统的占有理论。在罗马法上，占有在性质上是一种事实，而不是权利。②

在近代，以德国学者萨维尼和耶林为代表的学者对占有究竟是事实还是权利，展开了热烈的争论。但现代大陆法国家大都采纳了罗马法上"占有是一种事实状态"的观念。根据我国《民法典》物权编的相关规定，占有是一种事实状

---

① MünchKomm/Joost，BGB Buch3. Abschnitt1. Vorbemerkung，Rn. 1.
② 参见陈朝璧：《罗马法原理》，338 页，北京，法律出版社，2006。

态，而不是一种权利，这种事实状态就是指民事主体对物的一种事实上的控制。①

占有之所以是一种事实状态，一方面，是因为在现实生活中，许多占有的状态尽管还没有形成权利，但法律从维护社会秩序的稳定出发，需要对这些占有状态进行保护。例如，拾得遗失物和漂流物、发现埋藏物，占有人依法应及时返还失主或上交国家，而不能据为己有，占有人虽然不能因其占有而获得占有权并长期占有这些物，但如果对上述占有人不予以保护，任何人都可以凭借暴力从占有人手中侵夺其占有物，则社会经济秩序和财产秩序将遭到严重破坏，法律秩序也将荡然无存。因此，为保护占有、维护秩序，需要扩大占有的概念，即使未形成权利的占有也能获得法律的保护。另一方面，如果将占有限定为占有权，那么只有在确定是合法占有的前提下，法律才能够对占有提供保护。如此一来，会导致善意的无权占有不能得到法律的保护，这就使对占有的保护范围过于狭窄。在现实生活中，存在大量产权尚不明的情况，但法律仍必须对占有提供保护。如果将对占有的保护限定在对合法、有权占有的范围内，将会使很多占有无法获得法律保护。②

在物权法上，占有是一种事实状态，这种事实状态就是指民事主体对物的一种事实上的控制。③ 一方面，虽然占有是主体对于物进行控制的事实状态，但占有必须基于占有的意思而进行，这就要求占有人必须具有一定的主观状态，也就是说，占有人必须具有占有的意思。例如某人脚下踩到某物，但是其并未意识到自己对该物的事实控制，这也不构成占有。另一方面，占有必须在客观上形成对物的控制，这被称为对物的管领，它需要借助自然或者法律的控制力与物发生某种接触。对物的控制主要是对特定的动产或不动产的控制，占有人必须实际控制某个特定物才能构成占有，因而占有只能是对特定物的占有，而不能是泛泛的、对一般物的占有。

---

① 参见刘保玉：《物权法学》，2 版，402 页，北京，中国法制出版社，2022。
② 参见郭明瑞主编：《中华人民共和国物权法释义》，435 页，北京，中国法制出版社，2007。
③ 参见刘保玉：《物权法学》，2 版，402 页，北京，中国法制出版社，2022。

二、占有的构成要件

从占有的概念出发，构成占有，必须具备两个要件。

（一）主观要件

所谓占有的主观要件，是指占有人意识到自己正在占有某物。只要占有人具有占有的意思，就具备了主观状态，不必具有据为己有的意思。[①] 因为一方面，在占有人基于法律或合同的规定占有他人财物的情况下，由于财产仍然归他人所有，因而占有人不能将该财产据为己有。如承租人依法占有出租人的财产，保管人依法占有寄托人的财产，其都不可能将该财产据为己有，甚至也不能存在据为己有的意图，这是否意味着其占有不能构成占有而不受法律保护呢？显然并非如此。另一方面，某人采取暴力方式非法侵夺他人财产并将该财产据为己有，这种占有属于非法占有，尽管占有人具有主观要件，但也不能说该占有应受到法律的确认和保护。

要求占有必须符合一定的主观要件，也就是说，占有人应当具有一种占有的意思。所谓占有意思，是指意识到自己正在占有某物。[②] 因此，一方面，无意识的"占有"不构成占有，因为无意识的"占有"在法律上可能不具有任何意义。如果行为人本身没有任何意识而控制某物，比如将一件体积较小的物体踩在脚下良久而浑然不知，虽然其对该物有事实上的控制，但是该行为人对此却毫无意识，因而不能构成民法上的占有。另一方面，要求具备主观状态也使占有与占有辅助相区别。占有辅助人虽然事实上占有某物，但由于其系为他人利益且依他人指示控制某物，故其并不因此而取得占有，只是因其控制某物而使他人（如雇主等）取得占有。如公司的仓库保管员接受了他人交付的财产，为公司取得财物的占有。由于占有辅助人不是占有人，其既不享有因占有而产生的权利，也不应承担因占有而产生的义务，故不应获得占有的保护，即使在其控制物的期间，真正

---

① MünchKomm/Joost，BGB § 854，Rn. 8.

② MünchKomm/Joost，BGB § 854，Rn. 5.

的占有人强行取回其物，占有辅助人也不得主张自力救济或占有保护请求权。①

占有人只需要具有占有的意思即可，而不需要占有人具有将占有物据为己有的意思。在绝大多数情况下，占有人通常是为自己利益而占有。但在某些情况下，占有人并不一定是为自己利益而占有，如拾得人拾得遗失物、漂流物后占有该物，拾得人希望尽快返还失主，因此很难说拾得人具有为自己利益占有该物的意图。由于在这种情况下拾得人完全意识到自己在占有该物，拾得人仍然具有占有意图，因而仍然构成占有。

（二）客观要件

从客观上来讲，占有要求占有人事实上控制或管领了某物。② 这就是说，占有的取得要求以主体完成某种事实上的控制为要件。占有人事实上控制、管领某物是占有的客观外在表现，是占有的客观构成要件。③ 所谓控制和管领，是指对物的一种事实上的支配，表现了一种人与物之间的接触关系。例如，两人同时发现不远处有某件遗失物，两人都想占有该物，但其中一人抢先一步将该物拾起，该人就形成了对遗失物的事实支配。虽然另一方也发现了该物，但没有拾起该物，便没有形成事实支配状态。

占有作为一种社会现象，在现实生活中纷繁复杂，对物的控制状态往往需要根据特定的环境以及法律观念加以确认，通常要考虑如下因素。

第一，空间因素，即要考虑人和物之间在空间上的某种结合关系。通过人与物之间的接触，来判断某人是否对某物形成了事实上的控制。正如王泽鉴先生所指出的，在认定对物的事实控制状态时，要考虑"人与物在场合上须有一定的结合关系，足认其物为某人事实上所管领"④。如某人在耕田以后将农具暂放于田中而回家吃饭，建筑工人将建筑工具放于工地后回家休息，则不能认为他们已丧失了对这些物的占有，因为在这些情况下，人与物在特定情况下具有密切的结合

---

① 参见王泽鉴：《民法物权·用益物权·占有》，54 页，台北，自版，1995。
② MünchKomm/Joost，BGB § 854，Rn. 9。
③ 参见史尚宽：《物权法论》，533 页，北京，中国政法大学出版社，2000。
④ 王泽鉴：《民法物权·用益物权·占有》，14 页，台北，自版，1995。

关系。但"遗失钱包于车站，离去后数小时发觉其事，因车站人潮来往，依社会观念，可认定丧失占有，钱包成为遗失物。反之，停放汽车于路旁，出国数日，仍不失其占有"①。

第二，时间因素，即要考虑人和物在时间上的结合关系，在时间上具有一定的持续性和连续性。如果某人对物的控制时间短暂，则可能不成立占有。例如，甲的牲畜进入乙的院内，随后又离开，因为牲畜进入乙的支配范围的时间较短，故不宜认定乙已经占了该牲畜。② 再如，某人暂时在他人家中逗留，其对他人房屋及财产也不成立占有。总之，占有人对物的事实上的控制状态要根据实际情况加以确定。

第三，法律关系因素，即要考虑人与物之间的结合关系是否已经形成了一种法律关系。③ 因为在某些情况下，占有人并未在事实上直接占有该物，或者物脱离其占有是因其意志以外的原因所致，但是在法律上承认其仍然是法律上的占有人。④ 例如，甲将其房屋出租给他人，虽甲不能直接占有该房屋，但在法律上他仍然是该房屋的占有人（间接占有人）。

总之，占有人对物的控制状态也需考虑客观环境来加以确定，只有确定占有人对物形成了一定的控制状态，才能确定符合占有的客观要件。

三、占有与相关概念的比较

（一）占有与持有

持有（detentio；Innehabung；Gewahrsam），是指对于物的一种事实上的控制状态。换言之，是指不具有占有意图的控制。持有只是单纯的对物的实际接触，并不以占有意思为要件，因此，主体对占有毫无意识。如将物遗留在某人房

---

① 王泽鉴：《民法物权·用益物权·占有》，14 页，台北，自版，1995。
②③ 参见温世扬、廖焕国：《物权法通论》，882 页，北京，人民法院出版社，2005。
④ 此种现象称为对物的"法律控制"。它区别于单独对物的事实控制。参见［德］弗里德里希·卡尔·冯·萨维尼：《论占有》，朱虎、刘智慧译，279 页，北京，法律出版社，2007。

间，由于房间主人并未意识到，因而房间主人对该物只是一种持有，而不构成占有。持有在现实生活中大量存在，法律应当对其特别作出规定。

占有与持有的区别主要表现在如下几点：第一，是否具有占有的意思。持有并不要求主体对客体的控制具有占有的意思，但占有必须以占有意思的存在为前提。正是因为这一原因，占有辅助人对物的控制只是一种持有而非占有。无行为能力人对物的控制，如幼儿对其挂的项链等，常常只构成持有而非占有。第二，是否区分直接占有和间接占有。现代民法借鉴日耳曼法的经验，大多承认直接占有和间接占有的区分，从而构建了双重占有制度。如出租人将其物出租给承租人，承租人对物直接占有、使用，形成直接占有，出租人对物仍享有所有物返还请求权，成立间接占有，此两种占有都受到占有之诉的保护。对持有而言，由于它只是一种事实控制状态，其形态是单一化的，抽象的占有状态（即间接占有）不构成持有，法律上不可能形成双重持有。^① 第三，是否可以转移。占有可以移转，但持有不能移转。例如，甲去世时，其某项财产由乙继承，但是由于乙正在国外旅游，对此并不知情，故乙通过继承虽取得了对该项财产的占有，但由于乙并未开始管领该项财产，所以乙并未取得对该项财产的持有。^② 对于占有，可以通过现实交付、简易交付或占有改定等方式发生占有的让与；但持有作为一种单纯对物的控制状态，一旦持有人不能实际控制其物，其便丧失持有，因此持有是不可能转让的。

（二）占有与所有权

如前所述，占有是所有权的一项重要权能，因此，占有与所有权之间具有密切的关系。正如耶林所指出的："占有是所有的外部形式，占有使所有能够获得其表现。"^③ 所有权与占有的联系表现在：

第一，所有人占有其物时，所有权与占有是重合的，所有必须从占有开始，才能从客观权利变为主观权利，且只有当占有回复到所有人手中，所有权才最终

---

① ② 参见温世扬、廖焕国：《物权法通论》，891页，北京，人民法院出版社，2005。

③ A. E. S. Tay，"The Concept of Possession in the Common Law，Foundations for a New Approach"，*Melboune University Rev.*，Vol. 4，1964.

恢复其圆满状态。所以在许多情况下，所有权与占有是重合的。此时，占有是作为所有权的一项权能存在的。

第二，占有具有保障所有权的功能。学者常常将其称为"保护本权的机能"或者"保护所有权的第一道屏障"①。因为对所有权的侵害，首先表现为对占有的侵害，所以，保护占有就是保护所有权。例如，在非法侵夺他人财产的情况下，首先侵害的是他人的占有，物脱离所有人而为他人合法或非法占有，所有权与占有便发生分离。

第三，根据《民法典》第 311 条规定的善意取得制度，善意受让人可以取得对受让物的所有权。在判断受让人是否为善意时，一方面要求转让人在转让时必须占有该物，受让人从占有中产生了信赖；另一方面，受让人必须要实际占有转让人交付的财产，如果没有占有，也不能发生善意取得的效果。

第四，当所有人的财产被他人侵夺或非法占有时，所有人既可以提起所有物返还之诉，也可以提起占有之诉寻求保护。特别是在所有权本身发生争议的情况下，提起占有之诉对所有人更为有利。因为此时不必证明其享有所有权，而只需证明其曾占有该物即可。

虽然所有权与占有在法律及现实生活中的联系十分密切，但占有和所有权也不能完全等同，因为占有并不当然是基于所有权的占有，其也包括基于合同的占有，还可以指一种占有的事实状态；占有既包括合法占有，也包括非法占有。因此，占有与作为所有权权能的占有相比较，其范围更为宽泛。

（三）占有与准占有

所谓准占有，是指以财产权而不是以有形的物为客体的占有，占有人称为准占有人。② 例如，无记名有价证券的持有人对证券的持有就构成准占有。换言之，准占有实际上是指并不直接占有某项动产或者不动产。不过，占有提单、仓单等权利凭证，需要准用物权的占有规定。

准占有与占有的区别表现在：第一，权利客体不同，占有的客体主要是动产

---

① Rudolf Jhering, Jahrsbuch 9, 1868, Band Ⅰ, 52.
② 参见王泽鉴：《民法物权·用益物权·占有》，修订版，391 页，台北，自版，2001。

和不动产等有形财产，而准占有则是对财产权利的占有。例如，仓单持有人对权利的占有，要准用物权关于占有的规定。第二，是否以占有物为成立要件。占有的构成要求在客观上实际占有一定的物，而准占有并不要求对物的实际占有。当行使某项财产权涉及占有时，才可能适用占有的规定。[①]

四、占有的分类

（一）有权占有和无权占有

根据占有人是否有权占有某物，占有可分为有权占有和无权占有。有权占有是指基于法律或合同的规定而享有对某物进行占有的权利。有权占有必须具有合法的原因或根据，此种依据在学说上称为权源或本权。[②]《民法典》第458条规定："基于合同关系等产生的占有，有关不动产或者动产的使用、收益、违约责任等，按照合同约定；合同没有约定或者约定不明确的，依照有关法律规定。"依据这一规定，有权占有来源于两种情况：一是法律规定，如用益物权人依法占有他人的财产、留置权人依法占有留置的财产；二是合同约定，基于有效的合同，占有人有权占有他人的财产，这就是《民法典》第458条规定的"基于合同关系等产生的占有"，如保管人基于保管合同占有被保管的财产，承租人基于租赁合同占有租赁物。在有权占有的情况下，占有背后通常有本权的存在。占有和本权的关系表现在：占有具有表彰本权的作用。如果占有受到侵害，则本权受到侵害，而保护占有则具有保护本权的作用。另外，本权也可以强化占有，保护本权当然可以维护占有人对物的合法占有。总之，在有本权的情况下的占有，才称为有权占有，亦称正权源占有。[③]

所谓无权占有，是指无合法原因或根据所从事的占有。如窃贼对赃物的占有，或无合法依据侵夺他人的财产。无权占有具体表现在：一是占有从一开始就

---

① 参见程啸：《占有》，载王利明等：《中国物权法教程》，562页，北京，人民法院出版社，2007。
② 参见谢在全：《民法物权论》（上册），459页，台北，新学林出版股份有限公司，2014。
③ 参见王泽鉴：《民法物权·用益物权·占有》，176页，台北，自版，1995。

没有法律依据。① 例如，非法侵占他人的财产。二是先前的占有是有合法依据的，但是后来此种合法依据丧失。例如，拾得人在拾得物之后占有该物是合法的，但是拾得人不及时将拾得物交还失主或有关机关，则其占有就从合法占有转变成为非法占有了。②

区分有权占有和无权占有的意义在于：

第一，是否存在合同关系不同。如果有权占有是基于合同而产生的，有关占有的权利和违约责任等事项应当首先依据合同来确定，只有在合同没有约定的情况下才适用《民法典》物权编中关于占有制度的规定。当然，有权占有并非仅根据合同产生，基于所有权、质权、留置权等也会产生有权占有。有权占有除受到占有制度的保护外，还受到合同法等法律制度的保护。③ 而无权占有并没有合同作为依据。

第二，是否存在本权不同。在有权占有的情形，占有人都享有本权。此种本权可以有多种表现形态，如租赁权、所有权等。而无权占有人并不享有本权。因此，所有权人可以对无权占有人行使所有物返还请求权，而对于有权占有人，所有权人并不能行使此种权利，因为有权占有人可以基于本权对抗所有权人。

第三，能否产生留置权不同。就留置权的产生而言，其往往不能因无权占有而产生。如果债权人是通过侵权行为对标的物进行无权占有，则不能取得留置权。如果允许行为人以侵权行为取得的占有而主张留置权，乃是纵容不法行为，所以法律不允许债权人基于非法的无权占有而取得留置权。④

第四，损害赔偿责任不同。有权占有人只要不是出于故意或者重大过失而侵害占有物，一般不会产生赔偿责任，因为有权占有人不仅有权占有财产，而且一般享有对标的物的使用权等权利。在占有过程中，只要是按照正常目的和用途进行的使用，即使对物造成了损耗或一定程度的损害，也是合法的，不构成侵权。

---

① 参见史尚宽：《物权法论》，539 页，北京，中国政法大学出版社，2000。
② 参见王泽鉴：《民法物权·用益物权·占有》，176 页，台北，自版，1995。
③ 参见梅夏英、高圣平：《物权法教程》，541 页，北京，中国人民大学出版社，2007。
④ 参见谢在全：《民法物权论》（上册），460 页，台北，新学林出版股份有限公司，2014。

而无权占有人造成他人财产的毁损、灭失，则应当承担损害赔偿责任。[1]

（二）善意占有和恶意占有

无权占有又可以根据占有人的主观状态分为两类：即善意占有与恶意占有。此种分类是依据占有人的主观心态对无权占有所作的分类。

所谓善意占有，是指无权占有人在占有财产的时候，不知或不应当知道其不具有占有的权利而仍然占有该财产。例如，不知道他人在市场上出售的财产是其无权处分的财产，而以合理的价格购买了该财产并对该财产进行了占有，占有人占有该财产主观上是善意的。通常，如果某人占有该物时有正当的理由相信其占有具有合法的依据而占有该物，也可以称为善意占有。[2] 所谓恶意占有，是指无权占有人在占有他人财产时知道或者应当知道其占有行为属于非法但仍然继续占有。例如，拾得人在失主找来以后，拒绝交付拾得物，而将拾得物据为己有，再如，小偷占有赃物等。如果占有人明知其无占有的权利而占有该物，构成恶意占有。

无论是善意占有，还是恶意占有，对于物在占有期间所产生的孳息，权利人都有权请求占有人返还。《民法典》第460条规定："不动产或者动产被占有人占有的，权利人可以请求返还原物及其孳息；但是，应当支付善意占有人因维护该不动产或者动产支出的必要费用。"依据这一规定，即使是善意占有人，也必须返还占有期间所收取的孳息；这也就是说，善意占有人不能享有收益权。在法律上区分善意占有与恶意占有的意义主要在于：

第一，能否适用善意取得不同。如果占有人购买由他人无权处分的财产主观上是善意的，其占有该财产也是善意的，则可以依善意取得制度而取得对该财产的所有权。我国《民法典》第311条明确要求受让人在取得财产的时候必须是善意的，方可以根据善意取得制度取得所有权。但恶意占有人则不能依善意取得制度取得对财产的所有权。

---

① 参见梅夏英、高圣平：《物权法教程》，542页，北京，中国人民大学出版社，2007。

② 参见［德］弗里德里希·卡尔·冯·萨维尼：《论占有》，朱虎、刘智慧译，73页，北京，法律出版社，2007。

第二，利益返还的范围不同。善意占有人仅应当返还现存的利益。如果占有物或者其孳息因可归责于善意占有人以外的原因毁损灭失，其不必负有返还的义务。但恶意占有人除了应当返还现存的实际利益之外，其对于占有物的毁损灭失还应当承担赔偿责任。

第三，对占有财产期间物的损害赔偿责任不同。一般来说，在有权占有的情况下，占有人正当使用财产而致物的损害并不承担赔偿责任。即使是在无权占有的情况下，如果占有人主观上是善意的，只要占有人是依据物的性质正常利用占有物，原则上也不应当承担责任。但恶意占有人从一开始就应知道自己是无权占有人，不应当对物进行任何使用或处分，因此恶意占有人在占有期间导致占有物损害的，应当承担赔偿责任。正因如此，《民法典》第459条规定："占有人因使用占有的不动产或者动产，致使该不动产或者动产受到损害的，恶意占有人应当承担赔偿责任。"关于恶意占有人的赔偿范围，应当采用全部赔偿原则，即损害多少赔偿多少，所应赔偿的范围包括所受损害（占有物本身的价值损失）和所失利益（因占有物本身的损失而造成的间接损失）。①

第四，是否负有返还必要费用的义务不同。《民法典》第460条规定："不动产或者动产被占有人占有的，权利人可以请求返还原物及其孳息；但是应当支付善意占有人因维护该不动产或者动产支出的必要费用。"依据这一规定，对于必要费用，善意占有人有权请求权利人返还。对非必要费用，一般认为，善意占有人可以以现存利益为限，请求权利人返还。② 此处所说的"必要费用"，必须是为了维护占有财产的状态和价值所支付的必要费用。换言之，它是指为了保存占有物的价值或者保持占有物的效用而支付的必要费用，例如，为保管、保存占有物所支付的费用。

（三）自己占有和占有辅助

根据占有人是否亲自占有，占有可以区分为自己占有和占有辅助两种。③ 所

① 参见郭明瑞主编：《中华人民共和国物权法释义》，436页，北京，中国法制出版社，2007。
② 参见温世扬、廖焕国：《物权法通论》，912页，北京，人民法院出版社，2005。另参见《德国民法典》第994条，《日本民法典》第196条。
③ 参见谢在全：《民法物权论》（上册），463页，台北，新学林出版股份有限公司，2014。

谓自己占有，是指占有人自己对物进行事实上的管领和控制。所谓占有辅助，是针对自己占有而言的，指受占有人的指示而事实上控制某物。① 如甲雇乙操作某台机器，乙完全按甲的指示而占有机器，对该机器的占有而言，甲为自己占有人，而乙为辅助占有人。在占有辅助中，占有人有权指示占有辅助人从事某种占有物的行为，而辅助人对物的占有完全是依据占有人的意志进行的。

区分自己占有和占有辅助的主要意义在于确定谁是真正的占有人。占有辅助人虽然事实上控制和管领了某物，但并不因此而取得占有，而是以他人为占有人。占有辅助人因不是占有人，自然不享有或承担基于占有而产生的权利和义务。

在占有辅助的情况下，占有人是通过占有辅助人对物的控制而占有物的。在某些情况下，占有辅助具有代理的效果，但代理主要适用于具有法律意义的行为，而辅助占有作为事实行为，不能等同于代理。如甲雇乙扫地和捕鱼，扫地和捕鱼均为事实行为，不能代理，但可以成立占有辅助关系。

（四）自主占有和他主占有

根据占有人是否具有将占有物据为己有的意思，占有可区分为自主占有和他主占有。所谓自主占有，是指占有人以将占有物据为己有的意思而对该物进行占有。也就是说，其具有德国学者萨维尼所称的占有"心素"②。具有据为己有的意思的人并不限于所有人，非所有人占有他人的财产（如拾得人占有拾得的财物而不予返还）具有此种意思，亦属于自主占有。所谓他主占有，是指占有人非以所有人的意思而进行占有。凡根据债权或他物权而对物进行占有的人，如承租人、保管人、质权人、土地使用权人等，均不具有将物据为己有的意思，其占有应为他主占有。

他主占有人也可能发生意思的变更，也就是说，他主占有人在占有某物时，主观上不具有将该物据为己有的意思，但经过一段时间以后，向财产的所有人表

---

① MünchKomm/Joost，BGB § 855，Rn. 1ff.

② ［德］弗里德里希·卡尔·冯·萨维尼：《论占有》，朱虎、刘智慧译，190 页，北京，法律出版社，2007。

达了将该物据为己有的意思，则属于占有意思的变更，他主占有亦随之变更为自主占有。

从比较法上来看，自主占有与他主占有的区分，并不在于确定谁是真正的占有人，也不在于采用所谓"心素"标准认定占有，而在于是否可依占有时效而取得所有权。占有人只有具有将财产据为己有的意思，才可依占有时效而取得所有权。由于我国《民法典》物权编没有规定占有时效，所以在立法上没有必要规定自主占有与他主占有的概念。

（五）直接占有与间接占有

以占有人是否直接占有标的物为标准，占有可区分为直接占有和间接占有。[①] 所谓直接占有，是指直接对物进行事实上的管领和控制。与直接占有相对的是间接占有，它是指并不直接占有某物，但由于可以依据一定的法律关系而对于直接占有某物的人，享有返还占有请求权，因而对于该物形成间接的控制和管理。例如，甲将某物出租给乙以后，乙作为承租人直接占有该物，成为直接占有人，但甲依租赁关系仍可请求乙在租赁期届满后返还该物，因而甲为该物的间接占有人。大陆法系一些国家民法规定了间接占有，从而使间接占有人也可获得占有之诉的保护，同时间接占有也可适用取得时效。我国《民法典》虽然没有规定间接占有，但在实践中，区分直接占有和间接占有，对于全面理解占有的概念，强化对占有的保护，仍然具有一定的意义。

五、我国物权法上占有制度的功能

（一）维护秩序功能

维护秩序的功能也称为"维持功能"。这就是说，通过对占有的保护，防止私人滥用暴力，随意抢夺或妨害占有人的占有，从而维护社会财产秩序和社会安全。[②] 无论是有权占有还是无权占有，在法律上对其进行保护，其实质都是为了

---

① 参见谢在全：《民法物权论》（上册），462 页，台北，新学林出版股份有限公司，2014。

② MünchKomm/Joost，BGB Buch3. Abschnitt1. Vorbemerkung，Rn. 12.

维护社会的秩序，实现社会的和谐。

（二）保护功能

所谓占有的保护功能，是指当占有受到侵害或妨害时，无论占有人的占有是有权占有还是无权占有，法律均应对占有人加以保护。尽管占有不是物权，甚至不是一种权利，但占有这一事实体现了一种利益。法律对占有的保护是为了维护社会秩序的稳定，防止个人随意使用暴力，破坏社会秩序。尤其是当所有权人不能行使物权请求权时，赋予其占有保护请求权就十分必要。即使是非法财产，也应当受到占有的保护。因为除了有关国家机关依据法律规定的权限和程序可以剥夺占有人的占有之外，任何人不得没收、强占占有人占有的标的物，否则占有人有权行使占有保护请求权。

（三）公示的功能

公示的功能是指表彰本权的功能。为了维护交易安全和社会秩序，对动产物权的设定和变动必须通过一定的公示方法展示于外，这种公示方法就是通过交付移转占有。虽然交付是一个动态的过程，但交付的目的是要发生占有的移转，从而使物权的变动得以公示和表彰。[①] 因为动产物权特别是担保物权的设定原则上不通过登记来公示，在法律上也不能找出一种比占有更加有效的公示方法，所以占有是动产物权特别是担保物权变动最合适的公示方法。[②] 例如，判断动产是否发生了所有权的移转，质权是否已经设立等，就需要判断占有是否发生了移转。

（四）权利推定的功能

占有的权利推定功能是指占有某项动产之人，法律依此事实推定其对该动产享有某种权利。基于此种功能，原则上应当推定动产的占有人享有合法的权利，其占有属于有权占有。就动产物权变动而言，占有具有公信力，其具体制度表现就是善意取得制度。例如，某人无权处分他人的财产，受让人在受让该物品时很难详细查明该物品的真实来源，因此只能信赖行为人占有该物品的事实，并由此可以推定行为人是真正权利人。当然，与登记的公信力相比较，占有的公信力相

---

① MünchKomm/Joost，BGB Buch3. Abschnitt1. Vorbemerkung，Rn. 13.
② 参见叶金强：《公信力的法律构造》，90 页，北京，北京大学出版社，2004。

对较弱，但是这种公信力是客观存在的，也应当受到保护。

第二节　占有的效力

一、占有的权利推定效力

所谓占有的权利推定效力，是指动产的占有人在法律上被推定为动产的权利人。[①] 但此种推定是可以辩驳的，只要存在相反的证据，是可以推翻此种推定的。《民法典》物权编虽然没有对占有的权利推定规则作出明确规定，但从该法保护占有的相关规则来看，《民法典》物权编实际上包含了这一规则的内容。法律设置占有的权利推定规则的意义在于：有利于界定产权、为法院裁判提供依据，也有利于维持权利人占有自己财产的安定状态，维护交易安全和秩序。

第一，占有推定规则适用的客体主要是动产。占有的权利推定规则是从占有人的占有事实状态中推定占有人享有相应的权利，此种权利既可能是所有权，也可能是其他物权，还可以是合法的占有权。因此，该项规则实际上是以占有为事实状态而非权利的理论为依据的。

占有的权利推定规则一般不适用于不动产，因为不动产的权利公示方法是登记，不应当依据占有推定不动产的权利状态。因此，当不动产登记的推定力和占有的推定力发生冲突时，不能根据占有的推定力否定登记的推定力。例如，某人将某一房屋数卖，他将房屋交付给第一个买受人，而与第二个买受人达成买卖合同并登记过户，在此情况下便形成占有的推定效力与登记的推定效力的冲突。日本的民法学通说认为，此时应当确定两者之间的优先顺序，一般承认登记的推定力，而排除占有的推定力。[②] 在我国，大多学者也认为，不动产原则上不适用占有的权利推定规则。但对于未登记的不动产是否可适用该规则，值得探讨。

---

① 参见姚瑞光：《民法物权论》，403 页，台北，自版，1998。
② 参见［日］田山辉明：《物权法》，陆庆胜译，132 页，北京，法律出版社，2001。

第二，任何人占有某项财产，在法律上都推定其为合法占有。推定占有人享有权利，实际上就是推定占有人的占有是合法占有，通过占有的推定功能保护占有人的权利，就要采取举证责任倒置的方式，由对占有人的占有提出异议的人负担举证责任。也就是说，任何人对他人的占有的合法性提出异议，就应对其主张负有举证责任。通常情况下，提出异议的人必须证明占有人是无权占有，如果要主张返还原物的请求权，其还必须证明自己是真正的所有权人或者其他物权人，或者其享有合法的占有权被现实占有人侵害。

第三，通过占有的推定功能保护占有人的权利，就要采取举证责任倒置的办法，由对占有人的占有提出异议的人负担举证责任。如果不能证明自己是所有权人或者真正的权利人，那么其只能请求有关国家机关依据一定的程序剥夺现在的占有人的占有，而其自己不能依据自力救济剥夺现在的占有人的占有。正因如此，占有的权利推定规则被一些德国学者称为"举证负担规则"①。

占有的权利推定规则并非在任何情况下都可以适用。排除该规则适用的情形主要有以下三种：一是，不以占有为公示方法的物权。对于不以占有为公示方法的物权而言，由于其内容不包括对标的物的占有，所以不可能依据占有的权利推定规则推定占有人为物权人。例如，由于抵押权的成立无须抵押权人占有抵押物，所以，依据占有的权利推定规则，无法推定占有人为抵押权人。二是，占有是基于他人的移转占有而取得。如果占有人的占有是基于他人移转占有而取得，那么，在现在的占有人和前占有人之间不能适用占有的权利推定规则。例如，前占有人因租赁关系而移转房屋的占有给现在的占有人，后来双方就租赁关系是否存在发生了争议。此时，现在的占有人不能以占有的权利推定规则为由主张其为有权占有，从而证明租赁关系不存在。② 从这个意义上说，占有的权利推定规则主要适用于外部的关系，即占有人与第三人的关系，而不适用于占有人与占有让与人之间的关系。③ 三是，占有辅助人的占有。所谓占有辅助，是指受占有人的指示而事实控制某物。占有辅助通常基于雇佣关系或者其他关系而发生，如甲雇

---

① ［德］鲍尔、施蒂尔纳：《德国物权法》（上册），张双根译，63 页，北京，法律出版社，2004。
②③ 参见谢在全：《民法物权论》（下册），569 页，台北，自版，2003。

用乙操作机器，乙依据甲的指示占有机器，在此情形下，无法推定乙对该机器享有合法的占有，因为乙不过是按照甲的指示而占有该机器。

二、占有人的义务和责任

（一）因占有人自身原因导致物毁损、灭失的赔偿责任

我国《民法典》第459条规定："占有人因使用占有的不动产或者动产，致使该不动产或者动产受到损害的，恶意占有人应当承担赔偿责任。"该条实际上规定了占有人因正常、合理的使用而导致占有物损害的责任。具体来说，它包括如下几个方面的含义。

（1）必须区分善意占有和恶意占有。在因占有人自身原因造成占有物毁损、灭失的情况下，要区分善意占有和恶意占有而分别确定占有人的赔偿责任。根据《民法典》的上述规定，恶意占有人在使用占有物的过程中造成物的损害，应承担赔偿责任。至于善意占有人的赔偿责任，依据对《民法典》第459条的反面解释，只是善意占有人的责任受到一定的限制，但并非完全不承担责任。如果是因可归责于占有人的事由造成的毁损、灭失，善意占有人只能以物毁损、灭失以后尚存的实际利益为赔偿限度。

（2）善意占有人对在使用物的过程中造成物的损害不负责任。所谓"使用占有的动产和不动产"，是指占有人根据物的性质和通常用途对物进行的利用。所谓"致使该不动产或者动产受到损害的"，是指因使用占有物导致物的毁损或者价值降低。例如，在使用中导致物变形、磨损、外形损害等。如果是占有人以外的原因造成物的损害，则要适用其他规则。

通过对《民法典》第459条进行反面解释，可见，善意占有人在使用占有物的过程中造成物的损害，不应承担损害赔偿责任。此处所说的"损害"，不包括占有物灭失的情况。如果善意占有人导致占有物的灭失，此时，也应当承担责任。例如，甲、乙同时出游，持有同品牌同款式相机，乙误以为自己的相机是甲的相机，而将该相机交给甲使用，后来甲因保管不善丢失了乙的相机。这种情况

下，甲应当承担赔偿责任。但如果甲只是在合理使用中造成相机的损害，不承担责任。当然，善意占有人的使用必须是正常、合理的使用，而不是非正常、恶意的使用。

（3）恶意占有人应对在使用占有物的过程中造成物的损害作出赔偿。《民法典》第461条规定，"恶意占有人还应当赔偿损失"。因此，恶意占有人在使用占有物的过程中造成物的损害的，应当承担赔偿责任。恶意占有人占有他人财产是无权占有，而且占有人明知其没有本权，其占有不仅缺乏法律上的依据，也缺乏道德上的正当性，在法律上并无予以保护的必要。① 因此，恶意占有人的责任显然应当重于善意占有人的责任。在恶意占有人造成占有物毁损、灭失的情况下，其应当对全部损失承担赔偿责任。此种赔偿责任应当适用完全赔偿原则。也就是说，恶意占有人赔偿的范围不仅包括所受损害，而且包括所失利益。例如，甲恶意占有乙的财产，后来甲又恶意毁损此财产，导致乙的经营收入丧失，此时，甲也应当赔偿该收入损失。需要指出的是，恶意占有人的赔偿责任应当是严格责任，即无论是否可归责于恶意占有人，其都应当承担损害赔偿责任。

（二）占有人以外的原因导致物毁损、灭失的赔偿责任

《民法典》第461条规定："占有的不动产或者动产毁损、灭失，该不动产或者动产的权利人请求赔偿的，占有人应当将因毁损、灭失取得的保险金、赔偿金或者补偿金等返还给权利人；权利人的损害未得到足够弥补的，恶意占有人还应当赔偿损失。"该条规定了因占有人以外的原因导致占有物的毁损、灭失所产生的责任，适用该条应当符合如下条件。

（1）必须是因占有人以外的原因导致占有物的毁损、灭失。占有人在占有不动产或者动产期间，占有的不动产或者动产毁损、灭失的原因主要有两种：一是因为占有人自身的原因造成物的毁损、灭失；二是因为占有人以外的原因导致物的毁损、灭失。《民法典》第459条和第461条的区别在于：第459条规范的是因占有人的原因而导致占有物的损害及其责任；而第461条规范的是因占有人以

---

① 参见梁慧星编著：《中国物权法草案建议稿》，813页，北京，社会科学文献出版社，2000。

外的原因而导致占有物的损害及其责任。占有人以外的原因包括第三人的侵害、不可抗力、意外事故等。例如，某人借用他人的设备一台，在使用中被第三人毁坏。对因此种原因造成占有物的毁损灭失的，应适用《民法典》第 461 条的规定。

（2）占有人必须已经获得保险金、赔偿金或者补偿金等替代物。因为占有人以外的原因致使物毁损、灭失的，占有人可能因为参加保险等原因获得其他价值，从而获得替代物。[①] 替代物的具体形态包括如下几种：一是保险金。因不可抗力、意外事故、第三人侵害等原因占有物发生损害的，如果占有物已经投保，则占有人可能从保险公司处获得保险金。二是赔偿金，即在第三人实施侵害或妨害的情况下，造成占有物的毁损、灭失，占有人有权请求第三人赔偿，从而获得赔偿金。三是补偿金。此处所说的"补偿金"，主要是指因征收、征用而给付的补偿金，如政府行使征收权，将导致占有物的所有权移转。此时，占有人有权取得补偿金。[②] 通常情况下，只有享有本权的占有人才能获得补偿金，无权占有人是不能获得补偿金的。四是其他财产。例如，第三人造成占有财产毁损、灭失后，以实物的方式进行补偿，如给付一定的股票等。

（3）必须是权利人向占有人请求赔偿。权利人请求损害赔偿，必须向占有人提出了损害赔偿的请求。例如，出租人要求承租人就出租的车辆的损害负赔偿责任。当然，这种请求可以通过意思表示的方式直接向占有人作出，也可以通过诉讼的方式提出。在权利人没有提出请求的情况下，如果占有人主动向权利人交付了替代物之后，无权请求权利人返还。

在符合上述条件的情况下，占有人应当将所获得的替代物返还给权利人。此处所说的权利人，既包括所有权人，也包括其他物权人和合法占有人，例如，将承租的财产借给他人使用的承租人等。如果占有人是善意的，善意占有人仅仅负有返还现存的保险金、赔偿金或者补偿金等的义务，对不足的部分不承担赔偿责任；如果占有人是恶意的，其除了负有向权利人返还替代物的责任外，还应当对

---

① 参见王胜明主编：《中华人民共和国物权法解读》，519 页，北京，中国法制出版社，2007。
② 参见胡康生主编：《中华人民共和国物权法释义》，518 页，北京，法律出版社，2007。

尚未获得足额赔偿的部分承担损害赔偿责任。[1] 也就是说，在造成物的毁损、灭失之后，无论第三人支付了多少赔偿金或者补偿金，只要这些赔偿或补偿不足以弥补损失，剩余的差额部分都应当由恶意占有人予以赔偿，而不考虑恶意占有人对损害的发生是否具有过错。[2]

如果占有人不返还其所得的保险金、赔偿金或者补偿金等替代物，权利人基于何种请求权请求返还？笔者认为，权利人针对占有人主张权利，原则上只能主张侵权损害赔偿，因为占有物已经毁损、灭失，难以适用占有保护请求权，所以只能基于侵权而主张损害赔偿。

第三节　占有保护请求权

一、占有保护请求权概述

（一）占有保护请求权的概念和特征

占有保护请求权又称为占有人的物上请求权、占有人的请求权、占有物上请求权、基于占有而发生的请求权。[3] 它是指占有人基于占有的事实而享有的、在占有受到侵夺或妨害的情况下享有的请求权。占有保护请求权和物权请求权都是物权法上特有的权利保护方法，两者共同构成广义上的物权请求权。

关于占有保护请求权的性质，学说上存在法律秩序维持说、本权保护说以及债权的利用权人保护说等观点。笔者认为，占有保护请求权制度设立的主要目的是要维护法律秩序、保护占有人的利益。尽管该制度也具有保护物权、占有权和债权的利用权人的作用，但是，物权、占有权和债权性利用权可以受到其他制度的保护（如物权请求权），该制度保护的对象包括物权人、占有权人、债权性利用权人以外的占有人。

---

① 参见郭明瑞主编：《中华人民共和国物权法释义》，438 页，北京，中国法制出版社，2007。
② 参见胡康生主编：《中华人民共和国物权法释义》，518 页，北京，法律出版社，2007。
③ 参见姚瑞光：《民法物权论》，424 页，台北，自版，1998。

一般来说，在占有人不享有物权的情况下，其只能享有占有保护请求权，因为如果物权受到侵害，物权人可以直接行使物权请求权，而不必基于占有来行使占有保护请求权。所以，行使占有保护请求权的人，通常都是非物权人。而物权人为了便利起见也可以行使占有保护请求权。① 如果物权人的物权受到侵害，其行使物权请求权遇到障碍或者其不愿举证证明其享有物权，此时可以行使占有保护请求权。例如，权利人对于其是否享有物权不能确定，即可行使占有保护请求权。因占有保护请求权的存在，无疑对其增加了一层保护。通过占有的保护，物权人得到更便捷的保护，并减轻了物权人的举证负担。因为物权受到第三人侵害以后，所有权人和他物权人都无须证明其享有所有权或他物权，只需证明其具有合法的占有权，即可以向第三人提出请求或提起诉讼。但占有保护请求权与物权请求权不同，其特点在于：

第一，占有保护请求权是专门为保护占有而设定的请求权。占有可能基于本权，也可能非基于本权，即使是无权占有，它虽然不是一种权利，但仍是一种利益，而且是一种财产利益，应当受到保护。② 占有保护请求权的主体是占有人，无论占有人是否享有物权，其都享有此项权利。

第二，占有保护请求权适用于三种情形：一是侵夺占有。所谓侵夺是指违反占有人的意思，将占有物的全部或一部移转由自己控制，并使占有人全部或部分地丧失占有。如抢夺和盗窃他人财物、霸占他人房产等。在学理上，通常认为采取毁损他人占有物的方式进行占有，也属于侵夺占有。③ 二是妨害占有。所谓妨害是指以侵夺占有以外的非法手段妨碍占有人占有其物，致使占有人不能正常地占有其物。④ 如在他人车库入口处停车，妨害他人进入车库使用停车位。妨害占有与侵夺占有的区别表现为：该行为并未使占有人失去占有，却使占有人不能正常占有。三是可能妨害占有。依据《民法典》第462条，占有人的占有可能受到

---

① 参见宁红丽：《物权法占有编》，187页，北京，中国人民大学出版社，2007。
② 参见王泽鉴：《民法物权·用益物权·占有》，258页，台北，自版，1995。
③ 参见王泽鉴：《民法物权·用益物权·占有》，219页，台北，自版，1995。
④ 参见孙宪忠：《德国当代物权法》，123页，北京，法律出版社，1997。

妨害，此时，占有人也可以行使占有保护请求权，请求消除危险。例如，邻居的危墙即将倒下，从而可能妨害承租人对出租人的房屋的占有，此时，承租人可以行使占有保护请求权。

第三，占有保护请求权具体包括三种形式，即占有物返还请求权、占有妨害停止请求权、占有妨害防止请求权。各国民法大多规定了占有保护请求权。我国《民法典》第 462 条在借鉴比较法经验的基础上规定了这三种占有保护请求权。

占有保护请求权可以通过意思表示的方式行使，也可以通过诉讼方式实现。权利人提起占有保护请求权的诉讼，又称为占有诉权，或占有之诉。它是指占有人在其占有受到他人侵害的情况下，可请求不法行为人返还占有物、停止对占有的侵害、排除对占有的妨害、恢复占有物的原状。但占有保护请求权也可以为实体法上请求权，并可以在诉讼外行使。这就是说，权利人可以不通过诉讼的方式直接针对相对人主张权利。[①] 当然，如果权利人通过意思表示的方式来行使占有保护请求权，而相对人提出异议的，权利人为保护自身的权利，应向法院起诉。

（二）占有保护请求权和物权请求权

物权请求权有广义、狭义两种含义。就狭义而言，物权请求权是指基于物权而产生的请求权，也就是说，当物权人在其物被侵害或有可能遭受侵害时，有权请求恢复物权的圆满状态或防止侵害；就广义而言，物权请求权除了基于物权而产生的请求权以外，还包括占有人享有的占有保护请求权。[②] 从我国《民法典》的相关规定来看，应从狭义上理解物权请求权，它是指权利人为恢复物权的圆满状态或者防止侵害的发生，请求义务人返还原物请求权、排除妨害、消除危险和恢复原状的权利。

物权请求权与占有保护请求权都是物权法上保护财产的方法。物权请求权是基于物权遭受侵害或妨害而行使的权利，目的是恢复物权的圆满支配状态；而占有保护请求权是基于占有被侵夺或妨害而行使的权利，行使占有保护请求权是为了稳定占有秩序，保护占有人的利益。《民法典》分别对这两种请求权作出了规

---

① 参见史尚宽：《物权法论》，591 页，北京，中国政法大学出版社，2000。

② 参见王泽鉴：《民法物权·通则·所有权》，53 页，台北，自版，1992。

定。但是，占有保护请求权不仅具有保护占有的功能，而且具有保护物权的功能。物权请求权和占有保护请求权在很多情况下会发生重合，两者之间也会形成某种程度的交叉。例如，物权人既可以行使物权请求权，也可以行使占有保护请求权。不过，占有保护请求权和物权请求权毕竟是有区别的，这主要表现在如下几点。

第一，主体不同。物权请求权的行使主体必须是物权人，而占有保护请求权人是占有人。所以，在权利人提起诉讼之后，对于物权请求权的行使，法院应当审查权利人是否享有物权，而对于占有保护请求权的行使，不必审查权利人是否享有物权，而只需要审查其是否是占有人。①

第二，功能不同。占有保护请求权的功能主要在于维护社会占有秩序，而物权请求权的功能在于保护物权的圆满支配状态。行使物权请求权具有终局性和确定性，而占有保护请求权只是使占有人回复占有，并没有确定权利归属的功能。占有保护请求权设立的目的在于迅速解决纷争，因此其具有迅速解决纠纷、恢复占有的功能。②

第三，举证责任不同。物权人行使物权请求权，必须证明其享有相应的实体权利，即物权；而占有人行使占有保护请求权，只需要证明其占有的事实即可，而不需要证明其占有是否具有合法的本权。

第四，保护期间不同。根据我国《民法典》第 462 条第 2 款的规定，占有物返还请求权适用 1 年的除斥期间。而依据《民法典》第 196 条的规定，停止侵害、排除妨碍、消除危险的请求权不适用诉讼时效的规定，不动产物权和登记的动产物权的权利人的返还请求权也不适用诉讼时效的规定。

（三）占有保护请求权人

占有保护请求权人是指占有受到侵夺或妨害的一切占有人，包括动产占有人和不动产占有人，它既包括有权占有人，也包括无权占有人。

有权占有人理所当然应当受到占有保护请求权制度的保护。占有保护请求权特别适用于那些依据合同已经占有另一方的财产，但仅享有合同债权的权利人的保护。例如，承租人的租赁权受到第三人侵害，其虽不能根据租赁权排除第三人

---

① 参见谢在全：《民法物权论》（上册），538 页，台北，新学林出版股份有限公司，2014。
② 参见［日］我妻荣：《日本物权法》，468 页，台北，五南图书出版有限公司，1999。

的侵害，但可以通过行使占有保护请求权而对第三人提出请求和提起诉讼。如果占有人的本权不是物权而是债权，在其占有受到第三人侵害以后，因债权不具有对抗第三人的效力，则占有人基于其债权难以排除第三人的侵害，其必须采用占有保护请求权对其占有进行保护。

占有保护请求权制度也适用于无权占有。无权占有人包括善意占有人和恶意占有人。对无权占有人保护的原因，是为了保护占有形成的事实秩序，也是为了维护正当程序。当然，法律对善意占有人和恶意占有人的保护程度是不同的。从比较法的角度来看，大多承认无权占有人享有占有保护请求权。[①] 而我国《民法典》物权编关于占有保护请求权的规定，虽然采用"权利人"的表述，但笔者认为，在特殊情形下，无权占有人也可以行使此项权利。例如，《民法典》第 462条第 1 款规定："占有的不动产或者动产被侵占的，占有人有权请求返还原物"。此处的"占有人"就不应仅限于合法占有人。

占有人需要返还原物及其孳息，《民法典》第 460 条规定："不动产或者动产被占有人占有的，权利人可以请求返还原物及其孳息；但是，应当支付善意占有人因维护该不动产或者动产支出的必要费用。"这里所说的"权利人"和物权请求权中的"权利人"是有区别的。物权请求权中的权利人是指物权人，而占有物返还请求权中的权利人不一定享有物权，任何有权占有人都是权利人，都可以请求无权占有人返还占有物和孳息。[②]

二、占有保护请求权的类型

（一）占有物返还请求权

1. 构成要件

所谓占有物返还请求权，是指占有人在其占有物被他人侵夺以后，可依法请

---

① 例如，《法国民法典》第 2282 条规定："不论占有的实体如何，占有均受保护使之不受干扰与威胁的侵害。"

② 参见梅夏英、高圣平：《物权法教程》，541 页，北京，中国人民大学出版社，2007。

求侵夺人返还占有物的权利。《德国民法典》物权编规定了占有人和所有人的追寻权（Verfolgungsrecht）。依据《德国民法典》第 867 条，占有物脱离占有人管领，处于他人占有之不动产内的，不动产占有人应允许占有人进入不动产寻找取回占有物。《德国民法典》第 1005 条规定了所有人的追寻权，适用于物处于所有人之外的其他人占有的不动产内的情形。与第 862 条一样，第 1005 条的适用以他人未取得物之占有为前提，否则所有人可以主张第 985 条的原物返还请求权。[1]

我国《民法典》第 462 条规定，"占有的不动产或者动产被侵占的，占有人有权请求返还原物"。该条确认了占有物返还请求权，其构成要件是：

第一，必须存在侵夺占有的事实。所谓侵夺占有，是指行为人侵害占有人对物的管领和控制，使其无法继续管领和控制。如果占有不是被他人采用非法手段，而是基于自己的意思而交付的（如被欺诈等），也不能认定属于侵夺占有。[2] 行为人侵夺权利人的不动产或者动产而非法占有该财产，如抢夺他人的钱包、霸占他人的房屋、占用他人的土地使用权等，都构成侵夺占有的事实。侵夺占有通常将导致占有人不能对其占有物行使占有权。行使此种请求权必须存在侵夺的行为，例如，强风吹落某人的衣服至他人的阳台，由于没有侵夺行为，一般不能适用占有物返还请求权，而只能允许权利人取回。

第二，请求权人必须为占有人。此处所说的占有人包括直接占有人和间接占有人，其都可以请求无权占有人返还。但占有辅助人一般不得行使该请求权，因为占有辅助人只是辅助他人占有，本身不能享有占有物返还请求权。间接占有人是请求相对人向自己返还占有物，还是应向直接占有人返还占有物？如前所述，间接占有人一般不能请求相对人向自己返还，而只能请求相对人向直接占有人返还。

第三，必须针对侵夺占有的行为人提出该项请求。[3] 占有物返还请求权的实现将使占有人恢复对占有物的占有。此种请求权在性质上并不是不当得利的返还

---

① MüKoBGB/Raff，8. Aufl. 2020，BGB § 1005 Rn. 1.

② 参见姚瑞光：《民法物权论》，422 页，台北，自版，1998。

③ MünchKomm/Joost，BGB § 861，Rn. 6.

请求权，而是一种独立的请求权。

第四，占有物仍然存在。如果占有物已经灭失，返还占有物客观上已经不可能，占有人就只能要求赔偿损失，而不能要求返还原物。如果占有物已经转化为赔偿金等替代物，则只能请求返还替代物。

2. 占有人需要返还原物及其孳息

如前述，无论是善意占有，还是恶意占有，占有人都需要返还原物以及返还孳息，只不过善意占有人可请求所有人补偿对所有物的保管和改良所支付的必要费用，而在恶意占有的情况下，占有人无权请求所有人补偿其支付的费用。[1]

3. 在返还原物时有权取走原物上的自有物

无论是善意占有人还是恶意占有人，在返还原物时都有权取走自己的财产，取走自有物是符合物权的基本规则的。例如，返还义务人在返还房屋时，有权搬走房屋中存放的自己的家具；返还家具时，有权搬走家具中存放的自己的衣物。如果自有物不能与返还物分离或者分开有损原物价值的，善意占有人在返还原物时不得取走原物上的自有物，但有权请求返还请求权人给予适当补偿，不过，恶意占有人是无权请求补偿的。

4. 承担必要费用的义务

所谓必要费用，是指为保存占有物、管理占有物和维持占有物的现状而支出的费用，包括占有物的饲养费、维护费、修缮费和税捐等。[2] 除此之外，返还原物的费用，也应当属于必要费用的范围。与“必要费用”相对的是有益费用和奢侈费用，它是指为了使物增值而支出的费用。对于占有物的有益费用和奢侈费用，权利人一般没有返还的义务。[3] 一般而言，支出的费用是否属于必要费用，需要根据客观情况来考虑是否有必要支出以及支出的费用是否合理。笔者认为，根据《民法典》第460条的规定，对费用的承担应当区分善意和恶意。善意占有人有权要求返还因占有而需支付的必要费用，恶意占有人无权请求返还该费用。

---

① 参见王胜明主编：《中华人民共和国物权法解读》，517页，北京，中国法制出版社，2007。
② 参见梁慧星、陈华彬：《物权法》，4版，409页，北京，法律出版社，2007。
③ 参见郭明瑞主编：《中华人民共和国物权法释义》，437页，北京，中国法制出版社，2007。

（二）排除占有妨害请求权

所谓排除占有妨害请求权，是指占有人在其占有受到他人妨害时，有权请求他人除去妨害。《民法典》第 462 条第 1 款规定，"对妨害占有的行为，占有人有权请求排除妨害或者消除危险"。根据这一规定，排除占有妨害请求权的构成要件是：

第一，必须存在妨害行为。妨害是指采用侵夺以外的方法而妨碍占有人对占有物的管领和控制，如在他人门前堆放垃圾、在他人车库前停车等。这就是说，妨害必须是侵夺占有以外的方法，此时，占有人的占有并没有被剥夺，而只是占有受到了不当的妨害。通常，妨害行为都发生于不动产之上。妨害行为必须正在持续而没有结束，如果妨害行为已经结束，就不可能再行使占有妨害排除请求权，而只能行使侵害占有的损害赔偿请求权。

妨害必须是不正当的。此处所说的妨害，是指非正当的妨害，或超过了占有人社会生活上忍受限度的妨害。[①] 如果妨害是占有人应当容忍的妨害，则占有人不能行使占有妨害排除请求权。

第二，请求权人必须是占有人。但占有人必须是现在的占有人，如果是曾经的占有人，因为其已经不能再占有，就无法行使此种权利。

第三，必须向妨害人提出请求。不管是对直接实施妨害行为的人，还是对间接造成他人占有妨害的人，占有人均可以向其提出请求。[②] 即使是所有权人也可能构成对占有的妨害。例如，出租人将房屋出租以后，没有征得承租人的同意擅自进入承租人的房屋，也构成对承租人占有的妨害。

（三）防止占有妨害请求权

所谓防止占有妨害请求权，是指占有人的占有有可能遭受他人妨害时，占有人有权请求他人采取一定的措施以防止发生妨害占有的危险后果。《民法典》第462 条第 1 款规定，"对妨害占有的行为，占有人有权请求排除妨害或者消除危险"。当然，占有人可否行使该项请求权，必须根据一般社会观念和当时周围

---

① 参见陈华彬：《物权法原理》，820 页，北京，国家行政学院出版社，1998。

② MünchKomm/Joost，BGB § 862，Rn. 9。

环境加以判断，而不能根据占有人的主观臆断决定。例如，在他人房屋边挖掘地窖确有可能危及他人房屋，如果该地窖距离他人房屋较远，一般不会形成妨害的危险，占有人就不能请求消除危险。再如，邻人的围墙有可能被大风吹倒，此时则可能形成妨害占有的危险。当然，危险是否存在，应当根据具体情况来认定。

三、占有保护请求权的除斥期间

占有被侵害以后，也可能会形成一定的财产状态和秩序，如果经过了很长时间，占有人仍然可以行使占有保护请求权，则不利于稳定社会秩序，也不符合占有制度设立的宗旨。[1] 据此，《民法典》第 462 条第 2 款规定："占有人返还原物的请求权，自侵占发生之日起一年内未行使的，该请求权消灭。"该条确定了占有物返还请求权所适用的期间。《民法典》第 462 条规定的 1 年期限，应当将其理解为除斥期间，理由在于：一方面，《民法典》第 462 条第 2 款采用了"该请求权消灭"的表述。这与诉讼时效导致抗辩权发生的效果具有本质上的不同。另一方面，除斥期间不会发生中断或中止，这就可以有效避免长期的不稳定的状态的持续。[2]

根据《民法典》的规定，占有人行使占有物返还请求权要适用 1 年除斥期间。虽然有学者建议，该规则应当扩大适用到占有保护请求权中的其他请求权[3]，但笔者认为，《民法典》上述规定仅适用于占有物返还请求权，而不适用于占有妨害排除请求权和占有妨害防止请求权，理由在于：一方面，妨害和可能的妨害都是持续性的行为，无法确定期间的起算点。另一方面，如果占有人因经过一段时间而不能行使占有保护请求权，就会使得妨害行为不能得到制裁和纠正。

---

① 参见郑云瑞：《民法物权论》，436 页，北京，北京大学出版社，2006。
② 参见黄薇主编：《中华人民共和国民法典物权编解读》，849 页，北京，中国法制出版社，2020。
③ 参见张双根：《占有的基本问题》，载《中外法学》，2006（1）。

四、侵害占有的损害赔偿责任

我国《民法典》第462条规定："因侵占或者妨害造成损害的，占有人有权依法请求损害赔偿。"该条规定了占有人的损害赔偿请求权。这就是说，因侵占或者妨害占有人的占有，造成占有人损害的，占有人有权要求行为人承担损害赔偿责任。根据该规定，构成侵害占有的赔偿责任，必须符合如下条件。

（1）必须是行为人实施了侵害占有的行为。侵害占有的行为，又分为侵害有权占有和侵害无权占有两种类型。二者的区别在于，侵害有权占有不仅可能导致占有物的损害，而且会侵害有权占有人的本权，包括使用、收益等权利。例如，侵害承租人对租赁物的占有，致使承租人不能营业，导致其营业收入减少。再如，某人的车位被他人强行占有，致使其车辆搁置在户外而失窃。但在侵害无权占有的情况下，仅仅导致占有利益损失的，此种损失也应当得到赔偿，但一般不应赔偿间接损失（如利润损失），例如，无权占有人以他人的机器制造产品，但是，因第三人侵夺机器导致生产停顿，造成利润的损失。[①] 一般来说，对占有的妨害，不应适用侵害占有的请求权，而应当适用占有保护请求权。

（2）必须导致占有人的损害。"无损害即无赔偿"。损害赔偿请求权和占有保护请求权的区别就在于，前者的法律后果是损害赔偿，而后者主要是在造成占有的侵夺和妨害的情况下，采取其他方式对占有人提供救济。因此，损害赔偿请求权的提出必须以损害的存在为前提。而且，占有人必须举证证明损害的存在，如果其无法证明损害的存在，就不能请求赔偿。

（3）行为人主观上具有过错。侵害占有的责任应当适用侵权法的一般归责原则，即过错责任原则。因此，占有人请求赔偿的前提之一是，行为人必须具有过错。

在侵害占有的情况下，侵害人应当对占有人因此遭受的全部损失承担赔偿责

---

① 参见王泽鉴：《民法物权·用益物权·占有》，386页，台北，自版，1995。

任。具体来说，全部损失包括：一是恢复占有物原状的费用损失。例如，占有物被毁损，行为人应当修理，并承担该修理费用。如果占有物是动产，虽然占有人可以请求赔偿，但占有人也可以在市场上购买同类物，因此可请求侵害人承担依市价确定的购买费用。二是使用收益的损失，即占有人对占有物不能使用收益所产生的各种损害。例如，强行占有他人的车位，致使占有人无法停车而被迫租用他人的车位，由此造成的使用收益的损失应当获得赔偿。[①] 三是可得利益的损失。原则上，对于侵害占有的赔偿，占有人只能请求恢复原状，不能请求赔偿可得利益的损失。但是在特殊情况下，合法占有人也有权请求赔偿可得利益的损失。例如，租赁他人的房屋开餐馆，因该房屋被他人非法占用，导致餐馆主人的利润损失。四是其他费用的损失，包括恢复占有的费用、请求返还的费用等。需要指出的是，尽管占有体现为一种利益，但占有本身利益的损失不应当包括在侵权损害赔偿利益之中，而应当通过占有保护请求权等方法获得保护。例如，甲非法占有乙的一辆汽车，甲以该车从事经营活动，乙因不能以该车运营产生了财产损失。在此情况下，乙可以要求甲赔偿因此造成的运营损失或汽车的修理费用，但不能要求甲返还汽车。乙只能通过占有保护请求权或者物权保护请求权要求甲返还占有物。

应当注意的是，虽然占有不属于民事权利，但其属于民事利益，受到《民法典》侵权责任编的保护，从《民法典》第 1165 条所规定的"民事权益"这一概念的文义上看，侵权责任法保护的对象并不仅仅限于法定权利，还包括了合法利益。故行为人侵害他人占有的情况下，占有人也有权请求行为人承担侵权责任。因此，在行为人侵害他人占有的情况下，占有人既可以依据占有保护请求权向行为人提出请求，也可请求行为人承担侵权责任。当然，两种请求权是不同的，具体体现在：一是构成要件不同。占有保护请求权的行使不以相对人具有过错为前提，而侵权损害赔偿请求权的行使原则上要求相对人具有过错。二是法律后果不同。占有保护请求权的后果是返还占有物或者停止正在进行的或可能发生的妨害

---

① 参见王泽鉴：《民法物权·用益物权·占有》，260 页，台北，自版，1995。

行为，而侵权损害赔偿请求权的法律后果是损害赔偿。三是目的不同。占有保护请求权设立的目的是恢复占有的圆满状态，而侵权损害赔偿请求权则是要通过损害赔偿的方式，给予受害人金钱补偿，从而使受害人遭受的损害得以补救。四是时效适用不同。占有保护请求权适用 1 年的时效，而侵权损害赔偿请求权一般适用 3 年的时效。[①]

占有保护请求权与侵权请求权也可能发生竞合，因为在侵害占有的情形下，只要造成了占有人的损失，占有人既可以依据占有保护请求权提出请求，也可以请求行为人承担侵权责任，此时即发生两种请求权的竞合，按照私法自治原则，应当允许受害人择一行使。

---

① 参见宁红丽：《物权法 占有编》，198 页，北京，中国人民大学出版社，2007。

主要参考书目

一、中文文献

1. 黄薇主编. 中华人民共和国民法典物权编解读. 北京：中国法制出版社，2020

2. 黄薇主编. 中华人民共和国民法典物权编释义. 北京：法律出版社，2020

3. 最高人民法院民法典贯彻实施工作领导小组主编. 中华人民共和国民法典物权编理解与适用. 北京：人民法院出版社，2020

4. 全国人大常委会法制工作委员会民法室编. 中华人民共和国物权法条文说明、立法理由及相关规定. 北京：北京大学出版社，2007

5. 最高人民法院民法典贯彻实施工作领导小组编. 中国民法典适用大全 物权卷（二）. 北京：人民法院出版社，2022

6. 最高人民法院民事审判第二庭. 最高人民法院民法典担保制度司法解释理解与适用. 北京：人民法院出版社，2021

7. 崔建远. 中国民法典释评·物权编. 北京：中国人民大学出版社，2020

8. 崔建远. 物权法. 5 版. 北京：中国人民大学出版社，2021

9. 崔建远. 物权：生长与成型. 北京：中国人民大学出版社，2004

10. 胡康生主编. 中华人民共和国物权法释义. 北京：法律出版社，2007

11. 郭明瑞．物权法通义．修订本．北京：商务印书馆，2022

12. 孙宪忠，朱广新主编．民法典评注：物权编．北京：中国法制出版社，2020

13. 屈茂辉．用益物权论．长沙：湖南人民出版社，1999

14. 渠涛，刘保玉，高圣平．物权法学的新发展．北京：中国社会科学出版社，2021

15. 孙宪忠．论物权法．北京：法律出版社，2001

16. 程啸，高圣平，谢鸿飞．最高人民法院新担保制度司法解释理解与适用．北京：法律出版社，2021

17. 常鹏翱．物权法的展开与反思．北京：法律出版社，2007

18. 房绍坤等．土地承包经营权益实现机制研究．北京：法律出版社，2023

19. 房绍坤．物权法 用益物权编．北京：中国人民大学出版社，2007

20. 高圣平．民法典担保制度及其配套司法解释理解与适用（上下册）．北京：中国法制出版社，2021

21. 高圣平．担保法前沿问题与判解研究．第五卷．北京：人民法院出版社，2021

22. 高圣平等．《中华人民共和国农村土地承包法》条文理解与适用．北京：人民法院出版社，2019

23. 高圣平．民法典担保制度及其配套司法解释理解与适用（上）．北京：中国法制出版社，2021

24. 高圣平．民法典担保制度及其配套司法解释理解与适用（下）．北京：中国法制出版社，2021

25. 高圣平．民法典担保制度体系研究．北京：中国人民大学出版社，2023

26. 麻锦亮．民法典·担保注释书．北京：中国民主法制出版社，2023

27. 吴光荣．担保法精讲．北京：中国民主法制出版社，2023

28. 叶金强．公信力的法律构造．北京：北京大学出版社，2004

29. 陈华彬．物权法原理．北京：国家行政学院出版社，1998

30. 高富平．物权法原论．北京：中国法制出版社，2001

31. 俞建伟．民法典居住权制度的理论和实践．北京：法律出版社，2022

32. 黄薇主编．中华人民共和国农村土地承包法释义．北京：法律出版社，2019

33. 杨合庆主编．中华人民共和国土地管理法释义．北京：法律出版社，2020

34. 尹田．法国物权法．北京：法律出版社，1998

35. 王轶．物权变动论．北京：中国人民大学出版社，2001

36. 温世扬等．物权法通论．北京：人民法院出版社，2005

37. 陈晓敏．大陆法系所有权模式历史变迁研究．北京：中国社会科学出版社，2016

38. 欧洲民法典研究组等编著．欧洲示范民法典草案：欧洲私法的原则、定义和示范规则．高圣平译．北京：中国人民大学出版社，2012

39. 陈本寒．担保物权法比较研究．武汉：武汉大学出版社，2003

40. 刘保玉．物权体系论．北京：人民法院出版社，2004

41. 史尚宽．物权法论．北京：中国政法大学出版社，2000

42. 王泽鉴．民法物权·用益物权·占有．台北：自版，1995

43. 王泽鉴．民法物权·通则·所有权．台北：三民书局，1992

44. 谢在全．民法物权论．台北：新学林出版股份有限公司，2014

45. 姚瑞光．民法物权论．台北：自版，1988

46. 杨与龄．民法物权．台北：五南图书出版有限公司，1981

47. 郑玉波．民法物权．台北：三民书局，1982

48. 郑冠宇：民法物权．13 版．台北：新学林出版股份有限公司，2023

二、译著

1. 〔德〕曼弗雷德·沃尔夫．物权法．吴越，李大雪，译．北京：法律出版社，2002

2. 〔德〕鲍尔，施蒂尔纳．德国物权法：下册．申卫星，王洪亮，译．北京：法律出版社，2004

3. 〔德〕弗里德里希·卡尔·冯·萨维尼．论占有．朱虎，刘智慧，译．北

京：法律出版社，2007

4．［法］弗朗索瓦·泰雷，菲利普·泰勒尔．法国财产法（上）．罗结珍，译．北京：中国法制出版社，2008

5．［日］田山辉明．物权法．增订本．北京：法律出版社，2001

6．［日］近江幸治．担保物权法．祝娅等，译．北京：法律出版社，2000

7．［日］近江幸治．民法讲义Ⅱ（物权法）．王茵，译．北京：北京大学出版社，2006

8．［日］我妻荣．新订物权法．罗丽，译．北京：中国法制出版社，2008

9．［日］三潴信三．物权法提要．孙芳，译．北京：中国政法大学出版社，2005

三、外文

1. Gyorgy Diosdi. Ownership in Ancient and Preclassical Roman Law. Akodomiai Kiado，Budapast，1970

2. Alan Rodger. Owners and Neighbours in Roman Law. Oxford：Clarendon Press，1972

3. Rudolf Huebner. A History of Germanic Private Law. trans. by Francis S. Philbrick. Little Brown and Company，Boston，1918

4. Hernando De Soto. The Mystery of Capital：Why Capitalism Triumphs in the West and Fails Everywhere Else. Basic Books，reprint edition，2003

5. C. G. van der Merwe. International Encyclopedia of Comparative Law：Volume Ⅵ：Property and Trust：Chapter 5，Apartment Ownership. J. C. B. Mohr（Paul Siebeck），Tüebingen，1992

6. Vieweg/Lorz. Sachenrecht. 9. Aufl.，München，2021

7. Wolf/Wellenhofer. Sachenrecht. 37. Edi. München，2022

8. V. Philippe Malaurie，Laurent Aynès. Droit civil，Les biens. Defrénois，2003

9. 近江幸治．民法讲义Ⅱ·物权法．东京：成文堂，2001

图书在版编目（CIP）数据

物权法研究．下卷／王利明著．--5 版．--北京：
中国人民大学出版社，2024.8. -- ISBN 978-7-300
-32486-9

Ⅰ．D923.24

中国国家版本馆 CIP 数据核字第 2024RS1285 号

物权法研究（第五版）下卷

王利明　著

Wuquanfa Yanjiu

出版发行	中国人民大学出版社			
社　　址	北京中关村大街 31 号		**邮政编码**	100080
电　　话	010 - 62511242（总编室）		010 - 62511770（质管部）	
	010 - 82501766（邮购部）		010 - 62514148（门市部）	
	010 - 62515195（发行公司）		010 - 62515275（盗版举报）	
网　　址	http://www.crup.com.cn			
经　　销	新华书店			
印　　刷	涿州市星河印刷有限公司		**版　　次**	2002 年 5 月第 1 版
开　　本	720 mm×1000 mm　1/16			2024 年 8 月第 5 版
印　　张	49.75 插页 3		**印　　次**	2024 年 8 月第 1 次印刷
字　　数	745 000		**定　　价**	348.00 元（上、下卷）